DICTIONNAIRE ALBERT CAMUS

sous la direction de

JEANYVES GUÉRIN

ROBERT LAFFONT

ISBN : 978-2-221-10734-8

Dépôt légal : novembre 2009 – N° d'éditeur : 49371/01

ONT COLLABORÉ À CE DICTIONNAIRE

Pascale ALEXANDRE-BERGUES : professeur de littérature française à l'université de Paris Est

Bernard ALLUIN : professeur émérite de littérature française à l'université de Lille III

Carole AUROY : maître de conférences de littérature française à l'université de Paris IV

François-Jean AUTHIER : professeur de classes préparatoires au lycée Camille-Guérin de Poitiers

Michel AUTRAND : professeur émérite de littérature française à l'université de Paris IV

Augustin BARBARA : professeur de sociologie à l'université de Nantes

Fernande BARTFELD : professeur émérite de littérature française à l'université hébraïque de Jérusalem (Israël)

Benoît BARUT : allocataire moniteur de littérature française à l'université de Paris III

Guy BASSET : philosophe

Jacques BERCHTOLD : professeur de littérature française à l'université de Paris IV

Marie-Paule BERRANGER : professeur de littérature française à l'université de Caen

Jean BESSIÈRE : professeur de littérature comparée à l'université de Paris III

Christophe BIDENT : maître de conférences de littérature française à l'université de Paris VII

Sylvain BOULOUQUE : historien

Éveline CADUC : professeur émérite de littérature française à l'université de Nice et écrivain

Alain CHATRIOT : chargé de recherches en histoire contemporaine au CNRS

Marc DAMBRE : professeur de littérature française à l'université de Paris III

Jacques DOMENECH : professeur de littérature française à l'université de Nice

Johan FAERBER : chargé de cours de littérature française à l'université de Paris III

Nathalie FROLOFF : maître de conférences de littérature française à l'université de Tours

Séverine GASPARI : ATER de littérature française à l'université de Nîmes

Raymond GAY-CROSIER : professeur émérite de littérature française à l'université de Floride (États-Unis)

Sylvie GOMEZ : professeur agrégée de lettres classiques au lycée de Pessac

Pierre GROUIX : écrivain

Jeanyves GUÉRIN : professeur de littérature française à l'université de Paris III

Mohamed Kameleddine HAOUET : professeur de littérature française à l'université de Tunis (Tunisie)

Laurence HARF-LANCNER : professeur de littérature française à l'université de Paris III

Marie-Claude HUBERT : professeur de littérature française à l'université de Provence

Cécile HUSSHERR : maître de conférences de littérature comparée à l'université de Paris Est

Tadashi ITO : docteur en littérature française de l'université de Paris III

Évelyne JARDONNET : docteur en études cinématographiques

Eugène KOUCHKINE : maître de conférences de littérature française à l'université de Picardie

Marie-Christine LALA : maître de conférences de littérature française à l'université de Paris III

Élisabeth LE CORRE : maître de conférences de littérature française à l'université de Paris Est

Jacques Le Marinel : professeur émérite de littérature française à l'université d'Angers
Nathalie Macé : maître de conférences de littérature française à l'université d'Avignon
Marcelle Mahasela : responsable du fonds Camus à la bibliothèque Méjanes d'Aix-en-Provence
Pierre Masson : professeur émérite de littérature française à l'université de Nantes
Martine Mathieu-Job : professeur de littérature française à l'université de Bordeaux III
Yosei Matsumoto : professeur de littérature française à l'université d'Hiroshima (Japon)
Stéphane Michaud : professeur de littérature comparée à l'université de Paris III
Laure Michel : professeur agrégée de littérature française à l'université de Nice
Hiroshi Mino : professeur de littérature française à l'université de Nara Joshi (Japon)
Jean-Pierre Morel : professeur émérite de littérature comparée à l'université de Paris III
Michel Murat : professeur de littérature française à l'université de Paris IV
François Noudelmann : professeur de littérature française à l'université de Paris VIII
Jean-Kély Paulhan : professeur agrégé de lettres classiques
Marie-Christine Pavis : allocataire monitrice de littérature française à l'université de Paris III
Guy Pervillé : professeur d'histoire contemporaine à l'université de Toulouse le Mirail
Anne Prouteau : maître de conférences de littérature française à l'université catholique de l'Ouest
Dominique Rabaté : professeur de littérature française à l'université de Bordeaux III
Lise Revol-Marzouk : maître de conférences de littérature comparée à l'université de Grenoble III
Pierre-Louis Rey : professeur émérite de littérature française à l'université de Paris III
Hélène Rufat : professeur de littérature française à l'université Pompeu Fabra de Barcelone (Espagne)

Denis SALAS : maître de conférences de droit à l'École nationale de la magistrature

Olivier SALAZAR-FERRER : maître de conférences de littérature française à l'université de Glasgow (Écosse)

Brigitte SÄNDIG : professeur de littérature française à l'université de Potsdam (Allemagne)

Alain SCHAFFNER : professeur de littérature française à l'université de Paris III

Agnès SPIQUEL : professeur de littérature française à l'université de Valenciennes, présidente de la Société des études camusiennes

Emmanuelle TABET : chargée de recherches en littérature française au CNRS

Régis TETTAMANZI : professeur de littérature française à l'université de Nantes

Philippe VANNEY : professeur de langue et civilisation françaises à l'université Dokkyo (Japon)

Alexandra VASIC : ATER de littérature française à l'université de Paris III

Jeannine VERDÈS-LEROUX : directrice de recherches de sciences politiques au CNRS

Maurice WEYEMBERGH : professeur émérite de philosophie à la Vrije Universiteit de Bruxelles (Belgique)

« AU SOMMET DE LA PLUS HAUTE TENSION VA JAILLIR L'ÉLAN D'UNE DROITE FLÈCHE, DU TRAIT LE PLUS DUR ET LE PLUS LIBRE »

par Jeanyves Guérin

Albert Camus est des écrivains français du XXe siècle celui dont l'audience est la plus universelle. La postérité lui a été plus favorable que le furent ses contemporains. Sa fortune est peut-être plus grande encore à l'étranger qu'en France. Peu d'auteurs auront pourtant été autant vilipendés. De Simone de Beauvoir à Pierre Bourdieu, c'est à qui se montre le plus blessant. Ils ont bonne mine aujourd'hui, ceux qui ont brocardé ses manquements au matérialisme historique et sa morale de Croix-Rouge. Ses pairs, William Faulkner, Odysseus Elytis, Alexandre Soljenitsyne, Czeslaw Milosz, Octavio Paz, Nadine Gordimer, Imre Kertesz, pour citer des lauréats du prix Nobel de littérature, et encore Mario Vargas Llosa et William Styron heureusement ont dit leur admiration pour son œuvre dont ils avaient perçu le message libérateur. Jamais Hannah Arendt, Georges Bataille, Maurice Blanchot, Jacques Monod, Edgar Morin, quant à eux, n'auraient ou n'ont enfermé l'essayiste dans le lectorat des classes terminales.

Sa mort prématurée laisse inachevée l'œuvre de Camus. Morts au même âge, Victor Hugo n'aurait pas été le patriarche barbu de la République, André Malraux aurait à peine ébauché ses écrits sur l'art, Jean-Paul Sartre n'aurait pas laissé l'image d'un stalinien zélé. Il nourrissait de nombreux projets. Après avoir traversé une longue phase de doute, il avait le sentiment que l'essentiel de son œuvre restait à écrire. *Le Premier Homme* laisse entrevoir une réorientation de son inspiration et une évolution de son écriture.

Camus a d'abord été et reste l'auteur de *L'Étranger*. Ce court roman reçu comme « moderne » a été traduit en une cinquantaine de langues. Sa réception et sa diffraction en font un classique de la littérature mondiale. On le lit et on le relit de l'Est à l'Ouest, du Nord au Sud. On le dissèque dans les universités du monde entier et plus d'un auteur l'a réécrit. Meursault a rejoint Julien Sorel et Joseph K au panthéon universel des personnages littéraires.

Le romancier répugne à la « littérature d'explication » et plus généralement à toute « intellectualisation de l'art ». Si, estime-t-il, « un roman n'est qu'une philosophie mise en images », c'est pour préciser aussitôt que « dans un bon roman, toute la philosophie est passée en images ». Les romanciers philosophes qu'il prend pour modèles, Dostoïevski, Proust, Kafka, Malraux, pensent par images, par mythes et ne chargent pas leurs récits de développements théoriques. Car « la théorie fait du tort à la vie ». L'« équilibre » que Camus juge nécessaire entre l'une et l'autre a failli se rompre dans *La Peste*, roman qu'il a eu du mal à boucler. Il est moins accompli que *L'Étranger*, mais c'est un classique de la littérature antitotalitaire.

Le théâtre a été la grande passion de Camus. Son expérience d'animateur et d'acteur a été heureuse. Elle lui a permis de devenir un écrivain scénique. Le dramaturge, comme le romancier, n'est pas prisonnier d'une esthétique. Ses pièces ont été montées par les plus grands, de Jean-Louis Barrault à Giorgio Strehler, d'Andrzej Wajda à Ingmar Bergman. Bien que l'évolution de la scène française leur soit défavorable, *Caligula* et *Les Justes*, que boudent les « scénocrates », ne cessent d'être jouées ici et là. Le public, à chaque fois, les plébiscite contre l'avis des experts.

Camus est-il philosophe ? Il n'a jamais prétendu l'être. Si être philosophe, c'est construire un système, un prêt-à-penser, il est clair qu'il ne l'est en aucun cas. C'est un penseur, un essayiste. Il ne s'adresse pas à quelques spécialistes. Ses développements sur l'absurde et la révolte font la part belle aux métaphores. On lui reproche, circonstance aggravante, d'écrire trop bien ou clairement, donc d'avoir une pensée simpliste. Il est vrai qu'il refuse délibérément « le baragouin et le jargon ».

C'est dans les textes courts que, moraliste et styliste, Camus est le plus à son avantage. Sa sensibilité au présent s'exprime dans ses éditoriaux. Il n'est pas étonnant que le reporter soit devenu un maître de ce genre. Les lecteurs de *Combat* ne s'y sont pas trompés, François Mauriac, son adversaire préféré, non plus. Certains de ses écrits voués en principe à être éphémères ont résisté aux outrages du temps. Les faiseurs et bateleurs médiatiques d'aujourd'hui ne pourront pas en dire autant. S'il avait voulu exercer un magistère d'opinion, il aurait conservé ses tribunes de *Combat* ou de *L'Express*. Il a préféré être artiste que penseur.

La figure de Camus est à la fois intempestive et exemplaire. Sartre lui-même a salué un jour « l'admirable conjonction d'une personne, d'une action et d'une œuvre ». L'enfant pauvre est le père d'un citoyen responsable. Il ne revendique ni le monopole du cœur ni celui de l'intelligence. En 1946, il hasarde une formule promise à un bel avenir : « la fin des idéologies ». Il a pressenti voire préparé le déclin des grands récits idéologiques maximalistes et manichéens. Il rejette les visions duales et paranoïaques du monde qui légitiment les crimes de guerre et contre l'humanité. De ce que l'histoire est tragique, il tire une conséquence : le démocrate doit douter, être modeste et ne pas hésiter à braver le qu'en dira-t-on ou l'air du temps. Les principes ne se divisent pas. Les engagements sont conditionnels. C'est en cela que Camus est moderne. Sartre et ses certitudes absolues appartiennent à une époque révolue.

Il est de ceux qui envisagent l'effet pervers ou le dommage collatéral d'une action. Un moyen exécrable comme la pratique de la torture, l'attentat aveugle ou l'usage de l'arme atomique compromet une fin au départ légitime. La lutte contre le nazisme ne justifiait pas l'anéantissement d'Hiroshima. Si l'on emploie les mêmes moyens que l'adversaire, l'on devient son double. Quand la guerre déchaîne les violences, elle fait des victimes des deux côtés. Camus se place du côté des victimes.

Le tintamarre des idéologues et des propagandistes a longtemps rendu inaudible la petite musique de Camus. Dans une France où la marge de manœuvre est étroite pour l'antitotalitarisme de gauche, son refus d'un monde bipolarisé lui laisse peu d'espace et lui offre peu d'alliés. Ses alliés, il les trouve dans la gauche européenne. Ne l'a-t-on pas parfois considéré comme un écrivain européen de langue française ? Dreyfusard égaré au milieu de pseudo-bolcheviks, « non-conformiste » des années 1950, il n'a pas été un doctrinaire ou un brasseur de banalités répandu dans les galaxies Gutenberg et Marconi. Le démocrate franc-tireur a distillé ses interventions. Si on ne l'a jamais pris en flagrant délit de dérapage, c'est que, ne se prenant pas pour un moderne Pic de la Mirandole, il ne s'est pas cru obligé de donner son avis sur tout. Il a témoigné et parfois crié sa juste colère dans des situations d'urgence. Le passeur de l'idée démocratique a choisi soigneusement les causes qu'il défendait : un nouvel ordre international, la construction de l'Europe, Mendès France, la trêve civile.

Ses écrits civiques ont beau s'inscrire dans un après-guerre qui s'est achevé entre 1989 et 1991, ils n'en gardent pas moins une actualité vive pour la simple raison que l'histoire ne s'est pas arrêtée à la fin du dernier millénaire, que les ravages sociaux et politiques d'une économie mondiale dérégulée, le creusement des inégalités, le pourrissement des conflits non résolus, l'exaspération des nationalismes et les crispations identitaires font craindre un sombre début de troisième millénaire. L'on commence seulement à pressentir quelles nouvelles formes prendra le totalitarisme et quels moyens technologiques il peut mettre à son service. Le Rieux de *La Peste* sait, lui, que le pire est toujours possible, « que le bacille de la peste ne meurt ni ne disparaît jamais ». Le combat contre l'injustice, l'oppression et l'obscurantisme est une entreprise « sisyphienne ». Camus y a pris sa part. Son parler vrai, juste et clair, son sens du dialogue et son souci de l'autre manqueront encore longtemps. Il reste à découvrir ou à relire ses livres.

NOTE À LA PRÉSENTE ÉDITION

Cet ouvrage a pour ambition de fournir un état actuel des connaissances disponibles sur l'œuvre d'Albert Camus. La diffusion mondiale de cette œuvre s'est en effet doublée d'une importante production de travaux critiques.

Nous avons souhaité offrir au lecteur un véritable dictionnaire alphabétique. Chaque œuvre éditée, roman, nouvelle, pièce de théâtre ou recueil d'essais, fait l'objet d'une entrée, de même que les principaux personnages des fictions. À l'issue de la notice sont présentées toutes les éditions de l'œuvre évoquée et publiée lorsqu'il en existe peu, les principales éditions lorsqu'il en existe beaucoup. Pour chaque livre figure en outre un état des traductions et une bibliographie faisant une large part aux travaux étrangers. Les références bibliographiques ne comportent pas le lieu d'édition lorsque celui-ci est en France : seuls apparaissent les lieux d'édition étrangers.

Figurent également dans ce dictionnaire les grands thèmes qui sont chers à Camus, les notions qui sous-tendent sa pensée comme ses engagements de citoyen, mais aussi les auteurs classiques et modernes avec lesquels il a entretenu un commerce de lecteur ainsi que ceux qui l'ont commenté. L'on trouvera enfin des entrées sur les interlocuteurs et intercesseurs de l'écrivain, ses amis algérois, les intellectuels avec lesquels il a dialogué, sur les principaux périodiques, les journaux et revues auxquels il a collaboré et bien évidemment ses principaux articles. À noter que les citations de Camus reproduites in-texte sont suivies, entre parenthèses, de la source seule, c'est-à-dire sans les références ni le numéro de page de ladite source, cela afin de ne pas alourdir le texte.

Des repères biographiques ainsi qu'une bibliographie internationale des écrits sur son œuvre, en annexe, complètent ce dictionnaire.

Pour rendre compte de la richesse de la personnalité et de la complexité de ses écrits, appel a été fait à une équipe internationale et interdisciplinaire dans laquelle plusieurs générations de chercheurs voisinent. Les meilleurs spécialistes de cette œuvre, littéraires et philosophes, mais aussi des historiens, des politologues et des juristes ont apporté leur contribution. Qu'ils en soient remerciés. Merci également à Christophe Parry, Bernadette Cristini et Monique Gruaz-Katz à qui a incombé, chez « Bouquins », la lourde tâche de mettre au point ce volume.

Jeanyves GUÉRIN

DICTIONNAIRE

A

ABBAS, Ferhat (1899-1985). – Quand Camus entre à l'université d'Alger, en 1933, Ferhat Abbas y est déjà célèbre en tant qu'ancien président de l'Association des étudiants musulmans de l'Afrique du Nord (AEMAN), de 1926 à 1931. Élu au conseil général de Constantine dès 1934, puis au conseil municipal de Sétif, et délégué financier, il adhère à la Fédération des élus indigènes du département de Constantine, et devient rapidement l'un des adjoints de son président le docteur Bendjelloul. En 1935, il participe au lancement de *L'Entente franco-musulmane*, organe hebdomadaire de la fédération, dont le directeur politique était le docteur Mohamed Bendjelloul et le rédacteur en chef Aziz Kessous (qui était aussi un militant socialiste). Abbas se dit démocrate musulman, mais il s'interdit un engagement politique dans le cadre de la République française. Après la victoire du Front populaire en mai 1936, la fédération se rapproche nettement de la gauche française, et espère le vote rapide du projet Blum-Viollette, dont l'objectif est de « conférer les droits civiques et le statut d'électeur à soixante mille musulmans environ » (« Le malaise politique », *Combat*, 18 mai 1945). Ferhat Abbas fonde en 1938 un parti, l'Union populaire algérienne, tout en restant rédacteur en chef et administrateur de *L'Entente*. Après la déclaration de guerre, il s'engage dans l'armée française, mais continue d'écrire des articles dans l'hebdomadaire sous son pseudonyme de jeunesse, Kémal Abencérages. En 1941, il essaye d'influencer la politique indigène de Vichy en envoyant un « rapport au maréchal Pétain ». Mais peu à peu, il perd toute confiance en ce régime autoritaire.

Militant de gauche et journaliste à *Alger républicain*, Camus avait approché Ferhat Abbas avant la guerre, sans doute par l'intermédiaire de Claude de Fréminville qui imprimait *L'Entente*. Le 4 mai 1939, il avait publié un article titré « Réflexions sur la générosité » dans ce journal. Dans son reportage intitulé « Crise en Algérie » publié dans *Combat* en mai 1945, il dresse de lui un portrait élogieux à l'intention des lecteurs métropolitains [...] « C'est incontestablement un – esprit cultivé et indépendant. » Puis il présente fidèlement les positions de l'auteur du Manifeste du peuple algérien Ferhat Abbas et de son lieutenant Aziz Kessous. Suivant « l'évolution de son peuple », Abbas tourne le dos à l'assimilation et revendique désormais une République algérienne fédérée à la République française et dans laquelle les Algériens français et musulmans se partageraient également le pouvoir. Cette position modérée n'est déjà plus d'actualité, la direction des Amis du Manifeste et de la Liberté étant passée aux nationalistes radicaux du PPA-MTLD (Parti du peuple algérien-Mouvement pour le triomphe des libertés démocratiques). Un peu plus de dix ans plus tard, Camus exprime son soutien à la création par Aziz Kessous du bulletin *Communauté algérienne*, et il invite Ferhat Abbas à la présentation publique de son projet de « trêve civile » le 22 janvier 1956 à Alger. Ce dernier est présent mais garde le silence : il a déjà rejoint le Front de libération nationale, qui allait en faire le président du Gouvernement provisoire de la République algérienne de 1958 à 1961. Guy PERVILLÉ

• *Voir aussi :* Nationalisme algérien

ABSOLU. – L'« absolu » est ce qui n'est lié à aucune condition, ce qui est inconditionnel, ce qui vaut par soi et n'est pas dépendant dans son être d'autre chose. Son antonyme est le « relatif », qui a besoin pour être de certaines conditions, d'autre chose qui le conditionne. Camus utilise assez rarement le substantif « absolu », mais très fréquemment l'adjectif et moins souvent l'adverbe « absolument ». Dans *L'Homme révolté*, l'on trouve par exemple « soif d'absolu », « nostalgie d'absolu » et « orgueil d'absolu » ; dans *Carnets* II : « Il crie vers l'impossible, l'absolu » ; dans *Carnets* III : « le goût de l'absolu » que beaucoup au XXe siècle confondent avec « le goût de la logique ». Évoquant *Les Îles* de Jean Grenier, Camus note que la quête des îles « se termine par une méditation sur l'absolu et le divin ». Dans *Actuelles* II, il critique « l'attitude qui vise à faire de l'histoire un absolu » et ceux qui font de la révolution « un absolu de revanche ». L'utilisation de l'adjectif dans ses *Carnets* II, dans « Réflexions sur la guillotine » et surtout dans *L'Homme révolté* est constante et le terme a un sens négatif : ses synonymes sont « total » et « extrême ». L'adjectif peut être accolé à tous les mots-clés des essais de Camus : antinomie, beauté, athéisme, bien-mal, certitude, culpabilité-innocence, doctrine, égalité, esprit, État, fidélité, idées, juge-jugement, justice, matérialisme, mythe, nécessité-déterminisme, philosophie, position, principes, pureté, raison d'État, rationalisme, révolte-révolution, savoir, sincérité, utopie, valeur, vérité, vertu, etc.

Par opposition le terme relatif est valorisé. Dans le Cahier IV de ses *Carnets*, en 1942, l'écrivain note : « Essai sur la révolte. La nostalgie des “commencements”. *Id.* le thème du relatif – mais le *relatif avec passion*. Ex. : déchiré entre le monde qui ne suffit pas et Dieu qu'il n'a pas, l'esprit absurde choisit avec passion le monde. *Id.* : partagé entre le relatif et l'absolu, il saute avec ardeur dans le relatif. » Et dans *L'Homme révolté* : « Le premier but de Comte, qui était de substituer partout le relatif à l'absolu, s'est vite transformé, par la force des choses, en divinisation de ce relatif et en prédication d'une religion à la fois universelle et sans transcendance. »

L'opposition de l'absolu et du relatif est au centre de la pensée de Camus, elle conduit aux notions de mesure, d'équilibre et de limite, et repose sur cette pensée de Pascal qu'il place en exergue aux *Lettres à un ami allemand* : « On ne montre pas sa grandeur pour être à une extrémité, mais bien en touchant les deux à la fois. » Occuper une extrémité équivaut à l'absolutiser, à la poser comme inconditionnelle, alors qu'elle ne tient sa réalité que de ce à quoi elle s'oppose, de l'extrémité opposée. Et la démonstration de Camus est toujours fondée sur le même argument : toute réalité dans l'immanence est portée par l'opposition de deux pôles, elle est tissée de deux fils, un fil blanc et un fil noir (*L'Été*), dont l'entrelacement assure la tension qui maintient le réel à l'être. Qui l'oublie, mutile l'être : vouloir instaurer une synthèse ou une harmonie finale dans laquelle les oppositions des pôles disparaîtraient est un rêve dangereux et meurtrier.

L'opposition majeure est celle du non et du oui, de la négation et de l'affirmation, les deux mouvements co-originels de la révolte : tant que le révolté n'oublie pas que les deux pôles ne cessent de s'affronter, tant qu'il n'absolutise aucune des deux extrémités, il respecte la mesure, la limite qui habite la révolte originelle. S'il oublie l'une d'elles et pose l'absolu de la négation, comme Sade, ou celui de l'affirmation, comme Nietzsche, il donne dans la démesure et aboutit à la violence et au meurtre. Il en va de même du rapport de la liberté et de la justice : la liberté absolue supprime la justice et mène à la servitude des défavorisés et à l'injustice de la société ; la justice absolue entraîne la suppression de la liberté, installe la servitude et manque par là même la justice qu'elle voulait instaurer. Qui croit posséder absolument la vérité, qui revendique la doctrine, les idées ou les principes absolus et entend réaliser l'utopie absolue n'a plus besoin d'écouter ou de respecter le point de vue des autres et se donne le droit, en fonction de la grandeur de la fin qu'il poursuit, de supprimer les opposants : la vérité se dégrade alors en idéologie et en slogans parce qu'elle oublie qu'elle est tissée d'erreurs. Ce n'est pas un hasard si au niveau politique la prétention à l'absolu suscite l'absolutisme, et la conquête de la totalité les régimes totalitaires.

Deux citations illustrent la complexité du thème : « Suggérons encore qu'à la limite on pourrait entrevoir un absolu d'*évidence* qui ne serait ni dans l'irréductibilité de l'homme ni dans la situation contre laquelle il est en lutte, mais dans le rapport que l'un et l'autre soutiennent entre eux, et qui est à proprement parler la condition humaine. C'est le relatif absolu [...] C'est exactement la plus relative des expériences qui est érigée en absolu » (« Remarque sur la révolte », 1945). La condition humaine est relative par rapport à la situation qui change, mais absolue par le fait qu'on est toujours en situation et par les exigences irréductibles de la révolte.

« J'ignore, pour moi, s'il existe un absolu. Mais je sais qu'il n'est pas de l'ordre politique. L'absolu n'est pas l'affaire de tous : il est l'affaire de chacun. Et tous doivent régler leurs rapports entre eux de façon que chacun ait le loisir intérieur de s'interroger sur l'absolu. Notre vie appartient sans doute aux autres et il est juste de la donner quand cela est nécessaire. Mais notre mort n'appartient qu'à nous, c'est ma définition de la liberté » (« Le temps des meurtriers », 1949).

Maurice WEYEMBERGH

ABSTRACTION. – On lit cette note dans le Cahier V des *Carnets*, en 1947 : « Paris-Alger. L'avion comme un des éléments de la négation et de l'abstraction modernes. Il n'y a plus de nature ; la gorge profonde, le vrai relief, le torrent infranchissable, tout disparaît. Il reste *une épure* – un plan. / L'homme prend en somme le regard de

Dieu. Et il s'aperçoit alors que Dieu ne peut avoir qu'une vue abstraite. Ce n'est pas une bonne affaire. » De l'avion, le voyageur voit les choses de haut et *fait abstraction* des singularités du paysage, la position de surplomb qu'il occupe lui fait aplatir le relief : la distance prise donne une vue d'ensemble simplifiée, épurée, elle écarte les détails, elle isole une perspective. Le mot « abstraction » chez Camus est essentiellement péjoratif : il indique la rupture avec la chaleur, avec la chair du monde, il met l'accent sur ce qui « décharne ». L'écrivain l'associe avec les régimes totalitaires et bureaucratiques, avec l'État et les bureaux, les idéologies, les idoles, les idées coupées du réel, les principes, la centralisation, les statistiques, le formalisme, la polémique, la propagande, la machine, le travail en miettes, le manque d'imagination. Il lui oppose la chair (le sang), la passion de l'homme, le dialogue, l'imagination, l'amour, l'amitié, le bonheur, les racines, la nature et conseille de regarder les choses en face. En résumé, la distance liée à l'abstraction détruit la proximité, elle empêche de se maintenir « à hauteur d'homme » que l'écrivain privilégie, le lieu où il peut rencontrer « l'homme de chair » et non « l'homme abstrait » (*L'Homme révolté*).

Lorsque Camus écrit dans le Cahier I de ses *Carnets* : « On ne pense que par image. Si tu veux être philosophe, écris des romans », et dans le Cahier III : « Les sentiments, les images multiplient la philosophie par dix », il entend compenser l'abstraction philosophique par le caractère plus direct de l'image et plus chaleureux du sentiment, redonner au rapport au monde quelque chose de son immédiateté.

Pour justifier la condamnation de Pierre Pucheu, dignitaire du régime de Vichy, par le gouvernement de la France libre, en mai 1944, Camus critique le manque d'imagination du fonctionnaire – le mot revient comme un leitmotiv dans l'article –, le caractère abstrait de son regard sur les événements. Dans *Ni victimes ni bourreaux*, il note : « Nous vivons dans la terreur [...] parce que nous vivons dans le monde de l'abstraction, celui des bureaux et des machines, des idées absolues et du messianisme sans nuances. Nous étouffons parmi les gens qui croient avoir absolument raison, que ce soit dans leurs machines ou dans leurs idées. Et pour tous ceux qui ne peuvent vivre que dans le dialogue et dans l'amitié des hommes, ce silence est la fin du monde » (*Actuelles*).

Le mot revient plusieurs fois dans la deuxième partie de *La Peste*. Le narrateur y compare la peste à l'abstraction. Elle entraîne la production de statistiques et impose des routines ; pour la combattre, « il faut un peu lui ressembler ». Il l'oppose au bonheur. En tant que narrateur, le docteur Rieux dit de Rambert : « Le journaliste avait raison dans son impatience de bonheur. Mais avait-il raison quand il l'accusait ? "Vous vivez dans l'abstraction." Était-ce vraiment l'abstraction que ces journées passées dans son hôpital où la peste mettait les bouchées doubles, portant à cinq cents le nombre moyen des victimes par semaine ? Oui, il y avait dans le malheur une part d'abstraction et d'irréalité. Mais quand l'abstraction se met à vous tuer, il faut bien s'occuper de l'abstraction. »

Diego, dans *L'État de siège*, déclare : « Vous avez cru que tout pouvait se mettre en chiffres et en formules ! » ; « C'est la peste qui nous décharne, c'est elle qui sépare les amants et qui flétrit la fleur des jours ! » ; « C'est à mi-hauteur que je tiens à [aux hommes] ». Lors de sa controverse avec Gabriel Marcel, Camus écrit à propos de cette pièce : « J'ai voulu attaquer de front un type de société politique qui s'est organisée, s'organise, à droite et à gauche, sur le mode totalitaire. Aucun spectateur de bonne foi ne peut douter que cette pièce prenne le parti de l'individu, de la chair dans ce qu'elle a de noble, de l'amour terrestre enfin, contre les abstractions et les terreurs de l'État totalitaire, qu'il soit russe, allemand ou espagnol » (*Actuelles*).

Dans *L'Homme révolté*, l'écrivain remarque : « Le dialogue, relation des personnes, a été remplacé par la propagande ou la polémique, qui sont deux sortes de monologue. L'abstraction, propre au monde des forces et du calcul, a remplacé les vraies passions qui sont du domaine de la chair et de l'irrationnel. Le ticket substitué au pain, l'amour et l'amitié soumis à la doctrine, le destin au plan, le châtiment appelé norme, et la production substituée à la création vivante, décrivent assez bien cette Europe décharnée, peuplée des fantômes, victorieux ou asservis, de la puissance. »

Citons encore ces deux textes, le premier extrait du Cahier IV, le second du Cahier IX des *Carnets* : « Démonstration. Que l'abstraction est le mal. Elle fait les guerres, les tortures, la violence, etc. Problème : comment la vue abstraite se maintient en face du mal charnel – l'idéologie face à la torture infligée au nom de cette idéologie » (1944) ; « J'ai abandonné le point de vue moral. La morale mène à l'abstraction et à l'injustice. Elle est mère de fanatisme et d'aveuglement. Qui est vertueux doit couper les têtes. Mais que dire de qui professe la morale, sans pouvoir vivre à sa hauteur. Les têtes tombent et il légifère, infidèle. La morale coupe en deux, sépare, décharne » (juin 1959). Maurice WEYEMBERGH

ABSURDE. – Le terme « absurde » en philosophie est lié à la formule attribuée, mais erronément, à Tertullien : « *Credo quia absurdum* » (« Je crois parce que c'est absurde »). Le texte de Tertullien dont la fameuse expression est dérivée (*De Carne Christi*, chapitre V) se lit comme suit : « *Et mortuus est dei filius ; prorsus credibile est, quia ineptum est. Et sepultus resurrexit ; certum est, quia impossibile est* » (« Et le fils de Dieu est mort ; c'est absolument crédible parce que c'est déraisonnable [absurde]. Et il revint à la vie après avoir été enseveli ; c'est absolument certain parce que c'est impossible »). Ce type d'affirmation est évidemment paradoxal et s'oppose à ce que la logique, le bon sens et l'expérience préparent à accepter.

Pour les penseurs qui mettent en garde contre la raison et ses certitudes trop courtes, il est tentant de recourir à ce type de paradoxe. C'est ce que Camus montre lorsqu'il analyse dans *Le Mythe de Sisyphe* ce qu'il appelle le « suicide philosophique » : décrire l'impuissance de la raison à expliquer et trouver dans l'échec de l'explication rationnelle la justification de la foi dans ce qui est irrationnel. Kierkegaard et Chestov, dont Camus évoque la pensée dans son essai, pratiquent ce genre de discours et manient les paradoxes. Kierkegaard, par exemple, ne cesse de souligner le côté paradoxal d'un Dieu qui se fait homme, de l'éternité qui s'insère dans la temporalité, de l'infini qui pénètre le fini, toutes propositions qui ne peuvent être, en fonction même du paradoxe qui les habite, qu'objets de foi. Le Christ est ainsi « le paradoxe absolu, scandale pour le Juif, folie pour le Grec, absurde pour la raison » (*Post-*

scriptum définitif et non philosophique aux Miettes philosophiques). Chestov quant à lui a consacré un livre au philosophe danois *Kierkegaard et la pensée existentielle* (Vrin, 1998), dont le chapitre IV est intitulé « Le grand scandale » et l'exergue est un texte de Kierkegaard lui-même : « La plus grande provocation au scandale, c'est exiger d'un homme qu'il admette comme possible pour Dieu, ce qui pour la raison humaine est en dehors de toutes les limites du possible. » Le paradoxe, comme pour ce dernier, est synonyme de l'absurde.

Ce qui est spécifique à ce discours est que le caractère paradoxal et absurde de ses affirmations n'est nullement nié, il est formulé en toute clarté ; pas question donc d'en diminuer le caractère scandaleux aux yeux de la raison mais au contraire de le mettre en pleine lumière, puisque la raison est démonétisée (« L'absurde c'est la raison lucide qui constate ses limites »). Il s'agit en somme de proposer autre chose, de découvrir une autre dimension en lieu et place d'une faculté déchue. Retenons de ce qui précède que l'absurde et le paradoxe reposent sur une contradiction. Chez Camus aussi la notion d'absurde repose sur une contradiction, celle entre le désir d'unité et de transparence de l'homme et la diversité et l'opacité irréductibles du monde (« L'absurde naît de cette confrontation entre l'appel humain et le silence déraisonnable du monde »). Se maintenir dans l'absurde, même lorsqu'on se révolte contre lui, consiste à maintenir lucidement la confrontation homme-monde. Camus ne croit pas aux pouvoirs royaux de la raison, mais il ne considère pas non plus qu'il faille la rejeter. Dans ses limites, elle peut rendre des services.

Il n'ignore donc pas ces conceptions de l'absurde. Les auteurs qui le concernent plus directement sont Dostoïevski et Nietzsche. Leur problématique est en effet beaucoup plus proche de la sienne et si les œuvres du premier sont déclarées dans *Le Mythe de Sisyphe* ne pas appartenir à l'absurde – Dostoïevski garde, non sans difficulté d'ailleurs, la foi que certains de ses protagonistes ont perdue –, plusieurs personnages comme Kirilov ou Ivan Karamazov sont bel et bien considérés comme absurdes. Quant à Nietzsche, il est déclaré être le seul à avoir développé une esthétique absurde. En somme l'un et l'autre annoncent le nihilisme à venir. Le refus de la foi au nom de l'exigence de justice qui anime Ivan et qui le mène au « Tout est permis », la mort de Dieu chez Kirilov qui va de pair avec l'affirmation de la divinité de l'homme, la mort de Dieu chez Nietzsche et des valeurs supérieures qui sont surimposées à la vie précipitent le nihilisme. Si Dostoïevski croit avec Aliocha Karamazov à la résurrection, Nietzsche découvre avec le nihilisme la contingence et la finitude : pour y échapper, il développe la pensée de l'éternel retour de l'identique (« *ewige Wiederkehr des Gleichen* »), à laquelle il donne cependant pour finir le statut d'une fiction qui oblige celui qui la retient à vivre au sommet de ses possibilités.

Mais Nietzsche introduit aussi une distinction dans le nihilisme, celle du nihilisme passif et du nihilisme actif, qui permettra de mieux situer la position de Camus par rapport à André Malraux et Jean-Paul Sartre. Le nihilisme, tel qu'il apparaît dans *L'Homme révolté*, consiste à ne plus croire à ce qui est, à la vie. Le nihiliste est celui qui subordonne la vie à des valeurs, de manière à échapper au caractère difficilement supportable de la réalité : il se cache le monde à l'aide d'un arrière-monde rêvé dans lequel ces valeurs sont fondées. Lorsque ces valeurs et ces arrière-mondes s'effondrent, deux attitudes sont possibles : le nihilisme passif qui va de pair avec le désespoir, une volonté faible, velléitaire, la fatigue et l'ennui, et le nihilisme actif qui en appelle au contraire à la volonté, à l'énergie, à l'aventure, au risque, à l'action. Roquentin dans *La Nausée* appartient au nihilisme passif, alors que les grands personnages de Malraux, comme Garine (*Les Conquérants*) et Perken (*La Voie royale*), appartiennent au nihilisme actif. L'homme absurde du *Mythe de Sisyphe* mais aussi Mersault, Meursault (à la fin de *L'Étranger*), Caligula et Martha sont des nihilistes actifs. Rappelons que Camus parle du cycle de l'absurde dans sa production qui couvre essai, récit et théâtre, et introduit un deuxième cycle, celui de la révolte.

« Nihilisme » et « absurde », bien que de complexion analogue, ne se recouvrent pas. Le premier est plus large et désigne chez Nietzsche une réalité qui domine toute l'histoire de la pensée essentiellement occidentale, mais dont les conséquences ultimes n'apparaissent de manière aiguë qu'à la fin du XIXe siècle. Il est en somme une constante, il est vrai longtemps inconsciente, de l'histoire. Le second, chez Camus, se vit. C'est dire que ce n'est pas un concept. Il est un fait de sensibilité (le « sentiment de l'absurde »), une « passion » et un mal de l'esprit (la notion d'absurde) qui sont répandus, mais spécifiques à l'époque (la première moitié du XXe siècle). De même que Nietzsche entend décrire le nihilisme de manière clinique, le précipiter pour voir où il mène, éventuellement au-delà du nihilisme, Camus s'efforce de décrire l'absurde sous sa forme épurée, délivrée de sa gangue, pour voir s'il conduit logiquement au suicide. Dans *L'Homme révolté* d'ailleurs, après l'introduction, l'absurde est subordonné à la recherche plus générale sur le nihilisme et son dépassement. Il est donc une manifestation du nihilisme, lequel demeure, selon le Camus de la maturité, le mal à combattre : « Il n'y a pas un bon et un mauvais nihilisme », dira-t-il dans *Actuelles* II.

Malraux, Sartre et Camus appartiennent au nietzschéisme et s'ils déclinent le nihilisme et l'absurde à leur propre manière, la mort de Dieu (des valeurs, des idéaux) et l'absence de principe fondateur décrites par Nietzsche demeurent à l'origine de leur vision.

Roquentin, qui a découvert la contingence et qui considère que tout ce qui *existe* est « de trop » en ce qu'il ne peut être expliqué par un principe ou déduit de lui, au contraire des figures géométriques par exemple, a fait, à différentes occasions, l'expérience de la nausée, laquelle précède et colore la découverte de la contingence. Le recours au langage se heurte à l'irréductibilité de l'existant dont on peut décrire les fonctions de manière générale mais non saisir l'existence elle-même. Il note alors que la nausée vient de l'étreindre profondément : « Mais moi, tout à l'heure, j'ai fait l'expérience de l'absolu : l'absolu de l'absurde. Cette racine il n'y avait rien par rapport à quoi elle ne fût absurde [...]. Absurde, irréductible ; rien – pas même un délire profond et secret de la nature – ne pouvait l'expliquer. » L'expérience de l'absurde, liée à la nausée, mène à l'ennui, à l'abandon des recherches sur un personnage historique, à la conviction qu'il n'y a pas de « moments parfaits », qu'il n'y a pas d'aventures, pas d'action possible. La seule manière, peut-être, de justifier son existence – de

« [s]'accepter » – consiste pour Roquentin à écrire un livre, qui en tant que tel appartient, comme la mélodie de l'air de jazz, à un autre monde, au monde de l'art dont la cohérence et la dureté échappent à la contingence.

Camus a écrit au moment de sa parution une brève étude sur *La Nausée* dans *Alger républicain* (20 octobre 1938), à l'époque où il travaille au *Mythe de Sisyphe*, ce que manifeste le jugement porté sur le roman. Malraux y est d'ailleurs mentionné. Il emploie le mot « absurdité » deux fois et reproche ceci à Sartre : « Constater l'absurdité de la vie ne peut être une fin, mais seulement un commencement. » De même, il voit dans la fin du roman un espoir – ce que l'absurde doit en théorie exclure –, « celui du créateur qui se délivre en écrivant », espoir qu'il juge dérisoire. Mais il lui reproche surtout de croire que la vie est « tragique parce qu'elle est misérable », alors qu'elle l'est surtout parce qu'elle est « bouleversante et magnifique ». Autrement dit, l'absurde ne va pas nécessairement de pair avec l'ennui, la fatigue, l'absence d'aventure, le désespoir, mais aussi avec l'activisme et le bonheur. C'est toute la différence entre le nihiliste passif et le nihiliste actif.

Que l'absurde mène chez Camus au nihilisme actif ressort des écrits qui font partie du cycle de l'absurde. Mersault, Meursault, Caligula, Martha sont autant de protagonistes qui vivent après la mort de Dieu et qui usent leur énergie, parfois de manière presque suicidaire, à se rendre heureux, à atteindre l'impossible, tout en sachant que la finitude, l'opacité et la diversité du monde sont irréductibles. Les types de vie absurde décrits dans *Le Mythe de Sisyphe*, Don Juan, le comédien, le conquérant et le créateur ont en commun de vouloir vivre le plus, de multiplier leurs expériences, et, comme Sisyphe, il faut les imaginer heureux. La formule : « Créer, c'est ainsi donner une forme à son destin » correspond à ce à quoi tendent les héros de Malraux : être à l'origine de leur destinée.

Maurice WEYEMBERGH

Bibl. : Lev Braun, *Witness of Decline. Albert Camus : Moralist of the Absurd*, Rutherford, Fairleigh Dickinson University Press, 1974 • André Comte-Sponville, « L'absurde dans *Le Mythe de Sisyphe* », dans Anne-Marie Amiot et Jean-François Mattéi (dir.), *Albert Camus et la philosophie*, PUF, 1997, p. 159-172 • Luigi Fenizi, *La Condizione assurda : Albert Camus, il male e dio*, Rome, Bardi, 2005 • Annemarie Pieper (dir.), *Die Gegenwart des Absurden. Studien zu Albert Camus*, Tübingen, Francke Verlag, 1993 • Rainer Rutkowski, *Zwischen Absurdität und Illusion : Widersprüche und Kontinuität im Werk von Albert Camus*, Francfort, Haag und Herchen 1986 • Abraham Sagi, *Albert Camus and the Philosophy of Absurd*, Amsterdam et New York, Rodopi, 2002

ACAULT, Gustave. – Gustave Acault devient l'oncle de Camus en épousant Antoinette Sintès, la tante maternelle d'Albert. Moustache à crocs, tablier blanc et blouses à carreaux, toujours en casquette même dans sa boucherie, Acault soigne son personnage. Lyonnais de naissance, c'est un fin gourmet qui se targue de vendre de la viande française. Le savoir-vivre est plus important que le savoir-faire, confie-t-il à son neveu. Il tient à la fois du dandy et de l'orateur lorsque, sa matinée à la boucherie terminée, il traverse, majestueux, la rue Michelet pour se rendre à la brasserie de la Renaissance où il joue aux cartes avec le recteur d'Alger tout en régalant son public de souvenirs divers et d'opinions tranchées.

Gustave Acault est plus cultivé que la grande majorité des Algérois d'origine européenne. Contrairement à Catherine Camus, sa femme et lui savent tous deux lire et lui-même est un grand lecteur. Son neveu trouve dans sa bibliothèque éclectique les œuvres complètes non seulement d'Honoré de Balzac, de Victor Hugo, d'Émile Zola et d'Anatole France, mais aussi d'André Gide, de Paul Valéry et de Charles Maurras. Il parle souvent de littérature et de politique avec lui. Acault est voltairien et méprise le bourgeois. Franc-maçon, et parce qu'il rejette l'ordre et toute forme de gouvernement, il se proclame anarchiste. Croyant à l'homme universel, il pense que les musulmans réaliseront leur essence d'hommes en devenant français. Le mot « indigène » n'a rien de péjoratif dans sa bouche. En cela, il incarne une pensée très répandue parmi les Français d'Algérie, à l'heure où l'unanimisme colonialiste prévaut, à gauche comme à droite.

À dix-sept ans, atteint de tuberculose, Camus est hébergé rue du Languedoc, chez son oncle et sa tante. Il y mange chaque jour de la viande hachée, réputée soigner sa maladie. Pour la première fois de sa vie, il dispose de sa propre chambre, échappant ainsi à la promiscuité. Le jeune homme découvre alors le confort et des objets de valeur, grès flambés des Vosges, service de Quimper, etc. Sans enfants, le couple traite Albert en fils, au point de lui couper les vivres parce qu'il fréquente Simone Hié, ce qui le conduit à se réfugier chez son frère. Mais après son mariage, la réconciliation ne tarde pas. L'oncle caresse un temps le rêve de voir son neveu reprendre sa boucherie, puis l'imagine professeur. Quand il lui annonce sa mort, en 1946, Camus confie à Jean Grenier : « C'était le seul homme qui m'ait fait imaginer un peu ce que pouvait être un père. »

Marie-Christine Pavis

ACTEUR. – Dans une interview à *Paris-Théâtre* sur son expérience théâtrale, en août 1957, à la question : « À quoi devez-vous votre plus grande satisfaction ? », Camus répondait : « Aux acteurs. À l'Acteur, qui est le principal, le principe, l'âme incarnée du spectacle. Voir un acteur entrer dans son rôle, l'habiter, l'entendre parler de la voix même qu'on avait entendue dans le silence et la solitude, c'est la plus grande joie qu'on puisse rencontrer dans ce métier. » S'il exalte ainsi, athlète ou moine, l'acteur-roi dans la création théâtrale, comme l'ont fait beaucoup d'autres théoriciens et praticiens, la position de Camus sur cette question n'en est pas moins profondément originale parce qu'elle est au croisement d'une expérience concrète de la scène et d'une réflexion philosophique, sans que l'on puisse dire de façon certaine laquelle des deux a précédé l'autre.

De tous les éléments constitutifs de la représentation théâtrale, l'acteur est le seul réellement vivant, il participe au présent de l'événement dramatique. Sur ce statut particulier de l'acteur, Camus a bâti une réflexion qui appartient à sa philosophie de l'absurde. Dans la partie de son essai publié en 1942, *Le Mythe de Sisyphe*, qu'il intitule précisément, « L'homme absurde », il fait de l'acteur le « mime du périssable », appelé à remplir « son destin tout physique ». Le pouvoir de l'acteur en scène repose alors sur un paradoxe : avec sa présence physique il met fin au dualisme du corps et de l'esprit, et révèle ce que nous cachons habituellement : « La moitié d'une vie d'homme se passe à sous-entendre, à détourner la tête et à se taire. L'acteur est ici l'intrus. Il lève le sortilège de cette âme enchaînée et les passions se ruent enfin sur leur scène. Elles parlent dans tous les gestes, elles ne vivent que par cris. »

Cette réflexion philosophique s'articule chez Camus sur la « convention du théâtre », selon laquelle « le cœur ne s'exprime et ne se fait comprendre que par les gestes et dans le corps ». Mais si la connaissance passe par le corps, le paraître ne suffit pas pour que l'être se révèle, sinon il n'y aurait pas de différence entre deux comédiens interprétant le même personnage. Parce qu'il a joué lui-même très tôt, en particulier le rôle d'Ivan Karamazov, Camus savait que le talent distingue les meilleurs. La singularité profonde de l'acteur tient au fait qu'il travaille sur lui-même, son corps, sa voix mais également ses émotions. Le témoignage des comédiens qui ont travaillé avec Camus, lors de ses nombreuses mises en scène, montre qu'il n'était pas éloigné de Stanislavski lorsqu'il recherchait tous les moyens pour favoriser la fécondation intérieure d'où surgira la « vérité » du personnage. Lorsqu'il se livre avec générosité, à la recherche en lui d'une émotion véritable, « l'acteur est alors complètement nu, désarmé, bête. Camus avait beaucoup de respect et de tendresse pour lui à ce moment-là », selon le témoignage de Maria Casarès.

Jacques Le Marinel

ACTION. – Si Camus note dans *Actuelles* : « Mais le temps n'est pas au regret, il est à l'action », l'action n'est pas pour lui un but en soi. L'activisme, l'action pour l'action suscite en effet sa critique. À propos du national-socialisme, il remarque dans *L'Homme révolté* : « Les hommes d'action, lorsqu'ils sont sans foi, n'ont jamais cru qu'au mouvement de l'action. Le paradoxe insoutenable de Hitler a été justement de vouloir fonder un ordre stable sur un mouvement perpétuel et une négation. » Et d'ajouter : « Seule, l'action le tenait debout. Être pour lui, c'était faire. » Le dynamisme du mouvement ne pouvait conduire qu'à la défaite ou à la conquête progressive de la terre. Lénine, pour sa part, ne pouvait accepter d'attendre que la Russie atteigne le stade capitaliste et industriel pour y déclencher la révolution – « Il jette pardessus bord le fatalisme économique et se met à l'action. » Et à propos du communisme russe, l'écrivain algérois écrit : « L'action pour principe unique, le règne de l'homme pour alibi, [la révolte métaphysique] a déjà commencé de creuser son camp retranché, à l'est de l'Europe, face à d'autres camps retranchés. » La vie organisée en colonne, spécifique au nazisme – colonne qui détruit tout sur son passage avant de se détruire elle-même –, fait place, chez Lénine, à l'action révolutionnaire libérée de ses formes sentimentales et confondue avec la stratégie. Le doctrinaire russe en appelle au révolutionnaire professionnel : l'action est son travail.

Si le lien de la politique à l'action est étroit, celle-ci est bien plus large que celle-là. À côté de l'action collective, il y a en effet l'action individuelle. C'est, à leur niveau le plus haut, la différence entre l'aventurier et l'homme politique : l'aventurier peut s'engager dans une action politique mais pour y assouvir des passions purement personnelles ; l'homme politique ne peut assouvir ses passions que par le truchement de l'engagement collectif. Le conquérant, qui est dans *Le Mythe de Sisyphe* un des exemples de vie absurde, est plus un « aventurier » – le mot est d'ailleurs employé – qu'un homme politique. Dans les *Carnets* de Camus figure la remarque suivante : « L'aventurier. A le sentiment net qu'il n'y a plus rien à faire en art. Rien de grand ou nouveau n'est possible – dans cette culture d'Occident du moins. Il ne reste que l'action. Mais qui porte une grande âme n'entrera dans cette action qu'avec désespoir. » Et plus loin : « La politique et le sort des hommes sont formés par des hommes sans idéal et sans grandeur. Ceux qui ont une grandeur en eux ne font pas de politique. Ainsi de tout. Mais il s'agit maintenant de créer en soi un nouvel homme. Il s'agit que les hommes d'action soient aussi des hommes d'idéal et les poètes industriels. Il s'agit de vivre ses rêves – de les agir. Avant, on y renonçait ou s'y perdait. Il faut ne pas s'y perdre et n'y pas renoncer. » En somme, l'homme d'action peut se décliner en aventurier ou en homme politique.

La notation « agir ses rêves » nous renvoie au théâtre de l'écrivain, théâtre qui est d'ailleurs pour Hannah Arendt l'art politique par excellence, la manière de faire revivre, de réactualiser les actions individuelles ou collectives. Martha et sa mère dans *Le Malentendu* recourent, sur le plan individuel, au meurtre pour réaliser leur rêve. Quant à *Caligula*, il s'agit d'un personnage historique transfiguré, il est vrai, pour les besoins de la pièce ; de par sa fonction impériale, il ne peut « agir ses rêves » que dans l'univers politique. Avec *Les Justes*, enfin, dont la dimension historique est plus marquée, le théâtre fait revivre un drame qui s'est joué dans un passé récent : comment concilier l'action terroriste avec la justice. Le théâtre, genre littéraire que Camus dit préférer, donne l'occasion à l'auteur et à l'acteur – le comédien est pour l'écrivain un exemple de personnage absurde – d'imaginer (de reconstruire) et de jouer une action. L'action s'y cantonne cependant au plan fictif.

L'action individuelle ou collective, à laquelle il est impossible de se soustraire – le refus d'agir est une forme d'action qui ne suscite pas moins de conséquences que son acceptation –, fait naître chez Camus une interrogation de moraliste : « Ce qui m'intéresse, c'est de savoir comment il faut se conduire. Et plus précisément comment on peut se conduire quand on ne croit ni en Dieu ni en la raison. » Cette interrogation conduit à la recherche d'une règle d'action aussi bien au niveau de l'absurde que de celui de la révolte. Le côté dramatique de l'interrogation est dû au fait que l'action risque constamment de déboucher sur la violence : ce n'est pas un hasard si Camus a choisi de traiter du suicide, du meurtre et de la peine capitale. Il est à la recherche d'une règle d'action qui serait valable dans ces situations extrêmes ; il renforce encore le besoin et l'urgence d'une réponse en analysant des théories qui libèrent l'action de toutes ses limites : celle qui affirme que « tout est permis » et celle qui décrète que « la fin justifie les moyens ». La première est la conséquence de la mort de Dieu et de l'absurde ; le Camus du *Mythe de Sisyphe* a peu à lui opposer, sinon la règle d'action absurde qui est purement formelle : maintenir les commandements absurdes, maintenir l'opposition entre le désir d'unité et de transparence de l'homme contre la diversité et l'opacité du monde. Elle exclut néanmoins le suicide. C'est dans *Lettres à un ami allemand* et dans la première partie de *L'Homme révolté* qu'il analysera les difficultés de la position absurde. Il s'en prendra dans les parties suivantes aux idéologies qui se réclament du machiavélisme en montrant que la fin la plus sublime se dégrade par le recours à des moyens douteux. L'écrivain souligne qu'il n'est pas sûr d'ailleurs que ces moyens permettront de réaliser cette fin : aucune théorie de l'action, aussi radicale soit-elle, ne délivre de l'indétermination du futur. Camus en appelle à une règle d'action qui énonce que la fin aussi doit être justifiée : « La fin justifie les moyens. Cela est possi-

ble. Mais qui justifiera la fin ? À cette question, que la pensée historique laisse pendante, la révolte répond : les moyens. »
Maurice WEYEMBERGH

ACTUELLES. – Paru chez Gallimard avec un exergue nietzschéen et dédié à René Char, *Actuelles. Chroniques 1944-1948* est un ensemble de textes et d'articles écrits de 1944 à 1948 puis choisis, pour être rassemblés sous forme de volume dans une série ouverte, cela à une époque où les problématiques soulevées agitent encore très fortement la société française, européenne et mondiale. Si le premier texte recueilli est daté du 24 août 1944, moins de deux ans séparent le dernier éditorial de la parution effective du florilège. Faussant la chronologie annoncée, « Dialogue sur le dialogue » date même de 1949. Au nom de la mesure aimée, parfois appelée ici « modestie », Camus refusa toujours de jeter de l'huile sur le feu, mais certains sujets et leurs prolongements sont encore brûlants dans le domaine de la politique, intérieure ou pas.

Le titre, nietzschéen lui aussi, indique que le propos de ces textes variés (éditoriaux en majorité, mais aussi allocutions, interviews, polémiques) mais habités d'une semblable fermeté de ton, est de se situer en prise directe avec une époque en tous points remarquable (en termes camusiens, une « époque intéressante ») dans laquelle l'histoire française ou européenne, mondiale, voire planétaire, s'emballe. La bombe atomique, le début de la guerre froide, le coup de Prague sont quelques repères. C'est avec cette histoire brutale, marquée par des crises récurrentes, des convulsions violentes, que le propos de Camus, jamais réactionnaire mais toujours extraordinairement réactif, entre en résonance. Comme il y eut la « Maison devant le Monde », l'écrivain est à présent devant l'histoire immédiate en train de se faire, parfois loin du contrôle des hommes et de la raison. *Actuelles* est bien un face-à-face de Camus journaliste et éditorialiste avec l'histoire, que l'anthologie, sans que le recul soit toujours possible, tente de comprendre en y défendant avec ferveur et lucidité un ensemble de valeurs toutes apparentées à la notion primordiale de morale, étrangère par nature à celle de moralisme. Ces textes sont – au meilleur sens – des écrits de circonstance. Un témoignage. Un bilan. Pour le dire avec Camus dans son avant-propos et son projet de préface, *Actuelles* « résume l'expérience d'un écrivain mêlé pendant quatre ans à la vie politique de son pays ». Embarqué, Camus est extrêmement attentif à tous les problèmes de l'après-guerre.

Il s'agit pour l'auteur de défendre *in actu* une part essentielle de l'homme, avec laquelle il est impossible de transiger. Le propos est inséparable de l'aventure humaine et collective unique du journal *Combat*, né dans la clandestinité (décembre 1941) et dont Camus toujours garda la nostalgie. *Actuelles* réunit trente-six textes d'abord écrits pour ce journal dont ils donnent un portrait en creux. Camus y aborde les problèmes quotidiens, ceux de la vie de tous les hommes, ses compatriotes ou non, en y faisant dialoguer des couples d'opposition tels que morale et politique, pessimisme et courage, victimes et bourreaux, incroyance et christianisme, démocratie et franquisme. L'homme en « situation » y réagit au monde. Les idées ne sont pas inaugurales : la matière première, densément humaine, est l'histoire de tous. Itinéraire intellectuel, *Actuelles* mène avec clarté et résolution le lecteur au cœur même des grands débats, parfois violemment contradictoires, qui opposent – plus rarement, réunissent – les grands écrivains du temps. Se méfiant de l'abstraction vaine et des débats d'idées stériles, le texte va de pair avec une certaine image de l'écrivain. Il pose même un jalon dans l'histoire de la construction de l'image de l'intellectuel en France. Les impératifs de révolte, de justice, de générosité, de tolérance et de liberté sont déjà à l'œuvre. Souvent polémiques, ces textes portent sur des thèmes aussi variés que la morale, la religion, le rôle de l'artiste, précisé dans *Actuelles* II. Ils permettent autant de retrouver l'air d'un temps dont ils proviennent et auquel ils répondent que d'éclairer le lecteur sur les enjeux fondamentaux de l'époque. La « perte de quelques illusions » s'accompagne du « renforcement d'une conviction plus profonde ».

Réfléchissant sur la composition de l'ensemble, chronologique et non géographique comme pour *Actuelles* III, et sur laquelle il s'explique dans l'avant-propos, Camus, afin de renforcer la lisibilité de ses textes, prend soin de regrouper la matière journalistique en douze sous-ensembles de plusieurs textes, parfois un seul, aux surtitres explicites : *La Libération de Paris* (3 textes), *Le Journalisme critique* (3), *Morale et Politique* (11), *La Chair* (5), *Pessimisme et Tyrannie* (2), *Ni victimes ni bourreaux* (8), *Réponses à Emmanuel d'Astier de La Vigerie* (2), *L'Incroyant et les Chrétiens* (1), *Trois interviews* (3), *Pourquoi l'Espagne – Réponse à Gabriel Marcel* (1), *Le Témoin de la liberté* (1). À même l'histoire (« Paris fait feu de toutes ses balles dans la nuit d'août »), *La Libération de Paris*, avec son lyrisme retenu et une presque impossible mesure, se méfie, justement, de l'illusion lyrique. À la fin de « quatre années d'une histoire monstrueuse et d'une lutte indicible » qui ont été « les années de la fraternité », on s'achemine vers une liberté de l'homme, la justice, la morale, la grandeur. Camus, avec si peu de recul, introduit les universaux. Cet accès est impossible sans une requalification de « quelque chose que je connais bien et qui me tient à cœur » (le journalisme, désormais critique). La guerre a rendu impossible la presse honteuse de 1940 à 1944 mais aussi la survivance d'une forme d'écriture journalistique aux formules périmées, à la rhétorique excessive ou de midinette – le sensationnalisme. La prise de Metz ne se résume pas en effet à l'arrivée de Marlène Dietrich sur un char. « Afin de redonner à un pays sa voix profonde », l'enquête journalistique porte sur le journalisme lui-même et en appelle à « une presse claire et virile, au langage respectable ». Des temps neufs réclament non des mots nouveaux mais « des dispositions nouvelles de mots », de vrais articles de fond, des « règles de conscience », un « devoir de réflexion et de scrupule », une autocritique à laquelle Camus se livre lui-même. L'énergie doit l'emporter sur la haine, la fière objectivité sur la rhétorique creuse, l'humanité sur la médiocrité. La réflexion morale est introduite même avant le plus long sous-ensemble, *Morale et Politique*.

Celui-ci entend « construire la justice dans le plus injuste des mondes et sauver la liberté de ces âmes vouées à la servitude dès leur principe ». Rien n'est possible sans la morale. Il s'agit – les termes résument le livre – d'« introduire le langage de la morale dans l'exercice de la politique ». À la différence de ce que pense Goethe, l'ordre ne s'oppose pas à la justice. Et le pape Pie XII n'a rien dit des exactions nazies : « nous aurions voulu que le pape

[…] dénonçât ce qui était à dénoncer ». Répondant à un discours de Pierre-Henri Teigen ou à un article de Jean Guéhenno, Camus se heurte à présent à François Mauriac (« M. Mauriac me jette le Christ à la face ») qui préfère à la justice des hommes la charité divine. L'ensemble dresse un constat sans concession de la France d'après-guerre, celle d'une épuration « manquée » et « déconsidérée ». L'article le plus brillant, du 8 août 1945, est consacré à Hiroshima. Alors que la presse, unanime, célèbre la victoire sur le Japon, marquant la fin imminente du conflit, Camus perçoit « les perspectives terrifiantes qui s'ouvrent à l'humanité » : « la civilisation mécanique vient de parvenir à son dernier degré de sauvagerie », nous intimant au plus intime (la conscience) « l'ordre de choisir définitivement entre l'enfer et la raison ». Ces lignes donnent idée de la juste distance qu'adopte l'écrivain dans *Actuelles* : dans le souffle de l'histoire, ici celui de la bombe A, il s'interroge sur les conséquences de celle-ci sur l'avenir des hommes. Ce texte qui dit souvent « je » est souvent celui du *nous*. Pour sa part, *La Chair*, appelant aux « mots de l'espérance », s'émeut du sort du résistant René Leynaud, de la jeunesse française et des déportés qui n'ont pas retrouvé les leurs, juste image d'une « époque de la séparation ». *Pessimisme et Tyrannie*, quant à lui, appelle au courage par « le sang de l'esprit », à la « défense de l'intelligence », s'arquant sur cette force intime de « ne rien céder à la violence et aux passions aveugles ». La haine est sa pire ennemie. *Deux ans après*, qui marque une césure de la collaboration à *Combat*, propose des éditoriaux de 1947 et reprend, amplifie des motifs proposés en amont : une modestie salutaire, la soif d'un ordre international et, toujours, la haine de la haine. Il introduit, fait place à de nouveaux thèmes : la renaissance possible du racisme, le souhait d'une Allemagne pacifiée, et aussi, avant *Actuelles* III, la dénonciation de la « méthode répressive » en Algérie.

L'important ensemble *Ni victimes ni bourreaux* (novembre 1946), cœur vibrant du volume et manifeste antitotalitaire, va le plus loin dans ses implications. Camus y écrit le terrorisme et l'histoire, son refus inconditionnel de légitimer le meurtre et la violence, ainsi que la nécessité accrue de maintenir le dialogue entre les hommes et entre les peuples. L'auteur a pris de la hauteur – mais pas de surplomb, du recul. Il a voyagé, changé et échangé. La clarté de l'expression de textes retravaillés de près va dans le sens d'une libération de l'homme ne pouvant se satisfaire des « utopies absolues », des « idéologies meurtrières » alors que l'histoire s'accélérant réclame « la fin des idéologies », expression née sous la plume de Camus et non sous celle de Raymond Aron. Le stalinisme triomphant, qui incarne tant l'espoir d'alors, est « le socialisme mystifié », le totalitarisme ; il n'appartient pas à l'avenir, mais au XIXe siècle ; cru novateur, il est obsolète. Il a fait et défait son temps. La fin ne justifie pas des moyens tels que la violence démesurée, les camps, la torture : autant d'affronts faits à l'homme. À l'inverse, une « pensée politique modeste », débarrassée de messianisme et de la nostalgie du paradis perdu, moins coûteuse en hommes, est possible. *Ni victimes ni bourreaux* contient des enjeux qui sous-tendront notamment l'écriture d'œuvres comme *La Peste* (Rambert a l'attitude du journaliste camusien), *Les Justes* ou *La Chute*, et marque l'irréversible rupture d'un « Juste » avec le communisme stalinien, l'impossibilité physique de tolérer le fait concentrationnaire, thèmes aussi de *L'Homme révolté* contemporain. Il porte en creux la solitude brûlante de l'auteur dans la décennie 1950, époque lors de laquelle le monde se remodèle. Les réponses à d'Astier de La Vigerie comportent une phrase devenue fameuse (« je n'ai pas appris la liberté dans Marx. Il est vrai : je l'ai apprise dans la misère ») et la dénonciation du « vrai crime contre la conscience européenne », à savoir « le maintien de Franco en Europe ». L'Est n'a pas le monopole des dictatures.

Camus est le témoin d'une accélération démente de l'histoire et de la technique (« le monde va vite ») qui rend le frileux repli sur soi impossible, suicidaire. La politique française s'en tient à l'Hexagone, à une sacro-sainte souveraineté nationale pourtant démentie par le cours des choses d'un monde désormais sans îles, aux frontières mouvantes. À une époque où la France, même divisée, vient de se reformer, Camus prône un élargissement. Les lignes ont bougé, les accents se sont déplacés. Avant même la construction de l'Europe communautaire, la relativisation de la politique intérieure s'accompagne d'une vision quasi prophétique : celle d'un monde nouveau. Internationaux, les problèmes majeurs demandent des résolutions à même échelle (« une crise qui déchire le monde entier doit se régler à l'échelle universelle »). Le nouvel ordre sera international ou ne sera pas. Utopie assumée, il s'appuiera sur les peuples et non sur les gouvernements. Contemporains de l'ONU et de la Déclaration universelle des droits de l'homme, les textes font appel à une démocratisation, s'appuyant sur une chambre des peuples mais aussi sur une abolition universelle de la peine de mort. Camus apportera bientôt son soutien à Garry Davis, autoproclamé premier citoyen du monde. Les textes d'*Actuelles* cristallisent l'ensemble des réflexions de leur auteur à l'époque.

La fin de *Ni victimes ni bourreaux*, dont le titre même indiquait la possibilité d'une troisième voie, permet de mesurer le chemin parcouru, de l'histoire de Paris à celle du monde, de la France de 1944 à celle, si différente, de 1947. À la parution, l'émoi est considérable, les soutiens manquent. Jean-Paul Sartre est encore silencieux. Les communistes, membres du premier parti de France, ont clairement identifié un adversaire idéologique pugnace et obstiné auquel ils reprochent en chœur de fuir le politique pour se réfugier dans la morale. Également publiés dans *Actuelles*, les deux réponses au « compagnon de route » Emmanuel d'Astier de La Vigerie élargissent le cadre formel du recueil et restituent la dureté polémique d'un débat portant sur le sens même du monde. Si mesuré, le ton est ici virulent. On croit entendre la voix en colère de Camus, l'acmé du livre : les camps appartiennent aussi bien à l'appareil d'État communiste qu'à ce qui fut son équivalent allemand. Plus rien ne sera comme avant.

Les textes d'*Actuelles* sont loin d'être une collection d'éditoriaux. Certains ont la valeur d'un essai de philosophie politique et la qualité d'expression, la concision et le sens de la formule d'une œuvre littéraire, ce qu'ont souligné ses contemporains et parfois ses opposants. « Les éditoriaux de Camus, écrit Raymond Aron, jouissaient d'un prestige singulier : un véritable écrivain commentant les événements du jour. » Si, trop liés au temps de leur rédaction, des textes ont vieilli, ces pages « d'une si belle tenue » (Wladimir d'Ormesson) ont participé au redressement de la France. À l'heure d'une mondialisation problématique, ces pages civiques écrites par « la voix la mieux timbrée » (André Breton) éclairent bellement un aujourd'hui aux utopies défuntes. *Actuelles* illustre la pensée et la parole publique d'un avisé commentateur de l'après-guerre et participe, écrit Jacqueline Lévi-Valensi, de « son étonnante résonance dans la conscience contemporaine ».

Pierre GROUIX

Éd. : Gallimard, 1950 • *Essais*, Gallimard, coll. « Bibl. de la Pléiade », 1965 • Gallimard, coll. « Folio essais », 1996 • *Œuvres complètes*, t. II, Gallimard, coll. « Bibl. de la Pléiade », 2006, éd. par Philippe Vanney

Trad : en anglais, catalan, croate, espagnol, italien, japonais et portugais

Bibl. : *Camus à* Combat : *éditoriaux et articles d'Albert Camus, 1944-1947*, édition établie, présentée et annotée par Jacqueline Lévi-Valensi, *Cahiers Albert Camus*, n° 8, Gallimard, 2002 • Jeanyves Guérin (dir.), *Camus et le premier* Combat *(1944-1947)*, Éditions européennes Érasme, 1990

***ACTUELLES* II**. – Publié en 1953, le deuxième tome des *Actuelles* reprend le cadre formel du premier, qu'il élargit à la période 1948-1953. Il s'agit là aussi, sur cinq ans, d'une sélection faite par Camus de ses interventions publiques, écrites comme orales, qu'il s'agisse d'éditoriaux, d'entretiens, de polémiques, de préfaces, de lettres-réponses ou d'allocutions prononcées lors de meetings, ce qui permet de retracer, dans son évolution vivante, le parcours de sa pensée politique. Son cap.

S'il est un thème dominant, déjà présent dans les chroniques des *Actuelles* toutefois davantage consacrées à la morale, et approfondi ici, c'est celui de la révolte, qui jalonne la période des *Justes* mais surtout de *L'Homme révolté*, vrai protagoniste de ces pages, pas seulement en tant que contenu mais aussi comme déclencheur d'un cataclysme idéologique dont la polémique avec le Jean-Paul Sartre des *Temps modernes* est la manifestation cuisante. Une lecture en miroir est donc possible entre ce tome des *Actuelles* et un essai qui fit tant de bruit. Camus précise même certaines de ses intentions ou corrige des lectures tendancieuses de son propos. La lecture de ces chroniques permet aussi bien de se replacer dans le contexte immédiat de la guerre froide que de connaître le climat politique et social de l'époque. Par définition, ces textes qui épousent leur époque en donnent une image fidèle et impartiale, et ce alors que la date leur publication suit de plus près cette fois celle de leur rédaction. Il est une relation de cause à effet entre l'histoire en train de se (dé)faire et ces textes, dont Camus écrit dans son avant-propos que « l'événement presque toujours les a suscités ». Si la révolte est son cœur, un thème vu en amont prend une importance cardinale, attestée au même moment dans les notes des *Carnets* : le rôle, la place de l'artiste et d'une création vivante préférable à tous les nihilismes. « Une morale est possible et elle coûte cher », d'autant plus que l'homme, plus que jamais à la croisée des chemins, est placé face à une alternative : « la destruction ou un monde de valeurs et d'œuvres ». L'œuvre est le contraire même de la destruction. Historiquement, la période est marquée entre autres par la guerre de Corée, les troubles coloniaux au Maroc, la mort de Staline et l'affaire Rosenberg.

Comme Camus a pris du champ par rapport à *Combat*, qu'il n'a plus de tribune attitrée, il a élargi le nombre des publications dans lesquelles il signe. Il intervient désormais dans *Caliban*, *Arts*, *Le Progrès de Lyon*, *Le Libertaire* ou *Franc-Tireur*. Dans le cas, fréquent, de réponses – l'une des formes d'une réactivité si fréquente dans *Actuelles* –, Camus ne s'adresse pas à l'auteur de l'article mais directement au rédacteur en chef de la publication, qu'il tient pour moralement responsable d'avoir validé le contenu des textes qu'il a publiés. Si le livre est plus court que le précédent, ici encore les textes – seize – ont été regroupés en sous-ensembles, avec un soin accru apporté à la cohérence thématique qui permet de placer en perspective leur contenu. Ces groupements, limités à trois, sont plus conséquents et semblent les chapitres d'un livre : *Justice et Haine* (4 textes), *Lettres sur la révolte* (7), *Création et Liberté* (5). Alors que la justice établit une liaison avec *Actuelles*, la révolte – inséparable de l'essai incriminé – est désignée comme le cœur du propos, tandis que l'art est identifié comme vecteur d'avenir.

Justice et Haine s'ouvre sur une préface évoquant l'épisode de l'*Exodus*, au cours duquel, en 1948, des Juifs gagnant la Palestine ont été tenus, par la faute d'Européens pharisiens, de rebrousser chemin. Le texte suivant évoque l'impossibilité de mêler une telle attitude avec la justice. Même constat désabusé et même tristesse dans la lettre-préface à *Devant la mort*, de Jeanne Héon-Canonne, dont le mari a été déporté. Trois ans après la fin du conflit, Camus fustige ceux qui ont la mémoire courte ainsi que « les ricanements qui entourent aujourd'hui tout ce qui touche à ce qu'on a appelé la résistance ». Dans l'interview *Servitudes de la haine*, ensuite, il établit un constat désabusé : la grande majorité des journaux mentent plus ou moins consciemment, et l'Europe, tenue pour le berceau de l'humanisme et le conservatoire des arts, a vu soixante-dix millions de ses fils tués ou déplacés, devenant de ce fait « l'ignoble Europe ». Face à ces forces délétères, dans une formule qui allie raison et sentiment, la « vérité est à construire, comme l'amour, comme l'intelligence ».

« De tous les jours, l'injustice est la vraie révolte » établissait le dernier texte de la section précédente, ménageant une transition vers le cœur du débat, les *Lettres sur la révolte*, ensemble de réponses à des commentaires de la lecture de *L'Homme révolté*. Le moins que l'on puisse écrire est que l'essai n'est pas passé inaperçu. Exerçant un droit de réponse, Camus entend corriger les perspectives et défendre son texte-emblème contre les lectures erronées, voire tendancieuses, tournant parfois autour d'une simple phrase. Datant d'octobre et de novembre 1951, publiées dans *Arts*, deux lettres s'en prennent à André Breton, que Camus voyait pourtant comme le seul à parler d'amour dans « la chiennerie de son temps », qui l'ignore, alors que le pape du surréalisme louait pour lui la qualité d'écriture, selon lui si reconnaissable, de l'éditorialiste de *Combat* ! Dans un chapitre de l'essai, Camus avait osé s'en prendre à Lautréamont, écrivain placé au plus haut par Breton. Tout en soulignant « l'inconséquence violente de sa réaction », mais aussi en minorant l'apport d'Isidore Ducasse à la littérature, Camus note que « M. Breton refuse d'être étudié, il nie la contradiction et veut n'avoir pas cessé d'être cohérent ». L'épisode entraine une brouille entre deux hommes jusque-là reliés par l'estime. Il indique que les critiques peuvent venir de partout. Quant à l'*Entretien sur la révolte*, conduit avec Pierre Berger, il réfute le temps du désarroi et examine les quatre conditions auxquelles les intellectuels peuvent défaire le mal qu'ils ont fait. Pour échapper au nihilisme, le siècle doit retrouver sa fidélité et se défier de l'idéologie « qui substitue à la réalité vivante une succession logique de raisonnements ». Datant de mai 1952, *Révolte et romantisme*, évoquant Bakounine, précise le but de l'essai – « Mon projet dans *L'Homme révolté* a été constant : étudier une contradiction propre à la pensée révoltée et en rechercher le dépassement » – tout comme il élucide la position de Camus dans le débat intellectuel. Foin de la hauteur supposée d'un censeur, voire de la hauteur castillane : « Rien ne m'autorise à juger de haut une époque dont je suis tout à fait solidaire. » Camus se refuse à « ajouter à l'insupportable malheur du monde », mais cherche à ouvrir des portes. *L'Homme révolté* est tendu vers un idéal de renaissance.

De toutes les attaques, aucune n'a eu la virulence, et la portée, de celle des existentialistes, figures hégémoniques de la vie intellectuelle germano-pratine, parisienne et française. Le directeur des *Temps modernes* à qui la réponse est donc adressée, n'est autre que le premier intellectuel du pays, parlant d'autorité mais déléguant l'attaque à Francis Jeanson (« votre collaborateur »). À elle seule, cette lettre du 30 juin 1952, dont la longueur démesurée donne une image de la blessure infligée, constate la fracture historique entre Camus et Sartre, fait majeur de l'histoire intellectuelle française du siècle. Même rétablissement des perspectives (« le livre ne critique pas l'histoire mais l'histoire comme absolu »), même maniement de l'ironie – l'envers de la blessure –, mêmes précisions (« son attitude sert objectivement la réaction »). L'existentialisme est clairement inféodé à l'histoire. Ce texte, le plus important des trois tomes d'*Actuelles*, change l'homme Camus, l'atteint d'une blessure qu'il tentera d'exorciser en y répondant, dans le domaine de la fiction, par l'ironie généralisée de *La Chute*.

Hors de l'Hexagone, « L'Espagne et la culture » – titre ironique –, dans l'ensemble *Création et Liberté*, dénonce le scandale de la présence de l'Espagne franquiste à l'Unesco, « temple bien chauffé de la culture et de l'éducation ». Cette Espagne-là n'est pas celle de Cervantès et d'Unamuno, « Espagne de l'amour ». L'inscription du franquisme a exclu *ipso facto* l'organisme – quoi que disent les initiales de son sigle – du monde culturel : « Oui, dès l'instant où Franco est entré à l'Unesco, l'Unesco est sortie de la culture universelle. » Une dictature à l'Ouest est possible, comme elle est avérée à l'Est. « Le pain et la liberté », ensuite, est le texte d'une allocution prononcée à la Bourse du travail de Saint-Étienne qui revient sur la « brebis galeuse » Franco et établit l'impossibilité de scinder justice et liberté. D'un paragraphe à l'autre, l'idée de liberté est creusée, approfondie : « Mais la liberté n'est pas faite d'abord de privilèges, elle est faite surtout de devoirs. » Elle n'est pas un legs reçu mais une acquisition, « un bien que l'on conquiert tous les jours, par l'effort de chacun et l'union de tous ». « L'artiste et son temps », enfin, dernier texte de cet ensemble, a une forme spécifique, celle d'un montage de réponses rapportées à des journalistes. Surtout, le thème qui, plus encore que la révolte dont il est une expression, est au centre de la pensée du Camus de l'époque, y est introduit : la création. La place finale de ce texte le met en relief. Comme si le mouvement de ces *Actuelles*, avec son rythme, ses ruptures de ton, aboutissait à cette idée.

Vers 1953, Camus, qui envisagera pourtant à la fin de sa vie un tome IV des *Actuelles*, mais aussi en se mettant en accord avec ses textes, se rend compte à quel point ces écritures du temps l'empêchent de créer, combien l'interminable polémique lui prend un temps précieux. C'est le sens de cette note conjuratoire d'octobre 1953 qui assimile les *Actuelles* à un inventaire, mais aussi au contraire de la création : « L'inventaire est terminé – le commentaire et la polémique. Désormais, la création. » Pierre GROUIX

Éd. : Gallimard, 1953 • *Essais*, coll. « Bibl. de la Pléiade », 1965 • *Œuvres complètes*, t. III, Gallimard, coll. « Bibl. de la Pléiade », 2008, éd. par Raymond Gay-Crosier, Philippe Vanney et Maurice Weyembergh

Trad. : en espagnol, italien et japonais

***ACTUELLES* III.** – *Voir* CHRONIQUES ALGÉRIENNES

ADAPTATIONS CINÉMATOGRAPHIQUES. – La première rencontre du cinéma avec l'œuvre de Camus date des années 1950. Deux projets autour de *L'Étranger* et de *La Peste* voient alors le jour, initiés par un cinéaste ayant auparavant déjà bousculé les usages de l'adaptation : Jean Renoir. Dans sa *Correspondance*, en 1950, Renoir apparaît ainsi enthousiaste, exposant brièvement ses intentions à Gérard Philippe auquel il songe à confier le rôle de Meursault. Il envisage son film imprégné de « l'espèce d'ironie amère » décelée chez Camus et entend à cet effet privilégier les détails cocasses qui ont marqué sa lecture et non une vision tragique du roman. Le projet avorte essentiellement pour des raisons financières ; il en va de même pour l'adaptation de *La Peste* que Renoir souhaite réaliser à la même époque avec Charles Boyer. C'est finalement Luchino Visconti (1906-1976), un autre maître de l'adaptation, qui porte *L'Étranger* à l'écran en 1967, trois ans après *Le Guépard*.

Qualifié par son auteur de « fils né avec des limites », le film connaît une genèse chaotique. Dans une première mouture du scénario corédigée avec Emmanuel Roblès et Georges Conchon, Visconti opte pour une lecture politique du texte, imposant l'image d'un Camus visionnaire. Le réalisateur italien avait effectivement acquis la conviction que son adaptation devait faire affleurer le sens latent du roman que cristallisait à ses yeux le meurtre de l'Arabe, expression de la « terreur du pied noir grandi sur cette terre, qui se sent de trop, qui sait qu'il va devoir partir en la laissant à qui elle appartient ». Pour des raisons extérieures à sa volonté, il abandonne cet angle d'approche au profit d'une adaptation beaucoup plus neutre qu'il ne l'avait souhaitée. Un autre événement contrarie ses desseins initiaux : le veto qu'oppose son producteur à la participation d'Alain Delon. Alors qu'il considère que seul son acteur fétiche peut incarner Meursault, il doit se résoudre à le remplacer par Marcello Mastroianni. De cette genèse chaotique est issue une adaptation scrupuleuse du roman. Sur le plan narratif, le film épouse la trame de l'intrigue romanesque et, afin que subsistent des traces de la narration subjective, Visconti introduit le commentaire de Meursault en « voix off ». Il en motive l'usage par une confrontation entre Meursault et le juge dans le premier plan, procédé qui assimile une partie du film à un long retour en arrière. Comme pour l'ensemble des dialogues, le commentaire reprend presque terme à terme le roman. Reconstitution minutieuse de l'Alger de Meursault, figuration à l'écran des nombreux détails mentionnés dans le roman, ce respect à la lettre du texte de Camus concerne également les passages descriptifs. Une si grande déférence à l'égard de *L'Étranger* a été assimilée par la majorité des critiques à un singulier manque d'audace. Ce n'est pas le seul reproche adressé au cinéaste. On l'accuse dans le même temps d'avoir trahi le roman en ayant figé la représentation de Meursault dans les traits trop connus de Mastroianni. Si l'on consent à sortir de l'alternative entre fidélité et trahison, l'adaptation de Visconti ne mérite pas un tel opprobre. On est ainsi frappé par la manière dont le réalisateur travaille l'expression cinématographique de l'étrangeté. Les changements d'échelle de plan parfois brutaux, la brume de la lumière qui estompe les contours des silhouettes rendent problématique l'inscription du corps dans l'espace. L'utilisation récurrente des raccords sur le regard contribue quant à elle à faire de Meursault une pure surface réceptive, attentive aux multiples vibrations lumineuses et kinésiques que lui offre son environnement. Enfin, avec leur visage en gros plan, des figures tels la petite femme de chez Céleste ou les Arabes croisés par Meursault s'imposent comme des présences silencieuses et énigmatiques.

Il faut attendre 1992 et la sortie de *La Peste* du cinéaste argentin Luis Puenzo né en 1946) pour qu'un roman de Camus réapparaisse sur le grand écran. Dans l'ensemble, cette coproduction internationale suit l'armature de l'intrigue romanesque. On y retrouve les différentes étapes marquant l'évolution de l'épidémie et les principaux événements ponctuant la trajectoire des personnages. Mais, contrairement à Visconti, Puenzo a considérablement remanié le texte de départ. Bien que les noms des protagonistes soient conservés, une modification de taille intervient dans le système des personnages. Toujours journaliste, Rambert devient une femme, prénommée Martine, qui a pour assistant Tarrou, transformé en cameraman. Le cinéaste accentue la noirceur de Cottard auquel il attribue un passé de tortionnaire. Plus nettement que chez Camus, celui-ci influe sur la trajectoire des autres personnages. Il fait interner Martine dans le stade où sont regroupés les malades puis provoque la mort de Tarrou, qui avait guéri de la peste, par arme à feu. Un tel infléchissement du roman est très révélateur de la logique ayant présidé à l'adaptation, une logique relevant amplement du spectaculaire. On la voit à l'œuvre dans d'autres changements introduits par le film. Paneloux, notamment, ne meurt plus dans son lit, mais se fait enterrer vivant aux côtés du fils d'Othon. Quant à Rieux, il inspire des sentiments ambigus à Martine Rambert. La présence d'une distribution prestigieuse rassemblant quelques vedettes comme William Hurt dans le rôle de Rieux ou Sandrine Bonnaire dans celui de Rambert n'est pas étrangère à ces modifications. Elles ont suscité chez la critique une levée de boucliers unanime. Celle-ci s'est toutefois montrée plus intéressée par la transposition spatio-temporelle dans une Amérique du Sud contemporaine. Dans le prolongement de son film *L'Histoire officielle*, Puenzo propose une lecture politique du roman, évoquant la dictature argentine. Avec des décors angoissants, une lumière gris bleutée glauque loin du doré d'Oran, le réalisateur réactualise le motif de l'enfermement qui parcourt le roman. Aussi le film gagne-t-il surtout à être appréhendé comme un document révélateur d'un certain mode de réception du roman de Camus. Près de cinquante ans après la première tentative de Renoir, le grand rendez-vous du cinéma avec l'œuvre de l'écrivain reste donc à venir. Évelyne JARDONNET

Bibl : Jean Renoir, *Correspondance 1913-1978*, Plon, 1998 • Alain Sanzio et Paul-Louis Thirard, *Luchino Visconti, cinéaste*, Persona 1984 • Laurence Schifano, *Luchino Visconti. Les feux de la*

passion, Flammarion, coll. « Champs Contre-Champs », 1989

ALGER. – Chef-lieu du département d'Alger sous la République française, la ville devint en 1962 capitale de l'Algérie indépendante. Elle comptait alors plus de 300 000 habitants (près d'un million avec l'agglomération). Étienne Sintès, grand-père maternel d'Albert Camus, y était né en 1850. Lucien et Catherine Camus y vécurent jusqu'à leur installation à Mondovi, au printemps de 1913. Albert a huit mois lorsque sa mère, après le départ de son époux pour la guerre (en août 1914), quitte le domaine viticole de Mondovi pour revenir s'établir avec ses enfants à Alger, dans le quartier du Champ-de-Manœuvres, proche de celui de Belcourt. En 1921, elle s'installe à Belcourt, au 93 rue de Lyon (aujourd'hui rue Belouizdad). Camus vivra presque continûment à Alger jusqu'à son départ pour Paris, le 14 mars 1940, puis y fera des séjours plutôt brefs, après la guerre, principalement pour rendre visite à sa mère. La ville sert de cadre à *La Mort heureuse* et à *L'Étranger*.

Alger, qui « s'ouvre dans le ciel comme une bouche ou une blessure » (*Noces*), « offre un long collier de boulevards sur la mer » (*L'Été*). Ce collier, Camus l'a parcouru chaque jour dès lors qu'il a quitté l'école communale de son quartier (à l'est de la ville) pour suivre les cours du lycée Bugeaud (à l'ouest, quartier de Bab el-Oued). Grâce à l'oncle Acault, qui habitait près de la rue Michelet (aujourd'hui rue Didouche-Mourad), puis à la faveur de petits emplois qu'il occupa pendant ses vacances de lycéen, il eut une expérience des quartiers bourgeois du centre-ville ; il sera bientôt sensible à la beauté des jeunes femmes légèrement vêtues qui déambulaient devant le Café des Facultés. Avec sa première femme, Simone Hié, il s'installe en 1934 à Hydra, banlieue plutôt cossue des hauteurs de la ville. C'est néanmoins à Simone qu'il dédie *Les Voix du quartier pauvre*. Quand leurs liens se distendent, en 1936, il habite encore sur les hauteurs de la ville, partageant avec quelques amies la « Maison devant le Monde », qui offre une superbe vue sur la baie.

À Alger, Camus s'est illustré dans l'équipe de football junior du Racing universitaire d'Alger (RUA). Après une hypokhâgne au lycée Bugeaud, il obtient à la faculté des lettres d'Alger sa licence de philosophie ; parmi d'autres maîtres prestigieux, le philosophe Jean Grenier deviendra son ami. À Alger aussi, il fonde une éphémère maison d'édition, les Éditions Cafre (« Ca » comme Camus, « Fre » comme Fréminville, son condisciple d'hypokhâgne). Il fait ses premiers pas au théâtre dans la grande baraque des bains Padovani (quartier de la Pêcherie, près de Bab el-Oued). À Alger encore, il mène ses premières luttes politiques contre le maire d'extrême droite de la ville, Augustin Rozis, que soutient *La Dépêche algérienne*. Le « regrettable maire d'Alger », comme il l'appellera, avait interdit en avril 1936 la représentation de *Révolte dans les Asturies*. *Alger républicain*, où Camus entre en octobre 1938, attaque sans relâche les iniquités de l'équipe municipale. Quand *Révolte dans les Asturies* a été interdite, le tout jeune éditeur Edmond Charlot a eu le courage de la publier. Sa librairie Les Vraies Richesses, située rue Charras, en plein cœur de la ville, était un lieu de rendez-vous pour les étudiants algérois.

Une fois devenu parisien, Camus vivra chaque voyage à Alger comme un retour au bercail – « Arrivée à Alger. Du haut de l'avion qui longe la côte, la ville comme une poignée de pierres étincelantes, jetées le long de la mer » (*Carnets*, 17 février 1955). Le terrorisme n'a pas encore miné la ville quand il lance au Cercle du progrès, le 22 janvier 1956, son « Appel pour une trêve civile en Algérie ». Le Cercle se trouve à deux pas de la place du Gouvernement (aujourd'hui place des Martyrs), terminus du tramway qui le conduisait au lycée Bugeaud. Camus à cette date est encore journaliste à *L'Express*. Des « À mort ! » retentissent dans la foule de ces frères d'infortune qui le considèrent désormais comme un traître. Il vivra bientôt avec angoisse les menaces des attentats à la bombe qui pèsent sur sa mère et sur ses concitoyens.

Les quartiers pauvres dont il parle étaient surtout peuplés de « petits Blancs » : comme la plupart des Européens, il n'a guère fréquenté la Casbah, qu'il semble résumer dans *La Maison mauresque* ; encore cette maison est-elle un symbole construit comme un rêve, au-delà de laquelle il contemple la mer. Vouant la « ville arabe » au « pittoresque », *L'Été* se cantonne, pour évoquer les plaisirs simples des Algérois, aux alentours de la place du Gouvernement. L'été, pendant que la ville est désertée par les riches, s'aperçoit au mieux le contraste entre une jeunesse qui s'étourdit sur les plages et les « vieillards assis au fond des cafés » ; entre les deux âges, la vie passe comme un éclair. *L'Été à Alger* offre une chronique de la vie de ces gens qui, ignorant le sens du mot « vertu », obéissent à une morale de l'honneur (illustrée dans *L'Étranger*) et tirent leur fierté des beautés du corps plus que de celles de l'intelligence. Quant aux échantillons de l'accent de « là-bas » et de la langue de Cagayous (sorte de Gavroche algérois), offerts dans *Noces*, on en perçoit dans *L'Étranger* un écho que Camus a adouci afin de donner une portée plus générale à son récit. À partir de 1951 ou 1952, ses séjours à Alger nourrissent l'œuvre destinée à inaugurer le « cycle de l'amour », *Le Premier Homme.* Dans *La Mort heureuse*, plus encore dans *L'Étranger*, Alger était évoquée de façon plutôt abstraite (le port, les « grandes rues » de la ville où se promènent Meursault et Marie...). Dans *Le Premier Homme*, l'écrivain fait revivre l'odeur des glycines et des jasmins qui enivrait son enfance, le Jardin d'Essai qui lui semblait un espace d'innocence, ces rues de Belcourt où il était pauvre et heureux, mais où, désormais, il faut à la fois craindre les bombes et protéger ceux qu'on accuse aveuglément de les avoir posées. Le 20 mars 1959, il se rend pour la dernière fois à Alger, au chevet de sa mère qui a été opérée. De la fenêtre de la clinique où elle est alitée, il contemple les hauteurs de la ville : « Les glycines : elles ont rempli ma jeunesse de leur odeur, de leur ardeur mystérieuse et riche » (*Carnets*).

Pierre-Louis Rey

Bibl. : Pierre-Louis Rey, « Noms et lieux d'Alger », *Europe*, n° 846, octobre 1999, p. 40-47

« ALGER, École d' ». – L'usage a consacré, par commodité, cette dénomination qui n'a pourtant jamais été revendiquée par aucun manifeste ni aucun écrivain. Elle permet de cerner une génération d'esprits progressistes qui s'inscrivaient dans un bouillonnement intellectuel et artistique gravitant autour de la libraire et des éditions fondées en 1936 par Edmond Charlot à Alger. Un foyer informel se constitua ainsi autour de jeunes écrivains comme Albert Camus, Claude de Fréminville, Max-Pol Fouchet, René-Jean Clot, Emmanuel Roblès et leur aîné Gabriel

Audisio, mais aussi de sculpteurs et peintres comme Louis Bénisti, Sauveur Galliéro, Charles Brouty ou d'architectes comme Louis Miquel, mais encore de musiciens ou de passionnés de musique comme André Belamich.

Comme l'indiquent le nom de la librairie, emprunté à Jean Giono, « Les vraies richesses », ou celui de la principale collection publiée, « Méditerranéennes », le tropisme était largement orienté vers tout ce qui relevait de l'espace méditerranéen. Cette vocation se nourrissait de la large résonance internationale d'œuvres comme celles d'André Gide ou de Paul Valéry ; elle tenait aussi localement à plusieurs influences convergentes, entre autres celle de Jean Grenier dont les cours, les écrits, les conseils encouragèrent de façon décisive nombre de ses élèves dans cette mouvance, ou celle de Gabriel Audisio qui, en publiant en 1935 *Jeunesse de la Méditerranée*, inaugurait une veine en laquelle se reconnurent bien des sensibilités. Elle s'aiguisa aussi du fait de l'impact mobilisateur d'événements historiques comme la guerre d'Espagne d'abord puis la montée du fascisme en Italie.

Camus, par son charisme et son activité, émergea vite comme un des éléments phare de ce groupe : il fut un des premiers auteurs publiés par Charlot, mais aussi lecteur et conseiller dans la maison d'édition. Parallèlement, son engagement dans diverses expériences culturelles, par exemple l'animation d'une troupe de théâtre ou de revues comme *Rivages*, « revue de culture méditerranéenne » fondée avec Roblès en avril 1938, ou encore le secrétariat général d'une maison de la Culture à Alger lui permirent de définir des intentions qui, sans élaborer un dogme envers quoi tous se montraient réticents, esquissaient les contours du nouveau territoire artistique à investir. Le discours intitulé « La culture indigène. La nouvelle culture méditerranéenne » qu'il prononce le 8 février 1937, à l'occasion de l'inauguration de la maison de la Culture, et dont le texte est reproduit dans le premier numéro du bulletin baptisé *Jeune Méditerranée*, déborde très largement la stratégie politique d'un engagement au parti communiste dans lequel il se sent déjà mal à l'aise, et dresse avec conviction une liste de refus et d'aspirations.

Parmi les rejets, celui des nationalismes exclusifs ; celui d'une Méditerranée ramenée à la romanité chrétienne du Bas-Empire ; celui d'une hiérarchie des cultures. Cette partie du programme permet de définir une frontière bien nette de « l'école d'Alger » : celle qui la démarque de l'École coloniale. Les écrivains de cette dernière revendiquaient un « algérianisme » qui, tout en prétendant rendre compte de l'intérieur de l'ensemble de la société coloniale, en discriminait et hiérarchisait les composantes ethniques, et par ailleurs tendait à l'autojustification constante de la présence et de la domination françaises. Louis Bertrand (élu à l'Académie française au fauteuil de Maurice Barrès en 1927) chantait par exemple l'antique latinité d'une terre destinée de ce fait à rejoindre le giron occidental, et Robert Randau (inlassable propagandiste et initiateur, dans cette École, de prix et d'institutions) exaltait, dans la lignée de ce prédécesseur, l'énergie du peuple des colons venus mettre en valeur cette « patrie algérienne ».

Parmi les projets, celui de l'ouverture à une culture vivante nourrie de toutes les expressions méditerranéennes se rencontrant en Afrique du Nord : grecques, espagnoles, italiennes, françaises aussi bien qu'arabes, recherchées par accès direct ou par le biais de traductions – ce régionalisme large étant au demeurant conçu non comme un aboutissement mais comme une tension vers l'universalisme. Dans cette Méditerranée perçue comme fondamentalement multiculturelle, la volonté d'associer des écrivains arabes et kabyles d'Algérie sera maintes fois réaffirmée. En 1959 par exemple, l'hommage que Camus rend à Roblès dans la revue *Simoun* est aussi l'occasion d'en appeler à tous les « frères de soleil ». Deux ans auparavant, interviewé après sa réception du prix Nobel, Camus faisait preuve du même volontarisme pour cette terre qui avait été, rappelait-il par ailleurs, celle « de Jugurtha et de saint Augustin » : « nous avons construit, par la seule vertu d'un échange généreux et d'une vraie solidarité, une communauté d'écrivains algériens, français et arabes. Cette communauté est coupée en deux, provisoirement. Mais des hommes comme [Mouloud] Feraoun, [Mouloud] Mammeri, [Driss] Chraïbi, [Mohammed] Dib, et tant d'autres, ont pris place parmi les écrivains européens. Quel que soit l'avenir et si désespérant qu'il m'apparaisse, je suis sûr que cela ne pourra être oublié ».

En une vingtaine d'années, se sont effectivement tissées des relations entre écrivains européens, arabes, kabyles, certaines profondément amicales, comme entre Roblès et Feraoun, Grenier et Mammeri, Audisio et Dib, entre Camus et ceux qu'il cite (dans sa généreuse communauté, il intègre même fraternellement le Marocain Chraïbi). Camus et surtout Roblès contribueront aussi à les faire publier dans des maisons d'éditions parisiennes, le second en dirigeant au Seuil une collection « Méditerranée » qui se situait dans le sillage de celle qui avait été fondée à Alger. Mais la frontière vue avec honnêteté par Camus n'a jamais été abolie, elle s'est même consolidée avec le temps au point qu'un des rares écrivains indigènes à fréquenter dès ses débuts la mouvance de la librairie d'Edmond Charlot ou à collaborer ensuite avec elle aux côtés d'Armand Guibert, depuis Tunis, Jean Amrouche (ses *Chants berbères de Kabylie* furent publiés dans la collection « Poésie et théâtre » dirigée par Camus aux éditions Charlot), est aujourd'hui systématiquement dissocié de « l'école d'Alger », tandis que des écrivains comme Jules Roy (n'apparaissant aux éditions Charlot qu'à partir de 1942) ou même Jean Pélégri (venant à la littérature à partir de 1952 avec des œuvres considérées comme particulièrement en phase avec une Algérie profonde) y sont volontiers inclus. C'est dire que cette « école d'Alger » est perçue dans le discours critique comme liée à des écritures propres à des écrivains français d'Algérie, intimement et généreusement attachés à ce pays dont ils sont pour la plupart natifs, mais non moins profondément enracinés dans la culture occidentale.

La littérature algérienne originale, ce sont les écrivains évoqués par Camus qui la créent : Mouloud Feraoun, Mouloud Mammeri, Mohammed Dib, avec quelques autres, parmi lesquels Kateb Yacine. Jean Amrouche en apparaît comme un annonciateur. Elle a désormais résolument fait reconnaître son champ propre, sa qualité et sa vitalité, dans les deux grandes langues de son expression : l'arabe et le français.

Martine MATHIEU-JOB

ALGER ÉTUDIANT. – Après avoir collaboré au journal lycéen *Sud*, Albert Camus participa à la vie de la revue *Alger étudiant*, organe mensuel officiel de l'association des étudiants d'Alger que présidait Paul Robert. René-Jean Clot et Max-Pol Fouchet y signèrent également des chroniques qui, pour la plupart, restaient sous pseudonyme comme bon nombre d'autres articles de la revue. La contribution de Camus est exclusivement consacrée à l'art. Il donna trois articles pendant l'année universitaire 1932-1933, deux sur la musique et un sur la poésie de son ami Claude de Fréminville, et continua l'année suivante par un ensemble sur la peinture, unique dans son œuvre. Il y brossait en cinq articles parus entre janvier et mai 1934 un tableau de la vie artistique algéroise. En deux articles, il rendit compte de cette institution qu'était le Salon des Orientalistes, choisissant de ne pas traiter de peintres trop connus et de privilégier certains à la notoriété moindre. Il s'intéressa ensuite à deux artistes qui ont eu des liens très forts avec l'Afrique du Nord : André Assus, dont les enfants furent ultérieurement associés à l'aventure du Théâtre de l'Équipe, et Pierre Boucherle. Le dernier article est intitulé « Les Abd-el-Tif », du nom de cette villa qui accueillait tous les ans deux artistes pensionnaires, et trois noms sont évoqués dans des textes de longueur à peu près identique : Pierre Bonneau, Richard Maguet et Marcel Damboise. Camus rédigea la présentation de l'exposition posthume du second en 1949. Le troisième réalisa ultérieurement le buste de Camus, celui de sa fille et le médaillon commémoratif de Villeblevin. Un autre pensionnaire de la villa Abd-el-Tif, André Hambourg, est évoqué dans un *nota bene*. Cet essai de critique artistique ou esthétique est écrit au moment où Camus poursuit ses études de philosophie. Il traduit une ouverture au monde de l'art et, pour certains des artistes évoqués, ces pages initiatrices marquent le début d'une longue amitié. Guy BASSET

• *Voir aussi* : Bénisti

Bibl. : Albert Camus, *Œuvres complètes*, t. I, Gallimard, coll. « Bibl. de la Pléiade », 2006, p. 547-563

ALGER RÉPUBLICAIN. – *Alger républicain* est un quotidien créé en 1938 sur l'initiative d'un groupe d'intellectuels proches du Front populaire, mais non communistes, et désireux de soutenir le projet Blum-Viollette (du nom de Maurice Viollette, gouverneur de l'Algérie de 1925 à 1937). Rassemblés autour d'un ingénieur, Jean-Pierre Faure, et d'un courtier en librairie, Paul Schmitt, ils en confient la charge à un journaliste et critique littéraire lié à André Malraux, Pascal Pia, récemment arrivé de France et installé à Alger. Dès le début de l'entreprise, le journal affiche son indépendance. À la différence de *La Dépêche algérienne* et de *L'Écho d'Alger*, il n'a « aucune attache, ni avec les pouvoirs publics, ni avec l'administration, ni avec les élus ». Pour y veiller, un conseil composé de vingt-quatre membres bénévoles dont trois Arabo-Berbères (deux instituteurs : Mohammed Lechani, qui dirige *La Voix des humbles*, et Kaddour Makaci, et un commerçant : Abbas Turqui) administre la société anonyme domiciliée Aux Vraies Richesses, 8 rue Charras, et conçue sur le modèle d'*Oran républicain* comme une « coopérative d'information des classes moyennes ». Le programme qui paraît dans le premier numéro du journal réclame l'« égalité sociale immédiate de tous les Français, quelles que soient leur origine, leur confession ou leur philosophie », l'« acheminement des indigènes d'Algérie vers l'égalité politique » et le « bénéfice, pour les populations de l'Afrique du Nord, des lois sociales et des mesures d'assistance et d'hygiène dont bénéficient les habitants de la Métropole ». *Alger républicain* se propose de « travailler inlassablement au rapprochement ethnique de ce pays, à la fusion totale des cœurs et des esprits en cette France d'outre-mer ». Le public ciblé est constitué de syndicalistes et de démocrates ouverts aux réformes en Algérie. Le quotidien de huit pages, vendu 40 centimes et bientôt tiré à 10 000 exemplaires, veut être « la tribune du rassemblement populaire » et un « journal pour les travailleurs ». Mais il n'a pas pour autant le soutien du Parti communiste algérien (PCA) qui continue de publier *La Lutte sociale.*

Nommé rédacteur en chef d'*Alger républicain* sur la recommandation de Jean-Pierre Faure, directeur de publication, Pascal Pia engage un jeune rédacteur de dix ans son cadet, Albert Camus, que la tuberculose a empêché de se présenter à l'agrégation de philosophie et à qui le journalisme offre à la fois un revenu, une tribune de réflexion et, au hasard de ses reportages, toute une série de scènes pour ses récits. Pia conseille Camus dans ses premiers écrits journalistiques et le conduit à se méfier d'une certaine tendance au ton moralisateur ou au lyrisme « à la Gide ». Une même exigence de justice sociale et de paix, une même conception de la responsabilité de l'écrivain dans la cité rapprochent très vite les deux hommes qui feront front commun face à un groupe d'administrateurs tournés vers d'autres priorités : la lutte contre le fascisme et l'hitlérisme. Avec le soutien de Pascal Pia, Camus publie donc dans *Alger républicain* les onze textes de son reportage intitulé « Misère de la Kabylie » dans lequel il dénonce l'abandon des populations frappées par la famine (« un peuple qui vit d'herbes et de racines », « des enfants et des chiens se disputent des ordures »), l'incurie de l'administration coloniale (« le village aux égouts », « la route et l'eau », « un médecin pour 60 000 habitants ») ou le scandale de la répartition des financements publics (« les distributions de graines »). Ce sont chaque fois des études de fond qui proposent des solutions pour résorber le chômage, sauver l'artisanat ou combattre l'usure. Faisant cela, Camus suit l'éthique de son métier de journaliste et il conclut : « c'était là que je retrouvais le sens de cette enquête. Car, si la conquête coloniale pouvait jamais trouver une excuse, c'est dans la mesure où elle aide les peuples conquis à garder leur personnalité. Et si nous avons un devoir en ce pays, il est de permettre à l'une des populations les plus fières et les plus humaines en ce monde de rester fidèle à elle-même et à son destin. Le destin de ce peuple, je ne crois pas me tromper en disant qu'il est à la fois de travailler et de contempler, et de donner par là même des leçons de sagesse aux conquérants inquiets que nous sommes ».

Camus défend aussi dans ses articles les victimes d'erreur judiciaire entretenue à dessein comme le cheikh El Okbi, ou celles de l'arbitraire et du déni de justice : musulmans comme Bouhali dans les territoires du sud ou les incendiaires d'Auribeau, Européens comme Michel Hodent et le magasinier Mas. Dans ses combats contre l'injustice, Camus retrouve avec les accents de Voltaire les pouvoirs de l'ironie savamment maîtrisée et les ressources de l'écriture brève qui joue sur les paradoxes : « La justice juge. La justice se déjuge. La justice se juge. » Ainsi dans l'affaire Hodent : « Un homme est jeté en prison pour un crime qui n'en serait pas un s'il l'avait commis, ce que, par surcroît, il n'a pas fait. Il y est gardé sur des témoignages qu'un simple inventaire démolit. Il y est maintenu sur une équivoque dont il n'est pas responsable, grâce à une accusation qu'aucune preuve humaine, sinon l'injustice et la haine, ne peut fonder, pendant que les sympathies qu'il éveille sont dispersées à coups de mensonges gratuits. S'étonnera-t-on, dès lors, que nous défendions sans réserves un homme que nous ne connaissions pas avant cette affaire, mais qui, désormais, représente pour tous les esprits désintéressés de ce pays une de ces victimes dont le malheur juge ceux qui sont en cause, et, avec eux, l'esprit de haine et de médiocrité qu'ils représentent. »

De Belcourt à Bab el-Oued, ses articles stigmatisent les abus de pouvoir, les passe-droits et les malversations sous l'administration du maire d'Alger, Augustin Rozis. D'autres écrits soutiennent la cause de l'Espagne républicaine.

Journaliste d'investigation, Albert Camus peut aussi, selon les besoins, avoir la charge d'autres rubriques : des faits divers à la critique littéraire du « Salon de lecture » en passant par les comptes rendus sportifs. Entre le premier numéro paru le 6 octobre 1938 et la dernière publication datée du 15 septembre 1939, *Alger républicain* aura publié une cinquantaine d'articles signés Albert Camus. C'est donc lui qui prend naturellement la tête de *Soir républicain*, le « quotidien d'information et de critique au service de la vraie paix » qui relaie immédiatement *Alger républicain* sur deux pages de format réduit. Il y affirme son pacifisme en rappelant l'injustice subie par le peuple allemand lors du traité de Versailles et, en compagnie de Pascal Pia, « sous les éclairages de la guerre », revendique la liberté d'expression : « Nous réclamons le droit de défendre la vérité humaine, celle qui recule devant la souffrance et aspire à la joie. Tout se tient et se rejoint dans le monde fermé et machinal que nous avons construit. Les hommes de bonne volonté dont nous sommes veulent du moins ne pas désespérer et maintenir les valeurs qui empêcheront un suicide collectif. » Et, entre blâme et suspension provisoire, il continue sa lutte contre « la massification des consciences » jusqu'à son interdiction de publication le 10 janvier 1940. Après son désistement, le conseil d'administration accuse Camus d'avoir sabordé le journal avec ses provocations et prend la décision de faire reparaître le 24 février (à 3 000 exemplaires) *Alger républicain*, qui continuera de sortir jusqu'au 30 juin 1940, date à laquelle sa publication (7 000 exemplaires) sera arrêtée « faute de papier ».

À partir de 1943, *Alger républicain* a une troisième vie avec des collaborateurs arabo-berbères de renom comme Kateb Yacine, de 1949 à 1950, Mohammed Dib, de 1950 à 1951, ou Malek Haddad, entre 1948 et 1951. De plus en plus lié au PCA, il passe sous la direction d'Henri Alleg. Acquis à la cause du nationalisme algérien, il est saisi plusieurs fois, puis interdit le 12 septembre 1955 à la suite de l'instauration de l'état d'urgence et du contrôle de l'information. Mais Albert Camus qui réside en métropole depuis 1942 n'a plus d'attaches avec *Alger républicain*. Et la mort l'empêchera de le voir renaître avec son plus fort tirage de 75 000 exemplaires après l'indépendance de l'Algérie en juillet 1962 jusqu'à son interdiction, en juin 1965, après le coup d'État de Houari Boumédiène. Il reparaît à partir de 1988 mais de façon si irrégulière que deviendra mythique cet organe de presse dont l'exercice aura été si important pour Camus, aussi bien pour sa formation et son engagement politiques que pour l'apprentissage du métier d'écrivain.

Éveline CADUC

Bibl. : Albert Camus, *Fragments d'un combat : 1938-1940*, Alger républicain, Le Soir républicain, édition établie, présentée et annotée par Jacqueline Lévi-Valensi et André Abbou, *Ca-*

hiers Albert Camus, n° 3, Gallimard, 1978 • Id., *Œuvres complètes*, t. I, Gallimard, coll. « Bibl. de la Pléiade », 2006 • Boualem Khalfa, Henri Alleg et Abdelhamid Benzine, *La Grande Aventure d'*Alger républicain, Messidor, 1987

ALGÉRIE. – Dans les circonstances les plus officielles comme dans les plus intimes, du discours de Stockholm aux écrits personnels, Camus a toujours souligné l'indéfectible lien qui l'attachait à sa terre natale. Ce lien n'est pourtant pas simple à définir ; on en juge par la diversité des réceptions de son œuvre. Défini comme « L'Algérien » par l'écrivain de l'« école d'Alger » Gabriel Audisio dans un hommage publié en 1967, mais longtemps perçu tant en France qu'à l'étranger exclusivement comme écrivain français, rejeté dans un premier temps hors du champ de la littérature algérienne par ceux qui la créent, à l'instar de Kateb Yacine, puis réintégré parmi ses écrivains tutélaires par les générations ultérieures, celles d'Assia Djebar, de Rachid Mimouni ou de Maïssa Bey, son espace de ralliement peut apparaître problématique.

Certes, sa sensibilité d'homme et d'écrivain trouve son fondement dans sa naissance au sein d'une famille pauvre de la communauté française d'Algérie compensée par une proximité heureuse avec la nature méditerranéenne. Il l'évoque souvent dans la fulgurance de symboles poétiques, comme celle de l'ouverture de *La Mer au plus près* : « J'ai grandi dans la mer et la pauvreté m'a été fastueuse, puis j'ai perdu la mer, tous les luxes m'ont alors paru gris, la misère intolérable. » Dans leur saisissante concision, de telles images montrent une tendance constante à éluder ou diluer le rapport à l'histoire dans un élan lyrique.

Tout au long de son œuvre, la terre algérienne le porte en effet à de constantes professions d'amour, dont certaines hantent à jamais des lieux comme Alger, Oran, Tipasa ou Djémila. Le lyrisme des premières œuvres se déploie parfois dans une rhétorique un peu solennelle comme celle de *Noces à Tipasa*. Il s'épure le plus souvent au fil du temps en une prose fluide qui laisse plus simplement affleurer moins l'effusion que la tension vers une vérité intime, celle de *Retour à Tipasa* par exemple, écrit quelque quinze ans plus tard. La vérité d'un être s'inscrivant à jamais pour lui dans le paysage de l'enfance et de l'éveil à la cruelle beauté du monde, cela justifie que seule la nature méditerranéenne, et algérienne plus encore, l'inspire. Éloignée d'elle, aucune autre nature n'arrêtera plus vraiment ses regards et ses mots. À l'inverse, les descriptions de la terre d'origine foisonnent, qu'elles s'inscrivent dans les pauses des grands récits ou se déploient en essais poétiques. Sous les formulations multiples se dessinent des motifs clés. Parmi ceux-ci, bien sûr, celui des *Noces* que le recueil publié en 1939 aux éditions Charlot a immortalisé. Cet axe thématique se déplie en deux postulations. La première, celle de la fête des sens, sollicités par tous les éléments du paysage, du plus ténu au plus vaste, rend compte d'une jouissance exaltante qui s'exhausse au grandissement cosmique. La personnification constante des éléments primordiaux marque l'érotisation d'un paysage avec lequel l'écrivain fait corps. La seconde postulation pousse le désir fusionnel jusqu'à la dissolution de l'être : c'est alors le caractère éthéré d'un rayon de soleil où la cigarette se consume ou d'un ciel toujours posé comme analogon du paysage concret qui produisent leur irrésistible effet d'absorption. La pierre (ellemême doublée de « ciel minéral »), la pierre nue du désert (pris dans sa valeur concrète autant que symbolique) suscite elle aussi « l'invitation » à la pétrification : « quelle tentation de s'identifier à ces pierres, de se confondre avec cet univers brûlant et impassible qui défie l'histoire et ses agitations ! » (*Le Minotaure ou la halte d'Oran*). Elle motive cette tendresse pour les cimetières d'Algérie, surtout les cimetières musulmans, ouverts sur la baie comme une « offrande qui soupire avec la mer » (*La Mort dans l'âme*). Cette double postulation dit le heurt qu'opère une volonté d'enracinement en butte à la prescience d'un exil à venir, que cette dernière découle du sentiment d'imminence de la mort instillé en lui très tôt par la maladie ou du poids du contexte colonial. Les tensions du réel sont ainsi contournées par la généralisation du propos poétique, et même par son élargissement mythique à quoi prédispose, selon lui, un « tragique solaire ».

Définissant dans *L'Exil d'Hélène*, écrit à l'issue de la Seconde Guerre mondiale, le rôle de l'artiste comme résolument opposé à « l'esprit historique » qui perd de vue l'essentiel (« l'histoire n'explique ni l'univers naturel qui était avant elle, ni la beauté qui est au-dessus d'elle »), Camus ne peut donc se borner dans son œuvre à une représentation réaliste des événements historiques. Pourtant ses textes narratifs, en particulier ceux qui ont pour arrière-plan l'Algérie, même s'ils tendent toujours à l'universalité de la fable atemporelle, présentent souvent des éléments référentiels travaillés par le réel colonial.

Les nouvelles, par la concision due à leur genre, laissent souvent davantage que les longs récits percevoir la dialectique du désir de proximité et de l'irréversible séparation que cette société a instaurée entre communautés. Janine, l'héroïne de *La Femme adultère*, n'échappe que fugitivement à l'étouffement d'une vie conjugale, qui peut se lire comme reflet de la rigidité coloniale que son mari incarne, en se fondant dans l'infini d'une nuit enfin débarrassée de tout phénomène d'exclusion. Daru, l'instituteur de *L'Hôte*, éprouve lui aussi la solitude à laquelle le condamne une aversion pour l'administration répressive coloniale, une certaine compréhension envers le militant algérien que les gendarmes lui demandent de livrer à la police, et l'impossibilité de lui donner la liberté au déni de sa propre appartenance communautaire.

Les romans, du fait de l'ampleur de leur déroulement narratif, donnent à la fable une complexité qui peut opposer, au-delà de toute tentative d'interprétation, une part d'opacité. *La Peste* situe son intrigue dans la ville d'Oran, mais celle-ci étant destinée à représenter toute cité, la narration vise à en dissoudre la spécificité pour développer une trame allégorique qui n'intègre aucun protagoniste indigène. Cependant la mention, en deux endroits, du reportage que le journaliste parisien Rambert doit effectuer sur la situation des Arabes montre, discrètement mais obstinément, comment dans la symbolique pandémie du Mal peuvent se lire bien des situations d'oppression et d'injustice. L'isotopie de la solidarité et du lent apprentissage de la connaissance de l'autre peut alors plaider, sans que cette signification soit appuyée ni exclusive dans un texte qui reste foncièrement polysémique, pour la rémission à laquelle l'écrivain aspire. La polysémie de tels récits qui refusent le didactisme de l'écriture à thèse atteint un point d'orgue dans *L'Étranger*. L'ancrage réaliste dans l'Algérie des années

1930 de ce récit mythique établit une mise en abyme d'autant plus troublante. Cette fatale indifférence de Meursault, symétrique de l'insupportable indifférence du monde environnant, révèle une solitude et une séparation existentielles que le meurtre cherche aveuglément à abolir, mais celles-ci sont aussi crûment exacerbées par le contexte colonial. Le meurtre de l'Arabe, sommet de l'effacement des indigènes dans la trame dynamique du récit, a ainsi suscité de façon compréhensible bien des commentaires polémiques comme ceux d'Edward Saïd.

Il est cependant difficile de suivre le critique palestinien dans le rattachement qu'il opère de ce texte à la littérature coloniale. Camus refuse l'intention ethnographique et idéologique dont celle-ci procède. Il connaît les risques de dérive vers le paternalisme ou l'emprise symbolique sur l'autre auxquels elle conduit. Il s'abstient donc volontairement de mettre au premier plan de ses fictions des indigènes, à la fois par pudeur et par honnêteté, parce qu'il n'a pas de leur univers une vision intime qui puisse donner sa vibration profonde à l'écriture. Il attend celle-ci des écrivains indigènes eux-mêmes, qu'il encourage dès qu'il le peut à prendre la plume en leur nom. Pour sa part, sans les occulter tout à fait, il les laisse à la marge du récit : présences nécessaires et silencieuses, vigies d'une conscience taraudée par la perception des gouffres qui séparent les communautés indigène et européenne. Dans l'état d'inachèvement même où la mort brutale du romancier l'a laissé, avec ses premiers jets et ses notes programmatiques, *Le Premier Homme*, quant à lui, montre sa dissociation d'œuvres comme celles de Robert Randau chantant les louanges d'un peuple neuf et conquérant. Même dans ce récit-fresque envisageant l'histoire uniquement à compter de l'arrivée en terre algérienne d'une famille Cormery conçue à l'image de la propre famille de l'écrivain, le texte camusien ne peut se confondre avec celui d'une épopée coloniale. Non seulement la lucidité de l'écrivain sur le sort des Français en Algérie se fait jour pour envisager leur inéluctable départ, mais il s'agit surtout alors d'écrire pour ceux qui, restés pauvres comme les siens, auraient pour seul destin de pauvres « de disparaître de l'histoire sans laisser de traces ». Le point de vue privilégie encore le milieu des petites gens de la population européenne dans ce récit en grande partie autobiographique, mais ce qui frappe, c'est justement l'écart qui s'opère par rapport aux précédents avec ses élargissements panoramiques programmés sur toutes les autres catégories sociales. Même si certains passages tendent encore à résoudre le conflit colonial dans un dépassement de la question arabe par l'avènement de « la civilisation créole », ou dans une mise à l'unisson fervente des sans-terre, « immense troupe des misérables la plupart arabes, et quelques-uns français », on discerne qu'un décentrement du récit était à l'œuvre en direction des Arabes algériens.

À l'inverse de l'écriture littéraire, l'écriture journalistique vise à la clarté et à l'efficacité. Nulle ambiguïté dans le discours. Une fermeté, une audace inouïe même se font jour dans les grands reportages que, jeune journaliste, Camus rédige pour *Alger républicain* en 1939. Les articles qu'il regroupe sous l'intitulé général « Misère de la Kabylie », et qu'il recueille plus tard avec d'autres « chroniques algériennes » dans *Actuelles* III, dévoilent sans fards la famine, le dénuement, le scandale des bas salaires, le coup d'éclat de la construction d'un bâtiment de prestige masquant le manque cruel des écoles attendues pour tous les enfants (y compris les filles), bref l'incurie et l'iniquité dont l'administration coloniale fait preuve à l'égard de ces populations. Non seulement les papiers dénoncent, chiffres, exemples à l'appui, mais ils proposent des solutions, des progrès à mettre en œuvre et somment les responsables politiques de prendre leurs responsabilités. Pour faire réagir les lecteurs progressistes de ce journal, Camus recourt souvent à la raillerie avant de laisser éclater son indignation : « je n'ai jamais vu une population européenne aussi misérable que cette population arabe » (« Le couscous du Nouvel An… », 14 janvier 1939). Son intérêt se porte aussi sur le sort des ouvriers nord-africains de Paris (article du 4 avril 1939). Ce ne sont pas seulement les questions sociales mais bien aussi les stratégies politiques qu'il discute : il prend fermement position contre la répression qui frappe Messali Hadj ou cheikh Abdelaziz dans un article du 10 mai 1939 intitulé « Il faut libérer les détenus politiques indigènes » en assénant qu'on ne peut traiter des militants comme des délinquants. Plus tard, ce sont les événements de 1945 (manifestations et répressions de Sétif et Guelma) que le journaliste de *Combat* qu'il est devenu cherche à éclairer par une enquête de terrain. Il faut, écrit-il, « rendre toute la justice au peuple arabe d'Algérie, et […] le libérer du système colonial ; […] l'ère du colonialisme est terminée » (« Algérie 1958 », *Actuelles* III). Voilà qui ne laisse aucun doute sur son engagement en faveur de la justice, même s'il se rallie non à l'idée d'une nation indépendante, mais à celle d'une « Algérie nouvelle », qui offrirait « l'exemple rarissime de populations différentes imbriquées sur le même territoire ».

L'attitude anticolonialiste est manifeste, mais le propos politique est ainsi à la recherche d'un équilibre improbable, qui s'avérera au fil du temps de plus en plus difficile à tenir. De la signature du manifeste des intellectuels d'Algérie en faveur du projet Viollette en mai 1937 à l'appel à la trêve civile lancé à Alger en janvier 1956, Camus, dans sa conscience de citoyen progressiste, ne cesse de croire à une solution législative et pacifique qui permettrait aux indigènes et aux Européens de continuer à vivre ensemble en Algérie. Tantôt il argumente auprès des représentants du gouvernement et de l'administration coloniale, tantôt auprès des militants algériens. Dans une lettre adressée à Aziz Kessous et publiée dans *Communauté algérienne* le 1er octobre 1955, il s'accroche toujours à la possibilité de voir « Arabes et Français, réconciliés dans la liberté et la justice » pour fonder ensemble une patrie. La guerre d'indépendance est pourtant déjà engagée, qui provoque son déchirement et bien des incompréhensions quand il s'obstine à condamner, fût-ce au nom d'une justice supérieure, tout terrorisme frappant des victimes civiles. En 1958, lorsqu'il constate que sa voix n'est audible ni pour les uns ni pour les autres ou qu'elle ne fait qu'attiser les haines au lieu de les dissiper, il prend la décision de ne plus s'exprimer publiquement sur la question.

Son refus de croire à la légitimité d'une nation algérienne a bel et bien été contredit par l'histoire : on ne peut sur ce point que constater son erreur politique. Au-delà du jugement qu'il peut inspirer, pour comprendre ce refus obstiné il faut revenir à cet attachement qu'il porte à sa terre d'origine, à cet attachement païen qui lui inspire la plus extrême défiance à l'égard de tous les discours et récupérations ancrés dans le religieux ou l'idéologique. De même qu'il dénonce « le christianisme qui a commencé de substituer à la contemplation du monde la tragédie de l'âme » (*L'Exil d'Hélène*) et se démarque de ce fait radicalement d'un courant fort prégnant du discours colonialiste, de même redoute-t-il le monolithisme d'un rattachement exclusif à un bloc oriental que certains discours indépendantistes lui font entrevoir.

Il faut au demeurant reconnaître dans cette position politique la part d'irrationnel qui régit l'homme dans son rapport au monde. Camus lui-même prend lucidement conscience de ces irréductibles contradictions en les plaçant sous le sceau de l'ironie. On mesure l'importance de cette figure à laquelle il donne « une valeur métaphysique » dans le projet de préface qu'il écrit pour *L'Hôpital du quartier pauvre*, texte fondateur, puisque écrit en 1934. Contre l'ironie de la vie et les impasses dans lesquelles l'histoire l'entraîne, c'est bien la littérature qui offre un exutoire et sollicite son imaginaire, comme en témoigne dans l'ultime récit, laissé en suspens par sa mort brutale, cette vibrante prière en faveur d'une patrie idéale : « Rendez la terre. Donnez la terre aux pauvres [...] donnez-leur la terre comme on donne ce qui est sacré à ceux qui sont sacrés, et moi alors, pauvre à nouveau et enfin, jeté dans le pire exil à la pointe du monde, je sourirai et je mourrai content, sachant que sont enfin réunis sous le soleil de ma naissance, la terre que j'ai tant aimée et ceux et celle que j'ai révérés. » Martine MATHIEU-JOB

• *Voir aussi* : Français d'Algérie

Bibl. : Christiane Chaulet-Achour, *Albert Camus et l'Algérie*, Alger, Barzakh, 2004 • José Lenzini, *L'Algérie de Camus*, Édisud, 1998

ALGÉRIE, guerre d'. – Les troubles du 1er novembre 1954 avaient été perçus en France et en Algérie comme une action groupusculaire devant toute sa gravité au soutien de l'Égypte nassérienne. Peu de gens croyaient que le prétendu « Front de libération nationale » (FLN) pourrait survivre à la répression policière et militaire décidée par le gouvernement de Pierre Mendès France (qui voulait la compléter par une relance du plan de réformes économiques et sociales décidé en 1944 par le Comité français de la Libération nationale). Le principal clivage politique opposait alors ceux qui, à gauche, soutenaient (comme Camus) la politique du gouvernement, et ceux qui, à droite, ne voulaient que rétablir l'ordre.

Mais dans un deuxième temps, l'organisation « rebelle » réussit à survivre dans quelques bastions montagneux (l'Aurès et la Kabylie), puis manifesta son extension dans le Nord-Constantinois à partir du printemps 1955, tout en durcissant son action terroriste contre les musulmans « traîtres » et contre des civils européens. En réponse le gouvernement d'Edgar Faure fit voter la loi sur l'état d'urgence (mars 1955), puis décida en mai de durcir la répression contre les « hors-la-loi » et contre les civils qui les soutenaient au nom de la « responsabilité collective ». Dès lors, Albert Camus décida en mai 1955 de reprendre son activité journalistique pour aider au retour de Pierre Mendès France en rejoignant *L'Express*, où il publia deux articles pour une nouvelle politique algérienne en juin 1955.

L'insurrection du 20 août suivant, marquée par des massacres de civils français au Maroc et dans le Nord-Constantinois, manifesta soudain une profonde aggravation de la situation. En réponse, le gouvernement ordonna une répression énergique, décida l'interdiction du Parti communiste algérien et l'envoi de renforts militaires alimenté par le rappel des disponibles. Ces événements firent naître chez les militants et intellectuels de gauche un mouvement d'opposition à la « guerre d'Algérie », qui prônait une solution fondée sur la négociation, et auquel les partis communiste, socialiste et radical mendésiste semblaient pouvoir adhérer. Le renversement du gouvernement d'Edgar Faure, suivi le 2 décembre par la dissolution de l'Assemblée nationale, impliquant l'avancement des élections législatives au 2 janvier 1956, rapprocha brusquement l'échéance d'une solution politique du problème algérien. La situation en Algérie était dramatisée par la rapide extension de la « rébellion » dans les régions montagneuses de l'Est et à la frontière marocaine, mais aussi par l'ajournement des élections dans les trois départements algériens, décidée par le gouverneur général Soustelle en réponse aux menaces du FLN contre les candidats. Les Français d'Algérie eurent le sentiment que leur destin allait se décider sans eux.

C'est dans ce contexte que se situent les articles sur « L'Algérie déchirée » publiés dans *L'Express* d'octobre 1955 à janvier 1956 (repris dans *Actuelles* III), et la présentation par Albert Camus de sa proposition de « trêve civile » à Alger le 22 janvier 1956. Mais s'il se situait toujours du côté de Pierre Mendès France, et non des extrémistes de droite qui le conspuèrent à Alger, il n'approuvait pas les partisans de l'acceptation des conditions de paix du FLN, tels que le professeur André Mandouze. S'il accepta que sa conférence du 22 janvier 1956 ait lieu au Cercle du progrès sous la protection d'un service d'ordre proposé par Mohammed Lebjaoui, on ne peut accepter la version de ce dernier suivant laquelle il aurait approuvé la position du FLN. En fait, il eut conscience d'avoir été manipulé, et le peu de confiance qu'il aurait pu placer dans les chefs du Front fut balayé par le massacre de civils français au col de Sakamody, le 24 février 1956.

À partir de la fin janvier 1956, la formation du gouvernement du Front républicain par le leader socialiste Guy Mollet ouvrit une nouvelle période. Dès le 6 février, la capitulation du nouveau président du Conseil devant les émeutiers français d'Alger lui retira le peu de confiance, là encore, qu'Albert Camus pouvait lui accorder. Le nouveau gouvernement, représenté par le ministre résidant Robert Lacoste, sembla d'abord hésiter entre deux politiques, celle de la négociation d'une solution politique avec les élus de l'Algérie, impliquant en pratique une négociation avec le FLN pour permettre des élections dans l'apaisement, et la « pacification » par des moyens militaires accrus. Des négociations secrètes s'engagèrent à l'extérieur avec les chefs du FLN du Caire, et semblèrent progresser, mais elles furent interrompues par l'interception de l'avion marocain à équipage français transportant ces chefs de Rabat vers Tunis le 22 octobre 1956. Une semaine plus tard, l'expédition franco-britannique et franco-israélienne contre le canal de Suez (nationalisé le 26 juillet par le colonel Nasser) prouva que le gouvernement n'était pas disposé à s'entendre avec le FLN, mais elle fut arrêtée le 2 novembre par les menaces soviétiques et par la volonté des États-Unis. Ayant échoué à l'extérieur, le gouvernement compta sur les effets de l'effort militaire sans précédent qu'il avait décidé au printemps 1956 : nouveau rappel de disponibles, puis envoi systématique des jeunes conscrits pour une durée fixée en fonction des énormes besoins d'effectifs. Mais dans un premier temps, il fut incapable d'empêcher le FLN de renforcer son organisation et son autorité à l'intérieur de l'Algérie. Sous l'impulsion du chef politique d'Alger, Abane Ramdane, les chefs de l'intérieur se réunirent pour adopter une organisation commune et un programme commun dans le congrès de la Soummam, qui s'ouvrit le 20 août 1956. Une nouvelle direction, le Comité de coordination et d'exécution (CCE), s'installa clandestinement à Alger. À partir du 30 septembre 1956, elle y déclencha une offensive de terrorisme urbain. En réaction, des groupes de « contre-terroristes » européens multiplièrent les attentats et servirent d'instruments à des tentatives de coup d'État.

L'effort militaire français commença pourtant à remporter des succès visibles. Le premier fut la « bataille d'Alger », déclenchée par le général Massu en janvier 1957. Avec ses parachutistes, il réussit à détruire l'organisation du FLN et à obliger les membres du CCE à quitter la ville en février pour se réfugier à l'extérieur. Mais les moyens employés, notamment la torture et les exécutions sommaires, firent scandale parmi les intellectuels français de gauche. Puis la direction du FLN, réorganisée à l'extérieur sous l'autorité des colonels Krim, Boussouf et Ben Tobbal (qui se débarrassèrent de leur principal opposant Abane Ramdane) déclencha en janvier 1958 une grande offensive de troupes solidement armées en Tunisie et au Maroc ; mais leur rentrée en Algérie se heurta à des barrages de barbelés électrifiés et minés (dits « ligne Morice ») que le gouvernement français avait fait construire près des frontières. La « bataille du barrage », qui dura jusqu'en mai 1958, fut la plus grande victoire française de la guerre. La direction du FLN toutefois espérait encore remporter une victoire politique grâce à l'exploitation du bombardement du village tunisien de Sakiet Sidi Youssef par l'aviation française le 8 février 1958 et à la médiation des « bons offices » anglo-américains entre la Tunisie et la France. Mais la crise gouvernementale française se transforma en crise de régime le 13 mai 1958. Pour éviter une guerre civile opposant les « comités de salut public » d'Algérie, présidés par le général Massu, et le gouvernement de Pierre Pflimlin, la France accepta avec soulagement le retour au pouvoir du général de Gaulle et la formation de la Ve République.

Durant cette longue période, Albert Camus ne se fit remarquer que par son silence public, contrastant avec son soutien fréquent à des demandes de grâce de condamnés à mort algériens. Ce silence lui fut reproché par un étudiant algérien lors de son acceptation du prix Nobel de littérature en décembre 1957 à Stockholm, et il lui répondit qu'il défendrait sa mère avant la justice. Peu après, il décida de publier sous le titre de *Chroniques algériennes* (ou *Actuelles* III) une sélection de ses principaux textes sur l'Algérie, en faisant connaître sa position définitive dans l'introduction et la conclusion. Ce livre, paru à la fin mai 1958, donna l'impression d'un ralliement à la politique d'intégration qui semblait alors triompher, et peu d'intellectuels comprirent la valeur de l'exigence morale qui lui interdisait de renoncer à défendre les siens contre le terrorisme tout en condamnant la torture.

Jusqu'à sa mort accidentelle le 4 janvier 1960, Albert Camus resta fidèle à la même position, continuant ses interventions discrètes en faveur des condamnés à mort algériens tout en gardant le silence. L'infléchissement de la politique algérienne du général de Gaulle par le discours sur l'autodétermination conforta son attitude, car il y vit une solution équilibrée proche de ses vœux. C'est ce qu'illustre sa lettre du 19 octobre 1959 à Nicola Chiaromonte, citée dans la nouvelle édition des *Œuvres complètes* dans la « Pléiade » (t. IV, p. 1408, note 1). Mais selon les témoignages concordants de Roger Quilliot et d'André Rossfelder, il était prêt à prendre publiquement position contre le FLN et l'indépendance, et dans cette dernière éventualité il était résolu à quitter la France pour aller vivre au Canada. On ne peut donc pas suivre son ami Jules Roy qui, dans *La Guerre d'Algérie*, paru en 1960, se prononça pour l'indépendance en sollicitant son approbation posthume. On ne peut pas affirmer non plus qu'il aurait suivi le même itinéraire que son autre ami André Rossfelder : la semaine des barricades (24 janvier-1er février 1960) et le putsch des généraux (22-25 avril 1961) entraînèrent celui-ci à rejoindre en 1962 les derniers jusqu'au-boutistes de l'OAS-CNR (Organisation armée secrète-Conseil national de la Résistance), qui tentèrent d'assassiner le général de Gaulle. Mais on peut au moins supposer que la « communauté algérienne des écrivains », à laquelle voulait croire Albert Camus, se serait vraisemblablement coupée en deux, et que sa prise de position contre l'identification de l'Algérie au FLN aurait eu un poids non négligeable. Guy PERVILLÉ

ALLEMAGNE. – Dès avant la guerre, l'Allemagne occupe une grande place chez Camus, notamment dans ses premiers *Carnets*, et moins avec les notes lapidaires prises au cours du premier voyage qu'il y a fait en 1936 (et où il a vu Dresde, Bautzen et Breslau) qu'à travers les nombreuses citations empruntées à des auteurs allemands. L'abondance et la variété de celles-ci, qui s'accentueront encore dans les *Carnets* des décennies suivantes, pourraient illustrer la formule inventée au XIXe siècle et passée en proverbe, qui fait des Allemands « le peuple des poètes et penseurs » (*Dichter und Denker*). Littérairement, la faveur de Camus se porte sur Goethe, Schiller, Hölderlin et, dans une moindre mesure, Kleist et Heine. Goethe, par exemple, est mis en parallèle avec Bonaparte pour souligner que « l'action politique et la création sont les deux faces d'une même révolte contre les désordres du monde » ; toutefois, « Bonaparte nous a laissé le tambour dans les lycées et Goethe les *Élégies romaines* » (« Le témoin de la liberté », *Actuelles*). De Goethe, Camus retient aussi un épisode du second *Faust*, qui illustre pour lui le destin funeste de la modernité (« Faust a voulu avoir Euphorion sans Hélène. L'enfant merveilleux n'est plus qu'un monstre difforme, un homonculus de bocal », *Carnets*, Cahier VII, 1951), et qu'il citera en Suède ; de Schiller, il semble retrouver une réplique célèbre (« La paix d'un cimetière » dans *Don Carlos*) quand il rétorque à Emmanuel d'Astier de La Vigerie, en juin 1948, que celui-ci aura peut-être raison « au milieu du silence et des charniers », et ajoute : « C'est une victoire que je ne vous envierai jamais » (*Actuelles*) ; à Hölderlin il emprunte les épigraphes de *L'Homme révolté* et de *L'Été*. Pour l'époque contemporaine, en revanche, ses références sont plus ponctuelles et plus dispersées : Thomas Mann, Jakob Wassermann ou Rainer Maria Rilke, le seul poète sur lequel il porte, à des années de distance, deux jugements défavorables (*Carnets*, Cahiers I et VII). Le nom le plus important (au moins jusqu'en 1952) est celui de Franz Kafka, un écrivain plutôt à la périphérie de la littérature allemande. Quant aux philosophes et aux essayistes, ils sont, sinon beaucoup plus nombreux, du moins beaucoup plus sollicités dans les *Carnets* : au premier rang Nietzsche, dont l'œuvre forme la source la plus abondante de toutes celles auxquelles Camus a puisé pendant sa vie entière, suivi de Hegel et de Marx. Les références à ces trois penseurs, ainsi qu'à Max Stirner, forment notamment l'armature intellectuelle de *L'Homme révolté*. Il faut bien voir cependant que Nietzsche, en particulier, est très souvent invoqué pour des questions, de nature éthique ou esthétique, qui ont trait à l'art, à ses objets ou à sa pratique et que, par là, s'atténue la disproportion entre la place des penseurs et celle des écrivains.

En décembre 1938, Camus a résumé dans le Cahier II le sort d'un opposant allemand exécuté par les nazis. La défaite, l'occupation et la résistance font que, bientôt, il rencontre partout la violence du national-socialisme. L'Allemagne est non seulement à nouveau l'ennemi : elle agit de telle façon que le peuple des poètes et des penseurs devient celui des juges et des bourreaux (*Richter und Henker*), selon le mot de Karl Kraus. En 1943, Camus publie, en zone libre, son essai sur Kafka – et pour Kafka. La même année et la suivante, les deux premières *Lettres à un ami allemand* paraissent dans la clandestinité ; en 1945, la série complète de quatre lettres. Camus y souligne avant tout la résolution française de mener contre l'Allemagne une lutte jusqu'à la victoire, fondée sur le combat militaire et l'affrontement de principes irréconciliables. Cependant, la guerre finie, « malgré la cruauté calculée et glacée du régime hitlérien, qui a appris la haine aux Français », il déconseille de haïr le pays vaincu (dans lequel il s'est brièvement rendu, en mai 1945). Par humanité, par esprit européen et par réalisme : car, bientôt divisée en deux États, l'Allemagne devient « un enjeu entre la Russie et l'Amérique » et « les seuls problèmes urgents de notre siècle sont ceux qui concernent l'accord ou l'hostilité de ces deux puissances (*Combat*, 7 mai 1947). Du reste, attentif au sort des démocraties populaires, Camus ne passe pas sous silence le 17 juin 1953 à Berlin-Est, première protestation populaire contre un régime communiste, aussitôt réprimée de force (par exemple Cahier VIII, avril 1955).

Dans *Lettres à un ami allemand*, même s'il les vise parfois clairement (« une Allemagne de seigneurs », « vous avez abandonné la lucidité et trouvé plus commode [...] qu'un autre pensât pour vous et pour des millions d'Allemands »), Camus n'aborde pas encore la question du régime hitlérien et de l'idéologie nazie comme tels. Dans *Combat*, pendant les dix mois qui séparent la libération de Paris de la capitulation du IIIe Reich, il se demande pourquoi le peuple allemand, en plein désastre, continue de se taire : il y a d'abord l'emprise qu'exerce toujours sur lui le Führer, « l'avide et frénétique personnage » qui lui a promis la puissance en échange du bonheur et ne lui apporte que la destruction et la honte des crimes commis en son nom – qui, à ce moment, ne sont pas encore connus dans toute leur immensité. Ce silence des Allemands répond aussi à une « vocation profonde » : leur refus de penser et leur rejet de la critique (et donc de la liberté et de l'individu), deux traits qui se sont durcis avec l'unité que Bismarck leur a imposée en 1871 (*Combat*, 17 septembre 1944).

Dans l'expérience tourmentée, puis catastrophique, que l'Allemagne a faite de la liberté et de l'individualisme libéral au XXe siècle, Camus parle peu de la république de Weimar, mais rappelle plus tard que les meilleurs révolutionnaires allemands ont souvent rappelé leurs militants au respect des droits démocratiques (ainsi Rosa Luxemburg, citée dans le Cahier VI des *Carnets*).

Cependant, Camus a aussi engagé une autre recherche, du côté non plus du silence du peuple mais du vacarme des idéologies – c'est-à-dire, pour lui, des philosophies dévoyées –, principalement au XIXe siècle. Cette tentative d'élucidation s'esquisse entre 1935 et 1942, quand il lit des auteurs qui se sont interrogés sur la formation de l'esprit allemand, par exemple Spengler (Cahier I) ou Herder (Cahier III). Elle se poursuit dans des notes prises entre 1945 et 1948 : « Tout l'effort de la pensée allemande a été de substituer à la notion de nature humaine celle de situation et donc l'histoire à Dieu » (Cahier V) ; « La fin justifie les moyens [...] ne peut s'admettre que [...] dans les idéologies nihilistes [...] ou dans les philosophies qui font de l'histoire un absolu (Hegel puis Marx) » (*Actuelles*) ; « Marx a cru qu'il avait corrigé Hegel. Mais ce qu'il a véhiculé de Hegel a triomphé de lui chez ses successeurs » (« Première réponse à Emmanuel d'Astier de La Vigerie », 1948, *Actuelles*). Toutes ces propositions se trouvent articulées dans la troisième partie de *L'Homme révolté* où Camus interprète Hitler et le nazisme comme l'apogée du mouvement par lequel certains États modernes ont été conduits à mettre à leur service une terreur irrationnelle. C'est l'occasion pour lui de citer un autre écrivain allemand contemporain, Ernst Jünger, qu'il réduit à un idéologue apte à formuler de façon précise ce qu'Hitler n'exprimait qu'obscurément. Cette genèse du nazisme conduit à en exposer une autre, celle de la terreur d'État, qui, cette fois, se voulait rationnelle et qui a donné le stalinisme. Selon Camus, elles dérivent toutes deux, en partie du moins, de la même source philosophique : « Le rêve prophétique de Marx et les puissantes anticipations de Hegel ou de Nietzsche ont fini par susciter, après que la cité de Dieu a été rasée, un État rationnel ou irrationnel, mais dans les deux cas terroriste. » Déterminante dans ce processus a été, pour Camus, la « germanisation » philosophique de la Russie au XIXe siècle, c'est-à-dire sa colonisation par des pensées venues d'Allemagne, et d'obédience hégélienne.

Jean-Pierre MOREL

• *Voir aussi* : Philosophie allemande

***AMANDIERS* (*Les*)**. – Au cours de l'hiver 1940, Albert Camus note d'une phrase dans ses *Carnets* le vif d'une émotion esthétique liée à cette époque où il habitait à Alger dans la vallée des Consuls : émerveillement, chaque fois renouvelé, lorsque, en l'espace d'une seule nuit de février, les amandiers se couvraient d'une efflorescence blanche qui, malgré sa fragilité apparente, allait résister à tous les aléas climatiques pour produire l'annuelle fructification.

L'image ainsi saisie devient quelques mois plus tard, après un séjour à Paris, le pivot d'une méditation qui réactive d'autant mieux le souvenir méditerranéen qu'elle est destinée à paraître dans la revue *La Tunisie française* : l'article est publié dans la rubrique « Lettres de France » le 25 janvier 1941. Ce texte est donc écrit dans les heures sombres de la Seconde Guerre mondiale, au sortir de la capitulation française et dans le temps où commençait à sévir l'occupation allemande.

D'où la tonalité grave du propos, malgré le sel d'un incipit narrant l'éloge paradoxal de l'esprit, toujours à la longue vainqueur de la force, attribué à Napoléon.

Quoique fortement ancrée dans le moment historique, la réflexion n'évoque pourtant les événements que de manière allusive, dans le détour de métonymies d'abstraction (« le malheur du siècle » ; « Ce monde est empoisonné de malheurs »). Cet effet d'estompe ne s'explique pas par les retouches que l'écrivain apporte au texte lorsqu'il le reprend pour publication dans *L'Été*, recueil qui, en 1954, l'associe à d'autres textes épars, rassemblés ainsi sous ce titre emblématique renouant avec l'inspiration « solaire ». En revanche, deux motivations imbriquées peuvent être invoquées. D'une part, l'écrivain cherche, dans la densité de telles formulations, à éviter le pathos de détails réalistes et fait une distinction rigoureuse entre « le tragique et le désespoir », trop souvent confondus selon lui ; il entend pour sa part combattre le second en puisant à l'énergie qui sourd du premier. Cette force de résistance qui évite de sombrer dans l'abdication, il la rapproche de la « force de caractère » conçue par Nietzsche comme un des antidotes de « l'esprit de lourdeur ». D'autre part, et surtout, lorsque l'écriture ne relève pas de la pratique journalistique, elle déborde toujours dans l'œuvre d'Albert Camus l'espace contingent de l'histoire pour embrasser l'empan du mythe. Résister, ne rien céder sur les grandes valeurs humanistes, au premier rang desquelles il invoque la justice et la possibilité de bonheur, ne repose pas chez lui sur une foi dans le progrès ni dans un possible enseignement de l'histoire (« Je ne crois pas assez à la raison pour souscrire au progrès, ni à aucune philosophie de l'Histoire », explique-t-il) ; il s'agit de toujours revenir à l'universelle et atemporelle vérité de sa « tâche d'homme », éclairée tout au plus par un progrès dans la conscience de ce qu'elle est, et dont peut donner idée, chaque année, après la rigueur de l'hiver, l'avènement cyclique de la persévérante floraison des amandiers « pour préparer le fruit » (c'est sous ce titre moins concis qu'avait paru l'article initial).

Camus se défend de faire de cette analogie végétale un symbole. Sans doute parce qu'il leste la figure du poids du didactisme. Or il semble que, pour lui, il ne s'agisse pas d'une illustration métaphorique mais d'un primat : cette expérience sensible, profondément inscrite dans sa mémoire sensorielle, a fondé l'évidence d'une vérité indépassable. Cette révélation fondamentale, tellement simple qu'elle peut ne plus être perçue dans une « Europe encore toute pleine de son malheur », serait plus facile à approcher dans les pays méditerranéens « où tant de forces sont encore intactes ». La fertile beauté des amandiers en fleurs condense poétiquement en un motif clé des éléments de la pensée de midi qui sont développés sur un autre registre dans les grands essais philosophiques camusiens ; elle se relie aussi à toute une mythologie coloniale des pays et des peuples neufs que Camus infléchit dans une configuration imaginaire propre ; elle concilie enfin des tensions apparemment contradictoires entre l'aspiration à la simplicité originelle qu'il retrouve par la « vertu de la blancheur » dans la fleur d'amandier et la foi dans l'art (rappelée explicitement par les références à la peinture ou à la musique, et implicitement par sa pratique littéraire) donné ici pour épanouissement de l'esprit, avènement du fruit.

Martine MATHIEU-JOB

AMITIÉ. – Camus avait de l'amitié une conception exigeante qui apparaît dans sa vie comme dans son œuvre. Il écrivait en octobre 1938, dans un article consacré au roman d'Erich Maria Remarque, *Les Camarades* : « L'amitié est un thème assez neuf en littérature. Du moins n'est-il pas souvent exploité. C'est qu'elle exige une certaine aristocratie du cœur, qui n'est pas si commune. » Le prix qu'il attache à ce sentiment rare est confirmé dans *La Chute* à travers le personnage de Clamence, lorsque celui-ci évoque avec nostalgie les îles grecques où « les amis se promènent dans la rue, deux par deux, en se tenant la main ». Avec une ironie désabusée, le personnage reconnaît que ce privilège est réservé à « des cœurs purs ».

Ce qui fait le prix de cette « vertu » qu'est l'amitié pour Camus explique en même temps sa fragilité. La difficulté d'établir une relation transparente et qui dure est liée tout simplement à la difficulté de vivre. Dans plusieurs œuvres, la mort projette son ombre sur l'amitié. Le sujet central de *La Mort heureuse* est la relation qui s'installe entre Mersault et Zagreus, l'infirme : « la passion contenue, la vie ardente qui animait ce tronc ridicule suffisait à retenir Mersault et à faire naître en lui quelque chose qu'avec un peu plus d'abandon il aurait pu prendre pour de l'amitié ». C'est dans la mort qu'apparaîtra le sens profond mais ambigu de leur relation : « Il se prenait d'un amour violent et fraternel pour cet homme dont il s'était senti si loin et il comprenait qu'à le tuer il avait consommé avec lui des noces qui les liaient à tout jamais. » Dans *Caligula*, Scipion, le jeune poète, malgré ce qui le lie à l'empereur, le goût de l'absolu qu'ils partagent, ne peut le suivre jusqu'au bout dans sa passion de l'impossible. Après leur séparation, Caligula fait ce constat qui le rapproche de la mort : « Scipion est parti. J'en ai fini avec l'amitié. »

Si l'amitié ne peut que rarement se maintenir au niveau d'exigence où Camus la situe, c'est parce qu'elle réclame des qualités humaines telles que l'altruisme et même le sacrifice de soi. Clamence, dans *La Chute*, propose à son interlocuteur un exemple remarquable de fusion avec l'autre : « Voyez-vous, on m'a parlé d'un homme dont l'ami avait été emprisonné et qui couchait tous les soirs sur le sol de sa chambre pour ne pas jouir d'un confort qu'on avait retiré à celui qu'il aimait. » Dans la question rhétorique qu'il pose ensuite apparaît une déception amère, dont l'explication immédiate se trouve dans la rupture de Camus avec le milieu intellectuel parisien, et Jean-Paul Sartre en particulier : « Qui, cher monsieur, qui couchera sur le sol pour nous ? Si j'en suis capable moi-même ? Écoutez, je voudrais l'être, je le serai. Oui, nous en serons tous capables un jour, et ce sera le salut. Mais ce n'est pas facile, car l'amitié est distraite, ou du moins impuissante. » Le pessimisme qui transparaît à travers l'ironie du propos, quant à l'incapacité de l'homme à surmonter l'amour de soi-même, a été aggravé par le climat d'une époque marquée par la guerre ainsi que par des conflits idéologiques. L'amitié que Camus imagine dans *Lettres à un ami allemand* ne résistera pas à l'Histoire. Anticipant l'issue de la guerre, il écrit dans la première lettre : « Nous nous reverrons bientôt si cela est possible. Mais alors, notre amitié sera finie. Vous serez plein de votre défaite et vous n'aurez pas honte de votre ancienne victoire, la regrettant plutôt de toutes vos forces écrasées. » Sur un plan plus personnel, Camus sait qu'un désaccord sur le plan idéologique peut détruire l'amitié, comme ce fut le cas entre Pascal Pia et lui-même au lendemain de la guerre, quand l'on se déterminait pour ou contre le gaullisme.

On peut voir cependant que l'amitié chez Camus supporte mieux que l'amour la dureté des temps. Alors que l'amour, dans *La Peste*, n'est plus qu'un sentiment vécu dans la frustration et le regret du passé, Rieux et Tarrou vont vivre au présent une relation très forte. Lors du bain de mer qu'ils prennent ensemble, les deux hommes communient dans l'effort physique, en accord avec les éléments naturels. Dans le texte, une phrase en particulier illustre la conception de l'amitié chez Camus : « Rieux se retourna, se mit au niveau de son ami, et nagea dans le même rythme. » La répétition de « même » souligne cette conception du partage, de l'égalité dans l'amitié : ils avancent « avec la même cadence et la même vigueur ». L'union des corps est en même temps union des cœurs. Dans cette « heure de l'amitié », gagnée sur la maladie, ils sont deux en un, avec « le même cœur ». Camus exprimera à nouveau cette conception idéale dans sa correspondance avec René Char. Alors qu'il connaît une période de doute en tant qu'écrivain, il se tourne vers l'amitié pour y puiser une certitude. Il écrit dans sa lettre du 21 juillet 1956 : « C'est pourquoi il faut bien s'appuyer sur l'ami, quand il sait et comprend, et qu'il marche lui-même du même pas. »

Jacques LE MARINEL

AMOUR. – L'amour dans l'œuvre de Camus apparaît de façon contradictoire comme une aspiration essentielle et jamais pleinement satisfaite. Il écrivait dans ses *Carnets* en 1946 : « Ainsi, parti de l'absurde, il n'est pas possible de vivre la révolte sans aboutir en quelque point que ce soit à une expérience de l'amour qui reste à définir. » Mais ce projet d'un cycle autour du thème de l'amour subsiste en 1958, en témoigne la préface à la réédition de son premier recueil, où il écrit parlant de l'œuvre qui reste à bâtir : « Ce que j'ai voulu dire ici, c'est qu'elle ressemblera à *L'Envers et l'Endroit*, d'une façon ou de l'autre, et qu'elle parlera d'une certaine forme d'amour. » Camus semble faire lui-même le constat d'un échec lorsqu'il observe, toujours dans cette préface : « il y a plus de véritable amour dans ces pages maladroites que dans toutes celles qui ont suivi ».

L'amour comme absolu est une illusion, telle est la découverte que fait avec lucidité « l'homme absurde ». Dans *Le Mythe de Sisyphe*, Camus consacre un développement au « Don Juanisme » qui ouvre sur cette constatation : « S'il suffisait d'aimer, les choses seraient trop simples. Plus on aime et plus l'absurde se consolide. » Il s'agit dans cet essai d'une entreprise de démystification visant à débarrasser l'amour des « illusions de l'éternel ». Don Juan est alors proposé comme exemple de cette lucidité : « Il n'y a d'amour généreux que celui qui se sait en même temps passager et singulier. » Caligula, dans la pièce, illustre la même philosophie, il constate son impuissance à vivre un amour exclusif : « Aimer un être, c'est accepter de vieillir avec lui. Je ne suis pas capable de cet amour. » Mais en même temps, le regret profond qu'il exprime est celui de l'absolu de l'amour, il souffre de ce manque inhérent à la condition humaine : « Si j'avais eu la lune, si l'amour suffisait, tout serait changé. » Dans *La Chute*, Clamence, après avoir, comme Don Juan, compensé la qualité par la quantité dans son rapport avec les femmes, fait le bilan de sa vie amoureuse : « Je les aimais, selon l'expression consacrée, ce qui revient à dire que je n'en ai jamais aimé aucune. » Afin de satisfaire une sensualité exigeante, il a pratiqué la comédie de l'amour dans laquelle le sentiment n'a pas sa place. On sait que Camus a mis une part de lui-même dans ce personnage et il s'exprime à travers lui, au-delà de la forme parfois provocante de certaines phrases : « Bien entendu, le véritable amour est exceptionnel, deux ou trois par siècle à peu près. Le reste du temps, il y a la vanité ou l'ennui. »

La problématique de l'amour est perçue également par Camus dans sa dimension historique. Lorsqu'elle prend le visage de la terreur, l'Histoire est un obstacle à l'amour, le couple n'y résiste pas. Le théâtre, parce qu'il est confrontation, permet de montrer cette tension destructrice dans des scènes d'amour. Victoria et Diego, dans *L'État de siège*, sont confrontés à la puissance totalitaire qui va jusqu'à interdire le mot « amour ». Dans *Les Justes*, Dora constate l'impossibilité de concilier l'amour et l'engagement, lorsqu'elle dit à Kaliayev : « Il faut du temps pour aimer. Nous avons à peine assez de temps pour la justice. » L'histoire d'amour entre ces deux êtres illustre ce que Camus affirmait en 1941 dans ses *Carnets* : « À un certain moment on ne peut plus éprouver l'émotion de l'amour. Il ne reste que le tragique. » Il écrira ensuite dans *L'Homme révolté* : « André Breton voulait en même temps la révolution et l'amour qui sont incompatibles. » Vivant dans un monde de peur et de haine, tous ces personnages, comme Victoria s'adressant à Diego, aspirent à la tendresse, forme supérieure de l'amour aux yeux de Camus : « Laisse-moi libre de chercher en toi l'ancienne tendresse. Et mon cœur parlera de nouveau. » On trouve la même aspiration chez les personnages de *La Peste* qui, dans la situation d'exil où ils vivent, ne connaissent de l'amour que la frustration. Reste, pour Joseph Grand par exemple, le souvenir de celle qu'il a aimée : « Du fond d'années lointaines, au cœur même de cette folie, la voix fraîche de Jeanne revenait vers Grand, cela était sûr. Rieux savait [...] que ce monde sans amour était comme un monde mort et qu'il vient toujours une heure où on se lasse des prisons, du travail et du courage pour réclamer le visage d'un être et le cœur émerveillé de la tendresse. »

On ne peut établir une vérité de l'amour chez Camus que si l'on revient aux leçons premières qu'il a tirées de son expérience. Ce qu'il a voulu préserver, quelles que soient les insuffisances et parfois même les contradictions, se situe d'abord du côté de l'amour maternel, qu'il exaltait déjà dans *L'Envers et l'Endroit* et que l'on retrouve dans *La Peste* ainsi que dans *Le Premier Homme*. La mère de Rieux est la seule femme ayant une réelle présence dans le roman, elle qui dit à son fils : « Cela m'est égal de t'attendre si je sais que tu dois venir. » Dans *Le Premier Homme*, cet amour submerge l'enfant lorsqu'il prend conscience de sa réalité et de sa force : « Le regard de sa mère, tremblant, doux, fiévreux, était posé sur lui avec une telle expression que l'enfant recula, hésita et s'enfuit. "Elle m'aime, elle m'aime donc", se disait-il dans l'escalier, et il comprenait en même temps que lui l'aimait éperdument, qu'il avait souhaité de toutes ses forces d'être aimé d'elle et qu'il en avait toujours douté jusque-là. » L'autre forme d'amour qui affirme sa permanence est celle que l'on trouve dans *Noces*. Camus écrit dans *L'Été à Alger* : « Sentir ses liens avec une terre, son amour pour quelques hommes, savoir qu'il est toujours un lieu où le cœur trouvera son accord, voici déjà beaucoup de certitudes pour une seule vie d'homme. » Dans un autre passage, tiré de *Noces à Tipasa*, il exprime une conception totalisante de l'amour : « Il n'y a qu'un seul amour dans ce monde. Étreindre un corps de femme, c'est aussi retenir contre soi cette joie étrange qui descend du ciel vers la mer. » Telle est la vérité élémentaire que Camus, en définitive, nous invite à retenir.

Jacques Le Marinel

Bibl. : Alan J. Clayton, « Camus ou l'impossibilité d'aimer », *Revue des Lettres modernes*, série Albert Camus, 7, 1975, p. 9-34 • Pierre-Louis Rey, « Militants amoureux chez Camus », dans Jeanyves Guérin (dir.), *Fiction et engagement politique : la représentation du parti et du militant dans le roman et le théâtre du XXe siècle*, Presses de la Sorbonne nouvelle, 2008, p. 169-178 • Anthony Rizzuto, *Camus : Love and Sexuality*, Gainesville, University of Florida Press, 1998

AMOUR DE VIVRE. – Quatrième et avant-dernier essai de *L'Envers et l'Endroit*, paru en 1937, *Amour de vivre* est né du voyage de Camus aux Baléares pendant l'été 1935, au moment de la première séparation avec Simone Hié. Il n'écrit pas immédiatement à partir de ce qui était sa première expérience de voyage : les notes des *Carnets* qui serviront à la rédaction de l'essai sont précédées de la mention : « Aux Baléares, l'été passé ». Le voyage en Europe centrale, durant l'été 1936, qui donnera naissance à *La Mort dans l'âme*, viendra compléter sa méditation sur le voyage. Mais Camus ne suit pas l'ordre chronologique pour la composition du recueil : c'est que la signification des deux essais va bien au-delà, et que, dans l'itinéraire spirituel que dessine l'ensemble, *La Mort dans l'âme* constitue une étape antérieure à celle que représente *Amour de vivre*.

Cet avant-dernier essai résonne aussi de l'importance grandissante que la Méditerranée est en train de prendre dans l'univers mental de Camus ; dans *La Mort dans l'âme*, l'Italie est mise en tension avec la Tchécoslovaquie ; *Amour de vivre*, en revanche, souligne la parenté entre les pays méditerranéens : des Baléares et d'Italie, Camus a tiré quelques idées-forces, qui nourrissent également sa conférence sur la culture méditerranéenne, en février 1937, pour l'inauguration de la maison de la Culture d'Alger.

Amour de vivre juxtapose trois scènes, ou images frappantes, du séjour aux Baléares : une nuit dans un cabaret, en plein jour dans un cloître, au crépuscule sur un port. Entre le récit de ces trois moments, intensément vécus par le narrateur, celui-ci déploie une méditation sinueuse, qui vient remplir le programme du titre. Comme *Entre oui et non*, l'essai mêle donc narration et réflexion du moraliste, le « je » se posant tantôt comme spectateur de ce qu'il décrit, tantôt comme sujet et objet à la fois de son analyse. S'il s'affirme comme romancier potentiel (dans un passage où s'esquissent des éléments de *La Mort heureuse* et de *L'Étranger*), il livre une formule décisive de ce qui sera le réalisme symbolique de Camus : « chaque image devient un symbole ». Marqué par la ferveur, *Amour de vivre* est le seul des cinq essais de *L'Envers et l'Endroit* à ne pas se terminer sur une note ironique ; c'est la gravité qui vient mesurer le lyrisme.

Comme ceux qui le précèdent, l'essai explore le rapport de l'être au monde et à lui-même, sous les deux facettes antithétiques de « l'envers » et de « l'endroit ». En mettant le sujet douloureusement à nu, l'expérience du voyage lui permet une conscience plus aiguë de ce rapport vital, et, partant, une lucidité extrême sur la vie et sur la mort. Fasciné par la danse de la femme monstrueuse, fondue avec délices dans le miroitement des choses en plein midi, en résonance avec les rythmes du crépuscule urbain, il ne s'y perd pas pour autant, conscient du caractère éphémère de ce qu'il voit, conscient surtout de sa propre fragilité. La mort et le néant sont partout, sous le signe de *Nada* ; mais ils sont totalement accueillis, de même que le manque, source du désir. *Noces* va bientôt amplifier ce chant grave de l'acceptation émerveillée.

L'essai ne s'intitule pas « amour de la vie », mais *Amour de vivre*, car le vivre implique le mourir, et l'amour inclut le désespoir. C'est ici que Camus trouve cette formulation : « Il n'y a pas d'amour de vivre sans désespoir de vivre » ; elle lui semblera assez définitive pour qu'il l'entérine telle quelle dans la préface de 1958 à *L'Envers et l'Endroit*.

Agnès SPIQUEL

Bibl. : Jacqueline Lévi-Valensi, *Albert Camus ou la naissance d'un romancier*, Gallimard, 2006, p. 419-435

AMROUCHE, Jean (1906-1962). – Né en Kabylie d'une famille berbère convertie au christianisme, Jean El-Mouhoub Amrouche fit ses études secondaires à Tunis où sa famille avait émigré. Après des études à l'École normale d'instituteurs de Tunis, et un premier poste à Sousse, il fut reçu à l'École normale supérieure de Saint-Cloud. En octobre 1929, il fut nommé professeur de lettres au lycée de Sousse et fit la connaissance d'Armand Guibert avec qui il anima la vie culturelle. Après trois années à Bône, en Algérie, il obtint sa nomination pour le lycée Carnot à Tunis en octobre 1937.

Ses premiers textes, des recueils de poèmes, parurent dès 1934 aux éditions de Mirages à Tunis ; Tunis où il publia aussi, en 1939, précédés d'une importante préface, les *Chants berbères de Kabylie* recueillis auprès de sa mère et que chanta sa sœur Marguerite Taos Amrouche. Une deuxième édition sans changements, dont Camus envisagea la publication dès octobre 1941, parut en 1946 dans la collection « Poésie et Théâtre » que ce dernier dirigeait aux éditions Charlot. Après avoir dirigé la *Tunisie française* – qui publia des textes de Camus –, Jean Amrouche gagna Alger le 14 août 1943. Il y fut nommé au cabinet du directeur de l'Information et y fonda la revue *L'Arche*, placée sous le patronage d'André Gide – lorsque fut mis en place un comité de direction, il sollicita Camus, qui se considérait à l'époque un peu comme son « frère de sang ». Dans le numéro 13 de la revue, en février 1946, furent publiés à la fois *Le Minotaure ou la Halte d'Oran* de Camus, en ouverture, et le manifeste de Jean Amrouche, *L'Éternel Jugurtha*. À partir de 1945 et jusqu'à leur liquidation, ce dernier assura les fonctions de directeur littéraire des éditions Charlot. À deux reprises, en l'absence de Camus, il lut des messages qu'il lui avait confiés : le 18 novembre 1946 aux « amis marocains », à l'occasion du dix-neuvième anniversaire de l'accession au trône du sultan, et le 22 novembre 1946 lors d'un hommage à André Gide diffusé à la radio française. Attaché à la radio, dont il fut cependant exclu pour des raisons politiques en novembre 1959, Jean Amrouche lança de grands entretiens avec les écrivains à propos de leurs œuvres, ainsi avec Gide, Paul Claudel, François

Mauriac, Jean Giono, Pierre Emmanuel, Marcel Jouhandeau et Giuseppe Ungaretti.

La question algérienne, à propos de laquelle Jean Amrouche n'a cessé à partir de 1945 de publier des articles dans des journaux et revues diverses, allait le séparer définitivement de Camus. Le 6 août 1955, il écrivait à Jules Roy à son propos : « Nous ne nous rencontrerons plus jamais. Il y a quatre ans une explication entre nous, portant sur des faits très précis, aurait eu chance de porter un effet positif. Il s'y est refusé. N'en parlons plus. » Le 6 janvier 1958, Camus demandait encore à Amrouche de tempérer quelques-unes de ses positions et de ne pas tomber dans l'excès consistant à désigner une « collectivité en tant que telle à la vindicte de l'autre ». Jean Amrouche publia en 1956 un album sur l'Algérie avec des photographies d'Henriette Grindat, qui collabora également avec Camus. Il ne se manifesta publiquement ni au moment de l'attribution du prix Nobel ni lors de la disparition de l'écrivain. Malade à partir de 1956, il mourut quelques semaines après les accords d'Évian et trois mois avant l'indépendance de l'Algérie.

Guy BASSET

Bibl. : *Jean Amrouche, l'éternel Jugurtha*, archives de la ville de Marseille, octobre-novembre 1985 • *D'une amitié, correspondance Jean Amrouche-Jules Roy (1937-1962)*, Édisud, 1985 • Réjane Le Baut, *Jean El-Mouhoub Amrouche, Algérien universel, biographie*, Alteredit, 2006

AMSTERDAM. – Descartes, pour méditer, avait choisi un « désert », c'est-à-dire « la ville la plus commerçante de son époque ». « Mais Amsterdam, depuis trois siècles, s'est couverte de musées » (*L'Été*). Camus ne découvre la ville qu'au début d'octobre 1954, à l'occasion d'un voyage de quelques jours en Hollande. Les impressions laconiques de ses *Carnets* font songer à celles du sinistre voyage en Europe centrale de l'été de 1936, transposé dans *La Mort heureuse*. À la différence de Prague ou de Salzbourg, les grandes cités hollandaises sont ouvertes sur la mer, mais le climat – « Il pleut des jours durant et le vent froid » –, bouchant l'horizon, amène plutôt Camus à rêver aux rivages de Cipango. Les notes des *Carnets* se réfèrent surtout à La Haye, plus brièvement à Rotterdam ; sur Amsterdam, il se contente d'écrire que la ville est « toujours mouillée ». Et pourtant les « dieux grimaçants de l'Indonésie qu'on voit dans les vitrines », les gens « juchés sur des bicyclettes à haut guidon comme des cygnes funèbres », observés à La Haye, enrichiront dans *La Chute* l'évocation d'Amsterdam – « Ville de canaux et de lumière froide », écrit-il dans le prière d'insérer du récit. Les canaux, en priorité, ont dû dicter son choix. Ils contribuent à faire d'Amsterdam une ville fermée, à l'opposé de « villes ouvertes » comme Alger ; ils se prêtent à la superstition de Clamence, qui refuse de passer sur un pont depuis qu'il a laissé se noyer une jeune femme qui s'était jetée du pont Royal ; Clamence définit enfin la principale vertu symbolique du lieu où il expie ses crimes : « Avez-vous remarqué que les canaux concentriques d'Amsterdam ressemblent aux cercles de l'Enfer ? » Il s'agit de l'Enfer de Dante, dont le dernier cercle est celui des traîtres, pris dans la glace d'un hiver éternel. Ajoutons que les dames en vitrine, qui offrent du « rêve à peu de frais », sont une des plus célèbres spécialités touristiques de la ville. Son quartier juif, enfin, qui porte les stigmates d'« un des plus grands crimes de l'histoire », a offert à Clamence un idéal lieu de résidence : ce professionnel du cynisme et du désespoir peut ainsi s'émerveiller quotidiennement de la « méthodique patience » avec laquelle des hommes sont capables de procéder au « nettoyage par le vide ». L'Amsterdam de Clamence s'oppose, en somme, à celle de Descartes : au philosophe qui cherchait à distinguer le vrai du faux a succédé le « prophète vide » qui s'ingénie à brouiller la frontière entre le mensonge et la vérité. Pierre-Louis REY

ANARCHISME. – Les rapports d'Albert Camus à l'anarchisme sont complexes : il ne s'agit pas d'une adhésion à une idéologie, mais d'un compagnonnage avec des militants libertaires et d'une sensibilité politique partiellement partagée. Social-démocrate de raison et libertaire de cœur, tel pourrait être résumé son engagement.

Albert Camus rencontre pour la première fois des militants libertaires durant la Seconde Guerre mondiale, lorsqu'il fréquente les correcteurs de *Paris-Soir*, dont il est secrétaire de rédaction. Rirette Maîtrejean, l'ancienne compagne de Victor Serge du temps de la bande à Bonnot, l'introduit dans les milieux libertaires. En 1948, il donne son premier entretien à un journal anarchiste, *Défense de l'homme*, et répond à l'invitation du cercle d'étudiants libertaires animé par André Prudhommeaux (1902-1968) – un ancien communiste de conseils devenu individualiste libertaire, traducteur et, plus tard, secrétaire de rédaction de la revue du Congrès pour la liberté de la culture, *Preuves*. Lors de cette conférence, Camus se définit comme un réformiste radical et un sympathisant du mouvement libertaire. Dès lors, son compagnonnage avec les anarchistes ne s'interrompt plus. Ses *Carnets* et *Actuelles* témoignent d'un intérêt croissant pour la philosophie libertaire.

L'Homme révolté publié en 1951 marque une nette convergence d'esprit avec l'anarchisme : les influences de la pensée libertaire et les emprunts à ses auteurs sont nombreux, ils viennent inspirer et parfois légitimer sa conception de la révolte. La révolte individuelle voire individualiste de Max Stirner dans *L'Unique et sa propriété* (1845) est qualifiée d'affirmation absolue de la révolte métaphysique. Camus procède à une mise en perspective critique. Il voit l'œuvre de Stirner comme une apologie de la violence gratuite pouvant conduire au terrorisme. Cette condamnation morale que l'on retrouve aussi dans sa critique de Sade et de Lautréamont entraîne une controverse avec certaines franges du mouvement libertaire partisanes de l'individualisme absolu ou d'une esthétisation de la violence.

Dans son développement sur la révolte historique, Camus emprunte à la critique libertaire de la révolution marxiste. Il utilise des références historiques qui vont du révolutionnaire Eugène Varlet, qui entre 1789 et 1793 condamnait le « gouvernement révolutionnaire », à l'anarchiste russe Pierre Kropotkine, qui dénonçait la fin justifiant les moyens, et autorisant la terreur, comme système de gouvernement. C'est cet argument que Camus reprend lorsqu'il préface *Moscou sous Lénine*, souvenirs de l'ancien révolutionnaire proche de Trotski, Alfred Rosmer. Pour lui, la révolution, lorsqu'elle accapare et conquiert l'État, dénature la révolte et transforme son potentiel libérateur en instrument de l'oppression.

Enfin la convergence de vues est particulièrement présente dans la dernière partie, « La pensée de midi ». Camus affirme que les formes les plus justes et les plus abouties de la révolte ont été la Commune de Paris et le syndicalisme révolutionnaire, tel qu'il a été initié par Fernand Pelloutier, le père des Bourses du travail et du syndicalisme révolutionnaire. Cette thèse se nourrit de la lecture des classiques anarchistes et de l'observation de cette antithèse du socialisme césarien qui a muselé la liberté au nom de la révolution. En effet, pour lui, l'une des valeurs premières de l'anarchisme est de ne pas abandonner les aspects moraux des combats pour la liberté.

Pour les anarchistes des années 1950, un écrivain qui salue aussi ouvertement leur philosophie accomplit un acte sinon d'adhésion tout du moins d'encouragement à une période où l'anarchisme est particulièrement faible numériquement et idéologiquement. Dès sa parution, l'ouvrage est salué par le mouvement anarchiste dans son ensemble, en dépit de quelques critiques minimes, et qualifié d'apport considérable à la pensée libertaire. Les rapports entre Camus et l'anarchisme dépassent le simple cadre d'emprunts théoriques, ils sont marqués par une estime mutuelle qui perdure jusqu'à la mort de l'écrivain. Après avoir soutenu l'initiative de Garry Davis – cet Américain qui en 1949 a renoncé à sa nationalité pour se déclarer citoyen du monde – et s'être joint au Rassemblement démocratique révolutionnaire (RDR) animé par Jean-Paul Sartre et David Rousset, Camus participe à la fondation du Groupe de liaison internationale dont il rédige le manifeste. Ce texte, cosigné par plusieurs militants libertaires, appelle à une amitié internationale des ouvriers et des travailleurs intellectuels pour instaurer des valeurs de liberté et de solidarité en dénonçant le totalitarisme qui domine dans une partie du monde. L'un des principaux animateurs de ce cercle est Nicolas Lazarévitch, qui symbolise l'entente et l'amitié avec les libertaires. Camus l'aide financièrement à éditer un journal d'information sur l'URSS, *La Réalité russe*, qui paraît entre 1950 et 1958. En 1950, il publie dans la collection « Espoir » qu'il dirige chez Gallimard l'ouvrage de Lazarévitch, *Tu peux tuer cet homme*, anthologie du nihilisme russe. Enfin entre 1953 et 1956, tous deux prennent la parole dans des réunions publiques en faveur des insurgés de Berlin et de Budapest.

Si ce refus viscéral du totalitarisme est partagé par l'ensemble des militants anarchistes, certains parmi eux entretiennent une relation de relative proximité avec Albert Camus en raison même de leur combat. C'est le cas de Louis Mercier. Cet ancien combattant du groupe international de la colonne Durruti, formée au cours de la guerre d'Espagne et à laquelle appartenait aussi Simone Weil, est devenu un collaborateur régulier du Congrès pour la liberté de la culture. Camus poursuit avec lui des échanges réguliers et soutient plusieurs de ses interventions en faveur des syndicalistes emprisonnés en Espagne et dans les pays communistes. C'est également grâce à Mercier que Camus découvre la lettre de Simone Weil à Georges Bernanos sur la violence révolutionnaire pendant la guerre civile espagnole (voir les *Écrits historiques et politiques* de Simone Weil, Gallimard, 1960) et grâce à ses indications et à celles de Lazarévitch qu'il édite le recueil de la philosophe, *La Condition ouvrière*.

Son attachement aux actions des libertaires se traduit également par un appui moral et matériel aux militants et aux journaux de cette mouvance. Ainsi, il aide la revue *Témoins*, animée par le poète libertaire suisse Jean-Paul Samson. Cette revue se caractérise principalement par son engagement antitotalitaire : elle consacre des numéros à Pierre Monatte, à des hommages à l'Espagne, aux insurrections ouvrières à l'Est. Camus lui donne plusieurs textes. Sans y écrire, il soutient *Le Libertaire* devenu *Le Monde libertaire* de Maurice Joyeux et, en 1955, vient défendre son collaborateur Maurice Laisant poursuivi pour s'être opposé à la guerre d'Indochine. Il apporte aussi une caution morale et politique au journal *Liberté* fondé en 1958 par Louis Lecoin (1888-1971). Ce vieil anarchiste, qui compte parmi les plus ardents défenseurs du pacifisme, tente alors d'obtenir la reconnaissance légale de l'objection de conscience. Camus accepte de parrainer l'entreprise, et le journal. Il s'agit de l'une de ses dernières actions publiques ; elle possède un caractère anarchiste nettement plus affirmé auquel la guerre d'Algérie donne une résonance particulière. En effet, après avoir signalé dans sa chronique de *L'Express* les arrestations de libertaires opposés à la guerre, il est venu témoigner et soutenir, lors de leur procès, des anarchistes ayant manifesté par voie de presse leur pacifisme et leur opposition à la guerre d'Algérie. Soutenir l'objection de conscience à ce moment-là démontre une affinité politique. En retour, les libertaires qui l'avaient déjà aidé lors de l'initiative pour une trêve civile le soutiennent lorsqu'il dénonce les assassinats politiques de syndicalistes algériens pratiqués par le FLN.

Le compagnonnage de Camus avec les libertaires s'est exercé à un niveau international. Proche des anarchistes espagnols de la Fédération anarchiste ibérique (FAI), il donne des textes à leur organe *Solidaridad Obrera*, et soutient leurs initiatives. Son « dernier message », daté du 29 décembre 1959, est un court texte politique confié à une petite revue anarchiste de Buenos Aires.

Son rapport avec les libertaires se traduit par une estime réciproque, en témoigne par exemple les titres des articles parus à sa mort : « Albert Camus : un copain » (Louis Mercier) ; « Albert Camus : apologiste de la révolte » (Maurice Joyeux). Si le rapprochement avec l'anarchisme vient témoigner d'un refus partagé des régimes totalitaires, au nom du principe intangible de la liberté, il est aussi lié à des origines sociales souvent communes et à une conception identique du rôle du travailleur manuel et intellectuel.

Sylvain Boulouque

• *Voir aussi :* Bakounine

Bibl. : *Albert Camus et les libertaires, Volonté anarchiste*, n° 26, 4e trimestre, 1984 • Raymond Gay-Crosier, « L'anarchisme mesuré de Camus », *Symposium*, n° 3, automne 1970, p. 243-253 • Thierry Maricourt, *Histoire de la littérature libertaire en France*, Albin Michel, 1990, p. 318-344 • Lou Marin, *Ursprung der Revolte. Albert Camus und Anarchismus*, Heidelberg, Verlag Graswurzrevolution, 1998 • Id., *Albert Camus et les libertaires*, Égrégores, 2008 • Teodosio Vertone, *L'Œuvre et l'action d'Albert Camus dans la mouvance de la tradition libertaire*, Atelier de création libertaire, 1985

ANGERS, festival d'. – En 1953, le festival d'Angers, créé deux ans plus tôt dans le mouvement de la décentralisation, offrit à Camus l'occasion d'un retour au métier théâtral. Il apparut cette année-là comme l'héritier naturel de Marcel Herrand, qui l'avait sollicité pour fournir deux adaptations mais qui décéda deux jours avant l'ouverture. Si c'est ce concours de circonstances qui ramena Camus à la mise en scène, il répondait à un besoin profond, à un moment où l'auteur de *L'Homme révolté* aspirait à s'éloigner du milieu intellectuel parisien. Il allait retrouver cet esprit d'équipe et de fraternité qu'il avait connu à ses débuts et dont il gardait la nostalgie.

Pour cette édition du festival, Camus reprit une ancienne adaptation des *Esprits* de Pierre de Larivey, et surtout proposa une nouvelle version de *La Dévotion à la croix* de Pedro Calderón de la Barca. Le spectacle connut un très grand succès, le critique Morvan Lebesque soulignant que « l'essentiel y était, homogénéité du spectacle, parfaite direction des acteurs ». La présence de Maria Casarès et de Serge Reggiani dans la distribution renforça le succès du spectacle. À la différence de ses débuts, Camus travaillait cette fois avec des comédiens professionnels, mais toujours selon les mêmes principes et dans le même état d'esprit. Lorsqu'il revint à la direction du festival en 1957, il fit le choix significatif de mettre en scène une autre pièce du théâtre d'or espagnol, *Le Chevalier d'Olmedo* de Lope de Vega. Ces deux pièces « espagnoles » trouvèrent, avec le château d'Angers, un cadre mettant en valeur leur action, alors que le choix de monter *Caligula*, représenté également en 1957 dans ce lieu, fut plus controversé.

Camus, par sa présence à Angers en deux occasions dans les années 1950, a marqué définitivement ce festival de son empreinte ; il lui a apporté une notoriété qui s'étendit au-delà des frontières. Mais inversement, les photographies le représentant sur les remparts du château ou dirigeant les répétitions ont contribué à la légende camusienne.

Jacques Le Marinel

ANNENKOV, Boris. – Annenkov, dans *Les Justes*, est celui qui planifie les attentats et distribue les tâches. Il exerce un pouvoir sinon charismatique, du moins de compétence que nul, et surtout pas l'orthodoxe Stepan, ne lui conteste. « La règle est la règle [...]. La règle est dure. » Dès le début du premier acte, à Stepan qui lui dit : « Tu es le chef, Boria, et je t'obéirai », qui tient l'obéissance pour une nécessité pragmatique, Annenkov répond : « Je n'ai pas besoin de ta promesse, Stepan. Nous sommes tous frères. » Être frères et ne pas avoir de chef, donc de père, c'est une seule et même chose. Sa conception du groupe militant est fusionnelle. Un peu plus loin, il dit : « Vous souvenez-vous de qui nous sommes ? Des frères, confondus les uns aux autres, tournés vers l'exécution des tyrans, pour la libération du pays ! Nous tuons ensemble, et rien ne peut nous séparer. » Il s'agit, pour lui, de mettre fin à un vif affrontement entre Stepan et Kaliayev. On est, de toute évidence, dans la dénégation pure, car s'il suscite la délibération, Annenkov prend des décisions et, s'il le faut, il les impose. Non seulement il ne sanctionne pas Kaliayev qui n'a pas tué le grand-duc, mais il lui donne une seconde possibilité de le faire.

Dans cette séquence, lui-même et Stepan s'étant exprimés, Annenkov sollicite les avis de Voinov et de Dora qui vont dans le même sens que Kaliayev. Avant même qu'il se soit prononcé, Stepan considère que la « décision » est acquise. La discussion pourtant rebondit et se transforme en une altercation. Annenkov se prononce en faveur de la position majoritaire, donc renforce l'isolement de Stepan. On notera que la décision est énoncée en deux temps. Le personnage use d'abord de la forme passive. Puis il reformule la décision à la forme active et la fait suivre de consignes assénées avec autorité : « Stepan, personne n'est de ton avis. La décision est prise » ; « L'Organisation décide [...]. » Un peu plus tard, Annenkov assume la responsabilité d'une autre décision, l'exfiltration de Voinov : « J'ai décidé de tout » ; « il m'a fallu décider seul ».

Dans la typologie classique des militants, Annenkov figure le cadre, le « bureaucrate », le mot étant pris ici dans un sens fonctionnel et non polémique. Camus s'est gardé de le caricaturer : l'homme apparaît pondéré et réfléchi. Le chef est celui qui apaise les tensions. Il le fait d'autant plus aisément que Kaliayev reçoit le soutien de la majorité et que Stepan est isolé.

Il est un prix à l'engagement qu'il a accepté de payer. À l'acte V, il avoue qu'il s'est exclu de l'amour depuis qu'il exerce des responsabilités dans l'Organisation – « Maintenant c'est l'Organisation que j'aime. » L'essentiel n'affleure qu'occasionnellement : Annenkov seul est en contact avec l'appareil de l'Organisation. Il transmet les consignes venues d'en haut. Est-il ou non un permanent ? Cela aussi n'est pas dit explicitement. À l'acte II, il n'en réfère pas à l'échelon supérieur. Le dialogue fait l'impasse sur l'appareil, c'est-à-dire le fonctionnement pyramidal de l'Organisation. La pièce y gagne en humanité, elle y perd en véracité socio-historique. Il est vrai, Camus le répète dans ses commentaires, qu'il n'est pas question ici d'une organisation léniniste. Il est question du peuple, jamais de la classe ouvrière ou du prolétariat. Par ailleurs, la liberté de parole est totale. Annenkov ne cadre pas la discussion, il ne mobilise pas des autorités, le secrétaire du Parti, la bonne parole véhiculée par la presse militante, comme le font les militants dans une œuvre contemporaine des *Justes*, *Les Communistes* de Louis Aragon.

Jeanyves GUÉRIN

ANTIFASCISME. – Homme de gauche, Camus a été naturellement l'adversaire du fascisme et du nazisme. Cela l'a amené à soutenir le Front populaire, à défendre les républicains espagnols et à rejoindre la Résistance. Sa culture politique est alors courte. Il condamne une entreprise historique, il ne la pense pas. Que le mot « fascisme » soit quasi absent de ses articles à *Combat* avant comme après la fin de la guerre prête à réflexion. Il parle de l'Allemagne nazie, du IIIe Reich, de Hitler, de Pétain et, plus rarement, de Mussolini.

Comme l'historien François Furet l'a montré, la mobilisation antifasciste a été orchestrée et instrumentalisée par l'Internationale et les partis communistes auxquels elle fournissait un brevet démocratique. C'était une géopolitique et une idéologie. L'affrontement était entre communisme et fascisme, entre la révolution et la contre-révolution. Toute critique de l'Union soviétique devenait dès lors impossible. Les républicains, les démocrates étaient sommés de répudier tout anticommunisme. Hitler et Pétain, par leurs exactions, avaient placé Staline et Maurice Thorez dans le camp de la liberté. Bien qu'il ait rejoint une mouvance non communiste de la Résistance, Camus a souscrit implicitement à cette mythologie de l'antifascisme jusqu'à la fin de la guerre, puisque, dans un éditorial de *Combat* (7 octobre 1944), il a, comme ses confrères de la presse issue de la Résistance, rejeté tout anticommunisme et partant tout antisoviétisme. L'Histoire avait tranché : le nazisme était le mal absolu, le communisme au moins un bien relatif. André Malraux, dont il a été un lecteur fervent, lui avait enseigné qu'on ne peut se battre sur deux fronts. Il n'avait pas encore lu Simone Weil ni Élie Halévy.

Après 1945, Camus a perdu ses dernières illusions. Il cesse de ménager l'URSS et le PCF. C'est reconnaître implicitement que la vie politique européenne des années 1930 comportait trois pôles, pas deux, et que la grande coalition qui est venue à bout de l'Axe comprenait un État totalitaire. La grille idéologique et géopolitique « fascisme contre antifascisme » cesse d'être opérante à ses yeux. Son antifascisme est devenu un antitotalitarisme. Sa politique désormais ne sera plus jamais hémiplégique. Dans la synthèse ambiguë qu'est l'antifascisme, il a choisi la démocratie, non la révolution. Communistes et démocrates n'ont pas de valeurs communes ; parce que ce sont des entreprises révolutionnaires, le communisme et le national-socialisme, en revanche, partagent une même détestation de la démocratie qu'ils associent à la domination bourgeoise. Ce sont deux entreprises criminelles. Leurs passions, leurs idéologies sont liberticides. Il est clair aux yeux de Camus que seule l'Espagne franquiste a survécu à la victoire des Alliés. C'est le seul régime auquel l'éditorialiste de *Combat* accorde, non sans hésitation, le label « fasciste ». Dans son avant-dernier article, en novembre 1948, il lui substitue le mot « totalitaire » que contesteraient aujourd'hui les historiens et politologues.

Ne faisant pas du fascisme un sous-produit de la démocratie bourgeoise et du capitalisme, Camus ne croit nullement à sa pérennité ou à sa menace latente, mythe ou fantasme qui alimente les slogans de la propagande communiste et masque la stratégie impérialiste de l'Union soviétique. Pour cette raison, la guerre étant finie, il se refuse à voir le général de Gaulle et le président Truman, adversaires du communisme soviétique, comme des épigones d'Hitler, de même qu'il oppose une ferme fin de non-recevoir aux entreprises unitaires des progressistes, quand bien même ils se désignent comme les partisans de la paix. *Ni victimes ni bourreaux* puis *L'Homme révolté* argumentent cette révision qui contribue à marginaliser leur auteur dans l'intelligentsia française radicalisée de l'après-guerre.

Jeanyves GUÉRIN

ARCHE (L'). – Camus a un temps figuré au comité de rédaction de cette revue mensuelle patronnée par André Gide qui a paru de février 1944 à mai-juin 1947. Son tirage a culminé à 30 000 exemplaires. Edmond Charlot en était le gérant et Jean Amrouche, assisté de Jacques Lassaigne, le directeur puis le rédacteur en chef. Au comité de rédaction figure aussi Maurice Blanchot. À ses sommaires, l'on trouve, outre Gide, Paul Valéry, Jean Paulhan, André Breton, Pierre Jean Jouve, Roger Caillois et Jean Tardieu. C'est dire que cette revue littéraire de haute tenue brigue ouvertement la succession de *La Nouvelle Revue française* interdite. D'autres revues, *Les Temps modernes*, *Saisons*, *Les Cahiers de la Pléiade*, *Fontaine*, la briguent aussi. Au départ, elle voulait aussi prendre sa part à la construction de la France nouvelle sans trop se soucier des clivages partisans. On lit ceci dans la « déclaration d'intention » due à Amrouche : « La révolution contemporaine doit inscrire dans une nouvelle charte politique et sociale les conquêtes de l'humanisme moderne. » Dans les faits, *L'Arche* fait peu de place à l'actualité sociale et politique. Nietzsche et Kafka sont des références, pas Marx ni Sartre. Gide, hostile à la littérature engagée, a imposé ses vues, mais reste à distance.

Charlot est trop pris par sa maison d'édition pour s'impliquer dans la gestion d'un mensuel. Ses activités à la radio accaparent Amrouche. Très accaparé par ses tâches d'éditorialiste et par l'écriture de *La Peste*, Camus ne fait pas grand-chose pour sauver la revue qui dès lors est condamnée. Il ne semble pas s'y être beaucoup investi. Il n'a pas cherché à en faire une tribune. Il y publie seulement, en février 1946, « Le Minotaure ou la halte d'Oran », texte ensuite repris dans *L'Été*, et, en février 1947, une recension de *La Vallée heureuse* de Jules Roy et sa préface à *Temps lointain* de Blanche Balain. Leurs lecteurs ne peuvent pas ne pas constater les nombreux échanges de collaboration entre *Combat* et *L'Arche*. Jean Grenier, Albert Ollivier, Roger Grenier, Claude de Fréminville, Guy Dumur, Jules Roy, Alexandre Astruc, Maurice Saillet donnent des textes originaux, des chroniques ou des notes à la revue. En novembre 1944, Albert Ollivier y propose l'une des premières analyses de l'œuvre de Camus. Comme à *Combat*, Jacques Lemarchand suit l'actualité théâtrale et Denis Marion l'actualité cinématographique. Ces auteurs proches de Camus le sont souvent d'Amrouche aussi. C'est que le milieu littéraire algérois dont l'un et l'autre viennent est un petit monde.

Jeanyves Guérin

Bibl. : Michel P. Schmitt, « *L'Arche* 1944-1947 : une résurrection à la française », *La Revue des revues*, n° 40, 2007, p. 48-73

ARENDT, Hannah (1906-1975). – D'origine juive, Hannah Arendt avait quitté l'Allemagne en 1933 et s'était établie à Paris. Elle y a fait l'expérience de la condition apatride et a suivi certains cours d'Alexandre Kojève sur *La Phénoménologie de l'esprit de Hegel*. Elle gagne les États-Unis en 1941 et n'obtient la nationalité américaine qu'en 1951. Sa notoriété en France était nulle après la guerre, ce n'est que plus tard que ses travaux ont reçu l'accueil qu'ils méritaient.

Camus et Arendt se connaissaient, ils se sont rencontrés à Paris en 1952. S'il n'y a pas d'allusions du premier à la personne ou aux ouvrages de la seconde, plusieurs appréciations très positives sur l'écrivain français figurent dans deux articles publiés respectivement dans *The Nation* et *The Partisan Review* en 1946 puis *Deucalion* en 1947, dans la correspondance d'Arendt avec Karl Jaspers, son directeur de thèse auquel la rattachait de forts liens d'admiration et d'amitié (*Briefwechsel 1926-1969*, Munich et Zurich, Piper, 1985), et avec son second mari Heinrich Blücher (*Correspondance 1936-1968*, Calmann-Lévy, 1999). « C'est sans doute le meilleur en France à l'heure actuelle. Il dépasse les autres intellectuels de la tête et des épaules », écrit-elle ainsi à ce dernier au lendemain de sa rencontre avec Camus. Elle renvoie à une étude de celui-ci, « The Human Crisis », dans *The Origins of Totalitarianism* paru dans *Twice a Year* en 1947. Le fonds Camus d'Aix-en-Provence conserve une carte de visite d'Arendt du 21 avril 1952 rédigée en français et adressée à Camus avec le message suivant : « Je suis à Paris pour quelques semaines et j'aimerais beaucoup vous voir si cela peut s'arranger, sans vous incommoder. J'ai lu *L'Homme révolté* que j'aime beaucoup. À vrai dire, c'est la seule raison de cette note. » Arendt venait de publier en 1951 *Les Origines du totalitarisme* ; *L'Homme révolté* date de la même année. Disons d'emblée qu'elle apparaît, rétrospectivement, par ses options politiques, comme l'alliée par excellence de l'écrivain. Rétrospectivement, car les trois volumes des *Origines du totalitarisme* n'ont été traduits en France qu'entre 1972 et 1984.

Il est significatif de constater que les deux auteurs ont consacré des travaux à saint Augustin, Arendt sa thèse de doctorat, Camus une partie de son diplôme de fin d'études. Ils ont retenu de l'analyse augustinienne du temps que passé, présent et futur, les trois dimensions du temps, ne peuvent être expérimentés que dans le présent, ce qui explique peut-être qu'ils mettent l'accent sur celui-ci dans leurs commentaires sur l'action et la politique. Ils ne partagent ni la conception qui considère que le passé est l'âge d'or qu'il faudrait restaurer, ni celle qui attend de l'avenir la réalisation de l'utopie. En témoignent l'exergue des *Origines du totalitarisme*, une citation de Jaspers : « Ne succomber ni au passé ni au futur. Il s'agit d'être entièrement contemporain », et une citation de Camus : « La vraie générosité envers l'avenir consiste à tout donner au présent » (*L'Homme révolté*).

Cette préséance du présent s'explique aussi par leur expérience des horreurs liées à la Seconde Guerre mondiale, époque que Camus a nommée dans une conférence « Le temps des meurtriers » et Arendt, en reprenant une expression de Brecht, les « *dark times* », les « temps obscurs ». Tous deux ont entrepris de clarifier pour eux-mêmes et pour leurs lecteurs ces temps difficiles. *Les Origines du totalitarisme* décrit certains phénomènes partout présents en Europe comme l'antisémitisme, le déclin de l'État-nation et le développement de l'impérialisme, la disparition progressive des classes et l'apparition des masses, la création en grand nombre d'apatrides et de personnes déplacées, la naissance de partis totalitaires mus par la propagande, l'organisation et les deux principes « Tout est permis » et « Tout est possible ». Ces phénomènes ont donné lieu, dans certains pays, à la prise de pouvoir de ces partis totalitaires animés par une dynamique révolutionnaire qui ne se stabilise pas après la prise de pouvoir. Le totalitarisme au pouvoir vise à la domination totale et au régime universel ; il repose sur la terreur et l'idéologie, il entend créer un homme nouveau et utilise à cette fin les camps de concentration, lesquels sont des laboratoires où l'on élabore les mécanismes qui rendront cet homme nouveau possible. Arendt compare dans la troisième partie du livre, « Le Totalitarisme », l'Allemagne nazie et la Russie soviétique et met les similitudes en évidence tout en insistant sur le fait que le régime est inédit. Dans *L'Homme révolté*, Camus fait la généalogie de la révolte en distinguant – Jaspers a fait cette distinction qu'Arendt connaît bien et qu'elle applique dans *Between Past and Future* (1961) – ses commencements de ses origines. Les commencements concernent l'apparition historique d'une notion (d'une attitude) nouvelle, les origines portent sur les motivations qui conduisent à son développement, étant entendu que ces motivations peuvent réapparaître à des moments différents et la réactiver. La première partie de *L'Homme révolté*, qui porte le même titre que l'ouvrage, décrit les origines : qu'est-ce qui fait naître la révolte, les parties ultérieures analysent les figures historiques de la révolte et son élargissement en révolution. Le mal totalitaire qu'Arendt s'efforce de définir – elle se demande si les camps appartiennent au mal radical – est aussi celui que Camus entend mettre au jour : c'est surtout dans l'étude du terrorisme d'État (sous ses deux figures, de terreur irrationnelle et rationnelle) qu'il développe des analyses analogues à celles d'Arendt. Il n'utilise pas le substantif « totalitarisme » dans *L'Homme révolté* mais bien l'adjectif « totalitaire » et insiste lui aussi sur les camps de concentration en refusant de minimiser les camps soviétiques.

Arendt écrit en 1963 un livre sur les révolutions qu'elle dédie à Jaspers et à son épouse, *On Revolution*. Elle y exprime une de ses convictions les plus profondes qui la rapproche de Camus : les révolutions partent généralement de la base et créent des conseils, des soviets, des *Räte*, mais ceux-ci ne se maintiennent pas face aux partis politiques dont l'organisation part non de la base mais du sommet et dépend des politiciens et des bureaucraties de partis. Les sympathies de l'écrivain algérois pour l'anarchisme libertaire ou le syndicalisme révolutionnaire rejoignent les préférences de la philosophe. Celle-ci partage la crainte de Thomas Jefferson : même une révolution qui réussit finira par tuer l'esprit révolutionnaire qui était à son origine. Elle a développé un jeu de concepts pour rendre compte des insurrections que l'on trouve aussi chez Camus, de manière moins systématique il est vrai, dans les articles de *Combat* : la rébellion doit mener à la libération, laquelle, lorsqu'elle réussit, doit déboucher sur une nouvelle fondation qui assure la liberté. La fondation échoue généralement, car les révolutions finissent par se perdre dans la question sociale : la politique peut assurer la liberté et l'égalité devant les lois, mais non l'égalité sociale et économique. Sur ce point Camus entend lier liberté et justice (égalité), mais il sait que leur relation est antinomique et donne, en dernière instance, la préférence à la liberté. Arendt et lui refusent une conception de l'histoire qui reposerait sur le déterminisme, par exemple économique, ou sur une logique inscrite dans son cours. Pour elle, qui pense contre le totalitarisme, la politique véritable repose sur l'interaction des hommes, sur les discours et les actions qu'ils tiennent et entreprennent en commun : elle met l'accent sur ce qu'elle appelle le bonheur public (*public happiness*) de celui qui participe à l'entreprise. Camus n'aime rien autant que participer à une entreprise commune, mais sa vision de la politique réelle est moins optimiste : il y voit des rapports de force qui mènent généralement à l'exclusion, à la violence ou au meurtre. Arendt n'ignore pas que sa vision – grecque à l'origine – de l'essence de la politique n'a dominé qu'à de rares périodes et qu'elle est en général oubliée – elle l'appelle le « trésor perdu » – au profit d'une politique conçue comme une technique de gouvernement visant à l'efficacité.

Reste enfin un point encore où ils sont fort proches : de saint Augustin ils ont retenu que la mémoire est une faculté fondamentale et que l'oubli est un mal. Arendt appelle les camps de concentration des « oubliettes » (« *holes of oblivion* »), où il s'agit non seulement de détruire des vies mais de gommer leur existence en cachant jusqu'à la réalité des camps eux-mêmes ; Camus n'a de cesse de rappeler l'existence des victimes, de Lidice par exemple, de les célébrer dans ses œuvres : ses articles de *Combat*, certaines de ses préfaces et *La Peste* en portent témoignage. Maurice WEYEMBERGH

Bibl. : Hannah Arendt, « French Existentialism », *The Nation*, n° 8, 23 février 1946, p. 226-228 • Id., « La philosophie de l'existence », *Deucalion*, n° 2, 1947, p. 214-245 • Jeffrey C. Isaac, *Arendt, Camus, and Modern Rebellion*, New Haven, Yale University Press, 1992 • Maurice Weyembergh, *Albert Camus ou la mémoire des origines*, Bruxelles, De Boeck, 1998, p. 20-24 et 151-186

ARGENT. – « Camus n'est ni avare ni dispendieux », écrit Olivier Todd. Le luxe dans lequel vivent certains écrivains arrivés le scandalise. L'appât du gain l'étonne. « Toute vie dirigée vers l'argent est une mort », écrit-il dans ses *Carnets*. L'enfant de pauvres a gardé des goûts simples. Il n'a pas ses habitudes dans les restaurants chic ni dans les grands hôtels. Il ne suit pas de près la gestion de ses droits littéraires et dramatiques. Il aide volontiers les opposants à Franco et les dissidents de l'Est.

L'intellectuel citoyen met fréquemment en cause « l'argent » dans ses éditoriaux de *Combat* et ses chroniques de *L'Express*. Le terme est général. Il reçoit parfois une majuscule. Les militants de gauche, à son époque, parlaient plutôt de la « bourgeoisie », des « deux cents familles », des « trusts », des « féodalités économiques » ou du « grand capital ». Le diagnostic est simple sinon original : les puissances d'argent ont longtemps imposé leur loi à et dans la République. Le régime de Vichy, contre son discours officiel, leur a fait la part belle. Comme la majorité des résistants, Camus pense qu'il faut mettre fin à cette injustice et mener une « guerre » contre « l'argent ». L'épuration du journalisme s'est effectuée dès août 1944. Il s'en réjouit : « La France a maintenant une presse libérée de l'argent. » Ce ne doit être qu'une première étape. C'est pour cette raison qu'il insiste afin que « l'industrie », puisqu'elle a « travaillé pour l'ennemi », rende des comptes au pays. « Les hommes doivent porter la responsabilité de leurs privilèges » ; « L'argent a des devoirs. » L'éditorialiste préconise aussi des nationalisations, des confiscations et des réquisitions de salut public. « Il y a des intérêts que nous devons détruire » ; « Il n'y a ni justice ni liberté possibles lorsque l'argent est toujours roi. »

La « société de l'argent », la « société marchande », la « société bourgeoise », quelque nom qu'on lui donne, révulse Camus. Le fils de pauvres est sensible aux « privilèges » (la formule revient encore plusieurs fois dans ses articles de *L'Express*), aux inégalités et aux injustices qu'elle produit. Au milieu des années 1950, il ne parle plus guère du capitalisme, même si, selon Jean Daniel, il lui est « demeuré foncièrement hostile ». Une redistribution des richesses s'impose encore et toujours, l'État a son rôle à jouer dans l'économie. C'est en cela qu'il reste un homme de gauche. Dans un article de cette époque, il renvoie les « policiers » et les « marchands » dos à dos. Il n'a jamais été un thuriféraire du marché et du profit, ce n'est pas sous sa plume que l'on trouvera un éloge de l'entrepreneur.

Le thème de l'argent n'est pas central dans son œuvre fictionnelle, il ne fait pas l'objet de commentaires abondants, comme dans celle de Balzac ou dans les essais de Péguy. Pour le Zagreus de *La Mort heureuse*, « avoir de l'argent c'est se libérer de l'argent ». Mais le temps est un bien plus précieux encore. Martha et sa mère, dans *Le Malentendu*, assassinent leurs clients fortunés. C'est qu'« il faut beaucoup d'argent pour vivre libre devant la mer ». En se déclarant riche, Jan signe ainsi son arrêt de mort. Caligula ridiculise son intendant, mais rançonne les riches patriciens. « Si le Trésor a de l'importance, lance-t-il au premier, alors la vie humaine n'en a pas. » Quant aux seconds, ils doivent « compter leur vie pour rien puisqu'ils tiennent l'argent pour tout ». Cottard, dans *La Peste*, s'est lancé dans la contrebande de cigarettes et d'alcool. Le malheur des autres le réjouit, car il lui permet de s'enrichir impunément. Mais Meursault vit modestement et Daru, dans *L'Hôte*, se contente de peu. Les muets, dans la nouvelle qui porte ce titre, sont d'abord mus par le souci de leur dignité, non par le ressentiment.

La figure de l'enfant pauvre mais heureux traverse l'œuvre, de *L'Envers et l'Endroit* au *Premier Homme*. Dans la famille Cormery, on valorise le travail. Jacques et son frère ne reçoivent aucun argent de poche. « Les deux enfants préféraient rester sans argent et sans les plaisirs qu'il procure plutôt que de se sentir humiliés. » Le cadet se fait à l'occasion rémunérer pour de menus services. Un jour, il a détourné la pièce de deux francs que lui avait donnée sa grand-mère, puis il lui a fait croire qu'il l'avait laissé tomber dans les toilettes. Elle a voulu vérifier le fait. Cette scène lui laisse un souvenir de « honte ».

Au total, les inégalités créées par l'argent ne sont pas déterminantes. La distinction entre riches et pauvres, quand elle est marquée, est celle de deux mondes qui s'ignorent plus qu'ils ne se détestent. Les écrits du journaliste, pourrait-on dire, sont plus « sociaux » que ceux de l'écrivain.

Jeanyves GUÉRIN

ARON, Raymond (1905-1983). – Raymond Aron, philosophe de formation, est un homme d'étude, un grand professeur, dont le savoir souverain couvre plusieurs domaines. Camus, qui a fait des études de philosophie, se considère essentiellement comme un artiste, un écrivain ou un homme de théâtre. Auteur d'ouvrages spécialisés, le premier a participé à tous les débats politiques de l'époque et est essayiste et journaliste, comme le second. Par son éducation, Aron appartient à la bourgeoisie parisienne et est un produit des grandes écoles, en somme un héritier ; Camus est un boursier, il est issu du prolétariat algérois, il ne se sent pas à l'aise dans la métropole. Aron a rejoint de Gaulle à Londres, Camus la Résistance intérieure. Ils ont participé à l'aventure de *Combat*, mais sans être alors intimes. Aron est un libéral, Camus un social-démocrate qui nourrit de fortes sympathies pour l'anarchisme libertaire.

Après avoir lu *L'Opium des intellectuels* en 1955, Camus écrit à son aîné : « Nous avons plus de raisons de nous entendre que de nous quereller. » Pour s'orienter dans les débats de l'époque, rien de tel que de partir de ce maître-livre d'Aron, dont la force de démystification ne pouvait que susciter l'ire de ceux qui croyaient aux mythes, et plus particulièrement au mythe progressiste. L'auteur rappelle que la gauche couvre des tendances différentes en fonction des valeurs auxquelles elle confère la préséance : la liberté, l'organisation ou l'égalité. La première s'oppose aux pouvoirs, la deuxième au spontanéisme et au marché, la troisième aux privilèges et à l'inégalité dans la répartition des richesses. La préférence donnée à une valeur – la combinaison de deux d'entre elles – détermine un des camps. Aron privilégie la liberté, il rejette l'autoritarisme lié à l'organisation (le parti) et la recherche excessive de l'égalité. Camus accorde la préférence à la liberté (libéralisme politique) et à l'égalité (la justice sociale, une économie collectiviste) mais craint les méfaits de l'organisation autoritaire. Jean-Paul Sartre place en premier l'organisation de la révolution (le parti) et la justice sociale et sacrifie, au moins pour un temps, la liberté.

Aron vient de la gauche, il a toujours eu le sentiment, lors de ses choix ultérieurs, de rester fidèle à sa jeunesse. L'étude de l'économie politique l'a libéré de ce qu'il juge être les illusions de la gauche. Camus considère la gauche comme sa famille, toutefois, après un bref passage par le parti communiste et l'illusion lyrique de l'après-guerre, il a rompu avec la gauche communiste, autoritaire ou « césarienne » selon ses propres termes. Sartre au contraire est devenu compagnon de route du Parti au moment de la guerre de Corée. De là les politiques différentes : Aron œuvre pour que la gauche modérée et la droite modérée se rejoignent, gouvernent au centre et évitent la guerre civile. Comme la droite modérée s'allie souvent à la droite plus radicale, il n'hésite pas à les critiquer. Camus quant à lui entend détacher la gauche modérée de la gauche extrémiste tout en évitant de glisser à droite ; Sartre enfin s'efforce de ramener la gauche modérée, « molle » à ses yeux, à la gauche révolutionnaire. Aron est un atlantiste convaincu qui considère que le neutralisme ou les sympathies pour les communistes reposent sur une confusion des valeurs : les libertés formelles mais réelles des démocraties occidentales sont condamnées au nom de libertés matérielles inexistantes. Il reproche à Camus son neutralisme et à Sartre son soutien à l'Union soviétique. Il n'est pas aveugle aux travers du capitalisme, à la dureté de ses relations sociales, mais juge que « tous les combats politiques sont douteux. Ce n'est jamais la lutte entre le bien et le mal, c'est le préférable contre le détestable » (*Le Spectateur engagé*, Julliard, 1981). Camus n'a jamais pu se résoudre à défendre le capitalisme.

Aron et Camus sont anticommunistes, et la discussion avec le marxisme joue un rôle central dans l'œuvre du premier qui se considère comme le continuateur critique de Marx : il est en somme un marxien de droite. La discussion est importante pour Camus qui, pour sa part, se réclame cependant de Nietzsche : l'écrivain est un nietzschéen de gauche. Dans *Le Grand Schisme* (Gallimard, 1948), Aron a mis au point la stratégie qu'il développera au cours des années. Il y a deux interprétations possibles du marxisme selon lui, celle qui part des ouvrages de jeunesse et considère que la révolution est rationnellement nécessaire pour mettre fin à l'aliénation et à l'exploitation, à l'opposition de l'universel et du particulier ; celle qui part des ouvrages de maturité et estime que le développement du capitalisme – la causalité qui lui est inhérente – mène inévitablement à la révolution. D'un côté, l'idéal, l'exigence rationnelle, de l'autre, la réalité, la causalité historique. Leur adéquation est-elle confirmée par les faits ? Les sociétés communistes réalisent-elles l'idéal et que résulte-t-il de la comparaison entre les sociétés communistes et occidentales ? Les trois volumes sur les sociétés industrielles sont l'aboutissement de la recherche.

Dans *L'Opium des intellectuels*, Aron commente la controverse entre Camus et Sartre. Il donne plutôt raison au premier – l'analyse de l'écrivain est correcte mais *banale*, l'analyse de Sartre est *subtile* mais fausse – mais lui reproche de ne pas voir qu'il y a à côté de la prophétie et de la méthode critique marxiste une philosophie marxiste, à laquelle Sartre a beau jeu de se référer. Il critique en termes « arrogants », comme il le dira plus tard, *L'Homme révolté* : il souligne le manque d'unité de l'ensemble et considère que le ton du moraliste ne convient pas à la rigueur philosophique. Et de déclarer dans *Le Spectateur engagé* : « Je n'avais pas de raison d'avoir de polémique avec lui. C'est vrai que j'ai écrit sur lui dans *L'Opium* une page désagréable que je regrette. Il m'a envoyé une lettre. Je lui ai répondu en lui disant les raisons pour lesquelles, en passant, j'avais dit des remarques désagréables, et j'ai ajouté : "Dans les éditions prochaines, je supprimerai ce passage qui est injuste." Il m'a écrit de nouveau : "Ne supprimez pas ce passage, ça n'a aucune importance." Nos relations personnelles se sont terminées sur des lettres d'entière réconciliation. »

La position de Camus sur l'Algérie est notoire : il rejetait l'indépendance et se prononçait pour « une Algérie constituée par des peuplements fédérés reliés à la France » (*Actuelles* III). Aron quant à lui s'est exprimé dans deux livres sur le problème : *La Tragédie algérienne* (Plon, 1957) et *L'Algérie et la République* (Plon, 1958). Dans le second, il critique le point de vue de Camus.

Pour lui, l'intégration de l'Algérie dans la France est rendue impossible par les situations économiques, démographiques, sociales et culturelles : l'indépendance est inévitable. Pour éviter le drame des Algériens français, il propose une indépendance progressive. Dans ses *Mémoires* (Julliard, 1983) il considère que la fameuse déclaration de Camus à Stockholm (« Je crois à la justice, mais je défendrai ma mère avant la justice ») est un « mot d'auteur » dépourvu de signification, ce qui est discutable.

Le fonds Camus possède le texte d'une conférence inédite de Camus sur les élections anglaises de 1951 qui donne la préférence au *Labour*. Y est joint le dactylogramme d'une intervention d'Aron, « Lettre de Paris : 8/11/51 », sur le même sujet (il donne la préférence aux conservateurs) et qui commente les prises de position de Camus.

Maurice WEYEMBERGH

Bibl. : Tony Judt, *La Responsabilité des intellectuels. Blum, Camus, Aron*, Calmann-Lévy, 2001 • Maurice Weyembergh, *Albert Camus ou la mémoire des origines*, Bruxelles, De Boeck, 1998, p. 85-100

ARTISTE. – « Pourquoi suis-je un artiste et non un philosophe ? C'est que je pense selon les mots et non selon les idées » (*Carnets*, octobre 1945). L'aveu était périlleux venant d'un écrivain qui fut mêlé, fût-ce à son corps défendant, aux débats philosophiques de son époque ; au moins situait-il clairement son ambition première. « Créer, c'est vivre deux fois », lit-on dans *Le Mythe de Sisyphe*. L'artiste, comme le mime ou le conquérant, lutte contre l'absurdité du monde. À ce titre, il semble que sa figure passionne parfois Camus plus encore que son œuvre. Cette figure sera d'autant plus admirable que le rocher sera plus lourd : il le fut pour Proust, par exemple, qui surmonta les peines infligées par sa maladie pour composer un grand roman.

« L'art n'est pas tout pour moi. Que du moins ce soit un moyen », écrivait Camus dans ses *Carnets* en mai 1935, à une époque où il s'apprêtait à adhérer au parti communiste. « J'ai la plus haute idée, et la plus passionnée, de l'art. Bien trop haute pour consentir à le soumettre à rien », déclare-t-il au contraire quinze ans plus tard (*Carnets*, printemps-été 1950). Au carrefour de ces deux positions se poursuit sa réflexion sur l'engagement de l'artiste. Une note sur Oscar Wilde, à nouveau consignée dans les *Carnets* après juin 1951, nuance ce qui aurait pu passer pour une adhésion à l'idéal de l'Art pour l'Art : « Il a voulu mettre l'art au-dessus de tout. Mais la grandeur de l'art n'est pas de planer au-dessus de tout. Elle est au contraire d'être mêlé à tout » – réflexion développée en 1952 dans *L'Artiste en prison*. La position de Camus sur l'art et l'artiste est résumée au mieux dans la conférence prononcée à Uppsala le 14 décembre 1957 « L'Artiste et son temps » : quand bien même il voudrait s'abstraire du monde, l'artiste est aujourd'hui embarqué dans la galère de son temps. L'art est un « luxe mensonger » quand l'artiste cède aux charmes des salons ou qu'il se coupe, en cultivant des qualités purement formelles, des préoccupations actuelles. À défaut de pouvoir communiquer avec ses contemporains, il recherche du moins le dialogue avec la postérité, son idéal demeurant celui d'une « communication universelle ».

Le rapport de l'artiste avec son temps posait la question du réalisme (forme de soumission au monde, quand il n'est pas, dans le cas du réalisme socialiste, une simple imposture) et du formalisme (qui suppose, à l'inverse, l'oubli du monde). « Aucun artiste ne tolère le réel », écrit Camus, citant Nietzsche dans *L'Homme révolté*, mais, ajoute-t-il, « aucun artiste ne peut se passer du réel », et aussi : « L'art conteste le réel, mais ne se dérobe pas à lui. » De cette confrontation naît chez l'artiste son « style ». Ainsi le plus grand style en art est-il « l'expression de la plus haute révolte ». On comprend que la révolte de l'artiste contre le réel soit suspecte à la révolution totalitaire, car elle « contient la même affirmation que la révolte spontanée de l'opprimé ». Luttant avec le réel (donc refusant de l'ignorer), l'artiste vise à ce que Camus appelle à plusieurs reprises dans ses *Carnets* une « création corrigée ».

Les artistes qui dans *L'Homme révolté* illustrent la démonstration de Camus ne sont généralement pas des peintres et des musiciens, mais plutôt des écrivains (souvent des poètes). Pourtant, même si Camus pense « selon les mots », ceux-ci lui inspirent toujours de la méfiance. C'est sans doute pourquoi les figures de l'écrivain tiennent aussi peu de place dans son œuvre de fiction. Dans *La Peste*, où le docteur Rieux, peu soucieux de beau style, s'attache en priorité à consigner les événements, la figure de l'artiste est représentée par Grand, dont les laborieux efforts suscitent une gentille dérision. Véritable artiste du verbe, Clamence, dans *La Chute,* encourt un blâme plus sévère. Et alors que *Le Premier Homme* offre sous les traits de Jacques Cormery un portrait transparent de l'auteur, jamais n'y est précisé dans le manuscrit que le héros a vocation à devenir un artiste ; les brouillons réaffirment seulement que l'art n'a de valeur qu'à condition de permettre à l'artiste de ne pas se séparer des hommes. Le souci de la transposition autant que la méfiance envers le langage expliquent que, de toute l'œuvre de Camus, la seule vraie figure d'artiste soit celle d'un peintre, Jonas (*L'Exil et le Royaume*). À partir d'un mimodrame qu'il avait intitulé *La Vie d'artiste*, Camus a en effet composé une nouvelle, *Jonas ou l'Artiste au travail*, qui sera l'avant-dernière de *L'Exil et le Royaume.* Le mimodrame illustrait l'aventure d'un peintre échouant à réaliser l'œuvre impossible ; d'une tonalité moins tragique, la nouvelle montre l'artiste au travail dans un logement trop exigu, où il doit partager ses soins entre sa vocation, son épouse et ses enfants. Le lecteur devine, sous la figure de Jonas, les impatiences de Camus lui-même, trop souvent empêché par des contingences matérielles et familiales de se vouer à son art. Au moins, à l'inverse du héros de sa nouvelle, n'y renonça-t-il jamais.

Peut-être en eut-il parfois la tentation. « Créer ou ne pas créer, cela ne change rien », écrit-il de façon surprenante dans *Le Mythe de Sisyphe.* Et il reviendra, dans *L'Homme révolté*, sur l'exemple de Rimbaud qui, par son départ en Abyssinie, témoigne seulement de ce droit au silence qu'on ne saurait refuser à quiconque, fût-il un grand artiste. Plus souvent pourtant, il montre son impatience devant les exigences d'une actualité tragique qui le détourne de son œuvre. À l'image du sage oriental évoqué au début de la conférence d'Uppsala, il a dû souhaiter ne pas vivre « une époque intéressante ». Hélas, depuis la montée des fascismes jusqu'à la guerre d'Algérie, son époque fut passionnante au-delà de toute attente. Contre les sollicitations de l'actualité, l'art fut parfois pour lui un refuge : ainsi mit-il fin à une collaboration devenue conflictuelle et douloureuse avec *L'Express* en écrivant un « Remerciement à Mozart », le 2 février 1956. Avec le recul, ces va-et-vient se présentent toutefois moins comme des dilemmes que comme des moyens d'enrichissement toujours renouvelés. En participant aux luttes de son temps, Camus a ressourcé son art plutôt qu'il ne l'a égaré.

Pierre-Louis REY

• *Voir aussi :* Création

« ARTISTE EN PRISON (L') ». – En 1897, Oscar Wilde, enfermé dans la prison de Reading à cause de son homosexualité, rédige *De Profundis*. Un an plus tard, il écrit *La Ballade de la geôle de Reading,* poème lyrique sur la douleur de l'emprisonnement. En 1952, cet écrit qui bénéficie d'une nouvelle traduction de Jacques Bour paraît aux éditions Falaize. En guise de préface, Camus écrit un texte qu'il intitule « L'Artiste en prison ». Ce titre pourrait suggérer une défense en bonne et due forme d'un écrivain dont les droits à la création et la liberté d'expression sont bafoués par le pouvoir : il n'en est rien.

Au moment même où il rédige ce texte, en 1951, Camus écrit dans ses *Carnets* : « Wilde. Il a voulu mettre l'art au-dessus de tout. Mais la grandeur de l'art n'est pas de planer au-dessus de tout. Elle est au contraire d'être mêlée à tout. Wilde a fini par comprendre cela grâce à la douleur. » C'est cette réflexion qu'il développe dans sa préface : il constate que jusqu'à l'expérience de la prison – c'est-à-dire à peu près à la fin de sa vie – Wilde semble prôner une conception de l'art qui tournerait le dos à la réalité. À Reading, la révélation est douloureuse mais salutaire : l'écrivain anglais découvre la solidarité, la compassion, ce qui selon Camus lui fait connaître « un bonheur dont il n'avait jamais eu l'idée auparavant ». Wilde devient alors capable de comprendre Shakespeare et Dante, car il prend conscience qu'il se trompait en voulant pour « mieux servir la beauté [...] la mettre au-dessus du monde » : le malheur en lui faisant découvrir le « secret de la vie » l'initie du même coup aux « secrets de l'art » ; « Wilde reconnaît que, pour avoir voulu séparer l'art de la douleur, il l'avait coupé d'une de ses racines [...]. » Camus, citant des textes de prédilection, *Le Roi Lear* ou *Guerre et Paix*, perçoit dans l'identification de l'art et de la douleur la marque même de l'œuvre d'art. En ce sens, *La Ballade de la geôle de Reading* et *De Profundis* atteignent cette densité des grands textes littéraires alors que les « frêles et brillants édifices de ses premières œuvres volent en éclats ».

La préface fait référence à plusieurs moments de la vie de Wilde, en s'inspirant largement d'un texte d'hommage d'André Gide intitulé « *In Memoriam* ». Camus y puise de quoi esquisser un parcours, de la figure du jeune Wilde, sorte de « Bacchus asiatique, un Apollon, un empereur romain », jusqu'à la solitude finale dans un convoi suivi par « le petit peuple de la rue des Beaux-Arts, au lieu de ses brillants amis d'antan ».

Au moment de recevoir le prix Nobel de littérature, Camus sera amené à redéfinir sa conception de l'art : on retrouve dans ses discours, mais transposées sur un mode majeur, les intuitions de cette préface. L'écrivain y défend la figure d'un artiste « embarqué dans son temps », qui n'a « jamais placé cet art au-dessus de tout », dont le désir est « d'émouvoir le plus grand nombre d'hommes en leur offrant une image privilégiée des souffrances et des joies communes ». Dans sa conférence du 14 décembre 1957, pour illustrer son propos, il convoque à nouveau Wilde et la bouleversante expérience de l'art et de la vie qu'il fit en prison. Il affirme que « le temps des artistes irresponsables est passé ».

Déjà, dans « L'Artiste en prison », Camus saluait Wilde qui, tardivement mais radicalement, avait accepté avec noblesse d'assumer sa responsabilité d'artiste.

Anne PROUTEAU

ATHÉISME. – Dès ses premiers textes, Camus fait profession d'incroyance. Le narrateur des nouvelles de *L'Envers et l'Endroit* marque cette posture par un renversement systématique des thèmes pascaliens. La vieille femme pieuse de *L'Ironie* illustre la « misère de l'homme en Dieu », sa foi n'est qu'un rempart dérisoire contre l'angoisse de la solitude à l'approche de la mort. Le voyageur de *La Mort dans l'âme* affronte l'ennui de se trouver seul dans une chambre « sans divertissement », mais cette déréliction, loin de le porter à chercher secours en Dieu, le renvoie au sentiment pathétique de la beauté du monde, avant qu'il ne conquière un détachement serein en abdiquant tout espoir d'au-delà. L'acquiescement à la vie se conjugue à une fière lucidité sous le soleil de la mort. Ces textes révèlent l'état d'esprit d'un jeune écrivain pour qui la croyance fut surtout représentée, en son enfance, par le catholicisme teinté de superstition de sa grand-mère, et en qui le rapport heureux à la nature algérienne a ancré l'amour du monde et des choses terrestres. Il se présentera volontiers comme un rescapé du paganisme antique dans une ère chrétienne, plus enclin à chercher une issue aux inquiétudes métaphysiques dans la plénitude d'un accord avec la nature que dans les articles de la foi. Cependant, cette incrédulité n'est pas indifférence aux questions religieuses. Jeune philosophe, Camus consacre son mémoire de fin d'études à confronter les deux sources, grecque et chrétienne, de sa culture. Plus tard, en 1946, dans une conférence au couvent dominicain de Latour-Maubourg, intitulée « L'incroyant et les chrétiens », il se montre respectueux d'une foi qu'il se refuse à dire illusoire au motif qu'il ne la partage pas. Il ne présente donc pas son athéisme comme une posture idéologique virulente, ce qui le distinguerait de Sartre, mais plutôt comme la décision de situer sa pensée hors des postulats d'une foi dont l'expérience lui est étrangère, et dont l'apologétique n'emporte pas son adhésion. Camus contemple avec lucidité les implications d'une vision de l'univers qui s'abstient de chercher dans un être transcendant la clé du sens. À cette pensée sans Dieu s'articule naturellement une réflexion sur les conditions d'une vie hors de Dieu. L'homme absurde décrit dans *Le Mythe de Sisyphe* est « celui qui, sans le nier, ne fait rien pour l'éternel ». Une telle formule définirait plutôt un agnosticisme qu'un athéisme, si Camus ne manifestait une vive conscience de l'impossibilité de laisser en suspens la question de la foi. En toute rigueur intellectuelle, la volonté de s'en tenir à des évidences concrètes lui interdit de nier tout autant que d'affirmer l'existence divine. Et pourtant, une pensée honnête et vigoureuse peut difficilement esquiver le choix du socle sur lequel elle se fonde, celui d'un oui ou d'un non adressé à l'idée de Dieu.

De fait, dans *Le Mythe de Sisyphe*, Camus mesure combien sa pensée s'oppose à toute conception religieuse de l'existence. Si l'absurde naît du divorce entre l'homme, animé par la nostalgie d'absolu, le désir de clarté et le silence irrationnel du monde, l'écrivain est hostile aux philosophies existentielles qui réduisent cette tension en divinisant l'incompréhensible, et, plus largement, à tout saut dans la foi qui exigerait le sacrifice de l'intellect. Surtout, le problème du mal bloque irréductiblement à ses yeux la reconnaissance d'un Dieu qui serait à la fois bon et tout-puissant, et dont l'omnipotence lui paraît de toute façon incompatible avec la liberté humaine. Pour Camus, profondément marqué par la pensée nietzschéenne, la proclamation de la mort de Dieu offre à l'homme la liberté, et même la divinité, puisque rien sur cette terre – en dehors de la fatalité de la mort – ne dépend plus que de lui. Le prix de cette divinisation est clairement défini : elle impose de renoncer à la sérénité offerte par la croyance en un Dieu qui donne sens à l'existence et qui ouvre l'espoir de la vie éternelle. L'homme absurde fonde donc sa liberté sur la contemplation lucide d'un destin écrasant, auquel il refuse son consentement, et il développe un art de vivre en radicale contradiction avec toute vision de l'existence gouvernée par la foi en l'éternité. Plusieurs figures en sont recensées : sous les traits de Don Juan ou du comédien, il cherche, faute de croire au sens profond des choses, à embrasser une multitude d'amours et d'émotions, d'apparences et de personnalités ; sous ceux du conquérant, il fait de l'homme sa propre et unique fin, avide de vivre dans un temps qu'il sait limité ; sous le visage du créateur, il surmonte la tentation d'expliquer et mime les apparences, pour faire de son œuvre « cet exercice de détachement et de passion qui consomme la splendeur et l'inutilité d'une vie d'homme ». Toutes ces figures culminent en celle de Sisyphe, qui accède à la joie silencieuse d'avoir fait de son destin une affaire d'homme : « contre la foi qui soulève les montagnes, il enseigne la fidélité supérieure qui nie les dieux et soulève les rochers ». En ce point de l'œuvre camusienne, l'athéisme prend des tonalités prométhéennes, en articulant à la négation de Dieu l'exaltation de la grandeur humaine.

Aussi se distingue-t-il du scepticisme sous ses diverses formes. L'incrédulité contemporaine, note Camus dans un article des *Cahiers du Sud*, en 1943, se démarque de la critique rationaliste, au sens où elle ne transfère plus sur la science la foi détournée de la religion : « Ce n'est plus le scepticisme de la raison en face du miracle. C'est une incroyance passionnée. » Mais il ne s'agit pas pour autant de basculer du scepticisme rationaliste dans le nihilisme : la passion qui anime l'incroyance camusienne n'est pas celle du néant, mais celle de l'homme.

Tout le problème va être alors d'articuler athéisme et humanisme, ainsi que philosophie de l'absurde et exigence éthique. Si le monde est privé de sens, l'homme inscrit pourtant en lui sa propre exigence de sens, souligne Camus dans les *Lettres à un ami allemand.* Plusieurs articles de *Combat*, entre 1944 et 1945, affirment qu'une morale de liberté et de courage peut s'édifier en réponse à l'absurdité du monde et que l'athée peut être porté par le souci de vérité, l'abnégation, le sens de la grandeur humaine. *Caligula* illustre l'impasse tragique où se rue celui qui prétend à la fois nier les dieux et les hommes, tandis que *La Peste* esquisse le portrait du « saint sans Dieu », qui sous un ciel muet jette toutes ses forces dans la lutte contre la mort.

Mais c'est surtout dans *L'Homme révolté* que s'approfondit la réflexion sur le possible fondement d'un humanisme athée. « Je crie que je ne crois en rien et que tout est absurde, mais je ne puis douter de mon cri et il me faut au moins croire à ma protestation » : telle est l'évidence première dans l'expérience absurde, celle de la révolte, qui se substitue au *cogito* cartésien. Elle est animée par la reconnaissance d'une valeur qui dépasse la destinée individuelle : le sentiment d'une nature humaine dont la préservation mérite tous les sacrifices et qui fonde le lien communautaire. Or non seulement l'amour de Dieu est alors reporté sur l'être humain, mais l'amour de l'homme et le rejet de Dieu se nourrissent réciproquement, tandis qu'est contesté le principe d'injustice à l'œuvre dans le monde : le rejet d'une création marquée par le mal et la mort se répercute contre le Créateur. Le révolté est donc plus nécessairement blasphémateur qu'athée, note Camus. Retraçant l'histoire de la révolte métaphysique, il constate qu'elle ne prend sa véritable dimension que lorsque l'idée d'un dieu personnel offre une cible aux forces de refus. Originellement, la révolte est donc plutôt un antithéisme qu'un athéisme, avant le grand mouvement de négation initié d'une part par la philosophie des Lumières, qui remplace la transcendance d'un dieu personnel par celle des principes, et consommé d'autre part par la philosophie allemande du XIXe siècle, qui attaque aussi la transcendance des principes et de la raison.

Or si Camus valorise l'élan de contestation qui anime cette vaste histoire de la révolte, il s'attache aussi à démonter les mécanismes qui le pervertissent, et qui ouvrent la voie, en divinisant l'homme, à la légitimation du meurtre. Le nihilisme, dressé contre le Créateur, proclame le néant de toute morale et, dans le refus total de ce qui est, dégénère en haine de la vie ; l'assentiment à tout ce qui est, que Nietzsche propose en réponse, expose pour sa part à toutes les fatalités historiques. Viendront, au siècle suivant, les révolutions qui tenteront d'établir sur terre un royaume de l'homme. Les fascismes, en voulant faire advenir le surhomme, le dotent du pouvoir divin sur la vie, et en font le serviteur de la mort. Le totalitarisme soviétique quant à lui asservit les hommes dont il veut faire des dieux, dans l'attente de l'hypothétique avènement de la cité parfaite. On ne peut qu'être frappé, devant ce panorama, par les déifications fallacieuses que sécrète l'histoire de l'athéisme – déification fasciste de l'irrationnel, déification marxiste de l'histoire… Le seul rempart paraît résider dans l'esprit de mesure décrit à la fin de *L'Homme révolté* : la « pensée de midi » oppose à la fois l'amour du monde à la tentation de la négation absolue, et le refus exigeant du mal à l'assentiment total au réel.

Sans doute faut-il donc relier à cet esprit de mesure, la prudence des déclarations de Camus lorsqu'il est question de sa position personnelle face à la foi. Il écrit dans ses *Carnets*, en 1954 :

« Je lis souvent que je suis athée, j'entends parler de mon athéisme. Or ces mots ne me disent rien, ils n'ont pas de sens pour moi. Je ne crois pas à Dieu *et* je ne suis pas athée. » Il assure, de même, dans un entretien au *Monde* en 1956 : « Je ne crois pas en Dieu, c'est vrai. Mais je ne suis pas athée pour autant. Je serais même d'accord avec Benjamin Constant pour trouver à l'irréligion quelque chose de vulgaire et de... oui d'usé. » Si l'affrontement au problème du mal le porte à un anti-théisme de plus en plus résolu, s'il rejette violemment l'idée d'une omnipotence divine, l'élan qui porte l'individu au-delà de lui-même, dans le sentiment d'une solidarité interhumaine, et aussi cosmique, ancre chez Camus le sens du sacré. Aussi ne peut-on mieux le décrire, selon ses propres termes, qu'en incroyant passionné. Carole AUROY

• *Voir aussi :* Dieu ; *Incroyant et les chrétiens* ; Religion

Bibl. : Arnaud Corbic, *Camus et l'homme sans Dieu*, Le Cerf, coll. « La Nuit surveillée », 2007 • Aniello Montano, *Camus : un mistico senza Dio*, Padoue, Messaggero, 2003 • Paul Viallaneix, « L'incroyance passionnée d'Albert Camus », *Revue des Lettres modernes*, série Albert Camus, n° 1, 1969, p. 179-197

AUGUSTIN, saint (354-430). – La relation de Camus au père latin de l'Église est à la fois très admirative et conflictuelle. Le jeune Algérois appartient à une famille catholique, mais son milieu familial est peu pratiquant. Il naît à Mondovi, tout près de Bône (aujourd'hui Annaba). Saint Augustin a été l'évêque d'Hippo Regius ou Hippone, ville située également près de Bône, de 395 à sa mort. Si l'on aime les rapprochements historiques imaginaires, le petit Camus aurait pu être baptisé – et l'on sait qu'Augustin a beaucoup écrit sur le baptême – par le grand évêque. S'ils ont grandi à des époques et dans des langues et des régimes politiques différents, ils ont néanmoins vécu dans des paysages assez semblables et surtout baigné dans la même lumière, dont tous deux célébreront l'éclat. Ses fonctions mais plus encore sa renommée ont amené Augustin à beaucoup voyager dans sa province africaine.

Mais la place de l'évêque d'Hippone dans la pensée et l'œuvre de l'écrivain tient avant tout au mémoire pour le Diplôme d'études supérieures que Camus présente en 1935 après avoir obtenu sa licence en philosophie. Il porte comme titre « Métaphysique chrétienne et néoplatonisme » et comporte quatre chapitres dont le dernier, qui en est aussi le couronnement, est consacré au Père de l'Église. La problématique est la suivante : comment le christianisme a-t-il pu conquérir, à l'époque de l'hellénisme décadent, sa catholicité au sens d'universalité ? Les quatre chapitres sont ainsi consacrés aux étapes nécessaires à ce processus qui passe par l'appropriation par le christianisme de la philosophie grecque. Le christianisme évangélique ou christianisme primitif est trop antispéculatif et adversaire de la philosophie et de la culture grecques pour penser à partir de celles-ci la sensibilité et les thèmes spécifiquement chrétiens (la mort, le péché, l'incarnation, l'attente du royaume de Dieu). La deuxième tentative, celle de la gnose, échoue en fonction de ses excès spéculatifs : Camus qualifie la gnose de « kermesse métaphysique ». Le troisième chapitre est consacré à Plotin, qui ne participe pas à ces tentatives mais développe des techniques de pensée qui permettent de conjuguer philosophie et mystique, notamment la théorie de la participation qui règle les rapports des hypostases. Augustin, « grec par son besoin de cohérence, chrétien par les inquiétudes de sa sensibilité », reprend les techniques et certains thèmes plotiniens : il applique la théorie de la participation des hypostases aux trois éléments de la Trinité, fait sienne la théorie du mal comme privation du bien, « transfigure » la pensée plotinienne et conserve les thèmes chrétiens comme l'incarnation, la grâce, le péché, la foi. Camus voit dans la solution augustinienne un « miracle », une « seconde révélation » qui, en récupérant le « miracle grec », apporte au christianisme sa catholicité. En donnant au christianisme une métaphysique, Augustin l'universalise. Le diplôme de fin d'études confère donc à l'évêque une stature éminente, ce qui justifie l'adjectif « admiratif ». La conséquence est que Camus perçoit le christianisme à travers le prisme augustinien. Le propos ci-après, tenu en 1944, pourrait en être l'expression : « Sens de mon œuvre : tant d'hommes sont privés de la grâce. Comment vivre sans la grâce ? Il faut bien s'y mettre et faire ce que le christianisme n'a jamais fait : s'occuper des damnés. »

L'intérêt et l'admiration de Camus pour l'évêque d'Hippone demeureront, mais celui-ci n'aura de cesse de s'opposer désormais à certains des thèmes augustiniens, ce qui légitime l'adjectif « conflictuel ». L'idée d'un péché originel, d'une culpabilité des innocents révulse un homme qui n'a jamais accepté la « damnation des enfants morts sans baptême ». Ses essais, *Le Mythe de Sisyphe* – où le nom d'Augustin n'est pas cité – et *L'Homme révolté*, sont antiaugustiniens ; dans *La Peste*, Tarrou est plus pélagien que Pélage, l'adversaire de l'évêque au sujet de la grâce, et Paneloux, le jésuite augustinien, tient des propos que la sensibilité moderne a de la peine à accepter et que Rieux récuse. Clamence enfin, dans *La Chute*, est plus augustinien qu'Augustin lui-même, puisqu'il n'y a plus, à ses yeux, de pardon ni de grâce.

Le Mythe de Sisyphe, qui rejette le suicide, comme Augustin au demeurant, se passe de transcendance, ce qui est le propre des « *nihili homines* », des « hommes du néant », des nihilistes dit l'évêque ; l'essai proclame en effet, à la suite de Nietzsche, l'innocence du devenir, ce qui écarte le problème du mal ontologique, celui du jugement porté sur les autres et soi-même, mais dit en même temps la difficulté de se tenir à l'ascèse absurde. L'homme absurde est un moine qui vit selon des règles – Augustin aurait voulu mener une vie monacale, il a même écrit une règle pour la communauté qu'il avait fondée avec ses amis, mais ses devoirs de prêtre et d'évêque l'en ont empêché. Le mal dans *Le Mythe* se réduit à ne pas suivre la logique absurde. Surtout Camus proclame que « l'homme est sa propre fin », ce qui pour Augustin est blasphématoire : Dieu est la fin de l'homme. L'éthique de la quantité préconisée par l'absurde ne correspond guère à l'appel aux qualités dont doit faire preuve le croyant.

Ce qui gêne le plus Camus dans la vision augustinienne est la notion de grâce : Dieu l'accorde de manière « gratuite » et « absolument arbitraire » à certains et la refuse à d'autres. L'écrivain est taraudé comme Augustin par la mort et par le fait que tous les êtres humains sont des condamnés à morts : la créature est en effet condamnée par le Créateur qui dispose de l'arme absolue, le Jugement dernier. *L'Homme révolté* oppose à cette toute-puissance de la grâce, dont le don n'est accepté et compris que dans les périodes où domine le sacré, la justice humaine qui doit conjurer le malheur et opposer à la mort la communauté de destin des hommes. Tout se joue donc dans cette tentative humaine d'instaurer un ordre juste, où les condamnations seront idéalement exclues : il n'est pas sûr qu'elle réussisse étant donné les perversions de la révolte.

Les Confessions ont été écrites pour pallier l'« *oblivio Dei* », l'« oubli de Dieu », comme *L'Homme révolté* a été composé pour corriger l'oubli qui pervertit la révolte. Augustin et Camus se rejoignent, car ils sont des hommes de mémoire. Au-delà de la justice il y a l'amour, avec, il est vrai, ses différents aspects, souvent contradictoires.

Maurice WEYEMBERGH

Bibl. : Paul J. Archambault, « Augustin et Camus », *Recherches augustiniennes*, VI, 1969, p. 195-221 • Maurice Weyembergh, « Camus et saint Augustin : la justice et la grâce », *Perspectives*, n° 5, 1998, p. 131-146

AURIBEAU, affaire des incendiaires d'. – L'affaire des incendiaires d'Auribeau concerne une douzaine d'ouvriers agricoles du Constantinois condamnés en première instance par la cour criminelle de Philippeville à des peines de cinq à sept ans de travaux forcés qui attendent le verdict de la Cour de cassation sur leur pourvoi qui, hélas, sera rejeté. À l'appui de leur comité de soutien, *Alger républicain* proteste contre les conditions de leur arrestation. Ils réclamaient des salaires décents. Comment accepter qu'on leur arrache des aveux sous la torture, qu'on criminalise le comportement de salariés syndiqués ? Dans ses quatre articles publiés du 25 au 31 juillet 1939, Camus orchestre une protestation publique pour peser sur les juges, susciter un courant d'adhésion à leur cause, créer des conditions favorables à un jugement qu'il espère équitable. Il révèle comment les mots du droit construisent le crime dont l'accusation a besoin pour stigmatiser le criminel : c'est ainsi qu'une discussion sur les salaires devient une « rupture du contrat de travail » et que les gourbis incendiés sont qualifiés d'« édifices habités », ce qui en fait juridiquement un crime. L'utilisation du droit pénal pour produire la criminalité est singulièrement perverse dans une société coloniale où chacun sait ce qu'est un travail payé par un « salaire d'Arabe ». Voilà la contribution de tribunaux au service de la colonisation : le langage juridique transforme une révolte légitime en charges.

Contre cette entreprise de criminalisation, il faut accuser, convaincre, éclairer l'opinion, bref créer une affaire. Comment accepter que ces hommes soient torturés et que leur refus d'avouer devienne une circonstance aggravante ? L'aveu fait preuve contre eux, dit le juge, car « la meilleure preuve de ce que vous avez dit est que vous l'avez dit ». La condamnation aux travaux forcés est fondée sur ce subterfuge. « Voilà donc, écrit Camus, une affaire où entrent pêle-mêle une grève qui n'en est pas une, des aveux dictés, des témoignages rétractés, des certificats médicaux contradictoires, des arguments puérils et des offenses au bon sens. Et en face de ce déni de justice, nous voyons des misérables qui ont travaillé toute une vie pour des salaires insultants et qu'on envoie au bagne sans un scrupule. »

Mais rien n'y fait. Aucun juge ne se dresse pour réhabiliter la justice. Le journal orchestre vainement la défense des misérables. Camus a espéré en vain diviser la justice pour faire jaillir le meilleur d'elle-même. Par l'énergie de l'avocat, cet allié naturel du journaliste. Par la transparence des débats où un raisonnement étayé sur des preuves peut l'emporter. Par le sens de l'intime conviction qui a besoin d'être stimulé chez les juges. Cette stratégie ici n'a pu faire échec aux pressions de la police et du procureur et, derrière eux, des colons mus par la haine contre les fauteurs de troubles. Denis SALAS

Bibl. : *Fragments d'un combat : 1938-1940,* Alger républicain, Le Soir républicain, édition établie, présentée et annotée par Jacqueline Lévi-Valensi et André Abbou, *Cahiers Albert Camus,* n° 3, Gallimard, 1978, p. 511-523

AUTOFICTION. – Le terme « autofiction » a été créé en 1977 par Serge Doubrovsky qui l'emploie pour la première fois dans un ouvrage intitulé *Fils*, qualifié paradoxalement de « fiction, d'événements et de faits strictement réels ». La théorie anglaise recourt à deux concepts proches, celui de *faction*, terme combinant « *fact* » (« fait ») et « *fiction* », et celui d'« *autobiographical novel* », qui se traduit en français par « roman autobiographique ». *Faction* désigne tout type de texte recourant à une technique narrative fictionnelle mais portant sur des faits réels. Le roman autobiographique, quant à lui, désigne un récit proche de la vie de l'auteur mais s'affranchissant du pacte autobiographique.

On ne voit pas bien à première vue ce qui peut distinguer l'« autofiction », telle que la définit Doubrovsky, du roman autobiographique, tel qu'il est plus ou moins clairement identifié tout au long de l'histoire littéraire. Les définitions (nombreuses et contradictoires) réfèrent souvent l'étymologie du terme à une combinaison entre le préfixe d'origine grecque « auto », qui correspondrait ici à l'idée de « soi-même », et le terme « fiction ». L'autofiction serait donc une affabulation de soi, ou sur soi (il va s'agir de distinguer les deux possibilités). L'introduction dans un univers ouvertement fictif d'un protagoniste affublé du nom de l'auteur – premier sens possible du terme – n'aurait rien de novateur.

Le « modèle » proposé par Doubrovsky joue un double jeu. Le récit est ouvertement inspiré de la vie réelle de l'auteur (ce qui en ferait donc un récit de type autobiographique), mais l'auteur récuse le pacte autobiographique au nom de la liberté d'insérer dans le récit des événements fictifs. L'écrivain produit donc ce qui pourrait être défini comme un roman autobiographique (œuvre dont la part fictionnelle jette le doute sur l'ensemble du récit), voire comme un roman à clefs, tout en éliminant l'un des éléments essentiels de ce type de romans, à savoir la transposition des noms propres. Au sens de Doubrovsky, l'autofiction représente donc un type d'autobiographie partielle, où l'utilisation du nom de l'auteur et le récit d'événements réputés réels – garants a priori d'un pacte de type autobiographique – sont désamorcés par l'affirmation d'un droit à l'affabulation : que ce droit soit exercé ou non, il teinte de fiction l'ensemble du récit (et dédouane commodément l'écrivain). Il est important de comprendre que l'autofiction, au sens où l'entend Doubrovsky, prétend bénéficier à la fois des avantages de l'autobiographie et de ceux du roman, c'est ce qui fait son caractère paradoxal, et en quelque sorte malhonnête.

Le problème est que le terme « autofiction » a été étendu à toutes sortes d'autres récits, en vertu d'une sorte de frénésie critique qui entend décrypter au sein de récits ouvertement fictifs des événements « réels », voire une vérité sur l'auteur plus profonde que ne le serait une confession. La psychanalyse révoquant en doute le projet autobiographique – étant donné que les souvenirs fondateurs d'une personnalité sont réputés inaccessibles, car refoulés –, tout un pan de la critique s'autorise à traquer au cœur de l'œuvre la figure de l'auteur. Un personnage distinct de l'auteur est abordé comme le masque d'une autobiographie oblique (ce que Gérard Genette appelle quant à lui des autobiographies « honteuses ») ; à moins que le critique ne propose une lecture psychanalytique de motifs récurrents qui trahiraient la vraie nature de l'écrivain.

Appliquer le concept d'autofiction à l'œuvre de Camus pose donc un double problème, celui de l'anachronisme d'abord – fréquent en théorie littéraire –, celui du contenu de la notion ensuite, puisque, au-delà des domaines sémantiques que nous venons de circonscrire, le concept semble faire preuve d'une élasticité telle que chacun en bricole le contenu à sa convenance. Si « autofiction » désigne un type de fiction où le nom d'auteur sert de masque à un personnage jeté dans un univers ouvertement fictif, ce cas n'est pas représenté dans l'œuvre de Camus. On peut aussi, sans peine, récuser l'appellation « autofiction » au sens de Doubrovsky : nulle part dans l'œuvre de Camus ne se trouve le désir délibéré de mélanger deux genres, et de proposer ouvertement une œuvre de dimension autobiographique sous l'appellation roman, avec l'ambition de bénéficier à la fois des deux pactes. Ce procédé paraît même impossible au cœur d'une œuvre habitée par un sens aigu de la responsabilité. Un excellent exemple du procédé autofictionnel est l'œuvre d'Anna Garetta intitulée *Pas un Jour* : elle y raconte douze nuits d'amour, mais affirme que l'une des nuits est inventée ; l'intrusion de la fiction dans le cadre d'une narration de type autobiographique jette le doute sur l'ensemble des récits. Rien de tel chez Camus qui semble au contraire fort soucieux d'éviter le champ de l'autobiographie. On remarque ainsi dès les premières tentatives d'essais, que l'écrivain recourt à la première personne du pluriel et à la troisième du singulier, dans un évident souci de mise à distance du réel. L'utilisation du « je » intervient seulement lorsque le jeune essayiste se sent assuré d'atteindre par le récit d'expériences personnelles des vérités universelles. Le même trajet semble marquer le développement de l'art romanesque : dans les fragments de *Louis Raingeard* puis dans le long manuscrit avorté de *La Mort heureuse*, on reconnaît des événements que les carnets, aussi bien que les témoignages de proches, invitent à identifier comme réels. Mais la volonté manifeste de l'écrivain est de travestir, ou plus exactement de transmuter ces événements en matériau romanesque. Récit inachevé proche de la vie de l'auteur, *Le Premier Homme* témoigne lui aussi en faveur d'un désir d'élaboration romanesque : malgré les fréquentes substitutions de noms propres inventés en noms propres réels, il y a fort à parier que Camus eût finalement tranché entre un roman en bonne et due forme ou le genre – nouveau pour lui – de l'autobiographie. Et le désir d'atteindre à l'universel, le goût pour la dimension symbolique du récit fictif auraient sans doute plaidé en faveur de l'option romanesque.

De fait, de nombreux épisodes des carnets, repris dans les œuvres romanesques, sont en quelque sorte réécrits « contre » le récit d'expériences personnelles, par inversion systématique des adjectifs, de certains groupes de mots, etc. Aucune volonté ouverte de mêler les deux genres ne transparaît, mais plutôt la conscience aiguë du fait que la cohérence romanesque se construit par refus, par récusation de notations trop immédiatement personnelles.

C'est donc seulement dans le troisième sens défini plus haut que le concept d'autofiction a pu être convoqué au sujet de l'œuvre de Camus : la critique aime à y traquer le reflet de l'écrivain. Un certain nombre d'éléments a pu encourager cette traque : le goût de Camus pour une onomastique inspirée de son propre arbre généalogique ; la récurrence de certains épisodes, repris sous forme d'essais, de récits, de lettres, de théâtre ; le retour de motifs fondateurs, tels la mer, le soleil, la mère ou encore la maladie, qui jouent un rôle clé dans l'existence de l'auteur et la constitution de sa personnalité ; autant de motifs qui semblent inviter à lire dans les personnages de l'œuvre des avatars de l'écrivain lui-même. C'est ainsi par exemple que la maladie de Mersault est souvent – à tort – qualifiée de tuberculose, par assimilation abusive avec la situation de Camus lui-même.

Techniquement, seuls peuvent être – partiellement – identifiés à Camus les personnages de Mersault et de Jacques Cormery, aux deux extrémités de l'œuvre : le premier parce que le roman peine à s'éloigner du récit d'expériences personnelles ; le second parce que le processus romanesque peine à dissimuler dans cette œuvre à jamais inachevée l'origine fortement autobiographique du projet.

Dans *L'Homme révolté*, Camus écrivait : « Une analyse détaillée des romans les plus célèbres montrerait, dans des perspectives chaque fois différentes, que l'essence du roman est dans cette correction perpétuelle, toujours dirigée dans le même sens, que l'artiste effectue sur son expérience. Loin d'être morale ou purement formelle, cette correction vise d'abord à l'unité et traduit par là un besoin métaphysique. » Selon lui, la fiction se nourrit de la vie. Mais il n'a jamais ambitionné de brouiller les lignes qui démarquent l'une de l'autre. Et s'il l'a fait, c'était par manque de maîtrise, ou par manque de temps. Le concept d'autofiction ne paraît donc s'appliquer à son œuvre que de manière anecdotique et détournée, pour traduire une posture critique plutôt qu'un projet d'écriture.

Séverine GASPARI

B

BAKOUNINE, Mikhaïl Alexandrovitch (1814-1876). – Camus s'est intéressé à Bakounine, comme à beaucoup d'autres révolutionnaires, notamment russes, dans le cadre de la réflexion historique et philosophique qui a abouti à *L'Homme révolté*. Au centre de cette réflexion se trouve la contradiction fondamentale entre révolte et révolution. Apparaissant dans le chapitre qui porte sur « Le terrorisme individuel » et dans une section de ce chapitre intitulée « Trois possédés », Bakounine constitue une référence supplémentaire qui permet à Camus de poursuivre le projet constant qui est le sien dans cet ouvrage : « étudier une contradiction propre à la pensée révoltée et en rechercher le dépassement ».

Les pages de *L'Homme révolté* situent historiquement Bakounine dans la pensée de la seconde moitié du XIXe siècle, par rapport aux autres figures marquantes de celle-ci. Prônant l'anarchisme au nom de la liberté absolue, il se sépare fondamentalement de Marx sur la question de l'État qu'il définit comme « un immense cimetière où viennent s'enterrer toutes les manifestations de la vie individuelle ». Ennemi de Marx et de sa conception étatique de la révolution, Bakounine est proche au contraire de Netchaïev, un « possédé » lui aussi, avec qui il a collaboré à la rédaction du *Catéchisme du révolutionnaire*. Ce texte annonce le terrorisme anarchiste, qu'illustre de son côté Dostoïevski dans son roman *Les Possédés*, adapté par Camus qui fait dire à l'un des personnages : « Nous détruirons tout. Nous ne laisserons pas pierre sur pierre [...]. »

On voit par conséquent en quoi Camus se sépare de la pensée de Bakounine, dont il fait l'un des héritiers de Hegel. S'il s'inscrit « dans le sens de la révolte individuelle », il la pervertit en y introduisant « un germe de cynisme politique qui va se figer en doctrine chez Netchaïev et pousser à bout le mouvement révolutionnaire ». Ce qui permet à Camus d'établir une filiation, écrivant que « Bakounine, autant que son ennemi Marx, a contribué à la doctrine léniniste ». En établissant cette filiation, Camus met l'accent sur la tentation nihiliste de l'anarchisme. La revendication de liberté absolue autorise le « tout est permis » et s'achève en dictature.

Un texte complémentaire, intitulé « Révolte et romantisme » et qui figure dans « Lettres sur la révolte » (*Actuelles* II), permet de mieux comprendre ce que Bakounine a représenté pour Camus. Il s'agit d'une lettre envoyée à « Monsieur le rédacteur en chef » du *Libertaire* en mai 1952. Dans une série d'articles titrés « Bakounine et *L'Homme révolté* » parus dans ce journal, l'anarchiste Gaston Leval lui avait reproché quelques « bévues », dont le fait d'avoir accordé trop de créance aux détracteurs marxistes de Bakounine. Mais il n'en estimait pas moins que Camus était « bakouninien sans le savoir ». Ce dernier précise dans un post-scriptum que Bakounine n'était pas hostile à la science, mais au gouvernement des savants, et il annonce qu'il ajoutera « cette nuance appréciable » dans la prochaine édition de son essai. Il réaffirme par ailleurs dans sa lettre la fécondité de la pensée libertaire et l'apport incontestable du « prodigieux personnage » que fut le révolutionnaire russe : « c'est parce que Bakounine est vivant en moi comme il l'est dans notre temps que je n'ai pas hésité à mettre au premier plan les préjugés nihilistes qu'il partageait avec son époque ». Au-delà de divergences profondes, ce qui rapproche les deux penseurs est cette exigence de liberté qui animait Camus dans ses engagements antifascistes, que ce soit aux côtés des Républicains espagnols ou de la Résistance française.

Jacques LE MARINEL

BALAIN, Blanche (1913-2003). – Née à Anneyron dans la Drôme, d'un père militaire qui lui fait sillonner le monde au gré de ses affectations, Blanche Balain arrive à Alger, ville où elle avait déjà séjourné, en octobre 1934. Elle y suit des cours à la faculté de droit. L'amitié avec Marie Viton, née sur le terrain d'aviation de Maison-Blanche, la fait entrer en relation en novembre 1937 avec Camus, dont elle avait lu et aimé *L'Envers et l'Endroit.* Cette rencontre est décisive pour sa vie, selon son propre témoignage, car Camus pousse Edmond Charlot à publier son recueil de poèmes *La Sève des jours* dans la collection « Méditerranéennes ». Le 11 octobre 1938, il salue en outre ce recueil dans *Alger républicain :* « l'accord secret qu'on y sent entre la femme et la nature, le balancement qui va du monde qui propose à l'âme qui consent, du désespoir à l'espérance, de l'amour de la vie à la réflexion sur son sens font toute l'émotion et la force de ces quelques vers ».

Blanche Balain a été très active au sein du Théâtre de l'Équipe. Assistant d'abord aux répétitions de *La Célestine*, elle joue ensuite Thérèse dans *Le Paquebot Tenacity* de Charles Vildrac, donnant la réplique à Camus, et suit jour après jour les répétitions de toutes les autres pièces, « vivant avec intensité la fièvre du groupe » même si elle n'a accepté de jouer qu'une seule fois. Pendant la guerre, elle se replie avec ses parents à Nice et dans la Drôme et a l'occasion de revoir Camus en 1943. Il lui propose alors de devenir sa secrétaire à Paris. Après un projet avorté en 1942, il accueille en 1946 dans la collection « Poésie et Théâtre » qu'il dirige chez Charlot un deuxième volume de poèmes dont il rend compte dans la revue *L'Arche* en février 1947. Déçue de ne pas rencontrer un certain écho, Blanche Balain cesse de publier. Elle revient cependant à l'écriture à partir de 1976 en confiant ses souvenirs sur sa jeunesse algéroise dans plusieurs revues avant d'entreprendre le récit chronologique de sa vie en s'appuyant notamment sur son carnet intime et sur la correspondance qu'elle a échangée avec Camus. La mort vient interrompre la rédaction de ces mémoires dont seul le premier volume couvrant les années 1937 à 1940 a été publié de son vivant : le second, consacré aux années de guerre, a paru en 2006. Blanche Balain voue au souvenir de sa rencontre avec Camus une fidélité sans faille qui éclipse les autres événements d'une vie modeste. Elle est décédée à Nice où elle fut bibliothécaire de 1966 à 1978.

Guy BASSET

Bibl. : Blanche Balain, *Repères, impressions marocaines avec trois lettres d'Albert Camus, Alger 1938*, L'Encrier et l'Anneau du pain, 1992 • Id., *Mémoire, un poème et trois textes pour Jean Sénac, Albert Camus, Emmanuel Roblès*, La Tour des vents, 1998 • Id., *La Récitante, récit autobiographique* ; *Alger, Théâtre de l'Équipe, Albert Camus*, t. I ; *De 1937 à 1939*, La Tour des vents, 2000, t. II ; *Les années de paille, 1940-1944, la guerre, Nice et la Drôme, Camus retrouvé*, texte établi par Pierre-François Astor, Baie des anges, 2006

BARRAULT, Jean-Louis (1910-1994). – Jean-Louis Barrault est sans doute le plus grand homme de spectacle que la France ait connu au XXe siècle par la constance et l'énergie qu'il a déployée dans les fonctions les plus diverses : mime, comédien, metteur en scène, directeur de troupe, organisateur de tournées internationales, écrivain et éditeur de revues, infatigable animateur de lieux de rencontres et de vie. Si l'on ajoute que l'acteur triompha dans deux films de Marcel Carné, *Drôle de drame* et *Les Enfants du paradis*, on chercherait en vain une autre personnalité aussi riche.

Le comédien fit ses débuts auprès de Charles Dullin, travailla avec le mime Étienne Decroux et se lia à Saint-Germain-des-Prés avec les surréalistes, notamment Robert Desnos, et avec les peintres Labisse, Derain et Balthus. Il se voulait aussi le disciple d'Antonin Artaud. Ses premiers spectacles, *Autour d'une mère* adapté d'un roman de William Faulkner, *Numance* de Miguel de Cervantès et *La Faim* de Knut Hamsun, attirèrent l'attention sur lui. La rencontre de Madeleine Renaud (1900-1994), qu'il épousa, infléchit sa carrière. La rejoignant à la Comédie-Française en 1940 comme pensionnaire puis sociétaire, il y mit en scène *Le Cid*, *Phèdre* et *Le Soulier de satin*. Camus qui avait vu ce spectacle, l'avait aimé et le lui avait écrit : « Il a fallu beaucoup de foi, d'intelligence et d'obstination pour monter cette énorme machine [...]. Sans vous, une grande œuvre dormirait encordant un livre, repliée sur elle-même. »

Si cela n'avait tenu qu'à Barrault, il aurait monté *Caligula* dont Camus lui avait adressé le texte. Cela n'était pas possible à la Comédie-Française. Après la Libération, Madeleine Renaud et lui fondèrent leur compagnie qu'ils installèrent au Théâtre Marigny. Pendant dix ans, ils y constituèrent un répertoire international exceptionnellement riche, faisant applaudir les auteurs les plus variés, de Marivaux à Kafka, de Montherlant à Feydeau, de Lope de Vega à Tchekhov. Alternant créations et reprises, ils passèrent avec aisance du mélodrame, de l'opérette aux sommets du répertoire, Racine, Shakespeare et Claudel. Ils connurent peu d'échecs. Celui de *L'État de siège* fut le plus cinglant et le plus douloureux.

Tout semblait en place pour le succès. L'auteur et le metteur en scène, qui s'étaient rencontrés au cours de l'hiver 1943-1944, avaient immédiatement sympathisé. L'un et l'autre travaillaient, chacun de leur côté, à un ouvrage sur la peste. Ils décidèrent d'unir leurs efforts. Il s'ensuivit, écrivit plus tard Barrault, « plus d'un an de travail ininterrompu, dans la collaboration la plus étroite ». Le fonds Renaud-Barrault de l'Arsenal et les *Carnets* de Camus permettent de reconstituer le parcours génétique de la pièce qui fut jouée en 1948. Barrault mobilisa de gros moyens. Il commanda le décor et les costumes à Balthus et la musique à Arthur Honegger. La distribution réunissait de grands acteurs, Barrault lui-même, qui jouait le rôle de Diego, Madeleine Renaud, Pierre Brasseur, Pierre Bertin, Maria Casarès. Ce drame symbolique et collectif d'une ville en proie à la peste déconcerta pourtant le public du Théâtre Marigny. Les critiques, à de rares exceptions près, furent d'une extrême sévérité, les uns s'en prenant à l'auteur, les autres au metteur en scène. Sans doute y avait-il eu malentendu. Barrault en convint honnêtement. « Pour moi, écrivit-il, la Peste était salvatrice par l'accumulation des forces noires développées jusqu'au paroxysme [...]. Pour Camus, la Peste ou le dictateur était le Mal, le mal social que la peur entretenait, mais que la suppression de la peur faisait fuir. » Peut-être aussi, dans leur généreuse audace, Camus et Barrault étaient-ils trop en avance sur le théâtre de leur temps.

« Mon premier chagrin de théâtre », déclara plus tard Barrault. Le texte de la pièce publié par Gallimard lui est dédié. Camus ne lui tint pas rigueur de l'échec de la représentation, mais il fit créer sa pièce suivante, *Les Justes*, par Paul Oettly. Dans les années 1950, les deux hommes gardèrent des rapports amicaux. Barrault n'avait pas renoncé à donner une seconde chance à *L'État de siège*. Il demanda un texte à Camus pour les *Cahiers* de sa compagnie. Il aurait aimé monter *Le Château* de Kafka adapté par Camus. Ce dernier, de son côté, songea à lui confier son adaptation des *Possédés*. Il choisit finalement de la mettre lui-même en scène. En 1960, Barrault s'associa volontiers aux hommages nécrologiques du *Figaro littéraire*, de *La Table ronde* et de *La Nouvelle Revue française*.

Barrault, qui ne s'était jamais laissé abattre, se rattrapa immédiatement de l'échec de *L'État de siège* en faisant triompher le théâtre de Claudel qui jusque-là était connu d'un public restreint. En 1959, André Malraux le plaça à la tête de l'Odéon rebaptisé Théâtre de France. En dix ans d'une exceptionnelle fécondité, cet homme toujours à l'affût des tendances nouvelles de l'écriture scénique, mit à l'affiche *Tête d'or* de Paul Claudel, *Rhinocéros* d'Eugène Ionesco, *Oh les beaux jours* de Samuel Beckett et *Les Paravents* de Jean Genet. Non seulement Ionesco et Beckett trouvèrent en lui un défenseur convaincu, mais Jean Vauthier, Jean Genet, Georges Schéhadé et Marguerite Duras lui durent d'avoir considérablement élargi leur audience. Il accueillit Roger Blin, Peter Brook, Grotowski. Sa conception de la modernité ignorait les exclusives. Mai 68 lui fit perdre son théâtre. Il reconstitua la compagnie Renaud-Barrault qu'il installe successivement à l'Élysée-Montmartre, au Théâtre Récamier, à la gare d'Orsay et enfin dans l'ancien Palais des Glaces devenu Théâtre du Rond-Point.

Si Camus a sympathisé avec Barrault, c'est qu'il partageait quelques idées-forces avec lui : les deux hommes accordent une grande importance à l'acteur, à son corps et à sa respiration. Leur attention au langage du corps va de pair avec le soin qu'ils apportent au choix et à la diction des textes. Une même tentation du « théâtre total » les amène à user de tous les moyens scéniques, de la danse à la lumière. Barrault eut plus de constance. Il était d'abord homme de théâtre. Bien des contemporains lui envieraient d'avoir su maintenir cet équilibre. La leçon ultime de l'animateur hors normes que fut Barrault reste ce mélange de courage, d'optimisme et, jusque dans l'abondance et la précipitation, de rigueur et d'honnêteté. Madeleine Renaud et lui ont toujours su allier le goût de l'aventure et la considération de leur public.

Michel AUTRAND

Bibl. : Jean-Louis Barrault, *Nouvelles Réflexions sur le théâtre*, Flammarion, 1959 • Id., *Souvenirs pour demain*, Le Seuil, 1972 • *Revue d'Histoire du théâtre*, n° 1-2, janvier-juin 1996

BARTHES, Roland (1915-1980). – Roland Barthes le reconnaît lui-même, Camus a joué un rôle déterminant dans sa formation intellectuelle. Il affirme ainsi lors d'un entretien publié en 1981 dans *Le Grain de la voix* avoir trouvé dans la lecture de *L'Étranger*, en 1943, « le germe du *Degré zéro de l'écriture* », son premier livre (Le Seuil, 1953). Dix ans plus tard, il se déclare cependant extrêmement déçu par *La Peste*. Comment expliquer ce revirement ? En 1955, Barthes cherche à faire croire que c'est au nom de ce qui l'avait séduit dans *L'Étranger* qu'il condamne *La Peste*. Explication commode mais guère satisfaisante. En vérité, le premier de ces deux ouvrages a fait l'objet de lectures fluctuantes voire contradictoires de la part du critique, d'où l'évolution de son regard porté sur Camus.

Avec ses « Réflexions sur le style de *L'Étranger* » qui paraît dans *Existences* en juillet 1944, Barthes consacre à l'écrivain algérois l'un de ses tout premiers articles. Il souligne le classicisme du style, classicisme qui selon lui n'entre pas en contradiction avec la thèse de l'absurde. L'article se clôt sur l'idée de « voix blanche », dont on connaît la fortune dans la pensée barthésienne. Dès cette époque, le critique souligne la nécessité d'une convergence entre littérature classique et « écriture blanche », toutes deux unies par un même mépris de l'« art d'expression ». Camus est donc perçu comme le trait d'union entre les classiques et la modernité.

Cependant, malgré le concept d'« écriture blanche » sur lequel débouche l'article et qui est ensuite au cœur du *Degré zéro*, la continuité entre le texte de 1944 et la première grande publication de Barthes n'est qu'apparente. Il y a bel et bien contradiction, et non simple reformulation, entre le « silence du style » dont parle Barthes en 1944, supposant tout un travail rhétorique, et l'« état neutre et inerte de la forme » dont il fait état dans *Le Degré zéro*. Autre pierre d'achoppement : la prétendue « instrumentalité » des écritures blanches, que Barthes met en avant à propos de Camus et de Maurice Blanchot avant de la rayer partiellement car soudain jugée encombrante. Dans son article de *Club* intitulé « *L'Étranger*, roman solaire », le caractère instable de ces lectures transparaît encore plus nettement. Barthes y reprend bien des idées de 1944, comme celle du silence et du classicisme du style, mais il en défend ensuite d'autres, toutes différentes. Opérant une relecture mythique de *L'Étranger*, il voit désormais du « lyrisme » là où, dix ans plus tôt, il louait l'« admirable silence ».

Même si, rétrospectivement, les lectures contradictoires de *L'Étranger* proposées par Barthes en sont autant de signes avant-coureurs, la rupture, consommée en février 1955, s'avère violente et inattendue, confinant au reniement de la part du critique. Barthes publie alors, toujours dans *Club*, une analyse de *La Peste* au sous-titre évocateur : « Annales d'une épidémie ou roman de la solitude ? » Le premier reproche vise l'allégorisation abusive d'une situation historique précise (l'Occupation). La réponse de Camus ne se fait pas attendre : les lecteurs peuvent la lire dans le même numéro de *Club*. L'auteur se défend d'avoir écrit un livre qui « fonde une morale antihistorique et une politique de solitude ». À cet égard, il fait remarquer que « comparée à *L'Étranger*, *La Peste* marque [...] le passage d'une attitude de révolte solitaire à la reconnaissance d'une communauté dont il faut partager les luttes ». La question « Que feraient les combattants de *La Peste* devant le visage trop humain du fléau ? » lui apparaît « injuste en ce sens [...] qu'[...] elle a déjà reçu sa réponse, qui est positive ». L'auteur de *La Peste* contre-attaque alors brillamment en soulignant les points faibles de son adversaire ainsi que les contradictions esthétiques et idéologiques de son argumentation pour aboutir à cette question très embarrassante pour Barthes qui avait jusque-là soigneusement évité de prendre clairement position. Mais, demande Camus sans détour, au nom de quelle morale celle de *La Peste* est-elle jugée insuffisante ? Poussé dans ses derniers retranchements, Barthes répond alors que c'est au nom du « matérialisme historique ». Camus a le dernier mot en dépit d'une nouvelle mais peu convaincante réponse de son interlocuteur, sous forme d'une lettre (avril 1955) où ce dernier réaffirme le désaccord qui les sépare.

La controverse entre Barthes et Camus a donc un fondement aussi bien esthétique qu'idéologique. En dépit ou peut-être en raison du caractère fondateur d'une rupture qui bouleverse sa pensée, le premier reste silencieux sur cet épisode. De manière symptomatique et bien qu'il reconnaisse une fois encore dans les *Entretiens* de 1971 la dette du *Degré zéro de l'écriture* à l'égard de *L'Étranger*, il n'écrira pas une ligne sur les œuvres ultérieures de Camus. Marie-Christine PAVIS

• *Voir aussi* : Écriture blanche

Bibl. : Roland Barthes, *Œuvres complètes*, t. I, Le Seuil, 1993 p. 60-63 • Albert Camus, *Théâtre, récits et nouvelles*, Gallimard, coll. « Bibl. de la Pléiade », 1962, p. 1973-1975 • Philippe Roger, *Roland Barthes, roman*, Grasset, 1986

BATAILLE, Georges (1897-1962). – L'itinéraire de Georges Bataille, marqué par l'effervescence de l'entre-deux-guerres après le traumatisme de la Première Guerre mondiale, se place sous le double signe de la fiction (*Histoire de l'œil*, sous pseudonyme, dès 1928) et d'une prise de position continue dans le débat d'idées, de *Documents* ou *La Critique sociale* dans les années 1930 jusqu'à la création de *Critique*, en 1946. Le grand paramètre de la relation entre Camus et lui est l'histoire, car l'événementiel entre eux, plutôt que de relever de la rencontre personnelle, se trouve d'emblée complètement immergé dans les préoccupations collectives à l'issue de la Seconde Guerre mondiale. Bien que quinze ans les séparent, ils partagent une conscience aiguë des enjeux, la même recherche face aux jeux de forces en présence et la même exigence de rigueur en matière d'économie, de politique et de morale. Leurs points de contact, outre un petit cercle de fréquentations ayant « le goût de certaines réjouissances, innocentes et endiablées » autour de Jean-Paul Sartre et Simone de Beauvoir, dans l'année 1944, reste principalement le contexte tumultueux des revues. Avec l'engagement de Camus dans *Combat*, où Bataille publie aussi (une défense de Nietzsche contre les nazis, en octobre 1944), et l'acharnement de celui-ci à créer la revue *Critique*, où il donnera sur Camus des articles essentiels, il faut souligner leur participation commune à l'unique numéro d'*Actualité* (fin 1945) entièrement consacré à l'Espagne libre.

À travers le palimpseste des relations troublées qu'entretiennent intellectuels, écrivains et artistes au lendemain de l'Occupation, on peut saisir l'intensité de leurs échanges et réactions face au double problème de l'épuration et de la reconstruction. Après la Résistance, le traitement de la culpabilité nationale les conduit l'un comme l'autre, dans le même refus du bouc émissaire, à se prononcer fermement contre l'idéologie du « poids de la faute » et pour la hauteur de conscience morale selon laquelle, écrit Camus, chacun « se juge enfin lui-même sans porter le poids de l'humiliation des autres ». Durant les années suivantes, la grande question de l'Europe à construire les rapproche encore, avec le même souci du temps présent : « Je reprends volontiers à mon compte la phrase, cette fois très nietzschéenne, d'Albert Camus, dit Bataille : "Le secret de l'Europe c'est qu'elle n'aime pas la vie, c'est pourquoi elle a choisi d'aimer ce qui est au-delà de la vie immédiate". » Ces deux questions cruciales haussent le dialogue entre Bataille et Camus à la mesure des questions de l'actualité et de la tension du monde. Des jeux de miroir s'instaurent, réfléchissant les opinions qui se confrontent, et dans ces médiations, Bataille joue un rôle important entre Camus et Sartre (qui avait critiqué lourdement, en 1943, *L'Expérience intérieure*), tout comme il continue de ferrailler, à travers Camus en prenant la défense de *L'Homme révolté* (« livre capital »), avec Sartre et André Breton. Mais le ton a changé, toute tonalité polémique est abandonnée au profit d'une gravité nouvelle, Bataille poursuit avec estime et amitié un dialogue très engagé dans la méditation sur les « incompatibilités de l'écrivain » (réponse à une question de René Char, que d'ailleurs il cite en exergue à *Méthode de méditation*).

En 1947, à propos de *La Peste*, du *Malentendu* et de *Caligula*, puis en 1951 de *L'Homme révolté*, en 1957 dans *La Littérature et le Mal*, Bataille s'est longuement exprimé, explicitant les rapports entre le Mal, le bonheur et la morale, à partir de Sade, et prenant parti pour ce qu'il considère comme le noyau dur de la pensée de Camus. En 1949, il commente *L'État de siège* que l'auteur lui a dédicacé et va jusqu'à projeter un livre sur Camus. S'il est excessif de parler d'influence, on peut néanmoins remarquer le grand respect mutuel qui les tient à l'écoute l'un de l'autre, dans un indéniable jeu réflexif où se manifeste leur accord sur l'essentiel. Non seulement ils ont en commun « l'âpreté des préoccupations morales », mais le souci de l'instant présent les pousse à une même quête ontologique de l'« homme entier » (Bataille) ou de l'« évidence humaine » (Camus) profondément ancrée sur l'idée de liberté. Leur formation philosophique, également non académique, se traduit dans leur prise en compte de la complexité du réel à partir de l'écriture. Bataille salue dans le théâtre de Camus, auquel il voue une très grande admiration, un « principe de poésie » source d'éveil et puisant la force de sa beauté dans les passions, le tragique et un « lyrisme inhumain ». En fondant la morale sur le mouvement de la révolte, d'après Bataille, Camus touche à l'origine même de la valeur et donne la mesure des enjeux du politique à travers la difficile question du bonheur.

Au-delà de cette reconnaissance, les réserves de Bataille à l'égard de la position de Camus peuvent être vives, comme pour pousser dans ses derniers retranchements la pensée d'un écrivain qu'il considère de la première importance pour sa capacité à soutenir ensemble la révolte contre la démesure de l'histoire et la « volonté de mesure ». Et si Camus, opposant la recherche du bonheur à l'extase, parle de « nuances » entre eux, Bataille les dira « entraînés dans des directions différentes ». Pour cerner exactement le malentendu ou le différend, on doit revenir à cette « défaite de Nietzsche » que Bataille compare à l'attitude « déprimée » de Camus. Ce dernier, en allant au cœur de la condition humaine avec toute la force et la probité d'un artiste, n'a pu éviter les contradictions d'une « position intenable ». Dans *La Peste* en particulier, d'après Bataille, le malheur de la conscience qui accable les « belles âmes » débouche inéluctablement sur la « morale du malheur » qui maintient les peuples en esclavage. Rejetant l'un et l'autre l'engagement sartrien, ils abordent la nécessité de l'action, dans l'injonction du présent, sous des angles différents : Camus par la « fraternité active » et Bataille par une conception inédite de la souveraineté. Avec la pureté en jeu et des acceptions diverses de la sainteté, c'est le sens du sacré qui reste en litige entre eux, et toujours sujet à réflexion.

Marie-Christine LALA

Bibl. : Georges Bataille, « La morale du malheur : *La Peste* », *Critique*, n° 13-14, juin-juillet 1947, p. 3-15 et *Œuvres complètes*, t. XI, Gallimard, 1988, p. 237-250 • Id., « Le bonheur, le malheur et la morale de Camus », *Critique*, n° 33, février 1949, p. 184-189 • Id., « Le temps de la révolte », *Critique*, n° 55, décembre 1951, p. 1019-1027 et n° 56, janvier 1952, p. 29-41 et *Œuvres complètes*, t. XII, Gallimard, 1988, p. 149-169 • Id., « L'affaire de *L'Homme révolté* », *Critique*, n° 67, décembre 1952, p. 1077-1082 • Jean-Michel Heimonet, *De la révolte à l'exercice. Essai sur l'hédonisme contemporain*, Éditions du Félin, 1991, p. 107-169

BEAUTÉ. – S'intéresser à la civilisation et à l'art des Grecs, pour Camus, revient à s'intéresser dans un même mouvement à leur conception de la beauté. Elle était, chez eux, inséparable du sens du tragique. On comprend, écrit-il dans ses *Carnets* au printemps de 1948 devant la perfection d'une petite baie de la côte algérienne, que « si les Grecs ont formé l'idée du désespoir et de la tragédie, c'est toujours *à travers* [c'est Camus qui souligne] la beauté et ce qu'elle a d'oppressant. C'est une tragédie qui culmine. [...] Pour les Grecs, la beauté est au départ. Pour un Européen, elle est un but, rarement atteint. Je ne suis pas moderne ». Dès 1936, dans « Métaphysique chrétienne et néoplatonisme », son mémoire de Diplôme d'études supérieures, il avait mis en opposition le point de vue esthétique de Plotin et celui du christianisme qui, se détournant de la contemplation de l'univers au profit d'un hypothétique monde meilleur, a assuré dans la pensée occidentale la primauté de l'Histoire. Ébloui par une belle après-midi d'hiver, il énonce dès *L'Envers et l'Endroit* ce qui demeurera son Évangile : « Tout mon royaume est de ce monde. » « Le monde est beau, et hors de lui, point de salut », lit-on aussi dans *Le Désert*. Aux yeux de Camus, cette beauté est celle du monde (du paysage ou de la voûte stellaire), mais aussi celle des corps, vivant en harmonie avec le monde. La beauté est liée au tragique parce que, à l'image du corps, elle est éphémère : s'imposant d'autant mieux à nous que nous sommes à chaque instant menacés de la perdre, elle devient par là même insoutenable. « C'est que la beauté est insupportable. Elle nous désespère, éternité d'une minute que nous voudrions pourtant étirer tout le long du temps », lit-on dans les *Carnets* dès 1935. Faut-il penser que, si la beauté aide à vivre, elle « aide aussi à mourir » ? C'est ce qu'il affirme dans ses *Carnets* à l'automne de 1949 alors qu'une rechute de tuberculose lui donne des inquiétudes. Alfred Le Poittevin, l'ami de Flaubert, pensait le contraire quand il suppliait au moment de mourir : « Fermez la fenêtre, c'est trop beau », phrase que Camus a notée dans ses *Carnets* en 1939 avant de la citer au début de « La pierre d'Ariane », chapitre du *Minotaure ou la halte d'Oran* (*L'Été*). Mais elle reflète ici la mentalité des Oranais qui, avant même d'être menacés par la mort, ont fermé leurs fenêtres et « exorcisé le paysage ». *La Peste* le confirmera : Oran, ville qui tourne le dos à la mer, ne présente pas un spectacle de la beauté équivalent à celui de la baie d'Alger ou encore de Tipasa, où Camus trouve, en 1957, une consolation à l'idée que lorsqu'il mourra, « ce lieu continuera de distribuer plénitude et beauté » (*Carnets*).

Hélène, dans *L'Exil d'Hélène*, offre la parabole de cette beauté au nom de laquelle les Grecs engagèrent jadis la guerre de Troie et que les Européens ont désormais exclue de leur cœur, de leur âme, mais aussi de leurs paysages. Faut-il donc absoudre Hélène de s'être montrée volage au seul prétexte qu'elle était belle ? On le supposera à lire les couplets attendris que Camus écrit, dans *Noces* et *L'Été*, sur la beauté de la « race algérienne » qui, pour lui, était d'abord celle des femmes. Si cette beauté éteignit parfois chez lui le sens du devoir, comment reprocher à une femme d'en avoir fait profiter ses admirateurs ? Il faut aussi invoquer, en l'occurrence, la pensée morale des Grecs, selon laquelle Hélène est moins coupable d'une faute que l'involontaire agent d'un désordre du monde. On verra alors en elle une sœur d'infortune de Prométhée ou une figure complémentaire de celle de Faust. Camus expliquera, dans sa « Défense de *L'Homme révolté* », comment l'idéologie du XIXe siècle « s'est détournée du rêve de Goethe qui unissait, avec Faust et Hélène, le titanisme contemporain et la beauté antique [...]. Ni Faust sans Hélène, ni Hélène sans Faust, voilà ce qui est vrai », Hélène étant fille du Midi, *L'Exil d'Hélène* théorise le parti pris d'homme du Sud de Camus. À ses yeux, la beauté est toujours liée au soleil, à la lumière et à la mer. Exilés dans des pays au climat hostile ou sous des cieux éclairés de lumières artificieuses, Martha (*Le Malentendu*) ou Clamence (*La Chute*) souhaitent gagner ou retrouver les rivages de la Méditerranée.

Constatant que l'Italie est la terre des incestes avoués, Camus écrit dans *Le Désert* que « le chemin qui va de la beauté à l'immoralité est tortueux, mais certain ». « Quoi d'étonnant ajoute-t-il, si des esprits élevés devant le spectacle de la noblesse, dans l'air raréfié de la beauté, restent mal persuadés que la grandeur puisse s'unir à la bonté ? » Cette morale susceptible de choquer l'opinion sera en un sens celle de Martha, qui accepte de devenir une meurtrière pour aborder sur cette terre dont Jan lui a affirmé que c'était « un beau pays ». À l'inverse, si Clamence, fatigué du pinacle où il s'est élevé, rêve des îles grecques, c'est parce que la beauté s'y allie à la simplicité et à l'innocence. On paraît loin, en tout cas, d'une conception immorale de la beauté quand Camus note en 1955 dans ses *Carnets* : « La beauté, c'est la justice parfaite. » La formule sonne comme un écho au « Midi le juste » de Paul Valéry (*Le Cimetière marin*). On conçoit, prosaïquement, que la lumière de la Méditerranée inonde avec égalité le paysage et les hommes qui l'habitent ; ainsi la pauvreté est-elle plus supportable quand l'adoucit la beauté du monde. « Beauté qui donne le goût de la pauvreté », note-t-il même en juillet 1937 dans les *Carnets.* Mais il en va différemment de la misère : celle des Kabyles est d'autant plus désespérante qu'elle s'affiche « au milieu d'un des plus beaux pays du monde » (« Misère de la Kabylie »). Plus profondément, la formule de Camus signifie qu'on ne saurait, au nom d'autres impératifs, priver les hommes, fût-ce temporairement, de leur droit à la beauté. « On peut refuser toute l'histoire et s'accorder pourtant au monde des étoiles et de la mer. Les révoltés qui veulent ignorer la nature et la beauté se condamnent à exiler de l'histoire qu'ils veulent faire la dignité du travail et de l'être. [...] La beauté, sans doute, ne fait pas les révolutions. Mais un jour vient où les révolutions ont besoin d'elle » (*L'Homme révolté*). Pierre-Louis REY

Bibl. : Pierre-Louis Rey, *Camus. Une morale de la beauté*, Paris, SEDES, 2000

BEAUVOIR, Simone de (1908-1986). – Camus a rencontré Simone de Beauvoir à la générale des *Mouches* en juin 1943. Sartre et elle sympathisent spontanément avec le nouveau venu dont, pour sa part, elle apprécie la simplicité et la séduction. Il entre dans leur cercle. « Gants de velours et pattes de fer », ils deviennent néanmoins vite « jaloux l'un de l'autre » estime Olivier Todd. Devenu rédacteur en chef de *Combat*, Camus lui commande un reportage sur l'Espagne et le Portugal qu'elle publie sous pseudonyme en avril 1945. À la fin des années 1940, les désaccords philosophiques et politiques restent feutrés entre eux. Elle tient Camus pour un journaliste, quand Sartre est un philosophe. Elle prise aussi peu les idées philosophiques que les analyses politiques du premier. Il se garde d'écrire la moindre ligne sur ses livres qu'il tient en piètre estime.

En 1954, Simone de Beauvoir reçoit le prix Goncourt pour *Les Mandarins*. Quoi qu'elle dise, c'est un roman à clés. Les critiques comme les lecteurs de l'époque ne s'y trompent pas, qui reconnaissent Camus en Henri Perron, qui est écrivain et journaliste, Sartre en Robert Dubreuilh, le RDR dans le SRL et *Combat* dans *L'Espoir*. Le livre est aussi, comme l'écrit Olivier Todd, un « règlement de comptes », un « exercice acharné de dénigrement » : « [Henri Perron] veut se plaire à lui-même, et ça l'entraînera fatalement à droite, tranche Dubreuilh : parce qu'à gauche, les belles figures ne trouvent pas beaucoup d'amateurs » ; il a rejoint « le camp des anticommunistes » ; la droite « le couvre de fleurs » ; c'est un petit-bourgeois prisonnier de son personnage public. « *L'Espoir* n'a pas de ligne [...]. Si votre journal plaît à tout le monde, c'est qu'il ne gêne personne. »

Alors qu'il a seulement lu des comptes rendus de ce livre qu'il n'a pas lu, Camus écrit dans ses *Carnets :* « les actes douteux de la vie de Sartre me sont généreusement collés sur le dos ». Il avance le mot d'« ordure ». Un fait l'a indigné particulièrement : Henri Perron, son double, donc, fait représenter une pièce. La productrice du spectacle est Lucie Belhomme, qui fit de belles affaires sous l'Occupation. Sa fille, maîtresse d'Henri, joue dans cette pièce. Elle a été la maîtresse d'un officier allemand – ce que ne fut pas Maria Casarès. Un ancien milicien menace de compromettre les deux femmes. À la demande de Lucie Belhomme, Henri lui fournit un alibi : c'est ce faux témoignage, qui lui est indirectement attribué, qui révulse Camus. Ce n'est pas lui mais Sartre qui fit jouer plusieurs de ses pièces au Théâtre Antoine, que dirigeait Simone Berriau. Et c'est dans l'entourage de ce dernier que figurait de longue date une actrice aux sympathies allemandes. Pour Olivier Todd, « la métamorphose, le glissement romanesques deviennent moralement, pas juridiquement, calomnieux et ignobles ». Le Clamence de *La Chute* peut être mis en regard d'Henri Perron. Camus a su rendre son personnage ambigu et énigmatique et brouiller le rapport de la fiction à la réalité. Il donne aussi une leçon de style à sa détractrice.

Simone de Beauvoir aurait pu en rester là. Dans *La Force des choses*, elle persiste toutefois et multiplie allégations acrimonieuses et insinuations malveillantes. Camus était ainsi soucieux de plaire, son « âge d'or » s'était achevé en 1946 ou en 1947. « Il feuilletait les livres au lieu de les lire. » Individualiste, il préférait la nature à l'histoire. Il était « idéaliste, moraliste, anticommuniste », « n'admettait pas la contestation ». La morale de *La Peste* est désincarnée, *les Justes* est une pièce « académique ». Sur *L'Homme révolté*, elle reprend les analyses de Francis Jeanson : Camus y défend « les valeurs bourgeoises ». La rupture entre Camus et Sartre la laisse de marbre : « Le Camus qui m'avait été cher depuis longtemps n'existait plus. » Elle le retrouve dans *La Chute*. Mais ses articles de *L'Express* l'horripilent : le pied-noir a pris le pas sur l'humaniste. Elle condamne ses « silences » puis sa « supercherie ». Elle soutient inconditionnellement le FLN et ne se pose pas de questions alors que, mieux informé qu'elle, il est sensible à la complexité de la situation algérienne. À sa mort, elle se souvient du jeune Camus qu'elle a aimé, mais, idéologie oblige, elle fustige « le juste sans justice ».

« La politique creusait des abîmes », lit-on dans *La Force des choses*. Chez Simone de Beauvoir, elle prend le pas sur toute autre considération. Le choix entre communisme et anticommunisme commande les analyses de la mémorialiste et ses jugements de valeur. Albert Camus et Pascal Pia, Arthur Koestler et André Malraux, qui est encore plus mal traité, ont le tort impardonnable, à ses yeux, de s'être placés dans le camp d'en face. Dans les années 1960, les réflexes manichéens de la guerre froide jouent encore. Ils surdéterminent le portrait éclaté de Camus. Simone de Beauvoir est représentative d'un politiquement correct aujourd'hui révolu dont ce dernier a longtemps fait les frais.

Jeanyves GUÉRIN

Bibl. : Simone de Beauvoir, *Les Mandarins*, Gallimard, 1954 • Id., *La Force des choses*, Gallimard, 1963 • Danielle Sallenave, *Castor de guerre*, Gallimard, 2007

BELAMICH, André (1913-2006). – Après une jeunesse oranaise, André Belamich gagne Alger. Il y fait connaissance de Camus à la rentrée 1932, dans cette classe d'hypokhâgne dont le professeur de philosophie était Jean Grenier. Selon ses souvenirs rédigés en 1970, Camus lui a toujours gardé son amitié depuis cette époque. La réciproque était vraie, comme en témoignent ses contributions aux biographies de Herbert R. Lottman et d'Olivier Todd et sa présence aux côtés de Camus lors d'un dîner à l'ambassade de Suède au moment de l'attribution du prix Nobel.

Passionné de musique, surnommé par Claude de Fréminville « André Bach » – ou « André Parnasse » en raison de ses préférences littéraires –, c'est un proche à la fois de ce dernier et de Camus avec qui il tenta l'aventure du Parti communiste algérien. Il fut pendant la guerre un temps enseignant à Blida où il eut comme élève Jean Daniel, qui resta marqué par ses cours et le fera participer à la revue *Caliban*.

Le nom d'André Belamich reste lié à la traduction de l'œuvre de Federico García Lorca, faite à l'initiative ou avec le soutien de Camus, et à sa diffusion en France. Commencée par la publication des œuvres complètes en huit volumes (poésies, théâtre, prose, correspondance, interview) à partir de 1954, elle culmine dans l'édition de la « Pléiade » en deux volumes. Son œuvre de traducteur commence d'abord, aux éditions Charlot, par des auteurs anglais, Jane Austen et David Lawrence. Par la suite, il publie aussi des traductions de Richard Mason, le texte de Milton Hindus sur Céline et, à la fin de sa vie, les *Contes de l'Alhambra* d'Irving Washington.

Espagne et Algérie rejoignaient ses origines oranaises, toutefois Belamich appartenait à ce clan des Oranais qui conservaient pour l'originalité de leur ville un attachement indélébile. Dans ses *Souvenirs d'Oran*, il a notamment évoqué ses bains de mer d'août 1941 en compagnie de Camus et de ses amis et rappelé le jour où l'écrivain leur raconta le fait divers – découvert dans le journal – qui est à l'origine du *Malentendu*.

Guy BASSET

Bibl. : André Belamich, *Souvenirs d'Oran*, Domens, coll. « Méditerranée vivante », 1995

BELCOURT. – Quartier de l'est d'Alger, situé entre le Champ-de-Manœuvres (Mustapha inférieur) et le quartier du Ruisseau. À l'époque de l'Algérie française, la population de Belcourt était composée d'une majorité d'Européens de condition modeste et d'une minorité d'indigènes. Lucien et Catherine Camus y ont habité après leur mariage, en novembre 1909, jusqu'à leur départ pour Mondovi. Après le départ de son mari pour la guerre, Catherine se loge avec sa mère et ses enfants au Champ-de-Manœuvres, puis en 1921 à Belcourt, au 93 rue de Lyon (actuelle rue Belouizdad), dans un appartement de trois pièces où loge également l'oncle Étienne, son frère. On peut supposer que la location d'un appartement coûtait un peu moins cher à Belcourt qu'au Champ-de-Manœuvres, plus proche du centre-ville.

Le « quartier pauvre » de la première œuvre de Camus (*Les Voix du quartier pauvre*) est assurément Belcourt, tandis que *L'Hôpital du quartier pauvre* évoque l'hôpital tout proche de Mustapha. Mersault (*La Mort heureuse*) habite et déjeune (chez Céleste) rue de Lyon, à Belcourt. Le quartier de Meursault (*L'Étranger*), jamais nommé, est curieusement donné pour un « faubourg » de la ville ; mais la rue de Lyon, où Salamano promène son chien, autorise à reconnaître à nouveau Belcourt. Quand Meursault se met au balcon pour contempler le spectacle de « la rue principale du faubourg », on est même tenté d'identifier ce balcon à celui de l'appartement de la famille Camus, qui donnait pareillement sur la rue de Lyon. Quant au stade, d'où reviennent les spectateurs juchés sur les marchepieds des tramways, on l'identifiera au Stade municipal, qui était situé non pas en « banlieue » mais dans le quartier proche du Ruisseau.

Effacés dans *L'Étranger* (à l'exception de la rue de Lyon), les noms de Belcourt émergent un peu dans *Le Premier Homme*, plus parcimonieusement toutefois que ceux de Bab el-Oued ou du centre-ville, comme si, placés au centre des souvenirs de Jacques Cormery, ils en étaient le trou noir à force d'être lumineux. Le lecteur doit deviner que l'école, « qui se trouvait dans une partie relativement neuve de ce vieux quartier », est celle de la rue Aumerat où Camus suivit les cours de Louis Germain. Tout au plus *Le Premier Homme* donne-t-il à lire les noms de la rue Prévost-Paradol (perpendiculaire à la rue de Lyon) et du cinéma Le Musset, tout proche du domicile des Camus. Et l'on y apprend que se nomme CFRA (Chemins de fer sur routes d'Algérie) la ligne de tramways qui, dans *L'Étranger*, ramène les spectateurs du stade. Cette même ligne conduisait chaque jour Camus à l'autre bout de la ville, jusqu'à proximité de son lycée, où son copain Pierre Fassina se faisait traiter de « pouilleux de Belcourt » (*Le Premier Homme*). Quand le terrorisme s'intensifia à Alger, Camus envisagea de faire venir sa mère en métropole. Elle finit ses jours, quelques mois après la mort d'Albert, dans son quartier de Belcourt.

Pierre-Louis REY

BÉNISTI, Louis (1903-1995). – Louis Bénisti est né à El-Biar près d'Alger. Orphelin de père à cinq ans, il fait ses études au lycée Bugeaud dans la capitale algérienne. En 1920, il part à Paris apprendre le métier d'artisan joaillier, puis ouvre à Alger un atelier de bijouterie. Vers 1933, il quitte son premier métier pour se consacrer entièrement à la peinture et à la sculpture, réalisant notamment les bustes de René-Jean Clot et de Louis Miquel. Il abandonne peu après cette dernière activité avant d'y revenir de 1979 à 1983. Alors qu'il suit les cours de l'académie d'art à Alger, dirigée par le peintre Alfredo Figueras, il fait la connaissance de Jean de Maisonseul avec lequel il restera toujours très lié et grâce à qui il entre en contact avec Max-Pol Fouchet et Camus – qui, dès 1934, lui consacre une longue chronique dans *Alger étudiant*. En 1934-1935, il est boursier de la Casa de Velázquez à Madrid. Lors de la création de la maison de la Culture d'Alger, en 1937, il assume avec Camus la responsabilité du bureau des expositions. Il participe en outre au Théâtre du Travail puis au Théâtre de l'Équipe, pour lesquels il réalise des décors de théâtre et les masques des Océanides pour le *Prométhée enchaîné* d'Eschyle. À partir de 1942 et jusqu'à sa retraite en juillet 1972, il enseigne le dessin dans les collèges et lycées d'Alger et de ses environs, notamment au lycée de Maison-Carrée. Il expose régulièrement à partir de 1947, notamment à la galerie Comte-Tinchant dirigée par Edmond Charlot.

Peu après la mort de Camus, Il réalise une stèle en son honneur : installée au cœur des ruines de Tipasa elle fut inaugurée le 29 avril 1961. D'un style sobre, elle porte en graphisme stylisé à l'antique les mots extraits de *Noces* : « Je comprends ici ce que j'appelle gloire : le droit d'aimer sans mesure. » Il se retire à Aix-en-Provence en 1972, continuant à peindre. À partir de 1985, dans le prolongement de son intervention aux Rencontres méditerranéennes, il écrit ses souvenirs sur Camus. En 1990, il exécute de mémoire une gouache représentant *La Maison devant le monde* et ses occupantes. Cette même année, Jean de Maisonseul signe la préface de son avant-dernière exposition individuelle, à Évian.

Il décède à Évian. Jean de Maisonseul et Roland Simounet ont cité ces mots qui témoignent de l'affection que lui portait Camus : « Mon remords est quand passé en coup de vent à Alger, je n'ai pas su prendre le temps de voir Bénisti. »

Guy BASSET

Bibl. : « Louis Bénisti, peintre, sculpteur et... écrivain », *Algérie, Littérature, Action*, numéro spécial, n° 67-68, octobre 1993

BERLIN-EST. – L'insurrection de Berlin-Est commence le 16 juin 1953 avec la grève des ouvriers du bâtiment de la *Stalinallee* – l'ancienne *Unter den linden*. Ils réclament des augmentations de salaires et la diminution des cadences. Le lendemain, le mouvement s'étend à l'ensemble de la République démocratique allemande ; 60 000 personnes défilent dans les rues de Berlin-Est. La répression menée par les troupes soviétiques fait 153 victimes entre le 19 et le 23 juin. Ces événements sont connus par des observateurs américains. En URSS, l'insurrection a été utilisée par Khrouchtchev pour faire tomber Beria. L'événement a provoqué peu de réactions en Europe occidentale. Les rares protestations émanent du Congrès pour la liberté de la culture et de quelques groupes politiques se rattachant à la gauche antitotalitaire. Camus participe avec Nicolas Lazarévitch et Louis Mercier à deux réunions publiques, l'une à Paris l'autre à la Bourse du travail de Saint-Étienne pour dénoncer la répression. *Témoins*, la revue libertaire dirigée par Jean-Paul Samson, publie son discours dans un numéro spécial consacré à l'insurrection, « Le rôle de Berlin dans l'histoire ». À ce numéro ont aussi participé Manès Sperber et André Prudhommeaux. Camus y condamne, comme il le fera en 1956 pour la Hongrie, le cynisme des puissances occidentales et la force brutale du pouvoir communiste. Lors de ses interventions devant des militants syndicalistes, il fait également siens les préceptes syndicaux émis par le fondateur des Bourses du travail, Fernand Pelloutier, soulignant d'abord que l'égalité ne peut se passer de la liberté et que le labeur syndical demeure la nécessaire œuvre de réforme, qui permet de sauver des ouvriers emprisonnés dans les bastilles soviétiques. L'insurrection de Berlin-Est et le souvenir de sa répression ont durablement marqué Camus. À plusieurs reprises, il utilise son souvenir comme le symbole d'une « révolte ouvrière contre un gouvernement et une armée qui se voulait au service des ouvriers ».

Sylvain Boulouque

BERNANOS, Georges (1888-1948). – Albert Camus et Georges Bernanos appartiennent à deux générations différentes, ils viennent l'un du sud, l'autre du nord. Le premier est incroyant, il tient l'Église pour une institution humaine, c'est un homme de gauche ; le second a une foi profonde, son Église est l'Église des saints, il se veut homme de droite. Les deux auteurs auraient pu se combattre, se détester, ils se sont estimés.

La sympathie de Camus pour son aîné se manifeste dès l'avant-guerre. Le 7 février 1939, il conseille à sa bête noire, le maire d'Alger, de prendre ses « leçons d'orthodoxie » chez lui, et non chez Charles Maurras. S'il persévère dans la « haine », c'est qu'il a les « passions » des « médiocres ». On reconnaît là une des idées développées dans *Les Grands Cimetières sous la lune*. Le 5 juin suivant, il accompagne son reportage en Kabylie d'une pensée de Bernanos tirée de *Scandale de la vérité* : « le scandale, ce n'est pas de cacher la vérité, mais de ne pas la dire tout entière ». Le 4 juillet, le jeune critique d'*Alger républicain* rend compte de ce même ouvrage dans lequel Bernanos fustige les accords de Munich et attaque violemment la droite maurrassienne. Avant de parler rapidement du livre, Camus se justifie de faire l'éloge d'un auteur monarchiste. Les conservateurs, au même moment, le tiennent en effet pour un dangereux anarchiste. Il refuse, pour sa part, de l'« annexer » :

ce n'est ni un catholique de gauche ni un démocrate-chrétien comme les aiment les hommes du Front populaire. Il lui reconnaît « l'amour vrai du peuple ». L'homme de tradition a su être un rebelle. « Cet écrivain de race mérite le respect et la gratitude de tous les hommes libres » : ce court texte souvent cité a fait date dans les études bernanosiennes.

Le 15 septembre puis le 28 octobre 1944, *Combat* republie deux articles de Bernanos antérieurement parus au Brésil. Quelques lignes attribuées à Camus présentent le premier : « C'est une occasion pour nous d'affirmer notre solidarité profonde avec un esprit dont tant de choses auraient dû nous séparer, mais avec qui nous ne nous sommes jamais senti qu'une fraternité reconnaissante. Le langage de Bernanos, c'est celui que nous avons l'ambition de tenir, avec les moyens qui nous sont propres. » Il est la « grande voix catholique » voire « la plus grande des voix catholiques », qui a suppléé les défaillances de l'Église espagnole et universelle en écrivant *Les Grands Cimetières sous la lune*. *Combat* a une ligne laïque. On y fait peu de place à l'actualité religieuse et à l'occasion Camus s'en prend à l'Église et au pape. Le même brocarde Paul Claudel et polémique avec François Mauriac. Comme René Leynaud, Bernanos est de ces chrétiens authentiques avec lesquels il a aimé dialoguer et dont il a accompagné le parcours. En lui ouvrant les colonnes de leur journal, Pascal Pia et Camus le protègent contre l'accusation de sectarisme.

Les deux hommes semblent ne pas s'être rencontrés. Ils ont échangé quelques lettres après 1945. Un dominicain, le père Bruckberger, que Camus a connu sous l'Occupation, a servi d'intermédiaire. À son retour en France, Bernanos donne trois textes originaux à *Combat* comme il en donne aussi au *Figaro*, à *Carrefour*, à *L'Intransigeant*, à *La Bataille*. Ils paraissent les 5, 12 et 22 août. Cette collaboration devait être hebdomadaire ; elle s'interrompt quand le journal lui refuse la publication d'un article où il défendait le Joseph Darnand de 1940 et s'en prenait aux prisonniers. Le 29 août, Camus lui écrit longuement pour justifier cette décision. Sa lettre a été publiée dans le *Bulletin de la société des amis de Georges Bernanos* (n° XLV, mars 1962). Elle s'achève ainsi : « Vous continuerez ou vous suspendrez votre collaboration à *Combat*, mais il est bien évident que cette collaboration n'a de sens que dans la mesure où vous et nous pourrons toujours nous dire librement ce que nous pensons. Je souhaite que vous nous compreniez et que vous restiez cependant avec nous. » Un quatrième article paraît le 4 septembre. Il n'y en aura pas d'autre. En novembre de la même année, Bernanos écrit à Camus : « Je ne suis pas toujours d'accord avec vous, mais je vous contredirai toujours à regret. » Le second ne se manifeste pas à la mort du premier. Une dernière fois, lors de sa controverse avec Gabriel Marcel à propos de *L'État de siège*, il le cite en exemple. Par la suite, il ne se réfère plus jamais à lui ni dans ses *Carnets*, ni dans *L'Homme révolté*, ni dans ses articles de *L'Express*.

Si André Malraux admire le romancier, Camus, lui, apprécie surtout l'essayiste et le polémiste, l'auteur des *Grands Cimetières sous la lune*. La guerre d'Espagne a définitivement coupé Bernanos de la droite réactionnaire. Il lui passe ses outrances parce que c'est l'homme du parler vrai. Il apprécie sa passion de la vérité. Le paroissien qui prend son catéchisme et les Évangiles au sérieux est un esprit libre qui n'hésite pas à s'en prendre à l'opportunisme du clergé et au conformisme grégaire des dévots. Il se situe par rapport à ses coreligionnaires catholiques comme Camus par rapport à la gauche, sa famille, dont il condamne les perversions. Il est plus facile de critiquer les adversaires que les siens quand ceux-ci sont infidèles à leurs valeurs. Les deux auteurs partagent quelques idées simples. Une cause, quelle qu'elle soit, se définit par ses méthodes. La fin ne justifie pas les moyens. Il faut appeler un crime un crime et un tyran un tyran et le dire même contre ses lecteurs.

Camus est démocrate, Bernanos ne l'a jamais été. Ni l'un ni l'autre n'ont jamais été des bien-pensants. Le croyant et l'incroyant s'accordent pour condamner le réalisme politique, le pouvoir de l'argent, l'égoïsme des élites. Ils rejettent fermement les deux formes, nazie et soviétique, de l'État totalitaire. Tous deux ont vu leur siècle comme celui de la peur, du mensonge et de la haine. Ils valorisent la justice, l'honneur. Le problème du mal enfin obsède ces deux lecteurs de Dostoïevski. Ni idéologues ni hommes de parti, ce sont deux francs-tireurs. Chacun a son style. Celui de Bernanos est tonitruant, prophétique, excessif, celui de Camus nuancé et mesuré.

Jeanyves Guérin

Bibl. : Serge Albouy, *Bernanos et la politique*, Privat, 1980 • Albert Béguin, *Bernanos par lui-même*, Le Seuil, 1954 • Monique Gosselin-Noat, *Bernanos militant de l'éternel*, Michalon, 2007

BESPALOFF, Rachel (1895-1949). – Longtemps oubliée, Rachel Bespaloff fut orientée vers la philosophie existentielle par le philosophe Léon Chestov. D'origine russe, élevée en Suisse puis installée en France avant la guerre, elle était en contact avec Jean Wahl, Daniel Halévy, Jean Grenier, Gaston Fessard, Boris de Schloezer, Benjamin Fondane et Gabriel Marcel. Autodidacte et musicienne, elle fut une des premières commentatrices de Heidegger, sur lequel elle publia sa fameuse « Lettre sur Heidegger à M. Daniel Halévy » (1933), et rédigea des essais sur André Malraux, Julien Green, Gabriel Marcel, Kierkegaard, Nietzsche et Chestov, qu'elle réunit dans *Cheminement et carrefours* (1938 ; rééd. Vrin, 2004). Comme le raconte Jean Grenier dans ses *Souvenirs* (1968), Camus lut l'ouvrage sur ses conseils et « y retrouva des thèmes qu'il se proposait d'aborder ». De fait, il est probable qu'il a été sensible à la critique radicale de Chestov contenue dans le chapitre intitulé « Chestov devant Nietzsche ». Bespaloff interrogeait « la philosophie de l'Espérance démente » de Chestov qui avait radicalement opposé Jérusalem à Athènes, en soulignant que son rêve de non-savoir était incapable de se détacher de la philosophie spéculative. La lutte chestovienne contre le rationalisme apparaît être une impasse puisque « son doute nous ouvre le possible, sa négation nous emmure ». Incommunicable, paradoxale, se refusant à une incarnation décisive, elle l'oppose à la passion vitale de la connaissance chez Nietzsche qui réhabilite l'intellect comme « force inventive capable de plier la réalité aux exigences de l'espèce humaine ». De plus, elle soulignait l'ambiguïté d'un « dépassement de l'éthique » chez Chestov, « intime désaccord entre sa sensibilité éthique et son aspiration métaphysique » qui condamne à l'impuissance cette pensée de l'absurde. Camus reprendra le procès contre le « saut » en Dieu des philosophes existentiels, avec des arguments proches de ceux de Bespaloff, au nom d'un rationalisme sensible aux limites de la connaissance.

Réfugiée aux États-unis pendant la guerre, Bespaloff devint enseignante à Mount Holyoke (Massachusetts). Elle continua à publier des études dont *De L'Iliade* (1943) et une remarquable étude sur l'œuvre de Camus en janvier 1950 dans la revue *Esprit*, « Le monde du condamné à mort », que l'on retrouve citée dans les *Carnets* en janvier 1950. « Qu'apporte donc l'éthique de l'acceptation révoltée à celui qui pourrit dans les camps de concentration de la vie ? » interrogeait Bespaloff en focalisant son analyse de l'œuvre camusienne autour du thème du « condamné à mort ». Venue de la philosophie chestovienne, Bespaloff pouvait en toute lucidité mettre en garde Camus devant le risque de « glisser de l'éthique à la morale, de l'existentiel à l'existentialisme » et en lui souhaitant qu'il « reste donc dans sa vocation de penseur "absurde", qui est de tout remettre en question, sans repos, de reprendre dans ses personnages la contestation qui en lui, oppose Montaigne à Pascal ». Le suicide de Bespaloff mit prématurément fin à cette relation féconde avec l'œuvre de Camus.

Olivier SALAZAR-FERRER

Bibl. : Olivier Salazar-Ferrer, « Rachel Bespaloff and the Nostalgia for the Instant », dans Christopher Benfey et Karen Remmler (dir.), *Artists, Intellectuals and World War II : the Pontigny Encounters at Mount Holyoke College, 1942-1945*, University of Massachusetts Press, 2006, p. 251-260 • Maria Villela-Petit, « Rachel Bespaloff, contemporaine de Simone Weil et admiratrice de Camus », *Cahiers Simone Weil*, 2006, vol. 29, n° 2, p. 91-112

BIBLE. – *Voir* CAÏN

BIOGRAPHIES. – Au lendemain de la mort de Camus, Jean-Paul Sartre salua « l'admirable conjonction d'une personne, d'une action et d'une œuvre ». La formule a souvent été citée. Comme André Malraux, Camus n'a pourtant pas facilité la tâche de ses biographes. Lui-même, à la différence de Sartre, n'a aucun goût pour l'entreprise biographique et ne l'a jamais pratiquée. *L'Étranger* et *La Chute* auraient pu être, mais ne sont pas des vies de Meursault et de Clamence. Estimant que son œuvre comptait plus que sa vie, il a livré peu d'informations aux journalistes et aux universitaires qui l'ont interrogé, Germaine Brée, Roger Quilliot et Carl A. Viggiani. Ses *Carnets* comportent peu de confidences. Dans un premier temps, ont paru des présentations empathiques dues à des écrivains proches, Jean-Claude Brisville (Gallimard, 1959) et Morvan Lebesque (Le Seuil, 1963). Puis est venu le temps des enquêtes plus fouillées. Celles des universitaires américains Emmett Parker et Patrick McCarthy privilégient l'engagement de l'écrivain. Le dépôt de ses archives à l'IMEC puis à la bibliothèque Méjanes d'Aix-en-Provence a fourni de précieux documents que les chercheurs ont aussitôt commencé d'exploiter.

La biographie, genre longtemps dédaigné par les doctes, est remise en honneur à la fin des années 1970. À une époque où l'université française fait peu de place à Camus, il revient à un journaliste américain de mener à bien le premier récit de sa vie. Herbert R. Lottman, né en 1927, vit à Paris quand il se lance dans l'entreprise. Il débusque et interroge de nombreux témoins, algériens, français et étrangers, du parcours de Camus, mais manque de distance par rapport à leurs témoignages. Sa conception étriquée de l'histoire orale l'amène à privilégier le vécu aux dépens de l'écrit. S'il apporte de nombreuses informations inédites, si son impartialité ne prête pas à contestation, son volumineux ouvrage s'expose au reproche de distinguer mal l'essentiel et l'accessoire et, au bout du compte, de faire peu de place au créateur. C'est pourquoi bien qu'ayant été traduit en plusieurs langues, il n'a jamais fait véritablement autorité.

À l'artisan succède un artiste. Il n'était pas écrit qu'Olivier Todd deviendrait le biographe de Camus. Philosophe de formation, romancier et grand reporter, l'homme, né en 1929, a collaboré aux *Temps modernes* et a été proche de Jean-Paul Sartre, dont il a désavoué les errances gauchistes dans un livre, *Un fils rebelle* (Grasset, 1981), que les dévots de l'auteur ont mal accueilli. Il a été aussi un pilier de *France-Observateur*, puis a rejoint *Le Nouvel Observateur* avant de passer à *L'Express*. Entre une vie de Jacques Brel et une autre d'André Malraux, Todd passe plusieurs années à écrire une vie de Camus qui est mieux accueillie que celle de Lottman. Cet ouvrage solidement documenté connaît un grand succès auprès du public. Il est d'abord l'œuvre d'un écrivain qui excelle dans l'art de la narration, qui trouve la formule percutante et qui sait recréer le tableau d'un milieu – la faculté des lettres d'Alger ou *Combat* – comme la fresque d'une époque. Il s'est aussi donné les moyens d'accéder à des archives non exploitées par son prédécesseur en France, aux États-Unis, à Moscou même. Il accorde toute leur place aux engagements et aux écrits civiques de Camus, mais ne dédaigne pas, ayant utilisé des correspondances inédites, de s'étendre sur ses aventures amoureuses. Comme Annie Cohen-Solal l'avait fait avec son *Sartre* commandé par le même éditeur, Todd a réussi à équilibrer le devenir d'une personnalité et sa trajectoire qui l'amène à circuler entre différents réseaux militants, éditoriaux et médiatiques. Le livre laisse le portrait ni épique ni romanesque d'un homme à la fois déchiré et cohérent, différent, en tout cas, de l'image que ses vrais et faux amis ont souvent donnée de lui. La postface, dont le ton empathique tranche avec l'objectivité du livre, propose un bilan nuancé de l'œuvre et un vigoureux plaidoyer pour son auteur que Todd perçoit comme « un dangereux classique ». Cet ouvrage a été traduit en douze langues. Il fait aujourd'hui référence.

Les spécialistes de Camus considèrent généralement que les livres de Lottman et de Todd se complètent.

Jeanyves Guérin

Bibl. : Herbert R. Lottman, *Albert Camus*, traduit de l'américain par Marianne Véron, Le Seuil, coll. « Points », 1980 • Patrick McCarthy, *Camus. A Critical Study of his Life and Work*, New York, Random House, 1982 • Emmet Parker, *Albert Camus. The Artist in the Arena*, Madison, University of Wisconsin Press, 1965 • Olivier Todd, *Albert Camus, une vie*, Gallimard, coll. « NRF biographies », 1996 ; rééd. coll. « Folio », 1999

BLANCHOT, Maurice (1907-2003). – Une amitié distante, une admiration mesurée, c'est ainsi qu'on peut caractériser, dès le départ et jusqu'à la fin, les relations de Maurice Blanchot et d'Albert Camus, et réciproquement. Dans ses *Carnets*, ce dernier note son intérêt pour les deux premiers romans de Blanchot, qu'il lit dans leur veine métaphysique : fasciné par « la lumière sans éclat » de *Thomas l'obscur*, comparable à celle « qui baigne les asphodèles du séjour mortel », il voit dans *Aminadab* « une forme nouvelle du Mythe d'Orphée et d'Eurydice ». C'est au *Mythe de Sisyphe* et, bien sûr, à *L'Étranger* que Blanchot le critique s'intéresse : deux articles paraissent coup sur coup à l'été et à l'automne 1942, qui seront repris dans le volume publié chez Gallimard en 1943, *Faux Pas*. Blanchot et Camus se rencontrent, au jury du prix de la Pléiade fondé par Gallimard en août 1943, chez Marcel Moré pour la fameuse « Discussion sur le péché » autour de Georges Bataille en mars 1944, ou encore au comité de rédaction de *L'Arche* où ils siègent à partir de février 1946, sans parler du comité de lecture de Gallimard (au moins à partir de 1953). Leurs intérêts sont réciproques et leurs publications parallèles : à *La Peste* (1947) répond *Le Très-Haut* (1948), allégories politiques fondées sur le développement imaginaire d'une épidémie dans la cité.

Blanchot publie encore trois articles sur Camus au printemps 1954 : à partir de *L'Homme révolté*, il développe des réflexions sur l'ensemble de l'œuvre, croisées avec d'autres considérations sur Hölderlin, Nietzsche, Kafka, les nihilistes russes. Il regroupera plus tard ces textes dans *L'Entretien infini* sous le titre « Réflexions sur l'enfer ». Trois autres textes seront rassemblés dans *L'Amitié*, en 1971 : l'article sur *La Chute* paru à la sortie du livre, en 1956 ; l'hommage émouvant écrit à la mort de Camus et paru dans *La NRF* en mars 1960 ; et le dernier texte, paru deux mois après le précédent et toujours dans une forme de deuil, une nouvelle reprise des jugements de Blanchot sur le mouvement d'une œuvre qui n'a cessé de provoquer en lui empathie et méfiance. On lit ce mélange de sentiments désaccordés dès le titre de cet article : « Le détour vers la simplicité ». Et on peut prendre la mesure du paradoxe dans cette phrase qui clôt l'hommage funèbre et offre comme la somme de ce que représente pour Blanchot le nom de Camus. « Camus : il a souvent éprouvé une sorte de malaise, parfois de l'impatience, à se voir immobilisé par ses livres ; non seulement à cause de l'éclat de leur succès, mais par le caractère d'achèvement qu'il travaillait à leur donner et contre lequel il se retournait, dès qu'au nom de cette perfection l'on prétendait le juger prématurément accompli. »

Ainsi, chaque article est la mesure d'une sympathie et d'un écart. C'est l'homme fort d'une « expérience intérieure » que Blanchot admire en août 1942, une expérience livrée de façon neutre, froide et pourtant vibrante dans *L'Étranger*. En toute adhésion, il analyse le choix d'une narration intérieure au sein de laquelle l'auteur maintient une extériorité, livrant ainsi « une description faite uniquement du dehors, privée de toutes les fausses explications subjectives ». Le personnage « sent avec ce qui est au-dessous de toute sensibilité exprimable » et respire « l'absence profonde, abîme où il n'y a peut-être rien ». Pourtant, faute à une seconde partie plus conventionnelle, qui ne respecte pas le projet intransigeant de la première, Blanchot éprouve face à l'ensemble du livre un sentiment de gêne et de pesanteur. Ce sont les mêmes réserves dont il gratifie *Le Mythe de Sisyphe*, quelques mois plus tard. Blanchot reproche à Camus de ne pas aller jusqu'au bout de sa démarche, de réintroduire le bonheur par force dans l'expérience de l'absurde (« sa lecture nous pèse et nous gêne »). « C'est que lui-même n'est pas fidèle à sa règle, c'est qu'à la longue il fait de l'absurde non pas ce qui dérange et brise tout, mais ce qui est susceptible d'arrangement et ce qui même arrange tout. Dans son ouvrage, l'absurde devient un dénouement, il est une solution, une sorte de salut. » Or la force de l'absurde, de l'absurde évoqué par Camus lui-même, c'est selon Blanchot de pouvoir décrire une expérience qui « ne peut pas être éclaircie ni même authentiquement décrite ». Une « expérience intérieure » qui doit contester sans fin et se contester sans fin. On sent ici Blanchot bien plus proche de Bataille.

Une dizaine d'années plus tard, Blanchot revient sur *Le Mythe de Sisyphe*, à partir de *L'Homme révolté.* Pour une part, il interprète le changement d'expérience fondatrice, le passage du « oui » de Sisyphe au « non » de l'esclave, comme une réponse à ses propres objections. « Par sa réponse, Camus reprend à son compte l'objection qui lui fut faite dès le début : l'absurde ne peut parler, ni s'affirmer sans se détruire. » Mais pour Blanchot cette objection est infatigable : la destruction est consubstantielle à l'affirmation et ne peut être l'objet d'une dialectique. Il craint donc désormais que détruire l'expérience de l'absurde ne revienne pas à l'affirmer mais bien plutôt à l'oublier. Il situe ainsi les mouvements de pensée de Camus dans la région d'un affrontement incessant avec le nihilisme : s'il n'approuve pas la fin de ces mouvements, il en aime la portée, ce qu'il relève chez Camus comme son « sûr instinct ». Donner sens et valeur à l'absurde, ce serait le nihilisme. « Instinctivement, nous sentons tous le danger qu'il y a à chercher la limite de l'homme trop en bas, où elle est pourtant, à ce point où l'expérience paraît, par la souffrance, la misère et le désespoir, si privée de “valeur” que la mort s'en trouve réhabilitée et la violence justifiée. »

Dans *La Chute*, Blanchot lit un « dialogue enfermé en monologue ». Il aime toutes les indéterminations qui pèsent, avec le poids de l'ironie, sur le récit et en particulier sur Clamence. Il s'attache en particulier à un passage où celui-ci évoque cet amour immédiat de la vie dont il serait revenu. Blanchot se demande si ce passage ne serait pas la raison même du livre et, au-delà, de tout le discours de Camus. « Notre discours devient l'abîme modeste où nous tombons aussi, ironiquement », conclut-il, dans un mouvement ironique qui ne porte pas seulement sur le discours de Camus mais aussi sur celui que Blanchot tient à son égard.

Car les derniers textes marquent un apaisement. Dans « Le détour vers la simplicité », Blanchot revient sur ce qui n'aura jamais cessé de l'attirer chez Camus, son « expérience ». Et il revient sur le débat qu'il n'aura jamais cessé de maintenir avec l'œuvre qui la traduit si merveilleusement tout en la trahissant passionnément. Il commence ainsi : « Je voudrais indiquer pourquoi cette expérience de Camus est complexe et facile à trahir. » Il désigne le nœud de cette complexité dans le mouvement, répété dans l'œuvre, de renversement du refus en affirmation. Mais ce mouvement, souligne Blanchot, est critiqué par Camus lui-même, dans un moment pathétique qui l'a contraint à une étrange gloire solitaire : « la gêne de la gloire qui semblait destinée à l'isoler et à le vieillir prématurément ».

Blanchot revient également sur l'enfance de Camus pour en saisir le mélange de pauvreté et de lumière – de royaume et d'exil. Et cela semble lui faire lire autrement les dernières pages de *L'Étranger* : non pas, certes, d'une manière strictement autobiographique, mais en prenant mieux en compte la relation sans relation de l'enfant Meursault avec sa mère, le manque de sensibilité qu'ils étaient voués à partager. Blanchot lit cette fois dans la deuxième partie du récit une affirmation simple, « ce qu'il y a de plus authentique et de plus étrange », l'affirmation d'une expérience opposée « aux travestissements des façons morales et religieuses ». Une expérience dont lui-même avait témoigné, à sa manière, dans un petit récit titré *La Folie du jour*, publié une première fois en 1949 dans la revue *Empédocle*, au comité de rédaction de laquelle figurait un certain Albert Camus. Christophe BIDENT

Bibl. : Maurice Blanchot, *Thomas l'obscur*, Gallimard, 1941 • Id., *Aminadab*, Gallimard, 1942 • Id., *Faux Pas*, Gallimard, 1943 • Id., *Le Très-Haut*, Gallimard, 1948 • Id., *L'Entretien infini*, Gallimard, 1969 • Id., *L'Amitié*, Gallimard, 1971 • Id., *La Folie du jour*, Fata Morgana, 1973

BLOCH-MICHEL, Jean (1911-1987). – Résistant de la première heure, Jean Bloch a rejoint le mouvement Combat en 1942. Il est emprisonné et torturé au Fort-Montluc en même temps que son oncle, l'historien Marc Bloch. Juriste de formation, il souhaite devenir journaliste au moment de la Libération et fait des offres à Pascal Pia. Celui-ci préfère lui confier l'administration du journal *Combat* dont lui-même assume la direction. La tâche du « gérant » est difficile, car les brillantes individualités qui composent la rédaction se soucient peu des questions d'intendance. Il lui reste peu de temps pour écrire de rares articles qui ont trait à la réorganisation de l'institution judiciaire. Il fait partie de ceux qui quittent *Combat* en même temps que Camus lorsque Claude Bourdet et Henry Smadja, en juin 1947, en prennent les rênes. Les deux hommes restent d'autant plus liés qu'ils partagent les mêmes conceptions politiques. Dans les années 1950, ils se retrouvent dans la mouvance peu nombreuse de la gauche antitotalitaire, notamment dans les Groupes de liaison internationale dont tous deux ont signé le manifeste constitutif en 1948. Utilisant ses compétences de juriste, Bloch-Michel rédige l'introduction à *Réflexions sur la peine capitale* en 1957. Il y ajoute un avant-propos dans la réédition augmentée de 1979.

Jean Bloch-Michel publie un entretien avec Camus dans l'éphémère hebdomadaire *Demain* dont il fut le rédacteur en chef, ainsi que des articles sur son œuvre dans *Tempo presente* et dans *Preuves*, autre revue du Congrès pour la liberté de la culture, dont il a rejoint le comité de rédaction. En 1979, il donne une préface à *L'Étranger*, *Noces*, *L'Envers et l'Endroit* et *L'Été*. Il est enfin l'auteur d'une dizaine d'ouvrages dont un essai sur le roman, *Le Présent de l'indicatif* (Gallimard 1971), qui comporte quelques pages sur *La Chute*. Un récit romancé de son expérience de la Résistance, *Le Témoin*, a paru en 1947, dans la collection « Espoir » que Camus dirige chez Gallimard. Bloch-Michel a évoqué à nouveau la période dans *Les Grandes Circonstances* (Gallimard, 1949). Ce récit dépouillé n'a pas connu le succès qu'il méritait. On peut regretter que ce fidèle ami de l'auteur n'ait pas eu le temps de rédiger l'histoire de sa vie. Quelques semaines avant son décès, il avait confié certains de ses souvenirs lors du colloque sur *Combat* qui se tenait à l'université de Paris X-Nanterre.

Jeanyves GUÉRIN

BLUM, Léon (1872-1950). – Léon Blum aurait pu constituer une référence pour Albert Camus. Normalien, reconverti dans le droit au Conseil d'État mais toujours amoureux des lettres, il devient à la mort de Jean Jaurès et plus encore après le congrès de Tours en 1920 une figure majeure de la Section française de l'Internationale ouvrière (SFIO). Menant la coalition électorale de Front populaire, il s'installe à Matignon comme président du Conseil à l'été 1936. Sa décision, douloureuse personnellement, d'opter pour la non-intervention française en Espagne alors que le gouvernement républicain est assailli par les troupes du général Franco soutenues par les régimes fascistes européens constitue pour Camus une faute grave. Dans quelques-uns de ses éditoriaux dans *Alger républicain*, il prend clairement fait et cause pour les Brigades internationales (19 novembre 1938) ; dans d'autres il reste fidèle à cette conviction d'une « honte » d'avoir « laissé mourir seul [...] ce pays fraternel » (*Combat*, 7 septembre 1944). Le recul du gouvernement à propos du projet Blum-Viollette (du nom de Maurice Viollette, gouverneur de l'Algérie de 1925 à 1937), qui voulait conférer la citoyenneté française et l'exercice des droits politiques correspondants à une partie des élites algériennes, déçoit Camus également.

Arrêté par le gouvernement de Vichy le 15 septembre 1940 – il comptait au nombre des quatre-vingts parlementaires qui refusèrent les pleins pouvoirs au maréchal Pétain, Blum est maintenu en prison malgré l'échec ridicule du procès de Riom (février à avril 1942), puis déporté en Allemagne de mars 1943 à mai 1945. À son retour, un éditorial de *Combat* du 12 mai, très probablement signé par Camus, le place d'abord sur le même plan que les autres hommes politiques honnis de la fin de la IIIe République (Édouard Herriot, Édouard Daladier et Paul Reynaud) avant de le dissocier de cette liste. Camus en revanche ne semble avoir commenté ni les éditoriaux de Blum dans *Le Populaire* ni son grand livre écrit durant le conflit et publié à la Libération *À l'échelle humaine* ; on y trouve pourtant sur de nombreux points une réelle proximité de vue avec Camus dans la manière de considérer l'action politique.

Alain CHATRIOT

Bibl. : Serge Berstein, *Léon Blum*, Fayard, 2006 • Tony Judt, *La Responsabilité des intellectuels : Blum, Camus, Aron*, traduit de l'anglais par Jean-François Sené, Calmann-Lévy, 2001 • Vincent Le Grand, *Léon Blum (1872-1950) : gouverner la République*, LGDJ, 2008

BONHEUR. – Le bonheur est le fruit d'une exigence – « L'exigence du bonheur et sa recherche patiente », *Carnets*, 20 octobre 1937 –, méconnue par les imbéciles : « Il n'y a pas de honte à être heureux. Mais aujourd'hui l'imbécile est roi, et j'appelle imbécile celui qui a peur de jouir », écrit le narrateur de *Noces à Tipasa* au terme d'une journée de plénitude, où le bonheur a d'abord été physique, lié aux joies du corps en harmonie avec la nature. Sur la priorité du bonheur, que revendiquait Nietzsche en des termes voisins dans *La Généalogie de la morale*, des nuances au fil de la pensée de Camus sont à discerner. « Il peut y avoir de la honte à être heureux tout seul », note Rambert dans *La Peste.* Aussi bien le spectateur de *L'État de siège* sera peut-être choqué d'entendre Diego s'écrier : « Je dois m'occuper d'être heureux. » Mais son exigence personnelle est le corollaire du cri lancé par le Chœur : « Bonheur, bonheur ! Voici l'été ! Qu'importe le reste, le bonheur est notre fierté. » Le bonheur personnel n'est pas honteux, en effet, du moment qu'il est conçu comme un moyen d'aider les autres. « Pourtant moi, je suis plutôt tenté de croire qu'il faut être fort et heureux pour bien aider les gens dans le malheur », déclare Camus quelques mois avant de mourir (« Pourquoi je fais du théâtre », « Gros plan », émission télévisée, 12 mai 1959). Dans le même entretien, il déplore qu'il faille aujourd'hui avouer son bonheur comme s'il s'agissait d'une faute. C'est que, dit-il, de nos jours, « les puissants sont souvent les ratés du bonheur ».

L'imbécillité peut résider dans l'idée préconçue qu'on se fait du bonheur et qui, dès lors, en limite l'exercice :

« Ceux qui préfèrent leurs principes à leur bonheur. Ils refusent d'être heureux en dehors des conditions qu'auparavant ils ont fixées à leur bonheur » (*Carnets*, 1951). On aura compris que le bonheur est l'impératif catégorique de la pensée camusienne. Sa quête à tout prix engendre pourtant, dans son œuvre, des héros négatifs. On soupçonne que si *La Mort heureuse* fut un roman manqué, c'est en partie parce que l'apothéose que trouve finalement Mersault, après avoir cherché le bonheur par les voies du crime, se réalise dans une communion avec la nature, mais non avec les hommes, au contraire de Meursault qui, à la dernière page de *L'Étranger*, s'ouvre au souvenir de sa mère et à la « tendre indifférence du monde ». S'il est à ses yeux « deux sortes de bonheur », Caligula a eu le tort de choisir « celui des meurtriers ». L'appel des « rivages heureux » ne saurait enfin, dans *Le Malentendu,* absoudre Martha de ses crimes ; son égoïste amour de la vie s'oppose même à la maladroite générosité de Jan qui a cherché le meilleur moyen d'offrir le bonheur à sa mère et à sa sœur (« Je vais essayer de mieux connaître celles que j'aime et d'apprendre à les rendre heureuses »). C'est à un caractère comme celui de Martha que Camus songe sans doute lorsqu'il note sans commentaires dans ses *Carnets*, en 1951 : « Le bonheur chez elle exigeait tout, même la mise à mort. » Il est troublant, voire dérangeant, que des agents du mal exercent sur le lecteur ou le spectateur une forme de fascination. Pour le moins prouvent-ils par leur quête éperdue du bonheur qu'ils ne sont pas des imbéciles.

Le paradoxe est que le terme de cette exigence apparaisse souvent comme un état naturel, au point que Meursault ne prend conscience de son bonheur qu'à l'instant où il le perd : « J'ai compris que j'avais détruit l'équilibre du jour, le silence exceptionnel d'une plage où j'avais été heureux. [...] Et c'était comme quatre coups brefs que je frappais sur la porte du malheur. » *Noces* est peut-être le dernier texte où Camus a chanté sans arrière-pensée un bonheur qui était lié à un sentiment d'innocence. Son œuvre reflétera souvent ensuite la quête de ce qu'il appelait déjà dans *Entre oui et non* le paradis perdu. Du moins a-t-il su très tôt où retrouver ce paradis, auprès des siens, sur cette terre natale dont le climat et la beauté étaient par eux-mêmes des sources de bonheur. Martha est tout entière tendue par le désir de ce paradis que sa naissance lui a refusé ; Clamence, dans *La Chute*, garde au fond du malheur qu'il s'inflige, grâce au souvenir des îles grecques, la nostalgie d'un bonheur fait de simplicité ; Jacques Cormery enfin (*Le Premier Homme*), renouant avec le jeune écrivain de *L'Envers et l'Endroit*, retrouve après des années d'égarement le chemin du paradis perdu, et plutôt que de songer avec mélancolie aux années enfuies, il puise à la source, c'est-à-dire sur sa terre natale, les possibilités d'un bonheur intact, toujours à venir. Car la quête de l'innocence et de la beauté (rayonnante sur les bords de la Méditerranée) ne font qu'un avec celle du bonheur : « Le beau, dit Nietzsche après Stendhal, est une promesse de bonheur. Mais s'il n'est pas le bonheur même, que peut-il promettre ? » (*Carnets*, décembre 1942).

Le bonheur est un bien perdable, sans quoi il ne serait pas – « J'ai toujours eu l'impression d'être en haute mer : menacé au cœur d'un bonheur royal » (*Carnets*, 1951). Ainsi est-il lié à la condition absurde. Pleinement assumée, celle-ci nous invite en effet à épuiser le champ du possible, c'est-à-dire à admettre que notre royaume est tout entier de ce monde, sans espérer ce bonheur illusoire que les chrétiens situent dans l'au-delà, et les marxistes dans le paradis de la société sans classes. « La lutte elle-même vers les sommets suffit à remplir un cœur d'homme. Il faut imaginer Sisyphe heureux », écrit Camus en conclusion du *Mythe de Sisyphe.* Le bonheur semblait donné au narrateur de *Noces* ou à Meursault dans la première partie de *L'Étranger.* Pour le penseur, lucide sur les difficultés de sa conquête, il exige un effort d'imagination. Lucide est aussi le héros tragique. « Accroître le bonheur d'une vie d'homme, c'est étendre le tragique de son témoignage. L'œuvre d'art (si elle est un témoignage) vraiment tragique doit être celle de l'homme heureux. Parce que cette œuvre d'art sera tout entière soufflée par la mort », écrit Camus en 1938 dans ses *Carnets.* Et d'ajouter en 1956 : « L'amour tragique et cela seulement. Bonheur tragique. Et quand il cesse d'être tragique c'est autre chose et l'être se jette à nouveau à la recherche du tragique. »

Amour et bonheur sont ici associés et peut-être confondus. Ils le sont en tout cas pour les amants tragiques, Diego et Victoria dans *L'État de siège*, Kaliayev et Dora dans *Les Justes*, qui trouvent dans la mort une sublimation de leur bonheur. C'est à tout le moins dans la solidarité avec les autres que se vit le vrai bonheur camusien. « Qu'est-ce que le bonheur sinon le simple accord entre un être et l'existence qu'il mène ? » lit-on déjà dans *Noces.* Rambert, qui a déserté la cause de la collectivité au nom de son bonheur personnel, ne renonce pas à être heureux quand il décide de s'engager : trouvant tardivement un accord entre lui-même et l'idéal qu'il refoulait, il accède au contraire à une forme supérieure du bonheur. Le combat mené par les résistants a été un combat heureux parce qu'il se mettait au service du bonheur des autres : « Nous pensions que le bonheur est la plus grande des conquêtes, celle qu'on fait contre le destin qui nous est imposé », écrit Camus à l'époque où va s'achever une guerre qui a appris que « les armes du bonheur demandent pour être forgées beaucoup de temps et trop de sang » (*Quatrième lettre à un ami allemand*). À défaut de se hausser toujours à l'héroïsme, Camus a trouvé le vrai bonheur dans d'autres formes d'action collective : les stades de football et les scènes de théâtre, dont Clamence a la nostalgie parce qu'ils lui donnaient un sentiment d'innocence. « RUA. Bonheur de cette simple amitié dont j'ai vécu », note-t-il dans ses *Carnets* en 1955. Et à la question « Pourquoi je fais du théâtre ? » (« Gros plan », émission télévisée, 12 mai 1959), il répond : « tout simplement parce qu'une scène de théâtre est un des lieux du monde où je suis heureux ». Sous des dehors égocentriques un peu désarmants, sa réponse fournit à Camus l'occasion d'argumenter en faveur d'un bonheur qui n'est pas seulement le sien. « Recevoir et donner, n'est-ce pas là le bonheur et la vie enfin innocente dont je parlais en commençant », demande-t-il en conclusion de l'entretien. Pierre-Louis REY

Bibl. : Pierre Nguyen Van-Huy, *La Métaphysique du bonheur chez Camus*, Neuchâtel, La Baconnière, 1962 • Hiroki Toura, *La Quête et les expressions du bonheur dans l'œuvre d'Albert Camus*, Eurédit, 2004

BOURDET, Claude (1909-1996). – « Fragile de santé, souriant de caractère, il avait trouvé dans sa foi catholique et dans son goût de l'honneur, l'énergie qu'il fallait pour mener cette difficile aventure que fut la Résistance » : ainsi Camus peint-il Claude Bourdet dans *Combat*, le 17 avril 1945, lorsqu'il apprend que celui-ci vient d'être libéré du camp de Buchenwald. Fils de deux écrivains connus, Édouard Bourdet et Catherine Pozzi, il est d'abord un catholique que la guerre d'Espagne a fait basculer à gauche. Sous l'Occupation, il crée le service du Noyautage des administrations publiques (NAP) puis dirige le mouvement Combat qu'il représente au Conseil national de la Résistance. Il rencontre Camus dont il avait lu et aimé *L'Étranger*, avant d'être arrêté et déporté à Buchenwald en 1944. À son retour, le général de Gaulle le fait Compagnon de la Libération. « Sa place l'attend dans notre équipe », écrit Camus dans le même article de *Combat*. Bourdet toutefois préfère l'action politique au journalisme mais n'arrive pas à se faire élire député. Il souhaite alors prendre la direction du journal, mais se heurte aux réticences de Pascal Pia, de Camus et de l'équipe en place. Il est alors nommé à la tête de la Radiodiffusion française et doit attendre 1947 pour arriver à ses fins. Pour cela, il s'est allié à un homme d'affaires tunisois, Henry Smadja. À lire son dernier éditorial, Camus, comme d'autres rédacteurs, n'approuve pas l'opération. « Notre départ, écrit-il, nous dégage de toute obligation ultérieure. » C'est laisser entendre que le *Combat* de Bourdet ne sera pas le *Combat* de Pia et de Camus. De fait, Bourdet recrute de nouveaux rédacteurs et impose une ligne plus à gauche.

En avril 1950, Bourdet, que Smadja vient d'écarter de *Combat*, Roger Stéphane (1919-1994) et Gilles Martinet (1916-2006) fondent un hebdomadaire, *L'Observateur politique et littéraire* qui devient *France-Observateur* en 1954. L'objectif est d'en faire le creuset d'une gauche nouvelle, neutraliste et anticolonialiste, amenée à prendre place entre un PCF inféodé à l'Union soviétique et un parti socialiste atlantiste et réticent à la décolonisation. Son farouche antiaméricanisme l'empêche de se situer à égale distance des deux partis. À partir du moment où le principal danger, pour lui, vient des États-Unis, l'hebdomadaire est amené à modérer sa critique du stalinisme, à stigmatiser tout anticommunisme et à favoriser toutes les convergences possibles entre les communistes et la gauche nouvelle. « Cette alliance, écrit Bourdet, doit aller jusqu'au Front populaire. » Mendès France propose une autre voie, réformiste, qu'il réprouve. Sa position, au fond, est proche de celle de Jean-Paul Sartre qui, en 1951, l'a invité à collaborer aux *Temps modernes*. Pour Michel Winock, *France-Observateur* a été « un satellite de la presse communiste ». Camus semble avoir été de cet avis. Si, sur le terrain culturel, l'hebdomadaire ne fait cependant aucune concession au réalisme socialiste et à l'art de parti, c'est sans doute grâce à Maurice Nadeau, ancien de *Combat*, auquel a été confiée la direction de la rubrique littéraire.

Bourdet en personne donne un long compte rendu compréhensif de *L'Homme révolté* (« Camus et la révolte de Sisyphe », 13 et 20 décembre 1951). Certes il parle d'une « compilation », mais il juge excellentes ses remarques sur les contradictions du marxisme. Camus avait tout lieu d'en être satisfait : il a reçu un brevet d'homme de gauche. Mais une notule de Roger Stéphane qui a semblé peu après cautionner la démolition du livre par *L'Humanité* suscite sa colère. C'est le même Stéphane qui, après le prix Nobel, titre son article « À défaut de Malraux… » et reproche à Camus sa morale « abstraite » et ses analyses de la situation algérienne. Gilles Martinet, quelques semaines plus tard, le somme de « prendre enfin position » sur l'Algérie. On a donc l'impression que si Bourdet ménage Camus, ses cadets le traitent comme un adversaire idéologique.

À la mort de Camus, Bourdet lui rend un hommage non dénué d'émotion dans *France-Observateur*. Son article est titré « Camus ou les mains propres » – « Que vienne le temps où, en dépit des avatars présents, la France se dirigera vers le socialisme [...], peut-être les mises en garde de Camus contre les dégradations de la révolution seront-elles utiles à ceux qui seront justement aux prises avec ses menaces. »

Jeanyves GUÉRIN

Bibl. : Claude Bourdet, *L'Aventure incertaine. De la Résistance à la Restauration*, Stock, 1985

BOURGEOIS. – Dans la controverse autour de *L'Homme révolté*, Camus déclare à Francis Jeanson qu'il est un de ces intellectuels bourgeois qui, pour expier leurs origines, se lancent dans des surenchères radicales. Comme s'il ignorait que son adversaire est un authentique fils du peuple, Jean-Paul Sartre lui réplique : « Il se peut que vous ayez été pauvre mais vous ne l'êtes plus. Vous êtes un bourgeois comme Jeanson et comme moi. » Si le fils de pauvres est devenu ce qu'il est, il le doit à son mérite, pas à sa naissance ni à la fortune des siens. C'est un boursier, non un héritier. Il n'en a pas les complexes.

La haine viscérale de la bourgeoisie soude les réactionnaires et les progressistes en quête de bouc émissaire. Cette passion a toujours été étrangère à Camus. Dans *Le Premier Homme*, Jacques Cormery a des condisciples issus de milieux fortunés quand il est admis dans le creuset républicain qu'est le lycée. L'un d'eux, Georges Didier, est un pur produit de ce que le narrateur appelle la « tradition bourgeoise ». Il est, écrit-il encore, « l'enfant de la famille, de la tradition et de la religion ». Jacques apprend de lui ce qu'est la « patrie » française et quels « devoirs » elle exige de ses fils. L'héritier, par bien des traits, ressemble au Lucien Fleurier de *L'Enfance d'un chef*. Ce n'est pas un salaud. La différence sociale est à la fois reconnue et posée non discriminante. Camus aurait pu difficilement écrire ce dernier ouvrage de Sartre.

Quelques rares textes de *Combat* ont pu un temps donner le change. Ainsi cet éditorial du 6 septembre 1944, « La fin d'un monde ». Camus y affirme nettement que c'est la classe dirigeante tout entière, et pas seulement les institutions, qui a fait faillite. L'avenir est du côté du « peuple » et de ses forces vives qui ont nourri la Résistance. « La bourgeoisie française qui avait eu son temps de grandeur ne faisait plus que survivre. Elle ne pouvait plus se maintenir à la hauteur de ses devoirs, ne vivant plus que du souvenir de ses droits. Pour une classe, prise dans sa totalité, ce sont les signes de la décadence. » L'événement a manifesté son incompétence et son insensibilité : la bourgeoisie a perdu le sens du bien commun. L'acteur historique a été infidèle à ses principes. Ce diagnostic rejoint, sur bien des points, celui fait alors par Georges Bernanos, Léon Blum et l'historien Marc Bloch. Camus affirme que « le rôle directeur de la bourgeoisie s'est terminé en 1940 ». Ces remarques aident à comprendre la place que prend l'épuration dans ses articles de cette époque. Les privilèges que confère l'argent impliquent des devoirs. Le pouvoir politique doit imposer sa loi au pouvoir économique. L'oligarchie défaillante doit rendre des comptes à la nation.

Cette thématique maximaliste ne tarde pas à s'estomper. Camus n'a jamais considéré la lutte des classes comme une loi de l'histoire. Il parle désormais d'une société bourgeoise dominée par l'argent qu'il oppose à la société communiste quadrillée par la police – ainsi en 1947 dans sa réponse à Emmanuel d'Astier de La Vigerie publiée par *Caliban*, et encore – trois occurrences – dans des chroniques de *L'Express*. Il associe la première aux inégalités et à l'hypocrisie sans plus de précisions. Il lui faut constater qu'il vit dans cette société et qu'il ne s'agit plus de la détruire, mais de l'aménager. Sa politique vise dès lors à y introduire plus de justice : elle est réformiste, non révolutionnaire. Dans ses écrits des années 1950, l'homme de gauche renvoie dos à dos les « idéologies bourgeoises », le libéralisme, et les idéologies totalitaires, et d'abord le marxisme : elles sont les unes et les autres archaïques. Mais il apparaît évident, pour lui comme pour Raymond Aron, que les périls majeurs viennent des secondes.

L'argent et le sexe, opérateurs de réalisme, tiennent peu de place dans l'œuvre littéraire de Camus. Si l'on écarte Monsieur Vigne qui fait penser au Monsieur Jourdain de Molière dans ce pastiche du *Bourgeois gentilhomme* qu'est *L'Impromptu des philosophes*, peu de ses personnages fictionnels sont typés comme des bourgeois. Le mot est rarement employé dans les romans. Clamence, dans *La Chute*, fait exception. Le juge-pénitent et son interlocuteur sont d'emblée désignés comme des bourgeois. Le premier a été un avocat parisien fortuné, il aimait se donner le beau rôle et voulait être reconnu comme le meilleur. Il a renoncé à son confort et à sa belle situation. Son rapport à l'argent reste décomplexé. Il est logique que ce défenseur élitiste de la veuve et de l'orphelin joue désormais à l'intellectuel progressiste grand signataire de manifestes. Camus, répondant à Jeanson sur le terrain de la fiction, lui a prêté des traits et de ses détracteurs existentialistes et de lui-même.

Au total, la vision du monde et l'esthétique littéraire contribuent à ce que la perspective des romans et pièces ne soit pas satirique. Camus n'est ni Sartre, ni Aragon, ni Céline.

Jeanyves Guérin

BRÉE, Germaine (1907-2001). – Germaine Brée est née et a fait ses études en France. Sa longue et brillante carrière d'enseignante l'a fait passer d'Oran (1932-1936), où elle fait la connaissance de la belle-famille de Camus, à une série d'universités américaines, d'abord comme lectrice à Bryn Mawr College (1936-1952), ensuite comme professeur à la New York University (1953-1960), à l'université du Wisconsin à Madison (1960-1973), enfin à la Wake Forest University (1973-1984).

En congé militaire de Bryn Mawr, Germaine Brée rejoint comme volontaire une unité d'ambulance des Forces françaises libres avant d'être transférée au service de renseignement à Alger. Promue lieutenant, elle termine son service auprès d'un général américain à Mannheim. À la fin de la guerre, elle fait la connaissance de Camus avec qui elle gardera des liens d'amitié jusqu'en 1960. À l'occasion de la conférence qu'il prononce à Bryn Mawr lors de son voyage aux États-Unis (1946), il loge chez elle. Il lui fera don de deux dactylogrammes de *Caligula* (versions de 1938 et 1941) avec de nombreuses corrections à la main inédites qui se trouvent à présent à la bibliothèque de l'université de Floride (Gainesville).

Leur correspondance inédite (treize lettres de Camus et vingt-cinq lettres de Germaine Brée) est déposée au fonds Camus de la bibliothèque Méjanes à Aix-en-Provence.

Avec celles de Justin O'Brien (Columbia University), les études de Germaine Brée, notamment celles consacrées à André Gide, Albert Camus et Jean-Paul Sartre, sont les premières à familiariser, à partir de 1950, le public universitaire américain avec ces auteurs contemporains. Parmi ses livres principaux, la biographie critique qu'elle consacre à Camus en 1959 est saluée par Claude Vigée comme « l'étude la plus pénétrante » sur cet auteur alors que Justin O'Brien en vante la solidité de l'information et la précision des détails. À ses livres s'ajoutent des dizaines d'articles publiés dans des revues américaines, notamment *The French Review*. Pendant au moins une génération, le *Camus* de Germaine Brée est resté une référence critique incontournable.

Raymond GAY-CROSIER

Bibl. : Germaine Brée, *Du* Temps perdu *au* Temps retrouvé, *introduction à l'œuvre de Marcel Proust*, Les Belles Lettres, 1950 • Id., *André Gide, l'insaisissable Protée*, Les Belles Lettres, 1953 • Id., *An Age of Fiction: the French Novel from Gide to Camus*, New Brunswick, Rutgers University Press, 1957 • Id., *Albert Camus*, New York, Columbia University Press, 1964 • Id., *Camus and Sartre: Crisis and Commitment*, New York, Dell publishing C°, 1972

BRÉSIL. – Camus n'est allé qu'une seule fois au Brésil. Les étapes de ce voyage sont bien connues. Il s'embarque pour Rio de Janeiro dans les derniers jours de juin 1949, et voyage au Brésil du 15 juillet au 9 août, puis en Uruguay, en Argentine et au Chili jusqu'au 21 ; il reste encore une semaine à Rio, avant de rentrer en France le 31. Ce voyage lui fait visiter du nord au sud, pour ses étapes brésiliennes, Recife, Bahia, Rio de Janeiro et sa région (Caxias, Teresópolis), São Paulo et sa côte (Iguape), Porto Alegre enfin.

Prestige intellectuel de la France oblige, on ne compte plus les hommes de lettres français ayant sacrifié au rituel de la tournée de conférences en Amérique du Sud. À cet égard le voyage de Camus s'inscrit dans une tradition. En ces années d'après-guerre, il est invité avant tout en tant qu'intellectuel français, figure majeure de l'existentialisme, et l'on a prévu pour lui un copieux programme de conférences. Le rythme de celles-ci lui apparaîtra bien vite un peu trop soutenu ; au point qu'il s'en plaint à son retour dans une lettre à Jean Grenier : « une sorte de rodéo épuisant qui ne [*lui*] a laissé aucun répit », dit-il.

Mais le voyage est une chose, le récit de voyage une autre. Tout porte à croire que Camus entendait réaménager le récit de sa tournée latino-américaine d'une tout autre manière que celle dont nous disposons aujourd'hui à partir du journal qui a été conservé. On sait par exemple que le manuscrit de ce récit est distinct des *Carnets* qu'il rédige habituellement, et, du reste, le texte évacue tout ce qui ne concerne pas le voyage au Brésil : aucune mention des œuvres en cours d'écriture, par exemple. Nous ne savons pas exactement ce que l'écrivain comptait faire du texte, mais il est certain que ce voyage avait un statut particulier pour lui. Toujours est-il que la matière du journal se concentre autour de trois aspects : la maladie retrouvée, et inquiétante ; les « choses vues » au Brésil ; la dimension satirique et polémique.

Le texte porte la marque sans équivoque de l'ennui de l'écrivain obligé de satisfaire aux exigences de la notoriété, et de compter en même temps avec ses ennuis de santé ; au fil des jours se multiplient en effet les notations relatives à la fatigue, à la fièvre, à diverses affections (grippe, bronchite), et à un malaise intérieur qui culmine le 2 août par la tentation du suicide. À cela s'ajoute la prise de conscience progressive d'être sujet à une rechute de tuberculose. Par une espèce de cruel paradoxe, la chance de Camus est peut-être d'avoir été malade durant la quasi-totalité de son séjour. Ce handicap confère au texte une originalité que n'ont pas les autres récits de voyageurs français au Brésil. Il le contraint souvent à aller à l'essentiel, sans se perdre dans des considérations secondaires ; la maladie résurgente impose au style une densité sans fioritures.

Visiblement, l'écrivain algérois est très soucieux d'éviter les clichés sur le Brésil. Il y arrive parfois. Dès son arrivée en rade de Rio le 15 juillet 1949, il déclare se méfier de la « carte postale ». Un peu plus tard, le 23 juillet, à Salvador, il déclare finalement préférer le *Recôncavo baiano* à la baie de Rio, « trop spectaculaire » pour son goût. Le futur décor de *La Pierre qui pousse*, sur le littoral pauliste, n'échappe pas, lui non plus, à la critique du cliché, et l'on perçoit quelque ironie fine lorsque Camus déclare qu'« Iguape a des airs d'estampe coloniale ».

Si l'écrivain désire éviter les propos les plus communs, force est de reconnaître qu'il n'y parvient pas toujours. Lorsqu'il visite une favela, ou bien encore le quartier de la prostitution à Rio, sa description n'est pas des plus originales. Encore est-il nécessaire de préciser que certaines images du Brésil sont devenues emblématiques après coup mais ne l'étaient pas en 1949. De sorte que Camus paraît à plusieurs reprises anticiper notre sensibilité actuelle aux problèmes qui agitent le Brésil, et l'Amérique du Sud en général. C'est le cas pour l'opposition entre extrême luxe et extrême misère, notée dès le début du journal. Dans le même ordre d'idées, il est frappé par l'indifférence à la violence, telle qu'elle lui apparaît dans la rue, banalisée – l'individu n'existant plus, il peut désormais s'écrouler au beau milieu d'une foule dense, sans que nul ne songe à lui porter secours. Rien d'étonnant que, lorsqu'on l'emmène visiter une prison, Camus retrouve alors spontanément les accents de l'humanisme le plus sincère.

Certaines manifestations culturelles auxquelles il a été convié au cours du voyage étaient visiblement organisées pour lui. C'est le cas pour le *bumba-meu-boi*, fameuse fête du Nordeste brésilien, à laquelle il assiste à Recife. Mais aussi des cérémonies afro-brésiliennes (*candomblé*), notamment à Rio, Recife et Salvador. Elles n'avaient vraisemblablement rien de spontané, mais Camus saura, dans *La Pierre qui pousse*, leur donner de fructueux prolongements. Ces diverses réjouissances, pas toujours acceptées de bon gré par l'écrivain, lui permettront de croiser des intellectuels et des artistes brésiliens, dont certains donnent lieu à d'ironiques portraits ; on peut penser au poète Federico S., que tout invite à identifier avec Augusto Frederico Schmidt (1906-1965), et quelques autres, rarement nommés ; à cet égard, le journal brésilien pourrait être rapproché, dans cette veine satirique, des notes prises au cours du séjour nord-américain (mars-mai 1946). Mais la satire possède aussi son revers, l'exercice d'admiration : Camus est trop soucieux de la qualité humaine des individus pour omettre ceux chez qui elle lui semble remarquable. C'est pourquoi le journal contient également de nombreux portraits élogieux de personnalités brésiliennes : l'acteur noir Abdias do Nascimento (qui monte alors *Cali-*

gula avec une troupe composée de comédiens noirs), les poètes Murilo Mendes, Oswald de Andrade, Manuel Bandeira, ou encore le compositeur bahianais Dorival Caymmi (Kaïmi dans le texte), tous fort connus à l'époque, au Brésil, mais beaucoup moins en France. Régis TETTAMANZI

• *Voir aussi : Journaux de voyage*

Bibl. : Fernande Bartfeld, *Albert Camus voyageur et conférencier. Le voyage en Amérique du Sud*, Minard, 1995 • Régis Tettamanzi, *Les Écrivains français et le Brésil. La construction d'un imaginaire, de* La Jaganda *à* Tristes Tropiques, L'Harmattan, 2004

BRETON, André (1896-1966). – Les relations entre Albert Camus et André Breton oscillent entre l'estime vigilante et l'agressivité, sans qu'il soit toujours aisé de distinguer dans l'espace intellectuel clivé de l'après-guerre ce qui relève du dialogue intellectuel ou de la polémique stratégique.

Camus ne mentionne pas ses premières rencontres avec Breton lors de son voyage à New York en 1946, Breton seul les évoque dans une interview donnée à Jean Duché le 5 octobre 1946, dans son allocution prononcée au meeting du Rassemblement démocratique révolutionnaire à la salle Pleyel en décembre 1948, enfin dans un entretien avec André Parinaud enregistré en 1951. Il rapporte les points d'accord dans leur analyse de la situation politique au sortir de la guerre et rend un hommage appuyé à la lucidité de « l'auteur des *Justes* » : « c'était et *c'est* toujours la voix la mieux timbrée et la plus claire qui fût montée dominant cette période de ruines. [...] Comment une voix si juste nous parvenant pour la première fois, ne nous a-t-elle pas confondus dans l'illusion que venait de s'ouvrir une période juste ? » Les premiers articles de Camus dans *Combat*, dit encore Breton, « sonnaient juste et allaient droit au cœur » – et c'est *Combat* qui permet à ce dernier, privé de tribune à son retour d'exil, de faire de nouveau entendre sa voix. Il rappelle les bases de leur entente à New York : « ne s'affilier à aucun parti politique », « se prononcer en tous lieux et en toutes circonstances contre la peine de mort », et cette clause qu'il juge la plus importante : « ne prétendre nullement aux "honneurs" de quelque espèce soient-ils ». Les deux hommes se retrouvent aussi d'accord sur une morale qui récuse ce principe de leurs communs adversaires : « Qui veut la fin veut les moyens. »

Dans les années de l'immédiat après-guerre, Camus et Breton partagent la même analyse des dangers qui confisquent à la France libérée sa Libération. Tous deux sont solidaires dans leur refus de l'alternative communiste entre droite bourgeoise et dictature prolétarienne. Le procès des partis d'avant-guerre est mené avec la même vigueur par les deux hommes – « Je veux continuer à voir l'avenir de l'homme en clair et non dans la gigantesque ombre portée de cette casquette de bagne », dit Breton évoquant le stalinisme. Dénonçant les illusions onusiennes d'une paix qui se marchande entre chancelleries, Breton et Camus se retrouvent encore ensemble dans Front humain, aux côtés de David Rousset, avec Sartre au Rassemblement démocratique révolutionnaire, puis dans le mouvement de Garry Davis, Citoyen du monde, unis dans la protestation contre la guerre froide et la politique des blocs. Breton reprochera d'autant plus âprement à Camus ce qu'il sent comme un coup de poignard dans le dos en 1951.

Camus, en effet, dans *L'Homme révolté* qui paraît cette année-là, se montre sévère en rangeant la « révolution surréaliste » du côté du terrorisme nihiliste. Au-delà du chapitre qui attaque spécifiquement le surréalisme, c'est toute la première partie qui s'écrit implicitement contre les récentes interventions où Breton dressait la liste des éclaireurs : Sade, Saint-Just, Lautréamont, Rimbaud, auxquels se sont ajoutés en mai 1950 dans « Mettre au ban les partis politiques » ceux qui ont pu se recommander de Sade : Nietzsche et Dostoïevski. Tous ces noms serviront de jalons à l'histoire de la révolte à laquelle Camus était encore en train de travailler intensément en 1950. Camus assoit l'accusation de terrorisme sur une phrase de Breton qui a déjà été exhumée et retournée contre lui en 1948 : l'acte surréaliste le plus simple consiste à descendre dans la rue revolver au poing et à tirer au hasard dans la foule. Breton avait alors répondu qu'il attribuait cette déclaration de 1933 à un moment de « vertige » au sens rimbaldien de ce mot, empreint de culpabilité : c'est sans doute ce qui justifie que Camus parle de l'« embarras » de Breton. Ce dernier, reconnaissant avoir varié quant au tour paroxystique qu'avait pu prendre sa pensée, écartait nettement toute tentation terroriste et rappelait son refus absolu de la peine de mort. Camus n'en prend pas acte. Plus subtilement, il dialogue avec Breton sur le sens que l'un et l'autre prêtent à certains mots clés : « liberté », « morale », mais aussi sur les vertus du doute, de l'impatience. Camus conduit ainsi en marge de la polémique publique un débat privé, sur les valeurs. Il reproche à Breton de postuler une fracture entre le sujet et le monde, ce qui est assez peu compatible avec le penchant ésotérique du surréalisme qui implique au contraire une continuité entre l'homme et le cosmos. Breton prône une activité de transformation du monde, qu'il ne dissocie pas du travail d'interprétation ; il rappelle que les doctrines philosophiques des « philosophes professionnels » sont vouées à la faillite, la poésie seule pouvant « changer la vie » – or Camus place la vérité au sommet de la hiérarchie des valeurs, et la voit hors d'atteinte de la poésie dont il se méfie. C'est au fond ce qui sépare les deux hommes, et ce dont les autres points de discussion découlent.

La controverse se poursuit dans l'entretien de Breton et Aimé Patri le 16 novembre 1951, auquel Camus répond le 19 dans une longue « Lettre au journal *Arts* », reprise dans *Actuelles* II ; Breton critique point par point la réponse dans une lettre à Louis Pauwels (*Arts*, 30 novembre 1951). Les amis de l'un et de l'autre prendront le relais dans *Le Libertaire*, dans *Critique*, dans *Le Soleil noir* – positions où les questions posées par François Di Dio et Charles Autrand (« la condition de l'homme révolté se justifie-t-elle ? » ; « Quelle serait, d'après vous, la signification de la révolte face au monde ? ») reçoivent des réponses violemment anticamusiennes ; bientôt relayées par Louis Pauwels, elles s'attirent une réponse musclée de René Char. Au contraire, au printemps 1952, quand Camus doit faire face à l'attaque violente de Francis Jeanson, Breton n'hésite pas à faire cause commune malgré leur récent différend. Néanmoins, si leur vigilance à l'égard de l'actualité les amène encore à défendre les mêmes positions, la déception affective de Breton, l'amitié grandissante entre Camus et Char, l'acceptation du prix Nobel par Camus en 1957, l'intérêt croissant de Breton pour l'ésotérisme ne feront qu'accroître la distance entre les deux hommes.

Marie-Paule BERRANGER

• *Voir aussi :* Lautréamont ; Poésie ; Surréalisme

Bibl. : Henri Béhar, *André Breton, le grand indésirable*, Fayard, 2005 • André Breton, *Œuvres complètes* t. III, Gallimard, coll. « Bibl. de la Pléiade », 1999, éd. par Étienne-Alain Hubert

BRISVILLE, Jean-Claude (né en 1922). – Jean-Claude Brisville est avec Roger Quilliot l'un des premiers à avoir écrit un livre sur un auteur classique contemporain qu'il admirait en tant que lecteur enthousiaste de *L'Étranger* et du *Mythe de Sisyphe*. Le 18 juin 1951, il avait rencontré par grand soleil Camus dans son bureau de la rue Sébastien-Bottin. Ce fut un coup de foudre : « je l'admirais, je vais l'aimer ».

Son ouvrage écrit à la demande expresse de l'auteur qui en est le sujet paraît en 1959 dans la collection « Bibliothèque idéale » de Gallimard. Il est remarquable par son architecture (I. L'Homme, II. Les Jours, III. L'Œuvre, IV. Les Livres, V. Pages, VI. Phrases, VII. Dialogues, VIII. Reflets, IX. Documents). Amicale, bienveillante, cette ennéade est le premier ensemble iconographique consacré à Camus, qui s'y reconnaît suffisamment pour la faire parvenir en 1959 à Louis Germain, qui la cite dans sa réponse donnée dans les annexes au *Premier Homme* : « Adressé de ta main, j'ai bien reçu le livre *Camus* qu'a bien voulu me dédicacer son auteur Monsieur J.-Cl. Brisville. » Le premier, comme il l'a fait pour Emmanuel Roblès, Camus reconnaît dans le futur auteur du *Souper* un dramaturge, « un de nos rares écrivains qui sache écrire », et fait publier *Présence réelle* et *D'un amour* chez Gallimard. Le cadet, quant à lui, loue le sourire, la courtoisie, la « simplicité séduisante », le « charme solaire » de son aîné, déjà son maître.

Dans deux livres de Mémoires, Brisville écrit ce qu'il a gardé de l'être qui l'a le plus impressionné, autant d'instantanés de la vie amicale de Camus à une époque où les amis se font rares, à la suite du conflit avec *Les Temps modernes* : « Serrons-nous la main. Parce que, dans quelques jours, il n'y aura plus beaucoup de gens pour me tendre leur main. » Avec René Char, Brisville est l'un des derniers fidèles, ami parfait dont Camus appréciait la disponibilité, la grande discrétion. Les deux amis fêtent le Nobel à La Coupole ou se retrouvent chez Lipp (« chez Monsieur Pierre ») ou encore à la brasserie de l'hôtel Lutétia. « Nous aurions pu en discuter jusqu'à la fin du monde », dit Pascal à Descartes. Brisville est témoin, prophète, ami surtout, confident, compagnon de virées et de danse, inconditionnel d'un homme que jamais il ne critiqua (un « seigneur »). Ses notes et anecdotes – Camus affectionne le Racing club de Paris dont les couleurs azur et blanc lui rappellent le Racing universitaire d'Alger (RUA) ; il dit : « Quelle est cette créature que le ciel nous envoie ? » si une beauté passe la porte d'un restaurant – offrent un éclairage privilégié sur la décennie 1950 et le dernier Camus, soleil et ombre. Quelle pudeur aussi dans ces litotes du cadet : « Je l'ai beaucoup aimé », « il manque toujours à ma vie ». Avec d'autres, Brisville est à l'origine des *Cahiers Albert Camus*.

Pierre GROUIX

Bibl. : Jean-Claude Brisville, *Camus*, Gallimard, 1959 • Id., *De mémoire*, Stock, 1998 • Id., *Quartiers d'hiver, Souvenirs*, De Fallois, 2005

C

CAESONIA. – Chez Suétone, Caesonia était une femme débauchée que Caligula aimait passionnément et qu'il prenait pour épouse illégitime ; elle lui donnait une fille et mourait, en même temps que lui, de la main des conjurés. Camus complexifie et humanise cette figure, qui devient le principal personnage féminin de sa pièce. Après la mort de Drusilla, Caesonia reste la « vieille maîtresse » de Caligula, mais elle prend le visage d'une confidente maternelle, d'un double pur et tendre qui, par amour, accompagne le tyran dans sa folie. Au premier acte elle assiste, impuissante, à la métamorphose de son amant en monstre sanguinaire. C'est en vain qu'elle tente de le ramener à la raison en se faisant le chantre d'une morale et d'une justice immuables : « Il y a le bon et le mauvais, ce qui est grand et ce qui est bas, le juste et l'injuste. Je te jure que tout cela ne changera pas », déclare-t-elle. Elle ne comprend pas la soif d'impossible de Caligula, mais lui promet, pour lui rester fidèle, de se faire « cruelle », « froide et implacable ». À partir du deuxième acte, elle devient le porte-parole, l'auxiliaire et la complice de Caligula dans son usage délirant du pouvoir : elle annonce ses projets les plus extravagants, met en scène ses apparitions grotesques, se joue comme lui des vieux patriciens et traque les conspirateurs. Elle comprend désormais l'empereur : si celui-ci est malade, explique-t-elle à Cherea, c'est d'avoir « trop d'âme » contrairement au commun de l'humanité, et de voir le monde avec une terrible acuité. Elle ne désespère pas de le voir guérir et de vieillir à ses côtés. Caligula quant à lui reconnaît que la « tendresse honteuse » qu'il ressent pour Caesonia est « le seul sentiment pur que [s]a vie [lui] ait jusqu'ici donné ». Mais parce qu'il préfère la destruction à la quiétude et la solitude à l'amour, seules conditions de sa liberté, il tue sa maîtresse juste avant de se laisser assassiner, supprimant ainsi le seul et le dernier témoin de son humanité.

Le rôle est créé au Théâtre Hébertot en 1945 par Margo Lion. Lui succéderont Marguerite Jamois en 1957 au festival d'Angers, Helena Bossis en 1958 au Nouveau Théâtre de Paris, Pascale Roberts en 1991 au Théâtre 14 et Martine Chevallier en 1992 à la Comédie-Française.

Élisabeth Le Corre

CAGAYOUS. – Cagayous est le héros d'aventures qui furent publiées au tournant des XIXe et XXe siècles par un romancier populaire algérois, Auguste Robinet (1862-1930), mieux connu sous le nom de Musette – « Le Cagayous de Musette », écrit Camus dans une « Note » qui fut une « chronique » de *La Revue algérienne* avant d'être publiée en appendice à *L'Été à Alger*. Drôle, plus porté sur les plaisirs du corps que sur ceux de l'esprit, et d'un antisémitisme assez dérangeant, ce héros sert de référence à Camus pour offrir des échantillons de la langue en usage dans le milieu des Français d'Algérie de condition modeste. Cette langue était aussi appelée « pataouète » (ce mot est d'origine obscure). On en trouve d'autres exemples dans les fables bônoises d'Edmond Brua, dont Camus a rendu compte dans *Alger républicain* le 22 novembre 1938 et dont il présente le héros, Bagur, comme le « père spirituel de Cagayous ». L'anecdote racontée dans la « Note » illustre non seulement le parler typique d'un dénommé Coco et de son entourage, mais leur goût de la bagarre et un sens de l'honneur avec lequel on ne badinait pas sur les bords de la Méditerranée. Aussi idiomatique soit-il, leur langage ne nécessite pas d'être traduit pour les lecteurs de la métropole. Il est pourtant symptomatique que Camus n'ait pas intégré son anecdote à *L'Été à Alger*. Le texte proprement dit n'offre que quelques échantillons de la langue de Cagayous, comme « se taper un bain » pour « prendre un bain », l'auteur traduisant ici l'expression moins par crainte qu'elle ne soit obscure que pour en vanter la saveur locale. Dans l'ensemble de son œuvre, on le trouvera réticent à intégrer à son style ces particularismes. À l'évidence, après avoir sans doute parlé lui-même la langue de Cagayous à l'école et dans la rue, il considéra comme une conquête l'apprentissage d'une pure langue française, et il aspira à une forme d'art qui s'adresserait à un large public – on le suppose d'après l'élimination du manuscrit de *L'Étranger* des tournures les plus populaires. En subsistent quelques traces dans la bouche de Raymond Sintès, qui dit par exemple à l'Arabe qui l'a interpellé : « Je vais te mûrir » (comprendre : « je vais rendre ton visage semblable à un fruit mûr »), comme si les scènes de bagarre se prêtaient décidément à ce genre de formules. On ne devinerait guère aux dialogues de *La Peste* (où la plupart des personnages sont, il est vrai, de condition aisée) que le roman se passe à Oran. Dans *Le Premier Homme* même, qui reflète des réalités populaires vécues par Camus quand il était enfant, la langue de Cagayous, chichement représentée par l'oncle à demi muet, figure plutôt parmi les additions possibles. Ainsi, quand il raconte les baignades à la plage, Camus note-t-il en marge : « Tia pas la honte à la figure de tout montrer comme ça. Où c'est qu'elle est ta mère. » Dans l'état où nous est parvenu le manuscrit, on imagine mal comment ces expressions pouvaient se marier à une prose dont le style demeure pour l'essentiel élevé.

Pierre-Louis REY

CAÏN. – Il semble incongru, pour ne pas dire déplacé, de s'intéresser à la place de la Bible dans l'œuvre de Camus, tant est importante – et connue – l'influence de la culture antique sur son écriture. On serait tenté, à première vue, de s'en tenir à cette citation de *L'Homme révolté* : « la révolte telle que nous la vivons aujourd'hui est bien plus celle des enfants de Caïn que des disciples de Prométhée ». Le rapport de Camus à la Bible serait d'ordre métaphysique et le situerait dans l'opposition à la *doxa* biblique. On peut lire dans cette affirmation une vérité maintes fois énoncée à propos de la notion de « mythe biblique » : il est plus facile de se révolter contre un Dieu qui existe que contre des dieux morts. L'insertion de la révolte dans la culture et la religion chrétiennes lui donne une portée métaphysique palpable, pour ne pas dire blasphématoire. De fait, Camus ne se satisfait pas de l'athéisme pour définir sa manière de ne pas être croyant. La révolte présuppose un Dieu personnel, auquel l'homme croit ou ne croit pas, mais qui ne soit pas – intellectuellement s'entend – inexistant.

Pour autant, l'affirmation de Camus est extrêmement classique : il se fait l'héritier de la révolte métaphysique du XIXe siècle, et sa filiation caïnique est visiblement portée par Lord Byron et son *Cain* (1821) qui fit, il est vrai, bien plus de bruit que le *Prometheus Unbound* (1820) de Percy Bysshe Shelley. La présence de Caïn dans *L'Homme révolté* soulève un paradoxe : Camus, qui a vécu au plus près les événements de son siècle, exhume, mal dépoussiéré, le Caïn de la révolte romantique, semblant ne pas savoir que, fondateur de la première cité, il est aussi un personnage éminemment politique, celui qui, après le meurtre d'Abel, fonda la première cité et fut l'ancêtre des arts. Or, sous la plume du poète et critique littéraire espagnol Miguel de Unamuno (1864-1936), puis d'auteurs contemporains de Camus, l'identité politique de Caïn, qui n'a échappé ni à Shakespeare ni à Machiavel, l'emporte sur la révolte. La conjonction de la révolte métaphysique et de l'organisation politique et culturelle d'un monde sans Dieu, lisible dans le chapitre IV de la Genèse, avait de quoi séduire Camus.

À la référence explicite à la révolte caïnique, il convient d'ajouter la présence, discrète mais fondamentale, dont Camus semble presque se défendre, du Caïn politique. Ce sont les événements d'Algérie qui rendront sa présence nécessaire pour penser simultanément la condition exilique de l'homme, son enracinement dans la terre, puisque Dieu semble se désintéresser du monde, et la possibilité pour deux peuples de coexister pacifiquement en se partageant cette terre symboliquement maternelle. Des thèmes déployés de manière générale dans *Le Malentendu* se retrouveront appliqués à l'Algérie. Cette œuvre, qui s'appuie implicitement sur une trame caïnique, affirme l'absence de Dieu par la bouche du vieux domestique, refusant, à la place d'un Dieu absent, de porter secours à Maria, veuve de Jan assassiné par sa propre sœur Martha et leur mère. À la résurrection de Lazare dans l'Évangile de Jean se substitue l'irrévocable mort de Jan, tué par une Martha que mine sa destinée domestique, mais qui ne regrette pas son geste et persiste dans la haine pour se faire comme la sœur de Caïn : « Non ! Je n'avais pas à veiller sur mon frère, et pourtant me voilà exilée dans mon propre pays. […] Oh ! je le hais ! […] Moi, qui souffre d'injustice, on ne m'a pas fait droit, je ne m'agenouillerai pas. Et privée de ma place sur cette terre, rejetée par ma mère, seule au milieu de mes crimes, je quitterai ce monde sans être réconciliée. » Histoire de famille, le malentendu peut s'étendre à l'humanité pour entrer en histoire et en politique. Cela se vérifie à propos de l'Algérie. Comme le monde du *Malentendu*, elle est une terre d'exil. De Camus, la nouvelle *L'Hôte* comme les chroniques d'*Actuelles* III nous rappellent combien, à l'image du pays de Nod où

Dieu chasse Caïn, elle est stérile. Dans la première, les habitants du plateau passent sans transition de la sécheresse à la pluie. Dans *Le Premier Homme*, la pluie se fait diluvienne, dès l'incipit. Les nuages poussés d'ouest en est, comme Caïn fuyant vers Nod, en indiquent la dimension exilique – dimension qui frappe à leur tour les Algériens de souche, au point que le fait de vivre, ou plutôt de survivre sur la terre d'Algérie définit une identité commune aux Algériens et aux pieds-noirs, bien plus que l'appartenance culturelle ou raciale. Les questions de la propriété terrienne et de l'enracinement dans la terre d'exil nourrissent ce roman.

Si elle est la mère nourricière de l'humanité – dans un monde dominé par l'absence de figure paternelle puisque le père de Cormery est mort à la guerre –, la terre fait de ses habitants des frères. L'Algérie, pour Camus, est cette terre-mère commune aux Algériens et aux pieds-noirs, au point que ces derniers comme les Arabes se sentent « exilés en France ». L'enracinement dans la terre-mère appelle naturellement la convocation du thème des frères ennemis à propos de la guerre d'Algérie. Si le titre du *Premier Homme* fait penser à Adam, la lutte qui opposera les habitants de la terre-mère appelle l'évocation de Caïn et Abel. Refusant le modèle colonialiste, Camus voudrait lui substituer, pour éviter la lutte des frères ennemis, la cohabitation pacifique de frères égaux : « Si [ ] en Algérie, le peuple français et le peuple arabe unissent leurs différences, l'avenir aura un sens pour les Français, les Arabes et le monde entier » (*Actuelles* III). Il sait qu'une menace caïnique pèse sur la terre algérienne, lui qui a affirmé, dans *L'Homme révolté*, que « la race de Caïn a triomphé de plus en plus au cours des siècles » et qui remarque, dans *Le Premier Homme*, que le « Christ n'a pas atterri en Algérie ». Les événements d'Algérie sont finalement ramenés à un archétype connu dans la bouche du docteur Veillard parlant des Arabes : « Soyons justes, on les avait enfermés dans des grottes avec toute la smalah, mais oui, mais oui, et ils avaient coupé les couilles des premiers Berbères, qui eux-mêmes… et alors on remonte au premier criminel, vous savez, il s'appelait Caïn, et depuis c'est la guerre, les hommes sont affreux, surtout sous le soleil féroce. » Logique, le rapprochement de la situation algérienne avec le fratricide originel en dénonce également le caractère absurde.

L'absurdité d'une guerre fratricide est également démontrée dans *L'Hôte*, qui aurait pu aussi s'intituler *Le Malentendu* – la réciproque se vérifiant. Il est un troisième titre que cette nouvelle pouvait – et devait, en réalité – porter : elle s'est d'abord intitulée *Caïn* sur le brouillon.

Cécile HUSSHERR

CALIBAN. – *Caliban* – *Caliban. Panorama du monde*, pour être exact – est fondé en février 1947 par Daniel Bernstein, secondé par Jean Bensaïd qui le remplace bientôt à la tête de la revue sous le nom de Jean Daniel. Le titre renvoie à une « volonté de s'affranchir de l'état de torpeur intellectuelle », car depuis Renan et surtout Guéhenno, Caliban, ce personnage de *La Tempête*, représente « le symbole du peuple dans l'acceptation quasi mystique que Michelet donne à ce terme ». D'abord bimensuelle puis mensuelle, la revue s'appuie sur un solide réseau d'amitiés. À côté de collaborateurs venus d'Algérie, Jean Daniel réunit autour de lui des journalistes ou des intellectuels comme Louis Martin-Chauffier, Emmanuel d'Astier de La Vigerie et Stanislas Fumet. Dans le nouveau contexte de la guerre froide, il s'agit de « faire comprendre le monde pour mieux servir sa paix » (« Présentation », texte liminaire signé Ariel, n° 1). Pour « aider à penser librement en marge des conformismes », la première partie de la revue propose des chroniques sur « le monde d'aujourd'hui » : sur le cinéma (Denis Marion, Pierre Hebey, Georges Charensol), sur le théâtre (Marie Susini, Jacques Lemarchand), mais aussi sur Paris (Henri Calet), sur les nouveautés techniques ou médicales (Norbert Mansart) ou sur la situation politique et économique (Étiemble, Michel Hincker, Pierrat). Des reportages de Georges Govy, de Stanislas Fumet ou de Marcel Picard visent à « provoquer une fissure de la réflexion » (« Notre effort », n° 3). Des photos viennent enrichir le sommaire à partir de décembre 1949, comme celles montrant la représentation des *Justes* dans le n° 37.

La seconde partie de la revue contient la publication intégrale d'un roman de « réputation mondiale » : la littérature peut alors être l'instrument d'une amitié entre les peuples, car elle est « une explication d'un temps, d'une psychologie ». Sont ainsi publiés *Vent d'Est, vent d'Ouest* de Pearl Buck, *Un cyclone à la Jamaïque* de Richard Hughes, des chefs-d'œuvre à redécouvrir comme *Melmoth réconcilié* de Balzac, *Maître et serviteur* de Tolstoï, *Chroniques italiennes* de Stendhal ou enfin des œuvres de jeunes écrivains comme Dominique Rolin. La revue rend ainsi accessibles des ouvrages à un prix modeste tout en faisant concurrence à la *Sélection du Reader's Digest* dont le succès, depuis son lancement en 1947, était fondé sur la publication de romans « déshydratés comme un pauvre légume » (Stanislas Fumet).

Camus prend contact avec Jean Daniel, dès le sixième numéro, pour lui proposer de publier *La Maison du peuple* de Louis Guilloux, qu'il assortira d'une préface (n° 13). Une grande complicité naît entre les deux hommes, et grâce à Camus, qui invite écrivains amis et journalistes à *Combat* ou suscite des aides financières, *Caliban* élargit son réseau et son lectorat. Le numéro de novembre 1947 reprend *Ni victimes ni bourreaux*. Emmanuel d'Astier accuse alors Camus de se faire le complice du capitalisme, lorsqu'il défend une troisième voie entre libéralisme et marxisme (n° 15). Dans un article virulent, « Où est la mystification ? » (n° 17), Camus répond en soulignant son engagement pour la paix et son refus du totalitarisme et de la violence : « Mon seul avantage sur vous est que, de mon côté, j'aurai fait cet effort [d'échapper à la servitude] et j'aurai plaidé, comme je le devais, au nom de mon métier et au nom de tous les miens, pour que diminue dès *maintenant* l'atroce douleur des hommes. » Peu après, un nouveau débat, prélude à leur rupture, met aux prises Sartre et Camus. Le premier, dans « Avoir faim, c'est déjà vouloir être libre » (n° 20), démontre l'absence de liberté réelle des ouvriers dans le monde libéral car ils sont exclus du pouvoir économique. Le second, dans « La démocratie, exercice de la modestie » (n° 21), refuse quant à lui de céder à « une philosophie politique qui prétend tout savoir et tout régler » et qui risquerait d'aggraver le sort misérable des ouvriers. Il choisit alors la démocratie, « le moins mauvais des régimes ». À côté de ces textes politiques, Camus donne un portrait de Madeleine Renaud (n° 24) et une défense des *Justes* (n° 39). Il apporte en outre son soutien à *Caliban* dans une lettre ouverte où il écrit que « la vulgarisation n'est pas la vulgarité » et qu'on peut aussi « intéresser un large public sans cesser d'observer les règles du langage et en faisant même leur part au style et à l'originalité ». La revue se propose de « sauver l'honneur » de la presse (n° 28). Ces idées seront reprises et développées dans le denier article publié par Camus à la demande de Jean Daniel : il y défend « une des plus belles professions que je connaisse », celle de journaliste. La presse d'après lui doit servir « à diriger le public » sous peine de « faire appel à la pente la plus facile du lecteur » (n° 54). Le rachat de la revue par Hachette signe, après un ultime numéro, sa mort. *Caliban* reste une expérience originale. Sa volonté de participer à l'éducation intellectuelle et morale du public l'inscrit dans la continuité de *Combat*.

Nathalie FROLOFF

• *Voir aussi :* Daniel

Bibl. : Ronald Aronson, « Sartre, Camus and the *Caliban* Articles », *Sartre Studies International*, vol. 7, 2001 • Corinne Renou, « *Caliban*, une revue de vulgarisation culturelle ? », *XX*[e] *siècle*, revue d'histoire, n° 40, oct.-déc. 1993, p. 75-85 • Id., *Jean Daniel, 50 ans de journalisme. De* L'Express *au* Nouvel Observateur, Éditions du Rocher, 2005

CALIGULA. – Caïus Caesar Augustus Germanicus, dit Caligula (12-41), fut le troisième empereur romain. Camus, dans un premier temps, emprunte, mais en les réinterprétant, des matériaux anecdotiques à Suétone dont il doit la lecture à son maître Jacques Heurgon. Il écarte l'épisode le plus connu : la nomination d'un cheval comme consul. Pour l'historien latin, c'était une preuve de la folie de l'empereur. Le souvenir du grand amour tragique diminue dans la deuxième version. La sœur amante et le trauma de sa mort sont vite oubliés. La frénésie érotique de l'empereur est rappelée mais également minorée d'une version à l'autre : c'est un élément parmi d'autres d'une personnalité perturbée. Caligula, selon son biographe latin, prenait plaisir au spectacle de la souffrance. Le personnage de Camus a prévu d'assister au supplice d'un chevalier. Le Caligula historique régnait sur le monde connu et, à force d'être pris pour un dieu vivant, avait fini par se croire tel. La théocratie qu'est devenu le régime des julio-claudiens et la théomanie de l'*imperator* s'appellent réciproquement. L'empereur psychopathe se rêve l'égal de Jupiter ; il revendique sa polygamie, son donjuanisme et souhaite entrer dans le panthéon. Le personnage de Camus, lui, singe Vénus.

« Il se passionnait, écrivait Suétone, pour les arts de la scène, la danse et le chant. » Camus souligne l'histrionisme de son personnage. Brouillant les emplois, il fait de Caligula à la fois le souverain et son bouffon. Ses sarcasmes mettent tout à distance. Sa danse à l'acte IV est littéralement grotesque, elle achève de désacraliser la fonction impériale. À la différence des personnages raciniens, Caligula se moque du qu'en-dira-t-on. Il se dit « comédien », « artiste », endosse des rôles, dont celui du fou, revêt des masques, prend des poses, varie ses intonations et ses mimiques. Ses entrées, furtives ou fracassantes, sont méditées, théâtrales. L'hypocrisie dont il fait preuve à l'occasion s'inscrit dans la logique de son histrionisme hystérique. Tout acte de la vie devient un jeu théâtral.

Le pouvoir fonctionne comme une scène, l'« empereur artiste » le sait : il se donne puis s'offre les autres en spectacle. Tel un metteur en scène pervers distribuant les rôles à contre-emploi, il transforme les patriciens terrorisés puis les poètes en comédiens ou mieux en pantins dont il tire les ficelles. Après avoir dansé, les premiers sont censés pouvoir penser. Tous sont, comme les seconds, sommés de méditer sur la proximité de la mort et du rire. Caligula, à l'acte II, scène 5, s'invite à dîner chez Cherea, il s'y fait servir par les patriciens qu'il traite comme des « esclaves » et enfin se comporte comme un goujat. À chacun il révèle sa vérité : l'un est lâche, l'autre triche. Camus le crédite de la lucidité et de la liberté de parole qui désignent l'intellectuel… ou le clown.

Pourtant ce n'est pas seulement un bouffon, un histrion fantasque et provocateur, un Hamlet romain qui aime lancer des saillies et des syllogismes percutants. Il exerce, il utilise le pouvoir dont il s'est saisi au retour de sa « fuite » après la mort de Drusilla. Hélicon l'a compris avant les patriciens – « Caïus, remarque ce cynique, est un idéaliste », s'il décide de « s'occuper de tout […], Dieu sait ce que ça nous coûtera ». C'est ce qui arrive. « Puisque j'ai le pouvoir, lui fait écho l'empereur, vous allez voir ce que la logique va vous coûter. » À Scipion Caligula confie qu'il a « compris l'utilité du pouvoir » : « il donne ses chances à l'impossible ». Caligula met l'Empire comme la cour sens dessus dessous jusqu'à ce qu'il mesure l'illusion de la toute-puissance, les limites de ce pouvoir non pas sur la société mais sur la condition humaine, sur l'ordre du monde. Il joue au dieu, il n'en est pas un. À la différence de l'Auguste cornélien, il n'est maître ni de lui ni de l'univers. Sa mégalomanie se condamne à être frustrée. Il finit par percevoir les limites de son pouvoir. Drusilla est morte et la lune est hors de sa portée.

Caligula est un intellectuel moderne. Il tient les dieux pour inutiles et cruels, il clame sa « haine » et son « mépris » de ces fantoches : il est licite de les ridiculiser. L'iconoclaste n'y manque pas et prend un plaisir d'esthète à blasphémer. Il est, comme le dit Jean Grenier de Camus, plus antithéiste qu'athée. « Il vous est enfin venu un empereur pour vous enseigner la liberté » : Caligula a le sentiment d'être libre depuis qu'il a eu la révélation de l'absurde. Il entend communiquer son savoir à ses semblables. Leur passivité, leur aveuglement le scandalise, sa pédagogie sera donc brutale. Cherea le dit au vieux patricien : « Il force tout le monde à penser. L'insécurité, voilà ce qui fait penser. » Caligula enlève leur transcendance aux lois de Rome. Anarchiste couronné ou despote dilettante, il se fait une certaine idée de la liberté. Il la croit sans bornes (« Ma liberté n'a pas de limites »). C'est celle d'un seul (« Caligula seul est libre parmi toute une nation d'esclaves » ; « un homme libre, le seul de tout cet empire »), c'est son bon plaisir. C'est parler et agir sans interdit. Il y a eu maldonne. Il est devenu, et il le sait, « le plus insensé des tyrans ». Il jouit du « pouvoir délirant du destructeur » qu'il exerce sur les autres, des humiliations qu'il leur inflige. Pour reprendre un autre mot de Jean Grenier, Caligula possédait la violence, il lui a manqué d'acquérir la mesure. C'est en cela qu'il se distingue de Camus. Le « monstre », une fois né, a tôt fait d'atteindre l'âge adulte.

Ses décisions apparemment les plus aberrantes s'inscrivent dans un projet réfléchi de révolte qui s'apparente à une politique du pire. Il exerce le pouvoir de façon distraite. Ses caprices manifestent son mépris du pragmatisme politique. Par ses excentricités, il démystifie et subvertit le pouvoir absolu dont il est le dépositaire. « Après tout, déclare-t-il alors, je n'ai pas tellement de façons de prouver que je suis libre. » Dans un commentaire tardif, Camus écrit : « À travers Suétone, Caligula m'était apparu comme un tyran d'une espèce relativement rare, je veux dire un tyran *intelligent*, dont les mobiles semblaient à la fois singuliers et profonds. En particulier, il est le seul, à ma connaissance, à avoir *tourné en dérision le pouvoir lui-même.* »

À Mucius Caligula prend sa femme. Mereia est mis à mort pour avoir seulement été là. L'empereur décime l'élite dont lui-même est issu – « Je vous hais, lance-t-il aux patriciens, parce que vous n'êtes pas libres. » Ils se croyaient tout, ils découvrent qu'ils ne sont plus rien. Ils ne peuvent pas comprendre que ses provocations sont des incitations à la révolte. « Mais enfin, demande le vieux patricien, que lui avons-nous fait ? — Rien, justement », lui répond Hélicon. Un dictateur moderne sépare le bon grain de l'ivraie, il éduque ceux qu'il tient pour loyaux, ses partisans, et élimine ceux qu'il tient pour mauvais, les suspects comme ses adversaires. Caligula, lui, laisse la vie à ceux qui se sont opposés à lui, Scipion, qui l'a bravé en public et Cherea, dont il sait qu'il est l'âme du complot visant à l'abattre. Il traite ce dernier comme Auguste Cinna. Différence fondamentale, sa clémence comme son ordre de tuer ne sont pas l'acte réfléchi d'un fin politique, mais une fantaisie parmi d'autres qu'il met en scène. Au final, c'est un homme seul à la fois désabusé et épuisé qui met en scène le spectacle de sa mort. Son assassinat par les patriciens est un suicide théâtralisé ponctué par un dernier mot d'auteur qui se trouve d'ailleurs chez Suétone.

Caligula entend libérer les hommes de la souffrance et de la mort, mais, pour cela, il ne craint pas de les maltraiter. Il use de moyens vils pour des fins louables. « Tu as pris, dans un but sublime, une route hideuse », disait Philippe Strozzi à Lorenzo. En 1941, Jean Grenier avait bien vu qu'il y a du Lorenzaccio dans Caligula. Sa remarque porte sur le premier acte de la première version, elle vaut encore pour l'ensemble de la seconde. Les deux personnages éponymes sont pessimistes, insomniaques, provocateurs, etc. Comme le personnage de Musset, l'empereur se travestit à des fins blasphématoires. Un de ses protagonistes dit de lui : « Lorenzo est un athée ; il se moque de tout. » L'adolescent conformiste qu'il a été a eu, lui aussi, une illumination qui a bouleversé sa vie. Que Gérard Philipe ait créé le rôle de Caligula et joué sept ans plus tard celui de Lorenzo au Théâtre national populaire n'est pas indifférent.

L'empereur s'inscrit dans une longue lignée théâtrale de souverains fous qui va de Richard III à Amorphe d'Ottenburg. Les souverains, dans le théâtre moderne, sont des hommes comme les autres, vulnérables à la douleur et qui ont peur de mourir. Ils l'étaient déjà chez Suétone qui, on l'a vu, se plaisait à étaler leurs disgrâces. Caligula vient aussi après Ubu, les rois grecs de Giraudoux, il annonce le Bérenger d'Eugène Ionesco. Jeanyves GUÉRIN

Bibl. : Jeanyves Guérin, « Caligula vu par Suétone, Dumas et Camus : d'une figure historique à un personnage théâtral », dans Marie-Claude Hubert (dir.), *Les Formes de la réécriture au théâtre*, Presses de l'université de Provence, 2006, p. 213-222

CALIGULA. – *Caligula* est la première pièce conçue par Camus, qui la destinait au Théâtre de l'Équipe. Ignorant le *Caligula* d'Alexandre Dumas, représenté pour la première fois à Paris le 26 décembre 1837, il a trouvé le personnage et quelques comparses dans la *Vie des douze Césars* de l'historien latin Suétone que lui avaient fait connaître ses maîtres, Jean Grenier et Jacques Heurgon. Connue aujourd'hui de rares lettrés, la source antique constitue un cadre peu contraignant. Suétone, né environ trente ans après la mort de Caligula, est un érudit méticuleux, un collectionneur d'anecdotes et de rumeurs. Il présente d'abord le « prince », un démagogue, un bâtisseur, un entrepreneur de spectacle (un promoteur de l'« État-spectacle », dirait-on aujourd'hui), puis, plus longuement, le « monstre ». Tout est mis sur le même plan, l'exercice solitaire du pouvoir et les aberrations d'un fou. Son portrait physique en homme-chèvre est outré, grotesque au point d'en être invraisemblable.

Camus se conforme aux données de sa source latine. Tibère avait été un despote cruel ; son successeur Caïus Caligula fut d'abord perçu, rapporte Suétone, comme le « prince rêvé ». Le début de son règne fut de fait paisible, les premières scènes de la pièce le rappellent. Les patriciens le jugent « scrupuleux et sans expérience » et le tiennent pour « un enfant », c'est-à-dire un irresponsable qu'ils manipulent à leur guise. En d'autres termes, il régnait, mais ne gouvernait pas. L'oligarchie avait donc les coudées franches et manifestement elle en profitait. Toutefois Caligula, à peine sorti de l'adolescence, sombra dans la démence après la mort de sa sœur préférée. Ses caprices meurtriers terrorisèrent les patriciens jusqu'à ce que quelques-uns l'assassinent.

Le Caligula que préprogramme Suétone offre un riche potentiel dramatique. « Il s'arrogea, écrit l'historien, la majesté des dieux » qu'il méprisait. Le déguisement en Vénus est attesté. De même la fixation sur la lune – « Les nuits où la lune brillait dans son plein, il l'invitait fréquemment à venir l'embrasser et à partager sa couche. » L'historien latin mentionne encore le deuil paroxystique de Caligula à la mort de Drusilla, la fugue en Campanie, son retour hébété, la nomination de son cheval comme consul, les manifestations multiples de son obsession sexuelle. « Il entretint des relations incestueuses avec toutes ses sœurs » ; Caesonia est mentionnée, « perdue de débauches et de vices », mais Caligula ne l'assassine pas : elle meurt en même temps que lui. Suétone enfin donne de nombreuses preuves de la perversité de l'empereur, une longue liste d'extravagances et de crimes. Il les raconte avec complaisance, mais n'en donne pas les mobiles.

Son deuil a déstabilisé, déséquilibré le jeune empereur. En tant que personnage scénique, Caligula présente les signes comportementaux de la folie, instabilité, histrionisme, insomnie, théomanie, etc. Mais cette psychopathie qui tourne à la paranoïa se nourrit d'une pureté bafouée, d'une sincérité trahie, d'une lucidité désespérée. Le monde n'est pas tel que l'adolescent se l'était représenté : « Les hommes meurent et ils ne sont pas heureux » ; « tout, autour de moi, est mensonge, et moi, je veux qu'on vive dans la vérité ! »

Caligula est actif, il entend changer le monde. Il se sent investi d'une mission. Il ne ment ni ne triche. Il va jusqu'au bout du rôle qu'il s'est choisi. Son intransigeance est celle d'un néophyte qui veut communiquer une vérité, sinon une foi du moins un savoir supérieur. Il se veut « professeur » et logicien.

Caligula fait annoncer qu'il est gravement malade et piège les sénateurs. Lucius se dit prêt à offrir une grande somme et Cassius à donner sa vie pour qu'il retrouve la santé. Ce n'étaient que des paroles en l'air et l'empereur prend aussitôt l'un et l'autre au mot (IV, 9). Aux poètes il reproche, de même, d'être des rhéteurs. Sa dialectique qui déconcerte ses interlocuteurs est celle d'un homme intelligent et machiavélique qui joue au sophiste. Ses extravagances sont calculées, tactiques, comme celles d'Hamlet. Ainsi la façon retorse dont il piège Mereia. Si folie il y a, elle est choisie, non subie. Ses leçons sur l'absurde sont des défis au monde, des provocations qui sont autant de démonstrations qu'il veut rigoureuses. Ce sont des réquisitoires contre la société, elles ont une visée didactique.

La première version de 1939-1941, que A. James Arnold a éditée en 1984, était lyrique, nietzschéenne et, aux yeux de son premier lecteur, Grenier lui-même, « romantique ». Caligula avait découvert et entendait révéler une vérité métaphysique : le monde, tel qu'il est, est insupportable, absurde. Jacques Chabot compare cet adolescent assoiffé de logique à Don Juan, mais c'est « un Don Juan clown ». « Ma liberté n'a pas de limites », disait-il. Le souverain fou mettait chacun en face de ses faux-semblants. Les sénateurs, auxquels ce philosophe sardonique jetait des maximes paradoxales, qu'il rançonnait, ridiculisait, mais aussi décimait, étaient des notables timorés et veules. Son aspiration à l'absolu était vouée à l'échec. Le monde avait eu raison de sa révolte. Sa vie restait désespérément privée de sens. Sa mort violente, qu'il n'avait pas cherché à éviter, était dès lors « un suicide supérieur ».

Les dieux que défie Caligula sont exilés dans un ailleurs introuvable, ce sont ses semblables qui paient sa passion de l'impossible. Pour Camus, « son erreur est de nier les hommes ». Or, écrit-il, « on ne peut être libre contre les autres hommes ». C'est pourquoi il repense et réécrit sa pièce en 1943. Tragique et grotesque, pathétique et odieux, le personnage garde néanmoins son ambivalence. C'est celle-ci qui empêche *Caligula* d'être une pièce à thèse tributaire de l'actualité, comme il y en eut beaucoup après la guerre. Poète, acteur de sa vie, metteur en scène, éducateur, penseur ironique, « tyran intelligent », le personnage éponyme est mû par une passion, non par une idéologie. Ne serait-il pas un double noir du dramaturge qui, d'ailleurs, avait un temps songé à jouer le rôle ?

Il est vraisemblable que Camus songe, pour s'en dissocier, à la conception romantique du théâtre historique quand il écrit dans une didascalie de la première version : « Tout est permis, sauf le genre "romain". » Il précise plus tard : « Il ne s'agit à aucun moment d'une pièce historique ». Dans l'entre-deux-guerres, le genre, il le sait, est arrivé à l'état d'épuisement. On ne parle pas alors de *péplum*. Dans *Caligula*, la Rome des julio-claudiens est suggérée plus que montrée. Le bon élève de l'école publique a gardé le minimum de la source latine, quelques anecdotes et des citations. Jacques Copeau et le Cartel (Louis Jouvet, Charles Dullin, Gaston Baty et Georges Pitoëff, metteurs en scène et directeurs de théâtre parisiens qui souhaitaient, notamment, rompre avec le théâtre de boulevard), entre-temps, ont radicalement changé les normes de la scénographie. Quelques anachronismes sapent voire annulent les rares effets d'histoire. Les sénateurs ressemblent à des notables pétainistes ou aux patriciens florentins de *Lorenzaccio*.

Le dramaturge avait des raisons philosophiques de mettre à distance le personnage éponyme que lui avait légué Suétone. Caligula, A. James Arnold l'a montré, a été nietzschéen. Il est d'abord camusien en ce sens que son discours d'homme absurde et/ou d'homme révolté est mi-philosophique, mi-lyrique.

En tant que tel, il a des traits et des mots communs avec Meursault et Martha. L'écriture de *Caligula* s'effectue dans un temps où Camus a plusieurs autres œuvres en chantier, notamment *Le Mythe de Sisyphe*, *L'Étranger* et *La Peste*. Peu de pièces sont autant saturées de références classiques et modernes que *Caligula*. Les citations détournées, les multiples jeux intertextuels avec des pièces du répertoire (*Cinna*, *Britannicus*, *Lorenzaccio*) achèvent de brouiller l'identité générique comme le signifié d'une œuvre conçue en 1936, écrite en 1939-1941, réécrite et politiquement recadrée en 1943 et encore augmentée et toilettée en 1958. Sa longue genèse en fait une pièce hybride. Camus lui-même l'a vue comme une tragédie moderne. On est tenté d'y voir un drame tragique. On ne tranchera pas et on laissera le dernier mot à Henri Gouhier : « Le *Caligula* d'Alexandre Dumas père est une tragédie manquée : celui de M. Albert Camus un drame réussi. »

Lors du remaniement de 1943, la « tragédie de l'intelligence » est infléchie dans un sens plus politique. Camus a étoffé alors les rôles des doubles et des opposants au souverain fou, Hélicon la peste de cour, Scipion le frère douloureux et Cherea le patricien raisonneur. Ce dernier est désormais le résistant qui oppose des valeurs positives au délire nihiliste d'un despote cruel et sanguinaire. L'absurde poussé à bout est l'anéantissement des valeurs, la démesure, l'arbitraire. Son coût humain se révèle exorbitant. « J'exterminerai les contradicteurs », avait prévenu l'empereur. Les arguments les plus disparates servent à éliminer les opposants réels ou potentiels. La révolte débouche sur le « procès général », rituel pédagogique de masse et à grand spectacle dont on sait l'importance dans les régimes totalitaires. Caligula, explique Camus à son ami René Leynaud, a raison dans son entreprise, tort dans les moyens. L'histrion dépravé a oublié ses motivations métaphysiques, il n'est plus qu'un monstre humain, une machine à tuer. C'est un homme seul, mélancolique et désabusé qui est mis à mort, mais il trouve des réserves d'énergie pour lancer un dernier mot de théâtre : « Je suis encore vivant ! »

« Jamais, écrit Sartre, nous n'avons été plus libres que sous l'occupation allemande » : c'est quand un peuple est opprimé qu'il mesure le prix de la liberté et que chacun prend conscience de sa responsabilité. La liberté est le mot-totem, la valeur cardinale de la résistance à l'occupant nazi comme au régime de Pétain. L'usage qu'en fait Caligula la discrédite ou, à tout le moins, la rend malaisément mobilisable. Camus en a eu manifestement conscience, lui dont les éditoriaux d'août 1944 ont été des variations lyriques sur la liberté. C'est pourquoi d'une part il a supprimé les scènes 8 et 9 du premier acte, où Caligula donnait à Scipion puis à Cherea sa conception de la liberté, et d'autre part il fait dire au souverain, dégrisé, au final : « Je n'ai pas pris la voie qu'il fallait. Je n'aboutis à rien. Ma liberté n'est pas la bonne. » Il a fait trop de part à la haine et au mépris de l'autre, a confondu la liberté et la licence. Il a le sentiment d'avoir commis une erreur, pas une faute. Son entreprise s'achève dans une impasse, une frénésie d'anéantissement, la destruction de toutes les valeurs, soit, comme il le dit, « un délire sans espoir ». S'il avait raison, Cherea l'avait tôt deviné, ce serait la fin du monde. L'aveu final d'échec prend une allure didactique. Pour qu'il n'y ait pas ambiguïté, Camus fait appeler l'empereur « tyran ». Ces ajustements infléchissent plus qu'ils ne changent la pièce, ils n'en suppriment pas l'ambiguïté. L'après-guerre exigeait des œuvres plus claires.

Caligula est mû par une « passion », note justement Cherea, non par une idéologie. Ne serait-ce que pour cette raison, il ne peut représenter les despotes totalitaires du XXe siècle, qui font légitimer leur pouvoir par une idéologie de l'homme nouveau faite de bric et de broc. Camus en a conscience, qui lui fait dire dans la version de 1943 : « Un tyran est un homme qui satisfait des peuples à ses idées ou à son ambition. Moi, je n'ai pas d'idées. » La façon distraite avec laquelle l'empereur exerce le pouvoir, ses frasques et ses caprices manifestent son mépris non seulement de toute idéologie mais aussi du pragmatisme politique. Mais Caligula, improvisateur brouillon, n'a pas installé une machine administrative. Aujourd'hui il ferait plus penser à un tyranneau du tiers-monde qu'à un dictateur totalitaire.

Étrange dictateur en effet que ce souverain qui mesure les limites de son action : « Que me fait une main ferme, de quoi me sert ce pouvoir si étonnant, si je ne peux faire que le soleil se couche à l'est, que la souffrance décroisse et que les hommes ne meurent plus ? » Caligula n'échappe pas à la finitude commune. Il n'a pas les moyens de changer la condition humaine. Le finale de la première version comportait cet étrange aveu : « Tu es empereur, comme c'est beaucoup. Je ne suis rien, et c'est bien peu. » Le pouvoir n'est pas, pour lui, une fin en soi. C'est un moyen pour atteindre un objectif.

Malgré la formule « C'est moi qui remplace la peste », on ne peut donc pas accepter telle qu'elle la chaîne d'équations : Caligula = la peste = la peste brune = le nazisme. D'abord la peste, chez Artaud, que Camus a lu ou dont il a entendu parler, est un fléau régénérateur, et là réside toute l'ambiguïté de la pièce. Ensuite et surtout fascistes et nazis, répétons-le, ont un programme où voisinent le renforcement de l'exécutif, la mobilisation du sentiment national, l'expansion impériale, l'économie dirigée, le corporatisme. Rien de cela n'affleure dans le *Caligula* de Camus. L'auteur, en 1943, n'a pas encore une appréhension précise du totalitarisme nazi. C'est en 1945, avec l'ouverture des camps, que l'on prend la pleine mesure de ce qu'a été l'État national-socialiste, et l'année suivante que le procureur du procès de Nuremberg en fait un premier bilan pour l'histoire.

« Pour Caligula : l'anachronisme est ce qu'on peut inventer de plus fâcheux au théâtre », écrit Camus dans ses *Carnets*. Voulant se démarquer de Giraudoux, il n'en a pas abusé. En détournant des formules canoniques, il a néanmoins suggéré des rapprochements qui éloignent non seulement le récit, pourtant peu contraignant, de Suétone, mais aussi l'actualité la plus récente. Aux sénateurs Caligula lance, goguenard, le mot de Bonaparte : « Soldats, je suis content de vous. » Mais cet efféminé est tout ce qu'on veut sauf un grand capitaine. Il se targue même de ne pas mener de guerre, ce qui suffirait à le distinguer de Napoléon et des dictateurs totalitaires.

« Il faut aller jusqu'à la consommation ! » Le trait messianique (voir Jean, XIX,28-30), ajouté en 1943, annonce ce mot des *Possédés*, l'ouvrage de Dostoïevski que Camus a adapté : « Mais lui ira jusqu'au bout. C'est un Christ. » Le Christ est Dieu fait homme, enseignant aux hommes et mourant pour eux ; Caligula est l'homme qui s'est fait dieu ou plutôt déesse grotesque. À la fin, il sait qu'il va mourir et se laisse percer de coups. Où sont ses disciples ? Camus ne lui en a donné aucun. Serait-il le seul Christ que méritent les patriciens ? On pense aussi à ce qui est écrit dans *Le Mythe de Sisyphe* : « Tout est consommé, l'homme rentre dans son histoire essentielle. Son avenir, son seul et terrible avenir, il le discerne et s'y précipite. À sa manière, le suicide résout l'absurde ; il l'entraîne dans la même mort. »

La cruauté de Caligula fait valoir sa puissance. Son nihilisme extravagant s'exerce aux dépens de patriciens terrorisés. En privé, ils grognent, mais la peur les tétanise quand ils sont en face de l'empereur. Cette peur les transforme en « marionnettes » et les conduit à la « servitude ». Ils sont prêts à subir toutes les avanies, tous les avilissements (non seulement Caligula mais aussi Caesonia, Hélicon et même un garde les insultent) du moment qu'ils sauvent leur vie.

Les patriciens constituent une sorte de chœur. Camus ne cesse de les montrer comme des privilégiés, comme des notables conservateurs. Dès la première scène, qui a été considérablement développée en 1943, leurs propos les qualifient comme compassés et veules. Le premier patricien use de grands mots (« La raison d'État ne peut admettre un inceste qui prend l'allure des tragédies ») et aussitôt ridiculise ses grands principes (« L'inceste, soit, mais discret »). Le vieux patricien accumule des sentences qui sont autant de clichés conformistes. « Cet empereur était parfait », lance Cherea. Les patriciens ne tardent pas à regretter le bon temps où il les laissait diriger l'État. Ayant compris qu'ils sont lâches, Caligula les humilie, leur inflige toutes sortes d'avanies, les rançonne et les décime. Nul d'entre eux n'est à l'abri de l'arbitraire impérial. Le père Ubu en usait pareillement avec les « Nobles ».

Dans la première version ils sont appelés « sénateurs », dans la seconde « patriciens ». Le passage d'un registre politique à un registre sociologique vise à contrôler la réception. Le Sénat n'avait pas bonne presse à la fin des années 1930. Son mode de désignation et son recrutement social en faisaient le bastion de tous les conservatismes. Élus non du peuple mais des notables, les sénateurs avaient combattu les réformes du Front populaire. Mais le régime de Vichy a suspendu les assemblées élues et sa propagande a fait des parlementaires les boucs émissaires de la défaite, tandis que le général de Gaulle, pourtant réticent à l'égard du personnel de la IIIe République, a fini par admettre quelques-uns de ses représentants au sein de l'Assemblée provisoire qui siège à Alger. Camus met une sourdine à sa critique : ce sont non seulement les politiques mais plus largement les élites qui ont failli. Il suffit que, quelques mois après la Libération, Édouard Herriot et quelques caciques de la défunte République refassent surface pour que l'éditorialiste de *Combat* fustige leur « ordre médiocre et taré » et préconise leur effacement définitif.

Le spectateur de 1945 peut penser à ces hommes d'ordre, à ces conservateurs qui, obsédés par le chaos, ont consenti à la dictature. En remaniant légèrement une phrase de son premier jet, Camus a prêté à un patricien une formule qui condense un slogan pétainiste : « La famille tremble, le respect du travail se perd, la patrie tout entière est livrée au blasphème. » On a là un mot d'auteur qui induit évidemment des effets de sens.

L'action de la pièce, indique la didascalie liminaire, se situe dans le palais de Caligula. On reste dans un cercle restreint. Le « peuple » est le grand absent, alors que Shakespeare, Musset et Dumas délèguent ses porte-parole sur la scène. Nul personnage ne représente sa ferveur ou sa terreur. Il est un spectateur mais aussi un acteur manipulé dans le système totalitaire. Hitler, Mussolini et Staline ont autant séduit que terrorisé les masses. La seule mention qui en est faite figure dans la bouche d'un patricien qui fait remarquer que les opposants ne peuvent compter sur lui. Or, comme le rappelle Hannah Arendt, « Sans les masses, le chef n'existe pas. » La scène où l'empereur s'exhibe en danseuse est assurément un bon moment de théâtre. C'est autre chose qui est en jeu dans les grands spectacles de Nuremberg ou à ces jeux olympiques de Berlin dont Leni Riefenstahl fit une apothéose du paganisme, de même que dans les grandes messes, les défilés et autres festivités pétainistes destinés à encadrer les masses.

Caligula se prête mal une lecture manichéenne. Les aspects grotesques du personnage, en même temps qu'ils disent la proximité du comique et de la mort, interdisent toute polarisation stricte des valeurs. Le peu de vérité y est partagé. On n'est pas chez Brecht mais parfois chez Hugo ou chez Musset. La distribution des qualificatifs politiques, pour brouiller encore plus la réception, ne s'opère pas selon les critères de la science politique. Cherea appelle Caligula « anarchiste » et Hélicon appelle Scipion de même. Caligula, quant à lui, taxe ironiquement le pâle Mereia de « révolutionnaire ».

Pour parler des années 1940, il fallait une œuvre conçue et écrite dans les années 1940. Ce que sera *La Peste* dont les premières mentions apparaissent dans les *Carnets* à la date d'avril 1941. Caligula appartient à la même strate que Me(u)rsault. L'étalement de son écriture interdit à la première pièce de Camus d'être une œuvre résistante et antitotalitaire. Les remaniements de *Caligula* suivent le premier jet de *La Peste* qui se situe entre août 1942 et septembre 1943. Ce sont des greffes, des inflexions, qui en font une œuvre de compromis, donc une œuvre hétérogène, comme l'est le personnage éponyme.

Au départ, *Caligula* était destiné au Théâtre de l'Équipe. Sa création mondiale a lieu à Genève au Théâtre de la Comédie, le 27 juin 1945. On la doit à Giorgio Strehler. Le futur directeur du Piccolo Teatro de Milan reprend le spectacle l'année suivante au Théâtre de la Pergola à Florence. Il joue le rôle de Scipion. Jean-Louis Barrault, Jean Vilar et Marcel Herrand, auxquels Camus avait adressé le texte, s'intéressent à la pièce mais, pour diverses raisons, renoncent à l'entreprise. Elle est finalement créée au Théâtre Hébertot le 25 septembre 1945 dans une mise en scène de Paul Oettly que l'auteur a suivie de près. Les .décors de Louis Miquel et les costumes de Marie Viton, deux amis algérois, lui donnent une allure intemporelle conformément aux volontés de Camus. Henri Rollan et Georges Marchal étant indisponibles, un débutant nommé Gérard Philipe joue un Caligula « déchiré et déchirant » (Claude Roy) qui le rend aussitôt célèbre. Il est à la fois le souverain et son bouffon. Son physique de jeune premier, son style de jeu incitent plusieurs critiques à invoquer Hamlet et Lorenzaccio vus comme précurseurs de l'absurde tel qu'on le conçoit alors. La distribution comprend également Michel Bouquet et Georges Vitaly. Cent quatre-vingt-neuf représentations consécutives attestent du succès obtenu. Camus n'en est pas dupe qui, dans ses *Carnets*, note peu après la première : « Trente articles. La raison des louanges est aussi mauvaise que celle des critiques. À peine une ou deux voix authentiques ou émues. » En 1950, le spectacle est repris dans le même théâtre, mais sans Gérard Philipe.

L'auteur a lui-même assuré la mise en scène de *Caligula* en mai 1957 au festival d'Angers puis pour l'inauguration du Nouveau Théâtre de Paris en février 1958. Cette version est la version définitive de la pièce. Parmi les nombreuses reprises parisiennes, on signalera celles, délibérément voire agressivement modernistes et de ce fait controversées, de l'Odéon en 1981 puis de la Comédie-Française en 1992 et 1993, dirigées respectivement par Patrick Guinand et par le cinéaste Youssef Chahine qui confia le rôle-titre à Jean-Yves Dubois. De la seconde, Michel Cournot (*Le Monde*) retient des « provocations niaises » et du « grand spectacle », tandis que Bernard Thomas (*Le Canard enchaîné*) écrit : « La scène du Français se mue en une sorte de grand bazar, de souk, d'extravagant marché persan où tout se culbute et se côtoie. » La dernière reprise importante a eu lieu au Théâtre de l'Atelier en 2006. Charles Berling qui en assurait la mise en scène et jouait le rôle éponyme a lui aussi pris le parti de transporter l'action à notre époque. Les sénateurs sont en smoking et Scipion a un air punk.

Camus a souvent dit qu'il avait écrit « une pièce d'acteur et de metteur en scène ». *Caligula* a été monté, généralement avec grand succès, en Italie, par Giorgio Strehler, par Luigi Squarzina, par Carmelo Bene puis, dans sa version de 1941, par Maurizio Scaparro. Il l'a été aussi en Allemagne, en Espagne, en Europe de l'Est, en Amérique du Sud, au Canada, etc. Ingmar Bergman l'a joué dès 1946 au Théâtre de Göteborg. La pièce a pris rang de classique. Un opéra en a été tiré, qui a été créé à Francfort en 2007. Elle a fait aussi l'objet de deux réécritures parodiques, *L'Étouffe-chrétien* de Félicien Marceau et *Le Roi Bonheur* de Charles Bertin.

Jeanyves GUÉRIN

Éd. : Gallimard, 1944 (avec *Le Malentendu*) • *Théâtre, récits et nouvelles*, Gallimard, coll. « Bibl. de la Pléiade », 1962 • Le Livre de poche, 1966 • Caligula *version de 1941 suivi de La poétique du premier* Caligula, *Cahiers Albert Camus*, n° 4, Gallimard, 1984, édition établie par A. James Arnold • Gallimard, coll. « Folio Théâtre », 1993, éd. par Pierre-Louis Rey • Œuvres complètes, t. I, Gallimard, coll. « Bibl. de la Pléiade », 2006, éd. par Pierre-Louis Rey

Trad. : en albanais, allemand, anglais, arabe dialectal, assamais, bengali, bulgare, catalan, chinois, croate, danois, espagnol, estonien, finnois, galicien, gallois, grec, hébreu, hindi, hongrois, indonésien, italien, japonais, letton, lituanien, macédonien, néerlandais, norvégien, persan, polonais, portugais, roumain, russe, slovaque, slovène, suédois, tchèque, turc et ukrainien

Crit. : Anne-Marie Amiot, « Nature et fonction du lyrisme de *Caligula* dans la redéfinition de la tragédie moderne », dans Jacqueline Lévi-Valensi et Agnès Spiquel (éd.), *Camus et le lyrisme*, Sedes, 1997, p. 133-146 • Sophie Bastien, *Caligula et Camus. Interférences historiques*, Amsterdam et New York, Rodopi, coll. « Faux Titre », 2006 • Raymond Gay-Crosier, *Les Envers d'un échec. Essai sur le théâtre d'Albert Camus*, Minard, 1967, p. 55-78 • Jacqueline Lévi-Valensi (éd.), *Albert Camus et le théâtre*, IMEC Éditions, 1992

CAMPS. – « Ce qui me ferme la bouche, écrit Camus dans ses *Carnets*, c'est que je n'ai pas été déporté. » Ainsi s'expliquerait qu'il n'ait pas écrit le livre, *La Création corrigée*, auquel il a songé et dont lesdits *Carnets* conservent des matériaux préparatoires. Les allusions aux camps sont nombreuses dans ses articles, ses essais et ses fictions. L'on mentionnera tout particulièrement *La Peste*, *L'État de siège* et *Ac-*

tuelles. Clamence, le narrateur de *La Chute*, a été détenu dans un camp d'internement près de Tripoli, mais il évoque aussi un déporté de Buchenwald. Maurice Weyembergh explique la récurrence du motif par une obsession de l'enfermement.

Combat publie dès septembre 1944 des premiers témoignages de rescapés, puis d'autres en juillet et août 1945. Jacqueline Bernard, qui en avait été la cheville ouvrière dans la clandestinité, est alors rentrée de Ravensbrück. Camus, pour sa part, consacre deux éditoriaux au retour des premiers déportés en mai 1945. Il y proteste contre les retards mis à leur rapatriement de Dachau. « Nous tenons à crier notre indignation et notre colère », car ils « ont été les gardiens de l'honneur et les témoins du courage ». Les « vraies élites » des démocraties, y écrit-il encore, sont dans les camps ravagés par le typhus.

Les lecteurs de *La Peste* ont remarqué l'allusion insistante de l'auteur à l'univers concentrationnaire. Le roman, en outre, est contemporain des récits-témoignages de David Rousset (*Les Jours de notre mort*, 1947) et de Robert Antelme (*L'Espèce humaine*, 1947). George Orwell, dans *1984*, se contentait de mentionner des camps de travail, comme il mentionne aussi les grands procès. À l'époque, l'emblème des camps c'est Buchenwald, pas Auschwitz. Ceux évoqués dans le roman de Camus sont des « camps d'isolement », c'est-à-dire d'exclusion, non des camps d'extermination. C'est la préfecture qui les a institués à l'intention des proches de malades et qui les fait garder. Le souci légitime de la santé publique et celui de l'ordre se confondent. Ces camps font penser à ceux que la République a créés à l'intention des républicains espagnols et que l'État français n'a eu qu'à développer et à multiplier. Le narrateur évoque aussi des fosses communes, des cadavres brûlés dans des fours. Camus a donc dissocié le camp et le crématoire qu'il mentionne ailleurs.

L'administration a fait incinérer les morts de la peste lorsque les cimetières ont été saturés. C'est elle qui met en place les convois de tramways. Il est à noter que leur évocation se fait dans un contexte saturé de tout un lexique politico-administratif (« organisation », « bureaux », « arrêté préfectoral »). Autant la machine institutionnelle a montré son incapacité à lutter contre la propagation de la peste, autant elle se montre efficace dès lors qu'il faut éliminer ses victimes. Il s'agit alors de responsabilité technique, et non plus civique ou éthique. Par la suite, le narrateur réunit dans une même phrase puis un même passage les fours et la peste : « Les feux de joie de la peste brûlaient avec une allégresse dans le four crématoire » ; « La peste n'oubliait personne trop longtemps. Pendant le mois de décembre, elle flamba dans les poitrines de nos concitoyens, elle illumina le four, elle peupla les camps d'ombres aux mains vides. »

Camus se montre plus explicite dans *L'État de siège*. Les didascalies de la deuxième partie mentionnent des miradors, des cabanes, des barbelés. Il n'est plus question de santé publique mais d'une épuration minutieusement planifiée. Le premier venu est susceptible d'être jeté dans un camp ou immédiatement victime d'une « radiation ». La Peste a ce mot : « Allumez les fours. » Ordonnant « déportations et concentrations », le dictateur de Cadix les justifie par des besoins de main-d'œuvre, ce qui semble faire plutôt allusion aux camps soviétiques. L'étoile de la Peste fait penser à l'étoile jaune, et éventuellement à l'étoile rouge. Les références à Buchenwald ou au Goulag et à Auschwitz se superposent donc. S'il est une œuvre que l'on puisse mettre en face de *1984* ou du *Pavillon des cancéreux*, c'est sans doute cette pièce. Camus n'a pas adapté son roman au théâtre, il a repris le sujet dans une autre perspective, plus politique. C'est, avec ses bourreaux et ses bureaux, un ordre totalitaire que dans *L'État de siège* la Peste a instauré à Cadix.

La société, dans *La Peste*, est agressée, traumatisée, mais non atomisée. Il subsiste des liens sociaux, notamment d'amitié. Loin d'être une excroissance aberrante, le fruit d'une déviation ou d'une perversion, les camps, pour Hannah Arendt (*Le Système totalitaire*) ou Claude Lefort (*Un homme en trop*), sont un rouage essentiel, l'institution centrale du système totalitaire. Camus est convaincu comme ces deux auteurs qu'ils représentent « un mal radical », un mal difficile à concevoir, qu'on ne peut saisir par l'imagination – d'où la métaphore de l'enfer – et dont aucun récit ne peut rendre compte. Ils apparaissent quand les droits de l'homme ont été invalidés. Dans les camps, les États totalitaires expérimentent une forme absolue de domination. Les hommes, corps et âmes, y sont de trop. Le roman, paru en 1947, ne relate pas une domination totale au sens où, pour citer Hannah Arendt, « la domination totale ne tolère la libre initiative dans aucun domaine de l'existence ».

Les révélations sur les camps soviétiques amènent Camus à revenir sur le sujet. Les communistes et leurs compagnons de route nient ou minimisent leur existence. Ces camps posent le problème du totalitarisme, stade suprême du communisme. Il n'a certes pas réagi publiquement aux témoignages recueillis ou produits par David Rousset et Margarete Buber-Neumann, mais il a su en tirer les conséquences politiques. En 1948, il titre sa deuxième réponse à Emmanuel d'Astier de La Vigerie : « Nous ne serons jamais pour le socialisme des camps de concentration ! » On y lit ceci : « Les camps faisaient partie de l'appareil d'État, en Allemagne. Ils font partie de l'appareil d'État, en Union soviétique. » La conclusion est nette : « Il n'y a pas de raison au monde, historique ou non, progressive ou réactionnaire, qui puisse me faire accepter le fait concentrationnaire. » Au même moment, il déclare : « Nous appellerons concentrationnaire ce qui est concentrationnaire, même le socialisme. » Dans les années qui suivent, sa fréquentation d'Arthur Koestler, Manès Sperber, Czeslaw Milosz, sa participation aux Groupes de liaison internationale donnent à l'écrivain une compréhension plus complète du phénomène totalitaire. *L'Homme révolté*, puis *Actuelles* II, qui ne sont pas des fictions, en bénéficieront. Dès la première page du premier, sont mentionnés « les camps d'esclaves sous la bannière de la liberté ». Lors de sa controverse avec Jean-Paul Sartre et Francis Jeanson, les camps soviétiques lui fournissent à nouveau un argument dont il sait qu'il embarrassera ses détracteurs : ils sont un produit de l'idéologie révolutionnaire, non un accident de l'histoire.

Camus a eu conscience que la question des camps tant nazis que soviétiques était cardinale. Elle ne le devient effectivement que dans les années 1970 grâce à des témoins tels qu'Alexandre Soljenitsyne, Jorge Semprun et Élie Wiesel, qui sont aussi des écrivains.

• *Voir aussi* : Totalitarisme

Jeanyves GUÉRIN

Bibl. : Jeanyves Guérin, « Un roman antitotalitaire ? », *Cahiers de Malagar*, XIII, automne 1999, p. 125-142 • Maurice Weyembergh, *Al-*

bert Camus ou la mémoire des origines, Bruxelles, De Boeck, 1997, p. 187-196

CAMUS, Catherine Hélène (1882-1960). – Catherine Camus, née Catherine Hélène Sintès, est la mère de Lucien (né le 20 janvier 1910) et d'Albert. Son entourage l'appelle Hélène pour ne pas la confondre avec sa mère, qui porte également le prénom de Catherine.

Petite femme brune aux yeux sombres, Catherine est le deuxième des neuf enfants d'une famille d'origine minorquine, donc catalane. Certains la croient muette ou demeurée ; pour d'autres, elle souffre d'une méningite mal soignée. Elle porte en toute saison une blouse noire ou grise. Devenue veuve en 1914, Catherine Camus-Sintès vit chez sa mère avec ses deux frères, Étienne et Joseph, rue de Lyon, au cœur de Belcourt, quartier populaire à l'est d'Alger et en lisière du quartier arabe. Pendant la guerre, elle est embauchée dans une fabrique de cartouches ; en temps normal, elle travaille comme femme de ménage. Sa famille ne lui laisse aucune chance de se remarier comme l'atteste le comportement de son frère lorsqu'un homme a l'imprudence de la courtiser. Si l'indigence touche surtout les familles arabes, c'est du moins dans la pauvreté que cette mère vit avec les siens.

Catherine Hélène est une femme qui se caractérise par son silence et par la soumission à sa mère, qu'elle supplie de ne pas battre ses enfants trop fort. Lorsqu'elle n'est pas accaparée par les tâches ménagères, une de ses activités favorites, un de ses seuls loisirs, est de regarder passer les trams depuis le balcon. De la même façon, lorsque plus tard elle vient chez son fils à Paris, elle se poste à une fenêtre de l'appartement de la rue Madame et regarde la circulation. Le roulement des trams, l'agitation et la foule lui manquent. En 1957, en pleine guerre d'Algérie, Camus la supplie de venir s'installer en France, mais elle n'aime vraiment pas Paris. Elle ne peut vivre qu'à Alger et ne sort jamais de chez elle. C'est dans ce contexte, fin 1957, quand lui est remis le prix Nobel de littérature, que Camus a cette phrase qui lui a été si souvent reprochée : « Je crois à la justice, mais je défendrai ma mère avant la justice. »

Le fils souffre du silence de cette mère, il l'évoque dès sa première œuvre publiée, *L'Envers et l'Endroit* (1935). Dans ce recueil, le deuxième texte, *Entre oui et non*, dresse le portrait de cette mère, portrait qui se trouvait déjà dans *Les Voix du quartier pauvre* (publié seulement de manière posthume), encore plus dense et plus efficace, infiniment touchant. Dans *Le Premier Homme*, récit posthume largement autobiographique auquel Camus travaille au moment de sa mort accidentelle, en dépit du titre de la première partie – « Recherche du père » –, c'est la mère qui est l'objet de la quête. La dédicace en dit d'ailleurs long sur les regrets et l'amour de Camus pour cette mère à qui elle ne peut exprimer tout son amour : « À toi qui ne pourras jamais lire ce livre. »

Marie-Christine PAVIS

CAMUS, Lucien (1885-1914). – Albert Camus n'a pas connu son père qui, mobilisé en août 1914, est très gravement blessé à la bataille de la Marne et meurt quelques semaines plus tard, le 11 octobre. Sur ce père, Lucien Auguste Camus, nous ne possédons que peu d'indications biographiques, mais sur la relation du fils au père qu'il n'a pas connu, *Le Premier Homme* constitue une précieuse mine d'informations.

D'origine bordelaise, Lucien Camus a comme sa femme été élevé dans les environs d'Alger. Le livret militaire établi lors de son service, effectué au Maroc en 1907-1908, indique qu'il mesure 1,68 m, a les cheveux châtains et les yeux bleus. Employé chez Ricôme et Fils, négociants en vins, il est envoyé à Mondovi au printemps 1913. Il appartient à la catégorie des « petits Blancs » qui travaillent d'arrache-pied et vivent si ce n'est dans la misère, du moins dans la pauvreté.

Camus – né le 7 novembre 1913 – a beau ne pas avoir connu son père, la ressemblance entre les deux hommes est attestée à plusieurs reprises dans *Le Premier Homme*, notamment par l'oncle Ernest, sans que ce dernier soit toutefois capable d'illustrer sa pensée : « "L'a la bonne tête, celui-là. Dure (et il se frappait sa propre tête de son poing épais), mais bonne." Parfois il ajoutait : "Comme son père". » Par opposition à la mère et à l'oncle, qui sont des gens simples voire des simples d'esprit, le père de Jacques, alias Albert, apparaît comme un être réfléchi, doté d'une intelligence certaine. Le présenter ainsi le rapproche inévitablement de l'intellectuel en puissance qu'est Jacques. Le fils se fait également le dépositaire d'une morale qui était celle de son père. Bien que médiate, la transmission de valeurs ne fait pas de doute. Un épisode rapporté ultérieurement au fils revêt une importance particulière : l'exécution du meurtrier Pirette, auquel a assisté le père. Celui-ci et plus tard son fils ont la même réaction : ils sont tous deux dans l'incapacité de parler de cet événement. L'opposition de Camus à la peine capitale, dont on sait la place qu'elle tient dans sa pensée, tire donc au moins en partie ses origines de cet épisode qui lui a été rapporté au sujet de son père.

Le Premier Homme, récit assurément autobiographique, est une enquête qui se mue en quête. Les éléments sur lesquels se fonde d'abord la recherche sont bien maigres : pour tout héritage paternel, Camus possède une photographie et l'éclat d'obus qui s'est logé dans le crâne de son père dont, de sa famille, il n'apprend pas grand-chose. La mère ne refuse pas de parler de son défunt mari, elle en est tout bonnement incapable. Aux questions de son fils, elle répond le plus souvent par oui ou par non, sans vraiment savoir, effrayée. L'intellectuel issu des classes pauvres voit dans l'oubli une fatalité, un phénomène de classe, qui fait que, sous le poids de labeur et soumis à une vie uniforme, « la mémoire des pauvres déjà est moins nourrie que celle des riches ». Jacques Cormery, protagoniste du *Premier Homme* qui ressemble étrangement à Albert Camus, entreprend de partir lui-même en quête de son père. Il se rend sur sa tombe à Saint-Brieuc où il prend soudainement conscience que l'homme qui se trouve sous la pierre tombale est désormais plus jeune que lui. Il revient également sur les lieux de sa naissance, mais le colon qui a repris l'exploitation où travaillait le père n'est pas en mesure de lui fournir quelque information que ce soit.

Si l'enquête n'aboutit pas, la quête permet un bilan plus positif. Dans la première partie, intitulée « Recherche du père », le chapitre liminaire fonctionne comme une hypotypose, puisqu'il met en scène le père vivant, non le temps d'une évocation furtive mais pendant un chapitre entier. Dans cette évocation épique, le père tient nécessairement le premier rôle. Or c'est cette mise en scène qui fait que *Le Premier Homme* n'est pas une autobiographie classique : c'est un roman où se redéploie l'imago paternelle. S'il consistait seulement en une évocation de l'enfance pauvre, il se réduirait à une biographie. Placé sous le signe du père, il devient une épopée, voire un mythe. En recherchant son géniteur qu'il n'a pas connu, le narrateur recourt à des modes d'investigation qui vont au-delà de la simple restitution du vécu. Par la suite, le père est cependant à nouveau perdu et le roman se mue en récit d'enfance. C'est seulement à la fin de l'œuvre qu'il est une nouvelle fois évoqué. De manière surprenante, c'est au moment où il admet l'impossibilité de reconstituer une image de son père que Jacques Cormery est plus proche de lui que jamais : ce n'est pas en cherchant la trace d'un homme mais en considérant la destinée d'un peuple de colons que le fils comprend qui était son père. Dans *Le Premier Homme*, Camus parvient à le trouver, moins par une reconstitution minutieuse que par le biais de l'empathie, non par la focalisation sur un seul être mais par un regard qui embrasse la destinée de tout un peuple.

Marie-Christine PAVIS

CARNETS. – « Je me force à écrire ce journal, mais ma répugnance est vive. Je sais maintenant pourquoi je ne l'ai jamais fait : pour moi la vie est secrète » (2 août 1958). Les curieux en seront pour leurs frais : ils ne découvriront dans les *Carnets de* Camus ni détails intimes ni étalage exhibitionniste. L'expérience de l'écriture de soi n'emprunte guère au genre habituel. L'écrivain est tenté en février 1950 par la démarche de Delacroix : « Mémoire qui fuit de plus en plus. Devrais me résoudre à tenir un journal. Delacroix a raison : tous ces jours qui ne sont pas notés sont comme des jours qui n'ont pas été. » En dépit de cette allégation, Camus ne sera jamais un diariste traditionnel. La datation, pilier du genre du journal intime selon Béatrice Didier, est ici soit carrément absente, soit épisodique ou encore fantaisiste. Les neuf cahiers d'écolier retrouvés commencent en 1935 pour se clore en décembre 1959, peu avant la mort de l'écrivain. Dès 1937, il fait dactylographier son premier Cahier et s'occupe sérieusement des suivants, vers 1952-1953 : très tôt, ce journal semble destiné à la publication, ce qui explique, en plus de la personnalité secrète de l'écrivain, l'aspect globalement pudique de ces écrits : « pour écrire toujours un peu en deçà de l'expression (plutôt qu'au-delà). Pas de bavardages en tout cas ». Les manuscrits révèlent un vrai travail de correction, d'ajouts et de retraits qui montre que Camus conserve toujours la maîtrise du texte. Grâce à Francine Camus et à Roger Quilliot, les éditions Gallimard publient trois volumes, de manière posthume, en 1962, 1964 et enfin en 1989.

Tels qu'ils apparaissent aux yeux du lecteur aujourd'hui, les *Carnets* forment une mosaïque de styles divers : notes de lectures, plans de roman, journaux de voyage, aphorismes, formules brèves et mordantes. Ils trouvent néanmoins leur unité dans le déploiement du portrait d'un artiste et sont un témoignage capital et émouvant d'un homme qui reçoit, au fur et à mesure, le sens de sa vie et de son œuvre. Les *Carnets* commencent par une formule solennelle et grave : « Ce que je veux dire : ». Le jeune Camus, vingt-deux ans, n'entre pas en littérature de manière légère : « L'œuvre est un aveu, il me faut témoigner. » Ces premières pages sont significatives. L'allusion à la relation à sa mère qui constitue « toute sa sensibilité » procure un indice profond pour la compréhension de l'œuvre dont l'intention est d'équilibrer par la création artistique le silence qu'elle incarne. Il évoque aussi la nostalgie d'une pauvreté perdue et compare le monde des pauvres à « une île dans la société », image qu'il déploiera dans son dernier texte, *Le Premier Homme*. Ce n'est pas un roman qu'il souhaite écrire, mais une œuvre dont il définira plus tard les grandes lignes dans ses *Carnets* en cette célèbre trilogie : « I. Le mythe de Sisyphe (absurde), II. Le mythe de Prométhée (révolte), III. Le mythe de Némésis. » Des fidélités fondamentales, des intentions cachées de l'œuvre et de l'engagement radical dans la création qui ne sera jamais tout pour lui mais « un moyen », tout est dit dès les premières pages de ses cahiers, dans une lucidité prémonitoire.

Pour qui s'intéresse à la genèse de l'œuvre, les *Carnets* sont un terrain d'observation privilégié. Ils en sont, selon le mot de Roger Quilliot, les « coulisses ». Régulièrement apparaissent des fragments avec la mention « roman » puis deux points et là une scène, un récit dans lequel on plonge *in medias res*. Bon nombre de projets sont abandonnés en chemin, mais beaucoup aboutissent et témoignent du lent, très lent mûrissement des œuvres : « des notes, des bouts de papier, la rêverie vague et tout cela des années durant », comme il le confiait à Jean-Claude Brisville à propos de sa méthode de travail. *La Peste*, publiée en 1947, a subi de profondes modifications dont les *Carnets* témoignent. En 1942, Camus dévoile longuement les orientations de sa deuxième version.

Longue gestation également pour *Le Premier Homme* qui apparaît, dès 1953, avec la mention du titre et d'un plan provisoire. On peut lire en outre, fin 1949, des paragraphes de ce qui constituera la fameuse préface à *L'Envers et l'Endroit* publiée en 1958. Et en août 1937, le personnage de Meursault surgit pour la première fois à travers un homme qui « s'aperçoit combien il a été étranger à sa vie ». Certains propos des *Carnets* sont repris intégralement dans son œuvre littéraire. Dans les *Carnets* I – et l'édition Gallimard le souligne dans les notes de bas de page –, nous avons « une première formulation des thèmes de *Noces* » ; ainsi cette phrase, reprise telle quelle : « Je tiens au monde par tous mes gestes, aux hommes par toute ma reconnaissance. » De même « en bas, la mer sans une ride et le sourire de ses dents bleues » qui est toute proche de la phrase de *Noces* : « La mer sans une ride et le sourire de ses dents éclatantes. » Camus se sert de ses *Carnets* comme d'un espace d'élaboration et de brouillon : un lieu où il risque son écriture.

Semblables à un métadiscours, certains passages éclairent la démarche créatrice de Camus – à la fin des *Carnets* II, cette remarque pénétrante : « C'est pourquoi sans doute et jusqu'ici je ne suis pas un romancier au sens où on l'entend. Mais plutôt un artiste qui crée des mythes à la mesure de sa passion et de son angoisse. » En août 1942 : « *L'Étranger* décrit la nudité de l'homme en face de l'absurde. *La Peste*, l'équivalence profonde des points de vue individuels en face du même absurde. » Tous ces commentaires procurent de précieuses indications à une critique toujours désireuse d'éclaircir les intentions des auteurs. Autre information d'importance, le plan de l'œuvre, défini par l'écrivain lui-même, démarche peu courante au demeurant dans l'histoire littéraire. À plusieurs reprises, Les *Carnets* identifient différentes étapes : « Avant le troisième étage : nouvelles d'un "héros de notre temps".

Thème du *jugement et de l'exil.* Le troisième étage, c'est l'amour : le Premier Homme, Don Faust. Le mythe de Némésis. »

Plusieurs fragments font allusion à son anarchie profonde, à son « désordre affreux » ; Camus est convaincu que « donner une forme à ce qui n'en a pas, c'est le but de toute œuvre ». L'écrivain en recherche constante de justesse revendique « la nécessité d'un style pour chaque sujet ». Le langage est perçu comme une résistance qu'il faut éprouver : « La véritable œuvre d'art est celle qui dit le moins. » En plus du combat avec la langue, et plus durement encore, il livre une lutte avec lui-même pour parvenir à une discipline de travail. Il note régulièrement des programmes de lectures à effectuer et s'adresse des paroles d'encouragement : « Lever tôt. Douche *avant* petit déjeuner ; pas de cigarettes avant midi. *Obstination au travail.* » En février 1950, le ton est lyrique pour décrire le cheminement intérieur de l'artiste : « Travail discipliné jusqu'en avril. Ensuite travail dans la flamme. Se taire. Écouter. Laisser déborder. »

Contrairement à d'autres écrivains qui se détachent de l'œuvre qu'ils viennent de créer, Camus aime à rendre compte de ses réactions à la critique qui le blesse souvent : « Trois ans pour faire un livre, cinq lignes pour le ridiculiser – et les citations fausses. » Pointilleux et susceptible, il défend ses textes ardemment. Les *Carnets* conservent la trace de lettres dont certaines n'ont même jamais été envoyées, ainsi celle adressée au critique André Rousseaux dans laquelle Camus réfute le terme de « réalisme » pour lui préférer celui de « symbole ». Au début de l'année 1942, il note encore : « Critiques sur *L'Étranger*. La "Moraline" sévit. Imbéciles qui croyez que la négation est un abandon quand elle est un choix » ; « Toute mon œuvre est ironique », écrit-il en mars 1950. Certains fragments illustrent cette tendance. Les *Carnets* permettent ici et là quelques règlements de compte, à l'encontre de François Mauriac par exemple, qui devient ainsi sous sa plume un « Dostoïevski de la Gironde, ou encore de Jean-Paul Sartre et des *Temps modernes*, en septembre 1952 : « Polémique avec T. M. Attaque "Arts" "Carrefour" "Rivarol". Paris est une jungle, et les fauves y sont miteux. » Ces attaques restent rares de la part de celui qui ne désirait pas s'encombrer de ressentiment et d'amertume mais préférait laisser éclater sa reconnaissance. Les *Carnets* signalent cette heureuse proportion et Camus, qui n'a jamais été avare d'admiration, aime à rendre compte de ses lectures et de ses préférences – en 1942, cette note intitulée : « Repères étrangers : Tolstoï ; Melville ; D[aniel] De Foe ; Cervantès. » À d'autres endroits, il célèbre Stendhal ou encore Tolstoï à qui il s'identifie très nettement : « Il a écrit *Guerre et Paix* entre 1863 et 1869 entre 35 et 41 ans. » Les *Carnets* définissent ainsi des modèles camusiens incontestables.

Dans l'édition Gallimard, les journaux de voyage en Amérique du Nord de mars à mai 1946 et en Amérique du Sud de juin à août 1949, initialement présents dans les *Carnets*, sont publiés à part. Subsistent néanmoins plusieurs textes consacrés notamment aux voyages en Italie et en Grèce : admirablement détaillés, ils sont caractérisés par une reconnaissance en filigrane de la terre de naissance : « sentiment étrange pendant toute la matinée d'être ici depuis des années chez moi d'ailleurs, sans même être gêné par les différences de la langue ». Traversées par un lyrisme sensible, ces pages rappellent les journaux de Stendhal, moins attentif à décrire les paysages qu'à dire la sensation qu'ils lui firent : « Encore dans les ruines entre les collines et la mer. Difficile de m'arracher à ces lieux, les premiers depuis Tipasa où j'ai connu un abandon de tout l'être. »

Les *Carnets* révèlent aussi à leur insu quelques aspects très personnels de la vie de Camus. Ainsi l'épreuve de la maladie qui pèse sur sa vie comme une épée de Damoclès et l'oblige à vivre différemment. Un fragment de 1943 l'atteste : « Mais pressentir la mort à la simple vue d'un mouchoir rempli de sang, sans effort c'est être replongé dans le temps de façon vertigineuse : c'est l'effroi du devenir. » Quelques mois après, il confie que la maladie lui enseigne la valeur du temps : « La maladie, la décrépitude. Il n'y a pas une minute à perdre, ce qui est peut-être le contraire de se dépêcher. »

Au fur et à mesure des années, les *Carnets* laissent entrevoir des propos qui ressemblent à des confidences intimes : « Nobel. Étrange sentiment d'accablement et de mélancolie. À 20 ans, pauvre et nu, j'ai connu la vraie gloire » (17 octobre 1957). Il livre plus aisément le désespoir qui peut être le sien : « Tous et toutes sur moi, pour me détruire, réclamant leur part sans répit, sans jamais, jamais, me tendre la main, venir à mon secours, m'aimer enfin pour ce que je suis et afin que je reste ce que je suis. [...] mais j'ai mis toutes mes forces dans l'exténuante passion de créer et pour le reste je suis le plus démuni et le plus nécessiteux des êtres. » Il ne craint pas d'évoquer « la tentation du suicide » et celle dont il avoue qu'elle est constante, celle du cynisme.

Jusque dans ses *Carnets*, Camus souhaite préserver la part secrète de sa vie : « Sourde et informulée, c'est ainsi qu'elle est riche pour moi. [...] Et je ne dis rien de ce que je pense. » Certes, il passe à peu près sous silence les êtres chers, les femmes aimées, ses amis intimes (curieusement, Char et Grenier sont peu présents), et même sa propre mère. Cependant ces *Carnets* nous renseignent de manière précise sur l'univers imaginaire du créateur. Ils nous laissent la trace d'une sensibilité qui, ne souffrant pas l'étalage impudique, n'en demeure pas moins généreuse et vulnérable ; plus que de la vie, il est prioritairement question d'écriture sa « joie profonde ». Anne PROUTEAU

Éd. : *Carnets* I (mai 1935-février 1942), Gallimard, 1962 • *Œuvres complètes*, t. II, Gallimard, coll. « Bibl. de la Pléiade », 2006, éd. par Raymond Gay-Crosier. **Trad. :** en allemand, anglais, coréen, croate, danois, espagnol, hongrois, italien, japonais, letton, néerlandais, polonais, portugais, roumain, russe, suédois et tchèque • *Carnets* II (janvier 1942-mars 1951), Gallimard, 1964 • *Œuvres complètes*, t. III, Gallimard, coll. « Bibl. de la Pléiade », 2008, éd. par Raymond Gay-Crosier. **Trad. :** en allemand, anglais, croate, espagnol, italien, japonais, letton, polonais, roumain, suédois et tchèque • *Carnets* III (mars 1951-décembre 1959), Gallimard, 1989 • *Œuvres complètes*, t. IV, Gallimard, coll. « Bibl. de la Pléiade », 2008, éd. par Raymond Gay-Crosier. **Trad. :** en allemand, coréen, italien, japonais, polonais et tchèque

Bibl. : Anne-Marie Amiot, « Les *Carnets* : une autobiographie masquée », dans *Albert Camus, Jean Grenier, Louis Guilloux : écriture autobiographique et carnets*, Folle avoine, 2003, p. 41-59 • Jean-Louis Meunier, « Le Carnet comme point de vue : les *Carnets* de Camus », dans *Albert Camus et René Char en commune présence*, Folle avoine, 2003, p. 76-96

CASARÈS, Maria (1922-1996). – Actrice française d'origine espagnole, fille d'un homme politique influent contraint à l'exil au moment de la guerre d'Espagne, María Victoria Casares Pérez arrive en France en 1936 et se découvre très tôt une vocation pour le théâtre. Après avoir été élève au cours Simon, elle entre au conservatoire d'art dramatique de Paris en 1941 et suit les cours de Béatrix Dussane qui est immédiatement convaincue d'avoir rencontré une « actrice rare ». L'année suivante, Marcel Herrand lui donne le premier rôle de *Deirdre des douleurs* qu'il reprend au Théâtre des Mathurins. Claude Roy parle d'elle comme de « la nouvelle Réjane ». Peu après, elle tourne dans *Les Enfants du paradis* de Marcel Carné : elle y joue le rôle de Nathalie, l'amante malheureuse de Baptiste qui lui préfère Garance. En 1944, elle tient le rôle principal dans *Les Dames du Bois de Boulogne* de Robert Bresson. C'est au cours de ce tournage que Marcel Herrand lui fait lire *Le Malentendu.*

Elle rencontre Camus le 19 mars 1944 chez Michel Leiris. Au cours des répétitions de la pièce, tous deux nouent une relation amoureuse qui s'achève à la fin de la guerre, afin de *cortar por lo sano* (« trancher dans le vif »). Dans son livre de souvenirs, elle écrit : « J'ai aimé et j'aime Camus parce que, pris dans ses contradictions qu'il était le premier à dénoncer, même dans les moments de diversions sans lesquels aucun homme ne peut subsister, il a employé toute son attention à ne jamais se laisser distraire de cette veine vive qu'il suivait à même la surface de la pierre sans jamais s'en détourner […] pour rester fidèle à sa passion de justice et de vérité. » Camus quant à lui parle dans *Le Figaro* (15-16 octobre 1944) de son plaisir à voir son texte incarné « avec l'exacte résonance rêvée ». Elle affirme partager avec lui une « curiosité passionnée pour les êtres », la passion pour le théâtre et pour l'Espagne : il est pour elle « père, frère, ami, amant et fils parfois ». Il la met en contact avec la Résistance, l'aide à renouer avec les exilés espagnols et lui fait rencontrer tout le milieu intellectuel de la rive gauche.

Après une séparation de trois ans, pendant laquelle elle interprète, entre autres, une poignante duchesse Sanseverina dans *La Chartreuse de Parme* de Christian-Jacque, Camus et Maria se retrouvent le 6 juin 1948 « pour ne plus se quitter » jusqu'à la mort de l'écrivain. Elle joue dans *L'État de siège* en octobre 1948, dans *Les Justes* où elle incarne Dora en 1949, et sous la direction de Camus lui-même dans *La Dévotion à la Croix* de Calderón et *Les Esprits* de Pierre Larivey au festival d'Angers en 1953. Entrée à la Comédie-Française comme pensionnaire en 1952, elle rejoint le Théâtre national populaire de Jean Vilar deux ans après. Elle y tient les rôles marquants de Lady Macbeth, de Chimène face à un Gérard Philipe exalté, de Médée ou encore de Marie Tudor. Parallèlement, elle trouve l'un de ses grands rôles au cinéma en incarnant la Mort dans *Orphée* de Jean Cocteau. Leur entente à la fois amoureuse et intellectuelle amène Maria et Camus à passer de nombreuses vacances ensemble, à partager leur amour du théâtre et de la littérature, illustrant ainsi les mots écrits par Camus à Maria en novembre 1959 : « Cœur fidèle suit sa reine. » Après la mort de l'écrivain, elle joue sous la direction de Maurice Béjart *La Reine Verte* en 1963 et *La Nuit obscure* en 1969, de Roger Blin *Les Paravents* en 1966, de Claude Régy *La Danse de mort* en 1970 et de Patrice Chéreau *Peer Gynt* en 1981, encore *Les Paravents* en 1983 et *Quai Ouest* en 1986. Elle joue enfin le rôle d'une générale passionnée de littérature russe dans *La Lectrice* de Michel Deville en 1988.

Celle qui « a toujours aimé parler le langage des poètes » et qui disait « être née en 1942 » sur les planches du Théâtre des Mathurins concevait la scène comme un « lieu de croisements de forces » et le rôle de l'acteur comme celui d'un « intermédiaire » qui partage avec les spectateurs cette « fête » qu'est le théâtre. Nathalie FROLOFF

Bibl. : Maria Casarès, *Résidente privilégiée*, Fayard, 1998 • Béatrix Dussane, *Maria Casarès*, Calmann-Lévy, 1953 • Javier Figuero et Marie-Hélène Carbonel, *Maria Casarès, L'Étrangère*, Fayard, 2005 • (Les archives de Maria Casarès sont conservées à l'IMEC ainsi qu'au département des Arts du spectacle de la BNF.)

CHAINTRON, Jean (1906-1989). – Jean Chaintron, communiste pendant trente ans, fut combattant des Brigades internationales en Espagne, résistant, préfet, sénateur. Une de ses missions justifie sa présence ici : le PCF l'envoya comme instructeur en Algérie en 1935. Dans ses Mémoires, publiés après sa mort, *Le vent soufflait devant ma porte* (Le Seuil, 1993), il a raconté les difficultés qu'il éprouva là-bas, car il devait créer et maintenir un large front antifasciste alors que le Parti soutenait le droit à l'indépendance. Il signalait, en passant, que dans le milieu artistique et intellectuel, « nous avions un camarade qui, à vingt-deux ans, ne jouait pas encore un rôle important et que je connus peu. Je l'entrevis parfois et j'assistai, dans son Théâtre du Travail, à une représentation des *Bas-Fonds* de Gorki ou à une autre, *Le Temps du mépris*. C'était Albert Camus ». Cette mention serait de peu d'intérêt si l'adhésion de Jean Chaintron à la Société des études camusiennes ne lui donnait pas un sens : communiste « intégral » pendant vingt-cinq ans, puis révisionniste après le rapport Khrouchtchev, exclu en 1962, il ne cessa de revenir ensuite sur son passé, de remâcher ses erreurs et il parlait avec un étonnement rageur de sa candeur d'avoir « cru » et répété les propos malveillants que le PCF avait tenus contre Camus. Se mettant à lire *La Peste*, *Les Justes*, alors qu'il abordait ses quatre-vingts ans – notons qu'il n'avait pas fait d'études –, il mêlait, dans ses propos, l'admiration pour l'œuvre et la critique contre l'« arrogant » porteur officiel de la « vérité-du-parti » qui n'avait pas prêté attention à Camus, ni à Alger, ni après. Comment est-ce possible ? répétait-il, en assistant avec passion au colloque « Camus et la politique » à Nanterre, en 1985.

Jeannine VERDÈS-LEROUX

CHAMBON-SUR-LIGNON (Le). – Camus a connu Le Chambon-sur-Lignon grâce à sa seconde femme, Francine, qui, étant jeune, y a séjourné pendant les vacances avec ses sœurs chez une parente, Madame Oettly. À partir de 1942, Camus y vient régulièrement pour travailler et se faire soigner. C'est dans ce bastion de la Résistance, en Auvergne (Haute-Loire), qu'il compose notamment son roman *La Peste*.

En 1942, l'écrivain a alors la tuberculose et semble en sursis. À la fin de l'année scolaire, Francine et lui quittent Oran pour Le Chambon-sur-Lignon. Là, le couple réside dans une pension de famille au Panelier, un hameau de quatre maisons, à 1 000 m d'altitude. Camus est censé s'y soigner en vertu d'une croyance médicale qui veut que l'altitude soit bénéfique aux tuberculeux. Francine repart en même temps que les derniers hôtes payants, à la fin de l'été. Lui, reste. Se reposer et écrire sont donc les deux raisons de son séjour prolongé.

Camus apprécie le calme de ce pays, même s'il doit d'abord l'apprivoiser : « Moi, je le trouve beau, mais il n'est pas encore rentré en moi. Il faudra beaucoup de jours et beaucoup de promenades. » Il aime s'asseoir sur un banc de pierre devant la maison et marche parfois jusqu'aux bords du Lignon. Il loue la beauté de l'endroit : « Avec l'automne, ce pays devient assez beau. Tous les arbres ont l'air de grandes flammes rouges et jaunes. » Toutefois, les froids lui pèsent, surtout lorsque, à cause de la neige, les routes et voies ferrées sont coupées et qu'il devient difficile de se rendre à pied du Panelier ne serait-ce qu'au Chambon.

Pendant la guerre, Le Chambon, dont l'hôtel du Lignon est réquisitionné comme centre de repos pour officiers allemands convalescents, devient un haut lieu de la Résistance. Dans cette contrée protestante seront hébergés clandestinement 5 000 juifs au total, lesquels passent de nuit d'une ferme à l'autre (Le Chambon et l'ensemble du plateau du Vivarais-Lignon recevront la médaille des Justes en 1988). Cet environnement inspire Camus, qui donne aux principaux personnages de *La Peste* des noms tirés de la région : Paneloux vient de Panelier, Rambert évoque Montrambert et le Riou (nom d'un ruisseau) a pu donner Rieux. Ce personnage rappelle le docteur Le Forestier, membre de la Résistance, qui exerce au Chambon.

Tout au long de sa vie, Camus retourne périodiquement au Chambon. La famille y a ses habitudes. En juillet 1951, il loue la villa Le Platane, route de la Molle. Il pêche la truite avec ses enfants et reçoit la visite de Jean Grenier, son ancien professeur de philosophie. Malgré la chaleur et les mouches l'été, Camus travaille toujours avec bonheur dans ce pays dont il dit, quand il ne fait pas beau, qu'il « sent la limace ». Il trouve la sérénité au Chambon sans toutefois y être aussi pleinement heureux que plus tard à Lourmarin.

Marie-Christine PAVIS

CHAMFORT, Sébastien-Roch Nicolas, dit de (1740-1794). – Les livres préférés de Camus, écrivait Jean Grenier (*Camus. Souvenirs*, Gallimard, 1968), « furent toujours ceux des moralistes », et il appréciait tout particulièrement Chamfort. L'une de ses premières grandes préfaces littéraires est d'ailleurs son introduction aux *Maximes et anecdotes* parue en 1944 à Monaco dans la collection « Incidences ». Il y exprime sa grande admiration à l'égard de celui qui fut à ses yeux « l'un de nos plus grands moralistes ». En dépit de l'admiration qu'il porte à la littérature du XVIIe siècle, il préfère Chamfort à La Rochefoucauld et oppose au caractère factice des maximes, avec leur « bel équilibre », leurs « antithèses calculées » et leurs « formules algébriques » la fidélité de Chamfort à la « vérité de la vie », à sa complexité, à tous ces « replis et caprices » qui font l'expérience d'un homme. Face à l'écriture formelle de la maxime perçue comme un art abstrait de l'équation, il fait l'éloge d'une écriture moraliste qui tiendrait plutôt du roman, « une sorte de roman inorganisé », de « chronique collective ». En effet, à travers son art du détail et de l'anecdote, à travers sa représentation des êtres dans l'action, Chamfort met en œuvre une technique qui sera, aux yeux de Camus, celle du roman moderne. En affirmant ainsi que « nos plus grands moralistes ne sont pas des faiseurs de maximes » mais « des romanciers », il propose une certaine vision du romanesque comme « philosophie mise en images », refusant à la fois un réalisme dénué de pensée et un formalisme oublieux de l'opacité du monde.

Mais Chamfort est aussi pour Camus une grande figure de la révolte qu'il compare à plusieurs reprises à Nietzsche, dont il était l'un des auteurs de prédilection. Au sein même de son succès, il y eut en effet en cet enfant naturel une « disposition tragique » qui l'éloigna du monde. La solitude, le « dédain d'un monde corrompu » conduisent ce « moraliste de la révolte » à une « sorte de sainteté désespérée » qui ne peut déboucher que sur la négation ultime qu'est le silence. Se refusant à prendre en compte, dans la pensée de Chamfort, ses aspects les plus modérés, Camus met en avant une révolte solitaire qui fusionnera avec la lutte engagée d'un peuple tout entier – son « amertume tout entière éclairée par une grande idée de l'homme » conduisant le moraliste à « prendre le parti des vaincus ». Mais il rappelle en même temps que cette « rage de la pureté » le mena aussi, en une « logique mortelle », au sacrifice et à la mort. Cette fureur ultime est alors perçue comme une forme de cohérence poussée à l'extrême, comme l'union indissoluble de l'œuvre et de son créateur qui fait de Chamfort l'une des grandes figures de cette « morale d'engagement » qui ne saurait être confondue avec la « moralité » et que Camus développera dans *L'Homme révolté*. Si dans la seconde partie de son essai il choisit Sade plutôt que Chamfort comme figure de la « négation absolue », il ajoutait en note dans le manuscrit revu par René Char qu'il faudrait aussi « parler ici même de Chamfort » et de sa « conquête du silence ». Comme l'a montré R. S. Ridgway, ce dernier est en effet le prototype même de cet homme révolté pris dans une opposition dramatique entre la révolte et la révolution qui, « s'il est révolté, finit par se dresser contre la révolution ».

Camus reviendra cinq ans plus tard, lors d'une conférence donnée en Amérique du Sud pendant l'été 1949, sur cette représentation du « moraliste français ». Fernande Bartfeld a retranscrit le texte de cette conférence à partir de l'exemplaire dactylographié conservé à l'IMEC et de sa traduction portugaise parue à l'époque. Si Camus reprend dans l'ensemble le texte de son introduction, certaines modifications sont sans doute significatives d'une évolution de sa pensée ou de la prise en compte de son public. Ainsi, il supprime sa présentation de Chamfort sous les traits d'un « ennemi de la religion » et ajoute un développement sur le classicisme perçu, non comme une esthétique du « repos » et de la « bienséance », mais comme un univers tragique qui « retentit du cri des victimes et des meurtriers ». En 1951, il exprimera à nouveau son grand intérêt pour l'ouvrage de Julien Teppe consacré à Chamfort qui, déclare-t-il, « aidera à porter cet admirable moraliste vers la place qu'il mérite, parmi les premières, hors du véritable exil où il a été maintenu jusqu'ici », lui qui aujourd'hui « eût été en traits de feu, à moins qu'une des cent mille bastilles qui couvrent l'Europe l'eût recueilli, pour toujours » (*Revue doloriste*, été 1951).

Emmanuelle Tabet

Bibl. : Fernande Bartfeld, « Un moraliste de la révolte : Chamfort », dans Fernande Bartfeld, *Albert Camus voyageur et romancier : le voyage en Amérique du Sud*, Minard, 1995, p. 74-89 • Id., « Chamfort romancier de la révolte », dans Gilles Philippe et Agnès Spiquel (dir.), *Pour un humanisme romanesque*, SEDES, 1999, p. 195-202 • R. S. Didgway, « Camus's favourite moralist », *Studies on Voltaire*, 199, 1981, p. 363-373 • J. Renwick, *Chamfort devant la postérité (1794-1984)*, Oxford, Voltaire Foundation, 1986 • Julien Teppe, *Chamfort, sa vie, son œuvre, sa pensée*, Pierre Clairac, 1950

CHAR, René (1907-1988). – Lorsque, en 1946, Albert Camus propose à Gallimard de publier *Feuillets d'Hypnos* de René Char dans sa collection « Espoir », les deux hommes ne se sont encore jamais rencontrés. Au lendemain de la guerre, Char, de six ans l'aîné de Camus, n'en est plus au succès d'estime que sa participation au mouvement surréaliste de 1929 à 1935 et la parution du *Marteau sans maître* en 1934 lui ont valu jusque-là. La publication de *Seuls demeurent* chez Gallimard en 1945 et le prestige que le poète tire de son engagement dans l'Armée secrète à partir de 1942 lui confèrent une notoriété qui s'établira définitivement avec *Feuillets d'Hypnos*.

Plusieurs éléments ont pu retenir l'attention de Camus dans ce recueil d'aphorismes écrits au maquis. La Résistance est certainement le premier. Plus encore, les valeurs sur lesquelles s'appuie cette lutte entrent en singulière résonance avec celles qui s'expriment dans les *Lettres à un ami allemand* et dans les premiers articles de *Combat*. La nature, le dialogue, l'espoir et la beauté sont invoqués par l'un et l'autre comme contrepoids à la terreur nazie, et le seront de nouveau au cours des engagements qui les rassembleront dans la décennie d'après-guerre.

Après leur rencontre, leur amitié se développe rapidement et, jusqu'à la mort de Camus, sa qualité ne se démentira pas, comme en témoigne leur correspondance qui a été publiée en 2007. Deux nouveaux recueils, *Lettera amorosa* et *Recherche de la base et du sommet*, à leur tour, prennent place dans la collection « Espoir » en 1953 et 1955. Les deux hommes se voient souvent, à Paris, où ils ont un appartement dans le même immeuble, ou à L'Isle-sur-la-Sorgue, le village du poète, près duquel Camus loue trois ans de suite la maison de Palerme, puis à Lourmarin, non loin de là. Ces lieux ont leur importance : dans leur attachement commun à ce pays, Char et Camus se reconnaissent une fraternité. Celle-ci trouvera son accomplissement dans la réalisation d'un livre, *La Postérité du soleil*, qu'ils conçoivent ensemble en 1952, à partir de photographies du Vaucluse, et qui paraîtra en 1965 (Genève, E. Engelberts) avec un long texte de Char, « Naissance et jour levant d'une amitié ».

De 1946 à 1960 se multiplient les échanges et les prises de position communes. Lorsque Camus propose à Char dans une lettre de 1950 de lui dédier *Actuelles*, ce dernier lui répond qu'il y voit la « confirmation de [leur] communauté », déjà scellée de son côté par la dédicace de *Feuillets d'Hypnos* à son ami, en 1948, lors de l'insertion du recueil dans *Fureur et mystère*. De fait, sur plusieurs causes, ils se mobilisent ensemble, ou à défaut témoignent de leur soutien l'un pour l'autre. La question de l'épuration les réunit après coup. Char a d'emblée refusé de siéger au Comité national des écrivains (CNE), déclarant que la justice ne peut s'exercer qu'à « l'instant du malheur » (*Billet à Francis Curel*, IV). Camus, de même, après sa polémique avec Mauriac et sa démission du CNE, refuse, en janvier 1945, une justice tardive qui confinerait à la vengeance. Le 14 mars 1949, Char et Camus cosignent un article dans *Combat* pour prendre la défense des tirailleurs algériens accusés d'avoir déserté en 1940. Ils s'accordent en outre l'un et l'autre sur la dénonciation du gouvernement grec, Camus dans sa première réponse à Emmanuel d'Astier de La Vigerie en 1948, Char dans une « Lettre » publiée le 23 août 1949 dans *Combat*. Camus n'intervient pas directement dans l'affaire Kravchenko, mais l'article que Char fait paraître dans *Combat* le 25 février 1949 témoigne d'une convergence de vue avec les analyses du communisme que l'essayiste est en train de rédiger pour *L'Homme révolté*. L'un comme l'autre refusent de se laisser enfermer dans l'affrontement entre l'Union soviétique et les États-Unis. C'est cet antagonisme entre les deux grandes puissances que dénonce Char, dans une lettre à Camus, lorsqu'il refuse de signer l'appel de novembre 1955 contre la poursuite de la guerre en Afrique du Nord. Sur l'Algérie, Char, réticent à tous les nationalismes, restera silencieux tout en apportant un soutien moral à son ami. Enfin, en novembre 1956, il signe dans *Franc-Tireur* l'appel de Camus en faveur des insurgés hongrois contre les troupes soviétiques. Quand il reçoit le prix Nobel, il est de ceux qui saluent l'événement dans *Le Figaro littéraire*. À sa mort, il confie à la revue *Témoins* un texte, « L'éternité à Lourmarin », repris ultérieurement dans *La Parole en archipel* (Gallimard, 1962).

La proximité des deux hommes s'établit donc en premier lieu sur le terrain de l'analyse et de l'action politiques. Un même diagnostic sur l'époque les rassemble, en particulier lors de l'élaboration de *L'Homme révolté*. Char en a « lu et relu » le manuscrit avec un « enthousiasme réfléchi ». S'il ne prend pas parti publiquement pour son ami dans les controverses qui opposent celui-ci à André Breton et Jean-Paul Sartre, il approuve les analyses du livre. C'est que Char et Camus ont placé dans la Libération les mêmes espoirs de renouvellement politique et ont connu les mêmes déceptions. Dès 1946, l'un et l'autre font le constat d'un retour de la terreur, qu'ils discernent cette fois, non plus dans le nazisme, mais dans l'idéologie marxiste. Comme Camus, Char dénonce la perversion des aspirations communistes lorsqu'elles passent entre les mains des « stratèges » (*Billet à Francis Curel*, IV). Le poète condamne la justification des moyens par la fin, prône une révolte qui doit toujours être « nouvelle » (« Prière rogue »), défend un souci du présent, et de la terre, préférable à l'idéalisme et à la promesse d'un avenir abstrait.

Par opposition aux philosophies de l'Histoire, Char et Camus donnent à la revue qu'ils créent ensemble, en 1949, le nom d'*Empédocle*, faisant par là référence aux présocratiques aussi bien qu'à Nietzsche. Se plaçant régulièrement sous cette double ascendance dans les textes qu'ils écrivent l'un sur l'autre (Camus dans sa conférence sur Char à la radio en 1948, dans sa préface à la traduction allemande des œuvres du poète en 1959, et Char dans « Je veux parler d'un ami » en 1957), les deux auteurs entendent opposer aux perversions de leur époque le rôle de l'artiste, solitaire et solidaire à la fois, capable de créer des valeurs nouvelles et, comme l'écrit Camus dans « La pensée de midi », de « prépar[er] une renaissance », que Char, de son côté, s'attache à construire dans la figure des *Matinaux* (Gallimard, 1950). Autant que sa puissance de révolte contre l'oppression, Camus loue dans l'œuvre de Char la recherche d'une « santé du malheur » (*À une sérénité crispée*, 1951), tendue entre la nécessaire lucidité sur les nihilismes de l'époque et l'exaltation de l'instant, de la vie et de la beauté.

Laure MICHEL

Bibl. : Anne-Marie Amiot, « Albert Camus et René Char, écrivains de l'instantanéité chronique », dans Jean-Claude Xuereb (dir.), *En commune présence : Albert Camus et René Char*, Éditions Folle Avoine, 2003, p. 9-22 • Albert Camus et René Char, *Correspondance 1946-1959*, édition établie, présentée et annotée par Franck Planeille, Gallimard, 2007 • Michel Faucheux, « "Jour levant d'une amitié" : Albert Camus et René Char », dans Jean-Claude Xuereb (dir.), *En commune présence : Albert Camus et René Char*, *op. cit.*, p. 29-42 • Laure Michel, *René Char, le poème et l'histoire*, Honoré

Champion, 2007, p. 178-193 • Franck Planeille, « Hommes de midi, René Char et Albert Camus », *Revue des Lettres modernes*, série Albert Camus, 19, 2001, p. 123-142 • Maurice Weyembergh, *Albert Camus ou la mémoire des origines*, Bruxelles, De Boeck, 1998, p. 165-176

CHARLIER, Robert-Édouard (1906-1990). – Personnalité en vue du Front populaire, membre du mouvement Amsterdam-Pleyel, Robert-Édouard Charlier, né à Paris, est professeur à la faculté de droit d'Alger entre 1931 et 1933 puis de 1934 à la guerre. C'est probablement dans le cadre de ses activités au sein des différentes associations culturelles liées au Front populaire qu'il fait la connaissance d'Albert Camus. Il l'invite à donner une conférence durant l'hiver 1938-1939 sur le fascisme et Munich dans le cadre d'un cercle d'études qu'il a fondé. De son côté, Camus rend compte de façon élogieuse de deux conférences du juriste dans *Alger républicain* les 25 avril et 24 mai 1939. À l'automne 1939, la rubrique « Sous les éclairages de guerre » du *Soir républicain* est le fruit d'une concertation entre Pascal Pia, Camus et Charlier. Parmi les pseudonymes utilisés à cette époque, l'un ou l'autre doivent cacher le professeur. Celui-ci apporte son expertise juridique dans l'analyse de la situation internationale. Le fédéralisme économique et politique, le solidarisme, le droit des peuples à disposer d'eux-mêmes, le pacifisme, toutes ces idées que défend Camus sont aussi les siennes. Après l'interdiction du journal, Charlier et Camus – moins enthousiaste – œuvrent à la sortie d'un hebdomadaire. Le projet ne se réalise pas. Charlier est relevé de ses fonctions à l'Université fin 1940. Il retrouve pleinement ses droits en 1944 et est nommé à l'université d'Aix-en-Provence. Après la guerre, il a l'occasion de rencontrer à nouveau Camus qui le fait écrire dans *Combat*.

Philippe VANNEY

CHARLOT, Edmond (1915-2004). – Algérois de naissance, et en dépit de quelques « parenthèses » parisiennes, Edmond Charlot est resté toute sa vie attaché à l'Algérie et au bassin méditerranéen. Au sortir de ses études, et avec les encouragements de son maître Jean Grenier, il ouvre en mai 1936 la librairie Les vraies richesses à Alger qui est, durant de nombreuses années, le lieu de rendez-vous de nombreux intellectuels originaires d'Algérie ou séjournant dans la capitale. Dès son jeune âge, la passion de l'édition habite Edmond Charlot : sa modeste maison d'édition qui « double » immédiatement la librairie affiche rapidement un catalogue prestigieux au sein duquel cohabitent aussi bien des auteurs déjà publiés à Paris (Gabriel Audisio, Jean Grenier, Jean Hytier, René-Jean Clot) que de jeunes talents promis à un grand avenir, comme Albert Camus dont il publie avant la guerre *L'Envers et l'Endroit*, puis *Noces* ainsi que l'œuvre théâtrale collective et anonyme *Révolte dans les Asturies* – « la bande à Charlot devint l'école d'Alger », écrit Jules Roy.

La collection « Poésie et Théâtre » que Camus dirige aux éditions Charlot prend la suite des éphémères éditions Cafre. On y trouve une vingtaine de titres dont le *Romancero gitan* et trois autres livres de García Lorca, les *Sonnets* de Shakespeare et *Temps lointain* de Blanche Balain. La guerre qui fait d'Alger à partir de novembre 1942 la capitale de la France libre permet en outre aux éditions Charlot d'élargir leur catalogue : André Gide, Georges Bernanos, Gertrude Stein y figurent désormais aux côtés de Vercors et de son

Silence de la mer et de Jules Roy et d'Emmanuel Roblès. Charlot favorise aussi la création de deux revues littéraires importantes auxquelles participe Camus : *Rivages* en 1938-1939 et *L'Arche*, dirigée par Jean Amrouche et Jacques Lassaigne, placée sous le patronage d'André Gide à partir de février 1944.

À la Libération, Edmond Charlot gagne Paris où il tente d'imposer sa maison d'édition. Malgré les prix Renaudot obtenu deux années de suite (en 1945 pour *Le Mas Théotime* d'Henri Bosco et en 1946 pour *La Vallée heureuse* de Jules Roy) et Femina décerné en 1948 à Emmanuel Roblès pour *Les Hauteurs de la ville*, malgré en outre un catalogue prestigieux, où figurent désormais Alberto Moravia, Ignazio Silone et Arthur Koestler, les difficultés financières dans le milieu de l'édition ont raison de son entreprise. Le dernier titre paru en 1950 fut un texte de Camus, *Le Minotaure ou la Halte d'Oran*.

L'activité professionnelle d'Edmond Charlot se poursuit à Alger où il continue à publier et à faire connaître la peinture d'Afrique du Nord qui lui est chère. Il séjourne de nouveau à Paris entre 1962 et 1965. Il fait alors partie du service de la recherche de l'ORTF dirigé par Pierre Schaeffer. À partir de 1965, il retourne en Algérie pour y coordonner la présence culturelle française avant d'être envoyé comme directeur des Centres culturels français à Izmir (Turquie) de 1969 à 1973, puis à Tanger de 1973 à 1980. Installé en 1981 à Pézenas, à quelques kilomètres de la Méditerranée, il y fonde sous l'égide du Haut-Quartier, à l'ombre de la librairie du même nom qu'a ouvert sa compagne, une collection « Méditerranée vivante » aux éditions Domens. Il y publie notamment des textes de Jules Roy et de Jean Sénac. Au total, trois cents ouvrages portent sa griffe. Enfin retraité, il meurt le 10 avril 2004.

Guy Basset

Bibl. : Guy Basset, « Camus et la collection "Poésie et Théâtre" », dans Jacqueline Lévi-Valensi (dir.), *Camus et le théâtre*, IMEC Éditions, 1992, p. 145-154 • Id., *Camus chez Charlot*, Domens, 2004 • Michel Puche, *Edmond Charlot éditeur*, Domens, 1995 • « Souvenirs d'Edmond Charlot. Entretiens avec F. J. Temple », *Impressions du Sud*, n° 15-16, 17 et 18, 1987-1988

Film. : *Edmond Charlot éditeur algérois*, documentaire de Michel Vuillermet, Production Tara Films, 2005

CHEREA. – Camus a emprunté le personnage de Cherea à Suétone. Celui-ci en avait fait un vieux soldat passablement efféminé. L'écrivain rend sa virilité au personnage, il lui donne le courage qui fait défaut aux autres patriciens et lui prête son propre goût du bonheur. Cherea organise la résistance au souverain fou et son élimination, il a mis sur pied une « conjuration ». À la différence du Philippe Strozzi de Musset, ce n'est donc pas un idéaliste et un rêveur. Quand l'empereur, ayant eu vent de cette conjuration, convoque son instigateur, celui-ci garde son sang-froid et sa dignité contrairement à ses compagnons et cela lui vaut d'avoir la vie sauve. Chez l'historien romain, il frappait Caligula par-derrière. Il en est de même dans la première version de *Caligula*. Dans la seconde, c'est le vieux sénateur, lequel ressemble au Cherea de Suétone.

Camus a étoffé et grandi Cherea dans la version de 1943. Il appartient à la classe privilégiée, mais il dit leur hypocrisie et leur lâcheté aux sénateurs qui constituent un chœur dérisoire. Il est désormais celui qui « n'aime pas mentir », l'homme du « sens », de la – ou d'une – rationalité. Caligula a deviné qu'il est son seul véritable adversaire. Il lui reconnaît l'intelligence (III,

6). Cherea reste fidèle au programme initial de Caligula. Une de ses répliques décalque un mot de l'empereur : « j'ai envie de vivre et d'être heureux » (III, 6). Cela explique pourquoi ce dernier aime l'avoir comme interlocuteur. Leur dialogue est sans concession. Il porte sur des questions éthiques, non de politique.

Tout n'est pas possible, tout n'est pas permis pour lui. Sans valeurs, pas de résistance ; sans éthique, pas de politique qui prenne l'homme pour fin. Son refus – politique autant qu'éthique – du nihilisme fait de Cherea l'anti-Caligula. Face au tyran, Camus a posé un résistant. Mais sa sagesse humaniste est prosaïque ou, pour retourner une formule de *L'Homme révolté*, elle est une morale coupée de toute mystique. Ses sentences en témoignent : « On ne peut vivre sans raison » ; « il y a des actions qui sont plus belles que d'autres ». Le « littérateur » attaché à sa « sécurité » est devenu un raisonneur – Cléante à Rome... – voire un moralisateur.

Ce n'est pas comme des bourgeois pragmatiques qu'en 1944-1945, et notamment à *Combat*, l'on se représente les héros de la Résistance. Camus, en août 1944, a chanté une « insurrection », « le peuple qui est en armes », « les meilleurs et les purs »... Le patricien préfigure plutôt Rieux et Tarrou ou encore Annenkov que Camus a volontairement dépourvus de charisme.

Jean Barrère créa le rôle en 1945. Parmi les acteurs qui lui succédèrent l'on notera Jean-Pierre Marielle, Michel Favory. En 2006, Charles Berling a pris la liberté de confier le rôle à un jeune comédien. Jeanyves GUÉRIN

Bibl. : Alan J. Clayton, « Les deux visages du Cherea de Camus », *Romanische Forschungen*, 80, 2-3, 1968, p. 303-317

CHESTOV, Léon (1866-1938). – La lecture de l'œuvre de Léon Chestov, philosophe russe émigré en France en 1922, représentant d'un courant irrationaliste de la « philosophie existentielle » d'avant-guerre, probablement conseillée à Camus par son professeur de philosophie Jean Grenier, aura sans aucun doute dès 1933 une influence décisive sur le cycle de l'absurde, notamment sur *Le Mythe de Sisyphe*, et influencera certains traits du personnage de *Caligula*. La compréhension des œuvres de Nietzsche, de Dostoïevski, de Kierkegaard et de Kafka, présupposée dans le *Mythe de Sisyphe*, est fortement marquée par l'interprétation « existentielle » exposée dans *La Nuit de Gethsémani, essai sur la philosophie de Pascal* (1923), *L'Idée de bien chez Tolstoï et Nietzsche* (1925), *La Philosophie de la tragédie, Dostoïevski et Nietzsche* (1926), et *Kierkegaard et la philosophie existentielle, Vox clamantis in deserto* (1936). L'irrationalisme chestovien, animé par une déconstruction des systèmes philosophiques rationalistes de Platon à Husserl, induit un antagonisme radical entre la raison et la foi, entre Athènes et Jérusalem, pour permettre une expérience de l'absurde capable d'inaugurer une « nouvelle dimension de la pensée », porteuse d'une possibilité du divin et inséparable de la foi. Cette expérience de l'absurde se caractérise par un renouvellement du sens du tragique, puisque la conscience moderne est irrémédiablement vouée au péché originel de la connaissance. Son refus d'une conciliation avec le rationalisme de la modernité l'engage dans un plaidoyer subtil qui fascine de nombreux intellectuels dans les années 1930 : Benjamin Fondane son disciple, mais aussi Jean Grenier, Georges Bataille, Boris de

Schloezer ou plus tard le jeune Yves Bonnefoy.

Mais à l'horizon de la philosophie existentielle, Dieu ne peut plus être défini qu'au-delà de l'éthique et de toute logique. La révolte se dresse essentiellement contre la finitude humaine et de la temporalité puisque ce contact avec la divinité retrouvée est censé vaincre l'irréversible et l'injustice qui lui est associée. La fonction réelle du chestovisme chez Camus est celle d'un repoussoir, ou d'un antigène, pour reprendre l'expression de A. James Arnold. « L'espoir démesuré » des existentiels, d'après Camus, dont le mémoire pour le Diplôme d'études supérieures s'intitule « Métaphysique chrétienne et néoplatonisme », réside dans la réactivation de l'espoir évangélique des premiers chrétiens. Cet espoir d'une liberté absolue par l'absurde, véritable divinisation du révolté métaphysique par la démesure, nous la retrouvons en partie incarnée en Caligula qui aspire à l'impossible, et incarne, plus particulièrement dans la deuxième version de la pièce, expurgée du romantisme de la première, un personnage hanté par l'absolu d'une toute-puissance qui puise dans l'absurde son irrationalité, ses ivresses et sa cruauté. Pour Camus, le chestovien, avec un « saut » en Dieu qui coïncide avec une négation de la raison, fuit en réalité la douloureuse confrontation avec l'absurde du monde. Sa négation de la raison n'aboutit qu'à une autodestruction, à un « suicide philosophique ». En 1938, la lecture de l'essai très critique que Rachel Bespaloff avait consacré à Chestov dans *Cheminements et carrefours* orienta probablement Camus vers sa critique radicale des thèses chestoviennes, et notamment celle du « dépassement de l'éthique ». Il soulignera à son tour que la preuve de Dieu de Chestov, « c'est son inhumanité ». Il donne « à l'irrationnel le visage, et à son Dieu les attributs de l'absurde injuste, inconséquent et incompréhensible ». C'est Fondane dans « Le lundi existentiel et le dimanche de l'histoire », publié dans *L'Existence* (1945) de Jean Grenier, qui défendra les thèses chestoviennes contre l'offensive du *Mythe de Sisyphe*. Il n'en reste pas moins que la défense par Camus d'une révolte inscrite dans l'histoire sans en être prisonnière et l'éloge d'une sagesse des limites, fondée sur une conscience lucide de notre nature, d'essence grecque, ne prend son sens que par rapport au refus de la démesure d'une telle révolte métaphysique. Ce retour à la finitude constitue tout le sens de la « pensée de midi », placée sous le signe d'Héraclite, dans la conclusion de *L'Homme révolté*.

Olivier SALAZAR-FERRER

Bibl. : Rachel Bespaloff, *Cheminements et carrefours (Julien Green, André Malraux, Gabriel Marcel, Kierkegaard, Chestov devant Nietzsche)*, Vrin, coll. « Essais d'art et de philosophie », 2004 [1938] • Peter Dunwoodie, « Chestov et *Le Mythe de Sisyphe* », *Revue des Lettres modernes*, série Albert Camus, 4, 1971, p. 43-50

***CHEVALIER D'OLMEDO* (Le)**. – Cette pièce de théâtre de Félix Lope de Vega (1562-1635), dont Camus a établi, en 1957, ce qu'il appelait le « texte en français », a été écrite entre 1620 et 1625. Elle appartient à la dizaine d'œuvres majeures attribuées à ce grand dramaturge et poète du siècle d'or espagnol. Lui-même assurait avoir écrit mille cinq pièces de théâtre, mais les spécialistes ne lui reconnaissent que quelque trois cents « comédies ». Cervantès, qui le critique au début du *Don Quichotte*, l'appelait néanmoins le « Phénix des créateurs » ou encore le « monstre de la nature », saluant et reconnaissant ainsi aussi bien la qualité que la quantité de sa production. Ses œuvres théâtrales sont tenues pour les plus représentatives du théâtre baroque. Elles ont souvent été adaptées. Avec le Théâtre de l'Équipe, Camus avait envisagé de représenter *L'Étoile de Séville*. Edmond Charlot, de son côté, avait prévu de publier une traduction du *Chevalier d'Olmedo*.

Alors que la version française écrite par Camus annonce qu'il s'agit d'une « comédie dramatique en trois journées », la version espagnole, écrite en vers, est une « *tragicomedia* » en trois actes. *Le Chevalier d'Olmedo* appartient à l'ensemble des pièces d'invention (ni religieuse, ni mythologique, ni historique) qui se nourrissent des histoires orales médiévales recueillies, en Espagne, vers 1600 dans le *Romancero general*. Le rôle de l'entremetteuse Fabia et le triangle amoureux rappellent *La Célestine* de Rojas ; par ailleurs, la chanson prémonitoire entendue par Don Alonso, la dernière nuit, dans la forêt, est bel et bien une chanson populaire faisant référence à la mort d'un certain, et authentique, chevalier d'Olmedo. À la fin de la pièce, le roi Juan II parle de « la tragique histoire du chevalier d'Olmedo », précisant de la sorte que le cadre historique se situe dans la première moitié du XVe siècle.

Pour Camus, cette pièce « rappelle souvent *Roméo et Juliette* par l'entrecroisement des thèmes de l'amour et de la mort ». Morvan Lebesque, dans *Le Monde libertaire* (n° 58, 1960), définit *Le Chevalier d'Olmedo* comme « une histoire toute simple : celle d'un homme très beau, très noble, très pur, qui vient un soir dans une ville d'Espagne, assister à une fête. La plus belle fille du pays tombe amoureuse de lui. C'est le bonheur : non pas un de ces médiocres "bonheurs" qui trompent l'impatience de l'humanité, mais l'"instant de beauté", cher à Keats, qui est "une joie pour toujours". Mais les soupirants de la jeune fille ne peuvent pas supporter cette idylle et l'assassinent. » En effet, Don Alonso est un jeune noble de la ville d'Olmedo qui excelle dans toutes ses entreprises, ce qui lui vaut de bénéficier des faveurs du roi. Lors d'un passage à Medina, il croise le regard de Doña Inès, et tous deux restent épris. Don Alonso cherche alors à parler directement avec sa bien-aimée, alors qu'au même moment, Don Rodrigo, amoureux de cette dernière depuis déjà deux ans, décide avec Don Pedro, le père de Doña Inès, qu'il sera son futur époux. Parallèlement, Doña Léonor, la sœur d'Inès, prévoit un projet semblable pour elle-même et Don Fernando, ami de Don Rodrigo. Pour mener à bien son entreprise, Don Alonso demande l'aide de Fabia qui s'installe chez Doña Inès sous le costume de duègne instruite. S'étant rencontrés, Alonso et Inès décident de convaincre Don Pedro d'annuler le projet qu'il a arrangé avec Rodrigo, en faisant valoir les mérites de Don Alonso dans les prochaines fêtes de la ville. Tout s'enchaîne comme ils le souhaitent, mais Don Rodrigo se sent humilié ayant eu besoin de l'aide d'Alonso pour échapper à un taureau, et terriblement jaloux. Voulant retourner à Olmedo pour rassurer ses parents sur son sort, Don Alonso quitte Medina avec tous les honneurs mais de nuit. Sur le chemin, Don Rodrigo et ses complices lui tendent une embuscade et le tuent avec une arquebuse. Rejoignant son maître alors qu'il est déjà mourant, Tello le conduit à Olmedo puis revient à Medina pour dénoncer les faits auprès du roi. Celui-ci condamne à mort Rodrigo et Fernando. Et Doña Inès, qui venait d'obtenir l'accord de son père pour se marier avec Don Alonso, décide de se retirer dans un couvent.

Le théâtre baroque espagnol se caractérise par le fait de traiter de manière insistante les trois mêmes thèmes : l'amour, la religion et l'honneur. Cependant, en écrivant cette pièce, Lope de Vega souhaite que le théâtre devienne une activité plus populaire. Pour ce faire, les thèmes traités doivent être simples et compréhensibles pour un large public, l'action doit primer sur la réflexion ou la profondeur psychologique. Cet objectif justifie que l'amour, et tout ce que les gens sont capables de faire pour se savoir aimés, soit l'argument principal du *Chevalier d'Olmedo*. De même, les rôles de Fabia et de Tello apportent la touche comique et plus distrayante à la pièce. On constate aussi l'influence d'une Renaissance qui bouscule quelque peu les mœurs : d'une part, le code de l'honneur n'est pas rigoureusement respecté par tous les nobles de la pièce, d'autre part, Doña Inès trompe son père au sujet de sa vocation religieuse.

La traduction proposée par Camus est fidèle à l'original, et a été spécialement vantée pour les passages lyriques et dramatiques. Quelques ajouts viennent faciliter l'enchaînement des répliques, car il ne s'agissait pas seulement de répondre aux attentes populaires mais aussi de tenir compte des besoins de l'acteur. Sa technique de traduction des œuvres écrites en espagnol consistait à travailler son texte à partir d'une traduction mot à mot fournie par un ami hispanophone, car ses connaissances de la langue espagnole n'étaient pas suffisantes pour traduire lui-même à partir de la version originale. Mais il a justement insisté sur le côté populaire de l'œuvre, et il valorise ce théâtre tout spécialement pour « l'héroïsme, la tendresse, la beauté, l'honneur, le mystère et le fantastique qui agrandissent le destin des hommes, la passion de vivre » que l'on y trouve.

C'est fort de son expérience avec *La Dévotion à la croix* (présentée quatre ans plus tôt au festival d'Angers) que Camus travaille à la version française de cette autre « comédie dramatique en trois journées ». Elle est représentée pour la première fois au festival d'art dramatique d'Angers, le 21 juin 1957, avec, entre autres, Michel Herbault, dans le rôle de Don Alonso, et Jean-Pierre Jorris dans celui de Don Rodrigo. Dominique Blanchar jouait le rôle de Doña Inès. Camus avait pris en charge la mise en scène. La « grandeur populaire » du spectacle correspondit exactement à ses conceptions scéniques de Camus et à son goût pour le théâtre baroque espagnol. La grande scène du festival, sous un ciel scintillant d'étoiles répondait aussi à ce que Camus appelait la « démesure proportionnelle » qui caractérise [...] la vérité de l'attitude et de l'émotion dramatique ». En l'occurrence, il avait divisé l'espace du château afin que le spectateur puisse suivre l'action qui se déroule dans des endroits différents (à l'intérieur, à l'extérieur, à Medina, à Olmedo...). D'aucuns, ne connaissant pas les expériences théâtrales de Camus, pouvaient douter de ses aptitudes de metteur en scène. Or, ayant rencontré l'acteur Jean Negroni, Lebesque raconte leur conversation : « je lui demandais quels étaient les deux metteurs en scène qu'il estimait les plus grands, [et] il me répondit sans hésiter : Vilar et Camus. Ce dernier nom m'étonna : je ne connaissais alors que l'écrivain. Mais l'année suivante, au Festival d'Angers, je vis le réalisateur de spectacles et je compris que Negroni avait raison ».

Hélène RUFAT

Éd. : Gallimard, 1957 • *Théâtre, récits et nouvelles*, Gallimard, coll. « Bibl. de la Pléiade », 1962 • *Œuvres complètes*, t. IV, Gallimard, coll. « Bibl. de la Pléiade », 2008, éd. par Robert Dengler

Crit. : Robert Dengler-Gassin, « Camus adaptateur de Lope de Vega : *Le Chevalier d'Olmedo* », dans Jacqueline Lévi-Valensi (dir.), *Camus et le théâtre*, IMEC Éditions, 1992, p. 221-228

CHIAROMONTE, Nicola (1905-1972). – Intellectuel antifasciste, passionné de philosophie, Nicola Chiaromonte choisit le chemin de l'exil en s'installant à Paris en 1934. Deux ans auparavant, il était devenu l'ami d'Andrea Caffi (1887-1955), réfugié russe d'origine italienne qui professait un humanisme social, non dogmatique, libéré des États et des idéologies. En 1966, à l'occasion de l'édition d'un recueil de textes de celui-ci, il reconnaîtra sa dette envers Caffi qui est devenu également, après la guerre, l'ami de Camus. En 1936, Chiaromonte participe à la guerre civile espagnole, dans l'escadrille d'André Malraux qui en fait le modèle de Scali dans *L'Espoir*. Il s'éloigne cependant rapidement de l'écrivain, lui reprochant sa trop grande solidarité avec les communistes. Au moment de la débâcle, il se réfugie un temps à Toulouse où sa femme meurt. C'est en avril 1941, en Algérie, qu'il rencontre pour la première fois Camus. Celui-ci lui offre l'hospitalité à Oran avant son passage au Maroc d'où il embarque pour les États-Unis. Un même amour pour la mer, leur passion pour le théâtre et une évidente connivence intellectuelle ont sûrement favorisé les débuts d'une amitié appelée à durer jusqu'à la mort de Camus. Chiaromonte, aux États-Unis d'abord, puis en Italie, a été l'un de ses plus fidèles soutiens.

À New York, Chiaromonte rejoint la mouvance de la gauche radicale réunie autour de *Partisan Review* et de *Politics*. Il prend ainsi une grande part à l'aventure de cette dernière revue, dont Dwight Macdonald est le propriétaire, y accentuant la tendance socialiste libertaire nourrie des idées de Proudhon, Simone Weil et Andrea Caffi. Il a la joie de retrouver Camus lors de la venue de celui-ci en mars 1946. La conférence « La crise de l'homme », le 28 mars 1946, et leurs nombreuses discussions, où se mêlent aussi les voix de Mary MacCarthy et de Macdonald, forment le terreau d'où sortiront l'idée des Europe-America Groups et surtout les Groupes de liaison internationale.

En 1947, Chiaromonte rentre en Europe. Après avoir travaillé quelque temps à l'Unesco, il s'installe à Rome et se lance dans la critique théâtrale à *Il Mondo* puis à *L'Espresso*. À partir de 1950, contrairement à Camus qui s'en tient éloigné, il participe activement au Congrès pour la liberté de la culture, aux côtés d'un autre grand intellectuel italien apprécié de Camus, Ignazio Silone. Avec ce dernier, il fonde *Tempo presente* en 1956 qui exprime une sensibilité antitotalitaire beaucoup plus à gauche que les autres revues du Congrès telles que *Encounter* et *Preuves*. Camus y apporte un soutien indirect en répondant à une enquête, reprise dans l'hebdomadaire *Demain* (n° 63, 21-27 février 1957). La revue disparaît en 1968. Chiaromonte meurt brutalement d'une crise cardiaque quatre années plus tard. La plupart de ses écrits ont été édités après sa mort par les soins de Myriam Chiaromonte qu'il avait épousée en secondes noces lors de son séjour à New York. La correspondance des deux auteurs est conservée aux bibliothèques de la Yale University et d'Aix-en-Provence.

Philippe VANNEY

Bibl. : Gino Bianco, *Nicola Chiaromonte e il tempo della malafede*, Manduria, Piero Lacaita Editore, 1999

CHRISTIANISME. – « La vérité, c'est que c'est un destin bien lourd que de naître sur une terre païenne en des temps chrétiens. C'est mon cas. Je me sens plus près des valeurs du monde antique que des chrétiennes », confie Camus dans un entretien accordé aux *Nouvelles littéraires* en mai 1951.

Cette impression d'extériorité ressentie face au christianisme ne contredit pas un intérêt profond, manifeste dès ses études de philosophie : pour son diplôme d'études supérieures, il choisit un sujet qui lui permet justement d'approfondir sa connaissance de la pensée chrétienne, confrontée à la pensée hellénique. Le mémoire, intitulé « Métaphysique chrétienne et néoplatonisme », sera publié sous le titre *Entre Plotin et saint Augustin.* L'étudiant y prend d'abord la mesure de ce qui, dans l'esprit grec, résiste aux notions évangéliques de péché et de rédemption : une conception rationnelle de la vie, une foi dans la connaissance, qui fait de la vertu l'objet d'un apprentissage éclairé, limitent le sens du surnaturel et réduisent le scandale du mal, simplement assimilé à l'erreur ou l'ignorance. Pourtant, Camus reconnaît chez les Grecs et les chrétiens de communes aspirations, plus sensibles à mesure que le désir de Dieu s'avive dans un univers antique tourmenté, et que se diffusent dans le monde gréco-romain la sagesse orientale et les religions à mystère ; le plan du mémoire retrace l'évolution conjointe du christianisme et de l'hellénisme. Le christianisme évangélique, marqué par l'effroi devant la mort et l'espoir de salut, s'ouvre déjà à la métaphysique grecque, dont l'empreinte se reconnaît dans la formulation des dogmes. Puis la gnose et les hérésies subséquentes tentent d'identifier connaissance et salut. Le néoplatonisme, de son côté, s'efforce de concilier rationalisme et mysticisme. Il donnera à la dogmatique chrétienne les cadres de pensée qui lui permettront, avec saint Augustin, de se constituer en métaphysique de l'Incarnation – sachant que cette idée d'Incarnation marque l'originalité irréductible de la pensée née des Évangiles. Ce parcours permet au jeune Camus d'approfondir sa réflexion personnelle, au confluent des deux grandes sources de sa culture : de la pensée grecque, traversée par un désir de connaissance dont il partage les exigences, il tire une vive méfiance devant l'arbitraire de la foi et le providentialisme ; mais le christianisme, réciproquement, lui enseigne la défiance face aux prétentions de la raison, et la conscience aiguë de la mort, ainsi que l'âpreté du combat spirituel, éveillent des échos chez le futur auteur de *L'Homme révolté.*

Dans cet ouvrage, il reviendra sur l'assimilation de l'hellénisme par le christianisme, pour situer dans le rapport à la nature le principal point d'achoppement du processus – sans doute est-il fortement influencé sur ce point par la critique nietzschéenne, de même que par la théologie janséniste et piétiste qui a façonné, tandis qu'il lisait Pascal et Kierkegaard, son interprétation du fait religieux. La conscience d'une solidarité de l'homme et du cosmos marque la pensée grecque ; le christianisme romprait cette relation d'amitié avec le monde, encore sensible chez François d'Assise. La nature se donne désormais moins à contempler qu'à transformer et à vaincre ; elle est le décor du drame de la rédemption, et le protagoniste d'une lutte. On entre dans le règne de l'histoire – une histoire perçue comme orientée, vers le salut ou le châtiment. Ce divorce entre l'homme et le monde est pour Camus lourd de conséquences, qui se retournent contre le christianisme lui-même : dans l'idéologie allemande, et notamment dans le marxisme, la volonté d'asservir la nature ne fait à ses yeux que s'intensifier, mais en expulsant Dieu d'un univers gouverné par l'histoire.

Cependant, si l'écrivain garde la nostalgie d'un rapport irénique au cosmos, il est trop profondément héritier de la conscience moderne pour ne pas sentir vibrer en lui l'énergie révoltée que libère le christianisme. Ce n'est pas simplement un rapport conflictuel à la nature qui gagne, depuis les terres de Judée, les rivages méditerranéens. Paradoxalement, le christianisme rend aussi possible, selon Camus, la rébellion contre le ciel : alors que la conscience cosmique des Grecs ne posait pas d'opposition tranchée entre les dieux et les hommes, la notion d'un Dieu personnel, créateur et donc responsable de l'ordre du monde, aimante les élans de contestation. Chez les croyants, qui ne se portent pas à cette extrémité, l'écrivain identifie du moins une puissance de refus, dirigée contre l'horreur du mal, et il se sent des affinités avec cette horreur, au point de s'avouer proche du souffle de révolte qui soulevait l'Église primitive. En somme, il se reconnaît, dit-il, en Augustin avant sa conversion, tourmenté par l'énigme terrible du mal. Les autres sommets de la pensée chrétienne sont pour lui Pascal, John Henry Newman, Georges Bernanos, en qui il identifie plus une espérance tragique qu'une paix lénifiante.

Ce qu'il ne partage pas – et ceci marque évidemment la principale divergence entre la vision camusienne de l'existence et le christianisme – c'est l'espoir eschatologique qui soutient chez les croyants la résistance au mal. À cet espoir, il oppose tout d'abord l'impuissance de l'incroyant à entrer dans une foi qu'il n'a pas reçue en partage. Sur ce point, l'écrivain a soin de distinguer les réalités démontrables des vérités de foi, qui échappent aussi bien à la preuve qu'à la réfutation. Il tire de ce constat une attitude ouverte, qui s'exprime dans la conférence donnée en 1946 chez les dominicains de Latour-Maubourg : « je ne partirai jamais du principe que la vérité chrétienne est illusoire, mais seulement de ce fait que je n'ai pu y entrer », déclare-t-il. Réciproquement, il salue chez certains catholiques un semblable respect de la liberté fondatrice des convictions en matière religieuse. Un article de 1943 consacré, dans les *Cahiers du Sud*, au *Portrait de M. Pouget* par Jean Guitton traduit ainsi l'intérêt de Camus pour les travaux d'un exégète lazariste qui, selon une méthode historique d'approche des textes sacrés, explique leurs apparentes incohérences par une pédagogie divine infusant patiemment les lumières de la révélation dans la gangue des mentalités ; l'écrivain apprécie une apologétique modeste et généreuse, qui prépare le chemin de la foi en montrant que l'Écriture ne heurte en rien le bon sens, mais qui ne prétend pas imposer à l'intelligence une adhésion relevant, aux yeux du théologien, du seul travail de la grâce. Une telle approche assainit le débat entre science et foi, en renvoyant dos à dos la volonté de prouver le contenu de la révélation et les arguments qui lui opposent le caractère non scientifique de certains textes bibliques, et en plaçant chrétiens et incroyants face à leur liberté.

La résistance de Camus aux espoirs que le christianisme met dans l'au-delà ne se justifie pas, toutefois, par le simple constat de son imperméabilité personnelle à la foi. Un désir impatient de justice intervient aussi : en reportant au-delà de l'histoire la guérison de toute blessure dans le Royaume éternel, l'eschatologie peut-elle alimenter indéfiniment l'espérance de foules, qui endurent dans l'histoire la souffrance et la mort ? Plus radicalement encore, un article de *Combat*, en septembre 1944, définit le christianisme comme une « doctrine de l'injustice », fondée sur le sacrifice de l'innocent. Là encore, le jugement de l'écrivain est complexe, car il reconnaît de la grandeur à cette acceptation du sacrifice. Et dans *L'Homme révolté*, il perçoit la force de la réponse apportée par la Passion du Christ aux cris de révolte de l'humanité souffrante : c'est Dieu lui-même qui vient prendre en charge la douleur, et assumer le mal, la mort. Mais encore faut-il, pour recevoir cette réponse, avoir foi en la divinité du Christ, faute de quoi l'agonie du Juste torturé ne peut qu'alimenter la rébellion contre le ciel.

Il demeure qu'aux yeux de Camus, l'authentique croyant tire de sa foi dans le sacrifice du Christ la même énergie pour rejeter le mal que l'incroyant révolté. Son expérience aux côtés de compagnons de résistance catholiques confirme, sur le terrain de l'action, ce que laissait pressentir, sur le plan de l'esprit, la lecture de Pascal ou de saint Augustin : l'espérance de la vie éternelle n'implique pas une démission présente face au scandale du mal. Il revendique son amitié avec le père Bruckberger, dit son admiration pour Simone Weil. À son ami René Leynaud, il rend ce bel hommage posthume : « Tout ce qui faisait sa vie morale, le christianisme et le respect de la parole donnée, l'avait poussé à prendre silencieusement sa place dans la bataille des ombres. » L'exemple des condamnés catholiques qui dans les geôles espagnoles refusent la communion imposée par des prêtres franquistes l'impressionne : il veut y reconnaître son propre refus d'un salut qui ne serait pas offert à tous et aurait l'injustice pour prix. Même sur le problème des compromissions historiques de l'Église officielle, l'écrivain refuse, dans les articles de *Combat*, les jugements péremptoires : aux complaisances de quelques dignitaires religieux face à la collaboration, il oppose l'engagement de nombreux chrétiens dans la Résistance et la protection offerte par des couvents ; grâce à « deux grands chrétiens », Georges Bernanos et José Bergamin, l'Église entière n'est pas compromise par le rôle odieux du haut clergé espagnol… Certes, Camus regrette que la condamnation du nazisme par Rome, faite dans le langage abscons des encycliques, n'ait pas été plus retentissante, que Franco n'ait pas été désavoué en 1936, et qu'en 1944 le message de Pie X en faveur de la démocratie se teinte de conservatisme social. De ces regrets, il tire un appel lancé dans sa conférence au couvent de Latour-Maubourg : « les chrétiens vivront et le christianisme mourra », s'ils laissent s'éteindre, dans un souci d'adaptation au monde, la vertu d'indignation qui vibrait aux origines de leur histoire ; bien au contraire, c'est à un combat commun contre la terreur à l'œuvre dans l'histoire qu'il les invite, par la voie d'un dialogue où nul ne renie rien de ses convictions. Dans la fiction, l'alliance contre la peste du père Paneloux et du docteur Rieux donne à ce combat une illustration symbolique.

Carole AUROY

• *Voir aussi* : Athéisme ; Dieu ; Église ; Jésus-Christ ; Paneloux

Bibl. : François Chavanes, *Albert Camus : un message d'espoir*, Le Cerf, 1996 • Arnaud Corbic, *Camus et l'homme sans Dieu*, Le Cerf, coll. « La Nuit surveillée », 2007 • Sabine Dramm, *Albert Camus und die Christen : eine Provoka-*

tion, Francfort, Haag & Herchen, 2002 • Joseph Hermet, *Albert Camus et le christianisme. L'espérance en procès*, Beauchesne, 1976

***CHRONIQUES ALGÉRIENNES* (*Actuelles* III).** – Les *Chroniques algériennes, 1939-1958* paraissent en mai 1958 dans le troisième volume des articles que Camus a réunis sous le titre *Actuelles*. C'est en effet une sélection rétrospective de ses principaux articles concernant le problème algérien. L'auteur les a encadrés entre un avant-propos et un « bref mémoire » sur la solution souhaitable du problème. Ces deux textes devaient être sa dernière prise de position publique.

Mis à part l'avant-propos, le volume commence par la plupart des articles publiés par Camus en 1939 dans *Alger républicain*, « Misère de la Kabylie », et en 1945 dans *Combat*, « Crise en Algérie ». La comparaison de ces deux enquêtes montre l'élargissement et l'approfondissement de sa réflexion, qui est passée d'une optique économique et sociale à une autre plaçant la politique au premier plan de sa problématique.

Sans transition, le recueil propose ensuite une « Lettre à un militant algérien », adressée après la sanglante insurrection du 20 août 1955 au socialiste Aziz Kessous, ancien directeur du journal de l'UDMA (Union démocratique du Manifeste algérien) *Égalité*, qui la publia dans le n° 1 de sa nouvelle publication, *Communauté algérienne,* le 1er octobre 1955. Cette lettre exprime d'abord le profond découragement de son auteur qui a « mal à l'Algérie [...] comme d'autres ont mal aux poumons », et qui est « prêt à désespérer » depuis le 20 août. Mais aussi sa confiance envers un vieil ami qui ressent le besoin de rapprocher les habitants de l'Algérie, lesquels sont « condamnés à vivre ensemble ». Camus explique en effet que deux actions parallèles sont simultanément nécessaires : « Si vous autres, démocrates arabes, faillissez à votre tâche d'apaisement, notre action à nous, Français libéraux, sera d'avance vouée à l'échec. Et si nous faiblissons devant notre devoir, vos pauvres paroles seront emportées dans le vent et les flammes d'une guerre impitoyable. »

L'évolution de l'opinion de Camus aurait sans doute été plus claire s'il avait ajouté quelques textes supplémentaires, publiés dans l'édition de ses *Essais* par Roger Quilliot en 1965. Par exemple, son message au « Comité pour l'amnistie aux condamnés politiques d'outre-mer » de mai 1954, et son texte sur « Terrorisme et amnistie » de juillet 1954 (*Essais*, Gallimard, coll. « Bibl. de la Pléiade », 1965, p. 1862-1865). Et surtout les deux premiers articles sur l'Algérie qu'il avait publiés dans *L'Express* peu après l'avoir rejoint pour soutenir Pierre Mendès France en mai 1955 : « Terrorisme et répression », le 9 juillet, et « L'avenir algérien », le 23 juillet. Constatant que l'insurrection du 1er novembre 1954 s'aggravait et provoquait une répression collective, il avait proposé pour sortir de cette « répression aveugle et imbécile » une conférence ouverte à tous les partis pour arrêter l'effusion de sang puis rechercher une solution politique. Solution inspirée de celle du conflit franco-tunisien et qui serait fondée sur l'association franco-arabe, laquelle supposerait des élections libres, mais pas la sécession, puisque l'Algérie pourrait prendre place dans l'Union française dont le Parlement fédéral s'installerait à Alger. Ce rêve avait été fracassé par les massacres du 20 août 1955, mais Camus s'acharnait encore à en sauver ce qui pouvait l'être.

Il présente ensuite, sous le titre « L'Algérie déchirée », huit articles publiés dans *L'Express* du 15-16 octobre 1955 au 17 janvier 1956. Cette série explique l'idée d'un appel à la « trêve civile », moins ambitieux que l'appel au cessez-le-feu déjà proposé, et qui va être repris par les partis du Front républicain. Dans le premier article, « L'absente », il constate l'inexistence d'un débat public sur le fond du problème algérien, et annonce son intention de proposer une « libre confrontation, au cours d'une rencontre décisive, des forces qui sont en présence ». Dans le deuxième, « La table ronde » (18 octobre), il définit sa proposition, inspirée en partie par la solution du problème marocain : « l'idée d'une table ronde où se rencontreront à froid les représentants de toutes les tendances, depuis les milieux de la colonisation jusqu'aux nationalistes arabes, me paraît toujours valable », mais à condition de se faire loyalement et dans la clarté.

Dans l'article suivant, intitulé « La bonne conscience » (21 octobre), il tente de dissiper les préjugés anticoloniaux des métropolitains qui rejettent toute la responsabilité de ce que l'on appelle déjà la « guerre d'Algérie » sur leurs compatriotes de ce pays : « tout se passe comme si le juste procès, fait enfin chez nous à la politique de colonisation, avait été étendu à tous les Français qui vivent là-bas. À lire une certaine presse, il semblerait vraiment que l'Algérie soit peuplée d'un million de colons à cravache et à cigare, montés sur Cadillac ». Or, cette « image d'Épinal est dangereuse. Englober dans un mépris général, ou passer sous silence avec dédain, un million de nos compatriotes, les écraser sans distinction sous les péchés de quelques-uns, ne peut qu'entraver, au lieu de favoriser, la marche en avant que l'on prétend vouloir ». Puis dans « La vraie démission » (25 octobre), il invite les Français d'Algérie à surmonter leurs amertumes en même temps que leurs préjugés, à reconnaître que la France doit choisir entre la politique de reconquête et celle de réformes, qu'approuver les réformes ne signifie pas approuver le massacre des populations civiles, et que leur refus constitue la vraie démission. Ensuite, sous le titre « Les raisons de l'adversaire » (28 octobre), il s'adresse aux « militants arabes » en se présentant comme « Français de naissance et, depuis 1940, par choix délibéré », et en les invitant à distinguer entre « ceux qui soutiennent la cause algérienne, parce qu'ils souhaitent [...] la démission de leur propre pays, et ceux qui demandent réparation pour le peuple algérien parce qu'ils veulent que la France soit grande aussi de sa justice ». Il les invite à condamner les massacres de civils de la même manière que les Français libéraux condamnent ceux de la répression, parce que sinon, « les notions relatives d'innocence et de culpabilité qui éclairent notre action disparaîtraient dans la confusion du crime généralisé, dont la logique est la guerre totale ». Par ailleurs, il essaie de les persuader que l'intérêt de l'Algérie n'est pas dans la soumission à un impérialisme étranger, celui de l'Égypte nassérienne ou de l'Espagne franquiste, et que la France offre aujourd'hui « la meilleure chance d'avenir au peuple arabe ». Dans l'article suivant, dont le titre indique la date (« Premier novembre »), il estime que si chaque partie fait l'effort d'examiner les raisons de l'adversaire un accord est possible. Mais afin de ne pas le rendre impossible par un redoublement de tueries, il propose « que les deux parties en présence prennent, simultanément, l'engagement public de ne pas toucher, quelles que soient les circonstances, aux populations civiles ».

Camus développe encore les mêmes idées dans plusieurs articles qu'il n'a pas repris dans les *Chroniques algériennes* : « La charte de janvier » (4 novembre), « Les bonnes leçons » (9 décembre), et de nouveau le 16 décembre (selon Yves Courrière, *Le Temps des léopards*). Mais il ajourne son projet de les présenter en public à Alger à cause de la dissolution de l'Assemblée nationale par le président du Conseil Edgar Faure, le 2 décembre 1955, et des élections législatives du 2 janvier 1956. Après ces élections, apparemment gagnées par le Front républicain soutenu par *L'Express*, il le relance dans l'article du 10 janvier 1956 intitulé « Trêve pour les civils ». L'écrivain évoque les nouvelles qu'il reçoit d'Algérie annonçant des meurtres et des massacres de part et d'autre, et stigmatise ceux qui s'en réjouissent. Il répond à l'argument de la priorité de la violence colonialiste : « Comment condamner les excès de la répression si l'on ignore ou l'on tait les débordements de la rébellion ? Et inversement, comment s'indigner des massacres des prisonniers français si l'on accepte que des Arabes soient fusillés sans jugement ? Chacun s'autorise du crime de l'autre pour aller plus avant. » Et il s'engage personnellement : « "Il faut choisir son camp", crient les repus de la haine. Ah ! je l'ai choisi ! J'ai choisi mon pays, j'ai choisi l'Algérie de la justice, où Français et Arabes s'associeront librement ! Et je souhaite que les militants arabes, pour préserver la justice de leur cause, choisissent aussi de condamner les massacres de civils, comme les Français, pour sauver leurs droits et leur avenir, doivent condamner ouvertement les massacres répressifs. » Puis il s'adresse à tous pour crier : « Trêve jusqu'au moment des solutions, trêve au massacre des civils, de part et d'autre ! » Enfin, le 17 janvier 1956, il invite tous ceux qui veulent la paix à se rassembler dans un « parti de la trêve » – c'est le titre de l'article –, rejetant aussi bien les fanatiques du nationalisme arabe qui revendiquent l'indépendance de l'Algérie avec l'appui de « cette étrange coalition qui réunit contre nous Madrid, Budapest et Le Caire » et les fanatiques de la colonisation qui renvoient toute réforme après la victoire. Et il souligne l'importance capitale de l'enjeu : « Si, par un excès de malheur, la coalition inconsciente de deux aveuglements amenait, dans un sens ou dans l'autre, la mort de l'Algérie que nous espérons, il nous faudrait alors […] procéder à une révision totale de nos engagements et de nos doctrines dans une histoire qui pour nous aurait changé de sens. »

C'est alors qu'il se rend à Alger pour y proposer son idée de trêve civile, le 22 janvier 1956, dans une réunion publique organisée par ses amis algérois et accueillie au Cercle du progrès, à l'entrée de la Casbah. Il lit son appel « pour une trêve civile en Algérie », soigneusement rédigé à l'avance, avec une précipitation croissante, par crainte de voir dégénérer en affrontements sanglants une manifestation hostile des « ultras ». Il y reprend toutes les idées qu'il avait développées depuis des mois. Il s'agit d'« obtenir que le mouvement arabe et les autorités françaises, sans avoir à entrer en contact, ni à s'engager à rien d'autre, déclarent, simultanément, que, pendant toute la durée des troubles, la population civile sera, en toute occasion, respectée et protégée ». Cela dans un but de simple humanité, parce qu'« aucune cause ne justifie la mort de l'innocent ». Mais aussi par raison, parce que les deux populations sont inévitablement solidaires, et que « ce qui tue les uns tue les autres aussi, chacun rejetant la faute sur l'autre, et justifiant ses violences par la violence de l'adversaire ». En attendant que la discussion souhaitable puisse s'engager sur le fond, ils peuvent « agir au moins sur ce que la lutte a d'odieux et proposer [...] de renoncer seulement à ce qui la rend inexpiable, c'est-à-dire le meurtre des innocents ». Mais à ces arguments déjà connus, il ajoute le risque de fermer la bouche des Français de bonne volonté : « Au lieu de cette large communauté dont ils rêvent, ils seront renvoyés alors à la seule communauté vivante qui les justifie, je veux dire la France. C'est dire qu'à notre tour, par notre silence ou de propos délibéré, nous entrerons dans la lutte. » Ce risque d'une séparation définitive des deux peuples est « l'enjeu mortel devant lequel nous nous trouvons ». Cet appel aurait semblé désespéré si Camus ne l'avait pas conclu par une exhortation à refuser la fatalité, car « la tâche des hommes n'est pas de l'accepter, ni de se soumettre à ses lois. [...] La tâche des hommes de culture et de foi n'est, en tout cas, ni de déserter les luttes historiques, ni de servir ce qu'elles ont de cruel et d'inhumain. Elle est de s'y maintenir, d'y aider l'homme contre ce qui l'opprime, de favoriser sa liberté contre les fatalités qui le cernent ».

Le recueil passe ensuite sans transition à la vigoureuse protestation d'Albert Camus contre l'arrestation de son ami Jean de Maisonseul, l'un des organisateurs de la réunion, accusé de relations avec le FLN. Camus réagit dans une lettre au *Monde* publiée le 30 mai 1956, avec une vigueur polémique témoignant de son manque de confiance envers Guy Mollet et Robert Lacoste. Mais il s'explique trop peu sur le silence qui a suivi son discours d'Alger, disant seulement : « Je me suis jusqu'ici obligé au silence sur l'affaire algérienne afin de ne pas ajouter au malheur français et parce que, finalement, je n'approuvais rien de ce qui se disait à droite comme à gauche. » Rien non plus sur l'année qui a suivi, durant laquelle il semble n'être sorti de son mutisme que pour répondre à un jeune Algérien de Stockholm, après la remise de son prix Nobel de littérature en décembre 1957 : « Je crois à la justice, mais je défendrai ma mère avant la justice. »

En fait, Camus s'est expliqué très clairement aussi bien dans l'avant-propos à son recueil, daté de mars-avril 1958, que dans sa conclusion, « Algérie 1958 », rédigée en janvier. Son silence était justifié par « la position d'un homme qui, placé très jeune devant la misère algérienne, a multiplié vainement les avertissements et qui, conscient depuis longtemps des responsabilités de son pays, ne peut approuver une politique de conservation ou d'oppression en Algérie. Mais, averti depuis longtemps des réalités algériennes, [il ne peut] non plus approuver une politique de démission qui abandonnerait le peuple arabe à une plus grande misère, arracherait de ses racines séculaires le peuple français d'Algérie, et favoriserait seulement, sans profit pour personne, le nouvel impérialisme qui menace la liberté de la France et de l'Occident. » Et il répétait cette impossibilité à la fin de son avant-propos : « Une Algérie constituée par des peuplements fédérés, et reliée à la France, me paraît préférable, sans comparaison possible au regard de la simple justice, à une Algérie reliée à un empire d'Islam qui ne réaliserait à l'intention des peuples arabes qu'une addition de misères et de souffrances et qui arracherait le peuple français d'Algérie à sa patrie naturelle. Si l'Algérie que j'espère garde encore une chance de se faire [...], je veux, de toutes mes forces, y aider. Je considère au contraire que je ne dois pas aider une seule seconde, et de quelque façon que ce soit, à la constitution de l'autre Algérie. »

Alors que son auteur venait de recevoir le prix Nobel de littérature, le livre se heurta à un mur de silence que brisèrent seuls Roger Quilliot dans *La Revue socialiste* et Germaine Tillion dans *Preuves*. Beaucoup d'intellectuels de gauche ont alors jugé que Camus avait trahi sa position d'équilibre et choisi son camp en se ralliant au plan d'intégration fédéraliste proposé par Marc Lauriol (bientôt élu député d'Alger en novembre 1958). On ne sut pas qu'il avait écrit à Jean Grenier : « je crois comme vous qu'il est trop tard pour l'Algérie. Je ne l'écris pas dans mon livre [...] parce qu'on n'écrit pas que tout est fichu ». Et pourtant, au-delà d'un jugement politique aujourd'hui dépassé, l'expression d'un jugement moral condamnant également les crimes des deux camps, qui fait l'essentiel de l'avant-propos, mériterait une citation intégrale tant elle éclaire les rapports qui doivent exister entre morale et politique si l'on veut éviter la répétition des pires catastrophes.

Guy PERVILLÉ

Éd. : Gallimard, 1958 • *Essais*, Gallimard, coll. « Bibl. de la Pléiade », 1965 • *Œuvres complètes*, t. IV, Gallimard, coll. « Bibl. de la Pléiade », 2008

Trad. : en allemand, espagnol et italien

CHUTE (La). – Au début de 1953, Camus projette d'écrire des « nouvelles de l'exil », qu'il a déjà ébauchées. Ce recueil sera publié en 1957 sous le titre *L'Exil et le Royaume*. Commencée en 1955, *La Chute* y aurait été intégrée si son ampleur et sa résonance n'avaient conduit Camus à en faire une œuvre autonome, considérée aujourd'hui comme un récit. Publiée chez Gallimard en mai 1956, elle connut aussitôt un immense succès – 126 500 exemplaires avaient été vendus en novembre de la même année. Parmi les nombreux comptes rendus généralement élogieux, l'on signalera celui de Maurice Blanchot dans *La Nouvelle NRF*, de Claude Mauriac dans *Preuves* et de Gaëtan Picon dans *Le Mercure de France*.

Si elle fut pour l'essentiel composée en quelques semaines, *La Chute* trouve son origine dans la querelle de Camus avec les existentialistes, qui tourna à l'aigre quand *Les Temps modernes* publièrent en mai 1952 un compte rendu très malveillant de *L'Homme révolté*. Camus note au fil de ses *Carnets*, dans les mois qui suivent : « *Temps modernes*. Ils admettent le péché et refusent la grâce. Soif du martyre » ; « Polémique avec T. M. [...]. Paris est une jungle, et les fauves y sont miteux » ; « Parvenus de l'esprit révolutionnaire nouveaux riches et pharisiens de la justice. Sartre, l'homme et l'esprit, *déloyal* », puis « Polémique T. M. – Coquineries. Leur seule excuse est la terrible époque. Quelque chose en eux, pour finir, aspire à la servitude. Ils ont rêvé d'y aller par quelque noble chemin, plein de pensées. Mais il n'y a pas de voie royale vers la servitude. Il y a la tricherie, l'insulte, la dénonciation du frère. Après quoi, l'air des trente deniers. » Le pharisaïsme de la justice, l'aspiration à la servitude, et jusque l'allusion à Judas (qui livra le Christ aux Romains pour trente deniers) : sont déjà définis les thèmes majeurs de *La Chute*. Une note du 14 décembre 1954 éclaire d'avance la figure de celui qui sera son protagoniste : « Existentialisme. Quand ils s'accusent on peut être sûr que c'est toujours pour accabler les autres. Des juges-pénitents. » Un court voyage en Hollande, effectué deux mois plus tôt, va enfin inspirer à Camus le décor de son récit ; des impressions, dont certaines ont été recueillies à Rotterdam ou à La Haye, nourriront son évocation d'Amsterdam, ville froide et mouillée où l'on a l'impression de tourner en rond.

Sans doute a-t-il conçu à cette époque l'idée d'écrire, peut-être sous la forme d'une nouvelle, un pamphlet contre la « jungle » parisienne et les existentialistes. Une crise personnelle va pourtant infléchir l'inspiration de l'ouvrage à venir et l'empêcher de céder à une forme inversée de pharisaïsme. Il n'a pas eu besoin de s'inventer une culpabilité factice lorsque Francine, sa femme, est tombée à la fin de 1953 dans une grave dépression, qui l'a peut-être conduite au bord du suicide. Lui qui connaît le succès auprès des femmes comme auprès du public, le voici confronté à l'épreuve du miroir, et sans doute trouve-t-il son image peu reluisante. Et puis, s'il n'a guère recherché la gloire mondaine et s'il a toujours détesté les artifices du langage, n'est-il pas désormais consacré, à son corps défendant, comme un intellectuel parisien ? Plus que jamais, il se sent exilé de la pauvreté et de la simplicité qui, dans sa jeunesse, faisaient ses vraies richesses. Jean-Baptiste Clamence, le héros bavard de *La Chute*, sera chargé à la fois des fautes que Camus impute à ses ennemis et de celles qu'il se reproche à lui-même. Le titre d'abord envisagé, *Un héros de notre temps* (expression notée dans les *Carnets* au début de 1956 et qui fait écho à la formule « leur seule excuse est dans la terrible époque »), avait été abandonné parce qu'il était celui d'un roman de Mikhaïl Lermontov paru en 1840. Camus a aussi envisagé d'appeler son récit *Le Pilori*, ou *Un puritain de notre temps*. Le 31 mars, il écrit à Vivette Perret : « Le livre va paraître sous le titre *Le Cri*, récit. » Quand il est publié, deux mois plus tard, sous son titre définitif, ses amis sont émerveillés. Depuis un an, Camus les entretenait de son incapacité à écrire. « Ton impuissance, c'était ça ! » plaisante Robert Gallimard.

Le texte de *La Chute* se divise en six séquences (qu'on hésite à appeler « chapitres » puisque Camus ne les a pas numérotées), correspondant à cinq journées.

Première journée. À Mexico-City, petit bar louche d'Amsterdam, un consommateur qui se présente sous le nom de Jean-Baptiste Clamence engage la conversation avec un compatriote de passage. Quadragénaire, ancien avocat parisien qui a quitté la capitale, Clamence exerce désormais la profession de « juge-pénitent ». Il parle à son interlocuteur de la Hollande (« La Hollande est un songe, monsieur ») et le raccompagne jusqu'à proximité d'un pont. « Je vous quitte près de ce pont. Je ne passe jamais sur un pont, la nuit. C'est la conséquence d'un vœu. »

Deuxième journée. « Qu'est-ce qu'un juge-pénitent ? » La question, posée par Clamence lui-même, ne recevra de réponse que plus tard. Clamence explique en attendant comment il en était arrivé à mener ce qu'on appelle une « vie réussie ». Jusqu'au soir où il ressentit un malaise en entendant, sur le pont des Arts, un rire dont il ne put découvrir la provenance. Rentré chez lui, il sourit devant sa glace, mais il lui sembla que son sourire était double.

Troisième journée. Clamence poursuit sa confession le long des canaux. Le rire mystérieux a détraqué la belle harmonie de son existence et lui a fait découvrir la honte. Une nuit de novembre, deux ou trois ans avant le soir où il avait cru entendre ce rire, il avait été surpris par le bruit provoqué par la chute, dans la Seine, du corps d'une jeune femme qu'il venait d'apercevoir, accoudée au parapet, alors qu'il traversait le pont Royal. L'eau était froide. « Trop tard, trop loin... » Il avait poursuivi son chemin.

Quatrième journée. Clamence visite avec son compagnon l'île de Marken. Il raconte comment, le rire de ses contemporains l'ayant conduit à découvrir sa propre duplicité, il décida de se mettre du côté des rieurs et de bousculer les valeurs humaines et sociales.

Quatrième journée (suite). Clamence vogue désormais sur le Zuiderzee et explique comment il s'adonna à la débauche, une « débauche libératrice ». Diminuant sa vitalité, elle atténuait sa souffrance. Un point noir aperçu un jour sur l'eau le ramena à la réalité : il fallait vivre dans le « malconfort ». Le mot désignait au Moyen Âge une cellule étroite où l'on souffrait tellement qu'on se sentait coupable. On ne peut du reste affirmer l'innocence de personne, pas même du Christ.

Cinquième journée. Clamence, malade, reçoit son compagnon dans sa chambre. Il lui raconte qu'à une époque où il avait été désigné comme « pape » dans un camp de prisonniers, il avait refusé de l'eau à un camarade dont il avait la charge. « À propos, voulez-vous ouvrir ce placard, s'il vous plaît » : il contient *Les Juges intègres*, panneau jadis volé et jamais retrouvé du tableau de Van Eyck, *L'Agneau mystique.* Ayant séparé la justice de l'innocence, Clamence peut exercer son métier de juge-pénitent, métier qui consiste à tracer de soi-même le portrait le plus noir, puis à le tendre à ses interlocuteurs pour qu'ils découvrent comme dans un miroir leur propre noirceur. Ainsi Clamence a-t-il trouvé le confort qu'il a cherché toute sa vie. Si l'autre est un policier, il l'arrêtera sans doute pour le recel du tableau. Hélas ! L'autre n'est pas un policier : il exerce à Paris la profession d'avocat.

Dans un premier état du manuscrit, l'autre était bel et bien un policier. Ensuite, Camus imagina d'en faire un juge pour enfants. Le dénouement finalement retenu, changeant l'interlocuteur en un double du héros, autorise le lecteur à imaginer que Clamence interpellera d'autres « clients », à l'infini.

Le lecteur de *La Chute*, d'un bout à l'autre de l'ouvrage, est tributaire de la parole de Clamence. Si celui-ci ment, aucune intervention extérieure à l'histoire ne nous en prévient. La présence de l'interlocuteur lui-même n'est attestée que par de brèves questions ou réflexions absentes du texte, dont nous ne sommes informés que grâce à leur reprise par la bouche de Clamence. Ainsi, au théâtre, si un personnage téléphone à un interlocuteur évidemment absent de la scène, la conversation de celui-ci ne sera-t-elle connue du spectateur que dans la mesure où elle est répétée, de façon parfois artificieuse, par le personnage que nous avons sous les yeux. Et si ce personnage, feignant d'être en ligne, inventait la présence d'un interlocuteur au bout du fil ? Cette hypothèse s'offre au lecteur de *La Chute*. On peut, soit se figurer les traits, l'attitude et les répliques de l'interlocuteur d'après les indications fournies par Clamence, soit supposer que, seul d'un bout à l'autre du récit, Clamence s'est fabriqué un compagnon imaginaire dont il modèle à son gré le comportement. La seconde hypothèse porterait à son comble cette tragique solitude que Clamence tente de tromper en modelant un fantôme qui serait à la fois son double (quadragénaire et cultivé comme lui) et son opposé (policier contre avocat). Mais, du moment où on est enfermé en soi, l'imagination se heurte à des limites : Clamence n'arriverait à fabriquer, pour finir, qu'un parfait *alter ego*, avocat parisien comme lui. Que l'interlocuteur soit, dans l'ordre de la fiction, une figure « réelle » ou un pur fantasme, le couronnement de l'entreprise de Clamence est pareillement ambigu. Si, conformément à son vœu, l'autre avait été un policier qui l'eût arrêté pour recel de tableau, il aurait eu le loisir en prison de jouer les martyrs et de présenter son cas personnel comme un exemple de la culpabilité universelle. Du moment qu'il se trouve en face d'un avocat, c'est un autre genre de succès qu'il remporte : ayant eu la chance de tomber sur un parfait double de lui-même, il peut tout à son aise lui tendre un miroir pour lui faire partager les crimes dont il s'est accusé tout au long du récit.

Dostoïevski, avec *Le Sous-sol*, appelé parfois aussi *Mémoires écrits dans le sous-sol* ou *Écrit dans un souterrain* (1864), est un possible précurseur du Camus de *La Chute*. Il déclarait dans une note de son ouvrage avoir voulu « montrer au public, en en soulignant quelque peu les traits, un des personnages de l'époque qui vient de s'écouler, un des représentants de la génération qui s'éteint actuellement ». Vivant dans un sous-sol de Saint-Pétersbourg, le héros de Dostoïevski livre un soliloque, entrecoupé d'objections formulées par lui-même ou répétées à partir de celles d'un interlocuteur, où il tente de se convaincre de sa déchéance. En 1946, Louis-René des Forêts publia chez Gallimard un récit intitulé *Le Bavard*, dans lequel le narrateur, enfermé dans l'enfer de la parole, prend au piège un lecteur qui ne sait plus que croire (dans « La parole vaine », postface au récit, Maurice Blanchot suggéra une possible influence du *Bavard* sur *La Chute*). Quant aux parentés qui furent suggérées entre *La Chute* et le Nouveau Roman, Camus les récusa avec son habituelle modestie. Dans une interview publiée après sa mort dans *Venture Review* (printemps-été 1960), il répondait : « C'est beaucoup plus simple. J'y ai utilisé une technique de théâtre (le monologue dramatique et le dialogue implicite) pour décrire un comédien tragique. J'ai adapté la forme au sujet, voilà tout. » Un « monologue dramatique » suppose-t-il que le personnage soit seul sur scène ? On dit aussi parfois, par extension, que quelqu'un monologue s'il prête une faible attention à son interlocuteur. L'expression « dialogue implicite », signifiant que le dialogue se déduit des signes du texte, oriente de façon plus décisive vers un récit à deux personnages. Au moins *La Chute*, peut-être à l'insu de Camus, offre-t-elle cette ambiguïté qui contribue à sa richesse. Si ce dernier n'a pas eu la sensation d'écrire ici un Nouveau Roman, d'autres ont eu envie d'infléchir l'ouvrage en ce sens. Ainsi, Alain Robbe-Grillet se dit troublé par cette « espèce d'énigme concernant ce qui s'est passé vraiment et qui troue en quelque sorte toute cette histoire ; et, par conséquent, [a] parfois envie de réécrire *La Chute* comme Camus aurait dû l'écrire ! » Part faite à la boutade, la déclaration de Robbe-Grillet met l'accent sur ce qui éloigne *La Chute* du roman traditionnel, où le lecteur, fort de la garantie de l'auteur ou d'un narrateur interne à l'histoire, fait le départ entre ce qui est censé être vrai et ce qui est censé être faux. Qui nous dit ici que Clamence, pour les besoins de son entreprise de démoralisation, n'a pas inventé d'un bout à l'autre cette série d'événements qui l'accable ? Tout est vrai ou tout est faux : on est pris de vertige entre ces deux possibilités extrêmes. Mais « réécrire » le récit pour en faire un Nouveau Roman eût abouti à le dénaturer. Alors que, dans les tentatives du Nouveau Roman, une conscience narrative vidée de toute prétention psychologique et morale se rend transparente au monde extérieur, dans *La Chute*, à l'inverse, un personnage investit tyranniquement l'ensemble du récit au moyen d'analyses soutenues par une rhétorique et ornées de lyrisme et qui, pour être ironiques, n'en constituent pas moins la matière de l'œuvre.

Ainsi le discours de Clamence se confond-il, aux yeux du lecteur, avec le texte de *La Chute*. La chronique de Rieux, de même, se confondait si bien avec le texte de *La Peste* que ce roman fut parfois, abusivement, qualifié lui-même de chronique. On s'expose au même malentendu si l'on identifie le « récit » de Clamence au « récit » de Camus. Il est vrai que l'auteur semble abandonner la conduite du discours à son personnage. Celui-ci lui impose un style d'une sophistication peu camusienne, il en dicte les décors (promenant son compagnon où bon lui semble) et même le rythme (nous avons observé que le récit se divisait en « journées », tributaires de l'emploi du temps de Clamence, non en « chapitres », comme il convient à une œuvre romanesque). Mais, si l'on suppose que le récit comporte deux personnages, une autre ambiguïté s'offre au lecteur. Clamence a-t-il d'emblée évalué qu'un programme de cinq journées serait nécessaire au succès de son entreprise ? En ce cas, le texte déroule peu ou prou un discours qu'il tenait tout prêt et qu'il resservira tel quel, le cas échéant, à son « client » suivant. Ou bien, étant tombé sur un client particulièrement coriace (à qui ses proximités d'âge, de condition et de culture procuraient peut-être des moyens supérieurs de défense), est-il cette fois obligé d'en rajouter ? Il est étonnant que la « chute » de la jeune femme dans la Seine, climax du récit, soit suivie de l'épisode, moins frappant pour l'imagination et pourtant plus infamant, du prisonnier privé d'eau. On soupçonne alors que Clamence, qui croyait venir à bout de son interlocuteur grâce à une scène spectaculaire et maintes fois répétée, a dû cette fois puiser plus loin dans sa mémoire pour y trouver (y inventer ?) une pièce à conviction plus décisive. Au moins faut-il admettre, pour la cohérence de l'histoire, qu'il avait dès le début programmé le dernier décor, celui de la chambre où l'a cloué la maladie (est-il vraiment malade ? Peu importe. Il est assez grand comédien pour se donner de la fièvre du moment que le scénario l'impose). En somme, soit le « récit » de *La Chute* reproduit celui de Clamence (le terme ayant toutefois une acception différente selon qu'il s'agit d'une œuvre littéraire ou d'un discours oral), soit il raconte l'aventure d'un juge-pénitent aux prises avec des résistances imprévues dans l'exercice de ses fonctions. Dans le premier cas, le texte de *La Chute* offre une série de confessions (à l'exception toutefois du dénouement : à supposer que Clamence s'adresse réellement à quelqu'un, il ne saurait tomber chaque fois sur un avocat…) ; dans le second, la rencontre proposée à notre imagination est unique. On s'éloigne alors du récit, au sens où on l'entend dans le classement des genres littéraires, pour aborder au roman.

Le lecteur d'un récit, à plus forte raison d'un roman, exige que soit offert à son imagination le décor grâce auquel il bâtira son théâtre intérieur. Le procédé adopté par Camus dans *La Chute* limite ces indications au bon vouloir de son personnage. Sur ce point, Clamence ne nous déçoit pas. Mais s'il décrit avec profusion les lieux où il séjourne ou qu'il traverse, ce n'est pas uniquement en vertu de l'artifice qui lui délègue la fonction descriptive : pour les besoins de sa démonstration, il doit dire non seulement qui il est, mais où il est. Le bar Mexico-City, où il tient ses assises, est assez miteux pour figurer son renoncement aux biens matériels, il offre une sorte de réplique du « malconfort » et, en y désignant le « rectangle vide qui marque la place d'un tableau décroché », Clamence procède à la manière d'un dramaturge ou d'un romancier attentif à livrer, dès le début de son œuvre, un signe énigmatique dont le sens sera dévoilé au dénouement. S'il a choisi Amsterdam, c'est parce que, avec son réseau concentrique de canaux, la ville semble une réplique de l'Enfer de Dante. Au centre de l'Enfer, l'auteur de *La Divine Comédie* avait placé le cercle des traîtres. Traître aux femmes qui l'ont aimé comme à celle qu'il n'a pas secourue, traître à son compagnon de captivité et à l'humanité en général, Clamence a trouvé dans Amsterdam le royaume idéal de son indignité. De même que la ville, envahie par le froid à mesure qu'avance le récit (la neige tombe au cours de la dernière journée), l'Enfer de Dante était glacé. Pour avoir reculé devant le froid, lorsque la jeune femme s'est jetée dans la Seine, Clamence s'est imposé pour sa punition d'habiter une ville plus froide encore. Les multiples ponts qui enjambent les canaux lui rappellent eux-mêmes l'épisode le plus spectaculaire de sa déchéance ; à l'occasion, ils se prêtent eux aussi à son habileté rhétorique (en déclarant à son interlocuteur qu'il ne traverse jamais un pont la nuit, il pique sa curiosité et amorce la scène-clé de sa confession). Il a élu domicile dans le quartier juif d'Amsterdam, où les nazis ont opéré un nettoyage par le vide, moins pour méditer sur le martyre des juifs que pour alimenter quotidiennement son horreur et son mépris du genre humain. La poésie de la ville est elle-même artificieuse : ses brumes et ses lumières dorées donnent l'envie d'un ailleurs. Cet ailleurs ne se trouve pas sur le Zuiderzee, noyé dans la brume, où Clamence n'a entraîné son compagnon que pour mieux évoquer d'autres îles, celles des archipels grecs, où la lumière offre des repères. Dans le pays qu'il a élu, la frontière s'efface entre le vrai et le faux. Les lieux fréquentés jadis par Clamence n'échappent pas eux-mêmes aux symboles : lui qui eut longtemps l'illusion de dominer le monde a choisi, dirait-on, le pont Royal pour signifier ironiquement l'endroit de sa déchéance. Qui vérifiera si la jeune femme s'est vraiment jetée du pont Royal ? On a le droit d'en douter. Mais faut-il lire d'un œil différent le récit du passé de Clamence et celui de la promenade où il a entraîné son client ? Il est impossible de décider si le texte contient des mensonges ou s'il est tout entier un mensonge.

Au retour d'un voyage cauchemardesque à Prague (1937), Camus avait retrouvé la lumière de la Méditerranée. Il a donc imaginé un héros qui, à l'inverse de Martha dans *Le Malentendu*, a choisi d'aller vers la brume et le froid. Amateur maniaque de symboles géographiques, Clamence caricature en l'occurrence un penchant de l'écrivain. C'est à la « pensée de midi », triomphante dans un bassin méditerranéen où s'exerce avec plénitude l'exigence de la mesure, qu'il a choisi de se soustraire. Aucune autre foi ne se présente à son horizon. On aurait tort, en effet, de lire ses fréquentes références au christianisme comme un penchant à la conversion, que certains critiques prêtèrent à Camus lui-même après la publication de son récit. Il est vrai que le titre de *La Chute* renvoie non pas prosaïquement au suicide de la jeune femme dans la Seine, mais plus sûrement à la Bible. Mais Camus tira rapidement le débat au clair dans une interview donnée au *Monde*, le 31 août 1956 : « Mon juge-pénitent ne dit-il pas clairement qu'il est sicilien et javanais ? Pas chrétien pour un sou. » Comme si on pouvait prendre au pied de la lettre ce que dit Clamence… Dans la suite de l'interview, il est vrai, Camus affirme que c'est là son seul point commun avec son personnage. Les Évangiles, qui ont dans le récit valeur de mythe plutôt que de parole sacrée, inclinent moins à apparenter Clamence à Jésus qu'à Judas, dont le tort décisif fut non d'avoir trahi son Seigneur, mais de n'avoir pas su ensuite espérer son pardon. Et si manquer d'espoir en Dieu n'a guère de sens chez Camus, il n'est pas plus grande faute à ses yeux que de désespérer de l'homme. Ainsi *La Chute* prend-elle une signification non seulement philosophique, mais politique. À priver l'homme de ses valeurs, l'existentialisme moderne fait le lit du totalitarisme. Première figure du désespoir dans l'œuvre de Camus, Caligula, par mépris pour le genre humain, exerçait son pouvoir jusqu'au délire avant de se confronter, seul, au miroir où se brisait son image. Saisi par un pareil démon de la lucidité, Clamence, après avoir été un Don Juan irrésistible, un avocat infaillible et même « pape » dans son camp de prisonniers, s'est dégrisé de l'ivresse du pouvoir et de son goût des hauteurs. Tombé de son piédestal, il trouve désormais de la volupté dans l'abaissement et l'humiliation. Souverain ou servile, il s'éloigne également de l'idéal proclamé par Diego dans *L'État de siège* : aimer les hommes « à mi-hauteur ». Non content, en effet, de se contempler dans un miroir, il tend ce miroir à ses contemporains afin qu'ils y reconnaissent une image semblable à la sienne. Persuader les hommes qu'ils sont tous coupables est la voie la plus sûre pour les conduire vers la servitude.

En 1953, année où il a écrit *Retour à Tipasa* et commencé *Le Premier Homme*, Camus s'est engagé dans ce qu'il appelait le « troisième étage » de son œuvre : celui de l'amour. *La Chute*, publiée trois ans plus tard, apparaît à contre-courant de cette inspiration. Il est vrai que son titre, inspiré par le troisième chapitre du Livre I de la Genèse, fait écho à celui du *Premier Homme*, objet du deuxième chapitre où Dieu donne naissance à Adam. Après avoir congédié l'« envers », Camus se promettait donc, dans son dernier roman, d'aborder l'« endroit ». Dans cet envers, il s'est assurément expurgé d'une mauvaise part de lui-même, et jusque du cynisme dont il eut parfois la tentation. Au moins ses pires ennemis ne lui reprocheront-ils jamais de flatter l'aspiration à la servitude, qui est le fin mot de son récit. « Toute mon œuvre est ironique », a-t-il écrit dans ses *Carnets*. La phrase a pu surprendre. À prendre « ironique » en son sens courant, *La Chute*, au moins, la confirme à l'évidence. Par sa virtuosité, ses artifices rhétoriques, le brillant de son style, elle déconcerte le lecteur de *L'Étranger* aussi bien que du *Premier Homme*. Elle était publiée depuis un an et demi quand les jurés du prix Nobel couronnèrent Albert Camus pour l'ensemble de son œuvre. *L'Exil et le Royaume*, paru entre-temps, avait eu un moindre retentissement. Aussi trouva-t-on parfois commode d'écrire que le Nobel avait couronné « l'auteur de *La Chute* ». Son prix donna à Camus l'occasion d'être porté au pinacle, de goûter à la gloire mondaine et de faire de beaux discours. On croit deviner, en lisant son récit, pourquoi il supporta aussi douloureusement cette épreuve.

Pierre-Louis Rey

Éd. : Gallimard, 1956 • *Théâtre, récits et nouvelles*, Gallimard, coll. « Bibl. de la Pléiade », 1962 • Gallimard, coll. « Folio », 1971 • *Œuvres complètes*, t. IV, Gallimard, coll. « Bibl. de la Pléiade », 2008, éd. par Gilles Philippe

Trad. : en albanais, allemand, anglais, bulgare, catalan, chinois, coréen, croate, danois, espagnol, finnois, géorgien, grec, hébreu, hindi, hongrois, islandais, italien, japonais, letton, lituanien, néerlandais, norvégien, oriya, persan, polonais, portugais, roumain, russe, suédois, tchèque, thaï, turc, ukrainien et vietnamien

Crit. : Alex Argyros, *Crimes of Narration. Camus'* La Chute, Toronto, Paratexte, 1985 • Brian T. Fitch, « The Fall ». *A matter of guilt*, New York, Twayne, 1995 • Raymond Gay-Crosier (dir.), *Textes, intertextes, contextes, autour de* La Chute, *Revue des Lettres modernes*, série Albert Camus, 15, 1993 •Jacqueline Lévi-Valensi, La Chute *d'Albert Camus*, Gallimard, coll. « Foliothèque », 1997 • Claudine et Michel Maillard, *Le Langage en procès. Structures et symboles dans* La Chute *de Camus*, Presses universitaires de Grenoble, 1977 • Martina Yadel, La Chute *von Albert Camus, Ansätze sur einer Interpretation*, Bonn, Bouvier, 1984

***CHUTE* (*La*) AU THÉÂTRE**. – L'incertitude générique qui caractérise *La Chute* ne pouvait que favoriser son adaptation pour la scène. D'après le témoignage du comédien Jean Negroni, Camus lui-même aurait pensé à porter son récit au théâtre. Il en parlait en ces termes dans sa dernière interview : « J'y ai utilisé une technique de théâtre pour décrire un comédien tragique. » Avec sa connaissance approfondie des moyens de la théâtralité, il réussit à partir de la parole unique de son personnage à suggérer la présence d'un interlocuteur, comme celle du monde extérieur.

La concrétisation de cette idée déjà ancienne d'un spectacle adapté de *La Chute* eut lieu dans les années 1980 à la suite d'une rencontre entre Catherine Camus et François Chaumette, alors que le comédien faisait une lecture du texte à Angers. La fidélité au texte imposait un acteur unique, que fut ce dernier. Le lieu scénique avait les dimensions intimes de la chambre du personnage, Clamence, d'où celui-ci s'adresse à l'humanité. De façon subtile, l'adresse au public impliquait celui-ci progressivement jusqu'au malaise. Jouée d'abord au Théâtre de la Criée à Marseille, la pièce fut reprise à Paris au Studio des Champs-Élysées où elle fut représentée pendant près de trois mois, lors de la saison 1989-1990. Deux ans plus tôt, une adaptation due à Michel Touraille avait été jouée à Montpellier, par le Théâtre du Quotidien.

D'autres ont suivi. L'on en signalera seulement quelques-unes : le Théâtre du Guichet-Montparnasse à Paris monte celle de Marcel Guignard en 1993 ; le Théâtre du Rond-Point puis le Théâtre 14 celle de Pierre Tabard en 1996 et 1998. Celle de François Chaumette et de Catherine Camus a servi de modèle à Michel de Miramont, pour un spectacle qui a été joué sur plusieurs scènes parisiennes entre 1997 et 2006 et à Avignon en 2000. Le metteur en scène s'est fondé sur les mêmes principes, une scénographie minimaliste et un jeu intériorisé. Les éléments du décor devaient plus suggérer qu'imposer. Ainsi le même accessoire devait-il évoquer tour à tour la balustrade d'un pont, le bastingage d'un bateau de promenade, la barre d'un tribunal ou encore un échafaud. Jacqueline Lévi-Valensi a souligné « l'admirable jeu de Jean Lespert : tour à tour cynique, ironique, émouvant, il nous propose une incarnation étonnante de Clamence ; il fait véritablement corps avec le personnage dont il rend perceptibles les ambiguïtés, les faux-semblants, l'orgueil et la douleur tout en préservant son mystère ».

Une adaptation s'appuyant sur des principes différents est possible, comme l'a montré le spectacle présenté au Théâtre du Grand Midi à Bruxelles au cours de la saison 2003-2004. Le récit, adapté par Paul Anrieu, était mis en scène par Bernard Damien. Selon le principe du théâtre en rond, le plateau est une salle de café, rappelant le Mexico-City, où le public prend place également. Par ailleurs, contrairement au principe de l'acteur unique, une rencontre a lieu : l'autre est un rôle presque muet, un passant, une oreille, le prétexte du discours tenu par le juge-pénitent. Tout se passe sous le regard de « l'estimable gorille » en gilet de cuir noir et bonnet vissé sur le crâne. Le personnage principal porte quant à lui un costume élimé, ce qui suggère une forme de déchéance.

Preuve supplémentaire de l'intérêt des créateurs de théâtre pour *La Chute*, deux autres adaptations ont été réalisées et mises en scène ces dernières années dans le cadre du festival d'Avignon.

Jacques Le Marinel

CLAIRIN, Pierre-Eugène (1897-1980). – Pierre-Eugène Clairin naît à Cambrai d'un père officier et d'une mère d'origine américaine. Élève de Cormon à l'École des beaux-arts de Paris, il étudie à l'académie Ranson dans l'atelier de Paul Sérusier qui lui fait connaître Pont-Aven, en Bretagne, dès 1919. Il apprend la gravure avec Maurice Denis et Édouard Vuillard, est pensionnaire de la villa Abd-el-Tif à Alger de 1929 à 1931 et travaille également dans le sud de l'Algérie et au Maroc. C'est alors qu'il fait la connaissance de Camus, par l'intermédiaire du sculpteur Marcel Damboise.

Camus préface l'exposition de ses œuvres qui s'ouvre le 14 décembre 1945 à la galerie Charpentier à Paris et, en mars 1946, présente dix estampes originales dans la collection des *Maîtres de l'estampe contemporaine* aux éditions Rombaldi. Clairin quant à lui est le premier, en 1952, à la suite d'un voyage en Algérie, à illustrer *Noces* et, deux ans après, l'édition originale de *La Femme adultère* – illustrations conçues en marge du texte. L'artiste compose également en 1958 trois aquarelles pour *L'Été*. En 1974, il fait encore un dessin représentant la maison de Camus à Lourmarin. Ce regard croisé de Camus sur Clairin (deux textes) comme de Clairin sur Camus (trois œuvres illustrées) manifeste une affinité que Camus n'a, et n'aura, avec aucun autre artiste. Graveur fécond, illustrateur de nombreux ouvrages, Clairin est aussi professeur de lithographie aux Beaux-Arts à Paris à partir de 1958 et entre à l'Institut de France en 1967.

Guy Basset

Bibl. : Guy Basset, « Camus-Clairin : œuvres croisées », *Revue des Lettres modernes*, série Albert Camus, 18, 2000, p. 101-107

CLAMENCE, Jean-Baptiste. – Le héros de *La Chute* se présente sous le nom de Jean-Baptiste Clamence. On suppose que, tel un comédien de profession, il dissimule sa véritable identité sous un pseudonyme qui correspond à son rôle. Comme il use et abuse des symboles, affecte les références aux Saintes Écritures et ne manque pas de cynisme, son prénom se lira comme celui du précurseur du Christ. Désigné par Dieu, saint Jean-Baptiste a en effet mené une vie d'ascète et baptisé ses disciples, puis Jésus lui-même, dans les eaux du Jourdain. *Vox clamans in deserto* (« voix qui prêche dans le désert ») selon les Évangiles, il justifie également le patronyme que s'est attribué le héros de Camus.

Amsterdam n'est plus le « désert » qu'elle fut quand Descartes y avait élu domicile (voir *L'Été*), mais l'eau de ses canaux se prête à l'initiation au désespoir à laquelle Clamence voue désormais son existence. Les contraintes du récit à la première personne réduisent, d'ordinaire, la description physique du héros-narrateur. Sur ce point, les lecteurs de *La Chute* ne seront pas trop frustrés. L'artifice en vertu duquel Clamence décrit son apparence n'est guère gênant dans la mesure où sa stratégie consiste à s'exhiber complaisamment et où les différences et les ressemblances qu'il relève entre son compagnon et lui aident à l'imaginer.

Quadragénaire comme Camus à la même époque, il a, comme lui et comme Yvars dans *Les Muets*, la nostalgie de la jeunesse qui s'enfuit. Il se distingue de son créateur par sa « parfaite santé », son allure de joueur de rugby et une taille nettement plus élevée que la moyenne. Excepté un mot sur son père (« officier »), nous ne saurons rien de sa famille, ni de ses moyens d'existence depuis qu'il a renoncé à sa profession d'avocat. Celle de juge-pénitent, par laquelle il l'a remplacée, ne doit guère nourrir son homme : l'aspect miteux de son manteau suggère qu'il a cessé d'être un bourgeois. Mais certaines de ses phrases pourraient être mises au compte de Camus lui-même : « Et puis, allons droit au but, j'aime la vie, voilà ma vraie faiblesse. Je l'aime tant que je n'ai aucune imagination pour ce qui n'est pas elle », ou : « L'idée la plus naturelle à l'homme, celle qui lui vient naïvement, comme au fond de sa nature, est l'idée de son innocence », ou encore : « Les matches du dimanche, dans un stade plein à craquer, et le théâtre, que j'ai aimé avec une passion sans égale, sont les seuls au monde où je me sente innocent. » De même, lorsqu'il déclare qu'il « voulai[t] déranger le jeu et surtout, oui, détruire cette réputation flatteuse dont la pensée [l]e mettait en fureur », on croit voir percer l'agacement de Camus, irrité par la réputation de « saint laïque » qui lui fut faite après *La Peste*. De façon plus anecdotique, il partage avec l'écrivain une tendresse pour les chiens. Don Juan impénitent, il a exercé jusqu'à la débauche ses activités de séducteur ; on sait que, pour avoir trop aimé les femmes au détriment de la sienne, Camus a nourri son récit de ses remords. « La sexualité débridée conduit à une philosophie de la non-signification du monde », notait-il dans ses *Carnets* en 1942. Ainsi, avant même d'avoir trente ans, se mettait-il en garde contre des excès auxquels Clamence a définitivement renoncé.

Même après avoir abandonné le barreau pour se changer en juge-pénitent, Clamence est demeuré un « bavard » (le mot, en argot, signifie « avocat »). Camus, qui à l'inverse croyait aux vertus du silence, a été conduit par la société des intellectuels à tenir des discours où, avoua-t-il, il perdait de son naturel. Ainsi Clamence figure-t-il l'homme que Camus craignait de devenir en abandonnant cette simple communion qui signifie l'amour (en se changeant en « monstre », comme il est dit dans *Le Premier Homme*). Si Clamence aime le théâtre, il a trahi ce qui en fait l'essence. Le procès de *L'Étranger* nous a appris qu'il n'y avait pas grande différence entre le métier de comédien et celui de juge ou d'avocat. Mais, mentant pour les besoins de son art, le comédien rend clair à son public qu'il se déguise et il ne joue un rôle qu'afin de dévoiler une vérité supérieure, tandis que l'homme de loi abuse la société. « Pour moi, en tout cas, le théâtre m'offre la communauté dont j'ai besoin, les servitudes matérielles et les limitations dont tout homme et tout esprit ont besoin. Dans la solitude, l'artiste règne, mais sur le vide », déclarait Camus (« Pourquoi je fais du théâtre ? », « Gros plan », émission télévisée, 12 mai 1959). Jugeant factice le prestige que lui a procuré en société sa maîtrise du verbe, Clamence, au lieu de lui donner sens désormais grâce à une communion fraternelle, a choisi la solitude afin de continuer à régner autrement, sur le vide. Enfin, contre le cynisme qu'il prête à son héros, Camus s'est depuis longtemps mis en garde. « La tentation commune à toutes les intelligences : le cynisme », notait-il en 1938 dans ses *Carnets*. Et, en 1951 : « Ma tentation la plus constante, celle contre laquelle je n'ai jamais cessé de mener un exténuant combat : le cynisme. » On manquera pourtant la leçon essentielle du récit si on se limite aux ressemblances ou aux écarts que Camus signifie entre son héros et lui-même. Ce beau parleur est avant tout un représentant de l'intelligentsia parisienne et plus spécialement des milieux existentialistes. Quand Camus lui fait dire au sujet de la liberté : « J'assenais ce maître mot à quiconque me contredisait, je l'avais mis au service de mes désirs et de ma puissance », c'est la voix de Jean-Paul Sartre qu'il veut nous faire entendre.

Le récit livre un résumé de l'existence antérieure de Clamence. Tandis que ses moments de gloire se réduisent à des généralités, sont au contraire épinglés et racontés en détail ceux qui ont jalonné sa déchéance (l'altercation avec le motocycliste, le rire entendu sur le pont des Arts, la noyade de la jeune femme qui s'est jetée du pont Royal, la trahison envers le compagnon de captivité, le recel du tableau). Rien n'attestant l'authenticité de son histoire, on a le droit de la supposer issue de son imagination, de même qu'on mettra au crédit de ses talents d'artiste du verbe et de metteur en scène le savant ordonnancement de ses épisodes. L'« homme a deux faces », déclare-t-il. Comment savoir laquelle des deux il présente ? Est-il sincère quand il affiche sa duplicité ? Un Crétois dit que tous les Crétois sont menteurs… C'est à une aporie de ce genre qu'est confronté le lecteur de *La Chute.*

S'il faut prendre son discours au sérieux pour lui donner une portée psychologique et morale, l'ambition qui animait Clamence quand il se complaisait sur les hauteurs illustre la phrase de Nietzsche : « Si un Dieu existe, comment pourrais-je supporter de ne l'être pas ? » Le danger est que, revenu de cette ambition, on sombre dans le nihilisme, qui offre une autre manière de régner. L'entreprise de destruction de la dignité humaine à laquelle s'applique intelligemment Clamence ne débouche, dans le cadre du récit, sur aucune ambition politique. On trouve seulement exposée dans *La Chute* une tentation, désormais répandue dans l'Occident, de se dégrader soi-même afin d'aliéner sans remords ses semblables à un pouvoir supérieur. Quoiqu'il tyrannise l'autre par sa parole, Clamence n'a pas une âme de dictateur. Mais il fait le lit des dictatures. Relevons toutefois que son personnage décompose sous deux visages différents (celui d'avant, celui d'après) des attitudes que les existentialistes ont assumées simultanément. Si l'on considère Sartre (pour simplifier) comme le représentant typique des intellectuels visés par Camus, il n'y eut pas *d'abord* un Sartre trônant au café de Flore, *puis* un philosophe ruinant les valeurs de l'homme au point de préparer la dictature : il était les deux à la fois. Clamence se présente donc comme le héros somme toute artificiel d'une fable où sont déroulés au fil du temps, en vue d'une meilleure démonstration, des comportements qui ne supposent pas a priori de revirement spectaculaire.

L'étonnant est que ce héros de fable, « être de papier » s'il en est tant la réalité de référence du récit est frappée de soupçon, ait chance d'émouvoir le lecteur. Non seulement son discours résonne comme celui d'un être réel, mais il ne se lit pas uniment comme l'envers d'un plaidoyer en faveur de l'homme et de la liberté. Peut-être met-on au crédit du personnage, avant de le condamner tout à fait, les traits camusiens qui nous le rendent sympathique ? Plus sûrement, Camus lui offre des circonstances atténuantes en le présentant comme un « héros de notre temps ». « Leur seule excuse est la terrible époque », a-t-il noté dans ses *Carnets* en 1952. Sans doute aussi l'excès même de sa verve et de sa virtuosité est-il suffisamment grinçant pour nous persuader qu'il a touché le fond du désespoir. Peut-on haïr vraiment quelqu'un qui souffre ? « La seule référence, c'est la douleur. Que le plus grand des coupables garde un rapport avec l'humain », note Camus toujours dans ses *Carnets*, en 1946. Clamence serait donc une forme de héros tragique moderne, qu'on souhaiterait seulement, sans aggraver ses souffrances et même en compatissant avec elles, éloigner de la cité.

Pierre-Louis REY

Bibl. : Xavier Bouvier, « Clamence ou le soliloque absolu », *Poétique*, n° 91, 1992, p. 299-313 • Bluma Finkelstein, « Jean-Baptiste Clamence entre Job et l'Ecclésiaste », *Revue des Lettres modernes*, série Albert Camus, 15, 1993, p. 9-62 • Vassilki Flenga, « Clamence metteur en scène », *ibid.*, p. 79-93 • Jean Sarocchi, « Clamence séducteur ? », *Europe*, n° 846, octobre 1999, p. 119-131

CLASSICISME. – Par son attachement à la beauté éternelle à laquelle aspiraient les Grecs et par son constant souci de la forme, Camus est tout naturellement placé du côté des écrivains classiques. Le mot « classicisme » ne lui apparaît nullement vide de sens : il y recourt souvent (comme au mot « romantisme ») pour analyser les œuvres et définir son propre idéal d'écriture. Mais il ne définit pas à ses yeux un état figé de l'histoire littéraire et artistique ; celle-ci, autant que l'évolution des passions chez l'homme, conduit au contraire à un renouvellement de sa définition.

« Le classicisme, c'est la domination des passions », écrit Camus dans ses *Carnets* en 1944 ou 1945. Contre le préjugé selon lequel l'ordre classique refléterait une pensée ordonnée ou pacifiée, on se référera à l'histoire du genre tragique ébauchée dans la conférence d'Athènes « Sur l'avenir de la tragédie ». L'âge tragique coïncide toujours avec un moment où l'homme se trouve envers la civilisation « en état de rupture ». Ce fut vrai chez les Grecs de l'Antiquité comme au tournant des XVIe et XVIIe siècles en Europe occidentale. Et il est remarquable que chez les premiers, Camus marque sa préférence pour Eschyle dont il adapta le *Prométhée enchaîné*, et chez les seconds pour Shakespeare qu'il ne renonça à mettre en scène, avoua-t-il, que parce que la tentative lui semblait au-dessus de ses forces. L'affirmation des passions chez ces deux dramaturges l'impressionne plus que la raison et le souci de perfection qui guident leur mise en forme chez Euripide ou chez Racine. Pour des raisons sans doute analogues, il exprime plus volontiers son admiration pour Pascal que pour Descartes. Sceptique à l'égard des vertus de l'« enthousiasme » (chez les Grecs : inspiration dictée par les dieux), il mise sur la maîtrise du langage par le créateur. « Le créateur n'a rien à attendre d'une “dictée” transcendante », note-t-il dans ses *Carnets* en 1942. Mais il se rebelle contre l'idée que les auteurs classiques ont obéi à des « lois » : « aucun des grands génies dramatiques ne se sont [*sic*] retenus de [les] violer », fait-il dire en 1954 dans ses *Carnets* à un personnage imaginaire. « Il serait plus juste de dire que ces lois, seuls Shakespeare, Eschyle, et les autres, pouvaient se permettre de les violer », répond l'interlocuteur.

« Donner aux cris des passions l'ordre d'un langage pur » (« L'Intelligence et l'Échafaud », 1943) : Camus distingue, dans ses considérations sur le roman français, la pureté classique du souci de la forme pour la forme. « Nos plus grands faiseurs de maximes, ce sont des romanciers », explique-t-il dans son Introduction aux *Maximes* de Chamfort. À la lumière de cet aphorisme sont dévaluées les *Maximes* de La Rochefoucauld, chez qui « ce bel équilibre dans la phrase », « ces antithèses calculées » témoignent d'un souci avant tout formel, qui ne fait pas progresser dans la connaissance du cœur humain. Volontiers citée comme un parangon du classicisme, *La Princesse de Clèves* est d'une composition « fort lâche », comme *Les Liaisons dangereuses* ou *La Chartreuse de Parme.* Mais Mme de La Fayette, Laclos ou Stendhal se sont appliqués à « parler le langage qu'il fallait », et ce qui les unit réside dans « une certaine idée préconçue, je veux dire l'intelligence ». « On s'approchera sans doute de la vérité en disant seulement que la grande caractéristique de ces romanciers est que, chacun de leur côté, ils disent toujours la même chose et toujours sur le même ton. Être classique, c'est se répéter. » À cette répétition, l'intelligence apporte son secours : « Être classique, c'est en même temps se répéter et savoir se répéter. Et c'est la différence que je vois avec d'autres littératures romanesques où l'intelligence inspire l'œuvre, mais se laisse aussi entraîner par ses propres réactions. » Parmi ces autres littératures, Camus cite dans une note les romans russes ou « des tentatives comme celle de Joyce ».

Si l'on veut classer l'œuvre de Camus en l'éclairant grâce à ses propres références, on aboutit à une réponse nuancée. « Si ce langage, souvent, est sans prestiges extérieurs, c'est qu'il est fait à coups de sacrifices », écrit-il dans « L'Intelligence et l'Échafaud » encore à propos de l'écriture de « nos romanciers ». La formule convient pour *L'Étranger* où Camus a cherché, par une économie de moyens et une « parole transparente », écrit Roland Barthes, qui est « presque une absence idéale du style », à figurer un héros dont le cas, dépassant de beaucoup celui d'un simple employé algérois, est apparu comme un miroir de la condition humaine à son époque. « La véritable œuvre d'art est toujours à la mesure humaine. Elle est essentiellement celle qui dit “moins” », écrit aussi Camus dans *Le Mythe de Sisyphe.* L'intelligence qui ordonne l'œuvre, y explique-t-il, doit cependant ne pas s'y montrer sous prétexte d'en orienter le sens. S'efforcer de dire « moins », c'est rejoindre l'art de la litote (« Il y a un certain goût classique qui voit la perfection de l'art dans une litote perpétuelle », disait Albert Thibaudet), mais aussi l'idéal de la mesure (ou de la limite) qui est au cœur de la pensée de Camus. Ainsi écrit-il en 1943 dans ses *Carnets* : « La confiance dans les mots, c'est le classicisme – mais pour garder sa confiance il n'en use que prudemment. Le surréalisme qui s'en défie en abuse. Retournons au classicisme, par modestie. » On a pu juger que l'économie de style d'un roman comme *L'Étranger* contribuait à faire de son héros un type universel, et Camus, à l'époque où il le publie, se range plus volontiers dans la lignée du roman français traditionnel que du roman américain. Peut-être se montre-t-il plus lucide sur la vraie portée de son œuvre en 1943 quand il note, toujours dans ses *Carnets*, que le roman américain « vise à l'universel. Comme le classicisme. Mais alors que le classicisme vise un universel éternel, la littérature contemporaine, du fait des circonstances (interpénétration des frontières) vise à un universel historique. Ce n'est pas l'homme de tous les temps, c'est l'homme de tous les espaces ».

La nature des passions ayant évolué depuis le XVIIe siècle, le mot même de « classicisme » a en effet changé de sens. Une « époque classique est celle dont l'art met en formes et en formules les passions des contemporains. Aujourd'hui où les passions collectives ont pris le pas sur les passions individuelles, ce n'est plus l'amour qu'il s'agit de dominer par l'art, mais la politique, dans son sens le plus pur ». La tâche est plus difficile parce que la passion collective dévore le temps de l'artiste et que la seule manière de la vivre authentiquement est d'accepter de mourir pour elle. « Ici donc, la plus grande chance d'authenticité est également la plus grande chance d'échec pour l'art. De là que ce classicisme est peut-être impossible. » Ces réflexions figurent dans les *Carnets* entre juillet et octobre 1945, à une époque où Camus avance dans la composition de *La Peste.* Illustrant une passion collective, ce roman s'apparente encore pourtant à cet idéal classique jugé presque inaccessible. Dès 1942, Camus voulait étendre sa fable « à la notion d'existence en général », perspective confirmée dans la conclusion de sa prière d'insérer : « Histoire fort simple, comme on le voit, et, d'une certaine manière, assez commune. » À cette histoire d'une portée générale, il restait à adapter le « langage qu'il fallait ».

Parce que ses deux romans les plus célèbres ont illustré, dans une langue limpide, le tragique de la condition humaine, Camus compte, aux yeux de la critique, parmi les grands classiques du XXe siècle. L'éloge porte à faux si l'on met au compte d'une pensée apaisée la simplicité de son style. Pour le moins, il n'est pas un « classique » au sens où l'entendait Paul Valéry : « Classique est l'écrivain qui porte un critique en soi-même, et qui l'associe intimement à ses travaux. » Le peintre Jonas (*L'Exil et le Royaume*), qui peine à déchiffrer le sens de son œuvre, illustre ce que Camus déclare dans sa dernière interview (20 décembre 1959). À la question : « Que croyez-vous que [...] les critiques français aient négligé dans votre œuvre ? », il répond : « La part obscure, ce qu'il y a d'aveugle et d'instinctif en moi. » Et, en cette année où vient d'être mise en scène son adaptation des *Possédés* de Dostoïevski, c'est à William Faulkner, « notre plus grand créateur vivant », plutôt qu'à « nos romanciers », qu'il fait référence.

Pierre-Louis REY

CLAUDEL, Paul (1868-1955). – Les deux hommes avaient peu de chances de se rencontrer. Claudel domine le théâtre de son siècle. Ses maîtres, dont Jean Grenier, en ont dit l'importance à Camus qui a découvert son œuvre quand il était étudiant. Il possédait l'essentiel de son théâtre dans sa bibliothèque. Un court essai de 1933 non publié à l'époque, « L'Art dans la Communion », montre qu'il a déjà connaissance de son œuvre. L'homme lui déplait souverainement. C'est un « esprit vulgaire » (*Carnets* III). Sa morale rigoriste scandalise l'hédoniste. Sa foi impavide heurte l'incroyant. Il lui reproche aussi d'avoir été décoré par le régime franquiste. Mais il sait reconnaître la grandeur du dramaturge. Claudel, de son côté, a peu de sympathie pour un auteur qu'il voit comme laïque. Son verdict sur *L'État de siège* est sans appel : « Mauvaise pièce, confuse, déclamatoire, sans émotion [...]. Rien de plus froid que ce symbolisme abstrait. »

En 1944, Claudel publie une ode au général de Gaulle. Quatre ans plus tôt, il avait publié *Paroles au maréchal*. Sous le pseudonyme de Suétone, Camus confie un billet féroce à *Combat*, « Le poète et le général de Gaulle » (24 décembre 1944). Il n'y mentionne pas la palinodie politique et préfère se situer sur le terrain de la littérature. « Le résultat est consternant », écrit-il. Ce poème ridiculise le chef du gouvernement provisoire.

Camus cite plusieurs fois Claudel dans la conférence d'Athènes sur l'avenir de la tragédie. Il le range d'abord parmi ceux qui ont rendu du « faste » et des « ambitions » au théâtre. *Partage de midi*, pièce « admirable », représente la résurrection d'un « sentiment chrétien authentique ». Deux pièces symbolistes du jeune Claudel, *Tête d'or* et *La Ville*, émargent, pour lui, à un « théâtre de contestation ». Les pièces qui ont suivi se situent dans un « théâtre du renoncement ».

Il a certes applaudi *La Ville* montée par Jean Vilar en 1955. Il demeure que son Claudel est d'abord le Claudel de Barrault. Il a aimé certains de ses spectacles, *Le Soulier de satin*, *Le Livre de Christophe Colomb*, *Tête d'or*. Il n'en a jamais fait état, même dans ses *Carnets*. Il faut alors consulter ses correspondances ou les témoignages de ses proches. Après avoir vu *Le Soulier de satin* à sa création, il écrit son « admiration » au metteur en scène. En 1959, Jean Grenier note ces remarques dans ses *Carnets* : « *Tête d'or* est une pièce pleine d'extravagances mais avec des coups de génie. Claudel avait très mauvais goût, comme souvent les hommes de génie. »

Claudel a fourni des rôles à Maria Casarès et à Catherine Sellers. Camus avait envisagé de mettre l'une de ses pièces à l'affiche du Théâtre de l'Équipe. Vingt ans plus tard, en aurait-il monté une s'il avait dirigé le théâtre qu'André Malraux était résolu à lui confier ?

Jeanyves GUÉRIN

COLONIALISME. – Les mots « colonialisme » et « colonialiste » n'appartiennent pas au vocabulaire habituel de Camus. Quand il en a usé, c'est tardivement, en 1955 et 1958. De même, il utilise rarement ceux de « colon » et de « colonie ». Il n'a jamais développé une réflexion poussée sur le sujet, pas même dans *L'Homme révolté*.

Le jeune reporter d'*Alger républicain* a eu l'occasion, notamment dans des comptes rendus de procès, de pointer l'injustice foncière de la situation coloniale. Un reportage de terrain publié entre le 5 et le 15 juin 1939 lui donne l'occasion d'aller plus loin.

« Misère de la Kabylie » montre crûment une population abandonnée à elle-même et en proie à la famine. Dans cette « enquête » dont il veut faire un « témoignage », Camus accumule des données accablantes ; il en reste à un constat, ne met pas en cause un système. Il signifie néanmoins que les Kabyles sont les victimes, non les responsables du sous-développement qui frappe leur région, contrairement à ce que laissait entendre le reporter de *L'Écho d'Alger* qui venait de visiter la région. Dans son dernier article, il appelle à une intervention de la puissance publique, à un effort de scolarisation, à des grands travaux. Cet ensemble fait date. Au même moment, le discours officiel exalte l'œuvre séculaire et le bilan civilisateur de la colonisation. Des reportages complaisants ont longtemps donné une image pittoresque et touristique de l'Algérie coloniale. Camus dévoile l'envers du décor.

Lui qui a quitté l'Algérie en 1942, il a vite compris que la guerre a changé la donne et détruit le « prestige » de la France. Il l'écrit dans *Combat* le 13 octobre 1944. Le nouveau gouvernement doit en tenir compte et repenser sa « politique impériale » ; l'heure est à l'affranchissement des « peuples indigènes ». « Nous ne trouverons, écrit-il, d'appui réel qu'à partir du moment où nous [...] aurons convaincues [les colonies] que leurs intérêts sont les nôtres » ; les populations de l'Empire ont droit à la justice. Au printemps 1945, Camus retourne en Algérie. Il en rapporte une enquête que publie *Combat* sous le titre de « Crise en Algérie ». Il y enregistre la frustration croissante du « peuple arabe » et son « éveil politique ». C'est ce dont témoignent les émeutes de Sétif qui se sont produites au moment précis de son retour à Paris. La gravité de la situation commande la série des articles : l'heure est à de nouvelles méthodes, non à une répression qui ne règle aucun problème. À nouveau, il plaide pour des mesures économiques et sociales. Le fait nouveau est le soutien qu'il apporte à Ferhat Abbas qui, prenant acte de l'échec de la politique d'assimilation, revendique désormais la reconnaissance d'une nation algérienne « reliée à la France ». Seule la justice, conclut Camus, peut empêcher l'irréparable. L'Algérie a droit à la démocratie.

Ces articles sont sans suite. L'année suivante, Camus envisage certes un « choc des civilisations » dans *Ni victimes ni bourreaux*, précisant : « De toute part, en effet, les civilisations colonisées font entendre leur voix », mais il n'en dit guère plus. Il donne la priorité à la démocratie internationale et à un partage mondial des richesses. Or, l'histoire, comme il le dit lui-même, va vite, et tout particulièrement en Algérie.

Il faut attendre 1955 pour que Camus se saisisse à nouveau du sujet. Entre-temps, la guerre d'Algérie, qu'il a tenté de prévenir, a éclaté. La frustration s'est transformée en révolte. Ses articles de *L'Express* témoignent d'une avancée. Le lexique s'y durcit en même temps que le chroniqueur esquisse une généalogie de l'événement. D'après lui en effet : « La longue violence colonialiste explique celle de la rébellion. » Il parle aussi d'un « système colonial », mais c'est pour écrire aussitôt qu'il bénéficie à la métropole. Il affirme aussi dans l'avant-propos des *Chroniques algériennes*, au printemps 1958 : « Le temps des colonialismes est fini. » La population arabe, écrit-il, demande « réparation ». La satisfaction de cette revendication légitime passe encore et toujours par des mesures économiques et sociales. Il lui échappe que les élites militantes et les masses exigent désormais plus. Il avait pourtant écrit dans *Actuelles* II : « Les opprimés ne veulent pas seulement être libérés de leur faim, ils veulent l'être aussi de leurs maîtres. » En l'occurrence, les maîtres sont les Français, qui sont aussi des occupants. Cela, plusieurs de ses proches, Jean Daniel, Jean Sénac et Albert Memmi l'ont compris. Le régime colonial, parce qu'il est foncièrement injuste et arbitraire, exclut ceux que Camus appelle « les Arabes » de la citoyenneté. Les dominés se sont révoltés pour mettre fin à la domination – « La justice a pris les armes », écrit alors Sénac. Deux droits historiques entrent en collision. Deux nationalismes se font face. La guerre durcit les antagonismes et favorise les « ultras » des deux camps. Son issue, inconcevable pour Camus, ne peut être que l'indépendance de l'Algérie. Elle implique l'« éviction » des siens voués à être les « victimes expiatoires » de la décolonisation.

Camus appelle « colons » la minorité fortunée qui cumule les pouvoirs économique et politique dans l'Algérie française. Ces « grands colons » sont pour lui « une poignée ». La logique de son argumentation est celle de la gauche métropolitaine qui, dans les années 1930, incrimine les « deux cents familles ». Ce qui l'amène à écrire dans *L'Express* que « 80 % des Français d'Algérie ne sont pas des colons ». Loin d'être des « exploiteurs », ce sont, explique-t-il, des « petites gens », des employés, des ouvriers, des salariés, des petits commerçants qui « peinent et travaillent ». Il perçoit mal que leur qualité de citoyens en fait, qu'il le veuille ou non, des privilégiés. Apeuré par les exactions de la rébellion, le petit peuple européen des villes et des champs, comme il l'a pressenti, finit par se solidariser avec les orgueilleux oligarques qui tenaient au *statu quo*.

Le partage équitable du pouvoir et des richesses que préconise inlassablement Camus est irréalisable dans la société coloniale. L'essayiste impute le blocage ou le sabotage des nécessaires réformes, le refus de toute mesure de justice aux élites, à des élus égoïstes et à une administration indifférente, et à ce qu'il appelle en 1944 « l'esprit colon ». En termes plus contemporains, il met en cause le « lobby colonial » et son irresponsabilité politique. Les gouvernements successifs de la République, même quand ils étaient de gauche, n'ont pas su ou voulu lui imposer leur volonté.

Le Premier Homme, après *L'Exil et le Royaume*, notamment deux nouvelles, *L'Hôte* et *La Femme adultère*, amènent le romancier à formuler ce que l'essayiste n'arrivait pas à énoncer, à savoir que la société coloniale est ségrégative, qu'elle a dressé des « barrières ». Deux populations cohabitent sans vraiment se mélanger. Le roman posthume mentionne également la longue résistance des autochtones à la conquête. Sa mort a empêché Camus d'en tirer les conséquences politiques.

Camus a été un témoin plus qu'un analyste de la situation coloniale. Son expérience date des années 1930. Elle le place en porte-à-faux. Au fond, il est bien un « colonisateur humaniste » ou « de bonne volonté », comme Albert Memmi le fait remarquer en 1957 dans un article de *La Nef* où il lui applique la terminologie de son *Portrait du colonisateur* (Gallimard, 1957). Il veut aménager un système que les colonisés, eux, entendent détruire.

Jeanyves Guérin

COMBAT. – En 1941, Henri Frenay (1905-1988), Berty Albrecht (1893-

1943), Jean-Guy Bernard (1917-1944) créent le Mouvement de Libération française et le dotent d'un bulletin d'informations. Au fil des mois, celui-ci fusionne avec d'autres bulletins pour donner un organe commun, *Combat*, dont le premier numéro est diffusé en décembre de la même année. Ses animateurs, chrétiens et laïques, veulent en faire un « journal d'information et de réflexion » et, par un pluralisme revendiqué, entendent qu'il contribue au rassemblement des patriotes. Il se présente comme l'organe des Mouvements unis de Résistance puis du Mouvement de Libération nationale. Rallié au général de Gaulle, il appelle à la lutte armée ; 58 numéros paraissent entre 1941 et 1944. À la fin de la période, le journal est rédigé à Paris, imprimé à Lyon et diffusé dans toute la France. Certains numéros sont tirés à 300 000 exemplaires. Cette réussite admirable toutefois a son prix, et la petite équipe paie un lourd tribut à la répression : Claude Bourdet, qui en fut un temps le rédacteur en chef, et Jacqueline Bernard sont déportés en juillet 1944, André Bollier trouve la mort en juin 1944, quand l'une des imprimeries est encerclée par la Gestapo. Le journal se réduit alors à un simple bulletin d'informations ronéotypé, *Combat Information*.

Claude Bourdet a recruté Pascal Pia, qui lui-même a introduit Camus dans l'équipe à l'automne 1943. Leur expérience d'*Alger républicain* leur a été utile. Quand Pia est appelé à d'autres tâches, Marcel Gimont et Camus rédigent tout un numéro à eux seuls. Les articles publiés, par la force des choses, l'étaient tous anonymement. Jacqueline Lévi-Valensi, pour des raisons stylistiques ou thématiques, en attribue cinq voire six à Camus.

À la veille de la Libération, Pia et Camus souhaitent la pérennisation de la feuille clandestine. C'est à cette fin qu'ils embauchent des journalistes professionnels, Georges Altschuler, notamment ancien de *Paris-Soir*, et Henri Cauquelin. Au moment où les Allemands s'enfuient de Paris, Pia, Camus, Gimont et des ouvriers du Livre résistants s'installent dans les locaux du *Pariser Zeitung* que leur a attribués le gouvernement provisoire d'Alger. Ils vont les partager avec deux autres journaux issus de mouvements résistants, *Défense de la France* et *Le Franc-Tireur*. Le 21 août, en pleine bataille de Paris, paraît un premier numéro dont Camus a écrit l'éditorial : « Le combat continue... ». Un autre article à visée programmatique est de sa main. Son titre, « De la résistance à la révolution », va être la manchette, donc la devise du journal. Il reparaît le 22 ainsi présenté : « Cet article engage la ligne politique de notre journal. »

Combat fait partie des treize « quotidiens patriotes » autorisés à paraître à Paris en un temps où le papier manque cruellement. Pia en est le directeur en titre, Camus le rédacteur en chef. L'un est l'âme, l'autre la vitrine du journal. Albert Ollivier et Marcel Gimont complètent le comité de direction. Les mêmes, Jean Bloch-Michel, qui fait fonction de directeur administratif, et Jacqueline Bernard, secrétaire générale, sont porteurs de parts lorsque le journal est organisé en société à responsabilité limitée. Au fil des mois, la petite équipe s'étoffe. Paul Bodin et Pierre Kaufmann la rejoignent en octobre. « *Combat*, se souvient Roger Grenier, n'avait pas les moyens de se payer des journalistes célèbres », alors Pia, en accord avec Camus, recrute de jeunes intellectuels et écrivains peu connus, Henri Calet, Alexandre Astruc, Jacques Lemarchand. L'on peut attribuer au second l'embauche de Guy

Dumur, Roger Grenier et Jean-Paul de Dadelsen. Ces débutants disposent d'une grande liberté. On leur demande seulement d'être polyvalents. Au début, personne n'est cantonné dans une rubrique. Le critique littéraire peut être amené à devenir reporter.

Le pouvoir temporel de *Combat* est à la mesure du capital intellectuel que Pia a rassemblé. Rarement un journal aura réuni autant de jeunes talents. Pour Henri Calet c'était « le journal de Saint-Germain-des-Prés », pour Roger Grenier « une succursale de *La NRF* ». Tous ces journalistes souvent néophytes feront leur chemin dans l'édition, le cinéma et l'université. Ce sont des « énergumènes », aurait dit de Gaulle à Malraux, mais ils sont « les seuls honnêtes ». « Quelle disproportion entre la substance grise et l'espace rédactionnel disponible ! », se souvient quant à lui Raymond Aron, qui ajoute : « La rédaction de *Combat* me rappelait la rue d'Ulm. » Ce fut à la fois un laboratoire et un creuset. Pour ses lecteurs, c'est le journal de Camus comme *Le Monde* est celui d'Hubert Beuve-Méry ou, plus tard, *Libération* celui de Serge July. À *Action*, on parle sans aménité des « Camusards ». Pascal Pia est un homme de l'ombre. Il ne signe que de rares articles mais corrige méticuleusement ceux de ses confrères. Albert Ollivier tient aussi une place importante. Pour plus d'un lecteur, une troïka est ainsi à la tête du journal, d'où le nom d'« ocapias » que l'on trouve parfois dans la presse de l'époque.

Le journal a reçu tout d'abord un stock de papier autorisant la fabrication de 180 000 exemplaires quotidiens. Il paraît longtemps sur deux pages, puis passe à quatre et enfin à huit pages. Après avoir plafonné à 200 000, ses ventes s'érodent lentement mais irrémédiablement. Au bout d'un an, Camus, épuisé, prend une première fois ses distances. Il a écrit cent cinquante éditoriaux et articles. Une interminable grève des typographes en janvier-février 1946 fragilise la trésorerie du journal. Celle de février 1947 met en jeu sa survie même. À la demande de Jean Bloch-Michel et de Jacqueline Bernard, Camus revient à *Combat* à la fin de 1946. Il y publie d'abord une série d'articles, *Ni victimes ni bourreaux*, et, Pia désabusé s'étant effacé en mars 1947, se retrouve aux commandes pendant quelques semaines. La longue grève des imprimeries laisse le journal exsangue. Dans un éditorial titré « La République sourde et muette », Camus s'en émeut : « Pauvre et libre avant la grève, *Combat* reparaît encore appauvri, mais toujours libre et décidé à le rester. » Il écrit encore quelques articles, mais le cœur n'y est plus. Il ne peut rester longtemps patron de fait sans sacrifier son œuvre. Or il doit achever *La Peste*. Pia, tenant son prestige symbolique pour peu de chose, inclinait à saborder le journal. Il entend, pour sa part, préserver l'emploi des personnels. Des partisans du général de Gaulle s'offrent à aider le quotidien. Il est de ceux qui s'opposent à cette solution qui risquait d'aliéner son indépendance. Enfin, les pourparlers avec *La Voix du Nord* n'aboutissent pas. Au bout du compte revient Claude Bourdet, fort de ses droits moraux. Il a l'appui d'un financier tunisien, Henry Smadja, qui l'évincera trois ans plus tard. Las, usé, Camus cède ses parts au premier. Jean Bloch-Michel, Jacqueline Bernard, Albert Ollivier et Pascal Pia font de même – ce dernier puis Raymond Aron venaient de rejoindre, l'un la presse gaulliste, l'autre *Le Figaro*. Le passage de témoin se fait le 3 juin 1947 et prend la forme d'un court communiqué sans chaleur : « La

Direction politique et administrative du journal se retire et cède la place à une nouvelle direction. Ceci doit être bien clair. Nous formons les vœux les plus loyaux et les plus sincères pour la réussite d'une entreprise qui nous a été chère. Mais, de même que nos camarades qui feront le journal demain ne doivent pas supporter les responsabilités que nous avons prises, de même notre départ nous dégage de toute responsabilité ultérieure. » Camus ajoute : « Entrés pauvres dans ce quotidien, nous en sortons pauvres. Mais notre seule richesse a toujours résidé dans le respect que nous portions à nos lecteurs. » Ils sont nombreux à lui écrire pour lui faire part de leur tristesse et il gardera toujours la nostalgie des mois qu'il a passés au journal. À la fin de 1948, il lui confie trois textes, mais n'y revient pas.

« Le grand *Combat* de l'après-guerre est mort, écrit l'historien Michel Winock […]. Sans doute le sort de ce quotidien n'a-t-il pas été exceptionnel : toute la presse issue de la Résistance disparaîtra peu à peu, comme ce fut le cas de *Franc-Tireur* et de *Libération*. L'échec de cette presse fut aussi l'échec des idéaux de la résistance qui visaient la révolution après la Libération. » Ce fut aussi la sanction d'un certain « amateurisme » (le mot est de Roger Grenier) : la gestion du journal ne fut pas à la hauteur de sa rédaction. Reste une référence, un mythe même. L'ironie de l'histoire veut que seul *Le Monde*, qui avait été fondé sur des bases plus orthodoxes, a su résister aux intempéries tout en sauvegardant jalousement l'indépendance de sa rédaction par rapport aux prérogatives de ses actionnaires.

Une publicité parue dans divers périodiques amis présente ainsi le journal : « *Combat*, né dans la Résistance, rédigé par des hommes libres, essaie d'être juste sans être ennuyeux, veut introduire la morale dans la politique, tente d'obtenir par une critique loyale les éléments d'une doctrine qui concilie la justice et la liberté. *Combat* ne cherche pas à mentir, ne prétend pas avoir toujours raison, ne condamne rien gratuitement. Mais *Combat* ne cède rien sur le plan de la vérité, de la raison et de la justice. *Combat* tente aussi la coalition de l'objectivité et de l'énergie. » On retrouve là quelques grands mots du lexique camusien.

Combat, en 1944, ambitionnait d'être le conservatoire de la Résistance, une sinon la « voix de la France nouvelle », mais refusait d'être inféodé à un parti. D'où les réticences à l'égard de deux figures historiques du mouvement Combat, Henri Frenay et Claude Bourdet, jugés trop politiques. « Ni communistes ni chrétiens, écrit Camus, nous voulions seulement rendre le dialogue possible, en marquant nos différences et en soulignant nos ressemblances. » Le quotidien se situe dans la gauche non communiste, mais se montre réservé à l'égard de la SFIO, de ses notables et de sa doctrine sclérosée. Dans un premier temps, les lecteurs sont sensibles à un discours qui fait la part belle au lexique de la rupture révolutionnaire. Les éditoriaux maximalistes de Camus formulent, relaient les impatiences des résistants. Les autres rédacteurs vont dans le même sens, réclamant qui une épuration sévère, qui des nationalisations, qui des réquisitions. Au fil des mois, des doutes, des déceptions se font néanmoins jour. La reconstruction de l'économie prime sur son bouleversement. En janvier 1945, *Combat* apporte un appui ferme à André Malraux qui s'oppose à une union des mouvements résistants qui les aurait de fait placés dans l'orbite du parti communiste. Henri Frenay, devenu ministre des Prisonniers, est en butte à de vives attaques du même parti communiste et Camus en personne doit prendre sa défense en juin 1945. Le renouvellement de la vie politique, la relève de la classe dirigeante ne s'effectuent que partiellement. Par ailleurs, la concurrence des partis ramène l'esprit d'orthodoxie et rend le dialogue difficile. Comme dans *L'Espoir* de Malraux, l'on est passé de l'illusion lyrique au temps de l'organisation. *Combat* et son rédacteur en chef ont appris la modestie et la force des choses.

Le journal subit la concurrence du *Monde* sur sa droite, du *Franc-Tireur* et de *Libération* sur sa gauche. De nouveaux journaux moins exigeants apparaissent, qui lui prennent des lecteurs. Une fois passé l'œcuménisme de la Libération, la politique politicienne reprend ses droits. En février 1945, Camus affirme encore la « cohésion », la solidarité de l'équipe rédactionnelle, toutefois, si celle-ci est unanime à s'opposer clairement aux visées et aux menées du parti communiste, elle ne tarde pas à se diviser entre une majorité socialisante où figurent Camus lui-même, Georges Altschuler et Marcel Gimont, et une minorité de plus en plus ouvertement gaulliste dans laquelle l'on compte trois amis de Malraux, Pascal Pia, Albert Ollivier et Raymond Aron, qui disposent de larges espaces. Les éditoriaux se suivent et ne se ressemblent pas voire se contredisent, notamment au moment du référendum constitutionnel de mai 1946. Le pluralisme interne du journal désoriente des lecteurs en attente d'une ligne précise, de consignes claires. Pour le dire autrement, la politique désagrège un lectorat composite. D'où ce jugement de Raymond Aron : « un journal inclassable s'exposait au danger mortel pour un quotidien : ne satisfaire pleinement aucune catégorie de ses lecteurs [...]. Trop gaulliste pour les socialistes, trop anticolonialiste pour les modérés, trop à gauche dans son vocabulaire et dans son style et pour le MRP [Mouvement républicain populaire], il plaisait aux marginaux de tous les partis, mais il cherchait vainement un centre, un noyau de fidèles ». Cela en fait un journal d'opinions. La formule était difficilement viable, elle était devenue anachronique. En 1947, Bourdet apporte de la cohérence à *Combat*, mais lui fait perdre une part de son aura et de nouveaux lecteurs.

« Ce qui nous soudait, se souvient Roger Grenier, c'était peut-être quelques idées, quelques passions communes. » Les lecteurs des enquêtes et reportages sont sensibles à un ton alerte, impertinent qui tranche avec celui plus compassé du *Monde* et du *Figaro*, mais aussi avec la langue de bois dont usent les autres journaux de gauche. Ils ont sentiment de lire « le journal le mieux écrit de la presse française », dit encore Maurice Nadeau. Henri Calet et Alexandre Astruc, pour ne mentionner qu'eux, aiment par ailleurs jouer les trublions. « La vertu, à *Combat*, n'était point ennuyeuse, bien au contraire », écrit Jean Daniel. Pascal Pia, pour sa part, n'avait jamais nourri d'illusions : « Nous allons tenter de faire un journal raisonnable, avait-il confié un jour à Roger Grenier, et, comme le monde est absurde, il va échouer. » « Nous sommes décidés à supprimer la politique pour la remplacer par la morale », avait en outre lancé Camus dans l'un de ses premiers éditoriaux. Après coup, il déclare en réponse au directeur du *Figaro* qui avait ironisé sur *Combat* : « Nous avons essayé d'être à la hauteur d'une terrible époque. »

Pascal Pia collaborait à *La Nouvelle Revue française* avant la guerre. Il en a gardé un réseau de relations qu'il met à contribution. C'est que le système éditorial, malgré l'Occupation et l'épuration, a peu changé en fin de compte ; les éditions Gallimard gardent leur hégémonie. Camus, Lemarchand et Ollivier en sont les salariés à un titre ou à un autre, Aron en est un des auteurs qui comptent. La maison, qui a besoin de redorer son blason à la Libération, s'empresse de publier des ouvrages signés par les rédacteurs de *Combat*, Alexandre Astruc, Paul Bodin, Jean Bloch-Michel, Jacques-Laurent Bost, Roger Grenier… Pour ce qui est de la littérature, le panthéon de *Combat* comprend, on ne s'en étonnera guère, de nombreux écrivains publiés par elles. Pia et Camus offrent volontiers des tribunes aux écrivains les plus prestigieux de l'époque : André Malraux et André Gide, en 1944 et 1945, bien sûr, mais aussi Georges Bernanos, Michel Leiris donnent des textes, des bonnes feuilles de leurs livres ou des entretiens. Jean-Paul Sartre se rend-il aux États-Unis, ils lui demandent d'envoyer des reportages de son périple. Cette politique de la signature et la qualité exceptionnelle de ses pages culturelles ont fortement contribué à la réputation de *Combat*. Jacques Lemarchand y rend compte des pièces, Denis Marion, un ami de Malraux, des films, Maurice Nadeau des livres, Jean Grenier, tant qu'il réside à Paris, de la peinture, Roland-Manuel de la musique et le futur cinéaste Claude Sautet du jazz. On y adjoindra les savoureuses chroniques d'Henri Calet et les dessins de Maurice Henry. Grâce à Nadeau, il est aussi question de Sade, de Lautréamont, de Mallarmé, de Jarry, d'Artaud et même des lettristes. On s'y montre attentif aux littératures étrangères, à Kafka comme au roman américain. La postérité a généralement ratifié les évaluations de Nadeau, de Lemarchand et de Justin Saget.

« La littérature se refuse de façon fondamentale à l'utilité », écrit Georges Bataille dès novembre 1944. Ce point est acquis. En juillet 1946, *Combat* lance une grande enquête : « Les écrivains sont-ils responsables ? ». Les auteurs interrogés, dans leur grande majorité, de Joë Bousquet à Brice Parain, de Georges Ribemont-Dessaignes à Denis de Rougemont, se prononcent contre l'engagement de la littérature. La plupart d'entre eux ont des liens avec les éditions Gallimard ou feu *La Nouvelle Revue française*. Un seul communiste a répondu, aucun « existentialiste » n'a donné son opinion. Le quotidien a peu compté dans l'ascension de Sartre.

Camus était à la fois rédacteur en chef et éditorialiste à *Combat*. Il disposait d'une tribune ; il s'en est volontairement privé. Il lui était impossible de concilier durablement sa passion pour le journalisme et l'écriture de son œuvre. Depuis 2002, grâce à Jacqueline Lévi-Valensi, l'on dispose enfin d'une édition chronologique de ses articles. « Plus de cinquante ans après leur publication, écrit-elle, et bien qu'ils soient intimement liés aux événements historiques de leur temps, ces articles n'ont rien perdu de leur force ; ils nous parlent encore, et ont encore beaucoup à nous dire sur la liberté, la justice, la vérité, la démocratie. »

Le 5 janvier 1960, la première page de *Combat* est entièrement consacrée à la mort de Camus. Alain Bosquet salue « une conscience contre le chaos » et, avec plus de flamme, Maurice Clavel « le meilleur des nôtres ». C'est peu. Aucun ancien de la première équipe n'a été invité à donner son témoignage.

L'on n'aurait pas pu mieux manifester que le *Combat* de Smadja n'avait que le titre en commun avec celui de Pia et de Camus. Jeanyves GUÉRIN

Bibl. : Yves-Marc Ajchenbaum, *À la vie, à la mort. Histoire du journal* Combat, *1941-1974*, Le Monde Éditions, 1994 • *Camus à* Combat, édition établie, présentée et annotée par Jacqueline Lévi-Valensi, *Cahiers Albert Camus*, Gallimard, 2002 • Roger Grenier, « *Combat* », dans Étienne-Alain Hubert et Michel Murat (éd.), *L'Année 1945*, Honoré Champion, 2004, p. 17-36 • Jeanyves Guérin (dir.), *Camus et le premier* Combat *(1944-1947)*, Éditions européennes Érasme, 1990

COMÉDIE. – Le terme ne désigne pas ici un genre spécifique, mais doit être compris dans son acception plus large de « théâtre », à la fois celui que nous jouons dans la vie et celui qui est représenté sur une scène. C'est la notion de jeu, à la fois théâtral et existentiel, qui permet d'articuler les deux domaines.

L'un des chapitres du *Mythe de Sisyphe* est intitulé précisément « La comédie », mais au-delà de ce titre c'est l'essai tout entier qui est irrigué par la thématique du théâtre et plus largement du jeu. Ainsi la première partie montre-t-elle l'homme en situation d'inauthenticité dans son existence, au moyen d'un vocabulaire qui appartient au théâtre. Il est question de « décors masqués par l'habitude ». Les gestes du quotidien dans leur « aspect mécanique » sont assimilés à une « pantomime » ou à une « mimique ». C'est cette facticité, cette illusion mensongère que Caligula dénonce au début de la pièce. La comédie à laquelle se livrent les hommes fait que tout s'équivaut, des affaires de l'État jusqu'aux petites misères individuelles. De même, Clamence dans *La Chute* confesse à son interlocuteur qu'il a toujours vécu sous le signe du double, soucieux dans toutes les situations de l'existence de se donner le « beau rôle ». Passant d'un masque à l'autre il ne fait que s'adapter à un monde où règnent la comédie et le faux-semblant. Il revendique le titre de « comédien » et fait un usage ambigu du théâtre. Sa lucidité aurait pu être pédagogique si sa volonté n'avait pas été uniquement d'« éviter le jugement ». Un autre exemple, celui du procès du personnage-narrateur dans *L'Étranger*, montre que la société jusque dans son fonctionnement institutionnel est assimilée à une comédie. « dans un sens, cela m'intéressait de voir un procès », dit Meursault, comme on va voir un spectacle. La scène judiciaire est montrée comme une scène théâtrale, avec son décor, ses acteurs et la présence du public qui réagit à plusieurs reprises par des rires.

Fondamentalement ambivalente, la comédie porte en elle un pouvoir d'action qui s'exerce, de façon dialectique, contre les illusions et les impostures. Le chapitre du *Mythe de Sisyphe* déjà cité ouvre sur une référence à Shakespeare avec la phrase d'Hamlet : « Le spectacle, voilà le piège où j'attraperai la conscience du roi. » Caligula, dans la pièce, reconnaît à son tour le pouvoir du théâtre lorsqu'il affirme : « L'erreur de tous ces hommes, c'est de ne pas croire assez au théâtre. » Mais la voie qu'il prend pour enseigner aux hommes la vérité, se substituant aux dieux et transformant le théâtre en actes sanglants, est une impasse comme il l'avoue lui-même à la fin de la pièce. La comédie selon Camus, par conséquent, est le signe de nos faiblesses en même temps qu'elle exprime le désir plus ou moins conscient de les surmonter. Elle témoigne ainsi de la dualité de notre condition où l'on trouve, comme il l'écrit dans *Le Mythe de Sisyphe*,

« une absurdité fondamentale en même temps qu'une implacable grandeur ».

Jacques Le Marinel

COMMUNISME. – Les rapports entre Camus et le communisme doivent être envisagés sous l'angle des rapports théoriques avec l'idéologie issue de la philosophie marxiste. Ils doivent aussi l'être en fonction de son incarnation en Union soviétique, puis après 1945 dans les pays de l'Est et en Chine. Pour comprendre les rapports de l'écrivain au communisme, il faut également tenir compte du rôle des partis communistes et des intellectuels proches, de sa propre expérience du parti communiste et de son exclusion. Enfin, ces rapports prennent en compte des témoignages de citoyens soviétiques ou de membres de l'appareil communiste international, mais aussi et peut-être surtout des fréquentations d'anciens militants communistes. Camus a été proche de certains éléments d'une gauche antistalinienne qui continue à se réclamer d'une forme de communisme.

Dans l'ensemble de son œuvre, Camus utilise régulièrement le mot « communisme », il utilise aussi ceux de « marxisme » – sans pour autant gommer ou négliger sa dimension de critique sociale –, de « socialisme césarien » et de « totalitarisme ». Le mot « stalinisme » se rencontre rarement sous sa plume. Ce qui est en cause, c'est un système, non l'œuvre d'un homme.

Sa réflexion critique sur le communisme naît à la lecture des ouvrages d'André Gide sur l'URSS et surtout de son maître en philosophie, Jean Grenier, qui, avec l'*Essai sur l'esprit d'orthodoxie*, lui permet de prendre conscience de la totalité du phénomène. Camus commence à prendre des positions publiques lors de la publication de *Ni victimes ni bourreaux* et de ses éditoriaux de *Combat*. C'est surtout lors de la parution de *L'Homme révolté* et des articles repris dans *Actuelles* I et II qu'il argumente sa condamnation du communisme.

Camus a rarement été amené à débattre du communisme avec les intellectuels du PCF. C'est avec les intellectuels justifiant l'Union soviétique et/ou le PCF, Emmanuel d'Astier de La Vigerie, Jean-Paul Sartre voire Jean-Marie Domenach, qu'il a eu ses controverses les plus vives. À ces intellectuels progressistes, qui pour la plupart sont nés dans des familles aisées, il reproche de parler au nom de la classe ouvrière et du monde du travail dont ils ignorent tout. À ses yeux, le communisme est une forme pervertie de la vie ouvrière. Il dénonce également le mensonge institué comme règle pour disqualifier l'adversaire, une arme politique systématiquement utilisée dans les joutes intellectuelles par les militants communistes. Ainsi ont-ils falsifié ses origines sociales pour en faire un « petit-bourgeois » et remis en cause la réalité de sa participation à la Résistance. Pour Camus, cette pratique politique est à relier au principe fondamentalement erroné de la croyance communiste qui repose sur une vision de l'histoire. Cette croyance postule un déterminisme historique qui autorise non seulement la violence mais aussi le mensonge et la calomnie. Cette représentation « scientifique » de l'histoire est, en fait, une idéologie qui justifie la fin. Elle fonde un machiavélisme qui va contre la pensée de Camus, lequel se place systématiquement d'un point de vue moral. Il est impossible qu'une « fin heureuse de l'histoire autorise tous les excès », déclare-t-il ainsi à Domenach. De la Révolution française à la guerre civile grecque, en passant par la construction du socialisme en URSS, Camus refuse de voir la fin justifier des moyens abominables, car ce sont ces derniers qui commandent la nature même du communisme réel. En conséquence, si le communisme est le fruit d'un mouvement révolutionnaire, selon les termes de Camus, il ne mérite plus d'être qualifié de la sorte, car le communisme a organisé la terreur d'État et la terreur rationnelle.

Le deuxième aspect de la critique du communisme est l'analyse et la déconstruction de sa généalogie. C'est dans *L'Homme révolté* qu'elle prend sa forme la plus accomplie. Le communisme inspiré par Marx et par Lénine a perverti la révolte. Camus ne réduit pas Marx à sa seule utilisation par les communistes. Pour lui, il existe plusieurs Marx et plusieurs périodes dans son œuvre. L'auteur du *Capital* est jugé sévèrement : il réduit l'homme à des déterminismes sociaux et l'analyse de l'histoire à des lois scientifiques produites par des rapports de classes. Or, pour Camus, d'une part il ne peut y avoir de science de l'histoire, d'autre part la victoire du prolétariat conduit à la naissance de nouveaux antagonismes sociaux. Enfin, il critique dans le marxisme la notion de dictature – même si elle est proposée sous des formes contradictoires – et l'absence complète de liberté pour les individus. La vulgate marxiste a abouti aux résultats observables au pays du socialisme réel.

Lénine, quant à lui, est critiqué pour sa conception du parti révolutionnaire. C'est une « armée de métier » ; un « corps d'agitateurs », de professionnels se substitue non seulement au peuple mais encore à la classe ouvrière. Cette conception détermine une vision militaire de la révolution pour laquelle tous les moyens tactiques sont bons à utiliser afin d'atteindre l'objectif stratégique. Camus montre à travers la mise en regard des textes de Lénine et sa pratique du pouvoir comment il a installé un « super-État prolétarien » qui, loin de dépérir, n'a fait que se renforcer. Sa conclusion est claire : « La mystification pseudo-révolutionnaire a maintenant sa formule : il faut tuer toute liberté pour conquérir l'Empire et l'Empire sera un jour la liberté. »

Troisième et dernier aspect de cette mise en perspective historique, le communisme mis en œuvre par Staline. Camus le caractérise par deux mots : « la totalité et le procès ». Une « dictature totale » règne sur des centaines de millions d'hommes. Le régime met en œuvre toutes les formes de terreur. Le communisme est une réalité aux visages monstrueux, réveillant les bas instincts : la délation, la torture et les procès truqués. L'assimilation avec le nihilisme est récurrente. Dans le communisme réel, cette fin qui justifie les moyens et d'abord le meurtre de masse disqualifient cette « idéologie de progrès ». Qui adhère au communisme dépouille sa révolte de tout sentiment moral. Pour Camus, la grandeur des opposants de gauche au communisme est justement de retrouver une révolte morale en rejetant la terreur.

Camus est de ces rares intellectuels qui ont entrepris une critique radicale du communisme au temps du stalinisme triomphant. Cependant, à la différence de celle d'Hannah Arendt ou de Raymond Aron, son analyse reste inscrite dans la lignée de la pensée socialiste. S'il utilise le terme de « révolutionnaire » pour qualifier le marxisme puis le léninisme, il veut sauver l'idée socialiste et l'esprit de révolte. En effet, il oppose la révolte libératrice à la révolution, synonyme d'oppression. Cette révolte doit retrouver ses origines fondatrices que le communisme

a oubliées : le syndicalisme et la Commune.
Sylvain Boulouque

• *Voir aussi :* Hongrie ; Parti communiste ; Pologne

Bibl. : Jeanyves Guérin, *Camus. Portrait de l'artiste en citoyen*, François Bourin, 1993, p. 83-124

CONDITION OUVRIÈRE. – « Notre seule justification, s'il en est une, est de parler, dans la mesure de nos moyens, pour ceux qui ne peuvent le faire », écrit Camus dans le *Discours de Suède*. Étranger à tout esprit d'orthodoxie, il définit ainsi le rôle de l'écrivain comme témoin et passeur auprès de ses contemporains. Son engagement sur la question algérienne est connu, celui sur la condition ouvrière demeure en revanche plus discret. Ce retrait révèle, semble-t-il, un refus : celui de cautionner un débat détourné à des fins de propagande. La question de la condition ouvrière, lorsqu'elle est soulevée par ses contemporains, est en effet uniquement envisagée à travers un cadre idéologique que Camus a explicitement récusé dans *L'Homme révolté*. De fait, les écrits qu'il a consacrés au problème de la condition ouvrière relèvent d'un engagement humaniste et non dogmatique.

Si certains éditoriaux de *L'Express*, auquel il a collaboré entre novembre 1953 et octobre 1957, rappellent par moments la phraséologie marxiste, la dénonciation du « servage intolérable » dont souffrent les ouvriers s'écarte néanmoins de tout dogmatisme pour s'inscrire dans une lutte au nom de la dignité humaine, préoccupation que l'on retrouve en filigrane tout au long de son œuvre. Aussi certaines réflexions des « Déracinés » (*L'Express*, 25 novembre 1955) évoquent-elles explicitement les nouvelles de *L'Exil et le Royaume*, et plus particulièrement *Les Muets*, seul texte littéraire consacré exclusivement à la condition ouvrière, dont la rédaction a commencé en 1952 : « Car il faudrait employer d'autres mots pour dénoncer, dans la condition ouvrière, cet exil intérieur qui sépare des millions d'hommes de leur propre pays. Campés aux portes des cités, parqués dans d'affreuses banlieues, attelés pour des salaires misérables à des besognes dont le mécanisme même ravale l'homme, les ouvriers français, victimes d'une ségrégation de fait, n'ont plus le sentiment d'appartenir au corps de la nation qui les astreint à ses devoirs sans les appeler à ses joies. Ils produisent, d'autres jouissent. » Les activités journalistique et littéraire se répondent. Dans *Les Muets*, tout en donnant sa voix au cri inaudible des ouvriers, l'écrivain dénonce les clivages sociaux et politiques qui divisent les hommes et les renvoient à leur propre solitude. Pierre Aubery a ainsi raison de souligner que la réflexion de Camus révèle, contre les simplifications marxistes, « l'inhumanité profonde d'un système économique ».

Ses propos sur la condition ouvrière demeurent toujours empreints d'une certaine compassion qui s'explique au regard de ses origines. Camus a connu en effet l'expérience de la pauvreté. Issu d'un milieu très humble, il passe toute son enfance dans la banlieue pauvre d'Alger. C'est à ses origines qu'il rend hommage dans son premier texte, *L'Envers et l'Endroit*, et sur lesquelles il revient, par le détour de la fiction, dans *Le Premier Homme*. Dans ce texte inachevé, il consacre quelques pages au milieu ouvrier de la tonnellerie qui lui était familier. Contre tout effet de misérabilisme, le narrateur évoque avec allégresse les visites du jeudi à l'atelier où les bruits de marteaux et l'odeur de sciure scellent une fraternité entre les hommes. Aussi, en janvier 1948, est-ce avec véhémence qu'il attaque, dans la préface à *La Maison du peuple* de Louis Guilloux, les écrivains bien-pensants qui ne sont pas passés par « l'école de la nécessité » : « Presque tous les écrivains français qui prétendent aujourd'hui parler au nom du prolétariat sont nés de parents aisés ou fortunés. Ce n'est pas une tare [...]. Je me borne à signaler au sociologue une anomalie et un objet d'études. » La polémique entre le boursier algérois et l'agrégé de philosophie semblait déjà préfigurée par ces quelques lignes qui ont valu de violents reproches à leur auteur. Peut-être est-ce aussi ce qui explique l'admiration de Camus pour Simone Weil, agrégée de philosophie qui fut manœuvre sur machine en usine et dont il publie plusieurs œuvres, notamment *La Condition ouvrière* en 1951, dans la collection « Espoir » qu'il dirigeait chez Gallimard. Dans *L'Homme révolté*, il lui sait gré d'avoir caractérisé la condition ouvrière par une double privation d'argent et de dignité.

Si Camus a été sensible à la question de la condition ouvrière, ses textes révèlent le souci constant d'éviter l'écueil littéraire et idéologique qui menace cette réflexion. « À une certaine extrémité de misère, on trouve plus de résignés que de révoltés », écrit-il dans *L'Express*. C'était là trouver une balance juste entre « le réalisme facile et [...] la sentimentalité ».

Alexandra VASIC

Bibl. : Pierre Aubery, *Pour une lecture ouvrière de la littérature*, Les Éditions syndicalistes, 1969

CONFÉRENCES. – Camus adoptait volontiers la parole comme mode d'expression de sa pensée et les conférences occupent une place non négligeable dans l'ensemble de son œuvre. Si l'on tient compte des discours et autres allocutions, on peut estimer qu'elles s'élèvent à une bonne centaine. Diverses raisons expliquent cette prédilection. La première tient au fait que, homme de théâtre, il aime à se retrouver face à un public. Il peut, en parlant, animer et jouer son texte. Ainsi lors de sa conférence à Rio du 20 juillet 1949 (« Le temps des meurtriers ») : « Lorsque la parole lui est donnée, il se lève et, après que les applaudissements se sont calmés, il prononce la première phrase de la conférence ; immédiatement il s'interrompt, et, se tournant vers ceux qui se trouvent à ses côtés, il dit : "Je préfère parler assis si vous me le permettez..." Ainsi tantôt lisant et tantôt improvisant, il va capter l'attention de l'auditoire (*Letras e Artes*, n° 132, 24 juillet 1949, dans Fernande Bartfeld, *Albert Camus voyageur et conférencier*).

L'autre raison de cette prédilection tient au goût prononcé de Camus pour le dialogue. Et la conférence n'en est-elle pas une des formes d'expression les plus proches ? Mais il s'agit aussi pour lui d'intervenir dans le débat public. L'allocution est alors commandée par l'urgence, pour alerter sur la situation en Espagne, en Algérie ou encore en Hongrie. Il n'est pas rare que Camus publie le texte qu'il a prononcé, ce qui redouble son effet.

Des conférences marquantes jalonnent tout son parcours littéraire et politique. Dès 1937, il prononce une conférence sur la civilisation méditerranéenne (« La culture indigène. La nouvelle culture méditerranéenne »), lors de l'inauguration de la maison de la Culture d'Alger. Déjà il s'interroge sur son rôle d'intellectuel et il lui semble que ce rôle consiste à faire comprendre le lien qui rattache la culture à la vie. « La Méditerranée, qui nous entoure de sourires, de soleil et de mer, nous en donne la leçon. »

Ses principales conférences toutefois sont données après la guerre et se situent dans le cadre d'un combat mené contre ce qu'il appelle les « forces de la nuit » et « pour la vie et la liberté ». Les « forces de la nuit » se sont pleinement manifestées pendant la guerre et Camus estime qu'elles ont causé une véritable cassure dans la civilisation. Invité aux États-Unis, en 1946, pour parler de littérature, il s'attache presque uniquement à cette cassure et intitule sa principale conférence « La crise de l'homme ». S'adressant à des Américains, il veut leur faire comprendre le sens de l'épreuve qu'ont subie les Européens et les mettre en garde contre la possibilité qu'un tel danger puisse se reproduire et les menacer eux aussi. La nécessité d'un dialogue entre les hommes est mise en avant dans cette conférence qui est elle-même une forme de dialogue Europe-Amérique : « nous avons tous à créer en dehors des partis et des gouvernements, des communautés de réflexions, qui entameront le dialogue à travers les nations et qui affirmeront par leur vie et leur discours que ce monde doit cesser d'être celui de policiers, de soldats et de l'argent pour devenir celui de l'homme et de la femme, du travail fécond et du loisir réfléchi ». Et il ajoute : « Oui, ils ["nos camarades d'Europe"] attendent de vous ce qu'ils attendent de tous les hommes de bonne volonté, une loyale contribution à l'esprit de dialogue qu'ils veulent instaurer dans le monde. Nous n'avons qu'un mot à vous dire à ce sujet : ne rejetez pas la main qu'ils vous tendent. »

Trois ans plus tard, Camus est en Amérique du Sud. Il est hanté par cette forme de « peste » – Tarrou l'avait dit – qu'est la condamnation à mort ou encore le meurtre, sans aucune forme de procès. La principale conférence qu'il donne au Brésil évoque « Le temps des meurtriers ». Il espère à cette occasion que ses paroles pousseront les hommes à agir, à changer l'état des choses : « La suppression de la peine de mort – et la condamnation des systèmes concentrationnaires – dans tous les cas devrait être le premier article du code international dont chacun de nous attend la création. La peine de mort ne s'imagine qu'en fonction d'hommes qui croient posséder la vérité absolue. Ce n'est pas notre cas. »

Entre 1951 et 1958, Camus est proche des mouvements libertaires et fréquente les militants syndicalistes de *La Révolution prolétarienne*, « revue syndicaliste révolutionnaire ». Il mène le combat à leurs côtés, en participant à des meetings. C'est ainsi que le 10 mai 1953 il prononce une allocution à la Bourse du travail de Saint-Étienne : « Restaurer la valeur de la liberté » (qui deviendra : « Le pain et la liberté »). Il tient à encourager ses compagnons de lutte : « Que des syndiqués se réunissent et se pressent autour des libertés pour les défendre, oui, cela méritait vraiment que de toutes parts tous accourent pour manifester leur union et leur espoir. » Il fonde sur eux le combat pour la liberté et la justice, bafouées à l'Ouest comme à l'Est.

Autre combat : celui pour l'Espagne républicaine. En 1951, Camus participe à un meeting, toujours aux côtés des militants syndicalistes, et prononce un discours en faveur de cette cause qui lui est particulièrement chère (« L'Europe de la fidélité », publié dans *La Révolution prolétarienne*, n° 50, mai 1951). Il n'a de cesse que l'Espagne républicaine occupe le devant de la scène. La même année, le 19 juillet, jour anniversaire du début de la guerre d'Espagne, il prononce une allocution qui est publiée dans *Témoins* (« 19 juillet 1936 », printemps 1954). En 1952, l'Espagne de Franco est admise à l'Unesco. Dans un discours d'une ironie mordante, « L'Espagne et la culture » (30 novembre 1952), Camus déclare : « Dès l'instant où Franco est entré à l'Unesco, l'Unesco est sortie de la culture universelle. » L'Espagne, enfin, est encore au centre des allocutions du 7 décembre 1955, « Hommage à un exilé », du 30 octobre 1956, « Le parti de la liberté » et du 22 janvier 1958, « Ce que je dois à l'Espagne ».

Autre cause camusienne : la Hongrie, dont la révolte avait été durement écrasée par les Soviétiques. Le 15 mars 1957, l'écrivain prononce, salle Wagram, un important discours où il souligne que le combat contre l'injustice est le même, qu'il se manifeste à Alger ou à Budapest.

L'Algérie, enfin, reste à n'en pas douter la grande préoccupation de Camus. Le 22 janvier 1956, il tente courageusement de calmer les esprits en lançant son appel à une trêve civile, dans une salle houleuse, à Alger. Sa voix, on le sait, n'a pas été entendue.

À cet ensemble, il convient d'ajouter de nombreuses conférences données souvent dans un cadre universitaire et portant sur l'état présent de la littérature, et plus particulièrement du théâtre en France. Au long des années, Camus prononce aussi des conférences sur l'art et l'artiste. On notera parmi les plus marquantes : « Le témoin de la liberté » (1948), « Un moraliste de la révolte, Chamfort » (1949), « L'avenir de la tragédie » (1955), « Discours de Stockholm » (10 décembre 1957), « L'artiste et son temps » (14 décembre 1957).

Si Camus prise les conférences et discours, c'est qu'il s'y sent à son aise et peut y donner toute la mesure de son talent. « L'artiste et son temps », sa conférence la plus travaillée, en offre un bon exemple. Cette conférence prononcée à Upsal en 1957, particulièrement longue, demandait toutes les ressources d'un homme de théâtre pour maintenir l'attention du public constamment en éveil. Pour ce faire, celui-ci use d'un large éventail de moyens : il amuse, émeut, frappe, choque, démystifie. Bref il séduit. Camus en veut surtout à son temps pour l'engagement forcé qu'il impose aux artistes. Non qu'il soit lui-même moins engagé qu'un autre, mais il se rebelle contre la contrainte. Et c'est pourquoi les métaphores qui lui viennent à l'esprit concernant l'engagement de l'artiste sont celles de la galère remplie de gardes-chiourme, une galère qui sent le hareng et où l'artiste est embarqué de force, ou encore celles du cirque, où l'artiste est jeté en pâture au lion. Le monde communiste et le réalisme socialiste, enfin, sont tournés en ridicule avec une belle verve ludique : « Il a fallu [...] dire comment on pouvait être réaliste alors que le réalisme est impossible. La dictature, ici comme ailleurs, a tranché dans le vif : le réalisme, selon elle, était d'abord nécessaire et il était ensuite possible à la condition qu'il se veuille socialiste. [...] Pour bien reproduire ce qui est, il faut aussi peindre ce qui sera. Autrement dit, le principe d'unité du réalisme socialiste, c'est justement ce qui n'a pas encore de réalité. [...] Finalement, cet art sera socialiste dans la mesure où il ne sera pas réaliste. »

Camus excelle aussi dans l'art de la formule frappante qui ramasse la pensée en de saisissants raccourcis : « Le but de l'art [...] n'est pas de légiférer ou de régner il est d'abord de comprendre » ; « Il [l'artiste] n'est pas juge mais justificateur » ; « Il plaide vraiment pour l'amour du prochain, non pour cet amour du lointain qui dégrade l'humanisme contemporain en catéchisme de tribunal » ; enfin, cette belle définition de l'œuvre d'art : « Chaque grande œuvre rend plus admirable et plus riche la face humaine, voilà tout son secret. »

Les conférences de Camus manifestent un véritable art de dire qui s'affine au cours des années. Elles sont pour l'homme et l'artiste un moyen d'atteindre l'autre, de l'inviter à mieux comprendre le monde où nous vivons et, le cas échéant, à faire quelque chose pour le changer. Fernande BARTFELD

Bibl. : Fernande Bartfeld, *Albert Camus voyageur et conférencier*, Minard, 1995

CONTROVERSES. – Intellectuel, Camus a été amené à débattre voire à controverser avec ses homologues. Sauf dans un cas, il n'a pas pris l'initiative de la polémique.

Après la guerre, l'épuration l'oppose à François Mauriac. Alors que le jeune écrivain opte pour l'intransigeance à l'égard des élites compromises, son aîné plaide plutôt pour une certaine indulgence. Tenant fermement aux principes, le premier refuse le réalisme politique prôné par le second. Il dit préférer la justice à la miséricorde, quitte à faire prévaloir une rupture sociale sur la réconciliation nationale. Pour le romancier, la justice sur terre est relative : il incombe aux hommes de trouver les solutions les moins mauvaises. Pour Camus, c'est faire fi de la justice au profit de la charité chrétienne. Son article « Justice et charité », paru dans *Combat* le 11 janvier 1945 (puis repris dans *Actuelles*), ajoute à la mésentente. Pourtant la controverse engage les deux écrivains journalistes moins sur le terrain de la foi que sur celui de la politique. Aux positions radicales de Camus, Mauriac oppose une attitude légaliste. Les susceptibilités, de surcroît, n'ont pas peu contribué à envenimer les débats : à la condescendance de l'ancien répond l'insolence du cadet. Mais c'est ainsi que le jeune écrivain s'affirme sur la scène intellectuelle. En décembre 1946, il reconnaît que son contradicteur avait eu raison à propos de l'épuration. Cela n'empêche pas les deux écrivains journalistes de s'affronter à nouveau à l'occasion du soutien à Garry Davis apporté par Camus. Si ce dernier voit là une occasion de trouver une alternative à la guerre froide, Mauriac considère que toute cette affaire relève d'une utopie mondialiste tout à fait naïve. Plus tard, au milieu des années 1950, les deux auteurs collaborent à *L'Express*, mais leurs rapports restent tendus.

Dans *Ni victimes ni bourreaux*, en 1946, Camus dénonce les « idéologies meurtrières » qu'il appelle aussi « utopies absolues » : le nazisme et le marxisme. En avance sur son temps, il annonce ainsi « la fin [de ces] idéologies » nées au XIXe siècle. Il dénonce leur attachement à des abstractions qui peuvent aller jusqu'à légitimer le meurtre. Il se propose de « définir les conditions d'une pensée politique modeste, c'est-à-dire délivrée de tout messianisme, et débarrassée de la nostalgie du paradis terrestre ». Resté cependant fidèle au socialisme, il appelle les socialistes à rompre avec le réalisme politique des marxistes. Les articles ne reçoivent pas l'accueil favorable auquel Camus s'attendait. Jean-Paul Sartre et Maurice Merleau-Ponty ne formulent pas leurs désaccords qui sont d'ordre philosophique et politique ; Emmanuel Mounier, dans *Esprit*, se contente de reprocher son angélisme au raisonnement de Camus. C'est Emmanuel d'Astier de La Vigerie, « un compagnon de route et un aventurier stalinien », qui se charge de formuler les critiques. Dans *Caliban* qui a republié la série en 1947, il reproche à Camus de fuir la politique et de se réfugier dans la morale. Il ajoute dans cet article polémique, intitulé « Arrachez la victime aux bourreaux. Éléments d'une réponse à Albert Camus », que l'appel pour sauver les corps ne peut diminuer en rien le pouvoir de la bourgeoisie et du capitalisme. L'ironie arrogante avec laquelle il rappelle certains principes marxistes entraîne une vive réponse de Camus dans la même revue en juin 1948. C'est dans son article « Où est la mystification ? (réponse à d'Astier de La Vigerie) » qu'il écrit : « je n'ai pas appris la liberté dans Marx. Il est vrai : je l'ai apprise dans la misère. Mais la plupart d'entre vous ne savent pas ce que ce mot veut dire ». Le « marquis rouge » répond alors (en juillet 1948) par un article – « Ponce Pilate chez les bourreaux » – publié dans *Action*, hebdomadaire contrôlé par le parti communiste. Ce n'est que le 7 octobre que Camus réplique (c'est sa « Deuxième réponse », dont le titre est « Nous ne serons jamais pour le socialisme des camps de concentration ! Réponse à M. E. d'Astier de La Vigerie ») dans *La Gauche*, bimensuel du Rassemblement démocratique révolutionnaire. Le ton est cinglant, l'auteur critique ouvertement le système concentrationnaire soviétique : « Les camps […] font partie de l'appareil d'État, en Russie soviétique […]. Il n'y a pas de raison au monde, historique ou non, progressive ou réactionnaire, qui puisse me faire accepter le fait concentrationnaire. » Les communistes considèrent que les hostilités sont ainsi ouvertes et ne le ménageront plus.

Camus ne réagit pas outre mesure aux attaques des communistes contre *L'Homme révolté*, mais lorsqu'elles sont publiées dans un journal ou une revue qu'il apprécie, il ne manque pas de prendre sa plume. Il écrit par exemple à *L'Observateur* pour dénoncer les lamentables erreurs et « accusations grotesques » de Pierre Hervé. Sa réponse à André Breton est plus mesurée. Le chef de file des surréalistes, qui a rompu avec les communistes, reconnaît en effet l'importance du livre, et admet la critique du marxisme. Toutefois il n'apprécie guère que Camus bouscule ses idoles, Rimbaud et Lautréamont. Outragé, il dénonce alors « une révolte dans laquelle on aurait introduit "la mesure" ». Camus avait déjà rappelé que le nihilisme était « générateur de conformisme et de servitude ». Il précise encore à Breton que les marxistes ne sont pas seuls coupables. La controverse s'arrête là : c'est en vain que les épigones de Breton tentent de la prolonger.

C'est Francis Jeanson qui écrit le compte rendu de *L'Homme révolté* dans *Les Temps modernes*. Son long article paru en mai 1952 est d'une brutalité étonnante. S'il reconnaît à l'ouvrage un style impeccable, il trouve que la pensée de l'auteur est inconsistante et relève d'un « humanisme vague ». De fait, il n'admet pas que Camus fasse cette analyse impitoyable de l'historicisme et du totalitarisme inhérents au communisme soviétique. Pourtant le critique existentialiste offense l'écrivain sans réussir à réfuter son argumentation. Il n'empêche que sur sa lancée, il revient sur l'œuvre de Camus et en termes sartriens juge que *La Peste* est une « chronique transcendantale » révélée par « une subjectivité concrète » et déclare que le roman véhicule « une morale de Croix-Rouge. » Camus envoie une longue lettre à « monsieur le directeur des *Temps mo-*

dernes » qu'il tient pour responsable. Sartre la publie. Sa réponse est féroce. Celle de Jeanson est encore plus agressive. Camus, blessé, et Sartre se brouillent définitivement. La politique a fini par transformer leurs divergences philosophiques en une impitoyable confrontation. En réalité, tout les séparait : leurs origines, leurs formations et leurs sensibilités. Surtout, Sartre ne pardonne pas à Camus de désavouer la conception marxiste de la révolution. En effet, l'écrivain algérois pense qu'elle prône l'usage de la violence au nom d'un avenir improbable. Le premier n'aime pas non plus les reproches que le second fait à la révolution jacobine de 1789 et à celle de 1917. Toutes les deux ont perverti, d'après Camus, les valeurs qui légitimaient la révolte. *Les Temps modernes* lui reprochent sa position « d'intellectuel au-dessus des conflits réels », mais l'essayiste rappelle qu'il a rendu l'hommage qu'ils méritaient aux révolutionnaires de 1905. Enfin, il se déclare fatigué de recevoir des « leçons d'efficacité de la part de censeurs qui n'ont jamais placé que leur fauteuil dans le sens de l'histoire ». Ce mot rend cruellement célèbre la sieste de Sartre dans les locaux de la Comédie-Française désertée alors que les journalistes de *Combat* s'emparaient de ceux du *Pariser Zeitung*. Après avoir précisé que leur amitié n'était pas facile, mais qu'il la regrettait, le philosophe se sentant visé dans son origine bourgeoise rappelle à Camus qu'il n'est plus pauvre lui-même mais qu'il est un bourgeois. Il finit par un exposé sur la question du marxisme auquel Camus ne répondra pas.

En 1955, une vive polémique oppose Camus à Jean-Marie Domenach. Malgré sa condamnation des procès en chaîne, des déportations et de la répression des mouvements populaires en URSS, la revue *Esprit* continue d'observer avec prudence l'évolution de la situation dans le bloc soviétique. Camus estime que cette position relève de la complaisance. Ses interlocuteurs rétorquent qu'une certaine compréhension ne peut qu'être favorable à une libéralisation du mouvement communiste, notamment en France. C'est dans ce climat que Camus écrit une préface à l'ouvrage de l'universitaire américain Konrad Bieber sur les écrivains et la Résistance (*L'Allemagne vue par les écrivains de la Résistance française*, 1954) dans laquelle il réitère sa critique des intellectuels progressistes qui sont (ou pourraient être) tentés de « trahir leur propre socialisme » en se montrant trop indulgents à l'égard de la puissante nation soviétique. Il pensait surtout à Sartre, mais Domenach s'est senti visé aussi et n'a pas cru bon, en rendant compte de l'ouvrage de Bieber, de mentionner la préface de Camus. *Témoins* s'en étonne et Domenach, dans une lettre à la revue datée du 5 avril 1955, reconnaît que c'était volontaire parce qu'il estimait que Camus avait eu « la perfidie » d'attaquer son ennemi personnel. Dans sa « Réponse à Domenach », envoyée à *Témoins* à l'été 1955, Camus répond que son but n'était pas de vider une querelle personnelle (il a dit à Sartre ce qu'il avait à lui dire déjà) mais de parler d'un problème essentiel qui sépare la gauche libre de la gauche progressiste. Quant à la « perfidie », il ajoute qu'elle « apparaît pour ce qu'elle est : la calomnie calculée d'un intellectuel ». Cette vive polémique n'a pas empêché Domenach de se charger personnellement de la nécrologie quand l'écrivain est mort tragiquement. « Il était de gauche, avec lucidité, avec amertume, mais non point à moitié », écrit-il.

Pendant la guerre d'Algérie, Camus a refusé toute polémique. Il s'est voulu témoin et, dans *Le Premier Homme*, écrivain. C'est que, comme l'a noté Jean Daniel, s'il a un « talent de pamphlétaire », s'il sait ajuster ses reparties, s'il a eu parfois la dent dure, ce n'est pas comme Sartre et surtout Mauriac un polémiste né. C'est d'abord un homme de dialogue.

Mohamed-Kameleddine HAOUET

Bibl. : Peter Dunwoodie, « Hors du combat : Albert Camus et l'art de la polémique », *Lettres romanes*, 46, n° 3, 1992, p. 213-218

CORDES. – Dans l'intime géographie sensible de Camus, il est des lieux secrets. Dans les années 1950, l'écrivain est venu se reposer à Cordes, dans le Tarn, après le festival d'Angers. Il a séjourné à l'hôtel du Grand Écuyer, imposante demeure sculptée du XIVe siècle tenue par la famille d'une amie algéroise, Claire Targuebayre, dont il préfaça en 1954 une édition de *Cordes en Albigeois*. De Mérimée à Lawrence d'Arabie – qui y voit « un paradis pour le peintre » –, de Viollet-le-Duc à Violette Leduc, d'Hector Malot à Jean Giono ou à Philippe Hériat qui lit en elle un « Mont Saint-Michel-de-la-Terre », tous, tels encore les artistes Yves Brayer et Francis Meunier, ont noté l'atmosphère rare de la cité du Haut-Languedoc, qui conserve dans son enceinte et autour de sa halle l'image et l'esprit du Moyen Âge. Cordes, désormais « sur-Ciel », fait partie de ces « deux ou trois lieux qui attendent patiemment chacun de nous en ce monde ». Vue depuis la cité occitane posée par les comtes de Toulouse, l'époustouflante beauté naturelle met fin à la solitude humaine. « Frontière d'un autre univers », aimée de la brume, Cordes est un belvédère vers le silence, la nuit, le jeu des étoiles. Comme le note Camus le 26 juillet 1957 (*Carnets* III) : « Chaque soir j'allais voir Vénus se coucher et les étoiles se lever au-dessus de son lit sur la nuit chaude. » Cordes ou l'apaisement.

Pierre GROUIX

Bibl. : *Ils ont écrit Cordes*, catalogue de l'exposition, OMT, 2004 • Claire Targuebayre, *Cordes en Albigeois*, Privat, coll. « Sites de France », 1954

CORMERY, Jacques. – Jacques Cormery est le nom du narrateur qui s'exprime à la première personne dans *Le Premier Homme*, récit autobiographique auquel travaillait Camus au moment de sa mort et qui a été publié de façon posthume.

Le Premier Homme est assurément l'œuvre la plus autobiographique de Camus, celle dans laquelle, peut-être parce qu'elle n'était pas destinée à être publiée en l'état, il fait le moins preuve de retenue. Dans ce récit, il est d'abord question de la recherche du père puis de l'enfance algéroise et enfin du passage à l'âge d'homme. Jacques Cormery, le protagoniste, est adulte et se remémore son enfance. C'est pourquoi il existe deux plans de réalité différents, l'âge adulte (le temps présent) et l'enfance (le passé) ; les deux niveaux de narration se distinguent entre autres par la façon dont est nommé le héros. L'adulte est toujours appelé « Cormery » ou bien « Jacques Cormery », tandis que l'évocation par le seul prénom « Jacques » est réservée au jeune enfant. Les deux parties de l'œuvre sont bâties différemment : dans la première, les souvenirs refont surface arbitrairement au gré de rencontres tandis que dans la seconde, ils sont organisés de manière plus linéaire. Cormery adulte s'efface progressivement au profit de Jacques. Jacques Cormery est dans la même situation que Télémaque, le fils d'Ulysse, mais à la différence de celui-ci, qui a pour lui la survie du père, son renom et la protection divine, Jacques cherche un père mort qui, délaissé des dieux, a sombré dans l'anonymat : tel est le principal enseignement de la quête d'un fils « né sur une terre sans aïeux et sans mémoire ».

Il y aurait beaucoup à dire sur le choix du nom lui-même. « Cormery » renvoie à celui de la grand-mère paternelle. L'anthroponymie bascule donc pour la première fois du côté paternel, ce qui n'est pas innocent dans un récit dont la première partie s'intitule « Recherche du père ». Les initiales, « J. C. », par lesquelles est souvent désigné le protagoniste, évoquent le Christ, d'autant plus que le chapitre liminaire, en particulier, a tout d'une scène de Nativité : la famille est réduite au père, à la mère et à l'enfant, le frère aîné étant d'abord relégué à l'arrière-plan puis purement et simplement banni de l'évocation. Le thème christique est inscrit dans plusieurs détails de la scène comme les circonstances de cette naissance humble, l'exil, les vêtements. L'annonce « Il est arrivé » parachève l'analogie. Mais « J. » et « C. », ce sont également les initiales des deux enfants de Camus, Jean et Catherine.

Jacques Cormery ressemble étrangement à l'écrivain algérois, encore que le lecteur n'apprenne pas grand-chose à propos de Cormery adulte : on trouve bien sa description physique (un homme de bonne taille et mince, les cheveux coupés ras, le regard bleu et droit) et l'information qu'il vit depuis plusieurs années en France (à la différence de sa mère restée en Algérie), mais peu de détails sur son activité professionnelle, par exemple. Quelques divergences riches de significations entre Cormery et Camus sont toutefois à relever. Jacques Cormery est censé être âgé de quarante ans lorsqu'il se rend sur la tombe de son père. Or si c'est bel et bien l'âge de Camus en 1953 lorsqu'il entreprend *Le Premier Homme*, c'est en 1947, donc plus jeune de quelques années, que Camus s'est rendu à Saint-Brieuc. Ce petit mensonge sur l'âge a au moins deux raisons. L'une est que l'auteur a souhaité marquer la différence d'âge entre le protagoniste et le père, désormais plus jeune que le fils ; l'autre qu'il a voulu attirer l'attention sur l'importance des quarante ans, 1953 ayant au demeurant été une année particulièrement rude pour lui sur le plan personnel.

Cormery est moins un portrait fidèle qu'un double de Camus, que ce dernier juge parfois durement. Il apparaît comme un être assez froid. Qu'il soit pendant des pages et des pages désigné non par son nom mais comme « l'homme » ou « le voyageur » participe de la distance qui s'installe entre le lecteur et lui. Seule l'entrée au cimetière (au chapitre 2) marque le passage à la focalisation interne, donc au processus actif de remémoration. La démarche qui consiste à se rendre sur la tombe du père ne résulterait pas de la volonté du narrateur, lequel prétend ne sacrifier au rituel que pour faire plaisir à sa mère et parce que l'occasion d'aller à Saint-Brieuc se présente. C'est donc avec une indifférence feinte et un détachement apparent que Cormery se rend sur la tombe de son père. Toutefois, cette introduction n'est là que pour mieux préparer et mettre en scène le bouleversement qui soudainement va s'opérer au cimetière. La révélation n'est pas immédiate : « Cormery s'approcha de la pierre et la regarda distraitement. » Mais est-ce réellement par manque d'intérêt ou par peur de se confronter au mort que Cormery évite d'appuyer ses regards sur la pierre tombale ? « Dès le début, il faudrait marquer plus le monstre chez Jacques » : cette note en bas de page portée au début du chapitre n'en a pas fini de susciter les interrogations. Est-ce l'indifférence de Jacques qui est monstrueuse, la froideur à l'égard du père ? Car le détachement de Jacques semble n'avoir d'autre raison d'être que de donner du relief à la subite révélation qui s'opère. Ce n'est pas en songeant au père qui lui a donné la vie mais au moment où il se figure ce jeune homme enterré sous cette dalle, désormais plus jeune que lui, que l'enfant devenu adulte est submergé par l'émotion. Les rôles se trouvent inversés, le fils devient l'adulte et le père, l'enfant. C'est toujours avec la même extrême pudeur qu'est décrite la souffrance de cet homme en apparence froid, transparaissant en filigrane au détour d'une phrase.

Mais Cormery, ce n'est pas seulement le fils en quête de son père, c'est aussi et avant tout, comme le lecteur en a la révélation à la fin du livre, le « premier homme ». Il prend conscience qu'il doit désormais « apprendre, comprendre sans aide, devenir un homme enfin sans le secours du seul homme qui lui avait porté secours, grandir et s'élever seul enfin, au prix le plus cher ». *Le Premier Homme* est le récit d'une « éducation sans éducateur » au terme de laquelle ce Cormery « né sur une terre sans aïeux et sans mémoire » trouve enfin – tels sont les derniers mots du livre – « des raisons de vieillir et de mourir sans révolte ».

Marie-Christine Pavis

Bibl. : Pierre-Louis Rey, Le Premier Homme *d'Albert Camus*, Gallimard, coll. « Foliothèque », 2008

CORPS. – Tout lecteur de Camus sait l'importance du corps et des sensations dans ses textes littéraires. La sensualité, la relation physique aux paysages y ont une grande importance. Certaines descriptions des corps en communion avec la terre méditerranéenne rappellent l'inspiration gidienne et l'éloge des « nourritures terrestres ». Toutefois cette exaltation du corps ne se limite pas à un tempérament ou à un choix littéraire. Elle implique une question philosophique, même si elle n'est pas formulée en tant que telle : le corps est en effet au centre de la réflexion existentialiste et il mobilise aussi bien Camus que Jean-Paul Sartre et Maurice Merleau-Ponty. Chacun à sa manière tente de reformuler l'antique dualisme de l'âme et du corps, cette vieille question de la métaphysique occidentale depuis Platon et renouvelée avec Descartes. L'existentialisme veut dépasser l'opposition entre idéalisme et matérialisme en partant du corps comme incarnation de la conscience dans le monde. Le corps n'est pas ce que j'ai, mais ce que je suis. Encore faut-il comprendre cette relation de la conscience incarnée à sa propre corporéité, faite de familiarité et d'étrangeté, d'activité et de passivité.

La conscience du corps se trouve donc au cœur de la littérature dite « existentialiste ». À cet égard, l'intérêt de Camus pour *La Nausée* de Sartre s'explique en grande partie par sa description d'une conscience immergée dans son corps, l'éprouvant comme une limite, un dégoût et pourtant ne pouvant le fuir, restant consubstantiellement liée à lui. Ce récit a donné le ton d'une écriture du corps, en pratiquant l'immersion d'une conscience inquiète et sans transcendance qui éprouve la facticité et la nécessité de son incarnation.

Cependant l'appréhension philosophique du corps par Camus ne se limite pas à la description phénoménologique, d'où sa singularité. L'interrogation va de pair avec une glorification du corps comme grande raison, exaltée par

Nietzsche. Cette réhabilitation du corporel n'a rien à voir avec une quelconque dévotion au culte physique ou à la force brute. Elle s'inscrit plutôt dans une réévaluation du corps au sein de toutes les activités humaines. Et surtout, elle participe d'une conception tragique de la vie. Le corps se trouve en effet au centre d'un conflit qui dépasse l'opposition du corporel et du spirituel. Il est le point de tension où se joue le destin des êtres, et qui met au défi leur autonomie.

La scène fameuse de *L'Étranger*, décrivant Meursault sur une plage tragique envahie par le soleil, et tirant au revolver sur un corps d'apparence hostile, montre toute l'intensité d'une sensation physique débordée par une nécessité cosmique. La réduction phénoménologique aboutit à la perception minimale des éléments, de la lumière et de la chair. Elle est soutenue au fond par une disposition tragique qui dépossède le corps propre de son autorité au bénéfice d'un accomplissement des puissances. Le midi, heure sans ombre, rappelle l'imaginaire nietzschéen et Camus reprend du philosophe allemand l'idée d'une joie tragique associant le soleil et la mort.

En deçà de tout humanisme, l'appréhension camusienne du corps s'inspire des vertus dionysiaques vantées par le philosophe artiste qui cherchait dans la Méditerranée une sortie de la métaphysique occidentale. La comparaison des jeunes Algérois aux athlètes de Délos prend son sens d'une telle référence aux mythes telluriques de la Grèce antique.

Cette extension de la corporéité individuelle au sein des forces cosmiques conduit Camus à décrire la chair plus que le corps et à la rapprocher des rythmes du monde. L'éloge des paysages algériens participe ainsi d'une parenté charnelle des êtres et des choses. Au plus loin du dualisme cartésien, l'écrivain présente une chair en extase et communion : « Parvenue à son plus haut degré d'ivresse, la chair devient consciente et consacre sa communion avec un mystère sacré », écrit-il dans *Noces*.

Pour ces raisons, la compréhension du corps par Camus est beaucoup plus en phase avec la philosophie de Merleau-Ponty qu'avec celle de Sartre. À sa façon il explore ce domaine incertain constitué des relations fusionnelles entre les corps et le monde. L'épaisseur de la nature, son mystère et son érotisme se trouvent au cœur de ses descriptions et conceptions d'une « chair du monde » que Merleau-Ponty tentera de définir. Dès *Noces* il part à la recherche d'une « entente amoureuse de la terre et de l'homme délivré de l'humain ». Le corps tire sa corporéité du monde et donne naissance au monde comme phénomène. Camus approche déjà cette réversibilité qui sera la quête philosophique de Merleau-Ponty.

Sans vouloir fonder une philosophie du corps, Camus n'en a pas moins saisi une temporalité et une esthétique de la corporéité. Car sa description des corps lui permet d'approcher au plus près la présence au monde, dans l'instant d'une relation et délestée de l'histoire humaine. Comprendre le corps par l'instantanéité permet d'approcher le point de fixation et de passage du monde, son éternel retour dans le déploiement des gestes, des sensations, des illuminations. La beauté provient d'une telle vérité temporelle et terrestre sans transcendance. Ce chemin philosophique tracé par le corps ne s'est pas embarrassé, chez Camus, de références aux grandes conceptions philosophiques, matérialistes ou panthéistes. Il a consisté en une saisie esthétique de l'appartenance charnelle des êtres à un cosmos sans dieu, donnée dans l'instant d'une émotion et par la perception du sensible. François NOUDELMANN

CORRESPONDANCE. – Camus a peut-être utilisé autant d'encre pour ses lettres que pour son œuvre. Il est l'un des épistoliers les plus féconds de son époque. Lecteur de correspondances – celles de Berlioz, Flaubert et Tocqueville –, Camus a ainsi écrit et reçu, sous des formes diverses, un nombre incalculable de mots, télégrammes, pneus, cartes, billets et lettres auxquels il se faisait un devoir de répondre. Selon lui – le geste est lourd en implications quant à sa conception de l'humanisme – toute lettre, fût-elle critique, négative, méritait une réponse, même brève. Des milliers de lettres en disent long à la fois sur l'évolution de sa pensée et sur ses œuvres en train de trouver forme.

Certaines fois, la correspondance est même inscrite dans l'œuvre. C'est le cas pour *L'Étranger* débutant *in medias res* par la forme minimale, brutale, de la correspondance la plus informative, le télégramme : « Mère décédée. Enterrement demain. Sentiments distingués », donnant les trois coups d'un drame absurde, ou pour *La Peste*, où les assiégés sont tenus d'écrire de courts mots. Le fait est encore plus clair en 1945, et présent dès le titre, avec *Lettres à un ami allemand*, quatre lettres fictives, dont trois écrites sous l'Occupation, à un correspondant tout aussi fictif dont les réponses reprennent les arguments, et qui donnent une idée du sens que Camus entend donner à sa correspondance. Dans l'esprit de son rédacteur, la lettre n'est pas une forme secondaire. Elle lui permet de s'expliquer, de se dire. Dans la lettre, dans l'œuvre, le but est le même : aller au cœur des choses. Dans ce livre-ci, il s'agit d'expliquer le sens d'un engagement dans la Résistance. La forme épistolaire de ce dialogue avec un Allemand imaginaire établit un accord commun sur Nietzsche, mais alors que l'un croit que tout est permis, le Français prône la solidarité.

Par ailleurs, plusieurs lettres de Camus à des rédacteurs en chef ont été publiées dans les *Actuelles*, devenant des lettres publiques, voire des lettres ouvertes. Enfin, Camus écrivit une lettre-préface à Jeanne Héon-Canonne pour son livre *Devant la mort*.

Il n'existe pas à ce jour d'édition globale de la correspondance camusienne, versant de l'écrit resté dans l'ombre et dont Catherine et Jean Camus détiennent les droits. Mais trois correspondances séparées – par ordre de parution, celles entretenues avec Jean Grenier, Pascal Pia et René Char – donnent idée de Camus épistolier. Recueillie par Marguerite Dobrenn, l'une des jeunes filles de la « Maison devant le Monde », celle avec Grenier, engagée dès 1932, est l'une des plus anciennes, liant le professeur et son « élève perpétuel ». Le ton sérieux surprend. Les inévitables informations pratiques dépassées, le lecteur est frappé par la hauteur du propos. Dans les lettres (parfois interminables, comme en août 1936) et les cartes postales, que Grenier a conservées, le cadet s'ouvre – pudiquement, secrètement, confidentiellement – et dit ce qui compte à ses yeux. Ainsi en août 1934 : « Et puis l'amitié – un petit nombre de livres – quelques tableaux – une ou deux phrases musicales – l'amour. » Les lettres sont une mine de renseignements sur l'état d'esprit de Camus, ses espoirs d'homme et de jeune écrivain, ses découvertes. De cette correspondance de deux cent trente-cinq lettres, absolument privilégiée pour l'un comme pour l'autre, la dernière lettre de Camus, évoquant la réédition des *Îles*, date du 28 décembre 1959, celle de Grenier du 1er janvier 1960.

La correspondance avec Pia, interrompue à la rupture définitive entre les deux hommes en 1947, est plus factuelle, informative, concrète. Pia, aussi pour protéger son ami d'alors, a détruit la plupart des envois de Camus. Dans ceux qui subsistent se lisent, en avril et mai 1941, des échanges à propos de *L'Étranger* et le rôle tenu par Malraux dans sa parution (« *L'Étranger* trouvera sa place, qui est une des premières »). La lettre du 27 mai est remarquable car Pia y recopie la lettre qu'il a reçue de Malraux, dans laquelle celui-ci propose des amendements (« Serrer »). Mais au total, « Camus peut être content d'avoir écrit ce livre ». Même recopiage le 1er décembre 1941 pour une lettre de Paulhan (« C'est très beau, très franchement beau »). Les lettres de celui qui signe « A. C. » à celui qui paraphe « Pia » ou « P. P. », l'une écrite à en-tête de la Brasserie de la Renaissance à Alger, ne portent parfois que le nom du jour de la semaine et éclairent le temps de la guerre, l'activité d'*Alger républicain*, le lancement de *Combat*. « Ceci termine le courrier de mon pays de vent et de froid », écrit Camus depuis Le Chambon-sur-Lignon à celui qu'il finit en novembre 1945 par tutoyer et appeler « cher Pascal ». Ce sera pour rompre : la dernière lettre camusienne, datée d'avril 1947, à en-tête de *Combat*, prend acte de la démission de Pia.

Troisième ensemble signifiant, les deux cents lettres d'un ton à part échangées par Camus et Char entre 1946 et 1959 marquent une coïncidence de vue quasi totale entre ceux qui se reconnaîtront bientôt comme frères dans l'art et la création. L'évolution des appellatifs mime celle des sentiments : « Cher Monsieur », « Cher René Char », « Chairchar », « Cher ami », « Mon cher René ». Camus tient Char au courant de la progression de son travail, ainsi dans la lettre du 5 février, relative à ce qui deviendra *Actuelles* : « Je cherche un titre. J'ai trouvé *Chroniques 1944-1948*. Mais c'est bien pauvre. Avez-vous une idée ? » La convergence des points de vue et la tonalité affectueuse – trouvée aussi dans les lettres à Michel et Janine Gallimard – sont sidérantes. Cette correspondance est vécue par les deux hommes comme une recherche commune, exigeante, de la vérité.

De temps à autre paraissent des extraits de la correspondance globale. Ainsi en 1993 la correspondance avec Yvonne Ducailar et en 1995 les lettres inédites à et autour de René Leynaud, *Clair* dans la Résistance, dédicataire des *Lettres à un ami allemand*, un camarade assassiné que Camus avait connu et évoqué au temps de *Combat* dans un texte repris dans *Actuelles*. Camus est à nu : « Chère Ellen. Je ne pouvais pas me résoudre à vous écrire. C'est une terrible et atroce nouvelle. » En 2004, a paru la correspondance avec Jean Sénac, auteur algérien. D'autres, importantes, mériteraient d'être publiées. Ainsi celles avec Claude de Fréminville, Nicola Chiaromonte et Roger Martin du Gard.

Si la lettre de Camus a un prix – en 2006, chez Sotheby's, une correspondance avec Jean-Louis Barrault est estimée 5 000 euros – elle est aussi prix à payer. C'est qu'elle est une astreinte. Rue Sébastien-Bottin, des meules de courrier attendent Camus, qui, dans l'organisation tripartite de sa journée, y répond généralement le matin. Cette occupation dévore le temps. Le 18 janvier 1945, le jeune éditorialiste de *Combat*, invoquant un « courrier volumineux », « remercie les lecteurs qui ont bien voulu [lui] écrire leur sympathie et [s']excuse de ne pouvoir leur répondre individuellement ». Le 2 janvier 1948, il écrit à Jean Grenier : « Il faut quitter Paris pour pouvoir écrire ses lettres. C'est stupide mais c'est la vérité. J'ai passé ces derniers temps à lutter contre les emmerdeurs et les fausses obligations ». Dans la nouvelle *Jonas ou l'Artiste au travail*, transposition à peine voilée de l'activité insensée du Camus des années 1950, la correspondance fait partie, avec le téléphone, du harcèlement dont Gilbert, privé de peinture, est la victime trop consentante de la part de solliciteurs de tout poil : « Il put, en effet, s'isoler assez souvent pour répondre aux nombreuses lettres qu'il recevait maintenant et que sa courtoisie ne pouvait laisser sans réponse. Les unes concernaient l'art de Jonas, les autres, de beaucoup les plus nombreuses, la personne du correspondant, soit qu'il voulût être encouragé dans sa vocation de peintre, soit qu'il eût à demander un conseil ou une aide financière. » La suite présente une image inquiétante, liant lettre et obligation, mais indiquant aussi une place à part – une île ? – réservée à la lettre amicale : « À longueur de semaines, Jonas traînait ses poches gonflées d'un courrier sans cesse négligé et renouvelé. Il répondait aux plus pressantes, qui venaient généralement d'inconnus, et gardait pour un meilleur temps celles qui demandaient une réponse à loisir, c'est-à-dire les lettres d'amis. » Même idée dans une lettre à Grenier du 15 janvier 1949 : « Oui, je suis un bien mauvais correspondant [...]. Ceux qu'on aime, on veut s'étendre et on remet à plus tard. » L'accumulation de lettres est une forme du tragique temporel, celui d'une « étrange existence » où Camus ne « suffit » pas. C'est ce qu'il explique en 1953 à un correspondant impatient, Pierre Berger : « Chaque lettre en amène trois autres, chaque être dix, chaque livre cent lettres et vingt correspondants [...]. » À ce niveau dément, la correspondance est du côté du *tiempo perdido* (« Courrier. Journée morte », lit-on dans les *Carnets* au 20 août 1954). On comprend mieux l'effet libérateur qu'a pu avoir l'étonnant autodafé du 30 octobre 1939 : « Je viens de passer mon après-midi à vider deux malles pleines de correspondance et à brûler toutes ces lettres accumulées. »

Certaines lettres de Camus sont très connues : outre celle longue et douloureuse – longue parce que douloureuse – de 1952 à « Monsieur le Rédacteur en chef » des *Temps modernes*, Jean-Paul Sartre, celle du 19 novembre 1957 adressée à l'ancien instituteur algérois, Louis Germain, dit une reconnaissance émue : « Sans vous, sans cette main affectueuse que vous avez tendue au petit enfant pauvre que j'étais, sans votre enseignement, et votre exemple, rien de tout cela ne serait arrivé. » En 1994, à la sortie du livre, cette lettre, désormais classique du genre, fut le prétexte d'un concours national d'écriture où d'anciens élèves durent écrire à leur ancien maître. Par ailleurs, les lettres restées dans la sacoche de Camus après l'accident fatal ont été transmises à leurs destinataires grâce au tact de René Char.

Pour reprendre une opposition frontale formulée en octobre 1953, la lettre camusienne est du côté de l'« inventaire », non de la « création ». De fait, à la fois espace d'expression personnelle pour l'artiste et gourmande d'un temps forcément compté, elle entretient avec l'œuvre un rapport foncièrement ambigu. Elle en indique certes les étapes, en fournit, comme les *Carnets*, un éclairage latéral, en éclaircit les coutures, mais aussi, d'une certaine façon, la nie. Écrire ou écrire à, il faudrait choisir.

Pierre GROUIX

Bibl. : Albert Camus et Jean Grenier, *Correspondance 1932-1960*, éd. par Marguerite Dobrenn, Gallimard, 1981 • Albert Camus et Pascal Pia, *Correspondance 1939-1947*, éd. par Yves Marc Ajchenbaum, Fayard-Gallimard, 2000 • Albert Camus et René Char, *Correspondance 1946-1959*, éd. par Franck Planeille, Gallimard, 2007 • Hamid Nacer-Khodja, *Albert Camus, Jean Sénac ou le fils rebelle*, Paris-Méditerranée, 2000, Alger, Edif, 2004

COTTARD. – Il est à plus d'un titre un personnage énigmatique et singulier, un « homme bizarre » qui semble tout droit sorti d'un roman policier. Désespéré au début de *La Peste* au point de vouloir se pendre, il paraît vivre dans une crainte perpétuelle qui l'isole du reste des hommes. On comprend progressivement qu'il est l'auteur d'un méfait pour lequel il risque la prison et redoute une arrestation. Aussi l'arrivée de la maladie dans la ville lui apparaît-elle comme une chance d'échapper à son sort et de recommencer sa vie en toute impunité. À mesure que la peste s'installe, il retrouve goût à l'existence, noue des liens amicaux et intéressés avec ses concitoyens, prospère grâce à des activités de contrebande. Contrairement aux Oranais, il perçoit moins l'épidémie comme un exil que comme une façon de partager enfin sa perpétuelle insécurité : « Il préfère être assiégé avec tous que prisonnier tout seul », note Tarrou dans ses carnets. La fin de la maladie le renvoie cependant à son destin : pendant que toute la ville se réjouit de l'ouverture de ses portes, il tire sur la foule et est arrêté à son domicile de façon violente et spectaculaire.

Camus a fait de ce personnage singulier une incarnation de la collaboration – et d'ailleurs la seule de son roman. Non seulement Cottard ne croit pas à l'efficacité des formations sanitaires de Rieux et refuse de rejoindre les résistants, mais il devient « complice » du fléau dans lequel il s'épanouit et avec lequel il pactise. Pour autant, l'auteur ne stigmatise pas ce personnage pour son accointance avec l'ennemi, ni même pour le crime qu'il a commis et qui n'est pas dévoilé ; Cottard n'est pas responsable de la maladie, mais coupable d'être indifférent au sort des autres hommes et « d'avoir approuvé dans son cœur ce qui faisait mourir des enfants et des hommes ». Les violences qu'il subit lors de son arrestation suscitent pourtant l'indignation de Rieux, et rappellent l'amertume de Camus face à une épuration excessive et injuste, qui n'a pas puni les vrais responsables. Antihéros de *La Peste*, Cottard reste ainsi une figure humaine et nuancée.

Élisabeth LE CORRE

CRÉATION. – S'il est une idée qui jamais ne quitta l'esprit de Camus, c'est bien celle de création. Tout comme Marguerite Yourcenar, il lance jeune les plans de ce que sera son œuvre future, en bâtit les travées sous forme de cycles. Être, c'est créer. S'il goûte, et célèbre, par la création justement, les joies du monde naturel méditerranéen, grec, païen, il n'oublie pas de se livrer aux exigences de la création, la plus haute vertu humaine, pour laquelle aucun sacrifice n'est trop beau. Créer, dit-il. Non seulement cette soif de création ne s'est pas démentie avec l'âge, mais elle s'est redoublée. Le dernier Camus, comme l'indiquent les notes de ses *Carnets*, est obsédé par l'idée de création, ou d'art, sans avoir pour autant la prétention de se placer au nombre des grands créateurs. Vu comme un moraliste, ou un intellectuel, mots qui ne lui conviennent pas, il lui importe surtout de tout sacrifier à son art. Pour reprendre une citation de l'Américain Emerson qu'il goûtait particulièrement, « l'obéissance d'un homme à son propre génie, c'est la foi par excellence ». Et la figure des grands créateurs ne le quitte pas. À Lourmarin, sur le mur de sa chambre, un portrait du romancier par excellence, Tolstoï. Le divin Mozart. Au même moment, la proximité fraternelle de René Char le conforte dans cette recherche du beau par l'art. En 1950, il écrit dans ses *Carnets* : « J'ai la plus haute idée, et la plus passionnée, de l'art. Bien trop haute pour le soumettre à rien. » S'il est forcément relié à la société de son temps, l'art est un monde en soi qui ne saurait être inféodé à rien.

Les années 1950 établissent aussi bien la nécessité du travail de l'artiste que sa difficulté de fait. Elles sont celles de la hantise du manque de souffle, cette fois-ci celui de la création. Avec la maladie, la hantise de la sécheresse créatrice est l'une des formes du tragique chez l'homme Camus. En 1951, *L'Homme révolté* revisite l'idée de création. Pour Camus, la révolte romantique de Lautréamont, qui s'attaque aux limites de la création, crée un conformisme et un asservissement qui est celui de l'époque. Fuyant le réel, les surréalistes, en recourant au merveilleux, ne l'affrontent pas. La création surréaliste ne peut pas participer de la révolte. En 1957, la nouvelle si directement autobiographique *Jonas ou l'Artiste au travail*, au ton si tragique (mais le mimodrame de même sujet qui la précédait l'était plus encore) malgré son air de parisianisme superficiel, énonce les difficultés de cette création, ou plus exactement la lutte qu'un artiste doit mener pour voler au temps et à ses engagements une création régie par une temporalité autre, propre, celle de l'œuvre en train de s'accomplir. Gilbert Jonas, l'une des rares figures de créateur dans l'œuvre de Camus – bien plus convaincante que celle de Grand dans *La Peste* ou que celle de Clamence dans *La Chute* –, connaît le succès sans avoir même commencé à peindre. Il se trouve cerné de problèmes aussi bien domestiques (sa famille s'agrandit) que sociaux (sa vie est envahie d'admirateurs de toutes sortes) qui le conduisent à se réfugier dans une soupente de son appartement tout en hauteur. À la fin de la nouvelle, on trouve une toile blanche – qui donne dès lors un tour ironique au titre – portant en son centre exact un mot : peut-être « solitaire », peut-être « solidaire ». La même année, lors de son discours de Stockholm, prononcé à l'occasion de son prix Nobel, il affirme : « Je ne puis vivre personnellement sans mon art. » La création est au nombre des « devoirs difficiles » de l'écrivain. Mais le doute est une part importante du créateur. Toujours en 1957, le 8 août, Camus note : « Suis-je créateur ? Je l'ai cru. Exactement, j'ai cru que je pouvais l'être » (*Carnets* III). C'est par la création, vers le haut, par la réalisation aussi du *Premier Homme*, que Camus espère sortir de la crise qui s'empare de lui dans les années 1950, comme en témoignent ces mots d'octobre 1953 : « L'inventaire est terminé – le commentaire et la polémique. Désormais, la création. » Là comme ailleurs, la création est le cap majeur.

Dès *Le Mythe de Sisyphe*, l'art est présenté comme une réponse adéquate à l'absurde. Si cette œuvre s'inscrit, aux côtés de *L'Étranger*, du *Malentendu* et de *Caligula*, dans le cycle de l'absurde, c'est que l'absurde peut et doit être surmonté par la création. L'absurde naît de l'insatiable questionnement de l'homme, toujours laissé sans réponse. Mais Camus disserte moins sur la nature de l'absurde, dès lors point de départ, que sur les diverses réponses que l'homme peut tenter de lui procurer. Ainsi le donjuanisme hédoniste, peut-être puéril. Ainsi le travail éphémère de la comédie. Ainsi, mais moins, la conquête. Ainsi, surtout, la création artistique, étudiée dans le troisième pan de l'œuvre, « La Création absurde », qui est la réponse de l'homme au néant. Créer équivaut à « donner une forme à son destin », à secréter, écrit Malraux – avec qui Camus est en accord total sur ce point –, un « anti-destin ». Camus dira aussi, la formule est aussi mystérieuse que récurrente, la création « corrigée ». « Il décrète, écrit Olivier Todd, que le créateur pousse l'absurdité dans ses derniers retranchements. » La création littéraire sera une réponse humaine à l'absurde qui assaille les humains. Sisyphe roule sans cesse son rocher, mais au lieu d'être désespéré par son continuel échec, il faut l'imaginer heureux puisqu'il emplit son cœur de la joie du devoir accompli. La « conscience » est le temps du « mépris des dieux » : « il est supérieur à son destin, il est plus fort que son rocher ». Chacun, selon son génie, son tempérament, peut être le créateur de son monde, comme Zeus est celui de l'univers : « Créer, c'est vivre deux fois. » Le créateur mérite tout, dès lors qu'il a mis dans son œuvre, sa création, le meilleur de lui. Ainsi l'essai, même s'il contient un propos déroutant (« créer ou ne pas créer, cela ne change rien »), se clôt-il sur une note optimiste, due en partie aux vertus de la création ; ainsi, « la lutte vers les sommets suffit à remplir un cœur d'homme ». C'est aussi lui-même que l'*Homo creator* crée. La création est sa justification : « Créer ou ne pas créer. Dans le premier cas, tout est justifié » (*Carnets* I). À la fin de sa vie, Camus œuvre sans cesse, travaille à ce qui sera son premier vrai livre, *Le Premier Homme*, où n'apparaît pas la figure du créateur. Pierre GROUIX

• *Voir aussi* : Art

Bibl. : Donald Lazere, *The Unique Creation of Albert Camus*, New Haven, Yale University Press, 1973 • Pierre-Louis Rey, *Camus, une morale de la beauté*, Sedes, 2000 • Heiner Wittmann, *Albert Camus : Kunst und Moral*, Francfort-sur-le-Main, Peter Lang, 2002

« CRISE DE L'HOMME (La) ». – Au printemps 1946, lors de son premier et unique séjour en Amérique du Nord, Camus est amené à prononcer plusieurs conférences dont celle intitulée « La crise de l'homme », tout d'abord à l'université Columbia à New York le 28 mars 1946, puis à deux autres occasions le mois suivant. Alors qu'il représente une étape importante dans l'élaboration des idées politiques de l'écrivain, l'établissement du texte même de la conférence a fait et fait encore l'objet d'incertitudes.

Du vivant de Camus, une traduction en anglais due à Lionel Abel paraît très vite, suivie en 1947 d'une traduction abrégée en allemand. Mais il faut attendre 1996 pour pouvoir lire une version en français publiée par *La NRF*, qui s'avère traduite de l'italien. Au même moment, Fernande Bartfeld découvre que « Le temps des meurtriers », conférence donnée en 1949 en Amérique du Sud, est composé pour partie d'extraits de « La crise de l'homme ». Une découverte semblable est faite plus tard à propos de l'exposé au couvent de Latour-Maubourg, repris partiellement dans *Actuelles* sous le titre *L'Incroyant et les Chrétiens*. Ce n'est qu'en 2003 que le Centre Albert-Camus d'Aix-en-Provence entre en possession du texte français de la conférence donnée à l'université Columbia. C'est lui qui est reproduit dans le t. II des *Œuvres complètes* de la « Pléiade ». Il représente cependant une étape antérieure au texte qui a servi à la traduction anglaise. Finalement, l'on apprend qu'un manuscrit donné par l'écrivain à l'International Rescue and Relief Committee (IRRC) a été acquis par un acteur américain fin 1947 ou début 1948.

Comme il le rappelle dans ses *Carnets*, Camus profite des loisirs forcés que lui procurent les deux semaines de la traversée de l'Atlantique pour mettre au point sa conférence. C'est l'occasion pour lui de prendre du recul par rapport aux années de guerre. Alors que le nihilisme et l'absurde dominaient la vie intellectuelle et artistique des années 1920 et 1930, l'irruption de la guerre et son cortège d'horreurs révèlent une crise que Camus décrit à l'aide de quatre brefs récits. Il la caractérise par la prédominance de la peur, l'impossibilité de la communication, le règne de l'abstraction et de la politique. La double tentation du nihilisme et de la croyance en la fatalité de l'histoire qui sacrifie l'homme présent s'inscrit elle-même dans cette crise. À l'exemple de la résistance européenne, c'est dans la révolte et la solidarité que celle-ci implique que l'on trouve les éléments pour s'en échapper. Appeler les choses par leur nom, « décongestionner le monde de la terreur » – dont l'un des signes est l'application de la peine de mort –, mettre des limites à la politique et rechercher des valeurs positives susceptibles de déboucher sur un universalisme et une pratique internationale, telles sont les propositions que Camus avance à la fin de sa conférence.

Les thèmes, et les images qui les soutiennent, se retrouvent dans nombre de textes ultérieurs, non seulement civiques mais aussi littéraires comme *La Chute*, qui dix ans plus tard reprend dans ses premières pages l'un des brefs récits. La conférence suscite des interrogations de la part des étudiants venus écouter Camus. Il leur répond dans « Sommes-nous des pessimistes ? », exposé au Brooklyn College le 1er mai 1946, traduit pour le magazine *Vogue* sous le titre « *The Crisis of man. "Inertia is the strongest temptation"* » en juillet 1946. Des extraits de ce texte sont insérés dans « Nous autres meurtriers », publié en France dans *Franchise* (nº 3) la même année. Toujours en France, son intervention à la table ronde de *Civilisation* sur l'individu suit de près l'argumentation de sa conférence. Mais c'est surtout dans *Ni victimes ni bourreaux* paru dans *Combat* en novembre 1946 que Camus en développe les analyses. Du chapitre introductif – « Le siècle de la peur » – au chapitre final – « Vers le dialogue » –, il suit la même démarche, parfois dans les mêmes termes et images, en la transposant dans le cadre de la rivalité Est-Ouest qui allait s'amplifier dans les années suivantes et en y introduisant la problématique socialiste absente de sa conférence.

Son appel à la solidarité internationale des individus qui s'affranchiraient des cadres étatiques et idéologiques retient l'attention des milieux de la gauche radicale de New York autour de *Partisan Review* et *Politics*, et inspire la tentative en 1948-1950 des Groupes de liaison internationale. À plus long terme, le rôle que Camus désire faire jouer à la société civile et la priorité qu'il accorde à l'échelle internationale anticipent le développement des ONG humanitaires dans la seconde moitié du

XXe siècle et, sur un point particulier, les avancées réalisées sur le plan européen et mondial en vue de la suppression de la peine de mort confortent grandement ses intuitions du printemps 1946.

Philippe VANNEY

Bibl. : Fernande Bartfeld, « Le voyage en Amérique du Nord », *Revue des Lettres modernes*, série Albert Camus, 19, 2001, p. 203-229 • Albert Camus, « The Human Crisis », *Twice a Year*, n°s 14-15, Fall-Winter 1946-1947, p. 19-33, repris dans *La Revue des Lettres modernes*, série Albert Camus, 5, 1972, p. 156-176 • Philippe Vanney, « La "Crise de l'homme" a-t-elle trouvé son texte ? », *Études camusiennes*, n° 6, 2004, p. 76-96

« CRISE EN ALGÉRIE ». – Cette série de huit articles est parue dans *Combat* entre le 13-14 mai et le 15 juin 1945. Six d'entre eux – manquent ceux du 23 et du 25 mai – ont été reproduits dans *Chroniques algériennes* en 1958. À l'exception de la conclusion, parue plus d'un mois après le début des émeutes du 8 mai 1945, il s'agit d'un essai d'analyse des récents événements faite à chaud et de loin. Et pourtant Camus venait de rentrer d'un voyage d'enquête de trois semaines en Algérie, qui l'avait conduit dans tout le pays et lui avait permis de mettre à jour ses connaissances sur la situation du pays après une longue absence.

Camus veut présenter un bilan de la situation de l'Algérie permettant de comprendre ce qui vient de s'y passer. Il apporte les résultats de son enquête en espérant ainsi pouvoir aider ceux qui doivent « imaginer la seule politique qui sauvera l'Algérie des pires aventures ». Avant d'entrer dans son sujet, il s'adresse aux Français pour leur rappeler que l'Algérie existe en dehors de la France, et que sa définition comme un ensemble de trois départements français est trompeuse. Puis il rappelle que le « peuple arabe existe », et qu'il est « un peuple de grandes traditions et dont les vertus [...] sont parmi les premières ». Il annonce en outre que « les Français ont à conquérir l'Algérie une deuxième fois », et que « cette deuxième conquête sera moins facile que la première ». En effet, l'« Algérie de 1945 est plongée dans une crise économique et politique qu'elle a toujours connue, mais qui n'avait jamais atteint ce degré d'acuité. Dans cet admirable pays [...] des hommes souffrent de faim et demandent la justice ». Et c'est pourquoi il faut essayer de comprendre les raisons de la situation et de leur appliquer les principes démocratiques. Un post-scriptum réagit ensuite à l'arrestation de Ferhat Abbas, accusé par un journal d'avoir directement organisé les troubles d'Algérie : Camus annonce son intention de le défendre contre une « répression aveugle ».

Comme dans ses articles d'*Alger républicain* sur la misère de la Kabylie, Camus commence, les 15 puis 16 mai, par dénoncer « La famine en Algérie » et réclamer « Des bateaux et de la justice ». Mais dès la première ligne du premier papier, il précise que « la crise *apparente* [c'est nous qui soulignons] dont souffre l'Algérie est d'ordre économique ». Et d'évoquer les signes visibles de graves pénuries dans la ville d'Alger, puis de crier que « la plus grande partie des habitants d'Algérie connaissent la famine ». À cet égard; il reprend pour l'expliquer son argumentation de 1939, en ajoutant seulement la livraison des stocks de sécurité alimentaire aux Allemands par le régime de Vichy. Il décrit de surcroît la sécheresse qui règne sur les hauts plateaux depuis janvier, donne des chiffres qui montrent le déclin des récoltes et l'insuffisance de la récolte future, et sonne l'alarme pour empêcher « que des masses affamées, excitées par quelques fous criminels, recommencent le massacre de Sétif ». L'article suivant précise ce qu'il est urgent de faire pour sauver la situation : mener une politique d'importation à grande échelle. Camus insiste sur le besoin de continuer cet effort durant des mois, mais aussi sur la nécessité de la justice dans la répartition, en dénonçant l'existence du marché noir, l'inégalité de cette répartition dans la population musulmane effectuée par les caïds et surtout l'injustifiable inégalité des rations entre les indigènes et les Européens.

Le « Malaise politique » (18 mai) est ensuite abordé, et l'écrivain algérois en profite pour préciser la hiérarchie des urgences : « à la vérité, le malaise politique est antérieur à la famine. Et lorsque nous aurons fait ce qu'il faut pour alimenter la population algérienne, il nous restera encore tout à faire. C'est une façon de dire qu'il nous restera à imaginer enfin une politique ». Camus prouve ainsi qu'il a pris la mesure du problème algérien beaucoup plus largement qu'en 1939. Pour alerter ses lecteurs métropolitains, il emploie un langage brutal : « J'ai lu dans un journal du matin que 80 % des Arabes désiraient devenir des citoyens français. Je résumerai au contraire l'état actuel de la politique algérienne en disant qu'ils le désiraient effectivement, mais qu'ils ne le désirent plus. » D'après lui, la France devait dire clairement si elle considérait l'Algérie comme une simple terre conquise, ou si elle voulait y appliquer ses principes démocratiques. Elle a choisi, mais elle n'est pas allée jusqu'au bout, et c'est pourquoi sa politique en Algérie a toujours vingt ans de retard, comme le prouve l'échec du projet Blum-Viollette, qui « revenait à conférer les droits civiques et le statut d'électeur à soixante mille musulmans environ ». Le Comité français de la Libération nationale (devenu le Gouvernement provisoire de la République française) a repris ce projet dans son ordonnance du 7 mars 1944, et Camus l'en approuve (sans distinguer clairement entre l'abrogation du code de l'indigénat, dont il se réjouit, et celle du « statut juridique exceptionnel des Arabes »). Mais l'histoire a marché, avec la défaite de juin 1940, le débarquement anglo-américain du 8 novembre 1942, la Ligue arabe, et la misère : « Tout cela fait qu'un projet qui aurait été accueilli avec enthousiasme en 1936, et qui aurait arrangé bien des choses, ne rencontre plus aujourd'hui que méfiance. Nous sommes encore en retard. » Le peuple arabe « semble avoir perdu sa foi dans la démocratie dont on lui a présenté une caricature ». Et c'est pourquoi « l'opinion arabe [...] est, dans sa majorité, indifférente ou hostile à la politique d'assimilation. On ne le regrettera jamais assez ».

Camus juge nécessaire de faire connaître aux Français les « Amis du Manifeste », leur programme et leur leader. Il le fait en s'appuyant visiblement sur une connaissance directe de l'ancien assimilationniste Ferhat Abbas et de son adjoint Aziz Kessous : « Aujourd'hui, Ferhat Abbas, comme beaucoup de ses coreligionnaires, tourne le dos à l'assimilation. Son journal, *Égalité*, dont le rédacteur en chef, Aziz Kessous, est un socialiste, ancien partisan, lui aussi, de l'assimilation, réclame la reconnaissance d'une nation algérienne liée à la France par les liens du fédéralisme » (« Le parti du manifeste », 20-21 mai). Il expose assez précisément l'histoire et le contenu du Manifeste du peuple algérien, en soulignant sa modération. Il signale en même temps le grand rassemblement qu'il a réuni autour dudit manifeste, comprenant aussi les « Oulémas, [...] qui étaient jusqu'ici partisans de l'assimilation », et des militants socialistes comme Kessous. Il reconnaît aussi le rôle important du parti nationaliste de Messali Hadj, le Parti du peuple algérien (PPA), parti nationaliste arabe dissous en 1936, mais qui « poursuit illégalement sa propagande pour le séparatisme algérien », et admet la responsabilité éventuelle de ses militants dans les troubles récents. Il s'engage toutefois pour la défense d'Abbas : « je sais, de source directe, que Ferhat Abbas est un esprit politique trop averti pour avoir conseillé ou souhaité de pareils excès, dont il n'ignorait pas qu'ils renforceraient en Algérie la politique de réaction. L'homme qui a écrit : “Pas un Africain ne mourra pour Hitler” a donné sur ce sujet des garanties suffisantes ». Par sa confiance en Ferhat Abbas, Camus se distingue donc des partis de gauche, communistes et socialistes, mais semble partager leur méfiance envers le PPA, qui est alors couramment amalgamé par la gauche aux colons fascistes et aux nazis,

Dans sa conclusion, datée du 15 juin, Camus prend du recul. Il dénonce la persistance de graves erreurs dans les journaux et réaffirme la nécessité de résoudre la crise politique qui n'a pas disparu par miracle : « Les massacres de Guelma et de Sétif ont provoqué chez les Français d'Algérie un ressentiment profond et indigné. La répression qui a suivi a développé dans les masses arabes un sentiment de crainte et d'hostilité. Dans ce climat, une action politique qui serait à la fois ferme et démocratique voit diminuer ses chances de succès. » Mais c'est pourtant la poursuite de la politique du CFLN qu'il préconise : « Persuadons-nous bien qu'en Afrique du Nord comme ailleurs on ne sauvera rien de français sans sauver la justice. »

Guy PERVILLÉ

Éd. : *Chroniques algériennes*, Gallimard, 1958 • *Essais*, Gallimard, coll. « Bibl. de la Pléiade », 1965 • *Camus à Combat*, édition établie, présentée et annotée par Jacqueline Lévi-Valensi, *Cahiers Albert Camus*, n° 8, Gallimard, 2002 • *Œuvres complètes*, t. II, Gallimard, coll. « Bibl. de la Pléiade », 2006

CULPABILITÉ. – « L'innocent est celui qui n'explique pas », écrit Camus en 1937 dans ses *Carnets*. À quoi bon vouloir expliquer, en effet, le sentiment d'innocence éprouvé par le narrateur de *L'Été à Alger* en ces tendres soirs de l'été méditerranéen ? « J'ai vécu toute ma jeunesse avec l'idée de mon innocence, c'est-à-dire avec pas d'idée du tout. Aujourd'hui... », se rappelle-t-il en 1945 (*Carnets*). Pourtant, « dire » l'innocence comme il l'a fait dans *Noces*, c'était peut-être déjà supposer son contraire. « Intellectuel = celui qui se dédouble », avait-il noté dès mai 1936. Se dédoubler, c'est porter un regard sur soi-même, donc mettre en péril la naïveté que suppose l'innocence. À l'époque de *Noces*, il a d'ailleurs conçu le projet de *Caligula*, pièce dans laquelle l'empereur fou entreprend de persuader tous ses semblables de leur culpabilité (« Faites entrer les coupables. Il me faut des coupables. Et ils le sont tous. ») avant de retourner au dernier acte l'accusation contre lui-même (« Caligula ! Toi aussi, toi aussi, tu es coupable. Alors, n'est-ce pas, un peu plus, un peu moins ! Mais qui oserait me condamner dans ce monde sans juge, où personne n'est innocent ! ») « Je plaide non coupable », lui a objecté Cherea. Mais qu'il soit obligé de « plaider » est en soi un motif d'inquiétude. On croirait parfois que la vraie coupure s'est produite, dans la vie de Camus lui-même, du moment où il a quitté l'Algérie pour Paris. La lumière des pays du soleil semble en effet une garantie du sentiment d'innocence. « La notion d'enfer, par exemple, n'est ici qu'une aimable plaisanterie », lit-on dans *L'Été à Alger*. Pourtant, même à l'époque où son existence semble se réduire à une communion avec les biens naturels, Meursault, dans *L'Étranger*, se dit que « de toute façon, on est toujours un peu fautif ». Mais alors qu'il se reproche, vis-à-vis de son patron, d'avoir pris deux jours de congé pour enterrer sa mère, il ne comprendra pas ensuite que la société l'accuse d'avoir commis un meurtre. Faisons la part de son caractère : à la manière des enfants, il est incapable de hiérarchiser les fautes. Au-delà de son cas personnel, cependant, le roman dénonce une société organisée pour juger les autres moins en raison de leurs forfaits qu'en vertu de l'idée qu'elle se fait d'eux. On sait que Meursault sera condamné pour n'avoir pas pleuré à l'enterrement de sa mère. Ainsi, paradoxalement, ce criminel va-t-il se révolter, pour finir, contre l'injustice.

Le christianisme, selon Camus, est une « religion de l'injustice ». Dès « Métaphysique chrétienne et néoplatonisme », son mémoire de Diplôme d'études supérieures, il a étudié comment le péché et la rédemption séparaient la pensée chrétienne de la pensée grecque. « Hélène n'est pas coupable mais victime des dieux » (*Carnets*, 1947). Le scandale le plus manifeste du christianisme est que l'homme, dès sa naissance, soit marqué par le péché originel. Ainsi le père Paneloux, dans *La Peste*, se croit-il autorisé à justifier les souffrances et la mort d'un enfant. Parce qu'ils sont le visage même de l'innocence, les enfants présents dans la calèche ont retenu Kaliayev, dans *Les Justes*, de jeter la bombe. Mais ne reste-t-il pas chez l'adulte une part de l'enfant, c'est-à-dire une part d'innocence ? Dans son entretien en prison avec la grande-duchesse, Kaliayev apprendra que sa victime était en réalité un brave homme. Le « juste » n'avait pas de raison de retenir son bras du moment que sa cible n'était plus accompagnée par des enfants, à condition que son meurtre visât la figure de l'oppresseur, non l'homme qui se cachait sous ce masque et à qui on trouverait toujours une forme d'excuse. Telle est la raison pour laquelle Camus est opposé à la peine capitale. « Qu'il est impossible de *dire* que personne soit absolument coupable et impossible de prononcer par conséquent de châtiment total », écrit-il dans ses *Carnets* en 1947, et, réitérant un peu plus loin cet article de foi, il considère que si « personne n'est coupable absolument », c'est parce que « quelque chose en lui participe de la douleur ». Il rejoint ici Louis Guilloux, auquel il a fait référence un peu plus tôt, fin 1946 : « La seule référence, c'est la douleur. Que le plus grand des coupables garde un rapport avec la douleur. » Dans « Réflexions sur la guillotine », il fera aussi valoir que non seulement la peine capitale n'a pas de valeur dissuasive auprès des criminels, mais que « notre civilisation a perdu les seules valeurs qui, d'une certaine manière, peuvent justifier cette peine ». Il y a une part d'innocence chez le pire des coupables, et une part de culpabilité chez ceux qui s'autorisent à le juger.

Tous coupables, donc, comme le voulait Caligula ? Oui, en un sens, mais à condition de ne pas oublier que, comme il est dit dans *La Peste*, il y a dans l'homme plus de choses à admirer qu'à mépriser. On a du mérite à l'affirmer après ces années de guerre et d'exterminations collectives où l'humanité a montré de quoi elle pouvait se rendre coupable. À partir de 1950, Camus n'en est pas moins excédé par ceux qui se complaisent à se culpabiliser eux-mêmes pour mieux accuser leurs semblables. « Assez de culpabilité – de repentir », note-t-il à cette date dans les *Carnets*. Ceux qui veulent organiser la révolution, prenant le contre-pied des chrétiens, cèdent au même travers qu'eux : « L'esprit révolutionnaire refuse le péché originel. Ce faisant, il s'y enfonce. L'esprit grec n'y pense pas. Ce faisant, il y échappe. » C'est ce que Camus appellera en août 1957, toujours dans les *Carnets*, « cet étrange et indécent remords laïque du péché ». Les existentialistes, qui se sont souvent faits comme Jean-Paul Sartre les compagnons de route des communistes, se croient, parce qu'ils battent leur coulpe, autorisés à culpabiliser les autres ; enlevant à l'humanité toute estime de soi et tout espoir en l'avenir, ils préparent la voie à la servitude. De cette attitude, Clamence, dans *La Chute*, offre le modèle. Tandis que Caligula, après avoir accusé ses sujets, finissait par se condamner lui-même, Clamence, plus subtilement, commence par se charger de tous les péchés pour conclure que, puisqu'il est à l'image de l'humanité, celle-ci est tout entière composée de coupables. « Un héros de notre temps », explique Camus, c'est-à-dire que Clamence appartient à cette génération qui, ayant connu l'horreur, avait des raisons de désespérer de l'homme. « Leur seule excuse est la terrible époque », note-t-il encore (voir *La Chute*), fidèle à sa ligne morale qui l'empêche de condamner absolument, et en tout cas personnellement, ces prosélytes du désespoir.

De quoi dois-je ou puis-je m'accuser ? De quoi m'accuse la société ? Ces questions sont au cœur de *La Chute* comme elles étaient au cœur de *L'Étranger*. Le sentiment de culpabilité éprouvé ou feint par Clamence touche en priorité à sa manière d'être (contentement excessif de soi, décalage entre l'image qu'il donnait de lui en société et ce qu'il était réellement, bref un état permanent de mensonge). Comme il ne saurait être condamné seulement pour ce qu'il *était*, Clamence s'accuse aussi de ce qu'il a *fait* (indifférence criminelle envers une jeune femme désespérée et envers un compagnon de captivité). Mais la culpabilité, pour être officiellement reconnue, doit être accompagnée d'un châtiment. Les crimes de non-assistance à personnes en danger, qu'il a avoués ou inventés, n'ayant aucune chance de le mener en justice, Clamence clôt sa confession par la révélation d'un autre crime (le recel d'un tableau), moins grave aux yeux du lecteur, et pourtant passible de prison. La leçon de *La Chute* apparaît somme toute inverse de celle de *L'Étranger*, où Meursault était moins condamné sur ce qu'il avait fait que sur la personnalité qu'on lui attribuait. Il reste que dans les deux cas, c'est le bien-fondé de l'institution judiciaire qui se trouve ébranlé. Les deux récits se complètent en effet pour illustrer la discordance qui existe entre la culpabilité d'un accusé et le châtiment qu'il encourt auprès de la société.

Pierre-Louis Rey

Bibl. : Carina Gadourek, *Les Innocents et les coupables. Essai d'exégèse de l'œuvre de Camus*, La Haye, Mouton, 1963

CYNISME. – L'on trouve dans *L'Homme révolté*, *Actuelles* II et « Réflexions sur la guillotine », une série d'expressions convergentes, évoquant : le cynisme politique, le cynisme historique, le cynisme de la violence, la/les révolution(s) cynique(s), le cynisme des grands monstres politiques, la dialectique cynique ou la philosophie cynique. Et dans les Cahiers II et VII des *Carnets*, ces remarques : « La tentation commune à toutes les intelligences : le cynisme » et « Ma tentation la plus constante, celle contre laquelle je n'ai jamais cessé de mener un exténuant combat : le cynisme. » Dans *L'Homme révolté*, Camus formule l'ébauche d'une solution : « La mesure [...] nous apprend qu'il faut une part de réalisme à toute morale : la vertu toute pure est meurtrière ; et qu'il faut une part de morale à tout réalisme : le cynisme est meurtrier. » Elle répond à cette question du Cahier VII : « Il n'y a pas de doute qu'il faille à toute morale un *peu* de cynisme. Où est la limite ? » Le cynisme est au réalisme ce que le culte de la vertu est à la morale, une forme excessive et donc meurtrière en puissance. Le pragmatisme du réalisme corrige la recherche de pureté de la morale et inversement ; on retrouve ici la conception camusienne de la mesure : les pôles opposés se limitent réciproquement et créent ce faisant un équilibre où la violence a moins de chances de proliférer.

On comprend dès lors pourquoi, selon Camus, le cynisme trouve son origine dans le nihilisme moral : si aucune valeur ne le contrecarre, il suit sa pente. En supprimant valeurs et principes, il les remplace par « le fait, roi provisoire, mais roi réel », ce qui mène à l'historisme, au culte du succès, à la *Realpolitik*. Quel est alors le dénominateur commun des cynismes – l'écrivain les distingue ici et là – individuel, collectif, étatique ? Camus donne l'exemple suivant de cynisme politique : « Le chef qui envoie Kaliayev à la mort, Azev, pratique le double jeu et dénonce les révolutionnaires à l'Okhrana en même temps qu'il fait exécuter ministres et grands-ducs. » Le cynisme consiste donc à s'engager et à ne pas se sentir lié par cet engagement, à faire le contraire de ce que l'on a promis suivant son humeur, son intérêt ou par indifférence, efficacité ou stratégie. Le double jeu, au sens le plus général, le caractérise donc. Il est en somme le contraire de l'honneur. Le cynique ne s'incline devant la vertu que pour mieux la duper. Mais, à côté de ce cynique opportuniste, il y a celui qui se présente comme théoricien du cynisme et qui échappe ce faisant à l'opportunisme puisqu'il « défie la société » : il lui est alors difficile de jouer double jeu. Le cynisme qui met cartes sur table se renonce.

Ce qui frappe dans *L'Homme révolté*, qui décrit la perversion de la révolte, est le nombre de personnages qui sont taxés par l'écrivain de cynisme : Sade, Lautréamont, Hegel, Pissarev, Bielinski, Bakounine, Netchaïev, Azev, Hitler, Marx (contre sa volonté). Beaucoup d'autres souffrent du même mal, même si le terme ne leur est pas accolé. Ivan Karamazov aurait, selon l'écrivain, été aidé par un peu de cynisme.

Citons enfin cette phrase de *L'Homme révolté* que l'on trouvait déjà, sous une forme légèrement différente (indiquée entre parenthèses), dans « Les embarras de la violence » (texte préparatoire à *L'Homme révolté* qui a nourri une conférence donnée par Camus en Amérique du Sud en 1949) : « Le cynisme, comme attitude politique, n'est logique qu'en fonction d'une pensée absolutiste (doctrine absolue), c'est-à-dire le nihilisme absolu (total) d'une part, (et) le rationalisme absolu (total) de l'autre. »

Maurice WEYEMBERGH

D

DADELSEN, Jean-Paul de (1913-1957). – Alsacien, luthérien, agrégé d'allemand, Jean-Paul de Dadelsen rencontre Camus à Oran en 1941-1942, alors qu'il y est professeur au lycée. Il rejoint ensuite les Forces françaises libres et y sert comme officier de parachutistes. Après 1946 et son mariage avec une Anglaise, il travaille au service français de la BBC. Camus l'invite à collaborer à *Combat*. Il en est le correspondant à Londres. Ses articles toujours bien documentés lui valent l'estime des spécialistes et ils contribuent à la réputation du quotidien. Il donne aussi quelques articles à *Esprit*.

Dadelsen compose également des poèmes – « Toute adoration charnelle est licite », écrit-il dans l'un d'eux. De son vivant, il n'en publie qu'un, « Bach en automne », dans *La Nouvelle NRF*, et quelques autres dans *Les Cahiers des saisons* et *Preuves*. À son décès, son épouse confia à Camus le soin de réunir ces poèmes et d'autres restés inédits, dont l'un inspiré par la révolte hongroise, afin qu'ils paraissent dans la collection « Espoir » qu'il dirigeait chez Gallimard, mais les difficultés de l'entreprise l'empêchèrent de la mener à bien avant sa mort. La poésie de Dadelsen, estime Olivier Todd, fut sa « seule découverte très originale ». Européen convaincu, collaborateur de Jean Monnet dans les années 1950, il était destiné à diriger l'Institut international de la presse lorsqu'une tumeur au cerveau l'emporta en quelques mois. La correspondance des deux auteurs – huit lettres de Camus, douze lettres de Dadelsen – est conservée au fonds Camus d'Aix-en-Provence.

Jeanyves GUÉRIN

DALADIER, Édouard (1884-1970). – L'homme politique radical, forte figure de la vie politique française des années 1930 et 1940, a symbolisé pour le jeune Albert Camus les dérives d'une République qui à l'approche du conflit mondial renonçait aux conquêtes du Front populaire et aux pratiques démocratiques. Vision partielle et sévère de l'action de Daladier, les articles de Camus dans *Alger républicain* sont particulièrement ironiques en décembre 1938 et août 1939. Ministre de la Défense nationale à l'été 1936, Daladier est devenu président du Conseil en avril 1938. Assouplissant en particulier la loi sur la semaine de quarante heures, il soutient les décrets-lois de son ministre des Finances Paul Reynaud en novembre 1938 et fait réprimer la grève insurrectionnelle de la CGT du 30 novembre 1938 avant de soutenir des mesures anticommunistes. La période qui s'ouvre alors jusqu'au printemps 1940 est considérée par certains acteurs comme une « quasi-dictature ». Le 3 décembre, dans un texte intitulé « Dialogue entre un président du Conseil et un employé à 1 200 francs par mois », Camus use de l'ironie et dénonce « ces instruments démocratiques qui s'appellent la troupe, la garde mobile et les conseils de guerre ». Il conclut : « La classe ouvrière continuera d'être généreuse avec vous. Ce que vous lui apportez sous forme de haine, elle vous le rendra seulement en mépris. » Le 18 décembre de la même année, le « Petit portrait dans le goût du temps » est un chef-d'œuvre d'ironie. Daladier n'y est jamais appelé que « le fils du boulanger ». Dans la « Deuxième lettre de Vincent Capable, primeuriste » le 5 août 1939, Camus dénonce la prorogation des Chambres permettant le maintien au pouvoir de Daladier et qui est une décision « contre la Constitution elle-même ». Le 10 août, enfin, dans la « Troisième lettre » qui porte sur la liberté de la presse, le primeuriste imaginaire a cette phrase définitive : « Nous appelons une tomate une tomate et M. Daladier un apprenti dictateur. » La cinquième lettre fut censurée.

À la Libération, Daladier, déporté en Allemagne avec d'autres leaders républicains, espère un temps reconquérir une position politique (ce qu'il ne fera qu'à l'échelle de son département, le Vaucluse). Avec Édouard Herriot et Paul Reynaud il symbolise pour Camus le retour d'une IIIe République honnie. Dans ses éditoriaux de *Combat* sur un congrès radical, Camus traite Daladier en repoussoir. Il écrit le 23 août 1945 : « Si tant d'hommes sont entrés, de 1940 à 1944, dans une lutte qu'ils jugeaient souvent sans espoir, c'est que justement ils n'étaient pas fiers de ce que la France de M. Daladier avait fait, c'est qu'ils avaient le sentiment que quelque chose était à réparer. »

Alain CHATRIOT

Bibl. : Élisabeth du Réau, *Édouard Daladier*, Fayard, 1993 • René Rémond et Janine Bourdin (dir.), *Édouard Daladier, chef de gouvernement, avril 1938-septembre 1939*, Presses de la FNSP, 1977

DANDY. – Dans la partie importante de *L'Homme révolté*, située au début de l'essai, dont le sujet est la révolte métaphysique, Camus consacre un développement de quelques pages à la « révolte des dandys ». Cette figure, née au XIXe siècle et devenue mythique, l'intéresse dans la mesure où elle illustre sa thèse : à ce stade de sa pensée, ce qu'il retient dans la révolte c'est « sa force de défi et de refus ». Il privilégie par conséquent la signification existentielle du dandysme.

Avant de dire de façon plus précise quel révolté est le dandy, Camus établit une filiation entre romantisme et dandysme : « dans sa source vive, le romantisme défie d'abord la loi morale et divine. Voilà pourquoi son image la plus originale n'est pas, d'abord, le révolutionnaire mais, logiquement, le dandy ». Comme le héros romantique, le dandy ne peut s'affirmer, en tant que créature, qu'en s'opposant au créateur : « Le dandysme, quel qu'il soit, est toujours un dandysme par rapport à Dieu. » Le dandy aspire à une sublimation de soi par des moyens inversés, d'où cette formule à valeur d'aphorisme : « Le dandysme est une forme dégradée de l'ascèse. »

Le dandy tente de construire son existence à partir de cette rupture première et décisive : « La créature, jusque-là, recevait sa cohérence du créateur. À partir du moment où elle consacre sa rupture avec lui, la voilà livrée aux instants, aux jours qui passent, à la sensibilité dispersée. Il faut donc qu'elle se reprenne en main. Le dandy se rassemble, se forge une unité, par la force même du refus. » Cette conception d'un dandysme existentiel explique l'importance donnée à Baudelaire, que Camus admirait par ailleurs. Même si « le plus grand poète de son temps » n'était pas « un vrai révolté », il est « évoqué ici [...] dans la mesure où il a été le théoricien le plus profond du dandysme et donné des formules définitives à l'une des conclusions de la révolte romantique ». Camus pense au texte intitulé « Le peintre de la vie moderne », qui figure dans *Curiosités esthétiques*, et rappelle ce qu'était la devise du dandy selon Baudelaire : « Vivre et mourir devant un miroir. » L'être va se dissoudre dans le paraître, et l'éthique dans l'esthétique.

Créant sa propre unité par des moyens esthétiques, « une esthétique de la singularité et de la négation », écrit Camus, le dandy a besoin en effet d'un public, l'attention des autres « doit être réveillée sans cesse, éperonnée par la provocation. Le dandy est donc forcé d'étonner toujours. Sa vocation est dans la singularité, son perfectionnement dans la surenchère. Toujours en rupture, en marge, il force les autres à le créer lui-même, en niant leurs valeurs ». Il s'agit là d'une esthétique paradoxale et stérile, par laquelle, conclut Camus, « le révolté romantique, refusant ce qu'il était, se condamnait provisoirement au paraître dans le malheureux espoir de conquérir un être plus profond ». Jacques LE MARINEL

DANIEL, Jean (né en 1920). – Jean Daniel est originaire de Blida, au sud d'Alger, et issu d'une famille juive dont il est le onzième enfant. Au nombre des quelques résistants qui préparent l'arrivée des Alliés, il rejoint l'armée du général Leclerc en 1943. Après sa démobilisation, il termine des études de philosophie, mais renonce à l'agrégation et au professorat. *Combat* est alors sa bible. Il est rédacteur en chef de la revue *Caliban*, en 1947, lorsque Camus souhaite le rencontrer. De ce premier contact naît la préface à *La Maison du peuple* de Louis Guilloux. Les deux auteurs se découvrent un même souci du mot juste, d'autres préférences littéraires communes : Gide, Malraux, Dostoïevski. Leurs origines et des convictions communes, en font des complices. « Je devins vite prisonnier de son charme et de son ascendant, avoue Jean Daniel [...]. J'épousais ses pensées et ses humeurs. Je pouvais prolonger ses phrases. Je partageais ses préventions et ses nostalgies. » Commence alors « une véritable fête d'amitié » qui va durer dix ans. Il entre même, a dit Daniel, de la « passion » dans leurs relations. Par la suite, *Caliban* accueille la série *Ni victimes ni bourreaux*, déjà parue dans *Combat*, une réponse à la critique qu'en avait donnée Emmanuel d'Astier de La Vigerie, un extrait des *Justes*, un hommage à Madeleine Renaud, une lettre de Camus et un entretien sur le journalisme. En 1953, Camus publie un roman de son ami, *L'Erreur*, dans la collection « Espoir » qu'il dirige chez Gallimard. Il se reconnaît sans difficulté dans le personnage de Vilmas. Entre-temps, *Caliban* a disparu. Jean Bloch-Michel, grâce à l'intervention de Camus, fait entrer Jean Daniel dans une agence de presse. Celui-ci, sans renoncer à être écrivain, devient journaliste, c'est-à-dire « greffier de l'éphémère ». Il se spécialise dans les questions coloniales, compétence qui lui vaut d'entrer à *L'Express* en 1954 où Camus l'y retrouve l'année suivante. Tous deux, en effet, ont choisi de soutenir Pierre Mendès France – un mot de celui-ci : « La France peut supporter la vérité », tient lieu de devise au journal.

La guerre d'Algérie distend leur amitié, sans la rompre irrémédiablement. C'est que, comme l'équipe d'*Esprit* qu'il fréquente alors, Jean Daniel, tout en condamnant fermement les attentats terroristes, tient l'indépendance de l'Algérie pour « inéluctable ». On pouvait la retarder, pas l'empêcher. C'est là une idée que sa conception de l'Histoire interdit à Camus d'envisager. « Il parlait comme un patriote pied-noir, je commençais à penser comme un intellectuel français. » À la différence des partisans parisiens du FLN, Daniel est sensible à deux faits qui donnent sa complexité à la situation : la présence d'une population française enracinée de longue date et la dimension arabo-musulmane du mouvement nationaliste. C'est parce que le Manifeste des 121 ne mentionnait pas les droits des non-musulmans qu'il a refusé de le signer. Dans sa dernière lettre à Jean Daniel, en 1957, Camus confie : « L'important est que nous soyons, vous et moi, déchirés. » Parce que tous deux partagent un même amour de leur terre natale, et même si leurs choix divergent alors, ils ressentent douloureusement les mêmes blessures. En janvier 1960, Jean Daniel rédige un article nécrologique très personnel pour *L'Express*.

En 1964, suivi par quelques autres collaborateurs, il quitte *L'Express*, que Jean-Jacques Servan-Schreiber a transformé en *news magazine*, pour fonder *Le Nouvel Observateur* dont le premier numéro donne la parole à Sartre. Cet hebdomadaire, dont il est le directeur de la rédaction puis le directeur pendant plus de quarante ans, devient vite le baromètre de la gauche intellectuelle. Il doit sa forte position à l'œcuménisme délibéré de Daniel et à l'appel à de grandes signatures, des écrivains certes mais aussi et surtout des universitaires dotés d'un fort capital culturel. Seuls les communistes s'en excluent.

Le directeur du *Nouvel Observateur* entend contribuer à démarxiser la gauche française et se tient à distance des partis. Il souhaitait que Pierre Mendès France puis que Michel Rocard devinssent présidents de la République ; cela ne l'a pas empêché de soutenir par raison François Mitterrand en 1965, 1974 et 1981 et d'appuyer les grandes réformes mises en œuvre par ce dernier. Il estime aussi que « les socialistes doivent être les premiers à dénoncer les erreurs du socialisme » (*L'Ère des ruptures*), a fortiori ses perversions, que ce soient l'Union soviétique ou les Khmers rouges. L'hebdomadaire se montre particulièrement attentif aux contestations pacifiques du communisme soviétique et, avec *Esprit*, remet la question totalitaire au cœur du débat français. Pour lui, la dissidence, c'est la révolte de Camus qui se dresse contre l'État issu de la révolution. Son soutien à Soljenitsyne lui vaut de vives attaques de la part du parti communiste et de Jean-Pierre Chevènement. Comme Camus, Jean Daniel n'hésite pas à s'opposer à ses proches. En 1958, il fait ainsi confiance au général de Gaulle pour régler la question algérienne, alors que Pierre Mendès France s'enferme dans une opposition stérile qui l'exclut à jamais des responsabilités. Étranger à tout judéo-centrisme, opposé aux communitarismes et aux intégrismes, c'est lui aussi un homme de dialogue. Ayant des amis des deux côtés, il soutient toutes les initiatives visant à promouvoir le dialogue israélo-arabe et la paix au Proche-Orient.

Parmi les nombreux et prestigieux collaborateurs du *Nouvel Observateur*, il en est deux qui ont également été liés à Camus : Maurice Clavel et Guy Dumur. Après leur disparition, Jean Daniel est le seul à se référer au prix Nobel 1957. Camus en effet est omniprésent dans les éditoriaux comme dans les livres de réflexion et les œuvres autobiographiques de Daniel – *Le Temps qui reste* (Gallimard, 1984), *La Blessure* (Grasset, 1992), *Avec le temps* (Grasset, 1998). « J'ai toujours pensé que Mai 68 avait été ingrat envers Camus et qu'il aurait été plus conforme à son génie que réparation lui fût offerte par de jeunes révoltés que par d'anciens révolutionnaires. » En 1978, l'un de ses articles fait date, titré « Cet étrange recours à Camus ». Alors qu'en France les lecteurs ne cessaient de le plébisciter, mais que les intellectuels, à de rares exceptions près, le dédaignaient, celui-ci, note-t-il exemples à l'appui, a trouvé un vaste public en Europe de l'Est. Quand, en France aussi, « le dogme de l'infaillibilité moscovite » est enfin révolu, la pertinence de ses écrits civiques éclate enfin.

En 2006, Daniel reprend, augmente et actualise ses remarques jusque-là dispersées au fil de ses écrits dans un ouvrage où figurent des paroles retranscrites de son ami, une étude de son parcours journalistique et des analyses de certains de ses écrits. Il explique la pérennité de l'œuvre par son actualité. L'effondrement de la vulgate marxiste permet de reposer avec lui les questions cardinales de la liberté, de la violence, de la fin et des moyens. Sa conclusion est celle-ci : « Camus reste notre contemporain. C'est pourquoi, sans doute, les jeunes continuent de le lire » ; « Notre époque est camusienne. » Jeanyves Guérin

Bibl. : Jean Daniel, *Œuvres autobiographiques*, Grasset, 2002 • Id., *Avec Camus. Comment résister à l'air du temps*, Gallimard, 2006 • *Jean Daniel, observateur du siècle*, Saint-Simon – Bibliothèque nationale de France, 2003 • Corinne Renou-Nativel, *Jean Daniel : cinquante ans de journalisme, de* L'Express *au* Nouvel Observateur, Monaco, Éditions du Rocher, 2005 • (Les archives personnelles de Jean Daniel ont été déposées à la BNF.)

DAVIS, Garry (né en 1921). – « Au nom des peuples du monde qui ne sont pas représentés ici, je vous interromps » : c'est par ces mots que Garry Davis, accompagné de Robert Sarrazac, perturbe l'Assemblée générale des Nations unies réunie le 19 novembre 1948 au palais de Chaillot, avant d'être arrêté. Cet ancien pilote de bombardier, qui a participé à des missions au-dessus de l'Allemagne, dénonce la responsabilité des États souverains dans les guerres meurtrières. Il proclame la nécessité d'un gouvernement mondial émanant des « citoyens du monde » et non des gouvernements à l'instar de l'ONU. Le 25 mai 1948, il renonce à sa nationalité américaine en remettant son passeport à l'ambassade des États-Unis à Paris. À partir de septembre, il campe aux abords du palais de Chaillot. Une campagne en sa faveur prend forme et rencontre un succès grandissant, relayée par des journaux comme *Combat*, *Franc-Tireur* et *Le Monde*.

Aux côtés d'André Breton, Emmanuel Mounier, Raymond Queneau, Louis Martin-Chauffier, Jean Paulhan, l'abbé Pierre et d'autres, Camus lui apporte un soutien résolu. Le jour de l'esclandre de Davis, il improvise une conférence de presse dans une brasserie avoisinante, prend contact avec les instances de l'ONU pour réclamer sa libération immédiate et dans un article retentissant paru le lendemain dans *Franc-Tireur*, « Nous sommes avec Davis ! », fustige les contradictions des Nations unies : « Sur la colline de Chaillot, tout est à l'honneur, sauf la paix. »

Garry Davis est vite libéré et devient le héros de différents meetings dont le plus spectaculaire a lieu le 9 décembre au Vél d'Hiv en présence de 20 000 personnes. Le 3 décembre, Camus participe à celui de la salle Pleyel. Son intervention, « À quoi sert l'ONU ? », est publiée sous le titre « Je réponds » dans *La Patrie mondiale*. Le texte le plus abouti de Camus sur la signification du geste de Davis est « Réponses à l'Incrédule », paru dans *Combat* les 25-26 décembre 1948, qui se veut une réplique aux critiques sarcastiques de François Mauriac dans *Le Figaro*. La fièvre retombe vite et Garry Davis, dont la presse libertaire continue à rendre compte des faits et gestes et des démêlés avec la justice, disparaît rapidement de la une des journaux. Il continue son combat, publie des ouvrages et est même candidat à la présidence des États-Unis.

En janvier 1949, Camus, dans une lettre à Jean Grenier, écrit : « Je me suis fait insulter de tous côtés parce que j'ai soutenu, peu et mal, le brave Garry Davis. C'était par sympathie personnelle (et je relisais *Don Quichotte* à ce moment et Davis a le style d'un Sancho maigre avec les folies de son maître). » Au-delà des excentricités du personnage qui avait su enflammer l'opinion inquiète des perspectives d'une troisième guerre mondiale, Garry Davis a fait vibrer, quelques semaines durant, la fibre libertaire, pacifiste et mondialiste de Camus.

Philippe VANNEY

DÉCOLONISATION. – *Voir* TIERS-MONDE

DÉDICACES. – Il est courant qu'un écrivain fasse hommage de ses écrits publiés à des membres de sa famille, à des confrères, à des amis. Il affiche ainsi une relation privilégiée. Le geste manifeste de la déférence ou une complicité. La pratique de Camus est variable. Plusieurs fictions importantes, *Caligula*, *Les Justes*, *L'Étranger*, *La Peste* et *La Chute* sont dépourvues de dédicace liminaire. Il en est de même pour *Actuelles* II e*t* III et *L'Été*. Une seule œuvre, *L'Exil et le Royaume*, est dédiée à un membre de sa famille, en l'occurrence à son épouse Francine. *Le Premier Homme* ou, si l'on en croit le manuscrit qui a servi de base à l'édition, sa première partie l'aurait été à sa mère, « Vve Camus » : « à toi qui ne pourras pas lire ce livre ». Le récit rend un hommage émouvant à cette femme discrète et dévouée. Aucun écrit en revanche n'a été dédié à Gustave Acault, l'oncle qui l'avait soutenu, ni à Maria Casarès ou à Catherine Sellers.

Acte public, la dédicace fait toujours sens. *Révolte dans les Asturies* a reçu ainsi une double dédicace collective : « Pour les amis du "Théâtre du Travail". À Sanchez, Santiago, Antonio, Ruiz et Léon. » Les auteurs anonymes de cette œuvre politique associent une troupe militante et des anonymes espagnols. La première pièce de Camus, *Le Malentendu*, est dédiée à ses amis du Théâtre de l'Équipe ; *L'État de siège* l'est au seul Jean-Louis Barrault. Cette œuvre, issue de leur collaboration étroite, aurait pu être signée par les deux hommes. La dédicace manifeste que l'écrivain ne tient pas rigueur de son échec au metteur en scène. Marcel Herrand reçoit la dédicace de *La Dévotion à la croix* à titre posthume. Il avait mis cette pièce à l'affiche du festival d'Angers après avoir créé *Le Malentendu*. Ce geste est un signe adressé à ami récemment décédé. Les autres adaptations d'œuvres n'en comportent aucune.

Camus n'a jamais oublié ses maîtres. Le débutant dédie *L'Envers et l'Endroit*, puis l'écrivain arrivé *L'Homme révolté* à Jean Grenier, qu'il reconnaît ainsi comme son inspirateur. De fait, nombre d'idées-forces de l'ouvrage se trouvent déjà dans son *Essai sur l'esprit d'orthodoxie*. Le récipiendaire du prix Nobel dédie *Discours de Suède* à M. Louis Germain. Il lui avait exprimé sa gratitude respectueuse dans une lettre privée. Le dédicataire, dans ce cas, n'est connu que des proches du dédicateur. Si *Noces* ne comporte aucune dédicace, *L'Été à Alger* est dédié au latiniste Jacques Heurgon et *Le Désert* l'est encore à Jean Grenier.

Trois œuvres sont offertes en hommage à des écrivains qui sont aussi et surtout des amis résistants : *Le Mythe de Sisyphe* à Pascal Pia qui se démena pour faire publier cet essai, *Lettres à un ami allemand* au poète René Leynaud *in memoriam* (il fut fusillé peu avant la Libération) et *Actuelles* à René Char. Louis Guilloux, autre compagnon fidèle, n'a pas eu cet honneur.

Les dédicaces de Camus sont lapidaires. Elles ne comportent aucune indication de lieu et de temps. Aucune ne s'adresse au lecteur ni aux personnages. En revanche, ses dédicaces d'exemplaires peuvent être chaleureuses.

Jeanyves GUÉRIN

« DÉFENSE DE *L'HOMME RÉVOLTÉ* ». – Ce texte a un statut particulier dans le débat qui a suivi la parution de *L'Homme révolté*. Il a été terminé en novembre 1952 au moment où Camus travaille à réunir des « Lettres sur la révolte » dans *Actuelles* II. L'étonnant est que l'écrivain ne l'ait jamais publié. Il y présente et défend son essai contre des lectures tendancieuses mais sans prendre le ton de la querelle littéraire et personnelle qui est généralement celui des « Lettres sur la révolte ». Il s'y montre plus détendu que dans la lettre au directeur des *Temps modernes*. Il explique le propos de son ouvrage à un lecteur de bonne volonté et inscrit cet ouvrage à l'intérieur de sa trajectoire personnelle. Cette étude est sans doute la meilleure présentation de son essai.

Le titre pose un problème : le fonds Camus d'Aix-en-Provence conserve les deux dactylogrammes – des versions retravaillées et successives – de l'étude. Ils sont titrés « Post-scriptum à *L'Homme révolté* » et le manuscrit lui-même, qui se trouve dans le même fonds, est intitulé « Le nihilisme contre la révolte ». C'est Roger Quilliot qui semble avoir choisi « Défense de *L'Homme révolté* » comme titre lorsqu'il a publié pour la première fois le texte dans les *Essais*.

Le propos de Camus consiste à montrer que *L'Homme révolté* est issu de difficultés qui ont été profondément vécues sur le plan personnel mais qui rejoignent la problématique générale de l'époque : comment se conduire lorsque les morales existantes – chrétienne, bourgeoise, marxiste – ne donnent pas de réponse acceptable et convaincante ? Que faire, où trouver une règle de vie, lorsque beaucoup de contemporains qui sont taraudés par les mêmes questions et ont intériorisé les mêmes œuvres se tournent vers les pseudo-solutions totalitaires, version nationale-socialiste, comme dans *Lettres à un ami allemand*, ou version communiste (il est fait allusion dans « Défense de *L'Homme révolté* » au pacte germano-soviétique et au « pétrole de la construction socialiste » qui alimente l'aviation nazie qui bombarde les villes européennes) ?

Camus n'était sûr que d'une chose : de sa révolte devant la situation, de l'insuffisance et donc de la négation des solutions proposées jusque-là. Mais comment donner à cette certitude subjective un fondement, une légitimation ? « Peut-on, de la négation elle-même et de la révolte qu'elle suppose, tirer une règle de vie ? » L'écrivain considère cette tentative comme « une sorte de lutte pour équilibrer l'impossible, la recherche d'une valeur élémentaire, la volonté de vivre et de faire vivre, sans rien refuser de la réalité ». La réflexion lui a montré que prétendre dans ces conditions à l'innocence ou proclamer, au contraire, la culpabilité généralisée est vain ; de la même manière, il en est venu à la conclusion « qu'il n'y a, sous des visages différents, qu'un seul nihilisme dont nous sommes tous responsables et dont nous ne pouvons sortir qu'en l'acceptant avec toutes ses contradictions ». Ainsi qu'il l'a dit dans sa réponse à André Breton et Aimé Patri, « Il n'y a pas un bon et un mauvais nihilisme » (*Actuelles* II).

En somme Camus a choisi, pour légitimer sa révolte, non d'éviter les contradictions mais de se confronter avec elles et donc aussi avec le nihilisme et de développer une dialectique sans synthèse : les pôles opposés de la contradiction sont maintenus dans leur opposition afin qu'ils se limitent réciproquement ; ils sont la mesure l'un de l'autre. L'écrivain développe donc une philosophie de la limite et de la mesure – caractérisée par une « vigilance double » – comme réponse aux maux de l'époque. Elle vaut par exemple pour le non et le oui qui animent la révolte, pour la révolte et la révolution. « Pour un esprit aux prises avec la réalité, la seule règle alors est de se tenir à l'endroit où les contraires s'affrontent, afin de ne rien éluder et de reconnaître le chemin qui mène plus loin. » Elle vaut aussi pour l'opposition entre le titanisme européen et le culte de la beauté de la culture grecque, entre Faust et Hélène pour l'exprimer symboliquement avec Goethe. Alors que celui-ci fait mourir Euphorion, l'enfant issu de l'union de Faust et d'Hélène, Camus considère que sa survie dépend de ce que les contemporains feront. La philosophie de la mesure vaut encore pour l'opposition entre l'individu et l'histoire : elle rejette l'individualisme absolu cher à Max Stirner et l'historisme, « où l'histoire reste l'unique valeur ». « L'individu pur se place au-dessus de l'histoire en niant pourtant toutes les valeurs qui peuvent la transcender… L'historisme pur, de son côté, choisit à la fois l'histoire pour valeur et, pour justification de cette histoire, l'avenir, c'est-à-dire précisément ce qui n'est pas encore l'histoire et dont ce n'est pas sûr qu'il le sera jamais. »

Sans revendiquer pour la révolte et pour la philosophie de la mesure une valeur universelle, Camus considère néanmoins qu'elles apportent la seule réponse qui le convainque. « Pour ma part, en tout cas, je n'ai trouvé rien d'autre que je puisse légitimer pour l'opposer au nihilisme et au meurtre. » Une morale est donc possible, mais « elle coûte cher ».

Est-ce dire pourtant que les contradictions évoquées qui se maintiennent et continuent de déchirer les existences ne peuvent en aucun cas être résolues ? Elles ne le peuvent que dans une création : c'est pourquoi l'écrivain a « justifié l'art » dans *L'Homme révolté*, ce qu'il fera aussi plus tard dans son *Discours de Suède*, lors de l'obtention du prix Nobel de littérature. L'œuvre d'art, nous apprennent cet essai et ces discours, est capable, parfois, en effet de conférer l'unité – certes sur le plan fictif – à ce qui demeure opposé dans la réalité. Si le commentaire de la terrible époque a été nécessaire, il est temps désormais de « lui donner une forme ».

La dernière phrase de l'étude, « Rien n'est inutile », peut être lue par opposition à la formule célèbre de Sartre dans *L'Être et le Néant* : « L'homme est une passion inutile. »

Maurice WEYEMBERGH

DÉMESURE. – Les mots « mesure » et « démesure », les adjectifs « mesuré » et « démesuré », la locution adverbiale « sans mesure » (davantage que « avec mesure ») ou, dans la prose journalistique, les locutions verbales « donner la mesure » ou « prendre la mesure » sont fréquentes sous la plume de Camus. Doté d'un sens profond, ce champ lexical s'illustre aussi bien dans un passage précis de l'œuvre, ainsi un chapitre de la fin de *L'Homme révolté* intitulé « Mesure et démesure », que disséminé, et peut-être particulièrement au fil de l'écriture si personnelle, et parfois secrète, des *Carnets*. De *Noces* (la gloire, c'est-à-dire « le droit d'aimer sans mesure ») aux *Carnets* II (« J'ai vécu sans mesure de la beauté ») ou au *Premier Homme* (« ce que le monde peut donner de plus fastueux, ils le recevaient et en usaient sans mesure, comme des seigneurs »), il arrive que la clause « sans mesure » ait un sens positif.

Mesure et démesure, induisant les idées d'équilibre, de justice et de valeur, forment une paire antithétique, prisme par lequel Camus appréhende très tôt les choses sur le plan politique et donc éthique, artistique et donc esthétique. Ainsi l'Algérie est « un pays à la fois mesuré et démesuré. Mesuré dans ses lignes, démesuré dans sa lumière » (*Carnets* I). Dans un entretien de 1958, la « démesure proportionnelle » est dite caractériser « la vérité de l'attitude et de l'émotion dramatiques ». La *metria* est même la clé de certaines œuvres. Dans *L'Étranger*, Meursault, par son geste, détruit l'équilibre du jour. Caligula se fait par son « lyrisme inhumain » prophète dément d'un « vide sans mesure » : quand tout du sort des hommes se règle dans « le champ du possible » pindarien, lui pointe la lune. Dans *Les Justes*, le sens de la mesure sépare le « Juste » de l'assassin. Camus, qui très jeune articulait ses œuvres par cycles, en envisageait un, après l'absurde et la révolte, consacré à la figure mythologique grecque de Némésis, la Vengeance personnifiée, « fatale aux démesurés » (*L'Homme révolté*), châtiant avec une violence – démesurée – ceux qui vont trop loin et rompent l'ordre apollinien : « Némésis, déesse de la mesure. Tous ceux qui ont dépassé la mesure seront impitoyablement détruits » (*Carnets* II). La divinité est d'ailleurs plus pour lui celle de la mesure que de la vengeance. Camus ne sépare pas démesure et punition, pas plus qu'il ne disjoint mesure et Méditerranée : faire preuve de démesure est se dire, se signifier loin des repères d'une aire géographique dont le nom même est étymologiquement lié à la mesure. Celle-ci est méditerranéenne par essence (« L'Italie, la Méditerranée, terres antiques où tout est à la mesure de l'homme », écrit-il dans *Noces*).

Sans doute la première démesure qui s'impose à ce fils du siècle est-elle celle de l'histoire. Inscrire quelque mesure ou, le sens de ce terme en est proche dans l'esprit de Camus, un rien de « modestie » dans un temps qui en manque singulièrement est une mission morale pour le journaliste critique comme pour l'intellectuel « embarqué » et l'écrivain honnête. La « démesure de notre temps » (*L'Homme révolté*) est flagrante. Au fur et à mesure de la démesure, des choses que Camus déteste viscéralement lui sont liées. Ainsi le nihilisme, les meurtres commis sous couvert d'idéologie, la peine de mort, le totalitarisme, et donc les camps de concentration, sont les fruits aberrants de l'homme autodivinisé, apprenti sorcier tenté par les fruits d'une démesure aveugle qu'il ne parvient plus à maîtriser, celle-ci pouvant entraîner sa fin en tant qu'espèce. L'*hybris* n'a pas de légitimité. Deux domaines pourtant sont le champ d'une démesure positive. La beauté – celle du paysage ou de l'œuvre d'art – et l'amour. La « démesure dans l'amour », seule souhaitable, est celle des saints (*Carnets* III). Ou, ici, celle d'une sainte, la mère du premier homme (« ayant mesuré en elle-même tout l'amour qu'elle pouvait lui porter ou lui exprimer, elle avait décidé qu'une mesure manquait encore »). Il s'agit là de « trouver une démesure dans la mesure ».

Juge de lui-même, notamment à cet âge autocritique par excellence de la quarantaine, Camus appréhende en lui les méfaits de la démesure, déjà brocardés par Sartre dans une lettre fameuse (« une morne démesure qui masque vos difficultés intérieures, que vous nommez, je crois, mesure méditerranéenne »). Ainsi dans cette note du *Premier Homme* : « Il est l'homme de la démesure : femmes, etc./Donc [l'hyper] est puni en lui. Ensuite il sait. » La mesure classique, voire le « classicisme moral », sont une réponse à cette démesure propre aux esprits agités. C'est le travail sisyphien de l'esprit que de passer de la démesure à la mesure. En dernier lieu, par une filiation admirable au classicisme, à l'humanisme, à la Grèce aussi, dont les temples, à la différence des cathédrales, étaient à cette échelle de souffle et de sang, l'homme est la mesure de toute chose, le mètre étalon. Dans l'humaine, la trop humaine démesure, comparée par Héraclite à un incendie, il est quelque chose d'inhumain. Pierre GROUIX

Bibl. : Karl W. Modler, *Soleil et mesure dans l'œuvre de Camus*, L'Harmattan, 2000 • David H. Walker (dir.), *Albert Camus, les extrêmes et l'équilibre : actes du colloque de Keele, 25-27 mars 1993*, Amsterdam, Rodopi, 1993

DÉMOCRATIE. – L'attachement sincère, raisonné et durable de Camus aux principes et aux procédures de la démocratie ne se mesure pas à la place que le mot occupe dans ses écrits. Des textes éparpillés au fil de ses engagements, il est pourtant difficile de tirer une réflexion systématique. Le journaliste n'a jamais prétendu faire œuvre de politologue ou de constitutionnaliste.

En août 1944, l'éditorialiste de *Combat* se prononce pour une « vraie démocratie populaire et ouvrière », présupposant que la représentation n'était pas un talisman. « La démocratie, précise-t-il, apportera les principes de la liberté, le peuple la foi et le courage sans lesquels la liberté n'est rien. » Il lui arrive par la suite d'utiliser la formule de « démocratie populaire », qui n'a pas encore été déconsidérée par l'usage qu'en ont fait les partis communistes en Europe centrale et orientale. Il parle plus souvent encore de la liberté et de la justice qu'il juge non seulement conciliables mais indissociables : l'une limite l'autre. La dynamique de la Libération rend possible une refondation et une reconstruction révolutionnaires de la société française. Une « économie collectiviste » lui semble conciliable avec « la liberté de la personne ». Il se méfie des partis qui, loin d'être des médiateurs entre les citoyens et les institutions, sont des machines lancées à la conquête du pouvoir. Il doit rapidement déchanter. La révolution dont les rédacteurs de *Combat* ont rêvé n'est pas à l'ordre du jour.

Le règlement de la guerre l'est en revanche, et l'idée d'une « démocratie internationale » qui courait déjà avant le conflit dans ses articles du *Soir républicain* revient sous sa plume. Camus rappelle que si la guerre a été celle « des démocraties », elle doit déboucher sur une paix démocratique. Il envisage, pour sa part, une « Société des Peuples » et la mise en place d'un « nouvel ordre international » fondé sur la limitation des souverainetés. Les grandes nations, les impérialismes ne pourraient plus imposer leurs lois aux petites si une loi rédigée par un parlement des peuples s'imposait aux gouvernements. Trois articles de *Ni victimes ni bourreaux* – « La révolution travestie », « Démocratie et dictature internationales » et « Un nouveau contrat social » – développent cette « utopie relative » en novembre 1946. Au moment de quitter *Combat*, quelques mois plus tard, Camus lègue ce dernier message : « La démocratie intérieure sera approximative tant que l'ordre démocratique international ne sera pas réalisé. » Ces propositions recueillent peu d'écho à l'époque.

« Il n'y a peut-être pas de bon régime politique, mais la démocratie en est assurément le moins mauvais », écrit Camus dans l'un de ses derniers articles de *Combat*. Il revient plusieurs fois sur ce sujet dans des articles des années 1947-1948. Il définit la démocratie comme « l'exercice social et politique de la modestie » en politique. Le Tarrou de *La Peste* a « appris » cette modestie après avoir milité dans les rangs d'un parti révolutionnaire. « La démocratie, qu'elle soit sociale ou politique, ne peut se fonder sur une philosophie politique qui prétend tout savoir et tout régler », écrit-il encore dans *La Gauche*, l'organe du Rassemblement démocratique révolutionnaire. Elle ignore, elle rejette tout « catéchisme ». Dans *Caliban*, revue dont Jean Daniel est le rédacteur en chef, il explique que « Le démocrate est modeste [...]. Quelque décision qu'il soit amené à prendre, il admet que les autres, pour qui cette décision a été prise, puissent en juger autrement et le lui signifier. » Cela implique qu'il n'y a pas de vérité absolue, officielle, et que la vérité est partagée. Le bien commun appelle des consultations, une délibération où l'exécutif issu de l'élection a besoin de son opposition. « Le démocrate, après tout, est celui qui admet qu'un adversaire peut avoir raison, qui le laisse donc s'exprimer et qui accepte de réfléchir à ses arguments ». En effet, « quand des hommes ou des partis se trouvent assez persuadés de leurs raisons pour accepter de fermer la bouche à leurs contradicteurs par la violence, alors la démocratie n'est plus » – l'éthique démocratique exclut une représentation guerrière de la vie publique.

De ses écrits, l'on peut inférer que la démocratie repose sur quelques principes. La pratique de la délibération collective en est un. La confrontation des différences est toujours féconde ; la dynamique du dialogue (« Il n'est pas de démocratie sans dialogue »), la concertation, la négociation produisent des compromis successifs. La limitation du pouvoir étatique en est un deuxième. D'où l'importance des contrepoids. Camus en privilégie deux : une presse libre et vivante et un syndicalisme fort.

Il accorde aussi une place essentielle à l'abolition de la peine capitale pour laquelle il a milité. Il ne mentionne le droit qu'au final de *L'Homme révolté* et, en homme de son temps, n'envisage pas la décentralisation et préfère évoquer la nécessaire autonomie des communes. Une troisième idée se fait jour : « La démocratie ce n'est pas la loi de la majorité mais la protection de la minorité » (*Carnets* III, 1958). Car « La majorité peut tromper au moment même où la minorité voit clair », écrivait-il dix ans plus tôt, pensant sans doute à la France de 1940. Il en tire une conséquence : la minorité doit pouvoir se faire entendre et peser dans le débat public ; l'intérêt d'une société lui impose de garantir le pluralisme. La démocratie, c'est aussi la patiente construction d'un consensus, c'est l'institutionnalisation du vivre ensemble. Elle se définit par le conflit civilisé, des clivages instables, des alternances pacifiques. Pour toutes ces raisons, seules les sociétés démocratiques sont capables de corriger leurs défauts, de remédier aux abus et de se réformer.

Camus en reste à des considérations générales. Dans quelques occasions, l'actualité toutefois lui permet de préciser ses vues. En septembre 1944, il titre un de ses éditoriaux « La démocratie à faire ». Pour l'essentiel, il y préconise une relève, l'émergence d'hommes nouveaux. Le régime d'assemblée tel qu'il fonctionnait dans les années 1930 pour le plus grand profit du parti radical-socialiste était une « caricature » de démocratie, en effet les gouvernements étaient à la merci des partis ou plutôt de leurs groupes parlementaires. C'est pour cette raison qu'il appelle les lecteurs de *Combat* à voter « oui » lors du double référendum d'août 1945. Il appuie son appel sur ce triple argument : « Il nous faut une nouvelle démocratie. [...] Le gouvernement doit être responsable devant le peuple. [...] Cette démocratie doit être efficace. » Cette idée réapparaît en 1955 dans ses articles de *L'Express*. La IVe République a renoué avec les errements de la IIIe, ses gouvernements sont impuissants à faire face aux urgences de la décolonisation, c'est pourquoi Camus appuie l'entreprise réformatrice d'un démocrate modernisateur, Pierre Mendès France.

La guerre d'Algérie met sa conception de la démocratie à l'épreuve. Elle est irrecevable sur le terrain. Toute guerre, a fortiori quand c'est aussi une guerre civile, favorise les extrêmes, dont le nationalisme révolutionnaire fait partie. L'heure n'est plus aux compromis, aux partages : l'amorçage de la démocratie est en effet toujours délicat et prend du temps. Il nécessite un apprentissage, une acculturation préalable de l'idée démocratique. Camus le savait, qui, dès 1939, préconisait la constitution de douars-communes qui, en permettant aux Kabyles de s'administrer, auraient été de précieux laboratoires de « démocratie ». Des militants arabes avaient-ils été jetés en prison pour avoir réclamé l'application des lois républicaines en Algérie, il avait réclamé leur libération immédiate au motif que, dans une démocratie, « les faits » doivent s'accorder aux « principes ». En 1945 encore, il demandait que la France exporte les méthodes et usages de la démocratie en Algérie. Ses appels n'ont jamais été écoutés.

Dans de nombreux textes, Camus associe la démocratie et la liberté (ou les libertés) au risque d'être perçu comme un libéral. Il a certes rejeté fermement la distinction marxiste opérée entre libertés formelles ou bourgeoises et libertés réelles, notamment dans *Actuelles* II, des institutions libérales n'amènent pas obligatoirement le meilleur des mondes. La liberté qu'il met en avant n'est pas celle de faire des affaires ; le suffrage universel, le pluripartisme sont des préalables, pas une garantie. En d'autres termes, la démocratie est une fin et un moyen. Elle est politique mais doit être aussi économique et sociale. Il lui revient d'assurer le plein emploi, le bien-être, la protection des plus fragiles. Elle est en péril quand elle laisse s'aggraver les inégalités et les exclusions. Elle est à construire jour après jour dans un monde désormais unifié, dans la cité comme sur le lieu de travail.

Alors que l'intelligentsia française en a fait souvent peu de cas avant les années 1970, Camus a été un passeur de l'idée démocratique à l'époque des idéologies triomphantes. Les temps ayant changé, il le reste auprès de ses nombreux lecteurs tant en France qu'à l'étranger. Comme il l'a dit dans sa préface à *L'Espagne libre*, « la démocratie n'a pas de frontière [...]. La liberté doit être pour tous ou pour personne ». Jeanyves GUÉRIN

Bibl. : Blandine Barret-Kriegel, « Camus et la démocratie », dans Jeanyves Guérin (dir.), *Camus et la politique*, L'Harmattan, 1986, p. 281-286 • Jeanyves Guérin, *Camus. Portrait de l'artiste en citoyen*, François Bourin, 1993 • Id., « Un professeur de civisme démocratique », *Le Magazine littéraire*, n° 453, mai 2006, p. 58-61 • Pierre-Louis Rey, « Le pari démocratique d'Albert Camus », *Revue d'histoire littéraire de la France*, avril 2006, p. 271-284

***DÉSERT* (*Le*)**. – Lorsque Camus envisage fin 1938 la publication de *Noces* aux éditions Charlot, il note dans ses *Carnets* l'importance d'achever ce petit essai commencé l'année précédente afin de l'insérer en clôture de l'ouvrage. Directement inspiré d'un voyage en Toscane effectué en septembre 1937, ce texte présente une originalité certaine par rapport à *Noces à Tipasa*, *Le Vent à Djémila* et *L'Été à Alger*, les trois autres pièces du recueil, explicitement reliées pour leur part à l'espace algérien, mais des expériences sensibles du même ordre les rapprochent, supports d'une méditation qui sans cesse s'étaie et s'approfondit.

Outre son élargissement géographique, ce texte apporte aussi à l'ensemble un ample détour par des sources culturelles. La dédicace à Jean Grenier marque implicitement l'influence diffuse qu'exerce une œuvre du « maître » comme *Les Îles*. Ce symbole insulaire figurant la solitude existentielle des êtres, Camus le fait sien à l'occasion dans d'autres œuvres, mais le titre choisi pour cet essai semble plutôt reprendre une image nietzschéenne lue dans la *Généalogie de la morale*. Camus revisite ce « désert » métaphorique qui incite l'homme à l'exercice exigeant d'une lucidité sans voile et peut donc se rencontrer au cœur des villes et des foules. Il reprendra souvent par la suite cette métaphore, en particulier pour caractériser les villes algériennes « sans passé », mais il pousse ici le paradoxe fort loin en l'appliquant à cette Toscane pluriséculaire.

Oublieux du contingent historique, en quête de vérité qui dure et enseigne l'exacte « mesure de l'homme », Camus voyageur ne s'attarde guère dans les villes elles-mêmes, malgré la « grâce sensuelle » qu'elles exercent, sinon à une heure avancée du soir où le « bondissement de vie » s'exténue dans le silence. Il préfère leurs alentours pour se livrer tout entier aux « fêtes de la terre et de la beauté ». Le sublime de la nature toscane renouvelle l'exaltation ressentie sur l'autre rive de la Méditerranée : « ce paysage [...] me mettait hors de moi au sens profond du terme ». Ce transport lui permet de se fondre dans la grande respiration du monde, par une communion océanique qui n'est pas sans rappeler le *Chant du monde* de Jean Giono (1934), sans que cette magnificence berce d'aucune illusion, laisse espérer aucun au-delà. Subvertissant le discours religieux, Camus chante un hymne à la terre, puisé à même les « évangiles de pierre, de ciel et d'eau ». Les « temples désertés par les dieux » des collines de Florence confirment la révélation déjà reçue à Tipasa : « hors du monde et de sa beauté, point de salut » car « rien ne ressuscite ».

Les œuvres des grands maîtres toscans exercent aussi sur lui leur attraction car dans leur représentation de figures religieuses, Camus voit non la spiritualité de belles âmes mais l'incarnation d'êtres figés dans le présent que délimite le cadre du tableau : « C'est à cette chair que les Toscans s'arrêtent et non pas à son destin. » Le « détachement » des personnages des grands primitifs italiens, même s'il est pour partie perçu au travers des commentaires d'André Malraux, aiguise sa vision singulière de visages humains entrant dans une confusion ultime avec le paysage, figuration exemplaire d'une grandeur et d'une vérité de l'homme dans le monde résidant dans la seule matérialité éphémère de l'un, éternelle de l'autre. Mais c'est encore dans la beauté saisissante des cloîtres que se vivent les expériences intérieures les plus riches. Dans le dénuement des moines franciscains au sein de la splendeur de Florence, rapproché délibérément du dénuement des corps des jeunes gens sur les plages algériennes illuminées de soleil, Camus ne voit qu'une même passion de vivre dans la double conscience pour l'homme « de son désir de durée et de son destin de mort ».

Par la maîtrise peu à peu conquise sur une sensibilité exacerbée et la tentation de l'amertume, Camus se fraie une voie vers un bonheur né de l'absence même d'espoir. Il n'y a là aucune résignation, mais une sagesse complexe éclairant, de la même « flamme noire » que celle qu'il voyait brûler dans l'art italien, une conduite fondée sur une révolte au cœur de laquelle « dormait un consentement ».

Même s'il se reprochait auprès de Jean Grenier une tendance à l'emphase ou à la formule définitive dans *Noces*, Camus n'hésita pas à en rééditer les textes à plusieurs reprises, en particulier à Paris, comme le lui conseilla vivement Montherlant, grand admirateur du recueil et de ce petit essai en particulier. Mais comme dans une sorte d'ascèse dont le désert serait l'emblème, Camus continua à creuser par étapes dans toutes ses œuvres ultérieures le tracé d'une pensée dont les fondements sont ici déjà solidement posés.

Martine MATHIEU-JOB

***DÉVOTION À LA CROIX* (*La*).** – La pièce de Pedro Calderón de la Barca (1600-1681), dont Camus a établi ce qu'il appelait le « texte en français », a été écrite en 1633. Elle appartient à la période de production réputée être la meilleure de ce grand dramaturge du Siècle d'or espagnol (*La vie est un songe*, son œuvre la plus connue, fut rédigée en 1635). La rivalité qui s'était installée entre Calderón et son modèle dramatique, même s'il ne fut pas son maître, Lope de Vega, prit fin à la mort de ce dernier, en 1635. Calderón ne tarda pas alors à devenir le dramaturge favori de la cour. En 1651, cependant, après une vie agitée de guerrier et de courtisan, il se fit moine franciscain, et se consacra principalement à l'écriture d'*autos sacramentales*, ou mystères.

L'édition de 1640 présente *La Devoción de la Cruz* comme une « *comedia famosa* » en trois journées. Celles-ci ne sont pas consécutives. La pièce est écrite en vers, et il convient de savoir que le terme « *comedia* » désignait alors « pièce de théâtre », quel que fût son genre. Dans ce cas, on a une pièce religieuse à caractère hagiographique. L'action se passe en Italie La vie d'Eusébio, beau jeune homme, est marquée par sa naissance mystérieuse au pied d'une croix, dans la montagne, et par le signe de la croix gravé sur sa poitrine. Amoureux de Julia, il lui écrit des lettres que le frère de celle-ci, Lisardo, découvre et confisque comme autant de preuves du déshonneur de sa sœur qui refuse de se soumettre au projet religieux établi pour elle par leur père, Curcio. Lisardo défie Eusébio qui le blesse mortellement dans un duel. Cet événement éloigne Eusébio de Julia, qui doit entrer au couvent. Quant à lui, il devient le bandit le plus redouté de la région. Le point culminant de la pièce se situe au moment où Eusébio parvient à séduire Julia, après avoir forcé l'entrée du couvent où elle s'est retirée. Au moment où elle est prête à s'offrir à lui, Eusébio s'enfuit terrorisé : il vient de découvrir sur la poitrine de sa bien-aimée la même croix gravée que sur la sienne. Ne comprenant pas la raison de ce rejet, éperdue, Julia quitte le couvent pour s'engager, comme Eusébio, dans une vie de crimes et de rébellion. Pendant ce temps, Curcio, qui veut venger la mort de son fils et le déshonneur de sa fille, s'est lancé dans une folle poursuite d'Eusébio. Les signes prémonitoires et horribles se succèdent tant pour Curcio que pour Eusébio jusqu'à ce que celui-ci tombe à moitié mort au pied de la croix où il fut trouvé nouveau-né. Curcio se sent alors obligé de l'aider, ce qui lui fait découvrir la croix gravée sur sa poitrine. Il reconnaît alors le frère jumeau de Julia que sa femme avait abandonné, ayant accouché seule dans la montagne, parce qu'il avait douté d'elle, et qu'elle ne pouvait les prendre tous les deux. Avant de mourir, Eusébio se confesse auprès d'un moine auquel il avait laissé la vie sauve. Ayant entendu tous ces prodiges, Julia se raccroche à la croix de son frère et « disparaît dans le ciel », fuyant par la même occasion le courroux de son père.

Le théâtre baroque espagnol se caractérise par le traitement conjugué de trois grands thèmes : l'amour, la religion et l'honneur. L'honneur n'est cependant pas seulement considéré comme une question de rang social, il s'agit aussi, très souvent dans les œuvres de Calderón, d'un honneur personnel et intime qui pourrait rejoindre la problématique plus générale et fondamentale de la dignité humaine. C'est ainsi que pourrait se comprendre le comportement révolté de Julia et Eusébio qui n'ont pas reçu l'attention et l'amour de leur père, Curcio ; elle parce qu'elle est une fille qui se doit socialement d'obéir aveuglément à son père, et lui précisément parce qu'il ne connaît son père qu'au moment de mourir : ils cherchent comment faire respecter leur dignité. Autre caractéristique à souligner, le mari jaloux est un personnage typique des drames caldéroniens : il véhicule l'absurde dramatique auquel aboutissent ses réflexions interminables et ses soupçons, ce qui contribue au caractère tragique de la pièce.

Le théâtre de Calderón est entré à une date récente au répertoire des scènes françaises. Goethe et Schlegel avaient beau avoir célébré ses qualités philosophiques, il était presque ignoré.

L'extravagance et les aspects miraculeux de son histoire ont tenu *La Dévotion à la croix* éloignée des intérêts du classicisme français puis des Lumières. En 1841, l'hispaniste Jean-Joseph-Stanislas-Albert Damas-Hinard, collaborateur de la collection des classiques latins de Désiré Nisard, fit connaître ce drame au public français. Conscient des difficultés de traduction propres aux textes classiques espagnols, il évoquait « ces jeux de mots doubles ou triples que Calderón met parfois dans la bouche de ses *graciosos* comme autant d'énigmes que le poète préparait, je crois, à ses futurs traducteurs ». En 1871, Antoine de Latour prétendit offrir une traduction beaucoup plus littérale. Il se demanda si « c'est la meilleure manière de traduire un auteur ». Puis vinrent des traductions de Victor Tissot et de René-Louis Piachaud. Les hispanistes français tenaient néanmoins cette pièce de Calderón pour secondaire.

Ses amis connaissaient le goût de Camus pour le théâtre espagnol. Avec le Théâtre de l'Équipe, il avait envisagé de jouer *La vie est un songe* du même auteur. C'est à la demande de Marcel Herrand qu'il se tourna vers *La Dévotion à la croix*. Il chercha à « fournir un texte de représentation, écrit pour des acteurs ». Sa technique de traduction des œuvres écrites en espagnol consistait à travailler son texte à partir d'une traduction mot à mot fournie par un ami hispanophone, car ses connaissances de la langue espagnole n'étaient pas suffisantes pour traduire lui-même à partir de la version originale.

Cette traduction est fidèle à l'original, et le résultat a été spécialement vanté pour les passages lyriques et dramatiques, moins pour les passages burlesques. En effet, les intermèdes parodiques et burlesques sont typiques du théâtre espagnol du XVIIe siècle, ils servent à mettre en valeur le poids social d'un bon sens fondé sur une morale simple, individuelle et traditionnelle. Ce drame caldéronien suit d'ailleurs le style de la *comedia*, et dans son avant-propos, Camus rappelle qu'il « cherche à faire revivre un spectacle [...] qui fut d'abord une pièce jouée devant des auditoires populaires ». À propos de l'auteur, il ne ménage pas les éloges, évoquant « le plus grand génie dramatique que l'Espagne ait produit ».

La pièce ainsi adaptée fut représentée pour la première fois au festival d'art dramatique d'Angers, le 14 juin 1953, avec Maria Casarès dans le rôle de Julia et Serge Reggiani dans celui d'Eusébio, et dans une mise en scène de Marcel Herrand. Cependant, ce dernier, initiateur du projet, mourut le 11 juin 1953, et ce fut Camus qui assuma les derniers réglages du spectacle. La cour du château d'Angers se prêtait à merveille à cette œuvre, puisque à l'origine les *comedias* étaient représentées dans les cours ou les *patios* des auberges ou des demeures seigneuriales (les « *corrales* »). L'accueil de la critique et du public fut très favorable. « Une parole humaine, sous le ciel de la nuit, se souvient Ilona Coombs, et soudain familière, la grandeur s'installe sans bruit autour de nous. » De même la prouesse de Maria Casarès, qui pour s'enfuir du couvent se laissait glisser le long d'une corde sur les murs du château, fut applaudie. Pour Calderón, la mise en scène (qu'il appelait la « mémoire des apparences ») et la musique étaient des éléments fondamentaux de ses pièces. Camus et Marcel Herrand surent respecter et mettre en valeur cet aspect essentiel de l'œuvre caldéronienne. Par la suite, Jean Vilar demanda à Camus de traduire une autre *comedia* pour le Théâtre national populaire.

La Dévotion à la croix a fait l'objet d'une diffusion à la télévision nationale le 21 février 1961. Hélène RUFAT

Éd. : Gallimard, 1953 • *Théâtre, récits et nouvelles*, Gallimard, coll. « Bibl. de la Pléiade », 1962 • *Œuvres complètes*, t. III, Gallimard, coll. « Bibl. de la Pléiade », 2008, éd. par Robert Dengler

Trad. : en allemand, italien et japonais

Crit. : Montserrat Cots, « *La Dévotion à la croix* de Albert Camus : reflexiones sobre los valorese scénicos de la traducción teatral », *Traslaciones culturales*, Cabrera de Mar, Galderada, 2002, p. 103-119 • Marie-France Schmidt, « *La Dévotion à la croix*. De Calderon à Camus : langage et dramaturgie », dans Jacqueline Lévi-Valensi (dir.), *Camus et le théâtre*, IMEC Éditions, 1992, p. 195-210

DIB, Mohammed (1920-2003). – Évoquant le 13 novembre 1958 lors d'une conférence sa fierté d'appartenir à une « école d'écrivains algériens », Camus souligne qu'elle comprenait autant de noms « arabes » que de noms français et avance que tous les écrivains algériens ont ainsi contribué à construire l'Algérie de demain. Si du côté français il mentionne Jules Roy, Emmanuel Roblès et Gabriel Audisio, il cite explicitement trois noms du « côté arabe » : Mouloud Mammeri, Mouloud Feraoun et Mohammed Dib.

Dib entre en littérature par son poème *Vega* publié dans la revue *Forge*, « cahiers littéraires nord-africains », au comité de rédaction de laquelle figure Emmanuel Roblès. En mars 1948, Camus et lui participent avec d'autres écrivains et artistes aux rencontres de Sidi Madani et tous deux se retrouvent, en juin 1953, au sommaire du numéro unique de la revue *Terrasses* animée par Jean Sénac. Après ses études en français à Tlemcen, Dib exerce différents métiers – instituteur, comptable, interprète auprès des armées alliées. Il collabore en 1950-1951 au quotidien *Alger républicain* ; en 1952, il commence à publier en une trilogie romanesque qui prend pour décor l'Algérie coloniale (*La Grande Maison*, *L'Incendie*, *Le Métier à tisser*). Elle paraît dans la collection « Méditerranée » dirigée par Roblès aux éditions du Seuil. En 1959, contraint par les autorités de quitter l'Algérie, il s'installe d'abord dans les Alpes-Maritimes avant de gagner en 1964 la région parisienne. Préfacé par Aragon, son premier recueil de poésie, *Ombre gardienne*, paraît en 1961. En 1977, il publie *Habel*, le premier volume d'une tétralogie romanesque, véritable « cycle de l'exil ». Dans *L'Arbre à dires*, paru en 1999, quatre ans avant sa disparition, Dib revient – dans un essai qui emprunte son nom à l'arbre à palabres africain – aux questions existentielles, qui ont nourri son œuvre : le nom, la langue, l'exil, l'émigré et l'impossible retour. Bien que jouissant d'une notoriété d'écrivain incontestable, cet homme discret voire secret mène jusqu'à ses derniers jours une vie retirée, participant peu aux diverses manifestations de la vie littéraire. Son œuvre se déploie simultanément dans plusieurs directions qui atteignent des publics différents : romans, nouvelles, contes (pour enfants), recueils de poésies, théâtre et même essais. Elle n'est pas exempte d'un certain mysticisme nourri aux plus grandes traditions.

Dib avait collaboré en 1960 au numéro de la revue *Simoun* consacrée à Camus, soulignant la « sombre grandeur » de l'œuvre, et sa « faiblesse » : être construite sur l'ombre de l'homme d'Hiroshima, « seule patrie de l'homme ». En 1972, à France Culture, avouant par ailleurs sa difficulté à parler de Camus pour ne pas le trahir, il affirmait : « Avec Camus, il reste l'essentiel qui est la fraternité, davantage même la consanguinité. » Et en 1995, au Centre culturel algérien : « Camus est un écrivain algérien. »

Guy Basset

Bibl. : Naget Khadda, *Mohammed Dib, cette intempestive voix recluse*, Édisud, 2003

DIDASCALIES. – « J'ai écrit pour le théâtre parce que je jouais et je mettais en scène », confie Camus en 1958. Son écriture dramatique et particulièrement sa pratique didascalique ne se comprennent que dans ce trajet qui part de la matérialité du spectacle – expérience d'acteur, adaptations pour la scène et essais de créations collectives au sein du Théâtre du Travail et du Théâtre de l'Équipe – pour revenir à la scène par le biais de traductions-adaptations visant à rendre les textes propres à la profération, de mises en scène et de direction de festival. Entre ces deux bornes, Camus est dramaturge et ses pièces se ressentent de cette approche concrète : ses dialogues rappellent qu'il est acteur autant qu'écrivain ; ses didascalies montrent qu'il est un metteur en scène.

Malgré des variations conséquentes d'une pièce à l'autre, le nombre et le volume des didascalies dessinent le portrait d'un dramaturge directif. Camus a l'ambition de coucher par écrit une mise en scène suffisamment précise pour se suffire. Il est capable de toucher à tous les langages scéniques même si certains ne le retiennent guère : les costumes et surtout les physionomies, le maquillage et la coiffure sont rarement pris en charge par les didascalies. Le portrait physique de Caligula présent au seuil de la version de 1941 disparaît dans celle de 1944. Les costumes ne sont évoqués qu'exceptionnellement et lorsque c'est le cas – la Peste et la Secrétaire de *L'État de siège* ou bien Caligula déguisé en Vénus – il s'agit moins d'une description précise que d'une esquisse voire d'une définition générale dont il faut déduire sinon inventer les détails de forme et de couleur.

Dans les didascalies transparaît pourtant l'homme de théâtre qui ne se réclame que d'un seul maître : Jacques Copeau. Sauf pour les costumes, les langages scéniques privilégiés traduisent cette filiation revendiquée. Camus souhaite un environnement scénique dépouillé où la présence de quelques accessoires fortement investis symboliquement – le miroir de *Caligula*, l'icône des *Justes*, etc. – et le travail des lumières suffisent à créer une atmosphère dans laquelle le jeu des acteurs et le texte peuvent pleinement rayonner. Pour compléter l'éclairage, une place conséquente est réservée à l'environnement sonore – les codes de sonnette, la pluie, les cloches, la calèche, l'explosion (ainsi que l'absence d'explosion) dans *Les Justes* – voire musical dans *Caligula* et surtout *L'État de siège* dont le début tient du son et lumière cosmique sur fond de ville fortifiée. Camus est proche du fameux tréteau nu de Copeau lorsque, dès le premier *Caligula*, il s'oppose au décorativisme du péplum : « Tout est permis, sauf le genre "romain". » Ce dépouillement du lieu scénique se traduit dans des didascalies économes comprenant peu de détails et se contentant souvent d'une notation d'atmosphère comme dans *Le Malentendu* : « La salle commune de l'auberge. Elle est propre et claire. Tout y est net. » Mais Camus peut se montrer plus circonstancié notamment dans *L'État de siège* où il doit ouvrir un espace dramatique plus polymorphe et appelle un spectacle qui se veut total. Les didascalies de cette pièce sont les plus longues et les plus diversifiées sémiotiquement.

De façon générale, les didascalies sont adaptées à l'esthétique ou au ton général de l'œuvre. *Caligula* est la pièce qui en compte le plus grand nombre, ce qui lui confère un poids charnel certain et contribue à lui donner son léger aspect de drame romantique. *Les Justes*, au contraire, tend vers l'épure tragique : les didascalies sont moins nombreuses et moins étendues.

Le jeu de l'acteur est au centre de la dramaturgie camusienne : les déplacements, gestes, mimiques, indications paraverbales, notations psycho-émotionnelles constituent la part la plus importante des didascalies. Mais, si Camus semble en dire beaucoup, il en tait encore plus. Divers témoignages le décrivent comme un directeur d'acteurs hors pair, notamment grâce à son talent d'animateur et sa capacité à inspirer les comédiens. Dans un hommage resté inédit, il reprend la formule de Copeau : « Amorcer le sentiment chez l'acteur, non le dicter. » Ses didascalies paraissent du coup moins directives et semblent davantage l'indice d'une empathie à l'égard des comédiens. Il sait par expérience qu'on ne doit pas étouffer leur créativité mais que cette liberté réclame malgré tout une orientation salutaire. Son talent de directeur d'acteurs est donc moins une pratique de dramaturge-didascale que de metteur en scène consciencieux et clairvoyant : la didascalie n'est qu'un canevas que le travail concret du plateau doit nécessairement compléter.

Héritier direct ou indirect des metteurs en scène modernes du début de siècle – Copeau mais aussi Adolphe Appia et Edward Gordon Craig –, Camus est également proche de Jean-Louis Barrault dans son goût pour l'investissement chorégraphique de l'espace. Bien avant leur rencontre, il fait jouer les corps : les indications proxémiques et les jeux de regard abondent, notamment dans *Le Malentendu*. Les pantomimes – qu'elles soient détaillées ou, comme celle de l'agonie de Diego, laissées au talent de l'interprète – tiennent une large part des didascalies de *L'État de siège*. Enfin, avec *La Vie d'artiste*, Camus se fait auteur de mimodrame, pièce sans parole et seulement constituée d'une sorte de récit didascalique.

Bien qu'il soit un homme du métier, Camus refuse de donner dans l'hermétisme technique. Il sait l'importance d'une régie rigoureuse et centralisatrice, mais le plateau n'est pas la page : ni jargon théâtral ni excès de précision ne viennent encombrer les didascalies. Camus ne les écrit pas à l'intention d'un metteur en scène mais à celle de tout lecteur. Cet homme des planches sacrifie du reste volontiers au décorum éditorial du théâtre : il n'est certes pas un inconditionnel borné du théâtre à l'italienne – comme le prouve le décor de *Révolte dans les Asturies* qui « entoure et presse le spectateur » – mais respecte pratiquement tous les seuils didascaliques que l'on trouve traditionnellement dans le théâtre imprimé, y compris la mention du rideau en fin d'acte ou de pièce. Même dans son théâtre d'essai, il reste attaché à un cérémonial. S'il abandonne progressivement la séparation en scènes – la règle classique subissait toutefois quelques entorses –, il recourt toujours à des didascalies de structure en actes, parties voire tableaux à une époque où elles commencent à paraître désuètes.

Camus s'investit trop dans la fabrication du spectacle pour laisser place à une pratique didascalique plus littéraire. Tout en l'assouplissant, il reste fidèle au principe énoncé dès *Révolte dans les Asturies* : « Le théâtre ne s'écrit pas, ou c'est alors un pis-aller. »

Dans une interview de 1945, il précise : « Je crois que le théâtre doit être écrit, mais en évitant, naturellement, la littérature. » La même règle s'applique à la didascalie : elle est certes écrite – le style averbal voire télégraphique est utilisé avec parcimonie –, mais reste un texte fonctionnel où les suppléments stylistiques *ad usum lectoris* sont quasi nuls. Tout pour la scène mais sans excès dans la quantité : Camus est un régisseur fin qui sait aussi jouer de l'absence de didascalies, ce qui le sépare d'un Beckett chez qui tout est scrupuleusement régi. Ses indications scéniques sont d'un homme de théâtre complet et passionné qui toutefois cultive la modestie et la retenue autant que la rigueur. Il est directif, pas despotique : il sait ce que le plateau apporte et n'entend pas brider cette créativité. Il laisse aux gens de métier la marge de manœuvre nécessaire et préfère l'euphémisme à l'emphase : lors de la création de *L'État de siège* par Barrault, le personnage de la Peste était vêtu d'un uniforme nazi. Ultérieurement, lors de la publication, la didascalie permet à Camus d'atténuer cette particularisation légèrement réductrice : « Il porte une sorte d'uniforme avec une décoration. » Le metteur en scène de papier corrige, mais sans violence, le metteur en scène réel.

Benoît BARUT

DIEGO. – Héros de *L'État de siège*, Diego suit un trajet exemplaire. Prônant l'honneur et le courage, il semble surtout occupé, au début de la pièce, par l'amour de Victoria et la poursuite égoïste du bonheur. Mais, confronté aux ravages de la Peste, il fait l'expérience de la faillite de ses principes. Gagné par la peur et la honte d'avoir peur, il n'hésite pas à prendre un enfant innocent en otage. Tentant alors de fuir Cadix, il ne doit de rester qu'à l'intervention de la Secrétaire. Dans ce face à face du jeune homme et de la mort, la séduction, la répulsion et l'initiation se mêlent. Diego trouve en effet – comme un hasard mais poussé par la Secrétaire – la parade au fléau : ne plus avoir peur. Il se fait alors professeur de cette leçon de résistance. Par son nom dérivé de *didacus* (qui vient de *didaskein*) – ainsi que par le genre de l'*auto sacramental* dont se rapproche *L'État de siège* –, Diego est du côté du didactisme, de la pédagogie éthique : « Ni peur ni haine, c'est là notre victoire ! » Désormais porteur d'une cause, il « sais[it] enfin la vie comme destin » (*L'Homme révolté*) et incarne le *cogito* camusien : « Je me révolte, donc nous sommes. » Donnant sa vie pour sauver Cadix, Diego devient un héros hyperboliquement solidaire.

Selon Michel Autrand, Diego est un nom si courant et si transparent qu'on pourrait aussi bien dire l'Homme ; de même pour Victoria figurant la Femme. De fait, le couple héroïque est stéréotypé – elle est belle et il est fort – mais universel. Conséquemment, Diego semble pécher par manque de chair, si l'on peut dire, face aux personnages plus hauts en couleur que sont la Peste et Nada : son métier de médecin, par exemple, n'a guère de part dans l'action dramatique. On a donc pu analyser ce personnage trop allégorique comme une des raisons majeures de l'échec de la pièce. Il est pourtant le seul personnage principal à bénéficier, lors de son agonie, d'un aria pantomimique : on reconnaît là l'influence de Jean-Louis Barrault, metteur en scène de la pièce et créateur du rôle, dont les préoccupations corporelles sont à l'unisson de celles de Camus.

Diego reste néanmoins le lieu d'une contradiction entre l'idée que Camus philosophe se fait de l'homme et son sens du théâtre et du tragique. *L'État de siège* est une tentative de création collective et poursuit « ce rêve toujours recommencé de la mise en spectacle de la Ville et du personnage collectif » (Michel Autrand). Mais, bien plus que le roman, le théâtre – qui est, selon Camus, « une histoire de grandeur racontée par des corps » – a besoin d'individualités incarnées et le mythe (terme utilisé dans l'« Avertissement ») de héros. L'héroïsme de Diego ne peut donc être tout à fait celui des protagonistes de *La Peste*. Comme eux, Diego est certes un héros faillible, à hauteur d'homme, mais, au fil de la pièce, il se détache des habitants de Cadix et s'impose comme le porte-drapeau de la révolte. Au début de la troisième partie, il est pratiquement un démiurge qui inscrit scéniquement ses volontés quasi cosmiques et qui, tel un nouveau Prométhée, apporte aux hommes une « lumière éclatante » et le feu métaphorique du courage. Diego est unique parce qu'il se révolte, toutefois – l'inverse est également vrai – il se révolte parce qu'il est unique : « il a le don », constatent la Peste et sa Secrétaire. Son envergure tragique – son sacrifice est une sorte de Passion – le dispute à son héroïsme à mi-hauteur et sa dissolution dans la collectivité. Le héros solidaire camusien reste nécessairement solitaire d'un point de vue théâtral, « *un peu* audessus » du chœur des Gaditans.

Benoît BARUT

DIEU. – « Croyez-vous en Dieu, docteur ? » demande-t-on à Rieux. Il a cette réponse : « Non. Mais qu'est-ce que cela veut dire ? » Paradoxalement, si Camus se réclame de l'incroyance, il n'en finit pas de mettre à mort, de texte en texte, une certaine image divine, prolongeant la question de Dieu en la proclamant indéfiniment close.

Une nouvelle de *L'Envers et l'Endroit*, *L'Ironie*, présente Dieu comme le refuge des faibles et des mourants – une vieille femme, en l'occurrence, délaissée par les siens le temps d'une soirée. Mais c'est un asile dérisoire : que l'espoir de vie renaisse et la préoccupation religieuse ne serait « pas de force contre les intérêts de l'homme » ; elle n'offre pas pour autant un barrage solide à l'angoisse de mort et de solitude. Ce recours est même aliénant : Dieu apparaît comme le « mal dernier » auquel est livrée la vieille femme pieuse, l'ultime obstacle sur la voie du détachement.

Le jeune écrivain accomplit ici le mouvement même de la rébellion métaphysique qu'il thématisera dans *L'Homme révolté* : le révolté ne met pas nécessairement en doute l'existence de Dieu mais conteste son pouvoir, que seul rend effectif le consentement unanime des hommes ; par sa force de refus, il en proclame la déchéance.

L'image qui mobilise cette puissance de refus est celle d'un dieu tout-puissant, Créateur responsable d'un ordre du monde régi par la souffrance et la mort. Il est l'autre nom du destin, dans sa cruauté – « je me suis fait destin, dit Caligula. J'ai pris le visage bête et incompréhensible des dieux ». Mais, mieux que l'abstraction du destin, c'est l'idée d'un dieu personnel, celle qu'offre le judéo-christianisme, qui peut cristalliser la révolte. Plus encore que Prométhée, Caïn est l'ancêtre mythique des révoltés, car le Dieu jaloux de l'Ancien Testament est la figure la plus apte à mobiliser les énergies du refus. La rébellion métaphysique l'identifie, en fin de compte, au mal lui-même, au principe d'injustice actif dans le monde.

Camus en effet argumente longuement contre les théodicées, et contre leur tentative de concilier l'affirmation de la bonté de Dieu, celle de sa puissance, et le constat de l'existence du mal : il maintient pour sa part dans *L'Homme révolté* « le paradoxe d'un Dieu tout-puissant et malfaisant, ou bienfaisant et stérile ». À l'antinomie de l'omnipotence et de la bonté divines se conjugue celle de la grâce et de la liberté, dans une alternative que *Le Mythe de Sisyphe* résume ainsi : « ou nous ne sommes pas libres et Dieu tout-puissant est responsable du mal. Ou nous sommes libres et responsables, mais Dieu n'est pas tout-puissant ».

Le scandale du mal fait donc voler en éclats aux yeux de l'écrivain l'image même d'un dieu d'amour. Il fait siennes les accusations d'Ivan Karamazov, qui juge le Créateur au nom de la justice : comment accepter une condition qui fait peser sur les hommes, dès leur naissance, le joug d'une inéluctable condamnation à mort ? Comment accepter surtout une création qui laisse place à la souffrance des enfants ? Le héros dostoïevskien rejette un salut qui aurait pour prix l'acquiescement à cette injustice, et qui de surcroît isolerait les élus de l'humanité réprouvée. De façon plus lapidaire, Camus résume ainsi dans *L'Homme révolté* les griefs des révoltés contre Dieu : il est « le père de la mort et le suprême scandale ».

La foi ne lui paraît esquiver l'obstacle du mal qu'en étouffant les protestations de la raison, et en divinisant l'incompréhensible dans un *credo quia absurdum.* C'est ainsi que l'auteur du *Mythe de Sisyphe* interprète les réflexions de Kierkegaard, de Chestov, de Kafka : la croyance en une réalité surnaturelle tire argument de l'absurdité de la réalité présente ; mais la grandeur morale, l'évidence, la bonté, la cohérence sont du même coup refusées à l'écrasante divinité dont ce saut dans la foi dessine l'image.

Certes, Camus n'ignore pas la réponse donnée par le Christ au scandale du mal et de la mort, qu'il vient lui-même assumer, rapprochant ainsi des hommes un dieu dont il adoucit le visage. Mais faute de croire en la résurrection de Jésus, les révoltés l'annexent à leur propre cause : si le Christ est abandonné sur la croix, l'image du dieu cruel n'en est que renforcée.

La divinité camusienne est donc despotique, aussi étrangère à la bonté qu'ennemie de la liberté. « Qu'est-ce que l'homme ? » demande l'écrivain dans les *Lettres à un ami allemand.* La réponse met sur le même plan oppressions terrestres et oppression métaphysique : « Il est cette force qui finit toujours par balancer les tyrans et les dieux. » La liberté humaine paraît donc inversement proportionnelle à la puissance reconnue au Créateur, et elle se conquiert contre lui, au point que l'homme se fait lui-même Dieu en mettant à mort l'idée d'une puissance surnaturelle : « Devenir Dieu, c'est seulement être libre sur cette terre, ne pas servir un être immortel », affirme Camus dans *Le Mythe de Sisyphe.* En ce point de son œuvre, il exalte cette divinisation qui fonde la responsabilité de l'homme et lui ouvre la voie d'un plein accomplissement : « Si Dieu existe, tout dépend de lui et nous ne pouvons rien. S'il n'existe pas, tout dépend de nous. » Mais déjà, il perçoit la lourdeur de cette indépendance : si son bonheur se teinte de douleur, ce n'est pas seulement parce que s'évanouit avec le dieu rejeté le garant d'une vie dans l'au-delà et le foyer transcendant du sens de l'existence, mais aussi parce que la culpabilité qui lui était imputée dans l'existence du mal glisse désormais sur les épaules de l'homme. L'infinie liberté a pour revers le « pouvoir illimité de mal faire », qui ne peut plus être rejeté sur un actant surnaturel.

Or la réflexion va s'approfondir, dans *L'Homme révolté*, sur le péril de la divinisation de l'homme. Camus met au jour la propension de la révolte à engendrer de nouveaux avatars, sans cesse plus redoutables, du dieu qu'elle croit mettre à mort. La Révolution française, déjà, répudiant le dieu incarné qui prenait sur lui la douleur humaine et descendait dans l'histoire par le Christ, l'a renvoyé dans le ciel des principes : autrement dit, elle a érigé la raison en nouvelle divinité. Le marxisme, au terme d'un siècle de développement de la philosophie allemande, a pour sa part déifié l'histoire, avec les conséquences terrifiantes qu'en a tirées la logique totalitaire. Car ériger l'histoire en un tout autosuffisant, alors qu'elle est le lieu où se manifestent l'injustice, la fugacité, la mort, c'est toujours s'aliéner à une puissance qui écrase l'homme, et attendre son salut de messianismes illusoires, les vues humaines ne pouvant embrasser la totalité historique faute d'un point de vue extérieur au temps. Les Européens qui collaborent à l'instauration des totalitarismes ont oublié la justice quotidienne en vue d'un hypothétique terme de l'histoire censé justifier les dictatures : trahissant l'amour de la vie, s'en remettant à leur propre excellence et s'arrogeant le privilège divin de donner la mort, ils ne sont que des dieux aux « yeux crevés ». Le vrai révolté est appelé à la lucidité : l'homme serait Dieu s'il pouvait à lui seul métamorphoser sa condition selon ses exigences de clarté et de justice, sans les compromis auxquels le règne de la violence et les conditions de l'action le condamnent. Mais il lui revient de vivre dans le déchirement ces compromis, sans se dérober à leur nécessité, et sans pour autant s'arroger le pouvoir illimité de tuer : c'est, « pour être homme, refuser d'être dieu ». Le refus de Dieu manifesté dans *Le Mythe de Sisyphe* aboutit dans *L'Homme révolté* au refus de la divinisation. « Chacun dit à l'autre qu'il n'est pas Dieu, conclut Camus ; ici s'achève le romantisme. »

Le Créateur est donc rejeté, à maintes reprises, comme une hypothèse inacceptable, et renvoyé à l'inexistence. « La seule excuse de Dieu, c'est qu'il n'existe pas » tranche Camus (*L'Homme révolté*). Le docteur Rieux, dans *La Peste*, rejoint cette idée : « peut-être vaut-il mieux pour Dieu qu'on ne croie pas en lui et qu'on lutte de toutes ses forces contre la mort, sans lever les yeux vers ce ciel qui se tait ». L'idée d'une toute-puissante Providence pousserait le médecin à s'en remettre à elle au lieu de guérir ses malades ; et l'inefficacité de cette Providence, son implication dans le mal qui ravage la création le conduiraient à la maudire... Mais l'auteur pour sa part ne semble pas parvenir à travailler sans lever les yeux vers le ciel muet. Car le ciel donne à sa révolte un aliment dont elle ne semble pas pouvoir se passer, comme si, rival de la liberté humaine, le Créateur était par cela même son stimulant. Sans doute est-ce aussi parce que la question de Dieu est chez Camus intriquée à celle du mal, qu'elle reste aussi insurmontable. Nier Dieu, vu comme la source de l'injustice active dans le monde, c'est vouer l'homme à une culpabilité irrémissible – cette culpabilité qui distille dans *La*

Chute ses poisons. Si l'œuvre camusienne dénonce l'échec des théodicées, impuissantes à disculper le Créateur de toute responsabilité dans l'existence du mal, elle illustre aussi la difficulté de penser l'homme comme absolument responsable des fatalités qui l'écrasent, et que l'écrivain sans cesse hypostasie dans la personne d'un Dieu que la révolte inlassablement rejette.

Peut-être, enfin, le long débat poursuivi avec l'idée de Dieu doit-il être relié au sens du sacré qui anime Camus, dans l'expérience vive des solidarités humaines ou de la fusion avec le cosmos. Le problème du mal, note Paul Ricœur, oppose une aporie à la pensée spéculative, et l'action qui entreprend de diminuer son emprise sur le monde connaît ses limites ; mais trois voies s'ouvrent à la spiritualisation de la plainte : cesser de recouvrir, par les explications d'une logique rétributive, l'ignorance face au pourquoi de la souffrance ; protester contre l'idée de « permission » divine qui nourrit les théodicées ; dissocier enfin les raisons de croire en Dieu du besoin d'expliquer la souffrance. Camus emprunte certes les deux premières voies, pas la troisième : si parfois il relie à la présence des « dieux » les extases ressenties dans les splendeurs d'un paysage naturel, la formule semble simplement poétiser le sentiment d'infini, qui jamais n'est associé au visage d'un dieu personnel. Mais on comprend aisément l'intérêt éveillé par son œuvre chez les critiques chrétiens, et même les théologiens, provoqués à épurer les représentations de Dieu d'un théisme écrasant, qui invite les créatures à la soumission et au désengagement, et à aviver leur sens de la dimension sociologique et cosmologique de la condition d'homme.

Carole AUROY

• *Voir aussi* : Jésus-Christ ; Religion

Bibl. : Arnaud Corbic, *Camus et l'homme sans Dieu*, Le Cerf, coll. « La Nuit surveillée », 2007 • Joseph Hermet, *Albert Camus et le christianisme. L'espérance en procès*, Beauchesne, 1976 • Paolo Miccoli, *Il Problema del Male e dell' Ateismo in Albert Camus*, Alba, Edizione Paoline, 1971 • Aniello Montano, *Camus : un mistico senza Dio*, Padoue, Messaggero, 2003 • Jean Onimus, *Camus*, Desclée de Brouwer, 1965

DISCOURS DE SUÈDE. – Il est d'usage que le lauréat du prix Nobel de littérature publie son discours de réception. Camus n'y a pas manqué. Il lui adjoint le texte de la conférence prononcée quelques jours plus tard à l'université d'Uppsala. Le petit livre paru quelques semaines plus tard suscite peu d'échos en France, mais sa fortune a été grande à l'étranger où ses réflexions sur l'artiste dans l'histoire sont souvent citées. En 1970, Alexandre Soljenitsyne, quand il reçoit à son tour le prix Nobel, lui rend hommage dans son propre discours de réception que le régime soviétique lui interdit de prononcer à Stockholm.

Jeanyves GUÉRIN

• *Voir aussi* : Stockholm

Éd. : Gallimard, 1958 • *Essais*, Gallimard, coll. « Bibl. de la Pléiade », 1965 • Gallimard, coll. « Folio Essais », 1997 • *Œuvres complètes*, t. IV, Gallimard, coll. « Bibl. de la Pléiade », 2008, éd. par Raymond Gay-Crosier et Maurice Weyembergh

Trad. : en allemand, anglais, croate, espagnol, hébreu, hongrois, italien, japonais, polonais, portugais, russe, suédois, turc et ukrainien

DISSIDENTS. – C'est d'abord parce que Camus avait été, selon Czeslaw Milosz, un interlocuteur fraternel pour les exilés, qu'il est devenu après sa mort une référence pour ceux qu'on désignait par le mot « dissident ». Michel Heller, un exilé qui avait connu le camp, reconnaissant la difficulté d'en donner une définition, en avançait pourtant une, « claire et précise », avec humour, celle de *L'Abrégé du Dictionnaire politique* paru en URSS en 1978 :

« 1. Qui se sépare de l'église officielle et de sa doctrine (qui "pense autrement") ; 2. Terme employé par la propagande impérialiste, pour désigner quelques renégats, une poignée d'individus coupés de la société socialiste, qui se sont engagés sur la voie de l'activité antisoviétique, enfreignent la loi et, privés de soutien à l'intérieur du pays, s'adressent à l'étranger, aux services de renseignement et de propagande impérialistes. »

« Penser autrement », l'on sait toute l'attention que Camus portait aux exilés qui tous, « pensaient autrement ». Rien n'illustre mieux sa présence dans l'Histoire réelle que sa conduite lors des tragédies des années 1950 : l'insurrection ouvrière de Berlin-Est (juin 1953), l'émeute de Poznan (juin 1956) et l'insurrection hongroise (octobre 1956). Ses interventions passionnées avaient retenti dans le cœur des vaincus et expliquent l'intérêt qu'il suscitait. « L'image de Camus est très bonne en Pologne », disait Jerzy Kwiatkowski dans un colloque sur Camus (1985) ; « Peu d'auteurs ont un rayonnement égal au sien chez les intellectuels et dans la jeunesse. » En Tchécoslovaquie, en 1963, *La Peste*, *La Chute*, *Caligula* étaient traduits, des fragments de *L'Homme révolté* circulaient en samizdat, et parfois l'œuvre était lue dans le texte ; Ilios Yannakakis, alors tchèque puis exilé, rapporte que « lors du Printemps de Prague, les étudiants avaient *L'Étranger*, *La Chute*, *La Peste* sur leur "table de chevet" », « Comme si Camus [...] au moment où la Tchécoslovaquie allait basculer dans les ténèbres, était devenu l'écrivain que l'on emporte avec soi au bout de la nuit. »

Le discours tenu lors de la remise du prix Nobel de littérature, que Camus envoya à Boris Pasternak, circula en samizdat ; il y disait exactement ce que pensaient les dissidents ou futurs dissidents : la vérité et la liberté sont inséparables. Il rappelait que la noblesse du métier d'écrivain s'enracine dans deux engagements : le refus de mentir sur ce que l'on sait et la résistance à l'oppression. Soljenitsyne a trouvé dans le discours de Camus une réflexion juste sur le rôle de l'artiste et reconnu leur communauté de vue sur le mensonge. Pasternak, lors de la mort de Camus, écrivit à Jacqueline de Proyart : « C'est une perte extrêmement douloureuse pour moi, l'écroulement d'un des plus beaux espoirs. J'ai tant rêvé de pouvoir faire un jour sa connaissance à Paris » ; un an auparavant, il mettait Camus dans les esprits ayant « une grande affinité » avec lui.

Sur l'attitude des Soviétiques face à Camus, nous avons une source : Roger Quilliot, qui faisait partie en 1963 d'une délégation de la SFIO en URSS et était chargé de suivre les problèmes idéologiques et les problèmes de la jeunesse et de la culture. Il avait parlé de Camus à l'université : « Oui, de Camus, dont j'ai pu traiter librement devant des universitaires et des étudiants avertis. La discussion prit de l'ampleur, toujours courtoise et, somme toute, sans grave désaccord. » Quelques lignes plus loin, il signalait : « les étudiants étudient des auteurs non encore traduits. J'ai vu des diplômes consacrés à *L'Étranger* et *La Peste* (dont la publication est annoncée de nouveau) » ; il assurait que Saint-Exupéry, Jean Giraudoux et Albert Camus venaient « élargir l'horizon "humaniste" ». Dans le terme « humanisme », écrivait-il, « l'individu y prend discrètement place » et il continuait : « On se félicite de la solidarité d'un Camus, on s'inquiète de sa solitude ; mais le mot n'effraie plus ; et je n'ai point senti mon auditoire scandalisé quand je rappelai cette formule de Camus : "on vit ensemble, mais on meurt seul". » Camus n'était pas (encore) traduit en 1962 en URSS, on l'étudiait, et on pouvait en parler « librement ».

La Pologne, la Tchécoslovaquie avaient traduit une partie de l'œuvre de Camus au début des années 1960, la Hongrie également ; nous savons, d'après André Wurmser, que, à la fin de 1963, la publication de *La Peste* en Hongrie avait paru inévitable, « d'autant qu'il est impossible d'éviter que soit connue l'existence » du livre : il faut, commentait-il, que la jeunesse socialiste connaisse Camus, « pour qu'elle condamne d'elle-même », mais il prévenait que la traduction serait précédée d'un avertissement qui attirerait l'attention de la jeunesse sur le sens réel du livre. En accumulant les interdictions, les prudences, les excommunications, les lectures dirigées, le pouvoir en URSS et dans les démocraties populaires engendra le samizdat. Lors d'un colloque tenu à Paris en 1976 sur l'Octobre polonais et l'insurrection hongroise, Natalya Gorbanevskaya se souvenait qu'au début des années 1960, elle n'avait affaire au samizdat qu'en tant que lecteur et qu'elle avait lu alors Evguenia Guinzbourg, (*Le Vertige*), Ernest Hemingway (*Pour qui sonne le glas*), Vladimir Maximov, quelques-uns des récits de Varlam Chalamov et *La Peste.*

Beaucoup de textes de « dissidents » russes montrent qu'ils lisaient, interrogeaient l'œuvre de Camus : le « Séminaire chrétien », par exemple, créé en 1974 à Moscou et Leningrad, étudie les penseurs russes mais aussi Kant, ou Camus – et Sartre –. Camus peut être cité par des prisonniers des camps, indiquant par là la familiarité avec sa pensée. Le Dr Semion Glouzman avait été condamné en octobre 1972 à sept ans de travaux forcés pour « agitation antisoviétique » : il avait rédigé un rapport contradictoire sur l'internement psychiatrique du général Grigorenko. Dans un camp de l'Oural, il fit passer des lettres à l'extérieur. *Les Cahiers du Samizdat*, édités en Belgique, traduisirent plusieurs fois de telles lettres. Dans une lettre qui fut publiée en avril 1977, le Dr Glouzman lançait un appel à l'opinion mondiale pour un paysan letton condamné en 1968 à quinze ans de camp et racontait en détail la vie tragique de ce paysan. Il expliquait à une correspondante inconnue et lointaine ce qu'il avait découvert dans le camp : « en enfer, j'ai rencontré des Sisyphes, roulant sans cesse vers le sommet leurs lourds rochers. Sages et fermes, comme chez Albert Camus ». Et d'évoquer Camus à deux autres reprises. Dans ce texte qui raconte la résistance des Lettons à l'occupation soviétique, un seul écrivain est donc cité, Camus, et à trois reprises, donnant à sentir ce que celui-ci pouvait représenter pour ce jeune médecin, déporté depuis plusieurs années, écrivant qu'il ne savait pas grand-chose auparavant. Glouzman nous montre que Camus était à la fois un écrivain apprécié et un homme aimé, respecté, parce qu'on l'avait senti fraternel à travers ses interventions publiques et privées. Comme l'avait compris Milosz : « Je découvre maintenant ce qui permettait à Camus écrivain de relever le défi de l'époque des fours crématoires et des camps de concentration : il avait le courage de dire des choses élémentaires. » Les dissidents étaient en plein accord avec ce que Camus avait dit : « Les tyrannies d'aujourd'hui se sont perfectionnées : elles n'admettent plus le silence, ni la neutralité. Il faut se prononcer, être pour ou contre. Bon, dans ce cas, je suis contre. » Ce qui était la conduite « ordinaire » des dissidents. Jeannine VERDÈS-LEROUX

Bibl. : Lettre du Docteur Glouzman, *Les Cahiers du Samizdat*, avril 1977 • Natalya Gorbanevskaya, « Le Samizdat, école de liberté », *Est et Ouest*, 16-30 novembre 1976 • Jerzy Kwiatkowski, « Camus en Pologne », dans Jeanyves Guérin (dir.), *Camus et la politique*, Actes du colloque de Paris X-Nanterre (5-7 juin 1985), L'Harmattan, 1986 • Boris Pasternak, *Lettres à mes amies françaises (1956-1960)*, Gallimard, 1994 • Roger Quilliot, « Culture et idéologie », *La Revue socialiste*, n° 169, janvier 1964 • Ilios Yannakakis, « Camus et la Tchécoslovaquie », dans Jeanyves Guérin (dir.), *Camus et la politique*, *op. cit.*

DOBRENN, Marguerite (née en 1912). – Marguerite Dobrenn est oranaise d'origine, comme Jeanne Sicard dont elle fait la connaissance pendant le lycée et avec qui elle reste toute sa vie très liée. Pour faire des études universitaires d'histoire à Alger, elle s'installe à la rentrée universitaire 1933 au foyer d'inspiration catholique du boulevard Saint-Saëns où son amie ne la rejoint qu'en janvier 1935. Elle adhère au parti communiste dans la mouvance de Camus et est très active dans les différentes instances qu'il contrôle : elle est ainsi secrétaire d'un cercle d'études sociales, prend en charge le bureau des conférences à la maison de la Culture, où elle donne une conférence sur les saint-simoniens, et joue dans le cadre du Théâtre du Travail dans l'adaptation du *Temps du mépris* de Malraux, en lançant une réplique très politique depuis la salle : « Vladimir Ilitch [Lénine] a profondément aimé le peuple. » Si elle est la confidente épistolaire, avec Jeanne Sicard, de la décision prise par Camus de se séparer de son épouse Simone Hié, lors du voyage en Europe de l'Est au cours de l'été 1936, c'est par elle et par Liliane Choucroun, autre amie oranaise, que Francine Faure fait la connaissance de l'écrivain, qui l'épouse en 1940. En septembre 1937, elle effectue encore un voyage en Italie (Florence et Pise notamment) en compagnie de Jeanne Sicard et d'Albert Camus.

Commençant à travailler à la fin de la guerre, à Alger, pour le commissariat aux Colonies, elle achève sa carrière comme administratrice au ministère des Finances. Elle a établi et annoté la correspondance entre Jean Grenier et Albert Camus (Gallimard, 1981). Précise et discrète, restée en contact avec Camus jusqu'à la fin de sa vie, elle a fourni de nombreux renseignements et témoignages à ses biographes sans publier elle-même ses souvenirs. Guy BASSET

DON JUAN. – Sa vie durant, Camus s'est intéressé à Don Juan. Il monte *L'Invité de pierre* de Pouchkine à Alger dès 1937 (il tenait le rôle de Don Juan). Plus tard, il envisage d'écrire une mise en scène de la pièce de Molière. Dans *Le Mythe de Sisyphe*, le séducteur est l'une des figures de « L'Homme absurde » – le texte qui lui y est consacré s'intitule « Le Don Juanisme ». Face à la mort, il multiplie les scènes de séduction et prône une morale de la quantité. Ne nourrissant aucun espoir quant à l'au-delà, il n'est ni triste, ni égoïste, ni impitoyable ; il se contente de multiplier et d'« épuiser ses chances de vie ». C'est un héros tragique, car il assume sa lucidité d'homme absurde face à l'épaisseur et à l'étrangeté du monde. Il se veut libre « de vivre plus » en répétant inlassablement les scènes de séduction avec des femmes toujours différentes. Il trouve son bonheur dans la quantité inépuisable d'instants de plaisirs sans lendemain qui le confortent dans sa révolte face au monde.

Avant de mourir, Camus commence de traduire le *Burlador de Sevilla y convidado de piedra « Don Juan »* (*L'Abuseur de Séville et l'invité de pierre : Don Juan*) de Tirso de Molina (1583-1648). Il nourrissait déjà le projet de fusionner les deux figures de Don Juan et de Faust en une seule : Don Faust. En décembre 1938, il écrit dans les *Carnets* I : « Le Faust à l'envers. L'homme jeune demande au diable les biens de ce monde. » Son personnage ne croit qu'au « courage, à l'intelligence et aux femmes », c'est pour cela que le Commandeur de pierre, « cette froide statue mise en branle pour punir le sang et le courage qui ont osé penser », ne peut venir au rendez-vous. Le héros s'en attriste mais avoue qu'on « ne peut le même jour avoir raison et être heureux ».

Viril mais tendre et généreux plutôt qu'amoureux et charitable, le héros de Camus confirme sa fidélité à la philosophie de l'absurde : « vivre le plus » ici et maintenant face à ceux qui souhaitent sa damnation. Les notes des *Carnets* prennent régulièrement de la consistance et finissent par s'apparenter à des scènes. Dans le « Petit acte sur le séducteur » (*Carnets* III, 1951), Don Juan échange quelques répliques avec Anna. L'auteur lui accorde la spiritualité : « Je ne séduis pas, je cède. » Il initie Anna à la vie et au bonheur sans lendemain. « Est-ce donc cela l'amour, ce que je sens monter en moi, demande-t-elle ? — C'est sans doute cela. Mais écartez doucement tout le reste autour de cette plante fragile. »

Dès le printemps 1954, le projet de fusion s'affirme. Le titre de la pièce envisagée est d'abord *Don Juan Faust.* Sincère et digne jusqu'au bout, le personnage refuse le soutien de la religion mais n'ignore pas le stratagème des moines franciscains qui veulent le tuer et faire croire que la statue du Commandeur l'a foudroyé. Camus précise : « Don Juan, c'est Faust sans le pacte ». Et d'ajouter : « Pacte avec le diable mais sans le diable. » Le personnage, et Camus le souligne, est « [*s*]*olitaire avec tous* », sa générosité n'a d'égale que l'ingratitude de ceux qu'il a aidés. En effet, lorsqu'il leur demande de témoigner « *[t]ous se taisent* ».

Le titre définitif est fixé (hiver 1954-1955) : *Don Faust.* Faust doit alors devenir Don Faust, c'est-à-dire également Don Juan, homme absurde. Il demande au diable la connaissance et les biens de ce monde : il veut « tout connaître et tout avoir ». Le diable lui répond : « "Je te donnerai donc la séduction" [...]. Et Faust devient Don Juan ». Sa transformation est annoncée « par un grand rire d'homme en coulisse ».

Pour son héros, Camus envisage l'éventualité d'un chemin de Damas, bouleversant ainsi la conception commune du libertinage. « L'athée moraliste trouve la foi » : au bout du parcours, le rachat ? Don Faust serait-il tenté par le saut que Kierkegaard a fait, contrairement à son propre séducteur (voir son *Journal du séducteur*, Gallimard, 1989 [éd. originale en danois, 1843]) ? De fait, il accepte malicieusement de se convertir si Leporello lui trouve « une fille chaste ». Mais il est surtout tenté d'inviter la statue du Commandeur.

« LEPORELLO : [...] Cette statue, vous pouvez l'inviter, vous ne la verrez pas venir.

« DON FAUST : En es-tu sûr ? Invite-la.

« Leporello y va.

« DON FAUST : Non (il hésite). Oui » (*Carnets* III, 1956).

Don Faust hésite parce qu'il n'est qu'un homme mais un homme qui a choisi de « jouir et de connaître » jusqu'à « désirer l'Enfer » et accepter de devenir lui-même « le convive de pierre ». La dernière leçon à retenir de l'œuvre en gestation est sans doute révélée par la dernière scène envisagée dans laquelle le héros choisit de ne croire qu'en l'homme.

Chez Camus, Don Juan n'est pas un modèle mais un exemple d'art de vivre. Il ne se fixe jamais, car son existence relève d'une conduite instauratrice fluctuant selon la puissance son désir de séduire qui multiplie à son tour ses chances de vie. Homme d'esprit dans tous les sens du terme, il n'est ni tout à fait païen, ni tout à fait démoniaque. C'est là son drame. Sa morale, qu'il tire de la confrontation avec l'absurde, limite la spontanéité de sa puissance de vie.

En se transformant en Don Faust, le personnage s'enrichit du mythe de la connaissance. Cela lui évite d'être précipité malgré lui aux Enfers par le diable. Après « le délai » qu'il a obtenu, il accepte généreusement de payer la dette qu'il a contractée lors du pacte. Sa fin n'est donc pas un châtiment mais un choix de vie assumé jusqu'au bout. La spontanéité de Don Juan et la conduite réfléchie de Faust finissent par conférer à la jouissance immédiate une qualité nouvelle. Séduire les femmes ne suffit plus ; à défaut de trouver la certitude dans le savoir, Don Faust se propose de la trouver dans l'amour.

Avant de mourir, Camus était sur le point de donner naissance à un mythe inédit qui aurait renouvelé l'image du Don Juan traditionnel à la lumière d'un Faust original. Après l'absurde et la révolte, *Don Faust* (tragédie) et *Le Premier Homme* (roman), devaient sans doute constituer avec un essai le troisième volet de la création camusienne, autour de l'amour.

Mohamed-Kameleddine HAOUET

Bibl. : Monique Crochet, *Les Mythes dans l'œuvre de Camus*, Éditions universitaires, 1973 • Raymond Gay-Crosier, « Camus et le donjuanisme », *The French Review*, XL, mai 1967, p. 818-830 • Mohamed K. E. Haouet, « Camus Albert (1913-1960) », dans Pierre Brunel (dir.), *Dictionnaire de Don Juan*, Robert Laffont, 1999 • Laurence Viglieno, « Le mythe de Don Juan dans l'œuvre d'Albert Camus », dans *Albert Camus et l'Espagne*, Édisud, 2005, p. 111-129

DON QUICHOTTE. – Publié pour la première fois en 1605, le livre écrit par Miguel de Cervantès (1547-1616), sur les aventures de *L'Ingénieux Hidalgo Don Quichotte de la Manche*, marqua un tournant dans la production littéraire occidentale. Malgré son caractère universel, Ortega y Gasset propose de considérer ce roman comme un représentant de la réalité espagnole pour trois raisons : d'abord, parce que l'Espagne est problématique, ensuite parce qu'elle est contradictoire, et finalement parce que Don Quichotte et son écuyer Sancho Pança sont dotés de ces caractéristiques. Pourtant, en voulant retrouver la vérité romanesque dans la réalité qui l'entoure, Don Quichotte entraîne tous ses lecteurs dans un monde de fiction où ils projettent des désirs et des angoisses.

Camus écrit dans *L'Homme révolté* : « Tous les grands réformateurs essaient de bâtir dans l'histoire ce que Shakespeare, Cervantès, Molière, Tolstoï, ont su créer : un monde toujours prêt à assouvir la faim de liberté et de dignité qui est au cœur de chaque homme. » Il évoque Don Quichotte à deux reprises : dans *Le Mythe de Sisyphe* et lors de la célébration des trois cent cinquante ans de la première publication du roman avec un texte intitulé « L'Espagne et le donquichottisme ». Comme le remarquait Jacqueline Lévi-Valensi, « Au seuil du *Mythe de Sisyphe*, Camus dresse deux sentinelles, [...], d'un côté La Palisse, vêtu de l'armure de l'évidence ; de l'autre, Don Quichotte, muni de l'épée ou de la flèche du lyrisme. La réflexion, et donc le texte, ont à passer entre ces gardiens opposés et complémentaires. » Don Quichotte devient en l'occurrence une « méthode de penser » qui suit ses idéaux.

« L'Espagne et le donquichottisme » correspond à l'allocution que prononça Camus le 23 octobre 1955 pour commémorer, aux côtés d'autres personnalités, le trois cent cinquantième anniversaire de *L'Ingénieux Hidalgo* de Cervantès. Cet article est paru simultanément en français dans *Le Monde libertaire* et *L'Express* (où Camus était alors éditorialiste) et en espagnol dans *Solidaridad Obrera*. Camus y relève d'abord « la folie de l'honneur » comme trait identificateur du caractère espagnol, et constate que cette folie est bien celle qui est mise en évidence par les aventures de Don Quichotte. Parallèlement, voulant rappeler le sort des républicains espagnols persécutés par Franco, Camus le présente comme un saint laïc et littéraire : « Don Quichotte, patron des persécuté et des humiliés, lui-même persécuté au royaume des marchands et des polices. Ceux qui, comme moi, [...] n'ont point d'autre religion, savent d'ailleurs qu'elle est une espérance en même temps qu'une certitude ».

Un troisième document, exhumé à l'occasion de l'exposition « Albert Camus & Don Quijote », en 2005, à Aix-en-Provence, offre une définition claire de ce que le personnage est pour Camus : « Un refus qui est le contraire d'un renoncement, un honneur qui plie le genou devant l'humilié, une charité qui prend les armes, voilà Don Quichotte... » Ainsi, Don Quichotte apparaît bien comme un « homme révolté ». Il « dit non. Mais s'il refuse, il ne renonce pas » (*L'Homme révolté*). Il est d'ailleurs un des premiers héros qui se révolte contre l'absurde : son combat contre les moulins à vent est aussi illusoire que « l'appel humain [contre] le silence déraisonnable du monde » (*Le Mythe de Sisyphe*).

Camus dit reprendre volontiers la lecture de *Don Quichotte*. Il connaissait d'ailleurs bien aussi les autres écrits de Cervantès puisque déjà en 1937, avec le Théâtre de l'Équipe, il inscrit à leur programme le théâtre espagnol dont deux pièces de Cervantès : *Numance* et *La Comédie des bagnes d'Alger*. Dans son étude, Marcelle Mahasela souligne la « communauté de pensée » entre Camus et Cervantès : le même goût pour le théâtre, la même défense des valeurs humaines, les mêmes références géographiques. Par exemple, Cervantès fait dire à Don Quichotte : « Ce que nous allons faire ? répondit Don Quichotte. Apporter aide et secours aux faibles et aux opprimés. » Camus, de son côté, a toujours donné la parole aux faibles et aux opprimés notamment en tant que journaliste à *Alger républicain* puis à *Combat*. Mais n'est-ce pas aussi ce que fait Rieux dans *La Peste* ? Se réapproprier le monde, chacun à sa manière, voilà la quête poursuivie par tous ces soi-disant rêveurs que sont les continuateurs et les héritiers de Don Quichotte.

Hélène RUFAT

Bibl. : Marcelle Mahasela, « Albert Camus et Don Quichotte », *Revue des Lettres modernes*, série Albert Camus, 21, 2007, p. 93-110

DORA. – La Dora des *Justes* rappelle ces femmes révolutionnaires russes, Véra Zassoulitch, Sofia Perovskaïa, Véra Figner, Maria Kolioujnaïa, que Camus évoque dans ses notes. Parmi les militantes de « l'Organisation de combat », il découvrit dans les *Souvenirs d'un terroriste* de Boris Savinkov les figures de Dora Brilliant, Tatiana Léontieva et Maria Benevskaïa. C'est surtout la première, Dora Vladimirovna Brilliant, qui servit de prototype à Dora

Doulebov. Née en 1880 dans une famille de commerçants juifs, elle entra au parti socialiste-révolutionnaire en 1902 et prit une part active aux attentats contre le ministre de l'Intérieur Plehve et le grand-duc Serge, pour lesquels elle était chargée des explosifs. Arrêtée, elle sombra dans la folie et, en 1907, mourut en prison. « L'Organisation de combat, écrit Savinkov, perdit en elle l'une des plus grandes figures féminines du terrorisme. »

« Il lui était plus facile de mourir que de tuer, remarque encore Savinkov ; et, malgré cela, elle ne cessait de demander qu'on lui donnât une bombe, qu'on lui permît d'être du nombre des lanceurs ; le mot de cette énigme se trouvait, à mon avis, en ceci que Dora ne pouvait pas se séparer des camarades… ». Dans « Les meurtriers délicats », Camus, paraphrasant Savinkov, écrit : « Pour Dora Brilliant, les questions de programme ne comptaient pas. L'action terroriste s'embellissait tout d'abord du sacrifice que lui faisait le terroriste. »

Dans *Les Justes*, Camus a imaginé une histoire d'amour entre Kaliayev et Dora. Il n'en fut rien en réalité : le style de vie ascétique qui prévalait au sein de l'Organisation excluait tout amour « égoïste » entre les « frères » et les « sœurs ». L'auteur introduit les éléments refoulés que l'on pouvait deviner dans la vie du Kaliayev historique : l'amour impossible pour une femme, qui crée une tension dramatique ne trouvant son achèvement que dans la mort. D'emblée, l'épigraphe shakespearienne de *Roméo et Juliette* annonce le destin tragique des personnages. Dora est venue à la terreur par l'amour du peuple, « un vaste amour sans appui », mais elle aspire aussi à un amour sans entrave, fait de passion charnelle et de tendresse. Entraînée dans le même combat, Dora aime en Kaliayev sa *différence* de poète et elle aide les autres membres du groupe à se définir. Âme souffrante de l'Organisation, elle guide Yanek dans l'accomplissement de sa tâche en femme à la fois amoureuse et clairvoyante. Elle crie aussi sa frustration car le malheur du peuple leur interdit le simple bonheur humain. Elle seule finira par dire ses doutes quant à la justesse du choix terroriste (« Si la seule solution est la mort, nous ne sommes pas sur la bonne voie ») et maintenir ainsi, dans une détresse momentanée, la confrontation dostoïevskienne entre *pro* et *contra*, le conflit tragique entre l'amour de la vie dans toute sa plénitude et la justice dans la vie sociale. En porte-parole du dramaturge, elle exprime le mieux la tragédie d'amour que vivent les « Justes ». C'est aussi elle qui, dans la révolte, affirme la valeur de la mesure : « Même dans la destruction, il y a un ordre, il y a des limites. »

Avec Kaliayev, Marie et Céleste de *L'Étranger*, Dora est un personnage particulièrement cher à Camus. À la scène, le rôle fut brillamment interprété par Maria Casarès, puis Danièle Delorme.

Eugène Kouchkine

DOSTOÏEVSKI, Fedor Mikhaïlovitch (1821-1881). – À une époque où la pensée de Mikhaïl Bakhtine n'était pas encore connue en Europe occidentale, toute l'œuvre de Camus peut être conçue comme un « dialogue », implicite ou explicite, avec celle de Dostoïevski. « J'ai rencontré cette œuvre à vingt ans et l'ébranlement que j'en ai reçu dure encore, après vingt autres années », écrit-il en 1955 dans un court essai publié un peu plus tard (« Pour Dostoïevski », automne-hiver 1957-1958). Ne peut-on dire plutôt que la rencontre s'est faite seulement avec une partie de cette œuvre ? Principalement *Les Frères Karamazov* (1879-1880), le dernier des cinq grands romans, et surtout *Les Démons* (1871), ou plutôt *Les Possédés*, selon la traduction de Boris de Schloezer. « Je mets *Les Possédés* à côté de trois ou quatre grandes œuvres, telles l'*Odyssée*, *La Guerre et la Paix*, *Don Quichotte* et le théâtre de Shakespeare, qui couronnent l'énorme entassement des créations de l'esprit », dit encore Camus. Ainsi que le montre *Le Mythe de Sisyphe*, les « *Karamazov* répondent aux *Possédés* », comme chez Kafka *Le Château* répond au *Procès*. Les autres romans, *Crime et châtiment* (1886), dont le héros, Raskolnikov, est mentionné dans *L'Homme révolté* – son adversaire, Svidrigaïlov, l'est dans le Cahier VIII des *Carnets* – et que Camus a relu dans l'été de 1957 (comme l'attestent une entrée du Cahier VIII et une lettre à Catherine Sellers), et *L'Adolescent* (1875) sont beaucoup moins cités. *L'Idiot* (1868), très curieusement, est presque laissé de côté. Par ailleurs, le nouvelliste semble avoir peu attiré Camus, le journaliste et éditeur de revues encore moins, même si le retentissement du discours sur Pouchkine, prononcé en 1880, peu avant la mort de Dostoïevski, trouve un écho dans le Cahier VII. Ce n'est pas la relation entre la vie et l'œuvre qui intéresse d'abord Camus : il ne s'attarde pas sur la longue période du bagne et de la relégation et, s'il lui arrive d'évoquer les circonstances atroces de la mort du père de l'écrivain, assassiné par ses serfs en 1843 (Cahier VII), il garde le silence sur l'expérience traumatisante du joueur, qui a pourtant tenu Dostoïevski sous son emprise de 1867 à 1871 et attiré plus tard l'attention de Freud, en relation avec le fantasme du parricide chez l'écrivain.

Camus a donné lui-même les deux raisons déterminantes de son attachement à Dostoïevski. Il a d'abord trouvé chez lui une série de « révélations » sur la nature humaine, d'ordinaire délibérément méconnues (« il nous apprend non seulement ce que nous savons, mais ce que nous refusons de reconnaître »), des révélations conquises sur la « souffrance personnelle » de l'écrivain, comme on le voit notamment dans les scènes d'humiliation, et portées par une « espérance tragique » de guérison. En second lieu, l'expérience qu'articulent les romans chers à Camus n'est pas seulement individuelle mais liée à une situation historique, elle dévoile une véritable crise de civilisation : « Thèse de Dostoïevski : Les mêmes chemins qui mènent l'individu au crime mènent la société à la révolution » (Cahier VII, 1954) ; « Pour moi, Dostoïevski est d'abord l'écrivain qui, bien avant Nietzsche, a su discerner le nihilisme contemporain, le définir, prédire ses suites monstrueuses, et tenter d'indiquer les voies du salut » (1955). Voilà sans doute pourquoi Camus n'entre pas dans les détails de la biographie : la participation de l'écrivain russe à la société secrète de Petrachevski, son arrestation, sa condamnation à la peine capitale, la grâce inattendue qu'on lui a accordée au pied de la potence et, plus tard, l'intérêt du romancier pour les conspirations politiques et les mentalités qu'elles démasquent sont d'abord, comme le montrent les notes prises dans ses *Carnets* (Cahier V), un épisode du long chapitre de l'histoire russe marquée par la lutte du populisme puis du nihilisme contre l'autocratie – et, à l'intérieur de cette lutte, par l'affrontement souterrain de la révolte et du nihilisme. Toutefois, le théâtre de ce dernier antagonisme, à son tour, ne se réduit pas à la Russie du

XIXe siècle, il intéresse tout l'Occident jusqu'au milieu du siècle suivant : et les espoirs que Dostoïevski fondait, selon Camus, sur l'humilité, le renoncement et la recherche d'un salut « étendu à tous », mais qui n'oublie pas « la souffrance d'un seul », ressemblent souvent, sinon à des attentes religieuses, du moins aux spéculations d'un idéologue religieux.

De ce point de vue, il n'est pas étonnant de constater que, détachés de l'action romanesque proprement dite, les personnages de Dostoïevski élus par Camus, qu'ils soient des héros ou des comparses, personnifient souvent, au moins du *Mythe de Sisyphe* à *L'Homme révolté*, des prises de positions idéologiques, ou des gestes, des attitudes, des comportements révélateurs et annonciateurs du nihilisme naissant : c'est le cas de deux figures littéralement envoûtantes pour Camus, les deux premières à entrer dans ses *Carnets* en 1938, Ivan Karamazov, personnification du « refus du salut » (*L'Homme révolté*), et, plus encore, dans *Les Possédés*, Alexis Kirilov, qui dans son désir d'absolu se tue pour ôter aux hommes la peur de la mort et la crainte de Dieu qui en procède ; on pense aussi à d'autres personnages des *Possédés*, Stépan Trophimovitch, le vieil idéaliste sentencieux dans lequel Camus trouve un repoussoir : la « lamentation humaniste » (*Discours de Suède*), ou Chigalev, prédicateur d'une révolution en Russie qui entend assurer à un petit nombre d'hommes un pouvoir sans partage sur la masse de la population. À travers lui, un fil invisible relie les terroristes, « cannibales » et « vandales », de la Révolution française aux agents de la Terreur d'État, irrationnelle ou rationnelle, qui ont sévi à partir des années 1920 (*L'Homme révolté*).

Pour autant, Camus n'est pas emprisonné dans une admiration inconditionnelle pour l'auteur des *Possédés*. Il note par exemple que d'autres écrivains, André Malraux et Roger Martin du Gard, ont su évoquer l'humiliation sans employer les moyens « frénétiques ou grinçants » de Dostoïevski. Il contribue aussi à pérenniser, au détriment de celui-ci, un parallèle illustre en écrivant que « Dostoïevski cherche d'abord le mouvement, Tolstoï la forme », et en estimant qu'entre l'héroïne de *Guerre et Paix* et celles des *Possédés* « il y a la même différence qu'entre un personnage cinématographique et un héros de théâtre : plus d'animation et moins de chair ». Aurait-il persisté dans cette affirmation s'il s'était intéressé à Nastasia Filipovna dans *L'Idiot* ? Ces héroïnes renvoient à une donnée plus générale : les personnages de Dostoïevski ne sont parfois que « des ombres passionnées ou inspirées », porteuses du « commentaire gesticulant d'une réflexion sur la destinée ». Et si Camus ne s'intéresse guère à Dostoïevski publiciste, c'est qu'il craint de voir le journaliste l'emporter plus d'une fois sur l'écrivain, comme c'est le cas chez François Mauriac en France (qu'il a appelé un jour « Dostoïevski de la Gironde »). Ces limites de l'auteur, ajoutées au fait que ses successeurs entrent difficilement dans ses évocations du péché et de la sainteté, rendent très ambivalente, aux yeux de Camus, la réception créatrice de l'écrivain, surtout chez les auteurs français contemporains. Dostoïevski exerce sur eux une influence indéniable, mais, combinée à celle de Kafka, elle aussi édulcorée, et à la vogue d'une écriture « américanisée », mais toute en surface, cette influence revient très en deçà de la portée véritable que son œuvre méritait d'avoir : réduit à « un théâtre d'ombres », son univers de romancier n'a pour héritage qu'« une littérature excitante et décevante ».

Contre ce « théâtre d'ombres », Camus va recourir dans ses dernières années au théâtre véritable, comme il le conçoit, en adaptant *Les Possédés* pour la scène. Il renoue ainsi avec le temps des commencements, celui où, à Alger en 1938, le Théâtre de l'Équipe montait *Les Frères Karamazov*, adaptés par Copeau et où il tenait le rôle d'Ivan. En 1958-1959, Camus n'est plus comédien mais adaptateur et metteur en scène ; nul doute cependant qu'il ne soit personnellement très impliqué dans cette réécriture, dans la mesure où elle prolonge et intensifie son intérêt pour l'écrivain russe, mais enregistre aussi sa prise de distance (et peut-être sa prise de congé) avec sa façon antérieure de le lire – en quelque sorte, Camus restitue Dostoïevski à la littérature et à son indétermination. Certes, le conflit de l'esprit de révolte et du nihilisme est toujours là et les pantins de l'idéologie, Pierre Verkhovensky, Kirilov, Chigalev, annonciateurs de temps terribles, défilent une fois encore. Cependant l'adaptation et la mise en dialogue ont conduit Camus à souligner le sens de l'action propre à Dostoïevski (critiqué par Nabokov, mais admiré par Soljenitsyne) et, au lieu d'enfermer chaque discours dans ses propres énoncés, à y faire vibrer intensément « les accents de l'autre » (Bakhtine). Du même coup, au lieu de dérouler des programmes ou de personnifier des idées, les personnages vont d'eux-mêmes, ou sont poussés, « jusqu'à l'extrémité de leur passion » comme le disait déjà *L'Homme révolté* ; Stavroguine et Kirilov font partie de ces « bouleversants héros » dont la liste comprend aussi Mme Graslin (chez Balzac), Julien Sorel ou le prince de Clèves et d'autres héros de Dostoïevski, comme Dmitri Karamazov, qui attire Camus par son amour extrême de la vie. « Et si *Les Possédés* sont un livre prophétique, lit-on dans le programme de la représentation, ce n'est pas seulement qu'ils annoncent notre nihilisme, c'est qu'ils mettent en scène des âmes déchirées ou mortes. » Enfin, en mettant au milieu de l'action la confession du prince Stavroguine et en confiant à Roger Blin le rôle impressionnant de son interlocuteur presque muet et pourtant éveilleur de paroles, l'évêque Tikhone, Camus dramaturge fait de ce passage le « centre noir » du texte (André Markowicz), qui n'a pas de vraie place dans le roman, à cause de la censure. L'architecture dramatique se substitue alors au commentaire philosophique : confrontant la conduite inexplicable de Stavroguine dans des événements secondaires pour l'action et le meurtre mystérieux d'Ivan Chatov placé, au contraire, au premier plan (et qui a été inspiré à Dostoïevski par un forfait du nihiliste Netchaïev commis en 1869), cette scène révèle combien les deux faits sont inextricablement liés et s'éclairent mutuellement, en dépit mais aussi en raison de leur opacité propre : « Démon, Stavroguine préfigure le véritable possédé, c'est-à-dire le dépossédé (de soi) qu'est l'agent » (Uri Eisenzweig). Jean-Pierre MOREL

Bibl. : Peter Dunwoodie, *Une histoire ambivalente : le dialogue Camus-Dostoïevski*, Nizet, 1996 • Uri Eisenzweig, *Fictions de l'anarchisme*, Christian Bourgois, 2001 • Marta Marchetti, *Camus e Dostoievskij : il romanzo sulla scena*, Rome, Bulzoni, 2007 • André Markowicz, « Note du traducteur », dans Fedor Dostoïevski, *Les Démons*, traduit du russe par André Markowicz, Actes Sud, 1995

DOULEUR. – En 1951, Camus énumère dans ses *Carnets* ses dix mots préférés : la « douleur » vient en deuxième position, juste après le « monde ». La même année, il rappelle fortement le choc provoqué en lui par *La Douleur* d'André de Richaud, que Jean Grenier lui a fait lire en 1932 : « Je n'ai jamais oublié son beau livre, qui fut le premier à me parler de ce que je connaissais : […] tout cela pouvait donc se dire ! » (« Rencontres avec André Gide »). La « douleur » est pour Camus au seuil du « monde de la création » ; elle est aussi, pour le moraliste qu'il est, l'expérience cruciale d'une vie d'homme.

Par l'expérience de la douleur, l'être est mené au bout de lui-même. Il y faut donc un minimum de conscience de soi. Dans *Le Premier Homme*, la mère « regarde », sans le comprendre, le malheur qui s'abat sur elle ; mais, si elle porte tel un Christ la douleur du monde, c'est comme « un Muichkine ignorant ». Située « au-delà du désespoir ou de l'espoir », la douleur est une « de ces terres inconnues que les grands romanciers russes ont tenté d'explorer ». Louis Guilloux l'a tenté aussi ; il est pour Camus « avant tout le romancier de la douleur », parce que, contrairement à beaucoup, il « songe presque toujours à la douleur *chez les autres* (avant-propos à *La Maison du peuple*). L'écrivain algérois est hanté par elle, lui aussi, et il la met au centre de ses grandes œuvres ; amants séparés ou survivants endeuillés de *La Peste*, migrants « fuyant la misère ou la persécution, à la rencontre de la douleur et de la pierre » dans *Le Premier Homme* – pour ne citer que ceux-là –, la vie les contraint à cet extrême de la condition d'homme.

Expérience ontologique, la douleur est ce par quoi « le plus affreux des criminels garde un rapport avec l'humain », disait Guilloux à Camus. Celui-ci surenchérit ; elle peut être vécue comme une acmé : « Mourir de douleur !… Que peut-on souhaiter de plus heureux. Une souffrance qui use la vie mérite au moins qu'on l'admire. Que serait une douleur qui n'irait pas jusqu'à la mort ? » s'exclame Julia, l'héroïne de *La Dévotion à la croix*.

Dans les années 1950, une douleur multiforme s'appesantit sur la vie de Camus ; les *Carnets* en témoignent. Il retourne alors vers Nietzsche, celui du *Gai Savoir*, qui lui enseigne à prendre appui sur la douleur. Les protagonistes de ses dernières œuvres, où il explore les formes de l'exil, donc de la privation, vivent ou rencontrent la douleur, née de la misère, d'une perte irrémédiable, de l'échec, de la culpabilité, ou tout simplement de la « souffrance de vivre » ; dans *L'Exil et le Royaume*, dans *La Chute*, dans *Le Premier Homme*, ils y répondent par l'amour ou par l'ironie. Là encore, c'est Guilloux qui a appris à Camus que le sarcasme est signe de douleur ; les essais de *L'Envers et l'Endroit* l'avaient déjà indiqué, dont les chutes ironiques venaient casser le lyrisme ; le prière d'insérer de *La Chute* l'explicite : « Une seule vérité en tout cas, dans ce jeu de glaces étudié : la douleur, et ce qu'elle promet. » Et le lecteur de se demander dans le vertige en quoi peut consister cette promesse. Une autre réponse à la douleur consiste en l'amour – qui est aussi compassion, au sens étymologique ; ce qui constitue l'être en « premier homme », c'est la rencontre conjointe de l'une et de l'autre.

Inéluctable et féconde, la douleur peut se traverser et mener à la joie ; c'est du moins ce qu'apprenait au philosophe le destin de Sisyphe : « la douleur était au début » ; elle ne serait donc pas le dernier mot de la vie absurde. Mais la préface de 1958 à *L'Envers et l'Endroit* lui assigne une place tout autre puisqu'il s'agit pour l'homme de « revenir à travers les guerres, les cris, la folie de justice et d'amour, la douleur enfin, vers cette patrie tranquille où la mort même est un silence heureux » ; qu'il s'agisse d'une dernière étape inévitable, ou de l'expérience en laquelle viennent se résumer toutes les autres, la douleur est bien au nœud de la vision camusienne de l'existence humaine.

Agnès SPIQUEL

Bibl. : Joseph R. Greipel, *Die existentielle Problematik des Leiden in Werk von Albert Camus aus théologischen Sicht*, Fribourg, Herder, 2006

DRAMATURGIE. – Des années 1930 à sa mort, Camus a été un praticien du théâtre. Il n'a pas cherché à en être aussi un théoricien, comme l'ont été, par exemple, Bertolt Brecht et Antonin Artaud. Son souci de la représentation en fait un écrivain scénique. Au demeurant, ses conceptions, formulées dans des écrits ou propos de circonstance sont peu originales : ce sont celles de Jacques Copeau et du Cartel (Louis Jouvet, Charles Dullin, Georges Pitoëff, Gaston Baty). Bien qu'il n'ait pas pu voir les réalisations qui ont fait leur réputation, il en est un héritier au même titre que Jean Vilar et Jean-Louis Barrault, les deux grands metteurs en scène de sa génération avec lesquels il a été en relations amicales et professionnelles.

On lit dans la didascalie liminaire de *Révolte dans les Asturies* que « Dans l'idéal, le fauteuil 156 voit les choses autrement que le fauteuil 157 » : tous les spectateurs sont censés prendre position ; la scène est un lieu politique ou le lieu du politique. Le jeune Camus a des idées tranchées, mais sa culture théâtrale reste forcément rudimentaire. Avant 1940, elle est pour l'essentiel tributaire de sources secondaires et les critiques placent généralement cette première réalisation sous le patronage du metteur en scène et producteur de théâtre allemand Erwin Piscator. Mais l'animateur du Théâtre du Travail n'a pu voir aucun spectacle du régisseur allemand, qui séjourne alors en Union soviétique et dont les écrits n'ont pas été traduits. C'est tout au plus un nom que le militant communiste qu'il est a entendu à la maison de la Culture.

Camus n'a pas plus vu les spectacles de Jacques Copeau sous le patronage duquel pourtant il place le Théâtre de l'Équipe. Il lui sait gré d'avoir préféré la communion à la « distanciation » et d'avoir considéré qu'« une œuvre dramatique devait réunir ou diviser dans une même émotion ou un même rire les spectateurs présents » : Piscator et Brecht sont ici récusés. Le charismatique fondateur du Vieux-Colombier reste une légende, une référence pour le théâtre d'art, mais il s'est enfermé dans une demi-retraite ; ses dernières grandes réalisations datent de 1924. Par ses maîtres, Jean Grenier, collaborateur de *La Nouvelle Revue française*, Paul Mathieu et Jacques Heurgon, Camus sait l'aura qu'il a conservée dans les milieux littéraires et théâtraux, et l'on peut penser qu'une fois installé en France il a lu son petit essai testamentaire, *Le Théâtre populaire* (PUF, 1941). Copeau et les quatre du Cartel ont rendu leur jeunesse aux grands auteurs du répertoire. Tout en affichant leur respect scrupuleux ou non du texte, ils ont « rethéâtralisé » le théâtre. Camus vient après eux. La « révolution copernicienne » qui met la représentation au cœur de l'activité théâtrale est à ses yeux un acquis irréversible. Qu'il ne soit pas dans ses intentions de la radicaliser le place en porte-à-faux par rapport aux metteurs en scène de la génération suivante. Pour lui, la théâtralité est certes à chercher désormais en dehors de l'écriture, dans le jeu des corps, dans une scénographie, mais elle est aussi et d'abord dans l'écriture, dans les dialogues. Elle résulte d'un équilibre, d'un compromis. L'auteur fait confiance au verbe, même si c'est pour en faire une « machine à fabriquer du doute ». Le lyrisme et la théâtralité, loin de s'exclure, s'impliquent réciproquement.

C'est ainsi que l'on peut comprendre l'esthétique de *Caligula*. Cela aurait pu être une pièce à grand spectacle comme le fut la tragédie d'Alexandre Dumas du même nom. Les didascalies suggèrent un décor stylisé qui rend des actualisations possibles. Charles Dullin et Gaston Baty lui en fournissaient des exemples que le public avait plébiscités. Charles Berling, par exemple, dans sa reprise en 2006 au Théâtre de l'Atelier, transporte la pièce au XXe siècle. Certaines mises en scène proposèrent des interprétations plus arbitraires et débridées. Au moment où il se mettait à écrire cette pièce, Camus avait écrit dans ses *Carnets* : « L'anachronisme est ce qu'on peut inventer de plus fâcheux au théâtre. »

Le théâtre à l'italienne, dès le début du siècle, a fait l'objet d'une contestation qui réunit Copeau et Artaud. *Révolte dans les Asturies* devait être joué dans un établissement de bains algérois (le maire d'Alger, Augustin Rozis interdit finalement la représentation). Le jeune Camus a en effet l'intuition, moderniste et progressiste à la fois, qu'un nouveau rapport entre le public et la scène est possible. Pourtant, par la suite, l'écrivain confie la création de ses pièces à des salles traditionnelles du secteur privé, le Théâtre des Mathurins, le Théâtre Hébertot, le Théâtre Marigny. Il connaît les limites et les contraintes de leur cage scénique et s'en accommode, faute de mieux semble-t-il. À la fin de sa vie, il souhaite néanmoins qu'un jour *L'État de siège* soit joué en plein air – lui-même met en scène *Caligula* dans les extérieurs du château d'Angers. Comme Copeau et Vilar, il sait que la démocratisation exige de nouveaux lieux égalitaires et fonctionnels.

Les modèles textuels de Camus dramaturge sont à trouver dans un panthéon éclectique où voisinent Eschyle, Aristophane, Shakespeare, Calderón, Molière, Racine et Corneille – certains de ces auteurs ayant retrouvé leur jeunesse grâce à Copeau, Dullin et Pitoëff, – mais, c'est à signaler, aucun auteur de son siècle. Bien que non assumée publiquement, l'influence de Pirandello est vraisemblable, dans la mesure où la mise en abyme, ou théâtre dans le théâtre, est un élément structurant de ses pièces. Jan, dans *Le Malentendu*, tait son identité, il joue un rôle ; Caligula se met en scène. « L'erreur de tous ces hommes, dit-il à Scipion, c'est de ne pas assez croire au théâtre. » Dans la conférence d'Athènes en 1955 sont certes cités quelques aînés, Gide, Giraudoux, Montherlant et Claudel, mais aucun d'eux ne recueille des éloges sans réserves. Celles-ci sont esthétiques et/ou idéologiques.

En tant qu'écrivain de théâtre, Camus a quelques principes, et non une manière unique ou une esthétique définitive. L'accueil réservé à une pièce a des conséquences sur la conception de la suivante. *Révolte dans les Asturies* a été une expérience sans suite et venue trop tôt ; *Le Malentendu* se plie au patron classique ; *Caligula*, œuvre écrite antérieurement, présente plus d'audaces. Les deux premières émargent à un théâtre pauvre. La suivante exige des moyens importants, que Jean-Louis Barrault réunit. Quant à *L'État de siège*, c'est, note Pierre-Louis Rey, *Les*

Burgraves de Camus : l'échec de cette pièce foisonnante et complexe, baroque à certains égards, l'amène à mettre un terme à ses recherches formelles. Elle n'était certes pas « injouable » et une part importante des didascalies est bien tournée vers la représentation, mais les tensions qui ont présidé à la mise au point du spectacle ont miné sa cohérence. La conséquence est que le boursier marqué par les disciplines classiques met une sourdine à son goût de l'expérimentation. Il revient à une dramaturgie dépouillée et concentrée avec *Les Justes*. L'unité d'action est respectée. La structure est simple : une exposition, une péripétie à chaque acte, un dénouement. L'essentiel est dans les dialogues. Les didascalies se font plus rares et laconiques. Au même moment, une révolution dramatique se fait jour aux marges de l'institution.

Jean-Paul Sartre, sans avoir connu d'échec aussi cinglant, a lui aussi effectué le même trajet régressif, mais pour d'autres raisons. Le flambeau du théâtre d'essai passe dès lors à d'autres auteurs de sa génération, Eugène Ionesco et Samuel Beckett. L'on ne trouve qu'une mention du premier dans une déclaration tardive. Bien qu'il passe parfois pour un des précurseurs, Camus est resté étranger au Nouveau Théâtre qui émerge dans les années 1950, comme il l'est resté, pour des raisons politiques, au brechtisme qui commence alors son résistible essor. Il a aménagé la dramaturgie reçue de la tradition, il ne lui était pas donné de la bouleverser. Si l'on considère les éléments clés d'une dramaturgie, à savoir le personnage, l'action, le temps et l'espace, ses quatre pièces prises en bloc situent Camus dans un classicisme moderne dont les auteurs de *La NRF*, Gide et Giraudoux, lui ont fourni des modèles qu'il a contestés sans les dépasser.

Le partage des genres théâtraux est peu rigoureux chez Camus. Il a distribué les appellations génériques avec désinvolture. *Révolte des Asturies* est tout simplement une « œuvre ». *Le Malentendu*, après avoir failli être intitulé « comédie » et « tragédie », est une « pièce » tout comme *Caligula*, *Les Justes*, les adaptations d'*Un cas intéressant*, de *Requiem pour une nonne* et des *Possédés*. *L'État de siège* est un « spectacle en trois parties ». Son auteur a voulu en faire un auto sacramental laïque ou une moralité moderne. C'est après coup, dans des préfaces ou des commentaires de circonstance, qu'il fait appel à la notion de « tragédie », grand genre s'il en fut à la restauration duquel il aurait aimé attacher son nom. Sans doute celle de « drame tragique » serait-elle plus exacte.

Révolte dans les Asturies, comme l'adaptation des *Possédés*, est une succession de tableaux. *L'État de siège*, pièce construite en trois « parties », en est une autre. Le principe de discontinuité shakespearien ou cinématographique prévaut. Il s'ensuit un éclatement de l'espace et du temps. En revanche, *Caligula* et *Le Malentendu* sont resserrés, respectivement découpés en quatre et trois actes, lesquels sont découpés en scènes – *Les Justes* en cinq actes seulement. La classique unité de temps et donc le principe de continuité sont même scrupuleusement respectés dans *Le Malentendu*, pièce statique.

Camus a souvent dit son attachement à un « spectacle total ». C'est dans *L'État de siège* qu'il s'en est le plus approché. La formule circule à l'époque ; la connaissance des modèles lui fait défaut. Pour Piscator, c'est un équivalent du théâtre épique et critique : la scène présente un procès social et politique. Elle peut impliquer aussi une destitution du texte comme chez Artaud. Le théâtre alors se situe hors de la littérature. Il s'agit plus souvent, comme dans les meilleures réalisations de Barrault, d'utiliser tous les moyens disponibles, techniques, plastiques, chorégraphiques, musicaux, etc., et de s'adresser à tous les sens du spectateur. Il revient au metteur en scène d'orchestrer l'unité du spectacle. Tout n'est pas dans les mots, mais les mots de l'écrivain sont essentiels. Le théâtre est bien à la fois un genre littéraire et un art du spectacle. Pour Camus, les tragiques grecs, les élisabéthains, les Espagnols du Siècle d'or ont préfiguré cet idéal esthétique.

L'évolution du théâtre français après 1960 a été défavorable aux pièces de Camus. Leur dramaturgie est apparue insuffisamment moderniste et elles ont souffert de ce qu'aucun grand metteur en scène ne les a portées. Tel est le lot des auteurs de transition. Le public dont les goûts sont plus éclectiques que ceux des décideurs a assuré leur fortune posthume. Jeanyves GUÉRIN

Bibl. : Ilona Coombs, *Camus, homme de théâtre*, Nizet, 1968 • Jacqueline Lévi-Valensi (dir.), *Camus et le théâtre*, IMEC Éditions, 1992

DROIT. – *Voir* JUSTICE

DUMUR, Guy (1921-1991). – C'est en 1944 que Camus fait la connaissance de Guy Dumur, qui venait de lui consacrer un long article dans *Confluences*. Il avait pu y lire ceci : « Je crois à l'honnêteté d'Albert Camus. » Ce dernier lui écrit : « Rien de ce que vous me dites ne me paraît étranger. » Dumur avait animé une éphémère troupe de théâtre, le Petit-Chariot et, outre leur goût de la scène, les deux hommes ont en commun une formation universitaire en philosophie et l'expérience de la tuberculose. Leur amitié durera jusqu'à la mort du premier.

Camus fait rentrer Dumur à *Combat*. Mais pour des raisons de santé, le jeune journaliste doit s'éloigner presque aussitôt. Il faut attendre 1947 pour que sa signature réapparaisse. Après avoir écrit deux romans, dont il envoie un exemplaire dédicacé à son aîné, il donne la priorité au journalisme critique. On trouve sa signature dans divers périodiques, notamment *L'Arche*, *Empédocle*, *Théâtre populaire* dont il est l'un des fondateurs, et *Les Lettres nouvelles*. De 1960 à sa mort, ses chroniques dramatiques à *France-Observateur* puis au *Nouvel Observateur* en font un des témoins les plus écoutés de l'actualité théâtrale. Il soutient les modernes, Jean Vilar, Jean-Louis Barrault et le Nouveau Théâtre. Pendant près de trente ans, ce chroniqueur érudit, élégant et sceptique de l'actualité théâtrale collabore à l'émission culturelle de la radio nationale, « Le masque et la plume ». Il a dirigé l'*Histoire de spectacles* (Gallimard, « Bibliothèque de la Pléiade », 1965), a par ailleurs adapté *Manon Lescaut* et *Les Hauts de Hurlevent* à la scène et traduit plusieurs pièces de Tom Stoppard.

Guy Dumur a rendu compte des *Justes* dans *La Table ronde*, de *L'Homme révolté* dans les *Cahiers du Sud*, de *La Chute* dans *Demain* et de nombreuses reprises de pièces dans *Le Nouvel Observateur*. Ses articles toujours perspicaces équilibrent heureusement l'empathie pour l'homme et l'esprit critique. Il le tient pour « l'homme d'un nouveau classicisme ». En avril 1960, il participe à l'hommage de *La Nouvelle Revue française*. « Camus, y écrit-il, aura eu le temps d'unir son nom à des années trop lourdes pour qu'elles soient jamais oubliées. Il a su dire leur tension, mais son ambition morale dépassait le cadre de ces années, et c'est en cela qu'il a été frustré, en même temps que toute une génération, d'une victoire sur le pessimisme et la médiocrité, qui était toute proche d'être remportée » : il a intitulé son article « Une générosité trahie ».

Jeanyves GUÉRIN

Bibl. : Guy Dumur, *L'Expression théâtrale*, Gallimard, 2001

E

ÉCOLE. – L'attachement de Camus à l'école de la République remonte au temps où il était élève de l'école communale du quartier populaire de Belcourt à Alger. Quarante ans plus tard, il revient sur cette expérience initiale dans le chapitre intitulé « L'école » de son roman autobiographique inachevé, *Le Premier Homme*, en rendant hommage à son instituteur. À travers la méthode d'enseignement de M. Bernard, il a voulu exalter les grandes valeurs de l'école républicaine. Cette intention apparaît clairement dans une note en bas de page de ce chapitre : « allonger et faire exaltation de l'école laïque ». Dans la lettre qu'il adressera, au moment de l'attribution du prix Nobel, à son ancien instituteur, qui retrouve son vrai nom, M. Louis Germain, Camus souligne à nouveau, à travers son cas personnel, l'une de ces valeurs, l'éducation offerte à tous sans tenir compte de l'origine sociale : « Sans vous, sans cette main affectueuse que vous avez tendue au petit enfant pauvre que j'étais, sans votre enseignement, et votre exemple, rien de tout cela ne serait arrivé. »

Une fois passée l'expérience initiale, le contexte de l'Algérie coloniale a amené Camus à réfléchir sur les conditions dans lesquelles l'école pouvait y jouer son rôle. Il exprime fortement sa préoccupation à l'occasion de l'enquête qu'il mène en Kabylie en 1939. Dans le chapitre qu'il consacre à l'enseignement, il écrit : « Les Kabyles auront plus d'écoles le jour où on aura supprimé la barrière artificielle qui sépare l'enseignement européen de l'enseignement indigène, le jour enfin où, sur les bancs d'une même école, deux peuples faits pour se comprendre commenceront à se connaître. » Daru, l'instituteur de la nouvelle *L'Hôte*, est confronté à la réalité de cette séparation entre les deux communautés ; le choix de l'école coloniale comme cadre de l'action en fait le lieu même de la contradiction. Dans son message de mai 1954 au « Comité pour l'amnistie aux condamnés politiques d'outre-mer », Camus demande s'il est « possible de prétendre au titre d'instituteur de civilisation lorsqu'on se présente avec la Déclaration des droits de l'homme dans la main gauche et, dans la main droite, le gourdin de la répression ».

Indépendamment de ce contexte particulier de la colonisation, Camus était conscient dès le lendemain de la Seconde Guerre mondiale de la nécessité pour l'école républicaine de se réformer, de changer avec son temps. Participant à une enquête sur cette question essentielle, il écrit, le 26 janvier 1946, dans un texte intitulé « Un style de vie » : « nous devons faire en sorte que nos enfants soient en prise directe avec le monde moderne, tout en recevant les quelques notions qui les empêchent d'être les esclaves de ce monde ». L'école, selon Camus, ne pourra jouer son rôle comme lieu d'épanouissement individuel que si la société cesse de chercher en l'homme le producteur.

Jacques LE MARINEL

Bibl. : Jacqueline Machabeis, « La figure du maître d'école dans *L'Exil et le Royaume* et *Le Premier Homme* d'Albert Camus », *French Studies in South Africa*, n° 31, 2002, p. 70-94 • Danielle Scouras-Marx, « "On tue les instituteurs" : Camus et les impératifs pédagogiques », dans Sylvie Brodziak *et al.* (dir.), *Albert Camus et les écritures du XXe siècle*, Artois Presses Université, 2004, p. 297-309

ÉCONOMIE. – La formation de Camus s'est faite dans une faculté de lettres. Il n'a aucune compétence en économie et n'a pas cherché à en acquérir. En quoi il est bien, comme Jean-Paul Sartre, Emmanuel Mounier ou Maurice Merleau-Ponty, un intellectuel français – Raymond Aron fait exception. On ne s'étonnera donc pas que le journaliste et l'essayiste fassent peu de place aux questions économiques et financières. Francis Jeanson lui ayant reproché de ne pas croire aux infrastructures, il obtient pour réponse que l'économie est la « tarte à la crème » des marxistes. Ainsi, dans *L'Homme révolté*, les pages critiques sur Marx insistent sur son économisme et soulignent son productivisme. Au même moment, les progressistes s'extasient sur ses analyses économiques et en font des lois scientifiques. L'évolution des sociétés industrielles, constate Camus, a démenti ses prédictions économiques. Le capitalisme ne s'est pas effondré.

Quelques écrits font exception. La misère de la Kabylie dont le jeune reporter présente un tableau accablant aux lecteurs d'*Alger républicain*, a, écrit-il d'entrée, « des raisons économiques ». Et d'évoquer, statistiques à l'appui, la surpopulation, le sous-emploi, la compression des salaires, la chute des cours. « La Kabylie a trop d'habitants et pas assez de blé. Elle consomme plus qu'elle ne produit. » Il appelle donc une revalorisation du travail et de la production kabyles, une augmentation et une meilleure utilisation des crédits publics.

À *Combat*, journal où les diplômés de philosophie sont nombreux, l'économie est du ressort de François Bruel. Quand Camus évoque les problèmes du ravitaillement ou des transports à l'automne 1944, il en reste à des généralités et fournit peu de chiffres. Un de ses articles, qu'il signe du pseudonyme de Juste Bauchart, est caractéristique de son approche. Il l'a titré « L'argent contre la justice ». Il y est question de la hausse des prix et de l'inflation que le nouveau gouvernement ne peut maîtriser. Camus y oppose « le Français moyen » et le « technicien » ; le journaliste signale une difficulté. « Ce n'est pas à nous qu'il appartient de trancher ces questions », il revient à l'exécutif de prendre les mesures adéquates qui s'imposent. Il se garde de trancher sur un sujet qu'il maîtrise mal. Reste une affirmation : « Il n'y a ni justice ni liberté possibles quand l'argent est toujours roi. » L'on notera qu'il a applaudi les nationalisations, notamment celles des usines Renault, et préconisé des réquisitions exigées par l'intérêt général. Plus généralement, il ne cesse de réclamer une intervention de l'État dans l'économie, un dirigisme largement répandu à l'époque.

En mai 1945, Camus signe son seul reportage à *Combat*. Il a passé plusieurs semaines sur sa terre natale à la veille des émeutes de Sétif. « La crise apparente dont souffre l'Algérie est d'ordre économique », affirme-t-il d'emblée. La famine qui frappe le pays s'explique par une sous-production agricole et l'autarcie imposée par la guerre. Il demande alors la livraison immédiate et une juste répartition de blé. Mais il ajoute aussitôt qu'il faut aussi des mesures politiques.

L'économie à *L'Express* est l'affaire de Jean-Jacques Servan-Schreiber et d'experts reconnus comme Alfred Sauvy. Camus, de nouveau, en reste à des considérations générales, parlant « de la misère et de l'oppression économique » et préconisant une redistribution des richesses nationales et une meilleure rétribution du travail. Dans un de ses articles sur l'Algérie, le social-démocrate insiste sur la « stagnation » de l'économie qu'il attribue à la monoculture. Il préconise une réforme agraire et la création d'un secteur industriel mais n'en dit guère plus.

Camus a défendu une seule idée économique un peu originale. En décembre 1944, il écrit dans un éditorial de *Combat* : « La politique ne se fait plus aujourd'hui sans l'économie. Or, il n'est pas un seul problème économique du moment qui ne soit international [...]. À une économie internationale, il n'est pas possible de faire correspondre seulement des politiques nationales. » Il préconise que les matières premières deviennent un bien commun de l'humanité tout entière. En d'autres termes, il esquisse un nouvel ordre économique mondial, une mondialisation socialiste qui implique des abandons de souveraineté. Quand les maux sont mondialisés, leurs remèdes doivent l'être aussi. L'idée sera développée dans *Ni victimes ni bourreaux*. On ne la retrouve plus dans les articles de *L'Express*, journal peu porté sur les utopies. La grande crise économique de la fin des années 2000 lui donne une actualité inattendue.

Jeanyves GUÉRIN

• *Voir aussi :* Argent

ÉCRITURE. – L'immense succès immédiat que rencontre l'œuvre de Camus ne va pas sans brouillages dans la réception, puisque la recherche inséparable de son écriture ne fait l'économie d'aucune contradiction, adoptant avec brio et subvertissant dans le même geste les clivages génériques. D'emblée, l'invention fulgurante d'un type de narration inédit en langue française propulse *L'Étranger* au premier rang d'œuvre classique, de facture très concertée et dont l'« indifférence clairvoyante » porte l'absurde au plus haut point d'incandescence. Il ne s'agit pas d'enregistrer simplement les faits, même si par certains aspects le procédé « se calque sur la discontinuité du temps ». D'un côté, ce sont d'infinies variations dans la langue (en particulier avec l'emploi du passé composé) modulant ce « recul du regard » qui reflète toutes les mises à distance (et les décalages) sans se départir d'une paradoxale force de description. De l'autre, le refus du roman à thèse s'explicite et se prolonge à travers le projet d'aller au cœur noir des choses – vers « une complexité plus profonde restant à définir » et que cristallise de plus en plus l'allégorie de la peste –, par la fiction romanesque ou dramatique, tout en produisant par ailleurs un commentaire d'ordre philosophique. Le style essayiste imagé du *Mythe de Sisyphe* relève en même temps ce défi d'une écriture poétique, aussi vibrante que rigoureuse, qui se fragmente en façonnant ses éclats de style à la multiplicité des voix dont elle se laisse traverser.

Après la formule de Mallarmé sur l'« universel reportage », la vision de l'artiste en écriture a pris une dimension où le réel se mesure par essence à l'aune de la création. La prise de notes, le documentaire ou la chronique qu'appelle le métier de journaliste se conjuguent à un art du point de vue où la composition est partie prenante du message à délivrer. Par cet aspect de sa biographie professionnelle, Camus établit une relation explicite entre la restitution du témoignage qu'appelle l'impact des faits et la technique du roman américain inspirant son approche du personnage compris comme « centre de perspective ». Par l'usage insistant et très diversifié des formes de discours rapporté (discours indirect libre, adresse du discours direct au théâtre, monologue intérieur…), la place de l'auditeur (inconnu à venir, public ou interlocuteur muet dans *La Chute*) trouve à inscrire sa présence absente à même les failles d'une texture entièrement mélodique. Implicitement sollicité, le lecteur est cependant fortement incité à participer de ce lieu géométrique où la langue de Camus se tient en équilibre instable afin de « traduire en formes, en mouvements et en lumières » ce qui jusqu'alors restait « intenté » – seulement suggéré. Elle touche ainsi à la limite extrême que stigmatise Roland Barthes pour rendre compte de l'écriture et du style.

Du cycle de l'absurde au cycle de la révolte, c'est par un mouvement continu, prématurément interrompu, que cette écriture se développe en variant ses résonances d'un texte à l'autre – du récit, au théâtre, à l'essai. À propos de *L'État de siège*, Camus revendique l'ambition de mêler toutes les formes d'expression : monologue lyrique, jeu muet, farce, chœur… Simultanément, la pratique de la mise en scène théâtrale vient renforcer, et accompagne tout au long de sa vie un art du dialogue qui accentue le souci d'ordonner la tension des forces énonciatives en présence et qui offre un mode d'investigation d'une profondeur vertigineuse pour aller là où le tragique atteint à l'intensité d'un lyrisme « inhumain ». Le caractère arithmétique de l'imminence de la mort – peine capitale pour chaque homme, meurtre ou suicide – ordonne la nécessité implacable d'une rigueur tragique, et inhumaine, que *Le Malentendu* et *Caligula* portent à l'excès. La séparation, vécue sous de multiples formes, et l'écueil du dialogue impossible ou du malentendu, concentrent le noyau d'un silence essentiel et par là, préservent cette « lueur exquise d'éternité » où se recueille l'amère écume de l'instant présent. Si l'élaboration de *La Peste* frappe par le côté didactique qui a tellement troublé la critique puisqu'elle montre véritablement la forme romanesque en train de se faire, le travail du style identifié par Barthes dès *L'Étranger* à travers la notion d'« écriture blanche » n'en creuse pas moins la part secrète du silence. Alors se lève le grand souffle lyrique de la chair faite verbe, quand l'évidence humaine s'incarne dans l'envol d'une liberté détachée de tout esprit d'« engagement », dans le destin solaire d'une parole faite acte et dans le geste éthique d'une écriture tout entière style de vie.

Le ton des articles donnés à *Combat* à l'issue de la guerre s'anime de la sorte sous l'impulsion et l'élan rythmique de phrases dont le pouvoir d'invocation exalte et objective une vision de l'avenir du monde, tout comme l'écriture aphoristique des *Carnets* qui souligne le caractère journalier de la création littéraire. L'écriture s'empare des textes en apparence les moins littéraires, suivant la trouée d'une trajectoire en vrille où les terreurs de l'histoire événementielle croisent la destinée et l'œuvre de l'écrivain. En ce sens, *Le Premier Homme* – renouant avec *L'Envers et l'Endroit*, avec « ce monde de pauvreté et de lumière » – permet une réévaluation du lyrisme de Camus dont on perçoit désormais la portée paradoxale pour qualifier une écriture suspendue entre passion, exigence de clarté et « morale de la beauté ».

Marie-Christine LALA

Bibl. : Jean-Michel Adam, « Variations énonciatives : Aspects de la genèse du style de *L'Étranger* », dans Jean-Michel Adam, *Le Style dans la langue*, Lausanne, Delachaux et Nieslé, 1997, p. 147-183 • Roland Barthes, « Réflexion sur le style de *L'Étranger* » (1944), *Œuvres complètes*, t. I, Le Seuil, 2002, p. 75-79 • Id., « *L'Étranger*, roman solaire » (1954), *ibid.*, p. 478-481 • Jacqueline Lévi-Valensi et Agnès Spiquel (dir.), *Camus et le lyrisme*, SEDES, 1997

« ÉCRITURE BLANCHE ». – L'expression a été forgée par Roland Barthes dans *Le Degré zéro de l'écriture* (Le Seuil, 1953). Malgré son ambiguïté, ou justement grâce au pouvoir suggestif de son halo d'imprécision, elle s'est alors largement imposée dans le discours critique traitant de nombre d'écrivains actuels, tout en restant originellement et indéfectiblement liée à l'auteur de *L'Étranger*.

Dans l'essai de 1953, Barthes utilise à trois reprises la formule. Une première fois, dans la préface, elle lui permet d'associer le nom de Camus à ceux de Maurice Blanchot et de Jean Cayrol dans la caractérisation d'une rupture historique en littérature. L'« écriture » pour Barthes, à la différence de la « langue » en général et du « style » particulier à chaque écrivain, réfère en effet à des pratiques du langage littéraire en « liaison avec l'Histoire profonde ». Après le tournant de 1850 qui marque selon lui une première remise en question des formes classiques, « dès l'instant où l'écrivain a cessé d'être un témoin de l'universel pour devenir une conscience malheureuse », la rupture majeure du milieu du XXe siècle a produit un écrivain poussant son refus catégorique de l'artifice rhétorique, du confort de l'expressivité conventionnelle jusqu'aux limites extrêmes : celles d'une « écriture blanche ». Les deux autres occurrences de l'expression se trouvent dans un chapitre au titre éloquent : « L'écriture et le silence ». Barthes y souligne à nouveau cette volonté contemporaine de « dépasser la Littérature » par la création d'une écriture « libérée de toute servitude à un ordre marqué du langage » pour atteindre cette « parole transparente, inaugurée par *L'Étranger* de Camus ». Pas plus que les autres synonymes proposés par Barthes : « écriture neutre », « amodale », « innocente », ou encore « degré zéro de l'écriture », l'épithète « transparente » ne lève la part d'approximation de la définition. Aucun d'eux ne concurrence au demeurant le succès de l'image de la blancheur.

Cette caractérisation chromatique de l'écriture dérive en fait d'une autre métaphore, tout à fait lexicalisée quant à elle, celle de « voix blanche ». C'est elle que, dans un article de 1944 intitulé « Réflexions sur le style de *L'Étranger* », Barthes emploie lui-même : « Peut-être bien qu'avec *L'Étranger* – sans trop exagérer l'importance de cette œuvre – se lève un nouveau style, style du silence et silence du style, où la voix de l'artiste – également éloignée des soupirs, des blasphèmes et des cantiques – est une voix blanche, la seule en accord avec notre détresse irrémédiable. » On peut alors comprendre que, de même qu'une voix blanche perd son timbre, une écriture blanche est une écriture sans coloration pittoresque, non sous l'effet d'une émotion mais au contraire du fait de l'absence d'adhésion au monde et aux événements.

D'où le renoncement aux marques canoniques du récit littéraire qu'étaient jusque-là le passé simple (appréhendant avec une totale maîtrise les procès comme événements faisant sens dans une trame dynamique), la narration volontiers omnisciente et les soulignements rhétoriques, au profit de l'usage massif du passé composé, d'une narration à la première personne semblant pourtant ne mettre en jeu aucun affect, et d'une langue « basique », dépouillée dans son lexique et sa syntaxe. Dans ces considérations stylistiques, Barthes rejoignait les analyses faites par ailleurs en 1943 par Blanchot, frappé par le troublant évidement du sujet de l'énonciation (« Nulle analyse, nul commentaire sur les drames qui se forment et les passions qu'ils provoquent »), et celles de Jean-Paul Sartre (montrant, par la mise en relation avec la pensée camusienne de l'absurde, comment l'atomisation de phrases simples juxtaposées évitait « toutes les liaisons causales, qui introduiraient un embryon d'explication et qui mettraient entre les instants un ordre différent de la succession pure », plaçant ainsi le lecteur « *ex abrupto* en état de malaise »). On peut même dire que, dans sa célèbre « Explication de *L'Étranger* », Sartre poussa la lecture du premier roman de Camus à un détail et à une précision que n'atteignait pas celle de Barthes. C'est cependant sur la formule « écriture blanche » que se cristallisa la critique ultérieure.

Il revient en tout état de cause à Barthes d'avoir discerné que l'innovation qui se faisait jour dans *L'Étranger* marquait un phénomène d'époque, par transformation du rapport au monde et à l'écriture romanesque cherchant à en rendre compte, dont les prolongements se font sentir dans bien des œuvres actuelles, lesquelles recourent à une écriture plate ou minimaliste fortement redevable à cette fameuse écriture « blanche ». Barthes avait même, dans « L'écriture et le silence », mis en garde contre le risque d'automatisme et le figement en « manière » de cette écriture pouvant, chez les épigones, perdre « la fraîcheur première du discours ».

Ce risque ne menaça guère Camus lui-même. Non seulement son écriture changea dans ses œuvres ultérieures pour s'accorder aux nouveaux propos et aux nouvelles phases de sa pensée, mais dans *L'Étranger* même, elle est surtout déployée dans la première partie, chargée de rendre compte d'un quotidien étale, vécu dans une passivité et une immédiateté dépourvues de profondeur. Par ailleurs, même si elle se fonde sur quelques éléments pris au réel (la parole rare et simple des petites gens – de la propre famille de l'écrivain), elle relève, non d'un degré zéro du style, mais au contraire d'une création très concertée, obtenue après bien des tentatives insatisfaisantes (celles-ci ont conduit Camus, à abandonner le premier brouillon romanesque de *La Mort heureuse*). Elle combine effets d'oralité et traits propres à l'écrit dans une narration qui doit autant au classicisme français qu'à la modernité du roman américain. Certaines notes des *Carnets*, dans l'année 1938, montrent comment cette pseudo « innocence » se conquiert par un exigeant travail de maîtrise : « Pour écrire, être toujours un peu en deçà dans l'expression (plutôt qu'au-delà). » D'autres réflexions de l'écrivain, datées de 1942, révèlent en outre comment l'écriture du roman s'orchestre selon une courbe rythmique qui devait ménager des mises en relief : de l'atonie de la première partie, où le discours de Meursault n'est qu'indifférence à un univers dépourvu de sens, à la seconde où surgissent élans de révolte et proclamation exaltée d'un amour de la vie au seuil même de la mort.

Barthes lui-même, relisant à distance le roman inaugural de Camus, sera conduit à moduler ses premières analyses dans son étude de 1954 intitulée « *L'Étranger*, roman solaire » : « Il y a dix ans, accaparé comme beaucoup d'autres par la thèse du moment, j'en avais surtout vu l'admirable silence, qui l'égalait aux grandes œuvres classiques, toutes produites par un art de la litote. Maintenant, à mes yeux, toute une chaleur s'y découvre et j'y vois un lyrisme que l'on aurait sans doute moins reproché aux œuvres postérieures de Camus si l'on avait su l'entrevoir dans son premier roman. »

Les appréciations stylistiques du premier roman de Camus se sont ainsi fortement nuancées au fil du temps, mais le pouvoir de captation que produit la complexe simplicité de cette « écriture blanche » reste intact.

Martine MATHIEU-JOB

ÉDITORIAL. – Camus a écrit des éditoriaux à *Soir républicain* et à *Combat*. Il a, en l'occurrence, pris position sur l'histoire qui se faisait au jour le jour en engageant la position du journal. « Le goût de la vérité, estime-t-il en août 1944, n'empêche pas la prise de parti. » Son « commentaire politique et moral de l'actualité » se veut clair et sans préjugé. Il est bien d'un moraliste plus que d'un idéologue. « Notre effort quotidien, écrit-il encore, est d'appeler ici les choses par leur nom [...]. Nous tenons donc à rester vigilants et à dire avec une égale netteté ce qui nous paraît regrettable et ce qui nous semble louable » ; il ajoute : « Cela ne peut se faire sans scrupules, sans distance et sans une certaine idée de la relativité. »

Pascal Pia et Camus souhaitaient que l'éditorial fût l'expression d'une réflexion collective. Les éditoriaux de *Combat* sont anonymes, sous l'Occupation bien sûr, et, parfois, après la Libération. Après 1945, ils sont signés du nom de leur auteur ou encore de ses initiales. Ils sont écrits après une discussion entre les journalistes présents, ce qui se traduit par un certain mimétisme stylistique dû à l'usage d'un même vocabulaire. Le « nous » est de rigueur, en tout cas dans les premiers mois. Il est l'expression d'une équipe voire de la Résistance dont celle-ci se veut la voix. Le lecteur, en 1944, peut hésiter sur l'identité du rédacteur. Camus et Albert Ollivier, ayant réuni certains de leurs éditoriaux, facilitent le travail de leur attribution. Le premier y engage le débat d'égal à égal avec ses homologues et aînés du *Figaro*, Wladimir d'Ormesson, Jean Guéhenno ou François Mauriac, de *L'Aube*, de *L'Ordre* et du *Populaire*.

« Camus, se souvient Pierre Herbart qui en écrivit quelques-uns, n'avait pas de temps à perdre. L'éditorial sortait tout armé de son cerveau : souvent il lui arrivait de le dicter en un quart d'heure, sans se reprendre et l'encre n'était pas encore sèche du télégramme qui l'avait motivé. » « Pour définir un éditorial, ajoute Jean Daniel, il disait : "une idée, deux exemples, trois feuillets" ». Relisant les siens, on constate que leur construction est généralement rigoureuse, que l'argumentation est ferme et précise. Ils sont à la fois plus denses et plus nerveux que ceux de ses confrères et même de ses camarades de *Combat*. Le rythme élégant des phrases vient en plus. Il est le privilège d'un authentique écrivain.

À ses amis du Livre, Camus a confié en 1957 : « Il est certain que le fait d'écrire un éditorial entraîne nécessairement à des concessions, tant à l'égard de l'opinion publique que des confrères qui s'expriment dans la même feuille. Cela conduit à en dire plutôt moins que trop. Je n'ai donc jamais été satisfait de mes travaux de journaliste. » Ces remarques désabusées témoignent de l'insatisfaction qu'a causée la collaboration de Camus à *L'Express*. Il n'y était pas à proprement parler éditorialiste.

« Les éditoriaux d'Albert Camus jouissaient d'un prestige singulier, se souvient Raymond Aron : un véritable écrivain commentait les événements du jour. » Il en avait fait, écrit Paul Viallaneix, « un genre littéraire ». Certains d'entre eux sont passés à la postérité. Ainsi ceux écrits dans le feu de l'insurrection parisienne modulant les mots-clés de résistance, de révolte et de libération, ou encore celui dans lequel, brisant le consensus de ses confrères, il dit son effroi après l'atomisation d'Hiroshima. Pour Aron, Camus a été « non seulement l'éditorialiste doué du plus grand talent, mais aussi probablement le seul qui ait été capable d'exprimer dans un article quotidien des positions de valeur fondamentale sans être grandiloquent ». C'est pourquoi, estime encore Paul Viallaneix, ses textes sont devenus « canoniques » comme ceux de Voltaire et de Péguy. Ils se relisent encore à leur avantage aujourd'hui.

Jeanyves GUÉRIN

Bibl. : Paul Viallaneix, « Camus, éditorialiste de *Combat* : de la Résistance à la Révolution ? », dans Jeanyves Guérin (dir.), *Camus et le premier* Combat *(1944-1947)*, Éditions européennes Érasme, 1990, p. 103-108

ÉGLISE. – L'Église catholique inspire à Camus des sentiments nuancés. Tantôt il se révolte contre une institution qui, au nom de sa toute-puissance et de sa foi en l'éternité, aliène l'homme et s'affranchit de ses responsabilités dans le monde, tantôt il manifeste son respect pour le clergé et exprime son espoir de la voir évoluer.

L'Église est aux yeux de l'écrivain un instrument d'oppression qui asservit les hommes en leur promettant le salut éternel. Les membres du clergé, qui s'érigent en impitoyables juges de la condition humaine, menacent les pécheurs de l'enfer de la damnation pour les inciter à se confesser ou se convertir. « Toutes les Églises, divines ou politiques, prétendent à l'éternel. Le bonheur et le courage, le salaire ou la justice, sont pour elles des fins secondaires », écrit Camus dans *Le Mythe de Sisyphe*. Cette idée trouve son illustration dans l'œuvre fictionnelle. Dans *La Peste*, le père Paneloux prononce un premier prêche accusateur à l'encontre des citoyens d'Oran : l'épidémie est une punition divine bien méritée par une population coupable d'avoir délaissé la religion ; seul le repentir peut mener les habitants au salut. Le prêtre de *L'État de siège* lui fait écho : Dieu punit les cités corrompues pour les châtier. La confession permettra aux pécheurs d'échapper à l'enfer qui les menace. L'Église n'hésite pas à utiliser la peine capitale à des fins religieuses : les meurtriers condamnés à l'échafaud sont invités à reconnaître leurs crimes, à se délivrer de leurs péchés et à demander pardon à Dieu afin d'obtenir le salut. Ainsi, l'aumônier demande à Meursault de se soulager du poids de sa vie en se tournant vers le Christ ; tout comme la grande-duchesse propose à Kaliayev de continuer à vivre en reconnaissant son meurtre et en attendant d'être justifié par le « Dieu [...] de la Sainte Église ». Or l'homme absurde est précisément celui qui refuse de renier sa vie au nom d'une éternité dont rien ne lui garantit l'existence, et qui préfère le moment présent à la promesse d'un monde meilleur. Dans *Le Mythe de Sisyphe*, Camus rappelle que les acteurs, « pires ennemis » de l'Église, ont préféré mourir excommuniés plutôt que de renier leur profession. Dans *L'Étranger*, après avoir refusé à plusieurs reprises de recevoir l'aumônier, Meursault se révolte avec violence contre lui : il ne croit pas en Dieu et ses seules certitudes sont celles de sa vie et de sa mort. Quant à Kaliayev, il refuse de prier avec la grande-duchesse et d'embrasser le crucifix tendu par le père Florenski avant de monter sur l'échafaud, car cela reviendrait à trahir ses frères : il n'accepte d'autre justification que celle de sa propre mort.

Coupable d'aliéner les hommes, l'Église catholique est aussi fautive, aux yeux de Camus, parce qu'elle pactise avec les puissances temporelles. En cela, elle a trahi le message évangélique. En outre, elle est loin de dispenser la justice sociale en laquelle croit l'écrivain, elle « a gardé la grâce pour elle et nous a laissé le soin d'exercer la charité », affirme Kaliayev à la grande-duchesse, qui représente la classe privilégiée à laquelle appartient Dieu. Le journaliste dénonce plus violemment la compromission de l'institution avec les régimes autoritaires. L'appui apporté par les dignitaires de l'Église d'Espagne à la « croisade » franquiste le scandalise : « Quand un évêque espagnol bénit des exécutions politiques, il n'est plus un évêque ni un chrétien et pas même un homme, il est un chien », déclare-t-il dans *L'Incroyant et les Chrétiens*. Il déplore à plusieurs reprises les silences de Pie XII et du cardinal Suhard lors de la Seconde Guerre mondiale : certes, reconnaît-il, des encycliques ont été rédigées par le pape, mais elles étaient formulées dans un langage si abscons qu'elles ne pouvaient être comprises de tous. L'Église s'est dès lors coupée du peuple et a été infidèle à sa vocation première. Lorsque, en 1944, le pape se prononce enfin en faveur de la démocratie, Camus regrette que ce geste n'ait pas été effectué plus tôt, et craint surtout que les multiples précautions prises pour qualifier le nouveau régime soient empreintes de conservatisme. Il rappelle à cette occasion que les premiers chrétiens n'étaient pas des âmes tièdes, mais des cœurs brûlants prêts au changement.

À travers ses critiques, qui font parfois penser à celles de Charles Péguy et de Georges Bernanos, Camus appelle de ses vœux une redéfinition de la place et du rôle de l'Église dans le monde moderne. « Je prendrai l'Église au sérieux quand ses chefs spirituels parleront le langage de tout le monde et vivront eux-mêmes dans la vie dangereuse et misérable qui est celle du plus grand nombre », écrit-t-il dans ses *Carnets*. De fait, en dépit des importantes critiques qu'il émet à la rencontre de la hiérarchie catholique, la Seconde Guerre mondiale lui a prouvé la capacité des chrétiens à s'engager pour de grandes causes et à prendre des risques. Dans *Combat*, il rappelle ainsi à ceux qui accusent injustement l'Église d'être un « nid d'assassins et de traîtres » la présence de prêtres parmi les déportés. C'est à ce clergé résistant qu'il a voulu rendre hommage dans *La Peste* à travers le père Paneloux, qui rejoint au prix de sa vie les petites formations sanitaires formées par Tarrou et Rieux et qui, en dépit de leurs oppositions doctrinales, lutte aux côtés du médecin contre la maladie. Camus lui-même entretient des relations privilégiées avec certains prêtres. Il se lie d'amitié notamment avec le père Bruckberger, qu'il a connu sous l'Occupation. Dans *Portrait d'un élu*, il manifeste encore son admiration pour le père Pouget, prêtre lazariste auquel Jean Guitton consacra un essai. Et lorsque le père Maydieu l'invite à prononcer une conférence au couvent de Latour-Maubourg en 1946, il accepte. Loin de s'enfermer dans un sectarisme anticlérical, Camus ne cesse de poursuivre un dialogue avec les chrétiens et d'exprimer ses attentes quant à l'Église de demain : une Église consciente de ses responsabilités, parlant un langage clair, n'œuvrant plus seulement pour sa propre conservation mais s'engageant tout entière et pleinement consciente des dangers aux côtés des incroyants dans une lutte contre le mal et l'injustice.

Élisabeth Le Corre

Bibl. : Brian T. Fitch (dir.), « Camus et la religion », *Revue des Lettres modernes*, série Albert Camus, 11, 1982

EL OKBI, affaire du cheikh. – Le dimanche 2 août 1936, le muphti Kahoul est assassiné dans un quartier populaire d'Alger. Il venait de lancer quelques jours auparavant une pétition désignant d'autres dignitaires musulmans dont le cheikh El Okbi comme « une poignée d'agitateurs qui tentent de semer le trouble dans le pays » et qui « vivent à l'européenne sans jamais mettre les pieds dans les mosquées ». Celui-ci et ses amis du Congrès musulman venaient de rendre public un accord avec le Front populaire destiné à encourager la promotion politique des musulmans en Algérie. Moderniste aux yeux des marabouts et des imams, El Okbi est très vite suspecté. Accusé puis incarcéré, il est remis en liberté provisoire dès le 11 août. Il fait l'objet d'un non-lieu, le 26 février 1938. À la suite d'un appel des parties civiles, il est néanmoins renvoyé devant la cour d'assises et comparaît en juin 1939. Ce procès tardif est l'occasion pour *Alger républicain* de replacer cette affaire dans son contexte politique : le journal défend l'idée que les bénéficiaires de tels actes sont les colons hostiles à toute réforme et non le Congrès musulman. Trois ans après, les faits restent embrouillés. Les passions de 1936 sont éteintes et, peut-être pour cette raison, l'audience pourra éclairer cette affaire. Justice est finalement rendue au cheikh : il est acquitté et ses accusateurs condamnés à des peines de vingt ans de travaux forcés. Cette affaire témoigne rétrospectivement de la responsabilité des factions rivales dans l'échec du règlement politique des injustices propres au système de la colonisation.

Il n'y a aucun engagement de Camus dans cette cause puisque l'injustice de l'accusation est reconnue. Durant toute une semaine, du 21 au 29 juin 1939, il assiste au spectacle d'une vérité judiciaire en marche qui va réhabiliter El Okbi et confondre ses accusateurs. Il rend compte méticuleusement des débats, attentif aux mots prononcés, au climat de ce procès où apparaît la recherche délibérée de l'aveu et surtout le besoin de trouver un coupable. C'est ainsi, note-t-il, qu'un juge d'instruction dit à un témoin : « Tu as une mère, maintiens tes aveux », puis l'interroge en lui montrant un Christ. Des échos de ces scènes se retrouvent dans *L'Étranger* dont il commence la rédaction quelques mois plus tard.

En janvier 1956, le cheikh El Okbi, quoique malade, a tenu à assister à la réunion où Camus plaidait pour la trêve civile. Denis SALAS

Bibl. : *Fragments d'un combat : 1938-1940, Alger républicain, Le Soir républicain*, édition établie, présentée et annotée par Jacqueline Lévi-Valensi et André Abbou, *Cahiers Albert Camus*, n° 3, Gallimard, 1978, p. 413-512

EMPÉDOCLE. – Camus appartient au comité de rédaction du mensuel *Empédocle* qui paraît d'avril 1949 à juillet-août 1950. La revue emprunte son titre à un philosophe grec présocratique. Les autres membres du comité sont Albert Béguin, René Char et deux personnalités aujourd'hui oubliées, Guido Meister et Jean Vagne qui fait fonction de directeur. Pour les contemporains, c'est la revue de Camus et de Char. Le premier, n'ayant pas poursuivi sa collaboration à *La Table ronde*, semble avoir cherché à s'implanter dans un périodique qui, sans faire pièce aux *Temps modernes*, lui procurerait une tribune et quelque influence. La première livraison contient deux textes de lui. L'un, « Le meurtre et l'absurde », est présenté comme l'introduction à un essai à paraître. C'est un avant-texte de *L'Homme révolté*. L'autre, « L'artiste est le témoin de la liberté », a déjà paru dans *La Gauche*. Il est repris dans *Actuelles*. En février, *Empédocle* publie le premier acte des *Justes*. Camus semble s'être investi dans la revue : ses sommaires font apparaître les signatures de ses amis ou d'auteurs admirés. Au fil des numéros, on trouve en effet des textes de René Char, de Jean Grenier, de Louis Guilloux, de Simone Weil, de Jean Bloch-Michel, de Francis Ponge, de Brice Parain et de Guy Dumur qui y assure la chronique théâtrale.

Un texte de Julien Gracq, « La littérature à l'estomac », soulève une controverse. C'est un essai allègre qui prend souvent l'allure d'un féroce pamphlet contre l'institution littéraire, son économie et ses mœurs. Gracq se pose comme écrivain. Pour lui, le « tournant des années 1945 » est néfaste à la littérature, qui voit les philosophes – une « tribu affamée, longtemps tenue aux lisières » – investir la république des lettres, y prendre le pouvoir et y faire régner leur ordre. « L'électoralisation de la littérature » est un désastre, elle est un facteur d'« instabilité capricieuse », car « l'actualité dévore sans pitié ses objets ». L'ancien surréaliste règle aussi leur compte au parti communiste, à sa « bonne presse » et au réalisme socialiste. Mais les existentialistes sont sa principale cible. À la demande de Camus, il précise, dans une « mise au point », qu'il vise non une « littérature qui pense » mais les « précipités indigestes » d'une littérature qui s'engage.

Empédocle semble ne pas avoir survécu au retrait d'Albert Béguin qui devient directeur d'*Esprit* au printemps 1950. Jeanyves GUÉRIN

ENFANCE. – L'œuvre de Camus est un monde d'hommes et l'enfance ne semble pas y occuper une place considérable. Le fait est que l'écrivain, très tôt préoccupé par d'autres luttes, n'a pas cherché à mettre en avant ses origines modestes et ce qu'André Malraux appelle son « misérable petit tas de secrets ».

Camus avait pourtant abordé très tôt, dès 1933, la question de son enfance dans ses premiers essais, *Les Voix du quartier pauvre*, et dans une ébauche de roman intitulée *Louis Raingeard*. Il y revient dans *L'Envers et l'Endroit*, publié en 1937, en particulier dans l'essai intitulé *Entre oui et non* : « Je pense à un enfant qui vécut dans un quartier pauvre. Ce quartier, cette maison ! Il n'y avait qu'un étage et les escaliers n'étaient pas éclairés. » Les personnages essentiels de l'enfance de Camus y sont présentés : le père mort au champ d'honneur, sa mère silencieuse, « infirme, pensant difficilement », qui fait des ménages, et sa grand-mère, « rude et dominatrice », qui « fait l'éducation des enfants avec une cravache ». Le côté énigmatique du « silence animal » de la mère y est longuement interrogé. Le récit relève d'une dynamique rétrospective de récit d'enfance qui fait intervenir à la fois l'enfant et le narrateur adulte (ses relations avec sa vieille mère, les souvenirs qui ressurgissent), le tout étant mis à distance par l'absence de noms propres et par une alternance étrange entre le « je » et le « il » qui prédomine.

La préface de l'édition de 1958 de *L'Envers et l'Endroit* revient de manière frontale sur l'importance de l'enfance dans la vie et dans l'œuvre des hommes. Camus voit dans ce livre qu'il juge pourtant maladroit sa « source unique », « son propre centre ». L'écrivain y déclare nettement qu'il est né « pauvre, dans un quartier ouvrier » et que son œuvre s'est construite autour de « l'admirable silence d'une mère et [de] l'effort d'un homme pour retrouver une justice ou un amour qui équilibre ce silence ».

C'est enfin dans *Le Premier Homme* que l'évocation de l'enfance s'ordonne, sous le prête-nom de Jacques Cormery, en véritable récit d'enfance – matrice d'un récit de vie qui aurait dû être beaucoup plus important. La première partie, « Recherche du père », comprend de nombreux éléments relatifs à l'enfance d'un personnage qui présente beaucoup de points communs avec Camus. Comme l'écrit Bruno Vercier, « Du rapprochement et de la superposition de toutes les autobiographies se dégage une sorte de récit idéal, dont chaque œuvre fournit une réalisation particulière. Cette série, plus ou moins complète selon les cas, serait à peu près la suivante : Je suis né, mon père et ma mère, La maison, Le reste de la famille, Le premier souvenir, Le langage, Le monde extérieur, Les animaux, La mort, Les livres, La vocation, L'école, Le sexe, La fin de l'enfance. » La naissance, spectaculaire, au cours d'un déménagement, ouvre en effet le livre. Le père, mort à la guerre, donne bien son nom à la première partie du roman, mais c'est la figure de la mère infirme, Catherine, et de la grand-mère au nerf de bœuf qui dominent le tableau. La maison est celle des *Voix du quartier pauvre* et de *L'Envers et l'Endroit*. Le reste de la famille est également représenté avec les différents oncles, en particulier Ernest, le tonnelier sourd-muet qui emmène le jeune Jacques dans de mémorables parties de chasse et défend malencontreusement sa sœur Catherine contre le seul galant qui pourrait lui permettre de s'affranchir du milieu familial. Le « premier souvenir » est une absence de souvenir, qui motive le récit : nouvel Adam, le narrateur n'a pas connu son père. Si les animaux et les livres (à l'exception de ceux de Michel Zévaco et des *Croix de bois* de Dorgelès) tiennent relativement peu de place dans le roman – le récit d'enfance de Camus n'est pas *d'abord* l'histoire d'une vocation –, un rôle important y est donné à l'école avec la description de l'instituteur Louis Germain, nommé M. Bernard, qui convainc la grand-mère de laisser Jacques préparer le concours d'entrée en sixième. Les jeux des enfants sont longuement évoqués, notamment la « canette vinga », jeu de raquettes, et les parties de football où le jeune Cormery use ses semelles – ainsi que les combats où il doit défendre son honneur à coups de poing. Pierre-Louis Rey remarque toutefois le peu de place que tient l'éducation sentimentale et sexuelle dans le roman. Peut-être était-elle réservée à des parties ultérieures du livre ? La fin de l'enfance, quant à elle, peut être identifiée à la réussite à l'examen d'entrée au lycée : « il venait par ce succès d'être arraché au monde innocent et chaleureux des pauvres ». Mais il faut remarquer que des éléments traditionnels de récit d'enfance se trouvent encore dans la deuxième partie (la distribution des prix, la description de la bibliothèque), le passage de l'enfance à l'adolescence n'étant pas nécessairement une rupture sur tous les plans. D'autres éléments d'affranchissement de l'enfant interviennent d'ailleurs par la suite : la place de capitaine de l'équipe de foot, le premier salaire, la révolte contre la grand-mère qui s'apprête à le corriger…

L'importance finalement incontestable de l'enfance dans l'œuvre de Camus est attestée par cet célèbre extrait de la préface de 1958 : « une œuvre d'homme n'est rien d'autre que ce long cheminement pour retrouver par les détours de l'art les deux ou trois images simples et grandes sur lesquelles le cœur, une première fois, s'est ouvert ». Alain SCHAFFNER

Bibl. : Pierre-Louis Rey, Le Premier Homme *d'Albert Camus*, Gallimard, coll. « Foliothèque », 2008

ENFANT. – En tant que personnages, les enfants ont longtemps tenu peu de place dans les fictions de Camus. Ceux qui apparaissent épisodiquement n'ont pas d'épaisseur, ils sont des objets de discours. Le Meursault de *L'Étranger* était un fils, non un père. Il en est de même de Rieux et de Tarrou dans *La Peste*.

L'emploi du mot « enfant » au singulier, dans ce dernier roman, est particulièrement ingénieux. Dans la troisième séquence de la quatrième partie qui décrit la mort du « fils de M. Othon », celui-ci est pour la première fois appelé « enfant », et ce mot revient fréquemment vingt-cinq fois dans cette séquence, ce qui constitue environ soixante-dix pour cent de l'ensemble des emplois du terme dans l'ouvrage. On ne peut douter que Camus l'ait fait sciemment. La fréquence du mot « enfant » enlève au « fils de M. Othon », déjà devenu anonyme, non seulement toute individualité mais aussi toute détermination de sexe ; elle l'élève au rang de victime innocente, autrement dit, il devient le symbole de l'enfant innocent dont la souffrance est un scandale. Après avoir assisté à son agonie, Rieux apostrophe violemment le père Paneloux : « Ah ! celui-là, au moins, était innocent, vous le savez bien ! » Puis il lui lance : « Et je refuserai jusqu'à la mort d'aimer cette création où des enfants sont torturés. » C'est ainsi que Camus, qui refuse l'idée de péché originel, réussit à présenter une image concrète de l'enfant innocent et martyr dans *La Peste*.

Dans *Les Justes*, autre œuvre du cycle de la révolte, Camus met en scène un terroriste qui a refusé de lancer une bombe sur la calèche du grand-duc parce qu'il y avait des enfants à son bord. La fin justifie-t-elle les moyens ? Est-il permis de tuer des enfants au nom de la révolution ? Tout est-il permis pour la révolution ? Aussi, quoique les enfants n'aient pas de présence scénique, la fréquence du mot « enfant(s) » est frappante : Camus l'emploie trente fois et le place dans la bouche de tous les militants. Deux répliques sont significatives à cet égard : « Yanek, déclare Dora, accepte de tuer le grand-duc puisque sa mort peut avancer le temps où les enfants russes ne mourront plus de faim. Cela déjà n'est pas facile. Mais la mort des neveux du grand-duc n'empêchera aucun enfant de mourir de faim. Même dans la destruction, il y a un ordre, il y a des limites ; « Frères, dit Kaliayev quant à lui, je veux vous parler franchement et vous dire au moins ceci que pourrait dire le plus simple de nos paysans : tuer des enfants est contraire à l'honneur. Et si un jour, moi vivant, la révolution devait se séparer de l'honneur, je m'en détournerais. » C'est ainsi que, par le biais des enfants, il trace avec netteté une ligne, une limite infranchissable. Pour lui, franchir cette ligne, autrement dit tuer des enfants innocents est contraire à l'honneur. On peut remarquer de même que dans *L'État de siège*, c'est l'enfant qui montre la limite qu'il est interdit de franchir.

Dans les ouvrages de la période suivante, apparaît de nouveau l'enfant innocent, ainsi dans *La Chute* et *Les Muets*. Dans *La Femme adultère*, c'est l'absence de l'enfant qui est mentionnée. Réveillée la nuit, Janine rêve à l'enfant qui aurait pu la sauver de la solitude. « Qu'aurait-elle fait d'ailleurs, seule à la maison ? Pas d'enfant ! N'était-ce pas cela qui lui manquait ? » Bien que cet enfant soit imaginaire, il est remarquable qu'il soit présenté comme un être qui aurait pu servir de soutien et de raison de vie à l'héroïne. À l'instar de l'absence de la mère dans *L'Étranger*, celle de l'enfant revêt une signification particulière dans cette nouvelle.

Les enfants, absents dans *La Femme adultère*, apparaissent dans *Jonas ou l'Artiste au travail* et y jouent un rôle primordial. Vers la fin de cette nouvelle, le personnage éponyme se retrouve incapable de peindre dans son atelier, entouré par les autres. Mais il ne peut non plus s'isoler pour travailler dans la solitude absolue parce que « la chance lui [est] enfin donnée d'être seul sans se séparer des siens » ; il aime les siens autant que la peinture. Surtout, autant que sa vocation, il aime ses enfants dont la vue lui fait éprouver le sentiment du bonheur. « Les enfants venaient aussi embrasser leur père. "Fais voir l'image." Jonas leur montrait l'image qu'il peignait et les embrassait avec tendresse. En les renvoyant, il sentait qu'ils occupaient tout l'espace de son cœur, pleinement, sans restriction. Privé d'eux, il ne retrouverait plus que vide et solitude. Il les aimait autant que sa peinture parce que, seuls dans le monde, ils étaient aussi vivants qu'elle. » Ainsi, les enfants sont la raison d'être du héros lui-même et le conduisent vers la solidarité.

Dans *La Femme adultère* et *Jonas*, il est question non de la mort mais de la vie de l'enfant. Sa présence offre à l'héroïne ou au héros de trouver des raisons de vivre les racines de leur existence. On est passé du symbole à la réalité. Camus, par le travail de la mémoire, a pu redevenir enfant et fils, puis il est parti à la recherche de son père et de sa propre enfance dans *Le Premier Homme*. Yosei MATSUMOTO

Bibl. : Yosei Matsumoto, « L'Image de l'enfant chez Camus », *Études camusiennes*, n° 1, 1994, p. 75-87

ENGAGEMENT. – Camus fut-il un écrivain engagé ? Ce n'est pas si sûr. Quoi que laissent entendre certains historiens de la littérature, l'engagement – tout comme l'existentialisme – n'est nullement à l'origine une problématique camusienne, mais une idée si prégnante à l'époque que Camus fut tenu de préciser ses rapports avec elle. Il n'est pas là sur son terrain, mais sur celui d'un Jean-Paul Sartre s'attachant à élucider les rapports entre l'écrivain et l'époque à laquelle il produit son travail, instruisant un débat entre la société (on disait naguère le « milieu ») et l'écrivain dont les textes sont – ou non – des réponses aux interrogations et problèmes du temps. Niant la littérature humaniste et la passivité de l'artiste, Sartre vante l'engagement concret, et Simone de Beauvoir « une présence totale de l'écrivain à l'écriture ». Les mots sont des « pistolets chargés » et un chat est un chat. Historiquement, l'engagement caractérise une courte décennie de l'écriture française, allant de 1944 à 1952, année où, déjà, Étiemble prône une « littérature dégagée » et où les écrits engagés d'inspiration progressiste peinent à trouver leur public. En 1954, avec *Bonjour tristesse* de Françoise Sagan, on passe à autre chose, et les deux successeurs de l'existentialisme (les Hussards, le Nouveau Roman) font fi de cette théorie déjà datée à leurs yeux.

La conception de la littérature engagée s'appuie sur la responsabilité de l'écrivain. Sartre la définit dans la présentation des *Temps modernes* (1945), revue liée à un « devoir d'engagement » dont elle est à la fois le modèle et la tribune, puis dans *Qu'est-ce que la littérature ?* (1947). Sartre, l'écrivain engagé par excellence dans la mémoire collective, fonde cette notion sur le fait que l'écrivain est « en situation dans son époque ». Il en formule les attendus. « Chaque parole a des retentissements. » Le silence et l'abstention ont eux-mêmes un sens, et leurs tenants (ainsi Balzac, Flaubert, Proust, dès lors vus comme responsables des événements de leur temps) sont comptables de cet éloignement des *realia*. Sans remonter jusqu'au « J'accuse ! » de Zola, ce souci du recoupement de l'histoire et de la parole vient de plus loin, d'une littérature de témoignage aux accents pacifistes (Henri Barbusse, *Le Feu*, 1916). Jean Giono (*Le Grand Troupeau*, 1931), Roger Martin du Gard (*Les Thibault*, 1922-1940), Jules Romains (*Les Hommes de bonne volonté*, 1932-1946) et, dans une moindre mesure, un Louis Aragon plus politisé avec le cycle du *Monde réel* (1934-1944), n'écrivent pas des romans, des témoignages ou des fresques à thèse, mais ces travaux disent l'impact de l'histoire présente sur la littérature. Âge des meetings, de l'écrivain face au micro... À droite (Pierre Drieu La Rochelle), à gauche (Malraux), la guerre civile espagnole ouvre la voie à une réflexion sur la condition humaine et, l'an de la parution de *Gilles* (1939), Sartre présente avec *Le Mur* le thème de la guerre comme une situation-limite, ce que sera de manière analogue et allégorique l'épidémie dans *La Peste*. D'un même mouvement, Sartre désigne la liberté comme choix historique. Mais ce sont la guerre mondiale et l'Occupation, supprimant la liberté d'expression, qui génèrent une littérature d'engagement contre l'ennemi, dont la poésie est le canal privilégié (Louis Aragon, Paul Eluard, René Char, Jean Cassou).

Camus a lu ces auteurs, il connaît ces débats d'époque, mais aussi bien ses essais lyriques que *L'Étranger*, dans lequel il pointe un fort sentiment d'absurde théorisé la même année dans *Le Mythe de Sisyphe*, semblent éloignés de telles préoccupations. Il est difficile de trouver un narrateur plus « dégagé » que Meursault (voire le Mersault de *La Mort heureuse*) puisque l'engagement suppose la prise en compte du sort d'autrui, pour lequel, selon Sartre, l'auteur écrit plus qu'il ne s'exprime lui-même. Si le narrateur ivre de *Noces* est engagé, c'est – et à échelle personnelle – dans la lumière d'un monde méditerranéen irréductible à une histoire que les existentialistes, eux, divinisent en plaçant leur fauteuil dans son sens, alors que Camus, après Nietzsche et Grenier, la relativise. C'est en tant que journaliste que Camus, ancien reporter en Kabylie, est frontalement confronté à l'engagement, définissant une attitude de journaliste mesurée, autocritique. C'est par ce biais et non par celui de la fiction qu'il rencontre l'engagement, ou plus exactement définit le rapport du scripteur à la matière historique, nationale et internationale. Contre François Mauriac, l'obscur rédacteur algérois devenu grande plume de la presse libre défend une idée radicale de la justice et, le 8 août 1945, alors que les journaux célèbrent la fin proche du conflit, Camus est l'un des rares à prendre assez de recul pour envisager les « perspectives terribles » que la bombe A ouvre – et ferme – à l'humanité.

Le sentiment de l'absurde ne peut être dépassé que par l'expérience de la révolte, qui fait apparaître un sens. Mais ce qu'établit *L'Homme révolté* ne revient pas à dire qu'une œuvre a forcément, et toujours, un message à délivrer : « J'aime mieux les hommes engagés que les littératures engagées. Du courage dans sa vie et du talent dans ses œuvres, ce n'est déjà pas si mal. Et puis l'écrivain est engagé quand il le veut. Son mérite c'est son mouvement. Et si ça doit devenir une loi, un métier ou une terreur, où est le mérite justement ? » (*Carnets* II). L'engagement a quelque chose de trop systématique, mettant l'accent sur le fond plus que sur la forme, qui déçoit et sans doute lasse. Camus le sait, qui l'a pratiqué : la prise de parti est une possibilité de celui qui écrit, quasi nécessaire en cas d'urgence et de crise, mais elle n'est pas, comme l'entend Sartre, « une activité consubstantielle à sa qualité d'écrivain ». Vrai non conformiste de ces années, Camus refuse d'associer son nom et sa signature à tout groupe partisan, définissant ainsi une troisième voie, qui n'est ni l'engagement dans l'histoire violente ni le silence du traître, mais la position délicate du franc-tireur, qui prête le flanc aux attaques de tous bords : « Le seul artiste engagé est celui qui, sans rien refuser du combat, refuse du moins de rejoindre les formations régulières, je veux dire le franc-tireur. » On ne doit pas taire certaines vérités car elles gênent une cause politique. Camus réintroduit ainsi – les existentialistes le lui reprocheront – le fait moral. Là où l'intellectuel, trop engagé pour voir, peut manquer de clairvoyance, le moraliste s'adonne à la vigilance. S'adressant à Camus, William Faulkner célèbre en lui « l'homme qui cherche et qui s'interroge ».

C'est surtout l'artiste en Camus qui nie l'engagement. De même qu'une question de mots intervient aussi : celui d'« engagement », auquel on ne cesse de le ramener, de le limiter, notamment dans des interviews, ne lui convient pas. Il n'est pas à sa mesure. Décidément rétif à l'absolu historique, Camus note en 1945 dans ses *Carnets* II : « Contre la littérature engagée. L'homme n'est pas *que* le social. Sa mort du moins lui appartient. » Au revers, il lui importe dans les années 1950, pour s'en rapprocher aussi, de définir le mot d'« artiste ». Un véritable artiste n'est engagé que dans la pratique de son art et ne saurait lui soumettre la réalité historique : « Engagement. J'ai la plus haute idée, et la plus passionnée, de l'art. Bien trop haute pour consentir à le soumettre à rien », écrit Camus dans ses *Carnets* en 1950. Plutôt la foi en son génie, louée par Emerson, que l'obéissance béate aux idéologies. Tout comme Paul Nizan, Camus ne sacrifie pas l'artiste au partisan. La fin ne justifie pas les moyens. L'engagement est donc un terme dont il se dégage. Dans *La Chute*, Clamence est aussi loin que Meursault des choses du siècle, qu'il pervertit même dans une ironie généralisée dont certaines nouvelles de *L'Exil et le Royaume* ne sont pas exemptes. Si Clamence use du terme, c'est, symptomatiquement, au pluriel (« Il faut que quelque chose arrive, voilà l'explication de la plupart des engagements humains »). À mesure que Sartre se radicalise en devenant compagnon de l'extrême gauche, Camus cherche la juste mesure. Au terme de Sartre, il préfère celui, venant de Pascal, d'« embarquement ». L'écrivain, comme les hommes de son temps, est « embarqué » dans l'histoire, fût-elle nef des fous. « Embarquez » disait aussi – dans un contexte tout autre – Pérez à Mersault dans *La Mort heureuse*. C'est le mot auquel Camus se tient dans sa conférence du 14 décembre 1957. Autant qu'il lui rend possible de synthétiser et de diffuser sa pensée, le Nobel lui permet de se débarrasser du label : « Embarquement me paraît plus juste qu'engagement. Il ne s'agit pas en effet pour l'artiste d'un engagement volontaire, mais plutôt d'un service militaire obligatoire. Tout artiste aujourd'hui est embarqué dans la galère de son temps. Il doit s'y résigner. » Comme ceux de « philosophe », voire d'« intellectuel », d'« existentialiste », les mots d'« auteur engagé » ne conviennent pas. Il est frappant de voir que Camus juxtapose les termes d'« engagement » et d'« artiste », qu'il oppose presque comme « oppression » et « liberté ». L'artiste est embarqué et non embarqué : il est certes pris dans les remous de son temps mais aussi dans la temporalité propre, autre, de son œuvre en train de s'accomplir (« Une littérature dans laquelle j'essayais de m'engager tout entier », écrit pour lui Michel Leiris). L'œuvre terminale – et initiale – qu'est *Le Premier Homme*, où le politique tient peu de place, est très éloignée de cette thématique, déjà devenue obsolète à la fin de décennie. Si Camus s'est engagé, c'est dans son art et – l'un par l'autre – dans son passé familial. Autrui, ce ne sont plus les contemporains, mais le cercle familial élargi. Ainsi gagne-t-on moins à coller à tout prix à Camus une étiquette d'époque qui ne lui sied guère qu'à comprendre, de l'intérieur, et au nom de quoi, ce qui le conduit quasiment d'instinct à s'en écarter.

Pierre Grouix

• *Voir aussi :* Création ; Intellectuel

Bibl. : Denis Salas, *Albert Camus, la juste révolte*, Michalon, coll. « Le bien commun », 2002 • Susan Tarrow, *Exile from the Kingdom. A Political Rereading of Albert Camus*, Tuscaloosa, University of Alabama Press, 1985

***ÉNIGME* (*L'*)**. – En 1950, Camus jouit d'une large notoriété qui, pourtant, lui procure plus de défiance que de satisfaction. L'heure n'est pas encore à la polémique qui se déchaînera autour de la parution de *L'Homme révolté*, mais il sait déjà combien cette notoriété peut être fondée sur un engouement artificiel, un malentendu ou une lecture restrictive de son œuvre. Dans *L'Énigme*, il raille avec une ironie toute platonicienne cette « admirable caverne » qu'est Paris, où s'édifient des réputations et des discours critiques dépourvus de discernement. Il y dresse à rebours le portrait du lecteur tel qu'il le souhaite : ouvert à la passion de la création, ou du moins aimant suffisamment les créateurs pour les approcher dans l'empathie, et même s'il sait la difficulté de trouver ce lecteur rare, c'est pour lui, et en quelque sorte également dans une pause-bilan établie pour lui-même, qu'il écrit cette réflexion sur son cheminement d'écrivain.

Comme le titre de ce petit essai en témoigne, Camus postule d'abord la nécessité d'appréhender une œuvre dans ses arcanes et ses nuances et regrette qu'on ait tendance à enfermer la sienne dans la caricature d'une formule définitive : celle d'une écriture de l'absurde. Sans renier cette phase, il rappelle qu'elle ne constitue qu'un point de départ pour une création qui, loin de tendre au nihilisme auquel certains concluent hâtivement, n'est, dans sa pessimiste clairvoyance, qu'incessante recherche pour ne pas céder au désespoir. Cette position complexe et exigeante, Camus essaie d'en rendre compte par le biais d'une chaîne d'associations sémantiques apparemment paradoxales, telle celle-ci : « Au centre de notre œuvre, fût-elle noire, rayonne un soleil inépuisable. »

Le motif du soleil essaime dans ce texte comme dans bien d'autres pour renvoyer en premier lieu à un moment fondateur de sa vie d'homme et d'écrivain : à l'émotion intensément ressentie devant la beauté du monde, particulièrement lumineuse sur la terre méditerranéenne originelle, ouvrant tout à la fois à l'immanence de sa jouissance et au sentiment aigu de l'irrémédiable de sa perte. Cette initiation ne saurait être oubliée : elle irradie l'œuvre d'un écrivain qui en vient à unir symboliquement l'illumination solaire et le lieu originel pour professer solennellement sa « fidélité instinctive à une lumière où [il est] né ». La trace incandescente dans sa mémoire de ce soleil aussi bien que ses retrouvailles sur une autre rive de la Méditerranée (le texte est écrit lors d'un séjour dans le Luberon) renouvellent à l'identique l'expérience d'une « énigme heureuse ».

Dans cette formule, Camus condense toutes les contradictions inhérentes à la condition humaine, de la sensation physique de « l'éblouissement obscur » que produit une très forte intensité lumineuse à la conscience de l'injustice et de la violence du monde qui n'empêche pas qu'on garde une irrésistible foi en la vie. À l'instar de l'œuvre d'Eschyle qui, dit-il, ne mène pas à l'impasse du non-sens mais à « l'énigme, c'est-à-dire un sens qu'on déchiffre mal parce qu'il éblouit », Camus définit son œuvre par une tension toujours réitérée pour se rapprocher d'un point d'aboutissement qui l'éclaire et l'aimante mais aussi se dérobe. Et s'il recourt volontiers au langage figuré du mythe, c'est que celui-ci est par excellence pour lui celui de la création qui résout les contradictions tout en gardant un halo de mystère et, ce faisant, rassérène sans pétrifier le sens.

Ce texte, par l'illumination mythique qu'il confère au motif solaire, ne pouvait pas ne pas trouver place dans le recueil *L'Été* que Camus publia en 1954.

Martine MATHIEU-JOB

ENTRE OUI ET NON. – Deuxième des cinq essais du recueil *L'Envers et l'Endroit*, paru en 1937, *Entre oui et non* reprend des textes antérieurs, selon la pratique courante de Camus en cette période où il apprend son métier d'écrivain : la première phrase des *Voix du quartier pauvre* (1934), « la voix de la femme qui ne pensait pas », est ainsi accompagnée de fragments tirés de la nébuleuse du « quartier pauvre » et des *Carnets* de 1936. L'ensemble est soigneusement construit dans l'entrelacement d'une méditation au présent et à la première personne, et de souvenirs rapportés selon des modalités diverses (première/troisième personne ;

passé simple/passé composé/présent) ; dans cette coprésence vertigineuse – mise sous le signe de Proust par la première phrase –, le « je » laisse affleurer l'essentiel.

L'ici-maintenant de la méditation est clairement dessiné : un « café maure, tout au bout de la ville arabe », face à la baie (mais Alger n'est pas nommée), à une heure avancée de la nuit, donc désert et silencieux même si montent jusque là les bruits de la ville. Camus – et l'on s'autorisera ici à assimiler le narrateur-essayiste et Camus – perçoit aussi intensément ses souvenirs et la réalité extérieure, celle de ce lieu qui lui est à la fois étrange et familier et celle de la beauté du monde qui s'offre à lui. À la fin de l'essai, il quitte ce lieu, rompant avec une tentation de l'ataraxie née de la contemplation.

Toutefois dans l'afflux des souvenirs s'est joué quelque chose d'essentiel. Il s'agit, certes, d'une remémoration émerveillée et nostalgique, visant à « accueillir la leçon d'amour et de pauvreté » que recèlent les souvenirs de l'enfance pauvre, à « recueillir seulement la transparence et la simplicité des paradis perdus : dans une image » ; et c'est l'image de la mère, et du rapport de son fils à elle, décliné en plusieurs scènes relevant de situations et de périodes très différentes. En ce sens, si dans la préface de 1958, Camus, persuadé « qu'une œuvre d'homme n'est rien d'autre que ce long cheminement pour retrouver par les détours de l'art les deux ou trois images simples et grandes sur lesquelles le cœur, une première fois, s'est ouvert », si donc Camus s'assigne pour tâche de récrire *L'Envers et l'Endroit*, on peut penser que c'est principalement *Entre oui et non* qu'il s'agit de récrire, et que c'est précisément cela qu'il fait dans *Le Premier Homme*. On voit par ailleurs se profiler les motifs de *L'Exil et le Royaume* quand, à deux reprises dans les premières lignes du texte, l'afflux des souvenirs est assimilé à un rapatriement, donc à une sortie d'exil.

Pourtant la glose du titre, *Entre oui et non*, proposée par le texte lui-même, invite à aller plus loin : « Puisque cette heure est comme un intervalle entre oui et non, je laisse pour d'autres heures l'espoir ou le dégoût de vivre. » Si, conformément à sa première idée, Camus avait intitulé cet essai « L'intervalle », on aurait pu conclure à une parenthèse heureuse dédiée au souvenir. Mais il a choisi le titre oxymorique, qui correspond davantage à l'ensemble des souvenirs qui affleurent et qui disent aussi le malheur et le désespoir, entre autres le récit halluciné de la chatte dévorant ses petits – récit attribué à un « débardeur » dans les *Carnets* et assumé ici par le « je ». Dans l'économie du recueil, au titre lui aussi oxymorique, *Entre oui et non* ne marque pas une parenthèse mais la volonté d'explorer le cœur de l'expérience humaine.

Pour cette exploration, quelque vingt ans avant *Le Premier Homme*, la mère sert d'« intercesseur » entre soi et soi, au plus proche de l'essentiel. Énigmatique, apparemment murée dans le silence, l'indifférence, le malheur, la solitude, la figure maternelle habite cet essai et y fait naître, à quelques lignes de distance, ce double cri étouffé : « L'indifférence de cette mère étrange ! », « Ma mère, ce soir, et son étrange indifférence. » Et il faut à Camus la mise à distance du « il » pour affronter la scène cruciale de son enfance, celle où l'enfant découvre le silence de sa mère. Il en jauge l'impact en la mettant en perspective avec d'autres scènes : la nuit de veille de l'adulte auprès de sa mère malade et le dialogue de la mère et du fils sur le père mort à la guerre. La médiation de la figure maternelle permet à Camus de se demander qui il est et de se poser à lui-même l'impérieuse exigence de lucidité. Car il ne s'agit pas de rejoindre l'indifférence conjointe de la mère et du monde, intensément éprouvée dans « l'intervalle » de la méditation ; il s'agit, au creuset de cette expérience des profondeurs, de se forger de quoi affronter la réalité de la condamnation à mort. À la fin d'un texte où l'on a pu lire, s'agissant de l'enfant : « À se sentir étranger, il prend conscience de sa peine », c'est la figure du condamné à mort qui surgit. L'essentiel de *L'Étranger* est déjà là.

Agnès SPIQUEL

ENVERS ET L'ENDROIT (L'), **essai**. – Dernier essai du recueil du même titre, paru en 1937, *L'Envers et l'Endroit* en est le plus hybride. Camus le construit autour d'un long fragment qui figure dans les *Carnets* à la date de janvier 1936, fragment lui-même issu des écrits du « quartier pauvre », cette nébuleuse de textes épars dans lesquels Camus a tenté entre 1933 et 1936 de fixer son expérience. L'essai reprend également des réflexions notées dans les *Carnets* en mars et en mai 1936. L'ensemble de la méditation – très dense – s'inscrit dans un « ici-maintenant », comme une minute d'exception découpée « dans l'étoffe du temps ». Ce noyau de l'essai est tissé avec un récit, celui de la femme qui s'achète un tombeau et ne vit que pour celui-ci en attendant la mort ; l'anecdote, qui ouvre le texte et amène la pointe ironique finale, est narrée avec un humour très efficace, qui met en évidence sans le dire une conduite absurde, comme *L'Étranger* le fera magistralement.

Ultime exploration de l'envers et de l'endroit du monde, l'essai achève de donner à ces notions l'extension la plus grande qui soit : double versant d'ombre et de lumière, c'est aussi le visible et l'invisible, et même l'apparence et la réalité, dans une première version plus directement platonicienne (« Prisonnier de la caverne, me voici seul en face de l'ombre du monde. »). Dans tous les cas, est réaffirmé avec force le refus de choisir entre les deux ; c'est pour cela, sans doute, que l'essai porte le titre du recueil ; il répond à la question implicite de celui-ci : l'envers *et* l'endroit.

Le retour de l'ironie à la clôture de l'essai et du recueil y prend une tout autre dimension. Bien au-delà de la dérision envers la femme absurde, l'ironie devient une modalité essentielle en ce qu'elle postule la coprésence de deux éléments contradictoires (c'est son fondement rhétorique) ; elle prône un « vivez comme si… » Or, dans une sorte de projet de préface que l'on peut dater de 1933, et qui posait déjà le refus de choisir entre l'envers et l'endroit, Camus évoquait un « dernier essai » qui illustrerait cette valeur de « métaphysique en acte » dont est dotée l'ironie ; il se serait intitulé *Le Courage*.

Mais le courage ne consiste pas à imiter cette femme qui se détourne du monde et vit comme si elle était déjà morte ; il consiste à regarder la mort en face tout en adhérant de toutes ses forces à la vie sous toutes ses formes, au point de vouloir se fondre dans le monde à une minute donnée – non pour s'y oublier mais pour s'y rejoindre et y faire l'expérience de l'éternité –, c'est ce que redira *La Mort heureuse*. Une sorte de métaphysique à fondement sensuel conduit ainsi Camus à juxtaposer deux propositions : « tout mon royaume est de ce monde » et « l'éternité est là, et moi je l'espérais » ; on peut y voir une première expression de ce sacré sans transcendance dont il ne cessera de chercher la formule.

Camus est tout à fait conscient de la dimension fondatrice de l'expérience qu'il décrit là : « Je me regarde naître », écrit-il. Dans un texte de décembre 1931, *Le Dernier Jour d'un mort-né*, il décrivait un adolescent en train de voir en rêve sa propre naissance. Cinq ans plus tard, il est conscient d'être « né à lui-même », comme le dira *Le Premier Homme* ; il peut désormais dire « je » tout autrement et projeter ce « je » dans l'expérience radicale de Meursault. Agnès SPIQUEL

Bibl. : Jacqueline Lévi-Valensi, *Albert Camus ou la naissance d'un romancier*, Gallimard, 2006, p. 435-445

***ENVERS ET L'ENDROIT (L'),* recueil.** – « Je sais que ma source est dans *L'Envers et l'Endroit* », écrit Camus en 1958 : plus de vingt après, il continue donc à accorder une importance majeure à sa toute première publication, dont il était pourtant le premier à souligner les maladresses.

Ce recueil de cinq essais paraît en mai 1937 à Alger, chez Charlot, le tout jeune et récent fondateur de la librairie Les Vraies Richesses, lieu de rencontre d'amis qui ont les mêmes engagements culturels, entre autres dans le Théâtre du Travail. C'est la deuxième publication de la collection « Méditerranéennes » lancée par Charlot, où paraîtront également des ouvrages de Jean Grenier, René-Jean Clot, Claude de Fréminville et Gabriel Audisio, tous convaincus de la fécondité de cette « culture méditerranéenne » que Camus a célébrée en février 1937, dans une conférence à la maison de la Culture d'Alger. En France, seuls les *Cahiers du Sud* donnent un bref compte rendu du livre.

Camus, qui écrit depuis plus de cinq ans, accède donc au statut d'écrivain. Jacqueline Lévi-Valensi a montré l'étape essentielle que représente *L'Envers et l'Endroit* dans la mise en place de ses thèmes centraux et de son écriture, à la charnière entre des « premiers écrits » multiformes et les réalisations décisives qui vont suivre, dans le registre de l'essai (*Noces* est écrit en 1937-1938) et dans celui du roman (*La Mort heureuse* l'est en 1936-1938, et *L'Étranger* en 1939-1940). Camus y expérimente, en particulier, les variations dans l'énonciation, non seulement entre le « je » de l'essai et le « il » de la narration, mais aussi entre les diverses postures énonciatives du « je », à la fois narrateur, personnage, sujet et objet d'analyse ; bref, il y forge tout son art de l'écriture à la première personne, dont on sait la maîtrise qu'il y manifestera.

Pour écrire ces cinq essais, Camus puise à diverses sources. D'abord il reprend des textes antérieurs : un texte de 1933, qui ressemble à un projet de préface et pose déjà les notions d'« envers » et d'« endroit », en même temps que l'importance de l'ironie, de la lucidité et des paysages méditerranéens ; la plupart des *Voix du quartier pauvre*, sortes d'instantanés qui sont des témoignages sur son enfance et son quartier de Belcourt ; et des extraits – choisis avec beaucoup de sûreté – de son esquisse de roman autobiographique, *Louis Raingeard*, dont le titre de l'un des chapitres, « Notre royaume est de ce monde », donnera naissance à une phrase-clé du recueil. Il s'appuie aussi sur des expériences récentes, dont les deux voyages qu'il effectue pendant les étés 1935 et 1936, respectivement aux Baléares et en Europe (Tchécoslovaquie et Italie). Il creuse enfin sa méditation philosophique sur le double versant métaphysique et éthique. La genèse de l'ouvrage (Camus écrit : « mon livre ») apparaît dans ses *Carnets*, à partir de janvier 1936, soit en d'amples fragments déjà très élaborés, soit en de brèves notations, jusqu'au moment où la gestation de *La Mort heureuse* y prend toute la place.

Les *Carnets* nous livrent également, daté de mai 1937, un « Projet de préface pour "L'Envers et l'Endroit" » ; Camus ne l'a pas gardée mais elle est intéressante en ce qu'elle postule la lecture adéquate du recueil : porté par « une démarche sourde qui en fait l'unité », il demande au lecteur « d'en suivre la progression ». *L'Envers et l'Endroit* dessine en effet une sorte d'itinéraire spirituel : le point de départ est la succession de constats en quoi consiste *L'Ironie* ; puis, dans *Entre oui et non*, l'âme se « rapatrie », l'intervalle d'un instant, dans le souvenir fondateur des « paradis perdus » ; elle fait ensuite, dans *La Mort dans l'âme*, la double expérience de la déréliction et de l'extase, qu'elle accepte totalement l'une et l'autre ; dès lors, *Amour de vivre* peut entériner le lien essentiel entre amour et désespoir, avant que *L'Envers et l'Endroit* n'affirme puissamment le refus de choisir entre les deux versants proposés par le titre du recueil et qui, à tous les niveaux de l'expérience humaine, sont aussi indissociables que le recto et le verso d'une page. À cette progression vient se greffer un principe de circularité, le recueil s'ouvrant et se clôturant sur « l'ironie » : au-delà de la distance sarcastique souvent prise par le narrateur à la fin des essais, elle devient le moyen nécessaire à une lucidité qui puisse tenir ensemble les contraires, et les regarder en face. Tout cela est pris dans un réseau sensuel de notations concrètes, tant la pensée est incarnée dans une expérience ; tout cela est porté par un lyrisme dont l'élan, constamment tenu en bride, se résout en frémissement.

Il s'agit bien, en effet, d'un sujet qui rend compte de son expérience du monde, de la vie et de lui-même. Au fil des cinq textes, il découvre combien les notions d'« envers » et d'« endroit » sont complexes, mouvantes, réversibles : mort contre vie, désespoir contre extase, réalité contre apparences, surface contre profondeur. Le témoignage s'approfondit dès lors en méditation métaphysique : quel que soit le biais par lequel il questionne le réel, c'est toujours la mort que le sujet rencontre, et qu'il apprivoise, repoussant définitivement toute idée d'immortalité. En même temps, rechercher « le secret du monde » ou « le sens vrai de la vie » ne relève pas de la spéculation mais d'une volonté de vérité qui puisse fonder une éthique : que le sujet coïncide avec lui-même à travers ses souvenirs ou à travers la beauté du monde, il se refuse à toute complaisance. Ces extases dans une harmonie qui dessine une éternité « ici-maintenant » ne se referment pas sur elles-mêmes : elles ouvrent sur l'amour. « Je me regarde naître », lit-on dans le dernier essai ; *L'Envers et l'Endroit* ou comment naître au monde et aux autres, se mettre au monde, en sachant que c'est pour la mort.

Camus dédie son livre à son maître, Jean Grenier ; « J'en connais les défauts – mais je le publie parce que je crois que c'est devenu nécessaire », lui avait-il écrit. Le 8 juillet 1937, il adresse à Jean de Maisonseul, son ami le plus proche, une lettre bouleversante : « je manque de métier [...]. Il m'a semblé qu'à condition d'être conscient de cette faiblesse, je pouvais me permettre de tout dire avec toute ma passion – d'aller jusqu'au bout. J'ai beaucoup travaillé ces choses [...].

Plus tard j'écrirai un livre qui sera une œuvre d'art. Je veux dire bien sûr une création, mais ce seront les mêmes choses que je dirai et tout mon progrès, je le crains, sera dans la forme – que je voudrai plus extérieure ».

À sa sortie, le petit livre passe inaperçu. Henri Hell en parle dans *Oran républicain* et Émile Dermenghem dans les *Cahiers du Sud*. Quand, en 1958, Camus accepte enfin que *L'Envers et l'Endroit* soit réédité chez Gallimard, il accompagne l'ouvrage d'une longue préface, où il dit en substance la même chose : sa grande œuvre d'art sera la récriture de ce premier livre. Mais cette préface, longuement mûrie, va beaucoup plus loin : dans ce texte majeur de sa maturité (il a alors quarante-cinq ans), il prend une position de surplomb par rapport à tout son itinéraire – passé et avenir – d'homme et d'écrivain. En des formules frappantes, souvent reprises, il dégage les fondements de sa personnalité et de son rapport aux autres : « je fus placé à mi-distance de la misère et du soleil. La misère m'empêcha de croire que tout est bien sous le soleil et dans l'histoire ; le soleil m'apprit que l'histoire n'est pas tout ». Il esquisse également les traits dominants de sa carrière et, parlant de son « métier d'écrivain », condense en quelques lignes sa conception de l'œuvre, « retrouver par les détours de l'art les deux ou trois images simples et grandes sur lesquelles le cœur, une première fois, s'est ouvert ». Parfaite présentation de Camus par lui-même, ce texte mérite largement la place qu'il occupe désormais à l'ouverture de son œuvre ; il est émouvant de l'y voir programmer ce qu'il ne sait pas encore devoir être son dernier ouvrage, *Le Premier Homme* (qu'il est en train d'écrire – difficilement) : « Si, malgré tant d'efforts pour édifier un langage et faire vivre des mythes, je ne parviens pas un jour à récrire *L'Envers et l'Endroit*, je ne serai jamais parvenu à rien, voilà ma conviction obscure. Rien ne m'empêche en tout cas de rêver que j'y réussirai, d'imaginer que je mettrai encore au centre de cette œuvre l'admirable silence d'une mère et l'effort d'un homme pour retrouver une justice ou un amour qui équilibre ce silence. » Tout est dit là.

Agnès SPIQUEL

Éd. : Charlot, coll. « Méditerranéennes », 1937 • Gallimard, coll. « Les Essais », 1958 • *Essais*, Gallimard, coll. « Bibl. de la Pléiade », 1965 • Gallimard, « Folio Essais », 1986 • *Œuvres complètes*, t. I, Gallimard, coll. « Bibl. de la Pléiade », 2006, éd. par Jacqueline Lévi-Valensi et Samantha Novello

Trad. : en albanais, allemand, anglais, arabe, bulgare, coréen, croate, danois, espagnol, estonien, grec, hongrois, italien, japonais, néerlandais, polonais, portugais, roumain, russe, slovaque, slovène, turc et ukrainien

Crit. : Françoise Armengaud, « L'ironie "tapie au fond des choses", ou l'inexplicable texture de *L'Envers et l'Endroit* », dans Anne-Marie Amiot et Jean-François Mattéi (dir.), *Albert Camus et la philosophie*, PUF, 1997, p. 36-50 • Jacqueline Lévi-Valensi, *Albert Camus ou la naissance d'un romancier*, Gallimard, 2006, p. 351-453

ÉPIGRAPHES. – La pratique de l'épigraphe est courante dans la littérature moderne. Quand un écrivain fait figurer une citation en tête ou en exergue d'un ouvrage, il se place sous l'autorité de son auteur. Il arrive aussi que la citation fournisse un éclaircissement, un commentaire à l'œuvre qu'elle représente. *L'Étranger*, *Caligula*, *Le Malentendu*, *L'Été*, *La Chute* en sont dépourvus. *Noces*, *Le Mythe de Sisyphe*, *Lettres à un ami allemand*, *La Peste*, *Les Justes*, *Actuelles*, *L'Homme révolté*, deux parties d'œuvre, *Prométhée aux enfers* et *Jonas* en comportent une maintenue dans les rééditions. Elles mentionnent le nom de son auteur, pas forcément le titre de l'œuvre dont elles sont extraites. La liste des écrivains mis à contribution dessine une constellation à la fois classique et cosmopolite. On y trouve la Bible (le livre de Jonas), Pindare, Shakespeare, Pascal, De Foe, Hölderlin, deux fois cité, Stendhal et Nietzsche. Ce sont là des auteurs familiers ou chers à Camus. Citer un mot du dernier, c'est placer *Actuelles* sous son patronage, c'est plus que jamais s'affirmer « nietzschéen de gauche » en un temps où il est de bon ton d'être marxiste. Aucun romancier, dramaturge ou penseur du XXe siècle n'a eu cet honneur. Quand la citation est empruntée à un auteur étranger, elle est traduite. Une exception cependant : celle de *Roméo et Juliette* qui est en tête des *Justes* est donnée en anglais. La pratique de Camus là comme ailleurs est étrangère à toute règle systématique. Jeanyves GUÉRIN

ÉPURATION. – L'épuration occupe une place importante dans les articles de Camus à *Combat*. Dès qu'il aborde la question, le 30 août 1944, c'est pour estimer que les crimes commis sous l'Occupation sont impardonnables. « Ce n'est pas la haine qui parlera demain, mais la justice elle-même, fondée sur la mémoire ». Une épuration est « nécessaire » et il la veut, dans un premier temps, rigoureuse. Elle est, pour ainsi dire, un gage de la révolution en cours. L'on ne s'étonnera pas qu'au même moment il signe le Manifeste des écrivains qui préconise une épuration du milieu littéraire. « Il n'est pas question d'épurer beaucoup, mais d'épurer bien » précise-t-il le 18 octobre. En l'occurrence, il s'agit d'écarter les hauts fonctionnaires, les industriels qui ont failli ou trahi – « Chaque privilège a des devoirs. » La presse est le domaine où l'épuration a été totale et immédiate, réalisée à l'été 1944 dans le feu de l'insurrection. Les journaux qui ont continué de paraître en zone nord après 1940 et en zone sud après 1942 ont été interdits à la Libération. Camus s'en réjouit.

La sanction des élites est le prix à payer pour la régénération de la France. François Mauriac, quant à lui, dans un article du *Figaro* du 19 octobre 1944, pointe des bavures, les excès d'une justice révolutionnaire et plaide pour la « réconciliation nationale ». « Il est, lui répond Camus, des pardons impossibles et de nécessaires révolutions », et d'invoquer la mémoire de ses camarades morts. Un nouvel article de Mauriac amène l'éditorialiste de *Combat* à préciser sa position, le 25 octobre. « Nous n'avons pas le goût du meurtre », mais les « hommes de la trahison et de l'injustice » sont un « corps étranger » qui doit être détruit. La justice doit s'exercer contre eux, être « prompte et limitée dans le temps » ; « nous avons choisi d'assumer la justice humaine avec ses terribles imperfections, soucieux seulement de la corriger par une honnêteté désespérément maintenue ». Il parle même, le 2 novembre, de « substituer la justice morale à la justice de droit ». La formule est imprudente. Il ne la reprend pas. Mais à Mauriac il concède qu'il n'est pas question de procès bâclés, de règlements de comptes – « Nous maintenons la liberté au profit même de ceux qui l'ont toujours combattue. » Le désaccord porte sur les moyens comme sur la fin. Il est politique. Le « girondin » Mauriac préconise le strict respect de la légalité et la concorde, il refuse toute issue révolutionnaire à la Libération. Le « jacobin » Camus appelle une rupture avec l'ordre capitaliste consacré par le régime de Vichy. L'un pointe les excès, l'autre les insuffisances.

Quand Louis Renault est emprisonné, Camus, dans trois éditoriaux successifs, souhaite que son procès soit celui de la collaboration économique. En effet, écrit-il, les « hommes doivent porter la responsabilité de leurs privilèges. [...] Le devoir des grands industriels français en 1940 était de se mettre, et cette fois au nom des vrais intérêts de la nation, au-dessus de la loi et du gouvernement ». *Combat* approuve les réquisitions et confiscations d'usines qui sanctionnent les cas les plus flagrants de compromission avec l'occupant. Ce sont, pour Camus, des mesures de salut public, des gages pris sur la nécessaire révolution.

En janvier 1945, il convient que l'épuration est en passe d'être manquée. Il s'est déjà retiré du Comité national des écrivains que contrôlent les communistes. Il ne supporte plus leurs manœuvres et leurs surenchères. « Il est maintenant trop tard, écrit-il, pour que la justice se fasse » ; il a manqué une loi qui prenne en compte la collaboration du pouvoir légal avec l'occupant. Une loi rétroactive eût été contraire à l'esprit de la démocratie restaurée. Camus admet la disparité, donc l'iniquité des sentences. « Un pays qui manque son épuration se prépare à manquer sa rénovation. Les nations ont le visage de leur justice. » Trois opérations se confondaient : le châtiment des collaborateurs, l'assainissement des appareils verticaux et une révolution sociale. Elles étaient difficilement conciliables. L'éditorialiste aurait pu en rester là. Il croit opportun d'ajouter : « On voit bien que M. Mauriac a raison, nous allons avoir besoin de la charité. » Tout en se rendant à une partie de ses arguments, il relance délibérément la controverse avec son aîné du *Figaro*. C'est parce qu'il est politiquement mal à l'aise qu'il la transporte sur le terrain des convictions philosophiques. L'humaniste laïque s'oppose au catholique.

L'écrivain chrétien s'indigne en effet. Camus lui réplique vertement, le 11 janvier 1945 : « Chaque fois qu'à propos de l'épuration, j'ai parlé de justice, M. Mauriac a parlé de charité. Et la vertu de charité est assez singulière pour que j'aie eu l'air, réclamant la justice, de plaider pour la haine. On dirait vraiment, à entendre M. Mauriac, qu'il nous faille absolument choisir, dans ces affaires quotidiennes, entre l'amour du Christ et la haine des hommes. » Il oppose la justice et la charité et à nouveau refuse tout pardon, invoquant la mémoire de deux amis assassinés par les Allemands. « Je pardonnerai ouvertement avec M. Mauriac quand les parents de Velin, quand la femme de Leynaud m'auront dit que je le puis. [...] nous refuserons jusqu'au dernier moment une charité divine qui frustrerait les hommes de leur justice. » Les articles de Mauriac ont semé le doute dans son esprit. Il s'est nettement dissocié du maximalisme des communistes.

Entre-temps a eu lieu le procès de Robert Brasillach. Mauriac s'est activé pour obtenir la grâce de l'intellectuel condamné à mort pour haute trahison ; Camus fut de ceux qui signèrent une pétition en ce sens. Il le fit à titre personnel, en tant qu'adversaire de la peine de mort, sans engager la responsabilité de *Combat*. La lettre à Marcel Aymé dans laquelle il explique ses raisons n'a été connue que tardivement. Il y prend bien soin de ne pas cautionner une œuvre pour laquelle il n'a nulle estime. Les colonnes de *Combat* n'en restent pas moins fermées, en ces années-là, aux écrivains compromis sous l'Occupation, quand bien même, comme Paul Morand et Marcel Jouhandeau, ils sont édités chez Gallimard.

Combat accorde beaucoup de place aux grands procès de l'épuration. Camus a personnellement assisté à plusieurs d'entre eux, mais il a laissé à ses collaborateurs, Georges Altschuler, Roger Grenier, Albert Palle, le soin d'en relater les débats. Ils ne sont ni juges, ni procureurs, ni enfin avocats : ils font leur métier d'informateurs conformément à la ligne de leur journal. Camus sa part consacre un éditorial au procès de Pétain. Il s'y étonne que le président de la Haute Cour de justice ait officié à la cour de Riom en 1942 et demande que le procès serve « la vérité » et éclaire les « années fangeuses » de l'Occupation. La responsabilité du maréchal est immense, mais le rédacteur en chef de *Combat*, cohérent avec ses positions éthiques, estime qu'une peine de mort n'est pas souhaitable.

Camus revient une dernière fois sur la question de l'épuration le 30 août 1945, pour déclarer qu'elle est « non seulement manquée, mais encore déconsidérée ». La voie moyenne qu'il cherchait s'est révélée impraticable – « Il faut croire que le chemin de la simple justice n'est pas facile à trouver entre les clameurs de la haine d'une part et les plaidoyers de la mauvaise conscience d'autre part. » Il en fait retomber la responsabilité sur les partis politiques. Il vise, en l'occurrence, les communistes qui n'ont cessé de surenchérir, non sans régler des comptes, et ont été des excitateurs à la haine. Il n'est pas normal qu'un chroniqueur littéraire écope d'une peine plus lourde qu'un idéologue. Il a maintenant conscience, comme Mauriac l'avait souvent dit, que les intellectuels ont servi de boucs émissaires et demande que les sentences soient proportionnelles aux délits. Les arguments de son pugnace interlocuteur ont eu raison de son intransigeance initiale. Il faut attendre décembre 1946 pour que, s'exprimant devant un parterre de catholiques, il reconnaisse honnêtement que son adversaire avait raison en 1944. Sa réflexion sur l'épuration a amené Camus à affiner ses conceptions de la justice, de la violence et de l'histoire. Il écrit dans ses *Carnets* : « Déchirement d'avoir connu l'injustice en croyant servir la justice. »

Jeanyves Guérin

Bibl. : Jeanyves Guérin, *Camus. Portrait de l'artiste en citoyen*, François Bourin, 1993, p. 43-62 • Jean Lacouture, *François Mauriac*, Le Seuil, 1980, p. 399-438

ESPAGNE. – L'Espagne est la « deuxième patrie » de Camus. Elle joue pour lui un rôle fondateur et fondamental, sur les plans tant personnel que professionnel et idéologique Ses grands-parents maternels étant originaires de l'île de Minorque, il se sait et se sent espagnol : « À travers ce que la France a fait de moi inlassablement, écrit-il dans ses *Carnets*, toute ma vie j'ai essayé de rejoindre ce que l'Espagne avait laissé dans mon sang et qui selon moi était la vérité. » Plusieurs de ses amis l'ont décrit par rapport à ces supposés caractère et physique espagnols. Emmanuel Roblès remarquait qu'« avec son corps sec et élégant, son visage maigre et surtout son regard grave ou ironique, toujours pénétrant, il nous rappelait certains de ces grands artistes de l'arène qui dans l'atmosphère de fête et le chaud déploiement de couleurs ne cessent d'observer leur mort au front noir des taureaux [...]. Oui, il avait cette *alma torera* chère à Antonio Machado où s'allient le courage pudique et l'orgueil » (*La NRF*, mars 1960). Alliant caractère, valeurs et idéologie, Roger Grenier suppose qu'« il tenait peut-être de son sang espagnol cette fierté un peu ombrageuse qui est celle de beaucoup d'hommes libres. Plus qu'un grand moraliste dans la tradition française il fut sans doute un homme de sensibilité, à l'espagnole » (*Le Monde libertaire*, 1960). Sans doute Camus a-t-il doublement idéalisé l'Espagne, renforçant d'autant sa persistance dans l'ensemble de son œuvre : pour les références culturelles espagnoles (son siècle d'Or, mais aussi ses penseurs et ses poètes plus récents), et pour ses contemporains, défenseurs de la république et victimes de l'Histoire sous la forme du franquisme.

Lorsque Camus effectue son premier voyage à l'étranger, l'été 1935, il se rend précisément aux Baléares. Il est possible de voir là un intérêt pour ses origines ; cependant dans l'essai *Amour de vivre* (publié dans *L'Envers et l'Endroit*) qu'il rédige à propos de ce séjour à Palma et à Ibiza, il n'évoque nullement sa famille – au contraire, il souligne sa situation d'étranger qui loin des siens et de « sa langue » ne peut se réfugier que dans ses propres émotions. En revanche, grâce à cette expérience, Camus y exprime une de ses convictions qui marque ses futurs écrits : « J'admire qu'on puisse trouver au bord de la Méditerranée des certitudes et des règles de vie [...]. Nada [...]. n'a pu naître que devant des paysages écrasés de soleil. Il n'y a pas d'amour de vivre sans désespoir de vivre. » Où l'on constate, d'une part, que l'homme à l'esprit (et au nom) espagnol(s), Nada, caractérise la Méditerranée camusienne, et, d'autre part, que la tension entre l'amour et le désespoir de vivre, si présente dans les écrits de Camus, est révélée – pour ainsi dire – à son auteur dans ce refuge originaire. Le dynamisme de cette tension dichotomique se retrouvant tout au long de l'œuvre confirme l'ancrage profond du sentiment espagnol de vivre et survivre. La coïncidence est grande : ces îles sont le creuset de son sentiment tragique de la vie.

Avant de voyager aux Baléares, Camus avait déjà quelque peu idéalisé l'Espagne à travers ses lectures (notamment des poèmes et surtout du théâtre de Federico García Lorca) ainsi que par ses relations avec d'autres jeunes d'origine espagnole vivant en Algérie. Car il faut bien dire que les Baléares ne représenteraient pas tout à fait la même chose pour Camus si elles n'étaient pas espagnoles. En effet, bien que l'écrivain ne s'y soit jamais rendu (entre autres raisons parce qu'il refusait de visiter un pays où un régime dictatorial persécutait les libertaires, faisait souffrir « tout un peuple », et où ses livres étaient interdits), l'Espagne était pour lui comme le « royaume rêvé ». À la limite entre le vécu et le rêve, l'Espagne camusienne concentre toutes les vertus de la Méditerranée et de ses hommes, surtout de ses « hommes libres » : liberté, orgueil de vivre, harmonie, sagesse... l'énumération de ses qualités est pratiquement interminable. Ceci était une raison de plus pour qu'aussi bien en tant que personne qu'en sa qualité de journaliste ou d'écrivain, Camus n'ait jamais cessé de revendiquer l'injustice faite à l'« Espagne libre » – celle d'avant Franco. Les écrits sont nombreux où il réclame une action pour aider les Espagnols dans la misère, où il insiste sur l'importance de se souvenir. Ainsi dans cet article de *L'Express* intitulé très explicitement « Démocrates, couchez-vous ! », le 18 novembre 1955.

Déjà en 1936, et spécialement sensible, par ailleurs, à la poussée du fascisme, Camus monte à Alger, avec sa troupe du Théâtre du Travail, cette pièce qui se veut collective : *Révolte dans les Asturies*. S'inspirant de faits réels, tous les personnages mis en scène, qui luttent dans ce cas pour leur liberté, incarnent déjà un style « d'homme révolté »... à l'espagnole. Cet idéal libertaire, vécu certes indirectement mais intensément pendant sa jeunesse, se maintiendra toujours, par la suite, associé à « l'esprit espagnol ». C'est ainsi que, dans *L'État de siège*, pièce écrite et montée en 1948 avec Jean-Louis Barrault, et dont l'action se déroule à Cadix, l'on retrouve cet homme révolté espagnol sous les traits de Diego, qui fait vivre à son peuple la célèbre maxime écrite dans *L'Homme révolté*, en 1951 : « Je me révolte donc nous sommes. » En effet, grâce à son opposition au personnage de la Peste, Diego parvient à ce que tout le peuple gaditan soit « libéré » et vive (ou revive) selon ses traditions. Une tirade particulièrement explicite, dans cette œuvre, au sujet des stéréotypes espagnols, serait celle que prononce la Peste au moment de déclarer l'état de siège de Cadix : « Jusqu'ici vous mouriez à l'espagnole, un peu au hasard [...]. Un mort par-ci, un mort par-là, celui-ci dans son lit, celui-là dans l'arène : c'était du libertinage. » « *L'État de siège* est peut-être celui de mes écrits qui me ressemble le plus », avoue l'écrivain en 1948 lors de la parution du texte. Jacqueline Lévi-Valensi estime quant à elle que, « unifiant les diverses images de l'Espagne que Camus porte en lui, [ce texte] donne toute son envergure à un véritable mythe de l'Espagne ». Le dernier ouvrage où Camus évoque généreusement ses attaches personnelles et les origines minorquines de sa grand-mère maternelle est l'autofiction du *Premier Homme*.

Camus sert donc l'Espagne à travers ses textes, mais l'Espagne a bien servi aussi Camus, et il reconnaît une dette envers elle, aussi bien personnelle qu'idéologique, voire morale. Chez l'écrivain qui céda une partie de son prix Nobel de littérature aux réfugiés politiques espagnols en France, une idée revient sans cesse : « c'est de vous [...] que quelques-uns d'entre nous ont appris à se tenir debout et à accepter sans défaillance le dur devoir de la liberté. Pour l'Europe et pour nous, souvent sans le savoir, vous avez été et vous êtes des maîtres de liberté » (*Actuelles* II). Et dans « Ce que je dois à l'Espagne », allocution prononcée le 22 janvier 1958 (publiée en mars dans *Preuves*), ayant accepté l'invitation des Amitiés méditerranéennes à l'occasion de son prix Nobel, Camus précise encore cette dette : « Amis espagnols, nous sommes en partie du même sang et j'ai envers votre patrie, sa littérature et son peuple, sa tradition, une dette qui ne s'éteindra pas. [...] j'ai reçu depuis des années [...] la fidèle, la loyale amitié espagnole, qui m'a aidé à vivre. » Idéologiquement, Camus se sent aussi très proche des syndicalistes anarchistes espagnols, et conscient de la différence entre cette anarchie et la terreur que d'aucun voulait lui associer, il soutient, dans la préface de l'ouvrage collectif *L'Espagne libre*, que pour lui l'Espagne est le « seul pays où l'anarchie ait pu se constituer en parti puissant et organisé ».

Rien d'étonnant, par conséquent, à ce que Camus se soit toujours intéressé à la littérature espagnole tant contemporaine que classique. Dans ses *Carnets* et dans ses articles, il cite García Lorca, Madariaga, Unanumo, Ortega y Gasset. Il a tenu à traduire et à adapter lui-même plusieurs grands textes dramatiques (de Calderón de la Barca – *La Dévotion à la croix* –, en 1953, et de Lope de Vega – *Le Chevalier d'Ol-*

medo –, en 1957). Sa relation avec la comédienne d'origine espagnole, Maria Casarès, pourrait aussi trouver sa place dans ce contexte. Dernier détail à connaître parce qu'il exprime tout l'intérêt de Camus pour la culture espagnole en général : la première traduction qu'il publie en 1947, dans *Le Cheval de Troie*, est précisément celle d'un poème de Joan Maragall (*Le Chant spirituel* ») ; c'est-à-dire qu'il a traduit, avec l'aide de Victor Alba (Pere Pagès), un texte catalan, alors qu'à la même époque cette langue était condamnée en Espagne. Hélène RUFAT

Bibl. : *Albert Camus et l'Espagne*, Édisud, 2005 • Javier Figuero, *Albert Camus ou l'Espagne exaltée*, Autres Temps, 2008.

ESPAGNE, Guerre d'. – Camus écrit en 1956, dans un article titré « Fidélité à l'Espagne » que publie la revue *Témoins* : « Vingt ans après la guerre d'Espagne des hommes ont voulu se réunir pour dire leur fidélité à la république vaincue. » Il était convaincu que la guerre d'Espagne avait ouvert une phase historique et qu'elle avait servi de répétition – « notre histoire a commencé avec cette guerre perdue, l'Espagne a été notre vraie institutrice ». En ce sens, l'Espagne incarne l'idéal camusien de la terre et des hommes libres, et l'équilibre du monde méditerranéen dépend toujours, pour lui, de la liberté espagnole.

Spécialement sensible à l'Espagne (autant à sa littérature qu'à son histoire), Camus suit déjà avec inquiétude les événements précurseurs de la guerre civile espagnole : en octobre 1934, l'insurrection des mineurs asturiens, qui cherchait à éviter le pli fasciste que prenait le gouvernement de Gil Robles, fut finalement étouffée dans un bain de sang par le général Francisco Franco. Cet épisode fut condamné par tous les partis de gauche et commença à attirer l'attention internationale sur les événements espagnols. Pour Javier Figuero c'est justement à travers le parti communiste dont il est devenu membre l'année suivante que Camus aurait appris l'ampleur de la répression. L'événement lui est apparu suffisamment grave pour qu'il en fasse le sujet d'une pièce de théâtre collective, *Révolte dans les Asturies*.

Après la victoire du Front populaire en février 1936, la droite se prépare au conflit, inquiétée par les réformes mises en place. Le « soulèvement » de 1936, dirigé par Franco, est le dénouement malheureux d'un malaise politique, social et économique, et de l'instabilité qui s'en suivait. Pour Camus, le « 19 juillet 1936 a commencé en Espagne la deuxième guerre mondiale ». L'Allemagne nazie et l'Italie mussolinienne ont bien aidé Franco, mais les autres pays démocratiques ont préféré ne pas intervenir dans un conflit qui leur paraissait mineur et lointain. Il en fait grief à Léon Blum et au gouvernement du Front populaire. Faute de pouvoir s'engager dans les Brigades internationales, il a suivi le déroulement de cette guerre dans les journaux, mais aussi à travers les récits de quelques immigrés espagnols. Roger Quilliot remarque que ses dossiers « regorgent d'information sur la guerre, la répression, la condition des prisonniers dans les geôles franquistes, la législation espagnole, la mort de Companys, etc. ». Avant 1940, sa sympathie filtre dans quelques articles d'*Alger républicain*. D'autres écrivains, André Malraux, Arthur Koestler, Simone Weil, sympathisèrent avec la cause républicaine et le manifestèrent par des écrits qui eurent un grand retentissement. Mais il faut bien avouer que la plupart des intellectuels français oublièrent vite la guerre civile espagnole et se sentirent davantage concernés, d'abord, par les nouveaux événements qui conduisirent à la Seconde Guerre mondiale, puis par la reconstruction de l'Europe.

À partir de la fin de la Seconde Guerre mondiale, les écrits de Camus en faveur de la République espagnole se multiplient : ses articles paraissent dans *Combat*, *L'Express*, *Témoins* et dans des périodiques espagnols, dont *Solidaridad Obrera*. Il accorde de nombreux entretiens et participe aux meetings de défense des droits de l'homme, en général, et de la liberté en Espagne, en particulier. Il poursuit ainsi son combat, et, même s'il sait sans doute qu'il n'y a pas de solution immédiate, il ne refuse ni hésite jamais à plaider en faveur de la République espagnole et de la liberté de ses hommes. Cette sensibilité, ses gestes et ses paroles lui valent la gratitude des exilés espagnols qui se sentent (et ont été effectivement) abandonnés. Si la guerre civile prend fin en 1939, en Espagne les répercussions sociales et politiques sont considérables : de nombreuses familles sont déchirées, les libertés sont bafouées, la peur impose la « loi du silence ».

En 1948, Jean-Louis Barrault met en scène *L'État de siège* de Camus, qui dénonce clairement la dictature franquiste et le soutien que l'Église lui a apporté. Ayant à s'expliquer sur ses choix, l'écrivain algérois explique que « la condamnation qui y est portée vise toutes les sociétés totalitaires ». Il a tenu à ce que ce texte figure dans *Actuelles*. Il avait prévu de réunir d'autres textes dans *Actuelles* IV. Après sa mort, ses amis anarchistes ont traduit et réuni une partie de ses écrits espagnols dans un ouvrage, *España libre !*

Hélène RUFAT

Bibl. : Javier Figuero, *Albert Camus ou l'Espagne exaltée*, Autres Temps, 2008

ESPAÑA LIBRE !. – Sous ce titre adopté par Juan Manuel Molina, dit « Juanel » (1901-1984), a été traduite et publiée en espagnol une importante sélection de textes de Camus portant sur les Espagnols victimes de la guerre civile. Ce titre était déjà celui de deux revues, l'une qui défendait la cause républicaine et la culture hispanique, et l'autre qui était un support de communication du syndicat espagnol CNT (*Confederación nacional del trabajo*, ou « Confédération nationale du travail »). Cependant, c'est surtout en pensant au livre *L'Espagne libre*, ouvrage collectif publié en 1946 dans la collection « Actualité » dirigée par Georges Bataille aux éditions Calmann-Lévy, avec une préface d'Albert Camus et des textes de Jean Cassou, García Lorca, Roger Grenier, entre autres, que « Juanel » se décide pour le titre *¡ España libre !*, avec les points d'exclamation qui lui sont propres, et le sous-titre *Artículos, discursos y documentos sobre el problema español* (« articles, discours et documents à propos du problème espagnol »). Alors que « Juanel » était installé en France, *España libre !* fut publié au Mexique, en 1966, chez Editores Mexicanos Unidos, grâce à la collaboration toujours désintéressée de l'éditeur Fidel Miró, lui-même exilé espagnol. Tiré à 3 000 exemplaires, ce livre était le deuxième de la « Colección Comunidad Ibérica », le premier étant un recueil de trois récits courts de Ramón J. Sender.

Militant anarchiste de la CNT et de la FAI (*Federación anárquica ibérica*, ou « Fédération anarchiste ibérique »), « Juanel » avait depuis longtemps ce projet en tête car « Camus a toujours été à nos côtés, et de quelle façon ! » s'exclame-t-il dans son introduction. Ce faisant, il exprimait une idée très répandue parmi les libertaires espagnols pour lesquels ces textes traduits en espagnol devenaient des documents d'autant plus appréciables. Pour déterminer son choix de textes (vingt-trois au total pour l'édition mexicaine), « Juanel » a reçu l'aide et le soutien de Francine Camus, d'une part, et de José Ester, d'autre part. Ce dernier étant lié d'amitié avec Camus, il avait fourni quelques inédits à son autre ami Juan Manuel Molina pour son travail.

« Juanel » étant revenu en Espagne après la mort de Franco, une deuxième édition de ce livre paraît en 1978 aux éditions Júcar, dans la collection « Crónica General de España », suivant la volonté de l'éditeur asturien Silverio Cañada. Augmentée, cette nouvelle édition compte trente-six textes et une seconde préface. Hélène RUFAT

« ESPOIR », collection. – Au sortir de la guerre, la maison Gallimard relance son activité. En octobre 1945, peu après avoir accepté de publier *Les Temps modernes*, la revue de Jean-Paul Sartre, Gaston Gallimard confie à Camus la direction d'une nouvelle collection baptisée « Espoir » et dont le premier volume, *Le Dernier des Métiers* de Jacques-Laurent Bost, sortira en mars 1946. Le but en est clairement explicité dans la notice (rédigée par Camus) qui présente la collection dans le *Bulletin de La NRF* (juillet 1947) :

« Nous sommes dans le nihilisme. Peut-on sortir du nihilisme ? C'est la question qu'on nous inflige. Mais nous n'en sortirons pas en faisant mine d'ignorer le mal de l'époque ou en décidant de le nier. Le seul espoir est de le nommer au contraire et d'en faire l'inventaire pour trouver la guérison au bout de la maladie.

« Cette collection est justement un inventaire.

« Et c'est parce qu'elle est un inventaire qu'elle a le droit de porter son titre. On y trouvera réunies des œuvres d'imagination ou de pensée qui, directement ou non, posent le problème de l'époque. Elles pourront être d'inspirations et de volontés différentes, signées de très jeunes ou de très anciens auteurs. Elles pourront consacrer le nihilisme ou tenter son dépassement. Mais, à elles toutes, elles formeront une conscience commune, elles témoigneront d'un même effort pour définir ou surmonter la mortelle contradiction où nous vivons.

« Si le temps est venu où nous devons choisir, cette nécessité même est un progrès. Reconnaissons donc que c'est le temps de l'espoir, même s'il s'agit d'un espoir difficile.

« À sa manière qui est simple et à sa place qui est modeste, cette Collection peut aider, en même temps, à dénoncer la tragédie et à montrer que la tragédie n'est pas une solution ni le désespoir une raison. Ces épreuves nécessaires, il dépend de nous qu'elles deviennent des promesses. »

Camus passe beaucoup de temps à dénicher des manuscrits pour sa collection, tout en détestant en refuser. Il publie en fin de compte principalement les écrits d'amis, comme Brice Parain (*L'Embarras du choix*, 1946), Roger Grenier (*Le Rôle d'accusé*, 1950) et Jean Daniel (*L'Erreur*, 1953), d'amis de Sartre, comme Jacques-Laurent Bost (*Le Dernier des métiers*, 1946), ou les livres qui l'intéressent particulièrement à titre personnel, comme l'œuvre de Simone Weil, que Parain lui fait découvrir, et dont les principaux livres seront publiés dans la collection. On peut aussi y lire *L'Asphyxie* (1946) de Violette Leduc ou le livre au titre emblématique, *Une Métaphysique tragique* (1951) d'Émile Simon. C'est grâce à cette collection que Camus, ébloui par les *Feuillets d'Hypnos*, écrit à René Char afin de lui demander son texte pour sa toute nouvelle collection, et le publie en 1946 ; il fait ensuite paraître *Lettera amorosa* (1953) et enfin *Recherche de la base et du sommet* (1955).

La collection, active au début de sa création puisque le catalogue compte déjà une dizaine de titres en février 1950, regroupera un peu moins de trente livres qui constituent une « version collective de *L'Homme révolté* » (Patrick McCarthy), sous forme de récits, romans, poésies et essais. Face à son échec commercial, toutefois Gallimard abandonna peu à peu la collection et, après la mort de Camus, n'y publia plus que trois textes de Simone Weil, le dernier en 1968.

Nathalie FROLOFF

Bibl. : Pierre Assouline, *Gaston Gallimard, un demi-siècle d'édition française*, Le Seuil, coll. « Points », 1996 • Patrick McCarthy, *Camus, A Critical Study of his Life and Work*, Londres, Hamish Hamilton, 1982

ESPRIT. – « La génération des années 30, écrit Emmanuel Mounier, allait être une génération sérieuse, grave, occupée de problèmes, inquiète d'avenir. » La littérature, trop gratuite, y cède la première place aux recherches philosophiques et politiques. C'est dans cette conjoncture qu'il convient de situer la revue *Esprit*. Fondée en 1932, elle est au départ l'organe d'un mouvement personnaliste qui se donne pour tâche de désolidariser les élites chrétiennes du désordre établi. Son originalité tient à ce que, si les catholiques sont nombreux dans sa rédaction comme dans son lectorat, ce n'a jamais été une publication d'Église. Cette « revue d'agrégés », comme l'appelle Michel Winock, largement ouverte à des protestants, à des juifs, à des incroyants, s'est voulu un espace de débats, comme le furent les *Cahiers de la Quinzaine*. Ses trois premiers directeurs, Mounier, Albert Béguin et Jean-Marie Domenach et leurs collaborateurs mènent un dialogue au long cours avec des personnalités qui ne partagent pas toutes leurs conceptions. Camus a été l'une d'elles.

Les relations entre Camus et la revue *Esprit* ont été complexes et l'échange inégal. Avant la guerre, il ne semble pas que l'étudiant puis le journaliste aient lu régulièrement la revue personnaliste. Ses maîtres n'en étaient pas des collaborateurs ni ses camarades des lecteurs. Il existait certes un groupe Esprit à Alger, mais le fait que Max-Pol Fouchet en ait été le responsable peut expliquer que Camus ne le fréquentait pas.

Lorsque reparaît *Esprit* en décembre 1944, son équipe, rajeunie et renouvelée par l'apport de résistants, prête une grande attention à l'œuvre de Camus que *L'Étranger* et ses éditoriaux de *Combat* ont notabilisé. « Il est, écrit Mounier, de ceux que l'on voudrait avoir comme adversaires » (« Camus parle », 1947). Marc Beigbeder juge sa position politique « aussi décidée que nuancée » (« Le monde n'est pas absurde ») mais, comme Mounier, soupçonne la thématique de l'absurde d'être démobilisatrice. Peu après, Camus est associé à une initiative de la revue, l'« Appel à l'opinion internationale ». Ce texte, qui paraît dans le numéro de novembre 1947, contient, sur l'Europe et la paix, des idées et des formules qui manifestement viennent de lui. *La Peste*, au même moment, fait l'objet d'une longue étude de Bertrand d'Astorg souvent citée par la suite (« De *La Peste* ou d'un nouvel humanitarisme », 1947). Le critique rapproche Rieux des médecins de Georges Duhamel et limite le propos civique du livre à une « apologie de la non-violence absolue » ou à une « guerre d'usure » contre la violence. Il juge le « message gandhiste » du roman noble mais inadapté aux exigences de l'heure. En août 1944, « Tarrou n'aurait pas été sur les barricades mais dans les équipes de la Croix-Rouge. Seulement, si tout le monde est en casque blanc ou le petit drapeau à la main, qui fera le coup de feu sur les barricades ? » : l'on ne peut en rester à l'objection de conscience et à un pacifisme intégral. À l'époque, les personnalistes privilégient le dialogue avec les communistes et des lectures marxistes. Ils considèrent Camus comme un romancier, pas comme un penseur de premier ordre. Plus généralement ils se méfient des belles âmes. Mais ils le ménagent. En 1950, *Esprit* publie successivement une longue étude de Mounier (« Albert Camus ou l'appel des humiliés ») et un article de Rachel Bespaloff (« Le monde du condamné à mort ») qui font date. Il n'est pas indifférent que cette réévaluation de Camus par les personnalistes coïncide avec leur prise de distance par rapport au parti communiste.

Le successeur de Mounier à la tête d'*Esprit*, Albert Béguin, est en relations avec l'écrivain algérois. Il rend compte en personne de *L'Homme révolté* (« La révolte et le bonheur », 1952) dans un article fouillé et globalement élogieux. « Nous en avons pour longtemps avant de nous mettre en règle avec les problèmes que Camus nous invite à méditer. » S'il lui reproche d'accorder trop de place à l'idéologie, s'il fait des objections à la généalogie des totalitarismes, il en juge la critique légitime. Il admet l'idée centrale du livre, à savoir que l'idolâtrie de l'histoire hypostasiée, que l'eschatologisme des révolutions contemporaines constituent la forme extrême d'un nihilisme qui fait peu de cas de la personne humaine. La mort de Dieu laisse l'homme face à une religion meurtrière dont les appareils sont les desservants. Sa critique du communisme et du marxisme, estime-t-il, ne se fait pas sur des bases réactionnaires. Un rapprochement devient possible. En 1952, Camus donne un texte à *Esprit*. C'est celui d'une allocution en faveur de militants espagnols. Il n'y en aura pas d'autres. Trois ans plus tard, une vive polémique, en effet, l'oppose au bouillant rédacteur en chef de la revue personnaliste, Jean-Marie Domenach, à propos de la Résistance et de l'esprit munichois dont il fait grief à la nouvelle gauche. Préfaçant l'ouvrage de l'universitaire américain Konrad Bieber sur les écrivains de la Résistance, il avait affirmé que les intellectuels progressistes seraient des collaborateurs du pouvoir communiste dans une France occupée par l'armée Rouge. Domenach s'était senti visé, alors que Camus pensait d'abord à Sartre. Dans son compte rendu de l'ouvrage, il avait volontairement omis de mentionner sa préface. La controverse s'était poursuivie dans la revue *Témoins*. Les ponts sont coupés.

Son attitude face aux événements d'Algérie n'améliore ni ne détériore ses rapports avec la revue personnaliste. *Esprit* soutient la décolonisation en général, préconise une négociation avec les nationalistes, condamne clairement la pratique de la torture, mais a conscience de la complexité du cas algérien. En novembre 1955, paraît un ensemble d'articles dont le surtitre est sans équivoque : « Arrêtons la guerre d'Algérie ». Un éditorial anonyme le précède. Camus, sans être nommé, y est discrètement égratigné : « On peut toujours “condamner les violences d'où qu'elles viennent", c'est humaniste et réconfortant. » Camus et *Esprit* ont des analyses de la situation qui parfois se recoupent, leurs conclusions cependant divergent nettement. Jamais le premier n'aurait écrit : « L'Algérie ne restera *avec nous* que si elle n'est plus *à nous.* » L'éditorialiste préconise des contacts immédiats entre les autorités françaises et les représentants de la rébellion. De ses périphrases, l'on peut tirer une idée : l'« issue politique » des négociations ne peut être que l'indépendance. C'est là une hypothèse que Camus refuse catégoriquement.

Lorsque meurt Camus, c'est Jean-Marie Domenach qui se charge de la nécrologie dans la revue. « Nous l'aimions, écrit-il, et nous ne savions pas le lui dire [...]. Aucun contemporain n'a tenu une telle place parmi nous. C'était un compagnon de nos jours. » Et d'en donner ce portrait presque péguyste : « Il était à gauche, avec lucidité, avec amertume, mais non point à moitié ; c'est un homme qui ne se rétractait pas ; il s'armait de ses fidélités, mais du moins il ne transigeait pas avec elles. » De fait, plusieurs études paraissent sur son œuvre. L'on citera celles de Jean Conilh (« L'exil sans royaume »), parues dès avril 1958, ainsi que les quelques pages que Domenach consacre à son œuvre dans *Le Retour du tragique* (Le Seuil, 1967). Dans les années 1970, les positions résolument antitotalitaires d'*Esprit*, le soutien apporté aux dissidents et à Solidarnosc, l'affirmation du paradigme démocratique s'inscrivent dans le droit fil des positions que Camus avait défendues dans les années 1950 sans que, affaire de génération sans doute, ses animateurs revendiquent une quelconque filiation. Ce sont Alexandre Soljenitsyne, Hannah Arendt, Cornelius Castoriadis et Claude Lefort qui leur servent de références. Au colloque de Nanterre, en 1985, Paul Thibaud, alors directeur de la revue, juge qu'il a été lucide sur la guerre d'Algérie, ses effets et le terrorisme, et que l'idée de trêve civile était noble, mais inaudible. « Parce qu'il est de ceux que l'événement a le plus blessés, conclut-il, Camus pourrait être au départ d'une reconsidération non manichéenne du passé et d'une ouverture vers un avenir libéré des rancœurs, même justifiées. »

Jeanyves Guérin

Bibl. : Goulven Boudic, Esprit. *Les Métamorphoses d'une revue, 1944-1982,* Paris, IMEC Éditions, 2005 • Michel Winock, Esprit, *des intellectuels dans la cité, 1930-1950,* Le Seuil, Coll. « Points », 1996

***ESPRITS* (*Les*)**. – En adaptant *Les Esprits* de Pierre de Larivey, Camus renouait non seulement avec le théâtre mais aussi avec une période de son existence pendant laquelle, à Alger, il avait montré son goût et son talent pour cette pratique. Cette période s'achève précisément en 1940 avec une première transposition de la pièce destinée au Théâtre de l'Équipe. Dans l'avant-propos de la version définitive, Camus déclare en 1953 : « L'adaptation qui est présentée ici avait été faite en 1940 et représentée en 1946, en Algérie, pour les mouvements de culture et d'éducation populaires. Mais, à la demande de Marcel Herrand, elle a été spécialement revue, et refondue, pour le festival d'art dramatique d'Angers. »

Dans le même avant-propos, Camus présente Pierre de Larivey comme « le plus doué de ces auteurs qui firent la transition entre la comédie italienne et notre comédie classique ». Sa naissance, à la date incertaine, se situe vers 1540, il appartient à la seconde génération des auteurs humanistes. Fils d'un Florentin installé en France, il connaît la littérature italienne mais, s'il s'inspire de modèles étrangers, latins ainsi qu'italiens, il veut faire cependant des comédies « françaises, j'entends qui aient été représentées comme advenues en France ». Dans ses pièces, il francise non seulement les noms propres et les lieux mais aussi les mentalités. *Les Esprits*, inspirée de *L'Aridosia* de Lorenzino de Médicis, qui lui-même avait utilisé *L'Aulularia* de Plaute et *Les Adelphes* de Térence, est la pièce de Larivey la plus connue ; elle fait partie d'une série de six comédies qu'il publia en 1579. Trois autres pièces parurent en 1611. Pour *Les Esprits*, Camus conserve du texte italien l'essentiel des données dramatiques, concernant l'action et les personnages. Au plaisir de l'intrigue, il ajoute une peinture des mœurs françaises ; ses personnages sont ancrés dans la réalité parisienne et bourgeoise de la fin du XVIe siècle. Il a, dit-il, accommodé la pièce de Larivey comme celui-ci celle de Lorenzino de Médicis.

Une lettre de Camus, datée du 12 novembre 1940 et adressée de Lyon à « ma chère équipe », nous permet, grâce aux longs extraits que cite Roger Quilliot dans son édition de la « Pléiade », de comprendre quelles furent les intentions premières de l'adaptateur. En posant les principes de son travail, il manifeste sa volonté de réduire une pièce surchargée à ses yeux de longueurs inutiles, par exemple en « supprimant les deux premières scènes d'introduction et d'exposition longues et sans fin [...] remplacées par un prologue qui dit tout en quarante lignes et qui est plus vif ». Cette volonté d'élaguer concerne à la fois l'action, par la suppression d'une intrigue et de personnages sans aucun intérêt, et le langage que Camus veut débarrasser de ses lourdeurs et lenteurs. Le but de tout ce travail était de rendre la pièce plus concise et plus vive, afin d'obtenir sur la scène un spectacle enjoué, enlevé, rythmé, dans le style de la *commedia dell'arte* qui est la référence constante dans cette lettre. Ce projet, Camus le réaffirme dans l'avant-propos de 1953 lorsqu'il dit s'être amusé à « réveiller » et « rafraîchir » ces *Esprits* qui, sans lui, « eussent continué à dormir dans de vieilles et savantes éditions ». La dramaturgie et la mise en scène, dans cette visée, sont en parfait accord. Ainsi Camus écrit-t-il dans sa lettre, à propos des « pantomimes » : « Elles seront difficiles à régler. Mais elles doivent faire le succès de la pièce si elle en a un. »

Le travail de réécriture réalisé par Camus visait, mis à part la nécessité de moderniser la langue, à donner au texte adapté une qualité essentielle à ses yeux, le rythme. Les effets rythmiques naissent d'abord de la structure de la phrase et sont la condition première de l'efficacité du langage dramatique. S'il conserve le plus souvent les phrases simples à construction ternaire, où l'effet recherché est évident, Camus en allège beaucoup d'autres, soit par la suppression du substantif complément ou encore, de façon plus significative, en supprimant les verbes de façon à créer une phrase nominale. Ce travail de réécriture a porté également sur le dialogue. La pièce de Larivey comportait un nombre important de répliques longues, et parfois même très longues, tirades ou monologues. Camus abrège systématiquement ces répliques dont il conserve cependant la substance, et il reprend sans rien y changer les échanges stylisés chez Larivey en répliques courtes. En ce qui concerne les tirades, il en dilue la masse verbale en répliques beaucoup plus courtes, de façon à obtenir le rythme vif qu'il veut donner au dialogue.

Parmi les monologues que l'on trouve chez Larivey, celui que Camus a le moins modifié est le monologue fameux de l'avare volé, que l'on trouvait déjà dans *L'Aulularia* et que Molière reprendra pour le mettre dans la bouche d'Harpagon. Les qualités rythmiques que ce monologue présente chez Larivey ont pu servir de modèle à Camus pour les autres passages de même nature. Le désespoir de Séverin dans le texte premier s'exprime en un discours brisé, fait de phrases plus courtes qu'à l'habitude, le plus souvent des propositions exclamatives qui sont le mode d'expression privilégié des sentiments soudains et violents. D'une façon générale, Camus conserve dans ce texte les tours exclamatifs ainsi que les constructions ternaires. Tout cela donne à ce monologue dans les deux pièces une allure vive et heurtée qui en fait un exemple remarquable.

Lorsque Camus réécrit *Les Esprits*, il ajoute des didascalies, montrant ainsi qu'il pense en metteur en scène, soucieux de l'efficacité du spectacle. Désireux de renouer avec le style de la *commedia dell'arte*, il donne la priorité à la fantaisie sur le réalisme, au rythme sur l'expressivité de la langue. « L'allure sera extrêmement vive », déclarait-il aux journalistes avant la représentation. Il s'agit là d'un parti pris qui transforme l'original pour en faire une œuvre nouvelle qui trouve sa justification sur la scène. La première représentation eut lieu le 16 juin 1953 dans le cadre du château d'Angers, dont les remparts servaient de support au décor. Camus suppléa Marcel Herrand, malade. La mise en scène est donc la sienne. Dans la distribution, il fit figurer Jean Marchat mais aussi Maria Casarès et Paul Oettly. Le jeu des acteurs répondit à sa volonté de mouvement. La critique apprécia particulièrement la performance de deux comédiens moins connus, Jean-Pierre Vaguer qui jouait le rôle de Ruffin, qui a les attributs d'Arlequin, et Jacques Amyrian qui jouait celui du valet Frontin. La didascalie initiale, qui suit la liste des personnages, précise que ceux-ci « rentrent et sortent de chez eux, font mille tours et se livrent à des chassés-croisés. À la cour et au jardin, ils entrent en bondissant sur des tremplins dissimulés en coulisse ». Et selon les indications que Camus donnait dès 1940, le spectacle, sur une musique joyeuse de Vivaldi, comportait une variété de pantomimes qui sont l'art du geste et du mouvement. On en trouve dans la scène traditionnelle de conjuration des esprits ainsi qu'à la fin des actes où elles font basculer la comédie dans le royaume de la fantaisie et de la mascarade un peu irréelle. Ces pantomimes, réglées selon une chorégraphie abstraite, servent à canaliser une anarchie joyeuse. Quant aux pantomimes amoureuses, elles permettaient de faire danser Maria Casarès, qui jouait le rôle de Féliciane, l'amante d'Urbain, le fils du vieil avare.

La représentation de 1953 connut une assez belle fortune scénique puisqu'elle inspira trente ans plus tard la mise en scène réalisée par l'Italien Gino Zampieri en 1984, toujours dans le cadre du château d'Angers, à l'invitation du Centre dramatique national des Pays de la Loire. Les rôles de Frontin et de Ruffin étaient tenus par des comédiens appartenant au Piccolo Teatro de Milan. Le jeu et le costume de Frontin en Arlequin et de Ruffin en Pierrot étaient ceux de la *commedia dell'arte*. Avec les qualités physiques liées à leur emploi, ils bondissaient, gesticulaient à volonté. Ce style scénique efficace dans un décor toujours en mouvement confirma que Camus dans son adaptation avait su retrouver les sources italiennes.

Jacques Le Marinel

Éd. : Gallimard, 1953 • *Théâtre, récits, nouvelles*, Gallimard, coll. « Bibl. de la Pléiade » 1962, éd. par Roger Quilliot • Centre dramatique national des Pays de la Loire, 1984 • *Œuvres complètes*, t. III, Gallimard, coll. « Bibl. de la Pléiade », 2008, éd. par David H. Walker

Trad. : en japonais

Bibl. : Jacques Le Marinel, « L'importance du rythme dans la réécriture des *Esprits* de Larivey par Albert Camus », *Revue d'histoire du théâtre*, n° 4, octobre-décembre 1986 • Charles Mazouer, « L'adaptation des *Esprits* de Larivey pour le Festival d'Angers (1953) », *Revue d'histoire du théâtre*, n° 1, janvier-mars 1992

ESSAI. – Intellectuel, journaliste, Camus a participé aux débats idéologiques et politiques de son époque. Le moraliste, le citoyen s'est fait essayiste pour s'adresser à l'opinion publique. Ce faisant, l'écrivain a tenu à rester artiste.

L'essai se prête à l'exercice péremptoire ou lyrique de la spéculation. Genre ouvert par excellence, il se caractérise par sa liberté de ton et d'allure. On lui connaît des figures tutélaires, Montaigne, Voltaire, Nietzsche. Les éditions Gallimard, en publiant *Les Nourritures terrestres* de Gide, les *Propos* d'Alain, des réflexions de Paul Valéry et de Montherlant, l'ont légitimé si bien que l'on parle d'un « genre NRF ». Depuis 1931, il existe une collection destinée à ce qu'on appelle alors la littérature ou la « prose d'idées » : « Les Essais », qui a accueilli des ouvrages de Valéry, Georges Bataille, Jean Grenier ; une autre, « Bibliothèque des idées » accueille des ouvrages-sommes d'universitaires qui ont renouvelé une grande question. *Le Mythe de Sisyphe* prend naturellement place dans la première de ces collections en 1942, comme *Noces* en 1947, *L'Été* en 1954 et *L'Envers et l'Endroit* en 1958. Aucun ouvrage de Camus, pas même *L'Homme révolté*, ne figure dans la seconde.

Les éditions Gallimard ont très vite classé *L'Envers et l'Endroit*, *Noces*, *Le Mythe de Sisyphe*, *L'Homme révolté* et *L'Été* parmi les essais de Camus. Roger Quilliot, en 1965, élargit ce corpus hétérogène en y intégrant les trois volumes d'*Actuelles*, « Réflexions sur la guillotine » et tous les écrits non fictionnels de l'auteur jusque-là éparpillés dans des périodiques ou des ouvrages collectifs. La « Bibliothèque de la Pléiade », pendant quarante ans, répartit l'œuvre en *Théâtre, récits et nouvelles* d'une part, *Essais* de l'autre. La nouvelle édition n'a pas reconduit cette bipartition. Cinq ouvrages seulement, *Actuelles*, *Chroniques algériennes*, *L'Envers et l'Endroit*, *L'Homme révolté* et *Le Mythe de Sisyphe* figurent aujourd'hui dans la collection « Folio Essais ».

Camus ne cite jamais Montaigne, qu'à la NRF Gide et Albert Thibaudet avaient érigé en auteur modèle, ni Bacon, Marivaux, Diderot, autres maîtres du genre ; en revanche il se réfère souvent à Pascal, Rousseau et Nietzsche, respectivement préférés à Descartes, Kant et Hegel. Les premiers ont en commun d'être reconnus à la fois comme écrivains et comme philosophes. L'exemple de Jean Grenier, dont il a lu et médité les livres (*Essai sur l'esprit d'orthodoxie*, *Inspirations méditerranéennes*, *Les Îles*), lui a prouvé que l'essai permettait à une pensée non systématique de se développer. À moins d'être fanatique, un philosophe ne saurait être orthodoxe en un temps où l'idée même de vérité est en crise, où les repères de la certitude se sont désagrégés. Comme son maître, Camus répugne à prendre la pose ou la posture magistrale. Il est un penseur modeste.

On ne peut jamais tout dire. Personne n'a jamais le dernier mot.

Les *Écrits de jeunesse* rassemblés par Paul Viallaneix (*Cahiers Albert Camus*, n° 2, Gallimard, 1973) sont des essais en ce sens que ce sont des exercices critiques ou lyriques où l'on retrouve l'influence de la dissertation ou d'œuvres récemment lues. Le lecteur y voit aujourd'hui des fragments, des ébauches de l'œuvre à venir. Parmi ces courts textes, l'un, « Sur la musique » (1932), est désigné comme un « essai ». Pour leur part, les cinq textes réunis dans *L'Envers et l'Endroit* sont désignés comme des « essais » que Camus, à l'époque, juge « informes ». Comme Proust avant lui, l'apprenti écrivain hésite sur leur affiliation générique. L'on pourrait parler d'« essais-fictions » ou encore d'« autofictions ». Chacun des textes juxtapose des fragments délibératifs, réflexifs et des fragments narratifs. Le « je » omniprésent se dédouble : il désigne un narrateur-personnage et l'auteur.

Les quatre textes qui composent *Noces* et certains textes de *L'Été* font penser parfois à des rêveries de Rousseau ou à des promenades de Barrès, auteur que Camus a lu au début des années 1930. Ce sont des essais au double sens du terme : des textes expérimentaux mais aussi des hybrides, à la fois poétiques et argumentatifs. Le narrateur y décrit le monde, des paysages chers et énonce des convictions dans une prose rythmée et musicale. Sous-titré « Essai sur l'absurde », *Le Mythe de Sisyphe* est un essai-méditation, qui fait encore une large part à la première personne. Camus dit y avoir recherché « l'équilibre de l'évidence et du lyrisme », avoir voulu être à la fois La Palisse et Don Quichotte. Le lecteur y trouve des réflexions, des commentaires de livres lus, mais aussi des embryons de récits. Sisyphe est un personnage de roman.

Dans les *Actuelles*, le journaliste prend le dessus. Camus, dans sa préface au premier volume, le présente comme un « témoignage ». Il y perçoit après coup des doutes et des erreurs. Les trois recueils réunis sous ce titre commun reprennent, mettent en livre des essais d'intervention qui ont d'abord été des éditoriaux, des chroniques, mais peu de reportages ou récits factuels. On y trouve aussi des préfaces, des textes de conférences et des extraits d'entretiens. En sens inverse, un essai est encodé dans *La Peste*. Camus en a réparti les grandes idées entre Rieux, personnage principal et narrateur caché, et Tarrou. La confession de ce dernier reprend des matériaux de la série *Ni victimes ni bourreaux* que venait de publier le journal *Combat*. Les passages philosophiques et politiques jouent parfois contre le romanesque et contribuent à donner au récit cette pesanteur qu'ont déploré certains critiques.

L'Homme révolté tend vers ce qu'on appelle aujourd'hui l'essai « cognitif ». Ce n'est cependant pas une somme, loin de là. Il y avait là un sujet de thèse d'État. Camus ne l'a pas traité selon les protocoles académiques. Il s'est imposé des lectures, mais s'est condamné à des survols parfois cavaliers. Il donne fort peu de références en bas de page, qui sont les marqueurs d'un savoir positif : il ne s'agit plus de semer des opinions, mais de proposer une réflexion généalogique sur la révolte. La visée démonstrative ici s'affirme plus nettement. L'ordre du discours est plus strict.

Que l'idée exige une écriture et que celle-ci soit porteuse de plaisir, Camus en a été conscient, qui, soucieux de faire œuvre, a varié les tons : il est tour à tour concis, ironique, lyrique. Il a délibérément soigné le style, le phrasé de ses essais. Ses aphorismes ciselés font dire à Jean Grenier que « sa pensée était nuancée tout en s'exprimant souvent d'une façon catégorique ». Il choisit de jouer avec les images plutôt que de raffiner les concepts et dit penser « selon les mots, et non selon les idées ». Pour évoquer les idéologies totalitaires, il file la métaphore religieuse dans *L'Homme révolté*, livre que Francis Jeanson lui reproche d'avoir trop bien écrit, suggérant qu'il aurait séduit le lecteur pour lui asséner des idées courtes et que le beau style est de droite. La réplique de Camus fait mouche. L'hétérodoxe répond à l'orthodoxe qu'il laisse à ses semblables « le baragouin et le jargon » : ce ne sont pas des gages de profondeur.

Le statut hybride des essais camusiens leur a valu une vaste audience, mais le mépris des spécialistes. Ils sont antérieurs à l'essor des sciences humaines, lequel, de fait, n'a pu que minimiser la valeur cognitive de *L'Homme révolté* et renvoyer son auteur du côté de l'essai médiatique qui prospère depuis sa mort. La différence est que ce livre et les autres se sont révélés capables de mieux traverser le temps.

Jeanyves GUÉRIN

ÉTAT. – La première pièce de Camus, *Caligula*, met en scène un empereur saisi par la démence. Après avoir été l'exécutant docile des sénateurs, il prend les pleins pouvoirs, commence par ridiculiser l'intendant, c'est-à-dire le préposé au Trésor, puis met l'État au service de ses caprices. Sa première mesure et de déshériter tous les patriciens au profit de l'État : « Gouverner, c'est voler, tout le monde sait ça. » Son pouvoir est absolu ou, comme il le dit, « sans limites ». Il veut « changer l'ordre des choses », manipule et terrorise les dignitaires du régime. L'arbitraire prend des formes extravagantes et de plus en plus meurtrières jusqu'à ce qu'une conspiration de patriciens y mette un terme. Camus n'a pas écrit là une pièce historique, et emprunte peu à l'actualité. Son propos n'est qu'accessoirement politique. Le personnage éponyme combine l'archétype du souverain fou et quelques traits du dictateur moderne.

Dans *La Peste*, le préfet est débordé. Le maintien de l'ordre prime sur la lutte contre le fléau et il revient aux formations sanitaires, à une organisation non gouvernementale, une « ONG », dirait-on aujourd'hui, de suppléer l'impéritie de l'autorité publique. La signification politique de l'allégorie est explicite : devant la démission de Pétain et de l'« État français », les résistants ont pris leurs responsabilités et sont devenus des acteurs historiques. L'après-guerre se caractérise par une poussée d'étatisme dans la politique française ; la reconstruction du pays et la nouvelle configuration politique appellent un renforcement du pouvoir. Le général de Gaulle et les trois partis qui le soutiennent, le parti communiste, la Section française de l'Internationale ouvrière et le Mouvement républicain populaire se sont accordés sur un programme dirigiste qui répond aux attentes des mouvements résistants et de la population. Camus et *Combat* y ont souscrit. L'on notera seulement que le premier utilise peu le mot « État » dans ses articles de *Combat* et qu'il préfère parler de « socialisations » que de « nationalisations ».

« Il faut, à une démocratie, un État cohérent et énergique, mais non un "État fort" ». Lorsque Camus écrit cela dans *Combat* en février 1945, Hitler, Franco et Pétain lui fournissent les modèles de tyrans. Trois ans plus tard, il écrit que « le mal de l'époque », c'est « l'État policier ou bureaucratique ». Jouée cette même année, une autre pièce, *L'État de siège*, illustre ce propos : dès que la Peste a pris le pouvoir à Cadix, il édicte une réglementation. Dans son premier discours au peuple, le personnage se targue d'apporter l'organisation. Une « machine perfectionnée » se met en place et le nouveau cours se traduit dans des « bureaux », des « fiches », des « listes », il faut produire des « certificats », des « attestations », remplir des « formulaires » en toute circonstance. Le personnage de la Secrétaire accompagne sans cesse la Peste. Elle revendique son « bon plaisir ». Le régime n'est pas seulement bureaucratique, il est aussi terroriste. Il généralise la délation, ouvre des camps de concentration, et lorsque la révolte naît dans le peuple, il donne l'ordre du « nettoyage général ». Une controverse avec Gabriel Marcel amène Camus à préciser ses intentions : l'État mis en scène est « russe, allemand ou espagnol ». Staline est désormais rangé parmi les tyrans.

« Peste ou gouverneur, c'est toujours l'État », remarque Nada le bouffon. Le premier en fait son délégué à la propagande. Camus s'est donc montré sensible aux pathologies de l'État, le totalitarisme à l'intérieur, l'impérialisme à l'extérieur. Il est opposé à la domination, à la violence, au terrorisme, à la raison d'État. En même temps, en tant qu'homme de gauche, il accepte l'idée d'un État tutélaire auquel il revient d'introduire de la justice dans la jungle de l'économie libérale et d'assurer une redistribution des richesses. L'intérêt général passe par des politiques publiques, la justice exige des « services publics » – expression qu'il n'utilise jamais. C'est que l'État, qu'il soit ou non l'instrument de la rationalité historique, peut être un instrument de conservation ou de transformation.

Dans ses textes détachés de l'actualité, Camus entend réduire la place, le rôle des États-nations avant comme après la guerre. Ses réserves à leur égard rejoignent celles d'Hannah Arendt. L'État, c'est l'absolu en politique, et il se veut l'homme du relatif. *Ni victimes ni bourreaux*, en 1946, prend ainsi des allures de manifeste mondialiste. Pour sa part, il va jusqu'à remettre en cause les notions de frontière et de souveraineté et, en 1948-1949, sympathise avec le mondialisme de Garry Davis. Il lui faut préciser ses conceptions.

L'Homme révolté répond à cette nécessité théorique et civique. Pour écrire cet ouvrage, il s'est imposé des lectures, notamment celle de Proudhon et de Bakounine. Jusque-là, il n'avait fréquenté que quelques militants anarchistes isolés. Au fil des années, ses contacts se transforment en une sorte de compagnonnage avec des groupes, la distinction entre révolte et révolution en garde l'empreinte. « Toutes les révolutions modernes, écrit-il, ont abouti à un renforcement de l'État. » Les révolutionnaires au pouvoir ont en effet développé les appareils de répression et de propagande. Camus étudie en parallèle « le terrorisme d'État » sous ses deux variantes totalitaires, le national-socialisme et le communisme soviétique. Il souligne les aménagements apportés par Lénine, piètre penseur mais redoutable stratège, à la théorie marxiste. La « machine d'État », loin de dépérir, ne cesse de se renforcer après 1917. « À chaque nouvelle difficulté rencontrée par la révolution, on donne une attribution supplémentaire à l'État décrit par Marx » ; la dictature du prolétariat, une fois mise en place, est destinée à se perpétuer quand bien même la propriété privée a été abolie et l'opposition anéantie.

Dans les années 1950, la contradiction entre des institutions qui paralysent l'État et les tâches qu'il lui faut assumer plonge la IVe République dans une crise qu'aggravent les guerres coloniales. « L'État peut être légal, mais il n'est légitime que lorsque, à la tête de la nation, il reste l'arbitre qui garantit la justice et ajuste l'intérêt général aux libertés particulières », écrit Camus lors de l'affaire Maisonseul. L'essayiste en reste, pour le critiquer, au modèle jacobin. Il préconise des contrepoids à l'autorité étatique ou, si l'on préfère, la garantie du pluralisme démocratique par des institutions autonomes : un Parlement qui fonctionne, une presse libre, un mouvement syndical fort. Il ne s'interroge pas sur la nécessité d'une décentralisation.

« Réflexions sur la guillotine », enfin publié en 1957, est l'un des textes les plus libertaires de Camus, contemporain de la guerre d'Algérie. On y lit par exemple : « Ce n'est plus tant contre l'individu que notre société doit donc se défendre que contre l'État [...]. Mais, pour le moment, la légitime défense doit être opposée à l'État et à lui d'abord. La justice et l'opportunité la plus réaliste commandent que la loi protège l'individu contre un État livré aux folies du sectarisme ou de l'orgueil. » La peine de mort est un crime d'État. L'abolition du châtiment suprême limite la souveraineté de celui-ci, son droit de disposer des corps, sa prétention à monopoliser la violence. « La personne humaine est au-dessus de l'État », conclut-il.

Au bout du compte, Camus hésite. Il est tiraillé entre ce qu'Emmanuel Mounier a appelé sa « vieille sensibilité anarchiste » et son pragmatisme qui le conduit vers la social-démocratie. Pour lui, écrit René-Jean Dupuy, « l'État n'est supportable que s'il est maintenu dans des limites ». Une chose est assurée : la perspective est libertaire, non libérale ou néolibérale.

Jeanyves GUÉRIN

Bibl. : Jeanyves Guérin, *Camus. Portrait de l'artiste en citoyen*, François Bourin, 1993 • Philippe Vanney, « Camus contre le droit de mort de l'État », *Études françaises*, n° 34, mars 2003, p. 49-73

ÉTAT DE SIÈGE (L'). – Dans les années 1940, Camus d'une part, Jean-Louis Barrault de l'autre travaillaient parallèlement à un ouvrage sur la peste. Seul le premier vint à bout de son entreprise, il en sortit le roman paru en 1947. Barrault aurait voulu monter *Caligula*, il avait de l'estime pour son auteur. N'arrivant pas à achever sa pièce, il en confia le manuscrit à Camus, qui emprunta des matériaux au *Journal de la peste* de Daniel De Foe, mais aussi à *La Peste*. Les manuscrits étudiés par David H. Walker montrent que deux hommes collaborèrent étroitement au « spectacle ». Le résultat de leur travail à quatre mains est une œuvre ambitieuse, riche et originale dont la partition textuelle ne fut stabilisée qu'à la veille de sa création.

Des personnages et des séquences du roman se retrouvent dans la pièce. On y rencontre par exemple un juge ; Diego réunit des traits de Tarrou et de Rieux ; le curé parle comme le père Paneloux ; un comédien tombe en scène, frappé par le fléau, etc. Mais l'on note d'importants changements. D'une part, l'orientation idéologico-politique de la configuration thématique est précisée. Ses *Carnets* montrent que Camus, en même temps qu'il écrit *L'État de siège*, songe aux *Justes* et travaille à *L'Homme révolté*, deux ouvrages tributaires de la nouvelle donne historique et géopolitique. La peste est personnifiée. D'autre part, les logiques de genres imposent leurs contraintes. Les personnages perdent de leur complexité. Certains, le juge, le curé, sont des caricatures.

L'espace-temps de la fiction a été brouillé. On passe des années 1940 à l'époque classique voire au Moyen Âge, mais l'auteur multiplie les anachronismes comme l'avaient fait Jean Giraudoux dans *Électre*, Jean-Paul Sartre dans *Les Mouches* et Paul Claudel dans *Le Soulier de satin*, si bien que la pièce est intemporelle. C'est au terme de l'écriture que Cadix remplace Oran. Camus en fait-il une métonymie de l'Espagne franquiste, comme lui en font grief Gabriel Marcel et Thierry Maulnier qui auraient préféré voir la pièce se passer dans quelque pays « subcarpathique », c'est-à-dire de l'Europe récemment soviétisée ? L'interpellation du philosophe chrétien conduit Camus à persister et signer au risque de simplifier le signifié politique de la pièce. Le mythe de la peste vise, en fait, à l'universel.

La comète remplace les rats. Elle est traditionnellement un signe annonciateur de catastrophes, fin du monde, guerre. Le juge Casado et diverses voix en fournissent un décodage théologique. Celui de l'astrologue et de la sorcière est irrationaliste. Le curé quant à lui fait écho au juge et au premier sermon du père Paneloux. La peste est un événement doté de sens, elle est le fléau de Dieu qui frappe les « cités corrompues ». Et d'appeler le peuple, la société à la pénitence, comme de nombreux évêques français en 1940. Mais – glissement – la pénitence tourne à l'autocritique publique, et tout est péché (le langage est théologique) ; tout le monde est coupable de quelque chose, de ce qui a été fait et pas fait. Tout le monde est suspect fors les élus qui se sont investis d'une mission historique.

Que l'épidémie frappe les quartiers pauvres n'émeut pas le gouverneur, bien au contraire. Face à l'adversité, il apparaît frivole. Il songe à ses plaisirs, à la chasse. Le conservatisme a fait son temps. Son obsession de l'ordre, son indifférence à la question sociale ont préparé le terrain à la peste. Le gouverneur a failli face au fléau : la Peste lui signifie qu'il doit laisser la place. Sa résistance est de pure forme, il a suffi d'une « radiation », puis d'une menace sur les alcades pour qu'il s'efface et négocie une passation des pouvoirs qui sauvegarde les apparences de la légalité – la Peste préfère un « arrangement à l'amiable ». L'homme nouveau venu d'ailleurs tient à arriver légalement au pouvoir, comme Mussolini en 1922, Hitler en 1933, Pétain en 1940. Les anciennes élites auront la vie sauve et, devine-t-on, garderont leurs biens.

Le gouverneur déclare au peuple qu'il a passé un « accord » avec la « puissance nouvelle » pour éviter « le pire ». Cet accord a évidemment été conclu dans la liberté : ainsi Pétain avait-il présenté les accords de Montoire en 1940. Un alcade sert de caution à la Peste, comme Laval, Flandin et de nombreux politiciens de la IIIe République à la politique de collaboration. Le gouverneur ne réapparaît pas à la fin. On l'a oublié ou il est discrédité.

Il y a d'autres ralliements. Le pochard Nada, figure du nihiliste, se met au service du nouveau pouvoir ; le juge Casado, bien différent du juge Othon, fait de même par souci de l'ordre – « Crains, Nada, et agenouille-toi. » Ce catholique intransigeant applique la loi nouvelle comme l'ancienne sans états d'âme – on note huit occurrences du mot « loi » en quelques lignes – et à la loi il ajoute la haine, annonçant le Stepan des *Justes* et un grand thème de *1984*. Il est prêt à livrer son futur gendre. Il rejette le mot « honneur ». Ce juge peut représenter une magistrature qui a manifesté peu de courage de 1940 à 1944. Le spectateur de la création peut penser aux sections spéciales qui ont été composées de magistrats serviles.

La nouveauté par rapport au roman réside en ce que la Peste est devenu un personnage que les didascalies présentent d'abord comme anonyme. Il est, Nada le dit, « l'État », comme l'était le gouverneur. C'est d'abord un homme qui se montre courtois et laconique. Une didascalie précise qu'il porte un uniforme, il revient au metteur en scène de décider lequel. Il est un « étranger » : le fléau, comme dans *La Peste*, a été introduit de l'extérieur. Les historiens expliquent que le fascisme en France a été exogène, non endogène. Il est d'abord le fruit de la défaite. Dans L'*Homme révolté*, Camus incriminera l'idéologie allemande.

Une séquence fait du dictateur un tribun « hystérique » et « Une seule peste, un seul peuple » rappelle le slogan hitlérien « *Ein Volk, ein Reich, ein Führer* ». L'évocation de « notre bien-aimé souverain » suggère en outre le culte du chef qui, en l'occurrence, peut s'appeler Pétain, Staline, Hitler. Le mot de la Peste : « ce peuple-ci n'est pas travailleur. Il aime le loisir » reprend un grand thème ressassé par la propagande pétainiste. Enfin « Espagne d'abord ! » rappelle le « *Arriba España !* » des franquistes, mais aussi « France d'abord ! », slogan de l'extrême droite, hier comme aujourd'hui.

Le gouverneur s'étant retiré, la Peste prend « les mesures qui conviennent », celles que le ci-devant n'a pas su ou osé prendre. Il est désormais la seule source de légitimité. Son discours l'affirme avec brutalité : « Moi, je règne, c'est un fait, donc un droit. » Un alcade accepte de signer les arrêtés qui étaient tout prêts, les décisions sont donc imposées, jamais délibérées, et un programme idéologique est aussitôt appliqué. Il existe donc un modèle préalable. Il s'agit de construire une « nouvelle société », pour ne pas dire un ordre nouveau. La « réglementation » nouvelle exige un jargon, un langage nouveau, en l'occurrence la langue de bois idéologico-administrative – le pêcheur voit là un « patois » –, Nada explique froidement qu'il s'agit de rendre impossible la libre communication des personnes. Orwell va plus loin avec le *newspeak*.

L'État remodèle la société. « Vous devez vous adapter, déclare la Peste. » C'est un État pédagogue – « Vous avez tout à apprendre » –, d'où l'importance de la propagande. « Apprenez-leur les maîtres mots jusqu'à ce qu'eux aussi répètent tous la même chose. » *L'État de siège* se situe entre *La Peste* et *1984*. L'éradication de toute spontanéité est l'objectif ultime du système. « Le but de l'éducation totalitaire n'a jamais été d'inculquer des convictions mais de détruire la faculté d'en former aucune », écrit Hannah Arendt. Le mensonge généralisé est donc le fondement du régime et Camus l'a compris avant les grands dissidents des années 1960 et 1970. Diego le dit à la Secrétaire : « vous mentez et vous mentirez désormais, jusqu'à la fin des temps ».

Cet État tutélaire est ouvertement partisan. Il organise la pénurie, puis distribue ses faveurs et même « les denrées de première nécessité » de façon « arbitraire ». Pour recevoir la « ration civique », il faut être loyal à la

« nouvelle société ». Avec le caprice bureaucratique, revient le bon plaisir. Les liens sociaux sont brisés. Plus de médiations sociales. « Nous sommes seuls, la Peste et nous ! » ; « Nous étions un peuple et nous voici une masse ! » Les masses ont fait irruption sur la scène publique en 1914-1918, les dictateurs modernes les infantilisent. Orwell, mieux que Camus, montre qu'ils excitent, pour les mobiliser, les passions collectives. Le second suggère seulement le rôle de la haine, en l'occurrence d'une idéologie qui fait de la guerre le mode normal des relations au-dedans comme au-dehors.

L'expression « rigueurs de la loi » est significativement reprise du gouverneur. La pièce mentionne, comme le roman, le couvre-feu, les laissez-passer. Camus ajoute l'institutionnalisation de la délation. On pense aux dénonciations dans la France occupée, en URSS et en Allemagne. La mention des parents dénoncés par leurs enfants fanatisés se retrouve dans *Actuelles* II, *L'Homme révolté* mais aussi *1984*. Le résultat est une société enfermée dans des frontières étanches, écrasée, réduite au silence. Les bâillons figurent théâtralement le « silence de la servitude » ; la parole est contrainte, contrôlée, car elle permet l'échange, la communication des idées. C'est un « véhicule de l'infection ». Le peuple est embrigadé, mis en « rangs ». La discipline, la normalisation, la conformisation idéologique fabriquent des « bons citoyens ». La Peste déclare : « Mais attention aux idées déraisonnables [...] qui font les grandes révoltes. [...] J'ai horreur de la différence et de la déraison [...]. J'exige votre collaboration active. » L'État contrôle tout. Tout est public. Tout ce qui est public doit être contrôlé. Il n'est plus rien de privé. C'est la société de *1984*. Hannah Arendt ne dit rien d'autre. À la suite de son interrogatoire par la Secrétaire, le pêcheur est « à surveiller », son civisme est « douteux ». Il est en sursis. On lui accorde un certificat d'existence provisoire. De suspect il devient naturellement coupable. La Secrétaire exhibe alors le fantasme totalitaire : il faut que soit intériorisé le sentiment d'une culpabilité, d'une dette à l'égard de l'État. « Tous suspects, c'est le bon commencement », déclare la Secrétaire audit pêcheur.

Le nouveau pouvoir est hyperrationnel. Il a construit une « machine perfectionnée », un « système ». La Peste se distingue des dirigeants traditionnels, rois ou présidents, que représentent le gouverneur voire Caligula. Il oppose son « sérieux », son efficacité à leurs « singeries ». Pas de sceptre, pas de protocole suranné : le nouveau pouvoir se veut logique, fonctionnel. « Je fonctionne [...]. J'apporte l'organisation. » Le mot sera réutilisé dans *Les Justes* pour désigner le Parti. Il faut des institutions, des tribunaux, des casernes. Sa conception de l'ordre est techno-bureaucratique, logique, et cela passe par des « listes », des « fiches », des statistiques, des bureaux. D'où le personnage de la Secrétaire. On pense encore à *1984*. Des paperasses aussi inutiles que les « certificats d'existence » justifient l'existence d'une bureaucratie pléthorique, parasitaire, improductive. Soljenitsyne le montrera plus tard : la fonction des « travaux inutiles » est politique.

Il y a toujours des attestations à fournir, des certificats à produire. La Secrétaire enregistre toutes sortes d'informations. L'État sait tout sur tous. Il concentre des données qu'il utilise à l'occasion, « Personne n'est oublié. » Une réglementation tatillonne humilie, touche la conscience de soi. La population est infantilisée, écrasée, en proie aux pénuries. Les gens sont placés en situation de demandeurs perpétuels et perdent le sens de leur dignité, en témoigne le dialogue entre Nada et la femme. Celle-ci veut du concret, un logement et de la nourriture pour les siens. Nada lui parle d'attestations et de formulaires. Ils ne parlent pas le même langage. La femme ne veut pas de « beau langage » ni de « promesses », de lendemains qui chantent, de l'avenir radieux, etc.

Une didascalie mentionne des cabanes, des barbelés, des miradors. Les lecteurs avaient parfois remarqué les allusions insistantes que Camus faisait au système concentrationnaire dans *La Peste*. Pour lui, les camps sont un élément cardinal des sociétés totalitaires. La Peste et la Secrétaire ordonnent des déportations et des radiations. Les camps sont donc à la fois des camps de concentration (le mot est plusieurs fois utilisé) et d'extermination.

La Peste, dans la troisième partie, perd son emprise sur la ville. La machine grince et se grippe. Ses gardes plient et décampent. Il veut alors détruire Cadix qui lui échappe, comme Hitler voulut le faire de Paris puis de Berlin (« La ville sera rasée »). Le dictateur ne peut plus offrir que le visage de la haine. Même la Secrétaire le lâche. Il se retire, laissant un testament totalitaire, le mépris des hommes (« un troupeau »), qui ne méritent pas d'être libres. « L'idéal c'est d'obtenir une majorité d'esclaves à partir d'une minorité de morts bien choisis. Aujourd'hui la technique est au point [...]. Nous mettons des peuples entiers à genoux. » L'objectif ultime reste « le silence définitif de la servitude ». La Peste a la certitude que son projet sera repris ailleurs. Nada le dit : « les festins de la haine sont toujours ouverts ». On pense au final de *La Peste.* Et ce sont les « anciens » qui reviennent comme dans le roman et comme après 1945.

Diego est longtemps un personnage parmi d'autres, mal relié à l'économie de la pièce. Ce qui le caractérise c'est d'être l'homme amoureux, comme le Rambert de *La Peste.* On note néanmoins qu'il porte la contradiction à Nada et valorise l'honneur. Dans la deuxième partie, il est celui qui refuse l'ordre totalitaire. Victoria lui fait remarquer qu'il n'en parle pas le jargon. Ce qui fait de lui structurellement l'antagoniste de la Peste. Il parle plus loin le même langage que Camus, Rieux et Kaliayev. « Je vis pour ma cité et pour mon temps » ; « Je ne méprise que les bourreaux », propos qui sont dans la continuité d'*Actuelles.* Diego devient alors l'homme à abattre, à marquer, l'ennemi public n° 1, ainsi que le constate le chœur – « Un homme seul, c'est plus gênant. » « Je commencerai à déranger votre bel ordre » : l'homme seul, intellectuel ou premier venu, est capable du sursaut éthique dont Camus, comme Orwell, fait le préalable de toute résistance/révolte.

Diego surmonte la peur qu'il avouait ressentir dans la première partie. Comme le rédacteur des *Lettres à un ami allemand*, il a dès lors la certitude de la proche victoire. Il le crie à la Secrétaire : « Vous êtes perdus [...]. Vous voilà déjà vaincus. » C'est que n'ayant plus peur, il n'offre plus de prise à l'appareil totalitaire. Tout naturellement sa marque disparaît. « Il a toujours suffi qu'un homme surmonte sa peur et se révolte pour que leur machine commence à grincer ». Dans la troisième partie, Diego organise une résistance comme Rieux dans *La Peste.* « N'ayez plus peur, c'est la condition. Debout, tout ceux qui le peuvent ! » ; « quittez les files de la peur, criez la liberté ». Il parle le langage, les grands mots – colère, espoir, liberté – de la révolte. « Ô sainte révolte, refus vivant, honneur du peuple. » Et le refus de la peur donc de l'État totalitaire fait tache d'huile. C'est ce qui est arrivé à Budapest en 1956, à Prague en 1968, à Varsovie en 1981.

La résistance à Cadix est le fait des « misérables », des pauvres et des ignorants, du peuple, non des élites. C'est donc une opposition socio-politique plus qu'une dissidence. La Peste réagit par une répression accrue et aveugle : « Il faut aggraver les mesures ! » ; les « radiations » se font au hasard pour terroriser la population. Il est question d'otages. Le spectateur de 1948 peut penser aux derniers temps de l'Occupation. La Peste reconnaît la vanité de la terreur brutale dans son face-à-face avec Diego : « Il me faut être le maître de tout ou je ne le suis de rien. Si tu m'échappes, la ville m'échappe. » Camus a affirmé l'essentiel : la résistance est possible, ce qui le situe à mi-chemin d'Orwell et de Soljenitsyne. « Rien n'abat, n'abattra jamais cette force violente et pure qui pousse les hommes et les peuples à revendiquer l'honneur de vivre debout. » Dès 1948, il a compris la faille des régimes totalitaires. Ils ne peuvent rien contre qui n'a plus peur. Dès lors que son chantage n'opère plus, la force peut être mise en échec. Il n'est pas si facile de détruire une âme.

La Secrétaire tente bien une conciliation, un accommodement. Elle parlemente avec des gens du peuple, inspire la crainte des bouleversements à venir. « Quand un ordre est établi, ça coûte toujours plus cher de le changer » ; « Tout bouleversement se paye. » Elle laisse entrevoir des règlements de comptes, des vengeances personnelles, des « nettoyages » – allusion à l'épuration. C'est ce qui arrive, quand elle se laisse déposséder de son cahier (« Voulez-vous me rendre ce cahier ! [...] il est précieux et [...] il suffit d'y rayer le nom d'un [...] concitoyen pour que celui-ci meure aussitôt »). Les frustrations et ressentiments s'assouvissent. Diego reprend l'initiative et son ascendant sur le peuple. Il clame : « Ni peur ni haine. » Ainsi parleront des dissidents tels que Vaclav Havel ou Adam Michnik.

Quand chancelle son pouvoir, la Peste prend Victoria en otage. Diego est prêt à mourir à sa place. La Peste entend le dissocier des siens : « Je te donne la vie de cette femme et je vous laisse fuir tous les deux, pourvu que vous me laissiez m'arranger avec cette ville. » En vain : il choisit la mort. Victoria se joint au chœur qui le maudit et remet son combat – l'exigence de justice – en question. Si, après sa mort, les « anciens » reviennent, est-il mort pour rien ? Son sacrifice a-t-il été vain ? Le sacrifice de son amour, d'un amour incompatible avec la cause collective ? « Je me suis desséché, avoue-t-il, dans ce combat. Je ne suis plus un homme et il est juste que je meure. » Il a une faute à expier : avoir abandonné Victoria, comme Kaliayev a négligé Dora. Et une autre : menacé d'être dénoncé, il avait pris le fils du juge en otage. Il a le sentiment d'avoir franchi une « limite ». Camus pose ici le problème de la fin et des moyens sur lequel il reviendra dans *Les Justes*.

La troisième partie propose un scénario optimiste de sortie du totalitarisme. Camus ne fictionnalise pas la fin apocalyptique du IIIe Reich, puisque à aucun moment il n'est question d'une guerre impérialiste perdue. On est tenté de voir, de façon anachronique, le final de la pièce comme une révolution de velours morale et non violente. Si Staline et Brejnev sont morts au pouvoir, Gorbatchev, lui, se retire en 1991, mais l'URSS n'était plus alors celle que Camus avait combattue.

La réplique à Gabriel Marcel restait prisonnière d'une *doxa* de gauche. Elle était trop circonstancielle pour ne pas être simplificatrice. Si Cadix a bien reçu des traits de l'Espagne franquiste, et aussi de la France de Pétain, elle en a aussi de l'Allemagne nazie et de l'URSS. *L'État de siège* propose une représentation allégorisée mais informée de l'expérience totalitaire. Sa compréhension du phénomène est plus poussée que dans *La Peste*, mais Camus la paie d'un didactisme accru, d'une surcharge de grands mots et d'un lexique plus politique qu'il a voulu équilibrer par des développements lyriques et des recherches formelles. Le résultat est une œuvre hybride. N'est pas Claudel qui veut. L'on peut regretter qu'il n'ait pas connu alors *La Ville* qui ne fut créée qu'en 1955.

Camus, dans ses commentaires, a tout fait afin qu'on ne prenne pas *L'État de siège* pour une adaptation de *La Peste*. Il insiste sur ses choix scéniques : il a eu l'ambition d'un spectacle total mêlant, dans une action simultanée, « toutes les formes d'expression dramatique depuis le monologue lyrique jusqu'au théâtre collectif, en passant par le jeu muet, le simple dialogue, la farce et le chœur ». Le compromis était difficile entre deux conceptions divergentes de la peste. Pour Camus, elle figure le mal absolu, dont l'État totalitaire est une manifestation historique ; les spectateurs doivent la voir comme un avatar de la dictature. Elle est, pour Barrault qui avait été l'ami d'Antonin Artaud, un opérateur de catharsis, un fléau régénérateur. La « moralité » se charge de significations disparates éparpillées entre les chœurs parlés et des échanges chargés d'abstractions. L'allégorie fonctionne mal. Diego se bat contre des entités collectives, une idéologie et un système. Or celles-ci, par nature, sont difficiles à figurer. Barrault et Camus avaient voulu que le spectacle fût très visuel. Le risque était que le spectateur s'y égarât et le trouvât inintelligible.

Les répétitions, aux dires de Barrault, eurent lieu « dans l'euphorie ». La mise au point du spectacle fut cependant délicate. Jusqu'au dernier moment, le texte subit des transformations. La première eut lieu au Théâtre Marigny le 27 octobre 1948 devant le tout-Paris de la politique et de la culture. L'accueil fut froid. Barrault avait fait le choix d'une mise en scène frénétique. Il semblait avoir réuni tous les atouts : il avait commandé des décors et costumes médiévaux au peintre Balthus et la musique au compositeur Arthur Honegger, la distribution réunissait les meilleurs acteurs de la compagnie Renaud-Barrault, notamment Pierre Bertin, Madeleine Renaud, Pierre Brasseur, Maria Casarès, Marcel Marceau et Barrault lui-même, qui jouait le rôle de Diego. Après seulement vingt-deux représentations, *L'État de siège* quitta l'affiche. « Il y a, écrivit Camus, peu de pièces qui aient bénéficié d'un éreintement aussi complet. » Il en convint dans une lettre à Jean Grenier : ce fut « un four ». Il invoqua des raisons scéniques. « C'était une énorme machine à monter. » Grenier, dans sa réponse, évoqua le « *chevauchement* des symboles de fléaux : épidémie, bureaucratie, collaboration ». Les critiques soit aimèrent les mouvements de foule, les jeux de lumière et la performance des acteurs, mais accablèrent la partition, soit saluèrent la qualité littéraire du texte, mais regrettèrent son manque de théâtralité. Les uns voulaient régler son compte à Camus, les autres à Barrault. Pour expliquer l'échec retentissant de la pièce, Jacques Lemarchand, dans *Combat*, se demanda « si Jean-Louis Barrault [n'avait] pas contraint Camus à présenter une autre pièce que la sienne ». Michel Autrand propose une explication intéressante de cet échec cinglant : la représentation de la collectivité urbaine était trop audacieuse pour le public mondain du Théâtre Marigny. La pièce venait aussi trois ou quatre ans trop tard. Un public plus populaire, reconnaissant Pétain dans le gouverneur et Hitler dans la Peste, l'eût plébiscitée au lendemain de la Libération.

L'auteur n'a pas fait appel de cet échec qui le blessa : c'est la seule de ses pièces qu'il n'a pas remaniée. Jean-Louis Barrault aurait aimé lui donner une seconde chance, et Camus qu'elle soit représentée en plein air. On lui proposa de la mettre en scène à Athènes. Elle a été jouée en Allemagne, à Munich, Nuremberg, Celle et Göttingen, Schleswig, Osnabrück et Hambourg dans les années 1950 et 1960, et plus récemment en Europe de l'Est avec quelque succès. En France, seules de jeunes troupes se hasardent à la monter de temps en temps, dans une version resserrée. Ce fut le cas en 2006 au Théâtre 13 à Paris. Un opéra a été tiré de la pièce en 1970.

Jeanyves GUÉRIN

Éd. : Gallimard, 1948 • *Théâtre, récits et nouvelles*, Gallimard, coll. « Bibl. de la Pléiade », 1962 • *L'Avant-Scène théâtre*, n° 413-414, 1er-15 novembre 1968 • Gallimard, coll. « Folio Théâtre », 1998, éd. par Pierre-Louis Rey • *Œuvres complètes*, t. II, Gallimard, coll. « Bibl. de la Pléiade », 2006, éd. par David H. Walker

Trad. : en albanais, allemand, anglais, arabe, corse, croate, espagnol, hongrois, indonésien, italien, japonais, ourdou, persan, polonais, portugais, roumain, russe, serbo-croate, slovène, tchèque, turc et ukrainien

Crit. : Michel Autrand, « *L'État de siège* ou le rêve de la ville au théâtre », dans Jacqueline Lévi-Valensi (dir.), *Camus et le théâtre*, IMEC Éditions, 1992, p. 57-70 • Jeanyves Guérin, « La représentation de l'État totalitaire dans *L'État de siège* », dans Gisèle Séginger (dir.), *Écriture(s) de l'histoire*, Presses universitaires de Strasbourg, 2006, p. 95-115

ÉTATS-UNIS. – Le seul voyage de Camus aux États-Unis dura du 10 mars au 21 juin 1946. Il fut organisé, sur l'initiative de Claude Lévi-Strauss, alors conseiller culturel à New York, par le service des relations culturelles du ministère des Affaires étrangères. Cette mission lui permit aussi de répondre à une invitation de Blanche Knopf, la femme de son éditeur américain. Jean-Paul Sartre qui, envoyé par *Combat*, avait déjà visité les États-Unis en 1945 et y revint au début de 1946, ne manqua pas de préparer le terrain en louant souvent son jeune confrère. Cela explique pourquoi les deux auteurs se virent inséparablement associés dans l'esprit du public. Lors de son périple, Camus tint une espèce de journal de bord qui n'était cependant qu'une continuation de ses notes, plus copieuses et plus précises il est vrai, des *Carnets*. Le texte a fait l'objet d'une publication séparée présentée par Roger Quilliot (*Journaux de voyage*, Gallimard, 1978). La nouvelle édition de la « Pléiade » l'a réintégré à l'endroit qui lui convient, dans les *Carnets 1935-1948* (t. II).

La traversée de l'Atlantique, pendant laquelle Camus relisait *Guerre et Paix* et travaillait à *La Peste*, se fit en cargo. Les conditions à bord de l'*Oregon* étaient marquées par la même pénurie d'espace et de vivres que celle dont souffrait la France de l'immédiat après-guerre. On mangeait mal et l'écrivain dut partager sa cabine avec deux hommes. Son état de santé, déjà mauvais au départ, le resta pendant tout le périple qui fut ponctué par des poussées de fièvre. Connu de l'élite culturelle américaine surtout pour ses articles de *Combat*, Camus exécuta sa mission officiellement en qualité de journaliste. Il fut infailliblement fiché par le FBI, ce qui explique la méfiance prononcée avec laquelle les autorités le reçurent. Sartre et lui étaient considérés comme les représentants désignés de l'existentialisme français qu'Hannah Arendt venait de présenter en février 1946 dans *The Nation.* L'agent James E. Tierney suivit Camus dans à peu près tous les lieux privés ou officiels où celui-ci devait se rendre. Le rapport détaillé sur la politique et la philosophie du visiteur qu'il rédigea par la suite fut étonnamment équilibré. L'essentiel des conférences y est résumé plutôt correctement et Tierney reconnaît même que leur « point de départ philosophique » est « un humanisme noble, courageux mais résolument athée ». Edgar Hoover, directeur du FBI, transmit le 13 août 1946 ce rapport au State Department. La conclusion officielle fut qu'au cours de sa visite Camus « s'était engagé dans des activités qui n'étaient ni subversives ni politiques ». Du côté français, il fut officiellement reçu à son débarquement par Pierre-André Émery, qu'avait délégué Claude Lévi-Strauss. Dès son arrivée, il eut le plaisir de retrouver Nicola Chiaromonte, un ancien combattant de la guerre civile espagnole dont il avait fait la connaissance à Paris en 1940 et avec lequel il s'était lié d'amitié. Il avait réussi à mettre fin au séjour clandestin difficile en Algérie auquel l'Occupation avait contraint son ami en lui facilitant le passage au Maroc et aux États-Unis. À l'époque, Chiaromonte collaborait à la *Partisan Review.* Le 29 avril 1946, il publia dans *The New Republic* un compte rendu fort élogieux de *The Stranger*, la traduction par Stuart Gilbert de *L'Étranger* qui venait de paraître chez Knopf le 11 avril. La correspondance étendue et inédite des deux amis – trente-sept lettres dont la première date du 5 octobre 1945, la dernière du 20 octobre 1959 – peut être consultée à la bibliothèque de Yale. Un jeu de photocopies est déposé à celle de l'université de Floride (Gainesville) et au fonds Camus à Aix-en-Provence. L'arrivée de l'écrivain fut aussi annoncée le 24 mars dans le *New York Herald Tribune Weekly Book Review* par l'hôte principal de Camus, Justin O'Brien, directeur du département de langues romanes de l'université Columbia.

Répondant à l'invitation de ce dernier, Camus prononça, le 28 mars 1946, dans l'amphithéâtre bondé de l'université, sa première conférence en compagnie de deux autres invités : Vercors et Léon Motchane. Programmatique dans ses grandes lignes, elle avait pour titre « La crise de l'homme ». Il la reprit souvent au cours de sa tournée nord-américaine. L'original demeure introuvable et l'on dut longtemps se référer à une retraduction fondée sur « *The Human Crisis* », une version anglaise publiée par Lionel Abel (*Twice a Year*, vol. XIV-XV, 1946-1947, p. 19-33), membre de la seconde génération de ceux qu'on appelait « les intellectuels de New York » et collègue de Chiaromonte à la *Partisan Review.* De nos jours, une version française antérieure, dont il existe un dactylogramme au fonds Camus, différant sur quelques points mais non sur l'essentiel, figure dans le tome II de la nouvelle « Pléiade » (2006). À la Maison française de l'université Columbia, Camus prit aussi part à un débat très remarqué avec des étudiants.

Profitant de son passage à New York, Camus visita la ville dont il prisait les boîtes de nuit et les restaurants chinois, de même qu'il fréquenta de préférence les lieux populaires tels que Harlem, Coney Island et Brooklyn. Dans ses sorties, qui dépendaient toujours de son état de santé et de son travail, il fut assisté par une pléiade de guides parmi lesquels Abbott J. Liebling, reporter et essayiste au *New Yorker*, Harold Bromley, qui espérait mais en vain mettre en scène *Caligula* et qui fut son chauffeur, Régine Junier, une exilée française qui lui avait écrit et envoyé des colis de vivres pendant la guerre, Dolorès Vanetti-Ehrenreich, qui avait déjà reçu Sartre lors de son premier voyage aux États-Unis et était devenue sa maîtresse, Pierre de Lanux, qui préparait alors une étude sur Saint-Exupéry, Eugène Sheffer de la Maison française, enfin ses cicérones les plus importants : Patricia Blake, une jeune *copy writer* à *Vogue* et ancienne étudiante de Smith College rencontrée à l'Institut français et avec qui il eut une liaison brûlante, et Jacques Schoeller, le frère d'un ami de Michel Gallimard.

Tantôt de vraies conférences (dont plusieurs fois « La crise de l'homme ») tantôt des causeries, les prestations de Camus à New York, dans la région new-yorkaise et en Pennsylvanie eurent lieu sur les campus suivants : le 6 avril 1946 à Vassar, dont il retint l'image d'« [u]ne armée de jeunes starlettes aux longues jambes qui se croisent sur les pelouses. Ce qu'on fait pour la jeunesse ici vaut la peine d'être retenu » ; le 15 avril, il parla à la New School of Social Research, puis le 16 avril à l'Institut français. Il nota dans ses *Carnets* : « Le soir French Institute emmerdant. » Et d'ajouter immédiatement qu'il savait bien comment se défouler : « Mais nous allons dans une boîte nègre avec le Dr Jerry Winter. Rocco, le pianiste nègre le plus formidable que j'aie entendu depuis des années. » Le 29 avril, à Bryn Mawr en Pennsylvanie, il renoua le contact avec Germaine Brée avant de finir sa tournée new-yorkaise le 1er mai à Brooklyn College.

Au cours de son séjour à New York, Camus accorda deux interviews. La première parut le 1er juin dans *Vogue*. Elle était accompagnée de la fameuse photographie de Cecil Beaton qui amena le public à le comparer à Humphrey Bogart. Le 5 juin, Dorothy Norman publia dans le *Daily Magazine* du *New York Post* une interview importante qui posa les jalons pour la réception de *L'Étranger* aux États-Unis. Camus y disait que Meursault est « un homme qui refuse de mentir. C'est cela la somme et la substance de sa signification ». Et il ajouta, visant sans doute aussi la société américaine : « Un deuxième sens du livre est que la société pense apparemment que ce dont elle a besoin ce sont des hommes disposés à ne fournir que des signes superficiels de leurs sentiments. » Interrogé sur l'absurde, il déclara : « Je me demande si, en dépit de l'énergie apparente de la jeunesse de l'Amérique, nous autres Européens n'avons pas après tout, en vertu de la crise que l'Europe vient de traverser, quelque chose à donner à l'Amérique. Je me réfère bien entendu à l'inquiétude. » Expliquant sa conception de la révolte cinq ans avant la parution de *L'Homme révolté*, il en résuma ainsi le *cogito* : « Si je me révolte, cela ne veut pas dire que "je suis" mais que "nous sommes". En d'autres termes, ma révolte ne m'engage pas seulement moi-même mais l'homme. » Il termina son interview en révélant qu'au terme des trois premiers cycles de son œuvre (l'absurde, la révolte, la mesure) « il y aura une quatrième phase dans laquelle j'écrirai un livre sur l'amour ».

Gallimard avait confié à Camus une autre mission dont la nature délicate ne semblait pas l'effrayer. Un contrat signé par Saint-Exupéry en 1929 accordait tous les droits à l'éditeur parisien. En 1938, lors de son séjour aux États-Unis, l'auteur du *Vol de nuit* s'engagea avec l'éditeur américain Reynal & Hitchcock à publier *Pilote de guerre* et *Le Petit Prince.* Après la mort de Saint-Exupéry en 1944, Gallimard entama un procès à l'éditeur américain, démarche qui fut fort critiquée par *Victoire*, l'hebdomadaire new-yorkais de langue française, qui accusa l'éditeur français d'ingratitude. Le rôle de Camus était d'assister Raymond Gallimard, qui était venu à New York pour régler cette affaire mais se méfiait de la procédure légale américaine. Le soutien de Camus fut surtout d'ordre moral. Le procès se termina par un compromis. C'est à cette occasion qu'il rencontra la veuve de Saint-Exupéry. Il nota dans ses *Carnets* : « Au déjeuner la femme de Saint-Ex. – une délirante – raconte qu'à San Salvador son père a eu, avec 17 légitimes, quarante bâtards dont chacun a reçu un hectare de terre. » Il croisa aussi le médiéviste Étienne Gilson et André Breton.

Outre les campus où il fit ses conférences, toujours bien reçues et devant des salles bondées, et la ville de New York, Camus visita aussi Philadelphie, où il fut frappé par les « petits cimetières pleins de fleurs sous les énormes gazomètres », Cape Cod, le Maine, une partie du Québec au moment où il se rendit à Montréal, enfin Washington. Pays épargné par la guerre, le Canada ne se distinguait guère des États-Unis aux yeux de Camus : « Grande campagne propre et aérée avec les petites et grandes maisons à colonnes blanches et les grands arbres bien bâtis et les pelouses qui ne sont jamais séparées par des barrières si bien que c'est une seule pelouse qui appartient à tout le monde et où de beaux enfants et des adolescents souples rient à une vie remplie de bonnes choses et de crèmes riches. La nature ici contribue au beau conte de fées américain. Un récit d'une enfance américaine et il cherche en vain ce que son cœur appelle. Il se résigne. » De la capitale américaine, c'est-à-dire du Mall qui s'étend entre le Capitole et le monument de Lincoln, Camus dresse un portrait perspicace dont la conclusion morale anticipe sur l'ambiguïté des impressions qu'il se forma et garda des États-Unis : « Douceur des soirs sur les vastes pelouses de Washington, quand le ciel devient rouge et que l'herbe commence à noircir, que des nuées de négrillons s'y renvoient une balle avec une latte de bois au milieu de cris joyeux, que des Américains en chemise, débraillés, affalés sur des bancs, venus tout droit d'un saloon de vieux film, sucent avec un reste d'énergie des glaces moulées dans du carton pasteurisé, tandis que les écureuils viennent déterrer sous vos pieds des friandises dont ils sont les seuls à savoir le nom et que, dans les cent mille arbres de la ville, un million d'oiseaux saluent l'apparition de la première étoile, au-dessus de la pyramide de Washington et dans le ciel encore clair, alors que des créatures aux longues jambes arpentent les chemins d'herbe dans la perspective des grands monuments, offrant au ciel un moment détendu leur visage splendide et leur regard sans amour. » Le ton est le même dans d'autres commentaires sur la politique et la culture américaines. Ainsi dans une lettre de 1951 : « Et la philosophie (si j'ose dire) du bonheur américaine a rencontré depuis longtemps une limite dans la nature humaine elle-même, si j'en juge par la tristesse de la vie américaine. » Pour hâtive qu'elle soit, cinq ans après son séjour aux

États-Unis, la généralisation de Camus est à placer dans le contexte de la politique mondiale contemporaine des années 1950. En pleine guerre froide, la confrontation idéologique et stratégique apparemment irrémédiable et les arsenaux atomiques des deux blocs, l'Amérique et l'URSS, font alors peser la menace d'une troisième guerre mondiale.

Dans le chapitre sur « La pensée de midi » qui conclut *L'Homme révolté*, Camus revient sur le rôle problématique que jouent les États-Unis dans le conflit politique majeur de son époque : « Bien entendu, il ne s'agit pas de rien mépriser, ni d'exalter une civilisation contre une autre, mais de dire simplement qu'il est une pensée dont le monde d'aujourd'hui ne pourra se passer plus longtemps. Il y a, certes, dans le peuple russe de quoi donner une force de sacrifice à l'Europe, dans l'Amérique une nécessaire puissance de construction. Mais la jeunesse du monde se trouve toujours autour des mêmes rivages. Jetés dans l'ignoble Europe où meurt, privée de beauté et d'amitié, la plus orgueilleuse des races, nous autres méditerranéens vivons toujours de la même lumière. »

Raymond GAY-CROSIER

Bibl. : Fernande Bartfeld, « Le voyage de Camus en Amérique du Nord », *Revue des Lettres modernes*, série Albert Camus, 19, 2002, p. 203-229 • Serge Doubrovsky, « Camus et l'Amérique », *La Nouvelle Revue française*, 1er février 1961, p. 292-296 • Raymond Gay-Crosier, « La navette entre l'exil et le royaume : le voyage comme apprentissage du désenchantement chez Albert Camus », *Lendemains*, n° 81, janvier 1996, p. 70-85

ÉTÉ (L'). – En 1954, Camus réunit dans un recueil ainsi intitulé qu'il fait paraître dans la collection « Les Essais » des éditions Gallimard huit textes qui avaient été écrits et publiés de façon dissociée : *Le Minotaure ou la Halte d'Oran* (1939), *Les Amandiers* (1940), *Prométhée aux enfers* (1946), *Petit guide pour des villes sans passé* (1947), *L'Exil d'Hélène* (1948), *L'Énigme* (1950), *Retour à Tipasa* (1953) et *La Mer au plus près* (1953).

Malgré les années qui séparent ces petits essais, c'est bien leur cohérence qui frappe et justifie le regroupement. L'un d'entre eux, *L'Énigme*, particulièrement aiguisé dans sa portée réflexive, livre d'ailleurs une conviction quant à la logique souterraine de toute vraie création littéraire : « Chaque artiste, sans doute, est à la recherche de sa vérité. S'il est grand, chaque œuvre l'en rapproche ou, du moins, gravite encore plus près de ce centre, soleil enfoui, où tout doit venir brûler un jour. » Selon un mouvement réversible qui se vérifie en bien des endroits du recueil, la maxime énoncée là vaut comme propos personnel, de même qu'ailleurs la bribe de confidence autobiographique sert avant tout de socle à une large méditation qui se déploie autour d'images fortes. On comprend donc la forte charge sensible et symbolique de l'image solaire sous le signe de laquelle Camus place ce faisceau de textes.

Sensible : le soleil est étroitement lié à l'enfance et à la jeunesse (Alger est pour lui « la ville des étés »), à leurs moments privilégiés, vécus dans la plénitude d'un accord immédiat à la nature méditerranéenne. Ce sont bonheurs inaliénables, revivifiés au fil du temps par des instants de grâce qui offrent l'émotion de retrouver le même soleil, le même accord fusionnel au retour sur la terre natale ou quelquefois sur d'autres rives, au plus près d'autres mers.

Symbolique : ce soleil met en lumière les contrastes les plus violents. S'il illumine en effet l'immortelle jeunesse de la nature, qui peut s'avérer oppressante à force de beauté, il dispense aussi une cruelle lucidité en chauffant à blanc le « désert » de villes comme Oran où veille le Minotaure de l'ennui ne laissant aucune échappatoire à la conscience de l'homme. Tous ces textes témoignent d'un « tragique solaire » dont ils résonnent d'autant plus profondément qu'ils sont écrits au cours ou à l'issue d'une guerre qui a annihilé tout rêve d'innocence.

Pour autant, c'est en puisant dans les ressources d'un « invincible été » que chacun de ces essais, selon les circonstances et les inflexions du moment, se constitue en résistance face à la tentation du désespoir. Chacun d'eux est tendu dans une quête sinon de la vérité, du moins du point d'équilibre entre les deux extrêmes, également réfutés, de l'illusion et du nihilisme, dans une quête placée à l'occasion sous la figure tutélaire de l'antique Némésis, vue comme déesse de la mesure, ne frappant de sa vengeance que ceux qui s'égarent dans le franchissement des frontières.

En revisitant à son usage la mythologie grecque, c'est surtout la figure d'Ulysse particulièrement féconde dans l'imaginaire méditerranéen que Camus privilégie et fait voyager de texte en texte. À l'encontre de la lecture la plus fréquente, qui est encore celle de Gabriel Audisio par exemple, le mythe camusien n'en fait pas seulement l'emblème de la ruse mais celui du juste parti, du pari de l'humain : Ulysse est celui qui refuse l'immortalité offerte par Calypso pour rejoindre sa patrie et y accomplir sa tâche d'homme.

Suivant le cours dynamique de la pensée camusienne, ces petits essais décrivent aussi une forme d'odyssée qui d'étape en étape dépasse le constat de l'absurdité d'un monde violent et injuste, déjoue les écueils du nihilisme ou de la fuite en avant vers des îles fantasmées et garde le cap sur l'objectif humain. La leçon de Prométhée ne peut être ignorée, et le feu qu'il a transmis aux hommes se doit d'être sans cesse rallumé. Tous ces textes y concourent, sous la diversité des tons et des registres, parfois sous l'écran pudique de l'humour, le plus souvent dans l'amplitude d'une méditation poétique ou l'expansion d'un déploiement mythique qui suggèrent bien plus qu'une morale : une indéfectible tendresse pour l'homme, accepté dans ses contradictions et ses limites.

Martine MATHIEU-JOB

Éd. : Gallimard, coll. « Les Essais », 1954 • *Essais*, Gallimard, coll. « Bibl. de la Pléiade », 1965 • *Œuvres complètes*, t. IV, Gallimard, coll. « Bibl. de la Pléiade », 2008, éd. par Pierre-Louis Rey

Trad. : en albanais, allemand, anglais, bulgare, catalan, coréen, croate, danois, espagnol, grec, hébreu, hongrois, italien, japonais, néerlandais, polonais, portugais, roumain, russe, serbe, slovène, suédois, tchèque, turc et ukrainien

***ÉTÉ À ALGER* (L')**. – *L'Été à Alger* est le troisième des quatre textes du recueil intitulé *Noces*. Il est nourri d'impressions et de réflexions amorcées dans les *Carnets* à partir de juin 1937, date à laquelle Camus pose, d'après Oswald Spengler, la différence qui sépare « culture » et « civilisation ». En juillet, il oppose l'intellectualisme de Gide aux plaisirs naturels. « Apologie de la satiété » : cette formule, qui glorifie la simplicité des Algériens (c'est-à-dire des Européens d'Algérie), se retrouvera dans une note de *L'Été à Alger*. Ses voyages de juillet-août en Europe centrale, en Italie, puis à Paris, autoriseront les comparaisons avec Alger qui ouvrent le texte. Les caroubiers, qui « mettent une odeur d'amour sur toute l'Algérie » (18 octobre 1937), et la « première étoile » apparue au retour d'une promenade sur le chemin de la

Madeleine, dans la banlieue d'Alger (6 novembre 1937), l'enrichiront à leur tour. Ces repères ne signifient pas que Camus mit longtemps à composer *L'Été à Alger*. Ce n'est qu'en juin 1938 qu'il note : « Été à Alger. Pour qui cette gerbe d'oiseaux noirs dans le ciel vert ? L'été aveugle et sourd qui s'infiltre et donne un sens plus pur aux appels des martinets et aux cris des marchands de journaux » et, à la suite, une liste où il inscrit : « Finir Florence et Alger » et « Impromptu d'été ». Ce dernier projet est ébauché sous la forme d'un dialogue amusant, qui ne sera pas repris. Quand Camus, en août, dresse une liste de « personnages » en tête de laquelle figure « Étienne », tempérament « physique » simple d'esprit et attentif aux plaisirs de son corps, c'est à un roman (peut-être *L'Enfance pauvre*, souvent programmée ensuite dans les *Carnets*) qu'il paraît plutôt songer. Étienne, l'oncle tonnelier de Camus, sera masqué sous le nom de Vincent dans la note sur Gide de *L'Été à Alger* ; on le retrouvera beaucoup plus tard, appelé tantôt Étienne, tantôt Ernest, dans *Le Premier Homme*. À la page suivante des *Carnets*, Camus envisage de « reprendre travail sur Plotin », c'est-à-dire de développer l'étude menée deux ans plus tôt dans « Métaphysique chrétienne et néoplatonisme », son mémoire pour le Diplôme d'études supérieures ; l'avant-dernière page de *L'Été à Alger*, où Plotin sert de référence au désir du narrateur de réaliser l'Unité de soi avec la terre, est une amorce de ce projet, qui sera abandonné. *L'Été à Alger* se situe donc à la croisée de plusieurs sujets d'intérêt ou d'émotion : voyages loin d'Alger, sensibilité aux bruits et aux parfums de la nature, familiarité avec la vie quotidienne des « quartiers pauvres » (Belcourt et Bab el-Oued), réflexions d'ordre philosophique. Ainsi s'explique le caractère hétéroclite du texte, accentué encore par la « Note », sorte d'appendice qui offre, du parler populaire des Algériens, des échantillons plus idiomatiques que ceux du texte lui-même.

Les cinq paragraphes qui vont de « Dans les cinémas de quartier » à « ces vérités que la main peut toucher » furent publiés dans le deuxième et dernier numéro de la revue *Rivages* (février-mars 1939) ; la « Note » fut publiée sous le titre « Chronique du jeune Alger : le récit intégral de la bagarre de Bab el-Oued » dans *La Revue algérienne* (février 1939). L'extrait publié dans *Rivages* était dédié à Jacques Heurgon, professeur à la faculté des lettres d'Alger et membre du comité de rédaction de la revue. Cette dédicace se retrouvera en tête du texte complet quand celui-ci sera recueilli dans *Noces*.

Les deux précédents textes de *Noces* se présentaient comme les récits d'une journée d'excursion, à Tipasa, ou à Djémila. Commencé sous la forme d'une réflexion de portée générale, *L'Été à Alger* s'achève comme le récit d'une saison, qui « bascule » aux premières pluies de septembre. Chacune des journées de l'été, après avoir été écrasée de soleil, « bascule » dans la nuit. De même encore bascule, dans la vieillesse et dans la mort, la vie de ces Algériens qui ont vécu avec intensité les années de leur jeunesse. Le dilemme entre mesure et dépassement (récurrent à cette époque sous la plume de Camus, en témoigne *Noces à Tipasa*) se lit à la fois sur les ciels d'été et sur le visage des habitants ; sur le ciel encore tournoient les désirs éveillés par la danse d'une fille magnifique et trempée de sueur. Le parallèle entre le déclin du jour ou de la saison et celui de la vie ne saurait toutefois être poussé trop loin. Alors que les crépuscules sont des « promesses de bonheur » et que les pluies d'automne libèrent les odeurs de la terre, les vieillards n'ont pas droit, dans ce pays, aux consolations de la mélancolie, et sans ces plaisanteries par lesquelles les Algériens conjurent la peur de la mort, on ne comprendrait pas que celle-ci se rattache encore à la vie. Les habitants d'Alger, dont la morale se réduit à un sens de la famille et de l'honneur qu'on trouve du reste ailleurs en Méditerranée, bénéficient d'une générosité que Camus ne leur ménagera jamais. C'est sur l'éloge des Grecs formulé en tête de « Métaphysique chrétienne et néoplatonisme » (« Le dessin de leurs collines ou la course d'un jeune homme sur une plage leur délivrait tout le secret du monde. ») qu'il enchaîne ici. Que les ancêtres des Européens d'Algérie aient bâti une civilisation, on ne saurait, en dépit des injustices qu'elle a engendrées, le méconnaître. Cette civilisation a-t-elle une chance de se changer un jour en culture ? Tel est le pari « insensé » formulé ici par Camus et théorisé quelques mois plus tôt dans une conférence sur « La nouvelle culture méditerranéenne ».

Sous des aspects parfois badins, *L'Été à Alger* pose le problème de l'avenir du pays. Évidemment étrangers aux ivresses sensuelles du dancing de la plage Padovani, les Arabes contribuent, en vendant des verres de citronnade, au pittoresque du tableau ; quant aux « cubes blancs de la Casbah », dont rien ne laisse soupçonner la misère, ils ont pour mérite de mieux faire ressortir la « frise cuivrée » des corps des baigneurs. Il n'est pas exclu que l'enquête menée par Camus en Kabylie un mois après la publication de *Noces* ait lesté de gravité sa vision de la société algérienne. Le silence des Arabes, attablés aux cafés maures de la ville, ne se dissocie pas ici du silence des soirs d'été. Dans *L'Étranger,* ce silence signifiera un mur d'incompréhension, d'où naîtra la tragédie. Le Sintès du roman apparaîtra quant à lui comme la version crapuleuse du sympathique type de l'Algérien, chevaleresque et ombrageux, dessiné dans ce texte. Le proxénète protège les femmes, mais à sa manière, et tandis que *L'Été à Alger* nous apprend qu'on ne « manque » pas à sa mère, ce sont les manquements à sa propre personne que Sintès punira. « L'idée que je me fais de l'innocence, c'est à des soirs semblables que je la dois », écrit Camus au terme du récit de la soirée passée au dancing Padovani. Toujours, il trouvera dans les pures joies de l'amour physique et dans la tendresse des paysages une source d'innocence. Et dans *Petit Guide pour des villes sans passé* (*L'Été*), qui nous fera enfin pénétrer fugitivement dans les rues moyenâgeuses de la Casbah, il continuera de penser qu'au dancing Padovani, « la vie est toujours facile ». *L'Été à Alger* correspond pourtant à un moment de jeunesse et d'insouciance qu'abîmeront ou menaceront ensuite les épreuves du monde et de l'existence.

Pierre-Louis Rey

ÉTRANGER (L'). – Premier roman publié par Camus en 1942, *L'Étranger* continue de briller d'un éclat particulier, à la fois dans son œuvre et dans l'histoire des formes narratives du XXe siècle. Salué comme un événement dès sa parution, devenu un classique, lu dans le secondaire, vendu à près de cinq millions d'exemplaires, adapté au cinéma comme au théâtre, commenté abondamment, ce roman garde pourtant sa part de mystère et d'étrangeté qui lui assure de durer car l'œuvre résiste à ses lecteurs (professionnels ou amateurs), se refusant à une interprétation univoque. Le dépouillement frappant du récit, l'énigme de son héros, les choix narratifs audacieux, la force de la critique du système judiciaire, la puissance d'évocation d'une Algérie sensuelle : tous ces éléments, parfois hétérogènes, assurent au roman sa puissance inépuisable, ou pour le dire avec Alain Robbe-Grillet dans *Le Miroir qui revient* (1984) : « Chaque fois que j'en reprends la lecture [...] son pouvoir intact opère à nouveau. »

Genèse d'un récit. Chef-d'œuvre de concision, *L'Étranger* a connu une longue gestation, mais la version quasi finale a été écrite en deux mois, entre mars et avril 1940 – alors que Camus venait de s'installer à Paris –, dans une sorte de fièvre créatrice dont l'écrivain émerge encore incertain lui-même de la valeur de son œuvre. Le roman s'inscrit dans une série de projets, et même s'il déjoue partiellement les intentions de son auteur, il doit être lu dans la perspective que l'ensemble de l'œuvre lui assigne.

En 1936, Camus commence l'écriture d'un roman qu'il intitule *La Mort heureuse* dont le personnage principal s'appelle Mersault. Occupé à devenir heureux, et persuadé que cette quête passe par l'obtention de la richesse matérielle, celui-ci décide de tuer Zagreus et, au terme d'une série d'expériences (voyages, conquêtes amoureuses), acquiesce, en une sorte de « oui » nietzschéen, seul face à la mer, à la mort qui viendra sanctionner son parcours, la mort qui donne véritablement à la vie son prix et sa saveur. Comme dans les premiers écrits, on retrouve une ambiance caractéristique que *L'Étranger* conservera : la vie quotidienne du quartier de Belcourt à Alger (dont les deux œuvres garderont la trace orale, l'accent spécifique), la notation d'anecdotes banales, l'appel sensuel de la mer et du soleil, la hantise de la mort.

Mais le manuscrit laisse Camus insatisfait, même s'il correspondait en vérité, mieux que *L'Étranger*, au triptyque que l'écrivain tente alors de mettre en place. Le livre prend en effet place dans le cycle des « trois Absurdes », selon une note des *Carnets* rédigée le 21 février 1941. À côté de l'essai que constitue *Le Mythe de Sisyphe* et du drame que forme *Caligula*, le roman doit, lui aussi, exprimer et refléter l'homme absurde, illustrant ce que Camus pense comme le « stade négatif » de sa vision de l'homme moderne. L'écrivain note encore dans ses *Carnets* : « *L'Étranger* décrit la nudité de l'homme face à l'absurde », interprétation que développera, aussitôt le livre paru, Jean-Paul Sartre dans sa (trop) magistrale « explication » du roman de Camus. Peut-être faut-il chercher là l'origine de ce sentiment d'étrangeté qui dicte tout le récit, mais il ne faut pas réduire trop vite le roman à l'illustration d'une thèse. L'homme absurde, Bernard Pingaud a raison de le noter dans son beau commentaire, est essentiellement un joueur, qui s'incarne en trois figures : celles du donjuanisme, de la comédie et de la conquête. Le Mersault de *La Mort heureuse* devenu dans *L'Étranger* Meursault, c'est cette part capitale du jeu volontaire qui est entièrement évacuée du roman nouveau. Meursault, lui, ne joue plus, ne sait pas ou ne veut pas jouer la comédie sociale, et c'est cette attitude énigmatique et passive qui détermine son exclusion ; c'est elle qui fera de lui une sorte de bouc émissaire.

Une subjectivité opaque. La réussite extraordinaire du roman tient à l'audace de son choix narratif : tout le récit est raconté à la première personne par Meursault (personnage sans prénom, comme incomplet dès son patronyme) selon un mode strictement chronologique qui apparente la narration à une sorte de journal, mais le narrateur ne dit jamais rien de ce qu'il pense. Il semble une conscience jetée dans le monde qui l'entoure. Meursault est frappé par les éclats brûlants d'un soleil omniprésent, requis par une sensualité qui lui fait aimer les bains de mer, désirer charnellement Marie, la jeune femme qu'il rencontre. Il semble ballotté dans un univers de sensations à la fois vives et indifférentes où tout s'égalise, où aucune grande notion abstraite ne peut capturer la réalité sensible d'un être au monde immédiat. Le mot « amour », par exemple, lui paraît dénué de signification. Sartre a bien noté cet effet étonnant de la narration : tout semble décrit derrière une vitre qui sépare la perception de toute interprétation. Selon une lecture phénoménologique, la conscience de Meursault serait incessamment projetée dans le monde qui lui donne un contenu, qui la remplit des sensations et des impressions qu'elle accueille passivement.

Le livre est donc une sorte de défi aux narratologues puisqu'il associe étrangement un récit en première personne à une perception purement objective des actions. On a pu y voir l'influence du roman américain sur les jeunes écrivains des années 1930 et 1940. Et Bernard Pingaud de noter que Camus avait été frappé par sa lecture du *Facteur sonne toujours deux fois*. Un récit presque behavioriste (qui se contente de raconter du dehors les seules actions des personnages) coexiste donc avec une stricte focalisation sur la subjectivité centrale du roman. Bien des critiques se sont interrogés sur l'impassibilité de Meursault, certains y voyant un choix volontaire du personnage. Le roman ne donne aucun élément de réponse univoque à cette oblitération de tout ce qui relève normalement du domaine psychologique. Et c'est là son coup de force réussi.

Meursault est comme un œil qui enregistre les phénomènes du monde, une conscience taciturne qui refuse d'ordonner selon un sens son expérience de la réalité. Sartre parle justement de la contingence absolue de ce que vit le personnage, selon une radicale absence de nécessité. Mais c'est bien Meursault qui raconte, très proche de ce qu'il vient de vivre et selon un mode de discours qui a beaucoup frappé les contemporains de Camus. Le régime temporel de la narration est en effet le passé composé, soit un temps plus oral, moins littéraire que le traditionnel passé simple du récit. Avec la première phrase du roman s'impose donc une sorte de présence déconcertante, constamment séparée d'elle-même par ce qu'elle raconte, comme à l'écart des affects qu'elle ne met jamais en jeu ou en scène. « Aujourd'hui, maman est morte » : c'est ainsi que s'ouvre *L'Étranger*, sur un constat sec, sur une phrase lapidaire, à la fois banale et potentiellement tragique, qui donne au livre sa résonance stylistique particulière.

Roland Barthes a pu parler dans *Le Degré zéro de l'écriture* (1953), pour caractériser le roman, d'une « écriture blanche », écriture d'une impossible innocence devant le monde vidé de ses significations idéologiques. Le ton de *L'Étranger* est en effet dans le refus du pathos, dans la juxtaposition des phrases courtes et simples, dans le rapport des conversations les plus ordinaires. L'enterrement de la mère de Meursault devient une série d'actions plus ou moins absurdes, un rituel que le héros vit en décalage. Et les six chapitres qui forment la première partie du roman se présentent comme une suite de rencontres (le vieux Salamano et son chien, Marie, l'ami Raymond qui l'entraîne dans ses démêlés avec des Arabes), posées les unes après les autres, sans jamais constituer une intrigue véritable.

Une petite scène du chapitre V de la première partie témoigne de cet art de la notation, en deçà même de l'anecdote, qui fait du livre de Camus un roman du quotidien le plus plat et le plus trivial : Meursault dîne chez Céleste et observe sur un assez long paragraphe une « bizarre petite femme » aux gestes automatiques et ritualisés qui vient manger à côté de lui. La scène n'a pas de valeur symbolique : elle montre simplement la routine d'une existence solitaire et vide, occupée par des gestes maniaques, qui nous sont décrits à la suite les uns des autres, sans aucun effort pour leur donner une signification ou prêter à cette femme une épaisseur romanesque de mystère. Les êtres sont saisis dans leur ordinaire mesquin, comme Salamano maltraitant son chien – qui est pourtant son dernier compagnon. Meursault se tient à distance, note les gestes singuliers, décompose nos routines, sans s'exempter toutefois lui-même de cette vie répétitive, ennuyeuse sans doute, mais la seule qui nous soit donnée.

L'apparente blancheur de la narration n'est pourtant pas le régime unique du style de Camus dans *L'Étranger* : il sait aussi, notamment dans les fins de chaque partie, user d'une langue classique (en parlant du « glaive » du soleil, en notant selon un zeugme racinien : « j'ai secoué le soleil et la sueur ») afin de donner à la scène du meurtre de l'Arabe sa tonalité ouvertement tragique, ou dans les dernières pages du livre, accueillir « la tendre indifférence du monde » avec un lyrisme inédit.

Une structure en deux temps. Si le mode narratif ne change pas dans la seconde partie, le meurtre de l'Arabe par Meursault transforme toute la donne du roman. Le héros a bien effectué un pas de trop, « détruit l'équilibre du jour » dans un mouvement involontaire qui a tout de la transgression tragique. C'est bien cet acte sans justification qui fait de lui un héros paradoxal. Construit de façon délibérément symétrique, *L'Étranger* relate donc, dans cette seconde partie, d'une longueur équivalente à la première, mais en cinq chapitres, le procès et la condamnation à mort de son héros. Là où régnait, dans les six chapitres de la première partie, la pure contingence des actes, le système judiciaire cherche au contraire un sens, une intention, une continuité psychologique qui ferait de l'insensibilité de Meursault aux funérailles de sa mère la cause de son crime. C'est bien l'argument du procureur qui déclare emphatiquement : « J'accuse cet homme d'avoir enterré une mère avec un cœur de criminel. »

Meursault ne se soumet pas à l'hypocrisie du regret ; il ne se dissocie pas de ce qu'il a vécu. Selon la même indifférence existentielle, il s'accommode de la prison comme si elle était la suite de ces longs dimanches désœuvrés qu'il vivait auparavant. Les scènes du procès sont l'occasion d'une satire féroce de la machine judiciaire, avec ses effets de manche, sa fausse logique. Le journaliste qui suit le procès de Meursault et que le héros regarde comme un autre lui-même rappelle évidemment le Camus journaliste, celui qui avait lutté contre l'injustice lors du procès Hodent notamment. Le roman se fait alors fable philosophique et dénonciation de l'absurdité de la peine de mort, un verdict qu'étonnamment Meursault accueille avec sérénité, comme s'il était enfin réconcilié avec l'indifférence foncière de l'univers. Dans le chapitre v, il sort pour la seule fois du roman de sa tranquillité impassible et se met en colère contre l'aumônier qui est venu lui rendre visite dans sa cellule, contre son gré. Le héros camusien refuse de toutes ses forces la mascarade religieuse, rejette l'idée du péché et du salut. S'emportant contre le prêtre, il dessine l'image d'un monde où chacun est condamné, d'une « vie absurde » où tout s'égalise. Cette colère inattendue prépare la métamorphose finale du héros qui espère que les spectateurs nombreux « l'accueillent avec des cris de haine » pour son exécution capitale.

La question du sens, absente de la première partie, structure ainsi toute la seconde, qui effectue un retour sur ce qui s'est d'abord passé, en cherchant une logique qui s'avère mensongère. Le roman de la contingence devient roman à thèse de l'absence de signification globale de l'existence. L'hétérogénéité du roman apparaît dans ce hiatus, pourtant voulu par l'auteur. Cette contradiction insoluble ne doit pas se résoudre ; elle est ce qui pose problème au lecteur comme au commentateur ; elle est aussi ce qui relance la lecture. Meursault, héros de l'immanence, se transforme en une sorte de Candide de la comédie sociale et de la justice. Affronté aux figures de l'autorité paternelle (juge, prêtre, gendarmes), il revendique, passivement puis activement, son refus de s'enrôler dans une vision du monde qui en travestit la vérité. Orphelin dès la première phrase du roman, il reste à jamais un fils, inapte à accéder au statut de la paternité. La scène d'écriture inconsciente du roman s'enrichit sans doute de ce dilemme personnel, puisque l'écrivain, Camus le sait dès ses premiers textes, est à la fois celui qui doit rester fidèle au mutisme de la mère, comme celui qui ne peut que le trahir.

Meursault sert donc à dénoncer toute la mauvaise foi des discours institués. Et c'est sans doute pour cela que Camus déclare, dans la préface à l'édition américaine du roman parue en 1958 : « On ne se tromperait donc pas beaucoup en lisant dans *L'Étranger* l'histoire d'un homme qui, sans aucune attitude héroïque, accepte de mourir pour la vérité. » Il ajoute ce « paradoxe » : Meursault est peut-être le « seul Christ que nous méritions ».

Justice et culpabilité. La dénonciation de la fausse justice vise aussi l'iniquité de la peine de mort. Camus reprend ici le combat de Victor Hugo. La mort de celui qui a tué ne rétablit aucune justice, aucun sens. Et c'est par l'absurde (mais en un autre sens, cette fois) que Camus le montre avec son roman. Dans un monde privé de transcendance, l'homme ne peut s'arroger le droit de mettre à mort froidement son semblable. Meursault, espérant l'exécution finale, accepte finalement d'être le bouc émissaire d'une communauté qui ne sait se former que par l'exclusion de ceux qu'elle juge différents. *L'Étranger* décrit bien ce « stade négatif » de la communauté que *La Peste* orchestrera selon un point de vue opposé, en prônant la solidarité contre le mal.

La thèse de Camus n'est cependant pas sans poser problème. Car c'est le meurtre de l'Arabe, accompli par Meursault dans un moment d'aveuglement littéral, qui devient insignifiant. Le procès n'en tient presque pas compte et l'on sait bien que, dans la société coloniale de l'Algérie française, nul petit Blanc n'aurait été condamné à mort pour un tel crime. La faute de Meursault est ailleurs : dans son indifférence et dans l'absence de larmes lors de l'enterrement de sa mère. De façon révélatrice, son procès fait immédiatement suite à celui d'un parricide, comme si ce qui lui était reproché était un matricide inconscient. La lecture politique (ou idéologique) de *l'Étranger* révèle ainsi une sorte de saut, qui peut autoriser une lecture colonialiste du roman, reflet de la position des pieds-noirs dont Camus fait partie. Le personnage de l'Arabe est peu caractérisé, décrit de façon plutôt péjorative. Il est clair qu'il n'est pas au centre de l'intrigue, ni du propos. Mais on peut aussi y voir la figure d'une impossible réconciliation avec une terre que le malheur d'un conflit à peine volontaire fait perdre irrémédiablement.

Cette lecture ne doit pas écraser le roman, dont on voit toute la complexité, sous l'apparente neutralité. L'impensé colonial de l'ouvrage ne peut être reproché à Camus, dont on connaît les affres pendant la guerre d'Algérie. Car il met aussi en scène, et plus profondément, une culpabilité première (dont on pourrait dire qu'elle est aussi le reflet de celles des Blancs sur une terre qui ne sera jamais totalement la leur). Meursault semble toujours en faute : il s'excuse constamment, et symptomatiquement, dans la première partie et avant même le meurtre, se lave plusieurs fois les mains comme pour effacer quelque souillure originelle. Lorsqu'il expose avec colère sa vision du monde au prêtre, il dit bien que nous sommes tous « condamnés ». Dans un monde éloigné de Dieu, la conscience d'une faute continue de peser, mais une faute qui ne peut se dire comme péché. Et c'est peut-être cette thématique de la culpabilité qui a fait dire à Jean Grenier, l'un des premiers lecteurs du manuscrit encore inédit, que le roman avait à voir avec l'œuvre de Kafka. Camus, dans une lettre du 5 mai 1941, réfute l'opinion de son mentor, en soulignant que le motif du procès doit plus à ses propres expériences de journaliste et que ses personnages n'ont pas l'épaisseur symbolique du romancier tchèque, qu'ils sont « trop quotidiens ».

Le roman hésite ainsi entre une innocence impossible (que symbolise peut-être Marie, au nom significativement religieux) et le sentiment diffus d'une faute partagée, qui ne permet plus d'assigner au mal un lieu spécifique. Mais s'il se conforme ainsi au programme de monstration de l'absurde que Camus lui avait tracé, le mot de la fin ne reste pas complètement sur cette négativité. Passée la colère provoquée par la visite de l'aumônier, Meursault épuisé se sent envahir par une sérénité nouvelle. De manière révélatrice, c'est à ce moment-là qu'il peut « penser à maman », comprendre pourquoi sa mère s'était fiancée, pourquoi elle s'était préparée, même vieille, à « recommencer ». Il ajoute de façon intéressante qu'elle avait dû se sentir, à l'asile où elle habitait, « libérée et prête à tout revivre ». Meursault, à la veille de son exécution, note qu'il partage la même sensation, la même envie de tout revivre. Il s'ouvre à ce que le texte qualifie magnifiquement de « tendre indifférence du monde ».

C'est donc par un accord paradoxal que se conclut le roman de Camus. D'une manière très nietzschéenne, Meursault semble accepter et accueillir l'éternel retour ; il veut revivre intégralement sa vie, sans rien en changer. Cette décision lui apporte une joie étonnante, une allégresse inédite dans le livre. Il dit « oui » au monde, à son impassibilité. D'une certaine manière, il résout le dilemme des deux parties du roman : il renonce à donner un sens à sa vie (il sauve donc la contingence totale de la première partie et refuse d'entrer dans le jeu des juges qui voudraient que tout soit cause et effet dans une existence). Mais il accepte le redoublement temporel qui l'a obligé à se pencher sur sa vie passée, à essayer d'en dire la signification malgré lui. Au terme de l'épreuve du procès, contre le prêtre qui voudrait qu'il se tourne vers le visage de Dieu, il se déclare en accord complet avec quelque chose qui lui a échappé, qui est à lui sans pourtant lui appartenir. L'homme absurde, comme Sisyphe, décide d'aimer son sort, d'embrasser son destin.

C'est sur cette note finale, profondément paradoxale, que se referme ce roman d'une remarquable économie narrative et stylistique. Mais ce finale ne clôt en aucune manière le sens suspendu d'une vie qui se refuse à se laisser enrôler dans les limites sociales convenues. Étranger, Meursault l'est assurément encore plus au moment où il se déclare tel. Comme si c'était là le seul moyen de se réconcilier avec ce qui sépare tout être vivant et parlant de lui-même, de rendre au jour qui doit se lever la transparence qu'il n'aurait jamais dû perdre.

André Rousseaux au *Figaro* et Émile Henriot au *Temps* éreintent *L'Étranger*. Mais Sartre en donne une « explication » dans les *Cahiers du Sud*, puis *Situations I* (1947). Par la suite, le roman n'a cessé de susciter les commentaires des écrivains critiques (Maurice Blanchot, Nathalie Sarraute, Alain Robbe-Grillet) et des universitaires qui l'ont soumis à toutes sortes de méthodes. Il a fait l'objet de réécritures et de transpositions un peu partout dans le monde. Il a enfin été adapté au cinéma par Luchino Visconti en 1967 (avec Marcello Mastroianni dans le rôle de Meursault) et au théâtre, notamment en 1986 par Alain Illel et en 1987 par Robert Azencott.

Dominique RABATÉ

• *Voir aussi :* Culpabilité ; Innocence

Éd. : Gallimard, 1942 • *Théâtre, romans et nouvelles*, Gallimard, coll. « Bibl. de la Pléiade », 1962 • Gallimard, coll. « Folio », 1971 • *Œuvres complètes*, t. I, Gallimard, coll. « Bibl. de la Pléiade », 2006, éd. par André Abbou

Trad. : en albanais, allemand, anglais, arabe, arménien, asturien, basque, bengali, bulgare, catalan, chinois, coréen, créole d'Haïti, croate, danois, espagnol, espéranto, estonien, finnois, galicien, gallois, grec, hébreu, hindi, hongrois, indonésien, islandais, italien, japonais, khmer, letton, lituanien, macédonien, malais, malgache, maltais, néerlandais, népalais, norvégien, occitan, oriya, persan, portugais (avec une préface de Jean-Paul Sartre), roumain, russe, serbe, sinhala, slovaque, slovène, suédois, tamoul, tchèque, turc et ukrainien

Crit : Maurice Blanchot, « Le roman de *L'Étranger* », dans Maurice Blanchot, *Faux pas*, Gallimard, 1943 • Uri Eisenzweig, *Les Jeux de l'écriture dans* L'Étranger *de Camus*, Minard, Archives des lettres modernes, 1983 • Brian T. Fitch, *Narrateur et narration dans L'Étranger d'Albert Camus*, Minard, Archives des lettres modernes, 1968 • Id., L'Étranger *d'Albert Camus. Un texte, ses lecteurs, leurs lectures. Étude méthodologique*, Larousse, 1972 • Bernard Pingaud, *L'Étranger d'Albert Camus*, Gallimard, coll. « Foliothèque », 1992 • Dominique Rabaté, *Vers une littérature de l'épuisement*, José Corti, 1991

EUROPE. – Les opinions de Camus sur l'Europe sont éparpillées d'une part dans des articles de *Combat*, de *L'Express* et de périodiques plus confidentiels, d'autre part dans *Lettres à un ami allemand* et *L'Homme révolté* dont il a voulu fait une « histoire de l'orgueil européen ». Elles se caractérisent par leur continuité et leur cohérence. L'idée mobilise le citoyen plus que le mythe n'inspire le créateur. Ainsi pourrait s'expliquer que cette part de sa réflexion est aujourd'hui mal connue.

Avant 1940, Camus n'a fait que de brefs séjours touristiques en Europe et se sent plutôt algérien voire africain. Ses premières impressions se sont révélées définitives. Les paysages, les climats, les arts de vivre sont différents. L'Europe, sauf dans sa partie méditerranéenne, a perdu le contact avec la nature, elle ignore la convivialité, elle s'est livrée à l'histoire. Divers textes, de *L'Envers et l'Endroit* à *La Chute*, disent le malaise que Camus a ressenti dans ses grandes villes, Prague, Amsterdam. De *L'Été* à *L'Homme révolté*, l'Europe est associée à des forces de mort, à la maladie, à l'hiver, à la nuit. Elle est couverte de cimetières.

Le débat qu'ont engagé les intellectuels français autour de l'Europe, de son héritage et de son déclin laisse Camus indifférent dans les années 1930. L'Occupation lui enseigne ensuite qu'il est non seulement français mais aussi européen. *Lettres à un ami allemand* marque un tournant. L'Europe devient l'horizon de ses écrits politiques. Il a choisi un Allemand nietzschéen comme destinataire de ses quatre essais épistolaires. Lui-même, dans sa préface, dit s'être exprimé non en tant que Français mais qu'Européen libre. La troisième lettre expose deux conceptions antagonistes de l'Europe : d'un côté, une Europe asservie, pillée (« une cohorte de nations dociles menée par une Allemagne de seigneurs »), de l'autre une Europe ouverte et démocratique. L'unification par la force a échoué en un cataclysme sanglant. Il faut reprendre l'entreprise sur d'autres fondements. Au diktat doit succéder le contrat. « L'Europe, conclut-il, sera encore à faire, elle est toujours à faire. »

La configuration géopolitique née de la Seconde Guerre mondiale laisse une Europe exsangue et divisée. La construction d'une maison commune devient dès lors une ardente obligation. Camus, dans son article « Remarques sur la politique internationale » paru dans *Renaissances* en mai 1945, écrit : « l'Europe, par sa superficie, sa force réelle, ses dimensions, ses métaphysiques cruelles ou byzantines, n'est aux yeux du monde que ce que furent longtemps les Balkans aux yeux de l'Europe. [...] Autant par ses faiblesses que par ses ressources, l'Europe est aujourd'hui une perpétuelle tentation à l'impérialisme ». Les pays isolés sont voués à s'inféoder à l'une ou l'autre des grandes puissances. La « politique des blocs » ou des « camps » est porteuse d'une nouvelle guerre dont ils seraient les otages et les victimes.

La France, pour sa part, a cessé d'être une « grande puissance » constate Camus dans le même article. Elle est une région de l'Europe et du monde. Ses élites anciennes et nouvelles doivent affronter cette réalité : « La France est solidaire de l'Europe, quoi qu'elle fasse et quoi qu'elle veuille. Elle l'a été dans la souffrance, elle l'est dans son économie, elle le sera dans son destin. La France a une tâche européenne qu'elle ne peut éluder. »

Il s'agit de « concilier l'idéal et l'intérêt ». Les gouvernants se préoccupent d'assurer la paix et la sécurité collective ; les diplomates rédigent des pactes, nouent des alliances. Toutefois l'essentiel, pour Camus, est ailleurs. Dans un éditorial de décembre 1944, il constate l'interdépendance des économies : « Tous les pays d'Europe dépendent étroitement les uns des autres dans leur production comme dans leur consommation. » Il souhaite que des coopérations se mettent en place et, l'année suivante, esquisse le scénario de la construction européenne : une « fédération économique de l'Europe » rendra possible une « fédération politique ». Comme Henri Frenay, le fondateur du mouvement Combat, il est en contact avec des fédéralistes français et européens qui se situent en marge de la classe politique. Il leur emprunte quelques idées-forces sans chercher à les développer de façon originale.

En octobre 1947, Camus, avec Jean-Paul Sartre, Maurice Merleau-Ponty et Emmanuel Mounier, est l'un des signataires et des rédacteurs d'un « Appel à l'opinion internationale » que relaie la revue *Esprit*. On y lit ceci : « Aucun pays ne peut vaincre à lui seul la famine, la misère ni le froid. [...]. Divisée, l'Europe peut être à l'origine de la guerre ; unie, à l'origine de la paix. » Pour ceux qui se nomment « citoyens de l'Europe », l'heure est à l'abolition du capitalisme et à la suppression des frontières douanières. La même année, s'exprimant en son nom propre, il envisage « la circulation des marchandises » et « la suppression des souverainetés économiques » dans un texte inédit retrouvé par Roger Quilliot.

Au cours de ces années 1947-1948, alors qu'il réfléchit à un nouvel ordre international, Camus comprend que la question européenne est désormais centrale. Entre le monde et la nation, se place l'Europe. La France ou l'Europe : le dilemme n'a pas de sens. Le mondialiste déçu devient un pionnier de la construction européenne. À condition qu'elle soit un processus volontaire et que les peuples y soient partie prenante, elle est une de ces utopies modestes qu'il appelle de ses vœux et une nécessité historique. Elle assure la liberté, la paix et la prospérité si aux antagonismes succèdent des partenariats. Il admet d'autant plus volontiers la limitation des souverainetés nationales qu'il n'a jamais sacrifié au culte des États-nations. Qu'il faille commencer par l'économie, il semble en être convaincu. « Demain, si seulement l'Europe s'accorde avec elle-même, des flots de richesses couvriront le continent », déclare-t-il en 1956.

L'année suivante, le traité de Rome est signé. Il ne commente pas l'événement. Peu après cependant, il déclare : « C'est parce que j'aime mon pays que je me sens européen » ; « Unité et diversité, et jamais l'une sans l'autre, n'est-ce pas la formule même de notre Europe ? Elle a vécu de ses contradictions et s'est enrichie de ses différences et, par le dépassement continuel qu'elle en fait, elle a créé une civilisation dont le monde entier dépend même quand il la rejette. C'est pourquoi je ne crois pas à une Europe unifiée sous le poids d'une idéologie ou d'une religion technique qui oublieraient ses différences. Pas plus que je ne crois à une Europe livrée à ses seules différences, c'est-à-dire livrée à une anarchie de nationalismes ennemis. »

Dans ses *Carnets*, Camus emploie la formule « Europe des esprits », souvent utilisée dans l'entre-deux-guerres. Il a estimé qu'elle préfigurait « notre avenir politique », s'est montré hésitant quand il s'est agi d'en préciser les paradigmes. Dans *Lettres à un ami allemand*, il considère que « la tradition chrétienne n'est qu'une de celles qui ont fait l'Europe ». Mais le rationalisme laïque n'est pas pour autant privilégié, il en est sorti le meilleur et le pire. « La terre de l'humanisme est devenue cette Europe, terre inhumaine » ; « La philosophie des Lumières aboutit à l'Europe du couvre-feu. » Le paradoxe de l'Europe est qu'elle a été un foyer de civilisation et un creuset d'idéologies meurtrières, et pour Camus c'est sans doute dans le dialogue des cultures que se trouve son identité.

L'Europe des États-nations s'est rétrécie entre 1914 et 1945. Elle est allée de l'Atlantique à l'Oural, puis de l'Atlantique aux Carpates, enfin de l'Atlantique au Tyrol. Quelles frontières donner à l'Europe ? Camus, dès 1951, estime que la Grande-Bretagne doit y prendre sa place. Il est de ceux en outre pour qui l'insertion d'une Allemagne démocratique dans le concert européen va de soi. Il ne cesse surtout de penser à l'autre Europe, qui vit sous le joug soviétique, et à l'Espagne. Il fut l'un des rares intellectuels français à écouter ses homologues exilés à Paris, Czeslaw Milosz ou Gustaw Herling, que les progressistes traitaient en parias, leur anti-impérialisme s'arrêtant au rideau de fer. Ainsi s'explique qu'en 1956 il réagisse aux événements de Pologne et de Hongrie et que les intellectuels hongrois fassent appel à lui. Il écrit alors : « La véritable Europe existe, unie dans la justice et la liberté, face à toutes les tyrannies. Les combattants hongrois meurent en masse pour cette Europe-là. » Au même moment, les intellectuels progressistes, déçus par le communisme soviétique, se détournent de l'Europe et transfèrent leur allégeance vers les nationalismes révolutionnaires du tiers-monde. Dans son discours du prix Nobel, Camus ne manque pas de rappeler qu'il existe une « Europe de la torture et des prisons ».

Il est tôt conscient que le sort du continent se joue à l'Est. Il n'en exclut pas une Russie devenue démocratique : son Europe va de l'Atlantique à la mer Noire. Homme de la périphérie, Camus n'envisage pas une Europe repliée sur elle-même et imbue de sa supériorité, bastion de l'homme blanc. Il la pense, au contraire, ouverte vers le monde, nouant des partenariats. Son dernier écrit désigne un objectif, celui d'« une Europe unie qui s'appuierait sur l'Amérique latine et, plus tard, quand le virus nationaliste aura perdu sa force, sur l'Asie et l'Afrique ». Une Europe médiatrice de réconciliation universelle, telle est la dernière utopie camusienne.

L'Europe qui se construit dans les années 1950 est portée par la convergence entre les sociaux-démocrates et les démocrates-chrétiens, deux forces modernisatrices qui peinent à trouver leur place en France. Cette convergence se traduit par une gouvernance qui confie des tâches de régulation à la puissance publique. La démocratie, la prospérité économique et les droits sociaux sont associés dans un modèle modérément dirigiste qui a longtemps bien fonctionné. L'essor des conceptions néolibérales dans les années 1980 a mis à mal la construction pragmatique à laquelle Camus adhérait.

Camus appartient au monde d'avant 1989. La réconciliation de la France et de l'Allemagne, la libération de l'autre Europe, l'élargissement de l'Union à l'Espagne, la Grèce, la Hongrie, la Pologne, pour ne citer que ces pays qui lui étaient chers et/ou qui ont retenu son attention, sont autant d'événements qui répondent à ses vœux, de même que la Convention européenne des droits de l'homme et l'abolition de la peine capitale dans les pays de l'Union européenne. La résurgence de guerres meurtrières dans les Balkans a rappelé, en revanche, que le bacille des chauvinismes nationaux a la vie dure. Les échecs et les insuffisances des politiques nationales comme des politiques communes les alimentent ici et là. On peut penser enfin que, les gros intérêts se heurtant aux grands principes, l'économisme et la dérégulation qui prévalent aujourd'hui dans la zone de libre-échange qu'est la grande Europe ne vont pas dans le sens de ses idéaux. Les « États-Unis d'Europe » dont il a souhaité la formation ne devaient pas, selon lui, se limiter à un marché unique ni même à un havre de paix. Son Europe n'est pas l'Europe des spéculateurs et des marchands, c'est l'Europe du travail et de la culture. Il y a loin de cette Europe utopique à l'Europe réelle. Camus serait-il pour autant devenu « eurosceptique » ?

Jeanyves GUÉRIN

Bibl. : Jeanyves Guérin, *Camus. Portrait de l'artiste en citoyen*, François Bourin, 1993, p. 189-222 • Paul F. Smets, *Le Pari européen dans les essais d'Albert Camus*, Bruxelles, Bruylant, 1991

EXIL. – L'exil est la situation de celui qui est expulsé de sa patrie avec interdiction d'y revenir. C'est le sort promis à certains Romains dans *Caligula*. Pour renflouer les caisses de sa maison publique, l'empereur crée une nouvelle distinction : l'ordre du héros civique. Caesonia rapporte le décret qui en fait le prix : « le citoyen qui n'a pas obtenu de décoration au bout de douze mois est exilé ou exécuté ». Mais Camus utilise rarement ce terme dans son sens premier. Dans *La Peste* il apparaît en force – en fréquence relative comme en fréquence absolue –, pour dire l'isolement de la ville coupée du monde, l'enfermement dans l'espace et dans le temps qu'impose le fléau – « La première chose que la peste apporta à nos concitoyens fut l'exil. » Oran est bouclée. Il n'y a plus de départs ni d'arrivées. Les trains sont arrêtés. Le temps semble suspendu. À mesure que l'épidémie gagne du terrain, l'espoir s'amoindrit d'en voir la fin et de retrouver un jour l'état d'avant la peste. Soudainement emprisonnés dans la ville, quelques personnages, « voyageurs surpris par la peste », comme Rambert, sont vraiment en exil. Mais pour la plupart il s'agit d'un « exil chez soi ». Ce n'est plus l'expulsion d'un lieu originel mais la séparation du reste du monde qui les affecte tous, une coupure dans le temps et dans l'espace qui les relègue dans un univers clos comme une prison. « Un sentiment aussi individuel que celui de la séparation d'avec un être aimé devint soudain, dès les premières semaines, celui de tout un peuple, et, avec la peur, la souffrance principale de ce long temps d'exil. »

Si dans la ville de *La Peste* l'exil est « commun à tout un peuple », dans *La Chute* au contraire il signifie la solitude de l'homme qui ne sait pas ou ne peut plus communiquer avec les autres. Comme pour Clamence ou Daru, le héros de *L'Hôte*, mais aussi Caligula ou encore d'Arrast, le héros de *La Pierre qui pousse* : « Ici, l'exil ou la solitude, au milieu de ces fous languissants et trépidants, qui dansaient pour mourir. »

Mais c'est dans le titre même du recueil où paraissent ces deux nouvelles, *L'Exil et le Royaume*, que l'on trouve une autre acception importante du mot « exil » qui était déjà présente dans *Le Mythe de Sisyphe* et surtout dans les essais « solaires » comme *L'Été*. La patrie perdue de l'exilé, son « royaume », « coïncide avec une certaine vie libre et nue » marquée par la nature et la beauté. Or « nous avons exilé la beauté ». Mais point de nostalgie dans cette considération ! Plutôt la conscience lucide de la perte d'un état d'harmonie, d'un accord avec soi-même, d'un sens immédiat donné dans l'adhésion à la nature au cours de l'été en Méditerranée ou devant les ruines de Tipasa, d'un équilibre connu autrefois dans l'éclair de l'instant au « cœur battant du monde ». Or cet accord se constitue à l'écart de la foule dans la seule complicité de ceux qui sont capables de la même adhésion, ou dans la solitude : exil positif cette fois puisqu'il est choisi pour répondre à une exigence d'authenticité, « pour renaître enfin ». Pouvoir être à l'écart sans rester à l'écart des autres caractériserait donc ce royaume et « l'exil, à sa manière nous en montre les chemins, à la seule condition que nous sachions y refuser en même temps la servitude et la possession ». Mais solitaire ou solidaire, la tension reste vive pour l'exilé volontaire entre les deux versants – positif et négatif – de la notion d'exil.

Éveline CADUC

Bibl. : Isabelle Cielens, *Trois fonctions de l'exil dans les œuvres de fiction d'Albert Camus : initiation, révolte, conflit d'identité*, Stockholm, Almqvist & Wiksell, 1985

***EXIL D'HÉLÈNE* (L').** – *L'Exil d'Hélène* a d'abord été publié dans le volume *Permanence de la Grèce* (Les Cahiers du Sud, 1948) avant d'être repris dans *L'Été* (Gallimard, 1954). Il en existe une dactylographie dédicacée à René Char datée du 30 août 1948, que précèdent quatre vers :

Beauté, ma toute droite, par les routes d'étoiles,
À l'étape des lampes et du courage clos,
Dans l'absurde chagrin de vivre sans comprendre
Écroule-moi et sois ma femme en décembre.

Rappelons que chez Camus la problématique de la beauté est double dès le départ : la beauté est « la promesse de bonheur » qui permet de vivre et aide à supporter les aléas et les misères de l'existence, mais elle ne va pas sans la conscience aiguë de sa fragilité et donc de sa perte possible : la conscience de la beauté génère la conscience du tragique. Comme la liberté est une de ses conditions, la vie politique la rend aléatoire.

Le titre du texte fait allusion d'une part à l'enlèvement par le Troyen Pâris, d'Hélène, la fille de Zeus et de Léda et l'épouse du Grec Ménélas et donc au fait que la beauté est désormais absente du camp des Grecs ; d'autre part à la situation de l'Europe qui, par sa folie de démesure, s'est jetée à corps perdu dans la construction d'empires dirigés par une ambition ou une raison totalitaires qui ont brimé et exilé la beauté. L'exil de la beauté dans le premier cas n'est pas voulu par les Grecs qui ont pris les armes contre les Troyens pour ramener Hélène chez eux. Les Européens, au contraire, se sont fait la guerre pour réaliser leur rêve de puissance et de domination de la nature. La comparaison de ces deux situations laisse entrevoir que Camus entend utiliser ce qu'il sait de l'expérience de jadis pour tenter de résoudre les difficultés de son temps. Prométhée, Némésis, Sisyphe, Ulysse, Achille, Hélène et les mythes qui les entourent sont utilisés à des fins contemporaines.

Dans ce bref texte se retrouvent toutes les composantes de l'attachement de Camus à la pensée grecque : Héraclite, et son insistance sur les bornes, les limites et la mesure sont cités, comme Socrate et la conscience de son ignorance ; là où même le soleil ne peut outrepasser ses bornes, les Occidentaux – ces « fils renégats » de la Grèce – ont découvert et utilisé le feu nucléaire et méprisent désormais la notion de mesure et d'équilibre. Ce mépris s'explique par le culte rendu à l'histoire qui est la conséquence de certains aspects du christianisme et de leur radicalisation par la pensée historiciste : les Grecs contemplent le cosmos (la nature) et s'inclinent devant sa beauté, son ordre ; les chrétiens se soucient du salut de l'âme et de l'au-delà auxquels tout est désormais subordonné. La nature, le monde perdent leur primat puisque avec l'instauration du royaume de Dieu surgira une autre nature, une surnature ; avec la mort de Dieu viendront les pensées purement historiques qui feront de la nature et du monde une matière qui doit être exploitée à merci : ce qui importe désormais est la puissance de l'homme qui joue le rôle de Dieu. Les Grecs soumettaient la volonté à la raison, les Européens ont donné à la raison l'élan de la volonté. « Les valeurs pour les Grecs étaient préexistantes à toute action dont elles marquaient précisément les limites. La philosophie moderne place ses valeurs à la fin de l'action. »

Cet autre rapport au monde, où l'homme ne s'incline plus devant la beauté de l'univers, où il ne participe plus dans le temps à l'éternité du cosmos, s'exprime symboliquement, selon Camus, dans cette conception de Hegel, le penseur par excellence de l'histoire : « Seule la ville moderne, ose écrire Hegel, offre à l'esprit le terrain où il peut prendre conscience de lui-même », la ville étant la création humaine qui recouvre la nature. Camus en appelle au contraire à la nature, à sa permanence, à ses paysages auxquels il oppose les rues des villes où il n'y a guère de place pour la contemplation. Il constate que les paysages disparaissent même dans la littérature et note que l'histoire « n'explique ni l'univers naturel, qui était avant elle, ni la beauté qui est au-dessus d'elle ».

« La nature », et, pourrait-on ajouter, la beauté sont « toujours là, pourtant ». Camus en appelle cette fois aux artistes, aux créateurs contre les conquérants, à la liberté contre les tyrans. La condition de la guérison et du retour d'Hélène est de retrouver l'humilité, la mesure, la fidélité à la terre, les vertus qui animent Ulysse lorsqu'il refuse l'immortalité que lui offre Calypso et qu'il comprend, après ses aventures, que son lieu est et reste Ithaque. Le « sens de l'histoire de demain » est de « rejoindre » le camp des Grecs, celui de la beauté, à condition évidemment de retrouver quelque chose de leur inspiration et de leurs vertus.

Maurice WEYEMBERGH

Bibl. : Heinz Robert Schlette et Franz Josef Klehr (dir.), *Helenas Exil. Albert Camus als Anwalt des Griechischen in der Moderne*, Stuttgart, Akademie der Diözese Rottenburg-Stuttgart, 1991

EXIL ET LE ROYAUME (L'). – « Les six nouvelles réunies sous ce dernier titre valent surtout par la sobriété douloureuse du style » : voici comment est présenté en 1965 *L'Exil et le Royaume* dans une édition de poche. À l'évidence, l'ouvrage fait partie des œuvres les moins lues, les moins commentées de Camus. On est familier de Meursault, de Tarrou, mais qui connaît Yvars ? Daru ? D'Arrast ? Publié en 1957 par un Camus doublement occupé par la guerre d'Algérie et la hantise d'un tarissement de sa veine créatrice, il s'agit d'un ensemble de six textes de longueur homogène. Des nouvelles, genre inédit pour l'auteur (dont deux ont un titre double) : *La Femme adultère*, *Le Renégat ou Un esprit confus*, *Les Muets*, *L'Hôte*, *Jonas ou l'Artiste au travail*, *La Pierre qui pousse*. Le regroupement d'écrits aussi bien que le titre duel font penser à *L'Envers et l'Endroit*, série de cinq essais rééditée l'année suivante, assortie d'une préface reliant l'ensemble du parcours littéraire à deux ou trois sources intérieures. La lecture en est difficile, parfois déroutante. C'est toutefois avec *La Chute* que les liens sont les plus étroits dans la mesure où, à l'origine, la confession de Clamence devait être incluse dans ce recueil dédié à Francine Camus. Il sera en fait développé à part, publié avant, en 1956, mais renvoie aux mêmes obsessions et thèmes du dernier Camus. De fait, la thématique de *La Chute* s'insère parfaitement dans celle de la royauté perdue qui est celle de *L'Exil et le Royaume*. Le titre indique un espace bénéfique et faste, assimilable au royaume, dont les protagonistes, souvent seuls, ont été exclus. Ils ont perdu leur innocence ; ils la regagnent parfois – mais pas toujours – de manière instantanée, voire illusoire. Le thème de l'exil unit bien les six récits. Solitude volontaire ou non, majoritairement négative, l'exil peut parfois donner accès à un royaume à des êtres en quête aussi bien de leur identité que d'une fraternité difficile, la trouvaille de l'identité propre étant une condition de l'accès peu aisé à autrui, qui n'est proprement réalisé qu'*in fine*, dans les dernières lignes de *La Pierre qui pousse*.

L'« arrière-histoire » (René Char) de cette œuvre vraiment originale appartient en propre à la décennie 1950 et ne correspond pas à un projet de jeunesse à la réalisation retardée. Un plan jeté en 1952 indique sept *Nouvelles de l'exil*, dont deux (*L'Intellectuel et le Geôlier* et *Nouvelle sur la folie*) ne verront pas le jour. À l'inverse, celle qui deviendra *Les Muets* n'est pas incluse. Les nouvelles n'ont ni leur titre définitif ni leur ordre. Camus évoque 1. *Laghouat. La femme adultère*, 2. *Iguape. La chaleur humaine, l'amitié du coq*, 3. *Les Hauts Plateaux et le Condamné*, 4. *L'Artiste qui se retranche* (titre *Jonas…*), 5. *Un esprit confus*. Camus rédige *La Femme adultère* et *Un esprit confus* en 1954. L'ensemble est sur manuscrit en 1955 et interfère avec la rédaction de *La Chute*, auquel le relie une similitude manifeste de ton et de propos. Les points de convergence entre les deux livres sont nombreux. Par le fond comme par la forme, le « récit » appartient à la même veine créatrice que les nouvelles. S'il y a, à première vue, peu de rapports entre le cadre urbain nocturne de l'opus amsterdamois et le fond barbare, sauvage et pitoyable du *Renégat*, le narrateur anonyme de la nouvelle, qui a perdu sa langue et jusqu'à son nom, est l'exemple parfait, hyperbolique, d'une *vox clamans in deserto*. En outre, la forme remarquable du monologue confessionnel dit bien l'attelage entre le récit plus connu et la nouvelle. À tout prendre, *L'Exil et le Royaume* serait un ensemble à sept termes dont l'un – dont Camus a deviné le potentiel – aurait été détaché en vue d'une publication séparée. De fait, *La Chute* est la meilleure introduction à *L'Exil et le Royaume* et les deux livres renvoient au profond état de crise intérieure d'un auteur dont on ne dira jamais assez combien il a été blessé alors, crise que l'obtention du Nobel a non résolue mais redoublée.

Le travail formel est évident. Camus a voulu se réécrire, multiplier les formes, les innovations. Cette variété nuit peut-être à la lisibilité, mais elle manifeste le travail de l'« artiste », terme que Camus utilise de plus en plus et dont il donne une image en creux avec le personnage de Gilbert Jonas. Jean Grenier, qui admirait notamment le final de *La Femme adultère*, insiste avec raison sur la polyphonie de l'ensemble qui vaut dès lors comme un laboratoire de formes. Écrites à la suite, puis reprises séparément, les nouvelles sont des variations sur un thème, l'exil, marquant une recherche du style. Grenier rappelle combien à l'époque Camus était marqué par Pascal et Chateaubriand, les deux grands de la langue française selon lui. Ces textes, écrit Grenier, « ne sont pas seulement des contes très divers d'inspiration, ils sont volontairement des exercices de styles divers ». Dix ans après Raymond Queneau, Camus propose bien, à une autre échelle, des exercices de style. De fait, dans son prière d'insérer, il insiste sur les idées d'unité et de variété : « Un seul thème, pourtant, celui de l'exil, y est traité de six façons différentes, depuis le monologue intérieur jusqu'au récit réaliste. » *L'Exil et le Royaume* est ainsi au carrefour de la forme brève – qui chez Camus prosateur traduit la peur d'une sécheresse créatrice – et du travail stylistique des possibles formels. Même en 1957, Camus est vu comme l'écrivain d'une forme, d'un style blanc, celui de *L'Étranger*. Il lui appartient, marqué par cette idée très présente en lui de l'artiste, de s'écrire autrement : « J'ai voulu à chaque nouvelle changer le style et composer quelque chose d'original », écrit-il à Grenier.

Dans *La Femme adultère*, titre biblique s'il en est, Janine accompagne son mari Marcel, un petit Blanc boutiquier avec lequel elle mène depuis des années une existence médiocre, dans un voyage d'affaires accompli dans le Sud-Saharien. Elle y vit une ouverture à elle-même et au désert, si bien qu'elle trompe, dans son cœur, son époux, sans que le lecteur sache l'identité de son amant : peut-être un homme dans le bus, ou un cavalier arabe dans le désert, plus sûrement l'espace lui-même. L'expérience étrange, inédite pour elle, est celle d'une extase nocturne avec le paysage désertique, comblant une attente aussi indéterminée qu'obscure qui, une poignée d'instants, la révèle à elle-même, éclaircit son propre mystère : « Elle respirait, elle oubliait le froid, le poids des êtres, […] il lui semblait retrouver ses racines. » Ce dernier fait pourrait être en creux synonyme de l'accès au royaume que ce Moïse féminin croyait inatteignable jusque-là (« Elle savait seulement que ce royaume, de tout temps, lui avait été promis et que jamais, pourtant, il ne serait le sien »). Ce texte de l'éclosion est strié de métaphores sexuelles que Camus a toutefois souhaité gommer davantage dans le procès de son écriture (« Elle rêvait aux palmiers droits et flexibles, et à la jeune femme qu'elle avait été » ; « Pressée de tout son ventre contre le parapet, tendue vers le ciel en mouvement, elle attendait seulement que son cœur encore bouleversé s'apaisât »). Après cette expérience à part, Janine rejoint son exil. Et son mari qui se rendort. La nouvelle avait été publiée en édition limitée à Alger en 1954.

Le Renégat ou Un esprit confus, comme *La Chute*, est composé d'un monologue passionné et dément. Le plus exotique des cadres, celui d'un pays nommé mais non identifié dont la capitale est Taghâsa, hostile et désertique, est le lieu d'une remise en cause désespérée. Dans ce texte si étrange, voire obscur, un ancien missionnaire catholique, retourné par ceux qu'il était censé convertir, est devenu adepte d'une mystérieuse et tyrannique religion dont les membres lui ont arraché la langue, faisant de sa parole, intérieure surtout, un pur râle de douleur. Au début du récit, il attend celui qui doit le remplacer, et qui est, lui, doté d'un nom, mais pour le tuer. Persécuté, il veut, par un retournement carnavalesque, devenir persécuteur, bourreau, afin que le règne de la méchanceté et du pur mal soit préservé. La parodie du texte biblique est manifeste (« ô fétiche pourquoi m'as-tu abandonné ? »), faisant de la Bible l'intertexte majeur du recueil, en même temps que peut se lire en filigrane une caricature au vitriol des catholiques ralliés au marxisme. L'irrémédiable exil dans la douleur et le mal sont le plus haut degré de solitude dans l'univers du livre. La nouvelle se clôt sur l'image d'« une poignée de sel » qui « emplit la bouche de l'esclave bavard ». La plaie est à vif.

Les Muets relate un court épisode de la vie d'ouvriers dans un petit atelier de tonnellerie algérois, à la suite d'une grève avortée qui n'aura mené à rien. Camus connaissait ce métier, celui de son oncle Étienne (Ernest dans *Le Premier Homme*), à la fois ouvrier et quasi muet. Forcé de reprendre le travail après une grève de vingt jours et sans avoir obtenu d'acquis, le groupe, qui comporte l'Arabe Saïd, garde le silence face à son patron, Lassalle. Il ne le rompt pas même lorsque la petite fille de ce dernier doit être transportée d'urgence à l'hôpital, épisode qui fait penser à celui du fils d'Othon dans *La Peste*. Même la compassion ne leur fera pas desserrer les lèvres. La fraternité qui règne dans le groupe ne peut empêcher la colère, un pur sentiment d'impuissance, voire d'« à quoi bon ? » Yvars a la nostalgie de sa jeunesse avec sa femme, liée à l'image maritime (« Il aurait voulu être jeune, et que Fernande le fût encore, et ils seraient partis, de l'autre côté de la mer »). Singulièrement pessimiste, la nouvelle se termine sur un dialogue impossible, peut-être pas même tenté.

Algérie d'hier, Algérie présente : la quatrième nouvelle, *L'Hôte*, est un écho direct des premiers événements de la guerre d'Algérie. Alors que le pays servait jusque-là de cadre, Camus se risque dans sa fiction à une approche politique, d'autant que le récit est centré sur la relation avec les Arabes. Daru, qui officie comme instituteur (comme Camus, un temps très court, à Sidi-bel-Abbès) dans le bled, est tenu malgré lui d'héberger de nuit un Arabe meurtrier que Balducci, un gendarme, lui a confié. Le lendemain, il mène son « hôte » forcé au bord du plateau où, nouvel Hercule, celui-ci est placé à un croisement, son choix – très camusien – ayant valeur identitaire : soit la ville et la prison, soit les espaces nomades de liberté. Contre toute attente, l'hôte se dirige vers la prison. De retour à son école, Daru découvre sur son tableau le décasyllabe d'une inscription menaçante (« Tu as livré notre frère. Tu paieras »). Lui aussi, dont la solitude redouble, devra faire un choix. Son déchirement est celui de Camus à l'époque. Le rêve de fraternité et de compréhension entre les deux communautés se fracasse sur un temps qui se couvre, un orage de l'histoire

Tout autre chose avec l'histoire *Jonas ou l'Artiste au travail*, récit qui malgré son ancrage réaliste et ironique a une évidente portée métaphorique et allégorique. Autre emprunt biblique, le nom de Jonas, celui d'un prophète mineur, indique que le sens profond de la nouvelle est ailleurs. L'exergue (« Jetez-moi dans la mer... car je sais que c'est moi qui attire sur vous cette grande tempête », Jonas, I,12) ne met pas l'accent sur la captivité dans les entrailles du monstre marin mais sur la dévastation cosmique. L'homme qui croit en son étoile – à une époque où Camus ne croit plus en la sienne –, devenu célèbre sans avoir vraiment commencé à peindre, est exilé de lui-même. Sa célébrité lui vaut d'être accaparé par de nombreux admirateurs et solliciteurs, si bien que, payant au prix fort la rançon de la gloire, Jonas finit par ne plus peindre. Ses enfants – les « obstaclons » disait Camus – et la gestion domestique le poussent à se réfugier dans une soupente dérisoire de son appartement. Quand il en tombe – chute –, on découvre sa dernière œuvre, entièrement blanche, portant en son centre un mot « dont on ne savait s'il fallait y lire *solitaire* ou *solidaire* ». Comme dans la nouvelle précédente, comme dans *Le Renégat*, les dernières lignes sont celles de l'ambiguïté. La paronomase porte le destin même de l'artiste selon Camus.

Clôturant le recueil, *La Pierre qui pousse*, d'une lecture difficile, trouve sa matrice dans le voyage, relaté dans les *Carnets*, que Camus effectue en 1949 en Amérique du Sud. Comme chez son homonyme Marcel Camus, une bonne place est accordée aux coutumes locales, ici la macumba non nommée. Toutefois, comme dans les autres nouvelles, l'intrigue est centrée sur un personnage et son devenir dans une situation extrême. D'Arrast, un ingénieur français, redécouvre au Brésil sa propre force physique et son amour de la vie. Un homme fluet, le « coq », lors d'un naufrage, a promis de porter jusqu'à l'église du « bon Jésus » une pierre extrêmement lourde lors de la procession d'Iguape. Mais il a dansé toute la nuit et d'Arrast, qui le voit épuisé, porte la pierre à sa place. Au lieu de l'emmener au lieu prévu, il la dépose dans la case du « coq », où il est reçu avec chaleur, effusion, fraternité (« Assieds-toi avec nous »), seule fin heureuse des six nouvelles. Ainsi ne jette-t-on pas la pierre à l'autre, on la porte avec lui.

Dans la disposition des nouvelles, Camus, qui a veillé de près à leur distribution, a jeté des passerelles si fines que René Char a évoqué l'art du tisserand. Elles opèrent le passage de l'un à l'autre texte. L'exemple abouti en est le finale du *Renégat*, une poignée de sel dans la bouche du bavard, suivi, dès le titre, par l'image du mutisme des *Muets*. Certes, les cadres changent : on passe soudain de l'appartement parisien de Jonas à la selve brésilienne de d'Arrast, mais un fil est tendu et l'étranger n'a pas le privilège de l'étrangeté (Paris est une jungle). Jonas a même un tour kafkaïen. Les correspondances entre nouvelles sont nombreuses : le désert du Sud-Algérien de *La Femme adultère* a le même effet révélateur que le plateau algérien pour Daru et son hôte, et que la forêt pour d'Arrast. Même urbain dans *Jonas*, le paysage frappe par sa dureté pierreuse. L'individu y trouve ou retrouve sa vérité intérieure loin de la société des hommes. Même ironique, le lyrisme camusien se déploie au moment de l'accès au royaume. Un principe de circulation interne, même rythmique, innerve bien les nouvelles.

Le recueil offre en creux, de manière explicite parfois, une image de ce qu'était l'existence de Camus à cette époque, et ce fort sentiment d'exil, intérieur d'abord, qui le prend à une période charnière de sa vie. Surchargé de travaux et de corvées, devenu trop célèbre à son goût, et peut-être pas pour les bonnes raisons, placé au cœur de polémiques qui l'atteignent, Camus se retrouve prisonnier d'un statut et d'une statue que d'autres ont façonnés. « Quelle bouillie, quelle bouillie ! Il faut mettre de l'ordre dans ma tête » : le cri liminaire du *Renégat* a de forts accents autobiographiques. La vie contrariée de Jonas est une démarque transparente de cet envahissement sournois du temps de la création par les autres. Royaume du travail, exil des obligations… La nouvelle en question propose même une mouture très originale – si camusienne – de l'exilé, l'artiste ne pouvant rallier son art, rejoindre son essence sourde de créateur. Le recours peu habituel à la nouvelle – tout comme, sur un autre plan, a l'adaptation théâtrale – a valeur exutoire : sachant qu'il ne peut pour l'heure travailler au théâtre, à l'essai, au roman, les trois directions majoritaires de son trident littéraire, Camus comble un vide. Pour Roger Quilliot, « il se fait la main », prépare des gammes. Il est à ce point déçu de l'image si monolithique donnée de lui que, avec virtuosité, il entreprend d'arpenter quelques possibles de son écriture en en variant les techniques : monologue halluciné pour *Le Renégat*, ironique pour *Jonas*, réaliste pour *Les Muets* (son exercice de « réalisme socialiste » écrivait-il à Grenier). *La Femme adultère*, *L'Hôte* et *La Pierre qui pousse*, même introduits sur un fond réaliste manifeste, ont une vision symbolique nette.

Si l'Algérie se retrouve dans trois des quatre premières nouvelles (*La Femme adultère*, *Les Muets*, *L'Hôte*), les vraies retrouvailles auront lieu avec le « roman direct », *Le Premier Homme*. Frappant par un réalisme très fort, auquel Camus avait peu habitué son lecteur, *Les Muets*, qui s'appuie sur un vocabulaire technique très maîtrisé, est aussi l'évocation de la figure de l'oncle Étienne (Ernest). Comme l'ouvrier tonnelier, Camus réunit les douelles de la mémoire. En ce sens, cette nouvelle de Camus peut être lue, à une échelle moindre, comme une esquisse préparatoire de la fresque du subcontinent, de l'histoire des « siens ». Dans le cadre si prégnant de la relation à autrui, sur une ligne qui irait, justement, de *solitaire* à *solidaire*, le livre mime une évolution, celle qui va de la solitude absurde de Meursault à la fraternité des pestiférés. *L'Exil et le Royaume* s'ouvre sur des solitudes (celle de Janine, épouse malheureuse, et celle, bien plus effrayante, anormale et animale, du renégat), pivote sur une ambiguïté (« *solitaire* ou *solidaire* ») mais se clôt bien par l'image de la fraternité humaine et de la solidarité qu'on retrouvera à tous les niveaux dans *Le Premier Homme*. L'ouvrage donne alors une image même de la vie humaine. Selon Gaëtan Picon, « il nous invite à saisir la pulsation de l'existence, qui s'ouvre et se referme, s'éclaire et se voile, monte et décroît, vit dans l'exil, puis dans le royaume ».

À sa sortie, *L'Exil et le Royaume* décontenance et ne connaît pas le même succès public que *La Chute*. Beaucoup achètent la dernière œuvre du dernier Nobel plus qu'ils ne cherchent à entrer dans les mystères d'un texte qui, il est vrai, les défend si bien.

Pierre Grouix

Éd. : Gallimard, 1957 • *Théâtre, récits et nouvelles*, Gallimard, coll. « Bibl. de la Pléiade », 1962 • Gallimard, coll. « Folio », 1972 • *Œuvres complètes*, t. IV, Gallimard, coll. « Bibl. de la Pléiade », 2008, éd. par Alain Schaffner

Trad. : en albanais, allemand, anglais, bulgare, catalan, chinois, coréen, croate, danois, estonien, finnois, gallois, grec, hébreu, hindi, hongrois, japonais, letton, néerlandais, polonais, portugais, roumain, russe, serbe, slovaque, slovène, suédois, tchèque, turc et ukrainien

Bibl. : Peter Cryle, *Bilan critique*, L'Exil et le Royaume *d'Albert Camus : essai d'analyse*, Minard, 1973 • Valerie Howells, *The Mediator : Camus's Narrative Stratégies in* Exile and the Kingdom, Dublin, Philomel, 1998 • English Showalter, *Exiles and Strangers : a Reading of Camus's* Exile and the Kingdom, Columbus, Ohio State University Press, 1984 • Mustapha Trabelsi, *La Polyphonie textuelle dans les nouvelles d'Albert Camus*, Sfax, Publications de la Faculté des lettres et sciences humaines, 2005

EXISTENCE. – Dans l'héritage scolastique de la philosophie, l'existence d'une « chose » (*existentia*), ou fait d'être, appréhendée comme objet d'expérience réflexive et dans la perception d'une chose externe, s'oppose en général à l'« essence » (*essentia*), appréhendée par l'intellect et qui la définit dans son universalité. Camus pense toujours notre rapport au monde à partir d'un sujet en situation d'existence. Par exemple, en reprenant la centralité d'un sujet philosophant sur sa condition existentielle, le narrateur du *Mythe de Sisyphe* retrouve la méthode cartésienne, attachée à définir les préconditions logiques de sa réflexion. Il construit alors selon un ordre des raisons une argumentation qui le conduit à revendiquer une pensée lucide de la condition absurde. La question du suicide au début de l'essai radicalise cet enjeu existentiel. Comme Jean Grenier, le narrateur des textes de *L'Envers et l'Endroit* et de *Noces* opère une série de variations sensuelles sur la conscience matérielle du monde pour délibérer comment vivre. L'enjeu de la réflexion camusienne est toujours une morale de l'action qui prédomine constamment sur les intérêts spéculatifs ou esthétiques.

Le Vent à Djémila, par exemple, constitue une méditation sur la mort, voire sur la maladie, qui refuse tout idéalisme, toute transcendance et toute promesse d'immortalité. L'existence de soi est appréhendée dans une immédiateté tragique, pleine, païenne, emplie de nostalgie par la contemplation de la beauté du monde : c'est une éthique de l'indifférence, de la dureté et du dénuement qui répond à la conscience de la fragilité existentielle qu'il faut affronter au lieu de fuir : « Tout ce qu'on me propose s'efforce de décharger l'homme du poids de sa propre vie. Et devant le vol lourd des grands oiseaux dans le ciel de Djémila, c'est justement un certain poids de vie que je réclame [...]. » Ces efforts pour conquérir une existence riche d'elle-même figurent dans la morale provisoire du *Mythe de Sisyphe* : « Le présent et la succession des présents devant une âme sans cesse consciente, c'est l'idéal de l'homme absurde. » Nous retrouvons grâce aux voix narratives de *L'Étranger* ou aux personnages du *Malentendu* une série de variations sur la contingence de l'existence, l'étrangeté et la désaffection du monde, mais aussi sur la plénitude née d'une fusion extatique avec la nature, présente dans l'épisode de l'amour avec Marie dans *L'Étranger*, thèmes qui incarnent et qui prolongent les enjeux philosophiques du *Mythe de Sisyphe.*

« L'histoire a été contraignante pour ma génération », écrit Camus dans ses « Rencontres avec André Gide », en novembre 1951. Placée à la charnière de la Seconde Guerre mondiale, son œuvre en subit de plein fouet les impératifs. Ses articles à *Combat* le montrent amplement. *L'Homme révolté*, à son tour, s'inscrit plus profondément dans l'histoire contemporaine en réévaluant les risques de la démesure nihiliste ou totalitaire qui trahit l'esprit initial de la révolte garant de ses valeurs et de sa liberté. Il ne s'agit plus alors simplement d'évaluer une condition existentielle et de prendre position à partir d'un sujet, comme chez Kierkegaard, Nietzsche ou Dostoïevski, mais d'interroger un héritage commun dans un siècle qui est celui des idéologies et des orthodoxies politiques. Il y a là un tournant dans l'œuvre camusienne, même si certains arguments du *Mythe de Sisyphe* sur la révolte annoncent la démarche fondatrice de *L'Homme révolté* : « Elle est un lieu commun qui fonde sur tous les hommes la première valeur. Je me révolte donc nous sommes. » L'existence individuelle se découvre source de potentialité de valeurs communautaires et existence historique qui refuse avec véhémence d'être subordonnée aux forces de l'histoire : « Le révolté, loin de faire un absolu de l'histoire, la récuse et la met en contestation, au nom d'une idée qu'il a de sa propre nature. Il refuse sa condition, et sa condition en grande partie, est historique. » L'existence apparaît finalement soumise à une pensée du relatif, ou à l'exercice d'une mesure qui rejette les extrêmes. Un individualisme doit s'associer sans s'asservir à une action commune, en prenant garde de ne pas hypothéquer l'avenir et ne pas absolutiser ses idéologies. Par là, Camus est conscient de se séparer des philosophies existentielles issues de Kierkegaard et de Chestov qui sont enfermées dans une méditation sur la tragédie spirituelle de l'angoisse et du désespoir : « Mais on voit en tout cas par où une réflexion révoltée se sépare de certaines formes de philosophie existentielle. Dans la mesure où elle fait entrer la part individuelle de l'homme dans la communauté en lutte, dans la mesure où elle l'assure d'une condition où l'action demeure possible, la révolte dépasse l'angoisse. » Mais par ailleurs, Camus refuse de subordonner l'existence révoltée aux impératifs historiques et à l'historisme qui absolutise l'histoire, sur des principes hégéliens ou marxistes. Entre la revendication d'une liberté absolue et l'exaltation de la nécessité historique, l'existence individuelle est placée en perpétuelle tension entre des forces extrêmes qui œuvrent dans un monde sans transcendance religieuse. La « pensée de midi » qui clôt *L'Homme révolté* rattache Camus selon ses propres termes à un « classicisme moral ». On voit que parti d'une réflexion sur le non-sens existentiel face au monde, il aboutit à une exigence de sens qui s'enracine dans une conscience révoltée capable de transcender sa propre solitude.

Olivier SALAZAR-FERRER

EXISTENTIALISME. – Les relations de Camus avec l'existentialisme ont longtemps souffert de confusions induites par des approximations linguistiques. Le *Mythe de Sisyphe* est dirigé contre les « existentiels », c'est-à-dire essentiellement contre la philosophie existentielle de Léon Chestov qui conduit à une révolte contre la raison appuyée sur une expérience de l'absurde pour soutenir une foi qui veut l'impossible. La philosophie existentielle chestovienne s'appuyait sur des interprétations de Nietzsche (*L'Idée de bien chez Tolstoï et Nietzsche*, 1925), de Pascal (*La Nuit de Gethsémani, essai sur la philosophie de Pascal*, 1923) et de Kierkegaard (*Kierkegaard et la philosophie existentielle, Vox clamantis in deserto*, 1936), mais était loin de résumer le sens des approches « existentielles » qui rassemblaient avant-guerre un archipel philosophique. Ce dernier comprenait notamment les œuvres de Karl Jaspers, Martin Heidegger, Max Scheler, Jean Wahl, Gabriel Marcel, et même d'Étienne Gilson ou de Jacques Maritain, mais peut s'élargir encore à d'autres auteurs tels que Rachel Bespaloff ou Emmanuel Mounier, parce qu'ils prennent comme objet central de la réflexion philosophique l'existant concret et ses grandes modalités d'être : la temporalité, le rapport à la transcendance, l'angoisse, le désespoir, l'ennui, tout en développant des commentaires sur Hegel, Heidegger, Pascal, Nietzsche ou Kierkegaard.

Cette constellation souple d'œuvres fortement individualisées est d'autant plus hétérogène que certaines de ces approches relèvent d'une tradition ou d'une visée religieuses, à différents degrés, par exemple l'approche de Chestov et de son disciple Benjamin Fondane, qui tentent de définir négativement un Dieu au-delà de toute rationalité et de toute éthique, l'approche thomiste de Jacques Maritain, celle de

Gabriel Marcel ou, plus compréhensive, de Karl Jaspers, tandis que d'autres se tiennent à distance comme Heidegger qui lui préfère la problématique du sacré. Après la guerre, ces philosophies existentielles seront en partie occultées par la vogue de l'existentialisme athée de Jean-Paul Sartre né d'une réflexion sur les œuvres de Hegel, Husserl et Heidegger.

Le Mythe de Sisyphe, rédigé de 1936 à 1941, attaquait surtout le chestovisme. Le chapitre intitulé « L'espoir et l'absurde dans l'œuvre de Franz Kafka », supprimé dans la première édition de 1942 et publié dans *L'Arbalète* en 1943, renforçait le sens des attaques contre l'interprétation chestovienne par le biais d'une illustration kafkaïenne de la « philosophie existentielle ». Camus présente des lectures chestoviennes de Kierkegaard et de Kafka, souvent suivies sans distanciation critique par de nombreux commentateurs. La fonction religieuse de l'absurde, qui chez Chestov et Fondane joue le rôle de « catastrophe logique » permettant de libérer par un « saut en Dieu » la pensée de ses cadres dogmatiques, qu'ils soient philosophiques ou théologiques, est fermement rejetée par Camus. Elle représente une fuite illégitime de la véritable condition absurde qui présuppose une confrontation intime des attentes rationnelles avec l'irrationalité du monde. Dans ce chapitre sur Kafka, Camus assimile en réalité la pensée existentielle à la pensée chestovienne puisque ce saut « caractérise toute pensée existentielle » rapportée à « Kafka, Kierkegaard et Chestov », bref aux « romanciers et philosophes existentiels » : « Je le vois une fois de plus, la pensée existentielle, contre l'opinion courante, est pétrie d'une espérance démesurée, celle-là même qui, avec le christianisme primitif et l'annonce de la bonne nouvelle, a soulevé le monde ancien. » Cette assimilation donne tout son sens au refus d'un abandon de la lucidité, ce « suicide philosophique » qui s'achève chez Chestov par une déification de l'absurde, c'est-à-dire par l'espoir de la toute-puissance d'un Dieu irrationnel, impensable, qui permet d'échapper au véritable tragique, et qui en tant que tel représente une « infidélité » au tragique véritable de la condition humaine. Lorsque l'existentialisme athée de Sartre apparaît dans toute sa force avec la publication de *L'Être et le Néant* (Gallimard, 1943), il va agir sur cet archipel d'« -ismes » comme un facteur de confusion et d'assimilation dont sera indirectement victime Albert Camus – qui dément appartenir au mouvement et s'y oppose même lorsque sa pièce *Caligula* est qualifiée d'« existentialiste » en 1946. Par ailleurs, de Sartre, Camus avait été amené à écrire des comptes rendus tièdes de *La Nausée* et du *Mur* (*Alger républicain*, 20 octobre 1938 et 12 mars 1939), critiquant dans le premier une relation gratuite entre philosophie et littérature, bien que contenant une des plus « pressantes illustrations d'une philosophie de l'angoisse » résumée « dans la pensée des Kierkegaard, Chestov, Jaspers ou Heidegger », et soulignant dans le second un désespoir sans horizon.

La confusion entre « existentialisme » et « philosophie existentielle » va se répandre très largement, malgré des déclarations très précises de Camus, notamment dans le journal *Servir* du 20 décembre 1945 : « L'existentialisme a deux formes : l'une avec Kierkegaard et Jaspers débouche dans la divinité par la critique de la raison, l'autre, que j'appellerai l'existentialisme athée, avec Husserl, Heidegger et bientôt Sartre, se termine aussi par une divinisation, mais qui est simplement celle de l'histoire, considérée comme le seul absolu. [...] Mais je ne crois ni à l'une ni à l'autre, au sens absolu. » On notera que Camus lui-même a déjà adopté l'usage du terme générique « existentialisme », qui entretient la confusion, alors que dans *Le Mythe de Sisyphe* il s'attaque aux « existentiels ». Appuyée sur la notoriété de l'amitié entre Sartre et Camus, la confusion est difficile à dissiper dans les esprits et Camus réitère sa protestation dans *Les Nouvelles littéraires* du 15 novembre 1945, affirmant sans détour : « Non, je ne suis pas existentialiste », laissant ainsi entrevoir l'horizon que constituera pour lui la révolte.

La polémique avec Sartre et *Les Temps modernes* autour de *L'Homme révolté* éloigne encore davantage Camus de l'existentialisme et de son idéal révolutionnaire. Finalement, et ultime paradoxe, pour se démarquer une nouvelle fois de la philosophie sartrienne, Camus déclare en 1959 dans son dernier interview que « Si les prémisses de l'existentialisme se trouvent, comme je le crois, chez Pascal, Nietzsche, Kierkegaard et Chestov, alors je suis d'accord avec elles. »

Olivier SALAZAR-FERRER

Bibl. : Hannah Arendt, *Qu'est-ce que la philosophie de l'existence ?* suivi de *L'Existentialisme français* et de *Heidegger le renard*, Payot-Rivages, 2002 • Emmanuel Mounier, *Malraux, Camus, Sartre, Bernanos : l'espoir des désespérés*, Le Seuil, 1970 • Jean Wahl, *Petite histoire de l'existentialisme*, Édition du Club Maintenant, 1947

EXPRESS (L'). – C'est Jean Daniel qui est à l'origine de la dernière expérience journalistique de Camus. Entré à *L'Express*, il suggère à son directeur Jean-Jacques Servan-Schreiber (1924-2006) de le solliciter, d'autant que depuis son départ de *Combat*, son aîné et ami ne dispose plus d'aucune tribune. Cet hebdomadaire d'opinion fondé en 1953 est *Le Figaro* de la gauche. Son lectorat se compose alors de cadres, mais aussi de syndicalistes et d'universitaires, souvent jeunes. Il est quotidien entre octobre 1955 et mars 1956. C'est surtout, pour nombre de ses lecteurs, le journal de Pierre Mendès France, et un mot de celui-ci lui tient lieu de devise : « La France peut supporter la vérité ». Il n'a rien là qui puisse déplaire à l'ancien rédacteur en chef de *Combat*... Si François Mauriac, Alfred Sauvy et Mendès France lui-même y écrivent régulièrement, la politique rédactionnelle sacrifie à la facilité sinon au parisianisme. À *L'Express*, on ne dédaigne pas les gros titres ni les photos, on se soucie peu de bien écrire. Servan-Schreiber est un héritier sûr de lui, ambitieux et pressé. Il est surtout ce que se refusait à être Pascal Pia, un patron. Il se veut manager plus qu'intellectuel et se vante d'utiliser les ressources de la publicité moderne. Son charisme toutefois ne joue pas auprès de Camus qui juge son style et ses méthodes trop américanisés. Si ce dernier aime y retrouver Jean Daniel, Guy Dumur, Jean Bloch-Michel, Robert Namia et Jean-Pierre Vivet, il ne se sent pas à son aise dans un petit milieu où se croisent des technocrates, des arrivistes et des mondains. Il apporte des papiers écrits chez lui ou les écrit sur place, il ne s'intègre pas à une famille, à une équipe fraternelle qui réfléchit collectivement sur l'information quotidienne. Il s'y sent, si l'on peut dire, une pièce rapportée. François Mauriac, lui, sut se faire adopter.

Prestigieux pigiste, Camus, comme Mauriac, a toute latitude pour choisir ses sujets. Entre le 14 mai 1955 et le 2 juin 1956, il publie trente-cinq articles le plus souvent sous le surtitre commun d'« Actuelles » qui signale la continuité d'une inspiration. Ce sont des chroniques éditorialisées ou des tribunes libres. Il se pose en « écrivain » dans un article général et en « journaliste » dans un article sur l'Algérie. La récurrence massive du « je » (« Je parlerai comme je puis », « je sais », « je vais donc parler selon ce que je suis », « je propose donc », etc.) suffirait à le prouver – à *Combat*, c'est le « nous » qui prévalait –, Camus s'exprime en son nom propre. Il dit son « déchirement ».

Son entrée dans l'hebdomadaire suscite immédiatement un entrefilet sarcastique dans *France-Observateur* : « M. Albert Camus, qui doit avoir sur la presse d'autres conceptions que Mme Françoise Giroud, va donner une chronique littéraire à *L'Express*. » Son auteur, on le saura vite, est Maurice Nadeau, qui signifie à son ancien compagnon de *Combat* qu'il a rejoint le journal de Servan-Schreiber, non de Mendès France. Françoise Giroud vient du groupe Lazareff qui possède entre autres *France-Soir*, l'héritier de *Paris-Soir*. Camus ne peut que se solidariser avec Servan-Schreiber et elle et, piqué au vif, envoie aussitôt une lettre à l'hebdomadaire progressiste. Il assure qu'il n'aurait jamais accepté, pour sa part, de collaborer à un organe qu'il taxe de pharisaïsme et de démagogie. Claude Bourdet et Gilles Martinet lui répliquent longuement, pointant son « orgueil » et sa « susceptibilité ». Usant d'un amalgame qui est de bonne guerre, ils opposent les conceptions déontologiques de *L'Express* et de *Elle* d'une part, celles de *Combat* de l'autre. Ils insinuent que Camus s'est renié. Mis en difficulté, ce dernier contre-attaque : « Nous sommes chez la concierge qui trouve que l'artiste du troisième est décidément bien fier avec son monde et ça ne lui portera pas bonheur », puis situe le débat sur le terrain politique. Les deux hebdomadaires sont non seulement concurrents, mais encore porteurs de projets bien différents. Le rapport au parti communiste notamment les oppose. Bourdet le tient pour un partenaire indispensable, Servan-Schreiber pour un adversaire. Deux conceptions de la gauche, l'une « archaïque », l'autre « moderne » voire « américaine » s'affrontent aussi. L'idéologie est essentielle à *France-Observateur* ; c'est l'économie qui prime à *L'Express*. Camus se retrouve en porte-à-faux. Bourdet lui répond longuement : refusant tout anticommunisme, puisque la priorité est à la décolonisation, il appelle à un nouveau Front populaire. La controverse s'arrête là. Camus est pressé d'en venir à ce qui est, pour lui, essentiel : l'Algérie.

Treize articles sont consacrés à son pays natal. L'ensemble présente une grande cohérence qui se paie de redites. Le chroniqueur manifeste un souci pédagogique sans pour autant revendiquer un statut d'expert. Que contrairement à lui-même en 1939 et en 1945, à Jean Daniel au même moment ou à Jules Roy plus tard, il n'ait pas choisi la voie du reportage, même à son retour d'Alger, est assurément significatif. Il s'efforce de faire comprendre une situation complexe, propose des analyses et esquisse des solutions. Le chroniqueur choisit de s'adresser à des lecteurs cultivés mais mal informés. Il entend les aider à réfléchir ; il cherche rarement à les émouvoir. Le pathos, il le sait, n'est pas le genre de *L'Express*. Camus use de sa tribune pour toucher les élites françaises et arabes d'Algérie. Il est évident qu'en l'occurrence, même s'il reçoit de nombreuses lettres de lecteurs, il surestime sa capacité d'influence des deux côtés de la Méditerranée. Il ne tarde pas à s'en rendre compte.

Lus aujourd'hui, ces articles apparaissent courageux, pathétiques mais décalés, pour ne pas dire intemporels. Le souci républicain et humaniste d'une introuvable troisième voie se manifeste dans une double condamnation du terrorisme et de la répression qui est moralement honorable mais politiquement invendable. Les gouvernements successifs, ceux d'Edgar Faure puis du socialiste Guy Mollet, donnent la priorité à la pacification, donc confient la solution du drame algérien à l'armée. Dans les deux camps, les modérés ou, si l'on préfère, les hommes de dialogue qui, pour Camus, avaient vocation à être les médiateurs d'un compromis, sont inexorablement marginalisés.

Une deuxième série d'articles porte sur la situation politique française. Camus fustige l'opportunisme d'Edgar Faure et de son gouvernement et, plus largement, la démission du personnel parlementaire et de la classe politique. Il se soucie toutefois d'équilibrer ses critiques et renvoie dos à dos une droite gestionnaire de la « société marchande » et la fraction de la gauche qui est prête à accepter une « société policière ». Il est amené à préconiser une « refonte » de ce « monstre » qu'est la Constitution de la IVe République et, s'engageant sur un terrain qui ne lui est pas familier, se prononce pour le scrutin d'arrondissement et l'utilisation du référendum. Comme toute la rédaction de *L'Express*, il soutient Mendès France et le Front républicain. Après avoir donné une « explication de vote » – c'est le titre de son article du 30 décembre 1955 –, il cache mal sa déception : le mode de scrutin, la résistance du parti communiste et la poussée inattendue du mouvement poujadiste ont limité la dynamique du Front. Quelques semaines suffisent à ruiner ses espoirs. Guy Mollet devient président du Conseil. Capitulant immédiatement devant les ultras d'Alger, il perd irrémédiablement la confiance de la population arabo-musulmane : Camus en reste sans voix. La stratégie réformiste échafaudée par Mendès France, Servan-Schreiber et lui s'effondre en quelques heures.

Camus consacre trois articles à l'Espagne : il proteste contre l'admission de ce pays à l'ONU et une nouvelle fois dit sa solidarité avec un peuple abandonné par la communauté internationale à son tyran, le général Franco. Il s'inquiète de la situation à Chypre, il oppose Gandhi à Lénine, il s'interroge à deux reprises sur la misère de la condition ouvrière, il expose crûment les discriminations dont sont victimes les travailleurs algériens en métropole. Deux de ses articles développent sa conception de la liberté. Dans deux autres, il évoque les grandeurs et servitudes de l'intellectuel et de l'artiste. Son dernier article en est le prolongement : c'est une méditation vibrante sur Mozart.

Quand l'échec du Front républicain est acquis, en février 1956, Camus s'éloigne d'un journal dont il n'a jamais déterminé la ligne éditoriale et dont il désapprouve l'acquiescement de plus en plus explicite à l'indépendance de l'Algérie qui se traduit en 1958 par un compagnonnage avec *Les Temps modernes*. Il n'adresse pas de lettre de démission à Jean-Jacques Servan-Schreiber, il cesse seulement d'envoyer des articles. C'est au *Monde* qu'il confie son indignation après l'arrestation de son ami Jean de Maisonseul. Quelques semaines plus tard, *L'Express* publie un texte de lui sur l'Espagne : il avait paru auparavant en

Suisse, dans la revue *Témoins*. L'écrivain a déjà fermé ce qui a été une parenthèse, il s'est remis à la création littéraire. Entre-temps a paru *La Chute*. Sa recension est confiée à Thomas Lenoir, pseudonyme de Françoise Giroud. Camus est « l'homme de la semaine ». Plus que jamais c'est un homme seul. Il ne songe pas à rassembler tous ses articles de *L'Express*. Huit des textes sur l'Algérie sont réunis avec quelques-uns *d'Alger républicain* et de *Combat* dans *Actuelles* III.

À sa mort, c'est Jean Daniel qui lui rend l'hommage le plus ému. Mauriac, pour sa part, l'évoque en deux paragraphes à la fin de son *Bloc-notes*. Le vieil écrivain-journaliste a inventé une formule et un style qui sont passés à la postérité, il est, lui, « la gloire » (Jean Lacouture) de *L'Express*, alors que son cadet n'en a jamais été un contemporain capital. C'est pourquoi les articles de Camus tiennent peu de place dans la mémoire du journal et les souvenirs de ses animateurs. Bien sûr, les critiques recensent les reprises de ses pièces et les commentaires que suscite son œuvre, mais les journalistes de la rubrique politique l'invoquent rarement comme une référence civique. L'on citera néanmoins Max Gallo qui, recensant sa biographie par Herbert R. Lottman, salue la « vigilance » de Camus et son « sens des responsabilités ». Il est vrai qu'après avoir été un phare de la gauche intellectuelle, l'hebdomadaire, déserté par ses éléments avancés partis fonder *Le Nouvel Observateur* en 1964, s'est transformé en un prospère *news magazine*, qui, avec Jean-François Revel, a progressivement tempéré ses ardeurs progressistes et glissé vers la droite libérale quand il s'est avéré que les partis de gauche s'unissaient sur un programme anticapitaliste et étatiste.

Jeanyves GUÉRIN

Bibl. : *Albert Camus éditorialiste à* L'Express, textes réunis, présentés et commentés par Paul-F. Smets, *Cahiers Albert Camus*, n° 6, Gallimard, 1987 • L'Express *: l'hebdomadaire de notre histoire*, Plon, 1999 • Jeanyves Guérin, « La guerre d'Algérie dans les articles de Camus à *L'Express* », dans Alain Schaffner et Agnès Spiquel (dir.), *Camus, une morale en action*, Le Manuscrit, coll. « L'Esprit des Lettres », 2006, p. 83-101 • Michel Jamet, *Les Défis de* L'Express, Le Cerf, 1981 • Serge Siritzky et Françoise Roth, *Le Roman de* L'Express, Atelier Marcel Jullian, 1979

F

FASCISME. – Le fascisme est un phénomène politique marquant le renouveau des formes dictatoriales à l'heure des masses au XXe siècle. Formé d'abord autour de l'expérience italienne menée à partir des années 1920 par Mussolini, la catégorie s'élargit plus ou moins suivant les discours au point d'englober aussi bien le national-socialisme allemand que des dictatures traditionalistes comme en Espagne ou en Europe centrale. Camus a peu écrit directement sur le fascisme, mais a été confronté à ses conséquences dans l'Europe dévastée par la Seconde Guerre mondiale.

Dans un article de *Combat* du 25 novembre 1948, « Pourquoi l'Espagne ? », l'écrivain répond à Gabriel Marcel qui lui reprochait d'avoir situé l'action de *L'État de siège* en Espagne et non dans un pays communiste. Il revient sur l'importance de l'expérience espagnole dans la compréhension du phénomène totalitaire dans l'Europe des années 1930 et comme entrée en politique : « Pourquoi Guernica, Gabriel Marcel ? Pourquoi ce rendez-vous où, pour la première fois, à la face d'un monde encore endormi dans son confort et dans sa misérable morale, Hitler, Mussolini et Franco ont démontré à des enfants ce qu'était la technique totalitaire. Oui, pourquoi ce rendez-vous qui nous concernait aussi ? Pour la première fois, les hommes de mon âge rencontraient l'injustice triomphante dans l'histoire. » Son attachement à l'Espagne et son refus du régime franquiste se retrouvent d'ailleurs dans sa lettre du 12 juin 1952 par laquelle il démissionne de l'Unesco alors que l'Espagne vient d'y être admise : il redit la collusion entre Franco et les régimes fascistes des années 1930 et 1940.

Un des points originaux et qui résonnent avec certains textes de son ami René Char est exprimé dans les *Lettres à un ami allemand* lorsqu'il reproche au fascisme l'oubli de toute nuance pour l'éloge de la force : « Nous luttons justement pour des nuances, mais des nuances qui ont l'importance de l'homme même. Nous luttons pour cette nuance qui sépare le sacrifice de la mystique, l'énergie de la violence, la farce de la cruauté, pour cette faible nuance encore qui sépare le faux du vrai et l'homme que nous espérons des dieux lâches que vous révérez. »

Dans *L'Homme révolté*, il consacre un chapitre au fascisme et nazisme sous le titre : « Le terrorisme d'État et la terreur irrationnelle ». Même si l'essentiel de l'ouvrage porte plutôt sur les formes de la révolution, il repère bien une des dimensions importantes du fascisme : ce primat de la force et cette opposition totale aux formes démocratiques. Tout en soulignant leurs liens avec le nihilisme, il explique à propos de Mussolini et Hitler : « Les premiers, ils ont construit un État sur l'idée que rien n'avait de sens et que l'histoire n'était que le hasard de la force. » Camus fait des distinctions entre les deux régimes et souligne bien l'obsession de l'État chez le leader italien : « Mussolini, juriste italien, se contentait de la raison d'État qu'il transformait seulement, avec beaucoup de rhétorique, en absolu. »

Alain CHATRIOT

Bibl. : Emilio Gentile, *Qu'est-ce que le fascisme ? Histoire et interprétation*, Gallimard, 2004 • Didier Musiedlak, *Mussolini*, Presses de Sciences Po, 2005 • Robert O. Paxton, *Le Fascisme en action*, Le Seuil, 2004

FATALITÉ. – La fatalité n'occupe pas une part centrale dans l'imaginaire camusien dans la mesure où bon nombre des actions de l'homme révolté que l'écrivain s'attache à définir au fil de ses œuvres s'accomplissent en résistance, en opposition à cette exigence supposée absolue que l'effort humain tente toutefois de contrecarrer. Mais le terme et la problématique qu'il entraîne, questionnant notamment le problème brûlant de la liberté humaine, apparaissent de manière plus saillante dans quelques ouvrages, romanesques ou théâtraux. La liberté se définit même contre ce joug d'airain auquel elle s'oppose, étreignant ici sa définition.

C'est le cas avec la première tentative romanesque, à laquelle Camus travaille en 1938, publiée de manière posthume en 1971, *La Mort heureuse*. Contre toute attente, la fatalité est ici désamorcée : le meurtre central de l'infirme Zagreus, qui articule les deux parties, la « Mort naturelle » et « La mort consciente », n'a rien de fatal. Au contraire, il résulte d'une sorte d'accord entre la victime consentante et le meurtrier qui n'intériorise pas son délit, qu'il ne perçoit pas comme tel et pour lequel il ne conçoit nul remords (« Le lendemain, Mersault tuait Zagreus, rentrait chez lui, et dormait toute une après-midi »). À tout prendre, la fatalité est ici physique (Zagreus est prisonnier de son corps) et comportementale puisque Mersault n'accède pas à la profondeur d'une vie intérieure qui aurait pu entraîner une remise en cause.

Même désamorçage de l'importance de la mort, et donc de la fatalité, avec son presque homonyme, le Meursault de *L'Étranger*. Alors que la mort est d'ordinaire conçue comme le summum de l'action tragique, son acmé dramatique est ici – dans le cas de la mort de la mère – un simple fait acquis n'entraînant ni déploration lacrymale ni supplication lyrique. Dans le cas de la mort de l'Arabe, il y a quelque chose de tragique dans l'accumulation des circonstances qui conduisent aux cinq coups de feu. Tout se passe comme si Meursault était exclu de lui-même par les forces naturelles qui le conduisent, malgré lui et à son corps défendant, à commettre l'irréparable, à la fois la mort d'un innocent et la destruction de l'ordre même de l'agencement du monde : « J'ai compris que j'avais détruit l'équilibre du jour, le silence exceptionnel d'une plage où j'avais été heureux. » Mais le traitement tragique, qui a mené à cet acte et à son issue fatale, ne se limite pas à la première partie. Comme dans *La Mort heureuse*, la mort centrale articule l'œuvre, mais le regard d'autrui qui sera désormais porté sur l'acte suscite une autre forme de fatalité, sociale celle-ci, presque plus efficace. « Le héros du livre est condamné parce qu'il ne joue pas le jeu », écrit Camus dans sa préface à l'édition américaine, et la fatalité est plus insidieuse, mesquine.

Elle est encore plus épurée dans *Le Malentendu*. Jan, ayant abandonné le foyer maternel, décide d'y revenir incognito et paie de sa vie cette stupidité. Martha et sa mère se tuent à leur tour. Antinature, infanticide dans un monde déchiré : Camus doit bien aux *Origines de la tragédie* de Nietzsche sa propre conception. *Caligula* en témoigne aussi. C'est dans cette pièce que la fatalité en tant que ressort de la tragédie, ici celle de la non-reconnaissance ou de l'aveuglement, de la surdité du héros, apparaît le plus nettement. Dans sa préface, Camus pose qu'il a tenté une « transposition » de la tragédie antique : « *Le Malentendu* tente de reprendre dans une affabulation contemporaine les thèmes anciens de la fatalité. » La fatalité est aussi dans l'incommunicabilité. « Tout le malheur des hommes – dira Camus à Louis Guilloux à ce sujet – vient de ce qu'ils ne prennent pas un langage simple. »

La Peste présente une approche originale de la fatalité, l'épidémie. Construite dos à la mer, Oran convient à cette fable de l'enfermement et même si le dénouement du récit est ambigu (le lecteur ne sait trop s'il doit se réjouir de l'éloignement du bacille – diabolique en ce qu'il sépare les hommes – ou s'inquiéter quant à son retour possible), l'action collective, l'effort fraternel de tout un groupe humain sont une réponse efficace à cette forme perverse, intériorisée, de la fatalité, la maladie. On lit dans ce geste solidaire l'essence de la fatalité selon Camus : non un point d'arrivée, mais un point de départ à partir duquel se cabrer, refuser (« Ce qui équilibre l'absurde, c'est la communauté des hommes en lutte contre lui », écrit-il). De la même manière, dans *Le Mythe de Sisyphe*, la création était vue comme la seule réponse à l'absurde. Ni l'absurde ni la fatalité n'ont rien d'absolu. Et l'absurde, même partout vérifié dans la vie et le comportement des hommes, n'est pas une fatalité. Comme chez René Char aussi, la création, l'effort, la vie sont posés comme une résistance à la fatalité.

Sur un autre point, celui de l'engagement politique et citoyen de Camus, la fatalité n'est pas non plus une fin en soi. « De la résistance à la révolution », le combat de la Résistance l'a montré : même les ténèbres les plus épaisses ne sont pas irrémédiables, tant qu'une riposte humaine est possible. Le 8 août 1945, le surlendemain d'Hiroshima, le flamboyant rédacteur de *Combat* pointe, dans un texte repris dans *Actuelles*, les dangers que fait courir la science mal maîtrisée. En appelant à la clairvoyance, à la vigilance et à l'exigence morale, il tente de mettre les hommes en face de cette nouvelle forme de fatalité possible, technologique, qu'est la bombe atomique. Dans la négation camusienne de l'histoire comme absolu, dans le refus des idéologies totalitaires et dans la négation positive de la fatalité se lit une même attitude qui ménage la part de la liberté humaine, ainsi qu'une place pour le jugement moral. La fatalité est donc un pôle contre lequel s'arc-bouter. C'est aussi ce que dit Camus lors d'une conférence sur l'avenir de la tragédie prononcée à Athènes en 1955 : un travail est à faire, « la recherche d'une synthèse de la liberté et de la nécessité, et par chacun d'entre nous qui devons préserver en nous-mêmes notre force de révolte sans céder à notre pouvoir de négation ». Nombreux, mais c'est tout autre chose, sont ceux qui, le 4 janvier 1960, évoqueront… la fatalité.

Pierre GROUIX

Bibl. : Frédéric Musso, *Albert Camus ou la fatalité des natures*, Gallimard, 2006

FAULKNER, William (1897-1962). – En 1933 furent traduits en français deux romans qui ont beaucoup compté pour Camus, *Le Procès* de Franz Kafka et *Sanctuaire* de William Faulkner. Il semble que ces deux titres aient occupé quelques-unes de ses conversations avec ses amis algérois. Dans le cas de *Sanctuaire*, le sixième roman de son auteur et le premier traduit en français (par Maurice-Edgar Coindreau), la préface d'André Malraux, très admiré de Camus, a dû jouer un rôle positif. Force est de constater toutefois que, contrairement à Jean-Paul Sartre, devenu en 1938, par ses articles dans *La Nouvelle Revue française*, l'un des principaux introducteurs de Faulkner en France, Camus jusqu'en 1950 a plutôt fait preuve de discrétion si ce n'est d'ambivalence envers l'écrivain américain.

Il n'est pas douteux que, face à la vogue, selon lui excessive et injustifiée, dont la littérature américaine jouit en France dans les années qui suivent la Libération, il tente de mettre Faulkner à part, comme un écrivain d'une tout autre stature ; c'est notamment le sens d'un entretien qu'après son voyage aux États-Unis (mars-juin 1946) – occasion pour lui de dire à ses auditeurs américains qu'il a lu Faulkner et Dos Passos – il donne à *Combat* le 17 janvier 1947 : « La littérature que nous lisons (exception faite pour Faulkner et deux ou trois autres qui, comme lui, n'ont aucun succès là-bas) est un document de premier ordre, mais elle ne garde avec l'art que des rapports lointains. » Peu après, il oppose Faulkner « imprimé à quelques milliers d'exemplaires » aux tirages énormes des auteurs américains de best-sellers. Il a d'autant plus raison, même s'il ne le sait pas, que les années 1940 sont pour Faulkner des « années noires » pendant lesquelles, par manque d'argent, il doit travailler de nouveau pour Hollywood, comme il l'avait fait avant la guerre, mais cette fois au détriment de sa propre production. En même temps, force est de constater que Faulkner ne figure ni parmi les « romanciers philosophes » que Camus admire et dont il donne la liste dans *Le Mythe de Sisyphe*, ni parmi les auteurs d'œuvres indépassables qu'il énumère dans *L'Homme révolté*. Et quand, dans ce livre, il reproche aux romanciers américains contemporains, qu'il oppose à Proust, de « décrire les hommes par l'extérieur », notamment en reproduisant leurs discours « sans commentaires » et « jusque dans leurs répétitions », Camus ajoute en note : « Même chez Faulkner, grand écrivain de cette génération, le monologue intérieur ne reproduit que l'écorce de la pensée. » Pour lui, c'est toujours Herman Melville qui représente l'écrivain américain par excellence.

Les choses ont pourtant un peu changé lorsque Faulkner a reçu le prix Nobel de littérature en 1949. Dans ses *Carnets*, où il ne lui avait pas fait de place auparavant, Camus recopie l'année suivante des extraits d'un entretien de l'écrivain d'Oxford (Mississipi) avec des journalistes : la littérature contemporaine, poussée au nihilisme sous l'effet de la peur éprouvée par les écrivains, a cessé de produire des chefs-d'œuvre, et tout est à reconquérir : « Ceux qui ne savent pas parler de la fierté, de l'honneur, de la douleur sont des écrivains sans conséquence et leur œuvre mourra avec eux ou avant eux. Goethe et Shakespeare ont résisté à tout parce qu'ils croyaient au cœur humain. Balzac et Flaubert aussi. Ils sont éternels » (Cahier VI). Que ces formules soient en partie inspirées par les journalistes eux-mêmes et qu'elles aient l'air d'idées reçues importe apparemment moins que l'écho que Camus y entend de ses propres convictions ou de ses désillusions personnelles. L'année suivante, répondant à une revue américaine, il fait de Faulkner « le plus grand écrivain américain » et l'égal enfin de Melville, ainsi que de Dostoïevski et Proust. Dans les œuvres qui provoquent l'admiration ainsi professée, on notera que la série impressionnante des romans de Faulkner précédant le Nobel est réduite à *Sanctuaire*, écrit dans la grande phase créatrice des années 1927-1932, et *Pylône* (1935), issu de la période qui couvre les années 1935 à 1942, soit deux livres sur dix. Ceux qu'il citera désormais ont tous paru après le Nobel de Faulkner : *Requiem pour une nonne* (1951) et *Parabole* (1954). Du premier, il a fait, après d'autres, et avec la permission de Faulkner, une adaptation théâtrale qui a compté parmi ses plus grands succès (1956-1958). Entre-temps, il a reçu à son tour le prix Nobel – et un télégramme de félicitations de Faulkner.

Rendant compte de *L'Étranger* lors de sa sortie en 1942, Maurice Blanchot avait dit à la fois son admiration pour « l'objectivité presque absolue » que le roman atteignait pour l'essentiel et ses réserves à l'égard de la fin, où « l'étranger exprime ce qu'il pense et ce qu'il sent en face de la mort ou de la vie ». Il faisait alors une comparaison avec *Sanctuaire*, où « la justice est aussi l'instrument d'une effrayante fatalité ». D'après lui, Faulkner l'emportait sur Camus dans sa façon d'évoquer les effets de cette justice, à travers le laconisme, le silence, le tremblement des corps et le tassement des pensées : chez l'Américain, « le malheur fait taire cette voix explicative qui met les choses au point et tire de lui une leçon accessible aux paroles ». C'est une critique prémonitoire, si l'on pense à *Requiem pour une nonne* (où l'auteur a lui-même repris partiellement la matière de *Sanctuaire*), et elle ne prend même toute sa portée qu'avec la pièce de Camus. Non pas que celui-ci ait voulu, en adaptant le texte de Faulkner, répondre après-coup à la critique de Blanchot ; simplement sa pièce touche à nouveau deux points sensibles jadis évoqués par ce dernier à propos de *L'Étranger* : mêler le fonctionnement de la justice et l'œuvre de la fatalité, sans que leur relation paraisse factice, et créer chez les personnages une tension jamais résolue entre le désir de savoir, la volonté d'avouer et le besoin de garder le silence.

En 1959, l'une des dernières citations que Camus ait consignée dans ses *Carnets* est tirée de *Parabole* de Faulkner ; elle fait écho *in extremis* à l'une des situations qui, fictionnelles ou réelles, n'ont cessé de hanter son imagination, la peine de mort et l'exécution capitale : « le condamné à mort qui avait dit qu'il était innocent, et puis reconnu qu'il ne l'était pas, et s'était résigné. Puis sous le nœud coulant voit voler vers une branche et s'y poser un oiseau qui se met à chanter, saisit alors le nœud coulant et hurle qu'il est innocent » (Cahier IX).

Jean-Pierre Morel

• *Voir aussi* : Roman américain

Bibl. : Christine Prioult, *William Faulkner et Albert Camus : une rencontre, une communauté spirituelle*, L'Harmattan, 2006

FÉDÉRALISME. – Il n'est pas indifférent qu'aussi bien dans ses premiers écrits politiques que dans les derniers, et dans les deux cas à propos de la situation algérienne, Camus se soit référé aux idées fédéralistes. En juin 1939, dans l'enquête d'*Alger républicain* « Misère de la Kabylie », il fait l'éloge d'un projet de réorganisation communale dont la réalisation reviendrait à créer « une sorte de petite république fédérative inspirée des principes d'une démocratie vraiment profonde ». La culture de gauche et socialiste dans laquelle vit l'écrivain lui offre, aux côtés des concepts d'internationalisme et de pacifisme, celui de fédéralisme pour appréhender l'altérité politique, que celle-ci s'exprime sur le plan international ou colonial. Comment faire vivre, dans un même cadre territorial et une communauté de destin, la liberté des uns et celle des autres sans s'acheminer vers leur négation réciproque ? Le fédéralisme, à la fois dans son approche philosophique et institutionnelle apporte des réponses élaborées progressivement dans l'histoire des idées depuis la Réforme et celle des hommes depuis la révolution américaine.

Lorsque, en novembre et décembre 1939, dans *Le Soir républicain*, après avoir cherché et dénoncé les différentes causes expliquant l'entrée en guerre, Camus esquisse un ordre international souhaitable, il le voit structuré « selon des formules fédérales » qui sauraient concilier sur les plans économique et politique les libertés des peuples et réduiraient le rôle des États à leur fonction de services publics. L'approche est alors plus proudhonienne et libertaire que juridique, s'éloignant ainsi d'un Georges Scelles ou d'un Jacques Maritain, pourtant cités quelques jours auparavant dans le cadre de la rubrique « Sous les éclairages de guerre ».

Vers la fin de la guerre, l'aspiration parmi les résistants à une Europe unie et enfin en paix donne un nouvel élan aux idées fédéralistes. En juin 1944, Camus fait partie du Comité français pour la Fédération européenne (CFFE) et Altiero Spinelli, intellectuel italien antifasciste, rédacteur du Manifeste de Ventotene, entre en contact avec lui. L'écrivain préside à Paris les 22-25 mars 1945 la première réunion des Fédéralistes européens. Ses éditoriaux de *Combat* et le petit essai « Remarques sur la politique internationale » témoignent alors de son engagement.

Dix ans plus tard, à la recherche de solutions politiques qui permettraient de faire coexister Français et Arabes en Algérie, Camus, avec « L'avenir algérien », article publié dans *L'Express* du 23 juillet 1955, propose un programme de réformes qui feraient de l'Algérie un État fédéré à l'intérieur de la « Fédération française » regroupant les territoires d'outre-mer et la métropole. Il en verrait la capitale à Alger où siégerait le Parlement fédéral. Les articles des 27 et 30 décembre à la veille des élections législatives confirment ce projet.

Finalement, avec le soutien apporté au plan fédéraliste de Marc Lauriol dans « Algérie 1958 », qui clôt les *Chroniques algériennes*, Camus s'aventure hors des sentiers classiques. Le cadre territorial de l'équilibre entre autonomie et unité que vise le fédéralisme est remplacé par une différenciation entre les citoyens. Ainsi, au Parlement composé de deux sections représentant respectivement les deux communautés, la loi serait votée, selon son contenu, soit par les deux sections, dans le cas par exemple de la défense nationale ou du budget, soit par les seuls représentants de la communauté qui en est la destinatrice, par exemple en matière de droit civil. L'idée va contre les principes révolutionnaires de 1789, comme le reconnaît Camus lui-même. L'identité politique risque d'être plombée d'un fort contenu ethnique et l'égalité de n'être que fictive.

Du *Mythe de Sisyphe* à *L'Homme révolté*, Camus a eu le souci de toujours tenir les deux pôles de la contradiction. Dans la sphère du politique, se tourner vers des solutions fédéralistes, si éloignées des traditions jacobines françaises, c'était certainement pour lui faire un pas vers « l'unité qui est avant tout l'harmonie des contraires », selon ses propres mots en 1948 dans « Le témoin de la liberté », dernier texte des *Actuelles*. Philippe VANNEY

Bibl. : Philippe Vanney, « Albert Camus devant la guerre, automne et hiver 1939 (2) », *Bulletin d'études françaises*, n° 21, 1990, p. 1-30 • Bertrand Vayssière, *Vers une Europe fédérale ? Les espoirs et les actions fédéralistes au sortir de la Seconde Guerre mondiale*, Bruxelles, Peter Lang, 2007

FEMME. – Certains détails de la biographie d'un écrivain célèbre s'inscrivent dans l'imaginaire collectif. Albert Camus est souvent décrit comme un homme aimé par les femmes. Simone de Beauvoir évoque à plusieurs reprises son charme, et de nombreuses photographies de l'écrivain sont passées à la postérité. Sur le plan littéraire en revanche, la critique admet assez généralement que le rôle des femmes est secondaire dans les œuvres de Camus, la figure de la mère exceptée. Le théâtre semble proposer des figures féminines plus étoffées que les œuvres narratives ou les essais, par désir, peut-être, de servir la carrière de Maria Casarès : pour trouver dans l'œuvre de Camus de « grands » personnages féminins, c'est vers *Le Malentendu*, par exemple, qu'il faudrait se tourner. Mais la Dora des *Justes*, amoureuse terroriste spécialiste en fabrication de bombes, fait pâle figure face au personnage vigoureux d'Olga, l'activiste communiste des *Mains sales*, de Jean-Paul Sartre, ou face à l'enfantine et redoutable Jessica. La Victoria de *L'État de siège* donne quant à elle le sentiment d'être restée à l'état d'ébauche. Le personnel romanesque confirme cette impression de figures féminines sinon absentes, du moins réduites à leur plus simple expression.

Les femmes sont pourtant une source essentielle dans le cheminement créatif d'Albert Camus. La critique génétique s'est ingéniée à démasquer, derrière les personnages féminins, les femmes de la vie de Camus, sa mère, ses maîtresses, ses épouses. À titre d'exemple, les critiques s'accordent à voir dans la jeune suicidée de *La Chute* un reflet de Francine Camus qui, se sentant délaissée, avait tenté de se suicider : derrière le sentiment de culpabilité de Jean-Baptiste Clamence, qui a laissé la jeune fille se noyer sans lui porter secours, se devinerait le sentiment de culpabilité de Camus lui-même.

Mais plutôt que d'explorer indéfiniment les sources réelles ou fantasmées des personnages camusiens, il semble plus intéressant d'identifier la place que les femmes ont occupé dans la vie créatrice de Camus. Le statut de muse – qui leur est, historiquement, souvent dévolu auprès des écrivains masculins – semble rapidement s'épuiser avec *Le Livre de Mélusine*, rédigé en 1935 pour consoler Simone Hié. Ce petit ouvrage avorté permet de percevoir, dès les premiers pas de l'écrivain, la place qu'occuperont pour lui les femmes : elles sont destinataires de l'œuvre, plutôt qu'inspiratrices, l'écriture apparaissant alors comme un moyen de séduction.

Les multiples lettres adressées à Francine Faure témoignent de la place d'interlocutrice privilégiée que cette dernière occupe au cœur de la démarche créatrice de Camus. La dédicace du *Premier Homme* : « À toi qui ne pourras jamais lire ce livre », viendrait alors consacrer comme interlocutrice ultime la propre mère de Camus, lectrice impossible car illettrée. La femme est au cœur d'un dialogue que Camus créateur entretient avec le monde ; médiatrice, elle permet la réflexion, voire la réflection. Cette position, à la fois passive et active, trouve un écho au cœur des œuvres ; la femme y occupe une place dont la discrétion ne peut longtemps masquer le caractère essentiel : c'est toujours par les femmes que l'histoire advient.

Cette idée s'impose d'abord sur un plan purement dramatique : dans les œuvres de Camus, les personnages féminins sont toujours, plus ou moins directement, les éléments déclencheurs de l'action. Dans *La Mort heureuse*, c'est le personnage de Marthe, la maîtresse, qui fait le lien entre le héros, Mersault, et le personnage de Roland Zagreus, et c'est une autre femme, Lucienne, qui assiste aux derniers instants de Mersault, sanctionnant par son indifférence le caractère détaché de la mort du héros. Dans *Caligula*, la mort de Drusilla inaugure l'action, et celle de Caesonia sanctionne la solitude de l'empereur. Dans *Le Malentendu*, la sœur initie le meurtre du frère. Dans *L'Étranger*, le personnage de Marie a souvent paru insipide aux critiques, c'est oublier qu'une femme sert de déclencheur à la catastrophe qui clôt la première partie du roman : le frère de la femme battue par Raymond cherche à la venger, ce qui mène à la bagarre puis au meurtre sur la plage. Une rapide superposition permet alors de placer une autre femme au cœur de l'intrigue, la mère de Meursault, morte inaugurale du roman. Dans *La Chute*, le suicide de la jeune fille sert de déclencheur à l'effondrement de Clamence, de même que l'expérience désastreuse qui l'oblige à se découvrir amant médiocre dans le regard d'une maîtresse mécontente et bavarde. Et si tout le monde – Camus le premier – s'accorde à considérer l'univers de *La Peste* comme un univers sans femmes, c'est oublier un peu vite que le premier titre du projet était « Les Exilés » : Roger Quilliot souligne le poids que font peser sur le roman les figures absentes de la femme de Rieux et de la maîtresse de Rambert. Il semble plus intéressant encore de remarquer la position qu'occupe la femme dans la vie du héros sans exploits qu'est Grand : c'est parce que son épouse l'a quitté qu'il se met à la littérature, menant de front deux projets, d'une part l'écriture laborieuse d'un roman, de l'autre la rédaction d'une lettre adressée à son épouse enfuie. La femme sert donc de déclencheur à l'écriture tout autant qu'à l'action.

Utiliser les personnages féminins comme ressort principal de l'action, de manière ouverte ou détournée, n'a rien de novateur en littérature. Ce qui l'est peut-être plus, c'est d'une part le caractère systématique de ce dispositif, d'autre part le refus d'intrigues fondées sur le sentiment amoureux. Dans les œuvres de Camus, l'amour est à la fois toujours présent et toujours éludé. Dès *La Mort heureuse*, la possibilité d'amour entre Mersault et le personnage de Catherine/Christiane est refusée. Dans *Le Malentendu*, l'amour entre Maria et Jan a quelque chose d'insipide (les scènes amoureuses ont été rajoutées après coup). Dans *Les Justes*, l'amour entre Dora et Kaliayev n'est pas consommé. Les critiques font souvent l'erreur de considérer que, dans *La Peste*, le personnage de Rambert s'efforce de rejoindre sa femme. Il n'en est rien : il connaît à peine la maîtresse qu'il a laissée à Paris. Quant à l'amour entre le docteur Rieux et son épouse, il n'est guère évoqué que de manière biaisée. Reste alors le sentiment qui incite la vieille épouse du docteur Castel à venir rejoindre son mari à Oran malgré la peste, mais le narrateur prend bien soin de signaler que ce couple ne fonctionnait pas très bien avant que n'éclate l'épidémie. La femme n'est pas, chez Albert Camus, le prétexte à des réflexions sur l'amour au sens traditionnel du terme ; arrachée au contexte anecdotique, romantique, érotique qui lui est traditionnellement attaché, elle se voit soumise à un traitement symbolique.

Dès les balbutiements romanesques de *La Mort heureuse*, cette vocation des personnages féminins s'impose. Elle ne fera que se confirmer au fil de l'œuvre. Le choix des noms et prénoms prend ainsi une valeur singulière – Hélène renverrait par exemple aussi bien à la mère de Camus qu'à Hélène de Troie : une symbolique à la fois interne et universelle se met en place.

La femme est d'abord le symbole le plus immédiat, le plus accessible de la beauté. Les lettres de Camus aussi bien que ses œuvres confirment cette utilisation de la figure féminine à des fins philosophiques. *La Mort heureuse* célèbre ainsi la magnifique inutilité de la beauté des femmes. Cette beauté a pour particularité de témoigner de l'absurdité de la condition humaine, en cela la femme devient rapidement chez Camus la médiatrice d'une certaine compréhension, ou – pour ne pas trahir sa pensée – d'une certaine acceptation du monde : il y a chez la femme une aptitude au bonheur irréfléchi dont témoignent déjà les personnages de vieilles femmes des *Voix du quartier pauvre.* La femme est du côté du corps, de l'instinct, de l'animalité, et la soif de femme, chez le personnage masculin, est soif de renouer avec un désir primaire qui justifie le goût de vivre ; le narrateur de *Noces* résume ainsi les choses : « Étreindre un corps de femme, c'est aussi retenir contre soi cette joie étrange qui descend du ciel vers la mer. » Dans *La Mort heureuse*, la femme est déjà, symboliquement, médiatrice : « les lèvres qu'elle lui tendait lui semblaient le message d'un monde sans passion et gonflé de désir, où son cœur se serait satisfait ». Par opposition, les hommes sont du côté de la pensée, mais aussi du mal : la Peste de *L'État de siège* est un rôle masculin, et sa secrétaire confirme : « Mais je préfère les hommes aux femmes, j'ai partie liée avec eux. » Cette dimension métaphysique de la femme explique le peu d'intérêt de Camus pour les intrigues amoureuses : la femme n'est qu'une étape sur le chemin d'une découverte, comme le dit Clamence, elle est « tout ce qui reste du paradis terrestre ». Le sentiment amoureux n'est qu'un leurre où l'homme s'épuise soit dans l'habitude, soit dans l'amour de son propre reflet, thème longuement décliné dans *La Chute.* L'amour de la femme n'a de valeur que s'il permet d'accéder à la compréhension du monde dans ce qu'il a d'immédiat, de puissamment animal et de profondément absurde.

De fait, la femme semble n'avoir de valeur, dans les œuvres de Camus, qu'en proportion de ce qu'elle peut apporter à l'homme, et c'est peut-être cette restriction qui donne l'illusion d'un traitement narratif inéquitable voire désobligeant. Caligula renonce à l'amour en tuant Caesonia, mais il préserve l'amitié masculine en épargnant le jeune Scipion. Les meurtriers Mersault et Meursault trouvent leur pendant féminin dans le personnage de Martha, mais les deux premiers accèdent à une forme d'épanouissement et de plénitude avant de mourir, tandis que Martha perd à la fois l'amour de sa mère et la possibilité de réaliser son rêve, avant de se donner la mort. Quant à la mère meurtrière, elle n'a d'autre issue que de mourir à son tour, comme si la raison de vivre des femmes, et plus particulièrement des mères, tenait essentiellement – sur le plan littéraire – à l'existence de leurs fils, frères, conjoints… Sur le chemin des hommes en revanche, les femmes symbolisent ce à quoi il faut renoncer pour aller plus loin sur la voie de l'accomplissement, de la solidarité, de la justice, de l'humanité : c'est ainsi que Kaliayev refuse l'amour de Dora au nom de l'amour de la justice. « Îles démentes » dans les vitrines d'Amsterdam selon Clamence, les femmes sont, elles, résolument du côté du mythe, du mystère, du désir et de l'oubli, du côté de la vie, « car elles ont un ventre pour jouir et pour engendrer » (*L'État de siège*).

Séverine GASPARI

• *Voir aussi :* Caesonia ; Dora ; Maria ; Martha ; Mère

Bibl. : Christine Margerisson, *« Ces forces obscures de l'âme ». Women, Race and Origins in the Writings of Albert Camus*, Amsterdam et New York, Rodopi, coll. « Faux Titre », 2007 • Geraldine F. Montgomery, *Noces pour femme seule. Le féminin et le sacré dans l'œuvre d'Albert Camus*, Amsterdam et New York, Rodopi, coll. « Faux Titre », 2004

FEMME ADULTÈRE (La). – Avant d'être la première, et peut-être la plus célèbre nouvelle de *L'Exil et le Royaume*, *La Femme adultère* a été publiée en un volume séparé, à Alger en 1954, avec douze lithographies originales de Pierre-Eugène Clairin. Camus avait eu l'idée de ce récit en 1952 lors d'un voyage à Laghouat, grande ville oasis à quatre cents kilomètres au sud d'Alger. Le titre de la nouvelle apparaît pour la première fois dans les *Carnets* en 1952, en première position dans le plan des futures *Nouvelles de l'exil* : « 1) Laghouat. La femme adultère. » Jean Grenier, un des premiers lecteurs de *L'Exil et le Royaume*, écrit à Camus le 25 juillet 1956 pour lui dire son admiration : « Vous savez aussi combien j'ai aimé *La Femme adultère* et j'aime aussi *L'Hôte*. » Il y revient le 24 août 1956 : « Je n'ai cessé de penser à vous et à vos nouvelles – j'ai même été sur le point de vous écrire à leur sujet, mais je crois vous avoir dit combien je les aimais, surtout quelques-unes, combien j'admirais par exemple la fin de *La Femme adultère* et de *La Pierre* [*qui pousse*]. »

Emprunté aux Évangiles, le titre de la seule nouvelle du recueil dont l'héroïne soit une femme invite implicitement à ne pas lui « jeter la pierre ». Janine, qui accompagne son mari Marcel venu vendre des tissus dans les hauts plateaux algériens, au « royaume des pierres » justement, prend conscience, face au spectacle sublime du désert et de la vie nomade contemplé en plein jour en compagnie de son mari, de la médiocrité de son existence quotidienne. Passagèrement évadée de sa chambre d'hôtel pour rejoindre de nuit la terrasse du fort, elle connaît alors une véritable extase face à la vision somptueuse du paysage désertique sous le ciel étoilé. Centré sur un épisode de la vie de Janine, le récit met en scène sa rencontre passagère et inattendue avec son idéal de beauté et de liberté : « Ici commençait, sur la terre sèche et dure, le royaume de ceux qui ne possèdent rien et ne servent personne. »

L'union nocturne de Janine et des éléments est présentée par Camus comme un acte charnel : « L'instant d'après, le ciel entier s'étendait au-dessus d'elle, renversée sur la terre froide. » Mais il s'agit aussi pour la jeune femme d'une expérience métaphysique qui prend la forme d'une véritable révélation, analogue à la communion du jeune Camus avec le soleil et la mer dans *Noces* : « Elle respirait, elle oubliait le froid, le poids des êtres, la vie démente ou figée, la longue angoisse de vivre et de mourir. » Le retour final à la vie conjugale laisse toutefois au lecteur le soin de tirer lui-même les leçons de cette expérience fugitive.

Sur les sept occurrences du mot « royaume » que l'on trouve dans *L'Exil et le Royaume*, trois figurent dans *La Femme adultère* et s'appliquent à la « vie libre et nue » des nomades. Face à cette communauté idéale – qu'on peut juger idéalisée –, Janine comprend qu'elle vit dans l'exil solitaire qu'est la prison du mariage pour un couple mal assorti et sans enfants. Le mari de Janine est en effet un « petit Blanc », selon l'expression de Camus rapportée par Jean Grenier, un homme à courte vue, plein de préjugés contre les Arabes, pas vraiment mauvais mais uniquement préoccupé par les choses matérielles. En février 1957, Camus précise toutefois à son maître et ami : « J'ai atténué la noirceur du mari dans *La Femme adultère* parce qu'un contraste trop accusé aurait nui à l'effet. » On trouve ainsi dans la version finale du texte, à propos de Marcel, un éloge des Français d'Algérie, qui a valeur de prise de position dans le contexte troublé de l'époque : « elle aimait son courage à vivre, qu'il partageait avec les Français de ce pays ». L'exil de Janine, femme mal aimée, est celui d'un esprit enfermé dans un corps privé des satisfactions auxquelles il pourrait aspirer. Moins imposante que Daru et d'Arrast, la femme de quarante ans, bien que « grande et forte » n'est « pas si grosse, grande et pleine plutôt, charnelle, et encore désirable ». Mais comme une sorte de Sisyphe, ou comme d'Arrast portant la pierre dont il s'est lui volontairement chargé, « elle étouffait sous un poids immense dont elle découvrait soudain qu'elle le traînait depuis vingt ans, et sous lequel elle se débattait maintenant de toutes ses forces ». Elle ne parvient à s'en libérer que le temps de son « adultère » métaphorique avec le désert.

La double épiphanie, diurne et nocturne, de Janine dans *La Femme adultère* reste pourtant une expérience incommunicable. Elle rencontre en effet les limites du langage humain, ou de la communication entre les êtres, comme en témoigne cette phrase du personnage qui clôt la nouvelle : « Ce n'est rien, mon chéri, disait-elle, ce n'est rien. » Comme dans d'autres nouvelles de *L'Exil et le Royaume*, le narrateur prend le relais de la défaillance du personnage, le récit réaliste devient lyrique pour tenter d'exprimer ce que Janine ne peut dire que par le silence ou par les larmes. On comprend que la réception critique ait pu parler de « grand art classique » à propos de cette capacité proprement racinienne à faire quelque chose de ce « rien » qui est tout.

Alain SCHAFFNER

Éd. : Alger, Éditions de l'Empire, coll. « Originales », 1954 • *L'Exil et le Royaume*, Gallimard, 1957

Crit. : J. Lane, « *La Femme adultère* de Camus », *Vives Lettres*, n° 13, 1er semestre 2002, p. 187-203 • Judith Stora-Sandor, *Le Regard de Psyché. Lectures psychanalytiques*, Presses universitaires de Vincennes, 1984, p. 91-22

FERAOUN, Mouloud (1913-1962). – Albert Camus et Mouloud Feraoun sont restés unis par une amitié exemplaire, que la divergence de leurs analyses politiques sur le problème algérien n'a pas mise en danger. Amitié explicable par de nombreux points communs qui rapprochaient ces deux « fils de pauvre », mis en relation par un troisième, Emmanuel Roblès.

L'œuvre majeure de Mouloud Feraoun reste son *Journal 1955-1962*, publié après son assassinat par l'OAS (Organisation armée secrète). Il y prend acte de la solidarité quasi unanime de ses compatriotes kabyles avec les « rebelles », et prend position pour l'indépendance de l'Algérie. Pourtant, il condamne également les violences des deux camps, et se fait de moins en moins d'illusions sur les vertus des libérateurs. Mais il croit que l'impératif le plus urgent est de mettre fin à la guerre. Sans partager les opinions de Camus, il continue de les respecter. Le 18 février 1957, il répond à ses arguments contre l'indépendance de l'Algérie : « J'aimerais dire à Camus qu'il est aussi algérien que moi et que tous les Algériens sont fiers de lui, mais aussi qu'il fut un temps, pas très lointain, où l'Algérien musulman, pour aller en France, avait besoin d'un passeport. » Le recevant chez lui le 10 avril 1958, il discute longuement en toute franchise : « Sa position sur les événements est celle que je supposais : rien de plus humain. Sa pitié est immense pour ceux qui souffrent, mais il sait hélas que la pitié ou l'amour n'ont plus aucun pouvoir sur le mal qui tue, qui démolit, qui voudrait faire table rase et créer un monde nouveau d'où seraient bannis les timorés, les sceptiques et tous les lâches ennemis de la Vérité nouvelle ou de l'Ancienne Vérité rénovée par les mitraillettes, le mépris et la haine. » Après la publication des *Chroniques algériennes*, c'est avec le plus grand respect qu'il lui répondit dans la revue *Preuves* en septembre 1958, et, de même, qu'il y répondit en avril 1960 au dernier message qu'il avait reçu de lui. Il participa aussi à l'hommage posthume de la revue *Simoun* à Camus.

Les deux auteurs restaient unis par la même morale de la dignité et de la fraternité humaine, et ils refusaient de faire un absolu de la politique, qui consiste à choisir entre deux maux. C'est pourquoi Mouloud Feraoun comprenait le silence de son ami, ce qui ne l'obligeait pas à partager toutes ses opinions : « De ce mal, il souhaitait ardemment que l'Algérie guérisse. Pas plus que les autres, il n'en voyait le vrai remède. » Et plus loin : « Le salut, de toute évidence, consisterait d'abord à arrêter la guerre. L'erreur impardonnable, au contraire, serait de prétendre arrêter la guerre en supprimant la révolte, parce que, alors, la réconciliation deviendrait sans objet, et la France du XXe siècle aurait alors simplement reconquis l'Algérie. » Bien qu'oscillant sans cesse entre la condamnation des crimes de l'un ou l'autre camp, et sans illusion sur l'avenir de l'Algérie indépendante, Mouloud Feraoun croyait avoir fait le choix qui s'imposait pour mettre fin aux malheurs de son pays.

Guy PERVILLÉ

Bibl. : Mouloud Feraoun, *Journal 1955-1962*, Le Seuil, 1962 • Guy Pervillé, « Albert Camus et Mouloud Feraoun : une amitié qui résiste aux divergences politiques », dans Philippe Baudorre (dir.), *La Plume dans la plaie. Les écrivains journalistes et la guerre d'Algérie*, Presses universitaires de Bordeaux, 2003, p. 129-136

FLN. – Camus utilise peu le signe « FLN » dans ses écrits publics sur la guerre d'Algérie. Les principales occurrences sont concentrées dans l'avant-propos à *Chroniques algériennes* qui date de mars et d'avril 1958.

Le Front de libération nationale (FLN) est au départ dirigé par cinq chefs de zones de l'intérieur et par une délégation extérieure au Caire (Mohammed Khider, Hocine Aït-Ahmed et Ahmed Ben Bella), rejointe par le coordonnateur Mohammed Boudiaf. Cette organisation reste théorique. Dans le courant de 1955, des liaisons sont peu à peu rétablies entre les zones de l'intérieur et avec l'extérieur. Une nouvelle organisation se forme entre deux pôles : l'intérieur, animé par le nouveau responsable politique d'Alger, Abane Ramdane, et l'extérieur, dont le responsable est Mohammed Khider. Le congrès de la Soummam, réunissant les chefs de l'intérieur en Kabylie à partir du 20 août 1956, subordonne l'extérieur à l'intérieur et le militaire au politique. Une nouvelle direction est créée, avec un Conseil national de la Révolution algérienne (CNRA) faisant office de Parlement et un Comité de coordination et d'exécution (CCE) de cinq membres, siégeant clandestinement à Alger. Les leaders des partis qui ont rejoint le FLN (les centralistes, l'Union démocratique du Manifeste algérien, ou UDMA, les Oulémas, mais pas le Mouvement national algérien de Messali Hadj) sont admis dans les nouveaux organes de direction. Les chefs du Caire, qui avaient accepté des négociations avec la France, protestent, mais l'aviation française les intercepte le 22 octobre 1956. À cette date, Camus a quitté *L'Express* et s'interdit toute expression publique. La nouvelle direction est chassée d'Alger par le général Massu dès février 1957, et se réfugie à l'extérieur. Le 20 août suivant, le CNRA se réunit au Caire et renouvelle le CCE en l'élargissant. Les principes de la supériorité du politique sur le militaire et de l'intérieur sur l'extérieur sont inversés, et le nouveau CCE est dirigé par un triumvirat de colonels – Camus parle de « chefs militaires fanatiques » dans le texte titré « Algérie 1958 » qui clôt *Chroniques algériennes*. Le 19 septembre 1958, le CCE se transforme en un Gouvernement provisoire de la République algérienne (GPRA), dont la présidence symboliquement revient à Ferhat Abbas.

Camus n'accorde aucune confiance à la direction du FLN, qui d'après lui était loin de représenter tous les habitants de l'Algérie. C'est, écrit-il, l'« aile extrémiste », « rétrograde » de ce qu'il nomme « mouvement arabe ». Il appelle, dans un premier temps, à une « conférence » ou à une « table ronde » où il serait un interlocuteur arabe parmi d'autres et, de fait, marginalisé. Dans ses articles de *L'Express*, il lui reproche le choix de la stratégie terroriste. Il mesure mal son emprise croissante sur la population. En février 1957, selon ce qu'Emmanuel Roblès déclare à Mouloud Feraoun : « Camus se refuse à admettre que l'Algérie soit indépendante et qu'il soit obligé d'y rentrer chaque fois avec un passeport étranger, lui qui est Algérien et rien d'autre. Il croit que le FLN est fasciste, et que l'avenir de son pays entre les mains du FLN est proprement impensable. » Roblès précise plus tard, toutefois, que « l'opinion de Camus était plus nuancée. Il pensait qu'une tendance fasciste, à l'intérieur du Front, risquait de l'emporter ». Mais cette méfiance l'oppose nettement à ceux de ses anciens amis, tel Jean Daniel, qui jugent impossible de s'opposer à l'inéluctable.

Guy PERVILLÉ

FONDANE, Benjamin (1898-1944). – Poète et écrivain juif d'origine roumaine émigré à Paris en 1923, Benjamin Fondane s'est fait le porte-parole enthousiaste de la philosophie de Léon Chestov qu'il diffuse largement de 1932 à 1944 dans ses « Chroniques de la philosophie vivante » aux *Cahiers* *du Sud* et dans des ouvrages majeurs : *Rimbaud le voyou* (1933), *La Conscience malheureuse* (1936), *Faux traité d'esthétique* (1938) et *Baudelaire et l'expérience du gouffre* (1947). Il est un des représentants les plus écoutés du courant irrationaliste de la « philosophie existentielle », une des cibles du *Mythe de Sisyphe*, qui attaque en particulier la fonction théologique qu'il accorde à l'absurde et sa critique radicale du rationalisme, accusée de constituer une « morale du renoncement » à laquelle Camus oppose déjà les deux mots d'ordre de la conscience lucide et de la révolte. Dans cet ouvrage, les interprétations de Pascal, Nietzsche et Kierkegaard proposées par Camus sont largement redevables aux livres de Chestov, en particulier de *La Philosophie de la tragédie*, *Dostoïevski et Nietzsche*, *La Nuit de Gethsémani, essai sur la philosophie de Pascal* et *Kierkegaard et la philosophie existentielle*, *Vox clamantis in deserto* que Jean Grenier lui a fait découvrir et qui exercent d'abord sur lui une certaine fascination. Sans citer Fondane qui est probablement le « commentateur de Chestov » cité par *Le Mythe de Sisyphe*, Camus devait forcément viser les thèses fondaniennes après la disparition de Chestov en 1938. Suivant la méthode cartésienne d'un *cogito* de l'absurde, dans son chapitre intitulé « Un suicide philosophique », il accuse la philosophie existentielle de pratiquer une « négation rédemptrice », assimilant l'absurde à la divinité retrouvée par un « saut » le conduisant à un espoir qui trahit en définitive une véritable confrontation avec l'absurde du monde. « L'homme absurde au contraire ne procède pas à ce nivellement. Il reconnaît la lutte, ne méprise pas absolument la raison et admet l'irrationnel. » Bref, la condition de l'homme absurde camusien se définit déjà hors de toute transcendance comme une confrontation permanente de la conscience lucide avec l'irrationnel.

Mis en contact par Jean Grenier, Fondane et Camus eurent l'occasion de se rencontrer à Paris sous l'Occupation, et Fondane eut le temps de confier en février 1944 à Grenier, pour le volume *L'Existence* (1945), « Le lundi existentiel et le dimanche de l'histoire », texte qui constitue une vigoureuse réponse à l'offensive camusienne. Fondane y réaffirme l'antagonisme radical que le chestovisme pose entre le logos et l'absurde, entre Athènes et Jérusalem : « Il est impossible de poser l'Absurde avec l'assentiment de la raison universelle. » De fait, l'alternative chestovienne ne lui laisse pas d'autre choix, tout entière orientée vers la dénonciation d'une raison hégélienne, totalitaire et universelle qui englobe l'histoire et ses violences, et ne laisse aucune liberté réelle aux individus. Se saisissant opportunément d'une phrase du *Mythe de Sisyphe*, « Il faut imaginer Sisyphe heureux », Fondane attaque à son tour l'impératif de la conscience lucide en le rapportant au « mythe » de la raison universelle : « Mais c'est là toute la difficulté ! et c'est de cette difficulté même qu'est née la pensée existentielle. Que Sisyphe *s'imagine* heureux, c'est tout ce que demande la pensée platonicienne, stoïcienne, hégélienne [...]. Il fait preuve par là qu'il n'est pas un misologos, un contempteur de la raison, il renonce à l'absurde... » Ce débat atteste en réalité l'originalité de la méditation camusienne sur l'absurde destiné à être dépassé plus tard par un « *cogito* de la révolte » et « une pensée de midi », qui accepteront de lutter dans la finitude et non contre la finitude. L'arrestation de Fondane par la police française le 7 mars 1944 et sa déportation à Auschwitz interrompront tragiquement le dialogue engagé qui reste riche de sens pour la compréhension des enjeux de l'œuvre de Camus.

Olivier SALAZAR-FERRER

Bibl. : « Benjamin Fondane », *Europe*, n° 827, mars 1998 • Olivier Salazar-Ferrer, « Benjamin Fondane et Albert Camus », *Rencontres autour de Benjamin Fondane*, Éditions Parole et Silence, 2003, p. 29-47 • Id., « Albert Camus et la révolte infinie, Le dialogue Benjamin Fondane et Albert Camus dans *L'Homme révolté* », dans *Albert Camus et les écritures du XXe siècle*, Artois Presses Université, 2003, p. 173-185 • Id., *Benjamin Fondane*, Oxus, 2003 • Id., *Benjamin Fondane et la révolte existentielle*, Corlevour, 2007

FONDS ALBERT-CAMUS. – Le fonds Albert-Camus déposé à la bibliothèque Méjanes (Cité du livre, 8-10 rue des Allumettes, 13098 Aix-en-Provence Cedex 02) en 2000, à la suite d'une convention signée avec la ville d'Aix-en-Provence, compte 220 cartons d'archives et 1 600 imprimés que les dépôts, dons et acquisitions enrichissent continûment. Deux voies s'offrent pour cheminer dans ces archives. D'une part, le catalogue informatisé de la bibliothèque Méjanes qui signale les acquisitions depuis 2000. Consultable à distance, il intégrera bientôt l'ensemble des imprimés du fonds dont les traductions – plus de 60 langues pour *L'Étranger* et 40 pour *Le Premier Homme* – disent, à elles seules, le rayonnement international de l'œuvre. D'autre part, les divers inventaires qui permettent d'approcher le travail mené à bien par Albert Camus, de voir s'élaborer ses œuvres. En effet, un texte compte souvent plusieurs versions livrant les doutes et les tensions permanentes de l'auteur, exigences de toute création, pour supprimer l'inutile, trouver la juste voix.

L'inventaire des manuscrits et dossiers de travail des œuvres suit l'organisation de la première « Pléiade », celle de Roger Quilliot : 1. Théâtre, récits et nouvelles ; 2. Essais. Il décline par ordre alphabétique diverses étapes des œuvres, manuscrits autographes, dactylographies annotées, épreuves d'impression. Il recense aussi des dossiers politiques, articles, préfaces, conférences, interviews, etc.

L'inventaire des dossiers de la gestion de l'œuvre suit le même classement. Plus succinct, il ne distingue pas la gestion assurée par Albert Camus lui-même, par les agents étrangers, par Francine Camus à partir de 1960. Mentionnant seulement le nombre de dossiers et les dates extrêmes, il arrive qu'il réserve des surprises inespérées.

L'imposant *Inventaire de la correspondance générale et thématique* suit l'ordre alphabétique des scripteurs puis l'ordre chronologique. Quelques correspondances ont été regroupées par thématiques : les lettres des lecteurs connus ou non de *Combat* et de *L'Express*, les lettres à propos de *L'Homme révolté*, celles après le prix Nobel.

L'inventaire des documents iconographiques comprend de nombreuses photos de famille ou de professionnels, ainsi que des affiches ayant trait à Camus et à son œuvre depuis le Théâtre de l'Équipe.

L'inventaire de Lourmarin fait état de la gestion du fonds depuis 1980 par Catherine Camus. Le classement alphabétique puis chronologique des œuvres comprend des sous-rubriques : recherches universitaires, traductions, citations, réimpressions, documents sonores. Des adaptations, des copies de correspondances, des articles de journaux ou des reproductions de manuscrits viennent encore enrichir cet ensemble.

L'inventaire du fonds Olivier Todd recense par grands thèmes les documents et nombreux témoignages récoltés sur différents supports par l'auteur de la biographie *Albert Camus, une vie* publiée chez Gallimard en 1996.

Loin d'être exhaustive, cette présentation espère montrer que ce fonds riche des textes de Camus, et des études qu'ils ont suscités, réserve aux chercheurs des pistes de réflexions, des liens inattendus qui élargissent à l'infini la résonance de l'œuvre.

Marcelle MAHASELA

FOOTBALL. – Camus, qui se trouvait dans son « royaume » quand il jouait au football dans la cour de son école, fit partie, en 1928, de l'équipe cadet de l'Association sportive de Montpensier, qui évoluait au Champ-de-Manœuvres, puis l'année suivante de l'équipe junior du Racing universitaire d'Alger (RUA), dont le terrain était le Stade municipal. Il tenait le poste de gardien de but. À partir de décembre 1930, la tuberculose freine sa carrière de footballeur sans l'interrompre tout à fait. Le 26 octobre 1941, il écrit d'Oran à Lucette Maeurer : « Je joue au football, avant-centre dans une équipe de grandes brutes », ajoutant qu'il a même marqué un but. En 1953, devenu un écrivain célèbre, il évoque son passé de joueur et de supporter dans le *Journal du RUA* : « Je ne savais pas que vingt ans après, dans les rues de Paris ou de Buenos Aires (oui, ça m'est arrivé) le mot RUA prononcé par un ami de rencontre me ferait encore battre le cœur, le plus bêtement du monde. » Privé de son équipe favorite, il s'est rabattu sur le Racing Club de Paris, « uniquement parce qu'il porte le même maillot que le RUA, cerclé de bleu et blanc ». Cet article a été republié le 17 décembre 1957 dans *France Football* alors que le club préféré de Camus était qualifié pour le sixième tour de la Coupe de France. « RUA Bonheur de cette simple amitié dont j'ai vécu », lit-on aussi dans ses *Carnets* à la date du 25 février 1955.

Les spectateurs qui dans *L'Étranger* hurlent au retour du stade que leur club ne périra pas, chantent l'hymne du RUA : « Le RUA oui oui oui, le RUA non non non, le RUA ne périra pas. » Dans *La Peste*, une discussion stratégique oppose Rambert, qui a joué avant-centre, et Gonzalès, qui affirme la prééminence du demi-centre parce que c'est lui qui distribue le jeu ; mais les stades ont été transformés en camps d'isolement, et Gonzalès doit se contenter de retourner du pied, dans la rue, une balle que des enfants ont envoyée dans sa direction. Les stades pleins à craquer qui donnent à Clamence, dans *La Chute*, le même sentiment d'innocence que les salles de théâtre sont à l'évidence des stades de football. À cet égard, la phrase de Clamence sonne comme une confidence de l'auteur : pour lui aussi, le football et le théâtre sont des activités où s'exercent les saines joies du corps, les vertus de la sincérité et de l'action collective. « Vraiment, le peu de morale que je sais, je l'ai appris sur les terrains de football et les scènes de théâtre qui resteront mes vraies universités », déclare-t-il en 1959 (« Pourquoi je fais du théâtre ? »). Dans *Le Premier Homme*, Jacques Cormery a découvert « dès les premières récréations ce qui devait être la passion de tant d'années ». La cour de l'école était alors son « royaume ». Après y avoir usé ses chaussures, au désespoir de sa grand-mère, il a exercé ses talents sur le terrain vague du Champ-de-Manœuvres (un de ses plus cuisants remords sera d'avoir volé une pièce de deux francs à sa famille pour assister à un match). Enfin, à l'avant-dernier chapitre du *Premier Homme*, Jacques Cormery se rappelle que, trois jours après avoir goûté pour la première fois à la bouche d'une jeune fille, il a été « nommé gardien de but titulaire de l'équipe du lycée ».

En 1943, préparant *La Peste*, Camus avait écrit dans ses *Carnets* : « Le dimanche d'un joueur de football qui ne peut plus jouer, le lier à Tarrou : Étienne Villaplane, depuis que les matches de football sont interdits, s'ennuie le dimanche. » L'épisode fut abandonné. « *Roman.* Première partie : match de football. Deuxième partie : corrida », note-t-il en 1951, toujours dans ses *Carnets.* Le projet ne verra pas le jour. Le mot « football » est au total d'une étonnante rareté dans l'œuvre de Camus, comme s'il avait une valeur secrète ou que sa résonance fût trop peu poétique pour signifier dans une œuvre littéraire cette forme de la communauté des hommes.

Pierre-Louis REY

FORMATIONS SANITAIRES. – Camus, pour évoquer les années noires, a choisi l'allégorie de la peste, le fléau représentant le nazisme. Une épidémie frappe durement la population d'Oran. Constatant la carence des « autorités », du préfet et de la municipalité, deux hommes de bonne volonté se substituent à elles. Jean Tarrou, un déçu de la révolution, imagine l'appel à des « volontaires ». Il propose un « plan d'organisation » au docteur Bernard Rieux. « J'ai, dit-il, des amis un peu partout et ils formeront le premier noyau. » Le recrutement des « formations sanitaires » se fait par cooptation. Un prêtre, le père Paneloux, un employé de bureau, Joseph Grand, un journaliste, Raymond Rambert, se joignent à leur réseau. Rieux les prévient des risques qu'ils encourent : « Ce travail, dit-il, peut être mortel. » Tarrou et le père Paneloux y laissent effectivement leur vie.

Rieux, Tarrou et les autres ne constituent pas un mouvement de masse visant à prendre le pouvoir à Oran. Ces pragmatiques ne songent pas à édifier la société idéale, ils n'ont pas de projet global, pas d'idéologie. Leur entreprise a un but précis et limité que Camus a formulé dans *Ni victimes ni bourreaux* : « sauver les corps ». La santé des hommes importe plus au médecin que leur salut, que celui-ci soit religieux ou politique – « Quand on voit la misère et la douleur qu'elle apporte, il faut être fou, aveugle ou lâche pour se résigner à la peste. » Il ne se prend pas pour un héros. Il a le sentiment de faire son métier, Tarrou de faire son devoir d'homme.

Les formations sanitaires de *La Peste* représentent une Résistance dont Camus sait en 1947 qu'elle a été à la fois pluraliste et minoritaire. Des personnalités issues de la société civile ont décidé de combattre le fléau. À cette fin, Rieux l'incroyant et le père Paneloux surmontent leurs différends philosophiques et luttent « ensemble ». Comme la Résistance, les formations sanitaires souffrent de certaines carences : « Nous manquons de matériel [...]. Mais nous manquons d'hommes aussi. » Camus écrit aussi : « L'intention du narrateur n'est pas de donner à ces formations sanitaires plus d'importance qu'elles n'en eurent. [...] il est vrai que beaucoup de nos concitoyens céderaient aujourd'hui à la tentation d'en exagérer le rôle. » Elles se dissolvent d'elles-mêmes à la fin du roman. Les autorités restent en place.

Des critiques progressistes, dont Roland Barthes, ont reproché à Camus d'avoir remplacé les « militants » par des « amis » et de promouvoir une « morale de Croix-Rouge ». Les formations sanitaires annoncent les Groupes de liaison internationale, dont il fut l'animateur en 1949-1951, et surtout les organisations humanitaires non gouvernementales apparues dans les années 1960 et 1970, notamment Amnesty International et Médecins sans frontières. Jeanyves GUÉRIN

FRANÇAIS D'ALGÉRIE. – Avant Albert Camus lui-même, son père (d'origine bordelaise) et sa mère (d'origine espagnole) étaient des Français d'Algérie. Cette expression traduit un des paradoxes de la colonisation. Alors que l'Algérie était une terre française, composée de trois départements, plus les Territoires du Sud, un peu plus d'un million de ses habitants (sur environ neuf millions au total) étaient appelés « Français d'Algérie ». Les autres, en quasi-totalité indigènes, étaient des « Français musulmans », et ils ne disposaient que de droits politiques et syndicaux limités. En raison de leurs provenances diverses (française, espagnole, italienne, maltaise, etc.), les Français d'Algérie étaient parfois appelés aussi « Européens d'Algérie », mais la très grande majorité d'entre eux avaient acquis la nationalité française. On ne prit l'habitude de les désigner du nom de « pieds-noirs » qu'après la mort de Camus ; lui-même paraît avoir ignoré ce mot. En cette époque où il n'existait pas encore de nationalité algérienne, l'écrivain désigne ses compatriotes comme des « Algériens », par opposition aux « Arabes », terme qui recouvre en réalité des ethnies minoritaires différentes, en particulier les Berbères. Après Gide, Montherlant et d'autres, il parle même de cette « race algérienne » (issue de croisements d'immigrants méditerranéens, mais aussi alsaciens) ou de ce « peuple algérien » qui, ne faisant guère de place à l'intelligence, a le culte et l'admiration du corps, et jette peut-être sans le savoir les bases d'une civilisation (*Noces*). La beauté des corps est en priorité pour Camus celle des femmes, qu'il admire dans la rue ou sur les plages. Elle lui donne un sentiment d'innocence et l'idée d'une vie où il est impossible de tricher. Peu à l'aise dans le milieu des intellectuels parisiens, il conservera toujours des amitiés solides avec les enfants du pays : André Belamich, Pierre Galindo, Louis Bénisti, Emmanuel Roblès, Jules Roy, Gabriel Audisio et bien d'autres. À l'occasion, quand il revenait à Alger, il plaisantait avec ses vieux camarades du Racing universitaire d'Alger sur ces métropolitains qui ne sont pas « francs du collier ». Les Français d'Algérie, toutefois, ne constituaient pas un groupe géographiquement homogène. *Le Minotaure ou la Halte d'Oran*, par exemple, reflète la rivalité qui opposait les Algérois, jugés fiers et guindés, aux Oranais, plus volontiers expansifs. Mais ces rivalités étaient toujours prêtes à s'effacer lorsqu'il s'agissait de faire front contre les *frangaoui* (ou *patos*), qu'on nommait aussi de façon plus académique les « Français de la métropole » ou encore les « Français de France », expression étrange du moment que l'Algérie était officiellement française.

Les idées progressistes de Camus (soutien au projet Blum-Viollette en 1937, appel à d'urgentes mesures de justice, surtout après les émeutes du Constantinois en 1945, etc.) ne recueillaient l'approbation que d'une faible partie des Français d'Algérie, même parmi ceux qui votaient à gauche. Dans les combats qu'il mena à *Alger républicain*, en particulier contre le maire d'Alger, Augustin Rozis, il se situa à contre-courant de la plupart de ses compatriotes algérois. Pendant la guerre d'Algérie, jusqu'au bout réfractaire à la perspective de l'indépendance du pays, il affirme l'existence de « deux peuples » – le peuple des Français d'Algérie et le peuple « arabe ». S'il s'affirme solidaire des souffrances endurées par ses compatriotes victimes de la guerre et du terrorisme, il les incite en 1955 à « surmonter leurs amertumes en même temps que leurs préjugés » (« L'Algérie déchirée », *Actuelles* III). Cette exigence de la mesure n'avait guère de chances d'être écoutée dans un pays que déchiraient les passions. Des Français d'Algérie, massés dans les rues d'Alger, crièrent ainsi : « À mort Camus ! » lorsqu'il prononça son appel pour une trêve civile en Algérie, le 22 janvier 1956. En revanche, quand il risqua à Stockholm, le 12 décembre 1957, à l'adresse d'un militant nationaliste d'Algérie, le fameux « je défendrai ma mère avant la justice », beaucoup de partisans de l'Algérie française s'imaginèrent qu'il s'était enfin converti à leurs idées. Dans l'avant-propos à *Actuelles* III, écrit en mars-avril 1958, où il rejette à la fois le terrorisme et le contre-terrorisme, Camus évoque « l'histoire des hommes de [s]a famille qui, de surcroît, étant pauvres et sans haine, n'ont jamais exploité ni opprimé personne ». Ayant déjà récusé le cliché selon lequel l'Algérie serait « peuplée d'un million de colons à cravache et à cigare, montés sur Cadillac » (« La bonne conscience », *L'Express*, 21 octobre 1955), il affirme que les trois quarts des Français d'Algérie ressemblent à sa famille et que, « à condition qu'on les fournisse de raisons plutôt que d'insultes », ils seront prêts à admettre « la nécessité d'un ordre juste et plus libre ». Enfin, dans un autre texte de 1958 (« Algérie 1958 », *Actuelles* III), où il mise sur une solution fédérale pour rétablir la paix et la justice dans le pays, il attend du gouvernement français qu'il fasse savoir nettement « qu'il ne cédera rien sur les droits des Français d'Algérie ».

Dans *Le Premier Homme*, au-delà de la figure de ses parents, Camus a voulu rendre hommage à tous les braves gens qui, après la conquête de l'Algérie, la révolution de 1848, la perte de l'Alsace-Lorraine en 1870 et la Commune, composèrent ces vagues de pionniers venus braver la chaleur, l'inconfort et les épidémies pour mettre en valeur des terres incultes. Le plus souvent, ils avaient été abusés par les promesses des gouvernements de la métropole. *L'Envers et l'Endroit* ou *L'Étranger* témoignaient déjà que leurs descendants étaient généralement de condition modeste. Même s'ils étaient pour certains d'une moralité douteuse, c'est la tendresse et l'indulgence qui dominent, dans ces premiers textes, en faveur des habitants du « quartier pauvre ». Dans ce pays où les mairies n'ont pas d'archives et où les noms s'effacent sur les tombes, *Le Premier Homme* devait, à l'égard des pionniers, faire œuvre de mémoire. Le racisme à fleur de peau des citadins victimes des attentats à la bombe y reçoit, sinon une justification, du moins une explication, tandis que le colon Veillard, campé dans une ferme que cernent les fellaghas, impose l'image de sa force mentale, de son courage et, dirait-on, d'une forme de bon sens. « On est fait pour s'entendre », déclare-t-il en parlant des Arabes, acte de foi courant chez ceux qui finirent dans les rangs de l'OAS. *Le Premier Homme* était une œuvre de longue haleine. Camus ne l'aurait assurément pas terminée, s'il n'avait été subitement fauché, à la date où l'Algérie est devenue indépendante, en 1962. Le manuscrit et ses ébauches ne furent publiés qu'en 1994. Si cet éloge, sinon de la colonisation, du moins des colonisateurs, avait été publié au lendemain de sa mort, l'image de Camus ne se serait certainement pas améliorée auprès de la gauche française. Pierre-Louis REY

FRANCE OBSERVATEUR. – *Voir* BOURDET

FRATERNITÉ. – Il est peu de thèmes aussi camusiens que la fraternité. L'adolescent, puis le jeune adulte, pratique des activités axées sur les autres : le football, le théâtre, le journalisme – les trois coups d'une aventure plurielle bâtie sous la forme de l'équipe. De son séjour dans celle des juniors du Racing universitaire d'Alger (RUA), l'ancien goal qui, solitaire et solidaire, garde les « bois », conserve un souvenir lumineux. L'action est là impossible sans une solidarité fraternelle de tous à tout instant. Le théâtre est aussi un(e) geste fort(e) à plusieurs. Ainsi, l'intitulé « Théâtre de l'Équipe », du nom de la seconde troupe algéroise de Camus en 1937, est redondant. *Primus inter pares*, Camus occupe certes les fonctions principales comme metteur en scène, mais ne se comporte pas en chef. L'expérience théâtrale est de celles qui l'auront durablement marqué. Dans la pratique de l'échange, quelque chose le ravit. Cela va jusqu'à *Révolte dans les Asturies*, pièce coécrite avec trois camarades. En 1958, dans une interview à *France-Soir*, il précise : « Je retrouve au théâtre cette amitié et cette aventure collective dont j'ai besoin et qui sont encore une des manières les plus généreuses de ne pas être seul », et explique à *Paris Théâtre* : « Monter un spectacle, c'est un mariage à plusieurs, pour plusieurs mois. » Le Sport et le théâtre sont aussi des lieux de l'innocence. Camus y a connu ses joies les plus pures, un réel bonheur. Le journalisme est lui aussi un terrain pluriel. Ses anciens collaborateurs à *Combat*, « intellectuel collectif » (Jeanyves Guérin), ont rappelé combien il était impliqué dans la vie du groupe à tous niveaux. La présence d'autrui n'est pas vécue comme moins être, menace, mais comme possibilité de réalisation personnelle autant que collective. Leader sans s'en accorder les prérogatives, Camus entraîne les autres vers un but commun, les relie, les accorde. « Une mystique de la fraternité, note Alain Vircondelet, de la communauté et du travail le tient dans une ardeur qui exalte ses amis et les invite à donner le meilleur d'eux-mêmes. » Soucieux de sa propre définition en tant que sujet, qu'artiste, Camus ne se construit pourtant pas contre les autres, mais avec eux.

Dans *L'Étranger*, Meursault semble loin des autres, mais il lui arrive pourtant de ressentir cette fraternité humaine, quand il court derrière le camion avec Emmanuel, quand il a envie d'embrasser Céleste. Mais c'est *La Peste*, avec des accents qu'on retrouvera dans *L'Homme révolté*, qui est le grand récit fraternel de Camus. On part aussi d'une étrangeté – Rambert se retrouve dans une ville, un univers qui ne sont pas siens – pour s'acheminer, dans et grâce à la difficulté, vers une action collective, fraternelle. La fraternité n'est pas un bien acquis mais une valeur qui se construit, d'un geste l'autre, d'une attention l'autre, en des temps de malheur (« Ils ne s'intéressaient qu'à ce qui intéressait les autres, ils n'avaient plus que des idées générales »). À l'inverse, dans *La Chute*, monologue et non dialogue, la structure fraternelle a explosé.

À la fin de sa vie, Camus vit, avec René Char, son « *hermano* », une expérience fraternelle unique, d'autant plus vive qu'elle s'accompagne, sur un sol commun, d'une identité de points de vue quant aux racines de l'art. De fait, une forme de cette fraternité à deux, peu commentée mais profondément originale, est cette proximité de cœur qui fait que deux êtres récitent le même poème : c'est le cas de Scipion et de Caïus dans *Caligula* (II, 14), celui de Kaliayev et Dora dans *Les Justes*. De même nature sont, dans *La Peste*, la nage commune (« Rieux se retourna, se mit au niveau de son ami, et nagea dans le même rythme ») et le port à deux du fardeau dans *La Pierre qui pousse*, nouvelle qui clôt *L'Exil et le Royaume* par ces mots du frère du coq : « Assieds-toi avec nous. » Une semblable fraternité se lit dans cette note du *Premier Homme* : « Rencontre avec l'Arabe à Saint-Étienne. Et cette fraternité de deux exilés en France. » Dans les mêmes notes du premier livre, synthèse inachevée de tout Camus, la fraternité, quasi synonyme de la solidarité, opère toujours : « Mais pendant tout ce temps nous n'avons cessé de nous aider à vivre, avec cette merveilleuse complicité de ceux qui ont à lutter et à souffrir ensemble. Ah ! c'est cela l'amour – l'amour pour tous. » Dans *Les Justes* pourtant, Dora a dit les limites de cette fraternité, ici sororale : « Mais quel affreux goût a parfois la fraternité » ; c'est qu'une fraternité ne peut s'accomplir contre les autres. Pendant la guerre, « les années de la fraternité » (*Actuelles*), Camus écrit à Guy Dumur : « Aucune vérité ne me paraît valable si elle n'est pas atteinte à travers les êtres, je ne crois pas à la solitude. » Il ne veut pas d'une fraternité contre, mais d'un lien avec. Le 19 décembre 1957, il écrit à Jean Sénac : « Si vous continuez à parler d'amour et de fraternité, n'écrivez plus de poèmes à la gloire de la bombe qui tue indistinctement l'enfant et l'affreux adulte. » En ce sens, le terrorisme, et le nihilisme qu'il porte en lui, sont l'antithèse de la fraternité, harmonie gratuite, réponse, sympathie native d'un humain pour son frère humain.

Pierre Grouix

Bibl. : Stephen Eric Bronner, *Camus : Portrait of a Moralist*, Minneapolis, University of Minnesota Press, 1999 • Denis Salas, *Albert Camus, la juste révolte*, Michalon, 2002 • Alain Vircondelet, *Camus, vérité et légendes*, Éditions du Chêne, 1998

FRÉMINVILLE, Claude de (1914-1966). – Claude de La Poix de Fréminville naît à Perpignan dans une famille d'officiers. Il gagne Alger en octobre 1932, en provenance d'Oran, pour suivre l'hypokhâgne du lycée Bugeaud. Il y a pour condisciple Camus avec lequel il noue une longue et fidèle amitié – Olivier Todd le tient pour son « jumeau ». Il poursuit des études de droit à Paris et adhère alors au parti communiste. Ses lettres ont contribué décisivement à ce que Camus fasse de même en 1935. De retour à Alger, il rejoint la cellule du Plateau-Saulière dont Camus, comme d'autres jeunes intellectuels, fait partie, et anime le comité local des intellectuels antifascistes. L'héritage de son père lui permet d'acquérir une imprimerie dans laquelle il réalise notamment, outre des tracts messalistes et nationalistes, les ouvrages des éditions Charlot. Ne se sentant plus, comme Camus, en accord avec la politique du Parti communiste algérien qui de surcroît l'accusait d'avoir acquis son affaire avec l'argent de Ferhat Abbas, il en démissionne. Au début de l'année 1939, Camus et lui fondent les éditions Cafre auxquelles les premières syllabes de leur patronyme donnent une consonance africaine. Ils n'ont le temps de n'y publier que quelques volumes : la guerre met fin à l'entreprise et marque, pour Fréminville, le départ définitif de l'Algérie, à laquelle il reste cependant très attaché.

Gaulliste convaincu, il s'engage dans les Forces françaises libres, fait la campagne d'Italie, se trouve à Rome lors de la prise de la ville, participe au débarquement de Provence et à la campagne de France. À l'issue du conflit, il entame une carrière de journaliste à l'Agence européenne de presse puis dans la presse socialiste. Entre 1946 et 1956, il assure notamment une chronique littéraire au *Populaire*. Il y défend *L'Homme révolté*, dont il souligne l'argument antistalinien, et *L'Été*. Il publiera d'autres articles sur Camus dans *Renaissances* et, en 1960, dans *Simoun*. Il se montre également attentif au développement de la littérature d'Afrique du Nord et signe enfin quelques grands reportages comme celui sur l'actualité de l'Islam en 1955. La revue qu'il lance en janvier 1946, *Rencontres*, ne connaît qu'un numéro. La création d'Europe n° 1, en 1955, marque pour lui un tournant : celui du passage de l'écrit à l'oral et son engagement total dans le journalisme. Sous le nom de Claude Terrien, Fréminville assure chaque matin, du 21 janvier 1955 au 15 janvier 1966, une chronique d'actualité très écoutée. Il meurt à Paris quatre jours après avoir donné la dernière.

Claude de Fréminville est également écrivain : il a publié trois recueils et un essai (*À la vue de la Méditerranée*) entre 1932 et 1944. Le premier recueil, *Adolescence, cinq sonates pour saluer la vie*, a fait l'objet d'une recension par Camus dans *Alger étudiant* le 10 juin 1933. Cinq romans suivent entre 1944 et 1954, trois aux éditions Charlot (*Les Beaux Jours*, *Bunoz*, *Des vies exemplaires*) et, grâce à Camus, deux chez Gallimard (*Bien sous tous les rapports*, *Le Manège et la noria*). L'insuccès de ce dernier livre marque le terme de sa carrière littéraire.

Fréminville et Camus ont entretenu une longue correspondance inédite à ce jour ; soixante-quatorze lettres de ce dernier sont conservées à la bibliothèque d'Aix-en-Provence. Quelques extraits ont paru dans le livre de Jeanne Delais et dans la biographie d'Olivier Todd.

Guy BASSET

Bibl. : Jeanne Delais, *L'Ami de chaque matin, vie et luttes de Claude Terrien*, Grasset, 1969

FRONT DE LIBÉRATION NATIONALE. – *Voir* FLN

FRONT POPULAIRE. – « Camus n'a pas été un partisan souple et inconditionnel du Front populaire » écrit Olivier Todd. Résidant loin de Paris, il n'en a pas connu les grandes heures, et c'est par procuration qu'il a vécu l'illusion lyrique du printemps et de l'été 1936. À l'époque, il est membre du Parti communiste algérien. Son engagement le porte sur deux terrains : la défense de la culture et le recrutement de militants musulmans – il a connu plus de réussite sur le premier. Le Front, ou Rassemblement, populaire est minoritaire dans une Algérie qui a voté à droite, et ses rares élus sont des radicaux liés aux grands intérêts coloniaux qu'il tient pour des adversaires politiques. Le jeune militant sait que la révolution n'est pas à l'ordre du jour. L'union, dès cette époque, n'est pas pour lui une formule magique ; l'accord des partis est circonstanciel : c'est un moyen, pas une fin en soi. De la gauche au pouvoir, il attend des réformes qui améliorent la vie des plus modestes et une moralisation de l'action politique.

À l'automne 1938, Camus devient journaliste à *Alger républicain*, journal dont ses promoteurs veulent faire le

« quotidien du Front populaire, c'est-à-dire de la démocratie ». Sa ligne résolument unitaire se heurte à de dures réalités. Le premier numéro paraît, en effet, quelques jours après les accords de Munich. Un radical à poigne, Édouard Daladier, vient de se faire attribuer les pleins pouvoirs. Le Rassemblement se fracasse sur deux écueils : l'inexpérience économique des dirigeants et ses divisions en politique étrangère.

À l'époque, Camus met deux échecs à son passif : la non-intervention, c'est-à-dire le lâchage de l'Espagne républicaine, et l'abandon du projet Blum-Viollette qui accordait les droits civiques à une élite musulmane, diplômés et anciens combattants. Dans deux cas Léon Blum avait cédé aux radicaux que, dès cette époque, le jeune journaliste tient pour des hommes de droite. Il ménage le premier et déchaîne sa verve contre Daladier en qui il voit le fossoyeur des espérances populaires et même un « apprenti dictateur ». Ses articles, par leur ton satirique et polémique, décontenancent les lecteurs.

Après la Libération, la France se dote d'un gouvernement d'union nationale. Camus, dans plusieurs éditoriaux, refuse qu'en fassent partie les anciens caciques du Front populaire qu'il juge désormais coresponsables du désastre. Dans celui du 12 mai 1945, il cite nommément Camille Chautemps, Édouard Daladier et même Léon Blum. « Ils ont tous reculé devant les agressions du fascisme », écrit-il, rappelant « la destruction de la République espagnole » et les accords de Munich. Ces « hommes anciens » ont failli, leur temps est révolu. Dans les années 1950, il se montre par ailleurs ouvertement hostile à un nouveau Front populaire que dominerait le puissant PCF. Qu'il considère que leurs fins comme leurs moyens séparent les socialistes des communistes, les partis démocratiques d'un parti totalitaire, suffit à le placer en dehors de la gauche progressiste qu'incarnent alors Claude Bourdet et *France-Observateur*. Lorsque trois mois après les événements de Hongrie un socialiste se désiste en faveur d'un communiste qui a applaudi la répression lors d'une élection partielle, cette manifestation immorale du réalisme politique l'indigne. Sa faveur va alors à un Front républicain tel celui qui, en 1955, s'est constitué autour de la personne et du programme réformiste de Pierre Mendès France.

Au fond, le seul Front populaire envisageable, pour Camus, est une alliance dominée par le parti socialiste et dans laquelle les communistes et les radicaux feraient de la figuration. Il est venu trop tôt pour voir cette configuration réalisée par François Mitterrand puis Lionel Jospin sous le nom d'Union de la gauche et de gauche plurielle.

Jeanyves GUÉRIN

G

GALLIÉRO, Sauveur (1914-1963). – Né à Bab el-Oued dans un milieu très modeste, Sauveur Galliéro fait ses études au lycée d'Alger où il rencontre Camus et où son professeur de dessin, le peintre Henri Chevalier, remarque ses dons. Dès 1937, G. S. Mercier, critique d'art à *L'Écho d'Alger*, souligne dans sa peinture « un aspect de santé et robustesse », « indice d'un tempérament solide et décidé ». Mobilisé en 1936, il passe quasiment neuf ans sans interruption sous les drapeaux et, pendant la guerre, séjourne à Oran et y retrouve Camus – le peintre, selon certains témoignages, serait un des modèles de Meursault, le héros narrateur de *l'Étranger*.

Camus préface la première exposition de ses œuvres à Paris en 1945 et Edmond Charlot envisage de lui confier les illustrations de l'édition originale du *Minotaure ou la Halte d'Oran*. Galliéro participe très largement à la vie littéraire et culturelle d'Alger : il est présent dans les revues *Soleil* ou *Terrasses* et réalise des décors de théâtre ou de télévision. Avec Jean Sénac, il guide les premiers pas de la vie artistique de l'Algérie indépendante et nombreux sont les peintres qui rendent hommage à sa peinture comme à son accueil. Boursier à Lourmarin en 1950, puis pensionnaire de la Casa de Velázquez en 1953-1954, il obtient le Grand Prix artistique de l'Algérie en 1961. Resté dans son pays natal après l'indépendance, il est rapatrié sanitaire en France en février 1963 et meurt le 4 juin de cette même année. Dix-huit mois plus tard, une exposition de ses œuvres est organisée à Paris et Emmanuel Roblès peut écrire : « Tout au long de sa vie, Sauveur Galliéro, comme Albert Camus dans ses années de jeunesse, a célébré ses noces avec Alger, le soleil et la mer. »

Guy Basset

Bibl. : Albert Camus, « Galliéro s'est jeté dans la peinture… », dans *Les Peintres amis d'Albert Camus*, catalogue de l'exposition éponyme, Rencontres méditerranéennes Albert Camus, Lourmarin, 1994, p. 33

GALLIMARD. – « Je n'aimerais pas écrire dans la revue [*La NRF* de Drieu La Rochelle]. S'il s'agit des éditions au contraire, cela est différent », écrit Camus à Jean Paulhan le 12 janvier 1942. C'est ainsi qu'après avoir publié ses premiers livres chez Edmond Charlot à Alger, il publie chez Gallimard *L'Étranger* en mai 1942 puis *Le Mythe* *de Sisyphe* en octobre, grâce aux recommandations d'André Malraux et au vif intérêt que le livre suscite en comité de lecture : il faut « prendre le livre sans hésiter », écrit Paulhan dans son rapport. Gaston Gallimard croit beaucoup en lui et orchestre la réception de *L'Étranger* par le biais d'un article de Marcel Arland dans *Comœdia* (11 juillet 1942), qui souligne la naissance d'un « véritable écrivain », et d'une note de *La NRF* par Fieschi en septembre 1942. Camus publiera ensuite tous ses livres rue Sébastien-Bottin. Très vite, comme il est souvent d'usage dans cette maison, il est embauché comme « lecteur » en novembre 1943 afin de toucher un salaire en plus de ses avances sur droits. Il lit de nombreux manuscrits et participe à la sélection des livres pour la course aux prix littéraires. Il fait partie en outre du comité de lecture, qui compte quatorze membres en 1945, aux côtés d'André Malraux, Bernard Groethuysen, Brice Parain, Jean Paulhan, Raymond Queneau, et Dionys Mascolo, et conservera cette place jusqu'à sa mort. En décembre 1943, il siège au jury du prix de la Pléiade, fondé par Gallimard, et soutient, avec Jean-Paul Sartre, le roman de Marcel Mouloudji, *Enrico*, qui sera récompensé.

En octobre 1945, alors que paraît *Lettres à un ami allemand*, Gallimard lui confie la collection « Espoir » dans laquelle il publie René Char et Simone Weil. En novembre, l'éditeur constitue un dossier pour sa défense, car il se sait menacé par l'épuration. Camus, comme Paulhan et Malraux reprend l'argument que la maison d'édition était clairement distincte de *La NRF*, et propose une défense très argumentée : « En 1943 et 1944, mon bureau à la maison d'édition a toujours servi de lieu de rendez-vous aux militants du groupe Combat qui se trouvaient être en rapport avec moi. Bien que ne connaissant pas le détail de cette activité, Gaston Gallimard en connaissait le principe et m'a toujours couvert à cet égard. » Il se lie d'une profonde amitié avec Janine et Michel Gallimard, neveu de Gaston, et les appellera affectueusement dans ses lettres « Laure et Pétrarque » ou ses « palombes », car ils sont pour lui les modèles de l'entente parfaite. En juin 1947, il connaît son premier très grand succès, couronné par le prix des Critiques : *La Peste*. Il a désormais une fidèle secrétaire à plein temps, Suzanne Labiche – qui deviendra Suzanne Agnely –, présentée à Camus par Béatrix Dussane, et occupe un bureau avec terrasse, privilège rare dans ce labyrinthe de demi-étages. Dès 1947, il est débordé et reçoit beaucoup de courrier et de demandes de toutes sortes, que sa secrétaire tente d'endiguer mais auxquels il souhaite, autant que possible, répondre personnellement – « C'est vous dire, écrit-il, qu'il y a des moments où je trouve lourde [ma réputation]. Je ne l'ai pas cherchée et je l'ai obtenue sans une compromission, dans la liberté » (lettre du 26 septembre 1949). Comme lecteur, il use de son influence envers Jean Bloch-Michel, Jean Daniel ou Guy Dumur, encourage Romain Gary et Robert Pinget, et lit avec enthousiasme Michel Vinaver ou Jean-François Revel. S'il n'est pas aussi actif que Paulhan ou Queneau dans la maison d'édition, il tient donc un rôle important dans la découverte et la publication de nouveaux talents.

Le prix Nobel qu'il obtient en 1957 vient s'inscrire dans la longue liste des auteurs Gallimard récompensés, de Roger Martin du Gard (1937) à André Gide (1947), en passant par William Faulkner (1950), Ernest Hemingway (1954) ou Thomas Mann (1929). En

1951, très pris par son activité d'écrivain, de lecteur et d'éditeur, il décrit la maison Gallimard avec ironie comme un « curieux milieu dont la fonction est de susciter des écrivains et où, cependant, l'on perd la joie d'écrire et de créer » (*Carnets* III). Nathalie FROLOFF

Voir aussi : « *Espoir* » ; *Nouvelle Revue française*

Bibl. : Pierre Assouline, *Gaston Gallimard, un demi-siècle d'édition française*, Le Seuil, coll. « Points », 1996

GANDHI, Mohandas Karamchand (1869-1948). – Durant la période où il fut éditorialiste à *L'Express*, entre mai 1955 et février 1956, Albert Camus a consacré un article entier à celui qu'il qualifie de « grand prédicateur de la non-violence ». Le prétexte qui lui fournit l'occasion d'exprimer ainsi son admiration est l'hommage rendu à Gandhi par Boulganine et Khrouchtchev, les deux plus hauts dignitaires du régime soviétique, qui se sont déchaussés pour fleurir sa tombe. D'où le titre, ironique, qu'il donne à cet article : « La chaussette et le rouet » (22 novembre 1955).

Dans son texte, Camus observe une opposition de fond entre les deux figures historiques du XXe siècle que furent Lénine et Gandhi. Plus largement, il souligne « la distance qui sépare les vérités partielles du marxisme d'une pensée à la fois réaliste et universelle ». Le représentant de façon symbolique à son rouet – Gandhi « démontrait à son rouet que, pour vivre libre, il ne fallait pas dépendre des autres pour ses besoins », c'est pourquoi il aurait invité les Indiens à filer et tisser leurs propres vêtements plutôt que d'acheter des produits importés d'Angleterre –, Camus place la liberté au centre de la philosophie de Gandhi. Aux armes de destruction des puissants, faiseurs de guerre, il opposait « la rude obstination de la douceur et l'énergie de la paix ». Il n'avait d'autre arme que la parole, enseignant que celle-ci « est un acte, et qu'elle peut façonner l'histoire, à la seule condition qu'on lui conforme sa vie, jusqu'à la mort ».

Au-delà de cet article, on peut voir pourquoi Camus se sent aussi proche de la pensée de celui qu'il considère comme le « plus grand homme de notre histoire ». Depuis *Lettres à un ami allemand* jusqu'à *Chroniques algériennes*, lui-même n'a pas cessé de condamner la violence dans l'Histoire. On peut d'ailleurs observer la coïncidence entre la date de cet article et la situation en Algérie. Dans « Trêve pour les civils » (*L'Express*, 10 janvier 1956), Camus écrit : « Chacun s'autorise du crime de l'autre pour aller plus avant. Mais à cette logique, il n'est pas d'autre terme qu'une interminable destruction. » Gandhi est même la référence explicite qui s'impose lorsque l'écrivain algérois veut condamner le terrorisme : « Ce terrorisme est un crime, qu'on ne peut ni excuser ni laisser se développer [...]. Après tout, Gandhi a prouvé qu'on pouvait lutter pour son peuple, et vaincre, sans cesser un seul jour de rester estimable (avant-propos à *Actuelles* III) ».

Jacques LE MARINEL

GAUCHE. – Lors d'une controverse avec Jean-Marie Domenach, rédacteur en chef de la revue *Esprit*, Camus écrit en 1955 : « Je suis né dans une famille, la gauche, où je mourrai, mais dont il m'est difficile de ne pas voir la déchéance. » Peu avant sa mort, il déclare à des étudiants aixois ne pas être sûr d'être un intellectuel de gauche, mais être de gauche, « malgré lui » et « malgré elle ». De fait, des années 1930 à la fin des années 1950, son rapport à la gauche lui a procuré une succession de déceptions et de désillusions.

Au temps du Front populaire, Camus, alors membre du parti communiste, est acquis à une conception unitaire de la gauche, trop minoritaire en Algérie pour s'offrir le luxe de la désunion. Il mesure mal à quel point les stratégies et les intérêts des partis sont divergents. Leur attitude face à la guerre d'Espagne aurait dû être pour lui une leçon de choses. À la Libération, il veut oublier sa déception de 1940. Il mise sur une gauche solidaire et régénérée par les militants issus de la Résistance. Les logiques d'appareils ont raison des aspirations unitaires des militants. Il doit en prendre acte : la gauche est divisée sur les fins comme sur les moyens.

À *Alger républicain* puis *à Combat*, Camus ne cesse de manifester son hostilité à l'égard du parti radical. À Édouard Daladier, Édouard Herriot, Camille Chautemps, nommément pris à partie, il reproche d'être liés aux puissances d'argent et d'avoir naufragé le Front populaire. Le parti radical, dit-il citant Herriot, prétend être « l'infanterie lourde » de la République. « Que faire pourtant lorsque l'infanterie lourde a fait long feu et que son état-major a démissionné ? »

Dès 1946, Camus s'est installé sur la position qui sera la sienne jusqu'à sa mort. La gauche doit rénover sa doctrine et ses pratiques. Le parti communiste, parce qu'il est inféodé au Kominform, s'en est exclu : ce ne peut pas être le partenaire privilégié puisque c'est l'adversaire de la gauche démocratique. Une gauche unie serait sous sa domination idéologique ; son organisation lui permettrait de satelliser les autres partis avant de les absorber et Camus ne veut pas que se reproduise en France ce qui s'est passé en Europe centrale et orientale après 1945. Le parti socialiste, lui, doit faire sa mue et renoncer au marxisme. Tel est l'un des messages de *Ni victimes ni bourreaux*. C'est l'inverse qui se produit : la Section française de l'Internationale ouvrière (SFIO) refuse toute alliance avec le parti communiste, donc s'allie avec les partis situés à sa droite, mais réaffirme son ancrage marxiste. Elle perd sur tous les tableaux. Alors que jusque-là il en était proche, Camus s'en éloigne à jamais. Il noue des liens avec des syndicalistes et des militants libertaires.

Sa représentation de la gauche est duale : il faut choisir entre « le socialisme césarien et militaire » et le « socialisme de liberté ». Entre « les chiens de garde et les hommes libres, la gauche policière et la gauche libre », que dans ses *Carnets* il appelle la « gauche collaborationniste », écrit Camus, l'unité ne peut être que « de mauvaise action ». Aucune « collaboration » n'est envisageable. Pour cette raison, il se tient à distance du Mouvement pour la paix et des organisations et manifestations que manipulent les Soviétiques. L'union de la gauche n'est acceptable que si le parti socialiste est hégémonique, ce qui est alors impensable et impossible. L'écrivain algérois entend détacher la gauche modérée de la gauche extrémiste sans glisser à droite, comme l'a fait Raymond Aron. Par un nouveau Front populaire au sein duquel les communistes seraient hégémoniques, Jean-Paul Sartre, comme les progressistes, veut au contraire amener la gauche « molle » à des positions extrémistes. Camus, pour sa part, préfère la stratégie du Front républicain que Pierre Mendès France met en œuvre en 1955-1956. L'échec de celui-ci le déçoit profondément. Dans un entretien à l'hebdomadaire *Demain*, il déclare en

1957 que la gauche est « en pleine décadence » et « schizophrène » et qu'elle doit repenser son langage et entamer des révisions déchirantes.

Cette théorie des deux gauches annonce celle défendue par Michel Rocard à la fin des années 1970. Elle croise deux distinctions, celle entre démocratie et totalitarisme et celle entre modernité et archaïsme. Dans la gauche démocratique, Camus fait coexister les socialistes modernistes, les syndicalistes libres et les anarchistes. La difficulté vient de ce que ces familles, si elles partagent quelques valeurs, n'ont jamais eu la moindre volonté de gouverner ensemble.

Camus se situe dans une gauche morale à l'écoute de la gauche sociologique, dans une gauche responsable qui s'interdit la démagogie, les surenchères, qui préfère la négociation à l'affrontement, mais se ferme le chemin du pouvoir. Il a bien vu que la question de la doctrine est essentielle. En réalisant son aggiornamento, en répudiant le marxisme, le parti socialiste aurait affirmé son autonomie idéologique et stratégique par rapport au PCF. Guy Mollet puis François Mitterrand s'y sont obstinément refusé, l'un par dogmatisme, l'autre par tactique. Ils ont compensé un ancrage populaire faible par une idéologisation du discours. Ils ont accédé au pouvoir, mais n'ont pas eu de successeur socialiste. Cela explique qu'alors que la presse et les revues de la SFIO suivaient de près ses écrits dans les années 1950, grâce notamment à Roger Quilliot, Camus devient un auteur négligeable dans les décennies qui suivent et ce jusqu'à une date récente. Aujourd'hui on met à son crédit d'avoir remis en cause l'influence démesurée de la culture marxiste et les blocages idéologiques de la gauche.

Jeanyves GUÉRIN

Bibl. : Jeanyves Guérin, *Camus. Portrait de l'artiste en citoyen*, François Bourin, 1993

GAULLE, Charles de (1890-1970). – *Combat* parle beaucoup de la Résistance intérieure, peu du chef de la France libre. L'on n'y trouve pas, au lendemain de la Libération, le panégyrique du Général qui est de rigueur dans la plupart des journaux. Aucun gaulliste historique, il est vrai, ne figure dans sa première équipe rédactionnelle. Camus, pour sa part, n'est pas plus gaulliste en 1944 qu'il n'avait été pétainiste en 1940. Il dissimule mal ses réticences et ses préventions. Dans un éditorial, il écrit le 30 septembre 1944 : « Nous ne sommes pas forcés d'approuver sans cesse le général de Gaulle [...]. Il peut même arriver que, sur tel ou tel point, nous nous opposions fortement. » Dans les premières semaines, il l'a soupçonné de remettre en selle les hommes de la IIIe République ; plus durablement il lui fait grief d'avoir fait obstacle à la révolution démocratique souhaitée à *Combat*. Il lui reconnaît un parler vrai (« Le général de Gaulle a appelé les choses par leur nom ») rare chez les politiques, « le désir têtu de la vérité et de l'honneur, le dédain de l'artifice et le courage lucide » – « Sa voix est celle de la France. » Quand les alliés anglo-saxons rechignent à reconnaître son gouvernement et à l'appeler dans les forums où se décide l'avenir du monde, il lui apporte un soutien résolu. « Le général de Gaulle sera toujours populaire en demandant comme il l'a fait qu'on respecte ce pays à qui le malheur n'a pas réussi à donner le goût de la servitude. » Par la suite, l'éditorialiste commente au coup par coup les discours et les décisions du Général. Il approuve ainsi les nationalisations : elles répondent à l'attente des résistants et aux exigences de la reconstruction. En un mot, Camus respecte l'homme du 18 Juin, le chef de la France libre, mais il ne donne pas carte blanche au chef du gouvernement provisoire. Il n'a pas le culte des hommes providentiels, à l'inverse de Paul Claudel qui, pour avoir publié une ode au Général, fait les frais d'un billet dévastateur signé Suétone, pseudonyme occasionnel du rédacteur en chef de *Combat*, le 24 décembre 1944. À la différence d'André Malraux, ce dernier ne tient pas le Général pour une figure épique.

En 1947, la fondation du Rassemblement du peuple français (RPF) accentue les divisions à *Combat*. Gaullistes et antigaullistes s'entre-déchirent ouvertement, avec d'un côté Pascal Pia, Raymond Aron, Albert Ollivier, de l'autre Marcel Gimont, Georges Altschuler et Camus. Ce dernier écrit alors : « Ce n'est donc pas dans nos colonnes, on s'en doute, que le général de Gaulle sera injurié. Nous, du moins, avons de la mémoire. Mais la justice que nous lui rendons nous paraît conciliable avec l'indépendance de jugement. » Le chef du RPF est « l'homme qui a restauré la République en France », mais aussi « celui qui a accepté la loi électorale dont les partis font aujourd'hui leur force ». Le propos de Camus reste mesuré.

En mars 1957, déçu par la gauche, il demande à rencontrer de Gaulle pour l'entretenir de la situation en Algérie. Le troisième tome des *Carnets* garde des traces de l'entrevue : quelques lignes elliptiques. Lorsque le Général revient au pouvoir, en mai 1958, Camus ne sort pas de la réserve qu'il s'est imposée. Il garde son sang-froid comme dix ans plus tôt : la République, pour lui, n'est pas en danger. Mais le charisme du personnage ne joue pas sur lui ; il n'est pas question qu'il accepte la moindre fonction officielle. Il demande toutefois la grâce de militants algériens au premier président de la Ve République et plaide auprès de lui la cause de l'objecteur de conscience Louis Lecoin.

Malraux a rejoint le RPF et a été l'inamovible ministre du Général de 1958 à 1969 ; Sartre se pose en farouche chef de l'opposition au fondateur de la République ; Camus ne se range aux côtés ni de l'un ni de l'autre en 1947 comme en 1958. Il ne partage ni la dévotion quasi féodale du premier ni la phobie hystérique du second. En d'autres termes, il ne tient le général de Gaulle ni pour un homme providentiel ni pour un dictateur potentiel. Il est étranger au gaullisme de gouvernement comme il l'avait été au gaullisme de guerre. « Avec son vieux fonds républicain, écrit Olivier Todd, Camus se méfie de la partitocratie et du césarisme. » Ses critiques de la IVe République et de la classe politique auraient pu le rapprocher du Général, son attachement à l'idée européenne, un désaccord flagrant sur la nation et sa méfiance libertaire à l'égard de l'État l'en ont tenu éloigné.

Les intellectuels gaullistes, sauf Maurice Clavel, sont réservés à l'égard de Camus. François Mauriac a ferraillé plusieurs fois avec lui et la sympathie de Malraux pour l'homme se nuance d'une certaine condescendance à l'égard de l'écrivain. Claude Mauriac enfin laisse Roger Nimier agresser Camus dans *Liberté de l'esprit*.

Jeanyves Guérin

Bibl. : Jeanyves Guérin, *Camus. Portrait de l'artiste en citoyen*, François Bourin, 1993, p. 153-159

GERMAIN, Louis. – Ses biographes ont indiqué le rôle important qu'a joué, dans la vie de Camus, Louis Germain, son instituteur du cours moyen 2e année, classe du certificat d'études qui aurait pu marquer le terme de ses études. Mais nul mieux que l'écrivain lui-même n'a donné la mesure du lien réel et symbolique qui l'a uni à cet homme.

C'est dans *Le Premier Homme*, à la matière amplement autobiographique, qu'il s'en est le plus ouvert. Si le récit évoque, dès le troisième chapitre, après la découverte de la tombe du père, la visite qu'effectue Jacques Cormery, le double fictif de Camus, à un maître estimé qui est la transposition de Jean Grenier, son ancien professeur de philosophie devenu référence intellectuelle autant qu'ami, c'est une autre figure qui irradie de sa présence les étapes déterminantes du parcours de vie évoqué dans la première grande partie intitulée « Recherche du père ». L'instituteur, désigné tantôt par son vrai nom (que ce soit dans l'inadvertance d'un premier jet ou dans la précision d'une note à développer) tantôt par le patronyme fictionnel de M. Bernard, inspire certaines des pages les plus émouvantes de l'œuvre inachevée. Comme le signale une des confidences les plus directes de l'écrivain, « M. Bernard était aimé et admiré ».

L'admiration de Camus va d'abord au pédagogue passionné qui savait communiquer une vraie soif de savoir aux élèves. L'écrivain rend aussi hommage à l'homme équitable et attentif, athée convaincu mais respectueux de toutes les croyances et surtout dévoué au point de dispenser gratuitement, après la classe, une préparation au concours des bourses pour les lycées et collèges aux plus pauvres de ses élèves. C'est à cette généreuse sollicitude que Camus reconnaît devoir la réussite scolaire qui lui a ouvert les portes d'un monde jusque-là insoupçonné. À cet éloge de l'instituteur de la IIIe République qui enseigne la morale par l'exemple et donne à Camus une inépuisable gratitude envers l'institution scolaire (« Allonger et faire exaltation de l'école laïque », note-t-il en marge d'une page de son manuscrit) s'ajoute le respect que lui inspire le civisme du maître, engagé volontaire lors de la Seconde Guerre mondiale et ancien combattant de la Première comme le fut son père.

Pour Camus, l'instituteur a représenté plus encore qu'un substitut du père disparu : c'est lui qui est à l'origine d'une autre vie que celle qui lui était promise. Dans le chapitre 6 bis (intitulé « L'école » et placé ainsi en équivalence au chapitre 6 consacré à « La famille »), le romancier commente cette paternité élective : « [...] Jacques ne l'avait jamais oublié, comme si, n'ayant jamais éprouvé réellement l'absence d'un père qu'il n'avait pas connu, il avait reconnu cependant inconsciemment, étant enfant d'abord, puis tout au long de sa vie, le seul geste paternel, à la fois réfléchi et décisif, qui fût intervenu dans sa vie d'enfance. Car M. Bernard, son instituteur de la classe du certificat d'études, avait pesé de tout son poids d'homme, à un moment donné, pour modifier le destin de cet enfant dont il avait la charge, et il l'avait modifié en effet ». Gage de bien d'autres succès à venir, la réussite au concours des bourses se paie cependant, malgré l'affection durable, d'un éloignement irréversible de l'univers de la mère, si bien qu'à la gratitude envers le maître se mêle un sentiment plus trouble de culpabilité : « une immense peine d'enfant lui tordait le cœur, comme s'il savait d'avance qu'il venait par ce succès d'être arraché au monde innocent et chaleureux des pauvres ».

Plus encore, l'instituteur s'est révélé être le passeur vers la littérature dans sa portée la plus sensible, celle qui lui permettra d'affronter et de sublimer sa propre enfance d'orphelin. Une scène de classe est en effet mise en relief dans le roman : la leçon sur la guerre, faite à partir de la lecture bouleversante des *Croix de bois* de Roland Dorgelès : « Et le jour à la fin de l'année où, parvenu à la fin du livre, M. Bernard lut d'une voix sourde la mort de D., lorsqu'il referma le livre en silence, confronté avec son émotion et ses souvenirs, pour lever ensuite les yeux sur sa classe plongée dans la stupeur et le silence, il vit Jacques au premier rang qui le regardait fixement, le visage couvert de larmes, secoué de sanglots interminables, qui semblaient ne devoir jamais s'arrêter. » Cette scène se prolonge en un épisode plus tardif et tout aussi poignant. Lors d'une visite à Alger à « cet homme-là [...] qui l'appelait "petit" alors qu'il avait quarante-cinq ans », Jacques reçoit de lui en guise de cadeau symbolique ce même livre recouvert de papier brun qu'il reconnaît sans avoir besoin de l'ouvrir.

On comprend, après avoir lu cette transposition littéraire, la profondeur de sa fidèle affection et la force du geste que le nouveau récipiendaire du prix Nobel effectue en écrivant dès novembre 1957 une lettre à son ancien maître : « On vient de me faire un bien trop grand honneur, que je n'ai ni recherché ni sollicité. Mais quand j'en ai appris la nouvelle, ma première pensée, après ma mère, a été pour vous. Sans vous, sans cette main affectueuse que vous avez tendue au petit enfant pauvre que j'étais, sans votre enseignement, et votre exemple, rien de tout cela ne serait arrivé. »

Louis Germain a certainement porté à son plus haut point l'idéal de l'école française de la IIIe République. Bien d'autres destins d'enfants ont aussi été redevables de l'aide précieuse de semblables missionnaires laïques, y compris certains élèves indigènes des colonies, comme le raconte de son côté par exemple l'autre « fils de pauvre » que fut l'écrivain kabyle Mouloud Feraoun. Mais pour ceux-ci, la chance fut tout de même moins fréquemment offerte. Dans *Le Premier Homme*, le narrateur livre lui-même ce constat édifiant : « Du reste, alors qu'ils avaient des camarades arabes à l'école communale, les lycéens arabes étaient l'exception [...]. »

Dans une sorte de compensation aux données statistiques du réel colonial, un écrivain algérien né en 1971, Salim Bachi, invente pour un personnage de son roman *La Kahéna*, publié en 2003, cette même heureuse conjoncture. On apprend au fil de l'enquête menée par son fils sur ce père disparu que celui-ci avait eu pour instituteur un certain... M. Germain, lequel l'avait distingué, aimé comme son enfant, lui, le petit élève arabe et pauvre, et soutenu jusqu'à l'obtention d'une bourse lui ouvrant, en 1938, les portes du grand lycée. Dans ces jeux de filiation croisée, la transmission littéraire consacre l'exemplaire maître réel en personnage modèle et Camus en figure tutélaire d'une part de l'imaginaire maghrébin.

Martine MATHIEU-JOB

GIDE, André (1869-1951). – À la mort de Gide, Camus participe à l'hommage que *La Nouvelle Revue française*, ressuscitée pour la circonstance, lui rend en novembre 1951. Son texte s'organise autour de deux dates : 1930 pour la rencontre intellectuelle, mai 1945 pour la rencontre physique. – « Quand Gide revint à son tour d'Afrique du Nord. Je ne l'avais jamais vu auparavant. »

Sur la seconde date, il se trompait ; de quelques jours, il est vrai, mais cette différence n'est pas mince : les deux hommes s'étaient préparés l'un à l'autre par un commerce à distance digne de Montaigne. Comme souvent, c'est la confidente et amie, Maria Van Rysselberghe, la « Petite Dame », qui servit d'intermédiaire. Fin mai 1944, avec sa fille Élisabeth et sa petite-fille Catherine, elle décide de quitter Paris et sa rue Vaneau où elle occupe l'appartement voisin de celui de Gide, installé depuis 1942 en Afrique du Nord : « Nous décidons d'offrir notre appartement aux Groet[huysen], [...] et à Albert Camus le studio de Catherine. [...] Albert Camus, relation de la dernière heure, que je ne connaissais que par ses deux livres, mais où je sens déjà la possibilité d'un ami. » Gide réagit le 28 novembre, écrivant à Camus que, s'il a « horreur » de *L'Étranger*, il a en revanche une grande estime pour l'auteur de *Sisyphe*, et qu'il est ravi que sa femme et lui deviennent ses locataires. C'est sans doute cette estime qui l'incite à donner à *Combat*, dont Camus est rédacteur en chef, deux articles en décembre 1944 et janvier 1945. Le lien se renforce lorsque, le 20 janvier, Pierre Herbart, l'un des plus proches amis de Gide, rejoint Camus à la direction politique du journal. Le 27, répondant à une lettre de ce dernier, Gide lui exprime sa confiance « pour nous aider à sortir de l'époque mythique et mystique ».

Le 18 avril, Camus se rend en Algérie, pour le compte de *Combat*. Le 24, la « Petite Dame » note : « Quel n'est pas l'amusement de Gide quand, ce matin, il reçoit un coup de téléphone de... Camus lui-même qui demande à venir nous faire visite aujourd'hui à 5 heures ! Dans l'après-midi, Gide m'apporte *Noces* [...]. Il me dit : "J'aime beaucoup la manière dont c'est écrit, c'est vraiment quelqu'un qui a le sens de la langue." Cette visite de Camus fut parfaite, elle ne me laisse que satisfaction à cette très profonde sympathie que j'éprouve pour lui – nulle gêne, nul malentendu, une très réelle et très simple cordialité. » Et ils se revoient le 4 mai, à la veille de partir l'un et l'autre pour Paris. Camus, qui cohabitait déjà avec le fantôme de Gide, devient son voisin effectif : « Il frappait, parfois, à la double porte qui séparait l'atelier de sa bibliothèque. Il apportait, à bout de bras, Sarah, la chatte, qui avait gagné sa chambre par les toits. Parfois, le piano l'attirait. Une autre fois, il écoutait, près de moi, l'annonce, à la radio, de l'armistice. [...] Pour la première fois, réunis autour de ce poste, nous avions une solidarité devant le temps. »

Ce voisinage dure jusqu'à l'automne. Par la suite, si leurs activités les séparent, les deux hommes maintiennent une proximité intellectuelle soutenue. En novembre 1946, Camus participe à l'hommage organisé à la radio pour les soixante-dix-sept ans de Gide. De son côté, celui-ci va choisir la période au cours de laquelle Camus se retrouve seul aux commandes d'un *Combat* vacillant, en avril-mai 1947, pour lui donner trois contributions. Le 16 juin, il lui écrit : « Mon cher Camus, je déplore d'être trop fatigué pour vous écrire tout le bien que je pense de *La Peste*. Ce beau livre me fait comprendre mieux encore pourquoi je me sens si fort votre ami. » En septembre 1950, la « Petite Dame » note encore : « Sur sa table, je vois [...] les *Actuelles* de Camus, qui ont toute notre sympathie. » Le 10 octobre, Camus assiste à la première du *Procès* adapté par Gide et Jean-Louis Barrault. Les mois suivants, il dîne plusieurs fois chez Gide et séjourne à Cabris, dans la maison que celui-ci a achetée pour Élisabeth Van

Rysselberghe. C'est là qu'il apprend la mort de Gide, le 19 février 1951.

À l'occasion du décès de l'écrivain, Camus évoque donc également, dans l'hommage de *La NRF*, l'œuvre de Gide, en des termes qui étaient déjà ceux de l'hommage de 1946 comme de celui publié dans *Le Figaro* du 24 février 1951. Dans les trois textes, Camus affirme que ce ne fut pas le libérateur des *Nourritures terrestres* qui put l'influencer, lui qui était né dans le pays de cette liberté sensuelle, mais bien l'auteur impeccable des *Traités*, en particulier du *Retour de l'enfant prodigue.* On pourrait se demander s'il n'y avait pas là, de la part de Camus, le besoin de prendre ses distances par rapport à une dette qui risquait d'être écrasante ; en avril 1933, il notait en effet : « Je n'ose plus relire les *Nourritures* pour garder intact le souvenir de l'ivresse et de l'extase qu'elles m'ont procurées. » Pourtant, plus profondément, il était en accord avec ce que Gide lui-même considérait comme sa propre valeur, l'exaltation de la contrainte féconde, au point de reprendre, dans son discours de Stockholm, la maxime créée par Gide cinquante ans auparavant. « L'art naît de contrainte, vit de lutte, meurt de liberté » (Gide, *De l'évolution du théâtre*, *Essais critiques*). De son côté, Gide, évoluant de l'hédonisme des *Nourritures* au communisme des *Nouvelles Nourritures*, en était venu à célébrer le dénuement dont Camus faisait sa vertu première. L'art conçu comme une ascèse, le goût de la perfection formelle mise au service de l'exigence morale, voilà ce qui rapproche ces deux écrivains et explique que, dans toute l'œuvre de Gide, Camus ne trouve à célébrer qu'un des textes les plus courts, mais aussi les plus proches des paraboles qu'il devait réaliser dans *L'Exil et le Royaume.*

Significativement, c'est la même année 1938 qu'il redit son rejet de l'hédonisme gidien, dans une note de *L'Été à Alger*, mais qu'il porte *Le Retour de l'enfant prodigue* à la scène, jouant lui-même le rôle du fils. L'intérêt de Camus pour Gide ne s'interrompt pas quand vient la guerre, car on le voit, en janvier 1942, lire son *Journal* paru dans la « Pléiade » en 1939. La diversité des citations laisse à penser qu'il possédait cette édition. On pourrait se demander s'il l'avait lu plus tôt, et s'il avait remarqué, alors qu'il s'attaquait au *Mythe de Sisyphe*, deux passages où Gide utilisait déjà la figure mythique : « Ce que peut faire de mieux Sisyphe, c'est de laisser son rocher tranquille et de grimper dessus pour "dominer la situation". » Pour autant, on ne relèverait pas là une influence, mais une filiation. Gide et Camus s'alimentent au même fonds culturel, et l'un et l'autre savent le détourner à leur profit. Mais là où Gide inscrit la recherche d'une sagesse, Camus propose une morale de l'action. C'est donc un dialogue qui s'organise entre leurs œuvres, Camus pouvant par exemple, lisant Gide, trouver une phrase sur le Minotaure digne de servir d'épigraphe à sa *Halte d'Oran.* Mais le culte de l'art était bien leur religion commune, conçue comme un royaume où l'homme se sentirait toujours en exil : « Gide m'apparut […] comme le modèle de l'artiste, le gardien, fils de roi, qui veillait aux portes d'un jardin où je voulais vivre. […] Aujourd'hui qu'il s'est détourné de nous, qui pourrait remplacer mon vieil ami aux portes du domaine ? Qui gardera le jardin jusqu'au jour où nous pourrons y revenir ? »

Pierre MASSON

GIRARD, René (né en 1923). – En 1964, René Girard a consacré à *L'Étranger* une étude qui fait date :

alors que l'approche dominante inspirée du *New Criticism* célébrait le roman comme un pur objet esthétique, sa lecture corrosive restaurait les implications sociologiques de l'œuvre. Ce texte, qui figure parmi les études littéraires rassemblées dans *Critique dans un souterrain*, est donc antérieur aux grands travaux anthropologiques de Girard, mais dans la lignée de *Mensonge romantique et vérité romanesque* (1961) : il fait ressortir dans l'œuvre camusienne un passage de l'illusion romantique d'une conscience crispée dans le refus orgueilleux des autres à une lucidité romanesque plus puissante.

Son intuition centrale est que *La Chute* tourne en dérision, par un phénomène d'autocritique, la posture littéraire adoptée par Camus lui-même jusque-là : un jeu de miroir se discerne entre Clamence, avocat généreux qui a fondé sa carrière sur la défense des « bons criminels » contre les juges, et l'auteur, qui établit sa réussite littéraire sur cette mise en procès des juges et des institutions dont *L'Étranger* est un exemple illustre. À l'heure où lui est dévolu un rôle de prophète de la révolte littéraire, l'écrivain, non sans humour, désignerait la part de mauvaise foi infiltrée dans la position en laquelle on a bien voulu le statufier.

À l'appui de cette thèse, Girard débusque un défaut logique structurel dans *L'Étranger*. Selon Camus, dans la préface à l'édition américaine du roman, Meursault, le héros, aurait été condamné pour « n'avoir pas joué le jeu », pour sa personnalité et non pour son crime, et il faudrait en tirer une loi générale : « tout homme qui ne pleure pas à l'enterrement de sa mère risque d'être condamné à mort ». Mais une telle conclusion, note Girard, est invraisemblable et indémontrable : la vindicte sociale ne serait pas venue trouver le paisible bureaucrate s'il n'avait commis un homicide. Tout au plus peut-on déplorer une erreur judiciaire dans l'appréciation du caractère involontaire ou prémédité de l'acte. Pour faire accroire que le personnage est condamné non pour le meurtre effectivement commis, mais pour la seule raison d'une inaltérable innocence, la technique narrative doit donner l'allure d'une nécessité tragique à l'enchaînement d'événements dans lequel s'insère le crime – et c'est dans cette habileté que se loge la mauvaise foi du romancier.

Meursault est en fait un solipsiste, situé entre le Chatterton d'Alfred de Vigny et le M. Teste de Paul Valéry, dont l'indifférence affichée à la société recouvre et exacerbe le besoin inavoué des autres. Figure du « défi » désespéré kierkegaardien, il aggrave orgueilleusement son enfermement dans une existence objectivement misérable, pour le faire apparaître comme un libre choix ; mais son crime est un acte secrètement provocateur, destiné à attirer l'attention d'une société qui, sans cela, serait de toute évidence restée indifférente à son enfermement boudeur. Le meurtre joue symboliquement le même rôle dans la vie de Meursault que l'écriture de *L'Étranger* dans celle du jeune Camus, dont l'avenir était alors bien incertain et qui revendiquait fièrement sa solitude : la publication d'un roman est une entorse au solipsisme, ici masquée par le caractère antisocial de l'histoire et par une écriture blanche qui fait oublier la dimension communicationnelle du récit. L'autonomie de la structure littéraire par rapport à la structure sociale n'est donc que relative : si aucune peinture réaliste n'est donnée de la société, l'écriture du roman, qui en renverse les lois, est en elle-même une conduite sociale, à laquelle René Girard trouve quelque parenté avec les comportements provocateurs de la délinquance juvénile.

On mesure le chemin parcouru par Camus jusqu'au *Discours de Suède*, qui répudie le préjugé romantique de la révolte systématique et interdit le solipsisme à l'artiste. Sur ce chemin, un rôle capital est reconnu à *La Chute* : l'avocat généreux y identifie le mobile secret de ses « bons criminels », un obscur désir de publicité, et reconnaît que ce mal ne lui était pas extérieur. Devenu juge-pénitent, il dépasse la question du partage entre coupables et innocents pour mettre en cause la tentation même du jugement. Girard salue dans *La Chute* un chef-d'œuvre de la littérature de procès et situe le personnage bifrons de Meursault-Clamence dans le sillage des héros dostoïevskiens. Par la suite, il ne fera plus référence à Camus, même dans ses écrits sur la violence.

Carole AUROY

Bibl. : René Girard, « Camus's stranger retried », *Publications of the Modern Language Association of America*, LXXIX, 1964, p. 519-533 • Id., « Pour un nouveau procès de *L'Étranger*, *Revue des Lettres modernes*, série Albert Camus, n° 1, 1968, p. 13-52 • Id., *Critique dans un souterrain*, Le Livre de Poche, 1993

GRAND, Joseph. – Joseph Grand ne figure pas dans les premiers états de *La Peste*. Il est pourtant l'un des personnages qui traversent la version définitive du roman, de la première à la cinquième partie. Ce modeste employé municipal est « insignifiant et effacé ». Il aurait pu être ridicule, Camus l'a voulu touchant. Il vit dans un petit appartement, sa vie est monotone. Sa femme, Jeanne, l'a quitté, il n'a pas trouvé les mots pour la retenir. Pour la même raison, il n'a jamais obtenu l'avancement qu'on lui avait promis. Mais il est de ceux peu nombreux qui ont le « courage de leurs bons sentiments ».

Le romancier lui a prêté des ambitions littéraires. Depuis des années, Grand passe ses soirées à l'écriture d'un roman qui doit être l'œuvre de sa vie. Son souci du « mot juste » (« Il faut appeler les choses par leur nom », dit-il à Rieux ; la même phrase figure dans un éditorial de *Combat*) l'amène à en réécrire sans cesse la phrase liminaire qui est reprise de l'incipit d'un roman oublié de Georges Ohnet. Il est « le Sisyphe du vocabulaire », un « martyr du lexique et de la grammaire », pour citer Jacques Chabot. À la fin, l'écrivailleur perfectionniste élague cette phrase de tous ses adjectifs pseudo-lyriques sinon de tous ses clichés, puis fait brûler son manuscrit. « Camus, avec lui, se livre à une autodérision amusée de son métier d'écrivain », écrit encore le même critique.

Ce solitaire s'est voulu solidaire. « Il faut bien s'entraider », dit-il. Il s'occupe ainsi de Cottard qui a tenté de se suicider. De même, il assure le secrétariat des formations sanitaires afin de se rendre « utile ». Comme le roman évoque la constitution d'une Résistance dans la France occupée, Camus signifie, par son entremise, qu'un homme quelconque peut mettre sa bonne volonté et ses compétences au service d'une cause collective. Il est le seul personnage auquel le narrateur, dont il est le confident, accorde la qualification paradoxale de « héros ». Sans doute parlerait-on plutôt aujourd'hui d'« antihéros ». Le même juge sa vie « exemplaire ». Des volontaires des formations sanitaires, Grand est l'un de ceux que la peste épargne comme si sa « vertu tranquille » lui sauvait la vie. Quand Rieux le quitte à l'épilogue du roman, il vient d'écrire à sa femme.

Jeanyves GUÉRIN

Bibl. : Peter Dunwoodie, « Joseph Grand or how (not) to do things with words », *Neophilologus*, n° 76, 1992, p. 51-63 • Nora M. Leov, « Patterns in *La Peste* : the Example of Joseph Grand », *New Zealand Journal of French Studies*, XIV, 1, mai 1993, p. 30-42 • D. Pereira, « Narrando-Resistindo : Joseph Grand, Personagem de *A Peste*, romance de Albert Camus », *Revista de Literatura*, n° 10, 1999, p. 175-185

GRÈCE. – L'admiration durable et profonde de Camus pour la Grèce est attestée par de nombreuses confidences : « Mais je me sens un cœur grec » (*Actuelles*) ; « Mais comme les Grecs je crois à la nature » (*Carnets* I) ; « Pour les Grecs, la beauté est au départ. Pour un Européen, elle est un but, rarement atteint. Je ne suis pas moderne » (*Carnets* I) ; « Le monde où je suis le plus *à l'aise* : le mythe grec » (*Carnets* II). Bref, Camus évoque « l'inépuisable génie grec… » (*L'Homme révolté*). Au cours de son premier voyage en Grèce au printemps 1955, assis au pied du temple du cap Sounion, contemplant la mer et l'horizon, il note : « Instant parfait » (*Carnets* III). Mykonos, Délos et les îles grecques lui semblent « être le cœur du monde » (*Carnets* III). En somme, « Tout ce que la Grèce tente en fait de paysages, elle le réussit et le mène à la perfection » (*Carnets* III).

La Grèce est pour l'écrivain algérois le symbole par excellence de la civilisation méditerranéenne à laquelle il n'a cessé de vouer un culte. Né sur les bords de cette mer, il a vécu dans la même lumière et les mêmes paysages : leur célébration parcourt toute son œuvre. Ce n'est pas un hasard si son mémoire pour le Diplôme d'études supérieures est déjà consacré à ce qu'il a appelé plus tard le « seul tournant de l'histoire » (*Carnets* II), le passage de la culture grecque au christianisme dont il entend d'ailleurs « reprendre » l'étude – ce qu'il fera dans *L'Homme révolté*. Dès 1939 d'ailleurs, Camus voulait faire un voyage en Grèce que la déclaration de guerre a rendu impossible.

Trois grandes figures au moins de la philosophie qui ont des rapports directs ou indirects mais fondamentaux avec la Grèce marquent le jeune Camus et l'accompagneront plus tard : Plotin, saint Augustin et Nietzsche. La mystique plotinienne de l'unité – la quête de l'unité traverse toute l'œuvre de l'écrivain français – ne va pas sans la sensibilité grecque à la beauté du monde, qui lui fait condamner le rejet du cosmos par la gnose, laquelle est aux yeux de Camus un essai manqué de combiner la pensée grecque et le christianisme ; saint Augustin a réussi, en empruntant à Plotin sa conception de la participation, à créer une métaphysique chrétienne mais en développant une théorie de la grâce que Camus ne pouvait accepter ; Nietzsche enfin a renouvelé la compréhension du monde grec : il a mis l'accent sur les présocratiques, critiqué Socrate et surtout Platon – Camus partage cette passion pour les présocratiques, spécialement pour Héraclite et Empédocle –, et en a appelé à une pensée qui retrouverait l'essentiel de la vision tragique et dionysiaque du monde.

Plusieurs notions centrales de la pensée et de l'activité littéraire camusiennes, les notions de mythe, de limite (mesure), de beauté, de nature et de tragédie ne sont pleinement compréhensibles que si elles sont envisagées à partir de leur enracinement grec. Camus a écrit sur chacune d'elles. *Le Mythe de Sisyphe* montre, en analysant le problème de l'absurde, comment le mythe est utilisable dans le monde actuel ; *Le Mythe de Némésis* était un essai qu'il aurait voulu écrire sur la notion de mesure ; *L'Exil d'Hélène*, un des textes de *L'Été*, est une réflexion sur la conception grecque de la beauté par opposition à la conception moderne. En 1955, Camus, qui aimait peut-être le théâtre par-dessus tout, a fait à Athènes une conférence sur la tragédie où il se réfère à la Grèce et à Nietzsche. Quant à la nature, l'écrivain dit y croire, comme les Grecs, et il ajoute : « Pour les chrétiens comme pour les marxistes, il faut maîtriser la nature. Les Grecs sont d'avis qu'il vaut mieux lui obéir » (*L'Homme révolté*).

La présence de la Grèce et le rôle qu'elle pourrait encore jouer au XXe siècle sont des moments forts de *L'Homme révolté*. La réflexion sur la révolte s'organise en effet à partir d'une périodisation de l'histoire où la Grèce joue un rôle prépondérant. Il y a d'abord la période dominée par le sacré, où la révolte n'a pas cours ; vient ensuite l'histoire occidentale où elle apparaît : d'abord en Grèce, avec la figure de Prométhée, mais ce n'est qu'avec Épicure et surtout avec Lucrèce qu'elle trouve des accents qui annoncent la révolte métaphysique ultérieure. Avant Lucrèce, la révolte existe, mais elle est limitée, liée à une mesure : l'homme appartient en effet à la nature contre laquelle il se révolte et il ne peut donc la rejeter tout à fait. La révolte métaphysique dans son sens le plus fort n'est possible que par opposition au Dieu créateur du christianisme, lorsque le Christ lui-même, qui devait par ses souffrances servir d'intermédiaire entre Dieu et les hommes, a été réduit au rang de victime d'un Dieu cruel ou indifférent. Le non absolu ou le oui absolu auquel mène cette révolte outrepasse toutes les limites et aboutit à la catastrophe. Le prolongement de cette révolte en révolution, qui apparaissait déjà dans les dernières formes de la révolte métaphysique, va de pair avec l'approfondissement de la réflexion sur l'histoire. Le « tournant de l'histoire » auquel nous avons fait allusion coïncide avec l'introduction par le christianisme et surtout avec saint Augustin de la philosophie de l'histoire : au cycle de la nature sur lequel tout reposait chez les Grecs, les chrétiens ont substitué la linéarité de l'histoire qui va de la création au royaume de Dieu et à la création d'une autre nature ou d'une surnature. La nature est désormais subordonnée à l'histoire. La philosophie allemande a radicalisé ce thème avec Hegel et le marxisme : les totalitarismes et l'industrialisme prolongent ces tentatives de soumettre la nature à l'histoire. L'homme occidental a cédé à la démesure, il a perdu le sens des limites, de la beauté, de la nature, il est devenu infidèle à la terre.

Arrivé à ce point de son analyse, Camus se demande si « le sens de l'histoire de demain » (*L'Exil d'Hélène* ; *L'Homme révolté*) n'est pas précisément de retrouver, pour que l'Occident survive à sa folie de démesure, des éléments essentiels à la pensée grecque, qu'il appelle, avec les conceptions qu'elle a inspirées, « la pensée solaire » la « pensée de midi » ou la « pensée méditerranéenne ». L'écrivain ne croit pas au simple retour à la Grèce antique – il sait que trop d'eau a entretemps coulé sous les ponts de l'histoire – mais bien à la réactualisation de certaines composantes de cette pensée méditerranéenne : « Mais je n'ai pas dit, dans ma conclusion [de *L'Homme révolté*], que la solution de toutes choses se trouve près de la Méditerranée. J'ai dit seulement que depuis cent cinquante ans, l'idéologie européenne s'était constituée contre les notions de nature et de beauté (par conséquent de limite), qui ont été, au contraire, au centre de la pensée méditerranéenne. J'ai dit que du même coup un équilibre s'était rompu, que l'Europe n'avait jamais été que dans cette lutte entre midi et minuit et qu'une civilisation vivante ne pourrait pas se constituer en dehors de cette tension, sans cette tradition méditerranéenne négligée depuis si longtemps » (« Entretien sur la révolte », *Actuelles* II). « Rejoindre les Grecs » (*L'Exil d'Hélène*) n'est sur certains points, comme l'a montré Heinz Robert Schlette, qu'un espoir pour l'écrivain.

Camus aime citer l'exemple d'Ulysse qui, après le tourbillon des aventures liées à la guerre de Troie – tourbillon comparable aux guerres du XXe siècle –, retrouve la mesure qui sied à l'homme : il refuse l'immortalité que Calypso lui offre et choisit de rester fidèle à sa condition de mortel, fidèle à Ithaque, à Pénélope et à son fils. Retrouver la fidélité à la terre : aussi bien les *Lettres à un ami allemand* que l'exergue de *L'Homme révolté* nous y invitent. Maurice WEYEMBERGH

Bibl. : *Albert Camus et la Grèce*, Rencontres méditerranéennes Albert Camus, Lourmarin, Les Écritures du Sud, 2007 • Jean-François Mattéi (dir.), *Albert Camus et la pensée de Midi*, Oviadia, 2008 • Heinz Robert Schlette, *« Der Sinn der Geschichte von Morgen ». Albert Camus' Hoffnung*, Francfort, Knecht, 1995, p. 105-125 • Id., « Rejoindre les Grecs. Griechen und Christen bei Albert Camus », *Jahrbuch für Antike und Christentum*, Münster, Aschendorfsche Verlagsbuchhandlung, Jahrgang 42, 1999, p. 5-19

GRENIER, Jean (1898-1971). – On ne peut comprendre ni la genèse ni l'évolution de l'œuvre de Camus sans évoquer le rôle initiateur et formateur que Jean Grenier, son professeur de philosophie à partir de 1930 au Lycée d'Alger, exerça sur lui en classe de philosophie puis en hypokhâgne. Grenier était lecteur à *La NRF* ; il avait été éduqué en Bretagne, à Saint-Brieuc, où il avait notamment rencontré Louis Guilloux. Nommé en Algérie de 1930 à 1938, ses conseils et la lecture de son ouvrage *Les Îles* (1933) déterminèrent la vocation d'écrivain de Camus, comme ce dernier le rappellera en janvier 1959 dans sa préface à la réédition de l'ouvrage. Cet éveil chargé d'un « doute » et d'une inquiétude créatrice donna une impulsion décisive à la création camusienne. Dans sa « Préface aux *Îles* », en 1959, Camus compare « l'ébranlement » reçu à la lecture de l'ouvrage de Grenier au choc produit par *Les Nourritures terrestres* de Gide sur une génération précédente, en rappelant son « heureuse barbarie » d'alors dans l'immanence solaire de l'Algérie : « La vérité du monde était dans sa seule beauté, et dans les joies qu'elle dispensait. Nous vivions ainsi dans la sensation, à la surface du monde, parmi les couleurs, les vagues, la bonne odeur des terres. » Mais contrairement à la ferveur gidienne, cette jouissance sensuelle est menacée par les thèmes plus nostalgiques du périssable et du sens : « Il nous fallait des maîtres plus subtils et qu'un homme, par exemple né sur d'autres rivages, amoureux lui aussi de la lumière et de la splendeur des corps, vînt nous dire, dans un langage inimitable, que ces apparences étaient belles, mais qu'elles devaient périr et qu'il fallait alors les aimer désespérément. [...] *Les Îles* venaient, en somme, de nous initier au désenchantement ; nous avions découvert la culture. » C'est aussi en ce sens que Grenier lui fit découvrir *La Douleur*, d'André de Richaud, et les ouvrages de Léon Chestov qui éveillèrent chez lui une passion durable pour Nietzsche, Tolstoï, Pascal et Dostoïevski.

Le maître veilla discrètement sur le jeune étudiant pauvre soumis aux attaques de tuberculose, dont le père était mort prématurément à la guerre, et l'encouragea à publier ses premiers essais dans des revues littéraires. Tout naturellement, l'écriture camusienne retrouve la pudeur fluide, le tragique solaire, le « tremblement », la distanciation à la fois mélancolique et intime des essais de Grenier qui offrent l'exemple d'un questionnement philosophique, souvent aphoristique, d'un moraliste sans morale, confronté à l'exil, à la contemplation et au secret. Cette fascination du style sera durable : « Aujourd'hui encore, il m'arrive d'écrire ou de dire, comme si elles étaient miennes, des phrases qui se trouvent pourtant dans *Les Îles* ou dans les autres livres de son auteur », avouera Camus en 1959.

De fait, une comparaison des deux œuvres présente de nombreux croisements : on trouve déjà l'évocation du personnage de Caligula dans *Les Îles* ; l'écriture du texte *Le Désert*, dédicacé à Grenier, et sa méditation sur les peintres et les paysages italiens, avec son exploration des grandes antinomies de l'ascèse et de la jouissance, de la pauvreté matérielle et de la richesse sensuelle, du consentement et de la révolte, évoquent la confidence chuchotée du narrateur des « Îles fortunées » de Grenier : « Il est vrai que certains spectacles, la baie de Naples par exemple, les terrasses fleuries de Capri, de Sidi Bou Saïd, sont des sollicitations perpétuelles à la mort » (*Les Îles*). La fusion du corps avec le monde dans *Noces* rejoint l'expérience de plénitude relatée par le narrateur des *Îles* en Italie : « Un sentiment de présence réelle et totale, comme si toutes les fissures de l'être étaient bouchées, s'emparaient de moi et de tout ce qui était autour de moi [...]. En ce moment (le seul), je m'acceptais par la seule adhésion de mes pieds au sol, de mes yeux à la lumière », avait écrit Grenier. *La Mort heureuse*, *L'Envers et l'Endroit* évoquent également *Les Îles* de Grenier, tout en portant en eux l'anti-idéalisme de Nietzsche et une dureté propre à Camus. Parfois il retrouve les mêmes lieux que son maître : par exemple Tipasa – qui apparaît aussi dans *Santa Cruz* (Charlot, 1937) de Grenier –, la ville d'Alger ou Djémila. Le lecteur qui ouvre les *Inspirations méditerranéennes* (Gallimard, 1940) du maître ne peut qu'être frappé par leur parenté de ton et de style avec *L'Énigme* ou avec *Retour à Tipasa* de l'élève.

Ce rôle d'initiateur se transformera peu à peu avec l'affirmation de l'œuvre camusienne en un rôle d'accompagnateur amical, attentif et fidèle. Ainsi, en écrivant un compte rendu élogieux de *L'Étranger* dans les *Cahiers du Sud* (1943), Grenier soutient son ancien élève et annonce au public la parution prochaine du *Mythe de Sisyphe*. Il contribue à lui faire connaître les œuvres des auteurs existentiels, tels que Rachel Bespaloff, dont la lecture est visible dans *Le Mythe de Sisyphe*, ou à l'inviter à participer au volume *L'Existence* (1945) qui rassemble une série d'essais philosophiques sur cette notion, et où paraissent les « Remarques sur la révolte » conjointement avec l'essai de Benjamin Fondane, « Le lundi existentiel et le dimanche de l'histoire », qui défend une révolte métaphysique chestovienne que Camus avait déjà fermement condamnée dans *Le Mythe de Sisyphe*. Camus quant à lui avait proposé à celui-ci, professeur à Lille de 1942 à 1944, de participer à *Combat* avec des chroniques d'art, ses « visites d'ateliers d'artistes ».

L'imitation stylistique se métamorphose rapidement en différenciation. En effet, leur correspondance, parue en 1981, mais aussi la lecture des souvenirs de Grenier (*Albert Camus. Souvenirs*, Gallimard, 1968), rappellent que l'autorité de plus en plus affirmée de l'œuvre camusienne s'inscrit dans la recherche d'une fondation de limites par la révolte, dès *Le Mythe de Sisyphe* et les *Remarques sur la révolte* (1945), qui modifie la loi d'indifférence et la quête de l'absolu postulées dans *Le Choix* (PUF, 1941) de Grenier, comme l'a soutenu Toby Garfitt. L'engagement de Camus dans la Résistance et dans le journalisme politique lui a déjà fait dépasser depuis longtemps une posture contemplative. Grenier, qui avait conseillé au jeune Camus de s'inscrire au parti communiste, avait publié *L'Essai sur l'esprit d'orthodoxie* (Gallimard, 1938) puis *Le Choix*, ouvrages qui marquèrent toute une génération déchirée par la question de l'engagement. L'individualisme solidaire et l'indépendance farouche vis-à-vis des idéologies et du totalitarisme défendus par Camus dans *L'Homme révolté* marquera pourtant son aîné qui reprendra dans *L'Existence malheureuse* (Gallimard, 1957) l'idée camusienne selon laquelle « la révolution qui n'est plus animée d'un esprit de révolte, c'est-à-dire d'un idéal de justice, risque de saper son propre fondement ».

De 1945 à 1950, Grenier enseigne en Égypte mais reste en contact avec son ancien élève. De retour en France, il fut titulaire de la chaire « Esthétique et sciences de l'art » en Sorbonne. Il note soigneusement dans ses *Carnets* ses conversations avec Camus, notamment pendant la période tragique de la guerre d'Algérie. Leur correspondance montre que Camus livre ses doutes et ses questionnements à son ancien professeur, par exemple sur la culpabilité après la Libération annonçant les « Réflexions sur la guillotine » : « Je crois de moins en moins que l'homme soit innocent. Simplement, j'ai toujours la réaction élémentaire qui me dresse contre le châtiment. Après la libération, je suis allé voir un des procès d'épuration. L'accusé était coupable à mes yeux. J'ai quitté pourtant le procès avant la fin parce que *j'étais avec lui* et je ne suis jamais plus retourné à un procès de ce genre. Dans tout coupable, il y a une part d'innocence [...]. »

Pourtant, le jeu complexe de connivences et de différenciations qui est engagé cache parfois un dialogue difficile : « Et puis cet homme du "dialogue" était un homme du monologue, comme tous les grands esprits ; disons à la rigueur, du monologue dialogué », confiera Grenier dans ses *Souvenirs*. Il souligne aussi la multiplicité, les dons d'acteur de son ami qui trouve dans le théâtre « une vie multipliée à l'infini » à l'image de Don Juan.

Après la guerre, les croisements et les échanges entre le maître et l'ancien élève installé à Lourmarin s'enrichissent d'une fidélité nouvelle aux lieux de Grenier, auteur de « Sagesse de Lourmarin » (*Cahiers du Sud*, mai 1936). Rien n'illustre mieux la continuité de cette amitié que les deux dédicaces de Camus à son ancien professeur, dans *L'Envers et l'Endroit* et *L'Homme révolté*. Peu avant sa mort accidentelle, il rappellera une dernière fois la modestie exemplaire qui avait toujours été la sienne sur la réciprocité d'influences entre le maître et l'élève : « À la fin, le maître se réjouit lorsque le disciple le quitte et accomplit sa différence, tandis que celui-ci gardera toujours la nostalgie de ce temps où il recevait tout, sachant qu'il ne pourrait jamais rien rendre » (préface aux *Îles* de Jean Grenier). Olivier SALAZAR-FERRER

Bibl. : Jacques André (dir.), *Les Instants privilégiés, Jean Grenier*, Folle Avoine, 1992 • Toby Garffit, « Camus et Jean Grenier », dans David

H. Walker (dir.), *Albert Camus, Les extrêmes et l'équilibre*, Amsterdam, Rodopi, 1994, p. 89-101 • Id., *The Work and thought of Jean Grenier*, Londres, MHRA, 1983 • Jean Grenier (dir.), *L'Existence*, Gallimard, 1945 • Id., *Les Îles*, nouvelle édition, préface d'Albert Camus, Gallimard, 1959 • Id., *Carnets, 1944-1971*, édition établie et annotée Claire Paulhan, Seghers, coll. « Pour mémoire », 1999

GRENIER, Roger (né en 1919). – Roger Grenier collabore à un hebdomadaire issu de la Résistance, *Libertés*, quand, en 1944, Camus le présente à Pascal Pia qui le fait entrer aussitôt à *Combat* comme reporter. Ce journal a été pour lui « un monde où, auprès de ces deux aînés, [il va] tout apprendre, pas seulement un métier mais ce qu'il faut penser de la vie ». Il suit plusieurs procès d'épuration, notamment ceux de Georges Albertini, d'Henri Béraud et de l'équipe de *Je suis partout*. Il est envoyé comme reporter en Grèce et en Espagne. Il donne en outre des textes au *Temps modernes*. En 1947, il rejoint la rédaction de *France-Soir*.

« Sous le journaliste Roger Grenier, écrit Olivier Todd, Camus a vite perçu un écrivain doué. » De son expérience de chroniqueur judiciaire, il tire son premier livre, *Le Rôle d'accusé*, qui paraît, en 1949, dans la collection « Espoir » que dirige Camus chez Gallimard. Il se fait ensuite connaître comme romancier, nouvelliste et scénariste. *Le Palais d'hiver* lui vaut son premier succès en 1965 ; le prix Femina couronne *Ciné-Roman* en 1972 ; en 1985, l'Académie française lui décerne son grand prix pour l'ensemble de son œuvre.

Roger Grenier a longtemps été directeur de collection et une personnalité écoutée aux éditions Gallimard. Il a réussi à rester l'ami et de Camus et de Pia après leur rupture de 1947. Il a consacré à un ouvrage à l'un et à l'autre, a participé à l'hommage de *La Nouvelle Revue française* au premier et a souvent été sollicité pour donner son témoignage dans la presse comme dans des colloques. Après avoir composé l'album Camus de la « Pléiade » en 1982 et édité ses *Œuvres complètes* au Club de l'honnête homme en 1983, il écrit un livre, *Albert Camus soleil et ombre* (Gallimard, 1987). Cette « biographie intellectuelle » mêle analyses et souvenirs. Il y présente toutes les œuvres de Camus dans leur ordre chronologique, sauf *Le Premier Homme*, qui allait sortir quelque six ans plus tard, et dont il a été l'un des premiers lecteurs, avec René Char, Robert Gallimard et Jean Grenier, peu après que Francine Camus l'eut fait transcrire. Roger Grenier évoque encore Camus et d'autres dans son dernier livre, *Instantanés* (Gallimard, 2007).

Jean-Kély PAULHAN

GROUPES DE LIAISON INTERNATIONALE. – De la fin 1948 au début de l'automne 1950, Camus anime un groupe d'une quinzaine de personnes qui se fixent un double objectif d'information et d'entraide devant les menaces que font peser sur les individus les totalitarismes et les idéologies. L'inspiration est à la fois libertaire et internationaliste et on peut la faire remonter à la conférence « La crise de l'homme » donnée à New York en mars 1946 où Camus appelle à la création, « en dehors des partis et des gouvernements », de communautés qui témoigneront, dans leurs activités et leurs réflexions, d'un monde autre que « celui de policiers, de soldats et de l'argent ». L'idée est reprise dans plusieurs autres textes de 1946 dont *Ni victimes ni bourreaux* en son article titré « Un nouveau contrat social ».

Sous l'incitation de radicaux new-yorkais, réunis autour de Nicola Chiaromonte, qui avaient pris les devants au printemps 1948 avec la constitution des Europe-America Groups (EAG), un groupe – et finalement le seul – est créé à Paris. Les signatures au bas du manifeste constitutif renseignent sur sa composition. On y trouve, aux côtés de Camus, certains de ses proches, des syndicalistes et des anarchistes comme Michèle Halphen, Robert Jaussaud, Roger Lapeyre, Nicolas Lazarévitch, Daniel Martinet, Jean Bloch-Michel, Gilbert Sigaux et Gilbert Walusinski. Aux signataires du manifeste l'on peut ajouter les noms de Jacques Monod, futur prix Nobel de médecine, René Char, Louis Guilloux et Alfred Rosmer, qui ont été de près ou de loin associés à l'entreprise. Les conditions réelles de son fonctionnement restent mal connues. Le groupe s'attache à aider, de façon très concrète, des réfugiés de l'Europe de l'Est et des républicains espagnols en leur facilitant par exemple l'attribution d'un permis de travail ou l'accès à un logement. Il prend parfois publiquement position, en faveur de condamnés à mort espagnols, ou encore soutient le projet d'enquête de David Rousset sur les camps de travail en URSS. L'objectif d'information est assuré par la publication d'un *Bulletin*, au tirage limité, destiné à des cadres syndicalistes. Quatre numéros paraissent entre mars 1949 et avril 1950. Ils offrent une grande variété d'articles traduits provenant de revues non conformistes étrangères, traitant aussi bien de l'Est que de l'Ouest ou des pays du Sud, ainsi que des documents et textes officiels qui, mieux que des analyses approfondies, révèlent les turpitudes du totalitarisme.

De nombreuses raisons – le découragement, les heurts de personnalités et le manque de disponibilité de Camus – peuvent expliquer la fin rapide de l'aventure des Groupes de liaison internationale. Mais l'idéal d'une contre-société civile irriguée par un réseau international liant des groupes indépendants fera son chemin. Une ONG internationale telle qu'Amnesty International semble en être proche dans son organisation comme dans son esprit.

Philippe VANNEY

Bibl. : Roger Lapeyre, « Sur une activité d'Albert Camus », *Le Monde libertaire*, n° 57, février 1960, repris dans *Albert Camus et les libertaires*, Fédération anarchiste, 1984, p. 41-44 • Daniel Martinet, « Albert Camus aux Groupes de liaison internationale », *Témoins*, n° 23, mai 1960, p. 6-7 • Philippe Vanney, « Une liberté en action : Albert Camus et les Groupes de liaison internationale », dans *Le Don de la liberté : les relations d'Albert Camus avec les libertaires*, Éditions de la Nuit, 2009 • Gilbert Walusinski, « Camus et les Groupes de liaison internationale », *La Quinzaine littéraire*, n° 299, 1979, p. 22-24

GUÉHENNO, Jean (1890-1978). – Jean Guéhenno a vingt-quatre ans en 1914. C'est un homme d'« avant », et son expérience de la Grande Guerre est la « source unique qui alimente pendant sa vie ce qu'il est et ce qu'il dit ». Camus, né en 1913, fils d'un jeune mort de la guerre, affronte et dit un autre monde, où la France et l'Allemagne sont devenues des figurantes : celui des blocs et de la guerre froide, de la décolonisation, de la peur atomique. Caliban parle encore, mais on ne l'écoute plus que d'une oreille distraite. Il rêvait de changer la vie, mais que peut signifier son idéal de fraternité quand chaque homme est devenu étranger, à son prochain et à lui-même ?

Guéhenno n'a jamais pensé que « les révolutions résolvent toutes les questions ». *L'Étranger* lui a d'abord été suspect, surtout parce qu'il en a vu l'exploitation possible « par tous les conformismes et toutes les lâchetés ». L'éditorialiste de *Combat* dissipe sa méfiance, car il « réapprend aux Français le langage de la liberté », en leur disant la vérité, quoi qu'il en coûte. *L'Homme révolté*, qu'il recense longuement dans *Le Figaro littéraire*, témoigne d'une évolution, dans laquelle Guéhenno se reconnaît, avec passion (et nostalgie, comme si un certain combat se continuait) : « Prométhée a donné le feu à tous les hommes : c'est le principe de leur fraternité. Camus écrit excellemment : "Je me révolte, donc nous sommes".»

Camus, à la différence de Jean-Paul Sartre, a toujours manifesté respect et amitié à Guéhenno, depuis la dédicace du *Malentendu* et de *Caligula* : « À Jean Guéhenno, juste et libre, avec la fidélité de son vieux camarade et de son jeune ami. » Tout est dit et les échanges, brefs mais réguliers, ne cesseront pas jusqu'au prix Nobel de littérature en 1957, Camus remerciant ainsi Guéhenno de son message : « Ce mot de vous, il était de ceux que je souhaitais, pour me rassurer un peu, pour m'aider à recevoir simplement cet excès d'honneur. »

« J'ai beaucoup de choses en commun avec vous, mais d'abord une fidélité aux mêmes origines », écrit l'écrivain algérois à l'essayiste breton. Leur relation ne se réduit pas à ces échanges, ni à leurs rencontres (lors du voyage algérien de Guéhenno en 1937, au Comité national des écrivains en 1943). Ils sont d'abord « profondément enracinés dans le peuple, liés d'honneur à tout un monde de petites gens ». Louis Guilloux, dont Guéhenno a publié autrefois *La Maison du peuple*, est leur trait d'union. Ces deux auteurs savent ce qu'est la pauvreté, tous deux ont l'ambition par leur œuvre d'arracher leur famille « au destin des pauvres qui est de disparaître sans laisser de traces ». Le « profond silence mental qu'entretenait la classe ouvrière » n'est pas pour eux un objet de littérature, mais une blessure vive. Tous deux font l'expérience douloureuse d'une rupture, involontaire, inévitable, avec leur mère : « La vérité, écrit Camus, est que, malgré tout mon amour, je n'avais pas pu vivre au niveau de cette patience aveugle, sans phrases, sans projets. Je n'avais pas pu vivre de sa vie ignorante. » Guéhenno, à peine arrivé à Fougères, où il est né, brûle d'en repartir car il ne supporte plus le regard que porte sa mère sur cet étranger qu'est devenu son fils : « Oui, je violais l'ordre du monde en n'acceptant pas de me soumettre. »

Quand Camus découvre la préférence de son instituteur pour les orphelins de guerre (« et je suis vivant. J'essaie de remplacer ici au moins mes camarades morts »), il exprime l'ardent devoir auquel Guéhenno subordonne son œuvre : parler au nom de ces morts qui lui ont délégué la mission de les défendre, de les protéger contre toutes les propagandes, le retour des mêmes erreurs. Porte-parole et témoin, homme de série dans l'Histoire, et non créateur orgueilleux d'une histoire.

Les deux auteurs partagent le rêve d'une Algérie française fraternelle, où l'on commencerait d'abord à « faire République », c'est-à-dire à appliquer les lois et les valeurs, l'idéal de la Révolution française. Ils se retrouvent aussi dans l'exaltation de l'école républicaine, premier instrument de l'entreprise, une école respectueuse des « points de vue », mais intransigeante sur les valeurs, « ce qui ne souffrait pas de discussion, le vol, la délation, l'indélicatesse, la malpropreté ». L'instituteur dans cette perspective exigeante est à la fois héraut et héros, jetant l'enfant dans le monde, « prenant tout seul la responsabilité de le déraciner pour qu'il aille vers de plus grandes découvertes encore ». Jean-Kély PAULHAN

GUERRE. – « Le règne des bêtes a commencé. » Au moment du déclenchement de la Seconde Guerre mondiale, la réalité et l'intensité de l'émotion que ressent Camus se lisent pleinement dans ses *Carnets* comme dans ses articles du *Soir républicain* : révolte devant l'absurdité de l'événement, sentiment de désespoir et d'impuissance face à l'échec des efforts accomplis pour préserver la paix, convictions que la guerre n'est qu'avilissement et solitude pour tous, combattants ou non. La guerre voulue par les gouvernements et non par les peuples fait de ceux-ci les premières victimes, répète-t-il dans *Le Soir républicain*. Elle n'apporte que morts et destructions. Sa pensée se tourne alors vers les soldats de 1914 – son père qu'il n'a pas connu était parmi eux – dont il se sent proche et imagine les déchirements. Nourri par le pacifisme dominant de l'entre-deux-guerres, le choix qu'il fait n'est pourtant pas celui de la résignation ni de la fuite. Il fait face en demandant tout d'abord, par solidarité, son incorporation, qui lui est refusée en raison de sa santé, puis en luttant par l'écrit : il s'agit de faire comprendre, dans le cadre d'une rubrique intitulée « Sous les éclairages de guerre », la signification de l'événement, de mettre en garde contre la montée aux extrêmes et de soutenir l'idée que dans la guerre, même « défensive », la paix doit être sans cesse recherchée et proposée à l'ennemi. Contre le jusqu'au-boutisme, il défend ainsi le concept de « la paix dans la guerre » avancé par le juriste Robert-Édouard Charlier dans une conférence à Alger au printemps 1939.

Les *Lettres à un ami allemand* marquent son entrée dans la résistance active en 1943. La « haine de la guerre » est toujours aussi présente, mais s'y ajoute la prise de conscience, « après un long détour », que la guerre est devenue une guerre des peuples, et non plus des seuls États, contre l'idéologie totalitaire du nazisme. Camus refuse le mimétisme de la violence et oppose au déchaînement des instincts, au faux héroïsme et à l'antihumanisme des nazis le patriotisme découvert ou retrouvé dans la lutte de tous pour la liberté et la justice.

Lors de son séjour après-guerre aux États-Unis, la conférence qu'il donne le 28 mars 1946 à l'université Columbia ajoute un thème appelé à devenir dominant dans les années suivantes, celui de la peur et de la terreur auxquelles ont été confrontés tous ceux de sa génération « entrés [...] dans la guerre, comme on entre dans l'Enfer ». La même année, *Ni victimes ni bourreaux* tire les conséquences à la fois de la guerre atomique, contre laquelle, dès le bombardement d'Hiroshima, il a lancé une mise en garde solennelle, et de l'instauration de la rivalité entre les deux Grands. « La guerre idéologique » qui a commencé risque de conduire à un nouveau « cataclysme ». Devant le spectre d'une troisième guerre mondiale que tous redoutent, Camus prend part en novembre 1947 à la rédaction d'un « Premier appel à l'opinion internationale » : une nouvelle guerre signifierait la « mort historique de l'Europe », tandis que sa préparation engendre déjà « le pourrissement des idéaux » dans les deux camps, la paralysie de l'économie et « retarde la libération sociale ».

À partir de 1954, l'insurrection algérienne oblige une nouvelle fois Camus à élever la voix. Il dénonce dans *Chro-*

niques algériennes les « gouvernements qui font la guerre sans la nommer » et dit son angoisse devant la surenchère de violence du terrorisme et de la répression prise dans la « logique sanglante d'une guerre totale ». À la perspective d'une guerre impitoyable sans vainqueur ni vaincu, Camus appelle au respect de la vie des civils des deux camps et à un accord entre les belligérants qui n'a pas besoin d'être formalisé, première étape vers l'instauration d'une véritable communauté franco-arabe. Même s'il ne peut admettre la légitimité d'une guerre de libération ou d'indépendance, il reconnaît implicitement par cet « appel à une trêve civile » le caractère de guerre au soulèvement algérien et réclame l'application des règles du droit humanitaire.

Pendant plus de vingt ans, Camus a ainsi rappelé continuellement les réalités de la guerre non pour en proclamer indéfiniment la malfaisance puis s'en détourner, mais pour trouver, dans la dialectique qu'elle révèle, à la fois les moyens de casser la montée aux extrêmes et les fondements sur lesquels pourront se construire la paix et la reconnaissance de l'autre. Pour l'écrivain algérois, la guerre est l'autre mot de l'histoire : « [N]ous y sommes plongés jusqu'au cou. Mais on peut prétendre à lutter dans l'histoire pour préserver cette part de l'homme qui ne lui appartient pas », écrit-il dans *Ni victimes ni bourreaux*. Philippe VANNEY

• *Voir aussi* : Pacifisme

Bibl. : Philippe Vanney, « Albert Camus devant la guerre », *Bulletin d'études françaises*, n° 19, 1988, p. 19-55 • Id., « Quelques remarques sur l'idée de trêve dans l'œuvre politique d'Albert Camus », dans David H. Walker (dir.), *Albert Camus. Les extrêmes et l'équilibre*, Amsterdam, Rodopi, 1994, p. 115-128 • Id., « Ce long détour », *Études camusiennes*, n° 2, 1996, p. 62-80

GUERRE FROIDE. – La fin de la Seconde Guerre mondiale scellée au printemps et à l'été 1945 laisse les vainqueurs divisés sur l'avenir du monde. La progression communiste en Europe orientale et en Asie amène à des conflits et peu à peu un ordre bipolaire s'instaure marqué par la menace atomique ; le « rideau de fer » annoncé par Churchill en 1946 divise l'Europe. Dans ce contexte, les intellectuels français sont souvent sommés de s'engager en ignorant toute nuance. Camus perçoit très tôt le piège de la dichotomie et dénonce tous les régimes totalitaires. Il le fait dans des essais et des prises de position publiques, ce qui lui vaut d'être attaqué par les communistes.

Un de ses textes de *Combat* publié en novembre 1946 et repris en ouverture de *Ni victimes ni bourreaux* s'intitule « Le siècle de la peur ». Camus y dépeint clairement le sens de la guerre froide : « Entre la peur très générale d'une guerre que tout le monde prépare et la peur toute particulière des idéologies meurtrières, il est donc bien vrai que nous vivons dans la terreur. » Dans les articles qui suivent, la séparation de Camus d'avec le communisme est forte dans le contexte de la découverte des camps de travail soviétiques et de la justification par certains de la violence institutionnalisée. La reprise de ces textes dans *Caliban* en 1948 provoque une réaction du résistant et journaliste proche du parti communiste Emmanuel d'Astier de La Vigerie, auquel Camus répond par la suite, entraînant un affrontement intellectuel déclaré avec les compagnons de route du communisme français. Avec *L'Homme révolté*, publié en 1951, Camus démonte clairement la logique totalitaire du régime soviétique qu'il attaque dans ses fondements théoriques comme dans sa prétention à la légitimité historique. Les polémiques redoublent alors au sein du milieu intellectuel français.

Mais Camus ne défend pas le camp atlantiste à tout prix. Dans un article de *Combat* du 25 novembre 1948, « Pourquoi l'Espagne ? », il répond à Gabriel Marcel qui lui reprochait d'avoir situé l'action de *L'État de siège* en Espagne et non dans un pays communiste. Il résume très bien sa position qui le distingue alors d'une bonne part des intellectuels français : « J'ai dit aussi haut que je l'ai pu ce que je pensais des camps de concentration russes. Mais ce n'est pas cela qui me fera oublier Dachau, Buchenwald, et l'agonie sans nom de millions d'hommes, ni l'affreuse répression qui a décimé la République espagnole. Oui, malgré la commisération de nos grands politiques, c'est tout cela ensemble qu'il faut dénoncer. Et je n'excuserai pas cette peste hideuse à l'ouest de l'Europe parce qu'elle exerce ses ravages à l'Est, sur de plus grandes étendues. »

Poursuivant l'analyse amorcée dans son éditorial sur Hiroshima (*Combat*, 8 août 1945), il continue à s'inquiéter de l'équilibre nucléaire de la terreur qui marque la guerre froide. En 1955, dans un éditorial donné à *L'Express* et intitulé « Le rideau de feu », il revient sur le feu atomique et commente cet arrière-plan de la guerre froide : « La guerre atomique ne choisit pas et ne regardera pas la couleur de la chemise. [...] Il ne faut pas jouer avec ce feu-là qui consumera sur le même bûcher l'hérétique et l'orthodoxe. »

Enfin, la crise d'octobre 1956 en Hongrie révèle bien la position de combat de Camus. Alors que René Char lui avait découpé la une de *France-Soir* avec la photo de la statue de Staline mise à bas à Budapest, il lui répond dans une lettre datée du 30 octobre 1956 et commente : « Je garde ce tyran débotté, ces moustaches pleines de sang, en souvenir de nous, de notre long combat, fraternel. Le monde a bon goût, soudain ! » Mais devant la reprise en main par les troupes soviétiques, Camus répond à l'appel des insurgés hongrois en publiant plusieurs textes dans *Franc-Tireur* et participe à un meeting salle Wagram le 15 mars 1957 au cours duquel il explique : « Ce que fut l'Espagne pour nous il y a vingt ans, la Hongrie le sera aujourd'hui » ; il préface en outre l'ouvrage *La Vérité sur l'affaire Nagy : les faits, les documents, les témoignages internationaux* en 1958.

Analyste lucide et engagé de la guerre froide, Camus se retrouve souvent assez seul sur la scène intellectuelle française, – seul peut-être son ami René Char l'y accompagne. Sa vision semble identique à celle de George Orwell qui lui aussi dénonce les totalitarismes tout en restant un homme de gauche. Alain CHATRIOT

Bibl. : Stanislas Jeannesson, *La Guerre froide*, La Découverte, 2002 • Jean-François Sirinelli et Georges-Henri Soutou (dir.), *Culture et guerre froide*, PUPS, 2008

GUILLOUX, Louis (1899-1980). – Albert Camus et Louis Guilloux ne se rencontrent que tardivement, en 1945, par l'intermédiaire de leur ami et « maître » commun, Jean Grenier. Avant d'être le médiateur entre les deux hommes, celui-ci fait figure de passeur. C'est vraisemblablement lui qui fait découvrir au jeune Algérois les premiers textes de l'écrivain briochin dont l'entrée sur la scène littéraire est consacrée par la publication de *La Maison du peuple*, en 1927 chez Grasset. Une demi-génération les sépare, mais l'affinité entre les deux hommes est immédiate. Elle repose tout d'abord sur l'expérience partagée de la pauvreté. Issus du milieu ouvrier, c'est à leurs origines qu'ils rendent tous deux hommage dans leurs premiers écrits et sur lesquelles ils reviennent, par le détour de la fiction, dans *Le Pain des rêves* et *Le Premier Homme*. Aussi, lorsque Jean Daniel, directeur du mensuel *Caliban*, décide de rééditer *La Maison du peuple* en 1948 sur les conseils de Camus, est-ce tout naturellement vers lui qu'il se tourne pour demander une préface à ce premier texte. Celle-ci, restée célèbre, a valu des reproches véhéments à son auteur. L'éloge y côtoie le blâme comme en témoignent les premières lignes, offensives et incisives, de la préface : « Presque tous les écrivains français qui prétendent aujourd'hui parler au nom du prolétariat sont nés de parents aisés ou fortunés. Ce n'est pas une tare [...]. Je me borne à signaler au sociologue une anomalie et un objet d'études. » C'est non seulement à l'homme, mais aussi à l'écrivain que Camus rend hommage. Longtemps, Louis Guilloux a été présenté, malgré lui, comme un écrivain populiste ou encore régionaliste. Camus, quant à lui, est sensible à la justesse de ton de ses ouvrages. Une estime commune pour leurs œuvres respectives vient sceller cette amitié tardive. Guilloux lit le manuscrit de *La Peste*, Camus ceux du *Jeu de patience* (1949) et des *Batailles perdues* (1960). L'Algérois pense même porter à la scène *Le Sang noir*, le premier succès de Guilloux (1935) qui montre le rayonnement du mythe soviétique dans les années 1930. C'est finalement Marcel Maréchal qui, en 1967 puis en 1977, portera sur la scène, avec un certain succès, *Cripure*, adapté du roman par Guilloux lui-même en 1962.

D'autres résonances, notamment dans leur parcours politique, tendent à expliquer le rapprochement entre les deux hommes. Ils s'enthousiasment tous deux dans les années 1930 pour le communisme. Camus adhère au Parti communiste algérien en 1935. La même année, Guilloux est secrétaire du premier Congrès mondial des écrivains antifascistes ; il se rend en URSS en 1936 en compagnie d'André Gide. Mais une aversion profonde pour toutes les formes d'embrigadement intellectuel caractérise les deux auteurs. Ils demeurent, contre la *doxa*, des « francs-tireurs ». Guilloux, compagnon de route fuyant, refuse de dresser le réquisitoire de Gide l'apostat malgré les instances répétées d'Aragon et de Jean-Richard Bloch, ce qui lui vaut par ailleurs l'exclusion du journal *Ce Soir* dont il dirigeait la Page littéraire. Camus se fait exclure du Parti en 1937, mais contrairement à lui, Guilloux a toujours maintenu une position extrêmement ambiguë vis-à-vis de celui-ci. S'il est au côté de son ami dans la controverse autour de *L'Homme révolté*, jamais il ne se prononce publiquement sur la question. L'espoir qui était né de la révolution de 1917 s'est pourtant éteint : il n'y aura pas de pendant au *Sang noir* et le parcours de Lucien Boursier s'achève dans *Le Jeu de patience* sur une apostasie politique, aux antipodes du projet initial. La désillusion s'inscrit par ailleurs en filigrane dans les *Carnets* de Guilloux, parsemés de références aux procès de Moscou. « En fait d'homme nouveau, il y eut Staline... », confie l'écrivain à Roger Grenier lors d'un entretien radiophonique.

Sur la question algérienne, comme sur celle de la Russie soviétique, Guilloux garde le silence. Écrivain aussi discret que secret, c'est également dans ses *Carnets*, en marge des polémiques, qu'il prend position contre le colonialisme auquel il est confronté en 1948 alors qu'il participe à la rencontre culturelle de Sidi Madani, aux côtés de Camus et d'autres écrivains de la métropole. Les pages des *Carnets* font alors écho au texte de Grenier, paru en décembre 1937 dans la *Nouvelle Revue française*, « Ils ont faim », et au reportage de Camus, « Misère de la Kabylie », publié en 1939 dans *Alger républicain.*

Alors que le XXe siècle fut incontestablement celui de l'Histoire et des grandes idéologies, les deux écrivains n'ont cessé de récuser le règne de l'absolu et des certitudes. Humanistes plutôt que politologues, ils placent tous deux l'homme au centre de leurs investigations. « Être à son compte » mais aussi « rendre compte », tels sont les mots d'ordre de Guilloux. Son œuvre peut se lire comme monument allégorique aux absents de l'Histoire officielle. Dans *Le Jeu de patience* et *Salido* (1976), il témoigne, comme Camus l'avait fait dans plusieurs articles, en faveur des réfugiés espagnols que l'État français n'avait pas hésité à renvoyer au carnage de la guerre civile et que le parti communiste ignorait. Son expérience d'interprète auprès des tribunaux de l'armée américaine, aux lendemains de la Seconde Guerre mondiale, lui fait soulever dans *OK, Joe !* (1976) un problème tu jusqu'alors, celui des dérives racistes dans l'armée américaine. Dans son *Discours de Suède*, Camus ne définit pas autrement la fonction de l'écrivain lorsqu'il écrit : « notre seule justification, s'il en est une, est de parler, dans la mesure de nos moyens, pour ceux qui ne peuvent le faire ».

Témoin et porte-parole, Guilloux est aussi un acteur de son temps. En marge des discours progressistes bien-pensants et des actions médiatiques, il œuvre au sein du Secours rouge dans les années 1930. Il en est le responsable régional et accueille chômeurs et réfugiés chaque jour. Cette expérience humanitaire, comparable à celle de Rieux et Tarrou dans *La Peste*, se poursuit en 1961. Guilloux est alors chargé par le haut-commissariat pour les Réfugiés de faire un rapport sur la situation des réfugiés de l'Est, établis dans des camps de fortune en Europe. Si le bilan l'inquiète, il ne sombre pas pour autant dans un pessimisme définitif. Dans la tourmente du XXe siècle, où des cycles immuables semblent ramener inlassablement le même flot de victimes, Guilloux comme Camus n'ont cessé de réaffirmer la nécessité d'une fraternité entre les hommes, trop souvent broyée au nom des utopies meurtrières.

Alexandra VASIC

Bibl. : Yves Loisel, *Louis Guilloux (1899-1980)*, Coop Breizh, 1999 • Jeanyves Guérin, « Guilloux et Camus : les raisons d'une amitié », dans Francine Dugast-Portes et Marc Gontard (dir.), *Louis Guilloux écrivain*, Presses universitaires de Rennes, coll. « Interférences », 2000, p. 119-129

H

HAINE. – « Depuis des années, écrit Camus à la Libération, ce monde est livré à un déferlement de haine qui n'a jamais eu son égal. À la haine des bourreaux a répondu celle des victimes. Et les bourreaux partis, les Français sont restés avec leur haine inemployée. » Le régime nazi a mis l'Europe à « l'apprentissage de la haine » ; ses opposants, et notamment les résistants, y ont parfois sacrifié. Aux exactions de l'adversaire, il est tentant de répondre par d'autres exactions : la haine nourrit la haine selon une logique mimétique. Pour Camus, lecteur attentif de Georges Bernanos, elle est une passion contagieuse, un poison dont il faut désintoxiquer les sociétés européennes. Qui sème la haine récolte en effet la barbarie ; « Les fonctionnaires de la haine s'oublient moins vite que ses possédés. » Dans ses *Lettres à un ami allemand*, l'essayiste, en tant que résistant, se déclare « sans haine » et préconise un exercice raisonné de la réflexion – l'autre existe : on peut le combattre sans lui dénier l'existence. Il prend soin de distinguer l'Allemand et le nazi. L'ouvrage tranche avec les accents parfois xénophobes de la littérature clandestine. Sur ce point, l'incroyant est en accord avec les courants chrétiens de la Résistance. Il faut penser aux lendemains de la guerre et à la construction d'un monde nouveau. « Nous ne sommes pas des hommes de haine, écrit-il dans *Combat* le 22 août 1944. Mais il faut bien que nous soyons des hommes de justice. »

La question est relancée au moment de l'épuration. Les ressentiments explosent, les passions se déchaînent. François Mauriac et Camus, au-delà de leurs divergences, s'accordent vite sur l'idée que l'heure est à la justice, pas à la vengeance. Après 1945, le second se sépare des nombreux intellectuels qui exaltent la radicalité révolutionnaire. Dans un de ses derniers articles de *Combat*, il écrit en 1947 : « Les incroyants que nous sommes n'ont de haine que pour la haine, et tant qu'il y aura un souffle de liberté dans ce pays, ils continueront à refuser de rejoindre ceux qui hurlent et injurient, pour demeurer avec ceux, quels qu'ils soient, qui témoignent. » La Peste et ses affidés, le juge Casado et Nada, dans *L'État de siège*, associent la haine l'un à la loi, l'autre au despotisme totalitaire. « Ni peur ni haine, c'est là notre victoire ! » leur oppose Diego, le résistant. « Les festins de la haine sont toujours ouverts », constate néanmoins Nada à la fin de la pièce. Dans *Les Justes*, Stepan met la justice au-dessus de la vie et affirme la valeur de la haine. Dora lui objecte qu'« il n'y a pas de bonheur dans la haine », car celle-ci conduit au pire.

Cette haine se donne des masques et des alibis. Elle a partie liée avec le mensonge. Au XXe siècle, elle est « froide, mariée avec les mathématiques et les grands nombres » (*Actuelles* II). Le refus camusien d'une haine criminogène va de pair avec celui des idéologies manichéennes, des nationalismes et de la violence absolue qui l'alimentent. « On ne vit pas que de haine, on ne meurt pas toujours les armes à la main », lit-on dans un texte de 1948 recueilli dans *Actuelles*. Camus en conclut que la violence doit être limitée et les conflits désamorcés quand il en est encore temps. La guerre d'Algérie lui donne l'occasion de réactualiser ses vues. Le mot « haine » revient plusieurs fois dans ses articles de *L'Express*, associé à ceux de « peur » et de « meurtre ». Les passions meurtrières se nourrissent les unes des autres ; on hait celui qu'on ne connaît pas et qui fait donc peur. Le déchaînement des violences et des contre-violences conduit à la séparation inéluctable des populations. D'où le projet utopique d'une trêve civile et d'une table ronde qui permettrait l'instauration d'un dialogue. L'échec de son entreprise laisse Camus sans voix. Il lui reste à témoigner des siens : *Le Premier Homme* présente une Algérie plurielle traversée par des tensions mais non divisée irrémédiablement par des haines inexpiables. Il dit de Jacques Cormery et de son ami Pierre : « Ils ne détestaient personne, ce qui devait beaucoup les gêner dans l'âge adulte et la société où ils devaient vivre alors. »

Jeanyves GUÉRIN

• *Voir aussi* : Épuration ; Libération

HÉDONISME. – L'hédonisme tel qu'on le découvre dans les premiers écrits de Camus est celui de l'homme méditerranéen à qui la mer et le soleil sont offerts. Le « désir de vivre » a été exacerbé chez lui, en outre, par la conscience de sa fragilité due à la maladie. L'hédoniste algérois est à la recherche des joies simples en accord avec la nature : « C'est le grand libertinage de la nature et de la mer qui m'accapare tout entier » (*Noces à Tipasa*). Il fait écho au Zarathoustra de Nietzsche qui a marqué la sensibilité de l'étudiant algérois avec son exaltation de la Grèce antique, son culte des passions dionysiaques et sa vénération du corps. Dans un autre essai de *Noces*, *L'Été à Alger*, Camus écrit : « Aujourd'hui [...] la course des jeunes gens sur les plages de la Méditerranée rejoint les gestes magnifiques des athlètes de Délos. » Dans ses romans, de *La Mort heureuse* à *La Peste* en passant par *L'Étranger*, le personnage principal illustre, par opposition à l'ascétisme chrétien, l'hédonisme du monde antique et païen, le culte rendu au principe dionysiaque. Il fait ainsi du héros de *L'Étranger* un être doué pour jouir des plaisirs de ce monde, qui vit par la sensation immédiate comme on le voit lorsqu'il se baigne avec Marie, inventant des jeux pleins de sensualité.

La notion de recherche du bonheur que Camus a trouvée dans la pensée de Nietzsche permet de nuancer ce que cet hédonisme initial pouvait avoir de brutal. Dans *La Mort heureuse*, Patrice Mersault dit à Catherine : « Ce qui compte seulement, tu vois, c'est la volonté du bonheur, une sorte d'énorme conscience toujours présente », et dans *La Peste*, le docteur Rieux, contre le fanatisme des idéologies, préconise un hédonisme sensible aux couleurs et aux odeurs du monde. En compagnie de Tarrou, dans les instants qui précèdent le plongeon dans la mer, il fait l'expérience du bonheur : « Devant eux, la nuit était sans limites. Rieux, qui sentait sous ses doigts le visage grêlé des rochers, était plein d'un étrange bonheur. Tourné vers Tarrou, il devina, sur le visage calme et grave de son ami, ce même bonheur qui n'oubliait rien, pas même l'assassinat. »

L'originalité de l'hédonisme chez Camus vient de ce que, nuancé et enrichi par la réflexion, il finit par se trouver en accord, de façon apparemment paradoxale, avec l'éthique personnelle qu'il a cherché jusqu'au bout à fonder. Dans la préface pour la réédition en 1958 de son premier livre, *L'Envers et l'Endroit*, il écrit : « l'égoïsme, s'il ne peut se renier, doit essayer d'être clairvoyant. Jouir de soi est impossible ; je le sais, malgré les grands dons qui sont les miens pour cet exercice ». Et un peu plus loin : « Comme tout le monde, j'ai essayé, tant bien que mal, de corriger ma nature par la morale. » Dans la recherche d'un équilibre, l'hédonisme des débuts n'est pas renié, il s'oppose au nihilisme comme la mesure à la démesure, pour être finalement absorbé dans « la pensée de midi ». Dans une variante qui constituait la fin du chapitre de *L'Homme révolté* intitulé « Mésure et démesure », Camus écrivait à propos des Grecs : « dans la lumière du matin, le corps assouvi retrouvait sa claire complicité avec le monde des hommes ».

Jacques Le Marinel

HEGEL, Georg Wilhelm Friedrich (1770-1831). – Avec la figure de Hegel, et pour deux raisons au moins, l'une générale, l'autre particulière à l'intelligentsia parisienne, l'on touche à un point idéologique névralgique. Cet auteur est rarement enseigné à l'Université avant 1940. Il est le maître à penser des hégéliens de gauche et de droite, et Marx le plus grand représentant des hégéliens de gauche. L'hégélianisme est donc une composante essentielle de la réflexion de Marx : s'en prendre à Hegel revient à s'en prendre au marxisme, ce qui, en ces années-là, attire les foudres des communistes ou des compagnons de route du Parti. Mais Hegel jouit en outre d'un statut particulier depuis qu'Alexandre Kojève a donné ses fameuses leçons à l'École des hautes études de 1933 à 1939 sur *La Phénoménologie de l'esprit*, leçons qui ont été suivies par beaucoup de ceux qui allaient devenir les intellectuels dominants de l'après-guerre. Ces leçons furent publiées par Raymond Queneau en 1947 sous le titre *Introduction à la lecture de Hegel. Leçons sur* La Phénoménologie de l'esprit. Camus possédait ce livre et l'avait annoté.

L'hégélianisme et le marxisme font partie de l'idéologie dominante après 1945. Il n'est dès lors pas étonnant que les pages de *L'Homme révolté* consacrées au philosophe allemand, essentiellement à *La Phénoménologie de l'esprit* d'ailleurs, et qui sont fort critiques, aient été fort mal reçues. Francis Jeanson a traité Camus d'« âme révoltée » en lui appliquant ce que Hegel disait de la belle âme, et Jean-Paul Sartre a mis la compétence philosophique de Camus en question, particulièrement en ce qui concerne Hegel. Pourtant ces pages sont respectueuses du commentaire d'Alexandre Kojève, auquel elles font allusion et dont elles s'inspirent, mais celui-ci est un hégélien de gauche qui pense que l'interprétation hégélienne de l'histoire, et surtout de la fin de l'histoire, est valable, alors que Camus met cette interprétation radicalement en question. Pour Kojève, l'impérial-socialisme (le communisme) pourrait être la réalisation de l'État hégélien, qu'il appelle l'État « universel et homogène ».

Camus consacre une quinzaine de pages au philosophe souabe et à ses successeurs immédiats, mais le lecteur ne doit pas s'y tromper : la première partie de *L'Homme révolté*, qui porte le titre de l'ouvrage et donne l'analyse de la révolte à partir de la réaction de l'esclave à sa situation, est tout à fait différente de l'analyse de la maîtrise et de la servitude développée dans *La Phénoménologie de l'esprit*. Le nom de Hegel n'y est pas cité, mais l'allusion au « tout ou rien » de l'attitude de l'esclave révolté, qui rappelle le « tuer ou asservir » du philosophe allemand, et le fait que l'esclave soit prêt à mourir indiquent que Camus construit son analyse au moins en partie en opposition à la vision hégélienne. Il entend montrer en effet que de cette révolte de l'esclave surgissent des valeurs, la dignité et la liberté de l'homme, valeurs qui s'étendent à tous les êtres humains, y compris les maîtres. La révolte fonde la communauté humaine, le « nous sommes », et donne à l'homme des valeurs qui sont susceptibles de l'orienter dans ses choix.

Le commentaire de Hegel s'accompagne de précautions. Camus reconnaît s'être limité à une partie de la *Phénoménologie* et reconnaît qu'il y a chez Hegel de quoi corriger Hegel, formule qu'il utilise aussi à propos de Nietzsche. Mais il le présente comme le principal déicide – les hégéliens de gauche parachèveront le travail de déblayage –, celui qui a pensé radicalement les conséquences de la Révolution française : alors que les jacobins maintiennent encore les principes et la vertu au-dessus de l'histoire et qu'ils n'ont supprimé que le roi, le représentant de Dieu sur terre, Hegel supprime la transcendance des principes et de Dieu par rapport à l'histoire et fait des principes et de Dieu le point d'aboutissement de l'histoire. La rationalisation du réel va de pair avec son historisation : la liberté et la raison seront réalisées, mais à la fin de l'histoire. La réconciliation des hommes est promise, mais elle est au bout du chemin, dans l'État que bâtissent les soldats-ouvriers. Dans l'interprétation par Kojève de la *Phénoménologie*, l'histoire se termine avec la divinisation de Napoléon et de Hegel lui-même, qui forment à eux deux le Christ réel. Camus y renvoie et traite Hegel de philosophe « napoléonien ». Kojève fait de Hegel un athée radical, Camus nuance quelque peu en disant que « la vague figure de Dieu se reflète encore dans l'esprit du monde ». La divinisation de l'histoire – c'est en elle et par elle que les choses s'accomplissent – va alors de pair avec la divinisation de l'homme, dans laquelle *L'Homme révolté* voit le sommet de l'orgueil européen qu'il dénonce.

Entre-temps – et l'histoire ne s'est pas arrêtée en 1807 après la bataille d'Iéna –, les hommes ont engagé des combats aveugles qu'aucune valeur n'éclaire : les combattants sont livrés au conformisme – on se contente de respecter les mœurs de l'époque par cynisme, attitude que Hegel, selon Camus, a pratiquée – ou à la recherche du succès – la réussite dans l'histoire établit qui a raison. L'histoire est livrée à la volonté de puissance, à la lutte pour la maîtrise : c'est ce qu'en retiendront les révolutionnaires du XXe siècle. Camus, après Kojève, remarque que Hegel n'aime pas les moralistes ; il fait allusion à la critique hégélienne de la belle âme et écrit que selon le philosophe allemand « la conscience morale, dans sa banalité, celle qui obéit à la justice et à la vérité comme si ces valeurs existaient hors du monde, compromet, précisément, l'avènement de ces valeurs ». Que Nietzsche et Hegel « servent d'alibis aux maîtres de Dachau et de Karaganda, cela ne condamne pas toute leur philosophie », mais ne la laisse pas indemne non plus. Les successeurs s'empareront de la formule « tuer ou asservir » et mettront l'accent soit sur le premier terme en développant le terrorisme individuel, soit sur le second en promulguant le terrorisme d'État.

Camus ne pouvait pas ne pas critiquer Hegel. La vision hégélienne de l'histoire est aux antipodes de la sienne : l'histoire – que signifie au demeurant la fin de l'histoire ? – ne conduit pas au travers de luttes aveugles au *happy end* final. L'écrivain pensait aussi qu'il existe quelque chose comme une nature humaine et que celle-ci n'est pas un produit de l'histoire. Sur un point cependant, que Camus signale, mais qu'il ne développe pas, l'accord est possible : *La Phénoménologie de l'esprit*, dit-il, est d'une certaine manière une méditation sur la mort et Kojève insiste sur le fait que la finitude humaine est radicale.

Le commentaire de Camus a pu susciter des critiques car il porte des jugements généraux sur Hegel à partir d'une analyse partielle d'un seul livre du philosophe. Son jugement aurait gagné à être étayé par l'analyse des œuvres ultérieures du philosophe souabe.

Maurice WEYEMBERGH

HEIDEGGER, Martin (1889-1976). – Martin Heidegger et Camus ne se sont jamais rencontrés, et l'amitié qui liait le premier à René Char ne les a pas rapprochés. La connaissance que Camus pouvait avoir du philosophe allemand passait par des traductions (*Qu'est-ce que la métaphysique ?* par exemple, dans la traduction d'Henry Corbin, dont Jean Grenier avait fait la recension dans *La NRF* en mai 1938) ou par des ouvrages généraux comme celui de Georges Gurvitch, *Les Tendances de la philosophie allemande* (Vrin, 1930). D'après Roger Quilliot, il possédait l'ouvrage d'Alphonse de Waehlens, *La Philosophie de Martin Heidegger* (Publications universitaires de Louvain, 1942).

Les allusions de Camus à Heidegger sont rares et brèves. Elles se situent entre 1938 et 1945 et figurent dans *Le Mythe de Sisyphe*, *Actuelles* et dans de rares articles ou entretiens. Elles restent à la surface des choses.

Heidegger se soucie de l'histoire de l'être – sa distinction fondamentale est celle de la différence ontologique, la différence entre l'être et l'étant – et du *Dasein*, que l'on traduisait maladroitement à l'époque par la « réalité humaine », destiné à y participer par la réponse des penseurs et des poètes aux appels de l'être. La dimension du langage est donc essentielle : le dit de la pensée ou de la poésie est modulé en fonction de la manière dont l'être fait apparaître les étants dans sa lumière. Heidegger reconstitue cette histoire et constate que la philosophie occidentale va dans le sens de l'oubli de l'être qui mène à la domination planétaire de la technique.

Camus se soucie avant tout de savoir comment il faut se conduire – il est moraliste, dimension que Heidegger ne met pas au premier plan de ses préoccupations – et d'approfondir sa vocation d'artiste, de conjuguer donc éthique et création. Comme son art est l'écriture, la réflexion sur un langage artistique et une forme adaptés à l'époque est sous-jacente à sa pensée. Le rapport à la politique passe chez lui par l'éthique et non pas, comme chez Heidegger, par l'ontologie ou ce qui doit la dépasser. Le premier défend une démocratie modeste, le second cherche un mouvement qui pourrait donner sa véritable place à la technique et ne le trouve pas dans la démocratie contemporaine.

Trois thèmes relient leur réflexion : les thèmes du retour, du nihilisme et de la nature. Pour Heidegger, comme pour Hölderlin, le mystère ne se trouve pas en aval, à l'embouchure du fleuve, là où les flots se perdent dans la mer, mais en amont, près de la source : c'est ce qui est le plus proche, la source, donc, qui est le plus difficile à atteindre. Ce qui vaut pour les fleuves vaut pour l'histoire de la pensée occidentale : c'est à l'écoute des présocratiques, à la source de la pensée grecque – Platon est déjà très éloigné du mystère – qu'il faut se placer. Le même mouvement est présent chez Camus : le retour au pays natal, à Ithaque, délivre de l'exil dans la métropole ; c'est chez les présocratiques, et non chez Platon, que le mystère fait signe. Rappelons le titre que Char et Camus ont donné à la revue qu'ils ont fondée : *Empédocle*.

Pour Heidegger, l'oubli de l'être et plus encore l'oubli de l'oubli est ce qui précipite le nihilisme et mène au règne de la technique. Deux des chaînons majeurs dans cette histoire de l'arraisonnement de la nature, de sa réduction au niveau de matière première exploitable à merci sont les pensées de Roger Bacon et de Descartes. Le problème du nihilisme est une préoccupation centrale de Camus : son souci moral le lui fait poser, dans le sillage de Nietzsche, en termes de valeurs, ce que Heidegger récuse. Mais l'exploitation sans bornes de la nature mène au travail en miettes et au déchaînement de forces colossales qui culminent dans les armes nucléaires. La critique de l'*hybris* technicienne occidentale rejoint l'appel heideggerien à la *Gelassenheit*, au « laisser être ».

Guy Basset & Maurice Weyembergh

HÉLICON. – Ce personnage énigmatique n'existe pas dans la Vie de Caligula par Suétone. Il ne figure pas non plus dans la première version de *Caligula*. Camus l'a introduit en 1943 et n'a cessé de l'étoffer jusqu'en 1958. Il est alors présent dans dix-huit scènes. Lors de sa première entrée en scène, il mange des oignons, et la préoccupation alimentaire revient d'ailleurs fréquemment dans son propos. Ce « familier », comme il est désigné en 1945, est partout : il accompagne Caligula dont il est le conseiller, le bouffon, l'espion et le propagandiste. C'est un affranchi, donc d'origine plébéienne. Il sait gré à l'empereur de l'avoir arraché à l'état d'esclave et lui est assez dévoué pour revenir mourir à ses côtés. Camus en a fait une peste de cour, comme on disait au XVIIe siècle, un successeur des Euphorbe et Narcisse. Hélicon a compris que l'empereur a perdu la raison mais accepte de l'« aider » à obtenir la « lune », soit « l'impossible ». Il se plaît à être, comme il dit, son « spectateur », se fait le barnum de son exhibition grotesque au début du troisième acte, puis l'informe du complot qui se trame contre lui. Sa conversation avec Cherea, qui figure dans la seule version de 1958, fait comprendre les raisons de sa fidélité : lorsqu'il humilie et décime les patriciens, Caligula se fait l'instrument de son ressentiment. De fait, l'ancien esclave prend un malin plaisir à houspiller et à terroriser des maîtres dont il méprise les fausses vertus. Parlant comme le Clamence de *La Chute* dans une scène également ajoutée en 1958, il dit d'eux à Caligula : « La servitude leur conviendra » ; « Il est plus facile, leur lance-t-il, de descendre l'échelle sociale que de la remonter. » La destruction des valeurs satisfait son nihilisme caustique. Quand on parle d'amour à ce cynique, il évoque une crise de foie. Il met sur le même plan le mariage et l'inceste. Le personnage, s'il se flatte de ne pas penser, cultive les paradoxes, les bons mots. « Mais enfin, demande le vieux patricien, [qu']avons-nous fait [à Caligula] ? – Rien, justement, lui répond Hélicon. »

L'introduction du personnage contribue à donner du sens politique à la pièce. Le parti unique, en la personne de ses cadres, constitue en effet une élite nouvelle qui prend en charge le remodelage de la société, quitte à passer des compromis provisoires, tactiques, avec les anciennes élites, l'armée, le grand capital. Hélicon pourrait être vu comme représentant le parti, chargé d'organiser le culte du souverain. Dans les deux versions, c'est à lui que revient de développer, citant Caligula, l'idée totalitaire – nazie comme stalinienne – de la culpabilité générale qui justifie les grands procès. « On meurt parce qu'on est coupable... Donc tout le monde est coupable. »

C'est Georges Vitaly qui créa le rôle en 1945. Camus, en 1957, le confia à Jean-Pierre Jorris. Nicolas Silberg le joua à la Comédie-Française en 1992.

Jeanyves GUÉRIN

HERLING, Gustaw (1919-2000). – Ce grand écrivain de l'exil polonais a croisé Camus à de nombreuses reprises. Au cours d'un colloque tenu à Paris en 2003, plusieurs intervenants ont souligné que son œuvre se plaçait – entre autres – sous le patronage de Dostoïevski, Tolstoï, Poe et Camus.

Herling fut arrêté en 1940 : il avait tenté de fuir la Pologne pour aller combattre les Allemands, mais alors que l'Allemagne nazie et l'Union soviétique étaient liées par un pacte, il allait de soi pour la justice soviétique qu'il avait voulu combattre l'Union soviétique. Il passa deux ans dans un camp, près d'Arkhangelsk, et en sortit plusieurs mois après l'amnistie générale accordée aux Polonais. Il rejoignit l'armée du général Anders et participa à la campagne d'Italie. Il fait partie, dès sa fondation par Jerzy Giedroyc (1906-2000), de l'équipe de l'Institut littéraire, maison d'édition qui lança en 1947 la revue *Kultura*. Après des séjours à Londres et à Munich, il s'installa à Naples. Son premier livre, récit sur les camps soviétiques, fut publié en Angleterre, dès 1951, préfacé par Bertrand Russel. Malgré le soutien chaleureux de Camus qui lui écrivit qu'il devait être lu « autant pour ce qu'il est que pour ce qu'il dit », cette grande œuvre littéraire ne fut pas publiée alors en France. En 1956, Herling s'en consolait en mesurant les efforts que Camus avait déployés en sa faveur. Il fallut attendre 1985 pour qu'elle soit traduite de l'anglais.

Son œuvre comprend des récits, un roman, des essais et un journal dont deux livres présentent des extraits : *Journal écrit la nuit*, publié en 1989, et *Les Perles de Vermeer*, en 1999. Ce journal est singulier, le moins intime qui soit. Herling y réfléchit sur les misères du monde, l'art, les désastres naturels, le mal... Il y parle beaucoup de Camus ; il commente, approuve par exemple les remarques de *L'Homme révolté* sur Netchaïev (septembre 1970). Il évoque son ami Nicola Chiaromonte, qui avait trouvé en

Camus « l'âme sœur » à Alger en 1941 mais avait mis du temps à comprendre que celui-ci, « qui parlait peu », avait des idées qui allaient dans son sens ; il le comprit lors de la conférence de Camus à l'université Columbia. « C'est précisément la haine des prétentions "globales" des idéologies qui rapprochait Chiaromonte de la pensée de Camus, sa foi dans le secret inviolable enfermé dans le cœur de chaque homme, dans la transcendance de l'homme par rapport à l'histoire [...], dans une vérité que nuls impératifs sociaux ne sauraient effacer » (18 janvier 1976). Il revient souvent sur *La Peste* (12 octobre 1982), « roman de la fraternité où s'entremêlent deux saintetés : la catholique et la laïque » (3 octobre 1980) ; il en recopie parfois des passages, montrant ainsi sa familiarité avec l'œuvre de Camus. Dans son essai, *Deux Saintetés*, la sainteté laïque est représentée par *La Peste* (12 octobre 1982). Une seule fois, en 1989, en lisant le volume III des *Carnets*, il juge sévèrement Camus : son « gémissement sur le thème "il me faut briser ma plume" » et l'idée de se comparer à Dostoïevski lui semblent « indignes » de lui. Il copie des extraits de ces *Carnets* qui frôlent, écrit-il, « le cabotinage » : « Dans sa vie et dans son œuvre, Camus a été à l'opposé de ce qu'il énumère dans cette page des *Carnets* comme un poids qu'il prétend insupportable. » Mais Herling tempère aussitôt son jugement : ce geste « théâtral » se passe « sur la scène du théâtre privé de son carnet, non destiné à la publication ». Il avait répété, au début de cette analyse, qu'il était « admirateur juré » de Camus et qu'il avait « du mal à [s']arracher » les mots qu'il allait écrire, car ce qui restait pour lui évident était que l'œuvre de Camus était « étonnamment riche ». Jeannine VERDÈS-LEROUX

Bibl. : Gustaw Herling, *Un monde à part,* Denoël, 1985, préface de Jorge Semprun • Id., *Journal écrit la nuit,* Gallimard, 1989, préface de Krzysztof Pomian • Id., *Les Perles de Vermeer,* Le Seuil, 1999 • Marta Wyka, « Gustaw Herling-Grudzinski et Albert Camus : tentative de parallèle », *Les Nouveaux Cahiers franco-polonais,* n° 3, 2004, p. 122-131

HÉROS. – La notion de « héros » telle que Camus la réinvente s'inscrit dans le mouvement de sa pensée, qui va de l'absurde à la révolte. Elle ne se réfère par conséquent à aucun modèle, qu'il vienne de l'Antiquité ou de la philosophie nietzschéenne par exemple. Une fois établi le constat de l'absurdité de notre condition, il s'agit pour lui de fonder « un héroïsme sans Dieu », expression que l'on trouve dans les *Carnets* en 1942.

Les mots « honnêteté » et « dignité », qui servent dans *Le Mythe de Sisyphe* à caractériser les conduites humaines, fixent le cadre moral dans lequel Camus va reconsidérer la notion de « héros ». Il en donne l'illustration dans *La Peste* avec ceux qui combattent le fléau. Certains dialogues entre les personnages du roman lui permettent de faire des distinctions essentielles. À Rambert qui affirme : « Je ne crois pas à l'héroïsme », Rieux répond : « il ne s'agit pas d'héroïsme dans tout cela. Il s'agit d'honnêteté ». Le même Rieux estime que l'héroïsme, tel que les « vieux récits » l'exaltent, peut être « meurtrier ». Il confie ensuite à Tarrou : « Je n'ai pas de goût, je crois, pour l'héroïsme et la sainteté. Ce qui m'intéresse, c'est d'être un homme. » Faire son « métier d'homme » illustre ainsi une sorte d'héroïsme du quotidien.

Si les personnages du roman mènent un combat collectif, l'auteur cependant les individualise. En faisant mourir Tarrou, il lui donne un destin, le rapprochant ainsi de sa définition du héros romanesque que l'on trouve dans le chapitre de *L'Homme révolté* intitulé « Roman et révolte ». Camus a réservé à ce personnage le sort tragique de ceux qu'il appelait les « meilleurs » parmi les combattants de la Résistance. Un autre type de « héros » selon Camus est représenté dans *La Peste* par Joseph Grand que le narrateur décrit en ces termes : « Oui, s'il est vrai que les hommes tiennent à se proposer des exemples et des modèles qu'ils appellent héros, et s'il faut absolument qu'il y en ait un dans cette histoire, le narrateur propose justement ce héros insignifiant et effacé qui n'avait pour lui qu'un peu de bonté au cœur et un idéal apparemment ridicule. » À travers cet exemple, Camus réaffirme que l'héroïsme est pour lui une vertu secondaire, qui doit passer après « l'exigence généreuse du bonheur ».

Le conflit du bonheur et de l'héroïsme est une leçon que Camus a tirée de son expérience personnelle de la guerre. Il écrivait en 1944 dans la quatrième de ses *Lettres à un ami allemand* : « Maintenant que cela va finir, nous pouvons vous dire ce que nous avons appris, c'est que l'héroïsme est peu de chose, le bonheur plus difficile. » Dans ses *Carnets*, évoquant le projet de pièce qui deviendra *Les Justes*, il fait dire à Dora : « Condamnés, condamnés à être des héros et des saints ». Et dans la pièce elle-même : « Nous ne sommes pas de ce monde, nous sommes des justes. Il y a une chaleur qui n'est pas pour nous. » En exprimant son admiration pour ces « justes », Camus a reconnu, même implicitement, qu'il est des moments dans l'Histoire où le sacrifice de soi qui fait les héros doit passer avant la recherche du bonheur.

Jacques Le Marinel

HERRAND, Marcel (1897-1953). – Lorsque, en 1944, a lieu la rencontre entre Camus et Marcel Herrand, celui-ci est connu à plusieurs titres, comme acteur, metteur en scène et directeur d'un théâtre privé, celui des Mathurins. Au cinéma, il a joué en 1943 dans *Les Mystères de Paris* et en 1945 tient l'un des rôles principaux, celui de Lacenaire, le dandy assassin du boulevard du Crime, dans le film qui a marqué l'apogée du cinéma français sous l'Occupation, *Les Enfants du paradis* de Marcel Carné. Au théâtre, il reste associé à la création des *Mamelles de Tirésias*, des *Mariés de la tour Eiffel* et d'*Orphée*.

Marcel Herrand s'intéresse au jeune auteur dont les manuscrits circulent dans Paris. Il a lu *Caligula* et *Le Malentendu*, et il recommande à Maria Casarès la lecture de cette dernière pièce, qu'il souhaite monter. Après une première rencontre dans l'appartement d'Herrand, au-dessus de son théâtre, viennent les répétitions au cours desquelles Camus découvre les qualités remarquables d'un metteur en scène professionnel, lui qui avait dirigé à Alger deux troupes d'amateurs. Cependant la pièce fut mal accueillie lors de sa première représentation, le 24 juin 1944. Parmi les explications qui ont été données de cet échec figure le fait que le fils dans la pièce était jouée par Herrand lui-même, qui était trop âgé pour le rôle. Les critiques toutefois ne découragèrent pas le metteur en scène qui proposa à Camus de reprendre la pièce après la Libération, pour une nouvelle série de représentations, qui furent mieux accueillies cette fois-ci.

La seconde phase de la collaboration artistique entre les deux hommes, devenus amis, se situe dans les années 1950, à l'occasion du festival d'Angers et à un moment où Camus éprouve à nouveau le besoin de se consacrer au théâtre. À partir de 1953, renouant avec ses débuts à Alger, il multipliera les adaptations et les traductions. À cette même date, Herrand est le directeur du festival d'Angers pour lequel il va monter, en juin 1953, deux adaptations réalisées par Camus, qui seront jouées dans la cour du château, *La Dévotion à la croix*, de Pedro Calderón de la Barca et *Les Esprits*, de Pierre de Larivey. Camus avait réalisé une première adaptation de cette pièce dès 1940 et c'est à la demande d'Herrand qu'il la reprendra, en la modifiant, pour le festival. La première de *La Dévotion à la croix* eut lieu le 14 juin 1953 et celle des *Esprits* le 16 juin. Si Herrand travailla effectivement à la mise en scène de ces deux pièces, la maladie l'empêcha d'aller jusqu'au bout et il mourut deux jours avant l'ouverture du festival, laissant son ombre planer sur les remparts du château pendant les représentations. C'est Camus lui-même qui le remplaça, dans la double fonction de directeur et de metteur en scène. Lors de la publication de *La Dévotion à la croix*, il dédia la pièce à son ami. Le nom de Marcel Herrand fut donné au Théâtre des Mathurins qu'il avait dirigé pendant plusieurs années. C'est dans cette salle que Camus fit jouer en septembre 1956 son adaptation de *Requiem pour une nonne* de William Faulkner.

Jacques Le Marinel

HEURGON, Jacques (1903-1995). – Ancien élève de l'École normale supérieure, Jacques Heurgon achève des recherches sur Tipasa lorsqu'il est nommé à la faculté des lettres d'Alger en 1931 pour y enseigner la langue et la littérature latines. C'est dans son cours sur l'Empire romain que Camus, médiocre latiniste par ailleurs, découvre la figure de Caligula. Sans partager ses opinions conservatrices, il apprécie le savoir de ce jeune professeur qui est introduit dans le milieu littéraire parisien : gendre de Paul Desjardins, il participe aux décades de Pontigny que fréquente le gotha de *La NRF*. Il est en outre lié à Jean Tardieu et surtout à André Gide qu'il hébergera à Alger. C'est par son entremise que Camus obtient du second l'autorisation de monter *Le Retour de l'enfant prodigue* et qu'il adresse un premier article à *La NRF*, qui ne le publie pas. Au même titre que Jean Grenier, Heurgon a contribué à renseigner son élève sur la littérature des années 1930. Camus utilise les compétences de son maître à la maison de la Culture comme au Théâtre du Travail. Il le fait entrer à la rédaction de la revue *Rivages*, lui dédie *L'Été à Alger* et lui soumet le manuscrit de *La Mort heureuse*. Vingt-cinq lettres de Camus et quatorze d'Heurgon conservent les traces de leurs relations. Celles-ci se distendent après 1942. L'universitaire s'engage dans la France libre et participe à la bataille de Monte Cassino. Il donne ensuite la priorité à ses recherches. Plusieurs de ses livres, et d'abord *La Vie quotidienne chez les Étrusques* (Hachette, 1961) et *Rome et la Méditerranée occidentale jusqu'aux guerres puniques* (PUF, 1969) vont asseoir sa position internationale dans les études latinistes et le conduire à l'Institut.

À la Sorbonne où il a été nommé en 1953, Jacques Heurgon se situe dans la « droite historienne ». Il manifeste publiquement son attachement à l'Algérie française. En 1956, il signe un texte de soutien à la politique algérienne de Guy Mollet et en 1961 un manifeste des intellectuels français qui fait pièce au Manifeste des 121. À la même époque, il participe au comité de Vincennes qui réunit les partisans de l'Algérie française. Entre-temps, il a publié une tribune libre dans *Le Monde* où il s'oppose à Jean Amrouche qui vient de prendre position pour l'indépendance. Ce texte lui vaut une lettre approbative de Camus. À la mort de celui-ci, il donne son témoignage à *La Table ronde*. Jeanyves GUÉRIN

Bibl. : *Bulletin des Amis d'André Gide*, n° 109, janvier 1996

HIROSHIMA. – « Le monde est ce qu'il est, c'est-à-dire peu de chose » : ainsi commence le fameux éditorial de Camus publié dans *Combat* le 8 août 1945, deux jours après le bombardement d'Hiroshima et la veille de celui de Nagasaki. Le texte, souvent cité, peut passer pour une simple dénonciation de l'arme atomique et de son utilisation par les Américains contre le Japon. Il faut cependant en souligner toute l'acuité et l'originalité dans le contexte des événements de l'été 1945. Les historiens ont montré combien l'annonce de l'explosion nucléaire avait d'abord fait l'objet d'un contentement pour l'exploit scientifique, associé de plus au camp de la liberté contre le nazisme et son allié japonais, avant que ne soit soulignée l'angoisse pour l'avenir de l'humanité. Camus « à chaud » prend distance de ce qu'il nomme les « commentaires enthousiastes » et dénonce « quelque indécence à célébrer ainsi une découverte, qui se met d'abord au service de la plus formidable rage de destruction ». Il pose clairement son diagnostic : « Nous nous résumerons en une phrase : la civilisation mécanique vient de parvenir à son dernier degré de sauvagerie. » Son texte joue en effet de différents registres : une réaction outrée face aux descriptions « pittoresques » des préparatifs de la bombe ; une responsabilisation de l'humanité face aux « conquêtes scientifiques » et une réflexion plus large sur le destin même de l'humanité. L'éditorialiste n'oublie cependant pas les enjeux géopolitiques très présents alors que la Seconde Guerre mondiale n'est finie qu'en Europe et que la rivalité américano-soviétique commence à être forte – la présentation du bombardement par les grandes agences de presse anglophones entraîne de sa part un commentaire ironique. Rappelant son désir de voir capituler le Japon, Camus tire de l'événement la nécessité de « plaider plus énergiquement encore en faveur d'une véritable société internationale où les grandes puissances n'auront pas de droits supérieurs aux petites et aux moyennes nations, où la guerre, fléau devenu définitif par le seul effet de l'intelligence humaine ne dépendra plus des appétits ou des doctrines de tel ou tel État ». Plus que dans d'autres textes, Camus propose dans cet éditorial à la fois une analyse précise de l'événement et une montée en généralité inquiète puisque Hiroshima pose clairement le choix « entre l'enfer et la raison ». Il annonce ainsi les réflexions ultérieures de Karl Jaspers, Raymond Aron ou Hans Jonas sur la signification philosophique d'Hiroshima.

Camus revient peu sur l'événement par la suite. Dans ses *Carnets*, il note en 1946 : « La bombe atomique interdit l'idéologie. » Deux ans plus tard, lors de sa controverse avec Emmanuel d'Astier de La Vigerie, il se déclare horrifié à l'idée d'une « troisième guerre mondiale » qui opposerait des puissances dotées de l'arme nucléaire. Dans un article de *L'Express* daté de 1956, où il réagit à des déclarations va-t-en-guerre de Mao Zedong, il s'efforce de penser ensemble la fin des idéologies et ce qu'on appelle l'« équilibre de la terreur » : « Il ne faut pas jouer avec ce feu-là qui consumera sur le même bûcher l'hérétique et l'orthodoxe. » La « peur salutaire » d'une apocalypse qui n'épargnerait aucun camp peut être « le commencement de la sagesse ». Le chroniqueur en conclut que « l'arme nucléaire amène la fin des idéologies ». Alain CHATRIOT

Bibl. : Simone Debout, « Sartre et Camus face à Hiroshima », *Esprit*, janvier 1998, p. 151-158

HISTOIRE. – Le mot « histoire » est un des termes les plus utilisés dans les essais et les écrits journalistiques de Camus. Il est fréquent dans *La Peste*, roman présenté comme une chronique. Le mot a évidemment plusieurs sens et ce qui leur est commun sont les événements, fictifs ou réels. Les événements fictifs, lorsqu'ils sont racontés par l'écrivain ou le chroniqueur, sont présentés comme réels ; les événements réels appartiennent à l'histoire se faisant, le récit de ces événements par l'historien relève de l'histoire faite.

Camus et le narrateur de *La Peste* utilisent tous les moyens pour donner à cette « histoire de rats » fictive – l'expression est utilisée à plusieurs reprises au début du récit – le caractère d'une véritable chronique. Le narrateur, dont le nom n'est révélé qu'à la fin, est décrit comme un historien qui dispose de ses documents. De Tarrou, qui rassemble des notes sur des faits insignifiants, il est dit qu'il « s'appliquait à se faire l'historien de ce qui n'a pas d'histoire ». Le même Tarrou, dans sa confession à Rieux, déclare que puisqu'il se refuse à tuer, « Ce sont les autres qui feront l'histoire. » Dans la mesure où l'écrivain parvient par ses artifices à conférer à ses fictions le caractère du réel, il doit accepter ses responsabilités devant l'histoire : c'est ce que Camus n'a cessé de rappeler.

Les essais et écrits journalistiques sont une interrogation constamment reprise sur le sens et le non-sens de l'histoire individuelle (*Le Mythe de Sisyphe*) et de l'histoire collective (*Lettres à un ami allemand*, *L'Homme révolté*, les *Actuelles*). Ils sont aussi – et *La Peste* partage cette caractéristique – une interrogation sur la présence du mal dans l'histoire. Camus n'a jamais oublié l'interrogation angoissée de saint Augustin dans les *Confessions* : « *Unde malum* ? », « D'où vient le mal ? »

Quelques expressions prises dans *L'Homme révolté*, *Actuelles* II et *Actuelles* III donnent le ton : « le(s) serviteur(s) de l'histoire », « les chefs de l'histoire », « les conducteurs de l'histoire », « faire l'histoire », « refaire l'histoire », « rentrer dans l'histoire », « (faire) entrer dans l'(H)histoire », « précipiter dans l'histoire », « plongés dans l'histoire », « prisonniers de l'histoire », « stabiliser l'histoire », « faire avancer l'histoire », « fin de l'histoire, « achever » ou « terminer l'histoire », « la marche de l'histoire », « au nom de l'histoire »... Que l'écrivain évoque « le mouvement informe et furieux de l'histoire » n'est donc pas étonnant.

Confronté à elle, Camus distingue trois attitudes essentielles : celle des philosophies de l'éternité, celle qui fait de l'histoire un absolu et celle qui choisit, contre Dieu et l'histoire, la vocation de témoin. Ces trois attitudes sont présentées à deux reprises de manière assez semblable dans le Cahier V des *Carnets* et dans *L'Homme révolté*. Elles correspondent aux grandes articulations de *L'Homme révolté*.

Les philosophies de l'éternité considèrent que l'histoire est gouvernée par la Providence et par la grâce : jouer son rôle pour l'homme revient à respecter les interdits religieux et à laisser œuvrer la transcendance. Dans le christianisme, l'histoire a un début, la création, un événement central, la venue du Messie, et une fin, le retour du Messie, la parousie et l'installation du royaume de Dieu. La révolte métaphysique est ce mouvement qui va désacraliser l'histoire, s'opposer à Dieu et à la nature au nom de la justice. Un dieu qui condamne les hommes et les enfants aux souffrances et à la mort ne mérite pas le respect.

La deuxième attitude est celle qui anime la révolte historique ou révolution et a pour résultat l'historisme : les hommes entreprennent par leurs propres moyens – et tous les moyens finissent par être bons dès lors qu'ils sont justifiés par la fin, la réalisation de la justice, de la société réconciliée ou sans classes – de construire la cité des fins. Les difficultés sont immenses et ne peuvent être vaincues que par le recours à la violence. Il convient même, à l'extrémité de l'entreprise, de précipiter le mouvement en recourant au volontarisme le plus décidé : écourter, par une violence plus grande encore, le temps qui mène à la cité radieuse.

Reste le témoin qui désire lui aussi cette cité mais doute de sa réalisation ; il ne se résigne pas à ce qu'on absolutise l'histoire et sacrifie les victimes sur son autel : il entend saluer et maintenir leur mémoire, rappeler que si la liberté sans la justice n'est pas convaincante, l'inverse est tout aussi vrai. Le témoin par excellence pour Camus est l'artiste qui se révolte contre les dieux ou la nature, mais qui consent en même temps à la beauté du monde : sa création concurrence la création divine dans la mesure où elle entend la corriger. La difficulté pour cet artiste consiste à ne pas s'éloigner de ses semblables tout en maintenant la distance nécessaire à son inspiration. En somme, le témoin est à la fois « dans et contre l'histoire ».

« L'homme enfin n'est pas entièrement coupable, il n'a pas commencé l'histoire ; ni tout à fait innocent puisqu'il la continue » (*L'Homme révolté*).

Maurice Weyembergh

Bibl. : Madelina Grigore-Muresan, « La réflexion historique chez Albert Camus », *Revue des Lettres modernes*, série Albert Camus, 21, 2007, p. 13-49

HISTORISME. – Le complexe d'idées qui correspond au concept d'« historisme » imprègne la pensée de Camus dès la fin de la Seconde Guerre mondiale, mais l'écrivain n'utilise le terme que très rarement : une fois dans *L'Homme révolté*, à deux reprises dans la réponse à Francis Jeanson, dans *Actuelles* II (« antihistorisme » y apparaît également une fois), et à trois reprises dans « Défense de *L'Homme révolté* ». Le terme « histoire » est en revanche partout présent ; « historicité » est également utilisé mais très rarement (trois fois dans *L'Homme révolté*, une fois dans les *Carnets* II ; il est absent dans les *Actuelles*).

La présence de ce complexe d'idées est liée à la fois aux événements de l'époque – guerre d'Espagne, Seconde Guerre mondiale, guerre froide et décolonisation – qui ont obligé les contemporains à réfléchir à leur signification, à la prépondérance après la guerre de l'hégélianisme et du marxisme, ainsi qu'à la vogue des philosophies existentielles : l'interrogation sur le sens et la fin de l'histoire ou de la préhistoire mobilise les esprits. L'historisme est aux yeux de Camus inhérent à ce qu'il appelle « l'idéologie allemande ».

C'est dans ses *Lettres à un ami allemand* que l'écrivain a peut-être le mieux exprimé cette impression d'être aspiré, de gré ou de force, par le maelström des événements. Dans la quatrième lettre, le mot « histoire » est orthographié deux fois avec une majuscule et le correspondant français déclare à son ex-ami devenu nazi : « Mais vous avez fait ce qu'il fallait, nous sommes entrés dans l'Histoire. Et pendant cinq ans, il n'a plus été possible de jouir du cri des oiseaux dans la fraîcheur du soir. Il a fallu désespérer de force. Nous étions séparés du monde, parce qu'à chaque moment du monde s'attachait tout un peuple d'images mortelles. Depuis cinq ans, il n'est plus sur cette terre de matin sans agonies, de soir sans prisons, de midi sans carnages. Oui, il nous a fallu vous suivre. »

Résumé en quelques formules, l'historisme est « l'attitude qui vise à faire de l'histoire un absolu » (*Actuelles* II) ; il consiste à « ne dire oui qu'à l'histoire », « identifie l'histoire et la valeur absolue », « réduit l'homme à l'histoire » et entend « considérer l'histoire comme un tout qui se suffit à lui-même ». Il s'agit donc d'une « pensée purement historique », d'une « pure philosophie de l'histoire », de l'affirmation de « l'historicité absolue ». Et Camus d'expliquer sans ambages : « L'absolu ne s'atteint ni surtout ne se crée à travers l'histoire. » Il met l'accent sur ce qui échappe à l'histoire et au collectif et n'est pas moins essentiel à l'identité comme à l'équilibre de l'homme, c'est-à-dire la beauté et la nature qui peuvent apporter le bonheur sur le plan individuel.

Dans *L'Homme révolté*, l'écrivain algérois a analysé la genèse de l'historisme. Le christianisme tout d'abord, à la suite du judaïsme, a introduit « la notion d'historicité » : contrairement aux Grecs, pour qui le devenir est cyclique, les chrétiens conçoivent l'histoire comme une ligne droite qui va du paradis à la fin de l'histoire avec l'établissement du royaume de Dieu. Au XVIIIe puis au XIXe siècle, avec la désacralisation de l'histoire et parallèlement à la révolte métaphysique, apparaît la révolte historique : au nom de la justice, qui remplace désormais la grâce, les hommes entreprennent de faire l'histoire et de créer par leurs propres moyens une société transparente. Si l'homme est réduit à l'histoire, il n'y a en effet que deux possibilités : ou l'histoire est irrationalité, démence, bruit et fureur, ou elle mène, par la raison – la dialectique – qui l'habite et que les hommes ont à découvrir, à l'unité heureuse du genre humain. Hegel promet le savoir absolu et la fin de l'histoire, Marx la société sans classes et la fin de la préhistoire. Le chemin est long – fait de violences, de meurtres et de conquêtes – qui mène à « l'âge d'or » ; certains voudront même par pur volontarisme accélérer, « précipiter » le processus qui assure la participation humaine au savoir absolu ou, selon Marx, la réalisation de « l'homme total ». Le national-socialisme et Hitler, qui était d'après Camus « l'histoire à l'état pur », ont voulu « instaurer l'avènement du surhomme nietzschéen ».

L'historisme couvre dès lors un ensemble de conceptions auxquelles Camus s'oppose : l'histoire est divinisée puisqu'elle seule apporte le salut et résout le « mystère » auquel l'homme est confronté ; l'historisme substitue donc la transcendance horizontale à la transcendance verticale ; il va de pair avec la priorité reconnue à l'avenir sur le présent et « remplace l'au-delà par le plus tard ». Les valeurs qui devaient aider les hommes à s'orienter au cours de leurs actions ne seront établies qu'à la fin de l'histoire : « Ces valeurs ont cessé d'être des repères pour devenir des buts » ; entre-temps règnent le conformisme ou le culte de l'efficacité, bref le cynisme. Les actes ne seront définitivement jugés qu'à la fin de l'histoire, lorsque la vérité sera connue : jusque-là les interprétations s'affrontent et nul n'est sûr qu'il lit l'histoire de manière correcte et non de manière subjective. Camus parle d'une « grâce historique » qui donnerait à celui qui la possède le pouvoir de bien lire les événements. Celui qui dispose du pouvoir à un moment et condamne ses adversaires peut être jugé à son tour. Nul n'échappe alors à la possible « culpabilité objective » : l'historisme implique la « culpabilité générale ». La « solution », avant l'accession à l'unité et à la transfiguration de l'histoire, est « politique et conquérante », il s'agit d'un « effort convulsé vers l'empire du monde ». La volonté de dominer l'espace s'accompagne de la volonté de dominer le temps, ce qui oblige les maîtres à récrire constamment l'histoire faite selon les exigences de l'histoire qui se fait.

Francis Jeanson, dans sa recension de *L'Homme révolté*, avait accusé Camus de vouloir sortir de l'histoire ; à cela l'écrivain avait répondu : « Votre article, ici comme dans tout l'ouvrage, remplace historisme par histoire, ce qui, en effet, suffit à transformer le livre en son contraire et son auteur en idéaliste impénitent » (*Actuelles* II).

Maurice WEYEMBERGH

HITLER. – *Voir* NATIONAL-SOCIALISME

HODENT, affaire. – Le 23 août 1938, deux Français d'Algérie, Michel Hodent et Hyppolite Mas, et six indigènes sont arrêtés et incarcérés à la prison de Trézel. Le premier est agent technique de la Société indigène de prévoyance (SIP), société issue des mesures sociales prises par le Front populaire dont la fonction est d'acheter les récoltes de blé afin d'éviter les spéculations des colons et des intermédiaires. Il entend remplir sa tâche avec application malgré les conseils qui lui sont donnés – notamment par l'administrateur de la société – de « ne pas faire de zèle ». Devenu gênant, il est accusé d'avoir détourné du blé pour le revendre à son profit. Mais les réserves en stock se révèlent excédentaires après vérification. L'accusation est de ce fait invalide. Il est alors soumis, par le juge lui-même, à une nouvelle inculpation : il aurait détourné les bénéfices d'indigènes venus vendre leur blé à la coopérative en falsifiant les bordereaux. Le magasinier Mas refuse de témoigner contre lui. Il est impliqué en tant que complice. Les huit hommes sont placés en liberté provisoire le 22 décembre 1938. Aucun journal national ne mentionne cette affaire qui révèle les excès de pouvoir des riches exploitants au détriment des petits producteurs. La justice est impliquée et tente de trouver, pendant tous les mois que dure le procès, une justification aux accusations abusives et aux quatre mois d'emprisonnement.

Hodent avait contacté Camus par lettre alors même qu'il était en prison. Le jeune journaliste d'Alger républicain décide de suivre l'« affaire » sans craindre les pressions des juges ni de certains colons puissants. Il refuse de céder au climat d'appréhension lié à la montée des extrémismes. Il se saisit de cette erreur judiciaire pour dénoncer un système inique et corrompu et faire entendre sa voix d'homme engagé. Il mène une contre-enquête, rend visite aux familles des deux Français emprisonnés et couvre l'ensemble du procès, écrivant pas moins de quatorze articles. Le premier, daté du 10 janvier 1939, est une « lettre ouverte à M. le Gouverneur général ». Camus, en Zola des Hauts-Plateaux, s'inscrit dans une tradition née au XIXe siècle. Sa « campagne » s'adresse à l'opinion publique. Le dernier article, du 23 mars, fait état de l'acquittement de tous les prévenus. Sans l'investissement personnel du jeune journaliste, ces hommes n'auraient certainement pas été lavés d'accusations mensongères et humiliantes. L'affaire Hodent l'impose comme une voix qui compte : sa carrière d'intellectuel commence.

De son expérience, Michel Hodent a tiré un livre, *Des charognards sur un homme*, que Camus publie aux éditions Cafre et dont il fait une brève recension dans *Alger républicain* le 23 mai 1939. En apprenant la mort de cet « ami de toujours », Hodent écrit à Francine Camus : « Je dois tout à celui qui n'est plus car rien n'est oublié. »

Sylvie GOMEZ

Bibl. : Albert Camus, *Fragments d'un combat : 1938-1940*, Alger républicain, Le Soir républicain, édition établie, présentée et annotée par Jacqueline Lévi-Valensi et André Abbou, *Cahiers Albert Camus*, n° 3, Gallimard, 1978, p. 363-411 • Id., *Œuvres complètes*, t. I, Gallimard, coll. « Bibl. de la Pléiade », 2006, p. 603-607, 611-614, 615-631

***HOMME RÉVOLTÉ* (L')**. – *L'Homme révolté* est sans conteste l'essai le plus important de Camus. Sa gestation a été longue et difficile. Il est préparé par les écrits journalistiques de l'écrivain, par ses conférences et par la publication en 1945 de « Remarque sur la révolte », dont l'essentiel sera repris dans la première partie du livre. Il existe des versions quelque peu différentes de certains chapitres ou parties de chapitres et trois versions complètes de l'ouvrage : la première est le manuscrit conservé à la bibliothèque de l'université Harvard, la deuxième le manuscrit revu par René Char – en fait un dactylogramme avec corrections manuscrites, version corrigée du manuscrit de Harvard –, la troisième qui comporte deux dactylogrammes à peu près identiques avec corrections manuscrites, versions corrigées du manuscrit Char conservées au fonds Camus. Le travail conséquent de refonte vise à donner plus d'unité à l'ouvrage en s'efforçant de mieux relier entre eux les nombreux thèmes traités.

L'exergue emprunté à *La Mort d'Empédocle* d'Hölderlin illustre la prédilection de Camus pour les présocratiques et sa volonté de se tenir à l'ici-bas. La citation rappelle la phrase par laquelle l'écrivain circonscrivait dès son diplôme de fin d'études la spécificité de la philosophie grecque par rapport au christianisme : « Leur évangile (des penseurs grecs) disait : notre Royaume est de ce monde », et l'allusion à Nietzsche dans les *Lettres à un ami allemand* : « ... rester fidèle à la terre ».

L'ouvrage se compose d'une introduction et de cinq parties – « L'homme révolté » (la première partie porte ainsi le titre du livre lui-même), « La révolte métaphysique », « La révolte historique », « Révolte et art », « La pensée de midi » – de longueur très variable. Les jeux sont faits dès l'introduction et la première partie, qui sont paradoxalement les plus courtes de l'écrit. L'auteur y prend ses distances par rapport au *Mythe de Sisyphe* et à la pensée de l'absurde et donne au lecteur une description de la révolte idéale, d'une révolte conforme, en somme, à l'expérience de Camus. Cette description servira de critère pour juger des révoltes et révolutions réelles et pour réfléchir, dans la dernière partie, au dépassement du nihilisme ambiant. Les chapitres introductifs et les conclusions des parties les plus longues de l'ouvrage sont essentiels ; ils font le point sur ce qui précède ou présentent la synthèse des résultats acquis et contribuent à renforcer l'unité de l'ensemble.

« Introduction ». Camus formule son but d'entrée : il entend « comprendre son temps », qui est « le temps des meurtriers » pour pouvoir « s'y conduire » (le mot est utilisé deux fois en huit pages). Il constate qu'à côté du crime de passion fleurit le meurtre raisonné, justifié par l'idéologie. Soit qu'on le justifie par la liberté qu'il permettra d'atteindre, soit par l'amour de l'homme ou le goût de la surhumanité, cette apologétique du meurtre rend curieusement l'innocence problématique : qui renonce à tuer ne se passionnerait-il donc pas pour ces nobles causes ?

L'auteur se demande si l'absurde peut être de quelque utilité dans cette situation difficile. Il est contradictoire : il demeure indifférent au meurtre qu'il ne recommande pas mais ne condamne pas non plus, alors que pourtant il rejette le suicide. L'homme absurde doit en effet maintenir sa confrontation avec le monde et ne pas s'y soustraire. En continuant ainsi à vivre, il rejette le nihilisme absolu et son culte de la négation et du suicide. Mais il y a plus : l'absurde n'est que passage, il repose sur un sentiment, fort sans doute, mais un sentiment. De plus, en choisissant de continuer à vivre, l'homme absurde élève la vie en valeur ; s'il s'exprime en même temps, il nie que la non-signification règne sans partage et l'attitude absurde risque de devenir complaisance, jeu devant un miroir.

L'absurde est donc contradictoire, mais il peut rendre des services à condition de le comprendre comme un doute méthodique sur le plan de l'existence : de même que Descartes généralisait le doute pour le faire ensuite revenir sur lui-même et ainsi trouver une première certitude, l'absurde, en refluant sur lui-même, peut redécouvrir en soi la révolte et la soumettre à un examen. Peut-être trouvera-t-elle en elle-même des valeurs qui éclaireront sa route. Reste à la décrire et à l'analyser.

« L'homme révolté ». L'esclave qui se révolte dit non à une situation qu'il a endurée jusque-là, il « fait volte-face » ; mais en même temps il dit oui, il donne son adhésion à une part de lui-même à laquelle il s'identifie. Cette part est ressentie comme tellement essentielle qu'il est prêt à affronter la mort pour la maintenir : « Tout » (faire respecter cette part) « ou rien » (la mort) est la position qu'il prend et par laquelle il accède à la conscience. Cette part est une valeur qu'il se reconnaît désormais et à laquelle il peut donner le nom de « liberté ». Si l'esclave va jusqu'à accepter de mourir pour préserver cette valeur à laquelle il a donné son adhésion, c'est qu'il y a quelque chose à maintenir qui déborde sa propre destinée et à quoi les autres participent, quelque chose de commun aux hommes, ce qui implique qu'il pourrait y avoir une nature humaine. La révolte ne va pas sans affirmer la solidarité entre les hommes et leur dignité.

La révolte n'est pas égoïste – elle ne vise pas nécessairement des intérêts personnels – puisqu'elle se manifeste aussi bien face au mensonge – la vérité concerne tout le monde – qu'à l'oppression. Elle n'est pas seulement individuelle, puisqu'elle peut naître à la vue de l'oppression exercée sur autrui : l'individu n'est pas à lui seul cette valeur. Elle n'est pas dictée par le ressentiment, contrairement à ce que pense Max Scheler, puisqu'elle révèle ce qui est à défendre dans l'homme.

Si la révolte révèle ainsi la liberté et la solidarité, si on ne peut se révolter sans affirmer ces valeurs, reste à se demander si celles-ci sont relatives, si leur validité est restreinte à certaines époques et cultures. Camus considère qu'on ne se révolte que lorsqu'on a quitté le monde du sacré, lequel impose ses réponses avant même que les questions ne soient posées. Il pense que sortir du sacré en inventant la révolte permet « l'accroissement dans l'homme de la notion d'homme ». Reste à savoir sur quoi les valeurs reposent sans la légitimation par le sacré. Elles ne peuvent reposer sur rien d'autre que la révolte elle-même qui est seule à résister à l'absurde. En un sens, en effet, la révolte renforce l'absurde, elle est une de ses conditions de possibilité puisqu'elle maintient la confrontation entre l'homme et le monde, mais en un autre sens, elle « équilibre » l'absurde précisément par les valeurs de liberté et de solidarité qu'elle révèle. Elle reçoit donc, en retour, sa légitimation des valeurs auxquelles elle s'identifie. Ces valeurs apparaissent dès le déclenchement de l'action par le révolté, et non au bout de son action.

La révolte est ainsi productive, mais elle a aussi ses difficultés : la solidarité avec tous les hommes – y compris les maîtres et les bourreaux – qui l'anime se heurte au non opposé aux oppresseurs. Une tension l'habite : le non peut la conduire à la violence, le oui l'exclut puisqu'il affirme la solidarité, la communauté de tous les hommes. Le non et le oui, ces deux pôles qui s'opposent, dessinent une limite qui fluctue avec leur intensité respective. En faisant refluer l'absurde (le doute méthodique) sur lui-même, la révolte aboutit (comme le *cogito*) à sa première certitude : « Je me révolte, donc nous sommes. »

« La révolte métaphysique ». La révolte métaphysique est la révolte généralement solitaire qui s'élève contre la condition faite à l'homme et contre le Créateur ou la nature pour deux raisons essentielles : l'homme est livré à la *mort* – les choses qui ne durent pas se divisent, disparaissent et n'ont pas de sens – et au *mal* – lequel est à l'origine de la dispersion et de la division ; aussi le révolté va-t-il en appeler à l'unité (par exemple l'unité d'un ordre, d'une conduite, d'une œuvre qui corrigera la création). Rejetant la morale divine ou les conventions sociales, il peut aller essentiellement dans trois directions : il est susceptible de comprendre sa liberté comme la liberté de son désir ou de sa puissance, ce qui eut pour conséquence le suicide (certains surréalistes), la folie (Nietzsche) ou l'éloge de l'apocalypse (Sade, Stirner, Lautréamont) ; de créer par lui-même son propre ordre, ce qui le conduit au paraître (le dandy) ou à la banalité (le Lautréamont des *Poésies* ; le Rimbaud du Harrar) ; enfin d'exalter le meurtre et la destruction (Ivan Karamazov, Nietzsche, les surréalistes ralliés au communisme).

Remarquons que tous les révoltés métaphysiques dont parle Camus sont des hommes de lettres, des philosophes ou des personnages fictifs (les meurtres dont ils dissertent restent donc imaginaires). Qu'il y ait incontestablement au sein de la révolte métaphysique un mouvement qui va du paraître du dandy au faire, de la parade à la construction d'une autre société est évident, mais les conséquences réelles n'en deviendront évidentes que lorsque les thèmes de la révolte seront repris par des groupements politiques ou que les révoltés s'associeront à leurs entreprises. Le résultat en sera la volonté de réaliser l'empire. Ce faisant, les révoltés oublieront que la révolte ne se conjugue qu'en opposant le oui et le non et ils se voueront tantôt à la négation absolue (Sade, Ivan), tantôt à l'affirmation absolue (Nietzsche).

Camus dresse un panorama de la révolte dans le monde occidental et montre que chez les Grecs celle de Prométhée demeure dans les limites de la nature. La révolte ne prend un tour plus radical qu'avec Épicure et surtout avec Lucrèce (on s'y enferme déjà dans un camp retranché, la citadelle, pour faire face à la mort). Dans le christianisme, la révolte contre le Dieu de l'Ancien Testament demeure difficile tant que le Christ prend sur lui le mal et la mort. Mais Jésus finira par être regardé comme une victime et Dostoïevski comme Nietzsche demanderont même des comptes au Dieu d'amour, et non plus seulement au Dieu de l'Ancien Testament.

Sade, qui se révolte contre un Dieu qui sacrifie ses créatures, et se prononce contre la peine de mort légale, exalte le meurtre de ses victimes au nom du désir. Les meurtres (fictifs) s'ajoutent aux meurtres dans des lieux privilégiés (les châteaux), annonciateurs des camps retranchés et des camps de concentration, et mènent à une espèce d'anéantissement universel. Certains romantiques choisiront le mal puisque Dieu choisit le bien en l'homme et défieront la loi morale et divine. En résulteront parfois une espèce de frénésie mais surtout le culte du personnage, l'attitude – la créature se prend en main contre la mort et le hasard –, l'excentricité du dandy, qui « joue sa vie, faute de pouvoir la vivre ».

Les deux moments principaux de la révolte métaphysique sont Dostoïevski et Nietzsche, le premier avec le personnage d'Ivan Karamazov, le second avec l'*amor fati*, l'« amour du destin ». L'itinéraire d'Ivan est paradoxal : il se révolte au nom de la justice qu'il met au-dessus de Dieu, de la grâce, de l'amour et de la vérité. Il maintiendrait sa révolte « même s'il avait tort » et si Dieu existait, « il n'accepterait la grâce qu'inconditionnelle ». Il refuse d'être sauvé seul et modifie en somme le « Tout ou rien » en « Tous ou personne ». Mais que faire lorsqu'on est en vie et au nom de quoi ? « Tout est permis », décrète-t-il, dès lors que Dieu est nié : la liberté qu'il découvre au bout de la révolte est de devenir dieu. Parti de l'amour de la justice, il finira par laisser tuer son père et par devenir fou. Mais auparavant il aura imaginé ou rêvé l'histoire du Grand Inquisiteur qui rejette l'exemple de Jésus et entend refaire la création suivant les besoins des hommes. Aliocha Karamazov, qui est moine orthodoxe, sait bien que s'il n'avait pas la foi – qui reste un mystère – il deviendrait socialiste (il passerait au faire et à l'édification de la cité des hommes).

Max Stirner, compagnon de jeunesse de Marx, dans *L'Unique et sa propriété*, élève le moi réel de l'individu – non le moi absolu de Fichte – au-dessus de tout : Dieu ou ses substituts, la morale, l'État, les conventions sont rejetés sans appel au nom de ce moi. En résulte le conflit des individus et la victoire de l'Unique, seul survivant, régnant en riant, certes, mais sur un cimetière.

Camus prend bien soin de signaler qu'il ne commente que la dernière période de Nietzsche et essentiellement *La Volonté de puissance*. La révolte commence pour le penseur allemand avec la question de savoir si l'on peut vivre sans rien croire, c'est-à-dire en étant plongé dans le nihilisme. Le Dieu du christianisme est mort (Nietzsche n'attaque ni la personne de Jésus ni le cynisme de l'Église) et le philosophe s'en prend surtout à ses substituts, la morale, l'humanitarisme ou le socialisme. La mort de Dieu a la solitude de l'homme pour conséquence et la liberté découvre alors ses difficultés et sa responsabilité : si tout est permis, rien ne l'est puisqu'il n'existe plus de lois ou d'interdits. Que faire dans un monde qui n'a pas de but ? La réponse est radicale : la liberté consiste à adhérer à la nécessité, à dire oui au monde, à participer à sa divinité, à s'identifier à Dionysos et à accepter de s'abîmer dans le cosmos. Mais cet *amor fati*, cette affirmation absolue aboutit à dire oui à tout, y compris au mal, à exalter les tyrans artistes, à affirmer que l'avenir est la lutte pour la domination de la terre, la volonté de puissance prenant la forme de la volonté d'empire. Camus rappelle que les idées de Nietzsche ont été instrumentalisées par le nazisme et qu'il convient à la fois de reconnaître qu'il est par sa droiture et son courage à des lieues des chefs nazis, mais que certains aspects de sa pensée, poussés par le mouvement de la révolte auquel il appartient, demeurent dangereux.

Dans la « Poésie révoltée », Camus traite de Lautréamont, de Rimbaud et de Breton. Ici encore son jugement – en n'oubliant pas qu'il s'agit de juger de la révolte à partir du modèle élaboré antérieurement – est mitigé : Lautréamont appartient par ses *Chants* au non et reprend les thèmes du romantisme mais en les poussant jusqu'à l'attentat contre la création et à l'anéantissement du monde ; avec ses *Poésies*, il donne au contraire dans le conformisme forcené. Camus détecte dans la révolte comme un goût de l'asservissement, comme si l'ordre existant valait mieux que le désordre. Rimbaud quant à lui est le plus grand poète de la révolte par son « chant double et alterné », où le non et le oui sont tour à tour exprimés. Mais le silence ultérieur, et les aventures au Harrar sont comme un retour à l'ordre existant. Le surréalisme a fait le procès de la création, a *parlé* du suicide (alors que certains se suicidaient), a choisi comme héros le criminel anonyme et Breton a même été jusqu'à déclarer que « l'acte surréaliste le plus simple consistait à descendre dans la rue » et « à tirer au hasard dans la foule ». Les surréalistes ont aussi rejoint le marxisme et ont exigé « l'établissement d'une autorité impitoyable ». Mais ils ont fini par se libérer de cette union contre nature et ont compris que le communisme, qui subordonnait la révolte à la révolution, voulait la totalité, alors que lui plaçait la révolte avant la révolution et voulait, comme tout mouvement de nature spirituelle, l'unité.

« La révolte historique ». Le paraître va donc faire place peu à peu au faire. Ce faire, qui transforme la révolte en révolution, part certes de l'*idée* de modifier le gouvernement existant, mais il entend la concrétiser, l'inscrire dans l'histoire : la révolution rencontre donc la résistance du réel. La Révolution française vise, plus largement, à l'unité de l'Europe, la révolution russe à celle du genre humain. Reste à savoir si elles peuvent accéder à cette unité (la communauté) alors qu'elles commencent souvent avec des meurtres : la Révolution française est régicide, Hegel et l'idéologie allemande sont déicides, la révolution soviétique s'effectue dans un déchaînement de violences. Les révolutions remplacent alors l'unité, qui repose sur un « nous sommes » qui n'exclut personne, par la totalité : on enrégimente de force ou on liquide. La révolte métaphysique constatait, avec la mort de Dieu, que les hommes étaient désormais seuls dans l'univers, mais les péripéties de la révolution vont faire que la communauté des hommes qui devait équilibrer cette mort se conjuguera au futur : « je me révolte, dons nous serons ». La cité des fins viendra, peut-être, mais on ne sait plus quand. À défaut de certitude, il faudra faire appel à la foi en sa réalisation et le présent sera sacrifié à un avenir incertain.

L'itinéraire de la révolution que retrace Camus n'est pas simple en raison d'abord des multiples manifestations et personnages révolutionnaires qu'il analyse, mais aussi en fonction du fait qu'il les considère, à quelques exceptions près (les meurtriers délicats, la Commune), comme des figures qui renforcent le nihilisme et font ainsi pendant au nihilisme de la révolte métaphysique. Avec le temps, le nihilisme se radicalise et culmine dans le nazisme et le stalinisme et leurs camps de concentration. Le nihilisme est le fait de ne plus croire à des valeurs et de considérer dès lors que tout est permis : seuls l'efficacité et le cynisme comptent, puisque seul le succès importe. Dieu étant mort et avec lui l'espoir de résurrection, il ne reste que l'histoire et ses conflits : il importe donc absolument de l'emporter. La fin que l'on poursuit, la purification de la race ou la société sans classes justifient alors les moyens, quels qu'ils soient.

La Révolution française et le XIXe siècle à sa suite ont voulu remplacer la grâce (l'amour de Dieu) par la justice (l'égalité entre les hommes) et le XXe siècle a dû constater qu'il lui fallait désormais vivre sans la grâce et sans la justice. La constatation se complique du fait que si « la liberté [...] est au principe de toutes les révolutions », leur devenir fait que « la justice exige la suspension de la liberté ». Liberté et justice (égalité) ne se conjuguent pas facilement : la suite de l'étude montrera qu'elles sont antinomiques.

L'analyse de la révolte historique porte sur les révolutions et sur des auteurs qui tentent de penser l'événement ou de le préparer. Elle commence par l'étude de la Révolution française et met l'accent sur le rôle de Rousseau et de son *Contrat social*, sur l'insertion par Saint-Just de la nouvelle légitimité – la souveraineté du peuple – dans l'histoire, sur la décapitation du roi ; elle évoque l'établissement d'une religion de la vertu qui ne peut fonctionner que si les hommes sont bons naturellement, décrit la formation de factions qui mettent l'unité du peuple, la volonté générale en danger, ce qui génère la terreur qui doit mettre un terme à la division. La religion de la vertu, qui remplace le christianisme déchu par la décapitation de son représentant sur terre, demeure abstraite, formelle : l'affirmation de l'existence de l'Être suprême, la raison, implique qu'il y a un ordre préexistant, mais Dieu est réduit à un principe moral désincarné.

Aux régicides succèdent les déicides, Hegel et les hégéliens de gauche. Leur tâche essentielle consistera à détruire ce qui restait encore de transcendance – les principes abstraits de la Révolution française – en la faisant descendre dans l'histoire. Tout se joue désormais au niveau de l'histoire, malgré l'esprit universel dont parle Hegel. Les valeurs, la raison et la liberté sont au bout de l'histoire, mais entre-temps règne un conflit dominé par le cynisme et la recherche du succès. La lutte du maître et de l'esclave et de l'esclave contre Dieu en sont des manifestations. Avec l'idéologie allemande, l'historisme triomphe : l'absolu ne s'atteint que dans l'histoire. Le phénomène peut prendre deux formes : soit un individu ou un groupe d'individus décident de déstabiliser l'État par des attentats terroristes, soit des partis s'en emparent et font régner la terreur.

Camus choisit d'étudier le terrorisme individuel russe qui emprunte ses raisonnements à la révolte métaphysique et historique et au nihilisme, mais en les potentialisant. Les décembristes, Bielinski, Pissarev, mais surtout Bakounine, Netchaïev et les « meurtriers délicats » avec Kaliayev sont évoqués. Bakounine et Netchaïev ont élevé la révolution en valeur absolue et ont écrit *Le Catéchisme du révolutionnaire*, lequel donne tous les droits au révolutionnaire. Le second ira le plus loin sur cette voie et décidera de la mort d'un des membres de son groupe, événement auquel Dostoïevski fera allusion dans *Les Possédés*. Quant à Kaliayev, il triomphera du nihilisme, selon Camus, en refusant d'abord de jeter sa bombe lorsque le grand-duc est accompagné d'enfants (ses neveu et nièce) et en décidant de payer de sa vie l'assassinat de ce personnage perpétré lors de la seconde tentative.

La première forme du terrorisme d'État est la terreur irrationnelle exercée par les partis fascistes au pouvoir, mais surtout par le nazisme. Selon ce dernier, la nature est le lieu de l'affrontement des espèces, l'histoire celui de l'affrontement des races et rien ne permet de mettre un terme à ce conflit où le plus fort gagne. Hitler, qui « était l'histoire à l'état pur », a inventé le mouvement perpétuel de conquête, en l'occurrence de la race aryenne. Il a régné sur le parti, seul intermédiaire entre le peuple et lui, a imposé la mystique du chef et n'a pas hésité à recourir aux camps de concentration et d'extermination. Les nazis ont aussi obligé leurs victimes à remplir le rôle de bourreaux, de manière à universaliser la culpabilité. La tentative s'est achevée par un désastre total, par le suicide des chefs ou leur pendaison – Hitler aurait voulu que l'Allemagne entière l'accompagne dans ce désastre, en une espèce de suicide collectif.

L'autre forme du terrorisme d'État est la terreur rationnelle. Elle recoupe la pensée de Marx, l'action de Lénine et l'établissement de l'Union soviétique et du communisme. Camus analyse la pensée du premier en montrant qu'elle se nourrit du messianisme chrétien et de la croyance au progrès typique de la bourgeoisie de l'époque, mais qu'elle est aussi révolutionnaire. La prophétie révolutionnaire repose sur un économisme : l'histoire repose sur le développement des moyens de production qui conditionnent les institutions et l'existence des classes ; l'évolution de ces moyens de production peut modifier la superstructure et le rapport des classes en créant de nouvelles situations. Marx pense à tort que le capitalisme crée un prolétariat de plus en nombreux et une classe de capitalistes de plus en plus réduite et que la révolution à venir supprimera ces derniers et donnera le pouvoir aux travailleurs. Après avoir plaidé pour les révolutionnaires professionnels, terroristes spécialement formés qui devaient prendre le pouvoir, Lénine, lecteur de Marx, n'a pas suivi son conseil : il a déclenché la révolution dans un pays économiquement arriéré et installé la dictature du prolétariat sans pouvoir dire quand elle prendrait fin. Le communisme s'est inspiré de ses enseignements et sous Staline le régime s'est fait de plus en plus totalitaire : son but désormais est la réalisation de l'empire universel.

Les révolutions et la terreur sont particulièrement sanglantes et ne respectent évidemment pas les valeurs et la limite révélées par la révolte. Camus lit dans l'action nazie et plus encore dans l'entreprise communiste la volonté, après la disparition de Dieu, de diviniser l'homme en réalisant le surhomme nietzschéen ou l'homme total de Marx et l'empire universel.

« Révolte et art ». Camus entend montrer dans cette quatrième partie que l'art est habité par une révolte où l'on retrouve ses deux composantes originelles, le oui et le non, en l'occurrence le consentement à la beauté du monde (du réel) et le refus de ses injustices et de sa dispersion. L'artiste entreprend de corriger la création – il se fait le rival du créateur – en s'efforçant de créer une œuvre qui devrait par la stylisation qu'elle impose au réel lui conférer l'unité qui lui fait défaut. Il refait le monde en lui imposant une forme, il fabrique en somme un « univers de remplacement ». Cette présence de la révolte dans l'art explique l'attitude généralement négative des révolutionnaires à son égard.

L'auteur illustre essentiellement son propos au travers d'une analyse du roman. Alors que la vie « court après sa forme », que l'existence manque d'unité, ce qui conduisait le dandy à se réfugier dans l'ordre illusoire du paraître, le roman arrive à « fabriquer du destin sur mesure ». La vie réelle est soumise au temps, au devenir, et rien n'aboutit vraiment à son terme puisque tout se perd et se défait et que rien ne dure : dans le monde clos et unifié du roman, les choses acquièrent leur forme définitive et les êtres rencontrent leur destin. L'unité qui est censée triompher de la dispersion ne s'atteint pourtant qu'à certaines conditions : lorsque le refus et le consentement s'équilibrent.

Camus évoque la technique utilisée par le roman américain pour créer cette unité : réduire les personnages au machinal, à la vie du corps en les « purgeant » de leur « vie intérieure » impose en effet une unité, mais elle mutile la réalité et n'aboutit qu'à une « unité dégradée ». Proust, au contraire, atteint à l'unité supérieure en choisissant « la vie intérieure et, dans la vie intérieure, ce qui est plus intérieur qu'elle-même » – en fait les moments privilégiés gardés au fond de la mémoire –, sans pour autant éliminer le machinal (la sensation). L'écrivain rejette à la fois les prétentions à l'unité du réalisme et du formalisme en raison de la mutilation qu'ils infligent au réel : le premier qui avalise le réel puisqu'il vise en théorie à la « reproduction du réel dans ce qu'il a d'immédiat », se heurte à une impossibilité puisqu'il doit choisir son objet dans le réel et limiter ensuite les aspects de cet objet qu'il retiendra. Le réalisme socialiste n'est d'ailleurs que « l'esthétique officielle d'une révolution de la totalité » qui limite le réel à ce qui correspond à son idéologie. En éliminant le réel au seul profit de la forme, le formalisme s'essouffle à réduire le contenu au maximum, mais il ne peut l'éliminer entièrement sans se perdre dans le pur imaginaire.

L'auteur algérois met l'accent sur l'opposition entre les créateurs, portés par la révolte et soucieux de l'unité, et les nouveaux conquérants, les partisans d'une révolution qui vise à la totalité. Le créateur doit échapper à « la frénésie formelle et à l'esthétique totalitaire de la réalité » et le révolutionnaire garder en mémoire que la révolution n'aboutit que dans « une civilisation, non dans la terreur ou la tyrannie ». Cette partie formule les linéaments d'une esthétique et éclaire significativement les écrits littéraires de l'écrivain.

« La pensée de midi ». Camus rappelle que nous vivons au temps des meurtriers, ce qui met le « nous sommes » qui résulte de la révolte en question : la communauté n'existe que si personne n'en est exclu. Qu'il faille tuer pour la réaliser, en supposant que « nous serons » un jour, explique la tristesse de Kaliayev et de Saint-Just. Le premier « tue et meurt » et montre par là que le meurtre est effraction, en somme une impossibilité pour qui reste fidèle à la révolte. Le second se tait lorsque les principes qu'il entendait appliquer lui sont appliqués. Kaliayev retrouve un « bonheur tranquille » en prison, Saint-Just la « sérénité » lorsqu'il marche à l'échafaud. Qui n'accepte pas de mourir alors qu'il a tué rend la violence confortable et s'enfonce dans le nihilisme.

La révolte idéale telle que Camus la décrit implique la reconnaissance mutuelle d'êtres qui partagent la même condition, elle invite à la communication, au dialogue, elle installe une complicité entre les hommes, elle crée de l'être ; elle s'oppose au mensonge, à la servitude et à la terreur. L'écrivain insiste : la révolte n'est pas la liberté totale, la liberté de tuer, sa liberté est relative, car elle reconnaît une limite : le pouvoir de révolte de tout individu. Le révolté ne désire pas prendre la place du maître (de Dieu) et revendique donc cette liberté relative pour tous. La conception de la révolte de l'écrivain est pensée avec et contre Hegel : « Il y a donc, grâce à la révolte, quelque chose de plus dans l'histoire que le rapport maîtrise et servitude. »

Dès que la révolte entre dans l'histoire, elle est parcourue par une série d'antinomies. Elle se doit alors de fixer sa position dans les circonstances du moment : choisir par exemple entre la violence et la non-violence, entre la justice (l'égalité) et la liberté, entre le retrait hors de l'histoire et la participation à l'histoire ou, pour le dire avec les termes d'Arthur Koestler, entre le yogi – qui travaille sur lui-même pour atteindre l'idéal – et le commissaire – qui entend atteindre l'idéal en transformant le monde extérieur. Entre les pôles opposés de l'antinomie, le révolté devra à chaque occasion fixer la limite qui marque la mesure à ne pas dépasser.

Entre la conception idéale de la révolte – le modèle établi dès la première partie – et les révoltes et révolutions réelles, il y a évidemment des discordances que l'on a soulignées. Lorsque les révolutions se font cyniques et recherchent le succès, elles devraient se ressourcer, comme les révoltes qui ont oublié leur origine, auprès de la révolte idéale, et apprendre ou réapprendre à conjuguer la limite et la mesure.

Dans l'histoire des mouvements révoltés et révolutionnaires, Camus a une préférence marquée pour le syndicalisme révolutionnaire, pour le socialisme libertaire et la Commune, mouvements qui s'organisent de bas en haut. Il critique l'idéologie allemande, le socialisme autoritaire d'inspiration marxiste et communiste ainsi que la révolution qu'il appelle « césarienne ». Il voit dans les premiers essentiellement l'influence de la culture méditerranéenne qui a su maintenir le sens des limites et de la mesure, mais ils ont été vaincus ou écartés par les seconds qui ont occupé la place. La culture méditerranéenne, fidèle à la Grèce, chère à Camus, s'oppose à l'historisme de l'idéologie allemande, à l'absolutisation de l'histoire et à l'exploitation forcenée de la nature. Le culte de minuit de l'idéologie allemande devrait être équilibré par le culte de midi, la pensée purement historique par la pensée de midi.

L'étude de la révolte montre qu'une action demeure possible au niveau moyen mais que, malgré les efforts des hommes, et même s'ils parviennent à s'entendre, le mal, la souffrance et la mort subsisteront. Pour œuvrer à ce niveau moyen, il convient de « tout donner au présent » et non d'attendre la solution que nous promet le christianisme au-delà de l'histoire ou le marxisme à la fin de la préhistoire. Ici encore, d'une certaine manière, c'est Kaliayev qui trouve une issue aux problèmes de la violence : en refusant, non de tuer, mais la liberté de tuer, il refuse l'autodivinisation à laquelle tendent les idéologies politiques et les régimes totalitaires.

Camus considère que les enseignements de la révolte, avec la philosophie de la limite et de la mesure, permettent de penser que la période de la négation absolue est dépassée et que s'ouvre désormais une voie difficile et exigeante qui devrait mener au-delà du nihilisme.

Avec *L'Homme révolté*, non sans courage, il abordait cette question délicate sans ménagement, il s'en prenait, en tant qu'homme de gauche que rien ne rattachait au capitalisme, aux demi-dieux ou aux héros de la gauche bien pensante dominée par le communisme, Hegel et Marx, et aux dirigeants de la révolution mondiale, Lénine et Staline. Il osait comparer le régime communiste au régime nazi. Certes, d'autres comme Raymond Aron ou Hannah Arendt faisaient de même, mais Aron était un homme de droite et Arendt vivait aux États-Unis et écrivait en anglais. *L'Homme révolté* ne pouvait pas, dès lors, ne pas susciter de réactions : elles vinrent de tous bords. Le livre fut salué, discuté, critiqué ou vilipendé, et l'écho qu'il a reçu, favorable ou défavorable, est à la mesure des questions qu'il posait et des réponses qu'il apportait.

La controverse avec Sartre contribua évidemment à la notoriété de *L'Homme révolté*. Francis Jeanson en avait donné un compte rendu féroce qui exaspéra l'auteur, lequel répondit par une lettre adressée au directeur des *Temps modernes*. S'estimant mis en cause, Sartre décida de répondre et Jeanson y alla d'une suite à son compte rendu. La querelle fut très médiatisée. Jeanson et Sartre reprochaient à Camus, outre son incompétence philosophique, de vouloir déserter l'histoire, de rendre la révolution impossible et de prêcher une morale de Croix-Rouge. Parmi les études critiques qui essayèrent de comprendre l'auteur et contribuèrent au développement de la problématique, citons celles de Paul Ricœur et de Georges Bataille.

Camus savait que la somme des thèmes et des figures qu'il traitait devait le rendre doublement vulnérable : elle menaçait l'unité du projet et risquait de le soumettre aux critiques des spécialistes. Mais il considérait que le sujet – décrire, en partant d'un examen historique, une manière de se conduire qui résiste au nihilisme sans se résoudre au *statu quo* qui renforce la violence existante – justifiait l'entreprise et que l'essai était le genre où l'on pouvait prendre de tels risques. Et il rappelait que sans le respect de certaines valeurs qui étaient décriées par les partisans de la société sans classes, le temps des meurtriers s'éterniserait. En somme, il n'hésitait pas à appeler un chat un chat et un camp de concentration un camp de concentration, qu'il fût nazi ou communiste. Un de ses grands mérites est d'avoir contribué à démystifier le mythe de la révolution russe et l'idéologie communiste.

Maurice WEYEMBERGH

Éd. : Gallimard, 1951 • *Essais*, Gallimard, coll. « Bibl. de la Pléiade », 1965 • Gallimard, coll. « Folio Essais », 1985 • *Œuvres complètes*, t. III, Gallimard, coll. « Bibl. de la Pléiade », 2008, éd. par Raymond Gay-Crosier et Maurice Weyembergh

Trad. : en allemand, anglais, bulgare, catalan, coréen, croate, danois, estonien, finnois, grec, hongrois, indonésien, italien, japonais, letton, lituanien, néerlandais, norvégien, polonais, portugais, roumain, russe, slovène, suédois, tchèque, turc, ukrainien et vietnamien

Crit. : Raymond Gay-Crosier, « L'Homme révolté, cinquante ans après », *Revue des Lettres modernes*, série Albert Camus, 19, 2002 • Heinz-Robert Schlette et Martina Yadel, *Albert Camus :* L'Homme révolté. *Einführung und Register*, Essen, Die Blaue Eule, 1987

HOMMES POLITIQUES. – « Des hommes sans idéal et sans grandeur » : ainsi Camus qualifie-t-il les politiques dans ses *Carnets*. Il écrit aussi : « Chaque fois que j'entends un discours politique ou que je lis ceux qui nous dirigent, je suis effrayé depuis des années de n'entendre rien qui rende un son humain. Ce sont toujours les mêmes mots qui disent les mêmes mensonges. »

Camus s'est interdit de fréquenter les hommes politiques. Le jeune reporter d'*Alger républicain* rend compte, en 1938, d'une élection sénatoriale : il a assisté à des manœuvres et intrigues dignes d'une « comédie » et, ajoute-t-il, pas « un homme parmi nous n'accepterait de serrer ces mains entre lesquels tant de pouvoirs sont rassemblés ». Une délibération du conseil municipal, sous sa plume, devient un « spectacle » carnavalesque. Les édiles d'Alger se comportent comme des potaches dissipés, personne ne s'intéresse à l'ordre du jour, tout est joué d'avance. Le maire fascisant de la ville, Augustin Rozis, piètre gestionnaire mais politicien retors, est sa bête noire. Il le dépeint comme un petit dictateur bête et veule. « La médiocrité a tous les droits, elle ne les a pas tous. » À la même époque, Édouard Daladier qu'il tient pour le fossoyeur du Front populaire fait également les frais de sa verve polémique. Le « Dialogue entre un président du Conseil et un employé à 1 200 francs par mois » (dialogue impossible : les deux hommes appartiennent à deux mondes que tout sépare) et le « Petit portrait dans le goût du temps », parus dans *Alger républicain* en décembre 1938, de même que les lettres de Vincent Capable, primeuriste, du 2 au 30 août 1939 sont de petits chefs-d'œuvre d'ironie froide. La censure a d'ailleurs interdit la cinquième d'entre elles. Paul Reynaud, lui, est moqué pour ses « slogans » : « Ne dites pas : "l'impôt se dévore lui-même", car cela déplaît fort à notre ministre qui s'y connaît ; mais répétez selon son désir : "plus je paie d'impôts et plus je suis veinard car j'échappe à l'inflation". »

À peine installé en France métropolitaine, Camus y assiste à l'effondrement de la IIIe République. Pensant à ces hommes politiques de ladite République, il écrit dans le premier tome de ses *Carnets* : « Tous ont trahi. » L'événement l'abasourdit. Les Édouard Herriot, Camille Chautemps et autres caciques du régime n'ont pas même eu un sursaut de défense républicaine. La leçon de choses le conforte dans sa méfiance à l'égard de la classe politique. Le gouvernement de la cité ne doit pas être abandonné à des opportunistes, à des hommes coupés du concret et d'abord soucieux de leur carrière. Il est significatif qu'il utilise à propos de Pierre Pucheu puis de Daladier la même formule – « manque d'imagination » – dont use bien plus tard Hannah Arendt à propos d'Adolf Eichmann. Le procès du premier lui inspire cette réflexion : « Le temps de l'abstraction est terminé. » Un peu plus tard, il reprend la même idée dans *Combat* d'abord à propos de Pétain signant des lois qui amenaient la condamnation à mort de compatriotes (« S'il a manqué d'imagination sur ce point, d'autres en avaient pour lui »), puis à propos des hommes politiques en général (« On voudrait donner de l'imagination à ceux dont les actes ont des répercussions directes sur ces vies individuelles dont le gouvernement a la charge »), et de Daladier en particulier (« Si M. Daladier avait eu quelque imagination… »).

À *Combat*, l'on se méfie des partis politiques traditionnels et l'on souhaite l'émergence d'« hommes nouveaux ». Camus l'écrit dans ses éditoriaux des 2, 4 et 6 septembre 1944. Il rappelle que, dans son immense majorité, le personnel parlementaire a voté les pleins pouvoirs au maréchal Pétain. Il n'est pas question, pour lui, de restaurer un « ordre médiocre et taré » : les politiciens qui ont failli doivent être mis à l'écart. La « classe dirigeante » tout entière ayant « démissionné », une relève s'impose. Dès le 29 août, il s'en prend à Gaston Bergery qui, après avoir été élu du Front populaire et une plume de Pétain, fait des offres de service à de Gaulle. Son « réalisme politique » n'est plus de saison. Camus veut le croire. L'opportunisme, si immoral soit-il, a pourtant encore de beaux jours. Les partis reconstitués peinent à renouveler leurs cadres et les caciques de la défunte république, « Édouard Herriot, et ses semblables », refont rapidement surface. Le 27 juin 1945, le premier fait les frais d'un éditorial particulièrement virulent. Ses collègues radicaux et lui, estime Camus, sont des hommes du passé. « la morale sans obligation ni sanction qui était la leur, la France de boutiquiers, de bureaux de tabac et de banquets législatifs dont ils nous ont gratifiés, a fait plus pour énerver les âmes et détendre les énergies que des perversions plus spectaculaires. […] Les Français sont fatigués des vertus moyennes […]. Il n'est donc pas étonnant qu'ils se détournent de leurs fausses élites, puisqu'elles furent, d'abord celles de la médiocrité ». Pour faire bonne mesure, il ajoute encore une allégation infamante : « Il est possible que, dans l'entourage de M. Herriot, on préfère deux heures de marché noir à une semaine de travail. » Puis il conclut que la France a besoin d'une réforme politique comme d'une réforme morale. Les professeurs de vertu ont fait leur temps, eux qui ont ridiculisé les mots de « député » et de « gouvernement ». Ils n'ont qu'une seule chose à faire : s'effacer définitivement. Ils n'en font rien. Camus revient donc à la charge contre ces « revenants solennels » dans trois nouveaux éditoriaux datés des 23, 24 et 26-27 août 1945 qui ne sont pas moins virulents. Les « politiciens professionnels » du parti radical, ces rhéteurs, ces médiocres rappelle-t-il, ont à leur bilan les décrets-lois qui ont enterré le Front populaire, les accords de Munich et les pleins pouvoirs accordés à Pétain. Ils sont non seulement « inutiles » mais encore « nuisibles ». Ces diatribes reprennent des thèmes formulés par les non-conformistes des années 1930. On trouverait les mêmes analyses, les mêmes accents chez Emmanuel Mounier. Elles montrent de quel discrédit, aujourd'hui mal aperçu, le personnel politique de la IIIe République était l'objet avant et après la guerre. Pour les raisons qu'il a énoncées dans ces articles, l'éditorialiste de *Combat* appelle à voter « oui » au double référendum d'août 1945 afin qu'une nouvelle Constitution remplace celle de 1875 chère au parti radical.

Camus dit éprouver « une méfiance instinctive pour les jeux du tréteau parlementaire ». Ce ne sont que « tractations », « marchandages », « chicanes » ; les « assauts d'éloquence » sont aussi vains au Palais-Bourbon qu'à la mairie d'Alger. Le régime d'assemblée, il est vrai, fait la part belle aux rhéteurs. Les actes démentent les paroles. Cette idée n'est pas neuve, qu'illustre le roman du XIXe siècle. Aux représentants du peuple, l'écrivain algérois demande d'exercer leurs responsabilités, et d'abord de siéger effectivement. Quant aux gouvernants, il leur demande de gouverner. Gouverner, c'est choisir, c'est prendre le risque de l'impopularité. « Un ministre ne peut être partout. Il ne peut tout concevoir ni tout surveiller, il arrive qu'il se contente de signer » (*Combat*, 5 décembre 1944). Les pratiques tardent à changer. Le ministère du Ravitaillement, tenu par Paul Ramadier, vit « dans l'abstraction ». Un homme politique doit être courageux, non habile.

D'après Camus, les parlementaires sont coupés de la société, du monde réel. Leurs préoccupations ne sont pas celles de leurs électeurs. « La lutte politique n'est pas une carrière ni un loisir », écrit-il en 1955. Il voudrait qu'elle soit un service. La classe politique est une caste qui concentre les défauts de la société bourgeoise. Alors que l'origine sociale et le capital culturel sont les passeports pour la politique professionnelle, les élus se perçoivent comme des « traducteurs diplômés ». Eux seuls, à les entendre, savent interpréter la volonté populaire et servir l'intérêt général. Sous la IVe République, ils servent trop souvent leur parti et des intérêts particuliers. Que les bouilleurs de cru, par exemple, dictent leurs volontés aux élus indigne Camus. « Mon élu, écrit-il, pour être nommé, doit plaire à une minorité, même s'il est porté par une majorité. » Quand il s'agit de l'Algérie ou plus largement de l'outre-mer, les parlementaires manifestent leur désintérêt ou leur ignorance. Le chroniqueur de *L'Express* impute alors les défaillances des élus aux institutions, en l'occurrence au régime d'assemblée et au mode de scrutin.

Un homme échappe à ce procès en règle. Ce n'est pas, comme pour André Malraux ou François Mauriac, le général de Gaulle. Camus le respecte, mais se méfie de lui. C'est Pierre Mendès France. En 1955-1956, il lui sait gré d'avoir bousculé une classe politique aboulique. Il a apprécié sa clairvoyance et son courage, son parler vrai et son pragmatisme républicain. Il appelle à voter pour le Front républicain dont il est le héraut. Mais les partis traditionnels écartent Mendès, lequel échoue à organiser la diaspora de ses soutiens. Camus prend acte de cet échec et se situe plus que jamais à distance de la société politique. Il refuse toute mission officielle que l'exécutif était prêt à lui confier.

Son œuvre fictionnelle donne une image peu flatteuse des politiques. Les sénateurs de *Caligula*, sauf Cherea, sont veules. Ils ne cessent d'étaler leur médiocrité, leurs petitesses. Au fil de la pièce, ils sont appelés « incapables », « cuistres », « imbéciles », « insignifiants ». Caligula blesse leur vanité, il va jusqu'à les traiter en domestiques. Ils s'humilient devant lui pour garder leurs privilèges. Dans *La Peste*, le préfet et les édiles d'Oran sont incapables de prendre les « mesures » que requiert la situation. Le premier attend des ordres. « Il faudrait de l'imagination », commente Rieux. Ayant manifesté leur incompétence, les politiques disparaissent rapidement de la fiction et il revient aux « formations sanitaires », à des hommes de bonne volonté issus de la société civile de suppléer leurs carences. Le personnage du gouverneur est plus développé dans *L'État de siège*. C'est un notable conservateur, un homme d'ordre qui fait penser à Salazar. Il se veut « le roi de l'immobilité ». Il faut, pour lui, que « rien ne se passe » : « Rien n'est changé et cela est bon. Le changement m'irrite » ; « Rien n'est bon de ce qui est nouveau. » Les alcades, qui figurent la classe politique, lui font écho. De cet immobilisme, commente l'homme du peuple, les pauvres font les frais. Les libertés aussi. La pièce mentionne une interdiction préventive des rassemblements et divertissements. La propagande, pendant ce temps, nie, camoufle les faits, en l'occurrence les ravages de l'épidémie. « Il faut, déclare le premier alcade, dissimuler la situation et ne dire la vérité au peuple à aucun prix. » C'est en effet un enfant immature, imprévisible. Quand il parle en public, le gouverneur use d'ailleurs d'un langage paternaliste. Il laisse la place à la Peste, ayant assuré ses arrières, et les alcades font allégeance au nouveau maître.

Camus est l'un des auteurs que les hommes politiques français citent le plus souvent dans leurs écrits et discours. C'est de la famille socialiste qu'il se sentait le plus proche. Son premier commentateur universitaire français, Roger Quilliot, a fait une longue carrière qui l'a mené jusqu'au gouvernement de François Mitterrand. Les personnalités de la deuxième gauche, les rénovateurs du Parti socialiste se sont souvent recommandés de lui. C'est le cas notamment de Michel Rocard, de Bernard Kouchner et de Robert Badinter. Les autres l'ont ignoré superbement. À droite, c'est dans la période la plus récente qu'il est convoqué comme signe d'ouverture.

Jeanyves GUÉRIN

Bibl. : Jeanyves Guérin, « Les hommes politiques français lecteurs de Camus », dans Jeanyves Guérin (dir.), *Camus et la politique*, L'Harmattan, 1986, p. 19-29 • Id., *Camus. Portrait de l'artiste en citoyen*, François Bourin, 1993, p. 137-152

HONGRIE. – Trois tragédies des années 1950, souvent falsifiées, condamnées, minimisées, ont mis Camus hors de ses gonds : l'insurrection ouvrière de Berlin-Est en juin 1953, l'émeute de Poznan en juin 1956 et l'insurrection hongroise en octobre 1956.

Quelques mois après la répression dure et prompte de la manifestation des ouvriers à Poznan, l'écrasement de l'insurrection hongroise remplit d'autant plus Camus d'horreur qu'il ressentit une « tragique impuissance ». Une de ses prises de position est une réponse à un appel des écrivains hongrois aux intellectuels occidentaux, appel dans lequel il était nommément cité. Disant sa honte, sa révolte et sa tristesse, et l'indignation unanime des écrivains français, il appelait les écrivains européens à demander à l'ONU « d'examiner sans désemparer le génocide dont est victime la nation hongroise », à demander le retrait immédiat des troupes soviétiques et leur remplacement par une force internationale, la libération des détenus, l'organisation d'une consultation libre du peuple hongrois. Répétant sa honte devant l'inanité de cette réponse des écrivains et intellectuels, disant aussi sa honte devant la « faillite dramatique » des mouvements et idéaux de gauche et la médiocrité des gouvernements démocratiques qui étaient « faibles ou cruels », il proclamait sa foi dans une véritable Europe. Cette Europe existait, « unie dans la liberté et la justice, face à toutes les tyrannies »,

Europe pour laquelle les Hongrois mouraient en masse. Il appelait à relayer aussi loin que possible l'appel de Budapest (*Franc-Tireur*, 10 novembre 1956).

Un message à un meeting d'étudiants (23 novembre 1956) était centré sur la liberté, raison de vivre. Camus se tournait vers le passé des hommes de sa génération : dix ans de lutte contre le nazisme et dix ans de lutte contre la tyrannie stalinienne et « les sophismes de ses défenseurs de gauche ». Il invitait la jeunesse à regarder autrement sa propre nation, et, exigeant d'elle toute la justice dont elle est capable, d'être soucieuse par-dessus tout, « de sa survie et de sa liberté », c'était la leçon que le sacrifice hongrois donnait. « L'esprit libre et le travail libre, dans une nation libre, au sein d'une Europe libre, sont les seuls biens de cette terre et de notre histoire qui vaillent qu'on lutte et qu'on meure pour eux. »

Dans un message, adressé lors d'un meeting tenu à la salle Wagram le 15 mars 1957 à l'occasion de la fête nationale hongroise, Camus martelait qu'il n'y avait pas d'évolution possible dans une société totalitaire. « La terreur n'évolue pas, sinon vers le pire, l'échafaud ne se libéralise pas, la potence n'est pas tolérante. » Il en appelait à la pluralité des partis ; seule une société démocratique permettait de dénoncer l'injustice et le crime, de les corriger, elle seule permettait aujourd'hui de dénoncer la torture « aussi méprisable à Alger qu'à Budapest ». Au ministre des Affaires étrangères soviétique Dimitri Chepilov, qui venait d'écrire que l'art occidental était destiné à former « des massacreurs de toute espèce », Camus répondait que la culture stalinienne ne connaissait que « sermons de patronage », « vie grise », « catéchisme de la propagande » et que les écrivains hongrois montraient qu'après avoir crié, ils préféraient « se taire plutôt que de mentir sur ordre ». Il affirmait partager avec les écrivains polonais, hongrois et les écrivains russes bâillonnés une vraie foi : « une force de persuasion et de vie, un immense mouvement d'émancipation qui s'appelle la culture et qui se fait en même temps par la création libre et le travail libre » (*Franc-Tireur*, 18 mars 1957).

En 1958, les éditions Plon publiaient *La Vérité sur l'affaire Nagy*, avec une préface de Camus. Imre Nagy, Premier ministre, et trois de ses coaccusés furent condamnés à mort et exécutés le 16 juin 1958. Miklos Molnar expliquait trente ans plus tard : « La monstruosité du procès réside dans la criminalisation d'actes politiques parfaitement légaux et, de toute façon, n'entrant dans la compétence d'aucun organe juridique. Plus monstrueux encore est le procès du point de vue moral [...]. Derrière les accusés, c'est toute l'opinion publique qui est ici condamnée » (*De Bela Kun à Janos Kadar*, 1987). Camus rappelait dans sa préface : « Nagy a été assassiné, et non pas jugé. » Il s'en prenait avec rage à Wladyslaw Gomulka, premier secrétaire du comité central polonais, qui avait conclu que l'intervention des troupes soviétiques était « un acte correct et nécessaire », à Tito, à Mao, ceux qui avaient couvert, justifié, tout ce qu'il y avait eu autour de Nagy : « parjure, forfaiture, mépris du droit international, violation de l'immunité diplomatique et des personnes parlementaires, rapts et assassinats ». Il s'en prenait aussi à l'ONU : elle s'était mise en colère en octobre 1956, Janos Kadar lui avait « renvoyé ses ordres à la figure », et elle avait encaissé ; le représentant du gouvernement Kadar siégeait à l'ONU et prenait « régulièrement la défense des peuples opprimés par l'Occident ». Lui-même avait cru, naïvement, à la protestation en octobre 1956 d'hommes qui avaient habituellement des « yeux attendris » pour l'entreprise soviétique ; les mêmes, trois mois après, avaient élu un député communiste à Paris, certes, le « cœur navré », mais ils avaient « digéré » les morts de Budapest. Submergé par le dégoût plus encore que par l'indignation, Camus jugeait pourtant bon que ce livre dise la vérité sur la mort d'Imre Nagy parce qu'il ne fallait pas que les pendus soient suppliciés une seconde fois, par la lassitude, la faiblesse, le mensonge généralisé. Il appelait à une certaine « obstination » : « Le refus du fait accompli, l'alerte du cœur et de l'esprit, la décision d'ôter au mensonge son droit de cité, la volonté de ne pas abandonner l'innocence, même après qu'elle eut été étranglée, ce sont les règles d'une action possible. » Il faut souligner qu'au-delà de ses engagements publics, Camus a agi avec « obstination » pour sauver des écrivains hongrois emprisonnés. Aujourd'hui encore, en 2007, la tombe de Camus, à Lourmarin, est fleurie par des Hongrois.

Jeannine VERDÈS-LEROUX

HONNEUR. – Ce mot est l'un des dix par lesquels Camus avait voulu définir son œuvre. Il apparaît subitement dans *L'État de siège*, où la fréquence de son emploi est frappante. En effet, et quel que soit le sens que lui attribue l'auteur, le mot retentit vingt-deux fois aux oreilles des spectateurs. Diego, le héros, est présenté comme un homme qui aspire à l'honneur et la plupart des personnages principaux prononcent ce mot. À cette époque, Camus, comme Georges Bernanos qu'il admire, considérait l'honneur comme une valeur qui fait corps avec la justice et la liberté. Il est l'antonyme du réalisme politique. Le mot revient dans ses écrits politiques. On le trouve ainsi dans plusieurs articles de *Combat*, en 1944-1947, et notamment dans ceux évoquant le peuple espagnol et la cause de la république, et encore trois fois dans l'avant-propos à *Chroniques algériennes*.

La notion reste néanmoins quelque peu ambiguë, quoiqu'elle soit sans aucun rapport avec la classe sociale à laquelle appartient Diego ni avec la réputation de sa lignée, comme c'est le cas chez Calderón, Corneille ou Vigny, et que, pour Diego, l'honneur représente une dignité purement personnelle, une dignité d'homme. *Les Justes* cristallisent cette notion chez son auteur en prescrivant les limites qu'il est interdit de dépasser. Si l'on compare cette pièce à *L'État de siège*, on y trouve un usage restreint du mot que Kaliayev et Stepan sont les seuls à prononcer. Camus l'emploie au cœur de l'action, dans la scène de la confrontation de Stepan et du protagoniste à la fin du deuxième acte. En réponse au reproche de ne pas avoir lancé la bombe, Kaliayev se justifie par ces mots : « si un jour, moi vivant, la révolution devait se séparer de l'honneur, je m'en détournerais ». Il est permis de tuer le grand-duc au prix de sa propre vie, mais « tuer des enfants est contraire à l'honneur ». Il s'attire cette réplique cinglante de Stepan : « L'honneur est un luxe réservé à ceux qui ont des calèches. » Tout en respectant les limites prescrites par l'honneur, Kaliayev exprime le vrai sens de la dignité d'homme. Dans cette pièce, l'honneur même est étranger à la noblesse. Ce qui est impliqué par ce mot n'est autre que la noblesse d'esprit, l'aristocratie de l'esprit pour ainsi dire. Ayant perdu la foi en l'innocence et en la justice, Camus aurait conceptualisé cette nouvelle valeur de la notion d'honneur après avoir rencontré le personnage de Kaliayev dans les *Souvenirs d'un terroriste* de Savinkov, ce dont témoigne en 1947 une note des *Carnets*. L'honneur constitue dorénavant pour lui un soutien moral.

Cependant la notion connaît une subtile modification chez l'écrivain algérois dans les dernières années. Le conditionnement social de l'honneur a de moins en moins d'influence et de portée et celui-ci devient une affaire plus personnelle. Pour Daru dans *L'Hôte*, « livrer » un homme, fût-ce un meurtrier, est « contraire à l'honneur ». L'attitude de l'instituteur, désireux de se conduire en homme, est en rapport avec la morale virile qui est exaltée dans *L'Été à Alger*. Camus, qui dans ses premières années n'a jamais défini concrètement cette morale de l'homme, finit dans ses dernières par l'appeler l'« honneur ». Dans *Le Premier Homme*, Jacques Cormery, « premier homme », est obligé de partir de zéro et de se forger lui-même des soutiens l'aidant à vivre, morale, vérité, etc., et ce sans autre recours que l'honneur.

Yosei MATSUMOTO

Bibl. : Yosei Matsumoto, « Sur l'honneur chez Camus – nouvelle valeur dans *L'État de siège* », Tokyo, *Études de langue et littérature françaises*, n° 60, 1992, p. 171-183

HÔPITAL DU QUARTIER PAUVRE (L'). – L'édition de la « Pléiade », en 2006, propose une série de courts textes posthumes qui semblent être les prémices de *L'Envers et l'Endroit*. Ces textes écrits entre 1933 et 1936 prouvent que l'univers du « quartier pauvre » – le quartier Belcourt où grandit Camus – a été élaboré avant la conception et l'élaboration des essais.

L'Hôpital du quartier pauvre remonte vraisemblablement à 1933. La pauvreté, mais aussi la maladie ont été pour Camus l'occasion de découvrir le sens de la vie. Ce texte de deux pages semble constituer le premier effort de l'écrivain pour rendre compte d'une expérience personnelle, même si l'origine subjective de l'expérience est occultée par un récit qui se veut objectif. « La réalité semble parler d'elle-même », écrit Jacqueline Lévi-Valensi. La première phrase offre une description surprenante du ciel : « Du ciel bleu descendaient des millions de petits sourires blancs. » Suit une longue description caractérisée par l'utilisation récurrente d'attributs métaphoriques anthropomorphiques (des « tuiles de sang frais ») ou zoomorphiques (champ sémantique de l'oiseau). Renversant la métaphore, les tuberculeux, qui s'installent au soleil, sont ensuite décrits comme une « *volée* d'enfants ». Un long paragraphe glose ensuite autour de la folie d'un ancien coiffeur, escamotant presque la description de sa maladie : le narrateur se contente d'une brève notation dépouillée de son verbe : « deux poumons troués de cavernes ». On retrouve le mélange délibéré – sur un mode métaphorique – du champ sémantique de l'homme et de celui de la nature, doublé d'un ton férocement ironique : le coiffeur empêché de pratiquer son métier tenta de se jeter sous les roues d'une voiture, le chauffeur « dans sa fureur d'homme bien portant à qui on veut créer des ennuis » lui botta les fesses. Et le narrateur de conclure : « Depuis ce jour le coiffeur n'avait plus osé mourir. » Apparaît un personnage pourvu cette fois d'un nom, Jean Perès qui n'avait qu'un poumon atteint (et donc de bonnes chances de guérir…), mais qui est mort d'avoir trop honoré son épouse. L'histoire suscite chez les malades des objurgations à la prudence. Une nouvelle description du ciel se superpose alors à l'évocation des « corps sans chair, réduits à des lignes osseuses » invités par la nature à sourire, mais luttant désespérément contre la mort. Le texte s'achève sur une longue description du jardin qui signe le caractère rétrospectif de l'évocation de ces hommes « dont la plupart sont morts et quelques-uns guéris ».

Ce texte tout entier tendu entre l'espoir de survivre, l'évocation d'une nature somptueuse et riante et la menace de la mort, contient un nom, qui sera repris dans plusieurs des œuvres suivantes, moyennant quelques variations orthographiques, « Jean Perès », et l'anecdote, reprise dans *La Mort heureuse* puis dans *La Peste*, du tuberculeux mort d'avoir trop fait l'amour. Camus, âgé alors de vingt ans, semble avoir été marqué, voire inquiété, par cette anecdote (réelle ou inventée ?) qui prend l'allure d'une blague de mauvais goût. *L'Hôpital du quartier pauvre* est en effet directement puisé aux sources troubles d'une expérience vécue : en 1930, à dix-sept ans – soit trois ans avant la rédaction de ce texte – Camus a subi les premières atteintes de la tuberculose. Il fut soigné à l'hôpital Mustapha, à Alger. Ce bref séjour dans un hôpital de pauvres a sans doute ajouté au choc que constituait pour un tout jeune homme la possible imminence de la mort, et plus immédiatement encore la faillite d'un corps jusque-là vigoureux. Le jeune Camus recueille l'essence de ce traumatisme à la fois initial et initiateur. Il inscrit puissamment le corps dans le monde, et le monde dans le corps, tout en signalant la fragilité de l'un face à l'insolent épanouissement de l'autre.

Séverine GASPARI

Éd. : *Essais*, Gallimard, coll. « Bibl. de la Pléiade », 1965, p. 1216-1218 • *Œuvres complètes*, Gallimard, t. I, coll. « Bibl. de la Pléiade », 2006, p. 73-75, éd. par Jacqueline Lévi-Valensi et Samantha Novello

HOSPITALITÉ. – Dans l'œuvre de Camus, il n'est pas rare de rencontrer des « hôtes » et des « étrangers » ainsi que des « exilés » à la recherche de leur « royaume ». Malgré beaucoup de bonne volonté, l'hospitalité s'avère pour eux le plus souvent problématique. Dans la vie comme dans l'œuvre, la situation politique en Algérie a suscité une certaine ambiguïté autour de la notion d'hôte, rendant bien précaire un éventuel désir de vivre ensemble. L'auteur recommande pourtant la solution fédérative qui tient compte davantage des personnes que des forces politiques en présence. Pour lui, tout se joue à hauteur d'homme et l'Afrique du Nord cosmopolite, libérée des nationalismes étroits, baignée par la Méditerranée, est un espace hospitalier possible, susceptible d'assurer l'équilibre entre nature et devenir. Il est possible d'établir, dans cette région, d'heureux rapports de proximité pour peu que l'on reste fidèle à la valeur qui fonde la révolte. L'homme absurde et l'homme révolté sont attentifs à l'existence d'autrui. Ils connaissent les vertus de l'hospitalité et n'ignorent pas le souci de partager les biens du monde ou de préserver la dignité de son prochain. Ils sont aussi des hommes de dialogue.

Chez Camus, l'hospitalité privilégie les rapports intimes et répugne aux relations officielles. Dans l'œuvre, certains personnages sont disponibles et aptes à partager des lieux d'accueil. Janine (*La Femme adultère*) s'affranchit momentanément des liens conjugaux pour recevoir dans son « corps tiède et reposant » la douceur de la nuit étoilée, à proximité du désert des nomades. D'Arrast (*La Pierre qui pousse*) aime mieux porter la pierre qui pousse jusqu'au foyer de la famille humble que de rester à la tribune officielle. Mais malgré cette aptitude à s'affranchir de certaines formes de réquisitions, ces personnages ne peuvent jouir pleinement de leur qualité d'hôtes. Il y a des limites à l'hospitalité et à ses rapports intimes.

Recevoir n'est pas assimiler. À un moment crucial de la macumba, d'Arrast est prié de quitter la case. L'absence d'une identification claire des hôtes perturbe l'ordre de l'hospitalité. Daru (*L'Hôte*) est ainsi confronté à l'incompréhension des « Arabes » et des Français. N'est-il pas à la fois homme des plateaux désertiques et fonctionnaire de l'État colonisateur ? Une identité problématique peut susciter une hospitalité douteuse. Dans cette dernière nouvelle, les signaux d'hostilité et les signes d'hospitalité se succèdent. L'hospitalité absolue et l'anonymat sont les privilèges des nomades qui vivent dans des espaces vierges, à l'abri du quadrillage de l'administration.

L'exil forcé de Camus en France rend fort complexe l'identité des hôtes dans la fiction. Les personnages qui sont infidèles à leur origine, y compris à leur nom, ne peuvent bénéficier d'un accueil hospitalier. Jan (*Le Malentendu*) dissimule son identité et en meurt tandis que « le renégat » (*Le Renégat ou Un esprit confus*) perd ses repères et se perd lui-même, emporté par la spirale de la violence. « L'Arabe » de *L'Hôte* n'a pas de nom et Daru n'arrive pas vraiment à établir avec lui une relation d'hospitalité à hauteur d'homme. L'identité de l'instituteur est à l'image de celle de l'auteur : son retour après l'exil ne lui confère vraiment ni le statut d'autochtone ni celui d'étranger.

Face aux pièges d'une hospitalité équivoque, faut-il apprivoiser cette étrangeté ou affirmer son identité ? Pour recevoir chez lui son interlocuteur, Clamence inverse ou subvertit toutes les valeurs. Quant à Jonas, son appartement est envahi d'importuns parce qu'il n'a pas su préserver l'intégrité de son foyer et qu'il a laissé prendre en otage sa générosité hospitalière. Recevoir se fait selon les motivations des hôtes. Quand elles sont en accord sinon similaires, on obtient un rapport semblable à celui de Janine et des nomades du désert ; dans le cas contraire, c'est la discorde. Meursault finit par prendre l'aumônier par le collet de sa soutane. Souvent inapte à l'accueil malgré lui, le personnage ressent un besoin contrarié de convivialité. Il n'est jamais simple de recevoir (*L'Hôte*). Il n'est pas non plus donné de recevoir l'accueil que l'on désire (*Le Malentendu*).

La configuration de l'espace littéraire dépend de la vision du monde de l'auteur et plus particulièrement de son indéfectible fidélité à l'univers de ses origines. L'écrivain apprécie les demeures peu encombrées de meubles et d'objets. Il « aime la maison nue des Arabes ou des Espagnols », refuge plus spirituel que matériel. Il fréquente volontiers les chambres d'hôtel modestes qui le préservent du confort bourgeois. Le lieu hospitalier relève de ces préférences. Sa quête difficile éclaire certaines implications esthétiques de l'écriture. L'art trace les contours de ce lieu. Dans la fiction, les personnages jouent à l'envi la donne de l'hospitalité. Ils franchissent de très nombreux seuils : des entrées concrètes comme la porte de Clamence ou celle de Daru, ou bien des limites symboliques, comme la porte du malheur de *L'Étranger*. Quelle qu'en soit l'issue, cette démarche témoigne des préoccupations de l'écrivain, à mi-chemin entre l'exil et le royaume.

La difficulté de confirmer les virtualités de l'hospitalité est une constante dans l'œuvre de Camus. La quête du personnage est presque constamment contrariée. Dans *L'Étranger*, sa disposition naturelle à la convivialité finit par se retourner contre Meursault. Le lecteur attentif de *La Chute* connaît bien le décor sournois du piège qui mène l'interlocuteur jusqu'à la porte de Clamence. Dante place ceux qui dérogent aux lois de l'hospitalité dans le dernier cercle de l'enfer et c'est justement là que le personnage prétend mener son éventuelle victime. L'hospitalité s'inscrit en creux dans les valeurs négatives que la fiction met en scène. Le lecteur ou le spectateur sont conviés à une démarche de décryptage. Par exemple, on peut puiser à la source du même désir de vivre que Caligula éprouve face à l'absurde pour enfin « supprimer le miroir » du narcissisme, surmonter son désarroi et apprendre ainsi à établir, peut-être, des rapports bienveillants.

L'œuvre de Camus oscille entre hostilité et hospitalité. Pourtant, la quête d'une forme d'accueil pour les hommes, qui soit honorée par les hommes, sous-tend sa fiction. Le grand anonymat qui doit recouvrir Jacques Cormery (*Le Premier Homme*) n'est-il pas à la pointe de l'exil au bout duquel un retour au pays est envisageable ? L'œuvre en création défriche des configurations inconnues qui délimitent justice et droit pour instaurer des lieux d'hospitalité.

Sans jamais trancher, l'art montre qu'il est possible de pallier les carences de la réalité. Chaque personnage essaie à sa manière d'adopter une posture d'hôte adéquate. Peu y réussissent comme d'Arrast ou Grand. D'autres comme Meursault font un pas de trop. Mais tous sont confrontés au problème de la mesure et de la distance dans leur rapport aux autres. De fait, le texte littéraire, accordé au diapason de l'ironie et du lyrisme de l'auteur, tantôt étranger et tantôt rapatrié, ne cesse d'instaurer un possible espace hospitalier. L'artiste nie les frontières et tempère l'hégémonie de l'histoire. Son art réunit. Il est don et don de soi.

Mohamed-Kameleddine HAOUET

Bibl. : Mohamed Kameleddine Haouet, *Camus et l'hospitalité*, L'Harmattan, 2003

HÔTE (L'). – *L'Hôte* fait partie de *L'Exil et le Royaume*. Cette nouvelle a été écrite alors que la guerre d'Algérie venait de commencer ; sa mise au point s'est effectuée alors qu'elle faisait rage. Roger Quilliot estime pourtant que son projet date de 1952, donc préexiste au déclenchement de ladite guerre. Camus, on le sait, choisit soigneusement les noms de ses personnages. Celui du personnage principal, Daru, fait assonance avec le sien. Ce personnage est sans doute le porte-parole de l'auteur. Il est celui qu'il aurait pu être. Figures interchangeables, l'instituteur et le médecin, ont noté les critiques, sont des doubles de l'écrivain.

Daru vit « presque en moine » dans une petite école des hauts plateaux. Partout ailleurs qu'en ce paysage austère, l'instituteur se sent en exil. Il est solitaire et célibataire, comme le sont Meursault et Tarrou ; il est sans enfants comme Rieux. L'on ne montre pas ses élèves mais le récit mentionne qu'il est leur nourricier : il est chargé de leur fournir des rations de survie. L'arrivée de deux hommes brise sa solitude. Balducci, vieux gendarme de ses connaissances, à cheval, traîne un Arabe qui chemine à pied, les mains liées. Le spectacle, pour Daru, est celui d'un homme traité comme un animal, humilié. Il porte des sandales, le chèche et la djellaba traditionnels. Il a des « lèvres énormes », « épaisses », « grosses »,

« la bouche animale », le « front buté », les « yeux sombres » et « fiévreux », « la peau recuite », « la poitrine maigre ». Sa caractérisation physique le plie *grosso modo* à l'éthnotype maghrébin. Il est aussi assoiffé et affamé. Il figure donc le pauvre. Le narrateur le décrit comme « inquiet », « rebelle », « boudeur ». Il est et reste tout au long du récit une énigme vivante.

Le gendarme demande à Daru un service : héberger pour une nuit le « prisonnier » puis le « mener » au premier poste de police. L'homme, précise-t-il en réponse à une question, n'est pas un rebelle : il a égorgé son cousin. Peu importent les « ordres » : Daru signifie à Balducci qu'il ne livrera pas cet Arabe. Un être humain n'est pas un colis. L'humaniste pratique ce qui s'apparente à une objection de conscience et froisse son ami. Le gendarme parti, l'instituteur s'efforce de traiter l'Arabe avec humanité. Il ne le tient pas pour un ennemi potentiel, lui offre le gîte et le couvert. Les rites de l'hospitalité pourraient susciter de la fraternité, mais la distance culturelle est trop grande entre les deux hommes, et leur conversation se réduit à des bribes laconiques. Ils se tutoient spontanément. Il n'y a là de la part de Daru aucune condescendance et d'ailleurs son interlocuteur semble s'être apaisé. Balducci avait précisé qu'il ne sait pas un mot de français. Le narrateur ajoute que Daru lui parle en arabe, langue que vraisemblablement il maîtrise mal. Qu'il ait fait l'effort d'apprendre la langue des autochtones est à souligner. L'arabe classique ou dialectal ne s'enseignait pas dans les lycées. Camus n'a pas cherché à l'apprendre. Il en connaissait quelques mots, comme beaucoup des siens.

Une fois leur frugal dîner achevé, Daru dresse le lit de l'Arabe dans sa propre chambre. Les deux hommes n'ont plus grand-chose à se dire. Le narrateur enregistre tôt l'échec de la communication. Il signale l'« hostilité », l'« irritation », l'« impatience » de Daru qui se sent « gauche », « emprunté ». Il ne sait comment interpréter le comportement de son hôte. Il n'a pas songé à lui demander son nom. Celui-ci, de son côté, l'avait d'abord pris pour un « juge ». Et l'on sait à quel point la figure du juge est négative chez Camus. Alors que son compagnon s'est vite endormi, Daru peine à trouver le sommeil. Jamais le sentiment d'une menace n'est formulé explicitement. Il se sent seulement « vulnérable ». L'auteur ajoute : « cette présence le gênait [...]. elle lui imposait une sorte de fraternité ». Le frère, en l'occurrence, s'est révélé peu loquace et c'est un meurtrier. Au matin, l'instituteur donne des vivres et un peu d'argent à l'inconnu et le conduit à un carrefour. Il lui explique que vers l'est, l'administration et la police l'attendent, tandis que vers le sud se trouvent les tribus nomades qui l'accueilleront. Là se trouve le royaume, un espace où l'État colonisateur ne dicte pas sa loi. C'est comme s'il lui demandait de choisir entre la liberté et la justice. L'homme, sans dire un mot, sans manifester de la gratitude, prend de son plein gré la direction de l'est, « la route de la prison ».

Deux mondes, remarque Mohamed-Kameleddine Haouet, se côtoient, s'ignorent ou se rejoignent : celui de l'appartenance à un État politique et celui de l'errance. Les nomades sont hors de l'histoire. Leur non-enracinement les exclut de la citoyenneté. C'est à eux que Daru le fonctionnaire, le sédentaire, l'Européen confie la prise en charge de l'inconnu, car il sait que le devoir d'hospitalité fait partie de leur culture. Il est un solitaire, leur tradition les pose comme généreux, solidaires. Dans un premier état du texte qui figure dans les *Carnets* III, on lit : « Ils sont pauvres et misérables, ils donnent tout à l'hôte. » Le personnage, qui s'appelle Pierre, ajoute : « eux sont des rois ».

L'analphabète n'a pas saisi ce que lui disait son interlocuteur. Le maître, si humain s'est-il forcé d'être, a échoué à transmettre l'information à son élève d'un moment. Daru, comme dans un autre contexte le fils prodigue du *Malentendu*, n'a pas trouvé les termes appropriés. Parler sa langue est une chose, se faire comprendre de lui en est une autre. Entre les deux hommes, il y a une relation, pas une rencontre. L'hôte reste l'autre et, qui plus est, un anonyme. Cette brève relation se solde par un fiasco. Le choc des cultures est flagrant et la barrière de civilisation infranchissable ; la communication interculturelle est difficile et la communion manquée. L'égalité et la fraternité, les valeurs républicaines de Daru se sont révélées abstraites, indicibles.

« Tu as livré notre frère. Tu paieras. » Une inscription lapidaire au tableau noir rappelle une réalité cruelle au hussard noir de la république coloniale : l'histoire s'est mise en route, lourde de menaces futures, les Arabes d'Algérie sont entrés dans l'histoire. L'exil ou la mort attendent l'homme de bonne volonté que l'histoire a pris en otage. Le message maladroitement griffonné par une main anonyme sanctionne l'échec d'une cohabitation possible. L'ultime paragraphe d'où est tiré cette dernière citation ne figure pas dans le manuscrit de la nouvelle. Il a été ajouté *in extremis*.

En tant qu'événement historique, la guerre d'Algérie n'est pas mentionnée, pas plus qu'elle ne l'est dans les autres nouvelles du recueil. Le mot est cependant prononcé dans un dialogue : « À la guerre, on fait tous les métiers. – Alors, j'attendrai la déclaration de guerre ! » Le gendarme évoque aussi un climat d'insécurité : « Ça bouge, paraît-il. On parle de révolte prochaine » ; « S'ils se soulèvent, personne n'est à l'abri, nous sommes tous dans le même sac. » Mais le narrateur évoque le « siège » que pourrait « soutenir » Daru. Qui serait l'assiégeant ? Si Daru possède un revolver, en plus de son fusil de chasse, c'est que, seul Européen, il ne se sent pas pleinement en sécurité.

La nouvelle fictionnalise la difficile relation entre le colonisateur et le colonisé. Elle confronte un double de Camus, montré comme un homme seul, et un anonyme, l'Algérien moyen, inconnu. La différence culturelle conditionne la relation d'hospitalité. Quand paraît *L'Exil et le Royaume*, la nouvelle a pris une actualité tragique. Le premier mort de la guerre était un instituteur, Guy Monnerot. À la fin de 1955, les maquisards ont fait brûler des écoles en Kabylie et nombreux sont les instituteurs qui ont demandé leur mutation à Alger. L'un parmi les derniers fut Mouloud Feraoun. Le FLN assassina le premier, l'OAS le second.

Jeanyves GUÉRIN

Bibl. : Wolf-Dietrich Albes, *Albert Camus und der Algerienkrieg : die Auseinandersetzung der algerienfranzösischen Schriftsteller mit dem « directeur de conscience » im Algerienkrieg (1954-1962)*, Tübingen, Niemeyer, 1990, p. 43-80 • Peter Cryle, *Bilan critique,* L'Exil et le Royaume *d'Albert Camus : essai d'analyse*, Minard, 1973, p. 119-148 • Avraham B. Yehoshua, *Comment construire un code moral sur un vieux sac de supermarché*, Éditions de l'Éclat, 2004, p. 85-104

HUMANISME. – Camus n'emploie pas souvent le terme « humanisme », et lorsqu'il l'utilise dans le Cahier V de ses *Carnets*, c'est pour déclarer qu'il trouve son contenu un peu court – « Il paraît qu'il me reste à trouver un humanisme. Je n'ai rien contre l'humanisme, bien sûr. Je le trouve court, voilà tout. » Dans *Actuelles* II, il écrit : « Je ne suis pas humaniste. Du moins au sens où on l'entend. » Dans le même livre, il souligne que l'Europe, « terre de l'humanisme », est devenue par son histoire récente le lieu du meurtre et des massacres. Il y a donc comme une distance, une défiance à l'égard du mot et de ce qu'il désigne. Les mots « humanité », « humain » (adjectif et substantif) en revanche sont beaucoup plus fréquents.

La première difficulté résulte de la polysémie du vocable. Il y a en simplifiant l'humanisme classique, l'humanisme chrétien et l'humanisme sans Dieu. L'humanisme classique entend arriver par la redécouverte et l'étude des textes anciens à une vision enrichie de l'homme ; l'homme doit s'inspirer de l'idéal antique pour se perfectionner sur les plans culturels, esthétiques et moraux. L'humanisme chrétien repose sur le dialogue entre Dieu et l'homme et met l'accent sur le fait que Dieu, l'infini, n'a pas hésité à se faire homme, fini, et à expérimenter la souffrance et la mort. Toute élévation de l'homme passe par l'imitation du Christ et requiert la participation et la bénédiction divines. Le père Henri de Lubac a analysé ce qui opposait l'humanisme chrétien à l'humanisme sans Dieu dans *Le Drame de l'humanisme athée* (Spes, 1944). Le second met l'accent sur le fait que l'homme n'est pas l'instrument de la plus grande gloire de Dieu, qu'il poursuit ses propres projets et ne sert pas des valeurs qui lui ont été révélées mais qu'il élabore lui-même. Il s'agit donc d'élever l'homme, de le servir pour lui conférer la stature qui lui revient. Camus se situe dans cet humanisme sans Dieu et voit dans la vie humaine la valeur fondamentale à respecter, ce qui explique qu'il se soit préoccupé du suicide dans *Le Mythe de Sisyphe*, du meurtre dans *L'Homme révolté* et de la peine de mort dans « Réflexions sur la guillotine ». « Car il s'agit de faire, en effet, le salut de l'homme », écrit-il dans *Actuelles*.

Que l'humanisme athée se passe de Dieu ne signifie pas que ses partisans soient d'accord sur les fins que l'humanité doit désormais poursuivre. Auguste Comte a développé l'idée d'un véritable culte de l'humanité, imité en beaucoup de points du catholicisme ; Nietzsche a incité l'homme à prendre son destin en main et à prolonger l'évolution naturelle en œuvrant à la création du surhomme ; l'hégélianisme a considéré que l'histoire menait au savoir absolu et à la réalisation de la raison et de la liberté ; le marxisme enfin pense que le prolétariat résoudra le mystère de l'histoire et créera la société sans classes. L'on aboutit dans tous ces cas à une divinisation de l'homme, du surhomme ou de l'histoire, divinisation qui est un des thèmes critiques majeurs de *L'Homme révolté*. Camus n'y voit que des manifestations de l'orgueil européen qui conduisent au désastre, aux sociétés totalitaires et au meurtre généralisé : quoiqu'il se rattache à l'humanisme athée, il n'est pas prêt à avaliser nombre de ses projets. La disparition de l'absolu divin ne doit pas mener à des absolus de pacotille mais au sens du relatif et de la mesure.

L'humanisme ne va évidemment pas sans vision de l'homme. Jean-Paul Sartre distingue dans *L'existentialisme est un humanisme* (Nagel, 1946) ceux qui croient à l'existence d'une *nature* humaine de ceux qui n'acceptent que l'existence d'une *condition* humaine. Avoir une nature signifie qu'on ne peut en changer, qu'elle est donnée et qu'il faut vivre avec elle tant bien que mal ; la condition humaine, quant à elle, est l'ensemble des limites qui sont imposées à l'homme (être dans le monde, parmi d'autres hommes, être mortel par exemple) : on ne rencontre ces limites que dans une situation particulière, situation que l'on peut s'efforcer de modifier. On ne change en principe pas plus la nature que la condition humaine, mais la première est plus large que la seconde qui est essentiellement négative puisqu'elle ne dit rien sur les potentialités de l'homme mais énumère simplement ce qui les limite. L'existence d'une nature humaine contredit le « premier principe de l'existentialisme » qui pose « [que l'homme] n'est d'abord rien », que « l'homme n'est rien d'autre que ce qu'il se fait » (*L'existentialisme est un humanisme*), que son existence précède son essence. Camus pense qu'il existe une nature humaine et ne nie nullement l'existence de la condition humaine ; Sartre n'accepte que la condition humaine.

Est-ce dire que si quelque chose comme une nature humaine existe, l'homme peut en saisir la totalité ? Selon Camus, l'être humain ne découvre pas sa nature une fois pour toutes ; c'est au travers des vicissitudes de l'histoire qu'il apprend à la connaître : il peut y avoir « au sein de nos sociétés, accroissement dans l'homme de la notion d'homme » (*L'Homme révolté*). Dans le monde du sacré par exemple, la révolte n'est pas possible : l'homme n'accède à la révolte qu'avec la sortie du sacré. La potentialité de la révolte est présente dès l'origine, mais elle ne peut s'actualiser que dans certaines circonstances. La différence entre la nature humaine et la condition humaine est que la découverte de la première, d'après Camus, est progressive, alors qu'en principe la seconde est présente avec ses limites dès qu'il y a des hommes.

Heidegger, dans sa *Lettre sur l'humanisme* (Aubier, 1957), a mis l'humanisme radicalement en question en critiquant notamment l'interprétation que Sartre donne d'un texte de *Sein und Zeit* : « *Das "Wesen" des Daseins liegt in seiner Existenz* » (« L'"essence" du *Dasein* réside dans son existence »), qu'il comprend comme « l'existence précède l'essence ». Heidegger montre que cette interprétation constitue un contresens notoire. Camus connaissait ce texte, puisque Roger Munier, le traducteur du *Brief über den Humanismus*, rapporte que Paulhan et lui avaient été chez Gallimard des lecteurs de sa traduction (*Heidegger et la question de l'humanisme*, sous la direction de Bruno Pinchard, 2005). Le philosophe allemand reproche à l'humanisme de rester prisonnier de la métaphysique : celle-ci pense l'essence de l'homme à partir de son appartenance à l'animalité, même lorsqu'elle lui attribue des qualités spécifiques. Pour lui, l'essence (« *das Wesen* ») de l'homme réside dans son rapport à l'être, dans son *ek-sistence* (dans le fait qu'il se tient dans l'éclairement – « *Lichtung* » – de l'être). Heidegger fait de l'homme le « berger de l'être », le « gardien de la maison de l'être » que seul le dialogue homme-être peut construire. Réduire l'homme à ses seuls projets ne sert qu'à accroître la détresse contemporaine.

Pour Camus, qui ne souscrit pas plus à l'interprétation sartrienne qu'à la conception heideggerienne de l'être, la tâche de l'être humain consiste à « faire son métier d'homme » (*Noces*), à découvrir en somme sa nature en se demandant « comment il faut se conduire ».

Le rapport à soi est avant tout problématique. L'homme, comme le dit le titre d'un chapitre du *Premier Homme*, est « Obscur à soi-même ». Les héros du cycle de l'absurde, Mersault, Meursault, Caligula et Martha expérimentent une révolte individuelle qui marque la difficile découverte et le rejet de leur nature et de leur condition. Les personnages principaux de *La Peste*, comme Rieux et Tarrou, ont progressé dans la connaissance de soi, mais ils continuent de se poser beaucoup de questions sur ce qu'ils sont : Rieux s'efforce de bien faire son métier de médecin, Tarrou de devenir « un saint sans Dieu ». Malgré ses stratégies obliques et son cynisme, Clamence, qui se moque des « humanistes professionnels », n'est pas au clair avec lui-même : la duplicité qu'il étale en est la preuve. Peut-on, au demeurant, réduire l'homme au rôle de « juge-pénitent » ?

Le rapport aux autres peut être exprimé par trois formules : l'homme est un loup pour l'homme, l'homme est un Dieu pour l'homme, l'homme est un homme pour l'homme. Camus n'ignore aucune d'elles : il sait – l'expérience de la colonisation et de la guerre le lui a appris – ce que l'homme peut faire à l'homme, mais il rejette la conception hégélienne selon laquelle « chaque conscience poursuit la mort de l'autre », qui inspire *L'Être et le Néant* de Sartre et *Humanisme et Terreur* de Merleau-Ponty. De la même manière, il voit dans le culte que l'homme peut se vouer un immense danger : pour diviniser une race ou une classe, tous les moyens sont bons, puisqu'ils sont justifiés par la fin à atteindre. La troisième formule est celle qui exprime le mieux la vision de Camus : victimes et bourreaux sont des hommes et la révolte originelle doit reconnaître en chacun d'eux la dignité et la liberté humaines. Toute exclusion définitive détruit la communauté humaine, la solidarité, et rompt la communauté de destin qui devrait opposer les hommes à la mort.

Selon Camus, le rapport de l'homme à la nature est double puisque la nature est « tendre indifférence » à son égard : elle lui donne la beauté et l'être, mais elle est aussi la marâtre qui le voue à la souffrance et à la mort.

Maurice WEYEMBERGH

Bibl. : Jacques Chabot, *Albert Camus. « La pensée de midi »*, Édisud, 2002 • Arnaud Corbic, *Camus et l'homme sans Dieu*, Le Cerf, coll. « La Nuit surveillée », 2007

HUMOUR. – *Voir* IRONIE

HUSSARDS (les). – Le groupe des « hussards » est ainsi dénommé dans une chronique des *Temps modernes* de décembre 1952. Bernard Frank y réunit trois écrivains « fascistes » qui ont eu vingt ans au cours de la guerre, Jacques Laurent (1919-2000), Antoine Blondin (1922-1985) et Roger Nimier (1925-1962), identifiés à une génération stendhalienne dont *Le Hussard bleu*, de Nimier, paru en 1950, constitue la référence. L'effet de groupe se renforce en janvier 1953, quand Laurent lance la revue *La Parisienne* à l'assaut des *Temps modernes*, puis lorsque Michel Déon, né en 1919, est associé au trio pour préfacer la réédition de *L'Amour vagabond* d'André Fraigneau, en 1956. La légitimation des hussards par la revue de Sartre confirme qu'ils ne se définissent pas en priorité par rapport à Camus. La ligne de partage n'en est pas moins nette. Leurs positions générales le suggèrent par contraste : contre l'éthique de l'engagement et de la responsabilité, la liberté individuelle du plaisir et du bonheur ; contre les décisions du Comité national des écrivains à la Libération, l'action en faveur des écrivains ostracisés, dont André Fraigneau ; un classicisme moderne désinvolte, enfin, sur les traces de Valery Larbaud, Jean Cocteau et Paul Morand.

Dans un groupe informel, les logiques et les évolutions sont indépendantes. Ainsi Blondin et Déon ont-ils toujours été en retrait par rapport à Camus. Michel Déon, à l'heure des mémoires et voyant dans les hussards une image d'Épinal plutôt qu'un ensemble cohérent, s'étonne simplement de « la renommée disproportionnée de l'honnête homme que fut Albert Camus ». Bien différents, les deux autres hussards manifestent une opposition tranchée. En février 1949, Roger Nimier, qui fait alors ses débuts de romancier, provoque le scandale. Dans le premier numéro de *Liberté de l'esprit*, mensuel gaulliste dirigé par Claude Mauriac, sa chronique intitulée « Le choix des victimes » contient cette phrase à propos de l'imminence d'une nouvelle guerre : « Et comme nous ne la ferons pas avec les épaules de M. Sartre, ni avec les poumons de M. Camus (et encore moins avec la belle âme de M. Breton) [...]. » *Le Grand d'Espagne* poursuit en 1950 l'offensive contre les « Girondins » et l'hypocrisie libérale : Nimier y inclut Camus, mais se garde de l'excès précédent. En juin 1952, ce dernier traite avec hauteur « l'ignoble article » de *Liberté de l'esprit* dans la lettre qu'il adresse aux *Temps modernes*, mais souligne combien la revue lui est restée hostile lors de la publication de *L'Homme révolté*, « consentant seulement cette fois-ci, à ne pas faire allusion à l'état supposé de [son] système respiratoire » (*Actuelles* II).

L'opposition politique masque une réalité littéraire moins simple. Camus avait apprécié sur manuscrit le premier roman de Nimier, *Les Épées*, même s'il en contestait le prologue. À vingt et un ans, celui-ci avait intitulé *L'Étrangère* un premier récit, alors refusé par Gallimard. Ce choix ne pouvait pas ne pas renvoyer à *L'Étranger*. À la mort de Camus, Nimier évoque « ce roman, que toute la littérature, trois cents personnes, avait aimé quand il parut » (*Les Écrivains sont-ils bêtes ?*). Mais, dans une position délicate face à un auteur qu'il côtoie chez Gallimard, il donne dans l'artifice pour rester mesuré. Il reproche à Camus un conformisme général, le magistère moral exercé à la Libération. Il estime son style solennel et empesé. Et l'esquisse de comparaison avec la carrière de Gide tourne au net désavantage de Camus.

Jacques Laurent semble sur la même ligne, mais il adopte d'abord la voie du pastiche. La condamnation sans appel apparaît dès sa chronique consacrée aux *Justes* sous le pseudonyme de Jean Parquin dans *La Gazette des lettres*, le 24 décembre 1949. Il y prend pour dispositif de pastiche un cours de lycée, pour dénigrer la tiédeur morale de la pièce, son didactisme et sa réflexion sommaire. Cette radicalité acquiert une forte visibilité en 1952 dans *Neuf Perles de culture*. Parmi ces « perles » dont l'ambiguïté tient à la conception du pastiche tantôt comme manifeste d'admiration tantôt comme technique de démystification, la forme dramatique de *La Balance* permet de reprendre, par le détour pamphlétaire, des thématiques reconnaissables de l'auteur, comme l'absurde, le droit au bonheur, l'injustice, le progrès. Et l'adjonction d'un compte-rendu fictif devient l'occasion de satiriser une presse acquise à l'humanisme de gauche et engagée contre les « enfants du siècle », identifiables aujourd'hui aux hussards. Les attaques directes apparaissent ensuite, dans l'hebdomadaire *Arts* que Laurent dirige. En témoigne l'article à propos de *Réflexions sur la peine capitale* : « Albert Camus contre Guillotin » : un « sujet comme l'opportunité de la peine capitale est de ceux qui rendent bête » (7-13 août 1957). Laurent y raille l'« ancien directeur de conscience des Français » et la faiblesse de sa pensée comparée à celles d'Alain et de Valéry. Il assimile finalement Camus à « un intellectuel désœuvré ». Bientôt, il conteste le prix Nobel, toujours dans *Arts* : cette consécration, que Malraux méritait, fait de l'œuvre de Camus « une œuvre terminée » (23-29 octobre 1957), où les bons sentiments relaient les pensées convenues.

L'hostilité semble se raidir. Bernard Frank, raillant dans *La Nef* ce qu'il appelle « une bonne œuvre », déclenche une vive polémique dans la revue. Un choix de ses jugements est repris dans *La Parisienne*. Lui font écho Maurice Clavel, Georges Ketman et Gabriel Véraldi. Mais la revue s'est ouverte depuis mai 1956, avec l'arrivée de François Nourissier à la codirection. Si Bernard Pingaud critique le silence de Camus face à la question algérienne, Driss Chraïbi, Jean-Claude Ibert, Marcel Moussy, Jean d'Ormesson et Michel Zéraffa sont favorables à la distinction et à l'œuvre couronnée.

Marc DAMBRE

Bibl. : Bernard Frank, *Mon Siècle, Chroniques 1952-1960*, Quai Voltaire, 1993 • Jacques Laurent et Claude Martine, *Neuf Perles de culture, pastiches de Jean Giraudoux, J.-P. Sartre, Audiberti, Henry de Montherlant, Paul Claudel, Jean Cocteau, Albert Camus, François Mauriac, Jean Anouilh*, Gallimard, 1952 • Jacques Laurent, « Albert Camus, etc. », *La Parisienne*, novembre 1957 • Id., « Camus et Guillotin », dans *Au Contraire*, La Table ronde, 1967 • Roger Nimier, *Le Grand d'Espagne*, La Table Ronde, 1950 • Id., *Les Écrivains sont-ils bêtes ?*, choix établi, annoté et préfacé par Marc Dambre, Rivages, 1990

I

IDÉOLOGIE. – Camus ne doute pas qu'il vit « au temps des idéologies ». Lorsqu'on lui dit qu'il « récuse souvent la logique », il répond : « Ce n'est pas la logique que je réfute, mais l'idéologie qui substitue à la réalité vivante une succession logique de raisonnements » (« Entretien sur la révolte », 1952, *Actuelles* II). En ce sens, les idéologies sont des « utopies absolues » qui sacrifient le réel à la déduction abstraite et le présent au futur. Si le nihiliste est « celui qui ne croit pas à ce qui est », écrit-il dans *L'Homme révolté*, le recours à ces utopies absolues qui promettent ce qui n'est pas et ne peut sans doute être révèle le nihilisme. L'idéologie repose donc sur l'abstraction : « l'abstraction est le mal. Elle fait les guerres, les tortures, la violence, etc. Problème : comment la vue abstraite se maintient en face du mal charnel – l'idéologie face à la torture infligée au nom de cette idéologie » (*Carnets*, 1944). À la peur de la guerre s'ajoute la peur « des idéologies meurtrières » : le temps des idéologies est celui de la terreur. Camus a eu conscience que cette phase de l'histoire prendrait fin un jour et, dans *Ni Victimes ni bourreaux*, il hasarde une formule vouée à un bel avenir : « la fin des idéologies ». Il la reprend en 1955 dans un article de *L'Express*. L'évolution des sociétés et les progrès des techniques périment les idéologies du XIXe siècle que sont le socialisme scientifique et le libéralisme.

Le mot n'a dans toute son œuvre que des connotations négatives : Camus parle de « médiocres et féroces idéologies » qui justifient la violence et le meurtre caractéristiques de l'époque. La colère devant leurs méfaits lui fait utiliser parfois un vocabulaire qu'il évite d'habitude : « Quand un évêque espagnol bénit des exécutions politiques, déclare-t-il dans *L'Incroyant et les Chrétiens*, en 1948, il n'est plus un évêque ni un chrétien et pas même un homme, il est un chien, tout comme celui qui du haut d'une idéologie commande cette exécution sans faire lui-même le travail. »

Camus distingue essentiellement trois idéologies : l'idéologie bourgeoise, capitaliste, le libéralisme impérialiste qui rend un culte purement formel aux valeurs et croit au progrès ; les « idéologies nihilistes », auxquelles appartient le national-socialisme qui, en se réclamant de Nietzsche, a « construit un État sur l'idée que rien n'avait de sens et que l'histoire n'était que le hasard de la force » (*L'Homme révolté*) ; l'idéologie marxiste, qui, fondée sur l'idée de progrès, en appelle à la révolution par le prolétariat et promet la société sans classes. Le national-socialisme et le communisme sont porteurs d'« idéologies totalitaires ».

La grande responsable de cette situation qui produit les systèmes totalitaires est l'« idéologie allemande » – l'expression est récurrente – dont *L'Homme révolté* reconstruit partiellement la généalogie. À son origine se trouve Hegel qui rationalise l'histoire, fait d'elle un absolu, la pense « en fonction de la dialectique maîtrise et servitude », mais historicise les valeurs qui permettaient de s'y orienter et la livre ainsi à l'opportunisme et au cynisme des partisans de l'efficacité. La pensée du philosophe a été, il est vrai, « remodelée » par les hégéliens de gauche, Strauss, Bauer, Feuerbach et Marx, et reprise, ainsi transformée, par les révolutionnaires russes qui l'ont radicalisée. Camus s'efforce pourtant de distinguer les philosophies des idéologies auxquelles elles ont pu donner naissance : « Si Nietzsche et Hegel servent d'alibis aux maîtres de Dachau et de Karaganda, cela ne condamne pas toute leur philosophie. Mais cela laisse soupçonner qu'un aspect de leurs pensées, ou de leur logique, pouvait mener à ces terribles confins » (*L'Homme révolté*).

L'écrivain souligne le rapport conflictuel que l'idéologie entretient avec l'art : « L'œuvre d'art, par le seul fait qu'elle existe, nie les conquêtes de l'idéologie », elle fait « éclater la propagande » (« Le témoin de la liberté », novembre 1948, *Actuelles*). L'idéologie qui pratique la langue de bois tend en effet à soumettre le langage en le réduisant au « mot d'ordre ». « La question, pour tous ceux qui ne peuvent vivre sans l'art et ce qu'il signifie, est seulement de savoir comment, parmi les polices de tant d'idéologies (que d'églises, quelle solitude !), l'étrange liberté de la création reste possible » (*Discours de Suède*, conférence du 14 décembre 1957 à Uppsala).

Maurice WEYEMBERGH

« IL FAUT AVOIR UN NOM ». – Ce texte fort bref n'est pas daté. Il a paru pour la première fois dans l'édition parue en 2008 des œuvres complètes de Camus dans la « Pléiade ». Deux phrases en révèlent la destination : « Je propose une collection *d'anonymes*, mettons une dizaine de volumes par an. Les noms des auteurs ne seront *jamais* révélés, et, dans la mesure du possible, *jamais* connus de personne. » Camus dirigeait la collection « Espoir » chez Gallimard et une de ses rubriques contenait des anonymes. « Il faut avoir un nom » est sans doute le texte de présentation de la proposition de rechercher systématiquement des anonymes.

Camus justifie son propos en disant d'abord tout ce que nous devons au nom que nous portons, en se demandant ensuite si ce bilan, en somme fort positif, ne s'accompagne pas d'un déficit : le nom pourrait être une entrave à la recherche et à l'exploitation de domaines inconnus. L'écrivain rappelle que le vivant ou le mort a tout intérêt à porter un nom pour que les contemporains ou les dieux le reconnaissent. Le nom nous vient de la tradition – il nous fait participer à un ordre – ou de l'histoire, illustre ou banal. Nous pouvons aussi vouloir « nous faire un nom ». Camus souligne néanmoins que la donation du nom introduit un écart par rapport à ce que nous sommes naturellement, spontanément, et par rapport aux autres. Que l'on écrive sous son nom ou sous un pseudonyme ne change rien aux limites de l'identité, de l'ordre dans lequel on est placé. Que se passerait-il alors si l'on écrivait de manière anonyme ? Peut-être se libérerait-on de certaines entraves et pourrait-on découvrir des mondes nouveaux. Camus insiste sur le fait que ces nouveaux champs d'exploration ne relèvent pas nécessairement de l'inavouable, qui est bien connu par l'individu concerné, mais plutôt de l'inconnu.

Maurice WEYEMBERGH

IMPÉRIALISMES. – L'essor de la vulgate marxiste dans l'intelligentsia française amène un usage massif de la notion d'impérialisme telle que l'a théorisée Lénine. L'air du temps veut que cet impérialisme soit occidental et américain. Camus toutefois se singularise en utilisant peu cette notion. Quand il le fait, il use du pluriel. Les rares occurrences du mot apparaissent dans des articles de 1939 et de 1945. Dans un article d'*Alger républicain*, il estime, après Robert-Édouard Charlier, qu'« il y aussi un impérialisme des démocraties », les unes étant satisfaites, les autres affamées, et que « l'impérialisme fait naître l'impérialisme ». Il y aborde aussi la question coloniale, écrivant : « On ne fait pas l'empire contre les sujets de l'empire. »

Dans un article de *Combat*, en août 1945, il affirme : « Il y a un impérialisme américain comme il y a des impérialismes russe et anglais », et d'ajouter immédiatement : « Il n'est pas obligatoire de choisir entre ces impérialismes. » Encore, en 1948 : « Les impérialismes sont comme des jumeaux : ils grandissent ensemble et ne peuvent se passer l'un de l'autre. » Il oppose à l'idée d'impérialismes celle de démocratie internationale développée ultérieurement dans *Ni victimes ni bourreaux*. Dans un autre article, il estime enfin que leur accorder un droit de veto aboutit à conforter les impérialismes des grandes puissances, or, il revient au droit international de protéger les petites nations contre les « visées impérialistes » des grandes. « Les conflits de demain, écrit-il encore, ne pourront être que des conflits d'empire. »

L'impérialisme est à l'œuvre sur tous les continents. Parce qu'elle est riche et divisée, l'Europe, d'après lui, risque d'être le champ où s'affronteront les impérialismes américain et soviétique. Il en tire tôt la conclusion qu'elle doit s'unifier autour de l'idée démocratique. « Le temps des empires s'achève, celui des libres communautés commence, à l'Occident du moins », écrit-il dans *L'Express*. Tout au long de la guerre froide, il ne met pas les deux impérialismes sur le même pied. Comme Raymond Aron et François Mauriac, qui le disent avec plus de force, il rend l'URSS responsable des tensions internationales. « L'Empire américain d'Europe », pour lui, est une hypothèse, l'Empire russe une réalité. Les démocraties libérales sont atlantistes par choix, les « démocraties populaires » soviétiques par nécessité. En constituant un camp, Staline a inventé une forme nouvelle d'impérialisme. À la conférence de Yalta, les Occidentaux ont accepté le fait que le bloc soviétique est la prison des peuples. En brandissant le drapeau de l'antifascisme, l'URSS a « colonisé » (Camus utilise le mot) une douzaine de pays voisins, et menace les libertés de l'Europe. « L'extension de l'Empire sur l'espace mondial est une nécessité inévitable pour la révolution du XXe siècle », lit-on dans *L'Homme révolté*. L'impérialisme est le stade suprême du communisme.

Camus n'en est pas pour autant indulgent à l'égard des États-Unis, qui tolèrent des dictateurs dans leur arrière-cour. Il ne perçoit pas le monde libre comme le camp du bien absolu. Sa position inconfortable équivaut à un neutralisme mal assumé tout au long de la période. « En suprême recours », il « choisirait plutôt l'Ouest », note Raymond Aron. Il est significatif qu'il n'ait jamais été atlantiste comme ce dernier. C'est après sa mort que les diatribes contre l'impérialisme américain, portées par les communistes et les tiers-mondistes, des *Temps modernes* au *Monde diplomatique*, se font les plus virulentes.

Dans un autre article de *L'Express*, Camus reprend la même formule en visant, cette fois-ci, la décolonisation : « Le temps des empires est fini, rien ne sert de le nier ». Le mouvement enclenché lui apparaît irréversible. La conférence de Bandoeng vient de se tenir. Il n'en mesure pas les conséquences pour l'Algérie. Faire du FLN un instrument de l'impérialisme soviétique comme il semble le faire dans sa préface à *Chroniques algériennes*, c'est oublier son caractère de mouvement endogène et son caractère arabo-islamique. Dans le dernier texte du même livre, il tient le panarabisme dont Nasser est alors le héraut pour un impérialisme arabe manipulé par l'URSS. Autant l'Européen a été clairvoyant, autant l'Algérien a été embarrassé. Les instruments conceptuels lui ont manqué pour penser ensemble la domination soviétique et la domination coloniale et néocoloniale.

Jeanyves Guérin

Bibl. : Edward W. Saïd, *Culture and Imperialism*, New York, Knopf, 1994, p. 169-185

IMPROMPTU DES PHILOSOPHES (L'). – C'est vraisemblablement en 1947 que Camus a écrit *L'Impromptu des philosophes*. Cette pochade n'est pas datée. L'édition publiée par Raymond Gay-Crosier reprend fidèlement les trente-neuf feuillets dactylographiés déposés au fonds Albert-Camus d'Aix-en-Provence. Ce tapuscrit reproduit lui-même, presque à l'identique, un manuscrit rédigé sur un cahier d'écolier dans lequel trente-cinq pages sont remplies d'une écriture serrée. Seules quelques brèves répliques ne sont pas conversées.

Camus tourne en dérision la mode de l'existentialisme sartrien qui sévit à Paris après la guerre. Il met en scène un de ses adeptes qui se rend, tel un démarcheur, un énorme in-folio sous le bras, au domicile d'un petit-bourgeois de province pour lui apporter la bonne parole. Outre le nom de Monsieur Néant dont est affublé le personnage du philosophe, nom qui fait référence à *L'Être et le Néant* publié en 1943, des allusions explicites à Jean-Paul Sartre jalonnent le texte. Camus s'amuse à citer, de façon à peine voilée, *Huis clos*, pièce créée en 1944, à travers cette réplique : « N'oubliez pas l'amour de l'homme et apprenez à l'exercer à huis clos », et *Les Chemins de la liberté*, dont le premier volume date de 1945, à travers cette autre : « nous sommes toujours sur le chemin d'être libres ». Il fait également allusion à la fascination qu'exerce sur Sartre Genet, qui figure à ses yeux le voleur et le pédéraste et qui, incarcéré à plusieurs reprises, risque le bagne en cas de récidive : le père, voulant savoir si son futur gendre a toutes les qualités requises pour entrer dans la famille, lui demande s'il est voleur et pédéraste. Le directeur de l'hospice se rit de Paris, cette « ville singulière », où « on s[e] promet le bagne au nom de la liberté ». Enfin, lorsque le philosophe est traité de « vilain singe », il est difficile de ne point y voir une allusion directe à la laideur de Sartre. Camus prend soin toutefois de préciser que ce sont les épigones qu'il vise, et non Sartre lui-même, à travers les dires du directeur de l'asile, homme sage qui, parlant de l'ouvrage que colporte Monsieur Néant, estime qu'il témoigne d'une « philosophie fort abstraite ma foi, et aussi légitime que bien d'autres ».

Camus, explicitement par le titre, se place dans la filiation de Molière qui a toujours brocardé les pédants et les snobs, qui s'est moqué du dogmatisme sous toutes ses formes. Dès l'ouverture, le pastiche est manifeste, la pièce commençant sur une réplique de Sophie, la jeune fille de la maison, qui, sans être une citation précise, a une résonance moliéresque : « Mon père, il y a là un homme qui demande à vous parler. » La réponse du père, digne de Maître Jacques, évoque *L'Avare*. Ne sachant pas si l'homme qui le cherche vient voir « le maire ou le pharmacien », il déclare : « Car si c'était le maire, il me faudrait mettre mon écharpe, au lieu que s'il veut voir l'homme de l'art, je demanderai ma blouse. »

Esquissés à grands traits, les deux protagonistes sont des caricatures issues de l'univers moliéresque. Borné et crédule, Monsieur Vigne que Camus dote d'un nom bien du terroir, ce qui l'ancre dans la paysannerie et rend ses prétentions au bel esprit encore plus ridicules, se pique de culture. Il a, selon ses dires, « quelque teinture du monde et quelques soupçons des choses de l'esprit » et regrette de n'avoir point dans son entourage d'hommes dignes de sa compagnie. « Les habitants de cette commune sont honorables, dit-il, mais n'ont pas l'usage du monde. » Quant au philosophe, son nom, Monsieur Néant, est une sorte d'oxymore burlesque. Le comique est à son comble lorsque Monsieur Vigne l'appelle « ce bon Monsieur Néant », ce qui n'est pas sans évoquer le « bon Monsieur Tartuffe » dont parle Monsieur Loyal (*Tartuffe*, V, 4). Fier de « la rare marchandise [qu'il] détient », il se présente lui-même comme « placier en doctrine nouvelle ». Loin de négliger l'intérêt financier qu'il peut trouver dans une telle « profession », il vend à Monsieur Vigne « cet ouvrage inestimable contre un dédommagement raisonnable ». La philosophie est son fonds de commerce. C'est un imposteur qui prétend arriver de Paris où « [s]on nom est assez connu ». Ce fieffé menteur est aussi un parasite qui se fait inviter à dîner chez un homme qu'il ne connaît que depuis quelques instants et à qui il demande l'hospitalité pour la nuit. La charge se fait plus forte à mesure que la pièce progresse jusqu'au coup de théâtre final où le personnage apparaît sous les traits d'un fou échappé de l'asile que deux gardiens ligotent pour l'y ramener séance tenante.

Par un jeu de réminiscences textuelles, Camus, comme s'il citait approximativement de mémoire, bâtit la relation qui s'instaure entre les deux protagonistes sur le double modèle de celle qui lie Monsieur Jourdain à ses maîtres et de celle qui assujettit Orgon à Tartuffe. Monsieur Vigne témoigne de la même admiration béate face à Monsieur Néant que Monsieur Jourdain face à ses maîtres. De même que le personnage de Molière est prêt à porter « les fleurs en bas », car, selon son tailleur, « toutes les personnes de qualité les portent de la sorte » (*Le Bourgeois gentilhomme*, II, 4), Monsieur Vigne renonce sans hésiter à la religion dans laquelle il a été élevé lorsque Monsieur Néant lui apprend qu'il est de bon ton d'être anticlérical. « Cette religion, en tout cas, ne se porte plus du tout à Paris chez les gens qui sont à la mode », déclare le philosophe. Madame Vigne de son côté n'est pas sans rappeler Madame Jourdain dont elle partage le bon sens populaire et la farouche volonté de défendre la maisonnée contre les lubies de son époux qu'elle appelle « Monsieur mon mari », tout comme le fait Madame Jourdain lorsqu'elle accable de remontrances son mari (IV, 2). Si le clin d'œil au *Bourgeois gentilhomme* est manifeste, l'allusion à *Tartuffe* ne l'est pas moins. Parlant de Monsieur Néant, Monsieur Vigne, tout aussi entiché de son philosophe qu'Orgon de Tartuffe, déclare : « C'est mon père, c'est mon frère, ma famille et ma religion », reprenant à son compte les propos d'Orgon qui, parlant de Tartuffe à son frère, affirmait : « Et je verrais mourir frère, enfant, mère et femme / Que je m'en soucierais autant que de cela » (I, 5). La gloutonnerie dont témoigne Monsieur Néant qui mange à lui seul tout le jambonneau sous les yeux attendris de Monsieur Vigne rappelle enfin celle de Tartuffe évoquée dans le récit de Dorine (I, 3).

Se coulant ainsi sur le modèle de la farce moliéresque, Camus recourt à l'intrigue du mariage contrarié. L'endoctrinement de Monsieur Vigne est si fort qu'il est prêt, comme tous les personnages qui peuplent la scène moliéresque, à régler sa vie sur les préceptes que lui révèle son maître à penser, à prendre les engagements les plus décisifs, répudier sa femme, briser le bonheur de sa fille en refusant qu'elle épouse le jeune homme dont elle est éprise et en lui imposant comme mari Monsieur Néant. Le personnage, qui au début pouvait apparaître presque bonhomme, dévoile rapidement un égoïsme dangereux. Seule l'arrivée du directeur de l'hospice, flanqué de « deux hommes bien gaillards » qui ceinturent Monsieur Néant, vient *in extremis* sauver la famille de la folie du père. C'est là une péripétie tout aussi inattendue que celle de l'Exempt envoyé par le roi au final de *Tartuffe* pour conduire le faux dévot en prison. Enfin dessillé, Monsieur Vigne n'est pas pour autant guéri de sa folie, lui qui déclare, en sortant : « Ce Monsieur Néant raisonne pourtant si admirablement. »

Grâce à ce brillant pastiche, Camus cherche à créer, par les réminiscences qu'il suscite, une connivence avec son public et à mettre les rieurs de son côté lorsqu'il tourne en dérision un certain nombre de points de la théorie sartrienne et ridiculise ceux qui y adhèrent pleinement. Avec les affirmations sentencieuses de Monsieur Néant, avec la façon grotesque dont Monsieur Vigne essaie de les mettre en pratique, avec leurs raisonnements viciés pour fondements, les idées-forces de l'existentialisme sartrien sont passées au crible de la satire. La réplique cocasse de Monsieur Néant, qui déclare à son élève : « Vous êtes libre puisque vous n'êtes rien », fait voler en éclats, par son absurdité, la théorie de la liberté. La condamnation sans appel que porte Sartre sur la morale jésuite de l'intention revêt ici une forme burlesque. Ayant appris que ce type de morale est une hérésie et que seule compte la morale de l'action, Monsieur Vigne met en doute les sentiments amoureux de son futur gendre, arguant du fait qu'il n'a pas encore demandé à sa fille de partager son lit et qu'il ne lui a point fait un bâtard. « Apprenez, ma fille, dit-il, que ce ne sont pas les intentions qui comptent, mais les actions. » À travers les propos de Monsieur Vigne, Camus porte aussi un regard ironique sur le refus sartrien de la notion de transcendance et de la conception essentialiste de la personne humaine. Pour démontrer à sa femme cette absence de transcendance, Monsieur Vigne n'en est pas à une contradiction près, lorsqu'il lui déclare tout de go : « Je viens d'apprendre ce qui est vrai, à savoir qu'il n'est pas de vérité supérieure, qu'il n'est même pas de vérité du tout. » Fier de sa science toute nouvelle, puisque l'existence précède l'essence, il démontre à son gendre, Monsieur Mélusin, ébahi par un raisonnement d'une incohérence burlesque, qu'il n'est pas Monsieur Mélusin et qu'il ne le sera qu'à la fin de sa vie.

Tout en se gaussant des thèses sartriennes, Camus pointe les travers de ceux qui les professent, snobisme et pédantisme, bêtise et étroitesse d'esprit, fanatisme et hypocrisie. S'ils adoptent la doctrine, c'est pur effet de mode. Ce snobisme est particulièrement répandu à Paris dans l'intelligentsia où les beaux esprits lisent peu les ouvrages dont ils discutent. « On y aime tant les belles pensées qu'on ne peut se retenir d'en parler tout le jour, ce qui ne laisse point le temps d'en lire », dit ironiquement le directeur de l'asile. Camus fustige aussi leur pédantisme ridicule. Monsieur Vigne s'embrouille lorsque, afin d'impressionner sa femme, il tente de répéter les termes savants que lui a appris Monsieur Néant : « être en se faisant et faire que cela soit, c'est être à tout venant, c'est être à tout venant sans être quoi que ce soit ». Le caractère abscons de cette formule que Monsieur Néant qualifie, lui, de « simple et à la portée de tout le monde » ne peut que déchaîner le rire. Faisant dialoguer Madame Vigne avec Monsieur Néant, il rend encore plus burlesque, par le contraste qui s'établit entre les propos de la femme du peuple et ceux du zoïle, le jargon de ce nouveau Trissotin qui va jusqu'à citer saint Thomas d'Aquin en latin. Totalement inadapté, il est incapable de parler le langage de tous. Aussi ne se rend-t-il même pas compte de sa grossièreté lorsqu'il traite la femme de son hôte de « créature », terme qu'elle entend, indignée, car elle se sent insultée, au sens commun de « femme de mauvaise vie », alors qu'il l'utilise dans son acception thomiste. Enfermé dans son monde, il apparaît comme un sectaire qui n'écoute pas les autres. Alors que Monsieur Vigne, « ravi jusqu'à en bégayer » par la visite de Monsieur Néant, déclare qu'il va « perdre momentanément l'usage de la parole », Monsieur Néant réplique : « Je puis très bien parler tout seul. »

Le pédantisme masque une incapacité à raisonner. La bêtise de Monsieur Néant est telle qu'il ne peut argumenter qu'à coups de tautologies, ce qui détruit ses démonstrations :

« Monsieur Vigne : Et pourquoi ce monde est-il absurde ?

« Monsieur Néant : Par la raison qu'il ne s'explique point.

« Monsieur Vigne : Et comment ne s'explique-t-il point ?

« Monsieur Néant : Parce qu'il est absurde. »

Pour montrer à quel point l'esprit de Monsieur Vigne est embrouillé, Camus s'amuse à souligner par un jeu de langage le méli-mélo qui y règne en le faisant bafouiller sur le nom de son gendre, Monsieur Mélusin. Il l'appelle d'abord « ce Monsieur Méli... », puis « ce Monsieur Méla... », enfin « Monsieur Mélo ». Absence d'esprit critique et intransigeance vont de pair avec la bêtise. « Nouvel évangile », la philosophie dont Monsieur Néant est « le bon apôtre » ne souffre pas la contestation et ne saurait tolérer l'existence d'autres théories. Dangereux doctrinaire, Monsieur Néant témoigne d'un fanatisme inquiétant. « Il faudrait, dit-il, pour l'exemple, écorcher vif deux ou trois douzaines de professeurs, car les vôtres vous ont fait vivre jusqu'ici dans le mensonge. » Ce propos choque un instant Monsieur Vigne, ce néophyte pourtant totalement converti à l'idéologie qu'il vient d'embrasser. Camus critique également l'hypocrisie des intellectuels qui défendent en théorie les principes de la morale existentialiste tout en se gardant bien de les mettre en pratique. Lorsque Monsieur Vigne demande à Monsieur Néant de lui expliquer ce qu'est l'angoisse, ce dernier la définit comme « la meilleure chose du monde ». Cette discussion met en joie le philosophe qui est en train de « dévorer » à lui seul tout le jambonneau que vient d'apporter Madame Vigne. Il « mange terriblement » tout en clamant : « de l'angoisse, encore de l'angoisse, toujours de l'angoisse ». Tout en parodiant le mot célèbre de Danton, « de l'audace, encore de l'audace, toujours de l'audace ! », Camus, grâce à ce jeu de scène, digne des *lazzi* d'Arlequin, où la goinfrerie trahit l'imposture, assimile l'angoisse au jambonneau, le philosophe redemandant avec jubilation de l'une comme de l'autre. Disserter sur l'angoisse lui creuse l'appétit.

Comme celle de Molière va aux jeunes amoureux victimes de la folie des pères, la sympathie de Camus va vers Sophie qui lutte seule – et non plus comme à l'époque de Molière, assistée d'une servante dévouée, mais les temps ont changé ! – pour défendre son bonheur. S'il lui attribue ce nom qui l'auréole de sagesse, c'est que, à l'inverse de Sartre, cet humaniste conçoit, comme les écrivains d'avant-guerre, la philosophie comme amour de la sagesse. La conclusion de cette farce qui, sans l'invraisemblance du finale, aurait mal tourné, c'est le directeur de l'asile qui la formule en ces termes : « Il n'est pas bon que la philosophie s'étende à trop de gens. » Qu'elle reste donc « ce beau système » qui alimente les folles élucubrations de Monsieur Néant.

Aucun document ne permet de savoir pourquoi Camus laissa cet impromptu inédit et n'essaya jamais de le mettre en scène. C'est sans doute parce qu'il avait conscience que sa charge contre Sartre est assassine qu'il signa son manuscrit d'un pseudonyme, Antoine Bailly. Marie-Claude HUBERT

Éd. : *Œuvres complètes*, t. II, Gallimard, coll. « Bibl. de la Pléiade », 2006, éd. par Raymond Gay-Crosier

INCROYANCE. – *Voir* ATHÉISME

***INCROYANT ET LES CHRÉTIENS* (*L'*)**. – Paru dans *Actuelles*, *L'Incroyant et les Chrétiens* reprend, comme l'indique son sous-titre, des « fragments d'un exposé fait au couvent des dominicains de Latour-Maubourg en 1948 ». Cette indication temporelle pose cependant problème : la conférence à laquelle Camus se rendit sur l'invitation du père Maydieu a eu lieu le 1er décembre 1946. On peut voir dans cette manipulation chronologique l'effet d'une simple distraction ou à l'inverse, la volonté de respecter l'ordre d'*Actuelles*, tous les textes situés après *Ni victimes ni bourreaux* étant datés de 1948 ou postérieurs à cette date.

En partant de sa propre expérience, Camus exprime dans ce texte dense les attentes d'un incroyant vis-à-vis des chrétiens. Le premier fragment pose les principes du dialogue : Camus n'exige des croyants rien de plus que ce qu'il attend de l'homme ; il ne considère pas que la vérité chrétienne est illusoire, mais seulement qu'il n'a réussi à la faire sienne ; enfin, il souhaite que chacun reste fidèle à ses convictions. Dans un second fragment, l'écrivain revient sur le silence de l'Église lors des conflits mondiaux ; il regrette qu'une condamnation claire des totalitarismes n'ait pas été prononcée, souhaite que les chrétiens parlent à haute voix, dans un langage plus compréhensible que celui des encycliques, et qu'ils s'engagent entièrement pour leurs convictions. Camus désire également que les chrétiens comme les marxistes cessent de lui reprocher son pessimisme : sa foi en l'homme lui semble en effet plus optimiste que l'idée pascalienne de la misère de l'homme sans Dieu, la croyance augustinienne en la damnation ou encore la méfiance marxiste vis-à-vis de l'être humain. Pour finir, l'écrivain redit la nécessité d'un dialogue entre incroyants et chrétiens qui doivent s'unir pour lutter contre le mal et se révolter contre l'injustice. Ce n'est qu'à ce prix que le christianisme vivra.

Pour sa publication dans *Actuelles*, Camus a recentré le texte de sa conférence sur les liens entre les chrétiens et les non-croyants ; il a notamment supprimé le long développement sur la crise de l'homme pendant la Seconde Guerre mondiale, thème qui apparaît fréquemment dans d'autres articles de 1946. *L'Incroyant et les Chrétiens* a ainsi valeur de bilan personnel et résume la position de l'auteur vis-à-vis des chrétiens. Le dialogue auquel Camus invite ses interlocuteurs est fondé sur le respect, la sincérité et l'ouverture : il reconnaît ce qui le sépare d'eux – l'existence du mal et de la souffrance, qui lui semble incompatible avec celle de Dieu – et rappelle ses déceptions passées face à une hiérarchie trop frileuse ou encore son agacement face à l'attitude de Gabriel Marcel qui aurait voulu faire censurer certaines pièces de Jean-Paul Sartre. Mais il reconnaît aussi ses propres erreurs, notamment lors de sa controverse avec François Mauriac sur l'épuration. Surtout, il reste persuadé que, pour créer la cité de demain, le dialogue entre incroyants et chrétiens est non seulement possible mais aussi nécessaire en dépit de leurs différences. De ce point de vue, il affirme sa singularité par sa capacité à sortir du sectarisme et des préjugés.

Cette conférence fut très suivie. Elle a été commentée par Emmanuel Mounier dans *Esprit* et par Julien Green dans un passage de son *Journal* d'abord publié à *La Table ronde*. Elle a contribué à susciter l'intérêt de la critique catholique pour un écrivain qui s'est toujours affirmé laïque.

Élisabeth Le Corre

INGÉRENCE. – Le mot « ingérence » n'appartient pas au vocabulaire de Camus. Celui-ci peut néanmoins être considéré comme un pionnier du droit humanitaire international. L'idée d'une ingérence se trouve dans *Ni victimes ni bourreaux* et dans des écrits de circonstance. Elle s'inscrit dans une critique radicale de la souveraineté et de l'État-nation qui est restée longtemps inaudible. « La démocratie n'a pas de frontières », écrit-il. Il propose que la communauté internationale ait un droit de regard sur la façon dont les États se comportent à l'égard des sociétés civiles et qu'une loi internationale assure la protection des peuples, des minorités et des individus. Toute victime d'exaction appartient en effet à l'humanité avant d'être ressortissant d'un pays. Quand on laisse se perpétrer des massacres, la non-intervention s'appelle non-assistance à peuples en danger.

Camus s'est prononcé à plusieurs reprises en faveur d'une action concertée de la communauté internationale. En 1944-1945, il plaide pour des pressions diplomatiques, sinon une intervention des Alliés en Espagne. Il doit rapidement déchanter : ils avaient d'autres priorités, le général Franco est resté au pouvoir trente ans après la fin de la Seconde Guerre mondiale. « Le principe est le principe, le voisin est maître chez lui », écrit ce dernier en 1952 lorsque son pays est admis à l'Unesco. En 1956, Khrouchtchev fait écraser l'insurrection de Budapest par les chars de l'armée Rouge. Les démocraties occidentales protestent, mais n'interviennent pas. Des intellectuels hongrois font appel à leurs homologues occidentaux et Camus sort du silence qu'il s'était imposé pour demander à l'Assemblée générale de l'ONU d'assurer la protection du peuple hongrois. Comme le peuple espagnol, il est sacrifié sur l'autel de la guerre froide. La raison d'État prévaut sur l'indignation dans un monde bipolaire. Les diplomates, les stratèges et les hommes d'affaires trouvent à nouveau de bonnes raisons pour ne rien faire.

Camus fait peu de confiance aux États. En revanche, que des organisations non gouvernementales (ONG) telles qu'Amnesty International ou Médecins sans frontières soient devenues des acteurs de l'assistance humanitaire va dans le sens de ses idéaux internationalistes. Leur objectif est de « sauver des corps ». Il faut toutefois attendre les années 1990 pour que les instances internationales, et d'abord le Conseil de sécurité, prennent des mesures – en l'occurrence dépêchent des Casques bleus – pour protéger les populations civiles, arrêter des génocides et empêcher que soient perpétrés des crimes de masse. Ce qui n'était pas possible après guerre l'est devenu au Kosovo, au Timor et au Congo, mais pas en Tchetchénie ni au Tibet. L'universalité des principes se heurte en effet à l'importance politique, économique et stratégique inégale des pays. La mise en œuvre du droit d'ingérence humanitaire s'avère difficile. La création d'une Cour pénale internationale rejoint également les conceptions « multilatéralistes » de Camus. Il n'est pas indifférent à cet égard que les théoriciens et praticiens de l'ingérence, de Mario Bettati à Bernard Kouchner, aient repris certaines de ses formules et reconnu leur dette à son égard. Jeanyves GUÉRIN

• *Voir aussi :* Souveraineté

Bibl. : Philippe Vanney, « La démocratie à l'épreuve des relations internationales : reconnaissance et ingérence », *Équinoxe*, n° 13, hiver 1996, p. 37-49

INNOCENCE. – « Les matches du dimanche, dans un stade plein à craquer, et le théâtre, que j'ai aimé avec une passion égale, sont les seuls endroits du monde où je me sens innocent », déclare Jean-Baptiste Clamence dans son invraisemblable monologue de *La Chute*. Tout se passe comme si l'innocence était, pour la conscience moderne, un état rare seulement retrouvable à des moments exceptionnels, eux-mêmes reliés à des cadres naturels spéciaux, ou encore une situation privilégiée liée à un passé, celui de l'enfance pour l'homme, ou de temps anciens et antiques pour l'humanité. C'est l'innocence du monde grec et méditerranéen que rencontre le jeune narrateur lyrique de *Noces*. Dans un monde loin des hommes, dans le champ de ruines romaines de Tipasa, l'âme s'éprend d'un état natif et innocent du monde qui ne connaît ni la culpabilité ni l'histoire, sorte d'état originel avec lequel Camus n'a de cesse de renouer, avec lequel il célèbre des noces toutes païennes, mais qui paraît voilé dans le *Retour à Tipasa* de *L'Été* : « Point d'amour sans un peu d'innocence. Où était l'innocence ? [...] D'abord innocents sans le savoir, nous étions maintenant coupables sans le vouloir. »

Dès les premiers romans, *La Mort heureuse* et *L'Étranger*, la réflexion sur l'innocence s'organise. Pour Meursault comme pour son quasi-homonyme Patrice Mersault, la rupture de l'innocence semble marquée par le meurtre. Les coups de feu déchirent l'innocence, en marquent la fin. Est-ce si sûr ? Dans *La Mort heureuse*, le meurtre de l'infirme s'apparente davantage à une commande, et rien dans l'attitude de Mersault n'indique qu'il a renoncé à son innocence (« Le lendemain, Mersault tuait Zagreus, rentrait chez lui, et dormait toute une après-midi »), terme qu'il scande ici : « Dans l'innocence de son cœur, il acceptait ce ciel vert et cette terre mouillée d'amour avec le même tremblement de passion et de désir que lorsqu'il avait tué Zagreus dans l'innocence de son cœur. » De la même manière, si Meursault est reconnu coupable de la mort de l'Arabe, cette culpabilité est construite par l'ordre social – et religieux – qui l'accuse en fait plus de son comportement très (trop ?) innocent que d'un geste ponctuel. C'est bien l'innocence de son attitude qui le rend coupable aux yeux de la société. La réflexion indique que l'innocence est un bien qui peut être perdu et que cette perte peut être le fait d'une instance sociale si celle-ci en décide ainsi. Faire d'un homme un Antéchrist, c'est faire d'un innocent un coupable.

L'innocence est le premier terme d'une dialectique innocence/culpabilité, incarnée notamment au théâtre. Innocence de la plupart des victimes du tyran dans *Caligula*, de Jan dans *Le Malentendu*... C'est *Les Justes* qui, en 1949, décline le plus ouvertement cette thématique, posant les fondements, les limites aussi, de l'action politique sous sa version terroriste en creusant la dialectique de la fin et des moyens. Kaliayev, Dora et leurs camarades entendent rendre au monde un peu de son innocence en supprimant un tyran (« Nous acceptons d'être criminels pour que la terre se couvre d'innocents »), mais ce faisant ils répondent à la démesure du régime par un autre *hybris*, celui de l'attentat, crime moral qui s'en prend à l'image même de l'innocence sur terre, les enfants. Face à toutes les idéologies, aux ombres et aux commandements de l'histoire, le respect de l'innocence est en politique un devoir sacré. C'est aussi sur la question de l'innocence que se retrouve la cohérence, Sartre dirait l'« admirable conjonction » de la pensée de Camus dans ses prises de position politiques. Que ce soit dans les éditoriaux de *Combat* repris dans les *Actuelles* – notamment *Ni victimes ni bourreaux* – ou dans *L'Homme révolté*, Camus refuse de cautionner tout régime politique, quel qu'il soit, qui s'en prendrait à l'innocence des hommes, selon lui une donnée inaliénable. C'est aussi parce que, à une échelle démente, les camps sont emplis d'innocents qu'il convient de les dénoncer au nom d'une élémentaire morale. Quoi que prétendent les idéologies ou le nihilisme, l'être camusien est fondamentalement innocent.

Une telle recherche de l'innocence s'opère, de manière déterminante, avec l'écriture du *Premier Homme*, livre de l'innocence. Dans ce retour à un premier monde, qui est autant un monde premier, Camus fait fi de ce qui l'en a tenu éloigné. L'idée d'innocence revient, ainsi dans ces notes publiées en annexe : « Se libérer de tout souci d'art et de forme. Retrouver le contact direct, sans intermédiaire, donc l'innocence. Oublier l'art ici, *c'est s'oublier*. Renoncer à soi non par la vertu. Au contraire, accepter son enfer. Celui qui veut être meilleur se préfère, celui qui veut jouir se préfère. Seul celui-là renonce à ce qu'il est, à son moi, qui accepte *ce qui vient* avec les conséquences. Celui-là est alors en prise directe. / Retrouver la grandeur des Grecs ou des grands Russes par cette innocence au 2e degré. Ne pas craindre. Ne rien craindre… Mais qui me viendra en aide ! » L'accès difficile à une innocence personnelle n'a de sens que par une visée oblative qui mène aux autres, à autrui. Ainsi l'innocence est-elle moins une donnée de départ qu'un aboutissement, un résultat. Tout de ce livre, qui indiquait la nouvelle direction de l'écriture de Camus, est placé sous le signe d'une innocence native, dans un premier contact avec le monde, où les êtres ne sont pas jugés, mais simplement aimés. C'est là que s'effectuent les retrouvailles – « avec les deux ou trois images simples sur lesquelles le cœur, une première fois, s'est ouvert » – qu'énonce en 1958 la préface de *L'Envers et l'Endroit*.

Comme l'a montré Paula von Wachenfeldt, la question de l'innocence est un prisme particulier à travers lequel on peut lire l'œuvre de Camus dans sa continuité. De l'innocence de *Noces* à celle, retrouvée, acquise par les vertus du style (Camus dit : « les détours de l'art ») dans *Le Premier Homme*, c'est bien d'une parabole, celle de l'innocence, dont il est question. Ultime paradoxe et énième contradiction dès lors : c'est par le biais de l'art le plus intelligent, le plus conscient de lui-même, le moins innocent donc, qu'est atteinte cette forme, sacrée, familiale – sacrée parce que familiale – de l'innocence. Pierre Grouix

Bibl. : Carina Gadourek, *Les Innocents et les coupables. Essai d'exégèse de l'œuvre de Camus*, La Haye, Mouton, 1963 • Paula von Wachenfeldt, *Le Paradis perdu : étude de l'innocence et la culpabilité dans l'œuvre d'Albert Camus*, thèse de l'université de Stockholm, 2003

INSIGNIFIANCE. – « L'utilisation constante dans les discours de la proposition "n'est-ce pas" » : tel est un exemple donné par Camus de l'insignifiance, qui ne semble pas de prime abord être un thème notable chez lui. Le mot et son adjectif figurent très peu dans le lexique global et n'ont pas de valeur particulière. Au contraire, dès ses plans de travail de jeunesse, Camus a voulu que chaque mot porte, fasse sens dans le débat d'époque. Rien n'est plus loin de l'insignifiance, qui le retient pourtant au temps de *L'Étranger* et de *La Peste*. Insignifiants sont le vécu quotidien de Meursault, de Salamano et du « petit vieux [qui] crachait sur les chats », l'enterrement et le procès dans le livre de Meursault, ou la vie de Grand avant l'épidémie. Ou encore le monde après la mort de la sœur de Caïus. L'insignifiance camusienne est inséparable de l'habitude (« l'aspect mécanique des choses et des êtres »). Là où chez Bergson la mécanique humaine génère l'humour, elle crée chez Camus l'insignifiance. Pour autant, dans des notes de tonalité plus grave des *Carnets* I, Camus jette dès 1945 l'ébauche d'un texte consacré à ce terme. Publié en 1959, fort tard donc, dans la revue *Les Cahiers des saisons*, et sous un titre assez stendhalien, *De l'insignifiance* est l'un des rares courts essais dans lesquels Camus sonde la valeur précise d'un terme. Le ton de ces quatre pages est peu commun, humoristique et volontairement confus, voire abscons, proche du pataquès ou de la « dérision générale » de *La Chute*. Camus, s'y dit « peu ferme sur son idée » à mesure qu'il progresse en elle, égare son lecteur. Ou s'y moque de lui-même et de l'importance, démesurée selon lui, prêtée à ses propos. L'idée première est celle d'une anthologie de l'insignifiance, geste lui-même désigné comme insensé. L'insignifiance est relative et Camus dit tenir à ce projet qui, « en collectionnant scrupuleusement les cas d'insignifiance », le fera s'approcher d'une signification plus générale pour laquelle « s'agiter et employer sa vie ». Ce que fera aussi Grand. D'où l'horizon d'une « seconde anthologie », celle de « ce qui a du sens » – « La chose insignifiante n'est pas celle qui n'a pas de sens, mais qui par elle-même n'a pas de sens. » L'insignifiance est enfin l'image prophétique du futur humain. Le texte se referme sur l'indication du plan de la première anthologie : les actions (l'emploi du temps camusien), les paroles (tous les mots historiques), les pensées insignifiantes (de très loin la partie la plus nourrie, plusieurs volumes à elle seule). La seconde anthologie, des choses signifiantes cette fois, aura « même plan et même contenu » mais « l'intention ne sera pas la même, voilà tout ». Le rapport de l'homme à l'insignifiance n'est ainsi pas insignifiant, il donne *a contrario* des raisons de vivre ou de mourir. Le projet de florilège n'a pas dépassé son énonciation et n'a pas vu le jour, Camus lui préférant un projet sur-signifiant, *Le Premier Homme*. L'œuvre globale y aurait sans doute peu gagné.

Pierre Grouix

Bibl. : Albert Camus, *Œuvres complètes*, t. IV, Gallimard, coll. « Bibl. de la Pléiade », 2008, p. 1323-1327

INSTANT. – « Mais laissez-moi découper cette minute dans l'étoffe du temps » : cette demande pressante du narrateur de *L'Envers et l'Endroit* figure une appréhension du temps représentative de l'œuvre camusienne. Quelles que soient la forme empruntée et la diversité de ses représentations, la référence à l'instant – motivée par la volonté de dompter le temps, ce vieil ennemi – est éclatante. De manière ontologique, le goût de l'instant est suscité par la terre d'Algérie où le jeune Camus aime à « sentir cet impalpable instant glisser entre [ses] doigts comme les perles du mercure ». À dix-sept ans, l'expérience de la maladie conforte cette valeur du temps : « La maladie et sa décrépitude. Il n'y a pas une minute à perdre ce qui est peut-être le contraire de "il faut se dépêcher". » L'œuvre de Camus donne ainsi naissance à toute une série de personnages en référence directe à l'instant. Pour ces héros lucides, détournés de Dieu et de l'Éternel, tel Sisyphe, seul demeure le territoire de l'éphémère : Meursault est préoccupé par la question « de tuer le temps », tandis que le comédien instaure son royaume « dans le périssable » et dirige ses « préoccupations vers le plus sûr, c'est-à-dire vers l'immédiat », alors que Clamence, dans *La Chute*, vit « au jour le jour les femmes, au jour le jour la vertu ou le vice, au jour le jour, comme les chiens… ».

Pour d'autres personnages, l'expérience de l'instant se manifeste tout autrement : elle naît de la rencontre immédiate et bouleversante du monde. Elle n'est jamais, à l'inverse de l'expérience plotinienne, déconnectée de l'espace, ni du temps. Fortement enracinés dans le *hic et nunc*, ces instants de type épiphanique s'inscrivent toujours dans une parenthèse très courte, à l'image de cette baignade entre Tarrou et Rieux qui, pour célébrer leur amitié, quittent momentanément le temps de la peste.

Une autre figure de l'instant se révèle à travers Janine dans *L'Exil et le Royaume* qui doit répondre « à l'instant » à un mystérieux appel, tandis que le héros de *La Chute* ne cesse de dire qu'il est « trop tard » : chacun exprime de manière ambivalente la réalité d'un moment unique, d'un instant de l'occasion que les Grecs nomment *kairos* et qui est illustré chez Homère par les symboles de l'arc et de la chasse. Significativement, on observe que ce sont les mêmes images que Camus utilise pour traduire la pensée de midi qui signifie la tension entre les extrêmes : « Au sommet de la plus haute tension va jaillir l'élan d'une droite flèche, du trait le plus dur et le plus libre. » Heureuse coïncidence puisque cette métaphore pourrait aussi traduire l'attachement camusien à cet instant de l'occasion dont la nature est d'être « fugitif, imprévisible et irréversible ». L'écrivain algérois s'inscrit dans la perspective héraclitéenne du mouvement contre l'immobilisme où, sans avoir le sens de l'avenir, il a en revanche celui du devenir : cette conception du temps créateur ne repose que sur l'instant, elle ne se réalise que dans les limites étroites de l'immédiat et y trouve sa justification. Elle n'attend rien du ciel, ni d'un avenir prometteur. L'épigraphe du *Mythe de Sisyphe*, empruntée à Pindare, l'atteste : « Ô mon âme, n'aspire pas à la vie immortelle, mais épuise le champ du possible. » Anne Prouteau

• *Voir aussi :* Présent ; Temps

Bibl. : Anne Prouteau, *Albert Camus ou le présent impérissable*, Orizons, coll. « Universités. Domaine littéraire », 2008

INTELLECTUEL. – Le XXe siècle fut entre autres choses le siècle des intellectuels, en France du moins. L'intellectuel dit « nous » et l'écrivain « je ». Camus s'est considéré comme un écrivain ou comme un artiste, comme un journaliste, pas comme un intellectuel. Il en fut pourtant un en tant qu'éditorialiste et qu'essayiste. S'il a séparé clairement ses écrits littéraires et ses interventions de citoyen et s'est montré critique pour les fictions engagées, a fortiori pour la littérature à thèse, son œuvre théâtrale, romanesque et philosophique n'en a pas moins une portée politique dans la mesure où elle livre une vision du monde. Sa notoriété, de surcroît, a donné du retentissement aux interventions publiques de l'écrivain. Il fut, selon le mot de François Mauriac, « la conscience de toute une génération », et Jean-Paul Sartre, en 1952, a salué quant à lui « l'admirable conjonction d'une personne, d'une action et d'une œuvre ».

Quelques personnages de ses fictions représentent des intellectuels. Les uns, Caligula ou Clamence, outrent les défauts de la corporation. Ce dernier dit en effet de ses semblables – qu'il appelle des « humanistes professionnels » – qu'ils sont « dans les mots en quelque sorte, pas dans la réalité ». Les autres, Tarrou ou Daru (*L'Hôte*), montrent les déchirements de leur inventeur : ils sont impliqués dans des situations ou des conflits qui leur posent un cas de conscience

« Il vaut mieux que l'intellectuel ne parle pas tout le temps », déclare Camus à *Tempo presente*. Il préfère le débat au combat, mais ne se croit pas obligé d'occuper le créneau médiatique ni de sermonner ses semblables. Il lui est arrivé de signer des appels, des manifestes, des pétitions, mais il a encore plus souvent refusé son paraphe. Avant de prendre position, l'ancien journaliste a cherché à s'informer. Avant d'être éditorialiste, il avait été reporter. Il en a gardé un sens aigu du concret.

Camus n'a certes pas la curiosité d'un Malraux ni l'aisance dialectique d'un Sartre. On lui reconnaît volontiers la conviction éthique et la conscience critique, mais non – sauf peut-être quand il est question de l'Algérie – la compétence technique de l'expert. Il est d'abord l'homme du doute. Il pose des questions, il n'apporte pas des réponses définitives. Conscient de ses limites, il laisse l'omniscience aux doctes et les certitudes binaires du prêt-à-penser aux dogmatiques. L'idéologie prétend « tout savoir et tout régler », elle habille parfois le vieux principe d'autorité en science ou en dogme. Pour lui, elle s'oppose à la réalité, non, comme le veulent les marxistes, à la science. Il sait résister à ses facilités et à ses séductions. « Les faits sont là et les idéologies doivent les reconnaître d'abord, pour ensuite, si elles ne veulent pas mourir, évoluer », écrit-il dans *L'Express*. Lui-même ne s'estime pas « détenteur d'une vérité révélée » ; « La qualité d'écrivain, fait-il remarquer, ne suppose pas forcément l'infaillibilité. » Ainsi, en 1955, il prend soin de préciser à propos de l'Algérie qu'il propose « une méthode », non « des solutions ».

On ne demande pas à un intellectuel de donner sans cesse son avis, d'avoir réponse à tout ; il suffit qu'il soit vigilant. Il dose ses interventions, avoue volontiers ses incertitudes. « Je suis dans la nuit, j'essaie d'y voir clair » : ce mot de Tarrou à Rieux dans *La Peste* qualifie sa posture. Il lui est arrivé de reconnaître qu'il avait changé d'opinion ou même qu'il s'était trompé. Ainsi donne-t-il acte à François Mauriac avec lequel il avait eu une vive controverse à propos de l'épuration que ses arguments étaient pertinents. L'adversaire peut avoir des raisons, sinon raison. De même, il a remis en cause son révolutionnarisme de l'été 1944, quand il a compris qu'il était irréaliste. C'est pour cette raison que la question du dialogue, du débat, est essentielle aux yeux du démocrate qu'est Camus. « Nous avons remplacé le dialogue par le communiqué », fait-il dire au juge-pénitent de *La Chute*.

Le journaliste citoyen, comme l'écrivain, prise « l'effort d'exactitude », la « recherche des nuances ». Comme Tarrou encore, Camus juge essentiel de « parler et écrire clairement ». Il s'interdit « le baragouin et le jargon », pèse ses mots. Car il connaît leur « prix », leur « poids ». Des termes barbares ou exotiques, s'ils impressionnent, ne sont pas des gages de profondeur. Il importe d'appeler les choses par leur nom. Il est aussi et surtout sensible, comme Orwell et Ionesco, au mensonge, aux manipulations que les idéologues, les propagandistes infligent au langage. La démagogie, enfin, lui est étrangère.

L'enseignement de son maître Jean Grenier et la lecture de Nietzsche ont mis en garde Camus contre toute idolâtrie de l'histoire. Son souci de l'ici et du maintenant l'amène à s'interroger sur le coût humain des projets collectifs. S'il faut parfois consentir à la violence, il importe de lui imposer de strictes limites. La sublimité de la fin ne saurait en effet excuser l'atrocité des moyens. Toute cause peut être pervertie par ses desservants. Aux progressistes parisiens qui n'ont pas ses scrupules, il demande d'être conséquents : puisqu'ils justifient les méthodes expéditives des révolutionnaires, qu'ils tiennent « eux-mêmes les fusils des exécutions ». L'histoire s'est montrée féroce pour leurs ignorances et leurs outrances, leur irresponsabilité et leur bonne conscience. L'intellectuel doit prendre en compte les conséquences de ses paroles comme de ses actes.

Camus, pour sa part, assure le service après-vente de ses idées. Il s'impose un devoir de cohérence. L'audience confère des responsabilités.

Il refuse le manichéisme de guerre froide auquel cèdent Thierry Maulnier à sa droite et Jean-Paul Sartre à sa gauche. Il rejette aussi bien « la société policière » que la « société marchande », le capitalisme que le socialisme totalitaire. Il laisse les « réflexes idéologiques » aux doctrinaires pour qui il existe des « bourreaux privilégiés » et des « victimes suspectes » – « Nos protestataires sont devenus hémiplégiques. » La guerre froide exige qu'un anticommuniste soit complaisant pour l'Espagne franquiste et un antifasciste indulgent pour la Russie stalinienne : il en refuse la logique. Les forfaits pour lui ne s'équilibrent pas, ils s'additionnent. En affirmant l'indivisibilité des principes, en refusant qu'ils soient à géométrie variable, il marque sa singularité. Un crime est un crime, quels qu'en soient l'auteur et la victime. Il n'y a pas de bon massacreur, de bon tortionnaire. C'est au nom de ce précepte que cet homme de gauche condamne fermement le terrorisme, la torture et les camps soviétiques. Un État s'apprécie à son bilan, à ses réalisations, non à ses intentions. De même une organisation s'évalue à ses méthodes, non à son programme. L'histoire depuis 1945 l'a montré : des persécutés sont devenus persécuteurs et des victimes se sont changées en bourreaux. Il faut être solidaire des victimes, jamais complice des bourreaux. La conséquence est que la solidarité doit toujours être conditionnelle et l'engagement révocable. C'est ce qu'ont oublié les bateleurs médiatiques qui aujourd'hui critiquent Camus ou, pis, se recommandent de lui.

« Le rôle de l'intellectuel est de discerner, dans chaque camp, les limites respectives de la force et de la justice. Il est donc nécessaire d'éclairer les définitions pour désintoxiquer les esprits et apaiser les fanatismes, même à contre-courant », écrit Camus dans l'avant propos à *Chroniques algériennes*, son dernier texte politique. Pour lui, la raison d'un engagement est l'urgence, non une représentation fantasmatique et manichéenne du monde qui, porteuse de haine, implique l'indignation sélective et la stigmatisation de l'adversaire. En toute circonstance, il entend qu'on écarte la politique du pire. Et le pire est toujours promis quand on refuse des réformes et des partages nécessaires. Son attitude, longtemps incomprise, face au terrorisme est à cet égard exemplaire. Il en explique les causes, il en condamne les conséquences. Qui offense, qui humilie les pragmatiques, ici et là, hier comme aujourd'hui, ouvre immanquablement la voie aux surenchères des fanatiques. « On ne combat pas le mauvais par le pire, mais par le moins mauvais », déclare-t-il à Emmanuel d'Astier de La Vigerie en 1948.

Quelques grandes questions reviennent dans ses écrits : comment ne pas développer une culture de guerre ? Comment éviter une montée aux extrêmes qui promet l'irrémédiable ? Comment faire échapper les populations aux dommages collatéraux de la violence déchaînée ? Comment transformer les adversaires en partenaires ? On ne comprend pas autrement son appel d'Alger en faveur d'une trêve civile. C'était un pari utopique pour une Algérie plurielle que l'histoire condamnait sans appel.

Lorsqu'il est question de l'Algérie à partir de 1955, Camus est prisonnier de ses fidélités. Il refuse de se désolidariser des siens qui, condamnés par l'histoire, sont menacés d'une épuration ethnique. Ses états d'âme annoncent ceux de Raymond Aron quand Israël a été en cause. Il a été sensible à la complexité de la guerre. Les fanatismes se déchaînaient. L'heure des compromis était révolue. Le juste milieu était introuvable.

Camus ne se réclame ni de l'avenir radieux ni d'un passé glorieux, ni de l'Apocalypse ni d'un âge d'or quand il affronte la société de son temps. Le passé est falsifiable, l'avenir ouvert ; ce lecteur de saint Augustin donne la priorité au présent, temps de l'action et du choix, temps où s'exerce la liberté. Il appartient au monde dont il critique l'imperfection. Ce monde, il le veut conforme à ses principes. Il constate que les principes démocratiques et humanitaires sont inappliqués ou bafoués par ceux-là mêmes qui les professent. Il est étranger à l'utopisme – jadis progressiste et aujourd'hui intégriste – dont la radicalité a ensanglanté le siècle dernier. Pour lui, rien n'est jamais acquis. Camus est un démocrate, c'est-à-dire un homme de l'incertitude. Il sait qu'en démocratie il est impossible, et interdit, d'anéantir l'adversaire. On doit s'obliger à le convaincre. Et, pour le convaincre, on doit d'abord entendre ses raisons. Il respecte ses contradicteurs, sait aussi que l'idéal se réalise dans le temps. Jour après jour, il faut donc travailler patiemment à rendre la société plus juste et plus fraternelle, surmonter et méditer les échecs et ne jamais renoncer. À la fraternité-terreur sartrienne, il oppose donc une fraternité-responsabilité soucieuse de l'autre, comme à la révolution la révolte.

Sartre et Camus ont évolué en sens inverse. Le premier n'a cessé de radicaliser son discours jusqu'à soutenir des États totalitaires et cautionner des entreprises terroristes. Le second a fait prévaloir l'esprit de responsabilité. Il n'a pas craint d'être politiquement incorrect et a pris le risque d'écrire contre son milieu. Il a su résister à l'air du temps. Le franc-tireur de la gauche intellectuelle a hiérarchisé les urgences et choisi ses causes. Des causes l'ont choisi : la Résistance, l'Espagne républicaine, la Hongrie.

« Les dix dernières années de sa vie, écrit Olivier Todd, il fut le souffre-douleur d'une gauche parisienne, sincère mais cruelle, souvent malhonnête et hargneuse, au mieux désinformée. » Paria de Saint-Germain-des-Prés, Camus fut à Sartre ce qu'ont été Rousseau à Voltaire et Proudhon ou Leroux à Marx. Il n'est pas étonnant qu'il ait apprécié Georges Bernanos, autre franc-tireur venu, lui, de la contre-culture catholique. « Solitaire et solidaire de sa cité » (*L'Express*), cet homme de liberté fut un non-conformiste des années 1950. Le monde d'aujourd'hui n'a plus grand-chose à voir avec celui qu'il a connu. Nul ne peut dire ce qu'il en dirait. Il est le sage, l'autorité morale qui a manqué à la France des dernières décennies où le débat public circonscrit dans les médias ne connaît plus que des experts et des faiseurs.

Jeanyves Guérin

• *Voir aussi* : Engagement ; Pétitions

Bibl. : Jean Daniel, *Avec Camus. Comment résister à l'air du temps*, Gallimard, 2006 • Olivier Todd, *Camus, une vie*, Gallimard, coll. « Folio », 1999

« INTELLIGENCE ET L'ÉCHAFAUD (L') ». – En juillet 1943, Camus publia dans le numéro 21-24 de la revue *Confluences* « L'Intelligence et l'Échafaud », une réflexion sur l'esthétique classique et sur la création romanesque. Dans ce numéro dirigé par Jean Prévost et consacré aux « Problèmes du roman », il résume sa vision de la

« tradition classique du roman français » dont on peut lire les prémisses dans les *Carnets*. Il y définit cet héritage comme une « école d'art » fondée sur l'unité de l'intention, sur l'exactitude de l'expression – le style de Mme de La Fayette, écrivait-il dans les *Carnets* est « parfait dans le détail » alors que celui de Balzac « travaille dans la masse » – et sur un idéal de simplicité où « tout se ramène à l'essentiel ». Cette mesure classique ne suppose pas l'absence des passions mais leur domination ; elle n'est pas la négation de la démesure mais la « recherche d'un langage intelligible qui doit recouvrir la démesure de son destin ». Le génie romanesque français tient alors dans « cet effort éclairé pour donner aux cris des passions l'ordre d'un langage pur ». Refusant le bavardage et la surcharge, l'écrivain classique est conscient que, selon la formule des *Carnets*, « la véritable œuvre d'art est celle qui dit moins ».

Mais cette pureté classique ne tient pas, aux yeux de Camus, à la simplicité de la composition. En 1942, il notait dans ses *Carnets*, encore, ses impressions à la lecture de *La Princesse de Clèves*, et en particulier la complexité structurelle d'un récit « fort mal composé », qui ne se résout en unité qu'à la fin du texte : il refuse ainsi de se conformer au schéma réducteur d'un classicisme envisagé sous l'angle de sa perfection formelle – de même que, dans son introduction aux *Maximes* de Chamfort, il préfère l'authenticité du « moraliste de la révolte » au formalisme d'un La Rochefoucauld enfermé dans son « bel équilibre ».

La simplicité classique réside donc ailleurs, et en particulier dans un principe de « merveilleuse économie » qui est aussi un art de la « répétition passionnée » : « être classique, c'est se répéter ». Ainsi, il faut chercher la véritable simplicité de Mme de La Fayette dans sa conception uniforme de l'amour perçu comme un péril constant, qui à tout moment menace de livrer l'individu à la démence et à la confusion. Dans cette perspective, le ton distancié maintenu par la romancière, son « art hautain », ne traduit pas la médiocrité des passions mais bien au contraire leur « infinie possibilité de souffrance » transfigurée par l'intelligence : « cela est d'un art concerté qui doit tout à l'intelligence et à son effort de domination ». Comme le rappelle Jacqueline Lévi-Valensi (*Albert Camus ou la naissance d'un romancier*), c'est dans les mêmes termes que l'écrivain algérois définit *L'Étranger*, présenté comme un « livre très concerté », au ton « voulu » et qui témoigne d'une même objectivité conçue comme l'expression maîtrisée de la subjectivité ; on y retrouve du reste cette même monotonie, cette même écriture minimale qui est à ses yeux le propre du grand roman classique.

Camus étend alors à toute une lignée romanesque cet art de la rigueur, de la pureté, de la « force rentrée » dont il trouve le modèle chez Sade, Stendhal ou Marcel Proust, qui tous ont bâti leur œuvre autour d'un « sentiment unique » associé à une « constance d'âme ». Il y aurait en effet, au fondement du classicisme, une forme de « parti pris » : il reprend ainsi le titre de l'œuvre de Francis Ponge (*Le Parti pris des choses*, Gallimard, 1942) qu'il avait analysée quelques mois plus tôt dans une lettre à l'auteur, en ajoutant qu'elle est « une des seules œuvres classiques contemporaines ».

L'écriture est donc indissociable d'une certaine exigence morale, d'une éthique de la responsabilité et de la liberté, d'un « savoir-vivre » qui dépasse le « savoir-écrire ». En effet, la force de cette lignée romanesque réside dans la prise en compte à la fois de la fatalité et de la liberté, des « forces de la destinée » et de la « décision humaine », des extrémités de la détresse et de la maîtrise de la forme. Camus reprend dans *L'Homme révolté* ces analyses sur la transfiguration du désespoir à travers une création romanesque fondée sur un art de la distance qui permet à Mme de La Fayette de donner à la souffrance de Mme de Clèves « la courbe nue d'un langage sans défaut » et, dans une interview datée de 1951, fait sienne la vision gidienne du classicisme comme un « romantisme dompté ». En 1954, il travaille à une adaptation cinématographique de *La Princesse de Clèves* dont les esquisses sont conservées dans les archives Camus de la bibliothèque Méjanes.

Emmanuelle TABET

• *Voir aussi :* Classicisme

Bibl. : Jacqueline Lévi-Valensi, « Roman, mesure et démesure », dans David H. Walker (dir.), *Albert Camus, les extrêmes et l'équilibre*, Atlanta et Amsterdam Rodopi, 1994, p. 245-259 • Pierre-Louis Rey, *Camus, une morale de la beauté*, SEDES, 2000, p. 39-53

INTERNATIONALISME. – L'internationalisme se définit comme une manifestation de solidarité vis-à-vis d'un peuple au-delà des frontières nationales. Cependant, ce concept se modifie avec le communisme : les communistes l'utilisent pour afficher leur solidarité avec l'URSS et les pays du bloc soviétique.

La définition de l'internationalisme camusien conserve son sens originel. Il se traduit par des actes et des signes de solidarité envers des peuples opprimés ou des victimes de la répression. Il se manifeste par des appels par voie de presse, des prises de parole dans des réunions publiques, l'élaboration de manifestes ou enfin l'aide matérielle à des personnalités d'autres pays. Si son engagement et ses articles politiques d'avant-guerre montrent une inclination en ce sens, c'est après la Seconde Guerre mondiale que Camus développe des prises de position internationalistes. Dans *Combat*, il théorise cette solidarité (voir « Démocratie et dictature internationales », dans *Ni victimes ni bourreaux*) qui se manifeste principalement dans deux directions : l'Espagne et le bloc de l'Est. Les modalités d'action et de positionnement varient. Camus demeure profondément marqué par la guerre civile espagnole, qui représente le « choc » politique de sa jeunesse. *L'État de siège*, par exemple, traite de la peur dans un pays totalitaire. En écrivant cette pièce, il pensait à l'Espagne franquiste, même s'il a ensuite considéré que sa réflexion était valable pour toutes les dictatures. Cet attachement à Espagne se traduit par un soutien systématique et constant aux républicains exilés, comme en témoigne sa préface à « L'Espagne libre » ou ses articles sur sa « fidélité à l'Espagne ». Cet internationalisme se matérialise également par des prises de position dans le débat public : Camus démissionne ainsi de son poste de conseiller culturel auprès de l'Unesco pour protester contre l'entrée de l'Espagne de Franco dans cette institution. Il se traduit par l'accueil de républicains espagnols et une intervention pour certains d'entre eux, comme l'écrivain et journaliste Salvador de Madariaga.

Camus, au nom de l'internationalisme antitotalitaire, associe de manière régulière l'Espagne et l'Union soviétique. Ainsi évoque-t-il le sort des républicains qui se sont réfugiés en URSS au lendemain de la guerre civile et qui, après 1945, ont été déportés dans les camps soviétiques. De même, lorsque des militants libertaires bulgares lui demandent de l'aide pour les victimes de la répression, Camus, au nom de ce principe de solidarité internationale et de cet héritage espagnol, accepte.

C'est, peut-être, lors des manifestations de solidarité avec les insurrections ouvrières de Berlin, Pozna et Budapest que Camus manifeste le plus fortement son attachement à cet idéal d'émancipation. En 1953, quand il se rend à la Bourse du travail de Saint-Étienne avec Nicolas Lazarévitch, il y condamne fermement la répression conduite de Moscou. Trois ans après, le procès contre les syndicalistes polonais arrêtés après les grèves de Pozna le conduit à reprendre la parole publiquement. Enfin, les dernières grandes manifestations auxquelles il participe sont les conséquences de l'insurrection hongroise. Comme plusieurs écrivains, Camus participe à des réunions publiques à la fin novembre 1956 puis au meeting de la salle Wagram qui se tient le 15 mars 1957, le jour anniversaire de la fête nationale hongroise. Pour lui, la répression de l'insurrection de Budapest poursuit la même œuvre funeste que le soulèvement franquiste vingt ans auparavant. Par ailleurs, il essaye d'aider individuellement les réfugiés hongrois en France, en leur venant en aide financière, ou en intervenant auprès des autorités compétentes afin qu'ils obtiennent le statut de réfugiés.

L'internationalisme camusien associe donc une protestation morale et une manifestation pragmatique du principe de solidarité. Il se manifeste dans l'aide personnelle qu'il apporte aux victimes de l'oppression grâce à ses relations ou à ses ressources financières.

Sylvain BOULOUQUE

INTUITIONS. – Publiés en 1973 par Paul Viallaneix, ces textes, datés d'octobre 1932, sont les tout premiers manuscrits que nous ayons de Camus. Il va entrer en hypokhâgne pour y poursuivre des études brillantes, reprises après l'attaque de tuberculose ; sur l'instigation de son maître Jean Grenier, il a, l'année précédente, publié des articles dans le journal lycéen *Sud* ; il va en publier régulièrement dans *Alger étudiant*. Ces articles sur la poésie, la musique, la peinture, la philosophie adoptent pour la plupart un ton très assuré. Parallèlement, le jeune homme épanche cependant son mal de vivre dans des textes qu'il ne publie pas, sauf un, *Le Dernier Jour d'un mort-né*, paru dans *Sud* en décembre 1931. Il leur attache pourtant une certaine importance puisque à l'articulation entre ses deux années scolaires (la datation est réitérée), il en réunit les feuillets, mais sans les paginer ce qui nous prive de toute indication claire sur leur ordre de succession.

Le titre qu'il donne à l'ensemble vient de Bergson ; sur celui-ci, manifestement étudié en classe de philosophie, il a écrit un article publié en juin 1932, dans *Sud*. Mais les influences majeures sont ailleurs : c'est celle de Gide, mise en évidence par l'épigraphe sur le bonheur, empruntée à *La Tentative amoureuse ou le Traité du vain désir*, et celle de Nietzsche dont le Zarathoustra inspire au jeune écrivain la figure récurrente d'un fou qui descend vers les hommes et en revient plein d'une sagesse désabusée.

Après une brève présentation de ces « rêveries », viennent cinq textes aux titres suggestifs : « Incertitudes », « Délires » (faut-il y voir un écho rimbaldien ?), « La volonté de mensonge », « Souhait » et « Retour sur moi-même ». Disposés en brefs paragraphes, ils prennent parfois l'allure de poèmes en prose. Ils disent, d'une façon souvent fiévreuse, des désirs contradictoires, une quête incertaine du bonheur, des aspirations confuses par rapport aux autres hommes, une ferveur sans objet. Pour ce faire, le « je » s'y met en situation de dialogue avec lui-même ou avec un *alter ego* – qui peut être ce fou, ou encore un vieillard, dont les échecs et la lassitude entrent en résonance avec l'expérience de l'adolescent.

Jacqueline Lévi-Valensi a montré comment, dans ces pages, le lyrisme désordonné va de pair avec la mise en place d'embryons narratifs ou dramatiques – comme si le jeune Camus faisait ses gammes. Des éléments essentiels de l'univers camusien sont déjà présents dans ces pages de jeunesse, en particulier la tension entre l'amour et l'indifférence, et entre la vérité et le mensonge – et aussi la « ferveur », même si, dans les textes ultérieurs, elle trouve de tout autres moyens pour se dire.

Agnès SPIQUEL

Éd. : *Écrits de jeunesse, Cahiers Albert Camus*, n°2, Gallimard, 1973 • *Œuvres complètes*, t. I, Gallimard, coll. « Bibl. de la Pléiade », 2006

Crit. : Jacqueline Lévi-Valensi, *Albert Camus ou la naissance d'un romancier*, Gallimard, 2006, p. 56-80

IONESCO, Eugène (1909-1994). – Dans ses essais autobiographiques comme dans ses interviews, Eugène Ionesco témoigne d'une grande estime pour Camus dont il partageait tant l'éthique humaniste que la méfiance vis-à-vis des idéologies et le refus du dogmatisme. Il déclare ainsi à sa mort dans *Arts* : « Je pense à Camus : j'ai à peine connu Camus. Je lui ai parlé une fois, deux fois. Pourtant, sa mort laisse en moi un vide énorme. Nous avions tellement *besoin* de ce juste. Il était, tout naturellement, dans la vérité. Il ne se laissait pas prendre par le courant ; il n'était pas une girouette ; il pouvait être un point de repère. » Bien plus tard, dans *Un homme en question*, le comparant à Sartre pour qui il a toujours eu la dent dure, il confie : « Je fais beaucoup plus confiance à Camus qui, s'il n'avait pas l'armature philosophique, le langage de Jean-Paul Sartre, avait un esprit de justesse irremplaçable, Camus est irremplaçable. »

Si Ionesco se sent si proche de Camus, c'est qu'il éprouve le même sentiment que lui face à l'absurdité de l'existence qui n'a d'autre finalité que la mort. « Est absurde ce qui n'a pas de but. Coupé de ses racines religieuses ou métaphysiques, l'homme est perdu, toute sa démarche devient insensée, inutile, étouffante », écrit-il dans *Notes et contre-notes*. De tels propos pourraient apparaître sous la plume de Camus. Une pièce comme *Jacques ou la soumission*, dans laquelle le héros, qui ne peut accepter sa finitude, refuse de donner la vie, est très proche, dans son questionnement, de *L'Homme révolté*. Lecteurs tous deux des gnostiques, Camus sous l'influence de Jean Grenier, Ionesco au contact de Cioran, ils laissent entendre dans leurs œuvres un même cri de révolte contre le mal. Toutefois lorsqu'ils s'inspirent du *Journal de l'année de la peste* de Daniel De Foe, leur démarche diffère dans la mesure où Camus, désireux de montrer que l'homme peut remédier au mal par la fraternité, fait, selon Ionesco, « d'un problème métaphysique, un problème moral », alors que lui, « ce qui [l'] intéressait, c'étaient les implications métaphysiques, l'aspect apocalyptique de l'événement ».

C'est effectivement au niveau métaphysique que les deux écrivains divergent. « L'humanisme athée » de Camus ne saurait convenir à Ionesco qui, malgré ses doutes, est en quête de Dieu. « Un humanisme non spirituel comme celui d'Albert Camus, écrit-il dans *Un Homme en question*, après la dernière guerre, fondé "sur une morale sans obligation ni sanction", c'est-à-dire sans transcendance comme celui du philosophe français Marie-Jean Guyau dont on a tant parlé à la fin du XIXe siècle et même jusque vers 1930, ne pouvait pas tenir, car il n'avait pas de racines. »

Le seul reproche que formule Ionesco à l'encontre de Camus est le manque d'humour, ce regard distancié qui permet de dédramatiser le triomphe du mal, car pour lui, « l'humour c'est la liberté ». « Même si on a une conscience, une vision apocalyptique de l'histoire il y a aussi, derrière, cette idée que le monde n'est qu'une farce. Il faut dédramatiser. C'est ce qui distingue *Macbett* de *La Peste* de Camus. Camus n'avait pas d'humour. » C'est en raison de ce trop de sérieux que Ionesco prête à Camus que le créateur du théâtre d'avant-garde trouve son écriture dramatique, au même titre que celle de Sartre, encore classique, car ils utilisent tous deux le langage de façon conventionnelle : « J'ai l'impression que ces écrivains qui sont honorables, importants, discutaient de l'absurde, de la mort, mais [...] que cela n'était pas inscrit profondément dans leur langage. Chez eux, c'était encore de la rhétorique, encore de l'éloquence. » Aussi Ionesco récuse-t-il, comme non pertinente, l'étiquette qu'on lui a souvent accolée de « théâtre de l'absurde ».

Marie-Claude HUBERT

IRONIE. – « Toute mon œuvre est ironique. » La phrase figure dans les *Carnets* en mars 1950, c'est-à-dire six ans avant la publication de *La Chute*, l'ouvrage qui justifiera le mieux cette appréciation aux yeux des critiques. « Ça ennuie les gens qu'on soit lucide et ironique », avait écrit Camus en tête d'un projet de préface à *L'Envers et l'Endroit*. Les mots « lucidité » et « ironie » sont ici associés parce que la vie présente des aspects contradictoires (en premier lieu : « bonheur » et « tragique ») sur lesquels il faut, selon une expression chère à Camus, garder « les yeux ouverts ». « Si vous voyez un sourire sur les lèvres désespérées d'un homme, comment séparer celui-ci de celles-là ? Ici l'ironie prend une valeur métaphysique sous le masque de la contradiction. » Le texte de *L'Envers et l'Endroit* intitulé *L'Ironie* met en relief ce qui peut être considéré comme l'inspiration générale du recueil. Des trois brefs récits qui le composent, le dernier, mettant en contraste la cérémonie d'enterrement de la grand-mère et la belle lumière qui éclairait le ciel ce jour-là, illustre au mieux l'ironie de l'existence. Du moment qu'elle est « métaphysique », l'ironie ne suppose ni méchanceté ni causticité : l'ironiste n'intervient pas en personne face à ce monde dont il se contente de refléter les oppositions. Parce qu'elles sont en général dépourvues de tout commentaire, les observations notées dans les *Carnets* offrent les meilleurs exemples de cette ironie camusienne. Ainsi : « Quand on brûlait Jean Huss, on vit arriver une douce petite vieille apportant son fagot pour l'ajouter au bûcher » (fin 1949). Camus n'ignore pas pour autant le sens courant du terme : les rabâchages du vieillard, dans le deuxième récit de *L'Ironie*, l'exposent à « l'ironie des regards et la brusquerie moqueuse » de ses auditeurs. Les sentiments et les motivations de celui qui pratique l'ironie sont exposés dans un bref dialogue noté en 1947 dans les *Carnets* : « G. L'ironie n'est pas forcément issue de la méchanceté. / M. À coup sûr, elle ne vient pas de la bonté.

/ G. Non. Mais peut-être de la douleur, à quoi on ne pense jamais *chez les autres.* » Si on suppose que « G. » masque Jean Grenier et que « M. » signifie « moi », on trouvera dans les mots du maître, plus que dans l'objection de l'élève, un reflet de la pensée camusienne.

Intituler un essai sur Camus *Soleil et Ombre*, c'était pour Roger Grenier souscrire au regard que Camus a lui-même, dès 1950, porté sur son œuvre. Ce titre, révèle l'auteur dans l'introduction de son ouvrage, fait référence à l'Espagne, chevillée au cœur de Camus, terre où la misère et le sens du tragique côtoient toujours la lumière. « Dans une plaza de toros, le soleil est la place des pauvres. » Et Grenier de citer *Noces* où Camus rappelle lui-même qu'il a passé sa jeunesse « à mi-distance de la misère et du soleil ». À interpréter ainsi l'ironie, on en multiplierait les exemples dans son œuvre entière. Si on tient à leur trouver une source dans *L'Ironie* de *L'Envers et l'Endroit*, l'on rapprochera de la vieille femme abandonnée par des jeunes gens qui vont au cinéma (« On passait justement un film gai. ») la mère de *L'Étranger*, oubliée dans son cercueil après avoir été abandonnée à l'asile par un fils qui, dès le lendemain de l'enterrement, va voir « un film avec Fernandel ». Le « métaphysicien » rend compte de la juxtaposition des deux événements. Il s'abstient de porter un jugement, à la différence de la société, qu'indignera cette monstrueuse « contradiction ». Les quatre coups de feu résonnant sur une plage qui prédisposait au silence et au bonheur portent, dans le roman, l'ironie au tragique.

Que l'ironie ait partie liée avec le tragique, on le savait depuis Œdipe. La situation du héros, paradoxale, s'accompagne d'un renversement des sentiments consacrés. Plus que *Caligula*, où l'empereur agit comme un infatigable ironiste en subvertissant les valeurs morales et les institutions établies, *Le Malentendu* illustre l'ironie camusienne. Même si elle est fabriquée par l'imprudent stratagème de Jan, la situation de l'« enfant prodigue » non reconnu et assassiné par celles qui auraient dû l'accueillir à bras ouverts renverse les termes de la parabole des Évangiles et, au-delà, les lois naturelles de l'amour. Ironie du destin, auquel le vieux domestique donne un léger coup de pouce. Le théâtre de Camus offre d'autres situations ironiques : ainsi, dans *Les Justes*, le seul représentant du peuple de la pièce, Foka, est chargé d'exécuter celui qui a sacrifié sa vie pour le peuple.

Les diverses acceptions du mot « ironie » sont couvertes par *La Chute*. Clamence, à la manière de Caligula, est un ironiste. Il ironise, par exemple, sur le lyrisme, auquel il lui arrive de s'abandonner avant de se reprendre pour s'en moquer (« Eh ! là, je dérive, moi aussi, je deviens lyrique ! »), ou encore sur sa profession d'avocat (dire qu'il « plaide » ou que le gorille se rend à ses « arguments », c'est prendre ses distances avec elle). L'image double de lui-même, que lui a révélée son miroir, se prête à cette constante mise en dérision de soi, donc (en vertu de sa stratégie) d'un genre humain qui lui ressemble. Les « cher ami » dont il gratifie généreusement son interlocuteur relèvent eux-mêmes de l'ironie du moment qu'ils s'adressent à un être qu'il veut entraîner dans sa propre perte. Satan est un ironiste, et Clamence a endossé ses habits. À la différence de Caligula, qui créait des événements sous nos yeux, il use du verbe. Mais il s'est fait aussi metteur en scène en choisissant une ville froide parcourue de canaux pour expier un crime causé par les eaux froides de la Seine. Les instances de l'ironie du récit sont pourtant difficiles à discerner dans la mesure où aucune parole extérieure à celle de Clamence n'offre de repère au lecteur. Clamence pratique-t-il l'ironie vis-à-vis de lui-même ? Camus l'exerce-t-il à l'encontre de son héros ? L'exerce-t-il vis-à-vis de lui-même en adoptant par procuration un style qui présente l'envers de ce dépouillement auquel il nous avait habitués ? On se situe ici aux frontières de l'ironie et de l'humour.

« Y a-t-il dans votre œuvre un thème, selon vous important, que vous estimez négligé par vos commentateurs ? – L'humour. » Cette réponse de Camus à Jean-Claude Brisville en 1959, dans les derniers mois de sa vie, a de quoi surprendre. S'il aspirait, en mai 1936, à un dédoublement qui paraît la condition même de l'humour (« Intellectuel = celui qui se dédouble. Ça me plaît. Je suis content d'être les deux », note-t-il dans ses *Carnets*), on le verra, ensuite, tendre à l'inverse (contre la catégorie des intellectuels) vers la simplicité. Risquons un stéréotype en disant que, s'il reflète l'ironie tragique de l'existence, l'esprit castillan est peu prédisposé à l'humour. *La Chute* explique peut-être que, après avoir demandé en 1950 qu'on reconnût son ironie, Camus revendique neuf ans plus tard la qualité d'humoriste. Il est vrai que sous sa plume les deux termes apparaissent parfois comme interchangeables. Le Christ, selon Clamence, « avait le sens de l'humour ». La preuve ? Il a fait avec Pierre un jeu de mots : « "Sur cette pierre, je bâtirai mon église." On ne pouvait pas pousser plus loin l'ironie, vous ne trouvez pas ? » Si on veut cerner des qualités plus spécifiques à l'humour, on les trouvera davantage dans le dédoublement que Clamence revendique après l'avoir vécu comme une déchéance, mais aussi dans la distance que Camus prend vis-à-vis de soi pour se figurer dans ce héros qui est à la fois son double et son repoussoir.

Le Premier Homme se présente, jusque par son titre, comme le complément et l'envers de *La Chute*. Dans son dernier roman, Camus, loin de se « dédoubler » (au sens où il l'entendait en 1936), cherche en répudiant le « monstre » à retrouver une unité et une simplicité qui le rendront aux siens tel qu'il était dans sa jeunesse. *L'Envers et l'Endroit* (« *L'Ironie* ») évoquait pour sa part le « courage désespéré » qu'on puise « dans la lucidité et le refus d'aimer », « le refus d'aimer » se substituant à « l'ironie » dans le binôme proposé par le projet de préface. La lucidité ne soutient plus dans *Le Premier Homme* que le besoin d'aimer. Ainsi le roman englobe-t-il dans un même élan tout ce vers quoi revient l'« enfant prodigue » : loin d'offrir un contraste ironique avec le soleil ou avec la chaleur des siens, la pauvreté fait partie intégrante d'un univers qui est celui du bonheur. Réunifié dans le portrait transparent qu'il offre de l'auteur, Jacques Cormery laisse pourtant subsister une part de jeu entre le personnage et son créateur. Le dédoublement de l'auteur ne se fait plus par le recours à un être diabolique (Clamence), mais à la figure d'un « premier homme » que n'aurait pas touché la malédiction du péché. Toutefois, comme Camus ressemble plus à Jacques Cormery qu'à Clamence, l'humour du *Premier Homme* est encore plus difficile à déceler que celui de *La Chute*. Quand il se contemple sous les traits du voyageur du train de Saint-Brieuc, dont l'élégance et la gentillesse natives contrastent avec la laideur et la mauvaise humeur des habitants de la métropole, met-il en gloire sa figure d'Algérien ou se moque-t-il de ses partis pris ? Il laisse au lecteur le soin de juger du sérieux avec lequel on doit accueillir cet autoportrait. On veut croire, en effet, qu'il n'adhère pas sans humour à la figure adamique et parfois christique de celui auquel il a donné pour initiales « J. C. ». « On aura l'occasion de s'apercevoir de la supériorité réelle de l'Algérien sur le Français », écrivait-il déjà dans *L'Été*, et il s'empressait d'ajouter qu'il pourrait cesser ici « toute ironie » (du moment qu'il est lui-même un Algérien, « humour » conviendrait mieux). La question peut être étendue à l'ensemble du *Premier Homme*.

Le « troisième étage » de l'œuvre, commencé vers 1953, devait être aux yeux de Camus celui de l'amour. On suppose que, succédant à deux étages où dominait l'ironie, il était aussi en passe de devenir celui de l'humour. C'était peut-être renoncer définitivement à cette « méchanceté » soupçonnée d'être partie prenante de l'ironie. La publication de *La Chute* en 1956 ne contredirait pas, à ce compte, les termes du dialogue entre G. et M. : l'ironie prêtée à Clamence serait moins imputable à sa méchanceté qu'à sa douleur.

Pierre-Louis REY

Bibl. : Françoise Armengaud, « L'ironie "tapie au fond des choses", ou l'inexplicable texture de *L'Envers et l'Endroit* », dans Anne-Marie Amiot et Jean-François Mattéi (dir.), *Camus et la philosophie*, PUF, 1997, p. 36-50 • Paul Viallaneix, « Jeux et enjeux de l'ironie dans *La Chute* », dans Raymond Gay-Crosier et Jacqueline Lévi-Valensi (dir.), *Albert Camus : œuvre fermée, œuvre ouverte ?*, *Cahiers Albert Camus*, n° 4, Gallimard, 1985, p. 187-200

IRONIE (L'). – Premier des cinq essais du recueil *L'Envers et l'Endroit*, paru en 1937, *L'Ironie* juxtapose trois récits. Comme souvent dans ces années d'apprentissage, Camus reprend des textes antérieurs : deux des *Voix du quartier pauvre* (1934) et *Le Courage*, qui figure à la fin du manuscrit de *La Maison mauresque* (1933). Mais le fait de les rassembler, de leur adjoindre une conclusion et de les faire figurer au début du recueil décuple leur signification.

Les trois récits mettent en scène des vieillards que leur entourage laisse seuls face à leur mort, par indifférence et parce que ces vieux se sont rendus insupportables : on abandonne la vieille infirme grincheuse pour aller au cinéma ; on n'écoute plus le vieux qui pérore au café ; on croit à une simulation de la grand-mère despotique. Le narrateur – implicite malgré un « je » initial – se projette à chaque fois dans un personnage plus concerné par le drame du vieillard : un jeune homme qui fuit lâchement, un homme « habillé de clair » à la présence épisodique, un petit-fils pris dans la haine. La déréliction des vieux, longuement rendue dans les deux premiers récits par le discours indirect libre, est aggravée par le dénuement : ils vivent dans « le quartier pauvre », motif central de l'écriture narrative de Camus pendant ces années-là ; la pauvreté est rendue perceptible par des détails du quotidien : un saint Joseph en stuc, la lampe à pétrole, le bidon d'ordures de la cuisine. Dans sa volonté – clairement affirmée à l'ouverture des *Carnets* en mai 1935 – de faire de l'œuvre d'art un témoignage sur le réel, Camus se donne les moyens d'une écriture réaliste.

Le troisième récit met en place un univers familial sur lequel il travaille depuis ses premiers essais d'écriture narrative (rassemblés sous le signe de *Louis Raingeard*) et que déploiera *Le Premier Homme* : l'oncle, la mère et les deux enfants, sous la férule de la grand-mère. Mais jamais plus Camus ne dira aussi distinctement la haine envers celle-ci, et la « sorte de courage désespéré dans la lucidité et le refus d'aimer ». Dans ce même récit, apparaît la première scène d'enterrement de l'œuvre camusienne – et la question de pleurer ou non à l'enterrement d'un proche, qui sera centrale dans *L'Étranger*. L'exigence de vérité sous-tend donc tout l'essai : vérité des personnages avec eux-mêmes ; vérité du témoignage de l'écrivain ; vérité face à la question du rapport à la vie et à la mort.

C'est la conclusion qui laisse entrevoir la signification philosophique du titre : elle met en balance les trois drames humains qui viennent d'être esquissés, et la beauté du monde, offerte à profusion à la fin du troisième récit lors de l'enterrement de la grand-mère. Il ne s'agit pas de concilier les trois morts et la beauté, mais de « tout accepter », c'est-à-dire maintenir en étroite coexistence une chose et son contraire, principe de base de la figure rhétorique qu'est l'ironie. Ce titre s'éclaire encore mieux avec le projet de préface, qui accompagnait *Le Courage* : « Si vous voyez un sourire sur les lèvres désespérées d'un homme, comment séparer celui-ci de celles-là ? Ici l'ironie prend une valeur métaphysique sous le masque de la contradiction. Mais c'est une métaphysique en acte. » Déjà, dans une note en marge d'un manuscrit, Camus avait fait de cette coprésence un principe de composition : « Mettre en présence désespoir secret et amour de la vie. Ne jamais le dire. Alterner les chapitres. »

Le titre et la conclusion de *L'Ironie* explicitent ainsi la méditation philosophique dans laquelle les récits réalistes se trouvent enveloppés, et qui colore également tout le recueil, puisque le dernier essai s'achève également sur l'ironie : « Si j'écoute l'ironie, tapie au fond des choses, elle se découvre lentement. » « Toute mon œuvre est ironique », écrit Camus dans ses *Carnets* en mars 1950 ; ironique, c'est-à-dire soustendue par la conscience simultanée de l'envers et de l'endroit, d'une chose et de son contraire, de la beauté et de la mort, par la distance entre le « je » et le monde. À l'orée de son premier livre, *L'Ironie* donne une clé de lecture pour l'ensemble de son œuvre.

Agnès Spiquel

Bibl. : Jacqueline Lévi-Valensi, *Albert Camus ou la naissance d'un romancier*, Gallimard, 2006, p. 358-367

ISLAM. – Dans la conférence tenue par Camus en février 1937 sur la nouvelle culture méditerranéenne, il est question d'Athènes et de Rome, de l'Espagne et de l'Italie, pas de Damas ni du Caire. L'espace méditerranéen est païen ou chrétien : l'islam est absent de ce bouillon de culture. Ni à cette époque ni a fortiori plus tard Camus ne s'est pas intéressé à la littérature et à la philosophie islamiques. Sa bibliothèque le confirme. Il ne se réfère jamais aux grandes périodes de la civilisation arabo-musulmane. Ibn Khaldoun et Omar Khayyam n'existent pas pour lui. Le chroniqueur littéraire d'*Alger républicain* recense – brièvement – un seul ouvrage sur l'islam. Il voit le monde islamique comme un ensemble vaste et flou.

Camus connaît les Arabes d'Algérie sans parler leur langue. Chargé par le parti communiste de recruter des militants parmi eux, il a mesuré à quel point il est malaisé de les faire adhérer à un parti se réclamant d'une philosophie athée. Il est aussi en contact avec les cheikhs El-Okbi et Ben Badis. La devise de l'association des oulémas (docteurs de la loi) qu'ils animent est :

« L'islam est ma religion, l'arabe est ma langue, l'Algérie est ma patrie. » En 1945, dans un article de *Combat*, Camus évoque une « confrérie réformiste ». Les oulémas, écrit-il dans un autre, forment une « secte » acquise à une « réforme rationaliste de l'Islam ». Ses connaissances restent superficielles en la matière. A-t-il parié pour un islam moderne ? L'on manque de documents précis pour l'établir.

Dans les années 1930, quand les « indigènes » voulaient être égaux, on leur demandait d'être aussi semblables. La loi républicaine et la loi musulmane apparaissaient inconciliables. La guerre change la donne. « Le peuple arabe existe », avertit Camus en 1945, ce n'est pas « une masse amorphe ». Il existe une « opinion arabe », une « opinion musulmane. Il veut encore croire que le pire sera évité. Les « conquérants inquiets », écrit-il, auraient intérêt à se mettre à l'écoute de la « sagesse » proposée par « la civilisation arabe ». La formule est générale et vague. Dix ans plus tard, il demande la reconnaissance d'une personnalité arabe qu'il définit par la tradition, la langue et la culture et envisage un syncrétisme créateur entre l'Orient et l'Occident. À nouveau, il en reste à des considérations très générales.

Le fanatisme, estime Camus, est le fait des chefs militaires du FLN. Comme les intellectuels français, même les mieux informés, il fait peu de place au constituant religieux du nationalisme algérien. L'islam a été un vecteur de résistance culturelle depuis 1830. Il pouvait, quand les circonstances le permettaient, fournir une idéologie de combat aux masses algériennes. L'effondrement du mythe assimilationniste a ouvert la voie à une nouvelle génération de militants appuyés sur la culture arabo-islamique. Dans l'avant-propos à *Chroniques algériennes*, en 1958, Camus appelle « empire d'Islam » le panarabisme nassérien. Il parle en outre d'un « empire musulman » dans le dernier texte du recueil – « Spirituellement cet empire existe, son ciment et sa doctrine étant l'Islam. » C'est peu. Pour les Algériens se déroule un *jihâd*. Les rebelles sont des *mujâhidûn*. La mouvance républicaine et laïque dont Camus est issu est intellectuellement mal préparée à accepter l'émergence d'un mouvement nationaliste et religieux.

L'islam tient peu de place dans les fictions algériennes de Camus. Dans *Le Premier Homme*, il est par deux fois fait mention du voile. Le statut coranique de la femme, qu'il manifeste, dresse une barrière infranchissable entre les communautés. Il y a ou il y a eu cohabitation, non symbiose dans le quartier pauvre. Les « Français », d'où qu'ils soient venus, ne se sont pas mélangés avec les autochtones. Dans cette perspective, la conversation avec Saddok est précieuse. Ce personnage « francisé » entend se marier selon une tradition qu'il désapprouve. « Pourquoi te soumettre à une tradition que tu juges sotte et cruelle ? – Parce que mon peuple est identifié à cette tradition, qu'il n'a rien d'autre, qu'il s'y est figé et que se séparer de cette tradition, c'est se séparer de lui. » Les Lumières des Français ont partie liée avec l'oppression, il leur préfère, malgré qu'il en ait, la folie des opprimés, ses frères. Qu'un lettré fasse ce choix signifie que la définition de la nationalité algérienne ne pourra être fondée que sur l'identité arabo-islamique.

Une mosquée a beau faire une timide apparition, l'espace du roman fait une place congrue à la civilisation arabo-islamique. Il n'est jamais question du mois de Ramadân ; parmi les figurants arabes, il n'y a aucun muezzin, pas un caïd et nul ouléma. Dans *Le Premier Homme*, l'oncle Ernest, pour dire l'avarice de l'oncle Joséphin, use du mot « Mzabite ». Le narrateur fournit alors un développement ethno-sociologique : « mais la population ouvrière du quartier, qui ignorait l'Islam et ses hérésies, ne voyait que l'apparence ». L'Algérie est certes plurielle, mais, comme toutes les sociétés coloniales, elle est structurellement ségrégative. Tout le roman ne cesse de dire la séparation des deux communautés.

Dans *La Femme adultère*, son périple procure à Janine la révélation d'une civilisation qu'elle ignorait. Avec Camus, il faut parler de méconnaissance plutôt que de mépris. Il est tributaire de la formation qu'il a reçue à l'école de la République et dans sa famille. On imagine mal Louis Germain parler du Coran et de la Bible à ses élèves, ni Gustave Acault, voltairien et franc-maçon, faire l'éloge de Mahomet et de la religion musulmane à son neveu. Ses professeurs au lycée et à la faculté des lettres étaient de passage en Algérie. Pourquoi auraient-ils pris la peine de s'initier à la culture islamique ?

Au bon élève de l'école républicaine ses maîtres ont représenté les religions comme normatives, obscurantistes et réactionnaires. C'est le catholicisme qui constitue le mauvais objet. L'islam, au fond, est l'affaire des peuples africains et asiatiques. Peu importent son instrumentalisation et son ossification. Camus connaît un peu la Bible, pas du tout le Coran. De Louis Massignon à Jacques Berque, de Régis Blachère à Henry Corbin, les islamologues sont marginalisés. Les savoirs qu'ils produisent diffusent peu. L'islam a longtemps été, il reste aujourd'hui encore l'impensé des intellectuels français. Camus, en dépit ou à cause de ses origines, n'a pas fait exception. Jeanyves GUÉRIN

ITALIE. – Transposant dans *L'Envers et l'Endroit* son premier contact avec l'Italie à l'été 1936, Camus le Méditerranéen exprime en ces termes sa passion pour ce pays : « Terre faite à mon âme, je reconnais un à un les signes de son approche. » Il y retourna dès l'année suivante pour un séjour plus long qui confirma son impression initiale. L'abondance des notations dans ses *Carnets* à la date de septembre 1937 témoigne de l'intensité de ce qu'il a ressenti devant ce « royaume-paradis », selon l'expression d'Olivier Todd, par exemple lorsqu'il écrit à Fiesole : « Des millions d'yeux ont contemplé ce paysage, et pour moi il est comme le premier sourire du monde. » L'Italie resta présente en lui jusqu'au moment où il fit un nouveau voyage en décembre 1954, dans l'espoir de se ressourcer à un moment difficile de sa vie. Après avoir été ébloui par la beauté de la Toscane, il aima surtout lors de ce séjour les collines de Rome ainsi que ses fontaines.

Les voyages que Camus fit en Italie illustrent parfaitement la conception qu'il a exprimée en ces termes : « C'est pour sa culture qu'on voyage, si l'on entend par culture l'exercice de notre sens le plus intime qui est celui de l'éternité. » Il a découvert et admiré dans ce pays un autre aspect de la Méditerranée chère à son cœur, il s'agit de la civilisation méditerranéenne, ce qui lui suggère dans les *Carnets* des rapprochements entre Florence et Athènes ainsi qu'entre l'Italie et l'Espagne. C'est à travers l'architecture et la peinture que s'est imposée à lui l'idée de l'union totale de l'art et de la vie qu'il souligne à plusieurs reprises, par exemple lorsqu'il écrit : « Chaque ville compte ici avec son visage et sa vérité profonde », ou encore à propos des « primitifs siennois et florentins » : « Leur obstination à faire les monuments plus petits que les hommes ne vient pas d'une ignorance à l'égard de la perspective, mais de la persévérance dans le crédit qu'ils font à l'homme et aux saints qu'ils mettent en scène. » Au début de l'essai de *Noces* intitulé *Le Désert*, où certains passages sont repris directement des *Carnets*, Camus dit ce que lui ont appris des peintres comme Giotto ou Piero della Francesca sur ce que « vivre » signifie : « Si j'en crois les grands maîtres toscans, c'est témoigner trois fois, dans le silence, la flamme et l'immobilité. »

La curiosité passionnée de Camus pour l'Italie s'est également manifestée à l'égard de contemporains, dans le domaine de la littérature cette fois. Comme critique, il a consacré en 1939 un article au roman *Le Pain et le vin* d'Ignazio Silone, qu'il rencontrera à Rome en 1954. Sensible également à l'univers de Dino Buzzati, il adaptera plus tard sa pièce *Un cas intéressant*, rendant hommage à travers lui aux écrivains de ce pays : « Dans tout ce que font aujourd'hui nos amis italiens, il y a une générosité, une chaleur du cœur, une simplicité vivante qui manque un peu dans nos œuvres françaises. »

L'Italie a rendu son affection à Camus. Toutes ses œuvres ont été traduites, souvent très tôt, et publiées à Milan chez Bompiani. Ses pièces, notamment *Caligula*, *Les Justes* et *Les Possédés*, ont été jouées un peu partout et souvent reprises. De grands metteurs en scène tels que Giorgio Strehler, Luigi Squarzina, Carmelo Bene, Luca Ronconi les ont montées. C'est un cinéaste italien, Luchino Visconti, qui a porté *L'Étranger* à l'écran. La fortune critique de l'artiste, du penseur et du citoyen est considérable en Italie. En 1985, Francesco di Pilla recense une vingtaine de livres et un millier d'articles. Depuis cette date, le flot des commentaires a continué. Catholiques comme laïques, socialistes comme libéraux ne cessent de dialoguer avec un auteur resté proche.

Jacques LE MARINEL

Bibl. : William Leparulo, *L'Italia nell' opera di Albert Camus*, Pise, Giardini, 1975 • Francesco di Pilla, « Camus en Italie », dans Jeanyves Guérin (dir.), *Camus et la politique*, L'Harmattan, 1986, p. 69-92

J

JACOB, Max (1876-1944). – Max Jacob fut l'un des premiers lecteurs de Camus. Jean Grenier, qu'il connaissait depuis 1922, lui envoya les premiers écrits que son élève avait publiés dans la revue *Sud*. Un dialogue se noua entre le poète connu et le littérateur novice. Jacob déclara à Camus qu'il « était un chevalier qui s'attaque au Monstre ». Puis il lui adressa un de ses livres, *Bourgeois de France et d'ailleurs*. Camus écrit à Grenier en mai 1932 : « Une correspondance s'est établie entre nous qui m'est tout à fait profitable. Il y a une différence étonnante entre ces lettres et les livres de Jacob. Du moins suis-je pris pour lui d'une sympathie profonde. » Dans une lettre à Grenier, Max Jacob formula peu après ce premier jugement : « M. Camus m'apparaît comme un jeune homme d'avenir ; il montre une foi dans l'art qui pourrait bien se réformer en d'autres fois. » Cette « âme compatissante, écrit-il, s'attirera des sympathies ». Dix ans plus tard, après avoir lu et aimé *L'Étranger*, ce dont témoignent plusieurs lettres, il dressa l'horoscope de Camus, comme il le faisait avec ses amis. Il le lui envoya par la poste. La lettre contenait cette phrase prémonitoire : « Je ne sais ce qui [me] fait dire que vous mourrez de mort tragique. »

La correspondance entre Max Jacob et Camus est restée inédite jusqu'à ce jour. Camus n'a jamais fait état publiquement de cet entretien épistolaire, il n'a jamais évoqué l'œuvre de son aîné ni réagi à sa mort. Il ne l'a pas pris comme père. Le seul poète de son temps, pour lui, c'était René Char.

Jeanyves GUÉRIN

JAN. – À l'exception du vieux domestique quasiment muet, il est le seul personnage masculin du *Malentendu*. Lors de la création, son rôle était tenu par Marcel Herrand, qui avait assuré également la mise en scène de la pièce. Jan apparaît à la scène 2 de l'acte I et ne reparaîtra pas à l'acte III, ayant été tué par sa sœur et sa mère après le baisser de rideau de l'acte II. Âgé de trente-huit ans, il a quitté depuis vingt ans le domicile familial. L'adaptation télévisée de la pièce ne lui en prête que trente-cinq ; sa mère l'aurait donc vu pour la dernière fois quand il avait quinze ans et non dix-huit. Ainsi est réduite (un peu) l'invraisemblance de la situation, celle d'une mère qui ne reconnaît pas son enfant. Il y a cinq ans qu'il a épousé Maria. L'identité qu'il décline, Karl Hasek, est évidemment fausse : la découverte du passeport révélera à ses meurtrières qui il était vraiment. Né et domicilié en Bohême, « sans profession » (du moins le prétend-il), il revient du Sud (d'Afrique ou du Maroc selon d'autres versions de la pièce). L'émerveillement qu'il y a connu lui dicte des phrases qu'on croirait sorties de *Noces* : « Le printemps de là-bas vous prend à la gorge. Les fleurs éclosent par milliers au-dessus des murs blancs. »

Le personnage a une source réelle : un voyageur tué par une hôtelière et par sa fille, qui n'avaient pas reconnu leur fils et leur frère. Camus avait imaginé dans *L'Étranger* que ce fait divers, rapporté dans *L'Écho d'Alger* du 6 janvier 1935, tombait sous les yeux de Meursault dans sa cellule. Mais Jan figure aussi une variante du héros d'une vieille légende populaire, celle du soldat rapportant une grosse somme d'argent et tué à son retour par ses parents. On a également apparenté sa situation tragique à celle d'Œdipe, à cette différence près qu'au lieu de ne pas reconnaître ses parents, c'est lui qui n'est pas reconnu par eux. Il est surtout une figure de l'enfant prodigue, présente aux deux extrémités de l'œuvre de Camus. Celui-ci avait en effet adapté pour la scène, avec son Théâtre de l'Équipe, le traité de Gide intitulé *Le Retour de l'enfant prodigue*, et le héros de son dernier roman, *Le Premier Homme*, Jacques Cormery, revient vers une mère auprès de laquelle il retrouve ses vraies richesses. « Et moi qui attendais un peu le repas du prodigue, on m'a donné de la bière contre mon argent », dit Jan à l'acte I, scène 3 (« le repas de l'enfant prodigue », précise la version télévisée). De la parabole des Évangiles, *Le Malentendu* prend le contre-pied en illustrant un ratage tragique de ce retour.

Meursault, à la lecture du fait divers, trouvait que « le voyageur l'avait un peu mérité et qu'il ne faut jamais jouer ». Camus lui prêtait en l'occurrence ses propres sentiments : « À [Louis] Guilloux : "Tout le malheur des hommes vient de ce qu'ils ne prennent pas un langage simple. Si le héros du *Malentendu* avait dit : 'Voilà. C'est moi et je suis votre fils', le dialogue était possible et non plus en porte-à-faux comme dans la pièce" », note-t-il dans ses *Carnets* vers la fin de 1945. Le jugement semblera sévère au spectateur, porté à voir en Jan une victime plutôt qu'un coupable. On n'imagine guère que, dans l'esprit de Camus, l'incapacité à parler clair mérite la mort. Au moins sa réflexion confirme-t-elle son goût pour la simplicité ainsi que les idées développées dans sa conférence d'Athènes « Sur l'avenir de la tragédie » : « La formule du mélodrame serait en somme : "Un seul est juste et justifiable" et la formule tragique par excellence : "Tous sont justifiables, personne n'est juste." » À reconnaître que Jan a commis une erreur en usant d'un stratagème au lieu d'ouvrir son cœur, on se garde de prendre *Le Malentendu* pour un mélodrame.

Pierre-Louis REY

JAUSSAUD, Robert (né en 1913). – Moins connu que Jean de Maisonseul ou Claude de Fréminville, Robert Jaussaud fut l'ami de Camus pendant plus trente ans. Il fait sa connaissance au lycée d'Alger, dans la classe de philosophie dans laquelle enseigne Jean Grenier ; tous deux sont passionnés de sport (boxe et football). Camus entraîne son ami dans l'animation de la maison de la Culture, où il appartenait au bureau des conférences, ainsi qu'au Théâtre du Travail où Madeleine, dite Mado (que Robert épouse en 1934), donne la réplique à Camus dans l'adaptation du *Don Juan* de Pouchkine. Le couple joue également dans *Espagne 34*, extrait modifié de *Révolte dans les Asturies*. Avant la guerre, Camus et les Jaussaud font régulièrement des excursions sur les plages ou dans la campagne environnante d'Alger – ils font ainsi du camping en Kabylie au cours de l'été 1937.

Après des études de droit, Robert Jaussaud soutient une thèse en 1940 à Alger qui porte sur le rôle social de l'apprentissage. Inspecteur du travail de 1940 à 1944, directeur du Travail par intérim en 1946, il participe à partir de 1947 à la rédaction d'un *Traité de droit du travail*. Il sert par ailleurs d'intermédiaire quand, à la suite d'une visite en Algérie en 1945, Adrien Tixier, ministre de l'Intérieur, souhaite proposer à Camus une mission sur l'Algérie. Début 1948, il participe aux Groupes de liaison internationale dont ce dernier est un des maîtres d'œuvre. Il est alors directeur de la main-d'œuvre au ministère du Travail. Ses relations facilitent l'accueil et l'intégration en France des victimes des régimes totalitaires. Il poursuit ensuite une carrière de haut fonctionnaire comme inspecteur général des Affaires sociales. Dans les années 1950, sa femme et lui restent des intimes de Camus qui les consulte volontiers et se confie librement à eux à propos des questions politiques ou de sa vie personnelle et familiale. Robert Jaussaud fut de ceux qui veillèrent le cercueil de Camus à Lourmarin.

Guy BASSET

« JEAN GIRAUDOUX OU BYZANCE AU THÉÂTRE ». – Au printemps 1940 Jean Giraudoux se trouve pris sous les feux croisés de Jean-Paul Sartre et d'Albert Camus. Deux mois après l'ironique analyse du premier sur l'aristotélisme des cornichons (« À propos de Jean Giraudoux. M. Giraudoux et la philosophie d'Aristote. À propos de *Choix des élues* », *La NRF*, 1er mars 1940), le second fait paraître dans *La Lumière* du 10 mai 1940 ces pages consacrées à l'auteur d'*Ondine*, revenue à l'affiche entre le 23 mars et le 15 mai après le triomphe remporté lors de sa création en 1939 au Théâtre de l'Athénée.

L'article est une charge contre le théâtre de Giraudoux. Camus y voit l'exemple du divorce paradoxal qu'il croit percevoir entre la qualité des spectacles et la médiocrité des œuvres dramatiques représentées sur la scène française de l'époque. Après quelques mots rapides d'éloge convenu (« personne ne peut nier à M. Giraudoux la qualité, la sensibilité toujours, l'émotion quelquefois »), le critique assène une condamnation sans appel : « à qui demande au théâtre quelque chose de plus qu'une griserie passagère ou le sourire de l'intelligence éveillée, son œuvre dramatique ne peut apporter que déception ». Camus juge Giraudoux à l'aune de sa conception personnelle du théâtre. C'est pour lui une forme d'art éminemment collective, la pièce ne prenant vie que par la mise en scène qui la soumet aux suffrages du public. C'est un art difficile : situé à l'intersection du familier et de l'inhumain, il doit, à l'image des drames de Shakespeare et des tragédies de Racine, montrer « la solitude des grands sentiments », édifiant un monde à part, stylisé, où se déploie « un destin qui appartient à tous et à personne ». Et le critique de fustiger l'auteur d'*Ondine* en l'accusant de ne pas prendre cet art au sérieux et de le transformer en un jeu byzantin accumulant « les acrobaties de l'intelligence ».

On peut se demander si la sévérité – pour ne pas dire le parti pris – de ce jugement ne s'explique pas, en partie du moins, par le contexte historique : par-delà le dramaturge, dont les théories ne sont pas si éloignées des siennes, Camus ne stigmatiserait-il pas en Giraudoux l'homme public, le commissaire à l'Information du gouvernement Daladier et l'auteur de *Pleins pouvoirs* ? Pascale ALEXANDRE-BERGUES

JEANSON, Francis (1922-2009). – Cet ancien étudiant en philosophie travaille aux éditions du Seuil et collabore occasionnellement à la revue *Esprit* quand Jean-Paul Sartre le fait entrer aux *Temps modernes*. Il lui consacre plusieurs ouvrages. Il peut passer également pour un connaisseur de Camus sur qui il a commis deux articles dans *La Revue dominicaine* et *Érasme*. En 1950, il confronte *Caligula* à l'*Henri IV* de Pirandello dans les colonnes du mensuel existentialiste. C'est à cet épigone que Sartre commande la recension de *L'Homme révolté*. « Il avait promis de le faire avec ménagement : et puis il se laissa emporter », écrit après coup Simone de Beauvoir. L'article paraît en mai 1952 sous un titre qui fait calembour : « Albert Camus ou l'âme révoltée ». « C'est d'abord un grand livre manqué », lance Jeanson. Et qu'il ait connu un retentissement considérable est mauvais signe. Sa seule réussite est littéraire. Camus est un esthète, une belle âme, un amateur. Il moralise l'histoire faute de l'affronter. Sa pensée en reste à un « humanisme vague ». La vraie raison de cette violente diatribe réside dans les « horreurs hétérodoxes » (Olivier Todd) de Camus, à savoir son analyse anti-historiciste et antitotalitaire du communisme soviétique. Au lieu de réfuter une argumentation solide, Jeanson a cherché à discréditer l'objecteur, voire à l'offenser. Chemin faisant, il démolit *La Peste* et sa morale de Croix-Rouge. Camus, abasourdi et meurtri, envoie une longue lettre non à l'auteur mais au « directeur des *Temps modernes* » qu'il juge responsable de l'article. Sartre la publie aussitôt en août de la même année, mais lui-même et Jeanson lui répondent à leur tour. Ils redoublent de violence. Il en résulte une brouille irrémédiable entre Sartre et Camus et, pour ce dernier, une phase de dépression. Jeanson n'a jamais renié ces deux articles de guerre froide.

En 1955, quand Jeanson prend le parti du FLN dans *L'Algérie hors la loi* (Le Seuil, 1955), Camus se garde de relancer la polémique. Il préfère réutiliser des formules de ses détracteurs dans *La Chute* qui est « l'envers d'un roman à thèse » (Pierre-Louis Rey) et, par ce biais, en faire des modèles de Clamence, le juge-pénitent. En 1957, Jeanson constitue un réseau d'aide au FLN. Ses activités lui valent d'être condamné par contumace à dix ans de prison. Amnistié en 1966, il se tourne alors vers l'action culturelle.

Jeanyves GUÉRIN

Bibl. : Jeanyves Guérin, *Camus. Portrait de l'artiste en citoyen*, François Bourin, 1993, p. 125-136 • Francis Jeanson, « Albert Camus ou l'âme révoltée », *Les Temps modernes*, n° 79, mai 1952 • Id., « Pour tout vous dire », *Les Temps modernes*, n° 82, août 1952 • Marie-Pierre Ulloa, *Francis Jeanson, un intellectuel en dissidence : de la Résistance à la guerre d'Algérie*, Berg International, 2001

JÉSUS-CHRIST. – En 1957, au fil des déclarations consécutives à la réception du prix Nobel, Camus confie ressentir, devant la personne et l'enseignement du Christ, « émotion », « respect », « vénération » : il salue en son histoire une vie humaine exemplaire, sans croire à sa résurrection.

Le Mythe de Sisyphe présentait Jésus, paradoxalement, comme la figure même de l'homme absurde. Des *Possédés* de Dostoïevski était retenue la vision de Kirilov, qui imaginait un Christ découvrant à l'heure du trépas l'inexistence du Paradis et l'inutilité de son supplice. Mort pour un mensonge, crucifié et dupé, Jésus incarnerait le drame humain : « Il n'est pas le dieu-homme, mais l'homme-dieu », conclut Camus, pour qui la nuit de Gethsémani donne image aux moments où l'appel du bonheur retentit cruellement dans une condition absurde, avant que la lucidité n'exerce son action libératrice.

Le parti d'arrêter à la croix, sans espoir de résurrection, l'itinéraire christique n'empêche pas l'écrivain de l'admirer. Il se défend d'avoir eu la moindre intention blasphématoire en désignant Meursault comme « le seul Christ que nous méritons » : s'il rapproche le héros de *L'Étranger* de celui des Évangiles, c'est en vertu du défi que l'un et l'autre apportent aux faux-semblants du jeu social, jusqu'au silence conservé à leur procès ; en vertu aussi de la cohérence qui régit toute leur attitude – Jésus mettant en pratique jusqu'au bout l'amour qu'il prêche et Meursault, l'indifférence. « Arrachons les dernières pages de l'Évangile et voici qu'une religion humaine, un culte de la solitude et de la grandeur nous est proposé », note Camus dans ses *Carnets* en 1940.

Le Christ est donc modèle de vie, modèle d'attitude aussi face à la mort. Mais, pour l'auteur de *L'Homme révolté*, il échoue dans son rôle de médiateur entre le ciel et la terre. Pourtant, l'écrivain a vivement perçu le bouleversement que l'Incarnation pouvait introduire dans le rapport de l'homme au divin. Jusque-là situé à une distance incommensurable des créatures, le visage de Dieu s'adoucit en devenant visage d'homme. Une réponse inouïe est donnée au problème du mal et de la mort, puisque c'est la divinité elle-même qui vient les prendre en charge, se laisse atteindre par la douleur. Plus qu'il n'a opéré la rédemption de l'humanité, le Christ, aux yeux de Camus, a sauvé Dieu lui-même de la malédiction des hommes, aussi longtemps du moins qu'a subsisté l'Occident chrétien : sa souffrance venait à la rencontre de chaque cri de révolte, et le poids de la douleur humaine était allégé par cette universalisation de l'injustice, dont le ciel lui-même endurait l'épreuve. Il est significatif, note l'écrivain, que l'esprit révolutionnaire ait dû, pour séparer de nouveau ciel et terre, désincarner la divinité en supprimant ses représentants dans le monde, à commencer par le roi de droit divin. Ce geste signait le retour à un univers privé de toute médiation : en arrêtant au Calvaire l'aventure du Christ, les révoltés modernes redessinent les traits d'un Dieu implacable ou de ses substituts abstraits, déterminismes historiques, fatalités économiques, qui suscitent de nouveaux pharaons.

On mesure donc la puissance de l'attrait qu'exerce sur Camus le dieu aux traits humains qui s'offre en Jésus. Dans *La Peste*, le visage du Christ ressurgit, image de l'innocence torturée, en surimpression de celui d'un enfant agonisant. Dans *La Chute*, Clamence suggère que Jésus a choisi la mort en expiation du massacre des Innocents, dont il se sentait responsable. Dans une première lecture, cette idée met en accusation la vision chrétienne du salut, en étendant au Dieu d'amour et de justice lui-même l'universelle culpabilité qui obsède le juge-pénitent du roman. Mais une seconde lecture peut faire entrer ce Jésus, oppressé par la contradiction qui couvre de sang son simple engagement dans l'existence, dans la lignée des justes camusiens, meurtriers innocents prêts à assumer au prix de leur vie la culpabilité attachée à la condition d'homme. De la solitude du Christ, mise en avant dans les textes du début des années 1940, l'accent bascule vers ce qui fait de lui la figure de la solidarité humaine.

La figure de Jésus cristallise donc l'ambivalence de la représentation de Dieu chez Camus. Son visage d'homme laisse entrevoir un renouvellement bouleversant de l'image de la divinité, mais le refus d'accorder foi à sa résurrection fait ressurgir la vision inacceptable d'un Père omnipotent. La référence au Christ n'en garde pas moins une remarquable puissance dans l'œuvre : elle sacralise le visage de l'homme torturé, et l'exercice d'une solidarité vivifiée par l'amour. Carole AUROY

• *Voir aussi :* Christianisme ; Dieu

Bibl. : Fernande Bartfeld, « Camus et le mythe du Christ », *L'Information littéraire*, n° 3, mai-juin 1967, p. 100-106

JEU. – Chez Camus, la notion de jeu est complexe. Considéré sous l'angle de cette activité humaine qui ressortit à l'incapacité de l'homme à confronter l'absurde, le jeu est stérile ; même lorsqu'il s'attaque aux grands sujets philosophiques. Il est même qualifié de « mortel » quand il conduit de la lucidité à l'évasion. Dans le cas contraire, il est une source de vie. L'esthétique d'un « jeu de [...] feuillages et de lumière », le sport ou les jeux d'enfants peuvent éclairer sa philosophie.

Dans *Le Mythe de Sisyphe*, la morale de la quantité est présentée selon les critères du jeu. L'homme absurde ne quitte pas « le terrain » pour savoir si on peut « vivre sans appel ». L'auteur peut « imaginer cet aventurier du quotidien qui par la simple quantité des expériences battrait tous les records ([il précise qu'il] emploie à dessein ce terme sportif) et gagnerait ainsi sa propre morale : [...] observer strictement [...] la règle du jeu [...]. Battre tous les records, c'est d'abord et uniquement être en face du monde le plus souvent possible. » Au théâtre comme au stade, Camus reste fidèle à cette morale. Avant d'être gardien de but de l'équipe du Racing universitaire d'Alger (RUA), l'auteur, comme Jacques dans *Le Premier Homme*, a joué au football dans la cour de récréation du lycée. Il usait ainsi ses chaussures et sa grand-mère risquait de le punir. Il acceptait pourtant cette règle du jeu, mais s'insurgeait lorsque l'aïeule lui demandait de « tricher » sur son âge et sa situation pour obtenir un travail en été.

Pour l'homme lucide, tout se joue dans la vérité face à la mort. Ce jeu de la conscience peut alors engendrer la révolte, la liberté et la passion. Don Juan, le conquérant et le comédien jouent l'absurde. Multiplier les conquêtes ou jouer plusieurs vies, c'est une façon de marquer leur attachement à ce monde. Ils rendent ainsi hommage à leur dignité d'êtres humains dans un combat perdu d'avance. L'homme révolté, à son tour, met tout en jeu, y compris sa vie, pour conserver cette valeur humaine. Dès que le désir de vivre « plus » face à l'absurde s'écarte de cette exigence, le jeu sombre dans les compromissions.

Clamence est ainsi un mauvais joueur. Il choisit d'être faux et préfère corroborer le jeu social du mensonge et des apparences. Contrairement à Don Juan, il se comporte comme un séducteur sans générosité et sans beaucoup d'honneur. À l'inverse, Meursault refuse de « jouer le jeu » des convenances sociales et « accepte de mourir pour la vérité ». Homme de passion, Camus comprend l'état d'esprit des passionnés de football, mais, pour lui, tout jeu n'est pas légitime. Ainsi, il n'apprécie guère la démarche de Jan : commentant l'intrigue du *Malentendu*, il se dit que « le voyageur l'avait un peu mérité et qu'il ne faut jamais jouer ». Cherea qui n'aime pas mentir, non plus, écarte d'une réplique le « jeu grimaçant » de Caligula.

L'enfant et ses jeux relèvent de la même philosophie. Dans *L'Homme révolté*, Camus retourne aux origines de la pensée pour définir le jeu, à la suite d'Héraclite, comme « la force qui n'a pas de but ». Il cite Nietzsche tout de suite après : « L'enfant, c'est l'innocence [...], un jeu, [...] le don sacré de dire oui. » Dans les rues d'Oran, les yeux clairs et intimidants d'un petit garçon jouant à la marelle rendent bien dérisoires les lamentations de Cottard. Et le sourire de cet enfant, captivant la conscience du docteur Rieux, donne à la scène la grâce d'un moment libéré des préoccupations stériles des pestiférés et des « jeux décevants du souvenir ».

Les jeux d'enfants dans *Le Premier Homme* permettent peut-être de mieux cerner cette notion. À l'heure de la canicule, le premier jeu de l'enfant consiste « à tourner autour de la table sans trêve, du même pas précipité, en répétant comme une litanie : “Je m'ennuie ! Je m'ennuie !” Il s'ennuyait, mais en même temps il y avait un jeu, une joie, une sorte de jouissance dans cet ennui [...] ». L'absurdité de la sieste imposée par la grand-mère est assimilée à un moment « enlevé à la vie ». Elle aiguise de la sorte le désir de multiplier les joies du corps, conformément à la morale de la quantité. Au début du chapitre, les mouches vrombissantes montrent à l'enfant la voie qui conduit à la multiplication de la vie contre la mort. Plus tard, Jacques joue avec son ami Pierre à lutter contre le vent à la « Maison des invalides ». Avant de s'endormir, il l'écoute encore hurler dans la chambre où sa mère dort légèrement. Ainsi, ce jeu avec l'élément naturel tant aimé est explicitement associé à la mère pour conforter la vie libre dans un chapitre où il est beaucoup question des mutilés de la guerre. L'imparfait corrobore l'éventualité du recommencement d'un jeu qui mobilise la nature et la « vie d'être vivant » contre l'histoire et une politique qui tendent à les mettre en question. Parce qu'elle est proche de la vie des êtres humbles et indemne de toute compromission avec la vie politiquement qualifiée, la mère est presque constamment célébrée par les jeux de l'enfant.

Tous les jeux (« à la canette vinga », aux noyaux d'abricots, à la plage ou au quartier) réactivent la joie de vivre « plus » qui déborde les considérations politiques. La voie publique devient souvent le lieu des manifestations de la vie « animale ». La mère dans sa vie de labeur et d'innocence ainsi que l'ensemble du quartier pauvre sont tributaires de cette existence « près des corps et par le corps ».

Décrire les jeux de l'enfant, c'est contribuer à élargir le champ des possibles et l'affranchir du quadrillage hégémonique de l'histoire. La représentation de ces joies et de ces plaisirs d'enfant s'inscrit aussi parmi les démarches créatrices qui tendent à exprimer l'amour filial, si délicat à déclarer. Si l'activité ludique est purement gratuite pour Jacques Cormery, le récit infère les valeurs qui la sous-tendent ; et sa représentation dans ce roman quasiment autobiographique permet à l'auteur de mettre en mots les plaisirs sensuels qui forment le socle sur lequel s'instaure une part non négligeable de sa sensibilité.

Mohamed-Kameleddine HAOUET

JONAS OU L'ARTISTE AU TRAVAIL. – *Jonas* est la cinquième des six nouvelles du recueil *L'Exil et le Royaume* ; « Une des nouvelles dans le style français (Jonas) », indique Camus dans ses *Carnets* au début de 1955. Le sujet, pour le moins, en est français, cas unique dans le recueil (si l'on restreint la France à la métropole). Il est même parisien : le héros habite, « dans le vieux quartier de la capitale », un logement qui se révélera trop exigu. « *Jonas.* C'est la crise du logement. Et puis les tableaux s'accumulent et prennent sa place. D'où la soupente » (*Carnets*, 1954). Encombré non seulement par ses toiles, mais encore par ses enfants qui grandissent et par les admirateurs et les démarcheurs qui se multiplient, le peintre Jonas, pour exercer son art, finit en effet par se réfugier dans la soupente qu'il a lui-même aménagée dans son appartement. Le sujet et le titre de la nouvelle figuraient dans les *Carnets* dès 1952, parmi la liste des « Nouvelles de l'exil » : « L'artiste qui se retranche (titre : Jonas). / Puis il ne peint plus. Les mains sur les genoux, il attend. Maintenant je suis heureux. » Une lettre écrite à Pierre Berger le 15 février 1953, dont le brouillon est reproduit dans les *Carnets*, en révèle le caractère autobiographique : « Je dispute au temps et aux êtres chaque heure de mon travail, sans y réussir, le plus souvent. [...] Mais le plus grave est que je n'ai plus le temps, ni le loisir intérieur, d'écrire mes livres et je mets quatre ans à écrire ce qui, dans la liberté, m'aurait coûté un ou deux ans. » La figure de Jonas a transposé les difficultés personnelles de Camus. L'atelier d'un peintre, dont l'activité a par nature besoin d'espace, illustrait mieux que ne l'eût fait un bureau d'écrivain cette fable de l'envahissement progressif de l'artiste par le monde extérieur.

À l'image de Camus, Jonas est confiant en sa bonne étoile. « Je n'ai jamais vu très clair en moi pour finir. Mais j'ai toujours suivi, d'instinct, une étoile invisible... », lit-on dans les *Carnets*. Son patronyme est justifié par une citation de la Bible placée en exergue : « Jetez-moi dans la mer... car je sais que c'est moi qui attire sur vous cette grande tempête. » Camus renvoie ici non à l'épisode le plus connu du Livre de Jonas (le séjour du prophète dans le ventre du monstre marin), mais au début de son aventure (en désobéissant à l'Éternel, il a déclenché une tempête). Le récit ne confirme guère, pourtant, ce sentiment de culpabilité à l'égard de la collectivité que semblait annoncer son exergue. Quant à la deuxième partie du titre, *L'Artiste au travail,* elle répète le titre d'un des tableaux peints par Jonas, une « commande de l'État », jalon anecdotique dans la carrière du peintre.

Située à Paris, la nouvelle satirise un microcosme auquel Camus fut toujours rebelle. Les pétitions en faveur des « forçats du Cachemire » sont, à ses yeux, une manie chez ces intellectuels qui délivrent leur conscience à coups de signatures (« Et, dites-moi, que faites-vous des orphelins du Cachemire et des lépreux des Nouvelles-Hébrides », dira-t-il dans le « Gros plan » télévisé du 12 mai 1959 (« Pourquoi je fais du théâtre ? ») pour résumer les objections de ceux qui lui en veulent d'être heureux). Quant au constat dressé sur la société de consommation – Moins on lit et plus on achète de livres –, il reviendra à la conférence d'Uppsala de l'amplifier. Paris, ses intellectuels, ses maisons d'édition cristallisent dans son cœur des reproches qu'il pourrait répartir plus équitablement sur l'ensemble du monde civilisé. Quant à la prétention de chacun d'émettre un avis sur tout, Mme de Staël et Stendhal y voyaient déjà un travers spécifiquement français. Mais la réflexion s'élargit ici aux difficultés de l'artiste lui-même à expliquer ce qu'il a voulu exprimer. Jonas, qui « n'avait qu'une idée obscure de sa propre esthétique », rejoint ici Camus. À la question : « Que croyez-vous que [...] les critiques français aient négligé dans votre œuvre ? », celui-ci répondra dans sa dernière interview (20 décembre 1959) : « La part obscure, ce qu'il y a d'aveugle et d'instinctif en moi. La critique française s'intéresse d'abord aux idées. » « Un artiste ne sait ce qu'il fait », confiait-il déjà à Jean Grenier.

La fable du peintre incompris et souvent épris d'absolu, menacé dans l'exercice de son art par l'amour et la vie domestiques ou par l'incompréhension des critiques, est un topos de la littérature du XIXe siècle. « Jamais l'œuvre la plus belle ne peut être comprise » et « Les sots, et ils sont en majorité, ont la prétention de voir tout d'un coup une œuvre », écrit Balzac ; son *Chef-d'œuvre inconnu* s'achève sur le désespoir du peintre Frenhofer, dont le dernier tableau, inspiré par une sublime beauté féminine, suscite la stupéfaction de ses amis artistes. Dans *Manette Salomon* d'Edmond et Jules de Goncourt, la beauté et la sensualité de Manette, modèle, maîtresse, puis épouse de Coriolis, détournent le peintre de son idéal. Christine, dans *L'Œuvre* de Zola, aurait au contraire un effet bienfaisant sur Claude Lantier si le génie de celui-ci n'était dévié par une tare héréditaire – en proie à des hallucinations, il se pendra devant le tableau irréalisable que lui avait inspiré sa bien-aimée. Dans *Jonas*, la petite Louise, avec son physique de « fourmi », ne court le risque ni d'entraîner son mari dans l'impasse de la sensualité ni de lui inspirer une œuvre dont l'aspiration idéale finirait par l'égarer : son efficacité de ménagère allège au contraire, aussi longtemps qu'il est possible, le fardeau de son existence quotidienne. Jonas se distingue surtout des traditionnelles figures de peintres incompris par la modestie de son idéal. « J'aime peindre », répète-t-il, d'une formule qui ne prédispose ni à la sublimation, ni aux dérèglements du génie. « Je vais peindre. Il faut que je peigne », dit-il encore, justifiant ainsi, mieux que par son tableau de commande, la deuxième partie du titre de la nouvelle. « Tu travailles ? [...] – Je travaille quand même. » N'étaient les succès que lui méritent ses tableaux, et que réduisent peut-être l'incompréhension ou l'esprit de lucre de son entourage, les efforts de ce sympathique Sisyphe s'apparenteraient à ceux de Grand, dans *La Peste*. À la fin du *Chef-d'œuvre inconnu*, les amis de Frenhofer découvraient dans l'« espèce de brouillard sans forme » de la toile un fragment échappé au désastre, « un pied délicieux, un pied vivant ! » Comme s'il ne pouvait mener la transposition à son terme, Camus n'inscrit pas, sur la toile blanche qui ferme la nouvelle, une forme picturale, mais neuf lettres. Faut-il y lire « *solidaire* ou *solitaire* » ? Dissociées en vue de l'analyse, ces lectures divergentes expriment un dilemme. Mais c'est un seul mot qu'a tracé Jonas, produisant ainsi un type d'oxymore inconnu des glossaires. « Solitaire et solidaire dans sa cité », écrit Camus dans un éditorial de *L'Express* du 8 octobre 1955. Dilemme ? Il s'agit plutôt pour lui de tenir, à l'exemple de Pascal, les deux bouts de la chaîne.

Jonas survit à son message. « Il guérira », assure le médecin appelé à son chevet. Camus a moins de goût que les romanciers du XIXe siècle pour les artistes martyrs. L'ébauche qui figurait dans les *Carnets* en 1952 (il ne peint plus et il est heureux) orientait vers un dénouement moins ouvert que celui de la nouvelle publiée. « Créer ou ne pas créer, cela ne change rien », lisait-on dans *Le Mythe de Sisyphe*. Jonas va peut-être renoncer non seulement au martyre, mais à son art. Une forme de sagesse à laquelle Camus n'est pas près de se convertir.

Un mimodrame, *Une vie d'artiste*, offre de la situation de Jonas des données voisines et un dénouement différent. Pierre-Louis REY

Bibl. : Maurice Weyembergh, « Zwischen Exil und Reich. Der Künstler, die Familie und der Walfisch », dans Franz Joseph Klehr et Heinz Robert Schlette (dir.), *Der Camus der Fünfziger Jahre*, Akademie der Diözese Rottenburg-Stuttgart, 1997, p. 67-82

JOURNALISME. – La littérature était sa vocation première : c'est par nécessité que Camus est devenu journaliste professionnel. Ses origines modestes l'ont obligé à prendre un emploi avant de pouvoir vivre de sa plume. Sa première expérience se déroule dans un petit journal de gauche, *Alger républicain*. Il confie à son maître Jean Grenier que « ce métier est décevant ». À ses débuts, il est vrai, il est cantonné dans des tâches humbles. Pascal Pia qui l'a embauché se souvient : « Il n'est rien de ce qu'on peut faire dans une rédaction de journal que je ne lui aie demandé et dont il se soit acquitté avec autant d'aisance qu'un vieux professionnel, et en y mettant par surcroît de la sensibilité et du style, qui ne sont pas monnaie courante dans le commerce de la presse. » Ses comptes rendus de procès et son reportage en Kabylie lui révèlent qu'il peut agir sur l'opinion publique. Dans le premier cas, il transforme un déni de justice en « affaire » et, prenant l'opinion à témoin, s'érige en accusateur non professionnel d'une institution dévoyée. Cette stratégie est celle de Voltaire lors de l'affaire Calas. Grâce à ses « campagnes », Michel Hodent et le cheikh El Okbi retrouvent leur liberté et leur dignité. Dans le second cas, son enquête de terrain remet en cause le discours officiel qui ressasse les bienfaits de la colonisation. Ces articles, entre récits et essais, proposent non seulement un témoignage, mais aussi une analyse : la misère a des causes économiques et sociales. Ils appartiennent à l'histoire dans la mesure où ils mettent à jour les frustrations et humiliations qui sont à l'origine du nationalisme algérien. Au bout d'un an, *Alger républicain* sombre. Camus devient le rédacteur en chef du petit quotidien qui lui est substitué, *Le Soir républicain*. Il y donne libre cours à sa veine ironique et satirique, harcelant les autorités. Celles-ci ne tardent pas à interdire ce journal frondeur et à réduire le trublion au chômage.

Camus, s'il ne la forge pas, donne ses lettres de noblesse à l'idée d'un « journalisme critique » qui se situe entre le journalisme de combat et le journalisme d'opinion. Il avait testé la formule en 1939. Dès cette époque, sa déontologie est fixée. La question des sources est essentielle. Elle exige une vigilance permanente. Les nouvelles ont un degré de certitude variable. « *Le Soir républicain* imagine de donner à chaque information son caractère exact : officieuse, officielle, retardée, non contrôlée, sous toute réserve, d'origine anglaise. » Dans une lettre de

1943 à Francis Ponge, Camus dit vouloir « créer l'information critique ». Elle exige la sélection, la vérification et le commentaire des faits. Quand il s'agit de discours, « l'honnêteté » et le « bon sens » exigent qu'ils ne soient pas tronqués, que les citations ne soient pas tirées de leur contexte. Il est des « méthodes journalistiques » inacceptables : il le rappelle vertement à ses confrères de *France-Observateur* en 1955.

Camus renoue avec le métier à la fin de l'Occupation. Devenu rédacteur en chef de *Combat* en 1944, il est en mesure de mettre ses conceptions en application. Le journal dirigé par Pascal Pia lui offre une tribune. Il n'est plus qu'occasionnellement reporter. Pour l'essentiel, il rédige des éditoriaux, qu'il signe ou non. Il pratique désormais le journalisme assis. Il se veut un éducateur de ses concitoyens. « Il était connu comme écrivain, écrit Olivier Todd. Avec ses articles de *Combat*, il devient un journaliste célèbre. Romancier, il drainait quelques milliers de lecteurs. Éditorialiste, il en influence plusieurs centaines de milliers. » L'expérience est intense, mais brève. Celle qu'il fait dix ans plus tard à *L'Express* ne la lui fait pas oublier. Comme il le dit à *Caliban*, il a été heureux d'exercer « le plus beau métier du monde ». Il a aussi été fier d'avoir possédé la carte professionnelle des journalistes.

Ses leçons de déontologie agacent les vieux routiers de la profession, mais plaisent aux confrères de sa génération. Aux journalistes, d'après lui, il revient de « redonner au pays sa voix profonde. Si nous faisons que cette voix demeure celle de l'énergie plutôt que de la haine, de la fière objectivité et non de la rhétorique, de l'humanité plutôt que de la médiocrité, alors beaucoup de choses seront sauvées et nous n'aurons pas démérité ». Le parler vrai doit être la règle : « On nous dit : “En somme, qu'est-ce que vous voulez ?” Cette question est bonne parce qu'elle est directe. Il faut y répondre directement. » Cette attaque d'un éditorial a valeur de programme.

Que la vérité soit « chose fuyante » impose un devoir d'objectivité. Les prises de position ne sont recevables que si tout d'abord les informations sont exactes. Il importe, avant de trancher, de connaître le point de vue des uns et des autres, de respecter la complexité d'une situation. Il ne suffit pas de relater les faits, il faut aussi les mettre en perspective, réfléchir sur leur production, mettre à jour une généalogie, cerner un environnement. Cela « revient, écrit-il, à demander que les articles de fond aient du fond et que les nouvelles fausses ou douteuses ne soient pas présentées comme des nouvelles vraies ». Il convient donc de séparer l'information de son commentaire. C'est là qu'intervient le talent. « Un journaliste est un homme qui, d'abord, est censé avoir des idées ; ensuite un homme chargé de renseigner le public sur les événements de la veille. Un “historien au jour le jour” dont le premier souci est la vérité. » Il doit privilégier l'« effort d'exactitude », la « recherche des nuances ». Un mot commande la déontologie camusienne : celui de « responsabilité ». Le journaliste citoyen, quand il rectifie, démonte les mensonges des propagandistes, il contribue à faire vivre la démocratie.

« Il faut parler le langage de tous pour le bien de tous », écrit Camus à son ami Charles Poncet en 1955. Aux néophytes qui font leurs débuts à *Combat*, il recommande volontiers de s'inspirer de Chamfort plutôt que de Chateaubriand. Il s'interdit l'emphase ou, pour le citer, la « rhétorique » qui fut longtemps de rigueur. Il s'efforce de « ne pas ajouter de mots inutiles à un ensemble de faits qui doit se passer de littérature ». Sauf dans le feu de l'insurrection parisienne, il s'efforce de canaliser ses élans lyriques par une écriture travaillée, certes, mais sobre, pour tout dire classique. Le souci de l'argumentation prévaut. L'espace est limité. Les articles sont fortement structurés : une accroche, une relance, la chute. Le découpage en paragraphes est strict. Ces textes sont aujourd'hui encore souvent étudiés dans les écoles de journalisme.

Le journalisme, comme le dit François Mauriac, c'est la littérature engagée par excellence. Camus, selon Raymond Aron, fut « un véritable écrivain qui commentait les événements du jour ». C'est suggérer que ses analyses de l'éphémère manquent souvent de rigueur. Que certains articles aient vieilli est une évidence. D'autres, pourtant écrits dans l'urgence, ont traversé le temps. Camus a eu conscience qu'ils faisaient partie de son œuvre, c'est pourquoi il a tenu à en recueillir un certain nombre dans *Actuelles* puis *Chroniques algériennes*. Ses articles de *Combat*, notamment la série *Ni victimes ni bourreaux*, ont été, à certains égards, un atelier pour lui. Le lecteur y trouve des idées et des formules reprises dans *La Peste* ou développées dans *L'Homme révolté*.

De son expérience, l'intellectuel a gardé un sens aigu du concret, un respect anglo-saxon de la nouvelle ou, si l'on préfère, du fait, mais aussi le souci du lecteur. Camus cherche à s'informer avant de prendre parti et ne signe pas aveuglément n'importe quelle pétition. Son œuvre fictionnelle conserve quelques traces de cette expérience. Des journalistes assistent au procès de Meursault. Un seul se montre attentif aux débats ; les autres sont distraits, blasés. « Il faut dire les choses comme elles sont. » Au début de *La Peste*, le docteur Rieux, interrogé par un journaliste, Rambert, lui demande si ce dernier peut « dire la vérité », c'est-à-dire porter une « condamnation totale » de faits scandaleux. Son témoignage doit être « sans réserves ». Le même Rieux, en tant que narrateur de la chronique, se veut « témoin fidèle ». Sa « tâche » consiste à « dire : “ceci est arrivé” lorsqu'il sait que ceci, en effet, est arrivé ». Rambert, à première vue, se plie aux clichés qui courent sur son métier : il est débrouillard, curieux. Le narrateur lui reconnaît « le goût pour ses semblables » et « le refus de l'injustice et des concessions ». Il est étranger à la ville, il cherche à la fuir, puis, ses efforts ayant échoué, il rejoint les « formations sanitaires » comme Camus a rejoint le mouvement Combat.

Deux grands journalistes ont trouvé les mots justes pour dire le rapport de Camus à leur métier : Olivier Todd et Jean Daniel. « Il savait, estime le premier, que le journalisme passe et que la littérature demeure. » Le second, qui l'a côtoyé à *L'Express*, considère que : « Pour Camus, le journalisme n'était pas l'exil, mais le royaume. »

Jeanyves GUÉRIN

• *Voir aussi :* Presse

Bibl. : *À Albert Camus, ses amis du Livre*, Gallimard, 1962 • Marie-Louise Audin, « Camus journaliste écrivain », *Cahiers de l'Association internationale d'études françaises*, n° 48, 1996, p. 129-147 • Jean Daniel, « Le combat pour *Combat* », *Camus*, Hachette, coll. « Génies et réalités », 1964, p. 77-94 • Jeanyves Guérin, « Camus the journalist », dans Edward J. Hughes (éd.), *The Cambridge Companion to Camus*, Cambridge, Cambridge University Press, 2007, p. 79-92

JOURNAUX DE VOYAGE. – Publiés en 1978 par Roger Quilliot, qui en établit le texte, donna le titre et les annota, les *Journaux de voyage* reproduisent des Cahiers de Camus le récit des deux grands voyages qu'il fit en Amérique du Nord et en Amérique du Sud. À en juger par le contenu de ces pages, le titre de « journaux de voyage » est pleinement justifié. En particulier pour celui d'Amérique du Sud, tenu pratiquement au jour le jour et que Camus avait conservé dans un dossier à part. En outre, ce voyage qui dura deux mois (30 juin-31 août 1949) est couvert de façon beaucoup plus détaillée (quatre-vingt-huit pages) que celui en Amérique du Nord (trente-six pages) qui dura trois mois (10 mars-11 juin 1946).

Lors du voyage de 1946, Camus semble surtout avide de saisir des impressions. New York, les Américains l'intéressent – « Au premier regard, hideuse ville inhumaine. Mais je sais qu'on change d'avis » ; « J'admire les femmes dans les rues, les coloris des robes… » ; « L.M. me fait sa théorie personnelle sur les Américains. C'est la quinzième que j'entends. » Il est frappé par l'abondance de lumière, de denrées alimentaires : « Je sors de cinq ans de nuit et cette orgie de lumières violentes me donne pour la première fois l'impression d'un nouveau continent… » ; par les « Magnifiques boutiques d'alimentation. De quoi faire crever toute l'Europe. » C'est que la guerre et ses pénuries sont encore très présentes dans les mémoires, sans compter que la France est loin de vivre dans l'abondance à cette date.

Préoccupé par la question du tragique, Camus se demande si la notion même existe en Amérique. « Dans ce pays où *tout* s'emploie à prouver que la vie n'est pas tragique, écrit-il, ils ont le sentiment d'un manque. Ce grand effort est pathétique, mais il faut rejeter le tragique *après* l'avoir regardé, non avant. » En tout cas, l'Amérique ne connaît pas le tragique européen. Même ignorance au Canada : « Ce grand pays calme et lent. On sent qu'il a tout ignoré de la guerre. » Camus tentera d'aborder la question dans sa conférence, « La crise de l'homme », mais, limité par les Services culturels à des « conférences exclusivement littéraires », il se contentera, dans celle-ci qui reste fondamentale, de développer un point de vue humaniste sans entrer dans les considérations politiques qu'aurait impliquées sans doute la conférence qu'il avait prévue sous le titre de « Plaidoyer pour l'Europe ». Cependant ni cette conférence, ni d'autres qu'il donne aux États-Unis ne font l'objet d'une mention particulière dans son journal. Exception faite du jour où Camus donne précisément « La crise de l'homme » (le 28 mars), mais c'est pour parler d'un incident : la caisse ayant été volée pendant la conférence, les assistants se sont mobilisés et ont payé à nouveau leur billet d'entrée. Camus admire : « Typique de la générosité américaine. Leur hospitalité, leur cordialité est du même goût, immédiate et sans apprêt. Ce qu'il y a de meilleur en eux. »

Tout en poursuivant son voyage, Camus ne perd pas de vue son œuvre en cours, *La Peste* et *L'Homme révolté*. Il esquisse toutefois divers projets qui resteront sans suite. Son journal abonde en anecdotes, en remarques piquantes, en portraits croqués sur le vif. Une description de la pluie à New York et du sentiment d'exil qu'elle fait naître, chez l'auteur, connaîtra un important développement littéraire dans « Pluies de New York » (chronique publiée dans *Formes et couleurs*, n° 6, vol. 9, 1947).

Fructueux ? décevant ? Le voyage de Camus en Amérique du Nord, tout en lui inspirant des sentiments mitigés, marquera sa pensée. En écho à son journal de voyage, une lettre adressée à M. Germain, son ancien instituteur, en août 1946, traduit ces sentiments : « Mon voyage en Amérique m'a appris beaucoup de choses. [...] C'est un grand pays fort et discipliné dans la liberté, mais qui ignore beaucoup de choses et d'abord l'Europe. »

Le journal du voyage en Amérique du Sud se propose dès le départ, « sans rien dire d'intime », de ne rien oublier « des événements de la journée. » De fait, tenu régulièrement, il jouera un rôle plus important que prévu. Non seulement il offrira une relation précise des événements qui composent ce voyage, mais il tiendra lieu, pour l'auteur et malgré lui peut-être, de confident intime, lui permettant de soulager son cœur des mille irritations qu'il connut alors et que son rôle officiel, autant que sa gentillesse naturelle, l'obligeaient à masquer. Rappelons que le voyage en Amérique du Sud tout comme celui en Amérique du Nord étaient des voyages officiels, organisés par le Quai d'Orsay. Simplement, en 1949, Camus était beaucoup plus connu, surtout en Amérique du Sud, et les Services culturels français abusèrent de l'extrême faveur dont il jouissait pour lui imposer un programme de conférences des plus chargés. C'est ainsi que tout au long de son parcours des salles archicombles (le public francophone était nombreux à l'époque) témoignent sans doute de l'intérêt que suscite le prestigieux écrivain mais vont contribuer peu à peu à son épuisement.

En mauvaise forme au départ, son état physique et psychologique se dégrade au fur et à mesure que progresse le voyage. « À deux reprises, idée de suicide », écrit-il durant la traversée, puis au cours de son séjour : « Ce qui m'est apparu clairement hier, et enfin, c'est que je désirais mourir. » Son humeur est sombre : « À plus de quatre, la société m'est dure à supporter. » Cette difficulté deviendra une « épreuve [...] infernale ».

Il s'intéresse pourtant au pays, décrit minutieusement la « macumba » et se livre à des réflexions assez poussées sur le Brésil, « une terre sans hommes. Tout ce qui est créé ici l'est au prix d'efforts démesurés. La nature suffoque l'homme » ; « Le Brésil, écrit-il encore, avec sa mince armature moderne plaquée sur cet immense continent grouillant de forces naturelles et primitives me fait penser à un building, rongé de plus en plus avant par d'invisibles termites » ; « À tout moment, cet énorme continent sans route, livré tout entier à la sauvagerie naturelle, peut se retourner et recouvrir ces villes faussement luxueuses. » São Paulo, par exemple, lui semble une « Oran démesurée ».

Camus connaît des moments heureux, à écouter le chant des sambas, à goûter le saisissant spectacle du « *bumba-meu-boi* » ou à admirer la « grâce extraordinaire » d'une « Diane noire » ; il est touché par une émission de radio portant sur l'entraide.

Le voyage à Iguape qu'il fait à partir de São Paulo, dans des conditions difficiles, lui fera découvrir des êtres simples et attachants et le marquera fortement. *La Pierre qui pousse*, nouvelle extraite de *L'Exil et le Royaume*, en est largement inspirée. De même, quelques descriptions de la mer, au début de la traversée, laissent leur empreinte sur *La Mer au plus près* (recueillie dans *L'Été*). Le journal comporte bien des pages savoureuses sur le poète brésilien (désigné par la lettre « S. ») et un « señorito » qui l'accompagne, par exemple, ou d'autres, émouvantes : la rencontre d'un réfugié espagnol venu l'écouter et qui le touche « aux larmes ». Et souvent, c'est la note d'humour : « Mais Chamfort a raison : quand on veut plaire dans le monde il faut se résoudre à se laisser apprendre beaucoup de choses qu'on sait par des gens qui les ignorent. »

Néanmoins l'impression qui domine, dans le journal du voyage en Amérique du Sud, surtout vers la fin, est celle de la souffrance due à l'état de délabrement physique (un retour de la tuberculose) et moral dans lequel se trouve Camus. Ce n'est pas un hasard si la dernière page fait état de « deux jours affreux où je traîne avec ma grippe dans différents coins avec différentes gens, insensible à ce que je vois, préoccupé seulement de retrouver ma force », et qu'il évoquera son voyage comme une dure épreuve, « un rodéo épuisant », comme il l'écrit à Jean Grenier. On s'aperçoit ainsi que le journal n'est pas le reflet fidèle du voyage. Il tient lieu, plus d'une fois, d'accompagnement affectif.

Camus avait connu de « bons moments », noué des amitiés importantes (Murilo Mendes, Oswald de Andrade), vu des pays et des paysages qui ne le laissèrent pas indifférent, et plus encore que dans le voyage en Amérique du Nord il lui est arrivé de tracer, dans son journal, les premières esquisses d'un texte destiné à entrer dans l'œuvre à venir. Fernande BARTFELD

Éd. : Gallimard, 1978

Trad. : en allemand, anglais, coréen, danois, espagnol, japonais, néerlandais, portugais et turc

JOYEUX, Maurice (1910-1991). – Né à Paris dans une famille ouvrière, Maurice Joyeux passe son enfance en Normandie puis revient dans sa ville natale en 1933. Sympathisant anarchiste, il rejoint les rangs de la Confédération générale du travail unitaire (CGTU), la centrale syndicale dirigée par les communistes. En 1935, comme il refuse d'adhérer au parti communiste, il est écarté de la direction du Comité de chômeurs qu'il anime. Il adhère alors à l'Union anarchiste. Militant de second plan avant la Seconde Guerre mondiale, il devient l'un des principaux animateurs du mouvement anarchiste après avoir été incarcéré pendant la guerre à la prison de Montluc. Il reste jusqu'à sa mort l'un des principaux responsables libertaires. C'est à ce titre qu'il rencontre Albert Camus.

La sympathie entre les deux hommes repose sur des actions politiques conjointes, mais aussi et surtout sur le fait que Maurice Joyeux, dans les années 1950, tient une librairie, le Château des brouillards, sur les contreforts de Montmartre. Sans être véritablement de ses intimes, il y reçoit Camus à plusieurs reprises pour des signatures et des causeries. Après l'attribution du prix Nobel, l'article de Joyeux, à la une du *Monde libertaire*, fait partie des hommages les plus fervents qu'obtient alors le récipiendaire : « un salut à toi, écrivain de la liberté ». Il traduit l'admiration du militant pour l'écrivain. À la mort de Camus, Maurice Joyeux fait publier deux pages d'hommage. Il fait de même vingt-cinq ans plus tard. Entre-temps, en 1965, il publie un livre, puis un disque, *Albert Camus la révolte de la mesure*, dans lequel il s'exclame : « Camus est mort depuis cinq ans. Le monde de la pensée, tout en exaltant l'écrivain, étend un voile pudique sur ce qui fut l'essentiel de sa pensée. Mais nous, les travailleurs, les syndicalistes libres, nous porterons Camus dans les usines, dans les bureaux, sur les chantiers, afin de réconcilier la révolte et la révolution à travers la mesure et la conscience. » Ces mots résument l'empathie et la proximité des hommes. Dans ses mémoires, Joyeux enrôle Camus à ses côtés.

Sylvain Boulouque

Bibl. : Maurice Joyeux, *Sous les plis du drapeau noir*, Éditions du monde libertaire, t. II, 1989

JUAN, Don. – *Voir* DON JUAN

JUGE. – Les figures de juge, dans les fictions de Camus, sont fanatiques, serviles, cruelles, parfois perverses, souvent révoltantes. Le juge d'instruction qui interroge Meursault brandit un crucifix d'argent, lui demande s'il croit en Dieu, et devant cette « âme endurcie », ajoute : « C'est fini pour aujourd'hui, Monsieur l'Antéchrist. » Les valeurs morales que défend le procureur lors de son procès s'opposent à l'indifférence de Meursault. Aux yeux de ces accusateurs, la peine de mort s'impose contre cet homme qui apparaît comme un « monstre moral ». Le procureur transforme son homicide en un parricide par intention (lui, le fils dénaturé qui n'a pas pleuré à la mort de sa mère), en un criminel total qui doit être éliminé. « Oui, s'est-il écrié avec force, j'accuse cet homme d'avoir enterré une mère avec un cœur de criminel. » La figure du juge est l'instrument d'une société qui veut éliminer le coupable, fût-ce au prix d'une terrible injustice, pour conjurer sa peur du chaos.

Le personnage de Tarrou dans *La Peste* éprouve de la répugnance à parler de son père, un avocat général, qui avait l'habitude de demander la peine de mort. Il refusera d'être complice de ces « meurtres légaux » et décidera de lutter contre le mal qu'il a découvert dans sa propre famille. « Mon affaire à moi, en tout cas, ce n'était pas le raisonnement. C'était le hibou roux, cette sale aventure où de sales bouches empestées annonçaient à un homme dans les chaînes qu'il allait mourir et réglaient toutes choses pour qu'il meure[...]. Mon affaire, c'était le trou dans la poitrine. »

Le juge Casado de *L'État de siège* ajoute la servilité politique à la vocation sanglante qu'il partage avec ses prédécesseurs. Malgré les supplications de sa fille, Victoria, il se range aux côtés de la Peste, de son organisation et de la terreur. La Peste fait comparaître les suspects devant son trône afin « d'activer la transformation des innocents en coupables » – « Tous suspects, c'est le bon commencement. » Le juge accepte sa condition de rouage de cette machine absurde qui entreprend son œuvre de mort. Sa soumission à la Peste lui permet de confisquer la loi.

« Le juge : je ne sers pas la loi pour ce qu'elle dit mais parce que c'est la loi.

Diego : Mais si la loi est un crime ?

Le juge : Si le crime devient la loi, il cesse d'être crime

Diego : Et c'est la vertu qu'il faut punir !

Le juge : Il faut la punir, en effet, si elle a l'arrogance de discuter la loi. »

La Chute dessine un dernier portait : celui du juge pervers. L'avocat vertueux, Jean-Baptiste Clamence, se plaît à dire que les juges sont à ses pieds. Il est « du bon côté », du côté des nobles causes, bien au-dessus du juge qu'il surplombe de sa grandeur. Toutefois, à partir du moment où il se découvre coupable, il devient « juge-pénitent », c'est-à-dire qu'il va confesser les pécheurs tout en expiant ses fautes. Étrange juge en vérité. En s'enfermant dans une évaluation subjective de sa faute, Clamence est juge et partie. Au moment où il se découvre fautif, il endosse le costume du juge-pénitent. Il s'obstine à récuser toute autre instance de jugement que lui-même. Il incarne la figure ironique d'un juge pervers placé hors atteinte de la loi des hommes. Sa provocation ultime est le recel des *Juges intègres*. Le tableau de Van Eyck est dans un placard de son domicile alors qu'une copie est au musée. Le scénario est parfait : les vrais juges sont chez lui, les faux dans le monde. Il peut jouir en toute impunité du plaisir d'avoir dérobé la loi elle-même – « J'ai encore trouvé un sommet où je suis seul à grimper et d'où je peux juger tout le monde. » Denis SALAS

JUGE-PÉNITENT. – Le 14 décembre 1954, Camus note dans ses *Carnets* : « Existentialisme. Quand ils s'accusent on peut être sûr que c'est toujours pour accabler les autres. Des juges pénitents. » C'est, sous sa plume, la première occurrence de cet oxymore. Quand Clamence, le héros de *La Chute*, en fera profession, Camus écrira : « juge-pénitent ».

L'autocritique (terme couramment utilisé par les marxistes) est aux yeux de Camus un exercice salutaire qui retient de prêcher la morale aux autres. « Faisons un peu d'autocritique. Le métier qui consiste à définir tous les jours, et en face de l'actualité, les exigences du bon sens et de la simple honnêteté d'esprit ne va pas sans danger. À vouloir le mieux, on se voue à juger le pire et quelquefois aussi ce qui est seulement moins bien. Bref, on peut prendre l'attitude systématique du juge, de l'instituteur ou du professeur de morale » (*Combat*, 22 novembre 1944, éditorial recueilli sous le titre « Autocritique » dans *Actuelles*). Camus distingue toutefois un bon et un mauvais usage de l'autocritique. On le voit quand son désaccord de fond avec les écrivains existentialistes tourne à la polémique après la publication de *L'Homme révolté*, particulièrement avec ceux d'entre eux qui sont devenus les « compagnons de route » du parti communiste. « *Temps modernes* [titre de la revue de Jean-Paul Sartre]. Ils admettent le péché et refusent la grâce. Soif du martyre », note-t-il dans les *Carnets* en 1952 ; et un peu plus loin : « Polémique T. M. [...]. Quelque chose en eux, pour finir, aspire à la servitude. Ils ont rêvé d'y aller par quelque noble chemin, plein de pensées. Mais il n'y a pas de voie royale vers la servitude. » Les « existentialistes » font de l'autocritique un usage systématique et pervers. Au lieu de recourir à elle pour éviter de s'ériger en juges, ils étalent leurs torts afin de s'assurer, sous prétexte de lucidité ou de sincérité, une supériorité sur leurs semblables. Cette instrumentalisation de la vérité offre divers visages : le cynisme (quand elle tourne à la provocation) ou une fausse humilité pouvant aller jusqu'au masochisme. Elle a une conséquence d'ordre politique. En plaçant l'existence avant l'essence et en affirmant la liberté totale de l'homme, la doctrine existentialiste offre en elle-même le danger que, pris de vertige devant cette liberté, l'individu s'en débarrasse en cherchant éperdument à se donner un chef. Du moment où l'on abaisse l'ensemble du genre humain (à commencer par soi-même), on le convainc (et on se convainc) plus sûrement encore qu'il n'est pas digne d'assumer lui-même ses destinées. L'attitude des « existentialistes » imite de façon retorse la pratique chrétienne : en parlant dans ses *Carnets* de « péché » ou de « soif du martyre », Camus préparait la formule du « juge pénitent ».

Avant même de décliner son identité, et après avoir protesté qu'il ne « jugeait » pas le « gorille » qui tient le bar Mexico-City, Clamence a déclaré à son interlocuteur : « Si vous voulez le savoir, j'étais avocat avant de venir ici. Maintenant, je suis juge-pénitent. » La symétrie avec « avocat », ainsi que le trait d'union qui change l'adjectif « pénitent » en un substantif accolé à « juge » présentent la fonction comme une authentique profession. « Mon métier est double, voilà tout, comme la créature. Je vous l'ai déjà dit, je suis juge-pénitent », réitère Clamence un peu plus loin. Affirmant d'emblée une profession mystérieuse (qui est aussi une profession de foi) et relançant, au début de la deuxième journée, la curiosité (« Qu'est-ce qu'un juge-pénitent ? Ah ! je vous ai intrigué avec cette histoire »), Clamence témoigne de son talent de faiseur de suspens. Tenir l'autre sur le gril, c'est le tenir à sa merci. Le mot « pénitent » s'inscrit dans un réseau fourni de références au christianisme (les sadducéens, l'enfer matérialisé par les canaux d'Amsterdam, les allusions à la vie du Christ, et jusqu'au prénom de Jean-Baptiste Clamence, jadis « pape » dans un camp de prisonniers...). Ces références, qui frisent souvent l'irrévérence, vont parfois jusqu'au blasphème. Selon la théologie chrétienne, le « pénitent » se repent de ses péchés avec la ferme résolution de les réparer et de ne plus y succomber. Visant à s'enfoncer dans son indignité afin de mieux y entraîner les autres, Clamence subvertit l'usage du terme. Le suspens entretenu par l'énigmatique annonce initiale se dénoue lorsque est dévoilé l'un des panneaux qui composent le retable de *L'Agneau mystique*, de Van Eyck. Ce panneau, qui appartient en réalité au gorille (est-ce pour cette raison que Clamence s'abstient de le juger ?), et qui représente les *Juges intègres*, est l'original volé jadis à la cathédrale de Gand qui n'en offre aujourd'hui qu'une copie. Ainsi, « il n'y a plus d'agneau, ni d'innocence, et [...] en conséquence, l'habile forban qui a volé le panneau était un instrument de la justice inconnue qu'il convient de ne pas contrarier. [...] De cette façon, nous sommes dans l'ordre. La justice étant définitivement séparée de l'innocence, celle-ci sur la croix, celle-là au placard, j'ai le champ libre pour travailler selon mes convictions ». Une fois son coup de théâtre accompli, Clamence peut expliquer comment il exerce son métier de juge-pénitent : à Mexico-City, qui lui sert de « bureau »; en compagnie des interlocuteurs qu'il y choisit ; seul enfin, la nuit, pour préparer ses effets. Du moment qu'il ne s'accorde aucune circonstance atténuante, Clamence peut se dévouer à sa tâche, qui consiste, en se livrant à une « confession publique », à accabler le genre humain. « Chez moi, on ne bénit pas, on ne distribue pas d'absolution. » La métaphore religieuse aura été filée jusqu'au bout. En somme, le juge-pénitent exerce moins un métier qu'un sacerdoce. Mais, à l'entendre vanter son habileté, on devine qu'il y a investi les mêmes qualités qui avaient fait de lui un avocat prestigieux. La signification politique du récit ressortirait plus nettement des dernières pages si le verbe de Clamence ne la couvrait d'ambiguïté. « Quand nous serons tous coupables, ce sera la démocratie », annonce-t-il. Il s'agit d'une « démocratie » au sens où Clamence l'entend par dérision, celle qui est en usage dans les « démocraties populaires » soumises à l'Union soviétique. Plus claire est la devise qui vient ensuite : « Tous réunis, enfin, à genoux, et la tête courbée. »

Ainsi le juge-pénitent avait-il, dès le début, prévu d'abattre ses cartes. On doute qu'en mettant complaisamment en valeur son talent personnel, un avocat serve utilement sa cause : c'est reconnaître que celle-ci était trop fragile pour se dispenser d'une habile rhétorique. *La Chute* offrirait un message politique encore plus inquiétant si, au lieu de dévoiler sa stratégie à grand renfort de symboles, Clamence se présentait comme un vrai repenti plutôt que comme un artiste du verbe. En laissant percer l'intention de sa fable, Camus en déplace l'intérêt. Plus qu'aux terribles lendemains préparés par le « tous coupables », le lecteur s'attache à cette figure de cabotin qui préfère désigner son masque du doigt plutôt que de laisser oublier avec quelle virtuosité il en use. Pierre-Louis REY

• *Voir aussi :* Culpabilité ; Innocence

Bibl. : Maurice Weyembergh, *Albert Camus ou la mémoire des origines*, Bruxelles, De Boeck, 1997, p. 215-224

***JUSTES* (*Les*)**. – Après l'échec de *L'État de siège*, Camus écrit *Les Justes* alors même qu'il travaille à *L'Homme révolté*. L'idée du sujet lui en était venue en 1947. Il écrivit sa nouvelle pièce pour l'essentiel en 1948, et la mit au point lors des répétitions. C'est la seule de ses œuvres fictionnelles qu'il a située dans un parti. Il a exploité la documentation qu'il avait réunie pour écrire son essai. Le prière d'insérer qui est de sa main donne des sources précises : « Tous les personnages ont réellement existé. » Il a conservé ou changé leurs noms. Il a trouvé ses « meurtriers délicats » dans les *Souvenirs d'un terroriste* de Boris Savinkov que lui a fait lire son ami anarchiste Nicolas Lazarévitch. Plusieurs d'entre eux, dont Kaliayev, ont laissé des écrits que Camus a rassemblés peu après dans un ouvrage, *Tu peux tuer cet homme...* (Gallimard, 1950). S'ils ont des modèles historiques, il leur a infusé des souvenirs de sa propre expérience. Kaliayev et Annenkov, notamment, ont reçu des traits de l'ancien militant communiste que fut Camus. Soucieux de rendre la fable universelle et intemporelle, il a gommé certaines particularités russes. Dans un premier temps, il avait envisagé de la titrer *La Corde*. Elle fut longtemps intitulée *Les Innocents*. Jean Grenier, auquel il avait communiqué son manuscrit, lui fit remarquer que le terme n'était pas exact. À Moscou, en 1905, le parti socialiste-révolutionnaire a décidé de tuer le grand-duc Serge, oncle du tsar. La pièce met en scène un groupe de choc ou de combat chargé de l'assassiner. On notera que l'écrivain, dans les premières répliques, utilise le mot de « parti » puis lui substitue celui d'« Organisation ». Ses effectifs restreints amènent le groupe à fonctionner comme une petite communauté. Le choix scénique d'un espace clos est à cet égard significatif. Or il y a peu de la micro-société militante à la secte d'élus. Cinq militants ont une existence scénique, quatre hommes et une femme. Ivan Kaliayev, chargé de lancer la bombe sur la calèche du dignitaire, est pris d'un scrupule quand il s'agit de passer à l'acte : il a aperçu *in extremis* que le neveu et la nièce de ce dernier y ont pris place. Stepan, l'ancien bagnard, lui en fait violemment reproche : les ordres sont les ordres. Les autres militants, dont Dora qui l'aime, donnent raison à l'idéaliste. Quelle que soit la cause, il est des limites qu'on ne saurait transgresser. Kaliayev, le jour suivant, tue le grand-duc. Il est arrêté, condamné au gibet et refuse de demander sa grâce ainsi que le lui proposaient le chef de la police et la grande-duchesse. Comme Caligula, autre poète, il met en scène sa propre mort. Alors qu'il a été exécuté et que Stepan lui a rendu justice, Dora obtient de lancer, à sa place, la prochaine bombe. Elle sait que la corde qui a étranglé Yanek – ainsi ses camarades appellent-ils affectueusement Kaliayev – servira aussi à son exécution.

Le choix terroriste, ses enjeux, ses implications font l'objet de discussions longues et serrées dans les trois premiers actes. Stepan y est sans cesse isolé. Les autres personnages partagent les mêmes analyses, les mêmes présupposés, les mêmes valeurs. Si meurtre il doit y avoir, il faut qu'il soit ciblé, non aveugle. Kaliayev est prêt à tuer de sang-froid un homme qu'il tient pour un suppôt de l'autocratie qui opprime le peuple. Il refuse, en revanche, le dommage collatéral que serait la mort de ses enfants, car ce serait la perversion d'un combat qu'il veut altruiste. Sa décision a résulté d'un scrupule, mieux d'un réflexe éthique. Dans un second temps, Dora et lui pensent que des bavures peuvent retourner l'opinion et desservir leur cause. D'où ce passage capital de l'acte II :

« Stepan : L'Organisation t'avait commandé de tuer le grand-duc.

« Kaliayev : C'est vrai. Mais elle ne m'avait pas demandé d'assassiner des enfants.

« Annenkov : Yanek a raison. Ceci n'était pas prévu.

« Stepan : Il devait obéir. [...]

« Dora : Ouvre les yeux et comprends que l'Organisation perdrait ses pouvoirs et son influence si elle tolérait, un seul moment, que des enfants fussent broyés par nos bombes. »

Pour Stepan, l'exigence du succès historique suspend l'exigence morale. Les états d'âme ne sont pas de saison. Le principe d'efficacité prime. À l'époque, on disait que l'impératif de la praxis passe avant l'impératif de la conscience. « Je n'ai pas assez de cœur pour ces niaiseries. Quand nous nous déciderons à oublier les enfants, ce jour-là, nous serons les maîtres du monde et la révolution triomphera. » Dora lui répond : « Ce jour-là, la révolution sera haïe de l'humanité entière. »

Stepan est bien dans la logique d'une secte millénariste. L'activiste radical pense le politique selon une double paire d'opposés, inclusion contre exclusion. La société est clivée de façon binaire : il y a les amis et les ennemis. L'adversaire est irrécupérable, diabolisé définitivement. Il a perdu en quelque sorte sa condition d'homme. La culpabilité est désormais collective, à la fois sociologique et héréditaire. On ne pactise pas avec le mal absolu, on le combat sans relâche, on l'éradique. Quant au peuple, s'il reste indifférent au message rédempteur des élus, s'il n'est pas à la hauteur de sa tâche messianique, il peut et doit même être brutalisé pour son bien. Ses sentiments, son opinion ne comptent pour rien. Si, comme le pensait François Furet, le bolchevisme est « un mélange de militantisme quasi militaire, de réalisme politique radical et d'idéologie à haute dose », si celle-ci dépouille les activistes de tout scrupule, les spectateurs de la création ne s'y sont pas trompés : Stepan figure anachroniquement un militant bolchevique pouvant devenir stalinien.

Si tous les moyens sont bons pour prendre le pouvoir, ils le sont aussi pour le conserver. Le nihilisme moral de Stepan, pour Dora, est à la fois une faute morale et une erreur stratégique. Elle a ce mot presque prophétique : « Et si l'humanité entière rejette la révolution ? » La réponse est venue en 1989 et 1991, quand a éclaté l'imposture du socialisme réel et qu'a été renversé un modèle discrédité. L'opinion collective avait fini par rejeter, en Union soviétique et hors de l'Union soviétique, les pratiques meurtrières du communisme.

La croyance idéologico-politique nourrit une pratique cynique de la violence. « Toi et moi, dit Stepan, ne sommes rien. » C'est l'Organisation ou la cause qui est tout. Kaliayev lui dit : « derrière ce que tu dis, je vois s'annoncer un despotisme qui, s'il s'installe jamais, fera de moi un assassin alors que j'essaie d'être un justicier ». Dora partage son sombre pressentiment : « Parfois, quand j'écoute Stepan, j'ai peur. D'autres viendront peut-être qui s'autoriseront de nous pour tuer et qui ne paieront pas de leur vie. » Si Stepan était à la place d'Annenkov, s'il montait dans la hiérarchie de l'Organisation, il se montrerait impitoyable à l'égard des adversaires mais aussi de ses camarades. La purge, on le sait, est une pratique constante dans les organisations extrémistes. Camus ne l'ignore pas, qui s'est fait exclure du Parti communiste algérien pour hérésie.

Kaliayev utilise spontanément le mot de « frère » comme appellatif singulier ou pluriel ou comme désignateur. Le groupe, pour lui, est une « communauté ». C'est dire le potentiel religieux qu'il a investi dans son engagement. Stepan, quant à lui, préfère user du mot « camarades » que les autres ignorent. D'emblée le contraste est accusé entre les deux militants, lesquels ne tardent pas à s'affronter vivement. Le second est un homme de marbre ou de fer, soucieux de discipline, il affirme la valeur de la haine, il met la justice au-dessus de la vie ; sa psychologie est celle d'un fanatique. Kaliayev, au contraire, ne dissimule pas qu'il a besoin d'être aimé. Dora lui répond aussitôt que les autres militants du groupe l'aiment. De fait, ils partagent ses conceptions et son lexique.

Il lui arrive, dans le feu d'une discussion, d'utiliser le mot « frères » dans un sens plus général et en l'occurrence évangélique : tous les humains sont ses frères. Ils le seront, précise-t-il plus loin, quand la justice aura enfin été instaurée sur terre. Au quatrième acte, Kaliayev appelle « frère » son geôlier et son futur bourreau, Foka. Cet homme du peuple lui renvoie l'appellatif, mais il ne se reconnaît pas dans le combat du « barine ». Son discours le désigne comme aliéné, aurait-on dit jadis. On ne saurait, en tout cas, mieux montrer à quel point le petit groupe d'avant-garde est coupé des masses.

Le militant emprisonné, donc coupé des autres militants, est à la merci des manipulateurs. Face à la grande-duchesse, chrétienne fervente qui veut le ramener à Dieu, il lui faut repenser son lexique pour ne pas être récupéré. La détresse de la veuve le met mal à l'aise, il se durcit : pas question, pour lui, de se repentir ou de demander sa grâce. Il a attenté au sacré de la vie, il s'est rendu coupable de démesure. Le meurtre qu'il a commis est une transgression nécessaire mais inexcusable ; il lui faut l'expier. À la communauté des révolutionnaires qui pratiquent la vraie charité et donnent leur vie il oppose le « clan » des privilégiés. Deux conceptions du sacré entrent en concurrence. La « fraternité » est du côté des premiers. Le policier Skouratov voudrait en douter. Le cynique se trompe. Kaliayev a la belle mort – la mort heureuse – d'un martyr. Il la met en scène et cette mort retrempe le petit groupe, en témoigne ce dialogue entre Annenkov et Dora : « Je suis ton frère — Oui, tu es mon frère, et vous êtes tous mes frères que j'aime. » Il est vrai que Dora ajoute aussitôt cette phrase si camusienne : « Mais quel affreux goût a parfois la fraternité ! »

« Un vrai révolutionnaire, déclare Stepan, ne peut pas s'aimer. » Il ne peut pas aimer non plus un autre être. Annenkov, comme le Hoederer des *Mains sales*, s'est interdit toute relation sexuelle depuis quatre ans. « Ceux qui aiment vraiment la justice n'ont pas le droit à l'amour », déclare Dora, ce serait une forme d'« égoïsme ». Ils se sont voués à l'altruisme. « L'amour est impossible », reconnaît Kaliayev. Elle et lui en resteront à un duo lyrique. Ironie, Kaliayev découvre en prison que le grand-duc et sa femme, les ennemis de classe, eux, s'aimaient. Les militants, dans cette pièce, sont des célibataires forcés et frustrés. Du début à la fin de la pièce, ils sont enfermés dans un lieu clos et morne, « prisonniers », pour citer encore Dora. Prisonniers ils le sont effectivement, de la cause et d'eux-mêmes. Dans leur propos, il est sans cesse question d'exil, d'hiver et de froid. L'appartement où ils se réunissent ressemble à une geôle. Le microcosme de l'organisation révolutionnaire reproduit le macrocosme de l'Empire russe.

Si, comme Camus l'écrit dans *L'Homme révolté*, « tout révolutionnaire finit en hérétique ou en oppresseur », il doit être manifeste que Kaliayev est sur la voie de l'hérésie ou, en langage communiste, du « déviationnisme » et que Stepan est de la graine d'oppresseur. Pour ce dernier, l'efficacité pragmatique a un prix qu'il est prêt à payer, quel qu'il soit. La règle ignore les cas individuels. La lutte des classes est une guerre juste, et d'abord une guerre, et le parti armé qui la mène est légitime. Les ordres sont les ordres. Il fait profession d'ignorer les états d'âme. Le « je » fait partie d'un « nous » ; il doit s'y immerger et s'y oublier, faire allégeance au chef et/ou à l'appareil. Les scrupules de ses camarades font perdre du temps. Les réflexes d'humanité sont déplacés, le pragmatisme et l'idéal antinomiques.

Kaliayev pose la question de la fin et des moyens. Il accepte d'expier son crime pour marquer qu'il doit rester exceptionnel. Si ce n'était pas le cas, il ressemblerait à son adversaire. Camus, par son entremise, propose un bornage du politique par l'éthique. Il retrouve là une grande idée de la tragédie grecque. « Il y a des limites », dit Dora : tout n'est pas permis au militant d'une cause. Celui-ci est comptable non seulement de ses bonnes intentions, mais aussi et d'abord de ses actes et ensuite de leurs conséquences. On ne peut pas choisir une stratégie et ensuite s'en désintéresser. C'est dans leur appréciation du coût humain que se trouve la différence majeure entre Sartre et Camus.

Dans ses commentaires de la pièce, Camus n'a jamais caché que sa sympathie allait à Kaliayev et à Dora. Le spectateur en est aisément convaincu. Quand, dans *L'Homme révolté*, il revient sur ses Justes, c'est pour écrire : « Kaliayev et ses frères triomphaient du nihilisme. Mais ce triomphe sera sans lendemain. » L'idéologie révolutionnaire, étouffant la révolte, suscite cette oppression dont les « meurtriers délicats » décelaient les germes dans le discours radical de Stepan. Dans *Les Justes*, l'auteur va à l'essentiel, quand il voit la praxis terroriste comme une matrice de l'État totalitaire et le groupe révolutionnaire comme un laboratoire sociopolitique. Au XXe siècle, Prométhée peut devenir César. Pour le dire autrement, la technique d'action utilisée par une organisation prédétermine l'État qu'elle cherche à édifier. L'Union soviétique n'est pas devenue totalitaire par accident, les pratiques des bolcheviks y sont pour beaucoup.

Les personnages se lancent des grands mots. Les dialogues des *Justes* sont saturés de tout un lexique éthique et sacré qui contribue à l'idéalisation ou plutôt à la poétisation des personnages. Leur écriture littéraire estompe les particularités socio-stylistiques des locuteurs (excepté Foka le geôlier), donc rend difficilement audibles les marques de différenciation sociale. Il est patent que Dora et Kaliayev sont des bourgeois ou des aristocrates ayant rompu avec leur milieu. Stepan est-il, pour sa part, issu de la classe ouvrière ? Cela est possible, mais rien dans son idiolecte ne permet de l'affirmer. Une seule chose est sûre : son idéologie le sépare de ses compagnons. Un autre effet du choix scriptural néoclassique de Camus est que les personnages ne parlent pas l'idiome marxiste (« prolétariat », « lutte de classes »). Seul Stepan en use, mais à faible dose. Les désaccords, qui éclatent dès leurs premiers échanges, entre Kaliayev et lui portent sur des questions stratégiques, mais la logique littéraire de la pièce fait qu'ils sont formulés sur le terrain éthique.

Camus a donné le label générique le plus vague aux *Justes* : « pièce ». Il n'a cessé de regretter qu'elle ait été jugée comme politique. Il avait le sentiment d'avoir écrit sa plus belle scène d'amour avec le face à face de Dora et de Kaliayev – il avait mis une citation de *Roméo et Juliette* en épigraphe de sa pièce. Il avait voulu écrire une tragédie moderne mais pour Jean Grenier, *Les Justes* sont une « tragédie classique ». Certains critiques estiment qu'il a plutôt écrit une tragicomédie et notent les accents cornéliens de certains passages. Kaliayev, en effet, fait penser d'abord à Cinna puis à Polyeucte, Dora à Chimène et Stepan à Horace. Mais l'énergie farouche qui trempe les héros fait défaut aux militants. Pour d'autres, c'est un mélodrame chargé d'idées. La référence dostoïevskienne, parfois avancée, se révèle écrasante. Kaliayev souffre de la comparaison avec Aliocha Karamazov. L'héritage scolaire a pesé d'autant plus lourd que l'échec de *L'État de siège* a dissuadé l'auteur de se lancer dans de nouvelles recherches formelles.

Par l'esthétique, par la construction et l'écriture délibérément soutenue, *Les Justes* est assurément la plus classique des pièces de Camus. C'est aussi la plus statique avec *Le Malentendu* : l'action progresse sans coup de théâtre, se déroule en cinq actes et en trois lieux clos, qui, comme l'antichambre racinienne selon Roland Barthes, sont « l'espace du langage ». L'attentat et l'exécution de Kaliayev font l'objet de récits habilement introduits. Autant le propos éthique et politique est ferme, autant la forme apparaît littéraire et désuète. Pour d'autres critiques, plus nombreux, elle émarge à ce « théâtre d'idées » des années 1945-1950 que le Nouveau Théâtre a fait irrémédiablement vieillir.

La création eut lieu au Théâtre Hébertot le 15 décembre 1949 dans une sobre mise en scène de Paul Oettly qui avait créé *Caligula*. La distribution comprenait de jeunes acteurs promis à un bel avenir. Serge Reggiani joue Kaliayev, Maria Casarès Dora et Michel Bouquet Stepan. La critique fut partagée. « La pièce a été froidement exécutée par les uns, chaudement accueillie par les autres », écrit Camus à Jean Grenier. Il évoque un « demi-succès ». Les recensions les plus élogieuses furent celles de Jacques Lemarchand (*Combat*), de Marc Beigbeder (*Le Parisien libéré*) et de Guy Dumur (*La Table ronde*), la plus féroce celle de Jean Parquin, pseudonyme de Jacques

Laurent (*La Gazette des lettres*). Si le jeu des comédiens fut unanimement célébré, les choix dramaturgiques de Camus suscitèrent de sérieuses réserves, notamment de Gabriel Marcel (*Les Nouvelles littéraires*) et de Jean Mauduit (*Études*). Le public permit aux *Justes* de dépasser les cent représentations. Guy Leclerc (*L'Humanité*) fut le seul à s'en prendre au propos politique de la pièce.

Dès 1955, la pièce fait l'objet d'une première reprise à la Comédie de l'Est. Parmi les reprises les plus significatives on citera d'abord celle du Théâtre de l'Œuvre en 1966 due à Pierre Franck. La distribution y est à nouveau soignée, qui réunit, entre autres, Denis Manuel, Marc Cassot, France Delahalle, Marcel Bozzufi et surtout une Danièle Delorme, émouvante, que plébiscitent les critiques. Les détracteurs du spectacle, Jean Dutourd (*France-Soir*) à droite, Gilles Sandier (*Arts*) à gauche, mettent en cause sa partition. Dans les décennies suivantes, alors que le terrorisme frappe en Allemagne et en Italie, *Les Justes* sont souvent mis à l'affiche. En 1972, un ancien du Théâtre de l'Équipe, Jean Negroni, monte la pièce à la Maison des Arts de Créteil. Deux ans plus tard, Marcelle Tassencourt fait de même au Théâtre Montansier de Versailles. Quand, en 1985, Jean-Pierre Miquel met *Les Justes* à l'affiche de l'Odéon, les réserves sont toujours les mêmes chez les critiques : la pièce est froide, ennuyeuse, académique. Le public pourtant lui fait le plus souvent bon accueil. Elle ne cesse d'être jouée non seulement en France, mais aussi en Allemagne, aux États-Unis, en Belgique, en Pologne… et en Afrique du Sud, avec le soutien d'André Brink. En 2003, un théâtre de Moscou la met à son affiche. Giorgio Strehler l'avait montée dès 1950 au Piccolo Teatro de Milan. La dernière reprise notable, mise en scène par Guy-Pierre Couleau, a eu lieu en 2007. Son succès lui a valu d'être jouée un peu partout en France pendant deux ans. L'année suivante, la pièce fut encore jouée au festival d'Avignon et à Paris, au Théâtre de la Bastille.

En 1974, la deuxième chaîne de la télévision française diffuse *Les Justes* dans une réalisation de Marion Sarrault et une mise en scène de Pierre Franck. En 1985, TF1 retransmet le spectacle mis en scène par Roger Hanin au festival de Pau. La distribution réunit Jean-Claude Dauphin, Fanny Cottençon, Roger Coggio et Pierre Vielhescaze.

Les « Justes » apparaissent aujourd'hui peu représentatifs. En quelque endroit qu'ils aient opéré, en Allemagne, en Italie, en Euzkadi, au Proche-Orient ou ailleurs (et la liste des pays est, hélas, longue), quelle qu'ait été leur motivation, révolutionnaire, nationaliste et/ou intégriste, les terroristes du XXe siècle finissant ont généralement été des fanatiques, ils ont ignoré la notion camusienne de limite ; ils ont plus ressemblé à Stepan qu'à Kaliayev et à Dora. Les questions posées dans la pièce n'en gardent pas moins une vive actualité.

Le paradoxe des *Justes* est le suivant : c'est assurément une pièce dont l'esthétique est datée, mais l'actualité lui donne de nouvelles résonances à chacune de ses reprises. Le 8 octobre 1995, par exemple, après une vague d'attentats à Paris, Alain Rollat propose des extraits de la pièce dans *Le Monde* comme pour appeler une réécriture de celle-ci. Les propos des personnages sont placés dans la bouche de militants islamistes qui s'apprêtent à poser une bombe dans une école maternelle.

Jeanyves GUÉRIN

Éd. : Gallimard, 1949 • *Théâtre, récits et nouvelles*, Gallimard, coll. « Bibl. de la Pléiade », 1962 • Gallimard, coll. « Folio Théâtre », 2008, éd. par Pierre-Louis Rey • *Œuvres complètes*, t. III, Gallimard, coll. « Bibl. de la Pléiade », 2008, éd. par Eugène Kouchkine

Trad. : en albanais, allemand, anglais, arabe, catalan, chinois, coréen, danois, espagnol, espéranto, finnois, galicien, gallois, grec, hébreu, hindi, hongrois, indonésien, italien, japonais, néerlandais, norvégien, persan, polonais, portugais, roumain, russe, serbo-croate, suédois, thaï, tchèque, turc et ukrainien

Crit. : Alain Béretta, *Les Justes*, Ellipses, 1999 • Raymond Gay-Crosier, *Les Envers d'un échec. Étude sur le théâtre d'Albert Camus*, Minard, 1967, p. 185-219 • Id., « Le jeu ou la tragique comédie des *Justes* », *Revue des Lettres modernes*, n° 419-424, 1975, p. 45-70 • Jeanyves Guérin, « Pour une lecture politique des *Justes* de Camus », dans Jean-Pierre Goldenstein et Michel Bernard (dir.), *Mesures et démesure dans les lettres françaises au XXe siècle*. Hommage à Henri Béhar, Honoré Champion, 2007, p. 97-110 • Maurice Weyembergh, *Albert Camus ou la mémoire des origines*, Bruxelles, De Boeck, 1998, p. 177-186

JUSTICE. – Peu de notions sont aussi contradictoires et polysémiques que celle de justice. Peu sont autant élevées à la hauteur d'un véritable mythe. À l'opposé, la justice en tant qu'institution est inlassablement dénoncée et combattue dans ses différents contextes historiques. Le même mot peut être absolutisé comme valeur et désigner la criminalité politique ou la violence justicière.

Camus, en tant que chroniqueur judiciaire, a suivi et médiatisé plusieurs procès. Il a contribué à faire innocenter Michel Hodent au terme d'une « campagne » qui l'a vu mettre en cause les « caprices » de l'institution et les mensonges d'un juge et en appeler à l'opinion publique. *Alger républicain* publie le jugement. Les juges expliquent que les éléments constitutifs de l'abus de confiance ne sont pas réunis. Derrière la sèche application de la loi, l'innocence triomphe. Mais ce n'est qu'avec l'appui d'une presse d'investigation indépendante animée par le courage du journaliste que les juges ont pu résister aux pressions. La vraie justice n'est ni dans la légalité ni dans les tribunaux. Le plus souvent, elle est espérée d'une rencontre entre une presse de conviction et des juges devenus, sous son regard, moins inattentifs à juger des hommes.

En 1944, dans *Combat*, Camus parle de la justice comme d'une « chaleur de l'âme » mais aussi d'une « terrible passion abstraite qui a mutilé tant d'hommes ». Plus tard, lorsqu'il écrit : « c'est la force infinie de la justice et elle seule qui doit nous aider à reconquérir l'Algérie et ses habitants », ou quand il déclare, à Stockholm, préférer sa mère à la justice, à l'évidence la tension est la même. L'idéal magnifié et l'institution pervertie sont les deux faces de la même monnaie. Le combat contre l'institution ne se dissocie pas de la croyance dans la valeur qu'elle bafoue. Camus pense la justice – « la hideuse et dérisoire justice » – contre elle-même pour la mettre à distance des manipulations et lui rappeler sa vocation.

D'un bout à l'autre de l'œuvre, la justice a un endroit et un envers selon que l'on se place du côté de l'analyse politique ou de la philosophie morale. Les écrits de Camus mettent en scène, en même temps que la quête d'une communauté juste, une révolte *contre* la justice. Et particulièrement contre la puissance d'oppression que la justice des hommes peut générer. Son expérience initiale est celle que, chroniqueur judiciaire, il fait à *Alger républicain*. Il y découvre les abus de pouvoir inhérents à un État colonial ; il analyse l'exploitation du peuple algérien et, sans cesser d'en appeler à son sens de la justice, l'appareil d'État placé au service des intérêts coloniaux. Sa révolte se concentre ensuite contre la peine de mort, figure même de l'inacceptable atteinte à l'homme. La controverse avec François Mauriac sur l'épuration est la pointe extrême de ce débat : il ne relève pas seulement d'une opposition entre justice et charité, mais de la quête d'une justice non violente seule susceptible de reconstruire une communauté pacifiée. Avec la publication de *L'Homme révolté*, on trouve l'aspiration à une juste révolte qui s'achève par la « pensée de midi » et l'appel à la mesure.

Camus rejette la confusion entre la vertu de justice et l'esprit justicier. Chez lui, à l'inverse de Saint-Just, aucune justice purificatrice n'est à l'horizon de sa révolte. Elle n'est pas le revers vengeur des injustices du monde, l'emblème des révolutions nécessaires. Comme institution historique, instrument de l'État criminel ou colonial, elle n'est qu'une figure du mal souvent associée à la peine de mort et au totalitarisme. Mais l'espoir d'une autre justice ne le quitte pas. Il espère toujours en une vertu morale qui doit guider l'action politique et bâtir une cité juste. Son idéal est grec : c'est celui de la mesure qu'il oppose aux injustices de l'histoire.

L'appel à la justice se fonde sur sa capacité à orienter la vie collective selon l'équité. Confondue avec le pouvoir, elle détruit et élimine. Sous le masque de Caligula, elle est ivresse barbare mais sous les traits apolliniens de Némésis, elle est lumière. Comme institution, la justice est captive des idéologies, mais comme utopie elle est aspiration à la mesure. D'un côté, la condamnation de la violence institutionnelle – le terrorisme justicier dans le cas de l'Algérie – ; de l'autre, l'aspiration à une plus grande égalité, à un juste rapport entre les hommes.

Denis SALAS

• *Voir aussi :* Épuration

Bibl. : Jeanyves Guérin, « Camus et la justice », *Slovak Review of World Literature Research*, numéro spécial, XVI, 2007, p. 28-37 • Mark Orme, « *L'Homme révolté*. Vers une justification éthique de la justice », *La Revue des Lettres modernes*, série Albert Camus, 16, 2001, p. 91-122 • Id., *The Development of Albert Camus's Concern for Social and Political Justice*, Madison, Fairleigh Dickinson University Press, 2007

K

KAFKA, Franz (1883-1924). – Camus semble avoir découvert Kafka très tôt : à Alger, peut-être dès 1934, avec *Le Procès*, traduit en français un an avant (par Alexandre Vialatte). À l'automne de 1938, rendant compte de *La Nausée* de Jean-Paul Sartre dans *Alger républicain*, il y relève une « parenté » peu mentionnée, selon lui, avec Kafka – sans laisser ignorer qu'il préfère ce dernier. Plus tard, à la sortie de *L'Étranger* (mai 1942), c'est à lui, Camus, que cette parenté sera parfois attribuée, comme une qualité ou un défaut – Sartre, devenu à son tour le critique de Camus, la jugera abusive. Peine perdue, probablement : de l'aumonier des prisons dans *L'Étranger* au tableau des Juges intègres, caché chez l'ancien avocat dans *La Chute*, les marques d'affinité avec le monde du *Procès* sont nombreuses chez l'écrivain algérois. Toutefois, le texte où il prend vraiment Kafka pour objet est le chapitre intitulé « L'Espoir et l'absurde dans l'œuvre de Kafka » qu'il lui consacre dans son premier long essai, *Le Mythe de Sisyphe*, paru en 1942.

À cette époque, Kafka est encore presque inconnu. Camus se réfère à trois textes, traduits par Vialatte et parus entre 1933 et 1938 chez Gallimard : une nouvelle, *La Métamorphose*, et deux romans, *Le Procès* et *Le Château*. Textes majeurs, certes, mais qui sont loin de donner une juste idée de l'ampleur de cette œuvre. De plus, dans son ouvrage, Camus postule, « entre l'expérience globale d'un artiste et l'œuvre qui la reflète », l'existence d'un rapport – et ce dernier lui est presque inaccessible dans le cas de l'écrivain praguois. Ainsi, Camus a passé quelques jours à Prague au cours de l'été 1936 : pourtant, ni dans ses notes de voyage du Cahier I de ses *Carnets* ni dans le second récit de *L'Envers et l'Endroit*, *La Mort dans l'âme*, tiré de ce bref séjour, il ne met cette ville en rapport avec celle où l'auteur du *Procès* est né et a vécu l'essentiel de sa vie. Quand il écrit *Le Mythe de Sisyphe*, il ne connaît pas le *Journal* de Kafka, dont seuls des extraits ont paru en France pendant la guerre (la traduction date de 1954), ni les souvenirs de Max Brod sur ce dernier, traduits en 1945. Et, à l'exception des *Lettres à Milena*, parues en français en 1956, c'est seulement après sa mort que la plus grande partie de la correspondance de Kafka sera traduite et qu'on saura en France combien le fait d'être juif a marqué sa vie, combien il imprègne ses romans et ses récits, même s'ils n'ont, de propos délibéré, rien d'extérieurement juif par les thèmes, les personnages ou l'ambiance, et combien il a orienté la réception de son œuvre en Allemagne, largement due à des intellectuels juifs – les amis de Kafka à Prague, et de premiers lecteurs enthousiastes comme Walter Benjamin et Gershom Scholem.

Dans la France occupée, le souci de la judéité de Kafka passe par une autre voie : la lutte contre un ennemi acharné à effacer ses traces. Depuis 1933, les nazis ont saisi et détruit des manuscrits de l'écrivain partout où ils l'ont pu (l'essentiel a été sauvé par Max Brod, son ami, son légataire et son éditeur, lorsqu'il a fui Prague en 1939 pour la Palestine), ils ont interdit ses livres et notamment la première édition des *Œuvres complètes* entreprise par Brod à Berlin en 1935. En outre, ils proscrivent les traductions dans les pays occupés, notamment en France. En 1942, Gaston Gallimard juge le chapitre sur Kafka impubliable en zone occupée. Le texte est donc retiré du *Mythe de Sisyphe* et ne lui sera rendu qu'après la guerre, mis en appendice, avec une note explicative. Il paraît en revanche en zone libre, dans le n° 7 (été 1943) de la revue lyonnaise *L'Arbalète* (1940-1948), dont l'éditeur, Marc Barbezat, s'intéressait beaucoup à Kafka : il a publié aussi des traductions inédites et un autre essai, dû à Jean Wahl.

Ce qu'on a appelé la « naturalisation française » de l'écrivain praguois à cette époque prend, chez Camus, une forme particulière, aux conséquences durables : pour lui, les textes de Kafka procèdent d'une œuvre de pensée tout autant que d'une œuvre littéraire. Il l'a écrit en 1938 : « un roman n'est jamais qu'une philosophie mise en images ». On le voit aussi quand, préparant *Le Mythe de Sisyphe*, il note dans ses *Carnets* une phrase de Kafka à l'appui d'une pensée de Kierkegaard sur l'espérance (Cahier IV), ou quand il s'intéresse à l'attitude du jeune Tchèque devant la mort. Dans l'ouvrage de Camus, ce qui définit l'œuvre absurde, c'est que la pensée y est au travail « sous sa forme la plus lucide » en même temps qu'elle renonce volontairement à raisonner et à organiser l'expérience (en suggérant par exemple des remèdes ou des issues à la situation évoquée) ; ainsi laisse-t-elle place au « triomphe du charnel ». Tel est le cas dans les deux romans de Kafka, récits d'« aventures inquiétantes qui enlèvent des personnages tremblants et entêtés à la poursuite de problèmes qu'ils ne formulent jamais », à travers une forme déconcertante, qui oblige le lecteur à « relire » ; on voit s'y nouer de façon inextricable le tragique et le logique, la vie quotidienne et « l'inquiétude surnaturelle » (et, comme l'écrit Camus en 1943 dans sa lettre à Francis Ponge, le naturel et le fantastique). Kafka forme donc à bon droit, avec Melville et Dostoïevski, le trio étranger des « romanciers philosophes » favoris de Camus.

Toutefois, à y regarder de près, ce n'est vrai que du *Procès* : là, « la réussite est totale. La chair triomphe ». Avec le dernier roman, autre chose s'amorce. Qu'on y voie l'effet d'une évolution – « *Le Procès* diagnostique et *Le Château* imagine un traitement » – ou un fait de structure (le héros de chaque roman personnifiant un des pôles opposés de ce qui intéresse l'écrivain), le résultat est le même : malgré tous ses échecs, l'arpenteur K. ne renonce jamais à espérer dans le château. Et c'est ce simple espoir, à la fois « émouvant et illégitime », qui suffit à écarter le roman de l'étroite ligne de crête, presque invisible, où *Le Procès* parvient, lui, à se tenir : « L'œuvre qui n'était qu'une répétition sans portée d'une condition stérile, une exaltation clairvoyante du périssable, devient ici un berceau d'illusions. » Par cette tension, par cette contradiction, Kafka gagne du reste bien plus de lecteurs que s'il en était resté au *Procès* : « une œuvre vraiment absurde n'est pas universelle ». De plus, en montrant que l'absurde est sans cesse menacé, paradoxalement, de se métamorphoser en une « espérance démesurée », Kafka suit une voie analogue à celle de Kierkegaard ou de Léon Chestov : « ils embrassent le Dieu qui les dévore ».

L'intérêt de Camus pour l'auteur tchèque ne faiblira pas : dans *L'Homme révolté*, il figure toujours parmi les auteurs de ces « grandes œuvres » qui semblent altérer définitivement l'esprit de ceux qui les ont conçues : « Après *Moby Dick*, *Le Procès*, *Zarathoustra*, *Les Possédés*, qu'imaginer ? » ; toutefois Kafka est beaucoup moins invoqué ici que dans *Le Mythe de Sisyphe* et l'équilibre ménagé en 1942 entre Dostoïevski et lui est nettement rompu, neuf ans plus tard, au profit de l'auteur russe (mais aussi de Tolstoï, de Nietzsche, de Marx et de Stirner). En fait, pour Camus, Kafka se prête mieux à faire entrevoir la dimension absurde de l'existence humaine qu'à analyser les formes politiques et morales de soumission ou de révolte. *Le Mythe de Sisyphe* faisait place en note à la possibilité d'interpréter l'écrivain praguois « dans le sens d'une critique sociale » : Camus la juge acceptable, mais, visiblement, elle ne l'attire pas. Plus tard, il ne s'intéresse pas non plus à l'évocation des formes de pouvoir chez Kafka, même s'il note dans ses *Carnets* l'« attirance ressentie par certains esprits pour la justice et son fonctionnement absurde » et l'illustre par les noms de « Gide, Dostoïevski, Balzac, Kafka, Malraux, Melville, etc. » (Cahier IV, 1942) – oubliant pour une fois l'auteur de *Résurrection*, Tolstoï, l'un des écrivains qu'il cite par ailleurs le plus. Dans *L'Homme révolté*, il ne songe pas à lire chez Kafka le diagnostic d'une situation politique déterminée, réelle ou virtuelle, comme Tucholsky, Benjamin, Brecht avant la guerre ou comme Hannah Arendt – qu'il a rencontrée à Paris – le fait alors.

Les réserves envers Kafka et son influence sur les auteurs contemporains s'accentuent ensuite : dans le Cahier VII de ses *Carnets*, en 1953, Camus recopie un jugement négatif émis par Tolstoï (« ici la subjectivité est pleine de souffrance sans qu'on y sente la vie ») et suggère de l'appliquer à Rilke, à Kafka et à d'autres. Dans la préface aux œuvres de Melville en 1952 et, plus encore dans l'étude sur Roger Martin du Gard en 1955, il juge en outre que, chez Kafka, « le visionnaire l'emporte sur l'artiste ». Et le souhait, conçu par Jean-Louis Barrault, de voir Camus adapter *Le Château* pour le théâtre n'a jamais été suivi d'effet ; là encore, c'est Dostoïevski qui a été préféré. Il reste que Camus est l'un des premiers en France, avec Vialatte, Groethuysen, Gide et Breton, à avoir mesuré son importance et qu'il l'a fait – comme d'autres : Jean Wahl, Claude-Edmonde Magny, Jean Carrive, Jean Ballard, Hélène Zylberberg, Pierre Klossowski – à un moment où le traduire et le commenter était, de propos délibéré ou non, un acte de résistance intellectuelle à l'oppression nazie.

Jean-Pierre MOREL

KALIAYEV, Ivan. – Camus n'a jamais dissimulé le « respect » et l'« admiration » qu'il portait aux personnages de sa pièce, *Les Justes*. Un article de *La Table ronde* (« les meurtriers délicats ») intégré dans *L'Homme révolté* rend hommage à Ivan Kaliayev (1877-1905) et à ses camarades. Le premier a tous les traits du héros, on est tenté de dire du héros romantique. Ses camarades l'appellent affectueusement Yanek. Il est jeune, romanesque, amoureux de la vie. La révolution, pour lui, est un jeu sérieux. Il énonce des valeurs positives : le bonheur, l'amour, la beauté, l'honneur. Il a « la foi » dit de lui Dora.

Kaliayev est poète. Il a sacrifié sa carrière littéraire à la cause de la révolution. Il a également sacrifié sa vie amoureuse. « J'ai besoin d'être aimé de vous tous. J'ai tout quitté pour l'Organisation », déclare-t-il au premier acte. Camus lui accorde un ultime entretien avec Dora au troisième. Les deux personnages s'avouent leur amour réciproque. Cet amour est « impossible ». Il est condamné à ne pas se concrétiser. Les deux amants se rejoindront dans la mort.

Si un tel homme a accepté de commettre un attentat, c'est pour hâter l'avènement d'une société juste. Sa motivation est altruiste : « Nous tuons, déclare-t-il, pour bâtir un monde où plus jamais personne ne tuera ! Nous acceptons d'être criminels pour que la terre se couvre enfin d'innocents. » La citation appelle deux remarques. D'une part le « je » ici s'immerge dans un « nous ». D'autre part le personnage n'a pas de doute sur la légitimité de son acte. Il a néanmoins conscience d'être un criminel. Tout crime, fût-il justifié par des valeurs positives, appelle un châtiment. « Une vie est payée par une autre vie », note Camus dans ses *Carnets*. La même formule revient dans le passage de *L'Homme révolté* consacré aux meurtriers délicats.

« Je tue le despotisme », avait dit Kaliayev à Dora. L'événement toutefois ne se passe pas comme cela était prévu. Parce que son neveu et sa nièce sont dans sa calèche, il ne jette pas la bombe destinée à tuer le grand-duc. Leur seule vue, la compassion que les enfants éveillent arrête, inhibe instantanément le bras de Kaliayev. Il juge démesuré, insoutenable le dommage collatéral que serait leur mort. Il s'impose une limite. Ce sursaut a été l'effet d'un instinct éthique. Il y a là le signe qu'il est resté humain, qu'il n'est pas une machine à tuer. Un militant, pour Camus, a le droit et même le devoir d'avoir des scrupules de conscience. Il lui faut se justifier devant ses camarades. Stepan l'accuse d'avoir contrevenu à un ordre. Dora, qui l'aime et qu'il aime, et Annenkov, son supérieur, lui donnent raison. Le jour suivant, une nouvelle occasion se présente. Il assassine le dignitaire du régime détesté.

Au quatrième acte, Kaliayev est en prison. Il sait qu'il va être pendu prochainement. Trois interlocuteurs se présentent à lui. Son futur bourreau est un homme du peuple qui ne comprend pas son geste. La grande-duchesse s'offre à demander sa grâce en échange de son repentir. Elle aimait son mari et le deuil rend pathétique cette femme pieuse. Le policier Skouratov, qui le manipule, entend qu'il désavoue ses camarades. Kaliayev résiste à ces épreuves. Il a la mort exemplaire d'un héros cornélien. Il la met lui-même en scène et le récit édifiant qu'en donne Stepan en fait une sorte de Passion laïque. Le croyant a choisi de mourir sans les secours de la religion.

Camus a prêté ses conceptions de l'action révoltée à Kaliayev au point d'en faire son porte-parole. Il lui fait dire ainsi : « j'aime ceux qui vivent aujourd'hui sur la même terre que moi

[...]. Et pour une cité lointaine, dont je ne suis pas sûr, je n'irai pas frapper le visage de mes frères » ; « il n'y a pas de bonheur dans la haine ». Le militant moraliste consent à être un justicier, pas un assassin. Jeanyves GUÉRIN

KIERKEGAARD, Søren (1813-1855). – Le nom de Kierkegaard apparaît dans les *Carnets* à six reprises, puis dans *Le Mythe de Sisyphe* et *L'Homme révolté*. Dans les premiers, il s'agit de rares et courtes allusions, parfois énigmatiques, concernant pour l'essentiel des notes de lecture ou des remarques. Dans le deuxième, figure un commentaire suivi de quelques pages sur la pensée de Kierkegaard. Le nom du penseur danois apparaît enfin à deux reprises dans *L'Homme révolté*.

Dans le Cahier II de ses *Carnets*, à la date du 23 septembre 1937, Camus renvoie aux *Riens philosophiques* dont il note un extrait sur le mot « passion » et son aspect de souffrance (l'ouvrage avait paru la même année dans une traduction de Knud Ferlov et Jean-Jacques Gateau chez Gallimard). Vers novembre 1942, dans le Cahier IV, une note concernant l'esthétique, l'éthique et le religieux : les expressions « Valeur esthétique du mariage » et « formation de la personnalité » renvoient à *Ou bien... ou bien* (L'ouvrage avait été traduit par Paul-Henri Tisseau en 1940 sous le titre *L'Alternative*). À propos des réflexions sur le mariage, Camus note : « Des vues définitives mais trop de verbiage. » Il écrit aussi vers janvier 1943 : « La Pureté du cœur de Kierkegaard – Que de verbiage. Le génie est-il donc si lent ! »

Le commentaire du *Mythe de Sisyphe* – il va de pair avec des remarques sur Léon Chestov dont le livre *Kierkegaard et la philosophie existentielle* avait été traduit et publié chez Vrin en 1938 – analyse la critique de la raison à laquelle Kierkegaard se livre : il s'agit de montrer son incapacité à résoudre les questions essentielles. Cette insuffisance radicale prépare à l'abandon du stade éthique et au saut dans la foi. Camus y voit une forme du suicide philosophique, le saut dans l'irrationnel : s'il rejette le rationalisme impénitent, il considère que la raison, à condition de ne pas l'absolutiser, rend des services notoires. Il est évident que l'agnosticisme de l'écrivain s'oppose au saut dans les paradoxes du stade religieux.

Hegel, selon Camus, a « rationalisé jusqu'à l'irrationnel », et l'écrivain reprend à Kierkegaard – pour qui Hegel est l'adversaire par excellence, le point culminant de la philosophie spéculative – trois arguments : les deux premiers figurent dans *L'Homme révolté*, le troisième dans le Cahier VIII des *Carnets*. La psychologie de la dialectique maître-esclave serait peu convaincante, ce que Kierkegaard a pu montrer ; Hegel a voulu « fonder la divinité sur l'histoire », ce qui est paradoxal puisque cela revient à fonder « une valeur absolue sur une connaissance approximative ». Enfin, Camus note : « Kierkegaard brandissait devant Hegel une terrible menace : lui envoyer un jeune homme qui lui demanderait des conseils » (*Carnets* III). Il s'agit vraisemblablement d'une allusion à un texte du *Post-scriptum définitif et non scientifique aux* Miettes philosophiques dans lequel Kierkegaard montre que si un système logique est possible, un système existentiel ne l'est pas.

Maurice WEYEMBERGH

Bibl. : Anne-Marie Pieper, « Das Absurde und der Sprung. Camus contra Kierkegaard », dans Sabine Dramm *et al.* (dir.), *Albert Camus und die Christen : eine Provokation*, Francfort, Haag und Herchen, 2002, p. 62-76 • Martin Rodan, « *Le Mythe de Sisyphe* et Kierkegaard », *Études camusiennes*, n° 8, 2008, p. 110-129

KOESTLER, Arthur (1905-1983). – La première vie d'Arthur Koestler ressemble à celle de Tarrou ou d'un personnage de Malraux. Il est né à Budapest d'un père hongrois et d'une mère autrichienne. Ses études achevées, l'étudiant de Vienne s'installe en Palestine où il mène la vie rude d'un pionnier sioniste. Retourné en Europe, il devient journaliste et entre au parti communiste en 1932. Il devient un homme de la IIIe Internationale. Il couvre la guerre d'Espagne du côté républicain et, fait prisonnier par les franquistes, attend de longs mois d'être fusillé. Quand les Britanniques l'arrachent au peloton d'exécution, il a eu le temps d'assister à la liquidation des trotskistes par les agents de Staline. Il est devenu évident pour lui que deux totalitarismes se font face. Il les renvoie dos à dos et brûle ses vaisseaux. En France, il est interné au camp du Vernet en 1939 puis, une fois relâché, s'engage dans la Légion étrangère et réussit à gagner Londres pour continuer le combat au sein de l'armée britannique. Un premier roman, *Le Zéro et l'Infini*, qui évoque les procès soviétiques, lui vaut une immense notoriété internationale et en fait la bête noire des communistes.

Koestler arrive à Paris comme écrivain anglais à l'automne 1946. L'homme est expansif, bavard, bouillonnant. Son irruption à Saint-Germain-des-Prés ne passe pas inaperçue. Camus et lui se rencontrent et sympathisent immédiatement. Il s'agit plus, selon le premier, de « connivence » que d'amitié. Qu'ils aient tous deux milité au parti communiste et en soient sortis au même moment les rapproche. L'un vient d'écrire *Ni victimes ni bourreaux*, l'autre *Le Yogi et le Commissaire*. Le premier juge le témoignage du second fiable, car fondé sur une expérience solide. Koestler, de fait, a une connaissance incomparable du totalitarisme soviétique ; Camus, quant à lui, n'en a perçu que des manœuvres de politique politicienne. Leur refus raisonné du communisme stalinien les éloigne des existentialistes, de Maurice Merleau-Ponty et du couple Jean-Paul Sartre-Simone de Beauvoir. Il leur vaut de vives attaques de la part des communistes. En affirmant la nature totalitaire du régime soviétique, Koestler a catalysé les désaccords idéologiques des intellectuels. Les *Carnets* de Camus en portent témoignage.

À la fin des années 1940, Koestler a produit l'essentiel de son œuvre. Il participe activement au premier Congrès pour la liberté de la culture, mais se met ensuite en retrait. Le militant semble avoir perdu ses dernières illusions politiques. Devenu un essayiste touche-à-tout et prolifique, il cherche aussi son second souffle. En 1957, Camus et lui réunissent deux essais sous le titre de *Réflexion sur la peine capitale*. Cette convergence est sans lendemain.

Si *Le Zéro et l'Infini* et *Le Yogi et le Commissaire* ont de toute évidence nourri son analyse du communisme soviétique, Camus ne fait pas référence à ces livres dans *L'Homme révolté*. Koestler, de son côté, fait peu de place à son cadet dans ses écrits autobiographiques. Il apprécie peu le penseur et juge son humanisme passablement « confus ». Il lui reproche d'ignorer la science de son temps. Dans *L'Étranger du square*, il le compare à un « jeune Apollon » et Sartre à une « gargouille ». Il préfère « le beau garçon d'Oran » [*sic*] à « l'affreux professeur de lycée ». Il n'écrit rien à la mort de Camus.

Jeanyves GUÉRIN

Bibl. : Arthur Koestler, *Écrits autobiographiques*, Robert Laffont, coll. « Bouquins », 1992 • Michel Laval, *L'Homme sans concessions. Arthur Koestler et son siècle*, Calmann-Lévy, 2005

L

LAÏCITÉ. – La formation du boursier Camus s'est effectuée à l'école publique. Louis Germain, l'instituteur qui a eu tant d'influence sur ses premières années, était un authentique hussard noir de la République : sa lettre de 1957 qui figure en annexe du *Premier Homme* témoigne de ses solides convictions laïques. L'écrivain s'est peu exprimé sur ce sujet qui, pour lui, allait de soi. À cela, il est une raison : il a vu la thématique laïque exploitée à Alger comme à Paris par des politiciens radicaux-socialistes qui en faisaient l'alibi de leur conservatisme social.

Un article de *Combat* fait exception, qui débute ainsi : « Il est très fâcheux et un peu ridicule d'être obligé, aujourd'hui, de se prononcer sur le problème de la laïcité. » Il date du 27 mars 1945. Le ministre de l'Éducation nationale du gouvernement provisoire, René Capitant, venait de proposer et de retirer, sous la pression des démocrates-chrétiens, un projet qui visait à supprimer les subventions généreusement attribuées par le régime de Vichy aux écoles catholiques. Camus affirme que comme beaucoup de Français, il tient la laïcité pour « la garantie la plus certaine de la liberté des consciences ». L'école laïque, affirme-t-il, est le lieu où reste possible le nécessaire « dialogue entre chrétiens et incroyants ». L'école confessionnelle ne l'est pas. Il est en effet plus facile à un catholique d'enseigner dans le réseau public qu'à un incroyant de le faire dans une école confessionnelle. C'est pourquoi l'enseignement doit être le fait de l'État. En tout cas, celui-ci ne devrait financer que des écoles n'enseignant aucune vérité religieuse – « l'État ne peut enseigner ou aider à enseigner que des vérités reconnues de tous ». Les lois scolaires ont instauré une paix religieuse dont l'éditorialiste souhaite qu'elle ne soit pas remise en cause. Chemin faisant, il suggère que l'intérêt des catholiques est de ne pas faire enseignement à part et que l'école confessionnelle conforte les penchants réactionnaires de l'Église. Ce texte a vieilli. L'évolution des mentalités et l'événement ne sont pas allés dans le sens que souhaitait Camus.

C'est en tant qu'incroyant que Camus avait affronté François Mauriac à propos de l'épuration. Par la suite, il s'est gardé de prendre part aux controverses qui ont opposé ce dernier et Pierre Hervé en 1945-1946. Que la question laïque soit portée par le vieux parti radical et le parti communiste pourrait expliquer son refus de s'engager ouvertement. *Combat*, de même, ne se joint pas aux campagnes anticléricales de *Franc-Tireur*. Il est, y estime-t-on, d'autres priorités. Camus lui-même est un esprit laïque, mais pas laïcard. Il rejette certains articles du dogme chrétien, et d'abord l'idée de péché originel. Il condamne les errements temporels de l'Église, mais avec moins de virulence que Georges Bernanos. Parce qu'il a eu des compagnons chrétiens dans la Résistance, il refuse de considérer l'Église comme un bloc hostile. Tous les sectarismes le révulsent. Tarrou et Rieux, dans *La Peste*, appellent le père Paneloux à les rejoindre dans les formations sanitaires.

La culture laïque de l'écrivain explique largement sa méconnaissance voire sa peur de l'islam qu'il partage avec l'immense majorité des Français d'Algérie comme avec la gauche de son temps. Il est aussi à remarquer que son œuvre a été reçue avec sympathie dans les organisations les plus attachées à l'idée laïque, la SFIO, Force ouvrière et la Fédération de l'Éducation nationale.

Jeanyves GUÉRIN

Bibl. : Pierre-Louis Rey, « Un malentendu : la sainteté laïque de Camus », *Vives Lettres*, n° 7, 1er semestre 1999, p. 91-105

LANGAGE. – Élément dont la fonction est essentielle à l'expression de la pensée et à la communication avec l'autre, le langage peut être fait de signes. D'une façon générale, toutefois, il est fait de mots que l'on utilise aussi pour écrire. Le texte de Camus dans lequel le mot « langage » a la plus grande fréquence relative par rapport à l'ensemble des mots qui le composent est *Le Malentendu*. C'est dire le problème qu'il pose à la fois à l'écrivain et au philosophe. Si le devoir de l'écrivain est de chercher toujours le mot juste, les mots eux-mêmes posent la question de leur vérité, du moins depuis les dialogues de Platon : *Protagoras*, *Gorgias* et *Cratyle*. Dans son article intitulé « Sur une philosophie de l'expression », Camus analyse longuement le problème et la réponse qu'apporte Brice Parain dans ses *Recherches sur la nature et les fonctions du langage* (Gallimard, 1943) : « Il s'agit [...] de savoir si notre langage n'est pas mensonge au moment même où nous croyons dire vrai, si les mots ont une chair ou s'ils ne sont que des coques vides, s'ils recouvrent une réalité plus profonde ou s'ils ne sont que poursuite du vent. » Et, question de métaphysique que Parain porte au plan de l'ontologie, « il s'agit de savoir si nos mots les plus justes et nos cris les plus réussis ne sont pas privés de sens, si le langage n'exprime pas, pour finir, la solitude définitive de l'homme dans un monde muet. [...] Cela revient, pour tout dire, à chercher quel est l'être du langage et à demander aux mots les mêmes raisons que nous demandons à Dieu ».

L'enjeu est de taille, car si le langage est « privé de sens » le monde devient absurde. La réponse à la question est donc d'une grande importance pour Camus qui dénonce les dialecticiens contemporains qui lui substituent l'étude des règles de l'expression : « la petite sagesse du pragmatisme » au lieu de « l'effort de la connaissance ». À la suite de Parain, il reprend de manière critique les réponses apportées par Platon, Aristote, Pascal, Descartes et Leibniz et surtout le compromis proposé par Hegel d'une vérité en devenir dans le cours de l'Histoire : « Tous les mots sont ainsi dans une aventure incessante vers une signification universelle. Là aussi le langage est l'être, mais c'est parce que l'être est toutes choses. » Et résumant les objections de Parain, Camus conclut avec lui que la réponse de Hegel n'est pas satisfaisante. S'il ne le suit pas dans son choix entre l'absurde et le miracle qui finit par conduire à une théorie du silence, il reconnaît cependant à Parain le mérite de montrer que « les mots ont juste assez de sens pour nous refuser cette ultime certitude que tout est néant. Notre langage n'est ni faux ni vrai. Il est à la fois utile et nuisible, nécessaire et futile.[...] Il ne donne pas l'être mais il le laisse soupçonner ».

En définitive, même si la question sur la vérité du langage ne peut trouver aucune réponse certaine, l'important est de l'avoir toujours présente à l'esprit pour chercher le mot juste. Et c'est précisément parce que « nos paroles nous engagent » que le héros de *La Chute*, grand praticien du « beau langage », abandonne soudain sa tribune pour n'avoir pas eu le courage de plonger dans l'eau noire de la Seine pour répondre à l'appel d'une désespérée. Ainsi s'en vont Jean-Baptiste Clamence criant dans le désert en multipliant « écarts » et « provocations de langage » ou les muets – ermite ou renégat – qui se sont condamnés au silence. Si « mal nommer un objet c'est ajouter aux malheurs de ce monde », il revient à l'artiste de la Révolte, au romancier et au journaliste, à l'historien et au philosophe de chercher toujours le mot juste. Ce mot juste que le héros du *Malentendu* n'avait pas su trouver et qui l'a payé de sa vie.

Éveline CADUC

LAUTRÉAMONT, Isidore Lucien Ducasse, dit comte de (1846-1870). – Dans la première partie de *L'Homme révolté*, au chapitre de « La Poésie révoltée », Camus porte sur Lautréamont un regard démystificateur. Après avoir dessiné la trajectoire de la révolte, il le situe au point de jonction de l'irrationnel et de la raison, point intenable où l'outrance de la révolte adolescente se retourne en son contraire : l'anéantissement dans le retour à la morale commune, les deux postures participant au fond d'un même conformisme. Le titre choisi en octobre 1951 pour la prépublication dans les *Cahiers du Sud*, « Lautréamont ou la banalité » (le manuscrit Char porte « Lucifer ou la banalité »), constitue en soi une déclaration de guerre au surréalisme, comme le confirme l'ouverture du chapitre suivant sur l'autre grande figure du diptyque : Rimbaud.

L'article des *Cahiers du Sud* donne lieu dans *Arts*, le 12 octobre 1951, à une première mise au point de Breton, sous le titre « Sucre jaune ». Repris en 1953 dans *La Clé des champs*, avec en épigraphe la citation de Lautréamont qui élucide le titre, cet article répertorie les inexactitudes et les erreurs d'une lecture qu'il juge mal informée et tendancieuse. Dans la réponse qu'il adresse à *Arts* le 19 octobre 1951, Camus évite de s'engager sur le fond, et reprend plutôt Breton sur sa posture professorale, dont il conteste la légitimité. Le débat rebondit à la sortie du livre. Dans un dialogue avec Aimé Patri publié le 16 novembre juste après la parution de *L'Homme révolté*, Breton revient sur le traitement infligé à Lautréamont, accusant Camus de lire littéralement chaque passage sans entendre comme telles les figures, hyperboles, antiphrases, ni faire sa part à l'humour.

La lecture critique de Camus s'appuie sur les récents exégètes, opérant parmi eux un choix cohérent dicté par la thèse. Camus écarte donc les découvreurs et les thuriféraires, s'appuyant sans les mentionner sur les analyses de Paul Eluard (*Donner à voir*, 1939), de Roger Caillois et de Léon-Pierre Quint (« Le Comte de Lautréamont et Dieu », *Cahiers du Sud*, 1930). Il élude par une note l'important essai de Maurice Blanchot (*Lautréamont et Sade*, 1949) ; quant à l'étude de Bachelard sur les animaux amphibies des *Chants*, il la ramène, sans la citer, à sa propre visée démonstrative : « ce bestiaire ne peut pas cacher tous les sens qu'on a voulu y trouver, mais il révèle au moins une volonté d'anéantissement qui prend sa source au plus noir de la révolte ». Rejoignant la critique institutionnelle, Camus sans doute ne fait pas de Lautréamont un « dissident bien authentique de la raison, un fou » (Thibaudet, *Histoire de la littérature française*), mais évoque « un attentat convulsé contre les lois de la nature » qui « [trouve] dans la démence et la subversion un principe de construction ».

Camus décèle en Maldoror une figure du Maudit, héritage du rebelle hugolien qui affronte un dieu déchu, dans une rage blasphématoire enfantine. Le « refus de la conscience rationnelle » et la « fureur de négation » aboutiraient dans les *Poésies* par un retour de balancier familier aux révoltés à un retour vers la raison ; « aux Chants qui exaltaient le *non* absolu succède une théorie du *oui* absolu, à la révolte sans merci le conformisme sans nuances ». Or ce passage d'un extrême à l'autre ne peut suffire à clarifier l'articulation des *Poésies* aux *Chants*. Camus n'envisage pas la dimension critique des *Poésies* que rendrait seule perceptible l'étude précise des mécanismes de la réécriture des moralistes – Vauvenargues, Pascal, La Rochefoucauld. Il ne distingue pas non plus la surenchère ironique des *Chants de Maldoror*, de la révolte métaphysique du personnage, ni l'auteur, Ducasse, de Lautréamont, figure construite de l'écrivain romantique accouchant de créatures hyperboliques. Breton, dans son *Anthologie de l'humour noir*, notait le « jeu dialectique » entre les deux textes. Pour Camus, l'extrême révolte a simplement engendré « le goût de l'asservissement intellectuel » dans la morale conformiste des *Poésies*.

Marie-Paule BERRANGER

• *Voir aussi :* Surréalisme

Bibl. : André Breton, *Œuvres complètes*, t. III, Gallimard, coll. « Bibl. de la Pléiade », 1999, éd. par Étienne-Alain Hubert

LAZARÉVITCH, Nicolas Ivanovitch (1895-1975). – Personnage souvent qualifié de « dostoïevskien », Nicolas Ivanovitch Lazarévitch est né dans la banlieue de Liège. Il a exercé de nombreux métiers : électricien, ouvrier du bâtiment, correcteur. Fils de populistes russes, cet internationaliste convaincu quitte la Belgique – de peur d'être mobilisé –, gagne l'Allemagne, puis la Hollande, enfin part en Russie soviétique en 1919. Lors de son séjour, il participe aux activités des groupes anarchistes et syndicalistes et fonde à Yalta une communauté que fréquentent notamment Boris Souvarine et Pierre Pascal. Arrêté puis expulsé d'URSS en 1926, il publie la même année *Ce que j'ai vécu en Russie*. Il rejoint les rangs anarchistes tout en écrivant dans la *Révolution prolétarienne* et, proche de Pierre Monatte, participe aux activités de la revue jusque dans les années 1960.

Camus et Lazarévitch se rencontrent en 1946. Le second apporte au premier sa connaissance de la révolution russe et de l'Union soviétique. Deux ans après, les deux hommes fondent les Groupes de liaison internationale (GLI) ; ils publient un manifeste et quatre numéros d'un bulletin. Leur passion commune pour le populisme russe et leur combat contre le totalitarisme soudent l'amitié entre ces hommes. Dans ses lettres, Lazarévitch témoigne de son admiration pour *Les Justes*, pièce qui pose la question de la morale dans la révolution. Camus quant à lui soutient les initiatives antitotalitaires de Lazarévitch qui édite le bulletin d'information *La Réalité russe*. Il publie en 1950 dans sa collection « Espoir » chez Gallimard *Tu peux tuer cet homme*, une anthologie du nihilisme russe recueillie par son ami. Par la suite, les deux hommes participent ensemble à des réunions publiques pour protester contre les répressions à Berlin-Est en 1953 et en Hongrie en 1956. Enfin, en 1957, Lazarévitch invite Camus à participer une réunion informelle avec le syndicat des correcteurs dont il est un membre actif. Une transcription de cette rencontre paraît dans l'ouvrage *À Albert Camus, ses amis du livre* (Gallimard, 1961).

Lazarévitch a écrit avec sa compagne Ida Mett plusieurs ouvrages consacrés à l'Union soviétique qui ont paru dans la collection antitotalitaire « Les Îles d'or », notamment *L'École soviétique, enseignements primaire et secondaire*, en 1954. Sylvain Boulouque

Bibl. : « Le dossier Nicolas Lazarévitch », *Communisme*, n° 61, 1er trimestre 2000, p. 67-118

LECTURE. – Issu d'un milieu socialement et culturellement défavorisé, Camus enfant a fait en dehors du huis clos familial la découverte des plaisirs de la lecture. Dans cet apprentissage, l'école a joué un rôle primordial : certaines pages de son roman inachevé, *Le Premier Homme*, sont la transposition littéraire de cette expérience initiale. Les récits, tirés des manuels en usage dans la métropole, sont pour le jeune héros « l'exotisme même » ; on lit qu'ils « faisaient partie pour lui de la puissante poésie de l'école ». Une lecture l'a particulièrement ému, celle que faisait l'instituteur, à la fin de chaque trimestre, de « longs extraits des *Croix de bois* de Dorgelès ». Parvenu à la fin du livre, et parce qu'il vit alors le jeune Camus « le visage couvert de larmes, secoué de sanglots interminables », le maître lui fera cadeau du livre. En plus des manuels et des livres proposés par l'école, le jeune Camus satisfait son besoin de découvertes grâce aux ouvrages de la bibliothèque municipale où sa grand-mère l'a inscrit. C'est ainsi qu'il dévore les classiques, tels Alexandre Dumas et Jules Verne.

La formation intellectuelle de Camus s'est poursuivie selon la voie de la transmission, celle qui se fait de maître à disciple. Mais un membre de la famille, l'oncle Acault, chez qui il a séjourné étant lycéen, a joué également, de façon inattendue, un rôle dans cette formation. Camus a évoqué cette période de son existence dans un texte intitulé *Rencontres avec André Gide*, en novembre 1951 : « Un oncle, qui avait pris en charge une partie de mon éducation, me donnait parfois des livres. Boucher de son état, et bien achalandé, il n'avait de vraie passion que pour la lecture et les idées. » Dans le même texte, il parle de sa rencontre décisive avec Jean Grenier. Celui-ci lui fit découvrir le roman d'André de Richaud, *La Douleur*, dont la lecture constitua une révélation : « Je venais d'apprendre que les livres ne versaient pas seulement l'oubli et la distraction. » Camus est mûr désormais pour découvrir *Les Nourritures terrestres*, après une première rencontre manquée. Il évoque avec une grande émotion cette période marquée par une avidité de lectures toujours renouvelée : « Après tant d'années, je garde encore au cœur l'émerveillement de cet apprentissage. » Et d'ajouter : « Gide a régné ensuite sur ma jeunesse et, ceux qu'une fois au moins on a admirés, comment ne pas leur être toujours reconnaissant de vous avoir hissé jusqu'à ce plus haut point de l'âme ! »

Dans *La Chute*, nous découvrons l'antithèse du jeune Camus, passionné de lecture et toujours en quête de découvertes. Clamence reçoit son interlocuteur dans une pièce vide, sans livres, confessant : « j'ai cessé de lire depuis longtemps ». Enfermé dans son solipsisme, il n'a nul besoin des livres, qui sont une ouverture sur l'autre et sur le monde. Avec ce personnage, Camus fait en quelque sorte le portrait de l'antilecteur, image inversée du héros du *Premier Homme*. Jacques LE MARINEL

Bibl. : Guillemette Tison, « La culture de l'enfant dans *Le Premier Homme* », *Roman 20-50*, n° 27, juin 1999, p. 39-52

LEMARCHAND, Jacques (1908-1974). – Au début des années noires, Jean Paulhan avait compté sur un jeune romancier, Jacques Lemarchand, pour faire contrepoids à Drieu La Rochelle aux éditions Gallimard. Il l'avait fait entrer au comité de lecture. Sa position ne cessa dès lors de se renforcer. Quand Camus, à son tour, devient lecteur salarié en 1943, les deux hommes partagent quelque temps le même bureau. Ils s'entendent bien, partageant une même passion du théâtre. Lemarchand participe à l'aventure de *Combat*, où nombreux sont les écrivains et futurs écrivains du réseau Gallimard. Chargé par Camus et Pascal Pia de la rubrique théâtrale, il devient rapidement l'un des critiques les plus respectés de son temps. Il reste au journal après 1947, mais trois ans plus tard, entre au *Figaro littéraire* auquel il restera fidèle jusqu'à sa mort. De 1954 à 1958, il est en outre chargé d'une chronique dramatique à *La Nouvelle NRF*. Cet énigmatique homme d'influence n'a pas cherché à réunir ses critiques que Camus, selon Jean Daniel, jugeait comme « des modèles du genre », et a interdit qu'on publie le Journal qu'il a tenu pendant de longues années. Ses archives ont été recueillies à l'IMEC. Chez Gallimard, Lemarchand suit les manuscrits dramatiques. Cet esprit indépendant a contribué à faire publier les auteurs du Nouveau Théâtre que soutenait le critique. Il ouvre la collection « Le Manteau d'Arlequin » dont il est le directeur à Jacques Audiberti, Eugène Ionesco, Roland Dubillard, Georges Schéhadé. C'est dans cette collection que Camus publie ses adaptations de *Requiem pour une nonne* et des *Possédés*.

Lemarchand affiche clairement ses préférences. Comme Camus, il se situe dans la postérité du Cartel (fondé en 1927 par quatre metteurs en scène et directeurs de théâtre parisiens, Louis Jouvet, Charles Dullin, Gaston Baty et Georges Pitoëff, qui souhaitaient notamment rompre avec le théâtre de boulevard). Ses articles le posent comme un contempteur du divertissement boulevardier qu'il tient pour « foutaises » – « Ou bien l'on est courriériste mondain, ou bien l'on est critique dramatique », écrit-il un jour – et comme un défenseur convaincu du théâtre d'art. Ses préférences vont donc au Cartel et particulièrement à Charles Dullin. Dans les années 1950, il est amené à soutenir résolument les entreprises de Jean Vilar et de Jean-Louis Barrault et à se montrer réticent à l'écart du brechtisme. Il a été le premier à affronter les doctrinaires de la revue *Théâtre populaire*. L'on ne s'étonnera pas qu'il ait été, année après année, l'un des avocats les plus éclairés du théâtre de Camus. Il a ainsi commenté *Caligula* dans *L'Arche*, *L'État de siège* et *Les Justes* dans *Combat*, les adaptations de *La Dévotion à la croix* et des *Esprits* dans *Preuves*, celles d'*Un cas intéressant*, du *Chevalier d'Olmedo*, des *Possédés* et des reprises de *Caligula*, du *Malentendu* et des *Justes* au *Figaro littéraire*, enfin *Requiem pour une nonne* à *La Nouvelle NRF*. À sa mort, il lui rend hommage dans *Le Figaro littéraire*. Jeanyves GUÉRIN

Bibl. : Jeanyves Guérin « Le théâtre dans *La Nouvelle Revue française* (1953-1968) », dans *La Nouvelle Revue française de Jean Paulhan*, Le Manuscrit, coll. « L'Esprit des lettres », 2006, p. 289-301

LÉNINE, Vladimir Ilitch Oulianov, dit (1890-1924). – Lénine est peu présent dans les écrits de Camus. Cependant quelques pages de *L'Homme révolté* et sa préface à *Moscou sous Lénine* d'Alfred Rosmer (Pierre Horay, 1953) se prêtent à l'analyse. Le fondateur du Parti-État soviétique bénéficie d'une certaine mansuétude de sa part. Quelques raisons expliquent facilement cette indulgence que l'on retrouve aussi chez Hannah Arendt, qui, dans le troisième volume de sa trilogie *Les Origines du totalitarisme*, *Le Système totalitaire*, impute l'incarnation du régime totalitaire à l'action et à la politique du seul Staline. Pour Camus Lénine « s'est heurté aux faits » ; « le rêveur du Kremlin » est seulement un des maillons de la chaîne qui conduit de Marx à Staline. Dans la partie relative à la « révolte historique » de *L'Homme révolté*, il le tient, après Jean Grenier, pour un « médiocre philosophe » et s'est peu intéressé à ses écrits. Seuls *Que faire ?* et *L'État et la révolution* semblent connus de lui. Il estime que c'est d'abord un « bon stratège », un « agitateur » qui ne « croit qu'à la vertu d'efficacité ». Le doctrinaire pragmatique manipule les écrits de Marx selon les nécessités de l'heure ; ses textes qu'on croit d'inspiration anarchiste sont purement tactiques. « Il a voulu chasser la morale de la révolution » : il a militarisé celle-ci. Camus considère que des « affirmations de Lénine [...] peuvent être opposées au régime stalinien ». Dans le même temps, il lui impute l'installation d'un « super-État prolétarien », la liquidation des soviets, la création de la police politique et du parti unique – « À chaque difficulté rencontrée par la révolution, on donne une attribution supplémentaire à l'État décrit par Marx. »

Un jugement aussi partagé peut s'expliquer. Après la guerre, Camus a été proche de militants qui, comme Pierre Monatte et plus encore Alfred Rosmer, avaient refusé l'Union sacrée et conservaient une admiration pour Lénine. La préface qu'il donne trois ans après la parution de *L'Homme révolté* aux souvenirs de Rosmer éclaire sa position compréhensive : il y condamne certes le caractère antidémocratique du léninisme, mais il le replace dans la violence des affrontements entre révolution et contre-révolution. Enfin, et il s'agit de l'ultime argument qui permet de comprendre son analyse, il fait intervenir l'urgence des circonstances. Il convient de dénoncer les atteintes aux libertés et les crimes du régime soviétique – les déportations des années 1940, les répressions anti-ouvrières conduites par Khrouchtchev – plus que ceux du passé. Il se trouve enfin que, dans ces années de guerre froide, des anciens compagnons ou soutiens de Lénine dénoncent le totalitarisme communiste. *In fine*, Camus finit par se contredire : il condamne le système politique fondé par Lénine comme contraire aux principes de liberté et d'égalité mais absout le même Lénine au nom d'un idéal révolutionnaire qui est pourtant contraire à sa propre définition de la révolte.

Sylvain Boulouque

LETTRES À UN AMI ALLEMAND. – Écrit de circonstance, ce texte assez court constitue pourtant une plaque tournante dans l'évolution de Camus. Insistons d'abord sur les dates auxquelles les quatre lettres furent écrites : juillet et décembre 1943 pour les deux premières, avril et juillet 1944 pour les deux dernières. Les trois premières furent publiées dans des journaux (*La Revue libre*, *Cahiers de Libération*, *Libertés*) et l'ensemble réuni en un volume qui parut en 1945. Elles sont donc composées à des moments différents du conflit mondial, mais toutes écrites alors que la victoire des Alliés se dessine de plus en plus nettement.

Ces *Lettres à un ami allemand* sont importantes pour une autre raison : le Camus d'*Alger républicain* et du *Soir républicain* était pacifiste et œuvrait pour ce que le journal appelait « la vraie paix ». S'il rejetait sans hésitation le régime nazi, il considérait que sur le plan international « les responsabilités étaient partagées. Même les abus et cruautés de la politique *intérieure* du régime actuel de l'Allemagne sont en partie le résultat de cette longue suite de fautes commises *de toutes parts* ». Ce pacifisme a fait place ici à la décision de participer au combat après s'être donné, il est vrai, les raisons nécessaires à la lutte : Camus insiste, en généralisant en quelque sorte son attitude personnelle, sur le retard que cette quête des raisons a causé du côté français. Mais en décidant de prendre part au combat, il ne rompt pas seulement avec son pacifisme antérieur : il passe aussi de ce que nous appelons la révolte « solitaire » – la révolte des Mersault, Martha, Caligula, Meursault et du *Mythe de Sisyphe*, la révolte contre la condition humaine, contre les dieux ou la nature qui aboutit à la violence à l'égard des autres – à la révolte « solidaire », celle qui s'enquiert du sort des hommes et participe à un combat commun, si nécessaire contre d'autres hommes qui mettent la communauté humaine en question.

L'écrivain a dédié ses *Lettres* à son compagnon de Résistance René Leynaud, qu'il avait rencontré à Lyon. Ce journaliste avait été exécuté par les Allemands le 13 juin 1944 au fort de Montluc. En ce sens, *Lettres à un ami allemand* est aussi, avec certains articles de *Combat* et *La Peste*, un mémorial aux résistants.

Quant à la réflexion politique, à laquelle Camus doit, à son corps défendant, consacrer beaucoup de temps, il est remarquable de constater que l'écrivain part de l'amitié, évoquée dans le titre, et qu'il éprouve quelques difficultés à accepter de voir dans l'autre l'ennemi qu'il convient de combattre. Il ne lui sera jamais facile de concevoir le politique comme opposition de l'ami et de l'ennemi et plus difficile encore de consentir à la mort de l'adversaire. Il se place en outre d'emblée au-delà du nationalisme et s'adresse en fait au public européen.

Dans la préface qu'il a donnée pour l'édition italienne des *Lettres*, Camus indique que lorsqu'il dit « vous », il s'adresse non aux Allemands mais aux nazis et que lorsqu'il dit « nous », il parle pour les Français mais aussi pour les Européens. Il a d'ailleurs été un partisan convaincu de la réconciliation franco-allemande. L'on pense à deux articles parus dans *Combat* qui n'ont pas été repris dans *Actuelles* : « Oui nos armées sont sur le Rhin… » (25 novembre 1944) et « Images de l'Allemagne occupée » (30 juin-1er juillet 1945), et à un article du 7 mai 1947 intitulé « Anniversaire ». Dans ce dernier figure le propos suivant : « Quels que soient notre passion intérieure et le souvenir de nos révoltes, nous savons bien que la paix du monde a besoin d'une Allemagne pacifiée et qu'on ne pacifie pas un pays en l'exilant à jamais de l'ordre international. »

La technique littéraire utilisée consiste à faire du correspondant français le seul auteur du texte : c'est lui qui fait parler l'ami allemand, rapporte ses propos, commente son engagement, ses erreurs, mais en donnant l'impression d'un dialogue, comme si l'autre participait à la discussion. En fait l'ami allemand, réel ou fictif, n'intervient jamais directement, il n'est jamais que cité et le lecteur doit supposer que les propos rapportés sont authentiques. Mais cette technique suggère un dialogue : elle permet de théâtraliser le texte, de donner l'impression d'échanges réels. Camus l'avait déjà utilisée dans un texte publié dans le *Soir républicain* du 23 décembre 1939 et intitulé « Lettre à un jeune Anglais sur l'état d'esprit de la nation française » : ici aussi le seul auteur est le journaliste français qui semble répondre aux questions du correspondant anglais. L'écrivain réutilisera cette technique, mais non plus sous forme épistolaire, dans *La Chute*, où l'effet théâtral – le monologue est en somme dialogué – est porté à sa perfection. Ajoutons que *Lettres à un ami allemand* comporte deux exergues. Le second introduit la quatrième lettre. Le premier précède les *Lettres*, c'est une citation de Pascal dont les écrits sont toujours présents à l'arrière-plan de la réflexion camusienne : « On ne montre pas sa grandeur pour être à une extrémité, mais bien en touchant les deux à la fois. » Le texte constitue en somme la meilleure introduction à la pensée des limites que Camus articulera dans *L'Homme révolté* et dans « Défense de *L'Homme révolté* ». La sagesse ou la grandeur, pour autant qu'on puisse les approcher, consiste non pas à exacerber un des pôles d'une opposition mais à accepter de se tenir dans l'entre-deux, de s'exposer à la contradiction ou à l'antinomie. Le second exergue, qui introduit la quatrième lettre, est emprunté à *Oberman* d'Étienne de Senancour : « L'homme est périssable. Il se peut ; mais périssons en résistant, et si le néant nous est réservé, ne faisons pas que ce soit une justice ! » Il s'agit d'un roman épistolaire – ce qui, n'est pas un hasard alors, – dans lequel le désir d'agir se heurte à l'indécision : la citation est une définition on ne peut plus resserrée de la révolte.

Chacune des quatre lettres est centrée sur un thème particulier qui a divisé ou réuni les deux amis : le lecteur découvre ainsi successivement le problème posé par l'amour qu'ils portent à leur pays, celui de l'intelligence (l'esprit) opposée à la force et des valeurs qui lui sont attachées, la question de l'Europe et la constatation que la similitude de leur point de départ a néanmoins conduit les deux amis dans des voies exclusives l'une de l'autre, ce qui a mis un terme à leur amitié. Mais chacun de ces problèmes produit des harmoniques qui se recoupent ou se chevauchent, de sorte que la linéarité du propos n'est pas toujours maintenue. Chaque lettre énonce néanmoins une espèce de règle ou de norme liée au thème central qui souligne combien l'ami allemand s'est égaré et combien ses choix sont dangereux et porteurs de violence. Ainsi la première lettre se termine par : « On n'est pas justifié par n'importe quel amour » ; la deuxième constate : « Vos sacrifices sont sans portée, parce que votre hiérarchie n'est pas la bonne et parce que vos valeurs n'ont pas leur place » ; la troisième déclare : « Cela me pousse à dire que votre Europe n'est pas la bonne », et la quatrième : « Pour tout dire, vous avez choisi l'injustice, vous vous êtes mis avec les dieux. […] J'ai choisi la justice au contraire, pour rester fidèle à la terre. »

La première lettre formule ce qui, pour l'ami allemand, semble être la valeur supérieure, l'amour de son pays, amour qui le conduit à reprocher au correspondant français de ne pas aimer suffisamment le sien. Pour l'ami français, poser ainsi la grandeur de son pays comme valeur la plus haute mène à tous les excès dès lors qu'on oublie de la subordonner à la justice. Il y a deux types de grandeur, deux types d'héroïsme, et il y a des hommes qui se préoccupent de leur bon droit et d'autres qui le bafouent. Chercher à établir si l'on se trouve du côté de la justice retarde évidemment les réactions mobilisatrices puisque cette recherche impose un détour qui s'accompagne d'hésitations. Mais « c'est le détour qui a sauvegardé la justice, mis la vérité du côté de ceux qui s'interrogeaient ». Celui que rien n'arrête, qui n'a pas de difficultés intérieures à vaincre pour se livrer à la violence, sera efficace, au moins en un premier temps. Le détour est donc à l'origine de la défaite du début des hostilités, mais il a révélé les raisons du combat à mener. L'épée, lorsqu'elle est laissée à elle-même, peut triompher, mais ses triomphes prendront fin dès lors que lui sera opposée une épée que soutient et conduit l'esprit. Cet esprit va de pair avec des « nuances », avec le « goût de l'homme ». Le correspondant français sait que la France aura de la peine à retrouver sa puissance, mais ce qu'elle a perdu, elle l'a perdu pour des « raisons pures » et pourra pour cette raison reconstruire une histoire à partir des « décombres ». Il y a donc aussi deux façons d'aimer son pays.

La deuxième lettre rappelle les résultats de la première, le détour et les certitudes qu'il finit par apporter. L'ami allemand critiquait les intellectuels français qui, tout en aimant leur pays, subordonnaient cet amour à la quête de la justice et ne pouvaient s'accommoder que d'une « politique de l'honneur », ce qui fait dire au correspondant français que son ami était engagé dans une voie « où l'intelligence a honte de l'intelligence ». Le détour a donné des réponses, fussent-elles indirectes, aux questions posées – sur la vérité : les nazis ont montré ce qu'était son contraire, le mensonge ; sur l'esprit : leur conduite a révélé qu'on ne pouvait le confondre avec le meurtre ; quant à savoir ce qu'est l'homme, « Il est cette force qui finit par balancer les tyrans et les dieux. Il est la force de l'évidence. » Pour illustrer le comportement nazi, l'ami français rapporte comment un aumônier allemand – il accompagnait avec des soldats onze Français qui devaient être fusillés, parmi lesquels un adolescent, un enfant, qui avait tenté de s'enfuir – a choisi de donner l'alerte : de même que l'ami allemand subordonne tout à la grandeur de sa patrie, l'aumônier a mis sa foi au service de son pays. Comme ses camarades conquérants, l'ami devenu nazi n'était « plus qu'élan », son comportement que « colère aveugle ». Mais le peuple français a découvert petit à petit une autre forme de colère qui l'a conduit à mener un combat difficile où ce sont les meilleurs qui tombent, car ce sont les plus courageux qui se désignent eux-mêmes aux coups de l'adversaire. La colère lucide qui les anime aura raison désormais, quoi qu'il leur en coûte, de leurs bourreaux.

La troisième lettre part de la constatation que les anciens amis ne donnent pas le même sens aux mots, par exemple au mot « patrie ». Dire, comme le fait l'ami allemand, que le correspondant français aurait changé de langage est faux. S'ils ne se sont plus vus depuis 1939, il existe néanmoins une constante dans les propos du correspondant français : il n'a jamais cessé de penser au sort de l'Europe, à l'idée et à l'espoir qu'elle représente. Ici aussi les mots utilisés et les conceptions qu'ils véhiculent ne sont pas les mêmes : l'ami allemand ne parle que de l'Europe comme « une propriété », alors que l'ami français se sent « dans sa dépendance ». D'ailleurs, écrit ce dernier, « vous n'avez parlé ainsi de l'Europe qu'à partir du jour où vous avez perdu l'Afrique. Cette sorte d'amour n'est pas la bonne » – allusion directe à la victoire des Alliés sur l'Afrika Korps et à sa reddition en mai 1943 : comme si les nazis devaient compenser cette perte par l'affirmation de leur possession de la plus grande partie de l'Europe. Pour le correspondant français, il n'y a pas une Europe au service d'une « Allemagne des seigneurs » mais une terre « de l'esprit où depuis vingt siècles se poursuit la plus étonnante aventure de l'esprit humain ». Pas question non plus de réduire l'Europe au christianisme dont les nazis se prétendraient les défenseurs : elle est aussi la réalisation de « grands individus » et d'un « peuple inépuisable ». L'ami allemand aimait dire que Faust triompherait sans mal de Don Quichotte et qu'il fallait choisir entre Siegfried et Hamlet, à quoi le correspondant français répond qu'il faut en effet parfois choisir mais en sachant que « les grandeurs spirituelles » ne peuvent « se séparer » et qu'il faut, dès lors qu'on choisit, savoir « réunir, et vous ne l'avez jamais su ». Pour terminer son plaidoyer pour sa plus grande patrie, l'ami français évoque des paysages et des lieux d'Europe qu'il a eu le bonheur de voir et souligne que le bonheur éprouvé dans le passé rappelle que le bonheur est possible dans le futur, malgré les difficultés de l'heure.

La dernière lettre commente le parcours analogue des deux amis et leurs points d'arrivée respectifs. Ils sont partis de la même constatation que le monde n'a pas de raison supérieure mais en ont tiré des conclusions différentes. Pour l'ami allemand, l'absence de sens fait dépendre la distinction du bien et du mal de la volonté, ce qui justifie le choix de la ruse et de la violence qui régissent le monde animal comme mode d'opération et la réduction de l'histoire à la conquête ainsi qu'à la recherche de la puissance. Le correspondant français qui acceptait le point de départ se trouvait d'abord démuni devant ces conclusions qu'il rejetait, mais sans disposer des raisons nécessaires. Il lui a donc fallu les trouver : le malheur de la condition humaine – la finitude, l'absence de sens – n'est pas une invitation à l'accroître par la violence humaine mais au contraire à créer du bonheur, pour autant que faire se peut. L'homme n'a pas à jouer le rôle des dieux ou de la nature qui sont à l'origine de cette condition. La révolte contre la condition humaine ne doit pas se cantonner à la révolte solitaire mais déboucher sur la révolte solidaire. Si le monde n'a pas de sens, l'homme en a puisqu'il s'efforce d'en trouver. « Ce monde a du moins la vérité de l'homme et notre tâche est de lui donner ses raisons contre le destin lui-même. Et il n'a pas d'autres raisons que l'homme et c'est celui-ci qu'il faut sauver si l'on veut sauver l'idée qu'on se fait de la vie. » Sauver l'homme revient à ne pas le mutiler. Le choix de la justice, que rien ne semblait fonder à première vue, repose en définitive sur « la fidélité à la terre », qui est une expression nietzschéenne : en somme le correspondant français utilise ici un précepte nietzschéen contre certaines conclusions que l'on peut tirer de Nietzsche ; il corrige en quelque sorte Nietzsche par Nietzsche lui-même, comme Camus le dira plus tard en 1951.

L'ami allemand a fait de son « désespoir une ivresse » et c'est la force de ce désespoir qui a écrasé les autres dans un premier temps. Il les a obligés à entrer dans l'Histoire telle qu'il la voyait, il les a contraints à « désespérer de force », à entrer dans sa philosophie, à l'imiter même pour survivre. Mais l'expérience a appris à l'ami français que le bonheur est plus difficile que l'héroïsme. Même si l'amitié appartient définitivement au passé et qu'il juge la conduite des nazis atroce, le correspondant français n'entend pas traiter son ex-ami autrement qu'en « lui gardant le nom d'homme ». Il s'agit donc bien d'abattre la puissance nazie mais sans mutiler ses partisans dans leur âme. C'est à ce prix que l'on peut « sauver l'idée d'homme », « maintenir sa fidélité à l'homme ».

Maurice WEYEMBERGH

Éd. : Gallimard, 1945 • Lausanne, Marguerat, 1946 • *Essais*, Gallimard, coll. « Bibl. de la Pléiade », 1965 • Gallimard, coll. « Folio », 1991 • *Œuvres complètes*, t. II, Gallimard, coll. « Bibl. de la Pléiade », 2006, éd. par Maurice Weyembergh

Trad. : en allemand, anglais, catalan, coréen, croate, danois, espagnol, grec, hébreu, italien, japonais, persan, polonais, portugais, roumain, russe, serbe, suédois et turc

Crit. : Thierry Ozwald, « Les *Lettres à un ami allemand* ou la juste mesure de Camus », *Roman 20-50*, n° 28, 1999, p. 77-92 • Philippe Vanney, « Ce long détour », *Études camusiennes*, n° 2, juin 1996, p. 62-80

LÉVI-VALENSI, Jacqueline (1932-2004). – Jacqueline Lévi-Valensi enseigna d'abord dans plusieurs lycées français mais c'est en Algérie, où elle fut détachée entre 1959 et 1965, au lycée Fromentin puis à la faculté des lettres d'Alger, qu'elle se prit de passion pour l'œuvre d'Albert Camus. À son retour en France, elle rejoint le Collège littéraire universitaire devenu la faculté des lettres d'Amiens. Elle y enseigne comme maître-assistante puis professeur jusqu'en 1997. Même si elle a consacré un livre à Louis Aragon et des articles à Marguerite Duras, Jorge Semprun et Élie Wiesel, c'est à Camus qu'elle a consacré l'essentiel de ses recherches pendant près de quarante ans. Sa thèse d'État soutenue à la Sorbonne en 1980 prend pour objet l'apprentissage littéraire, les tâtonnements du romancier, son passage du réel au symbole et du symbole au mythe (cette thèse : *Genèse de l'œuvre romanesque de Camus*, a fait l'objet d'une publication posthume chez Gallimard en 2006). Jacqueline Lévi-Valensi a publié un recueil, *Les Critiques de notre temps et Albert Camus* (Garnier, 1970), des études sur *La Peste* (Gallimard, « Foliothèque », 1991) et sur *La Chute* (Gallimard, « Foliothèque », 1996), ainsi que les actes des colloques qu'elle avait organisés ou coorganisés (*Camus, œuvre fermée, œuvre ouverte ?*, *Albert Camus et le théâtre*, *« L'Étranger », cinquante ans après*, *Camus et le lyrisme*) et plus de vingt articles. Elle a réuni, avec André Abbou, les articles de Camus à *Alger républicain* (*Cahiers Albert Camus*, n° 3, Gallimard, 1978), et seule ceux de *Combat* (*Cahiers Albert Camus*, n° 8, Gallimard, 2002). Elle a usé ses dernières forces à réunir les œuvres complètes de l'écrivain algérois pour la « Pléiade ». Son apport à l'étude générale du romanesque réside dans les notions de « réalisme symbolique », de « mythologie du possible » et de « mythologie du réel » qu'elle a forgées pour comprendre la profonde cohérence d'une œuvre qui, comme l'écrit Agnès Spiquel, « entre en résonance avec ses propres convictions ». Camus a bien été, pour elle, un « compagnon, et un écho autant qu'un maître » ou, pour citer Alain Schaffner, une « utile boussole pour notre époque troublée ».

De 1982 à sa mort, Jacqueline Lévi-Valensi a présidé la Société des études camusiennes. Ses collègues et ses élèves lui ont consacré un volume de mélanges (*Pour un humanisme romanesque*, SEDES, 1999) qui comporte de nombreuses études sur Camus.

Jeanyves GUÉRIN

LEYNAUD, René (1910-1944). – C'est par la Résistance que Camus, à la fin de l'année 1942, fit la connaissance de René Leynaud, journaliste au *Progrès* de Lyon et chef régional du mouvement Combat. Les deux hommes se rencontrèrent souvent entre la capitale des Gaules et Saint-Étienne, et Camus fut hébergé à plusieurs reprises, au cours de l'année 1943, par René et sa femme Ellen, dans une chambre de la rue Vieille-Monnaie à Lyon. Arrêté par les miliciens le 16 mai 1944, place Bellecour, et livré aux Allemands, René Leynaud fut fusillé avec dix-huit autres résistants, le 13 juin.

L'amitié profonde qui s'est nouée rapidement entre les deux hommes ne s'explique pas seulement par l'engagement qu'ils partageaient ; Camus en effet a découvert une personnalité très riche qui l'a séduit dans tous ses aspects, et cela malgré leur différence. René Leynaud était poète, et les doutes qu'il exprime dans une lettre à Camus ont touché celui-ci : « il est vrai peut-être que les mots nous cachent davantage les choses invisibles qu'ils ne nous révèlent les visibles. J'ai parfois le dégoût de la poésie, ma passion profonde. C'est dans ces moments-là que je me sens le plus près d'autre chose ». Si ces doutes s'expliquent en partie par le contexte de la guerre qui lui rend l'écriture impossible, la dernière phrase révèle une autre dimension de sa personnalité, la foi profonde du croyant. Lorsque Camus, en 1943, écrit ceci à Francis Ponge, il pense en particulier à René Leynaud : « J'ai des amis catholiques et pour ceux qui le sont vraiment, j'ai plus que de la sympathie, j'ai le sentiment d'une partie liée. »

Après la mort de René Leynaud, Camus lui rendit hommage, d'abord dans un article du journal *Combat*, daté du 27 octobre 1944 : « il partageait notre conviction qu'un certain langage et l'obstination de la droiture redonneraient à notre pays le visage sans égal que nous lui espérions ». Puis, en 1945, lorsque les quatre lettres « à un ami allemand » furent réunies, il dédia le livre à son ami résistant. Enfin, en 1947, il rédigea l'introduction aux *Poésies posthumes* qui parurent chez Gallimard : « je ne crois pas être aveuglé par l'amitié et la tendresse si je dis qu'on trouvera dans ce volume les deux ou trois cris qui suffisent à justifier une œuvre ». Jacques LE MARINEL

LIBÉRATION. – Dans une lettre à son épouse bloquée à Oran comme dans un éditorial du 25 octobre 1944, Camus évoque « les jours merveilleux de l'insurrection ». Avec quelques camarades, dont Pascal Pia, Marcel Gimont, Henri Cauquelin et Georges Altschuler, il a occupé les locaux du *Pariser Zeitung* que le gouvernement provisoire de la République française avait attribués aux équipes de *Combat*, *Franc-Tireur* et *Défense de la France*. Le soir du 21 août 1944, un premier numéro sort, qui est vendu à la criée alors qu'on se bat un peu partout dans Paris. « Le combat continue… » : tel est le titre de l'éditorial qui est à la une. On y lit : « Après cinquante mois d'occupation, de luttes et de sacrifices, Paris renaît au sentiment de la liberté […]. La liberté se mérite et se conquiert. » Cet éditorial et ceux, tout aussi flamboyants, que Camus rédige entre le 22 et le 25 août 1944 ont beaucoup fait pour asseoir *Combat* dans le paysage de la France libérée. L'éditorialiste s'y fait à chaud le chantre lyrique et épique de l'événement et un rédacteur inspiré de sa légende. Les phrases claquent : « Un peuple qui veut vivre n'attend pas qu'on lui apporte sa liberté. Il la prend » ; « a commencé un combat qui pour nous tous et pour la France se terminera par la liberté ou la mort » ; « Qu'est-ce qu'une insurrection ? C'est le peuple en armes. Qu'est-ce que le peuple ? C'est ce qui dans une nation ne veut jamais s'agenouiller » ; « Paris fait feu de toutes ses balles dans la nuit d'août. […] les barricades de la liberté, une fois de plus, se sont dressées. Une fois de plus, la justice doit s'acheter avec le sang des hommes » ; « Il y a quatre ans, des hommes se sont levés au milieu des décombres et du désespoir et ont affirmé avec tranquillité que rien n'était perdu. » Les mots de « combat(s) » et de « lutte », de « résistance » et d'« insurrection », de « liberté » et de « libération », de « justice » et de « bonheur » chantent ensemble. Le lexique de l'éditorialiste mêle le politique, le militaire et surtout l'éthique. La morale double et inspire la politique. Camus, en ces journées, a préféré être éditorialiste que reporter : c'est à Jean-Paul Sartre qu'il commande leur chronique. Ce dernier signe la série d'articles surtitrés « Un promeneur dans Paris insurgé » qui paraissent dans *Combat* du 28 août au 4 septembre, mais on sait aujourd'hui qu'il en a partiellement sous-traité la rédaction à Simone de Beauvoir.

Dans son éditorial du 21 août, Camus écrivait que « le mot LIBÉRATION » est à prendre « dans son acception la plus large ». Il distingue la libération rendue possible par les Alliés et la liberté qu'il incombe aux résistants d'établir. Paris est libre, la France ne l'est pas encore. L'occupant nazi, certes, a capitulé ou décampé, mais l'« Argent », les décideurs économiques, qui ont pactisé avec lui, restent en place. L'insurrection parisienne a rendu une actualité brûlante à l'idée de révolution. Elle en a été le « prélude ». La « France libre » doit être une « France juste ». À *Combat*, l'on croit que tout est possible. « L'illusion lyrique », pour reprendre le mot fameux d'André Malraux, est dans l'air du temps. L'euphorie toutefois ne dure que quelques semaines. Non seulement la guerre se poursuit – une part importante du territoire reste à délivrer –, mais le combat pour l'instauration d'une authentique démocratie est une affaire de longue haleine. L'économie est à reconstruire. Les forces conservatrices, les privilèges, les routines n'ont pas disparu par enchantement. L'effondrement de l'État français a laissé un vide qu'investissent promptement le général de Gaulle et les responsables qu'il a amenés de Londres. La reconstitution des partis joue également contre la relève. Les résistants, au lieu de constituer une force politique, rejoignent lesdits partis. Les élites traditionnelles enfin réussissent à sauvegarder l'essentiel de leurs positions. En lecteur de Malraux, Camus dira ses désillusions dans l'un de ses derniers articles à *Combat*, le 7 mai 1947 : « Le temps de l'Apocalypse n'est plus. Nous sommes entrés dans celui de la médiocre organisation et des accommodements sans grandeur. Par sagesse et par goût pour le bonheur, il faut préférer celui-ci, bien qu'on sache qu'à force de médiocrité, on revienne aux apocalypses. » On est passé de la mystique à la politique.

Le 9 mai 1945, c'est le mot « joie » qui donne sa tonalité à cet éditorial dont il a voulu faire un hymne à la liberté. Il émet le vœu que la « victoire soit définitive et qu'elle demeure le bien de tous ». Par le détour de la fiction, il revient sur les journées de la Libération au final de *La Peste*. Après avoir évoqué, comme dans cet article, la foule oranaise en liesse, les coups de canon, les orchestres, une atmosphère d'allégresse, Rieux se dit que « cette allégresse est toujours menacée » et que la peste, le pire, est toujours susceptible de revenir.

Dans les années 1950, il ne reste plus des « journées merveilleuses de la Libération » qu'une « immense nostalgie » (*Carnets* III). Jeanyves GUÉRIN

LIBERTÉ. – Toute étude ou définition de la liberté court le risque, selon Bergson, de donner raison au déterminisme. Il vaudrait mieux alors lui conserver le statut de notion confuse, si renoncer à la circonscrire plus avant ne la faisait disparaître parmi les notions à peu près indéfinissables que l'on ne pourrait plus distinguer dès lors, ou à peine, les unes des autres.

Indéniablement, la liberté joue un rôle fondamental dans la réflexion de Camus. Elle y reçoit parfois comme une dimension mythique : « La Liberté est un don de la mer ». Camus cite ce mot de Proudhon dans ses *Carnets* II, comme il note dans ses *Carnets* III : « Chant des révolutionnaires de 1905 : “Frères, vers le soleil, vers la liberté” ». Elle est donc associée à la mer et au soleil, deux divinités du panthéon camusien. Ce qui n'empêche pas que l'écrivain, qui avait conseillé au philosophe de penser par images, recoure aux métaphores et, dans *Actuelles* II, compare la liberté ici à une cousine, là à une balançoire. Cousine pauvre, il est vrai, que les sociétés bourgeoises ne montrent que pour convaincre les critiques éventuels de leur bonté et ouverture mais qu'elles tiennent la plupart du temps à la cuisine et que l'on est prêt à violenter si elle fait des siennes ; cousine que l'on a enfermée dans le placard dans les sociétés communistes dont on ne la ressortira que lorsque la société sans classes sera réalisée, donc à la fin des temps. Balançoire aussi, puisque les sociétés bourgeoises réduisent la liberté à ses aspects formels, la transformant en une espèce de jeu sans conséquences, alors que les sociétés communistes, austères et dures, se passent de ce genre d'appareil ludique.

La liberté peut être une passion purement individuelle visant au bonheur ou à la domination égoïstes – c'est le cas chez Mersault, Caligula ou Martha par exemple –, mais sa recherche peut aussi avoir comme but de rejoindre la communauté des hommes et d'éveiller le goût de la liberté chez les autres – c'est le cas du journalisme éthique de Camus et des essais d'après-guerre. En d'autres termes, elle s'éprouve comme passion solitaire ou comme appel à une vie plus solidaire, l'idéal étant que la première incite à la seconde. C'est pourquoi Caligula déclare, du moins dans les versions les plus récentes de la pièce : « Ma liberté n'est pas la bonne. »

La liberté est avec la beauté une passion dominante chez Camus, en témoigne ce qu'il écrit dans ses *Carnets* : « Beauté, mon pire souci, avec la liberté » et « J'ai un goût très vif pour la liberté » ; il la préfère d'ailleurs en dernière instance à la justice (l'égalité) : « Finalement, je choisis la liberté. Car même si la justice n'est pas réalisée, la liberté préserve le pouvoir de protestation contre l'injustice et sauve la communication. La justice dans un monde silencieux, la justice des muets détruit la complicité, nie la révolte et restitue le consentement, mais cette fois sous la forme la plus basse. C'est ici qu'on voit la primauté que reçoit peu à peu la valeur de liberté. Mais le difficile est de ne jamais perdre de vue qu'elle doit exiger *en même temps* la justice comme il a été dit. Ceci posé, il y a une justice aussi, quoique bien différente, à fonder la seule valeur constante dans l'histoire des hommes qui ne sont jamais bien morts que pour la liberté. La liberté c'est pouvoir défendre ce que je ne pense pas, même dans un régime ou un monde que j'approuve. C'est pouvoir donner raison à l'adversaire » (Cahier IV, juillet 1945). Camus écrit dans *L'Homme révolté* que « la vraie passion du XXe siècle, c'est la servitude » et fait dire à Clamence qu'il est « un partisan acharné de la servitude ». Ces constatations renforcent son attachement à la liberté en même temps que sa passion pour elle le rend plus sensible à ce qui la menace. Le thème de la liberté est aussi fondamental parce que l'écrivain fait de l'artiste le « témoin de la liberté » (*Actuelles*) et l'on sait qu'il s'est de plus en plus identifié à sa vocation d'artiste.

Camus note encore dans ses *Carnets* : « La seule liberté possible est une liberté à l'égard de la mort » et « Il n'y a pas de liberté pour l'homme tant qu'il n'a pas surmonté sa crainte de la mort. » La servitude ne menace pas qui ne craint plus la mort. Le problème du déterminisme (économique ou biologique par exemple) met en question de manière fondamentale une pensée qui est centrée sur la révolte. Celle-ci n'a de sens en effet que si elle est une manifestation de liberté et n'est pas dictée par l'un ou l'autre mécanisme qui échappe au contrôle humain. C'est pourquoi Camus ne pouvait accepter l'existentialisme qui déclarait l'homme libre mais reprenait à Marx une vision dans laquelle les mécanismes propres aux infrastructures menaient nécessairement à la société sans classes. Déclarer l'homme libre et croire à une fin heureuse de l'histoire en fonction du développement nécessaire de l'économie, essayer de concilier le volontarisme avec le déterminisme lui semblait créer des difficultés plutôt que résoudre des problèmes. C'est un point chaud de la controverse avec Francis Jeanson.

« L'acceptation de ce qui est, signe de force ? Non, la servitude s'y trouve. Mais l'acceptation de ce qui a été. Dans le présent, la lutte » (*Carnets* III) : on ne peut changer le passé, mais bien le présent. C'est pourquoi une pensée de la révolte doit mettre l'accent sur le présent plus que sur le passé ou l'avenir. « La liberté ce n'est pas l'espoir de l'avenir. C'est le présent et l'accord avec les êtres et le monde dans le présent. »

Le lecteur des articles et essais de Camus ne peut pas ne pas remarquer que la liberté est constamment associée et dissociée de la justice, que son contraire est généralement la servitude qui va de pair avec l'injustice et le mensonge. Avec la liberté, il se heurte donc à un nœud, une pelote de notions capitales – justice, injustice, vérité et mensonge – dont il est difficile de dévider l'écheveau.

Il convient alors de rappeler que la justice, la vérité et la liberté sont pour Camus des valeurs, c'est-à-dire des notions qui éclairent les hommes sur ce qu'ils doivent faire et ne peuvent faire. D'où leur viennent-elles ? Ont-elles été révélées par une transcendance, sont-elles produites par les hommes eux-mêmes et transmises par la tradition ? Pour lui, elles sont une création des hommes mais sont ancrées dans ce qu'il appelle la « nature humaine ». L'homme ne la découvre pas une fois pour toutes mais au travers de l'évolution historique, il peut donc y avoir « accroissement dans l'homme de la notion d'homme », ainsi qu'il est écrit dans *L'Homme révolté*. Ces valeurs qui peuvent s'enrichir de nuances nouvelles au cours de l'histoire sont néanmoins transhistoriques puisqu'elles nous ont été transmises par les générations antérieures. Mais chaque génération se doit de reprendre leur analyse pour se les approprier – « la vraie liberté [est] une soumission intérieure à une valeur qui fait face à l'histoire et à ses succès ».

Partons d'une distinction que Camus n'utilise pas mais qu'un penseur comme Isaiah Berlin a développée (*Four Essays on Liberty*, 1969) : celle opérée entre les libertés négative et positive. La première invite à se libérer de tout ce qui empêche la liberté (l'injustice, le mensonge par exemple) et prépare donc à l'exercice de la liberté positive, celle qui est à même de poursuivre les buts qu'elle se donne (la justice, la dignité, l'amitié, la création, la beauté, mesurer les contradictions sans avoir peur d'elles, accroître dans l'homme la notion d'homme). La liberté négative est le non de la révolte ; la liberté positive le oui. Selon Camus ils sont co-originels dans le premier mouvement de révolte.

Imaginons ensuite le schéma suivant : posons servitude-liberté en abscisse et justice-injustice en ordonnée et rappelons que la justice et la liberté peuvent être poursuivies chacune exclusivement pour elle-même sans tenir compte des autres valeurs. Camus applique à ces recherches exclusives le qualificatif d'« absolu », de « total », d'« illimité », parfois de « frénétique » et leur oppose celui de « relatif », de « limité ». Et de noter dans *L'Homme révolté* : « La liberté absolue raille la justice. La justice absolue nie la liberté. Pour être fécondes, les deux notions doivent trouver, l'une dans l'autre, leur limite » ; « La révolte n'est nullement une revendication de liberté totale. » L'idéal est donc de conjuguer justice (égalité) et liberté : dans le système des coordonnées, dans le carré droit supérieur, le but à atteindre est une ligne à mi-distance de la justice et la liberté, en somme la diagonale. Conjuguer liberté et injustice est possible (carré inférieur droit) : toutes les sociétés inégalitaires y appartiennent, la liberté n'étant réservée qu'aux privilégiés du régime ; œuvrer pour la servitude et la justice (carré supérieur gauche) est réalisable : c'est le propre des régimes totalitaires communistes, mais la servitude est décrite comme une étape nécessaire à la vraie liberté ; aucun régime ne prétendra conjuguer servitude et injustice (carré inférieur gauche) sans prétendre qu'il travaille à la réalisation de la vraie liberté et de la vraie justice.

Le schéma se complique si l'on ajoute, comme le fait Camus, la revendication de la vérité à celle de la liberté et de la justice. Dans *Actuelles* II, l'écrivain note : « La liberté consiste d'abord à ne pas mentir » puisque « la vraie culture vit de la vérité et meurt de mensonge ». Si la liberté rend possible le dialogue entre les hommes, « la servitude, l'injustice, le mensonge sont les fléaux qui brisent cette communication et interdisent le dialogue ». La recherche conjuguée de la liberté et de la justice est la seule qui échappe, en principe, à l'institutionnalisation du mensonge : liberté et servitude, servitude et justice, servitude et injustice sont, peu ou prou, renvoyées au mensonge. Maurice WEYEMBERGH

Bibl. : Germain-Paul Gélinas, *La Liberté dans la pensée d'Albert Camus*, Fribourg, Éditions universitaires, 1965 • Jeanyves Guérin, *Camus. Portrait de l'artiste en citoyen*, François Bourin, 1993, p. 261-276 • Eric Werner, *De la violence au totalitarisme. Essai sur la pensée de Camus et de Sartre*, Calmann-Lévy, 1972, p. 99-108

LIMITE. – « Cette limite était symbolisée [chez les Grecs] par Némésis, déesse de la mesure, fatale aux démesurés », écrit Camus dans *L'Homme révolté* (« La pensée de midi »). Les notions de limite et de mesure renvoient l'une à l'autre et se complètent. Elles se réfèrent aux mêmes phénomènes, mais les envisagent d'un point de vue quelque peu différent. La première est plus descriptive, la seconde a davantage un aspect normatif. La limite indique l'existence d'une frontière, d'une borne qui sépare un en deçà et un au-delà – conçus comme des opposés –, le franchissement de la frontière allant de pair avec la transgression de la limite. L'illimité, par définition, est sans limites, son sens se rapproche de celui d'absolu ou d'infini : suivant les contextes, il peut être négatif ou positif, plus souvent négatif que positif il est vrai, puisque Camus valorise le relatif et entend se maintenir « à hauteur d'homme ». Avec la mesure, l'accent est mis sur les justes proportions qui prévalent entre l'en deçà et l'au-delà et sur le danger du non-respect de celles-ci : le terme implique que ce non-respect entraîne une démesure, l'existence d'une disproportion qui tant du point de vue de l'éthique que de celui de l'esthétique n'est pas sans conséquences. Camus appartient à ce type d'esprit qui recherche les limites pour les transformer en mesures : il tend à délimiter le terrain, à le baliser pour s'orienter et à établir ainsi des mesures qui l'aideront à se conduire et à exercer son métier d'écrivain, à formuler un « classicisme moral » (« Défense de *L'Homme révolté* ») et esthétique. La réflexion sur la limite doit donc être complétée par celle sur la mesure. Ajoutons que les notions de limite et de mesure sont associées à celle de valeur (la dialectique historique « tourne autour de la limite, première valeur »).

Les occurrences du mot « limite » et de ses composés sont extrêmement nombreuses dans les écrits politiques ou théoriques, mais aussi dans des œuvres de fiction (*L'État de siège*, *Les Justes*). Camus aime l'expression « à la limite » et utilise les expressions « à cette limite », « sur cette limite » parfois, ce qui correspond à sa manière de voir les choses, à ce qu'il appelle « la pensée des limites » (*L'Homme révolté*) : « se tenir sur la limite » (« Défense de *L'Homme révolté* »), position qui ne va pas sans risques. Il parle aussi de « l'être double des limites » (*L'Homme révolté*).

La question centrale est dès lors « Où est la limite ? » (*Carnets* II), question dont la solution devrait apporter un commencement de réponse à la célèbre interrogation de saint Augustin dans les *Confessions* : « *Unde malum ?* » (« D'où vient le mal ? »). Et Camus ne craint pas de répondre qu'on ne trouve cette solution que par approximation ; à propos de la limite qui sépare la part de l'individu et de l'histoire, il écrit : « J'ai suivi, une fois de plus, le tracé approximatif d'une limite où les deux s'affrontent dans leur tension la plus grande… » (« Défense de *L'Homme révolté* »). Suivant les contextes et les situations d'ailleurs, ce tracé se modifie, ce qui exige un travail de rééquilibrage constant et éprouvant.

C'est avec l'analyse de la révolte que la notion de limite prend toute son ampleur, ce qu'illustre la description du mouvement du révolté dès *Remarque sur la révolte* : « Qu'est-ce qu'un homme révolté ? C'est d'abord un homme qui dit *non*. Mais s'il refuse, il ne renonce pas : c'est aussi un homme qui dit *oui*… Que signifie ce non ? Il signifie par exemple : "Les choses ont assez duré", "il y a des limites qu'on ne peut pas dépasser", "jusque-là oui, au-delà non", ou encore : "vous allez trop loin". En somme, ce *non* affirme l'existence d'une frontière. » La révolte est non seulement, par le oui qui équilibre le non, le fondement des valeurs de dignité et de solidarité, elle est aussi, par l'affrontement du non et du oui, l'exemple fondateur de toutes les polarités – chaque polarité implique une limite où les pôles s'opposent – que l'on trouve dans l'œuvre de Camus. L'écrivain est convaincu que toute pensée ou action poussée à son extrême suscite sa limite : passer outre signifie courir à la catastrophe. Absolutiser le non ou le oui de la révolte, par exemple, mène au meurtre du fait que le pôle laissé à sa pente n'a plus de contrepoids : il peut alors donner libre cours à la violence qui l'habite. Ce qui vaut pour la révolte vaut pour toute une série de polarités qu'elle contribue à manifester : les polarités de la révolte et de la révolution, du rationnel et de l'irrationnel, de la culpabilité et de l'innocence, de l'individu et de l'histoire, de la liberté et de la nécessité historique, de la liberté de l'individu et de celle d'autrui, de la liberté et de la justice, de l'être et du devenir, de l'essence et de l'existence, de la violence et de la non-violence, de la morale et du cynisme.

Le propre de ces polarités qui déchirent l'existence est qu'elles ne se laissent pas résorber, soit qu'un pôle triompherait de l'autre, soit que les pôles s'intégreraient de manière définitive dans une synthèse réconciliatrice ou un juste équilibre. La condition humaine est livrée à ces affrontements des pôles autour d'une limite, aux dérèglements d'un pendule autour d'un pivot : elle est donc limitée par ce jeu des limites. L'homme découvre celles-ci et les affrontements de leurs pôles, il ne les invente pas : ils ont donc leur siège dans les choses, les hommes et leurs relations. C'est ce fait que l'homme les découvre qui permet à Camus de suggérer l'existence d'une nature humaine.

La réflexion de l'écrivain sur les limites que prolonge la pensée de la mesure, ne se contente pas de tracer des repères qui l'aideront à se conduire : les limites (les mesures) concernent autant le champ esthétique que le champ éthique. L'artiste est lui aussi en révolte contre le réel où rien ne trouve sa forme définitive : « Mais les êtres s'échappent toujours et nous leur échappons aussi ; ils sont sans contours fermes. La vie de ce point de vue est sans style. Elle n'est qu'un mouvement qui court après sa forme sans la trouver jamais. L'homme, ainsi déchiré, cherche en vain cette forme qui lui donnerait les limites entre lesquelles il serait roi. Qu'une seule chose vivante ait sa forme en ce monde et il sera réconcilié !… L'homme s'y (dans un monde imaginaire) donne enfin à lui-même la forme et la limite apaisante qu'il poursuit en vain dans sa condition» (*L'Homme révolté*). L'artiste ne réussit à corriger la création, à se réconcilier avec le réel qu'en lui trouvant une forme qui confère à ses éléments l'unité qui lui fait défaut. Ce n'est que dans une création que les contradictions se résolvent, mais de manière fictive.

Maurice WEYEMBERGH

***LIVRE DE MÉLUSINE* (*Le*).** – Pourquoi un étudiant de vingt et un ans donne-t-il le titre de *Livre de Mélusine* à une ébauche de contes merveilleux, une rêverie sur les fées qu'il offre en décembre 1934 à la femme qu'il aime ? Ces quelques pages figurent parmi les essais poétiques et narratifs divers restés inédits du vivant de Camus. Elles sont parfaitement étrangères à la légende de la fée Mélusine, que Camus ne semble pas connaître. Mélusine est choisie pour son seul nom et les images qu'il suscite. Nulle mention de l'interdit que la fée impose à son époux mortel pour cacher sa métamorphose en serpente le samedi. Le texte appartient aux années d'apprentissage, alors que Camus explore diverses formes littéraires, ici le conte de fées, qu'il rejette d'emblée.

Datées d'octobre 1932 cinq « rêveries » sont réunies sous le titre *Intuitions*, qui sont, comme *Mélusine*, des confessions lyriques à la première personne marquées par l'influence de Gide. La disposition typographique est la même : elle détache des sortes de strophes qui incitent à voir dans les deux œuvres des poèmes en prose. Les textes réunis sous le titre du *Livre de Mélusine* reprennent aussi l'écriture du conte déjà expérimentée dans *Le Dernier Jour d'un mort-né* et le fragment de conte inséré dans « Souhait » (*Intuitions*).

L'ensemble du *Livre* est un monologue du conteur qui entraîne son lecteur dans son rêve. Il est composé de trois courts textes. Le premier s'intitule « Conte pour des enfants trop tristes » : le monologue s'étend sur sept rêveries juxtaposées sans lien et sans suite, qui s'attachent, autour d'une image d'Épinal du Moyen Âge, à la fée, « Elle », à un bois, un chevalier « armé d'orgueil » et « une essence de chat » (frère du chat du Cheshire d'*Alice*), qui ne se rencontreront jamais. Mélusine est réduite à un nom accompagné de trois autres : Morgane, Urgèle, Viviane. Aux côtés des trois fées les plus connues de la littérature médiévale, Urgèle est une création plus récente.

Le deuxième est « Le rêve de la fée » : la fée du conte porte maintenant un nom, celui de Mélusine, et c'est son rêve qui révèle un instant « le beau secret du monde » : Mélisande plus que Mélusine, elle s'identifie à la quête d'infini du conteur.

Troisième texte, « Les barques » : la fée a disparu mais, comme elle, un enfant, dans la forêt, rêve devant une fontaine dont il boit l'eau et reçoit le pouvoir d'entendre la chanson de la forêt, essai de poésie rythmée comme *Méditerranée* (octobre 1933) et *La Maison devant le monde* (fin 1936-début 1937). Ainsi se clôt ce « désir d'un conte », « délicieusement inachevé ».

Laurence HARF-LANCNER

Bibl. : Albert Camus, *Œuvres complètes*, t. I, Gallimard, coll. « Bibl. de la Pléiade », 2006, p. 988-997 • Jacqueline Lévi-Valensi, *Albert Camus ou la naissance d'un romancier*, Gallimard, 2006, p. 137-149

***LOUIS RAINGEARD*.** – Jacqueline Lévi-Valensi a rassemblé au cours de ses recherches un ensemble de textes – une dizaine de pages en tout – publiés sous le titre de *Louis Raingeard* en appendice de *L'Envers et l'Endroit* dans la nouvelle édition de la « Pléiade ». Selon elle, ces textes auraient été élaborés entre 1934 et 1936. Elle s'est autorisée à les réunir en vertu du nom de personnage, Louis Raingeard, qui fait le lien entre eux ; il est à signaler que ce nom apparaît parfois seulement dans les marges, sous forme de correction et de rajout. Leur réunion factice est donc le fruit d'une (re)construction érudite. Un projet critique précis préside à ce rassemblement : le désir de reconstituer le chemin parcouru par un écrivain en train de se former au métier de romancier. Car pour Jacqueline Lévi-Valensi, les passages qu'elle réunit constituent l'ébauche d'un premier roman. Deux plans relativement laconiques semblent confirmer l'existence d'un tel projet.

Camus, quant à lui, n'a jamais fait la moindre allusion à ce roman : l'essentiel des passages rassemblés apparaissent d'une part comme des réécritures et des prolongements de textes antérieurs, ont été réutilisés d'autre part dans *L'Envers et l'Endroit* et *La Mort heureuse* dont ils constituent donc les brouillons. Le processus de réécriture ne s'arrêterait d'ailleurs pas là : l'hypothèse majeure de Jacqueline Lévi-Valensi est que ce « premier roman », d'inspiration autobiographique, sera finalisé vingt ans plus tard avec *Le Premier Homme*.

Les passages rassemblés sont au nombre de quatre et présentés avec de nombreux renvois aux *Voix du quartier pauvre* dont ils se nourrissent très largement. Au sein d'une famille structurée comme celle de Camus – moins le frère aîné –, une mère se retrouve tout à coup seule face à son fils, après la mort d'une grand-mère autoritaire et peu aimée. Cette évocation de la grand-mère de Camus se retrouve par endroits mot pour mot dans *L'Ironie*, premier essai de *L'Envers et l'Endroit*, mais aussi dans un passage de *La Mort heureuse*. La suite, décrivant la maladie du fils, reprend en grande partie *L'Hôpital du quartier pauvre* ; d'intéressantes variations témoignent cependant d'une volonté de faire des phrases plus simples, brèves, proches de l'oralité, ce qui préfigure peut-être l'effort stylistique remarquable de *L'Étranger*. Par exemple, « Il n'avait pas songé à la mort, mais un jour il s'était jeté dans les roues d'une auto qui passait » devient « Jeté sous une auto ». Suit le récit de la vie de la mère avec un frère protecteur, brutal, méchant, qu'elle finit par abandonner, nouvel écho des *Voix du quartier pauvre*, et préfiguration de *La Mort heureuse*. La mère et le fils, chacun de leur côté, font l'expérience de la solitude et du besoin que les hommes ont les uns des autres. Un incident de santé de la mère ouvre les yeux au fils – « ce n'était pas une femme mais l'immense patrie de son cœur » – tout en le rendant sensible à l'indifférence inattentive qui habite ceux qui s'aiment. Les trois autres fragments reprennent, dans l'ordre, le thème de la sœur aimant la musique et maltraitée par son frère (*Voix du quartier pauvre*) ; un court passage sur un vieux qui s'entend bien avec son fils ; et pour finir, deux pages très singulières, adressées à la mère, où le fils tire de la maladie et de la pauvreté des leçons sur le vrai sens de la vie : chose rare chez Camus, cette adresse directe à la mère ne sera l'objet d'aucune reprise dans l'œuvre, si l'on excepte la dédicace du *Premier Homme*.

La dimension autobiographique du « projet Louis Raingeard » est indéniable. Seul la contredit le nom du héros, que les critiques rapprochent volontiers de Louis Germain, l'instituteur envers qui Camus se sentait infiniment redevable. De fait, ce nom, contrairement aux habitudes onomastiques de l'auteur, n'emprunte à aucune des lignées familiales et signale le désir – avorté – de fabriquer un personnage imaginaire, effort qui sera renouvelé avec les très symboliques « Mersault » et « Meursault ».

Séverine GASPARI

Éd. : *Œuvres complètes*, Gallimard, t. I, coll. « Bibl. de la Pléiade », 2006, p. 86-96, éd. par Jacqueline Lévi-Valensi et Samantha Novello

Crit. : Jacqueline Lévi-Valensi, *Albert Camus ou la naissance d'un romancier*, Gallimard, 2006, p. 207-286

LOURMARIN. – « Un mois passé à revoir le Vaucluse et à trouver une maison. Acquis celle de Lourmarin », note Camus dans ses *Carnets* le 30 septembre 1958. Mais cet achat est un aboutissement : on n'en mesure la signification que lorsqu'on sait la place de la Provence dans le cœur de l'écrivain.

Pour Camus, cette région est liée à son ami René Char. Comme lui, le poète déteste Paris ; il vit à l'Isle-sur-la-Sorgue. Lui montrant en 1948 le Luberon, les Alpilles, le Ventoux, Char découvre un Camus exubérant, reconnaissant dans la Provence sa terre d'Algérie si chère à son cœur. Trois années de suite, celui-ci loue une maison de campagne. L'Algérie, la Méditerranée, la Provence : telles sont pour lui les clés du bonheur. En 1958, il retrouve là une certaine tranquillité d'esprit : « Le paysage que je reconnais me nourrit à nouveau et j'arrive heureux. » Comme en Grèce, la lumière et l'espace transportent l'écrivain. C'est à ce moment qu'il décide d'acheter une maison dans les environs : ce sera celle de Lourmarin.

Camus et sa femme visitent une vingtaine de maisons et de mas, avec les Polge et d'autres connaissances ou avec un agent immobilier. Francine et les enfants auraient préféré une maison en pleine campagne, mais Camus tranche : « celle-ci ou rien ». Et c'est ainsi qu'il achète dans le Vaucluse au docteur Monod une ancienne magnanerie (lieu de sériciculture) au cœur de Lourmarin, village de quelques centaines d'habitants. Dans ses *Carnets*, à la date du 28 avril 1959, il note : « Arrivée Lourmarin. Ciel gris. Dans le jardin merveilleuses roses alourdies d'eau, savoureuses comme des fruits. » Comme à Mondovi où il est né, les vignerons font du raisin grenache et du carignan. Dans cette région, sa mère ne sera pas trop dépaysée : Camus espère la faire venir souvent.

Les derniers mois avant l'accident de voiture qui lui coûte la vie, l'écrivain passe le plus clair de son temps à Lourmarin tandis que Francine et les enfants sont à Paris. Il s'y sent particulièrement bien pour écrire et y travaille alors principalement au *Premier Homme*. Retrouvant l'inspiration, il est heureux et diffère le moment de retourner dans la capitale. Sur cette région d'adoption qu'est le Luberon, il n'en finit pas de s'émerveiller, évoquant la beauté du mois de novembre, la lavande, les villageois. Il apprécie « ces journées entièrement vides de paroles » où il peut « vraiment travailler à fond ». Lourmarin, « port d'attache et d'évasion », est sans doute l'endroit où Camus aura été sinon le plus heureux, du moins le plus serein.

Marie-Christine PAVIS

LYRISME. – Camus refuse l'emphase et le pathos, vulgairement associés au lyrisme. Très tôt, il note sa méfiance envers sa propre sensibilité, dont il voudrait « qu'elle parle, non qu'elle crie » (*Notes de lecture*, avril 1933). Son côté castillan et son classicisme le mènent à préférer la litote (voir à cet égard « L'Intelligence et l'Échafaud »).

« La véritable œuvre d'art est celle qui dit moins », note-t-il dans ses *Carnets* fin 1938. Il a la pudeur de Meursault – « des choses dont je n'ai jamais aimé parler » – et pourrait ricaner avec Clamence – « Toute la lyre, quoi ! » La tension entre lyrisme et ironie est constitutive de sa *manière*. Dès *L'Envers et l'Endroit*, la montée du lyrisme dans la plupart des essais est cassée par une chute ironique.

La réflexion de Camus sur l'art est traversée par une question plus profonde : parce qu'il répond souvent à la tentation de s'affranchir de l'Histoire, le lyrisme n'est-il pas frappé d'illégitimité ? Entre les deux, le rapport est tendu : il faut dire oui au monde *et* refuser l'injustice ; il faut chanter la beauté *et* se révolter, écrit-il dans *L'Homme révolté*. Le lyrisme est du côté du oui ; mais sans lui, le non devient nihilisme : « Au centre de notre œuvre, fût-elle noire, rayonne un soleil inépuisable, le même qui crie aujourd'hui à travers la plaine et les collines » (*L'Énigme*). La révolte devient inhumaine si elle ne va pas de pair avec la célébration – lyrique par essence – de la beauté.

Mais le vrai lyrisme est d'abord dans le monde lui-même : « L'évidence abstraite se retire devant le lyrisme des formes et des couleurs », lit-on dans *Le Mythe de Sisyphe*. Le monde chante secrètement, selon un rythme que peut percevoir celui qui s'ouvre à lui et à sa « tendre indifférence ». Dans ses correspondances somptueuses, le paysage méditerranéen dessine une configuration lyrique ; l'être humain peut venir s'y inscrire et participer silencieusement de la beauté du monde ; le lyrisme sensuel de *Noces* a partie liée avec le silence, et avec le secret. Les essais lyriques de Camus relèvent d'une poétique du saisissement – non pas sidération mais ravissement ; le plain-pied avec le monde fait naître la tentation d'une fusion heureuse. Toutefois, dès *Entre oui et non*, cette tentation est refusée au nom de la lucidité : Camus veut inventer son lyrisme contre la « courbe trop molle et trop facile » qui l'incline vers « l'indifférence sereine et primitive ».

Né dans le lien avec l'originel, avec la forme immémoriale du monde, le lyrisme camusien dit la mesure humaine. Il implique, entre le « je » et le monde, un face à face où coexistent et se renforcent mutuellement l'émotion et la lucidité ; l'être s'y ressaisit dans le mouvement même par lequel il comprend le monde et en entend le chant secret. Pour que se déploie le lyrisme, il faut donc vivre au plus haut de soi-même (Don Quichotte est une figure du lyrisme au début du *Mythe de Sisyphe*), les yeux ouverts sur la vie et sur la mort, en acceptant de ne pas tout maîtriser : « J'ai besoin parfois d'écrire des choses qui m'échappent en partie, mais qui précisément font la preuve de ce qui en moi est plus fort que moi », écrit Camus dans ses *Carnets* en août 1937. Alors, par l'art, pourront se retrouver les « deux ou trois images simples sur lesquelles le cœur, une première fois, s'est ouvert ».

Dans une phrase elle-même lyrique, à la fin de *L'Homme révolté*, Camus a donné la meilleure image qui soit de son propre lyrisme : « Au sommet de la plus haute tension va jaillir l'élan d'une droite flèche, du trait le plus dur et le plus libre. » C'est souvent sur ce mode qu'il fait chanter la prose, à la fin de ses essais (par exemple *L'Exil d'Hélène*) ou dans ses pièces de théâtre (si le lyrisme de certains dialogues de *L'État de siège* est évident, celui de mainte tirade de *Caligula* ne l'est pas moins).

Mais, depuis toujours, Camus se sait porteur d'un autre chant : « plus intérieur » (*Noces*), « aveugle et grave » (*L'Été*), il prend sa source dans l'amour, celui qu'il porte aux siens et à l'Algérie. C'est celui qu'il libère dans *Le Premier Homme* : « Je pense pouvoir dans cette œuvre, que je voudrais accessible à tous, donner libre cours à ma tonalité. Je voudrais moduler mon chant selon toutes mes gammes intérieures » (*Le Courrier de l'Ouest*, 25 juin 1957). Porté par la « joie profonde » de parler de ce(ux) qu'il aime, Camus donne libre cours à son lyrisme dans l'ampleur des phrases, accordées à l'espace immense autant qu'à la profonde obscurité intérieure, dans la fulgurance des images, dans le frémissement, enfin, de l'émotion intime qui affleure à la surface de la narration à la troisième personne. Ce lyrisme s'élargit quand la voix personnelle s'accorde aux voix silencieuses du monde et des muets, ceux qui n'ont jamais eu la parole, quand elle les accueille en elle. C'est parce qu'il atteint à cette universalité du véritable lyrisme que *Le Premier Homme* a rencontré un tel écho de par le monde.

Agnès SPIQUEL

Bibl. : Jacqueline Lévi-Valensi et Agnès Spiquel (dir.), *Camus et le lyrisme*, SEDES, 1997

M

***MAISON MAURESQUE* (*La*)**. – *La Maison mauresque* est un texte de jeunesse, un des tout premiers écrits de Camus, alors âgé de vingt ans. Ce texte hybride d'une dizaine de pages a été publié en 1973 avec d'autres écrits de jeunesse par Paul Viallaneix.

Le titre fait référence à la maison construite dans le Jardin d'Essai d'Alger à l'occasion du centenaire de la conquête. Proche de la rue de Lyon où il a passé son enfance, c'est pour Camus un endroit familier. Le Jardin d'Essai surplombe Alger et la Méditerranée, d'où la description préfigurant celle de *La Mort heureuse* où le narrateur évoque la « Maison devant le Monde ». La méditation porte d'abord sur les différentes parties de la maison, puis s'élargit, si bien que sont tour à tour mentionnés le port, les boutiques arabes, le cimetière musulman, une mosquée, mais aussi la campagne d'Algérie, Cherchell et les vallées de Kabylie.

Dans ce texte qui tient autant du récit que de la méditation s'exprime à la première personne du singulier un narrateur dont le lecteur n'apprend pas grand-chose, sinon qu'il est jeune. Il semble ne pas y avoir âme qui vive, ce qui ajoute à l'aspect mystérieux et merveilleux de l'endroit. Le narrateur se glisse d'abord dans la peau de l'architecte : « J'ai voulu bâtir une maison d'émotions, mauresque par son plan et sa volonté d'évasion. La voici. » Son attitude est ensuite éminemment contemplative : « J'ai longtemps regardé les feux d'un paquebot dans les eaux sombres », à quoi fait écho, un peu plus loin, l'expression surprenante « le cimetière contemplait ». Le silence est suggéré aussi bien par la privation et la négation que par l'évocation de bruits normalement à peine audibles.

Les différentes rubriques du texte portent des titres sagement descriptifs : « l'entrée », « le couloir », ou encore « dernière pénombre ». Ils sont cependant trompeurs : « l'entrée » décrit en réalité la vue depuis une terrasse « d'où on surprenait toute la ville arabe et la mer », tandis que « le couloir » évoque les étoffes colorées à grands renforts d'hypallages (« des jaunes insolents, des roses insoucieux d'harmonie, des bleus oublieux ») et de personnifications (« les magiques tissus d'argent et de soie, qui rient sans raison »). C'est très rapidement que se mettent en place les éléments sur lesquels est bâti le texte, notamment les contrastes entre les « pénombres bleues » et les « cours ensoleillées », entre les « feux du paquebot » et les « eaux sombres ». Les couleurs des étoffes sont éclatantes et chatoyantes. Plus loin, on aboutit à l'opposition entre la maison mauresque aux « ironiques couleurs » et la « maison grise ».

La dernière partie du texte, plus réflexive et moralisante, comporte une méditation sur le bonheur : « Je songe que ces moments furent heureux puisqu'ils ne se préoccupaient point de l'être » et sur la souffrance : « Ainsi, devant mon ciel d'Algérie, j'apercevais la vanité de mes inquiétudes et je songeais aux souffrances étrangères. » En guise de conclusion, un constat désabusé et mélancolique fait écho au début du texte : « Elle est maintenant édifiée et je me désespère de la sentir se dérober à moi, de la voir, avec une criante lucidité, rejoindre lentement, inéluctablement l'abîme où, insoucieuse de l'homme qu'elle protégeait, elle n'aura pour tout crépi que la brumeuse magie du souvenir. » Ne serait-ce que pour cette longue phrase, cette envolée lyrique telle qu'on en trouve peu chez Camus, ce texte de jeunesse mérite de retenir toute notre attention.

Marie-Christine Pavis

Éd. : « Le premier Camus », *Cahiers Albert Camus*, n° 2, 1973 • *Œuvres complètes*, t. I, Gallimard, coll. « Bibl. de la Pléiade », 2006, p. 967-975

Bibl. : Michael Kohlhauer, « L'exil a-t-il un nom ? Albert Camus, *La Maison mauresque* », *Revue des Lettres modernes*, série Albert Camus, 17, 1996, p. 89-106 • Jacqueline Lévi-Valensi, *Albert Camus ou la naissance d'un romancier, 1930-1942*, Gallimard, coll. « Les Cahiers de la NRF », 2006, p. 90-119

MAISONSEUL, affaire. – De l'affaire Maisonseul, nous ne connaissons probablement encore aujourd'hui que la face visible de l'iceberg : des dates, une arrestation, un procès et l'implication majeure de Camus dans la libération d'un ami. À la une du *Monde*, le 29 mai 1956 – quelques jours plus tôt, Pierre Mendès France a démissionné de ses fonctions de ministre d'État pour cause de désaccord avec la politique algérienne du gouvernement –, une information datée de la veille, en provenance d'Alger, annonce : « le directeur départemental de l'urbanisme à Alger [Jean de Maisonseul] inculpé à la sûreté extérieure de l'État ». La dépêche précise que des documents compromettants auraient été saisis à son domicile (en fait il s'agissait principalement d'une simple lettre comportant une liste de sympathisants de la révolution algérienne) et met en cause ses relations. Le qualifiant de « chrétien progressiste qui ne s'était jamais caché de travailler pour une trêve en Algérie », elle fait aussi référence au groupe organisateur de la conférence sur le projet de trêve civile donnée par Albert Camus à Alger trois mois auparavant. Seul Maisonseul est inculpé bien que deux autres noms dont celui de Louis Miquel aient circulé.

Camus réagit publiquement, de façon très rapide, en adressant au *Monde* deux textes qu'il a tenu à faire figurer deux ans après dans ses *Chroniques algériennes*. Le 30 mai, le jour même où, quelques pages plus loin, Émile Henriot rend compte de la parution de *La Chute* (en ouvrant sa chronique ainsi : c'est « naturellement du très bon Camus. Mais ce livre crée une gêne »), est publiée en page 3 une lettre de Camus « à propos des poursuites contre Jean de Maisonseul ». L'écrivain y affirme avec vigueur qu'il usera de toutes ses « possibilités pour alerter l'opinion et réclamer cette libération », préalablement à l'obtention de réparation, renvoyant le gouvernement à ses responsabilités. Moins d'une semaine plus tard, dans *Le Monde* daté du 3-4 juin, sous la rubrique « Libres opinions » et le titre provocateur « Gouvernez ! », Camus, constatant que quelques jours après l'arrestation « il ne reste rien des accusations lancées au hasard », met en demeure le gouvernement de « libérer sans délai Jean de Maisonseul et de lui consentir une réparation publique ». Ses amis du groupe de la *Révolution prolétarienne* sont prêts à le suivre dans des actions de mobilisation de l'opinion publique. Les articles de Camus franchissent, dans un paquet de cigarettes, les murs de la prison de Barberousse à Alger et Maisonseul en a connaissance. Il est libéré le 12 août 1956, mais reste suspendu de ses fonctions administratives et n'obtient un non-lieu « reconnaissant » son « innocence totale » que plus d'un an après, comme le signale une note de l'édition de *Chroniques algériennes*. Guy BASSET

Bibl. : Albert Camus, *Chroniques algériennes*, Gallimard, coll. « Folio Essais », 2002, p. 187-196

MAISONSEUL, Jean de (1912-1999). – « Curriculum vitae : néant. Puisque je n'ai pas de mémoire, que le passé m'est douloureux, serais-je un homme heureux ? Je peux dire que j'ai connu Camus en 1930 – nous avions autour de dix-huit ans. » Ainsi commence la courte présentation par Jean de Maisonseul du catalogue de l'exposition de Lourmarin (1994), « Les peintres amis d'Albert Camus ». Jean Pandrige de Maisonseul, plus communément appelé Jean de Maisonseul, descend d'une vieille famille originaire du Vivarais. Il est l'arrière-petit-fils d'un officier qui participa au débarquement de 1830. Camus lui a été présenté par Max-Pol Fouchet en 1930 ou 1931 ; il devient le premier confident de ses premiers essais littéraires.

La biographie de Maisonseul est intimement liée à Algérie. Trois activités principales la caractérisent : la passion de l'urbanisme, la peinture (la sienne et celle des autres) et l'écriture. Très tôt il s'initie au dessin et à la peinture, suivant les leçons d'Alfredo Figueras, peintre catalan réfugié à Alger, avant d'entrer à l'École des beaux-arts d'Alger, où il apprend l'architecture avec l'Oranais Léon Claro. Mais il a pris goût précédemment à l'architecture en travaillant comme dessinateur chez Pierre-André Émery, architecte d'origine suisse installé à Alger, élève de Le Corbusier. Après des études en France (1936-1939), il intègre le service d'urbanisme du département d'Alger qu'il dirige de 1947 à 1956, participant activement aux projets d'urbanisation de la ville. À la fondation de l'Institut d'urbanisme, il en assume la fonction de secrétaire général. Chargé de l'étude du plan de reconstruction d'Orléansville à la suite du tremblement de terre, il décide d'offrir à Camus un théâtre dans la ville et en confie l'étude et la réalisation à Louis Miquel et Roland Simounet, emmenant même Camus sur le terrain.

Maisonseul fait aussi partie du groupe des libéraux qui est sur l'initiative de la venue de Camus à Alger et de sa conférence appelant infructueusement à une « trêve civile. » Son arrestation quelques semaines plus tard, en mai 1956, pour atteinte à la sûreté extérieure de l'État, provoque deux vives protestations de Camus dans *Le Monde* : ce fut l'« affaire Maisonseul ». Camus, par ailleurs, en mai 1958, préface le catalogue de son exposition à la galerie Lucie-Weill présentant des peintures faites pendant la guerre d'Algérie, témoignant « pour la vérité du pays qui nous est commun ». De 1962 à 1970, Jean de Maisonseul est conservateur du musée national des Beaux-Arts d'Alger. Il a toujours été très actif dans la vie culturelle et artistique d'Alger – on le retrouve dans les revues *Soleil* et *Terrasses* –, mais aussi dans l'organisation d'expositions de peinture de toute cette longue période. Ne se sentant plus à l'aise sur sa terre natale, il s'installe en France en 1976. Il meurt à Cuers, dans le Var.

Guy BASSET

Bibl. : Jean de Maisonseul, dossier en hommage, *Algérie Littérature/Action,* n° 39-40, mars-avril 2000, p. 82-137

MAL. – Le lecteur attentif des *Carnets* (surtout à partir du Cahier IV) et de *L'Homme révolté* est frappé par l'emploi fréquent du mot « mal ». À quoi s'ajoute que Camus utilise souvent des mots qui en découlent : « malheur », « malentendu », « maladie » et parfois des termes comme « malice », « malconfort ». Le mal a, lui aussi, si l'on peut dire, ses harmoniques…

Camus a découvert fort tôt la présence du mal : il a fait jeune l'expérience d'une maladie grave, la tuberculose, qui n'a cessé de menacer sa vie. En outre, deux des auteurs majeurs étudiés dans son mémoire pour le Diplôme d'études supérieures, Plotin et saint Augustin, se sont efforcés de résoudre théoriquement ce problème. Camus a fait sienne la fameuse interrogation de saint Augustin : « *Unde malum ?* » (« D'où vient le mal ? ») ; elle ne le lâchera plus, pas plus qu'elle n'a lâché le Père de l'Eglise.

Quel est le statut ontologique du mal ? A-t-il une réalité comparable au bien ? Si c'est le cas, bien et mal sont des principes de même niveau ontologique et s'opposeront vraisemblablement jusqu'à la fin des temps, puisque aucun ne peut l'emporter définitivement. C'est la thèse du dualisme, que l'on retrouve dans certains aspects de la gnose ou dans le manichéisme, mouvements que le christianisme triomphant a combattus et considérés comme des hérésies.

Plotin et à sa suite saint Augustin développeront la thèse que le mal n'a pas de réalité propre : tout étant est bon tant qu'il est ; le mal ne naît que lorsque cet étant perd certaines de ses qualités, en somme, par une espèce de comparaison avec l'état antérieur. En allant au fond des choses, le mal, comparé au bien, à l'être, va de pair avec la perte de toutes les qualités, il est le non-être pur et simple, le néant. En définitive, le mal est sans réalité, il n'est que la privation du bien. Thèse optimiste donc : l'être est infiniment supérieur au néant. Il faudra attendre Schopenhauer et les penseurs pessimistes allemands pour oser penser que le néant vaut mieux que l'être et – c'est la position de Eduard von Hartmann – qu'il faut rejeter l'être dans le non-être par une espèce de suicide cosmique. La conception du mal comme privation du bien convient parfaitement à la foi de l'évêque d'Hippone : la création est bonne, et seul le non-respect du commandement divin de ne pas goûter le fruit de l'arbre de la connaissance a dénaturé la nature humaine. Le péché, qui résulte de la liberté humaine, laquelle est un bien, introduit le mal : celui-ci est donc dû à l'homme et non à Dieu, lequel est alors en droit de punir sa créature et sa descendance. Saint Augustin résout ainsi la question de la justice de Dieu, que Leibniz appellera plus tard la question de la théodicée.

Ces conceptions sont connues de Camus, comme en témoignent son diplôme de fin d'études et un texte ultérieur de février 1943, dans ses *Carnets* : « Curieux texte de la Genèse

(III,22) “Et l’Éternel Dieu dit : Voici, l’homme est devenu (après la faute) comme *l’un de nous*, sachant le bien et le mal. Mais maintenant il faut prendre garde qu’il n’avance la main et ne prenne aussi l’arbre de vie et qu’il n’en mange et *ne vive à toujours.*” Et l’épée de feu qui chasse alors l’homme de l’Éden “se tournait çà et là pour garder le chemin de l’arbre de vie”. C’est l’histoire de Zeus et de Prométhée qui recommence. L’homme a eu le pouvoir de devenir l’égal de Dieu, et Dieu l’a craint et il l’a maintenu dans la sujétion. »

La question du mal a en fait poursuivi Camus tout au travers de son œuvre et l’on peut dire que *L’Homme révolté*, qui demeure son essai réflexif le plus abouti, est aussi un livre sur le mal. Le Cahier IV des *Carnets*, en 1944, recèle encore une notation tout à fait explicite : « Sens de mon œuvre : Tant d’hommes sont privés de la grâce. Comment vivre sans la grâce ? Il faut bien s’y mettre et faire ce que le Christianisme n’a jamais fait : s’occuper des damnés. » Les damnés sont ceux qui ont succombé au mal et que la grâce, le don du pardon divin, n’a pas sauvés. Camus dit donc clairement écrire pour les damnés, comme Rieux, dans *La Peste*, qui déclare dans son altercation avec le père Paneloux ne pas avoir la grâce, travaille pour les pestiférés et écrit la chronique de la peste d’Oran pour que l’on n’oublie pas leurs souffrances.

La réflexion camusienne sur la révolte conjugue deux registres qui ne sont pas sans interférer : la révolte individuelle, la rébellion pour soi, et la révolte sur le plan collectif, pour soi et pour les autres. Toute révolte est protestation contre un état de fait qui devrait être autre ou que l’on devrait faire autre. Mersault dans *La Mort heureuse* et Martha dans *Le Malentendu* tuent pour mener la vie dont ils rêvent. Caligula enseigne aux hommes à se faire les égaux des dieux, ce qui ne va pas sans un cortège de meurtres. Kaliayev et Dora dans *Les Justes* tuent, au contraire, *pour* le bonheur des autres et acceptent ce faisant de payer de leur vie celle qu’ils détruisent. Dans un cas, on tue pour assurer son bonheur, dans l’autre pour créer une communauté des hommes dont personne, en principe, ne serait exclu. Mais dans les deux cas, on n’échappe pas à la culpabilité, soit que le bonheur est atteint aux dépens des autres, soit que la réalisation d’une communauté heureuse exige d’exclure ceux qui l’empêchent ou la refusent. Le révolté, dit Camus dans *L’Homme révolté*, aboutit tout au plus à une « culpabilité raisonnable » ou à la « culpabilité calculée » ; dans « Les embarras de la violence » (texte préparatoire à *L’Homme révolté* qui a nourri une conférence donnée par Camus en Amérique du Sud en 1949) il utilise un oxymoron : les hommes sont au mieux des « meurtriers innocents ».

Le mal a donc ici son origine dans le « pour autrui », dans les rapports interhumains. Mais il a une autre source encore : l’homme ne découvre pas sa condition, sa fragilité et sa finitude sans se révolter contre la nature ou les dieux qui l’ont façonné. Aux yeux de Camus, cette condition qui fait de tout individu un condamné à mort est inacceptable puisqu’elle le soumet à la violence, ce qui peut l’entraîner par dépit, ressentiment ou humiliation, à la fureur de destruction. La première cause du mal, le pour autrui et la violence qu’il génère, peut être tempérée par la conscience que les hommes prennent de leur communauté de destin – ce à quoi l’écrivain algérois n’a cessé de les inviter –, mais la seconde, la condition d'être mortel, est jusqu'ici indépassable. Si la mort n'est pas en soi le mal, elle en est indissociable, elle est son symptôme et dans la tradition chrétienne sa conséquence ; dans ses *Carnets* III, Camus note : « Dans le Christ finit la mort qui dans Adam commença. » Sans la religion, sans la croyance à la résurrection, que Camus déclare ne pas partager dans sa conférence de presse de Stockholm, l'homme reste un condamné à mort. Rappelons-nous la fureur de Meursault à l'égard de l'aumônier et les propos par lesquels il justifie son attitude : « Les autres aussi, on les condamnerait un jour. Lui aussi [l'aumônier], on le condamnerait. » La mort à venir, si on la prend vraiment en compte, égalise tout, nivelle les conditions en scellant les destins de manière inexorable.

Que faire alors face à cette condition qui rappelle que le mal pourrait être une réalité ontologique indépassable ? En systématisant quelque peu, on peut dire qu'il y a trois recours possibles : la grâce, la justice et la technique. Camus en propose un quatrième, la mesure. C'est dans *L'Homme révolté* que l'on trouve l'exposé le plus élaboré de ces tentatives de réponse.

La grâce est un don qui fait vivre dans le sacré et transforme l'existence en une longue série d'actions de grâces. Si ce don est mis en question, soit que l'individu s'insurge contre la justice qui préside à la distribution divine de la grâce, soit qu'il la refuse comme Ivan Karamazov au nom des souffrances d'enfants innocents, nous sortons du sacré et entrons dans une vie profane où la révolte s'impose.

Camus a parfaitement conscience de la substitution du problème de la justice à celui de la grâce : « Comment vivre sans la grâce, c'est la question qui domine le XIXe siècle. “Par la justice”, ont répondu tous ceux qui ne voulaient pas accepter le nihilisme absolu. Aux peuples qui désespéraient du royaume des cieux, ils ont promis le royaume de l'homme. [...] La question du XXe siècle [...] s'est peu à peu précisée : comment vivre sans grâce et sans justice ? » Et l'écrivain conclut : « Le royaume de la grâce a été vaincu, mais celui de la justice s'effondre aussi. L'Europe meurt de cette déception. » Les tentatives pour imposer la justice vont de pair avec la construction d'utopies abstraites, qui, lorsqu'on entend les réaliser concrètement, engendrent des régimes totalitaires et des caricatures de justice. Vouloir atteindre l'unité par la violence est vain et aboutit à son travestissement en totalité.

Reste une possibilité dont Camus avait partiellement pris conscience et qui n'a fait que gagner du terrain : modifier la condition humaine par la technique. Il est vrai que cette possibilité – par exemple les manipulations et l'ingénierie génétiques – et ses dangers ne sont apparus pleinement qu'à la fin du XXe siècle. L'écrivain voyait dans le culte de la technique une manifestation de l'orgueil occidental.

Venons-en à la solution que Camus préconise : le recours au concept de mesure ou de limite. La révolte n'est pas qu'un refus, elle est aussi habitée par le consentement ; la nature n'est pas qu'une marâtre, elle est aussi une mère. La plupart des notions n'atteignent leur équilibre que par l'opposition des pôles qui les constituent, chacun étant la limite de l'autre et leur relation devant être réajustée en fonction de chaque situation. Rappeler le rôle des limites invite à la modestie.

L'interrogation de Camus sur le mal se situe ainsi dans le sillage de Plotin et de saint Augustin, du monde grec et plus encore du cadre chrétien : les dieux et Dieu, la nature et la création, la conquête du feu et de la connaissance, la connaissance du bien et du mal, la chute, la damnation, la grâce, le pardon. Maurice WEYEMBERGH

Bibl. : Paul J. Archambault, « Camus : le problème du mal et ses solutions gnostiques », *Revue des Lettres modernes*, série Albert Camus, 9, 1979, p. 27-42 • Paolo Miccoli, *Il Problema del Male e dell' Ateismo in Albert Camus*, Alba, Edizione Paoline, 1971 • Hervé Pasqua, « Albert Camus et le problème du mal », *Les Études philosophiques*, janvier-mars 1990, p. 49-58 • Paul Viallaneix, « Le défi du mal : dialogue avec Albert Camus », *Foi et vie*, janvier 1995, p. 25-34

MALADIE. – Le terme « maladie » associé à l'œuvre de Camus évoque immédiatement deux références : d'un côté *La Peste*, qui consacra Camus comme l'un des grands romanciers de l'après-guerre, puis *L'État de siège*, de l'autre la tuberculose qui frappa l'écrivain l'année de ses dix-sept ans.

Fin 1930, Camus subit une première attaque de tuberculose pulmonaire. Il est soigné à l'hôpital Mustapha d'Alger, puis son oncle l'accueille le temps de sa convalescence. La maladie marque un tournant dans sa vie. Sur un plan pratique d'abord, elle interrompt brutalement ses études, lui interdit le football, ainsi que l'accès à une carrière professorale ou encore la possibilité de s'enrôler en 1939. En même temps, elle lui donne accès, chez l'oncle Acault, à une certaine aisance. Le changement le plus profond est cependant d'ordre intime, spirituel, voire philosophique : à dix-sept ans, Camus fait l'expérience de sa finitude. De cette leçon de mort, il fait rapidement une leçon de vie, mais aussi, et surtout, une leçon de littérature, comme en témoigne la préface de 1958 à *L'Envers et l'Endroit* : la maladie devient un thème central de son œuvre.

Les Voix du quartier pauvre s'interrogeaient déjà sur la maladie, et plus particulièrement sur son autre visage, la vieillesse : ces deux faillites du corps mettent l'homme face à face avec l'imminente absurdité de son décès. Pour citer les plus mémorables malades de l'œuvre, dans *La Mort heureuse*, Roland Zagreus, amputé des deux jambes, souligne le fait qu'un corps malade, amoindri, interdit l'accès au bonheur ; Mersault a la fièvre et sa mère est morte d'une longue et pénible maladie ; la mère du *Malentendu* se plaint de ses rhumatismes ; le chien de Salamano est malade d'avoir trop longtemps vécu, c'est ce qu'explique son maître, confirmant l'affinité entre maladie et vieillesse dans l'imaginaire camusien ; un personnage étonnant de *La Peste* est atteint d'asthme et passe ses journées à remplir puis vider une marmite de pois, redoublant ainsi l'absurdité de sa condition ; l'agonie du fils Othon est par ailleurs l'un des épisodes les plus pénibles du roman ; Tarrou meurt de la peste ; la femme du docteur Rieux meurt pendant sa cure à la montagne ; Clamence, enfin, est atteint d'une étrange maladie, qu'il identifie avec le paludisme. La maladie n'épargne pas non plus les personnages secondaires. Par exemple, dans *La Mort heureuse*, le fils de Céleste est tuberculeux. Quelqu'un raconte au café l'histoire d'un tuberculeux mort d'avoir trop honoré sa femme. Cette histoire mi-grivoise, mi-philosophique – et qui traduit sans doute les angoisses du jeune tuberculeux qu'est alors Camus – est reprise dans *La Peste*. Dans *L'Étranger*, l'infirmière qui garde le cercueil de la mère a eu le nez mangé par un chancre : sous son voile se cache l'absence, comme sous le couvercle refermé se dissimule la mère morte.

Car la maladie est rapidement traitée sur un mode symbolique, ce dont témoigne par exemple le personnage de Mersault : symbole de santé et de jeunesse, il tombe malade après le meurtre de Zagreus. Il ne s'agit pas d'une forme de punition divine, comme le clamera dans *La Peste* le père Paneloux : la maladie de Mersault signale simplement l'absurdité du destin humain. Tout homme est un mort en devenir. Cette vérité, Caligula – présenté comme « une maladie mortelle pour les autres » – l'enseigne par la terreur à ses sujets… et au public : il s'adresse à la salle comme s'il parlait à des morts. L'homme porte en lui une exigence de logique, de justice, un besoin d'explications ; or, le monde répond à ce besoin par une totale indifférence. La maladie est un symbole idéal de cette absurdité du monde : elle frappe indifféremment jeunes et vieux, coupables et innocents. Une vision morale, voire métaphysique des choses s'impose alors : sur la fiche du père Paneloux, décédé, désespéré d'avoir vu mourir un innocent, le médecin inscrit « cas douteux » – libre au lecteur de comprendre que le religieux a effectivement contracté la peste, ou qu'il s'est laissé mourir pour ne pas douter de sa foi, ou parce qu'il en doutait. Quant à Meursault, attendant son exécution, il se considère comme un « patient », et non comme un condamné. La maladie devient l'élément de comparaison privilégié de tout ce qui, dans le monde, met l'homme face à son propre néant. Et Clamence d'utiliser comme comparant pour décrire son état d'âme… la tuberculose : « Les poumons tuberculeux guérissent en se desséchant et asphyxient peu à peu leur heureux propriétaire. Ainsi de moi qui mourais paisiblement de ma guérison. » Vivre en désaccord avec soi-même est une forme de maladie.

C'est dans *La Peste* que s'affirme le plus clairement le caractère métaphorique du motif. Comme le signale, en exergue du roman, la citation empruntée à Daniel De Foe (qui a écrit un *Journal de l'année de la peste*), le choix du sujet a une valeur symbolique. Publié en 1947, le roman a été souvent lu comme une métaphore de l'occupation nazie. Camus proposait quant à lui une interprétation plus large : la maladie serait le symbole du mal, ce que résume le personnage de Tarrou en disant que nous portons tous en nous la peste. Le roman est scrupuleusement documenté, les références historiques sont nombreuses, et justes, les descriptions médicales sont soigneuses et précises, et bien qu'imaginaire, la peste qui s'abat sur Oran « en 194. » est décrite de manière réaliste. Elle fait néanmoins entrer le lecteur dans un temps symbolique : d'abord traditionnellement traduit à l'aide de jours, de dates, et d'heures précises, le temps est rapidement décompté en corps de rats, puis en corps d'hommes. Au cœur de ce temps symbolique, la peste elle-même prend une dimension mythique : elle est personnifiée, un fléau à la main, faisant sa récolte de corps. Cette personnification cède cependant rapidement le pas à trois phénomènes singuliers. Pour commencer, dans la seconde moitié du roman, le comparant le plus utilisé pour désigner la peste est… la guerre, ce qui vient compliquer la relation métaphorique entre l'épidémie et la Seconde Guerre mondiale. De fait, cette relation métaphorique n'épuise pas le motif de la maladie : la peste est systématiquement associée aux grandes forces naturelles, soleil, vent, pluie. Même lorsque deux des personnages s'échappent un instant pour aller se baigner (seul épisode du roman qui se produise hors des murs de la ville barricadée), la mer est évoquée comme un animal lisse et huileux qui rappelle les rats annonciateurs de l'épidémie. La maladie est à la fois symbole et relais d'un univers indifférent aux hommes. Enfin, dès que la peste s'installe, un phénomène remarquable se produit : les adjectifs de couleurs se retrouvent affublés du suffixe péjoratif « âtre » : « rosâtre », « noirâtre », « verdâtre ». C'est ainsi qu'après la mort atroce du petit garçon, « le ciel bleu du matin » se couvre rapidement d'une « taie blanchâtre », qui illustre le triomphe de la peste tout en reprenant l'image de l'oreiller souillé sur lequel vient d'agoniser un innocent. L'écriture semble contracter la peste : l'ombre coagule, les sentiments du docteur Rieux sont décrits comme des bubons… Cette contamination de l'écriture signale peut-être que le motif de la maladie nourrit profondément non seulement l'esprit mais aussi la lettre de la prose camusienne. Séverine GASPARI

MALENTENDU (Le). – *Le Malentendu,* « pièce en trois actes », fut publié le 20 mai 1944 chez Gallimard, précédé de la dédicace « À mes amis du "Théâtre de l'Équipe" », dans un volume intitulé *Le Malentendu suivi de Caligula.* Les répétitions avaient débuté en mars ; elles devaient unir pour longtemps Camus à la première actrice de la pièce, Maria Casarès. La création eut lieu au Théâtre des Mathurins, le 24 juin 1944, dans une mise en scène de Marcel Herrand avec la distribution suivante : Maria Casarès (Martha), Hélène Vercors (Maria), Marie Kalff (la mère), Marcel Herrand (Jan) et Paul Œttly (le vieux domestique). En raison de l'avancée des Alliés sur Paris, les représentations furent interrompues après la soirée du 23 juillet ; elles reprirent du 17 au 31 octobre. Une nouvelle édition conjointe du *Malentendu* et de *Caligula* fut publiée en 1947 ; elle enregistrait, pour *Le Malentendu*, de légères modifications et quelques coupures. Dès cette époque, Camus procédait à une révision plus complète de sa pièce en vue d'une adaptation télévisée diffusée en 1950, puis reprise en 1955. Ces remaniements se retrouvent dans la « nouvelle version » publiée en mars 1958.

L'intrigue du *Malentendu* a son origine dans un fait divers, présenté en ces termes par *L'Écho d'Alger* du 6 janvier 1935 : « Effroyable tragédie. Aidée de sa fille, une hôtelière tue pour le voler un voyageur qui n'était autre que son fils. En apprenant leur erreur, la mère se pend, la fille se jette dans un puits. » Le récit de cette tragédie, survenue dans un petit hôtel de Bela-Tserkva, en Yougoslavie, se retrouve sur le « vieux morceau de journal » découvert par Meursault sous la paillasse de sa cellule (*L'Étranger*, deuxième partie, chapitre II) ; le début de l'article ayant été déchiré, Meursault suppose que le meurtre s'est déroulé en Tchécoslovaquie. « J'ai dû lire cette histoire des milliers de fois. D'un côté, elle était invraisemblable. D'un autre, elle était naturelle. De toute façon, je trouvais que le voyageur l'avait un peu mérité et qu'il ne faut jamais jouer », conclut-il. Ce fait divers, avec quelques variantes, a eu des précédents dans la réalité et dans la tradition littéraire. Plusieurs contes populaires narrent l'histoire d'un soldat qui, rapportant à son foyer une grosse somme d'argent, est tué par ses parents, qui ne l'ont pas reconnu. Et Roger Grenier fait observer que Le Chambon-sur-Lignon, où Camus rédigea à partir de l'été 1942 l'essentiel de sa pièce, n'est pas très éloigné de Peyrebeille, village de l'Ardèche où s'est incarné au XIXe siècle le mythe de l'« auberge sanglante » (ou

« auberge rouge ») et du fils méconnu tué par les siens. Le fait divers offrait surtout à Camus une version tragique de la parabole du retour du fils prodigue, figure qu'il incarna dans son adaptation, avec le Théâtre de l'Équipe, du *Retour de l'enfant prodigue* (d'après d'André Gide, février 1938), et qui éclairera *Le Premier Homme*, où revient incessamment au foyer un héros qui se qualifie de « monstre » parce qu'il a quitté sa famille.

Acte I. Martha convainc sa mère qu'elles devront tuer, comme leurs clients précédents, le voyageur apparemment riche et solitaire qui s'est présenté dans leur auberge, car « il faut beaucoup d'argent pour vivre libre devant la mer ». Elles l'endormiront en versant un somnifère dans son thé avant de le noyer dans la rivière. Jan, le voyageur, est le fils et le frère de ces deux femmes qu'il a quittées il y a vingt ans. Il a été aperçu en compagnie de son épouse, Maria, par le vieux domestique de l'auberge, mais celui-ci gardera le silence jusqu'à la fin de la pièce. Malgré les remontrances de Maria, qui lui reproche tendrement de la délaisser et qui redoute les conséquences de son stratagème, Jan a décidé de se présenter seul à l'auberge en logeant ailleurs son épouse, afin de mieux deviner ce qui rendra heureuses sa mère et sa sœur. Martha interroge Jan sur le beau pays d'où il vient, puis encourage sa mère, qui donne des signes de lassitude, à commettre ce nouveau meurtre.

Acte II. Martha fait à nouveau longuement parler Jan des rivages ensoleillés où elle rêve d'habiter, lui confiant son dégoût pour cette Europe maussade où elle est condamnée à vivre. Puis elle lui apporte un thé qu'il n'a pas commandé. Avant de s'endormir, Jan se promet de revenir le lendemain avec son épouse et de dire à ses hôtes la vérité. Martha vainc les dernières résistances de sa mère, et le rideau tombe au moment où les deux femmes s'apprêtent à saisir le corps de Jan sur son lit.

Acte III. Le meurtre a été exécuté. Le vieux domestique apporte alors aux deux femmes le passeport qui était tombé alors qu'elles vidaient les poches du dormeur et qui leur révèle l'identité de Jan. Tandis que la mère est résolue à mettre fin à ses jours, Martha déclare qu'elle aurait commis le meurtre même si elle avait reconnu son frère. Elle proclame, dans un monologue, sa haine contre ce monde qu'elle quittera « sans être réconciliée » puis avoue son crime à Maria, venue pour retrouver son mari. En réponse au désespoir de la jeune femme, Martha lui conseille de se rendre sourde à tous les cris et de se faire « semblable à la pierre », puis elle quitte la scène pour s'unir à sa mère dans la mort. À l'ultime prière de Maria : « Ayez pitié et consentez à m'aider ! », le vieux domestique répond simplement : « Non ! »

Si Camus a décidé de situer en Tchécoslovaquie le fait divers de *L'Étranger*, puis l'intrigue du *Malentendu*, c'est parce qu'il y connut les pires moments de son sinistre voyage en Europe centrale de l'été 1936 (voir *La Mort heureuse*, ainsi que *La Mort dans l'âme* dans *L'Envers et l'Endroit*). Il résume pour la première fois le sujet de la pièce dans ses *Carnets,* en 1939, sous le titre « L'homme masqué » et, en avril 1941, note encore : « Le monde de la tragédie et de la révolte – Budejovice (3 actes). » Budejovice, ville située en Bohême méridionale, dans l'actuelle République tchèque, donne donc à la pièce son titre provisoire. Une note de 1942 – « Budejovice (ou Dieu ne répond pas). La servante taciturne est un vieux serviteur » – indique que Camus décide à cette date d'incarner par un homme le personnage qui, aux yeux de la critique et malgré ses dénégations (« Préface à l'édition américaine du théâtre »), figurera le destin, ironique et muet. En novembre 1942, le débarquement des Alliés en Afrique du Nord ayant entraîné l'occupation par les Allemands de la zone sud de la France, Camus se trouve pour une durée indéterminée séparé de sa femme, demeurée en Algérie. Cette épreuve, qui sera transposée dans *La Peste*, se reflète aussi dans la séparation (définitive celle-là) qu'impose le destin à Jan et Maria, tandis que le sombre hiver qu'il endure dans le Massif central nourrira l'impérieux besoin de Martha de vivre sous des cieux cléments. Selon les *Carnets*, Camus hésite désormais entre deux titres : « Budejovice » ou « L'Exilé ». « Je n'ai jamais autant pensé à la lumière et à la chaleur. C'est vraiment l'exil », confie-t-il à Jean Grenier le 13 février 1943. Vers la même époque, il copie dans ses *Carnets* des citations de Montaigne susceptibles de lui fournir des épigraphes : « Ce qui naist ne va pas à perfection et cependant jamais n'arrête », puis « Voilà pourquoi les poètes feignent cette misérable mère Niobé, ayant perdu premièrement sept fils et par la suite autant sept filles, surchargée de pertes, avoir été enfin transmuée en rochier… pour exprimer cette morne, muette et sourde stupidité qui nous transit lorsque les accidens nous accablent, surpassant nostre portée. » C'est l'invitation finale de Martha à Maria de se changer en pierre qu'il aurait ainsi mieux éclairée. Il entreprend vraiment la rédaction de sa pièce à partir de mars ou avril 1943, l'interrompt pendant l'été pour se consacrer à *Caligula*, puis l'achève vers septembre.

« Ces pièces forment un théâtre de l'impossible », explique-t-il dans sa présentation du *Malentendu* et de *Caligula.* Comprenons que Martha est impuissante à se délivrer du malheur où l'oblige à vivre le pays humide et froid où elle habite. Mais tandis que Caligula exige la lune, elle n'aspire, en rêvant du soleil, qu'à un bonheur consenti à une large part de l'humanité. Parce qu'elle trouve, pour s'extasier sur les rivages heureux évoqués par Jan, des accents proches de ceux de *Noces*, et s'avoue, à l'approche du dénouement, désespérée de n'avoir pu rendre sa mère heureuse, elle a chance que le spectateur adoucisse le jugement qu'appelait sa noirceur d'âme. « Le personnage le plus réussi est Martha parce qu'il vous ressemble et vous exprime presque entièrement », avait écrit Jean Grenier à Camus à la réception du manuscrit de la pièce (6 octobre 1943). Le droit au bonheur offrirait-il donc des excuses au crime ? Celui qu'exécutait Mersault dans *La Mort heureuse* donne un troublant prolongement à cette question.

Un commentaire de Camus accroît l'étonnement : « Tout le malheur des hommes vient de ce qu'ils ne prennent pas un langage simple. Si le héros du *Malentendu* avait dit : “Voilà. C'est moi et je suis votre fils”, le dialogue était possible et non plus en porte-à-faux comme dans la pièce. Il n'y avait plus de tragédie puisque le sommet de toutes les tragédies est dans la surdité des héros » (*Carnets*, fin 1945 ou début 1946). En attribuant à la rouerie de Jan, inspirée par une louable intention, plutôt qu'au dessein criminel de sa sœur la responsabilité du malheur, Camus avalise la moralité que tirait de l'histoire le héros de *L'Étranger*. Que Jan paie de sa vie la tentation de jouer la comédie, alors que Meursault a payé de la sienne le refus d'y céder, pourrait signifier que le destin frappe également les hommes, quels que soient leurs choix. En suggérant que l'individu fabrique lui-même son malheur, la réflexion des *Carnets* met toutefois en question la nature tragique de la pièce. Dirait-on, au sujet d'Œdipe par exemple : « S'il avait emprunté un autre chemin… » ? On devine que la foi dans la liberté humaine survit, chez Camus, à la croyance en la fatalité. Sa « Préface à l'édition américaine de *Caligula and Three other Plays* » (décembre 1957) confirme, dans la partie consacrée au *Malentendu*, que « dans un monde injuste ou indifférent, l'homme peut se sauver lui-même, et sauver les autres, par l'usage de la sincérité la plus simple et du mot le plus juste ».

Après avoir envisagé d'inaugurer avec cette pièce le cycle de la révolte, Camus préféra la situer au terme du cycle de l'absurde. L'absurdité de la situation des personnages (en particulier de Jan, maladroit jouet d'un destin qu'il a contribué à forger), à l'intérieur de cette auberge qui se referme sur eux comme un piège, ressort du titre même de la pièce. Elle ne doit pas conduire à sous-estimer la révolte de Martha. Moins insensée que celle de l'empereur romain, cette révolte se révélera tout aussi vaine. Mais Martha est-elle punie d'avoir recouru au crime pour accéder au bonheur, ou reflète-t-elle par son infortune celle de la condition humaine tout entière ? Une réponse à cette question est apportée par la conférence prononcée à Athènes « Sur l'avenir de la tragédie », le 29 avril 1955. « L'homme d'aujourd'hui qui crie sa révolte en sachant que cette révolte a des limites, qui exige la liberté et subit la nécessité, cet homme contradictoire, déchiré, désormais conscient de l'ambiguïté de l'homme et de son histoire, cet homme est l'homme tragique par excellence. » Martha a donc eu tort d'oublier que la révolte devait s'imposer des limites (en priorité le respect de la vie humaine) ; mais son élan vers les terres du soleil, loin de se réduire à un désir de dépaysement, symbolise, aux yeux de l'apôtre de la « pensée de midi », l'aspiration à rejoindre une Beauté de plus en plus refusée aux hommes par la grise civilisation du XXe siècle. « La tragédie terminée, il serait faux de croire que cette pièce plaide pour une soumission à la fatalité », écrit encore Camus dans un projet de préface. Que Martha se soit trompée sur les moyens n'estompera pas l'idéal qu'elle avait tenté d'atteindre. Celui-ci fût-il inaccessible, il relève de la dignité humaine de le chercher inlassablement.

À l'inverse, victime innocente à la fois de la légèreté de son époux et de la noirceur des deux femmes, Maria n'est à aucun degré une figure de la révolte ; pour finir, elle appellera à l'aide. Appréhendant l'avenir avec une subtilité psychologique qui en fait une héroïne moderne plutôt qu'une Cassandre, elle s'impose par ses accents comme le personnage le plus émouvant de la pièce. Invitée par Martha à « rejoindre la pierre », c'est-à-dire une forme de grandeur à laquelle Camus lui-même aspirait, elle nous remet en mémoire une des versions du mythe de Niobé qui, après avoir été changée en rocher, aurait fait par ses larmes jaillir l'eau d'une source.

Lorsqu'il eut achevé *Le Malentendu*, Camus confia à Jean Grenier qu'il s'était proposé d'en « faire une tragédie moderne », mais qu'« il est très difficile de faire du "tragique en veston" » (20 septembre 1943). « Mais si j'avais habillé de péplums mes personnages, tout le monde peut-être aurait applaudi », commentera-t-il dans sa préface à l'édition américaine. Il fallait que le langage de la pièce fût à la fois insolite, comme l'impose la tragédie, et naturel, comme il convient à des dialogues contemporains – « je ne suis pas sûr d'avoir réussi le bon dosage », admettra-t-il. Les données et le déroulement de l'intrigue mettaient eux-mêmes en péril les visées de l'œuvre. Le « malentendu » qui engendre la tragédie pourrait en effet être qualifié de quiproquo, procédé plutôt utilisé dans la comédie. C'est certes en vertu d'un quiproquo, au sens large du terme, qu'Œdipe tue son père et épouse sa mère, mais la distance imposée à l'imagination par l'aventure du roi de Thèbes efface au profit du mythe les circonstances anecdotiques de son infortune. Bien que Camus ait dépouillé l'auberge de tout effet de réalisme pour en faire un lieu symbolique (à l'instar de la chambre d'hôtel du *Huis clos* de Jean-Paul Sartre), l'action du *Malentendu* est reçue comme un fait divers d'exception plutôt que comme un raccourci de la destinée tragique de l'humanité. En outre, s'il est vrai que l'intrigue est resserrée autour du meurtre de Jan, le spectateur a été informé, au cours de la première scène, que d'autres assassinats avaient été perpétrés avant le lever du rideau par Martha et sa mère, aussi les deux femmes risquent-elles d'apparaître moins comme les exécutrices du « fils prodigue » que comme des meurtrières en série. L'ellipse du meurtre de Jan, préparé quand tombe le rideau à la fin du deuxième acte et accompli au début du troisième, est certes conforme aux bienséances de la tragédie classique, mais les réflexions des deux femmes sur leur embarras à déménager leurs victimes (« Oui, nous avons trop peiné, la dernière fois, dans les deux étages. ») risque de faire sourire le spectateur. Celui-ci admettra enfin difficilement qu'une mère ne reconnaisse pas, même si sa vue a baissé, l'enfant qui a quitté son foyer quand il était adolescent ; le péplum autorise mieux que le veston ce type d'invraisemblance.

L'engagement de Camus à *Combat* valut au *Malentendu*, lors de sa création, des attaques partisanes de la presse collaborationniste. Mais d'autres critiques moins malveillants s'avouèrent gênés par le décalage qui existait entre l'attente du public, qui avait cru assister à une pièce ordinaire, et l'ambition de l'auteur, qui aurait voulu représenter une révolte de la créature humaine. « Nous ne fûmes pas surpris de constater qu'à la représentation, malgré le talent de Casarès, la pièce ne tenait pas le coup », écrira Simone de Beauvoir dans *La Force de l'âge*. Camus conviendra que sa pièce avait été un « échec ». Dans une interview au *Figaro* (15-16 octobre 1944), il tente d'en analyser les raisons : « Des maladresses de détails, des longueurs plus graves, une certaine incertitude dans le personnage du fils, tout cela peut gêner à bon droit le spectateur. Mais dans un certain sens, pourquoi ne l'avouerai-je pas, j'ai le sentiment que quelque chose dans mon langage n'a pas été compris et que cela est dû au public seulement. » Aux longueurs, il s'efforcera de remédier en vue de l'adaptation télévisée. La pièce continue pourtant de heurter quand elle est reprise en août 1964 au Théâtre Gramont dans une mise en scène de Michel Vitold, qui tient le rôle de Jan, tandis que celui de Martha est tenu par Francine Bergé. Le reproche formulé par Robert Kanters dans *L'Express* résume celui qui fut si souvent adressé au théâtre de

Camus en général : « La littérature y est plaquée au lieu d'être incorporée au développement. » Quand, en novembre 1971, le Théâtre Montansier donne *Le Malentendu* dans une mise en scène de Marcelle Tassencourt, Jean-Jacques Gautier corrige, dans *Le Figaro*, les réserves que lui avaient inspirées dans le même journal les représentations du Théâtre Gramont : « L'essentiel des thèmes chers à Camus se trouve dans *Le Malentendu* : malentendu de la condition humaine, solitude de l'homme ; sa révolte contre un univers qui n'est pas à sa mesure ; ses aspirations vers la joie, ses appels à l'amour, son désir fou de bonheur qui lui est refusé par un Dieu séparé de sa création, un Dieu méconnaissable, hypothétique, qui se désintéresse de sa création. » Guy Dumur, dans un colloque tenu à Amiens en 1988 sur « Albert Camus et le théâtre », évoque à propos du *Malentendu* un problème général : comment monter une tragédie aujourd'hui ? Mais peut-être fausse-t-on le débat en mesurant à tout prix la réussite du *Malentendu* (et des autres pièces de Camus) à l'ambition de son auteur de créer une « tragédie moderne ». On lui rendra mieux justice si l'on admet avec Jacqueline Lévi-Valensi, présente au même colloque, qu'« il ne faut pas parler de tragédie, mais de traitement tragique du fait divers ». Ce point de vue est développé par Fernande Bartfeld qui, analysant l'« effet tragique » dans l'œuvre de Camus, éclaire le divorce entre les intentions de Camus et l'action plutôt anecdotique du *Malentendu* : « Cette présentation problématique de la reconnaissance dans *Le Malentendu* n'est pas sans avoir des conséquences sensibles sur l'effet tragique. Car la reconnaissance, ou plutôt la non-reconnaissance, si étroitement liée à des jeux de masques et par là, incapable de porter la leçon métaphysique d'un malentendu généralisé, offre bien l'exemple d'une absence de convergence entre le plan ludique et le plan métaphysique. »

Pierre-Louis Rey

Éd. : Gallimard, 1944 • Gallimard, 1958 (nouvelle version) • *Théâtre, récits et nouvelles*, Gallimard, coll. « Bibl. de la Pléiade », 1962 • Gallimard, coll. « Folio Théâtre », 1993, éd. par Pierre-Louis Rey • *Œuvres complètes*, t. I, Gallimard, coll. « Bibl. de la Pléiade », 2006, éd. par David H. Walker

Trad. : en albanais, allemand, anglais, arabe, bulgare, catalan, coréen, croate, danois, espagnol, grec, hébreu, hongrois, islandais, italien, japonais, letton, macédonien, néerlandais, norvégien, persan, polonais, portugais, roumain, russe, slovaque, slovène, suédois, tchèque, turc et ukrainien

Crit. : Fernande Bartfeld, *L'Effet tragique. Essai sur le tragique dans l'œuvre de Camus*, Paris-Genève Champion-Slatkine, 1988 • Raymond Gay-Crosier, *Les Envers d'un échec. Étude sur le théâtre d'Albert Camus*, Minard, coll. « Bibliothèque des lettres modernes », 1967 • Jacqueline Lévi-Valensi (dir.), *Camus et le théâtre*, IMEC Éditions, 1992

MALRAUX, André (1901-1976). – Lorsque Camus reçoit le prix Nobel de littérature, sa première réaction est de dire et redire qu'André Malraux le méritait plus que lui. Dans un éditorial de *Combat*, « Le temps du mépris », le 30 août 1944, il l'avait appelé l'« un des plus grand parmi nous ». À sa mort, le ministre lui reconnaît « l'obsession de la justice ». Les relations entre les deux écrivains ne se sont pas situées sur un pied d'égalité, elles n'ont jamais été étroites : la politique a contribué à les distendre. Des affinités communes cependant auraient pu favoriser leur dialogue : Dostoïevski, Nietzsche, Faulkner. Mais l'un fréquente les avant-gardes des années folles sans s'y laisser embrigader et a tôt été reconnu comme un acteur majeur de la vie littéraire, et l'autre est un homme de la périphérie qui, au cours des années noires, fait irruption dans un microcosme où il fait figure d'intrus et dont les arcanes lui échappent. Autres différences : Camus est loin d'avoir l'immense culture artistique et la préoccupation historique de l'autodidacte Malraux ; il est plus artiste qu'esthète et oppose l'histoire, négativement connotée chez lui, à l'éthique quand son aîné l'oppose, avec une connotation positive, à la politique.

Presque une demi-génération les sépare. L'un est encore lycéen quand l'autre est déjà célèbre. Camus a précocement reconnu un contemporain capital en Malraux. Celui-ci, dit-il un jour, fut « le maître de [sa] jeunesse ». Son nom, de fait, revient dans les premiers cahiers de ses *Carnet*s. C'est son maître, Jean Grenier, collaborateur de *La Nouvelle Revue française*, qui lui fit lire ses romans. Au temps de son engagement communiste, il adapte *Le Temps du mépris* (Gallimard, 1935) pour le Théâtre du Travail avec l'accord de son auteur. C'était une œuvre de circonstance. Le militant en tire un spectacle d'agit-prop. Quand Pascal Pia, vieil ami de Malraux, lui confie la rubrique critique à *Alger républicain*, Camus prend *La Condition humaine*, lue à sa parution (Gallimard, 1933), comme étalon de la littérature engagée. Il envisage même d'adapter ce roman à la scène ou d'écrire une étude sur son auteur, mais la guerre l'empêche de donner suite à ces projets. Pia présente Camus à Malraux en 1940 et, un peu plus tard, transmet à ce dernier les manuscrits de *L'Étranger*, du *Mythe de Sisyphe* et de *Caligula*. Malraux juge le premier texte « très important » et en conseille chaleureusement la publication à Gaston Gallimard (ses appréciations sur les trois ouvrages figurent dans la biographie de Camus par Olivier Todd). Par la suite, les deux écrivains se rencontrent à plusieurs reprises entre 1944 et 1946 à *Combat* ou chez leur éditeur. Ils se croisent d'ailleurs plus qu'ils ne se fréquentent. Ils semblent avoir peu de choses à se dire, vivant dans deux sphères séparées. Entre eux, écrit Todd, les liens sont « respectueux, courtois, pas profondément amicaux ». Malraux s'est éloigné du milieu intellectuel dont il avait été l'une des figures les plus marquantes – « Nous n'avions que Gallimard en commun », a-t-il dit un jour. L'aîné a pu influencer son cadet : l'auteur de *La Condition humaine* avait conforté le jeune Camus dans ses convictions communistes, le chef de la brigade Alsace-Lorraine contribue à en détacher définitivement l'éditorialiste. En janvier 1945, *Combat* relaie son opposition à une fusion des mouvements résistants qui les aurait placés sous la coupe du Parti communiste français.

Camus et Malraux, en tout cas, n'ont aucune raison de s'affronter. Le second ne prend pas parti dans la querelle de *L'Homme révolté*. L'on ne connaît de son opinion qu'une confidence consignée dans les *Carnets* de Jean Grenier ; il est possible qu'il ait seulement parcouru un livre qui ne lui apprend rien ou le laisse indifférent. Il se montre à l'occasion condescendant à l'égard de son cadet, mais c'est à l'antigaulliste Jean-Paul Sartre qu'il réserve ses traits les plus acérés. Il juge Camus estimable parce que probe. Il est manifeste cependant que, ne le considérant ni comme un penseur ni comme un romancier d'envergure, il ne cherche pas à dialoguer avec lui de pair à pair. L'homme d'action le rangerait volontiers parmi les belles âmes, les discutailleurs de Saint-Germain-des-Prés. Si l'éditorialiste de *Combat* est évoqué rapidement dans les *Antimémoires* (Gallimard, 1967), le romancier est absent de *L'Homme précaire et la littérature* (Gallimard, 1977). Il ne lui serait pas venu à l'idée de préfacer l'un ou l'autre de ses livres comme il l'a fait pour *Le Sang noir* de Louis Guilloux ou le *Journal d'un curé de campagne* de Georges Bernanos. Écrivains, ces auteurs, de même qu'André Gide et Paul Valéry comptent plus pour lui.

« Il aurait vieilli en sage », confie Malraux à Frédéric Grover. Le ministre d'État chargé des Affaires culturelles envisage, en 1960, de confier la direction d'une scène parisienne à l'auteur de *Caligula* qui, pour lui, était d'abord « un homme de théâtre ».

Les critiques ont signalé l'influence de Malraux sur Camus. L'idée d'absurde, théorisée dans *Le Mythe de Sisyphe*, court dans les premiers romans du premier. Le procès de Meursault fait penser à celui de Garine. Le Skouratov des *Justes* ressemble à Nikolaïeff, autre personnage des *Conquérants* comme le Renégat à Grabot. Le Malraux de Camus, pour tout dire, est mort en 1945. C'est le romancier engagé des années 1930, c'est le commandant de l'escadrille Espana et c'est le colonel *Berger*. Si de bonnes feuilles de son dernier roman, *Les Noyers de l'Altenburg*, et plusieurs entretiens paraissent dans *Combat*, c'est à mettre au compte de son directeur, Pascal Pia. Alors que Camus s'est souvent référé à Malraux dans les années 1930 et encore en 1944-1945, ce n'est plus le cas dans ses articles et essais ultérieurs, même dans *L'Homme révolté* où tant de pages sont consacrées aux tensions entre révolte et révolution. La seule mention de son nom dans cet ouvrage se trouve dans une note en bas de page. Plus d'un lecteur s'en est étonné à juste titre. L'on peut penser qu'ayant rompu avec le mythe communiste, il apprécie moins qu'à leur première lecture *La Condition humaine* et *L'Espoir* qui l'exaltent. Quant aux écrits sur l'art, il ne leur prête aucune attention.

Pragmatique, Malraux a exercé un magistère et occupé un ministère. C'était, pour lui, une question d'efficacité. Camus, pour sa part, n'a brigué ni l'un ni surtout l'autre. Deux conceptions de l'action sont en cause. La Résistance a rapproché les deux hommes en 1944-1945. Après cette date, leurs choix civiques les éloignent l'un de l'autre. Ils ont toutefois en commun d'être toujours restés étrangers au marxisme, réfractaires à la dialectique et allergiques à l'esprit d'orthodoxie, quand bien même l'aîné a été un prestigieux et utile compagnon de route, le second un militant de base dévoué mais obscur du parti communiste. La guerre finie, leur antifasciste s'élargit en antitotalitarisme. Leur géopolitique se fonde sur une idée partagée : le principal péril, pour l'Europe, vient de l'Union soviétique, non des États-Unis. Ils n'en tirent pas les mêmes conclusions. Pour l'orateur du Rassemblement du peuple français, la France doit être rassemblée et rayonnante ; pour l'ancien rédacteur en chef de *Combat*, le salut réside dans la construction européenne. Tous deux sont d'accord également pour condamner l'impuissance à laquelle les institutions de la IVe République vouent l'exécutif. Ils partagent enfin une même méfiance à l'égard de la classe politique. L'un a soutenu Pierre Mendès France, l'autre a sympathisé avec son entreprise. Mais ils ont aussi des désaccords. Malraux veut un État fort, il a subordonné la justice à la nation. Il devient un fidèle du général de Gaulle, épouse sa conception de la décolonisation et n'en excepte pas l'Algérie. Sur tous ces points, les réticences ou réserves de Camus, même si elles sont formulées avec mesure, sont celles d'un homme et d'un intellectuel de gauche hésitant entre anarchisme et social-démocratie. Les deux auteurs ne se laissent pas enfermer dans les catégories de la science politique. Ils sont des écrivains, des hommes libres, pas des idéologues ni des partisans. Le second répond à la définition que Garcia donne dans *L'Espoir* : « Le grand intellectuel est l'homme de la nuance, du degré, de la qualité, de la vérité en soi, de la complexité. Il est par définition, par essence, antimanichéen. »

Jeanyves Guérin

Bibl. : Jeanyves Guérin, « Malraux et le *Combat* de Camus », *Europe*, novembre-décembre 1989, p. 43-49 • Id., « Camus et Malraux : deux écrivains face à l'histoire », *Revue des Lettres modernes*, série André Malraux, 9, 1994, p. 141-174

MARCEL, Gabriel (1889-1973). – La présence de Gabriel Marcel dans la vie intellectuelle française de la première moitié du XXe siècle, à la fois comme philosophe et comme homme de théâtre, devait nécessairement amener Camus à le croiser, sinon en personne du moins intellectuellement. On rappellera que, dès 1942, Gabriel Marcel a eu entre les mains le manuscrit du *Mythe de Sisyphe*. Dès 1944, il évoque l'ouvrage dans *Homo viator*. Si des circonstances précises, liées à la vie théâtrale, provoquèrent ensuite entre eux une confrontation, celle-ci cependant s'inscrit dans le mouvement des idées de l'époque. Ces deux occasions révélèrent des divergences idéologiques et politiques profondes.

Dans un premier temps, Gabriel Marcel se montre un recenseur attentif du *Malentendu* dans *Temps présent* et de *Caligula* dans *Études*. Puis ses critiques, formulées à l'encontre de deux pièces de Jean-Paul Sartre, *Morts sans sépulture* et *La Putain respectueuse*, créées en 1946, entraînent une réponse vigoureuse de Camus. Sartre avait été accusé d'attentat à la pudeur dans la première pièce dont, dans un « post-scriptum » à son article dans *Les Nouvelles littéraires*, Gabriel Marcel allait jusqu'à appeler la censure. Dans un exposé fait devant des chrétiens sur « l'utilité du dialogue croyant-incroyant », Camus s'indigne de cette prise de position, reprochant à Gabriel Marcel de vouloir « défendre des valeurs absolues, comme la pudeur et la vérité divine de l'homme, alors qu'il s'agit de défendre les quelques valeurs provisoires qui permettront à M. Marcel de continuer à lutter un jour, et à son aise, pour ces valeurs absolues… » (*L'Incroyant et les Chrétiens*). Présent dans la salle et invité à prendre la parole à la fin de l'exposé, le philosophe reconnaîtra qu'il a eu « une réaction un peu passionnée » et exprimera même son accord avec le contenu général du propos que vient de tenir Camus. En juin 1947, quand *La Peste* reçoit le prix des Critiques, il s'écrit qu'il en a été le « grand électeur ».

L'État de siège va provoquer une vive controverse entre les deux auteurs. Camus choisit de répondre à deux passages de l'article de Gabriel Marcel paru dans *Les Nouvelles littéraires* le 11 novembre 1948, « Théâtre : *L'État de siège* d'Albert Camus », ne retenant que la signification politique de sa pièce. Dans « Pourquoi l'Espagne ? », publié d'abord dans *Combat* le 25 novembre 1948, et repris dans *Actuelles*, Camus s'adresse directement et longuement à Gabriel Marcel. Le critique reprochait à Camus d'avoir situé sa pièce en Espagne et d'en faire ainsi le symbole du totalitarisme, alors que le choix des pays de l'Est s'imposait selon lui, et regrettait l'absence dans la pièce de la dimension religieuse. À la question : « Pourquoi l'Espagne ? »,

Camus oppose une autre question : « Pourquoi Guernica, Gabriel Marcel ? ». Il répond que son devoir était de « dire quel a été le rôle de l'Église d'Espagne » et termine en soulignant une divergence irréductible : « Voilà pourquoi je ne puis être de votre avis lorsque vous dites que notre accord est absolu quant à l'ordre politique. Car vous acceptez de faire silence sur une terreur pour mieux en combattre une autre. Nous sommes quelques-uns qui ne voulons faire silence sur rien. » Camus et Gabriel Marcel ne se vouent aucune animosité. Dans les années qui suivent, les recensions des *Justes* et de *Requiem pour une nonne* sont prudentes et nuancées et ne suscitent aucune réaction de leur auteur. Gabriel Marcel participe à l'hommage posthume que lui rendent *Les Nouvelles littéraires* et *La Table ronde*.

Au-delà de la controverse de 1948, ce qui fondamentalement sépare les deux hommes est d'ordre philosophique. Si leur pensée peut être qualifiée d'« existentielle », c'est dans le sens où l'un et l'autre mènent une interrogation passionnée sur la condition humaine et son ambiguïté. Mais s'ils partagent le sens du tragique, Gabriel Marcel quant à lui poursuit une quête de l'Absolu, sa philosophie est pénétrée d'espérance religieuse. Au contraire Camus, récusant à la fois le christianisme et le marxisme, entend se contenter de « donner une forme au relatif » et trouver les raisons qui permettront à l'homme de continuer à vivre. À propos de *L'Homme révolté*, Gabriel Marcel voyait dans la conscience révoltée une « conscience ulcérée » parce qu'elle n'a « personne à qui s'en prendre ». Mais Camus n'en reste pas au constat de l'absurde, il comble ce vide métaphysique par son exigence de justice, « cette bouleversante création humaine » qui fonde son éthique existentielle.

Jacques Le Marinel

Bibl. : Gabriel Marcel, *L'Heure théâtrale*, Plon, 1959, p. 159-176

MARIA. – Elle est, dans *Le Malentendu*, l'épouse de Jan, à qui elle est mariée depuis cinq ans. Son rôle était tenu lors de la création de la pièce par Hélène Vercors. Elle n'apparaît que dans quatre scènes : les scènes 3 et 4 de l'acte I, puis les scènes 3 et 4 de l'acte III, le rideau tombant sur le refus du vieux domestique de lui apporter le secours qu'elle implore. À la différence d'autres héroïnes amoureuses qui sont aussi des femmes d'action, comme Victoria (*L'État de siège*) ou Dora (*Les Justes*), elle n'a que son amour pour emplir sa vie. Son prénom exprime la simplicité de son âme : *L'Étranger* présentait la figure d'une jeune femme prénommée Marie qui semblait aussi n'être faite que pour l'amour. « Malentendu. La femme, après la mort du mari : "Comme je l'aime !" » a écrit Camus dans ses *Carnets* en 1943. « [J]'ai perdu celui que j'aime », dit Maria dans la pièce ; mais elle n'a pas attendu sa mort pour savoir combien elle l'aimait. Absente de la scène durant la majeure partie de l'action puisque Jan a choisi de l'écarter de son stratagème, elle illustre l'obsession majeure de Camus en cette époque où la guerre le sépare de sa femme. « Faire ainsi du thème de la séparation le grand thème du roman », lit-on dans les *Carnets* à propos de *La Peste*, alors que *Le Malentendu* est largement ébauché. La séparation très provisoire et pourtant douloureuse que Jan impose à Maria deviendra, au dénouement, une séparation tragique. Nul ne saurait moins qu'elle souscrire au conseil que lui donne pour finir Martha : « Priez votre Dieu qu'il vous fasse semblable à la pierre. » Ses incessants mouvements commandés par les didascalies (« avec véhémence », « secouant la tête » ou « s'abandonnant » à l'acte I ; « avec éclat », « égarée », « avec violence » ou « dans les larmes » à l'acte III) ont exprimé, aussi bien que ses paroles, son extrême sensibilité.

« Oh ! pourquoi m'avoir fait quitter mon pays ? » (I, 3). Celui où Jan l'a emmenée est un pays « étranger » (III, 3). Ces « rivages heureux » auxquels aspire Martha et où elle-même est née expliquent que Maria soit persuadée que l'amour « n'use que de mots simples ». Ses réticences envers la ruse imaginée par son époux inscrivent dans la pièce la leçon de Camus lui-même ; elles lui font aussi tenir un rôle voisin de celui des chœurs qui, dans la tragédie, formulent souvent des craintes et des mises en garde. « Ma liberté n'est pas la bonne », reconnaissait l'empereur au dernier acte de *Caligula*. Jan est ici prévenu d'emblée par sa femme : « Mais ta méthode n'est pas la bonne. » On pourrait trouver peu camusien son refus de rejoindre la pierre : « C'est le goût de la pierre qui m'attire peut-être tant vers la sculpture. Elle redonne à la forme humaine le poids et l'indifférence sans lesquels je ne lui vois pas de grandeur » (*Carnets*, début 1943). Elle n'est pas non plus une héroïne de l'absurde, comme le prouve son appel final au Seigneur, mais le « Non » que lui oppose la figure du destin est d'autant plus déchirant qu'il déçoit une foi ardente. Camus a-t-il utilisé dans *Le Malentendu*, comme souvent ailleurs, une imagerie héritée du christianisme ? L'Évangile selon saint Luc (10,42) nous enseigne que, tandis que Marthe s'inquiète et s'agite, Marie, qui est tout amour, s'est assise aux pieds du Seigneur pour écouter sa parole. « C'est Marie qui a choisi la meilleure part ; elle ne lui sera pas enlevée », dit Jésus. « Personne n'est juste », dira Camus dans sa conférence d'Athènes « Sur l'avenir de la tragédie ». Maria au moins fait exception. Elle qui, après avoir pressenti que le « malheur était dans ce ciel », doit s'avouer : « Le malheur était plus grand que moi », offre dans le théâtre de Camus l'image d'une victime innocente que sa fragilité rend encore plus émouvante que les héroïnes « à grand caractère ».

Pierre-Louis REY

MARIE. – Parmi les personnages qui constituent l'univers de Meursault dans *L'Étranger*, Marie représente l'attachement du héros aux joies simples de l'existence. Dans la première partie du roman, elle ne dit rien d'autre que l'urgence du plaisir de vivre, comme s'il fallait rattraper le temps perdu après une première rencontre manquée dans le cadre du travail. Ils vont vivre cette fois-ci une relation en dehors de toute contrainte, caractérisée par l'assouvissement des sens : lors de la baignade, Marie fait partie intégrante, comme le soleil et l'eau, des éléments naturels dont jouit le héros. L'union entre eux est celle des corps, non des cœurs.

Il y a deux Marie dans le roman, ce qui correspond à la division en deux parties : avant et après le meurtre. La transformation du personnage est progressive. Lors de sa visite à la prison, elle est encore l'objet du désir de Meursault qui a « envie de serrer son épaule par-dessus sa robe » ; mais juste avant de se quitter, il la décrit « le visage écrasé contre la grille, avec le même sourire écartelé et crispé ». C'est le signe qu'elle va bientôt passer « dans un autre monde », parmi les souvenirs d'une vie qui ne lui appartient déjà plus. Ils étaient liés par le plaisir charnel et maintenant que leurs corps sont séparés, le visage de Marie, qui « avait la couleur du soleil et la flamme du désir », est introuvable pour Meursault sur les murs de sa prison. Reste le rôle qu'elle va jouer, malgré elle, lors du procès où sont rappelés les faits qui ont précédé le meurtre : elle est l'accusatrice involontaire de Meursault parce qu'elle est devenue sa maîtresse le lendemain du jour où il a enterré sa mère. Elle échoue ainsi à jouer le rôle de substitut de la mère protectrice. Dans cet univers où « on est toujours un peu fautif », comme le lui a fait observer Meursault le jour de leur rencontre, Marie elle-même n'échappe pas à la culpabilité : elle n'a pas su préserver la pureté de leur relation en lui demandant de se marier avec elle, c'est-à-dire de se soumettre aux convenances sociales. Jacques LE MARINEL

MARTHA. – Elle est dans *Le Malentendu* la sœur cadette de Jan, qu'elle assassine pour s'emparer de son argent avec la complicité de sa mère. Son rôle était tenu lors de la création de la pièce par Maria Casarès, dont Camus fit la connaissance à l'occasion des répétitions. Un long dialogue de Martha avec sa mère ouvre la pièce. Elle n'est ensuite absente de la scène que dans les moments où Jan s'entretient avec Maria ou avec sa mère. Celle-ci ayant décidé de renoncer à la vie, Martha, dans le plus long monologue de la pièce (acte III, scène 2), exprime sa solitude, avant d'annoncer à Maria, dans l'avant-dernière scène, sa résolution de mourir. Une indication de Camus pour l'image finale de l'adaptation télévisée rend clair aux yeux du spectateur qu'elle a suivi sa mère dans les flots : « Les images, de plus en plus fortes et précises, de la mer sur une plage recouvrent peu à peu les personnages. » C'est dans l'eau d'une rivière qu'a été noyé le cadavre de Jan, et dans cette même rivière que sa mère l'a suivi ; au prix d'une légère invraisemblance, un symbole ironique condamne Martha à périr dans cette mer qu'elle souhaitait gagner afin de conquérir le bonheur.

La figure de Martha illustre la recherche du bonheur à tout prix ; son énergie est tout entière tendue vers le crime qui pourra le lui assurer. Le meurtre de Jan, qui fait le sujet de la pièce, est le dernier d'une série qu'elle a accomplie en accord avec une mère fatiguée par l'âge et le poids de ses fautes. Autant dire qu'au lever du rideau, Martha a déjà un lourd passé. Le déclin de sa mère l'oblige à redoubler d'énergie : alors que les deux femmes ont naguère œuvré à égalité, Martha, femme d'action, doit désormais agir pour deux. La conception même de la pièce, situant entre deux actes le meurtre de Jan, ne laisse pas au spectateur le loisir d'admirer cette capacité à agir ; du moins Martha le persuade-t-elle par ses discours que sa résolution est sans faille. À l'inverse de Jan, qui a le tort de ne pas s'exprimer simplement, elle « parle clair », mais la créditera-t-on de cette franchise du moment qu'elle pose les jalons d'une stratégie meurtrière ? Son excuse est de n'être pas née dans un pays où règne le bonheur dont elle a rêvé. Exilée de naissance, en somme. Puisque la lumière offerte aux pauvres sur les bords de la Méditerranée réclame de l'argent chez ceux qui en sont éloignés, tous les moyens ne sont-ils pas légitimes pour conquérir ce droit censé appartenir à tous ? On suppose que, au souvenir de son sinistre séjour en Europe centrale (été 1936), Camus a partagé une forme de complicité avec son héroïne.

À l'écoute de Jan quand celui-ci évoque les « rivages heureux », Martha s'exprime en formules que Camus pourrait prendre à son compte : « Ce que nous appelons le printemps, ici, c'est une rose et deux bourgeons qui viennent de pousser dans le jardin du cloître. [...] Un souffle plus puissant [...] fanerait [les hommes de mon pays], ils ont le printemps qu'ils méritent. [...] Mais j'imagine avec délices cet autre pays où l'été écrase tout, où les pluies d'hiver noient les villes et où, enfin, les choses sont ce qu'elles sont. » Mais à ces élans fait contrepoids un inquiétant refus de l'humanité : « Ce que j'ai d'humain n'est pas ce que j'ai de meilleur. » Le spectateur sera peut-être ému par l'attachement de Martha à sa mère lorsque celle-ci décide de la quitter : en ces instants s'aperçoit le premier défaut de sa cuirasse. Son long monologue, révélant l'égoïsme de son amour – « Qu'elle meure donc, puisque je ne suis pas aimée ! » –, dévoile pourtant, plus définitivement peut-être que son crime, l'aspect négatif du personnage. Peu camusien est pour finir le désespoir où elle sombre alors, et qui la conduira au suicide. Pierre-Louis REY

MARTIN DU GARD, Roger (1881-1958). – Trente-deux ans séparent la naissance de Roger Martin du Gard de celle d'Albert Camus. En 1937, au moment où l'auteur de *Jean Barois* et des *Thibault* obtient la consécration du prix Nobel de littérature et où son œuvre est près de s'achever, le futur romancier de *La Peste* publie son premier livre, *L'Envers et l'Endroit*. Pourtant, des liens d'amitié faisant fi de la différence d'âge vont unir ces deux écrivains.

Ceux-ci ont sans doute fait connaissance par l'intermédiaire des Gallimard et leurs relations se consolident à partir de 1948 : une correspondance encore inédite – vingt-quatre lettres de Camus, quarante-deux de Martin du Gard – en témoigne. Parmi les signes de cette profonde entente, on relèvera qu'en mars 1955, Martin du Gard invite Camus à effectuer un séjour au Tertre, la demeure campagnarde où il travaillait et recevait pour quelques jours ou quelques semaines tel ou tel de ses amis. Un peu plus tard, Camus propose à son aîné de l'accompagner dans un voyage en Grèce, proposition que Martin du Gard, malade, devra refuser, « non sans un profond déchirement ». Cette même année, Camus accepte de rédiger une préface pour l'édition des *Œuvres complètes* de Martin du Gard dans la « Pléiade », ce qui ravit l'auteur des *Thibault*. En 1957, au moment où Camus obtient, à son tour, le prix Nobel de littérature, Martin du Gard, qui éprouve une « grande joie de voir nobéliser Camus », lui envoie, dans des lettres pleines d'humour, une série d'informations et de conseils concernant la cérémonie et le séjour à Stockholm. Camus, enfin, figure avec Malraux dans la liste des quelques amis auxquels Martin du Gard voudrait confier le soin de superviser la publication éventuelle de certains inédits.

La relation entre les deux écrivains est marquée par une estime et une affection mutuelles. Martin du Gard écrit à Gide en 1948 qu'il tient Camus pour l'écrivain qui, « par sa valeur d'homme, sa tenue morale, l'élévation et la logique d'une pensée qui ne cesse de croître comme un bel arbre, est celui de sa génération qui donne le plus grand espoir. Celui qu'on peut ensemble admirer et aimer » ; « J'ai pour Camus homme, une sympathie profonde », écrit-il encore en 1951. De son côté, Camus écrit dans ses *Carnets* que Martin du Gard est « le plus humain, c'est-à-dire le plus digne de tendresse des hommes [qu'il a] rencontrés ». À la mort de son aîné, il évoque, toujours dans ses *Carnets*, cet homme qu'il « aimait tendrement » et dont il fait un bel éloge dans un article du *Figaro littéraire* – « La seule existence de cet homme incomparable aidait à vivre et, [...] depuis samedi, le monde est devenu un peu plus lourd à porter. »

Cette estime, chacun des deux la porte également à l'œuvre de l'autre. Tous deux ont en commun d'avoir écrit des romans de la condition humaine et de sa dimension tragique. Du *Mythe de Sisyphe*, Martin du Gard écrit qu'il « contient, sous une forme discutable, des pages remarquables et un point de vue, une attitude devant la vie qui fait mieux comprendre la signification de son excellent roman *L'Étranger* » – texte qu'il avait qualifié auparavant de « curieux roman ». À un critique américain qui lui demande conseil, il recommande, en mai 1947 (un mois avant la parution de *La Peste*), d'avoir « l'œil sur Albert Camus, grande intelligence et noble caractère [... :] il n'a pas donné sa mesure, mais on peut attendre en toute confiance ». En août 1950, Martin du Gard écrit à Camus, à propos d'*Actuelles* : « Je n'ai pu garder sur ma table votre recueil de chroniques sans les relire. [...] Aucune voix contemporaine n'a tant de prise sur moi. » Et ce lecteur enthousiaste envoie un exemplaire de ces chroniques à son petit-fils, avec ce commentaire : « Un livre, mon cher Daniel, que j'ai lu avec une constante adhésion, et que j'aimerais savoir dans ta bibliothèque. Aucune voix contemporaine ne me paraît plus authentiquement éprise de justice et d'élévation morale ; plus raisonnable et plus exaltante à la fois ; plus digne enfin d'être entendue, et retenue, et méditée. » Ailleurs, il évoque « la remarquable petite brochure qui s'appelle *Lettres à un ami allemand* ». Enfin en février 1958 l'auteur des *Thibault* commente l'œuvre de Camus dans une lettre qu'il lui adresse : « On dirait un puzzle qui se fait sous nos yeux [...]. Chaque morceau étonne d'abord [...] mais il vient si bien s'ajuster dans l'ensemble, selon un ordre qui semble préétabli, nécessaire, qu'on ne peut avoir aucun doute sur la rigueur de la construction qui monte peu à peu, d'œuvre en œuvre, de confidence en confidence, de prise de position en prise de position. »

Camus, pour sa part, témoigne de son estime pour l'œuvre de son ami dans sa longue et élogieuse préface aux *Œuvres complètes* de Roger Martin du Gard. Ce texte, très éclairant sur l'œuvre de l'auteur commenté, intéresse aussi par ce qu'il révèle des conceptions du commentateur. On notera d'abord qu'on y trouve, pour caractériser Martin du Gard, les mots « modestie », « honnêteté », « lucidité », « bonté », toutes qualités essentielles aux yeux du docteur Rieux comme à ceux de Camus lui-même. Ce que ce dernier retient de sa lecture de Martin du Gard, entre autres mérites, c'est l'art du portrait en épaisseur, le sens de l'architecture d'une œuvre, la perception de l'ambiguïté fondamentale de chaque être, la force expressive de certaines scènes. Par ailleurs il est très sensible aux pages de *L'Été 1914* qui conduisent à une réflexion sur « la violence mise au service de la justice », sensible aussi à un récit qui mène l'individu (Antoine comme Jacques Thibault) à la prise en compte de l'histoire collective. Et il voit en Antoine le personnage central du roman : celui qui, médecin travaillant dans le concret, « tente de concilier les devoirs qu'il a envers lui-même et envers les autres » et en qui il admire le cheminement d'un « homme heureux et équilibré » vers la « reconnaissance » d'une misère commune à tous les hommes. On reconnaîtra dans ces commentaires certaines des préoccupations de Camus lui-même.

Bernard ALLUIN

MARX, Karl (1818-1883). – Écrire sur Marx après la Seconde Guerre mondiale et plus encore durant la guerre froide n'est pas un exercice innocent : cela oblige à choisir entre les deux blocs et expose aux critiques et attaques du parti communiste. Le Parti entend retirer à quiconque le critique son brevet de révolutionnaire, qu'il estime être le seul à posséder ; en outre, qui cherche une troisième voie entre les deux camps est un ennemi. La gauche est dominée à l'époque par le « parti des fusillés » et les socialistes sont eux-mêmes divisés sur le rôle de la doctrine marxiste dans leur idéologie.

Le lecteur des textes camusiens dans lesquels le philosophe allemand est évoqué et plus particulièrement de *L'Homme révolté*, dont le plus long chapitre est consacré à Marx et aux marxistes, doit être attentif à la multiplicité et à la complexité des perspectives de l'auteur. Camus se veut nuancé : il y a d'abord les mérites et la grandeur de Marx à son époque, avec néanmoins ses ambiguïtés qui permettront à ses successeurs de le tirer, parfois contre son gré, dans leur sens ; il y a ensuite l'évolution des événements et de la science qui font de Marx, par la force des choses, un homme du XIXe siècle dont les conceptions sont dépassées. Camus insiste longuement sur ce point pour s'opposer aux marxistes qui font du fondateur de la doctrine l'alpha et l'oméga du savoir, comme si son génie échappait aux sortilèges du temps. Il y a enfin ce que les successeurs et le Parti ont fait de la pensée et des écrits de Marx, cette fois joint à Engels : une idéologie qui véhicule un utopisme et un messianisme, une langue de bois qui justifie toutes les violences, les camps de concentration, l'esclavage du prolétariat que l'on prétend pourtant servir. Ce processus de dégénérescence d'une pensée généreuse est dénoncé par Camus comme une injustice qui rejoint celle faite à Nietzsche par le national-socialisme. En somme, les fondements des deux partis totalitaires du XXe siècle reposent sur la réduction de deux grandes pensées en idéologies.

Camus souligne que la « vraie grandeur » de Marx réside dans son « exigence éthique » : « il s'est élevé contre la réduction du travail à une marchandise et du travailleur à un objet » et a compris « que lorsque le travail est une déchéance, il n'est pas la vie, bien qu'il couvre tout le temps de la vie » – « Un but qui a besoin de moyens injustes, écrit-il encore, n'est pas un but juste. » Dans *Actuelles*, il ajoute qu'il y avait dans Marx « une leçon de modestie qui me semble en passe d'être oubliée. Il y avait aussi dans Marx une soumission à la réalité, et une humilité devant l'expérience [...] C'est aussi que Marx aimait les hommes ». Ce dernier a surtout dénoncé la bonne conscience de la bourgeoisie ; il est sur ce point un « déniaiseur incomparable » : sa méthode critique demeure valable.

Les ambiguïtés de sa pensée ne sont pas cependant sans conséquences. Elle conjugue en effet une prophétie chrétienne et bourgeoise avec une prophétie révolutionnaire. Au judaïsme et au christianisme, elle reprend la notion d'historicité et de châtiment : le rôle de l'homme dans l'histoire est unique et la nature doit lui être soumise. Camus montre que Joseph de Maistre, le « doctrinaire intelligent de la réaction » qui puise aux mêmes sources, utilise des thèmes semblables – l'idée d'une

Jérusalem céleste ou terrestre, par exemple, d'où le mal et la mort seraient expurgés et qui succéderait à la « révolution ». Marx est en somme « le Jérémie du dieu historique et le saint Augustin de la révolution ».

Au messianisme bourgeois Marx reprend l'idée du progrès comme celle d'une évolution nécessaire. Sa conception déterministe de la science est datée : il ne pouvait prévoir que la science intégrerait « la relativité, l'incertitude et le hasard ». Quant à la prophétie révolutionnaire, elle affirme le primat de la production économique et le fait que la dialectique – Camus met en doute la possibilité d'une dialectique de la matière – qui anime le devenir ne peut pas ne pas mener à la société sans classes. Toute l'histoire s'explique par le développement des moyens de production et des contradictions qu'il suscite dans les rapports sociaux. Ce sont ces contradictions qui entraînent les modifications sociales et expliquent le devenir de la lutte des classes. Avec ce type d'explication, Marx accomplit la destruction de toute transcendance par rapport à l'histoire : les jacobins avaient remplacé le Dieu personnel par les principes, la foi par la raison qui reste transcendante ; plus encore que Hegel, Marx « précipite » la raison elle-même « dans l'histoire » et la fait participer à la conquête de la société sans classes. Le prolétariat, la classe que suscite le capitalisme, est privé de l'essentiel du produit de son travail : c'est le capitaliste, le propriétaire privé des moyens de production qui s'empare de la plus-value, de tout ce que l'ouvrier produit qui dépasse la simple reproduction de sa force de travail. Mais, par la logique économique que le théoricien allemand croit découvrir, le prolétariat est la dernière classe de l'histoire qui mettra par la révolution un terme aux classes et à leur lutte. À la limite en effet, l'accumulation capitaliste, nécessaire à l'achat de machines indispensables à l'accroissement de la productivité, suscite la concurrence des capitalistes et réduit leur nombre. Ne subsistent en fin de course, après la répétition des crises économiques, que quelques capitalistes et un prolétariat innombrable soumis par l'accumulation croissante à un processus continu de paupérisation. L'extrême dénuement du prolétariat l'obligera à faire la révolution et à prendre le pouvoir : les moyens de production deviendront propriété publique. L'État dépérira dès lors que le conflit des classes qui le suscite disparaît. Camus qualifie cette explication du devenir historique de « fatalisme actif » ou « créateur » : fatalisme puisque l'évolution est déterminée, actif puisque le prolétariat doit y jouer son rôle.

L'histoire n'a pas donné raison à Marx : elle a mis à mal non seulement ses prédictions mais aussi sa prophétie d'une société sans classes, transparente et réconciliée. Ni la « concentration indéfinie du capital » ni « l'extension indéfinie du prolétariat » et sa paupérisation, conditions de la réalisation de la société sans classes, ne se sont produites. Là où la révolution a eu lieu, le travail n'a pas changé de nature : il n'est pas devenu créateur et l'aliénation demeure. L'accumulation n'est pas liée au demeurant au capitalisme mais à la technique de production : l'État ouvrier a lui aussi besoin de machines pour augmenter sa production. La fin de l'histoire ou préhistoire, notion confuse s'il en est, se fait toujours attendre. Et plus l'histoire s'écarte de l'itinéraire prévu, plus les successeurs transforment la prophétie en dogme et exigent la foi des hommes.

La science de Marx a un statut ambigu : « déterministe et prophétique, dialectique et dogmatique » (*L'Homme révolté*), elle n'a pas tenu compte non plus de problèmes qui se sont avérés déterminants comme le nationalisme auquel le prolétariat n'a pas résisté, la confiscation du pouvoir par la bureaucratie et les dirigeants du Parti et le rôle de la paysannerie et du monde rural.

L'échec de la prophétie a des conséquences dramatiques : la Révolution française avait voulu remplacer la grâce divine par la justice. Si la justice reste inaccessible, l'homme du XXe siècle se trouve confronté à la question incontournable : « comment vivre sans grâce et sans justice », ou pour le formuler autrement, comment vivre dans le nihilisme ? Maurice WEYEMBERGH

• *Voir aussi* : Historisme ; Idéologie ; Philosophie allemande

Bibl. : Wolfgang Klein, « Des révolutionnaires cyniques ? Camus sur Hegel, Marx, Lénine », *Revue des Lettres modernes*, série Albert Camus, 15, 1993, p. 123-151 • Évelyne Pisier et Pierre Bouretz, « Camus et le marxisme », dans Jeanyves Guérin (dir.), *Camus et la politique*, L'Harmattan, 1986, p. 269-280

MARXISME. – Camus a été membre du Parti communiste algérien de 1935 à 1937. Il en a été exclu en 1937 en raison de dissensions avec la politique du Parti à l'égard des Algériens arabes. Son fonctionnement ne lui est donc pas inconnu. C'est probablement lui qui a trouvé le sous-titre du journal *Combat* : « De la résistance à la révolution ». S'il ne croit pas à la doctrine communiste, il n'est pas radicalement opposé aux communistes à l'issue de la guerre : il partage l'idée d'une économie collectivisée, mais se prononce pour une politique libérale et rejette le réalisme politique. Avec le temps, toutefois, son opposition au communisme va croissant. C'est sans doute dans *Ni Victimes ni bourreaux*, qui annonce la plupart des thèmes de *L'Homme révolté*, qu'il la formule avec le plus de force. Ses positions lui vaudront d'ailleurs des critiques d'Emmanuel d'Astier de La Vigerie, apparenté aux communistes, auxquelles il répondra dans *Caliban* en juin 1948 et dans *La Gauche* en octobre (textes repris dans *Actuelles*).

Marx avait annoncé la fin de l'histoire ou préhistoire, le passage à la société sans classes, transparente et réconciliée, à la cité des fins. Camus s'est interrogé sur la signification de cette prophétie et a remarqué qu'il est impossible, lorsqu'on se réclame de la dialectique, de la faire s'arrêter, sinon en important un élément qui lui est extérieur et donc étranger. Or, c'est bien cette promesse de la fin des luttes et des souffrances, de la fin de l'économie politique et de l'État qui explique une bonne part de l'attrait du marxisme. Aux yeux de Camus, il s'agit d'une foi de nature religieuse que rien ne justifie.

C'est Lénine – l'écrivain algérois lui reconnaît « l'amour de la justice » – qui a en somme donné à la doctrine marxiste le nouveau visage qui devait conditionner la stratégie communiste à venir. Ce n'est donc pas un hasard si Camus lui a consacré quelques pages dans *L'Homme révolté* après son commentaire sur Marx. Celui-ci pensait que la révolution ne pouvait avoir lieu que là où le capitalisme avait fait son œuvre et créé les conditions de la révolution, un prolétariat prêt à prendre la relève. Lénine rompt sur ce point avec Marx : la révolution aura lieu en Russie, pays où le capitalisme est encore dans son enfance. Pas question par conséquent de faire confiance, comme Rosa Luxemburg, à la spontanéité des masses, pas question de se fier aux seuls mécanismes économiques ou de recourir à un terrorisme généreux mais inefficace. Lénine rejette comme Marx le socialisme libertaire et le syndicalisme révolutionnaire. Camus, qui leur voue beaucoup d'admiration, souligne que la défaite de la Commune et la liquidation de ses dirigeants a conditionné la victoire du socialisme autoritaire d'obédience allemande. Lénine développe dans *Que faire ?* son volontarisme révolutionnaire : il confie la révolution à des révolutionnaires professionnels que n'animent que la foi en la révolution et l'efficacité. La fin, la révolution, justifie à leurs yeux tous les moyens : Camus souligne que Lénine a donné à sa doctrine des accents qui lui viennent de Tkatchev et de Netchaïev et non de Marx.

La révolution dans un pays arriéré économiquement a encore une autre conséquence : la prise de pouvoir des révolutionnaires donnera lieu à une dictature du prolétariat dont la durée fait problème et ne cesse en fait de s'allonger. Dans *L'État et la révolution*, Lénine finit par déclarer que cette dictature ne sera levée que lorsque la phase supérieure du communisme sera atteinte – il reconnaît qu'il ne peut dire quand – et que la victoire sera universelle.

La révolution vise désormais – et les successeurs de Lénine y veilleront – à investir toute la terre, même si à certains moments, comme avec Staline, l'on proclamera la doctrine du socialisme dans un seul pays pour donner à la Russie le temps nécessaire de se renforcer pour résister à ses ennemis. Mais la politique communiste est fondamentalement impériale et impérialiste, elle entend réaliser l'Empire mondial, conquérir la totalité. Le mouvement doit s'étendre, régner sur l'espace et le temps et dominer les personnes en les réduisant au statut de choses. Camus rappelle que la totalité qui rassemble de force des éléments divers dans un tout n'est pas l'unité qu'elle mutile : celle-ci unit harmonieusement ces éléments sans leur faire violence. Aux yeux de l'écrivain, cette unité n'est atteinte – parfois – que dans les œuvres de fiction par l'alchimie du style.

La conquête de l'espace, dès lors que la révolution ne se déclenche pas partout en même temps, implique la guerre permanente. L'armement atomique rend cette conquête mondiale difficile, sinon impossible sans destructions majeures. La domination du temps impose de récrire l'histoire de manière permanente pour la faire correspondre aux directives du Parti. La réduction des personnes en choses va de pair avec le développement de nouvelles techniques psychologiques, avec les tortures, les procès et les camps de concentration. La dictature du prolétariat se révèle être celle du Parti, de sa bureaucratie et de ses dirigeants : la promesse de la cité des fins n'est plus à l'horizon d'un avenir proche, mais se perd dans un avenir imprévisible.

L'aura du Parti communiste français (PCF) et du marxisme à l'époque est relayée, mais de manière ambiguë, par ceux que l'on appelle les « compagnons de route » ou, de manière moins respectueuse, les « marxistes honteux » (*Actuelles* II), ceux que le centralisme et la politique autoritaires du PCF au service du « grand frère russe », que l'existence des camps de concentration et de la terreur en Union soviétique empêchent d'avaliser les mots d'ordre de Moscou. Ceux aussi qui ne peuvent admettre la mise sous tutelle de l'art et la doctrine du réalisme socialiste que Camus critique par ailleurs dans le chapitre « Révolte et art » de *L'Homme révolté* et dans le *Discours de Suède*.

Camus a eu affaire à ces marxistes ou néomarxistes à plusieurs reprises. Lorsque Maurice Merleau-Ponty publie *Humanisme et terreur*, il s'insurge contre cette volonté de comprendre le communisme à partir de lui-même pour lui donner une espèce de répit ; le Parti ne semble pas suivre les critères marxistes d'une bonne politique, mais, si les tours et détours sont nombreux, il reste qu'il faut lui accorder un sursis, car il est le seul à pouvoir mettre un terme à la violence. L'histoire serait définitivement condamnée au chaos si le prolétariat ne réalisait pas la société sans classes.

La publication de *L'Homme révolté* a suscité les réactions des communistes, par exemple de Pierre Hervé, mais aussi de l'existentialiste Francis Jeanson. La réponse de Camus aux critiques de celui-ci – le rejet du réalisme politique des révolutionnaires condamne l'écrivain au rôle de « belle âme » au sens hégélien et à l'appel à une morale de Croix-Rouge – met l'accent sur l'ambiguïté du compagnon de route : le bourgeois qui a mauvaise conscience fait sienne la doctrine marxiste, mais l'intellectuel critique qu'il est par ailleurs ne peut reprendre sans sourciller la politique communiste à son compte. On connaît la suite, la réponse de Jeanson et celle de Sartre, autre célèbre compagnon de route, et la rupture définitive entre Camus et ce dernier qui ne niait pas les camps de concentration et les excès de la politique soviétique mais considérait, comme le Merleau-Ponty d'*Humanisme et terreur*, que le parti communiste était le seul vrai défenseur du prolétariat et que la société capitaliste était pire.

Maurice WEYEMBERGH

Bibl. : Évelyne Pisier et Pierre Bouretz, « Camus et le marxisme », dans Jeanyves Guérin (dir.), *Camus et la politique*, L'Harmattan, 1986, p. 269-280

MATHIEU, Paul (1893-1972). – Ancien élève de l'École normale supérieure, agrégé de lettres, Paul Mathieu commence sa carrière à Oran où il reste un an avant de prendre un poste au Puy, pour des raisons familiales. À partir de 1923, il est professeur au lycée d'Alger ; en 1928, il est nommé au lycée Voltaire à Paris. Il revient au lycée d'Alger dès octobre 1929 pour « lancer », à l'incitation du doyen Pierre Martino, la classe d'hypokhâgne. Il ne devait plus quitter Alger avant les « événements », assurant en plus de ses cours au lycée quelques cours en faculté. « L'an IV – 1932-1933 » de l'hypokhâgne fut selon ses souvenirs « une grande année, une année de qualité », l'année de Camus. « Nous encourageâmes de notre mieux, Jean Grenier et moi, les dons évidents que ses travaux confirmaient de trimestre en trimestre », avoue-t-il, en octobre 1959, à la veille de la mort de l'écrivain.

Grand amateur de musique, de peinture et de littérature, Paul Mathieu nourrit aussi une dévotion particulière pour la Grèce, qu'il visita. Le 15 décembre 1947, Camus lui confie qu'il lui devait Racine et Pascal, « le goût du style ferme, l'horreur de la fausse éloquence et le respect de l'intelligence ». Il le considère comme l'un des « deux ou trois maîtres » à qui il doit sa formation en compagnie de « Jean Grenier et de M. Vernet ». C'est chez eux, dit-il, qu'il a « vu les exemples de cette honnêteté intellectuelle, la plus rare et la plus difficile ». Paul Mathieu prend sa retraite du lycée d'Alger en août 1959, continuant à assurer quelques cours à la faculté : moins souvent cité que Louis Germain, son instituteur, et Jean Grenier, son professeur de philosophie, profondément attaché à l'humanisme, il laisse le souvenir d'un grand enseignant. Il quitta à regret l'Algérie et mourut à Nice. En se référant à lui, Camus écrit dans ses *Carnets* : « Pour affronter la mort, il n'y a que les recettes de l'humanisme classique. »

Guy BASSET

Bibl. : « Petite histoire de la khâgne africaine », *Revue de la Méditerranée*, n° 94-95, novembre-décembre 1959, p. 625-630

MAURIAC, François (1885-1970). – Malagar et Belcourt. *Le Figaro* et *Combat*. Grasset et Gallimard. L'Académie française et Saint-Germain-des-Prés. Tout semble séparer Camus et François Mauriac, l'âge, les origines, l'éducation, la foi, de Gaulle. Leurs relations ont été marquées par l'incompréhension.

Lisant un éditorial de *Combat*, Mauriac, qui « règne » (Jean Lacouture) au *Figaro*, aurait dit à son directeur, Pierre Brisson : « Je tiens mon partenaire. » Son prestige est immense. Son *Cahier noir* publié aux éditions de Minuit est une référence pour les résistants. Les deux auteurs sont d'accord sur bien des choses, ils jugent indispensable une réforme des institutions et partagent une même exigence de l'écriture journalistique. Mais la logique du champ qu'est la presse à la Libération les amène à s'interpeller et à s'affronter en 1944-1945. « Ils se respectent, s'agacent, s'étonnent et se provoquent », écrit Olivier Todd. Camus s'est-il moqué de Georges Duhamel, Mauriac prend aussitôt sa défense. Le second se défie du gouvernement provisoire, estime qu'il n'en fait pas assez, le second lui fait confiance.

C'est sur l'épuration que leur affrontement est le plus vif. Les deux auteurs multiplient les articles sur ce sujet qui met en cause la responsabilité de l'écrivain et le réaménagement du champ littéraire. Mauriac s'est tôt forgé une doctrine en matière d'épuration. Il refuse énergiquement toute idée de justice politique. Il rappelle la présomption d'innocence, les contraintes de l'état de droit et les exigences du rassemblement. Son réalisme politique le conduit à plaider pour une certaine indulgence. Quelques cas concrets mobilisent sa plume. Ses interventions lui valent d'être surnommé « Saint François des assises » par *Le Canard enchaîné*. Ce mot plaisant mais simplificateur a sans doute contribué à fausser la lecture que Camus pouvait faire de ses articles. Ce dernier se situe plutôt sur le terrain des principes. Il se montre opposé à tout réalisme politique, intransigeant et, dans son vocabulaire, révolutionnaire. Il préconise une épuration qui frapperait les élites compromises. Il demande que la justice fasse taire la miséricorde. « Les adversaires se battaient à fronts renversés. C'est *Combat* qui parlait de purification, sinon de bûchers. C'est Mauriac qui parlait, en vrai laïque, de paix civile, de réconciliation pour rebâtir l'État et la société », écrit Jean Lacouture. Leur controverse fait date, elle appartient à l'histoire.

La question de la justice passionne Camus et Mauriac. Aux yeux du premier, c'est une institution humaine qui mobilise des valeurs. La foi n'a rien à faire en ce domaine. Pour le chrétien Mauriac, la justice absolue n'est pas possible en ce monde. Les hommes doivent chercher les moins mauvaises solutions. Camus en infère que la charité chrétienne joue contre la justice et se voit reprocher son « mépris de la charité ». Son article titré « Justice et charité », le 8 septembre 1944, contribue à antagoniser le différend.

Les susceptibilités jouent aussi en cette affaire. L'ancien d'emblée a traité son cadet avec condescendance. Son « jeune confrère », ironise-t-il, a « des clartés sur tout », il parle « du haut d'une œuvre à venir ». Lui-même invoque les leçons de l'Histoire. Camus lui rétorque qu'il est « un écrivain d'humeur et non de raisonnement » et lui fait la leçon, non sans insolence. En ces années-là, par ailleurs, il se pose volontiers en incroyant, s'en prend aux silences des autorités religieuses, mais sans hargne. Ce n'est pas un laïque sectaire. Au même moment, il affirme plusieurs fois son admiration pour Georges Bernanos, l'écrivain et l'homme engagé. Il est manifeste que les romans, pièces et essais de Mauriac n'ont pas retenu son attention. Il n'en parle jamais. Il semble ne connaître que l'écrivain journaliste. La controverse oppose en apparence celui qui croit au Ciel et celui qui n'y croit pas, mais en réalité un Girondin et un Jacobin. En prenant son prestigieux aîné pour son adversaire privilégié sinon pour sa « bête noire », comme le dit Herbert R. Lottman, Camus se pose comme intellectuel.

En décembre 1946, s'exprimant devant un auditoire chrétien, Camus admet que son adversaire avait eu raison à propos de l'épuration. Il le lui fait savoir dans une lettre privée – « Vous m'avez aidé, sans le savoir, à comprendre les vérités sur lesquelles mon cœur était aveugle. » Deux ans plus tard, un nouveau sujet de controverse oppose les deux auteurs. Camus a apporté son soutien à Garry Davis, et Mauriac s'en gausse : l'utopie mondialiste est naïve. Il se fait alors administrer une leçon de géopolitique : « Vous avez été l'un des premiers à vous élever contre la rébellion de Franco, écrit Camus dans ses « Réponses à l'Incrédule », l'on doit vous rendre cet hommage. Mais puisque Franco a donné des gages militaires aux États-Unis, puisqu'il fait barrage à la Russie, il vous faudra le supporter, souhaiter sa prospérité, et, à l'occasion, lui serrer la main. » L'on doit chercher une alternative à la guerre froide. L'article confié à *Combat* s'achève sur une pique : « avant d'en sourire, considérez au moins le sale air de honte et de calcul qu'on voit aux vérités et aux Églises qui ont cours forcé aujourd'hui et vous du moins, vous surtout, ne nous jetez pas la première pierre ». Mauriac lui répond qu'il a suivi un « petit homme ». Dans cet article de *La Table ronde*, il émet une hypothèse souvent reprise par la suite : Camus est un chrétien malgré lui.

Peu après, Claude Mauriac lance un mensuel littéraire, *Liberté de l'esprit*. Le premier numéro, en février 1949, contient une vive attaque de Roger Nimier contre les intellectuels de gauche. Camus y est pris à partie – tel père, tel fils ? L'animosité pourrait expliquer les quelques mots cruels à l'égard de Mauriac que l'on cueille dans les *Carnets* de l'écrivain algérois : c'est un grand bourgeois qui donne le spectacle de sa vanité blessée, « un journaliste de premier ordre, et un écrivain du second », « Dostoïevski de la Gironde ». L'on considère que cette formule de *La Chute* – « le pardon à la bouche, la sentence au cœur » – le vise aussi.

Camus et Mauriac se retrouvent à *L'Express* au milieu des années 1950 sans que leur soutien à Pierre Mendès France améliore leurs relations. Leur statut de prestigieux pigistes les place sur un rang d'égalité. Mais c'est Mauriac qui a les faveurs de Jean-Jacques Servan-Schreiber et de Françoise Giroud. Sur l'Europe, le communisme, la IVe République, ces deux démocrates, ces deux humanistes ont des positions proches. Sur l'Algérie, elles sont divergentes, pas antagonistes. En 1958, Mauriac se rallie au général de Gaulle. Camus se tient à distance.

Mauriac mentionne à plusieurs reprises son cadet dans son *Bloc-notes*, d'abord avec un mélange de froideur et de condescendance. À propos de *La Chute*, il se targue d'avoir dépassé le débat sur la pureté des intentions posé par Clamence : « Il manque à Camus de faire passer sa vie à ce creuset : le jugement de Dieu, auquel le chrétien est soumis et dont il a peur, mais il s'y abandonne avec cette confiance invincible de l'être qui se sait aimé. » Les « Réflexions sur la guillotine » parues dans *La NRF* en 1957 donnent à Mauriac une nouvelle occasion de faire la leçon à son cadet : s'il rejoint celui-ci sur la nécessité théorique d'abolir la peine de mort, il juge néanmoins que la race blanche n'est plus digne de se prononcer sur le sujet après toutes les exactions qu'elle a commises depuis la guerre d'Espagne : elle a « bafoué et violé tous les principes qui pouvaient servir, dans ce débat, de repère ou de norme ». Visant plus particulièrement l'usage généralisé de la torture en Algérie – contre lequel lui-même s'est très tôt insurgé –, Mauriac dénonce l'hypocrisie que pourrait entraîner cette abolition « dans les textes » alors que le « meurtre policier » continue à se légitimer « dans les mœurs » : « Abolir la peine de mort quand on rétablit la torture ? Un peu de logique, voyons, Camus ! » En 1959, Mauriac reproche à Camus de s'être montré sous un jour trop avantageux dans l'émission « Gros plan », d'avoir cherché à plaire plus qu'à être sincère, de préférer le monde du théâtre et de l'artifice à celui de l'authenticité.

La mort de Camus suscite un court hommage funèbre dans le *Bloc-notes* du 4 janvier 1960. S'il avoue n'avoir entretenu avec l'écrivain que peu de rapports personnels, Mauriac lui sait gré d'avoir passionnément combattu contre l'injustice et contre le mal : il voit en lui « l'homme qui aura aidé toute une génération à prendre conscience de son destin », qui aura dénoncé « l'absurdité des fours crématoires et des purges staliniennes » mais déplore que l'incroyant ne se soit jamais converti. Un hommage plus ambigu encore figurait dans *Le Figaro littéraire* du 16 janvier : Mauriac y reconnaît l'importance de l'œuvre de Camus et son immense influence auprès de la jeunesse ; à la manière d'un « grand frère », écrit-il, l'écrivain algérois a aidé les nouvelles générations à trouver le bonheur dans un monde absurde ; il salue son aptitude à la révolte. Mauriac dit comprendre enfin l'amour que Camus porte au théâtre, son refuge contre la folie du monde. Mais il regrette encore une fois que le message délivré par cet amoureux du soleil, de la mer et de l'amour ne soit pas chrétien, que le seul bonheur recherché soit sensuel, et il reproche indirectement à Camus son silence sur l'Algérie. Par la suite, Mauriac lit les *Carnets* : dans son *Bloc-notes* du 9 mai 1962, il y découvre le « pouvoir d'ensorcellement » de la terre d'Algérie ; dans celui du 10 décembre 1964, il dresse un nouveau portrait de l'écrivain en distinguant le « Camus pur et dur, voué à la défense de l'homme », auquel il rend hommage, et « un autre Camus, adorateur de la mer et du soleil », auquel il reproche son hédonisme : « Ce Sisyphe ne roulait pas son rocher. Il grimpait dessus et, de là, piquait une tête dans la mer… S'il fut crucifié lui aussi, ce ne fut pas à la condition humaine, dont il s'accommodait avec délices, mais à la maladie. Il fut atteint dans ce corps, source de joie… »

Ainsi, l'homme que fut Camus n'inspire guère de sympathie à Mauriac, et l'écrivain retient peu son attention : c'est à l'intellectuel engagé et passionné de justice, et plus précisément au résistant de la Seconde Guerre mondiale, à l'éditorialiste de *Combat* que va l'admiration de son aîné.

Jeanyves GUÉRIN & Élisabeth LE CORRE

Bibl. : Bernard Cocula, « Mauriac et Camus à l'époque de *La Peste* », *Cahiers de Malagar*, XIII, automne 1999, p. 223-236 • Jeanyves Guérin, *Camus. Portrait de l'artiste en citoyen*, François Bourin, 1993, p 63-82 • Jean Lacouture, *Mauriac*, Le Seuil, 1980 • François Mauriac, Journal *et* Mémoires politiques, édition établie et présentée par Jean-Luc Barré, Robert Laffont, coll. « Bouquins », 2008

« MAURICE BARRÈS ET LA QUERELLE DES HÉRITIERS ». – Grand Indésirable de la littérature, Maurice Barrès (1862-1923) hante sa propre postérité. Ses héritiers n'assument jamais pleinement la fascination exercée par cet être déchiré qui ne put concilier l'esthète anarchisant et le patriote antidreyfusard. Le chantre du nationalisme a fait tort à l'égotiste décadent, mélancolique et ironique. Chacun se forge *son* Barrès. Nul écrivain n'a échappé à son exceptionnelle attraction, même Louis Aragon et André Malraux. L'emporte la magie d'un style, généralement prisé pour la musicalité de ses « cadences ». Mais revendiquer une filiation directe pose problème.

Le 23 mars 1940, dans *Le Figaro littéraire*, François Mauriac tente de réhabiliter ce maître en déshérence : « Soyons francs : presque tous ses disciples l'ont trahi ; ils ont fui et l'ont laissé seul. » Camus réplique vertement dans un article que Pascal Pia fait publier dans *La Lumière* le 5 mai suivant : « Ceux qui se réclament de lui ne sont pas dignes de son œuvre. Et ceux qui sont dignes de cette œuvre ne se réclament point de lui. » Parmi les « indignes », Henry Bordeaux, Charles Maurras et Pierre Drieu La Rochelle. Si Malraux et Henry de Montherlant, professeurs d'énergie, rappellent Barrès, ils ont réellement « transformé en une exaltante règle de vie l'éthique que lui-même n'avait magnifiée que sur le papier ». Barrès liquidé par un Camus de vingt-sept ans ? Rien n'est moins sûr. Idéologiquement réfractaire au second Barrès, il retrouve inconsciemment le « paradis perdu » du premier, « cet univers de sang, de volupté, et de mort, ce monde brûlant et solitaire dont il ne fut jamais l'un des princes ». Pour lutter contre le nihilisme (disons l'« absurde »), Barrès prêche le réenracinement, le retour aux origines du moi, à la terre des Morts. C'est le mouvement du *Premier Homme*, roman esthétiquement barrésien qui n'a pu accomplir jusqu'au bout son barrésisme inavoué : « Cette nuit en lui, oui ces racines obscures et emmêlées [...] le rattachaient à cette terre splendide et effrayante, à ses jours brûlants comme à ses soirs rapides à serrer le cœur ». À chacun son *Amori et dolori sacrum*.

François-Jean AUTHIER

Bibl. : *Œuvres complètes*, t. I, Gallimard, coll. « Bibl. de la Pléiade », 2006, p. 874-876

MÉDITERRANÉE. – Dans un poème naïf et incantatoire, qui faisait référence au *Cimetière marin* de Paul Valéry (1920), Camus avait en octobre 1933 rendu un premier hommage à la Méditerranée. La conférence inaugurale qu'il prononce le 8 février 1937 à la maison de la Culture d'Alger sur « La culture indigène. La nouvelle culture méditerranéenne » donne à son apologie de meilleures assises. En cette période où la latinité est exaltée par les fascistes, il convient, à ses yeux, de déplacer de Rome à Athènes le berceau de la civilisation et de la culture méditerranéennes. Rejetant le principe d'un nationalisme méditerranéen, Camus reconnaît, dans un goût de la vie commun aux pays du bassin, une « patrie » qui échappe à l'abstraction. Son amour de la Méditerranée l'entraîne même dans un surprenant éloge du catholicisme, face souriante du christianisme dont Luther, homme du Nord, a proposé l'envers, et à introduire une différence entre l'Italie de Mussolini, où la loi n'a pu effacer la gaieté naturelle des habitants, et l'Allemagne de Hitler, qui étouffe sous un ennemi invisible. La Méditerranée « est de tous les pays le seul peut-être qui rejoigne les grandes pensées orientales », déclare-t-il aussi, en donnant pour preuve la coexistence en Afrique du Nord de Français venus d'Espagne ou d'Italie avec les Arabes qui les entourent. Encore membre, à cette date, du parti communiste, Camus rêve enfin d'un « collectivisme méditerranéen », différent du collectivisme russe et dont l'avenir se joue peut-être alors en Espagne. Son texte de présentation de la revue *Rivages*, sous-titrée « Revue de culture méditerranéenne », reprendra en décembre 1938 l'esprit de la conférence, et presque textuellement une référence aux soldats grecs évoqués par Xénophon dans l'*Anabase* : épuisés à leur retour de Perse, « ils se mirent à danser devant les vagues éclatantes où souriaient leurs dieux ».

Les idées de la conférence se retrouvent dans l'ensemble de la pensée et de l'œuvre de Camus. Son parti pris en faveur de la Grèce éclate dans *Noces à Tipasa* où les dieux grecs sont curieusement convoqués pour magnifier un lieu qui fut une colonie romaine, assez tôt convertie au christianisme (sauf à postuler, comme y invite du reste la conférence, que tout ce que la romanité a produit de beau est un héritage de la Grèce…). Pourtant, alors qu'il consacre la Grèce comme la mère de la culture méditerranéenne, Camus n'évoque, dans la partie de sa conférence intitulée « Évidences », que le quadrilatère constitué par les pays occidentaux du bassin (Italie, Espagne, sud de la France, Afrique du Nord). « De Florence à Barcelone, de Marseille à Alger tout un peuple grouillant et fraternel nous donne les leçons essentielles de notre vie », écrit-il pareillement dans la présentation de *Rivages.* Cette restriction reflète les limites de son expérience. À cette date, il connaît en effet un peu l'Espagne grâce à un court séjour aux îles Baléares en septembre 1935, un peu l'Italie, qu'il a traversée au retour du calamiteux voyage en Europe centrale de l'été 1936, mais il n'est jamais allé en Grèce ; l'imminence de la guerre l'ayant privé d'y voyager en août 1939, il s'y rendra pour la première fois, pour un séjour de trois semaines, au printemps de 1955. Ces hommes qu'on rencontre « sur le port de Gênes, sur les quais de Marseille », échantillons de « la race curieuse et forte qui vit sur nos côtes », il n'a pu, quand il prononce sa conférence, vérifier que les Grecs modernes appartenaient à leur « famille ». Mais rien ne dit qu'en 1955 il les reconnaît pour ses cousins. Les *Carnets* suggèrent plutôt que, comme la majorité des visiteurs, il a prêté plus d'attention aux ruines et aux musées de la Grèce ancienne qu'à l'homme de la rue. À Volos seulement, que vient de détruire un tremblement de terre, on le trouve attentif au spectacle de la vie quotidienne. « On se défend ici contre l'idée que la perfection a été atteinte alors et que depuis le monde n'a cessé de décliner », note-t-il le 27 avril, visitant l'Acropole. Et, le 13 mai, sur le point de rentrer au pays : « Ces vingt jours de courses à travers la Grèce, je les contemple d'Athènes maintenant, avant mon départ, et ils m'apparaissent comme une seule et longue source de lumière que je pourrai garder au cœur de ma vie. » Il est vrai qu'en 1955 comme en 1937, la Grèce n'aiguisait pas au même point que l'Espagne livrée à la guerre, puis soumise à Franco, ou que l'Italie fasciste la réflexion du citoyen engagé. Tenue à l'écart des principaux enjeux idéologiques et stratégiques de l'époque, elle n'avait que plus de chances de jouer, dans la pensée de Camus, son rôle tutélaire.

La cohabitation de l'Orient et de l'Occident, visible dans la turbulence des quartiers arabes ou des ports de Gênes ou de Tunisie, ainsi que dans l'ennui qui écrase à midi les places d'Espagne aussi bien que celles d'Oran (voir *Le Minotaure* et *La Peste*), la conférence les présente comme une spécificité méditerranéenne. « La sieste, voilà la vraie Méditerranée » dit-il, bien avant d'avouer dans *Le Premier Homme* que lui-même l'avait en horreur. Cette foi dans la fusion des deux cultures, qui résistera aux cruelles révélations du reportage en Kabylie, continuera de nourrir ses illusions politiques quand il deviendra évident à la plupart des observateurs que, sous le poids des injustices de la colonisation, mais plus encore des différences de religion et de culture, la Méditerranée arabe ne saurait faire partie du même « pays » (suivant l'étonnante expression de la conférence) que celle des nations de l'Europe occidentale.

La Méditerranée est rarement nommée dans les romans parce qu'elle est « la mer », au bord de laquelle Meursault (*L'Étranger*) s'est épanoui et où Rieux et Tarrou (*La Peste*) retrouvent, le temps d'un bain, le goût de l'innocence et d'une amitié fraternelle. Elle est à plus forte raison anonyme pour la mère du *Premier Homme*, qui sait seulement que « la France était de l'autre côté de cette mer qu'elle non plus n'avait jamais parcourue ». C'est parce qu'il a choisi de vivre « de l'autre côté » que Jacques Cormery conçoit plus clairement sa réalité géographique : « La Méditerranée séparait en moi deux univers, l'un où dans des espaces mesurés les souvenirs et les noms étaient conservés, l'autre où le vent de sable effaçait les traces des hommes sur de grands espaces. » Elle est un havre pour les exilés : quel spectateur doute que les « rivages heureux » auxquels aspire Martha dans *Le Malentendu* soient ceux de la Méditerranée ? Et c'est par la bouche de Clamence que Camus, dans *La Chute*, évoque enfin la Grèce moderne, du moins ses îles qui donnent à l'exilé d'Amsterdam la nostalgie d'un univers d'innocence ; mais ces « courtes vagues fraîches » où Clamence avait l'impression de bondir « dans une course pleine d'écume et de rires » sont les mêmes qui avaient rendu leur goût de vivre aux soldats de Xénophon. Aussi lit-on avec étonnement le dernier texte de *L'Été*, *La Mer au plus près*, où le narrateur passe « les portes d'Hercule » pour un périple poétique dans des mers où Camus ne s'est jamais aventuré. « Pays » de l'innocence, la Méditerranée est en même temps celui de la beauté, par essence liée au tragique. « La Méditerranée a son tragique solaire qui n'est pas celui des brumes », lit-on au début de *L'Exil d'Hélène*. Sa lumière, enfin, figure la tension qu'imposent à l'homme les limites dont la transgression, dans la Grèce antique, était châtiée par Némésis. Ainsi est-elle à la fois historiquement et symboliquement une garante contre les dérives de la servitude – « l'absolutisme historique, malgré ses triomphes, n'a jamais cessé de se heurter à une exigence invincible de la nature humaine dont la Méditerranée, où l'intelligence est sœur de la dure lumière, garde le secret » (*L'Homme révolté*).

Pierre-Louis REY

Bibl. : Gianfranco Brevetto (dir.), *Albert Camus. Mediterraneo e conoscenza*, Naples, Ipermedium libri, 2003 • Claudia Lehmann, *Die Mittelmeerische Welt als geistige Landschaft und Geschichtsraum in Frühwerk von Albert Camus*, Francfort, Berlin, Berne et New York, Peter Lang, 1998

MELVILLE, Herman (1819-1891). – Comme à Fedor Dostoïevski et à André Malraux, Camus a voué à Herman Melville une admiration qui ne s'est jamais démentie. Dans ses *Carnets*, il le cite dès avril 1938 et annote la toute récente traduction française de *Moby Dick* – Jean Giono y a participé – qui, selon Maurice Blanchot, « mérite d'illustrer au point de vue littéraire l'année 1941 qui l'a vue paraître ». En 1943, il recommande à Francis Ponge de le lire. Par la suite, comme l'attestent une nouvelle fois ses *Carnets*, où Melville est un des auteurs les plus souvent mentionnés ou cités, Camus s'intéresse aux études qui paraissent sur l'écrivain new-yorkais (celles notamment de Lewis Mumford et Pierre Frederix) et aux traductions de ses livres : les années 1940 et 1950 sont celles où justement la plus grande partie de l'œuvre de Melville est donnée à lire au public français. Et, du *Mythe de Sisyphe* en 1942 – où *Moby Dick* est rangé parmi les « quelques œuvres vraiment absurdes » – jusqu'à la conférence donnée à l'université d'Uppsala, en Suède, après la réception du prix Nobel de littérature, en passant par l'interview sur la littérature américaine (*Combat*, 1947), le Cahier IV et *L'Homme révolté*, il ne manque pas de textes où Camus range Melville parmi les « romanciers philosophes » des XIXe et XXe siècles et même parmi « les plus grands génies de l'Occident » ; le plus détaillé est la notice qu'il rédige en 1952 pour la série des *Écrivains célèbres*, chez Mazenod.

Il y résume ce qui lui paraît essentiel : le jeune homme de bonne naissance, mais sans ressources, qui s'embarque à vingt ans et va naviguer sur divers bateaux, dont trois baleiniers ; l'auteur à succès, à partir de 1846, d'une série de récits de voyage, qui se heurte à l'hostilité du public et même de la critique dès qu'il aborde des œuvres beaucoup plus ambitieuses, dont *Moby Dick* (1851) ; enfin l'homme contraint, pour gagner sa vie, de devenir fonctionnaire des douanes du port de New York (1866) et d'entrer « dans un silence complet », rompu, de loin en loin, par quelques poèmes (tirés à vingt-cinq exemplaires) et, à la fin, par un récit inachevé, *Billy Budd* (1885-1891), dont la publication sera posthume (1924). Cette présentation simplifie la décennie 1856-1866, marquée par les voyages de Melville en Europe et au Moyen-Orient, mais elle répond à l'attirance de Camus pour un écrivain qui a dû, à un moment donné, consentir à son « annihilation » par la critique et les milieux littéraires : « Melville court l'aventure et finit dans un bureau, écrit-il dans ses *Carnets* en avril 1938. Il meurt inconnu et pauvre. À force de solitude et d'isolement [...] on doit finir par user même la méchanceté et les calomnies. Mais il faut à tout instant prévenir en soi la méchanceté et les calomnies. » Il y a du Clamence et du Jonas dans ce portrait. Camus tire aussi de Melville l'image des « *remoras*, poissons des mers du Sud » qui, pour survivre, s'accrochent au dos d'un requin et se nourrissent, grâce à un tube dont ils transpercent celui-ci, de ce que contient son estomac : « Ce sont les mœurs parisiennes » (Cahier VII,

1952). Il apprécie aussi chez l'écrivain américain un auteur qui a cherché à être franc avec son lecteur et n'a jamais voulu se complaire à ses propres opinions ou convictions ; il cite Nathaniel Hawthorne, un temps son ami, qui a écrit : « incroyant, il ne savait pas se reposer dans l'incroyance » (*L'Homme révolté*).

Pour Camus, Melville ne se réduit pas à son grand roman sur la baleine : « T. E. Lawrence plaçait *Moby Dick* à côté des *Possédés* et de *Guerre et Paix*. On peut y joindre sans hésiter *Billy Budd*, *Mardi* [1849], *Benito Cereno* [1855] et quelques autres. Ces livres déchirants où la créature est accablée, mais où la vie, à toutes les pages, est exaltée, sont des sources inépuisables de force et de pitié » (notice de 1952). Cette énumération le montre : pour Camus, Melville est d'abord un romancier de l'Océan et des îles, un des rares écrivains qui, avec Shakespeare, puissent se mesurer avec le monde de la mer. De plus, ses récits agencent plusieurs plans de signification : à la navigation maritime se superpose la recherche d'un Éden ; et « la quête d'îles en îles », par exemple dans *Mardi*, s'achève en « une méditation sur l'absolu et le divin » (Cahier VIII, juin 1958) – selon une démarche que Camus retrouve dans *Les Îles* (1933) de Jean Grenier dont il préface une nouvelle édition à la fin de sa vie. On peut lire aussi dans ces œuvres une figure de la littérature elle-même et c'est à ce titre que Camus accepte de prendre en compte les romans dont la navigation maritime est absente, *Pierre et les ambiguïtés* (1852) ou *Le Grand Escroc* (1857). Il les aime moins, mais y voit une autre quête, celle « du génie et du malheur ». Dans cet ordre d'idées, on s'étonne de son silence sur la nouvelle de 1856, *Le Clerc Bartleby*, sans doute l'œuvre de Melville la plus connue en France aujourd'hui.

Moby Dick est alors le plus ample de ces ordonnancements symboliques ; Camus a noté dans le Cahier VII de ses *Carnets* un passage d'une lettre de Melville à Hawthorne : « Quand j'écrivais ce livre j'avais conscience d'une allégorie sur laquelle reposait tout le livre ainsi que chacune de ses parties. » Cet agencement, dont il reconnaît, dans une lettre de 1948, s'être inspiré pour écrire *La Peste*, explique que, pour lui, le roman puisse raconter aussi bien une « passion funeste », celle d'Achab, qu'une lutte contre le Mal ou que la révolte de l'homme contre le Créateur, « puis contre ses semblables et soi-même » (notice de 1952). Pour parvenir à ce résultat, Melville a dû concilier aussi deux injonctions contradictoires : poussé par une « soif » qu'il savait impossible à « étancher » par la seule production artistique, il a dû cependant orienter celle-ci de façon qu'elle ne s'épuise pas à produire seulement de « sombres allégories ». *Moby Dick* est un livre plein de santé, de force et de rire – un livre animé, par « la pensée de midi », même si Camus ne le dit pas. Il le doit à ses images, dont ce dernier pense que, comme chez tout grand créateur, « elles multiplient la philosophie par dix » (Cahier III). Ces images, il ne peut mieux les définir, en 1952, qu'en opposant soudain Melville à un écrivain qu'il jugeait depuis au moins dix ans d'une stature comparable à la sienne : « Chez Kafka la réalité qu'il décrit est suscitée par le symbole, le fait découle de l'image, chez Melville le symbole sort de la réalité, l'image naît de la perception. C'est pourquoi Melville ne s'est jamais séparé de la chair ni de la nature, obscurcies dans l'œuvre kafkéenne. » Cette opposition et cette scission inattendues ne sont pas le tribut le moins impressionnant que Camus ait voulu payer à l'œuvre de l'écrivain américain. Jean-Pierre MOREL

MEMMI, Albert (né en 1920). – Albert Memmi est né au cœur de la Hara, le quartier juif de Tunis, dans une famille de très modestes artisans. Il vit, du fait de cette origine, une situation à la fois proche et radicalement différente de celle que connaît Camus dans l'Algérie de la même époque. La Tunisie est en effet sous un régime de protectorat qui assure une domination politique et administrative de la France et implique également une prééminence du modèle culturel français.

Dans son parcours de promotion sociale, Albert Memmi fréquente le lycée Carnot de Tunis puis engage des études de philosophie à Alger qu'il mène à terme à Paris. Toutefois, à la différence de Camus, un pan entier de sa formation échappe aux seules références françaises. La communauté juive de Tunisie n'a pas connu en effet l'assimilation qui caractérise, depuis le décret Crémieux de 1870 octroyant la nationalité française à ses membres, celle d'Algérie. Dans ce dernier territoire, en particulier dans des villes qui possèdent une forte composante juive comme Constantine, et surtout Oran, Camus a dû observer quelques spécificités communautaires, il a aussi constaté et combattu les relents d'antisémitisme travaillant la société coloniale. Il a pu cependant établir de plain-pied des relations avec nombre d'amis juifs tout à fait laïcisés parmi lesquels les fidèles et proches André Belamich ou André et Pierre Bénichou. Albert Memmi, quant à lui, a statut d'indigène, comme la plupart des Juifs tunisiens ; dans sa famille, on pratique l'hébreu et surtout l'arabe dialectal. D'où l'expérience d'une différence doublement minoritaire, par rapport aux composantes européenne et arabe de la société tunisienne.

Dans un récit à forte teneur autobiographique, *La Statue de sel* (Gallimard, 1953), Albert Memmi narre les affres d'un jeune juif tunisien déchiré entre ses identités antagonistes et n'arrivant pas à trouver sa place dans son pays natal. Il obtient pour ce premier roman le prestige d'une préface de Camus, déjà fort célèbre. Ce dernier soutient là volontiers, comme il l'a fait en d'autres circonstances, l'expression singulière d'un autochtone maghrébin ; il souligne l'originalité de l'œuvre, mais il élargit aussi le propos, avec honnêteté, à la complexité d'un tissu social colonial dans lequel on le sent personnellement impliqué : « Nous tous, Français et indigènes d'Afrique du Nord, nous restons ainsi ce que nous sommes, aux prises avec des contradictions qui ensanglantent aujourd'hui nos villes et dont nous ne triompherons pas en les fuyant mais en les vivant jusqu'au bout. »

Les parcours de Camus et de Memmi ne se croiseront plus que de loin. Dès la fin de la guerre, le second était rentré en Tunisie, avec son épouse française ; il y était devenu professeur de philosophie. Mais à l'indépendance du pays, en 1956, il s'établit définitivement en France. Dans *Portrait d'un juif* (1962-1966), il confie : « j'ai aidé mes concitoyens tunisiens comme j'ai pu, à ma manière. Mais jamais – pourquoi ne pas le dire ? – je ne me suis senti réellement et complètement adopté par eux, et ne me sentant pas complètement adopté, peut-être ne me suis-je pas conduit tout à fait comme l'un d'eux ». Il est naturalisé Français en 1973. Parallèlement à une carrière d'enseignant (il enseigne en particulier la psychiatrie sociale à l'École des hautes études), il poursuit une œuvre constituée de deux grands volets. Il publie d'une part des romans à la structure complexe (*Agar*, *Le Scorpion*, *Le Désert*, *Le Pharaon*), poursuivant la quête introspective et le questionnement du passé amorcé avec sa première œuvre, et se fait d'autre part reconnaître, au-delà de ses directions d'anthologies d'écrivains maghrébins d'expression française, comme un essayiste averti du fait colonial, de la relation d'interaction régissant le couple colonisateur et colonisé, analysant en particulier chez le dernier les caractéristiques psychologiques perverses de dépersonnalisation, de dévalorisation de la culture et de la langue d'origine. Il élargit sa réflexion à l'analyse des phénomènes de dépendance et d'hétérophobie de toute nature (*Portrait d'un juif*, *L'Homme dominé*, *Portrait du décolonisé arabo-musulman et de quelques autres*…). Sa notoriété internationale est surtout venue de son premier essai, *Portrait du colonisé, précédé du portrait du colonisateur*, qui eut un grand retentissement lorsqu'il parut, en 1957, à l'heure des décolonisations, avec une préface de Jean-Paul Sartre.

En 1957 précisément, à l'heure où se déchaînent les polémiques à l'encontre de Camus après sa réponse à un étudiant algérien de Stockholm sur la justice et le terrorisme, Albert Memmi montrera bien plus de compréhension et de mesure que la plupart des intellectuels écrivant dans *Les Temps modernes*. Il rappelle à son tour, dans un article publié dans *La Nef*, la complexité de la société coloniale et le nœud de paradoxes dans lequel peuvent être pris les Français d'Algérie. Cela dit, il n'approuve pas pour autant la position de Camus, qui occupe, dans la typologie coloniale qui lui est propre, non la position du colonialiste, mais celle du « colonisateur de bonne volonté ». Il est revenu brièvement sur ces questions lors du colloque de Nanterre en 1985. Martine MATHIEU-JOB

MÉMOIRE. – Le thème de la mémoire est récurrent et central dans l'œuvre de Camus, tant dans la fiction que dans les essais ou les écrits journalistiques. Dans *L'Étranger*, Meursault en prison fait la découverte suivante : « J'ai fini par ne plus m'ennuyer du tout à partir de l'instant où j'ai appris à me souvenir. » Le narrateur de *La Peste* note quant à lui : « Tout ce que l'on pouvait gagner au jeu de la peste et de la vie, c'était la connaissance et la mémoire. » Et dans *La Chute*, Clamence déclare : « Il a fallu d'abord que je retrouve la mémoire ». *Le Mythe de Sisyphe* conclut à la nécessité de maintenir les commandements de l'absurde : le respect des règles de l'ascèse absurde ne va pas sans l'exercice rigoureux de la mémoire. Les transgresser fait perdre l'identité absurde et mène au suicide philosophique. Sisyphe d'ailleurs recourt à sa mémoire pour faire de sa vie et de ses actions un destin, un mythe : « À cet instant subtil où l'homme se retourne sur sa vie, Sisyphe, revenant vers son rocher, contemple cette suite d'actions sans lien qui devient son destin, créé par lui, uni sous le regard de sa mémoire et bientôt scellé par sa mort. » Tout *L'Homme révolté* repose sur l'appel à la mémoire des origines de la révolte, à la conjonction du non et du oui qui la constitue et sans laquelle elle se pervertit et aboutit au meurtre : « La pensée révoltée ne peut donc se passer de mémoire » ; « Mais [le révolté] perd la mémoire de ses origines et […] le voici en marche pour l'empire du monde à travers des meurtres multipliés à l'infini. »

Actuelles, qui rassemble des écrits de la fin de la guerre et de l'immédiat après-guerre, est constellé des mots « souvenir », « oubli », « oublier ». « Ce n'est pas la haine qui parlera demain, mais la justice elle-même, fondée sur la mémoire » : la mémoire est élevée ici en fondement de la justice. Dans *Lettres à un ami allemand*, le correspondant français rappelle que la guerre à laquelle il a été obligé de participer ne doit pas faire « oublier le bonheur », qu'il faut « garder au cœur le souvenir d'une mer heureuse, d'une colline jamais oubliée, le sourire d'un cher visage » sous peine de perdre à la fois l'espoir et son humanité. Dans « Défense de *L'Homme révolté* », Camus note encore : « À quelque extrémité que je me sois porté, je n'ai jamais oublié cette précaution [écrire avec précaution], ma mémoire à été fidèle. »

Quelques expressions illustrent ce rôle central de la mémoire et des mots qui lui sont associés : « garder la (en) mémoire » (*Actuelles* ; « Réflexions sur guillotine ») ; « garder la mémoire des jours et des visages » (*Discours de Suède*) ; « perdre la mémoire » (*Actuelles ; La Peste*) ; « ces flèches brûlantes de la mémoire » (*La Peste*) ; « fondre comme sucre dans leur mémoire » (« Réflexions sur guillotine ») ; « cultiver sa mémoire » (*Carnets* II) ; « cultiver l'oubli » (*Actuelles*) ; « l'effort de se souvenir », « le souvenir difficile », « maintenir le souvenir » (*Actuelles*) ; « oublier d'aimer » (*Actuelles* II, *La Peste*) ; « on ne peut pas tout oublier, même avec la volonté nécessaire » (*La Peste*) ; « le temps de l'oubli n'avait pas encore commencé » (*La Peste*) ; « oublier ses origines » (*L'Homme révolté*).

Pourquoi l'écrivain souligne-t-il avec tant d'insistance le rôle de la mémoire, du souvenir et de l'oubli ? Pourquoi met-il l'accent sur le fait que notre époque est un « temps sans mémoire » (*Actuelles* II) ? Il semble que quatre raisons au moins rendent compte de cette insistance. Il y a d'abord la conception camusienne exprimée fort tôt selon laquelle le monde « finit toujours par vaincre l'histoire » (*Noces*) : les civilisations finissent en ruines que la nature reconquiert et recouvre. Le temps de l'histoire – où déjà les hommes oublient – est à la fois porté et menacé par le temps de la nature : le côté linéaire du premier ne peut subsister si les hommes ne se souviennent pas, le côté cyclique du second n'a que faire des souvenirs puisqu'il se répète.

La deuxième raison tient à la finitude non plus seulement des civilisations mais des individus, et elle est plus radicale encore. Le thème de la maladie et de la mort est récurrent et un extrait des *Carnets* III, en 1951, l'exprime avec une rare force : « *Roman.* L'un des secrets de B… est qu'elle n'a jamais pu accepter ni supporter, ou simplement oublier, la maladie ni la mort. De là sa distraction profonde. Elle s'épuise déjà à vivre seulement comme les autres, à simuler le peu d'insouciance et d'innocence qu'il faut pour continuer à vivre. Mais au fond d'elle-même elle n'oublie jamais. Elle n'a même pas assez d'innocence pour le péché. La vie pour elle n'est que le temps, qui lui-même est maladie et mort. Elle n'accepte pas le temps. Elle s'arc-boute dans un combat d'avance perdu. » L'expérience de la lutte avec le temps pourrait faire dire à un amant – comme une note des *Carnets* II l'exprime – qu'il désire non seulement la « possession absolue » mais qu'il entend laisser à la femme aimée « le souvenir absolu » qui rendrait l'oubli inopérant.

Camus n'avait que trop conscience par ailleurs, c'est la troisième raison, de ce que le « temps perdu ne se retrouve que chez les riches » (*Le Premier Homme*) et non là où règne la pauvreté, où la parole et l'écrit sont rares et les êtres illettrés. Dans sa propre famille, le souvenir de son père et du passé s'était estompé ; *Le Premier Homme* décrit les efforts de Jacques Cormery pour retrouver les traces du père mort durant la Première Guerre mondiale.

Quatrième raison de l'accent mis sur la mémoire : la faculté en tant que telle peut-être menacée dans son fonctionnement. Dans ses *Carnets* II et III, Camus se plaint à plusieurs reprises des carences de sa mémoire – « ma panique devant mon défaut de mémoire » – et constate sa « puissante organisation pour l'oubli ». C'est pourquoi d'ailleurs il note : « Mémoire qui fuit de plus en plus. Devrais me résoudre à tenir un journal. Delacroix a raison : tous ces jours qui ne sont pas notés sont comme des jours qui n'ont pas été. » La vie est donc bien un combat contre le temps et l'oubli, effort toujours recommencé pour se souvenir.

Contre l'omniprésence de l'oubli, contre la finitude et la contingence, il faut alors élaborer des stratégies. Tenir un journal et interroger des témoins par exemple. Mais la stratégie royale, qui domine toute l'existence de Camus, est le recours à l'alchimie de l'art, en l'occurrence l'écriture : elle transfigure par la stylisation l'éphémère en écrit et restitue ainsi pour tout lecteur ce qui sinon aurait définitivement disparu. Le grand exemple est Marcel Proust, et ce n'est évidemment pas un hasard si Camus lui consacre quelques commentaires dans *L'Homme révolté* : « Si le monde du roman américain est celui des hommes sans mémoire, le monde de Proust n'est à lui seul qu'une mémoire. Il s'agit seulement de la plus difficile et de la plus exigeante des mémoires, celle qui refuse la dispersion du monde tel qu'il est et qui tire d'un parfum retrouvé le secret d'un nouvel et ancien univers. » Par fidélité à sa vocation, l'artiste, ainsi que Camus le déclare dans son *Discours de Suède*, doit « garder la mémoire des jours et des visages ». L'art de l'écrivain algérois est alors non seulement remémoration – la mère des Muses, dans la mythologie grecque, est la mémoire – mais aussi commémoration. Rieux dans *La Peste* entend témoigner pour les pestiférés et écrit une « chronique » : l'étymologie, la mémoire des mots nous rappelle que Chronos est à la fois un dieu qui dévore ses enfants et le temps lui-même. Les occurrences des mots « mémoire », « souvenir » et « oubli » y sont fort nombreuses comme les remarques du narrateur sur la manière dont la mémoire fonctionne suivant les différents moments de l'épidémie et de l'exil – « Au deuxième stade de la peste, ils perdirent aussi la mémoire. » *Le Premier Homme* est en somme le monument que Camus entend ériger aux membres de sa tribu, les Français d'Algérie pauvres, et à sa famille, qui bien que brûlée par l'histoire n'a pas accès à elle. Il entend « retrouver » leur « temps perdu ». Les mots de l'écrivain doivent compenser, équilibrer le silence de sa mère et l'oubli auquel la pauvreté condamne : « Parler » – et, faudrait-il dire, écrire – « répare » (*L'Homme révolté*).

La mémoire joue donc un rôle éminemment positif dans la réflexion et l'œuvre de Camus. Mais l'écrivain n'est nullement aveugle au fait qu'il existe des techniques pour la trafiquer :

les régimes totalitaires, ainsi, entendent soumettre l'histoire qu'ils réécrivent suivant les besoins de la politique du moment. Clamence, dans *La Chute*, qui se préoccupe beaucoup des jeux de la mémoire, a développé des stratégies qui visent à la manipuler. Le juge-pénitent utilise une rhétorique assourdissante pour que les vrais souvenirs ne surgissent pas à l'improviste et ne viennent troubler davantage son existence. Maurice WEYEMBERGH

Bibl. : Maurice Weyembergh, *Albert Camus ou la mémoire des origines*, Bruxelles, De Boeck, 1998

MENDÈS FRANCE, Pierre (1907-1982). – En 1945, Camus avait rencontré Pierre Mendès France, qui était alors ministre de l'Économie nationale, et avait reconnu en lui « un homme d'État ». Le 6 avril de la même année, dans un éditorial de *Combat*, il regrette sa démission : ses propositions « énergiques et totalement dépourvues de démagogie » lui semblaient dignes de « respect » et d'« estime ». N'ayant pas reçu les moyens de sa politique, il a préféré se retirer. Un « adversaire résolu des réformes » lui succède.

Les deux hommes se sont revus en juin 1955. L'année précédente, Mendès France avait été appelé en urgence à la présidence du Conseil après le désastre de Diên Biên Phu. Le déçu du parti socialiste qu'est Camus a suivi avec sympathie l'action de son gouvernement qui met fin à la guerre d'Indochine. Sa mise à l'écart par une coalition hétéroclite de députés en février 1955 l'a indigné. C'est pour contribuer à son retour qu'il rejoint *L'Express*. À l'époque, si l'on excepte François Mauriac et Camus, rares furent les grandes figures de l'intelligentsia française qui se posèrent comme mendésistes. Jean-Paul Sartre ignora souverainement le champion de la gauche moderne et Simone de Beauvoir le vitupéra : il avait le tort impardonnable à ses yeux de catalyser un contrepoids au parti communiste. C'est auprès des hauts fonctionnaires, des universitaires et des étudiants que son attrait fut le plus grand.

Le style et la politique, le parler vrai et la rigueur du personnage, son souci du bien public ont séduit Camus. Mendès France est un républicain, un démocrate et un modernisateur qui a une conception à la fois morale et rationnelle de l'action politique. Il est membre du vieux parti radical-socialiste, relais des intérêts coloniaux, mais a été pilote de la France libre dans le groupe Lorraine. Homme des Lumières, il se pose en double héritier de la Révolution et de la Résistance. Il ne se détermine pas par rapport au dogme marxiste et n'a jamais subi l'attirance du communisme soviétique. À la fois intellectuel et homme d'action, il est l'homme d'une méthode, non d'une idéologie. Il traite ses concitoyens en adultes, il leur expose clairement les problèmes et leur propose des solutions réalisables. Il allie la rigueur financière, le volontarisme réformateur et le sens du service public. Il est enfin celui qui peut s'attaquer aux blocages de la société française et trouver une solution au drame algérien. Camus respecte Mendès France, il ne l'idolâtre pas. Il le tient non pour le « sauveur suprême » mais pour l'homme de la situation. Entre « une droite immobile » et « un communisme sclérosé », écrit-il dans *L'Express*, une voie s'offre qui pourrait « dépolariser la politique française » et donner naissance à un « travaillisme français » conciliant la justice et la liberté. C'est pourquoi, pour la première et dernière fois de sa vie, il donne une « Explication de vote » dans *L'Express* du 30 décembre 1955. Il appelle ses lecteurs à voter pour le Front républicain qui soutient Mendès France : « entre l'immobilisme social qui consacre les privilèges de l'argent et le refus des réformes sous prétexte qu'elles compromettent les possibilités révolutionnaires, il y a place pour une politique de réformes immédiates ». Les électeurs cependant donnent une majorité relative donc insuffisante au Front. De surcroît, l'arithmétique électorale conduit Guy Mollet, après plusieurs semaines de laborieuses manœuvres et tractations, à la tête du « gouvernement de rénovation » que Camus appelait de ses vœux. On attendait un homme d'État, on eut un politicien. Mendès France, faute d'obtenir les Affaires étrangères, n'est qu'un ministre d'État sans portefeuille qui démissionne au bout de quelques mois, mettant un terme à sa carrière gouvernementale.

Les « cinq millions de français qui ont voté Front républicain, écrit Camus le 6 janvier 1956, au lendemain des élections, constituent le seul espoir du pays ». Il perd toutefois ses illusions en quelques semaines. Il est significatif qu'il ne rejoigne aucun des cercles et clubs d'une nébuleuse mendésiste qui, de toute façon, n'arrive pas à se structurer dans le champ politique. Renonçant à exercer toute influence, il ne donne ainsi aucun article aux *Cahiers de la République* fondés au printemps 1956 et fournit l'impression d'avoir fermé une parenthèse. En 1958, les mendésistes se divisent. Quelques-uns, dont Mauriac, se rallient à un autre modernisateur, le général de Gaulle. Plus nombreux sont ceux qui, à l'instar de Mendès France lui-même, républicain intransigeant attaché à l'institution parlementaire, condamnent la façon dont l'homme du 18 Juin est revenu au pouvoir et s'installent dans une opposition farouche à la Ve République. Le dernier Camus, pour sa part, ne se situe ni chez les uns ni chez les autres. Il avait appuyé un homme d'État, il n'a pas contribué à la formation d'un mythe politique.

Jeanyves GUÉRIN

• *Voir aussi : Express* ; République, IVe

Bibl. : Jeanyves Guérin, *Camus. Portrait de l'artiste en citoyen*, François Bourin, 1993, p. 125-136 • Jean Lacouture, *Pierre Mendès France*, Le Seuil, 1981

MENSONGE. – La tentation du mensonge, et son refus, sont inséparables chez Camus, d'où une tension permanente que ce soit dans son action, sa pensée ou son œuvre. La vérité peut se définir chez lui comme une quête, une conquête permanente, une sorte de « paradis perdu ». « La vérité est mystérieuse, fuyante, toujours à conquérir », déclare-t-il dans le *Discours de Suède*. Cette quête obstinée de la vérité s'exprime sur tous les plans, idéologique et politique, moral et métaphysique. Sa conception même de l'art et du rôle de l'artiste est née de la prise de conscience qu'il faut assumer les contradictions pour pouvoir les dépasser. L'une de ces contradictions majeures se situe entre mensonge et vérité.

Quel que soit le mode d'expression utilisé, journalisme, essai ou fiction, Camus a constamment dénoncé les idéologies fallacieuses qui alimentent l'Histoire. Son combat contre le mensonge en politique, dont le langage par sa perversion est l'instrument, passe par une exigence morale d'honnêteté que l'on retrouve dans sa conception d'un journalisme critique. Les articles de *Combat* dans les derniers mois de la guerre, en 1944, affirment tous que la vérité est la condition nécessaire à la rénovation politique dont le pays a besoin. L'homme public qu'est le journaliste participe à cette tâche en s'obligeant à la clarté du langage. Cette revendication est inséparable de celle de liberté et de justice. Camus poursuivra dans les *Actuelles* ce combat contre les mensonges que les idéologies véhiculent. « La liberté, déclare-t-il, consiste à ne pas mentir. Là où le mensonge prolifère, la tyrannie s'annonce ou se perpétue. » Dans *L'Homme révolté*, la réflexion du citoyen s'élève à un niveau philosophique pour dénoncer un type de mensonge qu'il appelle l'« historisme », c'est-à-dire la pensée selon laquelle il y aurait un sens de l'histoire que les hommes doivent servir : le progrès serait inscrit dans ce devenir. Au nom de cette conviction, certains auront recours à la violence révolutionnaire, comme on le voit dans *Les Justes*. Dans une autre pièce, *L'État de siège*, le mensonge sert une entreprise totalitaire qui nie la liberté et jusqu'à la vie humaine.

Du point de vue de l'être, Camus montre à quel point la tentation est forte de chercher refuge et facilité dans le mensonge. Celui-ci fonctionne alors, selon l'expression d'un critique, comme « une gomme ontologique ». Les « histoires » que raconte Clamence à son interlocuteur dans *La Chute* témoignent de la difficulté, ou même de l'impossibilité pour tout homme de vivre dans la vérité : « La vérité, comme la lumière, aveugle. Le mensonge, au contraire, est un beau crépuscule, qui met chaque objet en valeur. » Camus exprime dans son œuvre une conception de l'homme tragique, c'est-à-dire celui qui rejette le mensonge métaphysique pour regarder la vérité en face et vivre dans la conscience lucide de la contradiction et de l'absurdité de l'existence. Caligula, dans la pièce, est cet homme lorsqu'il affirme après sa découverte de l'absurdité de la condition humaine : « C'est une vérité toute simple et toute claire, un peu bête, mais difficile à découvrir et lourde à porter. » À ses interlocuteurs, il lance : « tout, autour de moi, est mensonge, et moi, je veux qu'on vive dans la vérité ! » Elle est, à ses yeux, dans le théâtre. Il se fait histrion. L'erreur tragique du personnage, pour Camus, est d'avoir voulu substituer à la vérité de l'Absurde la vérité de l'Absolu.

Dans *L'Étranger*, la condamnation de Meursault par ses juges repose sur un mensonge fondamental : il n'est pas déclaré coupable parce qu'il a tué un homme mais parce qu'il représente un danger pour la société, pour ses valeurs morales et religieuses, dès lors que le monde est sans transcendance. Désigné et donc condamné comme un asocial, Meursault est simplement un homme, un antihéros qui refuse « d'avoir une apparence ou un langage qui trahiraient son être », selon le commentaire de l'auteur lui-même. Camus ajoute : « Il s'agit d'une vérité encore négative, la vérité d'être et de sentir, mais sans laquelle nulle conquête sur soi et sur le monde ne sera jamais possible. »

Camus, qui aimait se définir comme un artiste, écrivait dès 1942 dans ses *Carnets* : « Le monde absurde ne reçoit qu'une justification esthétique. » Plus tard, dans le *Discours de Suède*, il affirmera que l'écrivain pour remplir sa vocation doit accepter « les deux charges qui font la grandeur de son métier : le service de la vérité et celui de la liberté ». Ayant choisi de s'exprimer dans les mots, il fait du langage la question centrale : comment sortir du labyrinthe de Babel, c'est-à-dire à la fois de la confusion idéologique et de l'opacité métaphysique ? Camus répond à cette question de deux façons : d'une part, engagé dans l'Histoire, il en dénonce toutes les mystifications en arrachant aux mots l'aveu de leur duplicité, et d'autre part il affronte avec lucidité sa condition d'homme. Il se soumet dans *Noces*, lors de la visite aux ruines romaines de Djémila, à l'épreuve de la confrontation avec la nature éternelle et fait émerger le tragique visage de la vérité : « Pour moi, devant ce monde, je ne veux pas mentir ni qu'on me mente. Je veux porter ma lucidité jusqu'au bout et regarder ma fin avec toute la profusion de ma jalousie et de mon horreur. »

Jacques LE MARINEL

Bibl. : *Albert Camus et le mensonge*, Bibliothèque publique d'information, Centre Pompidou, 2004

MER. – « La mer lave tout », écrit Camus à Jean Grenier le 21 juin 1958 de l'île de Chio, où il a voyagé avec Maria Casarès, Michel et Janine Gallimard. La mer est pour lui à la fois la grande illusion et le grand espoir, et toutes les images qu'il lui associe sont des plus exaltées. Mais il faut avant tout bien souligner que les références à la mer ne peuvent être ici que des références à la Méditerranée. Jeune écrivain, Camus est déjà bien convaincu qu'il est possible de trouver « des certitudes et des règles de vie » seulement « au bord de la Méditerranée », et il « admire qu'on y satisfasse sa raison et qu'on y justifie un optimisme et un sens social » (*Amour de vivre*). C'est dire combien la mer est d'emblée chargée des plus grands bienfaits. La seule exception à cette « méditerranéité » de la mer camusienne se trouve dans *La Mer au plus près* (texte écrit en 1953 et inclus dans *L'Été*), sorte de journal de bord rédigé lors de son voyage aux États-Unis. On y trouve d'ailleurs cette réflexion qui modère l'enthousiasme méditerranéen : « J'ai toujours eu l'impression de vivre en haute mer, menacé au cœur d'un bonheur royal. »

Symboliquement, la mer est presque toujours considérée comme un élément féminin. Mythologiquement parlant, la Méditerranée se situerait entre Vénus et Minerve. Le symbolisme des eaux, on le sait, implique aussi bien la mort que la renaissance. Or le culte qui était rendu à ces deux divinités perpétuait une croyance archaïque de leur origine cosmogonique d'après laquelle les fonctions d'abondance et de fertilité devaient être annuellement renouvelées par un bain de mer. Nous retrouvons précisément ces deux déesses et leur ambivalence dans l'œuvre camusienne.

Pour le jeune écrivain, il est évident que seule une personne ayant expérimenté cette sensation d'être « nu et puis plonger dans la mer » peut associer la mer à la vie. Celui qui a plongé peut en outre connaître et évoquer « le saisissement, la montée d'une glu froide et opaque, puis le plongeon dans le bourdonnement des oreilles, le nez coulant et la bouche amère » (*Noces à Tipasa*), ce qui n'est peut-être pas un spectacle gracieux mais qui rejoint bien l'image de viscosité qui est propre, chez Camus, à l'idée de naissance. Dans *Caligula*, en effet, « la prière sacrée à Caligula-Vénus » dit – et fait dire – que la déesse est née « des vagues, toute visqueuse et amère dans le sel et l'écume… » – (On sait que le nom « Aphrodite », la Vénus grecque, signifie effectivement « née de l'écume » – ; et l'on constate la similitude avec Marie (dans *L'Étranger*) qui, en sortant de l'eau après sa baignade, « était toute visqueuse d'eau salée », selon les dires de Meursault qui s'est retourné « pour la regarder avancer ». Camus associe donc sans hésiter la mer à la femme : Marie le prouve. Le nom même de Marie (qui revient souvent dans les écrits camusiens), renvoie à cette « vierge » Marie, « Maris Stella »,

Étoile de la mer à laquelle les marins d'Occident recommandent leur cargaison, leur corps et leur âme. Mais la féminité de la mer apparaît ambiguë, voire inquiétante, avec cette description nocturne du dernier bain de Mersault : « La mer un peu plus bas sifflait doucement. On la voyait pleine de lune et de velours, souple et lisse comme une bête » (*La Mort heureuse*). Bête qui évoque l'image du chat : par son attitude à la fois douce et sournoise, celui-ci est tout aussi ambivalent que la femme.

La femme, la mer, la mère, l'amour et la mort apparaissent ici clairement comme les composantes de la constellation thématique consacrée. Un dernier détail attire notre attention parce qu'il relie finalement la mer à la terre par l'intermédiaire non seulement de la mort mais aussi de la femme. En effet, l'invocation à Caligula-Vénus dit : « Toi, si vide et si brûlante, inhumaine, mais si terrestre, enivre-nous du vin de ton équivalence et rassasie-nous pour toujours dans ton cœur noir et salé. » Que la déesse soit qualifiée de « terrestre » et d'« inhumaine » signifie sans doute qu'elle incarne une de ces ambivalences propres aux structures dichotomiques présentes aussi bien chez Camus que dans les traditions méditerranéennes : elle fait preuve à la fois d'un caractère humain (prompt aux passions) et d'une cruauté inhumaine tout en ayant un pouvoir divin. Ce trait terrestre corrobore sans difficulté l'affirmation de Matvejevitch pour lequel la « Méditerranée est une tentation constante, une mer terrestre » ; ce qui permet aussi de comprendre que le symbolisme de la mer soit chargé d'une grande partie des attributs de la terre. De manière générale, les déesses ou nymphes marines, ou nées de la mer, ont non seulement une valence tellurique mais encore une valence chthonienne qui justifie l'angoisse et les craintes que la mer peut susciter.

Malgré l'angoisse que nourrissent la confusion et les ambivalences de l'élément maritime, le pouvoir régénérateur de la mer est présent tout au long de l'œuvre camusienne. Il est progressivement de plus en plus patent et cette possibilité de recommencement devient une promesse de liberté, à condition que le soleil s'allie à la mer. Ainsi trouve-t-on, dans un premier temps, les bains bienfaisants et libérateurs de Mersault, Meursault, Rieux et Tarrou, en plus de ceux décrits dans les récits brefs. Puis, avec *L'État de siège*, apparaît le cri « À la mer ! À la mer ! » pour illustrer le besoin, le désir et la possibilité de liberté. L'exemple opposé serait celui de Martha, dans *Le Malentendu*, qui, dans son « pays d'ombre », a « vécu et tué seule » ; elle n'a donc pas connu cette vie où il est possible de contempler la liberté et d'en rêver, rien qu'en regardant la mer. Cet effet réconfortant de la contemplation de la mer associée à l'idée de liberté est présent, en revanche, chez Yvars, le protagoniste des *Muets* (*L'Exil et le Royaume*), qui ne peut s'empêcher de rêver à ses possibilités de changements, voire de renouvellement, « face à la mer douce du soir ».

« À la mer ! À la mer ! » sont encore les seuls mots dont Camus se souvienne d'un livre lu dans son enfance, avoue-t-il dans *La Mer au plus près*. Et précisément, les passages lyriques se rapportant à l'enfance de Jacques Cormery (dans *Le Premier Homme*) mettent aussi en évidence la nécessité de cette alliance entre la mer et le soleil pour vivre intensément la démesure de la liberté : « La mer était douce, tiède, le soleil léger maintenant sur les têtes mouillées, et la gloire de la lumière emplissait ces jeunes corps d'une joie qui les faisait crier sans arrêt. » Mais aussi, s'intéressant au processus de remémoration, le narrateur établit un parallélisme entre les souvenirs morcelés de son enfance et la lumière du soleil reflétée par la mer : Jacques « regardait danser sur les rebords de cuivre du hublot les reflets du soleil émietté sur la mer ». Il peut alors se laisser « aller sur sa couchette » et remonter le temps, accompagné de ses souvenirs, pour finalement revenir, renouvelé, à la lumière du soleil méditerranéen. Mais le texte souligne bien que, pour que l'homme se régénère grâce à cette lumière, le pouvoir de la mer doit être supérieur à celui du soleil. Hélène RUFAT

Bibl. : Hélène Rufat, « Da Elena a Euforione. Un percorso mediterraneo verso l'Altro, attraverso le immagini camusiane », dans Gianfranco Brevetto, (dir.), *Albert Camus. Mediterraneo e conoscenza*, Naples, Ipermedium libri, 2003

***MER AU PLUS PRÈS* (*La*)**. – En janvier 1954, Camus publie dans *La Nouvelle NRF* ce texte qui sera la même année recueilli dans *L'Été*. Ces feuillets reproduisent une sorte de « journal de bord » (c'est le sous-titre qui leur est donné), tenu au cours du périple maritime de trois semaines, du 30 juin au 21 juillet 1949, qui le mène de Marseille à Rio de Janeiro, ville à partir de laquelle il doit effectuer une série de conférences en Amérique du Sud. Cet essai porte aussi trace d'une ébauche faite lors d'un voyage antérieur, à destination de New York avec brève excursion au Québec, effectué en mars 1946, ce qui explique les effets de brouillage et d'élargissement référentiels à l'œuvre aussi bien dans le préambule que dans les fragments textuels qui s'égrènent selon le fil discontinu d'une relation rhapsodique.

Camus note certains repères qui ponctuent les étapes du parcours mais le propos incline à en estomper l'ancrage réaliste dans une géographie rêveuse où les éléments s'animent en un grandissement épique, où les références mythologiques se superposent à l'observation aiguisée et où les toponymes érudits le cèdent au pouvoir suggestif de l'indéfini. Les faits saillants et les impressions sont rapportés au présent, selon un usage fréquent de l'écriture diariste, et à cet effet d'immédiateté qui abolit l'épaisseur chronologique se combine l'effacement des dates et heures précises, le temps n'étant perçu qu'au travers des cycles naturels qui scandent un éternel retour : « Soleil et lune montent et descendent alternativement, au même fil de lumière et de nuit. Journées en mer, toutes semblables comme le bonheur… »

Le lyrisme qui se fait jour n'est pas exempt de réminiscences valéryennes ou même baudelairiennes, mais cette inspiration poétique suscitée par la mer puise pour Camus à une source bien plus profonde et personnelle, et va s'élargissant des tout premiers écrits à ce texte de la pleine maturité. La mer est d'abord pour lui élément concret, très charnellement et fidèlement aimé, dès l'enfance pauvre dont elle constituait le seul luxe, ici encore d'autant mieux célébré que l'écrivain, après en avoir été éloigné, s'en tient « au plus près », dans une relation fusionnelle (« J'épouse la mer »). Elle est surtout figure (« je n'ai de mémoire que pour une seule image ») en laquelle il condense une constellation de significations liées à un principe vital excédant toute vie humaine (« la mer me précède et me suit ») ; par son association à une patrie originelle, plus essentielle et archaïque que la terre natale, elle se prête à une ample méditation qui mène l'écrivain « au plus près » d'une vérité : la locution postposée du titre semble laisser en suspens un complément insaisissable (comme cet autre, au cœur de la réflexion : « Accomplir quoi ? Depuis toujours, je le tais à moi-même »), approché dans le détour du déploiement poétique.

Le préambule évoque les villes peuplées, les grandes capitales qui sont autant de lieux « d'exil » où l'homme sombre et se dessèche et dont New York constitue le paradigme, mais c'est pour mieux exalter l'élan des retrouvailles avec la mer. Les océans qui s'enchaînent et se confondent doublent le voyage effectif d'un voyage symbolique : de l'eau lustrale du baptême qui fait recouvrir l'innocence enfantine à l'eau létale du dernier repos, irrémédiablement entrevu – « Ô lit amer, couche princière, la couronne est au fond des eaux ! » L'angoisse d'être homme, ressentie au sein de ces « eaux primitives », est cependant surmontée et l'apaisement vient de l'acceptation de la perpétuation du monde (« Certaines nuits [...], oui, cela aide à mourir de savoir qu'elles reviendront après nous sur la terre et la mer »). Au cœur même de la solitude et du sentiment de la finitude s'élève une compassion, un amour des hommes « jetés sur la crinière des océans immenses à la poursuite d'îles en dérive ».

Ce texte, qui ne relève pas directement d'une inspiration méditerranéenne comme les autres recueillis dans *L'Été*, en constitue le point d'orgue. Il fait écho au *Prométhée aux enfers*, texte de 1946 inséré dans l'opus. Au périple d'Ulysse projeté et empêché par la guerre répondent les navigations effectuées, et les textes se rejoignent dans l'exploitation allégorique du motif du voyage. Cette méditation fait aussi écho aux autres essais du recueil par le déploiement sur un mode poétique de cette pensée de midi qui tisse la profession d'un amour de la vie et le sentiment de l'imminence de la mort travaillant l'imaginaire et la conscience camusiennes. Martine MATHIEU-JOB

MERCIER, Charles Corvrint, dit Louis (1914-1977). – Ignoré par les biographes de Camus, Louis Mercier est l'un des libertaires les plus proches de lui, son itinéraire le situant à la croisée des chemins entre syndicalisme, anarchisme et militantisme antitotalitaire. Né Charles Corvrint, ce Belge devient Charles Ridel entre les deux guerres. Militant anarchiste, proche de Simone Weil et de Nicolas Lazarévitch, il part se battre en Espagne en juillet 1936 dans le groupe international de la colonne Durruti – c'est lui qui raconte à Simone Weil l'exécution du jeune phalangiste dont elle fait état dans la lettre à Bernanos (voir les *Écrits historiques et politiques* de Simone Weil, Gallimard, 1960). En 1939, lors de la déclaration de guerre, il quitte la France pour se réfugier en Amérique latine, avant de rejoindre en 1942 les Forces françaises libres. Revenu en France sous le nom de Louis Mercier, il devient journaliste au *Dauphiné libéré*, responsable de l'Union départementale de Force ouvrière de l'Isère, et écrit dans *La Révolution prolétarienne*. À partir de 1950, il fait partie du Secrétariat international du Congrès pour la liberté de la culture et fonde à Grenoble la Maison des amis de la Liberté. Il publie plusieurs articles sur le monde ouvrier et le totalitarisme dans *Preuves*.

C'est semble-t-il grâce à des connaissances communes qu'il rencontre Camus. Les deux hommes sympathisent aussitôt : leur correspondance conservée au fonds Camus d'Aix-en-Provence témoigne d'une estime réciproque. Mercier aide Camus dans la publication des écrits de Simone Weil, Camus quant à lui soutient financièrement et moralement plusieurs expériences militantes lancées par Mercier. Ce dernier, homme de contacts et de réseaux, tente d'épauler les initiatives algériennes de Camus. Il demande notamment à Irwin Brown, le grand argentier des syndicats américains en France, d'aider le mouvement pour la trêve civile. En 1957, lors de la remise du prix Nobel, il fait paraître un article en hommage à l'écrivain, rappelant que celui-ci a ce jour-là rendu visite aux militants syndicalistes libertaires suédois de la SAC (*Sveriges Arbetares Centralorganisation*, ou « Organisation centrale des travailleurs suédois »). Enfin, à la mort de Camus, il publie une nécrologie pleine d'émotion, témoignage de l'amitié des libertaires. Mercier a poursuivi ses activités militantes dans les groupes libertaires et au sein du Congrès pour la liberté de la culture, publiant sous le nom de Luis Mercier Vega plusieurs ouvrages sur le communisme en Amérique latine et *L'Increvable Anarchisme*. Il a mis fin à ses jours le 20 novembre 1977.

Sylvain BOULOUQUE

Bibl. : *Présence de Louis Mercier*, Atelier de création libertaire, 1999

MÈRE. – L'importance de la mère pour Camus est démontrée par la présence de ce thème à l'origine et à la fin de son œuvre. Le fragment inaugural des *Carnets*, en mai 1935, place l'œuvre à venir sous le signe de la mère et en fait ainsi l'image fondatrice : « Il faudrait que tout cela s'exprime par le truchement de la mère et du fils. » Et dans son roman inachevé, *Le Premier Homme*, une phrase que l'on trouve en annexe indiquait que le dernier mot serait pour sa mère : « Confession à la mère pour finir. » Cette centralité du thème, qui concerne l'œuvre de fiction comme les écrits à caractère autobiographique, s'accompagne d'une complexité et même d'une ambivalence que Camus n'a pas cessé d'interroger pour tenter de clarifier la relation mère-fils. Dès l'ouverture des *Carnets*, il évoquait « le sentiment bizarre que le fils porte à sa mère » et, dans l'essai de *l'Envers et l'Endroit* intitulé *Entre oui et non*, l'adjectif « étrange » qualifie la mère tandis que l'adverbe « confusément » s'applique à l'amour que lui porte l'enfant. À cette époque, comme on peut le lire également dans *Louis Raingeard*, le doute sur l'amour du fils est lié à la certitude que cette relation est essentielle. Il faudra attendre *Le Premier Homme*, que Camus dédie à sa mère, pour que cette contradiction soit surmontée.

Marqué depuis l'enfance par la difficulté de communiquer avec sa mère, Camus transpose cette difficulté sur le plan littéraire à travers le rapport silence-langage. Du début à la fin de l'œuvre, il montre le retrait de la mère dans son monde de silence. La particularité de la relation est inscrite dès l'origine, comme on peut le lire dans *Les Voix du quartier pauvre* : « Sa mère toujours aura ces silences. Et toujours l'enfant interrogera, aussi bien sa mère que lui-même. » Au parloir de la prison, dans *L'Étranger*, le voisin de Meursault est « un petit jeune homme aux mains fines » qui reçoit la visite de sa mère. Le narrateur-personnage constate : « Le seul îlot de silence était à côté de moi dans ce petit jeune homme et cette vieille qui se regardaient. » Si Meursault accorde autant d'intérêt à cette scène, c'est parce qu'elle reproduit la relation qu'il vivait avec sa mère. Dans *Le Premier Homme*, à chacune de leurs retrouvailles, l'élan d'amour qui porte la mère vers le fils est suivi du retrait dans son monde : « Et puis, tout de suite après, [...] elle semblait ne plus penser à lui ni d'ailleurs à rien, et le regardait même parfois avec une étrange expression, comme si maintenant, ou du moins il en avait l'impression, il était de trop et dérangeait l'univers étroit, vide et fermé où elle se mouvait solitairement. »

L'œuvre, à travers ses différentes modalités, montre la difficulté qu'éprouve le fils à trouver les mots pour parler à sa mère. Cette impuissance finit par provoquer chez lui un sentiment de culpabilité. Dans *Le Malentendu*, Jan, le fils, de retour chez les siens, demande à sa femme de le laisser seul parce qu'il s'agit pour lui de renouer une relation intime, il a besoin « d'y voir plus clair ». Mais lorsque, plus loin, la mère s'adresse à lui en l'appelant « mon fils », il se méprend sur le sens de ces mots : « Oh, je suis confuse ! Ce n'était pas par familiarité, croyez-le. C'était une manière de parler. » Mettre fin au malentendu qui naît de la confusion du langage et qui est source de culpabilité et parfois de tragique, tel est le sens de l'entreprise que mène Camus dans *Le Premier Homme* : « Je veux écrire ici l'histoire d'un couple lié par un même sang et toutes les différences. » Et dans un autre fragment placé en annexe, il fait cet aveu : « ô mère pardonne à ton fils d'avoir fui la nuit de ta vérité ».

La réaffirmation, jusqu'à la fin de l'œuvre, du caractère essentiel de cette relation s'explique par la nature du lien qui existe entre la mère et le fils. Il s'agit d'une unité ontologique, comme l'affirme cette autre phrase en annexe : « nous naissons séparés – sauf de la mère ». Aussi comprend-on pourquoi Meursault, dans *L'Étranger*, sur le point d'être exécuté, trouve une forme de salut lorsqu'il communie avec le souvenir de sa mère : « Maman disait souvent qu'on n'est jamais tout à fait malheureux. Je l'approuvais dans ma prison, quand le ciel se colorait et qu'un nouveau jour glissait dans ma cellule. » On assiste même dans *Le Premier Homme* à une sacralisation de la mère : lors de la scène inaugurale qui est celle de la naissance, elle a « un air d'absence et de douce distraction, comme en portent perpétuellement certains innocents », et plus loin on lit qu'« elle était la seule dont la douceur pût faire penser à la foi ». C'est la même image que renvoie la mère de Rieux dans *La Peste*, lorsque Tarrou mourant contemple « la petite ombre tassée près de lui, sur une chaise, les mains jointes sur les cuisses ». L'intensité de ce regard en fait un symbole, la mère de tous les hommes.

Camus, par ailleurs, dans *Le Premier Homme*, associe la mère à la terre, qui elle aussi est sacrée. Lorsque le fils, dans un passage du texte mis en annexe, demande que l'on rende la terre aux pauvres, il regarde d'abord sa mère et conclut en disant : « je sourirai et mourrai content, sachant que sont enfin réunis sous le soleil de ma naissance la terre que j'ai tant aimée et ceux et celle que j'ai révérés ». En confondant ainsi l'enracinement dans la terre natale et le lien maternel, Camus nous aide à comprendre la signification de la phrase controversée, prononcée à Stockholm, sur la justice et sa mère. Il ne saurait être question de choisir entre les deux puisque l'enracinement est impossible si la justice ne règne pas sur le sol natal. Ce que Camus a voulu exalter à travers la figure de la mère, c'est une valeur qui transcende l'Histoire et qui est la vie elle-même, dont elle assure la continuité. Une formule empruntée à l'écrivain anarchiste Alexandre Jacob, qu'il cite dans ses *Carnets*, résume son sentiment : « Une mère, vois-tu, c'est l'humanité. » Jacques LE MARINEL

MERLEAU-PONTY, Maurice (1908-1961). – Albert Camus et Maurice Merleau-Ponty se connaissaient et se sont rencontrés à plusieurs reprises. En fait foi par exemple le compte rendu sténographié d'une discussion de novembre 1946 à l'occasion d'une table ronde dont le thème était le sort de l'individualisme dans la société industrielle (*Les Chemins du monde*, n° 3, 1947). C'est d'ailleurs à la même époque que les deux hommes se sont brouillés, lors de la parution dans *Les Temps modernes* (octobre et décembre 1946, janvier 1947) des trois études qui allaient être reprises dans *Humanisme et terreur* (Gallimard, 1947). Jean-Paul Sartre (« Merleau-Ponty vivant », *Les Temps modernes*, n° 184-185, 1961) et Simone de Beauvoir (*La Force des choses*, Gallimard, 1963) ont évoqué cette rupture. Camus s'en était pris à la série d'articles publiés dans *Les Temps modernes* sous le titre « Le yogi et le prolétaire » et à l'interprétation des procès de Moscou que proposait Merleau-Ponty. Ladite série était une réponse ironique de ce dernier au livre d'Arthur Koestler, *Le Yogi et le Commissaire*. La même année avait paru en traduction française *Le Zéro et l'Infini* (*Darkness at Noon*) du même Koestler, un roman qui s'inspire des procès de Moscou et auquel Merleau-Ponty renvoie fréquemment. Camus et Koestler, en outre, étaient et sont restés amis.

Dans la préface à *Humanisme et terreur*, Merleau-Ponty rapporte une critique qui pourrait être de Camus : « En tout cas, et même si les communistes lucides pensent des procès à peu près ce que vous en dites, vous le dites alors qu'ils le cachent, vous méritez donc d'être fusillé. » Dans le Cahier V de ses *Carnets*, en 1947, Camus note : « Merleau-Ponty. Apprendre à lire. Il se plaint d'avoir été mal lu – et compris. [...] M. P. ou le type d'homme contemporain : celui qui compte les coups. Il explique que personne n'a jamais raison et que ce n'est pas si simple (j'espère que ce n'est pas pour moi qu'il se donne la peine de cette démonstration). Mais un peu plus loin il s'écrie que Hitler est un criminel contre lequel toute résistance aura toujours raison. Si personne n'a raison, alors il ne faut pas juger. C'est qu'il faut être *aujourd'hui* contre Hitler. On a compté les coups. On continue. » On trouve encore une allusion directe à Merleau-Ponty, mais sans que son nom soit cité, dans la première réponse de Camus aux critiques portées par Emmanuel d'Astier de La Vigerie à *Ni Victimes ni bourreaux*. Il y évoque « nos philosophes-spectateurs » et leur « violence progressive ».

La guerre de Corée amène Merleau-Ponty à se retirer des *Temps modernes* dont il assurait de fait la direction politique. En 1953, il se brouille avec Sartre qui s'était rapproché des communistes, puis, dans *Les Aventures de la dialectique* (Gallimard, 1955), critique l'« attentisme marxiste » qui était le sien dans *Humanisme et terreur*, position que la nouvelle situation a rendu impossible. Au colloque d'Athènes sur « L'avenir de la civilisation européenne », auquel il avait été invité en avril 1955 (et dont le texte fut publié en 1956), Camus se réfère aux *Aventures de la dialectique*. Merleau-Ponty, selon lui, s'y est libéré de l'idéologie allemande, de son ancrage marxiste. Le dernier chapitre, « Sartre et l'ultra-bolchevisme », est une critique en règle de l'auteur de *La Nausée*, qui remplacerait la dialectique marxiste par le volontarisme. Camus y a vu une confirmation, atteinte par d'autres voies, il est vrai, de ce qu'il avait écrit dans *L'Homme révolté*.

Humanisme et terreur a pour sous-titre *Essai sur le problème communiste*. La question centrale que pose Merleau-Ponty a trait à la violence : les violences exercées jusqu'ici – et cela vaut pour les violences perpétrées par le libéralisme qui se justifie par des principes qu'il ne respecte pas – sont « rétrogrades », en ce sens qu'elles suscitent toujours à nouveau d'autres violences. Existe-t-il une « violence progressive » qui mettrait fin à la violence et aboutirait à l'humanisme, à la reconnaissance de l'homme par l'homme ? La violence du communisme, qui reconnaît qu'il est à l'origine d'une terreur révolutionnaire, serait-elle capable de réaliser cette reconnaissance et les intentions humanistes qui habitent aussi le mouvement ? Répondre à la question implique que l'on tienne compte de la situation réelle du communisme (révolution dans un pays arriéré sur le plan industriel, révolution qui n'a pu gagner les autres pays, et surtout l'Allemagne, encerclement de l'Union soviétique par des régimes hostiles) et qu'on la juge non en fonction des principes libéraux mais en fonction de la théorie et de la pratique communistes. La réponse de Merleau-Ponty est ambiguë car la situation qu'il décrit l'est tout autant. Les principes respectés du temps de Lénine ne le sont plus sous Staline et la dialectique qui devait donner l'assurance que la pratique communiste était sur la bonne voie, qu'elle respectait les exigences de la théorie et qu'elle restait prolétarienne se complique : l'itinéraire emprunte de plus en plus de détours et la politique fait des sauts. Toutefois, par ailleurs, rien ne peut remplacer la philosophie de l'histoire marxiste, l'entreprise communiste ou le prolétariat, car l'histoire serait condamnée, sans eux, à rester « bruit et fureur ». Bref, « on ne peut pas être anticommuniste, on ne peut pas être communiste ».

L'interrogation sur la violence se prolonge dans l'analyse des procès de Moscou qui sont comparés aux procès de l'épuration. Toute l'analyse repose sur une théorie de l'action politique : les opposants à la ligne du Parti l'affaiblissent et font par conséquent le jeu de l'ennemi. L'honnêteté subjective de l'opposant ne supprime pas sa culpabilité objective : puisqu'elle renforce le camp adverse, l'opposition devient trahison, même si, au moment où elle a lieu, elle reste opposition. Ce sont ses conséquences possibles qui la transforment en possible trahison. Ceux qui ont cru que l'Allemagne allait gagner la guerre et qui ont choisi son camp, même s'ils le faisaient de manière désintéressée ou pour protéger la France, ont renforcé l'ennemi : leur choix devient trahison par les conséquences qu'il implique, la possible victoire d'Adolf Hitler.

« Chaque conscience poursuit la mort de l'autre ». Cette affirmation de Hegel rend compte, selon Merleau-Ponty, « des rapports fondamentaux entre les hommes » : la reconnaissance réciproque n'a lieu qu'à la fin de l'histoire. Tout *L'Homme révolté* s'inscrit en faux contre une telle conception : l'esclave qui se révolte le fait au nom de la dignité et de la solidarité qui englobe, à la limite, tous les hommes, y compris les bourreaux, et non, comme le dit le dilemme hégélien, pour « tuer ou asservir » (*L'Homme révolté*). Camus – *Ni Victimes ni bourreaux* l'exprime avec force – ne se prononce ni pour la violence rétrograde ni pour la violence progressive. Il rejette toute violence qui serait justifiée par une idéologie ou une philosophie : elle doit être resserrée « dans les limites qu'on peut » et demeurer une effraction. Quant aux procès de Moscou, il ne peut accepter la vision qu'en donne le philosophe : Merleau-Ponty les décrit comme une discussion entre révolutionnaires à partir du marxisme et n'imagine pas que les aveux aient pu être extorqués par la torture. Pour Camus, l'opposition ne peut être ramenée à une trahison. Il revient sur la question dans *L'Homme révolté* et rejette la prétendue clairvoyance, la « grâce historique » des juges soviétiques et du Parti.

Dans *Humanisme et terreur*, Merleau-Ponty considère le communisme comme préférable au libéralisme, même s'il le critique ; Camus rejette le libéralisme économique, mais se rallie au libéralisme politique et fait du nazisme et du communisme des régimes totalitaires. Maurice WEYEMBERGH

Bibl. : Maurice Weyembergh, *Albert Camus ou la mémoire des origines*, Bruxelles, De Boeck, 1998, p. 101-133

MERSAULT, Patrice. – Héros de *La Mort heureuse*, il assassine Roland Zagreus, un infirme, au premier chapitre du roman. C'est seulement après cette abrupte entrée en matière que le lecteur, à la faveur de quatre chapitres rétrospectifs, en apprend un peu plus sur le personnage. Jeune Algérois d'origine française, Mersault travaille à la chambre de commerce d'Alger. La comparaison de son lieu de travail avec un columbarium souligne un élément essentiel de sa vie : travailler l'empêche de vivre pleinement et d'atteindre le bonheur dont il se sent digne. Vigoureux, sportif, beau, mais aussi réservé et même froid, Mersault réagit à la fatalité de son existence laborieuse en s'efforçant d'atteindre l'indifférence.

Ayant tué Zagreus en toute impunité, Mersault se retrouve libre et riche à l'orée de la deuxième partie du roman. Seule ombre au tableau, il souffre désormais d'une fièvre maligne. Sans remords ni regrets, il parvient au fil des cinq derniers chapitres à trouver sa place dans le monde. Après quelques tâtonnements, il s'installe dans le Chenoua – montagne située au nord de l'Algérie dans la région de Tipasa. Il y apprend laborieusement la solitude et le goût d'une vie simple au plus près des choses et du monde. Une baignade nocturne semble sceller sa renaissance au monde et à lui-même. Mais il est terrassé par la fièvre contractée après le meurtre. Au moment de mourir, il sait que sa femme s'offrira à d'autres, que le monde continuera sans lui, mais il meurt sans révolte « en tête à tête avec son corps », revenu à lui-même, en accord avec le monde. Cet homme, qui souhaitait au début du roman vivre avec l'indifférence des pierres, meurt avec la certitude qu'il devient à son tour pierre parmi les pierres.

Le personnage de Mersault est composite. Les critiques ont assez souligné que le roman lui-même s'inspirait de la vie personnelle de Camus, parfois sans l'ombre d'une transposition, et Olivier Todd n'hésite pas à emprunter à Mersault des énoncés qu'il attribue directement à Camus lui-même. La maladie qui atteint mortellement Mersault n'est pas nommée dans le roman, mais la tentation d'assimilation est telle que Bernard Pingaud, dans son ouvrage sur *L'Étranger*, parle de tuberculose.

Il est cependant dangereux de vouloir confondre Camus et Mersault. Le personnage est le fruit d'une élaboration qui, pour n'être pas assez achevée au goût de certains, n'en est pas moins complexe et délibérée. Dans les notes préparatoires à son roman, l'auteur souligne lui-même que dans « Mersault » on peut lire « Mer » et « Soleil », invitant d'emblée à une lecture symbolique de son personnage. Un certain nombre d'éléments renforcent cette portée symbolique : les personnages de Mersault et de Zagreus sont par exemple construits sur le mode du reflet et de l'opposition, même soif de bonheur, même tentation repoussée du suicide, mais Mersault semble réussir là ou Zagreus échoue, il semble refuser la « mort naturelle », animale, aveugle, subie, au profit d'une « mort consciente », acceptée, réconciliée, et heureuse. Sa mort n'apparaît pas comme une punition, mais comme un accomplissement. Mersault ferait alors figure de criminel innocent. Au royaume des condamnés à mort que sont les hommes, il fait partie de ces rois qui ont le courage de regarder en face la sentence : d'où qu'elle vienne, la mort est à la fois injustifiable et inévitable. En cela, il répond d'avance à Caligula, il préfigure le héros de *L'Étranger*, et il symbolise le rêve inatteignable de Martha dans *Le Malentendu*. La leçon du roman, s'il y en a une, n'est pas claire, mais Mersault illustre déjà certains éléments essentiels de la pensée camusienne, la combinaison de l'innocence et de la culpabilité, la relation du corps au monde et à la maladie, ou encore la vertu médiatrice des femmes.

Séverine GASPARI

MESSIANISME. – L'attitude négative de Camus à l'égard du messianisme politique ne se comprend qu'à partir de la manière dont l'écrivain conçoit la politique : « Il s'agit, en somme, de définir les conditions d'une pensée politique modeste, c'est-à-dire délivrée de tout messianisme, et débarrassée de la nostalgie du paradis terrestre » (*Actuelles*). Le messianisme est d'origine religieuse et lié à une personnalité charismatique au sens fort, le Messie, dont la venue, dans le judaïsme, le retour, dans le christianisme, met fin à l'histoire qu'a inaugurée le péché d'Adam et instaure le royaume de Dieu. Dans le marxisme, c'est au prolétariat qu'incombe le rôle de mettre un terme à la « préhistoire » et d'inaugurer sur terre la société sans classes. La fin de cette préhistoire révèle alors les fins morales et rationnelles qui étaient inhérentes mais de manière latente au processus. Il y a donc une parenté de structure entre le messianisme et l'utopisme : tous deux placent en effet à la fin d'une longue période d'attente la réalisation d'un royaume ou d'un régime, inconnus jusqu'ici, de paix et de liberté ainsi que la possibilité pour l'homme d'actualiser toutes ses potentialités. On pourrait dire que l'écrivain français s'oppose aux thèses d'Ernst Bloch parues dans *Das Prinzip Hoffnung* en 1959 (traduction française : *Le Principe espérance*, Gallimard, 3 vol., 1976-1991), lequel entend récupérer au profit de l'espoir – le rêve d'une société transparente et pacifiée – les promesses de l'espérance religieuse.

Il n'est pas étonnant dès lors que Camus parle dans *L'Homme révolté* d'un « messianisme utopique » – qui croit à l'existence future de ce qui n'a jamais été et ne peut être, selon l'écrivain, vu ce qu'est la condition humaine – et qu'il mette l'accent sur le « messianisme sans Dieu » – le messianisme marxiste est athée et le royaume est dû aux efforts exclusifs des hommes –, sur le « messianisme révolutionnaire » – la révolution est requise pour la construction du nouveau régime – et enfin sur le « messianisme historique » – l'histoire est la dimension dans laquelle la transformation radicale, le « grand soir » aura lieu. Il utilise aussi les expressions « messianisme collectiviste » – la société sans classes est l'œuvre de la collectivité à laquelle les individualités doivent se soumettre – et « messianisme scientifique » – lequel est animé par la croyance au progrès que sciences et techniques ont pour tâche de réaliser.

Camus fait trois reproches essentiels à ce messianisme politique et athée : son orgueil démesuré, son historisme qu'il reprend à l'idéologie allemande et son culte du succès et de l'efficacité. La volonté de créer la société sans classes où les hommes réaliseront toutes leurs potentialités lui apparaît comme une tentative d'autodivinisation qui oublie la modestie qui sied à notre condition. Rappelons la dernière phrase de *La Peste* : « Car Rieux savait [...] que le bacille de la peste ne meurt ni ne disparaît jamais, [...] et que, peut-être, le jour viendrait où, pour le malheur et l'enseignement des hommes, la peste réveillerait ses rats et les enverrait mourir dans une cité heureuse. » Ce que corrobore cette remarque de *L'Homme révolté* : « Après quoi, les enfants mourront toujours injustement, même dans la société parfaite. » Il rejette ensuite l'historisme véhiculé par l'idéologie allemande : en radicalisant certains aspects du judaïsme et du christianisme, l'historisme fait de l'histoire la seule dimension où se joue le « salut » de l'homme. Si les fins morales et rationnelles ne se révèlent qu'à la fin de la (pré)histoire, les acteurs politiques sont livrés au culte du succès et au cynisme. Maurice WEYEMBERGH

MESURE. – Les termes « limite » et « mesure » renvoient l'un à l'autre et se complètent. La limite sépare un champ particulier, par exemple la révolte, en deux pôles opposés, en l'occurrence ceux du non et du oui. Elle est plus descriptive, alors que la mesure est davantage normative : la mesure règle les justes proportions entre les deux pôles et taxe le non-respect de celles-ci de démesure. Que Camus intitule la dernière partie de *L'Homme révolté* « La pensée de midi », dans laquelle un chapitre est consacré à « Mesure et démesure », n'est donc pas un hasard : « Midi le juste », comme dit Paul Valéry, sépare le jour en deux parties égales – le soleil au zénith réduit les ombres et fait régner la mesure sur le monde. La pensée de midi est moins sûre de la juste division des champs qu'elle balise, mais elle s'efforce, de manière approximative, d'établir le tracé de la limite qui doit rendre l'équilibre des choses et des êtres possible. Suivant les situations et les contextes d'ailleurs, ce tracé fluctue.

L'emploi du mot « mesure » et de ses composés est fréquent dans les essais et les écrits journalistiques : « donner la mesure », « perdre la mesure », « sans mesure » (à noter que l'expression est généralement positive), « à la mesure »... Les mots « mesurer », « démesure », « démesuré » ne sont pas rares. Quelques citations tirées des *Carnets*, parfois énigmatiques, sont caractéristiques à cet égard : « Trouver une démesure dans la mesure » ; « Némésis – déesse de la mesure. Tous ceux qui ont dépassé la mesure seront impitoyablement détruits » ; « J'ai vécu sans mesure de la beauté : pain éternel. » Dans ses *Carnets* III, Camus écrit : « Mesure. Ils la considèrent comme la résolution de la contradiction. Elle ne peut être rien d'autre que l'affirmation de la contradiction et la décision héroïque de s'y tenir et d'y survivre » ; « La démesure dans l'amour, seule souhaitable en effet, est le propre des saints » ; « Nécessité et exaltation des contraires. La mesure lieu de contradiction. Soleil et ténèbres. » Il en ressort que la beauté et l'amour devraient être vécus sans mesure : ils sont des exceptions et, pourrait-on dire, la démesure est leur mesure. Il en ressort aussi que ceux qui pratiquent la démesure seront détruits et que le jeu des pôles qui résulte de la limite et confronte l'homme à la contradiction fait partie de la condition humaine : on ne peut le dépasser, on ne peut vivre véritablement qu'en le maintenant. Camus aime utiliser des oxymores qui illustrent à la fois le déchirement et la productivité de la contradiction : le révolté est un oxymore vivant, puisqu'il dit à la fois non et oui, il est un « meurtrier innocent » et baigne dans la « sérénité crispée » (*L'Homme révolté*).

L'allusion à Némésis – Camus comptait écrire un essai sur le mythe de la déesse – exprime son admiration pour la pensée grecque et la sensibilité méditerranéenne : la recherche de la mesure, de la *metria*, et le rejet de la démesure, de l'*hybris*, leur sont un souci constant. L'écrivain algérois écrit dans *Actuelles* : « Mais je me sens un cœur grec. Et qu'y a-t-il donc dans l'esprit grec que le christianisme ne puisse admettre ? Beaucoup de choses, mais ceci en particulier : les Grecs ne niaient pas les dieux, mais *ils leur mesuraient leur part.* » En somme, le polythéisme limitait leur rôle individuel et les hommes qui avaient leurs activités propres n'oubliaient pas qu'ils n'étaient que des mortels. Dans *L'Homme révolté*, il note : « Les Grecs n'enveniment rien. Dans leurs audaces les plus extrêmes, ils restent fidèles à cette mesure, qu'ils avaient déifiée. » Dans « Défense de *L'Homme révolté* » figure cette explication de l'emploi du mot « mesure » : « Mais j'ai préféré le mot juste qui était celui de *mesure* dans le sens pourtant classique où l'entendaient les Grecs. Oui, la révolte est la mesure de la révolution, et inversement. Pour un esprit aux prises avec la réalité, la seule règle alors est de se tenir à l'endroit où les contraires s'affrontent, afin de ne rien éluder et de reconnaître le chemin qui mène plus loin. La mesure n'est donc pas la résolution désinvolte des contraires. Elle n'est rien d'autre que l'affirmation de la contradiction, et la décision ferme de s'y tenir pour y survivre. »

Dans ce que l'écrivain appelle « la démesure de notre temps » (*L'Homme révolté*) – caractérisée par le meurtre à grande échelle justifié idéologiquement, par les totalitarismes et les camps de concentration, le déchaînement de la technique et la mise au point d'armements capables de détruire la vie sur terre –, il découvre une intention maligne : la tentative de l'homme, après la « mort de Dieu », de prendre la place désormais vacante et de s'autodiviniser. L'histoire est la dimension et l'instrument de cette tentative démesurée vouée à l'échec. D'ailleurs, « comment éviter de tourmenter les hommes si l'on a décidé d'en faire des dieux ? » Dans le meurtre et la peine de mort, auxquels il s'oppose, Camus découvre « le pouvoir illimité de donner la mort », « la mesure définitive » (« Réflexions sur la guillotine »).

Pourquoi la beauté et l'amour s'accommodent-ils, aux yeux de l'écrivain, de l'absence de mesure ? L'œuvre d'art et par extension la nature (les paysages par exemple) ne sont belles que parce que les éléments qui les composent apparaissent liés par de justes proportions, avec ceci de particulier pour l'œuvre que « son harmonie interne » n'est pas produite, comme le dit E. M. Forster, cité par Camus dans les *Carnets*, « par la pression de l'extérieur » et que l'œuvre « se tient debout toute seule ». En somme, la beauté n'est belle que par la mesure mystérieuse qui l'habite : on peut alors vivre sans mesure de la beauté sans être victime de la démesure.

Camus revendique et recommande pour l'amour le droit à la démesure mais considère que « personne » n'est « à la mesure de ce don sans mesure » (*Carnets* III). Dès *Noces*, il écrivait : « Je comprends ici ce que l'on appelle gloire, le droit d'aimer sans mesure », reprenant sans le savoir une formule de saint Augustin pour qui « la seule mesure de l'amour de Dieu est d'aimer Dieu sans mesure ». Certes l'amour de Dieu n'est pas l'amour profane auquel Camus en appelle, au contraire même, puisque c'est le caractère fini de l'amour humain, limité par la mort, qui lui confère son urgence et son intensité. Mais il sait que ce caractère démesuré de l'amour fait naître l'injustice : on ne traite pas de la même manière l'être auquel on voue un amour démesuré et les autres. La mesure de la justice n'est pas à concilier avec la démesure de l'amour.

Camus signale dans ses *Carnets* que ce sont les êtres dévorés par une démesure, un abîme intérieurs, êtres parmi lesquels il dit se ranger, qui ont le plus besoin de mesure et ceux qui, en art, se réclament d'une esthétique classique.

Maurice WEYEMBERGH

« MÉTAPHYSIQUE CHRÉTIENNE ET NÉOPLATONISME ». – Camus termine ses études de philosophie à l'université d'Alger en 1935. Il obtient son Diplôme d'études supérieures le 25 mai 1936 avec la note de 14 sur 20 et la mention « Bien ». Il a entrepris ce diplôme sous la direction de René Poirier et dans son jury figurent aussi Louis Gernet et Jean Grenier. En théorie, ce diplôme doit lui permettre d'accéder au concours de l'agrégation. Camus désire y prendre part, mais la tuberculose dont il souffre l'a empêché d'obtenir le certificat médical requis pour passer l'épreuve.

Le thème de son mémoire est très vaste puisqu'il couvre cinq siècles de l'histoire du christianisme dans le bassin méditerranéen. Il analyse en effet le devenir de la nouvelle religion depuis les Pères apostoliques et la gnose jusqu'à saint Augustin en passant par Plotin. Autant dire qu'une telle entreprise est un défi impossible pour un homme de vingt-deux ans, qui, en outre, se consacre au même moment à des projets théâtraux et littéraires. Paul J. Archambault a montré que le mémoire, outre son imprécision et ses erreurs dans les citations et leurs sources, est en somme un travail de seconde main : le jeune philosophe utilise plus les commentateurs que les sources elles-mêmes. La critique est juste, mais le terrain à couvrir est tel qu'il pouvait difficilement en aller autrement. Camus a néanmoins une bonne connaissance de Plotin ; le corpus augustinien est quant à lui tellement étendu qu'il faut des années pour le maîtriser.

Le thème intéressait Camus pour plusieurs raisons : Plotin et saint Augustin étaient des Africains et des Méditerranéens, et les ruines de la cathédrale du grand évêque à Hippone, non loin de Bône, rappelaient son passage. Quoique élevé dans une famille peu pratiquante, Camus était catholique, mais il participait aussi au culte de la Grèce. La conversion des populations du bassin méditerranéen au christianisme, le passage d'une civilisation à une autre et de la pensée grecque à la nouvelle religion, la naissance d'une nouvelle sensibilité ne le laissaient pas indifférent et ont d'ailleurs continué à l'intéresser, ce qu'il consigne dans ses

Carnets II. On trouve plus que des traces de cet intérêt dans *L'Homme* révolté, comme en témoignent les phrases suivantes reprenant la thèse générale que défend le diplôme de fin d'études : « Le christianisme sans doute n'a pu conquérir sa catholicité qu'en assimilant ce qu'il pouvait de la pensée grecque » et « [il] a été obligé, pour s'étendre dans le monde méditerranéen, de s'helléniser et sa doctrine s'est du même coup assouplie. Mais son originalité est d'introduire dans le monde antique deux notions jamais liées jusque-là, celles d'histoire et de châtiment ».

Pour convertir les hommes du bassin méditerranéen, le christianisme doit s'universaliser, ce que Camus considère au demeurant à l'époque comme le « destin » de la nouvelle religion. La séparation d'avec le judaïsme et l'abandon de la circoncision en sont des conditions. Pour atteindre à la catholicité, le christianisme doit surtout parvenir à intégrer la pensée grecque sans pour autant perdre sa spécificité. La nouvelle sensibilité se manifeste par des thèmes nouveaux : l'incarnation (qui doit résoudre le problème de la distance existant entre Dieu et les hommes), la misère de la condition humaine liée au péché et à la mort, la question du mal, la philosophie de l'histoire (Dieu intervient dans l'histoire qu'il entend mener à la rédemption). Camus analyse quatre étapes de ce long et difficile périple qu'il présente comme un jeu de combinaisons possibles entre des éléments opposés, d'un côté les exigences rationnelles de la philosophie et de la sensibilité grecques, de l'autre celles d'une nouvelle sensibilité et de la problématique qui lui est propre. Ce jeu de combinaisons entre des possibilités doit mener, s'il réussit, à une synthèse viable. C'est saint Augustin qui la réalise en donnant au christianisme une métaphysique : le jeune philosophe qualifie pour cette raison le Père de l'Église d'auteur d'une « seconde révélation ».

Dans le christianisme évangélique des débuts, les Pères apostoliques entendent insister sur la spécificité chrétienne et se démarquer de la philosophie grecque qui met trop l'accent sur le rôle positif de l'homme. L'idée de la mort prochaine dont la société des hommes ne peut nous protéger comme l'idée du péché dominent et l'espoir est reporté en conséquence sur Dieu : seul un Dieu qui descend vers les hommes et choisit l'incarnation peut nous sauver. L'auteur établit un bref catalogue des œuvres de ce christianisme évangélique et montre que les adhésions elles-mêmes ont suscité chez les convertis le désir de récupérer ce qui était utilisable dans la philosophie grecque. Les besoins de l'apologétique nécessitaient, comme chez Justin par exemple, de présenter le christianisme comme conforme à la raison, d'autant que ses adversaires, restés fidèles au paganisme, mettaient l'accent sur son côté irrationnel. La synthèse ne pouvait être réalisée que par la création d'une métaphysique répondant par exemple aux difficultés propres à la théorie de la création *ex nihilo*.

La gnose, bien que complexe et diverse, reprend des interrogations chrétiennes, comme les problèmes du mal, de la rédemption (elle interprète le salut dans le sens d'une initiation où la connaissance spirituelle joue un rôle prépondérant), du rapport entre Dieu, le monde et les hommes (elle développe à cet effet des théories où de nombreux intermédiaires ont pour fonction de réduire la distance entre le fini et l'infini, d'autant que Dieu est conçu « comme ineffable et incommunicable »). Camus illustre les théories de la gnose par une brève analyse de la pensée de Basilide, Marcion et Valentin (par exemple sa théologie, sa cosmologie et sa morale) et des nombreuses sectes auxquelles leurs conceptions ont donné lieu. Le foisonnement de ces sectes et la multiplication des intermédiaires entre Dieu et les hommes font de la gnose « un monstrueux christianisme », une « hérésie chrétienne » qui « étincelait » de « bigarrures », une « kermesse métaphysique », qui a essayé de concilier « connaissance et salut » mais sans aboutir à une synthèse viable.

Le néoplatonisme est présenté comme « l'ultime effort de la pensée grecque » et Camus insiste dès le départ sur le fait que les aspirations de la nouvelle sensibilité ne sont pas inconnues de ce mouvement. Plotin est celui qui fera la synthèse entre celles de ces aspirations qui sont acceptables pour un esprit formé à la philosophie grecque et au rationalisme. « Le mouvement qui l'anime [le néoplatonisme] est le même que celui qui meut la pensée chrétienne, mais la notion d'incarnation lui demeure étrangère. » Camus appelle cette synthèse « la raison mystique » – c'est le titre donné au troisième chapitre consacré au philosophe d'Alexandrie – et souligne la sensibilité artistique de ce dernier à la beauté du monde, ce qui l'oppose à la gnose. La philosophie plotinienne est présentée à partir d'un double mouvement : la procession et la conversion. Le premier mouvement, selon Camus, donne l'explication rationnelle de l'être et retrace la succession des hypostases : de l'un procèdent l'intelligence et les idées, de l'intelligence l'âme du monde et les âmes individuelles, l'inférieur étant toujours tourné vers le supérieur. Le second, « la conversion ou le chemin de l'extase », décrit le mouvement de retour de l'âme vers sa source ultime, l'Un. Le premier est « connaissance », le second « ascèse intérieure ». Mais Camus insiste sur les différences entre Plotin, le christianisme et la gnose – la vertu du sage, par exemple, n'est pas à réduire à un salut jugé arbitraire –, différences plus marquées encore chez son disciple Porphyre. Pourtant le néoplatonisme a fourni « une méthode et une direction de pensée » au christianisme : la méthode est celle du principe de participation (l'intelligence et l'âme du monde participent de l'Un comme le Père, le Fils et le Saint-Esprit participent l'un de l'autre dans la Trinité), la direction, celle qui cherche la conciliation d'une métaphysique et d'une foi.

Saint Augustin se situe « au carrefour des influences » dont il a été question, il est « grec par son besoin de cohérence, chrétien par les inquiétudes de sa sensibilité ». Il reprend à Plotin l'idée de participation, du verbe intermédiaire (l'intelligence comme hypostase « éclaire la destinée du Christ comme verbe de Dieu »), l'idée du mal comme privation du bien. Mais il modifie les solutions plotiniennes : le Christ s'est incarné, le verbe s'est fait chair et n'occupe pas, comme l'intelligence par rapport à l'Un, une position inférieure par rapport aux autres composantes de la Trinité ; le problème du mal renvoie, par la corruption de la nature humaine, par le péché originel, à la grâce gratuite de Dieu : les vertus humaines ne suffisent nullement à la tâche (ce qui explique la querelle avec le pélagianisme). Si saint Augustin ne rejette pas la raison, il entend néanmoins qu'elle reconnaisse ses faiblesses : elle a besoin d'être encadrée par la foi. Il est l'auteur d'une seconde révélation – c'est le titre de la première partie du chapitre consacré au Père de l'Église – dans la mesure où il parvient à donner au christianisme, grâce au syncrétisme gréco-oriental véhiculé par le néoplatonisme et par Plotin, une philosophie, c'est-à-dire à lui conquérir sa « catholicité », tout en maintenant les données de la foi évangélique.

Maurice WEYEMBERGH

Éd. : *Essais*, Gallimard, coll. « Bibl. de la Pléiade », 1965 • *Œuvres complètes*, t. I, Gallimard, coll. « Bibl. de la Pléiade », 2006

Trad. : en allemand, anglais, italien et japonais

Crit. : Paul J. Archambault, *Camus' Hellenic Sources*, Chapel Hill, University of North Carolina Press, 1972 • Pierre Caussat, « Le prélude d'une pensée : *Métaphysique chrétienne et néoplatonisme* », dans Anne-Marie Amiot et Jean-François Mattéi (dir.), *Albert Camus et la philosophie*, PUF, 1997, p. 223-240

MÉTIER. – Le thème du métier revient fréquemment dans les écrits de Camus. On le trouve déjà, utilisé de manière très générale il est vrai, dans *Noces à Tipasa*, où l'écrivain dit « avoir fait son métier d'homme » et lie celui-ci, « en certaines circonstances », « au devoir d'être heureux ». Dès le départ, le métier est inséparable de certaines règles, de certains devoirs. Dans un entretien au journal *Servir*, Camus a dit en 1945 que ce qui lui importait avant tout était de « savoir comment se adobconduire » et, par les temps difficiles qu'a connus sa génération, il n'a cessé de chercher des règles ou des normes qui l'aideraient dans ses choix de vie. Le métier est lié à une déontologie professionnelle qui recommande certaines conduites et en exclut d'autres : l'écrivain (l'artiste) a alors cherché quelles sont les règles de son métier et les a élevées en normes morales. C'est dans le chapitre « Révolte et art » de *L'Homme révolté* et dans le *Discours de Suède* – les termes « vocation » et « métier » y sont employés chacun à cinq reprises – que la formulation de ces normes est la plus aboutie.

Camus s'était déjà efforcé d'août à novembre 1944 de définir un « journalisme critique » et le 1er septembre de la même année il publiait dans *Combat* un article intitulé « La réforme de la presse », dans lequel il s'interrogeait sur les enjeux du métier de journaliste. Le fonds Camus possède le texte d'une conférence inédite et non datée, « Bien faire son métier », qui concerne toujours le métier de journaliste. En 1948, dans « Le témoin de la liberté », publié dans *La Gauche*, il présente l'artiste comme ce témoin et précise que cet artiste n'est, par son métier, « l'ennemi de personne ». Il a aussi cherché à circonscrire le métier d'acteur dans *Le Mythe de Sisyphe* et celui d'acteur et de metteur en scène dans une émission télévisée du 12 mai 1959, « Pourquoi je fais du théâtre »).

Dans *La Peste*, où le mot « métier » est utilisé très fréquemment, Rieux précise sa vision des choses : « Là était la certitude, dans le travail de tous les jours. Le reste tenait à des fils et à des mouvements insignifiants, on ne pouvait s'y arrêter. L'essentiel était de bien faire son métier », et à une question de Rambert sur ce qu'est l'honnêteté, il répond : « Je ne sais pas ce qu'elle est en général. Mais dans mon cas, je sais qu'elle consiste à faire mon métier. » Dans sa préface aux *Œuvres complètes* de Roger Martin du Gard, Camus remarque qu'Antoine Thibault, qui est médecin comme Rieux – « Sa vie [d'Antoine] a un ordre, un emploi et, surtout, une direction unique : son métier » –, peut se maintenir dans les bouleversements de la Première Guerre mondiale par son métier : « Mais il garde l'essentiel, son métier, qu'il pourra exercer jusque dans la guerre, et même, comme il le dit avec sincérité, jusque dans la révolution. »

Comme l'écrivain le formule dans « Défense de *L'Homme révolté* », où il jette un regard rétrospectif sur son itinéraire et sur le nihilisme de l'époque : « Il me parut alors que, faute de savoir plus ou d'être mieux aidé, je devais essayer de tirer une règle de conduite et peut-être une première valeur, de la seule expérience avec laquelle je fusse d'accord, qui était notre révolte. » Comment concilier la révolte, qui est la clef de voûte de la pensée de Camus, avec la réflexion sur les règles du métier ? Si la révolte apporte par son mouvement les valeurs – la solidarité, la dignité, la liberté, la justice – qu'il nous faut servir ou respecter et nous montre combien ces valeurs sont déchirées par des antinomies et des contradictions, elle ne nous dit pas comment nous comporter dans le concret, dans les structures de la société où nous vivons. Les métiers appartiennent à ces structures et l'analyse de leurs règles doit nous aider à nous inscrire dans ce concret.

On comprend mieux dès lors pourquoi Camus consacre une partie de *L'Homme révolté* à « Révolte et art » : il s'agit d'analyser les figures de la révolte dans un domaine particulier, l'art. De même, avec le *Discours de Suède*, l'écrivain pense la révolte à partir des exigences de son métier et concrétise en quelque sorte ce qu'elle peut avoir de général et d'abstrait. Il reste évidemment que la révolte impose certains traits à tous les domaines où elle se manifeste.

L'artiste (l'écrivain) est un « être double » parce qu'il doit respecter la pensée des limites et de la mesure que la réflexion sur la révolte a dégagée. Il est ainsi divisé entre refus et acceptation du monde, ce qui le mène à une œuvre qui est création corrigée (l'artiste est en un sens un rival de Dieu) et déchiré entre la beauté du monde d'une part et la finitude et la souffrance de la condition humaine de l'autre, entre l'aspect solitaire et solidaire de son existence (son œuvre requiert à la fois la solitude et la communauté), entre son existence individuelle et la communauté, entre le désir de fuir l'histoire et de participer au destin commun. L'artiste révolté vit donc dans un entre-deux : il doit constamment poser des choix en essayant de trouver l'équilibre adéquat entre les polarités dans lesquelles il se meut. Il lui faut aussi contre les tyrannies et les totalitarismes, contre les grands simplificateurs et la langue de bois des idéologies, veiller à respecter la vérité en sachant qu'elle ne s'atteint, si elle s'atteint, que par approximation ; veiller aussi à la liberté sans laquelle la révolte elle-même n'est plus possible. La fonction de l'écrivain consiste à comprendre les hommes, à leur pardonner parce que leurs méfaits sont la plupart du temps causés par la souffrance. En aucun cas, l'artiste ne doit, selon Camus, accepter ou vouloir la mort des autres, c'est ce qui le rend peu apte à la politique qui requiert plutôt un type d'homme manichéen.

Maurice Weyembergh

MEURSAULT. – Meursault est le héros narrateur à la première personne de *L'Étranger*. De nombreuses analyses ont mis en évidence la complexité d'un personnage qui livre à chaque lecture des clefs qui n'épuisent jamais ses énigmes. L'on en a souvent fait l'élément clé d'une dénonciation du colonialisme, du système judiciaire, ou des conventions familiales ; en bref, il semble se prêter indéfiniment à toutes sortes d'interprétations.

De fait, il y a une forme de neutralité du personnage sur laquelle la plupart des critiques s'entendent, et qui suscite une sorte de malaise à la lecture, car on s'attend plutôt à ce qu'un héros racontant sa propre histoire soit fortement individualisé. Le Meursault de la première partie est souvent considéré comme un personnage dénué non seulement du plus élémentaire sens de la réflexion, mais aussi des réactions émotionnelles et affectives les plus communément admises dans la civilisation occidentale. Camus avait anticipé les sentiments mitigés qu'allait inspirer cette apparente virginité spirituelle du personnage : au cours de son procès, il devient rapidement apparent que Meursault est tout autant jugé pour avoir tué un homme que pour n'avoir pas pleuré à l'enterrement de sa mère. La seconde partie du roman semble cependant permettre au personnage – arrêté, mis en prison, jugé puis condamné à mort pour le meurtre qui clôt la première partie – de développer une forme de conscience réflexive. Pourtant l'opposition entre les « deux » Meursault n'est pas si nette.

Le roman ne propose aucune description physique de Meursault. Le lecteur peut l'imaginer vigoureux : il parcourt sans effort le chemin qui mène de l'hospice au cimetière, malgré la chaleur ; il est capable de courir après un camion pour y sauter en marche et même d'aider son ami Emmanuel à le rejoindre, il aime nager, il a bon appétit, il semble doté d'une sexualité saine (il n'aime pas les prostituées) et normalement développée chez un homme d'une trentaine d'années : il savoure ses nuits avec Marie et les femmes lui manquent pendant ses premiers mois d'emprisonnement. Il fume, se fait une cuisine de célibataire, trouve l'appartement qu'il occupait naguère avec sa mère désormais trop grand, et aime découper dans le journal des réclames ou des articles qui l'amusent et qu'il colle ensuite dans un cahier. Mais pour ce qui est de son apparence, les seuls détails fournis sont d'ordre vestimentaire, et tout à fait circonstanciés : il emprunte une cravate et un brassard noirs pour l'enterrement, et porte encore le brassard au moins le lendemain de la cérémonie, lorsqu'il rencontre Marie Cardona. Un détail malgré tout peut être déduit de la description non pas de Meursault lui-même, mais de Marie : après leur premier bain, elle lui dit en riant : « Je suis plus brune que vous. » Une reprise de la même formule un peu plus loin permet de comprendre qu'il ne s'agit pas de la couleur des cheveux, mais de la couleur de la peau : Meursault est donc bronzé. Ce détail est important car on s'aperçoit que, du coup, le couple Marie/Meursault ainsi que les Arabes du roman s'opposent de manière systématique aux autres personnages qui sont présentés comme ayant la peau blanche et, le plus souvent, les yeux clairs : c'est le cas par exemple du directeur et du gardien de l'asile, de Raymond Sintès, probablement de Salamano (qui a les cheveux jaunes), mais aussi du juge, ou encore du journaliste parisien (comparé à une belette). Meursault est donc, comme l'indique la fin de son nom, « Sault », du côté du soleil. Cet élément structurant, associé au fait que les Arabes le laissent tranquille lorsqu'il est incarcéré, tend à invalider les lectures privilégiant l'opposition raciale : Meursault n'est pas un personnage qui s'implique dans le tissu social. Pour épuiser le sujet de son nom, un autre élément nourrit l'apparente neutralité du personnage : à la différence du Patrice Mersault de *La Mort heureuse*, qui lui est souvent comparé, Meursault n'a pas de prénom. On remarque au passage que « Mer » est devenue « Meur ». C'est peut-être un moyen d'inscrire profondément dans la logique du personnage le constat que, une fois le meurtre commis, Meursault se retrouve privé de mer (de mère ?), privé de sa liberté, et tout entier livré à l'imminence de sa propre mort, en quoi il s'oppose à Mersault. La dimension symbolique du nom participe en tout état de cause au sentiment d'impersonnalité que dégage à première vue le personnage.

Mais en plus du défaut de description physique, le personnage est résolument présenté comme un être détaché du monde, ce que confirme le seul élément biographique fourni en réponse à l'offre d'une promotion parisienne : « Quand j'étais étudiant, j'avais beaucoup d'ambitions de ce genre. Mais quand j'ai dû abandonner mes études, j'ai très vite compris que tout cela était sans importance réelle. » Plus exactement, le personnage se présente lui-même comme peu enclin à la réflexion et au regret, il se sent avant tout corps au cœur du monde : « j'avais une nature telle que mes besoins physiques dérangeaient souvent mes sentiments ». Il semble réticent face à l'intimité, hésite à serrer les mains, ne comprend pas l'idée d'amour, ni le désir de mariage de Marie, sa maîtresse ; il est sensible au fait que les gens se mettent parfois à le tutoyer, tels Raymond ou encore le juge, et semble d'une manière générale se plier aux désirs des autres par ennui plutôt que par volonté ou par goût. Se lier avec un être peu recommandable comme Raymond ne le dérange pas, il laisse Salamano, couvert de croûtes, entrer chez lui, et ne semble ressentir aucune émotion particulière à la mort de sa mère.

La seconde partie est souvent perçue comme l'occasion pour ce personnage étrangement détaché de découvrir la réflexion. Un élément narratif confirme symboliquement cette opposition entre les deux parties. À l'issue du premier dimanche après l'enterrement de sa mère, Meursault, quittant son balcon, regarde dans un miroir ; il y voit « un bout de table où [sa] lampe à alcool voisinait avec des morceaux de pain » : au sens propre du terme, Meursault ne [se] réfléchit pas. Dans la seconde partie en revanche, il se regarde dans sa gamelle de fer, s'observe, et découvre en même temps que, depuis cinq mois qu'il est enfermé, il parle seul et à voix haute : Meursault est en train d'apprendre à se regarder et à s'écouter. Mais l'expérience de la réflexion va plus loin encore : à l'occasion du jugement, il se découvre dans le regard des autres, criminel, coupable, condamné. Un curieux passage souvent commenté met le personnage face à un jeune journaliste, « habillé en flanelle grise avec une cravate bleue » qui est couramment identifié avec Camus lui-même ; le jeu de la réflexion se complique alors car Meursault note : « j'ai eu l'impression bizarre d'être regardé par moi-même ».

Une lecture plus attentive permet de déceler dès la première partie une singulière faculté de jugement chez Meursault, faculté qui dément l'apparente neutralité du personnage et invite à des lectures plus complexes. Les personnages rencontrés dans la première partie ont tous un rôle à tenir dans la seconde, y compris l'étrange petite femme automate que Meursault suit par curiosité : la structure profondément binaire de l'œuvre nourrit la complexité de la voix narrative et l'on peut émettre l'hypothèse que le journal soit un faux journal, écrit de manière rétrospective et pour se disculper. En témoignerait par exemple le besoin de préciser : « D'ailleurs, je n'ai aucune raison de ne pas lui parler », lorsque Meursault rencontre le personnage de Raymond, fréquentation louche qui lui sera reprochée lors du procès. Meursault n'est pas si détaché qu'il le prétend. À plusieurs reprises, il analyse l'apparence des êtres qui l'entourent et en tire des conclusions : il identifie l'étrange bruit produit par les vieillards lors de la veillée mortuaire ; il devine le type de films vus au cinéma en fonction de l'attitude des jeunes hommes qui en sortent ; à la faveur de quelques observations, il analyse la relation entre Salamano et son chien ; il explique qu'il a « perdu de justesse » au billard, ce qui montre qu'il a senti qu'il valait mieux laisser gagner Raymond ; et le petit bruit à travers la cloison lui permet de conclure que le vieil homme est en train de pleurer. Ces exemples parmi d'autres démentent la neutralité du personnage : à défaut de la faculté de réflexion, Meursault dispose de la faculté de jugement. De là à imaginer qu'il ressent plus de choses qu'il ne veut bien le raconter, il n'y a qu'un pas. De fait, il existe chez le personnage de Meursault une forme de réaction émotive, mais elle est à déchiffrer. Les critiques – et le procureur – soulignent son manque d'émotion à la mort de sa mère : il refuse de voir le corps, boit du café au lait, fume, et semble heureux de reprendre le chemin de sa vie habituelle. Malgré tout, devant la tombe prête à être comblée, « la terre couleur de sang » et « la chair blanche des racines » semblent matérialiser de manière poétique et détournée le corps absent de la mère. Quelques chapitres plus loin, une lecture attentive dénonce, par le jeu d'un parallèle habile, une réaction forte du personnage : les coups donnés par Raymond à sa maîtresse coupent l'appétit à la jolie Marie. Un peu plus tard, Meursault entend pleurer Salamano : « Je ne sais pas pourquoi, j'ai pensé à Maman. » Et de conclure : « Je n'avais pas faim, et je me suis couché sans dîner. » L'idée d'une femme battue coupe l'appétit à Marie. L'idée du chien disparu et pleuré coupe l'appétit à Meursault… Le corps de l'Arabe tué quelques chapitres plus loin viendrait alors peut-être remplacer le corps de la mère, corps trop présent de n'avoir été ni regardé ni pleuré.

Séverine GASPARI

MEURTRE. – On ne retient souvent de Camus que *L'Étranger*, et de *L'Étranger* que la scène du meurtre de l'Arabe sur la plage. De ce qui est, avec l'acte gratuit gidien des *Faux Monnayeurs*, voire l'acte surréaliste le plus simple consistant à descendre dans la rue pour abattre un parfait inconnu, le meurtre le plus célèbre de la littérature française du XXe siècle, le groupe de rock The Cure a tiré sa chanson *Killing an Arab*, rare exemple d'un extrait de la littérature française influençant la création musicale anglo-saxonne. Autre illustration de cette célébrité négative, certains écrivains arabes reprochent à Camus, avant et pendant la guerre d'Algérie, de ne pas parler des Arabes, et de les supprimer s'il les met en scène, comme le confia Driss Chraïbi en 1992. Mais si ce meurtre-là a une importance réelle, s'il est le geste le plus important de toute la création romanesque de Camus, celui qui porte le plus à conséquence, d'autres scènes de meurtre interviennent, en même temps que le meurtre dont il s'agit n'est pas toujours commis à échelle personnelle mais concerne également le meurtre de groupe. Ainsi meurtre de l'un et meurtre (ou assassinat, les deux termes étant synonymes chez Camus) collectif sont-ils les deux pans du meurtre camusien, dans la fiction et dans la vie.

La première tentative narrative de Camus n'est pas *L'Étranger* mais *La Mort heureuse*. On relie généralement les deux livres par les paronymes de Meursault et Mersault, le second s'offrant même le luxe d'un prénom, Patrice. Mais tout aussi bien, et plus profondément, les œuvres sont liées par la scène d'un meurtre premier, sorte de crime originel dont l'importance est aussi structurale. Alors que *L'Étranger*, livre cousu de fil noir, débute par la mort de la mère, dont Meursault n'est pas coupable mais qui lui coûtera quand même sa tête, il pivote sur le meurtre de l'Arabe, qui assure la transition entre les deux parties. De la même façon, dans *La mort heureuse*, le meurtre de Zagreus établit le passage de la première à la seconde partie, de la « Mort naturelle » à « La mort consciente ». Dans l'une et l'autre œuvre, le meurtre définit un avant et un après, dans l'œuvre comme dans la vie du meurtrier.

Ainsi, très tôt dans la création, le meurtre camusien a une importance singulière. Il s'agit d'une mort prégnante, qui bouleverse entièrement l'action, dont il assure l'acmé dramatique. Le meurtre n'est pas un fait anodin mais un scandale dont les personnages seront amenés, ou non, à tirer les conséquences. De la même manière, il a un aspect double. Il ne se ramène pas à la simple suppression d'une vie mais a, dans les deux œuvres, entre lesquelles il crée à nouveau un rapprochement, un aspect ambigu. Dans *La Mort heureuse*, qui décline dès son titre – qui peut renvoyer aussi bien à celle de Zagreus qu'à celle de son meurtrier – l'importance de ce fait, le meurtre en est-il vraiment un ? En effet, Zagreus, condamné à n'être qu'un « tronc » immobile sans pouvoir profiter des plaisirs de la vie, a pour ainsi écrire commandité et payé son assassinat à Mersault. Le meurtre semble n'entraîner chez son meurtrier que peu de remords (« Le lendemain, Mersault tuait Zagreus, rentrait chez lui, et dormait toute une après-midi »). Il s'agit dès lors d'une sorte, troublante, ambiguë, de suicide différé, et le meurtre n'empêche pas – ce sera aussi le cas de Meursault – l'innocence, dite deux fois ici : « Dans l'innocence de son cœur, il acceptait ce ciel vert et cette terre mouillée d'amour avec le même tremblement de passion et de désir que lorsqu'il avait tué Zagreus dans l'innocence de son cœur. »

Tout n'est donc pas si simple avec le meurtre, ce que prouve aussi *L'Étranger*, qui introduit pour la première fois le regard de la société. En effet, Mersault n'avait pas été confronté au regard de l'autre et de la loi, dont son éloignement géographique le préservait, tandis que Meursault (dont le « u » ajouté à son nom le rapproche plus de « meurtrier ») est clairement identifié, et tenu pour responsable de la mort de sa victime. Le meurtre pose la question des circonstances atténuantes, du mobile, de la responsabilité. Dans cette page aux interprétations infinies, quel est le coupable ? l'homme ou le soleil ? Le geste a en tout cas une répercussion cosmique : « J'ai compris que j'avais détruit l'équilibre du jour, le silence exceptionnel d'une plage où j'avais été heureux. » À la première perspective, individuelle, la seconde partie juxtapose celle du regard social. Il y a, dans le comportement de chacun de nous, une attitude propice à être celle d'un meurtrier. Le procureur, et la religion, font de Meursault un meurtrier, un coupable idéal (« pour la première fois, j'ai compris que j'étais coupable »).

Dans la suite de la production littéraire, le meurtre exerce le même rôle dramatique et structural, moins dans *La Peste* ou dans *La Chute* (à moins que le refus d'assistance à personne en danger – ici en train de se noyer – soit un équivalent du meurtre) que, sur scène, dans *Caligula*, *Le Malentendu* et *Les Justes*, qui proposent des variations sur ce thème. Dans la pièce romaine, le meurtre tyrannique, comme chez Alfred Jarry, est le libre exercice d'un libre arbitre de la part d'un souverain pour lequel la vie humaine n'a pas, ou plus d'importance. Dans une sorte d'épure poétique, le meurtre est la suppression physique, pure et simple, d'un être. La pièce se clôt par le meurtre de Caligula qui hurle : « Je suis encore vivant ! » Dans la pièce de la non-reconnaissance, le meurtre de Jan, commis par une meurtrière en série, a toute l'horreur d'un infanticide. Et la même importance structurante sépare les actes II et III. C'est, dans sa beauté et son horreur, le meurtre tragique par excellence. Dans la pièce à sujet russe, enfin, figure une réflexion sur le meurtre par le biais du terrorisme politique, sur la fin et les moyens (« Nous acceptons d'être des criminels pour que la terre se couvre enfin d'innocents »). Le meurtre dont il est question est aussi celui des innocents. Là où Stepan hurle : « Il n'y a pas de limite », Kaliayev établit la différence entre assassin et justicier. À tous les niveaux, dramaturgie ou politique, le meurtre des innocents est le crime injustifiable par essence.

Romancier, Camus était aussi journaliste. Et dans les éditoriaux relatifs à l'épuration repris dans *Actuelles*, il dit sa répugnance physique, viscérale, pour le meurtre gratuit. Tout comme le suicide, le meurtre est une question philosophique. Et l'introduction de la morale dans le journalisme appelle à ne pas le choisir : « La révolution, ce n'est pas seulement la guillotine et les mitrailleuses, ou plutôt ce sont les mitrailleuses quand il le faut » (19 septembre 1944). Camus a pour la guillotine – qui écœura aussi son père, comme le rappelle une scène du *Premier Homme* – et pour la condamnation à mort une horreur indicible. De la même façon, il ne faut pas épurer beaucoup mais bien. Le 15 mars 1945, Camus dit lors d'un meeting à la Mutualité qu'il « ne faut rien concéder à la violence, ne pas admettre que nos passions deviennent aveugles ». Il dénonce une politique meurtrière telle celle de Franco, et, d'une manière générale, condamne tout système politique, quel qu'il soit, qui justifie le meurtre. C'est dans *L'Homme révolté*, qui reprend des arguments de *Ni victimes ni bourreaux*, qu'il établit avec le plus de netteté son horreur de tout régime s'appuyant sur le meurtre des innocents, meurtre qui, à l'âge des totalitarismes, s'accomplit à très grande échelle, celle de millions d'hommes pour l'URSS des camps et de la terreur qui perd dès lors toute légitimité. Les « idéologies meurtrières », qui sont des « utopies absolues », légitiment le meurtre et sont des archaïsmes du XIXe siècle. Autant que « la fin des idéologies », c'est l'avènement d'une société de justice universelle qui protégera l'homme et les hommes de l'injustice révoltante du meurtre et de l'assassinat politique. Lorsque la révolte se veut révolutionnaire, elle se donne parfois des raisons qui la poussent vers un nouvel absurde, le meurtre, que l'homme révolté ne saurait accepter. De la révolte à la révolution, c'est parfois l'homme qui se perd, par le meurtre de masse. Du début à la fin de l'œuvre de Camus, un même appel à la mesure méditerranéenne, ainsi à la fin de *L'Homme révolté*, un semblable refus de l'inacceptable. Pierre GROUIX

Bibl. : Marc Imbeault et Yves Trottier, *Limites de la violence. Lecture d'Albert Camus*, Québec, Presses de l'université de Laval, 2000 • David H. Walker, « Le criminel chez Camus », dans David H. Walker (dir.), *Albert Camus, les extrêmes et l'équilibre : actes du colloque de Keele, 25-27 mars 1993*, Amsterdam, Rodopi, 1993, p. 17-32

« MEURTRIERS DÉLICATS (Les) ». – En janvier 1948, Camus publie un article portant ce titre dans la première livraison du mensuel *La Table ronde*. Une version retravaillée de ce texte prend place trois ans plus tard dans *L'Homme révolté*. Entre-temps, il a écrit et fait jouer sa pièce, *Les Justes*, où il met en scène les mêmes personnages historiques. Procédant par contraste comme il le fait habituellement, il présente, après ceux qu'il qualifie de « possédés » dans la section précédente du livre, une autre catégorie de terroristes, ces révolutionnaires russes de 1905 qu'animait une profonde exigence morale. Il oppose leurs actes aux autres manifestations du nihilisme révolutionnaire analysées dans son essai, « où la révolte se coupe de ses racines et se prive de toute morale concrète ».

Attiré par ces êtres « d'exigence », Camus a lu le *Journal d'un terroriste* de Boris Savinkov, il s'est renseigné sur les figures marquantes de ce mouvement, en particulier sur l'étudiant Kaliayev, auteur de l'attentat contre le grand-duc Serge, le 17 février 1905 (calendrier grégorien). Dans le texte de *L'Homme révolté*, il souligne les éléments opposés de leur quête révolutionnaire, écrivant que « ces meurtriers délicats ont vécu le destin révolté dans sa contradiction la plus extrême ». Contrairement aux autres exemples présentés dans l'essai, les révolutionnaires russes de 1905 gardent intact l'équilibre « oui-non » de la révolte authentique. Avides de justice mais nourrissant un respect profond pour la vie humaine, la violence est pour eux, par conséquent, à la fois « nécessaire » et « inexcusable ». C'est seulement en garantissant que les moyens restent en accord avec la fin que ces révolutionnaires justifient leur cause : « Kaliayev prouve [...] que la révolution, moyen nécessaire, n'est pas une fin suffisante. »

L'exemple des meurtriers délicats offre à Camus l'occasion de développer des thèmes et de poser des principes qui sont pour lui essentiels. Dans une note préparatoire à propos de la révolte, il écrivait dans ses *Carnets* : « Le seul problème moral vraiment sérieux c'est le meurtre. Le reste vient après. » Refusant de justifier le meurtre au nom d'un principe supérieur à la vie elle-même, les meurtriers délicats ont fait face à la contradiction : « dès lors, incapables de justifier ce qu'ils trouvaient pourtant nécessaire, ils ont imaginé de se donner eux-mêmes en justification et de répondre à la question qu'ils se posaient par le sacrifice personnel ». Une équivalence s'établit alors entre le meurtre et le suicide qui, de ce fait, devient pédagogique : « Une vie est alors payée par une autre vie. De ces deux holocaustes surgit une valeur intacte. » Kaliayev veut mourir afin d'instaurer une limite au meurtre et à l'histoire. C'est grâce à cette limite que les meurtriers délicats triomphent au moins de la solitude et de la négation : « Au milieu d'un monde qu'ils nient et qui les rejette, ils tentent, comme tous les grands cœurs, de refaire, homme après homme, une fraternité. » Jacques LE MARINEL

MILOSZ, Czeslaw (1911-2004). – Né en Lituanie, Czeslaw Milosz avait très tôt – tout en menant des études de droit – écrit des poèmes dont les premiers parurent en 1930. Il voyagea, connut Paris en 1931, revint y passer un an en 1934-1935. En 1940, il quitta clandestinement Wilno, occupée par l'Union soviétique, pour Varsovie, occupée par les nazis, et rejoignit la résistance socialiste. En décembre 1945, il entra dans la diplomatie polonaise et partit pour les États-Unis, d'abord au consulat de New York puis à l'ambassade de Washington. Un bref séjour en Pologne en 1949 lui fit voir, brutalement, le visage du régime communiste : sortant d'une nuit de fête, il vit des personnes arrêtées, « grelottant de froid » dans des Jeeps où les soldats étaient « en capotes doublées ». Nommé premier secrétaire à l'ambassade de Pologne à Paris, il demanda l'asile politique à la France, ne voulant plus être « complice » de ce qu'il avait vu.

À la mort de Camus, Milosz écrivit : il « était un de ces intellectuels occidentaux, peu nombreux, qui m'ont tendu la main quand j'eus quitté la Pologne stalinienne, en 1951, tandis que d'autres m'évitaient en me considérant comme un pestiféré et un pécheur contre l'avenir » ; « L'amitié de Camus était pour moi un des fils qui me permettaient de me conduire dans le labyrinthe occidental ». « Étaient-ce les plages d'Afrique, son origine populaire qui le préservaient d'une “mauvaise conscience” bourgeoise ? En tout cas, il traitait les idoles du moment avec une méfiance dont il payait le prix. »

Il se montrait réticent vis-à-vis de l'œuvre de Camus – « j'avoue que je n'ai jamais aimé son style » – tout en évoquant l'auteur qui la lui avait rendue familière : Joseph Conrad. Il n'approuvait pas « entièrement » sa position sur la question algérienne. « L'imbroglio ethnique de l'Europe de l'Est » l'avait cependant aidé à « comprendre les difficultés », ses déchirements. Mais sa « gratitude », il l'exprimait avec insistance dans cet adieu à « l'interlocuteur fraternel ». « J'étais toujours dans le camp de Camus », soulignait-il. Il était, pour lui, l'homme « qui ne ricanait pas », celui qui, comme Dostoïevski, « avait le courage d'aborder des thèmes de “mauvais goût”. Car est-il de bon goût de méditer aujourd'hui sur l'énigme présentée déjà dans le *Livre de Job* ? » ; « *La Peste* est le meilleur livre sur les attitudes possibles devant le fléau totalitaire des temps modernes. Mais en premier lieu, c'est une méditation sur le malheur des innocents, donc sur le *Livre de Job.* » Milosz avait aussi en commun avec Camus l'intérêt pour l'histoire des hérésies et l'attachement à Simone Weil, dont il traduisit des œuvres en 1958.

En 1960, il partit enseigner aux États-Unis. Ayant revu pour la première fois la Pologne, en 1981, quelques mois après avoir reçu le prix Nobel de littérature, il y revint après la chute du communisme et y mourut en 2004.

Ayant été « façonné et fécondé par la France », Milosz avait dit sa reconnaissance à Camus qui, avec quelques autres, l'avait fait accepter.

Jeannine VERDÈS-LEROUX

Bibl. : Czeslaw Milosz, « L'interlocuteur fraternel », *Preuves*, avril 1960, p. 14-16 • Id., « Un homme déchiré comme moi-même », Le Nouvel Observateur, 9-15 juin 1994 • Milosz par Milosz, Entretiens avec Ewa Czarnecka et Aleksander Fiut, Fayard, 1986

MINOTAURE OU LA HALTE D'ORAN (Le). – Ce titre en diptyque indique les deux fils conducteurs suivant lesquels ce petit essai se déploie. Il s'agit bien pour Albert Camus d'évoquer une ville concrète d'Algérie qu'il connaît pour y avoir effectué des voyages au cours de l'année 1939 – durant laquelle il écrit ce texte –, et pour y avoir séjourné plus longuement, à partir de février 1940, puis surtout, après quelques mois passés en France métropolitaine comme journaliste à *Paris-Soir*, lorsqu'il s'y installe en 1941 avec son épouse Francine, Oranaise d'origine. Il en modifie cette année-là certains éléments et lui donne d'ailleurs ce titre définitif qui, en inversant l'ordre d'une formulation précédente (« Oran ou le Minotaure »), souligne la prévalence du second propos. Il s'agit surtout en effet pour l'écrivain de puiser à la source de l'Antiquité grecque quelques supports mythologiques pour y asseoir un mythe personnel nourri du vécu algérien.

Une autre dualité du texte – qui a pu susciter bien des malentendus, froissant en particulier la susceptibilité de certains lecteurs oranais – tient à la constante modalité humoristique de son écriture qui permet à l'écrivain d'adopter tour à tour, et souvent paradoxalement en même temps, une position de distanciation critique et une connivence complice, sinon affectueuse. Les pointes moqueuses qui raillent chez les Oranais, par exemple dans le premier chapitre intitulé « La rue », une absence totale de discrimination esthétique ou une propension de la jeunesse locale à la parade le long des boulevards de la ville, caricaturent des traits de culture régionale d'autant plus allégrement pointés que Camus s'amuse à réactiver la rivalité traditionnelle que tout Algérois comme lui était censé ressentir à l'égard de cette ville de l'Ouest algérien. Le cérémonial du cireur de chaussures dans ce même chapitre ou le spectacle cathartique de combats de boxe, introduit dans le troisième chapitre par un titre aux connotations antiques : « Les jeux », donnent lieu à de savoureuses séquences narratives dans lesquelles le grandissement épique appuyé signale l'intention parodique. Mais sous la charge humoristique peuvent se lire à l'occasion quelques éléments d'autodérision et, de façon constante, un fond de tendresse pour « la sympathique naïveté » de cette population en laquelle culminent des caractéristiques identitaires de la communauté française d'Algérie qu'il intègre à une configuration mythique. Bien des œuvres de Camus, de ce texte précoce au dernier, dont la publication sera posthume, font l'éloge de ce peuple hybride forgé au creuset de l'Europe et de l'Orient, peuple perçu comme sans passé ni tradition, proche de ce fait du « premier homme ».

Sous couvert de plaisanterie, le quatrième chapitre de l'essai exhibe encore l'écart entre « les monuments » des grandes cités européennes surchargées d'art et d'histoire et ceux de cette ville d'Afrique du Nord qui choisit d'honorer moins des héros ou des valeurs spirituelles que la solide robustesse matérielle des deux lions de bronze ornant sa mairie. Camus souligne même ironiquement combien les vrais déserts de par le monde ont été saturés de discours poétiques ou mystiques, si bien que leurs équivalents les plus sûrs ne se trouvent désormais que dans des lieux « sans âme et sans recours » comme Oran, propice à la solitude et à la confrontation avec sa vérité d'homme. Le deuxième chapitre, « Le désert à Oran », ajoute à l'élaboration mythique d'ensemble cette symbolique de l'espace implacable manifestant son immuable indifférence.

Dans cette configuration, Oran offre toutefois un avantage sur Alger, sa belle rivale : sa topographie circulaire tournant le dos à la mer ne permet pas facilement à ses habitants l'échappée dans la contemplation du sublime de sa baie. Dans cette ville minérale, aucune distraction ne détourne l'homme du concret sans transcendance de son rapport au monde : on s'abandonne à un « ennui » que Camus dote d'une dimension allégorique, incarnée dans la figure du « Minotaure ». Pour se libérer de cette manière de labyrinthe, Ariane aurait à tendre non un fil mais une pierre (c'est sur cette image que s'ouvre le dernier chapitre, « La pierre d'Ariane »), écho quasi pongien de l'élément primordial témoignant pour l'homme périssable, quoi qu'il entreprenne dans l'espoir de durer, de l'exclusive permanence du monde.

C'est dans cette « capitale d'ennui assiégée par l'innocence et la beauté » d'une nature à la jeunesse toujours renouvelée que le jeune Camus a donc fait halte, éprouvant sinon le repos dans la « paix des pierres » du moins la possibilité d'une position d'équilibre, entre désespoir et exaltation, dans la tension d'une pensée de midi qu'il tentera de maintenir au plus juste de la balance tout au long de sa vie.

Au cœur même de la sophistication du discours oblique, volontiers paradoxal et provocateur, malgré la prolifération des références culturelles qui le tissent, l'écriture de ce texte s'exerce aussi à une certaine innocence, de la naïveté délibérée de certaines images (la ville-escargot ; les filles-fleurs dépliant leurs corolles ; les falaises devenant monstres rouges…) à l'élan lyrique qui anime le finale. Cet équilibre de son art et de sa pensée explique l'attachement de Camus à ce texte qu'il espérait publier pendant la guerre en plaquette (mais cette publication n'obtint pas l'aval de la censure), qui parut une première fois en 1946 dans le numéro 13 de *L'Arche*, puis aux éditions Charlot en 1950 et qu'il tint à réunir en 1954 à d'autres textes « solaires » dans le recueil *L'Été*. Martine MATHIEU-JOB

MIQUEL, Louis (1913-1987). – Louis Miquel est issu d'une famille hispano-franco-italienne installée en Algérie depuis 1837. Étudiant à l'École des beaux-arts d'Alger dans l'atelier de Léon Claro, il y fait la connaissance de Jean de Maisonseul qui le présente très tôt à Camus, Max-Pol Fouchet et Louis Bénisti. En 1932, un entretien avec Le Corbusier, de passage à Alger, décide de son orientation après un court séjour aux Beaux-Arts à Paris, il intègre en 1933, comme dessinateur stagiaire, l'atelier du célèbre architecte. Il y reste jusqu'en 1935, date à laquelle il revient à Alger et participe avec Pierre-André Émery aux décors du Théâtre du Travail puis du Théâtre de l'Équipe – plutôt que « décorateurs », ils préfèrent être appelés « organisateurs d'un espace scénique construit ».

De 1942 à 1944, sous l'autorité de Georges-Henri Rivière et du musée de l'Homme, Miquel fait partie d'une équipe qui analyse l'habitat rural traditionnel : une expérience qui reste pour lui « la meilleure école d'architecture. » Il réalise les décors de *Caligula* à la création de la pièce en juin 1945 au Théâtre Hébertot à Paris – Camus dit de lui qu'il « comprend la vie sans y coller de théories ». Après un séjour au Maroc, il regagne Alger en novembre 1949 pour s'associer à Émery. Il développe alors une carrière d'architecte qui l'amène à intervenir dans les projets d'urbanisme à Alger mais aussi, par exemple, dans la construction du couvent des Tourettes près de Lyon avec Le Corbusier, dans la rénovation du musée de Besançon ou dans celle du quartier Pontiffroy à Metz. En Algérie, après le tremblement de terre d'Orléansville (actuellement El-Chliff), il participe avec Roland Simounet à la conception et la réalisation d'une salle de théâtre (1956-1959) sur laquelle Camus est consulté. Louis Miquel fait partie du groupe des libéraux à l'origine de l'appel pour la trêve civile prononcé par Camus à Alger. Il se retire à Sète en 1981 et y décède six ans plus tard. Guy BASSET

Bibl. : Charles Poncet, article nécrologique dans le *Bulletin d'information de la Société des études camusiennes*, n° 15, été 1987, p. 1-2

MISE EN SCÈNE. – Pour Camus, la mise en scène théâtrale est d'abord un métier, qu'il a exercé au cours de ses années d'apprentissage à Alger. Il découvre, au sein des deux troupes qu'il anime successivement, que monter une pièce, transformer un texte en spectacle est un travail réalisé en commun avec « une équipe d'hommes et de femmes, tout entière tournée vers un seul but », comme il le déclarera plus tard. Depuis ses débuts avec le Théâtre du Travail, son modèle est Jacques Copeau dont il résume ainsi la conception du métier : « En somme, il cachait le metteur en scène derrière le comédien et le comédien derrière le texte. » Selon cette conception, la qualité première du metteur en scène doit être l'intelligence du texte dont il transmet le sens précis et profond aux comédiens.

Les réalisations théâtrales de Camus, dans les années 1950, au festival d'Angers comme sur les scènes parisiennes, ont montré les qualités premières que l'on attend d'une mise en scène : homogénéité du spectacle et parfaite direction des acteurs. Devant suppléer Marcel Herrand, malade, en 1953 à Angers, il imprima sa marque aux deux spectacles tirés de ses adaptations, *La Dévotion à la croix* et *Les Esprits*. Il déclarera quelques années plus tard dans une émission télévisée : « Quand j'adapte, c'est le metteur en scène qui travaille selon l'idée qu'il a du théâtre. Je crois, en effet, au spectacle total, conçu, inspiré et dirigé par le même esprit, écrit et mis en scène par le même homme, ce qui permet d'obtenir l'unité du ton, du style, du rythme qui sont les atouts essentiels d'un spectacle » (« Pourquoi je fais du théâtre ? », 1959). En 1957, à Angers toujours, il monta une autre adaptation, *Le Chevalier d'Olmedo*, spectacle « d'une admirable pureté de lignes et que Camus inscrivit dans le temps d'une nuit musicale », selon le critique Morvan Lebesque. Mais le spectacle qui connut le plus grand succès fut présenté à Paris, au Théâtre des Mathurins, en septembre 1956. Il s'agit de *Requiem pour une nonne*, d'après William Faulkner. Camus avait conçu un décor à transformations d'une extrême simplicité, et il sut éviter le mélodrame en exigeant des interprètes le minimum de mouvements, le maximum de tension intérieure. La maîtrise et la subtilité à la fois dont il faisait preuve dans la conduite des acteurs s'exprimèrent encore dans *Les Possédés*, qu'il monta en janvier 1959 au Théâtre Antoine. Le comédien Pierre Blanchar témoigne du travail du metteur en scène en ces termes : « Je n'ai jamais entendu, ni vu Albert Camus donner une intonation, indiquer un geste ou une expression. Il excellait à les provoquer par des explications lumineuses et convaincantes. »

La mise en scène est un art et une technique mais également une philosophie au sens où la pièce de théâtre jouée exprime une vision du monde. Chez Camus, l'activité théâtrale est indissociable de sa réflexion sur l'absurde, de la conscience chez l'artiste que « sa création n'a pas d'avenir ». Aussi la mise en scène est-elle, pour lui, selon les termes d'un critique, « une tentative d'unifier, pour un instant, un petit morceau d'univers ».

Jacques Le Marinel

« MISÈRE DE LA KABYLIE ». – Albert Camus publia une série d'articles sur la « misère de la Kabylie » dans *Alger républicain* du 5 au 15 juin 1939. Il en reproduisit l'essentiel en 1958 dans *Chroniques algériennes 1939-1958*, en l'abrégeant de plusieurs passages contenant des « considérations trop générales » et des « articles sur l'habitat, l'assistance, l'artisanat et l'usure ». Les articles qu'il avait retenus pour cette nouvelle publication étaient néanmoins suffisants pour donner une idée juste de sa vision du problème algérien à la fin de la IIIe République.

Le trait le plus frappant était la priorité accordée aux problèmes économiques de la Kabylie. Les articles reproduits étaient consacrés d'abord à « la misère », dont les causes étaient résumées en une ligne : « la Kabylie est un pays surpeuplé et elle consomme plus qu'elle ne produit » (« Le dénuement », 6 juin). Cette situation s'expliquait par plusieurs facteurs : le surpeuplement d'une région rurale et montagneuse, dont le sol ne pouvait pas produire les céréales qui étaient les bases de l'alimentation traditionnelle (couscous et galettes) et dont les principales productions (figues et olives) étaient à peine suffisantes pour les besoins de cette population. La seule solution était l'émigration de travailleurs, dirigée principalement vers la France, et dont l'apport de capitaux suffisait en 1926 à assurer la subsistance des Kabyles. Mais la crise économique des années 1930 avait restreint le marché du travail français : « On a refoulé l'ouvrier kabyle. On a mis des barrières à l'émigration et, en 1935, une série d'arrêtés vint compliquer de telle sorte les formalités d'entrée en France que le Kabyle s'est senti de plus en plus enfermé dans sa montagne. » Et c'est pourquoi il s'est trouvé condamné à la misère : « Ce blé qu'il faut acheter au prix fort, le paysan kabyle ne peut l'acquérir avec la production qu'on lui enlève à bas prix. Il l'achetait auparavant, et se sauvait, par le travail de ses fils. On lui a ôté aussi le travail et il reste sans défense contre la faim. »

Les articles suivants démontrent cette thèse par une enquête approfondie. Ils analysent d'abord les salaires, dont le montant est trop bas parce que « le chômage étendu permet la concurrence », les autres raisons invoquées n'étant pas valables. La moins admissible est « l'idée si répandue de l'infériorité de la main-d'œuvre indigène », qui « trouve sa raison dans le mépris général où le colon tient le malheureux peuple de ce pays ». D'après Camus, c'est justement quand l'ouvrier a faim que son rendement est insuffisant : « Et l'on nous met en présence d'une logique abjecte qui veut qu'un homme soit sans forces parce qu'il n'a pas de quoi manger et qu'on le paye moins parce qu'il est sans forces. »

La solution pourrait être l'enseignement, que les Kabyles réclament de plus en plus ardemment, et même pour leurs filles. Selon l'écrivain, la Kabylie manque d'écoles parce que de « 1892 à 1912, [leur] construction [...] a marqué un temps d'arrêt total », ce qui fait qu'alors, en 1939, un dixième seulement des enfants kabyles peut en bénéficier. Les centres économiques et touristiques sont bien desservis, mais la masse des villages et de la population kabyle est très insuffisamment dotée. Il faut néanmoins reconnaître qu'une dizaine d'écoles magnifiques ont été récemment construites, mais il aurait été plus raisonnable d'en construire quatre fois plus, plus simples, pour le même prix. En outre, les Kabyles sont unanimes à réclamer la suppression de la séparation établie en 1892 entre deux systèmes d'enseignement destinés l'un aux enfants européens, l'autre aux enfants indigènes. Camus critique ceux qui parlent avec légèreté de l'inutilité de l'instruction après en avoir profité eux-mêmes » – « En tout cas, si l'on veut vraiment d'une assimilation, et que ce peuple si digne soit français, il ne faut pas commencer par le séparer des Français. Si j'ai bien compris, c'est tout ce qu'il demande. »

Il aborde ensuite « l'avenir politique » de la Kabylie, en écartant délibérément les « systèmes utopiques » et les « illusions chimériques » pour s'en tenir à des expériences déjà tentées par des Kabyles ou en voie de l'être. Il analyse en détail l'expérience des « centres municipaux » créés en janvier 1938 à l'intérieur des vastes « communes mixtes » pour initier les populations à un vrai régime municipal, à travers l'exemple du village des Oumalous, près de Tizi-Ouzou. Il propose d'étendre la même expérience à d'autres villages, et même d'en transformer certains, comme le douar des Ouadhias, qui compte plus de cent électeurs français d'origine kabyle, en communes de plein exercice. Pour lui, cette émancipation administrative de la Kabylie permettrait de rattraper l'erreur que les Français auraient commise d'imposer le statut personnel musulman aux Kabyles.

Il revient ensuite sur « l'avenir économique et social ». Cet article du 14 juin est plus développé que le précédent, paru la veille, et témoigne d'une réflexion personnelle combinant la logique et la morale : « On ne peut songer à élever le niveau de vie de la Kabylie sans revaloriser à la fois son travail et sa production. Ce n'est pas seulement l'humanité qui est foulée aux pieds par les salaires à six francs, mais aussi la logique. Et par les bas prix des productions agricoles kabyles, on ne viole pas seulement la justice, mais le bon sens. » Camus présente un véritable plan de développement économique et social, et il le situe dans la perspective d'une politique nationale plus que coloniale : « N'attendons pas cette œuvre des colons, puisque nous ne sommes pas sûrs qu'ils la veuillent. Mais si l'on prétend que c'est à la métropole de faire cet effort, alors nous sommes deux fois d'accord. Car, du même coup, on fait la preuve qu'un régime qui sépare l'Algérie de la France fait le malheur de notre pays. Et le jour où les intérêts seront confondus, on peut être sûr que les cœurs et les esprits ne tarderont pas à l'être. »

Enfin, en guise de conclusion, Albert Camus se justifie d'avoir rompu le silence sur la misère de la Kabylie dans la perspective du patriotisme français. Il achève néanmoins son texte en évoquant la forte impression que lui a laissée le peuple kabyle : « Car, si la conquête coloniale pouvait jamais trouver une excuse, c'est dans la mesure où elle aide les peuples conquis à garder leur personnalité. Et si nous avons un devoir en ce pays, il est de permettre à l'une des populations les plus fières et les plus humaines en ce monde de rester fidèle à elle-même et à son destin. »

Avec le recul du temps, on ne peut lire ces articles sans étonnement. Sans être économiste, en bon militant de gauche, Albert Camus s'est appliqué avec un zèle sincère à comprendre les maux qui frappaient les Kabyles et à leur trouver des remèdes valables. Des mesures analogues à celles qu'il proposait ont été prises dans le cadre du grand plan de réformes économiques et sociales adopté par le Comité français de la Libération nationale présidé par le général de Gaulle à Alger en 1944. Mais d'un autre côté, on ne peut qu'être stupéfait par son absence totale de conscience et de compréhension du problème politique algérien. Les articles cités ici sont consacrés aux Kabyles, mais rien n'est dit explicitement sur leurs relations avec les conquérants français, ni avec les Arabes qui partageaient la même condition de vaincus. Que le nationalisme algérien musulman avait recruté ses adeptes d'abord en Kabylie – même s'il s'était donné pour chef le Tlemcénien Messali Hadj – n'est même pas mentionné, et le statut politique inférieur des « indigènes » n'est pratiquement pas évoqué, sinon à travers l'allusion très confuse au statut coranique (lequel n'était pas appliqué aux musulmans kabyles, soumis à leurs propres coutumes, contrairement à ce que Camus semble en dire). L'écrivain algérois nous donne ici l'impression d'un « colonisateur de bonne volonté », qui n'a pas encore eu le temps de réfléchir sérieusement au problème politique algérien. Guy PERVILLÉ

MODERNITÉ. – Dans le prière d'insérer de *La Chute*, Camus présente ainsi son héros paradoxal, Jean-Baptiste Clamence : « Il a le cœur moderne, c'est-à-dire qu'il ne peut supporter d'être jugé. Il se dépêche donc de faire son propre procès mais c'est pour mieux juger les autres. Le miroir dans lequel il se regarde, il finit par le tendre aux autres. » Cette définition du personnage en fait donc un emblème de la modernité. Comme le narrateur des *Notes du sous-sol* de Dostoïevski, Clamence est un symptôme irrécusable de son époque, un miroir dérangeant.

L'œuvre de Camus propose bel et bien une certaine image de la modernité, ou du moins de cet « homme moderne » qui fascine l'écrivain, image qu'il faut préciser pour en souligner l'acuité, mais aussi pour en remarquer l'ambivalence ironique. L'homme moderne est captif du miroir dans lequel il tente de trouver sa vérité, alors qu'il ne fait que creuser l'abîme qui le sépare toujours plus de lui-même. Proche du *Bavard* de Louis-René des Forêts, s'il se confie, c'est pour tricher. Plus il croit avouer, plus il s'exile dans un langage trompeur qui ne restaurera pas l'unité originelle perdue. Parlant à un interlocuteur fantomatique qui n'est peut-être que son double, il est l'homme du divorce intime, de la raillerie, du procès interminable.

D'une certaine façon, l'œuvre de Camus (théâtre, essai ou roman) n'a cessé d'interroger les visages de cet homme moderne, dont il se sent à la fois très proche et curieusement distancié. L'écrivain, qui aspire à la simplicité de la présence muette des choses et des êtres, sait trop bien qu'il lui faut accomplir ce que Maurice Blanchot a justement décrit comme un « détour vers la simplicité » ; il doit s'engager dans un chemin de mots et d'errances qui devrait pourtant le ramener au lieu le plus nu, le plus direct.

De l'homme absurde que décrit le cycle des livres rédigés au début des années 1940, au « juge-pénitent » perdu dans une confession retorse, Camus cherche à dire les pièges tendus à l'individu moderne, individu séparé qui doit affronter l'absence de sens, trouver s'il le peut de nouvelles voies d'accomplissement. Mais l'œuvre propose aussi un versant plus optimiste ou positif, célébrant malgré tout la communauté réunie dans le combat contre le Mal dans *La Peste*, ou l'apparition de ce problématique « premier homme » qui donne son titre au dernier roman inachevé de l'écrivain. La position de Camus reste donc ambiguë, tendue entre une ironie discordante et un désir de réconciliation, entre l'acceptation volontariste de notre mortalité et un vœu d'immortalité ou d'éternité qui rejoint l'idéal antique.

L'aspiration classique. Tout semble a priori éloigner Camus de la modernité. Rien en lui de l'artiste maudit, marginal ou avant-gardiste. Prix Nobel de littérature à quarante-sept ans, c'est bien de son vivant qu'il entre au Panthéon des classiques. À l'écart des chapelles ou des écoles, il ne publie aucun manifeste, se tient éloigné de tout souci formel revendiqué. Dans *L'Homme révolté*, il se livre à un violent réquisitoire contre le surréalisme, passe à côté de l'écrivain autrichien Robert Musil (comme en témoignent ses *Carnets*). Ses positions esthétiques en font un défenseur des auteurs classiques pour lesquels il exprime sa préférence : Madame de La Fayette, Chamfort ou, plus proche de lui, Roger Martin du Gard. Sa langue, concise et volontiers simple, n'a rien des sinuosités proustiennes ou des fulgurances outrées d'un Céline. Sa dramaturgie n'a rien des éclats furieux d'un Antonin Artaud. La lisibilité reste le souci premier d'un écrivain qui souhaite parler à tous. Jean Paulhan ne le classerait donc pas parmi les écrivains « terroristes ». Adoptant la position d'André Gide, Camus croit que l'artiste doit canaliser, grâce à l'objectivation de l'œuvre, la pente romantique de la subjectivité, qui ne devient universalisable que lorsqu'elle accède au dépassement d'elle-même.

L'idéal que mettent en scène bien des textes de Camus, on l'a souvent souligné, est celui d'une Méditerranée encore au contact vivant de la culture grecque, où l'immanence du paysage est une voie d'accès à un sentiment du sacré renouvelé. Un désir d'échapper au temps, de se fondre dans l'éternité entrouverte se lit dès *Noces* ; l'aspiration apollinienne traverse profondément toute l'œuvre. C'est elle qui lui dicte son lyrisme mesuré, qui infuse une prose qui sait se faire élan poétique. Cet idéal de simplicité gouverne l'esthétique essentielle de Camus et l'écarte délibérément de tout le volontarisme révolutionnaire (politique comme formel) des avant-gardes modernistes du XXe siècle. Cependant l'aspiration à une « pensée de midi », où la perception grecque du sacré corrigerait la mortification chrétienne, comporte, comme toujours chez l'auteur de *L'Envers et l'Endroit*, sa propre contestation, son retournement inévitable.

L'irruption du temps. Inévitablement se produit une rupture de l'ordre immuable, utopiquement originel, fût-il celui de la vie plate et ennuyeuse du quotidien où le héros camusien sait pourtant trouver une saveur. Le crime fait irruption (*L'Étranger*) ; la maladie frappe la ville insouciante (*La Peste*) ; un rire déchire la fausse bonne conscience de l'homme trop satisfait (*La Chute*). Peut-être peut-on y voir l'ombre portée de l'absence du père sur toute l'existence d'Albert Camus, une sorte de deuil antérieur que le fils doit porter sans pouvoir le résoudre. L'accident, qui se présente d'abord comme une pure contingence, fracture le temps, l'ouvre au deuil (celui de la mère, inaugural dans *L'Étranger* par exemple) et à la hantise secrète de la mort. Car cet accident a toujours un caractère fatal et irréversible. Le désir d'innocence s'y abîme. La conscience découvre tragiquement le scandale du mal – que la mort de l'enfant innocent représente avec le plus de force dans toute la méditation et l'imaginaire de Camus.

L'entrée dans l'histoire se vit ainsi sur un mode catastrophique, celui de l'accident qui révèle, du même coup, une béance du divin. Camus reprend là les perspectives ouvertes par Nietzsche : l'examen critique de l'histoire occidentale, du christianisme, peut déboucher sur l'avènement d'un homme nouveau. Mais la phase négative est la première : c'est celle de l'homme absurde, homme de la modernité par excellence. Homme du conflit avec le temps si, comme Sisyphe, il est voué à la répétition cyclique de la même action. Cet homme moderne, c'est aussi celui que Dostoïevski décrit et prophétise avec effroi. La trop célèbre maxime des *Frères Karamazov* (« si Dieu est mort, tout est possible ») hante aussi la pensée de Camus, qui développe une réflexion philosophique et morale sur son temps, un temps qu'il voudrait rendre dialectique en le faisant passer, grâce à la révolte, de l'absurde au stade de la réconciliation. Mais ce passage reste malaisé : l'ironie et le sentiment de l'absurde corrodent l'optimisme que l'écrivain n'abandonne pourtant pas.

On voit dès lors comment l'œuvre de Camus peut être fidèle à la définition que Baudelaire a donnée de la modernité, dont il a inventé l'idée avec son étude, *Le Peintre de la vie moderne* (1863). Pour lui, la modernité est le mélange dynamique du transitoire et de l'éternel, la conscience d'un moment capturé par l'art, mais qui reste de l'ordre du fugitif. Camus est comme artiste, lui aussi, sensible à ce qui est éphémère, à ce qui va disparaître, et qui donne à la vie sa valeur d'être confrontée à une mort toujours imminente. Il ne se tient jamais en retrait du monde qui l'entoure, monde de Belcourt dont il faut (jusqu'au dernier livre inachevé) rendre l'accent, la vie évanouie, le quotidien le plus simple, mais aussi monde politique où il faut témoigner, intervenir, prendre sa part de responsabilité. Son activité de journaliste le montre assez.

La modernité problématique de Camus tient donc à cette double postulation : l'écrivain doit s'engager dans son temps, en dénoncer les abus, combattre pour plus de justice. Mais il le fait à rebours des conceptions sartriennes, au nom de valeurs intemporelles qui nient l'histoire. L'engagement camusien dépend alors d'un désir de dégagement. C'est cette contradiction ou cette tension qui explique peut-être la position malaisée de l'écrivain (et qui lui fut tant reprochée pendant la guerre d'Algérie), mais c'est aussi cette attitude qui fait, pour nous aujourd'hui, toute son actualité, et toute sa valeur.

Dominique RABATÉ

MONDE (Le). – Les relations entre le Camus de *Combat* et *Le Monde* commencent par une vive altercation. Les deux journaux sont concurrents. À *Combat*, l'on n'apprécie guère l'arrivée d'un quotidien – autorisé à paraître le 30 novembre 1944, son premier numéro est dans les kiosques le 18 décembre – qui s'adresse au même lectorat et que l'on soupçonne d'être un instrument du gouvernement provisoire. En décembre 1944, Camus rappelle, dans un billet venimeux qu'il signe du pseudonyme de Suétone, qu'il prend la suite du *Temps*. Celui qui fait rapidement fonction de directeur, Hubert Beuve-Méry, en a effectivement été le correspondant à Prague avant la guerre, mais en a démissionné après les accords de Munich. Il a ensuite participé à la Résistance comme les membres d'*Esprit* dont il était proche. Camus croit bon d'ajouter, dans *Combat* : « Les machines du *Temps* sont si bien habituées qu'elles n'ont plus besoin des subventions du Comité des forges pour faire du travail sérieux : discréditer la Résistance. » Cette accusation infondée revient alors dans les journaux communistes et issus de la Résistance. Entre Beuve-Méry et Camus qui partagent une haute idée de leur métier et de leurs responsabilités, « entre ces deux intransigeants, écrit Laurent Greilsamer, le courant ne passe pas. Hélas pour l'un et l'autre ». Olivier Todd, quant à lui, parle de « haine amoureuse », de « malentendus » et de « vacheries ». Les tendances catholiques sociales de certains rédacteurs, même si l'austère Beuve-Méry est plutôt agnostique, les inclinations libérales d'autres et sa relative proximité avec le général de Gaulle à ses débuts installent *Le Monde* au centre. Le champ exige que ce journal réformiste et *Combat* soient concurrents, même si l'un paraît le soir et l'autre le matin. Le premier est celui qui possède le plus d'atouts. L'un va se développer, l'autre décliner.

Très vite Camus ne se reconnaît plus dans le *Combat* de Claude Bourdet, encore moins dans celui d'Henry Smadja. En 1948, il confie un texte à *Franc-Tireur* où il compte des amis. *L'Express* lui offre quelque temps une chronique en 1955-1956. Il y renonce quand l'échec du Front républicain lui apparaît consommé. *Le Monde*, dans les années 1950, est devenu le journal de référence, son indépendance est confortée. Camus y publie plusieurs lettres. Le 19-20 juillet 1953, il proteste contre le sort de manifestants nord-africains maltraités par la police parisienne ; le 12 novembre 1954, il dénonce la répression en Iran. Au moment de l'affaire Maisonseul, il choisit à nouveau ses colonnes pour faire connaître son indignation dans deux lettres qui paraissent les 30 mai et 3 juin 1956. Il n'a pas cherché par la suite à s'y trouver une tribune.

Des trois académiciens qui ont marqué la rubrique littéraire du *Monde*, Émile Henriot (1889-1961), Pierre-Henri Simon (1903-1972) et Bertrand Poirot-Delpech (1929-2006), ce sont les deux derniers qui ont manifesté le plus de sympathie à l'égard de Camus. C'est significativement le premier qui rend d'abord compte de *L'Homme révolté* – puis vient un article globalement favorable de Jean Lacroix, philosophe venu de la revue *Esprit*. Le deuxième, autre ancien d'*Esprit*, est l'auteur d'un ouvrage (*Présence de Camus*, La Renaissance du livre, 1961) qui fit autorité en son temps. Ses comptes rendus d'ouvrages, toujours fouillés et précis, ont contribué à tirer l'œuvre du côté d'un humanisme moderne. Poirot-Delpech, enfin, qui lui succéda comme titulaire du « feuilleton » littéraire après avoir assuré longtemps la critique dramatique, utilise chaque événement camusien, le trentième anniversaire de sa mort, la publication d'inédits (*Journaux de voyage*, *Carnets* III, la correspondance Camus-Grenier), ou d'une grande biographie (celle de Herbert R. Lottman, celle d'Olivier Todd) pour plaider la cause de l'écrivain. Un de ses articles est titré « Justice pour Camus », un autre « Solitude du juste ». « On peut, lit-on dans le premier, être fêté et mal compris. C'est même la règle probablement [...]. Le seul tort de Camus, outre celui d'être trop lu, n'était-il pas d'avoir raison trop tôt ? » Homme de gauche sans partis pris, il ne veut pas choisir entre Sartre et Camus. L'un et l'autre sont irremplaçables à ses yeux. Il trouve des mérites aux deux auteurs et regrette qu'ils se soient disputés.

Poirot-Delpech fait exception dans le supplément littéraire du journal où, durant la dernière période, ce sont Sartre et Simone de Beauvoir qui bénéficient de la clause de préférence. Michel Contat, dans l'emploi du dévot, non seulement rend compte du moindre événement, mais démolit systématiquement tous les critiques qui osent s'en prendre au maître. Camus, lui, bénéficie, si l'on peut dire, d'un service minimum. La remarque vaut surtout pour ses essais que dédaignent les philosophes de la rédaction. En revanche, les journalistes de la rubrique politique se réfèrent fréquemment à sa déontologie de journaliste, à ses écrits civiques et à ses analyses du terrorisme.

Jeanyves GUÉRIN

Bibl. : Patrick Éveno, *Histoire du journal* Le Monde, *1944-2004*, Albin Michel,2004 • Laurent Greilsamer, *Hubert Beuve-Méry*, Fayard, 1990 • Jean-Noël Jeanneney et Jacques Julliard, Le Monde *de Beuve-Méry ou le métier d'Alceste*, Le Seuil, 1979 • Bertrand Poirot-Delpech, *Feuilletons 1972-1982*, Gallimard, 1982 • Jacques Thibau, Le Monde, *histoire d'un journal. Un journal dans l'histoire*, Jean-Claude Simoën, 1978

MONDOVI. – Le lieu qui a vu naître Camus se trouve à vingt-cinq kilomètres de Bône (aujourd'hui Annaba). À l'époque, Mondovi est un chef-lieu de l'Est algérien. La commune compte 1 490 habitants dont 812 Européens en 1923, contre 3 150 dont 1 300 Européens en 1905. Cette diminution de la population est due au phylloxéra qui a ravagé une grande partie des vignobles, source de la richesse de la commune. C'est là que, venant d'Alger via Bône, Lucien Camus s'installe avec sa famille. Il travaille comme ouvrier caviste dans une grosse exploitation vinicole appelée prosaïquement le Chapeau-de-Gendarme. Il y habite, écrit Olivier Todd, une maison basse au sol de terre battue, avec deux chambres et une cuisine adossées à la cave. En août 1914, la guerre appelle Lucien Camus en métropole. Il est alors décidé à quitter une région infestée de moustiques.

Lorsque Camus s'est tardivement rendu à Mondovi, sa maison natale n'existait plus. L'écriture du *Premier Homme* fut l'occasion de reconstituer un monde dont il n'avait aucun souvenir. Au premier chapitre du roman, il mentionne des maisons basses, des hangars, la mairie et un kiosque à musique. Il renomme alors la bourgade « Solférino ». Par la suite, il lui rend son vrai nom. Après sa mort, écrit encore Olivier Todd, « le conseil municipal débaptisa l'ancienne rue de la Pépinière pour en faire la rue Albert-Camus. En 1962, dans ce bourg devenu Drean, l'artère fut rebaptisée “Feddaoui-Messaoud, martyr combattant” ».

Augustin BARBARA

MORALE. – Avec les années, Camus s'est de plus en plus considéré comme un artiste (un écrivain) et de moins en moins comme un philosophe. En même temps cependant, les critiques n'ont cessé de souligner combien ses préoccupations faisaient de lui un moraliste. Son œuvre de fiction comme ses écrits journalistiques et ses essais en témoignent : il n'acceptait pas le vide moral de son époque et s'est efforcé d'apporter une réponse au nihilisme ambiant.

La morale est en principe la science du bien et du mal ; elle requiert une théorie de l'action qui fixe des devoirs à celui qui agit. Elle élabore à cette fin une théorie des valeurs qui précise leur hiérarchie et formule une doctrine qui impose un ensemble de normes et de règles de conduite. Le problème de la présence et de l'origine du mal – Camus le découvre essentiellement sous les différentes formes de violence qui sont faites à l'homme par la nature ou par les hommes eux-mêmes – est une constante de l'œuvre de l'écrivain qui n'a jamais oublié le « *Unde malum ?* » (« D'où vient le mal ? ») des *Confessions* de saint Augustin. Il l'a dit à plusieurs reprises, son problème essentiel est de savoir comment se conduire. La difficulté commence avec le fait que l'époque ne perçoit plus dans la morale une « science » du bien et du mal mais tout au plus un « savoir » dont le statut est douteux et qui fonctionne au mieux par approximation. Les philosophies de la mort de Dieu ont détruit le fondement divin de la morale et les succédanés de l'autorité divine n'ont pu le remplacer. Il existe donc des morales différentes dont les justifications varient avec les mouvements qui les formulent ; il existe aussi des pensées qui répandent le nihilisme : elles proclament que la différence entre le bien et le mal et les hiérarchies de valeurs sont arbitraires, qu'elles tiennent à la volonté subjective de celui qui les formule. Les personnages des œuvres de Camus qui appartiennent au temps de la révolte solitaire expriment des points de vue qui vont dans ce sens. Là où la politique et les idéologies ont remplacé la morale religieuse ou traditionnelle, la violence et le meurtre à grande échelle ont été justifiés au nom de la lutte des races ou de la réalisation de la société sans classes. En a résulté un vide moral que deux principes radicalisent et résument : « Tout est permis » et « La fin justifie les moyens. » Comment trouver des règles de conduite dans de telles conditions ?

La révolte solidaire. Le passage de la révolte solitaire à la révolte solidaire va de pair avec un approfondissement de la révolte : le révolté découvre que le mouvement qui l'anime, fait de refus et de consentement, ne va pas sans la création ou la découverte de valeurs, la dignité du révolté et de ses semblables, la solidarité, la liberté et la justice. Le révolté ne se rebelle pas que pour défendre ses intérêts propres ou par ressentiment : son mouvement même lui révèle qu'il partage quelque chose avec les autres hommes – ne serait-ce que la condition mortelle –, qu'il affirme la complicité et la communauté des hommes, qu'il entrevoit en somme quelque chose comme une nature humaine. Tout révolté, selon Camus, fait une expérience analogue qui tient à la fois à la structure même de la révolte – la concomitance du refus et du consentement – et à cette nature humaine dont la révolte permet de prendre conscience. Pas de révolte donc sans la création ou la découverte de valeurs. Certes, ce que le mouvement révèle demeure confus au départ et il faudra le travail de la réflexion pour que le révolté apprenne à mieux connaître ce qu'il n'a fait qu'entrevoir. Ce processus d'approfondissement n'échappe pas d'ailleurs à la possible perversion du mouvement : l'histoire de la révolte en témoigne. Camus ne cesse de souligner que le révolté doit alors faire appel à sa mémoire pour retrouver les intuitions et les découvertes des premiers temps de la révolte. Toutefois, même s'il leur reste fidèle, il fera l'expérience de la difficulté qu'il y a à respecter les valeurs qui lui ont été révélées. Ces valeurs peuvent entrer en conflit et donner lieu à des contradictions ou à des antinomies. C'est le cas par exemple de la liberté et de la justice. C'est le cas aussi de l'attitude à l'égard de la violence, la racine du mal : le révolté doit respecter la dignité en chacun, donc aussi la dignité des maîtres qui s'opposent à la libération des esclaves. Mais ce serait trahir la révolte que de maintenir le *statu quo*, qui s'accompagne d'ailleurs de violences : le révolté peut ainsi être amené à recourir à la violence et devenir un « meurtrier innocent » (*L'Homme révolté*), entrer dans ce que l'écrivain appelle la « culpabilité raisonnable ». Pour faire face à ces contradictions ou à ces antinomies, Camus a développé ce qu'il appelle la « philosophie des limites » : le révolté doit s'efforcer de trouver le juste équilibre, la mesure entre les termes de la contradiction ou de l'antinomie. Cet équilibre est constamment remis en question par les événements et doit donc être sans cesse réajusté. Il n'y a pas alors une hiérarchie statique des valeurs qui permette de résoudre les problèmes une fois pour toutes. Tout n'est pas permis pour autant et la fin ne justifie les moyens que si elle est justifiée par les moyens eux-mêmes.

Le métier. Camus n'a cessé de mettre l'accent sur le métier et ses exigences. Ses considérations sur la profession de journaliste, d'acteur et d'artiste (d'écrivain), les propos répétés de Rieux dans *La Peste* sur son métier en font foi. Ce que la révolte révèle à tous ceux, quelle que soit leur profession, qui se rebellent, reste général et a besoin d'être concrétisé, d'être adapté aux nécessités du quotidien. La déontologie professionnelle, par exemple les exigences du métier d'écrivain, précise le rapport de Camus à la politique comme la déontologie médicale précise le rapport de Rieux à l'épidémie. La déontologie professionnelle permet ainsi de mieux trouver sa place dans un univers qui est de plus en plus complexe.

Morale et politique. La méthode dont Camus se réclame « veut essayer de provoquer dans la vie politique de ce même pays une expérience très limitée qui consisterait, par une simple critique objective, à introduire le langage de la morale dans l'exercice de la politique » (*Actuelles*). La critique objective consiste à soumettre les discours et les pratiques politiques à une analyse serrée, qui montrerait par exemple leurs éventuelles contradictions. Le propos est clair. « Introduire le langage de la morale dans l'exercice de la politique » en revanche pose toute une série de problèmes. Il s'agit *d'abord*, dans la formulation de Camus, de deux domaines différents, étrangers l'un à l'autre et conflictuels. L'écrivain parle par exemple de la « Gorgone politique » dans un entretien publié dans *Les Nouvelles littéraires* du 10 mai 1951 et déclare : « Celui qui ne consent pas à la mort, ni même au déshonneur de l'adversaire, que va-t-il faire en politique ? » (« Sous le signe de la liberté »). Il ne voit dans la politique, comme Tarrou dans *La Peste*, que la politique réelle faite de *Realpolitik* et d'opposition entre l'ami et l'ennemi. Il n'a pas comme Hannah Arendt une conception de la politique véritable qui s'opposerait à sa perversion, la politique telle qu'elle est pratiquée le plus souvent. Cette politique véritable n'est pas étrangère à la morale ou du moins elle a ses propres règles. La conception camusienne de la politique implique *ensuite* que l'introduction du langage de la morale va troubler le jeu politique, ce qu'on appelle le « réalisme politique », et lui attirer le reproche d'être une « belle âme » qui déserte l'histoire et se réfugie dans l'univers des principes moraux. Une telle conclusion est trop rapide. Camus met simplement le doigt sur un conflit qui déchire les activités humaines : la finalité de la morale n'est pas celle de la politique et recourir à une conception idéalisée de celle-ci ne résout le problème que théoriquement.

Les limites de la morale. Réduire Camus au rôle de moraliste ne lui rendrait pas justice. Il n'a pas hésité à mettre l'accent sur les limites de la morale. Nous avons déjà souligné les contradictions et les antinomies qui la parcourent et rendent son exercice périlleux. Mais l'écrivain insiste encore sur deux dangers qui menacent le moraliste : le fait de sombrer dans le moralisme (*Actuelles*) et la tentation de porter des jugements péremptoires ou définitifs sur ses semblables. *La Chute* par exemple et « Réflexions sur la guillotine » évoquent ce problème du jugement.

Reste enfin que les *Carnets* soulignent à plusieurs reprises que la morale trouve sa limite irréductible dans l'amour. « Si j'avais à écrire ici un livre de morale, écrit Camus dans le Cahier I, il aurait cent pages et 99 seraient blanches. Sur la dernière, j'écrirais : "Je ne connais qu'un seul devoir et c'est celui d'aimer." »

Maurice WEYEMBERGH

Bibl. : Stephen Eric Bronner, *Camus, Portrait of a Moralist*, Minneapolis, University of Minnesota Press, 1999 • Pierre-Louis Rey, *Camus. Une morale de la beauté*, Sedes, 2000 • Agnès Spiquel et Alain Schaffner (dir.), *Camus, une morale en action*, Le Manuscrit, coll. « L'Esprit des lettres », 2006

MORT. – La lecture de ses premiers essais et de *Noces* en particulier montre que Camus a su très tôt qu'il devrait apprendre à vivre avec l'idée de la mort. Cette certitude a été renforcée chez lui par l'expérience de la maladie. Il affronte lucidement cette idée malgré la difficulté qu'elle présente, écrivant dans *Le Vent à Djémila* : « Ce qui m'étonne toujours, alors que nous sommes si prompts à raffiner sur d'autres sujets, c'est la pauvreté de nos idées sur la mort. » Il y voit la preuve que « tout ce qui est simple nous dépasse ». Loin de fuir cette vérité première selon laquelle, comme il l'écrira plus tard dans *L'Homme révolté*, « la peine de mort généralisée définit la condition des hommes », son œuvre nous plonge dans l'univers du condamné à mort, vu dans ses deux dimensions, métaphysique et sociale.

La tragédie que vit Caligula dans la pièce est celle de l'intelligence, c'est-à-dire de la lucidité. Celle-ci lui est venue lorsqu'il a touché le cadavre de celle qu'il aimait, et devant son confident il parle de cette découverte en ces termes : « C'est une vérité toute simple et toute claire, un peu bête, mais difficile à découvrir et lourde à porter. » Puis il énonce cette « vérité » qui a la simplicité d'une évidence et d'un verdict : « Les hommes meurent et ils ne sont pas heureux. » Camus écrivait déjà dans *L'Envers et l'Endroit* : « Le grand courage, c'est encore de tenir les yeux ouverts sur la lumière comme sur la mort. Au reste, comment dire le lien qui mène de cet amour dévorant de la vie à ce désespoir secret. » Mais l'empereur transforme ce désespoir en une folie meurtrière, ajoutant au scandale métaphysique que constitue la mort l'arbitraire du pouvoir absolu qui décide du destin des hommes. Nous restons dans le domaine métaphysique avec la mort de l'enfant dans *La Peste*. Alors que le père Paneloux demande à ses fidèles de « tout croire pour ne pas être réduit à tout nier », Rieux, qui exprime ici le point de vue de Camus, se révolte contre cette injustice absolue : « je refuserai jusqu'à la mort d'aimer cette création où des enfants sont torturés ».

La Loi qui régit l'univers du condamné à mort chez Camus n'est pas seulement métaphysique, elle relève par ailleurs d'un ordre social dont il va dénoncer l'injustice et l'arbitraire. Avec ceux de sa génération, tels André Malraux et Jean-Paul Sartre, Camus appartient à une Histoire violente : « À aucune époque, peut-être, écrit Rachel Bespaloff, l'idée de la mort n'a été liée de façon aussi exclusive à celle d'un paroxysme de cruauté arbitraire. » Le meurtre légal que constitue la peine de mort est aux yeux de Camus le symbole de cet arbitraire. Le récit familial issu de l'expérience paternelle montre, par sa récurrence tout au long de l'œuvre, à quel point l'horreur de l'exécution capitale était grande chez lui. La révolte peut s'exprimer par l'indignation mais elle est tout aussi efficace en montrant, comme dans *L'Étranger*, les aspects absurdes de la « mathématique de la mort ». Meursault, dans sa prison, décrit mentalement la guillotine, qu'il appelle « la machine », et il constate : « là encore, la mécanique écrasait tout : on était tué discrètement, avec un peu de honte et beaucoup de précision ». Camus conclura son plaidoyer pour l'abolition de la peine de mort, « Réflexions sur la guillotine », en 1957, par ces mots : « Ni dans le cœur des individus ni dans les mœurs des sociétés, il n'y aura de paix durable tant que la mort ne sera pas mise hors la loi. »

En philosophe mais surtout en moraliste, l'écrivain algérois examine dans son œuvre les différentes attitudes possibles face à la situation qui est faite à l'homme dans un univers régi par la mort. Il écrit dans ses *Carnets*, en août 1938 : « La seule liberté possible est une liberté à l'égard de la mort. » Les mois précédents, il a expérimenté cette problématique en rédigeant son premier roman, *La Mort heureuse*. Après avoir tué Zagreus, Mersault doit aller jusqu'au bout de sa démarche et affronter sans faiblesse la maladie et sa propre mort : « dans l'immobilité même de Zagreus en face de la mort, il retrouvait l'image secrète et dure de sa propre vie. La fièvre l'y aidait et avec elle cette certitude exaltante qu'il avait de maintenir sa conscience jusqu'au bout et de mourir les yeux ouverts ». Camus dépassera par la suite la tentation nietzschéenne de son personnage, qui veut construire sa liberté et son bonheur jusque dans la mort. En posant comme sujet de son essai, *Le Mythe de Sisyphe*, le rapport entre l'absurde et le suicide, il fait franchir à sa réflexion une étape décisive. On trouve dans l'essai cette distinction essentielle : « Le contraire du suicidé, précisément, c'est le condamné à mort. » Camus proclame alors son adhésion à la vie, dont le prix inestimable réside dans sa fragilité : « Par le seul jeu de ma conscience, je transforme en règle de vie ce qui était invitation à la mort – et je refuse le suicide. »

Le problème fondamental de la « liberté à l'égard de la mort » se pose également lorsque Camus passe de l'absurde à la révolte, de la question du suicide à celle du meurtre. On trouve dans les *Carnets*, en septembre 1949, cette phrase qui constitue un commentaire de sa pièce, *Les Justes* : « Pour finir, revaloriser le meurtre pour l'opposer à la destruction anonyme et froide, et abstraite. » Alors que « l'absurde suppose l'absence de choix », Camus exalte celui qu'accomplit Kaliayev dans la pièce. Il fait dire à Dora à la fin : « Quelque chose s'élève à cette heure qui est notre témoignage à nous autres révoltés : Yanek n'est plus un meurtrier. » Un dépassement de l'absurde est intervenu au terme duquel l'individu reconnaît en l'autre sa condition mortelle. De cette reconnaissance, Camus tire une morale de la solidarité, qu'il exprime par l'intermédiaire de Tarrou dans *La Peste* : « c'est pourquoi j'ai décidé de refuser tout ce qui, de près ou de loin, pour de bonnes ou de mauvaises raisons, fait mourir ou justifie qu'on fasse mourir ».

Jacques Le Marinel

MORT DE CAMUS. – Camus, qui n'aimait guère l'automobile et encore moins la vitesse, mourut dans un accident de voiture le 4 janvier 1960. Après avoir passé les vacances de Noël dans sa maison de Lourmarin, il avait décidé de rentrer à Paris en compagnie de son ami Michel Gallimard, alors qu'il avait un billet de train. L'accident fatal eut lieu dans l'Yonne, entre Sens et Fontainebleau. La route était alors humide mais dégagée. Le conducteur roulait à très vive allure. Sa puissante Facel Vega fit une embardée et s'écrasa contre un platane. L'écrivain fut tué sur le coup. Le médecin diagnostiqua une fracture du crâne et un écrasement du thorax. Son corps fut transporté à la mairie de Villeblevin.

Les obsèques de Camus eurent lieu à Lourmarin, le 6 janvier. Elles furent civiles et sans protocole, conformément à ses volontés. Le cercueil déposé dans la maison de l'écrivain y avait été veillé par Francine et Lucien Camus et par ses plus proches amis, René Char, Louis Guilloux, Jean Grenier, Jules Roy et Robert Jaussaud. L'écrivain repose dans la section catholique du cimetière de son village. La tombe est dépouillée. La dalle porte seulement son prénom, son nom et ses dates.

La mort de Camus souleva une vive émotion et fit les gros titres de la presse française et internationale. Plus d'un commentateur jugea l'événement « absurde ». Francine Camus reçut des lettres de Jean Cassou, de Mouloud Feraoun, de Francis Ponge, de Roger Quilliot, de Germaine Tillion et de Michel Hodent qu'en 1939 le rédacteur d'*Alger républicain* avait fait acquitter. André Malraux publia une déclaration. Parmi les nombreuses nécrologies rédigées par des écrivains, amis ou non, l'on citera celles de Maurice Clavel et Pascal Pia à *Combat*, de Jules Roy au *Monde*, de Jean-Paul Sartre, Claude Bourdet et Claude Roy à *France-Observateur*, de François Mauriac au *Figaro littéraire*, de Morvan Lebesque à *Carrefour*, de Roger Nimier dans *Arts*. Puis vinrent des numéros spéciaux de *La Table ronde*, du *Monde libertaire*, de la *Nouvelle Revue française*, de *Témoins*. Les controverses étaient provisoirement oubliées. Les rares dissonances vinrent de l'extrême droite.

Jeanyves Guérin

***MORT DANS L'ÂME* (La)**. – Troisième des cinq essais de *L'Envers et l'Endroit*, *La Mort dans l'âme* en est le plus long. Directement inspiré par le voyage que Camus a effectué durant l'été 1936 avec son épouse, Simone Hié, et qui s'est soldé par leur séparation définitive, le texte est rédigé dès l'automne. D'abord conçu comme un « fragment » – c'est le sous-titre qu'il porte dans la première édition –, il vient occuper la place centrale du recueil d'essais, non pour des raisons chronologiques (*Amour de vivre*, qui le suit immédiatement, est tiré du voyage aux Baléares de l'été 1935) mais parce qu'il joue un rôle pivot dans l'itinéraire spirituel que trace l'ensemble. Loin d'être une reconstitution autobiographique, *La Mort dans l'âme* est une méditation sur l'aventure intérieure d'un « je », à la fois sujet et objet du récit. La structuration en deux parties antithétiques – déréliction à Prague, extase à Vicence – ne vise pas tant à suivre l'ordre du voyage (Camus, de fait, est passé de la Tchécoslovaquie à l'Italie) qu'à explorer la double expérience de « l'envers » et de « l'endroit », vécue par un même sujet, qui y éprouve son unité profonde : c'est bien le même homme qui est face au monde et à la mort, sur deux versants différents. À la fin de l'essai, le « je » revenu au présent accueille cette double expérience comme fondatrice de son être, et revendique la lucidité, au rebours des idéalismes mensongers.

Moins tributaire des écrits antérieurs que les autres essais du recueil, *La Mort dans l'âme* va en revanche « migrer » plus qu'eux dans les œuvres de la fin des années 1930, *La Mort heureuse*, *Noces* et *L'Étranger*, tant ce texte touche à des points cruciaux de la pensée du jeune Camus. En premier lieu, il explore le sentiment d'étrangeté : être étranger dans une ville dont on ne connaît ni la langue ni les mœurs ou bien être étranger aux autres et au monde relève d'une même expérience, dans laquelle l'être éprouve jusqu'au désespoir sa solitude et sa vulnérabilité. Dans *Le Temps du mépris*, Kassner fait une expérience analogue à Prague ; or Camus a adapté le roman d'André Malraux pour le Théâtre du Travail en janvier 1936. Mersault et Meursault vivront aussi cette « étrangèreté », le premier sur un mode lyrique et pathétique, le second sous le sceau d'un silence pudique. Sur le versant opposé, *La Mort dans l'âme* chante l'union de l'être avec le monde, que *Noces* orchestrera peu après, tandis que la célébration de l'Italie résonnera dans de nombreux textes ultérieurs. Moraliste et philosophe, le narrateur-essayiste analyse au plus fin cette union, permise par une porosité réciproque de l'être et du monde, qui n'est pas fusion mais interpénétration ; loin de s'y perdre, le « je » y atteint une plénitude qui fait naître le chant lyrique.

La coprésence de ces deux expériences fondamentales est revendiquée par le sujet, qui y voit une ascèse essentielle pour sa propre construction et pour l'accès à ce point extrême de la lucidité qui, seul, permet de regarder la mort en face et de l'accepter. L'essai entérine définitivement l'absence de toute promesse d'immortalité ; si son titre désigne, bien sûr, la déréliction à Prague, on ne comprend qu'il soit donné à l'ensemble de l'essai que si on le prend au sens propre : l'être s'accepte, jusqu'en son âme, habité par la mort.

Très maîtrisé dans sa construction et dans son écriture, cet essai marque une étape décisive dans l'acquisition par le jeune Camus de son métier d'écrivain : le « je », d'ailleurs, s'y pose comme analysant par écrit son expérience. Souple et précise, la narration suggère bien les faits et les lieux, et sait déployer les différentes modalités du temps. Camus est prêt, désormais, pour réinvestir sa méditation personnelle dans une écriture de fiction, parallèlement à l'écriture des essais plus lyriques de *Noces* : il fait faire à Patrice Mersault un trajet analogue à celui du narrateur de *La Mort dans l'âme* ; Meursault, lui, aura une trajectoire différente, mais le « je » de *La Mort dans l'âme* est le tremplin à partir duquel va se déployer le « je » souverain de *L'Étranger*. Agnès SPIQUEL

Bibl. : Geneviève Henrot, « Bouillonnements et tourbillons : configurations thématiques dans *La Mort dans l'âme* d'Albert Camus », *Studi francesi*, n °112, 1994, p. 45-60 • Jacqueline Lévi-Valensi, *Albert Camus ou la naissance d'un romancier*, Gallimard, 2006, p. 321-340

***MORT HEUREUSE* (La).** – Ayant essuyé les critiques de ses relecteurs, Camus abandonna le manuscrit de ce premier roman au profit de *L'Étranger*.

La Mort heureuse fut publiée de manière posthume, chez Gallimard, en 1971, avec l'accord des héritiers. Sa publication inaugura la série des *Cahiers Albert Camus*. Jean Sarocchi, dans sa préface, tente de reconstituer la genèse du roman. Selon les *Carnets*, la deuxième partie aurait été esquissée au retour du voyage de Camus en Europe centrale, l'ensemble de la rédaction s'étendant ensuite sur une période de deux ans, de 1936 à 1938. Cette rédaction est donc contemporaine de l'élaboration de *L'Envers et l'Endroit* et des essais de *Noces*. La critique a coutume de considérer ce premier roman à la fois comme un roman raté et comme une sorte de matrice de *L'Étranger*. Un rapide examen de la structure de l'œuvre permet de rendre justice à cette réputation d'échec, avant de s'intéresser aux parallèles possibles avec le reste de l'œuvre.

Dans sa version finale, *La Mort heureuse* est articulée en deux parties intitulées « Mort naturelle » et « La Mort consciente ». Chaque partie se compose de cinq chapitres, mais l'impression d'équilibre est fausse puisque la première partie représente à peine plus d'un tiers de l'œuvre, au demeurant brève (une centaine de pages dans l'édition Gallimard). « Mort naturelle » s'ouvre sur le meurtre avec préméditation de Roland Zagreus – amputé des deux jambes – par le héros, Patrice Mersault. Sans qu'un mot ne soit échangé entre les deux personnages, Mersault tire une balle dans la tête de l'infirme, puis maquille la scène en suicide, et s'éclipse. Zagreus n'a opposé aucune résistance à son agresseur, ce qui peut laisser penser qu'il a commandité son propre meurtre. Mersault ne manifeste aucune émotion pendant la scène du meurtre, mais une fois sorti de chez Zagreus, il ressent un frisson annonciateur d'une fièvre qui finira par le tuer.

À la brutalité saisissante du premier chapitre succèdent quatre chapitres rétrospectifs qui retracent la vie de Mersault avant le meurtre (chapitre II) et sa relation amoureuse avec une jeune femme nommée Marthe (chapitre III). À la faveur d'un jeu amoureux, Marthe mentionne Zagreus, son premier amant. Elle présente les deux hommes qui deviennent amis. Au chapitre IV, à l'occasion d'une conversation où chacun expose sa conception du bonheur, Mersault se plaint : il veut atteindre une forme d'indifférence bienheureuse, mais l'obligation de travailler pour pourvoir à ses besoins l'empêche d'être heureux ; il est forcé de vivre en état de révolte. Zagreus quant à lui considère que le bonheur est d'abord affaire d'argent : pour être heureux, il faut du temps, et pour avoir du temps, il faut de l'argent. Ce raisonnement l'a conduit à devenir un escroc, ce qui lui a permis d'amasser la somme de deux millions. Malheureusement, un accident de voiture l'a privé de ses deux jambes. Il n'a pas dépensé sa fortune, se trouvant désormais indigne du bonheur, mais ne parvient pas à renoncer tout à fait à la vie. Il montre à Mersault un revolver et une lettre d'adieu non datée, mais recule devant le geste décisif. Zagreus enjoint alors à Mersault d'être heureux. Au chapitre V, ce dernier est confronté à la détresse sordide de son locataire et voisin, le tonnelier Cardona. Le lendemain, Mersault tue Zagreus. Le récit ne propose ni explication ni introspection, juste une succession chronologique qui vient boucler l'analepse. Après le meurtre, Mersault donne son congé à son employeur, rompt avec Marthe et s'embarque pour l'Europe.

C'est alors que commence la seconde partie du roman. Au chapitre I est évoqué un pénible et curieux séjour à Prague. Toujours fiévreux, Mersault, qui a oublié son peigne, ne sait que faire de son temps, il redoute l'odeur des cornichons au vinaigre, fuit un accordéoniste aveugle, butte contre la dépouille d'un mort qui rappelle étrangement le cadavre de Zagreus. Au chapitre II, il décide de reprendre le train, mais plutôt que de retourner vers le sud il s'enfonce plus au nord, dans une course sans but. Le voyage en train devient l'occasion d'un voyage intérieur : « Ce wagon [...] le tirait hors d'une vie dont il voulait effacer jusqu'au souvenir pour le mener au seuil d'un monde nouveau où le désir serait roi. » Il faut au héros deux jours et deux nuits d'errance pour parvenir à formuler un projet de vie heureuse et pour prendre conscience d'une forme de solidarité avec le monde. Mersault achète alors un peigne et se décide à redescendre vers le sud. À Vienne, sa fièvre le quitte enfin. À Gênes, il redécouvre l'avidité des sens. Et peu à peu, il s'installe dans une volonté consciente et délibérée de bonheur. Le leitmotiv de cette seconde partie est un désir de revenir à soi-même.

De retour à Alger, au chapitre III, Mersault s'installe avec trois jeunes femmes qu'il appelle ses « filles » dans la « Maison devant le Monde ». Perchée en haut d'une côte escarpée, cette maison, havre de paix, domine la mer. Mersault y savoure des joies simples, tout en organisant une façade à son aisance pécuniaire. Il achète ensuite, au chapitre IV, une maison dans le Chenoua – montagne située au nord de l'Algérie dans la région de Tipasa –, et choisit de s'y installer seul. Il fait alors l'expérience d'une solitude entrecoupée de visites. Il s'intègre peu à peu à la vie du pays, et devient ami avec Bernard, le médecin qui le soigne et suit la progression de sa maladie. Mersault a un instant la tentation de confier à Bernard son crime, mais celui-ci ayant affirmé qu'il mépriserait un crime commis pour de l'argent, il se tait. Il emportera son secret dans la tombe, non sans avoir auparavant trouvé sa place dans le monde, au cours d'une fabuleuse baignade nocturne. Grâce à des drogues fournies par Bernard, Mersault parvient à rester conscient jusqu'à la fin de son agonie. À une existence malheureuse succède donc dans le roman la lente et difficile conquête d'un bonheur intime et solitaire qui mène paradoxalement non pas à une vie, mais à une mort heureuse.

Les brouillons témoignent que le roman devait compter à l'origine trois parties et présenter une alternance rigoureuse entre éléments positifs et éléments négatifs, entre récit au passé et récit au présent. Cette structure rigide, artificielle, s'est effacée au profit de l'état final décrit plus haut. Seule subsistance de cette tentation, le chapitre III de la seconde partie est au présent. Remarquablement écrit pour un premier roman, *La Mort heureuse* n'a pas été publié du vivant de l'auteur, et d'une manière générale n'a pas trouvé grâce aux yeux des critiques. Le résumé proposé ici montre assez comment, dans la seconde partie, l'enchaînement des épisodes semble artificiel et contraint. Jean Sarocchi et Roger Quilliot s'entendent sur ce qui leur paraît résumer le défaut essentiel de ce premier roman : à des passages purement imaginaires, qui relèvent manifestement du registre romanesque, succèdent des passages tirés de l'expérience personnelle où la notation de type journal intime le dispute à l'anecdote autobiographique à peine transposée. Les critiques soulignent en conséquence la disparité des tons, l'absence de structure d'ensemble cohérente, la pauvreté et le manque de crédibilité du personnel romanesque. De fait, les procédés qui tendent à structurer l'œuvre ont un côté artificiel difficile à ignorer : chiasmes et oxymores pullulent ; il n'est que de souligner l'oxymore du titre, « La Mort heureuse », ou encore l'opposition entre les titres de parties, « Mort naturelle » contre « La Mort consciente », opposition maladroitement renforcée par l'adjonction de l'article défini.

De nombreux éléments relèvent par ailleurs du registre autobiographique. Certains passages sont directement repris à des essais très personnels où l'auteur s'exprime en son nom propre. En particulier, l'installation au Chenoua rappelle parfois mot pour mot *Noces à Tipasa* (dans *Noces*). Le voyage à Prague a réellement eu lieu, il a été consigné dans l'essai *La Mort dans l'âme* (*L'Envers et l'Endroit*). La « Maison devant le Monde » évoque une demeure que Camus a effectivement occupée, la maison Fichu, sur les hauteurs d'Alger, et Olivier Todd identifie sans grand mal les amies à peine voilées sous les noms de Rose, Claire et Catherine, à savoir Marguerite (un nom de fleur...) Dobrenn, Jeanne-Paule Sicard et Christiane Galindo. Certes, les transpositions et décalages interdisent une lecture proprement autobiographique : aucune mention de la rupture avec la première épouse, Simone Hié, à Prague, mention incomplète et biaisée de la relation amoureuse entre Camus et Christiane Galindo, etc. Il reste que, dans une lettre adressée entre février et juillet 1938 à Francine Faure – qui allait devenir sa seconde épouse –, Camus lui-même reconnaît l'échec de son roman.

Il est alors tentant de ne voir dans *La Mort heureuse* qu'un roman préparatoire à la première grande réussite de Camus, *L'Étranger*. Roger Quilliot s'y refuse, mais ne manque pas de souligner les nombreuses parentés entre les deux romans. Dans *L'Étranger*, la structure originellement ternaire s'est elle aussi réduite à une structure en deux parties. Une scène de meurtre occupe le devant de la scène, et on peut souligner que le meurtre de Zagreus n'est venu que très tardivement occuper la place du premier chapitre : initialement, le meurtre devait clore la première partie, comme dans *L'Étranger*. Le nom des héros est proche : « Mersault » et « Meursault ». D'autres personnages ou noms sont repris, Emmanuel, Céleste, Cardona, Pérez, ou bien des couples de personnages : le tonnelier et son chien crasseux préfigurent sans doute Salamano et son chien galeux. On retrouve dans *L'Étranger* la course avec le camion, l'activité professionnelle du héros, la grande scène des dimanches ou encore l'enterrement de la mère. Le thème de la mort heureuse hante la fin de *L'Étranger*. Mais on trouve rapidement les limites de ces rapprochements. Si Mersault apparaît comme un criminel qui se veut innocent, Meursault en revanche semble être présenté comme un innocent qui fait contre son gré l'expérience de sa culpabilité : il se découvre criminel dans le regard des autres. À la rencontre des deux personnages se trouve peut-être déjà en gestation l'étrange juge-pénitent héros de *La Chute*.

La Mort heureuse préfigure en quelque sorte toutes les œuvres à venir. Derrière Mersault se devinent les visages de Caligula et de Martha, les déboires des « Justes », et la question mille fois reformulée de l'innocence et de la culpabilité. Mais on pourrait aller plus loin encore : *La Mort heureuse* peut se lire comme une sorte de laboratoire où un jeune homme épris de littérature fait à son tour l'apprentissage du métier de romancier. *La Peste*, réécrivant la scène de baignade de *La Mort heureuse*, montre comment l'auteur va désormais écrire contre ce premier roman : symbole d'amitié entre Tarrou et Rieux, et non plus baignade solitaire, la scène gagne en élégance, en cohérence, et l'inversion systématique de certains groupes de mots témoigne du désir qu'avait Camus d'invalider le premier texte, d'y gommer l'expérience personnelle au profit d'une élaboration imaginaire et symbolique.

La Mort heureuse prouve malgré tout que les principes de transposition et d'amalgame propres à l'écriture romanesque sont déjà en place : les personnages de femmes s'ouvrent à une dimension mythique qui dépasse largement l'anecdote personnelle ; le peigne devient le symbole – maladroit peut-être – d'un ordre à trouver, d'une raie à tirer entre deux versions d'un même homme. L'auteur sent déjà que les motifs récurrents permettent d'ancrer la cohérence romanesque. Plus subtil, un autre motif brouille efficacement les frontières entre l'expérience personnelle et le monde fascinant du mythe : une fois le meurtre commis, Mersault entend s'arrêter, klaxonner, puis repartir le camion du boucher, il vit d'ailleurs au-dessus d'une boucherie, et ce motif revient à plusieurs reprises dans le texte. Comment ne pas y lire un clin d'œil au meurtre qu'il commet et dont jamais il ne se repent ? Mais dans la vie de Camus aussi l'aisance matérielle est liée d'une manière tout à fait particulière au monde des bouchers : c'est chez son oncle Acault que Camus convalescent découvre l'aisance, une forme de luxe, et une profusion de livres… L'expérience réelle a fourni à l'imaginaire un motif qui, dépouillé de sa valeur autobiographique, renforce la structure romanesque, tout en laissant planer cette sorte de mystère qui fait à la fois la profondeur et l'originalité d'une plume. Séverine GASPARI

• *Voir aussi :* Mersault ; Zagreus

Éd. : *Cahiers Albert Camus*, n° 1, Gallimard, 1971, éd. par Jean Sarocchi • *Œuvres complètes*, t. I, Gallimard, coll. « Bibl. de la Pléiade », 2006, éd. par André Abbou

Trad. : en allemand, anglais, arménien, bulgare, coréen, croate, danois, espagnol, estonien, finnois, grec, hébreu, hindi, hongrois, italien, japonais, lituanien, néerlandais, polonais, portugais, russe, suédois, thaï, tchèque, turc et ukrainien

Crit. : Jacqueline Lévi-Valensi, *Albert Camus ou la naissance d'un écrivain*, Gallimard, 2006, p. 454-494

MOUNIER, Emmanuel (1905-1950). – Agrégé de philosophie, catholique convaincu et homme de dialogue, Emmanuel Mounier fonde la revue *Esprit* en 1932 et en reste le directeur jusqu'à sa mort. Camus et Mounier, l'Algérois et le Grenoblois, le licencié et l'agrégé de philosophie, celui qui ne croit pas au Ciel et celui qui y croit s'estiment sans jamais avoir été intimes. Il arrive que le second écrive dans *Combat*. Il y publie notamment un long reportage sur l'Afrique noire française. Les deux hommes se sont rencontrés lors d'un débat à la Mutualité en mars 1945 et ont noué une correspondance qui durera jusqu'en 1949 (huit lettres de Camus et onze de Mounier sont conservées à la bibliothèque d'Aix-en-Provence). Quels qu'aient pu être leurs désaccords, ils n'ont pas été en situation de polémiquer. « Sans que vous le sachiez, écrit Camus à Mounier, j'ai fait beaucoup de chemin au-devant de vous. C'est ce que je résumerai en disant que de toutes les positions qu'on peut inspecter, c'est de la vôtre que je me sens aujourd'hui le plus près. » On trouve la signature des deux auteurs au bas des mêmes textes, ainsi du manifeste pour la paix et une Europe socialiste que publie *Esprit* en novembre 1947. Ils se rencontrent à plusieurs reprises dans la proximité du Rassemblement démocratique révolutionnaire. Tous deux enfin ont sympathisé avec l'entreprise mondialiste de Garry Davis.

Entre les deux auteurs, l'échange est inégal. Camus, dans une des lettres qu'il lui adresse, se dit « lecteur fidèle et amical » de Mounier, mais son œuvre écrite n'en porte pas la trace. Alors qu'il possède la plupart de ses livres, il ne les cite jamais (mais, de même, ni Sartre ni Merleau-Ponty), même dans *L'Homme révolté* où il lui était possible de le faire, et, quoi qu'il lui dise, il ne semble pas bien les connaître, ayant peu lu d'essais contemporains après la fin de ses études. Sans doute ne le tient-il pas pour un écrivain philosophe : affaire de style. Coupé définitivement de l'institution universitaire, il ne saurait s'intéresser au personnalisme, une philosophie de professeurs. Mounier, en revanche, se montre attentif aux écrits de son cadet. C'est lui-même qui rend compte de *Ni victimes ni bourreaux* dans *Esprit*. Il sait gré à l'essayiste de poser de bonnes questions (« Camus parle »). Mais, ajoute-t-il, « est-ce là ce qui peut définir un salut public quand une société s'effondre ? [...] Peut-on passer d'une affirmation morale à une conduite politique ? » C'est dénier, courtoisement, tout sens politique à Camus.

Un des derniers textes de Mounier, publié en janvier 1950, « Albert Camus ou l'appel des humiliés », se présente comme une étude fouillée et synthétique de l'œuvre de ce dernier prise dans sa totalité. Camus, pour lui, est moins un « écrivain d'idées » qu'un artiste et un moraliste inscrit dans une tradition classique. Il lui reconnaît un « esprit de mesure et de rigueur » et commence par confronter l'idée pseudo-nihiliste d'absurde aux conceptions de Kafka et de Malraux. L'homme absurde est cerné, non pas libéré. La culpabilité l'obsède. « La mort de Dieu n'ouvre pas le printemps de l'humanité, mais un morne tragique cellulaire. » Camus préfère le bonheur à l'héroïsme ou à la sainteté et refuse aussi bien les absolus que les abstractions. Il a le choix de devenir « Duhamel ou Bernanos ». La guerre lui a révélé la place de la violence et de la ruse. Dès lors, la question du crime, et particulièrement du crime légal, est cardinale. « C'est au nom du bonheur qu'il prend le parti des victimes » – Tolstoï n'est pas loin. La « vieille sensibilité anarchiste » fait retour chez lui. Mounier, lui prêtant l'« aveuglement obstiné » de Tarrou, conclut à un « essoufflement de l'œuvre ». Alors qu'il vient d'écrire une *Introduction aux existentialismes*, il se garde de ranger Camus dans cette école, comme le font alors la plupart des critiques. Cet article qui fit date est repris dans *L'Espoir des désespérés* (Le Seuil, 1953). Jeanyves GUÉRIN

• *Voir aussi :* Réception chrétienne

Bibl. : Étienne Borne, *Mounier*, Seghers, coll. « Philosophes de tous les temps », 1972 • Jean-Marie Domenach, *Emmanuel Mounier*, Le Seuil, coll. « Écrivains de toujours », 1972 • Emmanuel Mounier, *Œuvres*, Le Seuil, 4 vol., 1961-1963

MOZART, Wolfgang Amadeus (1756-1791). – Camus n'a cessé d'être fasciné par le « génie » de Mozart. À dix-neuf ans, il écrivait un essai enthousiaste, publié en 1932 dans la revue *Sud*, sur la musique considérée comme le plus parfait de tous les arts. Vingt-sept ans plus tard, il avoue qu'après s'être « saoulé » de musique dans sa jeunesse, peu de musiciens le touchent désormais, à l'exception de Mozart (« Réponses à Jean-Claude Brisville », 1959). En effet, s'il ne fut pas lui-même musicien, il appréciait tout particulièrement le *Quintette en sol mineur*, le *Requiem*, qu'il souhaitait entendre à sa mort, et le *Don Juan*, qu'il plaçait « au sommet de tous les arts » : « quand on a fini de l'entendre, écrit-il dans les *Carnets* en 1951, on a fait le tour du monde et des êtres ». Jean Grenier témoigne de l'admiration de Camus pour cet opéra dont il se plaisait à écouter l'enregistrement et qu'il offrira à René Char : « je crois, écrit-il dans ses *Souvenirs*, qu'il se reconnaissait en ce don Juan qu'il aurait voulu monter encore une fois au théâtre » et dont Mozart avait su rendre à la fois l'« orgueil » et la « volupté ». Il avait été notamment marqué par la fin du *Don Giovanni* avec ses « voix de la damnation, silencieuses jusque là » et qui « remplissent tout d'un coup la scène de l'univers » telle une « foule secrète » (*Carnets*, 1948).

C'est du reste à Mozart que Camus consacre son ultime éditorial publié dans *L'Express* le 2 février 1956 à l'occasion du deux centième anniversaire de sa naissance. Il fait du musicien le paradigme même du génie, un génie qui « règne sans effort » et ne réclame que la liberté, qui « ne se sépare de rien » et rejoint l'histoire en embrassant « tout le registre humain, de la jouissance à l'effusion ». Mozart est donc sous sa plume le symbole de l'« indépendance irréductible » de l'artiste face aux « tyrannies contemporaines » qui le haïssent « même lorsqu'elles font mine de l'honorer ». Sa mort solitaire s'inscrit dans la continuité d'une œuvre qui tire sa vérité de la « condition de tous » : s'il ne reste rien de l'homme, son œuvre inspire toujours « en même temps notre résistance et notre espoir ». Dans l'introduction à son deuxième *Discours de Suède* en 1957 (conférence du 14 décembre), Camus citera encore l'œuvre de Mozart comme exemple de l'« aisance » et de la « divine liberté » qui caractérisait un art qui n'était pas encore soumis à la douloureuse obligation, propre à l'auteur moderne, de se placer au cœur même de l'arène.

Emmanuelle TABET

***MUETS* (*Les*)**. – La diversité des nouvelles regroupées dans *L'Exil et le Royaume* a longtemps déconcerté la critique. Celles-ci sont tantôt appréhendées sur des critères formels – monologue intérieur pour *Le Renégat ou un esprit confus*, récit pour les autres textes – tantôt esthétiques – on oppose alors les récits symboliques aux récits réalistes. Lorsqu'il est question des *Muets*, c'est essentiellement l'aspect réaliste de la nouvelle qui fait l'objet des commentaires. Pour la première fois dans l'œuvre de Camus, il est question du milieu ouvrier, plus précisément de la tonnellerie, univers qu'il avait lui-même côtoyé dans son enfance lorsqu'il rendait visite à son oncle, dans son atelier à Belcourt. Des propos de l'écrivain algérois, recueillis dans les *Carnets* de Jean Grenier, soulignent, non sans ironie, la nouveauté du projet : « J'ai voulu montrer que l'on pouvait faire du “réalisme socialiste” aux gens d'en face, tout en n'y croyant pas. » De fait, la nouvelle s'organise autour du rapport de force qui oppose le patron d'un petit atelier à Alger, M. Lassalle, à ses ouvriers, au lendemain d'une grève de vingt jours qui s'est soldée par un échec. Elle est exposée de manière analeptique, à travers les réflexions d'Yvars, personnage sur lequel s'ouvre et se ferme la nouvelle et dont on suit le cheminement intérieur tout au long de celle-ci. Trois confrontations successives entre Lassalle et les ouvriers dramatisent la progression du récit, resserré en une journée, et exacerbent le conflit entre les protagonistes. La tension s'inscrit dans le mutisme prolongé des ouvriers. Le conflit demeure finalement irrésolu malgré une péripétie – l'attaque subite de la fille du patron – qui ne provoque pas le renversement attendu.

Si cette nouvelle écrite en 1952 est la plus réaliste de toutes celles du recueil, par le sujet choisi, l'emploi de termes techniques, la description précise du travail des tonneliers, elle n'en revêt pas moins une dimension symbolique par les résonances qu'elle laisse entendre avec le titre de l'œuvre, qui donne en amont une unité thématique au recueil, mais aussi avec l'œuvre de l'écrivain, et plus précisément avec *L'Homme révolté* dont la parution précède de peu la rédaction de la nouvelle. Camus proposerait ici une mise en acte de « cette sorte de solidarité qui naît dans les chaînes » dont il est question dans l'essai philosophique. La condition de l'ouvrier est ici la clef d'une solidarité politique, restreinte et relative, qui empêche une réelle fraternité entre les hommes. Les seuls mouvements de fraternité spontanés demeurent en effet circonscrits au milieu ouvrier lors de la reprise du travail dans l'atelier ou du repas partagé entre les ouvriers – Peter Cryle y voit à juste titre une scène de « communion laïque » –, ou encore lorsque Yvars quitte l'atelier à la fin de la journée. Ces trois moments sont tous enveloppés de la même « chaleur » fraternelle qui unit les ouvriers entre eux. Une lecture idéologique de la nouvelle semble a priori justifiée : le rapport de force illustrerait la lutte des classes, et le silence des ouvriers face au patron la digne révolte de l'ouvrier contre sa condition. Mais cette lecture est déjouée du fait qu'il n'y a pas de valorisation nette d'un groupe social au détriment d'un autre. Camus évite ainsi une représentation manichéenne qui tendrait à réduire les hommes aux groupes sociaux auxquels ils appartiennent. Par ailleurs, c'est l'attitude même des ouvriers qui semble faire l'objet d'un examen critique dans la nouvelle. Ce n'est pas le silence, valeur par ailleurs défendue par Camus, qui caractérise leur attitude, mais son pendant négatif, le mutisme.

Cette distinction entre silence et mutisme est fondamentale dans la mesure où elle illustre en creux un autre renversement entre révolte et ressentiment. La révolte proprement dite de l'ouvrier contre sa condition est en effet reléguée à l'arrière-plan de la nouvelle, dans un passé récent qui ne revient que de manière lacunaire. Au lendemain de la grève, la révolte s'est muée en résignation et le sentiment dominant est celui du ressentiment, versant négatif de la révolte pure, décrit lui aussi dans *L'Homme révolté*. La colère ne se tourne plus contre le patron – l'autre – mais contre soi. Le mutisme devient ainsi l'expression de l'humiliation des ouvriers. C'est en ces termes qu'est décrite leur entrée silencieuse dans l'atelier : « Eux se taisaient, humiliés de cette entrée de vaincus, furieux de leur propre silence, mais de moins en moins capables de le rompre à mesure qu'il se prolongeait. » L'image très concrète de la « bouche fermée » apparaît à deux reprises pour signifier l'impuissance des vaincus, notamment dans l'atelier alors que le contremaître tente d'apaiser les artisans : « Yvars savait ce qu'[Esposito] allait dire, […] qu'on leur avait fermé la bouche, c'était à prendre ou à laisser, et que la colère et l'impuissance font parfois si mal qu'on ne peut même pas crier. » Camus donne ici une représentation très concrète du ressentiment, qui se lit tout entier dans la crispation du corps et des muscles. Sur le chemin qui le mène à l'atelier, Yvars « roulait, les dents toujours serrées, avec une colère triste et sèche qui assombrissait jusqu'au ciel lui-même ». Cette même tension est perceptible lors de l'entretien avec le patron où Marcou et Yvars restent « les dents serrées ». Aussi le mutisme est-il l'expression d'un cri contenu et inaudible.

Aux antipodes d'un récit à thèse, c'est ici la relativité d'une solidarité restreinte à un groupe politique qui s'inscrit en filigrane. Morvan Lebesque a raison de souligner, contre la *doxa*, la cruauté du mutisme des ouvriers face au patron lorsqu'il rentre bouleversé dans l'atelier après l'attaque de sa fille. Le mutisme obstiné réfrène tout mouvement spontané d'empathie. Dans une version antérieure, c'est le patron qui devait être la victime de l'attaque. En modifiant son projet initial, Camus atténue la dimension politique de la scène – l'enfant étant étrangère au conflit qui oppose les protagonistes – pour en exacerber le pathétique. Il montre ainsi qu'une autre forme de solidarité est exclue entre le patron et les ouvriers, celle, universelle, qui unit les hommes face à la mort. Les hommes restent prisonniers des clivages sociaux et politiques qui les divisent et les renvoient à leur propre solitude. Aussi le malaise perceptible tout au long de la nouvelle renvoie-t-il à la fois au désir de fraternité et à son impossible réalisation.

Alexandra VASIC

Bibl. : Maria Rosa Baldi, « Une nouvelle lecture des *Muets* », *Francofonia*, printemps 1993, p. 91-107 • Peter Cryle, *Bilan critique* L'Exil et le Royaume *d'Albert Camus*, Minard, 1973 • Hiroshi Mino, *Le Silence dans l'œuvre d'Albert Camus*, José Corti, 1987 •Horst Wernicke, « Albert Camus' Novelle *Die Stummen*. Camus' politische Position in der fünfziger Jahren », dans *Der Camus der fünfziger Jahre*, Akademie der Diözese Rotenburg-Stuttgart, 1997, p. 39-52

MUSIQUE. – Camus ne portait pas à la musique un intérêt particulier. Elle est le parent pauvre des arts créatifs camusiens. Il n'y a pas de musicien dans le personnel de ses fictions. « Jamais la musique ne nourrira sa réflexion sur la création artistique », écrit de Camus Pierre-Louis Rey. À l'exception d'un essai, ou plutôt d'une longue dissertation scolaire retouchée et publiée dans la revue *Sud* en 1932, « Sur la musique », Camus n'a pas livré de réflexion sur cet art, qu'à la différence de Francine Faure, qui jouait Bach au piano, il ne pratiqua pas. Très lyrique, emporté, d'un idéalisme quasi adolescent d'inspiration romantique, cet essai célèbre l'art idéal et spirituel par excellence, « la musique de Rêve qui bannira toute raison et toute analyse », tant une musique réaliste ne saurait avoir de sens. Dans une enfance marquée par la misère, matérielle comme culturelle, la musique n'a pas sa place. Pas de piano non plus, à une époque où les Jeunesses musicales de France ne formaient pas encore la jeunesse. La musique est de l'autre rive, celle des riches, de la culture, « un monde inconnu qui n'était pas le sien » (*Le Premier Homme*). La salle de spectacle est un autre monde, quand le cinéma – où de la musique (« le bruit du piano ») accompagne les films muets – est l'art populaire. Dans *Le Premier Homme*, Henri, le frère aîné, à la différence de Jacques Cormery, suit des cours de violon pour de petits concerts familiaux où sont donnés des airs et chansons populaires comme *Ramona*. Camus a écouté de la musique dans sa jeunesse, au Grand Lycée, c'est une part obligatoire de son enseignement, mais il est peu aisé de reconstituer la discothèque imaginaire d'un mélomane autodidacte, sans doute faite autant d'airs populaires que de grands classiques. Jules Roy note que Camus connaissait nombre d'airs d'opéra dont *La Tosca*.

Assez conventionnellement, la première place du panthéon tonal revient sans conteste à Mozart, le préféré, l'essence même du génie, le musicien universel, dont Camus retient avant tout le geste créateur. Il appréciait notamment les cinq mouvements du *Quintette en sol mineur* et la figure mythique de Don Giovanni (« Quand on a fini de l'entendre, on fait le tour du monde et des êtres »), qu'il ne mentionne pourtant pas dans les pages de *L'Homme révolté* qu'il consacre à Don Juan, lui préférant le *Burlador* de Tirso. Camus « remercie » même *L'Express* par un « Remerciement à Mozart », texte de circonstance publié à l'occasion du 200e anniversaire de la naissance de celui dont il célébrera l'« aisance » et la « divine liberté » dans le second discours de Stockholm.

Rares sont les notes des *Carnets* qui portent sur l'art des sons, telle celle du 15 août 1954 : « 4e symphonie en sol majeur pour sopranos et orchestre de Mahler. Mahler parfois fait apprécier Wagner, dont il montre, par contraste, à quel point ce dernier restait maître de son brouillard. D'autres fois Mahler très grand ». Parfois l'art musical surgit au hasard d'un texte (concert d'*Orphée et Eurydice* dans *La Peste*, « musiques tonitruantes du quartier juif » dans *La Chute*, musique des danses dans *La Pierre qui pousse*), d'une lecture (la correspondance de Berlioz), nourrit une métaphore (« *L'Étranger* doit se lire sur plusieurs portées », rétorque Camus à Roland Barthes), un échange (Camus propose « Les circonstances favorisent la musique » comme exergue à Pascal Pia pour sa revue *Prométhée*). À la différence de Sartre, avec qui il partage l'amour du jazz, il est sourd à la création contemporaine, sérielle ou dodécaphonique, trop loin de sa culture de grands classiques et des musiques sur lesquelles il danse dans les boîtes de Saint-Germain-des-Prés : « Jeune, je m'en suis littéralement saoulé. Aujourd'hui très peu de musiciens me touchent », confie-t-il en 1959 à Jean-Claude Brisville. Une rencontre n'a pas eu lieu. Pierre GROUIX

• *Voir aussi* : Mozart ; « Sur la musique »

MYTHE. – Dans la préface à *L'Envers et l'Endroit*, Camus écrit que la littérature doit « faire vivre des mythes » ; dans ses *Carnets*, en mai 1950, il se définit comme « un artiste qui crée des mythes à la mesure de sa passion et de son angoisse », ajoutant : « C'est pourquoi aussi les êtres qui m'ont transporté en ce monde sont toujours ceux qui avaient la force et l'exclusivité de ces mythes. » Chez lui, l'artiste et le penseur ne font qu'un : le mythe, comme forme essentielle de l'expression humaine, l'a nourri et lui a permis d'édifier son propre univers.

Lorsqu'il s'interroge sur la condition humaine, Camus trouve dans les mythes, en particulier ceux de l'Antiquité grecque, la matière vivante qui stimule sa réflexion ; il se les approprie selon une démarche qu'il définit dans *Le Mythe de Sisyphe* : « Un monde demeure dont l'homme est le seul maître. Ce qui le liait, c'était l'illusion d'un autre monde. Le sort de sa pensée n'est plus de se renoncer mais de rebondir en images. Elle se joue – dans des mythes sans doute – mais des mythes sans autre profondeur que celle de la douleur humaine et comme elle inépuisables. » Il exprime ensuite dans *Prométhée aux enfers*, l'un des essais lyriques de *L'Été*, la richesse et la liberté que procure le mythe : « Les mythes n'ont pas de vie par eux-mêmes. Ils attendent que nous les incarnions. Qu'un seul homme réponde à leur appel, et ils nous offrent leur sève intacte. » Nourri depuis toujours de l'hellénisme, Camus a reconnu une dette particulière envers Eschyle dont il avait monté à Alger le *Prométhée enchaîné*. Il écrit dans *L'Énigme*, un autre essai de *L'Été* : « Eschyle est souvent désespérant ; pourtant, il rayonne et réchauffe. Au centre de son univers, ce n'est pas le maigre non-sens que nous trouvons, mais l'énigme, c'est-à-dire un sens qu'on déchiffre mal parce qu'il éblouit. »

Au début de *L'Homme révolté*, dans la partie consacrée à « la révolte métaphysique », il trouve dans l'« inépuisable génie grec » le tremplin idéal pour sa réflexion ; dans la même page apparaissent successivement Prométhée, « le plus grand mythe de l'intelligence révoltée », puis Achille, Œdipe et Antigone. Pour traiter « ce thème éternel de la révolte », il se sert également de la mythologie biblique, intitulant son chapitre « Les fils de Caïn ». Les figures mythiques de Caïn et Abel réapparaîtront dans *Le Premier Homme*, où l'auteur interprète l'histoire coloniale à travers le thème de la violence séculaire. Mais il faut revenir à la mythologie grecque pour évoquer une autre figure, celle de Némésis, « déesse de la mesure », dont Camus projetait de faire le sujet, après Sisyphe et Prométhée, de ce qui aurait constitué le troisième volet de ses essais à caractère philosophique.

Il existe chez l'écrivain algérois un mythe méditerranéen qui s'est construit progressivement, malgré une défiance initiale née de la peur de s'éloigner de la réalité sensible du monde. Il écrivait dans *Noces à Tipasa* : « Bien pauvres sont ceux qui ont besoin de mythes. [...] Et qu'ai-je besoin de parler de Dionysos pour dire que j'aime écraser les boules de lentisques sous mon nez ? » Il semble appeler le mythe et le repousser puisque vers la même date il disait dans ses *Carnets* son intérêt pour « le mythe et sa signification antipsychologique ». C'est ce qu'il illustrera dans les essais solaires de *L'Été*, qui sont des textes méditerranéens. « Chacun de ces textes, écrit Roger Quilliot, reste fidèle à la technique du mythe qui, selon Camus, permet à l'artiste et au moraliste de se rassembler. » Des titres comme *Le Minotaure ou la Halte d'Oran*, dont cette dernière cité, avant *La Peste*, est le personnage principal, *Prométhée aux enfers* et *L'Exil d'Hélène* renvoient directement à sa source d'inspiration privilégiée. Le dernier texte cité est dédié à René Char en ces termes : « À René Char, cette Hélène, passion commune, fraternellement. »

Peut-on dire alors que Camus est un créateur de mythes ? Certains l'ont contesté, comme Gaëtan Picon, dans *Fontaine*, en septembre 1947, qui souligne la distance du *Mythe de Sisyphe* à *La Peste* : « La Révolte a perdu ici son auréole prométhéenne. » Pourtant, l'ambition de Camus était bien d'aboutir à un mythe moderne, prenant comme modèle de référence *Moby Dick*, qu'il mentionnait déjà dans *Le Mythe de Sisyphe*. Dans un texte consacré à Herman Melville en novembre 1952, il fait de cette histoire « l'un des mythes les plus bouleversants qu'on ait imaginés sur le combat de l'homme contre le mal », soulignant la supériorité du génie qui non seulement « recrée la vie » mais « de surcroît, la couronne de mythes ». Suivant l'exemple du romancier américain, Camus a voulu dans *La Peste* développer un mythe en s'appuyant sur un monde concret, bien réel, et il y réussit dans la mesure où il parvient à le doter d'une pluralité de significations qui correspondent aux différents visages de la terreur. Mais c'est sans doute dans *Le Premier Homme* que la réussite est la plus grande, avec au centre de son roman le mythe d'Adam, nom qu'il avait envisagé comme titre initial. Il déclarait en 1959 dans une interview : « En réalité, chacun de nous, y compris moi, est d'une certaine façon le premier homme, l'Adam de sa propre histoire. » Jacques LE MARINEL

Bibl. : Jacques Chabot, *Albert Camus. « La pensée de midi »*, Édisud, 2002 • Monique Crochet, *Les Mythes dans l'œuvre de Camus*, Éditions universitaires, 1973 • Jacqueline Lévi-Valensi, « L'écriture du mythe dans *La Peste* », *Cahiers de Malagar*, XIII, automne 1999, p. 37-56

***MYTHE DE SISYPHE* (Le).** – La première allusion à l'idée de cet essai figure dans le Cahier I des *Carnets* de Camus en mai 1936 : « Œuvre philosophique : l'absurdité ». Et, le 21 février 1941 : « Terminé *Sisyphe*. Les trois Absurdes sont achevés. Commencements de la liberté. » La gestation de l'essai a donc pris environ cinq ans. L'ouvrage paraît en librairie le 16 octobre 1942 (l'achevé d'imprimer est du 22 septembre) – *L'Étranger* avait été publié en mai de la même année –, mais sans les pages consacrées à Kafka : les éditeurs craignaient des ennuis avec la censure. Pour les remplacer, Camus écrit le texte sur Kirilov. L'étude sur Kafka sera publiée durant l'été 1943 dans le numéro 7 de la revue lyonnaise *L'Arbalète* éditée sous le manteau. Lors de la réimpression de l'essai en 1945, elle figure en appendice.

Pascal Pia, à qui le livre est dédié, et Jean Grenier avaient recommandé la publication de l'ouvrage et l'appui d'André Malraux avait été précieux. Il bénéficia d'une première réception favorable avec notamment des recensions de Jean Grenier (*Comœdia* puis *Cahiers du Sud*), Jean-Marie Paroutaud (*Confluences*) et Thierry Maulnier (*La Revue universitaire*). Maurice Blanchot l'analyse dans *Faux pas* (Gallimard, 1943) et Gabriel Marcel dans *Homo viator* (Aubier, 1944).

Le sous-titre de l'ouvrage annonce la couleur : « Essai sur l'absurde », en même temps que l'exergue de Pindare, « Ô mon âme, n'aspire pas à la vie immortelle, mais épuise le champ du possible », précise la dimension dans laquelle la description et la réflexion se placent, non pas celle de l'immortalité mais celle du temps et des possibilités qu'il ouvre. L'accent mis sur le temps, sur la finitude humaine et sur le rejet de l'au-delà est une constante de l'ouvrage. L'avertissement qui précède l'essai a lui aussi toute son importance : le lecteur est prévenu, il trouvera la description d'une sensibilité absurde répandue à l'époque et qui va de pair avec un mal de l'esprit, mais – et la notation est d'importance – l'absurde n'est qu'« un point de départ » qui ne préjuge en rien du point d'arrivée. En somme, Camus traite l'absurde comme Nietzsche le nihilisme. Il le diagnostique, le décrit et le précipite (au sens chimique) pour voir où il conduit et sur quels paysages et quels types d'existence il ouvre. Dès le début donc, l'attitude de l'auteur est expérimentale, clinique et ne se confond pas avec le mal qu'elle décrit, même si par la suite, et surtout dans les deuxième et troisième parties, il semble s'identifier avec les types d'existence et de création qu'il présente.

L'essai compte quatre parties : la première, « Un raisonnement absurde », pose le problème de manière théorique : si la vie est absurde – et qu'est-ce que l'absurde ? –, faut-il oui ou non se suicider, quitte à distinguer divers types de suicide ? La deuxième, « L'homme absurde », se veut plus « incarnée », moins théorique : que sont des vies qui entendent demeurer fidèles à l'absurde et aux commandements qui résultent de sa logique, quels types d'existence l'absurde rend-il possibles ? La troisième, « La création absurde », s'interroge sur la possibilité et les caractères d'une éventuelle création absurde, une création qui reste donc fidèle, comme les types de vie précédemment décrits, aux exigences inhérentes à l'absurde. La quatrième et dernière partie, très courte, « Le mythe de Sisyphe », résume dans un mythe interprété très librement la curieuse sagesse absurde : comment transformer, par la mémoire et la volonté, les actions de notre vie, leur contingence, leur insignifiance et leur répétition en un destin ? Cette transformation d'une existence privée de signification supérieure en une histoire – le mythe est une histoire – que Sisyphe ou chacun de nous peut se raconter, transformation dont la réussite n'est certes pas assurée, suffit à occuper une vie, qu'il faut imaginer heureuse.

Dans le premier chapitre de la première partie, « L'absurde et le suicide », l'auteur se demande si ce dernier « est une solution à l'absurde ». Il souligne que le corps qui a une avance sur la pensée, puisque nous vivons avant que de réfléchir, recule devant l'anéantissement. Nier que la vie ait un sens entraîne-t-il néanmoins qu'elle ne vaille pas la peine d'être vécue ? Entraîne-t-il qu'il faille mettre un terme à son existence ou se réfugier dans l'espoir d'une vie dans un au-delà ? Camus entend demeurer logique dans la recherche de la réponse à la question que fait naître le sentiment de l'absurde, logique « jusqu'au bout », même si cette logique s'avérait « une logique jusqu'à la mort ». Le développement de cette logique, qui n'entend s'appuyer que sur l'évidence et la certitude, est ce qui fait « un raisonnement absurde », titre de la première partie.

« Les murs absurdes », le deuxième chapitre, décrit et analyse d'abord comment le sentiment de l'absurde surgit et finit par nous entourer de murs – l'univers absurde – auxquels nous nous heurtons désormais. L'auteur donne quelques exemples de cette découverte de l'absurde : l'effondrement des décors quotidiens et de l'habitude, la conscience du temps qui nous emporte, l'étrangeté radicale du monde, des êtres, leur inhumanité, la finitude radicale de l'existence. Sur le plan de l'esprit l'individu découvre des contradictions et des apories, par exemple les difficultés liées à la distinction du vrai du faux et les contradictions auxquelles cette recherche expose, le besoin inassouvi de l'esprit humain d'unité et d'absolu, le fossé entre ce que nous croyons savoir et ce que nous savons. L'intelligence, et non uniquement le sentiment, nous dit donc que « ce monde est absurde » – plus précisément que le désir d'unité et de transparence qui habite l'homme se heurte à la multiplicité et à l'opacité du monde et que c'est de la confrontation de l'aspiration humaine à la raison avec l'irrationalité du monde que naît l'absurde. Nombre d'esprits, comme Jaspers, Heidegger, Kierkegaard, Chestov, Scheler et Husserl, ont montré combien les espoirs liés à la raison et à son pouvoir de clarification étaient tenaces et pourtant vains. L'homme peut vouloir tout expliquer, mais « le monde est peuplé d'irrationnels » qui ne se laissent pas réduire, l'appel humain à la clarté ne rencontrant que « le silence déraisonnable du monde ».

Dans « Le suicide philosophique », le troisième chapitre, on ne se situe plus seulement au niveau du sentiment de l'absurde mais aussi à celui de la notion de l'absurde. Celle-ci repose sur une disproportion entre les termes d'une comparaison : attaquer un groupe de mitrailleuses à l'arme blanche, par exemple, est dit absurde car il y a inadéquation entre les éléments mis en présence. Plus généralement, l'homme ou le monde ne sont pas absurdes en eux-mêmes mais par la disproportion, le divorce qui règne entre les besoins humains et l'absence de réponse du monde. Pour subsister, l'absurde requiert donc le maintien des deux termes de la comparaison : détruire l'un d'eux revient à le supprimer. Dit autrement, l'absurde nécessite l'opposition continue entre le désir humain de clarification et le silence du monde.

Peut-on alors se maintenir dans cette opposition ou faut-il mettre un terme à sa vie ? Camus se demande comment les philosophes existentiels et les phénoménologues réagissent à l'absurde et constate que les premiers mettent l'accent sur l'échec de la raison pour mieux en appeler à l'évasion, à un saut dans une transcendance ou un au-delà où la renonciation aux exigences de la raison fait s'évanouir l'absurde. Husserl en revanche met l'accent sur la diversité irréductible du réel pour mieux en appeler, ensuite, à la réduction de ses composantes, à leur essence et donc au retour des pouvoirs de la raison. Camus rejette ces deux attitudes opposées en vertu du même argument : elles escamotent l'absurde en supprimant un de ses termes, ici le besoin humain de clarification, là l'opacité du monde ; elles l'esquivent. Et il les caractérise comme autant de « suicides philosophiques » : la logique de l'absurde, ses évidences et ses certitudes, n'y sont pas maintenues jusqu'au bout.

Dans « La liberté absurde », dernier chapitre de la première partie, l'auteur entend revenir à ces évidences de l'absurde, le besoin humain d'explication et le chaos du monde, et à découvrir leurs conséquences : une vie sans appel, lucide, animée par la révolte. Qu'en est-il alors du suicide ? La vie sera vécue d'autant plus pleinement « qu'elle n'aura pas de sens », que l'opposition qui est au cœur de l'absurde sera maintenue, qu'elle sera acceptée lucidement. Le suicide revient, en supprimant un des termes de l'opposition, à supprimer l'absurde, à le fuir dans la mort, à renoncer. « Conscience et révolte, ces refus sont le contraire du renoncement. » Le défi est alors une attitude logique face au problème. La disponibilité en est une autre : la question de la liberté métaphysique est au-delà de mes moyens, mais la mort, l'absence de lendemain, le fait que je sois un condamné à mort en sursis me libèrent de tous les projets directeurs, de tous les buts sociaux ou moraux que je pouvais me donner et auxquels je pouvais m'inféoder, me libèrent de l'espoir et de la consolation. En résultent « l'indifférence à l'avenir et la passion d'épuiser tout ce qui est donné ». Non pas vivre le mieux, mais « vivre le plus » : ce n'est pas la qualité des expériences qui importe mais leur quantité et que certains aient une vie plus longue que les autres est pour les seconds un « manque à gagner » irrémédiable. De là la passion à m'épuiser à épuiser les possibilités. « Le présent et la succession des présents devant une âme sans cesse consciente, c'est l'idéal de l'homme absurde. » L'absurde avec ses conséquences, la révolte, la liberté et la passion nous donne donc des règles de vie et exclut le suicide comme ce qui met un terme à la confrontation homme-monde.

La deuxième partie, « L'homme absurde », doit apporter la chair à ce qui n'a été jusqu'ici qu'un raisonnement, conférer une épaisseur sensible à ce qui n'était que théorique, une chaleur à ce qui n'était que froide réflexion. L'homme absurde qui vit hors de tout commandement divin est innocent ; le « tout est permis » qui en résulte n'est pas pourtant une solution de facilité – il est une « amère constatation » –, et d'ailleurs l'absurde a ses propres exigences, ses propres règles de vie. L'homme absurde se sent responsable de ses actes, même s'il ne se sent pas coupable. Camus désire illustrer des existences absurdes par des images, des types d'existence qui ne sont pas des modèles à imiter et n'épuisent en aucun cas les possibilités de vie absurde. Trois exemples sont présentés : le donjuanisme, le comédien et le conquérant. Ils ont en commun la recherche de la quantité des expériences (et non de leur qualité), l'absence d'espoir, la lucidité face au temps qui mène à la mort, la révolte, le défi, la passion. Don Juan est indissociable du mythe, des histoires colportées sur ses conquêtes, sur son courage et son mépris des menaces du Commandeur ; le comédien multiplie sa vie en mimant les vies d'autres personnages, en vivant en raccourci des histoires et des mythes ; le conquérant enfin choisit l'histoire contre l'éternel, les causes perdues, la lutte, l'action, mais il sait que celle-ci est inutile puisqu'il ne peut refaire l'homme ; il se révolte contre le destin et entend se surmonter : la révolte de Prométhée, autre mythe, est citée en exemple.

Camus donne un quatrième exemple dans la troisième partie, « La création absurde ». Il s'agit du créateur, qu'il présente comme « le plus absurde des personnages ». Le premier chapitre de cette partie, « Philosophie et roman », traite du rapport du raisonnement absurde à la création qui peut lui succéder. Accueillir les possibles, multiplier les expériences, conséquence de la découverte et du maintien de l'absurde, ouvrent à l'œuvre : « l'œuvre est alors la chance unique de maintenir sa conscience et d'en fixer les aventures ». « Créer c'est vivre deux fois », puisque la création répète, recrée, mime la réalité expérimentée. En somme, il s'agit d'éprouver et de décrire ce que l'univers présente d'inépuisable. L'œuvre n'est pas un refuge ou une esquive, elle n'est pas une solution au mal de l'esprit que constitue l'absurde, elle en est une manifestation et elle succède au raisonnement absurde. Mais de même que l'auteur s'est demandé si la pensée pouvait se maintenir dans l'absurde, il se demande si l'œuvre absurde est possible.

L'opposition traditionnelle de la philosophie et de l'art est dépassée et il faut que la pensée la plus lucide soit mêlée à la création absurde, mais l'intelligence doit y renoncer à « raisonner le concret » et accepter que celui-ci ne se dépasse pas dans un sens qui pourrait apporter la consolation. La création ne change rien à l'absurde et le créateur ne se sent pas justifié par son œuvre, à laquelle d'ailleurs il ne tient pas. L'œuvre absurde ne dit pas tout, elle dit « moins » : l'expérience du créateur dépasse ce qu'il peut en dire, son « savoir-vivre » dépasse son « savoir-faire » ; la pensée renonce à ses prétentions et se contente de « met[tre] en œuvre les apparences et de couvr[ir] d'images ce qui n'a pas de raison ». Comment l'absurde peut-il alors se maintenir dans le roman ?

Les grands romanciers sont des romanciers philosophes, mais ils écrivent en images et remplacent les principes d'explication par l'enseignement de l'apparence sensible : l'œuvre illustre une philosophie inexprimée. Reste à savoir si la tentation d'expliquer ne finit pas par l'emporter et ne fait pas oublier les exigences de l'absurde. De même que les pensées analysées dans la première partie finissaient par abandonner ce qu'elles avaient pourtant montré et choisissaient l'esquive, les romanciers peuvent succomber à l'illusion.

Personnage des *Possédés*, Kirilov estime comme Dostoïevski – dont Camus envisage l'œuvre dans le deuxième chapitre de cette partie « Kirilov » – dans *Le Journal d'un écrivain* que la vie sans Dieu et l'immortalité est impossible et qu'elle doit conduire au suicide. Mais Kirilov ajoute une prémisse qui dit que si Dieu n'existe pas, Kirilov est Dieu. Conclusion, il doit se tuer pour être Dieu. Qu'il se déclare Dieu signifie simplement qu'il est libre, indépendant. Pourquoi alors encore se suicider ? Parce que les hommes ignorent ce que Kirilov a découvert, qu'ils sont Dieu : le suicide est donc simplement pédagogique et mènera à la liberté de tous les hommes, à la révolution définitive. Kirilov, nonobstant son suicide, est un personnage absurde comme le sont Stavroguine, autre personnage des *Possédés*, qui mène une existence ironique et indifférente, et Ivan Karamazov, qui se révolte et affirme que « tout est permis ». Et pourtant Dostoïevski choisit contre les personnages cités puisque, avec Aliocha Karamazov, il choisit l'immortalité. Dans les livraisons suivantes du *Journal*, il note que l'immortalité doit être la condition normale de l'homme, car sans elle celui-ci serait condamné à se suicider. L'œuvre du romancier russe n'est donc pas une œuvre absurde, mais elle pose le problème absurde : Dostoïevski n'est pas un romancier absurde, mais un romancier existentiel qui succombe à sa manière à l'esquive.

« La création sans lendemain », le troisième chapitre, termine la troisième partie. L'œuvre absurde est possible pourtant – *Moby Dick* d'Herman Melville en témoigne –, mais elle requiert une ascèse absurde. Elle suppose une pensée négative, une pensée qui sait ses limites, qui renonce à l'unité et sait que l'on « crée pour rien », mais qui exalte en même temps la diversité et les expériences en rebondissant en images, en « donnant au vide ses couleurs ». Que les œuvres expriment des approximations d'une même pensée ou qu'elles soient une juxtaposition sans rapports à première vue, elles répètent l'image de la condition de leur créateur. L'œuvre requiert discipline et volonté, patience et lucidité

La quatrième partie, « Le mythe de Sisyphe », présente en un mythe la synthèse de la sagesse absurde. Le créateur s'approprie son existence et la transforme en destin par l'œuvre : la description de ses expériences l'inscrit dans une histoire qui demeure vaine, sans appel, mais engage sa mémoire et sa volonté. L'homme absurde ne fait pas autre chose : Don Juan, le comédien ou le conquérant construisent leur propre histoire, leur propre mythe sans entretenir d'illusion quant au résultat de leur entreprise. Le rocher que Sisyphe est condamné sans cesse à rouler au sommet de la montagne, image de la confrontation de l'aspiration humaine avec l'incompréhensibilité du monde, image du labeur et de la peine humaines, ne l'écrase pas : il y a des moments de bonheur, la liberté d'assumer son destin et sa condition, quelque pénibles qu'ils soient, de défier et de mépriser la mort, de surmonter les épreuves par la conscience qu'on en prend. Ce savoir doit rendre Sisyphe et l'homme absurde heureux.

L'étude sur Kafka repose la question qui a suscité l'analyse des livres de Dostoïevski : une œuvre absurde est-elle possible ? La réponse de Camus est nuancée : si *Le Procès* reste fidèle à l'absurde et écarte tout espoir de solution, *Le Château* – « une théologie en acte » –, au contraire, n'abandonne pas l'espoir d'une grâce éventuelle et appartient plutôt à la littérature existentielle. Soulignons que Nietzsche est salué comme « le seul artiste à avoir tiré les conséquences extrêmes d'une esthétique de l'absurde ».

Le Mythe de Sisyphe pose essentiellement quatre problèmes. Le premier concerne le volontarisme qui meut la réflexion et l'activisme qui la couronne ; le deuxième le traitement que l'auteur réserve aux philosophes existentiels accusés de se livrer au « suicide philosophique » ; le troisième porte sur le « tout est permis » auquel mène la logique absurde, le quatrième sur le lien entre l'absurde et le bonheur.

Ce qui frappe dans la démarche de Camus est la volonté affichée d'aller au bout de la logique de l'absurde, quelles qu'en soient les conséquences. La curiosité motive sans aucun doute cette recherche ; la gravité de l'enjeu, le suicide, n'y est évidemment pas étrangère et la passion anime toute l'entreprise, elle n'est pas seulement la conséquence du raisonnement absurde, elle est présente dès le départ. La logique dont il est question est passionnée, « chaude », et s'écarte de la « froideur » à laquelle on la lie d'habitude. La volonté de se tenir à ce que l'auteur appelle des « évidences » et d'écarter comme non valable tout ce qui ne lui paraît pas certain – à la manière de Descartes – fait question : le problème philosophique de l'évidence et de la certitude est complexe et n'est pas traité ; les évidences du corps et du bon sens sont susceptibles d'être mises en question. Reste aussi qu'il est difficile de parler de logique et d'évidence et de déclarer que l'on abandonne la prétention à l'universalité. Le volontarisme qui préside au raisonnement trouve son prolongement dans l'activisme qui anime la recherche de la quantité d'expériences et est inhérent aux exemples de vie absurde. Vies vécues sous la hantise du temps et de la mort, hachées par le souci de la diversité, où l'on peut craindre en somme de s'attarder à une expérience de peur d'en laisser passer une autre : il est loisible de se demander si cette hâte n'empêche pas de vivre les choses en profondeur. Sauter d'une expérience à l'autre n'est peut-être pas le meilleur moyen de « goûter » l'absurde qui l'habite.

Les philosophies existentielles comme la phénoménologie auxquelles il est fait allusion sont traitées fort superficiellement. Il est vrai que l'auteur en a parfaitement conscience et qu'il considère que son but n'est aucunement de s'appesantir sur elles et de les analyser pour elles-mêmes mais plus simplement de les faire servir à sa recherche. S'il existait à l'époque des traductions publiées de Kierkegaard et de Chestov, Heidegger, auquel n'est consacré qu'une demi-page, Jaspers et Husserl n'étaient guère traduits et Camus ne les connaît pour l'essentiel que de seconde main. Reste que certains de ces penseurs existentiels ne se précipitent pas dans la foi sans plus : Jaspers, par exemple, prend bien soin de préciser que les rapports de l'existence et de la transcendance requièrent une forme de discours spécifique, l'« *erhellen* », qui exclut la certitude et reste fort problématique. Cette forme de discours n'empiète pas au demeurant sur les autres formes de savoir, dont la légitimité reste reconnue.

Le passage réservé au « tout est permis », conséquence de la mort de Dieu, est fort bref et quelque peu tronqué par la déclaration de Camus qui dit que l'absurde a ses propres règles, comme si celles-ci remplaçaient les interdits religieux ou moraux. Mais ces règles de l'absurde, si on les regarde de près, sont purement formelles : elles nous disent simplement que, quoi que nous fassions, nous devons le faire en sachant qu'« il n'y a pas de lendemain », que tout se termine par la mort, qu'il ne faut pas se prendre au sérieux, mais s'épuiser à épuiser les possibles que le réel nous offre tout en refusant de se suicider. Les expériences demeurent indifférentes quant à leur contenu : « celle du devoir est aussi légitime qu'une autre. On peut être vertueux par caprice ». Ce sont les pièces de théâtre qui renseignent plus complètement sur les conséquences possibles – la violence et le meurtre – du « tout est permis » et de la révolte passionnée qui anime le personnage absurde. Et *Caligula* en est peut-être le meilleur exemple. Il est en tout cas plus dangereux que Don Juan ou Sisyphe, que le comédien ou le conquérant (tel que Camus le décrit dans l'essai, il nous semble plus aventurier que conquérant au sens traditionnel).

L'homme absurde peut-il être heureux ? Rappelons d'abord l'ambiguïté de la formule qui clôt *Le Mythe de Sisyphe* : « Il faut imaginer Sisyphe heureux », où le « il faut » peut avoir la signification de « on est obligé, on ne peut faire autrement », ce qui exclut le doute ; mais il peut s'agir aussi d'une injonction recommandant d'imaginer Sisyphe heureux, comme si l'auteur voulait éviter que le lecteur ait l'impression que le bonheur n'est pas l'état habituel du personnage absurde. Le problème était annoncé à la page précédente : « On ne découvre pas l'absurde sans être tenté d'écrire quelque manuel du bonheur », comme si l'intensité et la diversité de vie et de sensation que suscitait l'absurde apportaient le bonheur. À quoi l'on pourrait répondre que celui qui est heureux n'a guère la tentation d'écrire un manuel du bonheur, mais qu'il se contente d'éprouver son bonheur. Camus relativise quelque peu sa formule en ajoutant : « L'erreur serait de dire que le bonheur naît forcément de la découverte absurde. » D'ailleurs, à bien y regarder, l'absurde suscite au cours de la recherche des états très différents et contrastés, il s'agit d'une passion, « la plus déchirante de toutes », elle peut mener dans le cas d'Ivan Karamazov par exemple à la folie. La fidélité à l'absurde est grosse d'existences différentes et chaque vie absurde passe par des états multiples. Le lecteur ne peut pas pourtant ne pas se demander en lisant la dernière phrase de l'essai – la clausule d'un texte ajoute ou rappelle en général quelque chose d'essentiel – si le bonheur est l'état dominant de l'homme absurde. Ce qui demeure peu convaincant, si l'on se rappelle les descriptions qui précèdent du sentiment de l'absurde. Camus le sait d'ailleurs, qui fait dire à Cherea, le porte-parole des citoyens conscients et courageux, dans son dialogue avec Caligula : « Parce que j'ai envie de vivre et d'être heureux. Je crois qu'on ne peut être ni l'un ni l'autre en poussant l'absurde dans toutes ses conséquences. » Le propos figure *in extenso* dans la version de 1941.

La partie la plus originale de l'essai, en dehors de son écriture et de l'image qu'il donne du climat du temps, est la réflexion sur l'esthétique absurde et ses exigences. Elle exprime les problèmes avec lesquels l'écrivain se mesure à l'époque dans ses créations littéraires.

Maurice WEYEMBERGH

Éd. : Gallimard, coll. « Les Essais », 1942 • Gallimard, coll. « Idées », 1962 • *Essais*, Gallimard, coll. « Bibl. de la Pléiade », 1965 • Gallimard, coll. « Folio Essais », 1985 • *Œuvres complètes*, t. I, Gallimard, coll. « Bibl. de la Pléiade », 2006, éd. par Marie-Louise Audin

Trad. : en allemand, anglais, arménien, basque, bulgare, catalan, chinois, coréen, croate, danois, estonien, hébreu, hongrois, italien, japonais, letton, lituanien, néerlandais, norvégien, polonais, portugais, roumain, russe, serbe, slovaque, slovène, suédois, tchèque, turc, ukrainien et urdu

Crit. : André Comte-Sponville, « L'absurde dans *Le Mythe de Sisyphe* », dans Anne-Marie Amiot et Jean-François Mattéi (dir.), *Albert Camus et la philosophie*, PUF, 1997, p. 159-172

N

NADA. – Dans *L'État de siège*, Camus a introduit un personnage d'intellectuel rallié à l'État totalitaire : Nada. Il apparaît d'abord comme un pochard. Dans une autre situation, il aurait pu être un bouffon ou un fou. Son nom et ses propos le qualifient comme nihiliste – « Vive rien » ; « La vie vaut la mort » : ce sont déjà des slogans. Il se veut l'homme du « mépris », mot qui est presque toujours connoté négativement chez Camus. Il vaut mieux, assure-t-il, prenant le contre-pied de Rieux et de Tarrou, « être complice du ciel que sa victime ». Il ricane de tout, et notamment de l'honneur qu'invoque Diego et que Camus, comme Georges Bernanos, tient pour une valeur. Son nihilisme s'exprime dans des propos sardoniques. Il le rend récupérable. La Secrétaire le juge « utile », elle l'embauchera comme « fonctionnaire » de l'ordre nouveau. Il est en effet de ces « hommes sans âmes » (Hannah Arendt) qui acceptent de servir les régimes totalitaires et de fournir des mots d'ordre à leur appareil d'endoctrinement. Il lui revient de condenser la ligne du nouveau pouvoir en sentences lapidaires. Il serait, de ce fait, plutôt un agitateur qu'un propagandiste.

« Vivre à genoux » plutôt que « mourir debout » : Nada inverse le mot d'ordre révolutionnaire du XIXe siècle. Quand Diego dit que « Mentir est toujours une sottise », il lui rétorque : « Non, c'est une politique. » Le personnage fait fonction de chantre officiel – « il faut protéger l'État » ; « Peste ou gouverneur, c'est toujours l'État. » Ce déclassé est à la Peste ce qu'était l'affranchi Hélicon à Caligula. Il légitime le nouveau régime et, dans un entretien avec l'alcade, justifie le truquage de l'élection (ou du plébiscite). Ailleurs il glorifie la répression : « Supprimons, supprimons ! » Le « cynisme » – Hannah Arendt et Camus usent du même terme – des organisations totalitaires fonde le « tout est permis » sur un « tout est possible ». Au final, le personnage commente, toujours avec le même cynisme, la chute de l'État totalitaire et les lendemains qui déchantent, le retour à l'ancien, la mystification des commémorations. Camus le fait se jeter à la mer ; les « flots emportés le frappent et l'étouffent dans leurs crinières ». Son suicide peut faire penser à ceux de Goebbels et de Drieu La Rochelle en 1945.

C'est à Pierre Brasseur que Jean-Louis Barrault confia le rôle lors de la création. Jeanyves GUÉRIN

NADEAU, Maurice (né en 1911). – Maurice Nadeau, comme Camus, a perdu son père lors de la Première Guerre mondiale. Lui aussi enfant de milieux modestes, il se définit comme un « élément méritant de la IIIe République ». Une bourse lui a permis de prolonger ses études au-delà du certificat d'études et d'entrer à l'École normale supérieure de Saint-Cloud. Il enseigne dans les lycées puis à l'École normale de Melun jusqu'en 1945. Dans les années 1930, il milite dans la mouvance trotskiste et, par l'intermédiaire de Pierre Naville, se lie aux surréalistes. André Breton et Benjamin Péret l'ont dégoûté pour toujours de la littérature prolétarienne ; Maurice Merleau-Ponty l'a fait rencontrer Jean-Paul Sartre sous l'Occupation.

« Vous vous intéressez à la littérature. Il y aurait ici du travail pour vous », c'est ainsi que Pascal Pia embauche le jeune enseignant à *Combat*. Il lui confie la page littéraire. Nadeau s'y montre très critique à l'égard de la littérature engagée, de ses bonnes intentions et de ses partis pris, mais réceptif aux modernistes. Un article d'Emmanuel Mounier fixe la doctrine de *Combat* : ni tour d'ivoire, ni embrigadement. Resté farouchement antistalinien, Nadeau s'interdit de célébrer la poésie d'Aragon et d'Eluard alors au zénith : comme Benjamin Péret, il les considère comme de vulgaires troubadours et propagandistes. Les vrais poètes de l'époque, pour lui, s'appellent Henri Michaux, René Char, qu'il sait être l'ami de Camus, et Aimé Césaire.

Nadeau est de ceux qui restent à *Combat* lorsque Claude Bourdet, dont il partage les orientations, en prend la tête en 1947. Après cette date, il ne voit plus guère Camus. Henry Smadja ayant obtenu son départ, on le retrouve, dans les années 1950, à *L'Observateur* devenu *France-Observateur*, à *L'Express* et au *Mercure de France*. Il fonde son propre mensuel, *Les Lettres nouvelles*, en 1953, puis, avec François Erval, *La Quinzaine littéraire*, en 1966. Parallèlement, il exerce des responsabilités chez divers éditeurs, Le Pavois, Corréa, Buchet-Chastel, Julliard et Denoël, avant de fonder sa propre maison d'édition en 1979. Dans toutes ces activités journalistiques et éditoriales, il s'est révélé un incomparable découvreur et passeur d'auteurs.

Nadeau a été un lecteur attentif de Camus. Il lui est revenu de rendre compte de *La Peste* dans *Combat*. Les réserves percent sous les éloges convenus. Elles sont esthétiques et philosophiques : « La tentation de la sainteté » (tel est le titre de son article) qu'il prête à Camus suscite son « malaise ». L'article est repris dans *Littérature présente* (Corréa, 1952). Par la suite, il recense *L'Homme révolté* dans *Combat* puis au *Mercure de France* et *La Chute* dans *Les Lettres nouvelles*. Leur ayant consacré un livre qui a longtemps fait autorité (*Histoire du surréalisme*, Le Seuil, 1947), il refuse la vive critique que l'essayiste donne des surréalistes, sans pour autant chercher la polémique. En 1994, il rend compte lui-même du *Premier Homme* dans *La Quinzaine littéraire*. Plusieurs de ses articles sont repris dans un ouvrage (*Serviteur !*, Albin Michel, 2005). Dans un autre livre, *Le Roman français depuis la guerre* (Gallimard, 1963), il consacre à Camus une dizaine de pages globalement élogieuses qu'il conclut ainsi : « Il serait juste de penser qu'avec l'artiste cohabitaient chez Camus le penseur, le moraliste, l'homme d'action.

On aurait voulu le réduire à l'un ou l'autre aspect de sa personnalité complexe et l'y faire tenir tout entier, alors qu'il donnait alternativement la parole aux tendances contradictoires qui le déchiraient [...]. Son génie littéraire s'est nourri de ces contradictions [...]. La volonté d'art aura été chez lui un désir d'éternité. » Jeanyves GUÉRIN

Bibl. : Maurice Nadeau, *Grâces leur soient rendues*, Albin Michel, 1990

NARRATION. – *Voir* ROMAN

NATIONALISME. – En 1959, répondant à un questionnaire préparé par la revue sud-américaine *Reconstruir*, Camus dénonce le « virus nationaliste » sévissant particulièrement en Asie et en Afrique. Faut-il interpréter son opinion comme une crispation colonialiste, devant le drame algérien, qui refuserait aux jeunes nations les fruits de l'indépendance dont profitaient déjà nombre de pays ? Si la réponse est négative, elle demande à être justifiée. En 1937, lors de l'une de ses premières interventions publiques – à la maison de la Culture d'Alger –, tâchant de définir ce que pourrait être la culture méditerranéenne le jeune Camus rejette d'emblée l'idée d'un « nationalisme du soleil » plongeant ses racines dans la latinité : « Le nationalisme s'est jugé par ses actes. Les nationalismes apparaissent toujours dans l'histoire comme des signes de décadence. » Il propose au contraire la vision d'une région méditerranéenne à la fois unie et diverse, lieu de rencontre entre l'Occident et l'Orient. Son départ du parti communiste, à la fin de la même année, ne remet pas en cause ces convictions qui toujours l'habiteront.

À l'aube de la Seconde Guerre mondiale, *Le Soir républicain* qu'il dirige avec Pascal Pia défend le pacifisme et l'internationalisme. En particulier, la rubrique « Sous les éclairages de guerre » critique le jusqu'au-boutisme, le chauvinisme et le bourrage de crânes auxquels se livrent la presse et les hommes politiques. « Oui ! Oui ! Manifeste du conformisme intégral », paru le 30 octobre 1939, est sûrement l'un des textes les plus corrosifs de l'époque contre le nationalisme. Trois ans plus tard, au moment de son entrée dans la Résistance, les *Lettres à un ami allemand* affichent clairement un patriotisme, jusque-là absent, découvert dans la lutte solidaire contre l'ennemi liberticide. Mais on n'y trouve aucun débordement, aucune haine de l'autre : « J'aime trop mon pays pour être nationaliste », écrit-il plus tard dans la préface à l'édition italienne. La troisième *Lettre* s'attache d'ailleurs à tracer une perspective européenne au combat pour la libération de son pays. De nombreux textes ultérieurs confirment cette ouverture, notamment *Ni victimes ni bourreaux* en 1946.

En effet, depuis *Le Soir républicain*, Camus a fait sien l'idéal fédéraliste, si peu enraciné dans les traditions françaises. Et ce qu'il dit le 30 décembre 1955 dans *L'Express* reflète bien la permanence de ses convictions : « ceux qui désirent que le cadre national soit dépassé, et je suis de ceux-là, ne doivent pas ignorer qu'on ne peut se dépasser sans être. Il n'y aura ni Europe, ni Fédération française, sans une France consciente de ce qu'elle est. L'unité est d'abord une harmonie de différences ». Et dans la chronique suivante, celle du 3 janvier 1956, il ajoute que la survie même de la nation ne peut être assurée que par son insertion dans un ensemble plus vaste. Cette affirmation du fait national, qui n'est autre que la réalisation dans l'histoire du droit des peuples à disposer d'eux-mêmes défendu déjà par *Le Soir républicain*, va de pair avec la reconnaissance de l'autre dans sa liberté et sa différence, sources d'un nouvel enrichissement. Se laisser entraîner par le nationalisme serait aller à l'encontre des raisons pour lesquelles Camus a combattu l'« ami allemand » à partir de 1943.

La complexité du drame algérien, l'existence sur une même terre de plusieurs communautés humaines pouvaient inciter à la recherche de solutions fédérales. Camus soutient en 1958 l'idée du fédéralisme personnel du professeur Lauriol. À partir du moment où est déniée toute réalité à l'idée de nation algérienne, c'est le seul substitut possible au fédéralisme traditionnel dont l'autonomie territoriale est le fondement. De fait, concluant ses *Chroniques algériennes*, Camus affirme qu'« en ce qui concerne l'Algérie, l'indépendance est une formule purement passionnelle. Il n'y a jamais eu encore de nation algérienne ». Sur un registre plus littéraire, c'est ce que suggèrent aussi les premières phrases du *Premier Homme* où l'Algérie est décrite comme un « pays sans nom » que traversaient les empires et les peuples. L'argument est pris au sérieux par Raymond Aron qui lui rétorque dans *L'Algérie et la République* : « Peu importe que le nationalisme exprime une nation réelle ou irréelle : le nationalisme est une passion, il est résolu à créer l'identité qu'il invoque. » Camus ne voyait, en définitive, dans le nationalisme algérien, que la pointe avancée de l'impérialisme arabe et égyptien, instrumentalisé lui-même par l'Union soviétique. Le conflit Est-Ouest voilait ainsi à ses yeux l'irruption des nouvelles nations africaines et asiatiques, et l'on serait tenté de faire à Camus le même reproche qu'il a fait à Marx dans *L'Homme révolté*, celui de ne pas avoir complètement saisi le phénomène national. Mais il en a perçu et dénoncé toute la violence latente et le système d'oppression interne aux fondements ethnique, idéologique et religieux qu'il pouvait porter en lui et qui risquait de se perpétuer à travers de nouvelles structures étatiques. Si Camus voyait dans la nation la possibilité de la réalisation de la liberté – c'est la vocation qu'il assignait à la nation française (*L'Express*, 3 janvier 1956) –, le nationalisme était pour lui synonyme de totalitarisme.

Philippe VANNEY

Bibl. : Jeanyves Guérin, *Camus. Portrait de l'artiste en citoyen*, François Bourin, 1993, p. 170-281 • Philippe Vanney, « Quelques remarques sur l'idée de trêve dans l'œuvre politique d'Albert Camus », dans David H. Walker (dir.), *Albert Camus. Les extrêmes et l'équilibre*, Amsterdam, Rodopi, 1994, p. 115-128

NATIONALISME ALGÉRIEN. – La compréhension de la position de Camus envers le nationalisme algérien a souffert d'un malentendu fondamental, lié à son adhésion au Parti communiste algérien (PCA) entre 1935 et 1937. À cette époque, les communistes algériens se sont particulièrement éloignés des nationalistes, et si l'écrivain a désapprouvé l'attitude de son parti, ce n'était pas par approbation du programme nationaliste.

Le nationalisme algérien, en tant que mouvement revendiquant l'indépendance de la population musulmane largement majoritaire en Algérie, a bien eu pour origine le parti communiste. Celui-ci créa en 1926 une association de travailleurs nord-africains en France appelée Étoile nord-africaine (ENA), présidée par le communiste Abdelkader Hadj Ali et contrôlée par les militants du Parti, mais ouverte à tous les travailleurs nord-africains. C'est en son nom que Hadj Ali recruta comme secrétaire général un militant particulièrement dynamique nommé Messali Hadj, qui présenta en 1927 au congrès de la Ligue anti-impérialiste à Bruxelles la première revendication d'indépendance de l'Afrique du Nord. Mais très vite, le Parti retira à Messali son poste de permanent et tenta de l'écarter de la direction de l'ENA parce qu'il le jugeait plus « nationaliste musulman » que communiste. Messali réussit à conserver la confiance de la plupart des membres de l'association et à l'émanciper totalement de la tutelle communiste en 1933. Sa méfiance anticommuniste le poussa à rechercher des appuis à l'intérieur du parti socialiste SFIO et à adhérer au Rassemblement populaire en 1935. Au même moment, le parti communiste de France émancipa sa région algérienne pour former le Parti communiste algérien, mais il s'éloigna de plus en plus du nationalisme algérien parce que la signature du traité franco-soviétique en 1935 et l'engagement dans le Rassemblement populaire imposait de ne plus affaiblir la France face aux puissances fascistes en réclamant la séparation de l'Algérie. En mai et juin 1936, le Parti communiste algérien participa, avec les socialistes, les élus musulmans et l'association des Oulémas, au Congrès musulman algérien qui réclama le rattachement de l'Algérie à la France et la pleine citoyenneté française (mais sans renonciation obligatoire au statut personnel musulman ou aux coutumes berbères) pour tous les habitants de l'Algérie. L'Étoile nord-africaine persista toutefois à réclamer le droit des Algériens à disposer d'eux-mêmes. Le gouvernement du Front populaire proposa en décembre 1936 le projet Blum-Viollette, qui accordait la pleine citoyenneté aux élites de la société musulmane, et interdit en janvier 1937 l'Étoile nord-africaine, à la vive satisfaction des partis communistes de France et d'Algérie.

Camus était trop jeune pour avoir connu les origines de la brouille entre nationalistes algériens et communistes. Étudiant de gauche, il avait approché le parti communiste dans le cadre du comité Amsterdam-Pleyel en 1934, puis adhéré au PCA à la fin de l'automne 1935. Il en fut exclu en octobre-novembre 1937, à la fois pour ses réticences envers le ralliement du Parti à la défense nationale et parce qu'il rejetait l'assimilation du nationalisme algérien au fascisme, utilisée par la propagande communiste au détriment du nouveau Parti du peuple algérien (appelé intentionnellement « Parti populaire algérien » par assimilation au PPF de l'ex-communiste Jacques Doriot) créé par les nationalistes en mars 1937. Camus refusait ces calomnies qu'il jugeait dangereuses pour la fraternité entre les Algériens, mais il n'adhérait pas pour autant aux idées du PPA. Il apporta son soutien au projet Blum-Viollette et fut déçu par son abandon. Guy Pervillé

NATIONAL-SOCIALISME. – Le nazisme et la figure de Hitler occupent une place non négligeable dans les écrits de Camus – journaliste, écrivain ou essayiste –, sans que ceux-ci apportent d'analyses originales. Dans un article paru le 17 mai 1939 dans *Alger républicain*, il tente l'ironie contre le nazisme en décrivant la création en Allemagne d'un institut pour « créer une Bible allemande dont serait écartée toute trace d'influence juive ». Il commente ainsi la nouvelle : « Jésus lui-même portera le nom plus aryen d'Adolf ». Alors que la guerre est déclarée depuis deux mois, il revient sur l'héritage du traité de Versailles et sur les coups de force hitlériens dans un article titré « Notre position » : « Il y avait dans les revendications hitlériennes un mélange assez curieux de revendications légitimes et de prétentions injustifiées [...]. La politique internationale de ces dernières années a consisté, par un paradoxe non moins curieux, à refuser les premières et à accorder les secondes. » La position est claire : il dénonce l'hitlérisme, « un régime où la dignité humaine était comptée pour rien et où la liberté devenait une dérision », mais il en propose une analyse causale : « Nous ne cessions de dire que cet excès dans la bestialité trouvait sa source dans le désespoir de tout un peuple. Les nations ici sont comme les individus. C'est dans leur plus grande misère qu'elles forgent leur volonté de puissance. »

Dans la préface à l'édition italienne de *Lettres à un ami allemand*, Camus explique dans quel esprit il les a écrites : « Elles avaient un but qui était d'éclairer un peu le combat aveugle où nous étions et, par là, de rendre plus efficace ce combat. » Il précise d'ailleurs que l'interpellation à « vous autres Allemands » doit bien être lue dans ce contexte comme « vous autres nazis ». L'un des points intéressants de ce texte ne se trouve pas tant dans une théorie du national-socialisme que dans une réflexion plus pragmatique sur l'engagement résistant refusant la haine – « malgré vous-mêmes, je vous garderai le nom d'homme » – et se distinguant particulièrement de cette « colère aveugle » qu'il voit à l'œuvre dans le national-socialisme.

Alors que la Seconde Guerre mondiale n'est pas encore achevée, Camus rédige pour *Combat* des éditoriaux dans lesquels il revient sur la personnalité de Hitler et sur la fascination qu'il a exercée sur nombre d'Européens. Le 15 septembre 1944 il explique nettement : « En 1933, un avide et frénétique personnage se juchait en Allemagne sur les débris de la république de Weimar et annonçait à son peuple ravi et au monde incrédule qu'un magnifique destin commençait pour son pays et pour lui-même. Onze ans après, les armées ennemies foulent le sol de la patrie allemande et vont donner le coup final à une nation exténuée par dix années sous les armes et cinq dans les flammes de la guerre. L'expérience est concluante. Il s'est trouvé beaucoup d'hommes, presque tous les Allemands, un grand nombre d'Européens et quelques Français, pour croire au génie d'Adolf Hitler. C'est que pour beaucoup d'hommes le succès est une loi et la brutalité une tentation. [...] Ce n'était pas un génie que cet homme qui, pendant dix ans, hurla sa haine au-dessus de milliers de têtes casquées et qui porte tout seul un poids de crimes et de mensonges tel que nul pardon humain ne pourra jamais l'en décharger. »

Le traitement romanesque ou théâtral du nazisme par Camus est également important mais implique toujours des effets de distance. Si *Caligula* est remanié en 1943 « contre l'occupant », il est difficile de voir dans le personnage éponyme une représentation de Hitler. Dans *La Peste*, en revanche, la France occupée est aisément reconnaissable, mais les marques de l'événement sont disséminées. Dans *L'État de siège*, les allusions au national-socialisme sont plus explicites, puisque sont évoqués les camps et la politique antijuive. Mais c'est dans *L'Homme révolté* que Camus consacre un chapitre au nazisme : « Le terrorisme d'État et la terreur irrationnelle ». Son analyse montre que l'information de l'auteur laisse à désirer. Il ne connaît pas les nombreux travaux qui ont alors été publiés sur le totalitarisme nazi – il cite surtout Rauschning et sa *Révolution du nihilisme* et commente des écrits d'Ernst Jünger. Citant un propos de Speer au procès de Nuremberg, il insiste sur la volonté de destruction absolue de la nation allemande de Hitler quand il s'est estimé trahi par son peuple. Enfin, ses lignes sur le génocide, pour classiques qu'elles soient, restent précises et justes : « Les crimes hitlériens, et parmi eux le massacre des Juifs, sont sans équivalent dans l'histoire parce que l'histoire ne rapporte aucun exemple qu'une doctrine de destruction aussi totale ait jamais pu s'emparer des leviers de commande d'une nation civilisée. »

Alain CHATRIOT

• *Voir aussi :* Allemagne ; Totalitarisme

Bibl. : Ian Kershaw, *Hitler*, Flammarion, 2 vol., 1999-2000 • Id. *Qu'est-ce que le nazisme ? Problèmes et perspectives d'interprétation*, Gallimard, 2003

NATURE. – Le concept de nature occupe une place centrale dans la pensée de Camus : il constitue un nœud où les problèmes se rencontrent et renvoie à la philosophie de la limite (de la mesure) qui couronne l'œuvre de l'écrivain. La nature, prise dans son sens le plus général, de l'ensemble des choses, du monde dans lequel nous nous trouvons toujours déjà et qui, après la « mort de Dieu », a pris la place du principe des choses, est double, antithétique : elle est à la fois marâtre – elle nous écrase par sa puissance, elle nous menace, elle nous produit certes mais nous détruit tout aussi sûrement – et maternelle – elle nous berce par ses rythmes et nous séduit par ses couleurs et sa beauté. Nous découvrons donc dès le départ une polarité en elle qui nous oblige à prendre garde à son potentiel destructeur et nous contraint à équilibrer ses composantes et à réfléchir aux notions de limite et de mesure. Qui se laisse en effet subjuguer par les forces naturelles ou s'y abandonne en oubliant l'énergie créatrice et destructrice qui les meut risque de tuer ou de se tuer. L'ambiguïté fondamentale est que nous sommes des produits de la nature et qu'elle est donc aussi en nous : elle nous est à la fois extérieure et intérieure. Meursault, à la fin de la première partie de *L'Étranger*, est le jouet de la chaleur et de la lumière et accomplit un acte, homicide ou meurtre, comme s'il n'était que l'exécuteur d'un rite solaire barbare qui le dépasse. Mersault quant à lui, dans *La Mort heureuse*, s'abandonne à la mer et à la lumière mais ne peut, du fait de sa santé précaire, résister longtemps aux exigences de ce bonheur purement physique. Qui justifie ses entreprises criminelles par le désir – le désir du bonheur ou de l'impossible, le désir sexuel – que la nature a mis en lui (Mersault, Martha, Caligula, le marquis de Sade analysé dans *L'Homme révolté*) déclenche la violence et ses conséquences. Après son altercation avec l'aumônier, Meursault, à la fin de la seconde partie de *L'Étranger*, semble au contraire avoir trouvé la paix, une espèce d'équilibre dans son rapport à la nature qu'il expérimente d'ailleurs non à l'extérieur mais à l'intérieur de la prison : « La merveilleuse paix de cet été endormi entrait en moi comme une marée [...], je m'ouvrais pour la première fois à la tendre indifférence du monde. » L'oxymoron, « la tendre indifférence du monde », exprime le double caractère de la nature : tendresse et indifférence s'y limitent et contribuent à réaliser un équilibre.

Noces et les *Journaux de voyage* de Camus expriment ce double aspect de la nature, la lutte contre la nature hostile – la nature « suffoque l'homme » – et l'accord avec elle – le monde « est beau, et hors de lui, point de salut ».

Mais la conviction est présente depuis le début que le « monde finit toujours par vaincre l'histoire », qu'il y a une « nature sans hommes », par exemple le « Brésil avec sa mince armature moderne plaquée sur cet immense continent grouillant de forces naturelles et primitives me fait penser à un building, rongé de plus en plus avant par d'invisibles termites. Un jour le building s'écroulera ».

La beauté naturelle – pensons à la mer, au ciel, aux paysages auxquels Camus était si sensible – repose elle aussi sur une polarité : la nature n'est pas belle dans sa totalité et certains de ses aspects doivent être occultés pour que la beauté apparaisse ; le premier matin ou le premier sourire du monde ne sont possibles que par la mise entre parenthèses d'aspects insoutenables de la réalité. Camus parle à cet égard des « notions mitoyennes de nature et de beauté » (« Défense de *L'Homme révolté* ») : toutes deux ne font sens que par les pôles antithétiques entre lesquels elles se situent.

Le caractère problématique de la nature et du monde joue un rôle central dans *Le Mythe de Sisyphe* : la diversité et l'opacité du monde s'opposent au désir d'unité et de transparence de l'être humain. La révolte est aussi révolte contre la condition humaine, contre la finitude que la nature lui réserve. L'homme est contraint, ne serait-ce que pour subsister, de travailler, d'humaniser la nature. Et les notions de travail et de société, dans laquelle celui-ci est organisé, renvoient à la notion d'histoire. Nature et histoire s'opposent fondamentalement : les processus naturels sont cycliques, fondés sur la répétition ; les processus historiques se veulent linéaires, ils visent un but (ne serait-ce que la réalisation de l'objet du travail), un mieux, un progrès, et si les grandes entreprises historiques se perdent dans la répétition, c'est qu'elles ont échoué. Selon Camus, l'homme occidental a tenté de subordonner la nature à l'histoire, d'en faire son matériau et de s'en rendre maître. *L'Homme révolté* est un immense effort pour libérer l'Occidental de cette obsession. Ici encore, nature et histoire doivent se limiter, s'équilibrer, et chacune doit servir à l'autre de mesure. L'écrivain a reconstitué les étapes de cette histoire occidentale. Pour les Grecs, les hommes doivent suivre la nature et leur nature. Le christianisme n'a conquis sa catholicité (son universalité) qu'en reprenant des éléments de la philosophie grecque, mais son évolution ultérieure – au cours de laquelle la composante germanique, avec la Réforme, a joué son rôle – lui a fait mettre l'accent sur l'histoire, qui va de la Création au Jugement dernier et au royaume de Dieu. La promesse de la surnature de ce royaume couronne l'histoire. La pensée allemande des XIXe – Hegel juge la nature abstraite et estime que l'esprit ne peut prendre conscience de lui-même que dans la ville moderne – et XXe siècles, que l'écrivain appelle aussi l'« idéologie allemande » et que l'existentialisme ne fait que prolonger, a divinisé l'histoire : en a résulté l'historisme. La nature doit être exploitée au profit de la société sans classes qui met fin à la (pré)histoire. Camus en appelle à la sensibilité à la mesure, caractéristique selon lui de la culture méditerranéenne, héritière de la pensée grecque, pour faire contrepoids à l'historisme.

L'écrivain algérois, qui partage la vision grecque, lui reprend l'idée de nature humaine, c'est-à-dire d'un ensemble de caractères propres à l'espèce humaine. En ce sens, l'existence ne précède pas l'essence, comme Jean-Paul Sartre le proclame. Ce qui ne signifie pas que l'homme découvre sa nature dès le départ : c'est au cours de l'histoire qu'il manifeste cette nature et qu'il en prend connaissance. L'analyse de la révolte a renforcé cette conviction chez Camus : le révolté ne se révolte pas que pour lui-même mais pour tous les hommes dont il découvre la dignité ; ce faisant, il découvre la solidarité humaine et l'exigence de justice et de liberté. Quiconque se révolte fera, selon l'écrivain, la même découverte et trouvera les mêmes valeurs. Camus rejette la croyance totalitaire à l'infinie plasticité de la nature humaine et rappelle que, malgré les catastrophes du XXe siècle et les tentatives pour coloniser la nature et conditionner la nature humaine, la nature « est toujours là, pourtant », et que le « grand Pan [...] n'est pas mort » (« Révolte et art », *L'Homme révolté*).

Maurice WEYEMBERGH

Bibl. : Heinz Robert Schlette, *« Der Sinn der Geschichte von Morgen ». Albert Camus' Hoffnung*, Francfort, Joseph Knecht, 1995, p. 87-104 • Eric Werner, *De la violence au totalitarisme. Essai sur la pensée de Camus et de Sartre*, Calmann-Lévy, 1972, p. 59-80

NÉMÉSIS. – Némésis était fille de Nyx, déesse de la Nuit. Après son union violente avec Zeus, qui avait pris l'apparence d'un cygne, elle pondit un œuf, duquel naquirent Hélène et les Dioscures. Cette légende, qui se poursuit avec le rapt d'Hélène et la Guerre de Troie, fait de Némésis une personnification de la vengeance divine qui est une composante majeure fondamentale de l'esprit hellénique : qui s'élève au-dessus de sa condition, en bien comme en mal, s'expose à des représailles des dieux. Car il tend à bouleverser l'ordre du monde et, à ce titre, doit être châtié, si l'on veut que l'Univers demeure ce qu'il est.

Dans la dernière partie de *L'Homme révolté*, qu'il a titrée « La pensée de midi », Camus récupère le mythe comme l'esprit hellénique qui attribue à Némésis la fonction de « surveiller l'équilibre ». Mais pour lui elle est aussi une déesse-mère, représentante de la féminité et de la terre... méditerranéenne. En effet, à partir des images des paysages algériens, il avait déjà développé l'idée d'équilibre et d'harmonie des extrêmes (le soleil, par exemple, est nécessaire à la terre, mais sans excès). Maintenant, il lui donne un nom qui devient le fil conducteur de son troisième cycle : « les antinomies morales, écrit-il, commencent, elles aussi, à s'éclairer à la lumière de cette valeur médiatrice ».

L'on peut admirer que Camus ait prévu, dès le commencement de son deuxième cycle sinon une progression du moins une évolution dont le but était clairement pensé : développer le thème de la mesure humaine nécessaire. Némésis est l'allégorie de cette idée de réconciliation et d'équilibre des contraires. Les schémas de travail indiqués dans ses *Carnets* sont les suivants : « I. Le Mythe de Sisyphe (absurde). – II. Le Mythe de Prométhée (révolte). – III. Le Mythe de Némésis. » Dans ce projet d'organisation, aucun substantif n'apparaît aux côtés de Némésis ; cependant, en juin 1947, Camus avait déjà noté d'autres étapes après *L'Homme révolté* : « 3e – Le Jugement – Le premier homme. 4e – L'amour déchiré : Le Bûcher – De l'Amour – Le Séduisant. » Par conséquent, avant de parvenir à Némésis et au « jugement » puis à « l'amour », l'étape de la révolte s'avère indispensable car l'absurde ne peut pas être seulement assumé, il doit être aussi dépassé, grâce aux actions humaines.

Les dichotomies (ou antinomies évoquées par Camus) ne peuvent être dynamiques, et les effets de leurs tensions bénéfiques que dans la mesure où, d'une part, les résultats de leurs actions conjointes sont projetés dans le temps, et, d'autre part, que ces actions se font dans le respect de soi, des autres... et de la nature. Or, autant pour respecter que pour être solidaire, l'être humain doit tenir compte des limites (humaines ou naturelles) où il se trouve, car tout excès peut être destructeur, voire fatal. Cela explique l'accentuation des deux nouveaux constituants de la production camusienne : Némésis et l'amour. L'amour, en effet, fait agir en fonction du bien de l'être (ou des êtres) aimé(s), pour le bien d'autrui. Quant à Némésis, Camus rappelle, en évoquant Héraclite dans *L'Homme révolté*, que la « limite était symbolisée par Némésis, déesse de la mesure, fatale au démesurés ». Et cette limite, et son respect, est la valeur première (ou « première valeur ») pour maintenir l'équilibre « naturel » de tout système.

Grâce aux capacités et aux potentialités de l'homme, que Camus a toujours mises en évidence, les écrits du premier cycle s'orientaient déjà vers un dépassement des dichotomies. Puis, avec *L'Exil d'Hélène*, texte rédigé en 1948, il affirmait que « Notre Europe, au contraire [des Grecs], lancée à la conquête de la totalité, est fille de la démesure », et cette même idée réapparaît dans « La pensée de midi ». L'écrivain met alors en œuvre Némésis pour pallier cette démesure ; et, ce faisant, il annonce ce qui pourrait être appelé « le mythe d'Euphorion », car son affirmation critique ne l'empêchait pas de souhaiter que le rêve de Goethe, qui faisait naître Euphorion de l'union de Faust et d'Hélène, puisse s'accomplir. Ce « nouveau » personnage assume la réconciliation des contraires (puisqu'il est le fruit de l'union entre le stéréotype de la masculinité – d'après Goethe – et celui de la féminité), et Camus l'associe en plus à une structure cyclique de renaissance. En ce sens, Euphorion serait un représentant de la coïncidence des contraires (*coincidentia oppositorum*).

À la fin de sa vie, Camus avait noté dans ses *Carnets* : « Le mythe d'Euphorion. L'enfant du titanisme contemporain et de la beauté antique. Goethe le fait mourir. Mais il peut vivre. » Ainsi, non seulement Euphorion symboliserait-il, pour lui, la réconciliation des opposés, mais encore serait-il le produit de l'assimilation, par l'époque contemporaine, et européenne, de la mesure classique, et grecque. Il est alors difficile de ne pas voir, dans ce mythe, celui que Camus a toujours recherché. Il lui resterait à en faire un héros, mais le simple fait de souhaiter le faire vivre indique déjà que l'écrivain surmontait ainsi toutes les dichotomies qui le déchiraient. Cependant, rappelons que son dernier roman resté inachevé évoque clairement l'idée d'un « éternel premier homme » puisque chaque nouvel être humain reconstruit son histoire et celle du monde. Comme le dit Jacqueline Lévi-Valensi, « Sans doute *Le Premier Homme*, conçu à l'époque où Camus envisageait de développer le mythe de Némésis, devait-il être une tentative de redonner à une vie d'homme sa plus juste dimension. »

Hélène RUFAT

• *Voir aussi :* « Pensée de midi »

Bibl. : Jacqueline Lévi-Valensi, « Roman, mesure et démesure », dans David H. Walker (dir.), *Albert Camus, les extrêmes et l'équilibre*, Amsterdam, Rodopi, 1994 • Agnès Spiquel, « Némésis, une "pensée de midi" », *Perspectives*, n° 5, 1998, p. 199-212

NETCHAÏEV, Sergueï (1847-1882). – Autodidacte devenu instituteur, Sergueï Guennadievitch Netchaïev fonde à Saint-Pétersbourg un groupe nihiliste. Réfugié à Genève, il se fait passer pour un représentant d'un comité révolutionnaire évadé de prison. Son enthousiasme, la force de sa volonté et son dévouement à la cause révolutionnaire lui gagnent la confiance de Bakounine. En 1869, il rédige le *Catéchisme du révolutionnaire* dans lequel, partant du principe que « la fin justifie les moyens », il exhorte la jeunesse à « détruire le plus possible » et revendique pour les révolutionnaires le « Tout est permis ». Mandaté par Bakounine, il rentre à Moscou où il se présente comme messager plénipotentiaire d'une mythique Alliance révolutionnaire européenne. Il fonde une société de conjurés, la Vindicte du peuple, composée de groupes de cinq personnes strictement cloisonnés, qui, à l'en croire, avait des ramifications dans tout le pays. Un membre de la société, l'étudiant Ivanov, ayant contesté ses méthodes autoritaires, Netchaïev l'accuse de trahison et, avec quatre autres membres du groupe, le tue dans un guet-apens. Ce meurtre, selon lui, devait cimenter le groupe. Les meurtriers sont arrêtés et jugés, sauf Netchaïev qui réussit à quitter le pays. Il obtient des fonds pour imprimer des écrits incendiaires où il préconise le meurtre politique et l'avènement d'un régime dans lequel Marx voit le « modèle d'un communisme de caserne ». Son utilisation abusive du label de la Ire Internationale amène celle-ci à se désolidariser officiellement de lui. Ses mystifications et ses provocations conduisent Bakounine à rompre lui aussi ses relations avec lui. En 1872, Netchaïev est arrêté en Suisse, extradé et condamné à vingt ans de réclusion criminelle. Emprisonné dans la forteresse Pierre-et-Paul de Saint-Pétersbourg, il reste inébranlable dans ses convictions. Il parvient en outre à rallier à sa cause ses geôliers et à les organiser en société secrète. Après la découverte des préparatifs de son évasion, il est complètement isolé et détenu dans des conditions extrêmement dures jusqu'à sa mort.

Netchaïev servit de prototype au Pierre Verkhovenski des *Démons* (1871) où, sous la forme d'un pamphlet contre le nihilisme de l'époque, Dostoïevski utilisa largement les documents du procès des assassins de l'étudiant Ivanov. Dans son *Journal d'un écrivain* (1873), il analysa longuement le phénomène « des Netchaïev » et son influence néfaste sur la jeunesse. Dans les années 1870, la majorité des opposants au régime condamnait les agissements de Netchaïev ainsi que sa pratique de la politique du pire. Plus tard, les bolcheviks réalisèrent certains principes propagés par l'auteur du *Catéchisme du révolutionnaire* : le culte de l'efficacité à tout prix, l'application rigoureuse des principes de la conspiration et une discipline de fer, le mensonge et la provocation, enfin ce que Dostoïevski avait nommé « le droit au déshonneur ».

C'est chez ce dernier et Nicolas Berdiaev que Camus découvrit l'histoire de Netchaïev. Dès l'automne 1947, il est persuadé que ce personnage historique qui prônait l'organisation centralisée d'un parti révolutionnaire annonçait le bolchevisme. Travaillant aux *Justes*, il transcrit dans ses *Carnets* la définition du révolutionnaire tirée du *Catéchisme* de Netchaïev : « Le révolutionnaire est un individu marqué. Il n'a ni intérêt ni affaires ni sentiments personnels. Tout en lui est happé en vue d'un seul intérêt exclusif, d'une seule pensée, d'une seule passion : la Révolution. » Camus partage à ce propos la conclusion de Berdiaev, « Tout ce qui sert la révolution est moral », et constate la ressemblance de Netchaïev avec Dzerjinski, créateur de la Tcheka (la police politique). Il note aussi le credo de Bakounine que Netchaïev s'était approprié : « La passion de la destruction est créatrice. » Le Stepan des *Justes* ainsi que Pierre Verkhovenski dans son adaptation théâtrale des *Possédés* ont Netchaïev pour modèle.

En 1951, dans *L'Homme révolté*, Camus revint sur la personnalité de l'auteur du *Catéchisme du révolutionnaire* et caractérisa sa pensée comme une doctrine qui, selon lui, poussait la logique nihiliste jusqu'au bout et faisait de la révolution une religion. « Il s'était fait le moine cruel d'une révolution désespérée, écrivait-il. […] Pour la première fois avec lui, la révolution va se séparer explicitement de l'amour et de l'amitié. » À ses yeux, l'originalité de Netchaïev résidait dans la justification du mensonge et de la violence faites non seulement à l'ennemi, mais aussi aux « frères », aux subordonnés considérés par les chefs comme « un capital qu'on peut dépenser ». Tout homme devenait ainsi un instrument et le meurtre était érigé en principe. « La vie de ce révolté, concluait Camus, inaugure la race méprisante des grands seigneurs de la révolution. »

Eugène KOUCHKINE

Bibl. : Nicolas Berdiaev, *Les Sources et le sens du communisme russe*, Gallimard, 1936 • René Cannac, *Aux sources de la Révolution russe. Netchaïev, du nihilisme au terrorisme*, Payot, 1961 • Lucien Feuillade et Nicolas Lazarévitch (dir.), *Tu peux tuer cet homme. Scènes de vie révolutionnaire russe, 1869-1910*, Gallimard, coll. « Espoir », 1950

NIETZSCHE, Friedrich Wilhelm (1844-1900). – « Je dois à Nietzsche une partie de ce que je suis », écrit Camus en 1954. L'Auteur du *Gai Savoir* occupe une place particulière dans les admirations de l'écrivain. Il est présent à tous les moments de la production camusienne, le ton des allusions au philosophe allemand est la plupart du temps empreint d'une émotion et d'un respect qui ne trompent pas, et sur le plan de la vision du monde il est – malgré les critiques de l'écrivain – son allié par excellence. Selon l'un de ses professeurs, Paul Mathieu, Camus lorsqu'il était en classe de terminale citait déjà Nietzsche « à tout propos et même hors de propos ». Il était, pour lui, « la loi et les prophètes ».

La Mort heureuse n'est compréhensible qu'à partir de sa pensée sur le dionysiaque et le tragique et la réflexion sur l'absurde dans *Le Myhe de Sisyphe* prolonge sa réflexion sur le nihilisme. *Les Lettres à un ami allemand*, avec le passage de la révolte solitaire à la révolte solidaire, initie une réception plus critique du philosophe allemand qui se poursuit dans *L'Homme révolté*, mais l'écrivain entend corriger les errements de Nietzsche en recourant à d'autres aspects de sa pensée : c'est ce qui fait de lui un nietzschéen de gauche. La fidélité à la terre, thème nietzschéen par excellence, enjoint, selon Camus, de ne pas ajouter les injustices humaines aux injustices naturelles mais de les corriger dans la mesure du possible. La préface au livre de Konrad Bieber sur la Résistance, le *Discours de Suède* lui rendent hommage de même que la conférence d'Athènes « Sur l'avenir de la tragédie ». Comment surtout ne pas évoquer les *Carnets* où Nietzsche est présent de bout en bout et où des détails de sa biographie sont consignés ainsi que des citations qui retiennent l'attention de l'écrivain ?

Quelques textes illustrent le ton de certaines notations de Camus sur

Nietzsche. Le premier se trouve dans *L'Homme révolté*, là même où l'écrivain prend ses distances vis-à-vis du philosophe : « Il est bien vrai que la démesure peut être une sainteté, lorsqu'elle se paye de la folie de Nietzsche. » Que le partisan de la mesure qu'est l'écrivain algérois taxe la démesure nietzschéenne de « sainteté » parce qu'elle est payée par la folie est pour le moins inattendu.

Deuxième texte, la réponse de l'écrivain aux critiques d'André Breton et d'Aimé Patri sur sa conception de la révolte : « Mais la seule réponse qu'on me fait est qu'il ne faut pas tomber aussi bas que Nietzsche devenu méditerranéen et lisant Gyp avec plaisir. Pourtant, si une telle âme, qui nous surpasse tous infiniment, si cette dure et belle intelligence en est venue à souffler un peu auprès de Gyp, avant de se ruer dans la folie, il a peut-être fallu que le temps, ses œuvres, ses artistes, ses démagogues et ses recruteurs, lui répugnent assez pour qu'il leur préférât n'importe quoi. À partir de là, à la place de M. Patri, je parlerais de Nietzsche plus modestement » (« Révolte et conformisme », novembre 1951, *Actuelles* II).

Le troisième texte est tiré des notations des *Carnets* et décrit une promenade de Camus dans Turin, en 1954 : « Je vais voir la maison du 6 via Carlo Alberto où Nietzsche a travaillé puis sombré dans la folie. Je n'ai jamais pu lire sans pleurer le récit de l'arrivée d'Overbeck, son entrée dans la pièce où Nietzsche fou délire, puis le mouvement de celui-ci qui se jette dans les bras d'Overbeck en pleurant. Devant cette maison j'essaie de penser à lui que j'ai toujours aimé d'affection autant que d'admiration, mais en vain. Je le rencontre mieux dans la ville dont je comprends, malgré le ciel bas, qu'il l'ait aimée et pourquoi il l'a aimée. »

On lit enfin dans le *Discours de Suède* (conférence d'Uppsala, le 14 décembre 1957) : « On dit que Nietzsche après la rupture avec Lou Salomé, entré dans une solitude définitive, écrasé et exalté en même temps par la perspective de cette œuvre immense qu'il devait mener sans aucun secours, se promenait la nuit, sur les montagnes qui dominent le golfe de Gênes, et y allumait de grands incendies de feuilles et de branches qu'il regardait se consumer. J'ai souvent rêvé de ces feux et il m'est arrivé de placer en pensée devant eux, pour les mettre à l'épreuve, certains hommes et certaines œuvres. »

Comment ne pas s'arrêter en outre à cette curieuse discussion avec le père Bruckberger dans les *Carnets* : « Conversation sur Nietzsche damné ». L'esprit libre, le Don Juan de la connaissance, l'annonciateur de la mort de Dieu aurait-il été relégué en enfer ? Ou sa « *Rechtschaffenheit* », sa « droiture » – vertu nietzschéenne par excellence : « fou de droiture », dit Camus dans *L'Homme révolté* – l'aurait-elle sauvé du châtiment ? Il y aurait là, en effet, matière à un dialogue plein de surprises qui ne pourrait pas ne pas évoquer le dialogue de Don Juan avec la statue du Commandeur.

Mais la raison fondamentale de l'attachement de Camus à Nietzsche tient évidemment à des raisons esthétiques et philosophiques. Nietzsche est un philosophe écrivain et Camus un écrivain philosophe et ils ont tous deux le goût classique et l'amour de la Grèce (particulièrement de la Grèce présocratique). Ils n'aiment ni l'un ni l'autre le système et le traité et lui préfèrent l'essai et l'aphorisme. Plus on s'éloigne du traité, en effet, et plus on se rapproche de la littérature – Camus note dans

Carnets une phrase du *Crépuscule des idoles* : « La volonté de système est un manque de loyauté. »

Nietzsche est d'abord le frère en absurde : Camus reprend sa démarche sur le nihilisme mais l'applique à cette notion d'absurde : serait-il possible en précipitant l'absurde, en le portant à son degré extrême, c'est-à-dire en le pensant dans toutes ses conséquences, de découvrir son au-delà, ce que l'écrivain algérois appelle dans sa lettre à Francis Ponge du 23 janvier 1943, « un bon nihilisme » ? La réponse pour l'homme absurde consiste à se construire un mythe, avec l'aide de la mémoire, en racontant et en se racontant ses actes ou les actes de ses personnages pour transformer leur contingence en destin, comme Camus le formule à la fin du *Mythe de Sisyphe*. En somme, ce que Nietzsche avait fait de sa propre existence en formulant la doctrine, le « mythe », de l'éternel retour : puisque je suis un moment du cycle et que le cycle recommence une fois qu'il est terminé, je lui suis nécessaire, il ne peut se répéter sans repasser par moi. *Ego fatum*, dit alors Nietzsche, je suis le destin et éternel. L'homme de l'absurde ne va pas aussi loin : il crée « pour rien », le mythe qu'il construit est à l'image de sa vie, il reste « sans avenir ».

Pour bien comprendre ce qui sépare Camus de Nietzsche – et lui fait critiquer dans *L'Homme révolté* sa propre conception de l'absurde –, il convient de mettre en évidence en même temps le lien particulier qui le rattache au philosophe allemand. C'est cette différence et ce lien qui lui confèrent une position excentrique par rapport à la plupart de ses contemporains et explique son attitude négative à l'égard de Hegel, de Marx et de leurs successeurs. Position qui n'est généralement pas bien comprise et a pourtant été analysée par Eric Werner (*De la violence au totalitarisme. Essai sur la pensée de Camus et de Sartre*, Calmann-Lévy, 1972). Pour Nietzsche, il n'y a pas d'arrière-monde, il n'y a pas d'autre réalité qui corrigera la réalité existante : la vérité est difficile, voire impossible à supporter. Ce qui suscite la construction d'écrans protecteurs, les promesses religieuses ou métaphysiques, le recours aux transcendances verticales ou horizontales qui masquent ce que la vie est réellement. L'hypothèse de l'éternel retour vise à rendre le fardeau plus lourd encore puisque cette réalité ne fait que se répéter. Autrement dit, il n'y a pas de société réconciliée à la fin de l'histoire ou de société sans classes à la fin de la préhistoire. Il n'y a au sein de chaque cycle qu'une lutte toujours recommencée entre les volontés de puissance, les maîtres et les esclaves, les forts et les faibles. Il importe seulement de vivre adéquatement l'instant présent en découvrant l'éternité dans la densité que lui confère la théorie de l'éternel retour. Vision on ne peut plus désenchantée que seul le surhomme est capable de supporter.

La position excentrique de Camus repose sur le fait qu'il est nietzschéen, mais plus encore peut-être sur le fait qu'il est un nietzschéen de gauche. Il ne croit pas plus que Nietzsche aux arrière-mondes, aux transcendances et n'oublie jamais que la nature, dont il célèbre la beauté par ailleurs, est aussi une marâtre. La seule réalité est le présent : le passé et le futur ne se vivent jamais qu'au présent d'ailleurs puisque le passé n'est plus et que le futur n'est pas encore. Toutefois, devant la condition qui est faite à l'homme – par la nature ou les dieux –, Camus ne peut se résoudre à l'*amor fati* nietzschéen, au consentement au monde tel qu'il est, à l'affirmation absolue. Il centre sa pensée sur la notion de révolte, mais celle-ci, telle qu'il la comprend, joint, le refus au consentement. Le révolté découvre alors les valeurs de dignité, de solidarité, de justice et de liberté et entend rester, malgré les tentations, fidèle à ce que sa révolte lui a révélé à l'origine. La violence et le meurtre, que l'affirmation absolue ne peut qu'entériner, voire exalter, sont inévitables, mais on ne peut s'y livrer en les justifiant par une philosophie ou une idéologie, on ne peut les rendre confortables, ils doivent rester exceptionnels. En définitive, il « n'y a pas un bon et un mauvais nihilisme ».

Camus se démarque donc ici de Nietzsche : ses convictions de gauche, le respect de la dignité et de la solidarité humaines, de la justice et de la liberté corrigent ce que l'*amor fati* a d'inhumain en renforçant par les actions qu'il inspire l'injustice qui est faite à l'homme. Camus ne croit pas pour autant comme Kant ou Raymond Aron que, si l'idéal ne peut être réalisé, on peut néanmoins s'en rapprocher en un mouvement asymptotique ; il croit moins encore, comme les marxistes ou Jean-Paul Sartre, que la société idéale est à l'horizon de l'histoire. Certains enseignements de la « sagesse absurde » demeurent : les enfants et les hommes continueront de mourir, la finitude garde son emprise sur le plan individuel. La nature demeure sous-jacente à l'histoire et le monde « finit toujours par vaincre l'histoire » (*Noces*). Bien qu'au cours de l'histoire les hommes apprennent à mieux connaître leur nature et à approfondir leur révolte, Camus n'oublie jamais, sur le plan collectif, la tragédie de la première moitié du XXe siècle, les camps de concentration et le feu nucléaire. La réalité de la guerre froide et de l'affrontement des blocs capitaliste et communiste était trop présente pour rêver de lendemains qui chantent. Camus est un homme de gauche qui ose penser l'échec : sur ce point, il est proche de Max Horkheimer et de Theodor Adorno. C'est pourquoi il utilise le terme de « pari » dans *L'Homme révolté* : il faut *parier* pour la renaissance et la victoire sur le nihilisme. Le pari du révolté ne donne aucune certitude quant à l'avenir.

Camus n'est donc pas aveugle aux dangers inhérents à la philosophie de Nietzsche et mesure bien que certains de ses propos – par exemple l'interprétation de conduites ou de pensées par la physiologie des acteurs – ont pu être utilisés par le totalitarisme nazi. Mais il met en garde contre la réduction de toute sa pensée à l'hitlérisme : une telle réduction, semblable à la réduction de Marx au communisme de ses successeurs, serait une injustice notoire. Le lecteur de *L'Homme révolté* doit être attentif à une note qui précise que le chapitre qui lui est consacré, « Nietzsche et le nihilisme », n'est qu'un commentaire de la dernière philosophie de Nietzsche, *La Volonté de puissance*. Indépendamment de l'histoire contestée de ce livre dans lequel Peter Gast a rassemblé des fragments épars, il convient de rappeler que les spécialistes de Nietzsche distinguent trois périodes dans son évolution et que la deuxième philosophie de Nietzsche offre bien des corrections à la dernière.

Maurice WEYEMBERGH

• *Voir aussi :* Philosophie allemande

Bibl. : A. James Arnold, « Camus lecteur de Nietzsche », *Revue des Lettres modernes*, série Albert Camus, 9, 1979 • Frantz Favre, « Camus et Nietzsche, philosophie et existence » *Revue des Lettres modernes, ibid* • Bianca Rosenthal, *Die Idee des Absurden bei Friedrich Nietzsche und Albert Camus*, Bonn, Bouvier, 1977 • Maurice Weyembergh, *Albert Camus ou la mémoire* *des origines*, Bruxelles, De Boeck, 1998, p. 41-61 et 75-84

NIHILISME. – Camus signale dans *L'Homme révolté* que le terme « nihilisme » apparaît pour la première fois dans le roman de Tourgueniev *Père et Fils* publié en 1862 : le personnage Bazarov en est le symbole. Selon Heidegger (*Nietzsche*, Neske, Pfullingen, 1961), ce serait le philosophe allemand Jacobi qui l'aurait utilisé pour la première fois dans une lettre adressée à Fichte et publiée en 1799. Louis-Sébastien Mercier, dans *Néologie ou vocabulaire des mots nouveaux*, signale dès 1801 les mots « nihiliste » et « rieniste », que Camus emploie d'ailleurs dans *L'Homme révolté*. Ajoutons que saint Augustin dans *De la vraie religion* utilise l'expression « *nihili homines* », les « hommes du néant », pour désigner ceux qui ne voient pas que ce qui ne repose pas en Dieu glisse inexorablement dans le néant. « Nihilisme » désigne généralement la négation de toute transcendance divine ou morale et le rejet des hiérarchies de valeurs.

Le terme ne figure pas dans les *Cahiers* I à III des *Carnets*, ni dans *Le Mythe de Sisyphe* ni encore dans *Lettres à un ami allemand*. Il est présent en revanche dans les trois *Actuelles*, surtout dans *Actuelles* II, dans les Cahiers IV à VI, et rare (deux occurrences) dans les Cahiers VII à IX. « Nihilisme » apparaît plus de cent fois, « nihiliste(s) » cinquante fois dans *L'Homme révolté* et plusieurs fois encore dans « Défense de *L'Homme révolté* ».

L'absence du mot dans *Le Mythe de Sisyphe* s'explique par le fait que Camus y analyse la notion de l'absurde et qu'il tente de la saisir en la purifiant de la gangue qui peut l'entourer. L'absurde est en fait une figure du nihilisme propre à la sensibilité de l'époque, alors que le nihilisme est un mouvement qui vient de plus loin et est beaucoup plus large. L'écrivain entend faire avec l'absurde ce que Nietzsche avait tenté avec le nihilisme : le précipiter au sens chimique du mot, le porter à son point le plus intense pour, peut-être, découvrir son au-delà. Dans le prière d'insérer au *Mythe* qu'il envoie à Gaston Gallimard le 22 septembre 1942, le mot « nihilisme » est utilisé à deux reprises et Camus fait allusion au nihilisme et à Nietzsche dans sa « Lettre au sujet du "Parti pris" » adressée à Francis Ponge le 27 janvier 1943. Les deux notions renvoient donc l'une à l'autre dans l'œuvre de Camus, mais avec le temps et la réflexion le problème du nihilisme viendra au premier plan : *L'Homme révolté* est essentiellement une tentative pour arriver, comme le dit la dernière section de l'essai, à l'« au-delà du nihilisme ». L'écrivain y reprend donc sa tentative du *Mythe de Sisyphe*, mais cette fois appliquée au nihilisme lui-même et non plus à l'une de ses figures. Cette reprise va d'ailleurs de pair avec une modification dans la perception du phénomène : dans sa lettre à Ponge, Camus écrivait : « Il s'agit de savoir si l'on peut définir un bon nihilisme ». En 1951, dans sa discussion avec André Breton, reprise dans *Actuelles* II, il note : « Il n'y a pas un bon et un mauvais nihilisme, il n'y a qu'une longue et féroce aventure dont nous sommes tous solidaires. » Le passage de la révolte solitaire à la révolte solidaire s'accompagne de la réflexion sur les valeurs et sur la nécessité de reconnaître la validité de certaines d'entre elles pour orienter nos actions.

Précisons que Camus utilise d'habitude le terme « nihilisme » au singulier, mais qu'il l'emploie au moins une fois au pluriel dans le *Discours de*

Suède, soulignant ainsi l'existence de figures, de visages différents. Mais ainsi qu'il l'écrit dans « Défense de *L'Homme révolté* » : « il n'y a, sous des visages différents, qu'un seul nihilisme dont nous sommes tous responsables et dont nous ne pouvons sortir qu'en l'acceptant avec toutes ses contradictions ».

La définition du nihilisme renvoie à son histoire : la profondeur du mouvement se révèle en même temps qu'il se développe et progresse vers sa plus haute intensité. Selon Camus, il l'atteint, sur le plan de la révolte métaphysique, avec Ivan Karamazov (la négation absolue qui va jusqu'au refus du salut) et Nietzsche (l'affirmation absolue ; le philosophe est la conscience la plus haute du nihilisme et son clinicien) qui proclament que « tout est permis » ; sur le plan de la révolution historique, il culmine dans le terrorisme individuel – la figure la plus extrême en étant Netchaïev – et dans le terrorisme totalitaire – Hitler représente la négation absolue, qui se rue dans le meurtre et le suicide, et le communisme l'affirmation absolue de la rationalité de l'histoire. Sur le plan de l'art, le formalisme et le réalisme sont nihilistes, le premier parce qu'il nie le réel, le second parce qu'il dit tout en accepter. La généalogie de la révolte et de ses perversions est donc en même temps la généalogie du nihilisme : la révolte met en cause la grâce (le sacré) et la justice ou l'existence de Dieu, qu'elle finit par remplacer par l'autodivinisation et la volonté de créer l'empire du monde. On trouve dès lors différentes tentatives pour circonscrire le nihilisme qui soulignent des aspects du mouvement et correspondent à divers moments de son devenir. Donnons-en quelques exemples. À propos de Nietzsche, qui constate la mort de Dieu : « Si le nihilisme est l'impuissance à croire, son symptôme le plus grave ne se retrouve pas dans l'athéisme, mais dans l'impuissance à croire ce qui est, à voir ce qui se fait, à vivre ce qui s'offre » ; « Le nihiliste n'est pas celui qui ne croit à rien, mais celui qui ne croit pas à ce qui est. » Le Pierre Verkhovensky des *Possédés* est « le nihiliste qui revendique le droit au déshonneur » et ne reconnaît que la volonté de puissance. Ernst Jünger quant à lui a « choisi les formules mêmes du nihilisme : "La meilleure réponse à la trahison de la vie par l'esprit, c'est la trahison de l'esprit par l'esprit, et l'une des grandes et cruelles jouissances de ce temps est de participer à ce travail de destruction." » Destruction dont Bakounine avait déjà chanté les vertus purificatrices. La dialectique, écrit Camus, est « nihiliste, pur mouvement qui vise à nier tout ce qui n'est pas lui-même ». Comment vivre sans la grâce est la question du XIXe siècle : « Par la justice, ont répondu tous ceux qui ne voulaient pas accepter le nihilisme absolu. » Mais la justice a été rejetée à la fin de l'histoire et remplacée entre-temps par la volonté de puissance. L'homme du XXe siècle est alors condamné à vivre sans grâce et sans justice, il est livré à l'histoire, ce qui est l'extrémité même du nihilisme. « Elle [la seule histoire] n'est pas source de valeur, mais encore de nihilisme. »

L'unité sous tous ces aspects différents se trouve dans l'incapacité à reconnaître des valeurs – la dignité, la solidarité, la liberté, la justice – qui sont pourtant révélées par la révolte bien comprise, telle que Camus en a décrit le type pur. Le nihilisme est alors le résultat de la perversion de la révolte métaphysique et historique. Aux contradictions qui le déchirent et dont il ne parvient pas à s'extraire, par exemple celle de la négation et de l'affirmation absolues, l'écrivain oppose sa pensée des limites : si on laisse, dans une contradiction ou une antinomie, l'un des pôles à sa pente, il monte aux extrêmes (en langage camusien, il devient « absolu » ou « total ») ; la réflexion et l'action doivent alors l'équilibrer en recourant au pôle opposé. Le modèle de la révolte repose sur un équilibre jamais atteint définitivement entre le non et le oui, le refus et le consentement. Armé de cette philosophie de la limite, Camus pense qu'il peut parier pour la renaissance, pour l'au-delà du nihilisme.

Dans le Cahier VIII de ses *Carnets*, en 1957, il note : « Le bouddhisme c'est l'athéisme devenu religion. La renaissance *à partir* du nihilisme. Exemple unique, je crois. Et précieux à méditer pour nous qui sommes aux prises avec le nihilisme. »

Maurice WEYEMBERGH

NI VICTIMES NI BOURREAUX. – Camus s'était éloigné de *Combat* en août 1945. Il y fait un retour remarqué avec huit articles publiés entre le 19 et le 30 novembre 1946 sous un même surtitre : « Ni victimes ni bourreaux ». Le journaliste a voyagé, il a réfléchi, il s'est informé, il a dialogué avec d'autres intellectuels de sa génération, Jean-Paul Sartre, André Malraux, Maurice Merleau-Ponty, Arthur Koestler, Manès Sperber : il a pris de la hauteur. Ces écrits de circonstance marqués par la conjoncture sont aussi un essai de philosophie politique et une réflexion originale sur les relations internationales. Le lecteur peut lire chaque article comme le chapitre d'un livre. Les manuscrits conservés à la bibliothèque d'Aix-en-Provence montrent que l'auteur a soigneusement recherché la plus grande clarté de l'expression.

Ni victimes ni bourreaux reprend et approfondit des idées que l'on trouvait dans des articles du *Soir républicain*, dans les *Lettres à un ami allemand*, dans des éditoriaux de 1944-1945 et dans des textes plus élaborés de la même époque, « Remarque sur la révolte » et « La crise de l'homme ». On peut y voir aussi un commentaire prospectif de *La Peste*, Tarrou parlant comme l'essayiste de *Combat*, tandis que s'y annoncent les grands thèmes politiques et que s'y met en place le réseau conceptuel de *L'Homme révolté*.

Si l'histoire produit des monstres, la faute en revient aux « idéologies meurtrières » que Camus appelle aussi « utopies absolues », en l'occurrence le nazisme et le marxisme auxquels il adjoint ici et là le libéralisme. Ces idéologies font prévaloir des abstractions, elles hypostasient la raison, parient sur le politique et, pour deux d'entre elles, légitiment le meurtre. Elles sont des produits du XIXe siècle que l'accélération de l'histoire rend archaïques. C'est dans *Ni victimes ni bourreaux* que figure la formule « la fin des idéologies » souvent attribuée à Raymond Aron. Il convient d'opposer à ces dernières des utopies moins coûteuses. Pour sa part, Camus entend seulement « définir les conditions d'une pensée politique modeste, c'est-à-dire délivrée de tout messianisme, et débarrassée de la nostalgie du paradis terrestre ». Chemin faisant, il intervient dans les débats de la mouvance socialiste. Il soutient ouvertement Léon Blum, cité dans le deuxième article, et les rénovateurs de la SFIO (parti socialiste) qui viennent d'être mis en minorité lors du dernier congrès du parti. Il appelle ledit parti à trancher et à répudier le marxisme et le réalisme politique qui en est le corollaire pragmatique.

Après son maître Jean Grenier, Camus rejette clairement l'idéologie marxiste parce que celle-ci absolutise, légitime, fétichise le mensonge et la violence. Il estime qu'une violence est inévitable, mais qu'on doit lui imposer des limites. Ce qu'il refuse, c'est la violence instituée et absolutisée, en l'occurrence la terreur, les camps ou la torture. La fin la plus sublime ne saurait en effet justifier des moyens exorbitants. Il est ainsi amené à remettre en cause le paradigme de la révolution dans la mesure où il implique une nouvelle guerre. Du même mouvement, il condamne le communisme soviétique – l'URSS triomphante de 1946 est une société totalitaire. Cette rupture précède et d'une certaine façon appelle la rupture du tripartisme qui prévaut en France depuis 1944.

« Le monde va vite. » L'accélération de l'histoire qui va de pair avec les progrès vertigineux des inventions techniques a rendu les nations interdépendantes. La planète est désormais une. « Nous savons aujourd'hui, écrit Camus, qu'il n'y a plus d'îles et que les frontières sont vaines. » Tous les partis politiques français restent toutefois enfermés dans les limites de l'hexagone. L'idée même de souveraineté est à relativiser. « Oui, nous devons enlever son importance à la politique intérieure », les vraies « réformes de structure » sont à faire hors du cadre national. « Les nationalisations ne seront pas viables dans un seul pays ». Les États-nations, qu'ils soient démocratiques ou dictatoriaux, restent pourtant intouchables. Le sacro-saint principe de non-ingérence dans les affaires intérieures leur assure un droit régalien de vie et de mort sur leurs ressortissants. Il est le rempart des dictatures.

Une autre idée également très actuelle se fait jour dans *Ni victimes ni bourreaux*. Les grandes décisions ne pouvant être prises dans un seul pays, la solution des problèmes majeurs suppose une coopération internationale. Ainsi en est-il aujourd'hui du développement, de l'eau ou du dérèglement climatique. « On ne guérit pas la peste avec les moyens qui s'appliquent aux rhumes de cerveau. Une crise qui déchire le monde entier doit se régler à l'échelle universelle. » Rassemblant des idées qu'il avait jusque-là éparpillées dans ses articles, Camus plaide pour la solidarité des nations et pour un nouvel ordre international qui devra être universel ou ne sera pas. Ce serait une révolution que de collectiviser et de redistribuer les ressources du monde. L'urgence, estime-t-il, exige l'utopie, mais une utopie relative. Le « choc des empires » qui s'annonce masque celui des civilisations. « De toute part, en effet, les civilisations colonisées font entendre leurs voix. Dans dix ans, dans cinquante ans, c'est la prééminence de la civilisation occidentale qui sera remise en question. » Soixante après qu'elles ont été formulées, ces intuitions de Camus, alors et longtemps incomprises, ont fait lentement leur chemin.

L'ordre international qui se met en place après la guerre est bipolaire. La France n'a pas les moyens de sa politique. Il ne lui est plus possible de rester isolée dans une Europe que le rideau de fer casse en deux blocs. Faut-il qu'elle se mette dans l'orbite d'une superpuissance ou de l'autre ? Dans les années suivantes, certains optent pour l'Alliance atlantique, les autres rêvent des démocraties populaires. Camus entend poser le problème autrement. Il envisage l'utopie d'un « nouvel ordre international » appuyé non pas sur les gouvernements mais sur les peuples devenus acteurs à part entière. L'Organisation des nations unies est créée en 1946. Camus souhaite qu'elle soit universalisée et démocratisée. À côté de l'Assemblée générale qui représente les États, il envisage la mise en place une chambre des peuples et reconnaît que c'est là une « pure utopie ». De façon plus pragmatique, il propose aussi « un code de justice internationale dont le premier article serait l'abolition générale de la peine de mort ». On n'en est pas là. La Déclaration universelle des droits de l'homme, en 1948, ouvre une première brèche. Peu de temps après, Camus apporte son soutien à Garry Davis qui s'est proclamé citoyen du monde et s'investit dans les Groupes de liaison internationale.

L'accueil à *Ni victimes ni bourreaux* est souvent réservé, parfois hostile. « Ceux qui pensaient comme moi se sont tus », confie Camus à Jean Grenier. Emmanuel Mounier, dans *Esprit*, juge son argumentation entachée d'angélisme ; ni Merleau-Ponty ni Sartre ne font connaître leurs désaccords – qui en l'occurrence sont philosophiques et politiques. Camus, sur bien des points, est sur les mêmes positions que Raymond Aron, lequel en son absence a pris du poids à *Combat*, mais l'horizon de sa pensée reste la critique de la société bourgeoise et capitaliste. En 1947, la revue *Caliban*, sur l'initiative de Jean Daniel, republie *Ni victimes ni bourreaux*, qui a déjà fait l'objet de plusieurs traductions à l'étranger. Les communistes sont furieux et il revient à un compagnon de route, Emmanuel d'Astier de La Vigerie, de formuler leurs objections dans *Caliban* (« Arrachez la victime aux bourreaux »). Sa critique se résume en cette phrase : « Vous fuyez la politique et vous réfugiez dans la morale. » Sauver les corps, comme le propose Camus, ne remet pas en cause la domination de la bourgeoisie et du capitalisme. La condescendance avec laquelle le marquis rouge lui a rappelé les tables de la loi marxiste lui vaut une réplique de Camus dans la même revue. De l'article « Où est la mystification ? », une phrase est souvent citée : « je n'ai pas appris la liberté dans Marx. Il est vrai : je l'ai apprise dans la misère ». Le débat tourne à la polémique. D'Astier lui répond, cette fois dans *Action*, hebdomadaire contrôlé par le parti communiste. Le dernier mot revient à Camus dans *La Gauche*, le bimensuel du Rassemblement démocratique révolutionnaire. Dans un texte cinglant, il s'en prend, pour la première fois, au système concentrationnaire soviétique. « Les camps faisaient partie de l'appareil d'État, en Allemagne. Ils font partie de l'appareil d'État, en Russie soviétique [...]. Il n'y a pas de raison au monde, historique ou non, progressive ou réactionnaire, qui puisse me faire accepter le fait concentrationnaire. » Les communistes tiennent désormais pour Camus pour un adversaire idéologique et vont l'attaquer à chaque occasion.

Ni victimes ni bourreaux passe pour un texte pacifiste et non violent. Malgré quelques formules souvent citées, sa logique profonde ne l'est pas. Plutôt que de publier ce texte de transition à part, Camus l'a intégré dans *Actuelles* et l'a fait suivre des deux réponses à d'Astier de La Vigerie. Si certains aspects du propos ont forcément vieilli, si leur auteur n'a pas les compétences philosophiques d'une Hannah Arendt, d'autres aspects sont étonnamment accordés aux interrogations d'aujourd'hui. La ruine des utopies absolues est accomplie avec l'effondrement du communisme puis la débâcle de l'ultralibéralisme. La question de la mondialisation s'est installée dans le débat politique et intellectuel. La construction européenne réalise – imparfaitement certes – l'émergence d'une supranationalité. De même, l'essor des organisations non gouvernementales a compensé les défaillances des États. Une crise comme celle qui a frappé l'économie mondiale en 2008 appelle des solutions concertées au niveau international, une coopération des États et des institutions transétatiques. Mais on n'en est pas encore à un directoire mondial de l'économie qui régulerait la finance et redistribuerait les richesses.

Jeanyves GUÉRIN

• *Voir aussi :* Nouvel Ordre international

Bibl. : Éd. : *Combat*, 19-30 novembre 1946 • *Caliban*, n° 11, novembre 1947 • *Actuelles*, Gallimard, 1950

Trad. : en allemand, espagnol, flamand, grec, italien et norvégien

Crit. : Joël Roman, « Histoire et utopie dans *Ni victimes ni bourreaux* », dans Jeanyves Guérin (dir.), *Camus et le premier* Combat (1944-1947), Éditions européennes Érasme, 1990, p. 125-134 • Philippe Vanney, « À propos d'une lecture : *Ni victimes ni bourreaux* d'Albert Camus ou la problématique révolutionnaire dans les relations internationales », Université Dokkyo, *Bulletin d'études françaises*, n° 17, 1986, p. 36-67 • Maurice Weyembergh, « *Ni victimes ni bourreaux* : continuité ou rupture », dans Jeanyves Guérin (dir.), *Camus et le premier* Combat *(1944-1947)*, *op. cit.*, p. 109-124

NOBEL, prix. – Le 16 octobre 1957, Camus apprend qu'il a reçu le prix Nobel de littérature. Quarante-neuf écrivains étaient en course cette année-là, parmi lesquels Jean-Paul Sartre et surtout André Malraux. Son nom circulait depuis 1954. Il se serait écrié : « Malraux aurait dû l'avoir. » L'attribution du prix, doté de plus de dix-huit millions de francs, ne sera officielle que le lendemain : l'Académie suédoise a souhaité mettre à l'honneur « un homme de la Résistance, un homme révolté qui a su donner un sens à l'absurde, et soutenir au fond de l'abîme, la nécessité de l'espoir, même s'il s'agit d'un espoir difficile, en rendant une place à la création, à l'action, à la noblesse humaine dans ce monde insensé », déclare l'ambassadeur de Suède à Paris. Le jury a couronné « son importante œuvre littéraire qui éclaire avec un sérieux pénétrant les problèmes posés de nos jours aux consciences humaines ». L'on sait aujourd'hui que *La Chute* avait eu raison des dernières résistances. Camus obtient le prix à tout juste quarante-quatre ans après huit autres écrivains français. Il est aussi l'un des plus jeunes lauréats – seul Rudyard Kipling l'a eu, avant lui, à quarante-deux ans. Il déclare qu'ont été distingués « [son] pays et ensuite un Français d'Algérie ».

« Je vais avoir plus d'ennemis que jamais », confie Camus à Jean Grenier. La nouvelle déclenche, de fait, « de nouvelles tempêtes » (Roger Grenier) et une partie de la presse se déchaîne. Kléber Haedens ouvre le feu en dressant un parallèle entre Camus et Sully Prudhomme, premier prix Nobel de littérature. Il disqualifie ainsi l'auteur de *L'Étranger* en le mettant plus bas que « l'un des plus mauvais poètes français de tous les temps » : « On a dit de Camus qu'il était un écrivain classique. Depuis le XIXe siècle, l'épithète de classique s'adresse exclusivement aux momies et il est bien vrai que Camus se trouve déjà embaumé dans les dictionnaires. » Il dénonce surtout le « néant » de sa pensée : « elle met l'illusion de la profondeur à la portée des intelligences les moins privilégiés » (*Paris-Presse*). Certes les deux articles de Pascal Pia dans le même journal sont plus mesurés, mais l'ironie n'en est pas absente : « Citoyen du monde, pacifiste, signataire de pétitions généreuses, adversaire déclaré de la peine de mort, Albert Camus, tel que le définissent ses récents ouvrages et prises de position, ne saurait déplaire à Stockholm où, comme on l'a vu quand la Finlande et la Norvège voisines furent envahies, l'amour obstiné de la paix l'emporte toujours sur tout autre sentiment. » Jacques Laurent, dans *Arts*, estime que « le Nobel couronne une œuvre terminée ».

Les commentaires les plus virulents viennent de l'extrême droite. Dans *Dimanche-Matin*, Lucien Rebatet donne le ton en stigmatisant « la résurgence du pompiérisme méditerranéen le plus stérile, le plus caduc ». Il transmet « un salut au jeune éditorialiste de *Combat*, partagé entre le désir de voir vivre ses confrères alors enchaînés et la nostalgie de ne pas commander le peloton de leur exécution ; et qui parvenait à refouler, non sans mérites, ce second sentiment, si compréhensible… » Cette « artério-sclérose du style qui le désignait pour les rôles de vieillards » permet de comprendre l'attribution du prix « qui échoit le plus souvent à des septuagénaires ». Camus écrit dans ses *Carnets* : « Effrayé par ce qui m'arrive et que je n'ai pas demandé. Et pour tout arranger attaques si basses que j'en ai le cœur serré. Rebatet ose parler de ma nostalgie de commander des pelotons d'exécution alors qu'il est un de ceux dont j'ai demandé, avec d'autres écrivains de la résistance, la grâce quand il fut condamné à mort. Il a été gracié, mais il ne me fait pas grâce. »

Bernard Frank dans *La Nef* – grâce notamment à l'emploi récurrent des temps du passé et à un ton méprisant – achève la curée : il évoque un « style soutenu, précautionneux », que l'on compare à tort à Kafka : « c'est le style d'un timide, d'un homme du peuple qui, les gants à la main, le chapeau encore sur la tête, entre pour la première fois dans un salon. Les autres invités se détournent, ils savent à qui ils ont affaire ». Cet éreintement en règle veut souligner la « médiocrité appliquée », « l'insignifiance à ce degré, imperturbable, [qui] est un art ». Camus est un « écrivain déjà classique » à qui il faut ôter toute ambition littéraire : « On va finir par s'apercevoir qu'il n'a jamais rien écrit. » À gauche, les réserves sont formulées avec moins de virulence. L'on citera celles de Roger Stéphane dans *France-Observateur* et de Pierre Daix aux *Lettres françaises*.

Certes, à côté de ces articles, on peut lire aussi les éloges de Roger Martin du Gard ou de François Mauriac, précédents lauréats du Nobel, dans *Le Figaro littéraire*, d'Emmanuel Berl dans *La Table ronde*, de Maurice Clavel dans *La Parisienne*, ou la réponse de Maurice Druon aux « insultes » de Bernard Frank dans *La Nef*. Martin du Gard évoque ainsi « une sensibilité retenue mais constamment en émoi ; une vie intérieure d'une délicatesse raffinée, d'une trempe, d'une gravité, exemplaires ; une mélancolie sous-jacente, qui semble inaltérable ; et, au contact de la réalité (dont rien ne lui échappe), un état permanent d'amertume révoltée, contre lequel, par hygiène morale, il s'efforce de lutter sans répit », alors que Mauriac, plus laconique, mentionne « une jeune voix à laquelle une génération fait écho ». Jean Grenier, sur la même page, rappelant qu'il a été son professeur, le compare à « un de ces personnages de Giacometti dont la mince silhouette se profile à l'arrière-plan d'un espace creusé par des lignes qui convergent vers elle ». André Rousseaux, après avoir mentionné qu'il a connu Camus pendant la Résistance, le montre « comme un parfait exemple de loyauté intellectuelle dans la littérature contemporaine », « un gardien intransigeant de la foi la plus menacée par les idolâtres : la foi en l'homme ». René Char estime qu'il affirme « face à la famille des totalitaires et des pyrrhoniens, la valeur des biens de la conscience tourmentée et du combat rafraîchissant ». Camus reçoit un abondant courrier de personnalités politiques (Vincent Auriol, René Coty), d'écrivains amis (Emmanuel Berl, Maurice Blanchot, Jean Guéhenno, Roger Martin du Gard, Jean Paulhan, Emmanuel Roblès, Manès Sperber, Michel Vinaver) et d'inconnus, courrier qui est conservé à la bibliothèque d'Aix-en-Provence. William Faulkner, lauréat du prix Nobel en 1950, lui télégraphie un mot chaleureux : « Je salue l'âme qui constamment se cherche et se demande. »

Le 9 décembre, en compagnie de sa femme, de Claude et Simone Gallimard, de Michel et Janine Gallimard, de Blanche Knopf, son éditeur américain, et de Carl Gustav Bjurström, Suédois francophile qui a écrit un essai sur lui, Camus arrive à Stockholm, pour la remise du prix. À l'ambassade de France se tient une conférence de presse pendant laquelle de nombreuses questions d'ordre politique sont posées, notamment au sujet de l'attitude de Camus face aux « événements en Algérie » – comme titrait *Le Monde* de l'époque. Lorsque Camus put enfin parler littérature, il mentionna René Char et Jean Grenier, son « meilleur ami ». Le 10 décembre a lieu la réception officielle de tous les lauréats, racontée par le menu dans *Le Monde*, puis *Le Figaro littéraire*. À l'issue du banquet, Camus prononce son discours à l'hôtel de ville de Stockholm.

Le 12 décembre, une conférence est organisée dans le grand amphithéâtre de l'université de Stockholm et Camus répond à de multiples questions dont Jean Duché rend compte dans *Le Figaro*. *Le Monde*, dans un article plus synthétique, rapporte seulement un incident qui fera grand bruit. Interpellé de façon virulente par « un représentant du FLN », Camus lui répond, « témoignant une fois de plus de cette maîtrise de la parole qui est en train de devenir légendaire » : « J'ai toujours condamné la terreur. Je dois condamner aussi un terrorisme qui s'exerce aveuglément, dans les rues d'Alger par exemple, et qui un jour peut frapper ma mère ou ma famille. Je crois à la justice, mais je défendrai ma mère avant la justice. » De cette déclaration rapportée *in extenso* dans *Le Monde*, seule la dernière phrase restera, entraînant malentendus et consternation. Camus, blessé d'avoir « rencontré un visage de haine chez un frère », répondra à ces critiques dans *Actuelles* III l'année suivante. Le 14 décembre, il donne enfin une conférence, « L'artiste et son temps », dans le grand amphithéâtre de l'université d'Uppsala, conférence qui sera publiée avec son discours de réception du prix.

Camus qui notait ainsi dans ses *Carnets* à la date du 17 octobre : « Nobel. Étrange sentiment d'accablement et de mélancolie », écrit, non sans ironie, à Jean Grenier le 13 décembre : « La corrida se termine tout à l'heure, le taureau étant mort, ou presque. » Écrasé par ce prix, il sait son « œuvre encore en chantier » comme il l'indique dans son *Discours de Suède* (Gallimard, 1958). Jean Daniel tire la leçon du prix : « Ah ! Ce Nobel ! Bien sûr il lui a donné la possibilité d'acheter la propriété de Lourmarin, de mieux assurer la sécurité des siens et d'avoir la conscience un peu plus légère lors d'une croisière en Grèce. Mais lorsqu'il s'est abattu sur lui, tout le monde a pensé, nous avons tous pensé, que c'était bien trop tôt [...]. Et puis, trois ans après, la mort est venue signifier que cela était au contraire arrivé juste à temps, que cela avait failli être presque trop tard, bref que la consécration était intégrée dans ce parcours d'exception. »

Nathalie FROLOFF

Bibl. : Olivier Truc, « Et Camus obtint enfin le prix Nobel », *Le Monde*, 28-29 décembre 2008

NOCES. – Composé de quatre textes, *Noces à Tipasa*, *Le Vent à Djémila*, *L'Été à Alger* et *Le Désert*, ce recueil fut publié chez Edmond Charlot, à Alger, le 23 mai 1939 (tirage de 225 exemplaires), puis réimprimé en 1941, 1945 et 1946 avant d'être repris par Gallimard en 1950, dans la collection « Les Essais ». Toutes ces rééditions indiquent fautivement comme première date de publication « 1938 », erreur que Camus commettra à son tour en 1954 quand il évoquera son recueil dans le prière d'insérer de *L'Été.* Dès janvier-février 1939 avait paru dans la revue *Mithra* le début du *Vent à Djémila* ; puis, en février 1939, dans *La Revue algérienne* (sous le titre « Chronique du jeune Alger : le récit de la bagarre à Bab el-Oued »), la « Note » qui clôt *L'Été à Alger* ; enfin, en février-mars 1939, dans la revue *Rivages,* un autre extrait de *L'Été à Alger.* Si l'on met à part *Révolte dans les Asturies*, qui était une œuvre collective, *Noces*, après *L'Envers et l'Endroit*, est le deuxième livre publié par Camus. Ce sont tous deux des recueils d'essais. C'est ainsi, en tout cas, que Gallimard présente *Noces* en 1950 : « Cette nouvelle édition les reproduit sans modifications, bien que leur auteur n'ait pas cessé de les considérer comme des essais, au sens exact et limité du terme » ; comprenons qu'il aurait pu, à la manière de Montaigne par exemple, les retoucher ou les amplifier au fil du temps.

Il était opportun que *Noces* s'ouvrît par *Noces à Tipas*, qui justifie avec le plus d'évidence le titre général du recueil. C'est toutefois le projet du deuxième texte qui perce d'abord dans les *Carnets*, dès avril 1937, sous l'indication « Pour l'essai sur les ruines : le vent desséchant », « le vent dans les ruines ou la mort soleil » font en effet référence à Djémila, non à Tipasa. Quand la dernière dactylographie du *Vent à Djémila* est mise au point, en juin 1937, *Noces à Tipasa* est encore en chantier ; il sera achevé avant la fin de l'année. La genèse des deux autres essais a été plus longue. La distinction établie sur les *Carnets* en juin 1937, d'après Oswald Spengler, entre « culture » et « civilisation », se retrouvera dans *L'Été à Alger.* Vers la fin de l'été, Camus voyage en Italie (Florence, Pise, Fiesole…) où il nourrit ses *Carnets* d'impressions sur les tableaux qu'il y voit, et où il recopie, à partir du 8 septembre, des citations italiennes qui seront reprises dans *Le Désert.* Un an plus tard, il semble avoir délaissé *L'Été à Alger.* En juin 1938, il inscrit pourtant dans son programme de l'été : « Finir Florence et Alger ». On ne voit guère de rapports, dans les notes qui suivent, entre l'éloge d'Étienne, l'oncle tonnelier qui jouit d'une façon quasi animale des plaisirs de la vie, et le projet de reprendre le travail sur Plotin, déjà fort élaboré dans « Métaphysique chrétienne et néoplatonisme », son mémoire pour le Diplôme d'études supérieures ; la philosophie simpliste du tonnelier côtoiera néanmoins celle du penseur alexandrin dans *L'Été à Alger.* À la date de décembre 1938, on lit dans les *Carnets* : « Pour la fin de *Noces.* / La terre ! Ce grand temple déserté par les dieux, la tâche de l'homme est de le peupler d'idoles à son image, indicibles, visages d'amour et pieds d'argile. / … ces monstrueuses idoles de la joie, visage d'amour et pieds d'argile. » Exemple rare où Camus cherche ses phrases sur une page des *Carnets* comme il le ferait sur une feuille de brouillon. Ces formules se retrouveront, un peu allégées, plus nerveuses, en conclusion de cet essai. Que Camus appelle « fin de *Noces* » les dernières lignes de cet essai prouve qu'à cette date il n'a pas seulement écrit quatre textes : il a composé son recueil. Quel qu'ait été le rythme de composition de chacun des essais, les nombreuses corrections des manuscrits ou dactylogrammes qui en ont été conservés prouvent à quel point ils ont été travaillés.

Comme ceux de *L'Envers et l'endroit*, les essais de *Noces* sont nourris de souvenirs personnels, au point d'offrir souvent un tour très autobiographique. Les trois premiers sont inspirés par l'Algérie ; le dernier par l'Italie, plus particulièrement par la Toscane. *Noces à Tipasa* et *Le Vent à Djémila* relatent des journées passées par un narrateur (qu'on pourrait sans risque appeler Albert Camus) en des lieux connus des touristes pour leurs ruines romaines. Le narrateur ne voyage pas seul, mais le caractère énigmatique des « nous » pousse les curieux à recourir à la biographie de l'auteur (peut-être était-il accompagné de Louis Bénisti, Christiane Galindo et d'autres encore dans *Noces à Tipasa* ; sans doute de Marie Viton dans *Le Vent à Djémila*). Le « je » de *L'Été à Alger* est un promeneur, familier des rues de la ville, qui prend du recul pour s'amuser ou tirer des enseignements, métaphysiques parfois, de ses observations. Quelques réflexions sur la peinture précèdent, dans *Le Désert*, les impressions du voyageur qui a pris le train et qui confie les émotions que suscitent dans son cœur les paysages toscans et la vie de la rue (« je fus heureux à Florence »). Les réflexions initiales ne sont pas d'un critique d'art : elles vont enrichir une philosophie de la vie. Du moment que Camus nourrit *Le Désert* d'allusions à Djémila ou aux « jeunes gens de la plage Padovani », évoquée dans *L'Été à Alger*, ce texte avait bien vocation à figurer en fin de recueil et à lui fournir une forme de conclusion.

Camus doit beaucoup, dans *Noces*, à deux ouvrages de Jean Grenier : *Les Îles*, qui dès sa parution (1933) avait provoqué chez lui un « ébranlement », et *Santa Cruz et autres paysages méditerranéens* (1937), qui célébrait notamment Tipasa et Djémila. Peut-être le titre même du recueil lui a-t-il été inspiré par son maître. « Les noces sont prêtes… Allez donc dans les carrefours et appelez aux noces tous ceux qui seront là », écrivait Jean Grenier dans *Sagesse de Lourmarin* (*Cahiers du Sud*, mai 1936), citant l'évangile de Matthieu (22, 1-4). Mais si l'on admet que Camus fait, fût-ce indirectement, allusion à la parabole de l'Évangile, celle-ci prend dans son recueil une valeur ironique. C'est en effet le « royaume des cieux » qui est comparé par Jésus à un repas de noces, et les invités se font prier pour se rendre à l'invitation du Seigneur, qui finira par faire jeter « dans les ténèbres du dehors » celui qui a eu l'audace de se présenter sans habit de cérémonie. « Car beaucoup sont appelés, mais peu sont élus » : telle est la conclusion de la parabole. Le royaume de Camus, quant à lui, n'est pas dans les cieux, mais de ce monde. Les noces n'y sont pas célébrées avec une puissance transcendante, mais avec la beauté d'ici-bas, éclatante aussi bien dans les paysages que sur le corps des femmes. Et les heureux élus dont Camus souhaite partager le bonheur ont toutes chances d'être plus nombreux que ceux de l'Évangile : ils comprennent « toute une race, née du soleil et de la mer, vivante et savoureuse » (*Noces à Tipasa*) qui, ayant « le culte et l'admiration du corps », délaisse les habits pour se prélasser sur des plages (*L'Été à Alger*). « Il me faut être nu et puis plonger dans la mer, encore tout parfumé des essences de la terre, laver celles-ci dans celle-là, et nouer sur ma peau l'étreinte pour laquelle soupirent lèvres à lèvres depuis si longtemps la terre et la mer » (*Noces à Tipasa).* Il paraît étrange que, au prix d'un jeu sur le mot « dénuement », *Le Désert* apparente les baigneurs des plages d'Alger et les moines franciscains de Fiesole. On ne sache pas que les monastères aient jamais eu pour mission d'exalter la beauté et la force des corps. Au moins la pauvreté a-t-elle, dans les deux cas, le mérite d'orienter vers les « vraies richesses » (enseigne de la librairie algéroise de Charlot, l'éditeur du recueil). Et s'il est vrai que les chrétiens n'entendent pas cette expression au sens que lui a donné Jean Giono, il faut, qu'on croie à la terre ou au ciel, consentir à une ascèse pour se soustraire aux faux attraits du luxe et des richesses matérielles.

Les noces qui unissent les éléments succèdent, à Tipasa, au « mariage des ruines et du printemps » ; elles accompagnent la fusion du narrateur lui-même avec le paysage entier. Cette fusion requiert tous les sens, le « tumulte des parfums et du soleil » fondant au mieux la vue, l'ouïe et l'odorat ; mais ce dernier, peut-être parce qu'il est moins sollicité que les deux autres dans l'ordinaire de la vie, impose ici sa spécificité. Peut-être aussi est-il, avec le toucher, le plus sensuel. En filigrane, dans ce « grand libertinage de la nature et de la mer », semblent promises d'autres unions charnelles à celui qui « caresse » les ruines, savoure la « possession » de l'onde par ses jambes ou se jette dans les absinthes pour faire entrer leur parfum dans son corps. Au reste, « Étreindre un corps de femme, c'est aussi retenir contre soi cette joie étrange qui descend du ciel vers la mer. » Mais il lui suffit, en cette journée, que la mer ait des « dents éclatantes », que la terre soupire avant d'entrer dans l'ombre, ou encore que soient offertes les « lèvres » de la terre et de la mer. Plus immédiate est dans *L'Été à Alger* la sensualité de la danseuse de la plage Padovani, « que la sueur mouillait depuis les reins jusqu'aux jambes » et qui « laissait après elle une odeur mêlée de fleurs et de chairs ». Le « parfum plus secret » d'Alger se laisse deviner, sur un mode moins érotique, au fil d'un texte qui, loin des accents mystiques inspirés par Tipasa, évoque les menus plaisirs de l'existence quotidienne. Mais « se taper un bain » ou prolonger les mystères d'Éleusis (dont le peuple algérois n'a évidemment aucune idée) en « plongeant dans la mer », c'est participer aux mêmes noces. Tellement plus austères sont les noces du *Vent à Djémila*, où l'homme est uni par le « goût de la mort » au monde qui l'entoure. Le ciel s'unissait harmonieusement à la terre et à la mer pour composer le décor de *Noces à Tipasa* ; à Djémila, « le ciel qui dure » s'oppose aux ruines qui témoignent de la décomposition imposée par l'histoire, et c'est en affrontant la mort les yeux ouverts plutôt qu'en goûtant les plaisirs de l'existence que le narrateur poursuit la tâche qui s'impose comme sa priorité tout au long du recueil : ne pas se séparer du monde. Les tableaux de maîtres italiens évoqués dans *Le Désert* éclairent cette exigence. Si Camus préfère les peintres nommés parfois « primitifs » (Giotto, Giovanni

Cimabue, Piero della Francesca), c'est parce qu'ils ont su mieux que leurs successeurs se faire les « romanciers du corps », parce qu'ils figurent le présent dans un geste et parce que le « sourire intérieur » des visages qu'ils représentent « justifie ceux qui ont le goût du bonheur ». Et ce bonheur est tout entier d'ici-bas. Tandis que les tableaux de la Renaissance inciteront l'imagination à se projeter vers un au-delà, dans *La Flagellation* de Piero della Francesca, par exemple, « [l]a leçon s'arrête au cadre de la toile ». Il n'y a pas de discontinuité, dans *Le Désert*, entre les chefs-d'œuvre des musées et les paysages de Toscane : les uns et les autres ont invité Camus à oublier la fausse poésie pour se vouer au monde et célébrer « cette entente amoureuse de la terre et de l'homme délivré de l'humain » – expression un peu sibylline où l'« humain » doit désigner les qualités extérieures à lui-même dont a été affublé l'homme. « Le monde est beau, et hors de lui, point de salut » : cette formule du *Désert* relaie celle qui était inscrite dans les *Carnets* dès janvier 1936 – « Je suis heureux dans mon royaume car mon royaume est de ce monde » –, répétée à quelques mots près dans *L'Envers et l'Endroit*. L'évangile des Grecs disait déjà : « notre Royaume est de ce monde » (« Métaphysique chrétienne et néoplatonisme »). On comprend qu'après avoir songé aux mystères d'Éleusis quand il plongeait dans les eaux de Tipasa, Camus se réfère à nouveau à leurs « cortèges étincelants » pour éclairer la joie qu'il éprouve dans les rues de Pise. Les ruines romaines de l'Algérie, les chefs-d'œuvre de la peinture italienne et les monastères de Toscane apparaissent décidément comme une voie d'accès vers la Grèce, où Camus ne s'est encore jamais rendu. La Grèce, toutefois, patrie d'Hélène (c'est-à-dire de la beauté), était aussi le pays de la mesure, où la déesse Némésis châtiait les excès des hommes. L'Algérie, elle, est un « pays à la fois mesuré et démesuré. Mesuré dans ses lignes, démesuré dans sa lumière » (*Carnets*, février 1939), et Tipasa fait comprendre « ce qu'on appelle gloire : le droit d'aimer sans mesure ».

« Trouver une démesure dans la mesure », écrivait Camus dans ses *Carnets*, vers février 1938 ; il eût pu s'enjoindre aussi bien l'inverse. Roger Quilliot a intitulé « Mesure et démesure charnelles », dans son essai *La Mer et les prisons*, le chapitre qui traite de *Noces*. Son titre valait principalement pour *Noces à Tipasa*. Mais le dilemme, générateur de tension, se retrouvera au centre de la pensée de Camus jusque dans les dernières pages de *L'Homme révolté*, même si, du moment où la pensée spéculative et politique prend le pas sur le lyrisme, s'impose surtout la mise en garde de Némésis.

Le titre du recueil déconcerte si l'on entend le terme de « noces » dans une acception festive. On a vu, en effet, comment l'union de l'homme et du monde pouvait s'accomplir avec une extrême gravité ; la présence de la mort, parfois, éclaire son sens. Mais il faut aussi s'interroger sur le court texte placé en exergue du recueil : le dénouement de *La Duchesse de Palliano*, « chronique italienne » de Stendhal, sonne a priori comme une leçon de stoïcisme. Le courage du cardinal Carafa, qui se laisse étrangler par son bourreau sans dire un mot, fait songer à celui d'Épictète qui regardait tranquillement son maître quand celui-ci lui brisait la jambe. Cette attitude est l'inverse de celle de l'esclave qui, en refusant que son maître franchisse la limite, illustrera le début de *L'Homme révolté*. Dans *Noces*, toutefois, l'indifférence dont le cardinal témoigne devant la mort exprime plutôt un détachement, qu'on observe pareillement dans les figures du Christ et des bourreaux peints par Piero della Francesca dans *La Flagellation*, et trouve un écho dans l'aspiration du narrateur du *Vent à Djémila* à ne pas se séparer du monde afin d'affronter la mort en toute lucidité .

« J'ai beaucoup travaillé ces choses mais toujours avec une manie de *nudité* qui me desséchait moi-même », écrivait Camus à Jean de Maisonseul le 8 juillet 1937, après la publication de *L'Envers et l'Endroit. Noces* montre qu'il a su cette fois se libérer, souvent jusqu'au lyrisme. Il a pourtant conscience de n'être qu'au début du chemin qui fera de lui un véritable écrivain. À Jean Grenier, à qui il a fait lire son manuscrit avant de le publier et qui lui a fait part de ses réserves, il écrit le 2 février 1939 : « Je suis sensible maintenant à ce qu'il y a d'emphatique dans ces essais. Ils sont du moins les derniers du genre. Je n'écrirai plus dans ce sens. Surtout je n'essaierai plus de conclure. » De la sécheresse, il serait donc passé à l'emphase, et peut-être à un ton trop péremptoire. Quinze ans plus tard, il présentera néanmoins *L'Été* comme de « nouvelles *Noces* », dont le thème « solaire », au moins, témoigne d'« une longue fidélité ». Le recueil publié chez Charlot eut peu de lecteurs. Certains n'étaient pas des moindres : Henry de Montherlant avouera à Camus, dans une lettre du 20 juin 1939, avoir lu dans *Noces* ce que lui-même aurait voulu et pu écrire sur l'Algérie. Il l'avait pourtant en partie écrit : *Il y a encore des paradis* (Alger, éditions Soubiron, 1933) offrait, sur la beauté des femmes d'Alger et le pittoresque des cinémas de quartier, des accents étonnamment proches de ceux de *L'Été à Alger*. Au printemps de 1940, Camus confiera à Jean Grenier avoir trouvé dans la lettre de Montherlant « un grand encouragement ».

Pierre-Louis REY

• *Voir aussi :* Lyrisme

Éd. : Charlot, 1939 • Gallimard, coll. « Les Essais », 1950 • *Essais*, Gallimard, coll. « Bibl. de la Pléiade », 1965 • Gallimard, coll. « Folio », 1972 • *Œuvres complètes*, t. I, Gallimard, coll. « Bibl. de la Pléiade », 2006, éd. par Zedjiga Abdelkrim

Trad. : en albanais, allemand, anglais, arménien, catalan, croate, danois, espagnol, estonien, grec, hébreu, hongrois, italien, japonais, néerlandais, polonais, portugais, roumain, russe, slovène, turc et ukrainien

Bibl. : James W. Brown, *« Sensing », « seeing » and « saying » in Camus*'s Noces : *a Meditative Essay*, Amsterdam et New York, Rodopi, 2004

NOCES À TIPASA. – Tipasa est un petit port situé à soixante-huit kilomètres à l'ouest d'Alger, ancien comptoir phénicien, puis colonie romaine à partir du IIe siècle après Jésus-Christ. Devenue un fervent foyer de christianisme, la colonie se donna pour patronne sainte Salsa, jeune fille qui aurait été mise à mort au début du IVe siècle pour avoir brisé une idole. Une basilique fut élevée sur le lieu présumé de son martyr. À cinq kilomètres à vol d'oiseau de Tipasa, le massif du Chenoua culmine à neuf cents mètres d'altitude.

Noces à Tipasa est le premier des quatre textes du recueil intitulé *Noces*. Il semble que Camus se soit rendu plusieurs fois à Tipasa, en 1936 et 1937, en compagnie d'amis, Louis Bénisti et Christiane Galindo. Il écrivit son texte au cours de l'année 1937. Les quatre dactylographies qui nous sont parvenues témoignent du soin qu'il y apporta. Le « je » donne au récit un tour autobiographique ; « Nous arrivons », « nous revenions », signalent que le narrateur ne voyage pas seul ; « J'y suis souvent allé avec ceux que j'aimais » ou « nous étalons tous l'heureuse lassitude » suggèrent qu'il s'agit d'une excursion en groupe. Au-delà de l'anecdote, *Noces à Tipasa* se lit comme un texte poétique, l'évocation d'un paysage de rêve, un moment d'intense fusion avec la nature. « Le problème, écrira Camus dans ses *Carnets* à l'automne de 1938, est d'acquérir ce savoir-vivre (avoir vécu plutôt) qui dépasse le savoir-écrire », et à la page suivante : « Le cœur sec du créateur ». Ces formules font écho à celles de *Noces* : « Il y a un temps pour vivre et un temps pour témoigner de vivre. Il y a aussi un temps pour créer, ce qui est moins naturel. » On trouve Camus, ici, au bord de l'acte créateur remis à plus tard, et profitant de ces moments où le bonheur est le plus pur parce qu'on ne l'a pas encore écrit. Mais, à l'instar des romantiques, il écrit pour dire que mieux vaut ne pas écrire. Ses références culturelles offrent elles-mêmes de beaux exemples de prétérition : « Et qu'ai-je besoin de parler de Dionysos pour dire que j'aime écraser les boules de lentisques sous mon nez ? ; Est-il même à Déméter ce vieil hymne [...] ? ; Aux mystères d'Éleusis, il suffisait de contempler. » Congédiées, ces divinités grecques dont le souvenir n'ajouterait rien à l'instant présent ; mais Camus fait sonner leurs noms dans le même temps qu'il les récuse. « Bien pauvres sont ceux qui ont besoin de mythes », écrit encore celui qui publiera bientôt *Le Mythe de Sisyphe* et alors que les mythes de la Grèce antique irriguent son texte. Leur présence est d'autant plus significative que les ruines de Tipasa gardent le souvenir de la civilisation romaine. Peu importe : du moment qu'aux yeux de Camus la beauté est grecque par essence, Tipasa sera hellénisée. De même, enfin, la basilique de Sainte-Salsa célèbre-t-elle moins, à ses yeux, les vertus du christianisme que « la mélodie du monde » à laquelle ses ouvertures donnent accès.

Réduire au minimum l'acte créateur, ce serait se contenter de nommer. « Je décris et je dis : “Voici qui est rouge, qui est bleu, qui est vert. Ceci est la mer, la montagne, les fleurs.” » : *Noces à Tipasa* ne se limite heureusement pas à cette sobriété d'expression. Il est vrai que les couleurs des fleurs aussi bien que celles des véhicules sont déployées comme celles d'une palette. Mais c'est par leur odeur que les absinthes signalent la « laine grise » dont elles couvrent les ruines, et si la lumière est aveuglante, l'« odeur volumineuse des plantes aromatiques » permet de reconnaître ce paysage les yeux fermés. L'ouïe, l'odorat et la vue en viennent même à se fondre dans une expression comme le « tumulte des parfums et du soleil ». Quant au « visage de l'amour » offert par les compagnons de voyage, il est à la fois celui de l'amour humain et de l'amour pour la nature puisque « Étreindre un corps de femme, c'est aussi retenir contre soi cette joie étrange qui descend du ciel vers la mer ». Toutefois, en pénétrant son propre corps du parfum des absinthes, c'est en priorité avec la nature que le narrateur réalise une fusion qu'il est convenu d'appeler « noces ». Puis, lavant son corps des essences de la terre, il se change en agent des noces de la terre et de la mer. Ainsi est justifié cet anthropomorphisme qui prête des « dents éclatantes » à la mer, des soupirs à la terre avant qu'elle entre dans l'ombre, des lèvres à la terre et à la mer dans l'étreinte qu'elles réalisent grâce au corps immergé du narrateur, ou, pour finir, un sourire éclatant aux ciels.

Seul l'amour est capable de mettre en question l'idéal camusien de la mesure. « Ici, je laisse à d'autres l'ordre et la mesure » lit-on ici chez Camus, qui affirme un peu plus loin « le droit d'aimer sans mesure ». « Trouver une démesure dans la mesure », écrira-t-il bientôt dans les *Carnets* (entre février et avril 1938). Ce paradoxe s'impose, mieux qu'ailleurs, en Algérie, « pays à la fois mesuré et démesuré » (*Carnets*, février 1939). L'Algérie, terre d'amour ? Oui, puisqu'elle est, surtout si on l'illumine grâce aux souvenirs de la Grèce antique, celle de la beauté. « J'ai vécu sans mesure de la beauté : pain éternel », notera encore Camus en 1950 dans les *Carnets*. L'exaltation lyrique va rarement, chez lui, sans une pointe pamphlétaire. Ici, elle s'exerce contre ceux qui ont « peur de jouir ». Indissociable du droit à l'amour et à la beauté, c'est le droit au bonheur qui est cette fois revendiqué.

« La démesure dans l'amour, seule souhaitable en effet, est le propre des saints. Les sociétés, elles, n'ont jamais sécrété de démesure que dans la haine » (*Carnets*, « Pour Némésis », 9 juillet 1953). Narrateur de *Noces à Tipasa*, Camus n'aspire pas à la sainteté, mais à ce qui lui correspond chez ceux qui croient que tout leur royaume est de ce monde. Y aspirerait-il pour lui seul ? Le récit de la journée à Tipasa s'achève au moment où l'ombre gagne le ciel. Ne s'exprimant plus alors qu'à la première personne, le narrateur semble avoir cherché à s'isoler. Le « nous » qui interrompt la série des « je » ne désigne pas les compagnons d'excursion mais, de façon générale, tous les hommes qui accomplissent leur « devoir d'être heureux ». Il se restreint toutefois, aux dernières lignes du texte, à ceux qui ont la chance de pouvoir communier avec le soleil et la mer, à cette « race » dont – précisait Camus dans un état antérieur du texte – lui-même est issu, et qui trouve d'abord son bonheur dans les joies du corps. À Jean Grenier, à qui il a fait lire le texte avant sa parution, Camus écrit le 16 juin 1938 que sa maladie l'a conduit à retrouver « cette vie physique désordonnée, avec ses tentations et ses satiétés. [...] De là sans doute ce que vous trouvez de forcé dans *Noces à Tipasa* ».

« J'avais fait mon métier d'homme », se dit le narrateur au terme de la journée. Le Sisyphe du *Mythe*, pareillement, aura la satisfaction d'accomplir son métier ; mais il faudra attendre la dernière ligne de l'ouvrage pour qu'on le suppose heureux. *Noces à Tipasa* ne contredit pas le message du *Mythe*, mais Camus n'a sans doute pas tort de déclarer que n'est pas encore arrivé tout à fait pour lui le temps de la création. Le bonheur advient, en cette journée, sous la forme d'un état de grâce ; au terme du *Mythe de Sisyphe*, il sera plutôt postulé comme un étonnant acte de foi.

Pierre-Louis REY

NOUVEAU ROMAN. – Un critique italien, Renato Barilli, situe Albert Camus, Jean-Paul Sartre, Witold Gombrowicz et Alberto Moravia dans la « deuxième vague » du roman moderne, Marcel Proust, Robert Musil, Italo Svevo et Luigi Pirandello constituant la première vague, le Nouveau Roman la troisième. Ce « Nouveau Roman » s'est imposé comme l'un des mouvements littéraires les plus marquants du dernier demi-siècle. Rassemblant principalement des écrivains publiés aux Éditions de Minuit, ce groupe se compose principalement de Nathalie Sarraute (1900-1999), Claude Simon (1913-2005), Robert Pinget (1919-

1997), Michel Butor (né en 1926), Claude Ollier (né en 1922) et Alain Robbe-Grillet (1922-2008), considéré comme le chef de file de la mouvance et son plus ardent défenseur. Escorté d'autres écrivains qui se défendent d'en faire partie comme Samuel Beckett, Marguerite Duras et Claude Mauriac, le Nouveau Roman est d'abord une expression dépréciative du critique Émile Henriot qui, dans un article de 1957, condamne *La Jalousie* de Robbe-Grillet et *Tropismes* de Sarraute. Robbe-Grillet la reprend à son compte dans un recueil d'essais, *Pour un nouveau roman*. Souvent considéré comme illisible, hermétique et coupé du réel par son formalisme, le Nouveau Roman doit sa fulgurante notoriété à l'irrémédiable rupture qu'il opère avec le récit traditionnel et en particulier avec le roman hérité de Balzac. En dépit d'univers singuliers et variés, chaque « Nouveau Romancier » s'accorde à considérer que le désastre de la Seconde Guerre mondiale change irréversiblement la manière de raconter : du mot de Nathalie Sarraute dans son essai éponyme de 1956, la littérature est entrée dans « l'ère du soupçon ».

Le Nouveau Roman conteste deux caractéristiques fondatrices de l'art romanesque : le personnage et l'histoire. Dans *Portrait d'un inconnu* de Sarraute, *Les Gommes* de Robbe-Grillet ou encore *L'Emploi du temps* de Butor, le personnage n'existe plus et a perdu toute identité stable. Jeté dans un univers inquiétant dont la cohérence s'est aussi perdue, le héros du Nouveau Roman est un homme toujours autre, méconnaissable, qui est guetté à chaque instant par la menace de sa disparition et du naufrage de sa personnalité. Fragilisé dans son existence, il est une matière informe qui ne se définit jamais et dont le nom et le prénom demeurent autant d'énigmes infranchissables. Il se tient comme un étranger, égaré au cœur d'un monde qu'il ne comprend pas, à la manière de Meursault. Le personnage est pris dans de multiples métamorphoses et de nombreux dédoublements par lesquels son identité devient un labyrinthe dont il ne sort pas. Poursuivant ce rejet de toute unité, raconter une histoire est un acte qui ne va plus de soi, qui s'effectue hors de toute linéarité et d'où la chronologie se révèle absente. Écrire et décrire se révèlent des actes problématiques dans la mesure où le langage n'est plus en mesure de rendre compte du réel. De *La Route des Flandres* de Simon jusqu'à *Passacaille* de Pinget, les événements sont insaisissables, jetés dans la confusion d'une conscience délitée qui ne parvient pas à les percevoir dans leur totalité et à en donner la pleine mesure. Chaque récit est la tentative de reconstitution d'un épisode livré au désordre d'une écriture qui s'interroge sur elle-même, sur ce qu'elle a à dire et sur ce qu'elle peut signifier en autant de « mises en abyme ». Pour reprendre une célèbre formule de Jean Ricardou, l'un des théoriciens du Nouveau Roman, le récit n'est plus l'écriture d'une aventure mais l'aventure d'une écriture repartie à la conquête de la littérature et de ce qui reste du monde.

Aussi neuf soit-il, le Nouveau Roman s'est reconnu un père dans la littérature qui lui est contemporaine : Camus. Dès 1947, Sarraute commente *L'Étranger* dans un article des *Temps modernes* repris ensuite dans *L'Ère du soupçon*. Elle situe son auteur entre Dostoïevski et Kafka. Par la suite, Robbe-Grillet revient plusieurs fois sur ce roman, d'abord en 1958, dans un article de *La Nouvelle NRF* repris dans *Pour un nouveau roman*, puis en 1982 dans une longue intervention improvisée au colloque Camus de Cerisy, enfin en 1985 dans son autobiographie fictive, *Le Miroir qui revient*. Pour lui, Camus est le premier « Nouveau Romancier » tant *L'Étranger*, « moment fondamental de l'histoire de la littérature », dont la lecture lui a causé un « choc », s'impose pour lui comme un modèle romanesque. Il évoque ainsi, parmi les caractéristiques fondatrices de la modernité absolue de ce roman sans cesse relu, l'écriture blanche et neutre qui a séduit également Roland Barthes et Maurice Blanchot, le dépouillement de l'intrigue, l'absence de motivation psychologique du personnage et le vide fait homme que constitue Meursault. La critique a souvent rapproché de ce dernier les personnages des premiers romans de Robbe-Grillet. Comme Sarraute, cet auteur estime que Camus n'est pas allé jusqu'au bout de son entreprise. L'humanisme, la psychologie font retour dans *L'Étranger* et surtout dans les œuvres qui ont suivi. Robbe-Grillet a regretté que ce roman ait été récupéré par les manuels scolaires. Il a aussi jugé *La Chute* « déplorable », mais a avoué qu'il aurait aimé réécrire ce récit.

Malgré lui, Camus a contribué dans tous les sens du terme au Nouveau Roman. Sa position éditoriale à l'égard du groupe est ambivalente. S'il a encouragé Robbe-Grillet après la publication du *Voyeur*, s'il a contribué à ce que Robert Pinget alors inconnu publie *Le Renard et la boussole* chez Gallimard, il est en revanche à l'origine du refus opposé par le même éditeur à *Molloy* de Samuel Beckett. Sans percevoir l'évidente ressemblance entre le personnage éponyme et Meursault, il vient s'ajouter à la liste des trente-six éditeurs qui méconnurent le travail de Beckett. Dans un entretien à *Venture Review* publié après sa mort, il écarte toute proximité entre *La Chute* et le Nouveau Roman, entreprise à laquelle il ne s'est guère intéressé, comme sa bibliothèque en témoigne. Il déclare alors : « L'erreur de l'art moderne est presque toujours de faire passer le moyen avant la fin, la forme avant le fond, la technique avant le sujet. »

Johan FAERBER

• *Voir aussi* : Proust ; Roman

Bibl. : Renato Barilli, « Camus et le Nouveau Roman », dans Raymond Gay-Crosier et Jacqueline Lévi-Valensi (dir.), *Albert Camus : œuvre fermée, œuvre ouverte ?*, *Cahiers Albert Camus*, n° 5, Gallimard, 1985, p. 201-214 • Alain Robbe-Grillet, *Pour un nouveau roman*, Gallimard, coll. « Idées », 1963, p. 70-72 • Id., « Monde trop plein, conscience vide », dans Raymond Gay-Crosier et Jacqueline Lévi-Valensi (dir.), *Albert Camus : œuvre fermée, œuvre ouverte ?*, *op. cit.*, p. 215-227 • Id., *Le Miroir qui revient*, Éditions de Minuit, 1985, p. 166-171 • Nathalie Sarraute, *L'Ère du soupçon*, Gallimard, coll. « Idées », 1972, p. 22-31

NOUVEL ORDRE INTERNATIONAL. – Tant dans les articles parus à l'aube de la Seconde Guerre mondiale dans *Le Soir républicain* que dans *Ni victimes ni bourreaux* en 1946, Camus esquisse les grandes lignes d'une société internationale qui serait à même d'assurer la paix. La continuité de la pensée est remarquable et il n'y a pas de grandes différences entre les deux périodes si ce n'est que l'expérience de la guerre renforce et approfondit les convictions de l'écrivain. L'« ordre international » qu'il appelle de ses vœux n'est pas une construction intellectuelle, lisse et parfaite comme une « utopie absolue », concept qu'il pourfend dans son essai de 1946, mais un faisceau d'idées-forces, qu'à sa suite on peut qualifier d'« utopie relative », respectant la diversité des situations, des peuples et des idées.

Camus établit clairement une hiérarchie entre l'échelon international et les questions internes, si urgentes soient-elles, auxquelles le gouvernement français doit faire face à la fin de la guerre. L'évolution technique, économique et l'accélération de l'histoire ont eu pour conséquence l'apparition d'une solidarité mondiale qui rend dérisoires les frontières nationales et touche chaque individu : « il n'est plus une seule souffrance, isolée, une seule torture en ce monde qui ne se répercute dans notre vie de tous les jours », écrit-il dans *Ni victimes ni bourreaux*.

Dès 1946, Camus affirme que le problème allemand est secondaire par rapport à la rivalité russo-américaine qui elle-même, prévoit-il, laissera place au « choc des civilisations » avec l'émancipation des colonies et la remise en cause de la prééminence occidentale. Les États, qu'il accusait dans *Le Soir républicain* d'être les responsables de la guerre, ne peuvent pas répondre à ces défis. Il critique non pas leur fonction de service public lorsqu'ils organisent la vie économique et sociale, mais leur prétention à la souveraineté. La liberté laissée à l'État d'agir à sa guise, en fonction de ses propres intérêts, s'oppose à la solidarité internationale naissante. En 1948, il le dit clairement à Emmanuel d'Astier de La Vigerie : « l'anarchie, aujourd'hui, c'est la souveraineté ». L'ordre que Camus préconise doit régulariser la vie des États en les plaçant sous la volonté des peuples. « L'ordre, c'est le peuple qui consent », écrit-il le 2 septembre 1944 dans *Combat*. Aussi ne sera-t-on pas surpris de son refus, lors de l'élaboration de la Charte des Nations unies, du droit de veto accordé aux cinq grandes puissances. Aussi – et c'est là peut-être le point le plus original de son antiétatisme – Camus préconise-t-il que le premier article du code international qu'il appelle de ses vœux établisse l'abolition de la peine de mort. Cette mesure symbolise, à elle seule, l'encadrement de la puissance de l'État par un droit supérieur à lui et défenseur de la vie individuelle.

Si les articles du *Soir républicain* sont imprégnés du solidarisme juridique de Léon Duguit et Georges Scelles, chez lesquels le droit s'imposant aux États résulte moins d'une volonté expresse que d'une situation de solidarité objective, Camus insiste davantage sur le « principe libertaire » du droit des peuples à disposer d'eux-mêmes puis, après la guerre, sur l'instauration d'une « démocratie internationale », aux contours flous, qui prendrait la suite de la « dictature internationale » des États. Les meilleures garanties de la paix sont dans la représentation directe des peuples au niveau international, dans l'accès égal et le partage des ressources naturelles ainsi que dans les formes fédérales de la future organisation. Les peuples doivent devenir la mesure des relations internationales. Ainsi, au moment de la question de la reconnaissance du gouvernement du général de Gaulle par les Alliés en 1944, Camus montre bien qu'il s'agit non de reconnaître l'autorité effective d'un gouvernement mais d'un peuple qui combat et défend son existence, les armes à la main. Le raisonnement est semblable dans la question de la reconnaissance du gouvernement de Franco qui a pour lui la réalité du pouvoir : le reconnaître reviendrait à bafouer les dernières élections démocratiques de 1936 et le gouvernement républicain en exil qui en est issu. De même, Camus s'attaque à la sacro-sainte non-intervention, autre corollaire de la souveraineté étatique, lorsqu'elle signifie l'ignorance des souffrances et des droits des peuples voire une véritable intervention en faveur d'un État oppresseur de son propre peuple.

Dans cette « Société des peuples » qu'il imagine dès 1939, les individus ont aussi leur part à jouer, moins en se prévalant des droits de l'homme, dont Camus ne parle guère, qu'en répondant concrètement à l'appel de tous ceux qui souffrent. Le Groupe de liaison internationale que l'écrivain algérois anime en 1949 et 1950 ouvre le chemin que de nombreuses ONG fouleront plus tard. Philippe VANNEY

Bibl. : Jeanyves Guérin, *Camus. Portrait de l'artiste en citoyen*, François Bourin, 1993, p. 170-188 • Philippe Vanney, « La démocratie à l'épreuve des relations internationales : reconnaissance et ingérence », *Équinoxe*, n° 13, hiver 1996, p. 37-49 • Id., « Camus contre le droit de mort de l'État », *Bulletin d'études françaises*, n° 34, 2003, p. 49-73

NOUVELLE REVUE FRANÇAISE. – La présence de Camus dans *La Nouvelle Revue française* s'étend entre deux stèles, deux hommages funèbres : celui qui fut édifié pour André Gide et auquel il participa en 1951 ; celui qui lui fut rendu à sa mort, en 1960. L'histoire tourmentée de *La NRF*, mais aussi certaines réticences de ses responsables aussi bien que de Camus lui-même, expliquent peut-être la relative modestie des relations de ce dernier avec une revue qui était pourtant celle de son éditeur, Gallimard.

Pour commencer, au moment où il allait obtenir la consécration en entrant dans la prestigieuse revue, celle-ci était passée depuis décembre 1940 sous la direction du collaborateur Pierre Drieu La Rochelle. Camus refusa alors de lui donner *L'Étranger*, dont la publication par Gallimard était par ailleurs arrêtée, après que le manuscrit, transmis par l'intermédiaire de Pascal Pia et André Malraux, avait été accepté chaleureusement par Jean Paulhan. Cette évolution de la revue avait été le prix à payer pour préserver – grâce à l'habileté de ce dernier – l'indépendance de la maison d'édition, mais elle allait créer entre les deux un fossé durable, se prolongeant au-delà de la guerre. Comme bien d'autres, en Algérie ou en zone libre, Camus chercha alors à fonder une revue de remplacement. En janvier 1941, il écrivait à Jean Grenier, à propos de *Prométhée*, revue qu'il projetait de créer avec Pia : « Il ne s'agit pas de remplacer *La NRF*, comme on nous l'a dit, mais seulement de faire une des choses qu'elle n'est plus capable de faire. » De fait, il gardait sa sympathie à Gaston Gallimard et à Jean Paulhan, témoignant à la Libération en faveur de Gallimard dont « la maison d'édition se trouvait complètement dissociée de la revue *NRF* dirigée par M. Drieu La Rochelle ». Aussi Paulhan, envisageant en août 1944 la reprise de *La NRF*, confiait-il à Marcel Arland : « Je songeais [...] à Camus pour la chronique dramatique. » Le sort en décida autrement, car en raison de sa collaboration avec les Allemands, *La NRF* fut interdite pendant huit ans. Aussi Camus accepta-t-il de s'engager auprès de Jean Amrouche dans l'aventure parisienne de *L'Arche* à laquelle il avait déjà collaboré lors de sa création en Algérie sous la tutelle de Gide ; ou encore tenta-t-il avec René Char la brève expérience d'*Empédocle*.

En novembre 1951, la mort de Gide est l'occasion d'une résurrection temporaire de la revue, pour un numéro d'hommage auquel Camus contribue (« Rencontres avec André Gide »). En janvier 1953, alors qu'*Empédocle* et *L'Arche* ne sont plus que des souvenirs, elle reparaît sous la direction de Paulhan, sous le nom de *Nouvelle NRF*. Si Camus ne se hâte pas d'y participer, c'est sans doute que le théâtre et la politique l'accaparent, mais c'est peut-être aussi sous l'influence de son ami René Char, qui reste fortement hostile à la revue. En mai, Camus lui répond à ce sujet : « Il me semble que nous devons ne tenir compte que de ce qui nous paraît vrai, et utiliser avec désinvolture, et quand cela nous plaît, les moyens que l'on met à notre disposition. » De fait, il va prendre son temps, et ce n'est qu'en janvier 1954, alors qu'un essai de lui était déjà annoncé en septembre 1953, que paraît « La mer au plus près ». Après cela, on voit *La Nouvelle NRF* rendre assez fidèlement compte des productions de Camus, en particulier sous la plume de Maurice Blanchot, son ancien collaborateur de *L'Arche*. On peut même parler, en 1954, d'un traitement privilégié : trois études de Blanchot en avril, mai et juin, un compte rendu de François Nourissier en juin sur *L'Été* et *Actuelles* II, et un autre, en juillet, de Jean Duvignaud, sur les deux adaptations de Camus au festival d'Angers de l'année précédente. Et tout au long de la même année sera annoncée dans la revue, mais en vain, la publication de « La pierre qui pousse ».

Cela ne modifie par le jugement de Char qui, le 9 septembre, écrit à Camus : « Quel affreux numéro que celui de la *Nouvelle NRF* de septembre ! La médiocrité sans rémission… » et qui, le 3 mai 1955, lui annonce sa décision « de ne plus collaborer à l'avenir à la *Nouvelle NRF* ». Peu significative est la publication, dans le numéro d'octobre, de la préface de Camus aux *Œuvres complètes* de Roger Martin du Gard dans la « Pléiade ». Mais en 1956, se détournant du problème algérien, Camus revient à la littérature. Aussi assiste-t-on à son retour en force dans la revue : parution en juin de « L'esprit confus » ; en septembre contribution à l'hommage rendu à Francis Ponge ; deux comptes rendus de *La Chute*, en juillet par Marcel Arland, en décembre par Maurice Blanchot ; de *Requiem pour une nonne* en novembre, par Jacques Lemarchand. L'année suivante est presque aussi faste : en mai 1957, Dominique Aury consacre sa chronique à *L'Exil et le Royaume* ; en juin et juillet paraissent les « Réflexions sur la guillotine », et en août Lemarchand évoque à nouveau le festival d'Angers (sur *Caligula* et *Le Chevalier d'Olmedo*). Dans la foulée, le numéro de décembre annonce deux textes de Camus à paraître ; « L'écrivain et la littérature » et « Après 20 ans ». Malgré cela, et malgré l'attribution du prix Nobel, plus rien ne paraîtra de et sur Camus, dans *La NRF*, jusqu'à ce que sa mort suscite, en mars 1960, l'hommage introduit par le fidèle Blanchot. Parmi les quarante-huit contributions (ce qui n'est pas énorme, comparé aux hommages accordés à Gide ou Saint John Perse), on trouve la « famille » algérienne (Jean Grenier, Gabriel Audisio, Emmanuel Roblès), des membres de la maison NRF (Georges Lambrichs, Jean Grosjean, Brice Parain, Jacques Lemarchand), des hommes de théâtre (Jean Vilar, Jean-Louis Barrault) et quelques étrangers de marque comme Faulkner et C. J. Cela. Mais on remarque l'absence des deux responsables de la revue, Marcel Arland et Jean Paulhan. Ce dernier avait-il modifié son jugement, depuis son accueil enthousiaste de *L'Étranger* ? Il écrit à Jean Guéhenno, quinze jours après la mort de Camus : « Camus était religieux, mais sans foi ; moraliste, mais sans philosophie ; écrivain, mais sans style. Alors ? pourquoi est-il sorti de tous ces manques un littérateur célèbre ? »

Peut-être faut-il rappeler que pour Camus, il y avait deux NRF : la maison d'édition, à laquelle il collaborait, et où il se sentait en famille auprès de Michel et Robert Gallimard ; et la revue, où de multiples jeux d'influences et de rivalités pouvaient se déployer, rappelant la tradition d'intrigues feutrées et la culture bourgeoise de ses origines. Face à cette dernière, l'ancien militant, le journaliste engagé pouvait se sentir étranger, et c'est sans doute en songeant à ce milieu qu'il notait en 1951 : « NRF. Curieux milieu dont la fonction est de susciter des écrivains et où, cependant, l'on perd la joie d'écrire et de créer. » Il faudra attendre janvier 1996 pour que Camus revienne au sommaire de *La NRF* avec un inédit, « La crise de l'homme ».

Pierre MASSON

O

OBJET. – Chez Camus, « les objets n'avaient pas de nom, on disait : les assiettes creuses, le pot qui est sur la cheminée, etc. » C'est la grand-mère qui détient la maîtrise des objets de la famille pauvre : « Tout à l'heure, la vieille rentrera, la vie renaîtra : la lumière ronde de la lampe à pétrole, la toile cirée, les cris, les gros mots. » En attendant, la mère « se tasse [...] sur une chaise et, les yeux vagues, se perd dans la poursuite éperdue d'une rainure du parquet. Autour d'elle la nuit s'épaissit » (*Entre oui et non*). Que les objets camusiens renvoient à ces deux femmes à la fois leur confère une ambiguïté constitutive.

La lampe à pétrole de Jonas l'aide à retrouver une certaine intimité mais pas l'inspiration. Quant à Meursault, il n'aura droit qu'à des lampes qui agressent sa conscience vide. « Devant moi, il n'y avait pas une ombre et chaque objet, chaque angle, toutes les courbes se dessinaient avec une pureté blessante pour les yeux. » Sur la plage du meurtre, le soleil ne représente-t-il pas l'envers de la lumière du foyer familial ?

Dans un contexte de célébration des origines pauvres mais dignes, l'objet est connoté favorablement. « On descendait les chaises sur le devant de la maison et l'on goûtait le soir. » Dans *Le Premier Homme*, la description des ouvriers qui fabriquent les tonneaux tient de l'épopée ; dans *Les Muets*, les grévistes boivent le café offert par un épicier solidaire dans « un verre de moutarde [circulant] de main en main ». Dans d'autres circonstances, en revanche, l'objet devient problématique. Le verre du début de *La Chute* que Clamence « installe auprès » de celui de son interlocuteur est le premier accessoire du décor indispensable au piège qu'il lui tend.

L'objet envisagé dans la relation à soi peut contribuer à une certaine lucidité. C'est le cas de la gamelle de Meursault. Dans son reflet, le prisonnier comprend qu'il ne sourit pas à son image qui demeure « toujours sérieuse ». Mais lorsqu'il entre dans l'équation d'une improbable communication avec les autres, l'objet devient plus complexe. Comme ailleurs, la mère de Jacques Cormery recevant le télégramme qui lui annonce la mort de son mari, Meursault a du mal à saisir le sens du télégramme qu'il reçoit de l'asile. C'est que ces personnages sont étrangers aux usages du monde. Dans toute l'œuvre, télégrammes, lettres et téléphones sont au mieux inefficaces et au pire sources de problèmes. On pense à la sonnerie intempestive du téléphone de Jonas ou, dans *L'Étranger*, à la lettre adressée par Raymond à la mauresque.

Entre les mains de certains personnages, les objets prennent des libertés inquiétantes et deviennent hostiles. Meursault ne parvient pas à maîtriser le revolver du meurtre ni les reflets du soleil sur le couteau de « l'Arabe ». L'objet agressif peut évoluer. La cravache avec laquelle la grand-mère « fait l'éducation des enfants » a bénéficié de multiples mises en métaphore dans l'œuvre : « le fléau » de la peste, les « verges des maîtres à venir » de *La Chute* ou, sur un mode plus sympathique, les « bâtons noueux » des Arabes remarqués par Janine et enfin le « sucre d'orge » du maître dans *Le Premier Homme*. Jacques finit par arracher le nerf de bœuf à sa grand-mère, le jour où il embrasse une jeune fille sur la bouche pour la première fois.

La charge érotique des vêtements féminins est récurrente. Les sandales et les robes des femmes laissent Mersault « la langue sèche et le cœur battant ». Meursault a « eu très envie d[e Marie] parce qu'elle avait une belle robe à raies rouges et blanches et des sandales de cuir ». La description d'un habit masculin, en revanche, signale l'évolution des personnages, comme dans le cas, à la fin, du juge Othon dont « un de[s] lacets était dénoué ».

Un objet gratifiant peut aussi être ambigu. Grand fumeur, Camus mentionne la cigarette à plusieurs reprises. Elle peut s'accorder avec l'émotion : « Être ce rayon où une cigarette se consume, cette douceur et cette passion qui respire dans l'air. » Elle peut aussi avoir « un goût amer » comme dans *L'Étranger*. Meursault, dans la partie II, voit son plaisir de fumer dénoncé comme un crime.

Le pouvoir réifiant des objets trouve peut-être son origine dans le « petit éclat d'obus retrouvé dans les chairs » du père, mort à la guerre ainsi que dans « la croix de guerre » et « la médaille militaire » qu'on peut voir « en bonne place » dans l'appartement familial. Il se concrétisera, entre autres, dans les « dossiers » des pensionnaires de *L'Étranger*, les « fiches » de *La Peste* ou dans le carnet de la Secrétaire dans *L'État de siège*.

Enfin l'objet peut aussi être le support d'une conscience ironique. C'est ainsi que Clamence, qui veut endosser les habits d'un prophète moderne, déclare : « Le chameau qui a fourni le poil de mon pardessus souffrait sans doute de la gale. » C'est que le dessein de ce personnage est de « tout recouvrir, jugement et estime, d'un manteau de ridicule ».

Mohammed-Kameleddine HAOUET

Bibl. : Mohamed Kameleddine Haouet, *Les Objets dans l'œuvre narrative d'Albert Camus*, Tunis, ALIF, Éditions de la Méditerranée, 1994

OCAMPO, Victoria (1890-1979). – Cette héritière d'une famille patricienne argentine a publié des essais et a été critique littéraire, mais c'est par la revue trimestrielle puis semestrielle *Sur* qu'elle a fondée en 1931, puis par la maison d'édition qu'elle lui a adjointe qu'elle est passée à la postérité. Au fil des années, cette *NRF* latino-américaine publie des textes d'André Gide, André Malraux, Henri Michaux, Jorge Luis Borges, Octavio Paz et Henry Miller. Francophile et cosmopolite, Victoria Ocampo a été l'amie d'écrivains tels que Jules Supervielle, Pierre Drieu La Rochelle et Roger Caillois.

C'est en 1946 qu'elle rencontre Camus. La traduction de son *Caligula* en espagnol a paru cette année-là dans

Sur. Elle invite l'écrivain pour une tournée de conférences en Amérique du Sud. Il loge chez elle à Buenos Aires. Le gouvernement du général Perón ayant exigé que l'écrivain communique préalablement le texte de ses conférences aux censeurs, celles-ci ne se tinrent pas. En 1953, quand il apprend que le même gouvernement a fait arrêter cette figure de l'intelligentsia libérale, Camus prend l'initiative d'une pétition destinée à la faire libérer. En mai 1960, elle lui consacre un article nécrologique dans *Sur*.

Victoria Ocampo a également traduit les adaptations de *Requiem pour une nonne* en 1957 et des *Possédés* en 1960. Quelques lettres de Camus sont conservées au fonds Victoria-Ocampo de l'université de Harvard.

Jeanyves GUÉRIN

Bibl. : Doris Meyer, *Victoria Ocampo. Against the Wind and the Tide*, Austin, University of Texas Press, 1990 • Maria Esther Vazquez, *Victoria Ocampo : el mundo come destino*, Buenos Aires, Seix Barral, 2002 • Cristina Vinuela, *Victoria Ocampo : de la busqueda al conflicto*, Mendoza, EDIUNC, 2004

OETTLY, Paul (1890-1959). – Au début des années 1940, Paul Oettly, né à Constantine et qui a commencé en 1932 une carrière d'acteur au cinéma, est l'oncle par alliance de Camus puisqu'il a épousé la sœur du père de Francine, son épouse. Mais au-delà des liens familiaux puis théâtraux qui ont uni les deux hommes, Paul Oettly est connu avant tout pour les rôles qu'il a tenus au cinéma, dans des films tels que *Le Capitaine Fracasse* en 1942, où il est Matamore, *Douce*, l'année suivante, où il tient le rôle du prêtre, et dans les années 1950, *Touchez pas au grisbi* (1953) et *Le Sang à la tête* (1956).

Paul Oettly est associé à l'activité théâtrale de Camus, comme acteur mais aussi comme metteur en scène, depuis la création de sa première pièce, *Caligula*, jusqu'au festival d'Angers. La fidélité familiale a certainement joué un rôle dans cette collaboration suivie entre les deux hommes. Avant de travailler avec Camus, Oettly a joué chez Jacques Copeau et Firmin Gémier et dans plusieurs troupes du Cartel (fondé en 1927 par quatre metteurs en scène et directeurs de théâtre parisiens, Louis Jouvet, Charles Dullin, Gaston Baty et Georges Pitoëff). C'est ainsi par exemple qu'il interpréta le grand-prêtre dans *Les Mouches* de Jean-Paul Sartre que Dullin mit en scène en juin 1943. Le 26 septembre 1945, *Caligula* est créé au Théâtre Hébertot à Paris, la mise en scène est d'Oettly. Si l'accueil du public fut plutôt favorable, celui de la critique le fut beaucoup moins. Une autre pièce, *Les Justes*, fut également mise en scène par Oettly. Présenté pour la première fois le 15 décembre 1949 au Théâtre Hébertot, le spectacle plut beaucoup au public alors que la critique dans la presse se divisa sur le contenu idéologique de la pièce. Le metteur en scène, entre-temps, créa *Le Maître de Santiago* d'Henry de Montherlant dans le même théâtre.

Acteur, Paul Oettly a joué dans plusieurs pièces ou adaptations de Camus. Dans *Le Malentendu*, il tint le rôle du vieux domestique puis, dans *Les Justes*, en plus de sa fonction de metteur en scène, celui de Skouratov, le directeur de la police. Quelques années plus tard, en 1953, dans le cadre du festival d'Angers, il joua dans deux adaptations réalisées par Camus, *La Dévotion à la croix* puis *Les Esprits* où il tint le rôle principal, celui de Séverin, le vieil avare. Ces deux mises en scène furent en partie réalisées par Marcel Herrand, qui avait déjà monté *Le Malentendu.* Associés à plusieurs reprises dans les créations théâtrales de Camus, Herrand et Oettly figuraient, parmi d'autres, comme personnages dans un projet de roman à caractère autobiographique qui n'a pas vu le jour.

Jacques Le Marinel

ŒUVRES COMPLÈTES. – Roger Quilliot réunit les œuvres de fiction de Camus dès 1962 dans la « Pléiade ». L'amitié de l'auteur, la confiance de sa veuve et le soutien de Jean Grenier qui préface l'ouvrage, de Roger Grenier et de René Char ont été précieux. Ils ont permis l'accès aux manuscrits. Suit, en 1965, une édition des *Essais* pour laquelle le pionnier français des études camusiennes a obtenu l'aide d'un inspecteur général de philosophie, Louis Faucon. Les deux volumes ont connu de nombreuses rééditions et ont servi de base à des traductions étrangères. En 1985, le Club de l'honnête homme a ensuite proposé des « Œuvres complètes » en neuf volumes présentées par Roger Grenier. Le regroupement des textes ne s'est fait ni sur le critère générique ni sur le critère chronologique. Les plus connus, simplement, figurent dans les premiers volumes.

La publication d'importants écrits posthumes et de certaines correspondances ainsi que le développement des recherches ont renouvelé l'approche de l'œuvre et rendu indispensable une nouvelle édition. Roger Quilliot en était lui-même persuadé. Elle a été mise en chantier après sa mort. La responsabilité en est revenue à Jacqueline Lévi-Valensi, qui s'est entourée d'une équipe internationale. Cette fois, le critère chronologique a prévalu sur le critère de genres : les écrits de Camus sont classés selon la date de leur publication et, dans le cas des recueils, de leur rédaction. Dans chaque volume sont donnés successivement les ouvrages publiés par Camus, les écrits non réunis en livres, notamment les préfaces, et les écrits posthumes. Sans que l'édition ait l'ambition d'être génétique, des ébauches et des fragments abandonnés figurent en appendices. Le *Caligula* de 1939 suit ainsi celui de 1945. La nouvelle édition de la « Pléiade » intègre en outre les œuvres publiées après 1962, *La Mort heureuse*, les trois volumes des *Carnets* et *Le Premier Homme*, ainsi que de nouveaux inédits, notamment une pièce, *L'Impromptu des philosophes*. On peut regretter que les traductions ou adaptations scéniques du *Temps du mépris*, de *Prométhée enchaîné* et du *Retour de l'enfant prodigue* soient données seulement en extraits. Les deux premiers volumes ont paru en 2006, après la mort de Jacqueline Lévi-Valensi, les deux derniers en 2008.

Des « Œuvres complètes » réunissant tous les livres de Camus ont paru en Allemagne, en Espagne, en Italie, au Japon, en Corée du Sud et en Croatie.

Jeanyves Guérin

Éd. : *Théâtre, récits et nouvelles*, Gallimard, coll. « Bibl. de la Pléiade », 1962 • *Essais*, Gallimard, coll. « Bibl. de la Pléiade », 1965 • *Œuvres complètes*, 9 vol., Club de l'honnête homme, 1985 • *Œuvres complètes*, 4 vol., Gallimard, coll. « Bibl. de la Pléiade », 2006-2008

OLLIVIER, Albert (1917-1964). – Avant la guerre, Albert Ollivier, historien de formation, avait été l'un de ces jeunes intellectuels « non conformistes » qui cherchaient une troisième voie entre gauche et droite, entre le libéralisme et le socialisme étatique. Un temps secrétaire de Gaston Gallimard, il appartenait au comité de lecture des éditions auxquelles ce dernier a donné son nom. En 1940-1941, il avait été actif au sein du mouvement Jeune France avant de rejoindre le mouvement Combat. C'est tout naturellement qu'il fait partie du noyau du journal qui porte ce nom au lendemain de la Libération. Au même moment, on trouve aussi sa signature à *Critique*, à *L'Arche*, à *Esprit* et à *La Nef*. Jean-Paul Sartre le fait figurer de surcroît au comité directeur des *Temps modernes* où l'on peut considérer qu'il représente *Combat* et Camus. Il s'en retire au bout de quelques mois. Sa position est donc forte dans le champ de l'après-guerre, et il n'est pas étonnant qu'il ait été l'une des voix les plus écoutées de *Combat* entre 1944 et 1947.

Lorsque l'on relit ses éditoriaux, réunis par ses soins en 1946, on constate qu'il existe bien un socle doctrinal commun à *Combat*. Comme Camus, Ollivier préconise en effet une révolution en 1944, un renouvellement du personnel politique ; il rejette le réalisme politique et la volonté de puissance ; il préconise une intervention de l'État dans l'économie. Ses articles souffrent souvent de la comparaison avec ceux de son aîné. Ils n'en ont ni la concision ni la force de conviction. Entre les deux hommes, le philosophe et l'historien, les relations n'ont jamais été amicales malgré leur goût commun du théâtre (Ollivier a écrit plusieurs pièces et a été comédien). L'un s'adresse à l'opinion, l'autre exhorte les gouvernants. Le premier reste un homme de gauche ; le second, de concert avec Raymond Aron, se pose de plus en plus ouvertement comme sympathisant du général de Gaulle. Le retrait de Camus à l'automne 1945 accroît son espace politique et son influence. En 1947, il quitte *Combat* puis, en même temps que Pascal Pia, rejoint le Rassemblement du peuple français et devient le directeur politique de son hebdomadaire, *Le Rassemblement*. Son engagement gaulliste lui vaut de devenir directeur des journaux puis des programmes à la télévision nationale de 1959 à sa mort. Son nom est attaché à deux émissions restées fameuses, « Gros plan » où paraît Camus et « Cinq colonnes à la une », et à la diffusion des *Perses*.

Ses deux livres, *La Commune* (Gallimard, 1939) et *Saint-Just* (Gallimard, 1954), ont été plusieurs fois réédités. Camus a écrit du premier que c'était un « petit chef-d'œuvre d'intelligence et de pénétration ». Albert Ollivier, de son côté, a rendu compte du *Malentendu* dans *Confluences* et de *Caligula* dans *Les Temps modernes*. À la mort de Camus, il lui revient d'évoquer la période de *Combat* dans les colonnes du *Monde*.

Jeanyves GUÉRIN

Bibl. : Albert Ollivier, *Fausses Sorties*, La Jeune Parque, 1946 • *Hommage à Albert Ollivier*, Éditions de l'ORTF, 1965

ORAN. – La relation de Camus à la ville d'Oran est plus mêlée que celle qui le lie sans réserves à Alger, ville de son enfance et de sa jeunesse, à jamais pour lui « ville des étés ». Elle s'est tissée dans la fréquentation d'Oranais : amis fidèles comme André Belamich, Claude de Fréminville ou Emmanuel Roblès ; femme aimée – il rencontre Francine Faure en 1937 et l'épouse en décembre 1940. Elle s'est aussi forgée dans l'expérience directe de deux premiers séjours effectués en avril et octobre 1939, puis d'un autre en février 1940 pour y donner des cours particuliers de philosophie, et surtout lors d'une installation contrainte de plusieurs mois, de janvier 1941 à août 1942, après l'expérience parisienne de *Paris-Soir* écourtée par la guerre. Dans cette dernière occasion, il enseigne à nouveau quelque temps dans un établissement privé où se sont retrouvés nombre d'enfants juifs refusés dans les établissements publics du fait des décrets de Vichy, puis se consacre essentiellement à l'écriture. Dès 1939, ses *Carnets* gardent trace des impressions fortes que lui inspire la ville. Certaines se retrouveront insérées ou étayées dans de petits essais comme *Le Minotaure ou la Halte d'Oran* et *Petit guide pour des villes sans passé* ; d'autres se développeront plus amplement encore dans *La Peste*. La confrontation des notes spontanées des *Carnets* avec les œuvres littéraires abouties montre comment la ville effective se prête à un traitement symbolique.

La topographie « extravagante » de cette ville tournant le dos à la mer, pour qui vient d'une cité toujours ouverte sur la baie, l'absence d'arbres et de jardins laissant le monopole à la pierre sèche de ses constructions et au dessin mal défini de ses rues donnent naissance à l'image du labyrinthe exploitée par le premier essai. Le vide ressenti dans ses murs se transforme en une allégorie de l'ennui, Minotaure dévorateur figurant l'obligation faite à l'homme de se confronter à l'absurde de sa condition. Poussant au paroxysme quelques-unes de ces caractéristiques, l'essayiste fait d'Oran l'archétype de la cité contemporaine, nouveau « désert » où l'homme se retrouve dans la solitude du face à face avec sa conscience. La beauté même du ciel minéral d'Oran, la grandeur de la montagne de Santa Cruz tombant en à-pic dans la mer ou la splendeur sauvage de la côte oranaise offrent de fugaces invitations à l'évasion et de plus constantes occasions d'éprouver violemment la superbe indifférence du monde.

La Peste que le projet initial n'avait pas d'emblée située à Oran trouve néanmoins dans la ville, dès l'ébauche de 1941, un cadre propice à une autre exploitation allégorique ou même mythique au regard de sa complexité, proche dans le temps et dans l'esprit de la précédente. Cette « préfecture française de la côte algérienne » est décrite à l'orée du récit presque exclusivement, quoique ironiquement, de façon négative, tant dans son apparence sans agréments que dans les activités de ses habitants vouées au négoce. Mais il s'agit moins de la stigmatiser en propre que d'insister avec effet de loupe sur son extrême banalité apte à en faire un « lieu neutre », c'est-à-dire l'emblème d'« une ville tout à fait moderne ». La géographie particulière de cette cité « bâtie en escargot sur son plateau, à peine ouverte sur la mer », s'avère décor particulièrement propice à la mise en place du tragique huis clos que l'épidémie enclenche. Les portes de la ville qui, par mesure sanitaire, se ferment au printemps pour ne s'ouvrir qu'à « l'aube d'une belle matinée de février » coupent un peu plus radicalement qu'à l'habitude les hommes de tout lien avec leur « vraie patrie » – la nature originelle –, faisant des habitants murés des êtres « séparés », contraints dans leur « exil sans remède » de chercher à la fois une vérité personnelle et des valeurs collectives. Comme tout mythe, celui-ci appelle de multiples lectures, et les interprétations n'ont pas manqué pour donner, par-delà sa portée universelle, une actualisation concrète au motif de la peste. Le brouillage volontaire que le récit entretient entre effets de réalisme historique et élargissements symboliques atemporels se retrouve aussi dans le traitement de l'espace. Oran a beau avoir été présentée dans le chapitre liminaire comme une cité ordinaire, elle acquiert dans le fil de la narration des traits qui lui donnent consistance et interfèrent avec la lecture mythique. Les déambulations des différents protagonistes, se recoupant sur des itinéraires répétitifs le long des boulevards du centre ou des rues à arcades, sur la place d'Armes ou sur celle du lycée, dans la cathédrale et ses rares jardins ou près de la mairie flanquée de ses deux lions de bronze, servent la thématique de l'enfermement mais évoquent aussi une topographie concrète. De la même façon, le quartier de la Marine, le port, la promenade du front de mer, les tramways d'un jaune poussiéreux perdant avec la mise en quarantaine leur animation et leurs destinations habituelles, du fait même qu'ils conservent dans l'insolite tragique une part de leur valeur référentielle, contribuent à créer l'atmosphère de déréliction nécessaire à la fable. Certains éléments descriptifs ancrent en outre précisément cette « préfecture française » dans son contexte colonial. Malgré la focalisation du récit sur une population essentiellement française, mention est faite d'une communauté espagnole, plutôt regroupée dans les « quartiers extérieurs où habitaient les plus pauvres » des clients du docteur Rieux. Selon la toponymie réelle de l'époque, il y a surtout ce « quartier nègre » où le médecin se déplace « le long des rues abruptes entre les murs bleus, ocres et violets des maisons mauresques ». Cette unique insertion dans la géographie oranaise d'une population indigène qui ne s'incarne par ailleurs en aucun personnage individualisé a pu être objet de grief et d'interrogation, d'autant qu'à deux reprises dans le récit (en sus d'une anecdote qui est rapide mise en abyme du meurtre de *L'Étranger*) est évoqué l'objectif du journaliste Rambert venu de métropole pour faire un reportage sur les conditions de vie des Arabes. Ne pouvant apparemment pas ne pas en parler, le romancier réduit à une formule des plus lapidaires le traitement de la question, renvoyant hors du champ du roman, c'est-à-dire au journalisme, le témoignage sur leur état sanitaire qui obligerait à porter une « condamnation totale » (ce que Camus journaliste avait lui-même fait des années auparavant). Son esthétique romanesque ainsi détachée de toute contingence historique le conduit dans la même logique à faire état de « camps d'isolement » ou d'un « four crématoire » aux sinistres échos dans l'histoire récente sans que soit jamais indiquée la moindre présence juive dans la ville, alors que les *Carnets* la saisissaient, par exemple en avril 1939, dans le pittoresque « de la rue d'Austerlitz et ses juifs centenaires ».

Même lorsque Camus se lance en 1947 dans un *Petit guide* à l'écriture infiniment plus légère, il fait d'Oran, à l'égal d'Alger et de Constantine, une ville « sans passé », ignorant délibérément les strates occidentales et orientales de son histoire pour ne l'appréhender que dans la création d'un mythe. Creusant sciemment l'écart entre les villes européennes surchargées d'art et de tradition et les villes algériennes marquées par une hybridité culturelle et humaine qui les libère de toute filiation, il montre son attachement profond à ces dernières. C'est l'attraction du philosophe qui, dans ces « déserts » (la métaphore est récurrente), se retrouve au plus nu de sa condition, tel le premier homme ; c'est aussi l'émotion du natif, attendri par la simplicité sans fards de bien des aspects des mœurs locales. Cette dernière posture se masque souvent avec pudeur derrière l'humour du propos. À Oran sont décochées, par provocation ludique, quelques pointes ironiques, comme il se doit quand on est algérois, mais un élan de tendresse nostalgique se dévoile aussi dans la remémoration de la beauté immuable et grandiose de sa baie (d'une grandeur « qui ne se prête pas à l'élévation » et efface toute idée d'arrière-monde) ou dans l'évocation sensible de certaines atmosphères urbaines qui lui sont particulièrement chères : charme puissant des pierres, quiétude vespérale de la petite place de la Perle, séductions croisées à la terrasse d'un café sur le boulevard Gallieni.

Martine MATHIEU-JOB

Bibl. : Abdelkader Djemaï, *Albert Camus à Oran*, Michalon, 1995

ORDRE. – Le mot « ordre » a été tant utilisé par la droite avant et pendant la guerre qu'il est dévalué en 1945. On l'associe à la réaction, au conservatisme et aux régimes autoritaires. Camus, qui a toujours préféré Athènes à Rome, est à cet égard à l'unisson de sa génération. Le culte du chef, le principe héréditaire et l'idée d'autorité lui sont aussi étrangers qu'à Jean-Paul Sartre. Caligula, double noir de l'auteur, introduit le désordre dans l'Empire romain et tourne son propre pouvoir en dérision. Pour cette raison, on hésite à le voir comme un dictateur du XXe siècle. Dans *L'État de siège*, c'est par souci de l'ordre public, c'est-à-dire d'un ordre qui consacre leurs privilèges, que le gouverneur et les alcades cèdent la place à la Peste. Le nouvel homme fort de Cadix protège les possédants contre l'ennemi intérieur et fait régner la terreur.

Au lendemain de la Libération, l'heure de la reconstruction a sonné. « La France, écrit Camus le 2 septembre 1944, pour elle-même comme pour ses amis, a besoin d'être mise en ordre. Mais il faut s'entendre sur cet ordre. [...] un ordre qui consacrerait les puissances d'argent, les combinaisons de couloir et les ambitions personnelles, cet ordre-là ne serait qu'un désordre puisqu'il consoliderait l'injustice. » En d'autres termes, c'est le peuple et non les élites qui instaurent l'ordre démocratique. L'« ordre ancien » que veulent restaurer les politiciens de la IIIe République était « médiocre et taré ». Dans un autre article daté du 12 octobre 1944 et qui est repris dans *Actuelles*, l'éditorialiste de *Combat* rassemble ses conceptions sur le sujet. La notion d'ordre est devenue « obscure », il s'efforce de la clarifier. L'insurrection populaire qui a libéré Paris oblige à repenser les catégories politiques. « Les révolutions portent avec elles un principe d'ordre » ; le révolutionnaire (ou le réformateur) cherche à construire une société à la fois plus morale et plus équitable. « Il n'y a pas d'ordre sans justice » : c'est une affaire d'équilibre et d'accord. L'homme d'ordre est un privilégié repu et sans cœur, « un homme de peur et d'épargne ». Camus rejoint ici l'idée développée par Emmanuel Mounier du désordre établi. Le seul ordre qui vaille à ses yeux, c'est un « ordre enfin juste ». « Ce n'est pas l'ordre qui renforce la justice, c'est la justice qui donne sa certitude à l'ordre. » La question est pour lui entendue.

Sa réflexion sur l'ordre démocratique amène Camus à déplacer les enjeux de la politique intérieure vers la géopolitique. Là tout est à faire, puisque la loi du plus fort prévaut. Dans *Ni victimes ni bourreaux*, il avance l'idée alors utopique, et qui l'est restée longtemps, d'un nouvel ordre international fondé sur l'égalité des nations, la limitation des souverainetés et la mise en commun des richesses naturelles. Dans les années 1950, cette préoccupation, sans disparaître, passe au second plan. La société bourgeoise garde ses tares. Camus mesure mieux ceux de l'État totalitaire, il se soucie davantage des rapports entre la société et l'État. Il développe une critique néolibertaire de celui-ci.

Jeanyves GUÉRIN

« ORGUEIL ». – Texte fort bref, non daté, renvoyant à deux reprises à

Gandhi, « Orgueil » a été publié pour la première fois dans la deuxième édition des œuvres complètes de Camus dans la « Pléiade ». Il s'agit d'un monologue de Dieu sur la volonté des hommes de l'égaler et de disposer du même pouvoir que lui. Sont passées en revue la tentative d'Adam et d'Ève pour devenir « comme des dieux » par la connaissance ainsi que la volonté ultérieure des hommes de construire une tour qui s'élève jusqu'au ciel. Dieu n'ignore pas au demeurant la mythologie ; il rappelle la figure de Prométhée et ses efforts pour donner aux hommes la suprématie qu'apporte le feu et évoque le destin d'Icare qui a voulu s'approcher trop du soleil. Et Dieu d'évoquer Einstein et « son langage de chiffres et de lettres » qui « sait se conformer au monde et le contenir ». Le problème est que Dieu regrette cet orgueil mais qu'il l'admire aussi : l'homme a pu ainsi, avec Einstein, mais aussi bien avec un sculpteur grec ou mexicain, « faire à peu près ce qu'il veut de la matière ». Ce qu'il craint pourtant c'est la volonté de l'homme de *tout* connaître et d'arriver ainsi à éliminer l'inconnaissable dont il participe et que Dieu est. Auquel cas, son aventure se terminerait : il mourrait de la même mort que Dieu.

Maurice WEYEMBERGH

Éd. : *Œuvres complètes*, t. III, Gallimard, coll. « Bibl. de la Pléiade », 2008

ORWELL, George (1903-1950). – Il est tentant de rapprocher Camus et George Orwell. Tous deux sont morts au même âge, à dix ans d'intervalle. La tuberculose les avait frappés. Ils ont été, avant 1940, des critiques de la colonisation, l'un en Algérie, l'autre en Birmanie. La guerre d'Espagne a compté beaucoup dans leur itinéraire politique. Le premier s'est engagé dans les milices du POUM « trotskiste » ; son issue a laissé le second inconsolable. Une fois posé ce parallèle, l'historien de la littérature trouve peu de faits. Les deux hommes devaient se rencontrer à Paris en 1945 ou en 1946 ; Camus n'était pas au rendez-vous. Peut-être est-ce Arthur Koestler qui avait servi alors d'intermédiaire. Ils n'ont pas eu de nouvelles occasions de se lier. Selon Olivier Todd, Camus appréciait l'œuvre de l'écrivain anglais, notamment *Animal Farm*. Une mention de son auteur se trouve dans ses *Carnets*. On peut s'étonner que son roman *1984*, dont la traduction française venait de paraître chez Gallimard, ne soit pas cité dans *L'Homme révolté* et qu'aucun de ses ouvrages n'ait trouvé place dans la collection « Espoir ». Il est à noter que le premier Bulletin du Groupe de liaison internationale, en mars 1949, contient un article d'Orwell sur la situation politique au Royaume-Uni.

« La faute de presque tous les hommes de gauche après 1933, écrit Orwell en 1944, est qu'ils ont voulu être antifascistes sans être antitotalitaires. » Camus, comme lui, échappe à ce reproche justifié. Il a tôt fait de la rupture idéologique et programmatique avec le totalitarisme le préalable à toute éventuelle rupture avec le capitalisme et s'est en conséquence affirmé réformiste et social-démocrate. Les deux auteurs appartiennent à cette intelligentsia à la fois antinazie et anticommuniste qui peine à trouver sa place en Grande-Bretagne et plus encore en France après 1945, mais à qui l'histoire a fini par donner raison.

Parce que c'est dès 1937 qu'il a engagé la réflexion qui trouve son aboutissement dans *1984*, parce qu'il a donc dix ans d'avance, Orwell va indiscutablement plus loin que Camus dans la représentation romanesque du totalitarisme, mais il lui a fallu, pour cela, doubler son récit par un pesant essai didactique réparti entre deux personnages, Goldstein et O'Brien. Les considérations égrenées par le narrateur et les personnages de *La Peste* sont d'un moraliste plus que d'un politologue.

On trouve des rats dans *La Peste* et dans *1984*. Ils sont « la pire chose qui soit au monde ». Dans la salle 101, ils servent à venir à bout du rebelle récalcitrant. Winston, affronté à la peur ancestrale, infantile et adulte qu'ils inspirent, en arrive à renier son amour pour Julia, à régresser. Le dernier homme de l'Europe (tel était, on le sait, le premier titre du livre) capitule, il renie son humanité. Ce n'est pas un héros. Peu importe alors qu'il soit éliminé ou maintenu en vie. Ainsi Orwell dit-il l'échec de la résistance antitotalitaire. Camus affirme au contraire que la résistance est possible : des hommes de bonne volonté mettent en jeu voire sacrifient leur vie pour sauver leurs semblables. Rieux, Tarrou et les autres refusent la normalisation, ne hurlent pas avec loups, ne bêlent pas avec les moutons. Ce ne sont pas des surhommes, ils connaissent et reconnaissent leurs faiblesses, leurs fragilités.

Camus et Orwell furent deux esprits libres à l'âge des idéologies. Ils partagèrent un même refus du mensonge et un souci de la parole juste. Ils n'hésitèrent pas à s'opposer à la vulgate progressiste de leur temps tout en restant des hommes de gauche. Sans le savoir, ils furent solidaires. Les lecteurs de l'un ont souvent été lecteurs de l'autre à l'Ouest et surtout à l'Est. « Orwell fut plus essayiste que romancier, Camus meilleur romancier qu'essayiste », remarque justement Olivier Todd.

Jeanyves GUÉRIN

Bibl. : Bernard Crick, *George Orwell. A Life*, Londres, Secker & Warburg, 1980 • George Orwell, *1984*, traduit de l'anglais par Amélie Audiberti, Gallimard, coll. « Folio », 1976

P

PACIFISME. – Quelques remarques de Camus peuvent faire croire qu'il est, à l'instar de nombreux intellectuels, pacifiste avant-guerre mais qu'il fait volte-face par la suite en s'engageant dans la Résistance. En 1950, il écrit à Jean-Paul Déron : « J'ai commencé la guerre de 1939 en pacifiste et je l'ai finie en résistant. Cette inconséquence, car c'en est une, m'a rendu plus modeste. » Sept ans plus tard, au moment de la remise du prix Nobel de littérature, il réitère son affirmation – « J'ai été pacifiste jusqu'en 1940 » – pour ajouter que « la paix est le plus grand des biens, mais pas jusqu'à la servitude ». L'examen de son parcours politique depuis 1939 nuance ce jugement personnel par trop abrupt. Il est vrai qu'en novembre 1939, dans une « Profession de foi » qui, censurée, ne peut paraître dans *Le Soir républicain*, Albert Camus et Pascal Pia déclarent sans ambiguïté : « Nous sommes profondément pacifistes. » L'affirmation surprend et interpelle le lecteur alors que la France est en guerre depuis déjà trois mois et que le pacifisme qui a tant imprégné l'ensemble de la société française à l'issue de l'hécatombe du premier conflit mondial est en reflux généralisé depuis Munich.

« Au service de la vraie paix » depuis sa fondation le 15 septembre 1939, *Le Soir républicain* défend, autant que la censure le permet, « la paix dans la guerre ». Devant les risques d'escalade, le journal dénonce le jusqu'au-boutisme et affirme que, tout en continuant à se défendre contre l'ennemi et à lutter pour la liberté et la démocratie, la France et l'Angleterre doivent préserver les chances de la paix en prouvant qu'elles sont toujours prêtes à négocier et à proposer une « trêve » qui permette d'envisager la fondation d'un nouvel ordre international sur la volonté des peuples et non sur « les cadavres et les pierres calcinées ». l'idée avait été avancée par le juriste Robert-Édouard Charlier lors d'une conférence à Alger dont Camus fait un compte rendu élogieux dans *Alger républicain* le 25 avril 1939. Si l'on ne peut ignorer les illusions qu'entretient le journal sur la volonté de paix des nazis – encore qu'il publie une analyse pénétrante de René Capitant sur le régime hitlérien – il faut reconnaître qu'on est loin du pacifisme intégral, du défaitisme, de l'insoumission ou encore de la non-violence, philosophie à laquelle Camus n'a jamais adhéré. Alors que se taisent les grandes voix pacifistes d'Alain, Jean Giono, Louis Lecoin, Victor Margueritte, Roger Martin du Gard et Romain Rolland, du fait de la répression, du manque de volonté, d'une santé chancelante ou au contraire d'une nouvelle prise de conscience, *Le Soir républicain* de Camus est une des rares tribunes – aux marges de l'Europe, il est vrai – où les aspirations à la paix peuvent encore se faire entendre.

La Résistance, la lutte pour la libération du territoire national et pour le triomphe des valeurs de liberté et de justice auraient pu reléguer son premier combat pour la vraie paix dans la catégorie des erreurs de jeunesse, si la bombe larguée au-dessus d'Hiroshima n'avait remis au premier plan l'urgence de la paix. C'est le pacifiste de 1939 tout autant que le journaliste de *Combat* qui signe la conclusion de l'éditorial du 8 août 1945 : « Devant les perspectives terrifiantes qui s'ouvrent à l'humanité, nous apercevons encore mieux que la paix est le seul combat qui vaille d'être mené. Ce n'est plus une prière, mais un ordre qui doit monter des peuples vers les gouvernements, l'ordre de choisir définitivement entre l'enfer et la raison. » Les convictions de Camus n'ont donc pas changé. Elles s'arrêtent avant le pacifisme intégral dont il écrit, le 30 août 1945, à l'occasion de la condamnation de René Gérin à huit ans de travaux forcés, qu'il lui « paraît mal raisonné », même si fondé sur « une conception de l'homme qui ne peut être que respectable », contrairement à celui des « faux pacifistes qui aimaient l'hitlérisme et non la paix », tel Georges Albertini, ancien de la SFIO, engagé dans la collaboration active aux côtés de Marcel Déat.

C'est ce pacifisme non dogmatique, pleinement conscient de l'équilibre paralysant de la terreur, cherchant des solutions, fussent-elles utopiques, dans la participation directe des individus et des peuples à la vie internationale, qui est sous-jacent à l'essai le plus célèbre de l'après-guerre : *Ni victimes ni bourreaux*. Lui-même qualifiera dans sa « Première réponse » à Emmanuel d'Astier de La Vigerie en 1948 ce pacifisme de « raisonnable ». Moins raisonnable, sans doute, mais si jeune et passionné, celui de ses interventions au cours de la campagne de soutien au « citoyen du monde » Garry Davis et qu'il justifie, contre François Mauriac cette fois-ci, dans « Réponses à l'Incrédule », en décembre 1948 (*Combat*, 25-26 décembre). Pour autant qu'ils ne sacrifient pas à la liberté, tous les chemins vers la paix doivent être explorés et préservés. L'un des tout derniers combats de Camus, couronné de succès trois ans après sa mort, participe de cet amour à la fois de la liberté et de la paix : celui qu'il mène aux côtés de Louis Lecoin et d'autres pour la reconnaissance par l'État français du statut d'objecteur de conscience.

Philippe VANNEY

• *Voir aussi* : Guerre

Bibl. : Pierre-Frédéric Charpentier, *La Drôle de guerre des intellectuels français (1939-1940)*, Lavauzelle, 2008, p. 295-317 • Philippe Vanney, « Albert Camus devant la guerre », *Bulletin d'études françaises*, n° 19, 1988, p. 19-55

« PAIN ET LA LIBERTÉ (*Le*) ». – Avant d'être un des textes phares d'*Actuelles* II, « Le pain et la liberté » est un discours prononcé à la Bourse du travail de Saint-Étienne le 10 mai 1953 qui se nourrit des circonstances qui l'ont entouré. Le meeting pour la « défense de toutes les libertés » que Camus a la responsabilité de conclure est organisé par différents syndicats d'enseignants, la CFTC, la CGT-FO et les organisations espagnoles en exil de tendance anarchiste. Les orateurs ont évoqué les atteintes aux libertés syndicales, l'indépendance des syndicats par rapport à la politique, la répression coloniale et le régime franquiste. Juste avant que Camus ne prenne la parole, Nicolas Lazarévitch, quant à lui, a dénoncé le goulag soviétique.

En peignant le destin de la liberté sous la figure de la cousine devenue veuve que l'on recueille à la maison, Camus déploie tout son sens de l'humour et de l'ironie pour critiquer les conceptions de la liberté ayant cours tant à l'Ouest qu'à l'Est. Dans le premier camp, si on sait lui montrer du respect en public, sa véritable place est à la cuisine, et si elle est un peu bousculée par un policier ou le maître de maison on n'en fera pas un drame. À l'Est, sous prétexte de lutter contre l'injustice, on fait encore moins de manières et c'est dans un placard qu'on l'enferme en promettant de la ressortir lorsque la société juste sera réalisée. Chaque camp tire sa force de l'autre, justifiant ses propres exactions par celles d'en face, en une « dialectique cynique qui oppose l'injustice à l'asservissement ».

Dans sa critique des libertés formelles, l'erreur du marxisme a été d'assimiler la pratique bourgeoise de la liberté à la liberté elle-même et, reléguant l'avènement de celle-ci dans un avenir inaccessible, de se préoccuper seulement de la justice économique et sociale. Mais, pour Camus, l'une ne va pas sans l'autre. Si la justice apporte à la liberté un contenu concret sans lequel elle ne signifierait rien, la liberté garantit que le pain ne dépend pas « du bon vouloir d'un maître ». Comme l'écrit Jeanyves Guérin, l'écrivain algérois est un des rares à l'époque à souligner que « l'absence de liberté et la pénurie vont de pair ». Loin d'être un simple concept ou la construction libérale d'un équilibre entre les différents droits individuels, la liberté résulte d'un combat continuel, s'inscrivant dans l'histoire. Camus rappelle les communes de l'Europe féodale, les mouvements citadins en 1789 et ouvriers tout au long du XIXe siècle ainsi que la première révolution de 1917. Les libertés déjà acquises ne sont pas à dédaigner ; elles sont des étapes « sur le chemin d'une libération concrète ». Et si aujourd'hui le combat présente des signes de faiblesse, c'est que l'influence chez les travailleurs et les intellectuels du socialisme marxiste qualifié de « césarien et militaire » est devenue prépondérante. En effet, ni à la cuisine ni au placard, la liberté, pour Camus, est entre les mains des travailleurs et des créateurs. Il appelle à l'union de ces deux « aristocraties », les seules qu'il reconnaisse, et en voit les prémices dans le meeting de Saint-Étienne.

À la suite du dernier chapitre de *L'Homme révolté*, « La pensée de midi », dont il reprend certaines des conclusions les plus importantes, « Le pain et la liberté » se caractérise par sa forte tonalité libertaire. L'égale dénonciation de l'Ouest et de l'Est et de leur interaction est assise sur une critique serrée de l'État et du pouvoir politique auxquels Camus refuse toute fonction de protection des libertés ; c'est déjà ce que disait en 1948 « Pourquoi l'Espagne ? » en réponse aux critiques de Gabriel Marcel sur le lieu choisi pour *L'État de siège*. La liberté naît et vit de la révolte des opprimés et ne peut être envisagée dans l'absolu mais au contraire en corrélation étroite avec le combat pour la justice qui lui donne sa substance. C'est pourquoi les intellectuels peuvent trouver grâce aux yeux de Camus en faisant corps avec les ouvriers et non en se plaçant au-dessus d'eux en un « gouvernement des philosophes » que ce discours dénonce. On peut ajouter que le thème cher aux libertaires de l'union entre la culture et le travail était incarné à l'époque par les ouvriers du Livre, parmi lesquels Camus comptait de nombreux amis fidèles tels que Nicolas Lazarévitch. Deux ans plus tard, plusieurs articles de *L'Express* poursuivront la défense de cette conception de la liberté, entre autres « Sous le signe de la liberté » (8 octobre 1955), « Le procès de la liberté » (2 décembre 1955) et « La preuve à faire » (3 janvier 1956).

Philippe VANNEY

• *Voir aussi :* Syndicalisme

Bibl. : *Albert Camus et les libertaires*, écrits rassemblés par Lou Marin, Égrégores, 2008 • Jeanyves Guérin, *Camus. Portrait de l'artiste en citoyen*, François Bourin, 1993, p. 261-276 • Teodosio Vertone, *L'Œuvre et la création d'Albert Camus dans la mouvance de la tradition libertaire*, Atelier de création libertaire, 1985

PANELOUX. – « Jésuite érudit et militant » estimé des Oranais, le père Paneloux connaît au contact de la peste une évolution remarquable. Peu après le début de l'épidémie, il prononce un sermon accusateur dans la cathédrale comble : la peste, dit-il, est une punition divine méritée par une communauté coupable d'avoir négligé son Créateur, mais pouvant conduire à la rédemption. Dans la tradition oratoire des grands prédicateurs, il se lance dans un violent réquisitoire contre son auditoire et use de toutes les ressources pour mettre ses fidèles face à leur responsabilité : recours à un « vous » accusateur, multiplication des références aux punitions divines dans l'histoire, hypotypose de la peste… S'inscrivant dans la lignée augustinienne de l'*etiam peccata*, il rappelle cependant que la souffrance ne saurait être vaine puisqu'elle peut être une voie d'accès à Dieu.

À la suite de ce sermon qui marque profondément les habitants de la ville, le père Paneloux rejoint les équipes sanitaires de Tarrou et Rieux. C'est dans ce cadre qu'il assiste, impuissant, à l'agonie et à la mort de Philippe, le fils du juge Othon. Cette expérience le confronte à la réalité de la maladie et explique son changement d'attitude lors de son second prêche, prononcé devant une assemblée plus lasse et moins nombreuse. Paneloux fait cette fois preuve de douceur et de charité. Il achoppe sur le scandale de la mort d'un enfant : il faut selon lui accepter cette injustice sans la comprendre, s'abandonner à la foi et prendre la Création comme elle est : « Il faut tout croire ou tout nier », affirme-t-il en reprenant cette fois le pari pascalien. De fait, lui choisit de « tout croire » et d'« aller jusqu'au bout », malgré les signes de doute qui s'accumulent et qui peuvent laisser penser qu'il a perdu la foi. Atteint d'une maladie qui présente tous les symptômes de la peste sans pour autant s'y apparenter tout à fait, il refuse de se faire soigner, reste indifférent à son agonie et meurt en restant un « cas douteux ».

À travers le père Paneloux, Camus a voulu rendre hommage à ses amis prêtres résistants durant la Seconde Guerre mondiale. Dans *La Peste*, le prêtre fait ainsi partie du petit groupe qui tente, autour de Rieux et de Tarrou, de lutter contre la maladie sans héroïsme grandiloquent, à hauteur d'homme. Mais au-delà de ce facteur historique, la présence du prêtre pose le problème de la compatibilité entre l'existence de Dieu et celle de la souffrance. À cette question essentielle aux yeux de Camus, Rieux et Paneloux répondent de façon opposée : le premier se révolte contre le scandale de la mort d'un innocent et « refuser[a] jusqu'à sa mort d'aimer cette création où des enfants sont torturés », le second accepte d'aimer ce qu'il ne peut comprendre, quitte à devenir aveugle. « Si un prêtre consulte un médecin, il y a contradiction » : cette idée était présente dès les premiers carnets de Camus à propos de *La Peste*. Rieux se préoccupe de la santé des corps, Paneloux veille au salut des âmes, et pourtant l'un et l'autre travaillent ensemble pour « souffrir » et « combattre » « la mort et le mal ».

Élisabeth Le Corre

Bibl. : François-Charles Gaudard, « Le discours oblique dans l'argumentaire représenté par le R. P. Paneloux », *Cahiers de Malagar*, XIII, automne 1999, p. 77-96 • Dominique Leroy, « Le père Paneloux : une condamnation de l'Église », *Bulletin d'information de la société des études camusiennes*, n° 80, janvier 2007, p. 41-50 • Jean Sarocchi, *Variations Camus*, Séguier, 2005

PARIS-SOIR. – L'interdiction d'*Alger républicain* avait réduit Camus au chômage. En mars 1940, il s'installe à Paris où Pascal Pia, qui l'avait précédé, lui procure un travail de secrétaire de rédaction à *Paris-Soir*. La mobilisation, en effet, a laissé des emplois provisoirement vacants. Avant la guerre, ce journal fondé en 1923 et racheté en 1930 par l'industriel Jean Prouvost (1885-1978) était considéré comme l'une des plus belles réussites de la presse française. Parti de 100 000 exemplaires, son tirage avait culminé à 2 300 000 exemplaires. Sa cheville ouvrière, l'infatigable Pierre Lazareff (1907-1972), avait été un brillant reporter. Parmi son armée de collaborateurs et de pigistes, l'on comptait des écrivains connus : Jean Cocteau, Colette, Joseph Kessel, Henry Bordeaux, Antoine de Saint-Exupéry et Blaise Cendrars. La ligne du journal était modérée et spontanément gouvernementale, l'essentiel étant de ne pas heurter les sentiments d'une clientèle composite. *Paris-Soir* eut ainsi des indulgences pour le Front populaire, mais deux ans plus tard fut ardemment munichois. Lazareff était personnellement antinazi et anticommuniste. Pour être lu, donc pour faire de l'argent, ce « grand quotidien d'informations illustrées » auquel Prouvost avait adjoint deux hebdomadaires, *Match* et *Marie-Claire*, mélange l'information et le divertissement, faisant la part belle aux faits divers, aux titres racoleurs et aux photographies. Lorsque Eugen Weidmann fut exécuté, le 17 juin 1939, le journal publia aussitôt une pleine page d'illustrations (Weidmann reste le dernier guillotiné en public). Camus s'en souvient encore vingt ans après quand il publie « Réflexions sur la guillotine ».

Jean Prouvost devient ministre de l'Information dans le dernier gouvernement de la IIIe République et le reste malgré le changement de régime. Devant l'avance des troupes allemandes, il transporte *Paris-Soir* à Clermont-Ferrand puis à Lyon. Camus fait partie de ceux qui suivent avant d'être licencié au bout de quelques semaines. Il a pu constater, Lazareff s'étant réfugié aux États-Unis, que le journal, écrit encore Todd, « s'englue dans le pétainisme ». Au fil des mois, il fait de plus en plus de concessions à l'Ordre nouveau, ce qui lui vaudra, bien qu'il se soit sabordé en 1943, d'être interdit en 1944 par le général de Gaulle.

Camus ne publie pas une seule ligne dans *Paris-Soir*, étant chargé de la mise en pages. Sa tâche est subalterne, alimentaire, c'est celle d'un technicien. Il est, écrit Herbert R. Lottman, un « infime rouage » d'une grande machine. Il estime avoir « la conscience en repos », comme il l'écrit à son ami Claude de Fréminville. S'il se fait quelques amis parmi les secrétaires de rédaction, les correcteurs et les typographes, il juge « méprisable » la conception de la presse faite de sensiblerie et de sensationnalisme qui prévaut à *Paris-Soir*. On y prend le lecteur pour une « midinette ».

En 1944, Camus est de ceux qui souhaitent que la presse nouvelle soit libérée de l'argent. *Paris-Soir* et ses « veules compromissions » représentent, il l'écrit à plusieurs reprises, un contre-modèle qui appartient à un passé révolu. Quand ils sont à la tête de *Combat*, Pia et lui refusent de rencontrer Lazareff qui pourtant les arracha au chômage pendant la drôle de guerre, alors qu'il ne partageait pas leurs opinions. Parce qu'il est l'incarnation d'un système, l'homme est infréquentable à leurs yeux. « Peut-être, écrit encore Todd, règlent-ils un compte avec eux-mêmes. » Lazareff, soucieux de refaire une position dans la presse, fait le tour des nouveaux journaux et jette son dévolu sur *Défense de la France* dont l'équipe est divisée. Il ne tarde pas à y prendre le pouvoir et le transforme en un *France-Soir* dont il fait aussitôt le continuateur de *Paris-Soir*. Peu après, Prouvost relance *Match*. Dans les deux cas, Camus exprime ouvertement son indignation. « On le voit, écrit-il, c'est du bon travail, fait enfin par des professionnels qui n'ont rien à voir avec les apprentis de la presse résistante, des techniciens pour tout dire, qui ont une idée du public et de ce qui lui faut. » *Combat* se voulut dès le départ et fut trois ans durant l'anti-*Paris-Soir*.

Jeanyves GUÉRIN

Bibl. : Raymond Barrillon, *Le Cas* Paris-Soir, Armand Colin, coll. « Kiosque », 1959 • Yves Courrière, *Pierre Lazareff ou le vagabond de l'actualité*, Gallimard, coll. « Biographies », 1995

PARTI COMMUNISTE. – Les rapports entre Albert Camus et le parti communiste passent par trois phases : l'adhésion de 1935 à 1937, la distanciation critique des années de la guerre à 1946, enfin l'après 1947 marqué par une aversion profonde.

En Algérie, depuis l'exclusion de Messali Hadj et des fondateurs du Parti du peuple algérien, le Parti communiste algérien (PCA) est composé pour l'essentiel de petits fonctionnaires – postiers, instituteurs et cheminots. À la fin de l'été 1935, Camus y adhère avec l'accord de Jean Grenier, son professeur de philosophie. Il est déjà membre d'une organisation de masse contrôlée par le Parti, le comité Amsterdam-Pleyel, qui organise la lutte pour la paix. Il fait partie de la cellule de la rue Michelet, qui devient la section Alger-Belcourt. Elle est considérée par les hiérarques locaux du PCA comme la cellule des « intellectuels », car majoritairement composée de militants investis dans les champs artistiques et culturels. L'action militante de Camus se développe sur deux terrains privilégiés : le journalisme et le théâtre. Il écrit plusieurs articles dans la presse du Parti, *La Lutte sociale* et *L'Algérie ouvrière*, et monte plusieurs pièces dans la troupe dont il est animateur, le Théâtre du Travail. En 1936, il dirige la maison de la Culture ; il organise les productions culturelles des groupes proches du parti communiste. Il est aussi désigné par l'instructeur du Comité central comme responsable du travail colonial et responsable du recrutement de militants issus des milieux musulmans.

Camus rejoint le PCA alors que la nouvelle ligne de celui-ci n'est pas entièrement définie. Son communisme incarne un triptyque mêlant l'anticolonialisme, l'antifascisme et l'antimilitarisme et il n'arrive pas à se plier à la politique décidée par le Comité central qui a rallié pour des raisons tactiques la défense nationale et a remisé l'antimilitarisme et surtout l'anticolonialisme. C'est ce dernier point que Camus, allergique à l'esprit d'orthodoxie, refuse ouvertement. Dès lors, une procédure est engagée par le secrétaire régional et il est exclu publiquement du Parti pour « trotskisme ». Dès avant cette date, il a été troublé par la lecture des ouvrages d'André Gide – *Retour d'URSS* puis *Retouches à mon retour de l'URSS* – et par les procès de Moscou. Sa participation au parti communiste fut brève – deux ans – et son exclusion a conditionné ses prises de position ultérieures. Il n'a jamais évoqué cette période de sa vie.

Après son exclusion, Camus continue de participer aux activités de la maison de la Culture et demeure proche des communistes. À la faveur de la Résistance, il noue d'autres liens avec des militants, ainsi par exemple avec le poète Francis Ponge – qui a adhéré au PCF en 1937 et qui le quitte en 1947. Si Camus a rejoint les rangs de Combat, un mouvement de Résistance non communiste, il est, en sa qualité d'écrivain, membre du Conseil national des écrivains (CNE), organisation contrôlée par le PCF, et écrit dans son organe, *Les Lettres françaises*. En 1944, il refuse tout anticommunisme : ce serait, écrit-il, le « commencement de la dictature ». La rupture avec le PCF et ses organisations satellites est consommée lorsqu'il quitte le CNE dont il refuse les méthodes inquisitoriales. Comme l'équipe de Combat, il s'oppose à une fusion des mouvements résistants qui les placerait de fait sous la coupe du Parti. Ses sympathies vont alors vers un parti socialiste dont il espère qu'il va se démarxiser. Par la suite, son rapprochement avec les libertaires et d'anciens trotskistes ne fait que renforcer un processus entamé depuis les années 1930.

L'essayiste contribue à démystifier le communisme soviétique. Il fait peu de place au Parti communiste français. Le journaliste citoyen est amené à controverser avec ses homologues communistes. Sa polémique avec Emmanuel d'Astier de La Vigerie est vive. Il en fait beaucoup moins que Sartre sur ce terrain. Dans un texte publié par *Caliban*, il compare les communistes à des bigots et à des pharisiens, puis dans *L'Homme révolté* à des « chiens de garde ». Quels que soient la puissance électorale et l'ancrage ouvrier du PCF, il le tient pour un instrument de la politique soviétique. Par son soutien inconditionnel à une URSS totalitaire et à son impérialisme agressif, le Parti, selon lui, s'est exclu de la gauche démocratique. Il sait gré à Mendès France de le maintenir en dehors de sa coalition réformiste.

Sylvain BOULOUQUE

PARTI DU PEUPLE ALGÉRIEN. – *Voir* PPA

PARTI SOCIALISTE. – Membre du parti communiste de 1935 à 1937, Camus n'adhère par la suite à aucun parti politique. Sa proximité intellectuelle avec certains socialistes français est en effet marquée par une dénonciation régulière du fonctionnement partisan. Ses réserves par rapport au parti socialiste sont particulièrement importantes à la Libération. Rendant compte de la réunion publique du Mouvement de Libération nationale dans *Combat* le 19 septembre 1944, Camus insiste sur la rupture avec le système antérieur : « Des hommes qui ne parlaient au nom d'aucun parti, qui ne s'adressaient à aucune clientèle existant déjà avant la guerre, ont été acclamés par un nombre assez considérable de Français. »

À l'opposé, et bien que son journal soit proche des socialistes, il rend compte assez sévèrement du congrès du parti socialiste dans un éditorial du 10 novembre 1944 : « L'idée socialiste est une grande idée. Et le parti socialiste représente une des grandes chances de la France de demain. Mais à la condition qu'il fasse entrer dans la réalité les principes de rénovation qui ont été exposés hier devant le Congrès. [...] Ce qui sans doute a arrêté beaucoup d'hommes nouveaux devant le parti socialiste, c'est son passé. L'image que nous gardions de lui n'était pas engageante. Nous l'avions connu faible et désarmé [...]. En bref, nous étions arrêtés par quelques-uns de ses hommes et par la plupart de ses méthodes. [...] Dans notre critique du socialisme il y avait enfin, et il y a, une nostalgie et un regret : celui qui naît à la vue d'une grande idée ramenée à de petites pratiques et au spectacle d'une vocation vécue comme un métier. » Dans ce même texte, la réticence envers le parti est contrebalancée par l'éloge de Daniel Mayer, bras droit de Léon Blum et rénovateur du parti. Mais ce projet de création d'un grand parti travailliste qui aurait intégré une bonne part de la résistance malgré l'appui de Blum est un échec. Lors du congrès d'août-septembre 1946, Mayer doit céder la place à Guy Mollet qui se réclame de la tradition guesdiste et d'une stricte orthodoxie. Enthousiaste de la démarche de Pierre Mendès France, Camus reste prudent lors de l'arrivée de Mollet au pouvoir en février 1956 à la tête d'un Front républicain qui continue la guerre en Algérie.

À l'été 1955, dans une réponse à Jean-Marie Domenach dans les pages de *Témoins*, Camus explique : « Je suis né dans une famille, la gauche, où je mourrai, mais dont il m'est difficile de ne pas voir la déchéance. J'en suis responsable aussi, en même temps que d'autres. » Commentant le paysage des gauches françaises dans un article de *L'Express* du 4 juin 1955, il écrit, désenchanté : « Je ne sais depuis ce temps [1953 et la répression des révoltes ouvrières en Allemagne et en Tchécoslovaquie] s'il existe une, deux ou quatre gauches, ou un seul conformisme. » Roger Quilliot, lui-même engagé à la SFIO puis (après 1969) au Parti socialiste et qui fut un exégète précis de l'œuvre de Camus, explique en 1986 lors du colloque tenu à l'université de Paris X-Nanterre : « Oui, Camus fut socialiste, d'un socialisme libéral ou libertaire ; socialiste par souci de solidarité, socialiste du relatif, hors de tout dogme, plus proche de Proudhon que de Guesde, contrairement à ce qu'il pensait. » Jugement sûr mais qui ne rend pas compte de la méfiance de Camus face aux formes partisanes et en particulier à celle du parti socialiste après l'échec de la refondation espérée à la Libération.

Alain CHATRIOT

Bibl. : Alain Bergounioux et Gérard Grunberg, *Les Socialistes français et le pouvoir : l'ambition et le remords*, Hachette littératures, 2007 [1982] • Jeanyves Guérin (dir.), *Camus et la politique*, L'Harmattan, 1986

PARTIS POLITIQUES. – Camus a confié un jour à son ami Charles Poncet qu'il n'était pas « un homme de parti et d'élection ». Il n'a pas fréquenté les hommes politiques et ne leur a pas offert de tribune à *Combat*. Il a certes milité dans les rangs du Parti communiste algérien de 1935 à 1937. Il y a fait la double expérience de la discipline et de la fraternité mais s'est heurté à l'appareil et s'est fait exclure, écrit Olivier Todd comme « agent provocateur trotskiste ». Il s'est peu exprimé sur cette expérience ambivalente. Peut-être l'aurait-il évoquée dans la suite du *Premier Homme*. Il a pris soin de présenter les « formations sanitaires » de *La Peste* non comme un parti, mais comme une organisation non gouvernementale avant l'heure. De même, la minorité agissante qui combat le fléau est issue de la société civile. Une seule de ses œuvres, *Les Justes*, se déroule dans le cadre d'une organisation politique. Stepan y concentre tous les traits négatifs, brutalité, cynisme, rigidité, attachés au révolutionnaire professionnel. Annenkov, le responsable, apparaît pondéré et humain.

« Tous les partis ont trahi », lit-on dans une profession de foi confiée par Camus et Pascal Pia à *Soir républicain* et que la censure refuse en janvier 1940. L'écrivain impute l'échec du Front populaire et la guerre à la classe politique dont ses représentants algérois lui donnent une piètre image. Il participe d'ailleurs à la Résistance dans les rangs d'un mouvement, non d'un parti.

Dans un premier temps, Camus a d'abord souhaité que se constitue un grand parti de la Résistance. Mais les partis de gauche, ayant préservé leurs appareils, étaient bien décidés à ne pas se saborder, et c'est avec eux qu'il a fallu compter. Les résistants rejoignent alors le Parti communiste français (PCF), la Section française de l'Internationale ouvrière (SFIO) voire le nouveau Mouvement républicain populaire (MRP). L'éditorialiste de *Combat* ménage le parti communiste en 1944-1945 comme s'il ne voulait pas briser l'œcuménisme de la lutte clandestine. Il lui était loisible de rappeler son approbation du pacte germano-soviétique et son inféodation à l'Union soviétique. Il n'en fait rien. Par la suite, il s'impose une certaine réserve et c'est au communisme soviétique qu'il réserve ses critiques les plus vives. Le parti socialiste, dont il se sent proche, ne se réforme pas contrairement aux espoirs qu'il formulait au lendemain de la Libération. C'est en vain qu'il mise sur Daniel Mayer et les rénovateurs de la SFIO. L'esprit d'orthodoxie fait retour avec Guy Mollet qui, appuyé sur l'appareil, prend le contrôle du parti en 1946. Il impose aussitôt une ligne marxiste que la guerre froide et l'option atlantiste vont bientôt rendre passablement schizophrénique. Le discours est maximaliste, la pratique opportuniste. Que, dix ans plus tard, le secrétaire de la SFIO devienne président du Conseil à la suite de la victoire du Front républicain contribue à éloigner définitivement Camus de la classe politique. Homme de gauche, il ne s'est pas senti concerné par le MRP ni par le Rassemblement du peuple français (RPF) que rejoignent plusieurs de ses proches, Pascal Pia, Albert Ollivier, Raymond Aron. Le premier parti était l'expression politique des catholiques, le second l'instrument du général de Gaulle.

Simone Weil préconisait la suppression pure et simple des partis. Camus quant à lui les estime indispensables à la vie démocratique, mais pointe leurs déficiences. Un article de *Combat* repris dans *Actuelles* précise ses vues en 1947 : « La démocratie ne se sépare pas de la notion de parti, mais la notion de parti peut très bien aller sans la démocratie. Cela arrive quand un parti ou un groupe d'hommes s'imagine détenir la vérité absolue. » Une « cure de modestie » est indispensable aux partis de gauche comme de droite, à qui il reproche leur fermeture sur eux-mêmes et leur décalage par rapport à la société. Au lieu d'être des médiateurs entre les citoyens et les gouvernants, ce sont des machines à conquérir le pouvoir. Il leur dénie le monopole du politique. Au lieu de confisquer l'expression de la souveraineté populaire, ils doivent laisser toute leur place aux syndicats et aux mouvements issus de la société. Il lui manque toutefois de s'interroger sur le recrutement de la classe politique et le fonctionnement des partis. Cette critique de la politique professionnelle a beau être morale plus que sociologique, elle n'en garde pas moins toute sa pertinence dans la France d'aujourd'hui. L'idée récemment avancée de démocratie participative correspond ainsi aux vues de Camus.

Jeanyves GUÉRIN

Bibl. : Jeanyves Guérin, *Camus. Portrait de l'artiste en citoyen*, François Bourin, 1993, p. 137-152

PASCAL, Blaise (1623-1662). – « Comment vivre sans la grâce : tel est, écrit Camus dans les *Carnets* en 1944, le sens de mon œuvre. » L'auteur de *La Peste* semble en effet avoir été marqué par la méditation augustinienne sur la misère de l'homme privé de la grâce : « l'histoire de la philosophie, écrit-il en 1943, ramène toujours le penseur au dilemme pascalien ». À vingt-deux ans, il s'efforce de montrer, dans son mémoire « Hellénisme et christianisme : Plotin et saint Augustin », « l'importance que revêt le problème du mal chez saint Augustin ». Pascal y est évoqué à cinq reprises, et le jeune Camus choisit de citer plus particulièrement ses pensées sur la mort : l'homme « mourra seul » ; il voit les autres « condamnés à mort » et s'efforce de s'en divertir. Il retient de l'augustinisme la vision angoissée d'une distance « si grande de l'homme à Dieu que personne ne peut espérer la combler » et qui n'ouvre qu'au désespoir ou à la grâce. Le critique Jean Onimus voit dans le « tout ou rien » du père Paneloux le prolongement de cette alternative pascalienne ; le christianisme que rencontre alors Camus est moins celui des humanistes que celui, tragique, du « Dieu caché », qui ne semble donner pour choix à l'homme qu'entre « le miracle et l'absurde » (« Sur une philosophie de l'expression », 1944). Et c'est encore Pascal qu'il choisit de mettre en exergue à l'un de ses textes de jeunesse, *L'Art dans la communion* : « Et je ne puis approuver que ceux qui cherchent en gémissant » – pensée du reste reprise la même année dans *Le Livre de Mélusine*. Les écrits de jeunesse de Camus doivent beaucoup à ce que Roger Quilliot qualifie de « climat pascalien ». Ils résonnent de cette inquiétude augustinienne qui le fait « désirer à toute force un bien que nous ne connaissons pas ».

Mais on peut trouver dans l'ensemble de l'œuvre camusienne des échos de cette vision pascalienne d'une existence déchirée entre la soumission et le désespoir, entre la grandeur et la misère. S'il refuse de « s'égare[r] dans les silences éternels », comme il le confie en 1944 dans une lettre à Guy Dumur, il perçoit l'homme « isolé dans le réel comme sur une île entourée d'une mer fracassante de possibles et d'interrogations », faisant écho à l'être pascalien s'éveillant dans une « île déserte et effroyable » sans connaître « le moyen de s'en sortir ». En 1945, il place en exergue à ses *Lettres à un ami allemand* la citation de Pascal : « On ne montre pas sa grandeur pour être à une extrémité, mais bien en touchant les deux à la fois. » La description des Oranais à la fin de *La Peste*, tel un « peuple abasourdi » dont tous les jours une partie s'évaporait tandis que l'autre « attendait son tour », « chargée des chaînes de l'impuissance et de la peur », fait écho à la célèbre pensée de Pascal comparant la condition humaine à « un nombre d'hommes dans les chaînes, et tous condamnés à mort », voyant les autres égorgés et « attendant à leur tour » leur propre mort : la vérité profonde de l'homme, écrivait Camus dans *Le Mythe de Sisyphe*, est d'être « enchaîné ». La chambre où nul ne peut demeurer en repos, la cellule du condamné constitue un thème central dans son œuvre : c'est le lieu du dénuement, de la prise de conscience des impostures de la justice humaine soumise aux « puissances trompeuses » de l'illusion et d'un monde livré au divertissement ainsi qu'à cet amour-propre que Clamence, fidèle aux *Pensées* et à la tradition moraliste, s'emploie à dénoncer – « l'homme, déclare-t-il, ne peut aimer sans s'aimer ». Mais cette représentation de la cellule renvoie à ce « libérateur » que les criminels de la lettre de Pascal à Mme Périer perçoivent du fond de leur prison, là où Meursault cherche en vain un visage et n'y perçoit que « la couleur du soleil et la flamme du désir ». Camus lisait chez Pascal, comme chez Nietzsche ou Kierkegaard, l'une des prémisses de l'existentialisme (« Dernière interview », décembre 1959) et déclarait à Jean-Claude Brisville s'être formé lui-même, parmi les « anciens », chez Pascal et Molière. Jusqu'à la fin de sa vie, il a vu en l'auteur des *Pensées* « le plus grand de tous, hier et aujourd'hui », tout en avouant, dans ses *Carnets*, être « de ceux que Pascal bouleverse et ne convertit pas » (6 novembre 1956). Nietzsche, chez lui, a corrigé ou contrebalancé Pascal.

La référence pascalienne a aussi imprégné la critique camusienne. En 1945, Jean du Rostu intitulait une des premières études sur l'œuvre de Camus « un Pascal sans Christ » (*Études*, octobre 1945, p. 48-65). Georges Hourdin voyait en lui un « Pascal incroyant » (*Camus le Juste*, 1960) et Jacques Roubaud un « Pascal laïque » (*Poésie*, 1967). André Blanchet lisait dans *Le Mythe de Sisyphe* le prolongement de l'alternative pascalienne, du conflit tragique entre « l'appel humain et le silence déraisonnable du monde ». Roger Quilliot enfin a montré, à l'occasion du tricentenaire des *Pensées*, l'influence profonde de Pascal sur l'œuvre de Camus.

Emmanuelle TABET

Bibl. : André Blanchet, « Le pari d'Albert Camus », dans André Blanchet, *La Littérature et le spirituel*, Aubier, 1961, t. III, p. 195-229 • Maya Longstaffe, « La chute de qui ? Meursault, Clamence, et le seul Pascal que nous méritions », dans David H. Walker (dir.), *Albert Camus, les extrêmes et l'équilibre*, Atlanta et Amsterdam, Rodopi, 1994, p. 227-243 • Roger Quilliot, « Un exemple d'influence pascalienne au XXe siècle : l'œuvre d'Albert Camus », dans *Les* Pensées *de Pascal ont trois cents ans*, G. de Bussac, 1971, p. 119-133

PASTERNAK, Boris (1890-1960). – Boris Leonidovitch Pasternak publie ses premiers recueils de poèmes au temps du tsarisme. Héritier des symbolistes et proche des futuristes russes et surtout de Maïakovski, il reste toutefois attaché à la culture classique. Il perçoit la révolution de 1917 comme l'ultime espoir de l'humanité moderne, mais il n'accepte pas la violence révolutionnaire dont Maïakovski devient le chantre, ni le principe de la « commande sociale » imposé à l'artiste. Deux recueils, *Ma sœur la vie* (1922) et *Thèmes et variations* (1923) le rendent célèbre. Les passions amoureuses et révolutionnaires y sont indissolublement liées à la vie et à la beauté de la nature. L'histoire de la révolution de 1905 l'incite à écrire des poèmes épiques sur l'écroulement du monde ancien et l'héroïsme sacrificiel des révoltés. Dans les années qui suivent, Pasternak donne un maximum de clarté et de simplicité à sa poésie, diluant le « moi » subjectif dans la pluralité des voix lyriques. Dans *Discours de Suède*,

Camus évoquera, entre autres, le « grand Pasternak » dans la « belle et tragique production des premières années de la révolution russe […], un splendide laboratoire de formes et de thèmes, une féconde inquiétude, une folie de recherches. »

Au temps de la terreur stalinienne, Pasternak se sent exclu de l'histoire, il refuse la vénération païenne des « Caligulas labourés de petite vérole qui ne soupçonnaient même pas à quel point tout tyran est incapable » (*Le Docteur Jivago*). Le poète s'enferme dans le mutisme et se consacre surtout à des traductions. De 1945 à 1956, sans renoncer à la poésie, il écrit *Le Docteur Jivago* qu'il considère comme la synthèse de toute son œuvre et un hommage à tous ceux qui se réclament des valeurs de la liberté. Pour des raisons idéologiques, la publication du roman est interdite en URSS. Il paraît en Italie le 15 novembre 1957. Une virulente campagne contre l'écrivain est aussitôt lancée dans son pays. Par Brice Parain et le musicologue Pierre Souvtchinsky, amis de Pasternak, Camus est au courant du « scandale ». Le 10 décembre 1957, à l'heure de la réception du prix Nobel, sa pensée va aux « écrivains, parmi les plus grands, [qui] sont réduits au silence ». En février 1958, il interpelle l'influent écrivain soviétique Valentin Kataïev, de passage à Paris, sur le sort du roman de Pasternak et de sa traduction en français. Au comité de lecture chez Gallimard, il soutient chaudement le projet de publication du *Docteur Jivago* qui paraît en juin 1958.

Le 9 juin, il envoie à Pasternak un exemplaire de son *Discours de Suède* dédicacé : « À Boris Pasternak. Présent dans le livre comme il est présent dans nos cœurs », et une lettre de « gratitude » et de « solidarité » (« je retrouve en vous la Russie qui m'a nourri et fortifié »). Le 24 juillet, il note dans ses *Carnets* : « Désespéré par mon incapacité de travail. Heureusement *Jivago* et la tendresse que je me sens pour son auteur. » Dans les mois qui suivent, travaillant au *Premier Homme*, il continue à lire Pasternak et à inscrire ses réflexions dans les *Carnets*. Le jeu entre prose narrative et poésie lyrique, autobiographie et fresque historique le séduit. Pourtant, la forme narrative de *Jivago* ne peut lui servir de modèle, il la trouve « maladroite » par rapport à la tradition du XIXe siècle russe. À ses yeux, c'est un roman de facture moderne. « Mais il fait mieux, écrit Camus, il ressuscite le cœur russe, écrasé sous quarante années de slogans et de cruautés humanitaires. » Pour lui, le grand thème de Pasternak, poète et prosateur, c'est l'amour. « Jivago est un livre d'amour, note-t-il en recopiant les vers de Youri. Et d'un tel amour qu'il se répand sur tous les êtres à la fois. […] Et le courage de Pasternak c'est d'avoir redécouvert cette source vraie de création et de s'occuper tranquillement de la faire jaillir au milieu du désert de là-bas » (*Carnets* III, août 1958). En mai 1959, Camus signe le livre d'or au château de Lourmarin avec cette citation de Pasternak : « "Savoir qu'on peut, jour après jour, courir au rendez-vous avec un fragment de terre bâti, comme si c'était un être vivant" (Boris Pasternak). Reconnaissance donc, à ces lieux tranquilles ! »

Pasternak répond à Camus par deux lettres enthousiastes où il exprime son admiration pour son œuvre et constate une profonde unité de leurs vues sur l'art et la vie. Le 23 octobre 1958, l'écrivain russe reçoit, à son tour, le prix Nobel. Alors que Jean-Paul Sartre regrette que le jury n'ait pas plutôt couronné un suppôt du régime soviétique, Camus lui envoie un télégramme de félicitations. Trois jours plus tard, l'écrivain russe est exclu de l'Union des écrivains, privé ainsi du droit de vivre de sa plume et forcé de décliner le prix sous la menace d'être expulsé de son pays. Le régime lance une violente campagne contre lui. Le 1er novembre 1958, dans *Le Figaro littéraire*, Camus prend publiquement la défense de Pasternak. Le 5 novembre, il adresse une lettre à la reine Élisabeth de Belgique sollicitant son intervention pour Pasternak auprès des autorités soviétiques. Il se porte garant du bon accueil de l'écrivain en France si celui-ci choisit l'exil. Son soutien à Pasternak lui vaut d'être violemment pris à partie. Par la suite, il envisage de mettre en scène une pièce de l'auteur russe, *La Belle Aveugle*. La disparition des deux écrivains à quelques mois d'intervalle empêche la réalisation de ce projet. Apprenant la mort de Camus, Pasternak avouait que de ne pas l'avoir rencontré était pour lui « l'écroulement d'un des plus beaux espoirs ». La lecture de *Jivago* renvoyait Camus au problème qui depuis l'après-guerre restait pour lui central, celui de l'antagonisme entre l'amour et la justice. Le même mot – « chigalevisme », du nom d'un personnage nihiliste des *Démons* de Dostoïevski – désignait pour Camus et Pasternak le mal du siècle, la démesure totalitaire.

Eugène KOUCHKINE

Bibl. : *Le Dossier de l'affaire Pasternak*, Gallimard, coll. « Témoins », 1994 • Eugène Kouchkine, « Camus et Pasternak : pour deux romans d'amour », dans *Pour un humanisme romanesque*, Hommage à Jacqueline Lévi-Valensi, SEDES, 1999, p. 237-245 • Boris Pasternak, *Lettres à mes amies françaises, 1956-1960*, Gallimard, 1994 • Id., *Œuvres*, Gallimard, Coll. « Bibl. de la Pléiade », 1999, éd. par Michel Aucouturier

PASTICHES. – En 1947 paraît *Exercices de style* : Raymond Queneau (1903-1976) y raconte de quatre-vingt-dix-neuf façons une anecdote insignifiante. Le texte, intitulé « Passé indéfini », se lit comme un pastiche de *L'Étranger* et de ce que Roland Barthes appellera son « écriture blanche ». « Je suis monté dans l'autobus de la porte Champerret. Il y avait beaucoup de monde, des jeunes, des vieux, des femmes, des militaires » : en l'ouvrant ainsi, l'auteur montre sa familiarité avec le roman d'un cadet dont il fut l'un des premiers lecteurs chez Gallimard.

Autre ouvrage, paru en 1952, les *Neuf Perles de culture* que Jacques Laurent (1919-2000) compose avec Claude Martine sont désignées comme des « pastiches » de Jean Giraudoux, Jean-Paul Sartre, Jacques Audiberti, Henry de Montherlant, Paul Claudel, Jean Cocteau, François Mauriac, Jean Anouilh et Albert Camus. Comme Proust avant lui, Laurent fait de cette imitation ambiguë l'accomplissement suprême de son discours critique, tantôt acte d'amour pour l'écrivain pastiché, tantôt charge. Textes satiriques, les « perles » caricaturent une *manière* d'écrire ou de penser, elles accusent avec malveillance les accents d'une parole dégradée, elles transposent dans l'invention littéraire les attendus du procès pamphlétaire.

La forme dramatique revêt une place privilégiée pour démystifier la création de Camus. *La Balance*, la « perle » consacrée à ce dernier, réorchestre maintes topiques de l'auteur. Dans le bureau déshumanisé d'un contrôleur du fisc, métaphore parodique de l'absurde, Marfa vient plaider pour son amant, Yvan Dürer, tragiquement accablé de dettes. La levée des scellés sur son coffre-fort libérerait la somme nécessaire à la fuite du couple qui ne revendique que son droit au bonheur : « Nous sauver pour être heureux. Nous sauver pour être, tout simplement. Être, lui et moi, et n'être qu'un sur la terre. » Partagé entre cœur et raison, le Contrôleur n'est d'abord que le bras armé du devoir, de la vertu. Puis il cède : « Au nom de l'État, j'ai refusé. C'est au nom de la fraternité que je vous donne cet argent-ci, qui est à moi. » En une péroraison héroï-comique, il tire la leçon grandiloquente de son geste de compassion : « Le progrès a fait un pas de plus dans ce bureau. C'est une injustice mais il faudra encore beaucoup d'injustices pour obtenir un monde d'où elle sera bannie. »

Un paratexte fictif de réception journalistique prolonge le pastiche. Un pseudo-André Rousseaux du *Figaro littéraire* encense *La Balance*. Jacques Laurent évoque à mots couverts l'image des « Hussards » désengagés, insensibles à l'humanisme moralisateur de la gauche : « Cette responsabilité douloureuse de l'homme, Albert Camus y accède avec une loyauté qui [...] fait de sa voix non celle de ces multiples enfants du siècle, dont l'insolence chétive retient trop souvent l'attention des hommes, mais celle de l'homme de son siècle ».

François-Jean AUTHIER

Bibl. : Jacques Laurent et Claude Martine, *Neuf Perles de culture*, Gallimard, 1952 • Raymond Queneau, *Exercices de style*, Gallimard, 1947

PATRIE. – Il faut attendre 1943, avec les *Lettres à un ami allemand*, pour que Camus reconnaisse en la France sa patrie – une patrie digne d'être aimée et défendue. Jusque-là, à l'encontre de l'enseignement qu'il a dû recevoir de l'école républicaine, la patrie n'a chez lui aucune connotation historique ni nationale. Si l'idée trouve grâce à ses yeux, c'est qu'elle peut signifier un accord lyrique et charnel avec la terre algérienne et un style de vie commun sur le pourtour de la mer Méditerranée. Le 8 février 1937, dans sa conférence inaugurale à la maison de la Culture d'Alger, il déclare que « La Patrie, ce n'est pas l'abstraction qui précipite les hommes au massacre, mais c'est un certain goût de la vie qui est commun à certains êtres, par quoi on peut se sentir plus près d'un Génois ou d'un Majorquin que d'un Normand ou d'un Alsacien. » Nul réflexe patriotique non plus dans l'émotion qui l'étreint deux ans plus tard, lors du déclenchement de la Seconde Guerre mondiale, mais un sentiment d'échec, de révolte devant l'absurdité de l'événement – s'il désire s'engager, c'est par solidarité et par honneur. Pourtant, alors que dans *Le Soir républicain* il continue à critiquer sévèrement le nationalisme ambiant et à soutenir des idées pacifistes et internationalistes, sa « Lettre à un jeune Anglais sur l'état d'esprit de la nation française », publiée le 23 décembre 1939 dans le même journal, laisse percer des doutes sur sa propre intransigeance et une certaine nostalgie : « il m'arrive de penser à vous, à notre jeunesse et à votre amitié, à la façon dont vous savez et aimez être Anglais. Cela doit être bon, n'est-ce pas, de pouvoir aimer son pays sans réserves ? »

Son expérience personnelle de la débâcle et de la défaite n'est probablement pas sans avoir influencé le nouveau regard qu'il porte sur « cette France toute pleine de son malheur », comme il l'écrit dans *La Tunisie française* du 25 janvier 1941. Forcé de rester en France occupée à partir de 1942, Camus découvre qu'au-delà de son instrumentalisation par les gouvernements, le patriotisme exprime aussi la lutte de tout un peuple contre un envahisseur destructeur de sa liberté et des valeurs de solidarité, de bonheur et de justice. Les deux premières *Lettres à un ami allemand* mettent en scène cette réconciliation avec son pays et permettent d'écarter, avec retard dit-il, l'apostrophe liminaire de l'ami allemand : « Allons, vous n'aimez pas votre pays. »

Devenu l'une des grandes voix de la Résistance dans la presse de l'après-guerre, Camus ne peut être accusé de boursouflures tricolores. Ce qu'il dit à *Combat* le 29 octobre 1944 résume bien ses réticences et convictions : « le patriotisme n'est pas une profession [...] il est une manière d'aimer son pays qui consiste à ne pas le vouloir injuste, et à le lui dire ». Il n'est ni nationaliste ni exclusif. Dès la troisième *Lettre*, l'Europe est présentée par Camus comme sa « plus grande patrie » et, de nombreuses fois, il dira de l'Espagne qu'elle est sa « seconde patrie ». Passé la guerre, le mot, au demeurant rarement employé, semble retrouver le sens qu'il lui donnait dans sa conférence à la maison de la Culture. Ainsi, en 1947, dans « Petit guide pour des villes du passé » (*L'Été*), l'écrivain réaffirme que l'Algérie est sa « vraie patrie » et, en 1958, dans l'avant-propos des *Chroniques algériennes*, la « patrie naturelle » des Français d'Algérie. En effet, si les paysages algériens, méditerranéens et européens abondent dans l'œuvre de l'écrivain, ceux de la France sont fort rares. Et finalement, c'est peut-être dans ses *Carnets* qu'il se laisse découvrir lorsqu'il écrit, à l'automne de 1950 : « Oui j'ai une patrie : la langue française. »

Philippe VANNEY

• *Voir aussi :* Souveraineté

Bibl. : Jeanyves Guérin, *Camus. Portrait de l'artiste en citoyen*, François Bourin, 1993, p. 170-188 • Philippe Vanney, « Ce long détour », *Études camusiennes*, n° 2, 1996, p. 62-80

PAUVRETÉ. – Le thème de la pauvreté chez Camus a ses racines, avec d'autres, dans l'enfance, aussi est-ce à travers un retour à l'origine, par une prise de distance, que nous pouvons en saisir toutes les implications. Camus le premier a effectué ce type de démarche, attestant du caractère essentiel et fondateur de ce thème à ses yeux. Il ouvre ainsi ses *Carnets*, à la date de mai 1935, sur cette profession de foi : « Ce que je veux dire : Qu'on peut avoir – sans romantisme – la nostalgie d'une pauvreté perdue. Une certaine somme d'années vécues misérablement suffisent à construire une sensibilité. » Son œuvre témoigne de cette quête, qui est en même temps une tentative d'élucidation ; s'il y a un mystère de la pauvreté, c'est parce que ce mystère est celui des origines, de l'identité profonde. Dans *Le Premier Homme*, le retour du personnage au pays natal est un retour aux sources : « Mais il s'était évadé, il respirait sur le grand dos de la mer, il respirait par vagues, sous le grand balancement du soleil, il pouvait enfin dormir et revenir à l'enfance dont il n'avait jamais guéri, à ce secret de lumière, de pauvreté chaleureuse qui l'avait aidé à vivre et à tout vaincre. »

Dans la polysémie du thème, la pauvreté représente d'abord un état, une situation par rapport à la société. Le projet contenu dans les *Carnets*, à travers l'expression récurrente « Enfance pauvre », a été intégré au roman *Le Premier Homme* dans lequel Camus fait la peinture du monde des pauvres. L'image de l'île, qui apparaît à plusieurs reprises dans le texte, symbolise cet univers, ce « monde refermé sur lui-même comme une île dans la société mais où la misère tient lieu de famille et de solidarité ». Par ailleurs, dans *Louis Raingeard*, l'un des manuscrits qui datent des années 1934-1936 et illustrent le thème du « quartier pauvre », Camus, à travers la parole du narrateur, fait de la mère une figure symbolique de cet univers : « Quelque chose dormait au fond de son âme, qui était fait du parfum de cette pauvreté infinie, qui recélait des phrases entendues il y a très longtemps, des attitudes de sa mère, des destinées perdues de vue. C'était cela qui valait à ses yeux. Et de tout cela sa mère était le vivant symbole. » Le caractère de vérité qui résulte de la force du vécu dans cette peinture de la pauvreté n'est pas seulement présent dans les textes d'inspiration autobiographique mais également dans l'œuvre de fiction, à travers par exemple les personnages de Salamano dans *L'Étranger* ou de Grand dans *La Peste*.

Parce que la pauvreté chez Camus n'est pas seulement privation, il faut préciser en quoi ce thème, au-delà de sa signification matérielle, éclaire sa conception de l'existence. Il est nécessaire d'abord d'écarter le risque d'une confusion entre pauvreté et misère. Celle-ci, aux yeux de Camus, résulte d'un excès de pauvreté ; il l'écrit dans l'avant-propos au roman de Louis Guilloux, *La Maison du peuple* : « Un excès de pauvreté raccourcit la mémoire, détend l'élan des amitiés et des amours. » De surcroît, la découverte des villes européennes avec leurs « banlieues froides » lui a fait connaître ce qu'est la vraie misère, à laquelle « même l'extrême misère arabe ne peut [se] comparer », ainsi qu'il l'écrit dans la préface de *L'Envers et l'Endroit*. C'est dans cette même préface, datant de 1958, que Camus, dans un retour sur son existence, analyse ce que la pauvreté lui a enseigné : « Pour moi, je sais que ma source est dans *L'Envers et l'Endroit*, dans ce monde de pauvreté et de lumière où j'ai longtemps vécu et dont le souvenir me préserve encore des deux dangers contraires qui menacent tout artiste, le ressentiment et la satisfaction. » La pauvreté fait partie de ces « valeurs sensibles », selon l'expression d'un critique, qui ont contribué à former sa sensibilité au monde et aux autres. Elle a pour vertu essentielle d'enseigner les « vraies richesses » qui sont pour Camus celles du cœur. « La pauvreté est un état dont la vertu est la générosité » (*Carnets*, 1942).

Jacques Le Marinel

Bibl. : Jacques Chabot, « La mémoire des pauvres », *Roman 20-50*, n° 27, juin 1999, p. 65-76

PAYSAGE. – Dès les lyriques essais juvéniles de *Noces*, le paysage imprime sa marque, sa prégnance sur une sensibilité éprise d'un royaume tout entier de ce monde. Sa déflagration de beauté semble exclure l'homme, qu'elle aimante toutefois puissamment. En une évidence première, le monde se fait point d'interrogation pour un cœur cherchant dans la démesure du paysage sa place et sa mesure. Plus avant, le paysage ouvrira *Le Premier Homme*, livre maghrébin : l'œuvre de Camus est bien inscrite entre des paysages majoritairement méditerranéens. C'est également un dialogue avec les paysages que tentait Jean Grenier dans *Les Îles* (« Ces grands paysages lumineux de Toscane et de Provence »), l'un des premiers chocs de lecture à l'adolescence. De fait, Camus est lui aussi à la recherche de ces paysages, tant ceux-ci sont une affaire intime. Dis-moi quels sont ces paysages… Alors que certains le laissent froid, d'autres le retiendront à vie, repères, voire éléments de sa morale naturelle. L'été 1935, un homme passe une poignée de jours à Tipasa, « épicentre de toute sa pensée, lieu initiatique « (Alain Vircondelet), paysage algérien d'antiques ruines ouvert sur l'eau, la lumière et une montagne qui s'accroupit dans la mer : « à regarder l'échine solide du Chenoua, mon cœur se calmait d'une étrange certitude ».

Devenu colonie de Rome, l'ancien comptoir phénicien est le lieu électif de *Noces* puis, vingt ans plus tard, de *L'Été*. C'est le paysage par excellence, comme un « pays âme ». En Méditerranéen, en Grec, Camus, il y a peu tenté par la poésie dans son ode *La Méditerranée*, y déploie son chant lyrique : « Au printemps, Tipasa est habitée par les dieux, et les dieux parlent dans le soleil et l'odeur des absinthes, la mer cuirassée d'argent, le ciel bleu écru, les ruines couvertes de fleurs et la lumière à gros bouillons dans les amas de pierres. » Paysage jumeau, Djémila dit sous le vent, « dans le paysage noyé de poussière », quelque chose de l'éternel. En 1936, le passage entre la Tchécoslovaquie et les paysages italiens qui ont marqué Camus (ceux, aussi, des peintres primitifs) équivaut à une renaissance : « À Prague, j'étouffais entre les murs. Ici, j'étais devant le monde. » Le paysage, aussi, est à l'image des hommes d'un pays : « Oui, la leçon illustrée par ses hommes, l'Italie la prodigue aussi par ses paysages. »

Le paysage urbain – presque une contradiction dans les termes –, quant à lui, est rare, signe d'exclusion, de malaise : Oran dans *La Peste*, Amsterdam dans *La Chute*, qui n'est pas le lieu ouvert des maîtres hollandais mais dont les canaux sont les cercles de l'Enfer dantesque. C'est que l'action des hommes au fil du temps a dénaturé, saccagé ce contact premier avec le monde offert par tout paysage. De la même manière, « on cherche en vain les paysages dans la grande littérature européenne depuis Dostoïevski » (*L'Été*). Dans *L'Exil et le Royaume*, le paysage est amené à jouer un rôle premier : désert de l'Algérie du Sud dans *La Femme adultère*, inconnu pays désertique dans *Le Renégat*, hauts plateaux d'Algérie dans *L'Hôte*, selve américaine dans *La Pierre qui pousse*. Dans ce paysage incroyablement dur, désolé, puissamment minéral, qui souligne l'exil de l'homme, celui-ci est en quête de son royaume perdu. Paysage ambigu aussi : s'il nie l'homme, qu'il renvoie à sa labilité, voire à sa folie, toujours à sa solitude, le paysage est pourtant, même dramatique, le cadre de son éclosion. Plus vrai d'être plus nu, le paysage est ainsi le lieu propice de la remise en cause, le théâtre de la révélation. Il existe même un art de l'appréhender, une manière de goûter à cette réserve de sérénité, de ne pas trop le regarder pour mieux le voir, marquée ici par une rime intérieure – et de sens – : paysage/visage : « Il vient toujours un moment où l'on a trop vu un paysage, de même qu'il faut longtemps avant qu'on l'ait assez vu. Les montagnes, le ciel, la mer sont comme des visages dont on découvre l'aridité ou la splendeur, à force de regarder au lieu de voir. Mais tout visage, pour être éloquent, doit subir un certain renouvellement » (*Noces à Tipasa*). Le paysage a une vertu curative (« Oui, il suffit d'un soir de Provence, d'une colline parfaite, d'une odeur de sel », disait *L'Été*). Comme la mer dans *L'Été*, il « lave » de la vie dans les grandes villes, que ce soit Paris – décrit dans *La Chute* comme le contraire du paysage, le décor (« superbe décor habité par quatre millions de silhouettes ») – ou New York, dont la fermeture, l'écrasement digne de « la ville occidentale à l'extrême pointe de la solitude » ont frappé le voyageur. Camus projette même d'« écrire l'histoire d'un contemporain guéri de ses déchirements par la seule et longue contemplation du paysage » (*Carnets* II). Tel est le sens du périple grec, enfin réalisé en 1955, et des voyages en Algérie dans les années 1950, qui nourriront *L'Été*. Camus renoue alors avec ses lieux privilégiés, tente de reléguer les affres de la « jungle » parisienne. À ces paysages, il est demandé avec ferveur non de résoudre mais d'au moins atténuer la crise gravissime dont Camus est la proie. Le paysage est ici une réserve d'énergie. De foi dans le vivant. De sérénité. C'est ce qu'accomplira aussi, sur les terres de René Char – de Dante –, le paysage ultime, celui du Luberon. Il importe à Camus – et au devenir de son œuvre – de trouver un paysage adéquat, avec lequel s'éprouver en accord. Le Ventoux est un autre Chenoua, cyprès et bougainvillées tissent la même éternelle histoire. Le retour en Algérie exclu ou impossible, Lourmarin opère une synthèse des paysages aimés de Camus (Algérie, Italie, Grèce, Espagne). Le passage à un paysage à son image devait accompagner le premier livre.

Dans *Le Premier Homme* se déploie un lyrisme qui est aussi paysager, à l'échelle du subcontinent, qu'il prend en écharpe. Dans leur migration, les nuages « s'étaient effilochés aux crêtes marocaines, reformés en troupeaux sur les hauts plateaux d'Algérie, et maintenant, aux approches de la frontière tunisienne ». Mais le paysage est aussi humain. Par une conception élargie de l'intimité, le moi se vit comme nœud de relation avec les autres, familiaux puis ethniques. Le paysage, où se croisent « des éléments de la nature et de la culture, de la géographie et de l'histoire, de l'intérieur et de l'extérieur, de l'individu et de la collectivité, du réel et du symbolique » (Michel Collot), est désormais celui des autres. Là, le paysage est un visage, mais c'est celui de l'autre.

Pierre Grouix

Bibl. : Alain Vircondelet, *Camus, vérité et légendes*, Éditions du Chêne, 1998 • Wolodymyr Taras Zyla et Wendell M. Aycock (éd.), *Albert Camus' Literary Milieu : Arid Lands*, Lubbock, Texas Tech Press, 1976

PEINTURE. – S'il n'eut pas de la peinture une connaissance académique (a-t-il seulement fréquenté le musée des Beaux-Arts d'Alger, situé en face du Jardin d'Essai ?), Camus a dû tirer profit de son amitié pour Sauveur Galliero, peintre algérois réputé. Le premier témoignage qu'il donne de son intérêt pour la peinture date toutefois des voyages qu'il fit en Italie, en août 1936 et en septembre 1937. « La sculpture grecque déchoit quand apparaissent le sourire et le regard. La peinture italienne aussi, avec le XVIe siècle "des coloristes" », note-t-il dans ses *Carnets* (novembre 1936) à l'issue de son premier voyage. Le second lui permet de préciser ses préférences : « Les Giotto de Santa Croce » et les « primitifs siennois et florentins » (septembre 1937). La petitesse des monuments peints par ces derniers lui paraît un signe de la confiance qu'ils mettent dans l'homme et dans les saints. « S'en inspirer pour décor de théâtre », ajoute-t-il. Sa prédilection pour les peintres antérieurs à la Renaissance persistera. On croit deviner, au nombre des références présentes dans les *Carnets*, que Piero della Francesca est à ses yeux le plus grand. Il le prend pour exemple quand, sous le titre « Esthétique de la révolte », en 1947, il explique comment la peinture « isole », « ce qui est sa façon d'unifier. [...] Les grands peintres sont ceux qui donnent l'impression que la fixation *vient de se faire* (Piero della Francesca) comme si l'appareil de projection venait de s'arrêter net ». Les peintres primitifs ont eu, plus que leurs successeurs, un goût de la grandeur qui les rapproche de la sculpture, l'art de saisir l'instant – « C'est qu'ils travaillent dans cette matière magnifique et futile qui s'appelle le présent » – pour se faire ainsi les « romanciers du corps ». Même si Camus rend hommage à l'art de Michel-Ange, dont les corps sont d'autant plus légers qu'ils sont lourds (« Ceci est le nœud de l'art »), et à Caravage (« décidément un très grand peintre »), il déplore que Jules II ait fait « détruire des fresques de Piero della Francesca (et d'autres) pour que Raphaël puisse peindre ses chambres ». Au contraire des peintres de la Renaissance, qu'éclaire une transcendance religieuse, Piero della Francesca n'offre pas, dans son tableau de la *Flagellation*, de perspective au-delà du présent : « sa leçon s'arrête au cadre de la toile ». Quinze ans plus tard, pourtant, Camus s'ouvrira mieux à l'inspiration chrétienne du tableau. L'attente des personnages de la *Flagellation* n'est pas vaine : « Christ est ressuscité. Et le voici qui se dresse hors du tombeau, farouche militant. »

Plutôt qu'à leurs moyens techniques, Camus s'intéresse aux peintres dans la mesure où ils reflètent la grandeur de l'homme et la beauté du monde. Ainsi, quand il voyage en Italie, son admiration s'autorise-t-elle des va-et-vient impurs entre les paysages et les tableaux : « tout est peint sur le ciel avec un pinceau aux poils rares », note-t-il en se promenant le long de la villa Borghèse et du Pincio (*Carnets*, 30 novembre 1954). Toujours sensible à l'effort des artistes plus encore qu'à leurs œuvres, il se passionne en 1943 pour la *Correspondance complète* de Van Gogh, où se révèle le drame existentiel de l'artiste, puise en 1950 des leçons sur la création dans le *Journal* de Delacroix et médite en 1954 sur « la marche à la solitude et à la pauvreté » à laquelle fut voué Rembrandt après ses heures de gloire.

Son intérêt pour la peinture contemporaine apparaît restreint. On aura deviné qu'aux peintres surréalistes, il reproche comme aux écrivains de la même école leur « refus total du monde présent » (*L'Homme révolté*). À plus forte raison la peinture abstraite n'a-t-elle, en raison de son formalisme, guère de chances de le retenir. Pour les décors de *L'État de siège*, il a choisi significativement Balthus, peintre à sujets. Une note de 1948, dans les *Carnets*, nuance pourtant un point de vue qu'on pourrait croire uniformément passéiste : « Art moderne. Ils retrouvent l'objet parce qu'ils ignorent la nature. Ils refont la nature, et il le faut bien puisqu'ils l'ont oubliée. *Quand ce travail sera refait*, les grandes années commenceront. » Ainsi ces objets épars qu'offrent à nos yeux les tableaux cubistes, témoignages d'un univers défait, ont-ils chance d'être les premiers éléments à partir desquels l'unité sera un jour retrouvée.

Au moins deux œuvres de fiction de Camus font place à la peinture. Dans *La Chute*, Clamence, qui célèbre au passage Rembrandt, a dissimulé dans l'espoir de se faire arrêter le panneau intitulé *Les Juges intègres* de *L'Agneau mystique* de Van Eyck. Et le peintre Jonas, dans *L'Exil et le Royaume*, illustre le malheur d'un créateur épris d'absolu aux prises avec les difficultés de la vie quotidienne. S'il transpose en l'occurrence les embarras de Camus lui-même, on comprend que le matériel du peintre se trouve, plus que celui de l'écrivain, à l'étroit dans l'espace d'une soupente. Pierre-Louis REY

« PENSÉE DE MIDI ». – Cette formule de Camus est indissociable, au moins à l'origine, de son amitié et de son admiration pour René Char. Elle apparaît pour la première fois sous sa plume en 1948 dans « Ce soir le rideau se lève sur… René Char », texte destiné à une émission radiophonique produite par la Compagnie Renaud-

Barrault. Après avoir ouvert sur une citation d'Héraclite – « La lumière sèche crée l'âme la plus sage et la meilleure ») –, Camus écrit à l'éloge de son ami : « Seul vivant parmi des survivants, il reprend à nouveaux frais, la dure et rare tradition de la pensée de midi. » L'été de cette même année 1948, passé en grande partie à L'Isle-sur-la-Sorgue en compagnie de Char, Camus vitupère dans *L'Exil d'Hélène* (recueilli en 1954 dans *L'Été*) le renoncement de l'Europe moderne à la mesure et à la beauté pour exalter la Grèce antique. « La Méditerranée a son tragique solaire qui n'est pas celui des brumes », écrit-il en tête de son texte. À vrai dire, a-t-il jamais conçu qu'il existât un tragique des brumes ? Héraclite est à nouveau convoqué, cette fois au nom de la justice, comme si cette notion avait pour Camus un sens esthétique et métaphysique plus encore que moral. « Une fois de plus, la philosophie des ténèbres se dissipera au-dessus de la mer éclatante. Ô pensée de midi [...] »: l'invocation qui clôt *L'Exil d'Hélène* prépare, sur un mode lyrique, l'acte de foi de *L'Homme révolté.* Dans la table des matières de celui-ci, préparé comme on le sait en étroite communion avec Char, « La pensée de midi » sera le titre général de la cinquième et dernière partie, et elle intitulera également, au sein de cette partie, une subdivision du deuxième chapitre, « Mesure et démesure ». C'est dire que la formule oriente toute la partie finale de l'essai, mais qu'il revenait à un chapitre particulier d'en éclairer la valeur métaphorique.

Dans ce sous-chapitre intitulé « La pensée de midi », Camus commence par illustrer prosaïquement cette expression poétique en rappelant le rôle joué par le syndicalisme révolutionnaire. C'est que la profession est dans l'ordre économique l'équivalent de la commune dans l'ordre politique. Or, la révolte doit s'appuyer sur des bases concrètes pour œuvrer en faveur de la vérité, au contraire de la « révolution du XXe siècle » qui, partant d'une idéologie, a misé sur l'absolu. Prendre en compte le réel, non pour s'y soumettre, mais pour le corriger en connaissance de cause : c'est la mission assignée par Camus au révolté, qu'il soit artiste ou acteur politique. Ainsi la révolte doit-elle respecter la mesure, tandis que révolutionnaires fanatiques et tyrans versent dans la démesure. Le mot « mesure », lu parfois à tort comme un synonyme de « modération », implique une « pure tension ». « Les valeurs qu'il me faudrait aujourd'hui défendre et illustrer sont des valeurs moyennes. Il y faut un talent si dépouillé que je doute de l'avoir », notait Camus dans ses *Carnets* en automne 1946. Faite d'une exigence tragique, la mesure acquiert toute sa dignité si on la situe dans l'héritage des Grecs, selon lesquels la déesse Némésis châtiait l'*hybris* (la « démesure »). À deux reprises, dans *L'Homme révolté*, la pensée de midi est appelée « pensée solaire ». Mais c'est bien le zénith qui figure au mieux ce moment privilégié où la lumière s'immobilise : « une limite, dans le soleil » arrête en effet les révolutionnaires sur la voie des excès où mène le nihilisme.

S'il ne nie pas l'histoire, Camus croit que « le devenir n'est rien sans l'être ». Même Héraclite, « inventeur du devenir », a donné « une borne à cet écoulement perpétuel ». La lumière méditerranéenne dont jouissaient les Grecs est liée à une pensée qui leur faisait trouver dans la fixité plutôt que dans le mouvement la vérité du monde. Pourquoi la grisaille des paysages du Nord n'offrirait-elle pas une image aussi convaincante de l'immobilité ? Homme du soleil, engagé contre les dérives de la révolution qu'inspire en son siècle une croyance aveugle au sens de l'Histoire, Camus conjugue et théorise dans la « pensée de midi » l'heureux hasard de sa naissance avec ses choix philosophiques et politiques. Que les brumeuses démocraties britanniques ou scandinaves aient résisté au totalitarisme qui avait envahi les bords de la Méditerranée (encore Camus n'eut-il pas le temps de connaître la Grèce des colonels !) n'empêche pas que le combat qui s'est toujours déroulé en Europe soit à ses yeux, d'une manière un peu manichéenne, « cette lutte entre midi et minuit ». Pour illustrer ses partis pris, l'écrivain algérois recourt à une imagerie commode : aux convulsions des révolutionnaires « voués à de laborieuses apocalypses », la mesure oppose son sourire ; la pensée de midi aidant, il est normal de voir ce sourire « resplendir ». Ces préférences s'affichent aussi en art. Au génie poétique d'André Breton, qui avouait : « Trop de nord en moi pour que je sois l'homme de la pleine adhésion », Camus reconnaît surtout le mérite de préparer « les matinaux de René Char ».

La pensée de midi s'inscrit dans le sillage de la conversion de Nietzsche qui, lorsqu'il découvrit la musique de Bizet, prit « congé du Nord *humide*, de toutes les brumes de l'idéal wagnérien » – « Nous sommes au temps des âmes humides », lit-on dans le texte radiophonique de 1948. Mais tout en allant près des bords de la Méditerranée, le philosophe allemand, comme la plupart de ses compatriotes, s'est « converti au devenir », « hors de toute mesure ». « Avide de soleil, il est venu vivre près des rivages antiques ; mais, sur ces sommets, il a toujours tourné le dos à la mer » (manuscrit de *L'Homme révolté*). Dès sa conférence donnée le 8 février 1937 à la maison de la Culture d'Alger sur « La culture indigène. La nouvelle culture méditerranéenne », Camus avait défini la vocation culturelle de la Méditerranée. Contre ceux qui, en Italie et en Espagne, prétendaient en faire alors l'instrument d'une démesure totalitaire, il avait rappelé la leçon donnée par les Grecs de l'Antiquité, qui vivaient en harmonie avec la nature, entourés « de sourires, de soleil et de mer ». « Nous non plus, nous ne voulons pas nous séparer du monde. Il n'y a qu'une culture. [...] celle qui vit dans l'arbre, la colline et les hommes. »

Les dernières pages de *L'Homme révolté* font écho aux *Justes* (créés deux ans plus tôt) et rendent hommage aux révoltés de 1905 qui ont rejeté « le pouvoir illimité de donner la mort ». Quand, dans la pièce, Dora déplore d'être condamnée à vivre dans un « éternel hiver », le spectateur doit comprendre qu'elle exprime ainsi la nostalgie d'un ordre lumineux où régnerait une justice qui serait donnée aux hommes sans même qu'ils aient besoin de recourir à la violence. Dans *La Chute*, à l'inverse, ayant choisi pour alimenter son propre désespoir et préparer l'asservissement du genre humain le pays des brumes et de l'« éternel hiver », Clamence n'exprimera que par pose sa nostalgie des paysages de « l'archipel grec » où, « dans la lumière précise, tout était repère ».

Pierre-Louis REY

Bibl. : Jacques Chabot, *Albert Camus. La pensée de midi*, Édisud, 2002

PÈRE. – La place du père dans l'œuvre de Camus est une place en creux, et le besoin de combler ce manque essentiel poussera l'auteur à mener une quête dont le temps fort est constitué par son roman inachevé, *Le Premier Homme*. Jusqu'à *La Peste*, il transpose les circonstances de la mort du père, tué à la guerre l'année suivant sa naissance, ainsi que les conséquences de cette absence traumatisante pour le fils, qui va la vivre selon un processus d'identification ou au contraire de dissociation.

Le degré de transposition, dans le récit qui rapporte la blessure mortelle du père, varie selon la nature du texte. Il est minimum dans les écrits à caractère autobiographique, au début de l'œuvre comme à la fin. On lit dans *Entre oui et non*, l'un des essais de *L'Envers et l'Endroit* : « Il était mort au champ d'honneur, comme on dit. En bonne place, on peut voir dans un cadre doré la croix de guerre et la médaille militaire. L'hôpital a encore envoyé à la veuve un petit éclat d'obus retrouvé dans les chairs. » Le même événement est rapporté du point de vue du fils dans *Le Premier Homme*, avec une précision supplémentaire concernant l'endroit de la blessure mortelle : « L'éclat d'obus qui avait ouvert la tête de son père était dans une petite boîte de biscuits derrière les mêmes serviettes de la même armoire, avec les cartes écrites du front et qu'il pouvait réciter par cœur dans leur sécheresse et leur brièveté. » Le degré de transposition est nettement plus important dans *La Mort heureuse* où Mersault tue Zagreus, l'infirme, sorte de substitut du père, en le frappant à la tête. Il se souvient ensuite de « l'affreuse plaie de Zagreus, pleine de cervelle et d'os ».

L'absence du père est vécue par le fils selon des modalités différentes et parfois contradictoires, montrant la difficulté de clarifier le rapport à la figure paternelle. Dans *L'Étranger*, ce n'est qu'après le jugement le condamnant à mort que Meursault parvient à comprendre ce que lui racontait sa mère à propos de ce père qu'il n'a pas connu, témoin d'une exécution capitale, comme l'a été le père de Camus dans la réalité : « Il était malade à l'idée d'y aller. Il l'avait fait cependant et au retour il avait vomi une partie de la matinée. Mon père me dégoûtait un peu alors. Maintenant, je comprenais, c'était si naturel. » Par ailleurs, la mort du père de Scipion, exécuté sur l'ordre de Caligula dans la pièce, a laissé un vide qui perturbe le jeune poète et explique sa relation avec l'empereur, faite d'amour et de haine à la fois. Il lui dira vers la fin de la pièce : « J'étais bien jeune pour perdre mon père. »

La thématique paternelle chez Camus contient une autre dimension, qui est celle de la révolte contre le père. Le meurtre de Zagreus, substitut paternel dans *La Mort heureuse*, peut être interprété de façon symbolique comme le meurtre du père par lequel Mersault s'affranchit de son moi passé et peut ainsi faire l'expérience de la liberté. Dans *La Peste*, en faisant du père de Tarrou un avocat général, Camus donne l'occasion au fils de dire sa réprobation, dans le récit qu'il fait à Rieux du procès auquel il a assisté : « Je ne puis dire que j'oubliais alors mon père, mais quelque chose me serrait le ventre qui m'enlevait toute autre attention que celle que je portais au prévenu. » La révolte contre le père est ici, en même temps, révolte contre la société dont il est l'exécutant.

Le vide laissé par la mort du père a créé un besoin que les différents modes de substitution ne pouvaient suffire à satisfaire. Il fallait pour Camus se confronter à la réalité, nécessité dont témoignent les *Carnets* dans leur progression chronologique à partir du début des années 1950. L'aboutissement de cette quête est *Le Premier Homme*, dont la première partie, la plus importante dans l'état où a été retrouvé le manuscrit inachevé, est intitulée précisément « Recherche du père ». Une note en bas de page très succincte dans cette partie souligne le besoin du père, confirmé par un fragment placé en annexe où le fils « reconnaît qu'il a besoin de quelqu'un qui lui montre la voie et lui donne blâme ou louange : un père ». Mais le vide originel rend particulièrement difficile la tâche d'éclaircissement du passé. Lorsque Jacques interroge sa mère à propos du jour où le père est parti assister à une exécution capitale, on lit : « Elle disait oui, c'était peut-être non, il fallait remonter dans le temps à travers une mémoire enténébrée, rien n'était sûr. » Et un peu plus loin, le texte dit que « c'était un lien mystérieux qui le reliait au mort inconnu de Saint-Brieuc ». C'est une quête et une enquête à la fois qui le conduit sur « les traces » du père. Comme l'avion qui le ramène à Alger, Jacques doit s'enfoncer métaphoriquement « dans l'épaisseur de la nuit ».

La décision du retour à l'Afrique pour y rechercher les traces de son père est née de la révélation qu'il a eue sur la tombe à Saint-Brieuc, en lisant les dates de l'existence paternelle : « Soudain une idée le frappa qui l'ébranla jusque dans son corps. Il avait quarante ans. L'homme enterré sous cette dalle, et qui avait été son père, était plus jeune que lui. » À la fin du chapitre, Jacques tourne le dos à la tombe, abandonnant son père, mais c'est pour tenter de le retrouver, là où se trouve sa « patrie de chair », sa « vraie patrie ». Dans le chapitre intitulé « Mondovi : La colonisation et le père », la quête que mène le fils confond les deux, père et patrie, ce qui ne rend pas la tâche plus facile, au contraire : « il essayait en vain de revoir, d'imaginer son père qui disparaissait derrière ce pays immense et hostile, fondait dans l'histoire anonyme de ce village et de cette plaine ». On aboutit à ce constat dans un fragment placé en annexe : « Finalement, il ne sait pas qui est son père. Mais lui-même qui est-il ? » Le père retrouvé ne peut être par conséquent qu'un père recréé. La quête engendre un acte compensatoire qui est l'écriture : « Écrire, selon un critique, pour pallier le défaut d'origine, écrire pour naître, pour être l'auteur de sa propre naissance. »

Jacques Le Marinel

PERSONNAGE COLLECTIF. – On appelle « personnage collectif » celui que forme la réunion scénique de plusieurs acteurs exerçant la même fonction dramaturgique. Ce personnage n'a pas sa suffisance en lui-même, il tire sa raison d'être de l'accompagnement qu'il fournit à l'action des personnages directement impliqués dans le sujet central de la pièce. Il la commente, parfois avec violence, mais ne saurait devenir acteur individuel à part entière. Les différents acteurs qui le constituent ne jouent pas entre eux, mais tous en bloc.

Des *Perses* aux *Bacchantes*, le théâtre grec, auquel Camus n'a cessé de s'intéresser, représente le paradis perdu du personnage collectif. Le mystère médiéval, dont il n'a pas eu connaissance, s'inscrit dans sa continuité. Au XVIIe siècle, les auteurs ont abandonné le chœur à l'opéra. À des personnages secondaires, gardes ou confidents, incombe la tâche ingrate de suppléer le personnage collectif. La rumeur du peuple est renvoyée dans le hors-scène. Maeterlinck dans *Les Aveugles*, le jeune Claudel dans première version de *La Ville*, Romain Rolland dans *Le 14 Juillet*, Jean-Richard Bloch dans *Naissance d'une cité* donnent certes un rôle essentiel au personnage collectif, mais ce sont là des entreprises sans suite.

Pour Camus, le théâtre est un acte de communion collective. Ses amis du Théâtre du Travail et lui n'ont pas connaissance de ces pièces modernes ou contemporaines quand ils écrivent *Révolte dans les Asturies*. Il est acquis qu'il avait rédigé les chœurs de cette œuvre collective. *L'État de siège*, que Jean-Louis Barrault monte en 1948 au Théâtre Marigny, est peut-être au XXe siècle la seule pièce d'un grand auteur qui soit tout entière bâtie sur le personnage collectif, en l'occurrence la cité de Cadix en proie à une épidémie de peste. La ville commence où finit l'individu. Le peuple réfléchit et agit face à l'événement qui atteint chacun de ses membres. Il donne son unité à la pièce. Les personnages ne sont individualisés de façon continue ni dans leur nom ni dans leur rôle. Le pêcheur, les mendiants, les gitans, par exemple, sont autant d'émanations du groupe qui se détachent temporairement de lui avant de se refondre en lui. Une didascalie évoque un personnage « fuyant vers le chœur qui s'ouvre pour l'accueillir ». Ceux qui ont un nom, Diego, Victoria, figures du désir et de la vie, et Nada, figure de la mort, sont adossés au peuple, soutenus par lui. Le succès ne fut pas au rendez-vous. L'animation du spectacle, les mouvements des acteurs, le son, selon les critiques, versent dans la frénésie. L'échec de cette grande aventure théâtrale illustre la difficulté à faire revivre pleinement le personnage collectif sur une scène parisienne. À pareil feu l'on ne se brûle qu'une fois.

Capital aux origines et participant pleinement à l'essence du théâtre, le personnage collectif avait un sens. Cette forme s'est de nos jours diluée sinon perdue. Elle ne se conçoit que dans un accord moral avec le public. Cela aurait pu être le cas si *Révolte dans les Asturies* avait pu se jouer devant un public populaire. Camus avait eu l'ambition de recréer la collectivité, la ville sur la scène et dans la salle. Les conditions – le lieu, le public – n'étaient pas réunies au Théâtre Marigny. L'on serait tenté aujourd'hui de situer ce spectacle quelque part entre *Les Mamelles de Tirésias* d'Apollinaire et le *1789* d'Ariane Mnouchkine.

Michel AUTRAND

Bibl. : Michel Autrand, « *L'État de siège* ou le rêve de la ville au théâtre », dans Jacqueline Lévi-Valensi (dir.), *Camus et le théâtre*, IMEC Éditions, 1992, p. 57-70 • François Jaques, « L'idée de la collectivité dans le théâtre d'Albert Camus », *French Studies in Southern Africa*, n° 12, 1983

PESTE. – Leur thématique et l'époque de leur rédaction incitent à rapprocher *La Peste* et *L'État de siège*, à faire d'œuvres mitoyennes un doublon dont la pandémie serait le sujet. De fait, il s'agit des livres, relevant tous deux du cycle de la révolte, dont les sujets sont les plus voisins. Des correspondances sont manifestes : en Diego, quelque chose de Tarrou, de Rieux ; le curé et Paneloux ont une même parlure. Queue de rat ou queue de la comète, l'astéroïde et les rongeurs sont des signes de l'apparition du néant. Oran et Cadix ont des points communs, et la seconde n'a remplacé la première qu'en fin de rédaction. Pour autant, il importe peu d'ajointer ces œuvres à tout prix. Dans l'avertissement de *L'État de siège*, Camus, en éclairant la genèse, mentionne Antonin Artaud, ami de Jean-Louis Barrault, le dédicataire de l'œuvre théâtrale, mais précise aussi que le « spectacle en trois parties » n'est « à aucun degré une adaptation » du roman, l'une et l'autre œuvre obéissant à des règles génériques propres que la pièce, dans sa soif de totalité, excède pourtant.

Le mythe de la peste est connu des hommes que ses bacilles détruisent. Il incarne l'image radicale, absolue, du mal. Exploitant après De Foe – Thucydide, Boccace et d'autres – les vertus imaginaires, les potentialités littéraires de ce fléau millénaire qui frappa tellement l'imagination occidentale, Camus lui prête une apparence réelle, celle d'une force d'une grande puissance, totalitaire, liée à la tyrannie de l'État – au sens propre dans *L'État de siège* –, à l'organisation technocratique, personnalisée par la Secrétaire, ainsi qu'à un singulier jargon. Là où, dans la chronique oranaise, la peste était un mal aux racines secrètes, et peut-être d'autant plus redoutable pour cela, elle est, dans le spectacle cette foi, poussée jusqu'au degré hyperbolique de la caractérisation, à savoir une personnification saisissante, bergmanienne avant l'heure. Véritable Minotaure, la peste est hégémonique à échelle cosmique. Elle symbolise toutes les formes de mal qui emprisonnent le vivant. Elle est – au sens propre – diabolique, et disjoint ceux qui sont reliés par l'amour, tant ce sentiment est l'autre de la peste. Dans l'une et l'autre œuvre, le thème de la séparation est un fil ténu, souterrain, mais extrêmement significatif.

En outre, la peste n'a rien d'absolu dans la mesure où la révolte lui fait suite. Elle est point de départ plus qu'aboutissement. Un ordonnancement séquentiel est instruit : signes initiaux du mal, progression de son empire, apaisement relatif et premiers indices d'une inversion de la tendance, victoire – même momentanée, forcément remise en cause – sur la peste, battue en brèche par l'entente de la communauté des hommes qui la renvoient à son inanité par l'effet d'une révolte agonistique répondant au beau nom de « combat ». En ce sens, cette manifestation de l'absurde qu'est la peste forme avec l'idée – et la pratique – de la révolte un couple dialectique d'opposition. La révolte n'existerait peut-être pas sans une peste étonnamment polymorphe, quelle que soit la manifestation de celle-ci. L'accent est moins porté sur l'apparition du mal que sur la possibilité (temporaire, sisyphienne, donc tragique) de le vaincre par une résistance à hauteur d'homme.

La peste a le visage double, voire duplice, de l'Apocalypse, destruction et révélation. Délétère, saccageant le cœur, le souffle et la santé des hommes, elle est aussi, exemplairement, révélation des possibles de l'action pour peu que celle-ci s'appuie sur une éthique de l'honnêteté, de la sympathie, de la compréhension. Elle est un pôle négatif, absurde, dont le versant positif est la révolte solidaire, création libre et consciente des hommes par eux-mêmes. Au miroir de la peste, le visage même de l'homme.

Sur deux œuvres, deux genres, la fonction de la peste est révélatrice. C'est alors que la confrontation avec Artaud, si rarement faite, prend son sens. La peste a pour le poète une vertu cathartique, régénératrice. Elle est un fléau pour Camus, mais un fléau ambivalent. Lui aussi s'est éloigné de l'imagerie traditionnelle. En artiste, en créateur, il change le regard porté sur elle par un travail sur les mots. Aux germes de la maladie répondent les semences de l'espoir. Pierre GROUIX

Bibl. : Madeleine Valette-Fondo, « Camus et Artaud », dans Jacqueline Lévi-Valensi (dir.), *Camus et le théâtre*, IMEC Éditions, 1992, p. 93-101

PESTE (La). – *La Peste* paraît en juin 1947 au terme d'une longue gestation. Dès 1938, Camus accumule des notes qui constitueront un matériau pour certaines séquences de son récit. C'est en avril 1941 qu'il mentionne pour la première fois dans ses *Carnets* le projet d'un roman sur la peste. Il entreprend alors de nombreuses lectures concernant ce type d'épidémie : ouvrages scientifiques, livres historiques ou récits littéraires. Entre août 1942 et septembre 1943 il rédige une première version de son livre, mais dans le même temps il accumule notes et consignes pour préparer ce qu'il appelle lui-même, dans ses *Carnets*, une « 2e version ». Celle-ci sera élaborée entre 1942 et 1946. Le texte narratif initial subit de nombreuses transformations parmi lesquelles on retiendra l'adoption du principe d'un narrateur anonyme. On ajoutera que la période de l'Occupation et de la Libération, pendant laquelle il modifie considérablement son texte, est riche en événements dont certains trouveront un écho, de façon transposée, à l'intérieur du récit.

La Peste, c'est d'abord un roman qui raconte une histoire, celle du combat entre la peste qui, de plus en plus violente multiplie les morts dans la ville d'Oran, et des hommes qui vont lutter jusqu'à ce que le fléau disparaisse. Le récit relate, de façon linéaire, l'apparition, la flambée, l'apogée puis le déclin de l'épidémie et narre, dans leur évolution, les réactions des Oranais, menacés de mort et prisonniers dans leur ville, fermée pour éviter toute contagion à l'extérieur. L'intérêt romanesque est aussi suscité par un entrecroisement des intrigues liées aux destinées individuelles des personnages. Le lecteur suit, de chapitre en chapitre, l'action du docteur Bernard Rieux, personnage central du livre, qui travaille à sauver des malades de plus en plus nombreux, l'implication progressive de Jean Tarrou, qui crée des formations sanitaires rassemblant des volontaires pour lutter contre le fléau, les démarches successives de Raymond Rambert, qui souhaite quitter la ville afin de rejoindre la femme qu'il aime, les tentatives répétées de Joseph Grand pour écrire un roman, le comportement bizarre de Cottard qui a des fautes ou des crimes à se reprocher. Camus use à plusieurs reprises du procédé romanesque de l'énigme : c'est progressivement, après y avoir été préparé par des indices, que le lecteur découvrira que ce Cottard est un trafiquant, que Grand veut écrire un livre, que le narrateur anonyme n'est autre que Rieux lui-même.

Le roman se présente, dès la première phrase, sous les traits d'une « chronique ». Sa structure suit l'ordre du temps : après un prologue constitué d'une évocation d'ensemble de la ville d'Oran, le récit, effectué par un narrateur anonyme, commence un 16 avril, jour de la découverte d'un rat mort, premier signe – incompris – de l'apparition de la peste ; il se terminera, dix mois plus tard lors de la célébration de la disparition du fléau. Fait intéressant, si le récit suit bien, comme il se doit, l'ordre chronologique, les mentions des dates chiffrées disparaissent entre le moment de la fermeture des portes de la cité et celui de la décision de réouverture. Le calendrier devient alors souvent un calendrier propre aux habitants d'Oran : on situe les faits par rapport aux événements marquants de la cité (« le lendemain de la conférence », « peu après le prêche », etc.). On compte le temps en « journées de peste », en « semaines de peste », en « mois de peste ». Se constitue ainsi un calendrier propre au temps de peste : c'est que les Oranais vivent au seul rythme de l'épidémie et se sentent hors du temps des autres hommes. Les portes de la ville une fois rouvertes, la datation officielle reprendra ses droits.

La structure chronologique se double d'une structure dramatique rendue sensible à la fois par l'évolution du nombre de morts (augmentation vertigineuse, stagnation et descente brutale vers zéro) et par le récit des étapes de la lutte contre le fléau : ramassage des rats morts, soins immédiats aux malades, utilisation des vaccins existants, fabrication de nouveaux vaccins ; par ailleurs, les formations sanitaires créées par Tarrou pour lutter efficacement et collectivement contre l'épidémie sont rejointes successivement, au cours du récit, par l'employé de mairie Grand, le journaliste Rambert, le jésuite Paneloux et enfin le juge Othon – les deux derniers personnages évoluant vers plus d'humanité, et tous incarnant une réponse particulière au problème posé par le surgissement de la peste.

Le roman est rythmé également par la succession des saisons et des climats : brumes et pluies diluviennes du printemps, soleil implacable ainsi que vents violents et brûlants de l'été, grandes averses de l'automne, froid de l'hiver. Ces notations climatiques constituent à chaque fois un décor cosmique accompagnant l'évolution de la peste. Elles accentuent l'intensité dramatique du récit.

La signification de *La Peste* est d'abord d'ordre historique. La peste, c'est la guerre : l'action se situe dans les années 1940 ; et c'est bien l'atmosphère de l'occupation allemande que restitue le roman : couvre-feu, lignes de démarcation infranchissables, rationnement de l'essence, pénurie de denrées alimentaires, longues queues devant les boutiques, marché noir constituent des réalités que viennent de vivre les premiers lecteurs de l'ouvrage.

Plus fondamentalement, comme l'a indiqué Camus lui-même dans une lettre à Roland Barthes, « le contenu évident de la peste, c'est la lutte de la résistance européenne contre le nazisme » (qu'on appelait alors la « peste brune »). On trouve dans le roman des transpositions de certaines horreurs de ces années-là : camps d'isolement, ghettos, fours crématoires. On y remarque aussi l'assimilation de la peste à « une administration prudente et impeccable, au bon fonctionnement », termes dont, à peu de choses près, Camus se sert pour évoquer les nazis dans certains passages d'*Actuelles*. Et les héros du livre qui travaillent dans les « formations sanitaires » apparaissent, *mutatis mutandis*, comme des résistants. Au-delà de la signification historique immédiate, *La Peste* est aussi le récit d'une lutte contre le totalitarisme quel qu'il soit, et c'est sans doute la valeur qu'il faut donner à l'imprécision relative de la date initiale (« 194. ») qui permet d'étendre à d'autres luttes la portée du récit. Camus a voulu que *La Peste* soit aussi l'histoire de « toutes les résistances contre toutes les tyrannies ».

Ce récit a aussi une portée politique : portée décelable d'abord dans la satire des autorités (le préfet, la municipalité), ces autorités dont les remèdes « ne sont jamais à la hauteur d'un rhume de cerveau » et qui, avec l'aide des journaux, préfèrent masquer la vérité plutôt que d'« inquiéter l'opinion publique ». On a pu voir dans cette satire l'effet de la désillusion de Camus qui avait mis beaucoup d'espoir dans le renouveau qu'aurait pu apporter la Libération.

« Politique » encore est le message délivré dans le roman par Tarrou : le refus de cautionner toute action politique, toute lutte révolutionnaire, si « justes » soient-elles, qui impliqueraient des mises à mort. Le personnage a décidé une fois pour toutes de « refuser tout ce qui, de près ou de loin, [...] fait mourir ou justifie qu'on fasse mourir », propos qui, avec des nuances, pourraient être ceux de Camus posant ainsi le problème de la fin et des moyens.

Outre sa signification historique et politique, le roman a une portée métaphysique : en ce sens, la peste englobe toutes les formes du mal dans le monde. Monde dénué de sens qu'illustrent bien, sur un mode mineur, toutes les figures de la répétition présentes dans le roman : le narrateur se moque des « habitudes » des Oranais qui constituent pour eux une forme de mort. La peste va imposer jusqu'à la caricature ce mode de vie répétitif : cinéma rejouant toujours le même film, théâtre représentant inlassablement la même pièce, personnage réécoutant sans cesse le même disque. Plus fondamentalement, la peste est le mal que représentent toutes les formes de la souffrance qui accable l'homme. Celle, d'abord, de la séparation d'avec un être cher. « Faire du thème de la séparation le grand thème du roman », avait écrit Camus. Cet état de « séparé » définit en partie de nombreux personnages, prisonniers dans cette ville dont les portes sont fermées : Rieux, dont l'épouse est partie se soigner en montagne et qu'il ne peut rejoindre, Rambert, qui a laissé sa compagne à Paris, et Grand, que sa femme a quitté. Dans la troisième partie de l'ouvrage, le narrateur analyse tous les effets de cette séparation et les souffrances qu'elle cause. De temps à autre, il use de l'image pascalienne de la prison dans laquelle souffrent les hommes, évoque les « prisonniers de la peste » et suggère que l'emprisonnement des Oranais dans leur ville, c'est celui des hommes sur cette terre.

Le mal dans le monde, c'est aussi le scandale de la mort, en particulier la mort dans la souffrance qui atteint des êtres jeunes comme le petit Othon dont l'agonie terrible donne lieu à une des scènes les plus fortes du roman. Cette mort d'un enfant est l'occasion d'une vive réaction du docteur Rieux qui refuse de croire en un Dieu qui peut permettre que soit ainsi frappé un enfant innocent : « Je refuserai jusqu'à la mort d'aimer cette création où des enfants sont torturés. »

C'est ainsi un univers tragique que Camus crée dans *La Peste*. Rieux et ses amis luttent pour amoindrir les souffrances des hommes, mais ils savent que leurs victoires ne seront jamais que provisoires. Tarrou le dit dans le cours du récit et le narrateur le répète à la fin : « le bacille de la peste ne meurt ni ne disparaît jamais ». C'est bien un univers tragique que celui dans lequel l'homme, nouveau Sisyphe, mène sans cesse une lutte, finalement vaine, contre des forces hostiles et écrasantes. Significativement, à la fin du livre, le héros a tout perdu : la mort a frappé sa femme et son ami.

La Peste ne constitue pourtant pas une peinture désespérée de la condition humaine. Camus déclarera plus tard : « J'avais un plan précis quand j'ai commencé mon œuvre : je voulais d'abord exprimer la négation. Sous trois formes ; romanesque : ce fut *L'Étranger* ; dramatique : *Caligula* ; idéologique : *Le Mythe de Sisyphe*. Mais je savais que l'on ne peut vivre dans la négation [...], je prévoyais le positif sous trois formes encore ; romanesque : *La Peste* ; dramatique : *L'État de siège* et *Les Justes*, idéologique : *L'Homme révolté*. » C'est ce versant « positif » de l'œuvre que les critiques ont appelé le « cycle de la révolte » (qui succède au « cycle de l'absurde »).

En effet, à travers l'action ou les propos des personnages se dessinent quelques éléments d'une éthique propre à donner sens à l'existence humaine. Éthique faite d'abord d'une pratique de l'honnêteté. Rieux, comme Rambert ou comme Grand sont à la recherche d'un langage authentique, refusant les grands mots et les phrases toutes faites, les faux-semblants. Rieux donne un sens plus profond au mot en disant que la seule façon de lutter contre la peste, c'est l'honnêteté qui consiste, dans son cas, dit-il, à bien faire son métier : son métier de médecin, son métier d'homme. Cette morale fondée sur l'honnêteté est aussi une morale (cette fois le mot est de Tarrou) de la sympathie et de la compréhension. Nul n'est condamné dans l'univers de Camus. Et chacun comprend les raisons de l'autre.

Mais c'est surtout dans l'engagement que les héros de *La Peste* trouvent des raisons de vivre. La lutte contre le fléau, le refus de se résigner au mal constituent le fondement d'une morale de la solidarité. Ces hommes solitaires deviennent solidaires, solidaires entre eux parce qu'ils conduisent la même action, mais solidaires aussi des autres hommes, les malades qu'ils ont choisi d'aider ; et c'est dans cette action solidaire qu'ils trouvent une dignité face au mal qui les écrase.

Cette éthique de la solidarité ne proscrit nullement (sauf chez Tarrou) la recherche du bonheur personnel, bonheur qui se trouve en particulier dans l'amour et dans la tendresse humaine, que le livre évoque parfois, toujours avec une intensité et une pudeur génératrices d'émotion. Rieux comprend les efforts que fait Rambert pour rejoindre la femme qu'il aime, même si pour sa part il n'agit pas de la sorte. « Rien au monde ne vaut, dit-il, qu'on se détourne de ce qu'on aime. » Le narrateur estime qu'il faut placer au premier plan « l'exigence généreuse du bonheur ». La formule est dense et Rambert met quelque temps à la faire sienne : au moment où, enfin, tout est prêt pour son départ, il décide de rester pour aider ses amis dans la lutte contre la peste, conscient qu'il y a quelque honte à être heureux tout seul et que le souvenir de sa fuite le gênerait pour aimer « celle qu'il avait laissée ».

Cette conception de l'homme et du monde ne s'exprime jamais abstraitement. Camus multiplie les notations concrètes pour peindre la maladie qui frappe les personnages. Il évoque ici ou là des scènes du quotidien, croque des gestes pris sur le vif, suggère des atmosphères faites de couleurs et de sonorités.

Cet ancrage dans le réel n'a pas seulement pour fonction de garantir l'illusion romanesque : il est également indispensable à l'écriture du récit symbolique (Camus s'est intéressé à *Moby Dick*, d'Herman Melville, romancier qui « construit ses symboles sur le concret »). Dans *La Peste*, Camus joue d'abord avec le double sens du mot « fléau ». Le fléau, c'est la maladie qui s'abat sur tout un peuple, c'est aussi un instrument formé de deux bâtons qui, liés entre eux, servent à battre les céréales. Dans la bouche du père Paneloux, cet outil prend des dimensions épiques lorsqu'il évoque « l'immense pièce de bois tournoyant au-dessus de la ville », image qui reviendra à plusieurs reprises dans le roman. La puissance immense du fléau est également figurée par sa transformation en un monstre légendaire, le Minotaure qui dévore son « tribut chaque soir », bête inconnue qui « reprend son souffle » ou s'éloigne « pour regagner la tanière inconnue d'où elle était sortie en silence », puissance maléfique qui « me[t] des gardes aux portes et détourn[e] les navires », dragon qui marche impitoyablement vers ses victimes en crachant un feu qui « flambe dans les poitrines » des Oranais et qui ne cesse « d'avancer de son allure patiente et saccadée ».

Le fléau prend des dimensions cosmiques dans la mesure où il a partie liée avec les forces de la nature. Bien des événements de l'histoire d'Oran, bien des manifestations de la peste sont accompagnées de déchaînements climatiques ; pluies diluviennes, vents brûlants, soleil implacable, tempêtes terrestres et maritimes donnent de cette ville l'image d'une cité écrasée par des déchaînements cosmiques, pareille aux cités maudites de l'Ancien Testament. En donnant au mal qui accable les hommes la forme d'un monstre légendaire dont la puissance ébranle le cosmos, Camus a donné à son récit la puissance d'un mythe.

La qualité romanesque de *La Peste* tient aussi à la verve satirique qui parcourt ses pages. Il y a, de fait, un véritable comique dans l'évocation des tergiversations de l'administration inefficace et hypocrite. La satire touche aussi la presse qui ne s'intéresse qu'au spectaculaire (la mort des rats) mais ne parle guère de ce qu'on ne voit pas (les morts d'hommes) : « c'est que les rats meurent dans la rue et les hommes dans leur chambre ». Appartiennent aussi à la même veine les pastiches auxquels se livre Camus : pastiche du style journalistique, pastiche de la rhétorique ecclésiastique (Paneloux pratique l'exorde à la Bossuet), satire du langage inauthentique (euphémismes qui travestissent le réel, clichés).

La satire se teinte souvent d'humour lorsque le narrateur se moque légèrement de Grand et de sa façon de travailler sans cesse sur la même phrase qui, à la vérité, est une accumulation de clichés, ou lorsqu'il sourit de son souhait de voir son éditeur lire son manuscrit, se lever et dire à ses collaborateurs : « Messieurs, chapeau bas » : « Quoique peu averti des usages de la littérature, Rieux avait cependant l'impression que les choses ne devaient pas se passer aussi simplement et que, par exemple, les éditeurs, dans leurs bureaux, devaient être nu-tête. » De nombreuses notations relèvent de l'humour noir comme celles qui concernent le médecin de l'administration, Richard, qui, après avoir déclaré avec une grande satisfaction que la maladie avait atteint un palier, est à son tour enlevé par la peste, « précisément sur le palier de la maladie ». Même humour noir dans l'évocation de l'acteur qui interprète au théâtre le rôle d'Orphée : on croit d'abord qu'il joue avec un excès de pathétique, alors qu'en fait il est en train de mourir de la peste. Cette dimension ironique et humoristique contribue à maintenir une certaine distance par rapport aux événements et à éviter, comme le souhaitait Camus, tout effet de pathos.

La narration. Le principe de narration de *La Peste* est tout à fait particulier : l'instance du récit est un narrateur apparemment anonyme, qui parle de lui sur le mode impersonnel (« on doit l'avouer », « le narrateur croit ») ou s'exprime à la première personne du pluriel, s'incluant ainsi dans le groupe des Oranais (« notre ville », « on ne connaît pas chez nous le désordre »). Ne disant jamais « je », il semble être un spectateur attentif ou un acteur de second plan du drame dont il va se faire le chroniqueur. Mais assez vite, ce narrateur, qui décrit d'abord les faits avec détachement, intervient dans son récit pour émettre un jugement sur un personnage ou une situation, pour énoncer telle ou telle opinion sur l'homme à la manière d'un moraliste. Et l'on perçoit bien alors que c'est Camus qui parle à travers lui. Mais le romancier ne se veut pas donneur de leçons : il atténue les affirmations du narrateur par des expressions comme « c'est du moins la conviction du narrateur » ou « c'est une idée que le narrateur ne partage pas ».

À la vérité on découvre progressivement que le narrateur a vécu, lui aussi, une aventure individuelle qui est à tout le moins semblable à celle des héros qu'il évoque. C'est notamment le cas dans la deuxième partie où il dévoile, avec discrétion, sa connaissance personnelle des souffrances et des remords des amants séparés.

Au dernier chapitre du roman, le lecteur découvrira que le narrateur n'est autre que Rieux lui-même. Pourquoi ce procédé ? Le narrateur s'en explique : « étant appelé à témoigner », il a voulu garder « une certaine réserve, comme il convient à un témoin de bonne volonté ». En évitant de donner immédiatement au narrateur le nom de Rieux, Camus souligne que l'aventure qu'il a racontée n'a pas été seulement celle de quelques hommes, mais celle de toute une collectivité, il accentue le caractère de témoignage historique (souffrance de tout un peuple pendant l'Occupation) et de dénonciation du mal (tragique de la condition humaine) qu'il a voulu donner à son roman.

Par ailleurs, le choix que fait Rieux de ne pas se dévoiler et donc de parler de lui comme il parle des autres, traduit une modestie du personnage ainsi qu'un refus du pathos qu'impliquerait peut-être un récit à la première personne du singulier. Ce n'est qu'à la fin que l'on percevra, rétrospectivement, l'intensité de sa souffrance de « séparé ».

À sa parution, le roman reçut le prix des Critiques et connut immédiatement un très grand succès auprès du public, succès qui ne s'est jamais démenti. L'accueil fut très ou assez favorable ; celui des quotidiens plus chaleureux que celui des revues. Il obtint de longues recensions de Georges Bataille, Thierry Maulnier, René Étiemble, Claude Roy, Gaëtan Picon. Les réserves vinrent, dans les années 1950, des intellectuels progressistes (Jean-Paul Sartre, Francis Jeanson, Roland Barthes) qui reprochèrent au romancier, non sans erreurs d'appréciation, sa morale de Croix-Rouge, sa description d'un monde d'amis et non de militants, son refus d'un certain type d'engagement. De nos jours, *La Peste* apparaît – ainsi que l'écrivait Jacqueline Lévi-Valensi – comme « une somme, qui rassemble l'expérience d'un homme et d'un écrivain et fait écho à celle d'une génération ». Ce livre est sans doute « le premier grand roman français de l'immédiat après-guerre ». Il a été traduit en de nombreuses langues et a fait l'objet d'une adaptation scénique et d'une adaptation filmique dans les années 1990.

Bernard ALLUIN

Éd. : Gallimard, 1947 • *Théâtre, romans et nouvelles*, Gallimard, coll. « Bibl. de la Pléiade », 1962 • Gallimard, coll. « Folio », 1970 • *Œuvres complètes*, t. II, Gallimard, coll. « Bibl. de la Pléiade », 2006, éd. par Marie-Thérèse Blondeau

Trad. : en albanais, allemand, anglais, arabe, arménien, basque, bengali, biélorusse, birman, bulgare, catalan, chinois, coréen, croate, danois, espagnol, finnois, géorgien, grec, gujarati, hébreu, hongrois, indonésien, islandais, italien, japonais, letton, lituanien, macédonien, néerlandais, norvégien, ourdou, penjabi, persan, polonais, portugais, roumain, russe, serbe, slovaque, slovène, suédois, tamoul, tchèque, turc, ukrainien et vietnamien

Crit. : *Cahiers de Malagar*, XIII, automne 1999 • Jesse G. Cunningham (éd.), *Readings on « The Plague »*, San Diego, Greenhaven Press, 2001 • Steven G. Kellman, *« The Plague » : Fiction and Resistance*, New York, Twayne, 1993 • Jacqueline Lévi-Valensi, *« La Peste » d'Albert Camus*, Gallimard, coll. « Foliothèque », 1991 • *Roman 20-50*, n° 2, décembre 1986

***PESTE (La)* AU THÉÂTRE**. – De *La Peste*, on a souvent dit que ce classique de la littérature antitotalitaire est construit comme une tragédie. Morvan Lebesque y voyait « une sorte de théâtre enfermé dans un livre ». Il était d'autant plus tentant de le porter à la scène. Camus y raconte comment la peste ayant frappé une ville ordinaire, quelques hommes de bonne volonté considèrent qu'elle est « l'affaire de tous » et organisent des « formations sanitaires ». En 1946-1947, il songe au nazisme et à la Résistance, mais l'allégorie est susceptible de recevoir de nouvelles lectures. Le sida et l'extrême droite des années 1980, estime Francis Huster, sont les nouvelles formes de ce fléau dont, avait écrit le romancier, le bacille ne meurt jamais. « Camus avait raison, elle n'avait jamais disparu, elle attendait son heure, cachée, revancharde et rancunière. »

Faire passer l'essentiel d'un roman touffu en vingt séquences, en près de deux heures, relevait de la gageure. Francis Huster, adaptateur et metteur en scène de cette *Peste*, a de surcroît choisi la difficulté en étant seul sur un vaste plateau vide, celui du Théâtre de la Porte Saint-Martin où la pièce est créée en septembre 1989. L'esthétique scénique est celle de Jacques Copeau et de Jean Vilar, l'un l'inspirateur, l'autre le complice de Camus : un tréteau nu, quelques accessoires et des jeux de lumières. Un rideau de fer tombe au moment où la ville d'Oran se coupe du monde extérieur. Vêtu d'un trench-coat sombre, l'acteur fait entendre le texte camusien. Évitant soigneusement toute surthéâtralisation, il prête sa voix au narrateur et s'efface derrière les personnages, Rieux l'humaniste, Tarrou, Grand, Rambert, en qui l'auteur s'est rassemblé, et encore Cottard, le père Paneloux et les autres. « Huster gagne son pari, écrit Odile Quirot dans *Le Monde*, il ne se montre pas, il montre, avec sobriété, avec un charme qu'il s'emploie tout à la fois à cultiver et à détruire. » La critique, de *L'Événement du jeudi* à *L'Express*, du *Nouvel Observateur* au *Figaro*, salue la cohérence, la sobriété et la justesse du spectacle et la performance de l'acteur. « Rarement, écrit Pierre Marcabru dans *Le Point*, on a vu telle fidélité. » Le public plébiscite l'entreprise que consacrent deux nominations aux « Molière » 1990. Huster donne deux cents représentations consécutives. Le spectacle, après avoir tourné longtemps en France et à l'étranger, est repris en 1994 dans ce Théâtre Marigny où *L'État de siège* avait connu un fiasco en 1948, puis en 2000 à nouveau au Théâtre de la Porte Saint-Martin où il atteint la six centième représentation. Une figure charismatique de la scène contemporaine réussit là où Thierry Maulnier avait échoué avec *La Condition humaine* d'André Malraux. Jeanyves GUÉRIN

Bibl. : *L'Avant-Scène théâtre*, n° 953, 1er juillet 1994 • Francis Huster, *Mes Levers de rideau*, Ramsay, 1996, p. 175-224

PÉTAIN, Philippe (1856-1951). – Maréchal de France, figure de la victoire de la Première Guerre mondiale, ministre durant les années 1930, appelé à la présidence du Conseil en juin 1940 dans le contexte de la défaite, Philippe Pétain ne se contente pas de signer l'armistice mais, après s'être fait accorder les pleins pouvoirs constitutionnels, instaure un nouveau régime politique autoritaire et antirépublicain dans une partie du territoire français. Arrêté en Allemagne au printemps 1945, il est ramené en France où il est jugé durant l'été. Camus assiste au procès. Mais ce n'est pas lui qui en assure le compte rendu suivi. Dans un éditorial du 2 août 1945 non signé mais probablement de sa plume, la description du procès donne lieu à une attaque en règle contre les conditions dans lesquelles il se tient : « Jusqu'ici, ce procès était surtout humoristique. Quand nous parlons d'humour, tout le monde comprend qu'il s'agit d'humour noir. Car l'ironie est féroce, dans un procès où l'honneur et une partie de l'avenir français sont engagés, d'avoir choisi un représentant et des témoins de l'accusation qui, justement, n'ont pas qualité pour accuser. » On retrouve ici la détestation par Camus d'Édouard Daladier et de Paul Reynaud. Refusant l'enlisement du procès sur la question de l'armistice, l'éditorialiste en rappelle les enjeux : « Il s'agit d'établir si Pétain a servi l'Allemagne, si sa politique a renforcé les chances de la guerre hitlérienne, s'il est responsable des déportations, tortures et fusillades dont nous avons été abreuvés, s'il a été, enfin, qu'il l'ait voulu ou non, le serviteur de l'ennemi et l'agent de ses infamies. » Même si le texte refuse la perspective de la peine capitale – par opposition à toute condamnation à mort et pour éviter d'ajouter « à ce vieillard vaniteux une réputation de martyr » –, il formule clairement le réquisitoire contre le chef de « l'État français » : « En ce qui nous concerne, et au-delà de toute amertume, la responsabilité de Pétain nous paraît cependant immense. Mais nous souhaitons que ce procès fasse en sorte que, si elle existe, elle devienne claire pour le monde entier. »

Alain CHATRIOT

PETIT GUIDE POUR DES VILLES SANS PASSÉ. – Le titre de ce texte écrit en 1947 porte une charge parodique évidente, mais Camus condense aussi jusqu'à la provocation la singularité du regard qu'il porte en écrivain sur la terre où il est né. Refusant l'imagerie complaisante des guides touristiques ou des récits orientalistes, il n'aborde le pittoresque des trois principales villes d'Algérie que fort laconiquement, préférant offrir aux curieux obstinés – après avoir dissuadé les chercheurs d'exotisme facile – d'abord des formules chocs forçant le trait paradoxal puis, toute ironie déposée, des parcours balisés par les sensations et les souvenirs fondateurs de sa jeunesse. Réticences, détours humoristiques, subjectivismes des descriptions indiquent la forte implication personnelle de l'écrivain qui réactive dans ce texte l'image d'indéfectibles noces : « J'ai ainsi avec l'Algérie une longue liaison qui sans doute n'en finira jamais, et qui m'empêche d'être tout à fait clairvoyant à son égard. »

Alger, Oran, Constantine sont individualisées par certaines caractéristiques objectives de leurs topographies respectives ou par mentions de leurs réputations (sont ironiquement moquées leurs traditionnelles rivalités), mais surtout en fonction des inclinaisons personnelles (les deux premières, situées sur la côte, l'emportent à ses yeux sur la troisième, trop éloignée de la mer) et de la plus ou moins grande connivence éprouvée (Camus a noué des liens profonds et complexes avec Oran où il a séjourné mais c'est pour Alger qu'il se montre le guide le plus alerte et le plus complice). Elles finissent cependant par se rejoindre dans un tableau d'ensemble qui dessine les contours d'une configuration à l'amplitude mythique.

Vu en un premier temps dans sa proximité apparente avec l'Europe, ce territoire ne s'en détache ensuite que plus radicalement : « C'est à l'Espagne que cette terre ressemble le plus. Mais l'Espagne sans la tradition [...]. » Ce sont, de façon délibérée, non seulement les occupations occidentales antérieures à la présence française qui se trouvent gommées mais aussi tout le pan de l'histoire orientale de l'Algérie. Bien des écrivains algériens en feront le reproche, et prendront à rebours, comme Kateb Yacine le fait dans *Nedjma* en superposant à la moderne Constantine la Numide Cirta, le soin de restituer à ces villes algériennes la longue durée de leur histoire.

La situation coloniale n'apparaît là qu'en filigrane, dans la présentation scindée de son peuplement, conformément au réel d'une telle société, même si l'appréhension estompe les différences dans un éloge collectif : « Et d'abord la jeunesse y est belle. Les Arabes, naturellement, et puis les autres. » Dérivant peut-être du mythe du peuple neuf, qu'un courant de la littérature coloniale contemporaine véhiculait, la perspective de Camus s'infléchit cependant dans un sens fort distinct. Loin de tendre à la régénération de la vieille métropole, la population française d'Algérie, « race bâtarde, faite de mélanges imprévus », s'en distingue à ses yeux par une hybridité qui l'enracine dans le creuset méditerranéen. Sur le plan culturel, cette hybridité intègre aussi pour lui quelques éléments de culture arabe, détachés de leur filiation, certains frisant le stéréotype superficiel : goût des sensations fortes de la Casbah, d'autres à l'inverse exerçant une profonde attraction : affinité avec le dépouillement serein des cimetières musulmans.

Ce qui rassemble et caractérise tous les « fils » de l'Algérie, telle que Camus dit l'aimer, est selon lui le frottement à ces villes qui sont autant de « déserts » ne masquant pas par la surcharge-écran de vieilles cultures la vérité de la condition d'homme ; la confrontation à une nature vouée au retour cyclique d'une primitive jeunesse, violente dans sa beauté et son indifférence, leur donne la révélation d'un « exil royal ».

Le poids de l'histoire réelle et de ses douloureuses tensions (en 1947, la Seconde guerre mondiale s'achève à peine, la guerre d'Algérie en est à ses signes annonciateurs) est débordé, dans cet essai tout à la fois léger et grave, par cet élargissement mythique qu'Albert Camus considère au demeurant comme nécessaire à la création artistique. Cet hymne de fidélité à sa « vraie patrie » trouvera naturellement place dans le regroupement des textes d'inspiration solaire (ici dans son versant passionné plutôt que mesuré) qu'il publie en 1954 sous le titre emblématique de *L'Été*. Martine MATHIEU-JOB

PÉTITIONS. – Si Jean-Paul Sartre fut « le champion absolu » du stakhanovisme pétitionnaire après 1945, comme le note Jean-François Sirinelli, Camus est loin de l'égaler. En effet, s'il lui est arrivé de signer des textes collectifs, il s'est gardé de galvauder son paraphe et d'exploiter sa notoriété. C'est pour lui une affaire de déontologie. La pratique, en se généralisant, se banalise ; les « réflexes idéologiques » prévalent. Alors que la guerre d'Algérie suscite une floraison de pétitions, il déclare, dans un entretien à *Tempo presente* repris dans l'hebdomadaire *Demain* : « les signatures incessantes de manifestes ou de protestations sont un des plus sûrs moyens de dégrader l'efficacité et la dignité de l'intellectuel » (« Le socialisme des potences », 21-27 février 1957). Il précise sa position dans une lettre qui a été recueillie dans *Carnets* III : « Les signatures collectives, ces alliances équivoques entre des hommes que tout sépare par ailleurs, entraînent des confusions qui débordent largement, et compromettent par conséquent, l'objectif qu'elles veulent servir. Même lorsque cet objectif est valable, comme c'est le cas, j'ai donc décidé de ne plus agir que personnellement, dans les conditions et au moment que j'estime utiles, et quelles que soient les pressions qu'on exerce sur moi. » Sollicité pour signer un texte en faveur d'un scientifique américain condamné pour espionnage, il écrit ainsi à son correspondant : « Je connais mal l'affaire Sobre. Je ne puis me déclarer convaincu de son innocence, pas plus d'ailleurs que je ne suis assuré de sa culpabilité. » Peu d'intellectuels, hier ou aujourd'hui, ont ses scrupules. Camus préfère adresser des lettres à des journaux, *Combat* puis *Le Monde*, ou intervenir discrètement auprès des autorités. C'est ce qu'il fait pendant la guerre d'Algérie. Quelques-unes de ses lettres figurent en annexe de la réédition de *Réflexions sur la peine capitale* (Gallimard, coll. « Folio Essais », 2002). De façon générale, Camus raréfie et donc motive ses interventions publiques dans les années 1950. Il n'est pas un homme ni a fortiori une tête de réseau.

Il a toutefois contresigné quelques textes passés à l'histoire. Le premier, semble-t-il, est le manifeste des écrivains français (*Les Lettres françaises*, 9 septembre 1944) qui réclame « le juste châtiment des imposteurs et des traîtres ». Était-ce en tant que rédacteur en chef de *Combat* ou qu'auteur de *L'Étranger* ? Les deux sans doute. Quelque mois plus tard, en janvier 1945, il signe l'appel à la grâce de Robert Brasillach. Il s'en explique dans une lettre à Marcel Aymé qui a été connue tardivement : seule son « horreur de la condamnation à mort » a motivé sa signature. Ensuite, c'est de toute évidence Sartre, signataire du texte, qui l'amène à prendre parti sur « le cas Nizan » (*Le Figaro littéraire*, 29 mars 1947) – Louis Aragon et Henri Lefebvre avaient affirmé sans preuves que l'ancien écrivain communiste avait été un traître et un mouchard. Puis c'est Maurice Nadeau qui lui fait parapher, peu après, le texte en faveur du romancier américain Henry Miller, accusé de pornographie. En 1949, il signe une « Adresse à l'ONU » initiée par André Gide, François Mauriac et Emmanuel Mounier (*Esprit*, janvier 1949), qui vise à enlever aux communistes l'exclusivité du refus de la guerre, et en 1950 l'appel d'André Breton en faveur de l'écrivain tchèque Zavis Kalandra, ce qui lui vaut d'être rangé parmi les « pleureuses de *Combat* » par les communistes. Enfin, au moment des événements de Budapest, en 1956, son nom figure au bas d'une pétition « œcuménique » (Jean-François Sirinelli) qui exprime l'admiration et la solidarité des intellectuels français pour les insurgés hongrois (*Le Monde*, 6 novembre 1956). En revanche, son projet de trêve civile n'a débouché sur aucun texte collectif. Pour ne pas servir de faire-valoir, il a refusé de signer tout manifeste et de rejoindre l'un ou l'autre des comités préconisant l'indépendance de l'Algérie.

Jeanyves GUÉRIN

• *Voir aussi :* Engagement ; Intellectuel

Bibl. : Jean-François Sirinelli, *Intellectuels et passions françaises*, Gallimard, coll. « Folio Histoire », 1996

PEUPLE. – C'est l'attachement à un lieu, à une terre, qui amena Camus à considérer pour la première fois la notion de « peuple ». Dans *L'Été à Alger*, l'un des essais de *Noces*, il décrit « une façon de voir et de vivre » propre aux habitants de cette ville qui est la sienne. Influencé par sa lecture récente de l'ouvrage d'Oswald Spengler, *Le Déclin de l'Occident*, il oppose civilisation et culture : « Le contraire d'un peuple civilisé, c'est un peuple créateur. Ces barbares qui se prélassent sur des plages, j'ai l'espoir insensé qu'à leur insu peut-être ils sont en train de modeler le visage d'une culture où la grandeur de l'homme trouvera enfin son vrai visage. » Par la suite, la confrontation de Camus, journaliste engagé, avec les réalités complexes du monde et d'abord celles de l'Algérie va lui donner une perception plus concrète des besoins et des droits d'un peuple. Menant son enquête en Kabylie en 1939, il écrit : « Il est méprisable de dire que le peuple kabyle s'adapte à la misère. Il est méprisable de dire que ce peuple n'a pas les mêmes besoins que nous. » Il a découvert que ce dernier est « mûr pour marcher vers une vie plus indépendante et plus consciente ». La sensibilité particulière de Camus au sort d'un autre peuple se traduira par la rédaction de plusieurs articles dans le journal *Combat*, ainsi celui du 7 septembre 1944, « Nos frères d'Espagne », dans lequel il écrit : « L'Espagne a déjà payé le prix de la liberté. Personne ne peut douter que ce peuple farouche est prêt à recommencer. »

Adoptant dans *L'Homme révolté* une perspective plus large, Camus a recherché les origines historiques de la notion de « peuple ». Dans la partie consacrée à « la révolte historique », il explique ce qu'a représenté 1789 : « Le roi mort, les chaînes du vieux despotisme dénouées, le peuple va donc exprimer ce qui, de tous temps et en tous lieux est, a été et sera la vérité. Il est l'oracle qu'il faut consulter pour savoir ce qu'exige l'ordre éternel du monde. » Dans sa pièce *Les Justes*, qui a pour cadre la Russie tsariste, il avait commencé à s'interroger sur le rapport entre peuple et révolution. Dora adresse à Stepan cette objection : « Et si l'humanité entière rejette la révolution ? Et si le peuple entier pour qui tu luttes refuse que ses enfants soient tués ? Faudra-t-il le frapper aussi ? » Ce n'est pas le peuple qu'aime Stepan, malgré sa proclamation, mais l'idée abstraite qu'il s'en fait, idée qui porte en germe une autre forme de totalitarisme.

Lorsque le déchirement algérien confronta à nouveau Camus avec les réalités actuelles de l'Histoire, il chercha la solution dans la reconnaissance de l'autre et de ses droits légitimes. Dans « Les Raisons de l'adversaire », paru dans *L'Express* le 28 octobre 1955, il se sert de la notion de « personnalité » pour faire de chaque peuple une réalité vivante, humaine, et non pas une abstraction : « La personnalité arabe sera reconnue par la personnalité française, mais il faut pour cela que la France existe. » Il fonde sa position, parfois incomprise, sur sa proximité avec cette terre et les hommes qui la peuplent, se distinguant des « intellectuels qui font la théorie du prolétariat », comme il les désignera dans *Le Premier Homme*, où sont présentés à la fois, illustrant la double acception du mot « peuple », le lien historique avec une terre et la vie du petit peuple d'Alger dans sa diversité.

Jacques Le Marinel

Bibl. : Jacques Chabot, *Albert Camus, « La pensée de midi »*, Édisud, 2002, p. 63-92

PHILIPE, Gérard (1922-1959). – En 1943, Gérard Philipe se fait remarquer pour son interprétation de l'Ange dans

Sodome et Gomorrhe de Jean Giraudoux au Théâtre Hébertot. Deux ans plus tard, ayant appris que Camus montait *Caligula*, il se présente spontanément à Jacques Hébertot pour obtenir le rôle de l'empereur ; celui-ci s'exclame : « Mais tu es un ange, pas un démon ! » Le rôle est de toute manière déjà promis à Henri Rollan. À la suite de la défection de ce dernier, victime d'une insolation en Afrique, Hébertot et Camus acceptent de donner sa chance à Gérard Philipe malgré son manque d'expérience. Beau et ténébreux, le jeune prodige donne du tyran une interprétation originale, à la fois romantique et intellectuelle, qui suscite immédiatement l'enthousiasme des critiques. Ceux-ci invoquent Hamlet et Lorenzaccio, autres princes déchirés et représentants de l'absurde : selon Raymond Cogniat dans *Arts*, Gérard Philipe « au lieu d'un empereur conventionnel nous donne une manière d'Hamlet plus inquiétant mais non moins tourmenté, non moins obsédé de l'explication du monde et de soi-même ». Le succès de la pièce repose en partie sur la performance de l'acteur. « Même poussée au caprice féroce, la foucade juvénile de Caligula, sous ses traits, garde innocence et charme », écrit Bertrand Poirot-Delpech. Le rôle de Caligula révèle et consacre à la fois l'acteur, prouvant qu'il excelle aussi bien dans les rôles d'ange blanc que d'ange noir.

Par la suite, Camus continue à rêver d'une collaboration avec le jeune et talentueux comédien. Il imagine le personnage de Diego, dans *L'État de siège*, en pensant à lui : « Il y aurait un rôle pour [Gérard] Philippe et un autre pour Maria [Casarès] [...] Ce serait la distribution idéale », écrit-il en se référant probablement aux grands duos d'amour qui ponctuent la pièce. C'est également à Gérard Philipe qu'il songe pour créer le personnage de Kaliayev dans *Les Justes*. Mais ces rôles seront au bout du compte confiés respectivement à Jean-Louis Barrault et à Serge Reggiani. Les deux hommes ne semblent pas avoir gardé des contacts dans les années 1950. Ils disparaissent prématurément à un an d'intervalle.

Élisabeth Le Corre

Bibl. : Gérard Bonal, *Gérard Philipe*, Le Seuil, coll. « Points », 1996

PHILOSOPHIE. – Camus a fait des études de philosophie à l'université d'Alger où il a obtenu sa licence en 1935 ; son mémoire pour l'obtention du diplôme de fin d'études, « Métaphysique chrétienne et néoplatonisme », retraçait la rencontre du christianisme et de l'hellénisme. Il fut reçu le 25 mai 1936. Camus a pensé ensuite passer l'agrégation, prolonger son diplôme par une thèse et devenir enseignant. Mais le certificat médical nécessaire à la présentation de l'agrégation lui a été refusé en raison de la tuberculose dont il souffrait. Les événements, donc, mais aussi des choix personnels l'ont alors orienté vers le journalisme et l'écriture.

L'intérêt pour la philosophie demeurera puisque *Le Mythe de Sisyphe* et *L'Homme révolté* sont bel et bien des essais philosophiques. Les déclarations de Camus illustrant son rapport à la philosophie sont néanmoins contrastées et parfois difficilement conciliables. Dans le Cahier I des *Carnets*, il note : « On ne pense que par image. Si tu veux être philosophe, écris des romans » ; et un peu plus tard dans le Cahier III : « Les sentiments, les images multiplient la philosophie par dix. » Dans le Cahier V, il écrit : « Pourquoi suis-je un artiste et non un philosophe ? C'est que je pense selon les mots et non selon les idées. » Dans un entretien repris dans *Actuelles* II, il déclare à Pierre Berger : « Je ne suis pas un philosophe et je n'ai jamais prétendu l'être », et à Gaston Leval il écrit : « Je ne suis pas un philosophe, en effet, et je ne sais parler que de ce que j'ai vécu. »

Les deux premières remarques ne dissocient pas le travail du romancier de celui du philosophe (ce qui correspond d'ailleurs à l'esthétique du *Mythe de Sisyphe*). Au contraire même, puisque les images, les sentiments et le roman ouvrent la voie royale de la philosophie : ils creusent plus profondément le sillon philosophique. La troisième citation marque une modification : le philosophe et l'artiste sont désormais opposés ; le premier poursuit les idées et leur logique, alors que le second fait du langage, des mots, sa matière première. Il peut y avoir des rencontres de mots qui ouvrent des portes ou des brèches dans les murs, comme Camus aime le dire avec Emerson. Enfin, il renonce au titre de philosophe : il craint les généralités abusives et l'abstraction, constate, en ce qui concerne la pensée politique, la proximité de la philosophie à l'idéologie et entend prendre son expérience vécue pour guide de sa réflexion.

Dès le début, Camus donne la préférence à l'essai – il se méfie du traité, de sa systématicité et de sa lourdeur – et avec Nietzsche affectionne l'aphorisme. Le traité est massif et penche vers le système, il ne va pas sans une foi, excessive selon l'écrivain, dans les pouvoirs de la raison. Dès décembre 1945, dans une interview à *Servir*, il déclare : « Je ne suis pas un philosophe. Je ne crois pas assez à la raison pour croire à un système. Ce qui m'intéresse, c'est de savoir comment il faut se conduire. Et plus précisément comment on peut se conduire quand on ne croit ni en Dieu ni en la raison. » Plus le temps passe et plus Camus se considère comme un artiste, comme un écrivain. En somme, il n'est pas devenu philosophe professionnel – le *Denker vom Gewerbe* dont Kant et Hannah Arendt parlent avec une distance ironique –, statut auquel ses études pouvaient le destiner, mais un essayiste, un penseur qui entend exprimer ses réflexions philosophiques par les divers moyens de la littérature et ne pas les enfermer dans un genre particulier. Il rejette le côté trop technique et jargonnant de la philosophie et en appelle à une philosophie « à hauteur d'homme ». L'intérêt qu'il porte à la manière dont il faut se conduire le range incontestablement parmi les moralistes : puisque la morale constitue un domaine de la philosophie, Camus appartient, qu'il le veuille ou non, à la philosophie.

Certains ont critiqué ses essais, lui ont dénié la compétence philosophique et donc le titre de philosophe, titre auquel il avait renoncé entre-temps. Notons que les philosophes ne cessent de s'excommunier et de considérer les types de philosophie qui ne correspondent pas à leur manière d'en faire comme non philosophiques ou non pertinentes. Cette curieuse marotte s'explique d'ailleurs en partie par le fait que les philosophes ne sont pas d'accord sur ce qui constitue l'objet même de la philosophie ni sur la méthode de leur discipline. Camus était sensible au côté parfois excentrique et souvent dogmatique de nombre de philosophes, ce qu'il a exprimé dans un texte amusant, mais sans prétention, *L'Impromptu des philosophes*. Le personnage central de cette farce s'appelle Monsieur Néant, nom que l'écrivain attribue également au bouffon de *L'État de siège*, Nada. Sa « doctrine » s'inspire de manière burlesque de la pensée de Sartre et partiellement de celle de

Camus lui-même d'ailleurs, ce qu'illustre le dialogue suivant :

« Monsieur Néant : C'est que ce monde-ci est absurde.

« Monsieur Vigne : Et pourquoi ce monde-ci est-il absurde ?

« Monsieur Néant : Par la raison qu'il ne s'explique point.

« Monsieur Vigne : Et comment ne s'explique-t-il point ?

« Monsieur Néant : Parce qu'il est absurde.

« Monsieur Vigne : Pour le coup, monsieur, j'y vois clair et je m'explique très bien que ce monde ne s'explique pas. »

Monsieur Néant veut vendre à Monsieur Vigne, pharmacien et maire d'une ville de province, un « énorme in-folio » qu'il présente comme le « nouvel évangile dont [il est] le bon apôtre ». Une des maîtres thèses de ce partisan de l'engagement, de la liberté et de l'angoisse est la suivante : « Être en se faisant et faire que cela soit, c'est être à tout venant sans être quoi que ce soit. » Il convertit le pharmacien à son étrange sagesse, mais il apparaît qu'il n'est qu'un fou échappé de l'asile, qu'il n'a pas écrit ni même lu le livre dont il ne cesse de parler. Le directeur de l'asile qui révèle ces faits dit de la philosophie : « je sais qu'il n'est pas bon que la philosophie s'étende à trop de gens. Les philosophes doivent être seuls. Ils sont comme les lépreux, il faut les écarter un peu. C'est ainsi que leur maladie leur profite et ne fait de mal à personne ».

Citons encore deux propos quelque peu désabusés sur l'usage de la philosophie tirés du Cahier IV : « Il y a toujours une philosophie pour le manque de courage », et du Cahier V : « Toute philosophie est justification de soi. La seule philosophie originale serait celle qui justifierait un autre. »

L'admiration de Camus va surtout aux philosophes de l'Antiquité auxquels il se réfère assez souvent. Son mémoire de fin d'études témoigne de cette admiration : Plotin et saint Augustin, malgré leurs divergences, y sont considérés comme des penseurs de grande envergure. Plotin est d'ailleurs traité d'« artiste » : « Méditation de solitaire, amoureux du monde dans la mesure où il n'est qu'un cristal où se joue la divinité, pensée toute pénétrée des rythmes silencieux des astres mais inquiète du Dieu qui les ordonne, Plotin pense en artiste et sent en philosophe, selon une raison toute pénétrée de lumière et devant un monde où l'intelligence respire. » Puisqu'il a réalisé une synthèse du christianisme et de la philosophie, saint Augustin est considéré par Camus comme l'auteur d'une « seconde révélation ». L'admiration pour le Père de l'Église se maintient, même si l'écrivain n'accepte aucunement l'augustinisme. Dans *La Peste*, son ombre est présente par l'intermédiaire du père Paneloux. Dans sa conférence de presse de Stockholm du 9 décembre 1957, l'auteur répond à une question portant sur la nécessité de juger une doctrine par son sommet : « Il me semble que, si on doit aborder le problème de la doctrine chrétienne, il vaut mieux s'adresser à saint Augustin et à Pascal. » À propos de ce dernier il note dans ses *Carnets* : « Je suis de ceux que Pascal bouleverse, mais il ne me convertit pas. Pascal, le plus grand de tous, hier et aujourd'hui. » Avec le temps, Camus donnera la préférence aux présocratiques sur Platon et le platonisme, auquel Plotin et saint Augustin appartiennent.

Dans la première version de *La Peste*, le professeur Philippe Stephan – il disparaît dans la version définitive – écrit un travail sur la manière dont Thucydide et Lucrèce évoquent la peste. En outre, dans *L'Homme révolté*, les philosophes anciens évoqués sont jugés positivement puisque leur révolte se tient à certaines limites. Camus apprécie tellement cette notion de limite propre à la philosophie grecque qu'il la reprend à son compte. Il réactualise de surcroît l'idée grecque d'une nature humaine sous-jacente au développement historique contre l'historisme, la conception selon laquelle l'homme serait un pur produit de l'histoire : celle-ci joue certes un rôle considérable – l'homme ne découvre sa nature que progressivement et au travers de l'histoire –, mais elle n'oblitère pas l'importance de la nature. Dans ses réponses aux intervenants du colloque d'Athènes sur l'avenir de la civilisation européenne, ses préférences pour la pensée hellénique sont constamment présentes. La sensibilité grecque à la beauté est par ailleurs exaltée dans *L'Exil d'Hélène* en même temps que la laideur des villes modernes est vivement soulignée.

Dans le Cahier IV de ses *Carnets*, en 1943, figure ce jugement général sur la philosophie antique : « Les anciens philosophes (et pour cause) réfléchissaient beaucoup plus qu'ils ne lisaient. C'est pourquoi ils tenaient si étroitement au concret. L'imprimerie a changé ça. On lit plus qu'on ne réfléchit. Nous n'avons pas de philosophies mais seulement des commentaires. C'est ce que dit Gilson en estimant qu'à l'âge des philosophes qui s'occupaient de philosophie a succédé l'âge des professeurs de philosophie qui s'occupent des philosophes. Il y a dans cette attitude à la fois de la modestie et de l'impuissance. Et un penseur qui commencerait son livre par ces mots : "Prenons les choses au commencement" s'exposerait aux sourires. C'est au point qu'un livre de philosophie qui paraîtrait aujourd'hui en ne s'appuyant sur aucune autorité, citation, commentaire, etc., ne serait pas pris au sérieux. Et pourtant… »

Parmi les penseurs modernes, Descartes, Tocqueville et Georges Sorel – avec le syndicalisme révolutionnaire – sont cités de manière positive ; toutefois l'allié par excellence est Nietzsche, même si Camus est bien conscient des possibles conséquences de certains aspects de la pensée nietzschéenne : la section de *L'Homme révolté* qui lui est consacrée est très claire à ce sujet.

La distance ironique mais aussi la fascination qu'il éprouve à l'égard de l'interrogation philosophique sur la signification de nos actes et de notre vie sont bien illustrées par l'intérêt que l'écrivain porte à la notion d'insignifiance. Il existe en effet deux versions d'un texte sur l'insignifiance : la première figure dans le Cahier IV des *Carnets*, en 1943. Le ton, comme le remarque Roger Quilliot, en est grave. La seconde, publiée en 1959 dans *Cahier des saisons*, est marquée par la dérision. La première version est liée à la gestation de *La Peste* : « Un philosophe y écrit "une anthologie des actions insignifiantes". Il tiendra, sous cet angle, le journal de la peste. » La seconde reprend l'essentiel de la première mais avec la volonté de brouiller les pistes et de rendre la problématique en quelque sorte insoluble : la notion d'insignifiance, dès lors qu'on s'interroge sur elle, est pour le moins peu claire. Dans les deux cas, l'ouvrage se composerait de deux anthologies, la seconde répétant mot pour mot la première, mais ce qui était déclaré insignifiant serait cette fois considéré comme signifiant (dans la première version l'identité complète des deux anthologies n'est pas formulée expressément et la seconde anthologie est déclarée « en préparation »). Car la signification conférée à un acte (une parole, une pensée) par exemple est tributaire de la signification que lui accordent des valeurs « communément admises », tributaire donc de la relation que l'acte entretient avec elles. Si l'on dénie ces valeurs, l'acte perd sa signification. À quoi Camus ajoute que les actes insignifiants ont quelque chose de mécanique, qu'ils relèvent de l'habitude. Or, puisque tout se transforme, selon l'écrivain, en habitude, tout finit par devenir insignifiant. La conclusion de la démonstration s'énonce alors comme suit : « Pour finir, j'indiquerai le plan de mon anthologie. Elle comprend trois parties qui traitent successivement des actions, des paroles et des pensées insignifiantes. La première est occupée par mon emploi du temps très détaillé. La seconde comprend tous les mots historiques. Et pour la troisième, plusieurs énormes volumes sont prévus. La deuxième (anthologie) aura le même plan et le même contenu. Il n'y aura rien de changé que le titre. Mais l'intention ne sera pas la même, voilà tout. » Camus entend semer le trouble, ce que souligne le curieux emploi des mots : il appelle la deuxième partie de la première anthologie la seconde partie, ce qui implique normalement qu'il n'y aurait pas de troisième partie, et appelle la seconde anthologie la deuxième, ce qui ouvre, en théorie, la possibilité d'une troisième. L'alchimie de l'écriture permet à l'écrivain de donner aux deux versions, malgré la reprise de nombre de phrases de la première, une inflexion différente. Il y a certes une part de jeu dans la version de 1959, mais la volonté de dérision est bien présente, comme si l'auteur prenait ses distances à l'égard de la philosophie, la discipline ne débouchant, du moins si l'on en attend des réponses positives et ne se contente pas de la profondeur de son questionnement, que sur un cul-de-sac.

Une remarque du Cahier IV, en 1943, intrigue particulièrement : « Imaginons un penseur qui dit : "Voilà, je sais que cela est vrai. Mais finalement les conséquences m'en répugnent et je recule. *La vérité est inacceptable même pour celui qui la trouve.*" On aura ainsi le penseur absurde et son perpétuel malaise. » Et un peu plus loin, il distingue une philosophie d'évidence et une philosophie de préférence. On peut « aboutir à une philosophie qui répugne à l'esprit et au cœur *mais qui s'impose.* Ainsi ma philosophie d'évidence c'est l'absurde. Mais cela ne m'empêche pas d'avoir (ou plus exactement de *connaître*) une philosophie de préférence : Ex : un juste équilibre entre l'esprit et le monde, harmonie, plénitude, etc. Le penseur heureux est celui qui suit sa pente – le penseur exilé celui qui s'y refuse – par vérité – avec regret mais détermination… Peut-on pousser aussi loin que possible cette séparation entre le penseur et son système ? N'est-ce pas en fait revenir à un réalisme détourné : la vérité extérieure à l'homme – contraignante. Peut-être, mais ce serait alors un réalisme non satisfaisant. Non pas une solution a priori. »

Le texte est très clair mais son aspect quelque peu énigmatique est lié à la question du statut de ces deux types de philosophie. La philosophie d'évidence repose, comme chez Descartes, sur la croyance au caractère indiscutable de l'évidence, ce qui fait que ses énoncés sont vrais. Reste pourtant que toute évidence n'est possible que dans un horizon déterminé, dans un contexte particulier. La philosophie de l'absurde, qui constituerait cette philosophie d'évidence, par exemple, n'est possible – Camus le dira pour la révolte dans *L'Homme révolté* – que lorsqu'on est sorti du sacré. Dans l'horizon que délimite le sacré, elle ne serait nullement reçue. Quant à la philosophie de préférence, elle serait liée à l'arbitraire de celui qui la choisit, à ses aspirations. Camus dit explicitement que le penseur heureux est celui qui suit sa pente : sa philosophie ne serait que le reflet du monde au travers de son tempérament. Il nous semble que la vérité de la philosophie d'évidence est moins sûre que Camus ne le dit et que la subjectivité du philosophe de la préférence risque d'être peu crédible aux yeux mêmes de son partisan. Sauf s'il peut s'accommoder de ce qu'il sait être une illusion. Le jeune Nietzsche n'a cessé de souligner que les individus, et surtout les individus créateurs, ont besoin d'une illusion qui leur donne le tonus nécessaire à leur inspiration et aux risques qu'ils doivent prendre. Dans ce cas, la philosophie de préférence n'est qu'un moyen de la productivité du créateur.

La critique de la philosophie moderne, dans *Le Mythe de Sisyphe* et dans *L'Homme révolté*, tourne essentiellement autour de la notion de violence. Le suicide, objet d'investigation du premier essai, est une violence exercée sur soi comme le meurtre, dans le second, est une violence exercée sur autrui. La peine capitale, étudiée dans « Réflexions sur la guillotine », est une violence exercée en retour par la société sur certains de ses membres qui ont recouru à la violence. En simplifiant, mais en allant à l'essentiel, on peut dire que la volonté de Camus de savoir comment il faut se conduire l'a mené à reprendre, à moderniser et à transformer la problématique que Georges Sorel avait traitée dans *Réflexions sur la violence*. Camus ne croit plus comme ce dernier à une violence rédemptrice, à ce que Maurice Merleau-Ponty a appelé dans *Humanisme et terreur* la violence « progressive », la violence communiste qui doit mettre fin à la violence. Il ne croit pas davantage à la violence purificatrice du colonisé que Jean-Paul Sartre va exalter en 1961 dans sa préface aux *Damnés de la terre* de Frantz Fanon. De *Lettres à un ami allemand* jusqu'aux *Chroniques algériennes*, le thème récurrent et dominant est la violence et sa justification.

Le Mythe de Sisyphe rejette le suicide, mais ne dit rien sur le meurtre qui demeure indifférent pour le philosophe de l'absurde – Camus le montre dans l'introduction de *L'Homme révolté*. Le souci de la logique de l'absurde – ce que l'écrivain appelle la « philosophie d'évidence » – explique la non-prise en considération de la violence exercée sur autrui. La critique de la philosophie moderne est double : elle s'exerce sur ceux qui, comme Kierkegaard, Chestov ou Jaspers dénient à la raison son pouvoir d'explication au profit du recours à une transcendance, et sur ceux qui, comme Husserl, lui confèrent un pouvoir exorbitant qu'elle n'a pas. Bref, ces philosophes se trompent en rabaissant la raison ou en l'exaltant : ils commettent le suicide philosophique. La raison rend des services, selon Camus, pour autant qu'on ne magnifie pas ses pouvoirs. La suite du *Mythe* montre que le roman devrait être l'expression par excellence de l'absurde et renforcer la philosophie par les pouvoirs de la littérature.

Avec *L'Homme révolté*, Camus reprend le thème de la révolte abordé dans *Le Mythe* et dans ses écrits de fiction mais à partir de son expérience de la Résistance. Tout son effort vise à trouver dans le premier mouvement de la révolte les valeurs qui doivent permettre de se conduire. C'est la conjonction du non, détruire la domination du maître, et du oui, instaurer ou restaurer la dignité ainsi que la liberté des dominés et réaliser la solidarité des hommes, qui fixe la limite : le non et le oui, les deux pôles de la révolte, se limitent réciproquement en s'opposant. C'est l'expérience de ce mouvement antithétique – la violence peut être nécessaire pour abattre les maîtres mais les valeurs véhiculées par le oui l'interdisent – qui constitue toute l'épaisseur de la révolte et instaure un modèle, celui du « meurtrier innocent » : le révolté est un être déchiré qui ne peut oublier cette limite sans pervertir son expérience. Toute l'histoire de la révolte – littéraire, artistique ou philosophique – peut alors être jugée à partir de ce modèle idéal. Tantôt les philosophes mettent exclusivement l'accent sur le non – Sade, Ivan Karamazov –, tantôt sur le oui – Nietzsche : dans les deux cas, ils débouchent sur la violence et le meurtre. Si la révolte considère l'histoire comme la seule dimension dans laquelle elle doit se mouvoir pour réaliser, mais par la violence, l'unité de la nation, de la race ou du genre humain, elle débouche sur le meurtre : l'unité est alors mutilée au profit de la totalité. Camus critique ainsi les théoriciens de la Révolution française, l'hégélianisme, le terrorisme individuel et ses doctrinaires, les totalitarismes national-socialiste ou communiste, le marxisme, le léninisme. L'oubli de la limite va de pair avec le nihilisme : les valeurs qui précèdent l'action et qui tirent leurs origines de la révolte sont niées et l'action s'en trouve déboussolée : elle recherche alors l'efficacité et le succès. Pour Camus les valeurs ne sont pas au bout de l'action, dans la société enfin pacifiée et transparente de la fin de l'histoire, mais dans le mouvement même, la révolte, qui mène à l'action. Et la révolte, dès lors que le monde du sacré où il n'y a pas de place pour le non a été dépassé, se révèle comme une composante essentielle de la nature humaine.

L'Homme révolté et les textes politiques des *Actuelles* sont à leur manière une critique de la philosophie politique moderne, de l'utopisme, du terrorisme, de la recherche de l'efficacité, de la justification idéologique du meurtre, de toute doctrine enfin pour laquelle la fin justifie les moyens. Le recours généralisé au meurtre mène Camus, qui n'a jamais été l'apôtre de la non-violence que ses adversaires ont voulu faire de lui, à formuler, d'abord dans ses *Carnets* puis dans *Ni Victimes ni bourreaux*, les limites dans lesquelles il entend enserrer la violence : « Garder à la violence son caractère de *rupture*, de crime – c'est-à-dire ne l'admettre que liée à une responsabilité *personnelle.* Autrement elle est *par ordre*, elle est *dans l'ordre* – ou la loi ou la métaphysique. Elle n'est plus rupture. Elle élude la contradiction. Elle représente paradoxalement un saut dans le confort. *On a rendu la violence confortable* » (Cahier V, 1947). Dans le même ordre d'idées, Camus notait encore dans ce même Cahier V, en 1946 : « Les gens veulent nous pousser dans *leurs* conséquences. S'ils vous jugent, c'est toujours avec l'arrière-pensée de leurs principes. Mais moi, cela m'est égal qu'ils pensent ceci et cela. Ce qui m'importe c'est de savoir si je puis tuer. Parce que vous êtes arrivé aux confins où bute toute pensée, les voilà qui se frottent les mains. “Et maintenant, que va-t-il faire ?" Et de tenir leur vérité toute prête. Mais je crois que cela m'est égal d'être dans la contradiction, je n'ai pas envie d'être un génie philosophique. Je n'ai même pas envie d'être un génie du tout, ayant déjà bien assez de mal à être un homme. J'ai envie de trouver un accord, et, sachant que je ne puis me tuer, savoir si je puis tuer ou laisser tuer et, le sachant, en tirer toutes les conséquences même si cela doit me laisser dans la contradiction. »

Il ne prétend donc nullement aboutir à des synthèses qui excluraient les contradictions. Il appartient à ce type de pensée qui met l'accent sur la productivité des contradictions mais sans se faire des illusions sur la possibilité de les lever. Maurice WEYEMBERGH

Bibl. : Anne-Marie Amiot et Jean-François Mattéi (dir.), *Albert Camus et la philosophie*, PUF, 1997

PHILOSOPHIE ALLEMANDE. – Philosophe de formation, Camus a entretenu une relation souvent critique avec la philosophie et plus particulièrement avec la philosophie allemande. Relation critique également, mais très étroite, avec l'un de ses grands représentants, Friedrich Nietzsche, auteur présent et de manière positive dans la plupart des textes de jeunesse.

C'est dans *Lettres à un ami allemand* que les conséquences politiques et morales des écrits du philosophe allemand sont mieux mesurées et que la réflexion critique commence à s'exprimer. C'est aussi dans cet ouvrage que le contexte allemand est souligné : l'ami français écrit quatre lettres à un correspondant allemand auquel, avant la Seconde Guerre mondiale, il était fort lié. Leur amitié reposait sur des convictions communes qui reflétaient le nihilisme ambiant : il n'y a pas de fondement supérieur aux valeurs et tout est donc permis. L'ami allemand en a conclu qu'il pouvait se joindre à l'entreprise national-socialiste et œuvrer à la conquête et à l'exploitation des autres nations européennes. Le correspondant français n'était pas au clair sur la réponse qu'il devait donner à la décision de son ami et il lui a fallu un « détour », un temps de réflexion pour fixer son attitude. L'étonnant est qu'il justifie le rejet de l'attitude de l'ami allemand en citant une réflexion de Nietzsche, selon laquelle il convient « de rester fidèle à la terre », et en l'interprétant dans le sens suivant : l'homme ne peut ajouter l'injustice humaine à l'injustice naturelle car il existe une communauté de destin des êtres humains, la mort. En somme, le correspondant français entend « corriger » Nietzsche par Nietzsche lui-même.

La discussion autour de la philosophie allemande est surtout présente dans *L'Homme révolté*. Il convient de rappeler que Camus participe, avec Nietzsche d'ailleurs, au culte de la Grèce, de la lumière et de la culture méditerranéennes qu'il oppose au Nord et à certains aspects de la pensée allemande. La dernière partie du livre, « La pensée de midi », constitue la défense et l'illustration de cette opposition. Remarquons que ce culte de la Grèce a sa place dans la pensée allemande elle-même : de Winckelmann en passant par Hölderlin et Hegel à Heidegger, la Grèce antique est célébrée. Avec évidemment cette différence que Camus, né en Algérie, se perçoit comme un fils de la Méditerranée et qu'il célèbre ses paysages et sa lumière en connaissance de cause. En somme, en participant à ce culte, il revendique sa part d'héritage.

Nombre de philosophes allemands sont cités et commentés dans *L'Homme révolté*. La première partie, qui définit la notion de révolte, utilise l'analyse que Max Scheler donne du ressentiment. Camus entend montrer que la révolte, dont il veut faire la clef de voûte de sa réflexion, n'est pas pour l'esclave qui s'y livre une manifestation de ressentiment personnel, puisque le révolté se rebelle parfois contre les mauvais traitements que l'on fait subir à un autre.

Avec l'analyse de la révolte, du non et du oui qui l'accompagnent et qui installent une contradiction au sein de l'action du révolté – une contradiction aiguë mais productive puisqu'elle rend la violence à la fois probable avec le refus de la situation existante et inacceptable en raison des valeurs, la dignité et la solidarité des êtres humains, qui motivent la rébellion –, le modèle est en place qui permet de juger les révoltes et révolutions réelles et les philosophies qui les décrivent et les justifient. Le jugement porté repose sur la notion de mesure qui est inscrite dans la contradiction ; le non et le oui se limitent l'un l'autre : le oui entrave une violence trop sûre de ses raisons et le non un attentisme ou un quiétisme trop satisfaits de leur prudence. Camus reprend ces notions de limite et de mesure à la pensée grecque. Ajoutons que la révolte ainsi décrite est pensée comme une composante de la nature humaine : l'écrivain algérois fait sienne l'idée grecque d'une nature humaine et s'inscrit en faux contre ce qu'il appelle l'« historisme », la conception qui considère l'homme comme le produit exclusif de l'histoire. La volonté de créer par la conquête et les armes une société définitivement pacifiée et transparente est jugée comme une tentative d'autodivinisation de l'homme. L'absence de mesure dans la révolte, la négation de la nature humaine et l'orgueil prométhéen des révolutionnaires contribuent à radicaliser le nihilisme.

L'examen de la révolte métaphysique est dès lors sans surprise : sont rejetées toutes les doctrines qui mettent l'accent exclusif sur le non ou sur le oui et qui oublient la contradiction inscrite dans la révolte ; Stirner, l'hégélien de gauche, et Nietzsche, qui mettent l'accent sur l'affirmation absolue, sont critiqués. L'admiration de Camus pour ce dernier ne l'empêche pas de juger sévèrement certains de ses propos qui ont été utilisés comme justification du totalitarisme nazi. L'écrivain renvoie aussi à l'entreprise de démolition à laquelle se livre Ernst Jünger.

C'est avec l'analyse de la révolte historique ou révolution que l'opposition à la philosophie allemande se manifeste le plus clairement. Hegel (et Bauer, et Feuerbach) et Marx sont (avec Nietzsche) rendus responsables des débordements de l'histoire occidentale. Hegel, qui trouve « la nature abstraite » et qui considère que seule « la ville moderne offre à l'esprit le terrain où il peut prendre conscience de lui-même » (Cahier V), a détruit toute transcendance verticale et a divinisé l'histoire – il est le penseur par excellence de l'historisme – en la décrivant comme la voie royale qui doit mener à l'État universel et au savoir absolu ; comme l'histoire décide de ce qui est rationnel, il a laissé à son achèvement le soin de régler les valeurs qui importent : entre-temps, c'est le succès dans l'histoire qui sert de critère.

Quant à Marx, si Camus approuve sa méthode critique, il dénonce sa croyance au progrès et son prophétisme révolutionnaire que la suite de l'histoire a mis à mal. L'échec de la prophétie, notamment du rôle conféré au prolétariat et de la théorie de la paupérisation, a conduit les successeurs, les marxistes et Lénine à justifier l'entreprise, la société sans classes, non plus par les faits mais par la foi. L'entreprise culmine dans le totalitarisme et mène à ce que Camus appelle le « terrorisme d'État » et « la terreur rationnelle ». Face à ce socialisme césarien et totalitaire, celui-ci défend le socialisme libertaire de Proudhon et le syndicalisme révolutionnaire latin que le marxisme a combattus.

Nietzsche, Hegel et Marx, malgré leurs qualités éminentes, sont donc « les mauvais génies de l'Europe ». Sur l'influence de Hegel sur le terrorisme individuel russe, Camus écrit : « Dans ce pays jeune, sans tradition philosophique, de très jeunes gens, frères des lycéens tragiques de Lautréamont, se sont emparés de la pensée allemande et en ont incarné, dans le sang, les conséquences » (*L'Homme révolté*). De manière plus générale, il note dans le Cahier V des *Carnets* : « La philosophie allemande a mis un mouvement dans les choses de la raison et de l'Univers – alors que les anciens y mettaient une fixité. On ne dépassera la philosophie allemande – et l'on ne sauvera l'homme – qu'en définissant ce qui est fixe et ce qui est mobile (et ce dont on ignore s'il est fixe ou mobile). »

Maurice WEYEMBERGH

Bibl. : Pierre Vaydat, « Camus et la philosophie allemande », dans Jean Quillien (dir.), *La Réception de la philosophie allemande en France aux XIXe et XXe siècles*, Presses universitaires de Lille, 1994, p. 219-240

PIA, Pascal (1903-1979). – Au début des années 1920, Pascal Pia né Pierre Durand exerce toutes sortes de métiers. Cet esprit indépendant fréquente aussi les avant-gardes, sans s'affilier à l'une ou l'autre, et publie çà et là des poèmes. Il se lie à André Malraux, autre autodidacte, qui admire sa prodigieuse mémoire et son immense érudition. Il donne des notes de lecture à *La Nouvelle Revue française* et prête souvent sa plume à de riches hommes de lettres voire à des doctorants. Il use de pseudonymes : la gloire est pour ses aînés ou ses cadets. Dans la décennie suivante, son seul roman passe inaperçu. Comme il faut bien vivre, il devient secrétaire de rédaction au *Progrès de Lyon*, journaliste à *La Lumière* puis chef des informations à *Ce Soir*. Il parle ici de littérature, là de politique. Il a donc une certaine expérience de la presse lorsque en 1938 il est appelé à diriger *Alger républicain*. Ne connaissant personne dans la capitale algéroise, il recrute des débutants, dont Camus. Les deux hommes sympathisent aussitôt : ils ont en commun d'être issus d'un milieu pauvre et orphelins de guerre. Ils partagent de surcroît une même sensibilité anarchiste et pacifiste. C'est au contact de son aîné que Camus s'initie au métier de journaliste et forge sa déontologie. Elle tient en quelques mots : respect des faits, examen critique des sources, distinction entre l'information et le commentaire, distance par rapport à tous les pouvoirs.

Quand sombre la dernière mouture du journal, *Le Soir républicain*, son directeur retourne en métropole et devient secrétaire de rédaction à *Paris-Soir*, où il fait embaucher Camus. Tous deux suivent le quotidien quand il doit se replier à Lyon. Au début de l'Occupation, ils songent à lancer une revue, *Prométhée*, mais leur projet ne peut se réaliser, car ils sont suspects aux yeux des nouvelles autorités. Pia utilise son entregent pour favoriser la carrière de son ami dont il a été le témoin de mariage. C'est grâce à lui, en particulier, qui en a envoyé les manuscrits à Malraux, que *L'Étranger* et *Le Mythe de Sisyphe* paraissent sous la couverture des éditions Gallimard, le second livre lui étant dédié, et que leur auteur s'insère dans le milieu littéraire parisien. Pia exerce des responsabilités à *Paris-Soir* jusqu'à son sabordage en 1942, et à cette date devient secrétaire adjoint des Mouvements unis de Résistance. Claude Bourdet lui confie la responsabilité du journal *Combat* : charge à lui de réorganiser sa rédaction et de développer sa diffusion. Pia fait appel encore une fois à Camus, dont il apprécie les compétences, et contribue donc à son engagement dans la Résistance active.

À la Libération, *Combat* reparaît au grand jour avec Pia pour directeur gérant et Camus pour rédacteur en chef. La répartition des rôles s'effectue spontanément : Camus règne, il est la vedette placée en pleine lumière, qui signe des éditoriaux flamboyants, tandis que Pia omniprésent gouverne, mais reste dans l'ombre. Le second se juge responsable de tous les articles publiés. Si ce bourreau de travail contrôle tous les articles, changeant les titres, suivant les textes jusqu'au marbre, il ne signe que de rares papiers, moins de dix en trois ans. Son pouvoir est ailleurs. C'est lui qui a choisi la plupart des rédacteurs, de Maurice Nadeau à Henri Calet. Il puise dans la mouvance de *La Nouvelle Revue française* et de la maison Gallimard. Pariant sur la jeunesse et le talent, il constitue au fil des mois une « équipe incomparable » (Raymond Aron) où voisinent des diplômés et des autodidactes. Il laisse en outre une liberté totale d'expression et d'opinion à ses collaborateurs afin qu'ils donnent le meilleur d'eux-mêmes. Il sait mobiliser les compétences et les dévouements de brillantes individualités. C'est un maïeute, pas un gestionnaire.

Le pluralisme de son équipe rédactionnelle, après avoir été son atout, devient le point faible de *Combat* en un temps où, parce qu'elle est manichéenne, la politique divise le lectorat. Pia, qui se méfie des hommes politiques et les tient à distance, cache de moins en moins, comme Raymond Aron et Albert Ollivier, sa sympathie pour l'entreprise du général de Gaulle. Camus, quant à lui, reste socialiste de cœur et le fait savoir. Entre Pia le nihiliste et Camus le moraliste, l'entente longtemps parfaite se lézarde ainsi au début de 1947. Les ventes du journal fléchissent. Ne croyant plus au projet de *Combat* ni aux utopies de la Libération, Pia fait savoir le 31 mars qu'il ne reviendra pas au journal et en laisse les commandes à Camus. Répondant aux sollicitations de son vieil ami Malraux, il rejoint alors la presse du Rassemblement pour le peuple français. Il entend alors tourner la page. Certains font courir le bruit qu'il a quitté *Combat* pour une position mieux rémunérée, et il reproche à Camus de ne pas s'être clairement désolidarisé d'eux. S'ensuit une brouille qui désole leurs amis communs et laisse aux deux hommes un sentiment d'amertume. Ce fut, écrit Roger Grenier, « la fin d'un monde ».

Directeur du *Rassemblement*, Pia se marque à droite et n'en a cure. Il collabore aussi à *L'Aurore*, à *Paris-Presse* et au *Journal du Parlement*. La guerre d'Algérie en fait un antigaulliste. La littérature repasse au premier plan de ses préoccupations. L'hebdomadaire *Carrefour* lui offre une chronique littéraire qui lui permet de suivre l'actualité du roman et de la poésie. Il édite, préface et/ou commente les œuvres complètes de Maupassant et Laforgue et des ouvrages de Rimbaud, Charles Cros, Alphonse Allais et Apollinaire. Maurice Nadeau l'invite à collaborer à *La Quinzaine littéraire*. En 1956, il consacre sa chronique hebdomadaire à *La Chute*, dosant les éloges et quelques réserves. Quand Camus reçoit le prix

Nobel de littérature, son commentaire confié à *Paris-Presse* est sarcastique. Son article nécrologique dans *Carrefour*, est en revanche, dénué d'acrimonie. En septembre 1972, il confie ses souvenirs sur son ancien collaborateur au *Magazine littéraire* : « J'ai toujours pensé qu'il y a mieux à faire que le journalisme. Pour Camus, cela n'avait jamais été la conséquence d'un choix, mais seulement un accident. » Quand, en 1978, Herbert R. Lottman écrit que Pia, après avoir été l'ami de Camus, était devenu son « pire ennemi », il lui signifie que le premier, après 1947, n'éprouvait plus pour le second que de l'indifférence. Pour Nadeau, « Camus admirait Pia ». Il est possible que le Meursault de *L'Étranger* et le Rieux de *La Peste* aient reçu quelques traits de ce dernier.

Jeanyves GUÉRIN

Bibl. : Albert Camus et Pascal Pia, *Correspondance 1939-1947*, Fayard-Gallimard, 2000, éd. par Yves-Marc Ajchenbaum • Roger Grenier, *Pascal Pia ou le droit au néant*, Gallimard, 1989 • Jeanyves. Guérin (dir.), *Camus et le premier* Combat *(1944-1947)*, Éditions européennes Erasme, 1990 • Jean José Marchand *et al.*, *Pascal Pia*, Les Lettres nouvelles, 1981

PIERRE QUI POUSSE (La). – Comme la plupart des nouvelles incluses dans *L'Exil et le Royaume*, *La Pierre qui pousse* a été rédigée en 1952-1955 ; elle s'intitulait initialement « Iguape », du nom de la ville servant de cadre au récit (située sur la côte, à trois cents kilomètres au sud de São Paulo). Dans ce recueil qui a souvent laissé la critique perplexe, *La Pierre qui pousse* est une nouvelle exceptionnelle à plus d'un titre : c'est la plus longue de l'ensemble ; elle occupe la place finale ; elle est la seule dont la diégèse ne se situe ni en Afrique du Nord ni en Europe, mais dans un pays lointain ; on peut donc s'interroger à la fois sur l'image du Brésil qu'elle entend donner, et sur sa position conclusive.

D'une certaine façon, Camus y reste fidèle à l'attitude qui fut la sienne au cours de son séjour au Brésil (juin-août 1949) : de même qu'il y avait dans son journal de voyage une méfiance devant les clichés brésiliens, il tente ici d'éviter le plus possible l'exotisme de pacotille. Le début de la nouvelle est exemplaire à cet égard : le cadre nocturne et le point de vue restreint à celui du personnage principal interdisent toute description pittoresque. De plus, le vocabulaire connotant l'exotisme est quasiment absent, et limite ainsi la possibilité d'un repérage géographique. On hésite fréquemment au début sur la localisation : en Afrique, en Asie, en Amérique du Sud ? Ce n'est qu'à l'issue de cette longue rétention exotique qu'est enfin mentionnée, de façon presque anodine, « la grande forêt brésilienne ». Si certains textes ont un fort coefficient d'exotisme, affirmé et insistant, ce n'est pas le cas ici. Camus recherche d'emblée une portée universelle en gommant les références trop précises.

La Pierre qui pousse se caractérise par la concentration des effets, ce dont témoigne l'unité de temps (environ quarante-huit heures) et de lieu (Iguape). La nouvelle regroupe et conjoint trois moments distincts du séjour de Camus au Brésil : une *macumba* à laquelle l'écrivain avait assisté dans les environs de Rio de Janeiro le 16 juillet ; un *candomblé* à Bahia le dimanche 24 juillet ; enfin le voyage d'Iguape (5-7 août), au cours duquel Camus avait observé une procession religieuse lors de la fête du Bon Jésus. Deux cérémonies se succèdent donc, l'une spécifiquement afro-brésilienne (*macumba*, *candomblé*), l'autre chrétienne (la fête du Bon Jésus). La *macumba* pourrait être le grand spectacle exotique de la nouvelle, mais Camus, là encore, ne force pas le trait ; dans le texte, la cérémonie n'est jamais même appelée de son nom brésilien. Quel rôle jouent les deux moments religieux du texte l'un par rapport à l'autre ? Sans que Camus explicite le syncrétisme qui caractérise les cultes afro-brésiliens, on constate que chacune des deux cérémonies intègre des éléments venus de l'autre.

Ce mélange n'est pas sans incidences sur l'attitude du personnage principal, l'ingénieur français d'Arrast. D'abord spectateur passif, en proie à une espèce de malaise indéfinissable, il en vient peu à peu à participer, non pas à la cérémonie religieuse, mais à l'un de ses symboles païens. Dans le journal comme dans la nouvelle, la situation procède d'une promesse : un homme a été sauvé miraculeusement d'un naufrage et, en remerciement, désire s'acquitter du vœu qu'il a contracté auprès de la puissance divine. Seule différence, évidemment essentielle : dans le récit de voyage, l'homme est un pèlerin anonyme, qui, en dépit du fardeau, arrivera cependant sans encombre à porter la pierre de soixante kilos qui constitue son épreuve. Dans *La Pierre qui pousse*, il s'écroule à terre. C'est alors que d'Arrast lui vient en aide et accomplit le vœu, alors que rien ne le prédisposait à cela. Ce geste, la critique s'est plu à le souligner, reste absolument immotivé ; lorsqu'il saisit la pierre et la charge sur son épaule, encore plus lorsqu'il oblique vers le quartier des pauvres, au lieu de se diriger vers l'église, c'est « sans savoir pourquoi », comme une espèce d'acquiescement, encore indistinct, déjà fraternel, au monde de l'autre.

Pourquoi Camus a-t-il choisi le Brésil pour clore *L'Exil et le Royaume* ? Ne pouvait-il situer la nouvelle en Europe ou en Algérie ? Le choix « exotique » paraît significatif, au contraire : de même que nous nous trouvons déplacés géographiquement, le personnage principal franchit un seuil, une limite, au-delà desquels il se retrouve en retrouvant autrui. Dans une version antérieure, d'Arrast se saisissait de la pierre, la chargeait dans une barque et remontait le fleuve en direction de la forêt où il disparaissait. Ici, le recueil se clôt sur l'affirmation d'une fraternité collective excluant l'individualisme de d'Arrast ; sa force physique, son statut de colosse, une certaine forme de « lourdeur » lui servent à se détourner de soi. Cette ambivalence est par ailleurs constitutive de la nouvelle tout entière, dont la thématique est fondée sur un contraste entre les éléments négatifs liés à l'eau, l'humidité, la liquéfaction, l'indistinction des contours, et la solidité de la pierre, de la terre. Mais le texte ne reste pas limité à cette ambivalence ; peu à peu, d'Arrast se métamorphose d'ingénieur français, rationnel mais mal dans sa peau, en quasi-idole païenne dont le geste acquiert une dimension exemplaire, ouvrant l'individu non sur l'indétermination du paysage brésilien, mais sur l'altérité radicale dont il se méfiait précédemment.

Il convient ici pour finir de mettre en perspectives cette nouvelle avec les autres nouvelles du recueil, notamment la première. *La Femme adultère* s'oppose en effet fortement à *La Pierre qui pousse* dans la distribution que ces deux textes proposent de la nuit et du jour, de la lumière et de l'ombre : dans la nouvelle initiale, tout commence par une journée de blancheur poussiéreuse pour s'achever dans une nuit de solitude, finalement aussi inquiétantes l'une que l'autre ; l'ouverture de *La*

Pierre qui pousse nous plonge dans une nuit tropicale humide et poisseuse, mais le final a lieu au grand soleil du matin, dans une collectivité fraternelle maintenant retrouvée (« Assieds-toi avec nous », dit l'un des personnages à d'Arrast). Mais le contraste est plus fort encore avec *Jonas ou l'Artiste au travail*, nouvelle précédant immédiatement *La Pierre qui pousse*, et qui s'achevait sur une aporie. On se souvient que, sur la toile entièrement blanche du peintre, il était impossible de lire le seul mot qui y figure : « *solitaire* ou *solidaire* » ? À la fin de *La Pierre qui pousse*, incontestablement, nous déchiffrons le mot « solidaire » dans un tableau qui n'est pas une toile blanche. S'il n'est pas certain qu'il ait bien trouvé un royaume, d'Arrast n'est plus en exil.

Régis TETTAMANZI

Bibl. : Heinz-Robert Schlette, « "Der treibende Stein". Bräsilien oder die "tritte Welt" », dans Franz Josef Klehr et Heinz-Robert Schlette, *Der Camus der fünfziger Jahre*, Akademie der Diözese Rotenburg-Stuttgart, 1997, p. 53-66 • Caroline Sheaffer-Jones, « Community and the empty place in Camus's *La Pierre qui pousse* », *Essays in French Literature*, 43, 2006, p. 195-215 • David H. Walker, « Albert Camus : *La Pierre qui pousse*, dans John E. Flower (dir.), *Short French Fiction : Essays on Short Fiction in France in the Twentieth Century*, Exeter, Exeter University Press, 1998, p. 42-59

PLOTIN. – Après avoir opté pour la philosophie sur les conseils de son maître Jean Grenier, un jeune licencié algérois récemment affilié au parti communiste rédige en 1936 un diplôme d'études supérieures, l'équivalent d'une maîtrise, à mi-chemin entre une très longue dissertation et un court doctorat, censé lui ouvrir les portes de l'agrégation de l'enseignement. À une époque particulièrement active et riche en projets à différents niveaux (*L'Envers et l'Endroit*, le Théâtre du Travail), Camus planche sur un sujet universitaire dont les tenants et les aboutissants ont pourtant de profondes ramifications personnelles et rejoignent un questionnement sourd sur le sens même du monde, de son unité, l'Un (« cette union que souhaitait Plotin », lit-on dans *Noces*). Il y a donc dans l'esprit de Camus un rapport entre le communisme et l'unité plotinienne. Figure imposée, le diplôme est aussi un programme libre. Comme le père Paneloux dans *La Peste*, Camus planche sur saint Augustin, mais aussi sur Plotin (205-270), le néoplatonicien essentiel, et sur le dialogue entre eux au long d'un itinéraire historique qui va de la Grèce au christianisme, que Camus considère comme le tournant essentiel de l'histoire des hommes. Le corpus, moins étendu que les œuvres augustiniennes, lui est donné dans l'édition et dans des ouvrages de seconde main. Camus s'est plus servi des commentateurs que d'un corpus qu'il maîtrise pourtant bien. Ami de René Poirier, Jean Guitton avait récemment publié un livre sur les deux penseurs que Camus a lu de près. Ni Poirier ni Grenier n'avaient une connaissance profonde de ce sujet.

Dans sa formulation, le sujet est ambitieux et mériterait à lui seul une thèse : « Métaphysique chrétienne et néoplatonisme, Plotin et saint Augustin » (mais le diplôme portera simplement « Métaphysique chrétienne et néoplatonisme »). Choisi par Camus, il a donc valeur personnelle. Il est validé par Poirier, assez étranger pourtant à ces préoccupations, et par Grenier, qui préfère un sujet sur l'hindouisme. Camus joue le jeu : farci de notes, le mémoire est bâti en chapitres et sections. La liberté formelle se réalisera, elle, dans des essais contemporains. Téméraire, Camus pose de vastes questions qui le dépassent : comment la pensée grecque s'est-elle faite au christianisme évangélique en assimilant ce qu'elle pouvait de la Grèce ? Quelles relations entre intelligence et sens, foi et scepticisme ? Dans ce procès historico-spirituel sur cinq siècles, quels ont été le rôle, l'apport de l'auteur des *Ennéades* ?

Dans « Méditerranée », il y a « méditer ». La logique est aussi géographique. La philosophie arpentée n'est pas allemande – Kant ou Hegel – mais celle de voisins grecs, africains et méditerranéens. À l'horizon, une question qui ne quittera pas Camus : définir la Méditerranée. Passage obligé, Plotin est à l'articulation des univers grec et chrétien. Le monde est celui du réel sensible avec lequel l'homme peut vivre – c'est le terme le plus camusien – un accord. Plotin, disciple d'Ammonios Saccas, dont les œuvres furent publiées par son disciple Porphyre, opère la synthèse du système platonicien et d'éléments mystiques. Celui que Camus a déjà évoque comme « une réponse » dans son essai « Sur la musique » de 1932 est le sujet du troisième des quatre chapitres du mémoire. Il ouvre une route que Camus se doit de comprendre. Pour les Grecs, l'homme se suffit, et les temples, à la différence des cathédrales, sont à leur mesure : « leur évangile disait : notre Royaume est de ce monde », phrase que Camus reprend à l'identique dans *L'Envers et l'Endroit*. De même, l'histoire ne leur est rien (« Pour Plotin, il n'est pas d'histoire »). Opérant la synthèse de la gnose, faisant se croiser la raison et l'ordre mystique, Plotin fait avancer les choses en assimilant la pensée du « miracle grec » (Pierre Lévêque) alors que s'annoncent d'autres thèmes (misère de l'homme, mal). Mais c'est Augustin qui parvient à la métaphysique de l'Incarnation. Plotin est le penseur du passage, de la transition, du syncrétisme, d'une synthèse nommée « raison mystique », selon le titre du chapitre qui lui est consacré. Premier mouvement, la procession explique rationnellement l'être alors que le second, l'ascèse intérieure, décrit le retour de l'Âme vers l'Un.

14/20, mention Bien. Mais pas seulement : indissociable du premier Camus dans sa quête intellectuelle, « prélude » (Pierre Caussat), ce texte est consacré à un Plotin qui ne cessera – et plus qu'Augustin – de questionner Camus. Le mémoire est le premier livre achevé. Et Camus y parle de lui-même par la bande. D'où ces accents personnels : « La philosophie de Plotin est un point de vue d'artiste [...]. Plotin décrit l'intelligence de façon sensuelle. » Plotin est par ailleurs un penseur de la beauté, et du suicide (*Ennéades*, I, 9), ce qui recoupe des intérêts camusiens dans *L'Homme révolté*. Camus envisagera même de revenir à la pensée plotinienne, d'où ces notes des *Carnets* II en 1938 : « Reprendre travail sur Plotin / Thème : la Raison plotinienne / 1) La Raison – le concept n'est pas univoque. / Intéressant de considérer son jeu dans l'histoire à un moment où elle doit s'adapter ou périr. / Cf. Diplôme. / C'est la même raison et ce n'est pas la même. / C'est que deux raisons : / l'une éthique, l'autre esthétique. / Creuser : l'image plotinienne comme le syllogisme de cette raison esthétique. » Plotin a bien été un interlocuteur de choix pour le premier Camus. Pierre GROUIX

Bibl. : Paul J. Archambault, *Camus' Hellenic Sources*, Chapel Hill, University of North Carolina Press, 1972 • Pierre Caussat, « Le prélude d'une pensée : *Métaphysique chrétienne et néoplatonisme* », dans Anne-Marie Amiot et Jean-François Mattéi (dir.), *Albert Camus et la philosophie*, PUF, 1997, p. 223-240

« PLUIES DE NEW YORK ». – « Pluies de New-York » a été écrit au retour du voyage de Camus à partir des notes prises sur place (voir *Carnets* II) mais aussi des lettres qu'il a envoyées à Michel et Janine Gallimard, ses fidèles amis restés à Paris. Cette brève chronique paraît tout d'abord dans la luxueuse revue suisse d'André Held, *Formes et couleurs*, « revue internationale des arts, du goût et des idées », et constitue le texte d'ouverture de ce numéro consacré aux États-Unis. Le texte est encadré de deux photos en pleine page, l'une d'Alfred Stieglitz, « Averses printanières » (1900, Museum of Modern Art), célèbre cliché du photographe américain, aux accents whistlériens, et l'autre d'Henri Cartier-Bresson, « Washington : où garer sa voiture ? » Figurent dans la même livraison des articles sur la musique américaine (Darius Milhaud), sur Stieglitz, mort en juillet 1946 (Nancy Newhall), sur un panorama du roman contemporain mettant particulièrement à l'honneur William Faulkner (Newton Arvin), mais aussi des poèmes, dont ceux de Wallace Stevens, poète déjà reconnu, et de Robert Lowell, tout juste couronné du prix Pulitzer.

Depuis le *New-York* de Paul Morand (Flammarion, 1929), les écrivains français se sont emparés de la ville tentaculaire, « île aux trois rivières », emblématique du mystère et de la modernité. Camus, par ce texte écrit à partir de ses impressions, s'inscrit dans cette filiation littéraire en proposant un article personnel, loin du bruit et de la fureur politiques, et composé d'une série d'instantanés, à la manière de John Dos Passos qu'il avait lu. Cette chronique new-yorkaise permet ainsi de garder une trace de ce voyage intense et constitue un contrepoint éclairant aux conférences que Camus a prononcées devant le public américain. Prenant comme prétexte le temps qu'il fait, qui constitue par excellence le *small talk* anglo-saxon, Camus dresse ainsi le portrait d'une ville qui lui échappe et pourtant le séduit, la comparant à « certaines femmes, qui vous irritent, vous bousculent et vous déchirent l'âme ». Le *topos* de la ville moderne permet donc à Camus de témoigner d'« images contrastées », tels de multiples éclats aux accents mélancoliques, qui font écho à Walt Whitman et à Waldo Franck.

Nathalie FROLOFF

Éd. : *Formes et couleurs*, n° 6, 1947, p. 13-16 • *Œuvres Complètes*, t. II, Gallimard, coll. « Bibl de la Pléiade », 2006, p. 690-693 (Le titre est écrit sans le trait d'union, comme il est d'usage désormais.)

POÉSIE. – Comme beaucoup de romanciers en herbe, Camus a écrit de médiocres vers de jeunesse – nous avons conservé de lui un assez long poème, composé en 1933, intitulé par les éditeurs *Méditerranée*. Très tôt, cependant, il s'aperçut que sa vocation était ailleurs, même si, au témoignage de Maria Casarès, les deux beaux vers du premier acte des *Justes* (« Aux lieux tranquilles où mon cœur te souhaitait / Je respirais un éternel été ») doivent lui être attribués. Mais la poésie ne se limite pas aux vers. *La Mer au plus près*, dernier texte de *L'Été*, se lit ainsi comme un poème en prose. Poèmes en prose aussi les courts textes qui accompagnent les photos de *La Postérité du soleil*, ou « *Pour Némésis* (à Lourmarin décembre 59) » qui figure tout à la fin des *Carnets*, ou encore le bref envoi à René Char du 19 décembre 1959 – « Dans le jour bref qui lui est donné, il réchauffe et illumine, sans dévier de sa cause mortelle. Semé par le vent, moissonné par le vent, graine éphémère et cependant soleil créateur, tel est l'homme à travers les siècles, fier de vivre un seul instant ! » –, qu'on croirait écrit par Char lui-même (Albert

Camus-René Char, *Correspondance*, p. 214). Lourmarin fut à cet égard le lieu, poétique par excellence, de fréquentes rencontres entre les deux écrivains. Sans doute Char a-t-il initié Camus à Hölderlin et à d'autres poètes. La communion dans la poésie se confond ici avec une amitié fraternelle.

L'œuvre de Camus présente des marques de défiance envers la poésie. *Le Désert* l'oppose à la vérité : « Il s'agit bien vraiment de pittoresque, d'épisode, de nuances ou d'être ému. Il s'agit bien de poésie. Ce qui compte, c'est la vérité. Et j'appelle vérité tout ce qui continue. » C'est à l'« impassibilité » et à la « grandeur » de l'homme figurées par les peintres toscans que Camus rend ici hommage ; tandis que la poésie est « affaire d'âme », la peinture primitive rejoint la sculpture en donnant aux corps une « grandeur minérale ». Exprimant à Francis Ponge son admiration pour *Le Parti pris des choses*, dans une lettre datée du 27 janvier 1943 mais publiée en septembre 1956, il se dira insensible à ceux qui « parlent de sentiments ou de situations ineffables, indicibles, infinis » et avouera son rêve d'« une Philosophie du Minéral ». Dans *Caligula*, c'est au nom de la vérité que l'empereur use de son mépris ravageur envers ces « faux » poètes qui usent de « mensonges » et salissent l'art. Le vrai poète de la pièce est Caligula lui-même ; par lui, disait Cherea dans la version ; de 1941, « la poésie agit et le rêve rejoint l'action ». Cette poésie, il est vrai, est meurtrière. L'empereur se disposait à exposer ce « pouvoir meurtrier de la poésie », selon l'expression de Cherea, dans un traité intitulé *Le Glaive* ; il n'aura pas le temps de le publier et son suicide couronnera une vie qu'on pourrait dire tout entière, comme celle de Néron, dévouée à la poésie. Celle-ci peut pourtant rejoindre un authentique héroïsme et une passion pour la vérité que ne pervertit aucun cynisme. Camus en témoigne à l'occasion de la mort de René Leynaud, fusillé en juin 1944 par les Allemands. « Il aimait tant la vérité, la vie, tout ce qu'il y a de loyal en ce monde », écrit-il à sa veuve. Il est toutefois significatif que, dans sa préface aux *Poésies posthumes* de Leynaud, il cite des mots du poète qui font écho à ses propres réticences envers une poésie qui s'éloignerait du vrai : « Je me suis souvent demandé, disait Leynaud, si je ne m'exerçais pas à la poésie pour me démontrer à moi-même que je n'étais pas poète, ou encore pour tuer en moi le prestige des mots qui est grand. [...] J'ai parfois le dégoût de la poésie, ma passion profonde. C'est dans ces moments-là que je me sens le plus près d'autre chose... Que la poésie puisse néanmoins s'allier à l'action, Kaliayev, héros des *Justes*, en offrira une preuve moins désespérante que Caligula. Ses camarades l'ont surnommé « le Poète », mais « ce n'est pas un nom pour un terroriste », objecte Stepan. Kaliayev affirme, quant à lui, que « la poésie est révolutionnaire ». Il ne se révolte pas au nom d'une abstraction, mais pour qu'advienne un monde où régneront l'amour et la beauté. Car « la beauté c'est la justice parfaite » (*Carnets*, 1956).

Le sous-chapitre de *L'Homme révolté* intitulé « La révolte des dandys » trouve dans *Le Paradis perdu* de Milton, « poème préféré des romantiques », l'origine de la révolte luciférienne en littérature. Dans sa lignée se situent ces poètes du XIXe siècle (comme Vigny) qui invoquent, afin de justifier des excès qui vont jusqu'au meurtre, la douleur infligée à l'espèce humaine. Par leur « obstination dans le satanisme », ils sont souvent des « poètes maudits ». Camus reviendra sur ce thème dans sa conférence d'Uppsala, en décembre 1957 : « Le thème du poète maudit né dans une société marchande (*Chatterton* en est la plus belle illustration) s'est durci dans un préjugé qui finit par vouloir qu'on ne puisse être un grand artiste que contre la société de son temps, quelle qu'elle soit. » Quant à Baudelaire, « théoricien le plus profond du dandysme », il « restait trop théologien pour être un vrai révolté ». On aura compris que ce chapitre, qui se réfère en priorité aux poètes, est trop orienté par l'inspiration générale de *L'Homme révolté* pour être lu comme un panorama de la poésie romantique.

On en dira presque autant du chapitre « La poésie révoltée », qui offre toutefois un aperçu plus homogène de la poésie française depuis Lautréamont jusqu'à Char. Des romantiques à Lautréamont, la révolte luciférienne varie surtout par le « ton », mais la « liberté totale, celle du crime en particulier », revendiquée par l'auteur des *Chants de Maldoror*, suppose en plus chez lui « la destruction des frontières humaines ». Après avoir souligné que Rimbaud « n'a été le poète de la révolte que dans son œuvre », démystifiant ainsi le silence du Harrar, Camus définit contre le mouvement surréaliste la thèse centrale de son essai. C'est en effet « un refus total du monde présent » qu'assume la révolte des poètes surréalistes. En exaltant le meurtre et le suicide, qui deviendraient en eux-mêmes des actes poétiques, André Breton et ses disciples s'imposent-ils comme des descendants du « poète » Caligula, ange noir de la révolte ? Au moins l'empereur romain endossait-il la responsabilité de ses actes, alors que, « Trop bien nés pour tuer tout le monde », les surréalistes ont transféré leurs envies meurtrières sur la société. Les querelles suscitées par *L'Homme révolté* furent surtout politiques. On n'oubliera pas que la première d'entre elles naquit, avant la publication du volume, de la parution dans les *Cahiers du Sud* du fragment sur Lautréamont. Elle opposa Breton et Camus sur leur conception de la poésie.

Le principal mérite de Breton reste aux yeux de Camus d'avoir par la « nuit splendide où il se complaît » préparé « les matinaux de René Char, poète de notre renaissance ». Amorcé au terme du chapitre sur « La poésie révoltée », l'éloge trouvera sa pleine expression en 1959 dans la préface à l'édition allemande des *Poésies* de Char. Celui qui avait écrit : « Dans nos ténèbres, il n'y a pas une place pour la Beauté. Toute la place est pour la beauté » ne pouvait qu'être un frère de combat. « Allons, je me réjouis, Albert, qu'ayant visé juste, vous touchiez le centre », écrivait Char à Camus le 21 novembre 1951. C'était rendre hommage à la formule poétique sur laquelle s'achève *L'Homme révolté* : « L'arc se tord, le bois crie. Au sommet de la plus haute tension va jaillir l'élan d'une droite flèche, du trait le plus dur et le plus libre. »

Pierre-Louis Rey

Bibl. : Jacqueline Lévi-Valensi et Agnès Spiquel (dir.), *Camus et le lyrisme*, SEDES, 1997

« POÉSIE ET THÉÂTRE ». – L'activité éditoriale de Camus est encore peu connue. Il est pourtant impliqué dès le début des éditions Charlot et y dirige une collection. Lancée d'abord aux éphémères éditions Cafre (Camus-Fréminville) par un premier titre, *333 coplas andalouses* (traduites par le musicien Léo-Louis Barbès), paru en 1939, la collection « Poésie et Théâtre » est reprise par les éditions Charlot à partir d'août 1941. Le texte de présentation, non signé, qui court de la création à la fin de la collection, précise : « Réunir dans une collection des œuvres dramatiques et des essais poétiques de qualité, c'est aider à la définition d'un art dramatique et lyrique dont la tradition est toujours vivante, mais dont le besoin se fait aujourd'hui sentir. » Camus entend, dès les origines, créer par la publication de textes dans ces deux domaines une esthétique. Il publie une vingtaine de volumes d'auteurs anciens de pays différents et d'auteurs contemporains. Un temps ralentie pendant la guerre, alors que Camus est exilé en France, elle est relancée à la Libération avec une nouvelle couverture signée Pierre Faucheux et prend fin avec la parution du *Montserrat* d'Emmanuel Roblès en 1948. Federico García Lorca reste le seul auteur dont furent publiés des textes poétiques (le *Romancero gitan, suivi de trois romances historiques*) et une pièce (*Le Petit Retable de don Cristobal*). De façon générale, l'Espagne est très présente dans la collection qui publie notamment des traductions de Calderón de la Barca. La publication d'œuvres théâtrales contemporaines se limite à deux auteurs, Philippe Soupault et Roblès, et la reprise d'œuvres poétiques anciennes à deux auteurs anglais, les *Sonnets* de Shakespeare et la réédition de traductions antérieures de William Blake (dues à André Gide et Soupault). Camus ne donne aucun texte à la collection. Il fait appel souvent à ses amis comme traducteurs ou comme auteurs. En poésie contemporaine, il publie des ouvrages inédits de Louis Brauquier et de Blanche Balain. Guy BASSET

Bibl. : Guy Basset, « Camus éditeur de la collection "Poésie et Théâtre" », dans Jacqueline Lévi-Valensi (dir.), *Camus et le théâtre*, IMEC Éditions, 1992, p. 145-154

POÈTE. – Camus a composé des poèmes en vers et en prose à ses débuts. Il évoque, dans *L'Homme révolté* notamment, diverses figures de poètes (cas particuliers des « artistes », des créateurs), qu'il s'agisse de prédécesseurs ou contemporains connus, les poètes révoltés Baudelaire, Lautréamont, Rimbaud, les surréalistes, René Char, ou d'un poète inconnu, son ami René Leynaud. Dans sa réflexion sur l'engagement de l'écrivain, des tensions s'installent entre la vérité et le mensonge, la contemplation et l'action, entre le poète et l'intellectuel.

Dans *La Peste*, Camus représente ironiquement le romancier (ou même le poète avorté) et ses propres difficultés d'écrivain à travers le personnage de l'employé de mairie Joseph Grand. Il est précédé, dans une première version, par Philippe Stephan, un professeur de lettres « sentimental », qui tient un journal témoignant « d'une crise personnelle » et doit écrire des vers (dans une première esquisse), mais envisage surtout un projet littéraire tourné « vers les réalités ». Obsédé par la recherche exigeante du mot juste et du rythme adéquat, Grand réécrit sans cesse la première phrase de son roman, qui lui paraît frôler le cliché et qu'il brûlera. Par cette figure à la fois insignifiante et mystérieuse, ridicule et touchante, Camus suggère qu'il existe un fossé entre la quête poétique de la beauté et « le langage conventionnel » des hommes et que dans un contexte douloureux extrême, la poésie, laborieuse et impuissante (comme l'interprète d'Orphée dans la scène emblématique de l'Opéra), prend une place dérisoire, mais nécessaire pour vivre.

Le poète à proprement parler acquiert de l'importance dans deux pièces : *Caligula* et *Les Justes*. La première met en scène un concours de poésie (IV, 12), librement inspiré de Suétone, sur le thème de la mort, avec une douzaine de poètes, auxquels il faut encore ajouter Metellus et Scipion, seul poète authentique. De plus, la version de 1943 accorde un rôle plus important à un écrivain résistant à la tyrannie : le « littérateur » Cherea, peu loquace sur ses « livres ». Camus note en décembre 1937, dans ses *Carnets* : « il s'agit maintenant de créer en soi un nouvel homme. Il s'agit que les hommes d'action soient aussi des hommes d'idéal et les poètes industriels. Il s'agit de vivre ses rêves – de les agir. Avant, on y renonçait ou s'y perdait. Il faut ne pas s'y perdre et n'y pas renoncer ». Ce rêve d'une réconciliation entre l'action et la poésie (en un sens métaphorique), grâce aux poètes « industriels », semble incarné par Caligula, mais il prend, du fait de son désespoir, la forme extrémiste de « l'arbitraire » et de « l'absurde ». De toute façon, pour Camus, ce rêve entre, apparemment, en contradiction avec un refus d'artiste : le poète, distinct du citoyen, ne saurait être un « intellectuel » « engagé », un « fonctionnair[e] de l'esprit et du cœur » (« Sans lendemains », appendice de *La Mort heureuse*, 17 mars 1938) ; plutôt « embarqué », il doit seulement témoigner par son art et sera révolutionnaire en demeurant un vrai poète. Caligula, l'empereur artiste doté d'un double parodique en la personne d'Hélicon (lieu de poésie dans la mythologie), inquiète en confondant les genres, le pouvoir politique et le lyrisme du poète. La simple vie médiocre ne peut s'accommoder de la radicalité de la poésie et l'engagement de l'intellectuel Cherea ne passe pas par les moyens poétiques. À travers cette opposition, non manichéenne, de deux figures d'écrivains, Camus traduit son oscillation personnelle entre action militante et activité artistique et sa résistance à la volonté de puissance dangereuse des créateurs nietzschéens.

Caligula méprise les poètes officiels, qu'il nomme des « littérateurs » (des faiseurs et non des créateurs) et accuse de mensonge et d'esclavage (I, 10). Dans la scène du concours, qui, aussi parodique que la cérémonie sacrée de l'acte III, prend la forme d'un procès des poètes, il se glorifie pour sa part d'avoir fait de sa vie un poème, de vivre pleinement sa pensée (sur le meurtre). Comme Rimbaud et surtout comme les poètes surréalistes, mais en allant plus loin, du côté de l'impossible, ce poète révolté, idéaliste converti au réalisme absurde, ambitionne de changer le monde. Il asservit, humilie, voire injurie dans la version initiale les « faux poètes », il les réduit au silence et les rejette comme des « ennemis », alors qu'il espérait voir en eux « le dernier carré de [ses] défenseurs ». À l'exception de Scipion, ils ne sont que des faire-valoir du tyran-poète, des cibles de sa lutte contre l'académisme et contre l'impuissance. Caligula attaque le recours aux figures de rhétorique, aux vains clichés, qui coupent de la vérité dans sa violence crue : il cherche « le rapport » entre leurs pompeuses déclamations et la réalité de la mort. Ainsi les poètes de *Caligula* sont-ils bafoués (les poètes de cour), réduits à l'inaction (Scipion) ou condamnés au « lyrisme inhumain » (Caligula), tandis que Cherea est devenu un intellectuel prosaïque et « raisonnable », incapable de lyrisme.

En 1949, dans *Les Justes*, le dramaturge ne représente plus qu'un personnage de poète, allant au-devant de la mort, comme Caligula, toutefois pour des raisons différentes : Ivan Kaliayev, surnommé « le Poète », finit comme l'empereur, mais fait passer de la révolte nihiliste et inhumaine à la révolte créatrice dans la solidarité, tout en conservant le lyrisme de Scipion. Ce « poète né » (selon Savinkov) change les signaux, aime jouer, se déguiser, c'est-à-dire changer de rôle et de vie, il affirme des valeurs comme l'amour de la vie, l'existence de la beauté et de la joie (lorsqu'il récite avec Dora de beaux vers, sans doute écrits par Camus). Autres traits qui complètent le portrait de ce poète exemplaire : sa marginalité (« Ils me trouvent un peu fou, trop spontané. ») et, par une dramatique opposition, son amour des autres. Son sens de l'honneur et son courage sont reconnus par tous, même finalement par l'homme d'action manichéen qu'est Stepan. Si dans le dernier cri de Kaliayev : « Si je me suis trouvé à la hauteur de la protestation humaine contre la violence, que la mort couronne mon œuvre par la pureté de l'idée », le mot « œuvre » (réellement écrit par le révolutionnaire) ne renvoie pas à la poésie – il y a renoncé en tant que carrière –, mais bien à l'action révolutionnaire, la polysémie est intéressante et ses deux activités restent proches. « La poésie est révolutionnaire » justement parce qu'elle renouvelle la vie. Simplement Kaliayev n'a pas fait le même choix que son créateur parmi les moyens de l'engagement et de la révolte.

L'artiste, ou le poète, tel que le souhaite Camus, notamment dans le *Discours de Suède*, est un modèle nécessaire de révolté, solitaire et solidaire, attentif au réel et susceptible de le corriger (la « création corrigée »), veillant avec responsabilité sur la liberté et la justice, créant pour témoigner, auprès de tous, à la fois de la douleur des « humiliés » et de la « beauté » du monde.

Nathalie Macé

Bibl. : Anne-Marie Amiot, « Nature et fonction du lyrisme de *Caligula* dans la redéfinition de la tragédie moderne », dans Jacqueline Lévi-Valensi et Agnès Spiquel (dir.), *Camus et le lyrisme*, SEDES, 1997, p. 133-146 • George H. Bauer, « *Caligula.* Portrait de l'artiste ou rien », *Revue des Lettres modernes*, série Albert Camus, 7, 1975, p. 35-44 • Jeanyves Guérin, « Camus, Caligula et les poètes », *Europe*, numéro spécial Albert Camus, octobre 1999, p. 67-75

POIRIER, René (1900-1995). – Né à Saigon, licencié en droit en 1921, René Poirier est reçu premier à l'agrégation de philosophie en 1922, la même année que Jean Grenier et Brice Parain. Il enseigne d'abord en lycée puis un an à l'université de Montpellier avant d'être nommé à la chaire de philosophie de la faculté des lettres d'Alger où il reste de 1932 à 1937. Il a soutenu peu de temps auparavant, en 1931, ses deux thèses : *Essai sur quelques caractères des notions d'espace et de temps* et *Remarques sur la probabilité des inductions.* Nommé à la Sorbonne, il est détaché à l'université de Rio de Janeiro de 1939 à 1945 avant de regagner Paris où il enseigne jusqu'à sa retraite.

L'œuvre de René Poirier se construit d'abord à partir d'une réflexion sur les sciences. Considéré d'abord comme logicien, il s'est attaché en priorité à analyser les notions philosophiques en référence notamment à la physique traditionnelle ou contemporaine et aux mathématiques. Sa critique de la science débouche sur une métaphysique qui a à se situer face au scepticisme. En dehors de ses cinq livres, dont quatre seront publiés avant la guerre, Poirier a développé une seconde « tonalité » (Jean Mesnard) à travers une multitude d'articles sur des sujets divers. Mais ses préoccupations restent éloignées des références comme des approches de la nature et de la vie développée par Camus.

Camus suivit comme étudiant ses cours de licence et prépara, en 1935-1936, sous sa direction et celle de Jean

Grenier, son Diplôme d'études supérieures (DES) consacré à saint Augustin et Platon – pour lequel il obtint la mention bien. René Poirier reconnut que Camus fut « l'étudiant le plus remarquable » de ceux qu'il eut à Alger, et « de très loin ». Il jugea ainsi que son mémoire de DES se distinguait d'abord par ses qualités littéraires et, préfaçant des *Pages méditerranéennes* de Camus rassemblées par Lucien Adjadji en 1968, il écrivit : « Camus est assurément beaucoup plus un écrivain et un artiste qu'un penseur au sens étroit, et la passion qu'il a toujours eue pour le théâtre nous permet peut-être de le comprendre » ; il alla jusqu'à le qualifier de « poète ». Guy BASSET

Bibl. : René Poirier, « Camus, Kafka, et le problème de l'absurde », *Annales d'esthétique*, Bulletin annuel de la société hellénique d'esthétique, t. 8, 1969, p. 1-42

POLITIQUE. – Camus écrit dans ses *Carnets* : « L'homme moderne est forcé de s'occuper de politique. Je m'en occupe à mon corps défendant et parce que, parmi mes défauts, plus que parmi mes qualités, je n'ai jamais rien su refuser des obligations que je rencontrais. » De fait, quand il a pris part au débat politique, il l'a fait en tant que journaliste citoyen, quand *Alger républicain* en 1938-1939, *Combat* en 1944-1947 et *L'Express* en 1955-1956 lui ont fourni des tribunes. En dehors de ces périodes, ses interventions publiques ont été rares, elles ont pris la forme de discours, de lettres ou de tribunes libres motivées par l'urgence. Il n'a jamais pensé que tout fût politique et encore moins que la politique fût tout.

Le jeune reporter qui assiste aux conseils municipaux d'Alger les présente comme le théâtre d'affrontements tragicomiques. Il relate de vaines palabres, des petites manœuvres et des calculs médiocres. Dans « Misère de la Kabylie », il oppose à la « politique politicienne » une politique « généreuse », « constructive », qui cherche des solutions aux problèmes économiques et sociaux. Son expérience s'élargit lors de sa venue en France, et il n'est plus question d'une simple satire de la « cuisine politique ». Sa meilleure connaissance des enjeux institutionnels nourrit ses éditoriaux. Camus, à la Libération, se montre sévère pour « la classe dirigeante », les « politiciens ». Pascal Pia et lui ont tenu à ce que *Combat* n'offre aucune tribune aux hommes politiques, même à ceux qui sont proches du journal.

Camus souhaite que le bien public soit « l'affaire de tous », non de quelques-uns, en l'occurrence d'une caste coupée du peuple. Il attend des élus qu'ils soient proches et représentatifs de leurs électeurs. Ce qu'il critique sévèrement, c'est donc une politique professionnelle que caractérisent l'opportunisme, le clientélisme et le carriérisme des notables radicaux-socialistes. S'il parle de révolution en 1944, c'est parce qu'il attend à la fois l'émergence d'hommes nouveaux et un changement des mœurs politiques. Cette idée n'est pas originale, elle court dans la presse de l'époque. Il va jusqu'à écrire dans *Combat* : « nous sommes décidés à supprimer la politique pour la remplacer par la morale ». La formule est imprudente. Par la suite, il parle d'introduire de la morale dans la politique ou de moraliser la politique. Il en est du communisme comme du libéralisme : leur politique spontanée est immorale. La section d'*Actuelles* qui recueille certains éditoriaux de *Combat* de l'époque (entre septembre 1944 et août 1945) est titrée significativement « Morale et politique ».

Le surinvestissement de la politique par l'idéologie a connu deux pics historiques, l'un dans les années 1930, l'autre lors de la guerre froide. La politique commence par la désignation d'amis et d'ennemis. Les organisations révolutionnaires, dont le prototype est le parti de Lénine, vont jusqu'au bout de cette culture de guerre civile. Les États totalitaires qu'elles édifient exacerbent les antagonismes à l'intérieur comme à l'extérieur : ils donnent une priorité absolue au politique. L'adversaire désigné par l'idéologie, que ce soit un parti, un État voire un peuple, peut et doit être dénoncé, lynché, éliminé même. « Celui qui ne consent pas à la mort, ni au déshonneur de l'adversaire, que va-t-il faire en politique ? » se demande Camus dans un article de *L'Express*. Le citoyen, après 1945, répugne aux clivages manichéens. En régime démocratique, les mécanismes du suffrage sont certes binaires, ils ne séparent pas pour autant un camp du bien et un camp du mal.

En tant qu'observateur de la vie politique, Camus a vite perdu les illusions qu'il avait à la Libération. Les mauvaises habitudes sont revenues. Pour conquérir des positions de pouvoir, mieux vaut être le plus fort ou le plus habile que le plus juste. Le principe d'efficacité implique, justifie le cynisme, la manipulation et le mensonge, tout ce que recouvre l'expression de « réalisme politique ». La rhétorique démagogique – « les grands mots ronflants » – et les slogans sont plus rentables électoralement que le parler vrai.

S'engager n'est pas entrer en religion. Le politique n'est pas, pour Camus, un absolu, le règne du tout ou rien. À la confrontation, il préfère le dialogue, une concertation qui débouche sur des compromis. Les décideurs comme les militants doivent prendre en compte la complexité des situations au lieu de se réfugier dans des abstractions simplificatrices. Il leur faut faire la part des choses, et notamment de l'économie. Lui-même entend dissocier la politique et l'idéologie et répudier tout utopisme. Les hommes et les partis politiques ont pour tâche non d'instaurer le règne du Bien, mais d'améliorer ici et maintenant la situation de leurs concitoyens.

« Camus refusa le fanatisme, pas le militantisme » : ce mot d'Olivier Todd définit justement son rapport à la politique et au politique.

Jeanyves GUÉRIN

Bibl. : Jeanyves Guérin (dir.), *Camus et la politique*, L'Harmattan, 1986 • Id., *Camus. Portrait de l'artiste en citoyen*, François Bourin, 1993 • Jean-Louis Loubet del Bayle, « Albert Camus et la politique », *Annales de l'université des sciences sociales de Toulouse*, XXVI, 1978, p. 475-535 • Fred H. Wilhoite, *Beyond Nihilism. Albert Camus' Contribution to Political Thought*, Baton Rouge, Louisiana State University Press, 1968

POLOGNE. – En 1944-1945, *Combat* ne montra pas une compréhension claire de l'évolution de la Pologne. Le journal donne des informations précises et rudes sur l'armée Rouge, mais il donne aussi des « informations » répétant la propagande communiste, par exemple, les résistants de l'Armée de l'Intérieur (AK) sont étiquetés « néofascistes ». Le gouvernement en exil est décrit comme l'« Organe exécutif d'une Constitution semi-fasciste, [qui] ne peut représenter que la minorité réactionnaire du pays » (2 janvier 1945). *Combat* ne s'inquiète guère de la représentativité, que nous savons nulle, du Conseil national populaire de Lublin, constitué en décembre 1943 à l'initiative des Soviétiques et parle même de sa « bonne volonté » (21 octobre 1944). Quant à Staline, – le « maréchal Staline », comme *Combat* l'écrit alors –, c'est un homme de bonne volonté, sage, modéré, démocrate, alors que le gouvernement en exil est intransigeant et fait fausse route. En janvier 1945, le Comité de Lublin se transforma en gouvernement provisoire de la République polonaise – « dans les milieux autorisés, on souligne qu'il s'agit avant tout d'une affaire intérieure dans laquelle la France n'a pas à s'immiscer » : *Combat* publia cette dépêche de l'AFP et Albert Camus signa ce même jour l'éditorial. Ce manque de courage le heurtait, il rappelait que la reconnaissance d'un gouvernement n'est pas une immixtion mais un acte de politique internationale. Il disait son regret que la France n'ait pas manifesté la « rectitude » dont, pendant cinq ans, le général de Gaulle avait fait « la suprême habileté de la France » (3 janvier 1945). Ces remarques, justes, de Camus n'allaient pas au fond du problème polonais. La veille, un journaliste, Serge Karsky, avait écrit : « le règlement du sort futur de la Pologne provoque un grand malaise ».

En lisant la protestation passionnée de Camus lors de l'émeute de Poznan en juin 1956, on constate qu'il avait vite compris le régime polonais. Au moins trois exilés avaient dû l'éclairer sur le sort réel de la Pologne : Czeslaw Milosz, Gustaw Herling et Joseph Czapski (1896-1993). Ce dernier fut l'un des très rares officiers polonais qui échappa aux massacres d'officiers organisés par l'URSS. Emprisonné en 1939, déporté, il fut libéré l'été 1941, après l'agression de l'Allemagne nazie contre l'URSS. Sous le commandement du général Anders, il fut nommé chef du bureau chargé de retrouver les officiers disparus en URSS ; ses recherches furent vaines. Il apprit en avril 1943 le massacre de Katyn, alors qu'il se trouvait en Perse, au cours d'un long périple qui conduisit les rescapés sur les champs de bataille italiens. Quelques années plus tard, il publia « Enfin, la vérité sur Katyn » (*Gavroche*, 12 mai 1948) et *Terre inhumaine* (Paris, Éditions Self, 1949), récit fait de notes prises en URSS en 1941-1942 et de souvenirs écrits « avec un certain recul », racontant un an d'observation en URSS après la sortie de vingt-trois mois de camp. Camus connaissait Czapski, en témoigne leur correspondance (sept lettres de Camus et onze de Czapski sont dans le fonds Camus). Celui-ci suivit la campagne autour de *L'Homme révolté* et écrivit à Camus son indignation et sa « solidarité ». Camus appréciait sa peinture et ils eurent des échanges sur des travaux littéraires (en particulier sur Vassili Rozanov, sur une traduction polonaise de *La Peste).*

Parce qu'il était le « frère » des exilés, et proche de ces témoins exceptionnels, Camus, très vite, avait connu la réalité du monde communiste. Il pouvait écrire en 1956, à juste titre, qu'il savait de longue date « la misère et l'oppression » que des millions d'hommes subissaient à l'Est. Ses interventions passionnées sur la répression à Poznan et sur l'écrasement de l'insurrection hongroise étaient connues des écrivains russes, tchèques, hongrois, polonais… « L'image de Camus est très bonne en Pologne », soulignait Jerzy Kwiatkowsi lors d'un colloque sur Camus tenu en 1985. « L'on apprécie le littérateur, l'on respecte le citoyen » ; « Peu d'auteurs ont un rayonnement égal au sien chez les intellectuels et dans la jeunesse ».

Jeannine Verdès-Leroux

PONCET, Charles (1909-1995). – Charles Poncet naît à New York où ses parents ont émigré en 1905. Il séjourne à

Alger du printemps 1910 jusqu'en décembre 1911 avant de gagner la région lyonnaise après le décès de son père. En juillet 1920, il revient à Alger puis, à treize ans et demi, entre comme employé dans la compagnie de navigation de l'armateur Schiaffino. Il fait la connaissance de Camus en octobre 1935 au Comité Amsterdam-Pleyel dont il est le responsable à Belcourt. Il fait partie du groupe du Théâtre du Travail et est actif à la maison de la Culture où il prononce notamment, à la demande de Camus, une causerie sur « la culture et le peuple » et préside un débat sur le *Retour d'URSS* d'André Gide. Il fait aussi partie de la troupe du Théâtre de l'Équipe. À sa démobilisation en août 1940, il regagne Alger. À partir de janvier 1945, il assure les fonctions de directeur des ventes aux éditions Charlot, à Paris. Sa collaboration dure trente-deux mois et encore une fois il regagne Alger, en septembre 1947. Il y est d'abord représentant médical avant d'être engagé de nouveau chez Schiaffino. Fin 1955, lors d'une réunion des libéraux d'Alger, il propose de demander à Camus de les aider à faire connaître leur mouvement : cela aboutit à « l'appel pour la trêve civile ». En novembre 1961, pour des raisons de sécurité, il et obligé de quitter Alger où il revient dès le 30 juin 1962. Après avoir été pigiste à Radio-Alger sur la recommandation d'Edmond Charlot, il travaille de nouveau pour la famille Schiaffino jusqu'à l'automne 1968, date à laquelle il s'installe en France. Il décède à Nice le 6 décembre 1995. Charles Poncet est resté fidèle toute sa vie à Camus, écrivant ses souvenirs ou intervenant dans des colloques.

Guy BASSET

Bibl. : Charles Poncet, « Camus à Alger », *Simoun*, n° 32, 1960, p. 3-28 • Id., « Un théâtre révolutionnaire », *Loess*, n° 18-19, janvier 1985, p. 16-17 • « Intervention de Charles Poncet », *Camus et la politique*, actes du colloque de Nanterre, 5-7 juin 1985, L'Harmattan, 1986, p. 199-200 • Id., « Camus tel qu'en lui-même », *Albert Camus, une pensée, une œuvre*, Rencontres méditerranéennes Albert Camus, Lourmarin, 1986, p. 145-159 • Id., « L'impossible trêve civile », *Le Magazine littéraire*, n° 276, avril 1990, p. 28-31

PONGE, Francis (1899-1988). – Le poète Francis Ponge vécut avec Albert Camus une complicité générationnelle pendant l'Occupation, bien qu'il fût plus âgé de quatorze ans. Leurs intérêts communs se manifestèrent dans la fréquentation de *La NRF* et l'ambition partagée d'une littérature nouvelle. Ils éprouvèrent aussi la nécessité d'une résistance à l'occupation allemande et d'un avenir socialiste. Leur rencontre se fit à Lyon en janvier 1943 et ils entretinrent une correspondance abondante durant cette année-là. Francis Ponge, déjà lecteur chez Gallimard, reçut de Pascal Pia en 1941 les manuscrits de *L'Étranger* et du *Mythe de Sisyphe*. Son accueil fut d'emblée favorable au récit de Camus et il se reconnut par la suite dans l'explication qu'en donna Jean-Paul Sartre, car il appréciait lui aussi le classicisme de la phrase camusienne. En revanche sa lecture du *Mythe de Sisyphe* donna lieu à une discussion originale qui, tout en confirmant une forte sympathie, marqua certains différends à l'égard des modes d'expression. Si Ponge et Camus se méfiaient communément des techniques surréalistes, et leur préféraient une sobriété d'écriture et d'imaginaire, ils ne partageaient pas la même approche du langage ordinaire. De là vient le grand intérêt de leurs échanges épistolaires : plus qu'une discussion intellectuelle sur la notion d'absurde, il y va d'une philosophie de l'expression.

Pendant toute l'année 1943, les lettres que s'adressent Ponge et Camus abordent quantité de sujets tant sérieux qu'anecdotiques mais un fil demeure sur la définition de l'absurde. Le premier en refuse la dimension tragique et lui préfère une analyse de la vie ordinaire : il s'agit de repérer les moments absurdes sans leur conférer le statut de révélateurs ontologiques. Il se méfie de « l'emphase bourgeoise du suicide ontologique » et ironise, sans méchanceté, sur la figure de Sisyphe qu'il propose à Camus de retourner vers un horizon plus prometteur : loin du risque de justifier l'état de fait, Sisyphe devrait, après la guerre, redescendre de la montagne entouré de ses camarades, à la fois fraternels et sans dieu. Ponge multiplie les contre-rôles comme autant de taquineries et d'antidotes philosophiques, allant du Sisyphe résistant au Sisyphe insouciant. Parodiant la formule de Camus, il propose même d'« imaginer Sisyphe paresseux » !

Camus répond à ces objections amicales tout en confirmant sa communauté de pensée avec l'écriture de Ponge : sans s'intéresser outre mesure à la poésie, il déclare son admiration pour *Le Parti pris des choses*. Il pense développer des analyses semblables par des moyens d'expression différents : sur la nature sans les hommes, l'indifférence, l'étrangeté, l'humanisme intolérant, le relativisme passionné… Dans une lettre du 27 janvier 1943, il reprend les notes du poète sur Sisyphe et tente un rapprochement sur « l'absurde à l'état pur ». « Vous faites accepter le mutisme par une science prestigieuse du langage », lui écrit-il, allant même jusqu'à dire que, dans *Le Parti pris des choses*, Sisyphe devient rocher lui-même et qu'il faut trouver quelqu'un pour le pousser. Camus à son tour manie l'ironie amicale à l'égard de Ponge, notamment lorsqu'il lui dit son projet d'écrire une Philosophie du Minéral, des Prolégomènes à une métaphysique de l'Arbre, ou un Essai sur les attributs de la Chose.

Le dialogue s'est aussi noué sur le terrain politique et sur l'engagement avec le parti communiste sans pourtant reprendre les illusions téléologiques de l'homme nouveau à construire. L'éloignement de Camus, en 1949, vient de leurs différences d'appréciation sur la bonne distance à l'égard du communisme soviétique. Cependant Ponge récusera la présentation qu'en a faite Roger Quilliot dans l'édition des *Œuvres* complètes de Camus pour la « Pléiade ».

Au-delà du débat d'idées, il demeure des traces littéraires de ce dialogue entre Camus et Ponge. Dans *Le Savon*, le second publie une lettre du premier qui fait part de ses doutes et de son incompréhension sur cette œuvre bizarre. Cette citation s'intègre à la construction de l'œuvre en processus qui met en scène la tentative constamment répétée et échouée de définir l'objet savon. La référence à Camus donne implicitement lieu à une version dramaturgique, essayée parmi d'autres formes littéraires, d'autant qu'au moment de cette écriture, pendant l'Occupation, Camus se consacrait à l'activité théâtrale. De son côté, Camus s'est inspiré de ses conversations avec Ponge pour développer les arguments des incroyants dans *La Peste*. La relation entre les deux hommes fut donc non seulement amicale, philosophique et politique, mais aussi féconde dans leurs œuvres respectives car elle a permis à chacun de s'interroger sur d'autres modes d'expression. François NOUDELMANN

POPPER, Karl (1902-1994). – D'après Roger Quilliot, Camus aurait parcouru *The Open Society and its Enemies* (Routledge, 1945) de Karl Popper, surtout le second volume, *Hegel and*

Marx, lors de l'élaboration de *L'Homme révolté*. Comme les deux ouvrages montrent quelques convergences, il est bon de comparer leurs lignes générales. Popper, qui vient de la mouvance du cercle de Vienne, sans lui avoir jamais appartenu directement, et qui réfléchit aux problèmes de l'épistémologie, considérait *The Open Society* comme sa participation à l'effort de guerre : la défense, sur le plan de la réflexion, de la démocratie contre le totalitarisme nazi. Les événements ultérieurs, avec la guerre froide, ont permis à ses critiques de Hegel et surtout de Marx de prendre un plus grand relief. L'ouvrage de Camus appartient évidemment au même contexte, même s'il a été publié six ans plus tard. Entre-temps, le IIIe Reich a été vaincu et la guerre froide s'est installée.

D'une certaine manière, les deux ouvrages sont des contributions à l'étude de l'odyssée de la raison et de l'irrationalité en Occident. Popper entend montrer comment le passage de la société close à la société ouverte qui commence en Grèce et a perturbé l'ordre traditionnel existant se prolonge dans les événements récents. Camus analyse le devenir de la révolte dans une société dominée par le sacré, ses difficultés et ses perversions. Le mythe de Prométhée en Grèce, Lucrèce et les rapports de la révolte au christianisme en sont les prolégomènes. Pour Popper, les maîtres de la réaction à ce passage à la société ouverte sont Platon, qui désire arrêter le devenir historique et retourner à la société fermée, ainsi que Hegel et Marx qui projettent non plus de l'arrêter, mais de le contrôler. Camus ne parle guère du premier – il lui préfère les présocratiques –, mais se penche sur les deux autres.

La critique de Popper porte sur ce qu'il appelle l'« historicisme », celle de Camus sur l'« historisme ». Bien que les notions ne se recouvrent pas entièrement, elles ont des points communs. Les deux termes sont aujourd'hui à peu près synonymes. Ils désignent ce mouvement qui depuis la Renaissance, mais particulièrement au XIXe siècle, met l'accent sur la dimension historique de tous les produits culturels, y compris de la réflexion sur l'histoire. Ses partisans insistent sur la spécificité de la méthode historique, qui n'est pas généralisante mais individualisante et vise à comprendre ses objets : ceux-ci, contrairement aux objets naturels, sont produits par l'homme dont le comportement est accessible à la compréhension. Entre l'objet et le sujet de la connaissance existent en quelque sorte des rapports privilégiés. De l'historisation de tous les produits culturels résulte le relativisme : il n'y a pas de valeurs transhistoriques, chaque époque a les siennes. Popper, qui s'intéresse en l'occurrence à la méthodologie des sciences humaines, donne au mot « historicisme » le sens suivant : la croyance que, par l'étude de l'histoire, on peut arriver à formuler des lois qui permettent de prédire l'avenir et donc de le connaître. Chez Camus, il consiste, après la mort de Dieu et la sécularisation, à croire que l'absolu se réalise dans l'histoire, que celle-ci résout le mystère de l'être. Le point commun est que l'histoire prend une dimension démesurée, puisqu'elle permet au partisan de l'histori(ci)sme de prédire l'avenir, de comprendre la destinée humaine. Le relativisme historique aboutit néanmoins à la mise en question des valeurs dans le présent et, à défaut de l'orientation qu'elles doivent donner, au culte du succès et de l'efficacité. Les pensées de Hegel et de Marx conjuguent, pour Popper et Camus, l'histori(ci)sme et le culte du succès.

Le point de départ de leur réflexion pour juger de l'odyssée de la raison n'est pas le même. Popper se réclame du rationalisme critique qui maintient la distinction entre jugements de fait et jugements de valeur : sa critique de l'historicisme consiste à montrer que celui-ci confond ces types de jugements et que sa conception de la science est erronée ; Camus, à partir de son expérience personnelle et par opposition à la dialectique du maître et de l'esclave de Hegel, dégage une conception idéale de la révolte qui lui permet de juger les révoltes et révolutions réelles. Popper maintient que les valeurs ne peuvent être fondées scientifiquement, elles reposent sur la foi qu'on a en elles ; Camus pense que le mouvement de la révolte découvre ou crée des valeurs qui sont les mêmes pour tous ceux qui se révoltent : il suggère, plus qu'il ne montre, qu'il y a une nature humaine qui explique cette identité.

Popper ne prend guère Hegel au sérieux, mais considère la totalité de sa production, alors que Camus se limite essentiellement à la dialectique du maître et de l'esclave dans *La Phénoménologie de l'esprit* qu'il interprète à la lumière d'Alexandre Kojève. Pour Popper, Hegel est le philosophe de la restauration, l'admirateur de l'État, État qui est le mieux en mesure de réaliser les potentialités de la nation. L'histoire est faite du choc des empires et des nations et son jugement est sans appel : puisque le réel est rationnel, celui qui triomphe a raison et la force est le droit. Le positivisme éthique et juridique – ce qui est, est bien – ne peut que susciter le culte du succès et de l'efficacité. Hegel serait à la fois l'inspirateur du fascisme et du marxisme. Pour Camus, il a tout historicisé et détruit par là même ce qui pouvait demeurer de transcendance : la raison et la liberté sont bien à l'horizon de l'histoire, mais, entre-temps, il n'y a pas de valeur transhistorique qui permette de s'orienter, l'action est livrée à elle-même. La recherche du succès est alors la voie royale et la morale se réduit au conformisme aux mœurs et coutumes de la nation. La dialectique du maître et de l'esclave (en termes camusiens, la « révolte »), qui repose sur le désir de reconnaissance, se réduit pour l'essentiel à l'alternative « tuer ou asservir » et donc à la force. Le fascisme est terreur irrationnelle, alors que Hegel est le penseur qui a tout voulu rationaliser : ce faisant, il a néanmoins donné un « frémissement déraisonnable à la raison » (*L'Homme révolté*).

Aux yeux de Camus, Marx radicalise encore l'historisation de tous les contenus culturels et mène, pour Popper, l'historicisme à son degré ultime. Le point commun de leur critique porte sur l'économisme de Marx, sur sa vision de l'histoire, sur le déterminisme qu'il confère à son cours, sur les prédictions-prophéties à long terme qu'il formule. L'un et l'autre ont beau jeu de confronter les prédictions aux faits et de montrer que, malgré les mérites des analyses de Marx, le réel ne s'est pas tenu à ses pseudo-lois de développement. Le problème devient dramatique avec les successeurs du théoricien allemand qui ont voulu maintenir les prophéties à tout prix, quitte à instaurer des régimes totalitaires et à sacrifier au cynisme et à la morale du succès.

Popper et Camus concluent que la modestie convient mieux à la connaissance et aux entreprises humaines que les utopies et le messianisme politique ou que le savoir absolu et la réalisation de la raison chez Hegel et la société sans classes chez Marx. Popper en appelle à l'ingénierie sociale qui procède par petits pas (« *piecemeal social engineering* »), Camus à l'utopie relative, bref à des politiques sociales-démocrates. Tous deux se réfèrent aux pays scandinaves. Maurice WEYEMBERGH

Bibl. : Maurice Weyembergh, *Albert Camus ou la mémoire des origines*, Bruxelles, De Boeck, 1998, p. 137-150

« PORTRAIT D'UN ÉLU ». – En 1941, Jean Guitton fait paraître dans la collection « Leurs figures », chez Gallimard, le *Portrait de M. Pouget* qu'il avait publié avant la guerre en livraisons. Le livre suscite immédiatement l'admiration de catholiques comme François Mauriac, mais son rayonnement s'étend au-delà de ce cercle. Sur les conseils probables de Jean Grenier et de Jean Paulhan, Camus découvre cet ouvrage et lui consacre un compte rendu chaleureux qui paraît dans *Les Cahiers du Sud* d'avril 1943 sous le titre « Portrait d'un élu ».

Guillaume Pouget (1847-1933) était un prêtre lazariste qui, devenu presque aveugle, suspecté par l'Église et interdit d'enseignement, passa la fin de sa vie dans une retraite studieuse. Sa biographie sans éclat, selon Camus, présente moins d'intérêt que ses idées et sa méthode. Celle-ci consiste à « distinguer soigneusement dans l'Écriture ce qui revient à l'inspiration divine et ce qui provient de la mentalité propre à une certaine époque ». Pour M. Pouget, tout n'est pas inspiré dans les textes sacrés car Dieu, en bon éducateur, a « proportionné ses révélations à la capacité de la créature » et s'est servi de l'histoire pour faire accepter progressivement ses vérités. Un minimum irréprochable subsiste dans les Écritures et constitue un motif suffisant de croire, à condition d'être illuminé par la grâce. Si cette méthode ne lui semble pas parfaite en ce qu'elle risque de rejeter du côté des mentalités tout ce qui contredit la foi, Camus manifeste son enthousiasme pour une pensée qui, à l'instar de celle de Pascal, ne se dit pas ouvertement apologétique. Chacun est libre de croire ou non, et les textes divins ne sont que des outils permettant de faire son choix. Modèle de tolérance, l'exégèse de M. Pouget rend ainsi caducs les vieux débats opposant la science et la religion. En ce sens, selon Camus, le prêtre est un maître spirituel des temps modernes.

Alors que Mauriac voyait en M. Pouget un authentique saint méconnu, Camus fait de lui le dépositaire d'une pensée chrétienne idéale où les textes sacrés ne seraient plus les révélations incontestables de l'existence de Dieu, mais des invitations à la foi s'appuyant sur le bon sens ; où l'Église ne serait plus un juge qui condamne mais un simple rempart contre l'hérésie ; où croyants et incroyants ne seraient plus des frères ennemis, mais des hommes invités à chercher dans les textes leur propre vérité.

Au-delà de son admiration pour le prêtre, Camus rend hommage au livre de Jean Guitton qui a su faire revivre avec un enthousiasme proche de la vénération cette figure. Aussi souhaite-t-il que l'audience de ce livre excède le milieu catholique. Il avait déjà salué la thèse de Jean Guitton, *Le Temps et l'Éternité chez Plotin et saint Augustin*, dont il rappelle qu'elle fait précisément écho à la pensée de M. Pouget. Mais en 1941, alors que paraît « Portrait d'un élu », Jean Guitton a affiché des sympathies pétainistes qui n'emportent guère l'adhésion de Camus, comme il le signale dans une note de l'article. De fait, il ne réagira pas aux *Dialogues avec M. Pouget* du même auteur, parus en 1954. Élisabeth LE CORRE

POSSÉDÉS (Les). – « *Les Possédés*, écrit Camus en avril 1959, est une des quatre ou cinq œuvres que je mets au-dessus de toutes les autres ». Déjà, au temps du Théâtre de l'Équipe, il souhaitait adapter ce roman de Dostoïevski qui a été, pour lui, une ouverture sur le monde politique contemporain. Il y retrouvait les grands thèmes qui l'ont hanté toute sa vie, la justice, la culpabilité, la révolte, le crime, l'absence de Dieu. Sa longueur, le foisonnement de l'action et des personnages semblaient rendre sa tâche insurmontable. Pourtant il n'y renonça jamais, motivé par son admiration pour le grand écrivain russe et par l'intérêt qu'il portait à ce roman où ce dernier affronte ses engagements passés. Il écrit en 1955, dans « Pour Dostoïevski » : « à mesure que je vivais plus cruellement le drame de mon époque, j'ai aimé dans Dostoïevski celui qui a vécu et exprimé le plus profondément notre destin historique ». Il fait même de lui, dans un autre texte, « le vrai prophète » du XXe siècle. Cette dimension, il la trouve au plus haut point dans le roman qu'il a voulu adapter : « si *Les Possédés* sont un livre prophétique, ce n'est pas seulement parce qu'ils annoncent notre nihilisme, c'est aussi qu'ils mettent en scène des âmes déchirées ou mortes, incapables d'aimer et souffrant de ne pouvoir le faire, voulant et ne pouvant croire, qui sont celles mêmes qui peuplent aujourd'hui notre société et notre monde spirituel » (Prière d'insérer, « *Les Possédés* à la scène », avril 1959). Dans *L'Homme révolté*, il avait écrit que cet ouvrage apparaît en un moment où la raison et la volonté de puissance se confondent.

Avant Camus, l'œuvre de Dostoïevski a souvent tenté les adaptateurs, cela de son vivant même, et face à la difficulté que représente le passage d'un genre à un autre, deux stratégies sont possibles : soit renoncer à la perspective romanesque et « recomposer » l'œuvre comme l'a fait Jacques Copeau en 1913 pour un autre grand roman de Dostoïevski, *Les Frères Karamazov*, soit comme l'a décidé Camus, « suivre le mouvement profond du livre » et pour cela confier à un narrateur le soin d'assurer la continuité de la pièce. À la fin du prière d'insérer, il apporte cette précision importante : « L'adaptation des *Possédés* a été faite en réincorporant dans le cours de l'ouvrage la confession de Stavroguine (qui ne fut pas publiée pour des raisons de censure mais dont nous connaissons la place dans le récit) et en utilisant les centaines de pages qui constituent les *Carnets des* Possédés, tenus par l'auteur pendant la période de création. »

Présentant la pièce, en avril 1959, Camus écrivait : « Aujourd'hui, voici *Les Possédés* sur la scène. Pour les y porter, il a fallu plusieurs années de travail et d'obstination. » C'est en 1953, année en grande partie consacrée à l'activité théâtrale, qu'il revient en effet à son projet ancien de monter le roman. La première version, réalisée à cette époque, aurait représenté un spectacle de cinq heures. Il fallut donc encore quelques années de gestation pour que le projet aboutisse enfin. Lorsqu'il reprend son travail en 1958, il est renforcé dans sa volonté de réussir par le succès qu'a connu entre-temps une autre adaptation, celle du roman de William Faulkner, *Requiem pour une nonne*. Il s'agissait déjà d'une forme de roman-théâtre ou de roman-tragédie. Dans sa présentation des *Possédés*, Camus écrit que « Dostoïevski […] a, dans ses romans, une technique de théâtre : il procède par dialogues, avec quelques indications de lieux et de mouvements. » Le romancier avait déjà composé dramatiquement le personnage de Nicolas Stavroguine comme il l'a lui-même indiqué : « J'ai esquissé ce caractère en scènes, en action, et non en réflexions ». Aussi Camus affirme-t-il dans le prière d'insérer sa fidélité au roman : « J'ai simplement tenté de suivre le mouvement profond du livre et d'aller comme lui de la comédie satirique au drame, puis à la tragédie. Cela est vrai pour le texte comme pour le spectacle qui part d'un certain réalisme pour aboutir à une stylisation tragique. »

Des quarante-quatre personnages du roman, en comptant le narrateur, il en reste vingt-trois dans la pièce, après une étape intermédiaire où ils étaient encore vingt-huit. Ont disparu également des épisodes qui rendent compte de l'état de confusion et de violence dans lequel se trouve la société. Camus était confronté à la difficulté de rendre scéniquement une émeute. Son souci principal était en outre de préserver le fil dramatique du roman, ce que confirme la division de la pièce en trois parties où il reprend exactement le mouvement du récit. Avec la scène-conclave qui marque la fin de la première partie, la pièce passe « de la comédie satirique au drame ». Puis, la confession de Stavroguine, à la fin de la deuxième partie nous fait entrer dans la tragédie. Par ailleurs, les tableaux comptent un nombre important de scènes à deux personnages, qui reprennent l'essentiel des dialogues du roman. Ainsi apparaît Stavroguine confronté successivement aux trois hommes qui se considèrent comme ses disciples, Alexis Kirilov, Ivan Chatov et Pierre Verkhovensky, ainsi qu'aux trois femmes qui l'aiment, Maria Timopheïevna, Dacha Chatov et Lisa Drozdov. Il est significatif que la rencontre avec Kirilov puis Chatov ait lieu dans le même tableau, le sixième, chacun rappelant à Stavroguine le rôle que celui-ci a joué dans sa vie. Le jeu de scène, qui associe la sortie de Kirilov et l'entrée de Chatov, souligne que les deux personnages sont liés entre eux par ce qui les attache à Stavroguine.

La présence d'un narrateur que Camus nomme Anton Grigoreiev rend plus sensible encore la ligne dramatique du roman, en même temps qu'elle confirme le souci de fidélité qui a animé l'adaptateur. Du fait même de la distribution différente de la parole dans la pièce, la double dimension du narrateur, à la fois récitant entre les tableaux et personnage à l'intérieur de ceux-ci, apparaît plus nettement : cette séparation est marquée scéniquement par le passage de la lumière à l'obscurité. De surcroît, le narrateur remplit plusieurs fonctions dans la pièce. La première est d'ordre dramatique : ses interventions constituent le fil conducteur qui aide à suivre le déroulement de l'action, donnant entre les scènes dialoguées les indications nécessaires à la compréhension des événements. La fonction idéologique, quant à elle, réside dans les commentaires ironiques qu'il fait parfois sur l'action et le comportement des personnages, certains de ces propos étant empruntés aux *Carnets* de Dostoïevski. Mais la fonction la plus importante est celle de régie, qui consiste à mettre en place un ou plusieurs personnages, comme le ferait un metteur en scène. La différence entre le roman et la pièce est particulièrement sensible dans le cas du personnage principal, Stavroguine. Alors que son apparition, dans le texte premier, est retardée jusqu'à la grande scène-conclave, renforçant le mystère autour du personnage, Camus a choisi de faire agir dès le premier tableau un personnage décrit au début du roman comme « parfaitement capable de commettre en ayant toute sa raison les pires folies ».

L'un des problèmes principaux auquel se trouve confronté l'adaptateur est l'inscription des personnages dans la durée. À la question, « Comment avez-vous résolu le problème du temps ? », posée par la revue *Spectacles* en 1958, Camus répondait : « Il n'y a pas de durée chez Dostoïevski comme il y en a par exemple dans *La Guerre et la Paix*, mais des condensations furieuses, suivies de paroxysmes. À mon avis, c'est le véritable *tempo* dramatique. Je n'ai eu qu'à calquer. » Particulièrement remarquables sur le plan du rythme, dans la pièce, sont les groupements de scènes dans lesquelles il y a succession d'événements, de rencontres, de scènes à scandale et parfois de morts. Cette accélération du rythme, surtout sensible dans la dernière partie, correspond à la recherche par Camus d'une « stylisation tragique », mais on peut y voir aussi les limites de cette transposition théâtrale, à l'instar d'Henri Gouhier, qui dans *La Table ronde* en mars 1959 s'interroge en ces termes : « Devant cette suite de tableaux, où les catastrophes se précipitent, le spectateur a-t-il encore le temps de sentir la terrible nécessité, à la fois transcendante et intérieure aux individus, qui gouverne ce gâchis ? Un vent de folie souffle sur le monde, on nous montre les dégâts : mais Dostoïevski n'est plus là et ne peut plus être là pour nous dire d'où il vient. » Mais le critique reconnaît aussitôt qu'on ne pouvait faire mieux. Il était en effet impossible de trouver un équivalent pour les passages où l'action du roman, dans sa partie tragique, atteint un sommet d'intensité exceptionnel.

La pièce fut représentée pour la première fois le 30 janvier 1959 au Théâtre Antoine. Avant la générale, la directrice du théâtre, Simone Berriau, s'inquiétait : « Nous tenons là un succès qui sera peut-être compromis par la longueur de la pièce. » Camus se chargea de la mise en scène. Il commanda les décors et les costumes à Mayo. La distribution était prestigieuse, réunissant notamment Pierre Blanchar (Stepan Trophimovitch Verkhovensky), Catherine Sellers (Maria Lebiadkine), Pierre Vaneck (Stavroguine), Michel Bouquet (Pierre Verkhovensky) et Roger Blin (l'évêque Tikhone). Les nécessités de la représentation scénique obligèrent Camus à pratiquer des coupes dans le texte de l'adaptation. La presse parisienne fut partagée. Le critique du *Monde*, Robert Kemp, se montra le plus enthousiaste : « Quel magnifique et bouleversant spectacle, ces *Possédés* ! » ; Jacques Lemarchand au *Figaro littéraire* et Robert Kanters à *L'Express* louèrent le spectacle. En revanche, Pierre Marcabru, dans l'hebdomadaire *Arts*, s'avoua déçu : il n'avait retrouvé ni l'écrivain russe, ni l'auteur français. Rapportant dans sa biographie le jugement de journaux engagés, comme *L'Humanité*, Olivier Todd observe que « l'adaptation de Camus est prise dans les remous de la guerre froide. Tout passe au prisme politique ».

L'opération, sur le plan financier, fut déficitaire. Pourtant le spectacle partit en octobre 1959 pour une tournée en province et dans les pays de langue française (les deux entractes avaient été réduits à un seul et la distribution renouvelée). C'est pendant cette tournée, qui se trouvait ce jour-là à Tourcoing, que Pierre Blanchar apprendra la mort de Camus. La représentation fut maintenue, en hommage des comédiens à celui qui fut leur maître et leur ami. Mobilisant plus de vingt acteurs, la pièce exige des moyens qui excèdent ceux d'un théâtre privé, et la principale reprise française de la pièce se fit donc dans un théâtre public. En 1972, Jean Mercure mit *Les Possédés* à l'affiche du Théâtre de la Ville. Il assura la mise en scène et interpréta le rôle de Tikhone.

La carrière internationale de la pièce fut brillante. Dès 1960, elle fut montée à New York dans une mise en scène de Sydney Lumet. Le spectacle qu'en tira Andrzej Wajda en 1983-1984 au Théâtre Stary de Cracovie fait date.

Jacques LE MARINEL

Éd. : Gallimard, coll. « Le Manteau d'Arlequin », 1959 • *Paris Théâtre*, n° 147, 1960 • *Théâtre, récits, nouvelles*, Gallimard, coll. « Bibl. de la Pléiade », 1962 • *Œuvres complètes*, t. IV, Gallimard, coll. « Bibl. de la Pléiade », 2008, éd. par Eugène Kouchkine

Trad. : en allemand, anglais, arabe, bulgare, espagnol, finnois, japonais, néerlandais, norvégien, polonais, portugais, serbo-croate, slovaque et tchèque

Crit. : Jacques Le Marinel, « Albert Camus et *Les Possédés* : du roman à la pièce », dans Jacqueline Lévi-Valensi (dir.), *Camus et le théâtre*, IMEC Éditions, 1992, p. 229-238 • Marta Marchetti, *Camus e Dostoievskij : il romanzo sulla scena*, Rome, Bulzoni, 2007

POSTÉRITÉ DU SOLEIL (La). – Publié de manière posthume en 1965, *La Postérité du soleil* demeure une expérience d'écriture camusienne tout à fait unique, fruit de l'amitié avec René Char qui commente ainsi la genèse de cet ouvrage : « *La Postérité du soleil* naquit de la rencontre d'une jeune photographe, Henriette Grindat, du plaisir que Camus prenait de plus en plus à parcourir ce pays, et de mon désir [...] d'obtenir des images, des portraits, des paysages du Vaucluse qui différeraient des photographies cartes postales » (« Naissance et jour levant d'une amitié », janvier 1965). En 1952, Camus choisit trente photos et les illustre par des poèmes en prose : semblables à des paroles d'injonction, certains textes, marqués par une brièveté syntaxique, ne craignent pas d'utiliser le tutoiement fraternel et le mode impératif. Quelques poèmes se réduisent à une phrase, voire un mot, et privilégient les tournures elliptiques qui appellent un déchiffrement. Cette forme poétique, qui peut se lire comme un hommage à l'aphorisme charien, suscite beaucoup de questions et demeure ouverte aux interprétations : « Ici vit un homme libre. Personne ne le sert. » Les manuscrits révèlent qu'au moment de l'édition – dévolue à Char par la force des choses –, le poète n'hésite pas à modifier légèrement tel ou tel texte et même à en ajouter. Les thèmes empruntent à l'imaginaire camusien : exaltation de l'instant, équilibre fugitif des forces contraires, nostalgie des origines : « Des vieux troncs de saule jaillissent des gerbes de branches fraîches. C'est le premier jardin du monde. À chaque aurore, le premier homme. »

Le choix de la forme poétique, la présence de la Sorgue et des paysages rudes du Luberon font de cet ouvrage le tissage de deux pensées fraternelles. Le livre commence par un texte de Char, « De moment en moment », et se clôt par « Naissance et jour levant d'une amitié », déjà cité, l'un des rares textes que le poète ait consacrés à son ami Camus. Les dernières paroles de Camus dont le poète se souvient concernent *La Postérité du soleil* : « René, quoi qu'il arrive, faites que notre livre existe ! » Anne PROUTEAU

Éd. : Genève, Edwin Engelberts, Éditions de l'Aire, 1965 • *Œuvres complètes*, t. IV, Gallimard, coll. « Bibl. de la Pléiade », 2008

Bibl. : Hélène Rufat, « Des aphorismes de *La Postérité du soleil* au lyrisme camusien », *L'Esprit créateur*, XLIV, n° 4, été 2004, p. 47-55

« POURQUOI JE FAIS DU THÉÂTRE ? ». – Le « Gros Plan » télévisé qui date du 12 mai 1959 et dont le texte publié dans la première édition de la « Pléiade » porte pour titre « Pourquoi je fais du théâtre ? », doit être considéré comme le testament théâtral de Camus. Retraçant un parcours commencé à Alger en 1936, il s'interroge sur les raisons de cette fidélité au théâtre et en trouve de deux sortes, les premières d'ordre personnel et les autres qui tiennent à la spécificité du théâtre comme art.

Si le théâtre est « un des lieux du monde » où il trouve le bonheur, c'est d'abord parce que, contrairement à ce qui se produit dans la société intellectuelle, il y reste naturel. Aussi a-t-il toujours recherché la compagnie de ceux qui y travaillent. Au sein de cette « communauté », il dit trouver « la chaleur d'une collectivité ». Décrivant concrètement la vie d'une troupe dans la période de travail, il exalte la notion de « camaraderie », au sein d'« une équipe d'hommes » engagée dans une « aventure commune ». Cette « solidarité de métier », qu'il oppose à la solitude de l'artiste, est fondée sur une dépendance mutuelle qui, dans la troupe de théâtre, lie chacun à tous les autres, et particulièrement le metteur en scène et l'acteur qui font cause commune pour un même objectif. Dans « le risque connu par tous » se crée « une équipe d'hommes et de femmes [...] qui ne sera jamais meilleure ni plus belle que le soir, longtemps attendu, où la partie enfin se joue ». C'est le caractère éphémère de la représentation théâtrale qui donne à cette aventure tout son prix.

Camus fait la transition entre ces raisons personnelles et d'autres, « d'artiste, c'est-à-dire plus mystérieuses », évoquant les exigences concrètes du métier liées à la mise en scène, qui lui permettent de « fuir l'abstraction qui menace tout écrivain ». Puis il s'élève à un niveau plus philosophique en recherchant la signification profonde du théâtre, ce qui fait sa grandeur et même sa supériorité en tant qu'art. Il affirme ainsi que « le théâtre est un lieu de vérité », où les masques de la vie en société tombent. Pour lui, concilier le théâtre et la littérature ne présente aucune difficulté puisque « le théâtre est justement le plus haut des genres littéraires et en tout cas le plus universel ». L'auteur, s'il veut servir « la vraie tradition de l'art », doit associer simplicité et ambition, alors « il réconcilie dans la salle toutes les classes et tous les esprits dans une même émotion ou un même rire ». Cependant, Camus ne cache pas son inquiétude devant le devenir du théâtre, menacé dans sa noblesse même par des considérations matérielles. Il affirme, malgré tout, sa détermination à poursuivre l'aventure.

L'émission fait l'objet d'un compte-rendu sévère dans le *Bloc-notes* de François Mauriac. Celui-ci reproche pêle-mêle à Camus de jouer son personnage, de chercher à plaire à un public de masse et de faire semblant de croire que le théâtre est vrai alors que tout y est faux. Jacques Le Marinel

POZNAN. – Le 28 juin 1956, à Poznan, en Pologne, une imposante manifestation ouvrière (100 000 manifestants), appuyée par les étudiants et des écoliers, déboucha en quelques heures sur une émeute, durement et rapidement réprimée. La manifestation avait été décidée après le retour d'une délégation du comité d'entreprise de l'usine ZISPO, qui fabriquait du matériel ferroviaire. La délégation avait été présenter au ministre de l'Industrie mécanique, à Varsovie, des revendications portant sur les salaires, les impôts, le plein emploi, le logement. Elle était revenue à peu près bredouille. Le défilé, d'abord tranquille, portait des pancartes demandant « du pain et une justice » et « À bas l'occupation soviétique » ; les drapeaux brandis étaient des drapeaux nationaux polonais et la foule chantait de vieux chants patriotiques. Rapidement, les manifestants prirent la prison d'assaut et délivrèrent les prisonniers ; des miliciens les rejoignirent et des militaires refusèrent d'entrer en action. Les manifestants mirent à sac quelques édifices publics, dont le quartier général du Parti, puis se dirigèrent vers le siège de l'appareil de sécurité ; c'est de cet édifice que partirent les premiers coups de feu. Dès l'après-midi, les autorités reprenaient le contrôle de la ville. Le nombre officiel des victimes était d'abord 38, ensuite 48 (d'après des sources occidentales, plus de 100) ; il y avait des centaines de blessés, de nombreuses arrestations. Le premier communiqué officiel accusait des « agents impérialistes ». Moscou, Tito et les partis communistes d'Occident lui firent aussitôt écho. Très vite le gouvernement et le Parti polonais rectifièrent la première interprétation : ils parlèrent de « difficultés » des ouvriers, des « erreurs » du gouvernement ; la thèse des « agents impérialistes » passait au second plan.

Camus rédigea très rapidement, en juin ou juillet 1956, une proclamation exprimant sa solidarité avec les « martyrs » de Poznan. Il attaquait le président polonais, et Tito qui avait calomnié les victimes (« il s'est condamné pour longtemps aux yeux de la gauche libre »), et « nos hommes de progrès » qui avaient traité les « martyrs » de fascistes. Disant qu'il n'avait jamais encouragé à la révolte des hommes dont il ne pouvait partager le combat, il répétait sa « solidarité absolue » et son « respect » pour ces hommes qui « à bout d'humiliations », s'étaient levés, manifestant leur fidélité « à la liberté invincible et sacrée ». Il voulait répercuter le « cri déchirant » de ces hommes. Affirmant que, de longue date, il savait la misère et l'oppression que subissaient des millions d'hommes à l'Est et le malheur d'une révolution dévoyée, il pensait qu'après la tragédie de Poznan, le mythe qui avait « perverti les consciences et les intelligences européennes » allait voler en éclats. Il n'y aurait plus d'aveugles et de naïfs, seulement des complices. Il choisissait, « une fois pour toutes », la liberté contre les barbaries anciennes et nouvelles, « pour ne pas démériter un seul jour du sacrifice des militants ouvriers de la Pologne toujours opprimée ».

Jeannine Verdès-Leroux

Bibl. : Nicholas Bethell, *Le Communisme polonais (1918-1971)*, Le Seuil, 1971 • Albert Camus, « Poznan », *Œuvres complètes*, t. III, Gallimard, coll. « Bibl. de la Pléiade », 2008, p. 1129-1132 • K.-A. Jelenski, « Chronique de Poznan », *Preuves*, n° 66, août 1956, p. 52-62

PPA. – Fondé en mars 1937 par les nationalistes, le Parti du peuple algérien, couramment appelé « Parti populaire algérien » par le parti communiste, connut une existence agitée. À cause de son rapide succès en Algérie, et bien qu'il eût revendiqué le droit du peuple algérien à disposer de lui-même au lieu de l'indépendance, ses dirigeants furent arrêtés et condamnés à plusieurs reprises, et le parti fut interdit dès septembre 1939. Pendant huit ans, de 1938 à 1946, Messali Hadj fut presque constamment en prison ou en résidence surveillée. Pendant ce temps, le parti continuait son existence dans la clandestinité, sous la direction du docteur Lamine Debaghine. De 1943 à 1945, il s'associa à la revendication d'un État algérien par le Manifeste du peuple algérien rédigé par Ferhat Abbas, et prit le contrôle de l'association des Amis du Manifeste et de la Liberté en mars 1945. Messali tenta de s'évader de sa résidence surveillée en avril 1945 pour prendre la tête d'un gouvernement provisoire algérien, mais il ne trouva personne au lieu de rendez-vous ; retourné en résidence, il fut envoyé au Sahara, puis à Brazzaville, ce qui contribua à déclencher la manifestation violente de Sétif le 8 mai 1945 et l'insurrection que la direction du parti hésita à généraliser avant d'y renoncer. En 1946, le gouverneur général Chataigneau obtint de faire revenir Messali en Algérie et de l'autoriser à créer un Mouvement pour le triomphe des libertés démocratiques (MTLD). Messali eut toutefois du mal à faire accepter cette création par son parti : le MTLD légal fut créé, certes, mais en même temps qu'une Organisation secrète (OS) chargée de préparer clandestinement la lutte armée. Le PPA-MTLD remporta de grands succès électoraux, mais fut bloqué par les fraudes de l'administration à partir de 1948. L'OS quant à elle acheva sa préparation à l'insurrection, mais fut découverte par la police en 1950 et se démobilisa pour échapper à la répression. Le MTLD s'enlisa dans les crises et les épurations : crise « berbériste » en 1949, démission du docteur Lamine Debaghine, campagne d'agitation-propagande entreprise par Messali qui provoqua son envoi en résidence surveillée en France en 1952, prise en main de la direction du parti par le comité central élu en 1953 et appel à un « Congrès national algérien » lancé par le secrétaire général Ben Khedda, enfin appel de Messali à une révolte de la base « messaliste » contre la direction « centraliste », qui aboutit durant l'été 1954 à une scission lors des congrès « messaliste » de Hornu (Belgique) et « centraliste » d'Alger. C'est alors qu'un groupe d'anciens responsables de l'OS, d'abord sollicités par les centralistes, décida de réconcilier les deux factions en appelant tous les Algériens à l'insurrection nationale.

Albert Camus était personnellement très éloigné du nationalisme algérien, mais il conservait du respect pour Messali Hadj et connaissait personnellement depuis le lycée son avocat Yves Déchezelles. C'est pourquoi il protesta notamment contre la répression de la manifestation du MTLD à Paris le 14 juillet 1953. Guy PERVILLÉ

PRAGUE. – Camus découvrit la capitale tchèque lors du voyage qu'il effectua en Europe centrale à l'été 1936. Des circonstances intimes influencèrent l'impression négative qu'il ressentit. C'est en effet au cours de ce périple que survint la rupture avec sa première femme, Simone Hié. Preuve que ce voyage l'a profondément marqué, Camus a tiré de cette période de son existence une double transposition littéraire, la plus immédiate étant *La Mort dans l'âme*, l'un des cinq essais-nouvelles de *L'Envers et l'Endroit*. L'autre est fictionnelle, il s'agit de son premier roman, *La Mort heureuse*.

Précédant ses deux compagnons de voyage, Camus passe quatre journées solitaires à Prague. Nous sommes en août 1936. C'est la première fois qu'il s'éloigne de la Méditerranée et l'on peut dire qu'il fait à cette occasion une expérience de l'exil. Ses écrits en portent témoignage, qu'il s'agisse de sa correspondance ou, plus intéressant, des deux œuvres citées précédemment. Écrivant à une amie d'Alger, il lui fait part à plusieurs reprises de son angoisse, qu'aggrave son mauvais état de santé. Même « la cathédrale et une quantité prodigieuse d'églises baroques » ne l'inspirent pas. Dans *La Mort dans l'âme*, il rapporte qu'il s'est senti comme un étranger : « Ville dont je ne sais pas lire les enseignes, caractères étranges où rien de familier ne s'accroche, sans amis à qui parler, sans divertissement enfin. » Avec un peu de recul, il ne conserve de ce séjour qu'une impression olfactive dont le caractère dérisoire est révélateur de son état d'esprit : « Et je puis bien le dire maintenant, ce qui me reste de Prague, c'est cette odeur de concombres trempés dans du vinaigre, qu'on vend à tous les coins de rue pour manger sur le pouce, et dont le parfum aigre et piquant réveillait mon angoisse et l'étoffait dès que j'avais dépassé le seuil de mon hôtel. » Poursuivant son voyage en Italie, où il découvre un village, il souligne le contraste avec la ville qu'il n'a pas aimée : « À Prague, j'étouffais entre des murs. Ici, j'étais devant le monde, et projeté autour de moi, je peuplais l'univers de formes semblables à moi. » Dans *La Mort heureuse*, c'est à la troisième personne, à travers le personnage de Mersault, qu'il rapporte des impressions identiques, malgré la transposition romanesque : « Du fond des nuits douloureuses de Prague, dans des odeurs de vinaigre et des mélodies puériles, montait vers lui le visage angoissé du vieux monde baroque qui avait accompagné sa fièvre. »

Cependant, sous l'effet de la mémoire qui transforme et embellit les souvenirs, une revalorisation de la ville s'est produite avec le temps. En avril 1944, dans l'une des *Lettres à un ami allemand*, Camus évoque « tous ces lieux d'Europe » qu'il a visités, décrit « une terre magnifique faite de peine et d'histoire » et énumère les villes, telles Florence, Cracovie, Salzbourg mais également Prague, avec « les statues contorsionnées du pont Charles sur la Vltava ».

Jacques Le Marinel

PRÉFACES. – Parmi les nombreuses préfaces rédigées par Camus, deux catégories sont à distinguer : celles qu'il écrit pour ses propres œuvres et qui constituent un élément important du « métatexte camusien », et celles qu'il a consacrées aux livres des autres, dont certaines sont des « exercices d'admiration » pour reprendre un titre de Cioran.

Définie par un critique comme « l'épreuve de vérité du livre », la préface permet à son auteur de s'expliquer, de façon rétrospective, sur son dessein. Même si elle n'est pas datée, celle écrite pour *Le Malentendu* reste précieuse, qui montre l'ambition qui était celle de Camus de créer une tragédie moderne puisque la pièce « tente de reprendre dans une affabulation contemporaine les thèmes anciens de la fatalité ». Il précisera cette conception dans la « Préface à l'édition américaine du théâtre », datée de décembre 1957, où il présente successivement ses quatre pièces écrites entre 1938 et 1950 en s'adressant directement au lecteur pour lui expliquer son « parti pris ». C'est une méthode de lecture que propose généralement la préface et Camus ressent surtout cette nécessité lorsqu'il s'agit de faire connaître son œuvre dans d'autres pays. Ainsi avec la « Préface à l'édition universitaire américaine » de *L'Étranger*, datée de janvier 1955, où il revient sur certaines de ses déclarations antérieures qui ont pu paraître paradoxales et même provocantes, de façon à les expliciter. Même volonté de clarification dans la « Préface à l'édition italienne » des *Lettres à un ami allemand* : « je ne puis laisser réimprimer ces pages sans dire ce qu'elles sont », écrit-il. Il présente ces « écrits de circonstance » comme « un document de la lutte contre la violence ».

L'Envers et l'Endroit constitue également un cas intéressant, dont la préface, écrit Roger Quilliot, « a fait l'objet d'un soin tout particulier ». Dès l'année de la publication de ce qui est son premier livre, Camus – comme l'attestent ses *Carnets* à la date de mai 1937 – a pris conscience de l'insuffisance formelle de son essai autobiographique. Le projet de préface qu'il nourrit dès cette date aboutira en 1958 à ce texte long et dense qui accompagne la réédition de son livre. La vérité que la préface produit après coup y est résumée dans cette phrase : « Chaque artiste garde ainsi, au fond de lui, une source unique qui alimente pendant sa vie ce qu'il est et ce qu'il dit. »

Quant aux préfaces écrites pour les livres des autres, la nature des œuvres choisies permet de distinguer ce qui a motivé Camus. Dans un premier groupe figurent des textes à caractère politique ou historique, et le choix de leur consacrer une préface est une manière d'engagement dans les affaires du siècle, que ce soit à propos de la Résistance avec les ouvrages d'André Salvet, *Le Combat silencieux*, paru en 1945, et de Konrad Bieber, *L'Allemagne vue par les écrivains de la Résistance française* (1954), ou du régime soviétique, avec *Moscou sous Lénine* (1953) d'Alfred Rosmer. Un autre ensemble plus important illustre les « affinités électives » de Camus avec un certain nombre d'écrivains : Louis Guilloux, dont il préface en 1953 une nouvelle édition de *La Maison du peuple*, Albert Memmi, au sujet duquel il écrit dans la préface à *La Statue de sel* (1953) que « d'une certaine manière, il ne refusera rien de lui-même ni d'autrui », William Faulkner, dont il préface en 1957 une réédition de *Requiem pour une nonne*, qu'il a adapté auparavant au théâtre, enfin René Char, à propos duquel il parle de « révolution poétique » dans la préface à l'édition allemande des *Poésies*, parue en 1959. Quant à Roger Martin du Gard, c'est à la demande de l'auteur que Camus a rédigé en 1955 la préface pour l'édition des *Thibault* dans la « Pléiade » : il y rend hommage à celui qu'il appelle « notre éternel contemporain ». On signalera un dernier exemple d'affinité, mais cette fois dans le domaine de la peinture avec sa préface du catalogue de l'exposition « Pierre-Eugène Clairin », en 1945.

Jacques LE MARINEL

Bibl. : Paul F. Smets, *Albert Camus critique littéraire et préfacier*, Bruxelles, Académie royale de Belgique, 2004

PREMIER HOMME (Le). – On peut être prix Nobel de littérature et ne pas avoir vraiment commencé à écrire. Tel est le sens d'une confession faite par Camus à Jean de Maisonseul en 1959 : « Je n'ai écrit que le tiers de mon œuvre. Je la commence véritablement avec ce livre. » Rupture radicale, projet ambitieux, l'œuvre fétiche, dans laquelle on lit aussi : « je n'étais dans rien de ce que j'ai écrit », sera ce premier opus, celui vers lequel, hors des cycles, tout converge ou aurait dû tendre, la synthèse d'un homme. C'est après *La Chute*, le grand projet, celui où toute l'œuvre antérieure devait aboutir, celui qui occupe constamment les pensées de l'auteur, ainsi qu'en témoignent les nombreuses notes relatives à sa rédaction qui strient le troisième et dernier volume de ses *Carnets*. Camus s'y rassemble autant qu'il s'y ressemble. Après la grave crise des années 1950, crise morale et crise de confiance dans les possibilités propres de la création, après la phase d'angoisse qu'évoque la nouvelle *Jonas*, et l'impasse dont *La Chute* témoigne, ou dont elle triomphe, au moment où Camus célèbre dans ses notes les vertus de la création et des grands créateurs, Melville ou Tolstoï, l'écriture de ce livre à part, qu'il conçoit comme son œuvre majeure, son *Guerre et Paix* – l'humour en plus, précise-t-il –, doit permettre un retour définitif à l'écriture via le genre de tous les possibles, le plus souple, le roman. Alors même que Camus consacre parallèlement beaucoup de son temps au spectacle théâtral, il retourne au roman, et à un roman qu'il veut d'un format beaucoup plus long que les précédents.

Au tout début du livre, la charrette du vieil Arabe tire le roman camusien de l'ornière morale et technique de *La Chute* : les cercles amsterdamois de l'enfer se transforment en ligne droite. Camus s'est détaché de l'ironie et du sarcasme, armes de la polémique, pour s'adonner, selon un penchant plus naturel de son cœur, à l'attachement et à la tendresse, composantes d'un vrai lyrisme filial et d'une piété familiale très présents dans le livre. *Le Premier Homme* est un livre d'amour. Si l'écriture de son « énorme histoire », dont une bonne partie s'accomplit à Lourmarin, dans une discipline voulue monacale, est difficile pour Camus, ardue, il n'en a pas moins éprouvé un visible plaisir à écrire ce roman, son « livre direct » que, d'une certaine manière, les œuvres antérieures ont préparé. Le romancier, comme le styliste, est à la recherche de son grand art et d'un authentique classicisme, fait de travail et d'application constante. Avec *Le Premier Homme*, Camus voit grand, il vise haut.

« Désormais la création » : le livre est une réponse à ce mot d'ordre que Camus se donnait en octobre 1953. À un auteur qui eut l'impression d'être à l'extérieur de tout ce qu'il écrivit jusque-là, le roman neuf, prenant pour sujet un thème original, rend possible la diction du monde intérieur. C'est peu dire qu'il s'agit d'une œuvre hautement personnelle. Elle s'appuie toutefois sur une documentation et la fiction se développe à partir des *realia*. En 1959, Camus se rend à Ouled Fayet, lieu de naissance de son frère aîné, et à la Bibliothèque nationale d'Alger. L'investigation de l'ancien journaliste n'interdit pas, bien au contraire, le travail de la fiction. Le lecteur qui connaît la biographie de Camus repère aisément des transpositions : Saint-Paul est devenu Saint-Apôtre, Louis Germain M. Bernard, l'oncle Étienne, déjà présent dans la nouvelle *Les Muets*, l'oncle Ernest, etc. Mais la mère, d'abord prénommée Lucie, retrouve son prénom, Catherine. Quant à Jacques Cormery, le narrateur du *Premier Homme*, son portrait d'adulte est lacunaire à la différence de celui de l'enfant qu'il fut : on sait qu'il est quadragénaire, mais on n'apprend rien sur son métier et sa situation familiale. L'essentiel est l'objet, non le sujet de la quête.

Si le lecteur retrouve certains des thèmes et des figures présents dans l'amont de l'œuvre, il y découvre également quelques nouveautés, comme la pratique du réalisme, auquel Camus s'était essayé dans cette même nouvelle de *L'Exil et le Royaume*, ainsi que cette volonté de donner plus de chair – chair qu'il louait dans les œuvres de Roger Martin du Gard – à ses personnages, notamment féminins. Fond et forme, le livre était conçu comme une œuvre neuve. Camus, en quelque sorte, se récrivait. Déjà présente dans *L'Étranger*, l'attention aux détails de la vie des autres est ici accentuée. À l'inverse du « terrible et dévorant égoïsme de l'artiste » (*Carnets* II), et comme ces lignes de *L'Énigme* le précisent, « il n'est pas du tout exclu, au contraire, qu'un artiste s'intéresse d'abord aux autres, ou à son époque, ou à des mythes familiers ». Camus écrit « à domicile », il est sur ses bases.

L'écriture du moi, qui aurait peut-être été gommée dans la version finale, est ce qui frappe, tant la matière autobiographique est importante. Camus parle de ceux qu'il nomme – à l'espagnole – les « siens ». Il y a là sa mère, sa grand-mère, son oncle et des amis de jeux. « En somme, dit-il, je vais parler de ceux que j'aimais. » La naissance de Jacques Cormery, présentée comme une Nativité laïque, l'absence du père tué à la guerre, l'enfance puis l'adolescence à Belcourt dans un milieu pauvre et éloigné de toute culture, l'école de la République et l'instituteur forment un monde sensible focalisé autour de la mère démunie et de son assourdissant silence. C'est ce monde chaleureux que Jacques Cormery retrouve lors de ses séjours à Alger et de son passage à Mondovi/Solférino. Les enjeux du récit sont là. Les matériaux autobiographiques, les « deux ou trois images simples » de *L'Envers et l'Endroit* aussi. Le roman touche à ce que l'homme qui l'écrit a de plus intime.

La scène la plus émouvante est celle du cimetière de Saint-Brieuc, dans laquelle le père – le grand absent de la création camusienne jusque-là – fait son apparition, mais pour être établi dans l'ordre de la mort. C'est la prise de conscience soudaine, la révélation : comparant les dates, le fils découvre que son père est plus jeune que lui-même, que la mort de ce « père cadet » fait désormais de lui, et par la force noire des choses, le premier homme. Dans cet épisode shakespearien, et de belle solitude, ce sont les fondements mêmes du monde qui tressaillent (« Quand, près de la tombe du père, il sent le temps se disloquer – ce nouvel ordre du temps est celui du livre »). La rupture est apocalyptique, mais moins au sens de destruction que de révélation. D'autres personnages masculins apparaissent comme des substituts du père, notamment Victor Malan, alias Jean Grenier, qui, par la grâce d'un hasard géographique vit à Saint-Brieuc (« Grenier, que j'ai reconnu comme père, est né là où mon vrai père est mort et enterré »), ou l'oncle Ernest, mais c'est bien à partir de la vie du père et de son existence absurde que Camus débute les choses. Jacques Cormery, l'homme aux initiales christiques, accède à une piété, très romaine, pour sa famille, qu'il ne se connaissait pas. Et l'ignorance de son père participe d'une certaine obscurité à soi (« Finalement, il ne sait pas qui est son père. Mais lui-même, qui est-il ? » dit une note). Le voyage à Saint-Brieuc se fait pèlerinage. À l'Afrique la mère vivante, à l'Europe, à la métropole le père mort. Là où l'œuvre romanesque accordait tant de place à une mère, qu'elle tuait pourtant à l'entame de *L'Étranger*, elle se rééquilibre *in fine* avec cette présence tardive du corps meurtri du père. Ce que découvre ce voyageur sans bagage, c'est aussi, à la porte du cimetière, « un enfant à la mine éveillée qui faisait ses devoirs dans un coin sur une plaque de pierre tombale encore vierge d'inscription ». L'enfant Camus fait aussi ses devoirs. Le livre va de la nuit mnésique, historique, à son éclaircissement, et ce qui est lié au jour, à la lumière, a un sens symbolique. En quête de ses racines, l'adulte élucide les siens, travaille

« jusqu'à ce que la mèche cesse de charbonner et donne une belle flamme claire »).

Les devoirs filiaux s'adressent aussi à la mère, ici dans une période très écrite, sacrée aussi : « Ô mère, ô tendre, enfant chérie, plus grande que mon temps, plus grande que l'histoire qui te soumettait à elle, plus vraie que tout ce que j'ai aimé en ce monde, ô mère pardonne ton fils d'avoir fui la nuit de ta vérité. » Tout se passe comme si Jacques, et Camus à travers lui, menait une démarche de déculpabilisation par rapport à elle. Car l'homme de ces pages est aussi le quadragénaire conscient de ses richesses, un César qui règne, riche de ses succès littéraires et féminins, mais qui n'est arrivé à cela que par un abandon corrélatif des siens, matérialisé, chair contre acier, par l'objet qu'est l'avion. Il est un coureur, de filles ou d'espaces, un mauvais fils (« Non, je ne suis pas un bon fils : un bon fils est celui qui reste ») et pour tout dire, le thème est central, un « monstre ». L'avion représente les lointains, à l'opposé de l'immanence de la mère. Le pouls du lyrisme est ici le rodéo du sang dans les veines du fils. Forme de l'hybris du fils prodigue et de son icarisme, l'avion est ce qui sépare (« être loin ») quand tout ici tend au retour (« être là »). *Le Premier Homme* est le livre des retrouvailles, celui qui tente de faire séparation arrière, d'enfin renouer avec la mère (ce qui était déjà, sous le mode tragique du malentendu, l'objet du *Malentendu*), rallier une intimité brisée. Si le premier homme comprend qui il est (et qui il avait faussement cru être) en découvrant l'image du père, il le fait autant en retrouvant la figure, sacrée entre toutes, de la mère. C'est naturellement que le livre est dédié à la mère, d'une dédicace belle même d'être impossible (« À toi qui ne pourras jamais lire ce livre »).

L'autre est aussi ethnique. De retour à la terre natale, à la terre commune, le récit en propose une image moins ambiguë que *L'Étranger* ou la nouvelle *L'Hôte* de *L'Exil et le Royaume*. Dès l'entame, le rapprochement des trois pays dit qu'il s'agit d'un livre sur le Maghreb, à l'image de ces nuages « effilochés aux crêtes marocaines, reformés en troupeaux sur les hauts plateaux d'Algérie, et maintenant, aux approches de la frontière tunisienne ». Dès le début, l'Arabe est celui qui tient les rênes, apporte la lumière dans la scène de l'accouchement, évidente récriture des Écritures, et sourit, dans l'une des images les plus fraîches du livre (« L'homme regarda le vieil Arabe immobile sous la pluie fine et lui sourit sous ses moustaches mouillées »). La formule de tolérance est donnée par Veillard : « On est fait pour s'entendre. Aussi bêtes et brutes que nous, mais le même sang d'homme. » Certes, le livre évoque d'autres événements plus violents, liés à la dureté de l'installation, à la situation coloniale et à une méfiance réciproque, mais il ouvre aussi, et alors que toute sa rédaction s'est accomplie lors de la guerre d'Algérie, sur une commune présence, une vie possible entre les uns et les autres, loin du mauvais procès fait à Camus.

À tous les niveaux, un quart altruiste représenté par l'écoute, l'aide, le don et le partage est la base de la vie commune et en commun de la famille, élargie aux connaissances du quartier. Première forme de l'altruisme, l'écoute est aussi la moins développée. Celle, par exemple, modèle d'attention et de critique constructive, de Malan pour le pèlerin de Saint-Brieuc, dont il est exactement le mentor, le tuteur intellectuel

(« Mais aux plus doués il faut un initiateur. Celui que la vie met un jour sur votre chemin »). Traduite activement, l'écoute se prolonge en aide. À la première demande d'aide (« Ma femme accouche, j'ai besoin d'aide »), il sera répondu. Le livre est veiné de ces attentions envers les autres : ainsi lorsque Jacques aide sa grand-mère à lire les sous-titres au cinéma et à comprendre le film, comme Meursault le faisait pour Emmanuel dans *L'Étranger*. Lire le cinéma muet aux muets, c'est les aider. Et la forme la plus forte est celle de l'aide, culturelle cette fois, apportée par l'instituteur, autre forme de l'ersatz paternel et de modèle, à son élève : « Il avait pesé de tout son poids d'homme [...] pour modifier le destin de cet enfant dont il avait la charge. » Offrant un savoir transitif par essence, homme du secours et de l'intercession, M. Germain n'est pas loin d'être un saint laïque, l'aide personnalisée (« Viens me voir si tu as besoin que je t'aide »), et la bourse sera la forme officielle de cette aide, forme proche de l'amour (« Mais pendant tout ce temps nous n'avons cessé de nous aider à vivre, avec cette merveilleuse complicité de tous ceux qui ont à lutter et à souffrir ensemble. Ah ! c'est cela l'amour – l'amour pour tous »).

« Récupérer la plus grande puissance, non pour dominer, mais pour donner » (*Carnets* III). Livre dédié, *Le Premier Homme* se comprend aussi comme le roman du don, celui par exemple de Louis Germain à la remise de prix. Le mouvement est si fort qu'il est extrême : « Rendez la terre, la terre qui n'est à personne [...], rendez la terre. Donnez toute la terre aux pauvres, à ceux qui n'ont rien. » Devenu nécessaire par la précarité économique, le partage, notamment de la nourriture, est une quatrième dimension de l'altruisme. « Sur un mot de vous, à l'instant, tous mes biens sont à vous », dit Jacques à Malan. Sans cesse le moi est tourné vers les autres, le roman domestique se fait source d'émotion : « C'est dans ce quartier, si près et si loin du leur, que Jacques et Pierre connurent leurs émotions les plus profondes. » Il est donc possible de lire le livre sous le prisme de ces quatre gestes tournés vers les autres, incarnant un amour contraire à l'indifférence vécue par Meursault. C'est que justement l'amour de la mère est la fin de toute indifférence (« Pour tout le reste, j'ai honte de mon indifférence. Mais ceux que j'aime, rien ni moi-même ni surtout pas eux ne fera jamais que je cesse de les aimer »).

Cet accent posé sur les autres passe par une remise en cause profonde de Camus, qui ne s'est pas moins critiqué lui-même, à cet âge d'autocritique pour lui qu'est la quarantaine. L'autocritique, telle qu'elle apparaît dans les notes, est même l'un des rares points de convergence avec *La Chute*. Le fils camusien est un fils trop tardif (« et j'avais couru le monde, créé, édifié »). La demande de pardon est la conséquence logique de cette prise de conscience de la faute, monstrueuse donc, commise. « Revenu aux sources », le premier fils doit retisser le cordon (« j'espère que vous n'avez pas touché au cordon dit le docteur »), réalisant ces mots de *Noces* : « Nous avons à recoudre ce qui est déchiré. » Et la mère est la seule à pouvoir accorder ce pardon ici scandé : « Pour finir il demande pardon à sa mère [...], elle est seule à pouvoir pardonner. »

Le livre permet également une requalification du lyrisme camusien, jusque-là réservé aux forces et à la beauté de la nature, comme dans *Noces*, ou sévèrement tenu en bride dans *L'Étran-*

ger. Tout s'opère comme si un nouveau rapport au lyrisme se faisait jour, marqué à la fois par une confiance – dans les vertus de l'art aussi – et la nécessité de dire ces autres familiaux. Si, écrit Jean Grenier, Camus est l'un des rares « moralistes lyriques », il pratique ici un lyrisme de l'autre, qui n'a rien du faux lyrisme révolutionnaire, mais tout de la densité humaine. De ce travail opéré sur le lyrisme, de minces faits ou objets à valeur métatextuelle sont les indices. Ce lyrisme est aussi celui de la mémoire au travail, à la recherche d'un monde perdu, dans un mouvement hélicoïdal (« l'hélice forant doit l'épaisseur des eaux »). Le geste de l'oncle ouvrier métaphorise le travail de la mémoire (« Jacques reconnaissait le bruit des coups de marteaux sur les ciseaux qui servaient à enfoncer les cercles de fer autour des barils dont on venait de réunir les douelles »). L'oncle, sorte d'Héphaïstos plébéien, et infirme comme lui, en réunissant les douelles illustre ce mouvement camusien par lequel, resserrant dans des cercles d'encre le tonneau des Danaïdes de la mémoire, l'un rejoint l'autre dans la communauté. Le lyrisme est ici la parole d'un homme vers un autre homme.

Le manuscrit a été retrouvé dans la sacoche de Camus après l'accident qui lui a coûté la vie. Il comporte 144 pages, dont 68 sur papier à en-tête – personnel s'il en est –, écrites en pattes de mouche au fil de la plume, parfois sans ponctuation et comportant des mots illisibles. Le premier jet n'a pas été retouché, l'œuvre est à son orée. À titre de documents, se trouvent également cinq feuillets numérotés I à V, intercalés ou placés en fin de manuscrit, ainsi qu'un carnet intitulé *Le Premier Homme (Notes et plans)*, qui donnent une excellente idée de la manière dont Camus opérait. Figurent également la lettre adressée à l'instituteur algérois Louis Germain après l'obtention du Nobel et l'ultime réponse du maître.

En l'état, le livre était structuré en deux parties : « Recherche du père » – neuf chapitres – et « Le Fils ou le Premier Homme » – quatre chapitres, mouvement amplement signifiant : c'est parce que la recherche du père, débouchant sur son absence radicale dans la mort, a été enfin conduite, et sur le tard, que l'ensemble du monde, et des responsabilités qu'il impose, est relu à cette lumière. Si *Le Premier Homme* devait être inachevé (« Le livre *doit être* inachevé ») et se clore sur le départ des terres algériennes, il le sera par la force des choses, faisant qu'il est un texte en devenir et non un objet *ne varietur*. Il donne une idée, peut-être lointaine, de ce qu'aurait dû être le roman une fois conduit à son terme, et sur les deux tiers de l'œuvre future à écrire. Ce livre est un résultat, comme 1958 (« Combien font 1 267 + 691 »), année où Camus y travailla beaucoup, mais aussi une libération (« Se libérer de tout souci d'art et de forme ; « prendre n'importe quel ton »). Des verrous textuels cèdent (« des verrous furent tirés » ; « aussitôt des verrous furent tirés »), comme si, après un prix prestigieux qui l'angoisse, mais aussi le libère, Camus pouvait revenir vers les siens (« Ensuite le lauréat redescendait en musique au milieu des applaudissements, ses livres sous le bras, épanoui et cherchant du regard les heureux parents qui essuyaient des larmes »).

Il aura fallu attendre trente-quatre ans avant que paraisse le livre. Les raisons de ce retard appartiennent à son histoire. Les ayants droit, l'épouse, qui dactylographia le manuscrit, puis les enfants de l'écrivain ont jugé préférable d'attendre avant de publier une « ébauche » que son auteur aurait certainement retravaillée. Ils ont craint que ses détracteurs exploitent les inadvertances et les incohérences du récit. C'est Catherine Camus qui a établi le texte publié. *Le Premier Homme* paraît le 13 avril 1994, non dans la collection « Blanche » de Gallimard qui avait accueilli les autres romans, mais dans la série des *Cahiers Albert Camus*. La critique française et internationale lui réserve un accueil généralement enthousiaste. Josyane Savigneau (*Le Monde*) hasarde la formule de « déferlement médiatique » tandis que Bernard Fauconnier (*Le Magazine littéraire*) parle d'un « phénomène éditorial et quasi sociologique ». L'on citera les articles de Maurice Nadeau (*La Quinzaine littéraire*), Jacques-Pierre Amette (*Le Point*), Michel Cournot (*Le Nouvel Observateur*), Françoise Giroud (*Le Journal du dimanche*) et Pierre Enckell (*L'Événement du jeudi*). L'on évoque qui Proust, qui le Stendhal de la *Vie de Henry Brulard*. Le livre connaît un grand succès public, figurant même sur les listes des best-sellers. Le premier tirage était de vingt mille exemplaires. Il s'en vend quatre cent mille en quelques mois. La lettre à Louis Germain fournit la matière d'un concours national d'écriture. À l'étranger aussi, le livre fait événement. Plus de vingt traductions sont immédiatement mises en chantier un peu partout. L'une des premières paraît à Sarajevo.

Le Premier Homme invite à relire l'ensemble de l'œuvre antérieure de Camus à son prisme. Tout travail critique qui ne le prendrait pas en compte pécherait gravement par omission. Il a relancé les études camusiennes et se présente indubitablement, même inabouti, comme l'un des grands livres de son auteur. Ce roman du nomadisme déplace les poteaux-frontières, il va de l'avant. Le dernier Camus ne savait peut-être pas exactement où il allait mais, de toute la force de son art, de l'adresse qu'il reconquiert à force de travail, il y allait pour le savoir. Et ce chemin passait par son Algérie natale alors ravagée par la guerre. Étonnant travail donc, dans lequel l'écrivain se livre plus encore que dans ses précédents écrits, sans que la diction du moi empêche que l'accent soit porté sur les autres, tous les autres. *Le Premier Homme*, livre altéré, est aussi un livre altruiste.

Pierre GROUIX

• *Voir aussi :* Algérie ; Mémoire ; Mère ; Père

Éd. : *Cahiers Albert Camus*, n° 7, Gallimard, 1994 • Gallimard, coll. « Folio », 2000 • *Œuvres complètes*, t. IV, Gallimard, coll. « Bibl. de la Pléiade », 2008, éd. par Agnès Spiquel

Trad. : en allemand, anglais, arabe, bosniaque, bulgare, catalan, chinois, coréen, croate, danois, espagnol, estonien, finnois, grec, hébreu, hindi, hongrois, italien, japonais, letton, lituanien, macédonien, néerlandais, norvégien, persan, polonais, portugais, roumain, russe, serbe, slovaque, slovène, suédois, thaï, tchèque, turc et ukrainien

Crit. : Peter Dunwoodie et Edward Hughes, *Constructing Memories. Camus, Algeria and* Le Premier Homme, Stirling, University of Stirling, coll. « Stirling French Publications », 1998 • Raymond Gay-Crosier (dir.), « *Le Premier Homme* en perspectives », *Revue des Lettres modernes*, série Albert Camus, 20, 2004 • Pierre-Louis Rey, Le Premier Homme *d'Albert Camus*, Gallimard, coll. « Foliothèque », 2008 • *Roman 20-50*, n° 27, juin 1999 • Jean Sarocchi, *Le Dernier Camus ou* Le Premier Homme, A.-G. Nizet, 1995

PRÉSENT. – C'est en Algérie, à travers « un peuple tout entier jeté dans son présent », que Camus apprend à refuser « obstinément tous les "plus tard" du monde ». Les dernières pages de *L'Homme révolté* qui déclinent la pensée de midi dans un lyrisme incantatoire sont structurées par le motif du présent ; elles critiquent le christianisme historique qui ne sait qu'apporter au mal la réponse d'un règlement futur dans la vie éternelle. Elles fustigent ensuite l'Europe qui repousse « à plus tard » la joie. À cela, dans un discours que le Kaliayev des *Justes* pourrait prononcer, Camus explique : « Nos frères respirent sous le même ciel que nous, la justice est vivante. » Il choisit donc Ithaque, la terre fidèle, refuse de « renvoyer la joie à plus tard » et propose de donner « sans tarder » et « de tout distribuer à la vie présente ». D'ailleurs, le propos célèbre – « Je me révolte donc nous sommes » – se conjugue au présent : il n'y pas deux mouvements consécutifs, les deux sont simultanés. La révolte camusienne naît et se réalise dans un geste d'immédiateté. Comme l'écrit Paul Ricœur, elle « est une tension sans cesse renouvelée. L'homme révolté ne renvoie pas le bien au terme de l'histoire : c'est une sagesse du maintenant, de l'instant présent ». *Le Mythe de Sisyphe* éclaire les liens entre la prise de conscience de l'absurde et cette adhésion naturelle au présent : « Il appartient au temps et, à cette horreur qui le saisit, il y reconnaît son pire ennemi. Demain, il souhaitait demain, quand tout lui-même aurait dû s'y refuser. »

Loin d'être uniquement idéologique, cette quête rencontre un champ d'application esthétique. Inscrit dans l'éphémère, texte vivant, le théâtre suscite une véritable passion chez l'écrivain, trahissant son sens du présent. Même engouement pour le journalisme, écriture de l'immédiat ; Camus ne choisit-il pas de donner à l'ensemble de ses articles le titre d'*Actuelles* ?

L'écriture du présent peut aussi revêtir la prose de *L'Étranger* dans une vision sisyphienne du temps : « Le présent et la succession des présents, devant une âme sans cesse consciente, c'est l'idéal de l'homme absurde. » N'est-ce pas là le travail de l'artiste de métamorphoser ce présent qui lui résiste par son caractère fuyant et insaisissable en lui donnant une forme ? Il fallait, ainsi que l'a cerné très justement Jean-Paul Sartre, « avoir recours à une technique neuve ». Le philosophe, en 1943, définit ce qu'on pourrait appeler le style de l'instant présent, une écriture qui traduit cette vision du monde délestée du passé et libérée de toute anticipation : « Entre chaque phrase et la suivante, le monde s'anéantit et renaît [...], une phrase de *L'Étranger*, c'est une île. Et nous cascadons de phrase en phrase, de néant en néant. »

Le présent laisse parfois apparaître sa face austère. Le narrateur de *Noces*, déconcerté par la nudité de Djémila, confie : « Oui, je suis présent. [...] Comme un homme emprisonné à perpétuité » (*Le Vent à Djémila*). Les *Carnets*, à la date du 21 août 1938, signalent en outre une citation de Jakob Wassermann que Camus a pris soin de recopier : « Seul celui qui a connu le "présent" sait vraiment ce qu'est l'enfer. » N'est-ce pas, d'une certaine manière, la condition des héros du *Premier Homme* ? Le mystère de la pauvreté les réduit à « la nécessité du présent », « sans autre projet que l'immédiat ». Mais « par les détours de l'art », le dernier grand récit de Camus, ultime hommage aux siens, établit ces personnages sans mémoire et sans trace dans « un présent impérissable, plus vrai et plus riche encore qu'à l'origine ».

Anne PROUTEAU

• *Voir aussi* : Instant ; Temps

Bibl. : Anne Prouteau, *Albert Camus ou le présent impérissable*, Orizons, coll. « Universités. Domaine littéraire », 2008

PRESSE. – Camus s'est senti à l'aise dans le milieu de la presse. Il y a trouvé la même convivialité, la même fraternité qu'il avait trouvées dans le football et au théâtre. Il a aimé les conférences de rédaction, le bruit des rotatives, l'odeur du marbre, la compagnie des typographes. Ces derniers l'ont souvent tenu pour leur « copain », en témoigne le petit livre que certains firent publier après sa mort. Il a fait son apprentissage à *Alger républicain* en 1938-1939, s'est fortement impliqué à *Combat* de 1944 à 1947, en revanche il n'a été qu'un prestigieux pigiste à *L'Express* en 1955-1956.

La presse, écrit Camus en 1939, est « une arme terrible dans les mains de ceux qui la contrôlent. Elle fait ou elle défait l'opinion, elle la dirige, la freine ou l'exaspère ». Comme beaucoup de jeunes intellectuels, il a, au départ, une idée très défavorable de la presse. Ce qu'il en a vu à Alger conforte ce que lui disent de la presse parisienne ses amis syndicalistes, socialistes et communistes : les journaux soumis aux grands intérêts financiers ont perdu toute crédibilité. Selon lui, c'est parce que la presse française était « pourrie » avant 1940 qu'elle s'est vendue sous l'Occupation.

Dès le 31 août 1944, un éditorial signé par Camus dans *Combat* se présente comme une « Critique de la nouvelle presse ». « Tout reste à faire » y écrit-il. Et d'énoncer quelques idées qui sont communes aux militants de la Résistance. « Nous savions par expérience que la presse d'avant-guerre était perdue dans son principe et dans sa morale. L'appétit de l'argent et l'indifférence aux choses de la grandeur avaient opéré en même temps pour donner à la France une presse qui, à de rares exceptions près, n'avait d'autre but que de grandir la puissance de quelques-uns et d'autre effet que d'avilir la moralité de tous. » Une idée commande ses articles de l'époque : « libérer la presse de l'argent ». Puisque l'information est une clé de la démocratie, elle doit être un service public garanti par l'État mais indépendant de lui.

Parce que la presse contribue à former l'esprit public, elle doit être « claire et virile » et avoir un « langage respectable ». Il faut, écrit encore Camus, que les journaux aient « un ton et une vérité ». « Tout reste à faire », encore une fois. « On cherche à plaire plutôt qu'à éclairer » ; on ne considère pas que le lecteur est un citoyen. « Un pays vaut souvent ce que vaut sa presse. » Pour que cette presse soit libre, honnête et fiable, il en appelle à la responsabilité sociale, à la conscience professionnelle des journalistes. Ce texte souvent cité a longtemps servi et sert encore parfois de référence déontologique à leur corporation. Il y manque deux éléments aujourd'hui considérés comme essentiels, les sociétés de rédacteurs et les médiateurs. Camus revient sur le sujet dès le lendemain (« La réforme de la presse », 1er septembre 1944) : « Toute réforme morale de la presse serait vaine si elle ne s'accompagnait de mesures politiques propres à garantir aux journaux une indépendance réelle vis-à-vis du capital. [...] Ici comme ailleurs, il y a interdépendance de la politique et de la morale. »

Le journaliste doit « aider à la compréhension des nouvelles ». « Historien au jour le jour », il les trie, les décape, les hiérarchise. Il lui revient d'évaluer la fiabilité des sources, bref de former « le sens critique » des lecteurs. Une deuxième tâche lui échoit ensuite : « le commentaire politique et moral de l'actualité ». Cela exige des « scrupules », de la « distance », une « certaine idée de la relativité ». Bref, comme Camus l'écrit peu après, il s'agit de trouver un « ton » conciliant « l'objectivité », « la libre critique » et « l'énergie ». Tous ces textes sont contemporains des ordonnances prises par le général de Gaulle qui vont régir la presse française pendant une trentaine d'années.

À *Combat*, on est enfin vigilant sur les grands principes : la liberté d'expression est le premier d'entre eux. Camus avait mené une guérilla contre la censure dans *Le Soir républicain*. Sous le pseudonyme de Vincent Capable, il avait pourfendu les décrets-lois pris par Daladier en 1939 qui menaçaient de poursuites les journaux « contrariant la défense nationale ». Il les comparait à des « gaz asphyxiants » destinés à « étouffer la presse ». Dans un éditorial incisif du 22 septembre 1944, il condamne les restrictions maintenues à l'exercice de la liberté. « Nous acceptons librement la censure militaire sur les nouvelles pouvant servir à l'ennemi, énonce-t-il. Nous n'acceptons à aucun moment la censure politique. » Il revient sur le sujet dans un autre article daté du 24 octobre.

Camus, sur ce sujet comme sur d'autres, perd rapidement ses illusions. Les proclamations de bonnes intentions ne durent qu'un temps, l'argent et les bureaux jouent contre la presse indépendante issue de la Résistance. Seules des dispositions « socialistes » auraient pu contrarier le libre jeu des forces économiques. À plusieurs reprises, il plaide en vain pour un statut – « La loi de 1881 à laquelle restent soumis les journaux laissait le champ libre à l'argent. Elle n'a été que légèrement amendée » – et reproche vivement son inertie au ministre de l'Information, Pierre-Henri Teitgen. Alors que leur manque de professionnalisme dessert les nouvelles équipes, des prédateurs restent à l'affût. Des nouveaux journaux sont apparus auxquels l'éditorialiste de *Comba*t ne cesse de prêter les motivations impures. Il faut ainsi moins de quelques semaines pour que l'ingénieux Pierre Lazareff mette la main sur *Défense de la France* et transforme cette feuille résistante en un *France-Soir* rapidement adossé à la maison Hachette qui a pris la moitié du capital de sa société éditrice.

Comme il le craignait, « on cherche à plaire plutôt qu'à éclairer », « On veut informer vite au lieu d'informer bien. La vérité n'y gagne pas » (*Combat*, 8 septembre 1944). Puisqu'il s'agit de vendre du papier, les facilités, les mauvaises habitudes d'antan reviennent vite, à savoir « les excès de la rhétorique ou les appels à cette sensibilité de midinette qui faisaient, avant la déclaration de guerre ou après, le plus clair de nos journaux » (*Combat*, 31 août 1944). Après la sanglante bataille de Metz, relève Camus (« Autocritique », *Combat*, 22 novembre 1944), un nouveau journal préfère ainsi titrer sur l'entrée d'une célèbre actrice américaine dans la ville dévastée. Le grossissement d'événements futiles, l'exploitation indécente des faits divers ont de quoi scandaliser à l'heure où l'on apprend toute la vérité sur les camps. La sélection, la hiérarchisation des informations restent encore soumises trop souvent aux curiosités, à la paresse supposés du lecteur. « On crie avec le lecteur, on cherche à lui plaire quand il faudrait seulement l'éclairer », il est un adulte, un citoyen, et Camus parie sur sa raison. Mais l'accessoire est présenté comme essentiel. On préfère flatter les sentiments, les préjugés de la foule. Du sang à la une, les faits et gestes des stars, l'horoscope s'imposent. La frivolité et le sensationnalisme s'affichent à nouveau sans vergogne. Dans un dernier article daté du 22 août 1945, Camus suggère une distinction et pointe un nouveau problème : la presse du soir subit l'attraction de l'ancien

Paris-Soir ; la presse du matin, elle, céderait plutôt aux passions politiques.

Dans les deux années qui suivent, la longue grève des imprimeries fragilise les journaux d'opinion, dont *Combat*. Effet imprévu de ses promoteurs syndicaux, elle installe en outre l'hégémonie des journaux d'informations qui ne cachent pas leur but lucratif. Le gouvernement de Paul Ramadier, en n'intervenant pas dans le conflit et en le laissant pourrir, porte une lourde responsabilité selon Camus.

Quelques années plus tard, en août 1951, alors que *Combat* est passé entre les mains du tandem Bourdet-Smadja, Camus écrit dans *Caliban*, le mensuel de Jean Daniel : « Une société qui supporte d'être distraite par une presse déshonorée et par un millier d'amuseurs cyniques, [...] court à l'esclavage malgré les protestations de ceux-là mêmes qui contribuent à sa dégradation. » Il réaffirme son idéal : « La presse a un rôle de conseillère à jouer auprès du gouvernement et de guide auprès de l'opinion. » Les articles de 1944, dès cette époque, ont pris la couleur de l'utopie. L'information est redevenue une marchandise.

Dans *L'Étranger*, un gendarme désigne à Meursault « les journaux », qui ont « tous le même air indifférent et un peu narquois ». Ils ont non sans cynisme « monté » son affaire parce que l'été est « une saison creuse » de l'actualité. Un seul prend le procès au sérieux et semble s'intéresser à sa personne. C'est surtout dans *La Peste* que Camus fait le procès d'une certaine presse : les journaux d'Oran se sont saisis de l'« affaire des rats », mais ils l'utilisent à des fins de démagogie et de politique politicienne. Puis ils font silence sur la progression de l'épidémie : il faut ne surtout pas affoler l'opinion publique. C'est qu'ils sont aux ordres des pouvoirs institutionnels – « Les journaux, naturellement, obéissaient à la consigne d'optimisme à tout prix qu'ils avaient reçue. » L'esprit critique leur fait défaut. À les lire, ce qui caractérisait la situation, c'était « l'émouvant exemple de calme et de sang-froid que donnait la population ». Un nouveau journal, *Le Courrier de l'épidémie*, se donne pour objectif « d'informer nos concitoyens dans un souci de scrupuleuse objectivité des progrès ou des reculs de la maladie, etc. ». Il se borne en fait à diffuser des publicités. Rieux et Tarrou ne lisent pas la presse. Le premier en tant que narrateur, le second, dans ses carnets, témoignent de ce que fut l'événement. Ils le font avec la méthode et les scrupules qui font défaut aux journalistes d'Oran. Sans doute Camus vise-t-il les quotidiens de 1944 qui ont rapidement oublié leurs bonnes intentions initiales.

Jeanyves GUÉRIN

• *Voir aussi* : Éditorial

Bibl. : *À Albert Camus, ses amis du Livre*, Gallimard, 1960 • Jean Daniel, « Le combat pour *Combat* », dans *Camus*, Hachette, col. « Génies et réalités », 1964, p. 77-94

PREUVES. – Le nom de Camus figure parmi la liste des trente-huit personnalités internationales qui, en 1950, soutiennent le Congrès pour la liberté de la culture. L'initiative de l'entreprise, qui vise à faire pièce aux organisations paracommunistes, revient aux Américains, ce qui suffit à la rendre politiquement incorrecte. De grandes figures de l'intelligentsia libérale et sociale-démocrate, des anciens communistes, des intellectuels venus de l'autre Europe sont partie prenante de l'opération. Pourtant Camus ne participe pas à la manifestation fondatrice de Berlin alors qu'il avait l'année précédente pris part à la Journée internationale de résistance contre la guerre et la dictature qui s'était tenue à la Sorbonne. Dans les années qui suivent, il se tient à l'écart des colloques et des séminaires du Congrès. Il fait deux exceptions. En 1953, il prend la parole à un meeting de soutien au soulèvement ouvrier de Berlin-Est. Il faut ensuite attendre l'écrasement de la révolte hongroise pour qu'il s'associe à une entreprise du Congrès et accepte de préfacer l'ouvrage collectif intitulé *La Vérité sur l'affaire Nagy* (Plon, 1958) publié à son initiative.

Preuves, dont la première livraison paraît en 1951, est l'organe français du Congrès pour la liberté de la culture, dont il tend à se rendre autonome au fil des années. Ses sommaires font plus de place aux experts, souvent universitaires, qu'aux écrivains. Alors qu'y figurent de ses amis, dont Arthur Koestler, Camus ne rallie pas sa rédaction dont il partage pourtant les principales préoccupations : l'affirmation de l'idée démocratique, la fin des idéologies, la construction de l'Europe, la solidarité avec les intellectuels persécutés par les régimes communistes. Peut-être lui reproche-t-il de n'avoir pas soutenu Pierre Mendès France en 1954-1956. Un de ses proches, Jean Bloch-Michel, rejoint le comité de rédaction de *Preuves* et le secrétariat international du Congrès en 1957. Il obtient de l'écrivain algérois qu'il donne un premier texte à *Preuves* (« Ce que je dois à l'Espagne », mars 1958). Il n'y en aura pas d'autres. Camus accorde également un entretien à l'équivalent italien de *Preuves*, *Tempo presente*, que dirigent deux de ses amis, Ignazio Silone et Nicola Chiaromonte.

Bien que distant, Camus est une référence morale et civique à *Preuves* au même titre que Georges Orwell et Arthur Koestler. Une des quatre chaires du comité reçoit son nom. Le mensuel suit attentivement sa carrière, recense ses œuvres et prend sa défense à l'occasion des controverses qu'elles suscitent. En 1952, François Bondy donne ainsi une recension de *L'Homme révolté* où, s'il fait des réserves sur l'opposition entre idéologie allemande et pensée méditerranéenne, il affirme son profond accord avec le propos antitotalitaire du livre. Jacques Carat, la même année, prend clairement le parti de Camus contre Jean-Paul Sartre. Plus tard, le même se réjouit qu'il ait reçu le prix Nobel de littérature. Germaine Tillion et Mouloud Feraoun proposent enfin les rares lectures compréhensives de *Chroniques algériennes*. À la mort de l'écrivain, Jean Bloch-Michel, Salvador de Madariaga, Czeslaw Milosz, Nicola Chiaromonte, Mouloud Feraoun, Germaine Tillion et Roger Quilliot lui rendent hommage. Dans les années 1960, alors que le rayonnement de la revue faiblit, de nouvelles études de Serge Doubrovsky, Jean Bloch-Michel et Emmanuel Berl témoignent d'un intérêt persistant. Plusieurs des articles reparaissent dans d'autres revues appartenant au même réseau, notamment *Encounter*, *Tempo presente*, *Der Monat* et *Cuadernos*.

Jeanyves GUÉRIN

Bibl. : Pierre Grémion, *Intelligence de l'anticommunisme*, Fayard, 1995

PROCÈS. – Le procès est avant tout chez Camus une scène de jugement où une société frappe un innocent. Les faux coupables ou les meurtriers innocents sont des héros tragiques de prédilection. Dès ses articles d'*Alger républicain*, ne voyant guère la justice à l'œuvre dans les tribunaux, il découvre la fonction d'appel de la presse. À l'approche du procès de Michel Hodent, il reprend et analyse les faits sous l'angle de leur traitement judiciaire. Peu avant le début de l'audience, il publie un texte vibrant, amical en forme d'ultime plaidoyer. Puis il rend compte jour après jour du procès, mais s'interdit tout commentaire sur le fond pour ne pas préjuger d'une sentence qu'il espère juste. Après la relaxe de Hodent, le jugement est publié intégralement par le journal.

Est-ce son expérience de chroniqueur judiciaire ? Le récit de Camus restitue le climat d'une salle d'audience, les émotions furtives, les paroles anodines, les odeurs et les couleurs, évoque le détail infime où se joue la mort d'un homme. Le procès de Meursault, dans *L'Étranger,* est dominé par un climat d'attente diffus. À la reprise d'une suspension d'audience, la chaleur est telle que la sueur et « les éventails de paille » font leur apparition. L'audience est dominée par ce moment où l'employé des pompes funèbres déclare qu'il ne savait pas l'âge de sa mère. « Il y a eu un moment de silence et le président lui a demandé si c'était bien de moi qu'il avait parlé. » Peu après ce frémissement, tout bascule avec le témoignage du concierge : « Il a dit que je n'avais pas voulu voir maman, que j'avais fumé, que j'avais dormi et que j'avais pris du café au lait. J'ai senti alors quelque chose qui soulevait toute la salle et, pour la première fois, j'ai compris que j'étais coupable. » Jusque dans ses moindres silences, le procès ratifie ce que l'instruction démontrait. Les fragments de sa vie innocente sont lus rétrospectivement dans la grille de lecture de l'accusation. Le rôle du procès – scandé par ses grands moments que sont l'instruction, le réquisitoire et le jugement – est d'activer la transformation de Meursault en victime expiatoire. Le moment de l'audience n'en est que l'infime mais décisive cristallisation.

Mais un procès est aussi, dans les textes politiques, une scène qui exprime la violence étatique et son manteau d'impunité. Camus commence à écrire dans les années 1939-1944, époque qui lui renvoie les traits grimaçants de notre culture politique : légalité formelle, procédure inquisitoire, État de puissance et obéissance de ses juges. Face à cela, il sera toujours l'avocat de la personne humaine lorsqu'elle est bafouée ou opprimée. Il s'insurge contre l'insulte faite aux valeurs de justice par ceux qui doivent la servir. Son ardeur à plaider la cause des « sans causes » est au cœur de ses engagements. L'arc de la tension ne se relâche guère au long de sa vie militante. Seule l'obstination du témoignage la soutient. La critique de la peine de mort reprend, dans le contexte nouveau de l'après-guerre, cette posture morale intransigeante.

Le juriste américain Richard Weisberg a raison de comparer le procès fait par le régime de Vichy à Léon Blum et *L'Étranger* : « Meursault passe en jugement pour ne pas avoir manifesté un chagrin convenable lors de l'enterrement de sa mère et avoir entamé une relation amoureuse le lendemain. Sur le même modèle, Blum passe en jugement pour avoir empoisonné les mœurs et avoir participé aux agissements coupables du socialisme et du judaïsme. » Le parallèle entre les procès organisés par le régime de Vichy met en scène un ordre moral qui veut combattre l'anti-France afin d'éradiquer le mal qui ronge notre pays. La violence légale qui s'abat sur Meursault est de la même espèce. Ce roman est contemporain du statut des Juifs décidé par Vichy et des rafles de 1942. Le droit, la politique, le gouvernement, l'antisémitisme étaient la norme. Le procès devient le moyen pour le corps social d'échapper à l'infection qui le menace.

Intenté à un juif, à un étranger, son rituel permet d'éradiquer le mal contagieux dont il est porteur. Pour que la société se retrouve unanime, on demande au coupable de ratifier par son aveu la condamnation prononcée contre lui. Ce que, précisément, Blum, Meursault et le cortège des anonymes défendus par *Alger républicain* refusent.

Denis SALAS

PROGRÈS. – Le mot « progrès » a d'abord un sens très général désignant le développement positif ou négatif d'une entité : c'est le cas dans *La Peste* lorsque l'écrivain parle des « progrès » du fléau. Ce n'est évidemment pas ce sens qui importe ici mais bien celui qui concerne la foi ou le manque de foi dans la possibilité d'une amélioration du tout ou partie de l'existence humaine. Au centre de la discussion figurent les idéologies du progrès, l'idéologie bourgeoise et l'idéologie socialiste ou marxiste.

Dans des articles de *Combat*, repris dans *Actuelles*, Camus écrit à propos du socialisme humaniste auquel il en appelle par opposition au socialisme qui croit au « progrès inévitable » : « Il ne se pose pas la question futile du progrès, mais il est persuadé que le sort de l'homme est toujours entre les mains de l'homme » (24 novembre 1944). Et constatant que les hommes sont « privés d'avenir » à l'époque, il note : « Il n'y a pas de vie valable sans projection sur l'avenir, sans promesse de mûrissement et de progrès » (novembre 1948). Affirmant que poser la question du meurtre et la clarifier constitue un progrès, il ajoute : « Mais j'ai toujours pensé que si l'homme qui espérait dans la condition humaine était un fou, celui qui désespérait des événements était un lâche » (*Ni victimes ni bourreaux*). L'écrivain estime la croyance au « progrès inévitable » futile dès lors que l'homme comprend que son sort dépend de son action qui est susceptible de lui ouvrir l'avenir. Pourtant, la croyance en l'avenir dépend de la représentation d'un progrès possible, conçu, il est vrai, comme un mûrissement, lequel ne va pas sans efforts. Camus parle seulement de promesse : il n'est pas sûr qu'elle soit tenue. La condition humaine, liée à la souffrance, la maladie et la mort, exclut les miracles, ce qui ne doit pourtant pas dissuader d'agir.

L'idéologie bourgeoise, au début de son développement, et l'idéologie socialiste d'obédience marxiste ont cru que le progrès se manifesterait sur tous les plans, métaphysique et moral, politique, scientifique et technique, économique et social, artistique. L'écrivain a résumé dans *L'Homme révolté* cette croyance bourgeoise et a rappelé les espoirs de Turgot et de Condorcet mais aussi les critiques acerbes de Georges Sorel dans *Les Illusions du progrès*.

Camus est beaucoup moins optimiste et tient à séparer, encore qu'il ne le fasse pas systématiquement, les divers domaines où ce progrès pourrait se manifester. Il considère qu'il n'y a pas de synchronie dans sa réalisation. Que dire par exemple du progrès philosophique et moral lorsqu'on a écrit un essai sur l'absurde qui exalte la lucidité, recherche la diversité d'expériences en ne se préoccupant pas de leur contenu et prétend au bonheur mais se heurte à la finitude ? Dans ses *Carnets*, il s'interroge sur le progrès possible après l'absurde et *L'Étranger* et répond de la manière suivante : « Le progrès et la grandeur vraie est dans le dialogue à hauteur d'homme et non dans l'évangile, monologué et dicté du haut d'une montagne solitaire. Voilà où j'en suis. Ce qui équilibre l'absurde c'est la communauté des hommes en lutte contre lui. » À quoi correspond dans « Remarque sur la révolte » le propos suivant : « Du moins, voici un premier progrès que l'esprit de révolte fait faire à une réflexion d'abord pénétrée de l'absurdité et de l'apparente stérilité du monde. Dans l'expérience absurde, la tragédie est individuelle. À partir du mouvement de révolte, elle a conscience d'être collective. Elle est l'aventure de tous. Le premier progrès d'un esprit saisi d'étrangeté est de reconnaître qu'il partage cette étrangeté avec tous les hommes et que la réalité humaine dans sa totalité souffre de cette distance par rapport à soi et au monde. Le mal qu'éprouvait jusque-là un seul homme devient peste collective. » Le propos est repris à peu près textuellement dans *L'Homme révolté*. Le « Je me révolte, donc nous sommes » ne permet pas sans doute de dépasser l'absurde, mais de l'équilibrer par la découverte de la solidarité qui lie les mortels – il peut y avoir « au sein de nos sociétés, accroissement dans l'homme de la notion d'homme ». Célébrer le progrès sur le plan politique après les convulsions du XXe siècle, après les régimes totalitaires et les idéologies qui justifient la terreur et le meurtre ne serait que dérision.

Sur le plan scientifique et technique, les espoirs bourgeois et socialistes sont tempérés par diverses constatations, par exemple que « le progrès vertigineux des armements » et l'arme nucléaire sont capables de détruire la vie sur terre. Par ailleurs, les « derniers progrès théoriques [de la science] l'ont amenée à se nier elle-même » (*Ni victimes ni bourreaux*). Dans *L'Homme révolté*, Camus note en renvoyant à la théorie des quanta et aux relations d'incertitude : « Les idéologies qui mènent notre monde sont nées au temps des grandeurs scientifiques absolues. Nos connaissances réelles n'autorisent, au contraire, qu'une pensée des grandeurs relatives. "L'intelligence, dit Lazare Bickel, est notre faculté de ne pas pousser jusqu'au bout ce que nous pensons afin que nous puissions croire encore à la réalité." La pensée approximative est seule génératrice de réel. » L'écrivain constate que les progrès de la psychologie ont permis à la police politique d'atteindre « les formes les plus raffinées de l'exploration psychologique ». La science et la technique risquent d'être inféodées aux mouvements totalitaires.

Camus dans ses *Carnets* ne nie pas que le développement économique ait contribué au « progrès de la condition matérielle » et donc au progrès social. Mais il rappelle au moins deux choses : que l'augmentation de la quantité des objets ne signifie pas nécessairement l'augmentation de leur qualité – il ajoute que la « fin de l'histoire dont parlent nos hommes de progrès c'est l'orgie » – et que « la civilisation des dompteurs de machines » (*L'Homme révolté*) n'a pas libéré les travailleurs mais les a astreints à un travail répétitif et en miettes. Il renvoie à cet égard au livre de Simone Weil sur la condition ouvrière. À ses yeux d'ailleurs, monde capitaliste et monde communiste se valent sur ce plan. Les perspectives des villes industrielles le désolent.

Camus rejette enfin explicitement la notion de progrès en art : il parle de « la notion parfaitement absurde d'un progrès artistique » (*L'Homme révolté*) et n'apprécie pas davantage que l'art soit mis au service du progrès. La remarque suivante issue de ses *Carnets* résume assez bien la distance critique qu'il prend par rapport à la croyance au progrès : « Intellectuels du progrès. Ce sont les tricoteuses de la dialectique. À chaque tête qui tombe elles refont les mailles du raisonnement déchiré par les faits. »

Maurice WEYEMBERGH

PROJETS. – Camus a souvent déclaré à ses proches que l'essentiel de son œuvre était encore à écrire. Ses *Carnets* et ses correspondances laissent en effet entrevoir qu'il nourrissait de nombreux projets quand la mort l'a fauché. En 1959, il avait donné la priorité à la rédaction du *Premier Homme*. Mais il songeait aussi à revenir au théâtre et était en pourparlers avec André Malraux qui se proposait de lui offrir une salle à Paris. Encore fallait-il trouver celle-ci. Il se tournait vers le théâtre de Shakespeare. Après avoir pensé adapter *Timon d'Athènes*, il avait porté son choix sur une œuvre plus connue, *Othello*, qu'il projetait de mettre en scène lui-même. Il songeait surtout à écrire un *Don Faust* – *La Bacchante* n'avait été qu'un titre au début des années 1950. Un peu plus tard, il avait envisagé de consacrer une pièce à Julie de Lespinasse. Son ami Jean-Claude Brisville, bien plus tard, fera de celle-ci un personnage de *L'Antichambre*. L'essayiste citoyen avait enfin prévu de réunir divers écrits politiques en un *Actuelles* IV. Dans ce recueil auraient pris place des articles publiés dans *Témoins*, *L'Express* et *Franc-Tireur* sur l'Espagne, *España libre* ¡ n'ayant eu qu'une édition en espagnol, sur la Hongrie et sur Berlin-Est ainsi que les discours de Suède et des lettres. La ligne de l'ouvrage aurait été clairement antitotalitaire.

Jeanyves GUÉRIN

PROMÉTHÉE. – Du fait de sa solide culture classique, Camus a tôt croisé les figures mythiques. Il croit dans le pouvoir éternel des mythes, susceptibles à diverses époques historiques de parler aux hommes qui les ont imaginés. Dans son panthéon personnel, Prométhée – qui fit don du feu aux hommes et qui pour cette raison fut durement châtié par Zeus – se situe au premier rang. Outre des mentions cursives dans les deux premiers volumes des *Carnets* qui montrent la constance de sa présence dans la réflexion de l'auteur, il fait l'objet d'un essai recueilli dans *L'Été*, *Prométhée aux enfers*, puis il est convoqué en tant que figure archétypale de la révolte (« le plus grand mythe de l'intelligence révoltée »), dans *L'Homme révolté*.

Là où Sisyphe manifestait la constance de l'effort absurde, Prométhée, s'il est par essence un homme du « oui », est d'abord celui qui refuse le sort qu'on lui a assigné et qui proteste contre les rigueurs d'un droit injuste, ce qu'il était dès les premières théogonies et chez Hésiode. Enchaîné à une colonne sur les confins du monde, le rebelle grec est la figure du refus ; « une révolution s'accomplit toujours contre les Dieux – à commencer par celle de Prométhée » (*Carnets* I). Il est presque l'incarnation achevée du révolutionnaire authentique : « Un Prométhée – comme idéal révolutionnaire » (*Carnets* I). Prométhée est l'homme du feu, mais l'élément importe moins (Prométhée ne symbolise jamais chez Camus les progrès techniques, que le geste oblatif, fraternel, solidaire, du don, car c'est aussi les moyens de notre libération qu'il nous offre. L'un des premiers symboles de l'humanisme, voire de la philanthropie, Prométhée est un homme parmi les hommes. Eschyle, dont Camus, toujours, s'est senti si proche, l'a créé lucide, haineux des dieux et aimant d'autant les hommes, illustrant même sa « foi tranquille dans l'homme ». Il n'est pas indifférent que l'un des premiers spectacles montés par Camus à Alger ait été, en 1937, son *Prométhée enchaîné*.

L'Homme révolté, qui pourrait valoir comme périphrase pour le rebelle grec, propose une étude historique de la révolte et de ses vicissitudes. À ce niveau, le mythe apparaît comme un révélateur pour les hommes, tant, enchaîné solitaire à sa colonne, Prométhée est à l'origine de la révolte métaphysique. Il est « le plus grand mythe de l'intelligence révoltée ». Le messianisme, la philanthropie, la lutte contre la mort sont certains de ses traits définitoires. Camus prend acte d'un retournement caractéristique de la modernité historique : « Le long silence de Prométhée devant les forces qui l'accablent crie toujours. Mais Prométhée a vu, entre-temps, les hommes se tourner aussi contre lui et le railler. » Nous sommes mêmes davantage « des enfants de Caïn que des disciples de Prométhée », des assassins de frères innocents que leurs bienfaiteurs. Le fait que l'essayiste croise le mythe grec avec les figures bibliques dit aussi cette difficulté, ce brouillage dans la réception d'un mythe que nous savons mal interpréter. Le fil tranchant de l'histoire, ce Titan que nous révérons, est l'occasion d'une dégradation du mythe et partant de la révolte qui lui est liée de si près.

Au terme de son analyse de la révolte métaphysique et historique, Camus ne peut que constater la dégradation de la révolte. Prométhée est devenu César et la culpabilité générale instaurée par le communisme soviétique achève « l'itinéraire surprenant de Prométhée ». Entre-temps, Sade et John Milton ont proposé des avatars de la figure mythique. De guide, l'ami des hommes, courageux et innocent, est devenu maître, juge, bourreau. Pour terrible que soit le constat, si l'on songe aux effets de cette dégradation dans l'histoire, il n'est pourtant pas permis de désespérer, le désespoir étant contraire à la révolte. Si les traits de Prométhée ont changé, son cri retentit encore : « Le vrai, l'éternel Prométhée a pris maintenant le visage d'une de ses victimes. Le même cri, venu du fond des âges, retentit toujours au fond du désert de Scythie. » Surtout, comme le fait remarquer Monique Crochet, il est inséparable d'une autre figure mythique, grecque elle aussi, Némésis : « C'est la révolte qui est la mesure, qui l'ordonne, la défend et la recrée à travers l'histoire et ses désordres. » Pour Camus, le mythe de Prométhée a encore bien des choses à nous enseigner. Le cri des déserts de Scythie est derrière nous, mais il a un avenir.

Pierre GROUIX

Bibl. : Monique Crochet, *Les Mythes dans l'œuvre de Camus*, Éditions universitaires, 1973

PROMÉTHÉE. – À la fin de 1940, alors qu'est annoncée la reparution de *La Nouvelle Revue française* désormais dirigée par Pierre Drieu La Rochelle, Pascal Pia, installé à Lyon, souhaite lancer une revue mensuelle en zone sud. Il associe Camus à l'entreprise. Les deux hommes, qui travaillent à *Paris-Soir*, se voient régulièrement. Ils sont d'accord pour appeler leur revue *Prométhée*. Camus propose une citation de Stendhal comme épigraphe : « Les circonstances favorisent la musique ». Sa correspondance avec Pia de même que les archives du ministère de l'Information donnent des informations précieuses sur cette entreprise mort-née.

Camus écrit à son maître Jean Grenier : « Il ne s'agit pas de remplacer *La NRF*, comme on nous l'a dit, mais seulement de faire une chose qu'elle n'est plus capable de faire. » Le soutien de Jean Paulhan est acquis. Celui-ci oriente vers *Prométhée* les manuscrits que leurs auteurs souhaitaient publier à *La NRF*. André Malraux, vieil ami de Pia, Raymond Queneau, Paul Valéry, François Mauriac, Louis Aragon et Jean Paulhan ont donné ou promis des textes. Camus, réfugié à Oran, sollicite Grenier qui lui en envoie un aussitôt. Pia, de son côté, est prêt à publier *L'Étranger* en feuilleton. Encore faut-il que la revue soit autorisée à paraître : les deux hommes sont suspects au nouveau régime. Une note du 28 mars 1941 permet de penser que l'avis de l'inspection générale des services de police est sans appel : « Ce serait une revue de gauche malgré que [*sic*] ses dirigeants s'en défendent [...]. En raison du passé politique de la plupart des collaborateurs recrutés ou pressentis, il paraît y avoir lieu d'ores et déjà de faire toutes réserves sur l'autorisation à accorder à MM. Durand [Pia] et Camus lorsqu'ils en feront la demande aux divers services ministériels. » Les semaines passent, l'ancien directeur d'*Alger républicain* et l'ancien rédacteur en chef du *Soir républicain* se font à l'idée que leurs nombreuses démarches n'ont aucune chance d'aboutir. Ils doivent renoncer à leur projet. Camus écrit à Grenier : « *Prométhée* attend depuis deux mois une autorisation qui ne veut pas venir et qui, réflexion faite, n'a pas de raisons de venir. » Paulhan se montre plus net dans une lettre : « Vichy refuse la revue de Pia. »

À la fin de 1943, Claude Bourdet charge Camus de lancer un périodique clandestin, *La Revue noire*. Le projet n'aboutit pas. Pia et lui donnent toute leur mesure à *Combat*. Quand il s'est éloigné du journalisme, le second a mesuré l'importance prise par les revues dans le paysage intellectuel. Cela explique le rôle actif qu'il tient à *L'Arche*, puis à *Empédocle*. Cette dernière revue peut être considérée comme un succédané de *Prométhée*.

Jeanyves GUÉRIN

Bibl. : Lucien Scheler, *La Grande Espérance des poètes, 1940-1945*, Temps actuels, 1982, p. 51-61

PROMÉTHÉE AUX ENFERS. – Avant d'être repris dans *L'Été*, *Prométhée aux enfers* a paru à part en 1947. Concis, d'une écriture limpide, assez poétique, volontiers métaphorique, cet essai porte en exergue un propos ironique du satiriste grec Lucien : « Il me semblait qu'il manquait quelque chose à la divinité tant qu'il n'existait rien à lui opposer. » Camus s'y propose d'apporter une réponse à la question : « Que signifie Prométhée pour l'homme d'aujourd'hui ? ».

L'époque, le siècle, s'est écarté de la Grèce, de l'homme grec, de la mesure grecque et du rebelle grec. Comme l'a établi aussi Edmund Husserl, nous sommes des « Grecs fatigués ». Si le chant si pur, si tragique, monté des déserts de Scythie a du mal à nous parvenir, c'est que quelque chose en nous bloque cette réception : « nous sommes encore sourds au grand cri de la révolte humaine dont il donne le signal solitaire ». Nous préférons la justice des hommes à celle de l'esprit. Cet éloignement est d'autant plus absurde que l'homme contemporain, auquel le fils de la justice, avec la générosité qui le caractérise aussi, aurait tant à offrir, se retrouve lui-même dans la position du héros grec, souffrant « par masses prodigieuses sur l'étroite surface de cette terre ». Les hommes de l'après-guerre se retrouvent dans un long hiver et Prométhée est non la victime des dieux mais la leur. Non seulement ils ne comprennent plus « ce héros qui aima assez les hommes pour leur donner en même temps le feu et la liberté, les techniques et les arts », qui fut capable de libérer et leurs âmes et leurs corps, mais encore ils se retournent contre lui, ils le poussent même aux enfers. La bruyère fertile, l'herbe du mythe n'est plus que cendres. Si Prométhée revenait, à l'occasion de ce que Jean-Marie Domenach plus tard nommera un « retour du tragique », à l'heure où la Force et la Violence imposent leur majuscule, non seulement les hommes ne le comprendraient pas, mais ils le remettraient au supplice. D'où ce constat étrange, mais non résigné : « dans la terrible vieillesse de ce demi-siècle », dans un temps asservi à l'histoire, Prométhée est à la fois le compagnon le plus solidaire et celui que nous entendons le moins. Si nous le comprenons peu, c'est aussi que nous lisons mal l'époque. À l'horizon point une question plus ample encore : « aurons-nous la force de faire revivre les bruyères ? », de renouer avec la Grèce en nous ? L'absence déroutante de Prométhée, aussi avérée que la nécessité de sa présence, dit la mort du Grec en nous. C'est ce que signifie aussi, dans *L'Homme révolté*, le refus de recourir à la juste mesure de Némésis, réponse grecque à une question qui l'est aussi. Là où « le héros enchaîné maintient dans la foudre [...] sa foi tranquille en l'homme », il n'est pire aveugle que celui qui ne veut voir. Les mythes nous tendent leurs fruits et nous ne leur tendons pas les bras. Pierre GROUIX

Éd. : Palinugre, 1947 • *L'Été*, Gallimard, 1954

PROMÉTHÉE ENCHAÎNÉ. – Avant de consacrer des pages à Prométhée dans *L'Homme révolté* et dans *L'Été*, Camus a adapté la pièce la plus connue qui le met en scène, le *Prométhée enchaîné* d'Eschyle. Nietzsche, qu'il a lu à cette date, tient cette pièce pour un « hymne à l'impiété ». Les romantiques, avant lui, ont fait du Titan supplicié une figure de la révolte. Après eux, le voleur du feu est devenu le champion des opprimés, un bienfaiteur de l'humanité. Ces lectures sont idéologiques et anachroniques. S'inscrivant dans la tradition progressiste issue du XIXe siècle, le jeune communiste a choisi une pièce qui inscrit la condition humaine et l'instauration de la justice dans le temps de l'histoire. Prométhée ne conteste pas l'ordre divin, il accuse Zeus d'un excès de pouvoir. Eschyle ne professe pas l'impiété, il la rend possible. La démesure, pour lui, est des deux côtés. La pièce, de plus, fait partie d'une trilogie qui s'achève par une réconciliation : Zeus est devenu juste et Prométhée sage. En 1955, dans sa conférence d'Athènes, Camus se montre plus fidèle à l'esprit d'Eschyle. « [...] Prométhée, déclare-t-il alors, est à la fois juste et injuste et Zeus qui l'opprime sans pitié est aussi dans son droit ». La pièce enseigne la connaissance des limites et la maîtrise de soi.

La traduction canonique de Paul Mazon s'efforçait de restituer les métaphores et épithètes audacieuses d'Eschyle et ses mots composés. Camus, lui, a choisi d'adapter la pièce. Non seulement il en émonde le lyrisme grandiose, comme Cocteau avait procédé avec l'*Antigone* de Sophocle, mais il privilégie le registre familier sans recourir à des anachronismes. La Force déclare ainsi à Vulcain : « La tienne de pitié est inutile à Prométhée » ; celui-ci affirme : « Je suis bien puni d'avoir tant fait pour les hommes. J'ai volé le feu du ciel. Je leur ai donné le feu. Et ils ont tout fait et tout inventé avec. – C'est pour ça qu'on m'enchaîne et qu'on me livre sur ce rocher à toutes les morsures du vent. » Le souci de la scène se manifeste par l'addition de didascalies qui prévoient notamment une musique.

Le Théâtre du Travail joua *Prométhée enchaîné* les 6 et 7 puis le 13 mars 1937 à Alger. Camus avait mis en scène le spectacle. Il avait commandé le praticable à Louis Miquel et les masques que portaient les acteurs à un autre de ses amis, Louis Bénisti. Par la suite, il n'a pas cherché à publier ni à faire jouer cette adaptation à Paris. Son manuscrit est conservé à la bibliothèque Méjanes d'Aix-en-Provence. Il est dommage que l'édition de la « Pléiade » en reproduise seulement les deux premières scènes.

Pierre GROUIX & Jeanyves GUÉRIN

Éd. : *Œuvres complètes*, t. I, Gallimard, coll. « Bibl. de la Pléiade », 2006, éd. par Jacqueline Lévi-Valensi et Raymond Gay-Crosier

PROPHÉTIE. – La notion religieuse de « prophétie » est au cœur de la réflexion de Camus sur l'Histoire. Un processus de divinisation a eu lieu, qu'il examine dans *L'Homme révolté* en remontant à son origine. Le chapitre intitulé « Le terrorisme d'État et la terreur rationnelle », dans la partie consacrée à la révolte historique, ouvre sur cette déclaration de méthode : « Le marxisme et ses héritiers ne seront examinés ici que sous l'angle de la prophétie. »

Camus distingue dans son analyse « la prophétie bourgeoise » et « la prophétie révolutionnaire » : Marx en effet a pris les deux croyances les plus courantes à son époque, le scientisme et le socialisme utopique, pour tenter de les unifier. Il fait de la politique « une religion à la fois universelle et sans transcendance », dans laquelle « l'utopie remplace Dieu par l'avenir. Elle identifie alors l'avenir et la morale ; la seule valeur est ce qui sert cet avenir ». L'intellectuel rigoureux devient prophète, et la prophétie ne se réalisant pas, la date d'arrivée de la société promise est reculée sans cesse : « avec le même romantisme aveugle, Marx prophétise la société sans classes et la résolution du mystère historique ». Camus voit au cœur de cette prophétie une contradiction qui en explique l'échec : « Cette prédiction ne pouvait être scientifique [...] qu'en cessant de prophétiser dans l'absolu. » Parce que « la fin de l'histoire [...] est un principe d'arbitraire et de terreur », la prophétie marxiste s'est achevée, avec l'avènement du socialisme d'État et ses conséquences meurtrières au XXe siècle, en une « terrifiante apothéose » que Marx, précise Camus, n'imaginait pas.

Comment, dans une époque où Clamence, le héros de *La Chute*, se décrit en « prophète vide pour temps médiocres », le seul que cette époque mérite, préserver l'exigence éthique qui était au fond du rêve marxiste avant que celui-ci ne soit balayé par la volonté de puissance étatique ? Refusant de désespérer et convaincu que l'homme ne peut échapper à l'Histoire, Camus a tenté de définir les conditions d'une action positive dans la cité. Dans *L'Homme révolté* figure cette phrase qui est une réponse à la prophétie marxiste : « La vraie générosité envers l'avenir consiste à tout donner au présent. » Pour ne pas aggraver le mal dans l'Histoire, il faut substituer à la pensée messianique une pensée réfléchie, comme Camus le déclare à plusieurs reprises dans ses *Carnets*. Refusant la divinisation de l'Histoire, il fonde son engagement sur le sens du relatif qui doit animer les actions humaines. Il écrivait déjà au lendemain de la Seconde Guerre mondiale, dans un article de *Combat* repris dans *Ni victimes ni bourreaux* : « Il s'agit, en somme, de définir les conditions d'une pensée politique modeste, c'est-à-dire délivrée de tout messianisme, et débarrassée de la nostalgie du paradis terrestre. »

Jacques Le Marinel

PROUST, Marcel (1871-1922). – Camus avait dix-neuf ans quand Jean Grenier lui fit découvrir Proust. Il se réfère au *Temps retrouvé* à la première ligne d'*Entre oui et non*, publié dès 1937 dans *L'Envers et l'Endroit* : « S'il est vrai que les seuls paradis sont ceux qu'on a perdus », écrit-il, paraphrasant ce qu'écrivait Proust : « les vrais paradis sont les paradis qu'on a perdus ». Cet écrivain qui a surmonté l'obstacle de la maladie pour composer une œuvre gigantesque lui offre par excellence la figure de l'« artiste ». « *La Recherche du temps perdu* est une œuvre héroïque et virile », écrit-il au début de 1942 dans les *Carnets*, citant à l'appui un passage de *Sodome et Gomorrhe* où le héros-narrateur affirme qu'un espoir renaît chaque fois en lui à l'issue de crises qui l'ont laissé sans forces. Camus, souffrant, se donne ici un modèle. Quelques mois auparavant, il a jugé la « monotonie » de Proust comparable à celle des derniers ouvrages de Tolstoï, du Bouddha, du Coran, de Nietzsche, de Pascal, de Chestov, de Sade… Le terme, à l'évidence, signale l'unité d'inspiration de ces œuvres ; mais c'est de « terrible monotonie » qu'il s'agit dans le cas de Proust et de Sade. Si, enfin, *Le Mythe de Sisyphe* célèbre « la recherche tâtonnante et anxieuse d'un Proust », c'est au même titre que celle du comédien ou du conquérant : plus que l'œuvre en elle-même compte l'effort qu'elle a supposé. L'essai, toutefois, analyse ailleurs les qualités spécifiques du romancier et le situe aux côtés de Balzac, Sade, Melville, Stendhal, Dostoïevski, Malraux et Kafka pour illustrer ce qu'affirmait dès 1938 le compte rendu de *La Nausée*, de Sartre : « Un roman n'est jamais qu'une philosophie mise en images. » « On ne raconte plus » "d'histoires" « , on crée son univers », formule cette fois Camus.

L'analyse esthétique qui accompagne en 1942 l'hommage rendu au caractère héroïque de la *Recherche* risque pourtant fort d'être un contresens : « Selon Proust, ce n'est pas que la nature imite l'art. C'est que le grand artiste nous apprend à voir dans la nature ce que son œuvre, de façon irremplaçable, a su en isoler. Toutes les femmes deviennent des Renoir », écrit Camus. Croire que l'écrivain met son œuvre au service de la vie est infidèle à l'esprit de Proust, pour qui l'art appartient à un ordre supérieur. Aux yeux de Swann, par exemple, la femme aimée est devenue une figure de Botticelli. Toutefois, après avoir admiré cet esthétisme (ou « idolâtrie ») qui enrichit de façon intelligente et sensible l'existence quotidienne de Swann, le narrateur de la *Recherche* en prendra le contre-pied pour composer son œuvre ; à soumettre sa vision à celle d'autres artistes, le créateur s'interdirait en effet de composer un univers personnel. Camus est également peu proustien dans un texte comme *L'Exil d'Hélène* (*L'Été*), quand il déplore les dégâts infligés par la civilisation à la beauté de la nature. Il se range ici parmi ces gens que Proust qualifie de « matérialistement spiritualistes » (*Le Temps retrouvé*) parce qu'ils croient que la beauté réside dans le monde, alors que pour le véritable artiste, elle est tout entière dans le moi ; ainsi l'entrée d'une gare polluée par la fumée offre-t-elle au pouvoir du créateur des ressources égales à celles d'un beau paysage ou d'une cathédrale. « Je ne suis pas sûr d'être moderne », disait volontiers Camus ; il l'était beaucoup moins que Proust, qui n'a jamais vu dans les progrès de la civilisation industrielle une menace pour l'épanouissement des beaux-arts. Peu proustien, enfin, apparaît ce passage de la Préface aux *Îles*, de Jean Grenier, où Camus se rappelle qu'il quittait jadis son quartier pauvre à la recherche des quartiers fleuris d'Alger. « Un jardin s'ouvrait, d'une richesse incomparable ; je venais de découvrir l'art. » Proust – qui en parle à son aise dans son riche quartier parisien –, invoquant l'exemple des natures mortes de Chardin, engage au contraire les jeunes gens pauvres à trouver des prestiges aux objets les plus répugnants de leur cuisine (*À l'ombre des jeunes filles en fleurs*). Sans doute faut-il supposer qu'en célébrant avec emphase sa « découverte de l'art », Camus se moque de ses naïvetés d'adolescent. Et que la pauvreté puisse inspirer une œuvre d'art, quelle œuvre en témoigne mieux que *Le Premier Homme* ? Il n'empêche : la lumière et la splendeur de la mer (d'autant plus précieuses aux pauvres qu'ils ne possèdent rien d'autre) apportent, beaucoup plus que les objets familiaux, le bonheur au cœur de l'« enfant prodigue ». Et alors que Camus (ou Jacques Cormery) retrouve le « paradis perdu » grâce à des retours répétés dans le quartier de son enfance, Proust, lui, n'est jamais retourné à Illiers (Combray) du moment où il s'était engagé dans l'écriture de son roman ; son « univers » demeura essentiellement intérieur.

Les odeurs, chez les deux écrivains, jouent un rôle primordial. Elles mettent, dans la *Recherche* comme dans *Le Premier Homme*, sur le chemin de l'enfance. Mais pour Proust, empêché par l'asthme de respirer les fleurs, elles sont avant tout une clé de l'œuvre à venir. Camus ne fut jamais privé de respirer l'odeur du chèvrefeuille ou des glycines. « "Je suis, dit-il, un olfactif. Et il n'y a pas d'art qui s'adresse à ce sens. Il n'y a que la vie" » (*Carnets*, 1940). Qu'aucun art ne corresponde à l'odorat consacre probablement sa supériorité sur les autres sens. Car, pour Camus, la vie vaut mieux que l'art. « Créer ou ne pas créer, cela ne change rien » : imagine-t-on rien de plus antiproustien que cette phrase du *Mythe de Sisyphe* ? À Balzac et à Stendhal, Proust reprochait d'avoir préféré leur vie à leur œuvre. S'il avait connu Camus, il lui aurait adressé le même reproche. On ne saurait, pour finir, étayer un rapprochement entre Proust et Camus sans cette allusion au *Temps retrouvé* présente en 1948 dans les *Carnets* : « Alger après 10 ans. Les visages que je reconnais, après hésitation, et qui ont vieilli. C'est la soirée des Guermantes. Mais à l'échelle d'une ville où je me perds. » Quoi de plus courant, en effet, que cette métaphore du bal masqué où se découvrent, sur les visages des invités, les années écoulées ? Camus, après l'avoir développée cinq ans plus tard dans les brouillons de *Retour à Tipasa*, la supprimera opportunément du texte définitif.

Pierre-Louis Rey

PSEUDONYMES. – En 1936, Camus est engagé comme acteur dans la troupe de Radio-Alger. Il se produit sur scène sous le nom d'Albert Farnèse : c'est le premier d'une longue série de masques qu'il se donne. À *Alger républicain* et surtout au *Soir républicain*, Pascal Pia et lui ont choisi de multiplier les pseudonymes. André Abbou en a répertorié une quinzaine : Vincent Capable, présenté comme primeuriste, un faux naïf, et Marco, Irénée, Liber, Démos, Néron, Pétrone, Zaks… C'est une « pratique de journaux pauvres », écrit Olivier Todd. Les collaborateurs du journal sont peu nombreux ; il s'agit de faire croire l'inverse et aux lecteurs comme à l'administration. Après coup, certains choix font sens. Ainsi celui de Jean Mersault.

La deuxième des *Lettres à un ami allemand* paraît sous la signature de Louis Neuville dans *Les Cahiers de libération* – en 1944. À *Combat*, Camus utilise parfois le pseudonyme de Suétone, source latine de son *Caligula*, pour quelques courts articles polémiques. Ainsi quand il moque Paul Claudel ou attaque *Le Monde*. Toutefois il n'a pas le monopole de ce pseudonyme, car Roger Grenier s'en sert aussi. Il utilise une fois celui de Juste Bauchart, qui était le sien dans la Résistance, mais non celui d'Albert Mathé qui figurait sur sa fausse carte d'identité. D'autres collaborateurs du journal usent également de pseudonymes permanents. Marcel Paute se fait ainsi appeler Marcel Gimont, Xavier de Lignac Jean Chauveau et Maurice Saillet Justin Saget. Par la suite, Camus, devenu un intellectuel célèbre, n'a plus besoin de confier ses écrits à la responsabilité de doubles imaginaires. Une exception est à noter : il signe Antoine Bailly le manuscrit de *L'Impromptu des philosophes* qu'il décide de ne pas publier de son vivant.

Jeanyves GUÉRIN

Q-R

QUILLIOT, Roger (1925-1998). – Petit-fils de mineur, Roger Quilliot appartient à cette génération qui, ayant eu vingt ans en 1945, a lu passionnément *Combat* et a applaudi *Caligula*. Luimême rencontre l'auteur de cette dernière pièce sans en devenir un intime, mais noue une correspondance avec lui. Il lui consacre de nombreux articles dans *La Revue socialiste* entre 1948 et 1966. Le premier, suscité par une réédition de *Ni victimes ni bourreaux* dans *Caliban*, s'intitule « À propos d'Albert Camus et du problème socialiste ». Outre des recensions d'ouvrages, l'on mentionnera un article d'octobre 1958 sur l'Algérie. En 1956, il publie le premier livre important sur Camus, *La Mer et les prisons* (Gallimard), qui connaît une réédition augmentée en 1970 et est traduit en anglais. C'est à lui qu'est confié le soin de réunir les œuvres de l'écrivain algérois dans la « Pléiade ». Le théâtre, les récits et les nouvelles paraissent en 1962, les essais en 1965. Ces deux volumes feront autorité pendant près de quarante ans. Il lui est revenu aussi d'éditer les deux premiers volumes des *Carnets* et les *Journaux de voyage*.

L'agrégé de lettres classiques a d'abord été professeur de lycée. En 1963, il rejoint la faculté des lettres de Clermont-Ferrand et, ayant soutenu une thèse d'État sur les travaux camusiens, y devient professeur jusqu'à sa retraite prise en 1984. Il y fonde un centre de recherches Albert-Camus qui recueille le manuscrit du *Premier Homme* et des lettres de son auteur. Il donne dès lors une allure plus académique à ses travaux, écrit dans la *Revue des Lettres modernes* et participe à des colloques universitaires. Il est de ceux qui introduisent l'œuvre de Camus dans l'université française alors qu'aux États-Unis les travaux s'étaient déjà multipliés. L'une de ses dernières interventions, en 1985 au colloque de Nanterre, s'intitule « Camus et le socialisme ». « Oui, concluait-il, Camus fut socialiste, d'un socialisme libéral ou libertaire ; socialiste par souci de la solidarité, socialiste du relatif, hors de tout dogme, plus proche de Proudhon que de Guesde. »

Homme de conviction mais exempt de tout sectarisme, Roger Quilliot appartint aux minorités informelles qui s'efforcèrent en vain de faire évoluer la doctrine de la SFIO vers le modèle scandinave. Il se heurta à l'intransigeance de Guy Mollet. Longtemps sénateur-maire de Clermont-Ferrand, il fut aussi ministre de l'Urbanisme et du Logement dans le gouvernement de Pierre Mauroy entre 1981 et 1983. Le militant « sincère et sans naïveté », comme le dépeint l'historien Jean-Pierre Rioux, qui s'affirmait réformiste intransigeant, se sentait en « communion de pensée » avec Camus, comme en témoignent les nombreuses citations du *Mythe de Sisyphe*, de *L'Homme révolté* et d'*Actuelles* qu'il égrène dans ses essais de philosophie politique, de *La Liberté aux dimensions humaines* (Gallimard, 1967), livre dont il lui avait soumis la première version, à *La Démocratie sur la balançoire* (Belfond, 1992). En 1998, il se donna la mort. Le dernier mot de sa lettre-testament confiée au journal *La Montagne*, est : « Sisyphe sourit. » Ses *Mémoires* ont été publiés de façon posthume.

Jeanyves GUÉRIN

Bibl. : Raymond Gay-Crosier (dir.), « Roger Quilliot fait le point », *Revue des Lettres modernes*, série Albert Camus, 18, 2000, p. 109-141 • Roger Quilliot, *Mémoires*, Odile Jacob, 1999

RACISME. – Camus tient le racisme pour une « maladie stupide et criminelle » qui mobilise « ce qu'il y de plus abject et de plus insensé dans le cœur des hommes ». Le journaliste s'est peu exprimé sur le sujet. En mai 1947, cependant, il réagit vivement à un article d'un « journal du matin » titré « L'assassin Raseta », qui suit de peu l'insurrection de Madagascar et sa violente répression. Dans son éditorial de *Combat*, le 10 mai 1947, « La Contagion », il écrit : « En tout état de cause, aucun journaliste n'aurait osé un pareil titre si l'assassin supposé s'appelait Dupont ou Durand. Mais M. Raseta est malgache, et il doit être assassin de quelque façon. ». Camus détecte d'autres « signes » d'un racisme latent. « Si des Arabes se mènent en forêt de Sénart, dénonce-t-il, le printemps n'y est pour rien. Ce ne peut être que pour assassiner leurs contemporains. » De même, il associe le racisme au national-socialisme qui se fonde sur l'idée d'une race supérieure. Mais l'ancien reporter *d'Alger républicain* ne peut pas ne pas voir que l'idée d'inégalité est au cœur du système colonial. Que les hommes sont égaux en dignité et en droits est une idée qui va de soi en Europe, pas hors de l'Europe. Les Français font ainsi à Madagascar ce qu'ils reprochaient aux Allemands d'avoir fait en France peu avant. Les principes, pour Camus, ne se divisent pas.

En juillet 1953, il écrit au *Monde* pour protester contre la façon violente dont la police parisienne a réprimé une manifestation de travailleurs nord-africains. Il s'agit là pour lui d'un « racisme qui n'ose pas dire son nom ». Il réclame qu'une enquête détermine qui a donné l'ordre d'ouvrir le feu. Deux ans plus tard, en novembre 1955, un article de *L'Express* lie le développement du racisme antiarabe au « drame algérien ». Les premières victimes en sont les travailleurs venus d'Algérie en France qui sont exposés au « mépris » et à la « haine raciale ». Un passage du *Premier Homme* revient sur les effets de la guerre. Un ouvrier français, sous le coup de l'émotion, tient des propos ouvertement racistes (« Cette sale race » ; « Vous êtes tous de mèche, bande d'enculés ! » ; « Il faut tous les tuer ») après un attentat commis à Alger. Ce fait va contre la vulgate simpliste des progressistes parisiens pour lesquels, l'histoire s'écrivant en images d'Épinal, les prolétaires ne sauraient être racistes, seuls les bourgeois le sont. Jacques Cormery demande à l'ouvrier de réfléchir et se dissocie nettement de ses propos. Son père avait eu la même réaction de colère et les mêmes mots (« Sale race ! Quelle race ! Tous, tous... ») après avoir vu un de ses camarades tué et mutilé par des rebelles. Le roman, après *L'Étranger*, montre la ségrégation entre les communautés et, de façon oblique, le racisme de la société coloniale.

Camus en reste à des opinions inscrites dans sa culture républicaine. Son axiologie valorise l'égalité et la fraternité. Il n'a pas cherché à analyser le phénomène raciste. Jeanyves GUÉRIN

RAISON. – Deux citations balisent la réflexion camusienne sur la raison : nos expériences nous servent certes, « Mais, pour tout le reste, nous marchons dans les ténèbres » (« Le temps de l'espoir », *Actuelles* II) et « Le seul problème contemporain : peut-on transformer le monde sans croire au pouvoir absolu de la raison ? » (*Carnets*, 1945). Confronté à la guerre froide après la Seconde Guerre mondiale, Camus formule parfois radicalement ses inquiétudes : peut-on « sauver » ou « faire le salut de l'homme », peut-on l'empêcher de désespérer de lui-même et de ses semblables ? La raison devrait nous aider : elle est une faculté spécifiquement humaine – « seul pouvoir de conquête [...] purement humain » (*L'Homme révolté*) – qui vise idéalement à l'accord universel par le caractère contraignant ou convaincant de ses arguments. Les sciences sont ce qui se rapproche le plus jusqu'ici de cet idéal. Lorsqu'il se fait « absolu », le rationalisme croit être capable de concrétiser cet accord et de répondre, en se développant en système, à toutes les questions que l'homme se pose. L'irrationalisme affirme au contraire que la raison est non seulement incapable de réaliser cette prétention mais qu'elle est une faculté surfaite et dérisoire. Dans *Le Mythe de Sisyphe*, sont renvoyés dos à dos un rationalisme aveugle et arrogant – « le culte de la raison absolue », « l'absolu de la raison » (*L'Homme révolté*) – et l'irrationalisme impénitent. La leçon de Pascal n'est pas oubliée. Mais l'auteur prend bien soin de rappeler que, dans ses limites, la raison peut rendre des services.

Sa philosophie de l'action en tire cette conséquence : l'action collective demeure possible, mais elle peut échouer. Camus est un homme de gauche qui ne craint pas de penser l'échec. Dans son interview à *Servir*, le 20 décembre 1945, il note : « Je ne suis pas un philosophe. » Et de préciser dans *L'Été* : « Je ne crois pas assez à la raison pour souscrire au progrès, ni à aucune philosophie de l'Histoire. »

Ce sont les limites de la raison qui obligent paradoxalement de parler « le langage de raison » ; de « chercher ses raisons » – *Lettres à un ami allemand* en est un exemple notoire : l'ami français s'impose un « détour » de réflexion pour savoir s'il doit prendre part au conflit et comment ; de faire « un effort de raison » pour essayer de « justifier en raison » ses choix. À défaut de certitude, il convient en effet d'être « raisonnable », c'est-à-dire d'accepter que les vérités ne soient atteintes que par approximation. Dans ce cas, et Camus y revient sans cesse, il faut se mettre à l'écoute « des raisons de l'adversaire » : « Le démocrate, après tout, est celui qui admet qu'un adversaire peut avoir raison, qui le laisse donc s'exprimer et qui accepte de réfléchir à ses arguments » (« Démocratie et modestie », *Combat*, février 1947). « Est-ce qu'on peut faire le parti de ceux qui ne sont pas sûrs d'avoir raison ? Ce serait le mien » (« Dialogue pour le dialogue », juillet 1949, repris dans *Actuelles*). L'idéologue qui s'enferme dans un système logique coupé du réel, quant à lui, est « déraisonnable ».

La « déraison » – Camus emploie le mot à plusieurs reprises – consiste à vouloir présenter comme raison contraignante ce qui ne peut l'être. Que « le crime se raisonne » (« Défense de *L'Homme révolté* ») par exemple, et contrairement à ce que pense l'idéologue, n'en fait pas un article de raison. Que l'homme recoure à celle-ci pour prendre la place de Dieu, que ses entreprises visent à l'autodéification illustrent sa déraison : il n'a toujours pas découvert la fragilité de ses raisons. Camus s'en prend à ce qu'il appelle la « raison historique » ou l'« idéologie allemande », la croyance à ce que le cours des événements mène, par la logique qui lui est inhérente, à la fin de l'histoire (Hegel) où raison, savoir et liberté seront réalisés, ou à la fin de la préhistoire (Marx) où la société sans classes sera instaurée. Il souligne à ce propos que la « raison scientifique » et la « raison historique » se sont radicalement séparées, alors que la seconde, qu'il qualifie de « pseudo-raison » dans *L'Homme révolté*, se présente comme la réalisation de la première. Camus résume parfaitement sa pensée en écrivant sur l'auteur « du plus grand système allemand du XIXe siècle » : « On peut dire assurément que Hegel a rationalisé jusqu'à l'irrationnel. Mais, en même temps, il donnait à la raison un frémissement déraisonnable, il y introduisait une démesure dont les résultats sont devant nos yeux. »

Maurice WEYEMBERGH

RAMBERT, Raymond. – Raymond Rambert apparaît au deuxième chapitre de *La Peste*, véritable chapitre d'exposition qui présente, au gré des rencontres du docteur Rieux, l'ensemble des personnages principaux du roman. Jeune journaliste travaillant pour un grand organe de presse parisien, il vient d'arriver à Oran pour enquêter sur les conditions de vie des Arabes. Physiquement, il est « court de taille, les épaules épaisses, le visage décidé, les yeux clairs et intelligents ». Camus se limite ainsi à quelques traits – comme il le fait pour tous les autres héros – qui suffiront à en faire un être de chair.

Rambert constitue d'abord un personnage de roman d'aventures. Retenu contre son gré dans la ville dont on a fermé les portes pour éviter toute contamination du fléau, il multiplie les démarches – légales puis illégales – pour retourner à Paris rejoindre la femme qu'il aime. De rendez-vous en rendez-vous, il est prêt d'atteindre son but lorsqu'il se voit contraint de tout recommencer depuis le début. Quand enfin, après des jours et des jours d'efforts consacrés à remonter toute la filière, il retrouve le garde qui lui permettra de franchir les portes, il renonce à partir, convaincu désormais qu'il a le devoir de rester pour aider le groupe de volontaires qui luttent contre la peste. Au dernier chapitre, lorsque la peste sera vaincue et que les portes de la ville s'ouvriront, il retrouvera sa compagne venue le rejoindre, devenant ainsi le seul héros du livre pour qui l'histoire s'achève positivement.

Le personnage de Rambert illustre une situation qui fut celle de nombreux époux pendant la Seconde Guerre mondiale, qu'ils fussent prisonniers de guerre ou séparés de leur femme par la ligne de démarcation. On notera que Camus lui-même, résidant en France, fut séparé de son épouse rentrée à Alger peu de temps avant que le débarquement des Alliés de novembre 1942 n'instaure une coupure totale entre la métropole et l'Afrique du Nord. Rambert est ainsi une des figures de la « séparation », thématique importante du livre.

L'itinéraire de Rambert en fait le personnage qui évolue le plus au cours du roman : on comprend que son souhait de départ n'est pas lié à la peur (Camus prend soin d'indiquer par exemple qu'il a fait la guerre d'Espagne) mais qu'il ne peut admettre d'être prisonnier d'une ville à laquelle il est étranger. Surtout, il veut rejoindre la femme qui l'attend ; il recherche le bonheur, convaincu que ce qui compte, « c'est qu'on vive et qu'on meure de ce qu'on aime ». Puis il prend progressivement conscience que le problème de la peste le concerne, lui aussi, qu'« il peut y avoir de la honte à être heureux tout seul », précisant que le choix (égoïste) du départ « le gênerait pour aimer celle qu'il avait laissée ».

À travers ce personnage positif, Camus montre l'importance qu'il accorde à la recherche du bonheur, quête primordiale pour l'homme, moyen de donner sens à la vie. Mais il exprime aussi l'idée que, en certaines circonstances, un vrai bonheur ne peut se vivre hors d'une solidarité avec les hommes.

Bernard Alluin

RDR (Rassemblement démocratique révolutionnaire). – Mouvement politique fondé par des intellectuels de gauche, le Rassemblement démocratique révolutionnaire exista brièvement, en 1948 et 1949. Un de ses tracts en février 1948 exposait sa doctrine, celle de refuser tout à la fois « les pourrissements de la démocratie capitaliste, les faiblesses et les tares d'une certaine social-démocratie et la limitation du communisme à sa forme stalinienne ».

Le projet est lancé par des militants d'extrême gauche, souvent anciens résistants : Georges Altmann, rédacteur en chef du journal *Le Franc-Tireur*, et d'anciens trotskistes comme David Rousset, Gérard Rosenthal et Jean Rous. Le mouvement est renforcé par l'adhésion de Jean-Paul Sartre et son manifeste, publié le 27 février 1948, comporte également la signature de Daniel Bénédite, Paul Fraisse, de la revue *Esprit*, Jean Ferniot, Bernard Lefort, Charles Ronsac et Roger Stéphane. Les idéaux de la Résistance comme ceux de la révolution de 1848 structurent un discours qui peine cependant à sortir du cercle des intellectuels. Le programme du RDR se veut à la fois porteur d'une transformation sociale radicale, internationaliste, neutraliste et anticolonialiste. Il se cherche un espace entre le parti communiste, le parti socialiste et le Rassemblement du peuple français fondé par les gaullistes en avril 1947. Il tient salle Pleyel le 13 décembre 1948 un meeting qui réunit Sartre, André Breton et Albert Camus. Ce dernier toutefois ne s'est pas investi dans le RDR. Il a seulement publié deux articles dans son hebdomadaire, *La Gauche* : une réponse à d'Astier de La Vigerie et une défense de Garry Davis. L'accentuation de la guerre froide et le schisme yougoslave rendent difficile l'équilibre politique précaire du mouvement. À son apogée, il ne semble pas avoir compté plus de 2 000 adhérents. En 1949, Sartre quitte le RDR et se rapproche des communistes alors que Camus dénonce plus fermement les crimes staliniens.

Alain Chatriot

Bibl. : Ian H. Birchall, « Neither Washington nor Moscow ? The Rise and Fall of the Rassemblement Democratique Revolutionnaire », *Journal of European Studies*, vol. 29, 1999, p. 365-404

RÉALISME. – Au commencement était l'idéalisme. Au départ, il est dans la conception que Camus a de l'art un tel idéalisme, tributaire d'un héritage indubitablement romantique et si traduit en mots, en images, que le lecteur est aux antipodes du réalisme. Un des premiers textes publiés par lui, un essai sur la musique publié dans *Sud* en 1932, pointe cet élan vers les hauteurs, il est vrai dans l'art qui supporte moins le réalisme, la musique : « Deux grandes théories sont en présence : le Réalisme et L'Idéalisme. Selon la première, l'Art devrait se proposer exclusivement l'imitation de la Nature et l'exacte reproduction de la Réalité. C'est là une définition qui, non seulement avilit l'Art, mais encore le détruit. L'abaisser à une imitation servile de la Nature, c'est le condamner à ne produire que de l'imparfait. En effet, la plus grande part de l'émotion esthétique est apportée par notre personnalité. Le Beau n'est pas dans la Nature, c'est nous qui l'y mettons. » En des termes franchement baudelairiens, la citation oppose clairement le Beau, dont l'Art est l'expression privilégiée, et le Réalisme, plate reconduction de ce qui est, associée à un champ verbal dépréciatif (avilir, détruire). À ce niveau, un art réaliste est une contradiction dans les termes et la théorie de l'imitation en art est battue en brèche. Au revers, selon une conception très nettement classique, le beau est l'homme ajouté à la nature. Traduit par une cascade de majuscules, le versant idéaliste de ce texte est si fort qu'un art réaliste, quel qu'il soit, a peu de chance de séduire Camus. À Roland Barthes, il rappelle plus tard le « fait tout simple qu'[il] ne croit pas au réalisme en art ». Or, dans les années 1950, le réalisme est roi. Jean-Paul Sartre y sacrifie dans ses romans. En mars 1950, Camus écrit qu'« en art, le réaliste serait la divinité absolue », avant de citer Delacroix : « Pour que le réalisme ne soit pas un mot vide de sens, il faudrait que tous les hommes eussent le même esprit, la même façon de concevoir les choses. » Versant artistique du totalitarisme, le fameux réalisme socialiste règne, qui impose par la force à l'artiste ce qu'il doit créer, et d'abord pour les autres. La personnalité de l'artiste, tant vantée dans l'article de 1932, est minorée, sujette à caution. Comme pour André Malraux, la rupture avec le marxisme est aussi liée à l'art que l'idéologie impose de manière absolue, par lequel ni l'un ni l'autre – c'est peu écrire – n'ont été convaincus. Tant qu'à dire la Russie, Camus est autrement séduit, comme il le note dans les *Carnets* III, par *Le Docteur Jivago* de Boris Pasternak, monument lyrique et poétique.

C'est dans *L'Exil et le Royaume*, et précisément dans la nouvelle *Les Muets*, que Camus découvre la notion même de réalisme comme une possibilité pour son écriture. Il n'est plus dans la position du critique mais dans celle de l'artiste donnant sa chance à cette veine. Scrutant les six nouvelles du recueil, Peter Cryle y lit « une sorte d'harmonie dans le concret et le spirituel ». Dans la mesure où ce laboratoire stylistique vise à arpenter des possibles pour l'écriture (« du monologue intérieur jusqu'au récit réaliste », dit le prière d'insérer), le recours au réalisme – pour l'instant à l'échelle d'une courte nouvelle – est une manière d'écrire autrement, de surprendre des lecteurs qui lient sempiternellement Camus à la fameuse écriture blanche de *L'Étranger*. On a signalé à l'auteur, sans doute à raison, que ses personnages, ceux de *La Peste* notamment, étaient trop abstraits, trop coupés du monde réel. Dans le livre d'Oran, l'allégorie semble l'emporter sur le réel, la portée symbolique masque la densité humaine des personnages dans leur chair, leur durée, ce que pourtant Camus admire tant chez ceux de Roger Martin du Gard, qu'il perçoit comme un écrivain réaliste. Dans *La Mort heureuse*, la manière dont Zagreus est campé est un bon exemple de ce réalisme symbolique. *Les Muets* dit la crise de l'artisanat, mais est aussi, sur le plan formel, un dialogue avec Franz Kafka (la réalité est exprimée par le symbole) et Herman Melville (le symbole sourd du réel). *L'Exil et le Royaume* marque bien une évolution dans l'approche stylistique de Camus, une requalification du réalisme, ou plus exactement une approche réaliste pour peu qu'elle n'ait rien à voir avec un réalisme doctrinaire, idéologique, réductible à une « énumération infinie ». Il entre également dans ce défi réaliste l'envie qu'a Camus de prouver qu'il est capable lui aussi de verser dans le réalisme soviétique, sans y croire pour autant. Ce qu'il dit à Roger Quilliot ou écrit à Jean Grenier : « J'ai voulu montrer qu'on pouvait faire du "réalisme socialiste" aux gens d'en face, tout en n'y croyant pas. » Pour Olivier Todd, « ce récit sent la sardine, le boudin et les feux de bois. On y entend la varlope et les scies ». Il est frappant que le réalisme soit associé au mutisme, comme si, en creux, il revenait à taire le lyrisme et l'idéalisme qu'il porte en lui.

La nouvelle réaliste serait un simple hapax si *Le Premier Homme* ne donnait une tout autre portée à ce qui, dès lors, en apparaît comme une esquisse préparatoire. De fait, *Les Muets* se lit différemment dès lors qu'on y voit une préparation du *Premier Homme*. L'univers si particulier de la tonnellerie est la première vraie description camusienne du monde ouvrier et marque le rappel de la figure si particulière de l'oncle Ernest/Étienne Sintès, lui aussi lié au mutisme (et doublement par son lien sanguin avec la mère), mais marque davantage, si l'on se tend vers l'avenir, une transition vers le livre total, à la construction – et au style – duquel Camus réfléchit activement durant ces années. Comme son oncle, expert dans cet art, Camus réunit les douelles, celles de la mémoire. La diction des siens, le sens ultime de son œuvre, est donc liée au réalisme, à un réalisme humain, pleinement assumé dès lors que les catégories de l'art (réalisme, symbolisme par exemple) sont relativisées, comme il est dit dans une annexe du *Premier Homme* : « Se libérer de tout souci d'art et de forme. Retrouver le contact direct, sans intermédiaire, donc l'innocence. Oublier l'art ici, *c'est s'oublier.* » Sans aller jusqu'à définir une parabole, un trajet qui irait d'un idéalisme de jeunesse à un réalisme de la maturité, ces lignes indiquent bien que tous les styles sont valables s'ils sont susceptibles de rendre les autres. Le travail opéré sur le réalisme s'accomplit majoritairement dans la diction des autres et de leur réalité dense, charnelle. En un mot, humaine. S'il permet de dire les autres, le réalisme, en quelque sorte, échappe à sa malédiction première. Sa platitude supposée permettrait alors à Camus de rendre une existence elle aussi singulièrement plate. Mais c'est celle des siens.

Pierre GROUIX

Bibl. : Peter Cryle, *Bilan critique,* l'Exil et le Royaume *d'Albert Camus : essai d'analyse*, Minard, 1973 • Pierre-Louis Rey, *Camus, une morale de la beauté*, Sedes, 2000

RÉCEPTION ALLEMANDE. – L'existence de deux États allemands de l'après-guerre jusqu'en 1989 implique de prendre en considération, pour une analyse rigoureuse, les deux différentes réceptions allemandes de Camus pour l'époque qui s'étend jusqu'à la chute du Mur. Ces deux réceptions diffèrent d'autant plus que Camus fut connu d'abord en Allemagne pour les implications politiques et philosophiques de son œuvre – Hannah Arendt, par exemple, constate en 1946 que Camus « est absolument sincère et d'un grand discernement en politique ». Les jeunes intellectuels allemands désireux de rompre avec la génération des pères, responsable du désastre politique, le considèrent comme un vrai directeur de conscience. Cet intérêt reposait sur les premiers commentaires fournis avant la publication des œuvres, par François Bondy : « Albert Camus und die Welt des Absurden » (« Albert Camus et le monde de l'absurdité », 1946), et par O. F. Bollnow : « Le Mythe de Sisyphe » (1947) et « La Peste » (1948). Des mises en scènes applaudies de *Caligula* à Stuttgart en 1947 et de *L'État de siège* à Munich en 1950 s'ensuivirent. Ce sont cependant avant tout les traductions allemandes des œuvres camusiennes les plus importantes qui, se succédant à un rythme accéléré dès la fin des années 1940, fondèrent le prestige de l'écrivain en République fédérale d'Allemagne (RFA). En revanche, en République démocratique allemande (RDA), où les faits culturels ont été traités comme des faits politiques, et en raison de son anticommunisme prétendu, il resta jusqu'à la fin des années 1950, *persona non grata*. Durant ces années 1940 et 1950, ses œuvres n'ont pas été publiées, et son nom ne fut mentionné que très rarement et de manière dépréciative. En dépit de cette tactique, Camus fut présent en Allemagne de l'Est, même à cette époque, grâce aux traductions ouest-allemandes.

Ainsi, on ne peut enregistrer une réception de Camus, pour les années 1940 et 1950, qu'en Allemagne de l'Ouest. Ici, la première œuvre traduite fut *L'Étranger*, paru en 1948, suivi une année plus tard de *La Peste* et en 1950 du *Mythe de Sisyphe*. Ces œuvres ont fondé le prestige de Camus en Allemagne mais ont lié d'une manière indissoluble son œuvre à l'idée d'absurdité et la personnalité de l'auteur à un modèle d'intervention. Aussi Camus fut-il regardé par les lecteurs allemands comme l'autre grand existentialiste aux côtés de Jean-Paul Sartre ; cette opinion perdure, d'ailleurs, encore à l'heure actuelle.

En 1953, la maison Rowohlt, faisant de Camus un de ses auteurs phares, publia la traduction allemande de *L'Homme révolté* ; elle fit apparaître l'écrivain connu et apprécié pour *La Peste* comme un philosophe politique peu accessible. La vente de ses œuvres en République fédérale a été impressionnante. Richard Thieberger, en répétant le bon mot appliqué à Camus de « L'Homme rowohlté », cite les chiffres suivants pour la fin de l'année 1962 : 61 700 exemplaires du *Mythe de Sisyphe* ; 77 500 exemplaires de *L'Étranger* ; 320 000 exemplaires de *La Peste*. On publia également, dans d'autres maisons, les premiers écrits. Les œuvres récentes, *Discours de Suède*, *La Chute*, *L'Exil et le Royaume*, furent traduites dès leur parution en France. Le prix Nobel de littérature et les circonstances tragiques de la mort de Camus firent énormément grimper le chiffre de ventes, au début des années 1960 : la seule maison Rowohlt imprima plus de 650 000 exemplaires parmi lesquels *La Peste* dominait. Un volume de *Théâtre* (1959) et un choix des écrits politiques, *Fragen der Zeit* (« Questions de l'époque », 1960), complétèrent la série des publications chez Rowohlt. À ce moment, l'Allemagne avait donc massivement découvert et adopté Camus. En ce qui concerne les traductions, assurées pour les œuvres littéraires par Guido et Gertrud Meister et pour les essais philosophiques par d'autres traducteurs, il faut pourtant regretter leur style parfois ampoulé voire, dans le cas des essais, quelques fautes sérieuses. Les nouvelles traductions de quelques romans par Uli Aumüller et du *Mythe de Sisyphe* par Vincent von Wroblewsky y ont remédié.

Dans les années 1960, 1970 et 1980, tandis que l'intérêt pour Camus diminue un peu en République fédérale, il ne cesse de croître en RDA. Le fait qu'il s'agissait d'un écrivain jugé particulièrement « dangereux » par les officiels ne pouvait qu'attiser l'intérêt. En outre, la réception est-allemande fut appuyée par une première édition de *La Peste* en 1965, réalisée à un tirage restreint de 10 000 exemplaires qui ne satisfaisait aucunement la demande, ainsi que par quelques commentaires parus dans une publication de l'Église protestante et – chose inouïe ! – par une analyse détaillée de *L'Étranger* parue dans la revue littéraire *Sinn und Form*. Les critiques officielles de *La Peste*, pour la plupart défavorables, ne purent empêcher les cinq rééditions de ce roman. Quoique Camus continuât d'être un des auteurs les plus rejetés par les officiels, le lancement de *La Peste* ouvrit la voie à la publication d'autres œuvres littéraires, recueillies en un volume : *Récits*, en 1974 – contenant *L'Étranger*, *La Chute* et *L'Exil et le Royaume* –, et *Prose*, en 1977, contenant les mêmes œuvres et *La Peste*. Tous ces volumes furent accompagnés d'un commentaire expliquant et rectifiant les « erreur politiques » de Camus – pratique obligatoire pour assurer la divulgation d'un auteur malpensant. Quoi qu'il en soit, vers la fin des années 1970 les grandes œuvres littéraires de Camus ont été publiées en RDA. Toutefois, la mauvaise réputation politique de Camus empêcha la publication du *Mythe de Sisyphe* et surtout de *L'Homme révolté*.

Étant donné ce statut toujours précaire de l'écrivain, la publication d'une première monographie de Camus par la maison Reclam à Leipzig, rédigée par Brigitte Sändig, *Albert Camus. Eine Einführung in Leben und Werk* (« Albert Camus. Une introduction à sa vie et son œuvre ») fut une certaine preuve d'audace et rencontra l'intérêt du public. Un certain relâchement de la pression politique à la fin des années 1980 permit une révision de cette monographie dont la version corrigée et augmentée parut en 1988. *L'Envers et l'Endroit* et *Noces* furent publiés sous le titre d'*Entre oui et non. Premiers écrits* en 1986, et enfin, en 1990, après la chute du Mur, mais préparé avant, parut un recueil de pièces avec *Caligula*, *Le Malentendu* et *Les Justes*. Pour en finir avec ce cas de réception particulier et pour démontrer l'impact de Camus, il faut mentionner quelques noms d'écrivains est-allemands marqués visiblement par les écrits de Camus : Franz Fühmann, Christoph Hein et Rainer Kunze. Fühmann, dans un règlement de compte impitoyable avec lui-même, cite Camus comme l'un des écrivains qui auraient pu le guérir définitivement de ses sympathies pour le nazisme. Hein parle quant à lui de Camus comme « l'un des grands auteurs qui l'ont influencé ». Enfin, dans le dossier de Kunze, révisé par la fameuse Stasi, se trouve une note remarquable : « K. a l'intention de vivre (suivant Camus) œil pour œil avec le néant et d'être homme en toute conscience de l'absurdité de l'existence ; il veut aider l'individu, être solidaire [...]. » Remarquable, car un livre de Camus dans la bibliothèque d'un suspect pouvait être enregistré et utilisé comme fait aggravant, encore au début des années 1970.

En RDA, du fait de l'absence des œuvres de Camus durant deux décennies et, ensuite, d'une stratégie de publication très prudente et restrictive, la connaissance du personnage et de ses œuvres était due, tout d'abord, aux publications nombreuses qui se faisaient en République fédérale ; et cette « préparation » aiguisait visiblement la demande d'un grand public intéressé vivant en Allemagne de l'Est. Ainsi la réception de Camus a-t-elle été favorisée dans sa totalité par les maisons d'édition de la République fédérale. Cela n'empêche pas que les ventes diminuèrent un peu à partir des années 1970 à l'Ouest, à un moment où elles étaient de plus en plus importantes à l'Est. En Allemagne de l'Ouest, l'essor du structuralisme et, plus tard, du postmodernisme a amoindri l'intérêt intellectuel pour l'existentialisme et, par conséquent, pour Camus. Ainsi, Heinz Robert Schlette, spécialiste de son œuvre philosophique et commentateur éminent de ses écrits en Allemagne, constate au début d'un recueil de travaux allemands sur Camus, *Wege der deutschen Camus-Rezeption* (« Les Chemins de la réception allemande de Camus »), édité en 1975, que « Si "l'actualité" veut dire que l'intérêt public [...] se fixe d'une manière apparente à une œuvre, un personnage, un problème, on ne pourra plus attribuer cette qualité douteuse à Camus, aujourd'hui. Les années d'une telle actualité de Camus sont manifestement passées ». Dès lors, l'œuvre de l'écrivain français a gardé en Allemagne sa notoriété dans les programmes et travaux universitaires. Ses implications politiques et morales, soulignées dès le début de sa réception en Allemagne par Günter Grass, rencontrent toujours un intérêt particulier (comme le montrent, par exemple, les ouvrages de Rupert Neudeck, Horst Wernicke, Lou Marin).

La chute du Mur a fait revivre, pour un instant, l'intérêt général pour Camus : l'on a prétendu que sa position dans le débat avec Sartre à propos de *L'Homme révolté* a été confirmée par les faits historiques. Dès lors, selon les chiffres de vente, la réception allemande de Camus se maintient à un niveau stable, même si les milieux intellectuels dominants considèrent ses écrits et son attitude dépassés par l'émergence de nouveaux paradigmes. *L'Étranger* reste en tête des lectures scolaires. L'écrivain soixante-huitard Uwe Timm, récemment, a avoué se souvenir avec nostalgie de la « violence avec laquelle la lecture de *L'Étranger* et du *Mythe de Sisyphe* [l]'a frappé et modifié, [lui], et beaucoup de jeunes gens de [s]a génération ».

Avec certaines oscillations, la relation de l'Allemagne à Camus s'est avérée beaucoup plus intense que celle de Camus à l'Allemagne.

Brigitte SÄNDIG

Bibl. : Brigitte Sändig, « Réception de l'œuvre de Camus en RDA », dans Raymond Gay-Crosier et Jacqueline Lévi-Valensi (dir.), *La Réception de l'œuvre de Camus en URSS et en RDA*, *Revue des Lettres modernes*, série Albert Camus, 18, 1999, p. 39-60 • Heinz Robert Schlette (dir.), *Wege der deutschen Camus-Rezeption*, Darmstadt, Wissenschaftliche Buchgesellschaft 1975 • Id., « Remarques sur la réception des idées politiques de Camus en RFA », dans Jeanyves Guérin (dir.), *Camus et la politique*, L'Harmattan 1986, p. 61-67 • Richard Thieberger, *Configuration critique d'Albert Camus, II, Camus devant la critique de langue allemande*, *Revue des Lettres modernes*, 1963

RÉCEPTION CHRÉTIENNE. – Les secteurs les plus ouverts de l'Église, intégrés à la République et acquis au pluralisme culturel, disposent, dans la France d'après 1944, de fortes positions, de prestigieux intellectuels et d'un réseau de revues. Décomplexés, les catholiques cherchent des interlocuteurs voire des alliés dans l'intelligentsia laïque. Deux ouvrages magistraux servent d'horizon à leur entreprise : *Le Drame de l'humanisme athée* du père Henri de Lubac et *La Signification de l'athéisme contemporain* du philosophe Jacques Maritain. Le premier d'entre eux reste empreint d'une intention apologétique. *L'Étranger*, *Le Mythe de Sisyphe* et *La Peste* posent clairement Camus comme un écrivain incroyant. Les propos que tiennent les personnages fictionnels tenus pour ses porte-parole, Meursault et Rieux, de même que les siens, sont à la fois fermes et peu originaux ; ils courent depuis le XVIIIe siècle : Dieu est étranger au monde, la foi est faite de conventions et d'interdictions. Pourtant les intellectuels catholiques de sa génération ont cherché avec lui le dialogue que Jean-Paul Sartre, par son intransigeance, leur refusait.

Le phénomène est loin d'avoir été une exception française. En Italie, l'intérêt des intellectuels et des revues catholiques pour Camus s'est traduit par plusieurs livres et de nombreux articles publiés dans des revues telles que *Communità*, *Humanitas*, *La Feria letteraria*. L'on citera aussi le cas de l'Allemagne où, dans les années 1990 et 2000 encore, plusieurs colloques réunissant philosophes et théologiens se sont tenus dans des institutions d'Église, souvent sur l'initiative d'un universitaire, Heinz Robert Schlette.

Il importe préalablement de distinguer, pour la France, les personnalités et les institutions qui sont d'Église et celles qui sont autonomes. Les premiers soulignent les divergences avec l'orthodoxie dogmatique. Chez les seconds, notamment à la revue *Esprit*, on insiste sur les convergences qui sont politiques. Camus est un allié pour les chrétiens modernes ou de centre gauche. Les uns et les autres s'accordent à le juger honnête, généreux, loyal. Ils lui savent gré de prendre le christianisme au sérieux.

Le dialogue de Camus avec les grandes voix catholiques de son temps a été parfois tendu. Ce fut assurément le cas avec François Mauriac, Gabriel Marcel et Jean-Marie Domenach. Avec Paul Claudel, il était impensable. Avec Georges Bernanos, il tourna court. Avec Emmanuel Mounier, Albert Béguin ou Julien Green, il fut marqué par une estime réciproque.

De son vivant, chaque nouvel écrit de Camus fait l'objet d'une lecture attentive dans *La Croix*, *Études* et dans des revues qui ont disparu, *Dieu vivant*, *La Revue nouvelle*, *La Vie intellectuelle*, *Les Cahiers universitaires catholiques*. Les critiques les plus écoutés dans les milieux catholiques, André Blanchet, Charles Moeller, Louis Barjon, suivent sa trajectoire. « Albert Camus mérite qu'on l'écoute », écrit le premier. En 1952, le Centre catholique des intellectuels français (CCIF) organise un débat autour de *L'Homme révolté* auquel participent Pierre de Boisdeffre, Étienne Borne et le père Dominique Dubarle. La tonalité des débats est compréhensive. Ces démocrates se sentent plus proches de Camus que de Sartre et des staliniens. *La Chute* et l'adaptation de *Requiem pour une nonne* amènent certains critiques à se demander si leur auteur ne va pas s'ouvrir à la transcendance, comme l'ont fait, avant lui, Charles Péguy et

Simone Weil. Quelques-uns en font le vœu.

« Le chrétien ne se console pas, écrit le père Lucien Guissard, de l'incroyance de Camus [...]. Incroyant, il n'était pas son ennemi. » Il est, pour le critique de *La Croix*, « le témoin d'un monde sans Dieu. » L'abbé Charles Moeller, en 1953, le rangeait parmi les écrivains qu'obsède le silence de Dieu. Il marquait ce qui le sépare des chrétiens : le rejet de l'idée de péché, l'assimilation de l'espérance à de la résignation. Le moraliste refuse un Dieu dont il ne connaît qu'une caricature. Sa culture religieuse comporte de grosses lacunes. Il est, selon le père Bruckberger, « antérieur au christianisme ». Quand il écrit *Noces*, il en reste à un mélange d'ignorance et de ressentiment. Par la suite, la question du bonheur prime, pour lui, sur celle du salut. Mais, écrit encore l'abbé Moeller, « son message reste ouvert à de possibles développements ». À ces auteurs Morvan Lebesque oppose un Camus laïque et ferme dans son refus de toute foi.

La confluence des humanismes chrétien et laïque, thème d'époque, trouve un avocat en la personne de Pierre-Henri Simon (1903-1972). Cet universitaire, par ailleurs influent critique du *Monde*, en affirme dès 1952 la nécessité dans un ouvrage intitulé *Témoins de l'homme* qui s'achève par un essai sur Camus. En 1961, il réunit certaines de ses études dans un livre, *Présence de Camus* (Renaissance du livre), qui a longtemps été un ouvrage de référence. Il y souligne son refus constant de tout absolu et son évolution vers un humanisme sans illusion.

Après la mort de Camus, est venu le temps d'études plus fouillées. Paraissent chez des éditeurs ou dans des collections catholiques les livres de Georges Hourdin, Jean Onimus et Joseph Majault. Le premier a écrit le panégyrique d'un « ami fidèle ». Très lié aux mouvements d'action catholique, ce journaliste regrette que Camus n'en ait pas fréquenté les militants. Il sait gré au « stoïcien » de vouloir que les chrétiens restent eux-mêmes. Pour l'universitaire Jean Onimus, Camus est un « fils sécularisé d'Augustin et de Pascal ». Avec ces auteurs, comme avec Kierkegaard, il partage l'angoisse existentielle, l'obsession de la culpabilité, l'expérience de l'absurde. La différence est qu'il exclut l'option gratuite et irrationnelle de la foi. Joseph Majault, enfin, le voit plus sceptique qu'athée et estime qu'il appréhende les vérités chrétiennes à partir des défaillances de ceux qui les professent et perçoit le Christ comme une victime de Dieu et/ou des hommes. Dans la décennie suivante, paraît une étude de Joseph Hermet préfacée par Jean-Marie Domenach, pour qui l'écrivain algérois est un maître de vérité qui n'a cessé d'être « chrétiennement païen » et qui est « sur la voie de Soljenitsyne ». L'homme a rejeté Dieu, mais vit le tragique d'un monde sans Dieu. Pour ce critique aussi, il y a eu maldonne sur l'espérance.

On aurait pu penser que le reflux, les mutations de l'intelligentsia catholique tariraient cette critique. Il n'en est rien. Outre les travaux allemands cités plus haut, les récents livres des pères François Chavanes et Arnaud Corbic témoignent de la persistance de cette réception. Le second, philosophe et théologien, préfère voir Camus comme homme « sans Dieu » que comme athée et comme un philosophe de l'homme plutôt que comme un humaniste. Il établit des convergences thématiques entre ses écrits et ceux du théologien allemand antinazi Dietrich

Bonhoeffer (1906-1945). Les œuvres des deux auteurs s'éclairent mutuellement. La perspective s'est déplacée. Elle met toute intention apologétique à distance. L'agnosticisme « conséquent » de Camus, pour ces deux critiques, pose des questions aux croyants. Sa critique de la religion est à prendre au sérieux, elle les invite à affronter le monde, à dépouiller leur foi de ses résidus idolâtriques, bref à se montrer vigilants.

L'on mentionnera aussi l'existence d'une réception protestante. Thomas L. Hanna en a été le chef de file aux États-Unis. En Allemagne, elle est l'œuvre de théologiens souvent nourris des écrits de Dietrich Bonhoeffer. En France, l'un des pionniers de la critique camusienne à l'université, Paul Viallaneix, fut aussi le directeur et l'éditorialiste de l'hebdomadaire *Réforme* dans les années 1980-1990. Il y cita souvent Camus.

Jeanyves GUÉRIN

• *Voir aussi :* Bernanos ; Christianisme ; Église

Bibl. : François Chavanes, *Albert Camus : « Il faut vivre maintenant »*, Le Cerf, 1990 • Id., *Albert Camus : un message d'espoir*, Le Cerf, 1996 • Arnaud Corbic, *Camus et l'homme sans Dieu*, Le Cerf, 2007 • Joseph Hermet, *Camus et le christianisme*, Beauchesne, 1976 • Georges Hourdin, *Camus le juste*, Le Cerf, 1960 • Joseph Majault, *Camus. Révolte et liberté*, Le Centurion, 1965 • Jean Onimus, *Camus*, Desclée de Brouwer, 1965

RÉCEPTION COMMUNISTE. – L'œuvre de Camus a été l'objet d'un rejet et d'une incompréhension. Le rejet vient essentiellement du passé de Camus traité parfois de renégat, de ses prises de position sur les démocraties populaires, sur les camps soviétiques, et aussi de son refus de prendre parti dans les formes exigées. Mais plus profondément, il est l'objet d'une incompréhension qui tient à l'idée que le parti communiste se fit pendant longtemps, de l'œuvre artistique : elle doit servir, elle doit soutenir les luttes des travailleurs, des opprimés, et selon une forme déjà tracée. Si un court instant, après la Libération, une certaine liberté avait été laissée aux journalistes communistes, l'année 1947 se caractérisa par un raidissement voyant, les critiques devinrent des accusations : Camus refuse la révolution, plus encore, il incite à la résignation. « Surnuméraires aux postes, employés de bureau, petits fonctionnaires, lisez donc Camus ! Réfléchissez et comprenez que finalement il n'y a pas de raison pour changer votre vie » (C. Hoffmann, *Action*, 5 mai 1948). Le succès de *La Peste* donna à Camus, selon le Parti, une « considération parfaitement surfaite » ; il fallait donc le prendre non au sérieux, mais en compte. La première arme, c'est de ridiculiser l'œuvre : « *Les Justes* de M. Camus avaient pour chef un flic », titra un journaliste qui multiplie les attaques. D'abord, l'écrivain n'a aucune qualité : il est froid, ennuyeux, ses personnages sont sans vie et débitent des dissertations abstraites, il ne possède aucune technique dramatique. Bref, la salle « bâille » en écoutant *Les Justes*. Et ce faux artiste professe une philosophie bourgeoise, il incite à ne pas faire la révolution ; il a d'ailleurs « récolté un public à sa mesure » : « Messieurs élégants et précieux, dames à aigrettes, à chapeaux de plumes et aux cheveux violets » (Jacques-Francis Rolland, *Action*, 28 décembre 1950). Un grand pas fut franchi lors de la parution de *L'Homme révolté* : l'auteur n'était plus seulement décrit comme un homme résigné mais comme un ennemi actif ; il était dangereux, si dangereux que le livre eut droit à la une de *L'Humanité* : il y est écrit que le livre est nul, c'est pourquoi l'on s'étonne de cette place de choix. Le critique parla d'une « navrante indigence de pensée », Camus utilisant « les fonds de tiroir » de la social-démocratie, du RPF, des Roger Caillois, Jules Monnerot, Jules Moch… Ce livre nul était, bien sûr, réactionnaire, il s'opposait à tout effort de libération : sa tentative s'apparentait « à celle des écraseurs cherchant désespérément à maintenir la dalle de l'oppression que l'action du peuple fait jaillir en éclats ». Enfin, ce livre contre le marxisme et le monde socialiste s'insérait dans une croisade. Victor Leduc allait le démontrer : « il existe une loi dite de sécurité mutuelle signée par le président Truman le 10 octobre 1951 » qui affecte des crédits à des émigrés des démocraties populaires, afin de constituer des forces armées qui appuient l'organisation du traité de l'Atlantique Nord ; en accord avec cette organisation de la terreur, l'appel de Camus contre la révolution « retentit très clairement comme un appel au terrorisme antisoviétique et anticommuniste » (*L'Humanité*, 26 janvier 1952). Pourquoi un tel livre, demandait Pierre Hervé, qui donnait la clef : c'était l'œuvre d'un renégat, il « traîne le remords du renégat, remords qu'il n'avoue pas explicitement et qui se transforme en haine ». Il affirmait que Camus était indifférent aux massacres colonialistes, à Hiroshima, aux ravages de l'impérialisme américain et qu'il voulait « en somme que la classe ouvrière demeure exploitée, brimée, souffrante » (*La Nouvelle Critique*, avril 1952).

L'Histoire prenant un tournant – c'est le XXe Congrès du PCUS, et le rapport Khrouchtchev est distillé dans *Le Monde* –, Camus n'est plus l'objet d'attaques violentes ; il est traité par la dérision. On accorde même quelques qualités à l'écrivain qui avait été jugé nul, sans talent, au temps du stalinisme triomphant. André Wurmser soupèse *La Chute* : récit bien mené, langue pure, voix personnelle… Mais voyant dans ce récit une « exacerbation narcissique », il conseille à l'auteur « une cure de silence » et oppose au Camus solitaire et morose la chaleur militante du communisme (*Les Lettres françaises*, 14 juin 1956). L'attribution du prix Nobel de littérature ne pouvait susciter l'adhésion ; *L'Humanité* ne comprenait pas le jury qui avait distingué l'œuvre, car le journal y relevait la volonté de « dégoûter de tout effort pour la transformation de ce monde » ; d'un « anticommunisme tenace », elle était un hymne à « la révolte stérile » et « le cri de détresse d'un monde condamné » (18 octobre 1957). La mort prématurée de Camus mit les communistes mal à l'aise : on n'était plus aux temps où l'on pouvait insulter Gide à sa mort. Il ne fallait pas seulement réviser les couplets sur l'excellence et les triomphes de Staline, il fallait aussi réviser les valeurs sur le plan culturel. Dans un article titré « Albert Camus et la misère », Claude Duchet maintenait quelques accusations portées contre Camus, en les minimisant – le parti communiste avait eu raison de défendre la révolution contre la révolte, la solidarité des hommes contre la solitude du moraliste –, mais il soulignait aussi ce que les hommes qui avaient vingt ans lors de la publication de *La Peste* y avaient trouvé : « l'espoir, l'effort, le refus des attitudes faciles et le sens d'une véritable dignité. Son docteur Rieux nous guidait même vers une fraternité vécue ». Il décrivait Camus, né dans la pauvreté, ouvrant les yeux « sur les plaies et les beautés » du monde, gardant une double fascination, « une dialectique de la misère et de la splendeur ». L'avancée était donc grande, pourtant Duchet parlait en conclusion d'une « impuissance » de Camus tenant à ce qu'il n'avait jamais « reconnu les voies concrètes d'une fraternité dont la recherche constitue le meilleur de son œuvre » (*L'Humanité*, 6 janvier 1960). Un des acteurs les plus ouverts de la révision culturelle conduite pendant ces années, André Gisselbrecht, montre les désaccords insurmontables entre des esprits arrimés au marxisme et l'art : car s'il salue – mais bien vite – l'honnêteté de la vie de Camus, il lui dénie toute audience : il « ne plaisait plus qu'à de rares belles consciences aisément satisfaites » ; « enfermé dans une prison idéologique », il détournait de l'engagement politique, car il proclamait que tous les actes et tous les choix se valent – alors l'antifranquisme, la Résistance n'étaient pas des choix ? Plus durement encore, il écrivait que Camus « était un maître chanteur de la vertu », grief que le Parti lui a inlassablement adressé comme si *La Chute* n'avait pas fait justice à la prétention des professeurs de vertu. André Gisselbrecht reprochait à Camus d'avoir préféré la nature à l'histoire, les ruines de Tipasa à « l'impétueux cours du monde », « les déserts aux chantiers » et il affirma qu'il était sorti de l'Histoire en 1947. Il ressassait les vieux griefs du parti communiste : « une philosophie à la mesure de la Croix-Rouge, voire de la commission de sauvegarde », et il affirmait que Camus avait basculé en 1952 « dans le camp des enfants prodigues de la bourgeoisie » ; rien de sa pensée, après *L'Homme révolté*, ne se distinguait des thèmes majeurs de l'anticommunisme. Il laissait passer pourtant un regret – « Il aurait pu être des nôtres » – mais était sûr que les hommes du futur reprocheraient à Camus « d'avoir mis dans le même sac des fautes et des crimes sans commune mesure ». Il voulait cependant retenir une phrase : « Il y a dans les hommes plus de choses à admirer que de choses à mépriser » (*France nouvelle*, 11 février 1960). Cet article un peu attentif n'ouvre pas la voix à une nouvelle lecture de Camus, quoique quelques-uns s'y efforcent aux *Lettres françaises*. Le ton du Parti baissa en raison de l'époque, et parce qu'il croyait que l'œuvre de Camus n'avait pas d'avenir : « Gageons que si la postérité retient le nom de Camus, [...] » (Jacques Henric, *Les Lettres françaises*, 28 février 1963). La publication en Hongrie et en Tchécoslovaquie en 1963 de *La Peste* fut approuvée par André Wurmser, d'autant, écrivit-il, qu'il est « impossible d'éviter que soit connue l'existence » de ce livre. Il voulait que la jeunesse du monde socialiste le connaisse, « pour qu'elle condamne d'elle-même », mais se contredisant allègrement il disait qu'il fallait qu'une préface attire son attention « sur le sens réel du livre » : « elle sera plus convaincue du bien-fondé de sa cause par les tricheries de *La Peste* que par dix excommunications » (*Démocratie nouvelle*, décembre 1963). Une session du Comité central, tenue en 1966, avait affirmé qu'il ne fallait pas « rabattre le culturel sur le politique » et « réduire le jugement esthétique à la prise en compte des effets idéologico-politiques d'une œuvre ». Yvon Quiniou avait beau se rappeler cette séance mémorable du Comité central – et la rappeler –, en écrivant « Ce transparent recours à Camus », il se demandait quelle « opération idéologique » pouvait se tenir derrière ce renouveau de Camus, répondant ainsi à Jean Daniel (« Cet étrange recours à Camus », *Le Nouvel Observateur*, 27 novembre 1978). Même s'il donnait quelques bons points à Camus – il soulignait sa sensibilité « très précoce » aux réalités du stalinisme –, il continuait à penser en termes marxisto-sociologiques : quel service ce dernier pouvait bien rendre à l'impérialisme et aux « nouveaux philosophes » ? Car ce qui préoccupait le philosophe, c'était l'échec de l'Union de la gauche qu'il voulait expliquer, et il ressortit, peut-être sans le savoir, certains termes du vieux contentieux, mais bien sûr avec un autre ton (*France nouvelle*, 1er janvier 1979). Bref, avec des nuances, des accents plus ou moins outrés, la critique jdanovisante, marxisante, sociologisante, s'est toujours demandé, face à l'art, à qui il servait, si l'œuvre était juste, efficace, ou nocive, c'est-à-dire qu'elle ignorait l'art. L'hostilité des communistes vis-à-vis de Camus était générale mais il faut souligner que Camus a occupé peu de place dans leurs polémiques. Jean-Paul Sartre avait en partie raison, qui dans sa réponse sur *L'Homme révolté* lui lançait : « d'où vient que c'est moi qu'ils haïssent et non vous ? [...] parfois j'irais presque jusqu'à vous envier la profonde indifférence qu'ils vous témoignent » (*Les Temps modernes*, août 1952). Profonde indifférence, Sartre exagère un peu ; surtout, il est impensable qu'il n'ait pas compris les raisons de cette différence de traitement : si les communistes jouissent en donnant l'assaut, en menant des attaques, ils aiment que leurs « adversaires » entrent dans le jeu. Sartre était parfait dans les scènes de ménage, il en rajoutait, en redemandait. Camus n'a jamais joué à ce jeu, par dignité. Son jugement sur la critique communiste le visant fut exceptionnel : il a trouvé « ignoble » l'article de Victor Leduc et a réfuté vivement les accusations portées par Pierre Hervé, deux articles évoqués précédemment : sans doute parce que *L'Homme révolté* avait une place à part dans son œuvre et un écho particulier en ce temps d'un stalinisme tonitruant. Surtout, si Camus a répondu, c'est que le pensum de Pierre Hervé avait été qualifié dans *L'Observateur* de « belle étude ». Il fut surpris et blessé de lire cette approbation dans ce journal dont il se sentait proche ; il lui demanda (sans succès) de dire « nettement » la différence qu'il faisait entre « ceux qui mentent, insultent et hurlent à la mort » et ceux qui « cherchent péniblement la vérité de leur temps et la liberté de tous » (« Révolte et police », *Actuelles* II, 1952). Sur l'art, sur la création, il n'y avait aucune discussion possible avec le parti communiste stalinien comme avec le schématisme des marxistes et de leurs épigones. La critique par les communistes français de Camus illustre – certes avec des outrances de langage – la pauvreté du marxisme face à l'art.

Jeannine VERDÈS-LEROUX

RÉCEPTION ESPAGNOLE. – Les circonstances historiques – la dictature franquiste – ont marqué la réception espagnole de l'œuvre camusienne. Cela explique que l'on trouve, à côté d'une réception officielle qui, jusqu'au milieu des années 1970, désapprouve les idées véhiculées par les textes camusiens, une autre réception configurée par les personnes qui, vivant en exil ou en Espagne et lisant ou non les livres en version originale, admirent sans conditions l'œuvre du prix Nobel de littérature 1957.

L'on ne s'étonnera pas que les premières traductions aient été faites en Amérique latine : l'écrivain espagnol Rosa Chacel, elle-même exilée à Buenos Aires, est la première traductrice d'Albert Camus en espagnol. *La Peste* parut aux éditions Sur, en 1948. L'année suivante, les éditions Emecé, toujours à Buenos Aires, publient la première version espagnole de *L'Étranger*, traduit par l'homme de lettres et diplomate Bonifacio del Carril. En Espagne, ces mêmes versions seront reprises, mais après la remise du prix Nobel à l'écrivain algérois. *La Peste*, d'abord aussi, paraît à Madrid chez Taurus, en 1957, puis *L'Étranger* aux éditions Cid, en 1958. Parallèlement, en Catalogne, Joan Fusté traduit également – mais en catalan – dans un premier temps *La Peste* (en 1962, aux éditions Vergara), puis *L'Étranger* (en 1967, aux éditions Proa).

Les traducteurs ont généralement préféré s'intéresser d'abord aux romans, ensuite aux pièces de théâtre, et enfin aux essais. Cependant, en 1966, Juan Manuel Molina publie au Mexique *¡ España libre !*, un recueil d'articles, lettres et discours de Camus portant sur l'Espagne victime du franquisme. Comme l'explique son éditeur, Fidel Miró, sur la page intérieure de la couverture : « Albert Camus a peut-être été l'homme qui a défendu avec le plus de dignité et de résistance, au moyen de ses paroles et de sa plume, la cause de l'Espagne trahie. » Pour cette raison, les libertaires espagnols en général vouaient une grande admiration à Camus, et ce choix de textes traduits en espagnol devenait ainsi pour eux un ensemble de documents très appréciable. Une première édition espagnole des œuvres complètes d'Albert Camus paraît enfin en 1973 : il s'agit de deux volumes publiés chez Aguilar ; l'un reproduit les textes narratifs, l'autre reprend seulement les textes dramatiques. Finalement, entre 1984 et 1996 Alianza Editorial publie les cinq tomes qui formeront l'édition espagnole la plus complète des œuvres camusiennes. À partir de ce moment-là, les études critiques sur Camus vont se multiplier.

Malgré les efforts de traduction réalisés par des personnes qui se sentaient proches de la pensée camusienne, dans un premier temps, durant une bonne quinzaine d'années (dans les années 1950 et 1960, le français était pratiquement la seule langue étrangère connue par les personnes ayant suivie des études supérieures), et en Espagne du moins, les ouvrages ont surtout circulé clandestinement en version originale. Néanmoins, la permission en 1955 d'importer 300 exemplaires de *La Peste*, en version originale, révèle qu'une diffusion discrète, destinée à une certaine élite, fut autorisée par le gouvernement en place, alors que les autorisations d'importer les versions traduites ne furent données qu'à partir du moment où Camus reçut le prix Nobel.

On sait aussi que certains cercles intellectuels, à Madrid et à Barcelone, avaient lu, et même parfois interprété quelques pièces de théâtre de Camus, mais leur répercussion était minime. En revanche, la réception favorable de l'œuvre fut encouragée par le réseau espagnol des Alliances françaises. En effet, toujours pendant les années 1950 et 1960, les responsables de ces institutions en Espagne, et notamment de leurs bibliothèques, étaient généralement des libéraux francophiles à vocation européenne qui considéraient Camus comme un représentant d'une idéologie qui s'exprimait en toute liberté de l'autre côté de la frontière. En conséquence, ils achalandaient généreusement « leurs » bibliothèques avec les ouvrages d'Albert Camus.

Si l'écrivain, jusqu'à sa mort, fut *persona non grata* en Espagne, de même son œuvre fut désavouée par le régime franquiste, en particulier à cause de ses considérations religieuses. À ce titre, *La Peste*, bien qu'il ait été le premier à être traduit et introduit en Espagne, restera le roman le plus méprisé par la critique officielle. En effet, la fameuse question de Tarrou se demandant si l'on « peut être un saint sans Dieu » n'était pas du goût de la morale ultracatholique qui dominait dans l'Espagne franquiste. Camus apparaît comme un athée impie, et cela explique que même les commentaires publiés lors de l'attribution du prix Nobel présentent de sérieuses réserves à propos de la qualité littéraire de son œuvre. Par exemple, Guillermo de Torre, dans le nº 133 de la revue *Ínsula*, daté de décembre 1957, écrit : « En tant qu'écrivain de l'imagination, celle-ci ne se montre pas très abondante. Presque tous ses écrits de fiction sont des récits ou des nouvelles longues qui n'arrivent pas à la catégorie de romans. *La Peste*, son ouvrage le plus ambitieux, n'y parvient pas non plus et reste au niveau de la "chronique". »

À son décès, les voix officielles demeurent très prudentes. Ainsi, Camilo José Cela, qui avait été nommé à la Real Academia Española en 1957, déclara dans son hommage à Camus paru dans *La NRF* cette litote qui témoigne de sa délicate situation : « Il serait dommage que quelqu'un ne trouvât pas absurde la mort d'un homme exceptionnel survenue d'une façon si commune. » Parallèlement, dans le nº 2 de la revue catalane *Serra d'Or*, en février 1960, Jordi Carbonell multiplie les éloges de ce « Camus méditerranéen » qu'il met en lumière, notamment à propos de son théâtre. Cependant, ce même humanisme méditerranéen était parfois considéré par d'autres critiques littéraires comme des idées appartenant à une époque révolue (et ce, même en Catalogne, comme c'est le cas avec Jordi Maluquer, toujours dans la revue *Serra d'Or*).

Enfin, Camus a surtout été pris en compte pour ses réflexions philosophiques, notamment dans les études universitaires. Or justement elles étaient durement critiquées à cause d'un soi-disant manque de système. Ou bien encore, ses écrits de fiction étaient simplement considérés comme la version littéraire de l'existentialisme exposé par Jean-Paul Sartre. Quant à sa défense d'une « trêve civile » au moment de la guerre d'Algérie, elle reste longtemps mal interprétée par une certaine intelligentsia progressiste. En ce sens, l'Espagne intellectuelle préférait aussi être sartrienne plutôt que camusienne.

À partir des années 1970, la réception espagnole de l'œuvre de Camus connaît une nouvelle étape. Ses écrits sont de plus en plus étudiés dans les départements de français des universités espagnoles, surtout grâce à la collaboration des lecteurs de français qui, en tant que professeurs détachés envoyés par l'ambassade de France en Espagne, contribuent activement à la circulation des textes en version originale. En 1981, l'université de Cordoue publie la thèse de Miguel Ángel García Peinado, soutenue deux ans plus tôt : L'Étranger *de Albert Camus : análisis lingüístico-literario*. Roger Quilliot en écrit la préface, offrant ainsi une excellente synthèse de la réception espagnole de Camus jusqu'à cette date : « Pendant de longues années, l'Espagne est restée fermée à l'influence d'Albert Camus ; au mieux, cette influence s'y était exercée clandestinement d'abord, puis au travers d'éditions limitées. Depuis une dizaine d'années, l'œuvre de Camus y a connu le même intérêt que dans le reste du monde, c'est-à-dire qu'elle est apparue aux lecteurs espagnols comme une œuvre lucide, moderne, marquée par la crise des valeurs contemporaines et par les déchirements de notre temps. »

Récemment, à l'occasion du cinquantenaire du prix Nobel, en novembre 2007, la maison d'éditions Planeta a publié le livre « manquant », reconnaissant ainsi combien Camus se sentait espagnol et proche de ces hommes et femmes humiliés : *Albert Camus, exaltación de España*, de Javier Figuero (publié en français aux éditions Autres Temps, en 2008, sous le titre : *Albert Camus ou l'Espagne exaltée*).

Hélène RUFAT

Bibl. : Susana Cruces Colado, « Traducción y reescritura de Camus en España (1949-1975) », dans María Dolores Olivares Vaguero et Teresa García-Sabell Tormo (dir.) *Les Chemins du texte : VI Coloquio de APFFUE (Santiago, 19, 20 e 21 de febrero de 1997)*, vol. 2, 1998, p. 282-291 • Rosa de Diego, *Albert Camus*, Editorial Síntesis, 2006 • Alvaro Fernández Peitx, « Bibliografía camusiana », *Anthropos*, n° 199, 2003, p. 53-58

RÉCEPTION JAPONAISE. – Camus est l'un des écrivains français les plus connus au Japon. Ses principaux ouvrages furent rapidement traduits et accueillis avec enthousiasme par des Japonais qui, ayant perdu leurs repères traditionnels, éprouvaient une grande soif pour la littérature européenne. La première traduction de *La Peste* date de 1950. L'année suivante paraissent *L'Étranger*, *Le Mythe de Sisyphe*, *Caligula* et *Le Malentendu*. *L'Étranger*, devenu best-seller cette même année, suscite un vif débat entre l'écrivain Kazuo Hirotsu et le critique Mitsuo Nakamura. En 1952, c'est le tour de *Noces*, d'*Actuelles* et de *L'État de siège*, puis suivent en 1953 *Les Justes* et *Lettres à un ami allemand*, en 1954 *Actuelles* II, en 1955 *L'Été*, en 1956 *L'Homme révolté*, en 1957 *La Chute* et *L'Exil et le Royaume* et en 1958 « Réflexions sur la guillotine ». Cette même année 1958, donc après l'attribution du prix Nobel à Camus, les éditions Shincho-sha publient en japonais ses *Œuvres* en cinq volumes. Elles comprennent *L'Envers et l'Endroit*, *Noces*, *L'Étranger*, *Le Mythe de Sisyphe*, *La Peste*, *L'Homme révolté*, *La Chute* et *L'Exil et le Royaume*. L'événement majeur est ensuite la publication des *Œuvres complètes d'Albert Camus* en dix volumes traduites de 1972 à 1973, toujours aux éditions Shincho-sha. Elles rassemblent tous les récits, toutes les nouvelles, toutes les pièces de théâtre réunies par Roger Quilliot dans les deux volumes de la « Pléiade » : *Révolte dans les Asturies* et toutes les adaptations théâtrales sont désormais disponibles. Dans le même temps, sont présentés pour la première fois son mémoire pour le Diplôme d'études supérieures de philosophie (« Métaphysique chrétienne et néoplatonisme »), divers textes explicatifs, des essais critiques (notamment *L'Intelligence et l'échafaud* et *L'Artiste en prison*), plusieurs lettres (à Jean de Maisonseul, à Roland Barthes sur *La Peste,* etc.) et quelques interviews (« Non, je ne suis pas existentialiste... », « Réponses à Jean-Claude Brisville », etc.).

De même, les ouvrages posthumes de Camus sont rapidement traduits sitôt leur parution en France. Ainsi, *Carnets* I a été publié en 1962, *Carnets* II en 1964, *La Mort heureuse* en 1972, *Le Premier Camus* (*Cahier Albert Camus,* 2) en 1974, *Journaux de voyage* en 1979, *Carnets* III en 1992 et *Le Premier Homme* en 1996. La *Correspondance* avec Jean Grenier est également publiée en 1987. Il n'y a guère qu'*Actuelles* III, les *Correspondance*s avec Pia et avec Char qui attendent encore leur traduction. Pour quelques ouvrages, *L'Étranger*, *Le Mythe de Sisyphe*, *Caligula*, *Le Malentendu*, *La Chute*, *Carnets* I et *Carnets* II, il existe même deux traductions. Il convient de relever que la traduction des *Carnets*, par

Toshihiko Okubo, présente des notes minutieuses indiquant par exemple les pages du texte original qu'aurait lu Camus.

Les principaux ouvrages de Camus sont disponibles en format de poche (Shincho-bunko) – dès 1954 ont paru *L'Étranger* et *Le Mythe de Sisyphe*, bientôt suivis de *La Peste*, *Caligula*, *Le Malentendu*, *La Chute*, *L'Exil et le Royaume* et *La Mort heureuse*. Tous ces livres connaissent une grande popularité. *Le Mythe de Sisyphe* s'est vendu à 719 000 exemplaires, *Caligula* suivi du *Malentendu* à 214 000, *La Peste* à 825 000, *La Chute* suivi de *L'Exil et le Royaume* à 409 000 et *La Mort heureuse* à 380 000. *L'Étranger* cependant se détache du lot : plus de 4 millions d'exemplaires vendus ! Ce roman jouit ainsi d'une grande notoriété au Japon et se place au cinquième rang des ventes de Shincho-bunko, après trois romans japonais et *Le Vieil Homme et la Mer*.

De même, ont été traduites les études sur Camus d'écrivains tels que Roland Barthes, Georges Bataille, Maurice Blanchot, René Girard, Jean Grenier (*Albert Camus, souvenirs*), Emmanuel Mounier, Bernard Pingaud, Alain Robbe-Grillet, Emmanuel Roblès (*Camus, frère de soleil*), Nathalie Sarraute et Jean-Paul Sartre. Il en va de même pour les études : sans parler des deux biographies d'Herbert R. Lottman et d'Olivier Todd, ont été traduits notamment Robert Champigny, Christiane Chaulet-Achour, Monique Crochet, Morvan Lebesque, Robert de Luppé, André Nicolas, Jean Onimus, Roger Quilliot, Pierre-Henri Simon et Paul Viallaneix.

Au Japon, Camus suscite également une activité critique florissante. Une quinzaine de livres ont été publiés, dont deux études de Hiroshi Mino (*Le Silence dans l'œuvre d'Albert Camus* (publication de sa thèse, soutenue en France) et *Lire* L'Étranger *d'Albert Camus*), *Une étude sur* Le Premier Homme de Yosei Matsumoto et *Biographie Albert Camus* de Yoshinari Nishinaga qui met en lumière l'importance du problème de l'épuration.

Chaque année, une vingtaine d'articles sur Camus sont écrits par des chercheurs, la plupart membres de la section japonaise de la Société des études camusiennes. Depuis 1994, celle-ci publie tous les deux ans une revue, *Études camusiennes* ; on en trouvera tous les numéros sur le site suivant : http://d.hatena.ne.jp/camus-ken/

Yosei MATSUMOTO

RÉCEPTION NORD-AMÉRICAINE. – La réception de Camus en Amérique du Nord se fait au gré des premières traductions anglaises. Celle de *L'Étranger* due à Stuart Gilbert paraît en 1946 chez Albert Knopf. De nouvelles traductions suivront en 1982 et 1988. C'est Stuart Gilbert encore qui traduit *Caligula* et *Le Malentendu* en 1947, puis *La Peste* en 1948. Dans les années 1950, Camus a son traducteur attitré en la personne de Justin O'Brien. Celui-ci fait connaître successivement *Le Mythe de Sisyphe* en 1955, *La Chute* en 1957, *L'Exil et le Royaume* et le *Discours de Suède* en 1958, *Les Possédés* en 1960 et une sélection d'essais sous le titre de *Resistance, Rebellion and Death* en 1963. Puis Philip Thody traduit *Carnets* I en 1963, un choix d'essais critiques et lyriques en 1967. Des traductions *des Carnets* II et III suivront en 1978 et 1998. *L'Homme révolté* (1954), *Les Justes* (1970), *La Mort heureuse* (1972) et plus récemment *Le Premier Homme* (1995), la correspondance avec Jean Grenier (2003), les articles de

Combat (2006) et *Métaphysique chrétienne et néoplatonisme* (2006) ont également été traduits outre-Atlantique. Au total, ce sont tous les livres de Camus qui ont paru en anglais, le plus souvent chez Knopf. Il n'existe pas pour l'instant d'œuvres complètes.

D'une manière générale, la réception de Camus en Amérique du Nord est marquée par deux genres de travaux critiques : ceux qui, dès le début et jusqu'à nos jours, privilégient les thèmes et les idées de l'auteur sans trop se soucier des questions de méthode et ceux qui, au contraire, suivent ou informent les grands courants critiques, notamment à partir des années 1970. Il va de soi que le public nord-américain de langue anglaise a absorbé rapidement les études parues en Angleterre alors que la lecture des travaux en français s'est limitée au public universitaire qui maniait la langue et aux Québécois. Des quelque soixante années de la réception nord-américaine de Camus, quatre phases, dont la première fournit les jalons principaux, sont à distinguer.

Première phase (1946-1960). Camus a trouvé son premier public nord-américain dans les cercles universitaires et intellectuels, à commencer par ceux qui ont pu le lire en français, dès la parution de *L'Étranger* et du *Mythe de Sisyphe* en 1942. C'est à ce milieu qu'appartenait son premier promoteur qui a été aussi un traducteur important de son œuvre, Justin O'Brien, professeur à l'université Columbia. La percée eut lieu lors de la tournée de l'écrivain aux États-Unis en 1946, année également de la parution de la traduction anglaise de *L'Étranger* chez Knopf. Le même éditeur garda dès lors le copyright de toutes les traductions en langue anglaise. Dès cette époque, Camus fut perçu, avec Jean-Paul Sartre, à la fois comme représentant majeur de l'existentialisme (notion alors vaguement définie) et de la jeune littérature de l'après-guerre. Son premier roman trouva immédiatement une place permanente dans les cursus littéraires des universités américaines. Sa simplicité trompeuse encouragea l'adoption de ce texte « facile » tantôt dans les classes de français intermédiaire, tantôt dans les cours de littérature étrangère en traduction. Les études consacrées à ce roman, dont Camus n'avait pas manqué d'indiquer ce qu'il devait au roman américain, ne se comptèrent bientôt plus. Interprété essentiellement comme une « illustration » de la philosophie absurde ou existentialiste, *L'Étranger* devint un *long-seller* bien avant que ce ne fût le cas en Europe où les ventes de *La Peste* sont restées longtemps supérieures. En 1955, une édition universitaire avec une préface de Camus scella le statut privilégié de ce roman pour plusieurs générations universitaires. La première d'entre celles-ci persistait à lire *L'Étranger* – de même que *La Peste*, dont la traduction parut six ans plus tard – dans une perspective philosophique, de préférence morale, sans trop se soucier des questions formelles. Le théâtre de Camus fut reçu poliment mais sans enthousiasme et surtout interprété, de même que l'œuvre de fiction, dans la perspective des idées alors que ses qualités ou défauts dramatiques furent négligés. Comme en Europe, c'est *Caligula* qui, entre sa présentation à Broadway en 1960 et celle du Cornell Club de Washington en 2007, bénéficie de reprises intermittentes par des troupes théâtrales américaines tantôt estudiantines, tantôt professionnelles. *Le Malentendu* et *Les Justes*, joués plus rarement, furent également mis au programme de théâtres new-yorkais respectivement en 1998 et 2004. Si, à partir de 1954, les critiques littéraires exploitèrent de préférence le chapitre sur « Révolte et art » de *L'Homme révolté*, la portée philosophique et politique de cet essai fut étudiée dans les cercles plus spécialisés des départements de philosophie. Bien des lecteurs lurent les deux essais philosophiques de Camus ensemble, la traduction du *Mythe de Sisyphe* n'étant cependant sortie qu'un an après celle de *L'Homme révolté. La Chute* obtint un succès honorable, mais n'atteignit jamais, ni parmi les lecteurs universitaires ni parmi le public général, le degré de pénétration et la longévité de *L'Étranger*.

Deuxième phase (1961-1970). Abordant l'ensemble de l'œuvre camusienne alors disponible, les premières grandes études de la fin des années 1950 et des années 1960 ouvrirent des perspectives nouvelles. Plusieurs d'entre elles (Thomas Hanna, Robert Champigny, Adele King, Philip Rhein, Philip Thody) soulevèrent d'une manière systématique la question des rapports entre l'esthétique et l'éthique de Camus. D'autres (Emmett Parker, Fred Willhoite) examinèrent la portée politico-philosophique de sa pensée ou la soumirent à une analyse philosophique tantôt systématique (John Cruickshank), tantôt nettement critique (Connor Cruise O'Brien), ces deux dernières études en provenance d'Angleterre étant très lues. Enfin, deux critiques exceptionnels méritent d'être retenus. Outre son livre de base paru en 1959, Germaine Brée publia une série d'articles qui firent découvrir au public les premiers aperçus de la genèse, des sources et des contextes des grands textes camusiens. L'étude magistrale de René Girard, qui eut une large diffusion et refit le procès de *L'Étranger* en confrontant les principes de narration à ceux de *La Chute*, combinait une méthode psychanalytique, formelle et comparative. Elle allait servir de modèle à bien des travaux critiques ultérieurs tant aux États-Unis qu'ailleurs.

Troisième phase (1971-1990). Les nombreuses tendances théoriques qui dominèrent le discours critique de ces deux décennies (les retombées de l'école de Genève et, plus tard, de celle de Constance, le structuralisme, le déconstructionnisme, les lectures psychanalytiques, féministes, politiques et postcoloniales, le postmodernisme) trouvèrent certes leurs adeptes parmi les critiques camusiens. La plupart de ceux-ci adoptèrent cependant rarement ces modèles théoriques d'une manière dogmatique. Dès la fin des années 1960, plusieurs voix demandèrent de placer l'accent davantage sur les qualités formelles des œuvres fictionnelles de Camus. La plus forte d'entre elles fut celle de Brian T. Fitch qui enseignait à l'université de Toronto. Les critiques nord-américains apportèrent leurs contributions aux deux premiers colloques internationaux consacrés à Camus qui se tinrent à l'université de Floride en 1970 et 1980, puis à la décade de Cerisy en 1982.

À la même époque mais à l'écart des courants critiques à la mode, parurent plusieurs études esthétiques pénétrantes (par exemple David Lazere, Laurent Mailhot), mais aussi deux biographies, dont la première (Patrick McCarthy) est intellectuelle alors que la seconde (Herbert R. Lottman) adopte, grâce à sa documentation minutieuse, une méthode d'investigation pionnière, ce qui lui vaudra d'être longtemps considérée comme un modèle du genre. Enfin, cette troisième phase de la réception se caractérise par une croissance considérable du nombre d'articles et de livres comparatistes (Philip Rhein, Germaine Brée, Irene Kirk). La diversité des approches critiques, tantôt complémentaires tantôt contradictoires, qui est la marque de cette troisième période, fit sortir Camus une fois pour toutes de l'ornière thématique dans laquelle l'avaient fait tomber les premières lectures.

Quatrième phase et situation actuelle (1990-2009). L'actualité de Camus, longtemps niée en France mais continue au-delà de l'Hexagone, notamment en Amérique du Nord, se manifeste par le grand nombre d'études qui lui sont consacrées chaque année et par les colloques qui se tiennent régulièrement. Une quarantaine de livres ont été publiés aux États-Unis et au Canada entre 1990 et 2009. On en retrouve un choix dans la bibliographie générale. Il est évidemment impossible de résumer ici leurs orientations, mais les mêmes lignes de force qui se dégageaient dès la première réception de Camus sont toujours visibles aujourd'hui : il y a, d'une part, des travaux thématiques ou généraux, parfois plus faibles sur le plan méthodologique, et d'autre part des études ponctuelles, souvent plus précises et plus serrées, dont la plupart savent éviter les ornières du dogmatisme méthodologique. Enfin, entre un et trois titres consacrés à Camus figurent sur les listes de thèses en chantier ou terminées que publie chaque année la *French Review*.

Raymond GAY-CROSIER

Bibl. : une bibliographie critique structurée et régulièrement mise à jour, comprenant les livres et articles publiés à partir de 1990, se trouve sur le site suivant : http://www.clas.ufl.edu/users/gaycros/Bibliog.htm

RÉCEPTION SOCIALISTE. – Au lendemain de la Seconde Guerre mondiale, les socialistes débattent parfois avec Camus, désapprouvant telle ou telle prise de position de l'éditorialiste de *Combat*. Le fait que l'un de ses amis, Claude de Fréminville, soit journaliste au *Populaire*, explique que la controverse reste fraternelle. En dépit de sa proximité intellectuelle avec le projet socialiste, la presse de la Section française de l'Internationale ouvrière (SFIO) n'attache que peu d'importance à ses écrits. Les raisons de ce silence relatif sont à chercher dans les rapports que les socialistes français entretiennent avec les écrivains. En effet, la SFIO a toujours refusé de les transformer en « intellectuels de parti ».

C'est pour l'essentiel par la plume de Roger Quilliot, futur responsable de la première édition de ses *Œuvres complètes* dans la collection « Bibliothèque de la Pléiade », que la presse socialiste rend compte des publications de Camus. Le jeune socialiste, qui prépare et obtient la même année l'agrégation de lettres classiques, milite dans le Pas-de-Calais. En 1948, il publie son premier article sur l'écrivain. En même temps que les comptes rendus, il donne à *La Revue socialiste* – la revue de réflexion de la SFIO – une étude plus générale sur les rapports entre l'œuvre de Camus et la politique contemporaine intitulée « Albert Camus et le problème socialiste ». Comme la majeure partie des socialistes, Quilliot refuse d'instrumentaliser l'auteur de *La Peste*. Il ne demande pas pour qui Camus vote, mais veut montrer en quoi ses écrits peuvent être utiles au socialisme et aux socialistes. La force des propositions morales de celui-ci, notamment dans *Ni victimes ni bourreaux*, retient l'attention du jeune militant. Camus se montre réceptif à ses arguments. Une correspondance se noue entre les deux hommes – Roger Quilliot publiera en

1956 un livre sur Camus, *La Mer et les prisons*.

À la suite de Quilliot, la presse socialiste rend compte des ouvrages de Camus. Les critiques en soulignent généralement la portée morale incontestable. Il s'agit à chaque fois d'un jugement favorable sur l'homme et l'œuvre sans réellement d'analyses critiques. Il est une exception : en 1952, *L'Homme révolté* fait l'objet dans *La Revue socialiste* d'une recension longue et élogieuse de Philippe Luc-Verbon qui apporte son soutien aux pages les plus politiques de l'essai, celles où il est question de la révolution et du socialisme. « Ces développements, écrit-il, sont trop proches de nos propres idées, de nos propres sentiments, [...] pour que nous hésitions à applaudir. » C'est seulement à la fin de l'année 1955, lors de sa collaboration à *L'Express*, que Camus reçoit des hommages plus appuyés des socialistes à cause notamment de son soutien proclamé à Pierre Mendès France et aux candidats du Front républicain. Après l'arrivée de Guy Mollet au pouvoir, Camus est proposé pour une commission sur le respect des libertés fondamentales en Algérie. Comme elle ne reçoit pas de mandat précis ni d'attribution claire, il décline la proposition. Après l'arrestation de son ami Jean de Maisonseul, qui officieusement dialoguait avec les indépendantistes algériens, Camus publie dans *Le Monde* un article au titre sans équivoque : « Gouvernez », un texte qui contribue à détériorer ses relations avec les socialistes les plus proches du pouvoir. Ces derniers ne s'en sont guère émus : en dehors de quelques militants comme Roger Quilliot ou Jean Bloch-Michel, responsable de l'hebdomadaire socialisant *Demain*, Camus n'a plus guère de lien avec cette mouvance. Sans y collaborer, il donne un entretien à *Demain*, dont il partage l'orientation antitotalitaire, et Roger Quilliot, devenu un de ses proches, rend compte favorablement de ses ouvrages dans *La Revue socialiste*.

C'est surtout à la mort de Camus qu'une partie du courant socialiste se souvient de son rôle de prescripteur moral. L'amitié partagée avec certains responsables socialistes (André Ferrat, Robert Verdier, Jacques Piette et Jean Texier) pendant la Résistance permet aux socialistes de l'inscrire dans leur Panthéon. C'est « un homme libre » que Claude Fuzier salue et compare à Victor Hugo dans *Le Populaire*. Les socialistes l'ont perçu comme un écrivain proche à l'amitié politique exigeante, dont la morale devait définir l'action politique. Dans les années 1960, de nombreuses municipalités socialistes donnent son nom à des artères ou à des lycées.

Dans les années 1970, la majorité issue du congrès d'Épinay, attachée à l'union de la gauche – dont il avait condamné le principe – et au programme commun, est intellectuellement éloignée de Camus. François Mitterrand, pour sa part, ne lui a jamais manifesté beaucoup d'attention. Plusieurs animateurs du PS viennent de *France-Observateur* où l'on préférait Sartre ; *La Nouvelle Revue socialiste* se désintéresse de ses écrits. Du côté de la « deuxième gauche », certains, syndicalistes et anciens mendésistes, se les réapproprient. Mais Jean Daniel et *Le Nouvel Observateur*, où Camus a des fidèles, sont hors du parti. Cette seconde réception coïncide avec la crise du marxisme et le développement de l'idée autogestionnaire. La convergence se fait, en partie, autour de l'héritage proudhonien qui inspirait la SFIO des origines et que Camus a redécouvert au temps où il écrivait

L'Homme révolté. Dans la période la plus récente, les dirigeants du parti, qui se sont coupés des intellectuels, mentionnent volontiers son nom sans que cela prête à conséquence.

Sylvain BOULOUQUE

Bibl. : Sylvain Boulouque, « Camus, le socialisme et les socialistes », *Recherche socialiste*, n° 11, 2001, p. 67-78

« RÉFLEXIONS SUR LA GUILLOTINE ». – L'étude qui porte ce titre parut d'abord en 1957 dans *La Nouvelle NRF*. Elle fut immédiatement reprise dans un ouvrage collectif titré *Réflexions sur la peine de mort* qui comprenait également les « Réflexions sur la potence » d'Arthur Koestler ainsi qu'une introduction et un dossier de Jean Bloch-Michel. Cet ouvrage essuya des commentaires acides de Jacques Laurent dans *Arts* et de François Mauriac dans son *Bloc-notes*. Il fut jusqu'en 1981 une référence pour les abolitionnistes français. En 1958, Bernard Clavel demanda à Camus de prendre la tête d'une campagne pour l'abolition de peine de mort.

L'œuvre de Camus est traversée par une profonde et inébranlable hostilité à l'égard de la peine capitale. Le combat abolitionniste est le point géométrique où l'homme et l'œuvre se rejoignent. La période historique y est pour beaucoup : il suffit de songer au sang versé pendant la guerre d'Algérie, à la justice de l'épuration, aux crimes de Hitler et Staline qui empoisonnent la mémoire européenne. Mais Camus exprime une sensibilité toute personnelle à cette question dès ses premiers textes comme *L'Envers et l'Endroit*. C'est en effet un des rares souvenirs qu'il conserve de son père qui, ayant assisté à une condamnation à mort, en avait conçu un profond dégoût. La scène est racontée dans *Le Premier Homme* où Camus se met en scène sous le nom de Jacques Cormery : « Le père de Jacques s'était levé dans la nuit et était parti pour assister à la punition exemplaire d'un crime qui, d'après la grand-mère, l'avait indigné. [...] Mais [il] était revenu livide, s'était couché, puis levé pour aller vomir plusieurs fois, puis recouché. Il n'avait plus jamais voulu parler ensuite de ce qu'il avait vu. »

On retrouve un écho de cette scène dans *L'Étranger* où c'est l'un des rares souvenirs que Meursault conserve de son père dans sa cellule de condamné à mort. Dans *La Peste*, Tarrou, raconte au docteur Rieux comment il a mis la révolte contre la peine de mort au centre de sa vie. L'univers romanesque de Camus ne cesse d'approfondir le sens de cette révolte. Alors que Meursault avait crié sa révolte contre sa condamnation à mort, *La Peste* élargit au niveau de la cité la révolte solitaire de *L'Étranger*. Tarrou et Rieux accomplissent, en somme, le geste esquissé par Meursault. Leur force vient du désir de faire naître un monde solidaire en luttant contre l'infection qui peut détruire la cité. Cette révolte se mue en une philosophie abolitionniste dont les « Réflexions sur la guillotine » portent témoignage. Cet essai s'attaque aux fondements de la peine capitale, met en cause son exemplarité et la caducité de ses justifications théologiques mais aussi la responsabilité criminelle des États.

Dès le début de son étude, Camus dénonce la mauvaise conscience d'une société qui affiche sa volonté d'exemplarité et cache au fond des prisons les exécutions capitales. Il reformule l'argument de la préface de Victor Hugo au *Dernier Jour d'un condamné à mort* : la peine de mort est marquée au sceau de l'inutilité et de l'hypocrisie. Quel effet peut-on attendre d'une peine qui punit, mais ne prévient rien ? Où est la promesse de prévention du crime dont elle se targue ? Le prétendu pouvoir d'intimidation n'a d'effet que sur les délinquants d'occasion et non sur les plus irréductibles. Il suffit de constater la permanence du crime depuis que la peine de mort existe. Au lieu d'assurer la paix civile, la peine capitale ne fait qu'entretenir le goût irrationnel pour la violence. Au contraire, une loi de l'équivalence sanglante (le châtiment annule le crime) perpétue une pénalité archaïque jusque dans nos démocraties. Au lieu de prévenir le mal, elle l'installe au cœur de nos cités. La tentation de rendre une justice exemplaire ne peut que manquer son but. La peine de mort est au corps politique ce que le cancer est au corps individuel. « Le crime impuni selon les Grecs infectait la cité. Mais l'innocence condamnée ou le crime trop puni à la longue, ne la souille pas moins. »

Camus retourne l'argument contre ses partisans. La société qui punit de mort n'est nullement innocente. Il suffit de songer à ces « conservatoires » du crime que sont l'alcoolisme, le chômage, l'habitat insalubre. Une société ne peut charger un seul de ses membres d'une responsabilité exclusive et le frapper d'un châtiment irréparable. Elle ne saurait ignorer sa part de responsabilité. « La peine de mort qui ne satisfait véritablement ni à l'exemplarité, ni à la justice distributive, usurpe de surcroît un privilège exorbitant en prétendant punir une culpabilité toujours relative par un châtiment définitif et irréparable. » Qui peut s'autoriser à juger de façon absolue ? La justice doit, au contraire, se montrer « modeste » et laisser « autour de ses sentences une marge suffisante pour que l'erreur éventuelle pût être réparée ».

Ce qui condamne plus encore la peine de mort, aux yeux de Camus, est la disparition de la structure religieuse qui lui servait de référence. À l'image de Meursault qui refuse violemment l'aide spirituelle de l'aumônier, nous ne croyons plus à une vie éternelle qui offrirait une chance de réparation. Dans un monde religieux, l'exécution capitale relevait de la justice humaine mais la décision finale appartenait au Créateur. Une chance de rédemption lui était ouverte. L'Église défendait la peine de mort au nom du rachat dans une autre vie. Mais l'État et sa justice séculière n'ont rien à offrir. Leur violence est purement éliminatrice. Aucune rédemption n'en est l'horizon spirituel. Dans une société désacralisée, le châtiment perd son sens. Le juge athée et sceptique « se place sur le trône de Dieu sans en avoir les pouvoirs et d'ailleurs sans y croire ». Comment une société sans Dieu peut-elle prononcer la peine de mort, elle qui n'a aucun châtiment sacré à brandir, aucune vie éternelle à proposer ? Dans un monde où la culpabilité est prononcée par une justice humaine, la condamnation à mort perd sa justification ultime. La solution est d'abolir ce lien avec l'ancienne conception du châtiment et de placer le droit pénal sous l'égide des Lumières et des droits de l'homme.

Sans utilité sociale, sans justification théologico-politique, la peine de mort devient un excès nuisible et inutile. Voilà pourquoi la loi pénale doit rester modeste et prévoir toujours un appel, une révision. Pas plus qu'il n'y a de justice absolue, il y a de criminels absolus. On a hésité, rappelle Camus, à fusiller les soldats allemands qui avait incendié le village d'Oradour durant des années uniquement parce que parmi eux il y avait deux recrues alsaciennes. Les coupables n'étaient pas « parfaits » et étaient trop proches des victimes. Ne faut-il pas, dit-on, éliminer les « fauves », les « monstres » et les incurables du crime par une sorte de nécessité vertueuse ? Nous sommes comme un père qui s'excuserait de tuer son fils dévoyé en s'excusant : « Vraiment, je ne savais plus qu'en faire. »

Camus pense l'abolition de la peine de mort dans une perspective moins beccarienne (en termes d'utilité et de dissuasion) que kantienne. Certes la peine ne se définit pas par un excès mais par un minimum. Elle ne doit pas aller au-delà du strict nécessaire. Mais le respect de la personne humaine doit rester notre horizon moral. L'homme raisonnable peut avoir des appétits meurtriers. Il est fasciné par la destruction, possédé par l'instinct de mort car « le meurtre est dans la nature de l'homme ». De son côté, le criminel reste susceptible de raison et accessible à la réhabilitation. Il n'est pas extérieur à l'humanité. Derrière la monstruosité de ses actes, il faut y voir notre semblable, car chacun d'entre nous est capable de mal et de repentir. Camus donne l'exemple d'un milicien au service de la Gestapo, qui disait de lui-même, alors qu'il était condamné à mort, qu'il ne pouvait être gracié car il avait les « mains trop rouges de sang ». Mais ce même homme classé comme irrécupérable est mort avec courage, travaillé par le remords et regrettant de ne pas avoir connu plus tôt la Bible.

Toutefois, aux yeux de Camus, le plus grand criminel est l'État. Ses crimes sont bien plus nombreux et graves que les crimes commis par les individus. La peine capitale est un « meurtre légal » revêtu des symboles que sont la Loi et le Peuple, de nobles choix politiques. Une passion idéologique sacralise ses buts de guerre et exige un châtiment exemplaire. « On tue pour une nation ou pour une classe divinisées. On tue pour une société future divinisée, elle aussi. [...] Et des religions sans transcendance tuent en masse des condamnés sans espérance. »

On tue comme si l'État, la société, l'idéologie étaient des absolus. Mais les cadavres des condamnés infectent l'Europe : les valeurs sont contaminées, souillées par la peur et la haine. Le grand criminel, l'auteur de crimes de masse est l'État, au nom de passions collectives. Seul le pouvoir de l'État avec son armée, son administration, sa police et les relais dans la société (les médias) peut accomplir des meurtres à grande échelle.

Là est la grande dénonciation du mal qui a culminé avec *L'Homme révolté* : le système communiste et sa justice absolue au moment où partout ses avocats pullulent. Or, le sacré n'est pas la souveraineté de l'État ou sa puissance mais l'inviolabilité de la personne humaine. Il faut, écrit Camus, « mettre la personne humaine au-dessus de l'État ». Les sociétés et les individus sont en droit de se défendre contre cette aspiration au nihilisme qui caractérise l'État et qui a conduit l'Europe à sa perte. Ni la société ni l'État n'exigent des sacrifices humains. Au contraire, il faut des lois d'équilibre – des « institutions de convalescence » pour une Europe malade – pour limiter la toute-puissance de l'État.

Denis Salas

Éd. : *La Nouvelle NRF*, n° 54 et 55, juillet et août 1957 • *Réflexions sur la peine capitale*, Calmann-Lévy, 1957 • *Essais*, Gallimard, coll. « Bibl. de la Pléiade », 1965 • *Réflexions sur la peine capitale*, Gallimard, coll. « Folio », 2002 • *Œuvres complètes*, t. IV, coll. « Bibl. de la Pléiade », 2008, éd. par Maurice Weyembergh

Trad. : en albanais, allemand, anglais, arabe, danois, espagnol, hébreu, hongrois, italien, japonais, polonais, roumain, russe, slovène, suédois, tchèque, turc et ukrainien

Crit. : Virginia Baciu, *Albert Camus et la condamnation à mort*, Iasi, Junimea, 1998 • Philippe Vanney, « Le partage de la souffrance. Camus et le débat traditionnel sur la peine de mort », *Bulletin d'études françaises*, n° 32, mars 2001, p. 95-120 • Id., « Camus contre le droit de mort de l'État », *Bulletin d'études françaises*, n° 34, mars 2003, p. 49-73

RÉFORME. – À l'été 1944, Camus, comme de nombreux résistants, pense que la révolution est à l'ordre du jour. L'illusion lyrique ne dure pas. Le général de Gaulle applique le programme du Conseil national de la Résistance qui prévoit des réformes de structure, notamment la nationalisation des houillères, de l'électricité, des grandes banques auxquelles s'ajoutent celles d'entreprises ayant collaboré avec l'occupant, la mise en place de la Sécurité sociale. Camus applaudit la nationalisation des usines Renault. Plus généralement, il approuve les mesures dirigistes prises par le gouvernement provisoire mais il les trouve insuffisantes. Sa position n'est guère originale. Comme l'écrit l'historien Jacques Julliard, « pendant un certain laps de temps, c'est la France presque entière qui fut progressiste ». Il n'est plus question, par la suite, d'amplifier le mouvement. Camus doit en convenir : le pays n'y est pas prêt. Il en tire aussitôt les conséquences et répudie d'autant plus la phraséologie révolutionnaire qu'il tient l'Union soviétique pour un antimodèle. La conclusion s'impose dès lors : la seule voie du changement démocratique est celle des réformes.

Seules comptent les réalisations. Camus s'intéresse à celles des socialistes scandinaves et des travaillistes britanniques. Il sympathise avec les syndicats réformistes. Il a souhaité, en 1946, que les réformistes prennent le pouvoir au parti socialiste. Cela ne s'est pas fait et il a pris ses distances avec une SFIO (Section française de l'Internationale ouvrière) incapable de moderniser sa doctrine et ses pratiques. Dans ses *Carnets*, il se proclame « réformiste intransigeant » au moment même où il écrit *L'Homme révolté*. L'esclave refuse un ordre abusif et se révolte. « La fable, écrit Pierre-Louis Rey, est réformiste plutôt que révolutionnaire. » La révolte qu'il oppose à la révolution se monnaie en réformes. L'expérience des démocraties occidentales lui prouve leur faisabilité. Dès lors, il use du mot tabou et plaide dans *L'Express* pour « les réformes immédiatement nécessaires ». « Nous ne devons, ajoute-t-il alors, ni mépriser les réformes, au nom d'une société encore lointaine, ni, à l'occasion des réformes, en oublier le but qui est la réintégration de la classe ouvrière dans tous ses droits par l'abolition du salariat. » C'est reconnaître cette chose aujourd'hui acquise que la culture politique françaises se caractérise par la coexistence d'un conservatisme et d'une radicalité qui se nourrissent l'un de l'autre. Il les renvoie dos à dos. La voie graduelle du compromis réformiste choisie par Pierre Mendès France, pour lui, est la seule qui conduit à des améliorations effectives. Il est significatif que ses textes réformistes de *L'Express* donnent pour objectif une redistribution des richesses et l'abolition des privilèges. C'est cette même méthode qu'il souhaite voir être appliquée en Algérie en 1938-1939, en 1945 et encore en 1955-1956. Il est alors trop tard. Le refus obstiné, l'enterrement cynique des réformes indispensables ont frayé la voie aux révolutionnaires. Mieux vaut former des citoyens que de fabriquer des martyrs.

Son refus du tout ou rien coupe Camus d'une intelligentsia représentée par Jean-Paul Sartre qui, au même moment, a fait le choix de la révolution marxiste. Il a été un non-conformiste des années 1950 en affirmant que le changement social ne peut se faire, en France, que selon la méthode réformiste. Il faut attendre de longues années après sa mort pour qu'un Jean-François Revel développe le même argument, sans d'ailleurs se référer à Camus, et la fin des années 2000 pour que, tirant la leçon de ses échecs, la gauche socialiste française mette son discours en harmonie avec sa pratique et s'affirme réformiste. Le débat n'est plus entre réforme et révolution ; il est, comme il le pensait, entre la réforme et le statu quo. Jeanyves Guérin

Bibl. : Jeanyves Guérin, *Camus. Portrait de l'artiste en citoyen*, François Bourin, 1993

RELIGION. – Camus se livre à une virulente critique des religions instituées, dont la référence principale est naturellement le christianisme qui domine son univers culturel. Elles sont pour lui les expédients offerts aux faiblesses humaines. L'écrivain voit la tentation religieuse agir aussi bien sur la vieille dévote décrite dans le premier récit de *L'Envers et l'Endroit*, qui a construit autour de sa solitude le fragile barrage d'objets pieux, que dans la conscience kafkaïenne qui, plongeant au cœur de l'absurde, tire argument de sa détresse pour alimenter son espérance d'éternité : il s'agit toujours pour l'homme de se délivrer « du poids de sa propre vie », au détriment de la lucidité (*Le Mythe de Sisyphe*). Le voyageur d'une autre nouvelle de *L'Envers et l'Endroit*, *La Mort dans l'âme*, a une attitude bien différente. Il connaît à Prague une déréliction que ne conjure pas le message porté par les édifices religieux ; au lieu d'élever son âme vers l'au-delà, ceux-ci le renvoient à la grâce pathétique du monde : « Église, or, encens, confie-t-il, tout me rejette dans une vie quotidienne où mon angoisse donne son prix à chaque chose. » La paix qu'il trouvera dans les paysages lumineux d'Italie sera faite de détachement, dans le désintérêt de toute promesse d'immortalité, qui le priverait d'un contact charnel avec la nature.

Instruments d'illusion, les religions apparaissent surtout comme des instruments d'oppression. D'une part, en ce que la théologie de l'omnipotence invite l'homme à se soumettre aux décrets divins, au prix d'un sacrifice de la volonté, voire de l'intellect, et instille la tentation de se démettre de ses responsabilités terrestres en déléguant à la Providence le soin du monde et à l'au-delà celui de la justice. D'autre part, du fait de la collusion des Églises avec les pouvoirs temporels. Dans *Les Justes*, les pécheurs repentants sont invités à se tourner vers la religion par peur de l'échafaud ; et Kaliayev refusera la grâce offerte par la grande-duchesse au nom d'une religion de pardon. Meursault, dans *L'Étranger*, repousse le juge et l'aumônier qui tentent de le convertir.

Mais Camus critique aussi, dans *L'Homme révolté*, les systèmes idéologiques séculiers, qui s'érigent en nouvelles religions. La révolution jacobine entendait fonder un culte de la vertu. Au XIXe siècle se développent les *credo* athées, qui divinisent l'espèce, la matière, l'histoire ou encore la liberté dans une révolte satanique contre l'autorité divine. Le terrorisme russe est quant à lui animé par une mystique révolutionnaire, l'élan d'une ancienne foi déçue se laissant percevoir au sein du nihilisme : il s'agit de recréer, au prix du sacrifice personnel, mais sous la seule transcendance de l'avenir, une nouvelle Église, communauté de justice et d'amour. Les révolutions du XXe siècle, enfin, qu'elles soient de droite ou de gauche, prétendent fonder une religion de l'homme, qui passe par l'unification forcée du monde, les totalitarismes projetant sur une terre sans dieu le rêve d'unité qui animait les croyants.

La dénonciation de la cryptoreligiosité fasciste est aisée : il suffit de rappeler que Mussolini annonçait, en 1914, « la sainte religion de l'anarchie », se déclarant ennemi du christianisme et mettant sa foi dans l'action, ou de souligner que le *Führerprinzip* et la déification du chef engendrent une mystique répudiant toute morale. Plus complexe est la réflexion sur les révolutions socialistes, au fil de laquelle l'analyse du fait religieux progresse parallèlement à celle du fait politique. Camus désigne en effet dans le marxisme un messianisme utopique, qui assigne au prolétariat une mission christique, celle de racheter, du fond de son humiliation, la faute collective de l'aliénation, et qui annonce, au terme de l'histoire, une crise apocalyptique ouvrant l'âge d'or d'une société parfaite. La dénonciation vise le prophétisme qui s'infiltre dans une théorie prétendument scientifique et qui tire sa force de se fonder sur un postulat invérifiable, puisqu'il porte sur la fin de l'histoire. Est alors analysée la logique qui mène de la prophétie au dogmatisme, lorsque tarde la parousie espérée, comme c'est le cas après 1917, quand la révolution qui croyait ouvrir les portes du ciel échoue à gagner l'Occident : le dogme et les institutions doivent soutenir la foi et organiser la gestion du temps présent ; le principe d'autorité n'hésite pas à asservir la liberté de l'intelligence, et s'exprime dans un langage abscons d'encycliques.

Après avoir rejeté, au XIXe siècle, les contraintes religieuses, l'homme du XXe s'en crée donc de nouvelles, intolérables. En remplaçant le jugement divin, attendu pour l'au-delà, par celui de l'histoire, il se soumet à une juridiction implacable, qui évalue les actes selon la seule loi de l'efficacité : dans l'attente de la cité idéale, qui portera un jugement définitif sur le cours de l'histoire, tout échec vaut culpabilité et encourt sanction immédiate ; et la foi requise dans le pouvoir aboutit au césarisme. La politique est devenue le nouveau nom de la religion. Cette religion horizontale, sans autre transcendance que celle que dessine la déification du relatif, ne paraît pas à Camus moins aliénante, loin de là, que les cultes anciens.

Cependant, le réquisitoire camusien contre la religion est à distinguer d'un plaidoyer pour l'irréligion. L'écrivain trace, dans *Le Mythe de Sisyphe*, des parallèles entre l'attitude face à la vie de l'homme qui assume l'absurdité et celle de l'homme religieux. L'homme absurde reconnaît le caractère impératif des règles morales auxquelles il souscrit, même s'il ne les relie pas comme le croyant à la sainteté d'un dieu qui les promulguerait. Il rejoint le détachement des mystiques, qui se libèrent d'eux-mêmes en s'abîmant en Dieu : pour sa part, c'est le sentiment de la mort qui le délivre, en l'affranchissant des règles communes.

S'exprime donc chez Camus une ascèse de la conduite et de la pensée, caractéristique des grandes religions et orientée vers cette valeur même dont le christianisme situe la source en Dieu : l'amour, qui aurait dû constituer, après l'absurde et la révolte, le fil conducteur du troisième pan de l'œuvre interrompue par la mort de l'auteur. Mais il s'agit ici d'un amour dirigé vers l'homme dans sa réalité charnelle, vers le monde dans sa dimension terrestre ; c'est dans les instants d'un temps mortel et en eux seuls que l'homme camusien recherche la saveur éternelle de la vie. Déjà, le jeune auteur de *Noces* s'exclamait ainsi : « cet accord de la main et des fleurs – cette entente amoureuse de la terre et de l'homme délivré de l'humain – ah ! je m'y convertirais bien si elle n'était déjà ma religion. Non, ce ne peut être là un blasphème ». Carole AUROY

• *Voir aussi* : Christianisme

Bibl. : *Camus et la religion*, numéro spécial *Revue des Lettres modernes*, série Albert Camus, n° 11, 1982 • Arnaud Corbic, *Camus et l'homme sans Dieu*, Le Cerf, coll. « La Nuit surveillée », 2007 •Aniello Montano, *Camus : un mistico senza Dio*, Padoue, Messaggero, 2003

« REMARQUE SUR LA RÉVOLTE ». – Cette étude a été publiée en 1945 dans *L'Existence*, le premier volume d'une collection intitulée « Métaphysique » dirigée par Jean Grenier aux éditions Gallimard. Les autres contributeurs étaient Benjamin Fondane, Maurice de Gandillac, Étienne Gilson, Jean Grenier, Louis Lavelle, René Le Senne, Brice Parain et Alphonse de Waelhens. La correspondance avec Grenier nous apprend qu'il avait demandé à Camus de participer au volume et la lecture des *Carnets* nous renseigne sur la gestation de l'étude. La révolte avait très tôt retenu l'attention de Camus, il est vrai sous sa forme solitaire. La guerre et la participation à la Résistance ont élargi le thème et l'ont fait découvrir dans sa dimension solidaire. « Remarque sur la révolte » appartient avec *Lettres à un ami allemand* et les articles de *Combat* aux efforts de l'écrivain pour redéfinir son attitude et formuler une règle d'action adaptée aux événements de l'époque.

On ne saurait surestimer l'importance de l'étude dans l'itinéraire camusien : elle ressort d'ailleurs du fait que la première partie de *L'Homme révolté*, qui porte le même titre que l'ouvrage, reprend l'essentiel de la première section de l'étude de 1945. Celle-ci est divisée en trois sections et des fragments de la deuxième se retrouvent dans le chapitre « La révolte historique » comme des éléments de la troisième dans celui intitulé « La révolte métaphysique ». Mais elle est aussi un premier effort systématique pour répondre à cette remarque du Cahier III des *Carnets* : « Je cherche à légitimer ma révolte que, jusqu'ici, rien, dans les faits, n'est venu fonder. » Il lui a donc fallu creuser cette notion qui lui semblait la seule à pouvoir le sortir du nihilisme ambiant. En 1952, il résumera son itinéraire dans « Défense de *L'Homme révolté* ».

Pour saisir la signification de la révolte, Camus décrit le comportement d'un fonctionnaire révolté (dans *L'Homme révolté*, le support de l'analyse sera un esclave). L'accent est mis sur le non, le refus de la manière dont il est traité, et sur le oui, la reconnaissance d'une part de lui-même qui doit être respectée (dans *L'Homme révolté*, la simultanéité du non et du oui sera davantage soulignée). Il dresse une frontière qui ne peut désormais être transgressée par le supérieur. Mais ce qui est ainsi reconnu, une valeur, dépasse l'individu et porte sur ce « qui, en l'homme, demeure irréductible ». Le révolté découvre en même temps le « tout ou rien » : « tout » étant le respect de cette part irréductible et « rien » le fait d'être prêt à mourir pour la défendre. Cette acceptation indique que la révolte dépasse l'individu qui s'y livre – la part irréductible vaut pour les autres hommes et donc aussi pour le supérieur ou le bourreau –, elle dépasse l'égoïsme. Elle surmonte alors ce que l'absurde vivait comme indépassable : les maux de la condition humaine ne sont plus individuels, mais collectifs ; elle découvre donc la solidarité et la complicité entre les hommes.

Camus entend approfondir la découverte de la valeur, de la part irréductible, en soulignant qu'elle n'est ni *négative* – elle ne relève donc pas du ressentiment tel que Scheler l'analyse – ni *relative* – sa relativité n'est qu'apparente : si les sociétés où domine le sacré rendent la révolte impossible, la prise de conscience progressive de l'homme par l'homme lui-même qui se produit au cours de l'histoire montre que, dès l'instant où la domination du sacré est mise en question, la révolte devient possible avec ses découvertes ; elle fait partie d'« une affirmation progressive et jamais achevée de l'homme par lui-même ».

Pour en préciser la notion, Camus se tourne dans la deuxième partie de l'étude vers la révolte dans l'histoire, c'est-à-dire, la révolution. « Le mouvement de révolte n'est que témoignage » alors que la révolution est « le passage de l'idée dans l'expérience historique, quand la révolte au contraire est le mouvement qui mène de l'expérience individuelle à l'idée ». Le propre des révolutions est qu'elles ne réussissent pas dans leur entreprise : la revendication de la liberté et de la justice, déjà présente mais de manière confuse dans la révolte, se heurte dans le concret aux conflits qui habitent ces deux notions. Les partisans de la liberté et ceux de la justice s'opposent. La complicité (la solidarité) qui liait les hommes est mise à mal par le silence ou le mensonge que provoquent les conflits. Ce qui précipite la perte de la complicité est la « prétention à l'absolu » qui anime les adversaires : la complicité ne peut se maintenir que dans le relatif, ce pour quoi les révolutions doivent « accepter l'approximation » et « laisser cours à la parole ». La valeur que découvre la révolte et qui porte la complicité et la parole doit donc être maintenue dans la révolution.

Dans la troisième partie, Camus analyse la révolte métaphysique et indique que, dans la révolte du fonctionnaire contre son supérieur, ils restent tous deux sur le même plan : ils font partie, encore qu'ils se situent aux côtés opposés de la frontière que la révolte a tracée, de la même réalité – « rien n'est encore posé en absolu ». Avec la révolte métaphysique contre Dieu, les choses sont moins évidentes. Le révolté et Dieu peuvent-ils se situer de part et d'autre de la frontière mais au même niveau ? Camus y voit un problème : les hypothèses de la religion posent Dieu en absolu, ce qui lui confère l'autorité pour juger les hommes ; Dieu et les hommes ne peuvent alors se situer sur le même plan, ce que la logique de la révolte revendique. « L'expérience de Dieu est contradictoire » du point de vue de la révolte. Si la révolte métaphysique est plus simplement la révolte de l'homme contre sa condition, Camus souligne que la condition humaine constitue un « absolu d'*évidence* » : elle est le rapport entre la part d'irréductible en l'homme et sa situation, c'est-à-dire, ajoute-t-il, que la « plus relative des expériences (la condition humaine) est élevée en absolu » – « C'est le relatif absolu. »

La révolte, selon l'auteur, a deux côtés positifs : elle permet d'abord de justifier l'action par la valeur qu'elle découvre et de dépasser l'angoisse à laquelle les philosophies existentielles restent trop attachées ; elle réalise ensuite un progrès par rapport au raisonnement absurde qui est contradictoire en existence : il exclut les jugements de valeur, alors qu'ils sont incontournables. L'absurde doit être déplacé vers la révolte, « son équivalent en existence ». Maurice WEYEMBERGH

« REMARQUES SUR LA POLITIQUE INTERNATIONALE ». – Au moment où s'achève en Europe la Seconde Guerre mondiale, *Renaissances*, revue mensuelle fondée à Alger en 1943 et proche du mouvement Combat, consacre son numéro de mai 1945 aux problèmes de la paix. Camus y apporte sa contribution qu'il intitule « Remarques sur la politique internationale ». C'est l'occasion pour lui d'ordonner des idées apparues au fil de ses éditoriaux à *Combat*, en particulier les 3 et 18 décembre 1944, les 9 et 16 février puis le 4 avril 1945.

Après avoir rappelé que la politique internationale ne doit pas être l'affaire des seuls spécialistes, car elle pèse sur la vie des peuples, Camus affirme que l'avenir de la France, puissance moyenne aux ambitions mondiales, ne peut se concevoir que dans le cadre de l'Europe, elle-même dans une « situation très diminuée » face aux États-Unis et à l'URSS. Il brosse ensuite à grands traits les ambiguïtés et les contradictions qui caractérisent les relations internationales que la Charte des Nations unies, sur le point d'être signée à San Francisco, a l'ambition d'encadrer. Comment concilier d'une part les intérêts particuliers et immédiats des États, s'exprimant dans des pactes bilatéraux tels que celui signé par la France et l'URSS en décembre 1944, et d'autre part la nécessité d'imaginer pour l'avenir une sécurité collective garante de la paix mondiale et pour laquelle Camus rappelle que la France est disposée à sacrifier une part de sa souveraineté ? Il ne s'agit pas de nier l'un ou l'autre des termes de la contradiction. Les traités bilatéraux – l'écrivain souligne l'urgence d'en conclure un avec la Grande-Bretagne – sont à considérer comme une étape en vue d'une fédération mondiale et démocratique dont les fondations reposeraient sur l'internationalisation équilibrée de l'économie. Même démarche en ce qui concerne l'Europe : une fédération économique garantissant l'internationalisation de l'économie allemande formera la base d'une fédération politique ultérieure.

Les « Remarques » montrent à la fois le souci de tenir compte des réalités politiques – en ce sens elles sont un soutien au gouvernement du général de Gaulle – et les convictions fédéralistes et mondialistes qui sont celles de Camus depuis le temps du *Soir républicain* en 1939. Ces convictions, trempées par l'épreuve du feu comme le souligne avec force un éditorial postérieur (14 août 1945), sont partagées par une grande partie de la Résistance française et européenne et fondent divers projets politiques d'union afin de mettre un terme à trente ans de guerre civile en Europe. Camus y participe en tant que membre du Comité français pour la Fédération européenne (CFFE) à partir de juin 1944 et en présidant la première réunion des fédéralistes européens à Paris les 22-25 mars 1945. La quasi-concomitance avec la rédaction de ce texte est à remarquer. Si le volet européen s'est en partie réalisé en respectant, faut-il le souligner, la primauté chronologique attribuée à l'économie, la fédération mondiale reste du domaine d'une utopie sur laquelle Camus ne cessera de revenir.

Philippe VANNEY

Bibl. : Bertrand Vayssière, *Vers une Europe fédérale ? Les espoirs et les actions fédéralistes au sortir de la Seconde Guerre mondiale*, Bruxelles, Peter Lang, 2007

RENÉGAT OU UN ESPRIT CONFUS (Le). – Parmi les nouvelles du recueil *L'Exil et le Royaume*, *Le Renégat ou Un esprit confus* se distingue à la fois par son originalité formelle et un caractère d'étrangeté qui explique les interprétations contradictoires auxquelles ce texte, d'abord publié en juin dans *La Nouvelle NRF* sous le titre de *L'Esprit confus*, a donné lieu. Si le récit contribue avec les autres à l'unité thématique du recueil, signalée dès 1952 dans le titre provisoire, *Nouvelles de l'exil*, il est le seul à être rédigé à la première personne. La forme de la confession le rapproche d'un autre récit, *La Chute*, dont on sait qu'il devait figurer initialement dans le même recueil. Le plus remarquable dans *Le Renégat* réside certainement dans l'accord parfait qu'on y observe entre la forme et le contenu.

Il s'agit dans cette nouvelle d'une expérience revécue au moment même de sa narration. Celui qui parle est un missionnaire chrétien parti pour évangéliser un village du désert. Fait prisonnier par les indigènes qui lui coupent la langue et le soumettent à leur dieu cruel, il renie sa religion d'amour pour reconnaître la puissance du mal, représentée par cette idole. Selon la formulation d'un critique, « le renégat est précisément ce drôle de phénomène : un bavard qui aurait perdu sa langue ». L'hypothèse d'un monologue intérieur est par conséquent la seule vraisemblable : cette forme permet à l'auteur de rendre compte du flux de la conscience du prêtre dans ce qu'il a de plus désordonné et illustre au mieux son délire halluciné qui s'exprime entre autres dans les rythmes étranges du texte et dans l'onomatopée « râ râ » où passent à la fois la souffrance et la rage destructrice. Le second titre de la nouvelle, *Un esprit confus*, signifie à la fois ce caractère délirant du discours et la confusion des valeurs qu'il véhicule.

Paradoxalement, ce discours délirant s'inscrit dans une structure rigoureusement construite. La durée fictive de la narration est très exactement la totalité d'un cycle naturel puisque le récit, le « présent » de la narration, commence et s'achève à l'aube, peu avant l'apparition du soleil. Le monologue du prêtre s'organise précisément selon la course du soleil, ses retours au présent après des incursions dans le passé sont signalés par des notations sur la progression de la journée. La symétrie est parfaite : le récit se découpe parallèlement à l'heure privilégiée de midi, dans le temps qui précède comme dans celui qui suit et, de surcroît, le système des temps verbaux dans la nouvelle fait apparaître la même rigueur dans le partage du récit en passé et présent. Cette organisation structurelle rigoureuse a pour but de traduire l'aspiration du personnage à l'ordre. Apparaît alors la parfaite adéquation entre la structure et les significations de la nouvelle. La structure temporelle s'accorde de façon parfaite avec le lieu de l'action. Fanatique de l'ordre, le prêtre renégat pense avoir trouvé le lieu de cet ordre à Taghâsa, la ville de ses nouveaux maîtres, décrite comme « la ville de l'ordre enfin, angles droits ». L'espace-temps de l'esclavage est celui qui fera qu'il n'y a plus de ruptures, qui installera l'ordre définitif.

Après avoir cherché à assouvir sa passion de l'absolu dans le bien, le renégat devient un zélateur du mal, désireux même de surpasser dans cette voie ceux qui l'ont soumis. Lorsque s'ouvre le récit, il attend sur la piste, pour le tuer, le missionnaire qui doit venir le remplacer. Aucun obstacle ne doit empêcher l'avènement de ce royaume, ce qu'il résumera par une formule : « feu sur tout ce qui retarde la venue du mal ». Dans cette quête, de caractère totalitaire, l'absolu physique rejoint l'absolu idéologique. L'ordre parfait auquel aspire le personnage se trouve et se manifeste dans la douleur : « à force d'offenses, le corps entier criant d'une seule douleur ». Pourtant l'aventure du renégat se termine par un échec, que l'on peut tenter d'expliquer. D'une part, malgré le caractère absolu qu'il veut donner à son apostasie, il ne pourra jamais renier son passé de façon définitive, comme le montrent en particulier les irruptions venues de son enfance ; il lui faut toujours se renier. D'autre part, l'ordre est rompu par l'action qui oblige le renégat à quitter l'espace-temps de l'esclavage pour guetter le nouveau missionnaire qui vient. Le doute s'installe à nouveau, lié à l'irruption de la nuit, jusqu'à cet ultime reniement où il réclame désormais l'amitié, la main de celui qui l'a soumis. Après cet appel, la fermeture des guillemets met fin au discours du renégat, laissant la place pour la dernière phrase du récit à une voix narrative différente qui signe la condamnation du personnage : « Une poignée de sel emplit la bouche de l'esclave bavard. »

L'image du sel, qui est l'une des nombreuses images d'obsession dans le récit, a une valeur idéologique, elle symbolise le « principe méchant » dont le personnage a voulu devenir un pratiquant. Après d'autres personnages, tels que Caligula, Nada dans *L'État de siège* et Clamence, le renégat appartient à cette famille des nihilistes que l'on trouve dans l'œuvre de Camus. À Jean Grenier ce dernier déclare avoir voulu en faire « l'intellectuel devenu communiste ». Par ailleurs, cette nouvelle renvoie par son contenu à un essai comme *L'Homme révolté* dans lequel l'analyse du rapport maître-esclave occupe une place centrale. Dans le prière d'insérer qui accompagnait en 1957 la publication de son recueil de nouvelles, Camus écrivait : « Quant au royaume dont il est question [...] dans le titre, [...] [l'] exil, à sa manière, nous en montre les chemins, à la seule condition que nous sachions y refuser en même temps la servitude et la possession. » Si le renégat est condamné à ne connaître ni la grâce ni la gloire du martyre, c'est parce que le « royaume » pervers dont il rêve serait le rassemblement du troupeau de tous les hommes, exilés du bonheur et de l'amour. La forme même du récit, ce bavardage incompréhensible, est l'expression de l'impasse dans laquelle s'enferme le personnage : en se voulant le prophète d'un monde nouveau, il a oublié la complexité de l'existence avec toutes ses contradictions.

Jacques LE MARINEL

Bibl. : Jean Bellemin-Noël, *Interlignes 3. Lectures textanalytiques*, Presses universitaires du Septentrion, 1996, p. 151-175 • Peter Cryle, *Bilan critique,* L'Exil et le Royaume *d'Albert Camus : essai d'analyse*, Minard, 1973 • Linda Hutcheon, « *Le Renégat ou Un esprit confus* comme nouveau récit », *Revue des Lettres modernes*, série Albert Camus, 6, 1973, p. 67-87

RÉPUBLIQUE, IIIe. – Le régime de la IIIe République n'a pas pour Camus le goût de la nostalgie, de l'école de Jules Ferry et des grandes figures républicaines. Il a plutôt le visage découvert lors de son éveil à la politique dans les années 1930 : celui d'un régime colonial injuste et arbitraire en Algérie, d'un gouvernement de Front populaire qui ne soutient pas les républicains espagnols, d'un régime qui à partir de 1938 oublie les conquêtes sociales au profit d'une politique opposée à la classe ouvrière, d'une quasi-dictature enfin entre les mains du président du Conseil Édouard Daladier usant des décrets-lois. La dénonciation du régime est particulièrement forte après la Seconde Guerre mondiale, au moment où à l'opposé des « hommes nouveaux » issus de la Résistance certains prônent un retour aux lois constitutionnelles de 1875 et à leur supposé « équilibre ».

Dans un éditorial de *Combat* du 2 septembre 1944, « La démocratie à faire », Camus dénonce violemment les élites radicales de la IIIe République finissante : « Le plus sûr moyen d'obtenir le désordre est donc de vouloir restaurer cet ordre médiocre et taré que représentent M. Chautemps, M. Chichery et bien d'autres sous le vain prétexte de la démocratie. Nous sommes fâchés d'avoir à le dire, mais cet ordre ancien avec lequel on veut aujourd'hui renouer, ce n'était pas la démocratie, mais sa caricature. » Dans un texte publié le 12 mai 1945 lors du retour d'Allemagne d'Édouard Herriot, Édouard Daladier et Paul Reynaud, Camus tient un discours très dur contre leurs actions entre 1938 et 1940 et conclut : « Comment ne pas apercevoir enfin que ce pays parlera d'autant plus haut qu'ils se tairont plus fort. » Le 27 juin, Camus et *Combat* insistent sur ce point en dépassant les cas des personnes : « Ce n'est pas sans doute les idées politiques de M. Herriot et de ses collègues radicaux qui nous ont perdus. Mais la morale sans obligation ni sanction qui était la leur, la France de boutiquiers, de bureaux de tabac et de banquets législatifs dont ils nous ont gratifiés, a fait plus pour énerver les âmes et détendre les énergies que des perversions plus spectaculaires. ». Son traitement du congrès du parti radical avait attiré les critiques d'Édouard Herriot ; *Combat* y répond collectivement, sans doute sous la plume de Camus : « Nous sommes de ceux qui estiment que la politique, telle qu'elle était pratiquée par M. Herriot et ses amis, a fait son temps. Nous ne voulons plus les revoir. » La conclusion s'impose lors du référendum de la fin août 1945 pour décider s'il faut élire ou non une nouvelle Assemblée constituante et renoncer aux institutions de la IIIe République : l'éditorial de *Combat* appelle à voter « oui » contre « la Constitution de 1875 » et son « personnel parlementaire ».

Alain CHATRIOT

Bibl. : Olivier Dard, *Les Années trente : le choix impossible*, Librairie générale française, 1999 • Gilles Candar, *Histoire politique de la IIIe République*, La Découverte, 1999

RÉPUBLIQUE, IVe. – La IVe République, victime de son instabilité politique, de son enlisement dans les guerres coloniales, du poids de la guerre froide – avec l'opposition au régime des puissantes forces communistes et gaullistes – et de son échec à porter l'espoir politique de la Libération, est mal aimée – tous ces phénomènes sont renforcés en outre par la légende gaulliste construite après la victoire de mai 1958. On ne peut pas dire que Camus ait été lui non plus très enthousiaste de ce régime. Typique de la génération des résistants-hommes de gauche, il plaçait beaucoup d'espoirs dans une rénovation profonde de la politique française à la Libération. Sa détestation des hommes et des institutions de la IIIe République peut se lire à cette aune. Cependant, il est très vite déçu par un jeu parlementaire qui se bloque à nouveau : en témoigne son éditorial de *Combat* du 30 avril 1947, « Démocratie et modestie » : « Voici la rentrée. On va reprendre les tractations, les marchandages et les chicanes. Les mêmes problèmes qui nous excèdent depuis deux ans seront conduits dans les mêmes impasses. »

En octobre 1955, dans un contexte algérien difficile, Camus critique vertement le jeu institutionnel parlementaire dérisoire et le blocage du régime : « Beaucoup de monde au Palais-Bourbon depuis trois jours ; une seule absente : l'Algérie. Les députés français, appelés à se prononcer sur une politique algérienne, ont mis cinq séances à ne pas se prononcer sur trois ordres du jour. Quant au gouvernement, il s'est montré d'abord farouchement déterminé à ne rien définir avant que l'Assemblée ne se soit prononcée. Puis, non moins résolument, il s'est décidé à demander, pour son absence de politique, la confiance d'une Chambre qui cherche dans le dictionnaire le sens des mots dont elle se sert » (« L'Absente », *L'Express*, 16 octobre 1955). Le 15 novembre, il en appelle à un changement de la loi électorale mais celle-ci est bloquée par les Chambres ; face à cette impasse, il envisage même un référendum : « Le résultat de ce référendum ne peut avoir, constitutionnellement, force de loi. Mais il aura valeur d'information pour les députés. » En décembre 1955 et janvier 1956, Camus soutient le Front républicain et Pierre Mendès France et se montre inquiet de l'émergence du poujadisme : il évoque le 3 janvier la « décadence de la droite française, illustrée par l'avance du poujadisme ». Dans un texte publié le 6 janvier 1956 sous le titre « Le seul espoir », enfin, il rappelle la faible légitimité des institutions du régime : « Je rappellerai ici que cette Constitution (dont le principal auteur est M. Pierre Cot, qui continue cependant de nous donner des leçons) a été adoptée par 35 % seulement du corps électoral. Expérience faite, il n'y a aucun scrupule à détruire ce monstre, imposé à la nation. »

Après la victoire électorale de Guy Mollet, aux élections législatives et la démission de Mendès France, en mai 1956, Camus se tient à l'écart et se préoccupe de la situation algérienne. Le retour au pouvoir du général de Gaulle le laisse muet. Lors du référendum sur les nouvelles institutions, alors que Mendès France appelle au « non », il semble d'après certaines sources avoir voté blanc. Alain CHATRIOT

Bibl. : Éric Duhamel, *Histoire politique de la IVe République*, La Découverte, 2000 • Jacques Julliard, *La Quatrième République*, Le Livre de poche, 1981

REQUIEM POUR UNE NONNE. – « Albert Camus, *Requiem pour une nonne*, pièce en deux parties et sept tableaux, adaptation d'après William Faulkner » : tel est l'intitulé sous lequel parut chez Gallimard en 1956 la réécriture de l'étrange roman qu'avait publié Faulkner quelques années auparavant, le 27 septembre 1951, environ dix mois après avoir reçu le prix Nobel. Le romancier américain avait commencé cette œuvre comme une pièce de théâtre, à laquelle il avait ensuite ajouté trois prologues narratifs situant le lieu et le contexte historique des trois actes servant de cadre à l'action. À sa parution en 1951, le texte avait reçu un accueil pour le moins mitigé : on y avait vu « un échec ambitieux » (Irving Howe) et, plus généralement, les critiques avaient reproché à Faulkner d'avoir versé dans une vague orthodoxie chrétienne et une morale simpliste. Il y eut cependant une première adaptation pour la scène, due à l'actrice américaine Ruth Ford qui fut encouragée dans cette entreprise par le romancier. Cette version américaine pour la scène fut représentée en Europe en 1955, à Zurich puis à Berlin dans une mise en scène d'Erwin Piscator. Elle fut mieux accueillie dans les capitales européennes qu'aux États-Unis. Ce fut aussi le cas de l'adaptation proposée par Camus qui, dès octobre 1954, avait demandé à Faulkner l'autorisation de monter *Requiem pour une nonne* à Paris. Les contacts entre les deux écrivains n'allèrent guère au-delà, semble-t-il.

Respectant globalement la trame des trois actes qui figurent dans l'œuvre originelle, la pièce s'ouvre sur le procès d'une femme noire, Nancy Mannigoe, condamnée à mort pour avoir commis un infanticide en apparence inexplicable. Employée comme nurse par un couple blanc, Gowan et Temple Stevens, Nancy a tué le bébé de six mois dont elle avait la garde et elle demeure muette sur les mobiles qui l'ont conduite à agir ainsi. Les six tableaux suivants sont consacrés à la révélation progressive de la vérité. Gavin Stevens, oncle du couple et avocat de la défense, pousse Temple, la mère du bébé, à confesser le secret qu'elle s'obstine à taire : naguère enlevée et séquestrée dans une maison close à Memphis lors d'une escapade amoureuse avec Gowan, elle se préparait à quitter son époux et son fils aîné, Bucky, né quatre ans après le rapt, et à partir avec l'individu qui la faisait chanter, Peter, frère du mauvais garçon qu'elle avait rencontré et aimé à Memphis. C'est pour sauver sa maîtresse de la perdition et, ce faisant, pour éviter le malheur des enfants, empêcher la séparation des parents désunis et conserver une famille à Bucky que Nancy Mannigoe a accompli le crime pour lequel elle va être pendue. Son but est atteint : la pièce s'achève sur la réunion du couple autour de l'unique enfant restant.

Cette adaptation ne doit pas seulement au hasard et à la disparition de Marcel Herrand, qui était à l'origine chargé de cette entreprise. Si Camus accepta de prendre sa relève, ce fut aussi et surtout en raison de l'admiration qu'il portait au romancier américain et à cette œuvre, « une des rares tragédies modernes » selon le dramaturge français (prière d'insérer, octobre 1956). Se comptant parmi « ceux que le théâtre passionne à l'égal d'une seconde vie » (conférence sur l'avenir de la tragédie »), auteur, à cette date, de plusieurs pièces (*Caligula*, *Le Malentendu*, *L'État de siège*, *Les Justes*), Camus est encore et toujours à la recherche d'une esthétique dramatique susceptible de réconcilier tragique et univers contemporain. Un an avant la publication de *Requiem pour une nonne*, il prononce à Athènes une conférence qui s'ouvre sur ces mots : « La tragédie moderne est-elle possible, c'est la question que je voudrais me poser aujourd'hui » (« Sur l'avenir de la tragédie »). L'adaptation du roman de Faulkner se situe dans le prolongement de cette réflexion. Elle permet de joindre la pratique à la théorie et peut se comprendre comme une sorte d'exploration dramaturgique où il s'agit d'expérimenter comment les ingrédients de la tragédie antique – secret, conflit, mise en scène de « l'homme aveugle, trébuchant entre son destin et ses responsabilités » – peuvent se combiner à « un dialogue simple, admissible entre gens aussi simples qui accèdent à la grandeur malgré leur complet-veston », comme Camus le déclare alors à *Combat*. À la suite de Malraux, en effet, Camus voit en Faulkner celui qui a introduit le roman policier dans la tragédie antique, ce qui, d'emblée, actualise cette dernière. De fait bien des analogies (le crime, le procès, les personnages crapuleux, la course contre la montre pour éviter la pendaison, le chantage) rapprochent *Requiem pour une nonne* d'une pièce policière organisée autour d'un fait divers. La simplicité du langage, familier sans être vulgaire, participe aussi de cette modernisation du tragique.

Camus ne s'est pas contenté pour autant d'un pur et simple exercice de traduction. Soucieux d'efficacité dramatique, il a remanié le texte de départ avec le sens de la scène et du dialogue qu'on lui connaît : « J'ai dû remettre en forme, tailler – hélas – dans le texte. » S'il a conservé la structure générale de l'original, il a néanmoins fait disparaître de la version française la partie proprement romanesque, c'est-à-dire les trois prologues narratifs consacrés aux différents édifices où se déroulait l'action, édifices donnant leur titre à chacun des actes chez Faulkner (acte I : « Le palais de justice » ; acte II : « Le dôme doré » ; acte III : « La prison ») : au metteur en scène « de faire sentir, avec discrétion, le caractère religieux des lieux où se déroulait la pièce » (avant-propos à l'édition de l'œuvre de Faulkner, 1957). La pièce a ainsi gagné en intensité et en continuité, conformément aux exigences de la durée dramatique telle que la conçoit le dramaturge français, c'est-à-dire fondée sur « le raccourci, la condensation, l'alternance du raidissement et de l'explosion ». L'enchaînement serré des répliques, souvent raccourcies, confère au dialogue un dynamisme et une densité propres à traduire la tension intérieure des personnages. Si, metteur en scène dans l'âme, Camus a préservé les longues didascalies détaillées qui jalonnent le dialogue romanesque originel, il a, de son propre aveu, considérablement modifié la fin de la pièce, en particulier le septième tableau qui confronte une dernière fois Temple et Nancy. Il y a redistribué les dialogues en abrégeant les longues répliques édifiantes qu'échangeaient les deux femmes. Il y a ajouté un jeu de scène destiné à appuyer la puissance dramatique de cet ultime face-à-face : la mère s'y agenouille devant l'assassin de son enfant. Il a aussi développé certains personnages, moins stéréotypés que dans le roman, celui de M. Tubbs, le gardien de prison, et celui de Gowan Stevens, qu'il fait réapparaître sur scène lors du dénouement, alors qu'on entendait simplement sa voix dans l'original. L'écrivain français affirme avoir voulu respecter le message – d'ailleurs ambigu – de Faulkner. Certaines des modifications opérées dans le texte de départ infléchissent pourtant le sens initial de la pièce. En supprimant les paroles de Temple, restée seule après la sortie de Nancy (« S'il n'y a personne, je suis perdue. Nous le sommes tous. Condamnés. Damnés »), et en ajoutant les vers d'un *negro spiritual* récité par cette dernière (« Il est le fleuve et le rocher. / Il lavera et séchera nos plaies. / Il nous délivrera du tourment de la mort »), Camus termine ce *Requiem* sur une note moins sombre et plus humaniste. Il fait passer la meurtrière d'une croyance obtuse (« Il faut croire », répétait le personnage de Faulkner) à une confiance proclamée (« Ayez confiance », ordonne-t-elle à Temple dans la version française). Il faut toutefois se garder de conclusions trop hâtives et trop schématiques quant aux prises de position religieuses de l'écrivain et à une possible évolution idéologique de sa part dont témoignerait cet intérêt pour le roman de Faulkner : « Je ne crois pas en Dieu, c'est vrai. Mais je ne suis pas athée pour autant », déclarait Camus à propos de cette adaptation (*Le Monde*, 31 août 1956).

Comme c'est souvent le cas, la réécriture se double d'une lecture personnelle de l'œuvre prise pour objet. Camus a retrouvé dans le roman de Faulkner les motifs qui lui sont chers depuis toujours : le mensonge et la vérité, la souffrance et l'humiliation, la culpabilité et la responsabilité, l'avilissement et la rédemption. Ce sont autant de sujets de réflexion qui traversent son œuvre romanesque et théâtrale, qu'il s'agisse de *La Peste*, des *Justes* ou de *La Chute*, publiée la même année que *Requiem pour une nonne*. Sous des allures de pièce policière, cette dernière œuvre donne lieu à une méditation sur le mal et la nature humaine destinée à se prolonger dans l'adaptation et la mise en scène que Camus réalisera des *Possédés* de Dostoïevski en 1959 au Théâtre Antoine.

Cette version française du roman de Faulkner fut créée le 20 septembre 1956 au Théâtre des Mathurins dans les sobres décors de Léonor Fini (décor à transformations, étayé par un jeu de rideaux noirs) et une mise en scène de Camus. Michel Auclair tenait le rôle de Gowan, Marc Cassot celui de Gavin, Catherine Sellers celui de Temple et Tatiana Moukhine celui de Nancy. De Jacques Lemarchand (*Le Figaro littéraire*, *La Nouvelle NRF*) à Morvan Lebesque (*Carrefour*), de Gabriel Marcel (*Les Nouvelles littéraires*) à Thierry Maulnier (*Combat*), la critique fut élogieuse et le public ratifia son verdict : la pièce tint l'affiche jusqu'en janvier 1958, le prix Nobel ayant été décerné à Camus à l'automne 1957. Elle fut reprise au même théâtre en 1961, toujours avec Catherine Sellers et Tatiana Moukhine, puis en 1968 à la Comédie de l'Ouest et enfin, mise en scène par Jacques Lassalle, en 2005 au Théâtre de l'Athénée et en 2006 au Théâtre national populaire.

Pascale ALEXANDRE-BERGUES

Éd. : Gallimard, coll. « Le Manteau d'Arlequin », 1956 • *Paris Théâtre*, n° 123, 1957 • *Théâtre, récits et nouvelles*, Gallimard, coll. « Bibl. de la Pléiade », 1962 • *L'Avant-Scène théâtre*, n° 407, 15 juillet 1968 • *Œuvres complètes*, t. IV, Gallimard, coll. « Bibl. de la Pléiade », 2008, éd. par David H. Walker

Trad. : en espagnol, hongrois, italien, japonais, polonais, portugais, russe, tchèque et ukrainien

Crit. : Roger Grenier, *Albert Camus, soleil et ombre*, Gallimard, 1987, p. 262-268 • Michel Gresset, « Genèse et avatars de *Requiem for a Nun* », *Recherches anglaises et américaines*, XIII, 1980, p. 5-37 • Gilbert Pestureau, « Albert Camus et la littérature américaine », dans Raymond Gay-Crosier (éd.), *Albert Camus 1980*, Gainesville, University Press of Florida, 1980, p. 246- 255

RÉSISTANCE. – « J'ai commencé la guerre en pacifiste et je l'ai finie en résistant. » D'autres pacifistes ont été happés par la collaboration (Louis-Ferdinand Céline) ou récupérés par elle (Jean Giono). Le rédacteur en chef du *Soir républicain* était à la fois antifasciste et pacifiste à la fin de 1939. L'effondrement du régime républicain l'abasourdit. Des lettres privées consultées par Olivier Todd renseignent sur son état d'esprit. Le régime du maréchal Pétain et son idéologie moraliste le révulsent : il y voit l'alliance de la lâcheté et de la sénilité. Il regagne l'Algérie en janvier 1941. Avec quelques amis, il ébauche un embryon de résistance à Oran, alors qu'il enseigne dans un cours privé accueillant des élèves victimes des lois antijuives que les autorités locales appliquent avec zèle. Au Chambon-sur-Lignon, où il soigne une rechute de sa tuberculose en 1943, il est ensuite en contact avec des résistants locaux, souvent protestants, qui cachent des juifs. Ses voyages à Saint-Étienne le mettent en contact avec d'autres résistants, René Leynaud, Francis Ponge, le père Bruckberger. C'est à l'automne de cette année qu'installé à Paris il rejoint la Résistance active. Il dispose d'une fausse carte d'identité et d'un pseudonyme, *Bauchard*. Claude Bourdet lui demande d'abord de mettre sur pied une publication, *La Revue noire*, puis, suivant une suggestion de Pascal Pia qui a pu apprécier ses compétences à *Alger républicain*, de réorganiser le journal *Combat*. Ses « petits talents », dit-il, lui servent à « quelques travaux de journalisme ». Dans les faits, il succède à Pia à la tête de cet organe clandestin dont la périodicité est variable et dont le tirage atteint 250 000 exemplaires. Il recrute des rédacteurs. Il rédige non seulement des entrefilets mais aussi des articles ou des éditoriaux. Jacqueline Lévi-Valensi en a retenu cinq comme certains ou probables. Citant des exécutions d'otages, il écrit en mars 1944 : « La guerre totale est déclenchée et elle demande la résistance totale. » Il évoque des manifestations, des grèves, des sabotages, des actions contre la Milice dont chaque homme est un assassin possible. L'imprimeur du journal est tué, Bourdet et une rédactrice, Jacqueline Bernard sont déportés. Camus lui-même échappe à une rafle et doit se réfugier en Seine-et-Marne dans une maison prêtée par Brice Parain. Le jeune auteur de *L'Étranger* est également membre du Comité national des écrivains (CNE) sans y être actif et donne au moins un article aux *Lettres françaises* clandestines.

Camus justifie le choix de la résistance politique et armée dans *Lettres à un ami allemand* dont trois avant-textes paraissent dans *La Revue libre*, les *Cahiers de Libération* et *Libertés*. Il y affirme que la justice et la vérité sont du côté des Alliés et que leur victoire est une nécessité et une certitude. S'il légitime le recours à la violence, il entend qu'elle se donne des règles et soit dissociée de la haine : l'adversaire est le nazi, non l'Allemand qu'il se garde de diaboliser. Il s'abstient de toute rhétorique chauvine et inscrit l'action collective dans la perspective d'une Europe démocratique.

Au lendemain de la Libération, Camus écrit à son épouse dont il vient d'être séparé pendant de longs mois : « Après avoir essayé de passer en Espagne et y avoir renoncé parce qu'il fallait faire plusieurs mois de camp ou de prison et que je ne pouvais le faire dans mon état, je suis entré dans les mouvements de résistance. J'y ai beaucoup réfléchi et je l'ai fait en toute clairvoyance parce que c'était mon devoir [...]. Il y a six semaines, j'ai failli être arrêté et j'ai disparu de la vie publique. » Sur ses activités, il n'en a guère dit plus dans ses écrits publics. Il fut un parmi d'innombrables. « Des hommes naturellement pacifiques par métier et par conviction qui détestaient la guerre et se refusaient à haïr aucun peuple, ont été forcés, dans les années 40, à la guerre. »

Le 21 août 1944, alors que Paris s'est insurgé, Camus titre un éditorial de *Combat* : « De la résistance à la révolution ». La formule, pendant de longues années, va figurer en première page du journal. Dans un autre article, il parle d'un « peuple en armes » et écrit : « la tâche des hommes de la Résistance n'est pas terminée ». Pour lui, il va de soi que la Résistance représente le pays dans sa diversité sociale. Son rôle historique ne s'achève pas avec la libération du territoire – « De durs combat nous attendent encore », écrit-il le 25 août. Elle doit se transformer en « force de rénovation ». Elle a, précise-t-il un peu plus tard, « plus de devoirs que de droits ». La France nouvelle doit être non seulement libre, mais encore juste, c'est-à-dire libérée de « l'argent ». Au fil des semaines, Camus doit déchanter. Certes le général de Gaulle appelle des hommes neufs au Gouvernement provisoire de la République française (GPRF) et Camus s'en réjouit, mais ses commissaires de la République marginalisent les comités départementaux de la libération. Les bureaux et l'argent sapent l'entreprise de rénovation. Parce qu'ils étaient très divers par leurs origines, les résistants, au lieu de former un parti, s'éparpillent et rejoignent les partis reconstitués sans les rénover. Le scrutin de liste y contribue. Enfin et surtout la population épuisée se préoccupe plus du ravitaillement que d'un grand chambardement. L'éditorialiste met une sourdine à sa rhétorique maximaliste dès qu'il comprend que sa représentation de la Résistance était mystifiée, qu'elle avait été le fait d'une minorité agissante, non d'un pays quasi unanime, et que sa motivation était morale, républicaine et patriotique, non révolutionnaire.

« Ce qui a porté la Résistance pendant quatre ans, écrit encore Camus dans *Combat*, c'est la révolte. C'est-à-dire le refus entier, obstiné, presque aveugle au début, d'un ordre qui voulait mettre les hommes à genoux. » Elle a été, pour lui, ce que fut le dreyfusisme pour Charles Péguy, le paradigme de l'action juste. Il entend que *Combat* soit son mémorial comme les *Cahiers de la Quinzaine* l'avaient été pour son aîné. Mais, comme l'avait vu l'auteur de *Notre Jeunesse*, après le temps de la mystique vient celui de la politique, c'est-à-dire de la déception. Dans un premier temps, il défend l'action des résistants et leurs journaux quand d'autres éditorialistes, dont François Mauriac, les critiquent. Il concède à ce dernier qu'il n'y a pas parmi eux que « des héros et des saints ». Mais il tient la Résistance pour « la dernière chance de ce pays ». Elle le représente « tout entier ».

Même si son action lui a valu la médaille de la Résistance, Camus n'a jamais pensé en avoir été un héros ; il en fut seulement un « 2e classe » : « le genre ancien combattant n'est pas le mien », déclare-t-il à Emmanuel d'Astier de La Vigerie en 1948. « Ce sont les meilleurs qui ont gagné le droit de parler et perdu le pouvoir de le faire. » Les meilleurs, ce sont, pour lui, André Bollier, l'héroïque imprimeur de *Combat* qui fut fait Compagnon de la Libération à titre posthume (par décret en date du 20 janvier 1946), ou ce René Leynaud dont sa préface à des *Poésies posthumes* (Gallimard, 1947) est un tombeau du résistant inconnu. Il théorise alors ce que l'on appellera bien plus tard le « devoir de mémoire », mais prend soin de ne pas reconduire les récits communiste et gaulliste.

Dès la fin de 1945, il s'éloigne de *Combat* et confie à un roman, *La Peste*, la mémoire des années noires. Son narrateur-témoin entend rendre justice et leur dû aux combattants de l'ombre. Oran des années 194. représente la France occupée et il revient aux « formations sanitaires » de figurer la Résistance. Quand la banqueroute morale et politique de l'État est patente, le secours ne peut venir que de la société. Alors que les autorités ont fait faillite, que le reste de la population est enfermé dans ses préoccupations quotidiennes de survie et de ravitaillement, une minorité consciente, courageuse et organisée de « volontaires » combat « ce malheur qui […] venait de l'extérieur et frappait toute une ville ». Des « amis » forment un « premier noyau » qui ensuite s'étend. Quelques hommes de bonne volonté, Rieux, Tarrou, Rambert, le père Paneloux prennent en charge la lutte contre le fléau. Leur combat est celui d'une société civile contre un pouvoir oppressif. Le détour de l'allégorie permet l'universalisation de la Résistance et la mise à distance de ses commémorations et récupérations tant gaullistes que communistes. Camus sait en 1947 que la Résistance n'a jamais été un mouvement majoritaire ni de masse et que la Libération n'a été possible que grâce à une intervention extérieure. Au même moment, il manifeste son désabusement dans l'un de ses derniers articles de *Combat* : « Qui se soucie aujourd'hui de la Résistance et de son honneur ? »

Au fil des mois, le citoyen en est venu à s'interroger sur de nouvelles modalités de l'action collective qui perpétueraient les valeurs de la Résistance. C'est dans cet esprit qu'il anime de 1948 à 1950 les Groupes de liaison internationale où l'on peut voir une minuscule organisation non gouvernementale avant l'heure. Quelques années plus tard, en 1955, Roland Barthes lui ayant reproché d'avoir figuré les nazis par le bacille de la peste, Camus lui répond que son livre a été écrit pour « servir à toutes les résistances contre toutes les tyrannies ». Il est passé de l'antinazisme à l'antitotalitarisme. L'année précédente, il s'était exprimé une dernière fois sur le sujet dans la préface à l'ouvrage de l'universitaire américain Konrad Bieber : « D'une certaine manière, on nous avait contraints à la bonne cause. » Il en tirait une leçon d'écriture : « Si les écrivains n'ont pas fait beaucoup pour la Résistance [...], la Résistance a fait beaucoup pour eux ; elle leur a enseigné le prix des mots [...]. Risquer sa vie, si peu que ce soit, pour imprimer un article, c'est apprendre le vrai poids des mots. » C'est pour cette raison que, dans l'abondante littérature de la Résistance, il a préféré *Feuillets d'Hypnos* de René Char et *La Vallée heureuse* de Jules Roy, deux écrivains combattants, aux écrits plus prolixes de Louis Aragon et des auteurs du Comité national des écrivains.

Jeanyves GUÉRIN

Bibl. : François Marcot (dir.), Dictionnaire historique de la Résistance, Robert Laffont, coll. « Bouquins », 2006 • Jean-Marc Morjean, « Camus ou le poids des mots (juin 1940-août 1944) », dans *La Littérature française sous l'Occupation*, Presses universitaires de Reims, 1989, p. 27-41 • Olivier Todd, *Camus, une vie*, Gallimard, coll. « Folio », 1999, p. 345-490 • Philippe Vanney, « Ce long détour », *Études camusiennes*, n° 2, juin 1996, p. 62-80

RETOUR À TIPASA. – Il est le septième des huit textes du recueil intitulé *L'Été*. Son titre invite à le lire en miroir avec *Noces à Tipasa* (1937), présent *dans Noces*. À la mi-décembre 1952, Camus a fait un voyage en Algérie. Après avoir visité les Territoires du Sud, il est revenu à Alger et s'est rendu presque aussitôt à Tipasa, petit port situé à soixante-neuf kilomètres à l'ouest d'Alger. Le 15 janvier 1953, il confie qu'il est rentré d'Algérie « redressé et pacifié ». *Retour à Tipasa* sera publié en juin 1953, dans le numéro 1 de la revue *Terrasses, Nouvelle revue algérienne* (Alger), dirigée par Jean Sénac, avant d'être recueilli dans *L'Été*. Depuis la première ébauche manuscrite jusqu'à la publication en recueil, Camus a inscrit chaque fois après la dernière ligne du texte : « 1952 ». C'était marquer la date du séjour qui l'avait inspiré plutôt que le moment de sa composition, entreprise au début de l'année suivante.

Le récit de *Retour à Tipasa* embrasse trois époques : l'avant-guerre (rappel des excursions innocentes relatées dans *Noces*), l'immédiat après-guerre (Tipasa revisitée après les épreuves infligées à l'Europe) et aujourd'hui (au-delà de ces épreuves naît une nouvelle source de joie). Le manuscrit primitif s'ouvrait par des réflexions du narrateur quadragénaire sur le temps enfui, appuyées par des références aux Guermantes de Proust, qui seront effacées du texte définitif. Celui-ci ne comporte aucune expérience du « temps retrouvé » : Camus y est seulement sensible à la « mélancolie » (impossible, pour lui, de « remonter le cours du temps ») et à la nostalgie.

La première époque est ici présente à travers le filtre des souvenirs. De retour à Tipasa après la guerre, Camus cite les absinthes, les petites roses, la chaleur des ruines qui donnaient sa poésie à *Noces à Tipasa*, mais mieux vaudra se reporter au premier texte pour revivre pleinement cet enchantement de la nature. La nostalgie se fait parfois embellissante : Camus regrette ces nuits étoilées sous lesquelles il aurait dormi ou se serait promené jadis. Le lecteur de *Noces* se souvient pourtant que le narrateur était saturé de plaisir au déclin du jour : « Jamais je ne restais plus d'une journée à Tipasa », écrivait-il alors.

Les années ont passé ; il faut désormais, pour accéder au champ de ruines, franchir un réseau de barbelés. Héritage de la guerre ? Nullement : la clôture a été imposée, en réalité, par l'acquisition récente du champ de ruines par le Gouvernement général de l'Algérie, mais elle illustre opportunément, sous la plume de Camus, cette amputation de la liberté que la civilisation, après de lourdes épreuves, impose à l'humanité. Enclos et mélancolique, le paysage de Tipasa n'en a pas moins gardé un pouvoir magique. Dans *Noces*, les ruines romaines et chrétiennes étaient curieusement habitées par les dieux de la Grèce ; l'hellénisation se poursuit après la guerre puisque le narrateur trouve dans cette nouvelle excursion à Tipasa une consolation au voyage en Grèce que l'imminence du conflit l'empêcha d'entreprendre en septembre 1939. Les vraies beautés des paysages grecs, Camus ne les découvrira que plus tard, en 1955. À quelle date faut-il situer exactement la visite d'après-guerre de *Retour à Tipasa* ? On hésite à l'identifier avec celle que Camus fit le 8 mars 1948 en compagnie de Louis Guilloux. Le ciel était trop bleu, ce jour-là, au goût du romancier breton ; la pluie et la boue ont gâché au contraire, autant que les barbelés, le premier retour de Camus sur les ruines.

La troisième époque se situe aux derniers jours de 1952. Une journée lumineuse succède aux pluies diluviennes qui, après avoir inondé Alger, ont rendu plus éclatant le matin du lendemain. La saison hivernale de ce nouveau retour détonnerait avec le titre général du recueil, *L'Été*, si le soleil triomphant n'attestait que perdure au cœur du narrateur « un été invincible ». La lumière du *Retour à Tipasa* ne renoue pourtant pas tout à fait avec celle qui baignait les paysages de *Noces*. Midi qui était, dans *Noces à Tipasa*, le moment des plaisirs sensuels goûtés dans un café et d'une simple « joie de vivre » au soleil, est devenu ici l'emblème d'un combat – celui de la « pensée de midi » – mené contre une Europe qui « hait le jour et ne sait qu'opposer l'injustice à elle-même ». Après les avoir contemplées jadis d'un œil innocent, Camus oppose désormais, sur un ton militant, la jeunesse des ruines de Tipasa aux décombres de l'Occident civilisé.

Il importe de rendre à *Retour à Tipasa*, ne serait-ce qu'à titre symbolique, sa vraie date de composition. L'année 1953, au seuil de laquelle il compose son texte, va marquer en effet un tournant dans l'inspiration de Camus. La visite de l'après-guerre a été marquée par un élan précaire vers l'amour : « Je redécouvrais à Tipasa qu'il fallait garder intactes en soi une fraîcheur, une source de joie, aimer le jour qui échappe à l'injustice, et retourner au combat avec cette lumière conquise. » Il faut, pour accéder à l'amour, passer par la voie de l'innocence retrouvée – « Point d'amour sans un peu d'innocence. » On sera sensible à la réserve du « un peu » : les épreuves de la guerre nous ont en effet rendus « coupables sans le vouloir ». En ces années de l'immédiat après-guerre, *La Peste* tend à prouver qu'il y a « chez les hommes plus de choses à admirer qu'à mépriser ». La formule se modifie quand Camus revient à nouveau sur les lieux : « aimer et admirer. Car il y a seulement de la malchance à n'être pas aimé : il y a du malheur à ne point aimer », écrit-il désormais. Le souvenir des luttes et des amertumes de la « nuit d'Europe » est effacé, pour un temps au moins, par la « source de joie » à laquelle il vient se rafraîchir sur les lieux bénis de sa jeunesse. Cette source est celle à laquelle il va puiser, au cours de l'année 1953, pour composer la première mouture de la préface de *L'Envers et l'Endroit* ; elle donnera son impulsion, quelques mois plus tard, à l'écriture du *Premier Homme*. Du troisième « étage » de l'œuvre, celui de l'amour, *Retour à Tipasa* apparaît donc comme l'étape première et initiatique.

Pierre-Louis REY

RETOUR DE L'ENFANT PRODIGUE (Le). – Lorsqu'il écrit *Le Retour de l'enfant prodigue* en 1907, André Gide interprète l'Évangile (Luc, XV, 11-32) avec beaucoup de liberté. Prêtant à son héros ses propres pulsions, il lit dans le départ de l'enfant la force du désir qui ne supporte aucun frein et considère son retour comme un échec, comme une soumission à l'ordre social, comme un abandon de cette « ferveur » qu'il n'a cessé de rechercher. Aussi crée-t-il deux personnages absents de la parabole biblique, la mère, dont la tendresse est seule susceptible d'entraver le départ, et le frère cadet qui, animé par le désir de ne plus revenir, part à son tour avec la complicité du prodigue, espérant réussir là où l'aîné tant admiré a échoué. C'est avec fascination qu'à l'âge de dix-sept ans Camus découvre cette œuvre, comme il l'explique en 1951 à la mort de Gide : « Quant au *Retour de l'enfant prodigue*, il était devenu le livre dont je ne parlais pas : la perfection ferme la bouche. J'en fis seulement une adaptation qu'avec quelques amis je portai plus tard à la scène. Entre-temps, je lus tout l'œuvre de Gide. (...). Gide a régné ensuite sur ma jeunesse » (« Rencontres avec André Gide », *La Nouvelle Revue française*, novembre 1951). Si, adolescent, Camus est bouleversé par ce texte, c'est non seulement qu'il est ébloui par la beauté de la langue, c'est aussi qu'il y retrouve les états d'âme qui l'habitent, la lassitude qui est alors la sienne face à la morne quotidienneté de l'existence et une même aspiration au mysticisme, comme en témoigne *Intuitions* en 1932 : « Ces rêveries sont nées de grandes lassitudes. Elles marquent le souhait d'une âme trop mystique, qui demande un objet pour sa ferveur et sa foi. »

Camus s'empare d'autant plus aisément du texte gidien pour le porter à la scène que celui-ci est en majeure partie dialogué et que l'action y est découpée en cinq épisodes dont Gide a souligné l'unité par un titre, intitulant la première partie, partiellement narrative, « l'enfant prodigue », et désignant les quatre autres, presque entièrement dialoguées, par le nom du personnage qui figure aux côtés du fils prodigue, « la réprimande du père », « la réprimande du frère aîné », « la mère » et « dialogue avec le frère puîné ». Camus conserve, sans les modifier, le découpage, les personnages et les dialogues, se contentant d'indiquer un nom en face des répliques et d'ajouter quelques indications scéniques qu'il emprunte textuellement à certains passages narratifs. Par-delà cette fidélité, il fait œuvre de création tant par l'écriture que par la mise en scène, ces deux formes de l'art théâtral pour lui indissociables. Exploitant l'aveu de Gide qui confie sur la feuille de garde de son ouvrage que, sur le modèle des « anciens triptyques », il s'est peint comme le donateur dans le coin du tableau, « faisant pendant au fils prodigue », Camus introduit, face à ce dernier, le personnage du Récitant. Figure de ce donateur-auteur, le Récitant est présent sur scène en permanence comme l'était le chœur aux origines du théâtre grec. C'est lui qui prend en charge certains passages narratifs du texte gidien, son rôle étant de commenter le drame et d'expliciter les états d'âme des personnages. Sorte de meneur de jeu omniscient, il décrit également les positions sur le plateau, les déplacements, les postures, les cris et les pleurs, tels que Gide les a notés dans son récit. Il est parfois aussi lui-même en jeu lorsqu'il apparaît comme l'image dédoublée du fils prodigue. À la fin de la scène d'affrontement avec le père (scène 2), lorsque celui-ci sort « laissant l'enfant prodigue éclairé d'une vérité soudain découverte », Camus prête au Récitant la voix du fils : « Ah ! Malgré que le fils aîné vous souffle, père, puissé-je entendre encore votre voix à travers ses paroles. »

Le Théâtre de l'Équipe joua cette version du *Retour de l'enfant prodigue* à Alger les 26 et 27 février 1938, dans une mise en scène de Camus qui jouait le rôle du Fils prodigue. L'apport de l'adaptateur n'est donc pas seulement textuel mais aussi scénique. Le décor, qu'il a conçu en collaboration avec Louis Miquel (Marie Viton se chargeant des costumes, Frank Turner de la musique) pour les deux représentations, met en espace le drame de façon symbolique, comme on peut le voir sur le croquis exécuté de mémoire en 1974 par Louis Miquel, l'original, déposé à Alger chez Edmond Charlot, ayant disparu avec la maison d'édition. Conçu comme un triptyque, à la manière du décor simultané à plat médiéval, il est divisé en trois parties. Surélevée sur un escalier qui permet d'accéder au seuil de la maison, la partie centrale, peinte en orange, figure le porche d'entrée qui ouvre sur la cour tandis que les deux parties latérales, rouges, représentent, l'une la chambre du prodigue, l'autre celle du cadet. Si le porche est le point névralgique puisque c'est en le franchissant que le prodigue retrouve les siens et que le puîné les quitte, c'est dans leurs deux chambres, rougeoyantes comme la passion qui les dévore, que se noue le drame. Ce sont eux les protagonistes, les autres ne sont que des comparses qui, en argumentant avec eux, les poussent à parler. C'est ce qui explique que la dernière scène qui les réunit soit la plus longue.

Si Camus n'a pas édité cette adaptation, c'est sans doute pour deux raisons. Il considérait d'une part qu'elle était le fruit de la création collective du Théâtre de l'Équipe qu'il animait et d'autre part, comme il l'expliquera dans le texte de présentation de *Révolte dans les Asturies*, que « le théâtre ne s'écrit pas, ou c'est alors un pis-aller ». Le manuscrit sous la forme de quinze feuillets dactylographiés est conservé à Aix-en-Provence, au fonds Albert-Camus. La nouvelle édition de la « Pléiade » en fournit un court extrait.

Marie-Claude HUBERT

RÉVOLTE. – Présent dans toute la production camusienne, le thème de la révolte en constitue sans conteste la clef de voûte. Dans ses *Carnets*, l'écrivain constate : « Je cherche à légitimer ma révolte que, jusqu'ici, rien, dans les faits, n'est venu fonder. » Et, parmi des notations sur « Essai sur la Révolte » – il s'agit de la préparation de « Remarque sur la révolte » –, cette phrase : « L'homme peut-il à lui seul créer ses propres valeurs ? C'est tout le problème. » Ce à quoi il répond dans *L'Homme révolté* : « Il faut donc bien que la révolte tire ses raisons d'elle-même, puisqu'elle ne peut les tirer de rien d'autre. Il faut qu'elle consente à s'examiner pour apprendre à se conduire » ; et de manière plus précise : « La solidarité des hommes se fonde sur le mouvement de révolte et celui-ci, à son tour, ne trouve de justification que dans cette complicité. » Comme le révolté est susceptible de recourir à la violence et au meurtre, Camus écrit : « La limite du raisonnement révolté : accepter de tuer soi-même pour refuser la complicité avec le meurtre en général. » Ce qui signifie que, confronté à la violence généralisée et philosophiquement justifiée, spécifique du XXe siècle, le révolté peut être obligé de la combattre avec des moyens violents pour ne pas se faire son complice en choisissant de ne pas agir. Par là même, cependant, il se heurte à une limite : il entre dans la « culpabilité raisonnable » (*L'Homme révolté*). Enfin, dans ses *Carnets* III, après la publication de *L'Homme révolté*, l'écrivain note : « Révolte, vrai creuset des dieux. Mais elle forme aussi les idoles. » Elle a donc ses perversions qu'il faut mettre en lumière.

La révolte solitaire. Dès le premier cycle de la production camusienne, le cycle de l'absurde, la révolte est présente. Mersault dans *La Mort heureuse*, Martha dans *Le Malentendu* et Caligula se révoltent contre la condition mortelle qui est faite à l'être humain et, pour les deux premiers, contre la situation dans laquelle ils végètent. Mersault rêve d'une vie autre que sa situation matérielle rend impossible, ce que Zagreus, l'infirme, souligne : « mais vous ne pouvez pas vivre ainsi en travaillant » ; à quoi Mersault répond : « Non, parce que je suis en état de révolte ». C'est la vue de la misère de Cardona, une de ses connaissances, qui décide Mersault à tuer Zagreus et à s'emparer de son argent pour accéder à cette autre vie. « Et dans la grande détresse qui l'emplissait, Mersault sentait bien que sa révolte était la seule chose vraie en lui et que le reste était misère et complaisance. » Martha rêve, elle aussi, de mers chaudes et d'eaux transparentes et assassine avec sa mère les rares visiteurs de leur pension pour leur dérober leur argent et pouvoir quitter le pays qu'elles détestent. Lorsqu'elles ont tué Jan, le fils et le frère qu'elles n'ont pas reconnu après une absence de plus de vingt ans, Martha reproche à sa mère de se laisser aller au regret de cet amour pour son fils : « Il n'est pas possible que vous disiez cela sans l'ombre d'une révolte et sans une pensée pour votre fille. » Dans les scènes 2 et 3 de l'acte III, Martha exhale sa révolte et déclare : « À quoi bon ce grand appel vers l'être, cette alerte des âmes ? Pourquoi crier vers la mer ou vers l'amour ? Cela est dérisoire. » Et à Maria, la femme de Jan, qui vient d'apprendre que son mari a été assassiné, Martha martèle : « Comprenez que votre douleur ne s'égalera jamais à l'injustice qu'on fait à l'homme [...]. » Quant à Caligula, c'est la mort de sa sœur qui le mène à se révolter contre la condition humaine et à pratiquer – ce que la fonction impériale rend possible – la cruauté des dieux envers les hommes afin de leur apprendre à se mesurer au destin. Sa révolte ne serait inutile que si l'impossible – symbolisé par la capture de la lune – pouvait se réaliser.

Avec *L'Étranger* et la manière dont Meursault accepte sans histoire ce qu'on lui propose, la révolte et la négation semblent n'apparaître qu'à la fin du récit avec la réaction furieuse du condamné lors de la dernière visite du prêtre. Mais une remarque dans le Cahier IV des *Carnets*, en 1942, donne à réfléchir : « Critiques sur *L'Étranger*. La "Moraline" sévit. Imbéciles qui croyez que la négation est un abandon quand elle est un choix… Il n'y a pas d'autre vie possible pour un homme privé de Dieu – et tous les hommes le sont. » En somme, le caractère « facile », bien qu'énigmatique, de Meursault s'expliquerait par le fait que celui-ci n'est plus réceptif au jeu social, aux conventions, qu'il réduit l'existence et ses attentes au strict essentiel, à une vie au ras des sensations, attitude qui implique une négation, une révolte antérieures, le choix d'un type de comportement cohérent malgré son étrangeté. L'altercation avec l'aumônier donne alors l'explication de cette négation qui était restée inexprimée jusque-là. Meursault s'écrie : « J'avais eu raison, j'avais encore raison, j'avais toujours raison. […] Du fond de mon avenir, pendant toute cette vie absurde que j'avais menée, un souffle obscur remontait vers moi à travers des années qui n'étaient pas encore venues et ce souffle égalisait sur son passage tout ce qu'on me proposait alors dans les années pas plus réelles que je vivais. Qu'importaient la mort des autres, l'amour d'une mère, que m'importaient son Dieu, les vies qu'on choisit, les destins qu'on élit, puisqu'un seul destin devait m'élire moi-même et avec moi des milliards de privilégiés qui, comme lui, se disaient mes frères. » C'est la mort à venir dont le souffle égalise tout, les modes de vie, les conduites, les actes, qui rend tout indifférent ; elle rend illusoire et dérisoire, comme dit Martha, ce que l'on croit être le destin que l'on s'est choisi. La grande égalisatrice rend tout vain, ce qui « explique » le comportement étrangement détaché et indifférent de Meursault, y compris à l'égard de son meurtre.

C'est dans *Le Mythe de Sisyphe* que la notion de révolte, toujours au niveau solitaire, est thématisée. L'expérience des « murs absurdes » tant sur le plan du sentiment que sur le plan de la réflexion – par exemple la découverte de l'étrangeté du monde ou du temps qui passe inexorablement et de la finitude pour le premier, les apories de la raison pour le second – fait prendre conscience de l'opposition entre le besoin de clarification et d'unité de l'homme et l'opacité et la diversité irréductibles du monde. La logique de l'absurde requiert que la lucidité soit maintenue et, avec elle, la révolte contre ce monde et la condition qui est faite à l'homme. La révolte est avec la liberté et la passion une conséquence de l'absurde – « Conscience et révolte, ces refus sont le contraire du renoncement. » La révolte ne débouche sur aucune forme de consolation, elle ne s'accommode d'aucun au-delà : l'homme absurde ne peut qu'essayer de transformer par sa mémoire et sa volonté, par exemple par une œuvre, la succession de ses actes en une histoire, un « mythe », et en faire ainsi un destin, étant entendu que tout cela reste « sans lendemain ».

La révolte solidaire. L'expérience de la guerre, de l'Occupation et de la Résistance va obliger Camus à poursuivre l'examen de la notion de révolte mais en ne le limitant plus à la révolte solitaire. *Lettres à un ami allemand* et

« Remarque sur la révolte » en témoignent, en même temps d'ailleurs que la production journalistique de l'écrivain. Celui-ci va essayer de fonder la révolte et d'en tirer les valeurs qui permettront de lutter contre le nihilisme ambiant. *La Peste* exprime sous la forme d'une chronique ce passage de la révolte solitaire à la révolte solidaire : c'est le fléau qui oblige les Oranais à joindre leurs efforts pour juguler le mal. Le journaliste Rambert, qui veut quitter la ville malgré la quarantaine pour rejoindre la femme aimée, découvrira qu'« il peut y avoir de la honte à être heureux tout seul ». Rieux, le médecin, conclut de l'expérience de la mort partout présente à l'obligation de bien faire son métier ; Tarrou y découvre la confirmation de sa volonté de devenir un « saint sans Dieu ». Dans ses *Carnets* II, Camus note cette phrase de Jacques Maritain, le philosophe catholique, qui est éclairante : « La sainteté aussi est une révolte : c'est refuser les choses telles qu'elles sont. C'est prendre sur soi le malheur du monde. » Dans *Les Justes*, Kaliayev et ses camarades pratiquent la révolte solidaire.

C'est évidemment dans *L'Homme révolté* – et dans « Défense de *L'Homme révolté* » – que l'on trouve l'examen le plus abouti de la révolte, celui qui reprend, articule et systématise les recherches et les analyses antérieures. La réflexion camusienne s'y développe en quatre temps : dans le premier, l'auteur montre les difficultés et les contradictions de la pensée absurde ; dans le deuxième, il décrit ce qui constitue, selon lui, le modèle, le type pur de la révolte, avec les valeurs qui lui sont inhérentes ; dans le troisième, il analyse l'histoire de la révolte et les perversions auxquelles elle a pu donner lieu. Trois domaines sont ainsi passés en revue : la révolte métaphysique, la révolte historique ou révolution, la révolte au sein de la démarche artistique. Le quatrième temps marque les conditions auxquelles la révolte devrait satisfaire pour retrouver son intégrité et les difficultés que rencontre le révolté pour surmonter le nihilisme (l'absurde).

À la question du fondement de la révolte il n'y a qu'une réponse : la révolte ne tire ses raisons que d'elle-même puisque rien d'extérieur à elle ne résiste à l'absurde. Camus décrit la révolte d'un esclave contre sa condition et contre celle de ses compagnons ; son mouvement est double : il dit non à la situation qui lui est faite, mais il affirme en même temps la dignité humaine, la sienne et celle des autres esclaves. Il découvre la solidarité qui lie les hommes, ce que Camus résume par la formule fameuse : « Je me révolte, donc nous sommes. » Le révolté est dès le départ confronté à une difficulté qui s'avérera une antinomie : sa révolte peut le mener à la violence et au meurtre du maître, ce qui détruit la communauté humaine qu'il vient de découvrir et fait de lui un « meurtrier innocent ». La violence peut en effet être nécessaire, mais elle doit alors garder son caractère d'effraction et ne jamais accepter de justification philosophique ou idéologique. Le révolté est donc constamment tenté de recourir à la violence, essentiellement verbale dans la révolte métaphysique mais bien réelle dans la révolte historique. C'est pourquoi Camus lui enjoint de ne pas oublier l'expérience première de la révolte : la mémoire de ses origines lui rappelle la limite qui est inscrite dans l'expérience même, puisque les valeurs de dignité et de solidarité interdisent au révolté de maltraiter ou de supprimer une vie.

Quant à la différence entre la révolte métaphysique et la révolte historique ou révolution, Camus la formule ainsi : « La révolution commence [...] à partir de l'idée. Précisément, elle est l'insertion de l'idée dans l'expérience historique quand la révolte est seulement le mouvement qui mène de l'expérience individuelle à l'idée. » La révolte métaphysique constate l'injustice existante, le mal et la finitude humaine et s'en prend à Dieu ou à la nature. La révolution entend inscrire l'idée, celle d'une société racialement pure ou sans classes par exemple, dans la réalité et doit dès lors passer par la destruction de la société existante et par la conquête de l'Empire si elle vise à l'universel. Sur le rapport tendu qui peut exister entre révolte et révolution – les existentialistes concluent à la nécessité de prolonger la première par la seconde et reprochent à Camus de préférer la révolte –, l'écrivain note dans « Défense de *L'Homme révolté* » : « J'ai dit simplement que la révolte sans la révolution s'achève logiquement dans un délire de destruction et que le révolté, s'il ne s'insurge pas pour tous, finit par atteindre une extrémité de solitude où tout lui paraît permis. Inversement, j'ai tenté de démontrer que la révolution privée du contrôle incessant de l'esprit de révolte finit par se précipiter dans un nihilisme de l'efficacité et débouche dans la terreur. »

Révolte et révolution – Camus analyse leur devenir historique essentiellement à partir du XVIIIe siècle et en Occident (le maintien massif du sacré dans une culture rend la révolte impossible) – penchent exclusivement tantôt vers le non tantôt vers le oui et oublient alors leurs origines ; elles sont possédées par la recherche de l'unité – que seul l'artiste atteint parfois par la stylisation, mais il s'agit d'une unité fictive – contre la dispersion que font régner le mal ou les injustices sociales. La violence utilisée pour installer l'unité mène à sa dégradation en totalité.

Les perversions de la révolte et de la révolution sont donc multiples et seules l'ascèse du révolté et du révolutionnaire et la mémoire de leurs origines peuvent les garder de leurs démons. L'analyse des notions de limite et de mesure contribue à maintenir cette mémoire vivante.

Maurice WEYEMBERGH

Bibl. : Raymond Gay-Crosier, « La révolte génératrice et régénératrice », dans Raymond Gay-Crosier, *Albert Camus. Paradigmes de l'ironie – révolte et négation affirmative*, Toronto, Paratexte, 2000, p. 43-57 • « La révolte en question », *La Revue des Lettres modernes*, série Albert Camus, 12, 1985 • Denis Salas, *Albert Camus, la juste révolte*, Michalon, coll. « Le Bien commun », 2002 • Heinz-Robert Schlette, *Albert Camus : Welt und Revolte*, Fribourg-Munich, Verlag Karl Alber, 1980

RÉVOLTE DANS LES ASTURIES. – Puisque son adaptation du *Temps du mépris* n'a été portée à la connaissance des lecteurs qu'en 2006, *Révolte dans les Asturies* a longtemps été le premier texte conservé témoignant de l'activité théâtrale de Camus à Alger dans les années précédant la Seconde Guerre mondiale. Sa place dans l'ensemble de ses écrits est très particulière puisqu'il n'en est qu'un des quatre auteurs. Les autres sont Jeanne-Paule Sicard et deux jeunes enseignants alors en poste à Alger, Yves Bourgeois et Albert Poignant. On y retrouve néanmoins en germes quelques traits essentiels de son œuvre à venir : l'attention à l'actualité politique et sociale, le lien avec l'Espagne, le souci de toucher un large public, l'utilisation des moyens modernes (ici la radio), le sens scénique du mouvement et de l'improvisation.

La pièce polyphonique en quatre actes que nous connaissons est dédiée aux « amis du Théâtre du Travail ». Des noms, tous espagnols, sont donnés : Sanchez, Santiago, Antonio, Ruiz,

Léon. Cette entreprise commune, ce groupe de théâtre amateur, dont Camus était l'âme, était peu après devenue le Théâtre de l'Équipe. Au moment où il participe à la rédaction de cet « essai d'œuvre collective », Camus, comme ses trois amis, est membre du Parti communiste algérien. C'est avec une conscience politique en éveil qu'il a suivi l'événement qui en fait le sujet : l'insurrection des mineurs et ouvriers asturiens en octobre 1934 ainsi que sa répression impitoyable. La presse communiste avait donné du retentissement à l'événement. La revue *Monde*, comme l'a montré Jacqueline Lévi-Valensi, a fourni des matériaux à la pièce. Pour Herbert R. Lottman, ce n'est pas une « œuvre d'art », mais un « acte politique » ; « Une œuvre militante, de propagande », fait écho Roger Grenier.

La pièce devait être jouée le 2 avril 1936 au profit de « l'enfance malheureuse européenne et indigène ». La troupe la répéta dans un local du quartier Belcourt pendant plusieurs semaines. Une salle avait été trouvée ; la préfecture avait donné son autorisation. Toutefois, au dernier moment, le maire d'Alger, Augustin Rozis, interdit le spectacle. C'est en vain que Camus et ses amis d'extrême gauche protestèrent. Il leur restait à faire connaître le texte. Cela fut possible grâce à un jeune libraire-éditeur d'Alger, Edmond Charlot, qui en tira quelques centaines d'exemplaires vite vendus par les militants. Yves Bourgeois fut obligé de détruire le manuscrit original pendant la guerre. Le fonds Camus d'Aix-en-Provence en conserve une copie faite après 1936. Camus n'a jamais fait figurer la pièce dans la liste de ses œuvres : c'est Roger Quilliot qui l'a exhumée.

On possède sur la genèse de cette pièce les témoignages des amis de Camus. Jeanne-Paule Sicard, interrogée par Francine Camus, a apporté, en 1960, des précisions sur l'écriture de l'œuvre et la part de chacun. « *Révolte dans les Asturies*, au début, devait se présenter (un peu à la façon de la *commedia dell'arte*) comme un canevas sur lequel les acteurs étaient invités à broder [...]. Le sujet, l'action, la mise en scène furent établis par ces quatre au cours de plusieurs séances de travail. Camus était dès ce moment notre animateur incontesté [...]. La participation des trois autres coauteurs n'a existé que dans son sillage. » Selon ce témoignage, Albert Poignant aurait rédigé les textes de radio, Jeanne Sicard la scène du Conseil des ministres et Yves Bourgeois l'interrogatoire de l'acte IV. Le reste, et notamment les indications scéniques, serait de la main de Camus – qui, pour sa part, se souvenait d'avoir écrit seulement les passages choraux. Les auteurs ont bénéficié des conseils de Jacques Heurgon dont Camus avait été l'élève à la faculté des lettres d'Alger. C'est lui qui aurait trouvé le titre définitif.

La composition de l'œuvre est simple : quatre actes courts, formés de trois ou quatre scènes. Le quatrième n'est pas découpé. On ne peut rêver schéma plus simple, plus linéaire. L'originalité réside dans l'absence de héros. Les personnages sont stylisés. Seuls quelques-uns ont des noms. Pepe et Pilar annoncent les Kaliayev et Dora des *Justes*, ils ne reviennent que pour se fondre dans le groupe. L'intrigue sentimentale entre eux est seulement esquissée. Alonso est une sorte de visionnaire fou qui chante la nature sur un mode où s'annonce le lyrisme de *Noces*. Il évoque aussi sa mère. Les autres personnages sont principalement désignés par leur fonction ou leur profession. Ce ne sont pas des types, des silhouettes plutôt des voix. Au fil des tableaux, l'action se situe dans la rue, dans un café ; on passe d'Oviedo, capitale des Asturies, à Madrid, siège du gouvernement espagnol. L'on notera que n'est pas mentionné le nom du général Franco qui, en tant que chef de l'état-major, supervisa personnellement l'écrasement de l'insurrection. Cela eût été différent si la pièce avait été écrite quelques mois plus tard. La progression de l'action est rythmée par de longs messages de la radio – on en compte une vingtaine : ils sont en majuscules dans le texte imprimé – qui donnent la version officielle des événements. Les textes parlés des acteurs sont rapides et sobres ; Camus s'est gardé de tout pittoresque. On trouve peu de tirades : à la fin de la scène 3 de l'acte II, Alonso s'adresse au Père éternel sur un mode lyrique et bouffon et au final, quand tout est fini, des voix s'élèvent aux quatre coins de la scène, formant une sorte de thrène désolé.

Camus fit précéder le texte de la pièce d'un court manifeste où transparaît sa conception du théâtre : « Le théâtre ne s'écrit pas, ou c'est alors un pis-aller. C'est bien le cas de l'œuvre jouée aujourd'hui. Ne pouvant être jouée, elle sera lue du moins. Mais que le lecteur ne juge pas. Qu'il s'attache plutôt à traduire en formes, en mouvements et en lumières ce qui n'est ici que suggéré. À ce prix, il remettra à sa vraie place cet essai. Essai de création collective, disons-nous. C'est vrai. Sa seule valeur vient de là. Et aussi de ce que, à titre de tentative, il introduit l'action dans un cadre qui ne lui convient guère ; le théâtre. Il suffit d'ailleurs que cette action conduise à la mort, comme c'est le cas ici, pour qu'elle touche à une certaine forme de grandeur qui est particulière aux hommes : l'absurdité… » Une telle pièce ne peut s'écrire. Ce qu'on en lit n'est qu'un schéma assurément pauvre, mais à partir duquel l'imagination du lecteur doit plus que jamais restituer un spectacle en s'appuyant sur les nombreuses didascalies dont le rôle devient capital. Elles mentionnent un bruitage strident, des cris, des explosions. Une chanson espagnole accompagnée à l'accordéon avait ouvert le spectacle. Il lui revenait de le conclure.

Le caractère collectif de la production était manifesté par le fait qu'aucun nom d'acteur ne figurait sur le programme, que la troupe ne devait saluer qu'une seule fois à la fin de chaque spectacle. La critique a évoqué après coup Brecht, Meyerhold et surtout Erwin Piscator à propos de la réalisation projetée par Camus. Mais celui-ci ne s'est jamais recommandé de ces metteurs en scène dont il n'avait pu voir aucun spectacle, alors que le manifeste du Théâtre de l'Équipe est placé sous le patronage de Jacques Copeau. Une dramaturgie aussi libre était mieux faite pour un spectacle en plein air que pour une salle fermée. L'expérience restait embryonnaire. Mais elle était passionnante et Camus la reprendra, hélas ! sans succès, avec *L'État de siège*, autre pièce située en Espagne.

Raymond Gay-Crosier signale une diffusion de la pièce par Radio Berne le 8 avril 1965. Il semble qu'elle n'ait jamais été portée à la scène. Elle a fait l'objet de plusieurs lectures spectacles.

Michel AUTRAND

Éd. : EC (Edmond Charlot), s. d. (1936) • *Théâtre, romans et récits*, Gallimard, coll. « Bibl. de la Pléiade », 1962 • *L'Avant-Scène théâtre*, n° 413-414, 1er-15 novembre 1968 • *Œuvres complètes*, t. I, Gallimard, coll. « Bibl. de la Pléiade », 2006, éd. par Raymond Gay-Crosier et Jacqueline Lévi-Valensi

Trad. : en allemand, espagnol, japonais et roumain

Crit. : Walter Langlois, « Camus et le sens de la révolte asturienne », dans Raymond Gay-Crosier (éd.), *Albert Camus 1980*, Gainesville, University presses of Florida, 1980, p. 163-178

RÉVOLUTION. – La manchette du journal *Combat* reprend cette devise « De la résistance à la révolution » que Camus est réputé lui avoir fournie. Ses éditoriaux, relayant l'impatience des résistants, donnent à cette idée un souffle qui a séduit de nombreux lecteurs. On lit dans celui du 24 août 1944 : « Ce terrible enfantement est celui d'une révolution. [...] Le Paris qui se bat ce soir veut commander demain. Non pour le pouvoir, mais pour la justice, non pour la politique, mais pour la morale, non pour la domination de leur pays, mais pour sa grandeur. » C'est dire que la Libération est une entreprise à poursuivre, à parachever. « Les luttes de la Libération, écrit-il, ne sont qu'un prélude de celles qui nous attendent. » La Résistance, pour lui comme pour la plupart de ses militants, n'a pas achevé son rôle historique. Il lui incombe d'être une « force de rénovation ». Une nouvelle ère a commencé : la « France libre » doit être « une France juste » et la République nouvelle être pure voire dure. Il est question de construire une « démocratie populaire et ouvrière ». La rupture est à l'ordre du jour. « Nous n'aurons accompli, poursuit-il, qu'une infime partie de notre tâche si la République française se trouvait comme la IIIe République sous la dépendance étroite de l'argent. »

Qui sera l'acteur historique de cette révolution ? Selon les textes, Camus compte sur le peuple, sur la classe ouvrière ou, option privilégiée, sur les résistants. Les soldats citoyens qui se sont illustrés dans les maquis ou sur les barricades parisiennes ont en effet vocation à être l'avant-garde du mouvement historique. « Quoi qu'on dise et quoi qu'on fasse, assure-t-il dans un premier temps, les classes laborieuses sont les classes dirigeantes de demain » : elles sont « la dernière chance du pays ». Il préfère à l'époque, déjà, parler du peuple que du prolétariat. D'ailleurs cette idée disparaît très vite. Le nouveau pouvoir devra être pur, moral – « Les affaires de ce pays doivent être gérées par ceux qui ont payé et répondu pour lui. » L'histoire et les partis vont en décider autrement.

Libérée de l'occupant allemand, la France doit l'être aussi de l'argent – « la tâche des hommes de la Résistance n'est pas terminée » ; « De durs combats nous attendent », écrit Camus le 22 et 25 août 1944. « Le rôle directeur de la bourgeoisie s'est terminé en 1940 », ajoute-t-il le 6 septembre. Les élites ont trahi ou démissionné – « Qu'ils s'en aillent », lance-t-il aux hommes politiques de la IIIe République. Quand, quelques jours plus tard, le général de Gaulle compose un nouveau gouvernement, Camus se réjouit qu'en fassent partie des hommes qui ont pris des « responsabilités » dans la Résistance. « Sans doute, écrit-il, cela ne fait pas une révolution. Mais du moins, cela fait une révolution dans les mœurs. Et cela nous met en bonne posture pour la révolution réelle. »

Dès 1944, Camus distingue la révolte, « élan spontané », et la révolution, « action concertée ». La seconde, avec ou sans majuscule, est donc à l'ordre du jour, et plusieurs éditoriaux de *Combat* se proposent d'en éclairer les enjeux. « Nous croyons justement aux révolutions relatives » ; « La révolution politique ne peut se passer d'une révolution morale qui la double et lui donne sa vraie dimension. » L'affaire s'engage mal : « La France a une révolution à faire en même temps qu'une guerre. » Camus le fait remarquer à plusieurs reprises d'octobre à décembre 1944. Or les deux entreprises sont incompatibles : il doit en convenir à la suite des interpellations de François Mauriac qui, pour sa part, refuse une issue révolutionnaire à la Libération qui se traduirait par une guerre civile. D'où leur controverse à propos de l'épuration. La situation n'est pas révolutionnaire. En décembre 1944, Camus reprend une formule qui court dans la presse de l'époque : « révolution par la loi ». Elle passe par une épuration frappant les élites et une collectivisation touchant aux intérêts. Il est vite évident que la révolution souhaitée est mort-née. La Résistance fut un refus moral et patriotique de l'Occupation, une révolte. L'idée de liberté était un principe mobilisateur qui fut le fait d'une minorité active et courageuse. Trop fatigué, le peuple n'était pas disposé à se lancer dans un grand chambardement. Des réformes suffiraient. L'acteur historique a fait défaut. Camus fait son deuil des grandes espérances de 1944. Jamais, de toute façon, les armées anglo-américaines n'auraient laissé se dérouler une révolution dans la France et dans l'Europe qu'elles contribuaient à libérer.

« Cette phraséologie ne signifiait rien », tranche Raymond Aron qui parle de « pseudo-révolution ». Camus semble en avoir eu tôt conscience. Ce qu'il avait appelé « révolution », c'est plutôt un réformisme radical. Le penseur parle plus volontiers de « révolte » et le citoyen de « réforme » à partir de 1945. *Ni victimes ni bourreaux* théorise son évolution : « 1789 et 1917 sont encore des dates, mais ce ne sont plus des exemples ». Et de faire, visant l'Union soviétique sans la nommer, le procès d'une « révolution trahie ». Il demande à la gauche française de répudier un « mythe romantique ». La révolution « n'a aucun sens dans les circonstances historiques actuelles », elle ne peut plus s'effectuer dans un seul pays à partir du moment où le monde s'unifie. Un pays en proie à une révolution s'isole et se condamne à la pauvreté ou à la guerre. Dans les deux cas, le coût de l'expérience se révèle exorbitant. L'« utopie absolue » est meurtrière. Camus ajoute un fait : la géopolitique impose ses contraintes. La France est à l'Ouest. Son redressement économique est tributaire des crédits américains – « nous ne sommes pas libres, en tant que Français, d'être révolutionnaires ». Si une révolution doit encore se faire, c'est à l'échelon international. Camus avance alors la notion d'« utopie relative » – « Le seul problème est la création d'un nouvel ordre international qui apportera finalement les réformes de structures durables par lesquelles la révolution se définit. » La nécessaire redistribution des richesses devra s'opérer au niveau de la planète.

Deux pièces écrites à la même époque gardent un écho de ces débats. Dans *L'État de siège*, la Secrétaire, sardonique, déclare : « ce n'est plus au peuple à faire la révolution [...]. Les révolutions n'ont plus besoin d'insurgés. La police aujourd'hui suffit à tout, même à renverser le gouvernement ». Dans *Les Justes*, le microcosme du groupe terroriste ressemble au macrocosme du régime tsariste. Si la Russie est la prison du peuple, l'appartement des socialistes révolutionnaires est clos comme une geôle. Stepan considère que « seule la bombe est révolutionnaire » et entrevoit le moment où ses camarades et lui seront « les maîtres du monde ». Tous les moyens sont bons pour réaliser cet objectif. Kaliayev lui répond que tout n'est pas permis : « si un jour, moi vivant, la révolution devait se séparer de l'honneur, je m'en détournerais ».

Dans la « guerre idéologique » qui se livre après guerre, les paradigmes de la révolution – l'avenir radieux, l'homme nouveau – nourrissent le discours progressiste. Camus manifeste son indépendance d'esprit en rejetant catégoriquement ces paradigmes. Il avance deux arguments. La pensée révolutionnaire est utopique et optimiste, elle fait chanter les lendemains ; en fait, elle inscrit l'âge d'or, la cité parfaite dans un avenir lointain. En attendant, comme la religion, elle fait accepter le malheur. Les résultats, par ailleurs, démentent les projets. L'échec des révolutions s'explique par leur ambition : l'établissement de la « justice absolue ». Celle-ci non seulement est impossible, mais elle « tue la liberté ». La question du coût humain est bien devenue essentielle à ses yeux. En d'autres termes, la révolution, d'abord associée à la libération, l'est désormais à l'oppression.

Dans *L'Homme révolté*, Camus va jusqu'au bout de son argumentation. La révolution devient une forme pervertie de la révolte historique. Il montre qu'elle s'est d'abord faite contre Dieu et le roi, puis qu'elle a connu une dégradation qu'il impute aux idéologies, au nihilisme moral et au cynisme politique qu'elles propagent. Prométhée est devenu César ; le révolutionnaire est devenu fonctionnaire ou policier. L'essayiste consacre quelques pages à l'événement matriciel qu'est la Grande Révolution. Il évoque le procès de Louis XVI et la Terreur jacobine de 1793-1794. Puis, passant sur les révolutions du XIXe siècle, il se débarrasse du national-socialisme : « À vrai dire, les révolutions fascistes ne méritent pas le nom de révolutions. » Les pages les plus fortes du livre sont celles consacrées à la révolution marxiste. L'écrasement de la Commune de Paris rend les « doctrinaires » et les « bureaucrates » – les marxistes – hégémoniques dans l'Internationale. Ils se substituent à un prolétariat qui préfère la réforme au grand chambardement. Camus enchaîne sur la révolution de 1917 et son bilan désastreux. Le régime soviétique se prétend l'héritier d'une révolution prolétarienne. Une avant-garde fanatique – « une armée de métier » commandée par des « chefs théoriciens » – s'est substituée à une classe ouvrière minoritaire. Une fois au pouvoir, Lénine et les bolcheviks puis Staline ont renforcé l'État et écrasé toujours plus la société. Les camps, les procès, la délation systématisée révèlent l'essence du régime ; ce ne sont pas des épiphénomènes. Les communistes au pouvoir ont délibérément sacrifié les libertés sans apporter la prospérité ni la justice au peuple russe. L'URSS n'a de socialiste que le nom. Le productivisme est la loi de son développement économique. Il y a loin des principes aux réalités : lorsqu'une dictature totalitaire se fait passer pour un régime idyllique, on est en présence d'une sinistre « mystification ». Ce mot, qu'il emprunte à Marx, est aujourd'hui utilisé couramment à propos des expériences communistes. L'histoire a donné raison à Camus.

L'écrivain algérien a osé prendre le contre-pied de la vulgate marxiste. Le parti communiste et ses supplétifs progressistes, Jean-Paul Sartre et Francis Jeanson, se déchaînent alors contre son livre en une sorte d'exorcisme. Saint-Germain-des-Prés est le théâtre d'un procès stalinien. Il était plus facile de stigmatiser l'auteur que de réfuter ses arguments. Devant un auditoire de syndicalistes, Camus déclare en 1953 : « Le grand événement du XXe siècle a été l'abandon des valeurs de liberté par le mouvement révolutionnaire, le recul du socialisme de liberté devant le socialisme césarien et militaire. » Tout révolutionnaire qui jette l'opprobre sur les libertés formelles et le compromis social joue contre la démocratie, c'est pourquoi le mouvement révolutionnaire est entré en « décadence ». Le 4 juin 1955, Camus utilise le mot dans un article de *L'Express*. Il écrit aussi : « L'idée de révolution ne retrouvera sa grandeur et son efficacité qu'à partir du moment où elle renoncera au cynisme et à l'opportunisme dont il a fait sa loi au XXe siècle, où elle réformera son matériel idéologique usé et abâtardi par un demi-siècle de compromissions et où, pour finir, elle mettra au centre de son élan la passion indiscutable de la liberté. » Il hésite donc à sacrifier le paradigme de la révolution.

Ses réflexions se situent à un double niveau théorique et politique. D'une part, il esquisse le paradigme d'une révolution pure, idéale, fidèle aux exigences de la révolte – « Le révolutionnaire est en même temps révolté ou alors il n'est plus révolutionnaire, mais policier et fonctionnaire qui se tourne contre la révolte. » Dans « Défense de *L'Homme révolté* », texte de novembre 1952 resté longtemps inédit, il écrit même : « la révolution a besoin, pour refuser la terreur organisée et la police, de garder intact le principe de révolte qui lui a donné naissance. [...] la révolte est la mesure de la révolution, et inversement ». Cette révolte se monnaye en réformes. D'autre part, il a cherché des alternatives au modèle marxiste. Il regrette que les marxistes l'aient emporté sur les anarchistes dans la première Internationale ; il rend hommage au syndicalisme révolutionnaire à la fin de l'*Homme révolté* : « Le jour précisément où la révolution césarienne a triomphé de l'esprit syndicaliste et libertaire, la pensée révolutionnaire a perdu, en elle-même, un contrepoids dont elle ne peut sans déchoir se priver. » Dans les années 1950, Camus a sympathisé avec ses derniers militants et avec ses héritiers dont il appréciait l'internationalisme sourcilleux.

Les « révolutions de velours » qui se sont déroulées en Tchécoslovaquie, en Allemagne de l'Est, en Hongrie, en Pologne à l'automne 1989, correspondent aux vœux de Camus qui avait salué les révoltes polonaises et hongroises de 1956. La mobilisation non violente des peuples a balayé des régimes usés et installé la démocratie et les droits de l'homme sur les décombres de l'Empire soviétique. Jeanyves GUÉRIN

Bibl. : Jeanyves Guérin, *Camus. Portrait de l'artiste en citoyen*, François Bourin, 1993, p. 83-103

RÉVOLUTION FRANÇAISE. – Avant 1950, la Grande Révolution ne fait l'objet que de rares remarques de la part de Camus qui, on l'a souvent noté et ses *Carnets* en témoignent, n'a pas la culture historique d'un André Malraux ou d'un François Mauriac. Elle fournit peu de références et de comparaisons à l'éditorialiste de *Combat*. Celui-ci, d'une certaine façon, commence la période comme « Montagnard », citant une fois Saint-Just, et la finit comme « Girondin ». C'est ce que montre clairement l'évolution de ses positions sur l'épuration. À la dernière page d'*Actuelles*, il est néanmoins une remarque qui fait sens : les artistes sont présentés comme des « éternels Girondins », voués, en tant que tels, à être les victimes de « Montagnards » officiels.

Les quelque trente pages de *L'Homme révolté* consacrées à la Révolution doivent être d'abord situées dans l'économie de l'ouvrage. Elles suivent l'introduction de la troisième partie qui est consacrée à la « révolte historique ». Celle-ci est la « suite logique » de la « révolte métaphysique » précédemment étudiée. L'idée s'incarne dans l'événement.

D'emblée Camus annonce sa thèse. Quand la justice exige la suspension de la liberté, la révolution produit la guerre et la Terreur. Il y a alors trahison du projet, de l'idéal. La Révolution n'est donc pas un bloc. Passant rapidement sur la révolution bourgeoise dont il condamne les héritiers conservateurs-libéraux du XIXe siècle, l'essayiste s'en prend aux Jacobins. Il commente quelques épisodes. L'opposant à la peine de mort s'attarde sur le procès et l'exécution de Louis XVI, parlant de « passion ». Le régicide est aussi un déicide. C'est d'abord une tragédie dont l'enjeu est à la fois symbolique et politicien. La Terreur, dont le « roi-prêtre » est la plus illustre victime, est une épuration permanente qui vise l'hydre des factions. Elle est le prix à payer pour forger un peuple unanime. On peut s'étonner en passant que Camus ne mentionne pas les massacres de Vendée. Les exactions, en tout cas, ne sont pas des bavures, imputables aux circonstances : elles entrent dans la « logique » (le mot revient plusieurs fois) de l'entreprise révolutionnaire. L'événement a échappé à ses promoteurs. Les réalisations ont démenti les bonnes intentions. Ce qui est en cause, c'est la violence d'une idéologie révolutionnaire qui sépare les bons et les méchants. L'essayiste, pour le dire, file la métaphore religieuse. Il parle notamment de « catéchisme », de « foi » et d'« évangile ». Au bout du compte, la Révolution, comme celles qui ont suivi, n'a pas donné le pouvoir au peuple ni instauré la justice. Elle a seulement renforcé l'État – « 1789 amène Napoléon ».

L'essentiel n'est pas là. *L'Homme révolté* propose une généalogie intellectuelle du totalitarisme. Son auteur tient les révolutionnaires français pour des précurseurs, les exactions de 1792-1794 annonçant celles de 1917. Lénine a les défauts de Robespierre, pas ses qualités. L'agitateur volontariste devenu dictateur n'a cure de la vertu et, par souci d'efficacité, systématise la Terreur. Entre le Montagnard et le bolchevik, ont pris place Hegel et Marx ; l'idéologie a perverti la révolte. Quand, après les historiens contemporains de la Révolution, l'essayiste indique un parallèle, mieux une filiation, c'est pour condamner les deux révolutions et, plus profondément, le concept, le mythe qui les fondent. En son temps, les tenants de ce que François Furet appelle la « vulgate jacobino-marxiste » les sacralisaient l'une et l'autre. Camus saccage les icônes du progressisme national que sont Saint-Just, personnage de loin le plus cité par lui, Marat, Robespierre.

Sans les nier, Camus laisse de côté les facteurs économiquement sociaux, la lutte des classes qui est alors l'alpha et l'oméga de l'explication historique. De même, il fait silence sur le bilan législatif de la décennie révolutionnaire. Il postule, sans le dire, l'autonomie du politique. Ignorant les sans-culottes parisiens, il insiste sur le rôle des philosophes et notamment de Rousseau. La « pensée libertine », écrit-il, a servi de « levier ». Pour n'importe quel historien, son information laisse gravement à désirer. Il connaît mal les classiques de l'historiographie révolutionnaire : il a un peu lu Michelet, plus rapidement encore Quinet, Jaurès et peut-être Tocqueville, pas Guizot ni Taine ni Cochin. Il méconnaît délibérément les travaux faisant autorité à son époque, ceux d'Albert Mathiez, de Daniel Guérin et de Georges Lefebvre, comme ceux des autres traditions historiographiques que ces auteurs avaient éclipsées. En fait, il a surtout utilisé les *Œuvres* de Saint-Just réunies en 1946 par Jean Gratien (alias Dionys Mascolo). Du jeune Jacobin nourri de Rousseau qui a été l'instigateur du régicide et le théoricien du terrorisme étatique, il fait un personnage tragique, un Caligula dénué d'humour. L'une de ses sources est sans doute *Les dieux ont soif* (1912), roman dans lequel Anatole France s'en prenait vivement aux idéologues rousseauistes et à leur religion de la vertu. Camus n'a pas voulu faire œuvre d'historien ni intervenir dans un débat historiographique où il n'aurait pas eu sa place. Il a tenté, à sa façon, de penser ou de repenser, hors de toute perspective commémorative, un phénomène historique qui alors n'était pas encore refroidi. Jeanyves GUÉRIN

Bibl. : Stephen Dunn, « Camus and Louis XVI. A modern elegy for the martyred king », dans *The Death of Louis XVI. Regicide and the French Political Imagination*, Princeton, Princeton University Press, 1995, p. 140-164 • Jeanyves Guérin, « Camus lecteur d'Anatole France », *Littérature et nation*, n° 12, 1993, p. 85-100

RÉVOLUTION PROLÉTARIENNE (La). – Fondée en 1925 par Pierre Monatte et un groupe de militants syndicalistes constitué par Alfred Rosmer, Maurice Chambelland et Robert Louzon, *La Révolution prolétarienne* s'affiche d'abord comme « revue mensuelle syndicaliste communiste ». Elle ne tarde pas cependant à abandonner cette orientation et devient anticommuniste et surtout antistalinienne. Son sous-titre, à partir de 1929, est « revue syndicaliste révolutionnaire » et son credo se formule ainsi : « l'émancipation des travailleurs ne sera l'œuvre que des travailleurs eux-mêmes ». Très attentive à la vie syndicale, sur le plan national comme international, *La Revue prolétarienne* (*RP*) publie également des articles de fond portant aussi bien sur des problèmes économiques et sociaux, des questions coloniales que sur Simone Weil ou la littérature prolétarienne. On y lit en outre quelques enquêtes précises sur l'URSS et les pays de l'Est.

L'orientation à la fois syndicaliste et libertaire de la revue devait la rendre chère à Camus. À la reprise de sa publication, en 1947, après l'interruption de la guerre, il s'intéresse à elle. Peut-être par l'entremise de Nicola Chiaromonte, son ami.

Dès août 1948, le nom de Camus est mentionné dans la revue à propos de l'appel « Europe-América » et de sa recherche d'une « communauté de dialogue » (*RP*, n° 17). La même année, semble-t-il, l'écrivain découvre l'œuvre de Simone Weil, peut-être encore grâce à Chiaromonte qui a pu signaler à son attention les deux articles qu'elle avait donnés à *La Révolution prolétarienne*. Il pouvait lire dans celui du 25 août 1933 des réflexions susceptibles de frapper le futur auteur de *L'Homme révolté*, par exemple sur l'État stalinien comparé à l'État fasciste. Dans un cas comme dans l'autre, on a « un parti au pouvoir, et tous les autres en prison ».

Camus donne une dizaine de textes à la revue. Les plus importants représentent la version écrite de conférences prononcées dans le cadre de la lutte que mène Camus pour des causes qui lui tiennent à cœur : l'Espagne républicaine (« L'Europe de la fidélité », mai 1951) ; la défense de la liberté, de façon générale (« Restaurer la valeur de la liberté », septembre 1953), de la liberté de la presse en particulier (« Hommage à un journaliste exilé », novembre 1957) – Eduardo Santos, qui est l'exilé en question, représente aux yeux de Camus un journaliste modèle en ce qu'il a préféré laisser fermer son journal plutôt que de céder à l'intimidation.

Il arrive que *La Révolution prolétarienne* soit pour Camus une tribune qui lui permette de donner libre cours à son émotion et à son indignation, par exemple lors de la répression sanglante en Hongrie, en 1956, ou des effusions de sang en Algérie, en 1957 : « Allons-nous laisser assassiner les meilleurs militants syndicalistes algériens par une organisation qui semble vouloir conquérir, au moyen de l'assassinat, la direction totalitaire du mouvement algérien ? » (novembre 1957).

Parfaitement à l'aise avec les rédacteurs de *La Révolution prolétarienne*, Camus est considéré par eux comme un « copain », et ses « copains » lui rendent un vibrant hommage à l'occasion du prix Nobel en novembre 1957. Quant à lui, à peine de retour de Suède, il accorde une interview aux travailleurs du Livre qui sera publiée dans la revue dès janvier 1958. Convaincu que les ouvriers et les intellectuels devaient rechercher des occasions de rencontres et d'échanges, il adresse ce conseil à ses interlocuteurs : « Appelez-nous, provoquez-nous en discussion. »

Cet intérêt constant pour *La Révolution prolétarienne* tient à la fois à la qualité de ses collaborateurs et au combat courageux que mène la revue pour un syndicalisme libre. Camus sut le dire, de façon explicite, en 1952 : « Bien des gens [...] reprendraient un peu de confiance s'ils connaissaient cette courageuse revue ouvrière. »

Fernande BARTFELD

Bibl. : Fernande Bartfeld, « Albert Camus et *La Révolution prolétarienne* », *Études camusiennes*, n° 7, 2006, p. 82-100 • Id., « Camus et le journalisme libertaire : l'exemple de *La Révolution prolétarienne* », dans Agnès Spiquel et Alain Schaffner (dir.), *Camus, une morale en action*, Le Manuscrit, coll. « L'esprit des lettres », 2006, p. 105-121

RICŒUR, Paul (1913-2005). – En 1952, le philosophe Paul Ricœur exprime son admiration pour *L'Homme révolté*, « grand livre qui force à porter très loin la réflexion ». Il lui rend l'hommage d'une lecture critique qui le suit « au cœur des embarras de la pensée moderne », puisque la question n'est autre que de savoir si l'homme peut survivre à la mort de Dieu. Le compte rendu fait ressortir la tension entre la réflexion sur la révolte, mouvement fondateur d'humanité, et l'écrasant panorama historique qui identifie son histoire au cortège de crimes du nihilisme. C'est d'abord sur la représentation historique que Ricœur porte le débat. Il y salue « le formidable diagnostic de notre temps par le biais d'une *pathologie de la révolte* » mais y retrouve la même cohérence linéaire, systématique, que dans les philosophies de l'histoire dénoncées par Camus. L'enchaînement de l'absurde, de la révolte et de la révolution unifie tous les refus de la condition humaine, y compris les ripostes à l'oppression économique et politique, sous un unique geste métaphysique, qui descendrait de l'idéologie à la pratique. Ne faudrait-il pas identifier plutôt, dans les révolutions contemporaines, un mouvement circulaire entre la contestation métaphysique qui naît dans la sphère du langage et les puissances de rébellion qui montent de celle du travail ?

La méditation camusienne sur l'élan qui transfigure en volonté solidaire l'émotion solitaire de l'absurde pose elle-même question. Car elle articule non sans ambiguïté deux mouvements dont le second, d'adhésion, pourrait bien déborder la réalité que recouvre le terme de *révolte* : le refus métaphysique de la condition humaine et l'affirmation éthique de la valeur humaine ; un non et un oui. « Le premier refuse de consentir à l'être-homme, le second adhère à la valeur-homme. » En contrepoint à cet équilibre travaillé par la contradiction, Ricœur évoque une autre révolte, celle de Job, protestation vers un absurde qui n'est pas ultime, tous les refus se fondant alors sans équivoque sur une affirmation originelle. Mais lorsque Camus donne, discrètement, à la « noblesse première » de la révolte le nom d'*amour*, est-il si loin de cette affirmation originelle ?

Reste à examiner la sagesse de la juste limite proposée pour sauver l'élan généreux de ses perversions historiques : la révolte doit assumer une « culpabilité raisonnable », dans une tension sans cesse renouvelée vers des accomplissements relatifs. À une réflexion plus nuancée sur la culpabilité de l'histoire, qui entreverrait dans la révolution des conditions de travail une vaste perspective d'avenir et non le simple fruit du nihilisme idéologique, une telle sagesse pourrait paraître étroite, voire conservatrice. Réciproquement, un esprit plus dubitatif quant à l'innocence originelle de la révolte, mouvement à la fois subversif et révérentiel, peut douter que triomphe en elle la mesure si le refus ne se subordonne à une affirmation première. Il demeure, conclut Ricœur, qu'avec cette « culpabilité calculée », Camus désigne le problème même de notre civilisation.

Cet article n'a pas eu de suite dans l'œuvre de Ricœur dont la conception de la démocratie est proche de celle de Camus. Le nom de celui-ci est seulement cité dans deux notes de *Temps et récit.*

Carole Auroy

Bibl. : Paul Ricœur, « *L'Homme révolté* de Camus », *Christianisme social*, mai-juin 1952 • Id., *Lectures 2. La contrée des philosophes*, Le Seuil, 1992, p. 121-136

RIEUX, Bernard. – Le docteur Bernard Rieux est le personnage central de *La Peste.* Il est présenté au lecteur par Tarrou, qui note dans l'un de ses carnets à propos de celui qui deviendra son ami : « Paraît trente-cinq ans. Taille moyenne. Les épaules fortes. [...] les mâchoires saillantes [...]. Il a un peu l'air d'un paysan sicilien avec sa peau cuite, son poil noir et ses vêtements de teintes toujours foncées, mais qui lui vont bien [...]. » Camus croque ainsi son héros en quelques lignes qui suffisent à lui donner chair et à rendre compte de l'impression de solidité qui s'en dégage.

Fils d'ouvrier devenu médecin, Rieux apparaît comme un être d'une grande modestie et d'une grande générosité : toute sa conduite est marquée par une authentique attention aux autres et un respect des attitudes différentes de la sienne. Il comprend ainsi la conduite de Rambert qui fait tout pour fuir la ville et retrouver la femme qu'il aime, même si, pour sa part, il agit autrement. D'une façon générale, ses rapports avec autrui sont empreints d'un véritable esprit de tolérance.

Rieux est le premier des personnages à entrer en scène et c'est avec lui que se clôt le récit. Il est présent dans presque tous les chapitres du livre et conduit souvent l'action. C'est lui qui, constatant la présence anormale de nombreux rats morts dans la ville, prévient le service de dératisation, lui qui intervient auprès des autorités pour obtenir que soient prises des mesures énergiques qui aboutiront à la fermeture des portes de la ville, lui encore qui aide Tarrou à organiser les « formations sanitaires » destinées à assurer une prise en charge efficace des malades. Au centre des relations entre les personnages, il reçoit les confidences de la plupart d'entre eux. Et – si l'on excepte ce que l'on apprend grâce aux carnets de Tarrou – c'est essentiellement à partir du point de vue de Rieux que le lecteur découvre les divers événements du récit.

Comme presque tous les personnages du roman, Rieux est un « séparé » : sa femme, malade, quitte Oran au début du livre, pour aller se soigner dans une station de montagne ; il ne pourra guère communiquer avec elle à cause des mesures drastiques prises pour éviter toute contagion. Cette situation rappelle celle de Camus qui, resté en France métropolitaine, fut séparé de son épouse qui se trouvait en Algérie au moment du débarquement des Américains en Afrique du Nord – c'est avec une grande discrétion que le récit évoquera chez le docteur Rieux la souffrance de la séparation. Au dernier chapitre du roman, le lecteur apprendra à la fois la mort de sa femme et celle de son ami Tarrou. Il y a un pathétique discret mais puissant dans le sort réservé à ce héros qui a lutté jour après jour contre la peste, qui a parfois sauvé des vies humaines et qui, lorsque le mal est vaincu, se retrouve seul, définitivement « séparé » des êtres qui lui étaient le plus proches.

Ce personnage se caractérise par son exigence éthique qu'il manifeste surtout en action (c'est un homme de terrain), mais qu'il formule parfois dans telle conversation avec Rambert, avec Paneloux ou avec Tarrou. Cette éthique est faite d'abord d'une révolte contre la présence du mal dans le monde : « Ce que je hais, dit-il, c'est la mort et le mal. » Il se refuse à croire en un Dieu qui laisse survenir le scandale de la souffrance et de la mort d'un enfant innocent. Après la mort du petit Othon, il dit à Paneloux : « Je refuserai jusqu'à la mort d'aimer cette création où des enfants sont torturés. » Pour le reste, il affirme son ignorance, constatant qu'il est « dans la nuit » et qu'il « essaie d'y voir clair ». Homme du concret, il affirme qu'il se « refuse à mourir pour une idée ».

Mais sa morale n'est pas faite que de refus. Elle se fonde aussi sur une exigence d'honnêteté qui le porte à user autant qu'il le peut du langage de la vérité ; c'est ainsi qu'il ne répond pas aux questions du journaliste Rambert sur les conditions de vie des Arabes parce qu'il n'acquiert pas la certitude que celui-ci pourrait s'exprimer dans son journal avec une totale sincérité ; c'est ainsi surtout qu'il discute pied à pied avec l'administration pour que celle-ci ne se réfugie pas derrière des approximations ou des propos lénifiants chargés d'hypocrisie. L'honnêteté, pour Rieux c'est « la seule façon de lutter contre la peste ». Et à Rambert qui lui demande ce qu'est l'honnêteté, il répond : « Je ne sais pas ce qu'elle est en général. Mais dans mon cas je sais qu'elle consiste à faire mon métier. » Et faire son métier, c'est pour lui, exercer correctement sa profession de médecin, éloigner la souffrance, sauver les corps : c'est sa façon à lui de « lutter contre la création ». C'est ainsi dans la solidarité avec les autres hommes qu'il donne un sens à sa vie et qu'il trouve une forme de dignité.

Faire son métier, c'est aussi pour le héros bien faire son métier d'homme et, quand les conditions le rendent possible, chercher à être heureux – ce que la peste l'empêche de faire. « Rieux, écrit Jacqueline Lévi-Valensi, n'est pas un raisonneur ; c'est une sorte d'instinct moral qui le pousse à se détourner de ce qu'il aime, pour se vouer généreusement à guérir ou à préserver ce qui, de l'homme, peut être sauvé. » D'une façon générale, il incarne certaines des conceptions de Camus sur la condition humaine et son éthique rejoint en de nombreux points celle de son créateur.

Le lecteur découvre à la fin du roman (certains indices ont pu le mettre sur la voie) que le narrateur anonyme du récit n'était autre que Rieux lui-même : le personnage acquiert alors une épaisseur supplémentaire. À une seconde lecture, on est conduit à donner un sens plus intense à tel ou tel propos du narrateur, comme celui-ci : « Pour parler plus expressément des amants, qui sont les plus intéressants et dont le narrateur est peut-être mieux placé pour parler, ils se trouvaient tourmentés encore par d'autres angoisses au nombre desquelles il faut signaler le remords. » On comprend que les souffrances du narrateur (évoquées discrètement sur le mode du « nous ») étaient en fait celles de Rieux lui-même : on découvre après coup que Rieux a lui aussi connu les douleurs des séparés, souffrant de l'absence, s'épuisant en démarches inutiles, éprouvant à la fois peines et remords. Le personnage gagne un peu plus encore en humanité et l'on prend la mesure de cette extrême pudeur qui lui a fait préférer livrer un témoignage sur le sort de toute une collectivité plutôt que de mettre en avant ses propres chagrins. La portée du roman, quant à elle, est ainsi beaucoup plus grande.

Bernard ALLUIN

Bibl. : Hiroshi Mino, « Rieux comme narrateur-narrataire », *Revue des Lettres modernes*, série Albert Camus, n° 18, 2000, p. 63-81

RIMBAUD, Arthur (1854-1891). – Le Rimbaud de Camus a fait moins de bruit que son Lautréamont. Tous deux voisinent dans la première partie de *L'Homme révolté*, « La révolte métaphysique », et forment un diptyque en préambule au développement sur le surréalisme. Leurs trajectoires sont parallèles : le « désert du conformisme » auquel se voue l'auteur des *Poésies* est « aussi lugubre qu'un Harrar ». Les deux poètes sont en effet envisagés comme exemples à l'appui d'une thèse, celle des tentations nihilistes de la révolte. La correspondance africaine de Rimbaud, récemment publiée, prend ici valeur de preuve. Il en résulte que le second Rimbaud est évalué à l'aune du premier : il a « trahi son génie », « cette grande âme [s'est] soumise à l'argent ». Les enjeux de cette démission sont politiques : « Le silence de Rimbaud prépare aussi au silence de l'Empire ».

Cette interprétation construite sur la polarité entre « adolescent déchiré » et « trafiquant bourgeois » participe à sa manière du mythe de Rimbaud. Mais pour l'essentiel Camus s'en écarte, et formule des intuitions remarquables. La plus importante est l'affirmation de la contemporanéité d'*Une saison en enfer* et des *Illuminations* : « L'ordre de conception de ses deux grandes œuvres n'importe pas », car trop peu de temps les sépare ; Rimbaud les a « portées en même temps ». Certes, Camus force l'opposition entre « illumination et enfer », au détriment de l'ambivalence interne à chacune des œuvres. Mais l'hypothèse de la quasi-contemporanéité ruine l'interprétation de la *Saison* comme adieu à la poésie. La question de la chronologie relative est au centre des problèmes traditionnels de la critique rimbaldienne hérités de l'interprétation fabriquée par Isabelle Rimbaud et Paterne Berrichon ; c'est elle qui articule le mythe à une lecture de l'œuvre. Contre le rimbaldisme, Camus redonne ainsi préséance à Rimbaud. L'argument caustique et mélancolique de la banalité réplique aux complaisances du mythe : « Il y a aussi du mystère dans [...] ces brillantes jeunes filles que le mariage transforme en machines à sous et à crochet. » Cette position explique que la filiation entre Rimbaud et le surréalisme soit présentée avec pertinence. Camus affirme que pour les surréalistes aussi Rimbaud agit « par son œuvre et seulement par elle » ; il met l'accent sur la fécondité d'une œuvre que Breton et Aragon avaient servie de toute leur attention érudite et critique, et qu'ils avaient continuée en tirant de la lettre du voyant « les règles d'une ascèse révoltée ».

Cependant la confusion de l'œuvre et de la vie n'est pas étrangère à Camus. Il prend les formules de Rimbaud dans une perspective strictement autobiographique, sans tenir compte des constructions fictionnelles de la *Saison*. D'une manière plus frappante encore, il en incorpore des passages, sans guillemets, et les mêle à ses propres reformulations : c'est ainsi que Rimbaud dit « la vie absente au monde et le monde inévitable, le cri vers l'impossible et la réalité rugueuse à étreindre, le refus de la morale et la nostalgie irrésistible du devoir ». On peut douter que Rimbaud ait eu la nostalgie du devoir ; mais ce sont de telles appropriations qui le transmettent vivant.

Michel MURAT

RIVAGES. – « *Rivages* veut être une revue vivante. Littérairement parlant, elle ne peut céder à la tentation de légiférer là où rien n'est légiférable. Elle veut seulement exprimer. Elle n'essaiera pas d'avoir raison ni de convaincre, mais seulement d'entraîner » : extraites d'un texte signé Albert Camus, manifestation de sa très forte implication dans la revue, ces lignes publiées dans *Oran républicain* et sur un feuillet indépendant donnent immédiatement le ton de ce qui sera réalisé dans les deux seuls numéros de la revue parus entre décembre 1938 et février-mars 1939. Son tirage semble ne pas avoir atteint 500 exemplaires. Diverses circonstances, notamment le début de la Seconde Guerre mondiale, ont interrompu sa parution. Un autre numéro en projet devait être consacré à l'écrivain espagnol Federico García Lorca.

« Revue de culture méditerranéenne », comme l'indique son sous-titre aussi bien que la couverture des numéros dessinée par Pierre-André Émery, *Rivages* compte dans son comité de direction Gabriel Audisio, Albert Camus, René-Jean Clot, Claude de Fréminville, Jacques Heurgon et Jean Hytier. Tous, sauf Heurgon, ont été publiés précédemment chez l'éditeur Edmond Charlot, le gérant-administrateur de la revue qui était imprimée sur les presses de Claude de Fréminville. En annexe des deux numéros de la revue figure le manifeste – non signé – du « Théâtre de l'Équipe », manifestant ainsi une proximité entre la revue elle-même et la troupe, même si la revue n'a publié aucun texte de théâtre.

Le premier numéro est fortement marqué par l'Espagne. On y trouve la traduction de la première journée de la comédie de Cervantès, *Les Bagnes d'Alger*, réalisée par Jeanne Sicard, et une anthologie de cinq poètes espagnols contemporains traduits par Jacques Lassaigne (Machado, Altolaguirre, Aleixandre, Cernuda, García Lorca). L'Italie est présente à travers l'essayiste Emilio Cecchi, présenté et traduit par Jacques Heurgon. Du côté de l'Algérie, ce sont Gabriel Audisio, Blanche Balain et Claude de Fréminville qui figurent au sommaire. Le numéro 2 conserve cet équilibre. Il s'ouvre sur une présentation et l'édition en bilingue du poète italien Eugenio Montale. Vingt-quatre coplas populaires andalouses abordent le domaine espagnol traditionnel et l'Algérie est représentée par des textes de Camus et d'Emmanuel Roblès. « De Florence à Barcelone, de Marseille à Alger tout un peuple grouillant et fraternel nous donne les leçons essentielles de notre vie », dit la présentation de Camus. La culture méditerranéenne est ainsi principalement centrée sur la Méditerranée occidentale avec en arrière-fond une Grèce antique qui n'est pas nommée. Cette revue de jeunes entend aussi saluer la vie : « il n'est pas mauvais que des hommes jeunes sur une terre jeune proclament leur attachement à ces quelques biens périssables et essentiels qui donnent un sens à notre vie : mer, soleil et femmes dans la lumière ».

Guy BASSET

Bibl. : Guy Basset, « *Rivages* d'Alger », *La Revue des revues*, n° 23, 1997, p. 85-96 • Albert Camus, « *Rivages*, revue de culture méditerranéenne », *Œuvres complètes* t. I, Gallimard, coll. « Bibl. de la Pléiade », 2006, p. 869-871

ROBLÈS, Emmanuel (1914-1995). – Une amitié vraie et fidèle a très tôt lié Emmanuel Roblès et Camus que plusieurs points communs rapprochaient. Le premier était à peine plus jeune que le second. Comme lui, il était orphelin de père, le sien étant mort avant même sa naissance, et comme lui d'ascendance pour partie espagnole. Il était surtout issu lui aussi d'un milieu fort modeste et sensibilisé aux grandes inégalités de la société coloniale.

Oranais d'origine, Roblès était venu jeune comme boursier à Alger pour entrer à l'École normale de la Bouzaréah. Il y avait aussi engagé par la suite des études afin d'obtenir d'une licence d'espagnol. Ce n'est cependant pas à l'université qu'il rencontre Camus mais, alors qu'il effectuait son service militaire en septembre 1937, autour de leur amour du théâtre : un ami introduisit Roblès aux répétitions de *La Célestine* que montait le Théâtre de l'Équipe. Dès lors, Roblès fréquente aussi la petite libraire d'Edmond Charlot qui représentait, depuis son ouverture, un foyer de culture neuf et effervescent. Une complicité amicale s'établissant vite entre eux, c'est ensemble que Roblès et Camus lancent, en avril 1938, une revue se voulant ouverte à la diversité d'une culture méditerranéenne vivante : *Rivages*. Camus introduit aussi Roblès à *Alger républicain*, auquel ce dernier donne par exemple les livraisons, émaillées d'anecdotes savoureuses, d'un feuilleton, *La Vallée du Paradis*, qui est ensuite édité par Charlot (1941). C'est là son deuxième ouvrage romanesque, un premier, *L'Action*, ayant paru à Alger en 1938. Un troisième est encore publié aux éditions Charlot en 1942, *Travail d'Homme*, qui obtient le Grand Prix littéraire de l'Algérie en 1943 et le Prix populiste en 1945.

Les deux amis se voient régulièrement à Alger ou à Oran jusqu'à ce que la Seconde Guerre mondiale les sépare quelque temps, Roblès devenant interprète dans l'armée puis correspondant de guerre à partir de 1943, en particulier en Italie du Sud. En 1945, démobilisé à Paris, il décide de rester dans la capitale. Il y vit pendant deux ans en collaborant à divers journaux (*Le Populaire* et *Gavroche* notamment), mais la nostalgie pesant trop fort, il décide en 1947 de rentrer en Algérie. Il y retrouve Camus, toujours aussi amical et complice à chacun des séjours réguliers qu'il y fait, installé pour sa part dans la métropole.

Roblès crée dès son retour à Alger la revue *Forge*, qui s'avère la première tentative convaincante de creuset des diverses expressions d'Algérie. Figureront en effet aux sommaires, outre des écrivains européens (Gabriel Audisio, Jean Sénac, Edmond Brua...), nombre de ceux qui seront ensuite reconnus comme les fondateurs de la littérature maghrébine : Ahmed Séfrioui, Mohammed Dib, Kateb Yacine et Malek Ouary par exemple. Durant cette même année, il écrit *Les Hauteurs de la ville*, publié aux éditions Charlot provisoirement déplacées à Paris. Ce roman restituant l'atmosphère tendue de l'Algérie de 1945 obtient le prix Femina 1948. Roblès se fait aussi remarquer par les critiques élogieuses que reçoit une pièce de théâtre, *Montserrat*, qui est créée en même temps à Alger et à Paris puis publiée chez Charlot en 1949 et traduite dans de nombreuses langues étrangères.

À partir des années 1950, Roblès est essentiellement publié par cette maison d'édition parisienne, pour la production régulière d'une vingtaine de romans et recueils de nouvelles, d'une dizaine de pièces de théâtre et quelques recueils de poèmes, marqués par une écriture de témoignage évoquant l'espace algérien (*Jeune Saison*, *Saison violente*...), mais aussi le débordant pour explorer celui d'autres pays « solaires » autour de drames universels. Il dirige également au Seuil, à partir de 1951, la collection « Méditerranée », élargissant l'idéal humaniste de la collection « Méditerranéennes » qui avait été lancée à Alger en 1937 par Edmond Charlot. Plus encore que la collection « Espoir » animée par Camus chez Gallimard, la sienne a contribué à la reconnaissance en métropole d'écrivains algériens en publiant, entre autres, Mohammed Dib, Kateb Yacine et aussi Mouloud Feraoun, son ancien condisciple de l'École normale, devenu un ami des plus proches.

Espérant longtemps comme Camus une solution pacifique qui aurait permis aux communautés indigène et européenne de vivre ensemble dans une société juste en Algérie, Roblès fait partie en 1956 du Comité pour la trêve civile. Il se tient aux côtés de Camus lors de l'appel du 22 janvier, et comme lui en constate l'échec. Avec la perte de cette illusion, et surtout après la terrible épreuve de la mort accidentelle de son fils, il décide en 1958 de quitter l'Algérie.

Un projet de collaboration réunit encore en cette année 1958 Camus et son ami, lorsque le premier envisage de monter dans ce Nouveau Théâtre qu'il veut animer à Paris une pièce que Roblès vient d'achever : *Plaidoyer pour un rebelle*, inspirée de l'affaire Yveton, tragique épisode de la guerre d'Algérie. Avec sa terre natale, Roblès garde encore des contacts grâce à ses nombreuses amitiés et les activités éditoriales qu'il poursuit chaleureusement au Seuil. La maison d'édition l'amène à faire connaître, après celle des pionniers, d'autres générations d'écrivains maghrébins – ainsi celle de l'Algérien Tahar Djaout. À noter enfin sa collaboration avec Luis Buñuel lorsque le cinéaste décide d'adapter un de ses romans paru en 1952, *Cela s'appelle l'aurore*, et surtout avec Visconti lorsque celui-ci porte à l'écran en 1967 *L'Étranger* de Camus.

Son dernier ouvrage paru, en 1995, l'année même de sa mort : *Camus, frère de soleil*, solde symboliquement l'amitié qui a marqué sa vie. Il répond en écho au bel hommage qu'Albert Camus lui avait rendu de son côté dans un numéro de la revue *Simoun*, paru en 1959 à Oran, sous le titre « Notre ami Roblès ». Il y analysait en ces termes l'art de ce dernier : « des œuvres particulières qui s'inscrivent bien sûr dans la tradition française [...] mais se distinguent aussi par un air de barbarie, parfois subtile, parfois sans apprêts », définissant l'hybridité d'une culture qui rapprochait selon lui tous les écrivains d'une même communauté, « écrivains algériens, arabes et français », qu'il voyait réunis dans la célébration de Roblès comme autant de « frères de soleil ». Martine MATHIEU-JOB

Bibl. : *Audisio, Camus, Roblès, frères de soleil. Leurs combats. Autour d'Edmond Charlot,* Édisud, 2003

ROMAN. – Dans sa recension de *La Nausée* de Jean-Paul Sartre dans *Alger républicain*, le 20 octobre 1938, Camus balance entre admiration et embarras. Il note que ce qui fait « le grand romancier », « c'est la fusion secrète de l'expérience et de la pensée, de la vie et de la réflexion sur son sens ». Pour lui, le roman de Sartre ne réussit pas tout à fait à concilier ces deux pôles car « la théorie fait du tort à la vie ». On voit toute l'exigence que le jeune écrivain met dans le roman, qui ne doit ni prouver ni céder aux plaisirs (ou aux facilités) de la virtuosité. Au service d'une conviction, l'œuvre littéraire ne doit pas pour autant y asservir ses moyens propres. Le modèle de Camus à la fin des années 1930 est le Malraux de *La Condition humaine*, dont l'inventivité narrative est au service d'une conception nouvelle de l'héroïsme.

Cependant, contrairement à nombre d'écrivains importants du XXe siècle qui sont aussi des théoriciens ou des penseurs du roman (Maurice Blanchot, Jean-Paul Sartre, Nathalie Sarraute par exemple), Camus ne propose nulle part une réflexion explicite et argumentée sur le roman. Pas de poétique du roman chez lui, ni d'écriture critique autonome. C'est dans les *Carnets* que l'on trouve des remarques ponctuelles, des impressions de lecture, des jugements épars sur tel ou tel écrivain. Plus artiste que théoricien, il est moins préoccupé par une réflexion formelle que par des questions morales, que le roman peut traiter comme d'autres genres littéraires. Romancier, Camus l'est indéniablement, et c'est pour avoir écrit *L'Étranger* ou *La Peste* qu'il est aujourd'hui célèbre (et justement célébré). Mais il n'est pas un pur romancier, comme l'est par exemple Jean Giono, ou un romancier heureux, qui déploierait avec allégresse un univers imaginaire avec ses lois propres.

La part du roman. L'écriture des romans coûte en général beaucoup à l'écrivain : en 1938, après trois ans de travail, il abandonne *La Mort heureuse*, qui ne sera publié que de manière posthume. Il en reprendra certains éléments pour *L'Étranger*. Son dernier livre, *Le Premier Homme*, reste inachevé à cause de son décès accidentel ; on doit en imaginer la forme générale à partir des esquisses et des plans que l'écrivain a laissés. On sait aussi quelles affres a générées la rédaction de *La Peste* que Camus finit à grand-peine. Grand, son personnage, incapable de mener son grandiose projet de roman au-delà d'une première phrase trop stéréotypée, y incarne peut-être, sur un mode grotesque et comique, cette souffrance de la création qu'a connue aussi Camus. *La Chute*, enfin, devait d'abord faire partie de *L'Exil et le Royaume*, mais l'ampleur donnée au monologue de Clamence le détache de ce premier ensemble, pour constituer plutôt un récit à part entière. La part du roman (en nombre comme en volume, puisque *La Peste* n'excède pas les trois cents pages) n'est ainsi pas proportionnellement importante dans les *Œuvres complètes* de l'écrivain, mais elle accompagne régulièrement toute sa production, de ses débuts jusqu'à sa mort.

Camus n'invente pas de monde nouveau ni d'univers propre. Il n'est ni le Faulkner d'un Sud réinventé, ni le Giono d'une Provence transfigurée. Il a besoin de revenir, jusqu'au *Premier*

Homme, au cadre de son enfance ou de sa jeunesse, au quartier de Belcourt, à l'Algérie des petites gens. « En somme je vais parler de ceux que j'aimais », note-t-il à propos de son dernier chantier romanesque, dont la part autobiographique est aussi évidente qu'émouvante. C'est dire que la transposition romanesque est souvent minime chez lui, mais la distance de la fiction, la part d'invention qu'elle implique lui permettent sans doute de se mettre à distance de lui-même, d'exprimer ce qui le toucherait sinon trop directement. Dans *L'Étranger*, c'est plutôt la singularité de la matière narrative qui fait l'originalité de ce court roman : elle importe moins que la manière. *La Peste* est le seul exemple d'une création plus ample, qui s'attache cette fois à toute une communauté éprouvée diversement par l'arrivée de la catastrophe, une communauté représentée par quelques individus exemplaires, et qui fournissent au livre sa galerie de caractères et de métiers. Mais le roman refuse de se présenter pour tel, et son narrateur, longtemps anonyme, l'appelle plus modestement une « chronique », puisqu'il a pour mission principale de témoigner du quotidien de ceux qui luttent et souffrent. Avec les nouvelles et *La Chute*, Camus revient à une narration centrée sur un personnage qui occupe tout l'espace, au point que le lecteur ne sait ce qu'il faut croire des confessions biaisées de Jean-Baptiste Clamence. Mettant à mal le pacte de crédulité romanesque, en s'inspirant de Dostoïevski et du *Bavard* de Louis-René des Forêts, ce récit du soupçon mine la confiance sur laquelle repose l'illusion romanesque.

Appartenant à une génération qui se méfie de la fiction, qui remet en cause l'innocence de la narration, Camus témoigne, à sa façon, de la crise du roman qui continue d'ébranler le paysage littéraire français du XXe siècle. L'écrivain ne cède donc jamais simplement aux prestiges de la fiction, comme si quelque démon l'entraînait loin des intentions initiales qu'il s'était fixées. Le roman y gagne en autonomie ce qu'il perd en puissance de démonstration. Car Camus ne sépare pas son œuvre narrative des autres genres qu'il pratique : il organise même l'ensemble selon des cycles de trois titres, où roman, essai et théâtre sont conçus selon un projet unificateur. *L'Étranger* appartient ainsi au « cycle de l'absurde », quand *La Peste* s'inscrit dans celui « de la révolte ». Mais cet ordre apparent n'interdit pas la complexité de chaque texte, qui résiste aux intentions affichées de son auteur, qui ne réduit jamais la fiction à l'illustration d'une thèse.

C'est peut-être avec *La Peste* qu'une démonstration est proche, mais la variété des attitudes et des comportements incarnés par les différents protagonistes empêche de tirer de cette chronique une morale trop univoque. C'est bien sûr le docteur Rieux, narrateur longtemps dissimulé, qui est le porte-parole d'un humanisme généreux et sceptique, mais le récit montre aussi sa part d'ombre. Roman en partie allégorique, *La Peste* ne se laisse pas facilement lire selon une grille claire, puisque la maladie qui frappe Oran propose une image naturalisée d'un mal que Camus réfère pourtant explicitement à la peste brune du nazisme. Entre une maladie véhiculée par les rats et un phénomène social autant que politique, la lisibilité de la parabole se brouille.

« Dire moins ». Entre août et décembre 1938, Camus note dans un de ses *Carnets* : « la véritable œuvre d'art est celle qui dit moins ». Il reprend littéralement cette idée dans *Le Mythe de Sisyphe*. Ce désir de concision se lit dans chacun de ses romans, qui doit rester fidèle à une sorte de vœu de parole taciturne. Les personnages de Camus hésitent entre une faconde (qui ne peut dissimuler la faille que leur discours sert, en vérité, à masquer) et une réserve proche du mutisme. Il faut sans doute se méfier des orateurs : le premier prêche du père Paneloux ne peut cacher sa trop parfaite rhétorique, que la mort du fils Othon révèle avec brutalité. Le deuxième prêche achoppe sur le scandale d'une mort injuste, ou même injustifiable, et les propos plus embarrassés et confus du prêtre sont plus touchants que ses effets de chaire. Les facilités de l'éloquence judiciaire sont aussi mises à mal dans la seconde partie de *L'Étranger*, et ce n'est pas un hasard si Jean-Baptiste Clamence, le beau parleur, est un ancien avocat, qui sait prendre aux rets de sa parole labyrinthique l'auditeur qui s'est laissé séduire par sa trompeuse sincérité.

Le personnage romanesque de Camus est ainsi dans un rapport problématique et malaisé avec la parole. Meursault incarne cette réserve, homme de peu de mots, homme de l'écoute, spectateur désengagé de ce qui se passe autour de lui. Il est « étranger » en cela qu'il semble plutôt enregistrer et presque écrire l'immédiateté de la vie au lieu d'y participer avec effusion. Le roman semble ainsi pour Camus une protection contre une propension naturellement lyrique, même s'il sait admirablement évoquer, dans de grandes scènes aux accents poétiques, l'accord avec la nature : le bain de mer avec Marie dans *L'Étranger*, la baignade partagée par Tarrou et Rieux dans *La Peste*. L'action se suspend alors dans des moments de fusion, qui marquent un répit dans la marche inexorable du temps. Car le ressort dramatique des romans de Camus ne tient pas à une stricte organisation de l'intrigue : dans chaque récit figure une tension entre une trame chronologique qui dit, linéairement, l'irréversibilité fatale du temps humain, et une sorte de discontinuité dramatique, que soulignent les ruptures de chapitre. L'histoire est ainsi liée, sans être pour autant prise dans la nécessité d'une causalité concertée. Le romancier ne construit pas un plan ou un synopsis : il intègre tel souvenir, telle anecdote, tel petit fait vrai entendu. Certains moments brillent ainsi d'un éclat plus soutenu, mais sans jamais tourner à la grande scène, car l'écriture romanesque tend à égaliser l'ensemble des histoires qu'elle fond dans le même tempo, dans la même diction narrative.

Cet idéal de concision entraîne Camus du côté d'une esthétique classique, et l'on sait quelle admiration il porte à *La Princesse de Clèves* pour son économie dramatique. L'écrivain est aux antipodes des excroissances baroques ou du jeu des digressions : l'intrigue est resserrée, le personnel des romans réduit, la langue précise et simple. L'histoire acquiert, surtout dans les nouvelles, une portée morale. Avec retenue, le narrateur se contente de noter les actions significatives et préfère la litote à tout développement trop explicite. *L'Hôte*, dans *L'Exil et le Royaume*, fournit un bon exemple de cette esthétique de la concentration. Daru, l'instituteur, se trouve devant un dilemme moral : doit-il ou non amener l'Arabe jusqu'à la prison ? Doit-il se changer en policier, malgré lui, pour obéir à une loi qu'il réprouve et qui le dépasse ? Le récit présente l'enchaînement des actions de l'instituteur plutôt que l'agitation, insaisissable, de ses pensées. La narration reste volontairement neutre, à distance. Daru laisse finalement son étrange compagnon choisir son chemin ; il lui indique la voie du large, mais, en rentrant chez lui, il s'aperçoit de loin que son « prisonnier » prend de son propre chef la route de la prison. Revenu dans son école, il trouve alors, écrits sur le tableau, les mots suivants : « Tu as livré notre frère. Tu paieras. » Et le récit s'achève sur le seul constat de l'irrémédiable solitude de son personnage, voué au malheur et au malentendu.

L'engrenage d'un accident, porté de l'extérieur par le vieux gendarme qui s'est déchargé sur lui de sa mission policière, ne permet plus à Daru que de faux embranchements, interdit de choisir une solution qui serait bonne. L'innocence s'est enfuie et plus rien n'est ni blanc ni noir. L'Arabe est bien un criminel, mais Daru ne veut pas s'arroger un droit colonial qui heurte toutes ses convictions. Choisissant de ne pas choisir, il rencontre le malheur du regard d'autrui qui traduit en termes binaires ce qui voulait y échapper. La portée morale de cette fable reste indécidable, suspendue à une conclusion qui s'ouvre sur un avenir incertain, à jamais ambigu.

Cette parabole peut résumer l'art de Camus : l'économie de la narration donne à voir une suite de gestes plutôt que les discours justificatifs ; le narrateur, à distance, enregistre et décrit mais sans prendre parti, en refusant l'effusion ou le pathos. La chute du récit reste ambiguë : elle ne lève aucune des incertitudes d'un choix existentiel piégé. Entré dans le sentiment d'une faute qui entache désormais toute présence au monde, le héros camusien ne choisit jamais le mal, mais il ne peut à lui seul rétablir la balance du bien. La littérature signale alors les apories d'une morale pratique, qui ne peut plus suffire à régler la conduite des hommes dans un monde empêtré de contradictions.

La concision narrative ménage alors aussi un autre effet capital : l'apparente simplicité de la fable recouvre une perplexité morale que rien ne vient apaiser. Le texte, sous des allures d'apologue, résiste à toute simplification. Son sens excède les systèmes d'interprétation qu'il mobilise. Quelque chose de plus fondamentalement énigmatique demeure, qui est peut-être pour Camus la surprise d'être dans le monde, d'être soumis au temps et à ses terribles accidents. C'est cette surprise que toute son œuvre romanesque aura essayé de dire. Car le romancier ne soulage de rien : il reconduit au contraire le sentiment de l'étrangeté de notre vie en communauté. Il dit la solitude qui s'impose à tous, la solitude qu'il faut bien rendre solidaire, par-delà la perte des illusions. Il dit ce qui résiste à la simplification des théories, ce qui a besoin de l'incarnation de la fiction pour garder sa charge ambiguë de signification, sa part d'humanité trop fautive.

Dominique RABATÉ

Bibl. : Brian T. Fitch, *The Narcissistic Text. A Reading of Camus' Fiction*, Toronto, Buffalo et Londres, University of Toronto Press, 1980 • Jacqueline Lévi-Valensi, *Albert Camus ou la naissance d'un romancier*, Gallimard, coll. « Les Cahiers de la NRF », 2006

ROMAN AMÉRICAIN. – Né au XIXe siècle, dépourvu de grands prédécesseurs, lié au déploiement d'une société démocratique, le roman américain pourrait être le symbole parfait de cette « littérature de dissidence » qui, comme l'écrit Camus dans *L'Homme révolté*, « commence avec les temps modernes » et supplante « la littérature de consentement qui accompagne les siècles anciens et les siècles classiques ». Cependant, pour réussir cette révolution, le roman ne peut pas se borner à traduire sur le plan esthétique « l'esprit de révolte » dont il est né. Il doit remplir d'autres ambitions, déjà formulées dans *Le Mythe de Sisyphe* : « on ne raconte plus d'histoires, on crée un univers ». Ce sont elles qui conduisent Camus à privilégier, dans l'intérêt que suscitent alors en France les lettres américaines, l'œuvre d'Herman Melville – et, dans son orbite, si l'on peut dire, celle de trois de ses contemporains : Nataniel Hawthorne, romancier et auteur de nouvelles (1804-1864), qui a été entre 1850 et 1856 lié d'amitié avec Melville et à qui *Moby Dick* est dédié ; et les essayistes Ralph Waldo Emerson (1803-1882) et Henri David Thoreau (1817-1862), lui-même ami d'Hawthorne. Des aphorismes d'Emerson et de Thoreau, consignés dans les Cahiers VI et VII, sont repris dans le discours de Stockholm et la conférence d'Uppsala, lors de la réception du prix Nobel. Ce sont les quatre principaux prosateurs américains mentionnés ou cités dans les *Carnets* ; le nom d'Henry James, en revanche, n'apparaît qu'une fois, au Cahier VII.

L'admiration pour Melville n'accompagne pas uniquement la découverte de cet écrivain, qui commence en France en 1937 et se poursuit jusqu'à la fin des années 1950. Elle est aussi une prise de position personnelle de Camus par rapport à la vogue du roman contemporain venu des États-Unis. Préparée par la préface d'André Malraux à la traduction de *Sanctuaire* de William Faulkner (1933) et les études de Jean-Paul Sartre sur Faulkner et sur John Dos Passos dans *La Nouvelle Revue française* en 1938, la faveur de la critique, des éditeurs et du public français pour le roman américain est très grande dans les années d'après-guerre ; elle s'accompagne d'un intérêt grandissant pour les questions de « technique » narrative et les rapprochements entre littérature et cinéma, dont témoignent des ouvrages parus alors et qui font toujours autorité, notamment *Temps et roman* (1946) de Jean Pouillon et *L'Âge du roman américain* (1948) de Claude-Edmonde Magny. Camus, pour sa part, non seulement s'est tenu à l'écart de cet engouement, mais s'est élevé, à plusieurs reprises, contre une production qu'il jugeait littérairement superficielle, peu dominée et fondée sur des recettes, comme celle du « récit objectif », qui conduisaient à négliger la « vie intérieure » des personnages. Ainsi dans une interview très polémique à *Combat*, le 17 mai 1947, où il parle d'« une littérature de magazine » ; ainsi également dans une diatribe contre le roman américain des années 1930 et 1940, qu'il appelle « dur » et oppose dans *L'Homme révolté* (1952) à « l'admirable floraison du roman américain du XIXe siècle » ; ainsi enfin dans quelques lignes de l'étude sur Roger Martin du Gard (*La Nouvelle NRF*, 1955) – où il vise l'adoption du « roman de comportement » américain par des littérateurs pressés.

Camus a montré peu de considération pour deux représentants du roman américain appréciés en France, Erskine Caldwell et John Steinbeck ; il a reconnu à Ernest Hemingway le mérite d'avoir écrit « un très bon livre », *Le soleil se lève aussi*, mais *Pour qui sonne le glas* « est un livre d'enfant à côté de *L'Espoir* de Malraux » (*Combat*, 17 mai 1947). Il s'est intéressé aux romans de Frederic Prokosch (1908-1989), *Les Asiatiques* et *Sept Fugitifs*, traduits chez Gallimard à la fin des années 1940, et appréciait Waldo Frank (1889-1967), romancier connu dans les années 1920, un peu oublié ensuite, qu'il a rencontré aux États-Unis en 1946 et revu en France en 1958. Le grand nom de cette période est toutefois pour lui celui de Faulkner, même s'il a longtemps fait preuve d'une certaine ambivalence à son égard, avant de choisir, pour l'adapter au théâtre, *Requiem pour une nonne* (1951), une œuvre tardive et assez particulière.

Jean-Pierre MOREL

ROMANTISME. – Le terme désigne d'une part un mouvement littéraire et artistique du XIXe siècle, d'autre part une manière d'être, qui peut inclure aussi bien l'idéalisation complaisante et égotiste de la souffrance que la propension au rêve ou la générosité des passions. C'est à l'idéalisation de la souffrance que Camus fait référence quand il écrit à la première page de ses *Carnets*, en mai 1935 : « Ce que je veux dire : / Qu'on peut avoir – sans romantisme – la nostalgie d'une pauvreté perdue. » Il admet pourtant deux pages plus loin, sous le titre « Important aussi le thème de la comédie », que « le bonheur souvent n'est que le sentiment apitoyé de notre malheur. / Frappant chez les pauvres – Dieu a mis la complaisance à côté du désespoir comme le remède à côté du mal ». Ses œuvres les plus intimes éclairent ses formules initiales : la pauvreté du narrateur de *L'Envers et l'Endroit* ou du héros du *Premier Homme*, décrite sans emphase, illustre plus généralement celle des habitants du « quartier pauvre », et les élans lyriques y exaltent leurs sujets de consolation (la nature, la lumière) plutôt que leur malheur individuel. Des pauvres, Camus attend seulement « une compagnie sans phrases » (*Carnets*), mais c'est avec sa part de comédie (peut-être complaisante) que l'écrivain exprime cet univers de la modestie et du silence. On peut considérer ce paradoxe comme une tension entre classicisme et romantisme. De façon significative, le feuillet des *Carnets* « Important aussi le thème de la comédie » sera inséré tel quel dans les « Notes et plans » du *Premier Homme*.

Le jeune Camus défend en revanche sans ambiguïté le romantisme de l'action. « C'est une mode aujourd'hui de condamner le romantisme révolutionnaire. Mais rien n'est plus difficile que de séparer, dans un homme, la comédie qu'il se joue et l'instinct profond qui dicte ses actes. Il est courant, par exemple, de dénoncer l'attitude romantique d'un écrivain comme Malraux », écrit-il dans son compte rendu de *La Conspiration* de Paul Nizan (*Alger républicain*, 11 novembre 1938). Cette dénonciation est injuste parce que l'auteur de *L'Espoir* a réellement mis sa vie en péril pour contribuer à la victoire des républicains espagnols. Ce qui est condamnable n'est pas le panache, mais l'auréole romantique dont on décore l'échec. À « force de répudier le romantisme révolutionnaire, il faut craindre de divorcer avec la Révolution elle-même. Nous savons où mènent les politiques dites "réalistes" », ajoute Camus, qui fait ici allusion aux accords de Munich signés un mois plus tôt. À l'époque de *L'Homme révolté*, la Révolution (avec une majuscule) désigne plutôt son organisation par des professionnels, et le romantisme paraît se situer désormais du côté de la révolte. Or, les historiens définissent volontiers celle-ci comme une révolution qui a échoué. Quelles chances de succès ont les ouvriers de Berlin-Est, en 1953, qui dressent leurs poings nus devant les tanks soviétiques ? Camus se solidarise pourtant moins avec le romantisme désespéré de leur action qu'avec l'espoir qu'ils font naître pour l'avenir. Au « Je me révolte, donc nous sommes » doit se substituer, selon *L'Homme révolté*, un « Je me révolte, donc nous serons. »

Les analyses littéraires de *L'Homme révolté* condamnent plus uniment le romantisme. Dans le chapitre « La révolte des dandys », consacré aux écrivains romantiques, Camus s'intéresse plus aux créateurs qu'à leurs œuvres. Sade, type même de l'« homme de lettres », a « orienté la révolte sur les chemins de l'art où le romantisme l'engagera encore plus avant ». « Contraint de commettre le mal, par nostalgie d'un bonheur impossible », le poète romantique serait idéalement figuré par Baudelaire et par le criminel Lacenaire. Les poèmes de ce dernier méritent-ils donc d'être redécouverts ? À l'évidence, Camus s'intéresse à ses transgressions plus qu'à ce qu'il a écrit. Le Satan de Vigny (voir « Chute », le troisième chant d'*Éloa*), héritier de celui de Milton, occupe une place à part dans la galerie des figures romantiques parce qu'il offre l'image de la révolte. La personne même de Vigny éclaire ce que Camus entend par le « dandysme » : morale du paraître, il est surtout une nostalgie de la morale. À cette morale perdue, les dandys ont substitué l'art, et tandis que la critique a souvent reproché aux écrivains romantiques leur bavardage, c'est au silence « fracassant » de Vigny, dénoncé comme une pose à l'usage de la postérité, que s'en prend Camus. On s'étonne que ce panorama de la littérature française du XIXe siècle ne fasse aucune part au romantisme social, humanitaire, parfois messianique. Le chapitre « Le refus du salut » explique sans le justifier ce parti pris. Victor Hugo, par exemple, n'est évoqué dans *L'Homme révolté* que par le biais d'une référence à *Han d'Islande*, œuvre de jeunesse qui a précédé l'éclosion du romantisme français et qu'on range d'ordinaire sous l'étiquette de la littérature « frénétique » ; mais la frénésie est pour Camus l'essence même du romantisme, parce qu'elle est l'« envers de l'ennui ». À la révolte romantique, l'écrivain algérois concède une inspiration prométhéenne, mais, à la lumière des exemples qu'il présente, celle-ci prend plutôt un tour luciférien. Chemin faisant, elle s'est teintée d'une « sombre coquetterie » et a, pour finir, placé le révolté devant un « théâtre d'ombres ». La « Défense de *L'Homme révolté* », en novembre 1952, condamnera plus nettement encore « un certain romantisme de l'échec et de l'inefficacité ». Et s'il est admis que l'œuvre d'art témoigne d'un désir de rivalité avec Dieu, les œuvres romantiques n'ont pas rempli leur mission parce que leurs auteurs se sont trop souvent, par goût de la pose, plus à exposer leurs échecs.

Camus souscrit toutefois à la définition d'André Gide qui, en définissant le classicisme comme « un romantisme dompté » (« Rencontre avec André Gide », *Les Nouvelles littéraires*, 10 mai 1951), prenait ses distances avec l'expression plutôt qu'avec l'inspiration des romantiques. « Le classicisme, c'est la domination des passions », lit-on dans les *Carnets* (1944 ou 1945). Au-delà des courants littéraires, le rapprochement des deux formules apparente « romantisme » et « passion ». Peu suspect d'avoir cédé à la complaisance envers soi-même ou à la pose, Camus n'aurait pu, si son exigence n'avait eu à dominer une forme de romantisme, traduire aussi intensément ses nostalgies et ses espérances.

Pierre-Louis REY

Bibl. : Anne-Marie Amiot, « Un romantisme corrigé », *Europe*, n° 846, octobre 1999, p. 76-89 • Pierre Moreau, « Aspects romantiques », *La Table ronde*, n° 146, février 1960, p. 41-46

ROSMER, Alfred (1877-1964). – André Alfred Griot, connu sous le nom d'Alfred Rosmer, avait emprunté son pseudonyme, rapporte son biographe Christian Gras, à Henrik Ibsen, au héros de sa pièce *Rosmersholm* (1886), pétri de passions. Camus, préfaçant en 1953 son livre, *Moscou sous Lénine*, s'excusait : son temps « sans mémoire » l'obligeait à présenter ce militant exceptionnel. Écœuré par la « palinodie » de la IIe Internationale en 1914, rallié fervent à Moscou aux débuts de la révolution d'Octobre, s'éloignant devant sa « perversion » – le mot est de Camus – par la « dictature stalinienne », rédacteur infatigable de la *Révolution prolétarienne* de 1925 à 1964, ami de Trotski, mais resté toujours à l'écart des groupuscules trotskistes, distinguant les anticommunistes (réactionnaires pour lui) des antistaliniens, seuls légitimes, Rosmer semble avoir séduit Camus, sans doute parce qu'il était sincère et désintéressé. Il l'aida à publier son livre ; il saluait en lui un homme qui avait résisté à l'effondrement de l'espoir après la « dégénérescence » de la révolution et qui gardait toute sa foi dans « la force de révolte et de libération », présente en chaque homme. Il avançait timidement qu'il n'était pas d'accord quand Rosmer justifiait tout – y compris Cronstadt – mais se reprenait vite – dans la préface publiée et un peu « amendée » – : sa génération, qui n'avait pas connu le temps de l'espoir, n'avait qu'à « écouter et comprendre ». Il condamnait au passage Kravchenko, « bénéficiaire du régime stalinien », et se tournait vers les vrais témoins, vies remplies de luttes et de sacrifices : « Pour ma part, et c'est le sens de cette préface, parmi tant de guides qui s'offrent généreusement, je préfère choisir ceux, qui comme Rosmer justement, ne songent pas à s'offrir [...] et qui, refusant à la fois le déshonneur et la désertion, ont préservé [...] la chance fragile d'une renaissance. » On comprend que, dans une lettre non publiée, Rosmer ait dit avoir lu la préface avec un « vrai contentement ». Jeannine VERDÈS-LEROUX

Bibl. : Christian Gras, *Alfred Rosmer et le mouvement révolutionnaire international*, Maspero, 1971 • Alfred Rosmer, *Moscou sous Lénine, Les origines du communisme*, Pierre Horay, 1953, réédition, Maspero, 1970 (sans la préface d'Albert Camus) • Neuf lettres manuscrites de Camus, archives Rosmer, Musée social, Paris

ROUSSEAU, Jean-Jacques (1712-1778). – Rousseau est directement pris à partie dans quelques pages denses et fortes, au début de la troisième partie de *L'Homme révolté*. Le résumé donné des thèses du *Contrat social* lui confère le profil peu louable de père spirituel « rationaliste » des régicides et liberticides de la Révolution – et par suite des totalitarismes représentatifs de notre modernité. Cette mise en vedette a-t-elle été annoncée ou préparée en amont, dans les deux premières parties de l'essai ? De nombreuses autorités alléguées sont complètement étrangères au « système » de pensée de Rousseau. Sur un autre plan, l'importance de la psychologie et de la morale de Rousseau dans l'œuvre de Dostoïevski, *Crime et Châtiment*, n'est pas du tout prise en considération. De façon générale, les esprits du XVIIIe siècle apparaissent communément stylisés sous le label de « libertins ». Camus reprend aussi la critique qu'adressait Max Scheler au ressentiment présent dans l'humanitarisme, forme non chrétienne de l'amour des hommes : « On comprend mieux Scheler lorsqu'on voit que l'humanitarisme est représenté pour lui par Bentham et Rousseau ».

Dans le chapitre « Les fils de Caïn » (seconde partie), Camus reprend et privilégie une métaphore épicurienne : « Nous demeurons tous comme les habitants d'une citadelle démantelée » (Épicure a le mérite de relever une citadelle sans dieux) ; en cherchant à jouir, les hommes « aveuglent les murs », même si l'espérance les rappelle pitoyablement sur les remparts. Or le deuxième chapitre (« La négation absolue ») était en bonne partie consacré à la forteresse de la Bastille, où Sade, l'homme représentatif des Lumières, fut emprisonné. Rousseau était à nouveau pris à partie : « La soumission totale au mal débouche dans une horrible ascèse qui devait épouvanter la république des Lumières et de la "bonté naturelle". » Chez Sade le maximum de jouissance coïncide avec le maximum de destruction. Or tout adepte de la « bonté naturelle » (implicitement mis en cause par l'argumentation polémique) tomberait d'accord avec l'analyse voulant que, sur une échelle certes réduite, Sade ait exalté les sociétés totalitaires avec deux siècles d'avance sur les horreurs du XXe siècle, « au nom de la liberté frénétique que la révolte en réalité ne réclame pas ». Dès ce chapitre, Camus introduit la référence au philosophe Max Stirner ; il reprend le dialogue avec ce précurseur significatif de Nietzsche au quatrième chapitre (« L'affirmation absolue »). Alors que, dans *L'Unique et sa propriété* (Lausanne, L'Âge d'homme, 1972), Stirner conceptualisait l'« esprit de sacrifice » que Camus distingue de sa propre « révolte », il commentait dans ce même ouvrage la condamnation du progrès des sciences chez un Rousseau qui s'en prend de façon générale aux privilèges accordés à la raison : « Rousseau, les philanthropes et d'autres, étaient hostiles à l'éducation et à l'intelligence, sans voir qu'elle est au cœur de tout chrétien ; en fait ils ne partirent en guerre que contre l'éducation savante et raffinée. » Or Camus ne retient rien de la polémique sur le lien unissant Rousseau à l'antirationalisme (échappé de la prison de Dieu, dit Camus en conclusion au chapitre, le souci de Nietzsche aura été « de construire la prison de l'histoire et de la raison »). Le sixième chapitre concluant la deuxième partie (« Nihilisme et Histoire ») salue la tradition de « protestation » étudiée et rappelle qu'en son point d'origine elle s'identifie avec l'œuvre de Sade.

Dans la partie suivante, il est précisé que « l'originalité de la révolution du XXe siècle consiste à réaliser « le vieux rêve d'Anacharsis Cloots, l'unité du genre humain et le couronnement définitif de l'histoire ». Alors que ce jacobin mineur est mis en vedette, le fait que sa révolte se fonde sur l'adhésion à l'analyse rousseauiste de la société est passé sous silence. Pour Camus, c'est le froid et implacable Saint-Just qui « a fait entrer dans l'histoire les idées de Rousseau ». Dans le chapitre « Les régicides », Camus souscrit à l'analyse de Michelet qui voit dans la Révolution une issue au combat ayant opposé l'idée religieuse de la « grâce » à l'idée laïque de la « justice ». La démonstration reste anonyme et collective. Saint-Just, dit Camus, démontre que les vérités « des philosophes » entraînent la mort du roi – qui doit mourir au nom du « contrat social ». Camus précise : « Rousseau, bien entendu, ne l'aurait pas voulu. Il faut mettre au début de cette analyse, pour lui donner ses limites, ce que Rousseau a déclaré fermement : "Rien ici-bas ne mérite d'être acheté au prix du sang humain" ». Mais le chapitre « Le nouvel Évangile » est entièrement consacré à Rousseau, réduit au seul *Contrat social*, « un catéchisme dont il a le ton et le langage dogmatique ». Soulignons d'abord que Camus n'envisage pas le statut de ce texte là où Rousseau demande qu'on situe celui-ci (l'ouvrage ne s'offre en effet chez Rousseau, en réalité, qu'à l'orée d'un horizon normatif, afin d'aider l'homme à repenser le pacte social en repartant des prémisses véritables, et seulement par hypothèse suggestive, sur le plan d'une réflexion toute théorique). Si « catéchisme » rousseauiste il devait y avoir, il faudrait se tourner vers le christianisme non orthodoxe et très personnel de la *Profession de foi du vicaire savoyard.*

Camus stigmatise de façon unilatérale le rationalisme de Rousseau, radicalisant ainsi la rupture novatrice « laïcisante » révolutionnaire de sa pensée. Il l'instaure précurseur et initiateur radical : « Jusqu'à Rousseau, Dieu faisait les rois qui, à leur tour, faisaient les peuples. À partir du *Contrat social*, les peuples se font eux-mêmes avant de faire les rois. » Camus rationalise donc, laïcise et sécularise abusivement Rousseau : « Quant à Dieu, il n'en est plus question, provisoirement. […] Il est clair qu'avec le *Contrat social* nous assistons à la naissance d'une mystique, la volonté générale étant postulée comme Dieu lui-même. » Camus laisse de côté toutes les allégeances formulées ailleurs par Rousseau aux desseins positifs de la Providence divine. L'avènement des concepts de « peuple » et de « raison » n'est possible qu'à partir d'une lecture extrêmement partielle et partiale de Rousseau. Camus dans sa stylisation a confondu la pensée de Rousseau et le militantisme de certains de ses lecteurs.

Or Philip Knee montre que Rousseau n'est en réalité pas éloigné de la position camusienne. Dans le second *Discours* ou dans *Émile*, il présente les effets de la « pitié » dans la vie sociale d'une manière qui rappelle le versant altruiste et humaniste de la « révolte ». Celle-ci veille à préserver le débat sur les valeurs attachées à l'homme et aux conceptions politiques à son sujet. Ce débat ne devrait jamais être refermé par le corset de l'idéologie ; le principe est attaché à une attitude de vigilance face aux tentations historiques de fermeture dogmatique. Comment la révolte antitotalitaire saurait-elle justifier de s'en prendre à la pensée de Rousseau et à sa philosophie de principes, alors que cette pensée elle-même n'avait cessé de critiquer la tournure totalitaire qui menaçait le « système » à principes de ses anciens amis encyclopédistes athées ? Seul un exercice de stylisation concevrait chez Rousseau la politique comme détachée du sentiment et de l'intuition individuelle intime : seulement si la pitié se réduisait à une pure abstraction, le système découlant du *Contrat social* pourrait être à l'origine de la cruauté – telle celle de la Terreur de la Révolution française. En réalité la vigilance face à l'hégémonie de la pensée de l'intérêt des philosophes athées désacralisant la morale est au moins aussi vive chez Rousseau que sa contestation du droit divin des rois. Symétriquement il s'agit, avec Philip Knee, de poser la même question à la « révolte » camusienne : pour qu'une vie sociale s'organise, pour qu'un ordre politique s'instaure, ne faut-il pas impérativement que la « révolte » s'amende, se transforme, voire se dénie en définitive elle-même, de quelque manière ? Le versant *Contrat social* représente certes dans l'œuvre de Rousseau la tentative de proposer une réponse collective (mais de type normatif et hypothétique) à une telle sommation. Il relève cependant d'une décision de lecture partiale que de trouver chez le penseur genevois une fétichisation de la raison et de durcir l'équivalence entre nature et raison : « Si l'homme est naturellement bon, si la nature en lui s'identifie avec la raison, il exprimera l'excellence de la raison, à la seule condition qu'il s'exprime librement et naturellement. Il ne peut donc plus revenir sur sa décision, qui plane désormais au-dessus de lui. La volonté générale est d'abord l'expression de la raison universelle, qui est catégorique. Le nouveau Dieu est né. » Face à une telle formulation, Rousseau aurait souscrit le premier au procès intenté par Camus et qu'anime une légitime (et louable) inquiétude face à la sacralisation « terrible » et exclusive de la rationalité, du collectivisme et de l'abstraction.

En refusant de percevoir leurs points de convergence, Camus a-t-il eu lui-même des points aveugles dans sa lecture du philosophe genevois ? A-t-il plutôt été exagérément influencé par certains aspects de la postérité de la pensée politique de Rousseau, qui traduit, chez ses disciples engagés dans l'action politique, une utilisation inique et infondée de sa pensée ? Toujours est-il que le Rousseau fortement stylisé du début de la troisième partie de l'*Homme révolté* offre l'avantage d'une position clairement polarisée à partir de laquelle un réquisitoire néo-« humaniste » se déduit de façon convaincante. Camus fut heureux de construire ce point originaire, ce *terminus a quo* porteur en puissance des penchants délétères de la modernité, pour les besoins d'une fresque dressée de l'évolution diachronique synthétique qui ne pouvait souffrir l'examen de détails.

Jacques BERCHTOLD

Bibl. : Suzanne Helein-Koss, « Albert Camus et le *Contrat social* », *Studies on Voltaire and the Eighteenth-Century*, 156, 1976, p. 165-204 • Philip Knee, « An ethics of measure : Camus and Rousseau », dans Christine Daigle (dir.), *Existentialist Thinkers and Ethics*, Montréal, McGill-Queen's University Press, 2006, p. 108-121 • Jørn Schøsler, « Rousseau, Camus et le nihilisme : sur l'actualité de Rousseau », *Orbis litterarum*, n° 2, 1985, p. 97-110

ROY, Jules (1907-2000). – Parce qu'il vient de là-bas, qu'il y est né, Jules Roy, fils de Rovigo dans la Mitidja, fut un ami à part pour Camus, qui rencontre assez tard cet aîné. Ce dernier, lui, a tôt entendu parler d'un écrivain prometteur : « sa légende était déjà établie [...]. On ne parlait pas de Camus sans frémissement » ; « Il était celui que nous attendions. » Le 31 juillet 1942, Jules Roy écrit à Camus dont il vient de lire *L'Étranger*. Les deux hommes qui partagent beaucoup (« Nous avions la même mère, l'Algérie », écrit Roy) se rencontrent à Paris en 1945. Ils se tutoient vite et se fréquenteront jusqu'à la fin. De formation catholique, homme issu d'un milieu traditionaliste, Jules Roy est alors militaire. Admirateur de Saint-Exupéry, de Montherlant et – comme Camus – de Malraux, il s'est s'engagé dans la RAF et a assuré trente-sept périlleuses missions comme bombardier. Camus arrache le « guerrier barbare » aux pesanteurs de son milieu. Il le convertit à la « religion de la justice » et le rend « subversif ». En 1953, Jules Roy quitte l'armée avec le rang de colonel. Il devient alors écrivain à plein temps, publiant près de soixante-dix livres, romans, poésies, essais, autobiographies, pièces de théâtre. Il est aussi, à l'occasion, grand reporter à *L'Express*.

Fruits de son expérience d'aviateur, les premiers ouvrages, *Chants et prières pour les pilotes* (1943) et *La Vallée heureuse* (1946), ont paru à Alger, chez Charlot. De ce dernier récit autobiographique, qui reçoit le prix Renaudot, Camus donne en 1947 dans *L'Arche* un compte rendu élogieux (« œuvre de force et de pudeur », « livre qui rend sérieux, autrement dit un livre d'homme »). L'origine méditerranéenne et le souci du fait moral sont deux des raisons de l'intérêt de Camus, « Alberto », pour ce « brave Julius, ce bon Julius ». Ce personnage franc au langage direct, parfois exubérant, évoque – comme le fait Jean-Claude Brisville en 1951 – un « coup de foudre » amical pour Camus qui, lui, n'est pas étranger au passage de ce Vigny du XXe siècle chez Gallimard, qui publie sa pièce *Beau Sang* (1952) et son roman *Le Navigateur* (1954). Avec ses « frères du soleil », André Belamich, Emmanuel Roblès, Claude de Fréminville, voire Max-Pol Fouchet, « la bande à Charlot – écrit non sans humour Roy en 1995 – devint l'École d'Alger ». À une époque où Camus compte ses amis, ces compatriotes, dont l'admiration le flatte, l'amuse aussi, et dont il soutiendra les livres, sont des rappels humains d'Alger à Saint-Germain-des-Prés. Ces camarades sont liés dans l'esprit de tous : « Camus, Roblès et Roy », dit Gabriel Audisio dans une conférence de 1958 où il évoquera… Dib, Amrouche et Feraoun. Sur une photo, les deux hommes font une signature commune.

À la mort de Camus, qui le peine gravement, Roy prend ses distances avec son éditeur et ne participe pas, à sa grande tristesse, au numéro d'hommage de *La NRF* de mars 1960. L'ouvrage qu'il publie la même année, *La Guerre d'Algérie*, illustre sa prise de position en faveur d'une Algérie indépendante, sans pour autant désavouer les positions de son ami. Le livre est d'ailleurs dédié à sa mémoire. Un dialogue posthume s'est engagé, qui va être relancé une vingtaine d'années plus tard. L'œuvre autobiographique de Jules Roy – *Étranger pour mes frères*, *Mémoires barbares*, *Adieu ma mère, adieu mon cœur* –, a-t-on dit, est un tombeau de Camus. Son nom revient souvent dans les trois tomes de son *Journal*. En 1982, l'homme de Vézelay, devenu romancier de l'Algérie et de la guerre d'Algérie, publie un court *À propos d'Alger, de Camus et du hasard* où il tente, passant par la rue d'Arzew, le bar du Cintra ou la rue Michelet, de retrouver l'Alger de Camus : « Chercher Camus, c'était chercher Godot, chercher le fameux paradis dont j'ai parlé, quoi encore ? »

Dans ses *Mémoires barbares*, le chapitre consacré à Camus est moins centré sur l'homme que sur l'atmosphère d'un temps. Jules Roy y revient sur l'ancrage algérien : « Camus n'arrête pas de monter. À l'Algérie, il doit le meilleur de lui, le plus important : la misère, la communauté avec une autre communauté encore pauvre, les merveilles du ciel, le goût de l'amour – ce qui fait un homme –, le journalisme, l'ouverture au monde et à la femme – ce qui fait un écrivain. » De celui qui lui a fait promettre de ne jamais entrer à l'Académie française, il est resté « le disciple, l'ami dévoué, le féal » sa vie durant. Il découvrira bouleversé et admiratif *Le Premier Homme*. Jules Roy a écrit : « Camus est l'homme qui compta le plus dans ma vie. »

Pierre GROUIX

Bibl. : Jeannine Hayat, *Jules Roy, ombre et présence d'Albert Camus*, Minard, coll. « Archives des lettres modernes », 2000 • Jules Roy, *À propos d'Alger, de Camus et du hasard*, Le Haut Quartier, 1982 • Id., *Journal*, Albin Michel, 3 vol., 1998-1999

ROZIS, Augustin. – Augustin Rozis, membre des Croix de Feu puis (à partir de juillet 1936) du Parti social français du colonel de La Rocque, est élu maire d'Alger aux élections municipales des 5 et 12 mai 1935. Sa « liste républicaine nationale et des intérêts économiques de la ville d'Alger » regroupait les républicains nationaux partisans de la « réforme de l'État et du redressement de la moralité politique », et condamnait le Front commun (futur Front populaire), qui « renie l'idée de patrie, refuse les crédits militaires et prêche la lutte des classes », ainsi que l'influence sournoise et néfaste de la franc-maçonnerie. Mais elle promettait aussi aux musulmans l'assainissement de la Casbah et de Belcourt, la construction de maisons à bon marché conçues dans le respect de leurs traditions et la multiplication des unions sociales et d'assistance. Après une campagne très agitée, elle est élue avec deux mille voix d'avance. La nouvelle municipalité obtient d'abord la bienveillance des élus musulmans en accordant une place de douzième adjoint à un conseiller indigène. Mais les relations se dégradent lorsque la plupart des élus indigènes adhèrent au Front populaire, dont le maire restait un ennemi déclaré.

Les élections législatives des 26 avril et 3 mai 1936 donnent une large victoire aux candidats du Front populaire contre ceux du Front national. À Alger, les vainqueurs sont un radical et un socialiste. C'est une humiliante défaite pour la municipalité en place. En octobre 1937, les élections cantonales confirment la victoire de la gauche à Alger. Rozis reste en fonction sous le régime de Vichy.

De très nombreux incidents opposent la majorité Rozis du conseil municipal aux élus du collège musulman et aux organisations politiques de gauche. Camus s'était opposé dès 1936 au maire, qui, soutien résolu de l'entreprise franquiste, lui refusa la salle du Champ de manœuvre dont il avait besoin pour jouer *Révolte dans les Asturies*. *L'Action ouvrière* signala que ce spectacle devait se jouer « au profit de l'enfance malheureuse européenne et indigène. Voici la contribution de M. Rozis à la première manifestation populaire, vivante, intelligente, du théâtre algérien ». Reporter à *Alger républicain*, Camus suit les délibérations du conseil municipal et se fait l'écho des protestations contre les décisions arbitraires de Rozis dans de nombreux articles publiés entre octobre 1938 et août 1939. Il conteste même la politique d'apaisement envers les musulmans, après que les élus indigènes ont déployé une grande activité au secours des dockers du port victimes d'une explosion. Déployant une verve qui est déjà celle d'un écrivain, il lui reproche sa « haine » partisane et son « esprit de vengeance » et l'appelle « le regrettable maire d'Alger ». L'homme est veule, vaniteux, il est à la fois à la fois ridicule et odieux. « La médiocrité a sans doute des droits. Elle ne les a pas tous. Pour parler clair, elle a le droit d'être ridicule, pas celui d'être odieuse. » Augustin Rozis « avait rêvé seulement d'être dictateur. Et il s'est retrouvé adjudant ».

Guy PERVILLÉ

RUSSIE. – Le 10 avril 1945, dans *Combat*, Camus appelle ses lecteurs à prendre conscience de l'importance de la Russie dans la guerre qui est en train de s'achever et dans l'Europe qui va en sortir ; il faut, dit-il, que les Français rompent avec la « réaction traditionnelle d'indifférence ou de méconnaissance » qui a été la leur depuis 1917 et qui les a conduits à « ignorer pendant vingt-cinq ans une civilisation qui se créait sous leurs yeux ». Six ans plus tard, il recopie dans un carnet cette phrase de Tocqueville : « La Russie est la pierre angulaire du despotisme dans le monde » (*Cahier* VII). Cependant, quels qu'aient été ses sentiments vis-à-vis de l'URSS, il n'a cessé de porter un intérêt particulier à la civilisation russe, et principalement à la part de celle-ci qui a précédé la révolution d'Octobre, en s'inspirant notamment de sa lecture de deux philosophes russes contemporains, Léon Chestov (1866-1938) et Nicolas Berdiaev (1874-1948), et de ses échanges avec ses amis, bons connaisseurs de la Russie à des titres divers, Alfred Rosmer, Brice Parain et Nicolas Lazarévitch.

Il lui est arrivé de parler du peuple russe qui n'aurait cessé d'être « le levain du monde dont parlent Tolstoï et Gorki » (*Combat*, 30 novembre 1946), ou de louer « ce qui fut de tout temps la vraie grandeur du peuple russe » (*L'Express*, 22 novembre 1955) ; il a été heureux de voir Pasternak ressusciter, dans *Le Docteur Jivago*, « le cœur russe, écrasé, sous quarante années de slogans et de cruautés humanitaires » ; mais il n'a pas dit sur quoi il fondait cette sympathie et cette idéalisation. La civilisation traditionnelle, paysanne et orthodoxe, n'a retenu qu'incidemment son attention, au cours de ses nombreuses lectures. Il note par exemple dans ses *Carnets* que, par comparaison avec l'Europe médiévale en Occident, la Russie n'a pas connu la chevalerie ; elle n'a pas eu non plus de Renaissance, selon Berdiaev. Il connaît l'histoire du schisme entre orthodoxes et vieux-croyants au XVIIe siècle, notamment par l'autobiographie de l'archiprêtre Avvakoum, traduite en français par Pierre Pascal ; il relève aussi l'importance des sectes au XIXe siècle, par exemple les Doukhobors, à travers l'intérêt qu'a pu leur porter Tolstoï ; on le voit enfin, à l'occasion, évoquer la tradition religieuse et les cimetières russes (*L'Express*, novembre 1955).

Toutefois ce n'est ni la civilisation paysanne, en bas, ni, en haut, l'œuvre des tsars édificateurs de l'État russe – avec ses brutalités et ses travers, comme les « villages de Potemkine » – qui le captivent principalement, mais l'essor de la société russe au XIXe siècle, entre les guerres napoléoniennes et la révolution de 1905. D'abord en raison de la diffusion de l'instruction, dans les écoles et les universités, qui a fourni des cadres et des doctrines aux diverses formes d'opposition politique – en particulier le populisme – et qui est aussi indirectement responsable, avec l'existence des « grandes revues », de la floraison de la littérature qu'il admire particulièrement, surtout chez Dostoïevski et Tolstoï. Ceux-ci fournissent le plus grand nombre, et de loin, Tolstoï en tête, de citations d'écrivains, russes et autres, présentes dans les *Carnets* : « Ceux qui ont été fécondés à la fois par Dostoïevski et par Tolstoï, qui les comprennent aussi bien l'un que l'autre, avec la même facilité, ceux-là : natures toujours redoutables pour eux-mêmes et pour les autres » (Cahier VII, 1953). Il arrive à Camus de les opposer (« Dostoïevski cherche d'abord le mouvement, Tolstoï la forme », 1955) et, à d'autres moments, d'insister sur leurs ressemblances (par exemple dans « Pour Dostoïevski », automne-hiver 1957-1958), mais jamais il n'a voulu choisir entre l'auteur de *Guerre et Paix* (« le plus beau livre que j'aie jamais lu ») et celui des *Possédés*, qu'il retrouve aussi liés l'un à l'autre chez un écrivain français qu'il aime, Roger Martin du Gard. Il cite également Griboïedov, Tchekhov, Gorki – dont il a monté *Les Bas-Fonds* à Alger avant la guerre et dont il apprécie les portraits de Tolstoï –, les poètes Pouchkine, Lermontov et Blok et, plus rarement, les écrivains d'après 1917, exception faite de Maïakovski (pour *Mystère-Bouffe*, pièce en vers créée en novembre 1918 et considérée parfois comme l'acte de naissance du théâtre soviétique) et Zochtchenko. Cependant, la littérature postrévolutionnaire, entre 1917 et 1929, reçoit dans le *Discours de Suède* (conférence d'Uppsala, 14 décembre 1957) un hommage inattendu – « un splendide laboratoire de formes et de thèmes » –, par opposition au dogme du réalisme socialiste déjà attaqué dans *L'Homme révolté*. Le dernier grand roman russe admiré par Camus, *Le Docteur Jivago*, « moderne de facture, avec ses instantanés continuels », se rattache d'ailleurs aux recherches de cette époque.

Cependant, ce qui suscite chez Camus la passion la plus intense, comme le prouvent son attachement à Dostoïevski, les notes prises dans ses *Carnets* (surtout le Cahier V), la composition des *Justes*, la rédaction de *L'Homme révolté* et certains des titres qu'il accueille dans sa collection « Espoir » chez Gallimard, c'est l'épisode historique qui voit une partie de l'intelligentsia russe – notamment populiste – passer de la lutte politique à l'action violente, au moment des grandes réformes imposées d'en haut par Alexandre II, notamment celle du servage et de l'administration locale (début des années 1860). En s'intéressant aux théoriciens et aux doctrinaires du mouvement, à ses principaux animateurs, y compris les auteurs d'attentats, et à leurs prédécesseurs sous Nicolas Ier (décabristes, fouriéristes, adeptes de Petrachevski) comme à leurs successeurs sous Nicolas II (les groupes d'action socialistes-révolutionnaires en 1905), Camus essaie de dégager, sous les changements de contexte (le mouvement ouvrier, absent dans les années 1860, est très présent au contraire en 1905), la logique qui sous-tend cet épisode de l'histoire russe, une logique qu'il conçoit comme contradictoire. D'une part, en effet, ce mouvement a fait naître des types de personnalité (les révolutionnaires professionnels), des modes d'action (la conspiration, la clandestinité, la discipline aveugle, comme dans le *Catéchisme du révolutionnaire* de Netchaïev, mais aussi la provocation – particulièrement présente dans le réseau, riche en agents doubles, des socialistes-révolutionnaires), ainsi qu'une forme sinistre d'utopie qui réserve aux plus forts le rôle des maîtres de la cité future (par exemple chez Chigalev dans *Les Possédés*) : tous ces éléments fraient le chemin de la « terreur rationnelle » qu'exerceront plus tard les bolcheviks puis Staline. D'autre part, chez les révoltés populistes passés au terrorisme, puis dans le groupe de Kaliayev en 1905, le refus de faire des victimes innocentes et le choix de s'exposer personnellement à la mort – de « payer une vie pour une vie » – pour assumer leurs convictions représentent la dernière chance d'enrayer la fatalité nihiliste qui pèse sur la révolution – en témoignent notamment « Les Pharisiens de la justice », en 1950, et « Révolte et police », en 1952. Historiquement, cette chance a échoué, mais, pour Camus, l'exemple de ceux qu'il appelle les « meurtriers délicats » (qu'il tiendra à distinguer, en 1957, des auteurs d'attentats en Algérie) n'a pas fini, « même aujourd'hui, de faire face à la tyrannie et d'aider à la vraie libération » (*L'Homme révolté*).

Jean-Pierre MOREL

S

SACRÉ. – Les expériences où se dilate l'« amour de vivre » qui donne son titre à une nouvelle de *L'Envers et l'Endroit* ont la dimension de véritables hiérophanies : dans le cloître de San Francisco, à Palma, conscient de se trouver au milieu d'un jeu fragile d'apparences, le narrateur ressent la durée du monde comme un miracle au seuil du néant ; enlevé à soi, il est saisi d'une soif d'amour illimitée, qu'étanche l'instant extatique d'une fusion dans le paysage. Plénitude et anéantissement se rejoignent ; le vocabulaire négatif du rien fait signe vers ce qui est au-delà du tout, tandis que résonne le « Nada » des mystiques espagnols, « ce Nada qui n'a pu naître que devant des paysages écrasés de soleil ». À Tipasa, dans *Noces*, retentit un appel à se fondre dans la nature et à aimer, sans mesure, les femmes, le cosmos, la vie… Si une basilique s'élève dans le paysage, elle n'est que le relais du chant du monde qui monte vers le contemplateur, pour le soulever au-dessus de la contingence des errances humaines. Dans ce panthéisme s'exprime l'intuition du fondamental, de l'originel, et le sentiment régénérateur d'unification qui caractérisent l'expérience du sacré – sachant que cette expérience se vit ici dans un contact tactile avec l'univers, sans que s'entrouvre l'horizon d'un arrière-monde. « J'ai le sens du sacré et je ne crois pas à la vie future, voilà tout », déclarera Camus à Jean-Claude Brisville.

Mais dans la mesure où le terme de « sacré » suggère l'écrasement de la créature sous la présence du divin, il est susceptible d'un emploi négatif sous la plume de l'écrivain, dans *L'Homme révolté* notamment. Il désigne alors l'autorité d'un système de valeurs absolues. Il n'est plus question du consentement donné à la beauté de l'univers dans les instants d'extase cosmique, mais d'une soumission morale et intellectuelle à l'ordre du monde. Dans l'univers sacré, réponse est donnée à tous les problèmes par le mythe, qui remplace la métaphysique ; et le seul espace laissé à la parole est celui de la glose ou de la louange. Camus en vient à opposer comme incompatibles le monde du sacré – ou, en langage chrétien, le monde de la grâce – et celui de la révolte : « L'homme révolté est l'homme situé avant ou après le sacré, et appliqué à revendiquer un ordre humain où toutes les réponses soient humaines, c'est-à-dire raisonnablement formulées. »

L'auteur n'en perçoit pas moins les pièges de l'histoire désacralisée dans laquelle l'insurrection métaphysique a engagé la civilisation moderne. On ne rompt pas si facilement avec le besoin du sacré. Camus note la présence significative du mot dans *Le Contrat social*, livre fondateur d'une nouvelle religion qui prend la raison pour divinité. Le blasphème du rebelle romantique, qui a besoin de Dieu pour affirmer son individualité contre lui, participe encore du sacré, de même que la fête révolutionnaire appelée par les nihilistes russes, explosion apocalyptique du désir d'absolu. Il n'est pas jusqu'à l'hitlérisme qui ne relève d'une mystique dégradée.

Or ce n'est pas par un étouffement du sens du sacré que Camus suggère d'endiguer ses expressions chaotiques, mais plutôt par une réorientation, et même une restauration : ce qu'il s'agit de retrouver, c'est la perception de la limite qui accompagne la rencontre du sacré. L'époque moderne, soumise à la tentation du meurtre sans frein, a perdu la terreur révérencielle que provoquait dans les temps anciens le sang versé, et qui sanctifiait le prix de la vie. C'est pourtant cette horreur sacrée du sang du meurtre qui distingue la révolte au nom de la vie d'une culture de la mort. Elle trace la démarcation entre les hommes prêts à assumer, au prix de leur propre sacrifice, l'éventuelle nécessité de tuer, et ceux qu'entraîne l'ivresse de la violence : « Nous luttons, écrit Camus dans ses *Lettres à un ami allemand*, pour cette nuance qui sépare le sacrifice de la mystique, l'énergie de la violence, la force de la cruauté […] et l'homme que nous espérons des dieux lâches que vous révérez. »

Il semble ainsi qu'au fil des textes la conscience du sacré se déporte des instants d'extase cosmique, où s'exprime le désir d'une fusion impersonnelle avec l'univers, à la contemplation de la dignité de l'homme, où se creuse le sentiment de la solidarité qui relie les individus. Mais une forte continuité se perçoit entre l'expérience de l'union cosmique et l'élan qui pousse l'homme vers son prochain : c'est l'unité profonde de tout l'Être qui est en cause. De cette soif d'unité, la création artistique porte le témoignage, à la fois par le consentement à la beauté, vivante transcendance, qui entre dans le geste artistique, et par l'élan de révolte qui transmue le réel, imprimant à la vie la cohérence des formes esthétiques. La conscience que les explications étroitement rationalistes – qui réduisent le phénomène humain à ses déterminismes biologiques, psychologiques, sociologiques – n'épuisent pas l'énigme de cette aspiration à l'unité fonde le sens camusien du sacré. « J'ai conscience du sacré, du mystère qu'il y a en l'homme […], déclare l'écrivain au lendemain de la remise du prix Nobel. Je crains malheureusement que dans certains milieux, en Europe particulièrement, l'aveu d'une ignorance ou l'aveu d'une limite à la connaissance de l'homme, le respect du sacré, n'apparaissent comme des faiblesses. Si ce sont des faiblesses, je les assume avec force. »

Carole AUROY

Bibl. : Ruth Reichelberg, *Albert Camus, une approche du sacré*, Nizet, 1983 • James W. Woelfel, *Albert Camus on the Sacred and the Secular*, Londres, University Press of America, 1987

SADE, Donatien Alphonse François, marquis de (1740-1814). – Dans *L'Homme révolté*, Camus évite de poser ouvertement la question « Faut-il brûler Sade ? » Un questionnement radical, sans concession, parcourt son texte. Il n'instruit pas un procès à charge. Avec passion et un souci scrupuleux d'exactitude, il cite des passages, évoque les œuvres et les personnages de Sade les plus controversés ; il voit juste, en lecteur critique et attentif (les œuvres de Sade éditées par Maurice Nadeau et Jean-Jacques Pauvert ainsi que les études de Maurice Blanchot, Pierre Klossowski et Gilbert Lély sont dans sa bibliothèque).

Quel est le véritable Sade ? L'authentique athée du *Dialogue entre un prêtre et un moribond* ? l'écrivain philosophe qui explique, par le personnage de Saint-Fond, l'existence d'un « être suprême en méchanceté » ? Camus ne cite pas les fameuses « cellules malfaisantes » inspirées à Sade par Buffon, mais il considère Saint-Fond comme un porte-parole crédible du divin marquis. Admirateur de Rousseau, il philosophe à rebours. Les discours sadiens prônent la nature mauvaise de l'homme. Après le pape Pie VI de *Juliette ou les Prospérités du vice*, le Dolmancé de *La Philosophie dans le boudoir* prononce un discours dont Camus perçoit l'ambiguïté. Il cite Pierre Klossowski, mais Sade ne sera jamais le « prochain » (voir *Sade, mon prochain*, Le Seuil, 1947) du disciple de Jean Grenier. Camus pèse ses mots. Il raille une certaine « postérité » qu'il a, depuis 1951, prévue, reconnaissable à travers les générations. Il dissèque une complexité morale et philosophique avec pertinence. Le marquis, le prisonnier, l'homme de lettres trouvent chacun une place dans ce jugement de Salomon. Camus fait la part de l'œuvre, ne s'abuse pas devant le culte de l'excès ni de l'intensivisme ou du relativisme détournés des philosophes des Lumières. Le décompte des « bourreaux » imaginés ne lui fait pas oublier la victime d'une lettre de cachet. Sade a vécu la clôture, un effroyable vase clos structuré comme celui des couvents. Il a inventé la connivence dans le crime, la provocation et l'impunité érigées en système. De quoi heurter le lecteur, ballotté entre les procureurs et les inconditionnels, sans pouvoir alors accéder au texte. L'amoralisme de l'auteur de *L'Étranger*, sa pudeur et sa castillannerie rendent perméables et friables les châteaux sadiens. Il ne partage guère l'immoralisme radical de ce « bâtard des Lumières » (Jean Deprun).

Camus énumère et stigmatise avec ironie les forfaits aussi terrifiants qu'imaginaires de cet authentique homme de lettres emprisonné vingt-sept années. Lecteur avisé et philosophe critique, il joue un rôle insolite pour la réhabilitation logique d'une œuvre confinée dans l'Enfer des bibliothèques. Avec ses « couvents et [s]es châteaux verrouillés », Sade se mêle à Lucrèce, Nietzsche, Lautréamont, Rimbaud, les surréalistes. Sans concession, son humanisme transparaît. Ni moralisateur ni hagiographe, Camus y révèle sa pratique toute personnelle de la morale de sentiment retrouvée ou affichée par nécessité anthropologique. *L'Homme révolté*, ici, subit plus qu'il ne s'épanouit dans la tour « de la Liberté » de sa prison. L'« isolisme » – néologisme forgé par Sade – tient plus de la malédiction, de l'écriture de soi, de la confession que du crime contre l'esprit. Sa « révolte métaphysique », avant celle de Stirner ou de Nietzsche, retentit comme la douloureuse plainte d'un captif, à l'orgueil malheureux et bafoué. Camus termine cette section, « La négation absolue », par le mot « littérature » et rappelle que l'œuvre est constituée par des « romans ». C'est relativiser la contre-éthique sadienne. Le crime personnel, mythifié, fantasmé, est une utopie consolatrice (encore Rousseau, à rebours). Or Sade est un opposant farouche de la peine de mort. Cette autre contradiction soulignée démonte la logique sadienne. Le créateur de la Société des amis du crime, le rédacteur du libelle *Français encore un effort si vous voulez être républicains* ne sera jamais qu'un apprenti, un amateur, abhorrant toute forme d'institution pénale. Le crime sera immoral, injuste, artistique, ou ne sera pas. Sade n'est décidément, dans le pire des cas, qu'un meurtrier de papier. Que dire du crime légal, froid et banalisé, que les sociétés ont connu, subissent, endureront à l'avenir ? Visionnaire, Sade n'aurait pas condamné à mort Meursault. Il a inspiré les romantiques plus que les monstruosités totalitaires qu'un Roger Caillois, puis un L. G. Crocker lui attribuent. Camus dénonce, autrement. Qui a oublié les camps ? Sade a anticipé les dérives possibles de Lumières déshumanisées pour l'individu comme pour la société. Camus exonère de toute véritable scélératesse Zamé et les héros d'*Aline et Valcour, roman philosophique.* Même le peintre complaisant des meurtres et tortures commis dans *Les Cent Vingt Journées de Sodome* ne produit qu'un « équivalent dérisoire », une « illusion d'être ». Allant au-delà, Pier Paolo Pasolini a adapté ce « romantisme noir » (Mario Praz) plus qu'ambigu à la République de Salo, filmant « la beauté de l'horrible ». Esthétique de l'extrême, de la tension : sans craindre l'exagération, Camus s'en méfie – « nostalgie pure ». La morale, la beauté et la révolution demeurent au cœur de la pensée de Camus. Sa morale, il la veut « insoumise et fidèle ». Sans véritable dénominateur commun, il s'est pris au jeu. L'humaniste tolère paradoxalement la démesure du marquis révolté, repoussoir des belles âmes. L'infâme se combat ailleurs. C'est notamment le rejet de tout dogmatisme.

Jacques DOMENECH

SAINT-JUST, Louis Antoine de (1767-1794). – Saint-Just incarne, dans *L'Homme révolté*, la première grande figure de la révolte historique, celle du régicide, qui aurait « ajouté au tyrannicide traditionnel un déicide raisonné ». De fait, la mise à mort du roi, en élevant la souveraineté du peuple représentée par l'Assemblée au rang de nouveau corps mystique, fait « entrer dans l'histoire les idées de Rousseau » : le « répugnant scandale » que représente aux yeux de Camus ce qu'il nomme l'« assassinat » du roi constitue un tournant fondamental de l'histoire qui conduit à sa profonde désacralisation, point de départ aux « révolutions nihilistes du XXe siècle ». Ainsi, allant l'encontre de l'historiographie marxiste, mais aussi de la *doxa* enseignée par les manuels scolaires, Camus dénonce, à travers la représentation de Saint-Just en un être fanatique et destructeur, toute la folie meurtrière qui s'est emparée de la Révolution.

Certes il ne remet pas en cause la sincérité originelle de la démarche du jacobin et de son « désir d'idylle universelle », mais cette « morale de vertu » s'est transformée en une logique délirante, qui légitime un terrorisme étatique : « Saint-Just a inventé la sorte de sérieux qui fait de l'histoire des deux derniers siècles un si ennuyeux roman noir » ; l'idéalisme s'est mué en une fureur persécutrice par laquelle le bien absolu rejoint paradoxalement le mal sadien – le langage même de l'orateur reflétant, par son « style guillotine », ce caractère péremptoire et intransigeant. La figure de Saint-Just est ainsi une figure essentielle de cette tyrannie instaurée « au nom du peuple silencieux » qui prendra plus tard la forme du communisme russe.

À la Libération, Camus avait certes cédé à la tentation de faire appel à Saint-Just quand il réclamait une épuration rigoureuse des collaborateurs. Il avait cité cette phrase tirée d'un de ses discours : « Tout le monde veut bien la république, personne ne veut de la pauvreté ni de la vertu » (*Combat*, 8 novembre 1944). La France, pour lui, avait besoin d'un Saint-Just, non d'un Talleyrand. Un peu plus tard, lorsqu'il répondit à François Mauriac en fustigeant « cet amour [qui] nous amènera justement une nation de traîtres et de médiocres » (*Combat*, 11 janvier 1945), il semblait faire écho à cette rhétorique révolutionnaire qui fut celle du jacobin. Mais en 1946, s'exprimant devant des catholiques, il admettait avoir eu tort, réaffirmant la force du dialogue contre les « forces de la terreur ».

Emmanuelle TABET

SALAMANO. – Les traits qui caractérisent le personnage de Salamano, « voisin de palier » de Meursault dans *L'Étranger*, signalent son appartenance à l'univers camusien. Comme la plupart des personnages du roman, il est issu du monde où est né l'auteur, ce monde du « quartier pauvre » qu'il a décrit si souvent et qu'un détail révèle lorsque le personnage promène son chien « le long de la rue de Lyon ». Salamano est également un personnage camusien dans la mesure où il représente « l'homme absurde » : la répétition des habitudes est illustrée, dans la relation avec son chien, par leur promenade dont l'itinéraire n'a pas changé depuis huit ans. S'il garde son chien, qu'il insulte souvent, c'est parce qu'il s'est « habitué à celui-là », comme il s'était habitué à sa femme. Le chien est un remède à sa solitude et, à force de vivre ensemble, ils ont fini par se ressembler.

La fonction essentielle de l'histoire de Salamano est de représenter, par un effet de miroir, les relations de Meursault avec sa mère. Lorsqu'il entend pleurer le vieil homme après la disparition de son chien, le narrateur-personnage a cette réaction : « Je ne sais pas pourquoi j'ai pensé à maman. » L'usure du temps permet de comprendre comment a évolué la relation de Meursault avec sa mère, de même que celle de Salamano avec son chien. Mais cette dégradation suscite également un sentiment de culpabilité : lors du bref témoignage de Salamano au moment du procès, où le récit rapproche encore une fois son chien et la mère de Meursault, sa défense de l'accusé s'avère dérisoire et impossible à entendre.

Jacques LE MARINEL

« SALON DE LECTURE (Le) ». – Rubrique au titre désuet, « Le salon de lecture » apparaît dans le quatrième numéro d'*Alger républicain*, le 9 octobre 1938. Pascal Pia a confié cette chronique littéraire et culturelle à Camus, jeune collaborateur du quotidien, qui ne s'est jusque-là distingué que par ses activités au sein du Théâtre du Travail, rebaptisé Théâtre de l'Équipe en 1937, et par un premier texte, *L'Envers et l'Endroit*, publié chez l'éditeur algérois Edmond Charlot. La ligne éditoriale du journal s'inscrit en creux dans la rubrique qui, selon Camus, sera « détachée des préoccupations de doctrine ». À défaut d'une théorie critique se dessine en effet au fil des quelque trente articles une éthique fondée sur l'absence de préjugés politiques. Aussi loue-t-il l'étude de Jean Hytier consacrée à André Gide, qui envisage l'œuvre de l'écrivain en dehors des polémiques contemporaines, qu'a ravivées la publication de *Retouches au Retour de l'URSS*. Présentant *Scandale de la vérité*, il clame, sous forme de bravade, le droit de Georges Bernanos « à être monarchiste » et légitime sa place dans la rubrique culturelle d'un « journal de gauche ». Dans le contexte politique bipolaire de l'époque, cette posture trouve néanmoins ses limites : Robert Brasillach, collaborateur de l'*Action française*, et Pierre Drieu La Rochelle sont les grands oubliés du « Salon de lecture » qui n'entend pas faire écho aux talents de droite. Si Camus récuse toute perspective critique partisane, ses articles ne sont toutefois pas dénués de partis pris. La rubrique propose non seulement un panorama de la littérature des années 1930, mais contient encore en germe des réflexions esthétiques et idéologiques que l'écrivain développera par la suite dans son œuvre.

Ces années 1930 voient s'engager un grand débat sur la littérature militante. Camus ne cesse de réaffirmer le primat de la forme artistique. Sur ce point, ses conceptions rejoignent celles de Pia qui a ses entrées à *La Nouvelle Revue française*. S'il « [sait] gré à Nizan, dans *La Conspiration*, de ne pas [avoir sacrifié] l'artiste au partisan », il ne lui en reproche pas moins l'esprit d'orthodoxie qui se manifeste notamment dans la condamnation du « romantisme révolutionnaire ». En revanche, l'examen critique de *Commune mesure* de Renaud de Jouvenel est sans appel : « la littérature militante ne justifiera la passion généreuse qui l'anime que si elle ne la sacrifie pas à la volonté de prouver ». Le parti pris de Camus est sans équivoque : l'art ne saurait être au service de l'idéologie sans être dégradé. Le conformisme, le didactisme et la phraséologie simpliste sont autant de griefs retenus contre la littérature à thèse. Des œuvres d'André Chamson, d'Ignazio Silone ou encore de René Janon, critique et écrivain algérois, sont convoquées comme contrepoint à cette critique. L'Histoire éclaire ici des drames universels où « l'intérêt se porte non sur les idées, mais sur l'homme ». L'œuvre littéraire repose sur une alchimie secrète entre forme artistique et représentation du monde, qu'elle soit idéologique ou philosophique.

« Cet équilibre est rompu », d'après Camus, dans *La Nausée* où « la théorie fait du tort à la vie ». Le débat avec Jean-Paul Sartre, qu'à l'époque il ne connaît pas, semble s'instaurer dès 1938 dans les deux articles qu'il lui consacre. La critique esthétique se double d'un désaveu philosophique : « Constater l'absurdité de la vie ne peut être une fin, mais seulement un commencement. » Camus reproche à son aîné de discréditer les forces vitales en fondant le tragique de l'existence sur la laideur humaine et en donnant une vision doctrinale, non stylisée, de l'absurde. *Le Mythe de Sisyphe*, auquel Camus réfléchit à la même époque, est déjà présent en filigrane. *Les Camarades* d'Erich Maria Remarque et *Bahia de tous les saints* de Jorge Amado célèbrent a contrario cette adhésion à la vie au-delà de « la triple et cruelle expérience de la guerre, de la révolution et de la misère ». Camus émet une réserve sur la conclusion de l'œuvre brésilienne où la révolution apparaît comme la seule révolte valable, mais il loue l'expérience de la fraternité qui en découle et « qui délivre [le héros d'Amado] de sa solitude ». Au contact des œuvres, Camus pose ici les prémisses de la réflexion qu'il développera dans *L'Homme révolté*.

Enfin, les articles consacrés à la littérature méditerranéenne révèlent des thèmes chers à Camus qui reviendront comme un leitmotiv dans son œuvre.

Né sur une terre d'élection et de « lumière », il loue dans les *Coplas populaires andalouses* « l'amour de la vie dans ce qu'elle a de magnifique et périssable » et qu'il oppose au « bonheur illusoire des anges ». Son article consacré à *L'Oiseau privé* d'Armand Guibert se clôt sur le commentaire d'une citation de l'ouvrage : « Pour le ciel, il n'était pas né [...]. Non, et cela est bien. » La résonance avec *Noces*, qui célèbre l'union « de l'homme et de la terre », est transparente. Au règne des croyances et des idéologies, il préfère celui de l'homme dans le monde.

Camus a donné son opinion sur les œuvres d'amis algérois, Gabriel Audisio, Edmond Brua, Blanche Balain, mais aussi d'auteurs consacrés, Jean Giono, Henry de Montherlant, Georges Bernanos. L'expérience acquise tout au long de ces dix mois de chronique littéraire s'est révélée particulièrement riche et fructueuse. « Le salon de lecture » présente ainsi un double intérêt : c'est une rubrique qui propose un panorama de la littérature des années 1930 et des débats qui la sous-tendent, mais c'est aussi un laboratoire d'écriture où s'ébauche l'œuvre à venir.

Alexandra VASIC

SARTRE, Jean-Paul (1905-1980). – Le parallèle entre Camus et Jean-Paul Sartre est tôt devenu un classique au même titre que ceux entre Corneille et Racine ou entre Voltaire et Rousseau. Il est tentant de comparer *Les Justes* et *Les Mains sales*, *Le Premier Homme* et *L'Enfance d'un chef* ou *Les Mots*, *Actuelles* et *Situations*. Les critiques n'y ont pas manqué. Les deux auteurs ont été amis, alliés, concurrents et adversaires. Une convivialité a quelque temps masqué leur rivalité. La logique du champ amenait deux polygraphes à s'opposer. À leurs divergences philosophiques s'ajoutent des conceptions discordantes de l'engagement et de la littérature. La politique a transformé leurs désaccords en une confrontation féroce.

Jamais Sartre n'aurait écrit *Noces* ni Camus *L'Idiot de la famille*. Neuf années et la Méditerranée séparent les deux auteurs. La formation de l'un s'est faite au Quartier latin, celle de l'autre à la modeste faculté des lettres d'Alger. Sartre est un héritier, un normalien et un agrégé. Sa bibliothèque de bon élève puis de professeur est vaste, sa culture est à la fois classique et moderne, philosophique et littéraire. Il est passé maître dans l'art de la recycler. Camus est moins bien loti. C'est un boursier qui doit tout à l'école de la République. Il arrête ses études de philosophie avant l'agrégation, choisit la voie moins prestigieuse du journalisme. Le premier rejette la philosophie universitaire dominante dont le second n'a qu'un aperçu. Tous deux subissent parallèlement l'influence de *La Nouvelle Revue française* et de ses auteurs, dont les romanciers américains, Kafka, Gide et Malraux.

Son capital social et son capital intellectuel n'ont pas suffi à procurer une émergence rapide à Sartre. Son début de carrière a été difficile. Il a été professeur, mais pas universitaire, avant d'être créateur. Il a déjà trente-trois ans quand son premier roman, *La Nausée*, paraît chez Gallimard. Il doit attendre l'approche de la quarantaine pour accéder à la notoriété. Les deux premiers ouvrages de Camus, *L'Envers et l'Endroit* et *Noces*, paraissent à Alger et trouvent un public restreint. Mais le milieu littéraire parisien réserve un accueil flatteur à *L'Étranger* alors que son auteur n'a pas encore trente ans.

Camus a recensé élogieusement *La Nausée* et *Le Mur* dans *Alger républicain* et Sartre expliqué longuement

L'Étranger aux *Cahiers du Sud*. Après avoir ainsi échangé la rhubarbe et le séné, comme le dit Annie Cohen-Solal, les deux hommes se rencontrent à Paris en 1943 et sympathisent aussitôt – il est même un temps question que Camus monte *Huis clos* dans un théâtre parisien. Au lendemain de la Libération, sa position est mieux assurée que celle de son aîné dont les titres de résistant sont moindres. L'obscur journaliste algérois est en effet devenu le rédacteur en chef du plus prestigieux journal parisien. En août 1944, il commande un reportage à Sartre (« Un promeneur dans Paris insurgé »). Par la suite, il l'envoie en Amérique comme reporter. Ce dernier fait son éloge dans les colonnes de *Vogue*. Dans des entretiens et des conférences, chacun dit du bien de l'autre. Les critiques, en France et ailleurs, les réunissent dans une école qui n'existe que dans leur imagination. En 1945, Sartre lance l'« offensive existentialiste » (Simone de Beauvoir). Alors que Camus s'épuise à *Combat* et peine à terminer *La Peste*, son aîné est sur tous les fronts. Il publie livre sur livre. Il sait vulgariser ses conceptions. Il adopte la posture prophétique, dit son mot sur tout. C'est lui qui, cumulant mieux que Camus les prestiges de l'écrivain et du penseur, s'impose comme maître à penser. Les communistes, en l'attaquant hargneusement, le valorisent. Il ne les ménage pas.

Un mensuel, *Les Temps modernes*, que Sartre lance en 1945, complète le dispositif. Camus, qui ne s'est jamais considéré comme existentialiste, ne figure pas à son comité directeur, mais, pour les lecteurs, Albert Ollivier y est son délégué (il y reste d'ailleurs peu de temps). La revue réserve un accueil bienveillant aux écrits de Camus. Le compte rendu de *Caligula* est confié à Ollivier ; *La Peste* fait l'objet de deux études, l'une d'Étiemble, l'autre de Jean Pouillon. Le silence fait sur *L'État de siège*, *Les Justes* et *Actuelles* peut être le signe de réticences. En 1951 encore, un avant-texte de *L'Homme révolté* (« Nietzsche et le nihilisme ») paraît dans la revue.

À la fin des années 1940, la politique distend les relations des deux auteurs. Dans un premier temps, ils ont soigneusement évité de s'affronter. Leur désaccord sur la littérature engagée était resté feutré. On sait toutefois par le témoignage de Simone de Beauvoir (*La Force de choses*, 1963) que le moralisme politique de Camus agace son aîné. L'un et l'autre, hommes de gauche, ont cherché une voie entre les communistes et les socialistes. Ils ont ainsi signé le manifeste en faveur d'une Europe neutre et indépendante en 1947 et, l'année suivante, ont participé à un grand meeting du Rassemblement démocratique révolutionnaire (RDR). Sartre s'est certes impliqué plus que Camus dans ce mouvement, ce dernier, préférant soutenir l'entreprise de Garry Davis. Ils réagissent différemment à la fracture géopolitique de l'Europe. Le débat autour des camps sibériens, c'est-à-dire, en fait, de la nature du régime soviétique, suscite deux réactions divergentes. La condamnation de Camus est sans appel, elle l'amène à refuser toute collaboration avec un parti communiste inféodé au Kominform. Sartre, quant à lui, louvoie : son hostilité envers la bourgeoisie et les États-Unis commande ses choix. La révolution, pour lui, passe avant la démocratie. Il rejette toute forme d'anticommunisme. En 1952, constatant l'échec du RDR, il franchit le Rubicon et, compagnon de route des communistes, devient un « intellectuel de guerre froide » (Benoît Denis). Le stalinisme est alors au zénith. Camus, lui, vient de publier *L'Homme révolté.*

Sartre, jamais cité dans le livre, désapprouve la ferme critique du communisme et du marxisme qui y est faite. Aucun collaborateur des *Temps modernes* ne souhaite se charger de la recension du livre, qui incombe finalement à Francis Jeanson. L'article est « d'une violence inouïe » (Olivier Todd). C'est une démolition en règle de l'homme et de ses écrits. Camus, piqué au vif, envoie une longue lettre au directeur des *Temps modernes,* signifiant qu'il le tient pour responsable de l'article. Mais Sartre prend la défense de Jeanson et règle son compte au mal-pensant. « Sartre est jacobin et bolchevik, Camus presque girondin et menchevik ». L'article du premier est une « nécrologie » désordonnée, mais écrite « au vitriol » (Todd). Tantôt arrogant tantôt patelin, l'héritier fait la leçon à un boursier susceptible. Il prend le ton du professeur rendant sa copie à un cancre. Il reconnaît des « mérites littéraires » à son cadet, mais c'est pour le taxer d'« incompétence philosophique ». Les formules claquent, blessent – « Vous avez fait votre Thermidor. » Il s'est renié. Il prêche « la solidarité des classes ». C'est un auteur du passé, un idéaliste, etc. Sartre dénie péremptoirement à Camus toute légitimité.

Une amitié s'est brisée net. Entre les deux hommes, la brouille est définitive. Elle fait l'objet de nombreux commentaires. Georges Bataille (*Critique*), Nicola Chiaromonte (*Partisan Review*) et Jacques Carat (*Preuves*) prennent le parti de Camus, mais ce dernier accuse le coup. Ses *Carnets* témoignent de son désarroi. Sa réplique d'ailleurs se fait attendre. Elle se situe sur le terrain de la fiction où il se sait plus à l'aise que son adversaire. Celui-ci, donnant la priorité à l'activisme politique, a laissé inachevés *Les Chemins de la liberté* et, au théâtre, a connu un échec mérité avec *Nekrassov.* Camus, pour sa part, dans *La Chute,* fait le portrait d'un juge-pénitent, et une lecture attentive de ce récit brillant montre qu'il a repris et retourné des formules de Sartre et de Jeanson. Le livre bien entendu n'est pas recensé aux *Temps modernes* où la littérature, il est vrai, a désormais la portion congrue. C'est bien plus tard que l'on saura que Sartre a aimé le livre. La guerre d'Algérie conduit les deux auteurs à prendre des positions opposées : Sartre soutient inconditionnellement le FLN et son choix du terrorisme ; Camus les dénonce sans circonlocution. Le retour du général de Gaulle au pouvoir suscite la colère de Sartre ; Camus, lui, garde le silence. L'heure n'est plus aux controverses entre les deux auteurs.

À la mort de Camus, Sartre publie un article dans l'hebdomadaire *France-Observateur :* « Il représentait en ce siècle, et contre l'Histoire, l'héritier actuel de cette longue lignée de moralistes dont les œuvres constituent peut-être ce qu'il y a de plus original dans les lettres françaises. Son humanisme têtu, étroit et pur, austère et sensuel, livrait un combat douteux contre les événements massifs et difformes de ce temps. Mais, inversement, par l'opiniâtreté de ses refus, il réaffirmait, au cœur de notre époque, contre le veau d'or du réalisme, l'existence du fait moral. » Ces phrases sont sans cesse citées ; l'article est repris dans *Situations IV* (Gallimard, 1964). Il a été traduit un peu partout. Par la suite, Sartre s'exprime peu sur Camus. Lorsqu'il le fait, c'est pour évoquer leur amitié – son cadet reste « le petit voyou d'Alger » (*Situations X*) –, il fait peu de cas de son œuvre. Le copain n'a jamais été un égal.

En tant que romanciers et dramaturges, Sartre et Camus sont des auteurs de transition. Cela peut expliquer leur succès fulgurant comme les limites de ce succès. Certaines de leurs œuvres – *L'Étranger*, *Caligula* pour l'un, *La Nausée*, *Huis clos*, pour l'autre – émargent à la modernité tempérée que promeut *La NRF*, aucune à l'avant-garde. Tous deux se sont montrés critiques à l'égard du surréalisme. Il leur était difficile de renouveler leur esthétique dans les années 1950. Camus est resté à l'écart du Nouveau Théâtre et du Nouveau Roman, Sartre, au temps de son compagnonnage avec les communistes, les a formellement condamnés dans le temps même où il mettait fin à sa carrière de romancier et de dramaturge.

Sartre a le goût de la théorie. Il est peu contestable que, du fait d'une formation bien plus solide, son œuvre philosophique a plus d'envergure que celle de Camus. Il a commencé par inscrire ses écrits dans l'institution académique. Soucieux d'influence, il a cherché à vulgariser ce qu'il a laissé appeler l'« existentialisme ». D'où une distinction entre ses écrits ésotériques et ses écrits exotériques. Son cadet, esprit peu systématique, ne cherche pas à se faire passer pour le philosophe qu'il n'est pas. Pour l'essentiel, il reste un éditorialiste. Après 1940, les deux auteurs, en publiant l'essentiel de leur production aux éditions Gallimard, ont donc choisi de ne pas s'adresser au lectorat restreint des spécialistes. En cela, ils ont été des intellectuels. Leurs écrits de circonstance en font des écrivains médiatiques avant l'heure. La poussée structuraliste des années 1960 renvoie l'un et l'autre du côté d'un humanisme qu'ils avaient pourtant critiqué. Sartre s'épuise alors à concilier le marxisme, qu'il entend revivifier, et les sciences humaines en plein essor.

Leurs itinéraires politiques ont été inverses. Dans les années 1930, Camus est engagé au parti communiste quand Sartre est spectateur distant du Front populaire. Tous deux ont été résistants, mais, pour le lecteur citoyen de l'époque, les titres du premier sont plus convaincants que ceux du second. Mais dès 1945, ce dernier a capitalisé les dividendes d'une production plus considérable. L'intellectuel total prend le pas sur l'éditorialiste. Camus fait prévaloir le principe de responsabilité, Sartre l'exigence de radicalité. Le premier se situe dans la mouvance socialiste, il est social-démocrate, mendésiste en 1955, et a des sympathies libertaires. Le second s'institue porte-parole, il est l'emblème d'une gauche progressiste alors à son zénith. Cela l'amène à parier sur le communisme soviétique puis sur sa variante tiers-mondiste. Il sacrifie la rigueur au prophétisme. Il se comporte en « chef de guerre » (Jacques Lecarme) : Jeanson, Claude Lanzmann, Jacques Vergès sont ses hommes de main. L'un fuit les hommes de pouvoir, l'autre aussi mais il fait des exceptions pour les dictateurs quand ils s'appellent Khrouchtchev, Mao et Fidel Castro.

L'histoire a tranché sur la question du socialisme réel en 1989, donnant raison à Camus. Il est aisé de souligner les erreurs, les errements politiques de son adversaire. Ce sont ceux d'une intelligentsia progressiste dont il fut l'écho autant que le porte-drapeau. Ils sont de moins en moins nombreux ceux qui prétendent encore avoir ou avoir eu raison d'avoir tort avec Sartre. Il serait réconfortant, mais il est trop simple de penser qu'on n'est passé du siècle de Sartre à ce que Jean Daniel a appelé « une époque camusienne ». Le moraliste tourmenté et l'idéologue manichéen appartiennent en effet à un même monde, mais à deux familles de la gauche intellectuelle. Leur affrontement brutal est celui des réformistes et des révolutionnaires. Ils sont emblématiques d'une époque révolue. La société française et la géopolitique ont changé, l'heure des grands récits est passée. La « fin des idéologies » que Camus avait pressentie a fini par arriver. Ni lui ni Sartre n'auraient imaginé que les intellectuels aujourd'hui pèseraient aussi peu dans le débat public et que ce débat se serait autant appauvri en se déplaçant de l'imprimé vers la galaxie audiovisuelle. Ils ont des héritiers qui souvent sont alliés et rêvent de les réconcilier. On est tenté de chercher ceux de Sartre chez les altermondialistes, ceux de Camus chez les humanitaires.

Jeanyves GUÉRIN

Bibl. : Ronald Aronson, *Camus et Sartre, amitié et combat,* traduit de l'américain par Daniel B. Roche et Dominique Letellier, Alvik Éditions, 2005 • Germaine Brée, *Camus and Sartre : Crisis and Commitment*, Londres, Calder et Boyars, 1974 • Rupert Neudeck, *Die politische Ethik bei Jean-Paul Sartre und Albert Camus*, Bonn, H. Bouvier et H. Grundmann, 1975 • Leo Pollman, *Sartre und Camus. Literatur und Existenz*, Stuttgart, Kohlhammer, 1967 • Peter Royle, *The Sartre-Camus Controversy. A Literary and Philosophical Critique*, Ottawa, University of Ottawa Press, 1982 • Robert C. Solomon, *Dark Feelings, Grim Thoughts : Experience and Reflection in Camus and Sartre*, New York, Oxford University Press, 2006 • David A. Sprintzen et Adrian van Hoven (dir.), *Sartre and Camus : a Historic Confrontation*, Amherst, Humanity Books, 2004 • Eric Werner, *De la violence au totalitarisme. Essai sur la pensée de Sartre et de Camus*, Calmann-Lévy, 1972.

SCIENCE. – La formation de Camus est littéraire et philosophique. Il ne s'intéresse pas à la science en tant que telle, mais ne la critique pas sans répit, comme fait Sartre. Les seuls scientifiques qu'il met en scène sont les médecins de *La Peste*. Ils sont modestes et respectueux des faits établis. En deux circonstances, il a été néanmoins amené à avancer des réflexions sur la science.

Deux jours après la destruction d'Hiroshima, et à la veille de celle de Nagasaki, le 8 août 1945, l'éditorialiste de *Combat* se singularise par un texte à la fois indigné et angoissé. La « civilisation mécanique, écrit-il, vient de parvenir à son dernier degré de sauvagerie » : « La science se consacre au meurtre organisé » et la responsabilité des savants se trouve engagée. Un an plus tard, ce texte trouve un prolongement au début de *Ni victimes ni bourreaux*. La science, fait-il remarquer, en est venue « à se nier elle-même » dans la mesure où « ses perfectionnements pratiques menacent la terre entière de destruction ». Il n'a pas eu l'occasion de développer cette idée d'ailleurs, peu originale. L'inquiétude sur les dégâts du progrès reste en filigrane dans ses écrits.

On lit aussi dans un autre article de cette série que le « libéralisme capitaliste » et le « socialisme scientifique » sont deux doctrines anachroniques, le second étant contemporain « de l'évolutionnisme darwinien et de l'optimisme renanien ». Sa controverse avec Emmanuel d'Astier de La Vigerie amène Camus à réaffirmer cette idée : « ces idéologies, nées il y a un siècle, au temps de la machine à vapeur et de l'optimisme scientifique béat, sont aujourd'hui périmées ».

Dans *L'Homme révolté*, Camus précise ces vues : « Le marxisme n'est pas scientifique ; il est, au mieux, scientiste ». Il ne saurait y avoir de science de l'histoire ou, comme on disait alors, de la praxis. À la raison scientifique dont il reconnaît la fécondité, l'écrivain oppose la raison historique qui est une « pseudo-raison ». « Marx n'est pas plus scientifique que La Rochefoucauld » : c'est un homme du XIXe siècle, ses écrits sont contemporains de la première révolution industrielle. Sa conception de la science et de la rationalité est vieillotte, qui se fonde sur des déterminismes alors que la science contemporaine est probabiliste et met en avant l'idée de relativité. En somme le « marxisme n'est scientifique qu'à condition de l'être contre Heisenberg, Bohr, Einstein et les plus grands savants de ce temps ». Camus ne place aucune « coupure épistémologique » dans les écrits de Marx, il ne distingue pas le Marx scientifique et le Marx idéologue. Chemin faisant, il lance le nom de Lyssenko. Staline, à la fin des années 1940, avait soutenu ce charlatan – biologiste, héros de l'Union soviétique, Trofim Denissovitch Lyssenko (1898-1976) affirmait que la génétique était incompatible avec le marxisme et son projet de créer un homme nouveau – et, après lui, les staliniens de tous les pays avaient opposé une science prolétarienne et une science bourgeoise. Cette critique du marxisme, aujourd'hui communément acceptée, ne l'était pas quand Camus et Raymond Aron l'avançaient dans les années 1950.

Au final de *L'Homme révolté*, Camus valorise les notions de mesure et de limite. S'appuyant sur un article qu'il a fait publier dans *Empédocle*, il les met en relation avec des notions-clés de la physique contemporaine, les quanta, l'incertitude et la relativité. Il n'est pas par la suite revenu sur ce sujet. L'artiste passe avant le penseur.

Un seul scientifique de renom, le biologiste Jacques Monod (1910-1976) a reconnu sa dette à l'égard de Camus. Il a mis une citation du *Mythe de Sisyphe* en exergue de son ouvrage le plus connu, *Le Hasard et la Nécessité* (1970).

Jeanyves Guérin

SCIPION. – Dans *Caligula*, en face du personnage historique de Cherea, Camus invente celui du jeune Scipion (âgé de dix-sept ans selon la liste des personnages dans la version de 1941) et enrichit son rôle dans l'édition de 1947, tout en affaiblissant son désir de vengeance. Plus hésitant à partir de cette édition, il incarne le poète contemplatif et rêveur qui est là pour « comprendre » (mot récurrent) plutôt que pour agir. Sa parole fait écho à la prose lyrique de *Noces* : il est plongé dans l'« état lyrique », « état du pur amour » (Henry de Montherlant, « Syncrétisme et Alternance », *Aux fontaines du désir*) et de l'accord avec le monde, tout en découvrant, par la « leçon » de lucidité de Caligula, la faiblesse de la condition humaine, en des termes également camusiens.

Passant de la tentation de « sauver » Caligula, à qui le lie une affection ancienne (I, 6), à l'incompréhension (I, 9), puis au désir de tuer l'empereur meurtrier de son père, Scipion est très perturbé par la phrase énigmatique de Caesonia : « Essaie de le comprendre » (II, 12). Dans son dialogue capital avec Caligula (II, 14), qui veut voir ses « dernières pièces » et croit en sa qualité de créateur, il se montre « partagé entre sa haine et il ne sait pas quoi ». Lorsqu'il doit évoquer son poème célébrant la nature, un moment fugace de douceur lyrique et de communion poétique s'installe entre eux, qui surprend d'abord Scipion. Le jeune homme se présente comme le poète de la pureté dans le bien et l'amour, alors que Caligula, « monstre », « joueur », symbolise la pureté dans le mal et le sang ; d'ailleurs leur dialogue retombe dans la violence de l'affrontement, avant une phase plus calme, une fois que Scipion a mesuré à quel point de cruauté et de désespoir Caligula est parvenu.

S'il lutte encore à l'acte III contre l'attitude blasphématoire de l'empereur, au risque de passer pour un « anarchiste » ou pour « une belle figure morale », et s'il lui tient tête fermement au sujet de la tyrannie, la première scène de l'acte IV avec Cherea (ajoutée en 1947) montre son incapacité à suivre son aîné dans l'acte meurtrier parce qu'il se sent trop proche de Caligula (« Si je le tuais, mon cœur du moins serait avec lui », « La même flamme nous brûle le cœur ») et de son exigence supérieure douloureuse. Quand Scipion dit : « Je ne puis pas choisir [...] Mon malheur est de tout comprendre » et « plus personne pour moi n'aura jamais raison ! », alors que Cherea a tranché : « Il est des heures où il faut choisir », c'est bien le poète lyrique non engagé qui s'oppose à l'homme d'action prosaïque. Son âme profondément compréhensive de poète s'ajoute à son désir d'absolu, inspiré par le tyran, pour le pousser vers lui, et donc vers le désespoir (« Et désespérer une jeune âme est un crime qui passe tous ceux qu'il a commis jusqu'ici »).

Quelle voie Camus invite-t-il à prendre, entre l'idéalisme et le réalisme ? Scipion, persuadé qu'« il n'y a plus d'issue » ni pour lui-même ni pour Caligula, si proches, part « très loin chercher les raisons de tout cela » (IV, 13, éditions de 1947 et 1958). L'aveu d'échec de ce dernier (« Ma liberté n'est pas la bonne »), sa solitude extrême et le sentiment de sa culpabilité inviteraient à conclure à la nécessaire victoire du résistant Cherea. Même si Camus n'indique pas ce que deviendra Scipion, sa ressemblance soulignée avec Caligula pourrait le condamner lui aussi au nihilisme, mais, d'un autre côté, la création artistique paraît être une réponse efficace en face de l'absurde.

En 1945, au Théâtre Hébertot, le rôle de Scipion fut créé par le jeune Michel Bouquet, puis par Georges Carmier. Par la suite, on vit dans ce rôle Denis Manuel au festival d'Angers de 1957, Lilah Dadi à la Comédie-Française en 1992, Attila Toth (en alternance avec Andy Gillet) au Théâtre de l'Atelier en 2006. Nathalie MACÉ

Bibl. : Alan J. Clayton, « Remarques sur deux personnages camusiens : Hélicon et Scipion », *Revue des sciences humaines*, n° 129, janvier-mars 1968, p. 79-90 • Jeannette Laillou-Savona, « La pièce à l'intérieur de la pièce et la notion d'art dans *Caligula* », *Revue des Lettres modernes*, série Albert Camus, 7, 1975, p. 77-94

SCOLARITÉ. – Sur sa vie d'écolier, de lycéen et d'étudiant, tout entière passée à Alger, Camus s'est longtemps montré discret, même dans des œuvres de caractère autobiographique comme *L'Envers et l'Endroit*. La plupart des informations recueillies par ses biographes ont fini par prendre chair dans *Le Premier Homme* qui, même si on doit le lire par principe comme un roman, s'impose comme un témoignage authentique sur les années de jeunesse de son auteur.

Camus fréquenta un jardin d'enfants dirigé par une « Mademoiselle Marie » avant d'entrer à l'école communale du quartier de Belcourt, située rue Aumerat. Il y appréciait les cours de français et de géographie. Il en gardera le souvenir d'un livre intitulé *Les Enfants de la mer*, et surtout de la lecture que faisait en classe son instituteur Louis Germain du roman de Roland Dorgelès, *Les Croix de bois*. M. Germain (appelé « M. Bernard » dans *Le Premier Homme*) joua un rôle décisif dans son existence en lui donnant gratuitement des cours supplémentaires afin de le présenter au concours des bourses, qui permettait d'entrer en classe de sixième du lycée (aujourd'hui appelé « collège » jusqu'à la troisième). Plus encore que sur les heures d'études (« Allonger et faire exaltation de l'école laïque », lit-on en marge du manuscrit), *Le Premier Homme* retient les aventures de l'enfant (Jacques Cormery) sur le chemin de l'école, ses bagarres avec des copains ou les parties de football qu'il disputait dans la cour.

Le Grand Lycée (baptisé lycée Bugeaud en 1930 à l'occasion du centenaire de la colonisation) était situé à l'autre bout de la ville, à l'entrée du quartier de Bab el-Oued. Camus se levait très tôt le matin : demi-pensionnaire, il avait droit non seulement au déjeuner, mais au petit déjeuner (il n'y a pas de petites économies pour les familles pauvres). *Le Premier Homme* nous en apprend, ici encore, moins sur le contenu des cours que sur le trajet parcouru par Jacques (en tramway, puis à pied de la place du Gouvernement au lycée), sur ses camarades, sur sa gêne de devoir avouer à ses professeurs que sa mère était incapable de signer son carnet de notes, ou encore sur les cérémonies de distribution de prix d'où il repartait les bras chargés de livres sous le regard admiratif de sa mère et de sa grand-mère. Enfant « remuant », il était souvent « collé » le jeudi matin. Le domicile familial, on s'en doute, ne lui offrait d'autres livres que ceux qu'il rapportait du lycée. La bibliothèque municipale de son quartier, où il allait le jeudi, plus tard celle de son oncle Acault, étanchèrent sa soif de lectures. Son professeur de philosophie, Jean Grenier, orienta sa vocation. Après avoir été reçu au baccalauréat (section philosophie) avec mention « assez bien », Camus poursuivit en 1932 ses études au lycée en classe de première supérieure préparatoire (hypokhâgne), où il obtint le premier prix de composition française et le second de philosophie. Sans doute, si sa santé l'avait permis, se serait-il présenté au concours d'entrée à l'École normale supérieure. Il obtint en 1935 une licence de philosophie à la faculté des lettres d'Alger, après y avoir suivi à nouveau des cours de Jean Grenier ainsi que de René Poirier, et, en 1936, un Diplôme d'études supérieures de philosophie, équivalent de l'actuel Master 1. Sa santé, encore une fois, lui enleva toute chance de se présenter au concours de l'agrégation.

Pierre-Louis Rey

Bibl. : Herbert R. Lottman, *Albert Camus*, traduit de l'américain par Marianne Véron, Le Seuil, 1978 • Olivier Todd, *Albert Camus. Une vie*, Gallimard, 1996 • Carl A. Viggiani, « Notes pour le futur biographe », *Revue des Lettres modernes*, série Albert Camus, 170-178, 1968

SECRÉTAIRE (La). – La Secrétaire de *L'État de siège* – interprétée lors de la création par Madeleine Renaud – représente celle que l'on finit toujours par reconnaître sans besoin de la nommer : la mort. Elle est l'efficace « collaboratrice » – dénomination « intelligible pour tous les spectateurs de 1948 » – de la Peste. Logique, modeste, optimiste, sagace (c'est elle et non la Peste qui repère en Nada un auxiliaire précieux) et cynique, elle est taillée pour être la responsable logistique du fléau. « Simple exécutante », selon ses termes, elle est en fait l'exécutrice présidant aux radiations. Chef de l'administration labyrinthique et vecteur de la pédagogie totalitaire, elle « trône » dans la conciergerie du cimetière qui « ressemble à un préau d'école ». Au fil de la pièce, elle se révèle pourtant moins négative que la Peste et, dans ses dernières répliques, apparaît comme la première victime du fléau : celle qui était liée au hasard et avait donc la main quelquefois secourable a été « mise au service de la logique et du règlement », dépouillée de son impartialité par la Peste. La manière volontairement anachronique par laquelle elle est désignée témoigne de cet asservissement : contrairement à la

Peste qui, même après s'être identifiée, reste longtemps l'Homme, sa complice sera « la femme » – féminité réservée au personnage le moins inhumain du tandem totalitaire – puis, dès ses premiers mots, la Secrétaire, forme administrative, bureaucratique de la servitude. Celle qui était « gaie, contente, propre de sa personne » se transforme scéniquement en vieille femme, plus sage et moins haineuse que la Peste. Son goût logique et esthétique pour les hommes, et pour Diego en particulier, la rédime en partie. Lasse de sa macabre besogne, presque compatissante, elle n'approuve le règlement de la Peste que dans ses failles. Conformément à son statut de *secrétaire*, elle possède le *secret* de la révolte et, mi-vamp, mi-pédagogue, le révèle à Diego. Cependant, même après la rencontre électrochoc avec le héros, son divorce avec la Peste n'est pas complet : elle discute les ordres, réclame un répit, mais obéit. Elle reste la « murène vicieuse » qui, lors de la scène du vol du carnet, marchande et manipule les habitants de Cadix, empressés d'être à la fois opprimés et oppresseurs. Marquée par la duplicité – « votre langue est double », constate Diego – elle est à la fois victime *et* bourreau, position intenable.

Benoît BARUT

SELLERS, Catherine (née en 1928). – « Une toute petite, très mince, toute en yeux, toute en feu, toute en don, légère comme une abeille noire et or, légère comme une flammèche pourpre et sang, une toute petite jeune femme » : ainsi Claude Roy dépeint-il Catherine Sellers. Née à Paris, elle a passé la Seconde Guerre mondiale en Algérie où sont ses racines. Elle a ensuite obtenu une licence d'anglais et allait se tourner vers l'étude du théâtre élisabéthain quand, ayant décidé d'être comédienne, elle décida de suivre les cours de Tania Balachova. Remarquée dans *Noces de sang* et *Dialogues des carmélites*, elle joue, en 1956, le rôle de Nina dans *La Mouette* de Tchekhov au Théâtre de l'Atelier. C'est à cette occasion que Camus la repère et mesure ses dons de tragédienne. Il lui propose aussitôt le rôle de Temple Drake dans *Requiem pour une nonne*, pièce qu'il a adaptée d'un roman de William Faulkner et a décidé de mettre en scène au Théâtre des Mathurins. Son jeu bouleverse le public et la critique qui ne tarit pas d'éloges. Jean-Jacques Gautier, Georges Lerminier et Jean Duvignaud s'accordent pour la trouver « extraordinaire ». Pour certains, elle est l'héritière et l'égale de la grande Ludmilla Pitoëff. Morvan Lebesque la tient pour « la meilleure artiste dramatique de sa génération ». Camus, pour sa part, est subjugué non seulement par l'actrice mais par la femme dont il apprécie l'intelligence et la culture. Une note de ses *Carnets* en témoigne : « J'aime ce petit visage soucieux et blessé, tragique parfois, beau toujours ; ce petit être aux attaches trop fortes mais au visage éclairé d'une flamme sombre et douce, celle de la pureté, une âme [...]. Pour la première fois depuis longtemps, touché au cœur par une femme, sans nul désir, ni intention, ni jeu, l'aimant pour elle, non sans tristesse. » Leur camaraderie se change en un grand amour. En 1959, il la dirige à nouveau dans son adaptation des *Possédés*. Elle interprète le rôle de Maria Lebiadkine.

À la fin de cette année 1959, Catherine Sellers rejoint la troupe de l'Odéon. Jean-Louis Barrault lui confie les premiers rôles féminins de *Tête d'or* puis du *Soulier de satin*. Elle est aussi une mémorable Andromaque. André Barsacq lui permet de jouer la Nastassia de *L'Idiot*. Elle a aussi été une admirable Antigone de Sophocle au Théâtre national populaire et a encore interprété Chimène et la Lioubov de *La Cerisaie*. Elle n'a plus joué de pièce de Camus, mais a mis en scène une adaptation de *La Chute*. Sa dernière grande apparition sur une scène parisienne date de 1997-1998 dans *L'Amante anglaise* de Marguerite Duras.

Jeanyves GUÉRIN

Bibl. : Claude Roy, « Une colombe noire », *Le Nouvel Observateur*, 9 février 1966

SÉNAC, Jean (1924-1973). – Le 16 juin 1947, depuis le sanatorium de Rivet en Algérie où il est hospitalisé pour neuf mois, Jean Sénac adresse, sur les conseils d'amis communs, Sauveur Galliéro et Claude de Fréminville, une lettre à Albert Camus chez son éditeur parisien. Il dit à l'écrivain déjà célèbre, de treize ans plus âgé, l'admiration qu'il lui porte et la gratitude avec laquelle il lit le recueil de *Noces*. La réaction de Camus ne se fait guère attendre ; le 24 juin, il répond : « Peu de lettres pouvaient me toucher autant que la vôtre. » On imagine en effet la résonance intime qu'a dû trouver en l'aîné la démarche d'un tel jeune homme, amplifiée par un nombre de points communs troublants : outre la maladie, l'absence de père (Sénac est un enfant naturel qui ignore tout du sien), l'ascendance maternelle espagnole, l'origine pauvre ; et surtout, une vocation littéraire liée à un amour passionné pour l'Algérie. Dès lors s'engage durant une dizaine d'années une relation personnelle très riche qui deviendra vite plus qu'amicale, affectueuse. Mais elle suivra le cours tumultueux de l'histoire de l'Algérie, conduisant au début les deux hommes à un rapport de très grande proximité puis à une opposition grandissante au fil de leurs divergences politiques sur le devenir de leur terre natale, jusqu'à la rupture douloureuse mais irréversible.

Sénac exerçait déjà des activités culturelles avant de connaître Camus : il fréquentait aussi bien les écrivains « algérianistes » que ceux de « l'école d'Alger », donnait des critiques littéraires à quelques revues, avait créé en 1946 le Cercle littéraire et artistique Lélian. Camus, touché par le « talent lumineux et sain » de la poésie de Sénac, va lui apporter, en plus d'une fréquente aide matérielle et d'accueils à Paris, des appuis décisifs dans le domaine littéraire. Il l'accompagne dans la création de revues à Alger : en 1949-1950, *Soleil*, tribune intercommunautaire qui recevra les contributions de Mouloud Feraoun ou Ahmed Séfrioui aussi bien que de Jean Grenier, René Char et Albert Camus (un chapitre inédit de *L'Homme révolté* que l'essayiste confie en août 1951 à cette revue) ; en 1953, *Terrasses*, qui publiera Mohammed Dib, Kateb Yacine, Abdelkader Safir aussi bien que Francis Ponge, Emmanuel Roblès, Émile Dermenghem, Jean Daniel ; Camus, pour sa part, donnant *Retour à Tipasa*. Plus encore, Camus fera publier en 1954 chez Gallimard, dans la collection « Espoir » qu'il dirige, *Poèmes*, le premier recueil de Sénac, avec préface de René Char à qui il a présenté le jeune poète. C'est dire que les premières années de leur amitié se vivent sous le signe de la confiance et de la communion en littérature (à la nuance près que d'emblée, Sénac s'intéresse surtout, et sans exclusive, aux écritures essentiellement centrées sur l'Algérie, ce qui ne saurait être la seule visée pour Camus).

Il en va autrement dans le domaine politique. S'ils forment en effet tous deux le vœu d'une Algérie fraternelle où les différentes communautés pourraient vivre sur un plan d'égalité, pour

Camus celle-ci ne peut se réaliser que dans le cadre d'un rattachement à la France tandis que Sénac la voit assez vite prendre une indépendance dont il faudra accepter de payer le prix. Sénac prit ses premiers contacts avec les milieux nationalistes algériens dès 1950 (son premier texte proalgérien date du mois de novembre), puis se rapproche vraiment d'eux en 1953 avec un enthousiasme que traduit une œuvre intitulée *Matinale de mon peuple.* Camus envisage pourtant d'aider à la publication de ce texte auquel il trouve force et sincérité. Cependant le désaccord s'accuse entre les deux écrivains au cours de l'année 1954 autour de l'appréciation de la violence en Algérie, terrorisme aveugle et condamnable pour Camus, réponse obligée à la violence coloniale pour Sénac. Des élans de conciliation retardent encore quelques mois le grand déchirement. Mais en 1955, l'engagement de Sénac franchit encore un pas : il épouse sans réserves la cause du FLN, se déclarant même prêt à rejoindre le maquis. En 1956, éclate au grand jour le caractère inconciliable de leurs positions : alors que Camus publie dans *L'Express* les grandes lignes de son appel à la trêve civile, Sénac écrit dans *Esprit* un article d'une clairvoyance étonnante, professant sa conviction que, derrière le FLN, le peuple algérien a déjà gagné la bataille de l'indépendance. La rupture est consommée à la fin de l'année 1957.

Pendant quelques années, Sénac se voue à des activités militantes, chantant dès la fin des années 1950 la poésie d'une résistance algérienne (*Le Soleil sous les armes*), animant après 1962 une émission culturelle à la radio : *Poésie sur tous les fronts*, ou promouvant par des anthologies la nouvelle poésie algérienne. Il revient ensuite à une écriture personnelle, alliant, dans un anticonformisme à son image, exaltation puis désillusion politiques (lorsqu'il constatera la permanence des suspicions et des rejets intercommunautaires envers celui qui n'aspirait qu'à se fondre dans la nouvelle nation algérienne), élans religieux puisés à un « anarchisme chrétien », aspirations à la pureté, prégnance des corps désirants, lyrisme charnel des amours homosexuelles. La plupart des dernières œuvres fortes et originales seront publiées après 1973, date de son assassinat à Alger. Ce sont surtout des recueils de poèmes tissant ces thèmes phares : *A-corpoème* ; *Dérisions et Vertige : trouvures* ; *Le Mythe du sperme-Méditerranée.* C'est aussi un journal : *Journal Alger, janvier-juillet 1954*, retraçant les doutes et les espoirs de cette année charnière – les siens, et ceux de Camus à l'occasion. C'est encore *Ébauche du père. Pour en finir avec l'enfance*, roman à la structure audacieuse qui élabore diverses figures paternelles comblant la béance originelle. Parmi celles-ci, le fantôme de Camus est évoqué comme celui d'un père auquel il s'est trop identifié : « Comme il y a l'impossible amour, ce fut l'impossible amitié. [...] Et par lui, je crie à nouveau : "Ô Père, pourquoi m'ouvrir les yeux, si c'est pour ne me montrer que les ruines romaines et les malentendus ?" Ô tristesse... »

Martine MATHIEU-JOB

Bibl. : Hamid Nacer-Khodja, Albert Camus, Jean Sénac ou le fils rebelle, Alger, Edif, 2004

SÉPARATION. – Dans les notes préparatoires à *La Peste* qui figurent en abondance dans ses *Carnets*, Camus revient constamment sur « les Séparés », affirmant vouloir faire de la séparation « le grand thème du roman ». Mais si la situation vécue par les personnages nous montre effectivement les souffrances de la séparation, l'interprétation de ce thème dépasse le cadre d'un roman, il faut le rattacher au contexte historique qui est celui de la guerre. Par ailleurs, la séparation est une « situation générale » qui illustre la condition de « l'homme privé de… » et renvoie par conséquent à la philosophie de l'absurde.

« Prisonniers de la peste », les personnages du roman, que le docteur Rieux vers la fin du récit compare à des « émigrants dont le visage d'abord, les habits maintenant, disaient l'absence et la patrie lointaine », vont faire l'expérience douloureuse de la séparation. Le texte précise ensuite les trois sortes de « réunion » auxquelles les exilés de la peste avaient aspiré : « La plupart avaient crié de toutes leurs forces vers un absent, la chaleur d'un corps, la tendresse ou l'habitude. » On suit par exemple tout au long du roman les efforts du journaliste Rambert, séparé de sa femme qu'il a laissée à Paris, pour lutter contre la séparation. Mais ces efforts ne font qu'aggraver sa situation : « il s'aperçut, comme il devait le dire au docteur Rieux, que pendant tout ce temps il avait en quelque sorte oublié sa femme, pour s'appliquer tout entier à la recherche d'une ouverture dans les murs qui le séparaient d'elle ». La souffrance morale la plus douloureuse vient de l'impuissance de ces personnages à maîtriser le temps, ils connaissent alors « le désir déraisonnable de revenir en arrière ou au contraire de presser la marche du temps, ces flèches brûlantes de la mémoire ».

Dans ses *Carnets* des années 1942-1943, Camus mêle à des notes concernant la genèse de *La Peste* des réflexions à caractère à la fois historique et personnel, et notamment : « Ce qui me semble caractériser le mieux cette époque, c'est la “séparation”. Tous furent séparés du reste du monde, de ceux qu'ils aimaient ou de leurs habitudes ». Il reprendra cette idée dans un article de *Combat* du 22 décembre 1944, publié ensuite dans *Actuelles* : « Oui, cette époque est celle de la séparation. On n'ose plus prononcer le mot de bonheur dans ces temps torturés. Et pourtant, des millions d'êtres, aujourd'hui, sont à sa recherche, et ces années ne sont plus pour eux qu'un sursis qui n'en finit plus, et au bout duquel ils espèrent que leur bonheur sera à nouveau possible. » Camus a fait lui-même cette expérience puisque, de 1942 à la Libération, il a vécu « exilé », loin de l'Algérie, et « séparé » des siens, de sa femme en particulier. Il faut y ajouter le sentiment d'exil qu'il a ressenti par rapport au milieu intellectuel parisien.

L'interprétation du thème de la séparation dépasse le contexte historique : il faut l'étendre, comme Camus le dit lui-même dans ses *Carnets*, à « la notion d'existence en général ». L'image de la prison et des prisonniers lui permet dans *La Peste* de souligner le caractère général de la situation : « Du point de vue supérieur de la peste, tout le monde, depuis le directeur jusqu'au dernier détenu, était condamné et, pour la première fois peut-être, il régnait dans la prison une justice absolue. » De façon métaphorique, c'est la condition absurde de l'homme qui est ainsi représentée : « Tout, dès qu'on creuse, aboutit à un problème métaphysique », écrit encore Camus dans ses *Carnets*. La situation de l'homme dans le monde est également montrée dans *Le Malentendu* où Jan, le fils, revenu chez les siens, constate : « j'ai le sentiment de m'être trompé et de n'avoir rien à faire ici. Pour tout vous dire, j'ai l'impression pénible que cette maison n'est pas la mienne ». Et sa femme, Maria, ne sera pas entendue lorsque, après sa mort, elle appelle à l'aide dans son cri final : « Ayez pitié, Seigneur, de ceux qui s'aiment et qui sont séparés ! »

Jacques LE MARINEL

SÉRIEUX. – L'ambiguïté du terme ressort de deux notes des *Carnets* : « Maintenant, suis-je capable de ce que les autres appellent le "sérieux" ? Suis-je un paresseux ? » (4 octobre 1937) et : « — Vous appelez tempérament l'absence de tout sentiment sérieux. — Exactement. (Du moins au sens où vous prenez "sérieux") » (décembre 1937). En 1954, Camus note plus catégoriquement : « Conversion au sérieux. Le sérieux c'est le mensonge accepté et l'infirmité reconnue. Pour tout le reste, la sincérité tranquille. » Le sérieux vu par « les autres » condamne l'insouciance des Algériens. Ainsi cet Oranais qui bâille en se disant qu'« il va falloir qu'il s'occupe de quelque chose d'élevé » (*Le Minotaure ou la Halte d'Oran*) ou encore le narrateur de *Noces*, « paresseux » uniquement préoccupé du bien-être présent. Meursault (*L'Étranger*) refuse d'« accepter le mensonge » ; c'est sa « sincérité » qui l'empêche à la fois d'entendre Marie, pour qui le mariage est « une chose grave », et de prendre au sérieux la comédie jouée par la justice des hommes. Se soustraire à l'esprit de sérieux exigé par la société ne signifie pas qu'on a le droit de faire n'importe quoi : le « ça m'est égal » cher à Meursault ne saurait déboucher sur le « jeu » de Caligula ni sur la mauvaise plaisanterie de Jan, qui cause le tragique du *Malentendu.* Cette plaisanterie est du reste désapprouvée par Meursault quand il lit le fait divers qui inspirera la pièce de Camus : à sa façon, le héros de *L'Étranger* prend la vie au sérieux.

« Tragique » et « sérieux », les deux termes apparaissent quasiment synonymes dans ce conseil donné par Zagreus à Mersault, dans *La Mort heureuse.* : « Ne me prenez pas trop au sérieux. [...] Ne prenez au tragique que le bonheur ». La formule oriente vers ce qu'on appellera le bon usage du sérieux. Ainsi Schopenhauer était-il mal venu de parler du suicide devant une table bien garnie : « Cette façon de ne pas prendre le tragique au sérieux n'est pas si grave, mais elle finit par juger son homme », écrit Camus dans *Le Mythe de Sisyphe*, où nous est aussi commandé de « prendre au sérieux la liberté de l'homme ». Quand, enfin, il note dans les *Carnets* en 1944 : « celui qui aborde *sérieusement* le problème moral doit finir dans les extrêmes », il s'agit d'un sérieux pleinement assumé.

Pour avoir pris au sérieux sa tâche d'artiste autant que ses engagements de citoyen, Camus fut trop souvent soupçonné par ses contemporains de s'être pris lui-même au sérieux. Conscience tragique s'il en fut, il aimait goûter aux joies faciles de la vie. Ce double aspect de sa personnalité se reflète dans son œuvre. Dans *L'Été*, par exemple, on le trouve tantôt tendu vers un bonheur qu'il convient de prendre au tragique (« Nous ne gagnerons pas notre bonheur avec des symboles. Il y faut plus de sérieux. »), tantôt souriant pour évoquer des spectacles ou des gens qui lui sont familiers (« Après tout, la meilleure façon de parler de ce qu'on aime est d'en parler légèrement. »).

Pierre-Louis REY

SICARD, Jeanne-Paule (1913-1962). – On est tenté de distinguer deux périodes dans la vie de Jeanne-Paule Sicard : l'enfance et la jeunesse en Algérie d'une part, une carrière administrative dans la société politique d'autre part. Ce serait oublier que les engagements de la jeunesse peuvent aussi se croiser avec le service de l'intérêt commun. Née à Oran, fille d'un colon responsable des fédérations agricoles et militant d'Action française, elle effectue des études secondaires à Oran avant d'entreprendre en 1931 des études de lettres par correspondance, ses parents lui interdisant de quitter Oran. À sa majorité, elle s'installe à Alger et y rencontre Camus en mai 1935 par l'entremise de la famille Raffi qui édite la *Revue algérienne*, à laquelle elle collabore. Elle adhère au parti communiste et se trouve chargée du bureau des spectacles à la maison de la Culture. Coauteur (avec Camus, Poignant et Bourgeois) de *Révolte dans les Asturies*, elle rédige la scène du Conseil des ministres. L'année suivante, en septembre 1937, elle effectue en compagnie de Camus et de Marguerite Dobrenn un voyage en Italie qui marque fortement l'écrivain. Elle participe activement au Théâtre de l'Équipe, jouant dans *La Célestine* de Rojas, dans *Le Paquebot Tenacity* de Vildrac, dans l'adaptation du *Retour de l'enfant prodigue* de Gide et dans *Les Frères Karamazov* et donne au premier numéro de la revue *Rivages* une traduction de la première partie de la pièce de Cervantès, *Les Bagnes à Alger*, dont la suite reste inédite. Reçue deuxième au concours féminin de l'agrégation en 1941, elle enseigne jusqu'en 1943 au lycée d'Oran, ville où elle retrouve plusieurs Algérois réfugiés, dont Camus.

À Alger, elle rencontre René Pleven qui la prend à son service comme attachée de presse et chargée de l'information : elle le suit tout au long de sa carrière. Elle est notamment secrétaire de la conférence de Brazzaville en 1944 et fait partie, tout en étant rattachée au Commissariat au Plan, de treize cabinets ministériels. Elle est la première femme chef de cabinet d'un président du Conseil. « Sage comme Minerve, secrète comme le Sphinx », la qualifie un journaliste ; d'autres la considèrent comme une éminence grise. Elle est également directrice-gérante et rédacteur en chef du *Petit Bleu des Côtes-du-Nord*, journal politique de Pleven, dans lequel elle publie à plusieurs reprises des articles sur Camus. Elle décède des suites d'un accident de voiture, quelques mois après l'indépendance de l'Algérie qui avait entraîné le retour de sa famille en France. Guy Basset

Bibl. : Pierre-François Astor, *Jeanne Sicard (1913-1962) : l'anonymat et l'influence en politique*, thèse de doctorat, université de Nice Sophia Antipolis, 2000 • Id., « Jeanne-Paule Sicard, de Washington au Quai d'Orsay (1951-1958) », dans Yves Denéchère (dir.), *Femmes et diplomatie*, Bruxelles, Peter Lang, 2004, p. 93-110 • Jeanne Sicard, « *Le Mythe de Sisyphe* par Albert Camus », *Renaissances*, n° 8, janvier 1945, p. 131-134 • Id. (non signé), « À chacun sa vérité, paix pour les hommes », *Le Petit Bleu des Côtes-du-Nord*, 30 novembre 1946 (sur certains articles de Camus) • Id. (signé T. R. Gautier), « Les marchands du temple », *Le Petit Bleu des Côtes-du-Nord*, 28 novembre 1953 (à propos de *L'Homme révolté*) • Id. (non signé), « L'appel d'Albert Camus pour une trêve civile en Algérie », *Le Petit Bleu des Côtes-du-Nord*, 12 mai 1956 • Id. (signé T. R. Gautier), « En face du monde contemporain », *Le Petit Bleu des Côtes-du-Nord*, 22 mars 1958 (sur le *Discours de Suède*) • Id. (non signé), « Lectures pour les vacances, La Chronique algérienne d'Albert Camus », *Le Petit Bleu des Côtes-du-Nord*, 19 juillet 1958 (à propos d'Actuelles III) • Id. (signé JPS), « Mort d'Albert Camus », *Le Petit Bleu des Côtes-du-Nord*, 16 janvier 1960 • Id. (signé JPS), « Albert Camus et l'Algérie » *Le Petit Bleu des Côtes-du-Nord*, 10 décembre 1960 • Id. (signé JPS), « À propos des *Pages choisies* d'Albert Camus présentées par Louis Faucon », *Le Petit Bleu des Côtes-du-Nord*, 10 février 1962

SILENCE. – Lorsque Camus remonte dans ses souvenirs, il y rencontre toujours un silence énigmatique. De ses parents qui devraient le diriger au centre du monde verbal, le père est absent, mort au champ de bataille en 1914, l'année suivant la naissance de son fils, et la mère présente mais sourde et presque muette. Il serait naturel, dans pareille situation, que l'enfant ait beaucoup de difficultés à trouver une clef qui lui permette d'entrer dans ce monde verbal. Dans *L'Envers et l'Endroit*, son premier essai, l'enfant, embarrassé devant ce silence insondable de la mère, ne peut s'empêcher de se sentir étranger. Il ne dispose pas encore de paroles pour manifester son amour à la mère. Cet enfant deviendra écrivain cherchant les mots qui fassent équilibre au silence de la mère.

Il n'est que dans le silence que le fils et la mère puissent s'aimer. Comme celui qu'il partage avec la mère lui paraît être une pérennité semblable à la mort, le fils en arrive à avoir une envie extraordinaire de s'unir avec la mère dans la mort. Cette envie se manifeste dans *L'Étranger* et *Le Malentendu*, où le fils et la mère meurent successivement comme si l'un poursuivait l'autre. Par ailleurs, au cas où il ne s'agit pas d'un tel silence absolu, le fils et la mère, dans un silence relatif, peuvent communiquer au moyen de regards et de sourires sans utiliser le langage. Ce couple heureux se trouve vaguement dans les premières œuvres mais surtout dans *La Peste*, où ne se manifete plus l'aspect négatif du silence maternel, le fils se confiant à la mère idéalisée qui garde un silence parfait. Camus apprit dès son enfance de sa mère qu'il existe un monde simple et direct où le langage est superflu. Dans *La Peste*, le monde incarné par la mère, auquel aspire le héros Rieux, est décrit comme celui de la sagesse et de la sainteté.

Les œuvres de Camus, surtout les premières, sont imprégnées de ce silence de la mère, elles sont en outre pénétrées du silence obtenu dans la nature. Dans *Noces*, à Tipasa, le silence adouci par des bruits sourds calme le cœur humain et y fait régner le silence intérieur qui égale celui de l'extérieur ; et à Djémila, se déroule une rêverie de la pétrification où l'être camusien souhaite s'échapper de l'humain, nier l'esprit, faire partie de la nature, et finalement s'unir au monde minéral. Cette rêverie s'incarne dans Mersault qui est toujours muet. Dans *Le Malentendu*, les personnages, désespérés de chercher le salut sur la terre, lèvent les yeux vers le ciel, mais Dieu est muet comme la pierre ; dans *Le Mythe de Sisyphe*, les héros de l'absurde se révoltent contre ce mutisme de Dieu – ils considèrent plus ou moins le silence comme une vertu et une arme qui leur permet de sauvegarder les forces de révolte contre un destin implacable.

Grâce au silence de la mère et de la nature, Camus découvre le monde de l'immédiateté et de la transparence. Pourtant il souffre en même temps de la solitude imposée par ce silence. Il essaie donc de chercher les mots au moyen desquels il se délivre et qui, à la fois, le rendent capable de parler à la place des gens privés de parole autour de lui. Dans *L'Envers et l'Endroit*, il se charge d'être le porte-parole des vieillards du quartier pauvre qui sont obligés de se taire, ce qui le met aussi à même de parler de son enfance entravée par le silence. Ainsi il n'oubliera jamais celui-ci un seul moment, de même que l'exil des pauvres, des vieux et de tous les faibles du monde. Il ne connaît qu'un seul moyen pour rompre sa solitude et la leur : être un témoin juste et exact, sans réserve ni emphase.

Divers maux imposent à l'homme le silence : l'exil, la misère, la vieillesse et la solitude. Camus qui les connut dès l'enfance rencontre le plus implacable, la guerre, et plus exactement l'occupation de la France. Le silence de la

France sous l'Occupation est en effet représenté dans *La Peste* : le docteur Rieux en est le secrétaire fidèle, qui prend la plume pour témoigner en faveur des citoyens condamnés au silence, souvent au silence éternel. Après la guerre, Camus s'aperçoit que le silence du totalitarisme s'étend sans tarder sur le monde entier, et dans *L'État de siège* s'élève un cri de révolte contre ce totalitarisme qui interdit toute parole vraie.

Survient ensuite une époque difficile pour Camus : la controverse avec Sartre et les déchirements de l'Algérie. Il est alors tenté par le mutisme et sa voix s'exprime de moins en moins souvent. Cependant à l'occasion des cérémonies de l'attribution des prix Nobel, Camus revient à l'origine de son entreprise littéraire : donner la parole aux muets dans la société et l'histoire. Il reste de nombreuses voix qui, incapables de s'exprimer seules, attendent l'aide d'une autre voix qui porte plus loin.

Dans *Le Premier Homme*, roman inachevé et posthume, Camus cherche à donner la parole au père qui se tait sous la dalle, à la famille muette, aux colons disparus de l'histoire sans laisser de traces, à une population entière qui va être effacée de l'histoire, afin de témoigner en leur faveur et d'enregistrer leur propre histoire. Pourtant, dans ce roman, il suggère par ailleurs que le fils ne pourra pas atteindre le silence de la mère avec les quelques mots qu'il utilise. Ainsi Camus retrouve le grand silence de la mère avant la mort inattendue et prématurée.

Hiroshi MINO

Bibl. : Alain Costes, *Albert Camus ou la parole manquante*, Payot, 1973 • Jean-François Ivaldi, « Le silence éloquent », dans Anne-Marie Amiot et Jean-François Mattéi (dir.), *Albert Camus et la philosophie*, PUF, 1997 • Hiroshi Mino, *Le Silence dans l'œuvre d'Albert Camus*, José Corti, 1997.

SILENCES DE PARIS (Les). – Il s'agit d'une pièce radiophonique datée de 1948 et diffusée le 30 avril 1949. Paul-Louis Mignon était chargé de la production, Pierre Capdevielle de la musique, Maurice Cazeneuve de la réalisation et Nicole Vedrès de la collaboration artistique et de la documentation. Elle a été publiée pour la première fois en 2008. Le texte de Camus en est fort bref et accompagné d'un bruitage impressionnant qui récapitule les bruits des quatre années de guerre, de l'occupation nazie à la libération de la capitale, ce que l'auteur appelle « l'occupation sonore » dans une lettre de présentation de l'émission, lettre adressée en l'occurrence à René Char en avril 1949 et conservée dans les archives Gallimard. De courts fragments de discours (Pétain, Churchill) sont reproduits (il est fait allusion indirectement à l'appel du 18 Juin que peu de gens ont entendu) en même temps que toutes espèces de bruits, bruits de sirènes, de radios, de haut-parleurs, de troupes, de bottes, de camions militaires, de chars, d'avions, de canons, de bombardements, de concerts de l'armée allemande, avec ici et là des bruits plus anodins – « le piétinement des modestes » – reflétant les allers et venues des habitants. L'impression générale qui s'en dégage est que la ville est assourdie par ces bruits et qu'elle est, avant l'explosion de la Libération, réduite à demeurer silencieuse, mais que ses silences sont divers, comme les bruits, et qu'ils peuvent donner lieu à des interprétations différentes. Dans la présentation de la pièce, Camus note : « Simplement, à travers les manifestations tonitruantes de ce nouvel art de gouverner, il est toujours possible de distinguer la petite voix tranquille de ceux qui aiment et souffrent. »

L'argument de la pièce est très simple : le personnage principal, qui décrit et commente les événements, est un bouquiniste, amoureux du dictionnaire de Bayle qu'il refusera au demeurant de vendre, qui décide de rester à Paris avec sa famille et son chat Prosper. Son voisin, l'encadreur, a choisi au contraire de participer à l'exode, mais il finira par revenir. Réfléchissant aux événements, le bouquiniste doit convenir qu'il n'a presque rien vu, mais beaucoup, probablement trop entendu. « Mais je sais que c'était un temps pour l'oreille. Il a fallu s'adapter et changer nos idées sur le bien et sur le mal. Il a fallu se faire, si j'ose dire, une morale acoustique. » Les réflexions du bouquiniste sont interrompues par les bruits mais aussi par des saynètes de la vie parisienne sous l'Occupation : les queues, les conversations et discussions entre des ménagères sur les difficultés de l'heure, sur le ravitaillement et les cartes de rationnement. Interrompues aussi par de brèves discussions sur les événements : le débarquement aura-t-il lieu, faut-il y croire ? L'attente est longue, avec, entre-temps, pour le bouquiniste, le fait d'écouter « des silences complices » en fermant « les oreilles au fracas d'en haut » – « Tout au fond du silence, il me semblait entendre le froissement des eaux de la Seine » – et en étant sensible à la beauté, à la beauté des filles par exemple. Les trois coups de la BBC sont évoqués en même temps que le claquement des balles, les imitateurs français de la Waffen SS, le débarquement en Afrique, El-Alamein, et Stalingrad. « Tout était double, et même l'espoir. On attendait le débarquement et on avait peur. » Un souvenir très fort est celui du « balai, [le] dernier métro » qu'il valait mieux ne pas manquer.

L'annonce du débarquement est suivi d'un silence « de deux mois, empli du bruit des verrous », le contrôle renforcé des occupants, avant la Libération elle-même : « Alors les pavés eux-mêmes se sont mis à hurler » ; « Nous apprenions alors que nos silences avaient été chargés jusqu'à la gueule. » Après la Libération les discours des élites reprennent de plus belle : « c'est le moment, pense le bouquiniste, de retourner à la boutique ».

Les propos d'ouverture du bouquiniste se situent en réalité après les événements : « C'est une curieuse époque qui a commencé alors. Il y en a qui disent maintenant que c'était le bon temps. » Ses commentaires ultérieurs sont à l'imparfait, qui exprime la durée dans le passé. Alors qu'ils sont rétrospectifs, le lecteur a l'impression que ces commentaires sont contemporains des faits qui sont rapportés au présent.

Ajoutons que l'accent est mis sur le temps spécifique à l'Occupation, fait de répétition (le réveil qu'il faut remonter), d'avancées subites (les anticipations du cours de la guerre), de retours en arrière. L'attente provoque le ressassement – « Je crois pour finir que c'est ça, la défaite. On est condamné à vivre de petites choses » –, comme si le temps s'arrêtait parfois.

Avec *Lettres à un ami allemand*, certains articles de *Combat* et l'introduction aux *Poésies posthumes* de René Leynaud, *Les Silences de Paris* évoquent le temps de l'Occupation et commémorent ses sacrifices. La pièce radiophonique fait plus de place à l'humour et à la vie terre à terre et ses difficultés, moins au tragique de la situation. Ce que *La Peste* avait érigé en lutte mythique contre le fléau est rendu ici au quotidien.

Maurice WEYEMBERGH

Éd. : *Œuvres complètes*, t. III, Gallimard, coll. « Bibl. de la Pléiade », 2008

SILONE, Ignazio (1900-1978). – Secondino Tranquilli est né en Italie à Pescina. En 1915, il adhère aux Jeunesses socialistes italiennes, puis en 1921 au Parti communiste italien (PCI) dont il devient rapidement l'un des dirigeants. L'année suivante, il se rend en URSS et rencontre Lénine. Devenu Ignazio Silone, il revient avec mission de réorganiser le Parti. Il est arrêté en 1922, libéré en 1923 ; il part en Allemagne puis effectue différentes missions pour le compte du PCI et du Komintern. Il rompt avec l'Internationale communiste en 1928 et est définitivement exclu en 1930. Il s'installe alors en Suisse et se consacre à l'écriture. En même temps, il devient journaliste travaillant pour des revues architecturales. Son premier roman, *Fontamara*, décrit la vie des paysans italiens sous le fascisme. Le succès, pour lui, est rapide.

C'est lors de la traduction française de son deuxième roman, *Le Pain et le vin* (Grasset, 1939), qui relate l'errance d'un révolutionnaire italien retourné dans son pays, qu'Albert Camus découvre l'œuvre littéraire de Silone. Il en rend compte élogieusement dans *Alger républicain* – « Ce roman est sans doute celui d'un antifasciste. Mais le message qu'il porte dépasse l'antifascisme. » S'il le qualifie de « révolutionnaire », ce n'est pas seulement à cause de son sujet : « Il n'est point d'œuvre révolutionnaire sans qualité artistique [...]. Il n'est point de milieu entre la basse propagande et la création exaltante. » C'est dans ce même compte rendu qu'il donne cette conception de l'engagement : « Le militant trop vite convaincu est au vrai révolutionnaire ce que le bigot est au mystique. Car la grandeur d'une foi se mesure à ses doutes. » Durant la guerre, Silone reste en Suisse où il anime le mouvement socialiste en exil. En 1945, il revient dans son pays natal et rejoint les rangs du Parti socialiste italien. Il dirige également le groupe fédéraliste L'Europe socialiste. Après avoir accompli un mandat de député, il abandonne la vie politique italienne en 1951 et se déclare désormais « socialiste sans parti et chrétien sans Église ». Il participe à la création de la section italienne du Congrès pour la liberté de la culture et anime la revue *Tempo presente*.

C'est par l'intermédiaire de Nicola Chiaramonte (1905-1972) – exilé antifasciste italien réfugié en Suisse et proche des milieux antitotalitaires du Congrès pour la liberté de la culture – et de Jean-Paul Samson (1894-1964) – traducteur de *Fontamara* et du *Pain et du vin*, animateur de la revue *Témoins* et poète libertaire exilé en Suisse – que Camus et Silone font connaissance en 1948. Les deux hommes se rencontrent à la Société européenne de culture (SEC). Leur amitié repose sur des affinités communes : le combat antitotalitaire, le sentiment d'appartenance au monde du travail, l'écriture et la description de la misère et de la pauvreté. Ils ont participé à plusieurs réunions pour les républicains espagnols et les insurgés hongrois. Après la mort de Camus, Silone poursuit sa carrière d'écrivain. Il meurt à Genève après avoir publié plusieurs livres consacrés à la morale (*Le Renard et les camélias*, trad. fr. 1960), au communisme (*Sortie de secours*, trad. fr. 1966) et à la pauvreté (*L'Aventure d'un pauvre chrétien*, trad. fr. 1968).

Sylvain Boulouque

Bibl. : Giulia Paola Di Nicola et Attilio Danese, *Silone, percorsi di una coscienza inquieta*, L'Aquila, Fondazione Ignazio Silone, 2006 • *Per Ignazio Silone*, Florence, Polistampa, 2002

SISYPHE. – Le fils d'Éole, condamné par les dieux à rouler sans relâche jusqu'au sommet d'un mont des Enfers un rocher qui toujours retombe au bas de la pente, apparaît dans le chapitre final de l'ouvrage de Camus auquel il prête son nom. C'est entre septembre 1940 et février 1941 que « l'essai sur l'Absurde », envisagé dès 1936 pour accompagner en un cycle commun *L'Étranger* et *Caligula*, s'achève et prend le titre définitif de *Mythe de Sisyphe* sous lequel il est publié en octobre 1942. Camus ne saurait mieux souligner la fonction exemplaire du personnage mythique : érigé en véritable figure, Sisyphe constitue en effet à ses yeux « le héros absurde » par excellence.

Il ne cherche assurément pas à faire œuvre de mythographe. Les sources antiques sont simples, empruntées pour la plupart à la *Nouvelle Mythologie grecque et romaine* (1919) de Pierre Commelin et au *Larousse du XXe siècle*. Camus ne craint pas à cet égard de mêler la légende homérique à des traditions plus mineures, sans toujours les distinguer explicitement, frôlant même, à l'occasion, la confusion. Reprenant à l'*Iliade* l'évocation du « plus rusé des hommes », devenu « le plus sage et le plus prudent des mortels », et à l'*Odyssée* l'épisode de la montagne et du rocher, il rappelle les diverses causes du châtiment du héros, nées de versions plus ou moins répandues : dénonciation de l'enlèvement d'Égine, fille d'Asope, par Jupiter ; capture et enchaînement de la Mort, que Camus attribue à tort à Homère ; refus de rentrer au royaume des ombres après avoir obtenu de Pluton l'autorisation de revenir sur terre châtier sa femme.

En dépit de leur diversité, ces récits servent pour Camus un but unique, illustrant la réponse à la question fondamentale qui anime l'essai tout entier : la vie vaut-elle d'être vécue sans espoir ni en Dieu ni en la raison ? Tout en Sisyphe, dernier avatar de l'absurde, traduit ainsi « son mépris des dieux, sa haine de la mort et sa passion pour la vie ». S'il trahit Jupiter, c'est pour redonner l'eau à Corinthe ; s'il trahit Pluton, c'est par amour de « la mer éclatante » et des « sourires de la terre ». Le châtiment lui-même vient exalter paradoxalement le « oui » répondu à la vie. « On ne nous dit rien sur Sisyphe aux enfers », prétend étrangement Camus, pour mieux s'autoriser sans doute une récriture novatrice du *topos* homérique. L'évocation de l'immense rocher, de la sueur et des douleurs du condamné laisse alors place à la contemplation du visage de Sisyphe lors de son retour dans la plaine. Vision essentielle et moment clé où se dessine, dans l'acceptation du tourment, ni désespoir ni espérances vains mais « une joie silencieuse ». Tout à la fois impuissant et révolté, Sisyphe, par la conscience même qu'il a de son destin, lui devient supérieur. Et le héros moderne de renouveler le tragique antique en décidant, à l'instar d'un Œdipe vieillissant, non pas seulement de se résigner, comme le dit en réalité Sophocle, mais que « tout est bien ». Dans la fidélité à cette suite d'actions sans finalité qui constitue son monde, « il faut » donc, nous enjoint Camus, « imaginer Sisyphe heureux ».

Imaginer, voir, contempler, regarder, les termes se répètent sans cesse, redoublant, par la vision de l'auteur et du lecteur, le regard même du héros sur sa destinée. C'est qu'il ne s'agit pas ici de philosophie abstraite, mais de philosophie pratique et sensible. Et si l'essai porte la marque des lectures philosophiques de Camus, en particulier Kierkegaard et Nietzsche, il puise tout autant son inspiration chez ses romanciers de prédilection, Melville, Kafka, Dostoïevski, et plus encore peut-être dans son expérience propre. Savoir comment il faut vivre et se conduire, tel est bien en somme, au-delà des concepts fondamentaux, ce qu'illustre Sisyphe. On comprend mieux dans cette perspective la fonction centrale du mythe pour Camus. « Il n'y a pas de pensée absurde, il n'y a qu'un mythe absurde », confie-t-il en 1943 à son maître Jean Grenier. Le statut dominant de l'image dans le récit mythique, condensation riche de significations irradiantes, donne à voir en effet, dans leur complexité vivante, « le visage, le geste et le drame terrestres où se résument une difficile sagesse et une passion sans lendemain ». Penser par l'image, c'est ainsi multiplier « la philosophie par dix » (*Carnets*), écrire ce qui échappe, inviter à la relecture et signifier enfin l'énigme. Entre symbole et métaphore, entre réflexion et imaginaire, entre essai et récit, Sisyphe, homme acceptant son simple destin d'homme, réconcilie *in fine* philosophie et roman. Lise REVOL-MARZOUK

Bibl. : Aeneas Bastian et Pierre Brunel, *Sisyphe*, Éditions du Rocher, coll. « Figures et mythes », 2004 • Pierre Brunel, « Sisyphe », dans Pierre Brunel, *Dictionnaire des mythes littéraires*, Éditions du Rocher, 1988

SOCIALISME. – « Je n'aurai plus de plaisir à vivre dans un monde d'où aurait disparu ce que j'appellerai l'espoir socialiste », a confié un jour Camus à Roger Quilliot. Le citoyen n'a pourtant cessé d'accumuler les déceptions.

Dans l'un de ses premiers éditoriaux, en septembre 1944, Camus, parlant au nom de *Combat*, évoque « nos camarades socialistes ». C'est dire qu'il les considère comme des partenaires, des alliés privilégiés. La doctrine socialiste est largement répandue. Il y voit une « mode ». Une partie de la droite, constate-t-il pour s'en réjouir, s'est même ralliée à l'idée de la justice sociale. En novembre 1944, il distingue deux projets : le « socialisme marxiste » représenté par les partis communiste et socialiste et le « socialisme libéral » porté par la Résistance. Et de s'interroger : leur nécessaire « confrontation » aboutira-t-elle à une synthèse originale ? La doctrine, d'ailleurs, est à ses yeux le point faible du socialisme. Il conteste donc, dès cette époque, l'optimisme historique, le paradigme du progrès inévitable, le mythe de l'avenir radieux. Lui-même affirme ne pas croire aux « doctrines absolues et infaillibles », aux idéologies, mais leur préfère « l'amélioration obstinée, chaotique, mais inlassable de la condition humaine ». C'est dire que son socialisme est réformiste.

L'éditorialiste a soutenu les nationalisations (il parle plutôt de « socialisations ») des grandes banques, des sociétés d'assurances, des houillères et de l'électricité opérées par le gouvernement provisoire de même que toutes les mesures limitant les profits illicites. Ces « réformes » – il utilise plusieurs fois le terme – vont dans le bon sens à l'heure où la reconstruction du pays s'annonce difficile. « Les instruments de la production », selon lui, doivent être « dans les mains de la nation ». La perspective est dirigiste, jacobine. À noter qu'il utilise les notions de nationalisation, de socialisation et de collectivisation comme si elles étaient interchangeables à ses yeux. Il ne cesse de préconiser l'intervention de l'État dans la vie économique – on ne peut laisser les « puissances d'argent » maîtresses de l'économie – et approuve aussi l'idée de « plan ».

Le 1er octobre 1944, un article de *Combat* fixe ses conceptions: « Nous désirons la conciliation de la justice avec la liberté. » Et de préciser : « Notre idée est qu'il faut faire régner la justice sur le plan de l'économie et garantir la liberté sur le plan politique [...]. Nous désirons pour la France une économie collectiviste et une politique libérale. Sans l'économie collectiviste qui retire à l'argent son privilège pour le rendre au travail, une politique de liberté est une duperie. Mais sans la garantie constitutionnelle de la liberté politique, l'économie collectiviste risque d'absorber toute l'initiative et toute l'expression individuelles. » La « démocratie populaire » qu'il préconise résulte d'un équilibre, d'un compromis, et cette conception rend Camus proche du parti socialiste. Pourtant il n'en rejoint pas les rangs. Il s'en explique dans un éditorial. C'est que le passé de la Section française de l'Internationale ouvrière (SFIO) et ses méthodes étaient peu engageants. « Les socialistes avaient un peu confondu la réalisation de leur doctrine et l'obtention d'une majorité à l'Assemblée. » Il attend que le parti d'une part s'ouvre aux hommes de la Résistance et aux intellectuels, d'autre part repense son corpus doctrinal. Il compte moins sur Léon Blum, dont les conceptions réunies dans un livre, *À l'échelle humaine*, sont maintenant proches des siennes, que sur un homme neuf, Daniel Mayer, pour assurer une refondation ou une rénovation du parti. Celle-ci toutefois est renvoyée aux calendes grecques, car c'est l'archéo-marxiste Guy Mollet qui, appuyé sur les cadres, l'emporte au congrès de septembre 1946.

Quelques semaines plus tard paraît *Ni victimes ni bourreaux*. Camus y clarifie ses positions et affirme sa singularité. Avec l'équipe de *Combat* qu'a renforcée Raymond Aron, il rompt avec la mythologie révolutionnaire. Sa critique de la « révolution trahie » est désormais étendue de l'Union soviétique au marxisme. Il prend parti pour les modernes dans le débat qu'ont les socialistes français, destinataires privilégiés des articles de la série. Les « mêmes socialistes veulent conserver la doctrine marxiste ; les uns parce qu'ils pensent qu'on ne peut être révolutionnaire sans être marxiste ; les autres par une fidélité respectable à l'histoire du parti qui les persuade qu'on ne peut, non plus, être socialiste sans être marxiste ». Il demande une dernière fois à la SFIO de renoncer à la méthode et à l'idéologie marxistes et de se choisir une « utopie plus modeste et moins ruineuse ». Son discours n'est pas entendu. Le parti préfère garder son surmoi marxiste. Camus sympathise avec le Rassemblement démocratique révolutionnaire (RDR) qu'animent Jean-Paul Sartre et David Rousset, mais sans s'y investir. L'entreprise, de toute façon, s'effondre au bout de quelques mois. L'espace entre le Parti communiste français (PCF) et la SFIO était trop étroit.

Avant 1940, Camus était mal informé sur l'Union soviétique. André Gide et son *Retour de l'URSS* (1936) lui avaient certes ouvert les yeux, mais à *Combat* il a été en mesure de s'informer. Faute de se rendre sur place, il a écouté des témoins fiables venus du froid. Manès Sperber, Arthur Koestler, Gustaw Herling, Czeslaw Milosz lui ôtent ses dernières illusions. Il suit attentivement l'évolution des « démocraties populaires » et il développe une critique argumentée du socialisme réel dans *L'Homme révolté*. Il y distingue nettement deux formes historiques de socialisme qu'il appelle l'un le socialisme « autoritaire », « césarien » ou

« industriel », l'autre le socialisme « libertaire ». Sa critique du premier, en fait du marxisme, dont il proclame « l'échec », du communisme soviétique et de ses succédanés, est d'une grande fermeté. L'appropriation collective des moyens de production, assène-t-il, n'instaure pas une économie socialiste, mais un capitalisme d'État. Le productivisme reste la règle : « Le socialisme industriel n'a rien fait d'essentiel pour la condition ouvrière parce qu'il n'a pas touché au principe même de la production et de l'organisation du travail, qu'il a exalté au contraire. » Une oligarchie a remplacé une autre oligarchie. En somme, la « socialisation des moyens de production ne signifie pas la disparition des classes » ; le discours égalitaire et prolétarien camoufle des inégalités et des privilèges ; le parti-État accapare tous les pouvoirs et étouffe toute liberté. Une formule fulgurante résume ce qui est en jeu : « la totalité et le procès ». L'impérialisme est le stade suprême du communisme. Camus le dit en une formule saisissante : « L'extension de l'empire sur l'espace mondial est une nécessité inévitable pour la révolution du XXe siècle. » Dans le grand débat sur la nature du régime soviétique, son discours est l'un des plus lucides. Il en paie le prix fort. Il a en effet commis le crime majeur de lèse-communisme en dépouillant l'URSS de son privilège historique et le PCF de son magistère moral. Ses analyses lui valent alors une vive attaque de la part de Francis Jeanson et de Sartre. L'histoire les a ratifiées.

L'Homme révolté a beau avoir eu des lecteurs attentifs à gauche tant en France qu'à l'étranger, et alors même qu'il s'est coupé d'un parti socialiste largement discrédité, Camus se retrouve isolé dans une intelligentsia française au sein de laquelle les communistes et progressistes occupent de fortes positions. En 1955, il en vient à prononcer le mot de « collaboration » et de « complaisances » pour désigner l'attitude de la gauche intellectuelle vis-à-vis de l'Union soviétique. Jean-Marie Domenach s'en étant indigné, il lui répond : « Comme les intellectuels de droite, par fureur de réalisme et d'efficacité, ont vidé de son contenu leur nationalisme, les intellectuels progressistes risquent aussi, du même mouvement, de trahir leur propre socialisme. »

La gauche démocratique française dont il aurait pu être le chef de file peine à s'organiser. Dans les années 1950, Camus se tient à distance. Il ne croit plus en une régénération du parti socialiste. L'option sociale-démocrate qui a ses faveurs reste exclue. C'est sur de nouvelles forces que doit reposer désormais le changement social. C'est pourquoi il appuie l'entreprise de Pierre Mendès France. Celui-ci est issu du vieux parti radical, c'est un républicain moderniste qui veut construire une majorité réformiste excluant le PCF. La SFIO l'empêche cependant de revenir au pouvoir et c'est Guy Mollet qui devient président du Conseil, ôtant à Camus ses dernières illusions.

Camus n'a pas apporté d'idées originales à la pensée socialiste. Après Charles Péguy, il oppose la tradition allemande et une tradition française qu'il connaît mal. Sa culture en ce domaine est superficielle et limitée. Comme souvent, son savoir est de seconde main. Pour écrire *L'Homme révolté*, il s'est imposé quelques lectures tardives : il a lu un peu de Proudhon, que connaissait bien son ami Louis Guilloux, et de Fourier, mais rien sans doute de Pierre Leroux dont les conceptions consonent souvent avec les siennes. On s'étonne qu'il soit si peu familier des ouvrages de Jean Jaurès et de Léon Blum. Les écrits de Simone Weil, en revanche, ont beaucoup compté pour lui.

Comme Jaurès et Blum, Camus inscrit le socialisme dans la continuité de la démocratie. Il ne tient pas pour méprisables les valeurs et les procédures de celle-ci. Il en reste à l'idée, peu originale, qu'il faut concilier la justice et la liberté. Il donne les démocraties scandinaves en exemple dans un article de *Combat* et salue, un peu plus tard, les réalisations du travaillisme britannique. Pas question, comme l'ont fait les marxistes et Sartre, de sacrifier le suffrage universel, le pluralisme des partis, l'indépendance de la presse, la séparation des pouvoirs. L'économiste Alfred Sauvy, au même moment, envisage un socialisme du possible. Les réalités sociales et économiques doivent prévaloir sur l'idéologie : Camus en serait tombé aisément d'accord s'il avait lu ses écrits. L'idée, formulée plus tard, d'un socialisme à visage humain répond à ses aspirations. Il est de ceux qui pensent que le choix n'est pas entre le totalitarisme et l'ultralibéralisme, qui l'un comme l'autre tiennent pour acquis que la fin justifie les moyens – l'indispensable critique du communisme réel ne vaut pas légitimation d'un capitalisme sans foi ni loi. L'on ne peut accepter les ravages sociaux de l'argent fou, la pérennisation des injustices et l'accroissement des inégalités. La lutte contre l'exclusion et la pauvreté exige des mesures de redistribution. Cela acquis, il ne tranche pas entre les solutions à mettre en œuvre : l'État providence, la planification, les nationalisations, la cogestion, l'autogestion. La notion même de modèle lui est étrangère. L'horizon de sa pensée politique est social-démocrate, non social-libéral. Mais la tentation libertaire est récurrente chez lui.

Après avoir lu *Ni victimes ni bourreaux*, Roger Quilliot écrit en 1948 : « Placé en franc-tireur sur les voies du socialisme, [Camus] inspire toute une poignée d'hommes, résolument solitaires au sein de notre commune espérance, dont la présence est peut-être, pour la pensée socialiste, une promesse de fidélité à tout l'humain, la marque de cette secrète insatisfaction qui fait la vie de toute pensée et le gage discret de son renouvellement. » Son nom et ses écrits peuvent servir aujourd'hui encore de cautions aux rénovateurs et aux refondateurs de la gauche française.

Jeanyves GUÉRIN

Bibl. : Sylvain Boulouque, « Camus, le socialisme et les socialistes », *Recherche socialiste*, n° 11, 2001, p. 67-78 • Jeanyves Guérin, *Camus. Portrait de l'artiste en citoyen*, François Bourin, 1993, p. 104-124 • Roger Quilliot, « Camus et le socialisme », dans Jeanyves Guérin (dir.), *Camus et la politique*, L'Harmattan, 1986, p. 31-38

SOCIÉTÉ. – Le 15 mars 1957, lors d'une allocution en mémoire de l'insurrection hongroise, Camus déclare que « ce qui définit la société totalitaire [...] c'est d'abord le parti unique » et ces principes qui « oblige[nt] l'ami à livrer l'ami ». Pour autant cette condamnation des sociétés dictatoriales n'absout pas la société qu'il appelle « capitaliste », « marchande » ou « bourgeoise », même s'il reconnaît que « la société pluraliste est [la] seule qui permet de dénoncer la torture aussi ignoble à Alger qu'à Budapest ». C'est en ces termes que peut se formuler l'alternative entre deux choix de société dans un contexte de guerre froide.

Camus conçoit la société selon la définition la plus communément admise : un ensemble d'individus vivant ensemble, que ce soit au sein d'une nation, d'une communauté ou d'un groupe. Ses œuvres – littéraires, journalistiques et philosophiques – abondent en remarques sur la société et définissent une conception du « vivre ensemble ». Elles renvoient à un constat – ce qu'est la société dans laquelle il vit ou a vécu –, à une antithèse – ce qu'elle ne doit surtout pas être – et à une hypothèse – ce qu'elle pourrait être.

Dans *La Peste*, *L'État de siège* et *L'Homme révolté*, la condamnation de la société totalitaire est ferme et va de pair avec la promotion et l'exaltation de valeurs telles que le courage et la solidarité. Ces valeurs permettent à la collectivité et à la société de ne pas complètement renoncer ; la solidarité permet à la société libre de se défendre ou d'exister. La critique de la société « capitaliste » représente l'autre face de la pensée camusienne, elle est le fait du citoyen plus que de l'écrivain – l'on trouve, par exemple, dans le manifeste du Groupe de liaison internationale, dont Camus a été l'un des principaux rédacteurs, une définition antisystémique de la société. Camus y pose d'abord le totalitarisme communiste et fasciste comme la principale menace, mais critique ensuite le système capitaliste : « Il ne s'agit pas d'ajouter à la haine du monde et de choisir entre deux sociétés, bien que nous sachions que la société américaine représente le moindre mal. Nous n'avons pas à choisir le mal, même le moindre. » Un peu plus tard, dans une série d'articles parus dans *L'Express*, il évoque les accidents du travail (8 novembre 1955) et la condition ouvrière (25 novembre et 13 décembre 1955). « Le malheur ouvrier, écrit-il, est le déshonneur de cette civilisation. Mais la société bourgeoise n'a jamais imaginé qu'un remède au déshonneur des familles : le silence. » Il en conclut à la nécessité de réformes économiques et sociales.

Camus rêve d'une société harmonieuse, fondée sur le respect, la justice sociale, l'équité et la solidarité. Il ne s'agit pas, pour lui, de reprendre le schéma marxiste de la lutte des classes mais de tendre vers une société fraternelle qui repose sur le partage. Cette conception semble être la conséquence de son expérience personnelle de la pauvreté. La liberté, lance-t-il à Emmanuel d'Astier de La Vigerie en 1948, « je n[e l]'ai pas appris[e] [...] dans Marx. Il est vrai : je l'ai apprise dans la misère ». C'est suggérer que la radicalité va de pair avec l'ignorance de la société réelle. Au même moment, il écrit dans sa préface à l'ouvrage de son ami Louis Guilloux, *La Maison du peuple* (suivi de *Compagnons*, La Fenêtre ouverte, 1954) : « La pauvreté laisse à ceux qui l'ont vécue une intolérance qui supporte mal qu'on parle d'un certain dénuement autrement qu'en connaissance de cause [...]. Quinze mille francs par mois, la vie d'atelier, et Tristan n'a plus rien à dire à Yseut. » Un peu plus tard, visant encore les intellectuels progressistes, il écrit dans *L'Express* : « Trop de Français naissent et meurent dans nos beaux quartiers, sans avoir jamais mis les pieds dans la Plaine-Saint-Denis, sans avoir jamais connu une seule usine. »

L'individualisme solidaire de Camus fait une part importante à la critique sociale. Sa manifestation la plus aboutie se trouve dans *La Chute*. Dans ce récit à la première personne, il donne la parole à un homme, Jean-Baptiste Clamence, avocat parisien, qui après avoir atteint les sommets de la hiérarchie sociale dans la France des années 1940-1950, a renoncé à sa belle situation et à ses privilèges pour trouver refuge dans un bouge d'Amsterdam. Les autres sont des faire-valoir de l'avocat, puis du juge-pénitent. Le personnage est un habile rhéteur. Ce n'est pas le représentant d'une classe condamnée par l'histoire. Camus romancier donne peu dans la satire, beaucoup moins en tout cas qu'Aragon ou Sartre.

Les conceptions sociales de Camus sont illustrées dans *L'Exil et le Royaume*. Les six nouvelles du recueil ont en commun de relater des expériences de la solitude, de l'inégalité et de l'exclusion. *Jonas* hésite, dans sa lecture, entre « solitaire » et « solidaire » ; *La Pierre qui pousse*, qui clôt le recueil, s'achève elle-même par une invite à la solidarité : « Assieds-toi avec nous. » Enfin, et peut-être surtout, dans *Les Muets*, les hommes silencieux privés de parole par la société espèrent un jour atteindre la libération par une action collective. Leur grève se termine par une défaite ; le patron n'a pas satisfait leurs revendications, mais ils ont découvert la solidarité et retrouvé leur dignité. Dans cette nouvelle, le conflit social n'est pas montré comme un épisode de la lutte des classes.

Pour Camus, la pauvreté matérielle ou morale est à la fois un obstacle et une chance. Elle ouvre les voies de l'émancipation, comme si la société ne pouvait être libre que par l'exercice de la solidarité. L'écrivain exprime aussi ce sentiment de la solidarité lorsqu'il évoque son enfance algéroise dans *Le Premier Homme*. À travers la famille de Jacques Cormery, il exalte la figure et la vertu de la pauvreté. Si les siens sont pauvres, ceux qu'il ne cesse d'appeler « les Arabes » le sont aussi et le narrateur doit reconnaître que les premiers se sentent menacés. La peur de l'autre rôde partout.

Comme *L'Étranger*, cette autobiographie romancée ne cesse de dire la complexité et la conflictualité de la colonie de peuplement que fut l'Algérie française. La société est certes plurielle, elle est aussi et d'abord foncièrement inégalitaire et même structurellement ségrégative. Les Arabes en sont les victimes. Jacques Cormery s'en rend compte quand il entre au lycée. En tant que citoyen et homme de gauche, Camus en a fait le constat lucide dans ses reportages consacrés à la « misère en Kabylie » et parus dans *Alger républicain* en 1939 – il en republie l'essentiel dans ses *Chroniques algériennes* en 1958, en pleine guerre d'Algérie. Dans ses articles de *Combat* en 1945 et de *L'Express* en 1955-1956, il veut encore envisager une société harmonieuse où les colons et les autochtones partageraient les richesses et vivraient ensemble. Là aussi, il pense à une société démocratique, où les classes ne se détruiraient pas les unes les autres mais viendraient se réconcilier. L'égalité des droits lui paraît possible dans le cadre de la souveraineté française. L'engrenage des violences rend l'utopie d'une société réconciliée de plus en plus irréaliste. Il revient à l'écriture de la sauver ou, sur le mode de la nostalgie, de l'inventer.

Sylvain BOULOUQUE

Bibl. : Mark Orme, *The Development of Albert Camus's Concern for Social and Political Justice*, Madison, Fairleigh Dickinson University Press, 2007 • Brigitte Sändig, *Albert Camus : Autonomie und Solidarität*, Würzbourg, Königshausen et Neumann, 2004

SOCIÉTÉ DES ÉTUDES CAMUSIENNES. – La Société des études camusiennes (ou SEC, 3 bis rue de la Glacière, 94400 Vitry-sur-Seine) fut fondée en 1982 à la suite du colloque international « Camus, œuvre ouverte, œuvre fermée » qui s'était tenu au Centre culturel de Cerisy-la-Salle. Jacqueline Lévi-Valensi en fut la présidente jusqu'à sa mort en 2004. Agnès Spiquel lui a succédé. La société réunit des universitaires de tous les continents, mais aussi des enseignants de lycée, des chercheurs indépendants et des lecteurs de Camus. Elle publie un bulletin d'abord ronéotypé puis diffusé par voie électronique à partir de 2005, qui fournit des informations, des références bibliographiques, des recensions d'ouvrages et des études. Elle organise, suscite ou patronne aussi des colloques tant en France qu'à l'étranger. Ses membres nord-américains et japonais ont leurs propres activités.

Jeanyves GUÉRIN

SOIR RÉPUBLICAIN (Le). – L'entrée en guerre de la France le 3 septembre 1939 bouleverse les conditions de parution d'*Alger républicain* où Albert Camus travaille depuis 1938. À une situation financière précaire depuis le début s'ajoutent les difficultés dues à la mobilisation de nombreux employés tandis que la pénurie de papier se fait vite sentir et que la censure s'alourdit chaque jour davantage. Pascal Pia, le 15 septembre 1939, décide de lancer un nouveau journal mieux adapté à la situation : *Le Soir républicain*. Réduit à seulement une feuille imprimée recto verso, il est mis en vente en fin d'après-midi dans les rues d'Alger et de ses environs immédiats. Camus est son rédacteur en chef. Si les deux quotidiens sont frères, ils n'en sont pas pour autant jumeaux : le premier se situe dans le sillage finissant du Rassemblement populaire en Algérie, le second est né de la guerre et retentit des accents de la liberté que Pia et Camus lui instillent, aiguillonnés paradoxalement par la censure. Après la suspension d'*Alger républicain*, le 28 octobre, *Le Soir républicain*, bénéficiant d'un équilibre financier plus satisfaisant, peut paraître jusqu'au 9 janvier 1940.

La première page du journal est consacrée principalement aux nouvelles internationales et à la situation sur les différents fronts de la guerre. La part des articles de politique intérieure reste toujours seconde et celle de la vie politique algérienne à peu près absente. Quelques éditoriaux y scandent la vie du journal. En deuxième page, on retrouve presque toujours les mêmes rubriques : les « Dernières nouvelles », « De Belcourt à Bab El-Oued », titre repris d'*Alger républicain*, qui regroupe les faits divers, un feuilleton en bas de page – Emmanuel Roblès y publie, sous un titre différent, son roman *La Vallée du paradis* –, des annonces, de la publicité et surtout, à partir du 5 octobre, une rubrique appelée à devenir le cœur du journal : « Sous les éclairages de guerre ». Celle-ci propose, avec la publication de textes de nature très variée, des analyses qui aident le lecteur à prendre du recul devant la guerre et à réfléchir aux conditions de la paix.

De nombreuses pages des *Carnets* de cette période et l'éditorial du 17 septembre, « La guerre », que signe Camus, expriment son horreur et son refus de la guerre. Il n'est cependant pas question pour lui de fuir la réalité – son désir de s'engager alors dans l'armée le prouve assez. *Le Soir républicain* se donne pour but d'être un « quotidien d'information et de critique au service de la vraie paix et contre toutes les dictatures » (formule, toujours partiellement censurée, insérée en dessous du titre). Le journal exprime à la fois le courant pacifiste de la gauche française et les idées libertaires que Pia et Camus partagent. Les formules répétées à longueur de numéros telles que : « *Le Soir républicain* n'a pas de maître » ou : « Rien de ce qui est libre et indépendant ne nous est étranger » ne laissent aucun doute sur leurs convictions, ni la plus concise d'entre elles : « Non » (25 décembre).

Le combat contre la censure ne va donc jamais cesser. Le journal, tout au long de ses 117 numéros, sait mettre les rieurs de son côté : en font foi de petits dialogues, en première page, dans la langue de Cagayous, qu'on peut attribuer à Camus, si ce n'est à Roblès. En cas de nécessité, *Le Soir républicain* propose un résumé des textes qui ont été censurés la veille et retourne contre la censure ses propres armes, se glorifiant ainsi des nombreux blancs qui émaillent ses textes. Assurer une information vraie ou, vu les circonstances, aussi vraie que possible, telle est la promesse que le premier éditorial du 15 septembre fait à ses lecteurs. S'il ne peut être question d'avoir ses propres sources, le journal tire profit aussi bien de l'écoute de la radio que des dépêches étrangères, en particulier en provenance de l'allié britannique dont il loue les traditions de liberté et de respect des différences. Une réflexion déontologique voit le jour sur la nature des informations diffusées, leur présentation et la nécessité d'opérer des distinctions parmi elles. Elle préfigure ce que *Combat*, cinq ans plus tard, allait défendre sous l'idée de « journalisme critique ». La seule enquête s'étalant sur plusieurs numéros est d'ailleurs celle de Pia sur « L'origine et le filtrage des informations de politique extérieure » qui paraît du 7 au 13 décembre.

La vérité, la liberté, la paix : tels sont les trois combats que *Le Soir républicain* mène jusqu'au bout avec humour et fougue. Le 10 janvier 1940, un arrêté du gouverneur interdit définitivement sa publication qui n'aurait pu de toute façon se poursuivre faute de papier. Alors que Pia repart rapidement en France, Camus ne parvient pas à donner suite à des projets visant à poursuivre l'expérience et perd son procès aux Prud'hommes contre le conseil d'administration qui lui avait refusé des indemnités en raison des dérives « anarchistes » du journal.

Philippe Vanney

• *Voir aussi :* « Sous les éclairages de guerre »

Bibl. : André Abbou et Jacqueline Lévi-Valensi, *Fragments d'un combat*, Cahiers Albert Camus 3, Gallimard, 1978 • Albert Camus et Pascal Pia, *Correspondance 1939-1947*, Fayard-Gallimard, 2000 • Pascal Pia, « D'*Alger républicain* à *Combat* », *Le Magazine littéraire*, n° 67-68, septembre 1972, repris dans le n° 276, avril 1990 • Emmanuel Roblès, « Jeunesse d'Albert Camus », *La NRF*, n° 87, mars 1960, p. 410-421 • Philippe Vanney, « Albert Camus devant la guerre » (1) et (2), *Bulletin d'études françaises*, n° 19, 1988, p. 19-55 et n° 21, 1990, p. 1-30

SOLEIL. – Le soleil tient une place singulière dans l'œuvre même s'il ne figure pas parmi ses « dix mots préférés » (énumérés dans les *Carnets* en 1951). Il « règne férocement » sur le berceau de ce Méditerranéen, broyant les enduits et obligeant « les êtres vivants à raser les murs pour demeurer hors de sa portée ». La description des étés algériens dans *Le Premier Homme* est saisissante : le soleil et la chaleur qu'il engendre rendent fou les hommes, ainsi de ce coiffeur qui tranche « d'un seul coup de son long rasoir la gorge offerte » de son client. Puissance maléfique, il renvoie au néant, à « ce Nada qui n'a pu naître que devant des paysages écrasés de soleil » (*Amour de vivre*, dans *L'Envers et l'Endroit*). Ce n'est qu'associé à la mer qu'il devient léger ; « la mer allée avec le soleil », selon la belle formule rimbaldienne, fait naître alors un sentiment d'éternité. Réduit à lui-même, le soleil exprime son intensité héroïque de manière saisissante dans *L'Étranger*, qualifié par Barthes de « roman solaire » : « Tout comme dans les mythologies antiques ou la Phèdre racinienne, le Soleil est ici expérience si profonde du corps, qu'il en devient destin ; il fait l'histoire, et dispose, dans la durée indifférente de Meursault, certains moments générateurs d'actes » (« *L'Étranger*, roman solaire », *Club*, avril 1954). Détruisant l'équilibre, véritable acteur du drame, il évoque le soleil apocalyptique semblable à « une épée brûlante ». Son caractère paradoxal se confirme par l'image, traditionnellement romantique, du soleil noir, récurrente dans l'œuvre de Camus : « Nous savons bien, n'est-ce pas, nous autres hommes du Sud, que le soleil a sa face noire ? »

Héritier de la pensée grecque, Camus considère dans *L'Homme révolté* le soleil comme une source de lumière, « la pensée de midi » s'opposant à celle « de minuit » : au « cœur de la nuit européenne, la pensée solaire » conteste l'absolutisme historique. Le soleil se charge plus positivement dans ce contexte et retrouve le sens de la mesure et de la clarté. Il se confond même avec une certaine vérité perdue : « Chaque artiste, sans doute, est à la recherche de sa vérité. S'il est grand, chaque œuvre l'en rapproche ou, du moins, gravite encore plus près de ce centre, soleil enfoui, où tout doit venir brûler un jour. » La formule est encore paradoxale puisque le soleil qui éclaire est aussi celui qui brûle. Ce « soleil inépuisable » qui rayonne au cœur de l'œuvre de Camus ne cesse d'être ambivalent. En fait, ce que l'écrivain préfère, ce sont les crépuscules qu'il imagine « comme des promesses de bonheur ». Et si la mise en scène du soleil au zénith est toujours dysphorique et tient le sujet en exil à l'image de Meursault, celle de sa disparition revêt un caractère euphorique : c'est sous la nuit étoilée que le personnage de *La Femme adultère* vit l'expérience, fugitive certes, mais inoubliable, du royaume. Anne PROUTEAU

Bibl. : Karl W. Modler, *Soleil et mesure dans l'œuvre d'Albert Camus*, L'Harmattan, 2000

SOLIDARITÉ. – L'adjectif « solidaire » apparaît à une place hautement significative, à la fin d'un texte largement autobiographique : *Jonas ou l'Artiste au travail*, paru en 1957 dans le recueil *L'Exil et le Royaume*. Camus fait écrire son héros, un peintre, sur une toile « entièrement blanche, [...] un mot [...] dont on ne savait s'il fallait y lire *solitaire* ou *solidaire* ». Par cette phrase, l'auteur indique un conflit intérieur crucial.

Les termes « solidarité » ou « solidaire », renvoyant à des notions de contenu moral et/ou social, difficiles à définir précisément, ne sont utilisés par Camus qu'à partir de ses années de résistant ; néanmoins, il fait preuve d'une attitude solidaire dès le début de ses activités culturelles et journalistiques à Alger, par exemple en faveur des républicains espagnols en lutte, du peuple kabyle miséreux et des accusés arabes devant les tribunaux coloniaux. À cette époque, il emploie plutôt, pour qualifier son attitude solidaire, les termes de « fraternité » et de « justice », qu'il oppose de manière antinomique aux termes de « haine », de « mensonge », de « silence ». Même dans *Lettres à un ami allemand*, où Camus décrit son chemin dans la Résistance, il ne fait pas usage du terme.

Les mots « solidarité » et « solidaire » apparaissent dans les écrits d'après-guerre rassemblés dans *Actuelles* et *Actuelles* II. Camus y évoque la Résistance comme école de solidarité et souhaite s'appuyer sur cette expérience pour bâtir une société nouvelle. Il écrit ainsi le 1er octobre 1944 : « Nous croyons [...] que les hommes ne sont pas seuls et qu'en face d'une condition ennemie, leur solidarité est totale. Est juste et libre tout ce qui sert cette solidarité et renforce cette communion [...]. Voilà pourquoi nous pensons que la révolution politique ne peut se passer d'une révolution morale [...]. »

La Peste donne une image impressionnante de sa conception de la solidarité. Une action commune permet de résister au mal et à l'absurde, comme Camus le note dans les *Carnets* : « Ce qui équilibre l'absurde c'est la communauté des hommes en lutte contre lui ». Toutefois, en donnant au « mal » la forme d'un bacille et, par conséquent, aux résistants des préoccupations de santé publique, il sépare le terme de « solidarité » de son contexte concret. Toutefois, celui-ci trouve son expression la plus précise, en tant que fondement ou complément du concept de « révolte », dans *L'Homme révolté*, le grand essai de 1951 qui contient la phrase célèbre : « Je me révolte donc nous sommes. » En prônant le syndicalisme révolutionnaire comme une des réalisations de la révolte authentique (opposée aux formes abusives de la révolte), l'écrivain algérois accorde à la solidarité pratiquée dans l'action commune la plus haute valeur ; personnellement, il vécut une telle solidarité au sein de l'équipe de journalistes de *Combat* et sur la scène du théâtre.

Camus est amené, selon sa conception d'une solidarité agissante, à s'opposer à toute puissance autoritaire ou totalitaire et à défendre les opprimés ou opposants de tous bords. Aussi, dans les années 1950, le fossé creusé entre lui et le groupe de Jean-Paul Sartre s'approfondit davantage : pendant que ce dernier veut ménager les pays dits « socialistes », Camus condamne les répressions politiques où elles se passent. Il manifeste ainsi sa solidarité pour les travailleurs est-allemands en 1953 et pour les révoltés polonais et hongrois en 1956. Puisqu'il entend la solidarité avant tout comme une attitude concrète, reposant sur ses expériences personnelles, il se montre solidaire, au début de la guerre d'Algérie, des pieds-noirs d'origine modeste et de leur revendication de rester dans le pays, tout en reconnaissant la nécessité de réformer profondément les relations entre la France et l'Algérie. Ces différentes prises de position ont valu à Camus les vives critiques des existentialistes, des communistes et des nationalistes algériens. Brigitte SÄNDIG

Bibl. : Lou Marin, *Ursprung der Revolte. Albert Camus und der Anarchismus*, Heidelberg, Graswurzelrevolution 1998 • Brigitte Sändig, *Albert Camus – Autonomie und Solidarität*, Würzburg, Königshausen & Neumann, 2004 • Agnès Spiquel et Alain Schaffner (dir.), *Albert Camus : Exigence morale*, Le Manuscrit, 2006

« SOUS LES ÉCLAIRAGES DE GUERRE ». – « Est-ce qu'on va garder l'éclairage réduit pendant toute la guerre ? — Oui, probablement. » Ce court dialogue avec sa mère que rapporte Camus dans les *Carnets* offre une clé d'interprétation à la nouvelle rubrique que *Le Soir républicain* propose trois semaines après son lancement. Face à la pauvreté des informations internationales que le journal en est réduit à publier et surtout à leur filtrage opéré par la censure, Albert Camus, Pascal Pia et Robert-Édouard Charlier, professeur de droit à Alger, imaginent de publier des textes d'une très grande variété dans l'intention de donner aux lecteurs la possibilité de mettre en perspective les événements qui s'enchaînent depuis le 3 septembre 1939. « Sous les éclairages de guerre » regroupe, à partir du 5 octobre, des études historiques, des documents officiels, des extraits de presse et des prises de position. Plus que dans les rares éditoriaux, c'est dans cette rubrique quotidienne, reprise le matin suivant par *Alger républicain*, qu'il faut trouver les convictions pacifistes et libertaires qui animent les rédacteurs du journal. Et c'est donc sur elle que les ciseaux de la censure s'exercent en priorité.

De nombreux extraits de manuels d'histoire et la publication d'une longue étude de René Capitant sur la doctrine du national-socialisme nourrissent d'abord la recherche que le journal entreprend sur les causes de la guerre. Cette démarche, enrichie par la publication de documents tels que les « quatorze points » du président Wilson ou le pacte de la Société des Nations, fait place en novembre à des textes plus idéologiques qui dessinent le nouvel ordre international auquel aspire le journal : de larges extraits des *Nouveaux Cahiers* et de *La Fin et les Moyens* d'Aldous Huxley prêtent renfort aux prises de position qui vont en augmentant, toutes sous pseudonymes – Zaks, Néron, Jean Mersault, Liber, Irénée, Alius, Pétrone ou Marco – qui, pour la plupart, cachent un seul auteur : Albert Camus. Une revue de presse occupe finalement une grande partie de la rubrique – elle permet de contourner plus facilement la censure locale. À côté des morceaux de « Littérature de guerre » qui sont autant d'exemples dénoncés de « bourrage de crâne », le journal publie des extraits tirés principalement de la presse socialiste (*Le Populaire*, *La Bourgogne républicaine*), démocrate-chrétienne (*L'Aube*) et satirique (*Le Canard enchaîné* et *Le Merle blanc*).

« Sous les éclairages de guerre », dans la diversité parfois contradictoire de son contenu, est la réponse d'hommes passionnés de paix et de liberté à l'aube d'une guerre dont ils se doutent bien qu'elle va détruire les corps et les esprits à une échelle jamais égalée. Loin de fuir cette réalité, ils explorent, « au sein même de la guerre », les chemins possibles d'une paix qui jugulerait la liberté des États et respecterait la volonté des peuples à vivre à la fois indépendants et solidaires. Le 7 janvier 1940, *Le Soir républicain* annonce la publication d'une prochaine édition spéciale reprenant tous ces textes. L'interdiction du journal trois jours plus tard en empêche la réalisation.

Philippe VANNEY

Bibl. : Philippe Vanney, « Contribution à l'étude des *Éclairages de guerre* », *Bulletin d'études françaises*, n° 23, 1992, p. 37-66

SOUVERAINETÉ. – C'est en 1939 que Camus commence à déconstruire l'idée de nation, et partant celle de souveraineté. Il tient les drapeaux pour des excitateurs à la guerre. Il pose comme principe la primauté des peuples dans les relations internationales : il s'agit de limiter les prérogatives des États dans une perspective internationaliste, solidariste et fédéraliste. Ils font la loi à l'intérieur de leurs frontières, mais ne sont que les mandataires des peuples. *Le Soir républicain* dont il est devenu rédacteur en chef procure une tribune à Camus. Dans deux articles qu'il signe du pseudonyme d'Irénée, il propose, les 11 et 16 novembre 1939, une « abdication des souverainetés nationales – instruments juridiques des impérialismes – devant la loi internationale et l'autorité des instances internationales formulant et appliquant cette loi ». Et de préciser : « La répartition des populations en États distincts reposera désormais uniquement sur les volontés de ces populations, consultées par des plébiscites en application du principe "libertaire" et démocratique du droit des peuples à disposer d'eux-mêmes. Maîtresses de leurs réunions et de leurs sécessions, de leurs unités et de leurs frontières, les populations se donneront les régimes et les chefs qu'elles voudront. » La disparition des souverainetés, pour lui, est souhaitable. Elle n'est pas d'actualité.

Elle ne l'est pas plus à la fin de la guerre, quand Camus rassemble et développe ses idées sur un nouvel ordre international dans *Ni victimes ni bourreaux*. Il est plus que jamais persuadé qu'il n'existe pas de solutions nationales aux grands problèmes qui se posent aux pays. « Il n'y a plus d'îles, écrit-il, et les frontières sont vaines. » Les grandes décisions ne relèvent plus de la seule politique intérieure. L'heure est aux solidarités et aux synergies. Son utopisme l'amène à préconiser la mise en place d'un Parlement mondial élu par les peuples. Il comprend vite, pragmatique, que la coopération à l'échelon régional est plus acceptable dans un premier temps et envisage des transferts librement consentis de compétences à des instances supraétatiques. C'est cette méthode qu'adoptent les partisans de la construction européenne.

Les peuples opprimés, les ethnies persécutées revendiquent un territoire. Des militants prennent les armes pour que la souveraineté leur soit reconnue. Dans les années 1950, Camus a eu une attitude ambiguë à l'égard de ce processus historique : il a compris qu'il était inéluctable, mais il a craint les dérapages xénophobes et autoritaires des jeunes nations. Ainsi s'expliquent, en partie, ses déchirements face à la guerre d'Algérie.

« Le principe est le principe, le voisin est maître chez lui », lit-on dans *Actuelles* II. Les régimes autoritaires font jouer la souveraineté contre les droits des populations, des minorités et des opposants ; les frontières enferment les peuples dans des prisons. Qui souffre de la persécution, de l'oppression, de la faim appartient pourtant à l'humanité avant d'être le ressortissant d'un pays, et lorsqu'il s'agit de « sauver les corps », la non-intervention en faveur des victimes est une complicité avec leurs bourreaux estime Camus dans le même texte. Des articles à propos de l'Espagne puis de la Hongrie lui permettent d'esquisser une théorie de l'ingérence : la limitation de la souveraineté, d'après lui, doit venir de la communauté internationale ou d'organisations humanitaires. Il convient par ailleurs de privilégier les solutions pacifiques, injonctions diplomatiques et pressions économiques : l'« intervention extérieure armée, écrivait toujours, Irénée en 1939, n'est pas le bon moyen de faire cesser les excès qu'un gouvernement inflige à son peuple ».

La question de la souveraineté montre les audaces et les impasses d'une politique influencée par la pensée libertaire. Les États-nations démocratiques rassemblés dans l'Union européenne ont certes vu leurs prérogatives s'éroder progressivement depuis 1960, dans le sens que Camus souhaitait. C'est ailleurs – en Bosnie, en Irak, au Darfour – que se sont situées les crises les plus chaudes. Les souverainetés s'y sont crispées. Quelques faits ont néanmoins apporté de l'eau au moulin de l'utopie camusienne. Il existe ainsi aujourd'hui une justice pénale internationale. En outre, des couloirs humanitaires ont permis l'accès aux victimes de conflits meurtriers.

La construction de l'Europe a divisé durablement la gauche française entre souverainistes ou gallo-jacobins et fédéralistes ou euro-girondins. Les guerres balkaniques des années 1990 ont accentué ce clivage. Ses écrits placent Camus clairement du côté des seconds.

Jeanyves GUÉRIN

• *Voir aussi* : Ingérence ; Nationalisme

Bibl. : Jeanyves Guérin, *Camus. Portrait de l'artiste en citoyen*, François Bourin, 1993, p. 170-187

SPORT. – « En un certain sens, les Grecs acceptaient une justification sportive et esthétique de l'existence. Le dessin de leurs collines ou la course d'un jeune homme sur une plage leur délivrait tout le secret du monde », écrit Camus dans « Métaphysique chrétienne et néoplatonisme », son mémoire pour le Diplôme d'études supérieures. L'étonnante mise en parallèle des deux exemples suggère que le sport autorise chez lui une harmonie de l'homme avec le cosmos. Cette apologie formulée dans les années 1930 est sans rapport avec l'exaltation des valeurs du corps par les régimes totalitaires de la même époque, bientôt reprises par les Chantiers de jeunesse du gouvernement de Vichy. Loin de changer l'athlète en surhomme, le sport lui apprend au contraire l'exigence tout humaine de la « mesure ». On « se mesure » à un adversaire, comme disent avec bonheur les chroniqueurs sportifs, ou encore aux éléments naturels. « Le corps, vrai chemin de la culture. Il nous montre nos limites », écrit Camus dans ses *Carnets* en 1937. Comme la justice s'identifie à ses yeux à la conscience des limites – « Il n'y a pas de justice, il n'y a que des limites », *Carnets*, 1948 –, on comprend le sens de l'aphorisme : « *Justice* : l'expérience de la justice *par le sport* » (*Carnets*, 1943 ou 1944).

Sisyphe a beau être un athlète solitaire, Camus s'est passionné en priorité pour les sports collectifs, où la solidarité dans l'effort est comparable à celle qu'exigent les scènes de théâtre. Le tennis et le ski étaient alors des sports de riches, mais on ne le voit pas davantage attentif aux meetings d'athlétisme. Quant à la natation, elle est pratiquée dans son œuvre par de purs amateurs qui, en « se tapant un bain » (*Noces*), retrouvent dans l'eau une forme d'innocence ou y goûtent, comme Rieux et Tarrou, une communion silencieuse. Les combats de boxe organisés au Central Sporting Club d'Oran nourrissent un savoureux chapitre du *Minotaure ou la Halte d'Oran* : ils illustrent la morale de ce pays où l'on aime s'expliquer d'homme à homme. La figure du Marocain Marcel Cerdan a largement contribué, dans les années 1940, à la popularité de la boxe en Afrique du Nord ; devenu champion du monde, il sera une icône nationale. « Moitié Cerdan, moitié de Gaulle » : voilà comment se rêvait Clamence, dans *La Chute*, à l'époque où il voulait être respecté dans sa personne comme dans son métier.

Au contraire de Montherlant (*Les Olympiques*), Camus n'a jamais prêché pour le développement du sport féminin. Il est vrai qu'à son époque le football était encore réservé aux hommes. Bridé dans l'exercice du sport par la maladie dès l'âge de dix-sept ans, l'écrivain algérois offre grâce à Yvars, le héros des *Muets*, un reflet de sa mélancolie de la quarantaine : « Parfois, en lisant des comptes rendus sportifs où l'on appelait vétéran un athlète de trente ans, il haussait les épaules : "Si c'est un vétéran, disait-il à Fernande, alors, moi, je suis déjà aux allongés." » C'est dans les tribunes que Clamence a goûté les joies d'une innocence collective, et par les tramways qui ramènent les supporters du stade que Meursault en recueille un maigre écho.

Pierre-Louis REY

• *Voir aussi* : Football

Bibl. : Albert Camus, « Le jardin secret d'Albert Camus », dans Philippe Baudorre *et al.* (dir.), *Écrire le sport*, Presses universitaires de Bordeaux, 2005, p. 179-188

STALINE. – *Voir* COMMUNISME

STENDHAL, Marie-Henri Beyle, dit (1783-1842). – « Ce qu'on peut gagner en lisant Stendhal : le mépris du paraître », écrit Camus dans des « Notes de lecture » en avril 1933. « Ai relu Stendhal toute la journée. Impossible de travailler. *L'Abbesse de Castro* et les *Chroniques italiennes*. Elles ne me touchent pas. Elles me satisfont. Quelle personnelle objectivité ! Exemple à me proposer », note-t-il encore. Le nom de Stendhal apparaît pour la première fois dans son œuvre dans l'exergue de *Noces* : « Le bourreau étrangla le cardinal Carrafa avec un cordon de soie qui se rompit : il fallut y revenir deux fois. Le cardinal regarda le bourreau sans daigner prononcer un mot. » Cette citation (approximative) des dernières lignes de *La Duchesse de Palliano* (*Chroniques italiennes*) trouve un écho dans *Le Désert*, où est évoqué le « détachement » du Christ et des bourreaux de la *Flagellation* de Piero della Francesca, et dans *Le Vent à Djémila*, où Camus aspire à ne pas se séparer du monde afin d'affronter la mort les yeux ouverts. Stendhalienne est aussi la première phrase du *Désert*, « Vivre, bien sûr, c'est un peu le contraire d'exprimer », qui rappelle la dernière de la *Vie de Henry Brulard* : « On gâte des sentiments si tendres à les raconter en détail. » Vivre la sensation de l'instant ou l'écrire : des deux termes du dilemme, Stendhal et Camus préfèrent volontiers le premier. Dans *Le Désert*, où il exalte l'Italie, terre de beauté et de vérité, Camus comprend que ce pays « soit la terre des incestes, ou du moins, ce qui est plus significatif, des incestes avoués » ; peut-être y est-il aidé par une autre « chronique italienne », *Les Cenci*. On se rappelle enfin que, pendant l'été de 1937, à Florence et à Pise, il a appris à aimer la peinture italienne. Mais à l'inverse de Stendhal, il préférera toujours les primitifs, comme Giotto ou Piero della Francesca, aux maîtres de la Renaissance ; lorsque, en 1954, il découvre *La Cène*, « ouvrage sublime » aux yeux de Stendhal (*Histoire de la peinture en Italie*), il écrit dans ses *Carnets*, le 29 novembre, que « Vinci est décidément au commencement de la décadence italienne. »

L'exemple de Stendhal, Camus se l'approprie particulièrement à l'époque où il prépare *La Peste*. « Stendhal va prendre le style chronique, le reportage du "grand". C'est dans la disproportion du ton et de l'histoire que Stendhal met son secret (à rapprocher de certains Américains). Précisément la même disproportion qui existe entre Stendhal et Béatrice Cenci » (*Carnets*, janvier-février 1942). La sobriété de la chronique (son détachement) prévient le pathétique ; Camus s'en souviendra en composant celle du docteur Rieux. Mais les citations qu'il relève vers la même époque dans les *Carnets* ne concernent pas seulement l'art du romancier. « Il n'y a que les femmes à grand caractère qui puissent faire mon bonheur », note-t-il par exemple d'après le *Journal* de Stendhal (7 janvier 1805). La remarque vaut pour Martha, l'héroïne du *Malentendu*, mais surtout pour des héroïnes moins terrifiantes, qui apportèrent à Camus un bonheur personnel supérieur à ses bonheurs d'écriture. Les critiques cinématographiques qui reconnurent la Sanseverina sous les traits de Maria Casarès dans *La Chartreuse de Parme* de Christian-Jaque (1948) ignoraient probablement quel lien ils tissaient ainsi entre Camus et Stendhal. Tous deux ont aimé les femmes avec passion ; tous deux ont été fascinés par *Don Giovanni*, que les *Carnets* (1953) placent « au sommet de tous les arts ». « Je ne sais combien de lieues je ne ferais pas à pied, ou à combien de jours de prison je ne me soumettrais pas pour entendre *Don Juan* », confie Stendhal quant à lui (*Vie de Henry Brulard*, chap. XXIV). Sans doute le sujet de l'opéra les a-t-il émus autant que la musique de Mozart.

Pourquoi Stendhal est-il pratiquement absent des pages de *L'Homme révolté* consacrées au mouvement romantique ? Les *Carnets* (1942) et « L'Intelligence et l'Échafaud » (1943) aident à le comprendre : « La morale du XXe siècle [...] est positive : elle définit des *styles de vie.* Voyez le héros romantique, Stendhal, (il est bien de son siècle mais c'est par là), Barrès, Montherlant, Malraux, Gide, etc. », note Camus dans les premiers. Stendhal « bien de son siècle » en vertu de traits qui l'apparentent aux maîtres du siècle suivant ? « L'Intelligence et l'Échafaud », à l'inverse, le rapproche de Mme de La Fayette : « Le premier problème que se pose Stendhal est en effet celui des romanciers des grands siècles. Il appelle absence de style une parfaite conformité de son art et de ses passions. » Ces deux aperçus ne sont pas contradictoires : le style, pour Stendhal, ne se surajoute pas à la personnalité de l'écrivain, il s'identifie à elle. Or, dans *L'Homme révolté*, Camus s'attache à dénoncer, chez les écrivains du XIXe siècle, les formes d'une révolte luciférienne qui a souvent pris des allures de pose. Nul plus que Stendhal n'est exempt de cet artifice. Par la sobriété de son style et son rapport à l'écriture, il appartient à une tradition « classique » représentée aussi bien par Gide que par l'auteur de *La Princesse de Clèves.* Mais, au-delà des habituels classements par siècles ou par mouvements littéraires, il appartient plus spécifiquement, par sa façon de penser et de vivre, à toute l'époque qui a succédé à la Révolution. Et celle-ci se signale en priorité, pour Camus, par le régicide. On est cette fois fondé à s'étonner que l'auteur de *L'Homme révolté* ne marque pas plus d'affinités avec celui qui avait deviné, dès l'âge de dix ans, l'importance du sacrilège que les Français osaient en exécutant leur roi (*Vie de Henry Brulard*, chap. X) ; aux yeux de Camus, c'est Dieu que les Français ont guillotiné le 21 janvier 1793 (*L'Homme révolté*, « La révolte métaphysique »).

Son étrange « fixation au meurtre », selon Jean Grenier, Camus la partageait avec Stendhal. Ainsi s'éclaire leur commun intérêt pour Pierre Lacenaire, « poète du crime » (*L'Homme révolté*) et modèle avoué de Valbayre, héros des morceaux en chantier de *Lamiel.* En corollaire : une fascination pour la peine capitale, qui a autorisé des rapprochements entre les héros de *L'Étranger* et du *Rouge et le Noir* attendant dans leur cellule le moment de leur exécution. Mais Camus fut toujours par principe opposé à ce châtiment suprême qui n'effarouchait pas Stendhal.

À Jean Grenier, Camus confia un jour qu'il aurait aimé garder « la qualité du style de Stendhal, mais acquérir quelque chose du style de Chateaubriand ». C'était vouloir marier les contraires. Sa confidence prouve au moins que l'« exemple » qu'il se proposait à vingt ans avait été suivi et qu'il reconnaissait à son style des qualités stendhaliennes. La sécheresse étudiée de *L'Étranger* ou de *La Peste* autorise la filiation. Faut-il lire *Le Premier Homme* comme un équivalent camusien de la *Vie de Henry Brulard* ? Jamais dans ces deux récits (inachevés) le pseudonyme du héros ne masque l'exactitude des souvenirs. Mais *Le Premier Homme* est traversé d'élans lyriques où Camus trouve peut-être, pour la première fois, « quelque chose du style de Chateaubriand ». Le paradoxe est qu'il ait souhaité ressembler à deux écrivains égotistes, lui qui l'était si peu. Si, à la manière de Stendhal, il s'est posé la question du « que suis-je ? », il ne l'a pas fait pour aiguiser sa singularité, mais pour se rattacher, en remontant au besoin jusqu'à Adam, à la communauté des hommes.

Pierre-Louis Rey

Bibl. : André Abbou, « À la rencontre d'un univers romanesque : Camus et Stendhal à travers *L'Étranger* et *Le Rouge et le Noir* », *Revue des Lettres modernes*, série Albert Camus, 1, 1968, p. 93-146 • Pierre-Louis Rey, « Camus et Stendhal », *H. B. Revue internationale d'études stendhaliennes*, n° 2, 1998, p. 173-178

STEPAN. – Le Stepan des *Justes* – Stepan Fedorov – est une invention de Camus, contrairement à Kaliayev, Dora et Annenkov. C'est un homme de marbre ou de fer comme le Verkhovensky des *Possédés*. Il est celui qui d'emblée affirme la nécessité d'une discipline. « Il faut une discipline. J'ai compris cela au bagne. Le parti socialiste révolutionnaire a besoin d'une discipline. Disciplinés, nous tuerons le grand-duc et nous abattrons la tyrannie. » Aucun des personnages présents, Annenkov et Dora en l'occurrence, ne lui fait alors écho. Un peu plus loin, il justifie la pratique du mensonge. « Tout le monde ment. Bien mentir, voilà ce qu'il faut. » La formule « il faut » revient plus souvent dans son discours que dans celui de ses protagonistes. « Rien n'est défendu de ce qui peut servir notre cause » ; les élus de l'histoire ont « tous les droits » ; est licite tout ce qui va dans le sens de l'efficacité historique : Stepan a une conception chirurgicale et quasi sacrificielle de l'action politique qui banalise l'attentat. Pour lui, le militant doit dépouiller le vieil homme, sacrifier l'humain en lui. Sa psychologie est celle d'un fanatique. À la guerre, ou quand la politique est vécue comme une guerre, il n'y a que des amis et des ennemis. De tels hommes sont instrumentalisables par des organisations totalitaires fonctionnant comme des sectes millénaristes.

Que faire ?, brochure de Lénine publiée en 1902, instituait le parti d'avant-garde comme détenteur de la vérité historique et pragmatique : la révolution est désormais chose trop sérieuse pour qu'on l'abandonne à des amateurs. Stepan tient Kaliayev pour un de ceux-là. Ses bouffées fantaisistes et ludiques l'exaspèrent. Il lui dénie « l'expérience », le tient pour un intellectuel bourgeois. Il laisse entendre qu'il n'est pas « un vrai révolutionnaire », sous-entendant que ses origines sociales le lui interdisent. Il culpabilise, stigmatise sa culture de lettré. Lui-même a des réflexes, une culture de professionnel. Du tribun, il a gardé le mépris des intellectuels, la méfiance pour les innovations.

Camus écrit dans *L'Homme révolté* : « Quand la révolution est la seule valeur, il n'y a plus de droits, en effet, il n'y a que des devoirs. Mais par un renversement immédiat, au nom de ces devoirs, on prend tous les droits. » Stepan use de la même formule dans une tirade qu'une didascalie qualifie de « violente » : « La vérité est que vous ne croyez pas à la révolution. [...] Si vous y croyiez totalement, [...] que pèserait la mort de deux enfants ? Vous vous reconnaîtriez tous les droits, tous [...]. »

Stepan est surtout l'homme du soupçon. Sérieux, raide, il manifeste une animosité croissante à l'égard de Kaliayev. Il lui coupe brutalement la parole : les discussions sont pour lui des palabres inutiles (« Nous perdons notre temps »). L'altercation entre les deux personnages est violente, le contraste accusé entre les deux militants. Kaliayev est spontané, romanesque, sensible ; il utilise abondamment les mots « aimer » et « amour ». Stepan les emploie de façon sarcastique ou avec une modalisation négative. « Il n'aime personne », dit de lui Dora.

Un autre auteur aurait imaginé une rivalité amoureuse entre Kaliayev et le puritain Stepan. La dispute récurrente entre les deux hommes ne se nourrit cependant que de désaccords stratégiques, donc idéologiques. À la fin, un Stepan humanisé avoue seulement avoir ressenti de l'envie à l'égard de son cadet. Camus s'est gardé de lui en faire dire plus. Il lui accorde des circonstances atténuantes : les humiliations et les souffrances que lui ont infligées ses bourreaux ont trempé son ressentiment. À l'acte V, Kaliayev étant promis au gibet, la rancune de Stepan s'éteint. Le « poète » a accompli sa tâche, le grand-duc a été tué. Les révolutionnaires tiennent leur martyr. La propagande présentera son supplice de telle façon qu'il soit utile à la cause. Nul homme n'est irrécupérable.

L'écrivain a donné un double à Stepan. Il s'agit de Skouratov, le policier psychologue. Ce machiavel a décelé chez le terroriste le désir d'un État coercitif qui ne manquera pas de faire appel, un jour, à ses compétences. « On commence par vouloir la justice et on finit par organiser une police. » Les régimes passent, la police demeure. À peine installé au pouvoir, Lénine n'a-t-il pas organisé la Tcheka ?

Jeanyves GUÉRIN

STOCKHOLM, discours de. – Le 10 décembre 1957, après avoir reçu le prix Nobel de littérature à l'hôtel de ville de Stockholm, Camus prononça le traditionnel discours de remerciement. À sept légères variantes près, selon Olivier Todd, c'est le texte exact du discours qui sera publié, conjointement avec celui de la conférence d'Uppsala, dans le volume intitulé *Discours de Suède*, chez Gallimard, en janvier 1958.

L'exorde du discours de Camus témoigne d'une modestie qui n'était pas feinte. On sait qu'il aurait trouvé plus équitable, si le prix devait récompenser un Français, qu'il revînt à André Malraux, et son regret qu'on ne l'ait pas accordé à un de ces écrivains que les régimes totalitaires réduisaient au silence est dans la ligne d'un combat qu'il mène depuis sa jeunesse. Son émotion explique qu'affleure dans le discours un accent personnel, peu habituel chez lui. Et il n'aurait pas été lui-même si, en ce moment de gloire, il n'avait eu un mot pour les souffrances de sa « terre natale », en proie à la guerre depuis trois ans. Sa profession de foi d'artiste – « Je ne puis vivre personnellement sans mon art. Mais je n'ai jamais placé cet art au-dessus de tout » – ne contredit pas ce qu'il écrivait en 1950 dans ses *Carnets* : « J'ai la plus haute idée, et la plus passionnée, de l'art. Bien trop haute pour consentir à le soumettre à rien. » En précisant « *cet* art », il désigne ici le sien, auquel il s'applique avec courage et liberté, sans nourrir l'illusion de se placer au niveau des plus grands créateurs.

« Le terrible et dévorant égoïsme des artistes », notait-il en 1944 dans ses *Carnets*. C'est pourtant en luttant contre cet égoïsme que l'artiste peut, solitaire et solidaire, répondre à sa mission. Cette conviction, ainsi que l'impératif qui s'impose à lui de

« comprendre au lieu de juger » et de se mettre au service, non de ceux qui font l'histoire, mais de ceux qui la subissent, seront exposés plus à loisir dans la conférence d'Uppsala, le 14 décembre. Le mot « révolte » aurait-il détonné dans un discours prononcé devant une Académie royale ? Il est curieusement absent de ce texte qui renvoie pourtant, presque explicitement parfois, aux valeurs de *L'Homme révolté*. Ainsi, lorsque Camus évoque ceux qui « se sont rués dans les nihilismes de l'époque », il fait écho à un passage du chapitre intitulé « La révolte métaphysique » : « Cette impasse où Nietzsche pousse méthodiquement son nihilisme, on peut dire qu'il s'y rue avec une joie affreuse. » Le ton, sinon le fond, de la profession de foi se fait toutefois moins vif que dans *L'Homme révolté*. L'accent est mis sur la nécessité de « comprendre », même s'il faut refuser de les suivre, ceux qui vouent l'humanité au désespoir. Un discours de prix Nobel n'est pas un pamphlet.

Tout écrivain porte le poids de l'histoire. Le bref rappel des blessures infligées au XXe siècle à notre civilisation occidentale et des terribles menaces qui pèsent encore sur elle justifie la prudence de la seconde moitié du discours, moins rayonnante que l'appel à la « renaissance » formulé vers la fin de la conférence d'Uppsala. « C'est l'art et l'artiste qui refont le monde, mais toujours avec une arrière-pensée de protestation », écrivait Camus dans ses *Carnets* en 1943. L'ambition qu'il prêtait alors à l'artiste est franchement remise en cause dans le discours de Stockholm : « Chaque génération, sans doute, se croit vouée à refaire le monde. La mienne sait pourtant qu'elle ne le refera pas. Mais sa tâche est peut-être plus grande. Elle consiste à empêcher que le monde ne se défasse. » On trouvera en réalité des racines anciennes à ce scepticisme. Camus est demeuré celui qui, puisant en septembre 1937 des leçons dans *Illusion du progrès* de Georges Sorel, ironisait sur la foi des philosophes du XVIIIe siècle en un progrès illimité (*Carnets*). Du moment que le rocher de Sisyphe redescend invariablement la pente, comment pourrait-on croire à un avenir radieux ? Au moins les efforts déployés pour maintenir le rocher en place témoignent-il de la grandeur de l'homme. L'expérience nous a enseigné quels dégâts ont causés ceux qui ont voulu « refaire le monde », expression qui implique à la fois la générosité et la démesure. La mission assignée par Camus à l'artiste et à l'homme en général ne s'identifie toutefois pas à une forme de conservatisme : la défense de la liberté et de la dignité contre ceux qui l'attaquent de tous bords suppose au contraire un combat de tous les instants.

Les réflexions sur le partage de l'écrivain entre la douleur et la beauté seront également développées dans la conférence d'Uppsala. Elles s'inscrivent ici dans ce qui ressemble, derrière une définition générale de l'écrivain, à un autoportrait et, à certains égards, à une justification. Pour avoir trop souvent à son goût, en particulier après la publication de *La Peste*, acquis une réputation de moraliste, il se défend d'être un « prêcheur de vertu ». Croit-il sincèrement que sa nostalgie de la « lumière », du « bonheur d'être » et de la « vie libre » où il a grandi l'aient jamais détourné de sa voie ? Pour le bonheur en tout cas, il expliquera comment « le bonheur aujourd'hui est une activité originale » dont on doit sans cesse s'excuser (« Pourquoi je fais du théâtre ? », « Gros plan », émission télévisée du 12 mai 1959). S'il a fauté en se souvenant obstinément de son enfance, il faut croire qu'il est impénitent : sa principale œuvre en cours, quand il prononce son discours, est *Le Premier Homme*. Et il affichera clairement la nostalgie que lui inspirent ces souvenirs en même temps que sa reconnaissance envers son maître d'école Louis Germain en dédiant à celui-ci les *Discours de Suède*.

L'exorde du discours se conforme aux règles de l'exercice, mais un lauréat partage-t-il si souvent ses mérites avec ceux qui l'ont accompagné dans sa tâche ? Lui, artiste solitaire, veut se persuader que le Nobel récompense, au-delà de la création littéraire, tous ceux qui mènent comme lui le combat pour la liberté. Faut-il lire sous le mot « combat » un hommage aux journalistes qui ont partagé ses activités de résistant ? Tenons au moins pour sûr que, dans les phrases convenues de l'envolée finale, il ne fait pas à la légère référence aux « limites », hors desquelles s'égarent à ses yeux la morale et l'action, et au « silence ». On se rappelle la « joie silencieuse » de Sisyphe quand il accomplit sa tâche, l'amitié silencieuse de Rieux et de Tarrou (*La Peste*), le silence de la mère… Il se devait, en cette circonstance, de célébrer le silence de l'artiste, et peut-être, en fermant par ce mot son discours officiel, de suggérer qu'il ne manquait pas d'humour.

Pierre-Louis Rey

SUD. – Au cours de l'année scolaire 1931-1932, Camus est en classe de philosophie au Grand Lycée d'Alger, devenu lycée Bugeaud. Soutenus par leur professeur de philosophie Jean Grenier, les lycéens lancent *Sud*, « revue mensuelle de littérature et d'art ». Entre décembre et juin, Camus y donne six articles : deux sont des créations (un pastiche de Verlaine et un conte) ; les autres sont issus de dissertations littéraires (sur Verlaine et sur Jehan Rictus) ou philosophiques (les idées de Schopenhauer et de Nietzsche sur la musique et un commentaire du dernier ouvrage de Bergson). Ces deux textes philosophiques paraissent dans le numéro spécial de juin sur la philosophie, introduit par Jean Grenier. Camus est le seul à y avoir plus d'une contribution ; on a retrouvé une version de son article sur la musique, corrigée par le maître.

Camus se cherche. Le jeune philosophe, maladroit et ferme tout à la fois, est déçu par Bergson mais s'intéresse à Schopenhauer et lit Nietzsche de près. À la question de l'art, centrale pour lui, il apporte des réponses idéalistes. Déjà travaillé par l'envie d'être écrivain, il cherche une écriture ; s'il scrute l'homme Verlaine, il n'entre pas dans sa poésie ; de Rictus, il mène une analyse thématique, centrée sur la misère. Le conte, lui, est intéressant à plus d'un titre : d'inspiration hugolienne évidente, *Le Dernier Jour d'un mort-né* se donne comme le récit d'un jeune homme qui songe au suicide. Écartelé entre sa morale et sa sensualité naissante, il condamne à mort son moi nouveau, comme il fantasme qu'il fut promis à la mort dès sa naissance, et malgré une brève extase de communion avec la nature. Une construction par emboîtement suggère un narrateur principal qui a compris l'enjeu de ce récit. Le conte tente d'inscrire dans une forme des perceptions contradictoires, et explicite un sentiment de « vide » et d'« impuissance » que le lyrisme fiévreux des premières proses personnelles explorera dès l'automne 1932.

Agnès Spiquel

Bibl. : Jacqueline Lévi-Valensi, *Albert Camus ou la naissance d'un romancier*, Gallimard, 2006, p. 44-58

SUICIDE. – En affirmant que le seul problème sérieux est le suicide dès la première ligne du *Mythe de Sisyphe*, Camus, pour ainsi dire, théâtralise le débat qui va s'ouvrir autour du problème de l'absurde puisqu'il apparaît être un des enjeux possibles du « sentiment de l'absurde ». Évitant une approche sociologique, Camus fait du suicide une réflexion intime de la conscience avec elle-même. Le constat de la situation existentielle est sombre : le désir irrépressible d'unité, la recherche de sens, l'appétit d'absolu et l'espoir d'immortalité se heurtent au « silence déraisonnable du monde ». Dès lors, le caractère absurde de l'existence autorise-t-il encore un sens de la vie ? Cette dramatisation du rapport de la réflexion à l'existence s'inscrit d'emblée dans une progression de style cartésien, soucieuse de cohérence, mais aussi de fondation philosophique. L'essai s'achève sur un double refus et sur une triple fondation par l'analyse même de la notion d'absurde : « Je tire donc de l'absurde trois conséquences qui sont ma révolte, ma liberté et ma passion. Par le seul jeu de la conscience, je transforme en règle de vie ce qui était invitation à la mort et je refuse le suicide. » Notons que dans ce rétablissement, le rôle charnière de la révolte déjà formulé dans *Le Mythe de Sisyphe* deviendra la clef de voûte de *L'Homme révolté*.

Néanmoins, la question du suicide est plus complexe car la démarche des « philosophes existentiels », Heidegger, Jaspers, mais surtout Chestov et Kierkegaard, en identifiant Dieu et l'absurde, préconise un saut religieux hors du rationnel qui constitue un renoncement à la lucidité intellectuelle. Pour Camus, ce suicide « philosophique » constitue une fuite par la suppression d'une des conditions essentielles de la confrontation avec l'absurde du monde, le « sacrifice de l'intellect ». Suicide matériel ou corporel et suicide de la raison constituent donc tous deux des comportements de fuite, des évasions, et transgressent le postulat central du *Mythe de Sisyphe* : « L'absurde n'a de sens que dans la mesure où on n'y consent pas. » La condition héroïque de l'homme absurde est donc un face à face assumé dans la lucidité. Il résulte que « Le suicide est une méconnaissance » et appartient à l'ordre de l'erreur, tout en nous privant du caractère volontariste de la révolte inhérente à la conscience de l'absurde. Cette conclusion nous place dans une attitude de tension puisque la révolte est déjà dans *Le Mythe de Sisyphe* « l'assurance d'un destin écrasant, moins la résignation qui devrait l'accompagner ».

En s'opposant à toute transcendance religieuse induite à partir d'un irrationalisme, Camus place son sujet philosophant dans une immanence désespérée qui s'oppose à l'espoir du christianisme. On ne peut comprendre cette analyse sans mesurer tout l'impact qu'avait eu sur lui la lecture des ouvrages de Léon Chestov, mais aussi sans doute la fréquentation des néoplatoniciens et des gnostiques lors de la rédaction de son mémoire de philosophie (« Métaphysique chrétienne et néoplatonisme »). Le chestovisme avait dramatisé la lutte entre l'espoir religieux et la rationalité sous la forme d'une lutte radicale contre les évidences rationnelles, exigeant « l'impossible » de Dieu et en premier lieu une négation des effets irréversibles du temps et de la mort. Il avait souligné ce thème chez Dostoïevski et c'est directement en écho à l'écrivain russe que Camus évoque une troisième forme de suicide : le suicide logique ou « suicide supérieur » chez le Kirilov des *Possé-*

dés qui naît d'une exigence démesurée de liberté pour « devenir Dieu », car « si Dieu n'existe pas, je suis Dieu ». Il souligne que ces personnages absurdes, suivis par Stavroguine et Karamazov, sont finalement démentis par la conclusion chrétienne pleine d'espérance de Dostoïevski, qui le rattache à la solution « existentielle ». Remarquons que le personnage de *Caligula* obéit aussi à la même logique de « l'autodestruction » en exigeant l'impossible, poussant une logique nietzschéenne jusqu'à son inhumanité la plus radicale.

Camus oppose à cette démesure métaphysique une conscience de la finitude fondée sur la liberté. Mais une fois le suicide refusé, la question reste posée : peut encore vivre dans cette confrontation avec l'absurde ? À partir de là, le refus du suicide n'est pas conditionné par des motifs axiologiques externes sur la valeur de la vie, etc., mais par la nécessité d'assumer pleinement l'absurde comme, aussi, la certitude de la mort : « Le contraire du suicidé, précisément, c'est le condamné à mort. » Ce retournement dramatique a lieu dans le chapitre « La liberté absurde » et fera l'objet du bel essai de Rachel Bespaloff : « Le monde du condamné à mort » (*Esprit*, janvier 1950). Ce choix de vie mime la reconstruction cartésienne des vérités à partir du *cogito* après le vide pratiqué par le doute hyperbolique, mais fait l'économie de tout garant divin des vérités métaphysiques. C'est dans cet espace de lutte que les grandes figures du jeu de l'homme absurde avec le monde apparaissent : le donjuanisme, le conquérant, le comédien, le créateur, constituant des positions d'action, mais non une morale.

L'Homme révolté repartira du constat de la nature contradictoire de l'absurde, en prenant appui sur lui comme sur un fondement : si la vie est nécessaire pour vivre et pour penser l'absurdité du monde, elle est une valeur pour tous : « On ne peut donner une cohérence au suicide si on la refuse au suicide. » Le suicide solitaire par indifférence du monde, paradoxalement, renforce cette valeur de vie, dont elle constate l'absence, et le suicide collectif, incarné par « l'apocalypse hitlérienne de 1945 » qui tente alors de tout détruire avec elle, la présuppose aussi. C'est là le point d'appui cartésien, le *cogito* axiologique qui consacre le tournant camusien : « L'absurde en lui-même est contradiction. Il l'est dans son contenu puisqu'il exclut les jugements de valeur en voulant maintenir la vie, alors que vivre est en soi un jugement de valeur. Respirez, c'est juger. » Le refus du suicide logique consacre donc la valeur que le « *cogito* de la révolte » réaffirmera. Avec *L'Homme révolté*, l'enjeu communautaire fournit donc de nouvelles raisons pour enraciner le sujet à son existence révoltée.

Olivier SALAZAR-FERRER

« SUR LA MUSIQUE ». – Si Camus jeune s'est « saoulé » de musique, comme il le confie à Jean-Claude Brisville en 1959, celle-ci, qui n'a jamais été pour lui une pratique – à la différence de Francine Faure –, est l'objet d'une réflexion sur les vertus de l'art dans l'un des premiers articles d'un jeune homme de dix-neuf ans, publié, comme deux textes sur le poète de la misère, Jehan Rictus, et sur Verlaine, dans la revue *Sud* – ici le n° 7 de juin 1932 – par l'entremise de Jean Grenier. Attentif, le maître a d'ailleurs proposé quelques amendements (« enlever ce qu'il y a de scolaire »), qui ont été avalisés avec reconnaissance. Dans son architecture, le texte, marqué d'un enthousiasme, d'un idéalisme franchement baudelairien traduit par l'emploi de nombreuses majuscules, voire d'un sentimentalisme adolescent, est celui d'une dissertation améliorée. Il donne a posteriori une idée de ce qu'ont pu être les rédactions camusiennes.

L'approche est univoque, laudative : le plus parfait des arts, la musique, dont la teneur est surtout spirituelle, est du versant de la sensibilité. L'objectif est clairement défini : « Montrer que la musique, parce qu'elle est le plus complet des arts, doit être sentie plutôt que comprise, c'est là le but du présent essai. » Afin de définir l'essence de l'art (« l'expression de l'Idéal », « la création d'un monde de Rêve »), la réflexion s'organise autour des deux approches – Schopenhauer puis le philosophe camusien par excellence, Nietzsche – et s'axe sur une opposition très tranchée, pas loin d'être caricaturale, entre Idéalisme et Réalisme. Ce dernier est rejeté comme théorie puisque le passage s'opère du réel au Rêve avant même que les deux philosophes soient successivement étudiés. D'après Schopenhauer, pour qui l'origine est celle des Idées platoniciennes, la musique, art à part et non le premier d'entre eux, est le rythme même du monde. Comme l'art, il nous délivre de la Volonté. Nietzsche, dont la conception optimiste est plus développée dans l'article, place quant à lui les accents sur l'opposition entre Dionysos et Apollon, l'élan et la raison. L'art des sons exprime « les sentiments primitifs à l'état pur ». L'opus se clôt sur une tentative de définition de la musique, sur une conclusion personnelle et une métathèse : « Il ne faut pas vouloir comprendre et souffrir ensuite. L'Art ne souffre pas la Raison. » Ainsi, la musique est « l'expression d'un monde inconnaissable, monde d'essence spirituelle qui s'exprimerait d'une façon idéale ». Cet essai illustre cette manière qu'à Camus de procéder en opposant deux éléments, comme plus tard avec « Métaphysique chrétienne et néoplatonisme », rédigé pour son diplôme d'étude supérieures, et avec *L'Envers et L'Endroit*. L'essai « Sur la musique » donne aussi une idée nette du style de l'essayiste, et déjà un peu du journaliste. Il vaut comme coup d'essai mais ce n'est pas un coup de maître. Sans doute Camus est-il là trop loin de ses bases culturelles. Pierre GROUIX

Éd. : *Sud*, n° 7, juin 1932 • *Œuvres complètes*, t. I, Gallimard, coll. « Bibl. de la Pléiade », 2006, p. 522-540

« SUR L'AVENIR DE LA TRAGÉDIE ». – Camus n'a jamais cessé d'affirmer sa prédilection pour la tragédie. Il est de ces dramaturges qui ont cru à son renouveau et rêvé d'en être les restaurateurs. La conférence sur l'avenir de la tragédie qu'il prononce à l'Institut français d'Athènes le 29 avril 1955 lui permet de rassembler des vues qui courent dans ses écrits antérieurs. S'adressant à un public grec, il se présente non en philosophe mais écrivain et praticien de la scène.

Il s'efforce de définir le genre. La tragédie se caractérise par l'affrontement de deux forces également légitimes – « Antigone a raison, mais Créon n'a pas tort. » L'idée se trouve chez Hegel et Scheler. « De même Prométhée est à la fois juste et injuste et Zeus qui l'opprime sans pitié est aussi dans son droit. » Les deux adversaires sont justifiables sinon justes. Chacun, dans un premier temps, entend monopoliser le droit et ignorer celui de l'autre. Personne n'ayant absolument raison, il est cependant une limite à ne jamais franchir : « celui qui, par aveuglement ou passion, ignore cette limite court à la catastrophe pour faire triompher un droit qu'il croit être le seul à avoir. » Le partage des droits ne rend pas pourtant l'affrontement tragique inexpiable. C'est pourquoi le chœur prêche la « prudence », autre nom de la modestie que Camus tient pour la vertu démocratique par excellence. L'irréparable ne doit pas être un inéluctable. Quand, peu après, Camus préconise inlassablement le dialogue, l'apaisement, la reconnaissance de l'autre en Algérie, il s'inscrit dans le sillage des poètes grecs – on pense aux *Euménides* d'Eschyle ou à *Œdipe à Colone* de Sophocle.

Les modèles tragiques de Camus s'appellent en effet Eschyle et Sophocle, et non pas Shakespeare ni Racine. « Le héros se révolte et nie l'ordre qui l'opprime ; le pouvoir divin, par l'oppression, s'affirme dans la mesure même où on le nie. Autrement dit, la révolte à elle seule ne fait pas une tragédie. L'affirmation de l'ordre divin, non plus. Il faut une révolte et un ordre, l'un s'arc-boutant à l'autre et chacun renforçant l'autre de sa propre force. Pas d'Œdipe sans le destin résumé par l'oracle. Mais le destin n'aurait pas toute sa fatalité si Œdipe ne le refusait pas. » Que l'équilibre se rompe en faveur de la nécessité ou de la liberté, de la transcendance ou de l'homme, et l'on sort du cercle tragique. C'est ce qui passe avec la mort ou l'exil de Dieu. Avec la laïcisation et la rationalisation modernes, le cycle de la fatalité semble devoir se fermer. Il n'en est rien. Tout recommence au contraire ; l'Histoire a remplacé les dieux. Les philosophes du XIXe siècle n'avaient pas prévu qu'elle fabriquerait des monstres. « L'homme d'aujourd'hui qui crie sa révolte en sachant que cette révolte a des limites, qui exige la liberté et subit la nécessité, cet homme contradictoire, déchiré, désormais conscient de l'ambiguïté de l'homme et de son histoire, cet homme est l'homme tragique par excellence. » Un siècle tragique appelle des tragédies. Encore faut-il qu'il y ait des poètes tragiques.

La conférence s'achève par des vues rapides sur le théâtre français contemporain. Des fragments de pièces les accompagnent. *Œdipe* d'André Gide, *La guerre de Troie n'aura pas lieu* de Jean Giraudoux, *Le Maître de Santiago* et *Port-Royal* d'Henry de Montherlant, *Partage de midi* de Paul Claudel ont en commun d'être des pièces littéraires. « Il n'est pas de tragédie sans langage », celui-ci doit être « hiératique et familier, barbare et savant, mystérieux et clair, hautain et pitoyable ». L'évolution de la scène française n'allait pas dans ce sens.

Ce texte, s'il reprend des idées souvent avancées par des auteurs des XIXe et XXe siècles, les formule avec netteté. C'est ce qui lui vaut d'être souvent cité. L'on considère que *Le Malentendu*, *Caligula*, *L'État de siège* et *Les Justes* répondent mal à la définition camusienne de la tragédie. Camus s'en est plus approché dans ses adaptations des années 1950, notamment *Requiem pour une nonne* et *Les Possédés*.

Jeanyves GUÉRIN

Éd. : *Théâtre, récits et nouvelles*, Gallimard, coll. « Bibl. de la Pléiade », 1962 • *Œuvres complètes*, t. III, Gallimard, coll. « Bibl. de la Pléiade », 2008

« SUR UNE PHILOSOPHIE DE L'EXPRESSION ». – Au début de l'année 1944, Camus publie dans la revue *Poésie 44*, que dirige Pierre Seghers, un texte intitulé « Sur une philosophie de l'expression ». Il s'agit de ses commentaires sur les travaux du philosophe Brice Parain, dont il a fait la connaissance un an plus tôt, et plus précisément sur deux ouvrages, *Essai sur le logos platonicien* et *Recherches sur la nature et les fonctions du langage*, qui ont paru en 1942 chez Gallimard. L'intérêt de Camus pour les travaux de Parain s'explique d'abord par leur préoccupation commune concernant les problèmes du langage. Il écrit au début de son article : « il y a une interrogation primordiale qui doit porter sur la valeur même des mots que nous prononçons. Il s'agit de savoir si notre langage est mensonge ou vérité : c'est la question que pose Parain ». Ensuite, ces ouvrages, par les interrogations qu'ils soulèvent sur la place de l'homme dans le monde et sur notre capacité à lui donner un sens, offrent à Camus l'occasion de prolonger sa réflexion personnelle sur l'absurde. Enfin, l'époque troublée où il se situe lorsqu'il écrit ce texte aggrave son inquiétude quant à la valeur de certains mots tels que « justice » et « liberté ».

Par le titre de son article, Camus signifie que la réflexion de Parain sur le langage est fondamentalement de nature philosophique. Mais il souligne aussi en quoi il se distingue de ceux qui ont une approche psychologisante du problème ou qui s'intéressent seulement au fonctionnement du langage : « Quelle est l'originalité de Parain ? Il fait du langage une question métaphysique. » Ses recherches se présentent comme « une enquête sur notre condition », mais elles sont également « une introduction à l'histoire de la philosophie ». Parain montre une évolution, dans la réflexion sur le langage, qui va « des premiers Grecs à la dialectique moderne ». Concluant la partie de son commentaire qui porte sur le logos, Camus écrit : « Dès le ve siècle avant notre ère, le dilemme définitif est donc posé : le monde ou le langage, le non-sens ou l'éternelle lumière. » Par rapport à cette question essentielle, Platon et Pascal ont ceci en commun qu'ils postulent une origine du langage au-delà de ce qui est du domaine de la connaissance humaine. Au contraire, Hegel introduit une philosophie de l'immanence : « Il n'y a plus de vérité, mais il y a quelque chose qui est en train de se faire et qui sera vérité. Et, de même, le langage n'est pas autre chose que la totalité de notre vie intérieure. »

La philosophie du langage aboutit par conséquent à un dilemme que Camus formule en ces termes : « Il faut choisir entre le miracle et l'absurde, il n'y a pas de moyen terme. » Alors que Brice Parain postule une origine divine du langage, l'auteur du *Mythe de Sisyphe* se maintient dans l'incertitude, soulignant dans un aphorisme la relativité du langage : « Ni oui ni non, le langage est seulement une machine à fabriquer du doute. » La recherche absurde doit se résigner à se saisir de vérités et jamais de la vérité. La même divergence apparaît sur la théorie du silence qui est l'aboutissement de la pensée de Parain. On trouve dans l'article cette citation tirée de *Recherches sur la nature et les fonctions du langage* : « Le langage n'est qu'un moyen pour nous attirer vers son contraire qui est le silence et qui est Dieu. » Pour Camus, le silence est la limite du langage au-delà de laquelle il n'y a plus rien : *L'Étranger* par exemple, ainsi que plusieurs nouvelles de *L'Exil et le Royaume* nous révèlent le mutisme inhérent à la condition humaine.

Si Camus se sépare de Brice Parain sur la question de l'origine du langage, ils se retrouvent lorsqu'il s'agit d'affronter l'époque et de bâtir sur le langage des règles de vie. Dans la dernière partie de son article, l'écrivain algérois constate que la réflexion de Parain « rejoint l'époque et son destin ». Il associe à l'œuvre du philosophe celles de Jean Paulhan ainsi que de Francis Ponge : elles sont parmi « les plus significatives » de cette époque parce qu'elles « remettent en question le langage et l'expression ». Après le surréalisme, dont le principe était « de tirer de l'incertitude du monde ou du langage toutes les libertés », et parce que « les questions que nous pose l'époque sont bien plus pressantes », il s'agit, conclut Camus sur ce point, de créer « un nouveau classicisme [...] qui témoigne pour les deux valeurs qui sont aujourd'hui les plus attaquées, je veux dire l'intelligence et la France ». En ces temps troublés, et « afin de diminuer la part du mensonge et de la haine », une qualité s'impose à tous par-dessus les oppositions, l'honnêteté. Alors il redeviendra possible, comme l'écrivait Camus dès le début de son article, de fonder sur le langage « une justice claire et une liberté sans équivoque ». Jacques Le Marinel

Éd. : *Œuvres complètes*, t. I, Gallimard, coll. « Bibl. de la Pléiade », 2006

SURRÉALISME. – Tandis que *Le Mythe de Sisyphe*, en 1942, s'accordait avec certaines orientations du surréalisme, par sa description de la condition absurde de la vie humaine et le recours au mythe, *L'Homme révolté*, neuf ans plus tard, semble sacrifier les bases d'une entente possible, à moins que, se livrant à une autocritique radicale de son précédent essai, Camus ne condamne à travers le surréalisme cette révolte en laquelle il reconnaît ses propres démons.

Dans l'essai publié en 1951, Camus consacre au surréalisme un chapitre, point d'aboutissement de la première partie : « La Révolte métaphysique ». Il retrace la logique qui a conduit de la rébellion à l'apologie de la destruction, à « l'apocalypse du crime » que parachèveraient Rimbaud et le surréalisme. Il stigmatise une mauvaise révolte fondée sur une fracture entre le sujet et le monde, qui exacerbe le malentendu entre l'artiste et la société de son temps, pour lui opposer une révolte constructive reposant sur l'adhésion au monde et la « pensée de Midi » à laquelle il s'identifie.

Faisant écho aux critiques de Tristan Tzara (« Le surréalisme et l'après-guerre », avril 1947), de Sartre (« Situation de l'écrivain en 1947 »), de Roger Vailland (*Le Surréalisme contre la révolution*, 1948), Camus réécrit l'histoire du mouvement en dissociant la violence destructrice manifestée après la Grande Guerre contre la société et l'art bourgeois, des valeurs positives du mouvement ; il parle seulement en fin de chapitre de l'amour, clé de voûte de la pensée surréaliste, comme d'une réconciliation un peu résignée avec les valeurs de vie après le nihilisme adolescent ; ce processus de dissociation déjà utilisé dans le chapitre consacré à Lautréamont gauchit le sens de la « révolution surréaliste » qu'il est dès lors facile de réduire à un pessimisme suicidaire hérité de Dada. L'apologie du meurtre (Violette Nozière), du suicide (enquête : « Le suicide est-il une solution ? » dans *Littérature*), les proclamations incendiaires, la soif d'absolu prolongent, dit-il, la rage autodestructrice de Rimbaud. S'appuyant sur des citations souvent empruntées aux déclarations liminaires des premiers numéros de *La Révolution surréaliste* et aux déclarations les plus violentes d'Artaud, Camus omet de signaler le désaveu de Breton, inquiet en 1925 de la dérive du mouvement vers le désespoir ontologique. Dénonçant ensuite l'influence de Hegel et de Marx ainsi que le ralliement des surréalistes au parti communiste, il ne mentionne plus alors l'attitude d'Artaud qui récusait l'inscription de sa révolte dans un projet historique collectif ; il crée ainsi, en s'appuyant tantôt sur Naville, tantôt sur Artaud, tantôt sur Breton et Aragon, un surréalisme d'une seule pièce qui n'a sans doute jamais existé mais se montre plus facile à abattre, et tire ensuite parti de l'évolution stalinienne d'Aragon pour discréditer un mouvement dont justement ses positions l'avaient exclu. Ni les motifs de l'engagement politique en 1925 dicté par la nécessité de choisir son camp au temps de la guerre coloniale, ni la vigilance constante devant les premiers procès de Moscou, qui éloignent Breton du parti communiste un peu avant que Camus n'y entre, ni la dénonciation du pacte germano-soviétique ne sont évoqués. La décontextualistion des citations et la déshistorisation des prises de position permettent d'inscrire les faits dans un autre réseau de signification, au bénéfice de la thèse.

L'enquête sur la rencontre capitale, la réflexion sur l'objet, l'influence de Freud sont éclipsées. Les protocoles d'écriture automatique, la période des sommeils, l'exploration des territoires du rêve, composantes originelles du mouvement, contemporaines du mouvement Dada mais spécifiques du surréalisme, sont assimilés à un refus du réel. L'enquête sur le suicide est présentée comme une apologie purement verbale de l'autodestruction, une coquetterie criminelle qui s'est payée du passage à l'acte de quelques-uns – René Crevel, Jacques Rigaut. Or, le suicide de Crevel en 1935 n'a rien à voir avec celui de Rigaut en 1929, non plus qu'avec un quelconque nihilisme surréaliste. Le mouvement surréaliste est ainsi maquillé aux couleurs de la mort ; Breton avait répondu par avance, dès 1941, en valorisant l'« Éros à qui incombe de rétablir dans le temps qui vient l'équilibre rompu au profit de la mort ».

Camus critique le désir de conciliation des contraires et de réunification à l'œuvre dans la pensée analogique qui fonde la poétique surréaliste, ce qui est finalement surprenant dans un chapitre où il fustige le divorce entre le sujet et le « monde réel » et « l'antithétisme » surréaliste. Le malentendu va plus loin : Camus voit dans le surréalisme la destruction de la langue. Breton, critiquant les « Mots en liberté » futuristes, et *Finnegan's wake* de James Joyce, voyait au contraire dans la syntaxe la garantie de l'intelligibilité des énoncés. « Attenter à l'ordre des mots » consiste non à se livrer à une attaque terroriste contre la langue mais à briser les collocations qui réintroduisent du pré-pensé à la faveur du déjà-dit, pour remettre en cause la part consensuelle dont il rend responsable un mauvais usage du langage.

Malgré les formules finales d'atténuation et les protestations d'estime qui achèvent la première partie de l'essai, Breton a vivement réagi à ce qu'il a considéré comme la trahison d'un esprit fraternel, notamment dans le dialogue avec Aimé Patri du 16 novembre qui suit la publication de l'essai, mais aussi dans les entretiens contemporains avec André Parinaud (diffusés en 1952). N'avait-il pas répondu par avance au cours d'une interview accordée à Jean Duché en 1946 : « Je formule d'expresses réserves sur le prétendu "pessimisme surréaliste" qui a du moins ceci de particulier qu'il se double d'un optimisme largement anticipatif » ? Il rejetait le rocher du pessimisme dans le jardin de Camus : « Le rocher de Sisyphe ? Les surréalistes diffèrent de Camus en ce qu'ils croient qu'un jour ou l'autre il va se fendre, abolissant comme par enchantement la montagne et le supplice : ils inclinent à penser qu'il peut être une manière propice de le rouler... Est-ce assez optimiste, dites-moi ? Ils ne tiennent pas pour incurable la "fracture" observée par Camus entre le monde et l'esprit humain. » Marie-Paule BERRANGER

Bibl. : Anne-Marie Amiot, « Interférences Dada/Camus », dans David H. Walker (éd.), *Albert Camus, les extrêmes et l'équilibre*, actes du colloque de Keele, Amsterdam, Rodopi, 1993, p. 51-74 • André Breton, *Œuvres complètes* t. III, Gallimard, coll. « Bibl. de la Pléiade », 1999, éd. par Étienne-Alain Hubert • Peter Dundwoodie, « Camus et le viol de la révolte », dans David H. Walker (éd.), *Albert Camus, les extrêmes et l'équilibre*, actes du colloque de Keele, *op. cit.*, p. 151-169 • « Politique-Polémique », *Mélusine*, V, 1983

SYNDICALISME. – *L'Homme révolté* comporte, dans ses pages de conclusion, un vibrant éloge du syndicalisme révolutionnaire. En privilégiant le syndicat par rapport au parti, Camus manifeste sa singularité dans le paysage intellectuel français où l'inverse prévaut. Dans l'après-guerre, il est un temps adhérent du Syndicat national des journalistes, dont il démissionne quand les communistes en prennent le contrôle. Il a eu de nombreux amis au Syndicat du Livre, îlot libertaire dans cette Confédération générale du travail (CGT) communisée. Dans les Groupes de liaison internationale, il retrouve des militants de Force ouvrière (FO) en 1949-1950. Dans la décennie qui suit, il est proche de *La Révolution prolétarienne* antistalinienne et anticapitaliste où nombreux sont les héritiers du syndicalisme révolutionnaire. Il y rencontre des militants de Force ouvrière, dont Louis Mercier et Roger Lapeyre, du Syndicat national des instituteurs (SNI) et de la Fédération de l'Éducation nationale (FEN). Il a aussi noué des liens avec les syndicalistes anarchistes espagnols regroupés dans la Confédéración nacional del trabajo (« Confédération nationale du travail », CNT). Dans tous ces cercles, il s'est senti plus à l'aise que dans le milieu intellectuel.

Dans sa controverse avec *Les Temps modernes* Camus reproche à Francis Jeanson d'avoir méprisé le syndicalisme révolutionnaire afin de valoriser le communisme soviétique. En 1953, le comité de liaison intersyndical de la Loire (FEN, FO, CFTC, CNT) lui demande de prendre la parole à la Bourse du travail de Saint-Étienne. C'est dans cette ville précisément que s'était déroulé en 1892 le congrès constitutif de la Fédération des Bourses du travail. Son discours est repris dans *Actuelles* II. En 1955, il demande, dans un article de *L'Express* qu'on cesse d'« écraser Pelloutier sous Marx ».

Autant Camus se méfie des partis politiques, machines lancées à la conquête de l'État, autant il respecte les « syndicats libres » qu'il tient pour des acteurs essentiels du changement démocratique. Il leur sait gré de défendre les intérêts des travailleurs sans sacrifier aux séductions de l'idéologie et se déclare favorable au renforcement de leur rôle dans la société comme sur le lieu de travail. Il a distingué deux mouvances dans le mouvement ouvrier de son temps. L'une, communiste, est centralisée et autoritaire ; l'autre survit chez les syndicalistes restés fidèles aux idéaux libertaires et/ou humanistes. Il la trouve aussi en Suède et en Grande-Bretagne, bastions du travaillisme, où le mouvement syndical est puissant et unifié. En refusant toute subordination du syndicat à un parti, il se situe clairement dans la tradition de la charte d'Amiens, adaptée par la CGT en octobre 1906, et contre la conception léniniste.

La consultation de la presse syndicale montre que Camus a trouvé des lecteurs attentifs à FO, au SNI et à la

FEN de son vivant et dans les années 1960, de façon plus diffuse, à la CFDT dans les années 1970 et 1980. Le syndicat polonais Solidarność correspond exactement à sa conception démocratique et libertaire d'une organisation populaire. Le fort soutien qu'il a obtenu chez les intellectuels français en 1980-1981 témoigne que ses idées, à cette époque, y avaient fait leur chemin.

Jeanyves Guérin

Bibl. : *À Albert Camus ses amis du Livre*, Gallimard, 1961 • Sylvain Boulouque, « Anarchisme et syndicalisme révolutionnaire », dans *Albert Camus : la révolte*, Éditions du Pont-Neuf, 2001, p. 219-250 • Jeanyves Guérin, *Camus. Portrait de l'artiste en citoyen*, François Bourin, 1993

T

TABLE RONDE (La). – Camus, qui venait de quitter *Combat*, donna un texte, « Les meurtriers délicats », au premier numéro de *La Table ronde* en janvier 1948. Ce mensuel littéraire destiné à concurrencer *Les Temps modernes* voulait rassembler des écrivains de droite et de gauche comme l'avait fait *La Nouvelle Revue française* avant 1940. Mais les temps avaient changé. La « liberté de l'esprit » se heurtait aux contingences de la politique. Comme à d'autres auteurs résistants et de gauche, la lecture du sommaire lui montra qu'il devrait cohabiter certes avec Raymond Aron, André Malraux, François Mauriac, Jules Roy et Jean Paulhan, mais aussi avec Marcel Jouhandeau. Or, en 1944, les résistants regroupés dans le Comité national des écrivains (CNE) s'étaient promis de n'en rien faire. Comme Malraux fit pour d'autres raisons, Camus ne donna pas d'autre texte à une revue qui, tout en se proclamant littéraire et pluraliste, s'était immédiatement marquée à droite. Jacques Chardonne, Montherlant et d'anciens chevau-légers de la collaboration comme Jacques Laurent ne tardèrent pas à faire leur entrée. Son rédacteur en chef, Jean Le Marchand, était passé par *Combat*, non le quotidien mais le mensuel de la mouvance maurrassienne. Thierry Maulnier, qui en venait aussi, prit une place considérable dans la revue. François Mauriac, lui, y prit ses habitudes. Il eut ce mot, en 1949 : « Nous avons versé un pleur, lorsque, dès le second numéro, Sisyphe nous faussa compagnie pour aller rouler tout seul son petit rocher personnel. » L'année suivante, il y étrille Camus pour son soutien à Garry Davis. *La Table ronde* trouva ses lecteurs. Elle vécut plus longtemps que d'autres revues apparues à la même époque, *Caliban*, *Empédocle*, *Le Cheval de Troie*. Bien que la relance de *La Nouvelle Revue française*, à laquelle Camus donna quelques textes, l'ait privée d'une partie de ses collaborateurs, elle ne cessa de paraître qu'en 1970. La maison d'éditions à laquelle elle était associée existe toujours aujourd'hui.

S'il n'était pas un ami de *La Table ronde*, Camus, à la différence de Jean-Paul Sartre et des communistes, ne fut jamais considéré comme un adversaire. Ses productions furent traitées avec une attention généralement bienveillante. Ce fut ainsi le cas pour ses écrits scéniques, *Les Justes*, *La Dévotion à la croix* et *Un cas intéressant* recensés par Guy Dumur, de même que pour *L'Été* par Jean-Edern Hallier. Claude Mauriac émit certes des réserves sur *L'Homme révolté*, trouvant courte la pensée de midi, mais Thierry Maulnier, par la suite, se montra plus compréhensif pour cet ouvrage.

À la mort de Camus, *La Table ronde* publia un numéro d'hommage auquel René-Marill Albérès, Emmanuel Berl, Jacques Brenner, Henri Gouhier, Jean Guéhenno, Jacques Heurgon, Gabriel Marcel, Pierre Moreau et Claude Vigée apportèrent leurs témoignages et leurs analyses.

Jeanyves GUÉRIN

Bibl. : Patrick Louis, *La Table ronde, une aventure singulière*, La Table ronde, 1992

TARROU, Jean. – Jean Tarrou tient une place particulière dans *La Peste*. Il est le seul dont on connaisse le passé. Ses commentaires des faits mais également, ses réflexions écrites, son action dans la lutte contre la peste, son rôle de confident auprès de Bernard Rieux son agonie douloureuse en font un personnage essentiel du livre. Il tient des « carnets » dont le narrateur s'inspire pour faire le récit des événements, soit en les citant soit en les résumant. Techniquement, ces carnets permettent d'apprendre au lecteur certains éléments qu'il était difficile au narrateur de connaître ou de mentionner lui-même. Ils présentent aussi l'avantage d'apporter un point de vue différent ou complémentaire de celui de Rieux. Ils sont enfin, pour le lecteur, un moyen d'approche intéressant du personnage.

Tarrou apparaît au début du roman sous les traits d'un « homme encore jeune », « bonhomme, toujours souriant » ; « ami de tous les plaisirs normaux », il goûte beaucoup les bains de mer et apprécie la compagnie des danseurs et musiciens espagnols. Ses carnets manifestent son apparente légèreté, qui le fait s'intéresser aux choses insignifiantes de la vie, entre autres à un vieil homme qui, depuis son balcon, attire des chats pour avoir le plaisir de cracher sur eux. Tarrou accepte l'insignifiance du monde, mais le récit révèle qu'il est capable de sentiments profonds. C'est ainsi qu'une vive amitié le lie à Rieux qu'il a appris à apprécier pendant la lutte contre le fléau. Cette amitié s'exprime lors d'échanges d'idées entre les deux hommes et connaît des moments intenses, comme celui où tous deux, prenant exceptionnellement un temps de repos lors d'un bain de mer, nagent au même rythme dans le plus profond silence.

Le lecteur découvre progressivement la personnalité de Tarrou et ce n'est que dans la quatrième partie du livre qu'il apprendra ce qu'a été son itinéraire depuis son adolescence. Lors d'une longue confidence faite à Rieux, devenu son ami, il révèle son passé : à l'âge de dix-sept ans, il assiste à un procès au cours duquel son père, avocat général, demande et obtient la tête d'un coupable. Il en éprouve une profonde horreur et décide, quelque temps plus tard, de quitter la maison familiale ; il fait alors le choix de l'action révolutionnaire pour lutter contre cette société qui légitime la condamnation à mort. Il sait que cette action conduit elle aussi à des exécutions et accepte, assez longtemps, quoique avec répugnance, l'idée que ces quelques morts sont « nécessaires pour amener un monde où l'on ne tuerait plus personne »... jusqu'au jour où il voit fusiller un homme. Prenant conscience qu'il a indirectement souscrit à la mort de milliers d'individus, il éprouve une grande honte à « avoir été un meurtrier » à son tour et décide de refuser désormais « tout ce qui, de près ou de loin, pour de bonnes ou de mauvaises raisons, fait mourir ou justifie qu'on fasse mourir ». La pensée de Tarrou rejoint ici celle du Camus dans *Ni victimes ni bourreaux*, même s'il n'est pas sûr que Camus, quant à lui, assume jusqu'au bout l'option non violente de son héros. En tout cas le personnage lui permet de poser en termes forts un problème qui le préoccupe : celui de la fin et des moyens.

Les désillusions de Tarrou, son refus de l'action politique, son sentiment d'avoir tout compris de la vie, son apparent scepticisme enfin ne font pas de lui un homme indifférent. Il s'efforce d'être toujours et partout du côté des victimes, ce qui réclame, dit-il, de la volonté, une constante attention et beaucoup d'exigence à l'égard de soi-même. Exigence qu'il exprime en se demandant, devant Rieux, si l'on peut être un « saint sans Dieu ».

La conduite de Tarrou est fondée sur une recherche de la paix intérieure, qu'il trouve en partie dans une éthique de la sympathie envers autrui, au sens étymologique du terme. Au premier degré, cette volonté de « sympathie » l'amène à une attitude de compréhension à l'égard de chaque individu, même lorsqu'il s'agit du personnage louche de Cottard dont il écoute souvent les confidences et pour lequel il use de sa faculté de pardon – il dira à Rieux : « Son seul vrai crime, c'est d'avoir approuvé dans son cœur ce qui faisait mourir des enfants et des hommes. Le reste, je le comprends, mais ceci, je suis obligé de le lui pardonner. » Ses principes l'incitent surtout à s'engager de façon active auprès des victimes pour les aider autant que faire se peut : c'est ainsi qu'il prend l'initiative de fonder les « formations sanitaires » qui rassemblent des volontaires pour lutter de façon collective contre la peste. Dans cette forme d'engagement, ce solitaire devient ainsi, au cours du récit, solidaire d'une collectivité. S'il ne veut plus faire partie de ceux qui « font l'histoire », il n'en reste pas moins un militant. Et il s'engage si intensément auprès des victimes du fléau qu'il y perd la vie.

À la fin du roman Tarrou est en effet atteint à son tour par la peste. Le romancier prépare l'événement en notant que les dernières pages des carnets de Tarrou semblent trahir une grande fatigue, puis que « l'écriture en devient difficilement lisible », qu'elle donne « des signes bizarres de fléchissement ». Le romancier traduit ainsi l'épuisement d'un homme qui a beaucoup lutté pour aider les autres mais donne aussi à lire les signes précurseurs de la maladie qui va frapper le héros. Ironie tragique, c'est au moment où la peste est vaincue que Tarrou, qui a sauvé de nombreuses vies, est frappé par le mal. L'agonie de cet homme jeune et généreux, évoquée dans toutes ses étapes de façon très concrète, est en même temps une dénonciation du scandale de la souffrance et de la mort, de l'injustice du sort et de l'absurdité du monde.

Tarrou, par sa participation active à la lutte, par son amitié avec Rieux, par le sort final qui lui est échu, est un personnage pleinement romanesque. Par les idées qu'il exprime, il est aussi un porte-parole de l'auteur, ou du moins un héros qui traduit un de ses points de vue sur la condition humaine et sur l'action à mener en ce monde.

Bernard ALLUIN

TÉMOINS. – Revue suisse publiée à Zurich entre 1953 et 1967 et dont le directeur, Jean-Paul Samson, est lié à Pierre Monatte (*La Révolution prolétarienne*). Son gérant, Robert Proix, en est le dépositaire en France. Camus devient l'un de ses correspondants à partir du n° 8.

Témoins, dont le sous-titre était « cahiers trimestriels » puis « cahiers indépendants », connut une publication irrégulière, surtout à partir du n° 21. Trente-sept numéros parurent, dont les deux derniers après la mort de Jean-Paul Samson.

La revue publia des numéros spéciaux consacrés à la révolution espagnole (« Fidélité à l'Espagne », n° 12-13, printemps-été 1956), à l'insurrection hongroise (« Un hommage au miracle hongrois », n° 14, automne 1956), à Pierre Monatte (n° 25, novembre 1960) ou à Albert Camus (n° 23, mai 1960). Signalons aussi divers fascicules hors série et quelques œuvres courtes publiées en entier comme *Lettres à Antoine Borie* de Victor Serge (n° 21, février 1959) ou *Des saisons et des hommes* (n° 24, septembre 1960), recueil de poèmes de Jean-Paul Samson lui-même.

La ligne de pensée de la revue est donnée dans le premier numéro : il s'agissait non pas de témoigner « pour » mais « de », « de ce que l'on voit ou pense : faits, idées, valeurs ». Surtout, témoigner des problèmes de « notre monde moderne (et qui se vante de l'être !) de plus en plus [...] asservi, non seulement aux velléités totalitaires des uns ou au totalitarisme des autres, mais encore, même chez beaucoup d'entre ceux-là qui voudraient réagir, aux formules toutes faites des dogmes ou systèmes » (n° 1, printemps 1953, p. 2).

Ces idées proches de celles de Camus expliquent son intérêt pour la revue. Robert Proix rappelle que lorsque, « en 1953, Jean-Paul Samson prit à Zurich l'initiative de la création de *Témoins*, revue littéraire indépendante, antidogmatique, voire libertaire, Albert Camus, mis en présence de l'un des premiers exemplaires s'empressa d'apporter son concours à cette œuvre naissante. [...] Une collaboration féconde, des colloques et des discussions s'ensuivirent où Albert Camus nous apportait le soutien d'une pensée vive et claire, et en prise directe avec les faits ». Une des réunions, toujours selon Proix, eut même lieu chez Camus, rue Madame « pour mettre au point le programme de *Témoins* » (n° 32, printemps 1963, p. 30).

La revue publia des textes d'Ignazio Silone, Simone Weil, Manès Sperber, Pierre Monatte, Arthur Koestler, Victor Serge, Jean-Paul Samson et bien d'autres « témoins » vigilants du temps dont Camus, qui occupe une place privilégiée. Il est souvent cité ou commenté et d'importants textes de lui paraissent dans ses pages : « Calendrier de la liberté » (n° 5, printemps 1954, p. 1-10), « Réponse à Domenach » (n° 9, été 1955, p. 23-29), la préface au numéro spécial « Fidélité à l'Espagne » (p. 4-5) ou « Pour Dostoïevski » (n° 18-19, automne 1957-hiver 1957-1958, p. 8-9). Camus donne aussi à la revue sa « réponse à un appel » au moment de l'insurrection hongroise et un appel en faveur des réfugiés espagnols (*Témoins*, fascicule hors série, décembre 1958, p. 7).

Témoins traduira sa fidélité à Camus après sa mort en publiant, en plus du numéro d'hommage de mai 1960, trois de ses articles repris de divers numéros de la revue (« Présence de Camus », n° 26, mars 1961).

Fernande BARTFELD

TEMPS. – Camus s'est posé la question du temps en philosophe et en écrivain. Il a tôt lu ce monument de la littérature française du XXe siècle qu'est *À la recherche du temps perdu*. Lui aussi poursuit dans ses premiers essais la quête d'un instant privilégié. Un texte quasi autobiographique de *L'Envers et l'Endroit*, *Entre oui et non*, relate une réminiscence proustienne des images des « paradis perdus », le « souvenir intact d'une pure émotion » et « un instant suspendu dans l'éternité. » L'enfant (ou le jeune narrateur) a éprouvé un élan amoureux pour sa mère, illettrée, sourde et muette. Retrouvé dans la mémoire intérieure, un tel moment est projeté dans le présent et dans le monde extérieur. *Noces* chante une communion charnelle dans laquelle le « je » s'identifie, de façon extatique, à l'univers naturel, en perdant la conscience de soi, de l'espace et du temps : « Bientôt, répandu aux quatre coins du monde, oublieux, oublié de moi-même, je suis ce vent et dans le vent. [...] Et jamais je n'ai senti, si avant, à la fois mon détachement de moi-même et ma présence au monde. [...] Oui, je suis présent. [...] Comme un homme emprisonné à perpétuité – et tout lui est présent. » Ce passage du *Vent à Djémila*, dans *Noces*, montre que les noces avec l'univers impliquent une abolition du temps qui ne cesse de passer, sinon une sensation éternelle. « Dans l'éternel, rien ne passe, tout y est présent, alors qu'aucun temps n'est totalement présent », a lu Camus dans *Les Confessions* de saint Augustin lorsqu'il préparait son mémoire de DES (diplôme d'études supérieures), « *Métaphysique chrétienne et néoplatonisme* ».

« Je suis parti d'œuvres où le temps était nié. Peu à peu j'ai retrouvé la source du temps », écrit-il en 1951 dans ses *Carnets*. *Le Mythe de Sisyphe* permet d'entrevoir la représentation d'un temps qui ne cesse de passer et de se succéder à lui-même. Comme le fait Heidegger dans *Être et Temps* (*Sein und Zeit*), Camus distingue deux conceptions du temps. Il y a d'abord le temps quotidien, collectif et objectif, que mesurent les horloges et les calendriers. Les hommes y sont immergés, avant d'avoir conscience de l'absurde du monde et de la condition humaine. Pour citer Georges Poulet, « à la continuation inhumaine » et mécanique du temps des horloges, Camus oppose un autre temps individualisé, subjectif et humain. Celui-ci est propre à « l'âme » de « l'homme absurde » qui ne vise qu'à épuiser sa vie et son temps en se révoltant « à chacune de ses secondes » contre l'absurde, et surtout contre la mort considérée comme « l'absurdité la plus évidente ». « L'absurde m'éclaire, sur ce point : il n'y a pas de lendemain » – cela veut dire que la mort est essentiellement inévitable et possible à tous les instants. L'homme absurde essaie de lutter constamment contre elle. « Le présent et la succession des présents devant une âme sans cesse consciente, écrit Camus, c'est l'idéal de l'homme absurde. » Et pour celui-ci, « le temps marche avec lui » et avec sa révolte. Le mouvement de révolte qui se répète régulièrement à chaque présent contre la mort toujours possible se présente sous la forme du temps, au sens où il continue à marquer « le présent et la succession des présents ». Cette temporalité est particulière à l'homme absurde. Sa révolte consciente et sisyphienne n'est rien d'autre que la « source » du temps humain.

Chez Camus, la quête du temps se poursuit dans le cadre non seulement de l'essai philosophique mais aussi de la fiction littéraire. Le style de *L'Étranger* est emblématique. Dans ce récit, et surtout dans la première partie, la syntaxe construit des phrases courtes et hachées, et comporte peu de subordinations. Chaque phrase semble être une prise de vue sur un geste, sur un objet et notamment sur un présent. En écrivant qu'« entre chaque phrase et la suivante le monde s'anéantit et renaît », Jean-Paul Sartre pointe une esthétique de la rupture. Il est possible d'y voir « le présent et la succession des présents » qui sont « l'idéal de l'homme absurde », illustré par *Le Mythe de Sisyphe*. Certes, dans *L'Étranger*, Camus n'explique jamais cette temporalité particulière à l'homme absurde, mais il vise à la faire sentir par l'écriture.

Le temps est associé à la structure et aux thèmes essentiels de *La Peste* : la « chronique » est inscrite dans le temps historique. Elle recouvre une période qui s'étend continûment du « 16 avril 194. » jusqu'à « une matinée de février » de l'année suivante. Le récit se déroule aussi selon le temps cyclique des saisons et du cosmos. L'épidémie, qui a surpris Oran au printemps, progresse du paroxysme de l'été au début de l'automne, où elle paralyse la vie des citoyens : « Sans mémoire et sans espoir », écrit le narrateur, ceux-ci « s'installaient dans le présent » et « tout leur devenait présent » pendant les mois de septembre et d'octobre, où « la peste garda la ville repliée sous elle » : « Puisqu'il s'agissait de piétinement, plusieurs centaines de milliers d'hommes piétinèrent encore, pendant des semaines qui n'en finissaient pas. » En passant par cette saison infernale où l'épidémie semble éternellement submerger la ville et ses habitants, le temps du récit reprend sa marche avec la peste qui va s'atténuer jusqu'aux mois d'hiver. La disparition de l'épidémie ne signifie pas qu'elle ne puisse pas réapparaître un jour pour attaquer « une cité heureuse ». Le combat contre la peste ne sera jamais terminé : le mal ne cesse d'apparaître et de disparaître selon le rythme éternel et cyclique du mouvement cosmique. Vue sous cet angle, *La Peste* dépasse la simple allégorie historique – la « peste brune ». En réalité, comme le dit Camus lui-même, le récit évoque « toutes les résistances contre toutes les tyrannies » et contre tous les fléaux que produit l'histoire.

Trois époques composent le temps : l'avenir, le présent et le passé. Camus accorde toujours la priorité au présent. Cela est déjà clair dans un de ses premiers écrits, intitulé *Délires*, esquissé en 1932 : « Rien ne compte que le moment présent, qui écrase tout, la vie passée et la vie à venir. » Il reste que dans sa réflexion, l'avenir et le passé jouent eux aussi un rôle essentiel. Certes, dans *Le Mythe de Sisyphe*, Camus déclare son « indifférence à l'avenir », en affirmant qu'« il n'y a pas de lendemain ». Mais de fait, l'homme absurde ne peut jamais tourner le dos à l'unique futur certain et absurde, à savoir sa mort : « tourné tout entier vers la mort (prise ici comme l'absurdité la plus évidente) l'homme absurde se sent dégagé de tout ce qui n'est pas cette attention passionnée qui cristallise en lui ». L'importance du passé ou de l'histoire est claire dans *L'Homme révolté*. L'essai fait une large place à l'analyse des révoltes en Occident depuis l'Antiquité, bien qu'il ait « pour sujet exclusif la révolte et la terreur dans notre temps », et surtout la violence de l'État totalitaire. Camus vise à accuser le totalitarisme moderne, comme celui des bolcheviks issu du mouvement révolutionnaire, en plaçant sa généalogie dans la longue histoire des révoltes métaphysiques contre la condition humaine et des révolutions qui ne sont que « la suite logique de la révolte métaphysique ».

Le sentiment de l'avenir, de la mort inévitable et qui peut advenir dans un instant, concentre la passion de vivre dans le présent. La révolte contre les maux actuels serait aveugle si l'on ne saisissait leur nature, leur origine, le contexte historique d'où ils sont venus. Il est donc difficile de délaisser absolument l'avenir et le passé au profit du présent. Il reste que c'est ce dernier qui est privilégié. Tandis que l'avenir n'est pas encore et que le passé n'est plus, le présent est l'unique champ réel et disponible, où l'homme peut exister, penser, agir et représenter ces deux absences temporelles par l'anticipation et par la mémoire. C'est en outre dans le moment présent que se condense une mystique d'éternité. Non pas de l'au-delà idéaliste et religieux mais du monde terrestre. Camus l'évoque par exemple dans *Noces* ainsi que dans la nouvelle de *L'Exil et le Royaume*, *La Femme adultère*. Dans un « fugitif instant » présent, Janine « rouvrit les yeux sur le ciel soudain immobile, et sur ses flots de lumière figée ». Et « il lui sembla que le cours du monde venait alors de s'arrêter et que personne, à partir de cet instant, ne vieillirait plus ni ne mourrait ». Si on reprend une expression camusienne, il s'agit d'une « seconde éternelle » qui est un éclat d'éternité ou une petite plénitude du temps présent et de la présence de l'être dans le monde.

Au bout du compte, dans la représentation camusienne du temps, l'avenir (sur lequel on anticipe dans le présent), le passé (que l'on retrace ou remémore dans le présent) et l'éternité (prise comme un instant actuel à la fois extraordinaire et arrêté, où tout est immuable et donc immortel) n'ont de sens que par rapport au présent, la recherche de ce dernier et la passion acharnée de le vivre et de l'épuiser.

Tadashi ITO

TEMPS DU MÉPRIS (Le). – Le choix d'adapter le roman d'André Malraux pour son coup d'essai au théâtre est significatif des intentions du jeune Camus en même temps que du climat politique de l'époque. *Le Temps du mépris* est en effet une œuvre de circonstance, une œuvre engagée que son auteur avait dédiée « aux camarades allemands qui ont tenu à [lui] faire transmettre ce qu'ils ont souffert et ce qu'ils ont maintenu ». Le livre parut en 1935, et en juillet de la même année Malraux vint parler à Alger de la menace fasciste. Le récit raconte à travers le personnage de Kassner un épisode du combat que menèrent en Allemagne les militants communistes antinazis. On comprend que le sujet ait pu intéresser le jeune Camus qui admirait déjà son aîné. De surcroît, la trame du récit, constituée de huit brefs chapitres, c'est-à-dire l'histoire de Kassner s'échappant après son interrogatoire par les nazis, pouvait convenir aux moyens d'une jeune troupe et d'un adaptateur débutant. Consulté sur ce sujet, Malraux répondit par un bref télégramme : « Joue. A.M. », qui toucha autant Camus par le tutoiement que par l'assentiment donné.

Grâce aux scènes qui ont été conservées, et publiées dans la nouvelle édition de la « Pléiade », ainsi qu'aux témoignages de ses amis de l'époque, nous pouvons voir quels principes ont guidé le travail de Camus. La pièce est en deux actes, qui suivent la chronologie du roman, et est divisée en courts tableaux récitatifs : le délire de Kassner dans sa prison est rendu par une voix hors champ, introduisant les images et les rêves qui hantent le personnage par « tu te souviens... », transposant ainsi le lyrisme de Malraux. Suivent, après sa libération obtenue grâce au sacrifice d'un camarade inconnu qui a pris son identité, le dialogue avec la police puis les allocutions du meeting antifasciste de Prague et enfin le dialogue avec sa femme, Anna. Camus a supprimé l'épisode de l'avion pris dans la tempête et la méditation désenchantée qu'il inspire à Kassner. L'adaptateur, estime Moncef Khémiri, a été fidèle au texte, mais il lui a fait subir les transformations qu'exigent les nécessités de la scène.

L'un des amis et collaborateurs de Camus, Charles Poncet, qui participa à l'entreprise, a livré son témoignage sur ce que fut la première représentation, au début de l'année 1936, aux bains Padovani, un établissement populaire d'Alger : « Le roman de Malraux avait été découpé en de nombreux tableaux qu'animait une mise en scène aux mouvements rapides, utilisant sur les côtés et au fond de la salle, à l'exemple de Piscator, des emplacements inattendus qu'un éclairage fugitif révélait brusquement. » La référence à Erwin Piscator, le metteur en scène allemand, est significative parce qu'elle témoigne d'une certaine conception du théâtre, un théâtre d'agitation et de participation à la fois.

S'appuyant sur le témoignage de Charles Poncet mais également sur celui de Louis Bénisti dans ses souvenirs d'Albert Camus, Olivier Todd dans sa biographie évoque ce que furent les conditions matérielles de la représentation dans la grande salle des bains Padovani : « Le plancher de la scène repose sur les tables du restaurant au fond de la salle, et ne s'écroule pas. Le décor, moderne, est conçu et réalisé par Louis Miquel : quelques accessoires, chaise, berceau, gravure murale. Les apprentis décorateurs emploient la toile de jute naturel, sur laquelle ils peignent des carrés de pierre, et le tulle à grosses mailles que des jeux de lumière rendent transparent. » Le spectacle connut un succès populaire incontestable. Les spectateurs, enthousiastes, sont acquis d'avance à une pièce où ils peuvent s'identifier au héros et haïr les nazis. Selon le compte rendu du journal local, *La Lutte sociale*, lors de la première représentation, le public, galvanisé par l'un des orateurs du meeting antifasciste au cours duquel Kassner recherche sa femme et son enfant, entonna un couplet de *L'Internationale*, comme si fiction et réalité étaient confondues. À la fin du spectacle, un appel fut lancé en faveur d'Ernst Thaelmann, chef communiste allemand et modèle de Kassner. Avec le temps, l'histoire de cette représentation, marquée par les circonstances historiques et les conditions particulières de sa réalisation, s'est transformée en légende.

Jacques LE MARINEL

Bibl. : Albert Camus, *Œuvres complètes*, t. I, Gallimard, coll. « Bibl. de la Pléiade », 2006 • Moncef Khémiri, « À propos de l'adaptation théâtrale du *Temps du mépris* de Malraux par Albert Camus », dans Marie-Claude Hubert (dir.), *Les Formes de la réécriture au théâtre*, Presses de l'université de Provence, 2006, p. 201-211

TEMPS MODERNES (Les). – Cette revue, que Jean-Paul Sartre fonde en octobre 1945, vise à prendre la place de *La Nouvelle Revue française* interdite. Les éditions Gallimard en sont le premier éditeur. Son comité de directeur, où figurent notamment Jean Paulhan et Raymond Aron, manifeste cette ambition. Albert Ollivier y passe pour représenter Camus qui, comme André Malraux, a refusé d'en faire partie. Dans ses premières années, ses sommaires sont aussi brillants que ceux de *La NRF* en ses grandes années. La revue fait la place belle à la littérature moderniste et non engagée, publiant, par exemple, des textes de Samuel Beckett, Nathalie Sarraute, Raymond Queneau, Michel Leiris.

Quand André Malraux, pris à partie par Maurice Merleau-Ponty, somme

Gaston Gallimard de choisir entre Sartre et lui, Camus ne se manifeste pas. Il faut attendre 1951 pour qu'apparaisse sa signature dans *Les Temps modernes :* c'est pour un avant-texte de *L'Homme révolté*, « Nietzsche et le nihilisme ». S'il l'avait voulu, elle aurait publié d'autres écrits de lui, mais il a préféré les proposer à des mensuels concurrents, *La Table ronde*, *Caliban*, *Empédocle*. Il paraît évident qu'il désapprouve les orientations politiques que Merleau-Ponty imprime à la revue. Sartre ne lui en tient pas rigueur, en témoignent le compte rendu de *Caligula* qu'il commande à Albert Ollivier et les deux articles fouillés sinon dithyrambiques consacrés à *La Peste*. Étiemble, le chroniqueur littéraire le plus légitime de la revue, dit en outre sa « sympathie » pour l'auteur ; il lui sait gré d'avoir renoncé aux facilités du réalisme et, chemin faisant, le défend contre les critiques de la *Pravda*. Jean Pouillon, qui appartient au premier cercle de la revue, rend enfin « hommage » au « talent littéraire » de l'auteur : le livre est « une réussite parfaite ». Les compliments pèsent beaucoup plus que les réserves. Peu d'ouvrages auront reçu un tel traitement de faveur.

En 1952, Sartre commande la recension de *L'Homme révolté* à l'un de ses fidèles. Le livre lui a déplu ainsi qu'à ses proches. Il semble ne pas avoir soupçonné que Francis Jeanson exécuterait longuement, froidement et méthodiquement l'ouvrage. Camus, de son côté, n'avait pas prévu un tel éreintement : il tombe de haut. Blessé, il adresse une longue lettre au directeur des *Temps modernes*. Sartre et Jeanson lui répondent avec une férocité redoublée, et en « dix-neuf pages au vitriol » (Olivier Todd), le premier confirme l'excommunication majeure de l'hérétique. La polémique a été très médiatisée. Après cette date, Camus se garde de l'entretenir. Il note dans ses *Carnets* : « Paris est une jungle et les fauves y sont miteux. » Une époque, pour lui, s'est achevée.

Avec la rupture entre Camus et Sartre a commencé le long compagnonnage du second avec l'extrême gauche. La revue, d'où Merleau-Ponty et Étiemble se sont retirés, privilégie désormais la politique au détriment de la littérature. À longueur de livraisons, elle se consacre à la défense et illustration du communisme soviétique puis aux mouvements révolutionnaires les plus radicaux. Elle fait naturellement silence sur Camus, devenu paria. Il n'est question de lui qu'allusivement et toujours négativement. Aucun de ses écrits majeurs, de *La Chute* au *Premier Homme*, ne fait l'objet d'une recension. Exception : Renée Saurel donne une recension assez favorable des *Possédés* en 1959. C'est à *France-Observateur* que Sartre confie sa nécrologie de son ancien ami.

À la mort de Sartre, en 1980, Simone de Beauvoir devient la directrice des *Temps modernes*. Claude Lanzmann lui succède en 1986. Son ralliement à Nicolas Sarkozy amène l'éclatement de l'équipe rédactionnelle en 2007. Au fil des années, la revue a restreint le champ de ses intérêts et perdu sa radicalité tout en restant fidèle à la mémoire sinon à l'héritage de son fondateur. Camus y est cité de temps en temps. L'animosité a fait place à de l'indifférence. Jeanyves GUÉRIN

Bibl. : Anna Boschetti, *Sartre et* Les Temps modernes, Éditions de Minuit, 1985 • Howard Davies, *Sartre and* « Les Temps modernes », Cambridge, Cambridge University Press, 1987

TERRORISME. – Camus est l'un des seuls écrivains français qui ait affronté et pensé le terrorisme, ses causes et ses effets. Son intérêt pour ce sujet s'explique par le fait qu'il se situe à l'entrecroisement d'un thème littéraire, le meurtre (*La Mort heureuse*, *L'Étranger*, *Caligula*) et d'une méditation philosophique sur la fin et les moyens, la culpabilité et l'innocence, la légitimité et l'illégitimité de la violence (*Lettres à un ami allemand*, *L'Homme révolté*). Il s'y intéresse dès la fin des années 1940. Sous le titre *Tu peux tuer cet homme*, il a édité un recueil de textes russes présentés par Brice Parain dans la collection « Espoir » qu'il dirige aux éditions Gallimard. Deux pièces, *Les Justes* en 1949 et l'adaptation scénique des *Possédés* dix ans plus tard, manifestent la constance de sa préoccupation.

La première se déroule à Moscou, en 1905. Un petit groupe de socialistes-révolutionnaires a décidé ou est chargé de tuer le grand-duc Serge, oncle du tsar. Ivan Kaliayev, à qui il revient de lancer la bombe sur sa calèche, est pris d'un scrupule quand il aperçoit que deux jeunes enfants y ont pris place. Stepan, l'ancien bagnard, lui en fait violemment reproche : les ordres sont les ordres. Les autres militants, dont Dora qui l'aime, donnent raison à l'idéaliste. Quelle que soit la cause, il est des limites qu'on ne saurait transgresser. Kaliayev, le jour suivant, tue le grand-duc. Il est arrêté, condamné au gibet et refuse de demander sa grâce ainsi que le lui proposaient le chef de la police et la grande-duchesse. Il a conscience d'avoir commis un crime et consent à l'expier. Qui s'est fait bourreau doit accepter de mourir des mains du bourreau. Stepan, de son côté, rend hommage au meurtrier délicat qui est désormais le martyr de la cause.

De la pièce, l'on peut tirer aujourd'hui une conclusion pragmatique à peu près inaudible du vivant de l'auteur. Avant de soutenir un mouvement de libération nationale ou d'opposition à un régime oppressif, il convient donc de se demander quelle est sa pente : est-elle démocratique ou totalitaire ? Toute cause ne mérite pas d'être soutenue ou cautionnée. Une cause se définit d'abord par des méthodes, comme une organisation par son fonctionnement. Ses choix pragmatiques pèsent plus que son projet ou son programme. Les mouvements terroristes apparus dans les vingt dernières années n'ont pas bénéficié des mêmes soutiens dans l'intelligentsia française que leurs prédécesseurs ou homologues des décennies précédentes.

L'Homme révolté, en tant qu'essai sur la perversion de la révolte, fournit un cadre théorique à cette représentation du geste terroriste. Sade, selon lui, fournit une légitimation libertine au terrorisme individuel et Saint-Just une légitimation révolutionnaire au terrorisme étatique. Hegel (peut-être faudrait-il dire Hegel tel que le lisent, à l'époque, les philosophes Alexandre Kojève et Maurice Merleau-Ponty), en historicisant les valeurs, privilégie l'efficacité aux dépens du souci éthique. Tout moyen qui amène le succès d'une entreprise doit être considéré comme bon. Le cynisme alors s'impose ; il parasite l'altruisme. Sergueï Netchaïev, l'inspirateur des nihilistes russes, se situe dans sa postérité du philosophe prussien. Il fournit sa charte au terrorisme. Les élus de l'histoire ont désormais tous les droits, dont celui de mépriser le droit comme la morale. La bombe devient dès lors une arme révolutionnaire.

La guerre qui à partir de 1954 ravage son Algérie natale a permis à Camus d'affiner sa réflexion. Dans plusieurs de ses articles à *L'Express*, il aborde la question qui frappe le plus l'opinion métropolitaine. La flambée d'attentats qui ensanglante sa terre natale, pour lui, a des causes. « Le terrorisme, en effet, n'a pas mûri tout seul ; il n'est pas le fruit du hasard et de l'ingratitude malignement conjugués. [...] En Algérie, comme ailleurs, le terrorisme s'explique par l'absence d'espoir. Il naît toujours et partout, en effet, de la solitude, de l'idée qu'il n'y a plus de recours ni d'avenir, que les murs sans fenêtres sont trop épais et que, pour respirer seulement, pour avancer un peu, il faut les faire sauter » (« Terrorisme et répression », 9 juillet 1955). Il est le fruit amer des humiliations accumulées par une population marginalisée, la conséquence des revendications insatisfaites, le résultat des promesses jamais tenues. Peu après, il reprend l'analyse dans un article sur Chypre : « Une fois de plus, l'obscure revendication d'un peuple, longtemps muette, puis bâillonnée dès qu'elle cherche à s'exprimer, a éclaté dans le terrorisme. Une fois de plus, la répression aveugle a précédé la révolte » (« L'enfant grec », 6 décembre 1955). Dans l'article précédemment cité, Camus ajoute : « Chaque répression, mesurée ou démente, chaque torture policière comme chaque jugement légal ont accentué le désespoir et la violence chez les militants frappés. » Il propose une archéologie, une explication sociohistorique à un phénomène qu'il ne justifie pas. Les terroristes ont des raisons, ils n'ont pas raison.

« Le terrorisme algérien, écrit encore Camus, est une erreur sanglante, à la fois en lui-même et dans ses conséquences. » Il est l'expression de la « haine », il est porteur de « racisme ». Il a pour premier effet de mettre les « libéraux » dans une position intenable. Il affole leurs compatriotes et les repousse du côté des ultras. On va « vers l'épreuve de force généralisée » ou vers la « guerre totale ». Les attentats ont interdit toute possibilité d'une Algérie plurielle, multiethnique. L'analyse est assurément juste mais aussi partielle. C'est que la stratégie de l'attentat ciblé ou aveugle est d'abord la provocation politique du pauvre au riche, du faible au fort, comme Jules Roy, peu après, le verra bien. Elle s'inscrit dans un projet révolutionnaire. Mouvement de libération nationale, le FLN répand l'insécurité dans les villes et les campagnes et oblige les forces de l'ordre à disperser. Son objectif est de monopoliser la représentation du peuple algérien. Une guerre asymétrique se joue en Algérie. Le terrorisme ignore la distinction essentielle entre combattants et civils. Il n'existe pas de règles imposant des limites aux deux parties.

L'armée française, malgré sa supériorité écrasante, est mal préparée à affronter une force non conventionnelle, prête à essuyer des pertes importantes mais assurée de peser sur l'opinion. La réponse doit être sociale, certes, mais aussi et d'abord politique. Un « mécanisme » a été déclenché, il ne suffit pas de s'attaquer, trop tard d'ailleurs, aux « causes » de la violence qui, répétons-le, sont pour Camus économiques et sociales. Le 23 mai 1945, il avait titré un de ses articles de *Combat* : « C'est la justice qui sauvera l'Algérie de la haine... ».

« Ce terrorisme est un crime qu'on ne peut ni excuser ni laisser se développer. » En effet, « Quelle que soit la cause que l'on défend, elle restera toujours déshonorée par le massacre aveugle d'une foule innocente où le tueur sait d'avance qu'il atteindra la femme et l'enfant », lit-on encore dans l'avant-propos à *Chroniques algériennes*. Camus n'en reste pas à cette dénonciation morale et politique. Il dépouille le geste terroriste de toute aura romantique. « Le sang, s'il fait parfois avancer l'Histoire, la fait avancer vers plus de barbarie encore. » L'attentat-suicide et le bombardement aveugle d'un village, en tant que moyens de guerre, sont des crimes contre l'humanité injustifiables dans la mesure où ils ne distinguent pas les combattants et les civils. L'organisation terroriste, parce qu'elle s'attaque au premier venu, parce qu'elle postule la diabolisation de l'adversaire et met en avant l'idée de responsabilité collective, reproduit ce qu'elle voulait abolir, l'arbitraire. Elle joue toujours contre la démocratie. Il existe, pour Camus, une relation de causalité entre une pratique cynique de la violence et sa codification par un pouvoir absolu. Il a distingué le terrorisme groupusculaire et le terrorisme d'État, mais pressenti qu'on pouvait passer de l'un à l'autre. En d'autres termes, le parti d'avant-garde armé sert de laboratoire sinon de matrice au « despotisme », à l'État totalitaire qui institutionnalise ses agissements meurtriers. Plus généralement la technique d'organisation utilisée par une organisation influe sur l'État qu'elle cherche à édifier plus que les idéaux dont elle se réclamait au départ.

Camus a des formules fulgurantes : « noces sanglantes du terrorisme et de la répression » ; « casuistique du sang ». C'est que, pour lui, on est en présence d'un engrenage qu'il faudrait enrayer. Qui emprunte les méthodes de l'adversaire finit par devenir son double – « Chacun s'autorise du crime de l'autre pour aller de l'avant. » La violence appelle la violence selon une logique de la vengeance ou de l'imitation. La violence et la contre-violence se nourrissent mutuellement. Le terrorisme suscite un surcroît de répression et la répression suscite de nouveaux terroristes selon une « dialectique irrésistible ». La torture et le terrorisme sont à penser ensemble et à délégitimer pareillement. L'on n'a pas à choisir entre deux formes de terreur. Les nationalistes pratiquent la torture, l'armée terrorise les populations civiles. « Comment condamner les excès de la répression, si l'on ignore, si l'on tait les débordements de la rébellion ? Et inversement, comment s'indigner des massacres de prisonniers français si l'on accepte que des Arabes soient fusillés sans jugement ? » Germaine Tillion reprend cette idée dans *Les Ennemis complémentaires* (Éditions de Minuit, 1960). Mais l'heure est aux indignations sélectives.

On ne répond pas à un mal par un autre mal car alors on l'accroît. Ce n'est pas par la seule répression, les internements administratifs, les arrestations arbitraires, les exécutions sommaires que l'on vient à bout d'un mouvement nationaliste, mais en apportant des solutions aux problèmes sociaux et économiques qui nourrissent la frustration, le ressentiment des populations. On ne combat un mouvement violent qu'en comprenant les raisons qui le fournissent en troupes sans cesse nouvelles. Avant la guerre, Camus écrivait dans *Alger républicain* : « La seule façon d'enrayer le nationalisme algérien, c'est de supprimer l'injustice d'où il est né. » Le plein emploi, la prospérité, l'investissement privent les nationalistes de leurs leviers de mobilisation. Il demande que les trois mots de la devise républicaine s'appliquent enfin en Algérie.

L'hyperterrorisme du XXIe siècle répond certes à d'autres logiques que le terrorisme des « Justes » et du FLN dont Camus a été le démystificateur lucide. Il est d'abord exogène, mais peut devenir endogène. Son « délire de destruction », pour citer une formule de *L'Homme révolté*, lance un défi aux sociétés démocratiques. Celles-ci mesurent les limites de leur puissance économique et technique. Il leur faut trouver des ripostes appropriées, se défendre, protéger leurs ressortissants sans sacrifier leurs valeurs. Car l'usage de la torture, la restriction des libertés signent la victoire des fanatiques. Mal compris en leur temps, les textes de Camus sur le terrorisme ont souvent été cités par la suite. Ils peuvent encore être médités aujourd'hui, de Palestine en Irak. Jeanyves GUÉRIN

Bibl. : Albert Camus, *Réflexions sur le terrorisme*, textes choisis et introduits par Jacqueline Lévi-Valensi, commentés par Antoine Garapon et Denis Salas, Éditions, Nicolas Philippe, 2002 • Jeanyves Guérin, *Camus. Portrait de l'artiste en citoyen*, Paris, François Bourin, 1993, p. 223-237

THÉÂTRE. – Clamence, dans *La Chute*, rapproche le théâtre et le football. « Maintenant encore, les matchs du dimanche, dans un stade plein à craquer, et le théâtre, que j'ai aimé avec une passion sans égale, sont les seuls endroits du monde où je me sente innocent. » Dans les deux cas, « l'aventure » est « collective ». « Une scène de théâtre est un des lieux du monde où je suis heureux », déclare Camus en mai 1959 à la télévision. Et d'ajouter aussitôt : « Le théâtre est mon couvent. » Il a été une des grandes affaires sinon la grande affaire de sa vie. Il en a eu tôt une idée élevée et exigeante. Il s'est senti à l'aise sur les plateaux et dans les coulisses des théâtres.

Camus est à la fois un écrivain et un homme de théâtre. Il n'était pas fréquent, dans sa génération, que des auteurs eussent déjà une expérience de la scène. « J'ai écrit pour le théâtre parce que je jouais et je mettais en scène », confie-t-il en 1958. C'est sa pratique des métiers qui lui a donné l'envie d'être écrivain scénique. Il a été acteur, metteur en scène, directeur de troupe, scénographe, machiniste et souffleur dans la compagnie de Radio-Alger et dans les deux troupes dont il fut l'animateur entre 1936 et 1939, le Théâtre du Travail et le Théâtre de l'Équipe. L'Algérie était alors un désert théâtral. Leurs spectacles se donnaient en plein air ou dans des salles de quartier, leur répertoire était celui du théâtre d'art. Rejetant d'emblée les facilités du divertissement, auquel sacrifient souvent les amateurs, Camus choisit la voie de la rigueur et manifeste son souci du public. Avec moins de moyens, ses troupes se voulaient, avant l'heure, des centres dramatiques régionaux itinérants.

En 1952, Camus envisage de prendre la direction artistique du Théâtre Récamier. L'affaire ne se fait pas. L'année suivante, la maladie de Marcel Herrand lui permet de renouer avec sa vocation. Il met lui-même en scène ses adaptations de *La Dévotion à la croix* et des *Esprits* au festival d'Angers. En 1957, il y monte *Caligula* et *Le Chevalier d'Olmedo*. Il ne laisse à personne d'autre le soin de monter ses adaptations de *Requiem pour une nonne* puis des *Possédés* – il lui arrive même de remplacer un acteur dans la première pièce ; il avait songé à jouer le rôle du Narrateur dans la seconde. Devenu ministre de la Culture en 1959, André Malraux se propose de lui confier la direction d'un théâtre parisien, la Comédie-Française ou plus vraisemblablement l'Athénée, quand il mourut. Quels spectacles aurait-il programmés ? Dans un entretien de 1958, il avait lancé quelques noms : « Shakespeare, Eschyle, Dostoïevski, les grands Espagnols, Molière, Corneille. Racine plus tard ». Et il ajoutait : « Les modernes, chaque fois que cela sera possible. » Il s'agissait, comme en 1936-

1939, de concilier le théâtre populaire et le théâtre d'art.

Camus tient le théâtre pour « le plus haut des genres littéraires et en tout cas le plus universel » ; il l'« aide aussi à fuir l'abstraction qui menace tout écrivain » ; c'est « un art de chair ». Quand il ne met pas en scène ses pièces, il aime assister aux répétitions. Sans empiéter sur le travail de Paul Oettly ou de Jean-Louis Barrault, il donne volontiers des conseils aux acteurs, leur fait des suggestions. La pratique de la scène, pour lui, est première. Les comédiens sont d'abord des corps en action. « Le metteur en scène, déclare-t-il encore, a besoin de l'acteur qui a besoin de lui. » Loin d'être un régisseur despote, il fait prévaloir l'explication, le travail d'une équipe : le théâtre « figure la réalisation collective de la pensée d'un seul », écrit-il en 1940. Cela implique un dialogue, une négociation où chacun prend sa part, « autant les acteurs que les machinistes et les électriciens » (« Jean Giraudoux ou Byzance au théâtre », *La Lumière*, 10 mai 1940). C'est pourquoi ayant beaucoup attendu de son attelage avec Jean-Louis Barrault, il fut très déçu par l'échec de *L'État de siège*. Barrault n'a pas été pour lui ce que fut Louis Jouvet pour Giraudoux.

« Je préfère, a déclaré Camus en 1959, la compagnie des gens de théâtre, vertueux ou pas, à celle des intellectuels, mes frères. » Les acteurs et les actrices le lui ont bien rendu, de Maria Casarès à Catherine Sellers, de Pierre Blanchar à Michel Bouquet, de Jean Negroni à Jean Gillibert. Tous ont apprécié la façon dont il savait les diriger sur les plateaux. Il a écrit des textes sur ou pour Madeleine Renaud et Marcel Marceau, Marcel Herrand et Dussane. À sa mort, Jean Vilar et Jean-Louis Barrault en personne lui rendent hommage dans *La Nouvelle Revue française*. Il a aussi disposé de solides soutiens dans la corporation critique avec Jacques Lemarchand, Guy Dumur et Morvan Lebesque.

Camus a le souci de la représentation, mais il n'a pas cherché à renouveler la théorie du théâtre – comme il l'a dit souvent, les lois au théâtre sont faites pour être violées. Ses conceptions en la matière sont éparpillées dans des écrits de circonstance. Il les a forgées dans les années 1930 et loin de Paris. Sa culture est celle d'un lecteur de *La Nouvelle Revue française*. Il s'est réclamé de Jacques Copeau dont il possède plusieurs livres (*Souvenirs du Vieux-Colombier*, *Le Théâtre populaire*) et à qui il a rendu un bel hommage. Parmi les pièces montées par le Théâtre de l'Équipe, l'on trouve des succès de ce dernier, *Le Paquebot Tenacity* et *Les Frères Karamazov*. Il sympathise rétrospectivement avec son combat contre les dérives commerciales du théâtre privé. Sans avoir pu voir leurs spectacles, il sait aussi l'importance prise par les hommes du Cartel (fondé en 1927 par quatre metteurs en scène et directeurs de théâtre parisiens, Louis Jouvet, Charles Dullin, Gaston Baty et Georges Pitoëff, qui souhaitaient notamment rompre avec le théâtre de boulevard), notamment Gaston Baty et Charles Dullin. Une fois installé en métropole, il lui a été possible de lire *De l'art du théâtre*, l'essai de Gordon Craig qui venait d'être traduit. Il s'y réfère fréquemment dans une conférence de 1944. Dans sa bibliothèque, on trouve enfin des ouvrages d'Antonin Artaud, de Pierre-Aimé Touchard et d'Henri Gouhier, de Jean Vilar et de Jean-Louis Barrault.

Ses premiers essais dramatiques annoncent les réalisations du premier Théâtre national populaire et des pionniers de la décentralisation initiée par Jeanne Laurent après 1945. Le théâtre populaire, pour lui, c'est un théâtre pour le plus grand nombre. C'est pourquoi il ne lance aucune exclusive. Après Copeau, il préconise un théâtre de rassemblement, non de classe. Il n'en attend pas une désaliénation, mais une expérience de fraternité fervente. Pourtant il sympathise seulement de loin avec l'entreprise de l'austère Jean Vilar auquel il n'a confié aucune de ses pièces. Il s'est senti plus d'affinités avec Jean-Louis Barrault, autre héritier du Cartel, dont il applaudit la mise en scène du *Livre de Christophe Colomb*, réussite du « théâtre total » dont il avait souhaité l'avènement. Comme ses amis de *La NRF*, notamment Jacques Lemarchand, il se montre réticent au mouvement brechtien qui prend son essor après 1954. Qui a lu *L'Homme révolté* n'en sera pas surpris. Des notes publiées dans le troisième tome des *Œuvres complètes* précisent sa position. Il tient Brecht pour un homme de haine et un dogmatique et conteste l'idée de distanciation.

Chez ses aînés et contemporains, la préférence de Camus va à André Gide et au premier Paul Claudel. Il apprécie peu Giraudoux, il lui est même arrivé d'estimer son théâtre « détestable ». Il est vrai qu'il n'a pas pu voir les grandes réalisations de Louis Jouvet. Chose plus inattendue, il reste étranger au Nouveau Théâtre ou théâtre de l'absurde et n'est pas une référence pour ses auteurs. Sans doute l'humaniste restait-il trop tributaire de sa formation classique pour soutenir les premières pièces ou anti-pièces d'Arthur Adamov et d'Eugène Ionesco. Leurs pièces et celles, plus traditionnelles, d'Henry de Montherlant, Marcel Aymé, Thierry Maulnier, et Armand Salacrou figurent dans sa bibliothèque. Est-ce parce que Gallimard les avait éditées ? En 1955 et en 1957, donc à une époque où ils commençaient à être connus, Camus a fait savoir à Jacques Audiberti et Ionesco qu'il avait aimé *Le mal court* et *Tueur sans gages*.

Camus dramaturge appartient à un âge d'or révolu du théâtre français, l'après-guerre. Ses pièces ont connu des fortunes variées à leur création. Hors de France, elles ont été montées par les plus grands, Giorgio Strehler, Ingmar Bergman, Andrzej Wajda. Certaines d'entre elles se jouent régulièrement tant à Paris qu'en province, en France qu'à l'étranger. Classiques désormais, elles doivent de trouver un public souvent large à la notoriété de leur auteur plutôt qu'à celle de leurs metteurs en scène. Les plus médiatisés d'entre eux, d'Antoine Vitez à Patrice Chéreau, les boudent. Ils acceptent mal, comme il le faisait, de limiter leur pouvoir.

Jeanyves GUÉRIN

• *Voir aussi* : « Pourquoi je fais du théâtre »

Bibl. : Pierre Blanchar, « Albert Camus, artisan de théâtre », *Simoun*, n° 31, juillet 1960, p. 58-68 • Ilona Coombs, *Camus, homme de théâtre*, Nizet, 1968 • René Farabet, « Albert Camus à l'avant-scène », *Revue d'histoire du théâtre*, n° 4, octobre-décembre 1960, p. 350-354 • Raymond Gay-Crosier, *Les Envers d'un échec. Étude sur le théâtre d'Albert Camus*, Minard, 1967 • Jacqueline Lévi-Valensi (dir.), *Camus et le théâtre*, IMEC Éditions, 1992 • Christa Melchinger, *Albert Camus*, Munich, Deutscher Taschenbuch Verlag, 1976

THÉÂTRE DE L'ÉQUIPE. – Dans le passage du Théâtre du Travail au Théâtre de l'Équipe, même si le changement de nom marque une prise d'autonomie par rapport au politique, c'est la continuité qui l'emporte malgré tout. C'est la même conception exigeante du théâtre qui anime Camus et ses amis, comme le prouve la référence à Jacques Copeau à travers l'épigraphe qui figure en tête du manifeste « Pour un Théâtre jeune » que la revue *Rivages* publie à l'automne 1938, mais qui a été écrit et diffusé un an plus tôt : « Des théâtres, dont le mot d'ordre est : travail, recherche, audace, on peut dire qu'ils n'ont pas été fondés pour prospérer mais pour durer sans s'asservir. »

Le nom de la nouvelle troupe s'inspira du projet même de Copeau lorsque celui-ci a fondé le Théâtre du Vieux-Colombier. Il renvoie également au film de Julien Duvivier, *La Belle Équipe*, sorti l'année précédente. Dans le mot « équipe », il y a l'idée de collaboration étroite mais également de fraternité. Blanche Balain, qui participa à cette aventure, traduit en ces termes, en juin 1950, l'esprit qui animait la troupe : « Il fallait être un peu fou, fou de théâtre, de vie, de jeu et de beauté et follement désintéressé pour entreprendre ce qui fut entrepris par "l'Équipe" à Alger. » Elle se souvient encore avec émotion de l'atmosphère qui régnait lors des réunions de travail : « C'était merveille de les voir, certains pleins de dons, d'autres de qualités, tous animés d'une bonne volonté totale, d'une sincérité absolue et sans prétention aucune. La liberté et l'égalité étaient la base de notre entente. Le centre, c'était ce jeune homme de haute taille, infatigable bien que malade, possédé de l'amour du théâtre. Il me stupéfiait par son dévouement total à une cause qui m'apparaissait problématique. C'était une gageure, mais dès ce moment Albert Camus était l'homme du pari. » Comme la précédente, la nouvelle troupe est un collectif qui pratique l'anonymat de ses membres, en particulier les acteurs.

Les intentions de la troupe sont annoncées dans le manifeste d'octobre 1937. L'ambition culturelle pour la ville d'Alger y est proclamée, ainsi que la volonté de ne pas rester à l'écart du mouvement lancé en France par le Front populaire : « À l'heure où, dans toute la France, une éclatante renaissance du théâtre s'affirme, caractérisée par une décentralisation étendue, le Théâtre de l'Équipe se propose de donner à Alger une saison théâtrale qui lui convienne. Ville jeune, Alger se doit d'avoir un théâtre jeune. Le Théâtre de l'Équipe s'attachera à jouer de bonnes œuvres dans un esprit de jeunesse et ceci déjà constitue un programme. » Le manifeste est accompagné d'un texte dans lequel la troupe souhaite étendre cet esprit d'équipe aux spectateurs : « Le Théâtre de l'Équipe, sans parti pris politique ni religieux, entend faire de ses spectateurs des amis. » Le texte ajoute qu'« un cahier sera mis à la disposition du public qui pourra y consigner ses désirs et ses critiques ».

Un autre texte, figurant dans le manifeste, est intitulé « Vie et convention ». S'y trouve exposée avec précision une conception du théâtre, l'idée qu'il faut prendre en compte à la fois le contenu et la forme si l'on veut faire un théâtre vivant et efficace : « C'est ainsi que, d'une part, le théâtre sert naturellement les grands sentiments simples et ardents, autour desquels tourne le destin de l'homme (et ceux-là seulement) : amour, désir, ambition, religion. Mais, d'autre part, il satisfait au besoin d'une construction qui est naturel à l'artiste. Cette opposition fait le théâtre, le rend propre à servir la vie et à toucher les hommes. » Le programme qui est ensuite énoncé dans ses grandes lignes découle de cette réflexion sur la nature même du théâtre comme art spécifique. Les œuvres s'imposeront presque d'elles-mêmes, qu'elles soient anciennes ou contemporaines, du moment qu'elles viennent d'époques « où l'amour de la vie se mêlait au désespoir de vivre » et qu'on y trouve à la fois « la vérité et la simplicité, la violence dans les sentiments et la cruauté dans l'action ». Si les œuvres s'imposent, c'est dans la réalisation, en passant du texte à la scène, que la troupe exprimera sa créativité et son originalité : « Mais d'un autre côté, la liberté la plus grande régnera dans la conception des mises en scène et des décors. Les sentiments de tous et de tout temps dans des formes toujours jeunes, c'est à la fois le visage de la vie et l'idéal du bon théâtre. Servir cet idéal et du même coup faire aimer ce visage, c'est le programme du Théâtre de l'Équipe. »

La troupe joua, les 3 et 5 décembre 1937, *La Célestine* de Fernando de Rojas. Camus interprétait le rôle de Calixte. Les comptes rendus de la presse locale témoignent que le spectacle connut un certain succès, cependant l'entreprise était trop ambitieuse pour espérer une réussite totale. Mais le succès fut indiscutable avec les deux spectacles suivants, joués les 27 et 28 février 1938, et d'abord l'adaptation réalisée par Camus du récit d'André Gide, *Le Retour de l'enfant prodigue*, dans lequel il tenait le rôle du fils. Camus se montra fidèle aux intentions de l'auteur, aussi bien dans la mise en scène que dans l'interprétation. La porte haute et droite dans le décor, ainsi que le « costume d'adolescent botticellien » porté par le personnage et décrit en ces termes par un journal local, reflétaient parfaitement l'esprit de l'œuvre. Le 28 février fut joué *Le Paquebot Tenacity* de Charles Vildrac. Camus y tenait le rôle de Ségard, celui qui ne part pas. Cette pièce à la fois sociale et poétique avait été l'un des plus grands succès du Vieux-Colombier. L'influence que Jacques Copeau exerçait sur la troupe et son animateur se manifesta à nouveau puisque Camus emprunta à son répertoire l'adaptation des *Frères Karamazov*, dans laquelle il tenait le rôle d'Ivan. Deux représentations eurent lieu, les 28 et 29 mai 1938. La diversité dans le choix des œuvres représentées montre une volonté de se renouveler, d'expérimenter différentes formes de théâtre, ambition qui était conforme aux principes énoncés par Copeau : « travail, recherche, audace ». Le dernier spectacle joué fut *Le Baladin du monde occidental*, pièce de John Millington Synge, le 31 mars et le 2 avril 1939. Camus y jouait le rôle de Christy Mahon. Les autres projets figurant dans l'ambitieux programme que la troupe s'était fixé ne purent être réalisés, en particulier l'adaptation du roman d'André Malraux, *La Condition humaine*, qui aurait ramené Camus à ses débuts avec le Théâtre du Travail.

D'autres préoccupations allaient en effet l'éloigner du théâtre pendant une longue période, et d'abord le journalisme à *Alger républicain*, avec en particulier un grand reportage en Kabylie. En Europe, la guerre approchait. Travaillant alors à Lyon comme secrétaire de rédaction au quotidien *Paris-Soir*, Camus écrivait en 1940 à ses anciens compagnons : « Parlez-moi aussi de la vie de "l'Équipe", c'est ce que nous avons fait de plus propre avant la guerre et j'y tiens beaucoup. »

Jacques LE MARINEL

Bibl. : Jean Negroni, « Albert Camus et le Théâtre de l'Équipe », *Revue d'histoire du théâtre*, n° 4, octobre-décembre 1960, p. 343-349

THÉÂTRE DU TRAVAIL. – Très tôt, la passion du théâtre amena Camus à vouloir la vivre de façon concrète. Âgé d'une vingtaine d'années, à Alger, il s'engage dans cette aventure collective qui restera jusqu'au bout l'un des moteurs de son existence.

Le nom de la première troupe qu'il créa au début de l'année 1936 avec un groupe d'amis, le « Théâtre du Travail », indique assez l'orientation donnée à cette entreprise. Il s'agissait de faire un théâtre pour le peuple et avec le peuple. L'engagement de Camus dans le théâtre coïncida en effet avec son adhésion au Parti communiste algérien. Selon le témoignage de son ami Charles Poncet, qui fut associé à l'aventure, le Théâtre du Travail va regrouper « de jeunes intellectuels révolutionnaires, universitaires ou étudiants, plus ou moins fortement imprégnés de marxisme, des artistes, peintres, sculpteurs et architectes, des ouvriers et des petits-bourgeois, généralement militants de partis ou mouvements politiques » (« Camus à Alger », *Simoun*, n° 32, 1960). Le tract diffusé lors de la première représentation proclamait « la valeur artistique propre à toute littérature de masse » (« Camus à Alger », *ibid.*). Il s'agissait pour la jeune troupe de « démontrer que l'art peut parfois sortir de sa tour d'ivoire. Le sens de la beauté étant inséparable d'un certain sens de l'humanité ».

Les objectifs rejoignent ceux que se fixaient à la même époque les mouvements de défense de la culture. Camus a pris part à ces mouvements qu'animaient certains de ses camarades. Lui-même était conscient de la pauvreté de la vie culturelle à Alger, de son manque d'autonomie par rapport à Paris. Il réagit en particulier à l'absence d'un véritable théâtre local. La création du Théâtre du Travail est donc un projet culturel en même temps que politique. Il ne faut pas perdre de vue cependant que ce sont des jeunes gens qui s'engagent dans cette aventure avec la passion propre aux amateurs, qui veulent rompre la monotonie de l'existence et secouer le conformisme provincial.

L'engagement militant de Camus, qui se présente comme un « ouvrier du théâtre », ne doit pas faire oublier qu'il était animé dès ses débuts par une ambition artistique. S'il s'est découvert rapidement une vocation de meneur ainsi que des talents de metteur en scène et d'acteur, il a également compris très vite que la pratique théâtrale doit être sous-tendue par une doctrine forte. Cette doctrine, c'est à Jacques Copeau, le fondateur du Théâtre du Vieux-Colombier qu'il la doit. Dès ses premières représentations, Camus tentera de s'approcher de l'idéal du « tréteau nu » préconisé par son maître.

La liste des spectacles que joue le Théâtre du Travail dans ces années 1936 et 1937 témoigne d'une double orientation dans les choix faits par Camus et ses amis : d'une part, monter des pièces dont le sujet correspondait à leur conception d'un théâtre militant, et d'autre part revisiter de grandes œuvres classiques afin de les offrir à un public populaire. La recherche de sujets aptes à sensibiliser ce dernier sur des problèmes d'ordre social et politique amena Camus à adapter lui-même certaines œuvres, comme ce fut le cas avec le premier spectacle de la jeune troupe, une adaptation du *Temps du mépris* d'André Malraux. La première représentation, qui eut lieu au printemps 1936 dans un établissement populaire de Bab el-Oued, les bains Padovani, fut préparée selon le témoignage de Charles Poncet « dans une atmosphère d'enthousiasme, avec une ardeur passionnée ».

Ensuite, *La Lutte sociale*, organe bimensuel du parti communiste, annonça pour le 2 avril 1936 la représentation d'une pièce intitulée *Révolte dans les Asturies* et portant sur le soulèvement des mineurs à Oviedo en 1934. Présentée comme un « essai de création collective », la pièce promettait « une mise en scène entièrement nouvelle à Alger en particulier et au théâtre en général ». Même si, finalement, la pièce ne fut pas jouée pour cause d'interdiction par le maire maurrassien d'Alger, ce projet, par le choix du sujet et la recherche d'une mise en scène innovante, illustre bien la double ambition qui était celle de Camus, à la fois politique et esthétique. Le spectacle devait être joué au profit de l'enfance malheureuse, comme *Le Temps du mépris* l'avait été pour venir en aide aux chômeurs. À défaut d'être représentée, la pièce fut remaniée plus tard par Camus afin d'être publiée.

Dans l'enthousiasme de la jeunesse, de nombreux projets virent le jour, dont certains seulement furent réalisés. Un projet en particulier ira jusqu'au bout, malgré la difficulté de la tâche, preuve de l'importance que lui accordait Camus : il s'agit de l'adaptation du roman de Maxime Gorki, *Les Bas-Fonds*. Il fallait trouver une salle et procéder à la distribution des nombreux rôles. À l'occasion du voyage qu'il effectue en Europe centrale durant l'été 1936 et au cours duquel il enrichit ses connaissances théâtrales, Camus mentionne à plusieurs reprises dans sa correspondance ce projet qui lui tenait à cœur. À son retour à Alger, il se remet au travail et le projet aboutit le 28 novembre 1936. Camus et ses camarades, dans cette entreprise, sont toujours animés par la volonté de faire exister théâtralement Alger par rapport à Paris puisque, dans les annonces publicitaires du spectacle, le budget dont dispose la jeune troupe est comparé à celui dont ont pu bénéficier Aurélien Lugné-Poe ou Georges Pitoëff. En prévision d'un public nombreux, les représentations eurent lieu dans la salle Pierre-Bordes, vaste auditorium qui n'était pas du tout conçu pour le théâtre, ce qui obligea Camus et son équipe à des prodiges d'inventivité sur le plan scénique. L'accueil très favorable que reçut ce spectacle fut pour la troupe un encouragement à continuer son activité l'année suivante. Dans la même salle, le Théâtre du Travail joua, les 6 et 7 mars 1937, le *Prométhée enchaîné* d'Eschyle et, dans le même spectacle, *La Femme silencieuse* de l'auteur élisabéthain Ben Jonson. La mise en scène de la première pièce fut très remarquée puisque, Prométhée excepté, les acteurs portaient des masques. Par ailleurs, Camus manifesta une facette supplémentaire de son inventivité en faisant accompagner la pièce par une musique de scène.

Pendant toute cette période, l'activité du Théâtre du Travail à Alger s'est faite en liaison avec celle, plus large, de la maison de la Culture. C'est dans ce cadre que Camus et sa troupe célèbrent, le 24 mars 1937, le centenaire de la mort de Pouchkine avec le *Don Juan* dont il est le principal interprète. Le 4 avril, a lieu le dernier spectacle de la troupe, *L'Article 330* de Georges Courteline. Camus y interprète le rôle de La Brige, un quidam qui se heurte à l'institution judiciaire. Quelques mois plus tard, des dissensions nées au sein de cette même maison de la Culture amenèrent Camus à démissionner du parti communiste dans un premier temps puis à se retirer du Théâtre du Travail. Lors de la réunion qui entérina cette décision, il annonça qu'il animerait désormais un théâtre indépendant de toute orientation politique mais poursuivant les mêmes objectifs culturels et artistiques. Ce sera le Théâtre de l'Équipe.

Jacques LE MARINEL

THÉÂTRE POPULAIRE. – Camus avait été un pionnier du théâtre populaire dans l'Algérie des années 1930. Après la guerre, il suit avec sympathie l'entreprise du Théâtre national populaire

(TNP). De 1953 à 1964, *Théâtre populaire* a été l'une des revues les plus influentes du champ. Dans un premier temps, elle appuie les choix programmatiques et esthétiques de Jean Vilar. En 1954, celui-ci suggère à son directeur de faire appel à Camus. Il sait que ce dernier compte deux amis dans la rédaction, Morvan Lebesque et Guy Dumur. Mais deux marxistes convaincus, Roland Barthes et Bernard Dort, en prennent le contrôle au même moment. Ils y changent aussitôt les paradigmes et le périmètre de la légitimité : le théâtre d'art et le théâtre populaire qui refuse la politisation marxiste sont renvoyés dans les ténèbres du théâtre bourgeois. Lebesque, qui consacre un ouvrage à Camus, est un partisan du premier TNP. Il est proprement excommunié. Son nom disparaît du comité de rédaction dès 1954. Comme il l'écrit tôt (*Carrefour*, 22 février 1956), « Le groupe devient chapelle, bientôt Église. Hors de Brecht, point de salut. Rites, excommunications, formules liturgiques (le gestus social, la théâtralité, la démystification, l'historicité), rien ne manqua. » La controverse entre Barthes et Lebesque à propos de Brecht prolonge celle de Sartre et Camus à propos de *L'Homme révolté*.

Guy Dumur est un des collaborateurs les plus prolifiques de *Théâtre populaire* entre 1953 et 1963. En nostalgique du Cartel (Louis Jouvet, Charles Dullin, Gaston Baty et Georges Pitoeff), il soutient les entreprises de Jean Vilar et de Jean-Louis Barrault et sympathise avec le Nouveau Théâtre. Dans le numéro initial, il avait rendu compte de *La Dévotion à la croix* montée au festival d'Angers. C'est le seul article qu'il consacre à une œuvre de son ami dans la revue. Alors que *Requiem pour une nonne* bénéficie d'une critique généralement très élogieuse, Dort, qui vient des *Temps modernes*, se singularise en démolissant méthodiquement la pièce : ce n'est pas une tragédie moderne, comme l'assure le concert de ses confrères, mais un mélodrame. « C'est, ajoute-t-il froidement, un acte de méfiance en l'homme et de foi en la société telle qu'elle est. » La littérature de l'absurde est devenue littérature du consentement. Quant à la mise en scène de l'auteur, il l'exécute comme « statique ». Cet article sectaire contribue à exclure les pièces de Camus du répertoire des salles tenues par les brechtiens.

Après Morvan Lebesque et Jacques Lemarchand, Camus se prononce contre le brechtisme en 1958, mais de façon très oblique, car il a d'autres priorités – « Le théâtre n'est pas une école de haine mais de réunion. » Prenant le contre-pied de Barthes et de la nouvelle orthodoxie, il déclare à la même époque préférer Shakespeare à Brecht et faire peu de cas de la sacro-sainte distanciation. Par ce genre de déclarations, un auteur, à l'époque, se fermait plus de portes qu'il ne s'en ouvrait.

Jeanyves GUÉRIN

Bibl. : Marco Consolini, Théâtre populaire *1953-1964. Histoire d'une revue engagée*, IMEC Éditions, 1998 • Jeanyves Guérin, *Art nouveau ou homme nouveau*, Honoré Champion, 2002, p. 301-329

TIERS-MONDE. – Le néologisme « tiers-monde » n'appartient pas au lexique de Camus. L'économiste Alfred Sauvy le forge dans un article de *France-Observateur* en 1954. En avril 1955 la conférence de Bandoeng lui donne son acte de naissance politique. Cette conférence catalyse le mouvement de décolonisation qui a commencé dans la décennie précédente par l'indépendance de l'Inde et de l'Indonésie. Un mouvement irréversible est lancé : « Le temps des empires s'achève, celui des libres communautés commence. » Écrivant cela, Camus mesure immédiatement l'importance de l'événement. Il en fait mention dans plusieurs articles de *L'Express*. Dans l'avant-propos à *Chroniques algériennes*, il note que « l'Occident » vient de donner « l'autonomie » – il n'écrit pas « l'indépendance » – à « une douzaine de colonies ».

Dans le même temps, l'essayiste s'inquiète : il ne voit pas les lendemains chanter. Se référant vraisemblablement à l'Indochine, il écrit ainsi : « En Asie, des peuples entiers se libèrent d'une servitude en acceptant de passer par une autre qu'ils espèrent provisoire. » Et, en Inde, il sait gré à Gandhi d'avoir libéré le pays par la voie non violente. Il tient le Mahatma pour l'anti-Lénine, mais regrette qu'il n'ait pas fait école. Au même moment, en effet, des mouvements de libération nationale sont nombreux à opter pour l'action armée, la guérilla. En 1955, la route de l'indépendance est néanmoins encore longue et douloureuse pour certains peuples colonisés. Son ethos contrariant son logos, Camus ne l'envisage pas pour l'Algérie. Une fois la guerre déclenchée, il l'analyse, à tort, comme un effet des menées panarabes de l'Égypte nassérienne.

Pour de nombreux déçus du communisme soviétique, s'ouvre une alternative révolutionnaire. L'ignorance du terrain et la haine de soi faisant bon ménage, les juges-pénitents parlent haut et fort. Camus ne fait pas siens les grands espoirs messianiques qui sont alors investis dans le tiers-monde. Ce qu'il sait du FLN suffirait à l'en empêcher. L'intelligentsia progressiste française et européenne, retrouvant un arsenal d'idées familières, suspend son esprit critique et accorde tous les privilèges historiques aux mouvements, celui des Khmers rouges en tête, qui se proclament anti-impérialistes. Les damnés de l'histoire sont intouchables ; les libertés civiles considérées comme superflues. L'ethno-nationalisme, disqualifié en 1945, trouve un avatar imprévu dans le tiers-mondisme. Les mouvements révolutionnaires accouchent d'États-nations soutenus par l'Union soviétique. Les guérilleros nourris de pidgin-marxisme se sont transformés en oligarques autoritaires et corrompus qui se sont révélés incapables d'apporter la prospérité aux peuples. Ceux-ci ont changé de maîtres.

À la conférence de La Havane en 1966, le bloc afro-asiatique cherche à s'ouvrir à une Amérique latine où Fidel Castro s'efforce d'exporter son modèle révolutionnaire. Le bilan désastreux de Cuba, de l'Algérie, du Zimbabwe, plusieurs décennies plus tard, a conforté les craintes de Camus plutôt que les illusions de Jean-Paul Sartre. Le Sud, en l'occurrence l'Afrique, a stagné voire régressé ; l'Est, l'Asie, a décollé en s'insérant dans le marché mondial. La solidarité afro-asiatique a volé en éclats. La question de la démocratie a fini par se poser d'abord en Amérique latine, puis un peu partout, et même en Algérie, dans des termes camusiens. Il n'est pas de développement économique sans démocratisation politique.

Jeanyves GUÉRIN

• *Voir aussi :* Colonialisme

TILLION, Germaine (1907-2008). – Jean Daniel a qualifié Germaine Tillion d'« héroïne camusienne » et de « grande dame ». Camus et elle se sont rencontrés sur une terre et autour de valeurs communes. L'Algérie ravagée par une guerre fratricide les a mis douloureusement à l'épreuve. Tous les deux avaient les mêmes conceptions de l'homme et ont mené le même combat.

Germaine Tillion est née à Allègre (Haute-Loire) dans un milieu cultivé. Son maître Marcel Mauss, le fondateur de l'ethnologie française, l'envoie en mission de recherches ethnographiques dans le massif des Aurès, pour qu'elle étudie les structures de la parenté chez les Berbères Chaouias. Elle en rapporte une large documentation sur les nomades de l'Aurès, matériau qui servira à l'écriture de son ouvrage devenu classique, *Le Harem et les cousins*. Au même moment, Camus, ancien militant du parti communiste, écrit une série d'articles sur la « Misère de la Kabylie ». Tous deux s'engagent dans la résistance contre le nazisme, l'un à *Combat*, l'autre dans le réseau dit « du musée de l'Homme ». Arrêtée en 1942, Germaine Tillion est incarcérée à la Santé, puis à Fresnes, enfin envoyée au camp de concentration et d'extermination de Ravensbrück, où sa mère est assassinée dans la chambre à gaz du camp. Libérée en avril 1945, elle s'investit dans la Commission internationale contre le régime concentrationnaire. Elle enquête et témoigne sur les camps.

Lorsque éclate la guerre d'Algérie, elle retourne sur le terrain. « Je considérais les obligations de ma profession d'ethnologue comme comparables à celles des avocats, avec la différence qu'elle me contraignait à défendre une population au lieu d'une personne. Il ne m'est donc pas venu à l'esprit que je pouvais refuser la proposition qui m'était faite et, pétrie de civisme, je refis ma valise » (*L'Afrique bascule vers l'avenir*). L'ethnologue remarque qu'un accroissement démographique dans le cadre d'une économie monétaire, lié à un exode rural, provoque une déstabilisation profonde des structures sociales traditionnelles et un appauvrissement des populations qui se groupent aux alentours des grandes villes dans des bidonvilles. Elle décrit tout simplement la paupérisation brutale des ruraux qui deviennent des néo-urbains mais vivent dans des conditions les plus précaires avec un mode de vie qui n'était pas le leur. Elle lance le mot de « clochardisation ». Après coup, elle écrit : « La clochardisation, c'est le passage sans armure de la condition paysanne (c'est-à-dire naturelle) à la condition citadine (c'est-à-dire moderne). J'appelle "armure" une instruction primaire ouvrant sur un métier. En 1955, en Algérie, j'ai rêvé de donner une armure à tous les enfants, filles et garçons » (*La Traversée du mal*). Chargée de mission auprès de Jacques Soustelle, elle crée les centres sociaux.

Un livre, *L'Algérie en 1957*, rassemble ses analyses. Camus est sensible à la qualité de l'information rassemblée. Il lui revient de présenter son édition américaine. Il écrit alors : « Je n'ai jamais pu lire un livre concernant la tragédie algérienne sans éprouver un sentiment d'irréalité, d'inconfort et souvent même de colère. Un livre seul – celui de Germaine Tillion – m'a semblé dès le premier abord vrai, juste et constructif. Germaine Tillion sait de quoi elle parle. Et personne à l'avenir, pas plus en Algérie qu'à travers le monde, ne saurait parler du problème algérien sans avoir lu ce que cette femme cultivée et compréhensive a écrit sur ma misérable terre natale, si mal comprise, qu'un espoir déchirant meut aujourd'hui. »

Germaine Tillion est présente le 22 janvier 1956, à Alger, lorsque Camus lance son « Appel à la trêve pour les civils » et se fait huer. Comme lui, elle estime qu'une guerre se fait entre militaires et doit épargner les civils. Cette même année, elle le rencontre à nouveau à Paris pour le mettre au courant des contacts qu'elle a noués avec le FLN pour faire cesser les attentats contre les civils. Elle avait rencontré Yacef Saadi, le chef militaire du FLN à Alger. Camus écrit dans ses *Carnets*, le 1er octobre 1957 : « On discute. G.T. leur explique sa thèse, la clochardisation, le volume des salaires d'appoint qui vient de la métropole, etc. (son opinion : politiquement valables, économiquement incultes). À ce moment l'un deux qui paraît le chef : "Vous nous prenez pour des assassins." Alors G.T. : "Mais vous êtes des assassins" (c'est peu après l'attentat du Casino de la corniche). Alors l'autre réaction terrible : les larmes aux yeux. Puis : "ces bombes, je voudrais les voir au fond de la mer." "Il ne tient qu'à toi", dit G.T. Ils parlent de la torture. Je suis plaignante, dit-elle (elle a fait partie de la Commission sur [le] système concentrationnaire). Ils arrivent à [un] accord : suppression du terrorisme civil contre suppression d'exécutions. À peu près dans les termes que j'avais proposés (mais la suite, hélas...). » Toute l'action de Germaine Tillion aura été d'opposer à la violence ce qu'elle appelle la « politique de la négociation ».

Elle alerte également Camus sur les bavures de la pacification. Elle lui écrit notamment le 3 janvier 1959 que « la proportion des assassinats entre les deux populations est pour un assassinat commis par eux [le FLN] cent commis par nous ».

C'est à son instigation qu'il intervient auprès de Maurice Patin, président de la Commission de sauvegarde des libertés et des droits individuels. Camus et elle restent toujours en contact pendant cette guerre pour « sauver des vies des deux côtés ». Alors que *Chroniques algériennes* se heurte à un mur de silence, elle rédige, pour la revue *Preuves*, l'un des rares articles sur ce livre. Elle participe également à l'hommage posthume de cette revue à Camus dont elle comprend les déchirements.

Jean Daniel écrit encore : « Ce qui frappe plus Camus dans les textes de Germaine Tillion, ce sont les courages insolites d'un engagement parfaitement libre. Germaine Tillion pense par elle-même sans se soucier des doctrines environnantes ni des modes de pensée. Elle est, dans l'univers du témoignage intellectuel, aussi solitaire qu'elle l'a été dans la recherche des institutions aurasiennes. On dit que tout est politique. Peut-être, dit-elle, mais en attendant, il y a la misère. Réponse camusienne. » Augustin BARBARA

Bibl. : Jean Daniel, *Avec Camus*, Gallimard, 2006, p. 71-78 • Germaine Tillion, *L'Algérie en 1957*, Éditions de Minuit, 1957 • Id., *Les Ennemis complémentaires*, Éditions de Minuit, 1960 • Tzvetan Todorov (éd.), *Le Siècle de Germaine Tillion*, Le Seuil, 2007

TOCQUEVILLE, Alexis de (1805-1859). – Alexis de Tocqueville a contribué à la réflexion politique de Camus. Nommément cité dans les *Carnets*, 1941 – « C'est toujours un grand crime de détruire la liberté d'un peuple sous prétexte qu'il en fait un mauvais usage » –, il inspire sans doute la réflexion qui a précédé : « On n'a pas assez senti en politique combien une certaine égalité est l'ennemie de la liberté. En Grèce, il y avait des hommes libres parce qu'il y avait des esclaves. » Une autre formule de Tocqueville, « Le développement graduel et progressif de l'égalité est à la fois le passé et l'avenir de l'histoire des hommes », permet pourtant à Camus, dans *L'Homme révolté*, d'associer curieusement l'auteur de *La Démocratie en Amérique* à Constantin Pecqueur et à Karl Marx. « Pour obtenir le marxisme, il faut remplacer égalité par niveau de production », argumente-t-il. Camus, qui ne croyait ni au sens de l'Histoire ni au progrès continu de nos sociétés, ne réunit pas ici les trois penseurs en vertu de leurs idées, mais parce qu'ils ont en commun un caractère prophétique qu'il juge inacceptable. En 1953, il consigne à nouveau dans les *Carnets* une citation de la *Démocratie en Amérique*, mais surtout de nombreux passages de *L'Ancien Régime et la Révolution* : ceux-ci lui offrent des flèches contre les « progressistes » qui consentent aujourd'hui à la servitude. On sera surpris de voir l'enfant du « quartier pauvre » miser sur l'avènement d'une aristocratie (« Nécessité d'une aristocratie », *Carnets*, 1953, ou encore : « Ce monde ne remue tant, comme un ver coupé, que parce qu'il a perdu la tête. Il cherche ses aristocrates », 14 décembre 1954) dont le comte de Tocqueville ne célébrait déjà plus les vertus qu'avec nostalgie ; mais l'« aristocratie » de Camus est « celle du travail et de l'esprit » (*Combat*, 6 septembre 1944). Tous deux ont vécu la démocratie comme une tension (entre liberté et égalité pour Tocqueville, entre révolte et révolution pour Camus) débouchant sur une exigence de mesure, qui les fit passer à tort pour des « modérés ». Tous deux ont abordé la question politique en moralistes plus qu'en idéologues. Si l'un est devenu un maître à penser de la droite libérale, l'autre une conscience de la gauche critique, on l'attribuera pour partie à leurs différences de naissance et de tempérament. La différence des époques où chacun a vécu brouille aussi le parallèle. « La Russie est la pierre angulaire du despotisme dans le monde », écrivait Tocqueville à l'époque du tsarisme. Camus met de la malice à citer cette phrase dans ses *Carnets*, en 1953. Comment, même instruit par l'expérience de la Terreur, Tocqueville aurait-il imaginé qu'au milieu du XXe siècle, la Russie resterait la pierre angulaire du despotisme après avoir accompli la plus formidable révolution égalitaire de l'histoire ?

Pierre-Louis REY

TORTURE. – Le problème de la torture éclaire les relations paradoxales qu'entretiennent éthique et politique dans la pensée de Camus. Il est inséparable du contexte de la crise algérienne des années 1950. Chez lui, la dénonciation éthique de la torture est surplombée par la nécessité d'explorer les voies d'une médiation politique symbolisée par son appel à la trêve civile à Alger en 1956. Camus se place face à l'horizon tragique d'une violence illimitée. Celle que produisent les hommes qui sont entrés dans l'engrenage de la violence, celle du « pas de trop » qui crée un effet de seuil irréversible.

Dès la fin de la Seconde Guerre mondiale, ses prises de position contre la torture sont rares mais sans équivoque. Il y a « des moyens qui ne s'excusent pas », écrit-il dans *Lettres à un ami allemand*, évoquant la Gestapo. On retrouve l'idée en 1947, à propos de l'usage de la torture à Madagascar, en 1953, après la répression d'une manifestation algérienne par la police, et en 1954, dans le cas de Tunisiens condamnés à mort à la suite d'aveux arrachés sous la torture et dont il sollicite la grâce auprès du président René Coty.

À partir du moment où la tragédie algérienne devient inexpiable, le sens de son analyse s'infléchit. Autour de lui, les intellectuels de tous bords lancent une campagne contre la torture. François Mauriac puis Claude Bourdet prennent la parole pour dénoncer le déshonneur de la France dans cette entreprise. À partir du moment où les appelés viennent nourrir les rangs de l'armée en Algérie, la multiplication des témoignages provoque une prise de conscience dans l'opinion. Après l'interdiction de *La Question* d'Henri Alleg, François Mauriac, Jean-Paul Sartre, André Malraux et Roger Martin du Gard, sur l'initiative de l'éditeur Jérôme Lindon, lancent une protestation solennelle auprès du président de la République. Camus ne s'y associe pas. Homme de gauche, il est hostile par principe à la violence, mais, par choix personnel, il l'est aussi à l'indépendance de l'Algérie. Il redoute une radicalisation des antagonismes qui ne laisserait aucune chance à la réconciliation. Loin d'une dénonciation dreyfusarde, il a une attitude à la fois politique et morale. Sa condamnation de la torture ne relève jamais d'un parti pris absolu. Elle est souvent relative à un cas particulier et toujours reliée à un contexte politique.

On peut suivre la ligne de conduite de Camus selon trois fils où s'entremêlent une certaine indépendance par rapport aux autorités politiques, des interventions délibérément discrètes et surtout une ligne politique – celle de la réconciliation – réaffirmée avec force dans les *Chroniques algériennes.* Il ne faut pas oublier qu'à cet instant où la guerre devient inexpiable, sa mère vit en Algérie exposée au terrorisme aveugle. C'est peut-être là le sens sinon de son silence du moins de sa plus grande discrétion sur ce point jusqu'à sa mort : choix intellectuel mais aussi prudence vis-à-vis des conséquences possibles de ses prises de positions sur sa famille.

Il refuse d'abord de céder au mensonge général ou encore à l'« ivrognerie politique » : c'est le sens de son refus de participer à la première « commission de sauvegarde des libertés » instaurée par Guy Mollet le 5 avril 1957 en réponse au scandale issu des premiers témoignages sur les pratiques de torture dans l'armée. Sa technique d'intervention est discrète et individuelle, notamment auprès de la seconde commission des grâces instaurée par le général de Gaulle en 1958. Selon Roger Quilliot, Camus intervient dans plus de cent cinquante affaires. Il est en contact avec Maurice Patin qui préside cette commission et travaille sur des listes de musulmans algériens. Il souligne dans certains cas l'absence de recours du condamné au terrorisme aveugle. Il plaide ailleurs la clémence afin de ne pas attiser les fanatismes et compromettre l'avenir.

Avocat des causes particulières, il n'abandonne pas la perspective politique. Les *Chroniques algériennes* sont tout entières tendues vers l'urgence d'une trêve. La double critique du terrorisme et de la torture s'efface devant l'appel aux hommes de bonne volonté qui veulent encore « vivre ensemble sur une même terre ». Voilà pourquoi il tourne le dos aux dénonciations vertueuses de la violence. Loin d'être l'avocat des justes causes, il choisit modestement d'explorer les voies d'une réconciliation avec les modérés des deux bords.

L'analyse de Camus s'apparente à une anthropologie de la violence. Comme René Girard dévoile une violence archaïque enchaînée au mimétisme des hommes à la fois rivaux et identiques, chez lui aussi la torture et le terrorisme appartiennent à une seule et même violence indifférenciée. Les adversaires sont des doubles. Cette idée apparaît dans l'avant-propos aux *Chroniques algériennes* : « Lorsque ces pratiques s'appliquent, par exemple à ceux qui, en Algérie, n'hésitent pas à massacrer l'innocent ni, en d'autres lieux, à torturer ou à excuser qu'on torture, ne sont-elles pas aussi des fautes incalculables puisqu'elles risquent de justifier les crimes mêmes que l'on veut combattre ? Et quelle est cette efficacité qui parvient à justifier ce qu'il y a de plus injustifiable chez l'adversaire ? À cet égard, on doit aborder de front l'argument majeur de ceux qui ont pris le parti de la torture : celle-ci a peut-être permis de retrouver trente bombes, au prix d'un certain honneur, mais elle a suscité du même coup cinquante terroristes nouveaux qui, opérant autrement et ailleurs, feront mourir plus d'innocents encore. »

La torture est inscrite dans un schéma de violence totale : satanisation de l'adversaire et guerre d'anéantissement se renforcent sans fin. Elle est le double du terrorisme : dans une guerre révolutionnaire fondée sur la terreur des populations civiles, seule la torture peut opposer une contre-terreur et donc lutter à armes égales. À l'armée, la torture ne donne pas que des renseignements : elle est *un instrument de terreur*. Avec les arrestations arbitraires, les internements administratifs, les exécutions sommaires et les disparitions, elle forme un véritable système adapté à ce champ de bataille qu'est l'ensemble de la population algérienne elle-même terrorisée par le FLN. L'analyse de Camus porte moins sur la torture en elle-même que sur la « surenchère dégoûtante » ou la « casuistique du sang ». « C'est pourquoi il m'a paru à la fois indécent et nuisible de crier contre les tortures en même temps que ceux qui ont très bien digéré Melouza ou la mutilation des enfants européens. Comme il m'a paru nuisible et indécent d'aller condamner le terrorisme aux côtés de ceux qui trouvent la torture légère à porter. »

Il y a chez Camus la volonté de ne pas en rester à une condamnation qui ferait le jeu de ceux qui dans le camp adverse continuent, eux, de torturer et de tuer en toute impunité. À l'opposé de Sartre qui salue le courage d'Alleg, il veut faire en sorte que la « modération impuissante » cesse de servir les extrêmes. Pour cela, il faut s'adresser aux franges modérées de chaque camp afin de construire une communauté où les deux peuples coexistent à l'abri des fanatismes. La guerre d'Algérie est en effet nourrie d'une montée aux extrêmes de deux violences exacerbées, deux terreurs concurrentes : celle du FLN qui exerce sur la population civile une terreur supérieure à celle de ses ennemis, mais aussi celle de l'armée qui de retour d'Indochine applique la doctrine qui lui permettrait – du moins le croit-elle – de ne plus perdre une guerre. Camus ne dénonce ni la torture ni le terrorisme pris séparément, mais le couple infernal de la torture et du terrorisme. Plutôt qu'un choix politique, il s'agit d'une défiance envers les condamnations morales qui masquent des positions politiques. C'est avant tout la montée aux extrêmes dans les deux camps qui doit être selon lui combattue dans une perspective de paix. Ce n'est que lorsque cesseront ces « noces sanglantes du terrorisme et de la répression », ainsi qu'il l'écrit dans *L'Express* en 1955, que l'on pourra reconstruire une communauté politique. La paix est à construire autant que la violence est à désamorcer.

Denis SALAS

• *Voir aussi* : Terrorisme ; Violence

Bibl. : Denis Salas, « Camus, critique de la torture », dans Agnès Spiquel et Alain Schaffner (dir.), *Camus, une morale en action*, Le Manuscrit, coll. « L'esprit des lettres », 2006, p. 57-75

TOTALITARISME. – L'opposition entre démocratie et totalitarisme est cardinale pour Camus. C'est pourquoi, comme Raymond Aron dès avant la guerre, il ne voit pas, après 1945, dans le communisme soviétique ni l'antidote ni l'alternative au fascisme. C'est pourtant à une date relativement tardive qu'il se sert du mot « totalitaire », et il est significatif que celui-ci soit absent de *Ni victimes ni bourreaux*, où il use du mot « tyrannie », et de ses deux réponses à Emmanuel d'Astier de La Vigerie. Les premières occurrences de l'adjectif se trouvent dans un commentaire de *L'État de siège*, « Pourquoi l'Espagne ? », paru dans *Combat* en décembre 1948 et repris dans *Actuelles*. Il qualifie les mots « tyrannie », « société », « État », « technique », « guerre », « bourreaux ». Le sujet de sa pièce, explique Camus à Gabriel Marcel, est « la tyrannie totalitaire ». Et de citer les régimes russe, allemand et espagnol puis Hitler, Mussolini et Franco. Dans ce texte de circonstance, le totalitarisme est caractérisé par « l'État policier et bureaucratique » et par un recours à des moyens extrêmes qu'illustre le nom de Guernica.

Trois autres occurrences du mot « totalitaire » figurent dans le dernier texte du recueil, une allocution « prononcée à Pleyel, en novembre 1948 ». L'adjectif qualifie le mot « idéologie » mis au pluriel ou au singulier. « Le malheur est que nous sommes au temps des idéologies et des idéologies totalitaires, c'est-à-dire assez sûres d'elles-mêmes, de leur raison imbécile ou de leur courte vérité, pour ne voir le salut du monde que dans leur propre domination. » L'idéologie est associée au meurtre, à l'intimidation, aux camps, à la terreur, au déracinement des populations. Le seul philosophe cité est Hegel. L'infléchissement est notable. À l'idéologue totalitaire, Camus oppose l'artiste, témoin de la liberté. On voit se profiler ici un grand thème de *L'Homme révolté*.

Ce livre paru en 1951, donc contemporain ou antérieur aux grands ouvrages anglo-saxons sur le sujet, propose une généalogie idéologique longue des totalitarismes contemporains et s'attache donc aux « origines intellectuelles » du stalinisme. S'efforçant de comprendre les deux engrenages qui ont pu conduire au pire, Camus accorde délibérément plus d'importance aux vicissitudes de l'idée qu'aux dynamiques socio-économiques. Comme Raymond Aron ou plus tard François Furet, il pense que l'interprétation pragmatique des totalitarismes sous-estime l'importance de l'orthodoxie idéologique. Divers auteurs, Rousseau, Sade – « Deux siècles à l'avance, sur une échelle réduite, Sade a exalté les sociétés totalitaires au nom d'une liberté frénétique que la révolte en réalité ne réclame pas » –, Saint-Just, Hegel, Bakounine, Netchaïev, enfin et surtout Marx et Lénine apportent leur pierre à l'édifice. À mesure que l'idéologie se systématise, les inhibiteurs cèdent. Camus pose un lien entre l'esprit d'orthodoxie et l'État totalitaire. D'une formule fulgurante, il balaie le privilège dont les progressistes ont gratifié les régimes communistes : « aucun des maux contre lesquels prétend lutter le totalitarisme n'est pire que le totalitarisme lui-même ». Il n'en oublie pas pour autant que « la tyrannie totalitaire ne s'édifie pas sur les vertus des totalitaires. Elle s'édifie sur les fautes des libéraux ».

Avant d'aborder Marx et le communisme, Camus consacre un chapitre au national-socialisme que, dans un premier temps, il amalgame avec le fascisme mussolinien. Il apparaît ici mal à l'aise. La quasi-absence de doctrine fasciste et l'indigence de la doctrine nazie se prêtent mal à la démarche de l'essai camusien. Le Duce est un stratège volontariste. Hitler a bricolé sa doctrine. C'est un médiateur charismatique qui ne se réclame d'aucun maître.

Tous deux méprisent ouvertement les intellectuels. D'où le recours à des faits – l'extermination des Juifs, le massacre de Lidice – qui vont contre l'économie du livre mais posent le problème capital de la mémoire. Des quelques pages on retiendra que Camus écarte la notion d'une révolution national-socialiste, dans la mesure où le projet tourne le dos à l'universel. Les nazis constituent un « gang » qui a réussi à prendre le pouvoir dans un pays développé. Une entreprise aussi démoniaque que le génocide des Juifs mobilise des moyens logistiques considérables aux dépens des objectifs militaires du régime. Elle est de fait irrationnelle.

À la différence des progressistes, de Jean-Paul Sartre ou d'Emmanuel Mounier, Camus ne craint après 1945 aucune résurgence du nazisme ni en Europe occidentale ni aux États-Unis : c'est une folie « sans avenir ». On peut se demander si les pages consacrées au nazisme ne répondent pas à un souci de symétrie. Dès 1936, Élie Halévy, dans *L'Ère des tyrannies*, dix ans plus tard le père Gaston Fessard, dans *France, prends garde de perdre ta liberté*, avaient souligné les affinités, la gémellité des régimes nazi et soviétique. Pour Camus comme pour ces penseurs, on n'a pas à choisir entre la peste et le choléra. Il établit un parallèle entre la « terreur rationnelle » et la « terreur irrationnelle ». Ce faisant, il pose une homologie : les deux régimes, quelles que soient les différences de leurs « fins », de leurs idéologies, qu'il ne nie pas, utilisent les mêmes « moyens » et puisent aux mêmes sources manichéennes et nihilistes. Une logique commune qu'il juge eschatologique, parareligieuse, est à l'œuvre dans l'Allemagne nazie et en URSS. D'où la formule de « théocraties totalitaires » que l'on a souvent comparée à celle de « religions séculières » avancée et assurément mieux argumentée par Raymond Aron. Aucune Église, dans ses pires errements, n'a eu leur férocité implacable et n'a porté à un tel degré la réécriture de l'histoire et la fabrication de la vérité.

Camus n'a pas cherché à apporter une contribution théorique à la compréhension du phénomène totalitaire. Les faits, pour lui, comptent plus que les concepts. Il n'a jamais été dans ses intentions de rivaliser avec Hannah Arendt et Raymond Aron. Sa tâche, plus modeste, consiste à faire connaître la vraie nature des régimes communistes et à éveiller la solidarité avec leurs victimes. On peut tirer néanmoins de ses écrits postérieurs à 1950 une claire conception du phénomène. Les politologues ont retenu quelques analyseurs de celui-ci : la monopolisation de tous les pouvoirs par un parti qui prétend assurer le salut de la collectivité par une rupture révolutionnaire ; l'utilisation partisane de l'État et la politisation de la vie collective, à savoir le contrôle rigoureux de l'information, de l'enseignement et de la culture ; la fonction normalisatrice accordée à l'idéologie, l'interdiction de toute expression non conforme et de toute opposition ; l'existence d'un système concentrationnaire. On constate que Camus les a tous mentionnés, en privilégiant le premier. Une phrase de la Peste dans *L'État de siège* le dit mieux que de longs développements : « Il me faut être le maître de tout ou je ne le suis de rien. » Dans cette pièce où sont évoqués les camps, il n'existe plus de vie privée. L'altérité et la pluralité sont proscrites. On remarquera aussi que dans ses écrits exotériques l'auteur use de métonymies, de périphrases ou de synonymes. Il parle ainsi fréquemment du mensonge et de la haine. Mais sa définition du totalitarisme par la « destruction des âmes », que Soljenitsyne aurait pu faire sienne, prouve sa compréhension du phénomène.

Camus a cherché à s'informer. Tout au long de la guerre froide, il prête une écoute attentive à ceux qu'on n'appelle pas encore les « dissidents » – la formule « intellectuel dissident » se trouve dans *Actuelles*. Sollicité, il n'a jamais objecté la proximité de quelque élection ou les méfaits de l'impérialisme américain pour différer son témoignage. Les insurrections ouvrières de Berlin-Est puis de Poznań et le soulèvement du peuple hongrois lui inspirent d'admirables textes, frémissants d'indignation et de honte. Dans les trois cas, il salue une révolte antitotalitaire de masse. Des événements, il tire la leçon que la suppression des libertés n'apporte pas le mieux-être. Ces événements ont amené l'écroulement d'un mythe funeste. « Nous connaissons aujourd'hui, déclare-t-il, la tristesse d'avoir eu raison en refusant de considérer les régimes de l'Est comme révolutionnaires et prolétariens. [...] Aujourd'hui la vérité, la terrible vérité éclate, le mythe vole en éclats. [...] ce mythe pendant des années a perverti les consciences et les intelligences européennes. » Écrivant cela en juin 1956, il a tort à court terme et raison à long terme. Les régimes communistes ont été ébranlés, mais ils ont tenu bon et le reflux du marxisme est pour plus tard. L'émergence d'une résistance l'incite à un optimisme prudent. Un jour, ces régimes tomberont.

Ces textes expliquent l'immense prestige dont jouit son œuvre en Europe de l'Est. La dissidence des années 1970, celle des Sakharov, Havel et Michnik, ressemble étrangement à la révolte camusienne, elle est en effet une résistance autolimitée, non violente, morale, démocratique à l'État totalitaire, une résistance qui, soucieuse d'éviter toute contagion mimétique, refuse d'opposer un mensonge au mensonge, une idéologie à une autre idéologie. « Car la liberté consiste d'abord à ne pas mentir. Là où le mensonge prolifère, la tyrannie s'annonce ou se perpétue. »

Camus considère que ces régimes, à la différence des régimes démocratiques, ne sont pas réformables. Il le dit en 1957 : « Il n'y a pas d'évolution possible dans une société totalitaire. La terreur n'évolue pas sinon vers le pire [...]. Nulle part on n'a vu un parti ou un homme disposant d'un pouvoir absolu ne pas en user absolument » (discours de la salle Wagram, paru dans *Franc-Tireur* le 18 mars 1957). La guerre a amené la chute du régime nazi. Il n'a pas imaginé l'échec économique et l'implosion du système soviétique. L'important est que la peur a reculé à Poznań et à Budapest. C'était le fil directeur de *L'État de siège*. La Secrétaire y disait : « il a toujours suffi qu'un homme surmonte sa peur et se révolte pour que leur machine commence à grincer ». Là est le préalable à une sortie du totalitarisme. Camus l'a compris avant les grands dissidents et le pape Jean-Paul II.

« Il n'y a pas d'autre objection à l'attitude totalitaire que l'attitude morale ou religieuse » : bien qu'il ait écrit cela dans ses *Carnets*, l'écrivain algérois a mal perçu quel avait pu et pouvait être le rôle de l'Église polonaise dans la lutte contre l'État totalitaire. En homme de gauche classique, il compte sur la seule alliance des ouvriers et des intellectuels. Elle était nécessaire, mais pas suffisante.

Les fictions qui sont des laboratoires de la réflexion camusienne, *La Peste* et *L'État de siège*, sont aujourd'hui avec *1984*, *Rhinocéros* et *Le Pavillon des cancéreux* des grands classiques de la littérature antitotalitaire. Le propos du roman, d'abord conçu comme une évocation de l'Occupation, s'est élargi. La pluralisation de sa lecture politique heurte les certitudes des progressistes, Roland Barthes, Jean-Paul Sartre, Francis Jeanson, Simone de Beauvoir. La pièce est plus politique et plus didactique. Il est à noter que, dix ans plus tard, Eugène Ionesco utilise, lui aussi, une allégorie polysémique pour figurer le totalitarisme et refuse pareillement toute interprétation réductrice de ses rhinocéros. Le retour de la question totalitaire dans la France des années 1970 où se décompose l'infaillibilité du dogme marxiste, restitue toute leur force aux analyses de Camus.

Jeanyves GUÉRIN

Bibl. : Jeanyves Guérin, *Camus. Portrait de l'artiste en citoyen*, François Bourin, 1993, p. 205-222 • Nikola Kovac, *Le Roman politique. Fictions du totalitarisme*, Michalon, 2002 • Évelyne Pisier et Pierre Bouretz, « Camus et le marxisme », dans Jeanyves Guérin (dir.), *Camus et la politique*, L'Harmattan, 1986, p. 269-280

TRAGÉDIE. – *Voir* « SUR L'AVENIR DE LA TRAGÉDIE »

TRAGIQUE. – Le tragique, chez Camus, est une dimension essentielle qui concerne à la fois l'homme et l'artiste. Menant sa réflexion sur les deux plans de l'existence, métaphysique et historique, il revisite les notions liées à ce registre, en particulier celle de destin ou de fatalité, tout en privilégiant certaines, comme la notion de limites. Le tragique pose en outre la question de sa représentation : il s'agit de trouver une forme et l'on s'aperçoit que Camus, sur le plan esthétique, exploite plusieurs possibilités.

Le point de départ est la découverte de la vérité tragique qu'impose la prise de conscience de la finitude humaine. L'auteur de *Noces* écrit dans *L'Été à Alger* : « Tout ici respire l'horreur de mourir dans un pays qui invite à la vie. » Et à propos de Sisyphe, dans son essai : « Si ce mythe est tragique, c'est que son héros est conscient. » Dans ce sens, Caligula, par sa découverte initiale qui détermine toute l'action de la pièce, est un personnage tragique. Par la réponse qu'il apporte, cependant, il se situe à la confluence des deux dimensions, le tragique et l'absurde : « On ne comprend pas le destin et c'est pourquoi je me suis fait destin. J'ai pris le visage bête et incompréhensible des dieux. » La représentation du destin est à chaque fois différente dans les œuvres qui appartiennent au cycle de l'absurde. Dans *Le Malentendu*, c'est l'opacité du langage qui est source de tragique. Quant au destin de Meursault dans *L'Étranger*, il figure ce que l'auteur de *Noces* écrivait : « Dans l'été d'Algérie, j'apprends qu'une seule chose est plus tragique que la souffrance et c'est la vie d'un homme heureux. » On a pu parler de tragique solaire à propos de *L'Étranger* : c'est le soleil qui fait basculer le récit dans le « malheur », mot qui clôt la première partie. Ensuite, lorsque Meursault se trouve dans sa cellule, le jour finissant lui fait prendre conscience du caractère inéluctable de sa condamnation : « Non, il n'y avait pas d'issue et personne ne peut imaginer ce que sont les soirs dans les prisons. » Ces paroles font écho à ce qu'affirme Scipion, le jeune poète, devant Caligula : « Ni pour toi, ni pour moi, qui te ressemble tant, il n'y a plus d'issue », soulignant ainsi la dimension métaphysique du tragique dans toute cette partie de l'œuvre.

Camus, par ailleurs, a découvert le tragique dans son époque. Il le dit dans sa conférence « Sur l'avenir de la tragédie » en 1955 : « à ce degré de démesure, l'histoire a pris la face du destin ». D'où aussi l'hommage qu'il rend à Dostoïevski, « celui qui a vécu et exprimé le plus profondément notre destin historique ». Les personnages de *La Peste* mènent un combat tragique contre un mal qui figure la fatalité totalitaire. À l'exemple du théâtre grec antique, une fois que la catastrophe s'est déclenchée, « il n'est pas permis d'être en dehors », comme l'auteur le fait dire à Tarrou dans un passage destiné à l'origine à trouver place dans son journal. Par ailleurs, la fonction tragique renvoie à la source antique puisqu'il est dit à la fin du roman que la peste frappe la cité, « pour le malheur et l'enseignement des hommes ». Le tragique prend également le visage de l'Histoire dans une pièce comme *Les Justes*, où les principes de la tragédie sont respectés, avec d'abord des adversaires qui ont également raison. Dans un dialogue préparatoire à la pièce, qui figure dans les *Carnets*, l'un des protagonistes déclare : « le déchirement vient parce que des hommes qui veulent également le bien de l'homme le veulent pour tout de suite ou le fixent à trois générations, et que cela suffit à les séparer pour jamais ». C'est ce que montre dans la pièce le conflit entre Stepan et Kaliayev. Celui-ci, par son destin, illustre le principe de l'innocence criminelle. À l'instar de Cherea face à la déraison de l'empereur dans *Caligula*, Dora fixe des limites à l'action révolutionnaire : « Même dans la destruction, il y a un ordre, il y a des limites. »

La modernité de Camus dans sa représentation du tragique apparaît moins dans son théâtre que dans un récit comme *La Chute*. Lorsque Clamence dit, face à son interlocuteur : « Continuer, voilà ce qui est difficile », puis : « continuer, seulement continuer, voilà ce qui est surhumain », il s'exprime comme un personnage beckettien. La perte de l'innocence l'a fait entrer dans le monde de la répétition. Mais alors que Sisyphe surmonte son destin par le mépris, Clamence tente de le faire par une ironie qui reste douloureusement tragique, jusque dans ses derniers mots : « Il est trop tard, maintenant, il sera toujours trop tard. Heureusement ! » On serait alors tenté de parler d'un pessimisme camusien. Pourtant dans ses *Carnets*, en 1939, il citait Nietzsche : « L'artiste tragique n'est pas un pessimiste. Il dit oui à tout ce qui est problématique et terrible », faisant de l'œuvre à venir une réponse au destin.

Jacques Le Marinel

Bibl. : Fernande Bartfeld, *L'Effet tragique. Essai sur le tragique dans l'œuvre de Camus*, Genève-Paris, Champion-Slatkine, 1988 • Jeanyves Guérin, « Le tragique, la tragédie et l'histoire dans l'œuvre de Camus », dans Jacqueline Lévi-Valensi (dir.), *Camus et le théâtre*, IMEC Éditions, 1992, p. 156-170

TRAVAIL. – La sensibilité de Camus à la question du travail est liée d'abord à son existence, et ceci dès l'enfance. Né dans un milieu pauvre, il a côtoyé à Alger les travailleurs du quartier populaire de Belcourt, dans leur diversité, petits commerçants, artisans, ouvriers des usines de tonnellerie ou de matériel de pêche. La réalité concrète du travail, le jeune Camus la découvre auprès de son oncle Étienne, tonnelier, et devant ce modèle, il assimile le travailleur à l'artisan qui fabrique un objet. Son roman inachevé, *Le Premier Homme*, porte le témoignage de cette initiation et de l'empreinte qu'elle a laissé sur lui, à travers le personnage de Jacques Cormery : « le vrai travail pour lui était celui de la tonnellerie par exemple, un long effort musculaire, une suite de gestes adroits et précis, des mains dures et légères, et on voyait apparaître le résultat de ses efforts : un baril neuf, bien fini, sans une fissure, et que l'ouvrier alors pouvait contempler ». Devenu adulte, l'intellectuel qu'est Camus marque sa solidarité avec ce monde du travail à travers son engagement militant. Il réalise son rêve d'un « théâtre prolétarien » et, de surcroît, mène une activité de journaliste. Dans *Alger républicain*, il écrit que « le régime du travail en Kabylie est un régime d'esclavage », dénonçant entre autres « les salaires insultants ».

La réflexion développée ensuite dans ses différents ouvrages lui permettra de découvrir la complexité de cette question du travail dans ses dimensions historique et philosophique et, en même temps, de préciser sa responsabilité d'écrivain par rapport à cette question. Sa découverte de l'Europe industrielle et urbaine a fortement contribué à cette maturation de la pensée. Dans la préface de *L'Envers et l'Endroit*, il écrit : « Né pauvre, dans un quartier ouvrier, je ne savais pourtant pas ce qu'était le vrai malheur avant de connaître nos banlieues froides. Même l'extrême misère arabe ne peut s'y comparer, sous la différence des ciels. Mais une fois qu'on a connu les faubourgs industriels, on se sent à jamais souillé, je crois, et responsable de leur existence. »

Dans *Le Mythe de Sisyphe*, Camus fait de la répétition des gestes quotidiens qu'exige le travail le symbole de l'absurdité de la condition humaine. Dans *La Mort heureuse*, Mersault déclare : « J'ai ma vie à gagner. Mon travail, ces huit heures que d'autres supportent, m'en empêchent. » Une besogne médiocre consume le temps et l'énergie de l'employé. Son bureau est « un columbarium où des heures mortes avaient pourri ». Deux personnages de tonneliers, Cardona de *La Mort heureuse* et Yvars de la nouvelle *Les Muets* illustrent la dure condition des travailleurs manuels. À propos du second, il est écrit : « Il était difficile d'avoir la bouche fermée, de ne pas pouvoir vraiment discuter et de reprendre la même route, tous les matins, avec une fatigue qui s'accumule, pour recevoir, à la fin de la semaine, seulement ce qu'on veut bien vous donner, et qui suffit de moins en moins. » L'aspect paradoxal du travail est que, même s'il n'offre aucune perspective, il constitue cependant un remède contre la solitude et l'ennui. Camus, dans *L'Envers et l'Endroit*, parle de « ces heures contre lesquelles nous protestons si fort et qui nous défendent si sûrement contre la souffrance d'être seul ».

Le travail, facteur d'aliénation ou de libération, cette contradiction ne pouvait être surmontée sans une réflexion sur la dimension historique du problème, que Camus a menée dans *L'Homme révolté*. S'interrogeant sur ce qui fait « la vraie grandeur de Marx », il écrit : « Il a mis le travail, sa déchéance injuste et sa dignité profonde, au centre de sa réflexion. Il s'est élevé contre la réduction du travail à une marchandise et du travailleur à un objet. » Par ailleurs, ayant découvert en 1949 l'œuvre de la philosophe Simone Weil, en particulier *La Condition ouvrière*, il prolonge sa pensée en écrivant, toujours dans *L'Homme révolté* : « Simone Weil a raison de dire que la condition ouvrière est deux fois inhumaine, privée d'argent d'abord, et de dignité ensuite. Un travail auquel on peut s'intéresser, un travail créateur, même mal payé, ne dégrade pas la vie. »

La question essentielle qui est posée est celle de la dignité que devrait toujours conférer le travail, qu'il soit manuel ou intellectuel. Celui de l'ouvrier doit trouver un sens comme celui de l'artiste : c'est ce postulat qu'illustrent deux des nouvelles de *L'Exil et le*

Royaume, *Les Muets* et *Jonas ou l'Artiste au travail*. Dans une lettre adressée le 8 août 1953 au rédacteur en chef d'une revue ouvrière et publiée par la suite sous le titre « La littérature et le travail », Camus évoque « le jour où [...] il n'y aura plus des artisans d'un côté et des ouvriers de l'autre, mais une seule classe de créateurs dans tous les sens du mot ». S'il exprime ici l'espoir, sans doute utopique, que « la joie du créateur » soit offerte à tous dans le travail, il ne peut cacher par ailleurs son pessimisme lorsqu'il écrit dans le même texte : « Les tyrannies comme les démocraties d'argent savent que, pour régner, il faut séparer le travail et la culture. » Jacques Le Marinel

TRÊVE CIVILE. – Découragé par les massacres du 20 août 1955 dans le Constantinois, Camus avait demandé un mois plus tard l'aide de son vieil ami algérois Charles Poncet. Celui-ci était membre d'un groupe de « libéraux » qui recherchaient une solution à l'aggravation de la situation, en relations avec un groupe de musulmans dont le plus connu était l'ancien député communiste Amar Ouzegane, vieille connaissance de Camus. Poncet lui proposa de venir à Alger proposer la « trêve civile ». Il répondit le 7 décembre en renvoyant sa venue après les élections législatives du 2 janvier 1956, conséquence de la dissolution de l'Assemblée nationale décrétée le 2 décembre par Edgar Faure. Camus espérait que la victoire du Front républicain animé par Pierre Mendès France créerait les meilleures conditions possibles pour un changement de politique algérienne. C'est donc après les élections du 2 janvier qu'il relança son appel par ses articles dans *L'Express* du 10 et du 17 (« Trêve pour les civils » et « Le parti de la trêve ». Mais entre-temps, l'ajournement des élections en Algérie par le gouverneur général Jacques Soustelle, en réponse aux menaces de mort du FLN contre les candidats, leurs agents électoraux et les élus non démissionnaires, avait indigné les Français d'Algérie dont le sort allait se décider sans eux.

Camus arriva par avion le soir du 18 janvier. La réunion publique prévue pour le 21 était organisée par un comité composé de ses amis Charles Poncet, Jean de Maisonseul, Roland Simounet, Louis Miquel et Emmanuel Roblès, mais il choisit de se faire accompagner par un autre ami, André Rossfelder. Le 19 au soir, une réunion préparatoire réunit en bas de la Casbah plusieurs des participants, les organisateurs et une assistance en majorité musulmane. La discussion fut difficile et, selon Rossfelder, Camus lui dit que si l'assistance préfigurait celle de la conférence, il se trouverait « devant un parterre de sympathisants du FLN au lieu des esprits divers et ouverts qu'il souhaitait ». Le refus par le maire d'Alger Jacques Chevallier et par le gouverneur général Soustelle d'accorder à l'écrivain les salles souhaitées ne lui laissa d'autre choix que d'accepter la grande salle du Cercle du Progrès, association musulmane située en bas de la Casbah, qu'un ami d'Amar Ouzegane, Mohammed Lebjaoui, avait proposée avec un service d'ordre chargé de défendre la réunion contre une éventuelle contre-manifestation des « ultras ». Ce contretemps déplaça aussi la réunion au dimanche 22. Le soir du 20, Camus assista à une réunion des « libéraux » qui ne le rassura pas ; le 21, alors que des bruits de contre-manifestations hostiles se répandaient, il fut plus inquiété que rassuré d'apprendre par Lebjaoui que celui-ci représentait le FLN.

La réunion eut lieu dans la grande salle du Cercle du Progrès, le dimanche 22 en fin de journée. Séparés par un cordon de CRS, les contre-manifestants « ultras » scandant des slogans sur la place et le service d'ordre musulman échelonné au-dehors et au-dedans du bâtiment se faisaient face, mais les membres du second étaient beaucoup plus nombreux et mieux organisés que les premiers. Dans la salle, un millier de personnes, moitié européennes, et moitié musulmanes. À la tribune, Albert Camus était à droite du président Roblès ; la place de gauche resta vide jusqu'à l'arrivée tardive de Ferhat Abbas. Camus lut son texte avec une hâte de plus en plus visible, pressé de terminer la séance par les cris hostiles qu'il entendait au dehors. Son discours n'était pourtant pas aux ordres du FLN, puisqu'il concluait en demandant « que soit épargnée sur un point solitaire du globe une poignée de victimes innocentes [...] pour mériter de vivre en hommes libres, c'est-à-dire comme des hommes qui refusent à la fois d'exercer et de subir la terreur ». Roblès lut ensuite une motion : « Nous demandons que, sans aucun engagement politique, sans que cela entraîne aucune interprétation de la situation actuelle dans un sens ou dans l'autre, un engagement général soit pris pour assurer la protection des civils innocents. » Puis il donna la parole aux autres orateurs pour soutenir cette motion. Ferhat Abbas ne parla pas. Après la dispersion, Camus dit à Rossfelder : « Je crois qu'ils nous ont eus. » Les jours suivants, il fut reçu par Mgr Duval et par le gouverneur général Soustelle. Ce fut sa dernière initiative publique pour mettre fin à la guerre d'Algérie.

Beaucoup plus tard, les faits ont été éclairés par le récit d'Yves Courrière, qui se fonde principalement sur le témoignage de Charles Poncet. En réponse, Mohammed Lebjaoui a publié sa propre version dans un livre où il prétendait avoir rallié Camus à la revendication d'indépendance. Mais le témoignage très précis d'André Rossfelder ne permet pas de le croire. Emmanuel Roblès a donné aussi son témoignage.

Guy PERVILLÉ

Bibl. : Yves Courrière, *Le Temps des léopards*, Fayard, 1969, p. 239-261 • Mohammed Lebjaoui, *Vérités sur la révolution algérienne*, Gallimard, 1970, p. 38-49 • Charles Poncet, « L'impossible trêve civile », *Le Magazine littéraire*, avril 1990, p. 28-30 • Emmanuel Roblès, *Les Rives du fleuve bleu*, Le Seuil, 1992 • André Rossfelder, *Le Onzième Commandement*, Gallimard, 2000, p. 373-399

U

UN CAS INTÉRESSANT. – En 1955, Camus, qui a traversé une phase de dépression et peine à écrire, se vit commander par Georges Vitaly (1918-2007) l'adaptation d'une pièce de Dino Buzzati (1906-1972), *Un caso clinico* (« Un cas clinique »), que son auteur avait tirée d'une de ses nouvelles, *Sette piani* (« Sept étages »), qui relate le voyage vers la mort de Giovanni Corte. La pièce originale venait d'être montée par Giorgio Strehler au Piccolo Teatro de Milan.

On doit noter, en un premier temps, combien Camus se reconnaît dans cette pièce, ainsi qu'il le dit dans la préface qu'il a donnée à son adaptation ; on doit noter ensuite que l'adaptation entend être fidèle en termes de ton et de style. Cela ne suffit pas pour dire que Camus ne procède à aucune altération essentielle ni qu'il s'identifie exactement au monde de la mort que propose Buzzati.

Sa préface, lue exactement, caractérise le déplacement auquel il convient de s'attacher. Camus identifie Buzzati doublement – dans un contexte français, dans un contexte italien ; loin de reconnaître dans cette pièce celle du monde de la mort, il y voit celle du monde de la vie *et* de la mort. En cela, il est infidèle à la symbolique de Buzzati, aussi bien celle de *Sette piani* que celle de *Un caso clinico*. Pour l'écrivain italien, il s'agit de représenter la mort, qui est en elle-même indicible : elle est sue, assurée, et cependant comme absente. Seul le mourant peut ultimement la dire. On est ici dans une antiphrase de *L'Étranger*. Il faut encore préciser : les deux œuvres de Buzzati contredisent la stricte thématique de l'absurde ; le mourant apprend que la mort n'est que la vie qui vient à manquer et qui entre dans son propre fantasme. Elles contredisent une nouvelle fois les notations de Camus, à propos de *Un caso clinico*, relatives au familier et au tragique, que figurerait Buzzati, alors que celui-ci s'attache à dire la perte de la vie et le deuil que le mourant doit faire de lui-même.

Ce déplacement que la préface de Camus permet de définir est identifiable dans l'adaptation par deux altérations essentielles. Alors qu'il conserve les indications de décor données par Buzzati, l'organisation de la pièce en deux mouvements – avant le séjour à la clinique, séjour à la clinique –, Camus supprime un tableau dans chaque mouvement : le tableau n° 4 (premier mouvement) et le tableau n° 7 (second mouvement), soit le tableau de la scène onirique et celui du septième étage. La dernière suppression entraîne une condensation des éléments des tableaux 6 et 7. Elle défait le système numérologique et symbolique de Buzzati (treize tableaux, le treizième est celui de la mort ; sept étages, pour sept jours dans la semaine). La première suppression, pour laquelle Camus peut se réclamer de l'exemple de Giorgio Strehler, qui dans sa propre mise en scène de *Un caso clinico* avait fait de même, prive la pièce de Buzzati de deux identifications essentielles : celle de l'onirisme, indissociable de la vision de la femme inconnue (la mort), et celle d'une manière d'euphorie à la clinique même – c'est-à-dire suppression d'une intériorisation de la figure de la mort et du contraste que fait cette intériorisation avec le contexte médical. Ces suppressions ne sont pas sans conséquences pour le détail de l'adaptation de Camus et entraînent la suppression de la femme inconnue de la liste des personnages – reste une simple indication dans le texte même d'une femme – ainsi que la transformation de la voix de la femme inconnue dans l'audition de « choses étranges ». Le discours médical et la présentation des médecins, des examens médicaux, ambivalents chez Buzzati et moyens pour lui de marquer le début de la dépossession de la mort, sont atténués par Camus. Aussi nettes ou aussi faibles que soient ces altérations, elles présentent, sous sa plume, une logique constante qui fait revenir aux notations antécédentes sur sa préface – et récuser tout ce qui peut amener à identifier le monde du personnage, Giovanni Corte, comme un monde intermédiaire entre la vie et la mort. Camus choisit d'exposer, de privilégier le face à face de l'homme et de la mort ; pour Buzzati ce n'est qu'une thématique secondaire. Ce face à face, de plus, est pour Camus le moyen de présenter la mise en scène sociale de la mort et la communauté de la mort, qui ne peut être qu'une communauté de vivants.

L'adaptation se lit ainsi, dans cette distance qu'elle prend avec Buzzati et son *Un caso clinico*, comme une antiphrase de *L'Étranger* – où font défaut, au moins en un premier temps, ce face à face et cette communauté. La portée exacte de l'adaptation se lit ainsi : dire l'objectivité de la mort et celle du sujet face à la mort revient à définir le sujet par ce qui le nie. Mais c'est encore, par là-même, caractériser le sujet et la communauté comme explorables grâce à cela qui les nie. La suppression du tableau de l'onirisme fait explicitement conclure : le sujet mortel ne peut avoir de rapport avec lui-même dans la conscience intérieure qu'il peut avoir de la mort même ; il se définit par ce défaut de rapport intérieur à la mort. L'homme ne se meurt pas ; il meurt, et il sait cette certitude, sans qu'il y ait besoin de la subjectiver comme le fait Buzzati.

Georges Vitaly avait créé le rôle d'Hélicon en 1945, il était devenu le metteur en scène attitré d'Audiberti. Il mit en scène *Un cas intéressant* au Théâtre La Bruyère dont il était devenu le directeur en 1953. Dans la distribution figuraient Daniel Ivernel et Maurice Garrel. Le spectacle fut créé le 2 mars 1955 ; il eut peu de succès. On n'en connaît pas de reprise scénique. La télévision française en proposa une diffusion en 1963. Camus et Buzzati se virent peu en 1954-1955 et ne nouèrent pas une amitié durable. À la mort du premier, le second écrivit toutefois un article dans *Il Corriere della sera.*

Jean BESSIÈRE

Éd. : *L'Avant-Scène théâtre*, n° 105, mars 1955 • *Théâtre récits et nouvelles*, Gallimard, coll. « Bibl. de la Pléiade », 1962 • *Œuvres complètes*, t. III, Gallimard, coll. « Bibl. de la Pléiade », 2008, éd. par Samantha Novello

Crit. : Jean Bessière, « Camus adaptateur de Buzzati, ou le refus du deuil », dans Jacqueline Lévi-Valensi (dir.), *Camus et le théâtre*, IMEC Éditions, 1992, p. 211-220 • Nicola Bramonte, « *Un caso clinico* e "l'adaptation" d'Albert Camus », dans Nella Giannetto (éd.), *Dino Buzzati, la lingua, le lingue, atti del convegno internazionale, Feltre e Belluno, 26-29 settembre 1991*, Milan, Mondadori, 1994, p. 115-134

UNION SOVIÉTIQUE. – Être membre ou sympathisant communiste, en France, ce fut, pendant des dizaines d'années, soutenir inconditionnellement l'Union soviétique. Dans un premier temps, Camus considère ce pays avec sympathie sans chercher à le connaître. En 1944 encore, il regrette que soit mal connue l'« étonnante expérience » qui s'y déroule et se refuse à tout antisoviétisme – à *Combat*, on parle alors du maréchal Staline avec révérence : l'effet Stalingrad joue encore et on juge décisive la contribution de l'URSS à la victoire sur le nazisme. Cette sympathie est de brève durée. Dès 1946, avec ses huit articles parus sous un même surtitre, « Ni victimes ni bourreaux », l'éditorialiste porte sur l'Union soviétique un regard critique parce que mieux informé. Victor Serge, Manès Sperber, Arthur Koestler, Louis Fischer lui ont enlevé ses illusions. Il parle à cette époque de « révolution trahie ». Il reproche aux intellectuels de gauche, notamment Jean-Paul Sartre, Emmanuel Mounier et Maurice Merleau-Ponty, de biaiser avec les faits. Les communistes et leurs compagnons de route dès lors le traitent comme un adversaire.

Telle qu'elle est formulée dans *L'Homme révolté*, la critique camusienne du régime soviétique porte sur deux points : l'un est social et économique, l'autre politique. L'appropriation collective des instruments économiques n'a pas amené la justice et l'égalité. Il y a toujours des patrons et des salariés – « Le socialisme industriel n'a rien fait d'essentiel pour la condition ouvrière parce qu'il n'a pas touché au principe même de la production et de l'organisation du travail, qu'il a exalté au contraire. » Le mot de « mystification » revient plusieurs fois sous sa plume. Il parle aussi de « décadence », de « perversion », d'« avortement », etc. Camus, par ailleurs, souligne fermement le caractère liberticide et totalitaire du régime soviétique. Le démocrate abhorre cet État qui a institué la terreur comme mode de gouvernement, qui pratique systématiquement la déportation, les exécutions de masse et les grands procès. À plusieurs reprises il condamne le système concentrationnaire, sans pour autant se joindre à la campagne de David Rousset, l'ancien déporté de Buchenwald qui signe un manifeste dans *Le Figaro littéraire*, en 1950, dénonçant le système concentrationnaire soviétique. Il s'intéresse notamment au sort des républicains espagnols réfugiés en URSS qui ont ensuite été incarcérés dans les camps de l'Archipel. Il n'hésite plus à comparer, mais sans les amalgamer, les régimes soviétique et nazi.

Camus distingue trois phases de l'histoire de la Russie moderne devenue l'URSS. D'abord, une préhistoire dans laquelle il place l'ensemble des mouvements révolutionnaires russes marqués par le terrorisme et la lutte clandestine. Le terrorisme individuel pratiqué par les révolutionnaires ne conduit pas inéluctablement à Staline s'il est limité par des principes moraux, comme le montre *Les Justes* : face à l'inflexible Stepan prêt à tuer les enfants pour le bonheur de l'humanité, Dora et Kaliayev refusent. La pièce reprend en quelque sorte le débat entre Bakounine et Netchaïev, le premier refusant la violence pure exaltée par le second qui inspira les bolcheviks. L'action de ces révolutionnaires trouve son achèvement dans la révolution de 1905, « plus haut sommet de l'élan révolutionnaire », puisqu'ils rejettent la compromission morale et surtout ne prennent pas le pouvoir.

Vient ensuite la période révolutionnaire des années 1917 à 1924 : Lénine donne tous les pouvoirs au Parti et élimine toutes les oppositions. Même s'il n'assimile pas Lénine et Staline, Camus constate que les bolcheviks ont déclenché la guerre contre la paysannerie et que tous les éléments du « super-État prolétarien » sont en germe dans l'URSS léniniste. « Toutes les révolutions modernes ont abouti à un renforcement de l'État. [...] 1789 amène Napoléon [...], 1917 Staline. » La révolution d'Octobre a fait triompher la conception allemande et lassallienne du socialisme, marquée par le césarisme et l'étatisme sur les principes de liberté, d'égalité, de fédéralisme et de démocratie prônés par les autres courants du socialisme.

Enfin, les années de terreur marquées par Staline et le stalinisme consacrent la transformation de l'URSS en une gigantesque « prison des peuples ». Après 1945, cette prison englobe les « démocraties populaires ». Camus ajoute à sa condamnation du régime celle de son expansion impérialiste dont il a tôt pris la mesure. Il utilise ainsi le mot d'« Empire » dans *L'Homme révolté* ; la diplomatie et la politique étrangère de l'Union soviétique, sous Staline puis Khrouchtchev, se caractérisent par leur cynisme. Il dénonce les interventions brutales des troupes soviétiques à Berlin puis à Budapest comme la mise au pas de la société civile polonaise à la demande de l'URSS en 1956.

« En face de sa doctrine officielle, lit-on dans *L'Homme révolté*, le régime est contraint de choisir : elle est fausse ou il l'a trahie. » Camus ne se réfère jamais aux critiques marxistes, et notamment trotskistes, du régime soviétique. Il impute les crimes dudit régime à son idéologie meurtrière, non à la personnalité de son chef. Il n'a pas commenté le XXe Congrès et la dénonciation du stalinisme par Khrouchtchev. Il a exclu toute évolution libérale et a fortiori tout effondrement de l'URSS. Cet État, pour lui, a représenté l'antithèse de la révolte.

Sylvain BOULOUQUE

UPPSALA, conférence d'. – Pendant le séjour qu'il effectua en Suède pour recevoir le prix Nobel de littérature, Camus donna le 14 décembre 1957 dans le grand amphithéâtre de l'université d'Uppsala (ou Upsal), la plus vieille université de Suède, une conférence dont le texte fut ensuite réuni avec le discours de réception du prix (« Discours de Stockholm ») pour composer un volume intitulé *Discours de Suède*, publié chez Gallimard en janvier 1958.

Le plan en est très clair. Question posée en fin d'introduction : « l'art est-il un luxe mensonger ? » I. Il l'est parfois. II. Comment les artistes s'y sont pris pour éviter qu'il le soit. III. Définition de la mission de l'artiste et conditions d'une renaissance de l'art. La conclusion livre un message d'espoir, d'un ton plus optimiste et plus entraînant que le discours de Stockholm. Sous cette forme très académique, voire universitaire (thèse, antithèse, synthèse), Camus obéit à un moteur qui dirige couramment sa pensée : tension et tentative de dépassement.

La conférence s'ouvre sur une parabole (souhait d'un sage oriental de vivre une époque inintéressante) qui témoigne d'une nostalgie persistante chez Camus : s'isoler du monde pour se consacrer à son art. Descartes, de même, avait choisi le désert d'Amsterdam pour y méditer à loisir. Mais Camus vit une époque tragiquement passionnante. Au reste, puisque, comme le montrera la suite du texte, l'art est par essence une confrontation avec le réel, l'on ne voit pas que la réalité (politique, sociale ou autre), dans l'histoire, ait été jamais assez vide pour justifier la fuite de l'artiste. Admettons donc que notre époque ne fait que rendre cette confrontation plus vive, donc plus riche. L'introduction analyse ensuite une notion à la mode dans les années d'après-guerre : l'engagement de l'écrivain et de l'artiste. Camus, qui affirmait en 1950 avoir de l'art une idée « bien trop haute pour consentir à le soumettre à rien » et « bien trop passionnée pour vouloir le séparer de rien » (*Carnets*), se définit ici comme un artiste, non point « engagé », mais « embarqué » (allusion au « Nous sommes embarqués » de Pascal). Une autre mise au point éclaire le propos : pour imposer sa vision du monde, l'artiste ne doit pas seulement se battre contre les puissances extérieures, mais contre lui-même. Le texte n'examine pas tant la situation de l'artiste vis-à-vis de l'état que sa conscience de créateur. Il se produit en effet, en régime de liberté, que l'artiste intègre les résistances qui pourraient lui être opposées de l'extérieur. Le débat n'est donc pas prioritairement politique, la « démission de l'artiste » s'exerçant moins vis-à-vis de la société que de lui-même et des exigences de son art.

La première partie traite de sujets familiers au lecteur de *L'Homme révolté*. Depuis le début du XIXe siècle s'est développée contre la société marchande une « littérature de révolte ». Camus cite ici des écrivains français et les situe par rapport la révolution de 1789, qui le fascinait déjà dans l'essai. On objectera que si celle-ci a bouleversé la société française et l'imaginaire des artistes, l'avènement du capitalisme européen, qui se serait produit sans elle, explique suffisamment l'éclosion d'un art antibourgeois. On s'étonne aussi que Camus confonde dans son opprobre « la théorie de l'art pour l'art », qu'il semble dater du tournant des XIXe et XXe siècles, et la littérature de simple divertissement réclamée par une majorité de la société. Un poète comme Mallarmé, que Camus ne cite jamais, illustre au mieux ce formalisme qu'il répudie. Or, la poésie hermétique n'a pas été inventée pour plaire au plus grand nombre. Dans ce développement, qui confirme que Camus n'avait pas vocation à être un historien de la littérature, on appréciera les accents modernes de la définition de la société contemporaine comme univers de signes.

La deuxième partie analyse la vacuité de la notion de « réalisme ». La réalité varie selon chacun : est réel ce que je vois, et l'œuvre d'art se définira toujours en fonction de la vision de l'artiste. On s'attardera sur le rejet du réalisme socialiste. Les dictatures de l'Est imposent aux artistes de représenter, non le monde tel qu'ils le voient, mais un paradis à venir. Ainsi le « réalisme socialiste », qui substitue à l'art la propagande, est-il une imposture ou une contradiction dans les termes – « Il supprime l'art provisoirement pour édifier d'abord la justice. » Le débat esthétique s'inscrit ici dans une pensée politique, Camus refusant aussi bien qu'on prive les hommes de la liberté au nom d'une liberté hypothétique, d'avance discréditée par les moyens mis en œuvre pour l'atteindre.

La troisième partie, exposant comment se « corrigent » réciproquement l'artiste et le monde, éclaire l'expression « création corrigée », fréquemment utilisée dans les *Carnets*. « Il ne s'agit [...] pas de savoir si l'art doit fuir le réel ou s'y soumettre, mais seulement de quelle dose exacte de réel l'œuvre doit se lester pour ne pas disparaître dans les nuées, ou se traîner, au contraire, avec des semelles de plomb. » Ces considérations esthétiques s'élargissent au domaine moral : le but de l'art est de « comprendre ». « C'est pourquoi l'artiste, au terme de son cheminement, absout au lieu de condamner. » La leçon qu'il trouve dans la beauté est ainsi une voie vers l'amour et la liberté. Entre deux abîmes, qui sont la frivolité et la propagande, il s'expose à un risque extrême. Affirmant que « le temps des artistes irresponsables est passé », Camus invite pour finir à entendre l'espoir suscité par ces « millions de solitaires » qui font « resplendir fugitivement la vérité toujours menacée que chacun, sur ses souffrances et sur ces joies, élève pour tous ».

L'envolée finale module le thème cher à Camus de l'artiste solitaire et solidaire. Son éloquence est d'une haute tenue. L'ensemble de la conférence présente du reste un tour fortement oratoire, et si Camus la parsème d'images pittoresques ou familières (« l'omelette de la civilisation »), il use aussi de formules dont l'emphase peut faire sourire, comme : « Il dépend de nous que l'Occident suscite ces contre-Alexandre qui devaient renouer le nœud gordien de la civilisation, tranché par la force de l'épée. » C'est à Nietzsche, pourtant, qu'il emprunte cette image, après l'avoir citée dans les *Carnets* (fin 1951-début 1952). Ici ou là perce le pamphlétaire. On le jugera parfois passéiste : déplorer que « la bibliothèque rose ou le roman noir aient pris la place de *Guerre et Paix* ou de *La Chartreuse de Parme* », c'est donner l'illusion qu'à l'époque de Tolstoï ou de Stendhal, les chefs-d'œuvre avaient des tirages supérieurs aux romans populaires. Mais sur la vanité des auteurs qui aspirent à devenir célèbres plutôt qu'à être lus, on pourrait aggraver aujourd'hui le constat de 1957. À un jeune homme qui souhaitait publier des livres afin d'être connu, Jean Paulhan conseillait déjà de commencer par être célèbre pour avoir chance de trouver ensuite un éditeur. Camus sait bien, quand il appelle à une « renaissance », qu'elle va, dans le domaine artistique, à contre-courant de l'évolution du monde. Et si quelques poètes maudits se sont opposés au XIXe siècle à la société marchande, comment espérer qu'ils seront des « millions » pour réveiller l'espoir ?

Pierre-Louis REY

UTOPIE. – Camus utilise le mot rarement : il est absent des Cahiers I à III et VII à IX des *Carnets*, des *Lettres à un ami allemand* et du *Discours de Suède* ; s'il apparaît plus fréquemment dans *Actuelles*, il reste très rare dans *Actuelles* II et *Actuelles* III. Il est présent dans *L'Homme révolté* mais moins qu'on ne l'attendrait et utilisé une fois dans « Réflexions sur la guillotine ». Cette rareté mérite une explication, d'autant que le mot est toujours chargé de connotations négatives. Il appartient au même réseau de termes qu'« idéologie », « messianisme » et « historisme » (Camus emploie par exemple l'expression « le messianisme utopique » dans *L'Homme révolté* et *Actuelles* II). Dans *Actuelles*, l'écrivain définit le terme de la manière suivante : « l'utopie est ce qui est en contradiction avec la réalité » ; et dans *L'Homme révolté* encore il écrit que l'utopie de Comte « annonce ce qu'on peut appeler les religions horizontales de notre temps ». Les doctrines de Comte et de Marx y sont dénoncées comme des utopies et leurs auteurs traités d'« utopistes ».

La rareté du mot s'explique ainsi. D'abord, Camus ne s'occupe pas du genre littéraire de l'utopie, tel que la Renaissance et surtout le XVIIIe siècle ont pu le mettre à la mode. Cette recherche littéraire d'un lieu qui ne se trouve nulle part – c'est l'étymologie du mot –, d'un lieu fictif où serait installée une société heureuse et transparente reposant sur des institutions particulièrement sages, ne retient guère son attention. L'écrivain perçoit l'utopie essentiellement comme un système politique, économique et social dont les partisans prétendent que sa réalisation apporterait la société pacifiée, « l'équilibre de la société » ; il distingue essentiellement deux idéologies qui émettent cette revendication après la Seconde guerre mondiale : « les idéologies marxiste et capitaliste » (*Actuelles*).

La deuxième raison de la méfiance de l'écrivain à l'égard de l'utopie et de l'idéologie qui la porte est leur manque de réalisme. Les idéologies gomment les exigences du réel et les remplacent par celles de la logique. Le nihilisme, et Camus reprend ici les propos de Nietzsche, consiste à se protéger du réel en rêvant par exemple d'une société parfaite, d'une société de l'abondance, non existante encore mais dont la venue ne saurait tarder. Déjà dans « Misère de la Kabylie », texte publié en juin 1939, figure cette remarque : « Devant une situation aussi pressante, il s'agit de faire vite et on aurait mauvaise grâce à imaginer des systèmes utopiques et à préconiser des solutions chimériques. » À l'extrême fin d'*Actuelles* III, il note à propos de ses propositions ultérieures sur l'Algérie : « Cette solution n'est pas utopique au regard des réalités algériennes. » Très tôt donc, le mot est associé à ce qui demeure chimérique, éloigné du réel, à ce qui relève du souhaitable et non du possible.

Que l'utopie néglige le réel au profit de l'idéologique apparaît clairement dans *Ni victimes ni bourreaux*, texte dans lequel Camus en parle le plus longuement. Il y distingue l'« utopie absolue » de l'« utopie relative » dont il se fait le défenseur. L'écrivain s'efforce de « définir les conditions d'une pensée politique modeste, c'est-à-dire délivrée de tout messianisme, et débarrassée de la nostalgie du paradis terrestre » (*Actuelles*). Il considère comme utopie absolue l'idée qu'une société sans aucune violence – souhaitable au demeurant – serait réalisable et en propose une version plus modeste : œuvrer pour supprimer toute justification philosophique ou idéologique de la violence. Prêcher pour le *statu quo*, croire en l'immobilisation de l'histoire n'est qu'une autre forme de l'utopie absolue. L'écrivain perçoit en outre dans les idéologies marxiste et capitaliste des utopies absolues qui promettent ce qu'elles ne peuvent tenir. Toute volonté d'ailleurs de l'un ou l'autre camp de réduire l'adversaire aboutirait à la guerre, laquelle mènerait, en raison de l'armement nucléaire, à la destruction de la civilisation.

Une troisième raison est liée au rapport de l'utopie au temps. Camus est un des rares penseurs à mettre l'accent non sur le passé ou l'avenir, mais sur le présent : seul celui-ci est réel. Or, l'utopie, au sens où il l'utilise, privilégie l'avenir : elle accepte de sacrifier le bonheur des générations actuelles au bonheur présumé des générations futures. L'utopie a remplacé la transcendance verticale par la transcendance horizontale. « L'utopie remplace Dieu par l'avenir, écrit-il dans *L'Homme révolté*. Elle identifie alors l'avenir et la morale ; la seule valeur est ce qui sert cet avenir. » Camus ne croit pas aux lendemains qui chantent : la meilleure société ne supprime ni les souffrances, ni la maladie, ni la mort.

Il n'y a donc pas chez l'écrivain ce qu'on pourrait appeler une « fonction régulatrice » de l'utopie, fonction qui la rendrait indispensable puisqu'elle aiderait à critiquer la situation existante et à imaginer d'autres possibles, ce qui était en somme le rôle du genre littéraire de l'utopie.

Maurice WEYEMBERGH

V

VALEUR. – Dans les essais, articles et écrits journalistiques de Camus, les occurrences du mot « valeur » sont fort nombreuses. On peut l'expliquer par différentes raisons. L'auteur se situe d'abord dans le sillage de Nietzsche et, comme ce dernier, il pose le problème du nihilisme en termes de valeurs. De surcroît, la philosophie des valeurs est dominante entre les deux guerres et immédiatement après la seconde. Dans le volume édité en 1945 par Jean Grenier, *L'Existence*, où prend place « Remarque sur la révolte » de Camus, Louis Lavelle et René Le Senne, deux représentants de la philosophie des valeurs, ont chacun publié une étude.

Le mot couvre évidemment des réalités différentes qui vont de « valeur boursière », qui se laisse quantifier (par rapport à un étalon, par exemple l'argent), à « homme de valeur », qui exprime la qualité de celui auquel le mot s'applique. Mais dans tous les cas, qu'il s'agisse de prix ou de mérite, il n'y a de valeur que par le fait que ce à quoi elle s'attache est valorisé. Le problème est de déterminer la nature de cet acte de valorisation : la valeur est-elle présente dans la chose elle-même, de sorte qu'on la découvre et que la valorisation s'impose, ou l'invente-t-on, la confère-t-on à quelque chose de manière subjective ? La réponse est tout sauf simple : la question ne peut être réglée de manière générale, mais doit être examinée selon les différents domaines. Ajoutons que le caractère subjectif de la valeur n'empêche pas en principe que celle-ci soit reconnue universellement (par tous les êtres humains) ou par la majorité.

Camus met l'accent sur cette valorisation lorsqu'il cite Lalande (*Vocabulaire philosophique*) dans *L'Homme révolté* : « La valeur, selon les bons auteurs, "représente le plus souvent un passage du fait au droit, du désiré au désirable (en général par l'intermédiaire du communément désiré)". » Le passage du fait au droit, la valorisation, s'effectue par un jugement de valeur. Toujours dans *L'Homme révolté*, Camus montre qu'une philosophie de la non-signification comme la théorie de l'absurde est contradictoire dès lors qu'elle exclut le suicide, puisque l'exclusion ne va pas sans porter un jugement de valeur : vouloir maintenir la confrontation du désir d'unité et de transparence de l'homme avec la diversité et l'opacité du monde revient à vouloir maintenir la vie, à en faire une valeur. Dans ses *Carnets*, il note : « On ne peut pas supprimer *absolument* les jugements de valeur. Cela nie l'absurde. »

Le domaine qui intéresse surtout l'écrivain algérois concerne ce que l'on appelle le « royaume des valeurs », soit, de manière tout à fait générale, le bien, le vrai, le beau. Mais il y est aussi question de la justice, de la liberté, de la dignité, de la solidarité, etc. Le désir de mettre de l'ordre entre ces valeurs, de les hiérarchiser, mène à ce que l'on appelle une « échelle des valeurs », comme il l'écrit dans une lettre à Guy Dumur. Pour illustrer la complexité et la multiplicité des valeurs, reprenons le vocabulaire de Camus : il parle par exemple de valeurs esthétiques et pragmatiques, de valeurs de l'art, de valeurs d'évasion, de valeurs morales, de valeurs d'humanité, de valeurs religieuses, de valeurs créatrices, de valeurs de création, de valeurs de liberté. Elles peuvent être absolues, provisoires, moyennes, communes, désincarnées, positives, etc.

Dans sa réflexion, Camus se démarque de trois courants : les philosophies de l'éternité et les pensées qui portent le nihilisme par l'exaltation de la négation ou par l'affirmation du déterminisme du cours historique. Pour les philosophies de l'éternité, les valeurs sont créées par Dieu et l'homme n'a qu'à les découvrir et à les respecter. Les pensées qui exaltent la négation sont celles qui ont absolutisé le non ou le oui de la révolte et qui aboutissent à justifier la violence et le meurtre. Elles reposent sur la révolte contre Dieu ou l'affirmation qu'il est mort. Le fondement divin des valeurs est récusé : celles-ci sont dès lors subjectives et en conflit ; elles relèvent de l'arbitraire de celui qui les pose. Tout est permis : « Malice et vertu sont hasard ou caprice. » Le monde est livré au cynisme.

Sur l'historisme qui considère que les valeurs ne seront révélées qu'à la fin de l'histoire et qu'entre-temps l'homme est livré au réalisme politique, Camus écrit : « La révolution du XXe siècle croit éviter le nihilisme, être fidèle à la vraie révolte, en remplaçant Dieu par l'histoire. [...] L'histoire, dans son mouvement pur, ne fournit par elle-même aucune valeur. Il faut donc vivre selon l'efficacité immédiate, et se taire ou mentir » (« La pensée de midi », *L'Homme révolté*). De là sa question : « Être dans l'histoire en se référant à des valeurs qui dépassent l'histoire, est-ce possible, légitime ? »

Camus récuse le fondement divin des valeurs, les révoltes et révolutions qui livrent le monde au cynisme de l'arbitraire ou de la pseudo-nécessité historique. Il ne peut éviter alors la question décisive qu'il formule d'ailleurs à plusieurs reprises : « il s'agit de savoir pour nous si l'homme, sans le secours de l'éternel ou de la pensée rationaliste, peut créer à lui seul ses propres valeurs ». Toute sa réflexion sur la révolte est une tentative pour répondre à cette question. « Nous devons alors trouver en nous-mêmes, au cœur de notre expérience, c'est-à-dire à l'intérieur de la pensée révoltée, les valeurs dont nous avons besoin. » Camus estime pouvoir répondre positivement à la question et c'est ce qui explique son espoir d'une renaissance et du dépassement du nihilisme qu'il exprime à la fin de *L'Homme révolté*.

On peut résumer sa pensée sur cette question en quatre points : tout d'abord, la description de l'expérience de la révolte mène à la découverte des valeurs qu'elle porte : la dignité du révolté et de tous les hommes, leur solidarité, leur désir de liberté et de justice.

Cette découverte reste confuse dans les premiers moments de l'expérience et doit, pour aboutir à une clarté relative, se mesurer à l'histoire des révoltes et des révolutions. Le révolté y découvrira les difficultés et les antinomies qui déchirent le monde des valeurs.

Découverte ou invention ? C'est le deuxième point : Camus parle dans les deux dernières citations de « créer » et de « trouver ». Peut-être faut-il dire que l'acte par lequel l'homme invente (crée) sa révolte lui fait trouver (découvrir) peu à peu les valeurs qui en découlent.

Ainsi inventées et découvertes, les valeurs sont-elles universelles ? Camus note dans ses *Carnets* : « Notre tâche : créer l'universalité ou du moins les valeurs universelles. Conquérir à l'homme sa catholicité. » Il paraît plus assuré de l'universalité des valeurs dans *L'Homme révolté* que dans « Défense de *L'Homme révolté* ».

Sur quoi repose en définitive cette possible universalité des valeurs de la révolte ? Camus suggère la réponse plus qu'il ne la traite en profondeur : sur la nature humaine (qui se révolte, fera la même découverte). Contre la croyance totalitaire à l'infinie plasticité de l'homme ou contre le rejet par la pensée existentialiste d'une nature humaine, l'écrivain maintient celle-ci avec les Grecs. Maurice WEYEMBERGH

VALEURS. – La revue franco-égyptienne *Valeurs* paraît d'avril 1945 à janvier 1947, le dernier numéro (n° 7-8, octobre 1946-janvier 1947) représentant un volume double. Il s'agissait de « cahiers trimestriels de critique et de littérature publiés avec la collaboration des écrivains de France et du Proche-Orient ». René Étiemble (1909-2002) en est le directeur, et fait partie du comité de rédaction, avec Jean Paulhan et Hussein Faouzi. Jean Grenier, proche d'Étiemble, se joindra à ce comité à partir du cinquième numéro. La revue publie surtout des inédits, des textes de Flaubert, Baudelaire, Mallarmé ou Proust mais également d'auteurs contemporains comme Victoria Ocampo, Marcel Arland, Jean-Paul Sartre ou Albert Camus. Elle comporte aussi des articles dont certains sont signés Alexandre Koyré, Gabriel Marcel, Roger Caillois. Les dernières pages sont consacrées à des comptes rendus de livres, de revues ou d'expositions.

Camus semble avoir été lié à la création de *Valeurs*. Il prépara un texte de présentation dont la bibliothèque Méjanes conserve trois versions. Aucune n'est parue dans la revue, mais l'une d'entre elles sera utilisée en 1955 pour une publication en plaquette : *Art* (éditions Georges-Marie Dutilleul). Figurent d'intéressantes réflexions sur les rapports conflictuels de l'art et de l'histoire dès la version la plus ancienne (probablement de 1945) de cette présentation. En 1946, Camus donne à *Valeurs* des pages inédites de *La Peste* qu'il est en train d'écrire et qui présentent quelques variantes par rapport au texte définitif (« La peste brouille les cartes », n° 5, avril 1946, p. 36-39).

Les œuvres de Camus qui paraissent entre 1945 et 1947 font l'objet de comptes rendus critiques. Deux d'entre eux, celui de *L'Étranger* (n° 1, avril 1945, p. 80-82) et celui du *Malentendu* et de *Caligula* (n° 7-8, octobre 946-janvier 1947, p. 167-168), sont dus à Étiemble – le premier avait paru aussi dans *La France libre*. Il est encore question de *Caligula* dans la « Revue des revues » du n° 4 (p. 117-118). La revue, enfin, sous la plume d'Edgard Forti, rend compte du *Mythe de Sisyphe* dans sa livraison d'avril 1946 (n° 5, p. 82-84) et de « Remarque sur la révolte » en juillet (n° 6, p. 127-131).

Dès 1945, dans son étude de *L'Étranger*, Étiemble avait reconnu le talent de Camus : « Je dirai [...] en toute sécurité, que M. Camus est quelqu'un et que c'est un écrivain » (n° 1, avril 1945, p. 82).

Fernande BARTFELD

VARGAS LLOSA, Mario (né en 1936). – Si la culture française est dès l'origine déterminante dans la vocation littéraire du romancier, essayiste et dramaturge péruvien Mario Vargas Llosa, au point que l'écrivain débutant considère Paris comme la capitale de la littérature mondiale, Albert Camus y occupe très tôt une place centrale. La France, pour l'étudiant liménien lauréat à vingt et un ans d'un prix littéraire qui lui vaut son premier séjour dans la capitale française, c'est essentiellement la littérature engagée, Jean-Paul Sartre et Albert Camus, dont il découvre à retardement l'antagonisme. Aux yeux de notre Péruvien, les deux champions tirent la littérature de l'isolement dans laquelle elle est confinée dans son pays. Loin d'être accessoire ou limitée aux problèmes d'une seule nation, elle est chez eux l'affaire d'une vie, elle exerce un magistère mondial. Vargas Llosa a dès l'été parisien de 1957 une fugitive rencontre avec l'auteur du *Malentendu*, à la sortie du théâtre où la pièce est représentée. La conversation a lieu en espagnol, langue que la grand-mère et la mère de Camus, d'origine majorquine, parlent parfaitement.

Le conflit entre Sartre et Camus ne se tranche pas seulement sur la scène littéraire française. Il traverse profondément Vargas Llosa lui-même. À Lima, l'adhésion du jeune homme à Sartre avait été si intense que ses camarades l'avaient désigné du sobriquet affectueux de *el Sartrecillo valiente* (« le vaillant petit Sartre »), jouant de la proximité entre le patronyme Sartre et le substantif *Sastre*, « le tailleur » en espagnol, et l'identifiant au passage au héros d'une bande dessinée de l'époque. Une décennie plus tard, le supporter du militant de la révolution, fût-elle oppressive, passe dans le camp de Camus. Désormais installé à Paris, où il gagne sa vie comme journaliste et professeur de langues et se consacre à la littérature, Vargas Llosa ne supporte pas la déclaration que Sartre publie en 1964 : face à un enfant qui meurt de faim, la littérature « ne fait pas le poids ». La sentence signe leur rupture. Vargas Llosa, dont les premiers romans – *La Ville et les Chiens* (1963) et *La Maison verte* (1966) – connaissent immédiatement le succès, refuse la dépréciation de la littérature au regard de l'action politique. Chaque domaine, est-il convaincu, a son indépendance et ses limites. Aussi affiche-t-il sa proximité avec Camus chez qui il célèbre « la voix de la raison et de la modération, de la tolérance et de la prudence, mais aussi du courage et de la liberté, de la beauté et du plaisir ».

Allié posthume, Camus confirme la vocation littéraire de Vargas Llosa. Ses essais en portent témoignage avec une constance si peu démentie qu'elle ouvre à l'auteur de *L'Étranger* et de *La Peste*, à l'adversaire de tous les totalitarismes comme de toutes les dictatures, une présence dans les débats de l'Amérique latine.

Stéphane MICHAUD

Bibl. : *O. Arbeaez, De Sartre à Camus. Mario Vargas Llosa y sus démones existencialistas*, Bogotá, Cosmos, 2003 • Mario Vargas Llosa, *Entre Sartre y Camus*, Rio Pedras, Hurarán, 1981 • Id., *Contre vents et marées*, traduit de l'espagnol par Albert Bensoussan, Gallimard, 1989 • Id., *Le Poisson dans l'eau*, traduit de l'espagnol par Albert Bensoussan, Gallimard, 1997 • *La Vérité par le mensonge*, traduit de l'espagnol par Albert Bensoussan et Anne-Marie Casès, Gallimard, 2006

VENT À DJÉMILA (Le). – Djémila est une toute petite agglomération algérienne située à trente-huit kilomètres à l'est de Sétif, sur la route de Constantine, à proximité d'un champ de ruines romaines (« la ville morte ») dont les fouilles, commencées en 1909, étaient loin d'être achevées à la date où Camus les visita. La « ville païenne » se signale par un forum orné de portiques, un arc de triomphe, un grand temple dédié à la gens Septimia, ainsi que par de vastes thermes ; le « quartier » des chrétiens, par une basilique du ve siècle, dont a surtout été conservé un baptistère orné de mosaïques. Le paysage étrange, rude, accidenté qui entoure l'endroit explique l'impression du narrateur du *Vent à Djémila* : il lui semble que la route ne mène nulle part.

Le Vent à Djémila est le deuxième texte du recueil intitulé *Noces*. Camus se rendit à Djémila en 1937 dans un petit avion piloté par Marie Viton, costumière de l'équipe du Théâtre du Travail. C'est donc elle qu'engloberaient les « nous » du texte. Nulle trace, pourtant, de cette arrivée en avion : les contingences du voyage sont encore moins indiquées que dans *Noces à Tipasa*. Au reste, ce n'est pas à une visite touristique que nous convie le texte : Camus n'y fait aux monuments que d'évasives allusions et il frappe de vanité, pour finir, les leçons qu'en tire le guide. L'inspiration du texte a été dessinée dans une note des *Carnets* : « Pour l'essai sur les ruines : / Le vent desséchant – Le vieil homme aussi dénudé qu'un olivier du Sahel. / 1) Essai sur les ruines : le vent dans les ruines ou la mort au soleil » (avril 1937). Camus rédigea son « essai » assez rapidement. Mais les trois dactylographies conservées, dont la dernière est datée de juin 1937, comportent de nombreuses corrections. Les deux premiers paragraphes du texte furent publiés dans le deuxième et dernier numéro (janvier-février 1939) de la revue *Mithra*, bientôt rebaptisée *Fontaine* sous la direction de Max-Pol Fouchet.

« Le vent, une des rares choses propres du monde » (*Carnets*, mars 1941) ; « Ouvrez les portes, que le vent et le sel viennent récurer cette ville », chantera le chœur à la fin de *L'État de siège* ; « Le vent de la mer. », a dit un peu plus tôt Diego. *Le Vent à Djémila* semble prouver que ses vertus sont égales quand il souffle à l'intérieur des terres : c'est « un bain violent de soleil et de vent » qui, détachant le narrateur de lui-même, le rend d'autant mieux présent au monde. Cette sensation toute physique introduit le principal sujet du texte : la mort, pour laquelle la « ville squelette » fournit une métaphore. On sait combien le spectacle des ruines est ambigu : au poète, elles ont offert, depuis le XVIIIe siècle, l'image du temps qui détruit en même temps que de ce qui lui résiste. Le néant, seul, s'impose ici.

Comme *Noces à Tipasa*, *Le Vent à Djémila* peut se lire comme le récit d'une journée, journée d'errance qui avance au fil du texte et que conclut, au dernier paragraphe, la tombée du soir. Loin de l'hymne au bonheur lancé à Tipasa, c'est à une réflexion grave, formulée dans une langue plus philosophique que poétique, que nous sommes cette fois conviés. Ne pas se séparer du monde : cet impératif, Camus l'a formulé en janvier 1936 dans les *Carnets* (« mon royaume est de ce monde »), puis à nouveau en mai (« Ne pas se séparer du monde. On ne rate pas sa vie lorsqu'on la met dans la lumière. »). *Le Vent à Djémila* confirme la leçon de *Noces à Tipasa*, mais sur un mode plus âpre. À Tipasa, les noces avec la nature se réalisaient grâce à des parfums, en particulier celui des absinthes ; ici, c'est le « goût de la mort » qui unit l'homme au monde qui l'entoure. La présence de l'homme au monde est moins l'affirmation rayonnante de son « royaume » (mot absent du texte) que la certitude, négative, que rien n'existe au-delà. Après tout, c'est à propos des Grecs que Camus a écrit pour la première fois : « Notre Royaume est de ce monde » (« Métaphysique chrétienne et néoplatonisme »). Si Tipasa, « royaume des ruines », pouvait à la rigueur servir une inspiration hellénique, les roches « inhumaines » de Djémila ne s'y prêteraient décidément pas. Et le vent du désert peut bien « récurer » avec autant de puissance que celui qui souffle de la mer et conduire les hommes à une égale vérité : en dépit des métaphores (« Comme le galet verni par les marées »), cette vérité offre moins de douceur quand le « bain » de soleil et de vent ne s'accompagne pas de la salvatrice « course de l'eau » sur le corps qui offrait, à Tipasa, un bonheur sans mesure.

Le message du *Vent à Djémila* prépare en somme plus directement que *Noces à Tipasa* les réflexions du *Mythe de Sisyphe*. Récusant l'idée d'un « progrès de la civilisation » (pensée « bourgeoise » selon Georges Sorel, cité dans les *Carnets* en septembre 1937), Camus n'accepte que le progrès qui crée des « morts conscientes » ; *Le Crépuscule des idoles* de Nietzsche, lui permettra bientôt d'affiner cette conviction (voir *Carnets*, août 1938). Dans *Le Mythe de Sisyphe* (chapitre « Un raisonnement absurde ») sera développée l'idée qu'« il n'y a pas d'expérience de la mort. Au sens propre, n'est expérimenté que ce qui a été vécu et rendu conscient ». Présentée dans *Le Vent à Djémila* de façon imagée (« Qu'est-ce que le bleu et que penser du bleu ? C'est la même difficulté pour la mort. ») et sur le ton de l'expérience personnelle (« J'ai vu des gens mourir »), la démonstration va prendre dans l'essai un tour plus abstrait. Quand il écrit enfin : « Tout ce qu'on me propose s'efforce de décharger l'homme du poids de sa propre vie », Camus affûte plus précisément encore une des formules du même chapitre du *Mythe* : « les doctrines qui m'expliquent tout m'affaiblissent en même temps. Elles me déchargent du poids de ma propre vie et il faut bien pourtant que je le porte seul ».

Le dernier paragraphe du *Vent à Djémila* module une idée-force qui parcourra toute l'œuvre de Camus : « le monde finit toujours par vaincre l'histoire ». Mais de cette vérité, apprise grâce aux Grecs de l'Antiquité, le texte ressort l'accent le plus sombre : nous ne mourons pas dans l'histoire, mais seuls. On comprend mieux les railleries dirigées contre les enseignements fournis par le guide. Si c'est bien la colonisation française qui est mise en cause dans l'allusion aux « conquérants », avec « leur civilisation de sous-officiers », cette pointe doit être considérée comme anecdotique : la conquête de l'Algérie (dont Camus dénonça toujours les effets plutôt que le principe) figure seulement ici la vaine agitation des hommes face au silence du monde.

Pierre-Louis Rey

VÉRITÉ. – « La vérité n'est pas une vertu, mais une passion », écrit Camus dans ses *Carnets*. Tout discours sur la vérité se heurte à une difficulté majeure : comment parler de la vérité sans déjà supposer que l'on tient sur elle un discours vrai et sans être entraîné dans la discussion sur les métalangages ? Il se heurte ensuite au fait qu'il y a deux définitions traditionnelles de la vérité : elle serait l'adéquation de la chose et de sa représentation (de l'intellect) ou reposerait sur la cohérence interne des propositions d'un discours ou d'un système de pensée. La première suppose que l'on puisse connaître la réalité de la chose, ce qui n'est pas évident ; la seconde se contente de la cohérence des représentations, mais ne dit rien sur la réalité de la chose représentée. À cela s'ajoute qu'il y a des vérités de type différent qu'il convient de distinguer. Il y a, pour reprendre la distinction de Leibniz, les vérités de raison qui sont a priori et les vérités de fait qui sont a posteriori. Les premières ne dépendent pas de l'expérience (si je sais ce qu'est un carré, je n'ai pas besoin de l'expérience pour savoir qu'il doit avoir les quatre côtés égaux) ; les deuxièmes relèvent de l'expérience mais elles sont de deux types : il y a celles qui reposent sur des expériences qu'on peut répéter (c'est le propre des sciences de la nature) et celles qu'on ne peut répéter (elles correspondent aux vérités historiques). Il existe enfin un troisième type de vérité, les vérités existentielles qui s'éprouvent, qui donnent sens à nos conduites mais ne se laissent en aucune manière démontrer : on peut seulement témoigner pour elles par le genre de vie que l'on mène. Ce sont ces vérités qui intéressent le plus Camus. Il le dit dans un entretien à l'issue de la guerre : « Ce qui m'intéresse, c'est de savoir comment il faut se conduire. »

Il y a peu d'avenir pour ceux qui mentent à propos des expériences qu'on peut répéter et il n'y a aucun intérêt à mentir à propos de vérités a priori. Ces vérités se défendent, en somme, par elles-mêmes. En revanche, la volonté de trafiquer les vérités historiques et de manipuler les vérités existentielles est constante. De plus, ces vérités sont la plupart du temps entremêlées : nous ne voyons les premières qu'au travers de ce que nous considérons comme les secondes et nous justifions nos vérités existentielles à l'aide de ce que nous prenons pour des vérités historiques. L'effort toujours recommencé de Camus consiste à s'opposer à ces tentatives de trafiquer et de manipuler les vérités historiques et existentielles, étant entendu que la certitude est rarement atteinte. L'essentiel de ses interventions porte sur les intérêts particuliers, sur les idéologies, la propagande, les slogans et la langue de bois qui faussent les perspectives. Donnons-en deux exemples : *Lettres à un ami allemand* et la préface que Camus a écrite pour le livre d'Alfred Rosmer, *Moscou au temps de Lénine*, qui nous présente la réflexion d'un acteur de la révolution russe sur celle-ci. Dans les deux cas, Camus cherche à s'orienter par rapport à des événements historiques dramatiques, à les juger à partir de ses vérités existentielles et à nourrir celles-ci à partir de celles-là. Parlant de ce que sa propre expérience a pu lui apprendre, que le totalitarisme, qui récrit l'histoire et impose une idéologie, est le pire des maux, il ajoute : « Mais, pour le reste nous marchons dans les ténèbres. Il faut marcher sans doute et trouver nos raisons nous-mêmes, chaque fois que nous ne pouvons faire autrement. » Là où l'écrivain n'est pas sûr de ses raisons, il en appelle à l'honnêteté : il ne faut pas la confondre, certes, avec la vérité, mais au moins rend-elle la poursuite du dialogue possible.

« Il y a des vérités mais point de vérité », écrit Camus dans *Le Mythe de Sisyphe*. Il ne se fait guère d'illusions sur la vérité-adéquation. Il répète qu'il faut se contenter de « faire comme si », puisqu'on n'est jamais sûr dans le monde de l'absurde de saisir la réalité des choses. Quant à la vérité-cohérence, il est un fait qu'il y souscrit et qu'il s'efforce de développer des raisonnements dont les résultats sont en accord avec leurs prémisses. Dans *L'Homme révolté* la multiplication des mots qui articulent le raisonnement et lient ses éléments constitutifs est très apparente. Mais il ne souscrit que jusqu'à un certain point au souci exclusif d'exclure les contradictions : les vérités existentielles les plus profondes en tout cas ne s'éprouvent que dans la contradiction, ce que montrent la révolte elle-même avec son accent sur le oui et le non, la vie avec son désir de durer et la finitude, les antinomies de la justice et de la liberté, de la violence et la non-violence, de la culpabilité et de l'innocence, du bourreau et de la victime, de l'être et du devenir, les conflits de l'amour, de la grâce et de la justice.

Maurice WEYEMBERGH

Bibl. : Brigitte Sändig, « La vérité comme valeur ou quelques remarques sur l'importance de Camus pour les pays de l'Est », dans *Albert Camus et le mensonge*, Centre Pompidou, 2004, p. 145-57

VICHY, régime de. – Le régime établi par le maréchal Pétain à l'été 1940 constitue, sur fond de défaite militaire et d'occupation d'une large part du territoire, une volonté de fonder des institutions antirépublicaines. Même si le régime évolue entre 1940 et 1944 et est traversé par des divisions, il constitue par son engagement dans la collaboration avec l'Allemagne, par ses lois discriminatoires et par sa répression sauvage le repoussoir absolu pour les résistants tant de l'intérieur que des forces françaises libres. Camus a peu écrit à propos du régime lui-même, mais certains de ses commentaires pleins d'acuité ont le mérite de souligner des aspects précis du régime dont les historiens ont bien montré l'importance. Ainsi en est-il de l'article du *Combat* clandestin dans lequel, en avril 1944, il s'en prend à la Milice, « une troupe de mercenaires assassins résolus à prêter main-forte à l'ennemi de la France contre la France elle-même ». « Elle défend, écrit-il encore, la peau et les intérêts, la honte et les calculs d'une petite fraction de Français dressés contre la France. [...] Elle met le crime au service de la lâcheté. » Dans un autre article daté de juillet 1944, Camus refuse de séparer Pétain et Laval. Le premier parle de l'Allemagne, le second de la France. Leurs voix semblent être « désaccordées » ; tous deux ont trahi.

Dans un article non signé donné aux *Lettres françaises* clandestines en mai 1944, Camus réagit à la mort de Pierre Pucheu, dignitaire du régime fusillé le 20 mars précédent et dont le général de Gaulle avait refusé la grâce. Il propose une analyse d'un Vichy ordinaire et conformiste qui n'a pas compris l'ignominie même de ces actions : « Pierre Pucheu a été condamné pour avoir, comme ces fonctionnaires de la trahison qui vivent encore à Vichy manqué d'imagination. Il a cru, par exemple, qu'un gouvernement de défaite était un gouvernement comme les autres et que les mots ministre, pouvoir, lois, condamnation, ne changeaient pas de sens quand la France elle-même changeait de visage. Il a cru que tout pouvait continuer, qu'il était toujours dans le système abstrait et administratif où il avait toujours vécu, où l'on se poussait, où l'on intriguait, où l'on signait ces lois derrière lesquelles rien ne s'imaginait. Et ces lois qu'il signait dans le décor de tous les jours, dans un bureau confortable et anonyme, il n'a pas eu assez d'imagination pour voir *réellement* qu'elles allaient se transformer en petits matins d'agonie pour des Français innocents qu'on mènerait à la mort. »

Dans un éditorial de *Combat* du 2 novembre 1944, alors qu'une Haute Cour de justice est instituée pour juger les dignitaires du régime, Camus démonte la thèse qui est restée longtemps influente d'un général de Gaulle glaive et d'un maréchal Pétain bouclier. Le texte mérite ici d'être cité longuement : « Pour quelques Français encore, en effet, Pétain avait de bonnes intentions et il n'était pas responsable des atrocités qui se sont commises sous son gouvernement. Tout cela renforce encore ce vieux thème de propagande vichyste : la politique de Vichy était double. La réponse est simple. En admettant que cette politique fût double, elle était tout de même un crime. Et le fait même qu'elle parût quelquefois être double en a fait un crime plus grand que la simple trahison. Car, aujourd'hui encore, nous sentons les conséquences de cette immense confusion que le régime de Vichy a introduite partout en France. [...] C'est la fiction de légalité que Vichy a créée qui nous force à substituer la justice morale à la justice de droit et qui donne des arguments à ceux qui devraient maintenant se taire pour toujours. En 1940 a commencé une époque où le double jeu ne pouvait s'admettre. Il fallait lutter ou s'agenouiller. Mais on ne pouvait imaginer qu'on lutterait à genoux. Si Pétain l'a cru, le résultat est là. [...] Cette politique réaliste, ces astuces moribondes, la ruse tâtonnante d'un vieillard, cette diplomatie, enfin, qui, autrefois, eût paru seulement puérile et vaniteuse, ont entraîné trop de morts et de souffrances pendant ces quatre ans pour que nous les décorions d'autre chose que du nom de trahison. »

Alain CHATRIOT

Bibl. : Marc Olivier Baruch, *Le Régime de Vichy*, La Découverte, 1996 • Philippe Burrin, *La France à l'heure allemande 1940-1944*, Le Seuil, 1994

VICTIME. – C'est dans un reportage rapporté d'Allemagne en juin 1945 que l'opposition entre victimes et bourreaux apparaît pour la première fois sous la plume de Camus. Peu après, il note dans ses *Carnets* : « Nous sommes dans un monde où il faut choisir d'être victime ou bourreau – et rien d'autre. Ce choix n'est pas facile. » La formule « Ni victimes ni bourreaux » se retrouve dans le titre général de la série d'articles avec laquelle il fait un retour remarqué à *Combat*, en novembre 1948. On la trouve aussi dans le deuxième article, « Sauver les corps ». L'essayiste cherche à réunir les Européens de bonne volonté qui, refusant les utopies meurtrières, ne veulent être ni l'un ni l'autre.

La Peste à la fois développe et illustre les idées avancées dans les articles de *Combat*. Parce que « l'imagination » leur fait défaut, les autorités d'Oran restent indifférentes au malheur qui frappe la population. Le docteur Rieux, quant à lui, en tant que médecin, est sensible aux souffrances des pestiférés. Il se dévoue pour soulager et, quand il le peut, guérir les malades. Il fait surtout en sorte que les officiels prennent les « mesures » urgentes qui s'imposent. Devant la défaillance du préfet et de la municipalité, Tarrou et lui organisent les formations sanitaires. Une certaine idée du bien commun rapproche les deux hommes. Leurs parcours différents débouchent sur une action solidaire. « Un homme doit se battre pour les victimes », dit le médecin. Le décrocheur de la révolution acquis à une politique « modeste » lui fait écho : « Je dis seulement qu'il y a sur terre des fléaux et des victimes et qu'il faut, autant qu'il est possible, refuser d'être avec le fléau [...]. J'ai décidé de me mettre du côté des victimes, en toute occasion, pour limiter les dégâts. » En tant que narrateur, Rieux affirme enfin avoir « pris délibérément le parti de la victime ». Le témoin du fléau se fait son homme mémoire.

Dès la fin des années 1940, Camus, comme Tarrou, a rejeté les grands récits qui divisent l'humanité en amis et ennemis. « Le messianisme pour être doit s'édifier contre les victimes », écrit-il dans *L'Homme révolté*. Nationale-socialiste ou marxiste-léniniste, la révolution, loin de déboucher sur un avenir radieux, massifie le meurtre et conduit au désastre. Alors qu'elle se projette dans l'absolu, la révolte se donne, au contraire, des limites. Kaliayev, dans *Les Justes*, est prêt à tuer un dignitaire du régime oppresseur mais s'interdit le dommage collatéral que serait la mort de deux jeunes enfants. La sélection des cibles postule la distinction entre l'appareil d'État et la société civile : ce n'est pas la même chose d'attaquer une unité d'une armée régulière et de déposer une bombe dans un jardin d'enfants.

La guerre qui fait rage en Algérie conduit Camus à approfondir ses idées sur le sujet. Elle multiplie les victimes dans les deux camps : les civils tant français qu'arabes, pour reprendre sa terminologie, paient un lourd tribut aux attentats et aux représailles aveugles. L'écrivain refuse de choisir les uns contre les autres, raison pour laquelle il propose une trêve civile en janvier 1956. L'objectif de l'entreprise est à la fois concret et limité : « sauver quelques vies humaines du terrorisme et de la répression » et épargner « une poignée de victimes innocentes ». Elle se heurte à l'exaspération des haines et à l'indifférence des politiques.

Comme les humanitaires des années 2000, Camus estime que toute victime civile d'une catastrophe historique ou naturelle appartient à l'humanité avant d'être ressortissante d'un État-nation. La compassion, comme l'indignation, ne peut plus être sélective face aux crimes de masse avérés. Quand des personnes, des groupes, des peuples sont en danger de mort, il revient à des organisations non gouvernementales et à la communauté internationale de les protéger ou de les secourir. L'urgence appelle l'accès aux victimes. Un nouveau droit fondamental devient opposable aux souverainetés les plus tatillonnes.

Jeanyves Guérin

Bibl. : Denis Salas, *Albert Camus. La juste révolte*, Michalon, coll. « Le Bien commun », 2002

***VIE D'ARTISTE* (La).** – *La Vie d'artiste*, mimodrame en deux parties, a été publié dans le n° 8 de la revue *Simoun* en 1953. On entend par mimodrame « une pièce représentée sous forme de pantomime, dans laquelle les moyens d'expression sont les gestes, la mimique, la danse et l'accompagnement musical à l'exclusion de toute parole » (*Trésor de la langue française*). Ce genre n'offre que peu d'exemples au XXe siècle, l'un des plus connus étant *Le Jeune Homme et la Mort*, de Jean Cocteau. Il semble que Camus ait conçu *La Vie d'artiste* parallèlement à *Jonas*, nouvelle de *L'Exil et le Royaume*. Les deux ouvrages s'apparentent par leurs données : le peintre dans son atelier, une épouse aimante, un ami dévoué. Mais alors que Jonas est encombré par sa famille dans un logement trop étroit, le héros du mimodrame dispose des moyens de s'épanouir sans contrainte. Le dénouement tragique du mimodrame, surtout, tranche avec celui de la nouvelle.

Chacune des deux parties de *La Vie d'artiste* est divisée en tableaux (de A à E pour la première, de A à G pour la seconde), séparés chaque fois par l'indication « NOIR ». À l'intérieur de chaque tableau, des successions de « noirs » et de « lumières » permettent d'accélérer le temps, multipliant ainsi les étapes de la production du peintre. L'atelier s'agrandit progressivement au cours de la première partie ; à partir de la seconde, une gigantesque toile encombre tout l'espace. Les indications sonores se limitent à la musique qui rythme la montée en gloire du peintre, au « fleuve de musique » qui accompagne la découverte de sa dernière toile, et à des caquetages que Camus suggère de représenter grâce à des bandes de magnétophones déroulées à l'envers et à des castagnettes.

Le premier tableau offre une scène de la bohème traditionnelle (le peintre à son chevalet, sa femme lui servant de modèle, l'ami qui apporte un repas frugal). La foule des mondains, qui va envahir graduellement l'atelier, signifie la fortune et le bonheur grandissants du peintre, jusqu'au moment où on lui apporte un miroir. Se regardant, il se voit alors tel qu'il est devenu : un peintre à succès. Son désespoir annonce la conversion de la seconde partie : sourd aux discours du marchand, des créanciers, de l'huissier, mais aussi de sa femme et de sa fille, il se voue désormais à son art. Sa femme s'épuise, chancelle et délire : il continue de peindre, et ne lâche son pinceau que lorsqu'il la voit morte. Il s'abat alors sur elle avec un grand cri muet, mais se remet bientôt à l'ouvrage afin de peindre son cadavre.

Tandis que Jonas trouve dans sa soupente une forme de sagesse, l'artiste du mimodrame se laisse entraîner dans une rage de la création, oublieuse des sentiments humains. De sa dernière toile, le lecteur ne saura rien, sinon qu'elle laisse ses voisins « pétrifiés ». On suppose que son art a sombré, pour employer un terme camusien, dans la démesure. Ainsi s'apparente-t-il, plus que le héros de la nouvelle de *L'Exil et le Royaume*, au Frenhofer du *Chef-d'œuvre inconnu* de Balzac, ou au Claude Lantier de *L'Œuvre* de Zola.

L'homme adulé et fier de l'être dont l'image se brise soudain à l'épreuve du miroir, une jeune femme qu'il néglige de secourir : ces motifs annoncent *La Chute.* Camus a-t-il envisagé de donner un autre prolongement au sujet du peintre dans son atelier ? Quelques mois après la publication de *La Vie d'artiste*, il note en 1954 dans ses *Carnets* : « Une pièce sur l'impossibilité de la solitude. *Ils sont toujours là.* » On suppose que « *Ils* » désigne les admirateurs, les démarcheurs, les importuns, sans doute aussi l'épouse et les enfants. La « pièce » se serait alors apparentée à *Jonas* plutôt qu'au mimodrame. Mais elle ne verra pas le jour.

Pierre-Louis REY

Éd. : *Simoun*, n° 8, 1953 • *Œuvres complètes*, t. IV, Gallimard, coll. « Bibl. de la Pléiade », 2008 (appendice de *L'Exil et le Royaume*)

VILAR, Jean (1912-1971). – Camus et Jean Vilar se sont rencontrés en 1944, alors que le second anime la Compagnie des Sept qui vient de monter *Orage* du Suédois August Strindberg. C'est à ce titre qu'il invite l'auteur du *Malentendu* à faire le 1er juillet une conférence, qu'il introduit lui-même, sur les problèmes de la mise en scène. Une transcription de cette conférence a été conservée, mais ne figure pas dans les *Œuvres complètes*. Elle révèle un Camus très proche des conceptions de son hôte. Par la suite, les deux hommes, qui s'estiment mutuellement, restent en relations sans jamais être intimes. Ils se voient et nouent une correspondance qui est conservée à la bibliothèque d'Aix-en-Provence. Si Vilar aimerait monter *Caligula*, c'est à Paul Oettly qu'il revient de créer la pièce.

Quand, en 1950, Vilar est candidat à la direction de l'Odéon, Camus figure dans la liste des auteurs contemporains dont il se propose de créer des pièces. Devenu directeur gérant du Théâtre national populaire (TNP), il le sollicite plusieurs fois en ce sens, mais en vain. Camus ne lui donne aucune pièce, pas même une des adaptations qu'il écrit à l'époque. Il est question en 1957-1958 de celle de *L'Alcade de Zalamea*, mais si le TNP joue en 1961 cette pièce de Calderón, c'est dans une autre traduction. À l'époque, Camus s'estimait lié à Marcel Herrand. Cela l'a conduit à Angers plutôt qu'à Avignon. De surcroît, il a préféré mettre en scène plusieurs de ses pièces plutôt que de les confier à Vilar.

S'il est un homme qui devait communier avec les idéaux de ce dernier, c'est bien Camus qui, dans les années 1930, fut un pionnier du théâtre populaire. Les principes qu'il met en œuvre au Théâtre de l'Équipe, son répertoire et son esthétique sont ceux du Théâtre national populaire. Il a certes suivi l'entreprise du TNP à laquelle a participé Maria Casarès, il a assisté aux spectacles dans lesquels elle jouait, notamment *La Ville* de Paul Claudel, et s'est plusieurs fois rendu à Avignon. Pourtant, il n'a pas été l'avocat de l'institution qu'il aurait pu être : il a laissé ce rôle à ses amis, Morvan Lebesque, Jacques Lemarchand, Guy Dumur.

À la mort de Camus, Vilar écrit un texte d'hommage que publie *La NRF*. Il reconnaît avoir suivi ses spectacles, avoir été émerveillé par *Requiem pour une nonne* et affirme le tenir pour un authentique homme de théâtre.

Jeanyves Guérin

Bibl. : Jean Vilar, *Le Théâtre service public*, Gallimard, 1993, p. 390-392

VILLE. – « Ce sont souvent des amours secrètes, celles qu'on partage avec un ville », lit-on dans *Noces* (*L'Été à Alger*). Le rapport de Camus à la ville relève de l'intime. Nombreuses sont les cités qu'il nous invite à découvrir : Rome, Prague, Athènes, Florence, Paris, Pise, Tipasa, Turin, Amsterdam, Venise, Djémila, New York, Mycènes, etc. Vue panoramique, quartiers, rues, monuments, il change d'échelle, s'approche, pénètre la ville pour venir ausculter l'homme qui la construit et la peuple. Dans sa pérégrination, la polyphonie qui mêle le chant des pierres et le chant des hommes n'efface pas cette « étrange et insupportable certitude [...] que la beauté monumentale suppose toujours une servitude », réflexion qu'il note dans ses *Carnets* en décembre 1954.

Camus a vécu à Alger et Oran où il nous entraîne alternativement. Alger, que la main de l'homme a intégré dans un site naturel, occupe le devant de la scène dans *Le Premier Homme* ; Oran, que la main de l'homme torture pour l'imposer dans une nature hostile, tient le premier rôle dans *Le Minotaure*. Dès 1936, Camus voyage en Europe centrale. Après Innsbruck et Salzbourg, il découvre Prague ou il séjourne quatre jours, solitaire et dépaysé. Au retour, il traverse l'Italie ou il se sent revivre, y retourne l'été suivant, visite Pise et Florence. Au jardin Boboli, il retrouve l'innocence et la profusion du jardin d'Éden.

En mars 1946, Camus part aux États-Unis pour une tournée de conférences. New York le fascine, il l'évoque dans *Pluies de New York*, *La Mer au plus près* et dans ses *Journaux de voyage*. Une telle ville ne peut laisser indifférent un homme qui sort de cinq années de guerre. La débauche de lumières et le gigantisme le surprennent.

Pour en parler, il utilise à plusieurs reprises l'image du bûcher et de l'incendie, parle de puissance et de force économique.

Après 1943, Camus habite Paris, qu'il évoque dans *La Chute* par touches brèves, de manière furtive comme dans *L'Étranger* ou dans *La Peste*. Il alterne les voyages, découvre la Hollande et la Grèce. Dans *La Chute*, Amsterdam, lieu où l'innocence n'a pas véritablement sa place, et le souvenir des villes grecques où « il faut des cœurs purs » s'imposent et s'opposent à la fois. Entre-temps, l'écrivain retourne en Italie pour une tournée de conférences. Il séjourne à Turin ou sa pensée va vers Nietzsche puis découvre Rome et son désordre dont il note l'alternance rassurante des espaces ouverts et resserrés des places et des ruelles.

Sensible à la beauté d'un paysage, Camus redoute l'extension tentaculaire des villes. Il fréquente des architectes dont Jean de Maisonseul ; il s'étonne, devant Orléansville détruit, de les voir « échapper à l'accablement » et imaginer l'avenir. Il s'intéresse au « modulor » de Le Corbusier qui replace l'homme, principal acteur de l'activité urbaine, au centre de l'édification des bâtiments.

Dans *Le Premier Homme*, Camus remarque que chaque corps de métier s'exerce dans un périmètre déterminé de la ville et qu'il n'est pas simple de s'en affranchir. Pour aller au lycée, le jeune Jacques Cormery quitte son quartier et traverse toute la baie d'Alger. Ce parcours « transurbain » est vécu comme une marche vers l'exil, comme une séparation. Cependant, le métissage, issu de cette transplantation constante et périlleuse des hommes, est le garant du renouvellement vital de la cité. Originaire d'un milieu simple où l'on prend contact très tôt avec le monde du travail, Camus décrit les ouvriers tonneliers, les cireurs de chaussures, les conducteurs de tram, les dockers, mais aussi les loisirs, le foot et les jeux, le cinéma, les promenades et les dancings.

Avec ses artères et sa circulation, son centre et sa périphérie, ses angles et ses courbes, la ville peut se percevoir comme un corps humain, un corps mouvant qui connaît les étapes de toute vie, de la jeunesse à la mort. Cette similitude autorise à envisager New York comme une projection du passé glorieux de Djémila, et Djémila comme le futur inévitable de New York. La cité accumule, croise et entrecroise, elle est mémoire. Franchir son enceinte à quelque chose de sacré qui relève du mythe. Camus l'assimile tour à tour à une île, une arène, une nécropole, un bûcher, une cage, une cloche, une prison, un labyrinthe, autant de métaphores qui traduisent une obsession du clos, évoquent une difficulté respiratoire, rappellent l'exigence du cheminement.

Déambuler dans la « géographie camusienne » ouvre sur un champ philosophique. La cité est énigme, elle cache un fil d'Ariane qui invite à s'interroger sur un positionnement personnel entre l'exil et l'osmose, le passé et le futur, la mémoire et l'amnésie pour s'inscrire dans le présent, trouver l'axe, la juste mesure, « cette admirable volonté de ne rien séparer ni exclure qui a toujours réconcilié » et que Camus note dans ses *Carnets* dès 1937. Sinon, comme le crie le pêcheur à la fin de *L'État de siège* : « La grande lame de fond, nourrie dans l'amertume des eaux, emportera vos cités horribles. »

Marcelle MAHASELA

Bibl. : Michel Autrand, « *L'État de siège* ou le rêve de la ville au théâtre », dans Jacqueline Lévi-Valensi (dir.), *Camus et le théâtre*, IMEC Éditions, 1992, p. 57-70 • Christiane Chaulet-Achour, « Oran dans la peste », *Cahiers de Malagar*, XIII, automne 1999, p. 143-156

VIOLENCE. – Les écrivains français du XXe siècle, des surréalistes à Jean Genet, ont éprouvé une trouble fascination pour la violence qui n'a d'égal que leur dédain de l'éthique. Nourri dans la culture pacifiste de l'entre-deux guerres, Camus, quant à lui, a toujours eu des inclinations pour la non-violence. L'Occupation toutefois lui en a montré les insuffisances, et le citoyen la tient désormais pour une utopie qui peut s'avérer dangereuse. Il rejoint la Résistance, mais ne prend pas les armes. Il justifie son itinéraire dans *Lettres à un ami allemand*, y affirme son « goût violent de la justice » et appelle à la « lutte » et au « combat ». Au même moment, le rédacteur du *Combat* clandestin se montre plus explicite dans son article « À guerre totale résistance totale ». Il y exalte les sabotages et préconise « l'action dans les villes », « sur les voies de communication de l'ennemi » et « contre la Milice ».

Camus affine sa réflexion après-guerre. Dans un essai représentatif de l'époque, *Humanisme et terreur* (Gallimard, 1946), Maurice Merleau-Ponty estime pour sa part que la violence est partout parce qu'elle est consubstantielle à l'histoire. Il en distingue une forme « rétrograde », celle de la société bourgeoise, et une forme « progressive ». La seconde seule est légitime puisque, conduisant à l'avenir radieux d'une société sans classes, elle est dans le sens de l'histoire. « Il n'y a que des violences, écrit-il, et la violence révolutionnaire doit être préférée parce qu'elle a un avenir d'humanisme. » Cette thèse scandalise Camus. Il la conteste obliquement dans *Ni victimes ni bourreaux*. Le propos de l'essai est net. La violence, explique-t-il, est « à la fois inévitable et injustifiable ». Elle est parfois libératrice et souvent liberticide. Elle peut être une arme dans des circonstances données, elle ne saurait être une politique. Il faut lui garder un « caractère exceptionnel ». Ce n'est pas parce qu'on croit avoir la raison historique avec soi qu'on doit s'estimer tout permis. Plutôt qu'avec Merleau-Ponty, il préfère polémiquer avec un journaliste communisant, Emmanuel d'Astier de La Vigerie, mais sa critique vise clairement le philosophe existentialiste. Il est de ces « grands esprits » qui ont de la violence une conception « confortable ». Camus écrit encore : « Même si la violence que vous préconisez était plus progressive comme disent nos philosophes-spectateurs, je dirais encore qu'il faut la limiter. » Au même d'Astier il donne un peu plus tard les camps soviétiques comme « exemple de la violence légitimée ».

La question de l'utopisme violent clive la gauche, tout particulièrement la gauche intellectuelle depuis des dizaines d'années. Il y a ceux qui fétichisent et justifient la violence des minorités agissantes : elle est un outil indispensable à tout progrès dans l'histoire. Il y a ceux qui, la tenant pour une machine infernale, entendent en circonscrire l'usage comme l'intensité. Jean-Paul Sartre est des premiers ; Camus des seconds. « Il est des moyens qui ne s'excusent pas », lisait-on dans *Lettres à un ami allemand*. Le « meurtre logique » du premier venu, de civils, de femmes et d'enfants, la torture, le camp de concentration sont des moyens toujours détestables, ils doivent être dénoncés et condamnés sans circonlocutions, se voir opposer un *non possumus*. *Les Justes* illustrent cette idée. Kaliayev est prêt à tuer le grand-duc, pas ses neveu et nièce. Comme Diego dans *L'État de siège*, il affirme lourdement la nécessité de « limites ».

S'il admet le meurtre prémédité comme un ultime recours, Camus y met des conditions restrictives. Il faut en particulier que toutes les solutions pacifiques aient échoué et qu'il y ait une sélection stricte des cibles. Ce n'est pas la même chose de tuer un soldat ennemi ou un auxiliaire français des nazis et de frapper aveuglément des femmes et des enfants. « Aucune cause ne justifie la mort de l'innocent » : cette deuxième condition va contre l'idée totalitaire d'une culpabilité collective, sociologique et/ou héréditaire.

Dans *L'Homme révolté*, il est moins question de la violence que du meurtre et plus précisément du « meurtre logique » ou « rationnel », celui que les révoltés, après Hegel, accomplissent par passion idéologique. Il existe, depuis 1793, une religion de la violence, « nihiliste » et/ou « rationaliste », qui parasite et pervertit les entreprises révolutionnaires. Contre l'adversaire voire « contre tous », les méthodes extrêmes sont par « principe » légitimes. La violence « systématique », la terreur, le mensonge et l'injustice ont partie liée dans l'État totalitaire du XXe siècle en lequel culmine la brumisation de la vie politique. Le dernier chapitre du livre, « La pensée de midi », rassemble les vues qui étaient éparses dans les écrits antérieurs de l'écrivain. On y lit notamment : « L'action révoltée authentique ne consentira à s'armer que pour des institutions qui limitent la violence, non pour celles qui la codifient. »

La guerre d'Algérie conduit Camus à approfondir sa réflexion à partir d'un problème concret, le choix terroriste dont il analyse les enjeux et les causes. La violence extrême ne tombe pas du ciel. Son usage par un peuple ou un groupe infériorisé est toujours situationnel. Elle a ses causes qui généralement se conjuguent : des inégalités économiques, des discriminations sociales, des frustrations culturelles. Elle pousse sur ce terreau. Elle ne peut que croître tant que l'autre n'est pas reconnu. « La longue violence colonialiste explique celle de la rébellion », lit-on dans *Chroniques algériennes*. Son auteur connaît bien la première pour avoir montré dans ses articles d'*Alger républicain* comment l'appareil judiciaire, sur sa terre natale, instituait l'injustice au profit des grands colons. Dans *Le Premier Homme*, Jacques Cormery découvre les racines socio-historiques de la rébellion. Le romancier, en l'occurrence, en dit plus que l'essayiste.

Le dernier Camus a fermement condamné les attentats terroristes perpétrés par le FLN comme la répression exercée par l'armée française qui, loin de mater la rébellion, en démultipliait la violence. Un crime de guerre reste un crime de guerre, quelle que soit sa justification par les crimes de l'adversaire. Les forfaits ne s'équilibrent pas, ils s'additionnent. La violence, en effet, est contagieuse, elle est une mécanique qui s'emballe, car elle est un phénomène mimétique. Alors qu'il était manifestement trop tard, l'homme de bonne volonté a tenté d'enrayer l'irrésistible montée aux extrêmes en préconisant une réparation, des réformes et un dialogue démocratique. Accepter le dialogue, c'est déjà refuser la violence. Ailleurs la formule a montré sa pertinence.

En 1957, donc en pleine guerre d'Algérie, Camus, renouant avec l'inspiration libertaire de la « pensée de midi », publie *Réflexions sur la peine capitale*. S'il répugne à la violence, il juge par principe condamnable celle exercée par l'État homicide. La société se venge et croit faire un exemple dissuasif. Non seulement son efficacité est douteuse, mais loin de supprimer le mal, cet « acte rituel » le démultiplie, il contribue à sa propagation. Le juge qui le condamne à mort est un meurtrier, il est l'autre, le double de l'assassin. Il perpètre un crime légal et prémédité. Or un crime est un crime, qu'il soit ou non légal. Les sociétés démocratiques n'ont pas besoin de machine sacrificielle.

La réflexion de Camus sur la violence est cohérente. Elle lui fait honneur. Elle était trop décalée par rapport aux idéologies dominantes pour être comprise par ses contemporains. Ce n'est pas celle d'un politologue, d'un sociologue ou d'un anthropologue, mais d'un citoyen démocrate et d'un moraliste. La postérité lui a rendu justice.

Jeanyves GUÉRIN

Bibl. : Denis Salas, *Albert Camus. La juste révolte*, Michalon, coll. « Le Bien commun », 2002 • Éric Werner, *De la violence au totalitarisme*, Calmann-Lévy, coll. « Liberté de l'esprit », 1972

VITON, Marie (1893-1950). – Plus âgée que Camus et ses amis, Marguerite Koechlin participe à la vie artistique et théâtrale algéroise d'avant guerre sous le pseudonyme de Marie Viton. Nièce d'un musicien célèbre, c'est elle qui dessine et coupe les costumes du Théâtre du Travail, conseillant également ses décorateurs attitrés, Pierre-André Émery, Louis Miquel, Louis Bénisti. Peintre et graveur, elle signe le manifeste de la section des peintres et sculpteurs de la maison de la Culture à Alger et continue au Théâtre de l'Équipe ce qu'elle a fait au Théâtre du Travail. Aviatrice expérimentée – elle fait faire son premier vol à Camus –, cette femme altière a la douleur de perdre sa fille dans un accident d'avion à Alger.

C'est elle, en novembre 1937, qui présente Camus, dont elle dessinera le portrait, à Blanche Balain. Elle réalise encore une fresque pour l'école Volta d'Alger et une autre pour la gare de Bône (actuelle Annaba), et un dessin d'elle figure dans *La Sève des jours* de Blanche Balain (Charlot, 1938). Après la guerre, Marie Viton s'installe à Paris. Elle conçoit les costumes et l'affiche pour la création de *Caligula* et illustre d'un frontispice les volumes de la collection des « 10 meilleurs romans français » choisis par André Gide, que les éditions Charlot publient à partir de 1946. Elle réalise aussi des traductions de Patrick White et de Paul Bowles pour les éditions Gallimard. Elle succombe en 1950 à un cancer.

Guy BASSET

VOCATION. – À l'origine, le terme désigne l'appel de Dieu pour qu'on vienne à lui et le mouvement intérieur par lequel quelqu'un se sent appelé par Dieu. Par la suite, il s'agit du mouvement intérieur par lequel quelqu'un se sent réclamé par l'une ou l'autre activité à laquelle il consacrera l'essentiel de son temps : la fidélité à la vocation se concrétise dans le choix du métier. Ce sens fort donne lieu à un sens plus faible où le terme ne signifie plus qu'inclination, disposition, goût pour quelque chose.

Camus l'emploie assez fréquemment dans divers contextes, toutefois, lorsqu'il considère son propre itinéraire, il fait allusion à sa vocation d'artiste et, métaphoriquement, à son « étoile ». En ce qui concerne l'utilisation générale du terme, l'écrivain parle par exemple de la « vocation » du dandy, de « la vocation supérieure de Nietzsche », de la « vocation originelle » des « chrétiens russes », de la « vocation universelle » de la révolution, de la « vocation » de l'art romanesque dans *L'Homme révolté*, de la « vocation meurtrière de l'intelligence », de la « trahison » par l'intelligence européenne de sa « vocation », de « la vocation révolutionnaire » ou de « la vocation de la complicité » dans *Actuelles*. Les littérateurs manqués qui vont au communisme forment, pour lui, le « parti des vocations contrariées ».

Dans ses *Carnets* II, le 10 janvier 1950, Camus note : « Je n'ai jamais vu très clair en moi pour finir. Mais j'ai toujours suivi, d'instinct, une étoile invisible... » puis ; dans ses *Carnets* III : « J'avance du même pas, il me semble, comme artiste et comme homme. Et ceci n'est pas préconçu. C'est une confiance que je fais, dans l'humilité, à ma vocation... » Pourtant, l'artiste, comme dans la nouvelle *Jonas ou l'Artiste au travail*, peut perdre la foi en sa vocation, perdre son étoile, ce que Camus a vécu personnellement, mais il peut aussi la retrouver : l'intensité de la foi en la vocation connaît des hauts et des bas – « Ce qui m'a toujours sauvé de tous les accablements c'est que je n'ai jamais cessé de croire à ce que, faute de mieux, j'appellerai “mon étoile”. Mais aujourd'hui, je n'y crois plus » (*Carnets* III). Le 18 janvier 1956, lors d'un voyage à Alger, où il lancera quelques jours plus tard son appel « pour une trêve civile », il déclare : « J'ai retrouvé l'étoile », quitte à noter le 8 août 1957 : « Pour la première fois après lecture de *Crime et Châtiment*, doute absolu sur ma vocation. »

En somme, la vocation est « la foi du créateur en lui-même », ou comme Camus le dit encore en citant Emerson : « L'obéissance d'un homme à son propre génie, c'est la foi par excellence » (*Discours de Suède*), texte qu'il note aussi dans ses *Carnets* III. C'est d'ailleurs dans son *Discours de Suède* qu'il a le mieux défini sa vocation d'artiste : « L'artiste et son temps », la conférence du 14 décembre 1957 à Uppsala, est la dernière version d'une conférence portant le même titre que l'écrivain a donnée en plusieurs endroits. Certains de ses éléments sont déjà présents dans l'article de 1948, « Le témoin de la liberté », qui est repris dans *Actuelles*.

Maurice WEYEMBERGH

VOIX DU QUARTIER PAUVRE (Les). – Les cinq essais qui constituent *L'Envers et l'Endroit* ont paru en 1937. Du propre aveu de Camus, dans sa préface de 1958, ils ont été rédigés entre 1935 et 1936. L'édition de la « Pléiade », en 2006, leur adjoint en appendice une série de textes brefs écrits entre 1933 et 1936 qui semblent en être les prémices. Ces textes prouvent que l'univers du « quartier pauvre » – où l'on reconnaît Belcourt – a été élaboré avant la conception et l'élaboration des essais. Le deuxième de ces textes s'intitule *Les Voix du quartier pauvre*, et trouve sa forme achevée en décembre 1934, date à laquelle Camus l'offre à sa jeune épouse, Simone Hié, comme en témoigne la dédicace.

Quatre « voix » se succèdent dans ce texte, mais Camus ne leur donne pas exactement la parole : il décrit d'où elles s'élèvent, ou plutôt comment elles se taisent. « C'est d'abord la voix de la femme qui ne pensait pas. » Le récit est pris en charge par un narrateur à la première personne du pluriel, et paradoxalement, à aucun moment la voix de la femme ne se fait entendre. À la manière proustienne, la mémoire semble s'ancrer sur un instant particulier, une image, une émotion, pour remonter à la source d'une sensibilité : un fils découvre l'indifférence au monde de sa mère. L'enfant la surprend seule, dans l'obscurité, tassée sur une chaise, inaccessible à la tendresse ; la mère devient alors objet d'une pitié inquiète, maladroite, et d'une angoisse : « à quoi pense-t-elle donc ? » Cette première voix sert de matrice à l'essai *Entre oui et non*, moyennant un passage à la première personne du singulier. « Puis c'est la voix de l'homme qui était né pour mourir. » Cette fois, le discours direct donne très largement à entendre la voix du personnage, peut-être pour souligner la situation de ce vieillard bavard qui ne trouve personne pour l'écouter. Il s'achemine vers une mort solitaire au milieu de l'indifférence généralisée, avec, quelque part, une vieille épouse incapable de partager son angoisse et qui l'attend en grommelant. Cette deuxième voix sert de matrice à la deuxième partie de *L'Ironie*. « Et puis c'est la voix qui était soulevée par de la musique » : de nouveau une voix de femme, brimée par son frère. Un passage de cette section montre le frère se battant avec le prétendant de sa sœur : ce motif sera repris dans *La Mort heureuse*. Selon Olivier Todd, Camus s'inspire du caractère extrêmement protecteur envers sa mère d'un oncle tonnelier qui partage leur existence. Seule la musique lave ici l'héroïne du poids de sa vie morne. « Puis c'est la voix de la vieille femme malade qu'on abandonne pour aller au cinéma. » Femme impotente, réduite à l'adoration d'un dieu muet, elle rêve à la compagnie de simples vivants doués de parole. Un « grand jeune homme pâle » et sensible s'intéresse un instant à elle, par politesse, ou par pitié. Mais lorsque, indifférente et cruelle, la fille de cette vieillarde donne le signal du départ pour le cinéma, le jeune homme s'enfuit, non sans un « tenace remords ». Un dernier regard en arrière lui apprend que la vieille a éteint la lumière après leur départ, restant ainsi seule, dans le noir. Cette quatrième voix sert de matrice à la première partie de *L'Ironie*, moyennant, de nouveau, un passage à la première personne du singulier. Un bref paragraphe vient clore l'étrange concert de ces voix de pauvres : leurs solitudes réunies tracent le portrait d'une humanité qui ne peut trouver qu'en l'homme son salut.

Les tâtonnements narratifs qui mènent des textes anciens aux essais – première œuvre publiée – sont significatifs : la première personne du pluriel et la troisième du singulier orchestrent une mise à distance qui semble s'effacer à mesure que l'écrivain prend de l'assurance et choisit de s'exprimer à la première personne, convaincu de sa capacité à atteindre une vérité universelle par le biais d'expériences personnelles. Curieusement, le même phénomène se produit sur le plan romanesque : *La Mort heureuse*, premier roman inachevé, louche du côté de l'autobiographie, la narration à la troisième personne peut y être lue comme un effort formel pour établir une distance que le jeune écrivain pressentait insuffisante. *L'Étranger* en revanche, fort d'une mise à distance réelle, structuré par une véritable esthétique romanesque, adopte sans dommage la première personne du singulier. Séverine GASPARI

Éd. : *Œuvres complètes*, Gallimard, t. I, coll. « Bibl. de la Pléiade », 2006, p. 75-86, éd. par Jacqueline Lévi-Valensi et Samantha Novello

Crit. : Jacqueline Lévi-Valensi, *Albert Camus ou la naissance d'un romancier*, Gallimard, 2006, p. 161-201

W-Z

WEIL, Simone (1909-1943). – Camus n'a jamais rencontré Simone Weil, ce qu'il n'a cessé de regretter. Sa trajectoire toutefois a croisé celle de plusieurs personnes qui l'avaient connue, Pierre Monatte, Nicolas Lazarévitch, Louis Mercier, Boris Souvarine, et son nom reste attaché à la publication des œuvres de la philosophe dans la collection « Espoir » qu'il dirigeait chez Gallimard. Simone Weil est l'auteur le plus publié dans cette collection et le seul, en compagnie du poète René Char, dont plusieurs titres sont édités. Même s'il n'approuvait pas toutes ses positions, Camus s'est attaché, en liaison avec sa famille, à éditer une partie de son œuvre – des inédits comme la reprise d'articles déjà parus – : *L'Enracinement, prélude à une déclaration des devoirs envers l'être humain* (1949), *La Connaissance surnaturelle* (1950), *Lettre à un religieux* (1951), *La Source grecque* (1953), *Oppression et liberté* (1955), *Écrits de Londres et dernières lettres* (1957) et *Écrits historiques et politiques* (1960). Les engagements de solidarité politique (avec le milieu ouvrier comme avec les républicains espagnols), le travail en usine ainsi que l'élaboration d'une réflexion politique ont créé des proximités entre deux êtres que beaucoup de choses séparaient : l'origine sociale, la formation (l'École normale supérieure pour Simone Weil) et l'expérience professionnelle (agrégation de philosophie, enseignement). Trois points de rencontre intellectuels entre Camus et Simone Weil peuvent cependant être dégagés : la réflexion sur la société, la confrontation avec le christianisme et la « source grecque ».

Au deuxième trimestre 1948, Camus lit le manuscrit de *L'Enracinement*... pour lequel il rédige un projet de préface et le prière d'insérer qui paraît dans le bulletin de *La NRF* (ces deux courts textes figurent dans l'édition de ses *Essais* établie et annotée par Roger Quilliot). Il considère ce volume, qui lui doit probablement son titre, comme un des livres « les plus importants qui aient paru depuis la guerre ». Les préoccupations de Simone Weil rejoignent celles de son éditeur : tous deux aspirent à une refondation de la société française après la guerre. La philosophe s'efforce de « comprendre la maladie de son époque et d'en discerner les remèdes », et son analyse reste inséparable de son expérience ouvrière, lorsque, jeune agrégée, elle avait voulu partager la condition des plus humbles – une expérience qui trouve un écho dans les préoccupations et les engagements de Camus, notamment au travers du journalisme. « Le plus grand, le plus noble livre qui ait paru depuis la Libération s'appelle *La Condition ouvrière* de Simone Weil », confie-t-il dans une chronique de *L'Express* (13 décembre 1955). Ce premier point de rencontre privilégié associe une recherche de la place de l'homme dans la société, la prise en compte de son existence dans toutes ses dimensions et dans sa lutte pour la reconnaissance de sa liberté de parole et de vivre (quelles que soient ses origines), ainsi que de la construction d'une terre humaine toujours menacée.

Le combat de Simone Weil contre toutes les formes du totalitarisme et l'engagement politique, par exemple au côté des républicains espagnols, constituent aussi des proximités essentielles. Des autres ouvrages constitués principalement à partir de notes des *Cahiers*, de brouillons et d'articles déjà publiés, Camus ne souffle mot explicitement. Cependant, la quête spirituelle qui a accompagné de nombreuses années Simone Weil, et dont portent traces notamment *La Connaissance surnaturelle* et la *Lettre à un religieux*, rejoint aussi dans son débat avec le christianisme les interrogations que Camus a développées au lendemain de la Libération dans son dialogue avec les Dominicains. Pour l'un comme pour l'autre, étudier en profondeur le christianisme c'est dégager des points d'accord et des ruptures essentielles reposant sur la pluralité existante des religions, sur la fermeture qu'implique tout dogme et sur les dérives historiques du christianisme. La vérité ne saurait se laisser enfermer, elle a à se découvrir et à vivre. Et pour l'un comme pour l'autre, l'affiliation à une Église et le christianisme ambiant ne représentent pas la voie à suivre, pas plus d'ailleurs que les idéologies et régimes communistes dont l'un et l'autre dénoncent avec vigueur les erreurs et les excès.

Le recueil factice intitulé *La Source grecque* marque un nouveau point de convergence important avec Camus permettant au lecteur, selon les termes non signés de l'avertissement de l'ouvrage, de faire connaître « mieux que ce qu'on avait pu le faire encore ce qu'est pour Simone Weil l'esprit de la Grèce ». À la réflexion sur l'*Iliade* sont notamment joints des textes sur la tragédie grecque dont l'un a été écrit pour faire connaître ce théâtre en milieu ouvrier à l'époque où, de son côté, Camus dans la maison de la Culture à Alger s'efforce de diffuser largement la culture méditerranéenne ancienne et contemporaine. Dans cette approche de la Grèce, la philosophie et plus spécialement la pensée initiale et initiatrice d'Héraclite que Simone Weil a traduit sert d'arrière-fond.

De 1949 à sa disparition en 1960, en marge de son œuvre, Camus s'est attaché avec constance à publier Simone Weil, contribuant largement à la faire admettre et reconnaître dans le monde philosophique et culturel. L'expression de sa pensée dans des formes non conventionnellement philosophiques ou universitaires, comme sa propre personnalité dont les témoins signalent parfois l'excentricité faisaient d'elle un témoin privilégié du monde contemporain. Sans doute Camus ressentait-il une parenté secrète et profonde avec la philosophe lorsqu'il disait d'elle : « C'est ainsi qu'elle est toujours solitaire. Mais il s'agit cette fois de la solitude des précurseurs, chargée d'espoir. »

Guy BASSET

Bibl. : Guy Basset, « Camus, éditeur de Simone Weil », *Cahiers Simone Weil*, n° 29, 3, septembre 2006, p. 249-263 • Gabriella Flori, « Albert Camus et Simone Weil, une amitié *sub specie aeternitatis* », *Cahiers Simone Weil*, n° 29, 2, juin 2006, p. 128-139 • John Randolph LeBlanc, *Ethics and Creativity in the Political Thought of Simone Weil and Albert Camus*, Lewiston, Edwin Mellen Press, 2004 • Maria-Clara Lucchetti Bingemer, « Simone Weil et Albert Camus : sainteté sans Dieu et mystique sans Église », *Cahiers Simone Weil*, n° 28, 4, décembre 2004, p. 365-386 • Neal Oxenhandler, *Looking for Heros in Postwar France : Albert Camus, Max Jacob, Simone Weil*, Hanovre, University Press of New England, 1996 • Heinz-Robert Schlette, « Simone Weil et Albert Camus », *Cahiers Simone Weil*, n° 20, 2, juin 1997, p. 119-128 • Id., « Grecs et Chrétiens chez Simone Weil et Albert Camus », *Cahiers Simone Weil*, n° 28, 4, décembre 2005, p. 329-339

ZAGREUS, Roland. – Dans le premier chapitre de *La Mort Heureuse* (originellement le cinquième), Patrice Mersault s'empare de la fortune de Roland Zagreus, sans que celui-ci, amputé des deux jambes, ne proteste, puis l'exécute d'une balle dans la tête, avant de maquiller le meurtre en suicide.

Zagreus a été le premier amant de Marthe, l'actuelle maîtresse de Mersault. C'est selon elle un « homme bien », instruit, qui « lit tout le temps » et se montre « très gai ». À la faveur du chapitre IV, les deux hommes confrontent leur vision du bonheur. Zagreus est convaincu qu'on ne peut être heureux sans argent, car « avoir de l'argent, c'est avoir du temps ». Il a amassé deux millions, usant d'escroquerie, mais un accident de voiture l'a privé du bonheur dont il rêvait. Il ne parvient pas cependant à renoncer à la vie.

À défaut de descriptions détaillées, une série de mentions tournent autour du caractère incomplet de Zagreus : il est qualifié de « gros ver », de « corps à demi vivant », de « demi-portion », d'« homme potiche », de « demi-homme », de « loque », ou encore de « zéro dans le monde ». Il donne souvent prise au ridicule, congédiant Mersault car il a son « pipi à faire », ou donnant du fil à retordre aux pompes funèbres qui ne savent comment caler son tronc dans le cercueil.

À son retour d'Alger après un voyage en Europe, Mersault s'aperçoit qu'il n'a pas une seule fois pensé à Zagreus. Les critiques soulignent ce manque absolu de remords, et Zagreus est souvent perçu comme le moyen par lequel Mersault accède à la liberté, en toute impunité. Le personnage est cependant chargé de valeurs symboliques qui récusent une interprétation purement instrumentale.

On connaît le goût de Camus pour la mythologie grecque. Le nom de « Zagreus » évoque l'un des fils adultères de Zeus. Sur l'ordre d'Héra, les Titans le dévorèrent, mais son cœur ayant été préservé Zeus trouva le moyen de lui donner naissance une seconde fois. Zagreus fut alors assimilé à Dionysos, « le deux fois né », et associé aux mystères d'Éleusis. Le meurtre de Zagreus peut être lu comme une seconde naissance de Mersault.

Un certain nombre d'éléments semblent inviter le lecteur à rapprocher Zagreus et Mersault : ils partagent la même maîtresse et l'appellent de la même manière ; au moment du meurtre, Zagreus se tient exactement à l'endroit où se tenait Mersault lors de la conversation du chapitre IV ; de plus, Zagreus tient à la main un ouvrage de Baltasar Gracián, jésuite du XVIIe siècle, qui propose une série d'aphorismes à l'usage des jeunes gens qui veulent réussir. Un jeu d'échos et de reflets rapproche les deux hommes. Zagreus paraît inciter Mersault à terminer la quête que lui-même n'a su finir ; toutefois, à la suite du meurtre, ce dernier tombe mortellement malade. Dans sa lettre-testament, Zagreus souhaitait que sa fortune soit consacrée à « l'amélioration du régime des condamnés à mort ». Symboliquement, Mersault, en s'accaparant l'argent, devient le représentant de ces condamnés à mort que sont les hommes : l'argent de Zagreus lui sert non pas à vivre, mais à mourir heureux.

Séverine GASPARI

ANNEXES

REPÈRES BIOGRAPHIQUES

7 novembre 1913 : Naissance d'Albert Camus à Mondovi (Algérie). Il est le deuxième fils de Lucien Camus (né en 1885), ouvrier caviste, et de Catherine Sintès (née en 1882), sans profession.

3 août 1914 : Lucien Camus est mobilisé.

30 août 1914 : La famille s'installe à Alger, chez la mère de Catherine Camus.

11 octobre 1914 : Blessé lors de la bataille de la Marne, Lucien Camus meurt à l'hôpital militaire de Saint-Brieuc. Sa veuve doit faire des ménages pour gagner sa vie.

1918 : Entrée à l'école communale de Belcourt à Alger.

21 mai 1920 : Les deux enfants de Catherine Camus deviennent pupilles de la nation.

1923 : Camus, aidé par son instituteur Louis Germain, prépare le concours des bourses.

1924 : Fait sa première communion après avoir suivi deux ans de catéchisme à la paroisse de Belcourt.
Entrée en classe de sixième, section A, au Grand Lycée d'Alger.

1930 : Réussit la première partie du baccalauréat et entre en classe de philosophie où il est l'élève de Jean Grenier.
Joue dans l'équipe de football du Racing universitaire d'Alger (RUA).

Décembre 1930 : Ressent les premières atteintes de la tuberculose pulmonaire et doit interrompre sa scolarité.

1931 : Reprend ses études. Habite dorénavant chez son oncle Gustave Acault.
Mort de la grand-mère maternelle, Catherine Marie Sintès.

Mai-juin 1932 : Premiers écrits publiés dans la revue *Sud*.
Obtient son baccalauréat de philosophie avec la mention « assez bien » et entre en classe préparatoire au concours de l'École normale supérieure.
Correspondance avec Max Jacob.

1933 : Sa santé ne lui permettant pas de préparer le concours de l'École normale supérieure, Camus poursuit ses études à la faculté des lettres d'Alger. Habite chez son frère.

Janvier-mai 1934 : Articles dans *Alger étudiant*.

16 juin 1934 : Épouse civilement Simone Hié.
Est exempté du service militaire pour raisons de santé.
Travaille chez un courtier maritime, puis à la préfecture.

Mai 1935 : Commence à tenir des *Carnets*.

Juin 1935 : Obtient sa licence de philosophie.
Adhère au Parti communiste algérien et fonde le Théâtre du Travail.

Septembre 1935 : Court voyage aux îles Baléares, berceau de sa famille maternelle.

1936 : Publication de *Révolte dans les Asturies*, essai de création collective aux éditions Charlot.
Le Théâtre du Travail monte successivement *Le Temps du mépris* (25 janvier), *Révolte dans les Asturies*, que le maire d'Alger interdit (avril), *Les Bas-Fonds* de Maxime Gorki (26 novembre) et *Le Secret* de Ramon Sender (décembre).

25 mai 1936 : Obtient son Diplôme d'études supérieures de philosophie avec un mémoire intitulé « Métaphysique chrétienne et néoplatonisme ».

Juillet-septembre 1936 : Périple en Allemagne, Tchécoslovaquie, Autriche et Italie avec sa femme et un ami. Au cours du voyage, Camus se sépare de Simone Hié dont il a découvert l'infidélité.

Novembre 1936 : La troupe de Radio-Alger engage Camus comme acteur. Il participe à une tournée.

1937 : Devient secrétaire général de la maison de la Culture créée par le Parti communiste algérien.

8 février 1937 : Camus y prononce une conférence sur la nouvelle culture méditerranéenne.
Le Théâtre du Travail monte successivement *Prométhée enchaîné* d'Eschyle (6-7 mai), *La Femme silencieuse* de Ben Jonson, *Don Juan* de Pouchkine (24 mars) et *L'Article 330* de Courteline (4 avril).

Avril 1937 : Signe et diffuse un manifeste d'intellectuels algériens en faveur du projet Blum-Viollette.

10 mai 1937 : Publication de *L'Envers et l'Endroit* aux éditions Charlot.

Août-septembre 1937 : Nouveau périple en France et en Italie.
Refuse un poste de professeur au collège de Sidi-Bel-Abbès et devient assistant technique temporaire à l'Institut de météorologie d'Alger.
Est exclu du parti communiste.

Octobre 1937 : Le Théâtre du Travail se transforme en Théâtre de l'Équipe.

3 et 5 décembre 1937 : La nouvelle troupe monte *La Célestine* de Rojas.
Camus et Claude de Fréminville fondent les éditions Cafre.

1938 : Le Théâtre de l'Équipe monte successivement *Le Retour de l'enfant prodigue* d'André Gide (27 et 28 février), *Le Paquebot Tenacity* de Charles Vildrac (1er mars) et *Les Frères Karamazov* adaptés par Jacques Copeau (28 et 29 mai).
Camus n'est pas autorisé, pour raisons de santé, à préparer l'agrégation de philosophie.

6 octobre 1938 : Premier numéro d'*Alger républicain*.
Devient conseiller littéraire d'Edmond Charlot.

Décembre 1938 : Premier numéro de la revue *Rivages.*

10 janvier-23 mars 1939 : Campagne en faveur de Michel Hodent injustement accusé de détournements de fonds.

31 mars et 2 avril 1939 : Le Théâtre de l'Équipe monte *Le Baladin du monde occidental* de John Millington Synge.

Mai 1939 : Publication de *Noces* aux éditions Charlot.

5-15 juin 1939 : Publication de « Misère de la Kabylie » dans *Alger républicain.*

24-29 juin 1939 : Rend compte du procès du cheikh El Okbi.

25-31 juillet 1939 : Rend compte du procès des incendiaires d'Auribeau.
Met en chantier *L'Étranger.*

15 septembre 1939 : *Alger républicain*, en difficulté, suscite un journal plus léger, *Le Soir républicain*, dont Camus est le rédacteur en chef.

28 octobre 1939 : Disparition d'*Alger républicain.*

10 janvier 1940 : La suspension du *Soir républicain* met Camus au chômage. Il s'installe à Oran.

16 mars 1940 : Débarqué à Paris, il est immédiatement embauché à *Paris-Soir* comme secrétaire de rédaction.
Achève *L'Étranger.*

Juin 1940 : Suit le journal à Clermont-Ferrand puis à Lyon.

3 décembre 1940 : Camus épouse civilement Francine Faure à Lyon.

Décembre 1940 : Camus perd son emploi à *Paris-Soir.* Le jeune couple retourne en Algérie.

Janvier 1941 : Pascal Pia et Camus tentent de lancer une revue mensuelle, *Prométhée*, destinée à supplanter *La NRF.*

Février 1941 : Retour à Oran où Francine Camus enseigne comme institutrice suppléante et Albert dans une institution privée destinée à accueillir les élèves juifs exclus des établissements publics.
Achève *Le Mythe de Sisyphe.*
Le *Romancero gitan* de García Lorca inaugure la collection « Poésie et théâtre » que dirige Camus chez Charlot.
Pascal Pia transmet les manuscrits de *L'Étranger* et du *Mythe de Sisyphe* aux éditions Gallimard.

12 novembre 1941 : Le comité de lecture des éditions Gallimard retient *L'Étranger.*

Février 1942 : Rechute de tuberculose.

15 mai 1942 : Publication de *L'Étranger* aux éditions Gallimard.

Août 1942 : Se rend en France pour se soigner. Installation au Panelier, près du Chambon-sur-Lignon (Haute-Loire).

Octobre 1942 : Sa femme étant rentrée en Algérie, le couple est séparé.

16 octobre 1942 : Publication du *Mythe de Sisyphe* aux éditions Gallimard.

11 novembre 1942 : L'occupation de la zone sud par les Allemands oblige Camus à rester en France.

Janvier 1943 : Bref séjour à Paris.

Juin 1943 : Nouveau séjour à Paris.
Rencontre de Jean-Paul Sartre à la générale des *Mouches.*

Juillet 1943 : Achève la deuxième version de *Caligula.*

Septembre 1943 : Achève *Le Malentendu.*
Devient juré du prix de la Pléiade.
Octobre 1943 : S'installe à Paris et rejoint *Combat.*
1er novembre 1943 : Devient lecteur chez Gallimard.
Janvier 1944 : Camus devient de fait rédacteur en chef de *Combat* clandestin.
Février 1944 : Siège au jury du prix de la Pléiade.
Mai 1944 : Publication du *Malentendu* et de *Caligula* aux éditions Gallimard.
23 juin 1944 : Création du *Malentendu* au Théâtre des Mathurins.
1er juillet 1944 : Donne un « entretien » sur la mise en scène théâtrale à la Compagnie des Sept.
Juillet 1944 : Sachant l'équipe de *Combat* traquée par la Gestapo, se réfugie chez Brice Parain, à Verdelot (Seine-et-Marne).
21 août 1944 : *Combat* paraît au grand jour dans Paris qui se libère. Camus en a rédigé l'éditorial.
9 septembre 1944 : Sa signature figure au bas du « Manifeste des écrivains français » que publient *Les Lettres françaises.*
Démission du Comité national des écrivains (CNE).
Octobre 1944 : Controverse avec François Mauriac à propos de l'épuration.
Fréquente les secteurs fédéralistes de la résistance européenne.
Janvier 1945 : Signe la pétition d'intellectuels et d'artistes demandant la grâce de Robert Brasillach.
15 mars 1945 : Participe à un débat avec des étudiants chrétiens à la Mutualité.
22-25 mars 1945 : Préside une réunion de fédéralistes européens à Paris.
18 avril-7 mai 1945 : Séjour en Algérie.
Juin 1945 : Voyage en Allemagne et en Autriche.
Publication de *Lettres à un ami allemand* chez Gallimard.
5 septembre 1945 : Naissance de Catherine et Jean Camus, enfants du couple.
26 septembre 1945 : Création de *Caligula* au Théâtre Hébertot.
Octobre 1945 : Devient directeur de la collection « Espoir » aux éditions Gallimard.
Figure au comité de rédaction de *L'Arche* et au comité de patronage de *L'Écran français* aux côtés notamment d'André Malraux, Jean-Paul Sartre et Marcel Carné.
Mars 1946 : *Le Dernier des métiers* de Jacques-Laurent Bost inaugure la collection « Espoir » que dirige Camus.
10 mars -21 juin 1946 : Séjour aux États-Unis, principalement à New York, et au Québec.
11 juillet 1946 : Par décret publié au *Journal officiel*, Camus reçoit la médaille de la Résistance.
19-30 novembre 1946 : Publication de *Ni Victimes ni bourreaux* dans *Combat.*
1er décembre 1946 : Conférence au couvent de La Tour-Maubourg à Paris.
13 janvier 1947 : assiste à la conférence d'Antonin Artaud au Théâtre du Vieux-Colombier.
17 mars 1947 : Pascal Pia s'étant retiré, Camus assure la direction de *Combat.*
29 mars 1947 : Sa signature figure au bas de la pétition intitulée « Le cas Nizan ».

3 juin 1947 : Claude Bourdet remplace Camus à la direction de *Combat.* Démissionne du jury du prix de la Pléiade.
10 juin 1947 : Publication de *La Peste* aux éditions Gallimard.
14 juin 1947 : Le roman reçoit le prix des Critiques.
Juin-juillet 1947 : Vacances familiales au Panelier.
10 juillet 1947 : Le ministre de la Jeunesse, des Arts et des Lettres institue la commission d'aide à la première pièce dont Camus est membre.
Août 1947 : Un circuit en Bretagne amène Camus sur la tombe de son père à Saint-Brieuc.
Octobre 1947 : Figure au comité de patronage de la revue *Présence africaine.*
Novembre 1947 : Corédacteur et signataire d'un appel à l'opinion internationale que publie la revue *Esprit.*
Février-mars 1948 : Séjour à Oran puis au centre culturel de Sidi Madani près d'Alger.
Mars-juillet 1948 : Controverse avec Emmanuel d'Astier de La Vigerie. Vives attaques du parti communiste contre sa personne et ses écrits.
27 octobre 1948 : Création de *L'État de siège* au Théâtre Marigny. Le texte paraît chez Gallimard.
Novembre 1948 : Camus fait partie du conseil de solidarité formé autour de Garry Davis qui s'était déclaré citoyen du monde. Il signe un appel de cinq cents intellectuels à l'ONU.
3 décembre 1948 : Prend la parole à un meeting de soutien à Garry Davis.
13 décembre 1948 : Prend la parole lors d'un meeting du Rassemblement démocratique révolutionnaire (RDR).
Court séjour en Algérie.
2 février 1949 : Le gouvernement espagnol en exil lui décerne la médaille de la Libération.
Mars 1949 : Lance un appel en faveur de militants communistes grecs condamnés à mort.
Court séjour à Londres où est créé *Caligula.*
Avril 1949 : Appartient au comité de rédaction de la revue *Empédocle* où figure aussi René Char.
20 août 1949 : *Solidaridad obrera* publie un appel rédigé par Camus en faveur des réfugiés espagnols.
30 juin-30 août 1949 : Tournée de conférences au Brésil, en Argentine, en Uruguay et au Chili.
Septembre 1949 : Une nouvelle attaque de tuberculose nécessite un séjour au Panelier.
15 décembre 1949 : Création des *Justes* au Théâtre Hébertot.
Janvier-mars 1950 : séjour à Cabris (Alpes-Maritimes).
Février 1950 : Publication des *Justes* aux éditions Gallimard.
Juin 1950 : Publication d'*Actuelles* aux éditions Gallimard.
Juillet-août 1950 : Séjour dans les Vosges.
Août 1950 : Séjour au Panelier.
Septembre 1950 : S'installe dans l'appartement qu'il a acheté à Paris, rue Madame.

Janvier-mars 1951 : Nouveau séjour à Cabris.

Août 1951 : Séjour au Panelier.

18 octobre 1951 : Publication de *L'Homme révolté* aux éditions Gallimard.

Novembre 1951 : Controverse avec André Breton.

22 février 1952 : Prend la parole à un meeting antifranquiste de *Solidaridad obrera*.

6 mars 1952 : Démissionne de la Société européenne de culture qu'il juge trop accommodante avec l'Union soviétique.

Mai-août 1952 : Vive controverse avec Francis Jeanson et Jean-Paul Sartre à propos de *L'Homme révolté*.

Novembre 1952 : Démission de l'Unesco à la suite de l'admission de l'Espagne franquiste.

30 novembre 1952 : Prend part à un nouveau meeting antifranquiste.

Décembre 1952 : Séjour dans le Sud algérien.

10 mai 1953 : Allocution à la Bourse du travail de Saint-Étienne.

Mai 1953 : Fait signer une lettre de protestation en faveur de Victoria Ocampo qui avait été arrêtée en Argentine.

14 juin 1953 : Création de l'adaptation de *La Dévotion à la croix* de Pedro Calderón de la Barca au festival d'Angers.

16 juin 1953 : Création de l'adaptation des *Esprits* de Pierre de Larivey au même festival d'Angers. Camus en assure la mise en scène.

30 juin 1953 : Préside un meeting de protestation contre la répression en Allemagne de l'Est.
Vacances familiales à Thonon-les-Bains.

Septembre 1953 : Publication d'*Actuelles* II aux éditions Gallimard.

Décembre 1953 : Séjour à Oran.

Janvier-septembre 1954 : Francine Camus est soignée pour une grave dépression.

Mars 1954 : Publication de *L'Été* aux éditions Gallimard.

4-7 octobre 1954 : Voyage en Hollande. Conférence à La Haye.

25 novembre-14 décembre 1954 : Voyage en Italie. Conférences à Turin, Milan, Gênes et Rome. Visite Naples et Pompéi.

Janvier-février 1955 : Controverse avec Roland Barthes sur *La Peste*.

18 février-1er mars 1955 : Séjour à Alger. Se rend à Tipasa et Orléansville.

12 mars 1955 : Création de l'adaptation d'*Un cas intéressant* de Dino Buzzati au Théâtre La Bruyère.
Controverse avec Jean-Marie Domenach sur la Résistance.

26 avril-16 mai 1955 : Premier voyage en Grèce. Prononce trois conférences à Athènes et une à Thessalonique. Visite Mycènes, Épidaure, Delphes, Mykonos, Délos et Olympie.

16 mai 1955 : Premier article à *L'Express*.

Juillet-août 1955 : Nouveau voyage en Italie. Visite Venise et Sienne.

30 décembre 1955 : Camus appelle à voter pour les candidats du Front républicain aux élections législatives du 2 janvier 1956.

22 janvier 1956 : Appel pour une trêve civile en Algérie.

16 mai 1956 : Publication de *La Chute* aux éditions Gallimard.

Passe une partie de l'année à Palerme, près de L'Isle-sur-Sorgue.

Août 1956 : Dernier article à *L'Express*.

20 septembre 1956 : Création de l'adaptation de *Requiem pour une nonne* au Théâtre des Mathurins. Camus a mis en scène le spectacle. Le texte paraît chez Gallimard.

Novembre 1956 : Camus prend position à plusieurs reprises en faveur des Hongrois insurgés.

Mars 1957 : Publication de *L'Exil et le Royaume* aux éditions Gallimard.

Mai 1957 : Publication de *Réflexions sur la peine de mort* chez Calmann-Lévy.

21 juin 1957 : Création du *Chevalier d'Olmedo* de Félix Lope de Vega adapté et mis en scène par Camus au festival d'Angers. Reprise de *Caligula*.

17 juillet-13 août 1957 : Vacances à Cordes (Tarn).

16 octobre 1957 : L'Académie de Suède annonce qu'elle a décerné le prix Nobel de littérature à Albert Camus.

10 décembre 1957 : Discours de réception du prix Nobel à Stockholm.

14 décembre 1957 : Conférence à l'université d'Uppsala.

Février 1958 : Publication de *Discours de Suède* chez Gallimard.

Mars 1958 : Réédition de *L'Envers et l'Endroit* chez Gallimard avec une préface nouvelle.

5 mars 1958 : Rencontre le général de Gaulle.

Mars-avril 1958 : Séjour en Algérie.

Juin 1958 : Publication d'*Actuelles* III / *Chroniques algériennes* aux éditions Gallimard.

Juin-juillet 1958 : Nouveau voyage en Grèce. Croisière dans les Cyclades. Retourne à Delphes, Olympie et Mycènes.

18 octobre 1958 : Achète une maison à Lourmarin (Vaucluse).

30 janvier 1959 : Création de l'adaptation des *Possédés* au Théâtre Antoine. Camus assure la mise en scène du spectacle. Le texte paraît chez Gallimard.

23-29 mars 1959 : Dernier séjour en Algérie. Se rend à Ouled Fayet.

6-13 juillet 1959 : Court séjour à Venise.

Passe une grande partie de l'année à Lourmarin.

4 janvier 1960 : Camus meurt dans un accident automobile à Villeblevin (Yonne) alors qu'il rentre de Lourmarin.

6 janvier 1960 : Obsèques civiles et inhumation à Lourmarin.

22 septembre 1960 : Mort de Catherine Camus, mère de l'écrivain.

1962 : Publication du premier volume des *Carnets* aux éditions Gallimard.

1964 : Publication du deuxième volume des *Carnets* aux éditions Gallimard.

1971 : Publication de *La Mort heureuse* aux éditions Gallimard.

1973 : Publication des *Écrits de jeunesse* aux éditions Gallimard.

1978 : Publication des *Journaux de voyage* aux éditions Gallimard.

1982 : Fondation de la Société des études camusiennes.

1983 : Mort de Francine Camus.

Mars 1989 : Publication des *Carnets* III aux éditions Gallimard.

Avril 1994 : Publication du *Premier Homme* aux éditions Gallimard.

Bibliographies camusiennes

Di Pilla Francesco, *Albert Camus e la critica. Bibliografia internationale (1937-1971) con un saggio introduttivo*, Lecce, Milella, 1973.
Fitch Brian T. et Hoy Peter, *Essai de bibliographie des études en langue française consacrées à Albert Camus*, Paris, Minard, coll. « Calepins de bibliographie », n° 1, 1972.
Roeming Robert F., *Camus, a Bibliography*, Milwaukee-Londres, The University of Wisconsin Press, 1968.
Cette bibliographie régulièrement augmentée a été reproduite en microfiches jusqu'en 2001.

Travaux critiques

Albert Camus aujourd'hui, Bucarest, La Maison du livre scientifique, 1995.
Albert Camus et les écritures algériennes, Rencontres méditerranéennes de Lourmarin, Aix-en-Provence, Édisud, 2004.
Albert Camus et l'Espagne, Rencontres méditerranéennes de Lourmarin, Aix-en-Provence, Édisud, 2005.
Albert Camus, une pensée, une œuvre, Rencontres méditerranéennes de Lourmarin, Aix-en-Provence, Édisud, 1986.
Amiot Anne-Marie et Mattéi Jean-François (dir.), *Albert Camus et la philosophie*, Paris, PUF, coll. « Thémis Philosophie », 1997.
Archambault Paul, *Camus' Hellenic Sources*, Chapel Hill, University of North Carolina Press, 1972.
Bachman John V., *Camus' Rebellious Thought*, New York, Tatus Titles, 1998.
Baciu Virginia, *Albert Camus et la condamnation à mort*, Iasi, Junimea, 1998.
Baishanski Jacqueline, *L'Orient dans la pensée du jeune Camus*, Paris, Minard, 2002.
Barilier Étienne, *Albert Camus. Philosophie et littérature*, Lausanne, L'Âge d'homme, 1977.

BARTFELD Fernande, *L'Effet tragique. Essai sur le tragique dans l'œuvre de Camus*, Paris-Genève, Champion-Slatkine, 1988.

— *Albert Camus voyageur et conférencier. Le voyage en Amérique du Sud*, Paris, Minard, 1995.

BARTLETT Elisabeth, *Rebellious Feminism : Camus's Ethic of Rebellion and Feminist Thought*, New York, Palgrave Macmillan, 2004.

BERERHI Afifa (dir.), *Albert Camus et les lettres algériennes. L'espace de l'interdiscours*, Alger, Édition de l'université d'Alger, 2007.

BJURSTRÖM Carl, *Albert Camus, fran framlingskap till landflykt*, Stockholm, Bonnier, 1958.

BLOOM Harold (dir.), *Albert Camus*, Philadelphie, Chelsea House, 2008.

BOISEN Jorn, *Albert Camus*, Copenhague, Gyldendal, 2005.

BONNIER Henry, *Albert Camus ou la force d'être*, Lyon, E. Vitte, 1959.

BOONE Danielle, *Camus*, Paris, Henri Vernier, 1987.

BOUSQUET François, *Camus le Méditerranéen, Camus l'ancien*, Sherbrooke, Naaman, 1977.

BRAUN Lev, *Witness of Decline. Albert Camus : Moralist of the Absurd*, Rutherford, Fairleigh Dickinson University Press, 1974.

BRÉE Germaine (dir.), *Camus. A Collection of Critical Essays*, Englewood Cliffs, Prentice-Hall, 1962 [trad. en allemand].

— *Camus*, New York, Columbia University Press, 1964 [trad. en allemand].

BREVETTO Gianfranco (dir.), *Albert Camus : Mediterraneo e conoscenza*, Naples, Impermedium libri, 2003.

BRISVILLE Jean-Claude, *Camus*, Paris, Gallimard, coll. « La Bibliothèque idéale », 1959 [trad. en espagnol, japonais et portugais].

BRODZIAK Sylvie *et al.*, *Albert Camus et les écritures du XXe siècle*, Arras, Artois Presses Université, 2004.

BRONNER Stephen Eric, *Camus, Portrait of a Moralist*, Minneapolis, The University of Minnesota Press, 1999 [trad. en allemand].

BROSMAN Catherine Savage, *Albert Camus*, Detroit, Gale Group, 2001.

Camus, Paris, Hachette, coll. « Génies et réalités », 1964.

CARROLL David, *Albert Camus, the Algerian : Colonialism, Terrorism, Justice*, New York, Columbia University Press, 2007.

CASSANO Franco, *La Pensée méridienne*, traduit de l'italien par Jérôme Nicolas, La Tour-d'Aigues, Éditions de l'Aube, 1998.

CASTORO Piero, *Albert Camus : il pensiero meridiano*, Lecce, Besa, 1996.

CHABOT Jacques, *Albert Camus. « La pensée de midi »*, Aix-en-Provence, Édisud, 2002.

CHANDRA Sharad, *Albert Camus et l'Inde*, traduit de l'anglais par Sylvie Crossman, Paris, Balland, 1995.

CHAULET-ACHOUR Christiane, *Albert Camus et l'Algérie*, Alger, Barzakh, 2004 [trad. en japonais].

CHAVANES François, *Albert Camus : « Il faut vivre maintenant »*, Paris, Le Cerf, 1990.

— *Albert Camus : un message d'espoir*, Paris, Le Cerf, 1996.

— *Camus tel qu'en lui-même*, Blida, Éditions du Tell, 2004.

CIELENS Isabelle, *Trois Fonctions de l'exil dans l'œuvre de fiction d'Albert Camus : initiation, révolte, conflit d'identité*, Uppsala, Acta universitatis upsaliensis, 1985.

CLAYTON Alan J., *Étapes d'un itinéraire spirituel. Albert Camus de 1937 à 1944*, Paris, Minard, 1971.

COLOZZI Roger, *Albert Camus, citoyen méditerranéen*, Avignon, Barthélemy, 1997.

COOMBS Ilona, *Camus homme de théâtre*, Paris, Nizet, 1968.

CORBIC Arnaud, *Camus et l'homme sans Dieu*, Paris, Le Cerf, 2007.

CORDERO DE ESPINOSA Susana, *Albert Camus, de la felicidad a la moral*, Quito, Éditions de l'Universidad católica, 1984.

COSTA PINTO Manuel da, *Albert Camus. Um elogio do ensaio*, São Paulo, Atelié Editorial, 1998.

COSTES Alain, *Albert Camus ou la parole manquante. Essai d'interprétation psychanalytique*, Paris, Payot, 1973.

CROCHET Monique, *Les Mythes dans l'œuvre de Camus*, Paris, Éditions universitaires, 1973 [trad. en japonais].

CRUICKSHANK John, *Albert Camus and the Littérature of Revolt*, New York, Oxford University Press, 1960 [trad. en turc].

DANIEL Jean, *Avec Camus. Comment résister à l'air du temps*, Paris, Gallimard, 2006.

DEL VECCHIO Marcello, *La Fenomenologia dell'assurdo : Albert Camus*, Florence, La Nuova Italia, 1979.

DIEGO Rosa de, *Albert Camus*, Madrid, Sintesis, 2006.

DI MÉGLIO Ingrid, *Antireligiosität und Krypotheologie bei Albert Camus*, Bonn, Bouvier, 1975.

DI PILLA Francesco, *Albert Camus*, Milan, Fabbri, 1968.

— *Albert Camus*, Lecce, Milella, 1971.

DJEMAÏ Abdelkader, *Albert Camus à Oran*, Paris, Michalon, 1995.

DOSCHKA Roland, *Naturmythos und Geschichte im Werk von Albert Camus*, Tübingen, G. Narr, 2003.

DRAMM Sabine, *Albert Camus und die Christen : eine Provokation*, Francfort, Haag und Herchen, 2002.

DURAND Anne, *Le Cas Albert Camus*, Paris, Fischbacher, 1961.

EAST Bernard, *Albert Camus ou l'homme à la recherche d'une morale*, Montréal-Paris, Bellarmin-Le Cerf, 1984.

EASTMAN Jennifer, *Albert Camus : the Mythic and the Real*, Danbury, Routledge, 2001.

ELLISON David R., *Understanding Albert Camus*, Columbia, University of South Carolina Press, 1990.

ESTRADE Florence, *Albert Camus*, Barcelone, Oceano, 2002 [trad. en polonais et en russe].

FENIZI Luigi, *La Condizione assurda. Albert Camus, il male e Dio*, Rome, Bardi, 2005.

FIGUERO Javier, *Albert Camus ou L'Espagne exaltée*, traduit de l'espagnol par Marie-Hélène Carbonel, Gémenos, Autres Temps, 2008.

FITCH Brian T., *The Narcissistic Text. A Reading of Camus' Fiction*. Toronto-Buffalo-Londres, University of Toronto Press, 1980.

FOLEY John, *Albert Camus from the Absurd to Revolt*, Stockfield, Acumen, 2008.

FOREST Philippe, *Camus*, Verviers, Marabout, coll. « Œuvres majeures », 1992.

FORTIER Paul A., *Une lecture de Camus : la valeur des éléments descriptifs dans l'œuvre romanesque*, Paris, Klincksieck, 1977.

FREEMAN Edward, *The Theatre of Albert Camus. A Critical Study*, Londres, Methuen, 1971.

GADOUREK Carina, *Les Innocents et les Coupables. Essai d'exégèse de l'œuvre de Camus*, La Haye, Mouton, 1963 [trad. en néerlandais].

GAILLARD Pol, *Camus*, Paris, Bordas, coll. « Présences littéraires », 1973.

GASSIN Jean, *L'Univers symbolique d'Albert Camus. Essai d'interprétation psychanalytique*, Paris, Minard, coll. « La Thésothèque », 1981.

GAY-CROSIER Raymond, *Les Envers d'un échec. Étude sur le théâtre d'Albert Camus*, Paris, Minard, 1967.

— (dir.) *Albert Camus 1980*, Gainesville, University Presses of Florida, 1980.

— *Albert Camus. Paradigmes de l'ironie : révolte et affirmation négative*, Toronto, Paratexte, 2000.

GAY-CROSIER Raymond et LÉVI-VALENSI Jacqueline (dir.), *Albert Camus : œuvre fermée, œuvre ouverte ?*, Gallimard, *Cahiers Albert Camus*, n° 5, 1985.

GÉLINAS Germain-Paul, *La Liberté dans la pensée d'Albert Camus*, Fribourg, Éditions universitaires, 1965.

GINESTIER Paul, *Pour connaître la pensée de Camus*, Paris, Bordas, 1964 [trad. en grec].

GONZALES Jean-Jacques, *Albert Camus. L'exil absolu*, Houilles, Éditions Manucius, 2007.

GRÉGOIRE Vincent, *L'Absence et le détail dans l'œuvre romanesque de Camus*, New York, The Edwin Mellen Press, 2003.

GREIPEL Joseph R., *Die existentielle Problematik des Leiden im Werk von Albert Camus aus théologischer Sicht*, Fribourg, Herder, 2006.

GRENIER Jean, *Albert Camus, souvenirs*, Paris, Gallimard, 1968 [trad. en coréen, japonais et polonais].

GRENIER Roger, *Album Camus*, Paris, Gallimard, 1982.

— *Albert Camus, soleil et ombre*, Paris, Gallimard, 1987 [trad. en hongrois].

GUÉRIN Jeanyves (dir.), *Camus et la politique*, Paris, L'Harmattan, coll. « Histoire et perspectives méditerranéennes », 1986.

— *Camus et le premier Combat (1944-1947)*, La Garenne-Colombes, Éditions Européennes Érasme, 1990.

— *Camus, Portrait de l'artiste en citoyen*, Paris, François Bourin, 1993.

HANNA Thomas L., *The Thought and Art of Albert Camus*, Chicago, Gateway, 1958.

HAOUET Mohamed Kameleddine, *Les Objets dans l'œuvre narrative d'Albert Camus*, Tunis, ALIF, Les Éditions de la Méditerranée, 1994.

— *Camus et l'hospitalité*, Paris, L'Harmattan, coll. « Ouverture philosophique », 2003.

HENGELBROCK Jürgen, *Albert Camus. Ursprünglichkeit der Empfindung und Krisis des Denkens*, Fribourg-Munich, Verlag Karl Alber, 1982.

HERMET Joseph, *À la rencontre d'Albert Camus. Le dur chemin de la liberté*, Paris, Beauchesne, 1990.

HOBBY Françoise, *La Symbolique d'euphémisation dans l'univers fictif d'Albert Camus*, New York, Peter Lang, 1998.

HOURDIN Georges, *Camus le juste*, Paris, Le Cerf, 1960 [trad. en espagnol].

HOUSSI Majib el, *Albert Camus. Un effet spatial algérien*, Rome, Bulzoni, 1992.

HUGHES Edward J. (éd.), *The Cambridge Companion to Camus*, Cambridge University Press, 2007.

IMBEAULT Marc et TROTTIER Yves, *Limites de la violence. Lecture d'Albert Camus*, Québec, Presses de l'université Laval, 2006.

KAMBER Richard, *On Camus*, Belmont, Wadsworth, 2005.

KAMPITS Peter, *Der Mythos vom Menschen, zum Atheismus und Humanismus Albert Camus*, Salzbourg, O. Müller, 1968.

KASSOUL Aïcha et MAOUGAL Mohammed Lakdar, *The Algerian Destiny of Albert Camus*, Bethesda, Academica Press, 2006.

KING Adele, *Camus*, Londres-Édimbourg, Oliver and Boyd, 1964.

KNAPP Bettina Liebowitz (éd.), *Critical Essays on Albert Camus*, Boston, G. K. Hall, 1988.

LAUBLE Michael, *Sinnverlangen und Welterfahrung. Albert Camus' Philosophie der Endlichkeit*, Düsseldorf, Patmos Verlag, 1984.

LAZERE Donald, *The Unique Creation of Albert Camus*, New Haven, Yale University Press, 1973 [trad. en tchèque].

LAZZARI Francesco, *Il Sorriso degli dei e il dramma della storia : ateismo ed antiteismo nell'opera di Camus*, Naples, Edizione scientifiche italiane, 1974.

LEBESQUE Morvan, *Camus par lui-même*, Paris, le Seuil, coll. « Écrivains de toujours », 1963 [trad. en allemand, catalan, coréen, espagnol, italien, japonais, néerlandais, portugais, serbo-croate et turc].

LEHMANN Claudia, *Die Mittelmeerische Welt als geistige Landschaft und Geschichtsraum in Frühwerk von Albert Camus*, New York, Peter Lang, 1998.

LENZINI José, *L'Algérie de Camus*, Aix-en-Provence, Édisud, 1998.

LEPARULO William, *L'Italia nell'opera di Albert Camus*, Pise, Giardini, 1975.

LÉVI-VALENSI Jacqueline (dir.), *Camus et le théâtre*, Paris, IMEC Éditions, 1992.

— *Albert Camus ou la naissance d'un romancier*, Paris, Gallimard, coll. « Les Cahiers de la NRF », 2006.

LÉVI-VALENSI Jacqueline et SPIQUEL Agnès (dir.), *Camus et le lyrisme*, Paris, SEDES, 1997.

LIVI François, *Camus*, Florence, La Nuova Italia, 1971.

LONGSTAFFE Moya, *The Fiction of Camus : a Complex Simplicity*, Berne, Peter Lang, 2007.

LOTTMAN Herbert R., *Albert Camus*, traduit de l'anglais par Marianne Véron, Paris, Le Seuil, coll. « Points », 1980 [trad. également en allemand, espagnol, italien et japonais].

LUPPÉ Robert de, *Albert Camus*, Paris, Éditions du Temps présent, 1951 [trad. en anglais, espagnol, italien, japonais, néerlandais et russe].

MADRUSSAN Elena, *La pédagogia dell' assurdo. Albert Camus come educatore*, Rome, Ancia, 2000.

MAILHOT Laurent, *Albert Camus ou l'imagination du désert*, Montréal, Presses de l'Université de Montréal, 1973.

MAJAULT Joseph, *Camus. Révolte et liberté*, Paris, Le Centurion, 1965 [trad. en espagnol].

MAOUGAL Mohamed Lakhdar (dir.), *Albert Camus, assassinat post-mortem*, Alger, Apic, coll. « Opus », 2004.

MAQUET Albert, *Albert Camus ou l'invincible été*, Paris, Debresse, 1956 [trad. en anglais et italien].

MARGERRISON Christine, *« Ces forces obscures de l'âme ». Women, Race and Origins in the Writings of Albert Camus*, Amsterdam-New York, Rodopi, 2008.

MARGERRISON Christine, ORME Mark et LINCOLN Linda (dir.), *Albert Camus and the 21st Century. A Reassessment of this Thinking at the Dawn of the New Millenium*, Amsterdam-New York, Rodopi, 2008.

MARIN Lou, *Ursprung der revolte. Albert Camus und anarchismus*, Heidelberg, Verlag Graswurzelrevolution, 1998.

Albert Camus et les libertaires, Marseille, Égrégores, 2008.

MARZOUKI-CHELLI Najet, *Le Rôle des figures imageantes dans les nouvelles et récits de Camus*, Tunis, Publications de la faculté des lettres de la Manouba, 1990.

MASTERS Brian, *Camus : a Study*, Londres, Heinemann, 1974.

MATTÉI Jean-François (dir.), *Albert Camus et la pensée de midi,* Les Éditions Ovadia, 2009.

MCBRIDE Joseph, *Albert Camus Philosopher and « Littérateur »*, New York, St Martin's Press, 1992.

MCCARTHY Patrick, *Camus, a Critical Study of his Life and Work*, Londres, Hamilton, 1982.

MÉLANÇON Marcel, *Albert Camus. Analyse de sa pensée*, Fribourg-Paris, Université de Fribourg-Klincksieck, 1978 [trad. en anglais].

MESZAROS Vilma, *Camus*, Budapest, Gondolat, 1973.

MICCOLI Paolo, *Il Problema del male e dell' ateismo in Albert Camus*, Alba, Edizioni Paoline, 1971.

MINO Hiroshi, *Le Silence dans l'œuvre d'Albert Camus*, Paris, José Corti, 1987.

MODARSKI Ryszard, *Albert Camus, miedzy absurdem a solidarnoscia*, Bydgoszcz, Wydaw, 1999.

MODLER Karl W., *Soleil et mesure dans l'œuvre de Camus*, Paris, L'Harmattan, 2000.

MONTANO Aniello, *Camus : un mistico senza Dio*, Padoue, Messaggero, 2003.

MONTGOMERY Geraldine F., *Noces pour femme seule. Le féminin et le sacré dans l'œuvre d'Albert Camus*, Amsterdam-New York, Rodopi, coll. « Faux Titre », 2004.

MUSSO Frédéric, *Albert Camus ou la fatalité des natures*, Gallimard, coll. « NRF Essais », 2006.

NEUWÖHHNER Walter, *Ethik in Widerspruch. Zur Entfeltung der Sittlickeit unterdem Vorzeichen des Unglaubens dargetan in den Essays* Le Mythe de Sisyphe *und* L'Homme révolté *von Camus*, Berne-Francfort-New York, Peter Lang, 1965.

NGUYEN VAN-HUY Pierre, *La Métaphysique du bonheur chez Camus*, Neuchâtel, La Baconnière, 1962.

NICOLAS André, *Albert Camus ou le vrai Prométhée*, Paris, Seghers, 1964 [trad. en italien et japonais].

O'BRIEN Conor Cruise, *Camus*, traduit de l'anglais par Sylvie Dreyfus, Paris, Seghers, 1970 [trad. également en allemand, chinois, espagnol, finnois, grec, italien, japonais, néerlandais et turc].

ONIMUS Jean, *Camus*, Paris, Desclée de Brouwer, coll. « Les Écrivains devant Dieu », 1965 [trad. en anglais, italien et japonais].

ORME Mark, *The Development of Albert Camus's Concern for Social and Political Justice : « Justice pour un juste »*, Madison, Fairleigh Dickinson University Press, 2007.

PALOMARES Alfonso, *Albert Camus*, Madrid, Epesa, 1970.

PARKER Emmet, *Albert Camus. The Artist in the Arena*, Madison, University of Wisconsin Press, 1965.

PASSERI PIGNONI Vera, *Albert Camus uomo in rivolta ; saggio critio*, Imola, Cappelli, 1965.

PAYETTE Jean-François et OLIVIER Lawrence (dir.), *Camus. Nouveaux regards sur sa vie et son œuvre*, Québec, Presses de l'Université de Québec, 2007.

PETROPOULOU Zoi, *L'Espace sensoriel chez Albert Camus*, Lewiston (NY), The Mellen University Press, 1993.

PIAGGI Giorgo di, *Il problema della salvezza nella opera di Albert Camus*, Salerno, Beta, 1970.

PIEPER Annemarie, *Albert Camus*, Munich, C. H. Beck, 1984.

— (éd.), *Die Gegenwart des Absurden : Studien zu Albert Camus*, Tübingen, Francke, 1994.

PRATT Bruce, *L'Évangile selon Camus*, Paris, José Corti, 1980.

PROUTEAU Anne, *Albert Camus ou le présent impérissable*, Paris, Orizons, coll. « Universités domaine littéraire », 2008.

QUILLIOT Roger, *La Mer et les Prisons. Essai sur Albert Camus*, Paris, Gallimard, coll. « Les Essais », 1980 [trad. en anglais et japonais].

RAMIREZ MEDINA Angel, *La filosofia tragica d'Albert Camus. El transito del absurdo a la rebellion*, Malaga, Analecta Malacita, 2001.

RATH Matthias, *Albert Camus, Absurdität und Revolte : eine Einführung in sein Werk und die deutsche Rezeption*, Francfort, Haag und Herchen, 1984.

RAVA Eva Carlota, *Il paradosso della revolta. Saggio su Albert Camus*, Milan, Vita e Pensiero, 1980.

REHBEIN Jürgen, *Albert Camus. Vermittlung und Rezeption in Frankreich. Über Bedingungen literarischen Erfolgs*, Heidelberg, Winter, 1978.

REICHELBERG Ruth, *Albert Camus, une approche du sacré*, Paris, Nizet, 1983.

REY Pierre-Louis, *Camus. Une morale de la beauté*, Paris, SEDES, 2000.

— *Camus, l'homme révolté*, Paris, Gallimard, coll. « Découvertes », 2006.

RHEIN Philip Henry, *Albert Camus*, New York, Twayne, 1969.

RIBEIRO Hélder, *Do absurdo a solidariedade : a visão do mundo de Albert Camus*, Lisbonne, Estampa, 1996.

RIZZUTO Anthony, *Camus' Imperial Vision*, Carbondale, Southern Illinois University Press, 1981.

— *Camus : Love and Sexuality*, Gainesville, University Press of Florida, 1998.

ROBLÈS Emmanuel, *Camus, frère du soleil*, Paris, Le Seuil, 1995 [trad. en espagnol et japonais].

RONDEAU Daniel, *Camus ou les promesses de la vie*, Paris, Mengès, 2005.

RUFAT Hélène (dir.), *Albert Camus. Pour l'Espagne : discours de la liberté*, Barcelone, Publicacions de la Universitat de Barcelona, 2009.

RUTKOWSKI Rainer, *Zwischen Absurdität und Illusion : Widersprüche und Kontinuität im Werk von Albert Camus*, Francfort, Haag und Herchen, 1986.

SAGI Abraham, *Albert Camus and the Philosophy of Absurd*, Amsterdam-New York, Rodopi, 2002.

SALAS Denis, *Albert Camus, la juste révolte*, Paris, Michalon, coll. « Le Bien commun », 2002.

SÄNDIG Brigitte, *Albert Camus*, Hambourg, Rowolt, 1995 [trad. en coréen et portugais].

— (dir.) *Camus in Osten. Zeugnisse der Wirkung Camus' zu Zeiten der Teilung Europas*, Potsdam, Universität Potsdam, 2000.

— *Albert Camus : Autonomie und Solidarität*, Würzbourg, Königshausen und Neumann, 2004.

SAROCCHI Jean, *Camus*, Paris, PUF, coll. « Philosophes », 1968.

— *Variations Camus*, Paris-Biarritz, Séguier-Atlantica, 2005.

SCHLETTE Heinz-Robert, *Albert Camus : Welt und Revolte*, Fribourg-Munich, Verlag Karl Alber, 1980.

— « *Der Sinn der Geschichte von morgen* ». *Albert Camus' Hoffnung*. Francfort, Verlag Joseph Knecht, 1995.

SCOTT, Nathan Alexander, *Albert Camus*, Londres, Bowes and Bowes, coll. « Studies in modern thought and littérature », 1968.

SIMON Pierre-Henri, *Présence de Camus*, Paris, La Renaissance du livre, 1961 [trad. en japonais].

SMETS Paul-F. (éd.), *Albert Camus*, Bruxelles, Bruylant, 1985.

— *Albert Camus*, Paris, Ellipses, 1999.

SPIQUEL Agnès et SCHAFFNER Alain (éd.), *Albert Camus, l'exigence morale. Hommage à Jacqueline Lévi-Valensi*, Paris, Le Manuscrit, coll. « L'Esprit des lettres », 2006.

SPRINTZEN David, *Camus. A Critical Examination*, Philadelphie, Temple University Press, 1988.

STUBY Gerhard, *Recht und Solidarität in Denken von Albert Camus*, Francfort, Vittorio Klostermann, 1965.

SZYDŁOWSKA-BRYKCZYŃSKA Waleria, *Albert Camus*, Varsovie, Semper, 2001.

— *Albert Camus*, Varsovie, Wiedza Powszechna, 2002.

TARLÉ Jere, *Albert Camus. Knijevnost, politika, filozofija*, Zagreb, Hrvatsko filozofsko društvo, 1991.

TARROW Susan, *Exile from the Kingdom. A Political Rereading of Albert Camus*, Tuscaloosa, The University of Alabama Press, 1985.

TESAK-GUTMANNSBAUER Gerhild, *Der « Wille zum Sinn » : das Wahre, Gute und Schöne bei Albert Camus*, Hambourg, Kovac, 1993.

THODY Philip, *Albert Camus. 1913-1960*, Londres, Hamish Hamilton, 1961 [trad. en italien].

TIMM Uwe, *Das Problem der Absurdität bei Albert Camus*, Hambourg, Lüdke, 1971.

TODD Olivier, *Camus, une vie*, Paris, Gallimard, coll. « Folio », 1999 [trad. en allemand, anglais, coréen, espagnol, hébreu, hongrois, italien, japonais, néerlandais et portugais].

TOURA Hiroki, *La Quête et les expressions du bonheur dans l'œuvre d'Albert Camus*, Paris, Eurédit, 2004.

TRAGESER-REBETEZ Françoise, *Die Symbolik von Licht und Schatten bei Albert Camus : Paradigmenanalyse im Spannungsfeld der Polarität Natur-Geschichte*, Genève, Droz, coll. « Kölner Romanistische Arbeiten », 1995.

TREIL Claude, *L'Indifférence dans l'œuvre d'Albert Camus*, Montréal, Cosmos, 1971.

TRUNDLE Robert C., *Camus' Answer : « no » to the Western Pharisees who Impose Reason to Reality*, Brighton, Sussex Academic Press, 2001.

VASALE Luigi, *Albert Camus e la questione algerina*, Rome, Aracne, 2003.

VASIL Dean, *The Ethical Pragmatism of Albert Camus. Two Studies in the History of Ideas*, Berne-New York, Peter Lang, 1985.

VERRIPS Ger, *Albert Camus : een leven tegen de Leugen*, Amsterdam, Balans, 1997.

VIRCONDELET Alain, *Albert Camus. Vérité et légendes*, Paris, Éditions du Chêne, 1998.

WACHENFELDT Paula von, *Le Paradis perdu et retrouvé : étude de l'innocence et de la culpabilité dans l'œuvre d'Albert Camus*, Stockholm, Université de Stockholm, département de français et d'italien, 2003.

WALKER David H. (éd.), *Albert Camus. Les extrêmes et l'équilibre*, Amsterdam-Atlanta, Rodopi, 1994.

WERNICKE Horst, *Albert Camus, Aufklärer, Skeptiker, Sozialist : Essay über einen Entwurf vom brüderlichen Menschen*, Hildesheim, Georg Olms, 1984.

WEYEMBERGH Maurice, *Albert Camus ou la mémoire des origines*, Bruxelles, De Boeck Université, coll. « Le Point philosophique », 1998.

WIEACKER-WOLFF Marie-Laure, *Albert Camus*, Munich, Deutscher Taschenbuch Verlag, 2003.

WILHOITE Fred H., *Beyond Nihilism. Albert Camus' Contribution to Political Thought*, Baton Rouge, Louisiana State University Press, 1968.

WITTMANN Heiner, *Albert Camus : Kunst und Moral*, Francfort-Berlin-Berne, Peter Lang, 2002.

WOELFEL James W., *Albert Camus on the Sacred and the Secular*, Londres, University Press of America, 1987.

YEDES Ali, *Camus, l'Algérien*, Paris, L'Harmattan, 2003.

ZEPPI Stelio, *Camus*, Milan, Nuova Academia, 1961.

ZOPPI Sergio, *Camus*, Milan, Mursia, 1996.

Revues spécialisées

Études camusiennes, 1994-2008 (8 livraisons).
Revue des Lettres modernes, série Albert Camus, 1968-2007 (21 livraisons).

Numéros spéciaux

« Albert Camus », *La Table ronde*, n° 146, février 1960.
« Hommage à Albert Camus », *La Nouvelle Revue française*, n° 87, mars 1960.
« Camus l'Algérien », *Simoun*, n° 32, juillet 1960.
« Albert Camus », *Yale French Studies*, printemps 1960.
« Albert Camus homme de théâtre », *Revue d'histoire du théâtre*, n° 4, décembre 1960.
« Camus », *Équinoxe*, n° 13, hiver 1996.
« Albert Camus : parcours méditerranéens », *Perspectives*, revue de l'université hébraïque de Jérusalem, n° 5, 1998.
« Albert Camus », *Europe*, n° 846, octobre 1999.
« Albert Camus », *Anthropos*, n° 199, 2003.
« Albert Camus », *L'Esprit créateur*, XLIV, n° 4, 2004.

Filmographie

À la recherche d'Albert Camus, film de Jean-Marie Drot, Radio-Télévision française, 1961.
Albert Camus, film de Paul Vecchiali et Cécile Clairval, production ORTF, 1974.
Albert Camus : un combat contre l'absurde, réalisation de James Kent, CNDP, 1998.
Albert Camus (1913-1960). Une tragédie du bonheur, film de Jean Daniel et de Joël Calmettes, coproduction CKF/IMEC/France 3, 1999.

Sites

http://www.webcamus.free.fr
http://Camus-society.com

INDEX DES NOMS DE PERSONNES

Les indications de pages en caractères gras signalent les articles du présent Dictionnaire. Les noms des personnages figurent en minuscules.

A

B

C

D

E

F

G

L

M

N

O

P

Q

R

T

U-V

W

X-Z

les amis de Camus
Rue de la glaciaire à vitry

TABLE DES MATIÈRES

Composé par Nord Compo Multimédia
7, rue de Fives, 59650 Villeneuve-d'Ascq

Cet ouvrage a été achevé d'imprimer en octobre 2009
dans les ateliers de Normandie Roto Impression s.a.s.
61250 Lonrai (Orne)
N° d'impression : 09-3611

Imprimé en France